通志

第一册

〔宋〕鄭樵撰

中華書局

圖書在版編目(CIP)數據

通志/(宋)鄭樵編撰. -北京:中華書局,1987.1
(2024.6 重印)

ISBN 978-7-101-00639-1

Ⅰ.通… Ⅱ.鄭… Ⅲ.中國-古代史-紀傳體
Ⅳ.K204.1

中國版本圖書館 CIP 數據核字(2010)第 181331 號

責任印製:陳麗娜

通　志

(全三册)

〔宋〕鄭　樵　編撰

*

中 華 書 局 出 版 發 行

(北京市豐臺區太平橋西里 38 號　100073)

http://www.zhbc.com.cn

E-mail:zhbc@zhbc.com.cn

北京建宏印刷有限公司印刷

*

787×1092 毫米 1/16 · 214¾印張 · 6 插頁

1987 年 1 月第 1 版　2024 年 6 月第 11 次印刷

印數:7401-7800 册　定價:860.00 元

ISBN 978-7-101-00639-1

重印説明

《通志》是一部系統記載歷代制度的通史。是史學工作者必須閲讀參考的重要著作。此書商務印書館萬有文庫出版過縮印本，但自一九三五年以來，一直没有重印。爲了適應廣大讀者的需要，我們現在徵得商務印書館同意，據萬有文庫十通本重新影印出版。在此謹向商務印書館表示感謝。

這次重印，我們增編了目録，置於本書之前，以便讀者檢索。

中華書局編輯部

一九八四年一月

通志目録

卷三下
三王紀下

卷四

秦紀

卷五上

前漢紀上

卷五下

前漢紀下

卷二十一　年譜

卷二十二

卷二十三

卷二十九

氏族略五

卷三十

氏族略六

卷三十一　六書略

卷三十三

六書略三

卷三十四

六書略四

卷四十八

器服略二

卷四十九　樂略

樂略一

卷五十五

職官略五

卷五十六

職官略六

卷五十七

職官略七

卷六十九

藝文略七

卷七十

藝文略八

卷七十一 校讎略

校讎略一

卷七十二　**圖譜略**

圖譜略一

卷七十三　**金石略**

金石略一

卷七十八　宗室傳

卷七十九

宗室傳二

卷八十一

宗室傳四

卷八十二

宗室傳五

卷八十三

宗室傳六

卷八十四下

宗室傳七下

卷八十五

宗室傳八

卷八十六　周異姓世家

卷八十七

卷八十八　列傳

卷八十九

卷九十

列傳三

卷九十一

列傳四

卷九十二

列傳五

卷九十三

列傳六

卷九十六

列傳九

卷九十八下

列傳十一下

卷九十九

列傳十二

卷一百

列傳十三

卷一百二下

列傳十五下

卷一百三

列傳十六

卷一百四

列傳十七

卷一百五

列傳十八

卷一百六

列傳十九

卷一百七上

列傳二十上

卷一百七下

列傳二十下

卷一百八

列傳二十一

卷一百九上

列傳二十二上

後漢

卷一百十二

列傳二十五

卷一百十三上

列傳二十六上

卷一百十三下

列傳二十六下

卷一百十五下

列傳二十八下

魏

卷一百十六

列傳二十九

卷一百十七

列傳三十

卷一百十八上

列傳三十一上

卷一百十九

列傳三十二

卷一百二十

列傳三十三

吴

卷一百二十一上

列傳三十四上

卷一百二十一下

列傳三十四下

卷一百二十四上

列傳三十七上

卷一百二十四下

列傳三十七下

卷一百二十五

列傳三十八

卷一百二十六

列傳三十九

卷一百二十七

列傳四十

卷一百二十八

列傳四十一

列傳四十二下

卷一百三十

列傳四十三

卷一百三十一

列傳四十四

卷一百三十二

列傳四十五

卷一百三十三

列傳四十六

卷一百三十四

列傳四十七

卷一百三十五

列傳四十八

卷一百三十六

列傳四十九

宋

卷一百三十七

列傳五十

齊　志二一四五上

卷一百三十八

列傳五十一

卷一百三十九

列傳五十二

卷一百四十二

列傳五十五

梁

卷一百四十三

列傳五十六

卷一百四十四

列傳五十七

卷一百四十六

列傳五十九

卷一百四十七

列傳六十

卷一百四十八

列傳六十一

卷一百四十九

列傳六十二

卷一百五十上

列傳六十三上

卷一百五十下

列傳六十三下

卷一百五十一

列傳六十四

卷一百五十三

列傳六十六

卷一百五十四

列傳六十七

卷一百五十五

列傳六十八

卷一百五十六

列傳六十九

卷一百五十七

列傳七十

卷一百五十八

列傳七十一

卷一百五十九

列傳七十二

後周

卷一百六十

列傳七十三

卷一百六十一

列傳七十四

卷一百六十二

列傳七十五

卷一百六十三

列傳七十六

卷一百六十五　外戚傳　志二六六五上

卷一百六十七　孝友傳　

孝友傳一

卷一百七十

循吏傳二

卷一百七十三

儒林傳二

卷一百七十四

儒林傳三

卷一百七十六

文苑傳二

卷一百七十八

隱逸傳二

宋

卷一百七十九　**宦者傳**　

卷一百八十　游俠傳　志二八七七上

卷一百八十二

藝術傳二

卷一百八十三

藝術傳三

卷一百八十五　列女傳　志二九五五上

列女傳一

卷一百八十八

載記三

卷一百八十九

載記四

卷一百九十二

載記七

卷一百九十三

載記八

卷一百九十四　四夷傳

四夷傳一

卷一百九十五

四夷傳二

卷一百九十六

四夷傳三

卷一百九十七

四夷傳四

卷一百九十八

四夷傳五

通志總序

宋右迪功郎鄭樵漁仲撰

百川異趨必會于海然後九州無浸淫之患萬國殊途必通諸夏然後八荒無壅滯之憂會通之義大矣哉自書契以來立言者雖多惟仲尼以天縱之聖故總詩書禮樂而會于一手然後能同天下之文貫二帝三王而通爲一家然後能極古今之變是以其道光明百世之上百世之下不能及仲尼既沒百家諸子興焉各效論語以空言著書（論語門徒集仲尼語）至於歷代實蹟無所紀繫迨漢建元元封之後司馬氏父子出焉司馬氏世司典籍工於制作故能上稽仲尼之意會詩書左傳國語世本戰國策楚漢春秋之言通黃帝堯舜至于秦漢之世勒成一書分爲五體本紀紀年世家傳代表以正歷書以類事傳以著人使百代而下史官不能易其法學者不能舍其書六經之後惟有此作故謂周公五百歲而有孔子孔子五百歲而在斯乎是其所以自待者已不淺然大著述者必深於博雅而盡見天下之書然後無遺恨當遷之時挾書之律初除得書之路未廣亘三千年之史籍而跼蹐於七八種書所可爲遷恨者博不足也凡著書者雖采前人之書必自成一家言左氏楚人也所見多矣而其書盡楚人之辭公羊齊人也所聞多矣而其書皆齊人之語今遷書全用舊文間以俚語良由采摭未備筆削不遑故曰予不敢墮先人之言乃述故事整齊其傳非所謂作也劉知幾亦譏其多聚舊記時插雜言所可爲遷恨者雅不足也大抵開基之人不免草創全屬繼志之士爲之彌縫晉之乘楚之檮杌魯之春秋其實一也乘檮杌無善後之人故其書不行春秋得仲尼挽之於前左氏推之於後故其書與日月並傳不然則一卷事目安能行於世自春秋之後惟史記擅制作之規模不幸班固非其人遂失會通之旨司馬氏之門戶自此衰矣班固者浮華之士也全無學術專事剽竊肅宗問以制禮作樂之事固對以在京諸儒必能知之儻臣鄰皆如此則顧問何取焉及諸儒各有所陳固惟竊叔孫通十二篇之儀以塞白而已儻臣鄰皆如此則奏議何取焉肅宗知其淺陋故語竇憲曰公愛班固而忽崔駰此葉公之好龍也固於當時已有定價如此人材將何著述史記一書功在十表猶衣裳之有冠冕木水之有本原班固不通旁行邪上以古今人物彊立差等且謂漢紹堯運自當繼堯非遷作史記廁於秦項此則無稽之談也由其斷漢爲書是致周秦不相因古今成間隔自高祖至武帝凡六世之前盡竊遷書不以爲慚自昭帝至平帝凡六世資於賈逵劉歆復不以爲恥況又有曹大家終篇則固之自爲書也幾希往往出固之胸中者古今人表耳他人無此謬也後世眾手修書道傍築室掠人之文竊鍾掩耳皆固之作俑也固之事業如此後來史家奔走班固之不暇何能測其淺深遷之於固如龍之於猪奈何諸史棄遷而用固劉知幾之徒尊班而抑馬且善學司馬遷者莫如班彪彪續遷書自孝武至于後漢欲令後人之續已如己之續遷既無衍文又無絕緒世世相承如出一手善乎其繼志也其書不可得而見所可見者元成二帝贊耳皆於本紀之外別記所聞可謂深入太史公之閫奧矣凡左氏之有君子曰者皆經之新意史記之有太史公曰者皆史之外事不爲褒貶也間有及褒貶者褚先生之徒雜之耳且紀傳之中既載善惡足爲鑒戒何必於紀傳之後更加褒貶此乃諸生決科之文安可施於著述殆非遷彪之意況謂爲贊豈有貶辭後之史家或謂之論或謂之序或謂之詮或謂之評皆效班固臣不得不劇論固也司馬談有其書而司馬遷能成其父志班彪有其業而班固不能讀父之書固爲彪之子既不能保其身又不能傳其業又不能教其子爲人如此安在乎言爲天下法范曄陳壽之徒繼踵率皆輕薄無行以速罪辜安在乎筆削而爲信史也孔子曰殷因於夏禮所損益可知也周因於殷禮所損益可知也此言相因也自班固以斷代爲史無復相因之義雖有仲尼之聖亦莫知其損益會通之道自此失矣語其同也則紀而復紀一帝而有數紀傳而復傳一人而有數傳天文者千古不易之象而世世作天文志洪範五行者一家之書而世世序五行傳如此之類豈勝繁文語其異也則前王不列於後王後事不接於前事郡縣各爲區域而昧遷革之源禮樂自爲更張遂成殊俗之政如此之類豈勝斷綆曹魏指吳蜀爲寇北朝指東晉爲僭南謂北爲索虜北謂南爲島夷齊史稱梁軍爲義軍謀人之國可以爲義乎隋書稱唐兵爲義兵伐人之君可以爲義乎房元齡董史冊故房彥謙擅美名虞世南預修書故虞荔虞寄有嘉傳甚者桀犬吠堯吠非其主晉史黨晉而不有魏凡忠於魏者目爲叛臣王淩諸葛誕毌丘儉之徒抱屈黃壤齊史黨齊而不有宋凡忠於宋者目爲逆黨袁粲劉秉沈攸之之徒含冤九原噫天日在上安可如斯似此之類歷世有之傷風敗義莫大乎此遷法既失固弊日深自東都至江左無一人能覺其非惟梁武帝爲

此慨然乃命吳均作通史上自太初下終齊室書未成而均卒隋楊素又奏令陸從典續史記訖于隋書未成而免官豈天之靳斯文而不傳與抑非其人而不祐之與自唐之後又莫覺其非凡秉史筆者皆準春秋專事褒貶夫春秋以約文見義若無傳釋則善惡難明史冊以詳文該事善惡已彰無待美刺讀蕭曹之行事豈不知其忠良見莽卓之所爲豈不知其凶逆夫史者國之大典也而當職之人不知留意於憲章徒相尚於言語正猶當家之婦不事饔飧專鼓脣舌縱然得勝豈能肥家此臣之所深恥也江淹有言修史之難無出於志誠以志者憲章之所繫非老於典故者不能爲也不比紀傳紀則以年包事傳則以事繫人儒學之士皆能爲之惟有志難其次莫如表所以范曄陳壽之徒能爲紀傳而不敢作表志志之大原起於爾雅司馬遷曰書班固曰志蔡邕曰意華嶠曰典張勃曰錄何法盛曰說餘史竝承班固謂之志皆詳於浮言略於事實不足以盡爾雅之義臣今總天下之大學術而條其綱目名之曰略凡二十略百代之憲章學者之能事盡於此矣其五略漢唐諸儒所得而聞其十五略漢唐諸儒所不得而聞也生民之本在於姓氏帝王之制各有區分男子稱氏所以別貴賤女子稱姓所以別婚姻不相紊濫秦并六國姓氏混而爲一自漢至唐歷世有其書而皆不能明姓氏原此一家之學倡於左氏因生賜姓胙土命氏又以字以謚以官以邑命氏邑亦土也左氏所言惟茲五者臣今所推有三十二類左氏不得而聞故作氏族略書契之本見於文字獨體爲文合體爲字文有子母主類爲母從類爲子凡爲字書者皆不識子母文字之本出於六書象形指事文也會意諧聲轉注字也假借者文與字也原此一家之學亦倡於左氏然止戈爲武不識諧聲反正爲乏又昧象形左氏既不別其源後人何能別其流是致小學一家皆成鹵莽經旨不明穿鑿蠭起盡由於此臣於是驅天下文字盡歸六書軍律既明士乃用命故作六書略天籟之本自成經緯縱有四聲以成經橫有七音以成緯皇頡制字深達此機江左四聲反沒其旨凡爲韻書者皆有經無緯字書眼學韻書耳學眼學以母爲主耳學以子爲主母主形子主聲二家俱失所主今欲明七音之本擴六合之情然後能宣仲尼之教以及人間之俗使裔夷之俘皆知禮義故作七音略天文之家在於圖象民事必本於時時序必本於天爲天文志者有義無象莫能知天臣今取隋丹元子步天歌句中有圖言下成象靈臺所用可以仰觀不取甘石本經惑人以妖妄速人於罪累故作天文略地理之家在於封圻而封圻之要在於山川禹貢九州皆以山川定其經界九州有時而移山川千古不易是故禹貢之圖至今可別班固地理主於郡國無所底止雖有其書不如無也後之史氏正以方隅郡國併遷方隅顛錯皆因司馬遷無地理書班固爲之創始致此一家俱成謬舉臣今準禹貢之書而理川源本開元十道圖以續今古故作地理略都邑之本金湯之業史氏不書黃圖難考臣上稽三皇五帝之形勢遠探四夷八蠻之巢穴仍以梁汴者四朝舊都爲痛定之戒南陽者疑若可爲中原之新宅故作都邑略謚法一家國之大典史氏無其書奉常失其旨周人以諱事神謚法之所由起也古之帝王存亾皆用名自堯舜禹湯至于桀紂皆名也周公制禮不忍名其先君武王受命之後乃追謚太王王季文王此謚法所由立也本無其書後世僞作周公謚法欲以生前之善惡爲死後之勸懲且周公之意既不忍稱其名豈忍稱其惡如是則春秋爲尊者諱爲親者諱不可行乎周公矣此不道之言也幽厲桓靈之字本無凶義謚法欲名其惡則引辭以遷就其意何爲皇頡制字使字與義合而周公作法使字與義離臣今所纂竝以一字見義削去引辭而除其曲說故作謚略祭器者古人飲食之器也今之祭器出於禮圖徒務說義不思適用形制既乖豈便歆享夫祭器尙象者古之道也器之大者莫如罍故取諸雲山其次莫如尊故取諸牛象其次莫如彝故取諸雞鳳最小者莫如爵故取諸雀其制皆象其形鑿項及背以出內酒惟劉杳能知此義故引魯郡地中所得齊子尾送女器有犧尊及齊景公冢中所得牛尊象尊以爲證其義甚明世莫能用故作器服略樂以詩爲本詩以聲爲用風土之音曰風朝廷之音曰雅宗廟之音曰頌仲尼編詩爲正樂也以風雅頌之歌爲燕享祭祀之樂工歌鹿鳴之三笙吹南陔之三歌閒魚麗之三笙閒崇邱之三此大合樂之道也古者絲竹有譜無辭所以六笙但存其名序詩之人不知此理謂之有其義而亾其辭良由漢立齊魯韓毛四家博士各以義言詩遂使聲歌之道日微至後漢之末詩三百僅能傳鹿鳴騶虞伐檀文王四篇之聲而已太和末又失其三至于晉室鹿鳴一篇又無傳自鹿鳴不傳後世不復聞詩然詩者人心之樂也不以世之興衰而存亾繼風雅之作者樂府也史家不明仲尼之意棄樂府不收乃取工伎之作以爲志臣舊作系聲樂府

以集漢魏之辭正爲此也今取篇目以爲次曰樂府正聲者所以明風雅曰祀享正聲者所以明頌又以琴操明絲竹以遺聲準逸詩語曰韶盡美矣又盡善也武盡美矣未盡善也此仲尼所以正舞也韶即文舞武即武舞古樂甚希而文武二舞猶傳於後世良由有節而無辭不爲義說家所惑故得全仲尼之意五聲八音十二律者樂之制也故作樂略學術之苟且由源流之不分書籍之散亾由編次之無紀易雖一書而有十六種學有傳學有注學有章句學有圖學有數學有讖緯學安得總言易類乎詩雖一書而有十二種學有詁訓學有傳學有注學有圖學有譜學有名物學安得總言詩類乎道家則有道書有道經有科儀有符籙有吐納內丹有爐火外丹凡二十五種皆道家而渾爲一家可乎醫方則有脈經有灸經有本草有方書有炮炙有病源有婦人有小兒凡二十六種皆醫家而渾爲一家可乎故作藝文略册府之藏不患無書校讎之司未聞其法欲三館無素餐之人四庫無蠹魚之簡千章萬卷日見流通故作校讎略河出圖天地有自然之象圖譜之學由此而興洛出書天地有自然之文書籍之學由此而出圖成經書成緯一經一緯錯綜而成文古之學者左圖右書不可偏廢劉氏作七略收書不收圖班固即其書爲藝文志自此以還圖譜日亾書籍日冗所以困後學而隳良材者皆由於此何哉即圖而求易即書而求難舍易從難成功者少臣乃立爲二記一曰記有記今之所有者不可不聚二曰記無記今之所無者不可不求故作圖譜略方册者古人之言語款識者古人之面貌方册所載經數千萬傳款識所勒猶存其舊蓋金石之功寒暑不變以茲稽古庶不失眞今藝文有志而金石無紀臣於是采三皇五帝之泉幣三王之鼎彝秦人石鼓漢魏豐碑上自蒼頡石室之文下逮唐人之書各列其人而名其地故作金石略洪範五行傳者巫瞽之學也歷代史官皆本之以作五行志天地之閒災祥萬種人閒禍福冥不可知若之何一蟲之妖一物之戾皆繩之以五行又若之何晉厲公一視之遠周單子一言之徐而能關於五行之沴乎晉申生一衣之偏鄭子臧一冠之異而能關於五行之沴乎董仲舒以陰陽之學倡爲此說本於春秋牽合附會歷世史官自愚其心目俛首以受籠罩而欺天下臣故削去五行而作災祥略語言之理易推名物之狀難識農圃之人識田野之物而不達詩書之旨儒生達詩書之旨而不識田野之物五方之名本殊萬物之形不一必廣覽動植洞見幽潛通鳥獸之情狀察草木之精神然後參之載籍明其品彙故作昆蟲草木略凡十五略出臣胸臆不涉漢唐諸儒議論禮略所以敘五禮職官略所以秩百官選舉略言掄材之方刑法略言用刑之術食貨略言財貨之源流凡茲五略雖本前人之典亦非諸史之文也古者記事之史謂之志書大傳曰天子有問無以對責之疑有志而不志責之丞是以宋鄭之史皆謂之志太史公更志爲記今謂之志本其舊也桓君山曰太史公三代世表旁行邪上竝效周譜古者紀年別繫之書謂之譜太史公改而爲表今復表爲譜率從舊也然西周經幽王之亂紀載無傳故春秋編年以東周爲始自皇甫謐作帝王世紀及年歷上極三皇譙周陶弘景之徒皆有其書學者疑之而以太史公編年爲正故其年始於共和然共和之名已不可據況其年乎仲尼著書斷自唐虞而紀年始於魯隱以西周之年無所考也今之所譜自春秋之前稱世謂之世譜春秋之後稱年謂之年譜太史公紀年以六甲後之紀年者以六十甲或不用六十甲而用歲陽歲陰之名今之所譜即太史公法既簡且明循環無滯禮言臨文不諱謂私諱不可施之於公也若廟諱則無所不避自漢至唐史官皆避諱惟新唐書無所避臣今所修準舊史例閒有不得而避者如謚法之類改易本字則其義不行故亦準唐舊漢景帝名啟改啟爲開安帝名慶改慶爲賀唐太祖名虎改虎爲武高祖名淵改淵爲水若章懷太子注後漢書則濯龍淵不得而諱杜佑作通典則虎賁不得而諱夫學術超詣本乎心識如人入海一入一深臣之二十略皆臣自有所得不用舊史之文紀傳者編年紀事之實蹟自有成規不爲智而增不爲愚而減故於紀傳即其舊文從而損益若紀有制詔之辭傳有書疏之章入之正書則據實事寓之別錄則見類例唐書五代史皆本朝大臣所修微臣所不敢議故紀傳訖隋若禮樂政刑務存因革故引而至唐云嗚呼酒醴之末自然澆漓學術之末自然淺近九流設教至末皆弊然他教之弊微有典刑惟儒家一家去本太遠此理何由班固有言自武帝立五經博士開弟子員設科射策勸以官祿訖于元始百有餘年傳業者寖盛枝葉繁滋一經說至百餘萬言大師衆至千餘人蓋祿利之路然也且百年之閒其患至此千載之後弊將若何況祿利之路必由科目科目之設必由乎文辭三百篇之詩盡在聲歌自置詩博士以來學者不聞一篇之詩六十四卦之易該於象數自置易博士以來學者不見一卦之易皇頡制字盡由六書漢立小學凡文字之家不明一

字之宗伶倫制律盡本七音江左置聲韻凡音律之家不達一音之旨經旣苟且史又荒唐如此流離何時返本道之汙隆存乎時時之通塞存乎數儒學之弊至此而極寒極則暑至否極則泰來此自然之道也臣蒲柳之質無復餘齡葵藿之心惟期盛世謹序

通志總目錄

先主甘皇后　先主穆皇后　後主敬哀皇后
後主張皇后

吳

孫破虜吳夫人吳景　吳主權謝夫人謝承　吳主權徐夫人徐琨　吳主權步夫人　吳主權王夫人　吳主權王夫人　吳主權潘夫人　孫亮全夫人
孫休朱夫人　孫和何姬　孫皓滕夫人

卷第二十

晉

宣穆張皇后　景懷夏侯皇后　景獻羊皇后
文明王皇后　武元楊皇后　武悼楊皇后
左貴嬪胡貴嬪諸葛夫人惠賈皇后　惠羊皇后謝夫人懷王皇太后　元夏侯太妃　元敬虞皇后荀豫章君
明穆庾皇后　成恭杜皇后周太妃　康獻褚皇后
穆章何皇后　哀靖王皇后　廢帝孝庾皇后　簡文宣鄭太后　簡文順王皇后　孝武文李太后　孝武定王皇后　安德陳太后
安僖王皇后　恭思褚皇后

宋

孝穆趙皇后　孝懿蕭皇后　武敬臧皇后
武張夫人　文章胡太后　少帝司馬皇后
文元袁皇后潘淑妃　孝武昭路太后　明宣沈太后　孝武文穆王皇后宣貴妃　前廢帝何皇后
明恭王皇后　後廢帝陳太妃　後廢帝江皇后　順陳太妃　順謝皇后

齊

宣孝陳皇后　高昭劉皇后　武穆裴皇后蘭英
文安王皇后　鬱林王何妃　海陵王王妃
明敬劉皇后　東昏褚皇后　和王皇后

梁

文獻張皇后　武德郗皇后　武丁貴嬪　武阮太后　簡文王皇后　元徐妃　敬夏太后
敬王皇后

陳

武宣章皇后　文沈皇后　廢帝王皇后　宣柳皇后　後主沈皇后張貴妃

後魏

神元竇皇后　文帝封皇后　桓惟皇后　平文王皇后　昭成慕容皇后　獻明賀皇后
道武慕容皇后　道武宣穆劉皇后　明元昭哀姚皇后　明元密杜皇后　太武赫連皇后
太武敬哀賀皇后　景穆恭郁久閭皇后
文成文明馮皇后　文成元李皇后　獻文思李皇后　孝文貞林皇后　孝文廢馮皇后
孝文幽馮皇后　孝文昭高皇后　宣武順于皇后　宣武高皇后　宣武靈胡皇后　孝明胡皇后　孝武高皇后　文帝文乙弗皇后
文帝悼郁久閭皇后　廢帝宇文皇后　恭帝若干皇后　孝靜高皇后

北齊

神武明婁皇后　蠕蠕公主郁久閭氏　彭城爾朱太妃小爾朱氏　上黨韓太妃　馮翊鄭太妃
高陽游太妃馮娘李娘　文襄敬元皇后琅邪公主　文宣李皇后段昭儀王嬪薛嬪　孝昭元皇后　武成胡皇后
弘德李夫人　後主斛律皇后　後主胡皇后　後主穆皇后　馮淑妃

後周

文元皇后　文宣叱奴皇后　孝閔元皇后
明敬獨孤皇后　武成阿史那皇后　武李皇后　宣楊皇后　宣朱皇后　宣陳皇后　宣元皇后　宣尉遲皇后　靜司馬皇后

隋

文獻獨孤皇后　宣華陳夫人　容華蔡夫人
煬愍蕭皇后

卷第二十一　年譜

年譜序　三皇　五帝　夏　商　周　秦以上載稱世譜春秋以後始稱年譜

卷第二十二

七國　秦末六國　漢興諸王　前漢　後漢

卷第二十三

三國　晉　前涼　成　漢　代　東晉　前趙　後趙　前燕　蜀漢　魏　前秦　後燕
後秦　西秦　北魏　後涼　南涼　北涼
南燕　西涼　北燕　夏

卷第二十四

宋　齊　梁　北魏　西魏　東魏　北齊
後梁　後周　陳　隋

卷第二十五　氏族略

氏族序　氏族目錄　總論十三篇

卷第二十六

以國為氏郡國附　古帝王氏　周同姓國　周異姓國　周不得姓之國　夏商

齊悼惠王肥城陽王章濟北王興居魏勃 趙隱王如意
趙幽王友 趙共王恢 燕靈王建 淮南厲
王長淮南王安衡山王賜濟北王勃
文三王
梁孝王武 代孝王參 梁懷王揖共王買平王襄
景十三王
河間獻王德 臨江哀王閼 臨江閔王榮
魯共王餘 江都易王非 膠西于王端 趙
敬肅王彭祖 中山靖王勝 長沙定王發
廣川惠王越 膠東康王寄 清河哀王乘
常山憲王舜泗水思王商
武五子
戾太子據 齊懷王閎 燕剌王旦 廣陵厲
王胥 昌邑哀王髆賀
宣元六王
淮陽憲王欽 楚孝王囂 東平思王宇 中
山哀王竟 定陶恭王康 中山孝王興

卷第七十九

後漢
四王三侯
齊武王縯北海靜王興敬王睦 趙孝王良 城陽恭王
祉 泗水王歙 安成孝侯賜 成武孝侯順
順陽懷侯嘉
光武十王
東海恭王彊 沛獻王輔 楚王英 濟南安
王康 東平憲王蒼任城孝王尚 阜陵質王延 廣
陵思王荆 臨淮懷王衡 中山簡王焉 琅
邪孝王京
明帝八王
千乘哀王建 陳敬王羡 彭城靖王恭 樂
成靖王黨 下邳惠王衍 梁節王暢 淮陽
頃王昞 濟陰悼王長
章和八子
千乘貞王伉 平春悼王全 清河孝王慶
濟北惠王壽 河間孝王開蠡吾侯翼解瀆亭侯淑 城陽
懷王淑 廣宗殤王萬歲 平原懷王勝

魏
曹仁弟純 曹洪 曹休 曹眞眞子爽何晏鄧颺丁謐畢
軌李勝桓範爽從弟文叔妻夏侯氏
武帝二十四子
任城威王彰 陳思王植 蕭懷王熊 豐愍
王昂 相殤王鑠 鄧哀王沖 彭城王據
燕王宇 沛穆王林 中山恭王袞 濟陽懷
王玹 陳留恭王峻 范陽閔王矩 趙王幹
臨邑殤公子上 楚王彪 剛殤公子勤
穀城殤公子乘 郿戴公子整 靈殤公子京
樊安公均 廣宗殤公子棘 東平靈王徽
樂陵王茂
文皇帝八子
贊哀王協 北海悼王蕤 東武陽懷王鑒
東海定王霖 元城哀王禮 邯鄲懷王邕
清河悼王貢 廣平哀王儼

蜀
劉永 劉理 後主太子璿

吳
孫靜子瑜瑜弟皎皎弟奐奐子壹靜曾孫峻峻從弟綝 孫賁子鄰弟輔
孫翊姪孫秀 孫韶伯父河韶子楷河子桓桓姪孫丞
吳主五子
孫登 孫慮 孫和 孫霸 孫奮

卷第八十

晉
安平獻王孚子邕邕弟義陽成王望望子河間平王洪洪子威洪弟隨
穆王整整弟竟陵王楙望弟太原成王輔輔弟翼翼弟下邳獻王晃晃弟太原烈
王瓌瓌弟高陽元王珪珪弟彭城穆王權常山孝王衡衡弟沛順王景
子元王植植子康王釋釋子紘紘子俊 高密文獻王泰子孝王略略
兄新蔡武哀王騰騰子莊王確略弟南陽王模模子保 范陽康王綏子虓
濟南惠王遂曾孫勳 譙剛王遜子閔王承承子烈王無忌無忌
子敬王恬恬子忠王尚之尚之弟恢之休之允之韓延之 高陽王睦
任城景王陵弟順斌
宣五王
平原王幹 琅邪武王伷伷子武陵莊王澹澹弟東安王繇繇
弟淮陵王漼 清惠亭侯京 扶風武王駿子暢暢弟新野莊
王歆 梁孝王肜
文七王
齊獻王攸子蕤贊實 城陽哀王兆 遼東悼惠王
定國 廣漢殤王廣德 樂安平王鑒 樂平
王延祚 惠帝愍懷太子遹子霦臧尙
八王
汝南文成王亮子粹矩羕宗熙 楚隱王瑋 趙王
倫 齊王冏 長沙厲王乂 成都王穎 河
間王顒 東海孝獻王越

武十二王

毗陵悼王軌　桑獻王東　城陽懷王景　東

海沖王祗　始平哀王裕　淮南忠壯王允

代哀王演　新都王該　清河康王遐　汝陰

哀王謨　吳敬王晏　渤海殤王恢

元四王

琅邪孝王裒　東海哀王沖　武陵威王晞（子遵）

遵　琅邪悼王煥

簡文三王

會稽思世子道生　臨川獻王郁　會稽文孝

王道子（子元顯）

卷第八十一

宋

長沙景王道憐（孫韞 述 秉）臨川烈武王道規（子義慶）

鮑昭　營浦侯遵考（從父弟 子季連）

武帝五男

廬陵孝獻王義眞　彭城王義康　江夏文獻

王義恭　南郡王義宣　衡陽文王義季

文帝十五子

元凶劭（始興王濬）南平穆王鑠　竟陵王誕　建平

宣簡王宏（子景素）廬陵王禕　晉熙王昶（孫燮 暉）武昌

王渾　始安王休仁　晉平刺王休祐　海陵

王休茂　鄱陽哀王休業　臨慶沖王休倩

新野懷王夷父　桂陽王休範　巴陵哀王休

若

孝武十四王

豫章王子尙　晉安王子勛　松滋侯子房

臨海王子頊　始平孝敬王子鸞　永嘉王子

仁　始安王子眞　邵陵王子元　齊敬王子

羽　淮南王子孟　晉陵孝王子雲　南海哀

王子師　淮陽思王子霄　東平王子嗣　武

陵王贊（明帝子）

明帝四王

邵陵殤王友　隨陽王翽　新興王嵩　始建

王禧

卷第八十二

南齊

衡陽元王道度（鈞）始安貞王道生　始安王遙

光　曲江公遙欣（子幾）安陸昭王緬　新吳侯景

先　南豐伯赤斧（子穎胄 穎達）衡陽公諶　臨汝侯

坦之

高帝諸子

豫章文獻王嶷（子廉 子恪 子操 子範 子範 子乾 子範弟 子顯）

（子雲）臨川獻王映　長沙威王晃　武陵昭王曄

安成恭王暠　鄱陽王鏘　桂陽王鑠　始

興簡王鑑　江夏王鋒　南平王銳　宜都王

鏗　晉熙王銶　河東王鉉

武帝諸子

文惠皇太子　竟陵文宣王子良（子昭胄 孫賁）廬陵

王子卿　魚復侯子響　安陸王子敬　晉安

王子懋（董僧慧 陸超之）隨郡王子隆　建安王子眞

西陽王子明　南海王子罕　巴陵王子倫

邵陵王子貞　臨賀王子岳　西陽王子文

衡陽王子峻　南康王子琳　湘東王子建

南郡王子夏

文惠諸子

巴陵王昭秀　桂陽王昭粲

明帝諸子

巴陵隱王寶義　江夏王寶元　廬陵王寶源

鄱陽王寶夤　邵陵王寶脩　晉熙王寶嵩

桂陽王寶貞

卷第八十三

梁

吳平侯景（子勱 勵 勃 弟昌 昂 昱）

文帝九男

長沙宣武王懿（子業 孫孝儼 業弟藻 獻 獻子韶 駿 獻弟朗 淵）

明　永陽昭王敷　衡陽宣王暢　桂陽簡王融

（子象 象 子慥）臨川靜惠王宏（宏子正仁 正義 正德 正德子見理）

（正德弟正則 正則弟正立 正立子賁 正立弟正表 正信）安成康王秀

（秀子機 機弟推 推弟撝）南平元襄王偉（偉子恪 恪弟恭 恭子靜）

（恭弟祗）鄱陽忠烈王恢（恢子範 範子嗣 範弟諸 諸弟脩 脩弟泰）

（泰弟退）始興忠武王憺（憺子亮 亮弟映 映弟曄）

武帝六男

昭明太子統（子歡 歡子棟）豫章王綜　南康簡王

績（子會理 通理 義理）廬陵威王續（子應）邵陵攜王綸（子堅

確）武陵王紀（子圓照 圓正 圓肅）

簡文諸子

哀太子大器　尋陽王大心　臨川王大款

南海王大臨　南郡王大連　安陸王大春

桂陽王大成　汝南王大封　瀏陽王大雅

新興王大莊　西陽王大鈞　武甯王大威

勁子部 北海王詳子顥顥弟項
孝文六王
廢太子庶人恂 京兆王愉子寶月寶月弟寶炬是爲文帝
清河文獻王懌子亶亶子善見是爲孝靜帝 廣平文穆王懷
子誨、第三子修是爲孝武帝 汝南文宣王悅子顥 皇子恌
卷第八十五
北齊
趙郡王琛子叡子整信 叡 清河王岳子勱 廣平公盛子子
琛 陽州公永樂繼子孝緒永樂弟長弼 襄樂王顯國 上
洛王思宗子元海思宗弟思好 平秦王歸彥 武興王
普 長樂太守靈山子懿繼子伏護伏護孫乂
神武諸子
永安簡平王浚 平陽靖翼王淹子德 彭城景思
王浟子寶德 上黨剛肅王渙子寶嚴 襄城景王淯繼子
亮 任城王湝 高陽康穆王湜 博陵文簡王
濟 華山王凝 馮翊王潤 漢陽敬懷王洽
文襄諸子
河南康獻王孝瑜子弘節 廣寧王孝珩 河間王
孝琬子正禮 蘭陵武王長恭 安德王延宗 漁
陽王紹信
文宣諸子
太原王紹德 范陽王紹義 西河王紹仁
隴西王紹廉
孝昭諸子
樂陵王百年 汝南王彥理弟彥德彥基彥康彥忠
武成諸子
南陽王綽 琅邪王儼 齊安王廓 北平王
貞 高平王仁英 淮南王仁光弟仁幾邕仁儉 仁
仁雅仁直仁謙
後主諸子
東平王恪善德買德質錢
後周
邵惠公顥顥子什肥什肥子胄什肥弟導導子廣廣子洽廣弟翼翼
弟眾導弟護北羅協馮遷 杞簡公連子元寶元寶繼子亮亮弟椿 莒
莊公洛生子菩薩菩薩繼子至賓貢 虞國公仲子興興子洛
廣川公測弟深深子孝伯 東平公神舉父顯和神舉子同神
舉弟慶慶子靜亂靜亂子協協弟晶
文帝十王
宋獻公震繼子實 衞剌王直 齊煬王憲子貴 趙僭
王招 譙孝王儉 陳惑王純 越野王盛
代奰王達 冀康公通 滕聞王逌
孝閔一王
紀厲王康
明帝二王
畢剌王賢 酆王貞
孝武六王
漢王贊餘五王與贊同爲隋文所誅
宣帝二王
萊王衎與郢王術同爲隋文所誅
隋
蔡景王整子智積 滕穆王瓚子綸 道宣王嵩 衞昭
王爽子集 河間王弘子慶 義城公處綱弟處樂 離石太
守子崇
文帝四王
房陵王勇子儼 秦孝王俊子浩湛 庶人秀 庶人諒
煬帝三子
元德太子昭子侑是爲恭帝次燕王倓次越王侗 齊王暕 趙
王杲
卷第八十六 周異姓世家
齊 陳杞 宋 楚
卷第八十七
越 趙 田氏
卷第八十八 列傳
孔子 孔子弟子 老子 列子 莊子 申
不害 韓非 司馬穰且 孫武孫臏 吳起 孟
子鄒忌鄒衍 淳于髡 慎到 騶奭 荀卿
卷第八十九
春秋
周
富辰 王孫滿 劉康公 單襄公 太子晉
單穆公
魯
眾仲 申繻 公子彄 臧孫達 臧孫辰
臧孫許 臧孫紇 公子遂 公子季友 季
孫行父 季孫宿 季孫意如 季孫斯 季
孫肥 叔孫得臣 叔孫豹 叔孫婼 叔孫
州仇 仲孫穀難 仲孫蔑 仲孫速 仲孫羯
仲孫貜 仲孫何忌 子服椒 子服何
曹劌 展喜 子家羈 陽虎
卷第九十
晉

弟祕祕弟沖沖子嗣嗣子允允弟謙謙弟脩徐甯 王湛子承承子述
述子坦之禕之之子愷愉國寶忱愉子綏承族子嶠袁悅之祖台
之 荀崧子羨 范汪子甯汪叔堅 劉惔 張憑 韓伯

卷第一百二十八

王舒子允之 王廙弟彬彬子彪之彬從弟稜 虞潭孫嘯父潭兄子駿
顧眾 張闓 陸曄曄弟玩玩子納 何充 褚翜 蔡
謨 諸葛恢 殷浩顧悅之蔡裔 孔愉子汪安國弟祗從
子坦嚴從弟羣羣子沈 丁潭張茂 陶回 謝尚 謝安安子
琰琰子混安兄奕奕子元安弟万万弟石石兄子朗朗弟子邈

卷第一百二十九上下

王羲之子元之凝之徽之徽之子楨之徽之弟操之獻之許邁 王
遜 蔡豹 羊鑒 劉允 桓宣族子伊 朱伺
毛寶子穆之安之孫璩宗人德祖 劉遐 鄧嶽子遐 朱序
陳壽 王長文 虞溥 司馬彪 王隱 虞
預 孫盛 干寶 鄧粲 謝沈 習鑿齒
顧和 袁瓌子喬喬孫山松瓌弟猷瓌從祖準準孫耽耽子質 江
逌從弟灌灌子績 車允 殷顗 王雅 王恭 庾楷
劉牢之 殷仲堪 楊佺期 劉毅兄邁 諸葛
長民 何無忌 檀憑之 魏詠之

卷第一百三十

王敦沈充 桓溫孟嘉 桓元卞範之殷仲文 王彌 張昌 陳
敏 王如 杜曾 杜弢 王機 祖約 蘇
峻 孫恩 盧循徐道覆 譙縱

卷第一百三十一

宋

劉穆之穆之孫子邕穆之中子式之式之子瑀穆之從父兄子秀之 徐羨
之兄子佩之佩之弟逵之逵之子淇之湯休 傅亮兄迪族兄隆 檀道
濟兄韶韶孫珪韶弟祗 王鎮惡 朱齡石父綽弟超石 毛脩
之 沈田子弟林子林子子璞 傅弘之 朱脩之 王
元謨從弟元象 劉敬宣 劉懷肅弟懷敬懷徼子眞道懷徼弟懷
愼懷眞子德願德願子榮祖 劉粹弟道濟族弟損宗人伯龍 孫處
蒯恩 向靖子柳 劉鍾 虞邱進 孟懷玉弟龍符
胡藩 劉康祖父虔之伯父簡之簡之子道產道產子延孫

卷第一百三十二

趙倫之子伯符 蕭思話子惠開惠明 臧燾孫凝之燾弟熹熹子
質 謝晦晦兄瞻弟曜從叔澹 謝裕孫孺子裕弟純純弟述 謝方
明子惠連 謝靈運何長瑜孟顗 謝弘微子莊 王弘子錫錫弟僧
達 王微 王曇首子僧綽

卷第一百三十三

王誕兄子偃偃子藻 王華父廞孔甯子 王惠從父弟球 王或子絢兄
子蘊 王裕之 王鎮之弟弘之弘之子曇生阮萬齡 王韶之
王悅之 王准之族子素 王懿兄孫文和 到彥之
垣護之 張興世 袁湛弟豹豹孫顗 孔靖子靈符靈符
子深之 孔琳之孫顗 殷景仁子臻從弟淳淳子孚孚淳弟沖沖弟
淡

卷第一百三十四

褚裕之兄秀之淡之秀之子湛之 蔡廓子興宗 何尚之父叔度
子偃 張裕子永 張邵子敷弟悅兄子暢暢子浩暢淹 范泰子曄孔
熙先 荀伯子族弟昶昶子萬秋 徐廣郗紹 鄭鮮之 裴松之
何承天

卷第一百三十五

顏延之子竣竣弟測竣族兄師伯 沈懷文弟懷遠從父兄曇慶 周
朗 劉湛 庾悅 庾登之子仲遠弟炳之 顧琛 顧
覬之 羊欣 羊元保子戎兄子希 沈演之 江夷
子湛子智深弟 江秉之

卷第一百三十六

沈慶之慶之弟子文秀 沈攸之臧寅邊榮程邕之宗儼之 宗慤
柳元景 殷孝祖族子琰 劉勔 魯爽弟秀 薛安
都 鄧琬劉胡 宗越譚金童太一 吳喜 黃回王宜興高道慶

卷第一百三十七

齊

褚淵長子賁賁弟蓁淵弟澄淵從父弟炤炤弟炫 王儉儉弟遜儉叔
父僧虔僧虔子慈僧虔從子僧綝僧綝從子融 柳世隆 王晏子德
元晏弟詡晏從父弟思遠 徐孝嗣 王琨 張敬兒 王
敬則 陳顯達庾弘遠 崔慧景宗人恭祖東陽女子婁逞 李
安人子元履 戴僧靜 桓康 焦度 曹虎 呂
安國 周山圖 周盤龍子奉叔 王廣之 垣崇
祖夏侯恭叔崇祖從父兄榮祖榮祖從父閎閎子憘伯閎弟子曇深曇深妻鄭
氏邱景賓 沈文季兄子昭略昭略弟昭光昭光兄子曇亮 劉懷珍
子靈哲從子懷慰族弟善明善明從弟僧副 薛深 張欣泰 王
奐從父兄續續弟約

卷第一百三十八

劉悛弟繪繪弟瑱 崔祖思叔父景眞景眞子元祖祖思宗人文仲 荀
伯玉 蘇侃 虞悰 胡諧之范百年 虞玩之
劉休 江祏劉暄 蕭惠基弟惠休惠朗 張岱兄子緒 江謐
謝超宗 謝朓 謝顥弟瀹 到撝 沈憲 沈
沖 張融融弟寶稱 王秀之從父弟延之延之子綸之阮韜綸之子
昕秀之子峻 王瞻從叔元載弟元邈元載房叔安 袁彖宗人廓之 劉祥
陸澄 王諶從叔摛何憲孔遯 劉瓛蔡仲熊婁幼瑜瓛弟
璡 陸慧曉兄子閑閑子絳絳弟厥王斌 孔稚珪父靈產 周顒
庾杲之 江斅 何戢從叔昌寓 蔡約 裴昭明

顧憲之 孔琇之 王逡之
卷第一百三十九
梁
王茂 曹景宗 王珍國張齊 席闡文 夏侯詳
子亶夔魚弘 吉士瞻 蔡道恭 楊公則 鄧元
起羅研李膺 張惠紹 馮道根 康絢 昌義之
張弘策子緬纘綰 庾域子子輿 鄭紹叔 呂僧珍
樂藹子法才法藏法藏子子雲
卷第一百四十
沈約子旋 范雲孫伯騶從父兄縝 雲 韋叡叡兄纂叡子放正稜
黯 裴邃子之禮兄子之高之高弟之悌之悌弟之橫 江淹 任昉
柳惔惔弟惲惲子偃惲弟憕憕弟忱忱從叔慶遠慶遠子津津子仲
禮敬禮 王志兄子泰弟子筠筠子祥志弟彬彬弟寂志從子鷟鷟子規
鷟弟睞睞子承承弟訓志從父兄贍贍從子籍 王瑩子實瑩從父弟亮
王進之子清 王份子琳琳子銓銓弟錫錫弟僉份從孫克
卷第一百四十一
孔休源 裴子野 劉孝綽子諒孝綽弟潛潛弟孝勝孝
勝弟孝威孝威弟孝先孝綽從弟孺孺弟覽覽弟遵遵從弟苞 劉峻兄孝
慶劉沼峻從孫劉杳 何遜 劉顯從弟殺 劉之遴子三達弟之
亨從叔坦 明山賓弟少遐 張充從叔瓌瓌子率率弟盾瓌弟稷 褚
翔族父球 宗夬 袁昂馬仙琕昂子君正 庾華子喬喬子貞 庾
於陵弟肩吾 蔡撙 江蒨弟葺葺弟祿 周捨 王僧孺
謝朏子諼諼弟譓譓子哲朏弟子覽覽弟舉舉子嘏舉兄子僑 謝
幾卿 謝微 陸倕從子襄襄兄子雲公 到沆從弟溉溉子
鏡鏡子藎溉弟洽 蕭琛 陸杲子罩 庾仲容 蕭眎素
從弟洽洽弟介 臧嚴從叔未甄未甄子盾盾弟賦 徐君蒨
卷第一百四十二

徐勉 何敬容 范岫 傅昭弟映 傅岐 江革
弟觀子德藻革 許懋 殷鈞父叡宗人芸 陳伯之 陳慶
之慶之子陳昕 蘭欽 賀瑒瑒子賀革弟子賀琛 司馬褧 朱
异 顧協 徐摛 鮑泉鮑行卿行卿弟子正 王神念
楊華神念子僧辯徐嗣徽 羊侃子鵾 羊鴉仁 胡僧祐 杜
崱父懷寶崱兄嶷岸弟幼安 徐文盛 陰子春 王琳
張彪
卷第一百四十三
侯景王偉
卷第一百四十四
陳
杜僧明 周文育子寶安 侯瑱 侯安都 歐陽
頠子紇 黃法𣰰 淳于量 章昭達 吳明徹
胡穎 徐度子敬成 杜稜 周鐵虎 程靈洗子文
季 沈恪 陸子隆子之武弟子才 錢道戢 駱牙 孫
瑒 徐世譜 周敷 荀朗 周炅 魯悉達
蕭摩訶子世廉陳智深 任忠 樊毅弟猛 裴忌父之平 韓
子高 華皎 孔奐 王沖子瑒瑜 王通弟勱質固
王猛 到仲舉 庾持 許亨 褚玠
卷第一百四十五
袁樞弟憲叔敬泌 蔡凝 沈眾 蕭允弟引 韋載弟鼎
趙知禮 蔡景歷子徵 宗元饒 劉師知 謝岐
毛喜 沈君理弟君高君公 陸山才 沈炯 虞
荔弟寄 傅縡 章華沈客卿施文慶 顧野王 蕭濟 姚察 江總
徐陵子儉份儀陵弟孝克 周弘正弟弘讓弘直 陸繕從祖
孫瑱瑱子從典瑱從父弟琰琰弟瑜瑜從父兄玠瑜從父弟琛 張種
陰鏗 陳暄 杜龕 熊曇朗 周迪 留異

陳寶應
卷第一百四十六
後魏
衞操 莫含孫題雲 劉庫仁弟頭眷頭眷子羅辰庫仁子顯羅
辰元孫仁之仁之伯父乞歸乞歸子嵩 尉古眞弟諾諾子眷眷子多侯
多侯弟子慶賓眷弟地千古眞族元孫聿 穆崇崇元孫泰崇子觀觀子壽
孫羆羆弟亮亮子紹崇曾孫弼崇子顗 奚斤 叔孫建子俊 安
同子屈屈弟原原弟頡 庾業延 王建 羅結羅結子羅斤
婁伏連伏連子大拔大拔孫寶 閭大肥 奚牧 和跋
莫題 賀狄干 李栗 奚眷 燕鳳 許謙
崔宏宏子浩宏弟徽崔寬寬子衡衡子敞敞弟鍾 張袞孫白澤
白澤子倫 鄧淵子穎 長孫嵩從子道生道生孫觀觀子承業承業子彥
長孫肥子翰 于栗磾子洛拔洛拔子烈烈子忠忠弟景烈弟勁勁
子暉 崔逞子頤逞元孫休休從子愍逞宗人模 王憲子嶷嶷子雲 封
懿子元之孫磨奴磨奴纈子回回族叔軌軌子偉伯
卷第一百四十七
古弼 張黎 劉潔 邱堆 娥清 伊馛
乙瓌子乾歸 周幾 豆代田 車伊洛 王洛兒
車路頭 盧魯元 陳建 來大干 宿石
萬安國稽根 周觀 尉撥 陸眞 呂洛拔
薛彪子 尉元 慕容白曜子眞安白曜弟子契 和其
奴 苟頹 宇文福子延 宋隱從子恬恬孫弁弁子維紀
紀子欽道弁族弟穎穎族弟鴻貴弁族弟翻 許彥子宗之 刁雍曾孫沖
孫整靡族弟雙 辛紹先子鳳達孫祥祥弟少雍鳳達弟穆穆子子馥
韋閬孫俊俊子子粲閬從叔道福閬從子崇閬族弟珍珍子纘纘弟彧
褒子胐 杜銓 屈遵子恆恆孫拔 張蒲 谷渾 公孫
表子軌軌子叡軌弟質質子邃 張濟 李先曾孫預先子皎皎孫

王蘊 褚爽

後魏

賀訥 姚黃眉 杜超 賀述 閭毗 馮熙

李惠(子誕) 高肇 胡國珍(從曾孫長粲) 楊騰 乙弗

繪

北齊

趙猛 胡長仁

隋

高祖外家呂氏 獨孤羅(弟善 臨)

卷第一百六十六 忠義傳

魏

典韋 龐悳 龐淯(母娥) 閻溫 張恭(子就)

晉

嵇紹(從子含) 王豹 劉沉 麴允(焦嵩) 賈渾 王育

韋忠 辛勉(族弟賓) 劉敏元 周該(叔父級) 桓雄

韓階 周崎 易雄 樂道融 虞悝 沈

勁 吉挹(祖朗) 王諒 宋矩 車濟 丁穆 辛

恭靖 羅企生 張禕

宋

袁淑 袁粲(子最 莫嗣祖) 龔穎 張進之 卜天與

(子伯宗 弟天生 朱道欽 陳滿)

齊

邱冠先 張沖(房僧寄)

梁

張嵊 江子一 沈峻 韋粲

陳

魯廣達(楊孝辯)

後魏

于簡 段進 汲固 王元威 婁提 劉渴

侯 朱長生(子提) 鼂清 劉侯仁 王榮世(鄧元興)

胡小彪 孫道登(宗靈恩 宗女) 郭琰 沓龍超 乙

速孤佛保

後周

李棠 柳檜

隋

劉弘 游元 馮慈明 張須陁 楊善會

獨孤盛 盧楚(元文都) 劉子翊 堯君素 陳孝

意(張季珣 季珣弟仲琰 仲琰弟幼琮 杜松贇)

卷第一百六十七 孝友傳(附宋義行 後魏義行 齊義行 隋義行)

行

後漢

毛義 薛包 劉平(王望 王扶) 趙孝(王琳 兒萌) (魏譚 車成)

于恭 江革 劉般(劉般子劉愷 劉愷子劉茂) 周磐(蔡順) 趙

咨

晉

李密 盛彥 夏方 王裒 許孜(子生) 庾衮

孫晷 顏含 劉殷 王延 王談 桑虞

何琦 吳逵

宋

劉瑜(董陽) 賈恩 郭世道(子原平) 潘綜(陳遺 秦綿) 張楚

邱傑 師覺授 王彭 蔣恭 孫法宗 許

昭先 余齊人 孫棘(徐元妻許 錢延慶) 何子平 崔

懷順 嚴世期 吳慶之 徐耕(嚴成 王道蓋) 范叔

孫(吳國夫)

齊

王虛之(顧昌衍 柔之 江 江軻) 蕭叡明(鮮于文宗 文宗姊文英) 蕭矯

妻羊(羊緝之女 佩任 吳康之妻趙氏 蔣儁 之妻黃氏 吳翼母丁氏 丁長子婦王)

氏(陳氏三女 王氏女 屠氏女 乘公濟妻姚氏 范法恂妻褚氏) 公孫僧遠

吳欣之(童超之) 孫淡 華寶(薛天生 劉懷允 懷允弟懷則)

解叔謙(宗元卿 匡昕) (庾震 魯康祚) (朱文濟 謝昌寓) 韓靈敏 劉

渢(弟藻 柳叔夜) 吳達之(蔡曇智 何伯璵) 王文殊 樂頤(弟預 沈

昇之) 江泌 杜栖(劉縣 小兒) 庾道愍 韓係伯(聞人敻) 封

延伯(陳元子 范安祖) (邵榮興 李聖伯) (文獻叔 范道根) (徐生之 譚弘寶)

(何弘 王績祖) (陽黑頭 郝道福)

梁

滕曇恭(徐普濟 張悌) 庾黔婁 劉霽 劉曇淨 何

炯 陶季直 沈崇傃 荀匠 吉翂 甄恬

趙拔扈 韓懷明 褚脩 張景仁(宛陵女子) 王

整之姊(劉景昕) 陶子鏘 成景儁 李慶緒 謝藺

庾沙彌 江紑

陳

殷不害(弟不佞) 謝貞 司馬暠(子延義) 張昭(弟乾 王知元)

後魏

趙琰 長孫慮 乞伏保 孫益德 董洛生

楊引 閻元明(令狐仕 皇甫 奴 董吐渾) 吳悉達(崔承宗)

王續生 李顯達 倉跋 張昇 王崇 郭

文恭 石文德(趙令安 孟蘭強) 馬八龍 門文愛 石

祖興 邵洪哲 李几 王閭

北齊

陸卬

後周

晉
范平 文立 陳邵 虞喜 劉兆 氾毓
徐苗 崔遊 范隆 杜夷 董景道 續咸
徐邈 孔衍 范宣 韋謏 范弘之 王
歡
梁
伏曼容子暅 暅子挺 挺子知命 何佟之劉澄 嚴植之 司
馬筠 卞華 崔靈恩 虞僧誕 孔僉 盧廣 沈
峻舅太史叔明 孔子袪 皇侃
陳
沈文阿 沈洙 戚袞 鄭灼陸詡 沈德威 賀基 全
緩 張譏 顧越龔孟舒 沈不害 王元規陸慶
卷第一百七十四
後魏
梁越 盧醜 張偉 梁祚 平恆 陳奇
劉獻之 張吾貴 劉蘭 孫惠蔚 徐遵明
董徵 李業興子崇祖
北齊
李鉉 孫靈暉馬子結 石曜 馮偉 張買奴 劉軌
思 鮑季詳從弟長暄 邢峙 劉晝 馬敬德子元熙
張景仁 權會 張思伯張奉禮 張彫虎
後周
沈重 樊深 熊安生宗道暉 樂遜黎景熙 冀儁 趙文深
隋
辛彥之 何妥蕭該 包愷 房暉遠 馬光 劉焯
劉炫褚暉 顧彪 魯世達 張沖 王孝籍
卷第一百七十五 文苑傳
後漢
杜篤 王隆史岑 夏恭子牙 傅毅 黃香 劉毅
李尤李勝 蘇順曹衆 曹朔 劉珍 葛龔 王逸子延壽 崔
琦 邊韶 張升 趙壹 劉梁 邊讓 酈
炎 侯瑾 高彪 張超 禰衡
魏
王粲徐幹 陳琳 阮瑀 劉楨 邯鄲淳 繁欽 路粹 丁儀 丁廙 荀緯 應
璩桓威 吳質
晉
應貞 成公綏 左思 趙至 鄒湛 棗據
褚陶 王沈蔡洪 張翰 庾闡 曹毗 李充
袁宏 伏滔 羅含 顧愷之 郭澄之
卷第一百七十六
南齊
邱靈鞠 檀超熊襄 超叔父道鸞 吳邁遠 卞彬諸葛勗 袁嘏 高
爽 孫抱 邱巨源孔廣 司馬憲 孔逭 袁仲明 虞通之 孫詵 虞龢 王
智深 崔慰祖 祖沖之子暅之 暅之子皓 來疑 賈淵
梁
袁峻 劉昭子綰 緩 鍾嶸 周興嗣 吳均江洪 邱
遲從子仲孚 劉勰 何思澄子朗 雲 費昶 王子 任孝恭
顧協范懷約 善勛 謝 韋仲 紀少瑜
陳
杜之偉 顏晃 岑之敬 何之元 徐伯陽
張正見 阮卓
後魏
袁躍 裴敬憲 盧觀弟仲宣 封肅 邢臧 裴
伯茂 邢昕 溫子昇荀濟
北齊
祖鴻勳 李廣 樊遜茹瞻 劉逖 荀士遜
後周
王褒 庾信 顏之推弟之儀
隋
虞世基子熙 柳䛒 許善心 李文博 明克讓
劉臻 崔儦 王頍 諸葛潁 王貞 孫
萬壽 虞綽 王胄 庾自直 潘徽常得志 尹式
劉善經 孔德紹 祖君彥 劉斌
卷第一百七十七 隱逸傳
殷
伯夷叔齊
前漢
四皓 嚴君平 鄭子真
後漢
野王二老 向長 逢萌 周黨 王霸 嚴
光 井丹 梁鴻 高鳳 臺佟 韓康 矯
慎 戴良 法真 漢濱老父 陳留老父
龐公
魏
張臶 胡昭 焦先 扈累 寒貧
晉
孫登 董京 夏統 朱沖 范粲子喬 魯勝
董養 霍原 郭琦 伍朝 魯褒 氾騰
任旭 郭文 龔壯 孟陋 韓績 譙秀
翟湯子莊 郭翻 辛謐 劉驎之 索襲 楊軻
公孫鳳 公孫永 張忠 石垣 宋纖

晉

陳訓　戴洋　韓友　淳于智　步熊　杜不愆　嚴卿　隗炤　卜珝　鮑靚　吳猛　幸靈　佛圖澄　麻襦　單道開　黃泓　索紞　孟欽　王嘉　僧涉　郭黁　鳩摩羅什　沙門曇霍　臺產

宋

徐文伯 曾祖熙 祖秋夫 父道度 叔父叔嚮 從弟嗣伯 子雄 薛伯宗

梁

釋寶誌

卷第一百八十三

後魏

晁崇 弟懿　張淵 徐路 高崇祖 孫僧化　殷紹　王早　耿元　劉靈助 沙門靈遠　李順興 檀特師　顏惡頭　周澹　李脩 父亮　徐謇 從孫之才　王顯　崔彧 子景哲 景哲子冏　蔣少游

北齊

由吾道榮　王春　信都芳　宋景業　許遵 麴紹　吳遵世　趙輔和　皇甫玉　解法選　魏寧　綦母懷文　張子信　陸法和　馬嗣明

後周

蔣昇　強練　姚僧垣　褚該

隋

庾季才 子質　盧太翼　耿詢　來和　蕭吉　楊伯醜　臨孝恭　劉祐　張胄元　許智藏　萬寶常　何稠

卷第一百八十四　佞幸傳

前漢

鄧通　趙談　韓嫣　淳于長　張放　董賢　王閎

宋

戴法興 戴明寶 董元嗣 奚顯度　徐爰　阮佃夫 于天寶 壽寂之 姜產之 王道隆 楊運長

南齊

紀僧真　劉係宗　茹法亮 呂文度 綦母珍之 杜文謙 徐龍駒 曹道剛　呂文顯　茹法珍 梅蟲兒 徐世檦

梁

周石珍　陸驗 徐驎

陳

司馬申　施文慶　沈客卿　孔範

後魏

王叡 子椿 襲　王仲興　趙脩　茹皓 常季賢 陳掃靜 徐義恭　趙邕　侯剛　徐紇　鄭儼　郭秀

北齊

和士開 安吐根　穆提婆 母陸令萱　高阿那肱　韓鳳

卷第一百八十五　列女傳

後漢

勃海鮑宣妻　太原王霸妻　廣漢姜詩妻　沛國周郁妻　扶風曹世叔妻　河南樂羊子妻　漢中陳文矩妻　孝女曹娥　吳許升妻　汝南袁隗妻　酒泉龐淯母　沛劉長卿妻　安定皇甫規妻　南陽陰瑜妻　犍爲盛道妻　孝女叔先雄　陳留董祀妻

晉

羊耽妻辛氏　杜有道妻嚴氏　王渾妻鍾氏　鄭袤妻曹氏　愍懷太子妃王氏　鄭休妻石氏　陶侃母湛氏　賈渾妻宗氏　梁緯妻辛氏　許延妻杜氏　虞潭母孫氏　周顗母李氏　張茂妻陸氏　尹虞二女　荀崧小女灌　王凝之妻謝氏　劉臻妻陳氏　皮京妻龍氏　孟昶妻周氏　何無忌母劉氏　劉聰妻劉氏　王廣女　陝婦人　靳康女　韋逞母宋氏　張天錫二妾 閻氏 薛氏　苻堅妾張氏　竇滔妻蘇氏　苻登妻毛氏　慕容垂妻段氏　段豐妻慕容氏　呂纂妻楊氏　呂紹妻張氏　李暠妻尹氏

後魏

崔覽妻封氏　封卓妻劉氏　魏溥妻房氏　胡長命妻張氏　平原女子孫氏　房愛親妻崔氏　涇州貞女兒氏　姚氏婦楊氏　張洪祁妻劉氏　董景起妻張氏　陽尼妻高氏　史映周妻耿氏　任城國太妃孟氏　苟金龍妻劉氏　貞孝女宗　河東姚氏女　刁思遵妻魯氏　西魏孫道溫妻趙氏　孫神妻陳氏

隋

蘭陵公主　南陽公主　襄城王恪妃　華陽王楷妃　譙國夫人洗氏　鄭善果母崔氏　孝女王舜　韓覬妻于氏　陸讓母馮氏　劉昶女　鍾士雄母蔣氏　孝婦覃氏　元務光母盧氏　裴倫妻柳氏　趙元楷妻崔氏

卷第一百八十六　載記

前涼

通志總目録

通志卷一

宋右廸功郎鄭樵漁仲撰

三皇紀第一

太昊　炎帝　黃帝

臣謹按三皇伏羲但稱氏神農始稱帝堯舜始稱國自上古至夏商皆稱名至周始稱謚而稱氏者三皇以來未嘗廢也年代則稱紀（自開闢至獲麟凡二百七十六萬歲分為十紀）厥初生民穴居野處聖人教之結巢以避蟲豸之害而食草木之實故號有巢氏亦曰大巢氏亦謂之始君言君臣之道於是乎始也有天下百餘代民知巢居未知熟食燧人氏出焉觀星辰而察五木知空有火麗木則明故鑽木取火教民以烹飪之利號燧人氏以夫燧者火之所生也時無文字未有甲歷紀年始作結繩之政而立傳教之臺始為日中之市而興交易之道亦謂之遂皇或言遂皇持斗機運轉之法以施政教此亦欽若昊天以授民時之義也三皇者天皇地皇人皇是也其說不一無所取證當取伏羲為天皇神農為人皇黃帝為地皇之說為正（其說出三皇太古書然太昊以明天事故曰太昊炎帝以明民事故曰神農黃帝以明地事故曰黃帝此理甚明）伏羲作連山神農作歸藏黃帝作坤乾易之始自伏羲三易之本自三皇夏人因連山而作連山商人因歸藏而作歸藏周人因坤乾而作周易八卦具而六十四卦成世言伏羲畫卦文王重之皆沿襲之言也傳曰法始乎伏羲言圖象書契於此乎始三皇五帝三王之事蓋已久矣臣之所志在於傳信其有傳疑者則降而書之以備記載云

太昊伏羲氏亦曰庖犧氏亦曰皐雄氏亦曰天皇伏亦作虙犧亦作戲亦作羲或言象日月之明故曰太昊伏制犧牛故曰伏犧因取犧牲以充庖廚故號庖犧然去古已遠古人名號難以今義求也伏犧者燧人氏之子母曰華胥履大人之迹於雷澤而孕因風而生故為風姓伏羲生於成紀作都于陳故陳為太昊之墟樂曰立基或云扶來繼天而王為百王先人生之始也與禽獸無異知有母而不知有父知有愛而不知有禮卧則呿呿起則吁吁飢則求食飽則棄餘茹毛飲血而衣皮革伏羲德合上下天應以鳥獸文章地應以河圖洛書仰則觀象於天俯則觀法於地中則觀萬物之宜始作書契以代結繩之政始畫八卦卦有二爻重而為六十四名曰連山象法乾坤以正君臣父子夫婦之義始作罔罟以佃以漁以贍民用制嫁娶以儷皮為禮作二十五絃之瑟服牛乘馬冶金成器本陽氣之始而為律法本五材之用而定五行因龍馬負圖而出于河之瑞故官以龍紀而為龍師乃命子襄為飛龍氏造六書一曰象形二曰指事三曰會意四曰轉注五曰諧聲六曰假借使天下義理必歸文字天下文字必由六書命子英為潛龍氏造甲厤起於甲寅日月歲時自此而生又命五官春官為青龍夏官為赤龍秋官為白龍冬官為黑龍中官為黃龍乃升傳教之臺而以甲厤示民命栗陸為水龍氏繁滋草木疏導泉源毋怠於時命混沌為降龍氏驅除民害民安則安民危則危毋怠於民命大庭氏主屋廬為民居處命陰康氏主水土為民田里於是共工為上相柏皇為下相朱襄昊英常居左右朱襄即子襄昊英即子英也栗陸居北赫胥居南昆連居西葛天居東陰康居下分九州之牧而天下化洽在位百十六年左氏曰任宿須句顓臾風姓也實司太昊與有濟之祀四國伏羲之後歷夏商至周不泯所謂盛德必百世祀者

臣謹按言伏羲氏者為以木德王天下帝出乎震之義伏羲氏沒女媧氏作是為女皇春秋世譜云華胥生男子為伏羲女子為女媧故世言女媧伏羲之妹風姓八首蛇身乘伏羲制度作笙簧張雲幕枚占神明能變化萬物往古之時四極廢九州裂天不兼覆地不周載火爁炎而不滅水浩洋而不息猛獸食精民鷙鳥攫老弱女媧鍊五色石以補蒼天斷鼇足以立四極殺黑龍以濟冀川積蘆灰以止淫水天不足西北故日月移焉地不足東南故百川注焉蒼天補四極正淫水涸冀川平狡蟲死精民生女媧之後有大庭氏有柏皇氏有中央氏有栗陸氏有驪連氏有赫胥氏有尊盧氏有混沌氏有昊英氏有朱襄氏有葛天氏有陰康氏有無懷氏據女媧氏天子也自大庭之後十三氏皆臣於伏羲諸家以為天子臣每疑此在伏羲時為諸侯如夏商周在唐虞之世是也不然當伏羲之世分九牧而理天下各君一方以效其治後世之訛以為相繼為天子也或言朱襄之時多風而陽氣蓄積萬物解散果實不實士達作五絃瑟以來陰氣以定羣生葛天之時民俗熙熙其作樂也三人摻牛尾投足以歌八闋一曰載民二曰元鳥三曰遂草木四曰奮五穀五曰謹天常六曰達帝功七曰依地德八曰總萬物之極或言自伏羲至無懷千二百六十年自女媧至無懷凡十五君襲庖羲之號千一百五十年（或云自伏羲至無懷五萬七千七百八十二年自女媧至無懷一萬七千

七百八十七年

臣又按太史公作五帝紀擇其雅言而書臣今紀采諸家之言而以雅馴者爲經其不典之言則列於篇後以備記載非傳信也其誕而野如盤古者則亦不書

炎帝神農氏起於烈山亦曰烈山氏亦曰連山氏亦曰伊耆氏亦曰大庭氏亦曰魁隗氏亦曰人皇少典之元子其母曰女登有蟜氏之女也女登有神龍之感而生神農焉長於姜水故爲姜姓以火德王天下故爲炎帝民不粒食未知耕稼於是因天時相地宜始作耒耜教民蓺五穀故謂之神農民有疾病未知藥石乃味草木之滋察寒溫之性而知君臣佐使之義皆口嘗而身試之一日之間而遇七十毒或云神農嘗百藥之時一日百死百生其所得三百六十物以應周天之數後世承傳爲書謂之神農本草又作方書以救時疾復演八卦而爲六十四卦名之曰歸藏作都于陳後徙魯以火紀官春官爲大火夏官爲鶉火秋官爲西火冬官爲北火中官爲中火樂曰下謀或曰扶持其俗樸重端慤不忿爭而財足無制令而民從威厲而不殺法省而不煩列廛於國日中爲市始作五絃削桐爲琴糾絲爲絃以通天地之德以合神人之和郊特牲曰伊耆氏始作蜡明堂位曰土鼓蕢桴葦籥伊耆氏之樂也夙沙氏爲諸侯不用命箕文諫而殺之神農退而修德夙沙之民自攻其君而來歸南交趾北幽都東暘谷西三危是其封域也在位百二十年或云百四十年

臣謹按炎帝之女溺死東海化爲精衛每銜西山木石以塡東海無雄偶海燕而生今東海畔有衛誓水以精衛溺於此川故誓不飲其水一名鳥誓一名冤禽一名志鳥俗呼帝女雀又按神農人身牛首納莽水氏之女曰聽談生臨魁嗣神農曰帝臨魁在位八十年或云六十年帝承嗣位六十年或云六年一本承在臨魁前帝明嗣位四十九年帝直嗣位四十五年帝釐嗣位四十八年帝哀嗣位四十三年帝榆罔嗣位五十五年諸侯相侵帝不能正黃帝征之天下尊爲天子炎帝遂絕自神農至榆罔五百年自臨魁至榆罔凡七帝襲神農之號三百八十年呂氏春秋曰神農有天下七世朱均曰女媧至神農七十二姓譙周曰伏羲次有三姓至女媧女媧五十姓至神農神農相承八代共五百二十年

黃帝軒轅氏亦曰地皇亦曰有熊氏亦曰帝鴻氏亦曰歸藏氏或言有土德之瑞故曰黃帝有軒冕之服故曰軒轅作都于有熊故曰有熊少典娶于有蟜氏孕二十四月而生帝于壽邱本姓公孫以長于姬水故改姓姬帝生而神靈弱而能言年逾十五聰明無不徇通神農氏世衰諸侯相侵暴帝乃習用干戈以征不享諸侯咸來賓從於是修德振兵治五氣蓺五種撫萬民度四方教熊羆貔貅貙虎與炎帝戰於阪泉之野三戰然後得志蚩尤爲亂獨伯天下莫與之爭衡帝乃徵師諸侯以中黃直爲將與戰於涿鹿之野遂禽蚩尤戮於中冀名其地曰絕轡之野或云榆罔之時有庶人曰蚩尤逐榆罔榆罔與軒轅殺蚩尤于中冀軒轅復與榆罔五戰于阪泉爲軒轅所滅諸侯咸尊之代神農氏爲天子是爲黃帝始制法度正名百物萬世不能易也爲營陣之法設五旗五麾有不率化者從而征之凡五十二戰而天下服披山通道未嘗甯居東至于海登丸山及岱宗西至于空桐登雞頭南至于江登熊湘北逐葷粥合符釜山而邑于涿鹿之阿遷徙往來無常處以師兵爲營衛受命之日有景雲之瑞故官以雲紀師以雲命春官爲青雲夏官爲縉雲秋官爲白雲冬官爲黑雲中官爲黃雲置左右大監監于萬國萬國和而鬼神山川封禪與爲多焉獲寶鼎神策是歲己酉朔旦冬至得天之紀迎日推策終而復始演八卦爲六十四卦名之曰坤乾帝受河圖見日月星辰之象始有星官之書察五運六氣乃著岐伯之問是爲內經或言內經後人所作而本於黃帝舉風后力牧泰山稽常先大鴻以治民封鉅鬼臾區皆臣佐也或云黃帝得六相而天地治神明至風后明乎天道故爲當時太常察乎地利故爲稟者奢龍辨乎東方故爲土師祝融辨乎南方故爲司徒大封辨乎西方故爲司馬后土辨乎北方故爲理官又造書契調鍾律紀厤數命蒼頡爲史官制文字大撓爲帝師作甲子容成造厤隸首作數伶倫制十二律自大夏之西阮隃之陰取竹於嶰谿之谷其竅厚鈞者斷兩節間而吹之長三寸九分以爲黃鍾之宮制十二筒聽鳳凰之鳴而別十二律其雄鳴六雌鳴亦六叶黃鍾之宮是生六律六呂候氣之應以正五聲賓厤數權衡度量所由生也又命榮猨與伶倫鑄十二鍾以和五音仲春之月辰在乙卯日在奎始奏之命曰咸池亦曰大咸始制衣服作冕旒充纊元衣黃裳析翬翟之華漬草木之英變爲五色文章而著於器服以表貴賤服牛乘馬作舟車以通道上棟下宇作宮室以居安重門擊柝以待暴客作杵臼以利用作弧矢以振威旁行海內方制萬里晝野分州得百里之國萬區以分星次經土設井以塞爭端立步制畝以均不足使八家爲井井開四道而分八宅

同井而飲存亾更守男女交姻有無相貸疾病相扶風俗可同生產可一性情可親井一爲鄰鄰三爲朋朋三爲里里五爲邑邑十爲都都十爲師師十爲州分於井而計於州則地著而數詳民不習僞官不懷私城郭不閉見利不爭風雨時若五穀豐登人無夭枉物無疵厲鷙鳥不妄搏猛獸不妄噬裔夷之人罔不來享有草生于庭佞人入則指之名曰屈軼鳳凰巢于阿閣麒麟游于苑囿帝二十五子爲二十五宗其四母之子得姓者十四人別爲十二姓姬酉祁己滕箴任荀僖姞儇依二人爲姬二子爲己帝娶西陵之女曰嫘祖亦曰女節生二子其後皆有天下一曰元囂是爲青陽降居江水爲帝少昊二曰昌意降居若水爲諸侯昌意娶蜀山女曰昌僕亦曰女極生高陽爲帝顓頊黃帝崩在橋山在位百年年百十歲或云在位百十年年三百歲子孫相承共一千五百二十年皇覽曰橋山在上郡今綏州也

臣謹按晉語黃帝之子二十五宗其得姓者十四人爲十二姓姬酉祁己滕箴任荀僖姞儇依是也二人爲姬二人爲己自神農至榆罔凡七世襲炎帝之號皆神農之裔也黃帝在位百年五帝三王皆黃帝之裔也據晉語少典娶于有蟜氏生黃帝然炎帝至榆罔更八世五百年何由有同父兄弟故知國語之言不可盡信先儒本之今不遽易也臣又按方士之言曰黃帝采首山之銅鑄鼎於荆山之下鼎既成有龍垂胡髯下迎黃帝帝上騎羣臣後宮從上者七十餘人龍乃升天餘小臣不得上悉持龍髯髯拔墮黃帝之弓百姓仰望乃抱其弓與胡髯而號故後世名其地曰鼎湖弓曰烏號又曰黃帝迎日推策後率二十歲復朔旦冬至凡二十推三百八十年黃帝仙登於天又按外紀黃帝與蚩尤戰於涿鹿之野蚩尤爲大霧軍士昏迷軒轅作指南車以示四方山海大荒北經曰蚩尤伐黃帝帝命應龍攻於冀州之野應龍蓄水蚩尤請風伯雨師作大風雨黃帝下天女曰魃止雨河圖曰蚩尤兄弟八十一人並獸身人語食沙石作兵仗刀戟大弩威振天下誅殺無度天授軒轅神符伏蚩尤蚩尤沒後亂未定軒轅畫蚩尤象以威海內管仲曰葛盧山交而出水金從之出蚩尤受之以作劍戟任昉述異記蚩尤兄弟七十二人銅頭鐵額食鐵石能作雲霧軒轅誅之於涿鹿今冀州也有蚩尤神俗云人身牛蹄四目六手冀州人掘地得髑髏如銅鐵者即蚩尤骨齒長二寸堅不可碎秦漢間說蚩尤者耳鬢如劍戟頭有角與軒轅鬭以角抵人人不能向今冀州有樂名蚩尤戲其民三三兩兩頭戴牛角而相觝漢造角觝戲蓋其遺制也皇覽曰蚩尤冢在東平壽張闞鄉高七尺居民常以十月食之有赤氣如匹絳而出鄉人呼爲蚩尤旗又按崔實月令曰祖者道祭也黃帝之子好遠遊死爲道路神故後人出行有祖餞之事述異記蒼頡墓在北海俗呼爲藏書室有碑文周時莫識遂藏故府逮秦時李斯始識八字云上天作命皇辟迭王漢叔孫通識十二字又云南海中有軒轅邱鸞自歌鳳自舞古云天帝樂也

臣又按伏羲有河圖之應矣而黃帝復受河圖伏羲命子襄作六書矣而黃帝復命蒼頡制文字伏羲己造律厤矣而黃帝復有律厤之作伏羲作易矣而神農黃帝復作易學者不能無疑於古帝王受命之符皆有其應所以伏羲黃帝各受河圖者也古者書契未一用字亦希故隨時而作務在應用所以周有史籀秦有李斯皆一時制字之人也乃若律厤之所更易象之所作亦在適時所以三代之前律厤不同而易亦異

右天皇自伏羲至無懷十五世千二百六十年

人皇自神農至榆罔八世五百年地皇黃帝一世百年三皇凡二十四世共千八百六十年

通志卷一

通志卷二

宋右廸功郎鄭樵漁仲撰

五帝紀第二

帝少昊　帝顓頊　帝嚳　帝堯　帝舜

帝少昊青陽氏卽元囂也亦謂之摯或言名摯以金德王天下亦謂之金天氏邑於窮桑帝初爲巳姓之祖後改爲嬴作都於曲阜樂曰九淵用度量制樂器有鳳鳥之瑞故以鳥紀官爲鳥師而鳥名鳳鳥氏厤正也元鳥氏司分者也伯趙氏司至者也青鳥氏司啟者也丹鳥氏司閉者也祝鳩氏司徒也鴡鳩氏司馬也鳲鳩氏司空也爽鳩氏司寇也鶻鳩氏司事也五鳩鳩民者也五雉爲五工正九扈爲九農正官修其方而天下理帝有四子重該修熙重爲木正曰句芒該爲金正曰蓐收修熙相代爲水正曰元冥又有金天氏之裔子曰昧爲元冥師有共工氏之子爲土正曰句龍有高陽氏之孫黎爲高辛氏之火正曰祝融是爲五官皆在高陽高辛之世少昊在位八十四年年百歲或云在位百年命厤序曰少昊傳八世五百年或云十世四百年葬雲陽

臣謹按昊亦作皞以能修太昊之法故曰少昊或言明象日月故曰少昊然昊者天之昭著也太昊少昊皆明於天事者諸家記載並存少昊惟司馬遷失紀謂黃帝崩高陽立且有君如少昊詎可不書況與高陽高辛堯舜之帝是爲五

帝顓頊高陽氏黃帝之孫昌意之子生十歲而佐少昊十二而冠二十卽帝位受學於綠圖静淵以有謀疏通而知事養材以任地載時以象天依鬼神以制義治氣以敎化絜誠以祭祀樂曰五莖或云六莖作都于衞是爲帝邱後徙高陽故稱高陽氏尙赤薦玉以赤繒少昊之衰也九黎亂德民神雜糅不可方物家爲巫史無有要質民匱于祀嘉生不降無物以成禍災薦臻莫盡其氣顓帝受之乃命南正重司天以屬神北正黎司地以屬民使復舊常無相侵瀆作厤以孟春爲元是時正月朔旦立春五星會于營室冰始泮蟄始出雞三號天曰作時地曰作昌人曰作樂鳥獸萬物皆以和應故顓帝聖人爲厤宗也命飛龍氏作樂效八風之音名曰承雲以祭上帝北至于幽陵南至于交趾西至于流沙東至于蟠木東海有山名曰度索上有大桃樹屈蟠三千里動靜之物小大之神日月所照莫不砥屬有子四人曰窮蟬伯鯀皐陶老童顓帝崩葬濮陽在位七十八年年九十八歲或云九十一歲命厤序曰顓帝傳九世三百五十年或云八世五百四十八年

臣謹按高陽氏以水德王天下又按容成造厤雖起於黃帝而三統厤始自伏羲然厤法以顓帝爲宗上古之時民濱俗厖爲君者惟以奉天事神爲務故其治略於人而詳於天其行事見於方冊者載在厤家及緯書爲多唐虞之後以民事爲急故其治詳於人而略於天孔子不語怪力亂神故著書斷自唐虞又按顓帝之法婦人不避男子於路者刜之四達之衢命鱓先爲樂倡鱓乃偃浸以其尾鼓其腹其音英此皆誕言也

帝嚳高辛氏亦曰俈黃帝之曾孫也黃帝生元囂是爲少昊元囂生蟜極蟜極不得位而生嚳姬姓嚳問道於栢招年十五佐高陽三十登帝位以其居於高辛故曰高辛氏樂曰六英或曰五英作都于亳尙黑薦玉以黑繒命咸黑爲聲歌九韶六列六英命倕作鞞鼓鍾磬吹苓管壎篪鳳鳥天翟來舞以光帝德命重黎爲火正曰祝融或言顓帝生稱稱生卷章卷章生重黎爲嚳火正焞燿敦大天明地德光照四海生柔嘉材故命曰祝融共工氏作亂帝命重黎誅之而不盡帝以庚寅日誅重黎以其弟吳回爲重黎後復居火正爲祝融遂平共工氏帝生而神靈自言其名博愛利物不於其身聰以知遠明以察微順天之義知民之急仁而威惠而信修身而天下治取地之財而節用之撫萬民而利誨之歷日月而迎送之明鬼神而謹事之帝執中而徧天下日月所照風雨所至莫不服從帝有六子陳鋒氏女曰慶都孕十四月生堯於丹陵娵訾氏女曰常儀生摯有邰氏女曰姜原生棄有娀氏女曰簡狄生契又有閼伯封商邱主辰實沈封大夏主參未知其母之爲誰也嚳在位七十五年年百五歲或云六十三年年百歲又云九十八歲九十二歲葬濮陽命厤序曰嚳傳十世四百年摯嗣立荒淫無度諸侯廢之推堯爲天子摯在位九年非帝之限不當五運自黃帝至摯三百四十一年少昊至摯四世二百四十一年命厤序曰黃帝傳十世千五百二十年或云十八代

臣謹按高辛氏以木德王天下又按共工氏在伏羲之後專任知刑以水德居木火之間霸而不王亦以水紀官周語曰共工欲壅防百川墮高堙庳以害天下皇天弗福庶民弗佑是以滅亾賈逵曰共工諸侯也炎帝之後姜姓高陽氏衰共工與高辛爭而王歸藏啟筮曰共工人面蛇身朱髮淮南子曰共工之力觸不周之山使地傾東南與高辛爭而帝遂潛于淵又曰舜時有共工振滔洪水以薄空桑文子曰共工水害顓帝誅之荀卿曰禹伐共工據此所言皆不足

信然共工氏當始於伏羲之後子孫承傳以至堯舜之世皆謂之共工氏

帝堯陶唐氏曰放勳嚳之子姓伊祁身長十尺年十五佐兄摯封唐侯二十一即帝位或言摯禪于堯高氏云摯崩而帝放勳立堯始封于唐今中山唐邑後遷于晉陽及爲天子都平陽樂曰大章帝聰明文思允恭克讓其仁如天其知如神就之如日望之如雲富而不驕貴而不舒以尹壽爲師以許由爲友內則親睦九族外則辨章百姓協和萬邦黎民於變時雍黃收純衣彤車乘白馬尙白薦玉以白繒茅茨不翦土階三尺樸桷不斲素題不枅大羹不和粢食不鑿大路無文越席不純飯土簋飲土鉶夏葛衣冬鹿裘棄金玉捐文綺不視異物不寶玩器衣履不盡敝不更爲禁淫僞輕徭賦不奪民時不爭民利置諫鼓達窮民立謗木使人書之樂聞過也巡狩告成周流五嶽存鰥寡賑荒札一民飢則曰我飢之一民寒則曰我寒之一民罹辜則曰我陷之故民戴之如日月愛之如父母不賞而勸不罰而治三苗復九黎之亂堯克之于丹水之浦以服南蠻不忘重黎之舊使其後復典之是爲羲氏和氏乃命以順天之道厤象日月星辰分爲四序以授民時羲仲居嵎夷理東作以殷春中羲叔居南交理南訛以正夏至和仲居昧谷理西成以殷秋中和叔居朔方理朔易以正冬至四時之氣既正日星之躔無爽故人民之作息鳥獸之孳乳皆可得而理乃正閏餘以成歲功下逮商周重黎氏世敍天地而別其分主是時龍門未開呂梁未發河出孟門江淮通流無有平原高阜故曰洪水滔天懷山襄陵堯憂民之憂而求治水者羣臣四嶽皆舉高陽氏之子伯鯀堯封鯀爲崇伯使之治水鯀乃興徒役而作九仞之城訖無成功堯有子十人散宜氏之女曰女皇生丹朱應嗣堯以年老欲巽位而丹朱嚚訟不可授乃以天下授許由許由不受乃訪諸四嶽嶽曰有鰥民曰虞舜瞽瞍之子父頑母嚚弟傲舜以孝道諧其家使不至於惡堯曰我其試哉乃妻以二女封之有虞而爲諸侯歷試三年知舜之德以爲授舜則天下得其利而丹朱病授丹朱則天下病而丹朱得其利堯曰終不以天下之病而利一人卒授舜陶唐氏之世俗熙民泰有老人擊壤而歌於路曰吾日出而作日入而息鑿井而飲耕田而食帝力於我何有哉故仲尼稱之曰惟天爲大惟堯則之蕩蕩乎民無能名焉巍巍乎其有成功堯生以甲申即位以甲辰召舜以甲午召舜之年堯七十一矣舜以甲寅攝政堯九十一矣以辛巳崩是避位二十八年在位九十八年凡百十八歲葬于穀林實濟陰百姓悲哀如喪父母三年四方莫舉樂舜畢三年之喪避丹朱於南河之南諸侯朝覲者不之丹朱而之舜獄訟者不之丹朱而之舜謳歌者不謳歌丹朱而謳歌舜舜曰天也而後之中國踐天子位焉

臣謹按陶唐氏以火德王天下又按陶唐之世越裳國獻神龜蓋千歲方三尺餘背有科斗文記開闢以來堯命錄之謂之龜厤又堯之庭有草生焉曰蓂莢十五之前日生一葉十五之後日落一葉小餘則一葉厭而不落觀之可以知旬朔故又名厤草景星見甘露降醴泉溢朱草生神禾敷鳳巢阿閣龍見宮沼玉藕生沼中蟊化爲禾烏化爲白宮中一日而十瑞又按淮南子堯時十日並出堯命羿仰射之中其九九烏皆死墮其羽翼或言十日並出焦禾稼殺草木而民無所食猰貐鑿齒九嬰大風封豨修蛇皆爲民害堯使羿誅鑿齒於疇華之野殺九嬰於凶水之上繳大風於青邱之澤上射十日下殺猰貐斷修蛇於洞庭禽封豨於桑林於是山川險夷道里遠近可得而理也又按任昉述異記堯誅鯀於羽山化爲黃熊入於羽淵今會稽人祭禹廟不用熊白黃能即黃熊也陸居曰熊水居曰能昉按今江淮中獸名能能蛇之精冬化爲雉春復爲蛇今吳中不食雉毒故也

臣謹按能乃來切所以古人借爲耐字其音與熊自是相遠惟文相近所以致訛實非熊也又按如淳曰誹謗之木即橋梁交午柱頭也應邵曰誹謗木橋梁邊版也所以書政治之愆至秦去之

帝舜有虞氏曰重華亦曰大舜亦曰都君顓頊生窮蟬窮蟬生敬康敬康生句芒句芒生蟜牛蟜牛生瞽瞍瞽瞍生舜自窮蟬至舜皆微爲庶人舜重瞳龍顏大口黑色長六尺生於姚墟故姓以姚舜之母曰握登死而瞽瞍以繼室生象瞽瞍惑於繼室而暱象象復陰相父母有殺舜之心舜無所恨而事父母與弟不敢怠違年雖五十猶作嬰兒慕親堯聞其賢聘之於草茅之中與之語禮樂而知其道廣大不窮妻以二女以觀其內使九男與處以觀其外舜遷于嬀汭二女從之率舜之教不敢以貴易其親戚盡婦道焉九男相與益篤舜冀州人也耕于歷山歷山之人皆讓畔漁于雷澤雷澤之人皆讓居陶於河濱河濱之器不苦窳作什器於壽邱就時於負夏一年所居成聚二年成邑三年成都昔高陽氏有才子八人天下謂之八愷高辛氏有才子八人天下

謂之八元此十六族者世濟其美不隕其名堯不能舉舜舉八愷使主后土以揆百事莫不時序舉八元使布五教于四方內平外成昔帝鴻氏有不才子天下謂之渾敦少昊氏有不才子天下謂之窮奇顓頊氏有不才子天下謂之檮杌縉雲氏有不才子天下謂之饕餮渾敦窮奇檮杌饕餮皆惡獸也能爲人害故天下之人目爲四凶堯不能去舜乃流四凶族投諸四裔以禦魑魅舜有大功二十四方莫不仰戴堯知舜之足授天下也使攝行天子事舜辭不獲乃以正月朔受終于文祖文祖者堯之祖廟以明天下之重不敢以己授也舜用璿璣玉衡以齊日月五星之政類于上帝禋于六宗望于山川徧于羣神集五瑞五瑞者五等諸侯所執之玉也覲四嶽羣牧然後班瑞修巡狩之禮歲二月東巡狩至于岱宗柴望秩于山川覲東方諸侯協時月正日同律度量衡修五禮五玉三帛二生一死贄如五瑞卒乃復五月南巡狩八月西巡狩十一月北巡狩各於方嶽其禮如初歸格于祖廟用特牛禮五載一巡狩諸侯四朝敷奏以言明試以功車服以庸肇十有二州封其山望濬其川瀆法有常典惟刑之恤伯鯀治水九載而功用不成三苗爲亂於江淮驩兜舉共工試以工師淫荒怠事舜因巡狩歸而言於帝請流共工于幽州以變北狄放驩兜于崇山以變南蠻遷三苗於三危以變西戎殛鯀于羽山以變東夷四罪而天下咸服舜攝位二十八年堯崩舜仰慕三年坐則見堯於牆食則覩堯於羹三年喪畢而避丹朱天下不歸丹朱而歸舜然後踐天子位即位之明年正月元日格于文祖詢四嶽闢四門明四目達四聰四方之情無所壅蔽命十二牧所重民食敬授民時遠至邇懷蠻夷率服舜本處虞之媯汭號曰有虞氏作都于蒲阪尙赤其社用土封丹朱于丹淵爲諸侯以奉先祀服其服禮樂如之謂之虞賓示弗臣也舜載天子之旗往朝瞽瞍彌奉子道封象於有庳象雖爲諸侯不得爲政天子使吏治其民而納其貢賦舜廣視聽求賢以自輔作五明扇立誹謗木恭巳無爲彈五絃之琴歌南風之詩曰南風之薰兮可以解吾民之愠兮南風之時兮可以阜民之財兮當堯之時禹皐陶稷契伯夷夔龍垂益彭祖皆以舉用未有分職舜知任不專則功不成業不世則知不周鯀雖治水無功而禹爲其子九年之間足知利害不使易業故首命禹爲司空平水土誅父用子而舜無疑心戮力勤王而禹無仇色又命棄爲后稷播百穀命契爲司徒敷五教命皐陶爲士明五刑命垂作工理百工命益作虞治山澤命伯夷作秩宗典三禮命夔典樂教胄子命龍作納言出納帝命舜於是總命之曰各恭厥職時亮天功三載考績三考黜陟幽明庶績咸熙乃封契於商賜姓子封棄於邰賜姓姬封禹於夏賜姓姒禹曰非予能成大費是輔舜嘉大費之功錫以元玉妻以姚姓之女封之土田賜姓嬴祚四嶽之國命以侯伯賜姓姜封於申呂即伯夷也垂益夔龍之後不知所封夔效山林谿谷之音以歌以麋輅置缶而鼓之擊石拊石象上帝石磬之音以致舞獸拊五絃之瑟爲十五絃命曰大章以祭上帝或曰重黎舉夔舜以爲樂正乃命益八絃爲二十三絃之瑟夔修九韶六列六英以明帝德正大律和五聲以通八風重黎欲益求人舜曰一夔足矣十二牧行而九州莫敢違惟禹之功爲大披九山通九澤決九河復舊制而定九州土田貢賦各效其職方五千里至於荒服天下明德自虞帝始其樂曰大韶故仲尼稱之曰韶盡美矣又盡善也君臣悅懌相和而歌曰元首明哉股肱良哉庶事康哉又相戒勑而歌曰元首叢脞哉股肱惰哉萬事墮哉于時日月光華卿雲叢聚又相和而歌卿雲帝歌曰卿雲爛兮糺縵縵兮日月光華旦復旦兮八伯稽首曰明明上天爛然星陳日月光華宏于一人帝乃再歌曰日月有常星辰有行四時順經萬姓允誠於予論樂配天之靈遷于賢聖莫不咸聽鼚乎鼓之軒乎舞之精華巳竭褰裳去之有苗氏左洞庭右彭蠡大山在其南殿山在其北負固不服禹欲伐之舜曰吾德不厚而行武可乎乃大敷文德舞干羽于兩階七旬有苗格初舜娶堯二女曰娥皇女英女英生商均亦不肖舜子九人在位三十三載命禹攝行天子事禹推與皐陶不獲乃以正月朔旦受命于神宗帥百官若帝之初舜生三十徵庸三十在位五十載陟方乃死是爲天子五十年年百十歲司馬遷曰舜二十以孝聞三十堯舉之五十攝行天子事五十八堯崩六十一代堯踐帝位三十九年南巡狩崩於蒼梧之野葬於江南九疑是爲零陵或言舜葬于紀市廛不變其肆皇甫謐曰舜以堯之二十一年甲子生三十一年甲午召用七十九年壬午即眞百歲癸卯崩盖本史記之言也或云舜一百五歲或云百十二歲舜豫薦禹於天十七年而崩三年之喪畢禹亦避舜之子諸侯歸之然後踐天子位丹朱商均皆有土世爲唐虞之國以奉先祀服其服禮樂亦如之以客禮見天子天子弗臣示不敢專也有虞氏禘黃帝而祖顓頊郊堯而宗舜幕能帥顓頊者也故報焉熊安生解禮云周以黃帝堯舜之後爲三格

臣謹按有虞氏以土德王天下又按司馬遷本孟子

之言而表裏之曰堯賜舜絺衣與琴爲築倉廩與牛羊瞽瞍尙復欲殺之使舜上塗廩瞽瞍從下縱火焚廩舜乃以兩笠自扞而下去得不死後瞽瞍又使舜穿井舜穿井爲匿空旁出舜既入深瞽瞍與象共下土石實井舜從匿空出去瞽瞍象喜以舜爲已死象曰本謀者象象與其父母分乃取舜妻二女與琴而以牛羊倉廩與父母象乃止舜宮居鼓其琴舜往見之象鄂不懌曰我思舜正鬱陶舜曰然爾其庶哉舜復事瞽瞍愛弟彌謹又按韋昭曰三苗炎帝之後諸侯也堯舜之時誅討有罪廢絕其世不滅其國立其近親紹其先祀所以有苗國歷代常存屢不從化隳巢子汲冢紀年曰三苗將亾天雨血夏有冰地坼及泉青龍生於廟日夜出晝日不出又按韓子曰瞽瞍爲父而舜放之象爲弟而舜殺之觀此所言則六經不得夫子所謂聖人者其難爲聖人矣韋昭三苗之說有理哉又按任昉述異記湘水去岸三十里有相思宮望帝臺昔舜南巡而殁葬於蒼梧娥皇女英追之不及相與慟哭淚霑竹竹文悉爲之斑斑然又云會稽山下有虞舜巡狩臺臺下有望陵祠舜南巡九疑民思之故作是祠又云舜都郭門古宮存焉宮前有堯臺舜館銘記文古不復識者按皇覽曰舜冢在零陵營浦縣其山九谿皆相似故號九疑傳曰舜葬蒼梧象爲之耕山海經曰蒼梧山舜葬于陽丹朱葬于陰皇甫謐曰二妃葬衡山

右五帝自少昊至舜凡五世共三百八十五年

通志卷二

宋右廸功郎鄭樵漁仲撰

三王紀第三上

夏

禹夏后氏曰文命亦曰大禹元年戊戌姒姓顓帝生鯀鯀生禹禹之母有莘氏女曰修巳禹生於石紐長於西羌長九尺二寸聲爲律身爲度敏給克勤其德不違其仁可親其言可信亹亹穆穆爲綱爲紀見耕者五耦而式過十室之邑則下爲秉德之士存焉聞善言則拜不貴尺璧而重寸陰當堯之時洪水滔天用鯀治之九年不成舜攝堯之政巡狩而行見治水無狀乃殛鯀於羽山天下皆以舜之誅爲是舜乃舉禹使續父業天下皆以舜之舉爲公堯崩舜欲廣堯之績而求總百揆之人僉曰伯禹作司空舜曰嗟禹汝平水土惟時懋哉禹念前日之非度傷先人之無成一朝受命不敢逭遑勞身焦思面目黧黑步不相過居外十三年過家聞其子呱呱而泣門不入也菲飲食致孝乎鬼神惡衣服致美乎黼冕卑宮室盡力乎溝洫陸行乘車水行乘舟泥行乘橇山行乘欙身執耒臿以爲民先股無胈脛無毛手足胼胝體幹枯蝕高高下下疏壅導滯左準繩右規矩載四時封九山決九川障九澤豐殖九藪汨越九原宅居九隩合通四海品處庶類禹常言人無食則不能使也不利於人則不能勸也民勞而無怨苦者利之也民有鬻子者禹以歷山之金鑄幣而與之饋命益予衆庶稻可種卑濕命稷予衆庶難得之食食少調有餘相給以均諸侯初舜分十二州禹乃復舊制爲九州行水自冀州始堯都冀州以天子之京邑故不言所厎之山川餘八州皆以山川疆其所厎爲萬世不易之法以州國有變遷而山川無變遷故也次兗州厎濟河次青州厎海岱次徐州厎海岱及淮次揚州厎淮海次荆州厎荆衡次豫州厎荆河次梁州厎華陽黑水次雍州厎黑水西河州皆先治其山川然後定其土田賦入然後正其貢篚然後道一州之水使有所歸故民得安居粒食爲萬世之利使冀兗徐荆豫梁雍七州之水各歸于河使青州之水歸于濟使揚州之水歸于淮泗九州既理然後總理天下凡山川皆起於極西而盡於極東水循山而行故禹之導山川皆自西始導九山各有所至岍岐嶓冢至於荆山壺口雷首至於太岳厎柱析城至於王屋太行常山至於碣石西傾朱圉鳥鼠至於太華熊耳外方桐柏至於陪尾內方至於大別岷山之陽至於衡山九江之南至於敷淺原導九川各有所歸弱水歸于合黎黑水歸於南海河自積石東歸于海九河從之漢自嶓冢南歸于江三澨從之江自岷而東由中歸于海澧水彭澤從之濟自滎而北由東歸于海菏汶從之淮自桐柏東歸于海沂泗從之渭自鳥鼠同穴東歸于河涇漆沮從之洛自熊耳東北歸于河澗瀍伊水從之自是九州攸同四隩既宅九山刊旅九川滌源九澤既陂四海會同六府孔修庶土交正厎慎財賦各循三品成賦中邦錫之封土賜以姓氏各戴君德無或違命然後弼成五服至于五千里五百里甸服郊畿之服也效其賦入甸而侯侯而綏綏而要要而荒各五百里遵其法守東漸于海西被于流沙朔南暨聲教訖于四海天乃錫禹元圭爲瑞以告成功洪水漏中州乾百川順流蛇龍潛處民得去高險處平土者禹也故曰微禹之功吾其魚乎天無伏陰地無散陽水無沉氣火無災燀神無間行民無淫心時無逆數物無害生天下皆宗禹爲山川鬼神主舜卽位三十有三載耄期倦于勤命禹總其衆攝行天子事禹固辭不獲乃受命十七年舜南巡狩而崩三年喪畢禹避舜之子於陽城天下諸侯皆去商均而朝禹於是卽天子位號夏后氏元年作都于韓或言安邑卽韓地尙黑社用松牲用黑以黑爲徽號收冠元衣十寸爲尺封丹朱於唐商均於虞爲諸侯作樂曰大夏改正朔以建寅爲正月命皋陶爲夏籥九成昭其功也以五音聽治揭鐘鼓磬鐸鞀以待四方之士爲銘於簨簴曰導以道者擊鼓喻以義者鼓鐘告以事者振鐸語以憂者擊磬有獄訟者搖鞀嘗曰吾不恐四海之士留於道路恐其留吾門也一饋十起一沐三捉髮以勞于下出見罪人下車問而泣之左右曰罪人不道何痛之爲禹曰堯舜之人皆以堯舜之心爲心今朕爲君朕之人各以其心爲心是以痛之既服九州乃收天下之銅鑄九鼎以象九州之物初黃帝作車少昊加牛奚仲加馬禹命奚仲爲車正建旗旐以辨等級古有醴酪禹始命儀狄作酒禹飲而美乃疏儀狄遂絕旨酒曰後世必有以酒亾國者禹舉皋陶而薦之且授政焉皋陶卒封其後於英六或在許舉其子伯益任以政禹在位十年南巡狩會諸侯於塗山執玉帛者萬國其山今在鍾離禹濟江黃龍負舟舟人恐禹仰天而歎曰吾受命於天生寄也死歸也予何憂於龍哉視龍猶蝘蜓龍俛首而逝禹致羣臣於會稽防風氏後至戮之防風者汪芒氏之君也漆姓守封嵎之山禹崩以天下授益葬于會稽之山陰在位十年年百歲或云在位十五年三年喪畢益避禹之子啟居於箕山

之陰啟賢天下屬意焉益佐禹日淺天下未洽故諸侯皆去益而朝啟曰吾君帝禹之子也夏后氏禘黃帝而祖顓頊郊鯀而宗禹

臣謹按夏后氏以金德王天下又按禹平水土萬邦作乂乃使大章步自東極至於西垂二億三萬三千五百里七十一步又使豎亥步自南極盡於北垂二億三萬三千五百里七十五步四海之內東西二萬八千里南北二萬六千里又按禹時天雨金三日亦嘗雨稻又按述異記今吳越間防風廟刻木作形龍首牛耳連眉一目禹會塗山防風後至誅之其長二丈骨專車今南中民有姓防風者即其後也皆長大俗云祭防風奏防風古樂截竹長三尺吹之如狗嗥三人被髮而舞今湖州武康防風故國也又按越傳曰禹至大越上苗山大會計爵有德封有功遂更苗山曰會稽言會計也因病死葬葦棺穿壙深七尺上無瀉泄下無邸水壇高三尺土階三等周方一畝墨子曰禹葬會稽衣衾三領桐棺三寸地里志云上有禹井禹祠相傳以下有羣鳥耘田

臣又按劉恕曰大江之南古之要服舜禹南巡崩不返葬禹非不尊其君啟非不孝其父時享在乎廟貌魂氣無所不之秦漢以下崇尚墓祭違經棄禮遠事尸柩難以語乎理矣

帝啟（元年丁未皇甫謐曰甲辰）其母塗山氏之女也有扈氏不服啟伐之召六卿誓師大戰于甘之野遂滅有扈氏發享神於太陵之上是爲鈞臺之享又筮于晉之墟作璿臺於晉水之陽在位九年崩（皇甫謐曰十年）子太康立

臣謹按夏爲扈商爲崇秦改鄠縣縣北二十里有故扈城城周四里亦有甘亭又按世本有扈氏夏同姓或云啟庶兄以堯舜傳賢禹獨與子故伐啟淮南子曰有扈氏爲義而亾又按淮南子啟之母塗山氏禹治洪水通轘轅山化爲熊謂塗山氏曰欲餉聞鼓聲乃來禹跳石誤中鼓塗山氏往見禹方作熊慙而去至嵩高山下化爲石禹曰歸我子石破北方而啟生

帝太康（元年丙辰）太康尸位以逸豫滅厥德黎民咸貳乃盤遊無度畋于有洛之表十旬弗反有窮后羿距之于河厥弟五人御其母徯于洛之汭述大禹之戒而作五子之歌羿之祖世爲射官天子賜之弓矢使司射夏之衰也自鉏遷于窮石號有窮氏太康不得入國羿遂廢之立其弟仲康太康在位二十九年失國而崩

臣謹按許慎曰羿帝嚳射官也又按淮南子堯時十日羿射九烏又曰羿除天下之害死爲宗布楚辭天問曰羿焉彃日烏焉解羽博物志曰羿與鑿齒戰于疇華之野羿持弓鑿齒持矛羿殺之或曰河伯溺殺人羿射其左目風伯壞人屋室羿射中其膝書云帝嚳堯時各有羿羿乃善射之號也臣按其字從羽從廾廾即拱字拱羽爲羿與伊尹之伊相類伊從人從尹以其人能尹正天下伊與羿皆是指其人之名而制字也竊觀今之庸俗以般輸善掄才凡古屋壯麗者皆曰魯般造殊不知般爲何代之人羿必太康時人以射得名堯嚳之時亦有善射之人世之訛者以爲羿也

仲康（元年乙酉）仲康初即位羲和失職沈湎于酒昏迷天象日月無紀仲康命允侯爲大司馬總六師以征之仲康之世微弱政出於羿在位十三年崩子相立

帝相（亦曰相安元年戊戌）相徙都商邱征畎夷黃夷其後于夷來賓東夷有九種曰畎夷于夷方夷黃夷白夷赤夷元夷風夷陽夷相與有扈戰于甘澤不勝六卿請復之相曰不可德之不厚教之不修也於是處不重席食不貳味琴瑟不張鐘鼓不陳子女不飾親親長長尊賢使能朞年而有扈氏服然相之世政出於羿終爲羿所殺或言爲羿所逐失國居商邱依夏同姓諸侯斟灌斟鄩在位二十八年

有窮氏亦曰后羿自鉏遷于窮石因夏民以代夏政（元年丙寅）國號有窮樂正后夔之子伯封貪惏無厭忿纇無期謂之封豕羿滅之夔是以不祀羿善射好田獵不修民事而淫于原獸棄其賢臣武羅伯困熊髡尨圉而用寒浞寒浞者伯明氏之讒子弟也羿以爲相浞行媚于內施賂于外愚弄其民而虞羿于田樹之詐慝羿猶不悛將歸自田家衆殺而亨之以食其子其子不忍食死于窮門羿纂夏自立凡八年（或云二年）寒浞復殺羿而纂之（元年戊戌寒國今濰州東二十三里寒亭是也）浞因羿室不改有窮之號生澆及豷澆既長矣浞使之用師滅斟灌及斟鄩而殺夏后相乃封澆于過封豷于戈浞在位三十二年（或云十年）爲夏之遺臣靡所滅而立少康

帝少康（元年丙午）少康夏后相之子也母曰后緡當寒浞用澆滅相之時后緡方娠逃出自竇歸于有仍生少康既長爲仍牧正澆使其臣椒求之逃奔有虞爲虞庖正虞君妻之以二姚而邑諸綸有田一成有衆一旅布德行惠夏衆歸心寒浞恃其讒慝詐僞而不德于民夏之遺臣靡自有鬲氏收二國之燼滅寒浞而立少康少康使女艾滅澆于過使季杼（大呂反）滅豷于戈有窮遂亾少康

還舊都復禹之績祀夏配天不失舊物諸侯効職方夷來賓在位二十一年崩(或云四十九年是促羿寒浞之年歸此)子杼立

臣謹按羿篡夏后相而立八年寒浞殺之因其室而生澆至澆能用師滅相相死乃生少康及少康生杼至杼能用師滅豷計太康失邦至少康復夏蓋百年之間夏之亂甚矣少康之功高矣司馬遷之紀不志其事可謂疏矣

帝杼(亦曰季杼一作予杼省文也元年丁卯)杼在位十七年崩子槐立杼能帥禹者也戡定寒氏之亂佐父中興故夏后氏報焉

帝槐(帝王世紀作芬或作祖武亦作魁元年甲申)槐之世九夷來御在位二十六年崩子芒立

帝芒(元年庚戌)在位十八年(或云十三年)崩子泄立

帝泄(或作世或作宗元年戊辰)泄之世畎夷之屬六夷來王始加爵命在位十六年崩子不降立

帝不降(或作江成元年甲申)不降在位五十九年崩弟扃立

帝扃(或作喬元年癸未)扃在位二十一年崩子廑立

帝廑(或作廣或作廑元年甲辰)廑在位二十年崩不降子孔甲立

帝孔甲(元年甲子)孔甲好事鬼神復爲淫亂夏后氏德衰諸侯畔之在位三十一年崩子皐立

臣謹按孔甲之世天降乘龍河漢各二龍有雌雄孔甲不能食之而未獲豢龍氏陶唐氏既衰其後有劉累學擾龍于豢龍氏事孔甲能飲食之賜氏曰御龍以更豕韋之後龍一雌死潛醢以食夏后夏后饗之美既而復求之累懼遷于魯縣(今汝州魯山也)

帝皐(元年乙未)皐在位十一年崩子發立

帝發(元年丙午)發之世諸夷賓于王門獻其樂舞在位十三年(或云十一年或云十年)崩子履癸立是爲桀

帝桀(元年己未)夏自孔甲以來諸侯多畔桀復不道武傷其民民不堪命桀有力能申鉤索鐵伐有施有施人女以末嬉(一作妹喜)末嬉嬖言無不從桀爲之作象廊玉牀傾宮瑤臺瓊室肉山脯林酒池可以運船糟隄可以望十里一鼓而牛飲者三千人以樂之諫者以爲妖言殺之伊尹因説湯以伐夏救民湯以爲賢而薦於桀桀不能用而飲之酒羣臣醉者持不醉者不醉者持醉者相和而歌曰江水沛兮舟檝敗兮我王廢兮盍歸乎盍歸乎亳亦大矣伊尹退而更曰樂兮樂兮四牡驕兮六轡沃兮覺兮較兮大命格兮去不善而從善吾何不樂兮伊尹既醜有夏復歸于亳告湯曰桀惑末嬉上下離心皆曰上天弗恤夏命其卒桀有暴臣于辛凌轢諸侯諛臣左師曹觸龍讒賊忠良關龍逄引黃圖以諫曰古之人君愛民節用享國之日長今君用財若無窮殺人若恐弗勝亾無日矣立而不去桀曰子又妖言矣吾之有民猶天有日日有亾乎日亾吾乃亾於是焚黃圖殺龍逢梟莫敢視桀愈自賢湯使人哭之桀召湯而囚於夏臺已而釋之桀欲肆其侈心爲有仍之會有緡叛冬十月鑿山穿陵以通河諫者曰洩天氣發地藏天子失道後必有敗桀殺之朞年瞿山崩爲大澤水深九尺山覆於谷下反在上桀見籙書云亾夏者桀於是大誅豪桀大費之裔曰費昌見二日出東焰西沈問於馮夷曰西夏東商費昌乃歸湯湯欲伐桀伊尹請乏貢職以觀其動桀怒而起九夷之師伊尹曰未可彼尚能起九夷之師湯復修貢職如初太史終古出其圖法執而泣之桀不聽終古奔湯湯告諸侯曰夏爲無道暴戾其民窮其父兄棄其忠良守法之臣自歸于商湯又乏貢職桀起九夷之師不至伊尹曰可矣明年相湯伐桀桀奔南巢因放之於南巢在位五十一年湯封夏後至周爲杞國舊云禹之後分封以國爲氏有夏后氏有扈氏有男氏斟尋氏彤城氏褒氏費氏杞氏繒氏辛氏冥氏斟氏戈氏

臣謹按桀之時至德滅而不揚帝道揜而不興發號逆四時春秋縮其和天地除其德樹社槁而堋裂容臺振而掩覆犬羣嗥而入淵豕銜蓐而席隩美人挐首墨面而不容曼聲吞炭內閉而不歌喪不盡其哀臘不聽其樂西老折勝黃神嘯吟飛鳥鎩翼走獸廢腳山無峻幹澤無洼水田無立禾路無莎薠金積折廉璧襲無理百川沸伊洛竭泰山走山石泣宮中女于化爲龍俄復爲婦人甚麗而食人桀命爲蛟妾告吉凶鸛鳴於國十日夕不止天雨血雨木冰六月霜降桀爲夜宮於深谷之中男女雜處三旬不出聽政一夕大風揚沙塡宮合之然桀時雖多災異亦安得有如此所謂兩日鬬五星錯行鬼哭於國枉矢流地出黃霧堯山崩灰山亾地震雷霆殺人之異容有之

右夏之世起禹元年戊戌終桀五十一年己酉

十七君十五世通后羿寒浞四百三十二年

商

契(古作卨)帝嚳之子母曰簡狄有娀氏之女也簡狄因浴而行有三人焉見元鳥隕卵簡狄取而吞之乃孕生契契佐禹治水有功舜命之曰百姓不親五品不遜汝作司徒敬敷五教五教在寬封於商(今上洛也)賜姓子(禮緯曰以元鳥生子故也)契與益稷皐陶見用於堯舜禹之時功業顯著卒子昭明立卒子相土立相土居商邱宋地也故傳曰閼伯居商邱相土因之卒子昌若立卒子曹圉立卒子冥

立冥為夏司空主水勤其官事死於水中商人郊之子振立卒子微立卒子報丁立卒子報乙立卒子報丙立卒子主壬立卒子主癸立卒子天乙立是為成湯

臣謹按商人及周人繼緒者傳父子及者傳兄弟報丁報乙報丙與主壬主癸皆弟兄之名疑前史指為父子過矣

湯亦曰成湯亦曰履亦曰天乙以其用武得天下故號曰武王為商家創業之祖故廟曰烈祖契之封商本上洛後世遷于亳故京兆杜縣亳亭是也司馬遷云禹興西羌湯起亳俱在西也及湯有天下始居于商邱復命以亳梁之穀熟是也本帝嚳之都故曰湯始居亳從先王居自契至成湯凡八遷亳都有澱水在焉故亦謂之殷後世遷于囂遷于相遷于耿遷于朝歌而殷商之名未始偏廢以開國受命之祖所以命也湯為夏方伯得專征諸侯與葛為鄰葛伯放而不祀湯使問之答以犧牲粢盛不給湯使遺之牛羊復使亳衆往為之耕其不祀自若有餽者葛伯殺之而奪其食湯始征之故曰湯征自葛始東征西夷怨南征北狄怨皆曰奚獨後予后來其蘇民之戴商久矣夷狄且懷之況中國乎伊尹處士也名摯耕於有莘之野湯使人以幣聘之五反然後往見湯言素王及九主之事或言伊尹為有莘氏之媵臣負鼎俎以滋味說湯致於王道湯舉伊尹任以國政伊尹乃進君國子民之人皆在王官湯以伊尹為賢而薦於桀伊尹去湯適夏既醜有夏復歸于亳入自北門遇汝鳩汝方作汝鳩汝方之篇以言其志也湯出見網於野者張其四面而祝之曰自天下四方皆入吾網湯曰嘻盡之矣去其三面而更其祝曰欲左左欲右右欲高高欲下下不用命者乃入吾網漢南諸侯聞之曰湯德至矣及禽獸一時歸商者三十六國或言四十國有白狼銜鉤及黃金黑玉之瑞夏末昆吾氏伯而為亂湯為景亳之會以徵兵於諸侯湯親秉鉞伐韋顧及昆吾韋顧昆吾之與國也復纍於桀（昔高辛火正祝融氏曰黎其後有八姓昆吾蘇顧溫巳姓也豷夷豢龍董姓也彭祖豕韋諸稽彭姓也舟人秃姓也鄔鄶路偪陽妘姓也鄒莒曹姓也又有芊姓斟姓惟斟無後或云帝嚳之祝融曰吳回生陸終陸終有子六人坼剖而生長昆吾次參胡次彭祖次會人次安斟次季連）湯既克三國伊尹遂相湯伐桀湯以費昌為御與桀戰于鳴條之野夏師敗績桀走保三朡（今定陶也）遂伐三朡俘厥寶玉而放桀焉伊尹報于諸侯諸侯大會湯再拜而從諸侯之位曰天命無常惟歸有道三辭諸侯莫敢當乃踐天子位湯歸自夏至于大坰惟有慚德曰予恐來世以予為口實蓋以臣伐君以干戈取天下自湯始所以慚也故仲虺作誥以釋之湯為天子反桀之事遂其賢良以寬治民除其邪虐徇民所欲順天革命改正朔以建丑為正月或言湯作歷不以正月朔旦為節更用十一月冬至為元首至周從之服色尚白朝會以晝社用柏或云社用石葬植松牲用白以白為徽號朝燕服冔冠而縞衣十二寸為尺初置二相以伊尹仲虺為之湯謂伊尹曰每勤諸侯遠獻方物吾欲因其地之所有易得不貴乃命伊尹為獻令初作囿取禽獸以奉宗廟簡士卒習射御以戒不虞海外肅慎北發渠搜氐羌來服民無食者以莊山之金鑄幣而賑之自伐桀之後七年大旱洛坼川竭煎沙爛石太史氏曰當以人禱湯曰請雨為民也若以人禱吾自當之乃齋戒翦髮斷爪素車白馬嬰以白茅身為犧牲禱於桑林之社持三足鼎祝諸山川曰勿以予一人之不敏俾上帝鬼神傷民之命仍以六事自責曰政不節與民失職與宮室崇與婦謁盛與苞苴行與讒夫昌與言未訖雨大作方數千里命伊尹作樂曰大濩修九韶六列聞宮聲使人溫良而寬大聞商聲使人方廉而好義聞角聲使人惻隱而仁愛聞徵聲使人樂養而好施聞羽聲使人恭謹而好禮湯令未命之士不得朱軒及飛軨不得乘飾車駢馬衣文繡命然後得以旌有德湯二十七征而天下服在位十三年（元年庚戌）年百歲葬濟陰有莘氏生太丁外丙仲壬太丁為太子早卒而立其弟外丙商人禘舜而祖契郊冥而宗湯上甲微（皇甫謐曰微字上甲）能帥契者故報焉

臣謹按劉向別錄曰九主者有法君專君授君勞君等君寄君破君國君三歲社君凡九品圖其形象又按湯以水德王天下又按皇覽曰湯冢在濟陰亳縣北東郭外三里冢四方方各十步高七尺漢哀帝建平元年大司空御史長卿按行水災至湯冢劉向曰湯無葬處皇甫謐曰湯即諸侯位十七年為天子十三年百歲而崩又按湯聞伊尹賢使人請於有莘氏不可伊尹亦欲歸湯湯娶於有莘氏乃以伊尹為媵送女湯得伊尹祓之於廟照之以爝釁以犧豭明日設朝而見之伊尹請湯以至味湯曰可得而為之乎對曰君之國小不足以具之為天子然後可因說湯以伐夏救民

帝外丙（元年癸亥）外丙在位二年崩立其弟仲壬

帝仲壬（仲一作中元年乙丑）仲壬在位四年崩伊尹立太丁之子太甲實成湯之適長孫也

帝太甲（亦曰祖甲元年己巳）太甲嗣位伊尹為之作伊訓肆命徂后明言烈祖成湯之德以訓于王太甲既立不明伊尹

放諸桐而攝政當國以朝諸侯太甲居桐宮三年悔過遷善十有二月朔伊尹以冕服奉嗣王歸于亳迺作太甲三篇而申訓之伊尹既復政告老將歸又作咸有一德太甲在位三十三年廟曰太宗商家祖有功而宗有德故後世以祖宗稱之太甲崩子沃丁立

臣謹按伊訓成湯既沒太甲元年孔傳曰太丁未立而卒及湯沒而太甲立孟軻司馬遷云湯崩外丙仲壬皆卽位乃及太甲與書不同劉歆皇甫謐皆從之此雖畔經亦無害若乃汲冢紀年曰商仲壬卽位居亳崩其卿士伊尹放太甲于桐乃自立也伊尹卽位放太甲七年太甲潛出自桐殺伊尹乃立其子伊陟伊奮命復其父之田宅而中分之此害經之甚者也

帝沃丁（元年壬寅）沃丁八年伊尹卒伊尹於太甲之時告老而歸于其邑至是沃丁乃葬之于亳在湯冢之西從先王也後世尊之曰先正保衡咎單相沃丁遂訓伊尹事而作沃丁之篇沃丁在位二十九年崩弟太庚立

臣謹按孔氏傳曰沃丁以三公禮葬伊尹皇甫謐曰沃丁八年伊尹卒年百餘歲大霧三日沃丁葬之以天子禮祀以太牢親臨喪以報太德焉又按皇覽曰伊尹冢在濟陰巳氏平利鄉近於亳

帝太庚（元年辛未）太庚在位二十五年崩子小甲立（徐廣曰世表云小甲太丁弟）

帝小甲（元年丙申）小甲在位三十六年（帝王本紀云五十七年）崩弟雍己立

帝雍己（元年壬申）雍己之時商道始衰諸侯或不至在位十三年崩弟太戊立

帝太戊（元年乙酉）太戊命伊尹之子陟爲相亳有祥桑穀合生于朝一暮大拱或云七日大拱太戊患焉伊陟曰妖不勝德君之政無乃有闕與太戊占之曰野木生於朝國必亾於是修先王之政明養老之禮早朝晏退問疾弔喪三日而祥桑枯死三年遠方之人重譯而至者十六國是時太戊相伊陟巫咸而用臣扈伊陟贊于巫咸或言巫咸治王家有成作咸乂四篇太戊復贊伊陟于廟言弗臣也作伊陟之篇伊陟辭焉作原命之篇臣主皆賢商道復興在位七十五年崩廟曰中宗子仲丁立

帝仲丁（元年庚子）仲丁自亳遷于囂（囂亦作敖今河南敖倉是也）藍夷爲寇仲丁征之在位十一年崩弟外壬立

帝外壬（元年辛亥）外壬在位十五年崩弟河亶甲立

帝河亶甲（元年丙寅）亶甲遷于相（今鄴都也）商復衰在位九年崩子祖乙立

帝祖乙（元年乙亥）祖乙遷于耿（河中龍門縣南十二里故耿城是也）爲水所圮遷于邢（今邢州治也）或云遷于奄巫賢任職商道復興在位十九年崩子祖辛立

帝祖辛（元年甲午）祖辛在位十六年崩弟沃甲立

帝沃甲（一作開甲元年庚戌）沃甲在位二十年崩祖辛之子祖丁立

帝祖丁（元年庚午）祖丁在位三十三年崩沃甲之子南庚立

帝南庚（元年壬寅）南庚在位二十九年崩祖丁之子陽甲立

帝陽甲（元年辛未）陽甲之世商道衰微自仲丁以來廢適而立諸弟弟子爭立比九世亂諸侯莫朝在位七年崩（帝王本紀云十七年）弟盤庚立

帝盤庚（元年戊寅）盤庚之前作都在河北水泉汚溺蕩析民居盤庚將涉河以民遷商自成湯以來凡五遷都邑臣民重遷而相咨怨盤庚爲是諭諸侯大臣言其先祖佐我高后成湯法則可修之事以曉衆志乃渡河治亳修湯之德行湯之政諸侯來朝在位二十八年崩弟小辛立

臣謹按皇甫謐曰孟子稱湯居亳與葛爲鄰亳卽梁國穀熟縣也實湯之所都是爲南亳又湯有景亳之命梁國蒙縣北有亳城實湯所受命朝諸侯處是爲北亳盤庚所治亳在河南偃師是爲西亳三地皆名亳立政所謂三亳也然亳之名本在西商人初作邑于商實上洛也後遷于亳故京兆杜縣有亳亭是也三亳之名皆自此亳始

帝小辛（元年丙午）小辛不能紹盤庚之業商家微矣百姓思盤庚之治作盤庚三篇在位二十一年崩弟小乙立

帝小乙（元年丁卯）小乙在位二十年崩子武丁立

帝武丁（元年戊午）武丁爲太子時學于甘盤遯于荒野盡知民之疾苦能聳其德至于神明居憂亮陰三年不言政事決於冢宰既免喪猶不言羣臣咸諫曰天子惟君萬邦百官承式王言惟作命不言臣下罔攸稟令王作書以誥曰以予正于四方予恐德弗類玆故不言恭默思道夢帝賚予良弼其代予言乃審所夢之象使圖其形以求於天下而得說焉說築室於傅巖之野惟肖厥象武丁見之與語而知其賢爰立作相而命之氏蓋因所居也故曰傅說惟說總百官朝夕納誨于王又與同僚協心佐治以成商家中興之業武丁開先祖之府取其明法以爲君臣上下之節武丁祀成湯之明日有飛雉升鼎耳而雊武丁患其不祥其賢臣祖己作訓于王言天之所監在民王能愛民無非天祚武丁又責躬思道

三年編髮重譯來朝者六國自是服章多用翟羽孔子曰吾於高宗肜日見修德而報之疾也苟由其道致其仁則遠方歸德焉鬼方恃固而擾諸夏武丁伐之三年乃克自是內外無患在位五十九年崩祖己嘉武丁之祥雉爲立廟爲高宗子祖庚立

臣謹按書大傳曰湯之後武丁之前王道不振桑穀俱生于朝七日而大拱武丁問諸祖己祖己曰桑穀野艸而生于朝朝必亾武丁懼側身脩行思先王之道興滅國繼絕世舉逸民明養老之道三年之後重譯而朝者六國又按劉向曰高宗承商敝而起盡諒陰之哀天下應之既獲安定而怠於政乃有桑穀之異又劉向著說苑以太戊武丁時俱有桑穀異又按呂氏春秋湯時穀生於廷比旦而大拱

臣謹按孔安國曰傅氏之巖在虞虢之間通道所經有澗水壞道常使胥靡刑人築其道說賢而代胥靡之築以售食焉又按皇甫謐曰高宗夢天賜賢人胥靡之衣蒙之而來曰我徒也姓傅名說得我者豈徒也哉武丁寤而推之曰傅者相也說者懽說也天下當有相我而說民者哉明日審夢以示百官皆非也乃使百工寫其形象求諸天下果見築者胥靡衣褐帶索執役于虞虢之間傅巖之野名說以其得之傅巖謂之傅說然謐既曰姓傅名說又曰得之傅巖謂之傅說何也又按墨子曰傅說居北海之州圜土之上衣褐帶索售築於傅巖之城臣按築者築室也依巖築室其隱者與懷才抱道應時而起非役徒也以士君子之身何自苦而衣胥靡之衣爲刑人之事乎

帝祖庚（元年丁亥）祖庚在位七年崩弟辛甲立

帝辛甲（亦曰祖甲元年甲午）無逸言祖甲者太甲也在位十六年崩子廩辛立

臣謹按鄭康成曰祖甲之兄祖庚賢武丁欲廢兄立弟祖甲以爲不義逃於民間周語曰帝甲而亂七世而隕

帝廩辛（亦曰馮辛元年庚戌）廩辛在位六年崩弟庚丁立

帝庚丁（元年丙辰）庚丁在位六年（帝王本紀曰十一年）崩子武乙立

帝武乙（元年壬戌）武乙復去亳都河北中國微弱東夷盛彊分遷淮岱漸居中土武乙無道爲偶人謂之天神令人爲行與之博天神不勝僇辱之爲革囊盛血仰而射之命曰射天獵於河渭之間震死在位四年（竹書紀年曰武乙三十五年周俘狄）子太丁立

帝太丁（元年丙寅）太丁在位三年（紀年曰十一年）崩子乙立

帝乙（亦曰辛乙元年己巳）乙之子三人長曰微子啟次曰仲衍季曰紂啟母賤而立紂焉適故也或言三人同母母本妾也以爲后生紂紂尚幼乙及后謂啟賢欲以爲太子太史據法而爭之曰廢適立庶不可乙在位三十七年商家日微崩少子紂立

紂（亦曰辛亦曰受亦曰受德元年丙午）紂資辨捷疾見聞甚敏材力過人手格猛獸知足以拒諫言足以飾非矜人臣以能高天下以聲以爲皆出己之下始爲象箸箕子歎曰彼爲象箸必爲玉杯玉杯象箸必不盛土簋而羹菽藿必不衣裋褐而舍於茅茨之下將錦衣九重高臺廣榭稱此以求之天下不足其求矣致遠方珍怪之物侈輿馬宮室之漸自此始箕子者紂之諸父也或言紂之庶兄名胥餘紂伐有蘇氏有蘇氏以妲己女紂紂惑之言無不聽所好者貴所惡者誅使師延（延一作涓）作朝歌北鄙之音北里之舞靡靡之樂造鹿臺而爲瓊室玉門臺三里高千尺七年乃成（其臺今在朝歌城中）厚賦斂以實鹿臺之錢而盈鉅橋之粟益收狗馬奇玩充牣宮室以人食獸廣沙邱苑臺多取鳥獸之異者寘其中大聚樂戲於沙邱以酒爲池以糟爲邱縣肉爲林使男女倮相逐其間大宮百里宮中九市與崇侯費中戲於離宮以百二十日爲一夜謂之長夜飲車行酒騎行炙以繩羈人頭引就酒池醉而溺死紂醉而忘其日辰甲子問左右皆不知問箕子箕子曰一國失日天下其危乎國人不知吾獨知之吾其危乎亦以醉不知百姓怨望諸侯有畔者妲己以爲威不立耳乃說紂重刑辟初爲熨斗而然之使人舉熨更用銅柱而膏之焚於其下俾囚辟緣柱以資妲己之笑名曰炮烙之刑紂以西伯昌九侯鄂侯爲三公九侯亦謂鬼侯（今鄴縣有九侯城是也鄂徐廣謂一名邘野王縣有邘城今懷州治然晉地亦有名鄂者）九侯之女美納之於紂其女賢而不淫紂惡而殺之醢九侯鄂侯爭之脯鄂侯又剖孕婦而視其胎斮朝涉之脛而視其髓西伯聞而竊嘆崇侯虎以告且曰昌仁而有謀太子發勇而不疑中子旦恭儉而知時冠雖弊禮加頭履雖鮮位在足彼將易置焉請及其未成形圖之紂於是囚西伯於羑里（今河內湯陰）周之臣散宜生南宮适閎夭患之而問於呂尚三子舊學於尚尚知其賢相與見西伯羑里乃求有莘之美女驪戎之文馬有熊之九駟西海濱之白狐林陵怪獸江淮大貝因嬖臣費中而獻之散宜生趨而進曰西藩之臣昌命其行人敢效其寶以免其辜紂大說曰一物足以釋其辜況多乎西伯歸而獻洛西之地赤壤之田方千里請除炮烙之刑紂許之仍賜弓矢斧鉞得專征典治南國江漢汝穎之諸

侯率循西伯之令於是賜爲玉門築靈臺列侍女撞鐘鼓爲樂紂聞之曰西伯改行吾無憂矣西伯陰修德行善諸侯多畔紂而歸周紂用費中爲政費中善諛且嗜利又用蜚廉惡來革蜚廉善走惡來革者蜚廉之子也有力手裂虎兕善讒諂商容賢者棄而不用自此諸侯日益疏惟黎國爲近於郊畿之間附紂周人伐黎商之賢臣祖伊恐奔告于紂紂曰我生不有命在天於是作西伯戡黎西伯九年卒太子發立是爲武王紂之淫虐滋甚微子數諫不從欲死與亾未能決問於太師疵少師彊對曰死而能安社稷利國家不恨爲死死不能安社稷利國家不如亾箕子又諫不聽人曰可以去矣對曰知不用而言之不智也殺身以彰君之惡不忠也爲人臣而自說於民吾不忍爲也乃被髮佯狂爲奴隸鼓琴以見志傳之者爲箕子操紂囚之王子比干紂之諸父也曰爲大臣者不諫非忠也不死非勇也諫三日不去紂曰吾聞聖人之心有七竅乃剖比干之心而視之或言刳剔孕婦卽比干之妻也微子曰父子有骨肉之恩而臣主以義屬父有過子三諫不聽則隨而號之君有過臣三諫不聽義可以去矣太師少師抱其祭器樂器奔周内史向摯載其圖法亦奔周武王問太公曰仁者賢者亾矣商可伐乎對曰先謀後事者昌先事後謀者亾夏條可結冬冰可折時難得而易失初武王使人候商報曰讒勝良王曰未也又往報曰賢者出走王曰尙未也又往報曰民不敢誹怨矣王曰嘻遽告太公對曰刑勝故也其亂至矣往乍武王東伐至孟津觀兵於商郊而還惟十有三年春大會於孟津二月甲子至商郊與紂戰於牧野紂兵敗乃走入宣室登鹿臺衣其寶玉就焚武王持大白之旗以麾諸侯諸侯畢拜武王揖之諸侯從入商國至紂死所王自射之三發而後下車以輕劒擊之以黃鉞斬紂之首而揭之大白之旗親射惡來之口紂之嬖寵如妲己者二人皆自殺王又射三發擊以劒斬以元鉞而揭其首於小白之旗武王命周公訪商之遺老而知民之所欲乃修盤庚之政親商如周視仇如戚裂鼓折枹弛弓絶栝去舍宿露解劒帶笏商人忘亾紂在位三十三年身滅國亾太史公云成湯之後分封以國爲姓有殷氏來氏宋氏空桐氏稚氏北殷氏目夷氏然目夷公子魚之字也安得爲國空桐氏稚氏並非國號

臣謹按高氏云周武王爲天子始貶帝號稱王今考左傳云宋祖帝乙鄭祖厲王司馬遷本紀夏商皆稱帝周始稱王又按紂在位以來夷羊在牧梓化爲松有燕口爪俱句天雨肉雨血于亳大旱大水河竭山鳴兩日見天火焚宮宮中鬼夜哭女化爲男龜生毛兎生角紂嘗六月獵於西土發民逐獸諫者曰長育之時不可逆天道絶地德君踐一日之苗民失百日之食紂殺之後數月大風飄牛馬發屋拔木飛揚數十里有雀生鸇占曰以小生大國家王而名昌紂聞是占而益怯又按武王平商有二虜問之曰是國有妖乎一虜曰晝見星天雨血雨灰雨石大如甕六月雨雪一虜曰商有大妖此不與也子不聽父弟不從兄信者爲欺欺者爲忠婦人爲政君子在野小人在位急令暴取以人餧虎田獵畢弋走狗試馬不避風雨好治池臺宮室百里之宮七十三所坐起以金鼓無長幼貴賤無禮義忠信無斗尺權衡此妖之大者也武王貴其言再拜

右商之世起湯元年庚戌終紂三十三年戊寅三十君十七世六百二十九年商厤曰起丙戌終癸亥四百五十八年汲冢紀年曰二十九王四百九十六年

通志卷三上

宋右廸功郎鄭樵漁仲撰

三王紀第三下

周

棄曰后稷帝嚳之子也其母有邰氏女曰姜原姜原爲帝嚳元妃因出野見巨人跡心忻然說欲踐之踐之而身動如孕者居期而生子以爲不祥棄之於隘巷牛羊過者皆避不踐或腓字之徙置之平林會伐林木者收而生之又遷而寘於渠中水上飛鳥以其翼覆薦之姜原以爲神遂取養長之初欲棄之故名曰棄棄爲兒時屹如巨人之志其游戲好埶麻菽麻菽美及爲成人遂好耕農相地之宜穀者稼穡焉民皆效之堯聞而舉爲農師民得其利舜命之曰棄黎民阻飢汝后稷播時百穀封於邰（今武功縣斄城是也）號曰后稷別爲姬姓后稷之興在陶唐虞夏之際皆有令德與契益伯夷佐禹平水土各有功稷勤於百穀而山死子不窋襲位不窋末年夏后氏政衰去稷不務不窋失其官奔戎狄之間卒子鞠立（鞠亦曰鞠陶）卒子公劉立公劉雖在戎狄之間復修后稷之業務耕種行地宜遷邑于豳（今邠州三水西南三十里有古豳城邠即豳也）乃自漆沮渡渭取材用行者有資居者有積百姓懷之多徙歸焉周道自此而興詩人樂其德而歌之卒子慶節立或言慶節國于豳卒子皇僕立卒子差弗立卒子毀隃立卒子公非立（公非亦曰辟方）卒子高圉立高圉能率后稷者也故周人報焉卒子亞圉立（亞圉亦曰雲都）卒子公叔祖類立（公叔祖類亦曰太公叔類亦曰組紺諸盩）卒子古公亶父立古公當殷武乙之時王綱不振能復修后稷公劉之業積德行義國人戴之薰粥來攻古公事之以皮幣犬馬珠玉菽粟貨財皆不得免焉復欲其土地與民古公曰與之耆老曰君不爲社稷乎曰社稷所以爲民也不可以所爲亾民也耆老曰君不爲宗廟乎曰宗廟吾私也不可以私害民也夫有民立君將以利之與人之兄居而殺其弟與人之父居而殺其子以其所養害其所養吾不忍也民之在我與其在彼何異二三子何患乎無君杖策而去率其私屬去豳渡漆沮踰梁山邑于岐山之下（今鳳翔府岐山是也）始改國號曰周（或言后稷始封于邰即號曰周）豳人曰仁人之君不可失也舉國扶老攜幼從之者二千乘一止而成三千戶之邑鄰國聞其仁而多歸之古公乃貶戎狄之俗營築城郭室屋而居作五官有司曰司徒司馬司空司士司寇民歌樂之頌其德古公娶有邰氏女曰太姜美而賢生太伯仲雍季歷或言太姜生少子季歷季歷娶摯國之女曰太任亦賢生昌有聖瑞昌在母不憂在傅不勤處師不煩事父不怒友于二虢（二虢者昌之二弟號仲號叔）古公曰我世當有興者其在昌乎太伯仲雍知古公欲立季歷以傳昌乃二人亾如荆蠻文身斷髮太伯自號句吳荆蠻義而歸者千餘家古公卒（或言百二十歲）武王王天下追號古公爲太王太王能率稷者也故周人報焉季歷（亦曰公季）篤於行義諸侯順之商益衰公季以功多受圭瓚秬鬯之賜九命作伯號西伯得專征乃伐西落鬼戎俘其主以歸公季卒（年百歲）子昌立武王王天下追號公季爲王季

臣謹按王肅曰太伯見王季生文王知天命之有在去而適吳太王沒而不反或言古公將卒謂季歷曰我死汝即推兩兄彼即辭汝有義而安矣古公卒季歷之吳召二兄相從而歸羣臣欲立之太伯仲雍以先君之命不可復如荆蠻

文王昌襲公季爲西伯及武王王天下追謚文王文王遵后稷公劉之業則古公公季之法篤仁優老慈少禮賢日中不暇食以待士士以此多歸之伯夷叔齊兄弟辭國而歸文王曰吾聞西伯善養老盍歸乎來太顛閎夭散宜生南宮适鬻子辛甲大夫之徒皆歸之鬻子名熊時年九十西伯曰子老矣鬻子曰捕虎逐麋臣已老矣坐而籌策臣尚少也封於楚辛甲故商之臣事紂蓋七十五諫不聽而去至周召公與語賢之以告文王文王自迎之封於長子文王之爲政也詢于八虞八虞者周之八士皆爲虞官咨于二虢以爲卿士度於閎夭謀於南宮諏於蔡原訪於辛甲重以周召畢榮是以能治紂用崇侯虎之讒囚文王于羑里於是究明易道或言始作彖象文王被囚七年諸侯皆從之囚紂懼而歸之曰譖西伯者崇侯虎也文王之行信於諸侯諸侯皆來決平虞芮之君爭田既久俱如周質焉入其境耕者讓畔行者讓路入其邑男女異路班白不提負入其朝士讓爲大夫大夫讓爲卿虞芮之君皆有慚色曰吾所爭周人所恥吾曹小人不可以履君子之庭俱讓而去以其田爲閒田天下聞之一時歸周者三十餘國（或言四十餘國）諸侯皆曰西伯蓋受命之君文王自是更稱元年是時商道不宏諸侯多事文王文王一年斷虞芮之質二年伐邘三年伐密須四年伐犬夷五年伐黎（黎亦謂之耆）六年伐崇七年而崩（史記亦以斷虞芮之訟爲受命之年明年伐犬戎明年伐密須明年敗耆國明年伐邘明年伐崇侯虎明年西伯崩雖所伐有差而同爲七年崩然書明言九年大統未集安得爲七年崩也自虞芮之訟決諸侯皆取質於西伯西伯爲是東征西伐以討不平伯者之事也安得爲受命乎）初文王伐邘問太公曰孰可伐太公曰密須可管叔曰其君

彊明伐之不可太公曰先王伐逆不伐順伐險不伐易遂自阮徂共而及密須密須之人自縛其君而歸文王文王伐崇宣言曰崇侯虎蔑侮父兄不敬長老聽訟不矜分財不均民力盡不得衣食予將征之乃伐崇令無殺人無壞室無塞井無伐木無掠六畜不如令者不赦三旬而崇不降退修敎而復伐之因壘而降文王行於野見枯骨命吏瘞之吏曰此無主矣文王曰有天下者天下之主有一國者一國之主吾郎其主也以棺衾而葬之天下聞之曰西伯之澤及枯骨況於人乎或言文王爲沼而得枯骨葬之文王問太公曰爲天下若何對曰王者之國富民伯者之國富士僅存之國富大夫無道之國富倉府是謂上溢而下漏文王曰善遂發倉府賑窮獨文王之業既光大乃遷于豐（豐今在永興鄠縣東南有豐水焉）去岐山三百餘里分岐邦周召之地爲周公旦召公奭之采邑天下三分有其二猶率殷之叛國以事紂是時五星聚於房赤雀銜書止于屋又有黃龍元龜白魚赤雀負圖銜書之應文王九年實紂之三十年也文王寢疾五日謂太子發曰見善而弗怠時至而勿疑去非而勿憚三者道之所止也太子再拜受之文王在位五十年崩（呂氏春秋曰四十一年韓嬰曰五十一年）年九十七葬于畢（今長安縣西畢陌是）也文王娶有莘氏之女曰大姒號文母文王治外文母治內文王之業賴文母之助爲多焉大姒十子長伯邑考次武王發次管叔鮮次周公旦次蔡叔度次曹叔振鐸次郕叔武次霍叔處次康叔封季曰聃季載（皇甫謐曰文王生伯邑考次武王次管叔次蔡叔次郕叔次霍叔次周公次曹叔次康叔次聃季名同國同而次異）發旦尤賢左右文王故文王舍伯邑考而立武王也又有滕毛郜雍畢原豐郇八國皆文王子也文王身長十尺十二而冠十三而生伯邑考焉

臣謹按諸侯即位而再改元者或有焉史記秦惠王十四年更爲元年汲冢紀年魏惠成王三十六年改元稱一年何必受命而後改元也又按泰誓之序曰十有一年武王伐商其書曰十有三年春大會于孟津洪範亦曰十有三祀王訪于箕子則知武王伐商在十三年由泰誓序之訛以三爲一致後之說者紛紛也又按文王即位之八年六月寢疾五日而地震東西南北不出郊圻有司曰地震爲人主也羣臣皆恐欲跡其城以移之文王曰天之見妖以罰有罪我若有罪若何逃罰率德改行其可免乎於是謹其禮秩皮革以交諸侯飭其辭令幣帛以禮俊士頒其爵級田疇以賞有功未幾疾愈又按文王因於羑里厄憤而歌曰商道澗澗濩濁煩兮朱紫相合不別分兮迷亂聲色信讒言兮炎炎之虐使我愆兮幽之牢穽由其言兮遇我四國夔勤勤兮又按文王與呂尚語而大說曰吾先君太公曰當有聖人適周周以興無乃子邪吾太公望子久矣故號太公望然此臆說也名號之義不如是且周之先公無號太公者又何望焉又按文王以伯邑考質於商爲紂御紂曰吾聞聖人不食其子乃烹伯邑考以羹遺文王文王得而食之紂曰孰謂昌爲聖人此皆誕語也

武王即位太公望爲師周公旦爲輔召公畢公之徒爲左右修文王之業文王之十一年（或言九年）東觀兵至于孟津爲文王木主載之車中武王稱太子發奉先君東伐示不敢專也乃告司馬司徒司空遂興師太公左杖黃鉞右秉白旄誓衆渡河曰總爾行伍與爾舟楫後至者誅武王渡河中流白魚躍入王舟中武王俯取以祭既渡有火自上而下至于王屋流爲烏其色赤其聲魄云是時不期而會者八百諸侯皆曰紂可伐矣武王曰汝未知天命乃還師武王出見暍人蔭之於樾下左擁而右扇之天下聞之莫不懷其德紂之淫虐滋甚武王徧告諸侯曰今商如是不可以不畢伐遂率戎車三百乘虎賁三千人甲士四萬五千人將行卜戰龜焦不兆蓍立而折筮又不吉風雨暴至折蓋（太公因其形而制曲蓋今猶存遺制焉）羣臣盡懼太公曰枯骨朽草不踰人矣乃焚龜棄蓍帥衆先進武王從之行之日以兵忌東面而逆太歲魚辛諫曰歲在北方不北征武王不從至汜而泛將涉河陽侯之波逆流而擊舟風雨晝瞑相視不見武王瞋目而撝之風霽而波靡十有三年一月戊午師渡孟津前歌後舞次于河朔諸侯以兵車會者四千乘武王乃作泰誓以告于衆曰今商王受弗恭于天降災下民沈湎冒色敢行暴虐罪人以族官人以世惟宮室臺榭陂池侈服以殘害于爾萬姓焚炙忠良刳剔孕婦皇天震怒命我文考肅將天威大勳未集肆予小子發以爾友邦冢君觀政于商惟受罔有悛心同力度德同德度義受有臣億萬惟億萬心予有臣三千惟一心商罪貫盈天命誅之予弗順天厥罪惟鈞爾尚弼予一人永清四海明日王乃大巡六師明誓衆士曰今商王受自絕于天結怨于民斮朝涉之脛剖賢人之心崇信姦回放黜師保屏棄典刑囚奴正士郊社不修宗廟不享作奇技淫巧以悅婦人上帝弗順於是降喪爾其孜孜奉予一人恭行天罰軍至河水紂使膠鬲候周師膠鬲見武王而問曰西伯將焉之王曰將之殷膠鬲曰何日至王曰甲子

膠鬲去而雨大作皆曰不可行王曰吾令膠鬲以甲子報其主矣遂行王韈係解五人御於前莫肯爲王結之皆曰臣所以事君非爲結韈也王乃釋旄鉞俯而自結二月甲子朝至于商郊牧野乃誓武王左杖黃鉞右秉白旄以麾曰嗟我友邦冢君司徒司馬司空亞旅師氏千夫長百夫長及庸蜀羌髳微盧彭濮人稱爾戈比爾干立爾矛予其誓王曰古人有言牝雞無晨牝雞之晨惟家之索今商王受惟婦言是用惟多罪逋逃之人是信是使俾暴虐于百姓以姦宄于商邑今予發惟恭行天之罰今日之事不愆于六步七步乃止齊焉夫子勗哉不愆于四伐五伐六伐七伐乃止齊焉勗哉夫子如虎如貔如熊如羆于商郊勗哉夫子爾所不勗其于爾躬有戮陳師牧野紂亦發兵七十萬以距之武王命師尚父與百夫致師以大卒馳紂師紂師雖衆無鬬心惟欲武王亟入武王馳之紂兵皆叛倒戈以開周師紂走而自燔武王持大白之旗以麾諸侯諸侯畢拜武王乃揖諸侯諸侯從王入商國商之百姓咸待于郊觀周師之入見畢公至商民曰是吾新君也商容曰非也視其爲人嚴乎將有急色故君子臨事而懼見太公至民曰是吾新君也商容曰非也其人虎據而鷹趾當敵將衆威怒自倍見利卽前不顧其後故君子臨衆果於進退見周公至民曰是吾新君也商容曰其人忻忻休休志在除賊是非天子則周之相國也故聖人臨衆不惡而嚴是以知之見武王至民曰是吾新君也商容曰然聖人爲海內討惡見惡不怒見善不喜顏色相副是以知之商人皆再拜稽首武王亦答拜武王乃出復軍皇皇若天下之未定問太公曰奈商之士衆何對曰愛其人

者兼其屋上之烏憎其人者盡其儲胥咸劉厥敵靡使有餘王曰不可問於召公對曰有罪者殺無辜者宥王曰不可問於周公對曰使各居其居田其田無變新舊惟仁是親王曰善哉明日除道及紂宮百夫荷罕旗以先驅叔振鐸奉陳常車周公旦秉大鉞畢公秉小鉞以夾武王散宜生太顚閎夭皆執劒以衛旣入立于社南毛叔鄭奉明水康叔封奉布茲召公奭贊采師尚父牽牲尹佚奉筴祝柴于上帝祈于社朝于湯廟乃出設奠於牧室追至三代以古公爲太王公季爲王季諡其父曰文王祀先公以天子之禮改文王之十三年己卯爲元年以建子爲正月至於授民時巡狩祭享兼用夏正建寅焉色尙赤社用栗葬用柏牲用騂以赤爲徽號朝燕服冕而元衣八寸爲尺其樂曰大武武王踐阼三日師尚父道丹書之言曰敬勝怠者昌怠勝敬者亾義勝欲者從欲勝義者凶以仁得之以仁守之其量百世以仁得之以不仁守之其量十世以不仁得之以不仁守之其世必傾王聞其言書之於席几鑑盥盤楹杖帶觴豆戶牖履劒弓矛皆爲銘焉微子持祭器造於軍門面縛銜璧輿櫬武王親釋其縛受其璧而祓之焚其櫬禮而命之使復其位乃三分商之畿內封紂子武庚祿父爲諸侯以續商祀治商之餘民恐其變也命管叔尹鄘蔡叔尹衛相祿父居邶是爲三監乃命召公釋箕子之囚命畢公釋百姓之囚表商容之閭商容賢者也紂棄而不用隱於太行武王以爲三公固辭不受命命南宮适散鹿臺之錢發鉅橋之粟賑貧窮起幽側放傾宮之女命史佚展九鼎寶玉命閎夭封比干之墓命宗祝享祀于軍商民大悅曰王於死者猶封其墓況生者乎亾

者猶表其閭況存者乎王於財也聚者猶散之肯復藉乎王於色也在者猶歸之肯復求乎武王已平商亂罷兵西歸四月至于豐丁未祀于周廟越三日庚戌柴望大告武成薦俘馘于太廟封諸侯班宗彝分商之器物武王追思先聖乃褒封神農之後於焦（今陝州有焦城）黃帝之後於祝（今淄州淄川）帝堯之後於薊（今幽州薊縣）帝舜之後於陳（今陳州宛邱）大禹之後於杞（今開封雍邱）於是封功臣謀士以師尙父爲首封於營邱曰齊（今齊州臨淄）封弟周公旦於曲阜曰魯（今兖州仙源）召公奭於燕（今幽州）叔鮮於管（今鄭州管城）叔度於蔡（今蔡州上蔡）叔振鐸於曹（今廣濟定陶）叔武於郕（今濮州雷澤）叔處於霍（今晉州霍邑）康叔封聃季載皆少未封其餘各以次受封立七十一國封兄弟之國十五人同姓之國四十人周之子孫不狂惑者皆得爲諸侯惟周公留佐周武王徵九牧之君登豳之阜以望商邑王至于周自夜不寐周公旦卽王所曰曷爲不寐王曰惟天不饗商自發未生於今六十年麋鹿在牧蜚鴻滿野天不饗商乃今有成我未定天保何暇寐我南望三塗北望岳鄙顧瞻有河越視伊洛毋遠天室營周居于洛而後去縱馬於華山之陽放牛於桃林之野偃干戈振兵釋旅釁鼓旗甲兵藏之府庫示天下不復用也武王已克商虛己而問箕子商所以亾箕子不忍言乃問以天道箕子陳洪範武王封之於朝鮮而不臣也箕子嘗朝周過故商虛感宮室生禾黍而作麥秀之詩曰麥秀漸漸兮禾黍油油彼狡童兮不與我好兮商民聞之皆流涕後二年武王有疾天下未集羣臣懼而卜之周公乃祓齋自爲質告太王王季文王欲身代武王占之曰吉周公納冊于金縢之匱中明日有瘳武王自豐還于鎬（鎬在今永興鄠縣東南豐）

文王都也自岐遷焉豐在豐水之南鎬在豐水之東豐鎬相去二十里在位七年崩年九十三葬于畢封禪書云武王克商二年天下未定而崩皇甫謐曰武王元年乙酉六年庚寅崩皇覽曰文王武王周公冢皆在長安鎬聚東社中也太子誦立是爲成王周人禘嚳而郊稷祖文王而宗武王文武二廟蓋百世不遷云

臣謹按周以木德王天下又按皇甫謐曰武王伐紂之年夏四月乙卯祀于周廟將帥之士皆封諸侯者四百人

成王卽位元年丙戌周公位冢宰以天下初定王年少恐諸侯畔周公攝政當國南面黼扆以朝諸侯成王冠周公命史雍曰辭達而已勿多也史雍頌曰近於民遠於佞近於義嗇於時惠於財任賢使能周公曰善成王朝于祖廟以見諸侯管叔蔡叔羣弟疑周公攝政恐不利于成王奄君告武庚祿父曰此百世之時也請舉事管蔡挾武庚率奄淮夷叛周公奉王命興師東伐周公居東二年罪人斯得誅武庚管叔放蔡叔與之車七乘徒七十人降霍叔于庶人三年不齒遂定奄及淮夷東土以監諸侯復宗周分殷之餘民爲二以其一封微子啓代殷後國於宋又以其一封康叔於衛又封季載於聃賓周公之季弟也又封武王之四子於晉邗應韓胥國得嘉禾異畝合穎獻之成王成王以歸周公于兵所周公受禾東土旅天子之命作嘉禾周公遣使察民之有飢寒者獄訟之有冤者賢才之有幽滯者歸而以告周公周公於其君來朝也揖而問之百姓聞之曰何居之深而見之明也六年周公朝諸侯於明堂制禮作樂頒度量而天下大治交趾之南有越裳氏重三譯而獻白雉周公曰德澤不加君子不饗其贄政令不施君子不臣其人譯曰吾國之黃耇曰天無烈風淫雨海不揚波三年矣意中國有聖人於是來朝周公致薦於宗廟使者迷其歸途周公錫以軿車五乘皆爲司南之制使者載之由扶南林邑海際朞年而至其國故指南車常爲先導示服遠人以正四方周公行政七年成王長周公反政北面就羣臣之位成王欲紹承武王之志乃使召公先相宅于洛邑周公復申視而卒營築謂之王城今河南縣也是爲東都方千七百二十丈郛方十七里南繫于洛水北因于郟山故亦謂之郟鄏遷商之九鼎而居之卜世三十卜年七百乃制郊甸方六百里因西土爲方千里分爲百縣縣有四郡郡有鄙以東都爲天下之中四方朝貢道里均焉周公又營成周今洛陽縣遷商之頑民初周公避管蔡流言之難居東思公劉太王居豳之事以比序己志及成王迎之攝政致太平其出入也一德不回純似公劉太王太師因述其志主於豳公之事故爲豳風成王既伐東夷肅愼來賀王賜榮伯作賄肅愼之命虞夏商之幣金爲三品或黃或白或赤或刀布或龜貝周制以商通貨以買易物太公立九府圜法周官有太府玉府內府外府泉府天府職內職幣職金皆掌貨幣之官故曰九府黃金方寸重一斤錢圜函方輕重以銖布帛廣二尺二寸爲幅長四丈爲疋故曰寶於金利於刀流於泉布於布東於帛周公爲太師召公爲太保畢公爲太傅召公以周公嘗攝王政不宜留在王朝復列臣職其意不說周公陳己意作君奭以告之衛康叔聃季載皆有馴行周公言於王舉康叔爲司寇賜寶玉祭器以彰有德季載爲司空各效其能餘五叔無官但有爵土而已以非材能者不可任以官也初降霍叔爲庶人後三年復其舊封成王之時咸陽雨金末年四月甲子王疾大漸懼太子釗之不任乃命召公畢公率諸侯相太子而立之或言召大保奭芮伯彤伯畢公衛侯毛公率百官相太子而立之彤姒姓餘姬姓乙丑王崩在位三十年通周公攝政爲三十三年鄭元曰成王二十八年或云四十七年召公畢公以太子見于先王廟申告以文武爲王業之不易務節儉毋多欲以篤信臨之作顧命

臣謹按鄭元曰周公避居之初是武王崩後三年成王生十三年矣居東二年成王年十四矣迎周公返而居攝成王年十五矣七年致政成王年二十一矣故金縢注云文王十五生武王九十七而終時武王八十三矣於文王受命爲七年後六年伐紂後二年有疾瘳後二年崩崩年九十三矣周公以武王崩後三年出五年秋復返居攝四年作康誥五年作召誥七年作洛誥伐紂至此十六年也作康誥時成王年十八洛誥時年二十一也卽政時年二十二然則成王以文王終明年生也又按王肅金縢注云文王十五而生武王九十七而終時受命九年武王八十三矣十三年伐紂明年有疾時年八十八矣九十三而崩以冬十二月其明年稱元年周公攝政遭流言作大誥而東征二年克武庚殺管叔三年而歸制禮作樂出入四年至六年而成七年營洛邑作康誥召誥洛誥致政成王然則文王崩之年成王已三歲武王八十一而生成王武王崩時成王已十三周公攝政七年而致政成王年二十也明年卽政年二十一也又按尚書大傳敘周公居攝曰一年救亂二年克商三年踐奄四年建侯于衛五年營成周六年制禮作樂七年致政又按左傳曰成王定鼎于郟鄏卜世三十卜年八百汲冢紀年曰西周二百五十七年通

東周徧合七百之數三統厤西周三百五十二年并東周八百餘年

康王元年癸亥即位徧告諸侯宣告文武之業以申之乃朝諸侯於酆宮成康之際天下安寧刑錯四十餘年不用康王命作策畢公分居里成周郊作畢命康王在位二十六年崩年五十七子昭王瑕立

昭王之時元年己丑有光五色貫紫微井水溢是時王道衰諸侯擅相征伐荆楚不朝王南征濟漢水漢濱之人以膠船進王中流膠液船解王及祭公沒焉其崩不赴告諱之也在位五十一年皇甫謐曰在位二年年三十五子穆王滿立

穆王即位元年庚辰春秋已五十矣王室衰微穆王閔文武之道缺乃命伯冏申戒太僕作冏命王寵盛伯之女盛姬爲之築重璧之臺怠於政治徐夷作亂帥九夷以伐宗周西至河上穆王患其熾也乃分東之諸侯命徐子主之徐子嬴姓處潢池之東地方五百里行仁義通溝陳蔡之間欲舟行上國得朱弓朱矢以爲天瑞自號偃王陸地而朝者三十六國皐陶之裔曰造父以善御幸於穆王王得八駿日行千里使造父御之欲車轍馬跡周於四荒八極西與王母宴于瑤池作白雲黃竹之歌樂而忘歸聞徐偃王僭竊復御八駿長驅而還使造父告楚令伐徐王孫厲謂楚子曰徐王好行仁義其志大矣君若不伐楚必事徐楚子曰若有道不可伐對曰大伐小彊伐弱猶石之投卵虎之噬豚也楚子於是伐徐偃王不忍鬬故敗乃北走彭城東山下民從之者以萬計因名其山曰徐山徐子將死曰吾爲不忍以至於此王將征犬戎祭公謀父諫曰先王耀德不觀兵夫兵戢而時動動則威觀則玩玩則無震武王致戎于商牧非務武也勤恤民隱而除其害自其君大畢伯士之終也大畢伯士犬戎氏之二君犬戎氏以其職來王今天子曰予必不享征之無乃廢先王之訓而王幾頓乎王不聽遂征之獲四白狼四白鹿以歸還戎于太原自是荒服不至王享國百年耄荒諸侯有不睦者甫侯爲相言於王修刑辟命之曰甫刑王起六師至于九江伐楚會諸侯於塗山在位五十五年崩年百五歲子共王緊扈立共亦作恭

共王元年乙亥共王游於涇上密康公從有三女奔之其母曰必致之王夫獸三爲羣人三爲衆女三爲粲夫粲物之美也衆以美物歸女而何德以堪之王猶不堪況爾小醜乎小醜備物終必亾康公不獻一年王滅密共王能庇昭穆之闕在位十年崩皇甫謐曰在位二十五年年八十四或云在位十二年子懿王囏立

懿王元年乙酉之時王室遂微詩人作刺紀侯譖齊哀公于王王烹之王嘗居犬邱其地與鎬京相近有離宮在焉懿王在位二十五年崩皇甫謐曰在位二十年年五十共王弟辟方立是爲孝王

孝王元年庚戌之時大雨雹牛馬死江漢氷召秦非子使主馬汧渭之間馬大蕃息孝王在位十五年崩年六十五懿王子燮立是爲夷王

夷王元年乙丑始下堂而見諸侯荒服不至命虢公帥六師伐太原之戎至俞泉獲馬千疋在位十五年崩或云六十年年六十子胡立是爲厲王

厲王元年庚辰暴虐楚熊渠畏其伐去三子王號淮夷入寇王命虢仲征之不克王好利近榮夷公大夫芮良夫諫曰王室其將卑乎夫榮公好專利而不知大難夫利百物之所生也天地之所載也而有專之其害多矣匹夫專利猶謂之盜王而行之其歸鮮矣榮公若用周必敗王不聽卒以榮公爲卿士諸侯不享王行暴虐侈傲國人謗之召穆公虎諫曰民不堪命矣王怒得衛巫使監謗者以告則殺之諸侯不朝三十四年王益嚴國人莫敢言道路以目王喜告召公曰吾能弭謗矣召公曰是鄣之也防民之口甚於防水水壅而潰傷人必多民亦如之是故爲水者決之使導爲民者宣之使言故天子聽政使公卿列士獻詩瞽獻典史獻書師箴瞍賦矇誦瞍無眸子矇有眸子而無見百工諫庶人傳語近臣盡規親戚補察瞽史教誨耆艾修之而後王斟酌焉是以事行而不悖民之有口也猶土之有山川也財用於是乎出猶其有原隰衍沃也衣食於是乎生口之宣言也善敗於是乎興行善而備敗所以產財用衣食者也夫民慮之於心宣之於口成而行之若壅其口其與能幾何王不聽於是國人莫敢出言三年乃相與畔襲王王出奔于彘今晉州霍邑漢爲彘縣太子靜匿召公之家國人圍之召公曰昔吾驟諫王王不從以及此難今殺王太子王其以我爲讎而懟怒乎乃以其子代王太子太子竟得脫召公與周公二相行政號曰共和厲王在位四十年流于彘并共和十四年通五十四年崩于彘或云在位三十七年通共和爲五十一年太子靜長於召公之家二相乃立之是爲宣王

臣謹按共和者周召二公共行政而無相違戾者也

汲冢紀年及魯連子曰共國之伯名和行天子政

宣王元年周召二相輔王法文武成康之遺風王命召公虎平淮夷命皇父整六師程伯休父爲司馬征徐戎命召伯定南邦封申伯以褒其功命蹶父撫北土封韓侯爲諸侯長命仲山甫出使喻王之德意于四方乃城

東方以定齊邑海內翕然向風諸侯復宗周尹吉甫作詩以美之王不藉千畝虢文公諫曰民之大事在農故稷爲大官今欲修先王之緒而棄其大功可乎王不聽大旱自二年不雨至于六年十二年春魯武公與子括戲來朝王愛戲命魯舍括而立戲仲山甫諫不聽卒立戲是爲魯懿公二十二年王晏起姜后脫簪珥待罪於永巷使其傅母言於王曰使王好色而忘德失禮而晏起自臣妾始敢請罪王曰寡人之過也自是早朝晏罷卒成中興之業二十一年魯括之子伯御殺懿公而自立三十年有馬化爲人有兔舞于鎬京三十二年王伐魯殺伯御立懿公之弟稱是爲孝公諸侯自是不睦王欲得國子之能訓導諸侯者樊穆仲曰魯侯肅恭神明詢事耇老賦事行刑必問遺訓而咨於故實王曰然則能訓治其民矣乃命孝公於夷宮三十二年有馬化爲狐三十四年王征獫狁三十八年王伐條戎奔戎王師敗績三十九年與姜氏之戎戰于千畝王師敗績王御奄父曰公仲脫王奄父者趙造父六世孫王既喪南國之師乃料民於太原仲山甫諫曰古者不料民而知其多少且無故料民天之所惡也王卒料之周道復衰四十一年王征申戎破之四十六年崩初王將殺杜伯而非其罪杜伯之友左儒爭之于王前復不許王曰汝別君而異友也儒曰君道友逆則順君以誅友友道君逆則帥友以違君王怒曰易而言則生不易則死儒曰士不枉義以從死不易言以求生臣能明君之過以正杜伯之無罪王殺杜伯左儒死之後宣王畋于圃田見杜伯執弓矢射王王竟崩于田所子幽王宮湦立

臣謹按史記自其和之後始書年紀甲共和之前則無年也皇甫謐之徒及麻家自羲皇以來各有年代間或異同臣今亦從之而注甲麻及異同於其下聊備觀采然皆不足取信也其和始於庚申終於癸酉謚十四年宣王元年始於甲戌自此以後年數具在甲麻可推然仲尼紀年始於魯隱蓋本東周

幽王二年西周三川皆震（三川者涇渭洛皆秦地水非東周之三川也）伯陽甫曰周將亾矣（伯陽甫周柱下史老子也）夫天地之氣不失其序若過其序民亂之也陽伏而不能出陰迫而不能蒸於是有地震今三川實震是陽失其所而塡陰也陽失而在陰原必塞原塞國必亾昔伊洛竭而夏亾河竭而商亾今周德若二代之季矣其川原又塞塞必竭夫國必依山川山崩川竭亾國之徵也若國亾不過十年數之紀也是歲三川竭岐山崩初王伐褒褒人獻褒姒王惑之褒姒年十四與虢石父比而譖申后及太子宜臼大夫尹氏及祭公復導王爲非六年王命伯士伐六濟之戎王師敗績伯士死之是時四夷交侵戎圍犬邱秦世父擊之爲戎所虜歲餘復歸之八年王以鄭伯友爲司徒和集其民周人便之是爲鄭桓公九年王廢申后及宜臼以褒姒爲后立其子伯服爲太子宜臼奔申太史伯陽曰禍成矣無可奈何褒姒不好笑王說之萬方不能得周制有寇至則舉烽燧大鼓諸侯悉至王乃大舉烽燧諸侯至而無寇褒姒乃大笑王爲是數舉烽燧其後不信諸侯益亦不至褒姒好聞裂繒之聲王發繒裂之以適其意虢石父佞而好利王以爲卿士朝多亂政諸侯不享王室騷然於是爲太室之盟戎狄叛之十一年王欲殺宜臼求之於申申侯弗予王伐之申侯與鄫人召西夷犬戎攻王王舉烽燧徵兵兵莫至遂殺幽王驪山下戲水虜褒姒并殺鄭桓公盡取周賂而去諸侯卽申共立宜臼是爲平王以奉周祀是時秦襄公衛武公將兵救周平戎鄭人立桓公子掘突是爲武公幽王末年日暈再重內赤外青有一黑晝上下通在日中牛化爲虎羊化爲狼幽王在位十一年

臣謹按自武王元年己卯至厲王四十年己未二百八十一年自共和元年庚申至幽王十一年庚午七十一年共三百五十二年爲西周又按幽王既死鄭武公晉文侯輔平王東遷虢公立伯服是爲攜王故左傳曰攜王奸命杜預曰攜王伯服也古文作伯盤攜王之立國人不順未經年而廢之又按汲冢紀年曰幽王死申侯魯侯許文公立平王於申虢公翰立王子余二王並立余爲晉文侯所殺

臣又按周太史伯陽讀史記曰周亾矣昔自夏后氏之衰也有二神龍止於夏庭而言曰予褒之二君夏帝卜殺之與去之與止之莫吉卜請其漦而藏之乃吉（漦龍所吐沫也）於是布幣而策告之龍亾其漦在櫝而藏之夏亾傳其器于商商亾傳其器于周比三代莫敢發厲王末年發而觀之漦流于庭不可除也厲王使婦人倮而譟之漦化爲黑黿入王後宮後宮之童妾既齓而遭之既笄而孕無夫而生子懼而棄之宣王之時童謠曰檿弧箕服實亾周國（檿弧檿木爲弓箕服箕木名服矢房）有夫婦賣是器者宣王使執而戮之逃於道見鄉者後宮所棄乃女子也夫婦哀其夜號而收之遂奔褒國褒人有罪請入是女以贖以其出於褒故謂之褒姒

姒褒姓也

平王卽位當幽王之亾豐鎬蕩然犬戎侵逼近郊於是

晉文侯鄭武公秦襄公夾輔平王于申而遷于王城即成王所營之東都也王勞晉鄭而賜之盟曰世世子孫無相害也命晉文侯為侯伯賜秬鬯圭瓚封秦襄公為諸侯賜岐以西之地秦始通于上國命鄭武公為司徒鄭於是取鄶虢十邑之地而遷焉是為新鄭自是齊楚秦晉始大政由方伯天子微弱戎狄交居乎諸夏自隴以東及乎伊洛與戎雜居故渭首有狄原封冀之戎涇北有義渠之戎洛川有大荔之戎渭南有驪戎伊洛閒有揚拒泉皐之戎潁首以西有蠻氏之戎實賴秦人為西堡障故秦文公伐戎收周之餘民而得岐內之地自岐以東獻之周周平王四十九年魯隱公元年也五十一年崩太子洩父早死立其子林是為桓王

桓王平王之孫也三年鄭莊公來朝王不禮焉莊公者桓公之孫武公之子也桓公死於幽王之難武公輔平王東遷莊公欲脩祖禰之好而王不禮之鄭始怨周五年鄭與魯易許田許田者天子有事于泰山鄭人來相事之田也今易於魯示忘於周也十三年王奪鄭伯政鄭伯不朝王伐鄭鄭人禦之矢中王肩二十三年桓王崩子佗立是為莊王

莊王二年十月辛卯朔日有食之四年周公黑肩欲殺王而立王子克王子克者莊王之弟子儀也周大夫辛伯告王王殺黑肩克奔燕莊王在位十五年崩子胡齊立是為僖王

僖王（僖亦作釐）三年春諸侯會于鄄齊桓公始霸楚亦始大五年崩子閬立是為惠王（閬一作諒）

惠王二年秋周大夫蒍國邊伯詹父子禽祝跪奉莊王之寵子子頹以伐王王出奔溫蘇子奉子頹奔衛衛師燕師伐周立子頹為王設饗禮作樂徧及六代之舞三年鄭伯和王室不克遂以王居于櫟四年虢公鄭伯同伐王城殺子頹及五大夫而納王十年王使召伯廖賜齊桓公命為侯伯二十四年冬王崩太子鄭畏太叔帶之難不發喪而告難于齊二十五年春諸侯盟于洮謀王室也襄王定位而後發喪春秋書十二月丁未從告也是歲周有白兔舞于市

臣謹按惠王十五年七月有神降于莘王問內史過曰何神也對曰昭王娶於房曰房后有爽德協於丹朱丹朱憑身以儀之生穆王實照臨周之子孫今在虢土虢君無道其亾乎王曰吾其若之何對曰祝史奉牲以獻焉而勿祈也虢公使祝史請土焉過聞之曰虢亾必矣

襄王即位襄王之母早死陳嬀繼之實惠后生叔帶有寵於惠王王欲立之襄王三年王使召武公及內史過賜晉惠公命惠公執玉惰過歸告王曰晉侯不亾必無後夏叔帶召戎伐京師入王城焚東門秦晉伐戎以救周是歲雨金于晉四年秋叔帶奔齊是歲星隕于秦有聲十二年宋襄公霸十四年王以富辰之言召叔帶自齊歸于京師五年為戎難齊帥諸侯戍周初平王東遷辛有適伊川見被髮祭於野者曰不及百年此其戎乎其禮先亾矣秋秦晉遷陸渾之戎于伊川十六年秦穆公霸秋狄人奉叔帶攻王王出適鄭居于氾子帶自立為王居于溫十七年晉文公用狐偃之言納襄王殺叔帶王賜晉文公南陽之田二十年晉楚戰于城濮楚師敗績五月王命晉侯為侯伯於是晉文公始霸冬王狩於河陽以勞晉師二十九年秦用由余謀伐戎益國十二開地千里王使召公過錫穆公以金鼓三十三年崩子壬臣立是為頃王

頃王在位六年崩周公閱與王孫蘇爭政故不赴于諸侯是歲有星孛入于北斗

匡王元年六月辛丑朔日有食之三年秋甘歜敗戎于邥垂六年崩子瑜立是為定王史記云弟瑜立

定王元年春楚子伐陸渾之戎遂觀兵于周疆王使王孫滿勞楚子楚子問鼎之大小輕重滿曰在德不在鼎昔成王定鼎于郟鄏卜世三十卜年七百周德雖衰天命未改鼎之輕重未可問也五年河徙六年王使單襄公聘于宋八年使劉康公聘于魯十四年成周宣榭火十七年劉康公伐茅戎敗績二十一年崩子夷立是為簡王

簡王八年春魯成公朝周王使劉康公成肅公會晉厲公伐秦十二年尹武公單襄公及諸侯伐鄭十三年春晉人弒厲公逆襄公之曾孫周于京師而立之是為悼公十四年崩子泄心立是為靈王

靈王生而有髭髯甚神聖東遷之後王室衰微至靈王始振二十一年十一月庚子孔子生二十七年王崩次子貴立是為景王

臣謹按皇覽曰靈王冢在河南城西南相亭西周山上蓋以靈王生而有髭又神聖故謚靈王其冢民祀之不絕又按馬總亦曰靈王生而有髭十六年太子晉登仙

景王八年春魯舍中軍卑公室也四分公室季氏擇二仲叔各一皆盡征之而貢于公二十五年崩景王太子早卒王子朝以庶長景王愛而欲立之未及而崩王子

丐之黨爭立國人立王子猛是爲悼王

臣謹按皇覽曰景王冢在洛陽太倉中秦封呂不韋洛陽十萬戶故大其城并闕景王冢

悼王立未及一年王子朝攻殺之晉人攻子朝而立匄是爲敬王敬王者悼王之母弟也

敬王元年晉人立王王子朝自立王不得入居于澤四年晉率諸侯納王于周尹氏召伯毛伯以子朝奔楚十年王以子朝之亂王城墮壞欲遷于成周八月王使富辛石張請城于晉冬晉魏舒合諸侯之師城成周十四年春王人晉侯會諸侯于召陵謀伐楚十五年王人殺子朝于楚十六年周儋翩率王子朝之徒因鄭人作亂伐周六邑十二月天王處于姑蕕十七年尹氏復黨儋翩爲亂夏單武公劉桓公敗尹氏于窮谷冬單子劉子逆王十一月王入于王城十八年春單子劉子討儋之黨以定王室三十九年春魯人西狩獲麟四十一年夏四月己丑孔子卒四十三年王崩子仁立是爲元王史記四十三年敬王崩皇甫謐云四十四年崩

元王在位八年崩子介立是爲貞定王

貞定王亦曰定王十六年三晉滅智伯分其地二十八年王崩太子去疾立是爲哀王

哀王在位三月弟叔襲殺哀王而自立是爲思王

思王在位五月少弟嵬攻殺思王而自立是爲考王嵬一作隗此三王皆定王之子也

考王即位封其弟于河南是爲桓公以續周公之職號西周桓公桓公卒子威公立威公卒子惠公立惠公卒子武公立武公生共太子早死立公子咎爲太子初惠公有二子封其少子于鞏以奉王號東周惠公十五年王崩子午立是爲威烈王

威烈王二十三年九鼎震或作二十一年王命晉大夫韓趙魏爲諸侯二十四年王崩子驕立是爲安王驕一作龍

安王十六年初命齊大公田和爲諸侯二十三年齊康公薨田氏遂纂齊而絕其祀二十六年韓哀侯滅鄭韓趙魏共廢晉靖公爲家人三分其地晉是以不祀王崩子喜立是爲烈王

烈王亦曰夷烈王二年周太史儋見秦獻公曰始周與秦國合而別別五百載復合周孝王封秦仲爲附庸是與周別自秦仲至孝公五百年孝公彊大周顯王入秦致伯是復合也合十七歲而霸王者出焉秦武王昭襄王皆霸至始皇而王天下十七年王崩弟扁立是爲顯王

顯王亦曰顯聖王五年秦獻公敗三晉于石門斬首六萬天子錫以黼黻九年致文武胙于秦孝公十六年齊威王最彊始稱王以號令天下二十五年秦孝公會諸侯朝周二十六年天子致伯于秦孝公三十三年賀秦惠王即位魏惠王卑禮厚幣招賢鄒衍湻于髡孟軻之徒皆至三十五年致文武胙於秦惠王蘇秦說燕與趙合從以拒秦三十六年蘇秦說趙肅侯請六國合從以拒秦蘇秦相六國爲從約長張儀入秦秦惠文王以爲客卿三十七年秦使犀首期齊魏共伐趙趙以責蘇秦蘇秦去趙而從約皆解四十一年張儀說魏王盡以上郡十五縣入于秦秦以張儀爲相四十四年秦惠文王始稱王其後諸侯皆爲王四十八年王崩子定立是爲慎靚王

慎靚王亦曰順靜王三年趙楚韓魏燕共伐秦攻函谷關不勝皆敗走四年張儀復相秦敗韓趙兵于脩魚斬首八萬諸侯震恐六年王崩子延立是爲赧王

赧王之時東西周分治赧王復居王城號西周周桓公之孫惠公居洛陽爲東周或言趙成侯八年成侯與韓分周以爲兩赧王雖居天子之位爲諸侯所侵與家人無異多負於人無以歸之乃止臺逃避周人名其臺曰逃債臺八年東周與西周戰韓救西周或爲東周說韓王曰西周故天子之國多名器重寶王案兵毋出可以德東周而西周之寶必可盡矣史記於此下闕文後楚圍雍氏韓徵甲與粟於東周君東周君恐召蘇代而告之代曰君何患於是臣能使韓毋徵甲粟又能爲君得高都韓邑也周君曰子苟能請以國聽子代見韓相國曰楚圍雍氏期三月也今五月不能拔是楚病也今相國乃徵甲粟於周是告楚病也相國曰善使者行矣代曰何不與周高都相國大怒曰吾不賦甲與粟於周亦已多矣何故與周高都邪代曰與周高都是周折而入韓也秦聞之必大怒忿周即不通周使是以敝高都得完周也曷爲不與相國曰善果與周高都三十四年蘇厲謂周君曰秦破韓魏扑師武扑一作仆武韓將名北取趙藺離石者皆白起也是善用兵又有天命今將兵出塞攻梁梁破則周危矣何不令人說白起曰楚有養由基者善射去楊葉百步而射之百發百中觀者數千人皆曰善射有一人立其旁曰善可教射矣養由基怒釋弓搤劒曰客安能教我射乎客曰吾非能教子支左詘右也夫去柳葉百步而射之百發百中不以善息少焉氣衰力倦弓撥矢鉤一發不中百發盡息今破韓魏扑師武北取趙藺離石者公之功多矣今又將兵出塞過兩周倍韓攻梁一舉不得前功盡棄公不如稱病而毋出五十九年秦取韓陽城負黍西周恐乃倍秦與諸侯約從將天下銳師

出伊闕攻秦令秦毋得通陽城秦昭王怒使將軍摎攻西周西周君奔秦頓首受罪盡獻其邑三十六口三萬秦受其獻歸其君於周周君王赧卒宋忠曰諡西周武公周民遂東亾秦取九鼎寶器而遷西周公於𢠸狐𢠸即憚字𢠸狐聚在洛陽南百五十里梁新城之閒後七年秦莊襄王滅東西周兩周皆入于秦周是以不祀秦以其地爲三川郡漢興九十有餘載天子將封泰山東巡狩至河南求周苗裔封其後嘉三十里地號曰周子南君比列侯以奉其先祀實武帝元鼎四年也

右周之世起武王元年己卯或曰戊寅至赧王五十九年乙巳三十一世三十七王八百六十七年而亾

臣謹按八百六十七年之閒三百五十二年爲西周五百十五年爲東周也又按四百年在春秋前二百四十二年在春秋內二百二十五年在春秋後合八百六十七年

通志卷三下

通志卷四

宋右廸功郎鄭樵漁仲撰

秦紀第四

秦

臣謹按秦起於皐陶皐陶生伯益父子俱佐舜有功分土賜姓然後子孫蕃庶或於許或於英或於六至春秋而國祀猶存者德之所逮也由伯益至非子始號秦邑由非子至襄公始建國爲諸侯司馬遷曰秦之先高陽氏之苗裔孫曰女脩女脩織元鳥隕卵而吞之生大業大業娶少典之子曰女華生大費與禹平水土有功舜賜以皁游曰爾後必大乃妻以姚姓之玉女大費拜受佐舜調馴鳥獸鳥獸多馴服是爲栢翳舜賜姓嬴氏然元鳥隕卵之言恐因生商之事而訛也按地里志秦之先伯益助禹治水爲舜虞官養草木鳥獸賜姓嬴栢翳卽伯益音訛字異耳况少典在黃帝之前至大業六世猶娶其女乎遷之此言未可信也大費生二子一曰大廉實鳥俗氏二曰若木實費氏若木之元孫費昌去夏歸商爲湯御以敗桀於鳴條大廉之元孫曰孟戲仲衍鳥身人言帝太戊聞而卜之使御吉遂妻之自太戊以下仲衍之後遂世有佐商之功嬴姓多顯其元孫曰仲潏在西戎保西垂生蜚廉蜚廉生惡來革惡來有力手裂虎兕蜚廉善走父子俱以材力事紂武王伐紂殺惡來是時蜚廉爲紂作石棺於北方還無所報爲壇霍太山而報得石棺銘曰帝令處父不與商亂賜爾石棺以華氏死遂葬於霍太山今晉州霍邑有此冢常祠之蜚廉之季子曰季勝生孟增孟增幸於周成王是爲宅皐狼皐狼生衡父衡父生造父造父以善御幸於周穆王得驥溫驪驊騮騄耳之駟（穆王八駿皆因其毛物以命此記不全）西巡狩樂而忘歸徐偃王作亂造父爲穆王御長驅歸周以救亂穆王以趙城封造父由此爲趙氏自蜚廉生季勝以下五世至造父別居趙趙衰其後也惡來之子曰女防生旁皐旁皐生太几太几生大駱

大駱生非子

秦非子始以造父之寵蒙趙城姓趙氏居犬邱（今槐里也）好馬及畜善養息之周孝王召使主馬于汧渭之間馬大蕃息孝王欲以非子爲大駱適嗣大駱娶申侯之女生成爲適申侯言於孝王曰昔我先驪山之女爲戎胥軒妻生仲潏以親故歸周保西垂西垂以睦今我復與大駱妻生適子成申駱重婚西戎皆服所以爲王室也王其圖之孝王曰昔栢翳爲舜主畜畜多息故有土賜姓嬴今其後亦爲朕息馬朕其分土爲附庸邑之秦（天水隴西縣舊有秦亭）使復續嬴氏祀號曰秦嬴亦不廢大駱之適以和西戎秦嬴生秦侯秦侯立十年卒生公伯公伯立三年卒生秦仲

秦仲三年周厲王無道西戎叛王室滅大駱之族于犬邱宣王卽位乃以秦仲爲大夫討西戎爲戎人所殺秦仲立二十三年死於戎難

莊公者秦仲之長子也秦仲有子五人宣王俱召之而授以兵七千人使伐西戎破之復其先大駱地宣王以莊公爲西垂大夫居故犬邱生三子長子世父曰戎殺我大父我非殺戎王不敢入邑讓其弟襄公爲太子自將兵擊西戎莊公立四十四年卒

襄公二年戎圍犬邱世父擊之爲戎人所虜歲餘復歸世父七年西戎犬戎與申侯伐周殺幽王驪山下襄公救周有功周避犬戎難東徙洛邑襄公以兵送周平王平王封襄公爲諸侯賜之岐以西之地曰戎爲不道侵我岐豐秦能逐戎卽有其地與誓封爵之襄公於是始建國與諸侯通使聘享之禮乃用駵駒黃牛羝羊各三祠上帝西畤（年表云西畤祠白帝）十二年伐戎至岐卒葬西垂子文公立

文公三年以兵七百人東獵四年至汧渭之會曰昔周邑我先秦嬴於此卒爲諸侯乃卜居之吉卽營而邑之十年初爲鄜畤（鄜屬馮翊）用三牢十三年初有史以紀事十六年公伐戎戎敗走於是取周餘民略地至岐岐以東獻之周十九年得陳寶二十年法初有三族之罪二十七年伐南山大梓豐大特（今武都故道有怒特祠圖大牛上生樹本有牛從樹中出後見於豐水之中）四十八年太子卒謚竫公五十年文公卒葬西山（西山在今隴西之西縣）竫公子立是爲甯公

甯公二年徙居平陽（徐廣曰郿之平陽亭）遣兵伐蕩社三年與亳戰亳王奔戎遂滅蕩社（亳蕩舊都以戎人居之爲亳王故其邑名蕩社也）四年魯公子翬弑其君隱公十二年伐蕩氏取之甯公（或作憲公）生十歲立立十二年卒葬西山有子三人長武公爲太子次德公德公母弟出子公之卒也大庶長弗忌威壘參父等共廢太子而立出子爲君

出子六年參父等復令人賊殺出子出子生五歲立立六年遇害參父等乃復立故太子武公

武公元年伐彭戲氏至于華山下居平陽封宮三年誅三庶長夷三族以其殺出子故也十年伐邽冀戎初縣之（邽屬隴西冀屬天水）十一年初縣杜鄭（京兆有杜縣鄭縣）滅小號（號在雍州）十三年齊管至父連稱等弑其君襄公而立公孫無知

雍廩殺無知管至父等而立桓公十九年晉曲沃伯始爲晉侯齊桓公會于鄄始伯諸侯二十年卒葬雍平陽或曰葬宣陽聚東南初以人從死蓋六十有六人焉子白不立封平陽立其弟德公

德公元年初居雍城（雍今鳳翔治）大鄭宮以犧三百牢祠鄜時卜居雍後子孫飲馬於河梁伯芮伯來朝二年初伏（周時無伏至此乃有）以狗禦蠱（謂初作伏祠社磔狗邑四門也）德公生三十三歲而立立二年卒葬咸陽三子長宣公次成公季穆公

宣公居陽宮初志閏月元年衛燕伐周出惠王立王子頹三年鄭虢殺子頹入惠王四年作密時十二年卒有子九人莫適立立其弟成公

成公元年梁伯芮伯來朝齊桓公伐山戎次于孤竹四年卒葬陽有子七人莫適立立其弟穆公

穆公任好元年自將伐茅津勝之四年逆婦于晉晉太子申生姊也其歲齊桓公伐楚至召陵五年晉獻公滅虞虢虜虞君與其大夫百里奚以爲秦穆夫人媵於秦百里奚亾秦走宛楚鄙人執之穆公聞其賢欲重贖之恐楚不與乃使人謂楚曰吾媵臣百里奚在焉請以五羖羊皮贖之楚人遂與之時百里奚年七十餘穆公釋其囚與語國事謝曰亾國之臣何足問穆公曰虞君不用子故亾非子罪也語三日穆公大說授以國政號曰五羖大夫百里奚讓曰臣不及臣之友蹇叔蹇叔之賢世莫之知臣嘗游困於齊乞食銍人蹇叔收臣臣因欲事齊君無知蹇叔止臣臣得脫齊難遂之周王子頹好牛臣以養牛干之及頹欲用臣蹇叔止臣臣去得不誅事虞君蹇叔止臣臣知虞君不用臣臣誠私利祿爵且留再用其言得脫一不用及虞君難是以知其賢於是穆公使人厚幣迎蹇叔以爲上大夫或言禽息薦百里奚不見納穆公出禽息當車以頭擊闑腦乃播出穆公感悟而用百里奚秋穆公自將伐晉戰於河曲晉驪姬作亂太子申生死焉公子重耳夷吾出奔九年齊桓公會諸侯于葵邱晉獻公卒荀息立驪姬之子奚齊里克殺之又立卓子又殺之夷吾請於秦以求入晉穆公許之使百里奚將兵送之夷吾曰誠得立請割河西八城與秦及巳立乃背約十二年晉饑請糴于秦秦以百里奚公孫支之言與之粟十四年秦饑請糴于晉以虢射之言遂閉之糴十五年晉惠公夷吾因秦饑伐之戰於韓穆公爲晉君所圍於是岐下食馬者三百人馳冒晉軍晉圍解遂脫穆公而反生得晉君初穆公亾善馬岐下野人共得而食之者三百餘人吏逐得欲法之穆公曰君子不以畜產害人吾聞食善馬肉不飲酒傷人乃皆飲之酒而赦之故三百人報食馬之德穆公既獲晉君將以祠上帝穆公夫人夷吾姊也衰絰跣行而請乃赦之既而歸晉君晉乃獻河西之地而使太子圉爲質於秦是時秦地東至河十八年齊桓公卒二十年秦滅梁芮晉太子圉逃歸晉二十三年晉惠公卒子圉立是爲懷公秦怨子圉亾去乃迎公子重耳於楚入之晉二十四年重耳立是爲文公文公殺子圉二十五年秦晉合兵入周襄王二十八年晉文公敗楚於城濮三十年穆公助晉圍鄭鄭使人言於穆公曰亾鄭厚晉於秦何利穆公乃罷兵歸晉亦罷三十二年晉文公卒鄭人有賣鄭於秦曰我主其城門鄭可襲也穆公問蹇叔百里奚對曰徑數國千里而襲人未聞可也穆公曰吾巳決矣遂發兵使百里奚之子孟明視蹇叔之子西乞術及白乙丙將兵行明年春秦兵遂東鄭有備遂滅滑滑晉邊邑也是時晉文公未葬襄公遂墨衰絰發兵遮秦兵於殽擊之大破秦軍無一人得脫者虜秦三將以歸晉文公夫人秦穆公之女也爲秦三囚將請乃得歸穆公素服郊迎嚮三人哭曰孤以不用百里奚蹇叔言以辱三子三子何罪乎皆復其位三十四年楚太子商臣弒其父成王代立穆公使孟明視等將兵伐晉戰于彭衙秦不利引兵還戎王使由余於秦由余其先晉人也能晉言聞穆公賢故使之觀秦秦穆公示以宮室積聚由余曰使鬼爲之則勞神矣使人爲之亦苦民矣穆公怪之問曰中國以詩書禮樂法度爲政然尚時亂今戎夷無此何以爲治由余笑曰此乃中國所以亂也夫自上聖黃帝作爲禮樂法度身以先之僅以小治及其後世日以驕淫阻法度之威以督責於下下罷極則以仁義怨望於上上下交爭怨而相篡弒至於滅宗皆以此類也夫戎夷不然上含淳德以遇其下下懷忠信以事其上一國之政猶一身之治不知所以治此眞聖人之治也穆公退而問內史廖曰孤聞鄰國有聖人敵國之憂也今由余賢寡人之害柰何廖曰戎王居僻匿未聞中國之聲君試遺其女樂以奪其志爲由余請以疏其間留而莫遣以失其期戎王必疑由余君臣有間乃可虜也穆公曰善因與由余曲席而坐傳器而食問其地形與其兵勢盡察其後令內史廖以女樂二八遺戎王戎王受而說之終年不還於是秦乃歸由余由余數諫不聽穆公又數使人間要由余由余遂去降秦穆公以客禮禮之問伐戎之形三十六年穆公益厚孟明等三將復使伐晉渡河焚舟大敗晉人取王官及鄗以報殽之

役晉人皆城守不敢出於是穆公乃自茅津渡河封殽中尸爲發喪哭之三日乃誓於軍曰嗟士卒聽無譁予誓告汝古之人謀黃髮番番則無所過以申思不用蹇叔百里奚之言故作此誓以記余過君子聞之皆爲垂涕曰嗟乎秦穆公之與人周也卒得孟明之慶三十七年秦用由余之謀伐戎益國十二開地千里遂霸西戎天子使召公過賀穆公以金鼓三十九年穆公卒葬雍皇覽曰秦穆公冢在槖泉宮祈年觀下 從死者百七十七人秦之良臣子輿氏之子三人曰奄息仲行鍼虎與焉秦人哀之爲賦黃鳥穆公之子四十人太子罃立是爲康公

康公居雍高寢十二年卒葬竘社子共公立

共公居雍高寢三年楚彊大莊王北兵至洛問周鼎輕重五年卒葬康公南子桓公立

桓公居雍太寢七年楚莊王服鄭敗晉師于河上是時楚霸會諸侯而盟二十七年卒葬義里邱北子景公立

景公居雍高寢是時晉悼公爲盟主三十九年楚靈王爲盟主會諸侯于申四十年卒葬邱里南子哀公立

哀公或作畢公八年楚公子棄疾弑靈王自立是爲平王十一年平王爲太子建娶秦女女好遂自娶之十五年楚平王欲誅建建亾伍子胥奔吳三十一年吳王闔閭與伍子胥伐楚楚王亾奔隨吳遂入郢楚大夫申包胥來告急七日不食日夜哭於秦庭哀公發兵五百乘救楚敗吳師楚昭王乃復入郢哀公三十六年卒葬車里北太子夷公早死立夷公之子是爲惠公

惠公元年魯侯會齊侯于夾谷孔子行相事齊人歸魯鄆讙龜陰之田十年惠公卒葬車里東其子悼公立

悼公二年齊田乞弑其君孺子立其兄陽生爲悼公六年齊人弑悼公立其子簡公九年晉定公與吳王夫差會盟于黃池爭長吳人曰於周室我爲長晉人曰於姬姓我爲伯乃先晉人吳彊陵中國六月越入吳十年齊田恒弑簡公立其弟平公是歲魯西狩獲麟十二年孔子卒十四年悼公卒葬僖公西城雍子厲共公立或作剌龔公

厲共公二年蜀人來納賂十六年塹河旁以兵二萬伐大荔取其王城臨晉有王城 二十一年初縣頻陽在馮翊 晉取武成二十四年晉韓趙魏共殺智伯分其地三十三年伐義渠虜其王三十四年厲共公卒葬入里子躁公立

躁公居受寢二年南鄭反十三年義渠來伐至渭南十四年躁公卒葬悼公南立其弟懷公

懷公四年庶長鼂與大臣圍公公自殺葬櫟圉氏太子昭子早死立昭子之子靈公或作肅靈公

靈公居涇陽十三年城籍姑或曰靈公享國十年卒葬悼公西子獻公不得立立靈公季父悼子是爲簡公

簡公昭公之弟而懷公子也從晉來六年令吏初帶劍塹洛城重泉十六年公卒或云享國十五年葬僖公西子惠公立

惠公十三年伐蜀取南鄭卒葬陵圉子出子立

出子二年庶長改迎靈公之子獻公于河西而立之殺出子及其母沈之淵旁秦以數易君君臣乖亂故晉復彊奪秦河西地

獻公元年止從死二年城櫟陽徙都之今萬年縣十一年周太史儋見獻公曰周故與秦國合而別別五百歲復合合七十七歲而霸王出六年桃冬花十八年雨金櫟陽二十一年與晉戰于石門斬首六萬天子賀以黼黻二十三年與晉魏戰于少梁虜其將公孫痤二十四年獻公卒葬囂圉子孝公立

孝公元年河山以東彊國六齊威楚宣魏惠燕悼韓哀趙成侯並淮泗之間小國十餘楚魏與秦接界魏築長城自鄭濱洛以北有上郡楚自漢中南有巴黔中周室微諸侯力政秦僻在雍州不與中國諸侯之會盟夷翟遇之孝公於是布德惠賑孤寡招戰士明功賞下令國中曰昔我穆公自岐雍之間修德行武東平晉亂以河爲界西霸戎翟廣地千里天子致伯諸侯畢賀爲後世開業甚光美會往者厲躁簡公出子之不寧國家內憂未遑外事三晉攻奪我先君河西地諸侯卑秦醜莫大焉獻公卽位鎮撫邊境徙治櫟陽且欲東伐復穆公之故地脩穆公之政令寡人思念先君之意常痛於心賓客羣臣有能出奇計彊秦者吾且尊官與之分土於是乃出兵東圍陝城斬戎之獂王衛鞅聞是令下西入秦因景監求見孝公二年天子致胙三年鞅說孝公變法脩刑內務耕稼外勸戰死之賞罰孝公善之甘龍杜摯等咈然相與爭之卒用鞅法百姓苦之居三年百姓便之乃拜鞅爲左庶長七年與魏惠王會杜平八年與魏戰元里有功十年鞅爲大良造將兵圍魏安邑降之十二年作爲咸陽築冀闕秦徙都之并諸小鄉聚集爲大縣縣一令漢書百官表曰縣令長皆秦官萬戶以上爲令秩千石至六百石減萬戶爲長秩五百石至三百石皆有丞尉 四十一縣爲田開阡陌東地渡洛十四年初爲賦十九年天子致伯二十年諸侯畢賀秦使公子少官率師會諸侯于逢澤朝天子二十二年衛鞅擊魏虜魏公子卬封鞅爲列侯號商君孝公卒或曰孝公十三年始都咸陽享國二十四年卒葬圉子惠文君立初鞅

爲秦行法法不行太子犯禁鞅曰法之行自貴戚始君欲必行法莫先於太子太子不可黥黥其傅師於是無敢犯者秦人以治及孝公卒太子立宗室多怨鞅鞅亾因以爲反而卒車裂以徇秦國

惠文君元年楚韓趙蜀人來朝二年天子賀三年王冠四年天子致文武胙五年陰晉人犀首爲大良造六年魏納陰晉七年公子卬與魏戰虜其將龍賈斬首八萬八年魏納河西地九年渡河取汾陰皮氏與魏王會應圍焦降之十年張儀相秦魏納上郡十五縣十一年縣義渠歸魏焦曲沃義渠君爲臣十二年初臘十三年四月戊午始稱王魏韓皆爲王十四年更爲元年三年韓魏太子來朝張儀相魏七年樂池相秦韓趙魏燕齊帥匈奴共攻秦使庶長疾與戰于脩魚虜其將申差斬首八萬八年張儀復相秦九年司馬錯伐蜀滅之伐取趙中都西陽十年韓太子來質伐取韓石章伐敗趙將泥伐取義渠二十五城十一年樗里疾攻魏焦降之敗韓岸門斬首萬公子通封於蜀十二年王與梁王會臨晉庶長疾攻趙虜趙將莊十三年庶長章擊楚於丹陽虜其將屈丐斬首八萬又攻楚漢中取地六百里置漢中郡十四年伐楚取召陵丹犂臣蜀相壯殺蜀侯來降惠王卒或曰惠文王享國二十七年卒葬公陽子武王立

武王元年與魏惠王會臨晉誅蜀相壯張儀魏章皆東出之魏伐義渠丹犂二年初置丞相以樗里疾甘茂爲左右丞相張儀死於魏三年與韓襄王會臨晉外樗里疾相韓武王謂甘茂曰寡人欲容車通三川窺周室死不恨矣其秋使甘茂庶長封伐宜陽四年拔之斬首六萬涉河城武遂魏太子來朝王有力好戲力士任鄙烏獲孟說皆至大官王與孟說舉鼎絕臏八月武王死族孟說鼎者龍文赤鼎也或曰武王享國四年葬永陵武王取魏女爲后無子立異母弟稷爲昭襄王

昭襄王母曰宣太后楚芈氏也武王死時昭襄王爲質於燕燕人送歸得立宣太后弟魏冉自惠文王時用事力能立王元年王以冉爲將軍衛咸陽嚴君疾爲相甘茂出之魏二年彗星見庶長壯與大臣諸公子謀爲亂魏冉誅之王年少太后臨朝冉任政封穰侯三年王冠與楚王會黃棘與楚上庸四年取蒲坂彗星見五年魏王來朝應亭復與魏蒲坂六年蜀侯煇反司馬錯定蜀庶長奐伐楚斬首二萬日食晝晦七年拔新城樗里疾卒魏冉爲相八年使將軍芊戎攻楚取新市九年孟嘗君薛文來相秦奐攻楚取八城殺其將景快十年楚懷王不用昭睢言而會秦王至咸陽朝章華臺如蕃臣禮因留之薛文以受金免樓緩爲丞相十一年齊韓魏趙宋中山五國共攻秦至鹽氏而還秦與韓魏河北及封陵以和楚懷王亾歸秦遮楚道乃之趙趙不敢納欲走魏秦追及之以歸懷王發病死楚人憐之諸侯不直秦十二年樓緩免穰侯魏冉爲相予楚粟五萬石十三年向壽伐韓取武始左更白起攻新城任鄙爲漢中守十四年左更白起將兵大破韓魏之師于伊闕斬首二十四萬虜公孫喜拔五城十五年白起爲大良造將兵攻魏取垣復予之攻楚取宛十六年左更錯取軹及鄧冉免封冉陶爲諸侯十七年魏入河東地四百里韓入武遂地二百里東周君來朝十八年客卿錯伐魏至軹取城大小六十一十九年王爲西帝齊爲東帝皆復去之二十一年司馬錯攻魏魏獻安邑及河內秦出其人募徙河東賜爵赦罪人遷之二十二年蒙武伐齊取列城九與楚王會宛與趙王會中陽二十三年尉斯離與三晉燕伐齊破之濟西王與魏王會宜陽與韓王會新城二十四年與楚王會鄢又會穰魏冉免相二十五年拔趙二城與韓王會新城與魏王會新明邑二十六年赦罪人遷之穰侯復相二十七年白起攻趙取代光狼城司馬錯攻楚黔中拔之二十八年大良造白起攻楚取鄢鄧赦罪人遷之二十九年白起攻楚取郢爲南郡楚王走王與楚王會襄陵白起爲武安君三十年蜀守若伐取巫郡及江南爲黔中郡三十一年白起伐魏取兩城楚人反我江南三十二年穰侯攻魏至大梁破暴鳶斬首四萬鳶走魏入三縣請和三十三年客卿胡傷攻魏卷蔡陽長社取之擊芒卯華陽破之斬首十五萬魏入南陽以和三十五年初置南陽郡三十七年客卿竈攻齊取剛壽滅義渠以范睢爲客卿三十八年中更胡傷攻趙閼與不能取四十一年夏攻魏取邢丘懷廢宣太后逐穰侯以范睢爲丞相封應侯四十二年安國君爲太子宣太后薨葬芷陽酈山四十三年武安君白起攻韓拔九城斬首五萬四十四年攻韓南郡取之四十五年五大夫賁攻韓取十城四十七年秦攻韓上黨上黨降趙秦因攻趙趙發兵擊秦相距秦使武安君白起大破趙於長平殺趙括阬趙降卒四十餘萬人四十八年十月韓獻垣雍秦分三軍武安君歸王齕將伐趙武安皮牢拔之司馬梗北定太原盡有韓上黨又使五大夫陵攻趙邯鄲四十九年以王齕代陵將五十年武安君白起有罪誅齕圍邯鄲不拔走還初作河橋五十一年將軍摎攻趙取二十餘縣首虜九萬西周君背秦

與諸侯約從將天下鋭兵出伊闕攻秦秦使將軍摎攻西周西周君走來自歸盡獻其邑秦受其獻而歸其君於周五十二年取周九鼎寶器以入于秦周初亾應侯免以蔡澤相五十三年天下來賓魏後秦使摎伐魏取吳城魏委國聽令五十四年郊見上帝於雍邸五十六年秋昭襄王卒葬芷陽子安國君柱立是爲孝文王

孝文王立尊唐八子爲唐太后八子者妾媵之號而合葬於先王初華陽夫人無子呂不韋說令立夏姬之子子楚爲嗣以自託華陽夫人從之及孝文王即位子楚爲太子孝文王除喪十月己亥即位三日辛丑卒或云享國一年卒葬壽陵太子子楚立是爲莊襄王

莊襄王元年大赦罪人修先王功臣施德澤厚骨肉而布惠於民以呂不韋爲相國封文信侯食河南十萬戸初呂不韋爲賈人問其父曰商賈之利幾倍父曰十倍田蠶之利幾倍父曰百倍販國貴君幾倍父曰無倍數後不韋賈邯鄲見子楚爲質於趙曰此奇貨也可居時子楚居處困不得志不韋乃進五百金與子楚復以五百金爲西說華陽夫人故得爲嗣不韋有愛姬子楚囊之妾謂不韋曰妾始有孕而人未知公若以妾獻子楚幸而生男即公之子爲秦王也不韋從而獻之以秦昭王四十八年正月生始皇於邯鄲子楚後歸秦及孝文王薨遂即位東周君與諸侯謀秦秦使呂不韋誅之盡入其國秦不絕其祀以陽人地賜周君奉其先祀陽人今汝南之梁縣也使蒙驁伐韓韓獻成皐鞏秦界至大梁初置三川郡二年蒙驁攻趙定太原三年蒙驁攻魏高都汲拔之攻趙榆次新城狼孟取三十七城四月日食四年王齕攻上黨初置太原郡魏將無忌率五國兵攻秦秦御於河外蒙驁敗解而去莊襄王卒或云享國三年葬茝陽太子政立是爲始皇帝

臣謹按太史公曰秦之先爲嬴姓其後分封以國爲姓有徐氏郯氏莒氏終黎氏運奄氏菟裘氏將梁氏黃氏江氏脩魚氏白冥氏蜚廉氏秦氏秦以其先造父封趙城爲趙氏然徐郯莒江黃秦趙以國爲氏者終黎菟裘以邑爲氏者蜚廉以名爲氏者司馬遷不通姓氏學皆謂以國爲姓況此皆氏也不可以言姓姓則嬴也

始皇帝名政虎口日角大目長八尺六寸年十三即位王年尙少國事皆決於大臣呂不韋爲相李斯爲舍人蒙驁王齮麃公等爲將軍當是時秦地已并巴蜀漢中越宛有郢置南郡矣北收上郡以東有河東太原上黨郡東至滎陽滅二周置三川郡呂不韋招賓客致游士欲以并天下二年麃公將卒攻卷斬首三萬三年蒙驁攻韓取十三城王齮死蒙驁攻魏四年拔二城十月庚寅蝗從東方來蔽天天下疫民內粟千石拜爵一級五年蒙驁攻魏取二十城初置東郡冬雷六年諸侯患秦攻伐不已韓魏趙衛楚五國共伐秦春申君爲從長至函谷秦出兵擊之五國皆敗走秦遂伐魏取朝歌拔衛濮陽衛君角率其支屬徙居野王阻山以保魏之河內七年彗星先出東方見北方五月見西方夏太后死八年呂不韋舍人嫪毐有寵太后封以太原爲長信侯與山陽地令毐居之宮室車馬衣服苑囿馳獵恣毐事無大小皆取決焉九年彗星見或竟天攻魏垣蒲陽四月上宿雍己酉王冠帶劒時年二十二嫪毐事覺作亂矯王御璽太后璽發縣卒及衛卒官騎戎翟君公舍人將攻蘄年宮宮在雍王知之令相國昌平君發卒攻毐戰咸陽毐敗走捕得毐等二十人皆梟首車裂以徇滅其宗及其舍人輕者爲鬼薪取薪給宗廟也律曰鬼薪作三歲及奪爵遷蜀四千餘家家房陵遷太后于雍四月寒有凍死者楊端和攻衍氏彗星見西方又見北方從斗以南八十日十年相國呂不韋坐嫪毐免相桓齮爲將軍齊趙來置酒齊人茅焦說王曰秦方以天下爲事而大王有遷母之名恐諸侯聞之由此倍秦也王乃迎太后於雍入咸陽復居甘泉宮立茅焦爲傅爵之上卿太后大悅曰安秦社稷使妾母子相見者茅君之力也大索逐客李斯上書乃止斯因說秦王請先取韓以恐他國乃使斯下韓韓王患之與韓非謀弱秦大梁人尉繚來說秦王曰以秦之彊諸侯譬如郡縣之君臣但恐諸侯合從翕而出不意此乃智伯夫差湣王之所以亾也願大王毋愛財物賂其豪臣以亂其謀不過亾三十萬金則諸侯可盡王從其計見尉繚亢禮衣服飲食與繚同繚曰秦王爲人蜂準長目摯鳥膺豺聲少恩而虎狼心居約易出人下得志亦輕食人我布衣也然見我常身自下我誠使秦王得志於天下天下皆爲虜矣不可與久游乃亾去秦王覺固止之以爲秦國尉卒用其計策而李斯用事十一年王翦桓齮楊端和攻鄴取九城王翦攻閼與橑陽取鄴安陽十二年呂不韋奪爵徙蜀飲鴆而死十三年桓齮攻趙平陽殺其將扈輒斬首十萬王之河南正月彗星見東方十四年桓齮攻趙取宜安平陽武城韓非使秦秦用李斯謀留非非死雲陽韓王請爲臣十五年大興兵一軍至鄴一軍至太原取狼孟地動十六年韓獻南陽地初令男子書年魏獻地於秦秦置麗邑十

七年內史騰攻韓得韓王安盡納其地爲潁川郡地動華陽太后卒十八年大興兵攻趙十九年王翦羌瘣盡定趙地得趙王秦王之邯鄲諸嘗與王生趙時母家有仇怨者皆阬之王還母太后崩趙公子嘉率其宗族數百人之代自立爲代王東與燕合兵軍上谷二十年燕太子丹患秦兵且至乃使荆軻刺秦王不中體解軻以徇王翦辛勝攻燕破燕軍易水之西二十一年王賁攻薊乃益發卒詣王翦軍遂破燕太子軍取燕薊城燕王走保遼東斬太子丹之首以獻王賁伐楚取十餘城欲遂滅之王翦曰楚地廣民衆非六十萬人不可王以爲怯翦謝病老歸二十二年王賁伐魏引河溝灌大梁城壞魏王假降殺之而盡取其地二十三年復召王翦彊起之使將六十萬人擊楚取陳以南至平輿楚悉兵以逆王翦閉壘不戰楚引兵而東乃追擊大破之至蘄南殺其將項燕翦乘勝略定楚地虜楚王負芻二十五年使王賁伐遼東虜燕王喜還擊代虜代王嘉王翦遂定楚江南地降越君置會稽郡五月天下大酺（酺音蒲文穎曰周禮族師掌春秋祭酺爲人物災害之神蘇林曰陳留俗三月上巳日水上飲食爲酺焉）二十六年將軍王賁從燕南攻齊入臨淄王建降遂滅齊秦初并天下令丞相御史曰異日韓王納地效璽請爲藩臣已而倍約與趙魏合從畔秦故興兵誅之虜其王趙王使其相李牧來約盟故歸其質子已而倍盟反我太原故興兵誅之得其王趙公子嘉乃自立爲代王故舉兵擊滅之魏王始約服入秦已而與韓趙謀襲秦秦兵吏誅遂破之楚王獻青陽以西已而畔約擊我南郡故發兵誅得其王遂定楚地燕王昏亂其太子丹乃陰令荆軻爲賊兵吏誅滅其國齊王用后勝計絕秦使欲爲亂兵吏誅虜其王平齊地寡人以眇眇之身興兵誅暴亂賴宗廟之靈六王咸服其辜天下大定今名號不更無以稱成功傳後世其議帝號丞相綰御史大夫劫廷尉斯等皆曰昔者五帝地方千里其外侯服夷服諸侯或朝或否天子不能制今陛下興義兵誅殘賊平定天下海內爲郡縣法令由一統自上古以來未嘗有五帝所不及臣等謹與博士議曰古有天皇有地皇有泰皇泰皇最貴臣等昧死上尊號王爲泰皇命爲制令爲詔天子自稱曰朕王曰去泰著皇采上古帝位號號曰皇帝他如議制曰可（下有司曰制天子答之曰可）追尊莊襄王爲太上皇制曰朕聞太古有號毋謚中古有號死而以行爲謚如此則子議父臣議君也甚無謂朕弗取焉自今已來除謚法朕爲始皇帝後世以數計二世三世至于萬世傳之無窮始皇推終始五德之傳以爲周得火德秦代周德從所不勝方今水德之始改年始朝賀皆自十月朔衣服旄旌節旗皆尚黑數以六爲紀符法冠皆六寸而輿六尺乘六馬六尺爲步（譙周曰步以人足爲數非獨秦制然）更名河曰德水以爲水德剛戾事皆決於法刻削毋仁恩和義然後合五德之數於是急法久者不赦丞相綰等言諸侯初破燕齊楚地遠不爲置王毋以塡之請立諸子羣臣皆以爲便廷尉李斯議曰周文武所封子弟同姓甚衆然後屬疏遠相攻擊如仇讎諸侯更相誅伐周天子弗能禁止今海內賴陛下神靈一統皆爲郡縣諸侯諸子功臣以公賦稅重賞賜之甚足易制天下無異意則安寧之術也置諸侯不便始皇曰天下共苦戰鬬不休以有侯王賴宗廟天下初定又復立國是樹兵也而求其寧息豈不難哉廷尉議是分天下以爲三十六郡（三十六郡者三川河東南陽南郡九江鄣郡會稽潁川碭郡泗水薛郡東郡琅邪齊郡上谷漁陽古北平遼西遼東代郡鉅鹿邯鄲上黨太原雲中九原雁門上郡隴西北地漢中巴郡蜀郡黔中長沙凡三十五與內史是爲三十六郡）郡置守尉監（守掌治郡尉佐守典武禁暴監御史掌監郡）更名民曰黔首（黔亦黎黑也）大酺收天下兵（古者以銅爲兵）聚之咸陽銷爲鐘鐻鑄金人十二重各千石置廷宮中一法度衡石丈尺車同軌書同文字地東至海暨朝鮮西至臨洮南至北嚮戶（開北戶以向日）北據河爲塞並（音旁）陰山至遼東徙天下豪富於咸陽十二萬戶諸廟及章臺上林皆在渭南秦每破諸侯寫放其宮室作之咸陽北阪上（在長安西北漢武帝別名渭城）南臨渭自雍門以東至涇渭殿屋複道周閣相屬所得諸侯美人鐘鼓以充入之二十七年始皇巡隴西北地出雞頭山過回中作信宮渭南已而更命信宮爲極廟象天極自極廟道通酈山作甘泉前殿築甬道（築垣牆如街巷）自咸陽屬之是歲賜爵一級治馳道（秦爲馳道於天下東窮燕齊南極吳楚江湖之上濱海之觀畢至道廣五十步三丈而樹厚築其外隱以金椎樹以青松）二十八年始皇東行郡縣上鄒嶧山立石與魯諸儒生議刻石頌秦德議封禪遂上泰山立石封祠祀下風雨暴至休於樹下因封其樹爲五大夫禪梁父刻所立石其辭曰皇帝臨位作制明法臣下修飭二十有六年初并天下罔不賓服親巡遠方黎民登茲泰山周覽東極從臣思迹本原事業祗誦功德治道運行諸產得宜皆有法式大義休明垂於後世順承勿革皇帝躬聖既平天下不懈於治夙興夜寐建設長利專隆教誨訓經宣達遠近畢理咸承聖志貴賤分明男女禮順愼遵職事昭隔內外靡不清淨施於後嗣化及無窮遵奉遺詔永承重戒於是乃並勃海以東過黃腄立石頌秦德而去南登琅邪大樂之留三月乃徙黔首三萬戶琅邪臺下復十二歲作琅邪臺立石

頌秦德明德意曰維二十六年皇帝作始端平法度萬物之紀以明人事合同父子聖智仁義顯白道理東撫東土以省卒士事巳大畢乃臨於海皇帝之功勤勞本事上農除末黔首是富溥天之下摶心壹志器械一量同書文字日月所照舟輿所載皆終其命莫不得意應時動事是維皇帝匡飭異俗陵水經地憂恤黔首朝夕不懈除疑定法咸知所辟方伯分職諸治經易舉錯必當莫不如畫皇帝之明臨察四方尊卑貴賤不踰次行姦邪不容皆務貞良細大盡力莫敢怠荒遠邇辟隱專務肅莊端直敦忠事業有常皇帝之德存定四極誅亂除害興利致福節事以時諸產繁殖黔首安寧不用兵革六親相保終無寇賊驩欣奉教盡知法式六合之內皇帝之土西涉流沙南盡北戶東有東海北過大夏人迹所至無不臣者功蓋五帝澤及牛馬莫不受德各安其宇維秦王兼有天下立名爲皇帝乃撫東土至于琅邪列侯武城侯王離列侯通武侯王賁倫侯建成侯趙亥倫侯昌武侯成倫侯武信侯馮毋擇丞相隗林丞相王綰卿李斯卿王戊五大夫趙嬰五大夫楊樛從與議於海上曰古之帝者地不過千里諸侯各守其封域或朝或否相侵暴亂殘伐不止猶刻金石以自爲紀古之五帝三王知教不同法度不明假威鬼神以欺遠方實不稱名故不久長其身未歿諸侯倍叛法令不行今皇帝并一海內以爲郡縣天下和平昭明宗廟體道行德尊號大成羣臣相與誦皇帝功德刻于金石以爲表經既巳齊人徐市等上書言海中有三神山名曰方丈蓬萊瀛洲仙人居之請得齋戒與童男女求之於是遣徐市發童男女數千人入海求仙人始皇還過彭城齋戒禱祠欲出周鼎泗水使千人沒水求之弗得乃西南渡淮水之衡山南郡浮江至湘山祠逢大風幾不得渡上問博士曰湘君何神對曰堯之女舜之妻而葬此始皇大怒使刑徒三千人皆伐湘山之樹赭其山乃自南郡由武關歸二十九年始皇東游至陽武博狼沙中爲盜所驚求弗得令天下大索十日登之罘刻石其辭曰維二十九年時在中春陽和方起皇帝東游巡幸之罘臨照于海從臣嘉觀原念休烈追誦本始大聖作治建定法度顯著綱紀外教諸侯光施文惠明以義理六國回辟貪戾無厭虐殺不巳皇帝哀衆遂發討師奮揚武德義誅信行威燀旁達燀先善反莫不賓服烹滅彊暴振救黔首周定四極普施明法經緯天下永爲儀則大矣哉宇縣之中承順聖意羣臣誦功請刻于石表垂于常式其東觀曰維二十九年皇帝春游覽省遠方逮于海隅遂登之罘照臨朝陽觀望廣麗從臣咸念原道至明聖法初興清理疆內外誅暴彊武威旁暢振動四極禽滅六王闡并天下甾害絕息永偃戎兵皇帝明德經理宇內視聽不怠作立大義昭設備器咸有章旗職臣遵分各知所行事無嫌疑黔首改化遠邇同度臨古絕尤常職既定後嗣循業長承聖治羣臣嘉德祗誦聖烈請刻之罘旋遂之琅邪道上黨入三十年無事三十一年徐廣曰此年使黔首自實其田十二月更名臘曰嘉平太原眞人茅盈內紀曰始皇三十一年九月庚子盈曾祖父濛於華山中乘雲駕龍白日昇天先是邑中謠歌曰神仙得者茅初成駕龍上昇入太清時下元洲戲赤城繼世而往在我盈帝若學之臘嘉平始皇聞謠歌問其故父老具對云此仙人之謠也因勸始皇求長生之術始皇欣然志於尋神仙遂改臘爲嘉平黔首里六石米二羊始皇爲微行咸陽若微賤之行故云微行也與武士四人俱夜出逢盜蘭池見窘武士擊殺盜關中大索二十日米石千六百三十二年始皇之碣石使燕人盧生求羨門古仙人也高誓刻碣石門墮壞城郭決通隄防其辭曰遂興師旅誅戮無道爲逆滅息武殄暴逆文復無罪庶心咸服惠論功勞賞及牛馬恩肥土域皇帝奮威德并諸侯初一泰平墮壞城郭決通川防夷去險阻地勢既定黎庶無繇天下咸撫男樂其疇女修其業事各有序惠被諸產久並來由莫不安所羣臣誦烈請刻此石垂著儀矩又使韓終侯公石生求仙人不死之藥始皇巡北邊從上郡入燕人盧生使入海還以鬼神事因奏錄圖書曰亾秦者胡也謂胡亥始皇乃使將軍蒙恬發兵三十萬北擊胡略取河南地三十三年發諸嘗逋亾人贅壻賈人略取陸梁地爲桂林象郡南海以適徙民五十萬戍五嶺西北斥逐匈奴自榆中並河以東屬之陰山爲三十四縣城河上爲塞又使蒙恬渡河取高闕陶山北假中築亭障以逐戎人徙適實之長城之役起臨洮至遼東延袤萬餘里暴師十餘年三十四年適治獄吏不直者築長城及戍南越地始皇置酒咸陽宮博士七十人前爲壽僕射周青臣百官表曰僕射秦官古者重武官有主射者以督課之僕主也進頌曰他時秦地不過千里賴陛下神聖平定海內放逐蠻夷日月所照莫不賓服以諸侯爲郡縣人人自安樂無戰爭之患傳之萬世自古不及陛下威德始皇大悅博士齊人淳于越進曰臣聞殷周之王千餘歲封子弟功臣自爲枝輔今陛下有海內而子弟爲匹夫卒有田恒六卿之臣無輔拂何以相救哉事不師古而能長久者非所聞也今青臣面諛以重陛下之過非忠臣始皇下其議丞相李斯曰五帝不相復三代不相襲各以治非相反也時變異也今陛下創大業建萬世之功固非愚儒所知且

越言乃三代之事何足法也異時諸侯並爭厚招游學今天下已定法令出一百姓當家則力農工士則學習法令辟禁諸生不師今而學古以非當世惑亂黔首丞相臣斯昧死言古者天下散亂莫之能一是以諸侯並作語皆道古以害今飾虛言以亂實人善其所私學以非上之所建立今皇帝并有天下別黑白而定一尊私學而相與非法教人聞令下則各以其學議之入則心非出則巷議夸主以爲名異取以爲高率羣下以造謗如此不禁則主勢降乎上黨與成乎下禁之便臣請史官非秦記皆燒之非博士官所職天下有藏詩書百家語者悉詣守尉雜燒之有敢偶語詩書棄市以古非今者族吏見知不舉者與同罪令下三十日不燒黥爲城旦（律說論決爲髡鉗輸邊築長城晝日伺寇虜夜暮築長城城旦四歲也）所不去者醫藥卜筮種樹之書若欲有學法令以吏爲師制曰可三十五年除道道九原抵雲陽（九原縣隷五原郡道九原通甘泉）塹山堙谷千八百里直通之於是始皇以爲咸陽人多先王之宮廷小吾聞文王都豐武王都鎬豐鎬之間帝王都也乃營作朝宮渭南上林苑中先作前殿阿房東西五百步南北五十丈上可以坐萬人下可以建五丈旗周馳爲閣道自殿下直抵南山表南山之顛以爲闕爲複道自阿房渡渭屬之咸陽以象天極閣道絕漢抵營室也阿房宮未成成欲更擇令名名之作宮阿房故天下謂之阿房宮隱宮徒刑者七十餘萬人分作阿房宮或作麗山發北山石椁乃寫蜀荆地材皆至關中計宮三百關外四百餘於是立石東海上朐界中以爲秦東門因徙三萬家麗邑五萬家雲陽皆復不事十歲盧生說始皇曰臣等求芝奇藥仙者常弗遇類物有害之者方中

人主時爲微行以辟惡鬼惡鬼辟眞人至人主所居而人臣知之則害於神眞人者入水不濡入火不爇陵雲氣與天地久長今上治天下未能恬淡願止所居宮毋令人知然後不死之藥殆可得也始皇曰吾慕眞人自謂眞人不稱朕乃令咸陽之旁二百里內宮觀二百七十複道甬道相連帷帳鐘鼓美人充之各案署不移徙行所幸有言其處者罪死始皇幸梁山宮從山上見丞相車騎衆弗善也中人或告丞相丞相後損車騎始皇怒曰此中人泄吾語案問莫服詔捕諸時在旁者皆殺之是後莫知行之所在聽事羣臣受決事悉於咸陽宮侯生（韓客也）盧生相與謀曰始皇爲人天性剛戾自用起諸侯并天下意得欲從以爲自古莫己及專任獄吏博士雖七十人特備員弗用丞相諸大臣皆受成事倚辦於上樂以刑殺爲威天下畏罪持祿莫敢盡忠上不聞過而日驕下懾伏謾欺以取容秦法不得兼方不驗者輒死然候星氣者三百人皆良士畏忌諱諛不敢端言其過天下之事無大小皆決於上上至以衡石量書（石百二十斤）日夜有程不得休息貪於權勢至如此未可爲求仙藥乃亾去始皇聞亾乃大怒曰吾前收天下書不中用者盡去之悉召文學方術士甚衆欲以興太平方士欲以鍊求奇藥今聞韓衆去不報徐市等費以巨萬計終不得藥徒姦利相告日聞盧生等吾待之甚厚今乃誹謗以重吾不德也諸生在咸陽者吾使人廉問或爲妖言以亂黔首於是使御史悉案問諸生諸生傳相告引乃自除犯禁者四百六十餘人皆阬之咸陽使天下知之以懲後益發謫徙邊始皇長子扶蘇諫曰天下初定遠方黔首未集諸生皆誦法孔子今上皆重法

繩之臣恐天下不安始皇怒使扶蘇北監蒙恬於上郡三十六年熒惑守心有星隕于東郡至地爲石黔首或刻其石曰始皇死而地分始皇聞之遣御史逐問莫服盡取石旁居人誅之因燔銷其石始皇不樂使博士爲仙眞人詩及行所游天下傳令樂人歌絃之秋使者鄭客從關東夜過華陰平舒道有人素車白馬持璧遮使者曰吾華山君願以此爲吾遺滈池君因言曰今年祖龍死（祖人之先龍君之象）使者問其故因忽不見置其璧去使者奉璧具以聞始皇默然良久曰山鬼固不過知一歲事也退言曰祖龍者人之先也使御府視璧乃二十八年行渡江所沈璧也於是卜之卦得游徙吉三十七年十月始皇出游左丞相斯從右丞相去疾守少子胡亥愛慕請從上許之十一月行至雲夢望祀虞舜於九疑山浮江下觀籍柯渡海渚過丹陽至錢唐臨浙江水波惡乃西百二十里從狹中渡（在餘杭也因始皇會稽經此立爲縣）至上會稽祭大禹望于南海立石頌德還過吳從江乘渡並海上北至琅邪徐市等入海求仙藥數歲不得費多恐譴乃詐曰蓬萊藥可得然常爲大鮫魚所苦故不得至願請善射與俱見則以連弩射之始皇夢與海神戰如人狀問占夢博士曰水神不可見以大魚鮫龍爲候此惡神當除去而善神可致乃令入海者齎捕魚具而自以連弩候大魚出射之自琅邪北至榮成山弗見至之罘見巨魚射殺一魚遂並海西至平原津而病始皇惡言死羣臣莫敢言死事上病益甚乃爲書賜公子扶蘇曰與喪會咸陽而葬書已封在中車府令趙高行符璽事所未授使者七月丙寅崩於沙邱平臺在位三十七年年五十或云五十一（沙邱去長安二千餘里趙有此沙邱宮在鉅鹿武靈王之死處）丞相

斯爲上崩在外恐諸公子及天下有變乃秘之不發喪棺載轀涼車中故幸宦者參乘所至上食百官奏事如故宦者輒從轀涼車中可其奏事獨胡亥趙高所幸宦者五六人知上死趙高嘗敎胡亥書及律令胡亥私幸之高乃與公子胡亥丞相李斯陰謀破去始皇所封書賜扶蘇者而更詐爲丞相斯受遺詔立胡亥爲太子更爲書賜扶蘇蒙恬罪數以罪賜死行從井陘抵九原會天大暑轀涼車臭乃詔從官令車載一石鮑魚以亂其臭行從直道至咸陽發喪胡亥襲位爲二世皇帝九月葬始皇酈山始皇初卽位穿治酈山及并天下天下徒送詣七十餘萬人穿三泉下銅（銅作錮錮鑄塞）而致棺宮觀百姓奇器珍怪徙藏滿之令匠作機弩矢有所穿近者輒射之以水銀爲百川江河大海機相灌輸上具天文下具地理以人魚膏爲燭（人魚似鮎魚四腳）度不滅者久之後宮非有子者皆令從死死者甚衆或言工匠爲機藏皆知之藏重卽泄大事畢已藏閉中羡下外羡門盡閉工匠藏者無復出者樹草木以象山

臣謹按皇覽曰始皇墳高五十餘丈周回五里餘又按太原眞人茅盈內紀曰始皇三十一年九月庚子盈曾祖父蒙乃於華山之中乘雲駕龍白日升天先是其邑謠歌曰神仙得者茅初成駕龍上昇入太淸時下元洲戲赤城繼世而往在我盈帝若學之臘嘉平始皇聞謠而問其故父老具對此仙人之謠勸帝求長生之術始皇欣然乃有尋仙之思因改臘曰嘉平

又按始皇名爲政徐廣曰一作正宋忠云以正月旦生故名正又按司馬遷云始皇姓趙氏此不達姓氏之言也凡諸侯無氏以國爵爲氏其支庶無國爵則稱公子公子之子則稱公孫公孫之子無所稱焉然後以王父字爲氏或分邑者則以邑爲氏或言官者則以官爲氏凡爲氏者不一今秦氏自非子得邑則以秦邑爲氏及襄公封國則以秦國爲氏相傳至於始皇亦如商周相傳至湯武豈有子湯姬發之稱乎若趙氏者自造父獲封趙城爲趙氏其後微弱而邑於晉則以趙邑爲氏及三分晉國則以趙國爲氏豈有秦國之君而以趙國爲氏乎漢魏以來與此道異遷漢人但知漢事而已

二世皇帝始皇第十八子也元年詔議增始皇寢廟犧牲及山川百祀之禮羣臣皆頓首言曰古者天子七廟諸侯五大夫三雖萬世不軼毀今始皇爲極廟四海之內皆獻貢職增犧牲禮咸備無以加先王廟或在西雍或在咸陽天子儀當親奉酎祠始皇廟自襄公已下軼毀所置凡七廟羣臣以禮進祠宜尊始皇廟爲帝者祖廟時趙高爲郎中令獨用事二世與高謀曰朕年少初卽位黔首未附先帝巡行郡縣以示彊威服海內今晏然不巡行卽見弱毋以臣畜天下春遂東行郡縣李斯從到碣石並海南至會稽而盡刻始皇所立列石以章先帝成功盛德遂至遼東而還二世陰與趙高謀曰大臣不服官吏尚彊及諸公子必與我爭爲之柰何高曰臣固願言而未敢也先帝之大臣皆天下累世名貴人也積功勞世以相傳久矣今高素小賤陛下幸稱舉令在上位管中事大臣鞅鞅特以貌從臣其心實不服今上出宜因此時案郡縣守尉有罪者誅之上以振威天下下以去上生平所不可者願陛下無疑然後收舉餘民賤者貴之貧者富之遠者近之則上下集而國安矣二世曰善乃行誅大臣及諸公子以罪過連逮少近官三郎無得立者而六公子戮死於杜公子將閭昆弟三人囚於內宮二世使使令將閭曰公子不臣罪當死將閭曰闕廷之禮吾未嘗敢不從賓贊也廊廟之位吾未嘗敢失節也受命應對吾未嘗敢失辭也何謂不臣願聞罪而死使者曰臣不得與謀奉書從事將閭乃仰天大呼者三曰天乎吾無罪昆弟皆拔劍自殺宗室振恐四月二世還至咸陽曰先帝爲咸陽朝廷小故營阿房宮爲室堂未就而崩今釋弗就是章先帝舉事過也復作阿房宮徵材士五萬人爲屯衛咸陽令敎射狗馬禽獸當食者多度不足下調郡縣轉輸菽粟芻藁皆令自齎糧食咸陽三百里內不得食其穀用法益刻深七月戍卒陳勝等反故荆地爲張楚勝自立爲楚王居陳遣諸將徇地山東郡縣年少苦秦吏皆殺其守尉令丞反以應之相立爲侯王合從西嚮名爲伐秦不可勝數謁者使東方來（謁者秦官掌賓贊受事）以反者聞二世怒下吏後使者至上問對曰羣盜郡守尉逐捕今盡得不足憂上悅八月武臣至邯鄲自立爲趙王魏咎爲魏王田儋爲齊王九月劉季起沛爲沛公項梁舉兵會稽二年冬陳涉所遣周章等將西至戲水兵數十萬二世大驚與羣臣謀少府章邯曰盜已至衆彊今發近縣不及矣酈山徒多請赦而授之兵以擊之二世乃大赦天下使章邯將兵破周章軍殺章于曹陽二世益遣長史司馬欣董翳佐章邯擊盜殺陳勝城父破項梁定陶滅魏咎臨濟楚地之盜名將已死章邯乃北渡河擊趙王歇等於鉅鹿趙高說二世曰先帝臨制天下久故羣臣不敢爲非進

邪說今陛下富於春秋初即位柰何與公卿廷決事事即有誤示羣臣短也於是二世常居禁中與高決事公卿希得朝見右丞相去疾左丞相斯將軍馮刼進諫曰關東羣盜並起秦兵誅擊所殺亾甚衆然猶不止盜多皆以戍漕轉作事苦賦稅大也請且止阿房作者減省四邊戍轉二世曰先帝起諸侯兼天下天下已定外攘四夷以安邊境作宮室以章得意而君觀先帝功業有緒今朕即位二年之間羣盜並起君不能禁又欲罷先帝之所為何以在位下去疾斯刼吏案責他罪去疾刼曰將相不辱自殺斯卒囚就五刑三年章邯等圍鉅鹿楚上將軍項羽救之冬趙高為丞相竟案李斯殺之夏章邯等戰數卻二世使人責邯邯恐使長史欣請事趙高弗見又弗信欣恐亾去見邯曰趙高用事於中將軍有功亦誅無功亦誅項羽急擊秦軍虜王離邯等遂以兵降八月趙高欲為亂恐羣臣不聽乃先設驗持鹿獻於二世曰馬也二世笑曰丞相誤邪謂鹿為馬問左右左右或默或言馬以阿順高或言鹿者高因陰中以法羣臣皆畏高枉矢西行趙高前數言關東盜無能為也及是燕趙齊楚韓魏皆立為王自關以東大抵畔秦吏應諸侯諸侯咸率其衆西嚮沛公將數萬人已屠武關使人私於高高恐二世誅已乃謝病不朝二世夢白虎齧其左驂馬殺之心不樂卜曰涇水為祟二世乃齋於望夷宮張晏曰望夷宮在長陵西北長平觀道東故亭處是也臨涇水作之以望北夷欲祠涇沈四白馬使使責高以盜賊事高懼乃陰與其壻咸陽令閻樂其弟郎中趙成謀廢二世更立公子嬰乃令樂將吏卒至望夷宮殿門縛衞令斬之成與樂俱入射上幄坐幃二世怒召左右左右皆惶擾不鬭旁有宦者一人侍不敢去二世入內謂曰公何不早告我乃至於此宦者曰臣不敢言故得全使臣早言皆已誅安得至今樂即前數二世曰足下驕恣誅殺無道天下共畔足下足下其自為計二世曰丞相可得見否樂曰不可二世曰吾願得一郡為王弗許又曰願為萬戶侯弗許又曰願與妻子為黔首比諸公子樂曰臣受命丞相為天下誅足下足下雖多言不敢報麾其兵進二世自殺二世在位三年年二十三趙高立子嬰以黔首葬二世杜南宜春苑中秦王子嬰者始皇之孫公子扶蘇之子也扶蘇嬰父子皆有賢德百姓愛之二世三年九月趙高既殺二世懼禍及遂立子嬰以從人望高乃悉召大臣公子告之曰秦故王國始皇君天下始稱帝今六國復自立秦地益小乃以空名為帝不可宜為王如故便乃立子嬰為秦王令子嬰齋當廟見受玉璽齋五日子嬰與其二子謀曰高殺二世恐羣臣誅之今佯以義立我我聞高與楚約滅秦宗室而王關中今使我齋見廟此欲廟中圖我我稱病不行丞相必來來則殺之高果自往子嬰遂刺殺高於齋宮三族高家以徇咸陽子嬰為秦王四十六日楚將沛公破秦軍入武關遂至霸上霸水上也在長安東三十里古者滋水秦穆公更名霸水使人約降子嬰子嬰即係頸以組白馬素車奉天子璽符降軹道旁軹亭名在長安東十三里沛公遂入咸陽封宮室府庫還軍霸上居月餘諸侯兵至項籍為從長殺子嬰及秦諸公子宗族遂屠咸陽燒其宮室三月火不滅虜其子女收其貨寶諸侯共分之滅秦之後分其地為三雍王塞王翟王號三秦項羽為西楚霸王主命分天下王諸侯後五年天下定於漢

臣謹按通歷曰趙高既殺二世乃引璽自佩之百官莫從將上殿殿欲壞者三趙高知天命不與羣臣不義而乃立子嬰

右秦之世起襄公元年甲子至二世三年甲寅凡二十七世三十二君五百七十一年而亾史記秦襄公至二世六百一十年

通志卷四

通志卷五上

宋右迪功郎鄭樵漁仲撰

前漢紀第五上

高祖　惠帝　高后呂氏

臣謹按劉者東周畿內之地名杜預云緱氏西北舊有劉亭是也緱氏熙寧中省爲鎮入偃師隸河南劉氏者成王封王季之季子食采于劉是爲劉康公劉氏受氏實由此始自康公之後有劉定公劉獻公劉宣公劉文公世爲周卿士故劉氏爲著族漢儒之言劉氏乃用晉史蔡墨之言謂陶唐氏之後有劉累者學擾龍事孔甲在夏爲御龍氏在商爲豕韋氏在周爲唐杜氏其適晉者爲范氏范武子奔秦復歸于晉秦人歸其孥留于秦者爲劉氏戰國之際秦師伐魏劉氏從征爲魏所獲魏遷大梁徙都于豐故劉氏亦居豐然劉氏本于康公地著世系兩皆明信不知劉累者因何氏劉曾無本末且劉也范也以邑命氏者豕韋也唐也杜也以國命氏者御龍也豢龍也以技命氏者此古者命氏之義也若如此論則御龍以來數更氏矣舍劉而用御龍舍御龍而用豕韋舍豕韋而用唐杜舍唐杜而用范且范氏既又爲士氏隨氏今武子處秦之裔既不以范以士以隨又不以杜以唐以豕韋以御龍而獨以劉何也高帝起于微賤不知族世且親莫如母不知其姓但謚昭靈后而已近莫如大父不知其名但以居豐呼爲豐公如此則漢家祖禰可謂荒唐矣高祖卽位之後採諸儒之言汎祀其先所置祠祀官則有秦晉梁荆之巫世祠天地綴之以祀其義爲范氏仕晉故用晉巫以祠仕晉者武子之後留秦故用秦巫以祠留秦者隨魏遷梁故用梁巫以祠遷梁者後居于豐故用荆巫以祠居豐者豐荆地也然天子之祀必世代歷歷遠近有差昭穆有別或壇或墠有毀有遷猶恐其濫今漢家之祀其先也如此亘由不知所祖求之多方庶幾或中漢儒又從而推之以陶唐爲火德漢承堯運斷蛇著符旗幟尙赤協于火德自然之運得天統者何哉

高祖劉氏名邦字季泗水郡沛縣豐邑中陽里人父曰太公母曰劉媪（幽人謂老婦爲媪烏老切）媪嘗息大澤之陂夢與神遇是時雷電晦冥太公往視則見蛟龍于其上已而有娠遂產高祖高祖爲人隆準而龍顏美鬚髯左股有七十二黑子寬仁愛人意豁如也常有大度不事家人生產作業及壯試吏爲泗上亭長庭中吏無所不狎侮好酒及色常從王媪武負貰酒（老母爲負貰音世賖也）時飲醉卧武負王媪見其上常有龍怪之高祖每酤留飲酒讐數倍（讐當讀爲售師古於此無音宜紕所從賈家讀大讐顏曰讐當爲售）及見怪歲竟此兩家常折券棄責（如字或讀爲債徵財也廣韻亦作音責負財也）高祖常繇咸陽縱觀秦皇帝喟然太息曰嗟乎大丈夫當如此矣單父人呂公（單音善父音斧）善沛令避仇從之客因家焉沛中豪桀吏聞令有重客皆往賀蕭何爲主吏主進（與贐同才忍反）令諸大夫曰進不滿千錢坐之堂下高祖爲亭長素易諸吏乃紿爲謁曰賀錢萬（紿徒在切欺也謁者書刺自言爵里姓名并列賀錢數）實不持一錢謁入呂公大驚起迎之門呂公者好相人見高祖狀貌因重敬之引入坐上坐蕭何曰劉季固多大言少成事高祖因狎侮諸客遂坐上坐無所詘酒闌呂公因目固留高祖竟酒後呂公曰臣少好相人相人多矣無如季相願自愛臣有息女願爲箕箒妾酒罷呂媪怒呂公曰公始常奇此女與貴人沛令善公求之不與何自妄許與劉季呂公曰此非兒女子所知卒與高祖呂公女卽呂后也生孝惠帝魯元公主高祖爲亭長時常告歸之田（吏休假曰告）呂后與兩子居田中耨有一老父過請飲呂后因餔之（餔食之也必胡切）老父相后曰夫人天下貴人也令相兩子見孝惠曰夫人所以貴者乃此男也相魯元亦皆貴老父已去高祖適從旁舍來呂后具言客有過相我子母皆大貴高祖問曰未遠乃追及問老父老父曰鄉者夫人兒子皆以君君相貴不可言高祖乃謝曰誠如父言不敢忘德及高祖貴遂不知老父處高祖爲亭長以竹皮爲冠令求盜之薛治時時冠之及貴常冠所謂劉氏冠也高祖以亭長爲縣送徒驪山徒多道亾自度比至皆亾之到豐西澤中亭止飲夜乃解縱所送徒曰公等皆去吾亦從此逝矣徒中壯士願從者十餘人高祖被酒夜徑澤中令一人行前行前者還報曰前有大蛇當道願還高祖醉曰壯士行何畏乃前拔劒斬蛇蛇分爲兩道開行數里醉因卧後人來至蛇所有一老嫗夜哭人問嫗何哭嫗曰人殺吾子人曰嫗子何爲見殺嫗曰吾子白帝子也化爲蛇當道今者赤帝子斬之故哭人乃以嫗爲不誠欲苦之嫗因忽不見後人至高祖覺告高祖高祖乃心獨喜自負諸從者日益畏之秦始皇帝嘗曰東南有天子氣於是東游以厭當之（厭一涉切）高祖卽自疑亾匿隱於芒碭山澤間（碭音唐又音蕩芒碭二縣之界有山澤之固）呂后與人俱求常得之高祖怪問之呂后曰季所居上常有雲氣故從往常得季高祖又喜沛中子弟或聞之多欲附者矣

秦二世元年秋七月陳涉起蘄（音機）至陳自立爲楚王號

張楚遣武臣張耳陳餘畧趙地八月武臣自立爲趙王郡縣多殺長吏以應涉九月沛令欲以沛應之掾主吏蕭何曹參曰君爲秦吏今欲背之率沛子弟恐不聽願君召諸亾在外者可得數百人因以劫衆衆不敢不聽乃令樊噲召高祖高祖之衆已數百人矣於是樊噲從高祖來沛令後悔恐其有變乃閉城城守欲誅蕭曹蕭曹恐踰城保高祖高祖乃書帛射城上與沛父老曰天下同苦秦久矣今父老雖爲沛令守諸侯竝起今屠沛沛今共誅令擇可立立之以應諸侯卽室家完不然父子俱屠無爲也父老乃帥子弟共殺令開城門迎高祖欲以爲沛令高祖曰天下方擾諸侯竝起今置將不善一敗塗地吾非敢自愛恐能薄不能完父兄子弟此大事願更擇可者蕭曹等皆文吏自愛恐事不就後秦種族其家盡讓高祖諸父老皆曰平生所聞劉季奇怪當貴且卜筮之莫如劉季最吉高祖數讓衆莫肯爲高祖乃立爲沛公祠黃帝祭蚩尤於沛庭而釁鼓旗幟皆赤由所殺蛇白帝子所殺者赤帝之故也於是少年豪吏如蕭曹樊噲等皆爲收沛子弟得三千人是月項梁與兄子羽起吳田儋與從弟榮橫起齊自立爲齊王韓廣自立爲燕王魏咎自立爲魏王陳涉之將周章西入關至戲秦將章邯距破之

秦二年十月沛公攻胡陵方與還守豐邯音酣方與音房預秦泗川監平將兵圍豐二日出與戰敗之令雍齒守豐十一月沛公引兵之薛秦泗川守壯兵敗於薛走至戚沛公左司馬得殺之師古曰得者司馬之名史記沛公左司馬得泗川守壯殺之則得非名也沛公還軍亢父至方與趙王武臣爲其將李良所殺十二月楚王陳涉爲其御莊賈所殺魏人周市略地豐沛使人謂雍齒曰豐故梁徙也今魏地已定者數十城齒今下魏魏以齒爲侯守豐不下且屠豐雍齒雅不欲屬沛公及魏招之卽反爲魏守豐沛公攻豐不能取還之沛怨雍齒與豐子弟畔之正月張耳等立趙後趙歇爲趙王東陽甯君秦嘉立楚將景駒爲楚王在留沛公往從之道得張良遂與俱見景駒請兵以攻豐時章邯從陳別將司馬𡰪將兵北定楚地屠相至碭東陽甯君沛公引兵西與戰蕭西不利還收兵聚留二月攻碭三日拔之收碭兵得六千人與故合九千人三月攻下邑拔之還擊豐不下四月項梁擊殺景駒秦嘉止薛沛公往見之項梁益沛公卒五千人五大夫將十人五大夫秦第九爵沛公還引兵攻豐拔之雍齒奔魏五月項羽拔襄城還項梁盡召別將居薛六月沛公如薛與項梁共立楚懷王孫心爲楚懷王章邯破殺魏王咎齊王田儋於臨濟七月大霖雨沛公攻亢父章邯圍田榮於東阿沛公與項梁共救田榮大破章邯東阿田榮歸沛公項羽追北至城陽攻屠其城軍濮陽東復與章邯戰又破之秦軍復振守濮陽環水音官決水以自環守爲固沛公項羽去攻定陶八月田榮立田儋子市爲齊王定陶未下沛公與項羽西畧地至雍丘與秦軍戰大敗之斬三川守李由還攻外黃外黃未下項梁再破秦軍有驕色宋義諫不聽秦益章邯兵九月章邯夜銜枚擊項梁定陶大破之殺項梁時連雨自七月至九月沛公項羽方攻陳留聞梁死士卒恐乃與將軍呂臣引兵而東徙懷王自盱台都彭城呂臣軍彭城東項羽軍彭城西沛公軍碭魏王咎之弟豹復收魏衆自立爲魏王後九月卽閏九月也秦之歷法歲終置閏蓋取歸餘於終之義也漢至孝文猶用之懷王并呂臣項羽軍自將之以沛公爲碭郡長封武安侯將碭郡兵以羽爲魯公封長安侯呂臣爲司徒其父呂靑爲令尹章邯已破項梁則以楚地兵不足憂乃渡河北擊趙王歇大破之歇保鉅鹿城秦將王離圍之趙數請救懷王乃以宋義爲上將項羽爲次將范增爲末將北救趙初懷王約諸將曰先入定關中者王之至是秦兵彊常乘勝逐北諸將莫利先入關獨羽怨秦殺項梁奮勢願與沛公西入關懷王諸老將皆曰項羽爲人慓悍猾賊嘗攻襄城襄城無噍類噍祚笑反無復有活而噍食也青州俗呼無孑遺爲無噍類所過無不殘滅且楚數進取前陳王項梁皆敗不如更遣長者扶義而西告諭秦父兄秦父兄苦其主久矣今誠得長者往毋侵暴宜可下項羽不可遣獨沛公素寬大長者卒不許羽而遣沛公西收陳王項梁散卒乃道碭至陽城與扛里攻秦軍壁破其二軍

秦三年十月齊將田都畔田榮將兵助項羽救趙沛公攻破東郡尉於成武十一月項羽殺宋義并其兵渡河自立爲上將軍諸將黥布之徒皆屬焉十二月沛公引兵至栗遇剛武侯奪其軍四千餘人并之與魏將皇欣武滿軍合攻秦軍破之故齊王建孫田安下濟北從項羽救趙大破秦軍鉅鹿下虜王離走章邯二月沛公從碭北攻昌邑遇彭越越助攻昌邑未拔沛公西過高陽酈音歷食音異其音基爲里監門曰諸將過此者多吾視沛公大度乃求見沛公沛公方踞牀使兩女子洗酈生不拜長揖曰足下必欲誅無道秦不宜踞見長者於是沛公起攝衣謝之延上坐食其說沛公襲陳留沛公以爲廣野君以其弟商爲將將陳留兵三月攻開封未拔西與秦將楊熊會戰白馬又戰曲遇東曲邱羽切遇音顒大破之楊

熊走之滎陽二世使使斬之以徇四月南攻潁川屠之因張良遂畧韓地時趙別將司馬卬方欲渡河入關沛公乃北攻平陰絕河津南戰洛陽東軍不利從轘轅至陽城收軍中馬騎六月與南陽守齮音蟻戰犨昌尤反東破之略南陽郡齮走保城守宛沛公引兵過宛西張良諫曰沛公雖欲急入關秦兵尚衆距險今不下宛宛從後擊彊秦在前此危道也於是沛公夜引兵從他道還偃旗幟遲明圍宛城三匝齮欲自剄其舍人陳恢曰死未晚也乃踰城見沛公曰臣聞足下約先入咸陽者王之今足下留守宛宛大郡之都也連城數十人民衆積粟多吏人自以爲降必死故皆堅守乘城今足下盡日止攻士死傷者必多引兵去宛宛必隨足下後足下前則失咸陽之約後又有彊宛之患爲足下計莫若約降封其守因使止守引其甲卒與之西諸城未下者聞聲爭開門而待足下足下通行無所累沛公曰善七月南陽守齮降封爲殷侯封陳恢千戶引兵而西無不下者至丹水高武侯鰓襄侯王陵降還攻胡陽遇番君別將梅鋗番音婆鋗呼涓切與偕攻析酈持益反二縣皆降所過無得鹵掠秦民喜遣魏人甯昌使秦是月章邯舉軍降項羽羽以爲雍王瑕邱申陽下河南八月沛公攻武關入秦秦相趙高恐乃殺二世使人來欲約分王關中沛公不許九月趙高立二世兄子子嬰爲秦王子嬰誅滅趙高遣將將兵距嶢關音堯沛公欲擊之張良曰秦兵尚彊未可輕也願先遣人益張旗幟於山上爲疑兵使酈食其陸賈往說秦將啗以利秦將果欲連和沛公欲許之良曰此獨其將欲叛恐其士卒不從不如因其怠懈而擊之沛公引兵繞嶢關踰蕢山蕢音蒯擊秦軍大破之藍田南遂至藍田又戰其北秦兵大敗

漢元年五星聚于東井從歲星也沛公至霸上秦王子嬰素車白馬繫頸以組奉皇帝璽符節降于軹道旁諸將或言誅之沛公曰始懷王遣我固以能寬容且人已服降殺之不祥乃以秦王屬吏遂西入咸陽欲止宮休舍樊噲張良諫乃封秦重寶財物府庫還軍霸上蕭何盡收秦丞相府圖籍文書十一月召諸縣豪傑曰父老苦秦苛法久矣誹謗者族偶語者棄市吾與諸侯約先入關中者王之吾當王關中與父老約法三章耳殺人者死傷人及盜抵罪餘悉除去秦法吏民皆按堵如故凡吾所以來爲父兄除害非有所侵暴毋恐且吾所以還軍霸上待諸侯至而定要束耳乃使人與秦吏行縣鄉邑告諭之秦民大喜爭持牛羊酒食獻享軍士沛公讓不受曰倉粟多不欲費民民又益喜惟恐沛公不爲秦王或說沛公曰秦富十倍天下地形彊今聞章邯降項羽羽號曰雍王王關中卽來沛公恐不得有此可急使守函谷關毋內諸侯軍稍徵關中兵以自益距之沛公然其計從之十二月項羽果帥諸侯兵欲西入關關門閉聞沛公已定關中大怒使黥布等攻破函谷關遂至戲下沛公左司馬曹毋傷聞羽怒欲攻沛公使人言羽曰沛公欲王關中令子嬰相珍寶盡有之欲以求封亞父范增說羽曰沛公居山東時貪財好色今聞其入關珍物無所取婦女無所幸此其志不小吾使人望其氣皆爲龍成五色此天子氣也急擊之勿失於是饗士旦日合戰是時羽兵四十萬號百萬沛公兵十萬號二十萬力不敵會羽季父左尹項伯素善張良夜馳見張良具告其實欲與俱去毋特俱死良曰臣爲韓王送沛公今事有急亾去不義不可不告乃入具告沛公沛公驚曰爲之奈何良曰誰爲沛公爲此計者曰鯫生說我曰距關無內諸侯秦地可盡王也故聽之君安與項伯有故良曰秦時與臣游項伯殺人臣活之沛公曰孰與少長良曰長於臣沛公曰君爲我呼入吾得兄事之良出要項伯俱入見沛公奉卮酒爲壽約爲婚姻曰吾入關秋毫無所敢取籍吏民封府庫而待將軍所以守關者備他盜也日夜望將軍到豈敢反邪願伯明言不敢背德項伯許諾卽夜復去戒沛公曰旦日不可不早自來謝項伯還具以沛公言告羽因曰沛公不先破關中兵公詎能入乎且人有大功擊之不祥不如因而善之羽許諾沛公旦日從百餘騎見羽鴻門謝曰臣與將軍戮力攻秦將軍戰河北臣戰河南不自意先入關能破秦今者有小人言令將軍與臣有隙羽曰此沛公左司馬曹毋傷言之不然籍何以生此羽因留沛公飲項伯東嚮坐范增南嚮坐增數目羽擊沛公羽不應增出召項莊謂曰君王爲人不忍若入前爲壽壽畢請以劍舞因擊沛公於坐不者若屬皆且爲所虜莊卽入爲壽壽畢曰軍中無以爲樂請以劍舞項伯亦拔劍起舞常以身翼蔽沛公樊噲聞事急直入怒甚羽壯之賜以酒噲因譙讓羽語在噲傳有頃沛公起如廁因招樊噲出沛公曰未辭奈何噲曰人方爲刀俎我爲魚肉何辭爲乃令張良留謝以白璧一雙獻羽玉斗一雙獻范增鴻門去霸上四十里沛公置車騎脫身獨騎與樊噲夏侯嬰靳彊紀信等四人持劍盾步走從驪山下道芷陽閒行沛公謂良曰從此道至吾軍不過二十里度我至軍中乃入沛公已去閒至軍中張良入謝曰沛公不勝桮杓不

能辭謹使臣良獻璧羽曰沛公安在良曰聞將軍有意督過之脫身去已至軍羽受璧置坐上又獻玉斗范增增怒撞其斗起曰吾屬今爲沛公虜矣沛公歸立誅曹毋傷數日項羽引兵西屠咸陽殺秦降王子嬰燒秦宮室所過無不殘滅秦民大失望羽使人還報懷王懷王曰如約羽怨懷王不肯令與沛公俱西入關而北救趙後天下約乃曰懷王者吾家所立耳非有功伐何以得專主約本定天下諸將與籍也春正月陽尊懷王爲義帝實不用其命二月羽自立爲西楚霸王王梁楚地九郡都彭城背約更立沛公爲漢王王巴蜀漢中四十一縣都南鄭三分關中立秦三將章邯爲雍王都廢丘司馬欣爲塞王都櫟陽董翳爲翟王都高奴楚將瑕丘申陽爲河南王都洛陽趙將司馬卬爲殷王都朝歌當陽君英布爲九江王都六懷王柱國共敖爲臨江王都江陵番君吳芮爲衡山王都邾故齊王建孫田安爲濟北王徙魏王豹爲西魏王都平陽徙燕王韓廣爲遼東王燕將臧荼爲燕王都薊徙齊王田市爲膠東王齊將田都爲齊王都臨菑徙趙王歇爲代王趙相張耳爲常山王夏四月諸侯罷戲下各就國漢王怨羽背約欲攻之蕭何諫曰雖王漢中之惡不猶愈於死乎且語稱天漢其稱美甚夫能屈于一人之下則能申于萬人之上湯武是也願大王王漢撫民招賢收用巴蜀還定三秦天下可圖也漢王乃之國羽使卒三萬人從漢王楚與諸侯人之慕從者數萬人從杜南入蝕中張良辭歸韓漢王送至褒中因說漢王燒絕棧道以備諸侯盜兵亦示項羽無東意漢王既至南鄭諸將及士卒皆歌謳思東歸多道亾還者韓信爲治粟都尉亦亾去蕭何追還之三日乃至因薦於王曰必欲爭天下非信無可與計事者乃戒漢王設壇場齊七日設九賓之禮拜信爲大將軍問以計策信對曰項羽王諸將之有功者而背約王君王於南鄭是遷也人無有不恨者吏卒皆山東之人日夜企而望歸及其鋒而用之可以有大功天下已定民皆自寧不可復用不如決策東向爭權天下因陳羽可圖三秦易并之計漢王大說自以爲得信晚也五月與信俱東留蕭何守漢中收巴蜀租給軍糧食漢王用信計從故道還襲雍雍王邯迎擊漢陳倉雍兵敗還走戰好畤又大敗走廢丘遂定雍地東如咸陽引兵圍雍王廢丘而遣諸將畧定隴西北地上郡田榮聞羽徙齊王市於膠東而立田都爲齊王大怒以齊兵迎擊田都都走降楚六月田榮殺田市自立爲齊王時彭越在鉅野有衆萬餘無所屬榮與越將軍印令反梁地越擊殺濟北王安榮遂并三齊之地燕王韓廣亦不肯徙遼東八月臧荼殺廣并其地塞王欣翟王翳皆降漢初項梁立韓後公子成爲韓王張良爲韓司徒羽以良從漢王韓王成又無功故不遣就國與俱至彭城殺之及聞漢王并關中而齊梁畔之羽大怒乃以故吳令鄭昌爲韓王距漢令蕭公角擊彭越越敗之時張良徇韓地遺羽書曰漢欲得關中如約即止不敢復東羽以故無西意而北擊齊九月漢王遣將軍薛歐王吸出武關因王陵兵從南陽迎太公呂后於沛羽聞之發兵距之陽夏不得前

二年冬十月項羽使九江王布殺義帝於郴陳餘既怨常山王張耳又怨項羽之不王己也從田榮藉助兵以擊常山張耳敗走降漢漢王厚遇之陳餘迎代王歇還趙歇立餘爲代王張良自韓閒行歸漢漢王以爲成信侯漢王如陝鎭撫關外父老河南王申陽降置河南郡使韓太尉韓信擊韓韓王鄭昌降十一月更立韓太尉信爲韓王漢王還歸櫟陽使諸將畧拔隴西地以萬人若一郡降者封萬戶繕治河上塞故秦苑囿園池令民得田之春正月羽擊田榮城陽榮敗走平原平原民殺之齊皆降楚羽焚其城郭齊人復畔楚降漢諸將拔北地虜雍王弟章平赦罪人二月癸未令民除秦社稷立漢社稷施恩德賜民爵蜀漢民給軍事勞苦復勿租稅二歲關中卒從軍者復家一歲舉民年五十以上有修行能帥衆爲善置以爲三老鄉一人擇鄉三老一人爲縣三老與縣令丞尉以事相教復勿繇戍以十月賜酒肉三月漢王自臨晉渡河魏王豹降將兵從下河內虜殷王卬置河內郡至修武陳平亾楚來降漢王與語說之使之參乘以爲護軍中尉監護諸將漢王南渡平陰津至洛陽新城三老董公遮說漢王曰臣聞順德者昌逆德者亾兵出無名事故不成明其爲賊敵乃可服項羽爲無道放殺其主天下之賊也夫人不以勇義不以力三軍之衆爲之素服以告之諸侯爲此東伐四海之內莫不仰德此三王之舉也漢王曰善非夫子無所聞於是漢王爲義帝發喪袒而大哭哀臨三日發使告諸侯曰天下共立義帝北面事之今項羽放殺義帝于江南大逆無道寡人親爲發喪兵皆縞素悉發關中兵收三河士南浮江漢以下願從諸侯王擊楚之殺義帝者夏四月田榮弟橫立榮子廣爲齊王止城陽項羽雖聞漢東既擊齊欲遂破之而後擊漢漢王以故得劫五諸侯兵凡五十六萬人東襲楚到外黃彭越將三萬人歸

漢漢王拜越爲魏相國令定梁地漢王遂入彭城悉收羽美人貨賂置酒高會羽聞之令其將擊齊自以精兵三萬人從魯出胡陵至蕭晨擊漢軍大戰彭城靈壁東睢水上大破漢軍多殺士卒睢水爲之不流圍漢王三匝大風從西北起折木發屋揚砂石晝晦楚軍大亂而漢王得與數十騎遁去過沛使人求室家室家亦已亾不相得漢王道逢孝惠魯元載行楚騎追漢王漢王急推墮二子滕公下收載遂得脫審食其從太公呂后閒行反遇楚軍羽常置軍中以爲質諸侯見漢敗復與楚而背漢塞王欣翟王翳皆亾歸楚殷王卬死是時呂后兄周呂侯澤爲漢將兵居下邑漢王往從之稍收士卒軍碭漢王西過梁地至虞謂羣臣曰誰能爲我說九江王畔楚項王必留擊之得留數月吾取天下必矣謁者隨何請使何至九江說布背楚歸漢會楚使亦至布猶豫未決何劫布殺楚使而起兵項羽使龍且擊布而身攻下邑五月漢王屯滎陽蕭何發關中老弱未傅者悉詣軍諸敗兵皆會韓信亦至漢兵復大振與楚戰滎陽南京索間（索音求索之索）破之楚以故不能過滎陽而西漢軍滎陽築甬道屬河以取敖倉粟魏王豹謁歸視親疾至則絕河津反爲楚六月漢王還櫟陽壬午立太子大赦罪人令太子守櫟陽諸侯子在關中者皆集櫟陽爲衛引水灌廢丘廢丘降章邯自殺雍州定八十餘縣置河上渭南中地隴西上郡令祠官祀天地四方上帝山川以時祠之興關中卒乘邊塞關中大飢米斛萬錢人相食（荀氏曰米十五千）令民就食蜀漢秋八月漢王如滎陽謂酈食其曰緩頰往說魏王豹能下之以魏地萬戶封生食其往豹不聽漢王以韓信爲左丞相與曹參灌嬰俱擊魏食其還漢王問魏大將誰也對曰柏直王曰是口尙乳臭不能當韓信騎將誰也曰馮敬曰是秦將馮無擇子也雖賢不能當灌嬰步卒將誰也曰項它（徒河切）曰是不能當曹參吾無患矣九月信等虜豹傳詣滎陽定魏地置河東太原上黨郡韓信使人請兵三萬願以北舉燕趙東擊齊南絕楚糧道漢王與之

三年冬十月韓信等破代擒夏說進伐趙獲趙王歇斬陳餘置常山代郡甲戌晦日有食之十一月癸卯晦日有食之隨何旣說黥布布起兵攻楚楚使項聲龍且伐之布敗走十二月與隨何閒行歸漢漢王分之兵與俱收兵至成皋項羽數侵奪漢甬道漢軍乏食酈食其謀撓楚權請立六國後可以樹黨漢王曰善趣刻印將遣食其立之以問張良良發八難漢王輟飯吐哺曰豎儒幾敗乃公事令趣銷印又問陳平乃從其計陳平謀以黃金數萬斤閒疏楚君臣乃與平四萬斤縱其所使由是楚之君臣自相疑閒夏四月項羽圍漢滎陽漢王請和割滎陽以西者爲漢范增勸羽急攻滎陽漢王患之乃用陳平計因項王使者以離閒范增項王果疑之范增大怒乞骸骨歸卒伍事具陳平傳中五月將軍紀信曰事急矣臣請誑楚則王可以閒出於是陳平夜出女子滎陽東門二千餘人楚因四面擊之紀信乃乘王車黃屋左纛曰城中食盡漢王降楚楚皆呼萬歲之城東觀以故漢王得以數十騎從西門出走成皋項王燒殺紀信漢王之出也使御史大夫周苛樅公魏豹守滎陽周苛樅公謀曰反國之王難與守城因殺魏豹漢王自成皋西入關收兵欲復東轅生說曰楚漢相距滎陽數歲漢常困願君王出武關項王必引兵南走（音奏嚮也後同）王深壁令滎陽成皋閒且得休息使韓信等得輯河北趙地連燕齊君王乃復走滎陽如此則楚所備者多力分漢得休息復與之戰破之必矣漢王從其計軍出宛葉閒（葉式涉切）與黥布行收兵羽聞漢兵在宛果引兵南漢王堅壁不與戰是時彭越渡睢與項聲薛公戰下邳破殺薛公羽使終公守成皋而自東擊彭越聞漢復軍成皋乃引兵西拔滎陽城生得周苛謂曰爲我將以公爲上將軍封三萬戶苛瞋目罵曰若不趣降漢今爲虜矣若非漢王敵也羽烹周苛并殺樅公而虜韓王信遂圍成皋漢王跳獨與滕公共車出成皋玉門北渡河宿小脩武自稱使者晨馳入張耳韓信壁而奪之軍乃使張耳北收兵趙地秋七月有星孛大角漢王得韓信軍復大振八月臨河南鄉軍小脩武欲復戰郎中鄭忠說止漢王高壘深塹勿戰漢王聽其計使盧綰劉賈將卒二萬人騎數百渡白馬津入楚地佐彭越燒楚積聚復擊破楚師於燕郭西下睢陽外黃十七城九月羽謂大司馬曹咎長史欣曰謹守成皋卽漢王欲挑戰愼勿與戰但勿令得東而已我十五日必定梁地復從將軍羽乃引兵東擊彭越漢王使酈食其說齊王田廣罷守兵與漢和

四年冬十月韓信用蒯通計襲破齊齊王烹酈生東走高密項羽聞韓信破齊且欲擊楚使龍且救齊漢果數挑成皋戰楚軍不出使人辱之數日大司馬咎怒渡兵氾水（氾舊音凡今音祀）半濟漢擊之大破楚軍盡得楚國貨賂大司馬咎長史欣皆自剄氾水上漢王引兵渡河復取成皋軍廣武就敖倉食羽下梁地十餘城聞曹咎破乃引兵還漢軍方圍鍾離眜於滎陽東聞羽至盡走險阻

羽亦軍廣武與漢相守丁壯苦軍旅老弱罷轉餉漢王羽相與臨廣武之間而語羽欲與漢王獨身挑戰漢王數羽曰始吾與公俱受命懷王曰先入關中者王之公負約王我於蜀漢罪一矯懷王之命殺卿子冠軍而自尊罪二公當以救趙還報而擅劫諸侯兵入關罪三懷王約入秦無暴掠公乃燒秦宮室掘始皇冢收私其財物罪四又彊殺秦降王子嬰罪五詐阬秦子弟新安二十萬王其將罪六皆王諸將善地而徙逐故主令臣下爭叛逆罪七出逐義帝自都彭城奪韓王地幷王梁楚多自與罪八使人陰賊義帝江南罪九夫爲人臣而殺其主殺其已降爲政不平主約不信天下所不容大逆無道罪十也吾以義兵從諸侯誅殘賊使刑餘之人擊公何苦乃與公挑戰羽大怒伏弩射中漢王漢王傷匈乃捫足曰虜中吾指漢王病創卧張良彊請漢王起行勞軍以安士卒漢王出行軍疾甚因馳入成皋齊田橫求救於楚十一月楚使龍且救齊韓信與灌嬰距之擊破楚軍斬龍且虜齊王廣齊相田橫自立爲齊王奔彭越漢立張耳爲趙王漢王疾瘉西入關至櫟陽存問父老置酒梟故塞王欣頭櫟陽市留四日復如軍軍廣武關中兵益出而彭越田橫居梁地往來苦楚兵絕其糧食韓信已破齊使人來言曰齊邊楚權輕不爲假王恐不能安齊漢王怒賴張良陳平之謀乃遣張良操印立信爲齊王秋七月立黥布爲淮南王八月初爲算賦北貉燕人來致梟騎助漢漢王下令軍士不幸死者吏爲衣衾棺斂轉送其家四方歸心焉項羽自知少助食盡韓信又進兵擊楚羽患之漢乃遣陸賈說羽歸太公羽不從漢復遣侯公往說羽乃與漢約中分天下割鴻溝以西爲漢以東爲楚九月歸太公呂后軍皆稱萬歲乃封侯公爲平國君曰此天下辯士所居傾國故號平國君羽解而東歸漢王欲西歸張良陳平諫曰漢有天下大半而諸侯皆附之楚兵罷食盡此天亡之時不因其幾而遂取之所謂養虎自遺患也漢王從之

五年冬十月漢王追羽至陽夏南（夏古雅切）止軍與齊王信魏相國越期會擊楚至固陵不會楚擊漢軍大破之漢王復入壁深塹而守謂張良曰諸侯不從柰何良對曰楚兵且破未有分地其不至固宜君王能與共天下可立致也齊王信之立非君王意信亦不自堅彭越本定梁地始君王以魏豹故拜越爲相國今豹死越亦望王而君王不早定今能取睢陽以北至穀城皆以王彭越從陳以東傅海與齊王信信家在楚其意欲復得故邑能出捐此地以許兩人使各自爲戰則楚易敗也於是漢王發使使韓信彭越至皆引兵來十一月劉賈入楚地圍壽春漢亦遣人誘楚大司馬周殷殷畔楚以舒屠六舉九江兵迎黥布並行屠城父隨劉賈皆會遂與羽決勝垓下齊王將三十萬自當之孔將軍居左費將軍居右漢王在後絳侯柴將軍在王後項羽之卒可十萬齊王先合不利卻孔費二將軍縱擊齊王復乘之羽兵大敗十二月圍羽垓下羽夜聞漢軍四面皆楚歌大驚曰漢盡得楚乎是何楚人之多也羽與數百騎夜潰圍南走平明漢軍乃覺令灌嬰追之斬羽東城楚地悉定獨魯不下漢王欲屠之爲其守節禮義之國乃持羽頭示其父兄魯乃降以懷王始封羽於魯故以魯公禮葬羽於穀城漢王爲發喪哭臨而去項氏支屬不誅封項伯等四人爲列侯賜姓劉氏諸民略在楚者皆歸之漢王還至定陶馳入齊王信壁奪其軍初項羽所立臨江王共敖前死子尉嗣立爲王不降遣劉賈盧綰擊虜尉春正月追尊兄伯號曰武哀侯下令曰楚地已定義帝亡後欲存卹楚衆以定其主齊王信習楚風俗更立爲楚王王淮北都下邳魏相國建成侯彭越勤勞魏民卑下士卒常以少擊衆數破楚軍其以魏故地王之號曰梁王都定陶又曰兵不得休八年萬民與苦甚今天下事畢其赦天下殊死以下於是諸侯上疏曰楚王韓信韓王信淮南王英布梁王彭越故衡山王吳芮趙王張敖燕王臧荼昧死再拜言大王陛下秦爲無道天下誅之大王先得秦定關中於功最多存亡定危救敗繼絕以安萬民功盛德厚又加惠於諸侯王有功者使得立社稷地分已定而位號比儗無上下之分大王功德之著於後世不宣昧死再拜上皇帝尊號漢王三讓不獲而後受於是諸侯王及太尉長安侯臣綰等三百人與博士稷嗣君叔孫通謹擇良日以二月甲午上尊號漢王卽皇帝位于氾水之陽以十月爲正從火德色尚赤尊王后曰皇后太子曰皇太子追尊先媪曰昭靈夫人詔曰故衡山王吳芮與子二人兄子一人從百粤之兵以佐諸侯誅暴秦有大功諸侯立以爲王項羽奪其地謂之番君其以長沙豫章象郡桂林南海立芮爲長沙王都臨湘又粤王亡諸世奉粤祀秦奪其地使社稷不得血食諸侯伐秦亡諸身帥閩中兵以佐滅秦項羽廢而弗立今以爲閩粤王王閩中地勿使失職帝乃西都洛陽夏五月兵皆罷歸家詔曰諸侯子在關中者復之十二歲其歸者復之六歲食之一歲民前或相聚保山澤不書名數令各歸其縣復故爵田里吏以文法教訓

辨告勿笞辱民以飢餓自賣爲人奴婢者皆免爲庶人軍吏卒會赦其亡罪而亡爵及不滿大夫者皆賜爵爲大夫故大夫以上賜爵各一級其七大夫以上皆令食邑非七大夫以下皆復其身及戶勿事又曰七大夫公乘以上皆高爵也諸侯子及從軍歸者甚多高爵吾數詔吏先與田宅及所當求於吏者亟與爵或人君上所尊禮久立吏前曾不爲決甚亡謂也異日秦民爵公大夫已上令丞與亢禮今吾於爵非輕也吏獨安取此且法以有功勞行田宅今小吏未嘗從軍者多滿而有功者顧不得背公立私守尉長吏敎訓甚不善其令諸吏善遇高爵稱吾意且廉問有不如吾詔者以重論之帝置酒雒陽南宮上曰通侯諸將毋敢隱朕皆言其情吾所以有天下者何項氏所以失天下者何高起王陵對曰陛下嫚而侮人項羽仁而敬人然陛下使人攻城畧地所降下者因以與之與天下同利也項羽妬賢嫉能有功者害之賢者疑之戰勝而不與人功得地而不與人利此其所以失天下也上曰公知其一未知其二夫運籌帷幄之中决勝千里之外吾不如子房鎭國家撫百姓給餉餽不絕糧道吾不如蕭何連百萬之衆戰必勝攻必取吾不如韓信三者皆人傑吾能用之此吾之所以取天下者也項氏有一范增而不能用此所以爲我禽也群臣說服初田橫歸彭越項羽已滅橫懼誅與賓客亡入海上恐其久爲亂遣使者赦橫曰橫來大者王小者侯不來且發兵加誅橫懼乘傳詣洛陽未至三十里自殺上壯其節爲流涕發卒二千人以王禮葬焉戍卒婁敬求見說上曰陛下取天下與周異而都雒陽不便不如入關據秦之固上以問群臣群臣多山東人皆不欲惟張良勸從敬說上卽日車駕西都長安治櫟陽宮拜婁敬爲郎中號奉春君賜姓劉氏六月壬辰大赦天下秋七月燕王臧荼反攻下代地上自征之九月虜荼卽立太尉盧綰爲燕王使丞相噲平代地利幾反上自擊破之利幾者項羽將羽敗利幾爲陳令降上侯之潁川上至雒陽舉通侯籍召之利幾恐故反後九月徙諸侯子關中治長樂宮丞相張蒼從擊臧荼有功封北平侯蒼明習天下圖書善用筭術故命以列侯居相府主郡國上計也

六年冬十月令天下縣邑城十一月人有上變事告楚王信謀反上問左右皆曰擊之用陳平計乃僞游雲夢十二月會諸侯于陳楚王信迎謁因執之是日大赦天下田肯賀上曰甚善陛下得韓信又治秦中秦形勝之國也帶河阻山縣隔千里持戟百萬秦得百二焉地勢便利其以下兵於諸侯譬猶居高屋之上建瓴水也夫齊東有琅邪卽墨之饒南有泰山之固西有濁河之限北有勃海之利地方二千里持戟百萬縣隔千里之外齊得十二焉此東西秦也非親子弟莫可使王齊者上曰善賜黃金五百斤上還至雒陽赦韓信封爲淮陰侯分其地爲二國詔將軍劉賈數有功以爲荆王王淮東弟交爲楚王王淮西長庶子肥爲齊王王七十餘城民能齊言者皆屬齊上兄弟四人長兄伯次兄仲弟交伯早卒封其子信爲頡羹侯仲喜爲代王乃論功與列侯部符行封徙韓王信於太原都晉陽封蕭何爲酇侯父母兄弟封侯食邑者十餘人以蕭何舉宗從征伐故也曹參封平陽侯張良留侯陳平戶牖侯後徙曲逆侯周勃絳侯樊噲舞陽侯酈商武城侯食其子疥以父故封高粱侯夏侯嬰汝陰侯灌嬰潁陽侯周昌汾陰侯大功臣封三十餘人其餘爭功未得行封上居南宮從複道上見諸將往往耦語以問張良而知其相與謀反乃用張良計先封雍齒爲什邡侯群臣乃安於是趣丞相急定功行封封王陵爲定國侯陵始爲縣豪上兄事之以其從上晚故後行封凡百四十三人是時人民散亡戶口可得而數裁什二三是以大侯不過萬家小者五六百戶封爵之誓曰使黃河爲帶泰山若礪國以永存爰及苗裔又印以丹書之誓重以白馬之盟乃作十八侯之位次上歸櫟陽五日一朝太公太公家令說太公曰天無二日土無二王皇帝雖子人主也太公雖父人臣也奈何令人主拜人臣如此則威重不行後上朝太公擁篲迎門卻行上大驚下扶太公太公曰帝人主奈何以我亂天下法上心善家令言賜黃金五百斤夏五月丙午詔尊太公曰太上皇九月匈奴圍韓王信於馬邑信降匈奴

七年冬十月上自將擊韓王信於銅鞮斬其將信亡走匈奴與其將曼邱臣王黃共立故趙後利爲王收信散兵與匈奴共距漢上從晉陽連戰乘勝逐北至樓煩會天寒士卒墮指者十二三遂至平城匈奴圍上於白登七日用陳平秘計得出應劭曰陳平使畫工圖美女閒遣人遺閼氏云漢有美女如此今皇帝困厄欲獻之閼氏畏其奪己寵因謂單于曰漢天子亦有神靈得其土地非能有也於是匈奴開其一角得突出鄭氏曰以計鄙陋故祕不傳師古曰應氏之說出桓譚新論蓋譚以意測之事當然耳非記傳所說也使樊噲留定代地十二月匈奴攻代代王喜棄國自歸雒陽赦爲郃陽侯辛卯立子如意爲代王春令郎中有罪耐以上請之耐亦作耏音而罪不至髡完其耏鬢耏頰旁毛民產子復勿事二歲二月至長安蕭何治未央宮立東闕北闕前殿

武庫太倉上見其壯麗怒曰天下匈匈勞苦數歲成敗未可知是何治宮室過度也何曰天下方未定故可因以就宮室且夫天子以四海為家非令壯麗亾以重威且亾令後世有以加也上說自櫟陽徙都長安置宗正官以序九族夏四月行如雒陽

八年冬上東擊韓王信餘寇於東垣十一月令士卒從軍死者為櫝（音衛小棺）歸其縣縣給衣衾棺葬具長吏視葬祠以少牢十二月行自東垣至春三月行如雒陽令吏卒從軍至平城及守城邑者皆復終身勿事爵非公乘以上毋得冠劉氏冠賈人毋得衣錦繡綺縠絺紵罽操兵乘騎馬秋八月吏有罪未發覺者赦之九月行自雒陽至

九年冬十月未央宮成大朝諸侯羣臣置酒未央前殿上奉玉巵起為太上皇壽曰始大人常以臣亾賴不能治產業不如仲力今某之業所就孰與仲多殿上羣臣皆稱萬歲大笑為樂十一月從婁敬之言徙郡國大族十餘萬人以實關中楚昭氏屈氏景氏懷氏齊田氏皆與利田宅十二月行如雒陽趙相貫高謀逆發覺初上自平城還過趙不禮趙王趙相貫高等恥之及還自東垣又過趙貫高等伏兵栢人亭為逆上欲宿心動問縣何名曰栢人上曰栢人者迫于人也去弗宿至是始覺逮捕貫高等并捕趙王敖下獄詔敢有隨王罪三族郎中田叔孟舒等十人自髡鉗為王家奴從王就獄王實不與謀春正月廢趙王敖以尚魯元公主故封為宣平侯徙代王如意為趙王赦殊死已下二月至自雒陽賢田叔孟舒等十人召見與語漢廷臣亾能出其右者盡拜為郡守諸侯相夏六月乙未晦日有蝕之

十年冬十月淮南王黥布梁王彭越燕王盧綰荊王劉賈楚王劉交齊王劉肥長沙王吳芮來朝長樂宮夏五月太上皇崩于櫟陽宮秋七月癸卯葬太上皇于萬年赦櫟陽囚死罪以下八月令諸侯王皆立太上皇廟于國都更命酈邑曰新豐九月代相國陳豨反豨少時常慕魏公子無忌之養賢及為相守邊接下賓客從車千餘乘初豨適代時辭淮陰侯韓信信既廢怨望乃與豨謀曰趙代精兵處也公反於外上必自出吾從中起天下可圖也至是豨與王黃等刼掠代地上曰代地吏民非有罪也能去豨黃來歸者舍之上自東擊豨至邯鄲上喜曰豨不南據邯鄲而阻漳水吾知其亾能為也趙相周昌奏常山二十五城亾其二十城請誅守尉上曰守尉反乎對曰不上曰是力不足亾罪上令周昌選趙壯士可令將者白見四人上嫚罵曰豎子能為將乎四人慙皆伏地各封千戶侯以為將左右諫曰從入蜀漢伐楚賞未徧行今封此何功上曰非汝所知陳豨反趙代地皆豨有吾以羽檄徵天下兵未有至者今計唯獨邯鄲中兵耳吾何愛四千戶不以慰趙子弟皆曰善又求樂毅之後得其孫叔封之樂鄉號華成君問豨將皆故賈人上曰吾知與之矣乃多以金購豨將豨將多降

十一年冬十月上在邯鄲豨將侯敞將萬餘人游行王黃將千餘騎軍曲逆張春將卒萬餘人渡河攻聊城漢將軍郭蒙與齊將擊大破之太尉周勃道太原入定代地至馬邑馬邑不下攻殘之豨將趙利守東垣上自攻之不下月餘卒罵上上怒城降令出罵者斬之不罵者原之諸縣堅守不降反寇者復租賦三歲春正月淮陰侯韓信謀反長安與陳豨為內應呂后以蕭何謀執信斬之夷三族將軍柴武斬韓王信於參合上還洛陽詔曰代地居常山之北與夷狄邊趙乃從山南有之遠數有胡寇難以為國頗取山南太原之地益屬代代之雲中以西為雲中郡則代受邊寇益少矣王相國通侯吏二千石擇可立為代王者羣臣皆曰子恆賢知溫良請立以為代王都晉陽大赦天下二月詔曰欲省賦甚今獻未有程吏或多賦以為獻而諸侯王尤多民疾之令諸侯王通侯常以十月朝獻及郡各以其口數率人歲六十三錢以給獻費又詔曰古之王伯皆待賢人而成名今天下賢者患在人主不交士士奚由進賢士大夫有肯從我游者吾能尊顯之布告天下使明知朕意御史大夫昌下相國相國酇侯下諸侯王御史中執法下郡守其有意稱明德者必身勸為之駕遣詣相國府署行義年有而弗言覺免年老癃病勿遣三月梁王彭越謀反廢遷蜀道逢呂后泣訴無罪呂后與俱還誅之夷三族立子恢為梁王子友為淮陽王罷東郡頗益梁罷潁川郡頗益淮陽夏四月行自雒陽至令豐人徙關中者皆復終身五月詔曰粵人之俗好相攻擊前時秦徙中縣之民於南方三郡（桂林象郡南海）使與百粵雜處會天下誅秦南海尉佗（徒何切姓趙）居南方長治之甚有文理中縣人以故不耗減粵人相攻擊之俗益止俱賴其力今立佗為南粵王使陸賈即授璽綬佗稽首稱臣六月令士卒從入蜀漢關中者皆復終身秋七月淮南王布反上問諸將滕公言故楚令尹薛公有籌策上召見薛公言布形勢上善之封薛公千戶羣臣請立子長為淮南王上乃發上郡北地隴西車騎巴蜀材官及中尉卒三萬人為皇太子衛軍霸上布果如薛公言東擊殺荊王賈

叔其兵渡淮擊楚楚王交走入薛上赦天下死罪以下皆令從軍徵諸侯兵上自將以擊布與布遇于蘄西會甀(會音儈甀杖瑞切蘄縣鄉名)

十二年冬十月上與布戰大破布軍布走江南令別將追擊之上還過沛留置酒沛宮悉召故人父老子弟佐酒發沛中兒得百二十人教之歌酒酣上擊筑自歌曰大風起兮雲飛揚威加海內兮歸故鄉安得猛士兮守四方令兒皆和習之上乃起舞忼慨傷懷泣數行下謂沛父兄曰游子悲故鄉吾雖都關中萬歲之後吾魂魄猶樂思沛且朕自沛公以誅暴逆遂有天下其以沛爲朕湯沐邑復其民世世無有所與沛父老諸母故人日樂飲極歡道舊故爲笑樂十餘日上欲去沛父兄固請留上曰吾人衆多父兄不能給乃去沛中空縣皆之邑西獻上復留止張飲三日沛父兄皆頓首曰沛幸得復豐未得惟陛下哀憐之上曰豐吾所生長極不忘耳特爲其以雍齒故反我爲魏沛父兄固請乃并復豐比沛上至長安立新豐縣初上以太上皇思土欲歸豐故作是縣徙豐民以實之遷豐之枌榆城寺市里不易其舊縱雞犬亦知歸止凡豐人徙關中者皆復終身漢別將擊布軍洮水南北皆大破之追斬布番陽周勃定代斬陳豨於當城詔立郃陽侯仲之子沛侯濞爲吳王十一月行自淮南還過魯以太牢祠孔子十二月詔曰秦始皇帝楚隱王(陳勝)魏安釐王(釐音僖昭王之子)齊愍王(宣王之子)趙悼襄王(孝成王之子)皆絕亾後其子秦始皇帝守冢二十家楚魏齊各十家趙及魏公子無忌各五家令視其家復亾與他事陳豨降將言豨反時燕王盧綰使人之豨所與陰謀上使辟陽侯審食其迎綰綰稱疾食其歸具言綰反有端春二月使樊噲周勃將兵擊綰詔曰燕王綰與吾有故愛之如子聞與陳豨有謀吾以爲亾有故使人迎綰綰稱疾不來謀反明矣燕吏民非有罪也賜其吏六百石以上爵各一級與綰居去來歸者赦之加爵亦一級羣臣請立子建爲燕王詔曰南武侯織亦粵之世也立以爲南海王三月詔曰吾立爲天子帝有天下十二年于今矣與天下之豪士賢大夫共定天下同安輯之其有功者上致之王次爲列侯下乃食邑而重臣之親或爲列侯皆令自置吏得賦斂女子公主爲列侯食邑者皆佩之印賜大第室吏二千石徙之長安受小第室入蜀漢定三秦者皆世世復吾於天下賢士功臣可謂亾負矣其有不義背天子擅起兵者與天下共誅之布告天下使明知朕意上擊布時爲流矢所中行道疾疾甚呂后迎良醫醫入見上問醫曰疾可治否醫曰可治上嫚罵之曰吾以布衣提三尺劍取天下此非天命乎命乃在天雖扁鵲何益遂不使治疾賜黃金五十斤罷之已而呂后問曰陛下百歲後蕭相國卽死令誰代之上曰曹參可問其次曰王陵可然少戇(竹巷切)陳平可以助之陳平智有餘然難獨任周勃重厚少文然安劉氏者必勃也可令爲太尉又問其次上曰過此後亦非乃所知也盧綰與數千人居塞下候伺幸上疾愈自入謝夏四月甲辰帝崩于長樂宮年六十二(瓚曰帝年四十二卽位卽位十二年年五十三)盧綰聞之遂亾入匈奴呂后與審食其謀曰諸將故與帝爲編戶民北面爲臣心常怏怏今乃事少主非盡族是天下不安以故不發喪人或聞以語將軍酈商商往見食其曰聞帝已崩四日不發喪欲誅諸將誠如此天下危矣陳平灌嬰將十萬守滎陽樊噲周勃將二十萬定燕代比聞帝崩諸將皆誅必連兵還鄉以攻關中大臣內畔諸將外反亾可蹻足待也食其入言之乃以丁未發喪大赦天下五月丙寅葬長陵(凡二十三日而葬長陵在長安四十里)已下皇太子羣臣皆反至太上皇廟羣臣皆曰帝起細微撥亂世反之正平定天下爲漢太祖功最高上尊號曰高皇帝太子襲號爲皇帝是爲惠帝令郡國各立高祖廟以歲時祠之及孝惠五年思高祖之悲樂沛以沛宮爲高祖原廟高祖所教歌兒百二十人皆令爲吹樂復有闕輒補之漢史曰高祖不修文學而性明達好謀能聽自監門戍卒見之如舊初順民心作三章之約天下既定命蕭何次律令韓信申軍法張蒼定章程叔孫通制禮儀陸賈造新語又與功臣剖符作誓丹書鐵契金匱石室藏之宗廟雖日不暇給規模宏遠矣

高帝卽位十二年

孝惠皇帝名盈之字曰滿高祖八子孝惠其次也實嫡故漢王二年年五歲立爲太子高祖十二年四月崩崩二十有三日太子乃卽皇帝位實五月丙寅也尊高后曰皇太后賜吏民爵各有差其給喪事將軍以下至佐史長吏賜金錢各有差六百石以上有罪當盜械者皆頌繫之(頌繫者處曹吏舍不入狴牢頌音容)上造以上及內外公孫耳(音仍)孫有罪當刑及當爲城旦舂者皆耐爲鬼薪白粲(上造第二爵城旦者旦起行治城舂者婦人舂米皆四歲刑鬼薪者取薪給宗廟白粲者擇米使正白皆三歲刑)民年七十以上十歲以下有罪當刑皆完之吏六百石以上及故二千石家惟給軍賦他無有所與令郡諸侯王立高廟減田租復十五稅一

元年冬十二月趙隱王如意薨民有罪得買爵三十級

以免罪賜民爵戸一級春正月城長安應劭曰一級直錢二千凡爲六萬若今贖罪入縑三十疋矣師古曰令出買爵之錢以贖罪

二年冬十月齊悼惠王來朝尊魯元公主爲太后春正月癸酉有兩龍見蘭陵家人井中三日不見隴西地震夏旱郃陽侯仲薨秋七月辛未相國何薨

三年春發長安六百里內男女十四萬六千人城長安三十日罷以宗室女爲公主嫁匈奴單于夏五月立閩越君搖爲東海王六月發諸侯王徒隸二萬人城長安秋七月都廐災南越王趙佗稱臣奉貢

四年冬十月壬寅立皇后張氏張敖之女帝姊魯元公主所生春正月舉民孝弟力田者復其身三月甲子皇帝冠赦天下省法令妨吏民者除挾書律長樂宮鴻臺災宜陽雨血秋七月乙亥未央宮淩室災丙子織室災

五年冬十月靁桃李華棗實春正月復發長安六百里內男女十四萬五千人城長安三十日罷夏大旱秋八月己丑相國參薨九月長安城成賜民爵戸一級

六年冬十月辛丑齊王肥薨令民得賣爵女子年十五以上至三十不嫁五算夏六月舞陽侯噲薨起長安西市修敖倉國語越王勾踐令國中女子年十七不嫁者父母有罪欲人民繁息也漢律人出一算算百二十錢唯賈人與奴婢倍算今使五算罪謫之也

七年冬十月發車騎材官詣滎陽太尉灌嬰將春正月辛丑朔日有蝕之夏五月丁卯日有蝕之既秋八月戊寅帝崩于未央宮九月辛丑葬安陵諡孝惠皇帝漢家自孝惠後加諡之上皆以孝字

孝惠帝卽位七年

臣謹按漢呂唐武之后立紀議者紛紜不已殊不知紀者編年之書也若呂后之紀不立則八年正朔所系何朝武后之紀不立則二十年行事所著何君不察實義徒事虛言史家之大患也

高皇后呂氏名雉字娥姁計于切高祖微時娶之生孝惠帝魯元公主及高祖爲漢王得定陶戚姬愛幸生趙隱王如意孝惠仁弱高祖以爲不類我雖已爲太子常欲廢之而立如意曰如意類我賴大臣爭之及留侯策太子得毋廢呂后爲人剛毅佐高祖定天下所誅大臣多后力父兄及高祖而侯者三人父臨泗侯長兄澤周呂侯次兄釋之建成侯澤死事封其二子台爲酈侯產爲交侯惠帝立尊爲太后太后最怨戚夫人及其子乃徵趙王而鴆之又殘戚夫人以爲人彘孝惠見之而大哭因病歲餘不能起使人謂太后曰此非人所爲臣不堪爲太后子終不能治天下以此日飲爲淫樂不聽政皇后張氏無子呂后取後宮美人子殺其母立爲太子孝惠崩立太子爲帝年幼太后臨朝稱制初惠帝之崩太后哭而不泣留侯子張辟彊爲侍中年十五謂丞相陳平曰太后獨有帝今哭而不悲君知其解乎丞相曰何解辟彊曰帝亾壯子太后畏君等君今請拜呂台呂祿呂產爲將將兵居南北軍及諸呂皆入宮居中用事如此則太后必安君等幸脫禍矣平從其計大后哭乃哀於是立兄子呂台產祿台子通四人爲王封諸呂六人爲列侯呂氏之權由此起

元年春正月詔曰前日孝惠皇帝言欲除三族辠妖言令議未決而崩令除之二月賜民爵戸一級初置孝弟力田二千石一人夏五月丙申趙王宮叢臺災立孝惠後宮子彊爲淮陽王不疑爲恆山王弘爲襄成侯朝爲軹侯武爲壺關侯秋桃李華

二年春詔曰高皇帝匡飭天下諸有功者皆受分地爲列侯萬民大安莫不受休德朕思念至於久遠而功名不著亾以尊大誼施後世今欲差次列侯功以定朝位藏于高廟世世勿絕嗣子各襲其功位其與列侯議定奏之丞相臣平言謹與絳侯臣勃曲周侯臣商潁陰侯臣嬰安國侯臣陵等議列侯幸得賜餐錢奉邑陛下加惠以功次定朝位臣請藏高廟奏可春正月乙卯地震羌道武都道山崩夏六月丙戌晦日有蝕之秋七月恆山王不疑薨以其地襄成侯爲恆山王更名義行八銖錢

三年夏江水漢水溢流民四千餘家秋星晝見

四年夏少帝既長自知非皇后子出怨言皇太后幽之永巷詔羣臣議更立五月丙辰立恆山王義爲皇帝更名弘

五年春南越王尉佗自稱南武帝秋八月淮南王彊薨九月發河東上黨騎屯北地

六年春星晝見夏四月赦天下秩長陵令二千石六月城長陵匈奴寇狄道攻河陽行五分錢

七年冬十二月匈奴寇狄道略二千餘人春正月丁丑趙王友幽死于邸己丑晦日有食之既以梁王呂產爲相國趙王祿爲上將軍立營陵侯劉澤爲琅邪王夏五月辛未詔曰昭靈夫人太上王妃也武哀侯宣夫人高皇帝兄姊也號諡不稱其議尊號丞相平等請尊昭靈夫人曰昭靈后武哀侯曰武哀王宣夫人曰昭皇后六月趙王恢自殺秋九月燕王建薨南越侵盜長沙遣隆慮侯竈將兵擊之

八月春封中謁者張釋卿爲列侯諸中官宦者令丞皆

賜爵關內侯食邑春三月太后祓還軹道見物如倉狗撠(音戟)后掖忽弗復見卜云趙王如意爲祟太后遂病夏江水漢水溢流萬餘家秋七月太后病甚誡產祿曰高帝已定天下與大臣約曰非劉氏王者天下共擊之今呂氏王大臣弗平我即崩帝年少大臣恐爲變必據兵衞宮愼毋送喪毋爲人所制辛巳皇太后崩于未央宮遺詔以呂產爲相國諸呂用事自知背高祖約恐爲大臣諸侯王所誅因謀作亂時齊悼惠王子朱虛侯章及其弟東牟侯興居皆在京師朱虛侯婦呂祿女也陰知其謀潛令人告其兄齊王令發兵西章與太尉勃丞相平爲內應以誅諸呂齊王遂發兵又詐瑯邪王澤發其國兵并將而西產祿等遣大將軍灌嬰將兵擊之嬰至滎陽使人諭齊王與連和待呂氏變而共誅之是時趙王祿梁王產各將兵居南北軍太尉勃不得入軍中主兵乃與丞相平謀以曲周侯酈商老病其子寄與呂祿善使人刼商令寄紿說祿曰高帝與呂后共定天下劉氏所立九王呂氏所立三王皆大臣之議事已布告諸侯王諸侯王以爲宜今太后崩帝少足下既佩趙王印不急之國守藩乃爲上將將兵留此爲大臣諸侯所疑何不速歸將軍印以兵屬太尉請梁王亦歸相國印與大臣盟而之國齊兵必罷大臣得安足下高枕而王千里此萬世之利也祿然之使人報產及諸呂老人或以爲不便計猶豫未有所決祿信寄與俱出游獵過其姑呂顈顈大怒曰若爲將而棄軍呂氏今無處矣乃悉出珠玉寶器散堂下曰毋爲他人守也八月庚申旦平陽侯窋行御史大夫事窋曹參子也見相國產計事郎中令賈壽使從齊來因數產曰王不早之國今雖欲行尙可得邪具以灌嬰與齊楚合從狀告產乃趣產入宮窋聞其語馳告丞相平太尉勃勃欲入北軍不能得襄平侯紀通尙符節乃令持節矯內勃北軍勃復令寄與典客劉揭說祿曰帝使太尉守北軍欲足下之國急歸將印辭去不然禍且起祿遂解印屬典客而以兵授太尉勃勃入軍門行令軍中曰爲呂氏右袒爲劉氏左袒軍皆左袒勃雖將北軍然尙有南軍丞相平召朱虛侯章佐勃勃令章監軍門令平陽侯告衞尉毋內相國產殿門產不知祿已去北軍乃入未央宮欲爲亂殿門弗內徘徊往來平陽侯馳告太尉勃勃尙恐不勝諸呂未敢誦言誅之乃謂朱虛侯章曰急入宮衞帝章從勃請卒千人入未央宮掖門見產廷中日餔時遂擊產產走天風大起以故從官亂莫敢鬬遂產殺之郎中府吏舍廁中章已殺產帝命謁者持節勞章章欲奪節謁者不肯章乃從與載因節信馳斬長樂衞尉呂更始還入北軍復報太尉勃勃起拜賀章曰所患獨產今已誅天下定矣遂遣人分部悉捕呂氏男女無少長皆斬之辛酉捕斬呂祿而笞殺呂顈使人誅燕王呂通而廢魯王張偃遣朱虛侯以誅諸呂事告齊王令罷兵灌嬰兵亦罷滎陽而歸諸大臣相與陰謀曰少帝及梁淮陽常山王皆非眞孝惠子呂后以計詐名他人子殺其母養後宮令孝惠子之令皆不可立齊悼惠王之適子爲齊王高帝之長孫也然呂氏以外家惡幾危家廟今齊王母家駟鈞惡人也即立齊王則復爲呂氏淮南王少而母家又惡惟代王方今高帝見子最長仁孝寬厚太后家薄氏謹良且立長故順以仁孝聞於天下便迺相與共陰使人召代王代王使人辭謝再反然后乘六乘傳後九月晦日己酉至長安舍代邸大臣皆往謁奉天子璽上代王共尊立爲天子代王數讓羣臣固請然後聽東牟侯興居曰誅呂氏吾無功請得除宮乃與太僕汝陰侯滕公入宮前謂少帝曰足下非劉氏不當立乃顧麾左右執戟者掊(音仆)兵罷去有數人不肯去兵宦者令張澤諭告亦去兵滕公乃召乘輿車載少帝出少帝曰欲我將安之乎滕公曰出就舍舍少府迺奉天子法駕迎代王於邸報曰宮謹除代王即夕入未央宮有謁者十人持戟衞端門曰天子在也足下何爲者而入代王乃謂太尉太尉往諭謁者十人皆掊兵而去代王遂入而聽政夜有司分部誅滅梁淮陽常山王及少帝於邸呂后合葬長陵(關中記曰高祖陵在西呂后陵在東漢帝后同塋則爲合葬不必同陵也諸陵皆然)

高后稱制八年

通志卷五上

通志卷五下

宋右迪功郎鄭樵漁仲撰

前漢紀第五下

文帝　景帝　武帝　昭帝　宣帝　元帝　成帝　哀帝　平帝

孝文皇帝名恒之字常高祖第四子也母曰薄姬高祖十一年春已破陳豨定代地立爲代王都中都即王位十七年高后崩諸呂謀爲亂欲危劉氏丞相陳平太尉周勃朱虛侯劉章等共誅之謀立代王遂使人迎代王郎中令張武等議皆曰漢大臣皆故高帝時將習兵事多謀詐其屬意非止此也特畏高帝呂太后威耳今已誅諸呂新喋大頰反履涉也血京師以迎大王爲名實不可信願稱疾無往以觀其變中尉宋昌進曰秦失其政豪傑並起人人自以爲得之者以萬數然卒踐天子位者劉氏也天下絕望一矣高帝封王子弟地犬牙相制所謂磐石之宗也天下服其彊二矣漢興除秦苛政約法令施德惠人人自安難動搖三矣夫以呂太后之嚴立諸呂爲三王擅權專制然而太尉以一節入北軍一呼士皆袒左爲劉氏畔諸呂卒以滅之此乃天授非人力也今大臣雖欲爲變百姓弗爲使其黨寧能專一邪況內有朱虛東牟之親外畏吳楚淮南琅邪齊代之彊方今高帝子獨淮南王與大王大王又長賢聖仁孝聞於天下故大臣因天下之心而欲迎立大王幸勿疑也代王報太后計猶豫未定卜之兆得大橫占曰大橫庚庚余爲天王夏啟以光代王曰寡人固已爲王矣又何王乎卜人曰所謂天王者乃天子也於是代王乃遣太后弟薄昭往見太尉勃勃等具言所以迎立王者昭還報曰信矣無可疑者代王笑謂宋昌曰果如公言乃令昌驂乘張武等六人乘六乘傳詣長安至高陵休止而使宋昌先馳之長安觀變昌至渭橋丞相以下皆迎昌還報代王乃進至渭橋羣臣拜謁稱臣代王下車拜太尉勃進曰願請閒言宋昌曰所言公公言之所言私王者不受私太尉乃跪上天子璽符代王謝曰至代邸而議之閏月己酉入代邸羣臣從至上議曰丞相臣平太尉臣勃大將軍臣武御史大夫臣昌宗正臣郢朱虛侯臣章東牟侯臣興居典客臣揭再拜言大王足下子弘等皆非孝惠皇帝子不當奉宗廟臣謹請陰安侯高帝兄伯妻頃王后兄仲妻也與琅邪王宗室大臣列侯吏二千石議曰大王高皇帝長子宜爲高帝嗣願大王即天子位代王曰奉高帝宗廟重事也寡人不佞不足以稱願請楚王計宜者寡人不敢當羣臣皆伏固請代王西鄉讓者三南鄉讓者再丞相平等皆曰臣伏計之大王奉高帝宗廟最宜稱雖天下諸侯萬民皆以爲宜臣等爲宗廟社稷計不敢忽願大王幸聽臣等臣謹奉天子璽符再拜上代王遂即天子位羣臣以禮次侍乃使太僕嬰與東牟侯興居先清宮奉天子法駕迎於代邸皇帝即日夕入未央宮夜拜宋昌爲衛將軍鎮撫南北軍張武爲郎中令行殿中還坐前殿於是夜下詔曰制詔丞相太尉御史大夫閒者諸呂用事擅權謀爲大逆欲危宗廟賴將相列侯宗室大臣誅之朕初即位其赦天下賜民爵一級女子百戶牛酒酺五日賜爵者謂一家之長得之也女子謂賜爵者之妻率百戶其得牛若干頭酒若干石無定數也漢律三人以上無故羣飲酒罰金四兩今詔橫賜得令會聚飲食五日也

元年冬十月辛亥皇帝見于高廟右丞相徙爲左丞相太尉勃爲右丞相大將軍灌嬰爲太尉壬子遣車騎將軍薄昭迎皇太后于代詔曰前呂產自置爲相國呂祿爲上將軍擅矯遣灌將軍嬰將兵擊齊欲代劉氏嬰留滎陽與諸侯合謀以誅呂氏呂產欲爲不善丞相平與太尉勃等謀奪呂產等軍朱虛侯章首先捕斬產太尉勃身率襄平侯通持節承詔入北軍典客揭奪呂祿印其益封太尉勃邑萬戶賜金五千斤丞相平將軍嬰邑各三千戶金二千斤朱虛侯章襄平侯通邑各二千戶金千斤封典客揭爲陽信侯金千斤十二月立趙幽王子遂爲趙王徙琅邪王澤爲燕王呂氏所奪齊楚地皆歸之詔曰法者治之正也所以禁暴而率善人也今犯法已論而使無罪之父母妻子同產坐之及爲收孥朕甚不取其除收孥諸相坐律令正月有司請早建太子詔曰朕既不德今縱不能博求賢聖有德之人而禪天下焉而曰豫建太子是重吾不德也謂天下何其安之有司曰豫建太子所以重宗廟社稷不忘天下也上曰楚王季父也明於國家之大體吳王於朕兄也惠仁以好德淮南王弟也秉德以陪朕諸侯王宗室昆弟有功臣多賢及有德義者今不選舉焉而曰必子人其以朕爲忘賢有德者而專於子非所以憂天下也朕甚不取有司固請曰古者殷周有國治安皆千歲有天下者莫長焉用此道也立嗣必子所從來遠矣高帝始平天下建諸侯爲帝者大祖諸侯王及列侯始受國者亦皆爲其國祖子孫繼嗣世世弗絕天下之大義也故高帝設之以撫海內今釋宜建而更選於諸侯宗室非高帝之志也子啟最長敦厚慈仁請建以爲太子上乃許之因賜天下民當代父後者爵各一級封將軍薄昭爲軹侯三月立太子母竇氏爲皇后上爲立后故詔鰥寡孤獨

窮困之民議振貸之又曰今歲首不時使人存問長老又無布帛酒肉之賜將何以佐天下子孫孝養其親其令縣道有蠻夷曰道年八十已上賜米人月一石肉二十斤酒五斗其九十已上又賜帛人二匹絮三斤刑者及有罪耐以上不用此令楚元王交薨四月齊楚地震二十九山同日崩大水潰出六月令郡國無來獻施惠天下諸侯四夷遠近驩洽乃修代來功詔曰方大臣誅諸呂迎朕朕狐疑皆止朕惟中尉宋昌勸朕朕得保宗廟已尊昌爲衛將軍其封昌爲壯武侯諸從朕者六人官皆至九卿又曰列侯從高帝入蜀漢者六十八人益邑各三百戶故吏二千石以上從高帝潁川守尊等十人食邑六百戶淮陽守申屠嘉等十人五百戶衛尉足等十人四百戶封淮南王舅父趙兼爲周陽侯齊王舅父駟鈞爲靖郭侯故常山丞相蔡兼爲樊侯

二年冬十月丞相陳平薨詔曰古者諸侯建國千餘各守其地以時入貢民不勞苦今列侯多居長安邑遠吏卒給輸費苦而列侯亦無繇教訓其民其令列侯之國爲吏及詔所止者遣太子十一月癸卯晦日有食之詔曰天下治亂在予一人二三執政猶吾股肱也朕之不德上累三光之明其悉思朕之過失及知見之所不及匄以啟告朕及舉賢良方正能直言極諫者以匡朕之不逮因各勅以職任務省繇費以便民朕既不能遠德故憪然念外人之有非是以設備未息今縱不能罷邊屯戍而又飭兵厚衛其罷衛將軍軍太僕見馬遺財足餘皆以給傳置春正月丁亥詔開籍田朕將親率耕以給宗廟粢盛民讁作縣官及貸種食未入入未備者皆赦之三月詔立趙王遂弟辟彊爲河間王朱虛侯章爲城陽王東牟侯興居爲濟北王因立皇子武爲代王參爲太原王揖爲梁王五月詔除誹謗妖言之律又民或祝詛者此細民之愚無知抵死自今以來有犯此者勿聽治九月初與郡國守相爲銅虎符竹使符詔勸民務農其賜天下今年田租之半

三年冬十月丁酉晦日有蝕之十一月丁卯晦日有蝕之詔曰前遣列侯之國辭未行丞相朕之所重其爲朕率列侯之國遂免丞相勃遣就國十二月太尉潁陰侯灌嬰爲丞相罷太尉官屬丞相夏四月城陽王章薨淮南王長殺辟陽侯審食其五月匈奴入北地居河南爲寇帝初幸甘泉六月帝曰漢與匈奴約爲兄弟毋使害邊境所以輸遺匈奴甚厚今右賢王離其國將眾居河南降地陵轢邊吏入盜甚敖無道非約也其發邊吏騎八萬五千詣高奴遣丞相灌嬰擊之匈奴去發中尉材官屬衛將軍軍長安辛卯帝自甘泉之高奴因幸太原見故羣臣皆賜之舉功行賞諸民里賜牛酒復晉陽中都民三歲租留游太原十餘日濟北王興居聞帝之代欲自擊匈奴乃反發兵欲襲滎陽於是詔罷丞相兵以棘蒲侯柴武爲大將軍將四將軍十萬眾擊之祁侯繒賀爲將軍軍滎陽秋七月上自太原至長安詔曰濟北王背德反上詿誤吏民爲大逆濟北吏民兵未至先自定及以軍城邑降者皆赦之復官爵與王興居居去來者亦赦之八月虜濟北王興居自殺赦諸與興居反者

四年冬十二月丞相灌嬰薨夏五月復諸劉有屬籍家無所與賜諸侯王子邑各二千戶秋九月封齊悼惠王子七人爲列侯絳侯周勃有罪逮詣廷尉詔獄作顧成廟如淳曰身存而立廟也自是皆有其廟景曰德陽武曰龍淵昭曰徘徊宣曰樂游元曰長壽成曰陽池

五年春二月地震夏四月除盜鑄錢令更造四銖錢

六年冬十月桃李華十一月有司言淮南王長出入擬於天子廢先帝法與棘蒲侯太子奇謀反遣使閩越及匈奴發其兵欲危宗廟社稷羣臣議曰當棄市帝不忍致法於王赦其罪廢勿王羣臣請處王蜀嚴道卭都帝許之道病死上憐之後十六年追尊淮南王謚厲王王其子三人爲淮南王衡山王廬江王

七年冬十月令列侯太夫人夫人諸侯王子及吏二千石無得擅徵捕夏四月赦天下六月癸酉未央宮東闕罘罳災

八年夏封淮南厲王長四子爲列侯有長星出於東方

九年春大旱

十年冬行幸甘泉將軍薄昭死

十一年冬十一月行幸代春正月上自代還夏六月梁王揖薨匈奴寇狄道

十二年冬十二月河決東郡春正月賜諸侯王女邑各二千戶二月出孝惠皇帝後宮美人令得嫁三月除關無用傳詔曰朕親率天下農十年于今詔書數下而歲功未興是吏奉吾詔不勤而勸民不明也其賜農民今年租稅之半又遣謁者勞賜三老孝者帛人五匹悌者力田二匹廉吏二百石以上率百石者三匹又問民所不便安而以戶口率置三老孝悌力田常員令各率其意以道民焉

十三年春二月甲寅詔曰朕親率天下農耕以供粢盛皇后親桑以爲祭服其具禮儀夏除祕祝以祕祝之官移過於下故也五月齊太倉令淳于公有罪當刑詔獄逮徒繫長安其少女緹縈自傷泣隨其父至長安上書

願沒入爲官婢贖父刑罪天子憐之爲除肉刑六月詔除田租稅賜天下孤寡布帛絮各有數

十四年冬匈奴謀入邊爲寇攻朝那塞殺北地都尉卬上乃遣三將軍軍隴西北地上郡中尉周舍爲衛將軍郎中令張武爲車騎將軍軍渭北車千乘騎卒十萬帝親自勞軍勒兵申教令賜軍吏卒帝欲自將擊匈奴羣臣諫皆不聽皇太后固要帝帝乃止於是以東陽侯張相如爲大將軍建成侯董赫內史欒布皆爲將軍擊匈奴匈奴遁走春詔有司廣增諸祀壇場珪幣令祠官致敬毋有所祈福於朕

十五年春黃龍見成紀乃詔議郊祀魯人公孫臣上書言漢家得土地宜改正朔服色趙人新垣平以望氣見因說上設五廟于渭陽四月上幸雍始郊見五帝赦天下修名山大川常祀而絕者有司以歲時致禮九月詔諸侯王公卿郡守舉賢良能直言極諫者上親策之傅納以言

十六年夏四月上郊祀五帝于渭陽五月立齊悼惠王子六人淮南厲王子三人皆爲王九月得玉杯刻曰人主延壽令天下大酺明年改元

後元年冬十月新垣平詐覺謀反夷三族春正月孝惠皇后張氏薨詔曰間者歲比不登水旱頻仍丞相列侯吏二千石博士議有可以佐百姓者率意遠思無有所隱

二年夏行幸雍棫陽宮六月代王參薨匈奴和親詔布告天下

三年春二月行幸代

四年夏四月丙寅晦日有蝕之五月赦天下免官奴婢爲庶人行幸雍

五年春正月行幸隴西三月行幸雍秋七月行幸代

六年冬匈奴三萬騎入上郡三萬騎入雲中以中大夫令免爲車騎將軍屯飛狐故楚相蘇意爲將軍屯句注將軍張武屯北地河內太守周亞夫爲將軍次細柳宗正劉禮爲將軍次霸上祝茲侯徐厲爲將軍次棘門以備胡夏四月大旱蝗令諸侯無入貢弛山澤減諸服御損郎吏員發倉庾以振民民得賣爵

七年夏六月己亥帝崩于未央宮年四十六遺詔曰朕聞之葢天下萬物之萌生靡不有死死者天地之理物之自然奚可甚哀當今之世咸嘉生而惡死厚葬以破業重服以傷生吾甚不取且朕既不德無以佐百姓今崩又使重服久臨以罹寒暑之數哀人父子傷長老之志損其飲食絕鬼神之祀以重吾不德謂天下何朕獲保宗廟以眇眇之身託于天下君王之上二十有餘年矣賴天之靈社稷之福方內安寧靡有兵革朕旣不敏常畏過行以羞先帝之遺德惟年之久長懼于不終今乃幸以天年得復供養于高廟朕之不明與嘉之其奚哀念之有其令天下吏民令到出臨三日皆釋服無禁娶婦嫁女祠祀飲酒食肉自當給喪事服臨者皆無踐經帶無過三寸無布車及兵器無發民男女哭臨宮殿中殿中當臨者皆以旦夕各十五舉音禮畢罷非旦夕臨時禁無得擅哭臨已下服大紅音功十五日小紅十四日纖七日釋服它不在令中者皆以此令比類從事布告天下使明知朕意霸陵山川因其故毋有所改歸夫人以下至少使令中尉亞夫爲車騎將軍屬國悍爲將屯將軍郎中令張武爲復土將軍發近縣卒萬六千人發內史卒萬五千人藏郭穿復土屬將軍武賜諸侯王以下至孝悌力田金錢各有數乙巳葬霸陵羣臣皆頓首上尊號曰孝文皇帝班氏曰孝文皇帝卽位二十三年宮室苑囿車騎服御無所增益有不便輒弛以利民嘗欲作露臺召匠計之直百金上曰百金中民十家之產吾奉先帝宮室常恐羞之何以臺爲身衣弋綈所幸愼夫人衣不得曳地幃帳不得文繡以示敦朴爲天下先治霸陵皆以瓦器不得以金銀銅錫爲飾因其山不起墳南越王尉佗自立爲帝上召尉佗兄弟以德懷之佗遂去帝稱臣與匈奴約和親後而背約入盜令邊守備不發兵深入恐煩苦百姓吳王詐病不朝就賜几杖羣臣如袁盎等諫說雖切嘗假借納用焉張武等受賂遺金錢覺上乃發御府金錢賜之以愧其心弗下吏專務以德化民是以海內殷富興於禮義斷獄數百幾致刑措烏乎仁哉

孝文帝元年十六年後元年七年卽位二十三年

孝景皇帝名啟之字開文帝太子也母曰竇皇后後七年六月己亥文帝崩九日太子卽皇帝位尊皇太后薄氏曰太皇太后皇后曰皇太后九月有星孛于西方

元年十月詔曰葢聞古者祖有功而宗有德制禮樂各有由歌者所以發德也舞者所以明功也高廟酎奏武德文始五行之舞孝惠廟酎奏文始五行之舞孝文皇帝臨天下通關梁不異遠方除誹謗去肉刑賞賜長老收卹孤獨滅耆欲不受獻罪人不孥不誅亾罪除宮刑出美人重絕人之世德厚侔天地利澤施四海靡不獲福明象乎日月而廟樂不稱朕甚懼焉其爲孝文皇帝廟爲昭德之舞以明休德然後祖宗之功德施于萬世

丞永無窮朕甚嘉之其與丞相列侯中二千石禮官具禮儀奏丞相臣嘉等奏曰陛下永思孝道立昭德之舞以明孝文皇帝之德皆臣嘉等愚所不及臣謹議曰功莫大於高皇帝德莫盛於孝文皇帝高皇帝廟宜為帝者太祖之廟孝文皇帝廟宜為帝者太宗之廟天子宜世世獻祖宗之廟郡國諸侯宜各為孝文皇帝立太宗之廟諸侯王列侯使者侍祠天子所獻祖宗之廟請宣布天下制曰可春正月詔郡國或磽陿無所農桑𣪊畜民欲徙寬大地者聽之夏四月赦天下賜民爵一級遣御史大夫青翟至代下與匈奴和親五月令田半租令羣臣無朝賀秋七月詔曰吏受所監臨以飲食免重受財物賤買貴賣論輕廷尉與丞相更議著令廷尉信謹與丞相議曰吏及諸有秩受其官屬所監所治所行所將其與飲食計償費勿論宅物若買故賤賣故貴皆坐臧為盜沒入臧縣官吏遷徙免罷受其故官屬所將監治送財物奪爵為士伍免之無爵罰金二斤令沒入所受有能捕告畀其所受臧

二年冬十二月有星孛于西南令天下男子二十始傅春三月立皇子德為河間王閼為臨江王餘為淮陽王非為汝南王彭祖為廣川王發為長沙王夏四月壬午太皇太后崩六月丞相嘉薨封故相國蕭何孫係為列侯秋與匈奴和親

三年冬十二月襄平侯嘉子恢說不孝謀反欲以殺嘉大逆無道詔赦嘉為襄平侯及妻子當坐者復故爵論恢說及妻子如法春正月淮陽王宮正殿災吳王濞膠西王卬楚王戊趙王遂濟南王辟光菑川王賢膠東王雄渠皆舉兵反發兵西鄉天子為斬御史大夫鼂錯以謝七國大赦天下遣袁盎諭告不止遂西圍梁上乃遣太尉周亞夫大將軍竇嬰將兵擊之二月壬子晦日有蝕之諸將破七國兵斬首十餘萬級追斬吳王濞於丹徒六王皆自殺夏六月詔諸吏民為吳王濞等所詿誤及逋逃亾軍者皆赦之又楚元王子蓺等與濞等為逆朕不忍加法除其籍毋令汙宗室立平陸侯劉禮為楚王續元王後立皇子端為膠西王勝為中山王賜民爵一級

四年春復置諸關用傳出入夏四月己巳立皇子榮為皇太子徹為膠東王六月赦天下賜民爵一級秋七月臨江王閼薨十月戊戌晦日有蝕之

五年春正月作陽陵邑夏募民徙陽陵賜錢二十萬遣公主嫁單于

六年冬十二月雷霖雨秋九月皇后薄氏廢

七年冬十一月庚寅晦日有蝕之春正月廢皇太子榮為臨江王二月罷太尉官夏四月立皇后王氏立膠東王徹為皇太子賜民為父後者爵一級

中元年夏四月赦天下賜民爵一級封故御史大夫周苛周昌孫子為列侯

二年春二月令諸侯王薨列侯初封及之國大鴻臚奏謚誄策列侯薨及諸侯太傅初除之官大行奏謚誄策王薨遣光祿大夫弔襚祠賵視喪事因立嗣子列侯薨遣太中大夫弔祠視喪事因立嗣其薨葬國得發民輓喪穿復土治墳無過三百人畢事匈奴入燕改磔曰棄市勿復磔三月臨江王榮坐侵太宗廟地徵詣中尉自殺夏四月有星孛于西北立皇子越為廣川王寄為膠東王秋七月更郡守為太守郡尉為都尉九月封故楚趙傅相內史前死事者四人子為列侯甲戌晦日有蝕之

三年冬十一月罷諸侯御史大夫官春正月皇太后崩夏旱禁酤酒秋九月蝗有星孛于西北戊戌晦日有蝕之立皇子乘為清河王

四年春三月起德陽宮御史大夫綰奏禁馬高五尺九寸以上齒未平不得出關夏蝗秋赦徒作陽陵者死罪欲腐者許之十月戊午日有蝕之

五年夏立皇子舜為常山王六月赦天下賜民爵一級秋八月己酉未央宮東闕災更名諸侯丞相為相九月詔諸侯疑若雖文致於法而人心不厭者輒讞之

六年冬十月行幸雍郊五畤十二月更官名命廷尉為大理將作少監為將作大匠主爵中尉為都尉長信詹事為長信少府將作為大長秋大行為行人奉常為太常典客為大行治粟內史為大農以大內為二千石置左右內官屬大內定鑄錢偽黃金棄市律春三月雨雪夏四月梁王薨分梁為五國封孝王子五人為王五月詔曰夫吏者民之師也車駕衣服宜稱吏六百石以上皆長吏也亾度者或不吏服出入閭里與民亾異令長吏二千石車朱兩轓千石至六百石朱左轓車騎從者不稱其官衣服下吏出入閭巷亾吏體者二千石上其官屬三輔舉不如法令者皆上丞相御史請之又詔酷吏奉憲失中令有司減笞法定箠令六月匈奴入鴈門至武泉入上郡取苑馬秋七月辛亥晦日有蝕之

後元年冬更命中大夫為衛尉春正月詔獄疑者讞有司有司所不能決移廷尉有令讞而後不當讞者不為失欲令治獄者務先寬三月赦天下賜民爵一級中

二千石諸侯相爵右庶長夏大酺五日民得酤酒五月地震秋七月乙巳晦日有蝕之條侯周亞夫下獄死

二年冬省徹侯之國春匈奴入鴈門太守馮敬與戰死發車騎材官屯以歲不登令內史郡不得食馬粟徒隷衣七緵布夏四月詔曰雕文刻鏤傷農事者也錦繡纂組害女紅者也朕親耕后親桑以奉宗廟粢盛祭服爲天下先不受獻減太官省繇賦欲天下務農蠶素有畜積以備災害今歲或不登民食頗寡其咎安在或詐僞爲吏吏以貨賂爲市漁奪百姓侵牟萬民縣丞長吏也奸法與盜盜甚無謂也其令二千石各修其職不事官職耗亂者丞相以聞請其罪五月詔曰人不患其不知患其爲詐也不患其不勇患其爲暴也不患其不富患其亾厭也其唯廉士寡欲易足今訾（與貲同）算（萬錢爲一算）十以上乃得官廉七算不必衆有市籍不得官無訾又不得官朕甚愍之訾算四得官亾令廉士久失職貪夫長利秋大旱

三年春正月詔令郡國務勸農桑益種樹吏發民若取庸采黃金珠玉坐贓爲盜二千石聽者與同罪又詔八歲已下八十已上及孕子未乳當鞫繫者並頌（音容）繫之皇太子冠賜民爲父後者爵一級甲子帝崩于未央宮年四十八遺詔賜諸侯王列侯馬二駟吏二千石黃金二斤吏民戶百錢出宮人歸其家復終身二月癸酉葬陽陵（陵在長安東北四十五里）荀悅曰自漢初務本勸農累世承業至是始天下富庶家給人足京師之錢累百巨億貫朽而不可校太倉之粟充實露積於外腐敗而不可食衆庶街巷有馬阡陌之間成羣守閭閻者食粱肉爲吏者長子孫居官者以官爲姓號人人自愛而不犯法仁義興焉

景帝初元七年中元六年後元三年即位十六年

臣謹按張晏曰自景帝至平帝本紀皆王莽時劉歆揚雄馮衍史岑等所記惟武帝紀遷沒其書殘缺褚少孫補之所謂褚先生是也

孝武皇帝名徹之字通景帝中子也母曰王美人年四歲立爲膠東王孝景七年廢太子榮爲臨江王以膠東王爲皇子王美人爲皇后後三年春正月景帝崩太子即皇帝位尊皇太后竇氏曰太皇太后皇后曰皇太后三月尊太后母臧兒爲平原君封太后同母弟田蚡勝皆爲列侯

建元元年（自古帝王未有年號始起於此）冬十月詔丞相御史列侯中二千石二千石諸侯相舉賢良方正直言極諫之士丞相綰奏所舉賢良或治申商韓非蘇秦張儀之言亂國政請皆罷奏可春二月赦天下賜民爵一級年八十復二算九十復甲卒行三銖錢夏四月己巳詔民年九十以上已有受鬻法爲復子若孫令得身率妻妾遂其供養之事五月令祠官修山川之祠爲歲事赦吳楚七國帑輸在官者秋七月詔省衛士卒萬人罷苑馬以賜貧民議立明堂遣使者安車蒲輪徵魯申公

二年冬十月御史大夫趙綰坐請毋奏事太皇太后及郎中令王臧皆下獄自殺丞相嬰太尉蚡免春二月丙戌朔日有蝕之夏四月戊申有如日夜出初置茂陵邑

三年春河水溢于平原大飢人相食賜徙茂陵者戶錢二十萬田二頃初作便門橋秋七月有星孛于西北濟川王明坐殺太傅中傅廢遷防陵閩越圍東甌東甌告急遣中大夫嚴助持節發會稽兵浮海救之未至閩越走兵還九月丙子晦日有蝕之

四年夏有風赤如血六月旱秋有星孛于東北

五年春罷三銖錢行半兩錢置五經博士夏四月平原君薨五月大蝗秋八月廣川王越清河王乘皆薨

六年春二月乙未遼東高廟災夏四月壬子高園便殿火上素服五日五月丁亥太皇太后崩秋八月有星孛于東方長竟天閩越王郢攻南越遣大行王恢將兵出豫章大司農韓安國出會稽擊之未至越人殺郢降兵還

元光元年冬十一月初令郡國舉孝廉各一人衛尉李廣爲驍騎將軍屯雲中中尉程不識爲車騎將軍屯鴈門六月罷夏四月赦天下賜民長子爵一級復七國宗室前絕屬者五月詔舉賢良天子親策問之而覽其對於是董仲舒公孫弘之徒出焉秋七月癸未日有蝕之

二年冬十月行幸雍祠五時春詔問公卿欲攻單于之要大行王恢建議宜擊夏六月御史大夫韓安國爲護軍將軍衛尉李廣爲驍騎將軍太僕公孫賀爲輕車將軍大行王恢爲將屯將軍太中大夫李息爲材官將軍將三十萬衆屯馬邑谷中誘致單于欲襲擊之單于入塞覺之走出六月軍罷將軍王恢坐首謀不進下獄死秋九月令民大酺五日

三年春河水徙從頓丘東南流入勃海夏五月封高祖功臣五人後爲列侯河水決濮陽氾郡十六發卒十萬救決河起龍淵宮

四年冬魏其侯竇嬰有罪棄市春三月乙卯丞相蚡薨夏四月隕霜殺草五月地震赦天下

五年春正月河間王德薨夏發巴蜀治南夷道又發卒

治鴈門阻險秋七月大風拔木乙巳皇后陳氏廢捕爲巫蠱者皆梟首八月螟徵吏民有明當世之務習先聖之術者縣次給食令與計偕

六年冬初算商車春穿漕渠通渭匈奴入上谷殺略吏民遣車騎將軍衞青出上谷騎將軍公孫敖出代輕車將軍公孫賀出雲中驍騎將軍李廣出鴈門青至龍城獲首虜七百級廣敖失師而還詔書切責敖廣等而赦其軍士夏大旱蝗六月行幸雍秋匈奴盜邊遣將軍韓安國屯漁陽

元朔元年冬十一月詔曰十室之邑必有忠信三人並行厥有我師朕深詔執事興廉舉孝庶幾成風令或至闔郡而不薦一人是化不下究而積行之君子壅於上聞也二千石官長紀綱人倫將何以佐朕勸元元厲蒸庶崇鄉黨之訓哉且進賢受上賞蔽賢蒙顯戮古之道也其與二千石禮官博士議不舉者罪有司奏議曰古者諸侯貢士壹適謂之好德再適謂之賢賢三適謂之有功乃加九錫不貢士壹則黜爵再則黜地三則黜爵地畢矣夫附下罔上者死附上罔下者刑與聞國政而亾益於民者斥在上位不能進賢者退此所以勸善黜惡也今詔書令二千石舉孝廉所以化元元移風俗也不舉孝不奉詔當以不敬論不察廉不勝任也當免奏可十二月江都王非薨春三月甲子立皇后衞氏詔赦天下與民更始秋匈奴入遼西殺太守入漁陽鴈門敗都尉殺三千餘人遣將軍衞青出鴈門將軍李息出代獲首虜數千級東夷薉君南閭等口二十八萬人降爲蒼海郡魯王餘長沙王發皆薨

二年冬賜淮南王菑川王几杖毋朝春正月詔令諸侯王得以邑土分子弟於是梁王城陽王願以邑分弟於是藩國始分而子弟畢侯矣匈奴入上谷漁陽殺略吏民千餘人遣將軍衞青李息出雲中至高闕遂西至符離獲首虜數千級收河南地置朔方五原郡三月乙亥晦日有蝕之夏募民徙朔方十萬口又徙郡國豪傑及訾三百萬㠯上于茂陵秋燕王定國有罪自殺

三年春罷蒼海郡三月詔赦天下夏匈奴入代殺太守入鴈門殺略千餘人六月庚午皇太后崩秋罷西南夷城朔方令民大酺五日

四年冬行幸甘泉夏匈奴入代定襄上郡殺略千餘人

五年春大旱大將軍衞青將六將軍兵十餘萬人出朔方高闕獲首虜萬五千級夏六月詔與禮樂丞相弘請爲弟子置博士員學者益廣秋匈奴入代殺都尉

六年春二月大將軍衞青將六將軍兵十餘萬騎出定襄斬首三千餘級還休士馬于定襄雲中鴈門赦天下夏四月衞青復將六將軍絕幕大克獲前將軍趙信軍敗降匈奴右將軍蘇建亾軍獨身脫還贖爲庶人六月詔軍士比多克獲受爵賞而欲移賣者無所流貤其議爲令有司奏請置武功賞官以寵戰士

元狩元年冬十月行幸雍祠五時獲白麟作白麟之歌十一月淮南王安衡山王賜謀反誅黨與死者數萬人十二月大雨雪民凍死夏四月赦天下丁卯立皇太子賜中二千石爵右庶長民爲父後者一級詔赦天下遣謁者巡行天下賜縣三老孝者帛人五匹鄉三老弟者力田帛人三匹年九十以上及鰥寡孤獨帛人二匹絮三斤八十以上米人三石有寃失職使者以聞縣鄉即賜毋贅聚五月乙巳晦日有蝕之匈奴入上谷殺數百人

二年冬十月行幸雍祠五時春三月丞相弘薨遣驃騎將軍霍去病出隴西至皋蘭斬首八千餘級夏馬生余吾水中南越獻馴象能言鳥將軍去病公孫敖出北地二千餘里過居延斬首虜三萬餘級匈奴入鴈門殺略數百人遣衞尉張騫郎中令李廣皆出右北平廣殺匈奴三千餘人盡亾其軍四千人獨身脫還及公孫敖張騫皆後期當斬贖爲庶人江都王建有罪自殺膠東王寄薨秋匈奴昆邪王殺休屠王并將其眾合四萬餘人來降置五屬國以處之以其地爲威武酒泉郡

三年春有星孛于東方夏五月赦天下立膠東康王少子慶爲六安王封故相國蕭何曾孫慶爲列侯秋匈奴入右北平定襄殺略千餘人遣謁者勸有水災郡種宿麥舉吏民能假貸貧民者以名聞減隴西北地上郡戍卒半發謫吏穿昆明池

四年冬有司言關東貧民徙隴西北地西河上郡會稽凡七十二萬五千口縣官衣食振業用度不足請收銀錫造白金及皮幣以足用初算緡錢春有星孛于東北夏有長星出于西北大將軍衞青將四將軍出定襄將軍去病出代各將五萬騎步兵踵軍後數十萬人青至幕北圍單于斬首萬九千級至闐顏山乃還去病與左賢王戰斬首虜七萬餘級封狼居胥山迺還兩軍士死者數萬人前將軍廣後將軍食其皆後期廣自殺食其贖死

五年春三月甲午丞相李蔡有罪自殺天下馬少平牡馬匹二十萬罷半兩錢行五銖錢徙天下姦猾吏民於邊

六年冬十月賜丞相以下至吏二千石百金千石以下至乘從者帛蠻夷錦各有差雨水亾冰夏四月乙巳廟立皇子閎爲齊王旦爲燕王胥爲廣陵王初作誥六月詔遣博士人等六人分循行天下存問鰥寡廢疾天下自振業者貸與之諭三老孝弟以爲民師舉獨行之君子徵詣行在所秋九月大司馬驃騎將軍去病薨

元鼎元年夏五月赦天下大酺五日得鼎汾水上濟東王彭離有罪廢徙上庸

二年冬十一月御史大夫張湯有罪自殺十二月丞相青翟下獄死春起栢梁臺三月大雨雪夏大水關東餓死者以千數秋九月詔江南水潦下巴蜀之粟致之江陵遣博士中等分循行諭告所抵無令重困吏民有振救飢民免其戹者具舉以聞

三年冬徙函谷關於新安以故關爲弘農縣十一月令民告緡者以其半與之正月戊子陽陵園火夏四月雨雹關東郡國十餘飢人相食常山王舜薨子敎嗣立有罪廢徙房陵

四年冬十月行幸雍祠五時賜民爵一級女子百戶牛酒行自夏陽東幸汾陰十一月甲子立后土祠于汾陰睢上禮畢行幸滎陽還至洛陽詔求周後得孽子嘉封爲周子南君以奉周祀春二月中山王勝薨夏封方士欒大爲樂通侯位上將軍六月得寶鼎后土祠旁秋馬生渥洼水中作寶鼎天馬之歌立常山憲王子商爲泗水王

五年冬十月行幸雍祠五時遂踰隴登空同西臨祖厲河而還十一月辛巳朔旦冬至立泰畤于甘泉天子親郊見朝日夕月詔以是月望見泰一修天文壇乃辛卯夜若景光十有二明丁酉拜況于郊夏四月南越王相呂嘉反殺漢使者及其王王太后赦天下丁丑晦日有蝕之秋鼃蝦蟇鬭遣伏波將軍路博德出桂陽下湟水樓船將軍楊僕出豫章下湞水歸義越嚴爲戈船將軍出零陵下灕水甲爲下瀨將軍下蒼梧皆將罪人江淮以南樓船十萬人越馳義侯遺別將巴蜀罪人發夜郎兵下牂柯江咸會番禺九月列侯坐獻黃金酎祭宗廟不如法奪爵者百六人丞相趙周下獄死樂通侯欒大坐巫罔要斬西羌眾十萬人反與匈奴通使攻故安圍枹罕匈奴入五原殺太守

六年冬十月發隴西天水安定騎士及中尉河南河內卒十萬人遣將軍李息郎中令徐自爲征西羌平之行東將幸緱氏至左邑桐鄉聞南越破以爲聞喜縣春至汲新中鄉得呂嘉首以爲獲嘉縣馳義侯遺兵未及下上便令征西南夷平之遂定越地以爲南海蒼梧鬱林合浦交阯九眞日南珠厓儋耳郡定西南夷以爲武都牂柯越巂沈黎文山郡秋東越王餘善反攻殺漢將吏遣橫海將軍韓說中尉王溫舒出會稽樓船將軍楊僕出豫章擊之又遣浮沮將軍公孫賀出九原匈河將軍趙破奴出令居皆二千餘里不見虜而還乃分武威酒泉地置張掖敦煌郡徙民以實之

元封元年冬十月詔曰南越東甌咸伏其辜西蠻北夷頗未輯睦朕將巡邊垂擇兵振旅躬秉武節置十二部將軍親帥師焉行自雲陽北歷上郡西河五原出長城北登單于臺至朔方臨北河勒兵十八萬騎旌旗徑千餘里威震匈奴遣使者郭吉告單于曰南越王頭已縣於漢北闕矣單于能戰天子自將待邊不能亟來臣服何但亾匿幕北寒苦之地爲匈奴讋焉單于怒四吉然終不敢出上還祠黃帝於橋山乃歸甘泉東越殺王餘善降詔以東越險阻反覆爲後世患遷其民於江淮間遂虛其地春正月行幸緱氏詔曰朕用事華山至于中嶽獲駮麃見夏后啟母石翌日親登崇高御史乘屬在廟旁吏卒咸聞呼萬歲者三登禮罔不答其令祠官加增太室祠禁無伐其草木以山下三百戶爲之奉邑名曰崇高獨給祠復亾所與行遂東巡海上夏四月癸卯上還登封泰山降坐明堂詔與士夫更始以十月爲元封元年行所巡至博奉高蛇（音移）丘歷城梁父民田租逋賦貸已除加年七十以上及孤寡帛人二匹四縣毋出今年租算賜天下民爵一級女子百戶牛酒行自泰山復東巡海上至碣石自遼西歷北邊九原五月歸于甘泉秋有星孛于東井又孛于三台齊王閎薨

臣謹按劉氏按封禪書云其後三年有司言改元宜以天瑞命不宜以一二數推其所謂後三年者蓋盡元狩六年至元鼎三年也然元鼎四年方得寶鼎又無緣三年而稱之以此而言自元鼎以前之元皆有司所追命其實年號之起在元鼎耳故元封改元始有詔書

臣又按劉氏以元封改元始有詔書前此之元皆無也然元鼎元年五月得鼎汾水上所以改元爲得此鼎非爲四年所得之鼎也誠哉改元之號在後而追號前年以足武帝之始

二年冬十月行幸雍祠五時春幸緱氏遂至東萊夏四月還祠泰山至瓠子臨決河命從臣將軍以下皆負薪塞河隄赦所過徙賜孤獨高年米人四石作瓠子之歌

還作甘泉通天臺長安飛廉館朝鮮王攻殺遼東都尉廼募天下死罪擊朝鮮六月詔以甘泉宮內中產芝九莖連葉赦天下賜雲陽都百戶牛酒作芝房之歌秋作明堂于泰山下遣樓船將軍楊僕左將軍荀彘將應募罪人擊朝鮮又遣將軍郭昌中郎將衞廣發巴蜀兵平西南夷未服者以為益州郡

三年春作角抵戲以享外國朝獻者三百里內皆來觀夏朝鮮斬其王右渠降以其地為樂浪臨屯元菟眞番郡樓船將軍楊僕坐失亾多免為庶人左將軍荀彘坐爭功棄市秋七月膠西王端薨武都氐人反分徙酒泉郡

四年冬十月行幸雍祠五畤通回中道遂北出蕭關歷獨鹿鳴澤自代而還幸河東春三月祠后土有神光集于靈壇一夜三燭幸中都宮殿上見光詔赦汾陰夏陽中都死罪以下賜三縣及楊氏皆無出今年租賦夏大旱民多暍死秋以匈奴弱可遂臣服乃遣使說之單于使來死京師匈奴寇邊遣拔胡將軍郭昌屯朔方

五年冬行南巡狩至于盛唐望祀虞帝于九嶷登灊天柱山自尋陽浮江親射蛟江中獲之舳艫千里薄樅陽而出作盛唐樅陽之歌遂北至琅邪並海所過禮祠其名山大川春三月還至泰山增封甲子祠高祖于明堂以配上帝因朝諸侯王列侯受郡國計夏四月詔赦天下所幸縣毋出今年租賦賜鰥寡孤獨帛貧窮者粟還幸甘泉郊泰畤大司馬大將軍青薨初置刺史部十三州名臣文武欲盡詔曰蓋有非常之功必待非常之人故馬或奔踶而致千里士或有負俗之累而立功名夫泛駕之馬跅弛之士亦在御之而已其令州郡察吏民有茂材異等可為將相及使絕國者

六年冬行幸回中春作首山宮三月行幸河東祠后土詔赦汾陰殊死以下賜天下貧民布帛人一匹益州昆明反赦京師亾命令從軍遣拔胡將軍郭昌將以擊之夏京師民觀角抵于上林平樂館秋大旱蝗

太初元年冬十月行幸泰山十一月甲子朔旦冬至祀上帝于明堂乙酉柏梁臺災十二月禪高里祠后土東臨勃海望祠蓬萊春還受計于甘泉二月起建章宮夏五月正歷用夏正以正月為歲首色上黃數用五定官名協音律遣因杅（匈奴地名因所征以名將軍也杅羽俱切）將軍公孫敖築塞外受降城秋八月行幸安定遣貳師將軍李廣利發天下讁民西征大宛蝗從東方飛至敦煌

二年春正月丞相慶薨三月行幸河東祠后土令天下大酺五日膢五日祠門戶比臘夏四月詔曰朕用事介山祭后土皆有光應其赦汾陰安邑殊死以下五月籍吏民馬補車騎馬秋蝗遣浚稽將軍趙破奴二萬騎出朔方擊匈奴不還冬十二月御史大夫兒寬卒

三年春正月行東巡海上夏四月還修封泰山禪石閭遣光祿勳徐自為築五原塞外列城西北至盧朐游擊將軍韓說將兵屯之彊弩都尉路博德築居延秋匈奴入定襄雲中殺略數千人行壞光祿諸亭障又入張掖酒泉殺都尉

四年春貳師將軍廣利斬大宛王首獲汗血馬來作西極天馬之歌秋起明光宮冬行幸回中徙弘農都尉治武關稅出入者以給關吏卒食

天漢元年春正月行幸甘泉郊泰畤三月行幸河東祠后土匈奴歸漢使者使使來獻夏五月赦天下秋閉城門大搜發讁戍屯五原

二年春行幸東海還幸回中夏五月貳師將軍三萬騎出酒泉與右賢王戰于天山斬首虜萬餘級又遣因杅將軍出西河騎都尉李陵將步卒五千人出居延北與單于戰斬首虜萬餘級陵兵敗降匈奴秋止禁巫祠道中者大搜渠黎六國遣使來獻泰山琅邪羣盜徐勃等阻山攻城道路不通遣直指使者暴勝之等衣繡衣杖斧分部逐捕刺史郡守以下皆伏誅十一月詔關都尉曰今豪傑多遠交依東方羣盜其謹察出入者

三年春二月御史大夫王卿有罪自殺初榷酒酤三月行幸泰山修封祠明堂因受計還幸北地祠堂山瘞元玉夏四月赦天下行所過毋出田租秋匈奴入鴈門太守坐畏愞棄市

四年春正月朝諸侯王于甘泉宮發天下七科讁及勇敢士遣貳師將軍李廣利將六萬騎步兵七萬人出朔方因杅將軍公孫敖萬騎步兵三萬人出鴈門游擊將軍韓說步兵三萬人出五原彊弩都尉路博德步兵萬餘人與貳師會廣利與單于戰余吾水上連日敖與左賢王戰不利皆引還夏四月立皇子髆（音博）為昌邑王秋九月令死罪人贖錢五十萬減死一等

太始元年春正月因杅將軍敖有罪要斬徙郡國吏民豪桀于茂陵雲陵夏六月赦天下

二年春正月行幸回中三月詔改名黃金為麟趾褭蹏以協瑞焉因以班賜諸侯王秋旱九月募死罪人贖錢五十萬減死一等御史大夫杜周卒

三年春正月行幸甘泉宮饗外國客二月令天下大酺五日行幸東海獲赤鴈作朱鴈之歌幸琅邪禮日成山

登之罘浮大海山稱萬歲冬賜行所過戶五千錢鰥寡
孤獨帛人一匹
四年春三月幸泰山壬午祀高祖于明堂以配上帝因
受計癸未祀孝景帝于明堂甲申修封丙戌禪石閭夏
四月幸不其祠神人于交門宮若有鄉坐拜者作交門
之歌夏五月還幸建章宮赦天下秋七月趙有蛇從郭
外入邑與邑中蛇羣鬭孝文廟下邑中蛇死冬十月甲
寅晦日有蝕之十二月行幸雍祠五畤西至安定北地
征和元年春正月還幸建章宮三月趙王彭祖薨冬十
一月發三輔騎士大搜上林閉長安城門索十一日乃
解巫蠱起
二年春正月丞相賀下獄死夏四月大風發屋折木閏
月諸邑公主（諸邑琅邪縣也）陽石公主皆坐巫蠱死夏行幸甘
泉秋七月按道侯韓說使者江充掘蠱太子宮壬午太
子與皇后謀斬充以節發兵與丞相劉屈氂大戰長安
死者數萬人庚寅太子亡皇后自殺初置城門屯兵更
節加黃旄御史大夫暴勝之司直田仁坐失縱勝之自
殺仁要斬八月辛亥太子自殺于湖癸亥地震九月立
趙敬肅王子偃為平干王匈奴入上谷五原殺略吏民
三年春正月行幸雍至安定北地匈奴入五原酒泉殺
南都尉三月遣貳師將軍廣利將五萬人出五原御史
大夫商邱成二萬人出西河重合侯馬通四萬騎出酒
泉成至浚稽山與虜戰多斬首通至天山虜引去因降
車師皆引兵還廣利敗降匈奴夏五月赦天下六月丞
相屈氂下獄要斬妻子梟首秋蝗九月反者公孫勇胡
倩發覺皆伏辜
四年春正月行幸東萊臨大海二月丁酉隕石于雍二
聲聞四百里三月上耕于鉅定還幸泰山修封庚寅祀
于明堂癸巳禪石閭夏六月還幸甘泉秋八月辛酉晦
日有蝕之
後元元年春正月行幸甘泉郊泰畤遂幸安定昌邑王
髆薨二月詔以郊見上帝薦于泰畤光景並見其赦天
下夏六月御史大夫商邱成有罪自殺侍中僕射莽何
羅與弟重合侯通謀反侍中駙馬都尉金日磾奉車都
尉霍光騎都尉上官桀討之秋七月地震往往涌泉出
二年春正月朝諸侯王于甘泉宮賜宗室二月行幸盩
屋五柞宮上疾篤乙丑立皇子弗陵為皇太子丁卯帝
崩于五柞宮入殯于未央宮前殿三月甲申葬茂陵（在長
安西北八十里）年七十一　班固曰漢承百王之弊高祖撥亂反
正文景務在養民至于稽古禮文之事猶多闕焉孝武
初立卓然罷黜百家表章六經遂疇咨海內舉其茂俊
與之立功興大學修郊祀改正朔定歷數協音律作詩
樂建封禪禮百神紹周後號令文章煥然可述後嗣得
遵洪業而有三代之風如武帝之雄材大略不改文景
之恭儉以濟斯民雖詩書所稱何有加焉
孝武帝建元元光元朔元狩元鼎元封各六年太
初天漢太始征和各四年後元二年即位五十四
年
孝昭皇帝名弗陵之字不武帝少子也母曰趙倢伃居
鉤弋宮號鉤弋夫人孕十四月而生帝時武帝年七十
矣欲立之為太子患其年穉母少恐女主顓恣故倢伃
以微譴死武帝末戾太子敗燕王旦廣陵王胥行驕嫚
後元二年二月武帝疾病遂立昭帝為太子年八歲以
侍中奉車都尉霍光為大司馬大將軍受遺詔輔少主
丁卯帝崩戊辰太子即皇帝位謁高廟帝姊鄂邑長公
主共養省中大將軍光秉政領尚書事車騎將軍金日
磾左將軍上官桀副焉夏六月赦天下秋七月有星孛
於北方濟北王寬有罪自殺賜長公主及宗室昆弟各
有差追尊趙倢伃為皇太后起雲陵冬匈奴入朔方殺
略吏民發軍屯西河左將軍桀行北邊
始元元年春二月黃鵠下建章宮太液池中公卿上壽
賜諸侯王列侯宗室金錢各有差己亥上耕于鉤盾弄
田益封燕王廣陵王及鄂邑長公主各萬三千戶夏為
太后起園廟雲陵益州廉頭姑繒牂柯談指同並（音件）二
十四邑皆反遣水衡都尉呂破胡募吏民及發犍為蜀
郡奔命擊益州大破之有司請河內屬冀州河東屬并
州秋七月赦天下賜民百戶牛酒大雨渭橋絕八月齊
孝王孫劉澤謀反欲殺青州刺史雋不疑發覺皆伏誅
遷不疑為京兆尹賜錢百萬九月丙子車騎將軍日磾
薨閏月遣故廷尉王平等五人持節行郡國舉賢良問
民疾苦冤失職者冬無氷
二年春正月大將軍光左將軍桀皆以前捕斬反虜重
合侯馬通功封光為博陸侯桀為安陽侯以宗室毋在
位者舉茂材劉辟彊劉長樂皆為光祿大夫辟彊守長
樂衛尉三月遣使者振貸貧民毋種食者秋八月詔往
年災害多今年蠶麥傷所振貸種食勿收責毋令出今
年田租冬發習戰射士詣朔方調故吏將屯田張掖郡
三年春二月有星孛于西北秋募民徙雲陵賜錢田宅
冬十月鳳凰集東海遣使者祠其處十一月壬辰朔日
有蝕之
四年春三月甲寅立皇后上官氏赦天下辭訟在後二

年前皆勿聽治夏六月皇后見高廟賜長公主丞相將軍列侯中二千石以下及郎吏宗室錢帛各有差徙三輔富人雲陵賜錢戶十萬秋七月詔以比歲不登往時令民共出馬其止勿出諸給中都官者且減之冬遣大鴻臚田廣明擊益州廷尉李种坐放縱死罪棄市

五年春正月追尊皇太后父爲順成侯夏陽男子張延年（一作成方）詣北闕自稱衞太子誣罔要斬夏罷天下亭母馬及馬弩關六月封皇后父驃騎將軍上官安爲桑樂侯詔曰朕修古帝王之事通保傅傳孝經論語尚書未云有明其令三輔太常舉賢良各二人郡國文學高第各一人賜中二千石以下至吏民爵各有差罷儋耳真番郡秋大鴻臚廣明軍正王平擊益州斬首捕虜三萬餘頭

六年春正月上耕于上林二月詔有司問郡國所舉賢良文學民所疾苦議罷鹽鐵榷酤移中監蘇武前使匈奴留單于庭十九年乃還奉使全節以武爲典屬國賜錢百萬夏旱大雩不得舉火秋七月罷榷酤官令民得以律占租賣酒升四錢以邊塞闊遠取天水隴西張掖郡各二縣置金城郡鉤町侯毋波助漢擊反者有功詔立毋波爲鉤町王大鴻臚廣明將率有功賜爵關內侯食邑

元鳳元年春長公主共養勞苦復以藍田益長公主湯沐邑泗水戴王前薨以毋嗣國除後宮有遺腹子煖（許遠反）相內史不奏言上聞而憐之立煖爲泗水王相內史皆下獄三月賜郡國所選有行義者涿郡韓福等五人帛人五十匹遣歸詔曰朕閔勞以官職之事其務修孝悌以教鄉里令郡縣常以正月賜羊酒有不幸者賜衣被一襲祠以中牢武都氐人反遣執金吾馬適建（姓馬適名建）龍頟侯（頟音洛）韓增大鴻臚廣明將三輔太常徒皆免刑擊之夏六月赦天下秋七月乙亥晦日有蝕之既八月改始元爲元鳳九月鄂邑長公主燕王旦與左將軍上官桀桀子驃騎將軍安御史大夫桑弘羊皆謀反伏誅初桀安父子與大將軍光爭權欲害之詐使人爲燕王旦上書言光罪時上年十四覺其詐後有譖光者上輒怒曰大將軍國家忠臣先帝所屬敢有譖毀者坐之光由是得盡忠語在燕王霍光傳冬十月詔曰左將軍安陽侯桀驃騎將軍桑樂侯安御史大夫弘羊皆數以邪枉干輔政大將軍不聽而懷怨望與燕王通謀燕王遣壽西長孫縱之（壽西姓長名孫姓縱之名）賂遺長公主丁外人謁者杜延年大將軍長史公孫遺等交通私書共謀令長公主置酒伏兵殺大將軍光徵立燕王爲天子大逆毋道故稻田使者燕倉先發覺以告大司農敞敞告諫大夫延年延年以聞丞相徵事任宮手捕斬桀丞相少史王壽誘將安入府門皆已伏誅吏民得以安封延年倉宮壽皆爲列侯又曰燕王迷惑失道前與齊王子劉澤等爲逆抑而不揚望王反道自新今乃與長公主及左將軍桀等謀危宗廟王及公主皆自伏辜其赦王太子建公主子文信及宗室子與燕王上官桀等謀反父母同產當坐者皆免爲庶人其吏爲桀等所詿誤未發覺在吏者除其罪

二年夏四月上自建章宮徙未央宮大置酒賜郎從官帛及宗室子錢人二十萬吏民獻牛酒者賜帛人一匹六月赦天下詔曰朕閔百姓未贍前年減漕三百萬石頗省乘輿馬及苑馬以補邊郡三輔傳馬其令郡國毋斂今年馬口錢三輔大常得以收粟當賦

三年春正月泰山有大石自起立上林有柳樹枯僵自起生罷中牟苑賦貧民詔曰乃者民被水災頗匱於食朕虛倉廩使使者振困乏其止四年毋漕三年以前所振貸非丞相御史所請邊郡受牛者勿收責夏四月少府徐仁廷尉王平左馮翊賈勝胡皆坐縱反者仁自殺平勝皆要斬冬遼東烏桓反以中郎將范明友爲度遼將軍將北邊七郡郡二千騎擊之

四年春正月丁亥帝加元服見于高廟賜諸侯王丞相大將軍列侯宗室下至吏民金帛牛酒各有差賜中二千石以下及天下民爵毋收四年五年口賦三年以前逋更賦未入者皆勿收令天下酺五日甲戌丞相千秋薨夏四月詔度遼將軍明友前擊益州反虜後擊武都反氐及今破烏桓皆有功封爲平陵侯平樂監傅介子持節使誅斬樓蘭王安歸首縣北闕封義陽侯五月丁丑孝文廟正殿火上及郡臣皆素服發中二千石將五校作治六日成太常及廟令丞郎吏皆劾大不敬會赦太常轑陽侯德免爲庶人六月赦天下

五年春正月廣陵王來朝益國萬一千戶賜錢二千萬黃金二百斤劍二安車一乘馬二駟夏大旱六月發三輔及郡國惡少年吏有告劾亡者屯遼東秋罷象郡分屬鬱林牂柯冬十一月大雷十二月庚戌丞相訢薨

六年春正月募郡國徙築遼東元菟城夏赦天下詔曰夫穀賤傷農今三輔穀減賤其令以菽粟當今年賦右將軍張安世宿衞忠勤封富平侯烏桓復犯塞遣度遼將軍范明友擊之

元平元年春二月詔減口賦錢有司奏請減什三上許

之甲申晨有流星大如月衆星皆隨西行夏四月癸未帝崩于未央宮六月壬申葬平陵（在長安西北七十里）年二十二

班固曰孝昭以幼年即位而知燕蓋上官逆黨之詐不疑霍光委任以政當孝武奢侈餘弊師旅之後海內虛耗戶口減半光知時務之要輕繇薄賦與民休息至始元元鳳之間匈奴和親百姓充實舉賢良文學問民所疾苦議鹽鐵而罷榷酤尊號曰昭不亦宜乎

孝昭帝始元元鳳各六年元平元年即位十三年

孝宣皇帝初名病已元康二年更名詢之字謀武帝曾孫戾太子孫也太子納史良娣生史皇孫皇孫納王夫人生宣帝號曰皇曾孫生數月遭巫蠱事太子良娣皇孫王夫人皆遇害惟餘曾孫一人曾孫雖在襁褓猶坐收繫郡邸獄丙吉爲廷尉監治巫蠱於郡邸憐曾孫之無辜使女徒復作淮陽趙徵卿渭城胡組更乳養私給衣食視遇甚有恩巫蠱事連歲不決至後元二年武帝疾往來長楊五柞宮望氣者言長安獄中有天子氣上遣使者分條中都官獄繫者輕重皆殺之內謁者令郭穰夜至郡邸獄吉拒閉使者曰皇曾孫在此他人無辜死猶不可況曾孫乎使者自夕至明不得入因劾奏吉武帝亦悟曰天使之然也乃赦天下吉乃載曾孫送祖母史良娣家後有詔掖庭養視上屬籍宗正時掖庭令張賀嘗事戾太子思顧舊恩哀曾孫奉養曾孫甚謹以私錢供給教書既壯爲取暴室嗇夫許廣漢女曾孫因依倚廣漢兄弟及祖母家史氏受詩於東海澓（音覆）中翁高材好學亦喜游俠鬬雞走馬具知閭里姦邪吏治得失數上下諸陵周徧三輔嘗困於蓮勺（音輦勺）鹵中尤樂杜鄠之間率常在下杜時會朝請舍長安尚冠里身足下有毛卧居數有光耀每買餅所從買家輒大讎（音售）亦以是自怪元平元年四月昭帝崩無嗣大將軍霍光請皇后徵昌邑王賀六月丙寅賀受皇帝璽綬尊皇后曰皇太后賀淫亂不君即位凡二十七日光白皇太后廢之秋七月光奏議曰禮人道親親故尊祖尊祖故敬宗大宗無嗣擇支子孫賢者爲嗣孝武皇帝曾孫病已有詔掖庭養視至今年十八師受詩論語孝經操行節儉慈仁愛人可以嗣孝昭皇帝後奉承祖宗子萬姓奏可遣宗正德至曾孫尚冠里舍洗沐賜御府衣太僕以軨獵車奉迎就齊宗正府庚申入未央宮見皇太后封爲陽武侯已而羣臣奉上璽綬即皇帝位謁高廟八月己巳丞相敞薨九月大赦天下十一月壬子立皇后許氏賜諸侯王以下金錢至吏民鰥寡孤獨各有差初羣臣方議所立后上乃求微時故劍羣臣知其意乃奏立許倢伃爲皇后后父廣漢封昌城君後封平恩侯皇太后歸長樂宮初置屯衛

本始元年春正月募郡國吏民訾百萬以上徙平陵遣使者持節詔郡國二千石謹牧養民而風德化大將軍光稽首歸政上謙讓委政焉論定策功益封大將軍光萬七千戶車騎將軍光祿勳富平侯安世萬戶詔曰故丞相安平侯敞等居位守職與大將軍光車騎將軍安世建議定策以安宗廟功賞未加而薨其益封敞嗣子忠及丞相陽平侯義度遼將軍平陵侯明友前將軍龍雒侯增太僕建平侯延平太常蒲侯昌諫大夫宜春侯譚當塗侯平杜侯屠耆堂長信少府關內侯勝邑戶各有差封御史大夫廣明爲昌水侯後將軍充國爲營平侯大司農延年爲陽城侯少府樂成爲爰氏侯光祿大夫遷爲平邱侯賜右扶風德典屬國武廷尉光宗正德大鴻臚賢詹事時光祿大夫吉京輔都尉廣漢爵皆關內侯德武食邑夏四月庚午地震詔內郡國舉文學高第各一人五月鳳皇集膠東千乘赦天下賜吏二千石諸侯相下至中都官宦吏六百石爵各有差自左更至五大夫賜天下人爵各一級孝者二級女子百戶牛酒租稅勿收六月詔曰故太子在湖未有號謚歲時祠其議謚置園邑秋七月詔立燕刺王太子建爲廣陽王立廣陵王胥少子弘爲高密王

二年春以水衡錢爲平陵徙民起第宅大司農陽城侯田延年有罪自殺夏五月詔曰朕以眇身奉承祖宗夙夜惟念孝武皇帝躬履仁義選明將討不服匈奴遠遁平氏羌昆明南越百蠻鄉風款塞來享建太學修郊祀定正朔協音律封泰山塞宣房符瑞應寶鼎出白麟獲功德茂盛不能盡宣而廟樂未稱其議奏有司奏請宜加尊號尊孝武廟爲世宗廟奏盛德文始五行之舞天子世世獻武帝巡守所幸之郡國皆立廟賜民爵一級女子百戶牛酒匈奴數侵邊又西伐烏孫昆彌及公主上書言願發國精兵以擊匈奴唯天子哀憐出兵以救公主秋大興發調關東輕車銳卒選郡國吏三百石伉健習騎射者皆從軍御史大夫田廣明爲祁連將軍後將軍趙充國爲蒲類將軍雲中太守田順爲虎牙將軍及度遼將軍范明友前將軍韓增凡五將軍兵十五萬騎校尉常惠持節護烏孫兵咸擊匈奴

三年春正月癸亥皇后許氏崩戊辰五將軍師發長安夏五月軍罷祁連將軍廣明虎牙將軍順有罪下有司皆自殺校尉常惠將烏孫兵入匈奴右地大克獲封列

侯大旱郡國傷旱甚者民毋出租稅三輔民就賤者且毋收事盡四年六月己丑丞相義薨

四年春正月詔曰蓋聞農者興德之本也今歲不登已遣使者振貸困乏其令太官損膳省宰樂府減樂人使歸就農業丞相以下至都官令丞上書入穀輸長安倉助貸貧民民以車船載穀入關者得毋用傳三月乙卯立皇后霍氏賜丞相以下至郎吏從官金錢帛各有差赦天下夏四月壬寅郡國四十九地震或山崩水出北海琅邪地震壞祖壞廟詔丞相御史與列侯中二千石博問經學之士有以應變輔朕之不逮毋有所諱令三輔太常內郡國舉賢良方正各一人律令有可蠲除以安百姓條奏被地震壞敗甚者勿收租賦大赦天下上以宗廟墮素服避正殿五日五月鳳皇集北海安邱淯于秋廣川王去有罪廢遷上庸自殺

地節元年春正月有星孛于西方三月假郡國貧民田夏六月詔宗室屬未盡而以罪絕若有賢材改行勸善其復屬使得自新冬十一月楚王延壽謀反自殺十二月癸亥晦日有蝕之

二年春三月庚午大司馬大將軍光薨詔曰大司馬大將軍博陸侯宿衞孝武皇帝三十餘年輔孝昭皇帝十有餘年遭大難躬秉義率三公諸侯九卿大夫定萬世策以安宗廟天下蒸庶咸以康寧功德茂盛朕甚嘉之復其後世疇其爵邑世世毋有所與功如蕭相國夏四月鳳皇集魯郡羣鳥從之大赦天下五月光祿大夫平邱侯王遷有罪下獄死上始親政事又思報大將軍功德乃復使樂平侯山領尚書事而令羣臣得奏封事以知下情五日一聽事丞相以下各奉職奏事以傳奏其言考試功能侍中尚書功勞當遷及有異善厚加賞賜至于子孫終不改易樞機周密品式備具上下相安莫有苟且之意也

三年春三月詔膠東相成治有異等其秩成二千石賜爵關內侯又詔加賜鰥寡孤獨高年帛二千石嚴教吏謹視遇毋令失職令內郡國舉賢良方正可親民者夏四月戊申立皇太子大赦天下賜御史大夫爵關內侯中二千石爵右庶長天下當爲父後者爵一級賜廣陵王黃金千斤諸侯王十五人黃金各百斤列侯在國者八十七人黃金各二十斤九月壬申地震冬十月詔有能箴朕過失及賢良方正直言極諫之士以匡朕之不逮毋諱有司又詔罷車騎將軍右將軍屯兵及池籞未御幸者假與貧民郡國宮館勿復修治流民還歸者假公田貸種食且勿算事十一月詔令郡國舉孝弟有行義聞於鄉里者各一人十二月初置廷尉平四人秩六百石省文山郡并蜀

四年春二月封外祖母爲博平君故酇侯蕭何曾孫建世爲侯詔民有大父母父母喪者勿繇事使得收斂送終盡其子道夏五月詔自今子首匿父母妻匿夫孫匿大父母皆勿坐其父母匿子夫匿妻大父母匿孫殊死以下皆上請廷尉以聞立廣川惠王孫文爲廣川王秋七月大司馬霍禹謀反詔曰乃者東織室令史張赦使魏郡豪李竟報冠陽侯霍雲謀爲大逆朕以大將軍故抑而不揚冀其自新今大司馬博陸侯禹與母宣成侯夫人顯及從昆弟冠陽侯雲樂平侯山諸姊妹壻度遼將軍范明友長信少府鄧廣漢中郎將任勝騎都尉趙平長安男子馮殷等謀爲大逆顯前又使女侍醫淳于衍進藥殺共哀皇后謀毒太子欲危宗廟逆亂不道咸伏其辜諸爲霍氏所詿誤未發覺在吏者皆赦除之八月己酉皇后霍氏廢九月詔遣使者循行郡國問民所疾苦減天下鹽賈又詔令郡國歲上繫囚以掠笞若瘐死者所坐名縣爵里丞相御史課殿最以聞十二月清河王年有罪廢遷房陵

元康元年以杜東原上爲初陵更名杜縣爲杜陵徙丞相將軍列侯吏二千石訾百萬者於杜陵三月詔以鳳皇集泰山陳留甘露降未央宮其赦天下徒賜勤事吏中二千石以下至六百石爵自中郎吏至五大夫佐史以上二級民一級女子百戶牛酒加賜鰥寡孤獨三老孝弟力田帛所振貸勿收夏五月立皇考廟益奉明園戶爲奉明縣復高皇帝功臣絳侯周勃等百六十家子孫令奉祭祀其毋嗣者復其次秋八月詔曰朕不明六藝鬱于大道是以陰陽風雨未時其博舉吏民厥身修正通文學明於先聖之術宣究其意者各二人中二千石各一人冬置建章衞尉

二年春正月詔赦天下與士大夫厲精更始二月乙丑立皇后王氏賜丞相以下至郎從官錢帛各有差三月以鳳皇甘露降集賜天下吏爵二級民一級女子百戶牛酒鰥寡孤獨高年帛夏五月詔曰比者獄吏用法持巧析律貳端增辭飾非奏不如實二千石各察官屬勿用此人吏務平法或擅興繇役飾厨傳稱過使客越職踰法以取名譽朕所不取今年頗被疾疫之災其令郡國被災甚者毋出今年租賦又曰聞古天子之名難知而易諱也今百姓多上書觸諱以犯罪者朕甚憐之其更命詢諸觸諱在令前者赦之冬京兆尹趙廣漢有罪

要斬

三年春以神爵數集泰山賜諸侯王丞相將軍列侯二千石金郎從官帛各有差賜天下吏爵二級民一級女子百戶牛酒鰥寡孤獨高年帛三月詔封故昌邑王賀爲海昏侯又詔曰朕微眇時御史大夫邴吉中郎將史曾史元長樂衛尉許舜侍中光祿大夫許延壽皆與朕有舊恩及故掖庭令張賀輔導朕躬修文學經術恩惠卓異厥功茂焉詩不云乎無德不報封賀所子弟子侍中中郎將彭祖爲陽都侯追賜賀謚曰陽都哀侯吉曾元舜延壽皆爲列侯故人下至郡邸獄復作嘗有阿保之功皆受官祿田宅財物各以恩深淺報之夏六月詔曰前年夏神爵集雍今春五色鳥以萬數飛過屬縣翱翔而舞欲集未下其令三輔毋得以春夏擿巢探卵彈射飛鳥具爲令立皇太子欽爲淮陽王

四年春正月詔曰朕惟耆老之人髮齒墮落血氣衰微亦亾暴虐之心今或羅文法拘執囹圄不終天命朕甚憐之自今已來諸年八十以上非誣告殺傷他皆勿坐遣太中大夫彊等十二人循行天下存問鰥寡覽觀風俗察吏治得失舉茂材異倫之士二月河東霍徵史等謀反誅之三月詔以神爵五采以萬數集長樂未央北宮高寢甘泉泰時殿中及上林苑賜天下吏爵二級民一級女子百戶牛酒加賜三老孝弟力田帛人二匹鰥寡孤獨各一匹秋八月賜右扶風尹翁歸子黃金百斤以奉其祭祀又賜功臣適後黃金人二十斤丙寅大司馬衛將軍安世薨比年豐穀石五錢

神爵元年春正月行幸甘泉祠泰時三月幸河東祠后土詔曰迺者元康四年嘉穀元稷降于郡國神爵仍集金芝九莖產于函德殿銅池中九眞獻奇獸南郡獲白虎威鳳朕飭躬齋精祈爲百姓東濟大河神魚出舞幸萬歲宮神爵翔集朕之不德懼不能任其以五年爲神爵元年賜天下勤事吏爵二級女子百戶牛酒鰥寡孤獨高年帛所振貸物勿收行所過毋出田租西羌反發三輔中都官徒弛刑及應募佽飛射士羽林孤兒胡越騎三河潁川沛郡淮陽汝南材官金城隴西天水安定北地上郡騎士羌騎詣金城夏四月遣後將軍趙充國彊弩將軍許延壽擊西羌六月有星孛于東方卽拜酒泉太守辛武賢爲破羌將軍與兩將軍竝進詔曰軍旅暴露轉輸煩勞其令諸侯王列侯蠻夷王侯君長當朝二年者皆毋朝秋賜故大司農朱邑子黃金百斤以奉祭祀是歲趙充國言屯田便宜十二事語在充國傳

二年春二月詔以鳳皇甘露降集京師赦天下夏五月羌虜降服斬其首惡大豪楊玉酋非首置金城屬國以處降羌秋匈奴日逐王先賢撣音日將人衆萬餘來降使都護西域騎都尉鄭吉迎日逐破車師皆封列侯九月司隸校尉蓋寬饒有罪下有司自殺匈奴單于遣名王奉獻賀正月始和親

三年春起樂遊苑三月丙午丞相相薨秋八月詔曰吏不廉平則治道衰今小吏皆勤事而奉祿薄欲其毋侵漁百姓難矣其益吏百石以下奉十五

四年春二月詔曰迺者鳳皇甘露降集京師嘉瑞並見修興太一五帝后土之祠祈爲百姓蒙祉福鸞鳳萬舉蜚覽翺翔集止于旁齋戒之暮神光顯著薦鬯之夕神光交錯或降于天或登于地或從四方來集于壇上帝嘉嚮嚮讀曰響海內承福其赦天下賜民爵一級女子百戶牛酒鰥寡孤獨高年帛夏四月潁川太守黃霸以治行尤異秩中二千石賜爵關內侯黃金百斤及潁川吏民有行義者爵人二級力田一級貞婦順女帛令郡國舉賢良可親民者各一人五月匈奴單于遣弟呼留若王勝之來朝呼留若王號也勝之人名冬十月鳳皇十一集杜陵十一月河南太守嚴延年有罪棄市十二月鳳皇集上林

五鳳元年春正月行幸甘泉郊泰時皇太子冠皇太后賜丞相將軍列侯中二千石帛人百匹大夫人八十匹夫人六十匹又賜列侯嗣子爵五大夫男子爲父後者爵一級夏赦徒作杜陵者冬十二月乙酉朔日有蝕之左馮翊韓延壽有罪棄市

二年春三月行幸雍祠五時夏四月己丑大司馬車騎將軍增薨秋八月詔百姓嫁娶得具酒食相賀召郡國二千石毋有所禁冬十一月匈奴呼遬累單于遬古速字累力追反帥衆來降封爲列侯十二月平通侯楊惲惲於吻反坐前爲光祿勳有罪免爲庶人不悔過怨望大逆不道要斬

三年春正月癸卯丞相吉薨三月行幸河東祠后土詔曰往者匈奴數爲邊冦百姓被其害朕承至尊未能綏安匈奴虛閭權渠單于請求和親病死右賢王屠耆堂代立骨肉大臣立虛閭權渠單于子爲呼韓邪單于擊殺屠耆堂諸王竝自立分爲五單于更相攻擊死者以萬數畜產大耗什八九人民飢餓相燔燒以求食因大乖亂單于閼氏上音焉下音支子孫昆弟及呼遬累單于名王右伊秩訾且渠當戶以下伊秩訾且渠當戶皆匈奴官號也訾音子移反且音子余反將衆五萬人來降歸義單于稱臣使弟奉珍朝賀正月北邊晏然靡有兵革之事朕飭躬齋戒郊上帝祠后土神光竝見或興于谷燭耀齋宮十有餘刻甘露降神

爵集已詔有司告祠上帝宗廟三月辛丑鸞鳳又集長樂宮東闕中樹上飛下止地文章五色留十餘刻吏民竝觀朕之不敏屢蒙嘉瑞懼不能任其減天下口錢赦殊死以下賜民爵一級女子百戶牛酒大酺五日加賜鰥寡孤獨高年帛置西河北地屬國以處匈奴降者

四年春正月廣陵王胥有罪自殺匈奴單于稱臣遣弟谷蠡上音鹿下音黎王入侍以邊塞亾寇減戍卒什二大司農中丞耿壽昌奏設常平倉以給北邊省轉漕賜爵關內侯夏四月辛丑晦日有蝕之詔遣使者問民所疾苦復遣丞相御史掾二十四人循行天下舉寃獄察擅爲苛禁深刻不改者

甘露元年春正月行幸甘泉祠泰畤匈奴呼韓邪單于遣子右賢王銖婁銖音殊婁力于反渠堂入侍二月丁巳大司馬車騎將軍延壽薨夏四月黃龍見新豐丙申太上皇廟火甲辰孝文廟火上素服五日冬匈奴單于遣弟左賢王來朝賀

二年春正月立皇子囂爲定陶王詔曰迺者鳳皇甘露降集黃龍登興醴泉滂流枯槁榮茂神光竝見咸受禎祥其赦天下減民算三十賜諸侯王丞相將軍列侯中二千石金錢各有差賜民爵一級女子百戶牛酒鰥寡孤獨高年帛夏四月遣護軍都尉祿將兵擊珠崖秋九月立皇子宇爲東平王冬十二月行幸萯音倍陽宮屬之欲反王觀匈奴呼韓邪單于欵五原塞願奉國珍朝三年正月詔有司議咸曰單于非正朔所加王者外客也禮儀宜如諸侯王稱臣昧死再拜位次諸侯王下詔曰蓋聞五帝三王禮所不施不及以政今匈奴單于稱北藩臣朕德不能弘覆其以客禮待之位在諸侯上

三年春正月行幸甘泉郊泰畤匈奴呼韓邪單于稽古兮反侯姍音刪來朝贊謁稱藩臣而不名賜以璽綬冠帶衣裳安車駟馬黃金錦繡繒絮使有司道單于先行就邸長安宿長平上自甘泉宿池陽宮上登長平阪詔單于毋謁其左右當戶之羣皆列觀蠻夷君長王侯迎者數萬人夾道陳上登渭橋咸稱萬歲單于就邸置酒建章宮饗賜單于觀以珍寶二月單于罷歸遣長樂衛尉高昌侯忠車騎都尉昌騎都尉虎將萬六千騎送單于于居幕南保光祿城詔北邊振穀食郅支單于遠遁匈奴遂定詔曰乃者鳳皇集新蔡羣鳥四面行列皆鄉鳳皇立以萬數其賜汝南太守帛百匹新蔡長吏三老孝弟力田鰥寡孤獨各有差賜民爵二級毋出今年租三月己丑丞相霸薨詔諸儒講五經同異太子太傅蕭望之等平奏其議上親稱制臨決焉乃立梁邱易大小夏侯尚書穀梁春秋博士冬烏孫公主來歸

四年夏廣川王海陽有罪廢遷房陵冬十月丁卯未央宮宣室閣火

黃龍元年春正月行幸甘泉郊泰畤匈奴呼韓邪單于來朝禮賜如初二月單于歸國詔曰今吏或以不禁姦邪爲寬大縱釋有罪爲不苛或以酷惡爲賢皆失其中方今天下少事繇役省減兵革不動而民多貧盜賊不止其咎安在上計簿具文而已務爲欺謾以避其課三公不以爲意朕將何任自今諸請詔省卒徒自給者皆止御史察計簿疑非實者按之使眞僞無相亂三月有星孛于王良閣道入紫宮夏四月詔曰舉廉吏誠欲得其眞也吏六百石位大夫有罪先請秩祿上通足以效其賢材自今以來毋得舉冬十二月甲戌帝崩于未央宮年四十三班固曰孝宣之治信賞必罰綜核名實政事文學法理之士咸精其能至于技巧工匠器械自元成閒鮮能及之亦足以知吏稱其職民安其業也遭値匈奴乖亂推亾固存信威北夷單于慕義稽首稱藩功光祖宗業垂後嗣可謂侔德殷宗周宣矣

孝宣帝本始地節元康神爵五鳳甘露各四年黃龍元年卽位二十五年

孝元皇帝名奭之字盛宣帝太子也母曰共哀許皇后宣帝微時生民間年二歲宣帝卽位八歲立爲皇太子壯大柔仁好儒見宣帝所用多文法吏以刑名繩下大臣楊惲蓋寬饒等坐刺譏辭語見誅嘗侍燕從容言陛下持刑太深宜用儒生宣帝作色曰漢家自有制度本以霸王道雜之柰何純任德教用周政乎且俗儒不達時宜好是古非今使人眩於名實不知所守何足委任乃歎曰亂我家者太子也繇是疏太子而愛淮陽王欲立之曰淮陽王明察好法宜爲吾子而王母張倢伃尤幸上有意欲用淮陽王代太子然以少依許氏俱從微起故終不背焉黃龍元年十二月癸巳宣帝崩太子卽皇帝位謁高廟尊皇太后曰太皇太后皇后曰皇太后

初元元年春正月辛丑孝宣皇帝葬杜陵陵在長安南五十里賜諸侯王公主列侯黃金吏二千石以下錢帛各有差大赦天下三月封皇太后兄侍中中郎將王舜爲安平侯丙午立皇后王氏以三輔太常郡國公田及苑可省者振業貧民貲不滿千錢者賦貸種食封外祖父平恩戴侯同產弟子中常侍許嘉爲平恩侯奉戴侯後夏四月詔遣光祿大夫褒等十二人循行天下存問耆老鰥寡孤獨困乏失職之民延登賢俊招顯側陋因覽風俗之

化又詔關東今年穀不登其令郡國被災害甚者毋出租賦江海陂湖園池屬少府者以假貧民勿租賦賜宗室有屬籍者馬一匹至二駟三老孝者帛五匹弟者力田三匹鰥寡孤獨二匹吏民五十戶牛酒六月以民疾疫令太官損膳減樂府員省苑馬以振困乏秋八月上郡屬國降胡萬餘人亾入匈奴九月關東郡國十一大水飢或人相食轉旁郡穀以相救詔令諸宮館希幸御者勿繕治太僕減穀食馬水衡省肉食獸

二年春正月行幸甘泉祠泰畤賜雲陽民爵一級女子百戶牛酒立弟竟爲淸河王三月立廣陵厲王太子霸爲王詔罷黃門乘輿狗馬水衡禁囿宜春下苑少府佽飛外池嚴籞池田假與貧民詔曰朕德不逮災異並臻乃二月戊午地震隴西郡毀落太上皇廟殿壁木飾壞敗獂音桓道縣城郭官寺及民室屋壓殺人衆山崩地裂水泉涌出其令郡國被地動災甚者毋出租賦赦天下有可蠲除減省以便百姓者條奏毋有所諱丞相御史中二千石舉茂材異等直言極諫之士朕將親覽焉夏四月丁巳立皇太子賜御史大夫爵關內侯中二千石右庶長天下當爲父後者爵一級列侯錢各二十萬五大夫十萬六月關東飢齊地人相食秋七月詔曰歲比災害一年中地再動北海水溢流殺人民其咎安在公卿其悉意陳朕過失靡有所諱冬詔故前將軍望之傅朕八年道以經書厥功茂焉其賜爵關內侯邑八百戶朝朔望十二月中書令弘恭石顯等譖望之令自殺

三年春令諸侯相位在郡守下珠崖郡山南縣反待詔賈捐之請棄之乃罷珠崖夏四月乙未晦茂陵白鶴館災詔曰天降災異有司莫言朕過百姓仍遭凶阸毋以相振朕甚閔焉其赦天下夏旱立長沙煬王弟宗爲王封故海昏侯賀子代宗爲侯六月詔以陰陽錯謬風雨不時其罷甘泉建章宮衞令就農百官各省費丞相御史舉天下明陰陽災異者各三人於是言事者衆或進擢見用人人自以爲得上意

四年春正月行幸甘泉郊泰畤三月行幸河東祠后土赦汾陰徒賜民爵一級女子百戶牛酒鰥寡高年帛行所過毋出租賦

五年春正月以周子南君爲周承休侯位次諸侯王三月行幸雍祠五畤夏四月有星孛于參詔以皇天降異咎流萬民其令大官毋日殺所具各減半乘輿秣馬無乏正事而已罷角抵上林宮館希御幸者齊三服官北假田官鹽鐵官常平倉博士弟子毋置員以廣學者賜宗室子有屬籍者馬一匹至二駟三老孝者帛人五匹弟者力田三匹鰥寡孤獨二匹吏民五十戶牛酒省刑罰七十餘事除光祿大夫以下至郎中保父母同產之令令從官給事宮司馬中者得爲大父母父母兄弟通籍冬十二月丁未御史大夫貢禹卒衞司馬谷吉使匈奴不還

永光元年春正月行幸甘泉郊泰畤赦雲陽徒賜民爵一級女子百戶牛酒高年帛行所過毋出租賦二月詔丞相御史舉質樸敦厚遜讓有行者光祿歲以此科第郎從官三月詔赦天下令厲精自新各務農畝無田者皆假之貸種食如貧民賜吏六百石以上爵五大夫勤事吏二級爲父後者民一級女子百戶牛酒鰥寡孤獨高年帛是月雨雪隕霜傷麥稼秋罷當官罷某官某事此下疑有爛脫

二年春二月詔大赦天下賜民爵一級女子百戶牛酒鰥寡孤獨高年三老孝弟力田帛又賜諸侯王公主列侯黃金中二千石以下至中都官長吏各有差吏六百石以上爵五大夫勤事吏各二級三月壬戌朔日有蝕之詔以天見大異以戒朕躬其令內郡國舉茂材異等賢良直言之士各一人夏六月詔以連年不登四方饑饉朕甚傷焉其赦天下秋七月西羌反遣右將軍馮奉世擊之八月以太常任千秋爲奮威將軍別將五校並進

三年春西羌平軍罷三月立皇子康爲濟陽王夏四月癸未大司馬車騎將軍接薨冬十一月詔曰乃者己丑地動中冬雨水大霧盜賊並起吏何不以時禁各悉意對冬復鹽鐵官博士弟子員以用度不足民多復除毋以給中外繇役

四年春二月詔以百姓屢遭凶咎加以邊竟不安其赦天下所貸貧民勿收責三月行幸雍祠五畤夏六月甲戌孝宣園東闕災戊寅晦日有蝕之詔公卿勉思天戒愼身修永以輔朕之不逮直言盡意毋有所諱九月戊子罷衞思后園及戾園冬十月罷祖宗廟在郡國者諸陵分屬三輔以渭城壽陵亭部原上爲初陵詔曰安土重遷黎民之性頃者有司奏徙郡國民以奉園陵令百姓棄墳墓別親戚非人情所願今所爲初陵者勿置縣邑使天下安土樂業亾有動搖之心布告天下使明知之又罷先后父母奉邑

五年春正月行幸甘泉郊泰畤三月上幸河東祠后土秋潁川水出流殺人民吏從官縣被害者與告士卒遣歸冬上幸長楊射熊館布車騎大獵十二月乙酉毀太上皇帝孝惠皇帝寢廟園

建昭元年春三月上幸雍祠五畤秋八月有白蛾羣飛蔽日從東都門至軹道冬河間王元有罪廢遷房陵罷孝文太后孝昭太后寢園

二年春正月行幸甘泉郊泰畤三月行幸河東祠后土益三河大郡太守秩戶十二萬爲大郡夏四月赦天下六月立皇子興爲信都王閏月丁酉太皇太后上官氏崩冬十一月齊楚地震大雨雪樹折屋壞淮陽王舅張博魏郡太守京房坐窺道諸侯王以邪意漏泄省中語博要斬房棄市

三年夏令三輔都尉大郡都尉秩皆二千石六月甲辰丞相元成薨秋使護西域騎都尉甘延壽副校尉陳湯撟與矯同發戊己校尉屯田吏士及西域胡兵攻郅支單于冬斬其首傳詣京師縣蠻夷邸門

四年春正月以誅郅支單于告祠郊廟赦天下夏四月詔遣諫大夫博士賞等二十一人循行天下存問耆老鰥寡孤獨乏困失職之人舉茂材特立之士六月甲申中山王竟薨藍田地沙石雍霸水安陵岸崩雍涇水水逆流

五年春三月詔赦天下賜民爵一級女子百戶牛酒三老孝弟力田帛又詔方春農桑興百姓戮力之時而不良之吏覆案小罪徵召證案興不急之事以妨百姓公卿其明察申勅之夏六月庚申復戾園壬申晦日有蝕之秋七月庚子復太上皇寢廟園原廟昭靈后武哀王昭哀后衛思后園

竟寧元年春正月匈奴呼韓邪單于來朝詔以單于保塞邊垂無事其改元爲竟寧賜單于待詔掖庭王嬙爲閼氏皇太子冠賜列侯嗣子爵五大夫天下爲父後者爵一級二月御史大夫延壽卒三月癸未復孝惠皇帝寢廟園孝文太后孝昭太后寢園夏封騎都尉甘延壽爲列侯賜副校尉陳湯爵關內侯黃金百斤夏五月壬辰帝崩于未央宮毀太上皇孝惠孝景皇帝廟罷孝文孝昭太后昭靈后武哀王昭哀后寢園秋七月丙戌葬渭陵在長安北五十六里班彪曰臣外祖兄弟爲元帝侍中語臣曰元帝多材藝善史書鼓琴瑟吹洞簫自度曲被歌聲分刌制度窮極幼眇上音要下音妙少而好儒及卽位徵用儒生委之以政貢薛韋匡迭爲宰相而上牽制文義優游不斷孝宣之業衰焉然寬弘盡下出於恭儉號令溫雅有古之風烈

孝元帝初元永光建昭各五年竟寧元年卽位十六年

孝成皇帝名驁五到反之字俊元帝太子也母曰王皇后元帝在太子宮生帝于甲觀畫堂爲世嫡皇孫宣帝愛之字曰太孫常置左右三歲而宣帝崩元帝卽位帝爲太子壯好經書寬博謹慎初居桂宮嘗被急召出龍樓門不敢絕馳道西至直城門得絕乃度還入作室門上遲之問其故以狀對上大悅乃著令令太子得絕馳道云其後幸酒樂燕樂上樂讀如本字或音五教反下樂音來各反上不以爲能而定陶恭王有材藝母傅昭儀又愛幸上以故嘗有意欲以恭王爲嗣賴侍中史丹護太子家輔助有力上亦以先帝尤愛太子故得毋廢竟寧元年五月元帝崩六月乙未太子卽皇帝位謁高廟尊皇太后曰太皇太后皇后曰皇太后以元舅侍中衛尉陽平侯王鳳爲大司馬大將軍領尚書事己未有司言乘輿牛車馬禽獸皆非禮不宜以葬奏可秋七月大赦天下

建始元年春正月乙丑皇曾祖悼考廟災立故河間王弟上郡庫令良爲王有星孛于營室罷上林詔獄二月右將軍長史姚尹等使匈奴還去塞百餘里暴風火發燒殺尹等七人賜諸侯王丞相將軍列侯王太后公主王主吏二千石黃金宗室諸官吏千石以下至二百石乃宗室子有屬籍者三老孝弟力田鰥寡孤獨錢帛各有差吏民五千戶牛酒詔以火災星變故赦天下與士大夫自新封舅諸吏光祿大夫關內侯王崇爲安成侯賜舅王譚商立根逢時爵關內侯夏四月黃霧四塞博問公卿大夫無有所諱六月有青蠅無萬數集未央宮殿中朝者坐秋罷上林宮館希御幸者二十五所八月有兩月相承晨見東方九月戊子流星光燭地長四五丈委曲蛇形貫紫宮十二月作長安南北郊罷甘泉汾陰祠是日大風拔甘泉畤中大木十韋韋與圍同以上郡國被災什四以上毋收田租

二年春正月罷雍五畤辛巳上始郊祀長安南郊詔赦奉郊縣長安長陵及中都官耐罪徒減天下賦錢算四十閏月以渭城延陵亭部爲初陵二月詔三輔內郡舉賢良方正各一人三月北宮井水溢出辛丑上始祠后土於北郊丙午立皇后許氏罷六廐技巧官夏大旱東平王宇有罪削樊亢父縣秋罷太子博望苑以賜宗室朝請音才性反者減乘輿廐馬

三年春三月赦天下徒賜孝弟力田爵二級諸逋租賦所振貸勿收秋關內大水七月虒上小女陳持弓聞大水至走入橫城門闌入尚方掖門至未央宮鉤盾中吏民驚上城虒音斯虒上地名在渭水邊陳姓持弓名無符籍妄入宮曰闌掖門正門之傍小門如人臂掖也橫音光長安北面西頭第一門也九月詔遣諫大夫林等循行天下

冬十二月戊申日有蝕之夜地震未央宮殿中詔以災異屢發令公卿各思朕過失明白陳之丞相御史與將軍列侯中二千石及內郡國舉賢良方正能直言極諫之士詣公車朕將覽焉越嶲山崩

四年春罷中書宦官初置尚書員五人夏四月雨雪五月中謁者丞陳臨殺司隸校尉轅豐於殿中秋桃李實大水河決東郡金隄冬十月御史大夫尹忠以河決不憂職自殺

河平元年春三月詔曰河決東郡流漂二州校尉王延世隄塞輒平其改元爲河平賜天下吏民爵各有差夏四月己亥晦日有蝕之既詔公卿大夫百寮各修其職陳朕過失無有所諱大赦天下六月罷典屬國并大鴻臚秋九月復太上皇寢廟園

二年春正月沛郡鐵官冶鐵飛夏六月封舅商立根逢時皆爲列侯

三年春二月丙戌犍爲地震山崩雍江水水逆流秋八月乙卯晦日有食之光祿大夫劉向校中秘書謁者陳農使使求遺書於天下

四年春正月匈奴單于來朝赦天下徒賜孝弟力田爵二級諸逋租賦所振貸勿收二月單于罷歸國三月癸丑朔日有蝕之遣光祿大夫博士嘉等十一人行舉瀕河之郡水所毀傷困乏不能自存者財振貸其爲水所流壓死不能自葬令郡國給槥櫝葬埋（槥音衛櫝音讀小棺也）已葬者與人錢二千避水宅郡國在所冗食之（冗如勇反散也）毋令失職舉敦厚有行能直言之士壬申長陵臨涇岸崩雍涇水夏六月庚戌楚王囂薨山陽火生石中改元爲陽朔

陽朔元年春二月丁未晦日有蝕之三月赦天下徒冬京兆尹王章有罪下獄死

二年春寒詔令公卿大夫政事務順四時月令三月大赦天下夏五月除吏八百石五百石秩秋關東大水流民欲入函谷天井壺口五阮（阮其遠反）關者勿苛留遣諫大夫博士分行視八月甲申定陶王薨九月詔奉使者不稱令丞相與中二千石二千石雜舉可充博士位者使卓然可觀是歲御史大夫張忠卒

三年春三月壬戌隕石東郡八夏六月潁川鐵官徒申屠聖等百八十人殺長吏盜庫兵自稱將軍經歷九郡遣丞相長史御史中丞逐捕以軍興從事皆伏辜秋八月丁巳大司馬大將軍王鳳薨

四年春正月詔令二千石勉勸農桑二月赦天下秋九月壬申東平王宇薨閏月壬戌御史大夫于永卒

鴻嘉元年春二月詔遣諫大夫理等舉三輔三河弘農冤獄令公卿大夫部刺史明申敕守相以稱朕意其賜天下民爵一級女子百戶牛酒加賜鰥寡孤獨高年帛逋貸未入者勿收壬午行幸初陵赦作徒以新豐戲鄉爲昌陵縣奉初陵賜百戶牛酒上始爲微行出冬黃龍見眞定

二年春行幸雲陽三月博士行飲酒禮有雉蜚集于庭歷階升堂而雊復集諸府又集承明殿詔舉敦厚有行義能直言者夏徙郡國豪傑貲五百萬以上五千戶于昌陵賜丞相御史將軍列侯公主中二千石冢地第宅六月立中山憲王孫雲爲廣德王

三年夏四月赦天下令吏民得買爵賈級千錢大旱秋八月乙卯孝景廟闕災冬十一月甲寅皇后許氏廢廣漢男子鄭躬等六十餘人攻官寺篡囚徒盜庫兵自稱山君

四年春正月詔以水旱爲災關東流冗者衆靑幽冀部尤劇遣使者循行郡國被災害什四以上民貲不滿三萬勿出租賦逋貸未入皆勿收流民欲入關輒籍內所之郡國謹遇以理務有以全活之思稱朕意秋勃海淸河河溢被災者振貸之冬廣漢鄭躬等黨與寖廣犯歷四縣衆且萬人拜河東都尉趙護爲廣漢太守發郡中及蜀郡合三萬人擊之或相捕斬除罪旬月平遷護爲執金吾賜黃金百斤

永始元年春正月癸丑太官淩室火戊午戾后園闕火夏四月封倢伃趙氏父臨爲成陽侯五月封舅曼子侍中騎都尉光祿大夫王莽爲新都侯六月丙寅立皇后趙氏大赦天下秋七月詔曰朕執德不回謀不盡下過聽將作大匠萬年言昌陵三年可成作治五年中陵司馬殿門內尙未加功天下虛耗百姓罷勞客土疏惡終不可成朕惟其難怛然傷心夫過而不改是謂過矣其罷昌陵及故陵勿徙吏民令天下毋有動搖之心立城陽孝王子俚爲王八月丁丑太皇太后王氏崩

二年春正月己丑大司馬車騎將軍王音薨二月癸未夜星隕如雨乙酉晦日有蝕之詔曰乃者龍見東萊日有蝕之天著變異以顯朕郵朕甚懼焉公卿申敕百寮深思天誡有可省減便安百姓者條奏所振貸貧民勿收又曰關東比歲不登吏民以義收食貧民穀物助縣官振贍者已賜直其百萬以上加賜爵右更欲爲吏補三百石其吏也遷二等三十萬以上賜爵五大夫吏亦遷二等民補郎十萬以上家毋出租賦三歲萬錢以上

一年冬十一月行幸雍祠五畤十二月詔曰前將作大匠萬年知昌陵卑下妄請營作積土增高多與繇役百姓罷極天下匱竭常侍閎前爲大司農中丞數奏昌陵不可成侍中衛尉長數白宜早止徙家反故處閎前賜爵關內侯黃金百斤今賜長爵關內侯食邑千戶閎五百戶萬年佞邪不忠毒流衆庶雖蒙赦不宜居京師其徙萬年燉煌郡是歲御史大夫王駿卒

三年春正月己卯晦日有蝕之詔曰天災仍重朕甚懼焉惟民之失職臨遣太中大夫嘉等循行天下存問耆老民所疾苦其與部刺史舉惇樸遜讓有行義者各一人冬十月庚辰皇太后詔有司復甘泉泰畤汾陰后土雍五畤陳倉陳寶祠十一月尉氏男子樊並等十三人謀反殺陳留太守劫略吏民自稱將軍徒李譚等五人共格殺並等皆封爲列侯十二月山陽鐵官徒蘇令等二百二十八人攻殺長吏盜庫兵自稱將軍經歷郡國十九殺東郡太守汝南都尉遣丞相長史御史中丞持節督趣逐捕汝南太守嚴訢捕斬令等遷訢爲大司農賜黃金百斤

四年春正月行幸甘泉郊泰畤神光降集紫殿大赦天下賜雲陽吏民爵女子百戶牛酒鰥寡孤獨高年帛三月行幸河東祠后土賜吏民如雲陽行所過毋出田租夏四月癸未長樂臨華殿未央宮東司馬門皆災六月甲午霸陵園門闕災出杜陵諸未嘗御者歸家詔曰乃者地震京師火災屢降朕甚懼之有司其悉心明對厥咎朕將親覽焉又曰聖王明禮制以序尊卑異車服以彰有德今公卿列侯親屬近臣奢侈踰制吏民慕效寖以成俗其申敕有司以漸禁之青綠民所常服且勿止列侯近臣各自省改司隸校尉察不變者秋七月辛未晦日有蝕之

元延元年春正月己亥晦日有蝕之三月行幸雍祠五畤夏四月丁酉無雲有雷聲光耀四面下至地昏止赦天下秋七月有星孛于東井詔公卿博士議郎各悉心惟思變意明以經對毋有所諱與內郡國舉方正能直言極諫者各一人北邊二十二郡舉勇猛知兵法者各一人封蕭相國後喜爲酇侯冬十二月辛亥大司馬大將軍王商薨是歲昭儀趙氏害後宮皇子

二年春正月行幸甘泉郊泰畤三月行幸河東祠后土夏四月立廣陵孝王子守爲王冬行幸長楊宮從胡客大校獵宿萯陽宮賜從官

三年春正月丙寅蜀郡岷山崩雍江三日江水竭二月封侍中衛尉淳于長爲定陵侯三月行幸雍祠五畤

四年春正月行幸甘泉郊泰畤二月罷司隸校尉官三月行幸河東祠后土甘露降京師賜長安民牛酒

綏和元年春正月大赦天下二月癸丑詔曰朕承太祖鴻業奉宗廟二十五年德不能綏理宇內百姓怨恨者衆不蒙天祐至今未有繼嗣天下無所繫心觀于往古近事之戒禍亂之萌皆由斯焉定陶王欣於朕爲子慈仁孝順可以承天序繼祭祀其立欣爲皇太子封中山王舅諫大夫馮參爲宜鄉侯益中山國三萬戶以慰其意賜諸侯王列侯金天下當爲父後者爵三老孝弟力田帛各有差又曰蓋聞王者必存二王之後所以通三統也昔成湯受命列爲三代而祭祀廢絕考求其後莫正孔吉其封吉爲殷紹嘉侯三月進爵爲公及周承休侯皆爲公地各百里行幸雍祠五畤夏四月以大司馬車騎將軍王根爲大司馬罷將軍官御史大夫爲司空封爲列侯益大司馬大司空奉如丞相秋八月庚戌中山王興薨冬十一月立楚孝王孫景爲定陶王定陵侯淳于長大逆不道下獄死廷尉孔光使持節賜貴人許氏藥飲藥死十二月罷部刺史更置州牧秩二千石

二年春正月行幸甘泉郊泰畤二月壬子丞相翟方進薨三月行幸河東祠后土丙戌帝崩于未央宮年四十六皇太后詔有司復長安南北郊四月己卯葬延陵在扶風去長安六十二里班彪曰臣之姑充後宮爲倢伃父子昆弟侍帷幄數爲臣言成帝善修容儀升車正立不內顧不疾言不親指臨朝淵嘿尊嚴若神可謂穆穆天子之容者矣博覽古今容受直辭公卿稱職奏議可述遭世承平上下和睦然湛于酒色趙氏亂內外家擅朝言之可爲於邑建始以來王氏始執國命哀平短祚莽遂篡位蓋其威福所由來者漸矣

孝成帝建始河平陽朔鴻嘉永始元延各四年綏和二年卽位二十六年

孝哀皇帝名欣之字喜元帝庶孫定陶恭王子也母曰丁姬年三歲嗣立爲王長好文辭法律元延四年入朝盡從傅相中尉時成帝少弟中山孝王亦來朝獨從傅上怪之以問定陶王對曰令諸侯王來朝得從其國二千石傅相中尉皆國二千石故盡從之上令誦詩通習能說他日問中山王獨從傅在何法令不能對令誦尚書又廢及賜食於前後飽起下韈繫解成帝由此以爲不能而賢定陶王數稱其材時王祖母傅太后隨王來朝私賂遺上所幸趙昭儀及帝舅票騎將軍曲陽侯王根昭儀及根見上亾子亦欲豫自結爲長久計皆更稱

定陶王勸帝以爲嗣成帝亦自美其材爲加元服而遣之時年十七矣明年使執金吾任宏守大鴻臚持節徵定陶王立爲皇太子謝曰臣幸得繼父守藩爲諸侯王材質不足以假充太子之宮陛下聖德寬仁敬承祖宗奉順神祇宜蒙福祐子孫千億之報臣願且得留國邸旦夕奉問起居俟有聖嗣歸國守藩書奏天子報聞後月餘立楚孝王孫景爲定陶王奉恭王祀所以獎厲太子專爲後之誼綏和二年三月成帝崩四月丙午太子卽皇帝位謁高廟尊皇太后曰太皇太后皇后曰皇太后大赦天下賜宗室王子有屬者馬各一駟吏民爵百戶牛酒三老孝弟力田鰥寡孤獨帛太皇太后詔尊定陶恭王爲恭皇五月丙戌立皇后傅氏詔曰春秋母以子貴尊定陶太后曰恭皇太后丁姬曰恭皇后各置左右詹事食邑如長信宮中宮追尊傅父爲崇祖侯丁父爲褒德侯封舅丁明爲陽安侯舅子滿爲平周侯追謚滿父忠爲平周懷侯皇后父晏爲孔鄉侯皇太后弟侍中光祿大夫趙欽爲新成侯六月詔曰鄭聲淫而亂樂聖王所放其罷樂府曲陽侯根前以大司馬建社稷策益封二千戶太僕安陽侯舜輔導有舊恩益封五百戶及丞相孔光大司空汜鄉侯何武益封各千戶詔曰河間王良喪太后三年爲宗室儀表益封萬戶又曰諸侯王列侯公主吏二千石及豪富民多畜奴婢田宅亾限與民爭利百姓失職其議限列有司條奏諸王列侯得名田國中列侯在長安及公主名田縣道關內侯吏民名田皆無得過三十頃諸侯王奴婢二百人列侯公主百人關內侯吏民三十人年六十以上十歲以下不在數中賈人皆不得名田爲吏犯者以律論諸民田畜奴婢過品皆沒入縣官齊三服官諸官織綺繡難成害女紅之物皆止無作輸除任子令及誹謗詆欺法掖庭宮人年三十以下出嫁之官奴婢五十以上免爲庶人禁郡國無得獻名獸益吏三百石以下奉察吏殘賊酷虐者以時退有司無得舉赦前往事博士弟子父母死予寧三年秋七月罷大司馬莽就第曲陽侯根成都侯況皆有罪根就國況免爲庶人歸故郡詔以間者日月亾光五星失行郡國比比地動河南潁川郡水出流殺人民壞敗廬舍朕甚懼焉已遣光祿大夫循行舉籍賜死者棺錢人三千其令水所傷縣邑及他郡國災害什四以上民貲不滿十萬皆毋出今年租賦

建平元年春正月赦天下侍中騎都尉新成侯趙欽成陽侯趙訢皆有罪免爲庶人徙遼西太皇太后詔外家王氏田非冢塋皆以賦貧民二月詔大司馬列侯將軍中二千石州牧守相舉孝悌敦厚能直言通政事延于側陋可親民者各一人三月賜諸侯王公主列侯丞相將軍中二千石中都官郎吏金錢帛各有差冬中山孝王太后媛弟宜鄉侯馮參有罪皆自殺

二年春正月罷大司空復御史大夫夏四月詔曰漢家之制推親親以顯尊尊定陶恭王之號不宜復稱定陶尊恭皇太后曰帝太太后稱永信宮恭皇后曰帝太后稱中安宮立恭皇廟于京師赦天下徙罷州牧復刺史六月庚申帝太后丁氏崩詔起陵於恭皇之園發陳留濟陰近郡國五萬人穿復土待詔夏賀良等言赤精子之讖漢家歷運中衰當再受命宜改元易號詔赦天下以建平二年爲大初元年號曰陳聖劉太平皇帝漏刻以百二十爲度七月以渭城西北原上永陵亭部爲初陵勿徙郡國民使得自安八月詔以夏賀良等言皆違經背古不合時宜六月甲子制書非赦令也皆蠲除之賀良等反道惑衆下有司皆伏辜丞相博御史大夫元孔鄉侯晏有罪博自殺元減死二等晏削戶四分之一語在博傳

三年春正月立廣德夷王弟廣漢爲廣平王癸卯帝太太后所居桂宮正殿火三月己酉丞相當薨有星孛于河鼓夏六月立魯頃王子郚（音魚又音吾）鄉侯閔爲王冬十一月壬子復甘泉泰畤汾陰后土祠罷南北郊東平王雲雲后謁安成恭侯夫人放皆有罪雲自殺謁放棄市

四年春大旱關東民傳行西王母籌經歷郡國西入關至京師民又會聚祠西王母或夜持火上屋擊鼓號呼相驚恐二月封帝太太后從弟侍中傅商爲汝昌侯太后同母弟子侍中鄭業爲陽信侯三月侍中駙馬都尉董賢光祿大夫息夫躬南陽太守孫寵皆以告東平王封列侯夏四月賜中二千石至六百石及天下男子爵六月尊帝太太后爲皇太太后秋八月恭皇園北門災冬詔將軍中二千石舉明兵法有大慮者

元壽元年春正月辛丑朔日有蝕之詔公卿大夫陳朕過失無有所諱其與將軍列侯中二千石舉賢良方正能直言者各一人大赦天下丁巳皇太太后傅氏崩三月丞相嘉有罪下獄死秋九月大司馬票騎將軍丁明免孝元廟殿門銅龜蛇鋪首鳴（門鋪首作龜蛇之形所以御環也鋪普胡反）

二年春正月匈奴單于烏孫大昆彌來朝二月歸國單于不說夏四月壬辰晦日有蝕之五月正三公官分職大司馬衞將軍董賢爲大司馬丞相孔光爲大司徒御史大夫彭宣爲大司空封長平侯正司直司隸造司寇

職事未定六月戊午帝崩于未央宮年二十六秋九月壬寅葬義陵義陵在扶風去長安四十六里班氏曰孝哀自爲藩王及充太子之宮文辭博敏幼有令聞睹孝成世祿去王室權柄外移是故臨朝婁誅大臣欲彊主威以則武宣雅性不好聲色時覽卞射武戲卽位痿痺末年寖劇饗國不永哀哉

孝哀皇帝建平四年元壽二年卽位六年

孝平皇帝初名箕子元始二年更名衎之字樂元帝庶孫中山孝王子也母曰衞姬年三歲嗣立爲王元壽二年六月哀帝崩太皇太后詔曰大司馬董賢年少不合眾心其上印綬罷賢卽日自殺新都侯王莽爲大司馬領尚書事秋七月遣車騎將軍王舜大鴻臚左咸使持節迎中山王辛卯貶皇太后趙氏爲孝成皇后退居北宮哀帝皇后傅氏退居桂宮孔鄉侯傅晏少府董恭等皆免官爵徙合浦九月辛酉中山王卽皇帝位謁高廟大赦天下帝年九歲太皇太后臨朝大司馬莽秉政百官總已以聽於莽詔赦天下

元始元年春正月越裳氏重譯獻白雉一黑雉二詔使三公以薦宗廟羣臣奏言大司馬莽功德比周公賜號安漢公及太師孔光等皆益封賜天下民爵一級吏在位二百石以上一切滿秩如眞立故東平王雲太子開明爲王故桃鄉頃侯子成都爲中山王封宣帝耳孫信等三十六人皆爲列侯太僕王惲等二十五人前議定陶傅太后尊號守經法不阿指從邪右將軍孫建爪牙大臣大鴻臚咸前正議不阿後奉節使迎中山王及宗正劉不惡執金吾任岑中郎將孔永尚書令姚恂沛郡太守石詡皆以前與建策東迎卽位奉事周密勤勞賜爵關內侯食邑各有差賜帝徵卽位前所過縣邑吏二千石以下至佐史爵各有差又令諸侯王公列侯關內侯亡子而有孫若子同產子者皆得以爲嗣公列侯嗣子有罪耐以上先請宗室屬未盡而以罪絕者復其屬其爲吏舉廉佐史補四百石天下吏比二千石以上年老致仕者參分故祿以一與之終其身遣諫大夫行三輔舉籍吏民以元壽二年倉卒時橫賦歛者償其直義陵民冢不妨殿中者勿發天下吏民亡得置什器儲偫二月置羲和官秩二千石外史閭師秩六百石班教化禁淫祀放鄭聲乙未義陵寢神衣在柙中丙申旦衣在牀上寢令以急變聞用太牢祠夏五月丁巳朔日有蝕之大赦天下公卿將軍中二千石舉敦厚能直言者各一人六月使少府左將軍豐賜帝母中山孝王姬璽書拜爲中山孝王后賜帝舅衞寶寶弟元爵關內侯賜帝女弟四人號皆曰君食邑各二千戶封周公後公孫相如爲褒魯侯孔子後孔均爲褒成侯奉其祀追謚孔子曰褒成宣尼公罷明光宮及三輔馳道天下女徒已論歸家顧山錢月三百復貞婦鄉一人置少府海丞果丞各一人大司農部丞十三人人部一州勸農桑太皇太后省所食湯沐邑十縣屬大司農常別計其租入以贍貧民秋九月赦天下徒以中山苦陘縣爲中山孝王后湯沐邑

二年春黃支國獻犀牛詔曰皇帝二名通于器物今更名合於古制使太師光奉太牢告祠高廟夏四月立代孝王元孫之子如意爲廣宗王江都易王孫盱台侯宮爲廣川王廣川惠王曾孫倫爲廣德王封故大司馬博陸侯霍光從父昆弟曾孫陽宣平侯張敖元孫慶忌絳侯周勃元孫共舞陽侯樊噲元孫之子章皆爲列侯復爵賜故曲周侯酈商等後元孫酈明友等百一十三人爵關內侯食邑各有差郡國大旱蝗青州尤甚民流亡安漢公四輔三公卿大夫吏民爲百姓困乏獻其田宅者二百三十人以口賦貧民遣使者捕蝗民捕蝗詣吏以石㪷受錢天下民貲不滿二萬及被災之郡不滿十萬勿租稅民疾疫者舍空邸第爲置醫藥賜死者一家六尸以上葬錢五千四尸以上三千二尸以上二千罷安定呼池苑以爲安民縣起官寺市里募徙貧民縣次給食至徙所賜田宅什器假與犂牛種食又起五里於長安城中宅二百區以居貧民秋舉勇武有節明兵法郡一人詣公車九月戊申晦日有蝕之赦天下徒使謁者大司馬掾四十四人持節行邊兵執金吾侯陳茂假以鉦鼓募汝南南陽勇敢吏士三百人諭說江湖賊成重等二百餘人皆自出送家在所收事重徙雲陽賜公田宅冬中二千石舉治獄平歲一人

三年春詔有司爲皇帝納宋安漢公莽女語在莽傳又詔光祿大夫劉歆等雜定婚禮四輔公卿大夫博士郎吏家屬皆以禮娶親迎立軺併馬夏安漢公奏車服制度吏民養生送終嫁娶奴婢田宅器械之品立官稷及學官郡國曰學縣道邑侯國曰校校學置經師一人鄉曰庠聚曰序序庠置孝經師一人陽陵任橫等自稱將軍盜庫兵攻官寺出四徒大司徒掾督逐皆伏辜安漢公世子宇與帝外家衞氏有謀宇下獄死誅衞氏

四年春正月郊祀高祖以配天宗祀孝文以配上帝改殷紹嘉公曰宋公周承休公曰鄭公詔百寮自今婦女非身犯法及男子年八十以上七歲以下家非坐不道

詔所名捕它皆無得繫其當驗者卽驗問定著令二月丁未立皇后王氏大赦天下遣太僕王惲等八人置副假節分行天下覽觀風俗賜九卿以下至六百石宗室有屬籍者爵自五大夫以上各有差賜天下民爵一級鰥寡孤獨高年帛夏皇后見于高廟加安漢公曰宰衡賜公太夫人號曰功顯君封公子安臨皆爲列侯安漢公奏立明堂辟廱尊孝宣廟爲中宗孝元廟爲高宗天子世世獻祭冬置西海郡徙天下犯禁者處之梁王立有罪自殺分京師置前煇光後丞烈二郡更公卿大夫八十一元士官名位次及十二州名分界郡國所屬罷置改易天下多事吏不能紀冬大風吹長安城東門屋瓦且盡

五年春正月祫祭明堂諸侯王二十八人列侯百二十人宗室子九百餘人徵助祭禮畢皆益戶賜爵及金帛增秩補吏各有差詔曰惟宗室子皆太祖高皇帝子孫及兄弟吳頃楚元之後漢元至今十有餘萬人雖有王侯之屬莫能相糾或陷入刑罪教訓不至之咎也自太上皇以來族親各以世氏郡國置宗師以糾之致教訓焉二千石選有德義者以爲宗師考察不從教令有冤失職者宗師得因郵亭書言宗伯請以聞常以歲正月賜宗師帛各十四羲和劉歆等四人使治明堂辟廱令漢與文王靈臺周公作洛同符太僕王惲等八人使行風俗宣明德化萬國齊同皆封爲列侯徵天下通知逸經古記天文歷算鍾律小學史篇方術本草及以五經論語孝經爾雅教授者在所爲駕一封軺傳遣詣京師至者數千人閏月立梁孝王元孫之耳孫音爲王帝益壯以衛后故怨不悅冬十二月丙午莽因臘日上椒酒置毒酒中帝崩于未央宮大赦天下有司議曰禮臣不殤君皇帝年十四歲宜以禮斂加元服奏可葬康陵（在長安北六十里）詔曰皇帝仁惠無不顧哀每疾一發氣輒上逆害於言語故不及有遺詔其出媵妾皆歸家得嫁如孝文時故事班氏曰孝平之世政自莽出褒善顯功以自尊盛觀其文辭方外百蠻亡思不服休徵嘉應頌聲並作至乎變異見于上民怨於下莽亦不能文也莽立宣帝之元孫廣戚侯之子嬰爲帝年三歲號曰孺子遂引周公居攝故事明年改元居攝後二年篡位定有天下之號曰新改元初始初始一年始建國五年天鳳六年地皇四年

孝平帝元始五年

右漢自高祖至孺子十三帝通王莽合二百二十九年漢二百十四年僞新十五年

通志卷五下

通志卷六上

宋右迪功郎鄭樵漁仲撰

後漢紀第六上

光武　明帝　章帝　和帝　殤帝　安帝

世祖光武皇帝諱秀字文叔南陽蔡陽人高祖九世之孫也出自景帝生長沙定王發發生舂陵節侯買買生鬱林太守外外生鉅鹿都尉回回生南頓令欽欽生光武光武年九歲而孤養於叔父良身長七尺三寸美須眉大口隆準日角性勤於稼穡而兄伯升好俠養士常非笑光武事田業比之高祖兄仲王莽天鳳中乃之長安受尚書略通大義莽末天下連歲災蝗寇盜鋒起地皇三年南陽荒饑諸家賓客多爲小盜光武避吏新野因賣穀於宛宛人李通等以圖讖說光武云劉氏復起李氏爲輔光武初不敢當然獨念兄伯升素結輕客必舉大事且王莽敗亡已兆天下方亂遂與定謀於是乃市兵弩十月與李通從弟軼等起於宛時年二十八十一月有星孛於張光武遂將賓客還舂陵時伯升已會衆起兵初諸家子弟恐懼皆亡逃自匿曰伯升殺我及見光武絳衣大冠皆驚曰謹厚者亦復爲之乃稍自安伯升於是招新市平林兵與其帥王鳳陳收西擊長聚光武初騎牛殺新野尉乃得馬進屠唐子鄉又殺湖陽尉軍中分財物不均衆恚恨欲反攻諸劉光武斂宗人所得物悉以與之衆乃悅進拔棘陽與王莽前隊大夫甄阜屬正梁邱賜戰於小長安漢軍大敗還保棘陽

更始元年正月甲子朔漢軍復與甄阜梁邱賜戰於沘水西大破之斬阜賜伯升又破王莽納言將軍嚴尤秩宗將軍陳茂於淯陽進圍宛城二月辛巳立劉聖公爲天子以伯升爲大司徒光武爲太常偏將軍三月光武別與諸將徇昆陽定陵郾皆下之多得牛馬財物穀四十萬斛轉以饋宛下莽聞阜賜死漢帝立大懼遣大司徒王尋大司空王邑將兵百萬其甲士四十二萬人五月到潁川復與嚴尤陳茂合初光武爲舂陵侯家訟逋租於尤尤見而奇之及是時城中出降尤者言光武不取財物但會兵計策尤笑曰是美須眉者邪何爲乃如是初王莽徵天下能爲兵法者六十三家數百人並以爲軍吏選練武衛招募猛士旌旗輜重千里不絕有長人巨無霸長一丈大十圍以爲壘尉又驅諸猛獸虎豹犀象之屬以助威武自秦漢出師之盛未嘗有也光武將數千兵徼之於陽關諸將見尋邑兵盛反走馳入昆陽皆惶怖憂念妻孥欲散歸諸城光武議曰今兵穀既少而外寇彊大并力禦之功庶可立如欲分散勢無俱全且宛城未拔不能相救昆陽卽破一日之間諸部亦滅矣今不同心膽共舉功名反欲守妻子財物邪諸將怒曰劉將軍何敢如是光武笑而起會候騎還言大兵且至城北軍陳數百里不見其後諸將遽相謂曰更請劉將軍計之光武復爲圖畫成敗諸將憂迫皆曰諾時城中唯有八九千人光武乃使成國上公王鳳廷尉大將軍王常留守夜自與驃騎大將軍宗佻五威將軍李軼等十三騎出城南門於外收兵時莽軍到城下者且十萬光武幾不得出既至郾定陵悉發諸營兵而諸將貪惜財貨欲分留守之光武曰今若破敵珍寶萬倍大功可成如爲所敗首領無餘何財物之有衆乃從嚴尤說王邑曰昆陽城小而堅今假號者在宛亟進大兵彼必奔走宛敗昆陽自服邑曰吾昔以虎牙將軍圍翟義坐不生得以見責讓今將百萬之衆遇城而不能下何謂邪遂圍之數十重列營百數雲車十餘丈瞰臨城中旗幟蔽野埃塵連天鉦鼓之聲聞數百里或爲地道衝輣橦城積弩亂發矢下如雨城中負戶而汲王鳳等乞降不許尋邑自以爲功在漏刻意氣甚逸夜有流星墜營中晝有雲如壞山當營而隕不及地尺而散吏士皆厭伏六月己卯光武遂與營部俱進自將步騎千餘前去大軍四五里而陳尋邑亦遣兵數千合戰光武奔之斬首數十級諸部喜曰劉將軍平生見小敵怯今見大敵勇甚可怪也且復居前請助將軍光武復進尋邑兵卻諸將共乘之斬首數百千級連勝遂前時伯升拔宛已三日而光武尚未知乃僞使持書報城中云宛下兵到而陽墮其書尋邑得之不憙諸將既經累捷膽氣益壯無不一當百光武乃與敢死者三千人從城西水上衝其中堅尋邑陳亂乘銳崩之遂殺王尋城中亦鼓譟而出中外合勢震呼動天地莽兵大潰走者相騰踐奔殪百餘里間會大雷風屋瓦皆飛雨下如注滍川盛溢虎豹皆股戰士卒爭赴溺死者以萬數水爲不流王邑嚴尤陳茂輕騎乘死人度水逃去盡獲其軍實輜重車甲珍寶不可勝算舉之連月不盡或燔燒其餘光武因復徇下潁陽會伯升爲更始所害光武自父城馳詣宛謝司徒官屬弔迎光武光武難交私語深引過而已未嘗自伐昆陽之功又不敢爲伯升服喪飲食言笑如平常更始以是慙拜光武爲破虜大將軍封武信侯九月庚戌三輔豪傑共誅王莽傳首詣宛更始將北都洛陽以光武行司隸校尉使前整修宮府於是置僚屬作文移從事司察一如舊章時三輔吏士東迎更始見諸將

過皆冠幘而服婦人衣諸于繡𧝓莫不笑之或有畏而走者及見司隸僚屬皆歡喜不自勝老吏或垂涕曰不圖今日復見漢官威儀由是識者皆屬心焉及更始至洛陽乃遣光武以破虜將軍行大司馬十月持節北度河鎮慰州郡所到郡縣輒見二千石長吏三老官屬下至佐史考察黜陟如州牧故事輒平遣囚徒除王莽苛政復漢官名吏人喜悅爭持牛酒迎勞進至邯鄲故趙繆王子林說光武曰赤眉今在河東但決水灌之百萬之眾可使爲魚光武不答去之眞定林於是乃詐以卜者王郎爲武帝子子輿十二月立郎爲天子都邯鄲遂遣使者降下郡國

二年正月光武以王郎新盛乃北徇薊王郎移檄購光武十萬戶而故廣陽王子劉接起兵薊中以應郎城內擾亂轉相驚恐言邯鄲使者方到二千石以下皆出迎於是光武趣駕南轅晨夜不敢入城邑舍食道傍至饒陽官屬皆乏食光武乃自稱邯鄲使者入傳舍傳吏方進食從者饑爭奪之傳吏疑其僞乃椎鼓數十通紿言邯鄲將軍至官屬皆失色光武升車欲馳旣而懼不免徐還坐曰請邯鄲將軍入久乃駕去傳中人遙語門者閉之門長曰天下詎可知而閉長者乎遂得南出晨夜兼行蒙犯霜雪天時寒面皆破裂至虖沱河無船適遇冰合得過未畢數騎而陷進至下博城西遑惑不知所之有白衣老父在道傍指曰努力信都郡爲長安守去此八十里光武卽馳赴之信都太守任光開門出迎世祖因發旁縣得四千人先擊堂陽貰縣皆降之王莽和戎卒正邳彤亦舉郡降又昌城人劉植宋子人耿純各率宗親子弟據其縣邑以奉光武於是北降下曲陽眾稍合樂附者至有數萬人復北擊中山拔盧奴所過發奔命兵移檄邊部共擊邯鄲郡縣還復響應南擊新市眞定元氏防子皆下之因入趙界時王郎大將李育屯柏人漢兵不知而進前部偏將朱浮鄧禹爲育所破亡失輜重光武在後聞之收浮禹散卒與育戰於郭門大破之盡得其所獲育還保城攻之不下於是引兵拔廣阿會上谷太守耿況漁陽太守彭寵各遣其將吳漢寇恂等將突騎來助擊王郎更始亦遣尚書僕射謝躬討郎光武因大饗士卒遂東圍鉅鹿王郎守將王饒堅守月餘不下郎遣將倪宏劉奉率數萬人救鉅鹿光武逆戰於南䜌斬首數千級四月進圍邯鄲連戰破之五月甲辰拔其城誅王郎收文書得吏人與郎交關謗毀者數千章光武不省會諸將軍燒之曰令反側子自安更始遣侍御史持節立光武爲蕭王令悉罷兵詣行在所光武辭以河北未平不就徵自是始貳於更始是時長安政亂四方背叛梁王劉永擅命睢陽公孫述稱王巴蜀李憲自立爲淮南王秦豐自號楚黎王張步起琅邪董憲起東海延岑起漢中田戎起夷陵並置將帥侵略郡縣又別號諸賊銅馬大肜高湖重連鐵脛大搶尤來上江青犢五校檀鄉五幡五樓富平獲索等各領部曲眾合數百萬人所在寇掠光武將擊之先遣吳漢北發十郡兵幽州牧苗曾不從漢遂斬曾而發其眾秋光武擊銅馬於鄡吳漢將突騎來會淸陽賊數挑戰光武堅營自守有出鹵掠者輒擊取之絕其糧道積月餘日賊食盡夜遁去追至館陶大破之受降未盡而高湖重連從東南來與銅馬餘眾合光武復與大戰於蒲陽悉破降之封其渠帥爲列侯降者尤不自安光武知其意勑令各歸營勒兵乃自乘輕騎案行部陳降者更相語曰蕭王推赤心置人腹中安得不投死乎由是皆服悉將降人分配諸將眾遂數十萬故關西號光武爲銅馬帝赤眉別帥與大肜青犢十餘萬眾在射犬光武進擊大破之眾皆散走使吳漢岑彭襲殺謝躬於鄴青犢赤眉賊入函谷關攻更始光武乃遣鄧禹率六裨將引兵而西以乘更始赤眉之亂時更始使大司馬朱鮪舞陰王李軼等屯洛陽光武亦令馮異守孟津以拒之

建武元年春正月平陵人方望立前孺子劉嬰爲天子更始遣丞相李松擊斬之光武北擊尤來大搶五幡於元氏追至右北平連破之又戰於順水北乘勝輕進反爲所敗賊追急短兵接光武自投高岸遇突騎王豐下馬授光武光武撫其肩而上顧笑謂耿弇曰幾爲虜嗤弇頻射卻賊得免士卒死者數千人散兵歸保范陽軍中不見光武或云已沒諸將不知所爲吳漢曰卿曹努力王兄子在南陽何憂無主眾恐懼數日乃定賊雖戰勝而素懾大威客主不相知夜遂引去大軍復進至安次與戰破之斬首三千餘級賊入漁陽乃遣吳漢率耿弇陳俊馬武等十二將軍追戰於潞東及平谷大破滅之朱鮪遣討難將軍蘇茂攻溫馮異寇恂與戰大破之斬其將賈彊於是諸將議上尊號馬武先進曰天下無主如有聖人承敝而起雖仲尼爲相孫子爲將猶恐無能有益反水不收後悔無及大王雖執謙退奈宗廟社稷何宜且還薊卽尊位乃議征伐今此誰賊而馳騖擊之乎光武驚曰何將軍出是言可斬也武曰諸將盡然光武使出曉之乃引軍還至薊夏四月公孫述自稱天子光武從薊還過范陽命收葬吏士至中山諸將復上

奏曰漢遭王莽宗廟廢絕豪傑憤怒兆人塗炭王與伯升首舉義兵更始因其資以據帝位而不能奉承大統敗亂綱紀盜賊日多羣生危蹙大王初征昆陽王莽自潰後拔邯鄲北州弭定三分天下而有其二跨州據土帶甲百萬言武力則莫之敢抗論文德則無所與辭臣聞帝王不可以久曠天命不可以謙拒惟大王以社稷爲計萬姓爲心光武又不聽行到南平棘諸將復固請之光武曰寇賊未平四面受敵何遽欲正號位乎諸將且出耿純進曰天下士大夫捐親戚棄土壤從大王於矢石之閒者其計固望其攀龍鱗附鳳翼以成其所志耳今功業卽定天人亦應而大王留時逆衆不正號位純恐士大夫望絕計窮則有去歸之思無爲久自苦也大衆一散難可復合時不可留衆不可逆純言甚誠切光武深感曰吾將思之行至鄗光武先在長安時同舍生彊華自關中奉赤伏符曰劉秀發兵捕不道四夷雲集龍鬬野四七之際火爲主羣臣因復奏曰受命之符人應爲大萬里合信不議同情周之白魚曷足比焉今上無天子海內淆亂符瑞之應昭然著聞宜答天神以塞羣望光武於是命有司設壇場於鄗南千秋亭五成陌六月己未卽皇帝位燔燎告天禋於六宗望於羣神其祝文曰皇天上帝后土神祇眷顧降命屬秀黎元爲人父母秀不敢當羣下百辟不謀同辭咸曰王莽篡位秀發憤興兵破王尋王邑於昆陽誅王郎銅馬於河北平定天下海內蒙恩上當天地之心下爲元元所歸讖記曰劉秀發兵捕不道卯金修德爲天子秀猶固辭至於再至於三羣下僉曰皇天大命不可稽留敢不敬承於是建元爲建武大赦天下改鄗爲高邑是月赤眉立劉盆子爲天子甲子前將軍鄧禹擊更始定國公王匡於安邑大破之斬其將劉均秋七月辛未拜前將軍鄧禹爲大司徒丁丑以野王令王梁爲大司空壬午以大將軍吳漢爲大司馬偏將軍景丹爲驃騎大將軍大將軍耿弇爲建威大將軍偏將軍蓋延爲虎牙大將軍偏將軍朱祐爲建義大將軍中堅將軍杜茂爲大將軍時宗室劉茂自號厭新將軍率衆降封爲中山王己亥幸懷遣耿弇率彊弩將軍陳俊軍五社津備滎陽以東使吳漢率朱祐及廷尉岑彭執金吾賈復揚化將軍堅鐔等十一將軍圍朱鮪於洛陽八月壬子祭社稷癸丑祠高祖太宗世宗於懷宮進幸河陽更始廩邱王田立降九月赤眉入長安更始奔高陵辛未詔曰更始破敗棄城逃走妻子裸袒流冗道路朕甚愍之今封更始爲淮陽王吏人敢有賊害者罪同大逆甲申以前高密令卓茂爲太傅辛卯朱鮪舉城降冬十月癸丑車駕入洛陽幸南宮卻非殿遂定都焉遣岑彭擊荊州羣賊十一月甲午幸懷劉永自稱天子十二月丙戌至自懷赤眉殺更始而隗囂據隴右盧芳起安定破虜大將軍叔壽擊五校賊於曲梁戰歿

二年春正月甲子朔日有食之大司馬吳漢率九將軍擊檀鄉賊於鄴東大破降之庚辰封功臣皆爲列侯大國四縣餘各有差詔以顯效未酬名籍未立者大鴻臚趣上朕將差而錄之博士丁恭議曰古帝王封諸侯不過百里今封諸侯四縣不合法制帝曰古之亡國皆以亡道未嘗聞功臣地多而滅亡者乃遣謁者卽授印綬壬午更始復漢將軍鄧曄輔漢將軍于匡降皆復爵位壬子起高廟建社稷於洛陽立郊兆於城南始正火德色尚赤是月赤眉焚西京宮室發掘園陵寇掠關中大司徒鄧禹入長安遣府掾奉十一帝神主納於高廟眞定王楊臨邑侯讓謀反遣前將軍耿純誅之二月己酉幸修武大司空王梁免壬子以太中大夫宋弘爲大司空遣驃騎大將軍景丹率征虜將軍祭遵等二將軍擊弘農賊破之因遣祭遵圍蠻中賊張滿漁陽太守彭寵反攻幽州牧朱浮於薊延岑自稱武安王於漢中辛卯至自修武三月乙未大赦天下詔頃獄多冤人用刑深刻朕甚愍之其與中二千石諸大夫博士議郎議省刑法遣執金吾賈復率二將軍擊更始郾王尹遵破降之驍騎將軍劉植擊密賊戰歿遣虎牙大將軍蓋延率四將軍伐劉永夏四月圍永於睢陽更始將蘇茂殺淮陽太子潘蹇而附劉永甲午封叔父良爲廣陽王兄子章爲太原王章弟興爲魯王春陵侯嫡子祉爲城陽王五月庚辰封更始元氏王歙爲泗水王故眞定王楊子德爲眞定王周後姬常爲周承休公癸未詔曰民有嫁妻賣子欲歸父母者恣聽之敢拘執論如律六月戊戌立貴人郭氏爲皇后子彊爲皇太子大赦天下增郎謁者從官秩各一等丙午封宗子劉終爲淄川王秋八月帝自將征五校丙辰幸內黃大破五校於羛陽降之遣游擊將軍鄧隆救朱浮與彭寵戰於潞隆軍敗績蓋延拔睢陽劉永奔譙破虜將軍鄧奉據淯陽反九月壬戌至自內黃驃騎大將軍景丹薨延岑大破赤眉於杜陵關中飢民相食冬十一月以廷尉岑彭爲征南大將軍率八將軍討鄧奉於堵鄉銅馬青犢尤來餘賊共立孫登爲天子於上郡登將樂玄殺登以其衆五萬餘人降遣偏將軍馮異代鄧禹伐赤眉使太中大夫伏隆持節安

輯青徐二州招張步降之十二月戊午詔曰惟宗室列侯爲王莽所廢先靈無所依歸朕甚愍之其並復故國若侯身已歿屬所上其子孫見名尚書封拜是歲蓋延等大破劉永於沛西初王莽末天下旱蝗黃金一觔易粟一斛至是野穀旅生麻尗尤盛野蠶成繭被於山阜人收其利焉

三年春正月甲子以偏將軍馮異爲征西大將軍杜茂爲驃騎大將軍大司徒鄧禹及馮異與赤眉戰於回溪禹異敗績征虜將軍祭遵破蠻中斬張滿辛巳立皇考南頓君已上四廟壬午大赦天下閏月乙巳大司徒鄧禹免馮異與赤眉戰於崤底大破之餘眾南向宜陽帝自將征之己亥幸宜陽甲辰親勒六軍大陳戎馬大司馬吳漢精卒當前中軍次之驍騎武衛分陳左右赤眉望見震怖遣使乞降丙午赤眉君臣面縛奉高皇帝璽綬詔以屬城門校尉戊申至自宜陽己酉詔曰羣盜縱橫賊害元元盆子竊尊號亂惑天下朕奮兵討擊應時崩解十餘萬眾束手降服先帝璽綬歸之王府斯皆祖宗之靈士人之力朕曷足以享斯哉其擇吉日祠高廟賜天下長子當爲父後者爵人一級二月己未祠高廟受傳國璽劉永立董憲爲海西王張步爲齊王步殺光祿大夫伏隆反帝幸懷遣吳漢率二將軍擊青犢於軹西大破降之三月壬寅以大司徒司直伏湛爲大司徒彭寵陷薊城寵自立爲燕王帝自將征鄧奉幸堵陽夏四月大破鄧奉於小長安斬之馮異與延岑戰於上林破之吳漢率七將軍與劉永將蘇茂戰於廣樂大破之虎牙大將軍蓋延圍劉永於睢陽五月己酉車駕還宮乙卯晦日有蝕之六月壬戌大赦天下耿弇與延岑戰于穰大破之秋七月征南大將軍岑彭率三將軍伐秦豐戰於黎邱大破之獲其將蔡宏庚辰詔曰吏不滿六百石下至墨綬長相有罪先請男子八十以上十歲以下及婦人從坐者自非不道詔所名捕皆不得繫當驗問者即就驗女徒雇山歸家蓋延拔睢陽獲劉永而蘇茂周建立永子紆爲梁王冬十月壬申幸春陵祠園廟因置酒舊宅大會故人父老十一月乙未至自春陵涿郡太守張豐反是歲李憲自稱天子西州大將軍隗囂奉奏建義大將軍朱祐率祭遵與延岑戰於東陽斬其將張成

四年春正月甲申大赦天下二月壬子幸懷壬申至自懷遣右將軍鄧禹率二將軍與延岑戰於武當破之夏四月丁巳幸鄴己巳進幸臨平遣大司馬吳漢擊五校賊於箕山大破之五月進幸元氏辛巳進幸盧奴遣征虜將軍祭遵率四將軍討張豐於涿郡斬豐六月辛亥車駕還宮七月丁亥幸譙遣捕虜將軍馬武偏將軍王霸圍劉紆於垂惠董憲將賁休以蘭陵城降憲圍之虎牙大將軍蓋延率平狄將軍龐萌救賁休不克蘭陵爲憲所陷秋八月戊午進幸壽春太中大夫徐惲擅殺臨淮太守劉度惲坐誅遣揚武將軍馬成率三將軍伐李憲九月圍憲於舒冬十月甲寅車駕還宮太傅卓茂薨十一月丙申幸宛遣建義大將軍朱祐率二將軍圍秦豐於黎邱十二月丙寅進幸黎邱是歲征西大將軍馮異與公孫述將程焉戰於陳倉破之

五年春正月癸巳車駕還宮二月丙午大赦天下捕虜將軍馬武偏將軍王霸拔垂惠乙丑幸魏郡壬申封殷後孔安爲殷紹嘉公彭寵爲其蒼頭所殺漁陽平大司馬吳漢率建威大將軍耿弇擊富平獲索賊於平原大破降之復遣耿弇率二將軍討張步三月癸未徙廣陽王良爲趙王始就國平狄將軍龐萌反殺楚郡太守孫萌而東附董憲遣征南大將軍岑彭率二將軍伐田戎於津鄉大破之夏四月旱蝗河西大將軍竇融始遣使貢獻五月丙子詔曰久旱傷麥秋種未下朕甚憂之將殘吏未勝獄多冤結元元愁恨感動天氣乎其令中都官三輔郡國出繫囚罪非犯殊死一切勿案見徒免爲庶人務進柔良退貪酷各正厥事焉六月建義大將軍朱祐拔黎邱獲秦豐而龐萌蘇茂圍桃城帝時幸蒙因自將征之先理兵任城乃進救桃城大破萌等秋七月丁丑幸沛祠高原廟詔修復西京園陵進幸湖陵征董憲又幸蕃遂攻董憲於昌慮大破之八月己酉進幸郯留吳漢攻劉紆董憲等車駕轉徇彭城下邳吳漢拔郯獲劉紆漢進圍董憲龐萌於朐冬十月還幸魯使大司空祠孔子耿弇等與張步戰於臨淄大破之帝幸臨淄進幸劇張步斬蘇茂以降齊地平初起太學車駕還宮幸太學賜博士弟子各有差十一月壬寅大司徒伏湛免尚書令侯霸爲大司徒十二月盧芳自稱天子於九原西州大將軍隗囂遣子恂入侍交阯牧鄧讓率七郡太守遣使奉貢詔復濟陽二年徭役是歲野穀漸少田畝益廣焉

六年春正月丙辰改春陵鄉爲章陵縣世世復徭役比豐沛無有所與辛酉詔曰往歲水旱蝗蟲爲災穀價騰踊人用困乏朕惟百姓無以自贍惻然愍之其命郡國有穀者給稟高年鰥寡孤獨及篤癃無家屬貧不能自存者如律二千石勉加循撫無令失職揚武將軍馬成

等拔舒獲李憲二月大司馬吳漢拔朐獲董憲龐萌山東悉平諸將還京師置酒賞賜三月公孫述遣將任滿寇南郡夏四月丙子幸長安始謁高廟遂有事十一陵遣虎牙大將軍蓋延等七將軍從隴道伐公孫述五月己未至自長安隗囂反蓋延等因與囂戰於隴坻諸將敗績辛丑詔曰惟天水隴西安定北地吏人爲隗囂所詿誤者又三輔遭難赤眉有犯法不道者自殊死以下皆赦除之六月辛卯詔曰夫張官置吏所以爲人也今百姓遭難戶口耗少而縣官吏職所置尙繁其令司隸州牧各實所部省減吏員縣國不足置長吏可并合者上大司徒大司空二府於是條奏并省四百餘縣吏職減損十置其一代郡太守劉興擊盧芳將賈覽於高柳戰歿初樂浪人王調據郡不服秋遣樂浪太守王遵擊之郡吏殺調降遣前將軍李通率二將軍與公孫述將戰於西城破之夏蝗秋九月庚子赦樂浪謀反大逆殊死以下丙寅晦日有食之冬十月丁丑詔曰吾德薄不明寇賊爲害彊弱相陵元元失所詩云日月告凶不用其行永念厥咎內疚於心其勑公卿舉賢良公正各一人百僚並上封事無有隱諱有司修職務遵法度十一月丁卯詔王莽時吏人沒入爲奴婢不應舊法者皆免爲庶人十二月壬辰大司空宋弘免癸巳詔曰頃者師旅未解用度不足故行什一之稅今軍士屯田糧儲差積其令郡國收見田租三十稅一如舊制隗囂遣將行巡寇扶風征西大將軍馮異拒破之是歲初罷郡國都尉官始遣列侯就國匈奴遣使來獻使中郎將報命

七年春正月丙申詔中都官三輔郡國出繫囚非犯殊死皆一切勿案其罪見徒免爲庶民耐罪亡命吏以文除之又詔曰世以厚葬爲德薄終爲鄙至於富者奢僭貧者單財法令不能禁禮義不能止倉卒乃知其咎其布告天下令知忠臣孝子慈兄悌弟薄葬送終之義二月辛巳罷護漕都尉官三月丁酉詔曰今國有衆軍並多精勇宜且罷輕車騎士材官樓船士及軍假吏令還復民伍公孫述立隗囂爲朔甯王癸亥晦日有食之避正殿寢兵不聽事五日詔曰吾德薄致災讁見日月戰慄恐懼夫何言哉今方念愆庶消厥咎其令有司各修職任奉遵法度惠茲元元百僚各上封事無有所諱其上書者不得言聖夏四月壬午詔曰比陰陽錯謬日月薄食百姓有過在予一人大赦天下公卿司隸州牧舉賢良方正各一人遣詣公車朕將覽試焉五月戊戌前將軍李通爲大司空甲寅詔吏人遭饑亂及爲青徐賊所略爲奴婢下妻欲去留者恣聽之敢拘制不還以賣人法從事是夏連雨水漢忠將軍王常爲橫野大將軍八月丁亥封前河間王邵爲河間王隗囂寇安定征西大將軍馮異征虜將軍祭遵擊卻之冬盧芳所置朔方太守田颯雲中太守喬扈各舉郡降是歲省長水射聲二校尉官

八年春正月中郎將來歙襲略陽殺隗囂守將而據其城夏四月司隸校尉傅亢下獄死隗囂攻來歙不能下閏月帝自征囂河西太守竇融率五郡太守與車駕會高平隴右潰隗囂奔西城遣大司馬吳漢征南大將軍岑彭圍之進幸上邽不降命虎牙大將軍蓋延建威大將軍耿弇攻之潁川盜賊寇沒屬縣河東守守兵亦叛京師騷動秋大水八月帝自上邽晨夜東馳九月乙卯車駕還宮庚申帝自征潁川盜賊皆降安邱侯張步叛歸琅邪太守陳俊討獲之戊寅至自潁川冬十月丙午幸懷十一月乙丑至自懷公孫述遣兵救隗囂吳漢蓋延等還軍長安天水隴西復反歸囂十二月高句麗王遣使奉貢是歲大水

九年春正月隗囂病死其將王元周宗復立囂子純爲王從鴈門吏人於太原三月辛亥初置青巾左校尉官公孫述遣將田戎任滿據荆門夏六月丙戌幸緱氏登轘轅遣大司馬吳漢率四將軍擊盧芳將賈覽於高柳戰不利秋八月遣中郎將來歙監征西大將軍馮異等五將軍討隗純於天水驃騎大將軍杜茂與賈覽戰於繁時茂軍敗績是歲省關都尉復置護羌校尉官

十年春正月大司馬吳漢率捕虜將軍王霸等五將軍擊賈覽於高柳匈奴遣騎救覽諸將與戰卻之修理長安高廟夏征西大將軍馮異破公孫述將趙匡於天水斬之征西大將軍馮異薨秋八月己亥幸長安祠高廟遂有事十一陵戊戌進幸汧隗囂將高峻降冬十月中郎將來歙等大破隗純於落門其將王元奔蜀純與周宗降隴右平先零羌寇金城隴西來歙率諸將擊羌於五谿大破之庚寅車駕還宮是歲省定襄郡徙其民於西河泗水王歙薨淄川王終薨

十一年春二月己卯詔曰天地之性人爲貴其殺奴婢不得減罪己酉幸南陽還幸章陵祠園陵城陽王祉薨庚午車駕還宮閏月征南大將軍岑彭率三將軍與公孫述將田戎任滿戰於荆門大破之獲任滿威虜將軍馮駿圍田戎於江州岑彭遂率舟師伐公孫述平巴郡夏四月丁卯省大司徒司直官先零羌寇臨洮六月中郎將來歙率揚武將軍馬成破公孫述將王元環安於

下辯安遣間人刺殺中郎將來歙帝自將攻公孫述秋七月次長安八月岑彭破公孫述將侯丹於黃石輔威將軍臧宮與公孫述將延岑戰於沈水大破之王元降至自長安癸亥詔曰敢炙灼奴婢論如律免所炙灼者爲庶民冬十月壬午詔除奴婢射傷人棄市律公孫述遣間人刺殺征南大將軍岑彭馬成平武都因隴西太守馬援擊破先零羌徙致天水隴西扶風十二月大司馬吳漢率舟師伐公孫述是歲省朔方牧幷并州初斷州牧自還奏事

十二年春正月大司馬吳漢與公孫述將史興戰於武陽斬之三月癸酉詔隴蜀民被略爲奴婢自訟者及獄官未報一切免爲庶民夏甘露降南行唐六月黃龍見東阿秋七月威虜將軍馮駿拔江州獲田戎九月吳漢大破公孫述將謝豐於廣都斬之輔威將軍臧宮拔涪城斬公孫恢大司空李通罷冬十一月戊寅吳漢臧宮與公孫述戰於成都大破之述被創夜死辛巳吳漢屠成都夷述宗族及延岑等十二月辛卯揚武將軍馬成行大司空事是歲九眞徼外蠻夷張遊率種人內屬封爲歸漢里君省金城郡屬隴西參狼羌寇武都隴西太守馬援討降之詔邊吏力不足戰則守追虜料敵不拘以逗留法橫野大將軍王常薨遣驃騎大將軍杜茂將衆郡施刑屯北邊築亭候修烽燧

十三年春正月庚申大司徒侯霸薨戊子詔曰往年已勅郡國異味不得有所獻御今猶未止非徒有豫養導擇之勞至乃煩擾道上疲費過所其令太官勿復受明勅下以遠方口實所以薦宗廟自如舊制二月遣捕虜將軍馬武屯虖沱河以備匈奴盧芳自五原亡入匈奴丙辰詔曰長沙王興眞定王得河間王邵中山王茂皆襲爵爲王不應經義其以興爲臨湘侯得爲眞定侯邵爲樂成侯茂爲單父侯其宗室及絕國封侯者凡一百三十七人丁巳降趙王良爲趙公太原王章爲齊公魯王興爲魯公庚午以殷紹嘉公孔安爲宋公周承休公姬常爲衛公省并西京十三國廣平屬鉅鹿眞定屬常山河間屬信都城陽屬琅邪泗水屬廣陵淄川屬高密膠東屬北海陸安屬盧江廣陽屬上谷三月辛未沛郡太守韓歆爲大司徒丙子行大司空馬成罷夏四月大司馬吳漢自蜀還京師於是大饗將士班勞策勳功臣增邑更封凡三百六十五人其外戚恩澤封者四十五人罷左右將軍官建威大將軍耿弇罷益州傳送公孫述瞽師郊廟樂器葆車輿輦於是法物始備時兵革既息天下少事文書調役務從簡寡至乃十存一焉甲寅冀州牧竇融爲大司空五月匈奴寇河東秋七月廣漢徼外白馬羌豪率種人內屬九月日南徼外蠻夷獻白雉白兎冬十二月甲寅詔益州民自八年以來被略爲奴婢者皆一切免爲庶民或依託爲人下妻欲去者恣聽之敢拘留者比青徐二州以略人法從事復置金城郡

十四年春正月起南宮前殿匈奴遣使奉獻使中郎將報命夏四月辛巳封孔子後志爲褒成侯越嶲人任貴自稱太守遣使奉計秋九月平城人賈丹殺盧芳將尹由來降是歲會稽大疫莎車國鄯善國遣使奉獻十二月癸卯詔益梁二州奴婢自八年以來自訟在所官一切免爲庶民賣者無還直

十五年春正月辛丑大司徒韓歆免自殺丁未有星孛于昴汝南太守歐陽歙爲大司徒建義大將軍朱祐罷丁未有星孛於營室二月徙鴈門代郡上谷三郡民置常關居庸關以東初巴蜀既平大司馬吳漢上書請封皇子不許重奏連歲三月乃詔羣臣議大司空融固始侯通膠東侯復高密侯禹太常登等奏議曰古者封建諸侯以藩屏京師周封八百同姓諸姬並爲建國夾輔王室尊事天子享國永長爲後世法故詩云大啟爾宇爲周室輔高祖聖德光有天下亦務親親封立兄弟諸子不違舊章陛下德橫天地興復宗統褒德賞勳親睦九族功臣宗室咸蒙封爵多受廣地或連屬縣今皇子賴天能勝衣趨拜陛下恭謙克讓抑而不議羣臣百姓莫不失望宜因盛夏吉時定號位以廣藩輔明親親尊宗廟重社稷應古合舊厭塞衆心臣請大司空融上輿地圖太常擇日具禮儀制曰可夏四月戊申以太牢告祠宗廟丁巳使大司空融告廟封皇子輔爲右翊公英爲楚公陽爲東海公康爲濟南公蒼爲東平公延爲淮陽公荆爲山陽公衡爲臨淮公焉爲左翊公京爲琅邪公癸丑追謚兄伯升爲齊武公兄仲爲魯哀公六月庚午復置屯騎長水射聲三校尉官改青巾左校尉爲越騎校尉詔下州郡檢覈墾田頃畝及戶口年紀又考實二千石長吏阿枉不平者冬十一月甲戌大司徒歐陽歙下獄死十二月庚午關內侯戴涉爲大司徒盧芳自匈奴入居高柳是歲驃騎大將軍杜茂免虎牙大將軍蓋延薨

十六年春二月交阯女子徵則反略有城邑三月辛丑晦日有食之秋九月河南尹張伋及諸郡守十餘人坐度田不實皆下獄死郡國大姓及兵長羣盜處處並起

攻刼在所害殺長吏郡縣追討到則解散去復屯結青徐幽冀四州尤甚冬十月遣使者下郡國聽羣盜自相糾擿五人其斬一人者除其罪吏雖逗留迴避故縱者皆勿問聽以禽討爲效其牧守令長坐界內盜賊而不收捕者又以畏愞捐城委守者皆不以爲負但取獲賊多少爲殿最唯蔽匿者乃罪之於是更相追捕賊並解散徙其魁帥於他郡賦田受稟使安生業自是牛馬放牧邑門不閉盧芳遣使乞降十二月甲辰封芳爲代王初王莽亂後貨幣雜用布帛金粟是歲始行五銖錢

十七年春正月趙公良薨二月乙亥晦日有蝕之夏四月乙卯南巡狩皇太子及右翊公輔楚公英東海公陽濟南公康東平公蒼從幸潁川進幸葉章陵五月乙卯車駕還宮六月癸巳臨淮公衡薨秋七月妖巫李廣等羣起據皖城遣虎賁中郞將馬援驃騎將軍段志討之九月破皖城斬李廣等冬十月辛巳廢皇后郭氏爲中山太后立貴人陰氏爲皇后進右翊公輔爲中山王食常山郡其餘九國公皆卽舊封進爵爲王甲申幸章陵修園廟祠舊宅觀田廬置酒作樂賞賜時宗室諸母因酣悅相與語曰文叔少時謹信與人不欵曲唯直柔耳今乃能如此帝聞之大笑曰吾理天下亦欲以柔道行之乃悉爲春陵宗室起祠堂有五鳳凰見於潁川之郟縣十二月至自章陵是歲莎車國遣使貢獻

十八年春二月蜀郡守將史歆叛遣大司馬吳漢率二將軍討之圍成都甲寅西巡狩幸長安三月壬午祠高廟遂有事十一陵歷馮翊界進幸蒲坂祠后土夏四月甲戌車駕還宮癸酉詔曰今邊郡盜穀五十斛罪至於死開殘吏妄殺之路其蠲除此法同之內郡遣伏波將軍馬援率樓船將軍段志等擊交阯賊徵側等戊申幸河內戊子至自河內五月旱盧芳復亡入匈奴秋七月吳漢拔成都斬史歆等壬戌赦益州所部殊死以下冬十月庚辰幸宜城還祠章陵十二月乙丑車駕還宮是歲罷州牧置刺史

十九年春正月庚子追尊孝宣皇帝曰中宗始祠昭帝元帝於太廟成帝哀帝平帝於長安春陵節侯以下四世於章陵妖巫單臣傅鎭等反據原武太中大夫臧宮圍之夏四月拔原武斬臣鎭等伏波將軍馬援破交阯斬徵側等因擊破九眞賊都陽等降之閏月戊申進趙齊魯三國公爵爲王六月戊申詔曰春秋之義立子以貴東海王陽皇后之子宜承大統皇太子彊崇執謙退願備藩國父子之情重久違之其以彊爲東海王立陽爲皇太子改名莊秋九月南巡狩壬申幸南陽進幸汝南南頓縣舍置酒會賜吏人復南頓田租歲父老前叩頭言皇考居此日久陛下識知寺舍每來輙加厚恩願賜復十年帝曰天下重器常恐不任日復一日安敢遠期十歲乎吏人又言陛下實惜之何言謙也帝大笑復增一歲進幸淮陽梁沛西南夷寇益州郡遣武威將軍劉尙討之越嶲太守任貴謀叛十二月劉尙襲貴誅之是歲復置函谷關都尉修西京宮室

二十年春正月戊子車駕還宮夏四月庚辰大司徒戴涉下獄死大司空竇融免五月辛亥大司馬吳漢薨匈奴寇上黨天水遂至扶風六月庚寅廣漢太守蔡茂爲大司徒太僕朱浮爲大司空壬辰左中郞將劉隆爲驃騎將軍行大司馬事乙未徙中山王輔爲沛王秋東夷韓國人率衆詣樂浪內附冬十月東巡狩甲午幸魯進幸東海楚沛國十二月匈奴寇天水壬寅車駕還宮是歲省五原郡徙其吏人置河東復濟陽縣徭役六歲

二十一年春正月武威將軍劉尙破益州夷平之夏四月安定屬國胡叛屯聚青山遣將兵長史陳訢討平之秋鮮卑寇遼東遼東太守祭肜大破之冬十月遣伏波將軍馬援出塞擊烏桓不剋匈奴寇上谷中山其冬鄯善王車師王等十六國皆遣子入侍奉獻願請都護帝以中國初定未遑外事乃還其侍子厚加賞賜

二十二年春閏月丙戌幸長安祠高廟遂有事十一陵二月己巳至自長安夏五月乙未晦日有食之秋七月司隸校尉蘇鄴下獄死九月戊辰地震裂制詔曰日者地震南陽尤甚夫地者任物至重靜而不動者也而今震裂咎在君上鬼神不順無德災殃將及吏人朕甚懼焉其令南陽勿輸今年田租芻稾遣謁者按行其死罪繫囚在戊辰以前減死罪一等徒皆弛解鉗衣絲絮賜郡中居人壓死者棺錢人三千其口賦逋稅而廬宅尤破壞者勿收責吏人死亡或在壞垣毀屋之下而家羸弱不能收拾者其以見錢穀取傭爲尋求之冬十月壬子大司空朱浮免癸丑光祿勳杜林爲大司空是歲齊王章薨青州蝗匈奴薁鞬日逐王比遣使詣漁陽請和親使中郞將李茂報命烏桓擊破匈奴匈奴北徙幕南地空詔罷諸邊郡亭候吏卒

二十三年春正月南郡蠻叛遣武威將軍劉尙討破之徙其種人於江夏夏五月丁卯大司徒蔡茂薨秋八月丙戌大司空杜林薨九月辛未陳留太守王况爲大司徒冬十月丙申太僕張純爲大司空高句驪率種人詣樂浪內屬十二月武陵蠻叛寇掠郡縣遣劉尙討之戰

於沅水徇軍敗沒是歲匈奴薁鞬日逐王比率部曲遣使詣西河內附

二十四年春正月乙亥大赦天下匈奴薁鞬日逐王比遣使欵五原塞求扞禦北虜秋七月武陵蠻寇臨沅遣謁者李嵩中山太守馬成討蠻不尅於是伏波將軍馬援率四將軍討之詔有司申明舊制阿附藩王法冬十二月匈奴薁鞬日逐王比自立爲單于於是分爲南北匈奴

二十五年春正月遼東徼外貊人寇右北平漁陽上谷太原遼東太守祭肜招降之烏桓大人來朝南單于遣使詣闕貢獻奉藩稱臣又遣其左賢王擊破北匈奴卻地千餘里三月南單于遣子入侍戊申晦日有食之伏波將軍馬援等破武陵蠻於臨沅冬十月叛蠻悉降夫餘王遣使奉獻是歲烏桓大人率眾內屬詣闕朝貢

二十六年春正月詔有司增百官奉其千石已上減於西京舊制六百石已下增於舊秩初作壽陵將作大匠竇融上言園陵廣袤無慮所用帝曰古者帝王之葬皆陶人瓦器木車茅馬使後世之人不知其處太宗識終始之義景帝能述遵孝道遭天下反覆而霸陵獨完受其福豈不美哉今所制地不過二三頃無爲山陵陂池裁令流水而已遣中郎將段郴授南單于璽綬令入居雲中始置使匈奴中郎將將兵衛護之南單于遣子入侍奉奏詣闕於是雲中五原朔方北地定襄鴈門上谷代八郡民歸於本土遣謁者分將施刑補理城郭發遣邊民在中國者布還諸縣皆賜以裝錢轉輸給食

二十七年夏四月戊午大司徒玉況薨五月丁丑詔曰昔契作司徒禹作司空皆無大名其令二府去大又改大司馬爲太尉驃騎大將軍行大司馬劉隆即日罷以太僕趙憙爲太尉大司農馮勤爲司徒益州郡徼外蠻夷率種人內屬北匈奴遣使詣武威乞和親冬魯王興齊王石始就國

二十八年春正月巳巳徙魯王興爲北海王以魯國益東海賜東海王彊虎賁旄頭鍾虡之樂夏六月丁卯沛太后郭氏薨因詔郡縣捕王侯賓客坐死者數千人秋八月戊寅東海王彊沛王輔楚王英濟南王康淮陽王延始就國冬十月癸酉詔死罪繫囚皆一切募下蠶室其女子宮北匈奴遣使貢獻乞和親

二十九年春二月丁巳朔日有食之遣使者舉冤獄出繫囚庚申賜天下男子爵人二級鰥寡孤獨篤癃貧不能自存者粟人五斛夏四月乙丑詔令天下繫囚自殊死已下及徒各減本罪一等其餘贖罪輸作各有差

三十年春正月鮮卑大人內屬朝賀二月東巡狩甲子幸魯進幸濟南閏月癸丑車駕還宮有星孛於紫宮夏四月戊子徙左翊王焉爲中山王五月大水賜天下男子爵人二級鰥寡孤獨篤癃貧不能自存者粟人五斛秋七月丁酉幸魯國復濟陽縣是年徭役冬十一月丁酉至自魯

三十一年夏五月大水戊辰賜天下男子爵人二級鰥寡孤獨篤癃貧不能自存者粟人六斛癸酉晦日有食之是夏蝗秋九月甲辰詔令死罪繫囚皆一切募下蠶室其女子宮是歲陳留雨穀形如稗實北匈奴遣使貢獻

中元元年春正月東海王彊沛王輔楚王英濟南王康淮陽王延趙王盱皆來朝丁卯東巡狩二月巳卯幸魯進幸太山北海王興齊王石朝於東嶽辛卯柴望岱宗登封太山甲午禪於梁父三月戊辰司空張純薨夏四月癸酉車駕還宮巳卯大赦天下復嬴博梁父奉高勿出今年田租芻稾改年爲中元行幸長安戊子祠長陵五月乙丑至自長安六月辛卯太僕馮魴爲司空乙未司徒馮勤薨是歲京師醴泉涌出飲之者痼疾皆愈惟眇蹇者不瘳又有赤草生於水崖郡國頻上嘉瑞帝常自謙無德抑而不當故史官罕得記焉秋郡國三蝗冬十月辛未司隸校尉東萊李訢爲司徒甲申使司空告祠高廟曰高皇帝與羣臣約非劉氏不王呂太后賊害三趙專王呂氏賴社稷之靈祿產伏誅天命幾墜危朝更安呂太后不宜配食高廟同祧至尊薄太后母德慈仁孝文皇帝賢明臨國子孫賴福延祚至今其上薄太后尊號曰高皇后配食地祇遷呂太后廟主於園四時上祭十一月甲子晦日有食之是歲初起明堂靈臺辟雍及北郊兆域宣布圖讖於天下復濟陽南頓是年徭役參狼羌寇武都敗郡兵隴西太守劉盱遣軍救之及武都郡兵討叛羌皆破之

二年春正月辛未初立北郊祀后土東夷倭奴國王遣使奉獻二月戊戌帝崩於南宮前殿年六十二遺詔曰朕無益百姓皆如孝文皇帝制度務從約省刺史二千石長吏皆無離城郭無遣吏及因郵奏初帝在兵間久厭武事且知天下疲耗思樂息肩自隴蜀平後非儆急未嘗復言軍旅皇太子嘗問攻戰之事帝曰昔衞靈公問陳孔子不對此非爾所及每旦視朝日昃乃罷數引公卿郎將講論經理夜分乃寐皇太子見帝勤勞不怠承間諫曰陛下有禹湯之明而失黃老養性之福願頤

愛精神優游自甯帝曰我自樂此不爲疲也雖身濟大業兢兢如不及故能明慎政體總攬權綱量時度力舉無過事退功臣而進文吏戢弓矢而散馬牛雖道未方古斯亦止戈之武焉初皇考南頓君欽爲濟陽令以建平元年十二月甲子夜生光武於縣舍有赤光照室中欽異焉使卜者王長占之長辟左右曰此兆吉不可言是歲縣界有嘉禾生一莖九穗因名光武曰秀明年方士有夏賀良者上言哀帝云漢家歷運中衰當再受命於是改號爲太初元年稱陳聖劉太平皇帝以厭勝之及王莽篡位忌惡劉氏以錢文有金刀故改爲貨泉字文爲白水眞人後望氣者蘇伯阿爲王莽使至南陽遙望見舂陵郭唶曰氣佳哉鬱鬱葱葱然及始起兵還舂陵遠望舍南火光赫然屬天有頃不見其後道士西門君惠李守等亦云劉秀當爲天子其王者受命信有符乎不然何以能乘時龍而御天哉范氏贊曰炎正中微大盜移國九縣飆回三精霧塞人厭淫詐神思反德光武誕命靈貺自甄沈幾先物深略緯文尋邑百萬貔虎爲羣長轂雷野高鋒彗雲英武既振新都自焚虔劉庸代紛紜梁趙三河未澄四關重擾神旌乃顧遞行天討金湯失險車書共道靈慶既啟人謀咸贊明明廟謨赳赳雄斷於赫有命系隆我漢

世祖光武皇帝建武三十一年中元二年卽位三十三年

顯宗孝明皇帝諱莊光武第四子也母陰皇后帝生而豐下十歲能通春秋光武奇之建武十五年封東海公十七年進爵爲王十九年立爲皇太子師事博士桓榮學通尚書中元二年二月戊戌卽皇帝位年三十尊皇后曰皇太后三月丁卯葬光武皇帝於原陵有司奏上尊廟曰世祖夏四月丙辰詔賜天下男子爵人二級三老孝悌力田人三級爵過公乘得移與子若同產同產子及流人無名數欲自占者人一級鰥寡孤獨篤癃粟人十斛其施刑及郡國徒在中元元年四月己卯赦前所犯而後捕繫者悉免其刑又邊人遭亂爲內郡人妻在己卯赦前一切遣還邊恣其所樂中二千石下至黃綬貶秩贖論者悉皆秩還贖以高密侯禹爲太傅東平王蒼爲驃騎將軍封大尉憙爲節鄉侯司徒訢爲安鄉侯司空魴爲楊邑侯秋九月燒當羌寇隴西敗郡兵於允街赦隴西囚徒減罪一等勿收今年租調又所發天水三千人亦復是歲更賦遣謁者張鴻討叛羌於允吾鴻軍大敗戰歿冬十一月遣中郎將竇固監捕虜將軍馬武等二將軍討燒當羌十二月甲寅詔以方春戒節其勅有司務順時氣天下亡命殊死以下聽得贖論死罪入縑二十匹右趾至髡鉗城旦舂十匹完城旦舂至司寇作三匹其未發覺詔書到先自告者半入贖今選舉不實邪佞未去權門請託殘吏放手百姓愁怨情無告訴有司明奏罪名并正舉者及郡縣每因徵發輕爲姦利詭責羸弱先急下貧其務在均平無令枉刻

永平元年春正月帝率公卿已下朝於原陵如元會儀夏五月太傅鄧禹薨戊寅東海王彊薨遣司空馮魴持節視喪事賜升龍旄頭鑾輅龍旂六月乙卯葬東海恭王秋七月捕虜將軍馬武等與燒當羌戰大破之募士卒戍隴右賜錢人三萬八月戊子徙山陽王荊爲廣陵王遣就國是歲遼東太守祭肜使鮮卑擊赤山烏桓大破之斬其渠帥越巂姑復夷叛州郡討平之

二年春正月辛未宗祀光武皇帝於明堂帝及公卿列侯始服冠冕衣裳玉佩絇屨以行事禮畢登靈臺使尚書令持節詔驃騎將軍三公宣布詔旨令天下自殊死已下謀反大逆皆赦除之百僚師尹其勉修厥職順行時令敬若昊天以綏兆人三月臨辟雍初行大射禮秋九月沛王輔楚王英濟南王康淮陽王延東海王政來朝冬十月壬子幸辟雍初行養老禮詔以三老李躬年耆學明五更桓榮授朕尚書宜有酬報其賜榮爵關內侯食邑五千戶三老五更皆以二千石祿養終厥身其賜天下三老酒人一石肉四十斤有司其存耆耋恤幼孤惠鰥寡稱朕意焉中山王焉始就國甲子西巡狩幸長安祠高廟遂有事於十一陵歷覽館邑會郡縣吏勞賜作樂十一月甲申遣使者以中牢祠蕭何霍光帝謁陵園過式其墓進幸河東所過賜二千石令長已下至於掾吏各有差癸卯車駕還宮十二月護羌校尉竇林下獄死是歲始迎氣於五郊少府陰就子豐殺其妻酈邑公主就坐自殺

三年春正月癸巳詔有司勉順時氣督勸農桑詳刑愼罰明察單辭以稱朕意二月甲寅太尉趙憙司徒李訢免丙辰左馮翊郭丹爲司徒己未南陽太守虞延爲太尉甲子立貴人馬氏爲皇后皇子炟爲皇太子賜天下男子爵人二級三老孝悌力田人三級流人無名數欲占者人一級鰥寡孤獨篤癃貧不能自存者粟人五斛夏四月辛酉立皇子建爲千乘王羨爲廣平王六月丁卯有星孛于天船北秋八月戊辰改太樂爲大予樂壬申晦日有食之詔言事者廉有所諱冬十月烝祭光武廟初奏文始五行武德之舞甲子車駕從皇太后幸章

陵觀舊廬十二月戊辰至自章陵是歲起北宮及諸官府京師及郡國七大水

四年春二月辛亥詔朕親耕籍田以祈農事而比再得時雨宿麥潤澤其賜公卿半奉有司勉遵時政務平刑罰秋九月戊寅千乘王建薨冬十月乙卯司徒郭丹司空馮魴免丙辰河南尹范遷爲司徒太僕伏恭爲司空十二月陵鄉侯梁松下獄死

五年春二月庚戌驃騎將軍東平王蒼罷歸藩琅邪王京就國冬十月行幸鄴與趙王栩會鄴常山三老言於帝曰上生於元氏願蒙優復詔復元氏縣田租更賦六歲勞賜縣掾吏及門闌走卒至自鄴十一月北匈奴寇五原十二月寇雲中南單于擊卻之是歲發遣邊人在內郡者賜裝錢人二萬

六年春正月沛王輔楚王英東平王蒼淮陽王延琅邪王京東海王政趙王盱北海王興齊王石來朝二月王雒山出寶鼎廬江太守獻之夏四月甲子詔太常以礿祭之日陳鼎於廟以備器用賜三公帛五十匹九卿二千石半之又詔先帝詔書禁人上事言聖而閒者章奏頗多浮詞自今若有過稱虛譽尚書皆宜抑而不省示不爲諂子蚩也冬十月行幸魯東海恭王陵會沛王輔楚王英濟南王康東平王蒼淮陽王延琅邪王京東海王政十二月還幸陽城遣使者祠中岳壬午車駕還宮東平王蒼琅邪王京從駕來朝皇太后

七年春正月癸卯皇太后陰氏崩二月庚申葬光烈皇后秋八月戊辰北海王興薨是歲北匈奴遣使乞和親

八年春正月己卯司徒范遷薨三月辛卯太尉虞延爲司徒衛尉趙憙行太尉事遣越騎司馬鄭眾報使匈奴初置度遼將軍屯五原曼柏秋郡國十四雨水冬十月北宮成丙子臨辟雍養三老五更禮畢詔三公募郡國中都官死罪繫囚減罪一等勿笞詣度遼將軍營屯朔方五原之邊縣妻子自隨便占著邊縣父母同産欲相代者恣聽之其大逆無道殊死者一切募下蠶室亡命者令贖罪各有差凡徙者賜弓弩衣糧壬寅晦日有食之既詔曰朕以無德奉承大業而下貽人怨上動三光永思厥咎在予一人羣司勉修職事極言無諱於是在位者皆上封事各言得失帝覽章深自引咎乃以所上班示百官北匈奴寇河西諸郡

九年春三月辛丑詔郡國死罪囚減罪與妻子詣五原朔方占著所在死者皆賜妻父若男同産一人復終身其妻無父兄獨有母者賜其母錢六萬又復其口算夏四月甲辰詔郡國以公田賜貧人各有差令司隸校尉部刺史歲上墨綬長吏視事三歲已上理狀尤異者各一人與計偕上及尤不政理者亦以聞是歲大有年爲四姓小侯開立學校置五經師

十年春二月廣陵王荆有罪自殺國除夏四月戊子詔曰昔歲五穀登衍今茲蠶麥善收其大赦天下閏月甲午南巡狩幸南陽祠章陵日北至又祠舊宅禮畢召校官弟子作雅樂奏鹿鳴帝自御塤篪和之以娛嘉賓還幸南頓勞饗三老官屬冬十月徵淮陽王延會平輿徵沛王輔會睢陽十二月甲午車駕還宮

十一年春正月沛王輔楚王英濟南王康東平王蒼淮陽王延中山王焉琅邪王京東海王政來朝秋七月司隸校尉郭霸下獄死是歲漅湖出黄金廬江太守以獻時麒麟白雉醴泉嘉禾所在出焉

十二年春正月益州徼外夷哀牢王相率內屬於是置永昌郡罷益州西部都尉夏四月遣將作謁者王吳修汴渠自滎陽至于千乘海口五月丙辰賜天下男子爵人二級三老孝悌力田人三級流民無名數欲占者人一級鰥寡孤獨篤癃貧無家屬不能自存者粟人三斛詔天下厚葬及車服侈美者令有司申明科禁宣下郡國秋七月乙亥司空伏恭罷乙未大司農牟融爲司空冬十月司隸校尉王康下獄死是歲天下安平人無徭役歲比登稔百姓殷富粟斛三十牛羊被野

十三年春二月帝耕於籍田禮畢賜觀者食三月河南尹薛昭下獄死夏四月汴渠成辛巳行幸滎陽巡行河渠乙酉詔曰自汴渠決敗六十餘歲兗豫之人多被水患今既築隄理渠絕水立門河汴分流復其舊迹陶邱之北漸就壤墳其濱渠下田悉賦予貧人無令豪右得固其利因遂度河登太行進幸上黨壬寅車駕還宮冬十月壬辰晦日有食之三公免冠自劾制曰冠履勿劾災異屢見咎在朕躬其令刺史太守詳刑理冤存恤鰥寡勉思厥職庶幾和穆陰陽消伏災譴焉十一月楚王英謀反廢國除遷於涇縣所連及死徙者數千人是歲齊王石薨

十四年春三月甲戌司徒虞延免自殺夏四月丁巳鉅鹿太守南陽邢穆爲司徒前楚王英自殺夏五月封故廣陵王荆子元壽爲廣陵侯初作壽陵

十五年春二月庚子東巡狩辛丑幸偃師詔亡命自殊死以下贖死罪縑四十匹右趾至髡鉗城旦舂十匹完城旦至司寇五匹犯罪未發覺詔書到日自告者半入贖徵沛王輔會睢陽進幸彭城癸亥帝耕于下邳三月

徵琅邪王京會良成徵東平王蒼會陽都又徵廣陵侯及其三弟會魯祠東海恭王陵還幸孔子宅祠仲尼及七十二弟子親御講堂命皇太子諸王說經又幸東平辛卯進幸大梁至定陶祠定陶恭王陵夏四月庚子車駕還宮改信都爲樂成國臨淮爲下邳國封皇子恭爲鉅鹿王黨爲樂成王衍爲下邳王暢爲汝南王昞爲常山王長爲濟陰王賜天下男子爵人三級郎從官二十歲已下帛百匹十歲已上二十匹十歲已下十匹官府吏五匹書佐小史三匹令天下大酺五日乙巳大赦天下其謀反大逆及諸不應宥者皆赦除之冬車騎校獵上林苑十二月遣奉車都尉竇固駙馬都尉耿秉屯涼州

十六年春二月遣太僕祭肜出高闕奉車都尉竇固出酒泉駙馬都尉耿秉出居延騎都尉來苗出平城伐北匈奴竇固破呼衍王於天山留兵屯伊吾盧城耿秉來苗祭肜並無功而還夏五月淮陽王延謀反發覺癸丑司徒邢穆駙馬都尉韓光坐事下獄死所連及誅死者甚眾戊午晦日有食之六月丙寅大司農西河王敏爲司徒秋七月淮陽王延徙封阜陵王九月丁卯詔令郡國中都官死罪繫囚減死罪一等勿笞詣軍營屯朔方敦煌妻子自從父母同產欲求從者恣聽之女子嫁爲人妻勿與俱謀反大逆無道不用此書是歲北匈奴寇雲中雲中太守廉范擊破之

十七年春正月甘露降於甘陵北海王睦薨二月乙巳司徒王敏薨三月癸丑汝南太守鮑昱爲司徒是歲甘露仍降樹枝內附芝草生殿前神雀五色翔集京師西南夷哀牢儋耳僬僥槃木白狼動黏諸種前後慕義貢獻西域諸國遣子入侍夏五月戊子公卿百官以帝威德懷遠祥物顯應乃並集朝堂奉觴上壽制書追美高祖光武聖德命太常擇吉日策告宗廟其賜天下男子爵人二級三老孝悌力田人三級流人無名數欲占者人一級鰥寡孤獨篤癃貧不能自存者粟人三斛郎從官視事十歲以上者帛十匹中二千石二千石下至黃綬貶秩奉贖在去年以來皆還贖秋八月丙寅令武威張掖酒泉敦煌及張掖屬國繫囚右趾已下任兵者皆一切勿治其罪詣軍營冬十一月遣奉車都尉竇固駙馬都尉耿秉騎都尉劉張出敦煌昆侖塞擊破白山虜於蒲類海上遂入車師初置西域都護戊已校尉是歲改天水爲漢陽郡

十八年春三月丁亥詔令天下亡命自殊死已下贖死罪縑三十匹右趾至髡鉗城旦舂十匹完城旦至司寇作五匹吏人犯罪未發覺詔書到自告者半入贖夏四月己未詔曰自春以來時雨不降宿麥傷旱秋種未下政失厥中憂懼而已其賜天下男子爵人二級及流民無名數欲占者人一級鰥寡孤獨篤癃貧不能自存者粟人三斛理冤獄錄輕繫二千石分禱五嶽四瀆郡界有名山大川能興雲致雨者長吏各潔齋禱請冀蒙嘉澍六月己未有星孛於太微焉耆龜茲攻西域都護陳睦悉沒其眾北匈奴及車師後王圍戊已校尉耿恭秋八月壬子帝崩於東宮前殿年四十八遺詔無起寢廟藏主於光烈皇后更衣別室帝初作壽陵制令流水而已石椁廣一丈二尺長二丈五尺無得起墳萬年之後埽地而祭杅水脯糒而已過百日唯四時設奠置吏卒數人供給灑埽勿開修道敢有所興作者以擅議宗廟法從事帝遵奉建武制度無敢違者後宮之家不得封侯與政館陶公主爲子求郎不許而賜錢千萬謂羣臣曰郎官上應列宿出宰百里苟非其人則民受其殃是以難之故吏稱其官民安其業遠近肅服戶口滋殖焉

范氏論曰明帝善刑理法令分明日晏坐朝幽枉必達內外無倖曲之私在上無矜大之色斷獄得情號居前代十二故後之言事者莫不先建武永平之政而鍾離意宋均之徒常以察慧爲言夫豈弘人之度未優乎

明帝永平十八年即位十八年

肅宗孝章皇帝諱炟顯宗第五子也母賈貴人永平三年立爲皇太子少寬容好儒術顯宗器重之十八年八月壬子即皇帝位年十九尊皇后曰皇太后壬戌葬孝明皇帝於顯節陵冬十月丁未大赦天下賜民爵人二級爲父後及孝悌力田人三級脫無名數及流人欲占者人一級爵過公乘得移與子若同產子鰥寡孤獨篤癃貧不能自存者粟人二斛詔書申勅百僚以行太尉事節鄉侯憙爲太傅司空融爲太尉並錄尚書事十一月戊戌以蜀郡太守第五倫爲司空詔征西將軍耿秉屯酒泉遣酒泉太守段彭勅戊已校尉耿恭討車師甲辰晦日有食之於是避正殿寢兵不聽事五日詔有司各上封事十二月癸巳有司奏言孝明皇帝聖德淳茂劬勞日昃身御浣衣食無兼珍澤臻四表遠人慕化僬僥儋耳款塞自至克伐鬼方開道西域威靈廣被無思不服以烝庶爲憂不以天下爲樂備三雍之教躬養老之禮作登歌正予樂博貫六蓺不舍晝夜聰明淵塞著在圖讖至德所感通於神明功烈光於四海仁風行於千載而深執謙謙自稱不德無起寢廟埽地而祭除曰

祀之法省送終之禮遂藏主於光烈皇后更衣別室天下聞之莫不悽愴陛下至孝烝烝奉順聖德臣愚以爲更衣在中門之外處所殊別宜尊廟曰顯宗其四時禘祫於光武之堂間祀悉還更衣共進武德之舞如孝文皇帝祀祭高廟故事制曰可是歲牛疫京師及三州大旱詔勿收兗豫徐州田租芻稾其以見穀賑給貧人

建初元年春正月詔三州郡國方春東作恐人稍受稟往來煩劇或妨耕農其各實覈尤貧者計所貸并與之流人欲歸本者郡縣其實稟令足還到聽過止官亭無雇舍宿長吏親躬無使貧弱遺脫小吏豪右得容姦妄詔書既下勿得稽留刺史明加督察尤無狀者丙寅詔曰比年牛多疫疾墾田減少穀價頗貴人以流亡方春東作宜及時務二千石勉勸農桑弘致勞來羣公庶尹各推精誠專急人事罪非殊死須立秋案驗有司明慎選舉進柔良退貪猾順時令理冤獄布告天下使明知朕意酒泉太守段彭討擊車師大破之罷戊己校尉官二月武陵澧中蠻叛三月甲寅山陽東平地震己巳詔令太傅三公中二千石二千石郡國守相舉賢良方正能直言極諫之士各一人夏五月辛酉初舉孝廉郎中寬博有謀任典城者以補長相秋七月辛亥詔以上林池籞田賦與貧人八月庚寅有星孛於天市九月永昌哀牢夷叛冬十月武陵郡兵討叛蠻破降之十一月阜陵王延謀反貶爲阜陵侯

二年春三月辛丑詔曰朕深惟先帝詔書每欲元元去末歸本而今貴戚近親奢縱無度嫁娶送終僭侈自若有司廢典莫肯舉察自今三公並宜明糾非法宣振威風其科條制度所宜施行在事者備爲之禁先京師而後諸夏甲申罷伊吾盧屯兵永昌越巂益州三郡民夷討哀牢破平之夏四月戊子詔還坐楚淮陽事徙者四百餘家令歸本郡癸巳詔齊相省冰紈方空縠吹綸絮六月燒當羌叛金城太守郝崇討之敗績羌遂寇漢陽秋八月遣行車騎將車馬防討平之十二月戊寅有星孛於紫宮

三年春正月己酉宗祀明堂禮畢登靈臺望雲物大赦天下三月癸巳立貴人竇氏爲皇后賜爵人二級三老孝悌力田人三級民無名數及流民欲占者人一級鰥寡孤獨篤癃貧不能自存者粟人五斛夏四月己巳罷常山呼沱石臼河漕行車騎將軍馬防破燒當羌於臨洮閏月西域假司馬班超擊姑墨大破之冬十二月丁酉以馬防爲車騎將軍武陵漊中蠻叛是歲零陵獻芝草

四年春二月庚寅太尉牟融薨夏四月戊子立皇子慶爲皇太子賜爵人二級三老孝悌力田人三級民無名數及流人欲自占者人一級鰥寡孤獨篤癃貧不能自存者粟人五斛己丑徙鉅鹿王恭爲江陵王汝南王暢爲梁王常山王昞爲淮陽王辛卯封皇子伉爲千乘王全爲平春王五月丙辰車騎將軍馬防罷甲戌司徒鮑昱爲太尉南陽太守桓虞爲司徒六月癸丑皇太后馬氏崩秋七月壬戌葬明德皇太后冬牛大疫十一月壬戌詔曰蓋三代導人教學爲本漢承暴秦褒顯儒術建立五經爲置博士其後學者精進雖曰承師亦別名家孝宣皇帝以去聖久遠學不厭博故遂立大小夏侯尚書後又立京氏易至建武中復置顏氏嚴氏春秋大小戴禮博士此皆所以扶進微學尊廣道埶也中元元年詔書五經章句煩多議欲減省至永平元年長水校尉儵奏言先帝大業當以時施行欲使諸儒共正經義令學者得以自助孔子曰學之不講是吾憂也又曰博學而篤志切問而近思仁在其中矣於戲其勉之哉於是下太常將大夫博士議郎郎官及諸生諸儒會白虎觀講議五經同異使五官中郎將魏應承制問侍中淳于恭奏帝親稱制臨決如孝宣甘露石渠故事作白虎議奏是歲甘露降泉陵洮陽二縣

五年春二月庚辰朔日有食之詔公卿已下其舉直言極諫能指朕過失者各一人遣詣公車朕將親覽而門焉其以巖穴爲先勿取浮華甲申詔以去秋雨澤不適今時復旱如炎如焚其令二千石理冤獄錄輕繫禱五嶽四瀆及名山能興雲致雨者務加肅敬冀蒙嘉應三月甲寅詔以吏多不良擅行喜怒或案不以罪迫脅無辜致令自殺者一歲且多於斷獄有司其議糾舉之荆豫諸郡兵破討武陵漊中叛蠻夏五月辛亥詔曰朕思遲直士側席異聞其先至者各以發憤吐懣略聞子大夫之志矣皆欲置於左右顧問省納建武詔書又曰堯試臣以職不直以言語筆札今外官多曠並可以補任戊辰太傅趙憙薨冬始行月令迎氣樂是歲零陵獻芝草有八黃龍見於泉陵西域假司馬班超擊疏勒破之

六年春二月辛卯琅邪王京薨夏五月辛酉趙王盱薨六月丙辰太尉鮑昱薨辛未晦日有食之秋七月癸巳以大司農鄧彪爲太尉

七年春正月沛王輔濟南王康東平王蒼中山王焉東海王政琅邪王宇來朝夏六月甲寅廢皇太子慶爲清河王立皇子肇爲皇太子己未徙廣平王羨爲西平王

秋七月飲酎高廟禘祭光武皇帝孝明皇帝甲辰詔書追念祖考賜公錢四十萬卿半之及百官執事各有差九月甲戌幸偃師東涉卷津至河內詔不得輒修橋道遠離城郭遣吏逢迎刺探起居以爲煩擾所過欲令貧弱有利無違詔書遂覽淇園己酉進幸鄴勞饗魏郡守令已下至於三老門闌走卒賜錢各有差勞賜常山趙國吏人復元氏租賦三歲辛卯車駕還宮詔天下繫囚減死一等勿笞詣邊戍妻子自隨占著所在父母同產欲相從者恣聽之有不到者皆以乏軍興論及犯殊死一切募下蠶室其女子宮繫囚鬼薪白粲已上皆減本罪各一等輸司寇作亡命贖死罪入縑二十匹右趾至髡鉗城旦舂十匹完城旦至司寇三匹吏人有罪未發覺詔書到自告者半入贖冬十月癸丑西巡狩幸長安丙辰祠高廟遂有事十一陵遣使者祠太上皇於萬年以中牢祠蕭何霍光進幸槐里岐山得銅器形似酒罇獻之又獲白鹿帝曰上無明天子下無賢方伯民之無良相怨一方斯器亦曷爲來哉又幸長平御池陽宮東至高陵造舟於涇而還每所到幸輒會郡縣吏人勞賜作樂十一月詔勞賜河東守令掾以下十二月丁亥車駕還宮是歲京師及郡國螟

八年春正月壬辰東平王蒼薨三月辛卯葬東平憲王賜鑾輅龍旂夏六月北匈奴大人率衆款塞降冬十二月甲午東巡狩幸陳留梁國雒陽潁陽戊申車駕還宮詔曰五經剖判去聖彌遠章句遺辭乖疑難正恐先師微言將遂廢絕非所以重稽古求道眞也其令羣儒選高才生受學左氏穀梁春秋古文尚書毛詩以扶微學廣異義焉是歲京師及郡國螟

元和元年春正月中山王焉來朝日南徼外蠻夷獻生犀白雉閏月辛丑濟陰王長薨二月甲戌詔曰八政以食爲本故古者急耕稼之業致耒耜之勤頃自牛疫以來穀食連少刺史二千石不以爲負其令郡國募人無田欲徙他界就饒者恣聽之到在所賜給公田爲雇耕傭賃種餉貰與田器勿收租五歲除筭三年其後欲還本鄉者勿禁夏四月己卯分東平國封憲王蒼子尚爲任城王六月辛酉沛王輔薨秋七月丁未詔曰律云掠者唯得榜笞立又令丙箠長短有數自往者大獄以來掠考多酷鉆鑽之屬慘苦無極念其痛毒怵然動心書曰鞭作官刑豈云若此宜及秋冬理獄明爲其禁八月甲子太尉鄧彪罷大司農鄭弘爲太尉癸酉詔改建初九年爲元和元年郡國中都官繫囚減死一等勿笞詣邊縣妻子自隨占著在所其犯殊死一切募下蠶室其女子宮繫囚鬼薪白粲以上皆減本罪一等輸司寇作亡命者贖各有差丁酉南巡狩詔所經道上郡縣無得設儲跱命司空自將徒支柱橋梁有遣使奉迎探知起居二千石當坐其賜鰥寡孤獨不能自存者粟人五斛九月乙未東平王忠薨辛丑幸章陵祠舊宅園廟見宗室故人賞賜各有差冬十月乙未巡幸江陵詔廬江太守祠南嶽又詔長沙零陵太守祠長沙定王舂陵節侯鬱林府君還幸宛十一月己丑車駕還宮賜從者各有差十二月壬子詔諸以前妖惡禁錮者一皆蠲除之並得敘用但不得在宿衛而已

二年春正月乙酉詔曰令云有產子者復勿筭三歲今諸懷妊者賜胎養穀人三斛復其夫勿筭一歲著以爲令又詔三公曰方春生養萬物孳甲宜助萌陽以育時物其令有司罪非殊死且勿案驗及吏人條書相告不得聽受冀以息事寧人敬奉天氣立秋如故夫俗吏矯飾外貌似是而非朕甚厭之安靜之吏悃愊無華日計不足月計有餘如襄城令劉方方字伯兄平原人吏人同聲謂之不煩雖未有他異斯亦殆近之矣夫以苛爲察以刻爲明以輕爲德以重爲威四者或興則下有怨心吾詔書數下冠蓋接道而吏不加理人或失職其咎安在勉思舊令稱朕意焉二月甲寅始用四分歷詔曰今山川鬼神應典禮者尚未咸秩其議增修羣祀以祈豐年丙辰東巡狩己未鳳凰集肥城乙丑帝耕於定陶詔曰三老尊年也孝悌淑行也力田勤農也國家甚休之其賜帛人一匹勉率農功使使者祠唐堯於成陽靈臺辛未幸太山柴告岱宗有黃鵠三十從西南來經祠壇上東北過於宮屋翱翔升降進幸奉高壬申宗祀五帝於汶上明堂癸酉告祠二祖四宗大會內外羣臣丙子詔大赦天下諸犯罪不當得赦者皆除之復博奉高嬴無出今年田租芻稾戊寅進幸濟南三月己丑進幸魯祠東海恭王陵庚寅祠孔子於闕里及七十二弟子賜褒成侯及諸孔男女帛壬辰進幸東平祠憲王陵甲午遣使者祠定陶太后恭王陵乙未幸東阿北登太行山至天井關夏四月乙巳客星入紫宮乙卯車駕還宮庚申假於祖禰告祠高廟五月戊申詔曰乃者鳳凰黃龍鸞鳥比集七郡或一郡再見及白烏神雀甘露屢臻祖宗舊時或班恩施其賜天下吏爵人三級高年鰥寡孤獨帛人一匹經曰無侮鰥寡惠此煢獨加賜河南女子百戶牛酒令天下大酺五日賜公卿已下錢帛各有差及洛陽人當酺者布戶一匹城外三戶共一匹賜博士員弟

子見在太學者布人三匹令郡國上明經者口十萬以上五人不滿十萬三人敀廬江爲六安國江陵復爲南郡徙江陵王恭爲六安王秋七月庚子詔曰春秋於春每月書王者重三正愼三微也律十二月立春不以報囚月令冬至之後有順陽助生之文而無鞫獄斷刑之政朕咨訪儒雅稽之典籍以爲王者生殺宜順時氣其定律無以十一月十二月報囚九月壬辰詔鳳凰黃龍所見亭部無出二年租賦加賜男子爵人二級先見者帛二十匹近者三匹太守三十匹令長十五匹丞尉半之他如賜爵故事丙申徵濟南王康中山王焉會烝祭冬十一月壬辰日南至初閉關梁

三年春正月乙酉詔嬰兒無父母親屬及有子不能養食者稟給如律丙申北巡狩濟南王康中山王焉西平王羡六安王恭樂成王黨淮陽王昞任城王尙沛王定皆從辛丑帝耕於懷二月壬寅告常山魏郡淸河鉅鹿平原東平郡太守相曰朕前祠園陵遂望祀華霍東柴岱宗爲人祈福今將禮常山遂徂北土歷魏郡經平原升踐隄防詢訪耆老月令孟春善相邱陵土地所宜今肥田尙多未有墾闢其悉以賦貧民給與糧種務盡地力勿令游手所過縣邑聽半入今年田租以勸農夫之勞乙丑勅侍御史司空曰方春所過無得有所伐殺車可以引避引避之騑馬可輟解輟解之詩云敦彼行葦牛羊勿踐履禮人君伐一草木不時謂之不孝俗知順人莫知順天其明稱朕意戊辰進幸中山遣使者祠北嶽出長城癸酉還幸元氏祠光武顯宗於縣舍正堂明日又祠顯宗於始生堂皆奏樂三月丙子詔高邑令祠光武卽位壇復元氏七年徭役己卯進幸趙庚辰祠旁山於靈壽辛卯車駕還宮賜從行者各有差夏四月丙寅太尉鄭弘免大司農宋由爲太尉五月丙子司空第五倫罷太僕袁安爲司空秋八月乙丑幸安邑觀鹽池九月至自安邑冬十月北海王基薨燒當羌叛寇隴西是歲西域長史班超擊斬疏勒王

章和元年春三月護羌校尉傅育追擊叛羌戰歿夏四月丙子令郡國中都官繫囚減死一等詣金城戍六月戊辰司徒桓虞免癸卯司空袁安爲司徒光祿勳任隗爲司空秋七月癸卯齊王晃有罪貶爲蕪湖侯壬子淮陽王昞薨鮮卑擊破北單于斬之燒當羌寇金城護羌校尉劉盱討之斬其渠帥壬戌詔曰朕以不德受祖宗弘烈乃者鳳凰仍集麒麟並臻甘露霄降嘉穀滋生芝草之類歲月不絕朕夙夜祗畏上天無以彰於先功今改元和四年爲章和元年秋令是月養衰老授几杖行糜粥飲食其賜高年二人共布帛各一匹以爲醴酪死罪囚犯法在丙子赦前而後捕繫者皆減死勿笞詣金城戍八月癸酉南巡狩壬午遣使者祠昭靈后於小黃園（小黃縣屬陳留郡昭靈后高祖母起兵時死小黃北後爲作園廟於小黃欄）甲申徵任城王尙會睢陽戊子幸梁己丑遣使祠沛高原廟豐枌榆社（枌榆社高祖里社在豐縣東北）乙未幸沛祠獻王陵徵會東海王政乙未晦日有食之九月庚子幸彭城東海王政沛王定任城王尙皆從辛亥幸壽春壬子詔郡國中都官繫囚減死罪一等詣金城戍犯殊死者一切募下蠶室其女子宮繫囚鬼薪白粲已上減罪一等輸司寇作亡命者贖死罪縑二十匹右趾至髡鉗城旦舂七匹完城旦至司寇三匹吏民犯罪未發覺詔書到自告者半入贖復封阜陵侯延爲阜陵王己未幸汝陰冬十月丙子車駕還宮北匈奴屋蘭儲等率衆降是歲西域長史班超擊莎車大破之月氏國遣使獻扶拔師子

二年春正月濟南王康阜陵王延中山王焉來朝壬辰帝崩於章德前殿年三十三遺詔無起寢廟一如先帝法制范氏論曰魏文帝稱明帝察察章帝長者章帝素知人厭明帝苛切事從寬厚感陳寵之義除慘獄之科深元元之愛著胎養之令奉承明德太后盡心孝道割裂名都以崇建周親平徭簡賦而人賴其慶又體之以忠恕文之以禮樂故乃藩輔克諧羣后德讓謂之長者不亦宜乎在位十三年郡國所上符瑞合於圖書者數百千烏呼懋哉

章帝建初八年元和三年章和二年卽位十三年

孝和皇帝諱肇肅宗第四子也母梁貴人爲竇皇后所譖憂卒竇后養帝以爲己子建初七年立爲皇太子章和二年二月壬辰卽皇帝位年十歲尊皇后曰皇太后太后臨朝三月丁酉改淮陽爲陳國楚郡爲彭城國西平并汝南郡六安復爲廬江郡遺詔徙西平王羡爲陳王六安王恭爲彭城王癸卯葬孝章皇帝於敬陵庚戌皇太后詔曰皇帝幼年煢煢在疚朕且佐助聽政然守文之際必有內輔以參聽斷故太尉鄧彪聰明康彊老成黃耇其以彪爲太傅賜爵關內侯錄尙書事百官總己以聽朕庶幾得專心內位羣公其勉率百僚各修厥職以稱朕意焉辛酉有司上奏孝章皇帝崇弘鴻業德化普洽垂意黎民留念稼穡文加殊俗武暢方表戒惟人面無思不服巍巍蕩蕩莫與比隆周頌曰於穆淸廟肅雝顯相請上尊廟曰肅宗共進武德之舞制曰可癸亥陳王羡彭城王恭樂成王黨下邳王衍梁王暢始就

國夏四月丙子謁高廟丁丑謁世祖廟戊寅詔曰先帝採觀孝武皇帝舊典復收鹽鐵之利以備不虞而吏多不良動失其便以違上意先帝恨之故遺戒郡國罷鹽鐵之禁縱民煑鑄入稅縣官如故事其申勑刺史二千石奉順聖旨勉弘德化布告天下使明知朕意五月京師旱詔長樂少府桓郁侍講禁中冬十月乙亥以侍中竇憲爲車騎將軍伐北匈奴安息國遣使獻師子扶拔

永元元年春三月甲辰初令郎官詔除者得占丞尉以比秩爲眞夏六月車騎將軍竇憲出雞鹿塞度遼將軍鄧鴻出椆陽塞南單于出滿夷谷與北匈奴戰於稽落山大破之追至和渠北鞮海竇憲遂登燕然山刻石勒功而還北單于遣弟右溫禺鞮王奉奏貢獻秋七月乙未會稽山崩閏月丙子詔以北虜破碎令有司案舊典告類薦功以章休烈九月庚申以車騎將軍竇憲爲大將軍以中郎將劉尙爲車騎將軍冬十月令郡國弛刑輸作宮營其從出塞者刑雖未竟皆免歸田里庚子阜陵王延薨是歲郡國九大水

二年春正月丁丑大赦天下二月壬午日有食之己亥復置西河上郡屬國都尉官夏五月庚戌分太山爲濟北國分樂成涿郡勃海爲河間國丙辰封皇帝弟壽爲濟北王開爲河間王淑爲城陽王紹封故淮南王昞子側爲常山王賜公卿已下至佐史錢布各有差己未遣副校尉閻礱討北匈奴取伊吾盧地丁卯紹封故齊王晃子無忌爲齊王北海王睦子威爲北海王車師前後王並遣子入侍月氏國遣兵攻西域長史班超超擊降之六月辛卯中山王焉薨秋七月乙卯大將軍竇憲出屯涼州九月北匈奴遣使稱臣冬十月遣行中郎將班固報命南單于遣左谷蠡王師子出雞鹿塞擊北匈奴於河雲北大破之

三年春二月甲子皇帝加元服賜諸侯王公將軍特進中二千石列侯宗室子孫在京師奉朝請者黃金將大夫郎吏從官帛賜民爵及粟帛各有差大酺五日郡國中郎官繫囚死罪贖縑至司寇及亡命各有差庚辰賜京師民酺布兩戶共一匹二月大將軍竇憲遣左校尉耿夔出居延塞圍北單于於金微山大破之獲其母閼氏夏六月辛卯尊皇太后母比陽公主爲長公主辛丑阜陵王种薨冬十月癸未行幸長安詔曰北狄破滅名王仍降西域諸國納質內附豈非祖宗迪哲重光之鴻烈歟寤寐歎息想望舊京其賜所過二千石長吏已下及三老官屬錢帛各有差鰥寡孤獨篤癃貧不能自存者粟人三斛十一月癸卯祠高廟遂有事十一陵詔曰高祖功臣蕭曹爲首有傳世不絕之義曹相國後容城侯無嗣朕望長陵東門見二臣之壠循其遠節每有感焉忠義獲寵古今所同可遣使者以中牢祠大鴻臚求近親宜爲嗣者須景風紹封以章厥功十二月復置西域都護騎都尉戊己校尉官庚辰至自長安減弛刑徒從駕者刑五月

四年春正月北匈奴右谷蠡王於除鞬自立爲單于款塞乞降遣大將軍左校尉耿夔授璽綬三月癸丑司徒袁安薨閏月丁丑太常丁鴻爲司徒夏四月丙辰大將軍竇憲還至京師六月戊戌朔日有食之丙辰郡國十三地震竇憲潛圖弒逆庚申幸北宮詔收捕憲黨射聲校尉郭璜璜子侍中舉衞尉鄧疊疊弟步兵校尉磊皆下獄死使謁者僕射收憲大將軍印綬遣憲及弟篤景就國到皆自殺是夏旱蝗秋七月己丑太尉宋由坐黨憲自殺八月辛亥司空任隗薨癸丑大司農尹睦爲太尉錄尙書事丁巳賜公卿已下至佐史錢穀各有差冬十月己亥宗正劉方爲司空十二月壬辰詔今年郡國秋稼爲旱蝗所傷其什四以上勿收田租芻稾有不滿者以實除之武陵零陵澧中蠻叛燒當羌寇金城

五年春正月乙亥宗祀五帝於明堂遂登靈臺望雲物大赦天下戊子千乘王伉薨辛卯封皇弟萬歲爲廣宗王二月戊戌詔有司省減內外廐及梁州諸苑馬自京師離宮果園上林廣成囿悉以假貧民恣得采捕不收其稅丁未詔曰去年秋麥入少恐民食不足其上尤貧不能自給者戶口人數往者郡國上貧民以衣履釜鬵爲貲而豪右得其饒利詔書實覈欲有以益之而長吏不能躬親反更徵召會聚令失農作愁擾百姓若復有犯者二千石先坐甲寅太傅鄧彪薨戊午隴西地震三月戊子詔郡國二千石不以選舉爲憂司隸校尉不以糾察爲負是以庶官多非其人下民被姦邪之傷由法不行故也庚寅遣使者分行貧民舉實流冗開倉賑稟三十餘郡夏四月壬子封阜陵王种兄魴爲阜陵王六月丁酉郡國三雨雹秋九月辛酉廣宗王萬歲薨無子國除匈奴單于於除鞬叛遣中郎將任尙討滅之壬午令郡縣勸民蓄蔬食以助五穀其官有陂池令得采取勿收假稅二歲冬十月辛未太尉尹睦薨十一月乙丑太僕張酺爲太尉是歲武陵郡兵破叛蠻降之護羌校尉貫友討燒當羌羌乃遁去南單于安國叛骨都侯喜斬之

六年春正月永昌徼外夷遣使譯獻犀牛大象己卯司

徒丁鴻薨二月乙未遣謁者分行稟貸三河兗冀青州貧民許侯馬光自殺丁未司空劉方爲司徒太常張奮爲司空三月庚寅詔流民所過郡國皆實稟之其有販賣者勿出租稅又欲就賤還歸者復一歲田租更賦丙寅詔以陰陽不和水旱違度其令三公中二千石二千石內郡守相舉賢良方正能直言極諫之士各一人昭巖穴披幽隱遺詣公車朕將悉聽焉帝乃親臨策問選補郎吏夏四月蜀郡徼外羌率種人遣使內附五月城陽王淑薨無子國除六月己酉初令伏閉盡日秋七月京師旱詔中都官徒各除半刑謫其未竟五月已下皆免遣丁巳幸洛陽寺錄囚徒舉冤獄收洛陽令下獄抵罪司隸校尉河南尹皆左降未及還宮而澍雨西域都護班超大破焉耆尉犂斬其王自是西域降服納質者五十餘國南單于安國從弟子逢侯率叛胡亡出塞九月癸丑以光祿勳鄧鴻行車騎將軍事與越騎校尉馮柱行度遼將軍朱徽使匈奴中郎將杜崇討之冬十一月護烏桓校尉任尚率烏桓鮮卑大破逢侯馮柱遣兵追擊獲之詔以渤海郡屬冀州武陵漊中蠻叛郡兵討平之

七年春正月行車騎將軍鄧鴻度遼將軍朱徽中郎將杜崇皆下獄死夏四月辛亥朔日有食之帝引見公卿問得失令將大夫御史謁者博士議郎郎官會廷中各言封事詔有司詳選郎官寬博有謀才任典城者三十人旣而悉以所選郎出補長相五月辛卯改千乘國爲樂安國六月丙寅沛王定薨秋七月乙巳易陽地裂九月癸卯京師地震

八年春二月己丑立貴人陰氏爲皇后賜天下男子爵人二級三老孝悌力田三級民無名數及流民欲占者一級鰥寡孤獨篤癃貧不能自存者粟人五斛夏四月癸亥樂成王黨薨甲子詔賑貸并州四郡貧民五月河內陳留蝗南匈奴右溫禺犢王叛爲寇秋七月行度遼將軍龐奮越騎校尉馮柱追討之斬右溫禺犢王車師後王叛擊其前王八月辛酉飲酎詔郡國中都官繫囚減死一等詣敦煌戍其犯大逆募下蠶室其女子宮自死罪已下至司寇及亡命者入贖各有差九月京師蝗吏民言事者多歸責有司詔百僚師尹勉修厥職刺史二千石詳刑辟理冤虐恤鰥寡矜孤弱思惟致災興蝗之咎庚子復置廣陽郡冬十月乙丑北海王威有罪自殺十二月辛亥陳王羡薨丁巳南宮宣室殿火

九年春正月永昌徼外蠻夷及撣國重譯奉貢三月庚辰隴西地震癸巳濟南王康薨西域長史王林擊車師後王斬之夏四月丁卯封樂成王黨子巡爲樂成王六月蝗旱戊辰詔今年秋稼爲蝗蟲所傷皆勿收租更芻稾若有所損失以實除之餘當收租者亦半入其山林饒利陂池漁採以贍元元勿收假稅秋七月蝗蟲飛過京師八月鮮卑寇肥如遼東太守祭參下獄死閏月辛巳皇太后竇氏崩丙申葬章德皇后燒當羌寇隴西殺長吏遣行征西將軍劉尚越騎校尉趙世等討破之九月庚申司徒劉方策免自殺甲子追尊皇妣梁貴人爲皇太后冬十月乙酉改葬恭懷梁皇后於西陵十一月癸卯光祿勳河南呂蓋爲司徒十二月丙寅司空張奮罷壬申太僕韓稜爲司空己丑復置若盧獄官

十年春三月壬戌詔刺史二千石隨宜疏導溝渠毋得因緣妄發以爲煩擾夏五月京師大水秋七月己巳司空韓稜薨八月丙子太常太山巢堪爲司空九月庚戌復置廪犧官冬十月五州雨水十二月燒當羌豪迷唐等率種人詣闕貢獻戊寅梁王暢薨

十一年春二月遣使循行郡國稟貸被災害不能自存者令得漁采山林池澤不收假稅丙午詔郡國中都官徒及篤癃老小女徒各除半刑其未竟三月者皆免歸田里夏四月丙寅大赦天下己巳復置右校尉官秋七月辛卯詔以吏民踰僭厚死傷生有司不舉怠放日甚又商賈小民或忘法禁奇巧靡貨流積公行其在位犯者當先舉正市道小民但且申明憲綱勿因科令加虐羸弱

十二年春二月旄牛徼外白狼貗薄夷率種人內屬詔貸被災諸郡民種糧賜下貧鰥寡孤獨不能自存者及郡國流民聽入陂池漁采以助蔬食三月丙申詔書切責三公不能承天安人有司競爲苛暴侵愁小民將何以救咎罰其賜天下男子爵人二級三老孝悌力田三級民無名數及流民欲占者人一級鰥寡孤獨篤癃貧不能自存者粟人三斛壬子賜博士員弟子在太學者布人三匹夏四月日南象林蠻夷反郡兵討破之閏月賑貸敦煌張掖五原民下貧者穀戊辰秭歸山崩六月舞陽大水賜被水災尤貧者穀人三斛秋七月辛亥朔日有食之九月戊午太尉張酺免丙寅大司農張禹爲太尉冬十一月西域蒙奇兜勒二國遣使內附賜其王金印紫綬是歲燒當羌復叛

十三年春正月丁丑帝幸東觀覽書林閱篇籍博選術蓺之士以充其官二月任城王尚薨丙午賑貸張掖居延朔南日南貧民及孤寡羸弱不能自存者秋八月詔

象林民失農桑業者賑貸種糧稟賜下貧穀食己亥北宮盛饌門閣火護羌校尉周鮪擊燒當羌破之荆州雨水九月壬子詔曰荆州比歲不節今茲淫水爲害餘雖頗登而多不均浹深惟四民農食之本慘然懷矜其令天下半入今年田租芻稾有宜以實除者如故事貧民假種食皆勿收責冬十一月安息國遣使獻師子及條枝大爵丙辰詔曰幽并涼州戶口率少邊役衆劇束修良吏進仕路狹撫接夷狄以人爲本其令緣邊郡口十萬以上歲舉孝廉一人不滿十萬二歲舉一人五萬以下三歲舉一人鮮卑寇右北平遂入漁陽漁陽太守擊破之戊辰司徒呂蓋罷十二月丁丑光祿勳魯恭爲司徒辛卯巫蠻叛寇南郡

十四年春二月乙卯東海王政薨繕修故海西郡徙金城西部都尉以戍之三月戊辰臨辟雍饗射大赦天下夏四月遣使者督荆州兵討巫蠻破降之庚辰賑貸張掖居延敦煌五原漢陽會稽流民下貧穀各有差五月丁未初置上林將兵長史官六月辛卯廢皇后陰氏后父特進綱自殺秋七月甲寅詔復象林縣更賦田租芻稾二歲壬子常山王側薨是秋三州雨水冬十月甲申詔兗豫荆州今年雨水淫過多傷農功其令被害什四以上皆半入田租芻稾其不滿者以實除之辛丑立貴人鄧氏爲皇后丁酉司空巢堪罷十一月癸卯大司農徐防爲司空是歲初復郡國上計補郎官

十五年春閏月乙未詔流民欲歸還本而無糧食者過所實稟之疾病加致醫藥其不欲還歸者勿彊二月詔稟貸潁川汝南陳留江夏梁國敦煌貧民夏四月甲子晦日有食之五月戊寅南陽大風六月詔令百姓鰥寡漁采陂池勿收假稅二歲秋七月丙寅濟南王錯薨復置涿郡故鹽鐵官九月壬午南巡狩清河王慶濟北王壽河間王開並從賜所過二千石長吏以下三老官屬及民百年者錢布各有差是秋四州雨水冬十一月戊申幸章陵祠舊宅癸丑祠園廟會宗室於舊廬勞賜作樂戊午進幸雲夢臨漢水而還十一月甲申車駕還宮賜從臣及留者公卿已下錢布各有差十二月庚子琅邪王宇薨有司奏以爲夏至則微陰起靡草死可以決小事是歲初令郡國以日北至案薄刑

十六年春正月己卯詔貧民有田業而以匱乏不能自農者貸種糧二月己未詔兗豫徐冀四州比年雨多傷稼禁沽酒夏四月遣三府掾分行四州貧民無以耕者爲雇犁牛直五月壬午趙王商薨秋七月旱戊午詔曰今秋稼方穗而旱雲雨不霑疑吏行慘刻不宜恩澤妄拘無罪幽閉良善所致其一切囚徒於法疑者勿決以奉秋令方察煩苛之吏顯明其罰辛酉司徒魯恭免庚午光祿勳張酺爲司徒辛巳詔令天下皆半入今年田租芻稾其被災害者以實除之貧民受貸種糧及田租芻稾皆勿收責八月己酉司徒張酺薨冬十月辛卯司空徐防爲司徒大鴻臚陳寵爲司空十一月己丑行幸緱氏登百岯山賜百官從臣布各有差北匈奴遣使稱臣貢獻十二月復置遼東西部都尉官

元興元年春正月戊午引三署郎召見禁中選除七十五人補謁者長相高句驪寇郡界夏四月庚午大赦天下改元元興宗室以罪絕者悉復屬籍五月癸酉雍地裂秋九月遼東太守耿夔擊貊人破之冬十二月辛未帝崩于章德前殿年二十七立皇子隆爲皇太子賜天下男子爵人二級三老孝悌力田人三級民無名數及流民欲占者人一級鰥寡孤獨篤癃貧不能自存者粟人三斛自竇憲誅後帝躬親萬機每有災異輒延問公卿極言得失前後符瑞八十一所每稱德薄皆抑而不宣舊南海獻龍眼荔枝十里一置五里一候奔騰阻險死者繼路時臨武長汝南唐羌縣接南海乃上書陳狀帝下詔曰遠國珍羞本以薦奉宗廟苟有傷害豈愛民之本其勅太官勿復受獻由是遂省焉

和帝永元十六年元興元年即位十七年

孝殤皇帝諱隆和帝少子也元興元年十二月辛未夜帝即皇帝位時誕育百餘日尊皇后曰皇太后太后臨朝北匈奴遣使稱臣詣敦煌奉獻

延平元年春正月辛卯太尉張禹爲太傅司徒徐防爲太尉參錄尚書事百官總已以聽封皇兄勝爲平原王癸卯光祿勳梁鮪爲司徒三月甲申葬孝和皇帝于慎陵尊廟曰穆宗丙戌清河王慶濟北王壽河間王開常山王章始就國夏四月庚申詔罷祀官不在祀典者鮮卑寇漁陽漁陽太守張顯追擊戰歿丙寅以虎賁中郎將鄧騭爲車騎將軍司空陳寵薨五月辛卯皇太后詔曰皇帝幼沖承統鴻業朕且佐助聽政嘉與吏民更始其大赦天下自建武以來諸犯禁錮詔書雖解有司持重多不奉行其皆復爲平民壬辰河東垣山崩六月丁未太常尹勤爲司空郡國三十七雨水己未詔減太官導官尚方內署諸服御珍膳靡麗難成之物丁卯詔司徒大司農長樂少府曰朕深惟治道先內後外自建武之初以至于今八十餘年宮人歲增房御彌廣又宗室坐事沒入者猶託名公族甚可愍焉今悉免遣及掖庭

宮人皆爲庶民以紓幽隔鬱滯之情諸官府郡國王侯
家奴婢姓劉及疲癃羸老皆上其名務令實悉秋七月
庚寅勅司隸校尉部刺史曰夫天降災戾應政而至間
者郡國或有水災妨害秋稼朝廷惟咎憂惶悼懼而郡
國欲獲豐穰虛飾之譽遂覆蔽災害多張墾田不揣流
亡競增戸口掩匿盜賊令姦惡無懲署用非次選舉乖
宜貪苛慘毒延及平民刺史垂頭塞耳阿私下比不畏
于天不愧于人假貸之恩不可數恃自今以後將糾其
罰二千石長吏其各實覈所傷害爲除田租芻槀八月
辛亥帝崩癸丑殯于崇德前殿年二歲

殤帝延平一年

恭宗孝安皇帝諱祜肅宗孫也父清河孝王慶母左姬
帝自在邸第數有神光照室又有赤蛇盤於牀第之間
年十歲好讀史書和帝稱之數見禁中延平元年慶始
就國鄧太后特詔留帝清河邸八月殤帝崩太后與兄
車騎將軍鄧騭定策禁中其夜使騭持節以王青蓋車
迎帝齋于殿中皇太后御崇德殿百官皆吉服羣臣陪
位引拜帝爲長安侯皇太后詔曰先帝聖德淑茂早棄
天下朕奉皇帝夙夜瞻仰日月冀望成就豈意卒然顛
沛天年不遂悲痛斷心朕深惟平原王素被痼疾念宗
廟之重思繼嗣之統唯長安侯祜質性忠孝小心翼翼
能通詩論篤學樂古仁惠愛下年已十三有成人之志
親德係後莫宜於祜禮昆弟之子猶已子春秋之義爲
人後者爲之子不以父命辭王父命其以祜爲孝和皇
帝嗣奉承祖宗案禮儀奏又作策命曰惟延平元年秋
八月癸丑皇太后曰咨長安侯祜孝和皇帝懿德巍巍
光于四海大行皇帝不永天命朕惟侯孝章帝世嫡皇

孫謙恭慈順在孺而勤宜奉郊廟承統大業今以侯嗣
孝和皇帝後其審君漢國允執其中一人有慶萬民頼
之皇帝其勉之哉讀策畢太尉奉上璽綬卽皇帝位年
十三太后猶臨朝九月庚子謁高廟辛丑謁光武廟六
州大水己未遣謁者分行虛實舉災害賑乏絶丙寅葬
孝殤皇帝于康陵乙亥隕石于陳留西域諸國叛攻都
護任尙遣副校尉梁慬救尙擊破之冬十月四州大水
雨雹詔以宿麥不下賑賜貧人十二月甲子清河王薨
使司空持節弔祭車騎將軍鄧騭護喪事乙酉罷魚龍
曼延百戲

永初元年春正月癸酉朔大赦天下蜀郡徼外羌內屬
戊寅分犍爲南部爲屬國都尉稟司隸兖豫徐冀并州
貧民三月丙午以廣成游獵地及被災郡國公田假與
貧民丁卯分清河國封帝弟常保爲廣川王庚午司徒
梁鮪薨三月癸酉日有食之詔公卿內外衆官郡國守
相舉賢良方正有道術之士明正術達古今能直言極
諫者各一人己卯永昌徼外僬僥種夷貢獻內屬甲申
葬清河孝王贈龍旗虎賁夏五月甲戌長樂衛尉魯恭
爲司徒丁丑詔封北海王睦孫壽光侯普爲北海王九
眞徼外夜郞蠻夷舉土內屬六月戊申爵皇太后母陰
氏爲新野乃丁巳河東地陷壬戌罷西域都護先零種
羌叛斷隴道大爲寇掠遣車騎將軍鄧騭征西校尉任
尙討之丁卯赦除諸羌相連結謀叛逆者罪秋九月庚
午詔三公明申舊令禁奢侈無作浮巧之物殫財厚葬
是日太尉徐防免辛未司空尹勤免癸酉調揚州五郡
租米贍給東郡濟陰陳留梁國下邳山陽丁丑詔曰自
今長吏被考竟未報自非父母喪無故輒去職者劇縣

十歲平縣五歲以上乃得次用壬午詔太僕少府減黃
門鼓吹以補羽林士廄馬非乘輿常所御者皆減半食
諸所造作非供宗廟園陵之用皆且止丙戌詔死罪以
下及亡命贖各有差庚寅太傅張禹爲太尉太常周章
爲司空冬十月倭國遣使奉獻辛酉新城山泉水大出
十一月丁亥司空周章密謀廢立策免自殺戊子勅司
隸校尉冀并二州刺史民訛言相驚棄捐舊居老弱相
攜窮困道路其各勅所部長吏躬親曉諭若欲歸本郡
在所爲封長檄不欲勿彊十二月乙卯潁川太守張敏
爲司空是歲郡國十八地震四十一雨水或山水暴至
二十八大風雨雹

二年春正月稟河南下邳東萊河內貧民車騎大將軍
鄧騭爲種羌所敗於冀西二月乙丑遣光祿大夫樊準
呂倉分行冀兖二州稟貸流民夏四月甲寅漢陽城中
火燒殺三千五百七十人五月旱丙寅皇太后幸洛陽
寺及若盧獄錄囚徒賜河內尹廷尉卿及官屬以下各
有差卽日降雨六月京師及郡國四十大水大風雨雹
秋七月戊辰詔百僚及郡國吏民有道術明習災異陰
陽之度璇璣之數者各使指變以聞二千石長吏明以
詔書博衍幽隱朕將親覽待以不次冀獲嘉謀以承天
誡閏月辛丑廣川王常保薨無子國除癸未蜀郡徼外
羌舉土內屬九月庚子詔王主官屬墨綬下至郞謁者
其經明任博士居鄉里有廉清孝順之稱才任理人者
國相歲移名與計偕上尙書公府通調令得外補冬十
月庚寅稟濟陰山陽元菟貧民征西校尉任尙與先零
羌戰于平襄尙軍敗績十一月辛酉拜鄧騭爲大將軍
徵還京師留任尙屯隴右先零羌滇零稱天子於北地

遂寇三輔東犯趙魏南入益州殺漢中太守董炳十二月辛卯槀東郡鉅鹿廣陽安定定襄沛國貧民廣漢塞外參狼羌降分廣漢北部爲屬國都尉是歲郡國十二地震

三年春正月庚子皇帝加元服大赦天下賜王主貴人公卿以下金帛各有差男子爲父後及三老孝悌力田爵人二級流民欲占者人一級遣騎都尉任仁討先零羌不利遂破没臨洮高句驪遣使貢獻三月京師大饑民相食壬辰公卿詣闕謝詔曰朕以幼冲奉承鴻業不能宣流風化而感逆陰陽至令百姓饑荒更相噉食永懷悼歎若墜淵冰咎在朕躬非羣司之責而過自貶引重朝廷之不德其務思變復以助不逮癸巳詔以鴻池假與貧民壬寅司徒魯恭免夏四月丙寅大鴻臚九江夏勤爲司徒三公以國用不足奏令吏民入錢穀得爲關內侯虎賁羽林郎五大夫官府吏緹騎營士各有差己巳詔上林廣城苑可墾闢者賦與貧民甲申清河王虎威薨五月丙申封樂安王寵子延平爲清河王丁酉沛王正薨癸丑京師大風六月烏桓寇代郡上谷涿郡秋七月海賊張伯路等寇畧緣海九郡遣侍御史龐雄督州郡兵討破之庚子詔長吏案行在所皆令種粟麥蔬食務盡地力其貧者給種餉九月鴈門烏桓及鮮卑叛敗五原郡兵於高渠谷冬十月南單于叛圍中郎將耿仲於美稷十一月遣行車騎將軍何熙討之十二月辛酉郡國九地震乙亥有星孛於天紀是歲京師及郡國四十一雨水雹并涼二州大饑人相食

四年春正月元日會徹樂不陳充庭車辛卯詔以三輔比遭寇亂人庶流冗除三年逋租過更口算芻槀稟上郡貧民各有差海賊張伯路復與勃海平原劇賊劉文河周文光等攻厭次殺縣令遣御史中丞王宗督青州刺史法雄討破之度遼將軍梁慬遼東太守耿夔討破南單于於屬國故城丙午詔減百官及州郡縣奉各有差二月丁巳稟九江貧民南匈奴寇常山乙丑初置長安雍二營都尉官乙亥詔自建初以來諸妖言他過坐徙邊者各歸本郡其没入官爲奴婢者免爲庶人詔謁者劉珍及五經博士校定東觀五經諸子傳記百家藝術整齊脫誤是正文字三月南單于降先零羌寇褒中漢中太守鄭勤戰殁徙金城郡都襄武戊子杜陵園火癸巳郡國九地震夏四月六州蝗丁丑大赦天下秋七月乙酉三郡大水己卯騎都尉任仁下獄死九月甲申益州郡地震冬十月甲戌新野君陰氏薨使司空持節護喪事大將軍鄧騭罷

五年春正月庚辰朔日有食之丙戌郡國十地震己丑太尉張禹免甲申光祿勳李修爲太尉二月丁卯詔省減郡國貢獻太官口食先零羌寇河東遂至河內三月詔隴西徙襄武安定徙美陽北地徙池陽上郡徙衙夫餘夷犯塞殺傷吏人閏月丁酉赦涼州河西四郡戊戌詔令三公特進侯中二千石二千石郡守諸侯相舉賢良方正有道術達於政化能直言極諫之士各一人及至孝與衆卓異者并遣詣公車朕將親覽以毗闕政焉六月甲辰樂成王巡薨秋七月己巳詔三公特進九卿校尉舉列將子孫明曉戰陣任將帥者九月漢陽人杜琦王信叛與先零諸種羌攻陷上邽城十二月漢陽太守趙博遣客刺殺杜琦是歲九州蝗郡國八雨水

六年春正月庚申詔越巂置長史高望始昌三苑又令益州郡置萬歲苑犍爲置漢平苑三月十州蝗夏四月乙丑司空張敏罷己卯太常劉愷爲司空五月旱丙寅詔令中二千石下至黃綬一切復秩還贖賜爵各有差戊辰皇太后幸雒陽寺録囚徒理冤獄六月壬辰豫章員谿原山崩辛巳大赦天下遣侍御史唐喜討漢陽賊王信破斬之冬十一月辛丑護烏桓校尉吳祉下獄死是歲先零羌滇零死子零昌復襲僞號

七年春正月庚戌皇太后率大臣命婦謁宗廟二月丙午郡國十八地震夏四月乙未平原王勝薨丙申晦日有食之五月庚子京師大雩秋護羌校尉侯霸騎都尉馬賢破先零羌八月丙寅京師大風蝗蟲飛過洛陽詔賜民爵郡國被蝗傷稼十五以上勿收今年田租不滿者以實除之九月調零陵桂陽丹陽豫章會稽租米賑給南陽廣陵下邳彭城山陽廬江九江饑民又調濱水縣穀輸敖倉

元初元年春正月甲子改元元初賜民爵人二級孝悌力田人三級爵過公乘得移與子若同產同產子民脫無名數及流民欲占者人一級鰥寡孤獨篤癃貧不能自存者粟人三斛貞婦帛人一匹二月己卯日南地坼三月癸酉日有食之夏四月丁酉大赦天下京師及郡國五旱蝗詔三公特進列侯中二千石二千石郡守舉敦厚質直者各一人五月先零羌寇雍城六月丁巳河東地陷秋七月蜀郡夷寇蠶陵殺縣令九月己丑太尉李修罷先零羌寇武都漢中絕隴道辛未大司農山陽司馬苞爲太尉冬十月戊子朔日有食之先零羌敗涼州刺史皮陽於狄道乙卯詔除三輔三歲田租更賦口筭十一月是歲郡國十五地震

二年春正月詔稟三輔及并涼六郡流冗貧人蜀郡青衣道夷奉獻內屬修理西門豹所分漳水爲支渠以溉民田二月戊戌遣中謁者收葬京師客死無家屬及棺椁朽敗者皆爲設祭其有家屬尤貧無以葬者賜錢人五千辛酉詔三輔河內河東上黨趙國太原各修理舊渠通利水道以溉公私田疇三月癸亥京師大風先零羌寇益州遣中郎將尹就討之夏四月丙午立貴人閻氏爲皇后五月京師旱河南及郡國十九蝗甲戌詔切責三司不能消救災眚以時方盛夏且復假貸以觀厥後六月丙戌太尉司馬苞薨洛陽新城地裂秋七月辛巳太僕太山馬英爲太尉八月遼東鮮卑圍無慮縣九月又攻夫犂營殺縣令壬午晦日有食之冬十月遣中郎將任尚屯三輔詔郡國中都官繫囚減死一等勿笞詣馮翊扶風屯妻子自隨占著所在女子勿輸亡命死辠以下贖各有差其吏民聚爲盜賊有悔者除其罪乙未右扶風仲光安定太守杜恢京兆虎牙都尉耿溥與先零羌戰於丁奚城光等大敗並沒左馮翊司馬鈞下獄自殺十一月庚申郡國十地震十二月武陵澧中蠻叛州郡擊破之己酉司徒夏勤罷庚戌司空劉愷爲司徒光祿勳袁敞爲司空

三年春正月甲戌修理太原舊溝渠灌溉官私田東平陸上言木連理蒼梧鬱林合浦蠻夷反叛二月遣侍御史任逴督州郡兵討之郡國十地震三月辛亥日有食之丙辰赦蒼梧鬱林合浦南海吏民爲賊所迫者夏四月京師旱五月武陵蠻叛州郡討破之癸酉度遼將軍鄧遵率南匈奴擊先零羌於靈州破之越巂徼外夷舉種內屬六月中郎將任尚遣兵擊破先零羌於丁奚城秋七月武陵蠻復叛州郡討平之緱氏地坼九月辛巳趙王宏薨冬十一月蒼梧鬱林合浦蠻夷降丙戌初聽大臣二千石刺史行三年喪癸卯郡國九地震十二月丁巳任尚遣兵擊破先零羌於北地

四年春二月乙巳朔日有食之乙卯大赦天下壬戌武庫災夏四月戊申司空袁敞薨己巳鮮卑寇遼西郡兵與烏桓擊破之五月丁丑太常李郃爲司空六月戊辰三郡雨雹秋七月辛丑陳王鈞薨京師及郡國十雨水詔曰夫霖雨者人怨之所致凡吏有苛虐爲百姓所患苦者有司顯明其罰又月令仲秋養衰老授几杖行麋粥方今案比之時郡縣多不奉行雖有糜粥糠粃相半長吏怠事莫肯躬親甚違詔書養老之意其務崇仁恕賑護寡獨稱朕意焉九月護羌校尉任尚使客刺殺叛羌零昌冬十一月己卯彭城王恭薨十二月越巂夷寇遂久殺縣令甲子任尚及騎都尉馬賢與先零羌戰于富平上河大破之虔人羌率衆降隴右平是歲郡國十三地震

五年春正月越巂夷叛二月壬戌中山憲王薨三月京師及郡國五旱詔稟遭旱貧人夏六月高句驪與濊貊寇元菟秋七月越巂蠻夷及旄牛豪叛殺長吏丙子詔曰舊令制度各有科品今小人不務崇節約嫁娶送終紛華靡麗至有走卒奴婢被綺縠著珠璣京師尚若斯何以示四遠設張法禁懇惻分明而有司惰任訖不奉行秋節既立鷙鳥將用且復重申以觀後效八月丙申朔日有食之鮮卑寇代郡殺長吏冬十月鮮卑寇上谷十二月丁巳中郎將任尚有辠棄市是歲郡國十四地震

六年春二月乙巳京師及郡國四十二地震或坼裂水泉涌出壬子詔三府選掾屬高第能惠利牧養者各五人光祿勳與中郎將選孝廉郎寬博有謀淸白行高者五十人出補令長丞尉乙卯詔賜京師尤貧困孤弱單獨穀人三斛貞婦有節義十斛甄表門閭旌顯厥行三月庚辰始立六宗祀於洛城西北夏四月會稽大疫遣光祿大夫將太醫循行疾病賜棺木除田租口賦沛國勃海大風雨雹五月京師旱六月丁丑樂成王賓薨丙戌平原王得薨秋七月鮮卑寇馬城度遼將軍鄧遵率南單于擊破之九月癸巳陳王竦薨十二月戊午朔日有食之旣郡國八地震是歲永昌益州蜀郡夷叛與越巂夷殺長吏燔城邑益州刺史張喬討破降之

永甯元年春正月甲辰任城王安薨三月丁酉濟北王壽薨車師後王叛殺部司馬沈氏羌寇張掖夏四月丙寅立皇子保爲皇太子改元永甯大赦天下賜王主三公列侯下至郎吏從官金帛又賜民爵及布粟各有差己巳詔封陳王羨子崇爲陳王濟北王子萇爲樂成王河閒王子翼爲平原王壬午琅邪王壽薨六月沈氏種羌叛寇張掖護羌校尉馬賢討沈氏羌破之秋七月乙酉朔日有食之冬十月己巳司空李郃免癸酉衛尉廬江陳褒爲司空自三月至是月京師及郡國三十三大風雨水十二月永昌徼外撣國遣使貢獻戊辰司徒劉愷罷遼西鮮卑降癸酉太常楊震爲司空是歲郡國二十三地震夫餘王遣子詣闕貢獻燒當羌叛

建光元年春正月幽州刺史馮煥率二郡太守討高句驪濊貊不剋二月癸亥大赦天下賜諸園貴人王主公卿以下錢布各有差以公卿校尉尚書子弟一人爲郎

舍人三月癸巳皇太后鄧氏崩丙午葬和熹皇后丁未樂安王寵薨戊申追尊皇考清河孝王曰孝德皇皇妣左氏曰孝德皇后祖妣宋貴人曰敬隱皇后夏四月濊貊復與鮮卑寇遼東遼東太守蔡諷追擊戰歿丙辰以廣川并清河國丁巳尊孝德皇元妃耿氏爲甘陵大貴人甲子樂成王萇有罪廢爲臨湖侯己巳令公卿特進侯中二千石二千石郡國守相舉有道之士各一人賜鰥寡孤獨貧不能自存者穀人三斛甲戌遼東屬國都尉龐奮承僞璽書殺元菟太守姚光五月特進鄧騭及度遼將軍鄧遵並以譖自殺丙申貶平原王翼爲都鄉侯秋七月己卯改元建光大赦天下壬寅太尉馬英薨八月護羌校尉馬賢討燒當羌於金城不利甲子前司徒劉愷爲太尉鮮卑寇居庸關九月雲中太守成嚴擊之戰歿鮮卑圍烏桓校尉於馬城度遼將軍耿夔救之戊子幸衞尉馮石府是秋京師及郡國二十九雨水冬十一月己丑郡國三十五地震或坼裂詔三公已下各上封事陳得失遣光祿大夫案行賜死者錢人二千除今年田租其被災甚者勿收口賦鮮卑寇元菟庚子復斷大臣二千石以上服三年喪癸卯詔三公特進侯卿校尉舉武猛堪將帥者各五人丙午詔京師及郡國被水雨傷稼者隨頃畝減田租甲子初置漁陽營兵冬十二月高句驪馬韓濊貊圍元菟城夫餘王遣子與州郡并力討破之

延光元年春二月夫餘王遣子將兵救元菟擊高句驪馬韓濊貊破之遂遣使貢獻三月丙午改元延光大赦天下還徙者復戶邑屬籍賜民爵及三老孝悌力田人二級加賜鰥寡孤獨篤癃貧不能自存者粟人三斛貞婦帛人二匹夏四月癸未京師郡國二十一雨雹癸巳司空陳褒免五月庚戌宗正彭城劉授爲司空己巳改樂成國爲安平封河間王開子得爲安平王六月郡國蝗秋七月癸卯京師及郡國十三地震高句驪降虔人羌叛攻穀羅城度遼將軍耿夔討破之八月戊子陽陵園寢火辛卯九眞言黃龍見無功己亥詔三公中二千石舉刺史二千石令長相視事一歲已上至十歲清白愛利能敕身率下防姦理煩有益於人者無拘官薄刺史舉所部郡國太守相舉墨綬隱親悉心勿取浮華九月甲戌郡國二十七地震冬十月鮮卑寇鴈門定襄十一月鮮卑寇太原燒當羌豪降十二月九眞徼外蠻夷貢獻內屬是歲京師及郡國二十七雨水大風殺人詔賜壓溺死者年七歲以上錢二千其壞敗廬舍失亡穀食粟人三斛又田被淹傷者一切勿收田租若一家皆被災害而弱小存者郡縣爲收斂之虔人羌反攻穀羅城度遼將軍耿夔討破之

二年春正月旄牛夷叛寇靈關殺縣令益州刺史蜀郡西部都尉討之詔選三署郎及吏民能通古文尚書毛詩穀梁春秋各一人丙辰河東潁川大風夏六月壬午郡國十一大風九眞言嘉禾生丙申北海王普薨秋七月丹陽山崩八月庚午初令三署郎通達經術任牧民者視事三歲以上皆得察舉九月郡國五雨水冬十月辛未太尉劉愷罷甲戌司徒楊震爲太尉光祿勳東萊劉熹爲司徒十一月甲辰校獵於上林苑鮮卑敗南匈奴於曼柏是歲分蜀郡西部爲屬國都尉京師及郡國三地震

三年春二月丙子東巡狩丁丑告陳留太守祠南頓君光武皇帝于濟陽復濟陽今年田租芻稾庚寅遣使者祠唐堯於成陽戊子濟南上言鳳凰集臺縣丞霍收舍樹上賜臺長帛五十匹丞三十匹尉半之吏卒人三匹鳳凰所過亭郡無出今年田租賜男子爵人二級辛卯幸太山柴告岱宗齊王無忌北海王普樂安王延來朝壬辰宗祀五帝于汶上明堂癸巳告祀二祖六宗勞賜郡縣作樂三月甲午陳王崇薨戊戌祀孔子及七十二弟子於闕里自魯相令丞尉及孔氏親屬婦女諸生悉會賜褒成侯以下帛各有差還幸東平至東郡歷魏郡河內壬戌車駕還京師幸太學是日太尉楊震免夏四月乙丑車駕入宮假于祖禰壬戌沛國言甘露降豐縣戊辰光祿勳馮石爲太尉五月南匈奴左日逐王叛使匈奴中郎將馬翼討破之日南徼外蠻夷內屬六月鮮卑寇元菟庚午閬中山崩辛未扶風言白鹿見雍辛巳遣侍御史分行青冀二州災害督錄盜賊秋七月丁酉初復右校令左校丞官日南蠻外蠻豪帥詣闕貢獻馮翊言甘露降頻陽衙潁川上言木連理白鹿麒麟見陽翟鮮卑寇高柳梁王堅薨八月辛巳大鴻臚耿寶爲大將軍戊子潁川上言麒麟一白虎二見陽翟九月丁酉廢皇太子保爲濟陰王乙巳詔郡國中都官死辠繫囚減罪一等詣敦煌隴西及度遼營其右趾以下及亡命者贖各有差辛亥濟南上言黃龍見歷城庚申晦日有食之冬十月行幸長安壬午新豐上言鳳凰集西界亭丁亥會三輔守令掾史於長安作樂閏月乙未祠高廟遂有事十一陵歷觀上林昆明池遣使者祠太上皇于萬年以中牢祠蕭何曹參霍光十一月乙丑至自長安十二月乙未琅邪言黃龍見諸縣是歲京師及諸郡國

二十三地震三十六雨水疾風雨雹

四年春正月壬午東郡言黃龍二麒麟一見濮陽二月乙亥下邳王衍薨甲辰南巡狩三月戊午朔日有食之庚申幸宛帝不豫辛酉令大將軍耿寶行太尉事祠章陵園廟告長沙零陵太守祠定王節侯鬱林府君乙丑自宛還丁卯幸葉帝崩于乘輿年三十二祕不敢宣所在上食問起居如故庚午還宮辛未夕乃發喪尊皇后曰太后太后臨朝以后兄太鴻臚閻顯爲車騎將軍定策禁中立章帝孫濟北惠王壽子北鄉侯懿甲戌濟南王香薨乙酉北鄉侯卽皇帝位夏四月丁酉太尉馮石爲太傅司徒劉熹爲太尉參錄尚書事前司空李郃爲司徒辛卯大將軍耿寶中常侍樊豐侍中謝惲周廣乳母野王君王聖坐相阿黨豐惲廣下獄死寶自殺聖徙鴈門己酉葬孝安皇帝于恭陵廟曰恭宗六月乙巳大赦天下詔先帝巡狩所幸皆半入今年田租秋七月西域長史班勇擊車師後王斬之丙午東海王肅薨冬十月丙午越巂山崩辛亥少帝薨是冬京師大疫范氏論曰孝安雖稱尊享御而權歸鄧氏至乃損徹膳服克念政道然令自房帷威不逮遠始失根統歸成陵敝遂復計金授官移民逃寇推咎台衡以答天眚旣云哲婦亦惟家之索矣

安帝永初七年元初六年永甯元年建光元年延光四年卽位十九年

通志卷六下

宋右迪功郎鄭樵漁仲撰

後漢紀第六下

順帝　沖帝　質帝　桓帝　靈帝　獻帝

孝順皇帝諱保安帝之子也母李氏爲閻皇后所害永甯元年立爲皇太子延光三年安帝乳母王聖大長秋江京中常侍樊豐譖太子乳母王男廚監邴吉殺之太子數爲歎息王聖等懼有後禍遂與豐京共構陷太子太子坐廢爲濟陰王明年三月安帝崩北鄉侯立濟陰王以廢黜不得上殿親臨梓宮悲號不食內外羣僚莫不哀之及北鄉侯薨車騎將軍閻顯及江京與中常侍劉安陳達等白太后祕不發喪而更徵立諸國王子乃閉宮門屯兵自守十一月丁巳京師及郡國十六地震是夜中黃門孫程等十九人共斬江京劉安陳達等迎濟陰王於德陽殿西鐘下卽皇帝位年十一近臣尚書以下從輦到南宮登雲臺召百官尚書令劉光等奏言孝安皇帝聖德明茂早棄天下陛下正統當奉宗廟而姦臣交搆遂令陛下龍潛蕃國羣僚遠近莫不失望天命有常北鄉不永漢德盛明福祚孔章近臣建策左右扶翼內外同心稽合神明陛下踐祚奉遵鴻緒爲郊廟主承續祖宗無窮之烈上當天心下厭民望而卽位倉卒典章多缺請條案禮儀分別具奏制曰可乃召公卿百僚使虎賁羽林士屯南北宮諸門閻顯兄弟聞帝立率兵入北宮尚書郭鎮與交鋒刃遂斬顯弟衞尉景戊午遣使者入省奪得璽綬乃幸嘉德殿遣侍御史持節收閻顯及其弟城門校尉耀執金吾晏並下獄誅己未開門罷屯兵壬戌詔司隸校尉惟閻顯江京近親當伏辜誅其餘務崇寬貸壬申謁高廟癸酉謁光武廟乙亥詔益州刺史罷子午道通褒斜路己卯葬少帝以諸王禮司空劉授免賜公卿以下錢穀各有差十二月甲申以少府河南陶敦爲司空其令郡國守相視事未滿歲者一切得舉孝廉吏癸卯尚書奏請下有司收還延光三年九月丁酉以皇太子爲濟陰王詔可京師大疫辛亥詔公卿郡守國相舉賢良方正能直言極諫之士各一人尚書令以下從輦幸南宮者皆增秩賜布各有差

永建元年春正月甲寅詔大赦天下賜男子爵人二級爲父後三老孝悌力田人三級流民欲自占者一級鰥寡孤獨篤癃貧不能自存者粟人五斛貞婦帛人三匹坐法當徙勿徙亡徙當傳勿傳宗室以罪絕皆復屬籍其與閻顯江京等交通者悉勿考辛未皇太后閻氏崩辛巳太傅馮石太尉劉憙司徒李郃免二月甲申葬安思皇后丙戌太常桓焉爲太傅大鴻臚朱寵爲太尉參錄尚書事長樂少府九江朱倀爲司徒賜百官隨輦宿衞及拜除者布各有差隴西鍾羌叛護羌校尉馬賢討破之夏五月丁丑詔幽并涼州刺史使各實二千石以下至黃綬年老劣弱不任軍事者上名嚴勑障塞繕設屯備立秋之後簡習戎馬六月己亥封濟南王錯子顯爲濟南王秋七月庚午衞尉來歷爲車騎將軍八月鮮卑寇代郡代郡太守李超戰歿九月辛亥初令三公尚書入奏事冬十月辛巳詔減死罪以下徙邊其亡命贖各有差丁亥司空陶敦免鮮卑犯邊庚寅遣黎陽營兵出屯中山北界告幽州刺史其令緣邊郡增置步兵列屯塞下調五營弩師郡舉五人令教習戰射壬寅廷尉張皓爲司空甲辰詔以疫癘水潦令人勿輸今年田租傷害什四以上勿收責不滿者以實除之十二月辛巳賜王主貴人公卿以下布各有差

二年春正月戊申樂安王鴻來朝丁卯常山王章薨二月鮮卑寇遼東元菟甲辰詔稟貸荆豫兖冀四州流冗貧人所在安業之疾病致醫藥護烏桓校尉耿曄率南單于擊鮮卑破之三月旱遣使者錄囚徒疏勒國遣使奉獻夏六月乙酉追尊諡皇妣李氏爲恭愍皇后葬於恭北陵西域長史班勇敦煌太守張朗討焉耆尉犂危須三國破之並遣子貢獻秋七月甲戌朔日有食之壬午太尉朱寵司徒朱倀罷庚子太常劉光爲太尉錄尚書事光祿勳許敬爲司徒辛丑下邳王成薨

三年春正月丙子京師地震漢陽地陷裂甲午詔實覈傷害者賜年七歲以上錢人二千一家被害郡縣爲收斂乙未詔勿收漢陽今年田租口賦夏四月癸卯遣光祿大夫案行漢陽及河內魏郡陳留東郡稟貸貧人六月旱遣使者錄囚徒理輕繫甲寅濟南王顯薨秋七月丁酉茂陵園寢災帝縞素避正殿辛亥使太常王龔持節告祠茂陵九月鮮卑寇漁陽冬十二月己亥太傅桓焉免是歲車騎將軍來歷罷

四年春正月丙寅詔赦天下從甲寅赦令已來復秩屬籍三年正月已來還贖其閻顯江京等知識婚姻禁錮一原除之務崇寬和敬順時令遵典去苛以稱朕意丙子帝加元服賜王主貴人公卿以下金帛各有差賜男子爵及流民欲占者人一級爲父後三老孝悌力田人二級鰥寡孤獨篤癃不能自存帛一匹二月戊戌詔以民入山鑿石發洩藏氣勑有司檢察所當禁絕如建武永平故事夏五月壬辰詔還桂陽太守文礱（力公反）所獻

大殊仍切責之五州雨水秋八月庚子遣使實覈死亡收斂稟賜丁巳太尉劉光司空張皓免九月復安定北地上郡歸舊土癸酉大鴻臚龐參爲太尉錄尚書事太常王龔爲司空冬十一月庚辰司徒許敬免鮮卑寇朔方十二月乙卯宗正劉崎爲司徒是歲分會稽爲吳郡拘彌國遣使貢獻

五年春正月疏勒王遣侍子及大宛莎車王皆奉使貢獻夏四月京師旱辛巳詔郡國貧人被災者勿收責今年過更京師及郡國十二蝗冬十月丙辰詔郡國中都官死罪繫囚皆減罪一等詣北地上郡安定戍乙亥定遠侯班始坐殺其妻陰城公主腰斬同產皆棄市

六年春二月庚午河閒王開薨三月辛亥復伊吾屯田復置伊吾司馬一人秋九月辛巳繕起太學護烏桓校尉耿曄遣兵擊鮮卑破之丁酉于闐王遣侍子貢獻冬十一月辛亥詔以連年災潦冀部尤甚其令本部勿收今年田租芻稾十二月日南徼外葉調國樿音權國遣使貢獻壬申客星出牽牛于闐王遣侍子詣闕貢獻

陽嘉元年春正月乙巳立皇后梁氏賜爵人二級三老孝悌力田三級爵過公乘得移與子若同產同產子民無名數及流民欲占著者人一級鰥寡孤獨篤癃貧不能自存者粟人五斛二月海賊曾旌等寇會稽殺句章鄞鄮三縣長攻會稽東部都尉詔緣海縣各屯兵戍丁巳皇后謁高廟光武廟詔稟甘陵貧人大小口各有差京師旱庚申勑郡國二千石各禱名山嶽瀆遣大夫謁者詣嵩高首陽山幷祠河洛請雨戊辰雩以冀部比年水潦民食不贍詔案行稟貸勸農功賑乏絕甲戌詔以冬鮮宿雪春無澍雨遣侍中王輔等持節分詣岱山東海滎陽河洛盡心祈焉三月揚州六郡妖賊章河等寇四十九縣殺傷長吏庚寅帝臨辟雍饗射大赦天下改元陽嘉詔宗室絕屬籍者一切復籍稟冀州尤貧民勿收今年更租口賦夏五月戊寅阜陵王恢薨秋七月史官始作候風地動銅儀丙辰以太學新成試明經下第者補弟子增甲乙科員各十人除郡國耆儒九十人補郎舍人九月詔郡國中都官繫囚皆減死一等亡命者贖各有差鮮卑寇遼東冬十一月甲申望都蒲陰狼殺女子九十七人詔賜狼所殺者錢人三千辛卯初令郡國舉孝廉限年四十以上諸生通章句文吏能牋奏乃得應選其有茂才異行若顏淵子奇不拘年齒十二月丁未東平王敞薨庚戌復置元菟郡屯田六郡閏月丁亥令諸以詔除郎年四十以上課試如孝廉科者得參廉選歲舉一人戊子客星出天苑辛卯詔曰閒者選舉不實官非其人是以天心未得人情多怨書歌股肱詩刺三事今刺史二千石之選歸任三司其簡序先後精覈高下歲月之次文武之宜務存厥衷庚子恭陵百丈廡災是歲起西苑修飾宮殿

二年春二月甲申詔以吳郡會稽饑荒貸人種糧三月使匈奴中郎將王稠率左骨都侯等擊鮮卑破之辛酉除京師耆儒年六十以上四十八人補郎舍人及諸王國郎夏四月復置隴西南部都尉官己亥京師地震五月庚子詔羣公卿士其各悉心直言震動之咎靡有所諱戊午司空王龔免六月辛未太常魯國孔扶爲司空疏勒國獻師子封牛丁丑洛陽地陷是月旱秋七月己未太尉龐參免八月己巳大鴻臚沛國施延爲太尉鮮卑寇代郡冬十月庚午行禮辟雍奏應鍾始復黃鍾作樂器隨月律

三年春二月己丑詔以久旱京師諸獄無輕重皆且勿考竟須得澍雨三月庚戌益州盜賊刧質令長殺列侯夏四月丙寅車師後部司馬率後部王加特奴等掩擊匈奴大破之獲其季母五月戊戌制詔罪已嘉與海內洗心更始其大赦天下自殊死以下謀反大逆諸犯不當得赦者皆赦除之賜民年八十以上米一斛肉二十斤酒五斗九十以上加賜帛人二匹絮三斤秋七月庚戌種羌寇隴西漢陽冬十月護羌校尉馬續擊破之十一月壬寅司徒劉崎司空孔扶免乙巳大司農南郡黃尚爲司徒光祿勳河東王卓爲司空丙午武都塞上屯羌及外羌攻破屯官驅略人畜

四年春二月丙子初聽中官得以養子爲後世襲封爵自去冬旱至於是月謁者馬賢擊鍾羌大破之夏四月甲子太尉施延免戊寅執金吾梁商爲大將軍前太尉龐參爲太尉六月己未梁王匡薨秋七月己亥濟北王登薨閏月丁亥朔日有食之冬十月烏桓寇雲中十一月圍度遼將軍耿曄於蘭池發諸郡兵救之烏桓退走十二月甲寅京師地震

永和元年春正月夫餘王來朝乙卯詔以典籍所忌震食爲重今日變方遠地搖京師咎徵不虛必有所應羣公百僚其各上封事指陳得失靡有所諱己巳宗祀明堂登雲臺改元永和大赦天下秋七月偃師蝗冬十月丁亥承福殿火帝避御雲臺十一月丙子太尉龐參罷十二月象林蠻夷叛乙巳以前司空王龔爲太尉

二年春正月武陵蠻叛圍充縣又寇夷道二月廣漢屬國都尉擊破白馬羌武陵太守李進擊叛蠻破之二月

辛亥北海王翼薨乙卯司空王卓薨乙丑光祿勳馮翊郭虔爲司空夏四月丙申京師地震五月日南叛蠻攻郡府秋七月九眞交阯二郡兵反八月庚子熒惑犯南斗江夏盜賊殺邾長冬十月甲申行幸長安所過鰥寡孤獨貧不能自存者賜粟人五斛庚子幸未央宮會三輔郡守都尉及官屬勞賜作樂十一月丙午祠高廟丁未遂有事十一陵丁卯京師地震十二月乙亥至自長安

三年春二月乙亥京師及金城隴西地震二郡山岸崩地陷戊子太白犯熒惑夏四月九江賊蔡伯流寇郡界及廣陵殺江都長戊戌遣光祿大夫案行金城隴西賜壓死者年七歲以上錢人二千一家皆被害爲收斂之除今年田租尤甚者勿收口賦閏月蔡伯流等率衆詣徐州刺史應志降己酉京師地震五月吳郡丞羊珍反攻郡府太守王衡破斬之六月辛丑瑯邪王遵薨九眞太守祝良交阯刺史張喬慰誘日南叛蠻降之嶺外平秋七月丙戌濟北王多薨八月己未司徒黃尚免九月己酉光祿勳長沙劉壽爲司徒丙戌令大將軍三公各舉故刺史二千石及見令長郎謁者四府掾屬剛毅武猛有謀謨任將帥者各二人特進卿校尉各一人冬十月燒當羌寇金城護羌校尉馬賢擊破之羌遂相招而叛十二月戊戌朔日有食之

四年春正月庚辰中常侍張逵蘧政楊定等有罪誅連及弘農太守張鳳安平相楊皓下獄死三月乙亥京師地震夏四月癸卯護羌校尉馬賢討燒當羌大破之戊午大赦天下賜民爵及粟帛各有差戊辰封故濟北惠王壽子安爲濟北王秋八月太原郡旱民庶流冗癸丑遣光祿大夫案行稟貸除更賦冬十月戊午校獵上林苑歷函谷關而還十一月丙寅幸廣成苑

五年春二月戊申京師地震夏四月庚子中山王弘薨南匈奴左部句龍大人吾斯車紐等叛圍美稷五月度遼將軍馬續討吾斯車紐破之使匈奴中郎將陳龜迫殺南單于己丑晦日有食之且凍羌寇三輔殺令長丁丑令死罪以下及亡命贖各有差九月令扶風漢陽築隴道塢三百所置屯兵辛未太尉王龔罷且凍羌寇武都燒隴關壬午太常桓焉爲太尉丁亥徙西河郡居離石上郡居夏陽朔方居五原句龍吾斯等東引烏桓西收羌胡寇上郡立車紐爲單于冬十一月辛巳遣使匈奴中郎將張耽擊破之車紐降

六年春正月丙子征西將軍馬賢與且凍羌戰於射姑山賢軍敗沒安定太守郭璜下獄死詔貸王侯國租一歲閏月鞏唐羌寇隴西遂及三輔二月丁巳有星孛於營室三月武都太守趙冲討鞏唐羌破之庚子司空郭虔免丁巳河間王政薨丙午太僕趙戒爲司空夏五月庚子齊王無忌薨使匈奴中郎將張耽大破烏桓羌胡於天山鞏唐羌寇北地秋七月甲午詔假民有貲者戶錢一千八月丙辰大將軍梁商薨壬戌河南尹梁冀爲大將軍九月諸種羌寇武威辛亥晦日有食之冬十月癸丑徙安定居扶風北地居馮翊十一月庚子以執金吾張喬行車騎將軍事將兵屯三輔

漢安元年春正月癸巳宗祀明堂大赦天下改元漢安二月丙辰詔大將軍公卿舉賢良方正能探賾索隱者各一人秋七月始置承華廄八月南匈奴左部大人句龍吾斯與薁鞬臺耆等反叛丁卯遣侍中杜喬光祿大夫周舉守光祿大夫郭遵馮羡欒巴張綱周栩劉班等八人分行州郡班宣風化舉實臧否九月廣陵盜賊張嬰等寇郡縣冬十月辛未太尉桓焉司徒劉壽免甲戌行車騎將軍張喬罷十一月壬午司隸校尉趙峻爲太尉大司農胡廣爲司徒癸丑詔大將軍三公選武猛試用有效驗任爲將校者各一人是歲廣陵賊張嬰等詣太守張綱降

二年春二月丙辰鄯善國遣使貢獻夏四月庚戌護羌校尉趙冲與漢陽太守張貢擊燒當羌於參䜌破之六月乙丑熒惑犯鎮星丙寅立南匈奴守義王兜樓儲爲南單于冬十月辛丑令郡國中都官繫囚殊死以下出縑贖各有差其不能入贖者遣詣臨羌縣居作二歲甲辰減百官奉丙午禁酤酒又貸王侯國租一歲閏月趙冲擊燒當羌於阿陽破之十一月使匈奴中郎將馬寔遣人刺殺句龍吾斯十二月揚徐盜賊攻燒城寺殺略吏民是歲涼州地百八十震

建康元年春正月辛丑詔曰隴西漢陽張掖北地武威武都自去年九月已來地百八十震山谷坼裂壞敗城寺殺害民庶夷狄叛逆賦役重數內外怨曠惟咎歎息其遣光祿大夫案行宣暢恩澤惠此下民勿爲煩擾三月庚子沛王廣薨領護羌校尉衛琚追討叛羌破之南郡江夏盜賊寇掠城邑州郡討平之夏四月使匈奴中郎將馬寔擊南匈奴左部破之於是胡羌烏桓悉詣寔降辛巳立皇子炳爲皇太子改元建康大赦天下賜人爵各有差秋七月丙午清河王延平薨八月揚徐盜賊范容周生等寇掠城邑遣御史中丞馮赦督州郡兵討之庚午帝崩於玉堂前殿時年三十遺詔無起寢廟斂

以故服珠玉玩好皆不得下

順帝永建六年陽嘉四年永和六年漢安二年建康一年卽位十九年

孝沖皇帝諱炳順帝之子也母曰虞貴人建康元年立爲皇太子其年八月庚午卽皇帝位年二歲尊皇后曰皇太后太后臨朝丁丑以太尉趙峻爲太傅大司農李固爲太尉參錄尚書事九月丙午葬孝順皇帝於憲陵廟曰敬宗是日京師及太原鴈門地震三郡水涌土裂庚戌詔三公特進侯卿校尉舉賢良方正幽逸修道之士各一人百僚皆上封事己未九江太守邱騰有罪下獄死揚州刺史尹耀九江太守鄧顯討賊范容等於歷陽軍敗耀顯爲賊所殁冬十月日南蠻夷攻燒城邑交阯刺史夏方招誘降之壬申常山王儀薨己卯零陵太守劉康坐殺無辜下獄死十一月九江盜賊徐鳳馬勉等稱無上將軍攻燒城邑己酉令郡國中都官繫囚減死一等徙邊謀反大逆不用此令十二月九江賊黃虎等攻合肥是歲羣盜發憲陵護羌校尉趙沖追擊叛羌於鸇陰河戰死

永嘉元年春正月戊戌帝崩於玉堂前殿年三歲淸河王蒜徵至京師

沖帝永嘉一年

孝質皇帝諱纘肅宗元孫曾祖父千乘貞王伉祖父樂安夷王寵父渤海孝王鴻母陳夫人沖帝不豫大將軍梁冀徵帝到洛陽都亭及沖帝崩皇太后與冀定策禁中丙辰使冀持節以王靑蓋車迎帝入南宮丁巳封爲建平侯其日卽皇帝位年八歲己未葬孝沖皇帝於懷陵廣陵賊張嬰等復反攻殺堂邑江都長九江賊徐鳳等攻殺曲陽東城長甲申謁高廟乙酉謁光武廟二月豫章太守虞續坐贓下獄死乙酉大赦天下賜人爵及粟帛各有差還王侯所削戶邑彭城王道薨叛羌詣左馮翊梁並降三月九江賊馬勉稱皇帝九江都尉滕撫討馬勉范容周生大破斬之夏四月壬申雩庚辰濟北王安薨丹陽賊陸宮等圍城燒亭寺丹陽太守江漢擊破之五月甲午皇太后詔以自春涉夏大旱炎赫比日陰雲還復開霽將由二千石令長不崇寬和而爲苛刻所致其令中都官繫囚罪非殊死考未竟者一切任出以須立秋郡國有名山大澤能興雲雨者二千石長吏各潔齋請禱竭誠盡禮又兵役連年死亡流離或支骸不斂或停棺莫收朕甚愍焉今遣使者案行若無家屬及貧無資者隨宜賜郵以慰孤魂是月下邳人謝安應募擊徐鳳等斬之而辰詔曰孝殤皇帝雖不永休祚而卽位踰年君臣禮成孝安皇帝承襲統業而前世遂令恭陵在康陵之上先後相踰失其次序非所以奉祖宗之重垂無窮之制昔定公追正順祀春秋善之其令恭陵次康陵憲陵次恭陵以序親秩爲萬世法六月鮮卑寇代郡秋七月庚寅阜陵王代薨廬江盜賊攻尋陽又攻盱台滕撫遣司馬王章擊破之九月戊戌太傅趙峻薨冬十一月己丑南陽太守韓昭坐贓下獄死丙午中郎將滕撫擊廣陵賊張嬰破之丁未中郎將趙序坐事棄市歷陽賊華孟自稱黑帝攻殺九江太守楊岑滕撫率諸將擊孟等大破斬之

本初元年春正月丙申詔以方春東作育微敬始其勅有司罪非殊死且勿案驗以崇在寬壬子廣陵太守王喜坐討賊逗留下獄死二月庚辰詔曰九江廣陵二郡數離寇害殘夷尤甚生者失其資業死者委尸原野其調比郡見穀出稟窮弱收葬枯骸務加理郵以稱朕意夏四月庚辰令郡國舉明經年五十以上七十以下詣太學自大將軍至六百石皆遣子受業歲滿課試以高第五人補郎中次五人太子舍人又千石六百石四府掾屬三署郎四姓小侯先能通經者各令隨家　其高第者上名牒當以次賞進五月庚寅徙樂安王爲渤海王海水溢戊申使謁者案行收葬樂安北海人爲水所漂沒死者又稟給貧羸庚戌太白犯熒惑六月丁巳大赦天下賜民爵及粟帛各有差閏月甲申大將軍梁冀潛行鴆弒帝崩於玉堂前殿年九歲丁亥太尉李固免戊子司徒胡廣爲太尉司空趙戒爲司徒與梁冀參錄尚書事太僕袁湯爲司空

質帝本初一年

孝桓皇帝諱志肅宗曾孫也祖父河間孝王開父蠡吾侯翼母匽氏翼卒帝襲爵爲侯本初元年梁太后徵帝到夏門亭將妻以女弟會質帝崩太后遂與兄大將軍冀定策禁中閏月庚寅使冀持節以王靑蓋車迎帝入南宮其日卽皇帝位時年十五太后猶臨朝政秋七月乙卯葬孝質皇帝於靜陵齊王喜薨辛巳謁高廟光武廟丙戌詔曰孝廉廉吏皆當典城牧民禁姦舉善興化之本恒必由之今選舉乖錯害及元元深惟鐲滌貪穢以祈休祥其令秩滿百戶十歲以上有殊才異行乃得參選贓吏子孫不得察舉杜絕邪僞請託之原令廉白守道者得信其操各明守所司以覲厥後九月戊戌追尊皇祖河間孝王曰孝穆皇夫人趙氏曰孝穆皇后皇考蠡吾侯曰孝崇皇冬十月甲午尊皇母匽氏爲孝崇

博園夫人

建和元年春正月辛亥朔日有食之詔三公九卿校尉各言得失戊午大赦天下賜吏更勞一歲男子爵人二級爲父後及三老孝悌力田人三級鰥寡孤獨篤癃貧不能自存者粟人五斛貞婦帛人三匹災害所傷什四以上勿收田租其不滿者以實除之二月荆揚二州人多餓死遣四府掾分行賑給沛國言黃龍見譙夏四月庚寅京師地震詔大將軍公卿校尉舉賢良方正能直言極諫者各一人又命列侯將大夫御史謁者千石六百石博士議郎郎官各上封事指陳得失又詔大將軍公卿郡國舉至孝篤行之士各一人壬辰詔州郡不得迫脅驅逐長吏長吏贓滿三十萬而不糾舉者刺史二千石以縱避爲罪若有擅相假印綬者與殺人同棄市論丙午詔郡國繫囚減死罪一等勿笞唯謀反大逆不用此書又詔曰比起陵塋彌歷時歲力役既廣徒隸尤勤頃雨澤不降密雲復散儻或在茲其令徒作陵者減刑各六月是月立阜陵王代兄勃遒亭侯便爲阜陵王郡國六地裂水涌井溢芝草生中黃藏府六月太尉胡廣罷大司農杜喬爲太尉秋七月勃海王鴻薨立弟蠡吾侯悝爲勃海王乙未立皇后梁氏九月丁卯京師地震太尉杜喬免冬十月司徒趙戒爲太尉司空袁湯爲司徒前太尉胡廣爲司空十一月濟陰言有五色大鳥見于巳氏戊午減天下死罪一等戍邊清河劉文反殺國相射暠欲立清河王蒜爲天子事覺伏誅蒜坐貶爲尉氏侯徙桂陽自殺前太尉李固杜喬皆下獄死陳留盜賊李堅自稱皇帝伏誅

二年春正月甲子皇帝加元服庚子大赦天下賜河閒勃海二王黃金各百斤彭城諸國王各五十斤公主大將軍三公特進侯中二千石二千石將大夫郎吏從官四姓及梁鄧小侯諸夫人以下帛各有差年八十以上賜米酒肉九十以上加帛二匹綿三斤三月戊辰帝從皇太后幸大將軍梁冀府白馬羌寇廣漢屬國殺長吏益州刺史率板楯蠻討破之夏四月丙子封帝弟顧爲平原王奉孝崇皇祀尊孝崇皇夫人馬氏爲孝崇園貴人嘉禾生大司農帑藏五月癸丑北宮掖廷中德陽殿及左掖門火車駕移幸南宮六月改清河爲甘陵立安平王得子經侯理爲甘陵王秋七月京師大水河東生木連理冬十月長平陳景自號皇帝子署置官屬又南頓管伯亦稱眞人並圖舉兵悉伏誅

三年春三月甲申彭城王定薨夏四月丁卯晦日有蝕之五月乙亥詔以日食之故自永建元年迄於今歲凡諸妖惡支親從坐及吏民減死徙邊者悉歸本郡唯沒入者不從此令六月庚子詔大將軍三公特進侯其與校尉舉賢良方正能直言極諫之士各一人乙卯震憲陵寢屋秋七月庚申廉縣雨肉八月乙丑有星孛於天市京師大火九月己卯地震庚寅地又震詔死罪以下及亡者贖各有差郡國五山崩冬十月太尉趙戒免司徒袁湯爲太尉大司農河內張歆爲司徒十一月甲申詔曰朕攝政失中災眚連仍今京師厮舍死者相枕郡縣阡陌處處有之甚違周文掩胔之義其有家屬而貧無以葬者給直人三千喪主布三疋若無親屬可於官壖地葬之表識姓名爲設祠祭又徒在作部疾病致醫藥死亡厚埋藏民有不能自振及流移者稟穀如科州郡檢察務崇恩施以康我民

和平元年春正月甲子大赦天下改元和平己亥太后詔復政於皇帝二月扶風妖賊裴優自稱皇帝伏誅甲寅皇太后梁氏崩三月車駕徙幸北宮甲午葬順烈皇后夏五月庚辰尊博園匽貴人曰孝崇皇后秋七月梓潼山崩冬十一月減天下死罪一等徙邊戍

元嘉元年春正月京師疾疫使光祿大夫將醫藥案行癸酉大赦天下改元元嘉二月九江廬江大疫甲午河間王建薨夏四月己丑安平王得薨京師旱任城梁國飢民相食司徒張歆罷光祿勳吳雄爲司徒秋七月武陵蠻叛冬十月司空胡廣罷十一月辛巳京師地震閏月庚午任城王崇薨大常黃瓊爲司空

二年春正月西域長史王敬爲于闐國所殺丙辰京師地震夏四月甲寅孝崇皇后匽氏崩庚午常山王豹薨五月辛卯葬孝崇皇后於博陵秋七月庚辰日有食之八月濟陰言黃龍見句陽金城言黃龍見允街冬十月乙亥京師地震十一月司空黃瓊免十二月特進趙戒爲司空右北平太守和旻坐贓下獄死

永興元年春二月張掖言白鹿見三月丁亥幸鴻池夏五月丙申大赦天下改元永興丁酉濟南王廣薨無子國除秋七月郡國三十二蝗河水溢百姓飢窮流冗道路至有數十萬戶冀州尤甚詔在所賑給乏絕安慰居業冬十月太尉袁湯免太常胡廣爲太尉司徒吳雄罷司空趙戒免以太僕黃瓊爲司徒光祿勳房植爲司空十一月丁丑詔減天下死罪一等徙邊戍是歲武陵太守應奉招誘叛蠻降之

二年春正月甲午大赦天下二月辛丑初聽刺史二千石行三年喪服癸卯京師地震詔公卿校尉舉賢良方

正能極言直諫者各一人詔以災異比見自今輿服制度有踰侈長飾者皆宜損省郡縣務存儉約申明舊令如永平故事六月彭城泗水增長逆流詔司隸校尉部刺史曰蝗災爲害水變仍至五穀不登人無宿儲其令所傷郡國種蕪菁以助人食京師蝗東海朐山崩九月丁卯朔日有食之詔曰朝政失中雲漢作旱郡縣當爲飢餧者儲天下一家穀不櫱爛則爲國寶其禁郡國不得賣酒祠祀裁足太尉胡廣免司徒黃瓊爲太尉閏月光祿勳尹頌爲司徒減天下死罪一等徙邊戍蜀郡李伯詐稱宗室當立爲太初皇帝伏誅冬十月甲辰校獵上林苑遂至函谷關賜所過道傍年九十以上錢各有差泰山琅邪賊公孫舉等反叛殺長吏

永壽元年春正月戊申大赦天下改元永壽二月司隸冀州飢人相食勅州郡賑給貧弱若王侯吏民有積穀者一切貸得十分之三以助稟貸其百姓吏民者以其見錢雇直王侯須新租乃償夏四月白烏見齊國六月洛水溢壞鴻德苑南陽大水司空房植免太常韓縯爲司空詔泰山琅邪遇賊者勿收租賦復更算三年又詔被水死流失屍骸者令郡縣鉤求收葬及所唐突壓溺物故七歲以上賜錢人二千壞敗廬舍亡失穀食尤貧者稟人二斛巴郡益州郡山崩秋七月初置泰山琅邪都尉官南匈奴左臺且渠伯德等叛寇美稷安定屬國都尉張奐討除之

二年春正月初聽中官得行三年服二月甲申東海王臻薨三月蜀郡屬國夷叛秋七月鮮卑寇雲中泰山賊公孫舉等寇青兗徐三州遣中郎將段熲討破斬之冬十一月置太官右監丞官十二月京師地震

三年春正月己未大赦天下夏四月九眞蠻夷叛太守兒式討之戰歿遣九眞都尉魏朗擊破之復屯據日南閏月庚辰晦日有食之六月初以小黃門爲守宮令置冗從右僕射官京師蝗秋七月河東地裂冬十一月司徒尹頌薨長沙蠻叛寇益陽司空韓縯爲司徒太常北海孫朗爲司空

延熹元年春三月乙酉初置鴻德苑令夏五月己酉大會公卿以下賞賜各有差甲戌晦日有食之京師蝗六月戊寅大赦天下改元延熹丙戌分中山置博陵郡以奉孝崇皇園陵大雩秋七月己巳雲陽地裂甲子太尉黃瓊免太常胡廣爲太尉冬十月校獵廣成遂幸上林苑十二月鮮卑寇邊使匈奴中郎將張奐率南單于擊破之

二年春二月鮮卑寇鴈門己亥阜陵王便薨蜀郡夷寇蠶陵殺縣令三月復斷刺史二千石行三年喪夏京師雨水六月鮮卑寇遼東秋七月初造顯陽苑置丞丙午皇后梁氏崩乙丑葬懿獻皇后於懿陵大將軍梁冀謀爲亂八月丁丑帝御前殿詔司隸校尉張彪將兵圍冀第收大將軍印綬冀與妻皆自殺衞尉梁淑河南尹梁允屯騎校尉梁讓越騎校尉梁忠長水校尉梁戟等及中外宗親數十人皆伏誅太尉胡廣坐免司徒韓縯司空孫朗下獄壬午立皇后鄧氏追廢懿陵爲貴人冢詔曰梁冀姦暴濁亂王室孝質皇帝聰敏早茂冀心懷忌畏私行殺毒永樂皇后親尊莫二冀又遏絕禁還京師使朕離母子之愛隔顧復之恩禍害深大罪釁日滋賴宗廟之靈及中常侍單超徐璜具瑗左悺唐衡尚書令尹勳等激憤建策內外協同漏刻之間桀逆梟夷斯誠社稷之祐臣下之力宜班慶賞以酬忠勳其封超等五人爲縣侯勳等七人爲亭侯於是舊故恩私多受封爵大司農黃瓊爲太尉光祿大夫中山祝恬爲司徒大鴻臚梁國盛允爲司空初置祕書監官冬十月壬申行幸長安乙酉幸未央宮甲午祠高廟十一月庚子遂有事十一陵壬寅中常侍單超爲車騎將軍十二月己巳至自長安賜長安民粟人十斛園陵人五斛行所過縣三斛燒當等八種羌叛寇隴右護羌校尉段熲追擊於羅亭破之天竺國來獻

三年春正月丙申大赦天下丙午車騎將軍單超薨閏月燒當羌叛寇張掖護羌校尉段熲追擊於積石大破之白馬令李雲坐直諫下獄死夏四月上郡言甘露降五月甲戌漢中山崩六月辛丑司徒祝恬薨秋七月司空盛允爲司徒太常虞放爲司空長沙蠻寇郡界九月泰山琅邪賊勞丙等復叛寇掠百姓遣御史中丞趙某持節督州郡討之丁亥詔無事之官權絕奉豐年如故冬十一月日南蠻賊率衆詣郡降勒姐羌圍允街段熲擊破之泰山賊叔孫無忌攻殺都尉侯章十二月遣中郎將宗資討破之武陵蠻寇江陵車騎將軍馮緄討之皆降散荆州刺史度尙討長沙蠻平之

四年春正月辛酉南宮嘉德殿火戊子丙署火大疫二月壬辰武庫火司徒盛允免大司農种暠爲司徒三月省冗從右僕射官太尉黃瓊免夏四月太常劉矩爲太尉甲寅封河間王開子博爲任城王五月辛酉有星孛於心丁卯原陵長壽門火己卯京師雨雹六月京兆扶風及涼州地震庚子岱山及博尤來山並穨裂己酉大赦天下司空虞放免前太尉黃瓊爲司空犍爲屬國夷

寇鈔百姓益州刺史山昱擊破之零吾羌與先零諸種並叛寇三輔秋七月京師雩減公卿以下奉貸王侯半租占賣關內侯虎賁羽林緹騎營士五大夫錢各有差九月司空黃瓊免大鴻臚劉寵爲司空冬十月天竺國來獻南陽黃武與襄城惠得昆陽樂季訞言相署皆伏誅先零沈氏羌與諸種羌寇并涼二州十一月中郎將皇甫規擊破之十二月夫餘王遣使來獻

五年春正月省太官右監丞壬午南宮丙署火三月沈氏羌寇張掖酒泉壬午濟北王次薨夏四月長沙賊起寇桂陽蒼梧驚馬逸象突入宮殿乙丑恭陵東闕火戊辰虎賁掖門火己巳太學西門自壞五月康陵園寢火長沙零陵賊起攻桂陽蒼梧南海交阯遣御史中丞盛脩督州郡討之不克乙亥京師地震詔公卿各上封事甲申中藏府丞祿署火秋七月己未南宮承善闥火鳥吾羌寇漢陽隴西金城諸郡兵討破之八月庚子詔減虎賁羽林住寺不任事者半奉勿與冬衣其公卿以下給冬衣之半艾縣賊焚燒長沙郡縣寇益陽殺令又零陵蠻亦叛寇長沙己卯罷琅邪都尉官冬十月武陵蠻叛寇江陵南郡太守李肅坐奔北棄市辛丑以太常馮緄爲車騎將軍討之假公卿以下奉又換王侯租以助軍糧出濯龍中藏錢還之十一月馮緄大破叛蠻於武陵京兆虎牙都尉宗謙坐贓下獄死滇那羌寇武威張掖酒泉太尉劉矩免太常楊秉爲太尉

六年春二月戊午司徒种暠薨三月戊戌大赦天下衛尉潁川許栩爲司徒夏四月辛亥康陵東署火五月鮮卑寇遼東屬國秋七月甲申平陵園寢火桂陽盜賊李研等寇郡界武陵蠻復叛太守陳奉與戰大破降之隴西太守孫羌討滇那羌破之八月車騎將軍馮緄免冬十月丙辰校獵廣成遂幸函谷關上林苑十一月司空劉寵免南海賊寇郡界十二月衛尉周景爲司空

七年春正月庚寅沛王榮薨三月癸亥隕石於鄠夏四月丙寅梁王成薨五月己丑京師雨雹秋七月辛卯趙王乾薨野王山上有死龍荆州刺史度尚擊零陵桂陽盜賊及蠻夷大破平之冬十月壬寅南巡狩庚申幸章陵祠舊宅遂有事於園廟賜守令以下各有差戊辰幸雲夢臨漢水還幸新野公主魯哀王壽張敬侯廟護羌校尉段熲擊當煎羌破之十二月辛丑車駕還宮

八年春正月遣中常侍左悺之苦縣祠老子渤海王悝謀反降爲癭陶王丙申晦日有食之詔公卿校尉舉賢良方正己酉南宮嘉德署黃龍見千秋萬歲殿火太僕左稱有辠自殺癸亥皇后鄧氏廢河南尹鄧萬世虎賁中郎將鄧會下獄死護羌校尉段熲擊罕姐羌破之三月辛巳大赦天下夏四月甲寅安陵園寢火丁巳壞郡國諸房祀濟陰東郡濟北河水清五月壬申罷泰山都尉官丙戌太尉楊秉薨丙辰緱氏地裂桂陽胡蘭朱蓋等復反攻沒郡縣轉寇零陵零陵太守陳球拒之遣中郎將度尚長沙太守抗徐等擊蘭蓋大破斬之蒼梧太守張敘爲賊所執又桂陽太守任允背敵畏懦皆棄市閏月甲午南宮長秋和歡殿鉤楯掖庭朔平署火六月段熲擊當煎羌於湟中大破之秋七月太中大夫陳蕃爲太尉八月戊辰初令郡國有田者畝斂稅錢九月丁未京師地震冬十月司空周景免太常劉茂爲司空辛巳立貴人竇氏爲皇后勃海妖賊蓋登等稱太上皇帝有玉印珪璧鐵券相署置皆伏誅十一月壬子德陽殿西閤黃門北寺火延及廣義神虎門燒殺人使中常侍管霸之苦縣祠老子

九年春正月辛亥朔日有食之詔公卿校尉郡國舉至孝沛國戴異得黃金印無文字遂與廣陵人龍尙等共祭井作符書稱太上皇伏誅己酉詔曰比歲不登人多飢窮又有水旱疾疫之困盜賊徵發南州尤甚其令大司農絕今歲調度徵求及前年所調未畢者勿復收責其災旱盜賊之郡勿收租餘郡悉半入三月癸巳京師有火光轉行人相驚譟司隸豫州飢死者什四五至有滅戶者遣三府掾賑稟之陳留太守韋毅坐贓自殺夏四月濟陰東郡濟北平原河水清司徒許栩免五月太常胡廣爲司徒六月南匈奴及烏桓鮮卑寇緣邊九郡秋七月沈氏羌寇武威張掖詔舉武猛三公各二人卿校尉各一人太尉陳蕃免庚午祠黃老於濯龍宮遣使匈奴中郎將張奐擊南匈奴烏桓鮮卑九月光祿勳周景爲太尉南陽太守成瑨太原太守劉質並以譖棄市司空劉茂免大秦國王遣使奉獻冬十二月洛城傍竹栢枯傷光祿勳汝南宣酆爲司空南匈奴烏桓率眾詣張奐降司隸校尉李膺等二百餘人受誣爲黨人並坐下獄書名王府

永康元年春正月先零羌寇三輔中郎將張奐討平之當煎羌寇武威護羌校尉段熲追擊於鸞鳥大破之西羌悉平夫餘王寇元菟太守公孫域與戰破之夏四月先零羌寇三輔五月丙申京師及上黨地裂廬江賊起寇郡界壬子晦日有食之詔公卿校尉舉賢良方正六月庚申大赦天下悉除黨錮改元永康丙寅阜陵王統薨秋八月魏郡言嘉禾生甘露降巴郡言黃龍見六州

大水渤海海溢詔州郡溺死者七歲以上錢人二千一家皆被害者悉爲收斂其亡失穀食稟人三斛冬十月先零羌寇三輔使匈奴中郎將張奐擊破之十一月西河言白兔見十二月壬申復癭陶王悝爲渤海王丁丑帝崩於德陽前殿年三十六戊寅尊皇后曰皇太后太后臨朝是歲復博陵河間二郡比豐沛

桓帝建和三年和平一年元嘉二年永興二年永壽三年延熹九年永康一年即位二十一年

孝靈皇帝諱宏肅宗元孫也曾祖河間孝王開祖淑父萇世封解瀆亭侯帝襲侯爵母董夫人桓帝崩無子皇太后與父城門校尉竇武定策禁中使守光祿大夫劉儵持節將左右羽林至河間奉迎

建寧元年春正月壬午城門校尉竇武爲大將軍己亥帝到夏門亭使竇武持節以王青蓋車迎入殿中庚子即皇帝位年十二改元建寧以前太尉陳蕃爲太傅與竇武及司徒胡廣參錄尚書事使護羌校尉段熲討先零羌二月辛酉葬孝桓皇帝於宣陵廟曰威宗庚午謁高廟辛未謁世祖廟大赦天下賜民爵及帛各有差段熲大破先零羌於逢義山閏月甲午追尊皇祖爲孝元皇夫人夏氏爲孝元皇后考爲孝仁皇夫人董氏爲慎園貴人夏四月戊辰太尉周景薨司空宣酆免長樂衛尉王暢爲司空五月丁未朔日有食之詔公卿以下各上封事及郡國守相舉有道之士各一人又故刺史二千石清高有遺惠爲眾所歸者皆詣公車太中大夫劉矩爲太尉六月京師雨水秋七月破羌將軍段熲復破先零羌於涇陽八月司空王暢免宗正劉寵爲司空九月丁亥中常侍曹節矯詔誅太傅陳蕃大將軍竇武及尚書令尹勳侍中劉瑜屯騎校尉馮述皆夷其族皇太后遷於南宮司徒胡廣爲太傅錄尚書事司空劉寵爲司徒大鴻臚許栩爲司空冬十月甲辰晦日有食之令天下繫囚罪未決入縑贖各有差十一月太尉劉矩免太僕沛國聞人襲爲太尉十二月鮮卑及濊貊寇幽并二州

二年春正月丁丑大赦天下三月乙巳尊慎園董貴人爲孝仁皇后夏四月癸巳大風雨雹詔公卿以下各上封事五月太尉聞人襲罷司空許栩免六月司徒劉寵爲太尉太常許訓爲司徒太僕長沙劉囂爲司空秋七月破羌將軍段熲大破先零羌於射虎塞外谷東羌悉平九月江夏蠻叛州郡討平之丹陽山越賊圍太守陳夤夤擊破之冬十月丁亥中常侍侯覽諷有司奏前司空虞放太僕杜密長樂少府李膺司隸校尉朱㝢潁川太守巴肅沛相荀翌河內太守魏朗山陽太守翟超等皆爲鉤黨下獄死者百餘人妻子徙邊諸附從者錮及五屬制詔州郡大舉鉤黨於是天下豪傑及儒學行義者一切結爲黨人庚子晦日有食之十一月太尉劉寵免太僕郭禧爲太尉鮮卑寇并州是歲長樂太僕曹節爲車騎將軍百餘日罷

三年春正月河內人婦食夫河南人夫食婦三月丙寅晦日有食之夏四月太尉郭禧罷太中大夫聞人襲爲太尉秋七月司空劉囂罷八月大鴻臚橋元爲司空九月執金吾董寵下獄死冬濟南賊起攻東平陵鬱林烏滸民相率內屬

四年春正月甲子帝加元服大赦天下賜公卿以下各有差唯黨人不赦二月癸卯地震海水溢河水清三月辛酉朔日有食之太尉聞人襲免太僕李咸爲太尉詔公卿至六百石各上封事大疫使中謁者巡行致醫藥司徒許訓免司空橋元爲司徒夏四月太常來豔爲司空五月河東地裂雨雹山水暴出秋七月司空來豔免癸丑立貴人宋氏爲皇后司徒橋元免太常宗俱爲司空前司空許栩爲司徒冬鮮卑寇并州

熹平元年春三月壬戌太傅胡廣薨夏五月己巳大赦天下改元熹平長樂太僕侯覽有罪自殺六月京師雨水癸巳皇太后竇氏崩秋七月甲寅葬桓思皇后宦官諷司隸校尉段熲捕繫太學諸生千餘人冬十月渤海王悝被誣謀反丁亥悝及妻子皆自殺十一月會稽人許生自稱越王寇郡縣遣揚州刺史臧旻丹陽太守陳夤討破之十二月司徒許栩罷大鴻臚袁隗爲司徒鮮卑寇并州是歲甘陵王恢薨

二年春正月大疫使使者巡行致醫藥丁丑司空宗俱薨二月壬午大赦天下以光祿勳楊賜爲司空三月太尉李咸免夏五月以司隸校尉段熲爲太尉沛相師遷坐誣罔國王下獄死六月北海地震東萊北海海水溢秋七月司空楊賜免太常潁川唐珍爲司空冬十二月日南徼外國重譯貢獻太尉段熲罷鮮卑寇幽并二州癸酉晦日有食之

三年春正月夫餘國遣使貢獻二月己巳大赦天下太常陳耽爲太尉三月中山王暢薨無子國除夏六月封河間王利子康爲濟南王奉孝仁皇祀秋洛水溢冬十月癸丑令天下繫囚罪未決入縑贖十一月揚州刺史臧旻率丹陽太守陳夤大破許生於會稽斬之任城王博薨十二月鮮卑寇北地北地太守夏育追擊破之鮮

卑又寇并州司空唐珍罷永樂少府許訓爲司空

四年春三月詔諸儒正五經文字刻石立於太學門外封河間王建孫佗爲任城王夏四月郡國七大水五月丁卯大赦天下延陵園災遣使者持節告祠延陵鮮卑寇幽州六月弘農三輔螟遣守宮令之鹽穿渠爲民興利令郡國遇災者減田租之半其傷害什四以上勿收責冬十月丁巳令天下繫囚罪未決入縑贖拜沖帝母虞美人爲憲園貴人質帝母陳夫人爲渤海孝王妃改平準爲中準使宦者爲令列於內署自是諸署悉以閹人爲丞令

五年夏四月癸亥大赦天下益州郡夷叛太守李顒討平之復崇高山名爲嵩高山大雩使侍御史行詔獄亭部理冤枉原輕繫休囚徒五月太尉陳耽罷司空許訓爲太尉閏月潁川太守曹鸞坐訟黨人棄市詔黨人門生故吏父兄子弟在位者皆免官禁錮六月壬戌太常南陽劉逸爲司空秋七月許訓罷光祿勳劉寬爲太尉冬十月壬午御殿後槐樹自拔倒豎司徒袁隗罷十一月丙戌光祿大夫楊賜爲司徒十二月甘陵王定薨試太學生年六十以上百餘人除郎中太子舍人至王家郎郡國文學吏是歲鮮卑寇幽州沛國言黃龍見譙

六年春正月辛巳大赦天下二月南宮平城門及武庫東垣屋自壞夏四月大旱七州蝗鮮卑寇三邊市賈民爲宣陵孝子者數十人皆除太子舍人秋七月司空劉逸免衞尉陳球爲司空八月遣破鮮卑中郎將田晏出雲中使匈奴中郎將臧旻與南單于出鴈門護烏桓校尉夏育出高柳並伐鮮卑晏等大敗冬十月癸丑朔日有食之太尉劉寬免帝臨辟雍辛丑京師地震辛亥令天下繫囚罪未決入縑贖十一月司空陳球免十二月甲寅太常河南孟戫爲太尉庚辰司徒楊賜免太常陳耽爲司空鮮卑寇遼西永安太僕王旻下獄死

光和元年春正月合浦交阯烏滸蠻叛招引九眞日南民攻沒郡縣太尉孟戫罷二月辛亥朔日有食之癸丑光祿勳陳國袁滂爲司徒己未地震始置鴻都門學生三月辛丑大赦天下改元光和太常常山張顥爲太尉夏四月丙辰地震侍中寺雌雞化爲雄司空陳耽免太常來豔爲司空五月壬午有白衣人入德陽殿門亡去不獲六月丁丑有黑氣墮所御溫德殿庭中秋七月壬子青虹見御坐玉堂後殿庭中八月有星孛於天市九月太尉張顥罷太常陳球爲太尉司空來豔薨冬十月屯騎校尉袁逢爲司空皇后宋氏廢后父執金吾酆下獄死丙子晦日有食之十一月太尉陳球免十二月丁巳光祿大夫橋元爲太尉是歲鮮卑寇酒泉京師馬生人初開西邸賣官自關內侯虎賁羽林入錢各有差私令左右賣公卿公千萬卿五百萬

二年春大疫使常侍中謁者巡行致醫藥三月司徒袁滂免大鴻臚劉郃爲司徒乙丑太尉橋元罷太中大夫段熲爲太尉京師地震司空袁逢罷太常張濟爲司空夏四月甲戌朔日有食之辛巳中常侍王甫及太尉段熲並下獄死丁酉大赦天下諸黨人禁錮小功以下皆除之東平王端薨五月衞尉劉寬爲太尉秋七月使匈奴中郎將張修有罪下獄死冬十月甲申司徒劉郃永樂少府陳球衞尉陽球步兵校尉劉納謀誅宦者事泄皆下獄死巴郡板楯蠻叛遣御史中丞蕭瑗督益州刺史討之不克十二月光祿勳楊賜爲司徒鮮卑寇幽并二州是歲河間王利薨洛陽女子生兒兩頭四臂

三年春正月癸酉大赦天下二月公府駐駕廡自壞三月梁王元薨夏四月江夏蠻叛六月詔公卿舉能通尙書毛詩左氏穀梁春秋各一人悉除議郎秋表是地震涌水出八月令繫囚罪未決入縑贖各有差冬閏月有星孛於狼弧鮮卑寇幽并二州十二月己巳立貴人何氏爲皇后是歲作罼圭靈昆苑

四年春正月初置騄驥廄丞領受郡國調馬豪右辜搉馬一匹至二百萬二月郡國上芝英草夏四月庚子大赦天下交阯刺史朱儁討交阯合浦烏滸蠻破之六月庚辰雨雹秋七月河南言鳳凰見新城羣鳥隨之賜新城令及三老力田帛各有差九月庚寅朔日有食之太尉劉寬免衞尉許戫爲太尉閏月辛酉北宮東掖庭永巷署災司徒楊賜罷冬十月太常陳耽爲司徒鮮卑寇幽并二州是歲帝作列肆於後宮使諸采女販賣更相盜竊爭鬭帝著商估服飲宴爲樂又於西園弄狗著進賢冠帶綬又駕四驢帝躬自操轡驅馳周旋京師轉相放效

五年春正月辛未大赦天下二月大疫三月司徒陳耽免夏四月旱太常袁隗爲司徒五月庚申永樂宮署災秋七月有星孛於太微巴郡板楯蠻詣太守曹謙降癸酉令繫囚罪未決入縑贖八月起四百尺觀於阿亭道冬十月太尉許戫罷太常楊賜爲太尉校獵上林苑歷函谷關遂巡狩於廣成苑十二月還幸太學

六年春正月日南徼外國重譯貢獻二月復長陵縣比豐沛三月辛未大赦天下夏大旱秋金城河水溢五原山岸崩始置圃囿以宦者爲令冬東海東萊琅邪井中

冰厚尺餘大有年

中平元年春二月鉅鹿人張角自稱黃天其部帥有三十六萬皆著黃巾同日反叛安平甘陵人各執其王以應之三月戊申以河南尹何進爲大將軍將兵屯都亭置八關都尉官壬子大赦天下黨人還諸徙者唯張角不赦詔公卿出馬弩舉列將子弟及吏民有明戰陣之略者詣公車遣北中郎將盧植討張角左中郎將皇甫嵩右中郎將朱儁討潁川黃巾庚子南陽黃巾張曼成攻殺郡守褚貢夏四月太尉楊賜免太僕弘農鄧盛爲太尉司空張濟罷大司農張溫爲司空朱儁爲黃巾波才所敗侍中向栩張鈞坐言宦者下獄死汝南黃巾敗太守趙謙於邵陵廣陽黃巾殺幽州刺史郭勳及太守劉衛五月皇甫嵩朱儁復與波才等戰於長社大破之六月南陽太守秦頡擊張曼成斬之交阯屯兵執刺史及合浦太守來達自稱柱天將軍遣交阯刺史賈琮討平之皇甫嵩朱儁大破汝南黃巾於西華詔嵩討東郡朱儁討南陽盧植破黃巾圍張角於廣宗宦官誣奏植抵罪遣中郎將董卓攻張角不克洛陽女子生兒兩頭共身秋七月巴郡妖巫張修反寇郡縣河南尹徐灌下獄死八月皇甫嵩與黃巾戰於倉亭獲其帥乙巳詔皇甫嵩北討張角九月安平王續有罪誅國除冬十月皇甫嵩與黃巾賊戰於廣宗獲張角弟梁角先死乃戮其屍以皇甫嵩爲左車騎將軍十一月皇甫嵩又破黃巾於下曲陽斬張角弟寶湟中義從胡北宮伯玉與先零羌叛以金城人邊章韓遂爲軍帥攻殺護羌都尉伶徵金城太守陳懿癸巳朱儁拔宛城斬黃巾別帥孫夏詔減太官珍羞御食一肉廐馬非郊祭之用悉出給軍十二月己巳大赦天下改元中平是歲下邽王意薨無子國除郡國生異草備龍蛇鳥獸之形

二年春正月大疫瑯邪王據薨二月己酉南宮大災火半月乃滅己亥廣陽門外屋自壞稅天下田畝十錢黑山賊張牛角等十餘輩並起所在寇鈔司徒袁隗免三月廷尉崔烈爲司徒北宮伯玉等寇三輔遣左車騎將軍皇甫嵩討之不克夏四月庚戌大風雨雹五月太尉鄧盛罷太僕河南張延爲太尉秋七月三輔螟左車騎將軍皇甫嵩免八月以司空張溫爲車騎將軍討北宮伯玉九月特進楊賜爲司空冬十月庚寅司空楊賜薨光祿大夫許相爲司空前司徒陳耽諫議大夫劉陶坐直言下獄死十一月張溫破北宮伯玉於美陽因遣盪寇將軍周慎追擊之圍榆中又遣中郎將董卓討先零羌慎卓並不克鮮卑寇幽并二州是歲造萬金堂於西園洛陽民生兒兩頭四臂

三年春二月江夏兵趙慈反殺南陽太守秦頡庚戌大赦天下太尉張延罷車騎將軍張溫爲太尉中常侍趙忠爲車騎將軍復修玉堂殿鑄銅人四黃鍾四及天祿蝦蟆又鑄四出文錢五月壬辰晦日有食之六月荆州刺史王敏討趙慈斬之車騎將軍趙忠罷秋八月懷陵上有雀萬數悲鳴因鬬相殺冬十月武陵蠻叛寇郡界郡兵討破之前太尉張延爲宦人所譖下獄死十二月鮮卑寇幽并二州

四年春正月己卯大赦天下二月滎陽賊殺中牟令己亥南宮內殿罘罳自壞三月河南尹何苗討滎陽賊破之拜苗爲車騎將軍夏四月涼州刺史耿鄙討金城賊韓遂鄙兵大敗遂寇漢陽漢陽太守傅燮戰沒扶風人馬騰漢陽人王國並叛寇三輔太尉張溫免司徒崔烈爲太尉五月司空許相爲司徒光祿勳沛國丁宮爲司空六月洛陽民生男兩頭共身漁陽人張純與同郡張舉舉兵叛攻殺右北平太守劉政遼東太守楊終護烏桓校尉公綦稠等舉兵自稱天子寇幽冀二州秋九月丁酉令天下繫囚罪未決入縑贖冬十月零陵人觀鵠自稱平天將軍寇桂陽長沙太守孫堅擊破之十一月太尉崔烈罷大司農曹嵩爲太尉十二月休屠各胡叛是歲賣關內侯假金印紫綬傳世入錢五百萬

五年春正月休屠各胡寇西河殺郡守邢紀丁酉大赦天下二月有星孛於紫宮黃巾餘賊郭大等起於西河白波谷寇太原河東三月休屠各胡攻殺并州刺史張懿遂與南匈奴左部胡合殺其單于夏四月汝南葛陂黃巾攻沒郡縣太尉曹嵩罷五月永樂少府樊陵爲太尉六月丙寅大風太尉樊陵罷益州黃巾馬相攻殺刺史郤儉自稱天子又寇巴郡殺郡守趙部益州從事賈龍擊相斬之郡國七大水秋七月射聲校尉馬日磾爲太尉八月初置西園八校尉司徒許相罷司空丁宮爲司徒光祿勳南陽劉弘爲司空衞尉董重爲驃騎將軍九月南單于叛與白波賊寇河東遣中郎將孟益率騎都尉公孫瓚討漁陽賊張純等冬十月壬午御殿後槐樹自拔倒竪靑徐黃巾復起寇郡縣甲子帝自稱無上將軍曜兵於平樂十一月涼州賊王國圍陳倉右將軍皇甫嵩救之遣下軍校尉鮑鴻討葛陂黃巾巴郡板楯蠻叛遣上軍別部司馬趙瑾討平之公孫瓚與張純戰於石門大破之是歲改刺史新置牧

六年春二月左將軍皇甫嵩大破王國於陳倉三月幽

州牧劉虞購斬漁陽賊張純下軍校尉鮑鴻下獄死夏四月丙午朔日有食之太尉馬日磾免幽州牧劉虞爲太尉丙辰帝崩於南宮嘉德殿年三十四戊辰皇子辯卽皇帝位年十七尊皇后曰皇太后太后臨朝大赦天下改元爲光熹封皇弟協爲勃海王後將軍袁隗爲太傅與大將軍何進參錄尙書事上軍校尉蹇碩下獄五月辛巳驃騎將軍董重下獄死六月辛亥孝仁皇后董氏崩辛酉葬孝靈皇帝於文陵雨水秋七月甘陵王忠薨庚子孝仁皇后歸葬河閒愼陵徙勃海王協爲陳留王司徒丁宮罷八月戊辰中常侍張讓段珪等殺大將軍何進於是虎賁中郎將袁術燒東西宮攻宦者庚午張讓段珪等刼少帝及陳留王幸北宮德陽殿何進部曲將吳匡與車騎將軍何苗戰於朱雀闕下苗敗斬之辛未司隸校尉袁紹勒兵收僞司隸校尉樊陵河南尹許相及諸閹人無少長皆斬之讓珪等復刼少帝陳留王走小平津尙書盧植追讓珪等斬數人其餘投河而死帝與陳留王協夜步逐熒光行數里得民家露車共乘之辛未還宮大赦天下改光熹爲昭甯并州牧董卓殺執金吾丁原司空劉弘免董卓自爲司空九月甲戌董卓廢帝爲弘農王六月雨至於是月

靈帝建甯四年熹平六年光和六年中平六年卽位二十二年

孝獻皇帝諱協靈帝中子也母王美人爲何皇后所害中平六年四月少帝卽位封帝爲勃海王徙封陳留王九月甲戌卽皇帝位年九歲遷皇太后於永安宮大赦天下改昭甯爲永漢丙子董卓殺皇太后何氏初令侍中給事黃門侍郎員各六人賜公卿以下至黃門侍郎家一人爲郎以補宦官所領諸署侍於殿上乙酉以太尉劉虞爲大司馬董卓自爲太尉加鈇鉞虎賁丙戌太中大夫楊彪爲司空甲午豫州牧黃琬爲司徒遣使弔祠故太傅陳蕃大將軍竇武等冬十月乙巳葬靈思皇后白波賊寇河東董卓遣其將牛輔擊之十一月癸酉董卓爲相國十二月戊戌司徒黃琬爲太尉司空楊彪爲司徒光祿勳荀爽爲司空省扶風都尉置漢安都護詔除光熹昭甯永漢三號還復中平六年

初平元年春正月山東州郡起兵以討董卓辛亥大赦天下癸酉董卓殺弘農王白波賊寇東郡二月乙亥太尉黃琬司徒楊彪免庚辰董卓殺城門校尉伍瓊督軍校尉周珌以光祿勳趙謙爲太尉太僕王允爲司徒丁亥遷都長安董卓驅徙京師百姓悉西入關自留屯畢圭苑壬辰白虹貫日三月乙巳車駕入長安幸未央宮己酉董卓焚洛陽宮廟及人家戊午董卓殺太傅袁隗太僕袁基夷其族夏五月司空荀爽薨六月辛丑光祿大夫种拂爲司空大鴻臚韓融少府陰脩執金吾胡母班將作大匠吳脩越騎校尉王瓌安集關東後將軍袁術河內太守王匡各執而殺之唯韓融獲免董卓壞五銖錢更鑄小錢冬十一月庚戌鎭星熒惑太白合於尾是歲有司奏和安順桓四帝無功德不宜稱宗又恭懷敬隱恭愍三皇后並非正嫡不合稱后皆請除尊號制曰可孫堅殺荆州刺史王叡又殺南陽太守張咨

二年春正月辛丑大赦天下二月丁丑董卓自爲太師袁術遣將孫堅與董卓將胡軫戰於陽人軫軍大敗董卓遂發掘洛陽諸帝陵夏四月董卓入長安六月丙戌地震秋七月司空种拂免光祿大夫濟南淳于嘉爲司空太尉趙謙罷太常馬日磾爲太尉九月蚩尤旗見于角亢冬十月壬戌董卓殺衛尉張溫十一月靑州黃巾寇泰山泰山守應劭擊破之黃巾轉寇勃海公孫瓚與戰於東光復大破之是歲長沙有人死經月復活

三年春正月丁丑大赦天下袁術遣將孫堅攻劉表於襄陽堅戰沒袁紹及公孫瓚戰於界橋瓚軍大敗夏四月辛巳誅董卓夷三族司徒王允錄尙書事總朝政遣使者張种撫慰山東靑州黃巾擊殺兗州刺史劉岱於東平東郡太守曹操大破黃巾於壽張降之五月丁酉大赦天下丁未征西將軍皇甫嵩爲車騎將軍董卓部曲將李傕郭汜樊稠張濟等反攻京師六月戊午陷長安城太常种拂太僕魯旭大鴻臚周奐城門校尉崔烈越騎校尉王頎並戰歿吏民死者萬餘人李傕等並自爲將軍己未大赦天下李傕殺司隸校尉黃琬甲子殺司徒王允皆滅其族丙子前將軍趙謙爲司徒秋七月庚子太尉馬日磾爲太傅錄尙書事八月遣日磾及太僕趙岐持節慰撫天下車騎將軍皇甫嵩爲太尉司徒趙謙罷九月李傕自爲車騎將軍郭汜後將軍樊稠右將軍張濟鎭東將軍濟出屯弘農甲申司空淳于嘉爲司徒光祿大夫楊彪爲司空並錄尙書事冬十二月太尉皇甫嵩免光祿大夫周忠爲太尉參錄尙書事

四年春正月甲寅朔日有食之丁卯大赦天下三月袁術殺揚州刺史陳溫據淮南長安宣平城門外屋自壞夏四月癸酉無雲而雷六月扶風大雨雹華山崩裂太尉周忠免太僕朱儁爲太尉錄尙書事下邳賊闕宣自稱天子雨水遣侍御史裴茂訊詔獄原輕繫八月辛丑天狗西北行九月甲午試儒生四十餘人上第賜位郎

中次太子舍人下第者罷之詔曰孔子歎學之不講不講則所識日忘今耆儒年踰六十去離本土營求糧資不得專業結童入學白首空歸長委農野永絕榮望朕甚愍焉其依科罷者聽爲太子舍人冬十月太學行禮車駕幸永福城門臨觀其儀賜博士以下各有差辛丑京師地震有星孛於天市司空楊彪免太常趙溫爲司空公孫瓚殺大司馬劉虞十二月辛丑地震司空趙溫免乙巳衛尉張喜爲司空是歲琅邪王容薨

興平元年春正月辛酉大赦天下改元興平甲子帝加元服二月壬午追尊諡皇妣王氏爲靈懷皇后甲申改葬於文昭陵丁亥帝耕於籍田三月韓遂馬騰與郭汜樊稠戰於長平觀遂騰敗績左中郎將劉範前益州刺史种劭戰歿夏六月丙子分涼州河西四郡爲廱州丁丑地震戊寅又震乙巳晦日有食之帝避正殿寢兵不聽事五月大蝗秋七月壬子太尉朱儁免戊午太常楊彪爲太尉錄尚書事三輔大旱自四月至於是月帝避正殿請雨遣使者洗囚徒原輕繫是歲穀一斛五十萬豆麥一斛二十萬人相食啖白骨委積帝使侍御史侯汶出太倉米豆爲飢人作糜粥經日而死者無限帝疑賦卹有虛乃親於御坐前量試作糜乃知非實使侍中劉艾出讓有司於是尚書令以下皆詣省閤謝奏收侯汶考實詔曰未忍致汶於理可杖五十自是之後多得全濟八月馮翊寇屬縣郭汜樊稠擊破之九月桑復生椹人得以食司徒淳于嘉罷冬十月長安市門自壞以衛尉趙溫爲司徒錄尚書事十二月分安定扶風爲新平郡是歲揚州刺史劉繇與袁術將孫策戰於曲阿繇軍敗績孫策遂據山東太傅馬日磾薨於壽春

二年春正月癸丑大赦天下二月乙亥李傕殺樊稠而與郭汜相攻三月丙寅李傕脅帝幸其營焚宮室夏四月甲午立貴人伏氏爲皇后丁酉郭汜攻李傕矢及御前是日李傕移帝幸北宮大旱五月壬午李傕自爲大司馬六月庚午張濟自陝來和傕汜秋七月甲子車駕東歸郭汜自爲車騎將軍楊定爲後將軍楊奉爲興義將軍董承爲安集將軍並侍送乘輿張濟爲驃騎將軍還屯陝八月甲辰幸新豐冬十月戊戌郭汜使其將伍習夜燒所幸學舍逼脅乘輿楊定楊奉與郭汜戰破之壬寅幸華陰露次道南是夜有赤氣貫紫宮張濟復反與李傕郭汜合十一月庚午李傕郭汜等追乘輿戰於東澗王師敗績殺光祿勳鄧泉衛尉士孫瑞廷尉宣播大長秋苗祀步兵校尉魏桀侍中朱展射聲校尉沮儁壬申幸曹陽露次田中楊奉董承引白波帥胡才李樂韓暹及匈奴左賢王去卑率師奉迎與李傕等戰破之十二月庚辰車駕乃進李傕等復來追戰王師大敗殺略宮人少府田芬大司農張義等皆戰歿進幸陝夜度河乙亥幸安邑是歲袁紹遣將麴義與公孫瓚戰於鮑邱瓚軍大敗

建安元年春正月癸酉郊祀上帝於安邑大赦天下改元建安二月韓暹攻衛將軍董承夏六月乙未幸聞喜秋七月甲子車駕至洛陽幸故中常侍趙忠宅丁丑郊祀上帝大赦天下己卯謁高廟八月辛丑幸南宮楊安殿癸卯安國將軍張楊爲大司馬韓暹爲大將軍楊奉爲車騎將軍是時宮室燒盡百官披荊棘依牆壁間州郡各擁彊兵而委輸不至羣僚飢乏尚書郎以下自出採梠或饑死牆壁間或爲兵士所殺辛亥鎮東將軍曹操自領司隸校尉錄尚書事曹操殺侍中臺崇尚書馮碩等封衛將軍董承爲輔國將軍伏完等十三人爲列侯贈沮儁爲弘農太守庚申遷都許己巳幸曹操營九月太尉楊彪司空張喜罷冬十一月丙戌曹操自爲司空行車騎將軍事百官總己以聽

二年春袁術自稱天子三月袁紹自爲大將軍夏五月蝗秋九月漢水溢是歲饑江淮間民相食袁術殺陳王寵孫策遣使奉貢

三年夏四月遣謁者裴茂率中郎將段煨誅李傕夷三族呂布叛冬十一月盜殺大司馬張楊十二月癸酉曹操擊呂布於徐州斬之

四年春三月袁紹攻公孫瓚於易京獲之衛將軍董承爲車騎將軍夏六月袁術死是歲初置尚書左右僕射武陵女子死十四日復活

五年春正月車騎將軍董承偏將軍王服越騎校尉种輯受密詔誅曹操事泄壬午曹操殺董承等夷三族秋七月立皇子馮爲南陽王壬午南陽王馮薨九月庚午朔日有食之詔三公舉至孝二人九卿校尉郡國守相各一人皆上封事靡有所諱曹操與袁紹戰於官渡紹敗走冬十月辛亥有星孛於大梁東海王祇薨是歲孫策死弟權襲其餘業

六年春三月丁卯朔日有食之

七年夏五月庚戌袁紹薨于闐國獻馴象是歲越巂男子化爲女子

八年冬十月己巳公卿初迎冬於北郊總章始復備八佾舞初置司直官督中都宮

九年秋八月戊寅曹操大破袁尚平冀州自領冀州牧

冬十月有星孛於東井十二月賜三公已下金帛各有差自是三年一賜以爲常制

十年春正月曹操破袁譚於青州斬之夏四月黑山賊張燕率眾降秋九月賜百官尤貧者金帛各有差

十一年春正月有星孛於北斗三月曹操破高幹於并州獲之秋七月武威太守張猛殺廱州刺史邯鄲商是歲立故琅邪王容子熙爲琅邪王濟北北海阜陵下邳常山甘陵濟陰平原八國皆除

十二年秋八月曹操大破烏桓於柳城斬其蹋頓冬十月辛卯有星孛於鶉尾己巳黃巾賊殺濟南王贇十一月遼東太守公孫康殺袁尙袁熙

十三年春正月司徒趙溫免夏六月罷三公官置丞相御史大夫癸巳曹操自爲丞相秋七月曹操南征劉表八月丁未光祿勳郗慮爲御史大夫壬子曹操殺太中大夫孔融夷其族是歲劉表卒少子琮立琮以荆州降操冬十月癸未朔日有食之曹操以舟師伐孫權權將周瑜敗之於烏林赤壁

十四年冬十月荆州地震

十五年春二月乙巳朔日有食之

十六年秋九月庚戌曹操與韓遂馬超戰於渭南遂等大敗關西平是歲趙王赦薨

十七年夏五月癸未誅衛尉馬騰夷三族六月庚寅晦日有食之秋七月洧水潁水溢螟八月馬超破涼州殺刺史韋康九月庚戌立皇子熙爲濟陰王懿爲山陽王邈爲濟北王敦爲東海王冬十二月星孛於五諸侯

十八年春正月庚寅復禹貢九州夏五月丙申曹操自立爲魏公加九錫大雨水徙趙王珪爲博陵王是歲歲星鎮星熒惑俱入太微彭城王和薨

十九年夏四月旱五月雨水劉備破劉璋據益州冬十月曹操遣將夏侯淵討宋建于枹罕獲之十一月丁卯曹操殺皇后伏氏滅其族及二皇子

二十年正月甲子立貴人曹氏爲皇后賜天下男子爵人一級孝悌力田二級賜諸王侯公卿以下穀各有差秋七月曹操破漢中張魯降

二十一年夏四月甲午曹操自進號魏王五月己亥朔日有食之秋七月匈奴南單于來朝是歲曹操殺琅邪王熙國除

二十二年夏六月丞相軍師華歆爲御史大夫冬有星孛於東北是歲大疫

二十三年春正月甲子少府耿紀丞相司直韋晃起兵誅曹操不克夷三族三月有星孛於東方

二十四年春二月壬子晦日有食之夏五月劉備取漢中秋七月庚子劉備自稱漢王八月漢水溢冬十一月孫權取荆州

二十五年春正月庚子魏王曹操薨子丕襲位二月丁未朔日有食之三月改元延康冬十月乙卯皇帝遜魏王丕稱天子奉帝爲山陽公邑一萬戶位在諸侯王上奏事不稱臣受詔不拜以天子車服郊祀天地宗廟祖臘皆如漢制都山陽之濁鹿城四皇子封王者皆降爲列侯明年劉備稱帝於蜀孫權亦自王於吳於是天下遂三分矣魏青龍二年三月庚寅山陽公薨自遜位至薨十有四年年五十四謚孝獻皇帝八月壬申以漢天子禮儀葬於禪陵置園邑令丞太子早卒孫康立五十一年晉太康六年薨子瑾立四年太康十年薨子秋立二十年永嘉中爲胡賊所殺國除

獻帝初平四年興平二年建安二十五年卽位三十一年

右東漢自光武至獻帝十二帝通更始二年合一百九十七年又按前後漢起高祖盡獻帝通王莽合四百二十六年

通志卷六下

通志卷七

宋右廸功郎鄭樵漁仲撰

魏紀第七

武帝　文帝　明帝　齊王　高貴鄉公　陳留王

太祖武皇帝沛國譙人也姓曹諱操字孟德漢相國參之後桓帝世曹騰爲中常侍大長秋封費亭侯養子嵩嗣官至太尉莫能審其生出本末嵩生太祖太祖少機警有權數而任俠放蕩不治行業故世人未之奇也唯梁國橋元南陽何顒異焉元謂太祖曰天下將亂非命世之才不能濟也能安之者其在君乎年二十舉孝廉爲郎除洛陽北部尉遷頓邱令徵拜議郎光和末黃巾起拜騎都尉討潁川賊遷爲濟南相國有十餘縣長吏多阿附貴戚贓汚狼籍於是奏免其八禁斷淫祀姦宄逃竄郡國肅然久之徵還爲東郡太守不就稱疾歸鄉里頃之冀州刺史王芬南陽許攸沛國周旌等連結豪傑謀廢靈帝立合肥侯以告太祖太祖拒之芬等遂敗金城邊章韓遂殺刺史郡守以叛衆十餘萬天下騷動徵太祖爲典軍校尉會靈帝崩太子卽位太后臨朝大將軍何進與袁紹謀誅宦官太后不聽進乃召董卓欲以脅太后卓未至而進見殺卓到廢帝爲弘農王而立獻帝京都大亂卓表太祖爲驍騎校尉欲與計事太祖乃變易姓名間行東歸出關過中牟爲亭長所疑執詣縣邑中或竊識之爲請得解卓遂殺太后及弘農王太祖至陳留散家財合義兵將以誅卓冬十二月始起兵於己吾是歲中平六年也

初平元年春正月後將軍袁術冀州牧韓馥豫州刺史孔伷兗州刺史劉岱河內太守王匡渤海太守袁紹陳留太守張邈東郡太守橋瑁山陽太守袁遺濟北相鮑信同時俱起兵衆各數萬推紹爲盟主太祖行奮武將軍二月卓聞兵起乃徙天子都長安卓留屯洛陽遂焚宮室是時紹屯河內邈岱瑁遺屯酸棗術屯南陽伷屯潁川馥在鄴卓兵彊紹等莫敢先進太祖曰舉義兵以誅暴亂大衆已合諸君何疑向使董卓聞山東兵起倚王室之重據二周之險東向以臨天下雖以無道行之猶足爲患今焚燒宮室刼遷天子海內震動不知所歸此天亡之時也一戰而天下定矣不可失也遂引兵西將據成皐邈遣將衞茲分兵隨太祖到滎陽汴水遇卓將徐榮與戰不利士卒死傷甚多太祖爲流矢所中所乘馬被創從弟洪以馬與太祖得夜遁去榮見太祖所將兵少力戰盡日謂酸棗未易攻也亦引兵還太祖到酸棗諸軍兵十餘萬日置酒高會不圖進取太祖責讓之因爲謀曰諸君聽吾計使渤海引河內之衆臨孟津酸棗諸將守成皐據敖倉塞轘轅太谷全制其險使袁將軍率南陽之軍軍丹析入武關以震三輔皆高壘深壁勿與戰益爲疑兵示天下形勢以順誅逆可立定也今兵以義動持疑而不進失天下之望竊爲諸君恥之邈等不能用太祖兵少乃與夏侯惇等詣揚州募兵刺史陳溫丹陽太守周昕與兵四千餘人還到龍亢士卒多叛至銍建平復收兵得千餘人進屯河內劉岱與橋瑁相惡岱殺瑁以王肱領東郡太守袁紹與韓馥謀立幽州牧劉虞爲帝太祖拒之紹又嘗得一玉印於太祖坐中舉向其肘太祖由是笑而惡焉

二年春紹馥遂立虞爲帝虞終不敢當夏四月卓還長安秋七月袁紹脅韓馥取冀州黑山賊于毒白繞眭固等十餘萬衆畧魏郡東郡王肱不能禦太祖引兵入東郡擊白繞於濮陽破之袁紹因表太祖爲東郡太守治東武陽

三年春太祖軍頓邱毒等攻東武陽太祖乃引兵西入山攻毒等本屯毒聞之棄武陽還太祖要擊眭固又擊匈奴於夫羅於內黃皆大破之夏四月司徒王允與呂布共殺卓卓將李傕郭汜等殺允攻布布敗東出武關傕等擅朝政青州黃巾衆百萬入兗州殺任城相鄭遂轉入東平劉岱欲擊之鮑信諫曰今賊衆百萬百姓皆震恐士卒無鬬志不可敵也觀賊衆羣輩相隨軍無輜重唯以鈔畧爲資今不若畜士衆之力先爲固守彼欲戰不得攻又不能其勢必離散後選精鋭據其要害擊之可破也岱不從遂與戰果爲所殺信乃與州吏萬潛等至東郡迎太祖領兗州牧遂進兵擊黃巾於壽張東信力戰鬬死僅而破之購求信喪不得衆乃刻木如信形狀祭而哭焉追黃巾至濟北乞降冬受降卒三十餘萬男女百餘萬口收其精鋭者號爲青州兵袁術與紹有隙術求援於公孫瓚瓚使劉備屯高唐單經屯平原陶謙屯發干以逼紹太祖與紹會擊皆破之

四年春軍鄄城荆州牧劉表斷術糧道術引軍入陳留屯封邱黑山餘賊及於夫羅等佐之術使將劉詳屯匡亭太祖擊詳術救之與戰大破之術退保封邱遂圍之未合術走襄邑追到太壽決渠水灌城走寧陵又追之走九江夏太祖還軍定陶下邳闕宣聚衆數千人自稱天子徐州牧陶謙與共舉兵取泰山華費畧任城秋太祖征陶謙下十餘城謙守城不敢出是歲孫策受袁術

使渡江數年間遂有江東

興平元年春太祖自徐州還初太祖父嵩去官復還譙董卓之亂避難瑯邪爲陶謙所害故太祖志在復讐東伐夏使荀彧程昱守鄄城復征陶謙拔五城遂畧地至東海還過郯謙將曹豹與劉備屯郯東要太祖太祖擊破之遂攻拔襄賁所過多所殘戮會張邈與陳宮叛迎呂布郡縣皆應荀彧程昱保鄄城范東阿二縣固守太祖乃引軍還布到攻鄄城不能下西屯濮陽太祖曰布一旦得一州不能據東平斷亢父泰山之道乘險要我而乃屯濮陽吾知其無能爲也遂進軍攻之布出兵戰先以騎犯青州兵青州兵奔太祖陣亂馳突火出墜馬燒左手掌司馬樓異扶太祖上馬遂引去未至營止諸將未與太祖相見皆怖太祖乃自力勞軍令軍中促爲攻具進復攻之與布相守百餘日蝗蟲起百姓大餓布糧食亦盡各引去秋九月太祖還鄄城布到乘氏爲其縣人李進所破東屯山陽於是紹使人說太祖欲連和太祖新失兖州軍食盡將許之程昱止太祖太祖從之冬十月太祖至東阿是歲穀一斛五十餘萬錢人相食乃罷吏兵新募者陶謙死劉備代之

二年春襲定陶濟陰太守吳資保南城未拔會呂布至又擊破之夏布將薛蘭李封屯鉅野太祖攻之布救蘭蘭敗布走遂斬蘭等布復從東緡與陳宮將萬餘人來戰時太祖兵少設伏縱奇兵擊大破之布夜走太祖復攻拔定陶分兵平諸縣布東奔劉備張邈從布使其弟超將家屬保雍丘秋八月圍雍丘冬十月天子拜太祖兖州牧十二月雍丘潰超自殺夷邈三族邈詣袁術請救爲其衆所殺兖州平遂東畧陳地是歲長安亂天子東還敗于曹陽渡河幸安邑

建安元年春正月太祖軍臨武平袁術所置陳相袁嗣降太祖將迎天子諸將或疑荀彧程昱勸之乃遣曹洪將兵西迎衞將軍董承與袁術將萇奴拒險洪不得進汝南潁川黃巾何儀劉辟黃邵何曼等衆各數萬初應袁術又附孫堅二月太祖進軍討破之斬辟邵等儀及其衆皆降天子拜太祖建德將軍夏六月遷鎭東將軍封費亭侯秋七月楊奉韓暹以天子還洛陽奉別屯梁太祖遂至洛陽衞京都暹遁走天子假太祖節鉞錄尚書事洛陽殘破董昭等勸太祖都許九月車駕出轘轅而東以太祖爲大將軍封武平侯自天子西遷朝廷日亂至是宗廟社稷制度始立天子之東也奉自梁欲要之不及冬十月太祖征奉奉南奔袁術遂攻其梁屯拔之於是以袁紹爲太尉紹恥班在太祖下不肯受太祖乃固辭以大將軍讓紹天子拜太祖司空行車騎將軍是歲用棗祗韓浩等議始興屯田呂布襲劉備取下邳備來奔程昱說太祖曰觀備有雄才而甚得衆心終不爲人下不如早圖之太祖曰方今收英雄時也殺一人而失天下之心不可張濟自關中走南陽濟死從子繡領其衆

二年春正月太祖到宛張繡降既而悔之復反太祖與戰軍敗爲流矢所中長子昂弟子安民遇害太祖乃引兵還舞陰繡將騎來鈔太祖擊破之繡奔穰與劉表合太祖謂諸將曰吾降張繡等失不便取其質以至于此吾知所以敗諸卿觀之自今已後不復敗矣遂還許袁術欲稱帝於淮南使人告呂布布收其使上其書術怒攻布爲布所破秋九月術侵陳太祖東征之術聞太祖自來棄軍走留其將橋蕤李豐梁綱樂就太祖到擊破蕤等皆斬之術走渡河太祖還許太祖之自舞陰還也南陽章陵諸縣復叛爲繡太祖遣曹洪擊之不利還屯葉數爲繡表所侵冬十一月太祖自南征至宛表將鄧濟據湖陽攻拔之生禽濟湖陽降攻舞陰下之

三年春正月太祖還許初置軍師祭酒三月太祖圍張繡於穰夏五月劉表遣兵救繡以絕軍後太祖將引還繡兵來太祖軍不得進連營稍前太祖與荀彧書曰賊來追吾雖日行數里吾策之到安衆破繡必矣到安衆繡與表兵合守險太祖軍前後受敵太祖乃夜鑿險爲地道悉過輜重設奇兵會明賊謂太祖爲遁也悉軍來追乃縱奇兵步騎夾攻大破之秋七月太祖還許荀彧問太祖前所以策賊必破何也太祖曰虜遏吾歸師而與吾死地戰吾是以知勝矣呂布復爲袁術使高順攻劉備太祖遣夏侯惇救之不利備爲順所敗九月太祖東征布冬十月屠彭城獲其相侯諧進至下邳布自將騎逆擊大破之獲其驍將成廉追至城下布恐欲降陳宮等沮其計求救於術勸布出戰戰又敗乃還固守攻之不下時太祖連戰士卒罷欲還用荀攸郭嘉計遂決泗沂水以灌城月餘布將宋憲魏續等執陳宮舉城降生禽布宮皆殺之太山臧霸孫觀吳敦尹禮昌豨各率衆布之破劉備也霸等悉從布布敗獲霸等太祖厚納待遂割青徐二府附於海以委焉分琅邪東海北海爲城陽利城昌慮郡初太祖爲兖州以東平畢諶爲別駕張邈之叛也邈劫諶母弟妻子太祖謝遣之曰卿老母在彼可去諶頓首無二心太祖嘉之爲之流涕既出遂亡歸及布破諶生得衆爲諶懼太祖曰夫人孝於其親

者豈不亦忠於君乎吾所求也以爲魯相

四年春二月太祖還至昌邑張楊將張醜殺楊眭固又殺醜以其衆屬袁紹屯射犬夏四月進軍臨河使史渙曹仁渡河擊之固使楊故長史薛洪河內太守繆尙留守自將兵北迎紹求救與渙仁相遇犬城交戰大破之斬固太祖遂濟河圍射犬洪尙率衆降封爲列侯還軍敖倉以魏种爲河內太守屬以河北事初太祖舉种孝廉兗州叛太祖曰唯魏种且不棄孤也及聞种走太祖怒曰种不南走越北走胡不置汝也既下射犬生禽种太祖曰唯其才也釋其縛而用之是時袁紹既并公孫瓚兼四州之地衆十餘萬將進軍攻許諸將以爲不可敵太祖曰吾知紹之爲人志大而智小色厲而膽薄忌克而少威兵多而分畫不明將驕而政令不一土地雖廣糧食雖豐適足以爲吾奉也秋八月太祖進軍黎陽使臧霸等入青州破齊北海東安留于禁屯河上九月太祖還許分兵守官渡冬十一月張繡率衆降封列侯十二月太祖軍官渡袁術自敗於陳稍困袁譚自青州遣迎之術欲從下邳北過太祖遣劉備朱靈要之會術病死程昱郭嘉聞太祖遣備言於公曰劉備不可縱太祖悔追之不及備之未東也陰與董承等謀反至下邳遂殺徐州刺史車冑舉兵屯沛遣劉岱王忠擊之不克廬江太守劉勳率衆降封爲列侯

五年春正月董承等謀泄皆伏誅太祖將自東征備諸將皆曰與公爭天下者袁紹也今紹方來而棄之東紹乘吾後若何太祖曰夫劉備人傑也今不擊必爲後患袁紹雖有大志而見事遲必不動也郭嘉亦勸太祖遂東擊備破之生禽其將夏侯博備走奔紹獲其妻子備將關羽屯下邳復進攻之羽降昌豨叛爲備又攻破之太祖還官渡紹卒不出二月紹遣郭圖淳于瓊顏良攻東郡太守劉延於白馬紹引兵至黎陽將渡河夏四月太祖北救延荀攸說太祖曰今兵少不敵分其勢乃可太祖到延津若將渡兵向其後者紹必西應之然後輕兵襲白馬掩其不備顏良可禽也太祖從之紹聞兵渡卽分兵西應之太祖乃引軍兼行趣白馬未至十餘里良大驚來逆戰使張遼關羽前登擊破斬良遂解白馬圍徙其民循河而西紹於是渡河追太祖軍至延津南太祖勒兵駐營南阪下使登壘望之曰可五六百騎有頃復白騎稍多步兵不可勝數太祖曰勿復白乃令騎解鞍放馬是時白馬輜重就道諸將以爲敵騎多不如還保營荀攸曰此所以餌敵如何去之紹騎將文醜與劉備將五六千騎前後至諸將復白可上馬太祖曰未也有頃騎至稍多或分趣輜重太祖曰可矣乃皆上馬時騎不滿六百遂縱兵擊大破之斬醜良醜皆紹名將也再戰而禽紹軍大震太祖還軍官渡紹進保陽武關羽亡歸劉備八月紹連營稍前依沙堆爲屯東西數十里太祖亦分營與相當合戰不利時太祖兵不滿萬傷者十二三紹復進臨官渡起土山地道太祖亦於內作之以相應紹射營中矢如雨下行者皆蒙楯衆大懼時太祖糧少與荀彧書議欲還許彧以爲紹悉衆聚官渡欲與公決勝敗公以至弱當至彊若不能制必爲所乘是天下之大機也且紹布衣之雄耳能聚人而不能用夫以公之神武明哲而輔以大順何向而不濟太祖從之孫策聞太祖與紹相持乃謀襲許未發爲刺客所殺汝南降賊劉辟等叛應紹略許下紹使劉備助辟太祖使曹仁擊破之備走遂破辟屯袁紹運穀車數千乘至太祖用荀攸計遣徐晃史渙邀擊大破之盡燒其車太祖與紹相拒連月雖比戰斬將然衆少糧盡士卒疲乏太祖謂運者曰卻十五日爲汝破紹不復勞汝矣冬十月紹遣車運穀使淳于瓊等五人將兵萬餘人送之宿紹營北四十里紹謀臣許攸貪財紹不能足來奔因說太祖擊瓊等左右疑之荀攸賈詡勸太祖太祖乃留曹洪守自將步騎五千人夜往會明至瓊等望見太祖兵少出陣門外太祖急擊之瓊退保營遂攻之紹遣騎救瓊左右或言賊騎稍近請分兵拒之太祖怒曰賊在背後乃白士卒皆殊死戰大破瓊等皆斬之紹初聞太祖之擊瓊謂長子譚曰就彼攻瓊等吾攻拔其營彼固無所歸矣乃使高郃高覽攻曹洪郃等聞瓊破遂來降紹衆大潰紹及譚棄軍走渡河追之不及盡收其輜重圖書珍寶虜其衆太祖收紹書中得許下及軍中人書皆焚之冀州諸郡多舉城邑降者初桓帝時有黃星見於楚宋之分遼東殷馗善天文言後五十歲當有眞人起於梁沛之間其鋒不可當至是凡五十年而太祖破紹天下莫敵矣

六年夏四月揚兵河上擊紹倉亭軍破之紹歸復收散卒攻定諸叛郡縣九月太祖還許紹之未破也使劉備略汝南汝南賊共都等應之遣蔡揚擊都不利爲都所破太祖南征備備聞太祖自行走奔劉表都等皆散

七年春正月太祖軍譙令曰吾起義兵爲天下誅暴亂舊土人民死喪略盡國中終日行不見所識使吾悽愴傷懷其舉義兵已來將士絕無後者求其親戚以後之授土田官給耕牛置學師以教之爲存者立廟使祀其

先人魂而有靈吾百年之後何恨哉遂至浚儀治睢陽渠遣使以太牢祀橋元進軍官渡紹自軍破後發病歐血夏五月死小子尙代譚自號車騎將軍屯黎陽秋九月太祖征之連戰譚尙數敗退固守

八年春三月攻其郭乃出戰擊大破之譚尙夜遁夏四月進軍鄴五月還許留賈信屯黎陽巳酉令曰司馬法將軍死綏故趙括之毋乞不坐括是古之將者軍破於外而家受罪於內也自命將征行但賞功而不罰罪非國典也其令諸將出征敗軍者抵罪失利者免官爵秋七月令曰喪亂巳來十有五年後生者不見仁義禮讓之風吾甚傷之其令郡國各修文學縣滿五百戶置校官選其鄕之俊造而教學之庶幾先王之道不廢而有益於天下八月太祖征劉表軍西平太祖之去鄴而南也譚尙爭冀州譚爲尙所敗走保平原尙攻之急譚遣辛毗乞降請救諸將皆疑荀攸勸太祖許之乃引軍還冬十月到黎陽爲子整與譚結婚尙聞太祖北乃釋平原還鄴東平呂曠呂詳叛尙屯陽平率其衆降封爲列侯

九年春正月濟河遏淇水入白溝以通糧道二月尙復攻譚留蘇由審配守鄴太祖進軍到洹水由降旣至攻鄴爲土山地道武安長尹楷屯毛城通上黨糧道夏四月留曹洪攻鄴太祖自將擊楷破之而還尙將沮鵠守邯鄲又擊拔之易陽令韓範涉長梁岐舉縣降賜爵關內侯五月毀土山地道作圍塹決漳水灌城城中餓死者過半秋七月尙還救鄴諸將皆以爲此歸師人自爲戰不如避之太祖曰尙從大道來當避之若循西山來者此成禽耳尙果從西山來臨滏水爲營夜遣兵犯圍太祖逆擊破走之遂圍其營未合尙懼故豫州刺史陰夔及陳琳乞降太祖不許爲圍益急尙夜遁保祁山追擊之其將馬延張顗等臨陣降衆大潰尙走中山盡獲其輜重得尙印綬節鉞使尙降人示其家城中崩沮八月審配兄子榮夜開所守城東門內兵配逆戰敗生禽配斬之鄴定太祖臨祀紹墓哭之流涕慰勞紹妻還其家人寶物賜雜繒絮廩食之初紹與太祖共起兵紹問太祖曰若事不輯則方面何所可據太祖曰足下意以爲何如紹曰吾南據河北阻燕代兼戎狄之衆南向以爭天下庶可以濟乎太祖曰吾任天下之智力以道御之無所不可九月令曰河北罹袁氏之難其令無出今年租賦重豪彊兼并之法百姓喜悅天子以太祖領冀州牧太祖讓還兗州太祖之圍鄴也譚略取甘陵安平渤海河間尙敗還中山譚攻之尙奔故安遂并其衆太祖遺譚書責以負約與之絕婚女還然後進軍譚懼拔平原走保南皮十二月太祖入平原略定諸縣

十年春正月攻譚破之斬譚誅其妻子冀州平下令曰其與袁氏同惡者與之更始令民不得復私讐禁厚葬皆一之於法是月袁熙大將焦觸張南等叛攻熙尙熙尙奔三郡烏丸觸等舉其縣降封爲列侯初討譚時民亡椎冰令不得降頃之亡民有詣門首者太祖曰聽汝則違令殺汝則誅首歸深自藏無爲吏所獲民垂泣而去後竟捕得夏四月黑山賊張燕率其衆十餘萬降封爲列侯故安趙犢霍奴等殺幽州刺史涿郡太守三郡烏丸攻鮮于輔於獷平秋八月太祖征之斬犢等乃渡潞河救獷平烏丸奔走出塞九月令曰阿黨比周先聖所疾也聞冀州俗父子異部更相毀譽旨直不疑無兄人謂之盜嫂第五伯魚三娶孤女人謂之撾婦翁王鳳擅權谷永比之申伯王商忠議張匡謂之左道此皆以白爲黑欺天罔君者也吾欲整齊風俗四者不除吾以爲羞冬十月太祖還鄴初袁紹以甥高幹領并州牧太祖之拔鄴幹降以爲刺史聞太祖討烏桓以州叛執上黨太守舉兵守壺關口遣樂進李典擊之幹還守壺關

十一年春正月太祖征幹幹聞之乃留其別將守城走入匈奴求救於單于單于不受太祖圍壺關三月拔之幹遂走荆州上洛都尉王琰捕斬之秋八月太祖東征海賊管承至湻于遣樂進李典擊破之承走入海島割東海之襄賁郯戚以益瑯邪省昌慮郡三郡烏丸承天下亂破幽州略有漢民合十餘萬戶袁紹皆立其酋豪爲單于以家人子爲已女妻焉遼西單于蹋頓尤彊爲紹所厚故尙兄弟歸之數入塞爲害太祖將征之鑿渠自呼淹入泒水名平虜渠又從泃河口鑿入潞河名泉州渠以通海

十二年春正月太祖自湻于還鄴丁酉令曰吾起義兵誅暴亂於今十九年所征必克豈吾功哉乃賢士大夫之力也天下雖未悉定吾當要與賢士大夫共定之而專饗其勞吾何以安焉其促定功行封於是大封功臣二十餘人皆爲列侯其餘各以次受封及復死事之孤輕重各有差將北征三郡烏丸諸將皆曰袁尙亡虜耳夷狄貪而無親豈能爲尙用今深入征之劉備必說劉表以襲許萬一爲變事不可悔惟郭嘉策表必不能任備勸太祖行夏五月至無終秋七月大水傍海道不通田疇請爲鄉導太祖從之引軍出盧龍塞塞外道絕不通乃塹山堙谷五百餘里經白檀歷平剛涉鮮卑庭東

指柳城未至二百里虜乃知之尚熙與蹋頓遼西單于樓班右北平單于能臣抵之等將數萬騎逆軍八月登白狼山卒與虜遇衆甚盛太祖車重在後被甲者少左右皆懼太祖登高望虜陣不整乃縱兵擊之使張遼爲先鋒虜衆大崩斬蹋頓及名王巳下胡漢降者二十餘萬口遼東單于速僕丸及遼西北平諸豪棄其種人與尚熙奔遼東衆尚有數千騎初遼東太守公孫康恃遠不服及太祖破烏丸或說太祖遂征之尚兄弟可禽也太祖曰吾方使康斬送尚熙首不煩兵矣九月太祖引兵自柳城還康卽斬尚熙及速僕丸等傳其首諸將或問太祖還而康斬送尚熙何也太祖曰彼素畏尚等吾急之則并力緩之則自相圖其勢然也十一月至易水代郡烏丸行單于普富盧上郡烏丸行單于那樓將其名王來賀

十三年春正月太祖還鄴作元武池以肄舟師漢罷三公官置丞相御史大夫夏六月以太祖爲丞相秋七月太祖南征劉表八月表卒其子琮代屯襄陽劉備屯樊九月太祖到新野琮遂降備走夏口太祖進軍江陵下令荆州吏民與之更始乃論荆州服從之功侯者十五人以劉表大將文聘爲江夏太守使統本兵引用荆州名士韓嵩鄧義等益州牧劉璋始受徵役遣兵給軍十二月孫權爲備攻合肥太祖自江陵征備至巴邱遣張憙救合肥權聞憙至乃走太祖至赤壁與備戰不利於是大疫吏士多死者乃引軍還備遂有荆州江南諸郡

十四年春三月軍至譙作輕舟治水軍秋七月自渦入淮出肥水軍合肥辛未令曰自頃巳來軍數征行或遇疫氣吏士死亡不歸家室怨曠百姓流離而仁者豈樂之哉不得巳也其令死者家無基業不能自存者縣官勿絕廩長吏存卹撫循以稱吾意置揚州郡縣長吏開芍陂屯田十二月軍還譙

十五年春下令曰自古受命及中興之君曷嘗不得賢人君子與之共治天下者乎及其得賢也曾不出閭巷豈幸相遇哉上之人不求之耳今天下尚未定此特求賢之急時也孟公綽爲趙魏老則優不可以爲滕薛大夫若必廉士而後可用則齊桓其何以霸世今天下得無有被褐懷玉而釣於渭濱者乎又得無盜嫂受金而未遇無知者乎二三子其佐我明揚側陋唯才是舉吾得而用之冬作銅爵臺

十六年春正月天子命太祖世子丕爲五官中郎將置官屬爲丞相副太原商曜等以大陵叛遣夏侯淵徐晃圍破之張魯據漢中三月遣鍾繇討之太祖使淵等出河東與繇會是時關中諸將疑繇欲自襲馬超遂與韓遂楊秋李堪成宜等叛遣曹仁討之超等屯潼關太祖勑諸將關西兵精悍堅壁勿與戰秋七月太祖西征與超等夾關而軍太祖急持之而潛遣徐晃朱靈等夜渡蒲阪津據河西爲營太祖自潼關北渡未濟超赴船急戰校尉丁斐因放牛馬以餌賊賊亂取牛馬太祖乃得渡循河爲甬道而南賊退拒渭口太祖乃多設疑兵潛以舟載兵入渭爲浮橋夜分兵結營於渭南賊夜攻營伏兵擊破之超等屯渭南遣信求割河以西請和太祖不許九月進軍渡渭超等數挑戰又不許固請割地求送任子太祖用賈詡計僞許之韓遂請與太祖相見太祖與遂父同歲孝廉又與遂同時儕輩於是交馬語移時不及軍事但說京都舊故拊手歡笑旣罷超等問遂公何言遂曰無所言也超等疑之他日太祖又與遂書多所點竄如遂改定者超等愈疑遂太祖乃與克日會戰先以輕兵挑之戰良久乃縱虎騎夾擊大破之斬成宜李堪等遂超等走凉州楊秋奔安定關中平諸將或問太祖曰初賊守潼關渭北道闕不從河東擊馮翊而反守潼關引日而後北渡何也太祖曰賊守潼關若吾入河東賊必引守諸津則西河未可渡吾故盛兵向潼關賊悉衆南守西河之備虛故二將得擅取西河然後引軍北渡賊不能與吾爭西河者以有二將之軍也連車樹柵爲甬道而南旣爲不可勝且以示弱渡渭爲堅壘虜至而出所以驕之也故賊不爲營壘而求割地吾順言許之所以從其意使自安而不爲備因畜士卒之力一旦擊之所謂疾雷不及掩耳兵之變化固非一道也始賊每一部到太祖輒有喜色賊破之後諸將問其故太祖答曰關中長遠若賊各依險阻征之不一二年不可定也今皆來集其衆雖多莫相歸服軍無適主一舉可滅爲功差易吾是以喜冬十月太祖自長安北征楊秋圍安定秋降復其爵位使留撫其民人十二月自安定還留夏侯淵屯長安

十七年春正月太祖還鄴天子命太祖贊拜不名入朝不趨劍履上殿如蕭何故事馬超餘衆梁興等屯藍田使夏侯淵擊平之割河內之蕩陰朝歌林慮東郡之衛國頓邱東武陽發干鉅鹿之癭陶曲周南和廣平之任城趙之襄國邯鄲易陽以益魏郡冬十月太祖征孫權

十八年春正月進軍濡須口攻破權江西營獲權都督公孫陽乃引軍還詔書并二十四州復爲九州夏四月至鄴五月丙申天子使御史大夫郗慮持節策命太祖

爲魏公曰朕以不德少遭愍凶越在西土　于唐衛當此之時若綴旒然宗廟乏祀社稷無位羣凶覬覦分裂諸夏率土之民朕無獲焉卽我高祖之命將墜于地朕用夙興假寐震悼于厥心曰惟祖惟父股肱先正其孰能恤朕躬乃誘天衷誕育丞相保乂我皇家弘濟于艱難朕實賴之今將授君典禮其敬聽朕命昔者董卓初興國難羣后釋位以謀王室君則攝進首啟戎行此君之忠於本朝也後及黃巾反易天常侵我三州延及平民君又翦之以寧東夏此又君之功也韓暹楊奉專用威命君則致討克黜其難遂遷許都造我京畿設官兆祀不失舊物天地鬼神於是獲乂此又君之功也袁術僭逆肆於淮南懾憚君靈用丕顯謀蘄陽之役橋蕤授首稜威南邁術以隕潰此又君之功也迴戈東征呂布就戮乘轅將返張楊殂斃眭固伏罪張繡稽服此又君之功也袁紹逆亂天常謀危社稷憑恃其衆稱兵內侮當此之時王師寡弱天下寒心莫有固志君執大節精貫白日奮其武怒運其神策致屆官渡大殲醜類俾我國家拯於危墜此又君之功也濟師洪河拓定四州袁譚高幹咸梟其首海盜奔迸黑山順軌此又君之功也烏丸三種崇亂二世袁尚因之逼據塞北束馬縣車一征而滅此又君之功也劉表背誕不供貢職王師首路威風先逝百城八郡交臂屈膝此又君之功也馬超成宜同惡相濟濱據河潼求逞所欲殄之渭南獻馘萬計遂定邊境撫和戎狄此又君之功也鮮卑丁零重譯而至單于白屋請吏率職此又君之功也君有定天下之功重之以明德班敘海內宣美風俗旁施勤教恤慎刑獄吏無苛政民無懷慝敦崇帝族表繼絕世舊德前功罔不咸秩雖伊尹格于皇天周公光於四海方之蔑如也朕聞先王並建明德胙之以土分之以民崇其寵章備其禮物所以藩衛王室左右厥世也其在周成管蔡不靜懲難念功乃使召康公賜齊太公履東至于海西至于河南至于穆陵北至于無棣五侯九伯實得征之世祚太師以表東海爰及襄王亦有楚人不供王職又命晉文登爲侯伯錫以二輅虎賁鈇鉞秬鬯弓矢大啓南陽世作盟主故周室之不壞繄二國是賴今君稱丕顯德明保朕躬奉答天命導揚弘烈綏爰九域莫不率俾功高于伊周而賞卑於齊晉朕甚恧焉朕以眇眇之身託于兆民之上永思厥艱若涉淵冰非君攸濟朕無任焉今以冀州之河東河內魏郡趙國中山常山鉅鹿安平甘陵平原凡十郡封君爲魏公錫君元土苴以白茅爰契爾龜用建冢社昔在周室畢公毛公入爲卿士周召師保出爲二伯外內之任君實宜之其以丞相領冀州牧如故又加君九錫其敬聽朕命君經緯禮律爲民軌儀使安職業無或遷志是用錫君大輅戎輅各一元牡二駟君勸分務本穡人昬作粟帛滯積大業惟興是用錫君袞冕之服赤舄副焉君敦尚謙讓俾民興行少長有禮上下咸和是用錫君軒縣之樂六佾之舞君翼宣風化爰發四方遠人革面華夏充實是用錫君朱戶以居君研其明哲思帝所難官才任賢羣善必舉是用錫君納陛以登君秉國之鈞正色處中纖毫之惡莫不抑退是用錫居虎賁之士三百人君糾虔天刑章厥有罪犯關干紀莫不誅殛是用錫君鈇鉞各一君龍驤虎視旁眺八維掩討逆節折衝四海是用錫君彤弓一彤矢百玈弓十玈矢千君以溫恭爲基孝友爲德明允篤誠感于朕思是用錫君秬鬯一卣圭瓚副焉魏國置丞相已下羣卿百寮皆如漢初諸侯王之制往欽哉敬服朕命簡恤爾衆時亮庶功用終爾顯德對揚我高祖之休命秋七月始建魏社稷宗廟天子聘太祖三女爲貴人少者待年於國九月作金虎臺鑿渠引漳水入白溝以通河冬十月分魏郡爲東西部置都尉十一月初置尚書侍中六卿馬超在漢陽復因羌胡爲害氐王千萬叛應超屯興國使夏侯淵討之

十九年春正月始耕籍田南安趙衢漢陽尹奉等討超梟其妻子超奔漢中韓遂徙金城入氐王千萬部率羌胡萬餘騎與夏侯淵戰擊大破之遂走西平淵與諸將攻興國屠之省安東永陽郡安定太守毋丘興將之官太祖戒之曰羌胡欲與中國通自當遣人來愼勿遣人往善人難得必將教羌胡妄有所請求因欲以自利不從便爲失異俗意從之則無益事興至遣校尉范陵至羌中陵果教羌使自請爲屬國都尉太祖曰吾豫知當爾非聖也但更事多耳三月天子使魏公位在諸侯王上改授金璽赤紱遠游冠秋七月太祖征孫權初隴西宋建自稱河首平漢王聚衆枹罕改元置百官三十餘年遣夏侯淵自興國討之冬十月屠枹罕斬建涼州平太祖自合肥還十一月漢皇后伏氏坐昔與父故屯騎校尉完書云帝以董承被誅怨恨太祖辭甚醜惡發聞皇后廢黜死兄弟皆伏法十二月太祖至孟津天子命太祖置旄頭宮殿設鍾虡乙未令曰夫有行之士未必能進取進取之士未必能有行也陳平豈篤行蘇秦豈守信邪而陳平定漢業蘇秦濟弱燕由此言之士有偏短庸可廢乎有司明思此義則士無遺滯官無廢業矣

又曰夫刑百姓之命也而軍中典獄者或非其人而任以三軍死生之事吾甚懼之其選明達法理者使持典刑於是置理曹掾屬

二十年春正月天子立太祖中女爲皇后省雲中定襄五原朔方郡郡置一縣領其民合以爲新興郡三月太祖西征張魯至陳倉將自武都入氐氐人塞道先遣張郃朱靈等攻破之夏四月太祖自陳倉以出散關至河池氐王竇茂衆萬餘人恃險不服五月太祖攻屠之西平金城諸將麴演蔣石等共斬送韓遂首秋七月太祖至陽平張魯使弟衛與將楊昂等據陽平關橫山築城十餘里攻之不能拔乃引軍還賊見大軍退其守備解散太祖乃密遣解慓高祚等乘險夜襲大破之斬其將楊任進攻衛衛等夜遁魯奔巴中太祖軍入南鄭盡得魯府庫珍寶巴漢皆降復漢寧郡爲漢中分漢中之安陽西城爲西城郡置太守分錫上庸郡置都尉八月孫權圍合肥張遼李典擊破之九月巴七姓夷王朴胡賨邑侯杜濩舉邑夷賓民來附於是分巴郡以胡爲巴東太守濩爲巴西太守皆封列侯天子命太祖承制封拜諸侯守相冬十月始置名號侯至五大夫與舊列侯關內侯凡六等以賞軍功十一月魯自巴中將其餘衆降封魯及五子皆爲列侯劉備襲劉璋取益州遂據巴中遣張郃擊之十二月太祖自南鄭還留夏侯淵屯漢中

二十一年春二月太祖還鄴三月壬寅太祖親耕籍田夏五月天子進太祖爵爲魏王代郡烏桓行單于普富盧與其侯王來朝天子命太祖女爲公主食湯沐邑秋七月匈奴南單于呼廚泉將其名王來朝待以客禮遂留魏使右賢王去卑監其國八月以大理鍾繇爲相國冬十月治兵遂征孫權十一月至譙

二十二年春正月太祖軍居巢二月進軍屯江西郝谿權在濡須口築城拒守遂逼攻之權退走三月太祖引軍還留夏侯惇曹仁張遼等屯居巢夏四月天子命太祖設天子旌旗出入稱警蹕五月作泮宮六月以軍師華歆爲御史大夫冬十月天子命太祖冕十有二旒乘金根車駕六馬設五時副車以五官中郎將丕爲魏太子劉備遣張飛馬超吳蘭等屯下辯遣曹洪拒之

二十三年春正月漢太醫令吉本與少府耿紀司直韋晃等反攻許燒丞相長史王必營必與潁川典農中郎將嚴匡討斬之曹洪破吳蘭斬其將任夔等三月張飛馬超走漢中陰平氐彊端斬吳蘭傳其首夏四月代郡上谷烏丸無臣氐等叛遣鄢陵侯彰討破之六月令曰古之葬者必居瘠薄之地其規西門豹祠西原上爲壽陵因高爲基不封不樹周禮冢人掌公墓之地凡諸侯居左右以前卿大夫居後漢制亦謂之陪陵其公卿大臣列將有功者宜陪壽陵其廣爲兆域使足相容秋七月治兵遂西征劉備九月至長安冬十月宛守將侯音等反執南陽太守刼畧吏民保宛初曹仁討關羽屯樊城是月使仁圍宛

二十四年春正月仁屠宛斬音夏侯淵與劉備戰於陽平爲備所殺三月太祖自長安出斜谷軍遮要以臨漢中遂至陽平備因險拒守夏五月引軍還長安秋七月以夫人卞氏爲王后遣于禁助曹仁擊關羽八月漢水溢灌禁軍軍沒羽獲禁遂圍仁使徐晃救之九月相國鍾繇坐西曹掾魏諷反免冬十月軍還洛陽孫權遣使上書以討關羽自效太祖自洛陽南征羽未至晃攻羽破之羽走仁圍解太祖軍摩陂

二十五年春正月至洛陽權擊斬羽傳其首庚子太祖崩于洛陽年六十六遺令曰天下尚未安定未得遵古也葬畢皆除服其將兵屯戍者皆不得離屯部有司各率乃職斂以時服無藏金玉珍寶謚曰武王二月丁卯葬高陵

文皇帝諱丕字子桓武帝太子也中平四年冬生于譙建安十六年爲五官中郎將副丞相二十二年立爲魏太子太祖崩嗣位爲丞相魏王尊王后曰王太后改建安二十五年爲延康元年元年二月壬戌以太中大夫賈詡爲太尉御史大夫華歆爲相國大理王朗爲御史大夫置散騎常侍侍郎各四人其宦人爲官者不得過諸署令爲金策著令藏之石室初漢熹平五年黃龍見譙光祿大夫橋元問太史令單颺此何祥也颺曰其國後當有王者興不及五十年亦當復見天事恆象此其應也內黃殷登默而記之至四十五年登尚在三月黃龍見譙登聞之曰單颺之言其驗茲乎己卯以前將軍夏侯惇爲大將軍濊貊扶餘單于焉耆于闐王皆各遣使奉獻夏四月丁巳饒安縣言白雉見庚午大將軍夏侯惇薨五月戊寅天子命帝追尊皇祖太尉曰太王夫人丁氏曰太王后封王子叡爲武德侯是月馮翊山賊鄭甘王照率衆降皆封列侯酒泉黃華張掖張進等各執太守以叛金城太守蘇則討進斬之華降六月辛亥治兵于東郊庚午遂南征秋七月庚辰令曰軒轅有明臺之議放勛有衢室之問皆所以廣詢于下也百官有司其務以職盡規諫將率陳軍法朝士明制度牧守申政事搢紳考六藝吾將兼覽焉孫權遣使奉獻蜀將孟

達率衆降武都氐王楊僕率種人內附居漢陽郡甲午軍次于譙大饗六軍及譙父老百姓于邑東八月石邑縣言鳳皇集冬十一月癸卯令曰諸將征伐士卒死亡者或未收斂吾甚哀之其告郡國給槥櫝殯斂送致其家官爲設祭丙午行至曲蠡漢帝以衆望在魏乃召羣公卿士告祠高廟使兼御史大夫張音持節奉璽綬禪位冊曰咨爾魏王昔者帝堯禪位于虞舜舜亦以命禹天子不于常惟歸有德漢道陵遲世失其序降及朕躬大亂兹昏羣凶肆逆宇內顚覆賴武王神武拯兹難于四方惟清區夏以保綏我宗廟豈予一人獲乂俾九服實受其賜今王欽承前緒光于乃德恢文武之大業昭爾考之昭烈皇靈降瑞人神告徵誕惟亮采師錫朕命僉曰爾度克協于虞舜用率我唐典敬遜爾位於戲天之歷數在爾躬允執其中天祿永終君其祗順大禮饗兹萬國以肅承天命乃爲壇於繁陽庚午帝升壇卽阼百官陪位事訖降壇視燎成禮而反改延康爲黃初大赦

黃初元年十一月癸酉以河內之山陽邑萬戶奉漢帝爲山陽公行漢正朔以天子之禮郊祭上書不稱臣京都有事于太廟致胙封公之四子爲列侯追尊皇祖太王曰太皇帝考武王曰武皇帝尊王太后曰皇太后賜男子爵人一級爲父後及孝悌力田人二級以漢諸侯王爲崇德侯列侯爲關中侯以潁陰之繁陽亭爲繁昌縣封爵增位各有差改相國爲司徒御史大夫爲司空奉常爲太常郎中令爲光祿勳大理爲廷尉大農爲大司農郡國縣邑多所改易更封匈奴南單于呼廚泉魏璽綬賜青蓋車乘輿寶劒玉玦十二月初營洛陽宮戊午幸洛陽是歲長水校尉戴陵諫不宜數行弋獵帝大怒陵減死罪一等

二年春正月郊祀天地明堂甲戌校獵至原陵遣使者以太牢祠漢世祖乙亥朝日于東郊初令郡國口滿十萬者歲察孝廉一人其有秀異無拘戶口辛巳分三公戶邑封子弟各一人爲列侯壬午復潁川郡一年田租改許縣爲許昌縣以魏郡東部爲陽平郡西部爲廣平郡詔以議郎孔羨爲宗聖侯邑百戶奉孔子祀令魯郡脩起舊廟置百吏卒以守衞之又於其外廣爲室屋以居學者春三月如遼東太守公孫恭爲車騎將軍初復五銖錢夏四月以車騎將軍曹仁爲大將軍五月鄭甘復叛遣曹仁討斬之六月庚子初祀五嶽四瀆咸秩羣祀丁卯夫人甄氏卒戊辰晦日有食之有司奏免太尉詔曰災異之作以譴元首而歸過股肱豈禹湯罪己之義乎其令百官各虔厥職後有天地之眚勿復劾三公秋八月孫權遣使奉章并遣于禁等還丁巳使太常邢貞持節拜權爲大將軍封吳王加九錫冬十月授楊彪光祿大夫以穀貴罷五銖錢己卯以大將軍曹仁爲大司馬十二月行東巡是歲築淩雲臺

三年春正月丙寅朔日有食之庚午行幸許昌宮詔令郡國選士勿拘老幼儒通經術吏達文法到皆試用有司糾故不以實者二月鄯善龜兹于闐王各遣使奉獻詔曰西戎卽敘氐羌來王詩書美之頃者西域外夷並款塞內附其遣使者撫勞之是後西域遂通置戊己校尉三月乙丑立齊公叡爲平原王帝弟鄢陵公彰等十一人皆爲王初制封王之庶子爲鄉公嗣王之庶子爲亭侯公之庶子爲亭伯甲戌立皇子霖爲河東王甲午行幸襄邑夏四月戊申立鄄城侯植爲鄄城王癸亥行還許昌宮五月以荆揚江表八部爲荆州孫權領牧故也荆州江北諸郡爲郢州閏月孫權破劉備於夷陵初帝聞備兵東下與權交戰樹柵連營七百餘里謂羣臣曰備不曉兵豈有七百里營可以拒敵者乎苞原隰險阻而爲軍者爲敵所禽此兵忌也孫權上事今至矣後七日破備書到秋七月冀州大蝗民饑使尚書杜畿持節開倉廩以振之八月蜀大將黃權率衆降九月甲午詔曰夫婦人與政亂之本也自今以後羣臣不得奏事太后后族之家不得當輔政之任又不得橫受茅土之爵以此詔傳後世若有背違天下共誅之庚子立皇后郭氏賜天下男女爵人一級鰥寡篤癃及貧不能自存者賜穀冬十月甲子表首陽山東爲壽陵作終制曰禮國君卽位爲椑存不忘亡也昔堯葬穀林通樹之禹葬會稽農不易畝故葬於山林則合乎山林封樹之制非上古也吾無取焉壽陵因山爲體無爲封樹無立寢殿造園邑通神道夫葬也者藏也欲人之不得見也骨無痛痒之知冢非棲神之宅禮不墓祭欲存亡之不黷也爲棺槨足以朽骨衣衾足以朽肉而已故吾營此邱墟不食之地欲使易代之後不知其處無施葦炭無藏金銀銅鐵一以瓦器合古塗車芻靈之義棺但漆際會三過飯含無以珠玉無施珠襦玉匣諸愚俗所爲也季孫以璵璠斂孔子歷級而救之譬之暴骸中原宋公厚葬君子謂華元樂莒不臣以爲棄君於惡漢文帝之不發霸陵無求也光武之掘原陵封樹也霸陵之完功在釋之原陵之掘罪在明帝是釋之忠以利君明帝愛以害親也忠臣孝子宜思仲尼邱明釋之之言鑒華元樂莒

明帝之戒存於所以安君定親使魂靈萬載無危斯則賢聖之忠孝矣自古及今未有不亡之國亦無不掘之墓也喪亂以來漢氏諸陵無不發掘至乃燒取玉匣金縷骸骨并盡是焚如之刑也豈不重痛哉禍由乎厚葬封樹桑霍爲我戒不亦明乎其皇后及貴人以下不隨王之國者有終没皆葬澗西前又以表其處矣蓋舜葬蒼梧二妃不從延陵葬子遠在嬴博魂而有靈無不之也一澗之間不足爲遠若違今詔妄有所變改造施吾爲戮尸地下戮而重戮死而重死臣子爲蔑死君父不忠不孝使死者有知將不福汝其以此詔藏之宗廟副在尚書祕書三府是月孫權復叛復郢州爲荆州帝自許昌南征諸軍兵並進權臨江拒守十一月辛丑行幸宛庚申晦日有食之是歲穿靈芝池

四年春正月詔曰喪亂以來兵革未戢天下之人互相殘殺今海內初定敢有私復讎者皆族之築南巡臺于宛三月丙申行自宛還洛陽宮癸卯月犯心中央大星丁未大司馬曹仁薨是月大疫夏五月有鵜鶘鳥集靈芝池詔曰此詩人所謂污澤也曹詩刺共公遠君子而近小人今豈有賢智之士處于下位乎否則斯鳥何爲而至其博舉天下儁德茂才獨行君子以答曹人之刺六月甲戌任城王彰薨于京都甲申太尉賈詡薨太白晝見是月大雨伊洛溢流殺人民壞廬宅秋八月丁卯以廷尉鍾繇爲太尉辛未校獵于滎陽遂東巡論征孫權功諸將已令進爵增戶各有差九月甲辰行幸許昌宮

五年春正月初令謀反大逆乃得相告其餘皆勿聽治敢妄相告以其罪罪之三月行自許昌還洛陽宮夏四月立太學制五經課試之法置春秋穀梁博士五月有司以公卿朝朔望日因奏疑事聽斷大政論辨得失秋七月行東巡幸許昌宮八月爲水軍親御龍舟循蔡潁浮淮幸壽春揚州界將吏死民犯五歲刑已下皆原除之九月遂至廣陵赦青徐二州改易諸將守冬十月乙卯太白晝見行還許昌宮十一月庚寅以冀州饑遣使者開倉廩振之戊申晦日有食之十二月詔曰先王制禮所以昭孝事祖大則郊社其次宗廟三神五行名山大川非此族也不在祀典叔世衰亂崇信巫史至乃宮殿之內戶牖之間無不沃酹甚矣其惑也自今其敢設非祀之祭巫祝之言皆以執左道論著于令典是歲穿天淵池

六年春二月遣使者循行許昌以東盡沛郡問民所疾苦貧者振貸之三月行幸召陵通討虜渠乙巳還許昌宮并州刺史梁習討鮮卑軻比能大破之辛卯帝爲舟師東征五月戊申幸譙壬戌熒惑入太微六月利成郡兵蔡方等以郡反殺太守徐質遣屯騎校尉任福步兵校尉段昭與青州刺史討平之其見脅略及亡命者皆赦其罪秋七月立皇子鑒爲東武陽王八月帝遂以舟師自譙循渦入淮從陸道幸徐九月築東巡臺冬十月行幸廣陵故城臨江觀兵戎卒十餘萬旌旗數百里是歲大寒水道冰舟不得入江乃引還十一月東武陽王鑒薨十二月行自譙過梁遣使以太牢祀故漢太尉橋元

七年春正月將幸許昌許昌城南門無故自崩帝心惡之遂不入壬子行還洛陽宮三月築九華臺夏五月丙辰帝疾篤召中軍大將軍曹眞鎭軍大將軍陳羣征東大將軍曹休撫軍大將軍司馬懿並受遺詔輔嗣主遣後宮淑媛昭儀已下歸其家丁巳帝崩於嘉福殿時年四十六月戊寅葬首陽陵自殯及葬皆以終制從事初帝好文學以著述爲務自所勒成垂百篇又使諸儒撰集經傳隨類相從凡千餘篇號曰皇覽陳壽曰文帝天資文藻下筆成章博聞彊識才藝兼該若加之曠大之度勵之公平之誠邁志存道克廣德心則古之賢主何遠之有哉

文帝黃初七年

明皇帝諱叡字元仲文帝太子也生而太祖愛之常令在左右年十五封武德侯黃初二年爲齊公三年爲平原王以其母誅故未建爲嗣七年夏五月帝病篤乃立爲皇太子丁巳卽皇帝位大赦尊皇太后曰太皇太后皇后曰皇太后諸臣封爵各有差癸未追謚母甄夫人曰文昭皇后壬辰立皇弟蕤爲陽平王八月孫權攻江夏郡太守文聘堅守朝議欲發兵救之帝曰權習水戰所以敢下船陸攻者幾掩不備也今已與聘相持夫攻守勢倍終不敢久也先時遣治書侍御史荀禹慰勞邊方禹到於江夏發所經縣兵及所從步騎千人乘山舉火權退走辛巳立皇子冏爲清河王吳將諸葛瑾張霸等寇襄陽撫軍大將軍司馬懿討破之斬霸征東大將軍曹休又破其別將於尋陽論功行賞各有差冬十月清河王冏薨十二月以太尉鍾繇爲太傅征東大將軍曹休爲大司馬中軍大將軍曹眞爲大將軍司徒華歆爲太尉司空王朗爲司徒鎭軍大將軍陳羣爲司空撫軍大將軍司馬懿爲驃騎大將軍

太和元年春正月郊祀武皇帝以配天宗祀文皇帝於

明堂以配上帝分江夏南郡置江夏南郡都尉西平麴英反殺臨羌令西都長遣將軍郝昭鹿磐討斬之二月辛未帝耕于籍田辛巳立文昭皇后寢廟於鄴丁亥朝日于東郊夏四月乙亥行五銖錢甲申初營宗廟秋八月夕月于西郊冬十月丙寅治兵于東郊焉耆王遣子入侍十一月立皇后毛氏賜天下男子爵人二級鰥寡孤獨不能自存者賜穀十二月封后父毛嘉爲列侯新城太守孟達反詔驃騎將軍司馬懿討之

二年春正月懿攻破新城斬達傳其首分新城之上庸武陵巫縣爲上庸郡錫縣爲錫郡蜀大將諸葛亮寇邊天水南安安定三郡吏民叛應亮遣大將軍曹眞都督關右並進兵右將軍張郃擊亮於街亭大破之亮敗走三郡平丁未行幸長安夏四月丁酉還洛陽宮赦繫囚非殊死以下乙巳論討亮功封爵增邑各有差五月大旱六月詔曰尊儒貴學王敎之本也自頃儒官或非其人將何以宣明聖道其高選博士才任侍中常侍者申敕郡國貢士以經學爲先秋七月曹休率諸軍至皖與吳將陸議戰於石亭敗績乙酉立皇子穆爲繁陽王庚子大司馬曹休薨冬十月詔公卿近臣舉良將各一人十一月司徒王朗薨十二月諸葛亮圍陳倉曹眞遣將軍費曜等拒之遼東太守公孫恭兄子淵劫奪恭位遂以淵領遼東太守

三年夏四月元城王禮薨六月癸卯繁陽王穆薨戊申追尊大長秋曰高皇帝夫人吳氏曰高皇后秋七月詔曰禮王后無嗣擇建支子以繼大宗則當纂正統而奉公義何得復顧私親哉漢宣繼昭帝後加悼考以皇號哀帝以外藩援立而董宏等稱引亡秦惑誤時朝既尊恭皇立廟京都又寵藩妾以比長信敍昭穆於前殿並四位於東宮僭差無度人神弗祐而非罪師丹忠正之諫用致丁傅焚如之禍自是之後相踵行之昔魯文逆祀罪由夏父宋國非度譏在華元其令公卿有司深以前世行事爲戒後嗣萬一有由諸侯入奉大統則當明爲人後之義敢爲佞邪導諛時君妄建非正之號以干正統謂考爲皇謂妣爲后則股肱大臣誅之無赦其書之金策藏之宗廟著于令典冬十月改平望觀曰聽訟觀帝常言獄者天下之性命也每斷大獄常幸觀臨聽之初洛陽宗廟未成神主在鄴廟十一月廟始成使太常韓暨持節迎高皇帝太皇帝武帝文帝神主于鄴十二月己丑至奉安神主于廟癸卯大月氏王波調遣使奉獻以調爲親魏大月氏王

四年春二月壬午詔郎吏學通一經才任牧民博士課試擢其高第者亟用其浮華不務道本者皆罷退之戊子詔太傅三公以文帝典論刻石立于廟門之外癸巳以大將軍曹眞爲大司馬驃騎大將軍司馬懿爲大將軍遼東太守公孫淵爲車騎將軍夏四月太傅鍾繇薨六月戊子太皇太后崩丙申省上庸郡秋七月武宣卞后祔葬于高陵詔大司馬曹眞大將軍司馬懿伐蜀八月辛巳行東巡遣使者以特牛祠中嶽乙未幸許昌宮九月大雨伊洛河漢水溢詔眞等班師冬十月乙卯行還洛陽宮庚申令罪非殊死聽贖各有差十一月太白犯歲星十二月辛未改葬文昭甄后于朝陽陵丙寅詔公卿舉賢良

五年春正月帝耕于籍田三月大司馬曹眞薨諸葛亮寇天水詔大將軍司馬懿拒之自去冬十月至此月不雨辛巳大雩夏四月鮮卑附義王軻比能率其種人及丁零大人兒禪詣幽州貢名馬復置護匈奴中郎將秋七月丙子以亮退走封爵增位各有差乙酉皇子殷生大赦八月詔曰古者諸侯朝聘所以敦睦親親協和萬國也先帝著令不欲使諸王在京都者謂幼主在位母后攝政防微以漸關諸盛衰也朕惟不見諸王十有二載悠悠之懷能不興思其令諸王及宗室公侯各將適子一人朝後有少主母后在宮者自如先帝令明著于令冬十一月乙酉月犯軒轅大星戊戌晦日有食之十二月甲辰月犯鎭星戊午太尉華歆薨

六年春二月詔改封諸侯王皆以郡爲國三月癸酉行東巡所過存問高年鰥寡孤獨賜穀帛乙亥月犯軒轅大星夏四月壬寅行幸許昌宮甲子初進新果于廟五月皇子殷薨追封謚安平哀王秋七月以衛尉董昭爲司徒九月行幸摩陂治許昌宮起景福承光殿冬十月殄夷將軍田豫帥衆討吳將周賀於成山殺賀十一月丙寅太白晝見有星孛于翼近太微上將星庚寅陳思王植薨十二月行還許昌宮

青龍元年春正月甲申青龍見郟之摩陂井中二月丁酉幸摩陂觀龍於是改年改摩陂爲龍陂賜男子爵人二級鰥寡孤獨無出今年租賦三月甲子詔公卿舉賢良篤行之士各一人夏五月壬申詔祀故大將軍夏侯惇大司馬曹仁車騎將軍程昱於太祖廟庭戊寅北海王蕤薨閏月庚寅朔日有食之丁酉改封宗室女非諸王女皆爲邑主詔諸郡國山川不在祀典者勿祠六月洛陽宮鞠室災保塞鮮卑大人步度根與叛鮮卑大人軻比能私通并州刺史畢軌表輒出軍以外威比能內

鎭步度根帝省表曰步度根以爲比能所誘有自疑心今軌出軍適使二部驚合爲一何所威鎭乎促敕軌以出軍者愼勿越塞過句注也比詔書到軌以進軍屯陰館遣將軍蘇尙董弼追鮮卑比能遣子將千餘騎迎步度根部落與尙弼相遇戰於樓煩二將沒步度根部落皆叛出塞與比能合寇邊遣驍騎將軍秦朗將中軍討之虜乃走漠北秋九月安定保塞匈奴大人胡薄居姿職等叛司馬懿遣將軍胡遵等追討破降之冬十月步度根大人戴胡阿狼泥等詣并州降朗引軍還十二月公孫淵斬送孫權所遣使張彌許宴首以淵爲大司馬樂浪公

二年春二月乙未太白犯熒惑癸酉詔曰鞭作官刑所以糾慢怠也而頃多以無辜死其減鞭杖之制著于令三月庚寅山陽公薨帝素服發哀遣使持節典護喪事己酉大赦夏四月大疫崇華殿災丙寅詔有司以太牢告祠文帝廟追謚山陽公爲漢孝獻皇帝葬以漢禮是月諸葛亮出斜谷屯渭南司馬懿率諸軍拒之詔懿但堅壁拒守以挫其鋒彼進不得志退無與戰久停則糧盡虜畧無所獲則必走矣走而追之以逸待勞全勝之道也五月太白晝見孫權入居巢湖口向合肥新城又遣將陸議孫韶各將萬餘人入淮沔六月征東將軍滿寵進軍拒之寵欲拔新城守致賊壽春帝不聽曰昔漢光武遣兵縣據畧陽終以破隗囂先帝東置合肥南守襄陽西固祁山賊來輒破於三城之下者地有所必爭也縱權攻新城必不能破敕諸將堅守吾將自往征之比至恐權走也秋七月壬寅帝親御龍舟東征權攻新城將軍張穎等拒守力戰帝軍未至數百里權遁走議部等亦退羣臣以爲大將軍方與諸葛亮相持未解車駕可西幸長安帝曰權走亮膽破大將軍足以制之吾無憂矣遂進軍幸壽春錄諸將功封賞各有差八月己未大曜兵饗六軍遣使者持節犒勞合肥壽春諸軍辛巳行還許昌宮司馬懿與亮相持連圍積日亮數挑戰懿堅壘不應會亮卒其軍退還冬十月乙丑月犯鎭星及軒轅戊寅月犯太白十一月京都地震從東南來隱隱有聲搖動屋瓦十二月詔有司刪定大辟減死罪

三年春正月戊子以大將軍司馬懿爲太尉己亥復置朔方郡京都大疫丁巳皇太后崩乙亥隕石于壽光縣三月庚寅葬文德郭后營陵于首陽陵澗西如終制焉是時大治洛陽宮起昭陽太極殿築總章觀百姓失農時直臣楊阜高堂隆等各數切諫雖不能聽常優容之秋七月洛陽崇華殿災八月庚午立皇子芳爲齊王詢爲秦王丁巳行還洛陽宮命有司復崇華改名九龍殿冬十月己酉中山王袞薨壬申太白晝見十一月丁酉行幸許昌宮

四年春二月太白復晝見月犯太白又犯軒轅一星入太微而出夏四月置崇文觀徵善屬文者以充之五月乙卯司徒董昭薨丁巳肅愼氏獻楛矢六月壬申詔曰朕往者按大辟之條多所蠲除思濟生民之命今郡國蔽獄一歲之中尙有數百何邪有司其議獄緩死務從寬簡其令廷尉及天下獄官諸有死罪具獄以定非謀反及手殺人亟語其親治有乞恩者使與奏當文書俱上朕將思所以全之其布告天下使明知朕意秋七月高句驪王宮斬送孫權使胡衞等首詣幽州甲寅太白犯軒轅大星冬十月己卯行還洛陽宮甲申有星孛于大辰乙酉又孛于東方十一月己亥彗星見犯宦者天紀星十二月癸巳司空陳羣薨乙未行幸許昌宮

景初元年春正月壬辰山茌縣言黃龍見於是有司奏以爲魏得地統宜以建丑之月爲正三月定歷改年爲孟夏四月服色尙黃犧牲用白戎事乘黑首白馬建大白之旂改大和歷爲景初歷其春夏秋冬孟仲季月雖與正歲不同至於郊祀迎氣礿祠蒸嘗巡狩蒐田分至啓閉班宣時令中氣早晚敬授民事皆以正歲斗建爲歷數之序五月己巳行還洛陽宮己丑大赦六月戊申京師地震己亥以尙書令陳矯爲司徒尙書左僕射衞臻爲司空丁未分魏興之魏陽錫郡之安富上庸爲上庸郡省錫郡以錫縣屬魏興郡有司奏武皇帝撥亂反正爲魏太祖樂用武始之舞文皇帝應天受命爲魏高祖樂用咸熙之舞帝制作興治爲魏烈祖樂用章武之舞三祖之廟萬世不毀其餘四廟親盡迭毀如周后稷文武廟祧之制秋七月丁卯司徒陳矯薨孫權遣將朱然等二萬人圍江夏郡荊州刺史胡質等擊之然退走初權遣使浮海與高句驪通欲襲遼東遣幽州刺史毌邱儉率諸軍及鮮卑烏丸屯遼東南界璽書徵公孫淵淵發兵反儉進軍討之會連雨十日遼水大漲詔儉引軍還右北平烏丸單于寇婁敦遼西烏丸都督王護留等居遼東率部衆隨儉內附己卯詔遼東將吏士民爲淵所脅畧不得降者一切赦之辛卯太白晝見淵自儉還遂自立爲燕王置百官稱紹漢元年詔青兗幽冀四州大作海船九月冀兗徐豫四州民遇水遣侍御史循行沒溺死亡及失財產者所在開倉振救之庚辰皇后毛氏崩冬十月丁未月犯熒惑癸丑葬悼毛后于愍陵

乙卯營洛陽南委粟山爲圜丘十二月壬子冬至始祀丁巳分襄陽臨沮宜城旍陽邔四縣置襄陽南部都尉己未有司奏文昭皇后立廟京都分襄陽郡之鄀葉縣屬義陽郡

二年春正月詔太尉司馬懿帥衆討遼東二月癸卯以太中大夫韓暨爲司徒癸丑月犯心距星又犯心中央大星夏四月庚子司徒韓暨薨壬寅分沛國蕭相竹邑符離蘄銍龍亢山桑洨虹十縣爲汝陰郡宋縣陳郡苦縣皆屬譙郡以沛杼秋公邱彭城豐國廣戚并五縣爲沛王國庚戌大赦五月乙亥月犯心距星又犯中央大星六月省漁陽郡之狐奴縣復致安樂縣秋八月燒當羌王芒中注詣等叛涼州刺史率諸郡攻討斬注詣首癸丑有彗星見張宿丙寅司馬懿圍公孫淵於襄平大破之傳淵首于京都海東諸郡平冬十一月錄討淵功太尉懿以下增邑封爵各有差初帝議遣懿討淵發卒四萬人議臣皆以爲四萬兵多役費難供帝曰四千里征伐雖云用奇亦當任力不當稍計役費遂以四萬人行及懿至遼東霖雨不得時攻羣臣或以爲淵未可卒破宜詔懿還帝曰司馬懿臨危制變禽淵可計日待也卒皆如所策壬午以司空衛臻爲司徒司隸校尉崔林爲司空閏月月犯心中央大星十二月乙丑帝不豫辛巳立皇后郭氏賜天下男子爵人二級鰥寡孤獨穀以燕王宇爲大將軍甲申免以武衛將軍曹爽代之初青龍三年中壽春農民妻自言爲天神所下命爲登女當營衛帝室蠲邪納福飲人以水及以洗創或多愈者於是立館後宮下詔稱揚甚見優寵及帝疾飲水無驗於是殺焉

三年春正月丁亥太尉懿還至河內帝驛馬召到引入臥內執其手謂曰吾疾甚以後事屬君君其與爽輔少子吾得見君無所恨懿頓首流涕即日帝崩于嘉福殿時年三十六癸丑葬高平陵帝天姿秀出望之儼然立髮垂地口吃少言而沈毅好斷在東宮不交朝臣不問政事惟潛思書籍而已即位之後褒禮大臣料簡功能眞僞不得相貿務絶浮華譖毀之端行師動衆決大事謀臣將相咸服帝之大畧性特彊識雖左右小臣官性行名跡所履及其父兄子弟一經耳目終不遺忘含垢藏疾容受直言吏民上書一月之中至數百封雖文辭陋鄙亦覽省無厭初諸公受遺輔導帝皆以方任處之政自己出而優禮大臣開容善直雖犯顏極諫無所摧戮其君人之量如此然不思建德垂風不固維城之基至使大權偏據社稷無衞悲夫

明帝太和六年青龍四年景初三年即位十三年

齊王諱芳字蘭卿明帝無子養王及秦王詢宮省事祕莫有知其所由來者青龍三年立爲齊王景初三年正月丁亥朔帝病甚乃立爲皇太子是日即皇帝位大赦尊皇后曰皇太后大將軍曹爽太尉司馬懿輔政詔諸所興作宮室之役皆以遺詔罷之官奴婢六十以上免爲良人二月西域重譯獻火浣布詔大將軍太尉臨試以示百寮丁丑詔以太尉司馬懿爲太傅持節統兵都督諸軍事如故三月以征東將軍滿寵爲太尉夏六月以遼東東沓縣吏民渡海居齊郡界以故縱城爲新沓縣以居徙民秋七月上始親臨朝聽公卿奏事八月大赦冬十月以鎭南將軍黃權爲車騎將軍十二月詔復用夏正其以建寅之月爲正始元年正月以建丑月爲後十二月

正始元年春二月乙丑加侍中中書監劉放侍中中書令孫資爲左右光祿大夫丙戌以遼東汶北豐縣民流徙渡海規齊郡之西安臨菑昌國縣界爲新汶南豐縣以居流民自去冬十二月至此月不雨丙寅詔令獄官亟平寃枉理出輕微羣公卿士讜言嘉謀各悉乃心夏四月車騎將軍黃權薨秋七月詔曰易稱損上益下節以制度不傷財害民方今百姓不足而御府多作金銀雜物奚以爲今出黃金銀物百五十種千八百餘觔銷冶以供軍用八月車駕巡省洛陽界秋稼賜高年力田各有差

二年春二月帝初通論語使太常以太牢祭孔子於辟雍以顏淵配夏五月吳將朱然等圍襄陽之樊城太傅司馬懿率衆拒之六月辛丑退己卯以征東將軍王淩爲車騎將軍冬十二月南安郡地震

三年春正月東平王徽薨三月太尉滿寵薨秋七月甲申南安郡地震乙酉以領軍將軍蔣濟爲太尉冬十二月魏郡地震

四年春正月帝加元服賜羣臣各有差夏四月乙卯立皇后甄氏大赦五月朔日有食之旣秋七月詔祀故大司馬曹眞曹休征南大將軍夏侯尚太常桓階司空陳羣太傅鍾繇車騎將軍張郃左將軍徐晃前將軍張遼右將軍樂進太尉華歆司徒王朗驃騎將軍曹洪征西將軍夏侯淵後將軍朱靈文聘執金吾臧霸破虜將軍李典立義將軍龐悳武猛校尉典韋於太祖廟庭冬十二月倭國女王卑彌呼遣使奉獻

五年春二月詔大將軍曹爽率衆征蜀夏四月朔日有

蝕之五月癸巳講尙書經通使太常以太牢祠孔子於辟雍以顏淵配賜太傅大將軍及侍講者各有差丙午大將軍曹爽引軍還秋八月秦王詢薨九月鮮卑內附置遼東屬國立昌黎縣以居之冬十一月癸卯詔祀故尙書令荀攸於太祖廟庭己酉復秦國爲京兆郡十二月司空崔林薨

六年春二月丁卯南安郡地震丙子以驃騎將軍趙儼爲司空夏六月儼薨八月丁卯以太常高柔爲司空癸巳以左光祿大夫劉放爲驃騎將軍右光祿大夫孫資爲衛將軍冬十一月祫祭太祖廟始祀前所論佐命臣二十一人十二月辛亥詔故司徒王朗所作易傳令學者得以課試乙亥詔曰明日大會羣臣其令太傅乘輿上殿

七年春二月幽州刺史母丘儉討高句驪夏五月討濊貊皆破之韓那奚等數十國各率種落降秋八月戊申詔曰屬到市觀見所斥賣官奴婢年皆七十或癃疾殘病所謂天民之窮者也且官以力竭而復鬻之進退無謂其悉遣爲良民若有不能自存者郡縣賑給之己酉詔曰吾乃當以十九日親祠而昨出已見治道得雨當復更治徒棄功夫每念百姓力少役多夙夜存心道路但當期於通利聞乃撾捶老小務崇脩飾疲困流離以至哀歎吾豈安乘此而行致馨德於宗廟邪自今以後明申敕之冬十二月講禮記通使太常以太牢祀孔子於辟雍以顏淵配

八年春二月朔日有食之夏五月分河東之汾北十縣爲平陽郡秋七月尙書何晏奏曰古之爲人君者所與游必擇正人所觀必察正象放鄭聲而弗聽遠佞人而弗近請自今以後御幸式乾殿及游豫後園皆以大臣侍從因從容戲晏兼省文書詢謀政事講論經義爲萬世法冬十二月散騎常侍諫議大夫孔晏乂奏乞絕後園習騎乘馬出必御輦乘車是時帝好逸豫及褻狎羣小故晏乂因闕而進規焉

九年春二月衛將軍中書令孫資癸巳驃騎將軍中書監劉放三月甲午司徒衛臻各遜位以侯就第位特進四月以司空高柔爲司徒光祿大夫徐邈爲司空固辭不受秋九月以車騎將軍王淩爲司空冬十月大風發屋折樹

嘉平元年春正月甲午車駕謁高平陵太傅司馬懿奏免大將軍曹爽爽弟中領軍羲武衛將軍訓散騎常侍彥官以侯就第戊戌有司奏收黃門張當付廷尉考實其辭爽與謀不軌又尙書丁謐鄧颺何晏司隸校尉畢軌荊州刺史李勝大司農桓範皆與爽通姦謀夷三族語在爽傳丙午大赦丁未以太傅司馬懿爲丞相固讓乃止夏四月乙丑改年丙子太尉蔣濟薨冬十二月辛卯以司空王淩爲太尉庚子以司隸校尉孫禮爲司空二年夏五月以征西將軍郭淮爲車騎將軍冬十月以特進孫資爲驃騎將軍十一月司空孫禮薨十二月甲辰東海王霖薨乙未征南將軍王昶渡江掩攻吳破之三年春正月荊州刺史王基新城太守陳泰攻吳破之降者數千口二月置南郡之夷陵縣以居降附三月以尙書令司馬孚爲司空四月甲申以征南將軍王昶爲征南大將軍壬辰大赦丙午聞太尉王淩謀廢帝立楚王彪太傅司馬懿東征淩五月甲寅淩自殺六月彪賜死秋七月壬戌皇后甄氏崩辛未以司空司馬孚爲太尉戊寅太傅司馬懿薨以衛將軍司馬師爲撫軍大將軍錄尙書事乙未葬懷甄后于太淸陵庚子驃騎將軍孫資薨十一月有司奏諸功臣應饗食於太廟者更以官爲次太傅司馬懿功高爵尊最在上十二月以光祿勳鄭冲爲司空

四年春正月癸卯以撫軍大將軍司馬師爲大將軍二月立皇后張氏大赦夏五月魚二見于武庫屋上冬十一月詔征南大將軍王昶征東將軍胡遵鎭南將軍毋丘儉等征吳十二月吳大將軍諸葛恪拒戰大破衆軍於東關不利而還

五年夏四月大赦五月吳太傅諸葛恪圍合肥新城詔太尉司馬孚拒之秋七月恪退還八月詔曰故中郞西平郭脩砥節厲行秉心不回乃者蜀將姜維寇鈔脩郡爲所執畧往歲僞大將軍費禕驅率羣衆陰圖闚闓道經漢壽請會衆賓脩於廣坐之中手刃擊禕勇過聶政功逾介子可謂殺身成仁釋生取義者矣夫追加褒寵所以表揚忠義祚及後允所以獎勸將來其追封脩爲長樂鄉侯食邑千戶謚曰威侯子襲爵加拜奉車都尉賜銀千餅絹千匹以光寵存亡永垂來世焉自帝卽位至于是歲郡國縣道多所置省俄或還復不可勝紀

六年春二月己丑鎭東將軍毋丘儉上言昔諸葛恪圍合肥新城城中遣士劉整出圍傳消息爲賊所得考問所傳語整曰諸葛公欲活汝汝可具服整罵曰死狗此何言也我當必死爲魏國鬼不苟求活逐汝去也欲殺我者便速殺之終無他辭又遣士鄭像出城傳消息或以語恪恪遣馬騎尋圍跡索得像還四五人科頭面縛將繞城表敕語像使大呼言大軍已還洛不如早降像

不從其言更大呼城中曰大軍近在圍外壯士努力賊以刀槊其口使不得言儼遂大呼令城中聞知整儼爲士能守義執節子弟宜有差異詔追賜整儼爵關中侯各除士名使子襲爵如部曲將死事科庚戌中書令李豐與皇后父光祿大夫張緝等謀廢易大臣以太常夏侯玄爲大將軍事覺諸所連及者皆伏誅辛亥大赦三月廢皇后張氏夏四月立皇后王氏大赦五月封后父奉車都尉王夔爲廣明鄉侯光祿大夫位特進妻田氏爲宣陽鄉君秋九月大將軍司馬師將謀廢帝以聞皇太后師弟安東將軍昭鎭許昌徵還擊維至京師帝於平樂觀以臨軍過中領軍許允及左右小臣與帝謀因昭辭殺之勒其衆以退師軍巳書詔於前昭入帝懼不敢發既而謀泄昭因引兵入城與師謀廢帝九月師召羣臣莫敢違乃奏永甯宮請收帝璽綬歸藩于齊遣大鴻臚郭芝入白皇太后太后方與帝對坐芝謂帝曰大將軍欲廢陛下立彭城王據帝乃起去太后不悅芝曰太后有子不能教今大將軍意巳成又勒兵于外以備非常但當順旨夫復何言太后曰我欲見大將軍口有所說芝曰何可見邪但當速取璽綬太后意乃折乃遣傍侍御取璽綬著坐側芝出報師師甚喜甲戌太后詔曰皇帝芳春秋巳長不親萬機耽淫內寵沈漫女德日延倡優縱其醜謔迎六宮家人留止內房毀人倫之敘亂男女之節恭孝日虧悖傲滋甚不可以承天緒奉宗廟使司徒臣柔奉策以一元大武告于宗廟遣芳歸藩于齊以避皇位師於是遣使者授帝齊王璽綬出就西宮帝與太后垂泣而别遂乘王車從太極殿南出羣臣送者數十人太傅司馬孚悲不自勝餘多流涕帝時年二十三師復遣使者持節送衞營齊王宮於河內重門制度皆如藩國之禮帝之出宮也師使請璽綬於太后太后曰彭城王我之季叔也今來立我當何之且明皇帝當絕嗣乎吾以爲高貴鄉公者文皇帝之長孫明帝之弟子於禮小宗有後大宗之義其詳議之師乃更召羣臣議乃定迎高貴鄉公丁丑令曰東海王霖高祖文皇帝之子霖之諸子與國至親高貴鄉公髦有大成之量其以爲明帝嗣

齊王正始九年嘉平六年即位十五年

高貴鄉公諱髦字彥士文帝孫東海定王霖子也正始五年封郯縣高貴鄉公少好學夙成齊王廢公卿議迎立公十月巳丑公至于元武館羣臣奏請舍前殿公以先帝舊處避止西廂羣臣又請以法駕迎公不聽庚寅公入于洛陽羣臣迎拜西掖門南公下輿將答拜擯者曰儀不拜公曰吾人臣也遂答拜至止車門下輿左右曰舊乘輿入公曰吾被皇太后徵未知所爲遂步至太極東堂見于太后初羣臣之奉迎也太常請璽綬以往太后曰我識高貴鄉公少時欲手授之是日太后親授公璽綬遂即皇帝位於太極前殿百寮陪位者欣欣焉詔大赦改減乘輿服御後宮用度及罷尚方御府百工技巧靡麗無益之物

正元元年冬十月壬辰遣侍中持節分適四方觀風俗勞士民察冤枉失職者癸巳假大將軍司馬師黃鉞入朝不趨奏事不名劍履上殿戊戌黃龍見于鄴井中甲辰命有司論廢立定策之功封爵增邑進位班賜各有差

二年春正月乙丑鎭東將軍毋丘儉揚州刺史文欽反戊戌大將軍司馬師征之癸未車騎將軍郭淮薨閏月巳亥破欽於樂嘉欽遁走遂奔吳甲辰安風淮津都尉斬儉傳首京都壬子復特赦淮南士民諸爲儉欽所詿誤者以鎭南將軍諸葛誕爲鎭東大將軍司馬師薨于許昌二月丁巳以衞將軍司馬昭爲大將軍錄尚書事甲子吳大將孫峻等衆號十萬至壽春諸葛誕拒擊破之斬吳左將軍留贊獻捷于京都三月立皇后卞氏大赦夏四月甲寅封后父卞隆爲列侯甲戌以征南大將軍王昶爲驃騎將軍秋七月以征東大將軍胡遵爲衞將軍鎭東大將軍諸葛誕爲征東大將軍八月辛亥蜀大將軍姜維寇狄道雍州刺史王經與戰洮西經大敗還保狄道城辛未以長水校尉鄧艾行安西將軍與征西將軍陳泰并力拒維戊辰復遣太尉司馬孚爲後繼九月庚子講尚書業終賜執經親授者司空鄭沖侍中鄭小同等各有差甲辰姜維退還冬十月詔洮西戰士被虜者令所在郡典農及安西撫夷二護軍各部大吏慰卹其門戶無差賦役一年其力戰死事者皆如舊科勿有所漏十一月甲午以隴右四郡及金城連年受敵或亡叛投賊其親戚留在本土者不安皆特赦之癸丑詔曰往者洮西之戰將吏士民或臨陣戰亡或沈溺洮水骸骨不收棄於原野吾常痛之其告征西安西將軍各令部人於戰處及水次鉤求屍喪收斂藏埋以慰存亡

甘露元年春正月辛丑青龍見軹縣井中乙巳沛王林薨夏四月庚戌賜大將軍司馬昭袞冕之服赤舄副焉丙辰帝幸太學與博士淳于俊等論難周易尚書及三皇五帝之事諸儒悅服五月鄴及上谷並言甘露降夏

六月丙午改元爲甘露乙丑青龍見元城縣界井中秋七月已卯衞將軍胡遵薨癸未安西將軍鄧艾大破蜀大將姜維於上邽詔曰兵未極武醜虜摧破斬首獲生動以萬計自頃戰克無如此者今遣使者犒賜將士大會臨饗飲宴終日稱朕意焉八月庚午命大將軍司馬昭加號大都督奏事不名假黃鉞癸酉以太尉司馬孚爲太傅九月以司徒高柔爲太尉冬十月以司空鄭冲爲司徒尚書左僕射盧毓爲司空

二年春正月青龍見溫縣井中三月司空盧毓薨夏四月癸卯詔曰元菟郡高顯縣吏民反叛長鄭熙爲賊所殺民王簡負擔熙喪晨夜星行遠致本州忠節可嘉其特拜簡爲忠義都尉以旌殊行甲子以征東大將軍諸葛誕爲司空五月辛未帝幸辟雍會命羣臣賦詩侍中和逌尚書陳騫等作詩稽留有司奏免官詔曰吾以暗昧愛好文雅廣延詩賦以知得失而乃爾紛紜良用反仄其原逌等主者宜敕自今以後羣臣皆當玩習古義脩明經典稱朕意焉乙亥諸葛誕不就徵發兵反殺揚州刺史樂綝丙子赦淮南將吏士民爲誕所詿誤者丁丑詔以諸葛誕稱亂揚州朕宜奉皇太后暫共臨戎以甯東夏已卯詔以平寇將軍臨渭亭侯龐會騎督偏將路蕃不從諸葛誕逆亂各將左右斬門突出忠壯勇烈宜有加異其進會爵鄉侯蕃封亭侯六月吳使持節都督夏口諸軍事鎭軍將軍沙羨侯孫壹舉衆歸國乙巳詔以壹爲侍中車騎將軍假節交州牧吳侯開府辟召儀同三司依古侯伯八命之禮衮冕赤舄事從豐厚甲子詔曰今車駕駐項大將軍恭行天罰前臨淮浦昔相國大司馬征討皆與尚書俱行今宜如舊乃令散騎常侍裴秀給事黃門侍郎鍾會咸與大將軍俱行秋八月詔以諸葛誕主簿宣隆部曲督秦絜皆以諫誕爲誕所殺宜錄其後以殊忠義其以隆絜子爲騎都尉九月大赦冬十二月吳大將全端全懌等率衆降

三年春二月大將軍司馬昭陷壽春城斬諸葛誕三月詔以大將軍所營據之地邱頭改爲武邱以旌武功夏五月命大將軍司馬昭爲相國封晉公食邑八郡加之九錫昭前後九讓乃止六月丙子詔曰昔南陽郡山賊擾擾欲刼質故太守東里衮功曹應余獨身捍衮遂免於難余顛沛隕斃殺身濟君其下司徒署余孫倫吏使蒙伏節之報辛卯大論淮南之功封爵行賞各有差秋八月甲戌以驃騎將軍王昶爲司空丙寅詔以關內侯王祥爲三老關內侯鄭小同爲五更朕將親率羣司行禮乞言焉是歲青龍黃龍仍見頓邱冠軍陽夏縣界井中

四年春正月黃龍二見甯陵縣界井中夏六月司空王昶薨秋七月陳留王峻薨冬十月丙寅分新城郡復置上庸郡十一月癸卯車騎將軍孫壹爲婢所殺

五年春正月朔日有蝕之夏四月詔有司率遵前命復進大將軍司馬昭位爲相國封晉公加九錫帝見威權日去不勝其忿五月已丑召侍中王沈尚書王經常侍王業謂曰司馬昭之心路人所知也吾不能坐受廢辱今日當與卿共出討之王經曰昔魯昭公不忍季氏敗走失國爲天下笑今權在其門久矣朝廷四方皆爲致死不顧逆順之理非一日也且宿衞宮闕兵甲寡弱陛下何所資用而一旦如此無乃欲除疾而更深之邪禍殆不測宜見重詳帝乃出懷中版詔投地曰行之決矣正使死亦何恨況不必死邪於是入白太后沈業奔走告昭昭爲之備帝乃拔劍升輦帥殿中宿衞及蒼頭數百鼓譟出雲龍門昭弟屯騎校尉伷遇帝於東止車門左右呵之伷衆奔走護軍賈充自外入逆與帝戰於南闕下帝自用劍衆欲退騎督成倅弟太子舍人濟問充曰事急矣當云何充曰司馬公畜養汝等正爲今日今日之事若司馬家事敗汝等豈復有種乎濟顧曰當殺也執也充曰殺之及兵交成濟抽戈前刺帝刃出於背倒車而崩時年二十昭聞之大驚自投於地曰天下其謂我何太傅司馬孚奔往枕帝而哭哀甚曰殺陛下者臣之罪也昭入殿中召羣臣會議尚書左僕射陳泰不至昭使其舅尚書荀顗召泰泰曰世之論者以舅方泰今舅不如泰也子弟內外咸共迫之乃入見昭悲慟昭亦對之泣曰元伯卿何以處我泰曰獨有斬賈充少可以謝天下耳昭久之曰卿可更思其次泰曰泰言唯有此耳不知其次昭乃不更復言昭白太后下令罪狀帝廢爲庶人葬以民禮收王經及其家屬付廷尉庚寅太傅孚大司馬昭太尉柔司徒冲奏太后請以王禮葬帝太后從之使使持節行中護軍中壘將軍司馬炎北迎常道鄉公璜嗣明帝後辛卯羣公奏太后自今下令書宜稱制詔如先代故事癸卯大將軍昭固請讓相國晉公九錫之寵太后詔聽所執以章謙美戊申大將軍昭上言騎督成倅弟濟橫入兵陣迫近輦輿遂致大變按律大逆無道父母妻子同產皆斬臣輒敕侍御史收濟家屬付廷尉結正其罪詔從之六月癸丑詔曰古者人君之爲名字難犯而易諱今常道鄉公諱字甚難避其朝臣博議改易列奏

高貴鄉公正元二年甘露五年卽位七年

陳留王諱奐字景明武帝孫燕王宇子也甘露三年封安次縣常道鄉公高貴鄉公卒公卿議迎立公六月甲寅入于洛陽見皇太后是日卽皇帝位於太極前殿大赦改元賜民爵及穀帛各有差

景元元年夏六月丙辰進大將軍司馬昭位爲相國封晉公增封二郡并前滿十加九錫之禮一如前奏諸羣從子弟其未有侯者皆封亭侯賜錢千萬帛萬匹昭固讓乃止己未故漢獻帝夫人節薨帝臨于華林園使使持節追謚夫人爲獻穆皇后及葬車服制度皆如漢氏故事癸亥以尚書右僕射王觀爲司空冬十月觀薨十一月燕王上表賀冬至稱臣詔曰古之王者或有所不稱臣王將宜依此義表不稱臣乎又當爲報夫後大宗者降其私親況所繼者重邪若便同之臣妾亦情所未安其皆依禮典處當務盡其宜有司奏以爲禮莫崇於尊祖制莫大於正典陛下稽德期運撫臨萬國紹大宗之重隆三祖之基伏惟燕王體尊戚屬正位藩服躬秉虔肅率蹈恭德以先萬國其於正典闡濟大順所不得制聖朝誠宜崇以非常之制奉以不臣之禮臣等平議以爲燕王章表可聽如舊式中詔所施或存好問準之義類則宴覿之禮也可少順聖敬加崇儀稱示不敢斥宜曰皇帝敬問大王侍御至於制書國之正典朝廷所以辨章公制宜昭軌儀於天下者也宜循法故曰制詔燕王凡詔命制書奏事上書諸稱燕王者可皆曰上其非宗廟助祭之事皆不得稱王名奏事上書文書及吏民皆不得觸王諱以彰殊禮加于羣后上遵王典尊祖之制俯順聖敬烝烝之心二者不違禮實宜之可普告施行十二月甲申黃龍見華陰縣井中甲午以司隸校尉王祥爲司空

二年夏五月朔日有食之秋七月樂浪外夷韓濊貊各率其屬來朝貢八月戊寅趙王幹薨甲寅復命大將軍昭進爵晉公加位相國備禮崇錫一如前詔又固辭乃止

三年春二月青龍見於軹縣井中夏四月遼東郡言肅愼國遣使重譯入貢獻其國弓三十張長三尺五寸楛矢長一尺八寸石砮三百枚皮骨鐵雜鎧二十領貂皮四百枚冬十月蜀大將姜維寇洮陽鎭西將軍鄧艾拒之破維於侯和維遁走是歲詔祀故軍師祭酒郭嘉於太祖廟庭

四年春二月復命大將軍昭進位爵賜一如前詔又固辭乃止夏五月詔曰蜀蕞爾小國土狹民寡而姜維虐用其衆曾無廢志往歲破敗之後猶復耕種沓中刻剝衆羌勞役無已民不堪命今使征西將軍鄧艾督帥諸軍趣甘松沓中以羅取維雍州刺史諸葛緒督諸軍趣武都高樓首尾蹴討若禽維便當東西並進埽滅巴蜀也又命鎭西將軍鍾會由駱谷伐蜀秋九月太尉高柔薨冬十月甲寅復命大將軍進位爵賜一如前詔癸卯立皇后卞氏十一月大赦自鄧艾鍾會率衆伐蜀所至輒克是月蜀主劉禪詣艾降巴蜀皆平十二月庚戌以司徒鄭冲爲太保壬子分益州爲梁州癸丑特赦益州士民復除租賦之半乙卯詔褒平蜀功以征西將軍鄧艾爲太尉鎭西將軍鍾會爲司徒是月皇太后郭氏崩

咸熙元年春正月壬辰檻車徵艾甲子行幸長安壬申使使者以璧幣祀華山是月鍾會反於蜀爲衆所討鄧艾亦見殺二月辛卯特赦諸在益土者庚申葬明元郭皇后三月丁丑以司空王祥爲太尉征北將軍何曾爲司徒尚書左僕射荀顗爲司空己卯進晉公昭爵爲王封十郡并前二十丁亥封劉禪爲安樂公夏五月庚申相國晉王昭奏復五等爵甲戌改元癸未追命舞陽宣文侯懿爲晉宣王舞陽忠武侯師爲晉景王六月鎭西將軍衛瓘上雍州兵於成都縣獲璧玉印各一文似成信字依周成王歸禾之義宣示百官藏于相國府初自平蜀之後吳寇屯逼永安遣荆豫諸軍掎角赴救七月賊皆遁退八月庚寅命中撫軍司馬炎副貳相國事以同晉公拜後之義癸巳詔逆臣鍾會構造反亂逼脅將士相國左司馬夏侯和騎士曹屬朱撫時使在成都中領軍司馬賈輔郎中羊琇各參會軍事和琇撫皆抗節不撓臨危不顧輔語散將王起說會姦逆凶暴欲盡殺將士又云相國已率三十萬衆西行討會欲以稱張形勢感激衆心起出以輔言宣語諸軍遂使將士益懷奮厲宜加顯寵以彰忠義其進和輔爵爲鄉侯琇撫爵關內侯起宜傳輔言告令將士所宜賞異其以起爲部曲將癸卯以衛將軍司馬望爲驃騎將軍九月戊午以中撫軍司馬炎爲撫軍大將軍辛未詔以吳將呂興爲使持節都督交州諸軍事南中大將軍封安定縣侯初孫休時遣使鄧句敕交阯太守鎖送其民發以爲兵興因民心憤怒殺句據郡九眞日南皆響應之至是因南中都督護軍霍弋上表歸順故有是命策命未至興爲下人所殺冬十月丁亥詔遣散騎常侍加奉車都尉都亭侯徐紹給事黃門侍郎關內侯孫彧還南告諭吳人順附紹本吳南陵督彧孫氏支屬並於壽春被獲紹仕中

國爲相國參軍或水曹掾特超遷使宣揚國命也丙午命撫軍大將軍新昌鄉侯炎爲晉世子是歲罷屯田官以均政役諸典農皆爲太守都尉皆爲令長勸募蜀人能內移者給廩二年復除二十歲安彌福祿縣各言嘉禾生

二年春二月甲辰朐䏰縣獲靈龜以獻歸之于相國府庚戌以虎賁張脩昔於成都馳馬至諸營言鍾會反逆以至沒身賜脩弟倚爵關內侯夏四月南深澤縣言甘露降吳遣使紀陟弘璆請和五月詔以孫晧諸所獻致其皆還送歸于晉王昭固辭乃止又命晉王昭冕十有二旒建天子旌旗出警入蹕乘金根車六馬備五時副車置旄頭雲罕樂舞八佾設鐘虡宮縣進王妃爲王后世子爲太子王子王女王孫爵命之號如舊儀癸未大赦秋八月辛卯相國晉王昭薨壬辰晉太子炎紹封襲位總攝百揆備物典冊一皆如前是月襄武縣言有大人見三丈餘迹長三尺二寸白髮著黃單衣黃巾拄杖呼民王始語云今當太平九月乙未大赦戊午以司徒何曾爲晉丞相癸亥以驃騎將軍司馬望爲司徒征東大將軍石苞爲驃騎將軍征南大將軍陳騫爲車騎將軍乙亥葬晉王昭閏月庚辰康居大宛獻名馬歸于相國以顯懷萬國致遠人之勳十二月壬戌天祿永終曆數在晉詔羣公卿士具儀設壇于南郊使使者奉皇帝璽綬冊禪位于晉嗣王炎如漢魏故事甲子使使者奉策遂改次于金墉城而終館于鄴時年二十晉受命奉帝爲陳留王太安元年薨自遜位至薨三十有八年年五十八晉人葬之謚曰魏元皇帝

陳留王景元四年咸熙二年即位六年

右魏自文帝受禪至陳留王禪晉合四十六年

通志卷七

宋右廸功郎鄭樵漁仲撰

蜀紀第八

先主　後主

先主姓劉諱備字元德涿郡涿縣人漢景帝子中山靖王勝之後也勝子貞元狩六年封涿縣陸城亭侯坐酎金失侯因家焉先主祖雄父弘世仕州郡雄舉孝廉官至東郡范令先主少孤與母販履織蓆爲業舍東南角籬上有桑樹生高五丈餘遙望見童童如小車蓋往來者皆怪此樹非凡或謂當出貴人先主少時與宗中諸小兒於樹下戲言吾必當乘此羽葆蓋車叔父子敬謂曰汝勿妄語滅吾門也年十五母使行學與同宗劉德然遼西公孫瓚俱事故九江太守同郡盧植德然父元起常資給先主與德然等元起妻曰各自一家何能常爾邪起曰吾宗中有此兒非常人也而瓚深與先主相友瓚年長先主以兄事之先主不甚樂讀書喜狗馬音樂美衣服身長七尺五寸垂手下膝顧自見其耳少語言善下人喜怒不形於色好結交豪俠年少爭附之中山大商張世平蘇雙等貲累千金販馬周旋於涿郡見而異之乃多與之金財先主由是得用合徒衆靈帝末黃巾起州郡各舉義兵先主率其屬從校尉鄒靖討黃巾賊有功除安喜尉督郵以公事到縣先主求謁不通直入縛督郵杖二百解綬繫其頸著馬柳棄官亡命頃之大將軍何進遣都尉毋丘毅詣丹陽募兵先主與俱行至下邳遇賊力戰有功除爲下密丞復去官後爲高唐尉遷爲令爲賊所破往奔中郎將公孫瓚瓚表爲別部司馬使爲青州刺史田楷以拒冀州牧袁紹數有戰功試守平原令後領平原相郡民劉平素輕先主恥爲之下使客刺之客不忍刺語之而去其得人心如此袁紹攻公孫瓚先主與田楷東屯齊曹公征徐州徐州牧陶謙遣使告急於田楷楷與先主俱救之時先主自有兵千餘人及幽州烏丸雜胡騎又略得飢民數千人既到謙以丹陽兵四千益先主先主遂去楷歸謙謙表先主爲豫州刺史屯小沛謙病篤謂別駕麋竺曰非劉備不能安此州也謙死竺率州人迎先主先主未敢當下邳陳登謂先主曰今漢室陵遲海內傾覆立功立事在於今日鄙州殷富戶口百萬欲屈使君撫臨州事先主曰袁公路近在壽春此君四世五公海內所歸君可以州與之登曰公路驕豪非治亂之主今欲爲使君合步騎十萬上可以匡主濟民成五霸之業下可以割地守境書功於竹帛若使君不見聽許登亦未敢聽使君也北海相孔融謂先主曰袁公路豈憂國忘家者邪冢中枯骨何足介意今日之事百姓與能天與不取悔不可追先主遂領徐州袁術來攻先主先主拒之於盱眙淮陰曹公表先主爲鎮東將軍封宜城亭侯是歲建安元年也先主與術相持經月呂布乘虛襲下邳守將曹豹反間迎布布虜先主妻子先主轉軍海西楊奉韓暹寇徐揚間先主邀擊盡斬之先主求和於呂布布還其妻子先主遣關羽守下邳先主還小沛復合兵得萬餘人呂布惡之自出兵攻先主先主敗走歸曹公曹公厚遇之以爲豫州牧將至沛收散卒給其軍糧益與兵使東擊布布遣高順攻之曹公遣夏侯惇往不能救爲順所敗復虜先主妻子送布曹公自出東征助先主圍布於下邳生禽布先主復得妻子從曹公還許表先主爲左將軍禮之愈重出則同輿坐則同席袁術欲經徐州北就袁紹曹公遣先主督朱靈路招要擊術未至術病死先主未出時獻帝舅車騎將軍董承辭受帝衣帶中密詔當誅曹公先主未發是時曹公從容謂先主曰今天下英雄使君與操耳本初之徒不足數也先主方食失匕箸遂與承及長水校尉种輯將軍吳子蘭王子服等同謀會見使未發事覺承等皆伏誅先主據下邳靈等還先主乃殺徐州刺史車胄留關羽守下邳而身還小沛東海昌霸反郡縣多叛曹公爲先主衆數萬人遣孫乾與袁紹連和曹公遣劉岱王忠擊之不克五年曹公東征先主先主敗績曹公盡收其衆虜先主妻子并禽關羽以歸先主走青州青州刺史袁譚先主故茂才也將步騎迎先主先主隨譚到平原譚馳使白紹紹遣將道路奉迎身去鄴二百里與先主相見駐月餘日所失亡士卒稍稍來集曹公與袁紹相拒於官渡汝南黃巾劉辟等叛曹公應紹紹遣先主將兵與辟等略許下關羽亡歸先主曹公遣曹仁將兵擊先主先主還紹軍陰欲離紹乃說紹南連荊州牧劉表紹遣先主將本兵復至汝南與賊龔都等合衆數千人曹公遣蔡楊擊之爲先主所殺曹公既破紹自南擊先主先主遣麋竺孫乾與劉表相聞表自郊迎以上賓禮待之益其兵使屯新野荊州豪傑歸先主者日益多表疑其心陰禦之使拒夏侯惇于禁等於博望久之先主設伏兵一旦自燒屯僞遁惇等追之爲伏兵所破

十二年曹公北征烏丸先主說表襲許表不能用曹公南征表會表卒子琮代立遣使請降先主屯樊不知曹公卒至至宛乃聞之遂將其衆去過襄陽諸葛亮說先

主攻琮荆州可有先主曰吾不忍也乃駐馬呼琮琮懼不能起琮左右及荆州人多歸先主比到當陽衆十餘萬輜重數千兩日行十餘里别遣關羽乘船數百艘使會江陵或謂先主曰宜速行保江陵今雖擁大衆被甲者少若曹公兵至何以拒之先主曰夫濟大事必以人爲本今人歸吾吾何忍棄去曹公以江陵有軍實恐先主據之乃釋輜重輕軍到襄陽聞先主已過曹公將精騎五千急追之一日一夜行三百餘里及於當陽之長坂先主棄妻子與諸葛亮張飛趙雲等數十騎走曹公大獲其人衆輜重先主斜趣漢津適與羽船會得濟沔遇表長子江夏太守琦衆萬餘人與俱到夏口先主遣諸葛亮自結於孫權權遣周瑜程普等水軍數萬與先主并力與曹公戰于赤壁大破之焚其舟船先主與吳軍水陸并進追到南郡時又疾疫北軍多死曹公引歸先主表琦爲荆州刺史又南征四郡武陵太守金旋長沙太守韓元桂陽太守趙範零陵太守劉度皆降廬江雷緒率部曲數萬口稽顙琦病死羣下推先主爲荆州牧治公安權稍畏之進妹固好先主至京見權綢繆恩紀權遣使云欲共取蜀或以爲宜報聽許吳終不能越荆有蜀蜀地可爲已有荆州主簿殷觀進曰若爲吳先驅進未能克蜀退爲吳所乘卽事去矣今但可然贊其伐蜀而自說新據諸郡未可與動吳必不敢越我而獨取蜀如此進退之計可以收吳蜀之利先主從之權果輟計遷觀爲别駕從事

十六年益州牧劉璋遥聞曹公將遣鍾繇等向漢中討張魯內懷恐懼别駕從事蜀郡張松說璋曰曹公兵彊無敵於天下若因張魯之資以取蜀土誰能禦之者乎璋曰吾固憂之而未有計松曰劉豫州使君之宗室而曹公之深讐也善用兵若使之討魯魯必破魯破則益州彊曹公雖來無能爲也璋然之遣法正將四千人迎先主前後賂遺以巨億計正因陳益州可取之策先主留諸葛亮關羽等據荆州將步卒數萬人入益州至涪璋自出迎相見甚歡張松令法正白先主及謀臣龐統進說便可於會所襲璋先主曰此大事也不可倉卒璋推先主行大司馬領司隸校尉先主亦推璋行鎮西大將軍領益州牧璋增先主兵使擊張魯又令督白水軍先主并軍三萬餘人車甲器械資貨甚盛是歲璋還成都先主北到葭萌未卽討魯厚樹恩德以收衆心明年曹公征孫權權呼先主自救先主遣使告璋曰曹公征吳吳憂危急孫氏與孤本爲脣齒又樂進在青泥與關羽相拒今不往救羽進必大克轉侵州界其憂有甚於魯魯自守之賊不足慮也乃從璋求萬兵及資實欲以東行璋但許兵四千其餘皆給半張松書與先主及法正曰今大事垂可立如何釋此去乎松兄廣漢太守肅懼禍逮已白璋發其謀於是璋收斬松嫌隙始構矣璋敕關戍諸將文書勿復關通先主先主大怒召璋白水軍督楊懷責以無禮斬之乃使黄忠卓膺勒兵向璋先主徑至關中質諸將并士卒妻子引兵與忠膺等進到涪據其城璋遣劉璝冷苞張任鄧賢等拒先主於涪皆破敗退保緜竹璋復遣李嚴督緜竹諸軍嚴率衆降先主先主軍益彊分遣諸將平下屬縣諸葛亮張飛趙雲等將兵泝流定白帝江州江陽惟關羽留鎮荆州先主進軍圍雒時璋子循守城被攻一年

十九年夏雒城破進圍成都數十日璋出降蜀中殷盛豐樂先主置酒大饗士卒取蜀城中金銀分賜將士還其穀帛先主復領益州牧諸葛亮爲股肱法正爲謀主關羽張飛馬超爲爪牙許靖麋竺簡雍爲賓友及董和黄權李嚴等本璋之所授用也吳壹費觀等又璋之婚親也彭羕又璋之所排擯也劉巴者宿昔之所忌恨也皆處之顯任盡其器能有志之士無不競勸

二十年孫權以先主已得益州使使報欲得荆州先主言須得涼州當以荆州相與權忿之乃遣吕蒙襲奪長沙零陵桂陽三郡先主引兵五萬下公安令關羽入益陽是歲曹公定漢中張魯遁走巴西先主聞之與權連和分荆州江夏長沙桂陽東屬南郡零陵武陵西屬引軍還江州遣黄權將兵迎張魯張魯已降曹公曹公使夏侯淵張郃屯漢中數數犯暴巴郡先主令張飛進兵宕渠與郃等戰於瓦口破郃等收兵還南鄭先主亦還成都

二十三年先主率諸將進兵漢中分遣將軍吳蘭雷銅等入武都皆爲曹公軍所沒先主次于陽平關與淵郃等相拒

二十四年春自陽平南渡沔水緣山稍前於定軍山勢作營淵將兵來爭其地先主命黄忠乘高鼓譟攻之大破淵軍斬淵郃及曹公所署益州刺史趙顒等曹公自長安舉衆南征先主遥策之曰曹公雖來無能爲也我必有漢川矣及曹公至先主斂衆拒險終不交鋒積月不拔亡者日多夏曹公引軍還先主遂有漢中遣劉封孟達李平等攻申耽於上庸秋羣下上先主爲漢中王表於漢帝曰平西將軍都亭侯臣馬超左將軍領長史鎮軍將軍臣許靖營司馬龐羲議曹從事中郎軍議中

郎將臣射援軍師將軍臣諸葛亮盪寇將軍漢壽亭侯臣關羽征虜將軍新亭侯臣張飛征西將軍臣黃忠鎮遠將軍臣賴恭揚武將軍臣法正興業將軍臣李嚴等一百二十人上言曰昔唐堯至聖而四凶在朝周成仁賢而四國作難高后稱制而諸呂竊命孝昭幼沖而上官逆謀皆馮世寵藉履國權窮凶極亂社稷幾危非大舜周公朱虛博陸則不能流放禽討安危定傾伏惟陛下誕資聖德統理萬邦而遭厄運不造之艱董卓首難蕩覆京畿曹操階禍竊執天衡皇后太子鴆殺見害剝亂天下殘毀民物久令陛下蒙塵憂厄幽處虛邑人神無主遏絕王命厭昧皇極欲盜神器左將軍領司隸校尉豫荆益三州牧宜城亭侯備受朝爵秩念在輸力以殉國難覩其機兆赫然憤發與車騎將軍董承同謀誅操將安國家克甯舊都會承機事不密令操游魂得遂長惡殘泯海內臣等每懼王室大有閻樂之禍小有定安之變夙夜惴惴戰慄累息昔在虞書敦序九族周監二代封建同姓書著其義歷載長久漢興之初割裂疆土尊王子弟是以卒折諸呂之難而成太宗之基臣等以備肺腑枝葉宗子藩翰心存國家念在弭亂自操破於漢中海內英雄望風蟻附而爵號不顯九錫未加非所以鎮衞社稷光昭萬世也奉辭在外禮命斷絕昔河西太守梁統等值漢中興限於山河位同權均不能相率咸推竇融以爲元帥卒立效績摧破隗囂今社稷之難急於隴蜀操外吞天下內殘羣寮朝廷有蕭牆之危而禦侮未建可爲寒心臣等輒依舊典封備漢中王拜大司馬董齊六軍糾合同盟埽滅凶逆以漢中巴蜀廣漢犍爲爲國所署置依漢初諸侯王故典夫權宜之制苟利社稷專之可也然後功成事立臣等退伏矯罪雖死無恨遂於沔陽設壇場陳兵列衆羣臣陪位讀奏訖御王冠于先主先主於是列羣臣之言因驛上還所假左將軍宜城亭侯印綬於是還治成都拔魏延爲都督鎮漢中時關羽攻曹公將曹仁禽于禁於樊俄而孫權襲殺羽取荆州

二十五年魏文帝稱尊號改年曰黃初或傳聞漢帝見害先主乃發喪制服追謚曰孝愍皇帝是後在所並言衆瑞日月相屬故議郎陽泉侯劉豹青衣侯向舉偏將軍張裔黃權大司馬屬殷純益州別駕從事趙莋治中從事楊洪從事祭酒何宗議曹從事杜瓊勸學從事張爽尹默譙周等上言曰臣等謹按河圖洛書五經讖緯衆說並有大王名字又參諸星氣之論法當有聖人起於此州以致中興願大王應天順民速即洪業以甯海內於是太傅許靖安漢將軍麋竺軍師將軍諸葛亮太常賴恭光祿勳黃權少府王謀等復上言曹丕篡弒湮滅漢室竊據神器劫迫忠良酷烈無道人鬼忿毒咸思劉氏今上無天子海內惶惶靡所式仰羣下前後上書者八百餘人咸稱述符瑞圖讖明徵間黃龍見武陽赤水九日乃云孝經援神契曰德至淵泉則黃龍見龍者君之象也易乾九五飛龍在天大王當龍升登帝位也又前關羽圍樊襄陽襄陽男子張嘉王休獻玉璽璽潛漢水伏於淵泉暉景燭燿靈光徹天夫漢者高祖本所起定天下之國號也大王襲先帝軌跡亦興於漢中也今天子玉璽神光先見璽出襄陽漢水之末明大王承其下流授與大王以天子之位瑞命符應非人力所致昔周有烏魚之瑞咸曰休哉二祖受命圖書先著以爲徵驗今上天告祥羣儒英俊並進河洛孔子讖記咸悉具至伏惟大王出自孝景皇帝中山靖王之胄本枝百世乾祇降祚聖姿碩茂神武在躬仁覆積德愛人好士是以四方歸心焉考省靈圖啓發讖緯神明之表名諱昭著宜即帝位以纂二祖紹嗣昭穆天下幸甚臣等謹與博士許慈議郎孟光建立禮儀擇令辰上尊號即皇帝位於成都武擔之南爲文曰惟建安二十六年四月丙午皇帝備敢用元牡昭告皇天上帝后土神祇漢有天下歷數無疆曩者王莽篡盜光武皇帝震怒致誅社稷復存今曹操阻兵安忍戮殺主后滔天泯夏罔顧天顯操子丕載其凶逆竊居神器羣臣將士以爲社稷隳廢備宜脩之嗣武二祖恭行天罰備雖否德懼忝帝位詢于庶民外及蠻夷君長僉曰天命不可以不答祖業不可以久替四海不可以無主率土式望在備一人備畏天明命又懼漢邦將湮于地謹擇元日與百寮登壇受皇帝璽綬脩燔瘞告類于天神惟神饗祚于漢家永綏四海

章武元年夏四月大赦改年以諸葛亮爲丞相許靖爲司徒置百官立宗廟祫祭高皇帝以下五月立皇后吳氏子禪爲皇太子六月以子永爲魯王理爲梁王車騎將軍張飛爲其左右所害初先主忿孫權之襲關羽將東征秋七月遂帥諸軍伐吳孫權遣書請和先主盛怒不許吳將陸議李異劉阿等屯巫秭歸將軍吳班馮習自巫攻破異等軍次秭歸武陵五谿蠻夷遣使請兵

二年春正月先主軍還秭歸將軍吳班陳式水軍屯夷陵夾江東西岸二月先主自秭歸率諸將進軍緣山截嶺於夷道猇亭駐營自佷山通武陵遣侍中馬良安慰

五谿蠻夷咸相率響應鎮北將軍黃權督江北諸軍與吳軍相拒於夷陵道夏六月黃氣見自秭歸十餘里中廣數十丈後十餘日陸議大破先主軍於猇亭將軍馮習張南等皆沒先主自猇亭還秭歸收合離散兵遂棄船舫由步道還魚復改魚復縣曰永安吳遣將軍李異劉阿等踵躡先主軍屯駐南山秋八月收兵還巫司徒許靖卒冬十月詔丞相亮營南北郊於成都孫權聞先主住白帝甚懼遣使請和先主許之遣太中大夫宗瑋報命冬十二月漢嘉太守黃元聞先主疾不豫舉兵拒守

三年春二月丞相亮自成都到永安三月黃元進兵攻臨邛縣遣將軍陳曶討元元軍敗順流下江爲其親兵所縛生致成都斬之先主病篤託孤於丞相亮尙書令李嚴爲副夏四月癸巳先主殂于永安宮時年六十三亮上言於後主曰伏惟大行皇帝邁仁樹德覆燾無疆昊天不弔寢疾彌留今月二十四日奄忽升遐臣妾號咷若喪考妣乃顧遺詔事惟太宗動容損益百寮發哀滿三日除服到葬期復如禮其郡國太守相都尉縣令長三日便除服臣亮親受敕戒不敢有違請宣下奉行五月梓宮自永安還成都謚曰昭烈皇帝秋八月葬惠陵陳壽評曰先主之弘毅寬厚知人待士蓋有高祖之風英雄之器焉及其舉國託孤於諸葛亮而心神無貳誠君臣之至公古今之盛軌也機權幹畧不逮魏武是以基宇亦狹然折而不撓終不爲下者抑揆彼之量必不容己非惟競利且以避害云爾

先主章武三年

後主諱禪字公嗣先主子也建安二十四年先主爲漢中王立爲王太子及卽尊號冊曰惟章武元年五月辛巳皇帝若曰太子禪朕遭漢運艱難賊臣篡盜社稷無主格人羣正以天明命朕繼大統今以禪爲皇太子以承宗廟祗肅社稷使使持節丞相亮授印綬敬聽師傅行一物而三善皆得焉可不勉與三年夏四月先主殂于永安宮五月後主襲位於成都時年十七尊皇后曰皇太后大赦改元是歲魏黃初四年也

建興元年夏牂柯太守朱褒擁郡反先是益州郡有大姓雍闓反流太守張裔於吳據郡不賓越巂夷王高定亦背叛是歲立皇后張氏遣尙書郎鄧芝固好於吳吳王孫權與蜀和親使聘是歲通好

二年春務農殖穀閉關息民

三年春三月丞相亮南征四郡四郡皆平改益州郡爲建甯郡分建甯永昌郡爲雲南郡又分建甯牂柯爲興古郡十二月亮還成都

四年春都護李嚴自永安還住江州築大城

五年春丞相出屯漢中營沔北陽平石馬

六年春亮出攻祁山不克冬復出散關圍陳倉糧盡退魏將王雙率軍追亮亮與戰破之斬雙還漢中

七年春亮遣陳式攻武都陰平遂克定二郡冬亮徙府營於南山下原上築漢樂二城是歲孫權稱帝與蜀約盟共交分天下

八年秋魏使司馬懿由西城張郃由子午曹眞由斜谷欲攻漢中丞相亮待之於城固赤阪大雨道絕眞等皆還是歲魏延破魏雍州刺史郭淮于陽谿徙魯王永爲甘陵王梁王理爲安平王皆以魯梁在吳分界故也

九年春二月亮復出軍圍祁山始以木牛運魏司馬懿張郃救祁山夏六月亮糧盡退軍郃追至靑封與亮交戰被箭死秋八月都護李平廢徙梓潼郡

十年亮休士勸農於黃沙作流馬木牛畢敎兵講武

十一年冬亮使諸軍運米集於斜谷口治斜谷邸閣是歲南夷劉冑反將軍馬忠破平之

十二年春二月亮由斜谷出始以流馬運秋八月亮卒于渭濱征西大將軍魏延與丞相長史楊儀爭權不和舉兵相攻延敗走斬延首儀率諸軍還成都大赦以左將軍吳壹爲車騎將軍假節都督漢中以丞相留府長史蔣琬爲尙書令總統國事

十三年春正月中軍師楊儀廢徙漢嘉郡夏四月進蔣琬位爲大將軍

十四年夏四月後主至湔登觀阪看汶水之流旬日還成都徙武都氐王苻健及氐民四百餘戶於廣都

十五年夏六月皇后張氏薨

延熙元年春正月立皇后張氏大赦改元立子璿爲太子子瑤爲安定王冬十一月大將軍蔣琬出屯漢中

二年春三月進蔣琬位爲大司馬

三年春使越巂太守張嶷平定越巂郡

四年冬十月尙書令費禕至漢中與蔣琬諮論事計歲盡還

五年春正月監軍姜維督偏軍自漢中還屯涪縣

六年冬十月大司馬蔣琬自漢中還住涪十一月大赦以尙書令費禕爲大將軍

七年閏月魏大將軍曹爽夏侯元等向漢中鎭北大將軍王平拒與勢圍大將軍費禕督諸軍往赴救魏軍退夏四月安平王理卒秋九月禕還成都

八年秋八月皇太后薨十二月大將軍費禕至漢中行圍守
九年夏六月費禕還成都秋大赦冬十一月大司馬蔣琬卒
十年涼州胡王白虎文治無戴等率衆降衛將軍姜維迎逆安撫居之于繁縣是歲汶山平康夷反維往討破平之
十一年夏五月大將軍費禕出屯漢中秋涪陵屬國民夷反車騎將軍鄧芝往討皆破平之
十二年春正月魏誅大將軍曹爽等右將軍夏侯霸來降夏四月大赦秋衛將軍姜維出攻雍州不克而還將軍句安李韶降魏
十三年姜維復出西平不克而還
十四年夏大將軍費禕還成都冬復北駐漢壽大赦
十五年吳王孫權薨立子琮爲西河王
十六年春正月大將軍費禕爲魏降人郭循所殺于漢壽夏四月衛將軍姜維復率衆圍南安不克而還
十七年春正月姜維還成都大赦夏六月維復率衆出隴西冬拔狄道河間臨洮三縣民居于綿竹繁縣
十八年春姜維還成都夏復率諸軍出狄道與魏雍州剌史王經戰于洮西大破之經退保狄道城維卻住鍾題
十九年春進姜維位爲大將軍督戎馬與鎮西將軍胡濟期會上邽濟失誓不至秋八月維爲魏大將軍鄧艾所破于上邽維退軍還成都是歲立子瓚爲新平王大赦
二十年聞魏大將軍諸葛誕據壽春以叛姜維復率衆出駱谷至芒水是歲大赦
景耀元年姜維還成都史官言景星見於是大赦改年宦人黃皓始專政吳大將軍孫綝廢其主亮立琅邪王休
二年夏六月立子諶爲北地王恂爲新興王虔爲上黨王
三年秋九月追謚故將軍關羽張飛馬超龐統黃忠
四年春三月追謚故將軍趙雲冬十月大赦
五年春正月西河王琮卒是歲姜維復率衆出侯和爲鄧艾所破還住沓中
六年夏魏大興徒衆命征西將軍鄧艾鎮西將軍鍾會雍州剌史諸葛緒數道並攻於是遣左右車騎將軍張翼廖化輔國大將軍董厥等拒之大赦改元爲炎興冬鄧艾破衛將軍諸葛瞻於綿竹用光祿大夫譙周策使侍中張紹駙馬都尉鄧良及周奉降書于艾是日北地王諶傷國之亡先殺妻子次以自殺紹良與艾相遇於雒縣艾得書大喜卽報書遣紹良先還艾至城北後主輿櫬自縛詣軍壘門艾解縛焚櫬延請相見因承制拜後主爲驃騎將軍諸圍守悉被後主敕然後降下艾使後主止其故宮身往造焉資嚴未發明年春正月艾見收鍾會自涪至成都作亂會既死蜀中軍衆鈔略死喪狼藉數日乃安集後主舉家東遷既至洛陽魏策命後主爲安樂縣公食邑萬戶賜絹萬匹奴婢百人他物稱是子孫爲三都尉封侯者五十餘人尚書令樊建侍中張紹光祿大夫譙周祕書令郤正殿中督張通並封列侯後主以太始七年薨於洛陽陳壽評曰後主任賢相則爲循理之君惑閹豎則爲昏闇之后傳曰素絲無常唯所染之信矣哉禮國君繼體踰年改元而章武之三年則革稱建興考之古義體理爲違又國不置史注記無官是以行事多遺災異靡書諸葛亮雖達於爲政凡此之類猶有未周焉然經載十二而年名不易軍旅屢興而赦不妄下不亦卓乎自亮没後玆制漸虧優劣著矣

後主建興十五年延熙二十年景耀六年卽位四十一年

右蜀二主四十三年爲魏所滅

通志卷八

通志卷九

宋右廸功郎鄭樵漁仲撰

吳紀第九

孫堅　孫策　大帝　會稽王　景帝　歸命侯

孫堅字文臺吳郡富春人蓋孫武之後也少爲縣吏年十七與父共載船至錢唐會海賊胡玉等從匏里上掠取賈人財物方於岸上分之行旅皆住船不敢進堅謂父曰此賊可擊請討之父曰非爾所圖也堅行操刀上岸以手東西指麾若分部人兵以羅遮賊狀賊望見以爲官兵捕之卽委財物散走堅追斬得一級以還父大驚由是顯聞府召署假尉會稽妖賊許昌起於句章自稱陽明皇帝與其子韶扇動郡縣衆以萬數堅以郡司馬募召精勇得千餘人與州郡合討破之是歲熹平元年也刺史臧旻列上功狀詔書除堅鹽瀆丞數歲徙盱眙丞又徙下邳丞中平元年黃巾賊帥張角起於魏郡託有神靈遣八使以善道敎化天下而潛相連結自稱黃天泰平三月甲子三十六萬一旦俱發天下響應燔燒郡縣殺害長吏漢遣車騎將軍皇甫嵩中郎將朱儁將兵討擊之儁表請堅爲佐軍司馬鄉里少長隨在下邳者皆願從堅又募諸商旅及淮泗精兵合千餘人與儁并力奮擊所向無前汝潁賊困迫走保宛城堅身當一面登城先入衆乃蟻附遂大破之儁具以狀聞上拜堅別部司馬邊章韓遂作亂涼州中郎將董卓拒討無功中平三年遣司空張溫行車騎將軍西討章等溫表請堅與參軍事屯長安溫以詔書召卓卓良久乃詣溫溫責讓卓卓應對不順堅時在坐前耳語謂溫曰卓不怖罪而鴟張大語宜以召不時至陳軍法斬之溫曰卓素著威名於隴蜀之間今日殺之西行無依堅曰明公親率王兵威震天下何賴於卓觀卓所言不假明公輕上無禮一罪也章遂跋扈經年當以時進討而卓云未可沮軍疑衆二罪也卓受任無功應召稽留而軒昂自高三罪也古之名將仗鉞臨衆未有不斷斬以示威者也是以穰苴斬莊賈魏絳戮楊干今明公垂意於卓不卽加誅虧損威刑於是在矣溫不忍發舉乃曰君且還卓將疑人堅因起出章遂聞大兵當至黨衆離散皆乞降軍還議者以軍未臨敵不斷功賞然聞堅數卓三罪勸溫斬之無不歎息拜堅議郎時長沙賊區星自稱將軍衆萬餘人攻圍城邑乃以堅爲長沙太守到郡親率將士施設方畧旬月之間克破星等周朝郭石亦帥徒衆起於零桂與星相應遂越境尋討三郡肅然漢朝錄前後功封堅烏程侯靈帝崩卓擅朝政橫恣京城諸州郡並興義兵欲以討卓堅亦舉兵荊州刺史王叡素遇堅無禮堅過殺之比至南陽衆數萬人南陽太守張咨聞軍至晏然自若堅以牛酒禮咨咨明日亦答詣堅酒酣長沙主簿入白堅前移南陽而道路不治軍資不具請收主簿推問意故咨大懼欲去兵陳四周不得出有頃主簿復入白堅南陽太守稽停義兵使賊不時討請收出案軍法從事便牽咨於軍門斬之郡中震慄無求不獲前到魯陽與袁術相見術表堅行破虜將軍領豫州刺史遂治兵於魯陽城當進軍討卓遣長史公仇稱將卒從事還州督促軍糧施帳幔於城東門外祖道送稱官屬並會卓遣步騎數萬人逆堅輕騎數十先到堅方行酒談笑敕部曲整頓行陣無得妄動後騎漸益堅徐罷坐導引入城乃謂左右曰向堅所以不卽起者恐兵相蹈藉諸君不得入耳卓兵見堅士衆甚整不敢攻城乃引還堅移屯梁東大爲卓軍所攻堅與數十騎潰圍而出堅常著赤罽幘乃脫幘令親近將祖茂著之卓騎爭逐茂故堅從間道得免茂困廹下馬以幘冠冢間燒柱因伏草中卓騎望見圍繞數重定近覺是柱乃去堅復相收兵合戰於陽人大破卓軍梟其都督華雄等是時或間堅於術術懷疑不運軍糧陽人去魯陽百餘里堅夜馳見術畫地計校曰所以出身不顧上爲國家討賊下慰將軍家門之私讎堅與卓非有骨肉之怨也而將軍受譖潤之言還相嫌疑術踧踖卽調發軍糧堅還屯卓憚堅猛壯乃遣將軍李傕等來求和親令堅列疏子弟任刺史郡守者許表用之堅曰卓逆天無道蕩覆王室今不夷汝三族縣示四海則吾死不瞑目豈將與乃和親邪復進軍大谷拒雒九十里卓尋徙都長安燒雒邑堅前入雒修諸陵平塞卓所發掘訖引軍還任魯陽初平三年術使堅征荊州擊劉表表遣黃祖逆於樊鄧之間堅擊破之追渡漢水遂圍襄陽單馬行峴山爲祖軍士所射殺兄子賁帥將士衆就術術復表賁爲豫州刺史堅四子策權翊匡權既稱尊號謚堅曰武烈皇帝

策字伯符堅初興義兵策將母徙居舒與周瑜相友收合士大夫江淮閒人咸向之堅薨還葬曲阿乃渡江居江都徐州牧陶謙深忌策策舅吳景時爲丹陽太守策乃載母徙曲阿與呂範孫河俱就景因緣召募得數百人興平元年從袁術術甚奇之以堅部曲還策太傅馬日磾杖節安集關東在壽春以禮辟策表拜懷義校尉術大將喬蕤張勳皆傾心敬焉術常歎曰使術有子如孫郎死復何恨策騎士有罪逃入術營隱於內廐

策指使人就斬之訖詣術謝術曰兵人好叛當共疾之何爲謝也由是軍中益畏憚之術初許策爲九江太守已而更用丹陽陳紀後術欲攻徐州從廬江太守陸康求米三萬斛康不與術大怒策昔嘗詣康康不見使主簿接之策常銜恨術遣策攻康謂曰前錯用陳紀每恨本意不遂今若得康廬江眞卿有也策攻康拔之術復用其故吏劉勳爲太守策益失望先是劉繇爲揚州刺史州舊治壽春壽春術已據之繇乃渡江治曲阿時吳景尚在丹陽策從兄賁又爲丹陽都尉繇至皆迫逐之景賁退舍歷陽繇遣樊能于麋陳横屯江津張英屯當利口以拒術術自用故吏瑯邪惠衢爲揚州刺史更以景爲督軍中郞將與賁共將兵擊英等連年不克策乃說術乞助景等平定江東術表策爲折衝校尉行殄寇將軍兵財千餘騎數十匹賓客願從者數百人比至歷陽衆五六千策母先自曲阿徙於歷陽策又徙母阜陵渡江轉鬬所向皆破莫敢當其鋒而軍令整肅百姓懷之策爲人美姿顏好笑語性闊達聽受善於用人是以士民見者莫不盡心樂爲致死劉繇棄軍遁逃諸郡守皆捐城郭奔走吳人嚴白虎等衆各萬餘人處處屯聚吳景等欲先擊破虎等乃至會稽策曰虎等羣盜非有大志此成禽耳遂引兵渡浙江據會稽屠東冶乃攻破虎等盡更置長吏策自領會稽太守復以吳景爲丹陽太守以孫賁爲豫章太守分豫章爲廬陵郡以賁弟輔爲廬陵太守丹陽朱治爲吳郡太守彭城張昭廣陵張紘秦松陳端等爲謀主時袁術僭號策以書責而絕之曹公表策爲討逆將軍封爲吳侯後術死長史楊弘大將張勳等將其衆欲就策廬江太守劉勳要擊悉虜之收其珍寶以歸策聞之僞與勳好盟勳新得術衆時豫章上繚宗民萬餘家在江東策勸勳攻取之勳既行策輕軍晨夜襲拔廬江勳衆盡降勳獨與麾下數百人自歸曹公是時袁紹方彊而策并江東曹公力未能逞且欲撫之乃以女弟配策小弟匡又爲子章取賁女皆禮辟策弟權翊又命揚州刺史嚴象舉權茂才建安五年曹公與袁紹相拒於官渡策陰欲襲許迎漢帝密治兵部署諸將未發會爲故吳郡太守許貢客所殺先是策殺貢貢小子與客亡匿江邊策單騎出卒與客遇客擊傷策創甚請張昭等謂曰中國方亂夫以吳越之衆三江之固足以觀成敗公等善相吾弟呼權佩以印綬謂曰舉江東之衆決機於兩陳之間與天下爭衡卿不如我舉賢任能各盡其心以保江東我不如卿至夜時卒時年二十六權稱尊號追謚策曰長沙桓王封子紹爲吳侯後改封上虞侯紹卒子奉嗣孫皓時訛言奉當立誅死

大皇帝諱權字仲謀兄策既定諸郡時權年十五以爲陽羨長郡察孝廉州舉茂才行奉義校尉漢以策遠脩職貢遣使者劉琬加錫命琬語人曰吾觀孫氏兄弟雖各才秀明達然皆祿祚不終惟中弟孝廉形貌奇偉骨體不恒有大貴之表年又最壽爾試識之

建安四年從策征廬江太守劉勳勳破討黃祖於沙羨

五年策薨以事授權權哭未及息策長史張昭謂權曰孝廉此寧哭時邪且周公立法而伯禽不師非欲違父時不得行也況今姦宄競逐豺狼滿道乃欲哀親戚顧禮制是猶開門而揖盜未可以爲仁也乃改易權服扶令上馬使出巡軍是時惟有會稽吳郡丹陽豫章廬陵然深險之地猶未盡從而天下英豪布在州郡賓旅寄寓之士以安危去就爲意未有君臣之固張昭周瑜等謂權可與共成大業故委心而服事焉曹公表權爲討虜將軍領會稽太守屯吳使丞之郡行文書事待張昭以師傅之禮而周瑜程普呂範等爲將率招延俊秀聘求名士魯肅諸葛瑾等始爲賓客分部諸將鎭撫山越討不從命

七年權母吳氏薨

八年權西伐黃祖破其舟軍惟城未克而山寇復動還過豫章使呂範平鄱陽會稽程普討樂安太史慈領海昬韓當周泰呂蒙等爲劇縣令長

九年權弟丹陽太守翊爲左右所害以從兄瑜代翊

十年權使賀齊討上饒分爲建平縣

十二年西征黃祖虜其人民而還

十三年春權復征黃祖祖先遣舟兵拒軍都尉呂蒙破其前鋒而凌統董襲等盡銳攻之遂屠其城祖挺身亡走騎士馮則追梟其首虜其男女數萬口是歲使賀齊討黟歙黟音伊歙音攝分歙爲始新新定犂陽休陽縣以六縣爲新都郡荊州牧劉表死魯肅乞奉命弔表二子且以觀變肅未到而曹公已臨其境表子琮舉衆以降劉備欲南濟江肅與相見因傳權旨爲陳成敗備進住夏口使諸葛亮詣權權遣周瑜程普等行是時曹公新得表衆形勢甚盛諸議者皆望風畏懼多勸權迎之惟瑜肅執拒之之議意與權同瑜普爲左右督各領萬人與備俱進遇於赤壁大破曹公軍曹公燒其餘船引退士卒饑疫死者大半備瑜等復追至南郡曹公遂北還留曹仁徐晃於江陵使樂進守襄陽時甘寧在夷陵爲仁黨所

圍用呂蒙計留淩統以拒仁以其半救甯軍以勝反權自率衆圍合肥使張昭攻九江之當塗昭兵不利權攻城踰月不能下曹公自荆州還遣張喜將騎赴合肥未至權退

十四年瑜仁相守歲餘所殺傷甚衆仁委城走權以瑜爲南郡太守劉備表權行車騎將軍領徐州牧備領荆州牧屯公安

十五年分豫章爲鄱陽郡分長沙爲漢昌郡以魯肅爲太守屯陸口

十六年權徙治秣陵明年城石頭改秣陵爲建業聞曹公將來侵作濡須塢

十八年正月曹公攻濡須權與相拒月餘曹公望權軍歎其齊肅乃退初曹公恐江濱郡縣爲權所略徵令內移民轉相驚自廬江九江蘄春廣陵戸十餘萬皆東渡江江西遂虛合肥以南惟有皖城

十九年五月權征皖城閏月克之獲廬江太守朱光及參軍董和男女數萬口是歲劉備定蜀權以備已得益州令諸葛瑾從求荆州諸郡備不許曰吾方圖涼州涼州定乃盡以荆州與吳耳權曰此假而不反徒欲以虛辭引歲月遂置南三郡長吏關羽盡逐之權大怒乃遣呂蒙督鮮于丹徐忠孫規等兵二萬取長沙零陵桂陽三郡使魯肅以萬人屯巴丘以禦關羽權住陸口爲諸軍節度蒙到二郡皆服惟零陵太守郝普未下會備到公安使關羽將三萬兵至益陽權乃召蒙等使還助肅蒙使人誘普普降盡得三郡將守因引軍還與孫皎潘璋并魯肅兵並進拒羽於益陽未戰會曹公入漢中備懼失益州使使求和權令諸葛瑾報更尋盟好遂分荆州長沙江夏桂陽以東屬權南郡零陵武陵以西屬備備歸而曹公已還權反自陸口遂征合肥合肥未下徹軍還兵皆就路權與淩統甘甯等在津北爲魏將張遼所襲統等以死扞權權乘駿馬越津橋得去

二十一年冬曹公次于居巢遂攻濡須

二十二年春權令都尉徐詳詣曹公請降公報使脩好誓重結婚

二十三年十月權將如吳親乘馬射虎於庱亭（庱音攄陵反）馬爲虎所傷權投以雙戟虎卻廢常從張世擊以戈獲之

二十四年關羽圍曹仁於襄陽曹公遣左將軍于禁救之會漢水暴起羽以舟兵盡虜禁等步騎三萬送江陵惟城未拔權內憚羽外欲以爲己功牋與曹公乞以討羽自效曹公且欲使羽與權相持以鬬之驛傳權書使曹仁以弩射示羽羽猶豫不能去閏月權征羽先遣呂蒙襲公安獲將軍士仁蒙到南郡南郡太守麋芳以城降蒙據江陵撫其老弱釋于禁之囚陸遜別取宜都獲秭歸枝江夷道還屯夷陵守峽口以備蜀關羽還當陽西保麥城權使誘之羽僞降立幡旗爲象人於城上因遁走兵皆解散尚十餘騎權先使朱然潘璋斷其徑路十二月璋司馬馬忠獲羽及其子平都督趙累等於章鄉遂定荆州是歲大疫盡除荆州民租稅曹公表權爲驃騎將軍假節領荆州牧封南昌侯權遣校尉梁遇奉貢于漢及令王惇市馬又遣朱光等還

二十五年春正月曹公薨太子丕代爲丞相魏王改年爲延康秋魏將梅敷使張儉求見撫納南陽陰酇筑陽山都中廬五縣民五千家來附冬魏嗣王稱尊號改元爲黃初二年四月劉備稱帝於蜀權自公安都鄂改名武昌以武昌下雉尋陽陽新柴桑沙羨六縣爲武昌郡五月建業言甘露降八月城武昌十一月魏策命封權爲吳王授金虎符第一至第五左竹使符第一至第十以大將軍使持節督交州領荆州牧事仍加九錫令上故驃騎將軍南昌侯印綬是歲劉備率軍來伐至巫山秭歸使使誘導武陵蠻夷假與印傳許之封賞於是諸縣及五谿民皆反爲蜀權以陸遜爲督督朱然潘璋等以拒之遣都尉趙咨使魏魏帝問曰吳王何等主也咨對曰聰明仁智雄略之主也帝問其狀咨曰納魯肅於凡品是其聰也拔呂蒙於行陣是其明也獲于禁而不害是其仁也取荆州而兵不血刃是其智也據三州虎視於天下是其雄也屈身於陛下是其略也帝欲封權子登權以登年幼上書辭封重遣西曹掾沈珩陳謝并獻方物立登爲王太子

黃武元年春正月陸遜部將軍宋謙等攻蜀五屯皆破之斬其將三月鄱陽言黃龍見蜀軍分據險地前後五十餘營遜隨輕重以兵應拒自正月至閏月大破之臨陣所斬及投兵降首數萬人劉備奔走僅以身免初權外託事魏而誠心不款魏欲遣侍中辛毗尚書桓階往與盟誓并徵任子權辭讓不受秋九月魏乃命曹休張遼臧霸出洞口曹仁出濡須曹眞夏侯尚張郃徐晃圍南郡權遣呂範等督舟軍以舟軍拒休等諸葛瑾潘璋楊粲救南郡朱桓以濡須督拒仁時揚越蠻夷多未平集內難未弭故權卑辭上書求自改厲若罪在難除必不見置當奉還土地民人乞寄命交州以終餘年文帝報曰省君上事款誠深至良用慨然已即詔勑諸軍不

得妄進若登身朝到夕召兵還此言之誠有如大江權知魏必責任子遂改年臨江拒守冬十一月大風範等兵溺死者數千餘軍還江南曹休使臧霸以輕船五百敢死萬人襲攻徐陵燒攻城車殺略數千人將軍全琮徐盛追斬魏將尹盧殺獲數百十二月權使太中大夫鄭泉聘劉備于白帝始復通也然猶與魏文帝相往來至後年乃絕是歲改夷陵爲西陵

二年春正月曹眞分軍據江陵中洲是月城江夏山改四分用乾象歷三月曹仁遣將軍常彫等以兵五千乘油船晨渡濡須中洲仁子泰因引軍急攻朱桓桓兵拒之遣將軍嚴圭等擊破彫等是月魏軍皆退夏四月權君臣勸卽尊號不許劉備薨于白帝五月曲阿言甘露降先是戲口守將晉宗殺將王直以衆叛如魏魏以爲蘄春太守數犯邊境六月權令將軍賀齊督麋芳劉邵等襲蘄春邵等生虜宗冬十一月蜀使中郎將鄧芝來聘

三年夏遣輔義中郎將張溫聘于蜀秋八月赦死罪九月魏文帝出廣陵望大江曰彼有人焉未可圖也乃還

四年夏五月丞相孫邵卒六月以太常顧雍爲丞相皖口言木連理冬十二月鄱陽賊彭綺自稱將軍攻沒諸縣衆數萬人是歲地連震

五年春令曰軍興日久民離農畔父子夫婦不能相卹孤甚愍之今北虜縮竄方外無事其下州郡有以寬息是時陸遜以所在少穀表令諸將增廣農畝權報曰甚善令孤父子親自受田車中八牛以爲四耦雖未及古人亦欲與衆均等其勞也秋七月權聞魏文帝崩征江夏圍石陽不克而還蒼梧言鳳凰見分三郡惡地十縣置東安郡以全琮爲太守平討山越冬十月陸遜陳便宜勸以施德緩刑寬賦息調權納之令有司盡寫科條使郎中褚逢齎以就遜及諸葛瑾意所不安令損益之是歲分交州置廣州俄復舊

六年春正月諸將獲彭綺閏月韓當子琮以其衆降魏

七年春三月封子慮爲建昌侯罷東安郡夏五月鄱陽太守周魴僞叛誘魏將曹休秋八月權至皖口使將軍陸遜督諸將大破休於石亭大司馬呂範卒是歲改合浦爲珠官郡

黃龍元年春公卿百司皆勸權正尊號夏四月夏口武昌並言黃龍鳳凰見丙申莅南郊卽皇帝位是日大赦改年追尊父破虜將軍堅爲武烈皇帝母吳氏爲武烈皇后兄討逆將軍策爲長沙桓王吳王太子登爲皇太子將吏皆進爵加賞初興平中吳中童謠曰黃金車班蘭耳闓昌門出天子五月使校尉張剛管篤之遼東六月蜀遣衛尉陳震慶權踐位權因與蜀盟作爲誓書遂分天下以豫靑徐幽屬吳兗冀并涼屬蜀其司州之土以函谷關爲界秋九月權遷都建業因故府不改館徵上大將軍陸遜輔太子登掌武昌留事

二年春正月魏作合肥新城詔立都講祭酒以教學諸子遣將軍衞溫諸葛直將甲士萬人浮海求夷洲及亶洲亶洲在海中長老傳言秦始皇帝遣方士徐福將童男童女數千人入海求蓬萊神山及仙藥止此洲不還歷世相承有數萬家其上人民時有至會稽貨布會稽東縣人海行亦有遭風流移至亶洲者所在絕遠卒不可得至但得夷洲數千人還

三年春二月遣太常潘濬率衆五萬討武陵蠻夷衞溫諸葛直皆以違詔無功下獄誅夏有野蠶成繭大如卵由拳野稻自生改爲禾興縣中郎將孫布詐降以誘魏將王淩淩以軍迎布冬十月權以大兵潛伏於阜陵俟之淩覺而走會稽南始平言嘉禾生十二月丁卯大赦改明年元也

嘉禾元年春正月建昌侯慮卒三月遣將軍周賀校尉裴潛乘海之遼東秋九月魏將田豫要擊斬賀于成山冬十月魏遼東太守公孫淵遣校尉宿舒閬中令孫綜稱藩于權并獻貂馬權大悅加淵爵位

二年春正月詔以公孫淵爲使持節督幽州領靑州牧遼東太守燕王大赦天下與淵更始明下州郡咸使聞知特下燕國奉宣詔令三月遣舒綜還使太常張彌執金吾許晏將軍賀達等將兵萬人金寶珍貨九錫備物乘海授淵舉朝大臣自丞相雍已下皆諫以爲淵未可信而寵待太厚但可遣吏兵數百護送舒綜權終不聽淵果斬彌等送其首于魏沒其兵資權大怒欲自征淵尚書僕射薛綜等切諫乃止是歲權向合肥新城遣將軍全琮征六安皆不克還

三年春正月詔曰兵久不輟民困於役歲或不登其寬諸逋勿復督課夏五月權遣陸遜諸葛瑾等屯江夏沔口孫韶張承等向廣陵淮陽權率大衆圍合肥新城是時蜀相諸葛亮出武功權謂魏明帝不能遠出而帝遣兵助司馬懿拒亮自率水軍東征未至壽春權退還孫韶亦罷秋八月以諸葛恪爲丹陽太守討山越九月朔隕霜傷穀冬十一月太常潘濬平武陵蠻夷事畢還武昌詔復曲阿爲雲陽丹徒爲武進廬陵賊李桓羅厲等爲亂

四年夏遣呂岱討桓等秋七月有雹魏使以馬求易珠璣翡翠瑇瑁權曰此皆孤所不用而可得馬何苦而不聽其交易

五年春鑄大錢一當五百詔使吏民輸銅計銅畀直設盜鑄之科三月武昌言甘露降於禮賓殿輔吳將軍張昭卒中郎將吾粲獲李桓將軍唐咨獲羅厲等十月不雨至于夏冬十月彗星見于東方鄱陽賊彭旦等爲亂

六年春正月詔中外羣僚議長吏遭喪去官詳爲科禁顧譚議以爲奔喪立科輕則不足以禁孝子之情重則本非應死之罪雖嚴刑益設違奪必少若偶有犯者加其刑則恩所不忍有減則法廢不行愚以爲長吏在邊苟不告語勢不得知比選代之間若有傳者必加大辟則長吏無廢職之負孝子無犯重之刑將軍胡綜議以爲喪紀之禮雖有典制苟無其時所不得行方今戎事軍國異容而長吏遭喪知有科禁公敢干突苟念聞憂不奔之恥不計爲臣犯禁之罪此由科防本輕所致忠節在國孝道立家出身爲臣焉得兼之故爲忠臣不得爲孝子宜定明文示以大辟若故違犯有罪無赦以殺止殺行之一人其後必絕丞相雍奏從大辟其後吳令孟宗喪母奔赴已而自拘於武昌以聽刑陸遜陳其素行因爲之請權乃減宗一等後不得以爲比因此遂絕二月陸遜討彭旦等其年皆破之冬十月遣衛將軍全琮襲六安不克諸葛恪平山越事畢北屯廬江

赤烏元年春鑄當千大錢夏呂岱討廬陵賊畢還陸口秋八月武昌言麒麟見有司奏言麒麟者太平之應宜改年號詔曰間者赤烏集於殿前朕所親見若神靈以爲嘉祥者改年宜以赤烏爲元於是改年步夫人卒追贈皇后初權信任校事呂壹壹性苛慘用法深刻太子登數諫權不納大臣由是莫敢言後壹姦罪發露伏誅權引咎責躬乃使中書郎袁禮告謝諸大將因問時事所當損益禮還復有詔責數諸葛瑾步騭朱然呂岱等悉令盡言直諫以匡不逮

二年春三月遣使者羊衜鄭胄將軍孫怡之遼東擊魏守將張持高慮等虜得男女零陵言甘露降夏五月城沙羨冬十月將軍蔣祕南討夷賊祕所領都督廖式殺臨賀太守嚴綱等自稱平南將軍與弟潛共攻零陵桂陽及搖動交州蒼梧鬱林諸郡衆數萬人遣將軍呂岱唐咨討之歲餘皆破

三年春正月詔以民多征役歲又水旱年穀有損而吏或不良侵奪民時以致饑饉自今以來督軍郡守其謹察非法當農桑時以役事擾民者舉正以聞夏四月大赦詔諸郡縣治城郭起譙樓穿塹發渠以備盜賊冬十一月民饑詔開倉廩以振貧窮

四年春正月大雪平地深三尺鳥獸死者大半夏四月遣衛將軍全琮略淮南決芍陂燒安城邸閣收其人民威北將軍諸葛恪攻六安琮與魏將王淩戰于芍陂中郎將秦晃等十餘人戰死車騎將軍朱然圍樊大將軍諸葛瑾取柤中五月太子登卒是月魏太傅司馬懿救樊六月軍還閏月大將軍瑾卒秋八月陸遜城邾

五年春正月立子和爲太子大赦改禾興爲嘉興百官奏立皇后及四王詔曰今天下未定民物勞瘁且有功者或未錄饑寒者尙未恤猥割土壤以豐子弟崇爵位以寵妃妾孤甚不取其釋此議三月海鹽縣言黃龍見夏四月禁進獻御減太官膳秋七月遣將軍聶友校尉陸凱以兵三萬討珠崖儋耳是歲大疫有司又奏立后及諸王八月立子霸爲魯王

六年春正月新都言白虎見諸葛恪征六安破魏將謝順營收其民人冬十一月丞相顧雍卒十二月扶南王范旃遣使獻樂人及方物是歲司馬懿率軍入舒諸葛恪自皖遷于柴桑

七年春正月以上大將軍陸遜爲丞相秋宛陵言嘉禾生是歲步騭朱然等各上疏云自蜀還者咸言欲背盟與魏交通多作舟船繕治城郭又蔣琬守漢中聞司馬懿南向不出兵乘虛以掎角之反委漢中還近成都事已彰灼無所復疑宜爲之備權揆其不然曰吾待蜀不薄聘享盟誓無所負之何以致此又司馬懿前來入舒旬日便退蜀在萬里何知緩急而便出兵乎昔魏欲入漢川此間始嚴亦未舉動會聞魏還而止蜀寧可復以此有疑邪又人家治國舟船城郭何得不獲今此間治軍寧復欲以禦蜀邪人言苦不可信朕爲諸君破家保之蜀竟自無謀如權所籌

八年春二月丞相陸遜卒夏雷霆犯宮門柱又擊南津大橋楹茶陵縣鴻水溢出流漂居民二百餘家秋七月將軍馬茂等圖逆夷三族八月大赦遣校尉陳勳將屯田及作士三萬人鑿句容中道自小其至雲陽西城通會市作邸閣

九年春二月車騎將軍朱然征魏柤中斬獲千餘夏四月武昌言甘露降秋九月以驃騎步騭爲丞相車騎朱然爲左大司馬衛將軍全琮爲右大司馬鎭南呂岱爲上大將軍威北將軍諸葛恪爲大將軍

十月春正月右大司馬全琮卒二月權適南宮三月改

作太初宮諸將及州郡皆義作夏五月丞相步騭卒冬十月赦死罪

十一年春正月朱然城江陵二月地仍震三月宮成夏四月雨雹雲陽言黃龍見五月鄱陽言白虎見詔公卿百司勉脩所職匡朕不逮以答休貺

十二年春三月左大司馬朱然卒四月有兩烏銜鵲墮東館丙寅驃騎將軍朱據領丞相燎鵲以祭

十三年夏五月日至熒惑入南斗秋七月犯魁第二星而東八月丹陽句容及故鄣寧國諸山崩鴻水溢詔原逋責給貸種食廢太子和處故鄣魯王霸賜死冬十月魏將文欽僞叛以誘朱異權遣呂據就異以迎欽異等持重欽不敢進十一月立子亮爲太子遣軍十萬作堂邑涂塘以淹北道十二月魏大將軍王昶圍南郡荊州刺史王基攻西陵遣將軍戴烈陸凱往拒之皆引還是歲神人授書告以改年立后

太元元年夏五月立皇后潘氏大赦改年初臨海羅陽縣有神自稱王表周旋民間語言飲食與人無異然不見其形又有一婢名紡績是月遣中書郎李崇齎輔國將軍羅陽王印綬迎表表隨崇俱出與崇及所在郡守令長談論崇等無以易所歷山川輒遣婢與其神相聞秋七月崇與表至權於蒼龍門外爲立第舍數使近臣齎酒食往表說水旱小事往往有驗秋八月朔大風江海涌溢平地深八尺吳高陵松栢斯拔郡城南門飛落冬十一月大赦權祭南郊還寢疾十二月驛徵大將軍恪拜爲太子太傅詔省繇役減征賦除民所患苦

二年春正月立故太子和爲南陽王居長沙子奮爲齊王居武昌子休爲琅邪王居虎林二月大赦改元爲神鳳皇后潘氏薨諸將吏數詣王表請福表亡去夏四月權薨時年七十一諡曰大皇帝秋七月葬蔣陵陳壽曰孫權屈身忍辱任才尚計有句踐之奇英人之傑矣故能自擅江表成鼎峙之業然性多嫌忌果於殺戮暨臻末年彌以滋甚至于讒說殄行胤嗣廢斃豈所謂貽厥孫謀以燕翼子者哉其後葉陵遲遂致覆國未必不由此也

大皇帝黃武七年黃龍三年嘉禾六年赤烏十三年太元元年神鳳元年即位三十一年

會稽王諱亮字子明權少子也權春秋高而亮最少故尤留意姊全公主常譖太子和母子心不自安因倚權意欲豫自結數稱述全尚女勸爲亮納赤烏十三年和廢權遂立亮爲太子以全氏爲妃太元元年夏亮母潘氏立爲皇后冬權寢疾徵大將軍諸葛恪爲太子太傅會稽太守滕允爲太常並受詔輔太子明年四月權薨太子即尊號大赦改元建興是歲魏嘉平四年也閏月以恪爲帝太傅允爲衛將軍領尚書事上大將軍呂岱爲大司馬諸文武在位皆進爵班賞宂官加等冬十月太傅恪率軍遏巢湖巢音祖了反城東興使將軍全端守西城都尉留略守東城十二月朔丙申大風雷電魏使將軍諸葛誕胡遵等步騎七萬圍東興將軍王昶攻南郡毋邱儉向武昌甲寅恪以大兵赴敵戊午兵及東興交戰大破魏軍韓綜桓嘉等是月雷雨天災武昌端門改作端門又災內殿

二年春正月丙寅立皇后全氏大赦庚午王昶等皆還二月軍還自東興大行封賞三月恪率軍伐魏夏四月圍新城大疫兵卒死者大半秋八月恪引軍還冬十月大饗武衛將軍孫峻伏兵殺恪於殿堂大赦以峻爲丞相封富春侯十一月有大鳥五見于春申明年改元

五鳳元年夏大水秋吳侯英謀殺峻覺英自殺冬十一月有星茀于斗牛

二年春正月魏鎮東將軍毋邱儉前將軍文欽以淮南之衆西入戰于樂嘉閏月壬辰峻及驃騎將軍呂據左將軍留贊率兵襲壽春軍及東興聞欽等敗壬寅兵進于橐皋欽詣峻降淮南餘衆數萬口來奔魏諸葛誕入壽春峻引軍還二月及魏將軍曹珍遇于高亭交戰珍敗績留贊爲誕別將蔣班所敗於菰陂贊及將軍孫楞蔣脩等皆遇害三月使鎮南將軍朱異襲安豐不克秋七月將軍孫儀張怡林恂等謀殺峻發覺儀自殺恂等伏辜陽羨離里山大石自立使衛尉馮朝城廣陵拜將軍吳穰爲廣陵太守留略爲東海太守是歲大旱十二月作太廟以馮朝爲監軍使者督徐州諸軍事民饑軍士怨畔

太平元年春二月朔建業火峻用征北大將軍文欽計將征魏八月先遣欽及驃騎呂據車騎劉纂鎮南朱異前將軍唐咨自江都入淮泗九月丁亥峻卒以從弟偏將軍綝爲侍中武衛將軍領中外諸軍事召還據等聞綝代峻大怒己丑大司馬呂岱卒壬辰太白犯南斗據欽咨等表薦衛將軍滕允爲丞相綝不聽癸卯更以允爲大司馬代呂岱駐武昌據引兵還欲討綝綝遣使以詔書告喻欽咨等使取據冬十月丁未遣孫憲及丁奉施寬等以舟兵逆據於江都遣將軍劉丞督步騎攻允允兵敗夷滅己酉大赦改年辛亥獲呂據於新州十一月以綝爲大將軍假節封永康侯孫憲與將軍王惇謀

殺綝事覺綝殺惇迫憲令自殺十二月使五官中郎將刁元告亂于蜀

二年春二月甲寅大雨震電乙卯雪大寒以長沙東部為湘東郡西部為衡陽郡會稽東部為臨海郡豫章東部為臨川郡夏四月亮臨正殿大赦始親政事綝所表奏多見難問又科兵子弟年十八已下十五以上得三千餘人選大將子弟年少有勇力者為之將帥亮曰吾立此軍欲與之俱長日於苑中習焉五月魏征東大將軍諸葛誕以淮南之衆保壽春城遣將軍朱成稱臣上疏又遣子靚長史吳綱諸牙門子弟為質六月使文欽唐咨全端等步騎三萬救誕朱異自虎林率衆襲夏口夏口督孫壹奔魏秋七月綝率衆救壽春次于鑊里朱異至自夏口綝使異為前部督與丁奉等將介士五萬解圍八月會稽南部反殺都尉鄱陽新都民為亂廷尉丁密步兵校尉鄭冑將軍鍾離牧率軍討之朱異以軍士乏食引還綝大怒九月朔己巳殺異於鑊里辛未綝自鑊里還建業甲申大赦十一月全緒子禕儀以其母奔魏十二月全端懌等自壽春城詣司馬師

三年春正月諸葛誕殺文欽三月司馬師克壽春誕及左右戰死將吏已下皆降秋七月封故齊王奮為章安侯詔州郡伐宮材自八月沈陰不雨四十餘日亮以綝專恣與太常全尙將軍劉丞謀誅綝九月戊午綝以兵取尙遣弟恩攻殺丞于蒼龍門外召大臣會宮門黜亮為會稽王時年十六

　會稽王建興五鳳各二年太平三年即位七年

景皇帝諱休字子烈權第六子年十三從中書郎射慈郎中盛冲受學太元二年正月封琅邪王居虎林四月權薨休弟亮承統諸葛恪秉政不欲諸王在濱江兵馬之地徙休於丹陽郡太守李衡數以事侵休休上書乞徙他郡詔徙會稽居數歲夢乘龍上天顧不見尾覺而異之孫亮廢己未孫綝使宗正孫楷與中書郎董朝迎休休初聞問意疑楷朝具述綝等所以奉迎本意留一日二夜遂發十月戊寅行至曲阿有老公干休叩頭曰事久變生天下喁喁願陛下速行休善之是日進及布塞亭武衛將軍恩行丞相事率百僚以乘輿法駕迎於永昌亭築宮以武帳為便殿設御坐己卯休至望便殿止住使孫楷先見恩楷還休乘輦進羣臣再拜稽首休升便殿謙不即御坐止東廂戶曹尙書前即階下讃奏丞相奉璽符休三讓羣臣三請休曰將相諸侯咸推寡人寡人敢不承受璽符羣臣以次奉引休就乘輿百官陪位綝以兵千人迎於半野拜于道側休下車答拜即日御正殿大赦改元是歲魏甘露三年也

永安元年冬十月壬午詔以大將軍綝為丞相荊州牧增食五縣武衛將軍恩為御史大夫衛將軍中軍督封縣侯威遠將軍授為右將軍縣侯偏將軍幹雜號將軍亭侯長水校尉張布輔導勤勞以布為輔義將軍封永康侯董朝親迎封為鄉侯又詔曰丹陽太守李衡以往事之嫌自拘有司夫射鉤斬袪在君為君遣衡還郡勿令自疑己丑封孫皓為烏程侯皓弟德錢唐侯謙永安侯十一月甲午風四轉五復蒙霧連日綝一門五侯皆典禁兵權傾人主有所陳述敬而不違於是益恣休恐其有變數加賞賜丙申詔前日與大將軍定策告廟人名依故事應加爵位者促施行之戊戌詔曰大將軍掌中外諸軍事事統煩多其加衛將軍御史大夫恩侍中與大將軍分省諸事壬子詔曰諸吏家有五人三人兼重為役父兄在都子弟給郡縣吏既出限米軍出又從至於家事無經護者朕甚愍之其有五人三人為役聽其父兄所欲留為留一人除其米限軍出不從又曰諸將吏奉迎陪位在永昌亭者皆加位一級頃之休聞綝逆謀陰與張布圖計十二月戊辰臘百僚朝賀公卿升殿詔武士縛綝即日伏誅已巳詔以左將軍張布討姦臣加布為中軍督封布弟惇為都亭侯給兵三百人惇弟恂為校尉詔置學官立五經博士科見吏之中及將吏子弟有志好學者各令就業一歲課試差其品第加以位賞

二年春正月震電三月備九卿官詔廣開田業輕其賦稅差科彊羸課其田畝務令優均令諸卿尙書悉心咨度以稱朕意

三年春三月西陵言赤烏見秋用都尉嚴密議作浦里塘會稽郡謠言王亮當還為天子而亮宮人告亮使巫禱祠有惡言有司以聞黜為候官侯遣之國道自殺衛送者伏罪以會稽南部為建安郡分宜都置建平郡

四年夏五月大雨水泉涌溢秋八月遣光祿大夫周奕石偉巡行風俗察將吏清濁民所疾苦為黜陟之詔九月布山言白龍見是歲安吳民陳焦死埋之六日更生穿土中出

五年春二月白虎門北樓災秋七月始新言黃龍見八月壬午大雨震電水泉涌溢乙酉立皇后朱氏戊子立子𩅦為太子大赦休為四男作名字欲令難犯而易避皆鈔舊文會合作之太子名𩅦𩅦音如湖水灣澳之灣字𧶠𧶠音如迄今之迄次子名𩃬𩃬音如兕觥之觥字㒵㒵音如元𪏆首之𪏆次子名𩃯𩃯音如草莽之莽字昷昷音如舉物之舉次子名𩅟𩅟音如褒衣下寬大之褒字㷉㷉音如有所擁持之擁冬

十月以衛將軍濮陽興爲丞相廷尉丁密光祿勳孟宗爲左右御史大夫休以丞相興及左將軍張布有舊恩委之政事布典宮省興關軍國休銳意於典籍欲畢覽百家之言又好射雉春夏之間常晨出夜還唯此時舍書休欲與博士祭酒韋曜博士盛冲講論道藝曜冲素皆切直布恐入侍發其陰失令已不得專因妄飾說以拒遏之休責布曰此特君等恐曜冲輩道臣下姦變之事故耳布懼叩頭陳謝休雖心不能悅然恐布以此疑懼竟如布意廢其講業不復使冲等入是歲使察戰到交阯調孔爵大豬

六年夏四月泉陵言黃龍見五月交阯郡吏呂興等反殺太守孫諝諝先是科郡上手工千餘人送建業而察戰至恐復見取故興等因此扇動兵民招誘諸夷也冬十月蜀以魏見伐來告癸未建業石頭小城火燒西南百八十丈甲申使大將軍丁奉督諸軍向魏壽春將軍留平別詣施績於南郡議兵所向將軍丁封孫異如沔中皆救蜀蜀主劉禪降魏問至然後罷呂興既殺孫諝使使如魏請太守及兵丞相興建取屯田萬人以爲兵分武陵爲天門郡

七年春正月大赦二月鎮軍陸抗撫軍步協征西將軍留平建平太守盛曼率衆圍蜀巴東守將羅憲夏四月魏將新附督王稚浮海入句章略長吏賞校及男女二百餘口將軍孫越徼得一船獲三十人秋七月海賊破海鹽殺司鹽校尉駱秀使中書郎劉川發兵廬陵豫章民張節等爲亂衆萬餘人魏使將軍胡烈步騎二萬侵西陵以救羅憲陸抗等引軍退復分交州置廣州壬午大赦癸未休寢疾口不能言乃手書召丞相興入令子𩅦出拜之休把興臂而指𩅦以託之頭之而薨時年三十諡曰景皇帝

景帝永安七年

歸命侯諱皓字元宗權孫和之子一名彭祖字皓宗孫休立封皓爲烏程侯遣就國西湖民景養相皓當大貴皓陰喜而不敢泄休薨是時蜀初亡而交阯攜叛國內震懼貪得長君左典軍萬彧昔爲烏程令與皓相善稱皓才識明斷是長沙桓王之儔也又加之好學奉遵法度屢言之於丞相濮陽興左將軍張布興布說休妃太后朱欲以皓爲嗣朱曰我寡婦人安知社稷之慮苟吳國無隕宗廟有賴可矣於是遂迎立皓時年二十三改元大赦是歲魏咸熙元年也

元興元年八月以上大將軍施績大將軍丁奉爲左右大司馬張布爲驃騎將軍加侍中諸增位班賞一皆如舊九月貶太后爲景皇后追諡父和曰文皇帝尊母何爲太后十月封休太子𩅦爲豫章王次子汝南王次子梁王次子陳王立皇后滕氏皓既得志麤暴驕盈多忌諱好酒色大小失望興布竊悔之或以譖皓十一月誅興布十二月孫休葬定陵封后父滕牧爲高密侯舅何洪等三人皆列侯是歲魏置交阯太守之郡司馬師爲魏相國遣昔吳壽春城降將徐紹孫彧銜命齎書陳事勢利害以申喻皓

甘露元年三月皓遣使隨紹彧報書曰知以高世之才處宰輔之任漸導之功勤亦至矣孤以不德階承統緒思與賢良共濟世道而以壅隔未有所緣嘉意允著深用依依今遣光祿大夫紀陟五官中郎將弘璆宣明至懷紹行到濡須召還殺之徙其家屬建安始有白紹稱美中國者故也夏四月蔣陵言甘露降於是改年大赦秋七月皓逼殺景后朱氏亡不在正殿於苑中小屋治喪衆知其非疾病莫不痛切又送休四子於吳小城尋復追殺大者二人九月從西陵督步闡表徙都武昌御史大夫丁固右將軍諸葛靚鎮建業陟璆至洛陽遇司馬師卒十一月乃遣還皓至武昌又大赦以零陵南部爲始安郡桂陽南部爲始興郡十二月晉受禪

寶鼎元年正月遣大鴻臚張儼五官中郎將丁忠弔祭晉文帝及還儼道病死忠說皓曰北方守戰之具不設弋陽可襲而取皓訪羣臣鎮西大將軍陸凱曰夫兵不得已而用之耳且三國鼎立已來更相侵伐無歲寧居今彊敵新并巴蜀有兼土之資而遣使求親欲息兵役不可謂其求援於我今敵形勢方彊而欲徼幸求勝未見其利也車騎將軍劉纂曰天生五才誰能去兵譎詐相雄有自來矣若其有闕庸可棄乎宜遣間諜以觀其勢皓陰納纂言且以蜀新平故不行然遂自絕八月所在言得大鼎於是改年大赦以陸凱爲左丞相常侍萬彧爲右丞相冬十月永安山賊施但等聚衆數千人劫皓庶弟永安侯謙出烏程取孫和陵上鼓吹曲蓋比至建康衆萬餘人丁固諸葛靚逆之於牛屯大戰但等敗走獲謙謙自殺分會稽爲東陽郡分吳丹陽爲吳興郡以零陵北部爲邵陵郡十二月皓還都建業衛將軍滕牧留鎮武昌

二年春大赦右丞相萬彧出鎮巴丘夏六月起顯明宮冬十二月皓移居之是歲分豫章廬陵長沙爲安成郡

三年春二月以左右御史大夫丁固孟仁爲司徒司空秋九月皓出東關丁奉至合肥是歲遣交州刺史劉俊

前部督脩則等入擊交阯爲晉將毛炅等所破皆死兵散還合浦

建衡元年春正月立子瑾爲太子及淮陽東平王冬十月改年大赦十一月左丞相陸凱卒遣監軍虞汜威南將軍薛珝蒼梧太守陶璜由荆州監軍李勗督軍徐存從建安海道皆就合浦擊交阯

二年春萬彧還建業李勗以建安道不通利殺導將馮斐引軍還三月天火燒萬餘家死者七百人夏四月左大司馬施績卒殿中列將何定白少府李勗枉殺馮斐擅徹軍退還勗及徐存家屬皆伏誅秋九月何定將兵五千人上夏口獵都督孫秀奔晉是歲大赦

三年春正月晦皓舉大衆出華里皓母及妃妾皆行東觀令華覈等固爭乃還是歲汜璜破交阯禽殺晉所置守將九眞日南皆還屬大赦分交阯爲新昌郡諸將破扶嚴置武平郡以武昌督范愼爲太尉右大司馬丁奉司空孟仁卒西苑言鳳皇集改明年元

鳳皇元年秋八月徵西陵督步闡闡不應據城降晉遣樂鄉都督陸抗圍取闡闡衆悉降闡及同計數十人皆夷三族大赦是歲右丞相萬彧被譴憂死徙其子弟於廬陵何定姦穢發聞伏誅皓以其惡似張布追改定名爲布

二年春三月以陸抗爲大司馬司徒丁固卒秋九月改封淮陽爲魯東平爲齊又封陳留章陵等九王凡十一王王給三千兵大赦皓愛妾或使人至市劫奪百姓財物司市中郎將陳聲素皓幸臣也恃皓寵遇繩之以法妾以愬皓皓大怒假他事燒鋸斷聲頭投其身於四望之下是歲太尉范愼卒

三年會稽妖言章安侯奮當爲天子臨海太守奚熙與會稽太守郭誕書非論國政誕但白熙書不白妖言送付建安作船遣三郡督何植收熙熙發兵自衞斷絕海道熙部曲殺熙送首建業夷三族秋七月遣使者二十五人分至州郡科出亾叛大司馬陸抗卒自改年及是歲連大疫分鬱林爲桂林郡

天冊元年吳郡言掘地得銀長一尺廣三分刻上有年月字於是大赦改年

天璽元年吳郡言臨平湖自漢末草穢壅塞今更開通長老相傳此湖塞天下亂此湖開天下平又於湖邊得石函中有小石青白色長四寸廣二寸餘刻上作皇帝字於是改年大赦會稽太守車浚湘東太守張詠不出算緡就在所斬之徇首諸郡秋八月京下督孫楷降晉鄱陽言歷陽山石文理成字凡二十云楚九州渚吳九州都揚州士作天子四世治太平始又吳興陽羨山有空石長十餘丈名曰石室在所表爲大瑞乃遣兼司徒董朝兼太常周處至陽羨縣封禪國山明年改年大赦以協石文焉

天紀元年夏夏口督孫愼出江夏汝南燒略居民初騶子張俶多所譖白累遷爲司直中郎將封侯甚見寵愛是歲姦情發聞伏誅

二年秋七月立成紀宣威等十一王王給三千兵大赦

三年夏郭馬反馬本合浦太守脩允部曲督允轉桂林太守疾病住廣州先遣馬將五百兵至郡安撫諸夷允死兵當分給馬等累世舊軍不樂離別皓時又科實廣州戶口馬與部曲將何典王族吳述殷興等因此恐動兵民合聚人衆攻殺廣州督虞授馬自號都督交廣二州諸軍事安南將軍興廣州刺史述南海太守典攻蒼梧族攻始興八月以軍師張悌爲丞相牛渚都督何植爲司徒執金吾滕循爲司空未拜轉鎭將軍假節領廣州牧率萬人從東道討馬與族遇於始興未得前馬殺南海太守劉略逐廣州刺史徐旗皓又遣徐陵督陶濬將七千人從西道命交州牧陶璜部伍所領及合浦鬱林諸郡兵當與東西軍共擊馬有鬼目菜生工人黃耇家依緣棗樹長丈餘莖廣四寸厚三分又有買菜生工人吳平家高四尺厚三分如枇杷形廣尺八寸下莖廣五寸兩邊生葉綠色東觀案圖名鬼目作芝草買菜作平慮草遂以耇爲侍芝郎平爲平慮郎皆銀印青綬冬晉命鎭東大將軍司馬伷向涂中安東將軍王渾揚州刺史周浚向牛渚建威將軍王戎向武昌平南將軍胡奮向夏口鎭南將軍杜預向江陵龍驤將軍王濬廣武將軍唐彬浮江東下太尉賈充爲大都督量宜處要盡軍勢之中陶濬至武昌聞北軍大出停駐不前初皓每宴會羣臣無不咸令沈醉置黃門郎十人特不與酒侍立終日爲司過之吏宴罷之後各奏其闕失迕視之咎謬言之愆罔有不舉大者即加威刑小者輒以爲罪後宮數千而采擇無已又激水入宮宮人有不合意者輒殺流之或剝人之面或鑿人之眼岑昏險詖貴幸致位九列好興功役衆所患苦是以上下離心莫爲皓盡力蓋積惡已極不復堪命故也

四年春立中山代等十一王大赦濬彬所至則土崩瓦解靡有禦者預又斬江陵督伍延渾復斬丞相張悌丹陽太守沈瑩等所在戰克三月丙寅殿中親近數百人叩頭請皓殺岑昏皓惶憒從之戊辰陶濬從武昌還即

引見問水軍消息對曰蜀船皆小今得二萬兵乘大船戰自足擊之於是合衆受濬節鉞明日當發其夜衆悉逃走而王濬順流將至司馬伷王渾皆臨近境皓用光祿勳薛瑩中書令胡沖等計分遣使奉書於濬伷渾遣太常張夔等奉所佩印綬以請命於伷壬申王濬最先到於是受皓之降解縛焚櫬延請相見伷以皓致印綬於巳遣使送皓皓舉家西遷以太康元年五月丁亥集于京邑四月甲申詔曰孫皓窮迫歸降前詔待之以不死今皓垂至意猶愍之其賜號爲歸命侯進給衣服車乘田三十頃歲給穀五千斛錢五千萬絹五百匹綿五百斤皓太子瑾拜中郞諸子爲王者拜郞中

五年皓死于洛陽時年四十二葬河南縣界初陸抗之克步闡也皓意張大乃使尙廣筮并天下遇同人之頤廣對曰吉庚子歲青蓋當入洛陽故皓不脩其政而恒有窺上國之意是歲也實在庚子云

歸命侯元興元年甘露元年寶鼎三年建衡三年鳳皇二年天冊元年天璽元年天紀四年卽位十六年

右吳四主合五十九年爲晉所滅

通志卷九

宋右廸功郎鄭樵漁仲撰

晉紀十上

宣帝　景帝　文帝　武帝　惠帝　懷帝　愍帝

宣皇帝諱懿字仲達河內溫縣孝敬里人姓司馬氏其先出自帝高陽之子重黎為夏官祝融歷唐虞夏商世序其職及商以夏官為司馬其後程伯休父周宣王時以世官克平徐方錫以官族因而為氏楚漢間司馬卬為趙將與諸侯伐秦秦亾立為殷王都河內漢以其地為郡子孫遂家焉自卬八世生征西將軍鈞字叔平鈞生豫章太守量字公度量生潁川太守儁字元異儁生京兆尹防字建公帝即防之第二子也少有奇節聰朗多大略博學洽聞伏膺儒教漢末大亂常慨然有憂天下心南郡太守同郡楊俊名知人見帝未弱冠以為非常之器尚書清河崔琰與帝兄朗善亦謂朗曰君弟聰亮明允剛斷英特非子所及也漢建安六年郡舉上計掾魏武帝為司空聞而辟之帝知漢運方微不欲屈節曹氏辭以風痺不能起居魏武使人夜往密刺之帝堅臥不動及魏武為丞相又辟為文學掾勑行者曰若復盤桓便收之帝懼而就職於是使與太子游處遷黃門侍郎轉議郎丞相東曹屬尋轉主簿從討張魯言於魏武曰劉備以詐力虜劉璋蜀人未附而遠爭江陵此機不可失也今若曜威漢中益州震動進兵臨之勢必瓦解因此之勢易為功力聖人不能違時亦不失時矣魏武曰人苦無足既得隴右復欲得蜀言竟不從既而從討孫權破之軍還權遣使乞降上表稱臣陳說天命魏武帝曰此兒欲踞吾著爐炭上邪答曰漢運垂終殿下十分天下而有其九以服事之權之稱臣天人之意也虞夏殷周不以謙讓者畏天知命也魏國既建遷太子中庶子每與大謀輒有奇策為太子所信重與陳羣吳質朱鑠號曰四友遷為軍司馬言於魏武曰昔箕子陳謀以食為首今天下不耕者蓋二十餘萬非經國遠籌也雖戎甲未卷自宜且耕且守魏武納之於是務農積穀國用豐贍帝又言荊州刺史胡修粗暴南鄉太守傅方驕奢並不可居邊魏武不之察及蜀將關羽圍曹仁於樊于禁等七軍皆沒修方果降羽而仁圍甚急焉是時漢帝都許昌魏武以為近賊欲徙河北帝諫曰禁等為水所沒非戰守之所失於國家大計未有所損而便遷都既示敵以弱又淮沔之人大不安矣孫權劉備外親內疏羽之得意權所不願也可喻權所令掎其後則樊圍自解魏武從之權果遣將呂蒙西襲公安拔之羽遂為蒙所獲魏武以荊州遺黎及屯田在潁川者逼近南寇皆欲徙之帝曰荊楚輕銳易動難安關羽新破諸為惡者藏竄觀望今徙其善者既傷其意將令去者不敢復還從之其後諸亾者悉復業及魏武薨於洛陽朝野危懼帝綱紀喪事內外肅然乃奉梓宮還鄴魏文帝即位封河津亭侯轉丞相長史會孫權帥兵西過朝議以樊襄陽無穀不可以禦寇時曹仁鎮襄陽請召仁還宛帝曰孫權新破關羽此其欲自結之時也必不敢為患襄陽水陸之衝禦寇要害不可棄也言竟不從仁遂焚棄二城權果不為寇魏文悔之及魏受漢禪以帝為尚書頃之轉督軍御史中丞封安國鄉侯

黃初二年督軍官罷遷侍中尚書右僕射

五年天子南巡觀兵吳疆帝留鎮許昌改封向鄉侯轉撫軍假節領兵五千加給事中錄尚書事帝固辭天子曰吾於庶事以夜繼晝無須臾寧息此非以為榮乃分憂耳

六年天子復大興舟師征吳復命帝居守內鎮百姓外供軍資臨行詔曰吾深以後事為念故以委卿曹參雖有戰功而蕭何為重使吾無西顧之憂不亦可乎天子自廣陵還洛陽詔帝曰吾東撫軍當總西事吾西撫軍當總東事於是帝留鎮許昌及天子疾篤帝與曹真陳羣等見於崇華殿之南堂並受顧命輔政詔太子曰有間此三公者慎勿疑之明帝即位改封舞陽侯及孫權圍江夏遣其將諸葛瑾張霸并攻襄陽帝督諸軍討權走之進擊敗瑾斬霸并首級千餘遷驃騎將軍

太和元年六月天子詔帝屯於宛加督荊豫二州諸軍事初蜀將孟達之降也魏朝遇之甚厚帝以達言行傾巧不可任驟諫不見聽乃以達領新城太守封侯假節達於是連吳固蜀潛圖中國蜀相諸葛亮惡其反覆又慮其為患達與魏興太守申儀有隙亮欲促其事乃遣郭模詐降過儀因漏泄其謀達聞其謀漏泄將舉兵帝恐達速發以書喻之曰將軍昔棄劉備託身國家國家委將軍以疆埸之任佐將軍以圖蜀之事可謂心貫白日蜀人愚智莫不切齒於將軍諸葛亮欲相破惟苦無路耳模之所言非小事也亮豈輕之而令宣露此殆易知耳達得書大喜猶與不決帝乃潛軍進討諸將言達與二賊交構宜觀望而後動帝曰達無信義此其相疑之時也當及其未定促決之乃倍道兼行八日到其城下吳蜀各遣其將向西城安橋木闌塞以救達帝分諸

將以拒之初達與亮書曰宛去洛八百里去吾一千二百里聞吾舉事當表上天子比相反覆一月間也則吾城已固諸軍足辦則吾所在深險司馬公必不自來諸將來吾無患矣及兵到達又告亮曰吾舉事八日而兵至城下何其神速也上庸城三面阻水達於城外爲木柵以自固帝渡水破其柵直造城下八道攻之旬有六日達甥鄧賢將李輔等開門出降斬達傳首京師俘獲萬餘人振旅還於宛乃勸農桑禁浮費南土悅附焉初申儀久在魏興專威疆埸輒承制刻印多所假授達既誅有自疑心時諸郡守以帝新克捷奉禮求賀皆聽之帝使人諷儀儀至問承制狀執之歸於京師又徙孟達餘衆七千餘家於幽州蜀將姚靜鄭他等帥其屬七千餘人來降時邊郡新附多無戶名魏朝欲加隱實屬帝朝于京師天子訪之於帝帝對曰賊以密網束下故下棄之宜弘以大綱則自然安樂又問二虜宜討何者爲先對曰吳以中國不習水戰故敢散居東關凡攻敵必扼其喉而搗其心夏口東關賊之心喉若爲陸軍以向皖城引權東下爲水戰軍向夏口乘其虛而擊之此神兵從天而墮破之必矣天子並然之復命帝屯于宛

四年遷大將軍加大都督假黃鉞與曹真伐蜀帝自西城斫山開道水陸並進泝沔而上至于朐䏰上音蠢下如允反拔其新豐縣軍次舟口遇雨班師明年諸葛亮寇天水圍將軍賈嗣魏平於祁山天子曰西方有事非君莫可付者乃使帝西屯長安都督雍梁二州諸軍事統車騎將軍張郃後將軍費曜征蜀護軍戴淩雍州刺史郭淮等討亮張郃勸帝分軍住雍郿爲後鎭帝曰料前軍獨能當之者將軍言是也若不能當而分爲前後此楚之三軍所以爲黥布擒也遂進軍隃麋亮聞大軍且至乃自帥衆將芟上邽之麥諸將皆懼帝曰亮慮多決少必安營自固然後芟麥吾得二日兼行足矣於是卷甲晨夜赴之亮望塵而遁帝曰吾倍道疲勞此曉兵者之所貪也亮不敢據渭水此易與耳進次漢陽與亮相遇帝列陣以待之使將牛金輕騎餌之兵才接而亮退追至祁山亮屯鹵城據南北二山斷水爲重圍帝攻拔其圍亮宵遁追擊破之俘斬萬計天子使使者勞軍增封邑時軍師杜襲督軍薛悌皆言明年麥熟亮必爲寇隴右無穀宜及冬豫運帝曰亮再出祁山一攻陳倉挫衄而反縱其後出不復攻城當求野戰必在隴東不在西也亮每以糧少爲恨歸必積穀以吾料之非三稔不能動矣於是表徙冀州農夫佃上邽興京兆天水南安監治青龍元年穿成國渠築臨晉陂溉田數千頃國以充實焉

二年亮又帥衆十餘萬出斜谷壘于郿之渭水南原天子憂之遣征蜀護軍秦朗督步騎二萬受帝節度諸將欲住渭北以待之帝曰百姓積聚皆在渭南此必爭之地也遂引軍而濟背水爲壘因謂諸將曰亮若勇者當出武功依山而東若西上五丈原則諸軍無事矣亮果上原將北渡渭帝遣將軍周當屯陽遂以餌之數日亮不動帝曰亮欲爭原而不向陽遂此意可知也遣將軍胡遵雍州刺史郭淮共備陽遂與亮會于積石臨原而戰亮不得進還于五丈原會有長星墜亮之營帝知其必敗遣奇兵掎亮之後斬五百餘級獲生口千餘降者六百餘人時朝廷以亮僑軍遠寇利在急戰每命帝持重以候其變亮數挑戰帝不出因遺帝巾幗婦人之飾帝怒表請決戰天子不許乃遣骨鯁臣衛尉辛毗杖節爲軍師以制之後亮復來挑戰帝將出兵以應之毗杖節而立軍門帝乃止初蜀將姜維聞毗來謂亮曰辛毗杖節而至賊不復出矣亮曰彼本無戰心所以固請者以示武於其衆耳將在軍君命有所不受苟能制吾豈千里而請戰耶帝弟孚書問軍事帝復書曰亮志大而不見機多謀而少決好兵而無權雖提卒十萬已墮吾畫中破之必矣與之對壘百餘日會亮病卒諸將燒營遁走百姓奔告帝出兵追之亮長史楊儀反旗鳴鼓若將距帝者帝以窮寇不之逼於是楊儀結陣而去經日帝乃行其營壘觀其遺事獲其圖書糧穀甚衆帝審其必死曰天下奇才也辛毗以爲尚未可知帝曰軍家所重軍書密計兵馬糧穀今皆棄之豈有人捐其五藏而可以生乎宜急追之關中多蒺藜帝使軍士二千人著軟材平底木屐前行蒺藜悉著屐然後馬步俱進追到赤岸乃知亮死審問時百姓爲之諺曰死諸葛走生仲達帝聞而笑曰吾便料生不便料死故也先是亮使至帝問曰諸葛公起居何如食可幾米對曰三四升次問政事曰二十罰已上皆自省覽帝既而告人曰諸葛孔明其能久乎竟如其言亮部將楊儀魏延爭權儀斬延并其衆帝欲乘隙而進有詔不許

三年遷太尉累增封邑蜀將馬岱入寇帝遣將軍牛金擊走之斬千餘級武都氐王苻雙彊端帥其屬六千餘人來降關東飢帝運長安粟五百萬斛輸于京師

四年獲白鹿獻之天子歸美於帝及遼東太守公孫淵反詔徵帝詣京師天子曰此不足以勞君事欲必克故以相煩耳君度其作何計對曰棄城預走上計也據遼

水以拒大軍次計也坐守襄平此成擒耳天子曰其計將安出對曰惟明者能深度彼己豫有所棄此非其所及也今懸軍遠征將謂不能持久必先距遼水而後守此中下計也天子曰往還幾時對曰往百日還百日攻百日以六十日爲休息一年足矣是時百姓饑弊天子將大修宮室帝將郎戎諫請息役天子納焉

景初二年帥牛金胡遵等步騎四萬發自京師車駕送出西明門詔弟孚子師送過溫賜以穀帛牛酒勑郡守典農已下皆往會焉見父老故舊讌飲累日遂進師經孤竹越碣石次軍于遼水淵果遣步騎數萬阻遼隧堅壁而守南北六七十里以距帝帝盛兵多張旗幟出其南賊盡銳赴之乃泛舟潛濟以出其北與賊營相逼沈舟焚梁傍遼水作長圍棄賊而向襄平諸將言曰不攻賊而作圍非所以示衆也帝曰賊堅營高壘欲以老吾兵也攻之正入其計此王邑所以恥過昆陽也古人曰敵雖高壘不得不與我戰者攻其所以救也賊大衆在此則巢窟虛矣我直指襄平必人懷內懼懼而求戰破之必矣遂整陣而過賊見兵出其後果邀之帝謂諸將曰所以不攻其營正欲致此不可失也乃縱兵逆擊大破之三戰皆捷賊保固襄平進軍圍之初淵聞魏軍之出也請救於孫權權亦出兵遙爲之聲援因遺淵書曰司馬公善用兵變化若神所向無前深爲弟憂之會霖潦大水平地數尺三軍恐欲移營帝令軍中敢有言徙者斬都督令史張靜犯令斬之軍中乃定賊恃水樵牧自若諸將欲取之皆不聽司馬陳珪曰昔攻上庸八部並進晝夜不息故能一旬之半拔堅城斬孟達今者遠來而更安緩愚竊惑焉帝曰孟達衆少而食支一年吾將士四倍於達而糧不淹月以一月圖一年安可不速以四擊一正令半解猶當爲之是以不計死傷與糧競也今賊衆我寡賊饑我飽水雨乃爾功力不設雖當促之亦何所爲自發京師不憂賊攻但恐賊走今賊糧垂盡而圍落未合掠其牛馬抄其樵采此故驅之走也夫兵者詭道善因事變賊憑衆恃雨故雖饑困未肯束手當示無能以安之取小利以驚之非計也朝廷聞師遇雨咸請召還天子曰司馬公臨危制變計日擒之矣既而雨止遂合圍起土山地道楯櫓鉤橦發矢石雨下晝夜攻之時有長星色白有芒鬣自襄平城西南流于東北墜于梁水城中俱震慴淵大懼乃使其所署相國王建御史大夫柳甫乞降請改圍面縛不許執建等皆斬之以檄告淵曰昔楚鄭列國而鄭伯猶肉袒牽羊而迎之孤爲王人位則上公而建等欲孤解圍退舍豈楚鄭之謂邪二人老耄必傳言失旨已相爲斬之若意有未已可更遣年少有明決者來文懿復遣侍中衛演乞剋日送任帝謂演曰軍事大要有五能戰當戰不能戰當死守不能守當走餘二事惟有降與死耳汝不肯面縛此爲決就死也不須送任淵乃攻南圍突出帝縱兵擊敗之斬于梁水之上星墜之所旣入城立兩標以別新舊焉男子年十五以上七千餘人皆殺之以爲京觀僞公卿已下皆伏誅戮其將軍畢盛等二千餘人收戶四萬口三十餘萬初文懿篡其叔父恭位而囚之及將反將軍綸直賈範等苦諫淵淵皆殺之帝乃釋恭之囚封直等之墓顯其遺嗣令曰古之伐國誅其鯨鯢而已諸爲淵所詿誤者皆悉原之中國人欲還舊鄉恣聽之時有兵士寒凍乞襦帝弗之與或曰幸多故襦可以賜之帝曰襦者官物人臣無私施也乃奏軍人年六十已上者罷遣千餘人將吏從軍死亾者致喪還家遂班師天子遣使者勞軍于薊增封食昆陽并前二縣初帝至襄平夢天子枕其膝曰視吾面俛視有異於常心惡之先是詔帝便道鎮關中及次白屋有詔召帝三日之間詔書五至手詔曰間側息望到到便直排閤入視吾面帝大遽乃乘追鋒車晝夜兼行自白屋四百餘里一宿而至引入嘉福殿臥內升御牀帝流涕問疾天子執帝手以齊王託帝命與大將軍曹爽並受遺詔輔少主及齊王即帝位遷侍中持節都督中外諸軍錄尚書事與爽各統兵三千人共執朝政更直殿中乘輿入殿爽欲使尚書奏事先由己乃言於天子徙帝爲大司馬朝議以爲前後大司馬累薨於位乃以帝爲太傅入殿不趨贊拜不名劍履上殿如漢蕭何故事嫁娶喪葬取給於官以世子師爲散騎常侍子弟三人爲列侯四人爲騎都尉帝固讓子弟官不受

魏正始元年春正月東倭重譯入貢焉耆危須諸國弱水以南鮮卑名王皆遣使來獻天子歸美宰輔又增帝封邑初魏明帝好修宮室制度靡麗百姓苦之帝自遼東還役者猶萬餘人雕玩之物動以千計至是皆奏罷之節用務農天下欣賴焉

二年夏五月吳將全琮寇芍陂朱然孫倫圍樊城諸葛瑾步隲掠柤中帝請自討之議者咸言賊遠來圍樊不可卒拔挫於堅城之下有自破之勢宜長策以御之帝曰邊城受敵而安坐廟堂疆埸騷動衆心疑惑是社稷之大憂也六月乃督諸軍南征車駕送出津陽門帝以南方暑濕不宜持久使輕騎挑之然不敢動於是休戰

士簡精銳募先登申號令示必攻之勢吳軍夜遁走追至三州口斬獲萬餘人取其舟船軍資而還天子遣侍中常侍勞軍于宛秋七月增封食郾臨潁并前四縣邑萬戶子弟十一人皆爲列侯帝勳德日盛而謙恭愈甚以太常林鄉邑舊齒見之每拜恒戒子弟曰盛滿者道家之所忌四時猶有推移吾何德以堪之損之有損之庶可以免乎

三年春天子追封謚皇考京兆尹爲舞陽成侯三月奏穿廣漕渠引河入汴溉東南諸陂始大佃於淮北先是吳遣將諸葛恪屯皖邊鄙苦之帝欲自擊恪議者多以賊據堅城積穀欲引致官兵今懸軍遠攻其救必至進退不易未見其便帝曰賊之所長者水也今攻城以觀其變若用其所長棄城奔走此爲廟勝也若敢固守湖水冬淺船不得行勢必棄水相救由其所短亦吾利也

四年秋九月帝督諸軍擊諸葛恪車駕送出津陽門軍次于舒恪焚燒積聚棄城而遁帝以滅賊之要在於積穀乃大興屯守廣開淮陽百尺二渠又修諸陂於潁之南北萬餘頃自是淮北倉庾相望壽陽至于京師農官屯兵連屬焉

五年春正月帝至自淮南天子使持節勞軍尚書鄧颺李勝等欲令曹爽建立功名勸使伐蜀帝止之不可爽果無功而還

六年秋八月曹爽毀中壘中堅營以兵屬其弟中領軍羲帝以先帝舊制禁之不可冬十二月天子詔帝朝會乘輿升殿

七年春正月吳寇柤中夷夏萬餘家避寇北渡沔帝以沔南近賊若百姓奔還必復致寇宜權留之曹爽曰今不能修守沔南而留百姓非長策也帝曰不然凡物致之安地則安危地則危故兵書曰成敗形也安危勢也形勢御衆之要不可以不審設令賊以二萬人斷沔水三萬人與沔南諸軍相持萬人陸梁柤中將何以救之爽不從卒令還南賊果襲破柤中所失萬計

八年夏四月夫人張氏薨曹爽用何晏鄧颺丁謐之謀遷太后於永甯宮專擅朝政兄弟並典禁兵多樹親黨屢改制度帝不能禁於是與爽有隙五月帝稱疾不與政事時人爲之謠曰何鄧丁亂京城

九年春三月黃門張當私出掖庭才人石英等十一人與曹爽爲伎人爽晏謂帝疾篤遂有無君之心與當密謀圖危社稷期有日矣帝亦潛爲之備爽之徒屬亦頗疑帝會河南尹李勝將莅荆州來候帝帝僞稱疾亟示以羸形言語錯繆勝不能覺謂爲信然歸以告爽爽等不復設備

嘉平元年春正月甲午天子謁高平陵爽兄弟皆從是日太白襲月帝於是奏永甯太后廢爽兄弟時景帝爲中護軍將兵屯司馬門帝列陣闕下假司徒高柔節行大將軍事領曹爽營命太僕王觀行中領軍攝羲營帝親率太尉蔣濟等勒兵出迎天子屯于洛水浮橋上奏暴爽罪惡以皇太后勑罷爽及羲訓吏兵各以本官侯就第爽得奏不通留駕宿伊水城南帝之舉事也大司農桓範出赴爽範勸爽奉天子幸許昌移檄徵天下兵爽不能用而帝遣人諭爽以事止免官仍指洛水爲誓爽信之遂罷兵而通帝奏語具曹爽傳中既而有司劾黄門張當以所擇才人與爽并發爽與何晏等反事收爽兄弟及其黨何晏丁謐鄧颺李勝畢軌桓範等誅之初爽司馬魯芝主簿楊綜亦斬關赴爽及爽之將歸罪也芝綜泣諫以爲不可至是有司奏收芝綜帝赦之曰以勸事君者二月天子以帝爲丞相增封潁川之繁昌鄢陵新汲父城并前八縣邑二萬戶奏事不名固讓丞相冬十二月加九錫之禮朝會不拜固讓九錫

二年春正月天子命帝立廟于洛陽置左右長史增掾屬舍人滿十人歲舉掾屬任御史秀才各一人增官騎百人鼓吹十四人封子肜平樂亭侯倫安樂亭侯帝以久疾不任朝政每有大事天子親幸第以諮訪焉兗州刺史令狐愚太尉王淩貳於帝謀立楚王彪

三年春正月王淩詐言吳人塞涂事請發兵以討之帝潛知其計不聽夏四月帝自帥中軍汎舟沿流九日而到甘城淩計無所出乃迎于武邱面縛水次曰淩若有罪公當折簡召淩何苦自來邪帝曰以君非折簡之客故耳卽以淩歸于京師道經賈逵廟淩呼曰賈梁道王淩是大魏之忠臣惟爾有神知之至項仰鴆而死收其餘黨皆夷三族并殺彪悉錄魏諸王公置于鄴命有司監察不得交關天子遣侍中王誕持節勞軍于五池帝至自甘城天子又使兼大鴻臚太僕庾嶷持節策命帝爲相國封安平郡公孫及兄子各一人爲列侯前後食邑五萬戶侯者十九人固讓相國郡公不受六月帝寢疾夢賈逵王淩爲祟甚惡之秋八月戊寅崩于京師時年七十三天子素服臨弔喪葬威儀依漢霍光故事追贈相國郡公弟孚表陳先志辭郡公及轀輬車九月庚申葬于河陰謚曰文貞後改謚文宣先是預作終制於首陽山爲土藏不墳不樹作顧命三篇斂以時服不設明器後終者不得合葬一如遺命晉國初建追尊曰宣

王武帝受禪尊號曰宣皇帝陵曰高原廟稱高祖帝內忌而外寬猜忌多權變魏武察帝有雄豪志聞有狼顧相欲驗之乃召使前行令反顧面正向後而身不動又嘗夢三馬同食一槽甚惡焉因謂太子丕曰司馬懿非人臣也必預汝家事太子素與帝善每相全佑故免帝於是勤於吏職夜以忘寢至於芻牧之間悉皆臨履由是魏武意遂安及平公孫淵後大行殺戮誅曹爽之際支黨皆夷三族男女無少長姑姊妹女子之適人者皆殺之既而竟遷魏鼎云明帝時王導侍坐帝問前世所以得天下導乃陳帝創業之始及文帝末高貴鄉公事明帝以面覆牀曰若如公言晉祚復安得長遠迹其猜忍蓋有符於狼顧也

景皇帝諱師字子元宣帝長子也雅有風彩沈毅多大略少流美譽與夏侯元何晏齊名晏常稱曰惟幾也能成天下之務司馬子元是也魏景初中拜散騎常侍累遷中護軍爲選用之法舉不越功吏無私焉宣穆皇后崩居喪以至孝聞宣帝之將誅曹爽深謀祕策獨與帝潛畫文帝弗之知也將發夕乃告之既而使人覘之帝寢如常而文帝不能安席晨會兵司馬門鎮靜內外置陳甚整宣帝曰此子竟可也初帝陰養死士三千散在人間至是一朝而集衆莫知所出也事平以功封長平鄉侯食邑千戶尋加衞將軍及宣帝薨議者咸云伊尹既卒伊陟嗣事天子命帝以輔軍大將軍輔政

魏嘉平四年春正月遷大將軍加侍中持節都督中外諸軍錄尚書事命百官舉賢才明少長邮窮獨理廢滯於是諸葛誕毋丘儉王昶陳泰胡遵都督四方王基州泰鄧艾石苞典州郡盧毓李豐掌選舉傅嘏虞松參計謀鍾會夏侯元王肅陳本孟康趙酆張緝預朝議四海傾注朝野肅然或有請改易制度者帝曰不識不知順帝之則詩人之美也三祖典制所宜遵奉自非軍事不得妄有改革

五年夏五月吳太傅諸葛恪圍新城朝議慮其分兵以寇淮泗欲戍諸水口帝曰諸葛恪新得政於吳欲徼一時之利并兵合肥以冀萬一不暇復爲青徐患也且水口非一多戍則用兵衆少戍則不足以禦寇恪果并力合肥卒如所度帝於是使鎮東將軍毋丘儉揚州刺史文欽等拒之儉欽請戰帝曰恪卷甲深入投兵死地其鋒未易當且新城小而固攻之未可拔遂命諸將高壘以待之相持數月恪攻城力屈死傷大半帝乃督欽督銳卒趣合榆要其歸路儉帥諸將以爲後繼恪懼而遁欽逆擊大破之斬首萬餘級

正元元年春正月天子與中書令李豐后父光祿大夫張緝黃門監蘇鑠永寧署令樂敦冗從僕射劉寶賢等謀以太常夏侯元代帝輔政帝密知之使舍人王羨以車迎豐豐見迫隨羨而至帝數之豐知禍及因肆惡言帝怒遣勇士以刀鐶築殺之遂捕元緝等皆夷三族三月乃諷天子廢皇后張氏因下詔曰姦臣李豐等靖譖庸回陰構凶慝大將軍糾虔天刑致之誅辟周勃之克呂氏霍光之擒上官曷以過之其增邑九千戶并前四萬帝讓不受天子以元緝之誅深不自安而帝亦慮難作潛謀廢立乃密諷魏永寧太后秋九月甲戌太后下令以皇帝耽淫女寵褻近倡優瀆人倫之序亂男女之節將危社稷不可以奉宗廟帝召羣臣會議流涕曰太后令如是諸君其如王室何咸曰伊尹放太甲以甯殷霍光廢昌邑以安漢權定社稷以淸四海二代行之於古明公當之於今今日之事惟命是從帝曰諸君見望者重安敢避之乃與羣公卿士共奏太后曰臣聞天子者所以濟育羣生永安萬國皇帝春秋已長未親萬機日使小優郭懷袁信等裸袒淫戲又觀廣望觀下作遼東妖婦道路行人莫不掩目淸商令令狐景諫帝帝燒鐵炙之太后遭合陽君喪帝嬉樂自若淸商丞龐熙諫帝帝弗聽太后還北宮殺張美人帝甚恚望熙諫帝怒復以彈彈熙每文書入帝不省視太后令帝在式乾殿講學帝又不從不可以承天序臣請依霍光故事收皇帝璽綬以齊王歸藩奏可於是有司以太牢策告宗廟王就乘輿副車羣臣從至西掖門帝泣曰先臣受歷世殊遇先帝臨崩託以遺詔臣復忝重任不能獻可替否羣公卿士遠惟舊典爲社稷深計甯負聖躬使宗廟血食於是使使者持節衞送舍河內之重門誅郭懷袁信等是日與羣臣議所立帝曰方今宇宙未淸二虜爭衡四海之主惟在賢哲彭城王據太祖之子以賢則仁聖明允以年則皇室之長天位至重不得其才不足以甯濟六合乃與羣公奏太后太后以彭城王先帝諸父於昭穆之序爲不次則歷祖之世永無承嗣東海定王明帝之弟欲立其子高貴鄉公髦帝固爭不獲乃從太后令遣使迎高貴鄉公於元城而立之改元曰正元天子受璽墮舉趾高帝聞而憂之及將大會帝訓於天子曰夫聖王重始正本敬初古人所愼也明當大會萬衆瞻穆穆之容公卿聽玉振之音詩云示民不佻是則是效易曰出其言善則千里之外應之雖禮儀周備猶宜加之以祗恪以副四海顒顒式仰癸巳天子詔帝登位相

國增邑九千并前四萬戶進號大都督假黃鉞入朝不趨奏事不名劒履上殿賜錢五十萬帛五千匹以彰元勲帝固辭相國又上書訓於天子謂宜留心道藝以養成聖質時天子頗修華飾帝復諫以爲當崇樸素並敬納焉十一月有白氣經天

二年春正月有彗星見于吳楚之分西北竟天鎭東大將軍毋丘儉揚州刺史文欽舉兵作亂矯太后令移檄郡國爲壇盟於西門之外各遣子四人質于吳以請救二月儉欽帥衆六萬渡淮而西帝會公卿謀征討計朝議多謂可遣諸將擊之惟王肅及尚書傅嘏中書侍郎鍾會勸帝自行戊午帝統中軍步騎十餘萬以征之倍道兼行召三方兵大會于陳許之郊甲申次于㶏橋儉將史招李續相次來降儉欽移入項城帝遣荆州刺史王基進據南頓以逼儉帝深壁高壘以待東軍之集諸將請進軍攻其城帝曰諸君得其一未知其二淮南將士本無反志且儉欽欲蹈縱横之迹習儀秦之說謂遠近必應而事起之日淮北不從史招李續前後瓦解內乖外叛自知必敗困獸思鬭速戰更合其志雖云必剋傷人亦多且儉等欺誑將士詭變萬端小與持久詐情自露此不戰而剋之也乃遣諸葛誕督豫州諸軍自安風向壽春征東將軍胡遵督靑徐諸軍出譙宋之間絕其歸路帝屯汝陽遣兗州刺史鄧艾督太山諸軍進屯樂嘉示弱以誘之欽進軍將攻艾帝潛軍銜枚徑造樂嘉與欽相遇欽子鴦年十八勇冠三軍謂欽曰及其未定請登城鼓譟擊之可破也旣謀而行鴦三譟而欽不能應鴦退相與引而東帝謂諸將曰欽走矣命發銳軍以追之諸將皆曰欽舊將鴦少而銳引軍內入未有失利必不走也帝曰一鼓作氣再而衰三而竭鴦三鼓欽不應其勢已屈不走何待欽將遁鴦曰不先折其勢不得去也乃與驍騎十餘摧鋒犯陣所向皆披靡遂引去帝遣左長史司馬璉督驍騎八千翼而追之使將軍樂綝等督步兵繼其後比至沙陽頻陷欽陣弩矢雨下欽蒙楯而馳大破其軍衆皆投戈而降欽父子與麾下走保項儉聞欽敗棄衆宵遁淮南安風津都尉追儉斬之傳首京師欽遂奔吳淮南平初帝目有瘤疾使醫割之鴦之來攻也驚而目出懼六軍之恐蒙之以被痛甚嚙被敗而左右莫知焉閏月疾篤使文帝總統諸軍辛亥崩于許昌時年四十八二月帝之喪至自許昌天子素服臨弔詔依霍光故事追加大司馬之號以冠軍大將軍增邑五萬戶諡曰武公文帝表讓曰臣亾父不敢受丞相相國九命之禮亾兄不敢受相國之位誠以太祖常所階歷也今諡與二祖同必所祗懼昔蕭何張良霍光咸有匡佐之功何諡文終良諡文成光諡宣成必以文武爲諡請依何等就加詔許之諡曰忠武晉國旣建追尊曰景王武帝受禪上尊號曰景皇帝陵曰峻平廟稱世宗

文皇帝諱昭字子上景帝之母弟也魏景初三年封新城鄉侯正始初爲洛陽典農中郎將值魏明奢侈之後帝蠲除苛碎不奪農時百姓大悅轉散騎常侍大將軍曹爽之伐蜀也以帝爲征蜀將軍副夏侯元出駱谷次于興勢蜀將王林夜襲帝營帝堅臥不動林退帝謂元曰費禕以據險距守進不獲戰攻之不可宜亟旋軍以爲後圖爽等引旋禕果馳兵趣三嶺爭險乃得過遂還拜議郎及誅曹爽帥衆衞二宮以功增邑千戶蜀將姜維之寇隴右也征西將軍郭淮自長安距之進帝位安西將軍持節屯關中爲諸軍節度淮攻維別將句安於麴久而不決帝乃進據長城南趣駱谷以疑之維懼退保南鄭安軍絕援帥衆來降轉安東將軍持節鎭許昌及大軍討王淩帝督淮北諸軍事帥師會于項增食邑三百戶假金印紫綬尋進號都督統征東將軍胡遵鎭東將軍諸葛誕伐吳戰于東關二軍敗績坐失侯蜀將姜維又寇隴右揚聲欲攻狄道以帝行征西將軍次長安雍州刺史陳泰欲先賊據狄道帝曰姜維攻羌收其質任聚穀作邸閣訖而復轉行至此正欲了塞外諸羌爲後年之資耳若實向狄道安肯宣露令外人知今揚聲言出此欲歸也維果燒營而去會新平羌胡叛帝擊破之遂耀兵靈州北虜震讋叛者悉降以功復封新城鄉侯高貴鄉公之立也以參定策進封高都侯增封二千戶毋丘儉文欽之亂大軍東征帝兼中領軍留鎭洛陽及景帝疾篤帝自京師省疾拜衞將軍景帝崩天子命帝鎭許昌尚書傅嘏帥六軍還京師帝用嘏及鍾會策自帥六軍而還至洛陽進位大將軍加侍中都督中外諸軍錄尚書事輔政劒履上殿帝固辭不受

甘露元年春正月加大都督奏事不名夏六月進封高都公地方七百里加之九錫假斧鉞進號大都督劒履上殿又固辭不受秋八月庚申加假黃鉞增封三縣

二年夏五月辛未鎭東大將軍諸葛誕殺揚州刺史樂綝以淮南作亂遣子靚爲質於吳以請救議者請速伐之帝曰誕以毋丘儉輕疾傾覆今必外連吳寇此爲變大而遲吾當與四方同力以全勝制之乃率諸軍五十萬討誕表請天子臨戎秋七月奉天子及皇太后東征

徵兵青徐荆豫分取關中游軍皆會淮北師次于項假廷尉何楨節使淮南宣慰將士申明逆順示以誅賞甲戌帝進軍丘頭吳使文欽唐咨全端全懌等三萬餘人來救誕諸將逆擊不能禦將軍李廣臨敵不進泰山太守常時稱疾不出並斬之以狥八月吳將朱異帥兵萬餘人留輜重於都陸輕兵至黎漿監軍石苞兗州刺史州泰禦之異退泰山太守胡烈以奇兵襲都陸焚其糧運苞泰復進擊異大破之異之餘卒餒甚食葛葉而遁吳人殺異帝曰異不得至壽春非其罪也而吳人殺之適足以謝壽春而堅誕意使其猶望救耳若其不爾彼當突圍決一旦之命或謂大軍不能久省食減口冀有他變料賊之情不出此三者今當多方以亂之備其越逸此勝計也因命合圍分遣羸疾就穀淮北廩軍士大豆人三升欽聞之果喜帝愈爲羸形以示之多縱反間揚言吳救方至誕等益寬恣食俄而城中乏糧石苞王基並請攻之帝曰誕之逆謀非一朝一夕也聚糧完備外結吳人自謂足據淮南欽既同惡相濟必不便走今若急攻之損游軍之力外寇卒至表裏受敵此危道也今三叛相聚於孤城之中天其或者將使同戮吾當以長策縻之但堅守三面若賊陸道而來軍糧必少吾以游兵輕騎絕其轉輸可不戰而破外賊外賊破欽等必成擒矣全懌母孫權女也得罪於吳全端兄子禕及儀奉其母來奔儀兄靜時在壽春用鍾會計作禕儀書以譎靜靜兄弟五人帥其衆來降城中大駭

三年春正月壬寅誕欽等出攻長圍諸軍逆擊走之初誕欽內不相協及至窮蹙轉相疑貳會欽計事與誕忤誕挺刃殺欽欽子鴦攻誕不克踰城降以爲將軍封侯使鴦巡城而呼帝見城上持弓者不發謂諸將曰可攻矣二月乙酉攻而拔之斬誕夷三族吳將唐咨孫曼孫彌徐韶等帥其屬皆降表加爵位廩其餒疾或言吳兵必不爲用請坑之帝曰就令亡還適見中國之弘耳於是徙之三河夏四月歸于京師魏帝命改丘頭曰武丘以旌武功五月天子以并州之太原上黨西河樂平新興鴈門司州之河東平陽八郡地方七百里封帝爲晉公加九錫進位相國晉國置官司焉九讓乃止於是增邑萬戶食三縣諸子之無爵者皆封列侯秋七月奏錄先世名臣元功大勳之子隨才叙用

四年夏六月分荆州置二都督王基鎮新野州泰鎮襄陽使石苞都督揚州陳騫都督豫州鍾毓都督徐州宋鈞監青州諸軍事

景元元年夏四月天子復命帝爵秩如前又讓不受天子既以帝三世宰輔政非己出情不能安又慮廢辱將臨軒召百僚而行放黜五月戊子夜使冗從僕射李昭等發甲於淩雲臺召侍中王沈散騎常侍王業尚書王經出懷中黃素詔示之戒嚴俟旦沈業馳告于帝帝召護軍賈充等爲之備天子知事泄帥左右攻相府稱有所討敢有動者族誅相府兵將止不敢戰賈充叱太子舍人成濟以戈刺天子天子崩車中帝召百僚謀其故僕射陳泰曰唯有斬賈充微有以謝天下帝不聽獨歸罪於成濟而斬之語具高貴鄉公紀中於是太后令曰昔漢昌邑王廢爲庶人此兒亦宜以庶人之禮葬之使外內咸知其所行也殺尚書王經貳於我也庚寅帝奏曰故高貴鄉公帥從駕人兵拔刃鳴鼓向臣所臣懼兵刃相接即勑將士不得有所傷害違令者以軍法從事騎督成倅弟太子舍人濟入兵陣傷公至隕臣聞人臣之節有死無貳事上之義不敢逃難前者變故卒至禍同發機誠欲委身守死惟命所裁然惟本謀乃欲上危皇太后傾覆宗廟臣忝當元輔義在安國即駱驛申勑不得迫近輿輦而濟妄入陣間以致大變哀怛痛恨五內摧裂濟干國亂紀罪不容誅輒收濟家屬付廷尉太后從之夷濟三族與公卿議立燕王宇之子常道鄉公璜爲帝六月改元丙辰天子進帝爲相國封晉公增十郡加九錫如初羣從子弟未侯者封亭侯賜錢千萬帛萬匹固讓乃止冬十一月吳吉陽督蕭慎以書詣鎮東將軍石苞僞降求迎帝知其詐也使苞外示迎之而內爲之備

二年秋八月甲寅天子使太尉高柔授帝相國印綬司空鄭冲致晉公茅土九錫帝固辭

三年夏四月肅慎來獻楛矢石砮弓甲貂皮等天子命歸於大將軍府

四年春二月丁丑天子復命帝如前又固讓三月詔大將軍府增置司馬一人從事中郎二人舍人十人夏帝將伐蜀乃謀衆曰自定壽春已來息役六年治兵繕甲以擬二虜略計取吳作戰船通水道當用千餘萬功此十萬人百數十日事也又南土下濕必生疾疫今宜先取蜀三年之後因巴蜀順流之勢水陸並進此滅虞定虢吞韓并魏之勢也計蜀戰士九萬居守成都及備他境不下四萬然則餘衆不過五萬今絆姜維於沓中使不得東顧直指駱谷出其空虛之地以襲漢中彼若嬰城守險兵勢必散首尾離絕舉大衆以屠城散銳卒以略野劍閣不暇守險關頭不能自存以劉禪之闇而邊

城外破士女內震其亾可知也征西將軍鄧艾以爲未有釁屢陳異議帝患之使主簿師纂爲艾司馬以喻之艾乃奉命於是徵四方之兵十八萬使鄧艾自狄道攻姜維於沓中雍州刺史諸葛緒自祁山軍于武街絕維歸路鎮西將軍鍾會帥前將軍李護征蜀護軍胡烈等自駱谷襲漢中秋八月軍發洛陽大賚將士陳師誓衆將軍鄧敦謂蜀未可討帝斬以徇九月又使天水太守王頎攻維營隴西太守牽弘邀其前金城太守楊欣趨甘松鍾會分爲二隊入自斜谷使李輔圍王含於樂城又使郎將易愷攻蔣斌於漢城會直指陽安護軍胡烈攻陷關城姜維聞之引還王頎追敗維於彊川維與張翼廖化合軍守劍閣鍾會攻之冬十月天子以諸將獻捷交至乃重申相國晉公九錫之命令公卿將校皆詣府喻旨帝猶以禮辭讓於是司空鄭冲率羣官勸進帝乃受之十一月鄧艾帥萬餘人自陰平踰絕險至江由破蜀將諸葛瞻於緜竹斬瞻傳首進軍雒縣劉禪降天子命晉公以相國總百揆於是上節傳去侍中大都督錄尚書之號焉表鄧艾爲太尉鍾會爲司徒會潛謀叛逆因密使譖艾

咸熙元年春正月檻車徵艾乙丑帝奉天子西征次于長安是時魏諸王侯悉在鄴城命從事中郎山濤行軍司事鎮於鄴遣護軍賈充持節督諸軍據漢中鍾會遂反於蜀監軍衞瓘右將軍胡烈攻會斬之初會之伐蜀也西曹屬邵悌言於帝曰鍾會難信不可令行帝笑曰取蜀如指掌而衆人皆言不可唯會與吾意同滅蜀之後中國將士人自思歸蜀之遺黎猶懷震恐縱有異志無能爲也卒如所量丙辰帝至自長安三月己卯進帝爵爲王增封并前二十郡夏五月癸未天子追加舞陽宣文侯爲晉宣王舞陽忠武侯爲晉景王秋七月帝奏司空荀顗定禮儀中護軍賈充正法律尚書僕射裴秀議官制太保鄭冲總而裁焉始建五等爵冬十月丁亥奏遣吳人相國參軍徐劭散騎常侍水曹屬孫彧使吳喻孫皓以平蜀之事致馬錦等物以示威懷丙午天子命中撫軍新昌鄉侯炎爲晉世子

二年春二月甲辰朐䏰縣獻靈龜歸於相府夏四月孫皓使紀陟來聘且獻方物五月天子命帝冕十有二旒建天子旌旗出警入蹕乘金根車駕六馬備五時副車置旄頭雲䍐樂舞八佾設鍾虡宮懸位在燕王上進王妃爲王后世子爲太子王女王孫爵命之號皆如帝者之儀諸禁網煩苛及法式不便於時者帝皆奏除之晉國置御史大夫侍中常侍尚書中領軍衞將軍官秋八月辛卯帝崩于露寢時年五十五九月癸酉葬崇陽陵諡曰文王武帝受禪追尊號曰文皇帝廟稱太祖

武皇帝諱炎字安世文帝長子也寬惠仁厚沈深有度量魏嘉平中封北平亭侯歷給事中奉車都尉中壘將軍加散騎常侍累遷中護軍假節迎常道鄉公於東武陽遷中撫軍進封新昌鄉侯及晉國建立爲世子拜撫軍大將軍開府副貳相國初文帝以景帝既宣帝之嫡早世無後以帝弟攸爲嗣特加愛異自謂攝居相位百年之後大業宜歸攸每曰此景王之天下也吾何與焉將議立世子屬意於攸何曾等固爭曰中撫軍聰明神武有超世之才髮委地手過膝此非人臣之相也由是遂定

咸熙二年五月立爲晉王太子八月辛卯文帝崩太子嗣相國晉王位下令寬刑宥罪撫衆息役國內行服三日是月長人見於襄武長三丈告縣人王始曰今當太平九月戊午以魏司徒何曾爲丞相鎮南將軍王沈爲御史大夫中護軍賈充爲衞將軍議郎裴秀爲尚書令光祿大夫皆開府十一月初置四護軍以統城外諸軍乙未令諸郡中正以六條舉淹滯一曰忠恪匪躬二曰孝敬盡禮三曰友于兄弟四曰潔身勞謙五曰信義可復六曰學以爲己是時晉德既洽四海宅心於是天子知歷數有在乃使太保鄭冲奉皇帝璽綬冊禪位于帝帝初以禮讓魏朝公卿何曾王沈等固請乃從之

泰始元年冬十二月丙寅設壇于南郊百僚在位及匈奴南單于四夷會者數萬人柴燎告類于上帝登壇受禪禮畢即洛陽宮幸太極前殿下詔大赦改元賜天下爵人五級鰥寡孤獨不能自存者穀人五斛復天下租賦及關市之稅一年逋債宿負皆勿收除舊嫌解禁錮亾官失爵者悉復之丁卯遣太僕劉原告于太廟封魏帝爲陳留王邑萬戶居于鄴宮魏氏諸王皆爲縣侯追尊宣王爲宣皇帝景王爲景皇帝文王爲文皇帝宣王妃張氏爲宣穆皇后尊太妃王氏曰皇太后宮曰崇化封皇叔祖父孚爲安平王皇叔父幹爲平原王亮爲扶風王伷爲東莞王駿爲汝陰王肜爲梁王倫爲琅邪王皇弟攸爲齊王鑒爲樂安王機爲燕王皇從伯父望爲義陽王皇從叔父輔爲渤海王晃爲下邳王瓌爲太原王珪爲高陽王衡爲常山王子沛爲沛王泰爲隴西王權爲彭城王綏爲武陽王遂爲濟南王遜爲譙王睦爲中山王陵爲北海王斌爲陳王皇從父兄洪爲河間王皇從父弟楙爲東平王以驃騎將軍石苞爲大司馬封

樂陵公車騎將軍陳騫爲高平公衛將軍賈充爲車騎
將軍魯公尚書令裴秀爲鉅鹿公侍中荀勗爲濟北公
太保鄭冲爲大傅壽光公太尉王祥爲太保睢陵公丞
相何曾爲太尉朗陵公御史大夫王沈爲驃騎將軍博
陵公司空荀顗爲臨淮公鎮北大將軍衞瓘爲菑陽公
其餘增封進爵各有差文武並增位二等改景初歷爲
泰始歷臘以酉社以丑戊辰下詔大弘儉約出御府珠
玉玩好之物頒賜王公以下各有差置中軍將軍以統
宿衞七軍己巳詔陳留王載天子旌旗備五時副車行
魏正朔郊祀天地禮樂制度皆如魏舊上書不稱臣賜
山陽公劉康安樂公劉禪子弟一人爲駙馬都尉乙亥
以安平王孚爲太宰假黃鉞大都督中外諸軍事詔曰
昔王淩謀廢齊王而王竟不足以守位鄧艾雖矜功失
節然束手受罪今大赦其家還使立後興滅繼絕約法
省刑除魏氏宗室禁錮諸將吏遭三年喪者遣寧終喪
百姓復其徭役罷部曲將長吏以下質任省郡國御調
禁樂府靡麗百戲之伎及雕文游畋之具開直言之路
置諫官以掌之是月鳳凰六青龍三白龍二麒麟各一
見于郡國
二年春正月丙戌遣兼侍中侯史光等持節四方循省
風俗除禳祝之不在祀典者丁亥有司請建七廟帝重
其役不許庚寅罷雞鳴歌辛丑尊景皇帝夫人羊氏曰
景皇后宮曰弘訓丙午立皇后楊氏二月除漢宗室禁
錮己未常山王衡薨詔曰五等之封皆錄舊勳本爲縣
侯者傳封次子爲亭侯鄉侯爲關內侯亭侯爲關中
侯皆食本戶十分之一丁丑郊祀宣皇帝以配天宗祀
文皇帝於明堂以配上帝庚午詔曰古者百官箴王
闕然保氏獨以諫諍爲職今之侍中常侍實處此位擇
其能正色弼違匡救不逮者以兼此選三月戊戌吳人
來弔祭有司奏爲答詔帝曰昔漢文光武懷撫尉佗公
孫述皆未正君臣之儀所以羈縻未賓也皓遣使之始
未知國慶但以書答之夏五月戊辰詔曰陳留王操尚
謙冲每事輒表非所以優崇之也主者喻意非大事皆
使王官表上之壬子驃騎將軍博陵公王沈卒六月壬
申濟南王遂薨秋七月辛巳營太廟致荊山之木采華
山之石鑄銅柱十二塗以黃金鏤以百物綴以明珠戊
戌譙王遜薨丙午晦日有食之八月丙辰省右將軍官
初帝雖從漢魏之制既葬除服而深衣素冠降席撤膳
哀敬如喪者戊辰有司奏改服進膳不許遂禮終而後
復吉及太后之喪亦如之九月乙未散騎常侍皇甫陶
傅元領諫官上書諫諍有司奏請寢之詔曰凡關言人
主人臣所至難而苦不能聽納自古忠臣直士之所慷
慨也每陳事出付主者多從深刻乃云恩貸當由主上
是何言乎其詳評議戊戌有司奏大晉繼三皇之蹤蹈
舜禹之迹應天順時受禪有魏宜一用前代正朔服色
皆如虞遵唐故事奏可冬十月丙午朔日有蝕之丁未
詔曰昔舜葬蒼梧農不易畝禹葬成紀市不改肆上惟
祖考清簡之旨所徙陵十里內居人動爲騷擾一切停
之十一月己卯倭人來獻方物並圜丘方丘於南北郊
二至之祀合於二郊罷山陽公國督軍除其禁制己丑
追尊景帝夫人夏侯氏爲景懷皇后辛卯遷祖禰神主
于太廟十二月罷農官爲郡縣是歲鳳凰六青龍十黃
龍九麒麟各一見於郡國
三年春正月癸丑白龍二見於弘農澠池丁卯立皇子
衷爲皇太子詔以近世建立太子每施寬宥朕所不取
其布告天下咸使知聞三月戊寅初令二千石得終三
年喪丁未晝昏罷武衞將軍官以李憙爲太子太傅太
山石崩夏四月戊午張掖太守焦勝上言氐池縣大柳
谷日有元石一所白畫成文實大晉之休祥圖之以獻
詔以制幣告于太廟藏之天府秋八月罷都護將軍其
以五署還光祿勳九月甲申詔增吏俸及賜王公以下
帛各有差以太尉何曾爲太保義陽王望爲太尉司空
荀顗爲司徒冬十月聽士卒遭父母喪者非在疆埸皆
得奔赴十二月徙宗聖侯孔震爲奉聖亭侯山陽公劉
康來朝禁星氣讖緯之學
四年春正月辛未以尚書令裴秀爲司空丙戌律令成
封爵賜帛各有差有星孛于軫丁亥帝耕于籍田戊子
詔大赦天下長吏郡丞長史各賜馬一匹二月庚子增
置山陽公國相郎中令陵令雜工宰人鼓吹車馬各有
差罷中軍將軍置北軍中候官甲寅以東海劉儉有至
行拜爲郎以中軍將軍羊祜爲尚書左僕射東莞王伷
爲尚書右僕射三月戊子皇太后王氏崩夏四月戊戌
太保睢陵公王祥薨己亥祔葬文明皇后王氏於崇陽
陵罷振威揚威護軍官置左右積弩將軍六月甲申朔
詔郡國守相巡行屬縣見長吏觀風俗協禮律考度量
存問耆老親見百年錄囚徒理冤枉察政刑得失敦喻
五教勸務農功勉勵學者思勤正典無爲百家庸末致
遠必泥上庶有好學篤道孝悌忠信清白異行者舉而
進之有不孝不悌不率禮法糾而罪之若長吏廉直不
飾名譽者及貪穢諂黷公節不立者並謹察之秋七月
泰山石崩衆星西流戊午遣使者侯史光循行天下己

卯謁崇陽陵九月青徐兗豫四州大水伊洛溢合於河開倉以振之詔曰雖詔有所欲及奏得可而於事不便者皆不可隱情冬十月吳將施績入江夏萬郁寇襄陽遣太尉義陽王望屯龍陂荆州刺史胡烈擊敗郁吳將顧容寇鬱林太守毛炅大破之斬其交州刺史劉俊將軍修則十一月吳將丁奉等出芍陂安東將軍汝陰王駿與義陽王望擊走之己未詔王公卿尹及郡國守相舉賢良方正直言之士十二月班五條詔書於郡國一曰正身二曰勤百姓三曰撫孤寡四曰敦本息末五曰去人事庚寅帝臨聽訟觀錄廷尉洛陽獄囚親平決焉扶南林邑各遣使來獻

五年春正月癸巳申戒郡國計吏守相令長務盡地利禁游食商販丙申帝臨聽訟觀錄囚徒多所原遣青龍二見於滎陽二月以雍州隴右五郡及涼州之金城梁州之陽平置秦州辛巳白龍二見於趙國青徐兗三州水遣使振恤之壬寅以尚書左僕射羊祜都督荆州諸軍事征東大將軍衞瓘都督青州諸軍事東莞王伷鎭東大將軍都督徐州諸軍事丁亥詔曰古者歲書羣吏之能否三年而誅賞之諸令史前後但簡遣疎劣而無有勤進非黜陟之謂也其條勤能有稱尤異者歲以爲常吾將議其功勞己未詔蜀相諸葛亮孫京隨才署吏夏四月地震五月辛卯朔鳳凰見于趙國曲赦交阯九眞日南五歲刑六月鄴奚官督郭廙上疏陳五事以諫言甚切直擢爲屯留令西平人麴路伐登聞鼓言多妖謗有司奏棄市帝曰朕之過也捨而不問罷鎭軍將軍復置左右將軍官秋七月延羣公詢讜言九月有星孛于紫宮冬十月丙子以汲郡太守王宏有政績賜穀千斛十一月追封諡皇弟兆爲城陽哀王以皇子景度嗣十二月詔州郡舉勇猛秀異之才

六年春正月丁亥朔帝臨軒不設樂吳將丁奉入渦口揚州刺史牽弘擊走之三月赦五歲刑已下夏四月白龍二見於東莞五月立壽安亭侯承爲南宮王六月戊午秦州刺史胡烈擊叛虜於萬斛堆力戰死之詔遣尚書石鑒行安西將軍都督秦州諸軍事與奮威護軍田章討之秋七月丁酉復隴右五郡遇寇害者租賦不能自存者廩貸之乙巳城陽王景度薨詔曰自泰始以來大事皆撰錄祕書寫副後有其事輒宜綴集以爲常丁未以汝陰王駿爲鎭西大將軍都督雍涼二州諸軍事九月大宛獻汗血馬焉耆來貢方物冬十一月幸辟雍行鄉飲酒之禮賜太常博士學生帛牛酒各有差立皇子東爲汝南王十二月吳夏口督前將軍孫秀帥衆來奔拜驃騎將軍開府儀同三司封會稽公戊辰復置鎭軍官

七年春正月丙午皇太子冠賜王公帛各有差匈奴帥劉猛叛出塞二月孫皓帥衆趨壽陽遣大司馬望屯淮北以距之三月丙戌司空鉅鹿公裴秀薨癸巳以中護軍王業爲尚書左僕射高陽王珪爲尚書右僕射孫秀部將何崇帥衆五千人來降夏四月九眞太守董元爲吳將虞汜所攻軍敗死之北地胡寇金城涼州刺史牽弘討之羣虜內叛圍弘於青山弘軍敗死之五月立皇子憲爲城陽王雍梁秦三州饑赦其境內殊死以下閏月大雩大官減膳詔交阯三郡南中諸郡無出今年戶調六月詔公卿以下舉將帥各一人辛丑大司馬義陽王望薨大雨霖伊洛河溢流居人四十餘家殺三百餘人有詔振貸給棺秋七月癸酉以車騎將軍賈充爲都督秦涼二州諸軍事吳將陶璜等圍交阯太守楊稷與鬱林太守毛炅及日南等三郡降於吳八月丙戌以征東大將軍衞瓘爲征北大將軍都督幽州諸軍事丙申城陽王憲薨分益州之南中四郡置甯州曲赦四郡殊死以下冬十月丁丑日有蝕之十一月丁巳衞公姬署薨十二月大雪罷中領軍并北軍中候以光祿大夫鄭袤爲司空

八年春正月監軍何楨討匈奴劉猛累破之左部帥李恪殺猛而降癸亥帝耕于籍田二月乙亥禁雕文綺組非法之物壬辰太宰安平王孚薨詔內外羣官舉任邊郡者各三人帝與右將軍皇甫陶論事陶與帝爭言散騎常侍鄭徽表罪之帝曰讜言謇諤所望於左右也人主常以阿媚爲患豈以爭臣爲損哉徽越職妄奏豈朕之意遂免徽官夏四月置後將軍以備四軍六月益州牙門張弘誣其刺史皇甫晏反殺之傳首京師弘坐伏誅夷三族壬辰大赦丙申詔復隴右四郡遇寇害者田租秋七月以車騎將軍賈充爲司空九月吳西陵督步闡來降拜衞將軍開府儀同三司封宜都公吳將陸抗攻闡遣車騎將軍羊祜率衆出江陵荆州刺史楊肇迎闡於西陵巴東監軍徐允擊建平以救闡冬十月辛未朔日有蝕之十二月肇攻抗不尅而還闡城陷爲抗所禽

九年春正月辛酉司空密陵侯鄭袤薨二月癸巳司徒樂陵公石苞薨立安平亭侯隆爲安平王三月立皇子祗爲東海王夏四月戊辰朔日有食之五月旱以太保何曾領司徒六月乙未東海王祗薨秋七月丁酉朔日

有食之吳將魯淑圍弋陽征虜將軍王渾擊敗之罷五官左右中郎將弘訓太僕衛尉大長秋等官鮮卑寇廣甯殺略五千人詔聘公卿以下子女以備六宮采擇未畢權禁斷婚姻冬十月辛巳制女年十七父母不嫁者使長吏配之十一月丁酉臨宣武觀大閱諸軍甲辰乃罷

十年春正月辛亥帝耕于籍田閏月癸酉太傅壽光公鄭沖薨己卯高陽王珪薨庚辰太原王瓌薨丁亥詔曰嫡庶之別所以辨上下明貴賤而近世以來多皆內寵登妃后之職亂尊卑之序自今以後皆不得登用妾媵以爲嫡正二月分幽州五郡置平州三月癸亥日有蝕之夏四月己未太尉臨淮公荀顗薨六月癸巳臨聽訟觀錄囚徒多所原遣是夏大蝗秋七月丙寅皇后楊氏崩壬午吳平虜將軍孟泰偏將軍王嗣等帥衆降八月涼州虜寇金城諸郡鎮西將軍汝陰王駿討之斬其帥乞文泥等戊申葬元皇后于峻陽陵九月癸亥以大將軍陳騫爲太尉攻拔吳枳里城獲吳立信校尉莊祐吳將孫遵李承帥衆寇江夏太守嵇喜擊破之立河橋于富平津冬十一月立城東七里澗石橋庚午帝臨宣武觀大閱諸軍十二月有星孛于軫置籍田令立太原王子緝爲高陽王吳威北將軍嚴聰揚威將軍嚴整偏將軍朱買來降是歲鑿陝南山決河東注洛以通運漕

咸寧元年春正月戊午朔大赦改元二月以將士應已娶者多家有五女者給復辛酉以故鄴令夏謖有清稱賜穀百斛以奉祿薄賜公卿以下帛有差叛虜樹機能送質請降夏五月下邳廣陵大風拔木壞廬舍六月鮮卑力微遣子來獻吳人寇江夏西域戊己校尉馬循討叛鮮卑破之斬其渠帥戊申置太子詹事官秋七月甲申晦日有蝕之郡國螟八月壬寅沛王子文薨以故太傅鄭沖太尉孫顗司徒石苞司空裴秀驃騎將軍王沈安平獻王孚等及太保何曾司空賈充太尉陳騫中書監荀勗平南將軍羊祜齊王攸等皆列於銘饗九月甲子青州螟徐州大水冬十月乙酉常山王殷薨癸巳彭城王權薨十一月癸亥大閱於宣武觀至於己巳十二月丁亥追尊宣帝廟曰高祖景帝曰世宗文帝曰太祖是月大疫洛陽死者大半封裴頠爲鉅鹿公

二年春正月以疾疫廢朝賜諸散吏至於士卒絲各有差二月丙戌河間王洪薨甲午赦五歲刑以下東夷八國歸化并州虜犯塞監并州諸軍事胡奮擊破之初敦煌太守尹璩卒州以敦煌令梁澄領太守事議郎令狐豐廢澄自領郡事豐死弟宏代之至是涼州刺史楊欣斬宏傳首洛陽先是帝不豫及瘳羣臣上壽詔曰每念頃遇疫氣死亡爲之愴然豈以一身之休息忘百姓之艱邪諸上禮者皆絕之夏五月鎮西大將軍汝陰王駿討北胡斬其渠帥吐敦立國子學庚午大雩六月癸丑薦荔支於太廟甲戌有星孛於氐自春旱至於是月始雨吳京下督孫楷帥衆來降以爲車騎將軍封丹陽侯白龍二見於新興井中秋七月有星孛於大角吳臨平湖自漢末壅塞至是自開父老相傳云此湖塞天下亂此湖開天下平癸丑安平王隆薨東夷十七國內附河南魏郡暴水殺百餘人詔給棺鮮卑阿羅多等寇邊西域戊己校尉馬循討之斬首四千餘級獲生九千餘人於是來降八月庚辰河東平陽地震己亥以太保何曾爲太傅太尉陳騫爲大司馬司空賈充爲太尉鎮軍大將軍齊王攸爲司空有星孛於太微九月又孛于翼丁未起太倉於城東常平倉於東西市閏月荊州五郡水流四千餘家冬十月以汝陰王駿爲征西大將軍平南將軍羊祜爲征南大將軍丁卯立皇后楊氏大赦賜王公以下及於鰥寡各有差十一月白龍二見於梁國十二月徵處士安定皇甫謐爲太子中庶子封后父鎮軍將軍楊駿爲臨晉侯是月以平州刺史傅詢前廣平大守孟桓清白有聞詢賜帛二百匹桓百匹

三年春正月丙子朔日蝕詔立皇太子裕爲始平王安平穆王隆弟敦爲安平王詔以衞將軍扶風王亮爲宗師凡宗室戚屬所當施行皆諮之庚寅始平王裕薨有星孛于西方使征北大將軍衛瓘討鮮卑力微三月平虜護軍文淑討叛虜樹機能等並破之有星孛于胃乙未帝將射雉慮損麥苗而止夏五月戊子吳將邵凱夏祥帥衆七千餘人來降六月益梁八郡水殺三百餘人沒邸閣別倉秋七月以都督豫州諸軍事王渾爲都督揚州諸軍事中山王睦以罪廢爲丹水侯八月癸亥徙扶風王亮爲汝南王東莞王伷爲琅邪王汝陰王駿爲扶風王琅邪王倫爲趙王渤海王輔爲太原王太原王顒爲河間王北海王陵爲任城王陳王斌爲西河王汝南王柬爲南陽王濟南王耽爲中山王河間王威爲章武王立皇子瑋爲始平王允爲濮陽王該爲新都王遐爲清河王鉅平侯羊祜爲南城侯以汝南王亮爲鎮南大將軍大風拔樹暴寒且冰郡國五隕霜傷穀九月戊子以左將軍胡奮爲都督江北諸軍事兗豫徐青荊益梁七州大水傷秋稼詔振給之立齊王子蕤爲遼東王贊爲廣漢王冬十一月丙戌帝臨宣武觀大閱至于壬

辰十二月吳將孫慎入江夏汝南畧千餘家而去是歲西北雜虜及鮮卑匈奴五溪蠻夷東夷二國前後十餘輩各帥種人部落內附

四年春正月庚午朔日有蝕之三月甲申尚書左僕射盧欽卒辛酉以尚書右僕射山濤爲尚書左僕射東夷六國來獻夏四月蚩尤旗見於東井六月丁未陰平廣武地震甲子又震涼州刺史楊欣與虜若羅拔能等戰于武威敗績死之弘訓皇后羊氏崩秋七月己丑祔葬景獻皇后羊氏于峻平陵庚寅高陽王緝薨癸巳范陽王綏薨荆揚郡國二十皆大水九月以太傅何曾爲太宰辛巳以尚書令李允爲司徒冬十月以征北大將軍衞瓘爲尚書令揚州刺史應綽伐吳皖城斬首五千級焚穀米百八十萬斛十一月辛巳太醫司馬程據獻雉頭裘帝以奇技異服典禮所禁焚之于殿前甲申勅內外敢有犯者罪之吳昭武將軍劉翻厲武將軍祖始來降辛卯以尚書杜預都督荆州諸軍事征南大將軍羊祜卒十二月乙未西河王斌薨丁未太宰朗陵公何曾薨是歲東夷九國內附

五年春正月虜帥樹機能攻陷涼州乙丑使討虜護軍武威太守馬隆擊之二月甲午白麟見于平原三月匈奴都督拔奕虛帥部落歸化乙亥以百姓饑饉減御膳之半有星孛于柳夏四月又孛于女御大赦降除部曲督以下質任丁亥郡國八雨雹傷秋稼壞百姓廬舍秋七月有星孛于紫宮九月甲午麟見于河南冬十月戊寅匈奴餘渠都督獨雍等帥部落歸化汲郡人不準掘魏襄王冢得竹簡小篆古書十餘萬言藏于祕府十一月大舉伐吳遣鎮軍將軍琅邪王伷出涂中安東將軍王渾出江西建威將軍王戎出武昌平西將軍胡奮出夏口鎮南大將軍杜預出江陵龍驤將軍王濬廣武將軍唐彬率巴蜀之卒浮江而下東西凡二十餘萬以太尉賈充爲大都督行冠軍將軍楊濟爲副總統衆軍十二月馬隆擊叛虜樹機能大破斬之涼州平肅慎來獻楛矢石砮

太康元年春正月己丑朔五色氣冠日癸丑王渾尅吳尋陽賴鄉諸城獲吳武威將軍周興二月戊午王濬唐彬等尅丹陽城庚申又尅西陵殺西陵都督鎮軍將軍留憲征南將軍成璩西陵監鄭廣壬戌濬又尅夷道樂鄉城殺夷道監陸晏水軍都督陸景甲戌杜預尅江陵斬吳江陵督五延平南將軍胡奮尅江安於是諸軍並進樂鄉荆門諸戍相次來降乙亥以濬爲都督益梁二州諸軍事復下詔曰濬彬東下掃除巴邱與胡奮王戎共平夏口武昌順流東鶩直造秣陵與奮戎審量其宜杜預當鎮靜零桂懷輯衡陽大兵既過荆州南境固當傳檄而定預當分萬人給濬七千給彬夏口既平奮宜以七千人給濬武昌既了戎當以六千人增彬太尉充移屯項總督諸方濬進破夏口武昌遂泛舟東下所至皆平王渾周浚與吳丞相張悌戰于版橋大敗之斬悌及其將孫震沈瑩傳首洛陽孫皓窮蹙請降送璽綬於琅邪王伷三月壬申王濬以舟師至于建鄴之石頭孫皓大懼面縛輿櫬降于軍門濬杖節解縛焚櫬送于京都收其圖籍尅州四郡四十三縣三百一十三戶五十二萬三千吏三萬二千兵二十三萬男女口二百三十萬其牧守以下皆因吳所置除其苛政示之簡易吳人大悅乙酉大赦改元大酺五日恤孤老困窮夏四月河東高平雨雹傷秋稼遣兼侍中張側黃門侍郎朱震分使揚越慰其初附白麟見于頓邱三河魏郡弘農雨雹傷宿麥五月辛亥封孫皓爲歸命侯拜其太子爲中郎諸子爲郎中吳之舊望隨才擢叙孫氏大將戰亾之家徙於壽陽將吏渡江復十年百姓百工復二十年丙寅帝臨軒大會引皓升殿羣臣咸稱萬歲丁卯薦酃淥酒于太廟郡國六雹傷秋稼庚午詔諸士卒年六十以上罷歸于家庚辰以王濬爲輔國大將軍襄陽侯杜預當陽侯王戎安豐侯唐彬上庸侯賈充琅邪王伷以下增封於是論功行封賜公卿以下帛各有差六月丁丑初置翊軍校尉官封丹水侯睦爲高陽王甲申東夷上國歸化秋七月虜軻成泥寇西平浩亹殺督將以下三百餘人東夷二十國朝獻庚寅以尚書魏舒爲尚書右僕射八月車師前部遣子入侍己未封皇弟延祚爲樂平王白龍二見于永昌九月羣臣以天下一統屢請封禪帝謙讓弗許冬十月丁巳除五女復十二月戊辰廣漢王贊薨

二年春二月淮南丹陽地震三月丙申安平王敦薨賜王公以下吳生口各有差詔選孫皓妓妾五千人入宮東夷五國朝獻夏六月東夷五國內附郡國十六雨雹大風拔樹壞百姓廬舍江夏泰山水流居人三百餘家秋七月上黨又暴風雨雹傷秋稼八月有星孛于張冬十月鮮卑慕容廆寇昌黎十一月壬寅大司馬陳騫薨有星孛于軒轅鮮卑寇遼西平州刺史鮮于嬰討破之

三年春正月丁丑罷秦州并雍州甲午以尚書張華都督幽州諸軍事三月安北將軍嚴詢敗鮮卑慕容廆於昌黎殺傷數萬人夏四月庚午太尉魯公賈充薨閏月

丙子司徒廣陸侯李允薨癸丑白龍二見于濟南秋八月罷平州寧州刺史三年一入奏事九月東夷二十九國歸化獻其方物吳故將莞恭帛奉舉兵反攻害建鄴令遂圍揚州徐州刺史嵇喜討平之冬十二月甲申以司空齊王攸爲大司馬督青州諸軍事鎭東大將軍琅邪王伷爲撫軍大將軍汝南王亮爲太尉光祿大夫山濤爲司徒尚書令衞瓘爲司空丙申詔四方水旱甚者無出田租

四年春正月甲申以尚書右僕射魏舒爲尚書左僕射下邳王晃爲尚書右僕射戊午司徒山濤薨二月己丑立長樂亭侯寔爲北海王三月辛丑朔日有蝕之癸丑大司馬齊王攸薨夏四月任城王陵薨五月己亥大將軍琅邪王伷薨徙遼東王蕤爲東萊王六月增九卿禮秩牂柯獠二千餘落內屬秋七月壬子以尚書右僕射下邳王晃爲都督青州諸軍事丙寅兗州大水復其田租八月鄯善國遣子入侍假其歸義侯以隴西王泰爲尚書右僕射冬十一月戊午新都王該薨以尚書左僕射魏舒爲司徒十二月庚午大閱于宣武觀是歲河南及荆州揚州大水

五年春正月己亥青龍二見于武庫井中二月丙寅立南宮王子玷爲長樂王壬辰地震夏四月任城魯國池水赤如血五月丙午宣帝廟梁折六月初置黃沙獄秋七月戊申皇子恢薨任城梁國中山雨雹傷秋稼減天下戶課三分之一九月南安大風折木郡國五大水隕霜傷秋稼冬十一月甲辰太原王輔薨十二月庚午大赦林邑大秦國各遣使來獻閏月鎭南大將軍當陽侯杜預卒

六年春正月庚申朔以比歲不登免租貸宿負戊辰以征南大將軍王渾爲尚書左僕射尚書褚䂮都督揚州諸軍事楊濟都督荆州諸軍事三月郡國六隕霜傷桑麥夏四月扶南等十國來獻參離四千餘落內附郡國四旱十大水壞百姓廬舍秋七月巴西地震八月丙戌朔日有蝕之減百姓綿絹三分之一白龍見于京兆以鎭東大將軍王濬爲撫軍大將軍九月丙子山陽公劉康薨冬十月南安山崩水出南陽郡獲兩足獸龜茲焉耆國遣子入侍十二月甲申大閱于宣武觀旬日而罷庚子撫軍大將軍襄陽侯王濬卒

七年春正月甲寅朔日有蝕之乙卯詔以災異屢發令公卿大臣各上封事極言其故勿有所諱夏五月郡國十三旱鮮卑慕容廆寇遼東秋七月朱提山崩犍爲地震八月東夷十一國內附京兆地震九月戊寅驃騎將軍扶風王駿薨郡國八大水冬十一月壬子以隴西王泰都督關中諸軍事十二月遣侍御史巡遭水諸郡出後宮才人妓女以下二百七十人歸于家始制大臣聽終喪三年己亥河陰雨赤雪二頃是歲扶南等二十一國馬韓等十一國遣使來獻

八年春正月戊申朔日有蝕之太廟殿陷三月乙丑臨商觀震夏四月齊國大水隕霜傷麥六月魯國大風拔樹木壞百姓廬舍郡國八大水秋七月前殿地陷深數丈中有破船八月東夷二國內附九月改營太廟冬十月南康平固縣吏李豐反聚衆攻郡縣自號將軍十一月海安令蕭輔聚衆反十二月吳興人蔣迪聚黨反圍陽羨縣州郡捕討皆伏誅南夷扶南西域康居各遣使來獻是歲郡國五地震

九年春正月壬申朔日有食之詔刺史二千石糾瀆揚清又令內外郡官舉清能拔寒素江東四郡地震二月尚書右僕射陽夏侯胡奮卒以尚書朱整爲尚書右僕射三月丁丑皇后親桑于西郊賜帛各有差壬辰初并二社爲一夏四月江南郡國八地震隴西隕霜傷宿麥五月義陽王奇有罪黜爲三縱亭侯詔內外郡官舉守令之才六月庚子朔日有食之徙章武王威爲義陽王郡國三十二大旱傷麥秋八月壬子星隕如雨詔郡國五歲刑以下決遣無留庶獄九月東夷七國詣校尉內附郡國二十四螟冬十二月癸卯立河間平王洪子英爲章武王戊申青龍黃龍各一見于魯國

十年夏四月以京兆太守劉霄陽平太守梁柳有政績各賜穀千斛郡國八隕霜太廟成乙巳遷神主于新廟帝迎于道左遂祫祭大赦文武增位一等作廟者二等丁未尚書右僕射廣興侯朱整卒癸丑崇賢殿災五月鮮卑慕容廆來降東夷十一國內附六月庚子山陽公劉瑾薨復置二社冬十月壬子徙南宮王承爲武邑王十一月丙辰守尚書令左光祿大夫荀勗卒帝疾瘳賜王公以下帛有差含章殿鞠室火甲申以汝南王亮爲大司馬大都督假黃鉞改封南陽王柬爲秦王始平王瑋爲楚王濮陽王允爲淮南王並假節之國各統方州軍事立皇子乂爲長沙王穎爲成都王晏爲吳王熾爲豫章王演爲代王皇孫遹爲廣陵王立濮陽王子迪爲漢王始平王子儀爲毗陵王汝南王次子羕爲西陽公徙扶風王暢爲順陽王暢弟歆爲新野公琅邪王覲弟澹爲東武公繇爲東安公漼爲廣陵公卷爲東莞公改諸王國相爲內史十二月庚寅太廟梁折是歲東夷絕

遠三十餘國西南夷二十餘國來獻虜千戌奚軻男女十萬口來降

太熙元年春正月辛酉朔改元己巳以尙書左僕射王渾爲司徒司空衞瓘爲太保二月辛丑東夷七國朝貢琅邪王覲薨三月甲子以右光祿大夫石鑒爲司空夏四月辛丑以侍中車騎將軍楊駿爲太尉都督中外諸軍事錄尙書事己酉帝崩于含章殿時年五十五葬峻陽陵廟號世祖帝宇量弘厚造次必於仁恕容納讜正未嘗失色於人明達善謀能斷大事故得撫寧萬國綏靜四方承魏氏奢侈刻弊之後百姓思古之遺風乃厲以恭儉敦以寡欲有司嘗奏御牛青絲靷斷詔以青麻代之臨朝寬裕法度有恒高陽許允旣爲文帝所殺允子奇爲太常丞帝將有事於太廟朝議以奇受害之門不欲接近左右請出爲長史帝乃追述允夙望稱奇之才擢爲祠部郎時論稱其夷曠平吳之後天下乂安遂怠於政術耽於游晏寵愛后黨親貴當權舊臣不得專任彝章紊廢請謁行矣爰至末年知惠帝弗克負荷然恃皇孫聰睿故無廢立之心復慮非賈后所生終致危敗遂與腹心共圖後事說者紛然久而不定竟用王佑之謀遣太子母弟秦王柬都督關中楚王瑋淮南王允並鎭守要害以彊帝室又恐楊氏之逼復以佑爲北軍中候以典禁兵旣而寢疾彌留至于大漸佐命元勳皆已先歿羣臣惶惑計無所從會帝小差有詔以汝南王亮輔政又欲令朝士之有名望年少者數人佐之楊駿祕而不宣帝復尋至迷亂楊后輒爲詔以駿輔政促亮進發帝尋小間問汝南王來未意欲見之有所付託左右答言未至帝遂困篤中朝之亂實始于斯矣

武帝泰始十年咸寧五年太康十年太熙元年卽位二十六年

孝惠皇帝諱衷字正度武帝第二子也泰始三年立爲皇太子時年九歲太熙元年四月己酉武帝崩是日皇太子卽皇帝位大赦改元爲永熙尊皇后楊氏曰皇太后立妃賈氏爲皇后夏五月辛未葬武皇帝於峻陽陵丙子增天下位一等預喪事者二等復租調一年二千石已上皆封關中侯以太尉楊駿爲太傅輔政秋八月壬午立廣陵王遹爲皇太子以中書監何劭爲太子太師吏部尙書王戎爲太子太傅衞將軍楊濟爲太子太保遣南中郎將石崇射聲校尉胡奕長水校尉趙俊揚烈將軍趙歡將屯兵四出冬十月辛酉以司空石鑒爲太尉前鎭西將軍隴西王泰爲司空

永平元年春正月乙酉朔臨朝不設樂詔改永熙二年爲永平元年又詔子弟及羣官並不得謁陵丙午皇太子冠丁未見于太廟二月甲寅賜王公已下帛各有差癸酉鎭南將軍楚王瑋鎭東將軍淮南王允來朝戊寅復置祕書監官三月辛卯誅太傅楊駿駿弟衞將軍珧太子太保濟中護軍張劭散騎常侍段廣楊邈左將軍劉預河南尹李斌中書令蔣俊東夷校尉文淑尙書武茂皆夷三族壬辰大赦改元賈后矯詔廢皇太后爲庶人徙于金墉城告于天地宗廟誅太后母龐氏壬寅徵大司馬汝南王亮爲太宰與太保衞瓘輔政以秦王柬爲大將軍東平王楙爲撫軍大將軍鎭東將軍楚王瑋爲衞將軍領北軍中候下邳王晃爲尙書令東安公繇爲尙書左僕射進封東安王督將侯者千八十一人庚戌免東安王繇及東平王楙繇徙帶方夏四月癸亥以征東將軍梁王肜爲征西大將軍都督關西諸軍事太子少傅阮坦爲平東將軍監靑徐二州諸軍事己巳以太子太傅王戎爲尙書右僕射五月甲戌毗陵王軌薨壬午除天下戸調綿絹賜孝悌高年鰥寡力田者帛人三匹六月賈后矯詔使楚王瑋殺太宰汝南王亮太保菑陽公衞瓘乙丑以瑋擅害亮瓘殺之曲赦洛陽以廣陵王師劉寔爲太子太保司空隴西王泰錄尙書事秋七月分揚州荆州十郡爲江州八月庚申以趙王倫爲征東將軍都督徐兗二州諸軍事河間王顒爲北中郞將鎭鄴太子太師何劭爲都督豫州諸軍事鎭許昌徙長沙王乂爲常山王己巳進西陽公羕爵爲王辛未立隴西世子越爲東海王九月甲午大將軍秦王柬薨辛丑徵征西大將軍梁王肜爲衞將軍錄尙書事以趙王倫爲征西大將軍都督雍梁二州諸軍事冬十二月辛酉京師地震是歲東夷十七國南夷二十四部並詣校尉內附

二年春二月己酉賈后弒皇太后于金墉城秋八月壬子大赦九月乙酉中山王耽薨冬十一月大疫是歲沛國雨雹傷麥

三年夏四月滎陽雨雹六月弘農郡雨雹深三尺冬十月太原王泓薨

四年春三月丁酉朔侍中太尉安昌公石鑒薨夏五月蜀郡山移淮南壽春洪水出山崩地陷壞城府及百姓廬舍匈奴郝散反攻上黨殺長吏六月壽春地大震死者二十餘家上庸郡山崩殺二十餘人秋八月郝散帥衆降馮翊都尉殺之上谷居庸上庸並地陷裂水泉涌出人有死者大饑九月丙辰赦諸州之遺地災者甲午

枉矢東北竟天是歲京師及郡國八地震
五年夏四月彗星見于西方孛于奎至軒轅六月金城地震東海雨雹深五寸秋七月下邳暴風壞廬舍九月鴈門新興太原上黨大風傷禾稼冬十月武庫火焚累代之寶十二月丙戌新作武庫大調兵器丹陽雨雹有石生于京師宜年里是歲荊揚兗豫青徐等六州大水詔遣御史巡行振貸
六年春正月大赦司空下邳王晃薨以中書監張華爲司空太尉隴西王泰爲尚書令衛將軍梁王肜爲太子太保丁丑地震三月東海隕霜傷桑麥彭城呂縣有流血東西百餘步夏四月大風五月荊揚二州大水匈奴郝散弟度元帥馮翊北地馬蘭羌盧水胡反攻北地太守張損死之馮翊太守歐陽建與度元戰敗績徵征西大將軍趙王倫爲車騎將軍以太子太保梁王肜爲征西大將軍都督雍梁二州諸軍事鎮關中秋八月雍州刺史解系又爲度元所破秦雍氐羌悉叛推氐帥齊萬年僭號稱帝圍涇陽冬十月乙未曲赦雍涼二州十一月丙子遣安西將軍夏侯駿建威將軍周處等討萬年梁王肜屯好畤關中饑大疫
七年春正月癸丑周處及齊萬年戰於六陌王師敗績處死之夏五月魯國雨雹秋七月雍梁州疫大旱隕霜殺秋稼關中饑米斛萬錢詔骨肉相賣者不禁丁丑司徒京陵公王渾薨九月以尚書右僕射王戎爲司徒太子太師何劭爲尚書左僕射
八年春正月丙辰地震詔發倉廩振雍州饑人三月壬戌大赦夏五月郊禖石破爲二秋九月荊豫揚徐冀等五州大水雍州有年
九年春正月左積弩將軍孟觀伐氐戰于中亭大破之獲齊萬年徵征西大將軍梁王肜錄尚書事以北中郎將河間王顒爲鎮西將軍鎮關中成都王穎爲鎮北大將軍鎮鄴夏四月鄴人張承基等妖言署置聚黨數千郡縣逮捕皆伏誅六月戊戌太尉隴西王泰薨秋八月以尚書裴頠爲尚書僕射冬十一月甲子朔日有蝕之京師大風發屋折木十二月壬戌廢皇太子遹爲庶人及其三子幽于金墉城殺太子母謝氏
永康元年春正月癸亥朔大赦改元己卯日有蝕之丙子皇孫霖卒二月丁酉大風飛沙拔木三月尉氏雨血妖星見于南方癸未賈后矯詔害庶人遹于許昌夏四月辛卯日有食之癸巳梁王肜趙王倫矯詔廢賈后爲庶人司空張華尚書僕射裴頠皆遇害侍中賈謐及黨與數十人皆伏誅甲午倫矯詔大赦自爲相國都督中外諸軍事如宣文輔魏故事追復故皇太子位丁酉以梁王肜爲太宰左光祿大夫何劭爲司徒右光祿大夫劉寔爲司空淮南王允爲驃騎將軍己亥趙王倫矯詔害賈庶人于金墉城五月己巳立皇孫臧爲皇太孫尚爲襄陽王六月壬寅葬愍懷太子于顯平陵撫軍將軍清河王遐薨癸卯震崇陽陵標秋八月淮南王允舉兵討趙王倫不克允及其二子秦王郁漢王迪皆遇害曲赦洛陽平東將軍彭城王植薨改封吳王晏爲賓徒縣王以齊王冏爲平東將軍鎮許昌光祿大夫陳準爲太尉錄尚書事九月改司徒爲丞相以梁王肜爲之冬十月黃霧四塞十一月戊午大風飛砂石六日乃止甲子立皇后羊氏大赦大酺三日十二月彗星見于東方益州刺史趙廞與略陽流人李庠害成都內史耿勝犍爲太守李密汶山太守霍固西夷校尉陳總據成都反
永寧元年春正月乙丑趙王倫篡帝位丙寅遷帝于金墉城號曰太上皇改金墉曰永昌宮廢皇太孫臧爲濮陽王五緯經天縱橫無常癸酉倫害濮陽王臧略陽流人李特殺趙廞傳首京師三月平東將軍齊王冏起兵以討倫傳檄州郡屯于陽翟征北大將軍成都王穎征西大將軍河間王顒常山王乂豫州刺史李毅兗州刺史王彥南中郎將新野公歆皆舉兵應之衆數十萬倫遣其將閭和出伊闕張泓孫輔出堮坂以距冏孫會士猗許超出黃橋以距穎及穎將趙驤石超戰於溴水會等大敗棄軍走閏月丙戌朔日有食之夏四月歲星晝見冏將何勗盧播擊泓於陽翟大破之斬孫輔等辛酉左衛將軍王輿與尚書淮陵王漼勒兵入宮禽倫黨孫秀孫會許超士猗駱休等皆斬之逐倫歸第即日乘輿反正羣臣頓首謝罪帝曰非諸卿之過也癸亥詔大赦改元孤寡賜穀五斛大酺五日誅趙王倫義陽王威九門侯質等及倫之黨與五月立襄陽王尚爲皇太孫六月戊辰大赦增吏位二等復封賓徒王晏爲吳王庚午東萊王蕤左衛將軍王輿謀廢齊王冏事泄蕤廢爲庶人輿伏誅夷三族甲戌以齊王冏爲大司馬都督中外諸軍事成都王穎爲大將軍錄尚書事河間王顒爲太尉罷丞相復置司徒官己卯以梁王肜爲太宰領司徒封齊王冏功臣葛旟牟平公路季小黃公衛毅平陰公劉眞安鄉公韓泰封邱公秋七月甲午立吳王晏子國爲漢王復封常山王乂爲長沙王八月大赦戊辰原徙邊者益州刺史羅尚討羌破之己巳徙南平王祥爲宜都王下邳王韡薨以平東王楙爲平東將軍都督徐州

諸軍事九月追東安王繇復其爵丁丑封楚王瑋子範爲襄陽王冬十月流人李特反於蜀十二月司空何劭薨封齊王冏子冰爲樂安王英爲濟陽王超爲淮南王是歲郡國十二旱六蝗

太安元年春正月庚子安東將軍譙王隨薨三月癸卯赦司冀兗豫四州皇太孫尙薨夏四月彗星晝見五月乙酉侍中太宰領司徒梁王肜薨以右光祿大夫劉寔爲太傅太尉河間王顒遣將衙博擊李特於蜀爲特所敗特遂陷梓潼巴西害廣漢太守張微自號大將軍癸卯以清河王遐子覃爲皇太子賜孤寡帛大酺五日以齊王冏爲太師東海王越爲司空秋七月兗豫徐冀等四州大水冬十月地震十二月丁卯河間王顒表齊王冏窺伺神器有無君之心與成都王穎新野王歆范陽王虓同會洛陽請廢冏還第長沙王乂奉乘輿屯南止車門攻冏殺之幽其諸子于金墉城廢冏弟北海王寔大赦改元以長沙王乂爲太尉都督中外諸軍事封東萊王蕤子炤爲齊王

二年春正月甲子朔赦五歲刑三月李特攻陷益州荆州刺史宋岱擊特斬之傳首京師夏四月特子雄復據益州五月義陽蠻張昌舉兵反以山都人丘沈爲主改姓劉氏僞號漢建元神鳳攻破郡縣南陽太守劉彬平南將軍羊伊鎮南大將軍新野王歆並遇害六月遣荆州刺史劉弘等討張昌于方城王師敗績秋七月中書令卞粹侍中馮蓀河南尹李含等貳於長沙王乂乂疑而害之張昌陷江南諸郡武陵太守賈隆零陵太守孔紘豫章太守閻濟武昌太守劉根皆遇害昌別帥石冰寇揚州刺史陳徽與戰大敗諸郡盡沒臨淮人封雲舉兵應之自皐陵寇徐州八月河間王顒成都王穎舉兵討長沙王乂帝以乂爲大都督帥軍禦之庚申劉弘及張昌戰於淸水斬之顒遣其將張方穎遣其將陸機牽秀石超等來逼京師乙丑帝幸十三里橋遣將軍皇甫商距方於宜陽己巳帝旋軍于宣武場庚午舍于石樓天中裂無雲而雷九月丁丑帝次于河橋壬午皇甫商爲張方所破甲申帝軍于芒山丁亥幸偃師辛卯舍于豆田癸巳尙書右僕射興晉侯羊元之卒帝旋于城東丙申進軍緱氏擊牽秀走之大赦張方入京城燒淸明開陽二門死者萬計石超逼乘輿于緱氏冬十月壬寅帝旋于宮石超焚緱氏服御無遺丁未破牽秀范陽王虓于東陽門外戊申破陸機于建春門石超走斬其大將賈崇等十六人懸首銅駝街張方退屯十三里橋十一月辛巳星晝隕聲如雷王師攻方壘不利方決千金堨水碓皆涸乃發王公奴婢手舂給兵廩一品已下不從征者男子十三以上皆從役又發奴助兵號爲四部司馬公私窮踧米石萬錢詔命所至一城而已壬寅夜赤氣竟天隱隱有聲丙辰地震癸亥東海王越執長沙王乂幽於金墉城尋爲張方所害甲子大赦丙寅揚州秀才周玘前南平內史王矩前吳興內史顧祕起義軍以討石冰冰退自臨淮趨壽陽征東將軍劉準遣廣陵度支陳敏擊冰李雄自郫城攻益州刺史羅尙尙委城而遁雄盡有成都之地封鮮卑段勿塵爲遼西公

永興元年春正月丙午尙書令樂廣卒成都王穎自鄴諷于帝乃大赦改元爲永安帝逼於河間王顒密詔雍州刺史劉沈秦州刺史皇甫重以討之沈舉兵攻長安爲顒所敗張方大掠洛中還長安於是軍中大餒人相食以成都王穎爲丞相穎遣從事中郞成夔等以兵五萬屯十二城門殿中宿所忌者穎皆殺之以三部兵代宿衛二月乙酉廢皇后羊氏幽于金墉城黜皇太子覃爲淸河王三月陳敏攻石冰斬之揚徐二州平河間王顒表請立成都王穎爲太弟戊申詔曰朕以不德纂承鴻緒于茲十有五載禍亂滔天姦逆仍起至於幽廢重宮宗廟圮絕成都王穎溫仁惠和剋平暴亂其以穎爲皇太弟都督中外諸軍事丞相如故大赦賜鰥寡高年帛三匹大酺五日丙辰盜竊太廟服器以太尉顒爲太宰太傅劉寔爲太尉六月新作三城門秋七月丙申朔右衞將軍陳眕以詔召百寮入殿中因勒兵討成都王穎戊戌大赦復皇后羊氏及皇太子覃己亥司徒王戎東海王越高密王簡平昌公模吳王晏豫章王熾襄陽王範右僕射荀藩等奉帝北征至安陽衆十餘萬穎遣其將石超距戰己未六軍敗績于蕩陰矢及乘輿百寮分散侍中嵇紹死之帝傷頰中三矢亾六璽帝遂幸超軍餒甚超進水左右奉秋桃超遣弟熙奉帝之鄴穎帥羣官迎謁道左帝下輿涕泣其夕幸于穎軍穎府有九錫之儀陳留王送貂蟬衣鶡尾明日乃備法駕幸于鄴唯豫章王熾司徒王戎僕射荀藩從庚申大赦改元爲建武八月戊辰穎殺東安王繇張方復入洛陽廢皇后羊氏及太子覃匈奴左賢王劉淵反畔於離石自號大單于安北將軍王浚遣烏丸騎攻成都王穎于鄴大敗之穎與帝單車走洛陽服御分散倉卒上下無齎侍中黃門被囊中齎私錢三千詔貸用所在買飯以供宮人止食於道中客舍宮人有持升餘秔米飯及燥蒜鹽豉以進帝帝噉之御中黃門布被次獲嘉市麤米飯盛以

瓦盆帝噉兩盂有老父獻蒸雞帝受之至溫將謁陵帝喪履納從者之履下拜流涕左右皆歔欷及濟河張方帥騎三千以陽燧青蓋奉迎方拜謁帝躬止之辛巳大赦賞從者各有差冬十一月乙未方請帝謁廟因刼帝幸長安方以所乘車入殿中帝馳避後園竹中方逼帝升車左右中黄門鼓吹十二人步從惟中書監盧志侍側方以帝幸其壘帝令方具車載宮人寶物軍人因妻畧後宮分爭府藏魏晉以來之積掃地無遺矣行次新安寒甚帝墮馬傷足尚書高光進面衣帝嘉之河間王顒帥官屬步騎三萬迎于霸上顒前拜謁帝下車止之以征西府為宮惟僕射荀藩司隸劉暾太常鄭球河南尹周馥與其遺官在洛陽為留臺承制行事號為東西臺焉丙午留臺大赦改元復為永安辛丑復皇后羊氏李雄僭號成都王劉淵僭號漢王十二月丁亥詔曰天禍晉邦冢嗣莫繼成都王穎自在儲貳政績虧損四海失望不可承重其以王還第豫章王熾先帝愛子令問日新四海注意今以為皇太弟以隆我晉邦以司空越為太傅與太宰顒夾輔朕躬司徒王戎參録朝政光祿大夫王衍為尚書左僕射安南將軍虓安北將軍浚平北將軍騰各守本鎮高密王簡為鎮南將軍領司隸校尉權鎮洛陽東中郎將模為寧北將軍都督冀州鎮于鄴鎮南大將軍劉弘領荊州以鎮南土周馥繆允各還本部百官皆復職齊王冏前應還第長沙王乂輕陷重刑封其子紹為樂平縣王以奉其嗣自頃戎車屢征勞費大力供御之物皆減三分之二戸調田租三分減一蠲除苛政愛人務本清通之後當還東京大赦改元以河間王顒都督中外諸軍事

二年春正月甲午朔帝在長安夏四月詔封樂平王紹為齊王丙子張方廢皇后羊氏六月甲子侍中司徒安豐侯王戎薨隴西太守韓稚攻秦州刺史張輔殺之李雄僭即帝位國號蜀秋七月甲午尚書諸曹火燒崇禮闥東海王越嚴兵徐方將西迎大駕成都王穎部將公師藩等聚衆攻陷郡縣害陽平太守李志汲郡太守張延等轉攻鄴平昌公模遣將軍趙驤擊破之八月辛丑大赦驃騎將軍范陽王虓逐冀州刺史李義揚州刺史曹武殺丹陽太守朱建李雄遣其將李驤寇漢安車騎大將軍劉弘逐平南將軍彭城王釋于宛九月庚寅朔公師藩又害平原太守王景清河太守馮熊庚子豫州刺史劉喬攻范陽王虓於許昌敗之壬子以成都王穎為鎮東大將軍都督河北諸軍事鎮鄴河間王顒遣將軍呂朗屯洛陽冬十月丙子詔曰得豫州刺史劉喬檄稱潁川太守劉輿迫脅驃騎將軍虓距逆詔令造構凶逆擅劫郡縣合聚兵衆擅用苟晞為兗州斷截王命鎮南大將軍荊州刺史劉弘平南將軍彭城王釋等其各勒所統逕會許昌與喬并力今遣右將軍張方為大都督統精卒十萬建武將軍呂朗廣武將軍騫驅建威將軍刁默等為軍前鋒共會許昌除輿兄弟丁丑使前車騎將軍石超北中郎將王闡討輿等赤氣見于北方東西竟天有星孛于北斗平昌公模遣將軍宋胄等屯河橋十一月立節將軍周權詐被檄自稱平西將軍復皇后羊氏洛陽令何喬攻權殺之復廢皇后十二月呂朗等東屯滎陽成都王穎進據洛陽張方劉元等並按兵不能禦范陽王虓濟自官渡拔滎陽斬石超襲許昌破劉喬於蕭喬奔南陽右將軍陳敏舉兵反自號楚公矯稱被中詔從沔漢奉迎天子逐揚州刺史劉機丹陽太守王曠遣弟恢南畧江州刺史應邈奔弋陽

光熙元年春正月戊子朔日有食之帝在長安河間王顒聞劉喬破大懼遂殺張方請和於東海王越越不聽宋胄等破穎將樓裒進逼洛陽穎奔長安甲子越遣其將祁弘宋胄司馬纂等迎帝三月東萊惤令劉柏根反自稱惤公襲臨淄高密王簡奔聊城王浚遣將討柏根斬之夏四月己巳東海王越屯于溫顒遣弘農太守彭隨北地太守刁默距祁弘等於湖五月枉矢西南流范陽國地燃可以爨壬辰祁弘等與刁默戰默大敗顒穎走南山奔于宛弘等所部鮮卑大掠長安殺二萬餘人是日日光四散赤如血甲午又如之己亥弘等奉帝還洛陽帝乘牛車行宮藉草公卿跋涉戊申驃騎范陽王虓殺司隸校尉邢喬己酉盜取太廟金匱及策文各四六月丙辰朔至自長安升舊殿哀感流涕謁于太廟復皇后羊氏辛未大赦改元秋七月乙酉朔日有食之太廟吏賈苞盜太廟靈衣及劍伏誅八月以太傅東海王越錄尚書驃騎將軍范陽王虓為司空九月頓邱太守馮嵩執成都王穎送之于鄴進東嬴公騰爵為東燕王平昌公模為南陽王冬十月司空范陽王虓薨虓長史劉輿害成都王穎十一月庚午帝崩于顯陽殿時年四十八葬太陽陵帝之為太子也朝廷咸知不堪政事武帝亦疑焉嘗悉召東宮官屬使以尚書事令太子決之帝不能對賈妃遣左右代對多引古義給事張泓曰太子不學陛下所知今宜以事斷不可引書妃從之泓乃具章令帝書之武帝覽而大悅太子遂安及居大位政出羣下綱紀大壞貨賂公行勢位之家以貴陵物忠賢

路絶讒邪得志更相薦舉天下謂之互市焉高平王沈
作釋時論南陽魯褒作錢神論廬江杜嵩作壬子春秋
皆疾時之作也帝又常在華林園聞蝦蟆聲謂左右曰
此鳴者爲官乎私乎或對曰在官地爲官在私地爲私
及天下荒亂百姓餓死帝曰何不食肉糜其蒙蔽皆此
類也後因食𪌭中毒而崩或曰司馬越之鴆云
惠帝永平九年元康元年太安二年永興二年光
熙元年卽位十六年
孝懷皇帝諱熾字豐度武帝第二十五子也太熙元年
封豫章郡王屬惠帝之時宗室構禍帝冲素自守門絶
賓游不交世事專玩史籍有譽於時初拜散騎常侍及
趙王倫篡見收倫敗爲射聲校尉累遷車騎大將軍都
督青州諸軍事未之鎭永興元年改授鎭北大將軍都
督鄴城守諸軍事十二月丁亥立爲皇太弟帝以清河
王覃本太子也懼不敢當典書令廬陵修肅曰二相經
營王室志寧社稷儲貳之重宜歸時望親賢之舉非大
王而誰清河幼弱未允衆心是以旣升東宮復贊藩國
今乘輿播越二宮又曠常恐氐羌飲馬於涇川蟻衆控
弦於霸水宜及吉辰時登儲副上翼大駕早寧東宮下
允黔首顒顒之望帝曰卿吾之宋昌也乃從之
光熙元年十一月庚午孝惠帝崩羊皇后以於太弟爲
嫂不得爲太后催清河王覃入已至尚書閤侍中華焜
等急召太弟癸酉卽皇帝位大赦尊皇后羊氏爲惠皇
后居弘訓宮追尊所生太妃王氏爲皇太后立妃梁氏
爲皇后十二月壬午朔日有食之己亥封彭城王植子
融爲樂城縣王南陽王模殺河間王顒於雍谷辛丑以
中書監溫羨爲司徒尚書左僕射王衍爲司空己酉葬

孝惠皇帝于太陽陵李雄別帥李離寇涼州
永嘉元年春正月癸丑朔大赦改元除三族刑以太傅
東海王越輔政殺御史中丞諸葛玫二月辛巳東萊人
王彌起兵反寇青徐二州長廣太守宋羆東牟太守龐
伉並遇害二月己未朔平東將軍周馥斬送陳敏首丁
卯改葬武悼楊皇后庚午立豫章王詮爲皇太子辛未
大赦庚辰東海王越出鎭許昌以征東將軍高密王簡
爲征南大將軍都督荆州諸軍事鎭襄陽改封安北將
軍東燕王騰爲新蔡王都督司冀二州諸軍事鎭鄴以
征南將軍南陽王模爲征西大將軍都督秦雍梁益四
州諸軍事鎭長安并州諸郡爲劉淵所陷刺史劉琨獨
保晉陽夏五月馬牧帥汲桑聚衆反敗魏郡太守馮嵩
遂陷鄴城害新蔡王騰燒鄴宮火旬日不滅又殺前幽
州刺史石尠於樂陵入掠平原山陽公劉秋遇害洛陽
步廣里地陷有二鵝出蒼者冲天白者不能飛建寧郡
夷攻陷寧州死者三千餘人秋七月己酉朔東海王越
進屯官渡以討汲桑己未以平東將軍琅邪王睿爲安
東將軍都督揚州江南諸軍事假節鎭建鄴八月己卯
朔撫軍將軍苟晞敗汲桑於鄴甲辰曲赦幽并司冀兗
豫等六州分荆州江州八郡爲湘州九月戊申苟晞又
破汲桑陷其九壘辛亥有大星如日小者如斗自西方
流於東北天盡赤俄有聲如雷始修千金堨於許昌以
通運冬十一月戊申朔日有食之甲寅以尚書右僕射
和郁爲征北將軍鎭鄴十二月戊寅并州人田蘭薄盛
等斬汲桑于樂陵甲午以前太傅劉寔爲太尉庚子以
光祿大夫延陵公高光爲尚書令東海王越矯詔囚清
河王覃于金墉城癸卯越自爲丞相以撫軍將軍苟晞

爲征東大將軍
二年春正月丙子朔日有食之丁未大赦二月辛卯清
河王覃爲東海王越所害庚子石勒寇常山安北將軍
王浚討破之三月東海王越鎭鄄城劉淵侵汲郡畧有
頓邱河內之地王彌寇青徐兗豫四州夏四月丁亥入
許昌諸郡守將皆奔走五月甲子彌遂寇洛陽司徒王
衍帥衆禦之彌退走秋七月甲辰劉淵寇平陽太守宋
抽奔京師河東太守路述力戰死之八月丁亥東海王
越自鄄城遷屯于濮陽九月石勒寇趙郡征北將軍和
郁自鄴奔于衞國冬十月甲戌劉淵僭帝號於平陽仍
稱漢十一月乙巳尚書令高光卒丁卯以太子少傅荀
藩爲尚書令己酉石勒寇鄴魏郡太守王粹戰敗死之
十二月辛未朔大赦立長沙王乂子碩爲長沙王尠爲
臨淮王
三年春正月甲午彭城王釋薨三月戊申征南大將軍
高密王簡薨以尚書左僕射山簡爲征南將軍都督荆
湘交廣等四州諸軍事司隷校尉劉暾爲尚書左僕射
丁巳東海王越歸京師乙丑勒兵入宮於帝側收近臣
中書令繆播帝舅王延等十餘人並害之丙寅曲赦河
南郡丁卯太尉劉寔請老以司徒王衍爲太尉東海王
越領司徒劉淵寇黎陽遣車騎將軍王堪擊之王師敗
績于延津死者三萬餘人大旱江漢河洛皆竭可涉夏
四月左積弩將軍朱誕叛奔于劉淵石勒攻陷冀州郡
縣百餘壁秋七月戊辰當陽地裂三所各廣三丈長三
百餘步辛未平陽人劉芒蕩自稱漢後誑誘羌戎僭帝
號於馬蘭山支胡五斗叟郝索聚衆數千爲亂屯新豐
與芒蕩合黨劉淵遣子聰及王彌寇上黨圍壺關并州

刺史劉琨使兵救之爲聰所敗淮南內史王曠將軍施融曹超及聰戰又敗超融死之上黨太守龎淯以郡降賊九月丙寅劉聰圍浚儀遣平北將軍曹虎討之丁丑王師敗績東海王越入保京城聰至西明門越禦之戰於宣陽門外大破之石勒寇常山安北將軍王浚使鮮卑騎救之大破勒於飛龍山征西大將軍王模使其將湻于定破劉芒蕩五斗叟並斬之使車騎將軍王堪平北將軍曹虎討劉聰王師敗績堪奔還京師李雄別帥羅羨以梓潼歸順劉聰攻洛陽西明門不尅宜都夷道山崩荆湘二州地震冬十一月石勒陷長樂安北將軍王斌遇害因屠黎陽乞活帥李惲薄盛等帥衆救京師聽退走惲等又破王彌于新汲十二月乙亥夜有白氣如帶自地升天南北各二丈

四年春正月乙丑朔大赦二月石勒襲鄄城兗州刺史袁孚戰敗爲其部下所害勒又襲白馬車騎將軍王堪死之李雄將文碩殺雄大將軍李國以巴西歸順戊午吳興人錢璯反自稱平西將軍三月丞相倉曹屬周玘帥鄉人討璯斬之夏四月大水將軍祁弘破劉淵將劉靈曜于廣宗李雄陷梓潼兗州地震五月石勒寇汲郡執太守胡寵遂南濟河滎陽太守裴純奔建鄴大風折木地震幽并司冀秦雍等六州大蝗食草木牛馬毛皆盡六月劉淵死其子和嗣僞位和弟聰弒和而自立秋七月聰從弟曜及其將石勒圍懷詔征虜將軍宋抽救之爲曜所敗抽死之九月河內人樂仰執太守裴整叛降于石勒徐州監軍王隆自下邳棄軍奔于周馥雍州人王如舉兵反於宛殺害令長自號大將軍司雍二州牧大掠漢沔新平人龎寔馮翊人嚴嶷京兆人侯脫等各起兵應之征南將軍山簡荆州刺史王澄南中郎將杜蕤並遣兵援京師及如戰於宛諸軍皆大敗王澄獨以衆進至沶口衆潰而歸冬十月辛卯晝昏至于庚子大星西南墜有聲壬寅石勒圍倉垣陳留內史王讚擊敗之勒走河北壬子以驃騎將軍王浚爲司空平北將軍劉琨爲平北大將軍京師饑東海王越羽檄徵天下兵帝謂使者曰爲我語諸征鎮若今日尚可救後則無逮矣時莫有至者石勒陷襄陽太守崔曠遇害遂至宛王浚遣鮮卑文鴦帥騎救之勒退浚又遣別將王申始討勒於汶石津大破之十一月甲戌東海王越帥衆出許昌以行臺自隨宮省無復守衛荒饉日甚殿內死人交橫府寺營署並掘塹自守盜賊公行枹鼓之音不絕越軍次項自領豫州牧以太尉王衍爲軍司丁丑流氐隗伯符襲宜都太守嵇晞奔建鄴王申始攻劉曜王彌於瓶壘破之鎮東將軍周馥表迎大駕遷都壽陽越使裴碩討馥爲馥所敗走保東城請救於琅邪王睿襄陽大疫死者三千餘人加涼州刺史張軌安西將軍十二月征東大將軍苟晞攻王彌別帥曹嶷破之乙酉平陽人李洪帥流人入定陵作亂

五年春正月帝密詔苟晞討東海王越壬申晞爲曹嶷所破乙未越遣從事中郎將楊瑁徐州刺史裴盾共擊晞癸酉勒入江夏太守楊珉奔于武昌乙亥李雄攻陷涪城梓潼太守譙登遇害湘州流人杜弢據長沙反戊寅安東將軍琅邪王睿使將軍甘卓攻鎮東將軍周馥於壽春馥衆潰庚辰太保平原王幹薨二月石勒寇汝南汝南王祐奔建鄴三月戊午詔下東海王越罪狀告方鎮討之以征東大將軍苟晞爲大將軍丙子東海王越薨四月戊子石勒追東海王越喪及於東郡將軍錢端戰死軍潰太尉王衍吏部尚書劉望廷尉諸葛銓尚書鄭豫武陵王澹等皆遇害王公已下死者十餘萬人東海世子毗及宗室四十八王尋又没于石勒賊王桑冷道陷徐州刺史裴盾遇害桑遂濟淮至于歷陽五月益州流人汝班梁州流人蹇撫作亂於湘州虜刺史荀眺南破零桂諸郡東掠武昌安城太守郭察邵陵太守鄭融衡陽內史滕育並遇害進司空王浚爲大司馬征西大將軍南陽王模爲太尉太子太傅傅祗爲司徒尚書令荀藩爲司空安東將軍琅邪王睿爲鎮東大將軍東海王越之出也使河南尹潘滔居守大將軍苟晞表遷都倉垣帝將從之諸大臣畏滔不敢奉詔且宮中及黃門戀資財不欲出至是饑甚人相食百官流亾者十八九帝召羣臣會議將行而警衛不備帝撫手歎曰如何曾無車輿乃使司徒傅祗出詣河陰修理舟楫爲水行之備朝士數十人導從帝步出西掖門至銅駝街爲盜所掠不得進而還六月癸未劉曜王彌石勒同寇洛川王師頻爲賊所敗死者甚衆庚寅司空荀藩光祿大夫荀組奔轘轅太子左率溫畿夜開廣莫門奔小平津丁酉劉曜王彌入京師帝開華林園門出河陰藕池欲幸長安爲曜等所追及曜等遂焚燒宮廟逼辱妃后吳王晏竟陵王楙尚書左僕射和郁右僕射曹馥尚書閭邱冲袁粲王緄河南尹劉默等皆遇害百官士庶死者三萬餘人帝蒙塵於平陽劉聰以帝爲會稽公荀藩移檄州鎮以琅邪王爲盟主豫章王端東奔苟晞晞立爲皇太子自領尚書令具置官屬保梁國之蒙縣百姓饑儉米斛萬餘價秋七月大司馬王浚承制假立太子置

百官署征鎭石勒冠穀陽沛王滋戰敗遇害八月劉聰使子粲攻陷長安太尉征西將軍南陽王模遇害長安遺人四千餘家奔漢中九月癸亥石勒襲陽夏至于蒙縣大將軍苟晞豫章王端並没于賊冬十月勒寇豫州諸郡至江而還十一月猗盧寇太原平北將軍劉琨不能制徙五縣百姓於新興以其地居之

六年春正月帝在平陽劉聰寇太原故鎭南府牙門將胡亢聚衆寇荆土自號楚公二月壬子日有蝕之癸丑鎭東大將軍琅邪王睿上尚書檄四方以討石勒大司馬王浚移檄天下稱被中詔承制以荀藩爲太尉汝陰王熙爲石勒所害夏四月丙寅征南將軍山簡卒秋七月歲星熒惑太白聚于斗牛石勒寇冀州劉粲寇晉陽平北將軍劉琨遣部將郝詵帥衆禦粲詵敗績死之太原太守高喬以晉陽降粲八月庚戌劉琨奔于常山己亥陰平都尉董冲逐太守王鑒以郡叛降于李雄辛亥劉琨乞師于猗盧表盧爲代公九月己卯猗盧使子利孫赴琨不得進辛巳前雍州刺史賈疋討劉粲於三輔走之關中小定乃與衞將軍梁芬京兆太守梁綜共奉秦王鄴爲皇太子於長安冬十月猗盧自將六萬騎次于盆城十一月甲午劉粲遁走劉琨收其遺衆保于陽曲是歲大疫

七年春正月劉聰大會使帝著青衣行酒侍中庾珉號哭聰惡之丁未帝遇弑崩于平陽時年三十帝初誕有嘉禾生於豫章之南昌先是望氣者云豫章有天子氣其後竟以豫章王爲皇太弟在東宮恂恂謙損接引朝士講論書籍及即位始遵舊制臨太極殿使尙書郎讀時令又於東堂聽政至於宴會輒與羣官論衆務考經籍黄門侍郎傅寅歎曰今日復見武帝之世矣祕書監荀崧又常謂人曰懷帝天姿清劭少著英猷若遭承平足爲守文佳主而繼惠帝擾亂之後東海專政無幽厲之釁而有流亾之禍

懷帝永嘉七年

孝愍皇帝諱鄴字彦旗武帝孫吳孝王晏之子也出繼後伯父秦獻王柬襲封秦王永嘉二年拜散騎常侍撫軍將軍及洛陽傾覆避難於滎陽密縣與舅荀藩荀組相遇自密南趨許潁豫州刺史閻鼎與前撫軍長史王毗司徒長史劉疇中書郎李昕及藩組等同謀奉帝歸于長安而疇等中塗復叛鼎追殺之藩組僅而獲免鼎遂挾帝乘牛車自宛趨武關頻遇山賊士卒亾散次于藍田鼎告雍州刺史賈疋疋遣州兵迎衞達于長安又使輔軍將軍梁綜助守之時有玉龜出霸水神馬鳴城南焉六年九月辛巳奉秦王爲皇太子登壇告類建宗廟社稷大赦加疋征西大將軍以秦州刺史南陽王保爲大司馬賈疋討賊張連遇害衆推始平太守麴允領雍州刺史爲盟主承制選置

建興元年夏四月丙午奉懷帝崩問舉哀成禮壬申即皇帝位大赦改元以衞將軍梁芬爲司徒雍州刺史麴允爲使持節領軍將軍錄尙書事京兆太守索綝爲尙書右僕射石勒攻龍驤將軍李惲於上白惲敗死之五月壬辰以鎭東大將軍琅邪王睿爲侍中左丞相大都督陝東諸軍事大司馬南陽王保爲右丞相大都督陝西諸軍事詔二王剋期大舉六月石勒害兗州刺史田徽是時山東郡國相繼陷于勒秋八月癸亥詔命始達于揚州改建鄴爲建康改鄴爲臨漳杜弢寇武昌燒焚城邑弢別將王眞襲沔揚荆州刺史周顗奔于建康九月司空荀藩薨于滎陽劉聰寇河南河南尹張髦死之冬十月荆州刺史陶侃討杜弢黨杜曾於石城爲曾所敗己巳大雨雹庚子大雪十一月流人楊武攻陷梁州十二月河東地震雨肉

二年春正月己巳朔黑霧著人如墨連夜五日乃止辛未庚時日隕于地又有三日相承出於西方而東行丁丑大赦楊武大畧漢中遂奔李雄二月壬寅以司空王浚爲大司馬衞將軍荀組爲司空涼州刺史張軌爲太尉封西平郡公并州刺史劉琨爲大將軍三月癸酉石勒陷幽州殺侍中大司馬幽州牧博陵公王浚焚燒城邑害萬餘人杜弢別帥王眞襲荆州刺史陶侃於林鄣侃奔灄中夏四月甲辰地震五月壬辰太尉領護羌校尉涼州刺史西平公張軌薨六月劉曜趙冉寇新豐諸縣安東將軍索綝討破之秋七月曜冉等又逼京師領軍將軍麴允討破之冉中流矢而死九月北中郎將劉寅尅頓邱斬石勒所署太守邵攀丙戌麟見襄平單于代公猗盧遣使獻馬蒲子馬生人

三年春正月盜殺晉昌太守趙珮吳興人徐馥害太守袁琇以侍中宋哲爲平東將軍屯華陰二月丙子進左丞相琅邪王睿爲大都督督中外諸軍事右丞相南陽王保爲相國司空荀組爲太尉大將軍劉琨爲司空進封代公猗盧爲代王荆州刺史陶侃破王眞於巴陵杜弢別將杜弘張彦與臨川內史謝摛戰于海昏摛敗績死之三月豫章內史周訪擊杜弘走之斬張彦於陳夏四月大赦五月劉聰寇并州六月盜發漢霸杜二陵及薄太后陵太后面如生得金玉綵帛不可勝紀時以朝

廷草創服章多闕勑收其餘以實內府丁卯地震辛巳大赦勑雍州掩骼埋胔修復陵墓有犯者誅及三族秋七月石勒陷濮陽害太守韓弘劉聰寇上黨劉琨遣將救之八月癸亥戰于襄垣王師敗績荆州刺史陶侃攻杜弢弢敗走道死湘州平九月劉曜寇北地命領軍將軍麴允討之冬十月允進攻青白城以豫州牧征東將軍索綝為尚書僕射都督宮城諸軍事劉聰陷馮翊太守梁肅奔萬年十二月涼州刺史張寔送皇帝行璽一紐盜殺安定太守趙班

四年春三月代王猗盧薨其衆歸于劉琨夏四月丁丑劉曜寇上郡太守籍韋率其屬奔于南鄭涼州刺史張寔遣步騎五千來赴京都石勒陷廩丘北中郎將劉寅出奔五月平夷太守雷照害南廣太守孟桓帥二郡三十餘家叛降于李雄六月丁巳朔日有食之大蝗秋七月劉曜攻北地麴允帥步騎三萬救之王師不戰而潰北地太守麴昌奔于京師曜進至涇陽渭北諸城悉潰建威將軍魯充散騎常侍梁緯少府皇甫陽等皆死之八月劉曜偪京師內外斷絕鎮西將軍焦嵩平東將軍宋哲始平太守竺恢等同赴國難麴允與公卿守長安小城以自固散騎常侍華輯監京兆馮翊弘農上洛四郡兵東屯霸上鎮軍將軍胡崧帥城西諸郡兵屯遮馬橋並不敢進冬十月京師饑甚米斗金二兩人相食死者大半太倉有麴數十䴵麴允屑為粥以供帝至是復盡帝泣謂允曰今窮厄如此外無救援死於社稷是朕事也然念將士暴離斯酷今欲閗城夫陷為羞死之事庶令黎元免屠爛之苦行矣遣書朕意決矣十一月乙未使侍中宋敞送牋於曜帝乘羊車肉袒銜璧輿櫬出降羣臣號泣攀車執帝之手帝亦悲不自勝御史中丞吉朗自殺曜焚櫬受璧使宋敞奉帝還宮初有童謡曰天子何在豆田中時王浚在幽州以豆有藿殺隱士霍原以應之及帝如曜營營實在城東豆田壁辛丑帝蒙塵於平陽麴允及羣官並從劉聰假帝光祿大夫懷安侯壬寅聰臨殿帝稽首于前麴允伏地慟哭因自殺尚書辛賓梁允侍中梁濬散騎常侍嚴敦左丞相臧振黃門侍郎任播張偉杜曼及諸郡守並為曜所害華輯奔南山石勒圍樂平司空劉琨遣兵援之為勒所敗樂平太守韓據出奔司空長史李弘以并州叛降于勒十二月甲申朔日有食之己未劉琨奔薊依段匹磾

五年春正月帝在平陽庚子虹霓彌天三日並照平東將軍宋哲奔江左李雄使其將李恭羅寅寇巴東二月劉聰又使其將劉暢攻滎陽太守李矩擊破之三月琅邪王睿承制改元稱晉王於建康夏五月丙子日有食之秋七月大旱司冀青雍等四州螽蝗石勒亦競取百姓禾時人謂之胡蝗八月劉聰使趙固襲衛將軍華薈於定潁遂害之冬十一月丙子日有食之劉聰出獵令帝行車騎將軍戎服執戟為導百姓聚而觀之故老或歔欷流涕聰聞而惡之聰後因大會使帝行酒洗爵反而更衣又使帝執蓋晉臣在坐多失聲而泣尚書郎辛賓抱帝慟哭為聰所害十二月戊戌帝遇弒崩于平陽時年十八帝之繼皇統也屬永嘉之亂天下崩離長安城中戶不盈百牆宇頹毀蒿棘成林朝廷無車馬章服惟桑版署號而已衆惟一旅公私有車四乘器械多闕運饋不繼巨猾滔天帝京危急諸侯無釋位之志征鎮闕勤王之舉故君臣窘迫以至殺辱云

愍帝建興五年

右自武帝受禪至愍帝合五十二年是為西晉

元帝與江東為東晉

通志卷十上

通志卷十下

宋右廸功郎鄭樵漁仲撰

晉紀卷十下

元帝　明帝　成帝　康帝　穆帝　哀帝　廢帝　簡文帝　孝武帝　安帝　恭帝

元皇帝諱睿字景文宣帝曾孫琅邪恭王覲之子也咸寧二年生於洛陽有神光之異一室盡明所藉藁如始刈及長白豪生於日角之左隆準龍顔目有精曜顧眄煒如也年十五嗣位琅邪王幼有令聞及惠皇之際王室多故帝每恭儉退讓以免于禍沈敏有度量不顯灼然之迹故時人未之識焉惟侍中嵇紹異之謂人曰琅邪王毛骨非常殆非人臣之相也元康二年拜員外散騎常侍累遷左將軍從討成都王穎蕩陰之敗也叔父東安王繇爲穎所害帝懼禍及將出奔其夜月正明而禁衛嚴警無由得去甚窘迫有頃雲霧晦冥雷雨暴至徼者皆弛因得潛出穎先令諸關無得出貴人帝既至河陽爲津吏所止從者宋典後來以策鞭帝馬而笑曰舍長官禁貴人汝亦被拘邪吏乃聽過至洛陽迎太妃俱歸國東海王越之收兵下邳也假帝輔國將軍尋加平東將軍監徐州諸軍事鎮下邳俄遷安東將軍都督揚州諸軍事越西迎大駕留帝居守永嘉初用王導計始鎮建鄴以顧榮爲軍司馬賀循爲參佐王敦王導周顗刁協等爲腹心股肱賓禮名賢存問風俗江東歸心屬太妃薨於國自表奔喪葬畢還鎮增封宣城郡二萬戶加鎮東大將軍開府儀同三司受越命討征東將軍周馥走之及懷帝蒙塵於平陽司空荀藩等移檄天下推帝爲盟主江州刺史華軼不從使豫章內史周廣前江州刺史衛展討禽之愍帝即位加左丞相歲餘進位丞相大都督中外諸軍事遣諸將分定江東斬叛者孫弼於宣城平杜弢於湘州承制赦荆揚及西都不守帝出師露次躬擐甲冑移檄四方徵天下之兵尅日進討于時有玉冊見於臨安白玉麒麟神璽出於江寧其文曰長壽萬年日有重暈皆以爲中興之象焉

建武元年春正月辛巳平東將軍宋哲至宣愍帝詔曰遭運迍否皇綱不振朕以寡德奉承洪緒不能祈天永命紹隆中興至使凶胡敢帥犬羊逼迫京輦朕今幽塞窮城憂慮萬端恐一旦崩潰卿往詔丞相具宣朕意使攝萬機時據舊都修復陵廟以雪大耻三月帝素服出次舉哀三日西陽王羕及羣僚參佐州征牧守等上尊號帝不許羕等以死固請至于再三帝慨然流涕曰孤罪人也惟有蹈節死義以雪天下之耻庶贖鈇鉞之誅吾本琅邪王諸賢見逼不已乃呼私奴命駕將反國羣臣乃不敢逼請依魏晉故事爲晉王許之辛卯即王位大赦改元其殺祖父母父母及劉聰石勒不從此令諸參軍拜奉車都尉掾屬駙馬都尉辟掾屬百餘人時人謂之百六掾乃備百官立宗廟社稷于建康時四方競上符瑞帝曰孤負四海之責未能思愆何徵祥之有丙辰立世子紹爲晉王太子以撫軍大將軍西陽王羕爲太保征南大將軍漢安侯王敦爲大將軍右將軍王導都督中外諸軍事驃騎將軍左長史刁協爲尚書左僕射封王子宣成公裒爲琅邪王六月丙寅司空并州刺史廣武侯劉琨幽州刺史左賢王渤海公段匹磾領護烏九校尉鎮北將軍劉翰單于廣寧公段辰遼西公段眷冀州刺史祝阿子邵續青州刺史廣饒侯曹嶷兖州刺史定襄侯劉演東夷校尉崔毖鮮卑大都督慕容廆等一百八十人上書勸進帝優令答之石勒將石虎圍譙城平西將軍祖逖擊走之己巳帝傳檄天下曰逆賊石勒肆虐河朔逋誅歷載游魂縱逸復遣凶黨石虎犬羊之衆越河南渡縱其鴆毒平西將軍祖逖帥衆討擊應時潰散今遣車騎將軍琅邪王裒等九軍鋭卒三萬水陸四道徑造賊場受逖節度有能梟虎首者賞絹三千匹金五十斤封縣侯食邑二千戶又賊黨能梟送虎首封賞亦同之七月散騎侍郎朱嵩尚書郎顧球卒帝痛之將爲舉哀有司奏舊尚書郎不在舉哀之例帝曰衰亂之弊特相痛悼於是遂舉哀哭之甚慟丁未梁王悝薨以太尉荀組爲司徒弛山澤之禁八月甲午封梁王世子翹爲梁王荆州刺史第五猗爲賊帥杜曾所推遂與曾同反九月戊寅王敦使武昌太守趙誘襄陽太守朱軌陵江將軍黃峻討猗爲其將杜曾所敗誘等皆死之石勒害京兆太守華輯梁州刺史周訪討杜曾大破之十月丁未琅邪王裒薨十一月甲子封汝南王子弼爲新蔡王丁卯以司空劉琨爲太尉置史官立太學是歲揚州大旱

大興元年春正月戊申朔臨朝懸而不樂三月癸丑愍帝崩門至帝斬縗居廬丙辰百寮上尊號令曰孤以不德當厄運之極臣節未立匡救未舉夙夜所以忘寢食也今宗廟廢絶億兆無繫羣官庶尹咸勉之以大政亦何以辭輒敬從所請是日即皇帝位大赦改元文武增位二等庚午立王太子紹爲皇太子壬申詔在事之人其有政績可述刑獄得中者及當官軟弱茹柔吐剛行身穢濁修飾時譽者各以名聞又詔遠近贄禮一切斷

之夏四月丁丑朔日有蝕之加大將軍王敦江州牧進驃騎將軍王導開府儀同三司戊寅初禁招魂葬乙酉西平地震五月癸丑使持節侍中都督太尉并州刺史廣武侯劉琨爲段匹磾所害六月旱帝親雩改丹陽內史爲丹陽尹甲申以尚書左僕射刁協爲尚書令平南將軍曲陵公荀崧爲尚書左僕射庚寅以滎陽太守李矩爲都督司州諸軍事司州刺史戊戌封皇子晞爲武陵王初置諫鼓謗木秋七月戊申詔二千石令長當祗奉舊憲正身明法仰齊豪彊存恤孤獨隱實戶日勤課農桑州牧刺史當互相檢察不得顧私虧公長吏有志在奉公而不見進用者有貪惏穢濁而以財勢自安者若有不舉當受故縱蔽善之罪有而不知當受闇塞之責各明慎奉行劉聰死其子粲嗣僞位八月冀徐青三州蝗靳準弒劉粲自號漢王冬十月癸未加廣州刺史陶侃平南將軍劉曜僭卽皇帝位于赤壁十一月乙卯日夜出高三丈中有赤青珥新野王翊薨加大將軍王敦荆州牧庚申詔羣公卿士其各上封事具陳災異所由興無有所諱新作聽訟觀故歸命侯孫皓子璠謀反伏誅十二月劉聰故將王騰馬忠等誅靳準送傳國璽於劉曜武昌地震丁丑封顯義亭侯渙爲琅邪王己卯琅邪王渙薨癸巳詔求吳之高德名賢或未旌錄者其條列以聞江東三郡饑遣使振給之彭城內史周撫殺沛國內史周默以反

二年春正月丁卯崇陽陵毀帝素服哭三日使冠軍將軍梁堪守太常馬龜等修復山陵迎梓宮于平陽不尅而還二月太山太守徐龕斬周撫傳首京師夏四月龍驤將軍陳川以浚儀叛降於石勒太山太守徐龕以郡叛自號兗州刺史冠濟岱秦州刺史陳安叛降于劉曜五月癸丑太陽陵毀帝素服哭三日徐揚及江西諸郡蝗吳郡大饑平北將軍祖逖及石勒將石虎戰于浚儀王師敗績壬戌詔以百姓凋弊國用並匱自今非軍事所須者皆省之甲子梁州刺史周訪及杜曾戰於武當斬之禽第五猗六月丙子加周訪安南將軍罷御府及諸郡丞置博士員五人己亥加太常賀循開府儀同三司秋七月乙丑太常賀循卒八月肅慎獻楛矢石砮徐龕寇東莞遣太子左衛率羊鑒行征虜將軍統徐州刺史蔡豹討之冬十月平北將軍祖逖使督護陳超襲石勒將桃豹超敗沒於陣十一月戊寅石勒僭卽王位國號趙十二月乙亥大赦詔百官各上封事并省衆役鮮卑慕容廆襲遼東東夷校尉平州刺史崔毖奔高句驪是歲南陽王保稱晉王於祁山三吳大饑

三年春正月丁酉朔晉王保爲劉曜所逼遷于桑城二月辛未石勒將石虎寇猒次平北將軍冀州刺史邵續擊之續敗沒於陣三月慕容廆奉送玉璽三紐閏月以尚書周顗爲尚書僕射夏四月壬辰枉矢流于翼軫五月丙寅孝懷帝太子詮遇害于平陽帝三日哭庚寅地震是月晉王保爲其將張春所害劉曜使陳安攻春滅之安因叛曜石勒將徐龕率衆來降六月大水丁酉盜殺西中郎將護羌校尉梁州刺史西平公張寔寔弟茂嗣領平西將軍涼州刺史秋七月丁亥詔以琅邪國人在江表者近有千戶今立爲懷德縣統丹陽郡可依漢高祖沛光武南頓故事復其縣人祖逖部將衞策大破石勒別軍於汴水加逖爲鎭西將軍八月戊午尊敬王后虞氏爲敬皇后辛酉遷神主于太廟辛未梁州刺史安南將軍周訪卒皇太子釋奠于太學以湘州刺史甘卓爲安南將軍梁州刺史九月徐龕反叛降于石勒冬十月丙辰徐州刺史蔡豹以畏懦伏誅王敦殺武陵內史向碩

四年春二月徐龕又帥衆來降鮮卑末波奉送皇帝信璽庚戌告于太廟乃受之癸亥日鬬三月置周易儀禮公羊博士癸酉以平東將軍曹嶷爲安東將軍夏四月辛亥帝親覽庶獄石勒攻猒次陷之撫軍將軍幽州刺史段匹磾沒于勒五月旱庚申詔曰昔漢二祖及魏武皆免良人武帝時涼州覆敗諸爲奴婢亦皆復籍此累代成規也其免中州良人遭難爲揚州諸郡僮客者以備征役秋七月大水甲戌以尚書戴若思爲征西將軍都督司兗豫并冀雍六州諸軍事司州刺史鎭合肥丹陽尹劉隗爲鎭北將軍都督青徐幽平四州諸軍事青州刺史鎭淮陰壬午以驃騎將軍王導爲司空八月常山崩九月壬寅鎭西將軍豫州刺史祖逖卒冬十月壬午以逖弟侍中約爲平西將軍豫州刺史十二月以慕容廆爲持節都督幽平二州東夷諸軍事平州牧封遼東郡公

永昌元年春正月乙卯大赦改元戊辰大將軍王敦舉兵於武昌以誅劉隗爲名龍驤將軍沈充帥衆應之三月徵征西將軍戴若思鎭北將軍劉隗還衞京都以司空王導爲前鋒大都督以戴若思爲驃騎將軍丹陽諸郡皆加軍號加僕射周顗尚書左僕射領軍王邃尚書右僕射以太子右衞率周莚行冠軍將軍統兵三千討沈充甲子封皇子昱爲琅邪王劉隗軍于金城右將軍周札守石頭帝親被甲狥六師於郊外遣平南將軍陶

侃領江州安南將軍甘卓領荆州各帥所統以躡敦後四月敦前鋒攻石頭周札開城門應之奮威將軍侯禮死之敦據石頭戴若思劉隗帥衆攻之王導周顗郭逸虞潭等三道出戰六軍敗績尚書令刁協奔于江乘爲賊所害鎭北將軍劉隗奔於石勒遣使謂敦曰公若不忘本朝於此息兵則天下尚可共安也如其不然朕當歸於琅邪以避賢路辛未大赦敦乃自爲丞相都督中外諸軍錄尚書事封武昌郡公邑萬戶丙子驃騎將軍秣陵侯戴若思尚書左僕射護軍將軍武城侯周顗爲敦所害敦將沈充陷吳國魏乂陷湘州吳國內史張茂湘州刺史譙王承並遇害五月壬申敦以太保西陽王羕爲太宰加司空王導尚書令乙亥鎭南大將軍甘卓爲襄陽太守周慮所害蜀賊張龍寇巴東建平太守柳純擊走之石勒遣騎寇河南六月旱秋七月王敦自加兗州刺史郗鑒爲安北將軍石勒將石虎攻陷太山執守將徐龕兗州刺史郗鑒自鄒山退守合肥八月敦以其兄含爲衞將軍自領寧益二州都督琅邪太守孫默叛降于石勒冬十月大疫死者十二三己丑都督荆梁二州諸軍事平南將軍荆州刺史武陵侯王廙卒辛卯以下邳內史王邃爲征北將軍都督青徐幽平四州諸軍事鎭淮陰新昌太守梁碩起兵反京師大霧黑氣蔽天日月無光石勒攻陷襄城城父遂圍譙破祖約別軍約退據壽春十一月以司徒荀組爲太尉己酉太尉荀組薨罷司徒并丞相閏月己丑帝崩于內殿時年四十七葬建平陵廟號中宗帝性簡儉沖素容納直言虛己待物初鎭江東頗以酒色廢事王導深以爲言帝命酌引觴覆之於此遂絕有司嘗奏太極殿廣室施絳帳帝曰漢文集上書皂囊爲帷遂令冬施青布夏施青練帷帳將拜貴人有司請市雀釵帝以煩費不許所幸鄭夫人衣無文綵從母弟王廙爲母立屋過制流涕止之然晉室遘紛皇輿播越天命未改人謀叶贊元戎屢動不出江畿經畧區區僅全吳楚終於下陵上辱憂憤告謝恭儉之德雖充雄武之量不足始秦時望氣者云五百年後金陵有天子氣故始皇東游以厭之改其地曰秣陵塹北山以絕其勢及孫權之稱號自謂當之孫盛以爲始皇逮于孫氏四百三十七載考其歷數猶爲未及元帝之渡江也乃五百二十六年眞人之應在於此矣咸寧初風吹太社樹折社中有青氣占者以爲東莞有天子之祥由是徙封東莞王於琅邪即武王也及吳之亾王濬實先至建鄴而皓之降欵遠歸璽於琅邪天意人事又符中興之兆太安之際童謠云五馬浮渡江一馬化爲龍及永嘉中歲鎭熒惑太白聚牛女之間識者以爲吳越之地當興王者是歲王室淪覆帝與西陽汝南南頓彭城五王獲濟而帝竟登大位焉初元石圖有牛繼馬後故宣帝深忌牛氏遂爲二榼共一口以貯酒焉帝先飲佳者而以毒酒鴆其將牛金而恭王妃夏侯氏竟通小吏牛氏而生元帝亦有符云

元帝建武元年太興四年永昌元年即位六年

明皇帝諱紹字道畿元皇帝長子也幼而聰哲爲元帝所寵異年數歲嘗坐置膝前屬長安使來因問帝曰汝謂日與長安孰遠對曰長安近不聞人從日邊來居然可知也元帝異之明日晏羣僚又問之對曰日近元帝失色曰何乃異間者之言乎對曰舉目則見日不見長安由是益奇之建興初拜東中郎將鎭廣陵元帝爲晉王立爲王太子及帝即尊號立爲皇太子性至孝有文武才畧欽賢愛客雅好文辭當時名臣自王導庾亮溫嶠桓彝阮放等咸見親待嘗論聖人眞假之意導等不能屈又習武藝善撫將士于時東朝濟濟遠近屬心焉及王敦之亂六軍敗績帝欲帥將士決戰升車將出中庶子溫嶠固諫抽劍斬鞅乃止敦素以帝神武明畧朝野之所欽信欲誣以不孝而廢焉大會百官而問溫嶠曰皇太子以何德稱聲色俱厲必欲使有言嶠對曰鉤深致遠蓋非淺局所量以禮觀之可稱爲孝矣衆皆以爲信然敦謀遂止永昌元年閏月己丑元帝崩庚寅太子即皇帝位大赦尊所生荀氏爲建安郡君

太寧元年春正月癸巳黃霧四塞京師火李雄使其將李驤任回寇臺登將軍司馬玫死之越巂太守李釗漢嘉太守王載以郡叛降于驤二月葬元帝于建平陵帝徒跣至于陵所以特進華恒爲驃騎將軍都督石頭水陸軍事乙丑黃霧四塞丙寅隕霜壬申又隕霜殺穀三月戊寅朔改元臨軒停饗晏之禮懸而不樂丙戌隕霜殺草饒安東光安陵三縣災燒七千餘家死者萬五千人石勒攻陷下邳徐州刺史卞敦退保盱眙王敦獻皇帝信璽一紐敦將謀簒逆諷朝廷徵已帝乃手詔徵之夏四月敦下屯于湖轉司空王導爲司徒自領揚州牧巴東監軍柳純爲敦所害以尚書陳眕爲都督幽平二州諸軍事幽州刺史五月京師大水李驤等寇寧州刺史王遜遣將姚岳距戰於堂狼大破之梁碩攻陷交州刺史王諒死之六月壬子立皇后庾氏平南將軍陶侃遣參軍高寶攻梁碩斬之傳首京師進侃位征南大將軍開府儀同三司秋七月丙子朔震太極殿柱是月劉

曜攻陳安於隴城滅之八月以安北將軍郗鑒爲尚書令石勒將石虎攻陷青州刺史曹嶷遇害冬十一月王敦以其兄征南大將軍含爲征東將軍都督揚州江西諸軍事以軍國饑乏調刺史以下米各有差

二年春正月丁丑帝臨朝停饗宴之禮懸而不樂庚辰赦五歲刑以下術人李脫造妖書惑衆斬于建康市石勒將石虎寇兗州刺史劉遐自彭城退保泗口三月劉曜將康平寇魏興及南陽夏五月王敦矯詔拜其子應爲武衛將軍兄含爲驃騎大將軍帝所親信常從督公乘雄冉曾並爲敦所害六月敦將舉兵內向帝密知之乃乘巴滇駿馬微行至于湖陰察敦營壘而出有軍士疑帝非常人又敦正晝寢夢日環其城驚起曰此必黃鬚鮮卑奴來也帝母荀氏燕代人帝狀類外氏鬚黃敦故謂帝云於是使五騎物色追帝帝亦馳去馬有遺糞輒以水灌之見逆旅賣食嫗以七寶鞭與之曰後有騎來可以此示也俄而追者至問嫗嫗曰去已遠矣因以鞭示之五騎傳玩稽留遂久又見馬糞冷以爲信遠而止不追帝僅而獲免丁卯加司徒王導大都督假節領揚州刺史以丹陽尹溫嶠爲中壘將軍與右將軍卞敦守石頭以光祿勳應詹爲護軍將軍假節督朱雀橋南諸軍事以尚書令郗鑒行衛將軍都督從駕諸軍事以中書監庾亮領左衛將軍以尚書卞壼行中軍將軍徵平北將軍徐州刺史王邃平西將軍豫州刺史祖約北中郎將兗州刺史劉遐奮武將軍臨淮太守蘇峻奮威將軍廣陵太守陶瞻等還衛京師帝次于中堂秋七月壬申朔敦遣其兄含及錢鳳周撫鄧岳等水陸五萬至于南岸溫嶠移屯水北燒朱雀桁以挫其鋒帝躬率六軍出次南皇堂至癸酉夜募壯士遣將軍段秀中軍司馬曹渾左衛參軍陳嵩鍾寅等甲卒千人渡水掩其未備平旦戰於越城大破之斬其前鋒將何康王敦憤惋而死前宗王虞潭起義師於會稽沈充帥萬餘人來會含等庚辰築壘于陵口丁亥劉遐蘇峻等帥精卒萬人以至帝夜見勞之賜將士各有差義興人周蹇殺敦所署太守劉芳平西將軍祖約逐敦所署淮南太守任台于壽春乙未賊衆濟水護軍將軍應詹帥建威將軍趙允等距戰不利賊至宣陽門北中郎將劉遐蘇峻等自南塘橫擊大破之劉遐又破沈充于青溪丙申賊燒營宵遁丁酉帝還宮大赦惟敦黨不原於是分遣諸將追其黨與悉平之封司徒王導爲始興郡公邑三千戶賜絹九千匹丹陽尹溫嶠建寧縣公尚書卞壼建興縣公中書監庾亮永昌縣公北中郎將劉遐泉陵縣公奮武將軍蘇峻邵陵縣公邑各一千八百戶絹各五千四百疋尚書令郗鑒高平縣侯護軍將軍應詹觀陽縣侯邑各千六百戶絹各四千八百匹建威將軍趙允湘南縣侯右將軍卞敦益陽縣侯邑各千六百戶絹各三千二百匹其餘封賞各有差冬十月以司徒王導爲太保領司徒太宰西陽王羕領太尉護軍將軍應詹爲平南將軍都督江州諸軍事江州刺史劉遐爲監淮北諸軍事徐州刺史庾亮爲護軍將軍詔王敦羣從一無所問是時石勒將石生屯洛陽豫州刺史祖約退保壽陽十二月壬子帝謁建平陵從大祥之禮梁水太守爨亮益州太守李過以興古叛降于李雄沈充故將顧颺反於武康攻燒城邑州縣討斬之

三年春二月戊辰復三族刑惟不及婦人三月幽州刺史段末波卒以弟牙嗣戊辰立皇子衍爲皇太子大赦增文武位二等大酺三日賜鰥寡孤獨帛人二匹癸巳徵處士臨海任旭會稽虞喜並爲博士夏四月詔太宰司徒已下詣都坐參議政道諸所因革務盡事中又詔令羣臣直言毋有所隱己亥雨雹石勒將石良寇兗州刺史檀贇力戰死之將軍李矩等並衆潰而歸石勒盡陷司兗豫三州之地五月以征南大將軍陶侃爲征西大將軍都督荊湘雍梁四州諸軍事荊州刺史王舒爲安南將軍都督廣州諸軍事廣州刺史六月石勒將石虎攻劉曜將劉岳於新安陷之以廣州刺史王舒爲都督湘中諸軍事湘州刺史湘州刺史劉顗爲平越中郎將都督廣州諸軍事廣州刺史大旱自正月不雨至于是月秋七月辛未以尚書令郗鑒爲車騎將軍都督青兗二州諸軍事假節鎮廣陵領軍將軍卞壼爲尚書令詔求三恪及國初宗室哲王佐命功臣有禮祀廢絕者主者其詳議諸應立後者以聞又詔曰郊祀天地帝王之重事自中興以來惟南郊未曾北郊四時五郊之禮都不復設五嶽四瀆名山大川載在祀典應望秩者悉廢而未舉主者其依舊詳處八月詔求吳時將相名賢之胄有能纂修家訓又忠孝仁義靜己守貞不聞於時者州郡中正亟以名聞勿有所遺閏月以尚書左僕射荀崧爲光祿大夫錄尚書事尚書鄧攸爲尚書左僕射壬午帝不悆召太宰西陽王羕司徒王導尚書令卞壼車騎將軍郗鑒護軍將軍庾亮領軍將軍陸曄丹陽尹溫嶠並受遺詔輔太子戊子帝崩于東堂年二十七葬武平陵廟號肅宗帝聰明有機斷尤精物理于時兵凶歲饑死疫過半虛弊既甚事極艱虞屬王敦挾震主之

咸將移神器帝崎嶇遵養以弱制彊潛謀獨斷廓清大祲改授荆湘等四州以分上流之勢撥亂反正彊本弱枝雖饗國日淺而規模弘遠矣

明帝太寧三年

成皇帝諱衍字世根明帝長子也太寧三年三月戊辰立爲皇太子閏月戊子明帝崩己丑太子卽皇帝位大赦增文武位二等賜鰥寡孤老帛人二匹尊皇后庾氏爲皇太后秋八月癸卯皇太后臨朝稱制司徒王導錄尙書事與中書令庾亮參輔朝政以撫軍將軍南頓王宗爲驃騎將軍領軍將軍汝南王祐爲衞將軍辛丑葬明帝于武平陵冬十一月癸巳朔日有食之廣陵相曹渾有罪下獄死

咸和元年春二月丁亥大赦改元大酺五日賜鰥寡孤老米人二斛京師百里內復一年夏四月石勒遣其將石生寇汝南汝南人執內史祖濟以叛甲子尙書左僕射鄧攸卒五月大水六月癸亥使持節散騎常侍監淮北諸軍事北中郎將徐州刺史泉陵公劉遐卒癸酉以車騎將軍郗鑒領徐州刺史征虜將軍郭默爲北中郎將假節監淮北諸軍劉遐部曲將李龍史迭奉遐子肇代遐位以距默臨淮太守劉矯擊破之斬龍傳首京師秋七月癸丑使持節都督江州諸軍事江州刺史平南將軍觀陽伯應詹卒八月以給事中前將軍丹陽尹溫嶠爲平陽將軍假節都督江州刺史九月旱李雄將張龍冦涪陵執太守謝俊冬十月封魏武帝元孫曹勵爲陳留王以紹魏丙寅衞將軍汝南王祐薨己巳封皇弟岳爲吳王車騎將軍南頓王宗有罪伏誅貶其族爲馬氏免太宰西陽王羕降爲弋陽縣王庚辰赦百里內五歲以下刑是月劉曜將黃秀帛成寇酇平北將軍魏該帥衆奔襄陽十一月壬子大閱於南郊改定王侯國秩九分食一石勒將石聰攻壽陽不尅遂侵逡遒阜陵加司徒王導大司馬假黃鉞都督中外征討諸軍事以禦之歷陽太守蘇峻遣其將韓晃討石聰走之時大旱自六月不雨至于是月十二月濟岷太守劉闓殺下邳內史夏侯嘉叛降石勒梁王翹薨

二年春正月寧州秀才龐遺起義兵攻李雄將任回李謙等雄遣其將羅恒費黑救之寧州刺史尹奉遣裨將姚岳朱提太守楊術援遺戰于臺登岳等敗績術死之三月益州地震夏四月旱己未豫章地震五月甲申朔日有食之丙戌加豫州內史祖約爲鎭西將軍戊子京師大水冬十月劉曜使其子允侵枹罕遂略河南地十一月豫州刺史祖約歷陽太守蘇峻等反十二月辛亥蘇峻使其將韓晃入姑孰屠于湖壬子彭城王雄章武王休叛奔峻庚申京師戒嚴假護軍將軍庾亮節爲征討都督以右衞將軍趙允爲冠軍將軍歷陽太守使與左將軍司馬流帥師距峻戰于慈湖流敗死之假驃騎將軍鍾雅節帥舟軍與趙允爲前鋒以距峻丙寅徙封琅邪王昱爲會稽王吳王岳爲琅邪王辛未宣城內史桓彝及峻戰于蕪湖彝軍敗績車騎將軍郗鑒遣廣陵相劉矩帥師赴京師

三年春正月平南將軍溫嶠帥師赴京師次于尋陽遣督護王愆期西陽太守鄧嶽鄱陽太守紀睦爲前鋒征西大將軍陶侃遣督護龔登受嶠節度鍾雅趙允等次慈湖王愆期鄧嶽等次直瀆丁未峻濟自橫江登牛渚二月庚戌峻至于蔣山假領軍將軍卞壼節帥六軍及峻戰于西陵王師敗績丙辰峻攻青溪柵因風縱火王師又大敗尙書令領軍將軍卞壼丹陽尹羊曼黃門侍郞周導廬江太守陶瞻並遇害死者數千人庾亮又敗于宣陽門內遂攜其諸弟與郭默趙允奔尋陽於是司徒王導右光祿大夫陸曄荀崧等衞帝於太極殿太常孔愉守宗廟賊乘勝麾戈接於帝座突入太后後宮左右侍人皆見掠奪是時太官唯有燒餘米數石以供御膳百姓號泣響震都邑丁巳峻矯詔大赦又以祖約爲侍中太尉尙書令自爲驃騎將軍錄尙書事吳郡太守庾冰奔于會稽三月丙子皇太后庾氏崩夏四月石勒攻宛南陽太守王國叛降于勒壬申葬明穆皇后于武平陵五月乙未峻逼遷天子于石頭帝哀泣升車宮中慟哭峻以倉屋爲宮遣管商張瑾弘徽冦晉陵韓晃冦義興吳興太守虞潭與庾冰王舒等起義兵於三吳丙午征西大將軍陶侃平南將軍溫嶠護軍將軍庾亮平北將軍魏該舟軍四萬次于蔡洲六月韓晃攻宣城內史桓彝力戰死之壬辰平北將軍雍州刺史魏該卒于師廬江太守毛寶攻賊合肥戍拔之秋七月祖約爲石勒將石聰所攻衆潰奔于歷陽石勒將石虎攻劉曜於蒲坂八月曜及石虎戰于高候虎敗績曜遂圍石生於洛陽九月戊申司徒王導奔于白石庚午陶侃使督護楊謙攻峻于石頭溫嶠庾亮陣于白石竟陵太守李陽距賊南偏峻輕騎出戰墜馬斬之衆遂大潰賊黨復立峻弟逸爲帥前交州刺史張璉據始興反進攻廣州鎭南司馬曾勰等擊破之冬十月李雄將張龍冦涪陵太守趙弼沒於賊十二月乙未石勒敗劉曜於洛陽獲之是歲石勒將石虎攻氐帥蒲洪於隴山降之

四年春正月帝在石頭賊將匡術以苑城歸順百官赴焉侍中鍾雅右衛將軍劉超謀奉帝出爲賊所害戊辰冠軍將軍趙允遣將甘苗討祖約于歷陽敗之約奔于石勒其將牽騰帥衆降峻子碩攻臺城又焚太極東堂祕閣皆盡城中大飢米斗萬錢二月大雨霖丙戌諸軍攻石頭李陽與蘇逸戰於柤浦陽軍敗建威內史滕含以銳卒擊之逸等大敗含奉帝御于溫嶠舟羣臣頓首號泣請罪弋陽王羕有罪伏誅丁亥大赦時兵火之後宮闕灰燼以建平園爲宮甲午蘇逸以萬餘人自延陵湖將入吳興乙未將軍王允之及逸戰于溧陽獲之壬寅以湘州并荊州劉曜太子毗與其大司馬劉允帥百官奔于上邽關中大亂三月壬子以征西大將軍陶侃爲大尉封長沙郡公車騎將軍郗鑒爲司空封南昌縣公平南將軍溫嶠爲驃騎將軍開府儀同三司封始安郡公其餘封拜各有差庚午以右光祿大夫陸曄爲衛將軍開府儀同三司復封高密王紘爲彭城王以護軍將軍庾亮爲平西將軍都督揚州之宣城江西諸軍事假節領豫州刺史鎮蕪湖夏四月乙未驃騎將軍始安公溫嶠卒秋七月有星孛于西北會稽吳興宣城丹陽大水詔復遭賊郡縣租稅三年八月劉曜將劉允等帥衆侵石生次于雍九月石勒將石虎擊允斬之進屠上邽盡滅劉氏坑其黨三千餘人冬十月廬山崩十二月壬辰右將軍郭默害平南將軍江州刺史劉允太尉陶侃帥師討默是歲天裂西北

五年春正月己亥大赦癸亥詔除諸將任子二月以尙書陸玩爲尙書左僕射孔愉爲右僕射夏五月旱且飢疫乙卯太尉陶侃擒郭默于尋陽斬之石勒將劉徵寇南沙都尉許儒遇害進入海虞六月癸巳初稅田畝二升秋八月石勒僭卽皇帝位使其將郭敬寇襄陽南中郞將周撫退歸武昌中州流人悉降于勒郭敬遂寇襄陽屯于樊城九月造新宮始繕苑城甲辰徙樂成王欽爲河間王封彭城王紘子浚爲高密王冬十月丁丑幸司徒王導第置酒大會李雄將李壽寇巴東建平監軍毌丘奧太守陽謙退歸宜都十二月張駿稱臣於石勒

六年春正月癸巳劉徵復寇婁縣遂掠武進乙未進司空郗鑒都督吳國諸軍事戊午以運漕不繼發王公已下千餘丁各運米六斛二月己丑以幽州刺史大單于段遼爲驃騎將軍三月壬戌朔日有食之癸未詔舉賢良直言之士夏四月旱六月丙申復故河間王顒爵位封彭城王植子融爲樂成王章武王混子珍爲章武王秋七月李雄將李壽侵陰平武都氐帥楊難敵降之八月庚子以左僕射陸玩爲尙書令

七年春正月辛未大赦三月西中郞將趙允司徒中郞匡術攻石勒馬頭塢尅之勒將韓雍寇南沙及海虞夏四月勒將郭敬陷襄陽五月大水秋七月丙辰詔諸養獸之屬損費者多一切除之太尉陶侃遣子平西參軍斌與南中郞將桓宣攻石勒將郭敬破之尅樊城竟陵太守李陽拔新野襄陽因而戍之冬十一月壬子朔進太尉陶侃爲大將軍詔舉賢良十二月庚戌帝還于新宮

八年春正月辛亥朔詔以新宮成其赦五歲刑以下令諸郡舉力人能舉千五百觔以上者丙寅李雄將李壽陷寧州刺史尹奉及建寧太守霍彪並降之癸酉以張駿爲鎮西大將軍丙子石勒遣使致賂詔焚之夏四月詔封故新蔡王弼弟邈爲新蔡王以束帛徵處士尋陽翟湯會稽虞喜五月有星隕于肥鄉麒麟騶虞見于遼東乙未車騎將軍遼東公慕容廆卒子皝嗣位六月甲辰撫軍將軍王舒卒秋七月戊辰石勒死子弘嗣僞位其將石聰以譙來降冬十月石弘將石生起兵於關中稱秦州刺史遣使來降石弘將石虎攻石朗於洛陽因進擊石生俱滅之十二月石生故部將郭權遣使請降

九年春正月隕石于涼州二以郭權爲鎮西將軍雍州刺史二月丁卯加鎮西大將軍張駿爲大將軍三月丁酉會稽地震夏四月石弘將石虎使石斌攻郭權於郭陷之六月李雄死其兄子班嗣僞位乙卯太尉長沙公陶侃薨大旱詔大官徹膳省刑恤孤寡貶費節用辛未加平西將軍庾亮都督江荊豫益梁雍六州諸軍事秋八月大雩自五月不雨至于是月九月戊寅散騎常侍衞將軍江陵公陸曄卒冬十月李雄子期殺李班而自立班弟玝與其將焦會羅凱等並來降十一月石虎弒石弘自立爲天王十二月丁卯以東海王冲爲車騎將軍瑯邪王岳爲驃騎將軍蘭陵人朱縱斬石虎將郭祥以彭城來降

咸康元年春正月庚午朔帝加元服大赦改元增文武位一等大酺三日賜鰥寡孤獨不能自存者粟人五斛二月甲子帝親釋奠揚州諸郡饑遣使振給三月乙酉幸司徒府夏四月癸卯石虎寇歷陽加司徒王導大司馬假黃鉞都督征討諸軍事以禦之癸丑帝觀兵于廣莫門分命諸將遣將軍劉仕救歷陽平西將軍趙允屯慈湖龍驤將軍路永戍牛渚建武將軍王允之屯蕪湖司空郗鑒使廣陵相陳光帥衆衛京師賊退向襄陽戊

午解嚴石虎將石遇寇中廬南中郎將王國退保襄陽秋八月長沙武陵大水東帛徵處士翟湯郭翻冬十月乙未朔日有蝕之是歲大旱會稽餘姚尤甚米斗五百價人相賣

二年春正月辛巳慧星見于奎以吳國內史虞潭為衛將軍二月算軍用稅米空懸五十餘萬石尚書謝褒已下免官辛亥立皇后杜氏大赦增文武位一等庚申高句驪遣使貢方物三月旱詔大官減膳免所旱郡縣繇役戊寅大雩夏四月丁巳皇后見于太廟雨雹秋七月揚州會稽饑開倉振給冬十月廣州刺史鄧嶽遣督護王隨擊夜郎新昌太守陶協擊興古並剋之詔求衛公山陽公近屬以紹周漢之祀新作朱雀浮桁十一月遣建威將軍司馬勳安集漢中為李期將李壽所敗

三年春正月辛卯立太學夏六月旱冬十月丁卯慕容皝自立為燕王

四年春二月石虎帥衆七萬擊段遼于遼西遼奔于平崗夏四月李壽弒李期僭即偽位國號漢石虎為慕容皝所敗癸丑加皝征北大將軍五月乙未以司徒王導為太傅都督中外諸軍事司空郗鑒為太尉征西將軍庾亮為司空六月改司徒為丞相以太傅王導為之秋八月丙午分寧州置安州

五年春正月辛丑大赦三月乙丑廣州刺史鄧嶽伐蜀建寧人孟彥執李壽將霍彪以降夏四月辛未征西將軍庾亮遣參軍趙松擊巴郡江陽獲石虎將李閎黃桓等秋七月庚申使持節侍中丞相領揚州刺史始興公王導薨辛酉以護軍將軍何充錄尚書事八月壬午復改丞相為司徒辛酉太尉南昌公郗鑒薨九月石虎將夔安李農陷沔南張貉陷邾城因寇江夏義陽征虜將軍毛寶西陽太守樊俊義陽太守鄭進並死之夔安等進圍石城竟陵太守李陽距戰破之斬首五千餘級安乃退遂略漢東擁七千餘家遷于幽冀冬十二月丙戌以驃騎將軍琅邪王岳為司徒李壽將李奕寇巴東守將勞揚戰敗死之

六年春正月庚子使持節都督江豫益梁雍交廣七州諸軍事司空都亭侯庾亮薨辛亥以左光祿大夫陸玩為司空二月慕容皝及石虎將石成戰于遼西敗之獻捷于京師庚辰有星孛于太微三月丁卯大赦以車騎將軍東海王沖為驃騎將軍李壽陷丹川守將孟彥劉齊李秋皆死之秋七月乙卯初依中興故事朔望聽政於東堂冬十月林邑獻馴象十一月癸卯復琅邪比漢豐沛

七年春二月甲午朔日有食之己卯慕容皝遣使求假燕王章璽許之三月戊戌杜皇后崩夏四月丁卯葬恭皇后于興平陵實編戶王公已下皆正土斷白籍秋八月辛酉驃騎將軍東海王沖薨九月罷太僕官冬十二月癸酉司空興平伯陸玩薨除樂府雜伎罷安州

八年春正月己未朔日有食之乙丑大赦三月初以武悼楊皇后配饗武帝廟夏六月庚寅帝不悆詔曰朕承洪緒于茲十有八年今遘疾不興是用震悼于厥躬千齡眇眇未堪多難司徒琅邪王岳親則母弟體則仁長君人之風允塞時望肆爾王公卿士其輔之以祗奉祖宗明祀毋墜我祖宗之顯命壬辰引武陵王晞會稽王昱中書監庾冰中書令何充尚書令諸葛恢並受顧命癸巳帝崩于西堂時年二十二葬興平陵廟號顯宗帝少而聰敏有成人之量南頓王宗之誅也帝不之知及蘇峻平問庾亮曰常日白頭公何在亮對曰以謀反伏誅帝泣謂亮曰舅言人作賊便殺之人言舅作賊復若何亮懼變色庾懌嘗送酒於江州刺史王允之允之與犬犬斃懼而表之帝怒曰大舅已亂天下小舅復欲爾邪懌聞飲藥而死然少為舅氏所制不親庶政及長頗留心萬機務在簡約常欲於後園作射堂計用四十金以勞費乃止雄武之度雖有愧於前王恭儉之德足追蹤於往烈矣

成帝咸和九年咸康八年即位十七年

康皇帝諱岳字世同成帝母弟也咸和元年封吳王二年徙封琅邪王九年拜散騎常侍加驃騎將軍咸康五年遷侍中司徒八年六月庚寅成帝不悆詔以琅邪王為嗣癸巳成帝崩甲午即皇帝位大赦諸屯戍文武及二千石官長不得輒離所局而來奔赴己亥封成帝子丕為琅邪王奕為東海王時帝諒陰不言委政于庾冰何充秋七月丙辰葬成皇帝于興平陵帝親奉奠於西階既發引徒行至閶闔門升素輿於陵所己未以中書令何充為驃騎將軍八月辛丑彭城王紘薨以江州刺史王允之為衛將軍九月詔琅邪國及府吏進位各有差冬十月甲午衛將軍王允之卒十二月增文武位二等壬子立皇后褚氏

建元元年春正月改元振恤鰥寡孤獨三月以中書監庾冰為車騎將軍夏四月益州刺史周撫西陽太守曹據伐李壽敗其將李恒于江陽五月旱六月壬午又以束帛徵處士南陽翟湯會稽虞喜有司奏成帝崩一周請改素服御進膳如舊壬寅詔不許石虎帥衆伐慕容

皝皝大敗之秋七月石虎將戴開帥衆來降丁巳詔曰慕容皝推殄羯寇乃云死没八萬餘人將是其天亾之始也中原之事宜加籌量且戴開已帥部黨歸順宜見慰勞其遣使詣安西驃騎諮謀諸軍事以輔國將軍瑯邪內史桓溫爲前鋒小督假節帥衆入臨淮安西將軍庾翼爲征討大都督遷鎭襄陽庚申晉陵吳郡災八月李壽死子勢嗣僞位石虎使其將劉寧攻陷狄道冬十月辛巳以車騎將軍庾冰都督荆江司雍益梁六州諸軍事江州刺史以驃騎將軍何充爲中書監都督揚二州諸軍事揚州刺史錄尚書事輔政以瑯邪內史桓溫都督青徐兗三州諸軍事徐州刺史褚裒爲衛將軍領中書令十一月己巳大赦十二月石虎侵張駿駿使其將軍謝艾拒之大戰于河西虎敗績十二月高句驪遣使朝獻

二年春正月張駿遣其將和驎謝艾討南羌于闐和大破之二月慕容皝及鮮卑帥宇文歸戰于昌黎歸衆大敗奔于漠北四月張駿將張瓘敗石虎將王擢于三交城秋八月丙子進安西將軍庾翼爲征西將軍庚辰持節都督司雍梁三州諸軍事梁州刺史平北將軍竟陵公桓宣卒丁巳以衛將軍褚裒爲特進都督徐兗二州諸軍事兗州刺史鎭金城九月巴東太守楊謙擊李勢將申陽陽敗走獲其將樂高丙申立皇子聃爲皇太子戊戌帝崩于式乾殿時年二十三葬崇平陵初成帝有疾中書令庾冰自以舅氏當朝權侔人主恐異世之後戚屬將疎乃言國有彊敵宜立長君遂以帝爲嗣制度年號再興中朝因改元曰建元或謂冰曰郭璞讖云立始之際邱山傾立者建也始者元也邱山諱也冰瞿然旣而嘆曰如有吉凶豈改易所能救乎至是果驗云

康帝建元二年

穆皇帝諱聃字彭子康帝子也建元二年九月丙申立爲皇太子戊戌康帝崩己亥太子卽皇帝位時年二歲大赦尊皇后爲皇太后壬寅皇太后臨朝攝政冬十月乙丑葬康皇帝于崇平陵十一月庚辰車騎將軍庾冰卒

永和元年春正月甲戌朔皇太后設白紗帷於太極殿抱帝臨軒改元甲申進鎭軍將軍武陵王晞爲鎭軍大將軍開府儀同三司以鎭軍將軍顧衆爲尚書右僕射夏四月壬戌詔會稽王昱錄尚書六條事五月戊寅大雩尚書令金紫光祿大夫建安伯諸葛恢卒六月癸亥地震秋七月庚午持節都督江荆司梁雍益寧七州諸軍事江州刺史征西將軍都亭侯庾翼卒翼部將于瓚戴羲等殺冠軍將軍曹據舉兵反安西司馬朱燾討平之八月豫州刺史路永叛奔于石虎庚辰以輔國將軍徐州刺史桓溫爲安西將軍持節都督荆司雍益梁寧六州諸軍事領護南蠻校尉荆州刺史石虎將路永屯于壽春九月丙申皇太后詔曰今百姓勞弊其共思詳所以振卹之宜及歲常調非軍國要急者並宜停之冬十二月李勢將爨頠來奔涼州牧張駿伐焉耆降之

二年春正月丙寅大赦己卯使持節侍中都督揚州諸軍事揚州刺史驃騎將軍錄尚書事都鄉侯何充卒二月癸丑以左光祿大夫蔡謨領尚書錄尚書六條事撫軍大將軍會稽王昱及謨並輔政三月丙子以前司徒左長史殷浩爲建武將軍揚州刺史夏四月己酉朔日有蝕之五月丙戌涼州牧張駿卒子重華嗣六月石虎將王擢襲武街執張重華護軍胡宣又使麻秋孫伏都伐金城太守張沖降之重華將謝艾擊秋敗之秋七月以兗州刺史褚裒爲征北大將軍開府儀同三司冬十月地震十二月辛未安西將軍桓溫帥征虜將軍周撫輔國將軍譙王無忌建武將軍袁喬伐蜀拜表輒行十二月枉矢自東南流于西北其長半天

三年春三月乙卯桓溫攻成都剋之丁亥李勢降益州平林邑范文攻陷日南害太守夏侯覽以尸祭天夏四月地震蜀人鄧定隗文舉兵反桓溫又擊破之使益州刺史周撫鎭彭城丁巳鄧定隗文等入據成都征虜將軍楊謙棄涪城退保德陽五月戊申進慕容皝爲安北將軍石虎又使其將石寧麻秋等伐涼州次于曲柳張重華使將軍牛旋禦之退守枹罕六月辛酉大赦秋七月范文復陷日南害督護劉雄隗文立范賁爲帝八月戊午張重華將謝艾進擊麻秋大敗之九月地震冬十月乙丑假涼州刺史張重華大都督隴右關中諸軍事護羌校尉大將軍武都氐王楊初爲征南將軍雍州刺史平羌校尉仇池公並假節十二月振威護軍蕭敬文害征虜將軍楊謙攻涪城陷之遂取巴西通于漢中

四年夏四月范文寇九德多所殺害五月大水秋八月進安西將軍桓溫爲征西大將軍開府儀同三司封臨賀公西中郞將謝尚爲安西將軍九月丙申慕容皝死子儁嗣僞位冬十月己未地震石虎使其將苻健寇竟陵十二月豫章人黃韜自號孝神皇帝聚衆數千寇臨川太守庾條討平之

五年春正月辛巳朔大赦庚寅地震石虎僭卽皇帝位於鄴二月征北大將軍褚裒使部將王龕北伐獲石虎

將支重夏四月益州刺史周撫龍驤將軍朱燾擊范賁
獲之益州平封周撫爲建城公假慕容儁大將軍幽平
二州牧大單于燕王征西大將軍桓溫遣督護滕畯討
范文爲文所敗石虎死子世嗣僞位五月石遵廢世而
自立六月桓溫屯安陸遣諸將討河北石遵揚州刺史
王浹以壽陽來降秋七月褚裒進次彭城遣部將王龕
李邁及石遵將李農戰于代陂王師敗績王龕爲農所
執李邁死之八月褚裒退屯廣陵西中郎將陳逵焚壽
春而遁梁州刺史司馬勳攻石遵長城戍仇池公楊初
襲西城皆破之冬十月石遵將石遇攻宛陷之執南陽
太守郭啓司馬勳進次懸鉤石虎故將麻秋距之勳退
還梁州十一月丙辰石鑒弒石遵而自立十二月己酉
使持節都督徐兖二州諸軍事徐州刺史征北大將軍
開府儀同三司都鄉侯褚裒卒以建武將軍吳國內史
荀羡爲使持節監徐兖二州諸軍事北中郎將徐州刺
史

六年春正月帝臨朝以褚裒喪故懸而不樂閏月冉閔
弒石鑒僭稱天王國號魏鑒弟祇僭帝號于襄國丁丑
彗星見于亢己丑加中軍將軍殷浩督揚豫徐兖青五
州諸軍事假節氐帥苻洪遣使來降以爲氐王封廣川
郡公假洪子健節監河北諸軍事右將軍封襄國縣公
三月石虎故將麻秋鴆殺苻洪于枋頭夏四月大水廬
江太守袁眞攻合肥剋之六月石祇遣其弟琨攻冉閔
將王泰於邯鄲琨師敗績秋八月輔國將軍譙王無忌
薨苻健帥衆入關冬十一月冉閔圍襄國十二月免司
徒蔡謨爲庶人是歲大疫

七年春正月丁酉日有蝕之辛丑鮮卑段龕以青州來
降苻健僭稱王國號秦二月戊寅以段龕爲鎭北將軍
封齊公石祇大敗冉閔于襄國夏四月梁州刺史司馬
勳出步騎三萬自漢中入秦川與苻健戰于五丈原王
師敗績加尚書令顧和開府儀同三司劉顯弒石祇五
月祇兖州刺史劉啓自鄄城來奔秋七月尚書令左光
祿大夫開府儀同三司顧和卒甲辰濤水入石頭溺死
者數百人八月冉閔豫州刺史張遇以許昌來降拜鎭
西將軍九月峻陽太陽二陵崩甲辰帝素服臨於太極
殿三日遣兼太常趙拔修復山陵冬十月雷雨震電十
一月石祇將姚弋仲冉閔將魏脫各遣使來降以弋仲
爲車騎將軍大單于封高陵郡公弋仲子襄爲平北將
軍都督并州諸軍事并州刺史平鄉縣公脫爲安北將
軍監冀州諸軍事冀州刺史十二月辛未征西大將軍
桓溫帥衆北伐次于武昌而止時石虎故將周成屯廩
邱高昌屯野王樂立屯許昌李歷屯衛國皆相次來降

八年春正月辛卯日有蝕之劉顯僭帝號於襄國冉閔
擊破殺之苻健僭帝號於長安二月峻平崇陽二陵崩
戊辰帝臨三日遣殿中都尉王惠如洛陽以衛五陵鎭
西將軍張遇反於許昌使其黨上官恩據洛陽樂弘攻
督護戴施於倉垣三月使北中郎將荀羡鎭淮陰苻健
別帥侵順陽太守薛珍擊破之夏四月冉閔爲慕容儁
所滅儁僭帝號於中山稱燕安西將軍謝尚帥姚襄與
張遇戰於許昌之誡橋王師敗績苻健使其弟雄襲遇
虜之秋七月大雩石虎故將王擢遣使請降拜鎭西將
軍秦州刺史丁酉以鎭軍大將軍武陵王晞爲大宰撫
軍大將軍會稽王昱爲司徒征西大將軍桓溫爲太尉
八月平西將軍周撫討蕭敬文於涪城斬之冉閔子智
以鄴降督護戴施獲其傳國璽送之文曰受天之命皇
帝壽昌百僚畢賀九月冉智爲其將馬願所執降于慕
容恪中軍將軍殷浩帥衆北伐次泗口遣河南太守戴
施據石門滎陽太守劉遂戍倉垣冬十月秦州刺史王
擢爲苻健所逼奔于涼州

九年春正月乙卯朔大赦張重華使王擢與苻健將苻
雄戰擢師敗績丙寅皇太后與帝同拜建平陵三月旱
交州刺史阮敷討林邑范佛於日南破其五十餘壘夏
四月以安西將軍謝尚爲尚書僕射五月大疫張重華
復使王擢襲秦州取之仇池公楊初爲苻雄所敗秋七
月丁酉地震有聲如雷八月遣兼太尉河間王欽修復
五陵冬十月中軍將軍殷浩進次山桑使平北將軍姚
襄爲前鋒襄叛反擊浩浩棄輜重退保譙城丁未涼州
牧張重華卒子耀靈嗣是月張祚弒耀靈而自稱涼州
牧十一月殷浩使部將劉啓王彬之討姚襄復爲襄所
敗襄遂進據芍陂十二月加尚書僕射謝尚爲都督豫
揚江州諸軍事領豫州刺史鎭歷陽

十年春正月己酉朔帝臨朝以五陵未復懸而不樂涼
州牧張祚僭帝位冉閔降將周成舉兵反自宛陵襲洛
陽辛酉河南太守戴施奔鮪渚丁卯地震有聲如雷二
月己丑太尉征西將軍桓溫帥師伐關中廢揚州刺史
殷浩爲庶人以前會稽內史王述爲揚州刺史夏四月
己亥溫及苻健子萇戰于藍田大敗之五月江西乞活
郭敞等執陳留內史劉仕而叛京師震駭以吏部尚書
周閔爲中軍將軍屯于中堂豫州刺史謝尚自歷陽還
衛京師六月苻健將苻雄悉衆及桓溫戰于白鹿原王
師敗績秋九月辛酉桓溫糧盡引還

十一年春正月甲辰侍中汝南王統薨平羌校尉仇池公楊初爲其部將梁式所害初子國嗣位因拜鎭北將軍秦州刺史齊公段龕襲慕容儁將榮國於郞山取之夏四月壬申隕霜乙酉地震姚襄率衆冦外黃冠軍將軍高季大破之五月丁未地又震六月苻健死其子生嗣僞位秋七月宋混張瓘弑張祚而自立耀靈弟元靚爲大將軍涼州牧遣使來降以吏部尚書周閔爲尚書左僕射領軍將軍王彪之爲尚書右僕射冬十月進豫州刺史謝尚督并冀幽三州諸軍事鎭西將軍鎭馬頭十一月慕容恪帥衆冦廣固壬戌上黨人馮鴦自稱太守背苻生遣使來降

十二年春正月丁卯帝臨朝以皇太后母喪懸而不樂鎭北將軍段龕及慕容恪戰於廣固大敗之恪退據安平二月辛丑帝講孝經三月姚襄入于許昌以太尉桓溫爲征討大都督以討之秋八月己亥桓溫及姚襄戰于伊水大敗之襄走平陽徙其餘衆三千餘家於江漢之間執周成而歸使揚武將軍毛穆之督護陳午輔國將軍河南太守戴施鎭洛陽冬十月癸巳朔日有食之慕容恪攻段龕於廣固使北中郞將荀羨師次于琅邪以救之十一月遣兼司空散騎常侍車灌龍驤將軍袁眞等持節如洛陽修五陵十二月庚戌以有事于五陵告于太廟帝及羣臣皆服緦於太極殿臨三日是歲仇池公楊國爲其從父俊所殺俊自立

升平元年春正月壬戌朔帝加元服告于太廟始親萬機大赦改元增文武位一等皇太后居崇德宮丁丑隕石於槐里一是月鎭北將軍齊公段龕爲慕容恪所陷遇害扶南天竺旃檀獻馴象詔曰昔先帝以殊方異獸或爲人患禁之今及其未至可令還本土三月帝講孝經壬申親釋奠于堂中夏五月庚午鎭西將軍謝尙卒苻生將苻眉苻堅擊姚襄戰于三原斬之六月苻堅殺苻生而自立以軍司謝奕爲使持節都督安西將軍豫州刺史秋七月苻堅將張平以并州降遂以爲并州刺史八月丁未立皇后何氏大赦賜孝悌鰥寡米人五斛逋租宿債皆勿收大酺三日冬十月皇后見于太廟十一月雷十二月以太常王彪之爲尚書左僕射

二年春正月司徒會稽王昱稽首歸政帝不許二月慕容儁陷冀州諸郡詔安西將軍謝奕北中郞將荀羨北伐三月佽飛督王饒獻鴆鳥帝怒鞭之二百使殿中御史焚其鳥於四達之衢夏五月大水有星孛于天船六月并州刺史張平爲苻堅所逼帥衆三千奔于平陽堅追敗之慕容恪進據上黨冠軍將軍馮鴦以衆叛歸慕容儁儁盡陷河北之地秋八月安西將軍謝奕卒壬申以吳興太守謝萬爲西中郞將持節監司豫冀并四州諸軍事豫州刺史以散騎常侍郗曇爲北中郞將持節都督徐兖青冀幽五州諸軍事徐兖二州刺史鎭下邳冬十月乙丑陳留王曹勵薨十一月庚子雷辛酉地震十二月北中郞將荀羨及慕容儁戰于山茌王師敗績

三年春三月甲辰詔以比年出軍糧運不繼王公已下十三戸借一人一年助運秋七月平北將軍高昌爲慕容儁所逼自白馬奔于滎陽冬十月慕容儁冦河東遣西中郞將謝萬次下蔡北中郞將郗曇次高平以擊之王師敗績十一月戊子進揚州刺史王述爲衛將軍十二月又以中軍將軍琅邪王丕爲驃騎將軍東海王奕爲車騎將軍封武陵王晞子遵爲梁王交州刺史溫放之帥兵討林邑參黎耽潦並降之

四年春正月仇池公楊俊卒子世嗣丙戌慕容儁死子暐嗣僞位二月鳳皇將九雛見于豐城秋七月以軍役繁興省用徹膳八月辛丑朔日有食之既冬十月天狗流于西南十一月封太尉桓溫爲南郡公溫弟沖爲豐城縣公子濟爲臨賀郡公鳳皇復見豐城衆鳥隨之

五年春正月戊戌大赦賜鰥寡孤獨不能自存者人米五斛北中郞將都督徐兖青冀幽五州諸軍事徐兖三州刺史郗曇卒二月以鎭軍將軍范汪爲都督徐兖青冀幽五州諸軍事安北將軍徐兖二州刺史平南將軍廣州刺史陽夏侯滕含卒夏四月大水太尉桓溫鎭宛使其弟豁將兵取許昌鳳皇見于沔北五月丁巳帝崩于顯陽殿時年十九葬永平陵廟號孝宗

穆帝永和十二年升平五年卽位十七年

哀皇帝諱丕字千齡成帝長子也咸康八年封爲琅邪王永和元年拜散騎常侍十二年加中軍將軍升平三年除驃騎將軍五年五月丁巳穆帝崩皇太后令曰帝奄不救疾允嗣未建琅邪王丕中興正統明德懋親昔在咸康屬當儲貳以年在幼沖未堪國難故顯宗高讓今義望情地莫與爲比其以王奉大統於是百官備法駕迎于琅邪王第庚申卽皇帝位大赦壬戌詔以東海王奕爲琅邪王奉承大統秋七月戊午葬穆帝于永平陵慕容恪攻陷野王守將呂護退保滎陽八月己卯夜天裂廣數丈有聲如雷九月戊申立皇后王氏穆帝皇后何氏居永安宮呂護叛奔于慕容暐冬十月安北將軍范汪有罪廢爲庶人十二月加涼州刺史張元靚爲大都督隴右諸軍事護羌校尉西平公

隆和元年春正月壬子大赦改元甲寅減田稅畝收二升是月慕容暐將呂護傅末波攻陷小壘以逼洛陽二月辛未以輔國將軍吳國內史庾希爲北中郞將徐兗二州刺史鎭下邳前鋒監軍龍驤將軍袁眞爲西中郞將監護豫司并冀四州諸軍事豫州刺史鎭汝南並假節丙子尊所生周氏爲皇太妃三月甲寅朔日有蝕之夏四月旱詔出輕繫振困乏丁丑梁州地震浩亹山崩呂護復寇洛陽乙酉輔國將軍河南太守戴施奔于宛五月丁巳遣北中郞將庾希竟陵太守鄧遐以舟師救洛陽秋七月呂護等退守小平津進琅邪王奕爲侍中驃騎大將軍開府鄧遐進屯新城庾希部將何謙及慕容暐將劉則戰于檀邱破之八月西中郞將袁眞進次汝南運米五萬斛以饋洛陽冬十月賜貧乏者米人五斛章武王珍薨十二月戊午朔日有食之詔搜揚隱逸蠲除苛碎詳議法令咸從損要庾希自下邳退鎭山陽袁眞自汝南退鎭壽陽

興寧元年春二月己亥大赦改元三月壬寅皇太妃薨于琅邪第癸卯帝奔喪詔司徒會稽王昱總內外衆務夏四月慕容暐寇滎陽太守劉遠奔魯陽甲戌揚州地震湖瀆溢五月加征西大將軍桓溫侍中大司馬都督中外諸軍事錄尙書事假黃鉞復以西中郞將袁眞都督司冀并三州諸軍事北中郞將庾希都督青州諸軍事癸卯慕容暐陷密城滎陽太守劉遠奔于江陵秋七月張天錫殺涼州刺史西平公張元靚自稱大將軍護羌校尉涼州牧西平公丁酉葬章皇太妃秋八月有星孛于角亢入天市九月戊戌大司馬桓溫帥衆北伐癸亥以皇太子生大赦冬十月甲申立陳留王世子恢爲王十一月姚襄故將張駿殺江州督護趙毗焚武昌略府藏以叛江州刺史桓沖討斬之是歲慕容暐將慕容塵攻陳留太守袁披于長平汝南太守朱斌承虛襲許昌尅之

二年春二月庚寅江陵地震慕容暐將慕容評襲許昌潁川太守李福死之評遂侵汝南太守朱斌遁于壽陽又進圍陳郡太守朱輔嬰城固守桓溫遣江夏相劉岵擊退之改左軍將軍爲游擊將軍罷右軍前軍後軍將軍五校三將官癸卯帝親耕籍田三月庚戌朔大閱戶人嚴法禁稱爲庚戌制辛未帝不念帝雅好黃老斷穀餌長生藥服食過多遂中毒不親萬機崇德太后復臨朝攝政夏四月甲辰慕容暐遣其將李洪侵許昌王師敗績于懸瓠朱斌奔于淮南朱輔退保彭城桓溫遣西中郞將袁眞江夏相劉岵等鑿陽儀道以通運溫帥舟師次于合肥慕容塵復屯許昌五月遷陳人于陸以避之戊辰以揚州刺史王述爲尙書令衞將軍以桓溫爲揚州牧錄尙書事壬申遣使喻溫入相溫不從秋七月丁卯復徵溫入朝八月溫至赭圻遂城而居之苻堅別帥侵河南慕容暐寇洛陽九月冠軍將軍陳祐留長史沈勁守洛陽帥衆奔新城

三年春正月庚申皇后王氏崩二月乙未以右將軍桓豁監荊州揚州之義城雍州之京兆諸軍事領南蠻校尉荊州刺史桓沖監江州荊州之江夏隨郡豫州之汝南西陽新蔡潁川六郡諸軍事南中郞將江州刺史領南蠻校尉並假節丙申帝崩于西堂時年二十五葬安平陵

哀帝隆安元年興寧三年卽位四年

廢帝諱奕字延齡哀帝之母弟也咸康八年封爲東海王永和八年拜散騎常侍尋加鎭軍將軍升平四年拜車騎將軍五年改封琅邪王隆和初轉侍中驃騎大將軍開府儀同三司興寧三年二月丙申哀帝崩無嗣丁酉皇太后詔曰琅邪王奕明德茂親屬當儲嗣宜奉祖宗纂承大統便速正大禮以寧人神於是百官奉迎于琅邪第是日卽皇帝位大赦三月壬申葬哀皇帝于安平陵癸酉散騎常侍河間王欽薨丙子慕容暐將慕容恪陷洛陽寧朔將軍竺瑤奔于襄陽冠軍長史揚武將軍沈勁死之夏六月戊子使持節都督益寧二州諸軍事鎭西將軍益州刺史建城公周撫卒秋七月匈奴左賢王衞辰右賢王曹轂帥衆二萬侵杏城己酉改封會稽王昱爲琅邪王壬子立皇后庾氏封琅邪王昱子昌明爲會稽王冬十月梁州刺史司馬勳反自稱琅邪王十一月帥衆入劒閣攻涪西夷校尉毋邱暐棄城而遁乙卯圍益州刺史周楚于成都桓溫遣江夏相朱序救之十二月戊戌以會稽內史王彪之爲尙書僕射

太和元年春二月己丑以梁州刺史張天錫爲大將軍都督隴右關中諸軍事西平郡公丙申以宣城內史桓祕爲持節監梁益二州征討諸軍事三月辛亥新蔡王邈薨荊州刺史桓豁遣督護桓羆攻南鄭魏興人畢欽舉兵以應羆夏四月旱五月戊寅皇后庾氏崩朱序攻司馬勳於成都衆潰執勳斬之秋七月癸酉葬孝皇后于敬平陵九月甲午曲赦梁益二州冬十月辛丑苻堅將王猛楊安攻南鄉荊州刺史桓豁救之師次新野而猛安退以會稽王昱爲丞相十二月南陽人趙弘趙憶等據宛城反太守桓澹走保新野慕容暐將慕容厲陷

魯郡高平

二年春正月北中郎將庾希有罪走入于海夏四月慕容暐將慕容塵寇竟陵太守羅崇擊破之苻堅將王猛寇涼州張天錫距之猛師敗績五月右將軍桓豁擊趙億走之進獲慕容暐將趙槃送于京師秋九月以會稽內史郗愔爲都督徐兗青幽四州諸軍事平北將軍徐州刺史冬十月乙巳彭城王元薨

三年春正月丁巳朔日有蝕之癸亥大赦夏四月癸巳雨雹大風折木秋八月壬寅尙書令衞將軍藍田侯王述卒

四年夏四月庚戌大司馬桓溫帥衆伐慕容暐秋七月辛卯暐將慕容垂帥衆拒溫溫擊敗之九月戊寅桓溫裨將鄧遐朱序遇暐將傅末波於林渚又大破之戊子溫至枋頭丙申以糧運不繼焚舟而歸辛丑慕容垂追敗溫後軍於襄邑冬十月大星西流有聲如雷己巳溫收散卒屯于山陽豫州刺史袁眞以壽陽叛十一月辛丑桓溫自山陽及會稽王昱會于涂中將謀後舉十二月遂城廣陵而居之

五年春正月己亥袁眞子雙之愛之害梁國內史朱憲汝南內史朱斌二月癸酉袁眞死陳郡太守朱輔立眞子瑾嗣事求救於慕容暐夏四月辛未桓溫部將竺瑤破瑾於武丘秋七月癸酉朔日有食之八月癸丑桓溫擊袁瑾於壽陽敗之九月苻堅將王猛伐慕容暐陷其上黨廣漢妖賊李弘與益州妖賊李金根聚衆反弘自稱聖王衆萬餘人梓潼太守周虓討平之冬十月王猛大破慕容暐將慕容評於潞川十一月猛尅鄴獲慕容暐盡有其地

六年春正月苻堅遣將王鑒來援袁瑾將軍桓伊逆擊大破之丁亥桓溫尅壽陽斬袁瑾三月壬辰監益甯二州諸軍事冠軍將軍益州刺史建城公周楚卒夏四月戊午大赦賜窮獨米人五斛苻堅將苻雅伐仇池公楊纂降之六月京都及丹陽晉陵吳郡吳興臨海並大水秋八月以前甯州刺史周仲孫爲假節監益梁二州諸軍事益州刺史冬十月壬子高密王俊薨十一月癸卯桓溫自廣陵屯于白石丁未詣闕因圖廢立誣帝在藩夙有痿疾嬖人相龍計好朱靈寶等參侍內寢而內美人田氏孟氏生三男長欲封樹時人惑之溫因諷太后以伊霍之舉己酉集百官于朝堂宣崇德太后令曰王室艱難穆哀短祚國嗣不育儲宮靡立琅邪王奕親則母弟故以入纂大位不圖德之不建乃至於斯昏濁潰亂動違禮度有此三孽莫知誰子人倫道喪醜聲遐布既不可以奉守社稷敬承宗廟且昏孽並大便欲建樹儲藩誣罔祖宗傾移皇基是而可忍孰不可懷今廢奕爲東海王以王還第供衞之儀皆如漢朝昌邑故事但未亡人不幸罹此百憂感念存沒心焉如割社稷大計義不獲已臨紙悲塞如何可言於是百官入太極前殿卽日桓溫使散騎常侍劉享收帝璽綬帝著白帢單衣步下西堂乘犢車出神虎門羣臣拜辭莫不歔欷侍御史殿中監將兵百人衞送東海第初桓溫有不臣之志欲先立功河朔以收時望及枋頭之敗威名頓挫遂潛謀廢立以長威權然憚帝守道恐招時議以宮闈重祕牀笫易誣乃誣帝爲閹遂行廢辱初帝平生每以爲慮嘗召術人扈謙筮之卦成答曰晉室有磐石之固陛下有出宮之象竟如其言咸安二年正月降封帝爲海西縣公四月徙居吳縣勑吳國內史刁彝防衞又遣御史顧允監察之十一月妖賊盧悚遣弟子殿中監許龍晨到其門稱太后密詔奉迎興復帝初欲從之納保母諫乃止龍曰大事將捷焉用兒女子言乎帝曰我得罪於此幸蒙寬宥豈敢妄動哉且太后有詔便應官屬來何獨使汝也汝必爲亂因叱左右縛之龍懼而走帝知天命不可再深慮橫禍乃杜塞聰明無思無慮終日酣暢耽于內寵有子不育庶保天年時人憐之爲作歌焉朝廷以帝安於屈辱不復爲虞太元十一年十月甲申薨于吳時年四十五

廢帝太和六年

簡文皇帝諱昱字道萬元帝之少子也幼而岐嶷爲元帝所愛郭璞見而謂人曰興晉祚者必此人也及長清虛寡欲尤善玄言永昌元年元帝詔封帝爲琅邪王奉恭王祀食會稽宣城如舊咸和元年所生鄭夫人薨帝時年七歲號慕泣血固請服重元帝哀而許之故徙封會稽王拜散騎常侍九年遷右將軍加侍中咸康六年進撫軍將軍領祕書監建元元年夏五月癸丑康帝詔帝兼領太常本官如故永和元年崇德太后臨朝進位撫軍大將軍錄尙書六條事二年驃騎何充卒康帝崩崇德太后詔帝專總萬機八年進位司徒固讓不拜穆帝始冠帝稽首歸政不許廢帝卽位以琅邪絕嗣復徙封琅邪而封王子昌明爲會稽王帝固讓故雖封琅邪而不去會稽之號太和元年進位丞相錄尙書事入朝不趨讚拜不名劍履上殿給羽葆鼓吹班劒六十人又固讓及廢帝廢皇太后詔曰丞相錄尙書會稽王體自中宗明德劭令阿衡三世人望攸歸可入統皇極主者

明依舊典以時施行於是大司馬桓溫率百官進太極前殿具乘輿法駕奉迎帝於會稽邸於朝堂變服著平巾幘單衣東向拜受璽綬

咸安元年冬十一月己酉即皇帝位桓溫出次中堂分兵屯衛乙卯溫奏廢太宰武陵王晞及子總詔魏郡太守毛安之帥所領宿衛殿內改元咸安庚戌使兼太尉周頤告于太廟辛亥桓溫遣弟祕逼新蔡王晃詣西堂自列與太宰武陵王晞等謀反帝對之流涕溫皆收付廷尉癸丑殺東海王二子及其母初帝以沖虛簡貴歷宰三世溫素所敬憚及初即位溫乃撰辭欲自陳述帝引見對之悲泣溫懼不能言至是有司承其旨奏誅武陵王晞帝不許溫固執至于再三帝手詔報曰若晉祚靈長公便宜奉行前詔如其天運去矣請避賢路溫覽之流汗變色不復敢言乙卯廢晞及其三子徙于新安丙辰放新蔡王晃于衡陽戊午詔大赦天下大酺五日增文武位二等孝順忠貞鰥寡孤獨米人五斛己未賜溫軍三萬人布一匹米一斛庚申加大司馬桓溫爲丞相不受辛酉溫旋自白石因鎭姑孰以冠軍將軍毛武生都督荆州之沔中揚州之義城諸軍事十二月戊子詔以京都有經年之儲權停一年之運庚寅廢東海王奕爲海西公食邑四千戶辛卯初薦酃淥酒於太廟

二年春正月辛丑百濟林邑王各遣使貢方物二月苻堅伐慕容桓於遼東滅之三月丁酉詔內外百官各勤所司以副朕意癸丑詔遣大使詣大司馬并問方伯逮于邊戍宣詔大饗求其所安且籌量賜給悉令周普乙卯又詔往事故之後百度未充羣僚常俸並皆寡約蓋隨時之義可籌量增給騶虞見豫章夏四月徙海西公於吳縣西柴里追貶庾后曰夫人六月遣使拜百濟王餘句爲鎭軍將軍領樂浪太守戊子前護軍將軍庾希舉兵反自海陵入京口晉陵太守卞眈奔于曲阿秋七月壬辰桓溫遣東海內史周少孫討希擒之斬于建康市乙未立會稽王昌明爲皇太子皇子道子爲琅邪王領會稽內史是日帝崩于東堂時年五十三葬高平陵廟號太宗遺詔以桓溫輔政依諸葛亮王導故事帝少有風儀善容止留心典籍不以居處爲意凝塵滿席湛如也嘗與桓溫及武陵王晞同載遊版橋溫遽令鳴鼓吹角車馳卒奔欲觀其所爲晞大恐求下車而帝安然無懼色溫由此憚服溫既仗文武之任屢建大功加以廢立威振內外帝雖處尊位拱默守道而已常恐廢黜先是熒惑入太微尋而海西廢及帝立熒惑又入太微帝甚惡焉時中書郎郗超在直帝乃引入謂曰命之修短本所不計故當無復近日事邪超曰大司馬臣溫方內固社稷外恢經略非常之事臣以百口保之及超請急省其父帝謂之曰致意尊公家國之事遂至於此由吾不能以道匡衞愧歎之深言何能喻因詠庾闡詩云志士痛朝危忠臣哀主辱遂泣下霑襟帝雖神識恬暢而無濟世大畧故謝安稱爲惠帝之流清談差勝耳沙門支道林嘗言會稽有遠體而無遠神謝靈運迹其行事亦以爲赧獻之輩云

　簡文帝咸安二年

孝武皇帝諱曜字昌明簡文帝第三子也興寧三年七月甲申初封會稽王咸安二年秋七月己未立爲皇太子是日簡文帝崩太子即皇帝位詔大赦天下與民更始九月甲寅追尊皇妣會稽王妃曰順皇后冬十月丁卯葬簡文皇帝於高平陵十一月甲午妖賊盧悚晨入殿庭遊擊將軍毛安之等討擒之是歲三吳大旱人多餓死詔所在振給苻堅陷仇池執秦州刺史楊世

寧康元年春正月己丑朔改元二月大司馬桓溫來朝三月癸丑詔除丹陽竹格等四桁稅夏五月旱秋七月己亥使持節侍中都督中外諸軍事丞相錄尚書大司馬揚州牧平北將軍徐兗二州刺史南郡公桓溫薨庚戌進右將軍桓豁爲征西將軍以江州刺史桓沖爲中軍將軍都督揚豫江三州諸軍事揚州刺史鎭姑孰八月壬子崇德太后臨朝攝政九月苻堅將楊安寇成都丙申以尚書僕射王彪之爲尚書令吏部尚書謝安爲尚書僕射吳國內史刁彝爲北中郎將徐兗二州刺史鎭廣陵復置光祿勲大司馬少府官冬十月西平公張天錫貢方物十一月苻堅將楊安陷梓潼及梁益二州刺史周仲孫帥騎五千南遁

二年春正月癸未朔大赦追封謚故會稽世子郁爲臨川獻王己酉北中郎將徐兗二州刺史刁彝卒二月癸丑以丹陽尹王坦之爲北中郎將徐兗二州刺史丁巳有星孛于女虛三月丙戌彗星見於氐夏四月壬戌皇太后詔以水旱併臻百姓失業其三吳義興晉陵及會稽遭水之縣尤甚者全除一年租布其次聽除半年受振貸者即以賜之五月蜀人張育自號蜀王帥衆圍成都遣使稱藩秋七月涼州地震山崩苻堅將鄧羌攻張育滅之八月以長秋將建權停婚姻九月丁丑有星孛于天市冬十一月己酉天門蠻賊攻郡太守王匪死之征西將軍桓豁遣師討平之長城人錢步射錢弘等作亂吳興太守朱序討平之癸酉威遠將軍桓石虔破苻

堅將姚萇於墊江

三年春正月辛亥大赦夏五月丙午北中郎將徐兗二州刺史藍田侯王坦之卒甲寅以中軍將軍揚州刺史桓沖爲鎭北將軍徐州刺史鎭丹徒尚書僕射謝安領揚州刺史秋八月癸巳立皇后王氏大赦加文武位一等九月帝講孝經冬十月癸酉朔日有蝕之十二月甲申神虎門災癸未皇太后詔以日蝕告變水旱不適其賜百姓窮者米人五斛癸巳帝釋奠于中堂祠孔子以顏回配

太元元年春正月壬寅帝加元服見于太廟皇太后歸政甲辰大赦改元丙午帝始臨朝以征西將軍桓豁爲征西大將軍領軍將軍郗愔爲鎭軍大將軍中軍將軍桓沖爲車騎將軍加尚書僕射謝安中書監錄尚書事甲子謁建平等四陵夏四月癸丑地震甲寅詔大赦與民更始其文武位各增一等六月封河間王欽子範之爲章武王秋九月苻堅將苟萇陷涼州虜刺史張天錫盡有其地乙巳除度田收租之制公王以下口稅米三斛蠲在役之身冬十月移淮北流人於淮南十一月己巳朔日有蝕之詔太官徹膳十二月苻堅使其將苻洛攻代執代王什翼犍

二年春正月繼絕世紹功臣三月以兗州刺史朱序爲南中郎將梁州刺史監沔中諸軍鎭襄陽閏月壬午地震甲申暴風折木發屋夏四月己酉雨雹五月丁丑地震六月己巳暴風揚沙石林邑貢方物秋七月己卯老人星見八月壬辰車騎將軍桓沖來朝丁未以尚書僕射謝安爲司徒丙辰使持節都督荆梁寧益交廣六州諸軍事荆州刺史征西大將軍桓豁卒冬十月辛丑以車騎將軍桓沖都督荆江梁益寧交廣七州諸軍事領護南蠻校尉荆州刺史尚書王蘊爲徐州刺史督江南晉陵諸軍征西司馬謝元爲兗州刺史廣陵相監江北諸軍壬寅散騎常侍左光祿大夫尚書令王彪之卒十二月庚寅以尚書王劭爲尚書僕射

三年春二月己巳作新宮帝移居會稽王邸三月乙丑雷雨暴風發屋折木夏五月庚午陳留王曹恢薨六月大水秋七月辛巳帝入新宮乙酉老人星見南方

四年春正月辛酉大赦郡縣遭水旱者減租稅丙子謁建平等七陵二月戊午苻堅使其子丕攻陷襄陽執南中郎將朱序又陷順陽三月大疫壬戌詔以疆埸多虞事兼平日又年穀不登百姓匱乏其詔御所供事從儉約九親供給衆官廩俸權可減半凡諸役費自非軍國事要皆宜停省以周時務癸未使右將軍毛武生帥衆伐蜀夏四月苻堅將韋鍾陷魏興太守吉挹死之五月苻堅將句難彭超陷盱眙高密內史毛璪之爲賊所執六月大旱戊子征虜將軍謝元及超難戰于君川大破之秋八月丁亥以左將軍王蘊爲尚書僕射乙未暴風揚砂石九月盜殺建安太守傅湛冬十二月己酉朔日有食之

五年春正月乙巳謁崇平陵夏四月大旱癸酉大赦五歲刑以下五月大水以司徒謝安爲衞將軍儀同三司六月甲寅震含章殿四柱并殺內侍二人甲子以比歲荒儉大赦自太元三年以前逋租宿債皆蠲除之其鰥寡窮獨孤老不能自存者人賜米五斛丁卯以驃騎將軍琅邪王道子爲司徒秋九月癸未皇后王氏崩冬十月九眞太守李遜據交州反十一月乙酉葬定皇后于隆平陵

六年春正月帝初奉佛法立精舍於殿內引諸沙門以居之丁酉以尚書謝石爲尚書僕射初置督運御史官夏六月庚子朔日有食之揚荆江三州大水己巳改制度減煩費損吏士員七百人秋七月丙子大赦五歲刑已下甲午交阯太守杜瑗斬李遜交州平大饑冬十一月己亥以鎭軍大將軍郗愔爲司空會稽人檀元之反自號安東將軍鎭軍參軍謝藹之討平之十二月甲辰苻堅遣其襄陽太守閻震寇竟陵襄陽太守桓石虔討擒之

七年春三月林邑范熊遣使貢方物秋八月癸卯大赦九月東夷五國遣使來貢方物苻堅將都貴焚燒沔北舊穀畧襄陽百姓而去冬十月丙子雷

八年春二月癸未黃霧四塞三月始興南康廬陵大水平地五丈丁巳大赦夏五月輔國將軍楊亮伐蜀拔五城擒苻堅將魏光秋七月鷹揚將軍郭洽及苻堅將張崇戰于武當大敗之八月苻堅帥衆渡淮遣征討都督謝石冠軍將軍謝元輔國將軍謝琰西中郎將桓伊等距之九月詔司徒琅邪王道子錄尚書六條事冬十月苻堅弟融陷壽春乙亥諸將及苻堅戰於肥水大破之俘斬數萬計獲堅輿輦及雲母車十一月庚申詔衞將軍謝安勞旋師于金城壬子立陳留王世子靈誕爲陳留王十二月庚午以寇難初平大赦以中軍將軍謝石爲尚書令開酒禁始增百姓稅米口五石前句町王翟遼背苻堅舉兵於淮南慕容垂自鄴與遼合遂攻堅子暉於洛陽仇池公楊世奔還隴右遣使稱藩

九年春正月庚子封武陵王孫寶爲臨川王戊午立新

寍王晞子遵爲新寍王辛亥謁建平等四陵龍驤將軍劉牢之克譙城車騎將軍桓沖部將郭寶伐新城魏興上庸三郡降之二月辛巳使持節都督荆江梁寍益交廣七州諸軍事車騎將軍荆州刺史桓沖卒慕容垂自洛陽與翟遼攻苻堅子丕於鄴三月以衞將軍謝安爲太保苻堅北地長史慕容泓平陽太守慕容超並起兵背堅夏四月己卯增置太學生百人封張天錫爲西平公使竟陵太守趙統伐襄陽克之苻堅將姚萇背堅起兵於北地自立爲王國號秦六月癸丑朔崇德皇太后褚氏崩慕容泓爲其叔父沖所殺沖自稱皇太弟秋七月戊戌遣兼司空高密王純之修謁洛陽五陵己酉葬康獻皇后于崇平陵百濟遣使來貢方物苻堅及慕容沖戰于鄭西堅師敗績八月戊寅司空郗愔薨九月辛卯前鋒都督謝元攻苻堅將兖州刺史張崇于鄄城克之甲午加太保謝安大都督揚江荆司豫徐兖青冀幽并梁益雍涼十五州諸軍事冬十月辛亥朔日有蝕之丁巳河間王曇之薨乙丑以元象乖度大赦庚午立前新蔡王晃弟崇爲新蔡王苻堅青州刺史苻朗率衆來降十二月苻堅將呂光稱制于河右自號酒泉公慕容沖僭卽皇帝位于阿房

十年春正月甲午謁諸陵二月立國學蜀郡太守任權斬苻堅益州刺史李平益州平三月滎陽人鄭燮以郡來降苻堅國亂使使奉表請迎龍驤將軍劉牢之及慕容垂戰于黎陽王師敗績夏四月丙辰劉牢之與沛郡太守周次及垂戰于五橋澤王師又敗績壬戌太保謝安帥衆救苻堅五月大水苻堅留太子宏守長安奔于五將山六月宏來奔慕容沖入長安秋七月苻丕自枋頭西走龍驤將軍檀元追之爲丕所敗旱饑丁巳老人星見八月甲午大赦丁酉使持節侍中中書監大都督十五州諸軍事衞將軍太保謝安薨庚子以琅邪王道子爲都督中外諸軍事是月姚萇殺苻堅而僭卽皇帝位九月呂光據姑臧自稱涼州刺史苻丕僭卽皇帝位于晉陽冬十月丁亥論淮肥之功追封謝安廬陵郡公封謝石南康公謝元康樂公謝琰望蔡公桓伊永修公自餘封拜各有差是歲乞伏國仁自稱大單于秦河二州牧

十一年春正月辛未慕容垂僭卽皇帝位于中山壬午翟遼襲黎陽執太守滕恬之乙酉謁諸陵慕容沖將許木末殺慕容沖於長安三月大赦太山太守張願以郡叛降于翟遼夏四月以百濟王世子餘暉爲使持節都督鎭東將軍百濟王代王拓拔珪始改稱魏癸巳以尚書僕射陸納爲尚書左僕射譙王恬爲尚書右僕射六月己卯地震庚寅以前輔國將軍楊亮爲西戎校尉雍州刺史鎭衞山陵秋八月庚午封孔靖之爲奉聖亭侯奉宣尼祀丁亥安平王遼之薨翟遼寇譙龍驤將軍朱序擊走之冬十月慕容垂破苻堅子河東丕走東垣揚威將軍馮該擊斬之傳首京都甲申海西公奕薨十一月苻丕將苻登僭卽皇帝位於隴東

十二年春正月乙巳以豫州刺史朱序爲青兖二州刺史鎭淮陰丁未大赦壬子暴風發屋折木戊午慕容垂寇河東濟北太守溫詳奔彭城翟遼遣子釗寇陳潁朱序擊走之夏四月戊辰尊夫人李氏爲皇太妃己丑雨雹高平人翟暢執太守徐含遠以郡降于翟遼六月癸卯東帛聘處士戴逵龔元之秋八月辛巳立皇子德宗爲皇太子大赦增文武位二等大酺五日賜百官布帛各有差九月戊午復新寍王遵爲武陵王立梁王㻛子龢爲梁王冬十一月松滋太守王遐之討翟遼于洛日敗之

十三年夏四月戊午以青兖二州刺史朱序爲持節都督雍梁沔中九郡諸軍事雍州刺史譙王恬之爲鎭北將軍青兖二州刺史夏六月旱乞伏國仁死弟乾歸嗣僞位僭號河南王秋九月翟遼將翟發寇洛陽河南太守郭給距破之冬十二月戊子濤水入石頭毁大桁殺人乙未大風晝晦延賢堂災丙申螽斯百堂客館驃騎庫皆災己亥加尚書令謝石衞將軍開府儀同三司庚子尚書令衞將軍開府儀同三司謝石薨

十四年春正月癸亥詔淮南所獲俘虜付諸作部者一皆遣散男女自相匹配賜百日廩其没爲軍賞者悉贖出之以襄陽淮南饒沃地各立一縣以居之彭城妖賊劉黎僭稱皇帝於皇邱龍驤將軍劉牢之討平之二月扶南獻方物呂光僭號三河王夏四月甲辰彭城王弘之薨翟遼寇滎陽執太守張卓六月壬寅使持節都督荆益寍三州諸軍事荆州刺史桓石虔卒秋七月甲寅宣陽門四柱災八月姚萇襲破苻登獲其僞后毛氏丁亥汝南王羲薨九月庚午以尚書左僕射陸納爲尚書令冬十二月乙巳雨木冰

十五年春正月乙亥鎭北將軍譙王恬之薨龍驤將軍劉牢之及翟遼張願戰于太山王師敗績征虜將軍朱序破慕容永於太行二月辛巳以中書令王恭爲都督青兖幽并冀五州諸軍事前將軍青兖二州刺史三月己酉朔地震戊辰大赦秋七月丁巳有星孛于北河八

月永嘉人李耽舉兵反太守劉懷之討平之己丑京師地震有星孛于北斗犯紫微沔中諸軍及兗州大水龍驤將軍朱序攻翟遼于滑臺大敗之張願來降九月丁未以吳郡太守王珣爲尚書僕射冬十二月己未地震

十六年春正月庚申改築太廟夏六月慕容永寇河南太守楊佺期擊破之己未章武王範之薨秋九月癸未以尚書右僕射王珣爲尚書左僕射以太子詹事謝琰爲尚書右僕射新廟成冬十一月姚萇敗苻登於安定

十七年春正月己巳朔大赦除逋租宿債夏四月齊國內史蔣喆殺樂安太守辟閭濬據青州反北平原太守辟閭渾討平之五月丁卯朔日有食之六月癸卯京師地震甲寅濤水入石頭毀大桁永嘉郡潮水涌起近海四縣人多死者乙卯大風折木戊午梁王龢薨慕容垂襲翟釗于黎陽敗之釗奔于慕容永秋七月丁丑太白晝見八月新作東宮冬十月丁酉太白晝見辛亥都督荆益寧三州諸軍事荆州刺史王忱卒十一月癸酉以黃門郎殷仲堪爲都督荆益梁三州諸軍事荆州刺史庚寅徙封琅邪王道子爲會稽王封皇子德文爲琅邪王十二月己未地震是歲自秋不雨至于冬

十八年春正月癸卯朔地震二月乙未地又震三月翟釗寇河南夏六月己亥始興南康廬陵大水深五丈秋七月旱閏月妖賊司馬徽聚黨於馬頭山劉牢之遣部將討平之九月丙戌龍驤將軍楊佺期擊氐帥楊佛嵩于潼谷敗之冬十月姚萇死子興嗣僞位

十九年夏六月壬子追尊會稽王太妃鄭氏爲簡文宣太后秋七月荆徐二州大水傷秋稼遣使振䘏之八月己巳尊皇太妃李氏爲皇太后宮曰崇訓慕容垂擊慕容永於長子斬之冬十月慕容垂遣其子惡奴寇廩丘東平太守韋簡及垂將尹國戰于平陸簡死之是歲苻登爲姚興所殺登太子崇奔于湟中僭稱皇帝

二十年春正月作宣太后廟甲寅散騎常侍光祿大夫開府儀同三司尚書令陸納卒三月庚辰朔日有蝕之夏六月荆徐二州大水十一月魏王拓拔珪擊慕容垂子寶于黍谷敗之

二十一年春正月造清暑殿三月慕容垂攻平城拔之夏四月新作永安宮丁卯雨雹慕容垂死子寶嗣僞位五月甲子以望蔡公謝琰爲尚書左僕射大水六月呂光僭即天王位秋九月庚申帝崩于清暑殿時年二十五葬隆平陵帝幼稱聰悟簡文之崩也時年十歲至晡不臨左右進諫答曰哀至則哭何常之有謝安嘗歎以爲精理不減先帝既威權己出雅有人主之量既而溺於酒色殆爲長夜之飲末年長星見帝心甚惡之於華林園舉酒祝之曰長星勸汝一杯酒自古何有萬歲天子邪太白連年晝見地震水旱爲變者相屬醒日既少而傍無正人竟不能改焉時張貴人有寵年幾三十帝戲之曰汝以年當廢矣貴人潛怨向夕帝醉遂暴崩時道子昏惑元顯專權竟不推其罪人初簡文帝見讖云晉祚盡昌明及帝之在孕也李太后夢神人謂之曰汝生男以昌明爲字及產東方始明因以爲名焉簡文帝後悟乃流涕及爲清暑殿有識者以爲清暑反爲楚聲哀楚之徵也俄而帝崩晉祚自此傾矣

孝武帝甯康三年太元二十一年即位二十四年

安皇帝諱德宗字德宗孝武帝長子也太元十二年八月辛巳立爲皇太子二十一年九月庚申孝武帝崩辛酉太子即皇帝位大赦癸亥以司徒會稽王道子爲太傅攝政冬十月甲申葬孝武皇帝于隆平陵大雪

隆安元年春正月己亥朔帝加元服改元增文武位一等太傅會稽王道子稽首歸政以尚書左僕射王珣爲尚書令領軍將軍王國寶爲尚書左僕射二月呂光將禿髮烏孤自稱大都督大單于國號南涼擊光將竇苟于金昌大破之甲寅尊皇太后李氏爲太皇太后戊午立皇后王氏三月呂光子纂爲乞伏乾歸所敗光建康太守段業自號涼州牧慕容寶敗魏師于薊夏四月甲戌兗州刺史王恭豫州刺史庾楷舉兵以討尚書左僕射王國寶建威將軍王緖爲名甲申殺國寶及緖以悅于恭恭乃罷兵戊子大赦五月前司徒長史王廞以吳郡反王恭討平之慕容寶將慕容詳僭即皇帝位于中山寶奔黃龍秋八月呂光爲其僕射楊軌散騎常侍郭麐所攻光子纂擊走之九月慕容寶將慕容麟斬慕容詳于中山因僭即皇帝位冬十月慕容麟爲魏師所敗

二年春正月龍舟二災夏五月蘭汗弒慕容寶而自稱大將軍昌黎王秋七月慕容寶子盛斬蘭汗僭稱長樂王攝天子位兗州刺史王恭豫州刺史庾楷荆州刺史殷仲堪廣州刺史桓元南蠻校尉楊佺期等舉兵反八月江州刺史王渝奔于臨川丙子甯朔將軍鄧啓及慕容德將慕容法戰于管城王師敗績丙子慕容盛僭即皇帝位於黃龍桓元大敗王師于白石九月辛卯加太傅會稽王道子黃鉞遣征虜將軍會稽王世子元顯前將軍王珣右將軍謝琰討桓元等己亥破庾楷于牛渚丙午會稽王道子屯中堂元顯守石頭己酉前將軍王珣守北郊右將軍謝琰備宣陽門輔國將軍劉牢之次

新亭使子敬宣擊敗恭恭奔曲阿長塘湖湖尉收送京師斬之於是太常殷茂喻仲堪及桓元等走于尋陽冬十月新野言騶虞見丙子大赦壬午仲堪等盟于尋陽推桓元爲盟主十一月以瑯邪王德文爲衞將軍開府儀同三司領軍將軍王雅爲尙書左僕射十二月己丑魏王珪僭卽尊位年號天興京兆人韋禮帥襄陽流人叛降于姚興己酉前新安太守杜烱反於京口會稽王世子元顯討斬之禿髮烏孤自稱武威王

三年春正月辛酉封宗室蘊爲淮陵王二月甲辰河間王國鎭薨林邑范達陷日南九眞遂寇交阯太守杜瑗討破之段業自稱涼王仇池公楊盛遣使稱藩獻方物三月己卯追尊所生陳夫人爲德皇太后夏四月乙未加尙書令王珣衞將軍以會稽王世子元顯爲揚州刺史六月戊子以瑯邪王德文爲司徒慕容德陷青州害龍驤將軍辟閭渾遂僭卽皇帝位于廣固秋七月禿髮烏孤死其弟利鹿孤嗣僞位冬十月姚興陷洛陽執河南太守辛恭靖十一月甲寅妖賊孫恩陷會稽內史正凝之死之吳國內史桓謙臨海太守新蔡王崇義興太守魏隱並棄官而遁吳興太守謝邈永嘉太守司馬逸皆遇害遣衞將軍謝琰輔國將軍劉牢之逆擊走之十二月桓元襲江陵荆州刺史殷仲堪南蠻校尉楊佺期並遇害遇呂光立其太子紹爲天王自號太上皇是日死呂纂弒紹而自立是歲荆州大水平地三丈

四年春正月乙亥大赦二月己丑有星孛于奎婁進至紫微三月彗星見于太微夏四月地震孫恩寇浹口五月丙寅散騎常侍衞將軍東亭侯王珣卒己卯會稽內史謝琰爲孫恩所敗死之恩轉寇臨海六月庚辰朔日有食之旱輔國司馬劉裕破恩于南山恩將盧循陷廣陵死者三千餘人以瑯邪王師何澄爲尙書左僕射秋七月壬子太皇太后李氏崩丁卯大赦是月姚興伐乞伏乾歸降之八月丁亥尙書右僕射王雅卒壬寅葬文太后于修平陵九月癸丑地震冬十一月鎭朔將軍高雅之及孫恩戰於餘姚王師敗績以揚州刺史元顯爲後將軍開府儀同三司都督揚豫徐兗青幽冀并荆江司雍梁益交廣十六州諸軍事前將軍劉牢之爲鎭北將軍封元顯子彥璋爲東海王十二月戊寅有星孛于天市是歲北涼段業敦煌太守李暠自爲秦涼二州牧涼公年號庚子

五年春二月丙子孫恩復寇浹口呂超弒呂纂以其兄隆僭卽僞位三月甲寅衆星西流歷太微夏五月孫恩寇吳國內史袁山松死之沮渠蒙遜殺段業自號大都督北涼州牧六月甲戌孫恩至丹徒乙亥內外戒嚴百官入居于省冠軍將軍高素右衞將軍張崇之守石頭輔國將軍劉襲柵斷淮右丹陽尹司馬恢之戍南岸冠軍將軍桓謙輔國將軍司馬允之游擊將軍毛邃備白石左衞將軍王嘏領軍將軍孔安國屯中皇堂徵豫州刺史譙王尙之衞京師寧朔將軍高雅之擊孫恩於廣陵之郁洲爲賊所執秋七月段興弒慕容盛盛叔父熙盡誅段氏因僭稱尊號九月呂隆之降于姚興冬十月姚興師師侵魏大敗而旋是歲饑禁酒

元興元年春正月庚午朔大赦改元以後將軍元顯爲驃騎大將軍征討大都督鎭北將軍劉牢之爲元顯前鋒前將軍譙王尙之爲後部以討桓元二月丙午帝戎服餞元顯于西池丁巳遣兼侍中齊王柔之以騶虞幡宣告荆江二州丁卯桓元敗王師于姑孰譙王尙之齊王柔之並死之以右將軍吳隱之爲都督交廣二州諸軍事廣州刺史三月己巳劉牢之叛降于桓元辛未王師敗績于新亭驃騎大將軍會稽王世子元顯東海王彥璋冠軍將軍毛泰游擊將軍毛邃並遇害壬申桓元自爲侍中丞相錄尙書事以桓謙爲尙書僕射遷太傅會稽王道子于安城元俄又自稱太尉揚州牧總百揆以瑯琊王德文爲太宰臨海太守辛景擊孫恩斬之是月禿髮利鹿孤死弟傉檀嗣僞位秋七月乙亥新蔡王崇爲其奴所害八月庚子尙書下舍災冬十月冀州刺史劉軌叛奔于慕容德十二月庚申會稽王道子爲桓元所害曲赦廣陵彭城大逆以下

二年春二月辛丑建威將軍劉裕破徐道覆于東陽乙卯桓元自稱大將軍丁巳冀州刺史孫無終爲桓元所害夏四月癸巳朔日有食之秋八月元又自號相國楚王九月南陽太守庾仄起義兵爲元所敗冬十一月壬午元遷帝于永安宮癸未移太廟神主于瑯琊國十二月壬辰元簒位以帝爲平固王辛亥帝蒙塵于尋陽

三年春二月帝在尋陽庚寅夜濤水入石頭漂殺人戶乙卯建武將軍劉裕帥沛國劉毅東海何無忌等舉義兵丙辰斬桓元所署徐州刺史桓修于京口青州刺史桓弘于廣陵丁巳義兵濟江三月戊午劉裕斬元將吳甫之于江乘斬皇甫敷於羅洛己未元衆潰而逃庚申劉裕置留臺具百官壬戌桓元司徒王謐推劉裕鎭軍將軍徐州刺史都督揚徐兗豫青冀幽并八州諸軍事假節劉裕以謐領揚州刺史錄尙書事辛酉劉裕誅尙書左僕射王愉愉子荆州刺史綏司州刺史溫詳辛未

桓元逼帝西上丙戌密詔以幽逼於元萬機虛曠令武陵王遵依舊典承制總百官行事加侍中餘如故并大赦謀反大逆已下惟桓元一祖之後不宥夏四月己丑大將軍武陵王遵稱制總萬機庚寅帝至江陵庚戌輔國將軍何無忌振武將軍劉道規及桓元將庾稚何澹之戰于湓口大破之元復逼帝東下五月癸酉冠軍將軍劉毅及桓元戰于崢嶸洲又破之己卯帝復幸江陵辛巳荆州別駕王康産南郡太守王騰之奉帝居于南郡壬午督護馮遷斬桓元於貊盤洲乘輿反正于江陵甲申詔曰姦凶篡逆自古有之朕不能式遏杜漸以致播越賴鎮軍將軍裕英畧奮發忠勇絶世冠軍將軍毅等誠心宿著協同嘉謀義聲既振士庶效節社稷載安四海齊慶其大赦天下凡諸畏逼事屈逆命者一無所問戊寅奉神主入于太廟閏月己丑桓元故將揚武將軍桓振陷江陵劉毅何無忌退守尋陽帝復蒙塵于賊營六月益州刺史毛璩討僞梁州刺史桓希斬之秋七月戊寅永安皇后何氏崩八月癸酉祔葬穆帝章皇后于永平陵九月前給事中刁騁祕書丞王邁之謀反伏誅冬十月盧循冦廣州刺史吳隱之爲循所敗執始興相阮腆之而還慕容德死兄子超嗣僞位

義熙元年春正月帝在江陵南陽太守魯宗之起義兵襲破襄陽己丑劉毅次于馬頭桓振以帝屯于江津辛卯宗之破振將溫楷于柞溪進次紀南爲振所敗振武將軍劉道規擊桓謙走之乘輿反正帝與琅琊王幸道規舟戊戌詔大赦改元唯元振一祖及同黨不在原例賜百姓爵人二級鰥寡孤獨穀人五斛大酺五日二月丁巳留臺備乘輿法駕迎帝於江陵弘農太守戴寍之建威主簿徐惠子等謀反伏誅平西參軍譙縱書平西將軍益州刺史毛璩以蜀叛三月桓振復襲江陵荆州刺史司馬休之奔于襄陽建威將軍劉懷肅討振斬之帝至自江陵乙未百官詣闕請罪詔曰此非諸卿之過其還率職戊戌舉章皇后哀三日臨于西堂劉裕及何無忌等抗表遜位不許庚子以琅琊王德文爲大司馬武陵王遵爲太保加鎮軍將軍劉裕爲侍中車騎將軍都督中外諸軍事甲辰詔常所供奉可籌量減省夏四月劉裕旋鎮京口戊辰餞于東堂夏五月癸未禁絹扇及樗蒲游擊章軍章武王秀益州刺史司馬軌之謀反伏誅桓元故將桓亮苻宏刁預冦湘州守將擊走之秋八月甲子封臨川王子修之爲會稽王冬十一月乞伏乾歸伐仇池仇池公楊盛大破之是歲西涼李暠遣使奉表稱藩

二年春正月益州刺史司馬榮期擊譙縱將譙子明于白帝破之夏五月封高密王子法蓮爲高陽王秋七月梁州刺史楊孜敬有罪伏誅冬十月論匡復之功封車騎將軍劉裕爲豫章郡公撫軍將軍劉毅南平郡公右將軍何無忌安成郡公自餘封賞各有差乙亥以左將軍孔安國爲尙書左僕射十二月盜殺零陵太守阮野

三年春二月己酉車騎將軍劉裕來朝誅東陽太守殷仲文南蠻校尉殷叔文晉陵太守殷道叔永嘉太守駱球己丑大赦除酒禁夏五月大水六月姚興將赫連勃勃僭稱天王于朔方國號夏秋七月戊戌晦日有食之汝南王遵之有罪伏誅八月遣冠軍將軍劉敬宣持節監征蜀諸軍事冬十一月赫連勃勃大敗秃髮傉檀傉檀奔于南山是歲高雲馮跋殺慕容熙雲僭卽帝位

四年春正月甲辰以琅琊王德文領司徒車騎將軍劉裕爲揚州刺史録尙書事庚申侍中太保武陵王遵薨夏四月散騎常侍尙書左僕射孔安國卒甲午加吏部尙書孟昶尙書左僕射冬十一月癸丑雷梁州刺史楊思平有罪棄市辛卯大風拔樹是月秃髮傉檀僭卽涼王位十二月陳留王曹靈誕薨

五年春正月辛卯大赦庚戌以撫軍將軍劉毅爲衞將軍開府儀同三司加輔國將軍何無忌鎮南將軍戊戌尋陽地震二月慕容超將慕容興宗冦宿豫陽平太守劉千載南陽太守趙元並爲賊所執三月乙亥大雪平地數尺車騎將軍劉裕帥師伐慕容超夏六月丙寅震于太廟劉裕大破慕容超于臨朐秋七月姚興將乞伏乾歸僭稱西秦王於苑川九月戊辰離班弒高雲雲將馮跋攻班殺之跋僭卽王位仍號燕冬十月魏淸河王紹弒其主珪

六年春二月丁亥劉裕攻慕容超尅之齊地悉平是月廣州刺史盧循反冦江州三月秃髮傉檀及沮渠蒙遜戰于窮泉傉檀敗績壬申鎮南將軍江州刺史何無忌及循戰于豫章王師敗績無忌死之夏四月靑州刺史諸葛長民兗州刺史劉藩并州刺史劉道憐並入衞京師五月丙子大風拔木戊子衞將軍劉毅及盧循戰于桑落洲王師敗績尙書左僕射孟昶懼自殺己未大赦乙丑循至淮口內外戒嚴大司馬琅琊王德文都督宮城諸軍事次中皇宮太尉劉裕次石頭梁王珍之屯南掖門冠軍將軍劉敬宣屯北郊輔國將軍孟懷玉屯南岸建武將軍王仲德屯越城廣武將軍劉懷默屯建陽門淮口築柤浦藥園廷尉三壘以距之丙寅震太廟鴟

尾秋七月庚申盧循遁走甲子使輔國將軍王仲德廣川太守劉鍾河間內史蒯恩等帥衆追之是月盧循寇荆州刺史劉道規雍州刺史魯宗之等敗之又破徐道覆于華容賊復走尋陽八月姚興將桓謙寇江陵劉道規敗之冬十一月蜀賊譙縱陷巴東守將溫祚時延祖死之十二月壬寅劉裕破盧循于豫章

七年春二月壬午右將軍劉藩斬徐道覆于始興傳首京師夏四月盧循走交州刺史杜慧度斬之秋七月丁卯以荆州刺史劉道規爲征西大將軍開府儀同三司冬十月沮渠蒙遜伐西涼李暠暠與戰敗之

八年春二月丙子以吳興太守孔靖爲尙書右僕射三月甲寅山陰地陷四尺有聲如雷夏五月乞伏公府弑乞伏乾歸乾歸子熾盤誅公府僭卽僞位六月以平北將軍魯宗之爲鎭北將軍秋七月甲午武陵王季度薨庚子征西大將軍劉道規卒八月皇后王氏崩辛亥高密王純之薨九月癸酉葬僖皇后于休平陵己卯太尉劉裕害右將軍兗州刺史劉藩尙書左僕射謝混庚辰裕矯詔以克殄凶黨大赦天下唯劉毅不在其例普增文武位一等其有孝順忠義隱滯遺逸必令聞達己丑劉裕帥師討毅裕參軍王鎭惡陷江陵城毅自殺冬十一月沮渠蒙遜僭號西河王十二月以西陵太守朱齡石爲建威將軍益州刺史帥師伐蜀分荆州十郡置湘州是歲廬陵南康地四震

九年春三月丙寅劉裕害前將軍諸葛長民及其弟輔國大將軍黎民從弟寧朔將軍秀之三月戊寅加劉裕鎭西將軍豫州刺史林邑范胡達寇九眞交州刺史杜慧度斬之夏四月壬戌罷臨沂湖熟皇后脂澤田四十頃以賜貧人弛湖池之禁封鎭北將軍魯宗之爲南陽郡公秋七月朱齡石克成都斬譙縱益州平九月封劉裕次子義眞爲桂陽公冬十二月安平王球之薨是歲高句麗倭國及西南夷銅頭大帥並獻方物

十年春三月戊寅地震夏六月乞伏熾盤帥師伐禿髮傉檀滅之秋七月淮北大風壞廬舍九月丁巳朔日有蝕之林邑遣使獻方物是歲城東府

十一年春正月荆州刺史司馬休之雍州刺史魯宗之並舉兵貳於劉裕裕帥師討之庚午大赦丁丑以吏部尙書謝裕爲尙書左僕射二月丁未姚興死子泓嗣僞位三月辛巳淮陵王蘊薨壬午劉裕及休之戰於江津休之敗奔襄陽夏四月乙卯青冀二州刺史劉敬宣爲其參軍司馬道賜所害五月甲申彗星二見甲午休之宗之出奔于姚泓論平蜀功封劉裕子義隆彭城公朱齡石豐城公己酉霍山崩出銅鐘六枚秋七月丙戌京師大水壞太廟辛亥晦日有蝕之八月丁未尙書左僕射謝裕卒以尙書右僕射劉穆之爲尙書左僕射九月己亥大赦

十二年春正月姚泓使其將魯軌寇襄陽雍州刺史趙倫之擊走之二月加劉裕中外大都督夏六月赫連勃勃攻姚泓秦州陷之己酉新除尙書令都鄉亭侯劉柳卒秋八月劉裕及琅琊王德文帥衆伐姚泓丙午大赦冬十月丙寅姚泓將姚光以洛陽降己丑遣兼司空高密王恢之修謁五陵

十三年春正月甲戌朔日有蝕之二月李暠死其子歆嗣僞位爲涼州牧涼公三月龍驤將軍王鎭惡大破姚泓將姚紹于潼關夏劉裕敗魏將鵝青于河曲斬青禆將阿薄于是月李歆大敗沮渠蒙遜于鮮支澗夏五月劉裕克潼關丁亥會稽王修之薨六月癸亥林邑獻馴象白鸚鵡秋七月劉裕克長安執姚泓收其彝器歸諸京師南海賊徐道期陷廣州始興相劉謙之討平之冬十二月辛未左僕射前將軍劉穆之卒

十四年春正月辛巳大赦青州刺史沈田子害龍驤將軍王鎭惡于長安夏六月劉裕爲相公進封宋公冬十月以李歆爲鎭西將軍封酒泉公十一月赫連勃勃大敗王師于青泥北雍州刺史朱齡石焚長安宮殿奔于潼關尋又大潰齡石死之十二月戊寅帝崩于東堂時年三十七葬休平陵帝不慧自少及長口不能言雖寒暑之變無以辨也凡所動止皆非己出故桓元之簒因此獲全初讖云昌明之後有二帝劉裕將爲禪代故密使王韶之縊帝而立恭帝以應二帝云

安帝隆安五年元興三年義熙十四年卽位二十二年

恭帝諱德文字德文安帝母弟也初封琅邪王歷中軍將軍散騎常侍衛將軍開府儀同三司加侍中領司徒錄尙書六條事元興初遷車騎大將軍桓元執政進位太宰加袞冕之服綠綟綬元簒位以帝爲石陽縣公與安帝俱居尋陽及元敗隨至江陵元死桓振奄至躍馬奮戈直至階下瞋目謂安帝曰臣門戶何負國家而屠滅若是帝乃下牀謂振曰此豈我兄弟意邪振乃下馬致拜振平復爲琅邪王又領徐州刺史尋拜大司馬領司徒加殊禮義熙五年置左右長史司馬從事中郎四人加羽葆鼓吹十二年詔帝與太尉裕並得辟召掾屬時太尉裕都督中外諸軍事詔曰大司馬地隆任重親

賢其二雖府受節度可身無致敬劉裕之北征也帝上疏請帥所蒞啟行戎路修敬山陵朝廷從之乃與裕俱發及有司以卽戎不得奉辭陵廟帝復上疏乞展情塋壠許之及姚弘滅歸于京都十四年十二月戊寅安帝崩劉裕矯稱遺詔以帝入纂大統是日卽皇帝位大赦

元熙元年春正月壬辰朔改元以山陵未厝不朝會立皇后褚氏甲午徵劉裕還朝戊戌有星孛于太微西藩庚申葬安皇帝于休平陵帝受朝懸而不樂以驃騎將軍劉道憐爲司空秋八月劉裕移鎭壽陽以劉懷愼爲前將軍北徐州刺史鎭彭城九月劉裕自解揚州冬十月乙酉裕以其子桂陽公義眞爲揚州刺史十一月丁亥朔日有蝕之十二月辛卯裕加殊禮己卯太史奏黑龍四見于東方

二年夏六月壬戌劉裕至于京師傅亮承裕密旨諷帝禪位草詔請帝書之帝欣然謂左右曰晉氏久已失之今復何恨乃書赤紙爲詔甲子遂遜于瑯邪第劉裕以帝爲零陵王居于秣陵行晉正朔車旗服色一如其舊有其文而不備其禮帝自是之後深慮禍機褚后常在帝側飲食所資皆出褚后故宋人莫得伺其隙宋永初二年九月丁丑裕使褚后兄叔度請后有間兵人踰垣而入弒帝于內房時年三十六謚恭皇帝葬沖平陵帝幼時性頗忍急及在藩國曾令善射者射馬爲戲旣而有人云馬者國姓而自殺之不祥之甚帝亦悟甚悔之其後復深信浮屠道鑄貨千萬造丈六金像親於瓦官寺迎之步從十許里安帝旣不慧帝每侍左右消息溫涼寢食之節以恭謹聞時人稱焉始元帝以丁丑歲稱晉王置宗廟使郭璞筮之云享二百年自丁丑至禪代是歲年在庚申爲一百四歲然丁丑始係西晉庚申終入宋年所餘惟一百有二歲耳璞蓋以百二之期促故婉而倒之爲二百也

恭帝元熙二年

右自元帝中興至恭帝遜位于宋凡十一帝一百四年是爲東晉通西晉共十八帝合一百五十六年而禪于宋

通志卷十下

通志卷十一

宋右廸功郎鄭樵漁仲撰

宋紀第十一

武帝　少帝　文帝　孝武帝　前廢帝　明帝
後廢帝　順帝

高祖武皇帝諱裕字德輿小字寄奴彭城縣綏輿里人姓劉氏漢楚元王交之二十一世孫也彭城楚都故苗裔家焉晉氏東遷劉氏移居晉陵丹徒之京口里皇祖靖晉東安太守皇考翹字顯宗郡功曹帝以晉哀帝興寧元年歲在癸亥三月壬寅夜生神光照室盡明是夕甘露降于墓樹及長雄傑有大度身長七尺六寸風骨奇偉不事廉隅小節奉繼母以孝聞嘗游京口竹林寺獨卧講堂前上有五色龍見衆僧見之驚以白帝帝獨喜曰上人無妄言皇考墓在丹徒之候山其地秦史所謂曲阿丹徒間有天子氣者也時有孔恭者妙善相墓帝嘗與經墓歎之曰此墓何如孔恭曰非常地也帝由是益自負行止時見二小龍附翼樵漁山澤同侶或亦覩焉及貴龍形更大帝素貧時人莫能知唯瑯邪王謐獨深敬焉帝嘗負刁逵社錢三萬經時無以還被逵執謐密以已錢代償由是得釋後伐荻新洲見大蛇長數丈射之傷明日復至洲裏聞有杵臼聲往覘之見童子數人皆青衣於榛中擣藥問其故答曰我王爲劉寄奴所射合散傳之帝曰王神何不殺之答曰寄奴王者不死不可殺帝叱之皆散仍收藥而反又經客下邳逆旅會一沙門謂帝曰江表當亂安之者其在君乎帝先患手創積年不愈沙門有一黃藥因留與帝既而忽亾帝以黃散傳之其創一傳而愈寶其餘及所得童子藥每遇金創傳之並驗初爲冠軍孫無終司馬

隆安三年十一月祅賊孫恩作亂於會稽朝廷遣衞將軍謝琰前將軍劉牢之東討牢之請帝參府軍事命與數十人覘賊遇賊衆賊數千帝便與戰所將人多死而帝奮長刀所殺傷甚衆牢之子敬宣疑帝爲賊所困乃輕騎尋之既而衆騎並至遂平山陰恩遁入海

四年五月恩復入會稽殺謝琰十一月牢之復東征使帝伐句章句章城小人少帝每戰陷陣賊乃退還浹口時東伐諸將士卒暴掠百姓皆苦之惟帝獨無所犯

五年春恩頻攻句章帝屢破之恩復入海三月恩北出海鹽帝築城于故海鹽賊日來攻城城內兵少帝乃選敢死士擊走之時雖連勝帝深慮衆寡不敵乃一夜偃旗示以羸弱覩其懈乃奮擊大破之恩知城不可下進向滬瀆帝棄城追之海鹽令鮑陋遣子嗣之以吳兵一千爲前驅帝以吳兵不習戰命之在後不從是夜帝多設伏兵兼置旗鼓明日戰伏發賊退嗣之追奔陷沒帝且退且戰麾下死傷將盡乃至向處止令左右解取死人衣以示暇賊疑尙有伏乃引去六月恩浮海至丹徒帝兼行與俱至奔擊大破之恩至建鄴知朝廷有備遂走鬱洲八月晉帝以帝爲下邳太守帝又追恩至鬱洲及海鹽頻破之恩自是饑饉奔臨海

元興元年荆州刺史桓元舉兵東下驃騎將軍司馬元顯遣牢之拒之帝又參其軍事元至帝請擊之牢之不許乃遣子敬宣詣元請和帝與東海何無忌並固諫不從元克建鄴以牢之爲會稽內史牢之懼招帝於廣陵舉兵帝曰人情去矣廣陵亦豈可得之牢之竟縊于新洲何無忌謂帝曰我將何之帝曰可隨我還京口元必守臣節當與卿事之不然與卿圖之元從兄修以撫軍將軍鎭丹徒以帝爲中兵參軍孫恩自敗後懼見獲乃投水死於臨海餘衆推恩妹夫盧循爲主元復遣帝東征

二年循奔永嘉帝追破之六月加帝彭城內史十二月桓元簒位遷晉帝於尋陽桓修入朝帝從至建鄴元見帝謂司徒王謐曰昨見劉裕風骨不恒蓋人傑也每游集贈賜甚厚元妻劉氏尙書令耽之女也聰明有智鑒嘗見帝因謂元曰劉裕龍行虎步視瞻不凡恐必不爲人下宜早爲其所元曰我方平蕩中原非裕莫可待關隴平定然後議之修尋還京口帝託以金創疾動不堪步從乃與無忌同船共還建興復計及弟道規沛國劉毅平昌孟昶任城魏詠之高平檀憑之瑯邪諸葛長民太原王元德隴西辛扈興東莞童厚之並同義謀時桓修弟弘爲青州刺史鎭廣陵道規爲弘中兵參軍昶爲主簿乃令毅就昶謀共襲弘長民爲豫州刺史刁逵左軍府參軍謀據歷陽相應元德厚之謀於建鄴攻元克期齊發

三年二月乙卯帝託游獵與無忌詠之憑之毅從弟藩憑之從子韶祗隆道濟昶族弟懷玉等集義徒凡二十七八願從者百餘人丙辰候城門開無忌等義徒服傳詔服稱詔居前義衆馳入齊叫吏士驚散卽斬修以徇帝哭之甚慟厚加斂郵昶勸弘其日出獵未明開門出獵人昶道規毅等率壯士五六十人因開門直入弘方噉粥卽斬之因收衆濟江義軍初克京師司馬刁弘率文武佐吏來赴帝登城謂曰郭江州已奉乘輿反正於尋陽我等並被密詔誅逆黨今日賊元之首已當梟於

大航諸君非大晉之臣乎弘等信之而退毅既至帝命誅弘等毅兄邁先在建鄴事未發數日帝遣同謀周安穆報之使爲內應邁甚懼安穆慮事發馳歸時元以邁爲竟陵太守邁便下船欲之郡是夜元與邁書曰北府人情云何卿近見劉裕何所道邁謂元已知其謀晨起白之元驚封邁爲重安侯又以不執安穆故殺之誅元德恩興厚之等乃遣頓邱太守吳甫之右將軍皇甫敷等距義軍元自聞義軍起便憂懼無復爲計或曰裕等甚弱陛下何慮之有元曰劉裕足爲一世之雄劉毅家無儋石之儲摴蒱一擲百萬何無忌劉牢之外甥酷似其舅共舉大事何謂無成時衆推帝爲盟主以孟昶爲長史總後事檀憑之爲司馬百姓願從事者千餘人軍次竹里移檄都下暴元罪惡三月戊午遇吳甫之於江乘帝躬執長刀大呼陷斬甫之進至羅落橋遇皇甫敷檀憑之戰敗死之衆退帝進戰彌厲又斬敷首初帝建大謀有工相者相帝與無忌等近當大貴惟云憑之無相至是憑之戰死帝知其事必捷元聞敷等沒使桓謙屯東陵口卞範之屯覆舟山西巳未義軍進至覆舟東張疑兵以油帔冠諸樹布滿山谷帝先馳之將士皆殊死戰無一不當百呼聲動天地因風縱火烟燄張天謙等大敗元始雖遣軍而走意已決別遣領軍殷仲文具舟石頭聞謙敗輕船南逸庚申帝鎮石頭城立留臺總百官焚桓温主於宣陽門外造晉新主於太廟遣諸將追元命尚書王嘏率百官奉迎乘輿司徒王謐與衆議推帝領揚州帝固辭乃以謐爲錄尚書事領揚州刺史帝爲鎮軍將軍都督八州諸軍事徐州刺史領軍將軍初晉陵人韋叟善相術桓修令相帝當得州不叟曰當得邊州刺史退而私於帝曰君相貴不可言帝笑曰若中當相用爲司馬至是叟詣帝曰成王不負桐葉之信公亦應不忘司馬之言今不敢希鎮軍司馬願得領軍佐於是用爲時諸葛長民失期爲刁逵執送未至而元敗元經尋陽江州刺史郭昶之爲具乘輿法物初荊州刺史王綏以江左冠族又桓氏之甥素甚陵帝至是及其父尚書左僕射愉有自疑志並及誅四月戊子奉武陵王遵爲大將軍承制大赦惟桓氏一祖後不免桓元之纂王謐佐命手解安帝璽紱及義旗建衆謂謐宜誅惟帝素德謐保持之劉毅嘗因朝會問謐璽紱所在謐益懼及王愉父子誅謐從弟諶謂謐曰王駒無罪而誅此是翦除勝已兄既桓氏黨附求免得乎駒愉小字也謐懼奔曲阿帝牋白大將軍迎還復其位元挾天子走江陵又浮江東下與劉毅何無忌劉道規等遇於崢嶸洲衆軍大破之元黨殷仲文奉晉二皇后還建鄴元復挾天子至江陵因走南郡太守王騰之荊州別駕王康產奉天子入南郡府初益州刺史毛璩遣從孫祐之與參軍費恬送弟喪下州璩弟子修之時爲元屯騎校尉誘元入蜀至枚回洲恬與祐之迎射之益州督護馮遷斬元傳首建鄴元從子振逃於華容之涌中招集逆黨襲江陵城騰之康產皆被殺桓謙先匿沮川亦聚衆應振爲元舉哀立喪庭謙率衆官奉璽綬于安帝劉毅何無忌進及桓振戰敗績于靈谿十月帝領青州刺史甲仗百人入殿

義熙元年正月毅等至江津破桓謙桓振江陵平三月甲子晉帝至自江陵庚子詔進帝侍中驃騎將軍都督中外諸軍錄尚書事帝固讓旋鎮丹徒九月乙巳加帝領兗州刺史盧循浮海破廣州獲刺史吳隱之即以循爲廣州刺史以其黨徐道覆爲始興相

二年三月進帝督交廣二州十月論匡復勳封帝豫章郡公邑萬戶賜絹三萬匹其餘封賞各有差

三年十二月司徒錄尚書揚州刺史王謐薨

四年正月徵帝入輔授侍中車騎將軍開府儀同三司揚州刺史錄尚書事徐兗二州刺史如故表解兗州初是帝遣軍劉敬宣伐蜀賊譙縱無功而還九月帝以敬宣挫退遜位不許十月乃降爲中軍將軍開府如故

五年二月僞燕主慕容超大掠淮北三月帝抗表北討以丹陽尹孟昶監中軍留府事乃浮淮入泗五月至下邳留船步軍進琅邪所過築城留守超大將公孫五樓請斷大峴堅壁清野以待超不從初謀是役議者以爲賊若嚴守大峴軍無所資何能自反帝曰不然鮮卑性貪略不及遠既幸其勝且愛其穀必將引我且亦輕戰師一入峴吾何患焉及入峴帝舉手指天曰吾事濟矣衆問其故帝曰師既過險士有必死之志餘糧棲畝軍無匱乏之憂勝可必矣六月超留羸老守廣固使其廣甯王賀剌盧及公孫五樓悉力據臨朐去城四十里有巨蔑水超告五樓急據之比至爲龍驤將軍孟龍符所保五樓乃退大軍分車四千兩爲二翼方軌徐行車張幰御者執矟以騎爲游軍軍令嚴肅比及臨朐賊騎交至帝命兗州刺史劉藩并州刺史劉道憐等陷其陣日向昃戰猶酣帝用參軍胡藩策襲克臨朐賊乃大奔超遁還廣固獲其玉璽豹尾輦等送于都丙子克廣固大城超固其小城乃設長圍以守之館穀於青土停江淮轉輸七月超尚書郎張綱乞師於姚興自長安反泰山

太守申宣執送之綱有巧思先是帝修攻具城上人曰
汝不得張綱何能爲也及至升諸樓車以示之城內莫
不失色超既求救不獲綱反見虜乃求稱藩割大峴爲
界獻馬千疋不聽時姚興遣使聲言將涉淮左帝謂曰
爾報姚興我定靑州將遏函谷虜能自送今其時矣錄
事參軍劉穆之遽入曰此言不足威敵容能怒彼若鮮
卑未拔西羌又至公何以待之帝乃笑曰此兵機也非
子所及羌若能救不有先聲是自彊也十月張綱修攻
具成設飛樓縣梯木幔板屋冠以牛皮弓矢無所用之
劉毅遣上黨太守趙恢以千餘人來援帝夜潛遣軍會
之明旦恢衆五千方道而進每晉使將到輒復如之
六年二月丁亥屠廣固超踰城走追獲之斬于建康市
殺其王公已下納生口萬餘馬二千疋初帝之北也徐
道覆勸盧循乘虛而出循不從道覆乃至番禺說循曰
今日之機萬不可失若克京都劉公雖還無能爲也循
從之是月寇南康廬陵豫章諸郡郡守皆奔走時帝將
鎭下邳進兵河洛及徵使至即日班師鎭南將軍何無
忌與道覆戰敗死於豫章內外震駭朝議欲奉乘輿北
走帝次山陽聞敗卷甲與數千人造江上徵問知賊尙
未至四月癸未帝至都劉毅自表南征帝以賊新捷鋒
銳須嚴軍偕進使劉藩止之毅不從五月壬午盧循敗
毅于桑落洲及審帝凱入相視失色欲還尋陽平江陵
據二州以抗朝廷道覆請乘勝遂爭下之旬日乃從于
時北師始還傷痍未復戰士纔數千賊衆十餘萬舳艫
亘千里孟昶諸葛長民懼欲擁天子過江帝曰今兵士
雖少猶足一戰若其克濟臣主同休如其不然不復能
草間求活吾計決矣初帝征慕容超惟孟昶勸行丙辰
昶乃表天子引罪仰藥而死時議者欲分兵屯守諸津
帝曰賊衆我寡分其兵則測人虛實一處失利則沮三
軍之心若聚衆石頭則衆力不分戊午帝移鎭石頭乙
丑賊大至帝曰賊若新亭直上且將避之若回泊蔡洲
成禽耳徐道覆欲自新亭焚舟而戰循多疑少決每求
萬全乃泊蔡洲以待軍潰帝登石頭以望見之大悅庚
辰賊設伏於南岸疑兵向白石帝率劉毅諸葛長民北
拒焉留參軍徐赤特戍查浦戒令勿戰帝既北賊焚查
浦而至張侯橋赤特與戰大敗賊進屯丹陽郡帝馳還
石頭斬徐赤特解甲久之乃出陣於南塘七月庚申循
自蔡洲退將還歸尋陽帝遣輔國將軍王仲德等追之
使建威將軍孫處自海道入番禺戒之曰我十二月必
破妖寇卿亦足至番禺先傾其巢窟也十月帝率舟師
南伐使劉毅監太尉留府是月徐道覆寇江陵荆州刺
史劉道規大破之道覆走還湓口十一月孫處至番禺
克其城盧循父嘏奔始興處撫其人以守十二月已卯
大軍次大雷庚辰賊方江而下帝躬提幡鼓命衆軍齊
力擊之軍中多萬鈞神弩所至莫不摧陷帝自於中流
蹙之因風水之勢賊艦悉薄西岸岸上軍先備火具焚
之大敗循還尋陽遂走豫章悉力柵左里丙申大軍次
左里將戰帝麾之麾竿折幡沉于水衆咸懼帝笑曰昔
覆舟之役亦如此今勝必矣攻其柵循單舸走衆皆降
師旋晉帝遣侍中黃門勞師于行所
七年正月已未振旅而歸改授大將軍揚州牧給班劍
二十人本官如故帝固辭凡南北征伐戰亾者並列上
賻贈屍喪未反者遣主帥迎接致還本土二月盧循至
番禺爲孫處所破收餘衆南走劉藩孟懷玉斬徐道覆
于始興自晉中興以來朝綱弛紊權門兼幷百姓流離
不得保其產業桓元頗欲釐改竟不能行帝既作輔大
示軌則豪彊肅然遠近禁止至是會稽餘姚唐亮復藏
匿亾命千餘人帝誅亮免會稽內史司馬休之晉帝又
申前詔帝固辭於是改授太尉中書監乃受命奉送黃
鉞交州刺史杜慧度斬盧循父子函七首送都先是諸
州郡所遣秀才孝廉多非其人帝乃表申明舊例策試
之荆州刺史劉道規疾患求歸
八年四月改授豫州刺史以豫州刺史劉毅代之毅既
有雄才大志與帝俱興復晉室自謂京城廣陵功足相
抗雖權事推帝而心不服也厚自矜許朝士素望者並
多歸之與尙書僕射謝混丹陽尹郗僧施並深相結及
鎭江陵豫州舊府多割以自隨請僧施爲南蠻校尉帝
知毅終爲異端心密圖之毅至西疾篤表求從弟兗州
刺史藩以爲副貳帝僞許焉九月藩入朝帝命收藩及
謝混並賜死自表討毅又假黃鉞率諸軍西征以前鎭
軍將軍司馬休之爲平西將軍荆州刺史兗州刺史道
憐鎭丹徒豫州刺史諸葛長民監太尉留府事加太傅
司馬丹陽尹劉穆之建威將軍配以實力壬午發建鄴
遣將軍王鎭惡龍驤將軍蒯恩前襲江陵克之毅及黨
與皆伏誅十一月帝至江陵分荆州十郡爲湘州帝仍
進督焉以西陵太守朱齡石爲益州刺史使伐蜀晉帝
進帝太傅揚州牧加羽葆鼓吹班劍二十人
九年二月乙丑帝至自江陵初諸葛長民貪淫驕橫帝
每優容之劉毅既誅長民謂所親曰昔年醢彭越今年
殺韓信禍其至矣將謀作亂帝剋期至都而每淹留不
進公卿以下頻日奉候於新亭長民亦驟出既而帝輕

舟密至巳還東府矣長民到門引前郤人閑語凡平生言所不盡者皆與及之長民甚悅帝已密命左右丁旿自幔後出於坐拉焉死於牀側輿屍付廷尉并誅其弟黎民旿驍勇有力時人語曰勿跋扈付丁旿先是山湖川澤皆爲豪彊所奪百姓薪採漁釣皆責稅直至是禁斷之時人居未一帝上表定制於是依界土斷惟徐兗青三州居晉陵者不在斷例諸流寓郡縣多所併省以帝領鎭西將軍豫州刺史帝固讓太傅揚州牧及班劒奉還黃鉞七月朱齡石平蜀斬譙縱傳首建鄴九月晉帝以帝平齊定盧循功封帝次子義眞爲桂陽縣公并重申前命授帝太傅揚州牧加羽葆鼓吹班劒二十人將遣百僚敦勸乃受羽葆鼓吹班劒餘固辭

十年息人簡役築東府城起府舍帝以荆州刺史司馬休之宗室之重又得江漢人心疑其有異志而休之子譙王文思在都招聚輕俠帝執送休之令自爲其所休之表廢文思并與帝書陳謝

十一年正月帝收休之子文寶兄子文祖並賜死率衆西討復加黃鉞領荆州刺史以中軍將軍道憐監留府事休之上表自陳并罪狀帝遂起兵三月帝軍次江陵初雍州刺史魯宗之負力好亂且慮不爲帝容常爲識曰魚登日輔帝室與休之相結至是率其子竟陵太守軌會于江陵帝濟江休之衆潰與軌等奔襄陽江陵平加領南蠻校尉將拜南蠻遇四廢日佐史鄭鮮之等白遷日不許下書開寬大之恩四月進軍襄陽休之等奔姚興晉帝復申前令授太傅揚州牧劒履上殿入朝不趨贊拜不名加前部羽葆鼓吹置左右長史司馬從事中郎四人封第三子義隆爲北彭城縣公八月甲子帝至自江陵奉還黃鉞固辭太傅揚州牧前部羽葆鼓吹其餘受命

十二年正月晉帝詔帝依舊辟士加領平北將軍兗州刺史增督南秦凡二十二州帝以平北文武寡少不宜別置於是罷平北府以併大府二月加帝中外大都督初帝平齊仍有定關洛意遇盧循侵逼故寢及荆雍平乃謀外略會姚興死子泓新立兄弟相殺關中擾亂四月乙丑帝表伐關洛乃戒嚴北討加領征西將軍司豫二州刺史以世子爲徐兗二州刺史帝以義聲懷遠奉瑯邪王北伐五月盧江霍山崩獲六鐘獻之天子癸巳加領北雍州刺史前後部羽葆鼓吹增班劒爲四十人八月乙巳率大衆進發以世子爲中軍將軍監太尉留府事尚書左僕射劉穆之爲左僕射領監軍中軍二府軍司入居東府總攝內外九月帝至彭城加領北徐州刺史十月衆軍至洛圍金墉降之修復晉五陵置守衛十二月壬申晉帝加帝位相國總百揆揚州牧以徐州之彭城沛蘭陵下邳淮陽山陽廣陵兗州之高平魯泰山十郡封帝爲宋公備九錫之禮加璽紱遠游冠綠綟綬位在諸侯王上宋國置丞相以下一遵舊儀策書褒美功德遣大使奉迎袍罕虜乞伏熾盤遣使詣帝求効力討姚泓拜爲平西將軍河南公

十三年正月帝以舟師進討留彭城公義隆鎭彭城軍次陳留城經張良廟下令以時修飾棟宇致薦焉晉帝追贈帝祖爲太常父爲特進左光祿大夫讓不受三月冠軍將軍檀道濟等軍次潼關三月庚辰帝率大軍入河五月帝至洛陽謁晉五陵七月至陝龍驤將軍王鎭惡舟師自河浮渭八月扶風太守沈田子大破姚泓軍於藍田王鎭惡克長安禽姚泓始義熙九年歲鎭熒惑太白聚東井至是而關中平九月帝至長安長安豐人帑藏盈積帝先收其彝器渾儀土圭記里鼓指南車及秦始皇玉璽奉送之都其餘珍寶珠玉悉以班賜將帥遷姚宗于江南送泓斬于建康市謁漢長陵大會文武於未央殿十月晉帝詔進宋公爵爲王加十郡益宋國并前爲二十郡其相國揚州牧領征西將軍司豫北徐雍四州刺史如故帝欲息駕長安經略趙魏十一月前將軍劉穆之卒乃歸十二月庚子發自長安以桂陽公義眞爲安西將軍雍州刺史鎭長安留腹心將佐以輔之

十四年正月壬戌帝至彭城解嚴息甲以輔國將軍劉遵考爲并州刺史領河東太守鎭蒲坂帝解司州領徐冀二州刺史固讓進爵時漢中成固縣漢水崖際有異聲如雷俄頃岸崩有銅鐘十二出自潛壤鞏縣人宗曜於其田所獲嘉禾九穗同莖帝以獻晉帝晉帝以歸于我帝冲讓乃止六月丁亥受相國宋公九錫之命下令赦國內殊死以下詔崇豫章太夫人爲宋公太妃世子爲中軍將軍副貳相國府百官悉依天朝之制又詔宋國所封十郡之外悉得除用先是安西中兵參軍沈田子殺安西司馬王鎭惡諸將殺安西長史王修關中亂十月帝遣右將軍朱齡石代桂陽公義眞爲雍州刺史義眞還爲赫連勃勃所追大敗僅以身免諸將帥及齡石並沒十二月晉安帝崩大司馬瑯邪王即帝位

元熙元年二月晉帝詔徵帝入輔又申前命進公爵爲王以徐州之海陵北東海北譙北梁豫州之新蔡兗州之北陳留司州之陳郡汝南潁川滎陽十郡增宋國七

月乃受命赦國內五歲刑以下遷都壽陽九月解揚州十二月晉帝命帝冕十有二旒建天子旌旗出警入蹕乘金根車駕六馬備五時副車置旄頭雲罕樂舞八佾設鐘虡宮縣進王太妃爲太后王妃爲王后世子爲太子王子王孫爵命之號一如舊儀

二年正月帝表讓殊禮貢陵郡江濱自開出古銅禮器十餘枚帝獻之天子天子讓不受於是歸諸瑞物藏於相府四月詔遣敦勸兼徵帝入輔六月壬戌帝至都甲寅晉帝禪位于宋有司草詔既成請書之天子卽便操筆謂左右曰桓元之時天命已改重爲劉公所延將二十載今日之事本所甘心甲子遣使奉策于帝又遣使持節兼太保散騎常侍光祿大夫謝澹兼太尉尚書劉宣範奉璽書歸皇帝璽綬受終之禮一如唐虞漢魏故事帝奉表陳讓晉帝已遜于瑯邪王第表不獲通於是陳留王虔嗣等二百七十人及宋臺羣臣並上表勸進猶不許太史令駱達陳天文符應曰案晉義熙元年至元熙元年太白晝見經天凡七占曰太白經天人更主異姓興義熙七年五虹見于東方占曰五虹見天子黜聖人出九年鎭星歲星太白熒惑聚于東井十三年鎭星入太微占曰鎭星守太微有立王有徙王元熙元年冬黑龍四登于天易傳曰冬龍見天子亾社稷大人受命冀州道人釋法稱告其弟子曰嵩神言江東有劉將軍漢家苗裔當受天命吾以璧三十二鎭金一餠與之劉氏卜世之數也漢建武至建安末一百九十六年而禪魏魏自黃初至咸熙末四十六年而禪晉晉自太始至今百五十六年三代揖讓咸窮於六又漢光武社于南陽漢末而其樹死劉備有蜀廼應之而興及晉季年舊根始萌至是而盛矣若此者有數十條羣臣又固請乃從之

永初元年夏六月丁卯皇帝卽位於南郊設壇柴燎告天禮畢備法駕幸建康宮臨太極前殿大赦改元賜民爵二級鰥寡孤獨貧不能自存者人穀五斛逋租宿貸勿收其犯鄉論淸議贓污淫盜一皆蕩滌長徙之身特皆原遣亾官失爵禁錮奪勞一依舊準封晉帝爲零陵王全食一郡載天子旌旗乘五時副車行晉正朔郊祀天地禮樂制度皆用晉典上書不爲表答表不稱詔宮于故秣陵追尊皇考爲孝穆皇帝妣爲穆皇后尊王太后爲皇太后詔曰夫微禹之感歎深後昆愛人懷樹猶或勿翦雖在異代義無廢絕降殺之儀一依前典可降始興公爲縣公廬陵公爲柴桑縣公始安公爲荔浦縣侯長沙公爲醴陵縣侯康樂公卽降爲縣侯以奉晉故丞相王導太傅謝安大將軍溫嶠大司馬陶侃車騎將軍謝元之祀其宣力義熙者一仍本秩無卽減降庚午以司空道憐爲太尉封長沙王立南郡公義慶爲臨川王僕射徐羨之加鎭軍將軍左衛將軍謝晦爲中領軍宋國領軍檀道濟爲護軍將軍中領軍劉義欣爲青州刺史又詔論戰亾追贈及酬賞除復之科乙亥封皇子義陽公義眞爲廬陵王彭城公義隆爲宜都王義康爲彭城王丁丑使使廵行四方旌賢舉善問人疾苦獄訟虧濫政刑乖愆傷化誘俗未允人聽者皆具以聞戊寅詔增百官俸已卯改晉泰始曆爲永初曆社以子臘以辰秋七月丁亥原放劫賊餘口沒在臺府者諸流徙之家並聽還本又以市稅繁苦優量減降從征關洛殞身不及殯者贍賜其家已丑陳留王曹虔嗣薨辛卯復置五校三將官增殿中將軍員二十人餘在員外戊戌征西大將軍開府儀同三司楊盛進號車騎大將軍甲辰鎭西將軍李歆進號征西大將軍平西將軍乞伏熾盤進號安西大將軍征東將軍高句驪王高璉進號征東大將軍鎭東將軍百濟王扶餘映進號鎭東大將軍置東宮冗從僕射虎賁中郞將官戊申遷神主於太廟車駕親奉壬子詔改權制率從寬簡八月辛酉詔舊郡縣以北爲名者悉除之寓立於南者聽以南爲號戊辰詔曰彭城桑梓敦本斯隆宜同豐沛其沛郡下邳各復租布三十年辛未追謚妃臧氏爲敬皇后陵曰永寧癸酉立王太子義符爲皇太子乙亥赦見罪人閏月壬午置晉帝諸陵守衞其名賢先哲詳加灑埽丁酉林邑國遣使朝貢九月壬子置東宮殿中將軍十人員外二十人壬申置都官尚書是歲魏明元皇帝太恒五年西涼亾

二年春正月辛酉祀南郊大赦丙寅斷金銀塗以揚州刺史廬陵王義眞爲司徒以尚書僕射徐羨之爲尚書令揚州刺史已卯禁喪事用銅釘罷會稽郡府二月乙丑策試州郡孝秀于延賢堂倭國遣使朝貢三月乙丑初限荆州府置將不得過二千人吏不得過一萬人州置將不得過五百人吏不得過五千人兵士不在此限夏四月已卯初禁淫祀除諸房廟其先賢以勳德立祠者不在此例戊辰聽訟於華林園五月已酉置東宮屯騎步兵翊軍三校尉官秋七月已巳地震九月已丑零陵王殂宋志也車駕率百僚臨于朝堂三日如魏明帝服山陽公故事使兼太尉持節護喪事葬以晉禮冬十月已亥以涼州胡帥大沮渠蒙遜爲鎭軍大將軍開府儀同三司涼州刺史十一月辛亥葬晉恭皇帝于沖平

陵車駕率百官瞻送

三年春正月甲辰朔詔刑罪無輕重悉原之癸丑以尚書令揚州刺史徐羨之爲司空錄尚書事刺史如故進江州刺史王弘衛將軍開府儀同三司以太子詹事傅亮爲尚書僕射中領軍謝晦爲領軍二月丙戌有星孛于虛危三月上不豫太尉長沙王道憐司空徐羨之尚書僕射傅亮領軍將軍謝晦護軍將軍檀道濟並入侍醫藥羣臣請祈禱神祇上不許惟使侍中謝方明以疾告廟而已丁未以廬陵王義眞爲侍中車騎將軍開府儀同三司南豫州刺史己未上疾瘳大赦夏四月乙亥封仇池公楊盛爲武都郡王五月上疾甚召太子戒之曰檀道濟雖有幹略而無遠志非如兄韶有難御之氣徐羨之傅亮當無異圖謝晦屢從征伐頗識機變若有異必此人也小郤可以會稽江州處之又爲手詔朝廷不須復有別府宰相帶揚州可置甲士千人若大臣中任要宜有爪牙以備不祥人者可以臺見留隊給之有征討悉配以臺見軍隊行還復舊後世若有幼主朝事一委任宰相母后不煩臨朝仗既不許入臺殿門要重人可詳給班劒癸亥上崩于西殿時年六十七月己酉葬丹陽建康縣蔣山初寧陵羣臣上謚曰武皇帝廟號高祖上清簡寡欲嚴整有法度未嘗視珠玉輿馬之飾後庭無紈綺絲竹之音初朝廷未備音樂長史殷仲文以爲言帝曰日不暇給且所不解仲文曰屢聽自然解之帝曰政以解則好之故不習耳寧州嘗獻虎魄枕光色甚麗價盈百金時將北伐以虎魄療金創上大悅命碎分諸將平關中得姚興從女有盛寵以之廢事謝晦諫卽時遣出財帛皆在外府內無私藏宋臺建有司奏東西堂施局脚牀金塗釘上不許使用直脚牀釘用鐵廣州嘗獻入筒細布一端八丈帝惡其精麗勞人卽付有司彈太守以布還之并制嶺南禁作此布帝素有熱病并患金創末年尤劇坐卧常須冷物後有人獻石牀寢之極以爲佳乃歎曰木牀且費而況石牀卽令毁之制諸主出適遣送不過二十萬無錦繡金玉內外奉禁莫不節儉性尤簡易常著連齒木屐好出神虎門內左右逍遙從者不過十餘人時徐羨之住西州嘗思羨之便步出西掖門羽儀絡繹追隨已出西明門矣諸子旦問起居入閤脫公服止著裙帽如家人之禮焉微時躬耕於丹徒及受命耨耜之具頗有存者皆命藏之以留於後及文帝幸舊宮見而問焉左右以實對文帝色慙有近侍進曰大舜躬耕歷山伯禹親事土木陛下不覩列聖之遺物何以知稼穡之艱難何以知先帝之至德乎及孝武大明中壞上所居陰室於其處起玉燭殿與羣臣觀之牀頭有土障壁上挂葛燈籠麻繩拂侍中袁顗盛稱先帝儉素之德孝武不答獨曰田舍公得此已爲過矣然則高祖能光有天下克成大業盛矣哉

武帝永初三年

少帝諱義符小字車兵武帝長子也母曰張夫人晉義熙二年生帝於京口時武帝年踰不惑尚未有男及帝生甚悅年一歲拜豫章公世子帝膂力絕人善騎射解音律武帝北征關中進號中軍將軍監太尉留府事宋臺建拜宋世子卽本號副貳相國元熙元年進爲宋太子武帝受禪立爲皇太子永初三年五月癸亥武帝崩是日太子卽皇帝位大赦制服三年尊皇太后曰太皇太后六月壬申以尚書僕射傅亮爲中書監尚書令司空徐羨之領軍將軍謝晦及亮輔政戊子太尉長沙王道憐薨秋九月丁未有司奏武皇帝配南郊武敬皇后配北郊冬十一月戊午有星孛于營室十二月庚戌魏軍克滑臺

景平元年春正月己亥朔大赦改元文武賜位二等辛丑祀西郊魏軍克金墉城癸卯河南郡失守乙卯有星孛于東壁二月丁丑太皇太后崩鎮軍大將軍大沮渠蒙遜河南鮮卑吐谷渾阿豺並遣使朝貢庚辰進蒙遜驃騎大將軍封河西王以阿豺爲安西將軍沙州刺史封澆河公三月壬辰孝懿皇后祔葬于興寧陵是月高麗國遣使朝貢夏閏四月己未魏軍克虎牢秋七月癸酉尊所生母張夫人爲皇太后丁丑赦五歲刑以下冬十月己未有星孛于氐是歲魏明元皇帝崩

二年春二月己卯朔日有食之廢南豫州刺史廬陵王義眞爲庶人徙新安郡乙巳大風天有雲五色占者以爲有兵執政使使者誅皇弟義眞于新安高麗國遣使朝貢時帝居處所爲多乖失夏五月己酉皇太后令暴帝過惡廢爲滎陽王一依漢昌邑晉海西故事奉迎鎮西將軍宜都王義隆入纂皇統始徐羨之傅亮將廢帝諷王弘檀道濟求赴國許弘等來朝使中書舍人邢安泰潘盛爲內應是旦道濟謝晦領兵居前羨之等隨後因東掖門開入自雲龍門盛等先戒宿衛莫有禦者時帝於華林園爲列肆親自酤賣又開瀆聚土以象破岡埭與左右引船唱呼以爲歡樂夕游天泉池卽龍舟而寢其朝未興兵士進殺二侍者於帝側傷帝指扶出東閤就收璽紱羣臣拜辭送于東宮遂幽于吳郡是日赦死罪以下太后令奉還璽紱檀道濟入守朝堂六月癸

丑徐羨之等使中書舍人邢安泰弑帝於金昌亭帝有勇力不即受制突走出昌門追以門關踣之致殞時年十九

少帝景平二年

太祖文皇帝諱義隆小字車兒武帝第三子也晉義熙三年生於京口十一年封彭城縣公永初元年封宜都郡王位鎮西將軍荆州刺史加都督時年十四長七尺五寸博涉經史善隸書是歲來朝會武帝嘗聽訟仍遣上訊建康獄囚辯斷稱旨武帝甚悅景平初有黑龍見西方五色雲隨之二年江陵城上有紫雲望氣者皆以爲帝王之符當在西方其年少帝廢百官議所立徐羨之傅亮等以禎符所集備法駕奉迎入奉皇統行臺至江陵尙書令傅亮奉表進璽紱州府佐吏並稱臣請題榜諸門一依宮省上皆不許教州府國綱紀宥所統內見刑是時司空徐羨之等新有弑害及變駕西迎人懷疑懼惟長史王曇首司馬王華南蠻校尉到彥之共期朝臣未有異志帝曰諸君受遺不容背貳且勞臣舊將內外充滿今兵力又足以制物夫何所疑甲戌乃發江陵命王華知州府留鎮陝西令到彥之監襄陽車駕在道有黑龍躍負上所乘舟左右莫不失色上謂王曇首曰此乃夏禹所以受天命我何德以堪之及至都羣臣迎拜於新亭先謁初寧陵還次中堂百官奉璽紱沖讓未受勸請數四乃從之

元嘉元年秋八月丁酉皇帝即位于中堂備法駕入宮御太極前殿大赦改元文武賜位二等戊戌拜太廟詔追復廬陵王先封奉迎靈柩辛丑謁臨川烈武王陵癸卯進司空徐羨之位司徒江州刺史王弘位司空尙書令傅亮左光祿大夫開府儀同三司荆州刺史謝晦鎮北將軍南兗州刺史檀道濟征北將軍甲辰追尊所生胡婕妤爲章皇太后封皇弟義恭爲江夏王義宣爲竟陵王義季爲衡陽王己酉減荆湘二州今年租布之半九月丙子立妃袁氏爲皇后是歲魏太武皇帝始光元年

二年春正月丙寅司徒徐羨之尙書令傅亮奉表歸政上始親覽萬機辛未祀南郊大赦秋八月乙酉驃騎將軍南徐州刺史彭城王義康以本號開府儀同三司改授司空王弘車騎大將軍開府儀同三司冬十一月庚午以武都王楊元爲北秦州刺史襲封武都王是歲赫連屈丐死

三年春正月丙寅司徒徐羨之尙書令傅亮有罪伏誅遣中領軍到彥之征北將軍檀道濟討荆州刺史謝晦上親率六師西征大赦丁卯以江州刺史王弘爲司徒錄尙書事二月戊午以金紫光祿大夫王敬弘爲尙書左僕射豫章太守鄭鮮之爲右僕射戊辰到彥之檀道濟大破謝晦於隱磯丙子車駕自蕪湖反旆己卯禽晦於延頭送都伏誅夏五月乙未以征北將軍南兗州刺史檀道濟爲征南大將軍開府儀同三司江州刺史乙巳驃騎大將軍涼州牧大沮渠蒙遜改爲車騎大將軍詔大使巡行四方觀省風俗丙午臨延賢堂聽訟自是每歲三訊秋旱且蝗冬十二月前吳郡太守徐佩之謀反伏誅

四年春正月乙亥朔曲赦建鄴百里內辛巳祀南郊二月乙卯行幸丹徒謁京陵三月丙子宴丹徒宮帝鄉父老咸與焉蠲丹徒今年租布原五歲刑以下丁亥車駕還宮戊子尙書右僕射鄭鮮之卒壬寅採富陽令諸葛闡議禁斷夏至日五絲命縷之屬夏五月都下疾疫遣使者存問給醫藥死無家屬者賜以棺器六月癸卯朔日有食之

五年春正月乙亥詔以陰陽愆序求讜言甲申臨元武館閱武戊子都下大火遣使巡慰振恤夏六月庚戌司徒王弘降爲衛將軍開府儀同三司都下大水乙卯遣使檢行振贍十二月天竺國遣使朝貢是歲魏元麚元年太武皇帝伐赫連昌滅之乞伏熾盤死

六年春正月辛丑祀南郊癸丑以荆州刺史彭城王義康爲司徒錄尙書事三月丁巳立皇子劭爲皇太子戊午大赦賜文武位一等夏四月癸亥以尙書左僕射王敬弘爲尙書令丹陽尹臨川王義慶爲尙書左僕射吏部尙書江夷爲右僕射五月壬辰朔日有食之秋七月百濟王遣使朝貢冬十一月己丑朔日有食之星晝見十二月西河河南國並遣使朝貢

七年春二月壬戌雪且雷三月戊子遣左將軍到彥之侵魏夏六月己卯封氐楊難當爲武都王冬十月戊午二錢署鑄四銖錢戊寅魏克金墉城十一月癸未又克虎牢壬辰遣征西大將軍檀道濟拒魏右將軍到彥之自滑臺奔退十二月都下火延燒于太社北牆是歲馮跋死倭百濟呵羅單林邑呵羅他師子等國並遣使朝貢吳興晉陵義興大水遣使巡行振恤

八年春二月辛酉魏克滑臺癸酉檀道濟引軍還自是河南復亾三月大雩夏六月乙丑大赦旱故又大雩閏六月乙巳遣使省行獄訟簡息傜役

九年春二月辛卯詔曰故太傅長沙景王故大司馬臨

川烈武王故司徒南康文宣公穆之衞將軍華容公弘征南大將軍永修公道濟故左將軍龍陽侯鎭惡或履道廣深執德沖邈或雅量高劭風鑒明遠或識準弘正才略開邁威文德以弘帝載武功以隆景業而太常未銘從祀闕亭寤寐屬慮永言興懷便宜配祭廟庭勒功天府三月庚戌進衞將軍王弘爲太保丁巳加江州刺史檀道濟爲司空夏五月壬申新除太保王弘薨六月癸未置積弩彊弩將軍官乙未以征西將軍沙州刺史吐谷渾慕璝爲征西大將軍西秦河二州刺史隴西王壬寅以撫軍將軍江夏王義恭爲征北將軍開府儀同三司南兗州刺史秋七月庚午以領軍將軍殷景仁爲尚書僕射冬十月庚寅立皇子紹爲廬陵王奉孝獻王祀江夏王義恭子朗爲南豐王奉營陽王祀是歲魏延和元年

十年春正月甲寅改封竟陵王義宣爲南譙王己未大赦夏林邑闍婆婆州訶羅單國並遣使朝貢秋七月戊戌曲赦益梁秦三州冬十一月氐楊難當據有梁州是月沮渠蒙遜死

十一年夏四月梁秦二州刺史蕭思話破氐梁州平五月丁卯曲赦梁南秦二州緜闍以北戊寅以大沮渠茂虔爲征西大將軍梁州刺史封西河王是歲林邑扶南訶羅單國並遣使朝貢

十二年春正月辛酉大赦辛未祀南郊癸酉封馮弘爲燕王夏四月丙辰詔內外舉士郡下地震六月禁酒師子國遣使朝貢丹陽淮南吳吳興義興大水都下乘船己酉以徐豫南兗三州會稽宣城二郡米數百萬斛賜五郡遭水人秋七月辛酉闍婆娑達扶南國並遣使朝貢八月乙亥原除遭水郡諸逋負九月蜀將張尋爲寇是歲魏太延元年

十三年春正月癸丑朔上有疾不朝會三月己未誅司空江州刺史檀道濟庚申大赦夏六月高麗武都等國並遣使朝貢秋七月己未零陵王太妃殂追崇爲章皇后葬以晉禮九月癸丑立皇子濬爲始興王駿爲武陵王是歲馮弘奔高麗

十四年春正月辛卯祀南郊大赦戊戌鳳皇二見于都下衆鳥隨之改其地曰鳳皇里夏四月蜀將張尋趙廣降遷之建鄴冬十二月辛酉初停賀雪河南西河訶羅單國並遣使朝貢

十五年春正月以平東將軍吐谷渾慕延爲鎭西將軍秦河二州刺史封隴西王秋七月辛未地震新作東宮是歲武都河南高麗倭扶南林邑等國並遣使朝貢立儒學館于北郊命雷次宗居之

十六年春正月戊寅閱武于北郊庚寅進彭城王義康爲大將軍領司徒以開府儀同三司江夏王義恭爲司空夏六月癸酉改封隴西王吐谷渾慕延爲河南王秋八月庚子立皇子鑠爲南平王九月魏滅沮渠茂虔冬十二月乙亥皇太子冠大赦是歲武都河南林邑高麗等國並遣使朝貢上好儒雅又命丹陽尹何尚之立元素學著作佐郎何承天立史學司徒參軍謝元立文學各聚門徒多就業者江左風俗於斯爲美後言政化稱元嘉焉

十七年夏四月戊午朔日有蝕之秋七月壬子皇后袁氏崩八月徐袞青冀四州大水遣使振恤九月壬子葬元皇后于長寧陵冬十月戊午前丹陽尹劉湛有罪伏誅大赦文武賜爵一級以大將軍領司徒錄尚書事彭城王義康爲江州刺史大將軍如故甲戌以司徒江夏王義恭爲司徒錄尚書事十一月尚書僕射揚州刺史殷景仁卒十二月癸亥以光祿大夫王球爲尚書僕射戊辰武都河南百濟等國並遣使朝貢是歲魏太平眞君元年

十八年春二月庚子雨雹戊申置尚書刪定郎官夏五月壬午衞將軍南兗州刺史臨川王義慶征北將軍南徐州刺史南譙王義宣並開府儀同三司甲申河水汎溢害居人六月戊辰遣使巡行振贍冬十一月戊子尚書僕射王球卒己亥以丹陽尹孟顗爲尚書僕射氐楊難當寇漢川十二月南寧太守爨松子舉兵反寧州刺史徐循討平之是歲河南肅愼高麗蘇摩黎林邑等國並遣使來朝貢

十九年夏四月甲戌上以久疾愈始奉初祠大赦五月庚寅梁秦二州刺史劉其道龍驤將軍裴方明破楊難當仇池平閏月都下水遣使巡行振恤六月以大沮渠無諱爲征西大將軍涼州刺史封西河王秋七月甲戌晦日有食之九月丙辰有客星在北斗因爲彗入文昌貫五車埽畢拂天節經天苑季冬乃滅冬十二月丙申詔奉聖之允速議承襲及令修廟四時饗祀并命蠲近墓五家供灑埽栽松栢六百株是歲蠕蠕河南王武婁皇國並遣使朝貢西涼武昭王孫李寶始歸于魏

二十年春正月辛亥祀南郊二月甲申閱武於白下魏軍克仇池夏四月甲戌立皇子誕爲廣陵王秋七月癸丑以楊文德爲征西將軍北秦州刺史封武都王冬十月雷十一月壬午置籍田是歲河西高麗百濟倭國並

遣使朝貢自去歲至是諸州郡水旱傷稼人大飢遣使開倉振恤

二十一年春正月己亥南徐南兗南豫州揚州之浙江西並禁酒辛酉親耕籍田大赦二月己丑司徒錄尚書事江夏王義恭進位太尉領司徒辛卯立皇子宏爲建平王秋八月戊辰以荆州刺史衡陽王義季爲征北大將軍開府儀同三司南兗州刺史九月甲辰以大沮渠安周爲征西將軍涼州刺史封河西王冬十月己亥命刺史郡守修東耕丙子雷且雹

二十二年春正月辛卯朔改用御史中丞何承天元嘉新曆二月甲戌立皇子禕爲東海王昶爲義陽王秋七月己未以尚書僕射孟顗爲左僕射中護軍何尚之爲右僕射九月己未開酒禁癸酉宴于武帳堂上將行勑諸子且勿食至會所賜饌日旰食不至有飢色上誡之曰汝曹少長豐佚不見百姓艱難今使爾識有飢苦知以節儉期物冬十二月乙未太子詹事范曄謀反及黨與皆伏誅丁酉免大將軍彭城王義康爲庶人絕屬籍是冬浚淮起湖熟廢田千餘頃

二十三年夏四月丁未大赦六月癸未朔日有食之交州刺史檀和之伐林邑國克之是歲大有年築北堤立元武湖於樂游苑北興景陽山于華林園役重人怨

二十四年春正月甲戌大赦賜文武位一等夏四月河濟俱清六月都下疫癘使巡省給醫藥以貨貴制大錢一當兩秋八月乙未徐州刺史衡陽王義季薨冬十一月甲寅立皇子渾爲汝陽王是歲徐兗青冀四州大水

二十五年春閏二月己酉大蒐於宣武場三月庚辰校獵夏四月乙巳新作閶闔廣莫二門改先廣莫門曰承明開陽門曰津陽五月乙卯罷當兩大錢六月庚戌零陵王司馬元瑜薨丙寅加荆州刺史南譙王義宣位司空八月甲子立皇子彧爲淮陽王九月辛未以尚書右僕射何尚之爲尚書左僕射冬青州城南遠望見地中如水有影謂之地鏡

二十六年春正月辛巳祀南郊二月己亥幸丹徒謁京陵三月丁巳宴于丹徒宮大赦復丹徒縣僑舊今歲租布之半行所經過蠲田租之半癸亥使祭晉故司空忠肅公何無忌墓壬午至自丹徒丙戌婆皇國壬辰婆達國並遣使朝貢冬十月庚子改封廣陵王誕爲隨郡王癸卯孛星見于太微甲辰以揚州刺史始興王濬爲征北將軍開府儀同三司徐兗二州刺史

二十七年春正月辛卯百濟國遣使朝貢二月魏軍攻縣瓠以軍興減百官奉祿三分之一三月乙丑淮南太守諸葛闡求減奉祿同內百官於是諸州郡縣丞尉並悉同減戊寅罷國子學秋七月庚午遣寧朔將軍王元謨拒魏太尉江夏王義恭出次彭城總統諸軍冬十一月丁未大赦十二月庚午魏太武帝率大衆至瓜步聲欲度江都下震懼咸荷擔而立壬午內外戒嚴緣江六七百里舳艫相接始議北侵朝士多有不同至是帝登烽火樓極望不悅謂江湛曰北伐之計同議者少今日士庶勞怨不得無慙貽大夫之憂在予過矣甲申使饋百牢于魏

二十八年春正月丁亥魏太武帝自瓜步退歸俘廣陵居人萬餘家以北徐豫青冀二兗六州殺略不可勝算所過州郡赤地無餘二月甲戌降太尉領司徒江夏王義恭爲驃騎將軍開府儀同三司壬午幸瓜步是日解嚴三月乙酉車駕還宮丙申拜初寧陵大旱夏四月癸酉婆達國遣使朝貢己卯孛星見于昴是月都下疾疫使巡省給醫藥五月乙酉亡命司馬順則自號齊王據梁鄒城丁巳婆皇國戊戌河南國並遣使朝貢戊申以尚書左僕射何尚之爲尚書令太子詹事徐湛之爲左僕射護軍將軍壬子孛星見太微中對帝坐秋七月甲辰進安東將軍倭王綏濟爲安東大將軍八月癸亥梁鄒平斬司馬順則是秋猛虎入郭內爲災冬十月癸亥高麗國遣使朝貢十二月壬寅曲赦二兗徐豫青冀六州徙彭城流人於瓜步淮西流人于姑熟合萬許家是歲魏正平元年

二十九年春正月甲午詔經寇六州仍逢災澇可量加救贍二月乙卯雷且雪戊午立皇子休仁爲建安王三月壬午大風拔木都下火夏四月戊午訶羅單國遣使朝貢秋七月壬辰改封汝陰王渾爲武昌王淮陽王彧爲湘東王丁酉省大司農太子太僕廷尉監官九月丁亥以平西將軍吐谷渾拾寅爲安西將軍秦河二州刺史封河南王冬十一月壬寅揚州刺史廬陵王紹薨十二月戊辰黄霧四塞辛未以南兗州刺史江夏王義恭爲大將軍南徐州刺史錄尚書如故是歲魏中常侍宗愛構逆太武皇帝崩乃奉南安王余爲帝改元爲承平後又賊余於是殿中尚書長孫渴侯尚書陸麗奉皇孫是爲文成皇帝改元曰興安

三十年春正月乙亥朔會羣臣於太極前殿有青黑氣從東南來覆映宮上戊寅以司空荆州刺史南譙王義宣爲司徒中軍將軍揚州刺史壬午以南徐州刺史始興王濬爲衛將軍開府儀同三司荆州刺史戊子使江

州刺史武陵王駿統衆軍伐西陽蠻二月甲子元凶劭構逆帝崩于合殿時年四十七謚景皇帝廟號中宗三月癸巳葬長寧陵孝武帝踐阼追改謚曰文帝廟號太祖帝聰明仁厚雅重文儒克勤政事孜孜無怠加以在位日久惟簡靖爲心于時政平訟理朝野悅睦自江左之政所未有也又性存儉約不好奢侈車府令嘗以輦篷故請改易之又輦席舊以烏皮緣故欲代以紫皮上以竹篷未至於壞紫色貴並不聽改其率素如此云

文帝元嘉三十年

世祖孝武皇帝諱駿字休龍小字道人文帝第三子也元嘉七年八月庚午夜生有光照室少機穎神明爽發讀書七行俱下才藻甚美雄決英武長於騎射十二年立爲武陵王二十二年累遷雍州刺史自晉江左以來襄陽未有皇子重鎭時文帝欲經略關河故有此授及魏大武大舉至淮南時帝鎭彭城魏使尙書李孝伯至帝遣長史張暢與語而帝改服觀之孝伯目帝不輟及出謂人曰張侯側有人風骨視瞻非常士也二十八年爲都督江州刺史時緣江蠻爲寇文帝遣太子步兵校尉沈慶之等伐之使上總統衆軍三十年正月出次西陽五洲會元凶弒逆上率衆入討荆州刺史南譙王義宣雍州刺史臧質並舉義兵三月乙未建牙于軍門是時多不悉舊儀有一翁班白自稱少從武帝征伐頗悉其事因使指麾事畢忽失所在自冬至春常東北風連陰不霽其日牙立之後風轉而西南景色開霽有紫雲二蔭于牙上四月辛酉上次溧洲丙寅次江寧丁卯大將軍江夏王義恭來奔奉表上尊號戊辰上至新亭己巳即皇帝位大赦改文帝號謚以大將軍江夏王義恭爲太尉南徐州刺史庚午以荆州刺史南譙王義宣爲中書監丞相揚州刺史並錄尙書六條事以安東將軍隨王誕爲衞將軍荆州刺史加雍州刺史臧質車騎將軍並開府儀同三司以江州刺史撫軍將軍蕭思話爲尙書左僕射壬申以征虜將軍王僧達爲右僕射改新亭爲中興亭夏四月乙亥輔國將軍朱修之克東府丙申克建鄴二凶及同逆並伏誅庚辰詔分遣大使巡省方俗是日解嚴辛巳幸東府城甲申尊所生路淑媛爲皇太后乙酉立妃王氏爲皇后壬辰以太尉江夏王義恭爲太傅領大司馬甲午謁初寧陵曲赦建鄴二百里內並蠲今年租稅戊戌以撫軍將軍南平王鑠爲司空建平王宏爲尙書左僕射六月丙午車駕還宮初置殿門及上閤門屯兵庚午以丹陽尹褚湛之爲尙書右僕射庚申詔有司論功班賞各有差辛酉安西將軍西秦河二州刺史吐谷渾拾寅進號鎭西大將軍開府儀同三司辛未改封南譙王義宣爲南郡王隨王誕爲竟陵王閏月丙子遣兼散騎常侍樂詢等十五人巡行風俗庚申加太傅江夏王義恭錄尙書事以荆州刺史竟陵王誕爲侍中驃騎大將軍開府儀同三司揚州刺史甲申蠲尋陽西陽郡租布三年是月置衞尉官秋七月辛丑朔日有食之辛酉詔崇儉約禁淫侈己巳司空南平王鑠薨以侍中南郡王世子恢爲尙書右僕射冬十月癸未聽訟於閱武堂十一月丙辰停臺省衆官朔望問訊丙寅高麗王遣使朝貢十二月甲戌省都水使者官置水衡令官癸未以將置東宮省太子率更令步兵翊軍校尉虎賁中郞將冗從僕射左右積弩將軍官中庶子中舍人庶子舍人洗馬各減舊員之半

孝建元年春正月己亥朔祀南郊大赦改元壬戌更鑄四銖錢丙寅立皇子子業爲皇太子賜天下爲父後者爵一級是月起正光殿二月庚子豫州刺史魯爽車騎將軍江州刺史臧質丞相荆州刺史南郡王義宣兗州刺史徐遺寶舉兵反壬午曲赦豫州三月癸亥內外戒嚴夏五月甲寅義宣等攻梁山左衞將軍王元謨大破之己未解嚴癸亥以吳興太守劉延孫爲尙書右僕射六月戊辰臧質走至武昌爲民所斬傳首建鄴甲戌撫軍將軍柳元景進號撫軍大將軍及鎭北將軍沈慶之並開府儀同三司癸未罷南蠻校尉官戊子省錄尙書官庚寅義宣於江陵賜死秋七月丙申朔日有食之既丙辰大赦賜文武爵一級冬十月戊寅詔開建仲尼廟制同諸侯之禮詳擇爽塏厚給祭秩十一月癸卯復置都水使者官始課南徐州僑人租是歲魏興光元年

二年春二月己丑婆皇國遣使朝貢丙寅以南兗州刺史沈慶之爲左光祿大夫開府儀同三司夏四月壬申河南王遣使朝貢五月乙未熒惑入南斗戊戌以湘州刺史劉遵考爲尙書右僕射六月甲子以國哀除釋大赦秋七月癸巳立皇弟休祐爲山陽王休茂爲海陵王休業爲鄱陽王己酉槃槃國遣使朝貢八月庚申雍州刺史武昌王渾有罪廢爲庶人自殺辛酉斤陀利國遣使朝貢三吳饑詔所在振貸九月丁亥閱武於宣武場冬十月壬午以揚州刺史竟陵王誕爲司空南徐州刺史以尙書左僕射建平王宏爲尙書令十一月辛亥高麗國遣使朝貢是歲魏太安元年

三年春正月庚寅立皇弟休範爲順陽郡王休若爲巴陵郡王戊戌立皇子子尙爲西陽郡王辛丑祀南郊以

驃騎將軍建昌忠公到彥之衞將軍左光祿大夫新建文宣侯王華豫章文侯王曇首配饗文帝廟庭壬子皇太子納妃甲寅大赦羣臣上禮二月丁丑制朔望臨西堂接羣下受奏事閏三月癸酉鄱陽王休業薨夏四月甲子初禁人車及酒肆器用銅五月辛酉制荆徐兗豫雍青冀七州統內家有馬一匹者蠲復一丁秋九月壬戌以丹陽尹劉遵考爲尙書左僕射冬十月丙午太傅江夏王義恭進位太宰領司徒

大明元年春正月辛亥朔大赦改元庚午都下雨水辛未遣使檢行賜以樵米三月壬戌制大臣加班劒者不得入宮城門夏四月都下疾疫丙申遣使巡賜給醫藥死而無收斂者官爲斂埋五月吳興義興大水人饑乙卯遣使開倉振恤癸酉聽訟于華林園自是非巡狩軍役則車駕歲三臨訊丙寅芳香琴堂東西有雙橘連理景陽樓上層西南梁栱間有紫氣淸景殿西甍鴟尾中央生嘉禾一株五莖改景陽樓爲慶雲樓淸景殿爲嘉禾殿芳香琴堂爲連理堂乙亥以輔國將軍梁瑾葱爲河州刺史封宕昌王秋七月辛未土斷雍州諸僑郡縣九月建康秣陵二縣各置都官從事一人司水火刼盜冬十月甲辰以百濟王餘慶爲鎭東大將軍十二月丁亥改封順陽王休範爲桂陽王

二年春正月辛亥祀南郊丙辰復郡縣田秩幷九親祿奉壬戌拜初寧陵二月丙戌衞將軍尙書令建平王宏以本號開府儀同三司以丹陽尹褚湛之爲尙書左僕射三月丁未尙書令建平王宏薨乙卯以田農要月命太官停殺牛夏四月甲申立皇子子綏爲安陸王辛丑地震六月戊寅增置吏部尙書一人省五兵尙書官丁亥加左光祿大夫何尙之開府儀同三司秋八月丙戌中書令王僧達下獄死九月壬戌襄陽大水遣使巡行振恤庚午置武衞將軍武騎常侍官冬十二月己亥制諸王及妃主庶姓位從公者喪事聽設凶門餘悉斷是歲河南高麗林邑等國並遣使朝貢

三年春正月己丑以領軍將軍柳元景爲尙書令二月乙卯以揚州所統六郡爲王畿以東揚州爲揚州甲子復置廷尉監官夏四月乙卯司空南兗州刺史竟陵王誕有罪貶爵誕不受命據廣陵反以沈慶之爲車騎大將軍開府儀同三司南兗州刺史討誕秋八月己巳克廣陵城斬誕悉誅城內男丁以女口爲軍賞是日解嚴辛未大赦丙子以丹陽尹劉秀之爲尙書右僕射丙戌加南兗州刺史沈慶之位司空九月壬辰於元武湖上立上林苑甲午移南郊壇於牛頭山以正陽位冬十一月甲子立皇后蠶宮於西郊十二月辛酉置謁者僕射官是歲婆皇河西高麗肅愼等國各遣使朝貢西域獻儛馬

四年春正月辛未祀南郊甲戌宕昌國遣使朝貢乙亥親耕籍田大赦庚寅立皇子子勛爲晉安王子房爲尋陽王子頊爲歷陽王子鸞爲襄陽王三月甲申皇后親桑于西郊夏四月丙午詔四侍供限詳減太半辛亥太宰江夏王義恭等表請封岱宗詔不從辛酉詔以都下疾疫遣使存問幷給醫藥其亾者隨宜振恤五月丙戌尙書左僕射褚湛之卒秋七月甲戌光祿大夫開府儀同三司何尙之薨八月雍州大水甲寅遣使振恤九月丁亥改封襄陽王子鸞爲新安王冬十月庚寅遣新除司空沈慶之討緣江蠻十一月戊辰改細作署令爲左右御府令丙戌復置大司農官十二月辛丑幸廷尉寺宥繫囚魏遣使通和丁未幸建康縣原放獄囚倭國遣使朝貢是歲魏和平元年

五年春正月戊午朔華雪降散爲六出上悅以爲瑞二月癸巳閱武軍幢以下普加班賜多所原宥三月甲戌行幸江乘遣祭故太保王弘光祿大夫王曇首墓夏四月癸巳改封西陽王子尙爲豫章王丙申加尙書令柳元景左光祿大夫開府儀同三司丙午雍州刺史海陵王休茂殺司馬庾深之舉兵反參軍尹元慶起義斬之傳首建鄴五月起明堂於國學南丙巳之地癸亥制帝室朞親官非祿官者月給錢十萬六月丁卯高麗國遣使朝貢庚午曲赦雍州八月戊子立皇子子仁爲永嘉王子眞爲始安王己丑詔以來歲修葺庠序旌延國胄庚寅制方鎭所假白版郡縣年限依臺除食祿三分之一不給送故衞將軍東海王禕以本號開府儀同三司九月甲寅日有食之丁卯行幸琅邪郡原遣囚繫庚午河濟淸閏月丙申初立馳道自閶闔門至于朱雀門又自承明門至于元武湖壬寅改封歷陽王子頊爲臨海王冬十月甲寅以南徐州刺史劉延孫爲尙書左僕射十二月壬申以領軍將軍劉遵考爲尙書右僕射甲戌制天下人戶歲輸布四匹

六年春正月辛卯祀南郊是日又宗祀文皇帝于明堂以配上帝大赦乙未置五官中郞將左右中郞將官二月乙卯復百官祿三月庚寅立皇子子元爲邵陵王壬寅以倭世子興爲安東將軍倭國王夏四月庚申新作大航門五月丙戌置凌室于覆舟山修藏冰之禮六月辛酉尙書左僕射劉延孫卒秋七月甲申地震有聲如

雷兗州尤甚於是詹郡山搖者二乙未立皇子子雲爲晉陵王八月乙丑置清臺令官九月制沙門致敬人主乙未以尚書右僕射劉遵考爲左僕射以丹陽尹王僧朗爲右僕射冬十月丁卯詔上林苑內士庶邱墓欲還合葬者勿禁十一月己卯陳留王曹虔秀薨

七年春正月癸未詔剋日於元武湖大閱水師并巡江右講武校獵丁亥以右衛將軍顏師伯爲尚書左僕射二月甲寅車駕巡南豫南兗二州丁巳校獵烏江己未登烏江縣六合山壬戌大赦行幸所經無出今年租布賜人爵一級女子百戶牛酒郡守邑宰及人夫從蒐者普加霑賚又詔蠲歷陽郡短輸三年遣使巡慰問民疾苦癸亥行幸尉氏觀温泉壬申車駕至郡拜二廟乃還宮夏四月甲子詔自今非臨軍戰陣一不得專殺其罪人重辟者皆依舊先上須報有司嚴加聽察犯者以殺人罪論五月丙子詔自今刺史守宰動民興軍皆須手詔施行惟邊隅外警及姦釁內發變起倉卒者不從此例六月戊申蠕蠕高麗等國並遣使朝貢秋七月乙亥進高麗王高璉位車騎大將軍開府儀同三司八月乙丑立皇子子孟爲淮南王子產爲臨賀王車駕幸建康秣陵縣訊獄四九月庚寅以南徐州刺史新安王子鸞爲兼司徒乙未幸廷尉訊獄四丙申立皇子子嗣爲東平王冬十月壬寅皇太子冠賜王公以下帛各有差戊申車駕巡南豫州奉太后以行癸丑行幸江寧縣訊獄四加車騎將軍揚州刺史豫章王子尚開府儀同三司癸亥以開府儀同三司東海王禕爲司空加中軍將軍義陽王昶開府儀同三司己巳校獵於姑熟十一月丙子曲赦南豫州殊死以下巡幸所經詳減今歲田租乙酉詔祭晉大司馬桓溫征西將軍毛璩墓上於行所訊溧陽永世丹陽縣四癸巳祠梁山大閱水師於中江有白雀二集華蓋有司奏改元爲神雀詔不許乙未原放行獄徒繫浙江東諸郡大旱十二月壬寅遣使開倉振恤聽受雜物當租丙午行幸歷陽甲寅大赦賜歷陽郡女子百戶牛酒蠲郡租十年己未加太宰江夏王義恭尚書令於博望梁山立雙闕癸未至自歷陽

八年春正月辛巳祀南郊是日還宗祀文帝於明堂甲戌詔曰東境去歲不稔宜廣商貨遠近販鬻米粟者可停道中雜稅其以仗自防悉勿禁夏閏五月壬寅以太宰江夏王義恭領太尉庚申帝崩於玉燭殿時年三十五七月丙午葬于丹陽秣陵縣巖山景寍陵帝末年爲長夜之飲每旦寢興盥漱畢仍復命飲俄頃數斗憑几惛睡若大醉者或外有奏事便肅然整容無復酒色外內服其神明莫敢弛惰

孝武帝孝建三年大明八年卽位十一年

前廢帝諱子業小字法師孝武帝長子也元嘉二十六年正月甲申生孝武鎮尋陽帝留都下三年孝武入伐元凶因帝於侍中下省將加害者數矣卒得無恙及孝武帝踐阼立爲皇太子始未之東宮中庶子二率並入直永福省大明二年出東宮七年加元服八年閏五月庚申孝武崩其日太子卽皇帝位大赦加驃騎大將軍柳元景尚書令甲子置錄尚書官以太宰江夏王義恭錄尚書事加驃騎大將軍柳元景開府儀同三司秋七月庚戌婆皇國遣使朝貢崇皇太后爲太皇太后皇后曰皇太后乙卯罷南北二馳道改孝建以來所變制度還依元嘉丙辰追崇獻妃爲獻皇后八月乙丑皇太后崩九月乙卯文穆皇后祔葬景寍陵冬十二月乙酉以尚書右僕射顏師伯爲尚書左僕射壬辰以王畿諸郡爲揚州以揚州爲東揚州癸巳加車騎將軍揚州刺史豫章王子尚位司徒去歲及是歲東諸郡大旱甚者米一斗數百都下亦至百餘餓死者十六七孝建以來又立錢署鑄錢百姓因此盜鑄錢轉僞小商貨不行

景和元年春正月乙未朔大赦改元爲永光乙巳省諸州臺傳二月乙丑減州郡縣田祿之半庚寅鑄二銖錢夏五月魏文成皇帝崩秋八月庚午以尚書僕射顏師伯爲左僕射吏部尚書王景文爲右僕射癸酉帝自率宿衛兵誅太宰江夏王義恭尚書令柳元景左僕射顏師伯廷尉劉德願改元爲景和甲戌以司徒揚州刺史豫章王子尚領尚書令乙亥帝釋素服御錦衣以始興公沈慶之爲太尉庚辰以石頭城爲長樂宮東府城爲未央宮甲申以北邸爲建章宮南第爲長楊宮己卯復立南北二馳道九月癸巳幸湖熟奏鼓吹戊戌還宮帝自以爲昔在東宮不爲孝武所愛及卽位將掘景寍陵太史言於帝不利而止乃縱糞於陵肆罵孝武帝爲齇奴又遣發殷貴嬪墓忿其爲孝武所寵初貴嬪薨武帝爲造新安寺乃遣壞之又欲誅諸遠近僧尼辛丑免南徐州刺史新安王子鸞爲庶人賜死丁未加衞將軍湘東王彧開府儀同三司己酉車駕討徐州刺史義陽王昶內外戒嚴昶奔魏戊午解嚴開百姓鑄錢冬十月癸亥曲赦徐州丁卯東陽太守王藻下獄死以文帝第十女新蔡公主爲貴嬪夫人改姓謝氏加虎賁鼓戟鸞輅龍旗出警入蹕矯言公主薨空設喪事焉乙酉以豫州刺史山陽王休祐爲鎮軍大將軍開府儀同三司十一

月壬辰寧朔將軍何邁下獄死癸巳殺新除太尉沈慶之壬寅立皇后路氏四廂奏樂曲赦揚南徐二州丁未皇子生少府劉曚之子也大赦贓污淫盜悉皆原蕩賜爲父後者爵一級壬子以護軍將軍建安王休仁爲驃騎大將軍開府儀同三司戊午南平王敬猷廬陵王敬先安南侯敬深並賜死時帝凶悖日甚誅殺相繼外內百司不保首領先是訛言相中出天子帝將南巡荆湘以厭之期旦誅除四叔然後發引是夜湘東王彧與左右阮佃夫王道隆李道兒密結帝左右壽寂之姜產之等十一人謀共廢帝先是帝好遊華林園竹林使婦人倮身相逐有一婦人不從命斬之經少時夜夢游後堂有一女子罵曰帝悖虐不道明年不及熟矣帝怒於宮中求得似所夢者一人戮之其夕復夢所戮女罵曰汝枉殺我已訴上帝至是巫覡云此堂有鬼帝乃與山陰公主及六宮綵女數百人隨羣巫捕鬼屏除侍衛帝親自射之事畢將奏靡靡之聲壽寂之懷刀直入姜產之爲副諸姬迸逸遁帝亦走追及之大呼寂寂如此者三手不能舉乃崩於華光殿時年十七太皇太后令奉湘東王彧纂承皇統於是葬帝於丹陽秣陵縣南郊壇西帝蠢目鳥喙長頸銳下幼而狷急在東宮每爲孝武所責孝武西巡帝啟參承起居書迹不謹上詰讓之曰書不長進此是一條耳聞汝比素業都懈狷戾日甚何以頑固乃爾初踐阼受璽紱懺然無哀容蔡興宗退而歎曰昔魯昭不戚叔孫請死國家之禍其在此乎帝始猶難諸大臣及戴法興等既殺諸大臣莫不震慴於是又誅羣公元凱以下皆被毆捶牽曳內外危懼殿省騷然太后疾篤遣呼帝帝曰病人間多鬼可畏那可往太后怒語侍者曰將刀來破我腹那得生寧馨兒及太后崩後數日帝夢太后謂曰汝不仁不孝本無人君之相子尚愚悖如此亦非運祚所及孝武險虐滅道怨結人神兒子雖多並無天命大命所歸應還文帝之子故帝聚諸叔都下慮在外爲患山陰主淫恣過度謂帝曰妾與陛下雖男女有殊俱託體先帝陛下後宮數百妾惟駙馬一人事不均平一何至此帝乃爲立面首左右三十人進爵會稽郡長公主秩同郡王湯沐邑二千戶給鼓吹一部加班劒二十人帝每出公主與朝臣常共陪輦帝少好讀書頗識古事粗有文才自造孝武帝誄及雜篇章往往有辭采以魏武有發邱中郎將摸金校尉乃置此二官以建安王休仁山陽王休祐領之其餘事迹分見諸列傳

前廢帝景和元年

太宗明皇帝諱彧字休炳小字榮期文帝第十一子也元嘉十六年十月生二十五年封淮陽王二十九年改封湘東王孝武踐阼累遷鎭軍將軍雍州刺史是歲入朝時廢帝疑畏諸父以上付廷尉明日將加禍害上乃與腹心阮佃夫李道兒等密謀時廢帝左右直閤將軍宋越譚金童太一等是夜並外宿佃夫道兒因結壽寂之等十一月十九日弒廢帝於後堂建安王休仁便稱臣奉引升西堂登御坐事出倉卒上失履跣猶著烏紗帽休仁呼主衣以白紗代之未即位凡衆事悉稱令書己未司徒豫章王子尚山陰公主並賜死宋越譚金童太一伏誅十二月庚申朔令書以東海王禕爲中書監太尉以晉安王子勛爲車騎將軍開府儀同三司癸亥以建安王休仁爲司徒尚書令揚州刺史乙丑改封安陸王子綏爲江夏王

泰始元年即大明九年時魏和平六年冬十二月丙寅皇帝即位於太極前殿大赦改元辛未改封臨賀王子產爲南平王晉熙王子輿爲廬陵王壬申以王景文爲尚書僕射乙亥追尊所生沈婕妤曰宣皇太后戊寅改太皇太后爲崇憲太后立皇后王氏罷二銖錢江州刺史晉安王子勛舉兵反鎭軍長史袁顗赴之鄧琬爲其謀主壬午謁太廟甲申郢州刺史安陸王子綏會稽太守尋陽王子房臨海王子頊並舉兵同逆

二年春正月乙未晉安王子勛僭即僞位於尋陽年號義嘉壬辰徐州刺史薛安都舉兵反甲午內外戒嚴司徒建安王休仁都督諸軍南討丙戌徐州刺史令孫司州刺史龐孟虬豫州刺史殷琰青州刺史沈文秀冀州刺史崔道固湘州行事何慧文廣州刺史袁曇益州刺史蕭惠開梁州刺史柳元怙並同逆丙午車駕親御六軍頓中興堂辛亥南豫州刺史山陽王休祐改爲豫州刺史西討吳郡太守顧琛吳興太守王曇生義興太守劉延熙晉陵太守袁標山陽太守程天祚並舉兵反鎭東將軍巴陵王休若統軍東討壬子崇憲太皇太后崩二月乙丑以蔡興宗爲尚書右僕射壬申吳興太守張永右將軍蕭道成東討平晉陵丁亥建武將軍吳喜公率諸軍破賊於吳興會稽平定三郡同逆皆伏誅輔國將軍蕭道成前鋒北討輔國將軍劉勔前鋒西討劉胡衆四萬據赭圻三月庚寅撫軍將軍殷孝祖攻赭圻死之以輔國將軍沈攸之代爲南討前鋒賊衆稍盛袁顗頓鵲尾連營至濃湖衆十餘萬丙申南徐州刺史桂陽王休範總統北討諸軍事戊戌貶尋陽王子房爲松滋

縣侯癸卯令人入米七百石除郡減此各有差壬子斷新錢專用古錢夏五月甲寅葬崇憲皇太后於修寍陵秋七月丁酉以仇池太守楊僧嗣爲北秦州刺史封武都王八月己卯司徒建安王休仁率衆軍大敗賊斬僞尚書僕射袁顗進討江郢荆湘雍五州平之晉安王子勛安陸王子綏臨賀王子頊邵陵王子元並賜死同黨皆伏誅諸將帥封賞各有差九月癸巳六軍解嚴戊戌以王元謨爲左光祿大夫開府儀同三司領護軍將軍冬十月乙卯永嘉王子仁始安王子眞淮南王子孟南平王子產廬陵王子輿松滋侯子房並賜死丁卯以沈攸之爲中領軍與張永俱北討戊寅立皇子昱爲皇太子十一月壬辰立建平王景素子延年爲新安王十二月薛安都要引魏軍張永沈攸之大敗於是遂失淮北四州及豫州淮西地是歲魏天安元年

三年春正月庚子以農役將興詔太官停宰牛癸卯曲赦豫南豫二州閏正月庚午都下大雨雪遣使巡行振貸各有差二月甲申爲戰亾將士舉哀丙申曲赦青冀二州夏四月丙戌詔以故丞相江夏文獻王義恭故太尉巴東忠烈公柳元景故司空始興襄公沈慶之故征西將軍洮陽肅侯宗慤陪祭孝武廟庭庚子立桂陽王休範第三子德嗣爲廬陵王立侍中劉韞第三子銑爲南豐王以奉廬江昭王南豐哀王祀五月丙辰詔宣太后崇寍陵禁內墳瘞遷徙者給葬直蠲復其家壬戌以太子詹事袁粲爲尚書僕射秋八月壬寅以中領軍沈攸之行南兗州刺史率衆北伐九月戊午以皇后六宮以下雜衣千領金釵十枚賜北伐將士冬十月壬午改封新安王延年爲始平王辛丑以鎮西大將軍西秦河二州刺史吐谷渾拾寅爲征西大將軍十一月立建安王休仁第二子伯猷爲江夏王是歲魏皇興元年

四年春正月丙辰朔雨草于宮乙亥零陵王司馬勗薨二月乙巳左光祿大夫開府儀同三司王元謨薨三月交州人李長仁據州叛祇賊攻廣州殺刺史羊希龍驤將軍陳伯紹討平之夏四月丙申改封東海王禕爲廬江王山陽王休祐爲晉平王秋九月戊辰詔定黥刖之制有司奏自今凡劫竊執官仗拒戰邏司攻剽亭寺及傷害吏人并監司將吏自爲劫皆不限人數悉依舊制斬刑若遇赦黥及兩相劫字斷去兩腳筋徙付交梁寍州五人以下止相逼奪者亦依黥作劫字斷去兩腳筋徙付遠州若遇赦原斷徙猶黥面依舊捕治亾家口應及坐悉依舊結讞及上崩其例乃寢庚午上備法駕幸東宮冬十月癸巳朔日有蝕之發諸州兵北伐

五年春正月癸亥親耕籍田乙丑魏克青州執刺史沈文秀以歸二月丙申以廬江王禕爲車騎將軍開府儀同三司南豫州刺史夏六月辛未立晉平王休祐子宜曜爲南平王秋七月壬戌改輔國將軍爲輔師將軍九月甲寅立長沙王纂子起之爲始平王冬十月丁卯朔日有食之十一月丁未魏人來聘十二月庚申分判益州五郡置三巴校尉

六年春正月乙亥初制間二年一祭南郊間一年一祭明堂夏四月癸亥立皇子爕爲晉熙王六月癸卯以王景文爲尚書左僕射揚州刺史以袁粲爲右僕射己未改臨賀郡爲臨慶郡秋七月丙戌臨慶王智井薨九月戊寅立總明觀徵學士以充之置東觀祭酒訪舉各一人舉士二十人分爲儒道文史陰陽五部學言陰陽者遂無其人冬十月辛卯立皇子贊爲武陵王十二月癸巳以邊難未息制父母隔在異域者悉使婚

七年春正月甲戌置散騎奏舉郎二月癸丑征西將軍荆州刺史巴陵王休若進號征西大將軍及征南大將軍江州刺史桂陽王休範並開府儀同三司甲寅南徐州刺史晉平王休祐薨三月辛酉魏人來聘夏五月戊午鴆司徒建安王休仁庚午以袁粲爲尚書令褚淵爲右僕射丙戌追免晉平王休祐爲庶人秋七月丁巳罷散騎奏舉郎乙丑江州刺史巴陵王休若賜死八月戊子以皇子躋繼江夏文獻王義恭庚寅帝疾間戊戌立皇子準爲安成王是歲魏孝文帝延興元年

泰豫元年春正月甲寅朔上以疾未瘥故改元丁巳巨人跡見西池冰上夏四月己亥上疾大漸加江州刺史桂陽王休範位司空以劉勔爲尚書右僕射蔡興宗爲征西將軍開府儀同三司荆州刺史沈攸之進號安西將軍袁粲褚淵劉勔蔡興宗沈攸之入閤被顧命是日上崩于景福殿時年三十四五月戊寅葬臨沂縣幕府山高寍陵帝好讀書愛文義在藩時疾江左以來文章嘗自續衛瓘所註論語二卷及即大位耆臣才學之士多蒙引進末年好鬼神多忌諱言語文書有禍敗凶喪疑似之言應回避者犯即加戮改騧馬字爲馬邊瓜以騧字似禍故也嘗以南苑借張永云且給三百年期盡更請宣陽門謂之白門上以白門不祥諱之尚書右丞江謐嘗誤犯上變色曰白汝家門路太后停屍漆牀移出東宮上幸宮見之怒免中庶子官坐死者數十人內外常慮犯觸人不自保移牀修壁先祭土神使文士爲祝策如大祭饗阮佃夫楊運長王道隆皆擅威權言爲

詔勅郡守令長一欵十除內外混然官以賄命王阮家富於公室中書舍人胡毋顥專權奏無不可時人語曰禾絹閉眼諾胡毋大張橐禾絹謂上也及泰始泰豫之際左右失旨往往有刳斮斷截禁中懍懍若踐刀劒夜夢豫章太守劉愔反遣就郡殺之軍旅不息府藏空虛內外百官並斷祿奉在朝造官者皆市井傭販之子而又令小黃門於殿內理錢以爲私藏以蜜漬鱁鮧一食數升噉𦚍肉常至二百臠奢費過度每所造制必爲正御三十副御次副三十須一物輒造九十枚天下騷然民不堪命宋氏之業自此衰矣

明帝泰始七年泰豫元年即位八年

後廢帝諱昱字德融明帝長子也大明七年正月辛丑生於衛尉府帝母陳氏李道兒妾明帝納之故人呼帝爲李氏子帝亦自稱李將軍明帝諸子在孕皆以周易筮之即以所得卦爲小字故帝小字慧震泰始二年立爲皇太子六年出東宮制太子元正朝賀服袞冕九章衣明帝崩庚子太子即皇帝位大赦尚書令袁粲護軍將軍褚淵共輔朝政班劒依舊入殿六月乙巳尊皇后曰皇太后立皇后江氏秋七月戊辰拜帝所生陳貴妃爲皇太妃八月戊午中書監左光祿大夫開府儀同三司蔡興宗薨冬十一月己亥新除郢州刺史劉秉爲尚書左僕射

元徽元年春正月戊寅大赦改元詔自元年以前徙放者並聽還本魏人來聘夏六月乙卯壽陽大水秋七月長水校尉何翌之表上所撰諫林上自虞舜下至晉武凡十二卷祕書丞王儉表上所撰七志三十卷八月都下旱庚午陳留王曹銑薨九月丁亥立衛陽王嶷子伯玉爲南平王冬十二月癸卯朔日有蝕之乙巳進桂陽王休範位太尉癸亥立前建安王世子伯融爲始安縣王

二年夏五月壬午江州刺史桂陽王休範舉兵反庚寅內外戒嚴中領軍劉勔右衛將軍蕭道成前鋒南討出屯新亭征北將軍張永屯白下前南兗州刺史沈懷明戍石頭衛將軍袁粲中軍將軍褚淵入衛殿省壬辰賊奄至攻新亭壘道成拒擊大破之越騎校尉張苟兒斬休範賊黨杜黑蠡丁文豪分軍向朱雀航劉勔拒賊敗績死之右將軍王道隆奔走遇害張永潰于白下沈懷明自石頭奔散甲午車騎典籤茅恬開東府納賊賊入屯中堂羽林監陳顯達擊大破之丙申張苟兒等又破賊進平東府城梟禽羣賊丁酉大赦解嚴荆州刺史沈攸之南徐州刺史建平王景素郢州刺史晉熙王燮湘州刺史張興世並舉義兵赴建鄴六月癸卯晉熙王燮遣軍克尋陽江州平壬戌改輔師將軍還爲輔國秋七月庚辰立皇弟友爲邵陵王乙酉徐州刺史建平王景素進號征北將軍開府儀同三司九月丁酉以袁粲爲中書監領司徒加護軍將軍褚淵爲尚書令冬十二月丙戌帝加元服十二月癸亥立皇弟躋爲江夏王贊爲武陵王

三年春三月己巳都下大水夏六月魏人來聘秋七月庚戌以袁粲爲尚書令九月丙辰征西大將軍河南王吐谷渾拾寅進號車騎征西大將軍

四年夏六月乙亥加蕭道成尚書左僕射秋七月戊子建平王景素據京城反己丑內外纂嚴遣驍騎將軍任農夫冠軍將軍黃回北討蕭道成總統衆軍始安王伯融都鄉侯伯猷並賜死乙未克京城斬景素同逆皆伏誅八月丁卯立皇弟凱爲南陽王嵩爲新興王禧爲始建王九月戊子驍騎將軍高道慶有罪賜死己丑車騎將軍揚州刺史安成王準進驃騎大將軍開府儀同三司冬十月辛酉以王僧虔爲尚書右僕射

五年夏四月甲戌豫州刺史阮佃夫步兵校尉申伯宗朱幼謀廢立皆伏誅五月地震六月甲戌誅司徒左長史沈勃散騎常侍杜幼文游擊將軍孫超之長水校尉杜叔文七月戊子夜帝遇弒於仁壽殿時年十五己丑皇太后令貶帝爲蒼梧郡王葬丹陽秣陵縣郊壇西初帝之生夕明帝夢人乘馬馬無頭及後足有人曰太子也及在東宮五六歲能緣漆帳竿去地丈餘如此者卒食漸長喜怒失節左右失旨者手加撲打徒跣蹲踞及嗣位內畏太后外憚大臣猶未得肆志自加元服三年好出入單將左右或十里二十里或入市里遇慢罵則悅而受焉四年無日不出與左右解僧智張五兒恆夜出開承明門夕去晨反旦出暮歸從者並執鋋矛行人男女及犬馬牛驢逢無免者民間擾懼晝日不開門道無行人常著小袴不服衣冠有白梏數十各有名號鉗鑿錐鋸不離左右爲擊腦槌陰剖心之誅日有數十常見卧屍流血然後爲樂左右人見有嚬眉者帝令其正立以矛刺洞之曜靈殿上養驢數十頭所自乘馬養於御牀側與右衛翼輦營女子私通每從之游持數千錢爲酒肉之費出逢婚姻葬送輒與挽車小兒羣聚飲酒以爲歡適阮佃夫腹心人張羊爲佃夫委信佃夫敗叛走伇捕得自於承明門以車轢殺之杜延載杜幼文躬運矛鋋手自臠割察孫超有蒜氣剖腹視之執楯馳

馬自往刺杜叔文於元武北湖孝武帝二十八子明帝殺其十六餘皆帝殺之吳興沈勃多寶貨往劫之揮刀獨前左右未至勃時居喪在廬帝望見之便投鋋不中勃知不免手搏帝耳唾罵之曰汝罪踰桀紂屠戮無日遂見害帝自臠割制露車一乘施篷乘以出入從數十人羽儀追之恆不相及又各慮禍亦不敢追但整部伍別在一處瞻望而已凡諸鄙事過目則能鍛銀裁衣作帽莫不精絕未嘗吹篪執管便韻天性好殺一日無事輒慘慘不樂內外憂惶夕不及旦領軍將軍蕭道成與直閤將軍王敬則謀之七月戊子帝微行出北湖單馬失走羽儀不及左右張五兒馬墜湖帝怒自馳騎刺馬屠割之與左右作羌胡伎爲樂又於蠻岡賭跳因乘露車無復鹵簿往青園尼寺新安寺偷狗就曇度道人煮之飲酒楊玉夫常得意忽然見憎遇輒切齒曰明日當殺小子取肝肺是夜七夕令玉夫伺織女度報已因與內人穿針訖大醉臥於仁壽殿東阿氈幄中帝出入無禁王敬則先結玉夫陳奉伯楊萬年等合二十五人其夕玉夫候帝眠熟至乙夜與萬年同入氈幄內取千牛刀殺之

後廢帝元徽五年

順皇帝諱準字仲謀小字知觀明帝第三子也泰始五年七月癸丑生七年封安成王帝姿貌端華眉目如畫見者以爲神人廢帝卽位加揚州刺史元徽二年加都督揚南豫二州諸軍事四年進號驃騎大將軍及廢帝殞蕭道成奉太后令迎王入居朝堂

昇明元年秋七月壬辰皇帝卽位大赦改元徽五年爲昇明元年甲午蕭道成出鎭東城輔政荊州刺史沈攸之進號車騎大將軍蕭道成司空錄尙書事以袁粲爲中書監司徒以褚淵爲衛將軍劉秉爲尙書令加中軍將軍辛丑以王僧虔爲尙書僕射癸卯車駕謁太廟八月癸亥司徒袁粲鎭石頭戊辰崇拜帝所生陳昭華爲皇太妃庚午以蕭道成爲驃騎大將軍開府儀同三司錄尙書如故九月己酉廬陵王翯薨十二月丁巳荊州刺史沈攸之舉兵不從執政丁卯蕭道成入守朝堂侍中蕭嶷鎭東府戊辰中外纂嚴壬申司徒袁粲據石頭謀誅道成不果旋見覆滅乙亥以王僧虔爲左僕射王延之爲右僕射吳郡太守劉遐據郡不從執政令張瓌攻斬之閏月辛巳屯騎校尉王宜興貳於執政見誅癸巳沈攸之攻郢城前軍長史柳世隆固守己亥中外戒嚴假蕭道成黃鉞乙巳道成出頓新亭是歲魏太和元年

二年春正月丁卯沈攸之敗己巳華容縣人斬攸之首送之辛未雍州刺史張敬兒克江陵荊州平丙子解嚴以柳世隆爲尙書右僕射蕭道成旋鎭東府二月辛丑以王僧虔爲尙書令王延之爲左僕射癸未蕭道成加授太尉以褚淵爲中書監司空丙戌撫軍將軍揚州刺史晉熙王燮進號中軍將軍三月己酉朔日有食之夏四月南兗州刺史晉回貳於執政賜死五月戊午以倭國王武爲安東大將軍六月己酉以輔國將軍楊文弘爲北秦刺史封武都王秋九月乙巳朔日有食之丙午加太尉蕭道成黃鉞都督中外諸軍事太傅領揚州牧賜殊禮以揚州刺史晉熙王燮爲司徒冬十月壬寅立皇后謝氏十一月立故武昌太守劉混息頒爲南豐縣王癸亥誅臨澧侯劉晃甲子改封南陽王翽爲隨郡王十二月丙戌皇后見於太廟

三年春正月辛亥領軍將軍蕭賾加尙書右僕射進號中軍大將軍開府儀同三司二月丙子南豫州刺史邵陵王友薨丙申地震建陽門三月癸卯朔日有食之甲辰加蕭道成相國總百揆封十郡爲齊公備九錫之禮庚戌誅臨川王綽夏四月壬申進齊公蕭道成爵爲王壬午安西將軍武陵王贊薨辛卯帝禪位於齊壬辰遜于東邸是日王敬則以兵陳于殿庭帝猶居內聞之逃于佛蓋下太后懼自帥閹豎索扶幸板輿黃門或促之帝怒抽刀投之中項而殞帝既出宮人行哭俱遷備羽儀乘畫輪車出東掖門封帝爲汝陰王居丹徒齊兵衞之建元元年五月己未帝聞外有馳馬者懼亂作監門殺王而以疾赴齊人德之賞之以邑六月乙酉葬于遂寧陵謚曰順帝宋之王侯無少長皆幽死矣

順帝昇明三年

右宋自武帝至順帝八主凡六十年爲齊所滅

通志卷十一

宋　右　廸　功　郎　鄭　樵　漁　仲　撰

南齊紀第十二

高帝　武帝　鬱林王　海陵王　明帝　東昏侯　和帝

太祖高皇帝諱道成字紹伯小字鬬將姓蕭氏其先本居東海蘭陵縣中都鄉中都里晉元康元年惠帝分東海郡爲邵陵故復爲蘭陵郡人中朝喪亂皇高祖淮陰令整字公齊過江居晉陵武進縣之東城里寓居江左者皆僑置本土加以南名更爲南蘭陵人也皇曾祖雋字子武位即邱令皇祖樂子字闓子位輔國參軍宋昇明中贈太常皇考承之字嗣伯少有大志才力過人仕宋爲漢中太守梁州之平以功加龍驤將軍後爲南太山太守封晉興縣五等男遷右軍將軍元嘉二十四年殂梁土思之於襄公山立廟祭祀昇明二年贈散騎常侍金紫光祿大夫高帝以宋元嘉四年丁卯歲生姿表英異龍顙鍾聲長七尺五寸鱗文徧體舊宅在武進縣宅南有一桑樹擢本三丈橫生四枝狀似華蓋帝年數歲好戲其下從兄敬宗曰此樹爲汝生也儒生雷次宗立學於雞籠山帝年十三就受禮及左氏春秋

元嘉十七年宋大將軍彭城王義康被黜徙豫章皇考領兵防守帝受詔南行

十九年竟陵蠻動宋文帝遣帝領偏軍討沔北蠻

二十三年雍州刺史蕭思話鎭襄陽啓帝自隨初爲左軍中兵參軍

二十九年領偏軍征仇池破其武興蘭皐二壘遂從谷口入關未至長安八十里梁州刺史劉秀之遣司馬馬汪助帝攻拔談提城魏救兵至帝軍力疲少又聞文帝崩乃燒城還南鄭後襲爵晉興縣五等男爲建康令有能名少府蕭惠開雅有知人鑒謂人曰昔魏武爲洛陽北部時人服其英今看蕭建康但當過之耳宋明帝即位爲右軍將軍時四方叛會稽太守尋陽王子房及在東諸郡皆起兵明帝加帝輔國將軍東討至晉陵一日破賊十二壘分軍定諸縣及徐州刺史薛安都據彭城歸魏遣從子索兒攻淮陰又徵帝討破之索兒走鍾離帝追至黯黮而還除驍騎將軍封西陽縣侯遷巴陵王衞軍司馬隨鎭會稽江州刺史晉安王子勛遣臨川內史張淹自鄱陽嶠道入三吳明帝遣帝討之時朝廷器甲皆充南討帝軍容寡闕乃編椶皮爲馬具裝折竹爲寄生夜舉火進軍賊望見恐懼未戰而走還除桂陽王征北司馬南東海太守行南徐州事及張永等敗於彭城淮南孤弱以帝爲假冠軍將軍持節都督北討前鋒諸軍事鎭淮陰遷南兗州刺史加督五州督北討如故明帝嫌帝非人臣相而人間流言帝當爲天子明帝愈以爲疑遣冠軍將軍吳喜留軍破釜自持銀壺酒封以賜帝帝戎服出門迎懼鴆不敢飲將出奔喜告以誠先飲之帝即酌飲之喜還明帝意乃悅

泰始七年徵還都部下勸勿就徵帝曰主上自誅諸弟爲太子幼弱作萬歲後計何關他族惟應速發事緩當見疑今骨肉相害自非靈長之運禍難將興方與卿等戮力耳至拜散騎常侍太子左衞率明帝崩遺詔爲右衞將軍領衞尉加兵五百人與尚書令袁粲護軍褚淵領軍劉勔共掌機事尋解衞尉加侍中領石頭戍軍事

元徽二年五月江州刺史桂陽王休範舉兵於尋陽朝廷惶駭帝與褚淵等集中書省計議莫有言者帝曰昔上流謀逆皆因淹緩致敗休範必遠懲前失輕兵急下乘我無備請頓新亭以當其鋒因索筆下議餘並注同中書舍人孫千齡與休範有密契獨曰宜依舊遣軍據梁山帝正色曰賊今已近梁山豈可得至新亭既是兵衝所欲以死報國耳乃單車白服出新亭加帝使持節都督征討諸軍事平南將軍加鼓吹一部築新亭城壘未畢賊前軍已至帝方解衣高卧以安衆心乃索白虎幡登西垣使寗朔將軍高道慶羽林監陳顯達員外郎王敬則浮舸與賊水戰大破之未時張敬兒斬休範首臺軍及賊衆俱不知其別率杜黑蠡急攻東壘帝挺身上馬帥數百人出戰與黑蠡拒戰自晡達明旦矢石不息其夜大雨鼓叫不復相聞將士積日不得寢食軍中馬夜驚城内亂走帝執燭正坐厲聲呵止之如是者數四賊帥丁文豪設伏破臺軍於皂莢橋直至朱雀航王道隆劉勔並戰沒初勔高尚其意託造園宅名爲東山頗忽時務帝謂曰將軍以顧命之重此是艱難之日而深尚從容廢省羽翼一朝事至悔可追乎勔不納竟敗及賊進至杜姥宅車騎典籤茅恬開東府納賊冠軍將軍沈懷明於石頭奔散張永潰於白下宮内傳新亭亦陷太后執蒼梧王手泣曰天下事敗矣帝遣軍主陳顯達任農夫張敬兒周盤龍等從石頭濟淮間道自承明門入衞宮闕時休範典籤許公與詐稱休範在新亭士庶惶惑詣壘期赴休範投名者千數及至乃是帝隨得輒燒之登城北謂曰劉休範父子先昨皆已死戮屍在南岡下身是蕭平南諸軍善見觀汝等名皆已焚除勿懼也臺分遣衆軍擊平賊帝振旅凱入百姓緣道聚觀

曰全國家者此公也帝與袁粲褚淵劉秉皆引咎解職不許遷散騎常侍中領軍都督南兗州刺史鎮軍將軍進爵爲公與袁粲褚淵劉秉等各更日入直決事號爲四貴

四年加尚書左僕射休範平後蒼梧王漸行凶暴屢欲害帝嘗率數十人直入領軍府時暑熱帝晝卧裸袒蒼梧立帝於室內畫腹爲射的自引滿將射之帝神色不變斂板曰老臣無罪蒼梧左右王天恩諫曰領軍腹大是佳射堋而一箭便死後無復射不如以雹箭射之乃取雹箭一發即中帝臍蒼梧投弓於地大笑曰此手何如時建平王景素舉兵帝出屯元武湖事平乃還帝威名既重蒼梧深相猜忌刻木爲帝形畫腹爲射堋自射之又命左右射中者加賞皆莫能中時帝在領軍府蒼梧自來繞之冀帝出因作難帝堅卧不動蒼梧益懷忿恚所見之物呼之爲帝加以手自磨鋌曰明日當以刃蕭道成陳太妃罵之曰蕭道成有大功於國今害之誰爲汝盡力故止高帝謀與袁褚廢立下皆見從

五年七月戊子楊玉夫等與直閤將軍王敬則通謀弒蒼梧王齎首使左右陳奉伯藏衣袖中依常行法稱敕開承明門出囊貯之以與敬則敬則馳至領軍府叩門大言報帝帝門猶不開敬則自門竇中以首見帝帝猶不信乃於牆上投進其首帝索水洗視敬則乃踰垣入帝跣出敬則叫曰事平矣帝乃戎服乘常所騎赤馬夜入殿中殿中驚怖及知蒼梧死咸稱萬歲至帝踐阼號此馬爲龍驤赤明旦召袁粲褚淵劉秉等入會西鍾槐樹下計議帝以事讓劉秉秉未及答帝鬚髯盡張眼光如電次讓袁粲又不答敬則乃拔刀在牀側躍麾衆曰天下之事皆應關蕭公敢有開一言者血染敬則刀仍呼虎賁劍戟羽儀手自取白紗帽加帝首令帝即位曰今日誰敢復動事須及熱帝正色呵之曰卿都不自解粲欲有言敬則又叱之乃止帝乃下議備法駕詣東城迎立順帝於是長刀遮粲劉秉等失色而去甲午帝移鎮東府與袁粲褚淵劉秉等各甲仗五十人入殿丙申加侍中司空錄尚書事驃騎大將軍封竟陵郡公給油幢車班劒三十人帝固辭上台郎授以驃騎大將軍開府儀同三司十二月荆州刺史沈攸之反稱太后詔已下都乙卯帝入居朝堂命諸將西討平西將軍黃回爲都督前驅先是太后兄子前湘州刺史王蘊遭母喪罷任還至巴陵停舟與攸之密謀乃下達郢州武帝時爲郢州長史蘊伺武帝出弔因作亂據郢城武帝知之不出蘊還至東府前又期見高帝帝又不出弔再計不行外謀愈固司徒袁粲尚書令劉秉見帝威權稍盛慮不自安與蘊及黃回等相結舉事殿內主衞主帥無不協同及攸之反問初至帝往石頭詣粲謀粲稱疾不相見尅壬申夜起兵據石頭其夜丹陽丞王遜告變秉從弟領軍蘊及直閤將軍卜伯興等嚴兵爲內應帝命王敬則於宮內誅之遣諸將攻石頭王蘊將數百精手帶甲赴粲城門已閉官軍又至乃散衆軍攻石頭斬粲秉走額擔湖蘊逃鬬場並禽斬之粲典籤莫嗣祖同粲謀蘊嬖人張承伯藏匿蘊帝於是並赦而用之時黃回頓新亭聞石頭已下因稱救援帝知而不言撫之愈厚遣回西上流涕告別

二年正月沈攸之平二月宋帝進帝太尉都督十六州諸軍事帝表送黃鉞三月己酉增班劒四十人甲仗百人入殿丙子加羽葆鼓吹大明泰始以來相承奢侈百姓成俗及帝輔政奏罷御府省二尚方諸飾玩至是又上表禁人間華僞雜物凡十七條其中宮及諸王服用雖依舊例亦請詳制九月丙午加帝假黃鉞都督中外諸軍事太傅領揚州牧劍履上殿入朝不趨贊拜不名置左右長史司馬從事中郎掾屬各四人固辭詔遣敦勸乃授黃鉞辭殊禮甲寅給三望車

三年正月乙丑帝表蠲百姓逋責丙寅加前部羽葆鼓吹丁巳命太傅府依舊辟召丁卯給帝甲仗五百人出入殿省甲午重申前命劍履上殿入朝不趨贊拜不名三月甲辰宋帝詔進帝位相國總百揆以青州之齊郡徐州之梁郡南徐州之蘭陵魯郡瑯琊東海晉陵義興揚州之吳郡會稽凡十郡封帝爲齊公備九錫之禮加遠遊冠位在諸侯王上加相國綠綟綬甲寅使以備物典禮進策于帝帝三讓公卿敦勸固請乃受之丁巳下令赦國內殊死以下宋帝詔齊公十郡之外隨宜除用以齊國初建給錢五百萬布五千匹絹五千匹以太尉左長史王儉爲尚書右僕射領吏部四月癸酉宋帝又詔進齊公爲王以徐州之南梁陳潁川陳留南兗州之盱台山陽秦山廣陵海陵南沛增王封爲二十郡使司空褚淵奉策授璽綬改立王社餘如故丙戌命齊王冕十有二旒建天子旌旗出警入蹕乘金根車駕六馬備五時副車置旄頭雲罕樂舞八佾設鍾虡宮縣王世子爲太子王女王孫爵命一如舊儀辛卯宋帝以曆數在齊乃下詔禪位是日遜于東邸壬辰奉策齊宮幷命璽書遣兼太保司空褚淵兼太尉守尚書令王僧虔奉皇帝璽綬受終之禮一依唐虞魏晉故事帝固辭宋朝王

公以下陳留王粲等詣門陳請帝猶未許齊世子卿士以下固請兼太史令將作大匠文建陳說符瑞因言漢自建武至建安二十五年一百九十六年而禪魏魏自黃初至咸熙二年四十三年而禪晉晉自泰始至元熙二年一百五十六年而禪宋宋自永初元年至昇明三年凡六十年咸以六終六受六亢位也驗昔揆今若此昭著敢以職任備陳管見伏願順天時膺符瑞二朝百辟又固請尚書右僕射王儉奏被宋詔遜位臣等參議宜尅日受禪帝乃許焉

建元元年夏四月甲午皇帝即位於南郊柴燎告類升壇受禪禮畢備大駕幸建康宮臨太極前殿大赦改元賜民爵二級文武位二等鰥寡孤獨不能自存者穀人五斛逋租宿責勿收犯鄉論清議贓污淫盜者一皆蕩滌洗除先注與之更始長徒敕繫者特皆原遣亾官失爵禁錮奪勞一依舊典封宋帝爲汝陰王築宮於丹陽故縣行宋正朔車旗服色一如晉宋故事上書不爲表答表不稱詔宋諸王皆降爲公郡公主爲縣君縣公主爲鄉君詔降宋南康郡公爲縣公華容公爲侯萍鄉侯爲伯減戶有差以奉劉穆之王弘何無忌之祀追尊皇考曰宣皇帝皇妣曰孝皇后陵曰永安妃曰昭皇后陵曰泰安詔劫賊餘口沒在臺府者悉原赦諸負釁流徙者皆聽還本土戊戌以荆州刺史嶷爲尚書令驃騎大將軍開府儀同三司斷四方上慶禮己亥詔二宮諸王悉不得營立屯邸封略山湖乃停太官池籞稅庚子詔宋帝后藩王諸陵量置守衞五月丙午以河南王吐谷渾拾寅爲驃騎大將軍詔宋氏第秩量所廢置有司奏留襄陽郡公張敬兒等六十二人除廣興郡公沈曇亮等一百二十二人改元嘉曆爲建元曆祖以正月卯臘以十二月未丁未詔曰設募取將縣賞購士蕃出權宜自今可斷衆募乙卯河南國遣使朝貢丙辰詔遣兼散騎常侍十二人廵行四方己未汝陰王殂齊志也追謚爲宋順帝辛酉誅陰安公劉燮等六月乙亥詔宋末以來枯骸毀櫬宜下埋藏庚辰備法駕奉七廟主于太廟甲申立齊太子賾爲皇太子斷諸州郡禮慶降死罪以下刑非由前赦恩百日立皇子嶷爲豫章王映爲臨川王晃爲長沙王曄爲武陵王暠爲安成王鏘爲鄱陽王鑠爲桂陽王鑑爲廣興王皇孫長懋爲南郡王乙酉葬宋順帝于遂寗陵秋七月丁未曲赦交州部內丁巳詔南蘭陵桑梓本鄉長蠲租布武進王業所基給復十年八月癸巳省陳留國丁巳立皇子鈞爲衡陽王九月辛丑詔以二吳義興三郡遭水減今年田租乙巳復置南蠻校尉官丙午加司空褚淵尚書令冬十月丙子立彭城王劉微爲汝陰王奉宋後己未享太廟辛巳汝陰王太妃王氏薨追贈宋恭皇后己丑荆州天井湖出綿人用與常綿不異

二年春正月戊戌朔大赦以司空褚淵爲司徒以尚書右僕射王儉爲左僕射辛丑祀南郊二月丁卯魏軍攻壽陽豫州刺史垣崇祖破走之癸巳遣大使廵慰淮肥徐豫邊人尤貧遘難者三月百濟國遣使朝貢以其王牟都爲鎮東大將軍夏四月丙寅進高麗王樂浪公高璉號驃騎大將軍五月立六門都牆秋九月甲午朔日有蝕之丙子蠕蠕國遣使朝貢冬十二月戊戌以司空褚淵爲司徒壬子以驃騎豫章王嶷爲司空

三年春正月壬戌朔詔王公卿士薦讜言丙子立皇子鏘爲江夏王二月癸丑罷南蠻校尉官夏四月辛亥始制東宮臣僚用下官禮敬聞喜公子良等六月壬子大赦秋七月己未朔日有食之九月辛未蠕蠕國王遣使欲俱攻魏獻師子皮袴褶烏程令吳郡顧昌元坐父法秀宋泰始中北征死亾屍骸不反而昌元宴樂嬉遊與常人無異有司請加以清議丙戌置會稽山陰縣獄丞冬十月戊子以河南王世子吐谷辭度易侯爲西秦河二州刺史河南王十二月丁亥高麗國遣使朝貢命散騎常侍虞炎等十二人廵行諸州郡觀省風俗

四年春二月乙未上不豫庚戌詔原都下囚繫有差免元年以前逋責三月庚申召司徒褚淵左僕射王儉受顧託壬戌皇帝崩於臨光殿年五十六羣臣上謚曰高皇帝廟號太祖梓宮於東府前渚升龍舟四月丙午葬於武進泰安陵於龍舟卒哭內外反吉上少有大量喜怒不形於色深沈靜默常有四海之心博學善屬文工草隸書奕棋第二品雖經綸夷險不廢素業及即位後身不御精細之物王衣中有玉介導以長侈奢之源命打破之凡異物皆令隨例毀棄後宮器物欄檻以銅爲飾者皆改用鐵內殿施黃紗帳宮人著紫皮履華蓋除金華爪用鐵回釘每曰使我臨天下十年當使黃金與土同價欲以身率下移風易俗性寬嘗與直閤將軍周覆給事中褚思莊共棋累局不倦覆乃抑上手不許易行其弘厚如此所著文詔中書侍郎江淹撰次之又詔東觀學士撰史林三十篇魏文帝皇覽之流也始帝年十七時嘗夢乘青龍上天西行逐日帝舊塋在武進彭山岡阜相屬數百里不絕其上常有五色雲又有龍出焉上時已貴矣宋明帝甚惡之遣善占墓者高靈文往

基所占相靈文先給事太祖還詭答曰不過出方伯耳密白太祖曰貴不可言明帝意猶不已遣人踐藉以左道厭之上後於所樹華表柱忽有龍鳴震響山谷明帝寢疾爲身後之慮多翦功臣上亦見疑每云蕭道成有不臣相時鎭淮陰每懷憂懼忽見神人謂上曰無所憂子孫當昌盛泰始三年宋明帝遣前淮南太守孫奉伯往淮陰監元會奉伯舊與帝款是行也帝與奉伯同室卧奉伯夢上乘龍上天於下提龍脚不得及覺敘夢因謂曰兗州當大庇生靈而弟不得與也奉伯竟卒於宋世又參軍崔靈建夢天謂已蕭道成是我第十九子我去年已使授其天子位考自三皇五帝以降受命之次至帝爲十九也及爲領軍望氣者陳安寶見上身上恆有紫黃氣安寶謂王洪範曰此人貴不可言所居武進縣有一道相傳云天子路或謂秦皇所游或云孫氏舊迹時訛言東城天子出其後建安王休仁鎭東府宋明帝懼殺休仁而常閉東府不居明帝又屢幸改代作伐以厭王氣又使子安成王代之及蒼梧王敗安成王代立時咸言爲驗術數者推之上舊居武進東城村東城之言其在此也昇明二年冬延陵縣季子廟沸井之北忽聞金石聲疑其異鑿深三尺得沸井奔涌若浪其地又響卽復鑿之復得一井涌沸亦然井中得一木簡長一尺廣二分上有隱起字曰廬山道人張陵再拜詣闕起居簡大堅白字色又黃瑞應圖云浪井不鑿自成王者清靜則仙人主之會稽剡縣有山名刻石父老相傳云山雖名刻石而不知文字所在昇明末縣人兒襲祖行獵忽見石上有文字凡三處苔生其上字不可識乃去苔視之其大石文曰此齊者黃石公之化氣也立石文曰黃天星姓蕭字道成得賢帥天下太平小石文曰刻石者誰會稽南山李斯刻秦望之風也孝經鉤命決曰誰者起視名將將帝小字也河洛讖曰歷年七十水滅緒風雲俱起龍麟舉又曰肅肅草成道德盡備案宋水德也義熙元年宋武帝王業之始至齊受命七十年又讖曰蕭爲二士天下樂案二士主字也郭文舉金雄記曰當復有作肅入草易曰聖人作萬物覩當復有作言聖人作也壬子年歌曰欲知其姓草肅肅穀中最細低頭熟鱗身甲體永興福穀中精細者稻也卽道也熟猶成也又歌曰金刀利刄齊刈之金刀劉字刈猶翦也孔子河洛讖曰堨河梁塞龍泉消除水災泄山川水卽宋也宋氏爲災害故曰水災梁亦水也堨河梁則行路成矣路猶道也消除水災除宋水氏之災害也河圖讖又曰上參南斗第一星下立草屋爲紫庭神龍之岡梧桐生鳳鳥戢翼朔旦鳴南斗吳分野草屋者居上蕭字象也先是益州有山古老相傳曰齊后山昇明三年四月二十三日有沙門元暢者於此山立精舍其日上登尊位其月二十四日滎陽郡人尹千於嵩山東南見天雨石墜地石開有玉璽在其中璽方三寸文曰戊丁之人與道俱肅然入草應天符播平河洛清魏都又曰皇帝運興千奉璽詣雍州刺史蕭赤斧赤斧以獻案宋武帝於嵩高山得玉璧三十二枚神人云此是宋卜世之數三十二者二三十也宋自受命至禪齊凡六十年然則帝之符應也若是今備之云

高帝建元四年

世祖武皇帝諱賾字宣遠高帝長子也以宋元嘉二十七年六月己未生於建康縣之青溪宮將產之夕孝皇后昭皇后並夢龍據屋故小字上爲龍兒年十三夢人以筆畫身左右爲兩翅又著孔雀羽衣裳空中飛舉體生毛髮長至足有人指上所踐地曰周文王之田又於所住堂內得璽一枚文曰皇帝行璽又得異錢文爲北斗星雙刀雙貝及有人形帶劍爲仕宋爲贛令江州刺史晉安王子勛反上不從命南康相沈肅之繫上郡獄族人蕭欣祖門客桓康等破郡迎出上上遂率部曲百餘人起義避難揭陽山有白雀來集聞山中有清聲傳漏響又於山累石爲佛圖其側忽生一樹狀若花蓋青翠扶疎有殊羣木上將討戴凱之大饗士卒是日大熱上各令折荆枝自蔽言未終而有雲垂蔭正當會所會罷乃散及爲廣興相嶺南積旱連水阻涸商旅不通上部伍既至無雨而川流暴起遂得利涉元徽四年累遷晉熙王鎭西長史江夏內史行郢州事順帝立徵晉熙王燮爲撫軍揚州刺史以上爲左衞將軍輔燮俱下沈攸之事起未得朝廷處分上以中流可以待敵卽據盆城口爲戰守備高帝聞之曰此眞我子也於盆城掘塹得一大錢文曰太平百歲于時城內乏水欲引水入城始鑿城內遇伏泉涌出如此者九處用之不竭上表求西討不許乃遣偏軍援郢平西將軍黃回等皆受上節度昇明二年事平遷江州刺史聞喜縣侯其年徵拜侍中領軍將軍尋加督京畿諸軍事三年又加尚書僕射中軍大將軍開府儀同三司進爵爲公給班劍二十人齊國建爲齊公世子改加侍中南豫州刺史給油絡車羽葆鼓吹增班劍爲三十人以石頭爲世子宮官置二率以下坊省服章一如東宮進爲王太子高帝卽位爲皇太子建元四年三月壬戌高帝崩是日皇太子卽皇

帝位大赦征鎮州郡令長軍屯營部各行喪三日不得擅離任都邑城中防備幢隊一不得還乙丑稱先帝遺詔以司徒褚淵錄尚書事尚書左僕射王儉爲尚書令車騎將軍張敬兒開府儀同三司詔曰喪禮雖有定制先旨每從簡約內官可三日一還臨外軍間日一還臨後有大喪皆如之丁卯以前將軍王奐爲尚書左僕射庚午以司空豫章王嶷爲太尉癸酉詔免逋城錢自今以後申明舊制初晉宋舊制受官二十日輒送修城錢二千宋泰始初軍役大起受官者萬計兵戎機急事有未遑自是令僕已下並不輸送二十年中大限不可勝計文符督切擾亂在所至是除蕩百姓悅焉夏四月辛卯追尊穆妃爲皇后五月庚申以高皇帝配南郊高昭皇后配北郊六月甲申朔立河南王長懋爲皇太子詔申壬戌赦恩百日丙申立皇太子妃王氏進爵聞喜公子良爲竟陵王臨汝公子卿爲廬陵王應城公子慶爲安陸王江陵公子懋爲晉安王枝江公子隆爲隨王皇子子眞爲建安王皇孫昭業爲河南郡王戊戌以水潦爲患星緯乖序尅日訊都下囚諸遠縣委刺史以時察判建康秣陵二縣貧人加振賜必令周悉吳興義興遭水縣蠲除租調以司徒褚淵爲司空秋八月癸卯司空褚淵薨九月丁巳以國哀故罷國子學辛未以征南將軍王僧虔爲左光祿大夫開府儀同三司冬十月乙未以中書令王延之爲尚書左僕射十二月己丑詔曰緣淮戍將久處邊勞三元行始宜霑恩慶可遣中書舍人宣旨臨會後每歲如之

永明元年春正月辛亥祀南郊大赦改元壬子詔內外羣僚各進讜言王公卿士各舉所知又詔守宰祿奉蓋有恆準往以邊虜告警故沿時損益今區宇寧晏宜加優獎郡縣丞尉可還本秩壬戌立皇弟銳爲南平王鏗爲宜都王皇子子明爲武昌王子罕爲南海王望氣者云新林婁湖東府西有天子氣甲子築青溪舊宮作新婁湖苑以厭之二月庚寅以征虜將軍楊炅爲沙州刺史封陰平王三月庚辰詔以星緯失序陰陽愆度申辛亥赦恩五十日以期訖爲始戊寅詔四方見四罪無輕重及劫賊餘口長徒收繫悉皆原赦夏五月丁酉車騎將軍張敬兒有罪伏誅秋八月壬申魏人來聘冬十月丙寅使驍騎將軍劉纘聘于魏十一月己卯雷十二月乙巳朔日有蝕之

二年春正月乙亥以護軍將軍柳世隆爲尚書右僕射以南兗州刺史竟陵王子良爲護軍將軍兼司徒壬寅以新除尚書右僕射柳世隆爲左僕射以丹陽人李安人爲右僕射秋七月甲申立皇子子倫爲巴陵王八月丙午幸舊宮申都下獄及三署見徒量所降宥戊申幸元武湖講武壬子扶南國遣使朝貢幷獻頌章云甲子詔都下二縣墳墓毀發隨宜掩埋遺骸未櫬者並加斂瘞疾困不能存者詳加霑賚冬十二月庚申魏人來聘

三年春正月辛卯祀南郊赦三百里內罪應入重者降一等餘依赦制三月甲寅使輔國將軍劉纘聘于魏夏五月省總明觀秋七月甲戌左光祿大夫開府儀同三司王僧虔薨辛卯於益州置平蠻校尉官八月乙未幸中堂聽訟乙巳以行宕昌王梁彌頡爲河涼二州刺史封隴西公宕昌王冬十月丙辰魏人來聘十二月以江州刺史王奐爲尚書右僕射改封武昌王子明爲西陽王

四年春閏正月癸巳立皇子子貞爲邵陵王丁未以武都王楊集始爲北秦州刺史辛亥耕籍田詔有殊死已下甲寅幸閱武堂勞酒小會賜王公以下在位者帛有差戊午幸宣武堂講武二月丙寅大風吳郡偏甚樹葉皆赤己未立皇弟銶爲晉熙王鉉爲河東王壬午使通直郎裴昭明聘于魏

五年春五月戊子以太尉豫章王嶷爲大司馬車騎將軍竟陵王子良爲司徒驃騎將軍臨川王映衞將軍王儉中軍將軍王敬則並以本號開府儀同三司以尚書右僕射王奐爲尚書左僕射辛卯賜孤寡老疾各有差夏四月庚午殷祀太廟降諸四徒先是立商飈館於孫陵岡世呼爲九日臺秋九月辛卯車駕幸焉冬十月初起新林苑

六年春三月甲申詔皇太子於東宮元圃園宣猷堂臨訊及三署徒隸己亥封皇子子響爲巴東王夏五月庚辰左衞殿中將軍邯鄲超表陳射雉書奏賜死又潁川荀丕亦以諫諍託他事及誅六月辛未詔省州郡縣送故輸錢者秋七月齊興太守劉元寶於郡城塹得錢三十七萬皆輪厚徑一寸半以獻上以爲瑞班賜公卿九月壬寅於琅邪城講武習水步軍冬十月庚申立冬初臨太極殿讀時令十一月丙戌土霧竟天如煙入人眼鼻二日乃止

七年春正月丙午以鎮南將軍柳世隆爲尚書左僕射以豫州刺史西昌侯鸞爲右僕射辛亥祀南郊大赦申明不舉子之科若有產子者復其父壬戌驃騎將軍開府儀同三司臨川王映薨戊辰詔以諸大夫年秩隆重增俸給見役三月甲寅立皇子子岳爲臨賀王子峻爲

廣漢王子琳爲宣城王子珉爲義安王夏五月乙巳尚書令衛將軍開府儀同三司王儉薨甲子以新除尚書左僕射柳世隆爲尚書令秋九月壬寅魏人來聘冬十一月戊申詔平南參軍顏幼明聘于魏

八年春正月庚子以領軍王奐爲尚書左僕射丁巳以行百濟王泰爲鎭東大將軍百濟王二月辛卯零陵王司馬藥師薨夏四月戊辰朔詔公卿以下各舉所知六月己巳魏人來聘庚午長沙王晃薨丙申大雷雨有黃光竟天照地狀如金乙酉都下大風發屋秋七月癸卯詔以陰陽舛和緯象愆度儲允嬰患淹歷旬晷可大赦八月壬辰荆州刺史巴東王子響反遣丹陽太守蕭順之討之子響伏誅乙酉以河南王世子休留代爲西秦河二州刺史封河南王冬十一月戊寅詔量增尚書丞郎賜祿己卯改封宣城王子琳爲南康王立皇子子建爲湘東王

九年春正月甲午省平蠻府辛丑祀南郊降都下見囚戊午詔射聲校尉裴昭明聘于魏二月癸巳明堂災夏五月丙申林邑國獻金簟丁未魏人來聘安成王暠薨己未樂游正陽堂災秋八月己亥使司徒參軍蕭琛聘于魏吳興義興大水乙卯蠲二郡租九月戊辰幸琅邪城講武觀者傾都普頒酒肉冬十月甲寅魏人來聘

十年春正月戊午以司徒廣陵王子良領尚書令以尚書右僕射西昌侯鸞爲左僕射詔增內外有務衆官祿奉丙戌詔故太宰褚淵故太尉王儉故司空柳世隆驃騎大將軍王敬則鎭軍大將軍陳顯達故鎭東將軍李安人配饗太祖廟庭二月乙巳使司徒參軍蕭琛聘于魏

十一年春正月戊午以驃騎大將軍豫州刺史王敬則爲司空乙亥皇太子長懋薨二月雍州刺史王奐有罪伏誅二月丙寅以金紫光祿大夫王晏爲尚書右僕射夏四月癸未魏人來聘甲午立皇孫昭業爲皇太孫賜天下爲父後者爵一級五月戊辰以旱故都下二縣朱方姑熟權斷酒秋七月丁巳曲赦南兗兗豫司徐五州南豫州之歷陽譙臨江廬江四郡三調衆逋宿責並同原除其緣淮及青冀新附僑人復除已訖更申五年先是魏地謠言赤火南流喪南國至是有沙門從北齎此火而至色赤於常火而微云以療疾貴賤爭取之多得其驗二十餘日都下大盛咸云聖火詔禁之不止火灸至七炷而疾愈吳興邱國賓竊以還鄉邑人楊道慶虛疾二十年依法灸卽差是月上不豫徙御延昌殿始登階而殿屋鳴吒上惡之魏軍將至上慮朝野憂惶力疾召樂府奏正聲伎戊寅大漸詔曰始終大期聖賢不免吾行年六十亦復何恨但皇業艱難萬機事重不能無遺慮耳太孫進德日茂社稷有寄子良善相毗輔思弘正道內外衆事無大小悉與鸞參懷尚書是職務根本悉委王晏徐孝嗣軍旅捍邊之略委王敬則陳顯達王廣之王元邈沈文季張瓌薛深等百辟庶僚各奉爾職謹事太孫勿有懈怠又詔具身後服御陵廟等事悉有條理是日上崩於延昌殿年五十四羣臣上謚曰武皇帝廟號世祖九月丙寅葬景安陵上剛毅有斷政事總大體以富國爲先頗喜游宴雕綺之事言常恨之未能頓遣臨崩又詔凡諸游費宜從休息自今遠近薦獻務存節儉不得出界營求相高奢麗金粟繒纊敝人已甚珠玉玩好傷俗尤重嚴加禁絕

武帝永明十一年

廢帝鬱林王諱昭業字元尚小字法身文惠太子長子也高帝爲相王鎭東府時年五歲牀前戲高帝方令左右拔白髮問之曰兒言我誰邪答曰太翁高帝笑謂左右曰豈有爲人作曾祖而拔白髮者乎卽擲鏡鑷其後問訊高帝指示賓客曰由我基於此四世矣及武帝卽位封爲南郡王時年十歲永明五年十一月戊子冠於東宮崇正殿其日卜會賜王公已下帛各有差給南郡王扶二人十年有司奏給班劍二十人鼓吹一部高選文學禮絕羣王十一年給皁輪三望車文惠太子薨立南郡王爲皇太孫居東宮其年七月戊寅武帝崩皇太孫卽帝位大赦八月壬午詔稱遺詔以護軍將軍武陵王曄爲衞將軍征南大將軍陳顯達卽本號並開府儀同三司以尚書左僕射西昌侯鸞爲尚書令右僕射王晏爲左僕射吏部尚書徐孝嗣爲右僕射癸未加司徒竟陵王子良位太傅增班劍三十人蠲除三調及衆逋在今年七月三十日以前者省御府及無用池田邸舍減關市征稅先是每有蠲原之詔多無事實督責如故是時西昌侯鸞任知朝政天下咸望風來蘇至此恩信兩行海內莫不欣然九月辛酉追尊文惠皇太子爲世宗文皇帝冬十月壬寅尊皇太孫太妃爲皇太后立皇后何氏十一月庚戌魏人來聘辛亥立臨汝公昭文爲新安王曲江公昭秀爲臨海王皇弟昭粲爲永嘉王

隆昌元年春正月丁未大赦改元加太傅竟陵王子良殊禮鎭軍將軍西昌侯鸞卽本號爲大將軍給鼓吹一部親兵五百人以領軍鄱陽王鏘爲尚書右僕射詔百僚極陳得失又詔王公已下各舉所知辛亥祀南郊宥

隆昌元年以來流人戊午拜崇安陵甲戌使司徒參軍劉敳聘于魏二月辛卯祀明堂夏四月辛巳衞將軍開府儀同三司武陵王曄薨戊子太傅竟陵王子良薨丁酉以驃騎將軍廬陵王子卿爲衞將軍尚書右僕射鄱陽王鏘爲驃騎將軍並開府儀同三司閏月丁卯以鎮軍大將軍西昌侯鸞即本號開府儀同三司五月甲戌朔日有蝕之秋七月癸巳皇太后令廢帝爲鬱林王帝少美容止好隸書武帝特所鍾愛敕皇孫手書不得妄出以貴之進對音吐甚有令譽生而爲竟陵文宣王所攝養常在袁妃閒竟陵王移住西州帝亦隨往焉性甚辯慧哀樂過人接對賓客皆款曲周至矯情飾詐陰懷鄙慝與左右無賴羣小二十許人共衣食同卧起妃何氏擇其中美貌者皆與交歡密就富市人求錢無敢不與及竟陵王移西邸帝獨住西州每夜輒開後堂閤與諸不逞小人至諸營署中淫宴凡諸小人並逆加爵位皆疏官名號於黃紙使各囊盛以帶之許南面之日即便施行又別作籥鉤兼善效人書每私出還輒扃籥封題如故故人無知者師史仁祖侍書明天翼聞之相與謀曰若言之二宮則其事未易若於營署爲異人所毆打及犬物所傷豈直罪止一身亦當盡室及禍年各已七十餘生寧足吝邪數日中二人相繫自殺二宮不知也武帝以既陽縣寒人給事中綦毋珍之代仁祖剡縣寒人馬澄代天翼文惠太子每禁其起居節其用度帝謂豫章王妃庾氏曰阿婆佛法言有福生帝王家今見作天王便是大罪左右主帥動見拘執不如市邊屠酤富兒百倍文惠太子自疾及薨帝侍疾及居喪哀容號毀旁人見者莫不嗚咽裁還私室即歡笑酣飲備食甘滋葬畢立爲皇太孫問訊太妃截壁爲閤於太妃房內往何氏間每入輒彌時不出武帝往東宮帝迎拜號慟絕而復蘇武帝自下輿抱持之寵愛日隆又在西州令女巫楊氏禱祀速求天位及文惠薨謂由楊氏之力倍加敬信呼楊婆宋氏以來人間有楊婆兒歌蓋此徵也武帝有疾又令楊氏日夜禱祈令宮車早晏駕時何妃在西州武帝未崩數日疾稍危與何氏書紙中央作一大喜字而作三十六小喜字繞之侍武帝疾憂容慘慼言發淚下武帝每言及存亾帝輒哽咽不自勝武帝以此謂爲必能負荷大業謂曰五年中一委宰相汝勿厝意五年以後勿復委人若自作無成無所多恨臨崩執帝手曰阿奴若憶翁當好作如此者再而崩大歛始畢乃悉呼武帝諸伎備奏衆樂諸伎雖畏威從事莫不哽咽流涕素好狗馬即位未逾旬便毀武帝所起招婉殿以材賜閹人徐龍駒於其處爲馬埒馳騎墜馬面額並傷稱疾不出者數日多聚名鷹快犬以粱肉奉之及武帝梓宮下渚帝於端門內奉辭轀輬車未出端門便稱疾還內裁入閤即於內奏胡伎鞞鐸之聲震響內外時司空王敬則問新除射聲校尉蕭坦之曰便如此不當怱怱邪坦之曰此政是內人哭響徹耳自山陵之後便於閤內乘內人車問訊往皇后所生母宋氏閤因微服游走市里又多往文帝崇安陵隧中與羣小共作諸鄙褻擲塗賭跳放鷹走狗雜狡獪帝既失道朝事大小皆決之西昌侯鸞鸞有諫多不見從極意賞賜左右動至百數十萬每見錢曰我昔思汝一箇不得今日得用汝宋武帝聚錢上庫五億萬齊庫亦出三億萬金銀布帛不可稱計即位未期歲所用已過半皆賜與諸不逞羣小諸寶器以相擊剖破碎之以爲笑樂及至廢黜府庫悉空其在內常裸袒著紅紫錦繡新衣錦帽紅縠褌雜采袒服好鬭雞密買雞至數千價毀武帝御物甘草杖宮人寸斷用之徐龍駒爲後宮舍人日夜在六宮房內帝與文帝幸姬霍氏淫通改姓徐氏龍駒勸長留宮內聲云度霍氏爲尼以餘人代之皇后亦淫亂齋閤通夜洞開內外淆雜無復分別中書舍人綦毋珍之朱隆之直閤將軍曹道剛周奉叔並爲之羽翼西昌侯鸞屢諫不納既而尼媼外入頗傳異語乃疑鸞有異志中書令何允以皇后從叔見親使直殿省常隨后呼允爲三父與允謀誅鸞令允受事允不敢當依違杜諫乃止又謀出鸞於西州中敕用事不復關諮鸞慮變先使蕭諶坦之等於省誅曹道剛朱隆之等率兵自尚書省入雲龍門戎服加朱衣於上比入門三失履王晏徐孝嗣蕭坦之陳顯達王廣之沈文季係進帝在壽昌殿裸身與霍氏相對聞外有變使閉內殿諸房閤令閹人登興光樓望還報云見一人戎服從數百人急裝在西鍾樓下須臾蕭諶領兵先入宮帝走向愛姬徐氏房拔劔自刺不入以帛纏頸輿接出延德殿諶初入殿宿衞將士皆衞執弓楯欲戰諶曰所取自有人卿等不須動宿衞信之及帝出各欲自奮帝竟無一言出西弄遇弒年二十二舁尸出徐龍駒宅殯葬以王禮霍氏及廣昌君宋並賜死餘黨亦見誅先是文惠太子立樓館於鍾山下號曰東田太子屢游幸之東田反語爲顛童也武帝又於青溪立宮號曰舊宮反語云窮廄也果以輕狷而至於窮又武帝時有小史姓皇名太子武帝曰皇太子非名之謂於是移點於外易名爲犬子處士何點曰太子者天

地之所縣三才之所繫今化而爲犬不得立矣旣而文惠太子薨鬱林海陵相繼廢黜此其驗也永明中百姓忽著破後帽始自建業流于四遠貴賤翕然服之此服祆也帽自蕭諶之家其流遂遠天意若曰武穆文顯皆當絕而諶亦誅死之効焉

鬱林王隆昌元年

廢帝海陵恭王諱昭文字季尚文惠太子第二子也永明四年封臨汝公鬱林王卽位改封新汝王及鬱林廢西昌侯鸞奉帝纂統

延興元年秋七月丁酉皇帝卽位大赦改元賜文武位一等以鎮軍大將軍西昌侯鸞爲驃騎大將軍開府儀同三司錄尚書事都督揚州刺史加班劒三十人封宣城郡公出鎮東城以尚書左僕射王晏爲尚書令以丹陽尹徐孝嗣爲左僕射以衞軍將軍沈文季爲右僕射以車騎大將軍陳顯達爲司空以驃騎大將軍鄱陽王鏘爲司徒命宣城公鸞甲仗百人入殿陳顯達王晏徐孝嗣蕭諶各三十人入殿八月壬辰魏人來聘甲午以前司空王敬則爲太尉辛丑復置南蠻校尉官甲辰詔使者觀省風俗九月癸未誅新除司徒鄱陽王鏘中軍大將軍隨王子隆遣平西將軍王廣之誅南兗州刺史安陸王子敬於是江州刺史晉安王子懋起兵遣中護軍王元邈討誅之乙酉又誅湘州刺史南平王銳郢州刺史晉熙王銶南豫州刺史宜都王鏗丁亥以衞將軍廬陵王子卿爲司徒以撫軍將軍桂陽王鑠爲中軍將軍開府儀同三司冬十月丁酉加宣城公鸞黃鉞進授都督中外諸軍事太傅領大將軍揚州刺史加殊禮進爵爲王戊戌誅新除中軍將軍桂陽王鑠撫軍將軍衡陽王鈞侍中祕書監江夏王鋒鎮軍將軍建安王子眞左將軍巴陵王子倫是時宣城王子鸞輔政帝起居皆諮而後行思食蒸魚菜太官令答無錄公命竟不與辛亥皇太后令廢帝爲海陵王使宣城王入纂皇統建武元年詔海陵王依漢東海王彊故事給虎賁旄頭畫輪車設鍾簴宮縣十一月稱王有疾數遣御師往視乃殞之給溫明祕器斂以袞冕之服大鴻臚監護喪事葬給轀輬車九旒大輅黃屋左纛前後部羽葆鼓吹挽歌二部依東海王彊故事謚曰恭先是武帝立禪靈寺於都下當世以爲壯觀天意若曰禪者禪也靈者神明之自言武帝晏駕而鼎業傾移也永明世市里小兒以鐵相擊於地曰鬬鑿鑿之爲言族也至昱宗室族滅矣又武帝時以燕支爲朱衣朝士皆服之及明帝以宗子入纂此又奪朱之效也時又多以生紗爲帽半其裙而折之號曰倚勸先是人間語好云擾攘至是朝士勸進實爲忽遽倚勸擾攘之言於是驗矣

海陵王延興元年

高宗明皇帝諱鸞字景栖始安貞王道生之子也小字元度少孤高帝撫育過諸子宋泰豫元年爲安吉令有嚴能之名昇明中累遷淮南宣城二郡太守進號輔國將軍高帝踐阼封西昌侯位郢州刺史永明元年爲侍中領驍騎將軍轉散騎常侍左衞將軍十年累遷尚書左僕射領右衞將軍武帝遺詔爲侍中尚書令尋加鎮軍將軍給班劒二十人隆昌元年卽本號爲大將軍給鼓吹一部親兵五百人尋加中書監開府儀同三司海陵王立爲驃騎大將軍錄尚書事揚州刺史加都督增班劒爲三十人封宣城郡公鎮東府城給兵五千人錢二百萬布千匹九江事難假黃鉞事寧表送之尋加黃鉞都督中外諸軍事太傅領大將軍揚州牧增班劒爲四十人給幢絡三望車前後部羽葆鼓吹劒履上殿入朝不趨贊拜不名置左右長史司馬從事中郎掾屬各四人封宣城王未拜太后令廢海陵王以王入纂高帝爲第三子羣臣三請乃受命

建武元年冬十月癸亥皇帝卽位大赦改元文武賜位二等以太尉王敬則爲大司馬以司空陳顯達爲太尉乙丑詔斷遠近上禮丁卯詔自今雕文篆刻歲時先新可悉停省藩牧守宰或有薦獻嚴加禁止十一月壬申日有蝕之帝宿沐浴不御內其日潔齋蔬食斷朝務屏人單衣帢危坐以至事畢追尊始安貞王爲景皇妃江氏爲懿后別立寢廟號曰修安封桂陽王鑠等諸王子皆爲列侯凡諸王侯得罪者諸子皆復屬籍又詔遣大使觀省四方癸酉革永明之制依晉宋舊典太子以師禮敬少傅甲戌進大司馬尋陽公王敬則等十三人爵邑各有差省新林苑先是百姓地者悉以還主廢南蠻校尉官己卯追崇妃劉氏爲敬皇后號陵曰興安庚辰立皇子寶義爲晉安王寶玄爲江夏王寶源爲廬陵王寶貪爲建安王寶融爲隨郡王寶攸爲南平王甲申斷官長貢獻及私餉遺以安陸昭王緬第二子寶晊襲封安陸王丁亥詔細作中署材官車府凡諸工可悉開番假遞令休息戊子立皇子寶卷爲皇太子賜天下爲父後者爵一級己丑詔東宮肇建遠近或有慶禮可悉斷之永明中御史中丞沈深表百官年登七十者皆令致仕並窮困私門庚子詔自搢紳年及可一遵永明七年以前銓敘之科十二月庚戌宣德太僕劉朗之游擊將

軍劉璩之子坐不贈給兄子致使隨母他嫁免官禁錮終身付之鄉論是歲魏孝文帝遷都洛陽

二年春正月辛未降都下繫囚殊死以下詔王公以下各舉所知內外羣僚各進忠言無有所諱魏攻豫司徐梁四州壬申遣鎭軍王廣之督司州右衞將軍蕭坦之督徐州尙書右僕射沈文季督豫州以拒魏己卯詔都下二縣有毀發墳壠隨宜修理乙未魏軍攻鍾離徐州刺史蕭惠休破之丙申加太尉陳顯達使持節都督西北道諸軍事丁酉內外纂嚴三月己未司州刺史蕭誕與衆軍攻敗魏軍詔雍豫司南兗徐五州遭遇兵戎之家悉停今年租調丙寅停青州麥租魏軍自壽春退甲申解嚴夏四月己亥朔親錄三百里內獄訟自外委州郡訊察三署徒隸原遣有差魏軍圍漢中梁州刺史蕭懿拒退之五月甲午寢廟成詔監作長帥賜位一等六月壬戌誅領軍蕭諶西陽王子明南海王子罕邵陵王子貞秋九月己丑改封南平王寶攸爲邵陵王蜀郡王子文爲西陽王廣漢王子峻爲衡陽王臨海王昭秀爲巴陵王永嘉王昭粲爲桂陽王冬十月癸卯詔罷東田毀光興樓并詔水衡量省御乘乙卯納皇太子妃褚氏大赦王公以下班賜各有差斷四方上禮十二月丁酉詔晉帝諸陵悉加修理并增守衞吳晉陵失稔之鄉蠲三調有差

三年春正月丁酉以陰平王楊炅子崇祖爲沙州刺史封陰平王二月己巳詔申明守長六周之制事竟不行己酉詔以去歲魏攻緣邊諸州郡將士有臨陣及病死者並送還本土三月壬午詔軍府乘輿有金銀飾者皆剔除之夏四月魏軍攻司州櫟城戍主魏僧明擊破之冬閏十二月戊寅皇太子冠賜王公以下帛各有差爲父後者賜爵一級斷遠近上禮

四年春正月庚午大赦庚辰詔人產子者蠲其父母調役一年又賜米十斛新婚者蠲夫役一年壬辰誅尙書令王晏二月以尙書左僕射徐孝嗣爲尙書令秋八月甲午追尊景皇所生王氏爲恭太后魏軍攻沔北冬十月又逼司雍二州遣太子中庶子蕭衍右軍司馬張稷禦之十一月丙辰以氐楊靈珍爲北秦州刺史封仇池公武都王十二月丁丑遣度支尙書崔慧景李衆救雍州

永泰元年春正月癸未朔大赦中軍大將軍徐孝嗣卽本號開府儀同三司沔北諸郡爲魏所攻相繼亾敗新野太守劉忌隨宜應接食盡煑土爲粥而救兵不至城破尅死之乙巳遣太尉陳顯達持節救雍州丁未誅河東王鉉臨賀王子岳西陽王子文衡陽王子峻南康王子琳永陽王子珉湘東王子建南郡王子夏巴陵王昭秀桂陽王昭粲二月癸丑遣左衞將軍蕭惠休假節援壽陽辛未豫州刺史裴叔業敗魏軍於淮北三月丙午蠲雍州遇魏軍之縣租布戊申詔增仲尼祭秩上以疾患不瘳望氣者云宜改元夏四月甲寅大赦改元文武賜位二等己未立武陵昭王子子坦爲衡陽王丁丑大司馬會稽太守王敬則舉兵反五月壬午遣輔國將軍劉山陽率軍東討乙酉斬敬則傳首建鄴曲赦浙東吳晉陵等七郡秋七月己酉帝崩于正福殿年四十七遺詔徐孝嗣可重申前命中書監本官悉如故沈文季可尙書左僕射常侍護軍如故江祏可右僕射江祀可侍中劉暄可衞尉卿軍政大事委陳太尉內外衆事無大小委徐孝嗣遙光坦之江祏其大事與沈文季江祀劉暄參懷心腹之任可委劉悛蕭惠休崔慧景羣臣上謚曰明皇帝廟號高宗葬興安陵帝明審有吏才持法無所借制御親幸臣下肅淸驅使寒人不得用四幅繖大存儉約罷武帝所起新林苑以地還百姓廢文惠太子所起東田斥賣之永明中輿輦舟乘悉剔取金銀還主衣庫以牙角代之嘗用皂莢訖授餘濼與左右曰此猶堪明日用大官進御食有裹蒸帝十字畫之曰可四片破之餘充晚食而武帝掖庭中宮殿服御一無所改其儉約如此性猜忌亟行誅戮信道術用計數每出行幸先占利害簡於出入將南則詭言之西將東則詭言之北竟不以實竟不南郊初有疾無輟聽覽羣臣莫知及疾篤敕臺省府署文簿求白魚以爲藥外始知之身衣絳衣服飾皆赤以爲厭勝巫覡云後湖水頭經過宮內致帝有疾帝乃自至太官行米溝左右啟太官無此水則不立決意塞之欲南引淮流會崩事寢

明帝建武四年永泰元年卽位五年

廢帝東昏侯諱寶卷字智藏明帝第二子也本名明賢明帝輔政後改爲建武元年立爲皇太子永泰元年七月己酉明帝崩太子卽皇帝位八月庚申鎭北將軍晉安王寶義進號征北大將軍開府儀同三司冬十月己未詔删省律科癸亥詔蕭坦之江祏更直殿省總監宿衞辛未詔劉暄江祏更直延明殿省十一月戊子立皇后褚氏庚寅尙書令徐孝嗣議王侯貴人昏連巹以眞銀盃事出近俗又牢燭侈績亦虧曩制今除金銀連鎖自餘新器悉用埏陶牢燭華侈亦宜停之奏可

永元元年春正月戊寅朔大赦改元辛卯祀南郊丁酉

改封隨王寶融爲南康王安陸王寶晊爲湘東王竟陵王昭胄爲巴陵王二月太尉陳顯達敗績於馬圈夏四月丙午朔魏孝文帝崩己巳立皇子誦爲皇太子大赦賜爲父後者爵一級五月癸亥加撫軍大將軍始安王遙光開府儀同三司六月甲子詔原雍州今年三調秋七月辛未淮水變赤如血丙戌殺尚書右僕射江祏侍中江祀地震自此至來歲晝夜不止小屋多壞丁亥都下大水死者甚衆賜死者材器並加振恤八月乙巳蠲遇水資財漂蕩者今年租調又詔爲馬圈戰亾將士舉哀丙辰揚州刺史始安王遙光據東府反詔曲赦都下中外戒嚴遣領軍將軍蕭坦之致討戊午斬遙光傳首己巳以尚書令徐孝嗣爲司空以領軍蕭坦之爲尚書左僕射閏月丙子以江陵公寶覽爲始安王九月甲辰殺尚書左僕射蕭坦之右衛將軍曹武戊午殺領軍將軍劉暄壬戌以頻殺大臣大赦冬十月乙未誅尚書令新除司空徐孝嗣右僕射新除鎭軍將軍沈文季庚子以吳興太守蕭惠休爲尚書右僕射辛丑以侍中王亮爲左僕射十一月丙辰太尉江州刺史陳顯達舉兵反於尋陽乙丑加護軍將軍崔慧景平南將軍督衆軍南討十二月甲申陳顯達至都宮城嚴警乙酉斬顯達傳其首餘黨悉平

二年春正月庚午詔討豫州刺史裴叔業二月己丑叔業病死兄子植以壽春降魏三月乙卯命平西將軍崔慧景攻壽春夏四月丙午尚書右僕射蕭惠休卒丁未崔慧景於廣陵反舉兵內向壬子命右衛將軍左興盛督都下水步衆軍禦之南徐州刺史江夏王寶元以京城納慧景乙卯遣中領軍王瑩率衆軍屯北籬門壬戌慧景至瑩等敗績甲子慧景入建鄴臺城內閉門拒守豫州刺史蕭懿舉兵入援己巳以懿爲尚書右僕射癸酉慧景衆走斬之詔曲赦都下及南徐南兗二州乙亥以新除尚書右僕射蕭懿爲尚書令丙子以中領軍王瑩爲尚書右僕射五月己酉江夏王寶元伏誅壬子赦己丑曲赦都下及徐兗二州六月庚寅車駕於樂遊苑內會如三元都下放女人觀秋七月甲申夜宮內火唯東閤內明帝舊殿數區及太極以南得存餘皆蕩盡冬十月己亥殺尚書令蕭懿十一月甲寅西中郎長史蕭穎胄起兵於荆州十二月雍州刺史蕭衍起兵於襄陽是歲魏宣武帝景明元年

三年春正月丙申朔日有蝕之帝與宮人於閱武堂元會皇后正位閹人行儀帝戎服臨視丁酉以驃騎大將軍晉安王寶義爲司徒以新除撫軍將軍建安王寶寅爲車騎將軍開府儀同三司乙巳長星見竟天辛亥祀南郊大赦詔百官陳讜言二月丙寅乾和殿西廂火壬午詔遣羽林兵征雍州中外纂嚴始內橫吹五部於殿內晝夜奏之壬戌蚩尤旗見三月乙巳南康王寶融即皇帝位於江陵癸丑遣平西將軍陳伯之西征六月蕭穎胄弟穎孚起兵廬陵戊子赦江州安成廬陵二郡秋七月癸巳曲赦荆雍二州雍州刺史張欣泰前南譙太守王靈秀率石頭文武奉建安王寶寅向臺至杜姥宅門閉乃散走丙辰龍鬭于建康淮激水五里八月辛卯以太子左率李居士總督西討諸軍事屯新亭九月甲辰蕭衍至南豫州輔國將軍監南豫州事申胄軍二萬人於姑熟奔歸丙辰李居士與衍軍戰於新亭見敗冬十月甲戌王珍國又戰敗於朱雀航戊寅寧朔將軍徐元瑜以東府城降青冀二州刺史桓和入衛屯東宮尋亦降衍於是閉宮城門自守十二月丙寅新除雍州刺史王珍國侍中張稷率兵入殿弑帝時年十九帝在東宮便好弄不喜書學明帝亦不以爲非但勗以家人之行令太子求一日再入朝發詔不許使三日一朝在宮嘗夜捕鼠達旦以爲笑樂明帝臨崩屬後事以隆昌爲戒曰作事不可在人後故委任羣小誅諸宰臣無不如意性訥澀少言不與朝士接欲速葬惡靈在太極殿徐孝嗣固爭得踰月每當哭輒云喉痛大中大夫羊闡入臨無髮號慟俯仰幘遂脫地帝輒哭大笑謂宦者王寶孫曰此謂秃秋啼來乎自江祏始安王遙光等誅後無所忌憚日夜於後宮戲馬鼓譟爲樂合夕便擊金鼓吹角令左右數百人叫雜以胡羌横吹諸伎常以五更就卧至晡乃起王侯以下節朔朝見晡後方前或際暗遣出臺閣案奏月數十日乃報或不知所在閹豎以紙包裹魚肉還家並是五省黄案二年元會食後方出朝賀裁竟便還西序寢自巳至申百僚陪位皆僵仆菜色比起就會忽遽而罷太子所生母黄貴嬪早亾令潘妃母養之拜潘氏爲貴妃乘卧輿帝騎馬從後著織成袴褶金薄帽執七寶縛矟又有金銀校具錦繡諸帽數十種各有名字戎服急裝縛袴上著絳衫以爲常服不變寒暑陵冒雨雪不避阬穽馳騁渴乏輒下馬解取腰邊蠡器酌水飲之復上馳去馬乘具用錦繡處患爲雨所溼織雜采珠爲覆蒙備諸雕巧選黄門五六十人爲騎客又選營署無賴小人善走者爲逐馬鷹犬左右數百人常以自隨奔走往來略不暇息置射雉場二百九十六處翳中帷帳及步障皆袷以綠紅錦金銀鏤弩牙瑇瑁

帖箭每出輒與鷹犬隊主徐令孫媒騎隊主俞靈韻馳馬而走左右爭逐之又甚有筋力牽弓至三斛五斗能擔幢初試擔幢每傾倒在幢杪者必至踠傷其後白虎幢七丈五尺齒上擔之折齒不倦擔幢諸校具服飾皆自製之綴以金華玉鏡衆寶舍人主書及至左右主帥並皆侍側逞諸變態曾無愧顏始欲騎馬未習其事俞靈韻爲作木馬人在其中行動進退隨意所適其後遂爲善騎陳顯達卒漸出游走不欲令人見之驅斥百姓唯置空宅而已是時率一日二十餘出旣往無定處尉司常慮得罪東行驅西南行驅北應旦出夜便驅逐吏司奔驟叫呼盈路打鼓蹋圍鼓聲所聞便應奔走臨時驅迫衣不暇披乃至徒跣走出犯禁者應手格殺百姓無復作業終日路隅從萬春門由東宮以東至郊外數十里皆空家盡室巷陌縣幔爲高障置人防守謂之屏除高障之內設部伍羽儀復有數部皆奏鼓吹羌胡伎鼓角橫吹夜反火光照天每三四更中鼓聲四出幡戟橫路百姓喧走士庶莫辨或於市肆左側過親幸家環繞宛轉周徧都下老小震驚啼號塞道處處禁斷不知所過疾患困篤者悉掆移之無人掆者扶匐道側吏司又加捶打絕命者相繫從騎及左右因之入富家取物無不蕩盡工商莫不廢業樵蘇由之路斷至於乳婦昏姻之家移產寄室或輿病棄屍不得殯葬有棄病人於青溪邊者吏懼爲監司所問推置水中泥覆其面須臾便死遂失骸骨前魏興太守王敬賓親死未斂家人被驅不得留視及家人還鼠食兩眼都盡如此非一又嘗至沈公城有一婦人當產不去帝入其家問何獨在答曰臨產不得去因剖腹看男女又長秋卿王儇病篤不

聽停家死於路邊丹陽尹王志被驅急狼狽步走惟將二門生自隨藏朱雀航南酒壚中夜方得羽儀而歸帝旣喜游獵不避危險至蔣山定林寺一沙門病不能去藏於草間爲軍人所得應時殺之左右韓暉光曰老道人可念帝曰汝見麞鹿亦不射邪仍百箭俱發故貴人富室者皆數處立宅以爲避圍之舍每還宮常至三更百姓然後得反禁斷又不卽通處處屯咽或泥塗灌注或冰凍嚴結老幼啼號不可聞見時人以其所圍處號爲長圍及建康城見圍亦名長圍識者以爲讖焉三年殿內火合夕便發其時帝猶未還宮內諸房閤已閉內人不得出外人又不敢輒開比及開死者相枕領軍將軍王瑩率衆救火太極殿得全內外叫喚聲動天地帝三更中方還先至東宮慮有亂不敢便入參覘審無異乃歸其後出游火又燒璿儀曜靈等十餘殿及柏寢北至華林西至祕閣三千餘間皆盡左右趙鬼能讀西京賦云柏梁旣災建章是營於是大起諸殿芳樂芳德仙華大興含德清曜安壽等殿又別爲潘妃起神仙永壽玉壽三殿皆匝飾以金璧其玉壽中作飛仙帳四面繡綺窗間盡畫神仙又作七賢皆以美女侍側鑿金銀爲書字靈獸神禽風雲華炬爲之玩飾椽桷之末悉垂鈴佩江左舊物有古玉律數枚悉裁爲鈿笛莊嚴寺有玉九子鈴外國寺佛面有光相禪靈寺塔諸寶珥皆剝取以施潘妃殿飾性急暴所作便欲速成造殿未施梁桷便於地畫之唯須宏麗不加精密亦不別畫但取絢曜而已故諸匠賴此得不用情又鑿金爲蓮華以帖地令潘妃行其上曰此步步生蓮華也塗壁皆以麝香錦幔珠簾窮極綺麗縶役工匠自夜達曉猶不副速乃剔取

諸寺佛剎殿藻井仙人騎獸以充足之武帝興光樓上施青漆世人謂之青樓帝曰武帝不巧何不純用琉璃潘氏服御極選珍寶主衣庫舊物不復周用貴市人間金銀寶物價皆數倍琥珀釧一隻直百七十萬都下酒租皆折輸金以供雜用猶不能足下揚南徐二州橋桁塘埭丁計功爲直斂取見錢供太樂主衣雜費由是所在塘瀆皆有隳廢又須求雄雉頭鶴氅白鷺縗百品千條無復窮已親倖小人因緣爲姦科一輸十又各就州縣求爲人輸率取見直不爲輸送守宰懼威口不得道須物之處已復重求如此相仍前後不息百姓困盡號泣道路少府太官凡諸市買事皆急速催求相繫吏司奔馳遇便虜奪市廛離散商旅靡依又以閱武堂爲芳樂苑窮奇極麗當暑種樹朝種夕死死而復種率無一生於是徵求人家望樹便取毀徹牆屋以移置之大樹合抱亦皆移掘插葉繫花取玩俄頃劃取細草來植階庭烈日之中至便焦燥紛紛往還無復已極山石皆塗以采色跨池水立紫閣諸樓壁上畫男女私褻之像明帝時多聚金寶至是以金爲泥不足周用令富室賣金不問多少限以賤價又不還直張欣泰嘗謂舍人裴長穆曰宮殿何事頓爾夫以秦之富起一阿房而滅今不及秦一郡而頓起數十阿房其危殆矣答曰非不悅子之道顧言不用耳潘妃放恣威行遠近父寶慶與諸小共逞姦毒富人悉誣爲罪田宅貲財莫不啟乞或云寄隱附藏復加收沒計一家見陷禍及親鄰又慮後患男口必殺明帝之崩竟不一日蔬食居處衣服無改平常潘妃生女百日而亡制斬縗絰杖衣悉麤布羣小來弔盤旋地坐舉手受執蔬膳積旬不聽音伎左右直長閣

豎王寶孫諸人共營肴羞云爲天子解菜又於苑中立店肆模大市日游市中雜所貨物與宮人閹豎共爲裨販以潘妃爲市令自爲市吏錄事將鬬者就潘妃罰之帝小有得失潘則與杖乃敕虎賁威儀不得進大荆子閤內不得進實中荻雖畏潘氏而竊與諸姊妹淫通每游走潘氏乘小輿宮人皆露褌著綠絲屩帝自戎服騎馬從後又開渠立埭躬自引船埭上設店坐而屠肉于時百姓歌云閱武堂種楊柳至尊屠肉潘妃酤酒又偏信蔣侯神迎來入宮晝夜祈禱左右朱光尙詐云見神動輒諮啟並云降福始安之平遂加位相國旣而又號爲靈帝車服羽儀一依王者又曲信小祠日有十數師巫魔媼迎送紛紜光尙輒託云神意范雲謂光尙曰君是天子要人當思自全計光尙曰至尊不可諫正當託鬼神以達意耳後東入樂游人馬忽驚以問光尙光尙曰向見先帝大瞋不許數出帝大怒拔刀與光尙等尋覓旣不見處乃縛菰爲明帝形北向斬之縣首苑門上自永元以後魏每來伐繼以內難揚南徐二州人丁三人取兩以此爲率遠郡悉令上米準行一人五十斛輸米旣畢就役如故又先是諸郡役人多依人士爲附隷謂之屬名又東境役苦百姓多注籍詐病遣外醫巫在所檢占諸屬名并取病身凡屬名多不合役止避小小假並是復蔭之家凡注病者或已積年皆攝充將役又追責病者租布隨其年歲多少銜命之人皆給貨賂隨意縱捨又橫調徵求皆出百姓羣小以陳顯達下數日便敗崔慧景圍城止得十日及蕭衍兵至亦謂無然裏糧食樵芻凡所須物爲百日備帝謂茹法珍曰須來至白門前當一決及至近郊乃聚兵爲固守計召王侯分置尙書都坐及殿省尙書舊事悉充紙鎧使冠軍將軍王珍國領二萬人據大桁莫有鬬志遣王寶孫督戰呼爲王倀子寶孫切罵諸將帥直閤將軍席豪發憤突陣死豪驍將也旣斃衆軍於是土崩軍人從朱雀觀上自投及赴淮水死者無數於是閉城自守城內軍事委王珍國兗州刺史張稷入衞以稷爲副實甲猶七萬人帝著烏帽袴褶備羽儀登南城門臨望又虛設鎧馬齊仗千人皆張弓拔刄出東掖門稱蔣王出盪又受刀敕等教著五音兒衣登城望戰還與御刀左右及六宮於華光殿立軍壘以金玉爲鎧仗親自臨陣詐被創勢以板擱將去以此厭勝又於閱武堂設牙門軍頓每夜嚴警帝於殿內騎馬從鳳莊門入徽明門馬被銀蓮葉具裝鎧雜羽孔翠寄生逐馬左右衞從晝眠夜起如平常闕外鼓吹叫聲被大紅袍登景陽樓望弩幾中之衆皆怠怨不爲致力募兵出戰至城門數十步皆坐甲而歸慮城外有伏兵乃燒城傍諸府署六門之內皆盡城中閤道西掖門內相聚爲市販死牛馬肉蕭衍長圍旣立塹柵嚴固然後出盪屢戰不捷帝猶惜金錢不肯賞賜茹法珍叩頭請之帝曰賊來獨取我邪何爲就我求物後堂儲數百具榜啟爲城防帝云擬作殿竟不與又催御府細作三百人精仗須圍解以擬屏除金銀雕鏤雜物倍急於常法珍虫兒又說帝曰大臣不留意使圍不解宜悉誅之珍國張稷懼禍乃謀應蕭衍以計告後閤舍人錢彊彊許之密令游盪主崔叔智夜開雲龍門稷及珍國勒兵入殿分軍又從西上閤入後宮御刀豐勇之爲內應是夜帝在含德殿吹笙歌作女兒子臥未熟聞兵入趨出北戶欲還後宮清曜閤已閉閹人禁防黃泰平刀傷其膝仆地顧曰奴反邪直後張齊斬首送蕭衍宣德太后令依漢海昏侯故事追封東昏侯

東昏侯永元三年

和帝諱寶融字智昭明帝第八子也建武元年封隨郡王永元元年改封南康王出爲西中郎將荆州刺史督九州軍事二年十一月甲寅長史蕭潁胄奉王舉兵其日太白及辰星俱見西方乙卯敎纂嚴丙辰以雍州刺史蕭衍爲使持節都督前鋒諸軍事戊午衍表勸進十二月乙亥羣僚勸進並不許壬辰驍騎將軍夏侯亶自建鄴至江陵稱宣德太后令西中郎將南康王宜纂承皇祚光臨億兆可且封宣城王相國荆州牧加黃鉞置僚屬三年五月乙巳王受命大赦唯梅虫兒茹法珍等不在例是日長星見竟天甲寅建牙于城南二月己巳羣僚上尊號立宗廟及南北郊

中興元年春三月乙巳皇帝卽位大赦改永元三年爲中興文武賜位二等是歲彗星竟天以相國左長史蕭穎胄爲尙書令加雍州刺史蕭衍尙書左僕射都督征討諸軍以晉安王寶義爲司空廬陵王寶源爲車騎將軍開府儀同三司丙午有司奏封庶人寶卷爲零陵侯詔不許又奏爲涪陵王詔可夏四月戊辰詔凡東討衆軍及諸向義之衆普復除五年秋七月丁卯魯山城主孫樂祖以城降己未郢城主薛元嗣降八月丙子平西將軍陳伯之降九月己未詔假黃鉞蕭衍若定京邑得以便宜從事冬十一月壬寅尙書令鎭軍將軍蕭穎胄卒十二月丙寅建康城平己巳宣德皇太后令以征東大將軍蕭衍爲大司馬錄尙書驃騎大將軍揚州刺史封建安郡公依晉武陵王遵承制故事壬申改封建安

王寶夤爲鄱陽王癸酉以司徒揚州刺史晉安王寶義爲太尉領司徒乙酉以尚書右僕射王瑩爲左僕射

二年春正月戊戌宣德皇太后臨朝入居內殿壬寅大司馬蕭衍都督中外諸軍事加殊禮己酉以大司馬長史王亮爲守尚書令甲寅加大司馬蕭衍位相國梁公備九錫禮二月壬戌誅湘東王寶晊丙戌進梁公蕭衍爵爲王三月辛丑鄱陽王寶夤奔魏誅邵陵王寶攸晉熙王寶貞庚戌車駕東歸至姑熟丙辰遜位于梁丁巳廬陵王寶源薨四月辛酉禪詔至皇太后遜居外宮梁受命奉帝爲巴陵王宮于姑熟戊辰巴陵王殂時年十五追尊爲齊和帝葬恭安陵初梁武帝欲以南海郡爲巴陵國邑而遷帝焉以問范雲雲俛眉未對沈約曰今古殊事魏武所云不可慕虛名而受實禍武帝頷之於是遣鄭伯禽進以生金帝曰我死不須金醇酒足矣乃引飲一升伯禽就加摺焉先是文惠太子與才人共賦七言詩句後輒云愁和帝至是其言方驗又永明中望氣者云新林婁湖青溪並有天子氣於其處大起樓苑宮觀武帝屢游幸以厭之又起舊宮於青溪以弭其氣而明帝舊居東府城西延興末明帝龍飛至是梁武帝眾軍城於新林而武帝舊宅亦在征虜營是時百姓皆著下屋白紗帽而反裙覆頂東昏曰裙應在下今更在上不祥命斷之於是百姓皆反裙向下此服祅也帽者首之所寄今而向下天意若曰元首方爲猥賤乎東昏又令左右作逐鹿帽形甚窄狹後果有逐鹿之事東昏宮裏又作散叛髮反髻根向後百姓爭學之及東昏狂惑天下散叛矣東昏又與羣小別立帽鷩其口而舒兩翅名曰鳳度三橋裙向後總而結之名曰反縛黃麗東昏與刀敕之徒親自著之皆用金寶鑿以璧璫又作著調帽鏤以金玉間以孔翠此皆天意梁武帝舊宅在三橋而鳳度之名鳳翔之驗也黃麗者皇離爲日而反縛之東昏戮死之應也調者梁武帝至都而風俗和調先是百姓及朝士皆以方帛塡胸名曰假兩此又服祅假非正名也儲兩而假之明不得眞也東昏誅其子廢爲庶人假兩之意也

和帝中興二年

右齊七主二十四年爲梁所滅

通志卷十二

宋右迪功郎鄭樵漁仲撰

梁紀第十三

武帝　簡文帝　元帝　敬帝

高祖武皇帝諱衍字叔達小字練兒南蘭陵中都里人
姓蕭氏與齊同承淮陰令整整生皇高祖鎋位濟陰太
守鎋生皇曾祖副子位州治中從事副子生皇祖道賜
位南臺治書侍御史道賜生皇考諱順之字文緯於齊
高帝爲始族弟皇考外甚清和而內懷英氣與齊高帝
少而款狎嘗共登金牛山路側有枯骨縱橫齊高帝謂
皇考曰周文王以來幾年當復有掩此枯骨者乎言之
懍然動色皇考由此知齊高帝有大志常相隨逐齊高
帝每外討皇考常爲軍副及北討薛索兒夜遣人入營
提刀徑至齊高帝卧榻皇考手刃之頻爲齊高帝鎭軍
司馬長史時宋帝昏虐齊高帝謀出外皇考以爲一旦
奔亾則危幾不測不如因人之欲行伊霍之事齊高帝
深然之歷黃門郎安西長史吳郡內史所歷皆著名吳
郡張緒常稱文武兼資有德有行吾敬蕭順之袁粲之
據石頭黃回與之通謀皇考聞難作率家兵據朱雀橋
回覘人還告曰朱雀橋南一長者英威毅然坐胡牀南
向回曰蕭順之也遂不敢出時微皇考石頭幾不據矣
及齊高帝創造皇業推鋒決勝莫不垂拱仰成焉齊建
元末齊高帝從容謂皇考曰嘗令阿玉解揚州相授玉
豫章王嶷小名也齊武帝在東宮皇考嘗問訊及退齊
武帝指皇考謂嶷曰非此翁吾徒無以致今日及卽位
深相忌憚故不署台輔以參豫佐命封臨湘縣侯歷位
侍中衞尉太子詹事領鎭軍將軍丹陽尹贈鎭北將軍
諡曰懿帝以宋孝武大明元年歲次甲辰生于秣陵縣
同夏里三橋宅初皇妣張氏嘗夢抱日已而有娠遂產
帝帝生而有異光狀貌殊特日角龍顏重岳虎顴舌文
八字項有浮光身映日無影兩胯駢骨頂上隆起有文
在右手曰武帝爲兒時能蹈空而行及長博學多通好
籌略有文武材略所居室中常若雲氣人或遇者體輒
肅然初爲衞軍王儉東閤祭酒儉一見深相器異請爲
戶曹屬謂廬江何憲曰此蕭郎三十內當作侍中出此
則貴不可言竟陵王子良開西邸招文學帝與沈約謝
朓王融蕭琛范雲任昉陸倕等並游焉號曰八友融俊
爽識鑒過人尤敬異帝每謂所親曰宰制天下必在此
人累遷隨王鎭西諮議參軍行經牛渚逢風入泊龍濆
有一老人謂帝曰君龍行虎步貴不可言天下方亂安
之者其在君乎問其名氏忽然不見尋以皇考艱去職
歸建業及齊武帝不豫竟陵王子良以帝及兄懿王融
劉繪王思遠顧暠之范雲等爲帳內軍主融欲因帝晏
駕立子良帝曰夫立非常之事必有非常之人融才非
負圖視其敗也范雲曰憂國家者惟有王中書帝曰憂
國欲爲周召欲爲豎刁邪懿曰直哉史魚何其木彊也
初皇考之薨不得志事見齊魚復侯傳至是鬱林失德
齊明帝作輔將爲廢立計帝欲助齊明帝傾齊武帝之
嗣以雪心恥齊明帝亦知之每與帝謀時齊明帝將追
隨王恐不從又以王敬則在會稽恐爲變以問帝帝曰
隨王雖有美名其實庸劣旣無智謀之士爪牙惟仗司
馬垣歷生武陵太守卞白龍耳此並唯利是與若啗以
顯職無不載馳隨王止須折簡耳敬則志安江東窮其
富貴宜選美女以娛其心齊明帝曰亦吾意也卽徵歷
生爲太子左衞率白龍游擊將軍並至續召隨王至都
賜自盡豫州刺史崔慧景旣齊武帝舊臣不自安齊明
帝憂之乃起帝鎭壽陽外云備魏實防慧景師次長瀨
慧景懼罪白服來迎帝撫而宥之將軍房伯玉徐元慶
並曰慧景反跡旣彰實是見賊我曹武將譬如鞲上鷹
將軍一言見命便卽制之帝笑曰此如掌中嬰兒殺之
不武於是曲意和釋之慧景遂安

隆昌元年拜中書侍郎遷黃門侍郎

建武二年魏將王肅劉昶攻司州刺史蕭誕甚急齊明
帝遣左衞將軍王廣之赴救帝爲偏帥隸廣之行次尉
斗洲有人長八尺餘容貌衣冠皓然皆白緣江呼曰蕭
王大貴帝旣屢有徵祥心益自負時去誕百里衆軍以
魏軍盛莫敢前帝欲大振威略謂諸將曰今屯下梁之
城塞鑿峴之險守雉腳之路據賢首之山以通西關以
臨賊壘三方犄角出其不備破賊必矣廣之等不從後
遣徐元慶進據賢首山魏絶其糧道衆懼莫敢援之惟
帝獨奮請先進於是廣之益帝精甲銜枚夜行先道望
見如持兩炬者隨之果得道徑上賢首山廣之軍因得
前魏軍來脅帝壁壁不進時王肅自攻城一鼓而退劉
昶有疑心帝因與書間成其隙一旦有風從西北起陣
雲隨之來當肅營尋而風回雲轉還向西北帝曰此所
謂歸氣魏師遁矣令軍中曰望麾而進聽鼓而動肅乃
傾壁十萬陣于水北帝揚麾鼓譟響振山谷敢死之士
執短兵先登長戟翼之城中見援至因出軍攻魏柵魏
軍表裏受敵因大崩肅昶單馬走斬獲千計流血絳野
得肅昶巾箱中魏帝敕曰聞蕭衍善用兵勿與爭鋒待
吾至若能禽此人則江東吾有也以功封建陽縣男尋

爲司州刺史有沙門自稱僧惲謂帝曰君項有伏龍非人臣也復求莫知所之帝在州甚有威名嘗有人餉馬帝不受餉者密以馬繫齋柱而去帝出見馬答書殷勤縛之馬首令人驅出城外馬遂自還帝還都爲太子中庶子領四廂直出鎮石頭齊明性猜忌帝避時嫌解遣部曲常乘折角小牛車齊明每稱帝清儉勗厲朝臣

四年魏孝文帝自率大衆逼雍州刺史曹武度沔守樊城武舊齊武帝腹心齊明帝忌之欲使后弟劉暄爲雍州暄不願出外因江祏得留齊明帝擬帝雍州受密旨出頓聲爲軍事發遣又命五兵尚書崔慧景征南將軍陳顯達相續援襄陽慧景與帝進次鄧城魏孝文帥十餘萬騎奄至慧景引退帝止之不從於是大敗帝帥衆拒戰獨得全軍及魏軍退以帝爲輔國將軍監雍州事先是雍州相傳樊城有王氣至是謠言更甚及齊明帝崩遺詔以帝爲都督雍州刺史時揚州刺史始安王遙光尚書令徐孝嗣右僕射江祏右將軍蕭坦之侍中江祀衛尉劉暄更直內省分日帖敕世所謂六貴又有御刀茹法珍梅蟲兒豐勇之等八人號爲八要及舍人王咺之等四十餘人皆口擅王言權行國憲帝謂張弘策曰政出多門亂其階矣當今避禍唯有此地勤行仁義可坐作西伯但諸弟在都恐離時患須與益州圖之耳時上長兄懿罷益州還仍行郢州事乃使弘策詣郢陳計於懿語在懿傳言既不從弘策還帝乃召弟偉及憺是歲至襄陽乃潛造器械多伐竹木沈於檀溪密爲舟裝之備時帝所住齋常有氣五色回轉狀若蟠龍季秋出九日臺忽暴風起烟塵四合帝所居獨白日清朗其上紫雲騰起形如繖蓋望者莫不異焉尋而大臣相次屠戮

永元二年冬懿又被害信至帝密召長史王茂中兵呂僧珍別駕柳慶遠功曹史吉士瞻等謀之既定以十一月乙巳召僚佐集於聽事告以舉兵是日建牙出檀溪竹木裝舸艦旬日大辦百姓願從者得鐵馬五千匹甲士三萬人初南康王寶融爲荆州刺史長史蕭穎胄行府州事至是東昏遣輔國將軍劉山陽就穎胄兵襲襄陽帝知其謀遣參軍王天虎詣江陵偏與州府書聲云山陽西上并襲荆雍天虎既發帝謂參軍張弘策曰今日天虎坐收天下矣荆州得天虎至必回遑無計若不見同取之如拾地芥耳斷三峽據巴蜀分兵定湘州便全有上流以此威聲臨九派斷彭蠡檄江南風之靡草不足比也政小引日月耳江陵本憚襄陽人如脣亡齒寒必不孤立寧得不闇見同邪挾荆雍之兵掃定東夏韓白重出不能爲計況以無算之昏主役御刀應敕之徒哉及山陽至巴陵帝復令天虎齎書與穎胄兄弟去後帝謂張弘策曰用兵之道攻心爲上攻城次之心戰爲上兵戰次之今日是也近遣天虎往州府人皆有書今段止有兩封與行事兄弟云一二天虎口具彼問人問天虎而無所說必謂行事與天虎具隱其情則行事進退無以自明必入吾謀內是馳兩空函定一州矣山陽至江安聞之果遲疑不上穎胄大懼參軍席闡文柳忱謂穎胄曰蕭雍州蓄養士馬非復一日必不可制就能制之歲寒必不爲朝廷所容今若殺山陽與雍州立天子以令諸侯則霸業成矣山陽既不信我如斬天虎則彼疑可釋至而圖之蔑不濟矣穎胄從之詰旦乃謂天虎曰天下之事縣之在卿今就卿借頭以詐山陽昔樊於期亦以頭借荆軻於是斬之送首山陽山陽信之馳入城將踰閾縣門發折其車轅投車而走中兵參軍陳秀拔戟逐之斬于門外傳首于帝仍以南康王尊號之議來告且曰時有未利當須來年二月遽便進兵恐非廟算帝答曰今坐甲十萬糧用自竭若頓兵十旬必生悔吝且太白出西方杖義而動天時人謀有何不利昔武王伐紂行逆太歲復須待年月乎竟陵太守曹景宗遣杜思沖勸帝迎南康王都襄陽時正尊號帝不從王茂又私于張弘策曰今以南康置人手中彼挾天子以令諸侯節下前去爲人所使此豈歲寒之上弘策言之於帝曰若前途大事不捷故自蘭艾同焚若功業克建誰敢不從豈是碌碌受人處分哉乃於沔南立新野郡以集新附

中興元年二月南康王爲相國以帝爲征東將軍戊申帝發襄陽自冬積霰至是開霽士卒咸悅帝遂留弟偉守襄陽城謂曰當置心於襄陽人腹中推誠信之勿有疑也天下一家乃當相見遂移檄建業闡揚威武乃至竟陵命長史王茂與太守曹景宗爲前軍中兵參軍張法安守竟陵城茂景宗帥衆濟岸進頓九里其日郢州刺史張沖迎戰茂等大破之荆州遣冠軍將軍鄧元起軍主王世興田安等會大軍於夏口帝築漢口城以守魯山命水軍主張惠紹朱思遠等遊遏中江絕郢魯二城信使時張沖死其衆推軍主薛元嗣及沖長史程茂爲主三月乙巳南康王卽帝位於江陵遙廢東昏爲涪陵王以帝爲尚書左僕射加征東將軍都督征討諸軍事假黃鉞西臺又遣冠軍將軍蕭穎達領兵來會四月帝出沔命王茂蕭穎達等逼郢城五月己酉帝移屯漢

南是日有紫雲如蓋蔭于壘幕甲寅東昏遣寗朔將軍吳子陽光子衿等十三軍救郢州進據巴口七月帝命王茂帥軍主曹仲宗康絢武會超等潛師襲加湖將逼子陽水涸不通艦子衿喜其夜流星墜其城四更中無雨而水暴長衆軍乘流齊進鼓譟攻之俄而大潰子陽等竄走衆盡溺于江王茂虜其餘而旋郢魯二城相視奪氣先是東昏遣冠軍將軍陳伯之鎮江州爲子陽等聲援帝謂諸將曰夫征討未必須實力所聽威聲耳今加湖之敗誰不讋服陳虎牙即伯之之子狼狽奔歸彼間人情理當兇懼我謂九江可傳檄定也因命搜所獲俘囚得伯之幢主蘇隆之厚加賞賜使致命焉戊午魯山城主孫樂祖降己未夜郢城有數百毛人踰堞且泣因投黃鵠磯蓋城之精也及旦城主程茂薛元嗣遣參軍朱曉求降帝謂曰城中自可不識天命何意恒罵曉曰明公未之思耳桀犬何嘗不吠堯初郢城之閉將佐文武男女口十餘萬人疾疫流腫死者十七八及城開帝並加隱卹其死者命給棺櫬東昏聞郢城沒乃爲城守計簡二尙方二冶囚徒以配軍其不可活者於朱雀門內日斬百餘人尙書令王亮苦諫不從陳伯之遣蘇隆之反命求未便進軍帝曰伯之此言意懷首鼠可及其猶豫逼之乃命鄧元起即日沿流而下八月天子遣兼黃門郎蘇回勞軍帝登舟命諸軍進路留上庸太守韋叡守郢城行州事鄧元起將至尋陽陳伯之猶懼乃收兵退保湖口留其子虎牙守盆城及帝至乃束甲請罪九月天子詔帝平定東夏以便宜從事前軍之次蕪湖南豫州刺史申胄棄姑熟走至是大軍進據之自發雍州帝所乘艦恒有兩龍導引左右莫不見者緣道奉

迎百姓皆如挾纊仍遣曹景宗蕭穎達領馬步進頓江寗東昏遣征虜將軍李居士迎戰景宗擊走之於是王茂鄧元起呂僧珍進據赤鼻邏曹景宗陳伯之爲游兵是日新亭城主江道林率兵出戰衆軍擒之於陣大軍次新林建康士庶傾都而至道欵者或以血爲書命王茂進據越城曹景宗據皂莢橋鄧元起據道士墩陳伯之據籬門道林餘衆退屯航南諸軍廹之因復散走退保朱雀航馮淮自固時李居士猶據新亭壘請東昏燒南岸邑屋以開戰場自大航以西新亭以北蕩然矣十月東昏石頭軍主朱僧勇率水軍二千人來降東昏又遣征虜將軍王珍國率軍主胡虎牙等列陣於航南大路悉配精甲利器尙十餘萬人閹人王倀子持白虎幡督諸軍又開航背水以絕歸路王茂曹景宗等犄角奔之珍國之衆一時土崩衆軍退至宣陽門李居士以新亭壘徐元瑜以東府城降石頭白下諸軍並宵潰壬午帝鎮石頭命衆軍圍六門東昏悉焚門內驅逼營署官府並入城有衆二十萬青州刺史桓和紿東昏出戰因降先是俗語謂密相欺變者爲和欺於是蟲兒法珍等曰今日敗於桓和可謂和欺矣帝命諸軍築長圍初衆軍既逼東昏遣軍主左僧慶鎮京口常僧景鎮廣陵李叔獻屯瓜步及申胄自姑熟奔歸又使屯破墩以爲東北聲援至是帝遣曉喻並降帝乃遣弟輔國將軍秀鎮京口輔國將軍恢屯破墩從弟寗武將軍景鎮廣陵吳郡太守蔡寅棄郡赴降十二月丙寅兼衛尉張稷北徐州刺史王珍國斬東昏其夜以黃油裹首送軍帝命呂僧珍張彌勒兵封府庫及圖籍帝乃入收東昏嬖妾潘妃誅之及兇黨王坦之以下四十八人屬吏以宮女二

千人分賚將士宣德皇后令追廢涪陵王爲東昏侯授帝中書監大司馬錄尙書驃騎大將軍都督揚州刺史封建安郡公食邑萬戶給班劒四十人黃鉞侍中征討諸軍事並如故依晉武陵王遵承制故事百僚致敬己卯帝入屯閱武堂下令大赦丙戌入鎮殿內是日鳳皇集建業又下令凡昏制謬賦淫刑濫役外可詳檢前源悉皆除蕩其主守散失諸所損耗精立科條咸從原例丁亥遣豫州刺史李元履以兵五千慰勞東方十二郡二年正月辛卯下令通檢尙書衆曹東昏時諸諍訟失理及主者淹停不時施行者精加訊辯依事議奏其義師臨陣致命疾病死亡者並加葬歛收恤遺孤甲午天子遣兼侍中席闡文兼黃門侍郎樂法才慰勞都下追贈皇祖散騎常侍左光祿大夫皇考侍中丞相乙未下令朱雀之捷逆徒送死者特許家人殯葬若無親屬或有貧苦二縣長尉即爲埋掩建康城內不達天命自取淪滅亦同此科又下令減損浮費自非奉粢盛修紱冕習禮樂之容繕甲兵之備此外一皆禁絕御府中署量宜罷省命外詳爲條格戊戌宣德皇后臨朝入居內殿拜帝大司馬解承制百僚致敬如前丁亥詔進帝都督中外諸軍事劍履上殿入朝不趨贊拜不名加前後部羽葆鼓吹置左右長史司馬從事中郎掾屬各四人并依舊辟士餘並如故甲寅齊帝進帝位相國總百揆以豫州之梁郡歷陽南徐州之義興揚州之淮南宣城吳吳興會稽新安東陽十郡封帝爲梁公備九錫之禮加遠游冠綠綟綬位在諸侯王上梁國置丞相以下策書褒贊功德帝固辭府僚勸進不已於是始受相國梁公之命命焚東昏淫奢異服六十二種於都街齊帝追贈

梁公夫人爲梁國妃乙丑南豫州隊主陳文興於宣武城內鑿井得玉鏤騏驎金鏤玉璧水精環各二又鳳凰見建康縣桐下里宣德皇后稱美符瑞歸于相國府丙寅詔梁國依舊選諸要職悉依天朝之制帝上表以前代選官皆立選簿請自今選曹精加隱括依舊立簿使冠履無爽名實不違庶人識涯涘造請自息且聞中間立格甲族以二十登仕後門以過立試吏豈所以弘奬風流希向後進此實巨蠹尤宜刊革詔依表施行丙戌詔進梁公爵爲王以豫州之南譙廬江江州之尋陽郢州之武昌西陽南徐州之南瑯邪南東海晉陵揚州之臨海永嘉十郡益梁國并前爲二十郡其相國揚州牧驃騎大將軍如故帝固辭有詔斷表相國左長史王瑩等率百僚敦請三月癸巳受梁王之命下令赦國內殊死以下鰥寡孤獨不能自存者賜穀五斛府州所統亦同蠲蕩丙午齊帝命帝冕十有二旒建天子旌旗出警入蹕乘金根車駕六馬備五時副車置旄頭雲罕樂舞八佾設鍾虡宮縣王妃王子王女爵命之號一依舊儀丙辰齊帝下詔禪位卽安姑熟四月辛酉宣德皇后令曰西詔至帝憲章前代敬禪神器于梁明可臨軒遣使恭授璽紱未亡人便歸于別宮壬戌策書禪位于梁遣兼太保中書監兼尙書令王亮兼太尉中書令王志奉皇帝璽紱受終之禮一依唐虞故事帝抗表陳讓表不獲通於是齊百官豫章王元琳等八百一十九人及梁臺侍中范雲等一百一十七人並上表勸進帝讓不受是日太史令蔣道秀陳天文符讖六十四條事並明著羣臣重表固請乃從之

天監元年夏四月丙寅皇帝卽位于南郊設壇柴燎告天禮畢備法駕還建康宮臨太極前殿大赦改元賜民爵二級文武位二等鰥寡孤獨不能自存者人穀五斛逋布口錢宿責勿復收其犯鄉論淸議贓汙淫盜一皆蕩滌洗除前注與之更始封齊帝爲巴陵王全食一郡載天子旌旗乘五時副車行齊正朔郊祀天地禮樂制度皆用齊典以齊宣德皇后爲齊文帝妃齊帝后王氏爲巴陵王妃齊代王侯封爵悉皆降省其効著艱難者別有後命惟宋汝陰王不在除例刼賊餘口没在臺府者悉皆蠲放諸流徙之家並聽還本以兼尙書令王亮爲尙書令兼尙書右僕射沈約爲尙書僕射封皇弟中護軍宏爲臨川王南徐州刺史秀爲安成王雍州刺史偉爲建安王右衛將軍恢爲鄱陽王荆州刺史憺爲始興王自郡王以下列爵爲縣六等皇弟皇子封郡王二千戶王之庶子爲縣侯五百戶謂之諸侯功臣爵邑無定科鳳凰集南蘭陵丁卯詔凡後宮樂府西解暴室諸如此例被幽逼者一皆放遣若衰老不能存者官給廩食戊辰遣巴陵王錢二百萬絹布各千疋綿二千斤車騎將軍高麗王高雲進號車騎大將軍鎭東大將軍百濟王餘太進號征東大將軍鎭東大將軍倭王武進號征東將軍己巳巴陵王殂于姑熟追諡爲齊和帝終禮一依故事庚午詔分遣內侍巡省四方觀政聽謠訪賢舉滯其有田野不開獄訟無章忘公狥私侵漁是務者悉隨事以聞若懷寶迷邦蘊奇待價蓄響藏眞不求聞達各依名騰奏罔或遺隱又詔曰金作贖刑有聞自昔入縑以免施於中葉永言叔季偷薄成風嬰愆入罪厥塗匪一死者不可復生刑者無因自反由此而望滋實庸可致乎可依周漢舊典有罪入贖外詳爲條格以時聞奏辛未詔以謝沐公蕭寶義爲巴陵王以奉齊祀復南蘭陵武進縣依前代之科徵新除相國軍諮祭酒謝朏爲侍中左光祿大夫開府儀同三司改南東海爲蘭陵郡土斷南徐州諸僑郡縣癸酉詔於公車府謗木肺石傍各置一函若肉食莫言山阿欲有横議投謗木函若從我江漢功在簡策犀兕徒弊龍蛇方縣次身才高妙擯壓莫通懷傅呂之術抱屈賈之歎其理有皦然受困包匭夫大政侵小豪門陵賤百姓已窮九重莫達若欲自申並可投肺石函甲戌詔斷遠近上慶禮閏月丁酉以行宕昌王梁彌邕爲安西將軍河涼二州刺史正封宕昌王壬寅詔以憲綱日弛漸以爲俗令端右以風聞奏事依元熙舊制有司奏追尊皇考爲文皇帝廟號太祖皇妣張氏爲獻皇后陵曰建陵郗氏爲德皇后陵曰修陵五月乙亥夜盜入南北掖燒神虎門總章觀害衛尉卿張弘策戊子江州刺史陳伯之舉兵反以領軍將軍王茂爲征南將軍江州刺史率衆討之六月庚戌封北秦州刺史楊紹爲武都王是月陳伯之奔魏江州平前益州刺史劉季連據成都反秋七月丁巳朔日有食之八月戊戌置建康三官癸卯鸞鳥見樂游苑乙巳平北將軍西涼州刺史象舒彭進號安西將軍封鄧至王丁未命中書監王瑩等八人參定律令詔尙書郎依昔奏事交州獻能歌鸚鵡詔不納林邑干陁利國各遣使朝貢冬十一月己未立小廟甲子立皇子統爲皇太子賜天下爲父後者爵一級十二月大雪深三尺是歲大旱米斗五千人多餓死

二年春正月乙卯以尙書僕射沈約爲左僕射吏部尙書范雲爲右僕射辛酉祀南郊降死罪以下囚庚辰以

仇池公楊靈珍爲北梁州刺史封仇池王夏四月癸卯尚書刪定郎蔡法度上梁律二十卷令三十卷科四十卷五月尚書右僕射范雲卒乙巳益州刺史鄧元起尅成都曲赦益州六月丁亥以新除左光祿大夫謝朏爲司徒尚書令甲午以中書監王瑩爲尚書右僕射是夏多癘疫秋七月扶南龜茲中天竺國各遣使朝貢冬十月皇子綱生降都下死罪以下囚十一月乙卯雷電大雨晦

三年春正月癸丑以尚書右僕射王瑩爲左僕射太子詹事柳惔爲右僕射二月魏尅梁州三月隕霜殺草夏五月丁巳以扶南王憍陳如闍耶跋摩爲安南將軍六月丙子詔分遣使巡察州部視民宽酷癸未大赦秋七月甲子立皇子綜爲豫章王八月魏尅司州九月壬子以河南王世子伏連壽爲鎭西將軍西秦河二州刺史封河南王北天竺國遣使朝貢冬十一月甲子詔除贖罪科是歲魏正始元年

四年春正月癸卯詔自今九流常選年未三十不通一經不得解褐若有才同甘顔勿限年次置五經博士各一人有司奏吳令唐傭鑄盤龍火爐翔鳳硯蓋詔禁錮終身丙午省鳳凰銜書伎戊申詔往代多命宮人侍宮觀禋郊之禮非所以仰虔蒼昊自今停止辛亥祀南郊大赦二月初置冑子律博士壬午遣衞尉卿楊公則率衞宿兵塞洛口壬辰交州刺史李子據州反長史李㝈討平之曲赦交州是月立建興苑於秣陵建興里夏四月丁巳以行宕昌王梁彌博爲安西將軍河涼二州刺史正封宕昌王六月庚戌立孔子廟冬十月使中軍將軍揚州刺史臨川王宏都督北討諸軍事侵魏以興師費用王公以下各上國租及田穀以助軍資是歲大穰米斛三十

五年春正月丁卯朔詔凡諸郡國舊族邦內無在朝位者選官搜括使郡有一人乙亥起前司徒謝朏爲中書監司徒甲申立皇子綱爲晉安王三月丙寅朔日有食之夏四月甲寅初立詔獄詔建康縣置三官與廷尉三官分掌獄事號建康爲南獄廷尉爲北獄五月置集雅館以招遠學秋七月乙丑鄧至國遣使朝貢八月辛酉作東宮九月臨川王宏軍至洛口大潰所亡萬計宏單騎而歸冬十一月甲子都下地震生白毛乙丑以師出淹時大赦魏人乘勝攻鍾離十二月癸卯司徒謝朏薨

六年春三月庚申隕霜殺草是月有三象入建鄴夏四月壬辰置左右驍騎左右游擊將軍官癸巳曹景宗韋叡等破魏師於邵陽洲斬獲萬計己酉以江州刺史王茂爲尚書右僕射丁巳以揚州刺史臨川王宏爲驃騎大將軍開府儀同三司以右光祿大夫沈約爲尚書左僕射五月乙巳置中衞中權將軍改驍騎爲雲騎游擊爲游騎秋八月戊子赦戊戌都下大水九月乙亥改閱武堂爲德陽堂聽訟堂爲儀賢堂冬閏十月乙丑以開府臨川王宏爲司徒以行太子太傅尚書左僕射沈約爲尚書令以行太子少傅吏部尚書袁昂爲兼尚書右僕射甲申以左光祿大夫夏侯詳爲左僕射十二月丙辰左僕射夏侯詳卒

七年春正月戊子以元樹爲恒朔二州都督封魏郡王戊戌詔作神龍仁虎闕於端門大司馬門外二月乙卯新作國門于越城南乙丑增置鎭衞將軍以下爲十品以法日數凡二十四班以法氣序不登十品別有八班以象八風又置施外國將軍二十四班合一百九號庚午詔於州郡縣置州望郡宗鄉豪各一人專掌搜薦乙亥以車騎大將軍高麗王高雲爲鎭東大將軍開府儀同三司夏四月乙卯以皇太子納妃赦大罪以下頒賜朝臣及近侍各有差五月都下大水戊子詔蘭陵縣修建二陵周回五里內居人賜復終身己亥詔復置宗正太僕大匠鴻臚又增太府大舟仍先爲十二卿及置朱衣直閤將軍官十月辛酉改陵監爲令秋八月丁巳皇子繹生赦大辟以下未結正者九月壬辰置童子奉車郎癸巳立皇子續爲南康王冬十月丙寅以吳興太守張稷爲尚書左僕射丙子詔大舉北侵丁丑魏縣瓠鎭主白皂生豫州刺史胡遜以城內屬是歲魏永平元年

八年春正月辛巳祀南郊大赦壬辰魏鎭東參軍成景儁以宿豫城內屬夏四月戊申以司徒臨川王宏爲司空揚州刺史以車騎將軍領太子詹事王茂郎本號開府儀同三司秋七月癸巳巴陵王蕭寶義薨冬十一月壬寅立皇子續爲廬陵王

九年春正月乙亥以左光祿大夫王瑩爲司書令庚寅新作緣淮塘三月己丑幸國子學親臨講肄賜祭酒以下各有差乙未詔皇太子及王侯之子年在從師者皆入學夏四月丁巳選尚書五都令史革用士流六月癸丑盜殺宣城太守朱僧勇閏六月己丑宣城盜轉寇吳興太守蔡撙討平之冬十二月癸未幸國子學策試冑子賜訓授之司各有差是歲于闐林邑國並遣使朝貢

十年春正月辛丑祀南郊大赦戊子荊州言騶虞見三月盜殺東莞琅邪二郡太守劉晣以朐山引魏徐州刺

史盧昶夏六月以國子祭酒張充爲尚書右僕射冬十二月山車見臨城縣振遠將軍馬仙琕大破魏軍斬馘十餘萬復朐山城是歲初作宮城門三重樓及開二道宕昌國遣使朝貢婆利國貢金席

十一年春正月壬辰詔自今捕謫之家及罪應質作若年有老少可停將送加鎮南將軍江州刺史建安王偉開府儀同三司司空揚州刺史臨川王宏進位太尉以驃騎將軍王茂爲司空二月戊辰新昌濟陽二郡野蠶成繭三月丁巳爲旱故曲赦揚徐二州庚申高麗國遣使朝貢夏四月百濟扶南林邑等國各遣使朝貢秋九月宕昌國遣使朝貢冬十月乙未以吳郡太守袁昂爲兼尚書右僕射己酉降太尉揚州刺史臨川王宏爲驃騎將軍開府同三司之儀癸丑齊宣德太妃王氏薨是歲魏延昌元年

十二年春正月辛卯祀南郊赦大辟罪以下辛酉兼尚書右僕射袁昂即正丙寅詔明下遠近若委骸不葬或衣衾莫致量給棺具收斂辛巳新作太極殿改爲十三間以從閏數閏三月乙丑特進中軍將軍沈約卒夏四月都下大水六月癸巳新作太廟增基九尺秋九月加揚州刺史臨川王宏位司空以司空王茂爲驃騎將軍開府同三司之儀位江州刺史冬十月丁亥詔曰明堂地居卑溼可量就埤起以盡誠敬

十三年春二月庚辰朔震于西南天如裂丁亥耕籍田大赦賜孝悌力田爵一級夏六月都下訛言有棖棖取人肝肺及血以飴天狗百姓大懼二旬而止秋七月乙亥立皇子綸爲邵陵王繹爲湘東王紀爲武陵王是歲林邑扶南于闐國各遣使朝貢作浮山堰

十四年春正月乙巳朔皇太子冠大赦賜爲父後者爵一級王公以下班賚各有差停遠近上慶禮辛亥祀南郊詔班下遠近博採英異又前以墨刑用代重辟者除其條丙寅汝陰王劉允薨丁巳魏宣武帝殂夏四月丁丑驃騎將軍開府同三司之儀江州刺史王茂薨冬十月浮山堰壞是歲蠕蠕狼牙修國各遣使來朝貢

十五年春三月戊辰朔日有蝕之既夏四月高麗國遣使朝貢六月庚子以尚書令王瑩爲左光祿大夫開府儀同三司尚書右僕射袁昂爲左僕射吏部尚書王暕爲右僕射八月蠕蠕河南國各遣使朝貢九月辛巳左光祿大夫開府儀同三司王瑩薨壬辰大赦冬十一月交州刺史李畟斬反者阮宗孝傳首建鄴曲赦交州是歲魏孝明帝熙平元年

十六年春正月辛未祀南郊詔凡貧家勿收今年三調無田業者所在量宜賦給及優蠲產子之家恤理冤獄并振孤老鰥寡不能自存者二月辛亥耕藉田赦罪人三月丙子敕太醫不得以生類爲藥公家織宮紋錦飾並斷仙人鳥獸之形以爲褻衣裁翦有乖仁恕於是祈告天地宗廟以去殺之理欲被之含識郊廟牲牷皆代以麪其山川諸祀則否時以宗廟去牲則爲不復血食雖公卿異議朝野喧囂竟不從冬十月宗廟薦羞始用蔬果是歲河南扶南婆利等國各遣使朝貢

十七年春二月癸巳雍州刺史安成王秀薨甲辰大赦三月丙申改封建安王偉爲南平王夏六月乙酉中軍將軍中書監臨川王宏以本號行司徒秋八月壬寅詔兵騶奴婢男年六十六女年六十免爲編戶閏八月于阤利國遣使朝貢冬十月乙亥以行司徒臨川王宏即正十一月辛亥以南平王偉爲左光祿大夫開府儀同三司是歲魏神龜元年

十八年春正月甲申以鎮軍將軍鄱陽王恢爲征西將軍荊州刺史以荊州刺史始興王憺爲中撫軍將軍並開府儀同三司以尚書左僕射袁昂爲尚書令以右僕射王暕爲左僕射以太子詹事徐勉爲右僕射辛卯祀南郊孝悌力田賜爵一級夏四月丁巳帝於無礙殿受佛戒赦罪人秋七月于闐扶南國各遣使朝貢

普通元年春正月乙亥朔大赦改元丙子日有蝕之己卯以司徒臨川王宏爲太尉揚州刺史以金紫光祿大夫王份爲尚書左僕射庚子扶南高麗等國並遣使朝貢二月癸丑以高麗王嗣子安爲寧東將軍高麗王三月滑國遣使朝貢夏四月河南國遣使朝貢秋七月己卯江淮海並溢九月乙亥有星晨見東方光爛如火是歲魏正光元年

二年春正月辛巳祀南郊詔置孤獨園以恤孤幼戊子大赦二月辛巳祀明堂三月庚寅大雪平地三尺夏四月乙卯改作南北郊丙辰詔曰平秩東作義不在南前代因襲有乖禮制可於震方具茲千畝於是徙籍田於東郊外十五里五月癸卯琬琰殿火延燒後宮屋三千間閏月丁巳詔自今可停賀瑞六月丁卯義州刺史文僧明以州歸魏秋七月丁亥假大匠卿裴邃節督衆軍侵魏甲寅魏荊州刺史桓叔興帥衆降八月丁亥始平郡石鼓村地自開成井方六尺六寸深三十二丈冬十一月百濟新羅國各遣使朝貢十二月戊辰以鎮東大將軍百濟王餘隆爲寧東大將軍

三年春正月庚子以吳郡太守王暕爲尚書左僕射庚

戌都下地震三月乙卯巴陵王蕭屏薨夏四月丁卯汝陰王劉端薨五月壬辰朔日有食之既癸巳大赦詔公卿百僚各上封事連率郡國舉賢良方正直言之士秋八月甲子婆利白題國各遣使朝貢冬十一月甲申開府儀同三司始興王憺薨

四年春正月辛卯祀南郊大赦辛亥祀明堂二月丁亥耕籍田孝悌力田賜爵一級豫耕之司剋日勞酒冬十月庚午以中衞將軍袁昂爲尙書令即本號開府儀同三司十一月癸未朔日有蝕之甲辰尙書左僕射王暕卒十二月戊午用給事中王子雲議始鑄鐵錢狼牙修國遣使朝貢

五年夏六月乙酉龍鬬于曲阿王陂因西行至建陵城所經樹大倒折開數十丈庚子以員外散騎常侍元樹爲平北將軍北青兗二州刺史率衆侵魏

六年春正月辛亥祀南郊大赦庚申魏徐州刺史元法僧以彭城來降自去歲以來北侵諸軍所在剋獲甲戌以元法僧爲司空封始安郡王二月辛巳改封法僧爲宋王三月丙午賜新附人長復除註誤罪失一無所問夏五月乙酉修宿豫堰又修曹公堰於濟陰壬子遣中護軍夏侯亶督壽陽諸軍侵魏六月庚辰豫章王綜奔魏魏復據彭城秋七月壬戌大赦冬十二月壬辰都下地震是歲魏孝昌元年

七年春正月辛丑朔赦死罪以下夏四月乙酉太尉臨川王宏薨南州津改置校尉增加奉秩詔在位羣臣各舉所知凡是淸吏咸使薦聞秋九月己酉荆州刺史鄱陽王恢薨冬十一月庚辰丁貴嬪薨大赦是歲河南高麗林邑滑國並遣使朝貢

大通元年春正月乙丑以尙書右僕射徐勉爲尙書左僕射詔百官奉祿自今可長給見錢辛未祀南郊詔流亾者聽復宅業蠲役五年尤貧家勿收今年三調孝悌力田賜爵一級是月司州刺史夏侯夔進軍三關所至皆剋初帝創同泰寺至是開大通門以對寺之南門取反語以協同泰自是晨夕講義多由此門三月辛未幸寺捨身甲戌還宮大赦改元大通以符寺及門名夏五月丙寅成景儁剋魏臨潼竹邑冬十月庚戌魏東豫州刺史元慶和以渦陽內屬甲寅曲赦東豫州十一月丁卯以中護軍蕭藻爲都督侵魏鎭于渦陽是歲林邑師子高麗等國各遣使朝貢

二年春正月乙酉蠕蠕國遣使朝貢二月築寒山堰癸丑魏孝明皇帝崩夏四月戊戌魏爾朱榮推奉孝莊帝庚子榮殺幼主及太后胡氏辛丑魏郢州刺史元顯達以義陽降封顯達爲樂平王是時魏大亂其北海王顥臨淮王彧汝南王悅並來奔北青州刺史元儁南荆州刺史李志皆以地降冬十月丁亥以魏北海王顥主魏遣東宮直閤將軍陳慶之衞送還北魏豫州刺史鄧獻以地降是歲魏武泰元年尋改爲建義又改曰永安

中大通元年春正月辛酉祀南郊大赦賜孝悌力田爵一級辛巳祀明堂夏四月癸巳陳慶之攻拔魏梁城進屠考城禽魏濟陰王暉業五月癸酉進剋虎牢魏孝莊帝出居河北乙亥元顥入京師僭號建武六月壬午以永興公主疾篤故大赦公主志也是月都下疫甚帝於重雲殿爲百姓設救苦齋以身爲禱閏月護軍將軍南康王績薨己卯魏將爾朱榮攻殺元顥京師反正秋九月辛巳朱雀航華表災癸巳幸同泰寺設四部無遮大會上釋御服披法衣行淸淨大捨以便省爲房素牀瓦器乘小車私人執役甲午升講堂法坐爲四部大衆開涅槃經題癸卯羣臣以錢一億萬奉贖皇帝菩薩大捨僧衆默許乙巳百辟詣寺東門奉表請還臨宸極三請乃許帝三答書前後並稱頓首冬十月己酉又設四部無遮大會道俗三萬餘人會畢帝御金輅還宮御太極殿大赦改元十一月戊子魏巴州刺史嚴始欣以城降是歲盤盤蠕蠕國並遣使朝貢

二年夏四月癸丑幸同泰寺設平等會庚申大雨雹六月丁巳遣魏汝南王悅還北主魏庚申以魏尙書左僕射元遵爲司州牧隨悅北侵是月林邑扶南國遣使朝貢秋八月庚戌幸德陽堂祖魏主元悅山賊冦會稽郡縣九月壬午假超武將軍湛海珍節以討之是歲魏莊帝殺其權臣爾朱榮其黨奉魏長廣王曄爲主而殺孝莊帝年號建明

三年春正月辛巳祀南郊大赦丙申以魏尙書僕射鄭元護爲征北大將軍二月辛丑祀明堂夏四月己巳皇太子統薨六月癸丑立昭明太子子華容公歡爲豫章郡王枝江公譽爲河東郡王曲江公詧爲岳陽郡王是月丹丹國遣使朝貢秋七月乙亥立晉安王綱爲皇太子大赦賜爲父後者及出處忠孝文武淸勤並爵一級庚寅詔宗室有服屬者並賜湯沐食鄉亭侯各隨遠近以爲差次壬辰以吏部尙書何敬容爲尙書右僕射九月狼牙修國遣使朝貢是秋吳興生野稻飢者賴焉冬十月己酉上幸同泰寺升法坐爲四部衆說涅槃經迄于乙卯前樂山縣侯蕭正則有罪流徙至是招誘亾命欲冦廣州在所討平之十一月乙未上幸同泰寺升法

坐爲四部衆說般若經迄于十二月辛丑是歲魏爾朱兆又廢其主曄而奉節閔皇帝改建明二年爲普泰元年又魏勃海王高歡舉兵信都別奉勃海太守朗爲主改普泰元年爲中興

四年春正月丙寅以開府儀同三司南平王偉爲大司馬以司空宋王元法僧爲太尉尙書令以開府儀同三司袁昂爲司空立臨川靖惠王宏子正德爲臨賀郡王庚午立嫡皇孫大器爲宣城郡王位列諸侯上癸未魏南兗州刺史劉世明以城降二月壬寅以太尉元法僧還北主魏以侍中元景隆爲徐州刺史封彭城郡王通直常侍元景宗爲貴州刺史封平昌郡王隨法僧北侵庚戌新除揚州刺史邵陵王綸有罪免爲庶人三月庚午侍中領國子博士蕭子顯表置制旨孝經助敎一人生十人專通帝所釋孝經義夏四月盤盤國遣使朝貢秋七月甲辰星隕如雨九月乙巳加司空袁昂爲尙書令冬十一月高麗國遣使朝貢十二月丙子魏彭城王爾朱仲遠來奔以爲定洛將軍封河南王北侵隨所剋土使自封建庚辰以太尉元法僧爲郢州刺史驃騎大將軍開府同三司之儀是歲魏相勃海王高歡平爾朱氏廢節閔皇帝及自所奉勃海故王朗而奉平陽王修是爲孝武皇帝改中興二年爲太昌尋又改爲永熙元年

五年春正月辛卯祀南郊大赦賜孝悌力田爵一級先是一日丙夜南郊令解滌之等到郊所履行忽聞異香三隨風至及將行事奏樂迎神畢有神光圓滿壇上朱紫黃白雜色食頃乃滅戊申都下地震己酉長星見辛亥祀明堂二月癸未幸同泰寺設四部大會升法坐發金字般若經題訖于己丑三月丙辰大司馬南平王偉薨夏五月戊子都下大水御道通船六月己卯魏建義城主蘭保殺東徐州刺史崔祥以下邳降冬十月庚申以尙書右僕射王敬容爲左僕射以吏部尙書謝舉爲右僕射是歲河南波斯盤盤等國並遣使朝貢

六年春二月癸亥耕藉田大赦賜孝悌力田爵一級三月己亥以行河南王可沓振爲西秦河二州刺史正封河南王甲辰百濟國遣使朝貢夏四月丁卯熒惑在南斗秋七月甲辰林邑國遣使朝貢冬十月丁卯以信武將軍元慶和爲鎭北將軍封魏王率衆北侵閏十二月丙午西南有雷聲二是歲魏孝武帝迫于其相高歡出居關中歡又刱奉淸河王世子善見爲主是爲孝靜帝改永熙三年爲天平元年魏於是始分爲兩孝武旣至關中又與丞相宇文泰不平未幾遇鴆而崩

大同元年春正月戊申朔大赦改元二月辛巳祀明堂丁亥耕籍田辛丑高麗丹丹國並遣使朝貢三月丙寅幸同泰寺設無遮大會辛未滑國遣使朝貢夏四月庚子波斯國遣使朝貢壬戌幸同泰寺鑄十方銀像并設無碍會秋七月辛卯扶南國遣使朝貢冬十月雨黃塵如雪十一月壬戌北梁州刺史蘭欽攻漢中魏梁州刺史元羅降癸亥復梁州是歲西魏文皇帝大統元年

二年春二月乙亥耕籍田三月庚申詔求讜言及令文武在位舉士戊寅帝幸同泰寺設平等法會夏四月乙未以開府同三司之儀元法僧爲太尉五月癸卯以魏梁州刺史元羅爲靑冀二州刺史封東郡王六月丁亥詔郊明堂陵廟等令改視散騎侍郎秋九月辛亥幸同泰寺設四部無碍法會冬十月乙亥詔大舉北侵壬午幸同泰寺設無碍大會十一月雨黃塵如雪攬之盈掬己亥詔北侵衆軍班師辛亥都下地震生白毛長二尺十二月壬申與東魏通和

三年春正月辛丑祀南郊大赦賜孝悌力田爵一級是夜朱雀門災壬寅雨灰黃色二月丁亥耕籍田癸巳以護軍將軍蕭藻爲尙書左僕射三月戊戌立昭明太子子誓爲武昌郡王譬爲義陽郡王夏五月癸未幸同泰寺鑄十方金銅像設無碍法會六月靑州朐山隕霜秋七月靑州雪害苗稼癸卯東魏人來聘己酉義陽王譬薨八月辛卯幸阿育王寺設無礙法喜食大赦九月使兼散騎常侍張皐聘于東魏閏九月甲子侍中太尉元法僧薨冬十月丙辰都下地震是歲飢

四年春二月己亥耕籍田三月河南蠕蠕國並遣使朝貢夏五月甲戌東魏人來聘六月辛丑日有蝕之秋七月癸亥詔以東冶徒李齊家降象牙如來眞形大赦戊辰使兼散騎常侍劉孝儀聘于東魏八月甲辰詔南兗等十二州旣解饑饉曲赦逋租宿責勿收今年三調九月閱武于樂游苑

五年春三月乙卯以護軍將軍廬陵王續爲驃騎將軍安右將軍尙書左僕射蕭藻爲中衛將軍並開府儀同三司中權將軍丹陽尹何敬容以本號爲尙書令吏部尙書張纘爲尙書左僕射丁巳御史中丞參禮儀事賀琛奏今南北二郊及籍田往還並宜御輦不復乘路三郊請用素輦籍田往還乘常輦皆以侍中陪侍停大將軍及太僕詔付尙書博議施行改素輦名大同輦郊祀宗廟乘佩輦辛未祀南郊詔孝悌力田及州閭鄉黨稱爲善人者各賜爵一級秋八月乙酉扶南國獻生犀冬

十一月乙亥東魏人來聘十二月使兼散騎常侍柳劉聘于東魏是歲都下訛言天子取人肝以飴天狗大小相驚日晚便閉門持杖數月乃止

六年春正月庚戌朔曲赦司豫徐兗四州二月己亥耕籍田夏四月癸未詔晉宋齊三代諸陵有職司者勤加守護五月乙卯河南王遣使朝獻馬及方物求釋迦像并經論十四條敕付像并制旨涅槃般若金光明講疏一百三卷秋七月丁亥東魏人來聘遣散騎常侍陸晏子報聘八月戊午大赦辛未盤盤國遣使朝貢九月戊戌司空袁昂薨冬十一月己卯曲赦都下十二月壬子江州刺史豫章王歡薨

七年春正月辛巳祀南郊大赦辛丑祀明堂二月乙巳以行宕昌王梁彌泰爲平西將軍河梁二州刺史正封宕昌王辛亥耕藉田乙卯都下地震夏四月戊申東魏人來聘遣兼散騎常侍明少遐報聘冬十一月丙子詔停所在使役女丁十二月壬寅東魏人來聘遣兼散騎常侍袁狎報聘丙辰於宮城西立士林館延集學者是歲宕昌蠕蠕高麗百濟滑國各遣使朝貢百濟求涅槃等經疏及醫工畫師毛詩博士並許之交州人李賁攻刺史蕭諮

八年春正月安成郡人劉敬躬挾左道以反二月戊戌江州刺史湘東王繹遣中兵曹子郢討禽之送于都斬之建康市三月於江州新蔡高塘立頌平屯墾作蠻田

九年春閏正月丙申地震生毛三月以太子詹事謝舉爲尚書僕射夏四月林邑王破德州攻李賁賁將范修又破林邑王於九德敗走之冬十一月益州刺史武陵王紀進號征西將軍開府儀同三司

十年春正月李賁竊號於交趾年號天德三月甲午幸蘭陵庚子謁建陵有紫雲蔭陵上食頃乃散帝望陵流涕所霑草皆變色陵傍有枯泉至是而流水香潔辛丑哭于修陵壬寅於皇基寺設法會詔賜蘭陵老少位一階并加頒賚所經縣邑無出今年租賦因賦還舊鄉詩癸卯詔園陵職司恭事勤勞並賜位一階并加賜賚己酉幸京口城北固樓因改名北顧庚申幸回賓亭宴帝鄉故老及所經近縣奉迎候者少長數千人各賚錢二千夏四月乙卯至自蘭陵詔鰥寡孤獨尤貧者贍恤各有差五月廣州人盧子略反刺史新渝侯映討平之詔曲赦廣州秋九月己丑赦冬十一月大雪平地三尺

十一年春正月震華林園光嚴殿重雲閣帝自貶拜謝上天累刻乃止夏四月東魏人來聘冬十月己未詔復開贖罪典

中大同元年春正月丁未曲阿縣建陵隧口石辟邪起舞有大蛇鬬隧中其一被傷奔走青蟲食陵樹葉略盡癸酉交州刺史楊瞟剋交阯嘉寧城李賁竄入屈獠洞交州平三月乙巳大赦庚戌幸同泰寺講金字三慧經仍施身夏四月丙戌皇太子以下奉贖仍於同泰寺解設法會大赦改元是夜同泰寺災六月辛巳竟天有聲如風水相薄秋七月甲子詔自今有犯罪者非大逆父母祖父母勿坐丙寅詔曰朝四暮三衆狙皆喜名實未虧而喜怒爲用頃聞外間多用九陌錢陌減則物貴陌足則物賤非物有貴賤是心有顚倒至於遠方日更滋甚自今可通用足陌錢八月丁丑東揚州刺史武昌王警薨甲午渴槃陁國遣使獻方物冬十一月癸酉汝陰王劉哲薨

太清元年春正月己亥朔日有蝕之壬寅荆州刺史廬陵王續薨辛酉祀南郊大赦甲子祀明堂是日東魏相勃海王高歡薨二月己卯白虹貫日庚辰東魏司徒侯景求以河南十三州內屬壬午以景爲大將軍封河南王大行臺承制如鄧禹故事丁亥耕藉田三月庚子幸同泰寺設無遮大會上釋御服服法衣行清淨大捨名曰羯磨以五明殿爲房設素木牀葛帳土瓦器乘小輿私人執役乘輿法服一皆屏除甲辰遣司州刺史羊鴉仁率青冀二州刺史桓和仁州刺史湛海珍等應接侯景兵未至而東魏遣兵攻景景又割地求救於西魏方解圍乙巳帝陞光嚴殿講堂坐師子講金字三慧經捨身夏四月庚寅羣臣以錢一億萬奉贖皇帝菩薩僧衆默許戊寅百辟詣鳳莊門奉表三請三答頓首並如中大通元年故事丁亥服袞冕御輦還宮幸太極殿如卽位禮大赦改元是月神馬出皇太子獻寶馬頌六月戊辰以前雍州刺史鄱陽王範爲征北將軍總督漢北征討諸軍事秋七月庚申羊鴉仁入縣瓠城八月乙丑諸軍北征以南豫州刺史蕭淵明爲大都督敕緣邊初附諸州戊子以大將軍侯景錄行臺尚書事九月癸卯王游苑成輿駕幸苑冬十一月東魏將慕容紹宗大敗蕭淵明于寒山淵明被俘執紹宗進圍潼州十二月戊辰命太子舍人元貞還北爲東魏主

二年春正月癸巳朔兩月相承如鉤見于西方戊戌詔在位各舉所知己亥東魏克渦陽辛丑以尚書僕射謝舉爲尚書令以守吏部尚書王克爲尚書僕射甲辰東魏剋殷豫二州三月甲辰撫軍將軍高麗王高延卒以其子成爲寧東將軍高麗王樂浪公己未屈獠洞斬李

賁傳首建鄴夏四月丙子詔在朝及州郡各舉士五月辛丑以新除中書令邵陵王綸爲安南將軍開府儀同三司辛亥曲赦交愛德三州六月天裂于西北長十丈濶二丈光出如電其聲如雷秋七月使兼散騎常侍謝班聘于東魏結和八月戊戌侯景舉兵反甲辰使開府儀同三司邵陵王綸都督衆軍討景曲赦南豫州九月戊辰地震江左尤甚壞屋殺人地生白毛長二尺益州市有飛蠡萬羣螫人死冬十月侯景襲譙州進攻陷歷陽戊申以臨賀王正德爲平北將軍都督諸軍屯丹陽郡己酉景自橫江濟採石辛亥至建鄴臨賀王正德率衆附賊十一月戊午朔設壇刑白馬祀蚩尤於太極殿前己未景立蕭正德爲天子於南闕前辛酉賊攻陷東府城庚辰邵陵王綸帥武州刺史蕭弄璋前譙州刺史趙伯超等入援乙酉進軍湖頭與賊戰賊敗績丙戌安北將軍鄱陽王範遣世子嗣雄信將軍裴之高等率衆入援次張公洲十二月戊申天西北裂有光如火尚書令謝舉卒丙辰司州刺史柳仲禮前衡州刺史韋粲高州刺史李遷仕前司州刺史羊鴉仁等率軍入援

三年春正月丁巳大都督柳仲禮率衆軍分據南岸賊濟軍於青塘襲破韋粲營粲拒戰而死庚申白虹貫日三重邵陵王綸臨城公大連等率兵集南岸戊辰有流星長三十丈墜武庫李遷仕及天門太守樊文皎進軍青溪東爲賊所破文皎死之壬午熒惑守心二月侯景遣使求和皇太子固請帝乃許之盟于西華門下景既運東城米臨于石頭亦不解圍啓求遣諸軍退乃解丁未皇太子又命南兗州刺史南康王會理前青冀二州刺史湘潭侯退率江北之衆頓于蘭亭苑甲子以開府儀同三司丹陽尹邵陵王綸爲司空以合州刺史鄱陽王範爲征北大將軍開府儀同三司以司州刺史柳仲禮爲侍中尚書僕射時景姦計既成乃表陳帝失復舉兵向闕三月城內以景違盟設壇告天地神祇戊午前司州刺史羊鴉仁等進軍東府北與賊戰大敗時四方征鎮入援者三十餘萬皆莫有鬬志自相抄奪而已丁卯賊攻陷宮城縱兵大掠己巳賊矯詔遣石城公大款解外援軍庚午侯景自爲都督中外諸軍事大丞相錄尚書事辛未援軍各退散丙子熒惑守心夏四月己丑都下地震丙申又震己酉帝以所求不供憂憤寢疾是月青冀二州刺史明少遐東徐州刺史湛海珍北青州刺史王奉伯各舉州附于東魏五月丙辰帝崩于淨居殿時年八十六辛亥遷大行皇帝梓宮于太極前殿十二月乙卯葬于修陵追尊爲武皇帝廟號高祖帝生知純孝六歲獻皇太后崩水漿不入口三日哭泣有過成人內外親黨咸加欽異及丁文皇帝憂時爲齊隨王諮議隨府在荆鎮髣髴奉問便投劾星馳不復寢食倍道就路憤風驚浪不暫停止帝形容本壯及至都銷毀骨立親表士友不復識焉望宅奉諱氣絶久之每哭輒歐血數升服內不服常米惟資大麥日止二溢拜埽山陵涕淚所灑松草皆爲變色及居帝位卽於鍾山造大愛敬寺青溪邊造智度寺又於臺內立至敬等殿又立七廟堂月中再過設淨饌每至展拜涕泗滂沱哀動左右少而篤學能事畢究雖萬機多務猶卷不輟手然燭繼明常至戊夜撰通史六百卷金海三十卷制旨孝經義周易講疏及六十四卦二繫文言序卦等義樂社義毛詩春秋答問尚書大義中庸講疏孔子正言老子講疏凡二百餘卷並正先儒之迷開古聖之旨王侯朝臣皆奉表質疑帝皆爲解釋修飾國學增學生員立五館置五經博士天監初何佟之賀瑒嚴植之明山賓等覆述制旨并撰吉凶賓軍嘉五禮凡一千餘卷帝稱制斷疑爲大同中於臺西立士林館領軍朱异太府卿賀琛舍人孔子袪等遞互講述皇太子宣城王亦於東宮宣猷堂及揚州廨開講於是四方郡國趨學嚮風雲集於京師矣帝爰自在田及登寶位躬制贊序詔誥銘誄箴頌牋奏諸文又百二十卷六藝備閑棊登逸品陰陽緯候卜筮占決草隸尺牘騎射莫不精妙晚乃溺信佛道日止一食膳無鮮腴惟豆羹糲飯而已或遇事繁擁日儻移中便嗽口以過製涅槃大品淨名三慧諸經義記數百卷臨覽餘閒卽於重雲殿及同泰寺講說名僧碩學四部聽衆常萬餘人身衣布衣木綿皂帳一冠三載一被二年自五十外便斷房室後宮職司貴妃以下六宮褘褕三翟之外皆衣不曳地傍無錦綺不飲酒不聽音聲非宗廟祭祀大會饗宴及諸法事未嘗作樂勤於政務孜孜無怠每冬月四更竟卽敕把燭看事執筆觸寒手爲皴裂然仁愛不斷親親及所愛愆犯多有縱捨故政刑弛紊每決死罪常有哀矜涕泣然後可奏性方正雖居小殿暗室恒理衣冠而坐暑月未嘗褰袒雖見內豎小臣亦如遇大賓也歷觀古昔帝王仁聖恭儉矜莊藝能博學罕有及焉初齊高帝夢屐而登殿顧見明武二帝後一人手張天地圖而不識問之答曰順子及崔慧景之逼臺城宣武王入援至越城夢乘馬飛半天而墜帝所馭馬化爲赤龍騰虛獨上時臺內有宿衞士爲覡常見太極殿有六龍各守一柱末忽失其一後見在

宣武王宅時宣武爲益州覡乃往蜀奉事及宣武在郢此覡還都乃見六龍俱在帝所寢齋遂去郢之雍中途遇疾且死謂同侶曰蕭雍州必作天子具以前事語之推此而言蓋天命也雖在幽逼齋戒不廢及疾不能進膳盥漱如初皇太子日中再朝每問安否涕泗交面賊臣侍者莫不掩泣疾久口苦索蜜不得再曰荷荷遂崩賊祕之太子問起居不得見慟于閤下始天監中沙門釋寶誌爲詩曰昔年三十八今年八十三四中復有四城北火酣酣帝使周捨封記之及中大同元年同泰寺災帝啓封見捨手迹爲之流涕帝生於甲辰三十八剋建鄴之年也遇災歲實丙寅八十三矣四月十四日而火火起之始自浮屠第三層三者帝之昆季次也帝惡之召太史令虞履筮之遇巛履曰無害其繇云西南得朋東北喪朋安貞吉文言云東北喪朋乃終有慶帝曰斯魔鬼也酉應見卯金來剋木卯爲陰賊鬼而帶賊非魔何也孰爲致之酉爲口舌當乎說位說言乎兌故知善言之口宜前爲法事於是人人讚善莫不從風或刺血灑地或刺血書經穿心然燈坐禪不食及太清元年帝捨身光嚴重雲殿游仙化生皆震動三日乃止當時謂之祥瑞識者以非動而動在洪範爲祆以比石虎之敗殿壁畫人頸皆縮入頭之類時海中浮鵠山去餘姚岸可千餘里上有女人年三百歲有女官道士四五百人年並出百但在山學道遣使獻紅席帝方捨身時其使適至云此草常有紅鳥居其下故以爲名觀其圖狀則鸞鳥也時有男人不知何許人於大衆中自割身肉以飼飢鳥血流徧體而顏色不變又沙門智泉者用鐵鉤挂體以燃千燈一日一夜端坐不動開講之日有三足鳥集于殿之東戶又自戶適於西南縣楣三飛三集又有白雀一見于重雲閣前連理樹復有五色雲浮於華林園昆明池上其爲徵應不一而足帝旣酷事浮屠末年流溺滋甚境內化之因以成俗遂至於喪亡而不可救云

臣謹按侯景陷城之夕武帝不知永安侯蕭確排闥入啓曰城已陷矣帝曰猶可一戰否對曰人心崩潰不可復戰武帝歎曰自我得之自我失之不累後人亦復何恨自古未有身取天下而身失之也又按姚思廉云武帝御歷握圖功成治定征賦所及之州文軌旁通之地南亘萬里西拒五千三四十年之間統內殷富禮與樂作斯爲盛矣晉宋以降或未有焉及乎耄年委事羣倖朱异之徒作福作威挾朋植黨政以賄成服冕乘軒由其掌握是以朝綱混雜黜陟無章易曰開國承家小人勿用此之謂也

武帝天監十八年普通七年大通二年中大通六年大同十一年中大同元年太清三年卽位四十八年

太宗簡文皇帝諱綱字世讚小字六通武帝第三子昭明太子母弟也天監二年十月丁未生于顯陽殿五年封晉安王八年爲雲麾將軍領石頭戍軍事量置佐史普通四年累遷都督雍州刺史中大通三年被徵入朝未至而昭明太子謂左右曰我夢與晉安王對奕據道我以班劍授之王還當有此加乎四月昭明太子薨五月丙申立晉安王爲皇太子七月乙亥臨軒策拜于時以修繕東宮令權居東府四年九月移還東宮太清三年臺城陷太子坐永福省見侯景神色自若了無懼容五月丙辰帝崩辛巳太子卽皇帝位大赦癸未追尊穆貴嬪爲皇太后追尊妃王氏爲簡皇后六月丙戌以南康王會理爲司空丁亥立宣城王大器爲皇太子壬辰立當陽公大心爲尋陽郡王石城公大欵爲江夏郡王寧國公大臨爲南海郡王臨城公大連爲南郡王西豐公大春爲安陸郡王新淦公大成爲山陽郡王臨湘公大封爲宜都郡王高唐公大莊爲新興郡王秋七月甲寅廣州刺史元景仲謀應侯景西江督護陳霸先攻之景仲自殺霸先迎定州刺史蕭勃爲刺史庚午以司空南康王會理爲兼尙書令是月九江大饑人相食者十四五八月癸卯征東大將軍開府儀同三司南徐州刺史蕭藻薨丙午侯景矯詔儀同三司位比王公自今悉不加將軍以爲定準冬十月丁未地震是月百濟國遣使朝貢見城寺荒蕪哭于闕下

大寶元年春正月辛亥朔大赦改元丁巳天雨黃沙己未西魏剋安陸執司州刺史柳仲禮盡有漢東地丙寅月晝見于東方癸酉前江都令祖皓起義兵于廣陵二月癸未侯景攻下廣陵皓見害乙巳以尙書僕射王剋爲左僕射丙午侯景逼帝幸西州夏五月丙辰東魏靜帝遜位于齊庚午開府儀同三司鄱陽王範薨自春迄夏大旱人相食都下尤甚六月庚子前司州刺史羊鴉仁自尙書省出奔江陵秋七月戊辰賊行臺任約寇江州刺史尋陽王大心以州降之八月甲午湘東王繹遣領軍將軍王僧辯逼郢州邵陵王綸棄郢州走九月乙亥侯景自進位相國封二十郡爲漢王冬十月乙未景又逼帝幸西州曲宴自加宇宙大將軍都督六合諸軍事立皇子大鈞爲西陽郡王大威爲武寧郡王大球爲

建安郡王大昕爲義安郡王大贄爲綏建郡王大圜爲樂梁郡王王寅侯景害司空南康王會理十一月任約進據西陽分兵寇齊昌執衡陽王獻送都下害之湘東王繹遣前寧州刺史徐文盛拒約南郡王前中兵參軍張彪起義於會稽若邪山攻破浙東諸縣

二年春二月邵陵王綸走至安陸董城爲魏所攻見殺三月庚戌魏文帝崩夏閏四月侯景圍巴陵六月乙巳解圍宵遁秋七月景還至建鄴八月戊午景遣僞衛尉卿彭儁廂公王僧貴入殿廢帝爲晉安王害皇太子大器尋陽王大心西陽王大鈞武陽王大威建安王大球義安王大昕及尋陽王諸子二十餘人矯爲帝詔以爲次當支庶宜歸正嫡禪位于豫章王棟使呂季略送詔令帝寫之帝書至先皇念神器之重思社稷之固越升非次遂主震方嗚咽不能自止賊衆皆爲掩泣乃幽帝于永福省棟即位改元天正使害南海王大臨於吳郡南郡王大連於姑熟安陸王大春於會稽新興王大莊於宗口冬十月壬寅帝崩于永福省時年四十九賊僞謚曰明皇帝廟稱高宗明年三月己丑王僧辯平侯景率百官奉梓宮陞朝堂元帝追崇爲簡文皇帝廟號太宗四月乙丑葬莊陵帝幼而聰睿六歲便能屬文武帝弗之信於前面試帝攬筆立成文武帝歎曰常以東阿爲虛今則信矣及長器宇寬宏未嘗見喜慍色尊嚴若神方頰豐下須鬢如畫垂髮委地雙眉翠色項毛左旋連錢入背手執玉如意不相分辨眄睞則目光燭人讀書十行俱下辭藻豔發博綜羣言善談元理自十一便能親庶務歷試蕃政所在稱美性恭孝居穆貴嬪憂哀毁骨立所坐席霑溼盡爛在襄陽拜表侵魏遣長史柳建司馬董當門壯武將軍杜懷寶振遠將軍曹義宗等進軍尅南陽新野等郡拓地千餘里及居監撫多所弘宥文案簿領纖豪必察弘納文學之士賞接無倦嘗於元圃述武帝所製五經講疏聽者傾朝野雅好賦詩其自序云七歲有詩癖長而不倦然帝文傷於輕靡時號宮體所著昭明太子傳五卷諸王傳三十卷禮大義二十卷長春義記一百卷法寶連璧三百卷謝客文涇渭三卷玉簡五十卷光明符十二卷易林十七卷竈經二卷沐浴經三卷馬槊譜一卷棊品五卷彈棊譜一卷新增白澤圖五卷如意方十卷文集一百卷並行於世初即位制年號將曰文明以外制彊臣取周易內文明而外柔順之義恐賊覺乃改爲大寶雖在蒙塵尚引諸儒論道說義披尋墳史未嘗暫釋及見南康王會理誅知不久指所居殿謂舍人殷不害曰龐涓死此下又曰吾昨夢吞土試思之不害曰晉重耳饋塊卒反晉國陛下所夢將符是乎帝曰儻幽明有徵冀斯言不妄初景納帝女溧陽公主公主有美色景惑之妨於政事王偉每以爲言景以告主主出惡言偉知之懼見讒乃謀廢帝而後間主因勸行殺以絕衆心帝既廢偉乃與彭儁王修纂進觴於帝曰丞相以陛下幽憂既久使臣上壽帝笑曰已禪帝位何得言陛下此壽酒將不盡此乎於是儁等并齎酒餚曲項琵琶與帝極飲帝知將見殺乃盡酣謂曰不圖爲樂一至於斯既醉而寢偉乃出儁進土囊王修纂坐上乃崩竟協於夢偉撤戶扉爲棺還殯于城北酒庫中帝自幽縶之後賊乃撤內外侍衞使突騎圍守牆垣悉有枳棘無復紙乃書壁及版鄣爲文自序云有梁貞士蘭陵蕭世讚立身行道終始若一風雨若晦雞鳴不已弗欺暗室豈況三光數至於此命也如何又爲文數百篇崩後王偉觀之惡其辭切即使刮去有隨偉入者誦其連珠三首詩四篇絕句五篇文並悽愴云

簡文帝大寶二年

世祖孝元皇帝諱繹字世誠小字七符武帝第七子也初武帝夢眇目僧執香鑪稱託生王宮既而帝母在采女次侍始褰戶幔有風回裾武帝意感幸之采女夢月墮懷中遂孕天監十年八月丁巳生帝舉室中非常香有紫胞之異武帝奇之因賜采女姓阮進爲修容十三年封湘東王太清元年累遷爲鎮西將軍都督荆州刺史三年三月侯景陷建鄴四月世子方等至自建鄴知臺城不守帝命柵江陵城周回七十里鎮西長史王沖等拜牋請爲太尉都督中外諸軍事承制主盟帝不許曰吾於天下不賤寧俟都督之名帝子之尊何藉上台之位議者可斬投筆流涕沖等重請不從又請爲司空以主諸侯亦弗聽乃開鎮西府辟天下士是月帝徵兵於湘州刺史河東王譽譽拒命尋上甲侯韶自建鄴至宣三月十五日密詔授帝位假黃鉞大都督中外諸軍事司徒承制於是立行臺於南郡而置官司焉七月遣世子方等討河東王譽軍敗死之又遣鎮兵將軍鮑泉討譽九月乙卯雍州刺史岳陽王詧舉兵寇江陵其將杜崱兄弟來降詧遁走鮑泉攻湘州未剋又遣左衞將軍王僧辯代將及簡文帝即位改元爲大寶元年帝以簡文制于賊臣卒不遵用正月使少子方矩質于魏魏不受質而結爲兄弟四月剋湘州斬譽湘州平雍州刺史岳陽王詧自稱梁王稱藩于魏魏遣兵助伐襄陽先

是邵陵王綸書已言凶事祕之以待湘州之捷是月壬寅始命陳瑩報武帝崩問帝哭于正寢六月江夏王大款山陽王大成宜都王大封自信安來奔九月辛酉以前郢州刺史南平王恪爲中衞將軍尚書令開府儀同三司改封大款爲臨川郡王大成爲桂陽郡王大封爲汝南郡王十一月甲子南平王恪等奉牋進位相國總百揆帝不從二年三月侯景悉兵西上閏四月景遣其將宋子仙任約襲郢州執刺史方諸庚戌領軍王僧辯屯師巴陵五月癸未帝遣將胡僧祐陸法和援巴陵六月僧祐等擊破景將任約軍禽約景解圍宵遁以王僧辯爲征東將軍開府儀同三司尚書令帥衆追景所至皆捷進圍郢州獲賊將宋子仙等九月盤盤國獻馴象十月辛丑朔紫雲如蓋臨江陵城是月簡文帝崩開府儀同三司王僧辯等奉表勸進帝奉諱大臨三日百官縞素答表不許司空南平王恪率宗室領軍將軍胡僧祐率羣僚江州别駕張佚率吏人並奉牋勸進帝固讓十一月乙亥僧辯又奉表勸進又不從時巨寇尚存帝未欲卽位而四方表勸前後相屬乃下令斷表

承聖元年二月王僧辯衆軍發自尋陽帝馳檄四方賜獲景及逆者封萬戶開國公絹布五萬匹三月僧辯等平景傳首江陵戊子以賊平告明堂太社己丑僧辯等又表勸進帝尚未從辛卯宣武將軍朱買臣奉帝密旨害豫章王棟及其二弟橋樛四月乙巳益州刺史新除假黃鉞太尉武陵王紀僭位於蜀年號天正帝遣司空蕭泰祠部尚書樂子雲拜謁塋陵修復社廟丁巳下令解嚴五月庚午司空南平王恪及宗室王侯大都督王僧辯等復拜表上尊號帝猶固讓甲申以開府儀同三司江州刺史王僧辯爲司徒乙酉斬賊左僕射王偉尚書呂季略少府卿周石珍舍人嚴亶於江陵市乃下令赦境內齊將潘樂辛術等攻秦郡王僧辯遣將杜崱帥衆拒之以陳霸先爲征北大將軍開府儀同三司徐州刺史齊人賀平侯景八月武陵王紀率巴蜀之衆東下遣護軍將軍陸法和屯巴峽以拒之九月甲戌司空南平王恪薨十月乙未前梁州刺史蕭循自魏至江陵以爲平北將軍開府儀同三司戊申執湘州刺史王琳於殿內庚戌琳長史陸納及其將潘烏累等舉兵反攻陷湘州是月四方征鎭王公卿士復勸進表三上乃許之冬十一月丙子皇帝卽位於江陵改太淸六年爲承聖元年逋租宿責並許弘宥孝子順孫悉皆賜爵長徒鎖士特加原宥禁錮奪勞一皆曠蕩是日帝不升正殿公卿陪列而已時有兩日俱見己卯立王子方矩爲皇太子改名元良立皇子方智爲晉安郡王方略爲始安郡王追所生阮修容爲文宣太后改諡忠壯世子爲武烈世子封其子莊爲永嘉王是月陸納遣將軍潘烏累等破衡州刺史丁道貴於淥口道貴走零陵十二月陸納分兵襲巴陵湘州刺史蕭循擊走之天門山獲野人出山三日而死星隕吳郡淮南有野象數百壞人室廬宣城郡猛虎暴食人是歲魏廢帝元年

二年春正月乙丑詔王僧辯討陸納戊寅以吏部尚書王褒爲尚書僕射己卯江夏宮南門籥牡飛三月庚寅有兩龍見湘州西江夏五月甲申魏大將尉遲迥進兵逼巴西潼州刺史楊乾運以城納迥己丑武陵王紀軍至西陵六月乙卯王僧辯平湘州秋七月武陵王紀衆大潰見殺八月戊戌尉遲迥平蜀九月齊遣郭元建及將邢景遠步大汗薩東方老帥衆頓合肥冬十一月辛酉僧辯留鎭姑孰豫州刺史侯瑱據東關壘徵吳興太守裴之橫帥衆繼之戊戌以尚書僕射王褒爲左僕射湘東太守張綰爲右僕射十二月宿豫土人東方光據城歸北齊江西州郡皆起兵應之

三年春正月魏帝爲相安定公所廢而立齊王廓是爲恭帝元年二月主衣庫見黑蛇長丈許數十小蛇隨之舉頭高丈餘南望俄失所在帝又與宮人幸元洲苑復見大蛇盤屈於前羣小蛇遶之並黑色帝惡之宮人曰此非怪也恐是錢龍帝敕所司卽日取數千萬錢鎭於蛇處以厭之因設法會赦囚徒振窮乏退居栖心省又有蛇從屋墜落帝幘上忽然便大又龍光殿上所御肩輿復見小蛇縈屈輿中以頭駕夾膝前金龍頭上見人走去逐之不及城濠中龍騰出煥爛五色竦躍入雲六七小龍相隨飛去羣魚騰躍墜死於陸道龍騰處爲窟若數百斛圖舊大城上常有紫氣至是稍復消歇甲辰以司徒王僧辯爲太尉車騎大將軍戊申以護軍將軍郢州刺史陸法和爲司徒夏四月癸酉以征北大將軍開府儀同三司陳霸先爲司空六月癸未有黑氣如龍見于殿內秋九月辛卯帝於龍光殿述老子義先是魏使宇文仁恕來聘齊使又至江陵帝接仁恕有闕魏相安定公憾焉乙巳使柱國萬紐于謹來攻冬十月丙寅魏軍至襄陽梁王詧率衆會之丁卯停講內外戒嚴輿駕出行城柵大風拔木丙子續講百寮戎服以聽詔徵王僧辯十一月甲申幸津陽門講武置南北兩城主帝親觀閱風雨總集部分未交旗幟飄亂帝趨駕而回無復次序風雨隨息衆竊驚焉乙酉以領軍胡僧祐爲

都督城東城北諸軍事右僕射張綰爲副左僕射王襃都督城西城南諸軍事直殿省元景亮爲副丁亥魏軍至柵下丙申徵廣州刺史王琳入援丁酉大風城內火燒居人數千家以爲失在婦人斬首尸之是日帝猶賦詩無廢以胡僧祐爲開府儀同三司庚子信州刺史徐世譜晉安王司馬任約軍次馬頭岸是夜有流星墜城中帝援蓍筮之卦成取龜式驗之因抵于地曰吾若死此下豈非命乎因裂帛爲書催僧辯曰吾忍死待公可以至矣戊申胡僧祐朱買臣等出戰買臣敗績辛亥魏軍大攻帝出枇杷門親臨陣督戰僧祐中流矢薨軍敗反者斬西門守卒以納魏軍帝見執如梁王蕭詧營甚見詰辱他日乃見魏僕射長孫儉譎儉云埋金千斤於城內欲以相贈儉乃將帝入城帝因述詧相辱狀謂儉曰向聊相譎欲言耳豈有天子自埋金乎儉乃留帝於主衣庫十二月丙辰徐世譜任約退戍巴陵辛未魏人戕帝明年四月梁王方智承制追尊爲元皇帝廟號世祖帝聰悟俊朗天才英發出言爲論音響若鐘年五六歲武帝嘗問所讀書對曰能誦曲禮武帝使誦之卽誦上篇左右莫不驚歎初生患眼醫療必增武帝自下意療之遂盲一目乃憶先夢彌加愍愛及長好學博極羣書武帝問曰孫策在江東于時年幾答曰十七武帝曰正是汝年帝性不好聲色頗慕高名爲荊州刺史起州學宣尼廟嘗置儒林參軍一人勸學從事二人生三十人加稟餼帝工書善畫自圖宣尼像爲之贊而書之時人謂之三絶與裴子野劉顯蕭子雲張纘及當時才秀爲布衣交常自比諸葛亮桓溫惟纘許焉性好矯飾多猜忌於名無所假人微有勝已者必加毀害帝姑義興昭長公主子王銓兄弟八九人有盛名帝妬害其美遂敗寵姬王氏兄王珩名琳以同其父名忌劉之遴學使人鴆之如此者甚衆雖骨肉亦徧被其禍始居文宣太后憂依丁蘭作木母及武帝崩祕喪踰年乃發凶問方刻檀爲像置于百福殿內事之甚謹朝夕進蔬食動靜必啓聞迹其虛矯如此性愛書籍旣患目多不自執卷置讀書左右番次上直晝夜爲常略無休已雖睡卷猶不釋五人各伺一更恒致達曉常眠熟大鼾左右有睡讀失次或偷卷度紙帝必驚覺更令追讀加以檟楚雖戎略殷湊機務繁多軍書羽檄文章詔誥點毫便就殆不停手常曰我韜於文士愧於武夫論者以爲得言始在尋陽夢人曰天下將亂王必維之又背生黑子巫媼見曰此大貴不可言初武帝敕賀革爲帝府諮議使講三禮革西上意甚不悅過別御史中丞江革江革告之曰吾嘗夢主上徧見諸子至湘東王脫帽授之此人後必當璧卿其行乎革領之及太清之禍遂膺歸運自侯景之難州郡大半入魏自巴陵以下至建康率以長江爲限荊州界北盡武甯西拒硤口自嶺以南復爲蕭勃所據文軌所同千里而近人戸著籍不盈三萬中興之盛盡於是矣武陵之平議者欲因其舟艦遷都建鄴宗懍黃羅漢皆楚人不願移帝及胡僧祐亦俱未欲動僕射王襃左戸尚書周弘正驟言卽楚非便宗懍及御史大夫劉懿以爲建鄴王氣已盡且渚宮洲已滿百於是乃留尋而歲星在井熒惑守心帝觀之慨然而謂朝臣文武曰吾觀玄象將恐有賊但吉凶在我運數由天避之何益及魏軍逼闍人朱買臣按劍進曰惟有斬宗懍黃羅漢可以謝天下帝曰曩實吾意宗黃何罪及魏軍燒柵買臣謝答仁勸帝乘暗潰圍出就任約帝素不便馳馬曰事必無成徒增辱耳答仁又求自扶帝以問僕射王襃襃曰答仁侯景之黨豈是可信成彼之勳不如降也乃聚圖書十餘萬卷盡燒之答仁又請守子城收兵可得五千人帝然之卽授城內大都督以帝鼓吹給之配以公主旣而又召王襃謀之答仁請入不得嘔血而去遂使皇太子王襃出質請降有頃黃門郎裴政犯門而出帝乘白馬素衣出東門抽劔擊闔曰蕭世誠一至此乎魏師至凡二十八日徵兵四方未至而城見剋帝在幽逼求酒飲之製詩四絶其一曰南風且莫唱西陵最可悲今日還蒿里終非封禪時其二曰人世逢百六天道異貞恒何言異螻蟻一旦損鵾鵬其三曰松風侵晚哀霜雰當夜來寂寥千載後誰畏軒轅臺其四曰夜長無歲月安知秋與春原陵五樹杏空得動耕人梁王詧遣尚書傅準監行刑帝謂之曰卿幸爲我宜行準捧詩流淚不能禁進土囊而殞之梁王詧使以布把纏屍斂以蒲席束以白茅以車一乘葬于津陽門外愍懷太子元良及始安王方略等皆見害徐世譜任約自馬頭走巴陵約後降于齊將軍裴畿畿弟機並被害謝答仁三人相抱俱見屠汝南王大封尚書左僕射王襃以下並爲俘以歸長安乃選百姓男女數萬口分爲奴婢小弱者皆殺之帝於伎術無所不該嘗不得南信筮之遇剝之艮曰南信已至今當遣左右季心往看果如所說賓客咸驚其妙凡所占決皆然初從劉景受相術因訊以年答曰未至五十當有小厄禳之可免帝自勉曰苟有期會禳之何益及是四十七年特多禁忌牆壁崩倒屋宇傾頽年月不便終不脩改庭草蕪没令鞭去

之其愼護如此著孝德傳忠臣傳各三十卷丹陽尹傳十卷注漢書一百十五卷周易講疏十卷內典傳要百卷連山三十卷詞林三卷玉韜金樓子補闕子各十卷老子講疏四卷懷舊傳二卷古今全德志荆南地記貢職圖古今同姓名錄一卷筮經十二卷式贊三卷文集五十卷初承聖二年三月有二龍自南郡城西升天百姓聚觀五采分明江陵父老織相泣曰昔年龍出建康淮而天下大亂今復有焉禍至無日矣帝聞而惡之踰年而遘禍又江陵先有九十九洲古老相承云洲滿百當出天子桓元之爲荆州刺史內懷篡逆之心乃遣鑿破一洲以應百數隨而崩散竟無所成宋文帝爲宜都王在藩一洲自立俄而文帝纂統後遇元凶之禍此洲還没太淸末枝江楊子閣浦復生一洲羣公上疏稱慶明年而帝即位承聖末其洲與大岸相通惟九十九云

元帝承聖三年

敬皇帝諱方智字慧相小字法眞元帝第元子也太淸三年封興梁侯承聖元年封晉安郡王二年出爲江州刺史三年十一月魏尅江陵太尉王僧辯司空陳霸先定議以帝爲梁王太宰承制四年二月癸丑於江州奉迎至建鄴入居朝堂以太尉王僧辯爲中書監錄尚書驃騎大將軍都督中外諸軍事加司空陳霸先班劒二十人以湘州刺史蕭循爲太尉廣州刺史蕭勃爲司徒三月齊遣其上黨王高渙送貞陽侯蕭淵明來主梁嗣至東關遣吳興太守裴之橫拒之與戰敗績死之四月司徒陸法和以郢州附齊遣江州刺史侯瑱討之七月辛丑僧辯納貞陽侯蕭淵明自采石濟江甲辰入建鄴丙午即僞位年號天成以帝爲皇太子司空陳霸先襲殺王僧辯出淵明而奉帝焉

紹泰元年秋九月丙午皇帝即位冬十月己巳大赦改元以貞陽侯蕭淵明爲司徒封建安郡公壬子加司空陳霸先尚書令都督中外諸軍事震州刺史杜龕舉兵攻信武將軍陳蒨於長城義興太守韋載應之癸丑以太尉蕭循爲太保以司徒蕭淵明爲太傅司徒蕭勃爲太尉以鎭南將軍王琳爲車騎將軍開府儀同三司戊午尊所生夏貴妃爲皇太后立妃王氏爲皇后辛未司空陳霸先東討韋載降之丙子南豫州刺史任約譙秦二州刺史徐嗣徽舉兵據石頭反十一月庚辰齊安州刺史翟子崇楚州刺史柳達摩率衆赴任約入石頭十二月庚戌任約徐嗣徽等至采石迎齊援丙辰遣猛烈將軍侯安都於江寧邀擊敗之約嗣徽等奔江西庚申翟子崇等降並放還北

太平元年春正月戊寅大赦追贈謚簡文帝諸子封故永安侯確子後爲邵陵王奉擕王後癸未震州刺史杜龕降詔賜死赦吳興郡己亥以太保宜豐侯蕭循襲封鄱陽王東揚州刺史張彪圍臨海太守王懷振於剡巖二月庚戌遣周文育陳蒨襲會稽討彪彪敗走以中衛將軍臨川王大欵即本號開府儀同三司丙辰若邪村人斬張彪傳首建鄴赦東揚州甲子以東土經杜龕張彪之亂遣大使巡省是月齊人來聘使侍中王廓報聘二月壬午班下遠近並雜用今古錢戊戌齊將蕭軌出柵口向梁山陳霸先大敗之夏四月壬申侯安都輕兵襲齊行臺司馬恭於瑟陽大敗之五月癸未太傅建安公蕭淵明薨庚寅齊軍水步入丹陽縣內外纂嚴六月壬子齊軍至元武湖西北乙卯陳霸先大破齊軍戊午大赦辛酉解嚴秋七月丙子司空陳霸先進位司徒丁亥以開府儀同三司侯瑱爲司空八月己酉太保鄱陽王循薨九月壬寅大赦改元司徒陳霸先進位丞相錄尚書事改封義興郡公加中權將軍王沖開府儀同三司以吏部尚書王通爲尚書右僕射冬十月乙亥魏相安定公薨十一月起雲龍神武門十二月壬申進太尉蕭勃爲太保甲午封前壽昌令劉叡爲汝陰王前鎭西法曹行參軍蕭沇爲巴陵王奉宋齊二代後庚子魏恭帝遜位于周

二年春正月壬寅詔求魯郡孔氏族爲奉聖侯并繕廟堂供備祀典又詔諸州各置中正舊放舉選不得輒求單狀序官皆須中正押上然後量授其選中正每求耆德該悉以他官領之以開府儀同三司王琳爲司空以尚書右僕射王通爲左僕射二月庚午遣領軍將軍徐度入東關太保廣州刺史蕭勃舉兵反詔平西將軍周文育平南將軍侯安都等南討戊子徐度至合肥燒齊船艦三千艘癸巳周文育軍於巴山獲蕭勃僞帥歐陽頠三月甲寅德州刺史陳法武前衡州刺史譚逊於始興攻殺蕭勃夏四月癸酉曲赦江廣衡三州并督內爲賊所拘逼者己卯鑄四柱錢一當二十齊遣使通和壬辰改四柱錢一當十丙申復用細錢五月乙巳平西將軍周文育進號鎭南將軍平南將軍侯安都進號鎭北將軍並開府儀同三司戊辰徐孝頃遣使詣丞相府求降秋八月加丞相陳霸先殊禮九月周冢宰宇文護弒閔帝丞相陳霸先改授相國封陳國公冬十月戊辰進陳國公爵爲王辛未帝遜位于陳陳受命奉帝爲江陰王薨于外邸時年十六追謚敬皇帝

敬帝紹泰元年太平元年卽位二年

右梁四主五十六年爲陳所滅

通志卷十三

通志卷十四

宋右迪功郎鄭樵漁仲撰

陳紀第十四

武帝　文帝　廢帝　宣帝　後主

高祖武皇帝諱霸先字興國小字法生吳興長城下若里人姓陳氏其本甚微自云漢太邱長實之後也實元孫晉太尉準準生匡匡生達永嘉中南遷爲丞相掾太子洗馬出爲長城令悅其山水遂家焉嘗謂所親曰此地山川秀麗當有王者興焉二百年後我子孫必鍾斯運達生康復爲丞相掾咸和中土斷故爲長城人康生盱台太守英英生尚書郎公弼公弼生步兵校尉鼎鼎生散騎侍郎高高生懷安令詠詠生安成太守猛猛生太常卿道巨道巨生皇考文讚帝以梁天監二年癸未歲生少俶儻有大志長於謀畧意氣雄傑不事生產及長涉獵史籍好讀兵書明緯候孤虛遁甲之術多武藝明達果斷爲當時推服身長七尺五寸日角龍顏垂手過膝嘗游義興館於許氏夢天開數丈有四人朱衣捧日而至納之帝口及覺腹內猶熱帝心獨喜初仕鄉爲里司後至建鄴爲油庫吏徙爲新喻侯蕭映傳教勤於其事爲映所賞及映爲吳興太守甚重帝謂僚佐曰此人將來遠大必勝於我及映爲廣州帝爲中直兵參軍隨之鎭映令帝招集士馬先是武林侯蕭諮爲交州刺史以嚴刻失和土人李賁連結數州豪傑同時反臺遣高州刺史孫冏新州刺史盧子雄將兵擊賁冏等不時進皆於廣州伏誅子雄弟子畧與冏子姪及其主帥杜天合杜僧明共舉兵執南江督護沈顗進寇廣州晝夜苦攻州中震恐帝率精兵救之賊衆大潰天合死僧明降梁武帝深歎異焉授直閤將軍封新枋縣子仍遣圖帝貌而觀之其年冬蕭映卒明年帝送喪還至大庾嶺會有詔以帝爲交州司馬與刺史楊瞟南討帝益招勇敢器械精利瞟委帝經畧時蕭勃爲定州刺史於西江相會勃知軍士憚遠役因詭說留瞟瞟集諸將問計帝曰交州叛渙罪由宗室節下奉辭伐罪故當死生以之於是鼓行而進軍次交州瞟推帝爲前鋒所向摧陷賁竄入屈獠洞中屈獠斬賁傳首建鄴是歲太淸元年也賁兄天寶遁入九眞與刧帥李紹隆收餘兵殺德州刺史陳文戒進圍愛州帝討平之除振遠將軍西江督護高要太守督七郡諸軍事

二年冬侯景寇逼帝將赴援廣州刺史元景仲陰將圖帝帝知之與成州刺史王懷明等集兵於南海馳檄以討景仲景仲縊於閤下帝迎蕭勃鎭廣州時臨賀內史歐陽頠監衡州蘭裕蘭京禮扇誘始興等十郡共攻頠頠請援於勃勃令帝救之悉禽裕等仍監始興郡事帝遣杜僧明胡穎將二千人頓于嶺上并厚結始興豪傑同謀義舉侯安都張偲等率衆來附蕭勃聞之遣鍾休悅說停帝帝泣謂休悅曰君辱臣死誰敢愛命僕行計決矣時蔡路養起兵據南康勃遣腹心譚世遠爲曲江令與路養相結同遏義軍

大寶元年正月帝發始興次大庾嶺大破路養軍進頓南康湘東王繹承制授帝持節明威將軍交州刺史改封南野縣伯於是修理崎頭古城徙居之劉惠騫等望見恒有紫氣冒城上遠近驚異故惠騫等深自結於帝尋改封長城縣侯南江州刺史時蠻都人劉藹等資高州刺史李遷仕舟艦兵仗將襲南康帝遣杜僧明等據白石禦之

二年僧明禽遷仕送南康斬之承制授帝江州刺史帝發南康灨石舊有二十四灘灘多巨石行旅以爲難帝之發也水暴起數丈三百里閒巨石皆沒進軍頓西昌有龍見水濱高五丈五采鮮曜軍人觀者數萬人帝又嘗獨坐胡牀於閤下忽有神光滿閤廊廡之閒並得相見趙知禮侍側怪而問帝帝笑不答時承制遣征東將軍王僧辯督衆軍討侯景次盆城帝率杜僧明等合三萬兵會焉時西軍乏食帝先計軍糧五十萬石至是分三十萬石以資之仍頓巴邱會侯景廢簡文立豫章嗣王棟帝遣兼長史沈袞奉表於江陵勸進承制授帝平東將軍揚州刺史領會稽太守三年帝帥師發自豫章二月次桑落洲時僧辯已發盆城會帝于白茅灣乃登岸結壇刑牲盟約進次大雷軍人杜稜夢雷池君周何神自稱征討大將軍乘朱航陳甲仗稱下征侯景須臾便還云已殺景竟三月帝與諸軍進剋姑熟仍次蔡洲侯景登石頭城望官軍之盛不悅曰一把子人何足可打密謂左右曰此軍上有紫氣不易可當乃以舩艓貯石沈塞淮口緣淮作城自石頭迄青溪十餘里中樓雉相接僧辯遣杜崱問計於帝帝以諸將不敢當鋒請先往立柵郎於石頭西橫壠築柵衆軍次連八城直出東北賊恐西州路斷亦於東北果林作五城以遏大路帝曰善用兵者如常山之蛇使救首救尾困而無暇今我師既衆賊徒甚寡應分賊兵力以弱制彊乃命諸將分處置兵帝與王琳杜龕等悉力乘之景衆大潰僧辯啓命帝鎭京口五月齊遣將辛術圍嚴超達於秦郡帝命徐度領兵助其固守齊衆起士山穿地道攻之甚急帝

乃自率萬人解其圍振旅南歸承制授帝征北大將軍開府儀同三司南徐州刺史進封長城縣公及王僧辯征陸納於湘州承制命帝代鎮揚州

承聖二年湘州平帝旋鎮京口

三年三月進帝位司空及魏平江陵帝與王僧辯等進啓請晉安王以太宰承制十二月晉安王至自尋陽入居朝堂給帝班劒二十人

四年五月齊送貞陽侯淵明還主社稷王僧辯納之淵明卽位改元天成以晉安王爲皇太子初齊之納貞陽也帝固爭之以爲不可僧辯不見從帝居常憤歎曰嗣主高祖之孫元皇之子竟有何辜坐致廢黜假立非次此情可知乃密具袍數千領及錦綵金銀以爲賞賜之資九月壬寅帝召徐度侯安都周文育等仍部列將士水陸俱進夜發南徐州討王僧辯甲辰帝至石頭前遣勇士自城北踰入時僧辯方視事聞外白有兵遽走帝大兵尋至因風縱火僧辯就禽是夜縊之及其子頠於是廢貞陽侯而奉晉安王卽位

紹泰元年壬子詔授帝侍中大都督中外諸軍事車騎將軍揚南徐二州刺史持節司空班劒鼓吹並如故仍詔甲仗百人出入殿省霍州刺史杜龕據吳興與義興太守韋載舉兵逆命辛未帝表自東討留高州刺史侯安都石州刺史杜稜宿衞臺省甲戌軍至義興秦州刺史徐嗣徽據城入齊又要南豫州刺史任約舉兵應龕齊人資其兵食嗣徽乘虛奄至闕下侯安都出戰嗣徽等退據石頭丁丑載及龕從弟北叟來降帝撫而釋之仍以載兄鼎知郡事帝以嗣徽寇逼卷甲還都命周文育進討杜龕十一月己卯齊遣兵五千渡江據姑熟又遣安州刺史翟子崇楚州刺史劉士榮淮州刺史柳達摩領兵萬人於湖墅度米粟三萬石馬千匹入石頭帝乃遣侯安都領水軍夜襲湖墅燒齊船周鐵虎率舟師斷齊運輸帝領鐵騎自西明門襲之齊人大潰嗣徽留達摩等守城自率親屬腹心往南州採石以迎齊援先是太白自十一月丙戌不見十二月乙卯出于東方丙辰帝盡命衆軍分部甲卒對冶城立航度兵攻其水南二栅柳達摩等度淮置陣帝督兵疾戰縱火燒栅煙塵張天齊人大潰盡收其船艦是日嗣徽約等領齊兵還據石頭帝遣侯安都領水軍襲破之嗣徽等單舸脫走丁巳拔石頭南岸栅移度北岸起栅以絕其汲路又堙塞東門故城中諸井齊所據城中無水水一合貿米一升一升米貿絹五匹或炒米食之達摩謂其衆曰頃在北童謠云石頭擣兩襠擣青復擣黃侯景服青已倒於此今吾徒衣黃豈謠言驗邪庚申達摩遣侯子欽劉士榮等請和帝許之乃於城外盟約其將士恣其南北辛酉帝出石頭南門陳兵送齊人歸北者及至齊人殺之壬戌齊和州長史烏丸遠自南州奔還歷陽江寧令陳嗣黃門侍郎曹朗據姑熟不從帝命侯安都徐度等討平之聚其首爲京觀是月杜龕以城降

二年正月癸未誅龕其弟翕從弟北叟司馬沈孝敦並賜死三月戊戌齊遣水軍儀同蕭軌庫狄伏連堯難宗東方老侍中裴英起東廣州刺史獨孤辟惡洛州刺史李希光并任約徐嗣徽王僧愔等衆十萬出栅口向梁山帳內盪主黃叢逆擊破之燒其前軍船艦齊頓軍保蕪湖五月丙申齊兵至秣陵故城己亥帝率宗室王侯及朝臣於大司馬門外白虎闕下刑牲告天以齊人背約發言慷慨涕泗交流士卒觀者益奮辛丑齊軍於秣陵故城跨淮立橋栅引度兵馬癸卯自方山進及兒塘游騎至臺都下震駭帝潛以精卒三千配沈泰度江襲齊行臺趙彥深於瓜步獲其舟粟六月甲辰齊兵潛至鍾山龍尾丁未進至莫府山帝遣錢明領水軍出江乘要擊齊人糧道盡獲之齊軍大餒殺馬驢而食之壬子齊軍至元武湖西北莫府山南將據北郊壇衆軍自覆舟東移頓郊壇北與齊人相對其夜大雨震電暴風拔木平地水丈餘齊軍晝夜坐立泥中縣鬲以爨足指皆爛而臺中及潮溝北水退路燥官軍每得番易甲寅少霽是時食盡調市人餽軍皆是麥屑爲飯以荷葉裹而分給間以麥餅兵士皆困會文帝遣送米三千石鴨千頭帝卽炊米煮鴨誓申一戰士及防身計糧數臠人人裹飯混以鴨肉帝命衆軍蓐食攻之齊軍大潰執嗣徽及其弟嗣宗斬之以徇虜蕭軌東方老王敬寶李希光裴英起王僧智等將帥四十六人其軍士得竄至江者縛筏以濟中江而溺流屍至京口者翳岸惟任約王僧愔獲免先是童謠云虜萬夫入五湖城南酒家使虜奴自晉宋以後經絓在魏境江淮以北南人皆謂爲虜是時以賞俘貿酒者一人裁得一醉丁巳衆軍出南州燒賊舟己未斬劉歸義徐嗣產傅野猪于建康市是日解嚴庚申誅蕭軌東方老王敬寶李希光裴英起等

太平元年九月壬寅帝進位丞相錄尚書事鎭衞大將軍揚州牧進封義興郡公庚申追贈皇考侍中光祿大夫封義興郡公謚曰恭十月甲戌梁帝敕丞相自今問訊可施別榻以近扆坐

二年正月壬寅詔加帝班劒十人幷前爲三十丁未詔

贈皇兄道談南兗州刺史長城縣公諡曰昭烈皇弟休光侍中南徐州刺史武康縣侯諡曰忠壯甲寅遣兼侍中謁者僕射陸繕策拜長城縣夫人章氏爲義興國夫人丁卯詔贈皇祖侍中太常卿諡曰孝追封皇祖妣許氏吳郡嘉興縣君諡曰敬皇祖妣張氏義興國太夫人諡曰宣二月庚午蕭勃舉兵自廣州度嶺頓南康遣其將歐陽頠傅泰及其子孜爲前軍至豫章分屯要險南江州刺史余孝頃起兵應勃帝命周文育侯安都率衆討平之八月甲午帝進位太尉加黃鉞劒履上殿入朝不趨贊拜不名丙申加前後部羽葆鼓吹是時湘州刺史王琳擁兵不應命遣周文育侯安都率衆討之九月辛丑梁帝進帝位相國總百揆以南豫州之陳留南丹陽宣城揚州之吳興東陽新安新寧南徐州之義興江州之鄱陽臨川十郡封帝爲陳公備九錫之禮加璽紱遠游冠綠綟綬位在諸侯王上陳國置丞相以下一遵舊式十月戊辰梁帝又進帝爵爲王以揚州之會稽臨海永嘉建安南徐州之晉陵信安江州之尋陽豫章安成廬陵幷前爲二十郡益封陳國其相國揚州牧鎮衛大將軍並如故又命陳王冕十有二旒建天子旌旗出警入蹕乘金根車駕六馬備五時副車置旄頭雲罕樂儛八佾設鍾虡宮縣王妃王子王女爵命之號陳臺百官一依舊典辛未梁帝策書禪位于陳遣兼太保尚書左僕射王通兼太尉司徒左長史王瑒奉皇帝璽紱受終之禮一依唐虞故事是日梁帝遜于別宮帝謙讓再三羣臣固請乃許之

永定元年冬十月乙亥皇帝卽位于南郊升壇柴燎告類上帝先是氛霧雨霽晝夜晦冥至是日景氣清晏禮畢輿駕還宮臨太極前殿大赦改元賜百姓爵二級文武位三等鰥寡孤獨不能自存者人穀五斛逋租宿責皆勿復收有犯鄉論清議贓汚淫盜者皆洗除先注與之更始其長徒敕繫特皆原之亡官失爵禁錮奪勞一依舊典又詔以江陰郡奉梁主爲江陰王行梁正朔車旗服色一依前準梁皇太后爲江陰國太妃皇后爲江陰國妃又詔百司各依位攝職丙子幸鍾山祭蔣帝廟戊寅幸華林園覽辭訟臨赦囚徒己卯分遣大使宣勞四方庚辰詔出佛牙於杜姥宅集四部設無遮大會辛巳追尊皇考曰景皇帝廟號太祖皇妣董太夫人曰安皇后前夫人錢氏爲昭皇后世子克爲孝懷太子立夫人章氏爲皇后癸未尊景帝陵曰瑞陵昭皇后陵曰嘉陵依梁初園陵故事立刪定郎刊定律令戊子遷景皇帝神主祔于太廟是月西討都督周文育侯安都於郢州敗績沒于王琳十一月丙申封皇兄子長城縣侯衞爲臨川郡王頊襲封始興郡王皇弟子曇朗襲封南康郡王庚申都下火十二月庚辰皇后謁太廟是歲周閔帝元年及九月冢宰宇文護廢閔帝而奉明帝又爲明帝元年

二年春正月乙未以車騎將軍開府儀同三司侯瑱爲司空辛丑祀南郊大赦甲寅遣中書舍人韋鼎策吳興楚王神爲帝戊午祀明堂二月壬申南豫州刺史沈泰奔齊辛卯詔司空侯瑱總督水陸衆軍以禦齊三月王琳立梁永嘉王蕭莊以奉梁後卽位于郢州夏四月甲子祀太廟乙丑江陰王殂陳志也追諡梁敬帝詔太宰弔祭司空監護喪事以梁武林侯蕭諮子季卿嗣爲江陰王戊辰重雲殿東鴟尾有紫煙屬天五月乙未都下地震壬寅立梁邵陵攜王廟室祭以太牢辛酉帝幸大莊嚴寺捨身壬戌羣臣表請還宮六月己巳詔司空侯瑱領軍將軍徐度討王琳初侯景之平也太極殿被焚承聖中議欲營之獨闕一柱秋七月有樟木大十八圍長四丈五尺流泊陶家後渚監軍鄒子度以聞詔中書令沈衆兼起部尚書措太極殿八月周文育侯安都等於王琳所逃歸自劾廷尉卽日引見宥之並復本官丁亥加江州刺史周迪平南將軍開府儀同三司冬十月庚午遣鎮南將軍周文育都督衆軍出豫章討余孝勱乙亥幸莊嚴寺發金光明經題丁酉加高州刺史黃法氍平南將軍開府儀同三司十二月甲子幸大莊嚴寺設無碍大會捨乘輿法物羣臣備法駕奉迎卽日還宮丙戌加北江州刺史熊曇朗平西將軍開府儀同三司

三年春正月丁酉鎮南將軍廣州刺史歐陽頠卽本號開府儀同三司是夜大雪及旦太極殿前有龍跡見甲子廣州言仙人見于羅浮山寺小石樓二月辛酉加平西將軍桂州刺史淳于量鎮西大將軍開府儀同三司夏閏四月甲午詔依前代置西省學士兼取伎術士是時久不雨丙午幸鍾山祭蔣帝廟是日降雨迄于月晦五月丙辰朔日有食之有司奏舊儀帝御前殿服朱紗袍通天冠詔曰此乃前代承用意未有同合朔仰助太陽宜備袞冕之服自今永可爲準丙子扶南國遣使朝貢乙酉北江州刺史熊曇朗殺都督周文育舉兵反王琳遣其將常衆愛曹慶率兵援余孝勱六月戊子儀同侯安都敗衆愛等於左里獲琳從弟襲主帥羊暕等四十餘人衆愛遁走庚寅廬山人斬之傳首建鄴甲午衆軍凱歸丁酉帝不豫遣兼太宰尚書右僕射王通以疾

告太廟兼太宰中書令謝哲告太社南北郊辛丑帝小斂故司空周文育之柩至自建昌王寅帝素服哭于朝堂哀甚癸卯上臨訊獄訟是夜熒惑在天尊上疾甚丙午帝崩于璿璣殿時年五十七遺詔追臨川王蒨入纘大業甲寅殯于太極殿西階八月甲午羣臣上謚曰武皇帝廟號高祖丙申葬萬安陵帝雄武多英略性甚仁愛及居阿衡恒崇寬簡雅尚儉素常膳不過數品私饗曲宴皆瓦器蚌盤肴核庶羞裁令充足不爲虛費初平侯景及立敬帝子女玉帛皆班將士其充闈房者衣不重采飾無金翠聲樂不列於前踐阼之後彌厲恭儉故能隆功茂德光于江左云

武帝永定三年

世祖文皇帝諱蒨字子華始興照烈王之長子也少沈敏有識量美容儀留意經史武帝甚愛之常稱吾家英秀梁太淸初帝夢兩日闘一大一小大者光滅墜地色正黃其大如斗帝三分取一懷之侯景之亂避難臨安縣郭文舉舊宅及武帝舉兵南下景遣吳興太守信都遵收帝及衡陽獻王出都帝乃密袖小刀候見景欲圖之及至以付郞中王翻幽守故其事不遂武帝圍石頭景欲加害者數矣會景敗乃得出起家吳興太守武帝之討王僧辯也先召帝與謀時僧辯壻杜龕據吳興兵衆甚盛武帝密令帝還長城立柵備之龕遣將杜泰乘虛掩至將士相視失色帝言笑自若部分益明於是衆心乃定及武帝遣周文育討龕帝遣將軍劉騰蔣元舉攻下龕拜會稽太守武帝受禪立爲臨川王夢梁武帝以寶刀授已周文育侯安都之敗於沌口武帝詔帝入總軍政尋命率兵城南皖永定三年六月丙午武帝崩皇后稱遺詔徵帝入纂皇統甲寅至自南皖入居中書省皇后令帝嗣膺寶籙帝辭讓至于再三公卿固請其日卽皇帝位於太極前殿大赦詔州郡悉停奔赴秋七月丙辰尊皇后爲皇太后辛酉以司空侯瑱爲太尉以南豫州刺史侯安都爲司空以南徐州刺史徐度爲侍中中撫軍將軍開府儀同三司乙丑重雲殿災八月庚戌立皇子伯茂爲始興王奉昭烈王後徙封始興嗣王頊爲安成王九月辛酉立皇子伯宗爲皇太子王公以下賜帛各有差乙亥立妃沈氏爲皇后冬十月甲子齊文宣帝殂十一月乙卯王琳寇大雷詔太尉侯瑱司空侯安都儀同徐度禦之是歲周明帝改天王稱皇帝復建年號曰武成元年

天嘉元年春正月癸丑大赦改元詔賜鰥寡孤獨不能自存者人粟五斛孝悌力田殊行異等加爵一級甲寅分遣使者宣勞四方辛酉祀南郊詔賜民爵一級二月丙申太尉侯瑱敗王琳于梁山敗齊兵于博望禽齊將劉伯球王琳及其主蕭莊奔齊庚子分遣使者齎璽書宣勞四方乙巳遣太尉侯瑱鎭盆城庚戌立武帝第六子昌爲衡陽王三月丙辰蕭莊所署郢州刺史孫瑒舉州內附丁巳江州刺史周迪平南中斬賊帥熊曇朗傳首建鄴戊午齊軍棄魯山城走詔南豫州刺史程靈洗守之丙子衡陽王昌沈于江夏四月丁亥立皇子伯信爲衡陽王奉獻王後辛丑周明帝崩六月辛巳改謚皇祖妣景安皇后曰景文皇后壬辰詔改葬梁元帝於江寧舊塋車旗禮章悉同梁典仍依魏葬漢獻帝故事甲午追策故始興昭烈王妃曰孝妃辛丑國哀周忌上臨于太極前殿百僚陪哭赦建鄴殊死以下秋七月丙辰立皇子伯山爲鄱陽王八月壬午齊孝昭帝廢其主殷而自立戊子詔非兵器及國家所須金銀珠玉衣服雜玩悉皆禁斷丁酉幸正陽堂閱武九月癸丑彗星見乙卯周將獨孤盛領水軍趣巴湘與賀若敦水陸俱進太尉侯瑱自尋陽禦之冬十月癸巳侯瑱襲破獨孤盛於楊葉洲盛登岸築城自保丁酉詔司空侯安都率衆會侯瑱南拒周軍十二月己亥周巴陵城主尉遲憲降庚子獨孤盛潛遁走

二年春正月庚戌大赦辛未周湘州城主殷亮降湘州平二月庚寅曲赦湘州諸郡三月乙卯太尉湘州刺史侯瑱薨夏六月己亥齊人通好秋七月丙午齊將賀若敦遁歸武陵天門南平義陽河東宜都郡悉平九月甲寅詔以故太尉侯瑱故司空周文育故開府儀同三司杜僧明故中護軍胡穎故領軍陳擬配食武帝廟庭冬十月癸丑霍州西山蠻率部內屬乙卯高麗國遣使朝貢十一月甲辰齊孝昭帝殂十二月甲申立始興國廟于都下用王者禮以國用不足立煑海鹽傳及榷酤科先是縉州刺史留異應王琳丙戌詔司空侯安都討之是歲周武帝保定元年

三年春正月庚戌設帷宮於南郊幣告胡公以配天辛亥祀南郊詔賜民爵一級孝悌力田加一等二月梁宣帝殂閏月己酉以百濟王餘明爲撫東大將軍高麗王高陽爲寧東將軍江州刺史周迪舉兵應留異甲子改鑄五銖錢三月丙子安成王頊至自周丁丑以安右將軍吳明徹爲安南將軍江州刺史督衆軍南討甲申大赦庚寅司空侯安都破留異於桃枝嶺異奔晉安東陽郡平夏四月癸卯曲赦東陽郡乙巳齊人來聘秋七月

己丑皇太子納妃王氏在位文武賜帛各有差孝悌力田爲父後者賜爵二級九月戊辰朔日有食之以侍中到仲舉爲尚書右僕射丁酉周迪請降

四年春正月丙子于陁利國遣使朝貢甲申周迪走投閩州刺史陳寶應納之夏四月辛丑設無礙大會捨身於太極前殿乙卯加驃騎將軍揚州刺史安成王頊開府儀同三司六月癸巳司空侯安都賜死秋九月壬戌開府儀同三司廣州刺史歐陽頠薨癸亥曲赦都下辛未周迪復寇臨川詔護軍將軍章昭達討平之冬十月丙申大赦詔昭達進軍建安討陳寶應

五年春三月壬午詔以護軍將軍周鐵虎配食武帝廟庭夏五月周齊並遣使來聘秋七月丁丑曲赦都下九月城西城冬十一月己丑章昭達禽陳寶應留異送建鄴晉安郡平甲辰以護軍將軍章昭達爲鎭軍將軍開府儀同三司十二月甲子曲赦建安晉安二郡討陳寶應將士死王事者並給棺櫬送還本鄉并復其家癸未齊人來聘

六年春正月甲午皇太子加元服王公以下賜帛各有差孝悌力田爲父後者賜爵一級鰥寡孤獨不能自存者穀人五斛夏四月甲寅以開府儀同三司揚州刺史安成王頊爲司空五月齊武成帝傳位於太子緯自稱太上皇帝六月辛酉彗星見于上台北周人來聘秋七月癸未有大風自西南至廣百餘步激壞靈臺候樓甲申儀賢堂無故自壞丙戌臨川太守駱牙斬周迪傳首建鄴梟於朱雀航八月己卯立皇子伯固爲新安王伯恭爲晉安王伯仁爲廬陵王伯義爲江夏王九月新作大航冬十月辛亥齊人來聘十二月乙卯立皇子伯禮爲武陵王癸亥曲赦都下

天康元年春二月丙子大赦改元三月己卯以司空安成王頊爲尚書令夏四月乙卯皇孫至澤生賜在位文武帛各有差爲父後者賜爵一級癸酉皇帝崩于有覺殿遺詔皇太子可卽君臨萬國山陵務在儉速大斂竟羣臣三日一臨公除之制率依舊典六月甲子羣臣上謚曰文皇帝廟號世祖丙寅葬永寧陵文帝起自布衣知百姓疾苦國家資用務存儉約妙識眞僞下不容姦一夜內刺閨取外事分判者輒前後相續每雞人伺漏傳籤於殿中者令投籤於階石上鎗然有聲云吾雖得眠亦令驚覺其自彊若此云

文帝天嘉六年天康一年卽位七年

廢帝諱伯宗字奉業小字藥王文帝嫡長子也梁承聖三年五月庚寅生永定二年二月戊辰拜臨川王世子三年文帝嗣位八月庚戌立爲皇太子自梁室亂離東宮焚燼太子居于永福省天康元年四月癸酉文帝崩是日太子卽皇帝位于太極前殿大赦詔內外文武各復其職遠方悉停奔赴五月己卯尊皇太后曰太皇太后皇后曰皇太后庚寅以司空揚州刺史新除尚書令安成王頊爲司徒錄尚書都督中外諸軍事丁酉以中軍大將軍開府儀同三司徐度爲司空以鎭東將軍東揚州刺史始興王伯茂爲征東將軍開府儀同三司以吏部尚書袁樞爲尚書左僕射以吳興太守沈欽爲右僕射秋七月丁酉立妃王氏爲皇后冬十月庚申享太廟十一月乙亥周人來弔十二月甲子高麗國遣使朝貢是歲周天和元年

光大元年春正月癸酉尚書左僕射袁樞卒乙亥大赦改元賜孝悌力田爵一級辛卯祀南郊二月辛亥南豫州刺史余孝頃謀反伏誅三月甲午以尚書右僕射沈欽爲侍中尚書僕射夏五月乙未湘州刺史華皎不從執政丙申以中撫軍大將軍淳于量爲征南大將軍總舟師討之六月壬寅以中軍大將軍司空徐度爲車騎將軍總督都下衆軍自步道襲湘州秋七月戊申立皇子至澤爲皇太子賜天下爲父後者爵一級王公以下賚帛各有差九月丙辰百濟國遣使朝貢是月周將拓拔定入郢州與華皎水陸俱進都督淳于量吳明徹等大破之皎單舸奔江陵禽定送建鄴冬十月辛巳曲赦湘巴二州爲皎所詿誤者十一月甲子中權將軍開府儀同三司王沖薨十二月庚寅以儀同三司兼從事中郞孔英哲爲奉聖亭侯奉孔子祀

二年春正月己亥司徒安成王頊進位太傅領司徒加殊禮以新除征南大將軍淳于量爲中軍大將軍及安南將軍湘州刺史吳明徹卽本號並開府儀同三司庚子詔討華皎軍人死王事者並給棺櫬送還本鄉仍復其家甲子司空徐度薨夏五月丙辰太傅安成王頊獻玉璽一六月丁亥彗星見秋七月戊申新羅國遣使朝貢壬戌立皇弟伯智爲永陽王伯謀爲桂陽王九月林邑狼牙修國並遣使朝貢冬十一月甲寅慈訓太后下令暴帝過失廢爲臨海王送還藩邸令乘輿迎太傅安成王入卽位是日帝出居別第太建二年四月乙卯薨時年十九帝性仁弱無君人之器及卽尊位刑政皆歸冢宰故皇太后稱文帝遺志而廢焉

廢帝光大二年

高宗孝宣皇帝諱頊字紹世小字師利始興昭烈王第

二子也梁中大通二年七月辛酉生有赤光滿室少寬容多智略及長美容儀身長八尺三寸垂手過膝有勇力善騎射武帝平侯景鎭京口梁元帝徵武帝子姪入侍武帝遣帝赴江陵累官爲中書侍郎時有軍主李總與帝有舊每同游處帝嘗夜被酒張燈而寐總適出尋反乃見帝身是大龍便驚走他室魏平江陵遷于長安帝貌若不慧魏將楊忠門客張子煦見而奇之曰此人虎頭當大貴也永定元年遙襲封始興郡王文帝嗣位改封安成王天嘉三年自周還授侍中中書監中衞將軍置佐吏歷位司空尚書令廢帝即位拜司徒錄尚書都督中外諸軍事光大二年正月進位太傅領司徒加殊禮劒履上殿十一月甲寅慈訓太后黜廢帝爲臨海王以帝入纂皇統是月齊武成帝殂

太建元年春正月甲午皇帝即位於太極前殿大赦改元文武賜位一階孝悌力田及爲父後者賜爵一級鰥寡不能自存者人賜穀五斛復太皇太后尊號曰皇太后立妃柳氏爲皇后世子叔寶爲皇太子封皇子江州刺史康樂侯叔陵爲始興王奉昭烈王祀乙未謁太廟丁酉分命大使觀省四方風俗以尚書僕射沈欽爲左僕射度支尚書王勱爲右僕射辛丑祀南郊壬寅封皇子建安侯叔英爲豫章王豐城侯叔堅爲長沙王二月乙亥耕籍田夏五月甲午齊人來聘丁巳以吏部尚書徐陵爲尚書右僕射秋七月辛卯皇太子納妃沈氏王公以下賜帛各有差冬十月新除左衞將軍歐陽紇據廣州反辛未遣開府儀同三司章昭達討之

二年春二月癸未章昭達禽歐陽紇送都斬于建康市廣州平三月丙申皇太后崩丙午曲赦廣衡二州丁未大赦又詔自討周迪華皎以來兵所有死亡者並令收斂并給棺櫬送還本鄉夏四月乙卯臨海王伯宗薨戊寅皇太后祔葬于萬安陵五月壬午齊人來弔六月戊子新羅國遣使朝貢辛卯大雨雹乙巳分遣大使巡州郡省冤屈冬十一月辛酉高麗國遣使朝貢十二月癸巳雷

三年春正月癸丑以尚書右僕射徐陵爲尚書僕射辛酉祀南郊二月辛丑祀明堂丁酉耕籍田三月丁丑大赦夏四月壬辰齊人來聘五月辛亥高麗新羅丹丹天竺盤盤等國並遣使朝貢六月丁亥江陰王蕭季卿以罪免甲辰封東中郎長沙王府諮議參軍蕭彝爲江陰王冬十月乙酉周人來聘十二月壬辰司空章昭達薨

四年春正月丙午以尚書僕射徐陵爲左僕射中書監王勱爲右僕射二月乙酉立皇子叔卿爲建安王三月乙丑扶南林邑國並遣使朝貢夏五月癸卯尚書右僕射王勱卒是月周人誅冢宰宇文護秋八月辛未周人來聘九月庚子朔日有食之辛未大赦丙寅以故太尉徐度儀同三司杜稜程靈洗配食武帝廟庭故司空章昭達配食文帝廟庭冬十一月己亥地震是歲周建德元年

五年春正月癸酉以吏部尚書沈君理爲尚書右僕射領吏部辛巳祀南郊二月辛丑祀明堂乙卯夜有白氣如虹自北方貫北斗紫宮三月壬午以開府儀同三司吳明徹都督征討諸軍事略地北邊丙戌西衡州獻馬生角己丑皇孫允生內外文武賜帛各有差爲父後者賜爵一級夏六月癸卯周人來聘秋九月癸未尚書右僕射沈君理卒壬辰晦夜明冬十月己亥以特進周弘正爲尚書右僕射乙巳吳明徹剋壽陽城斬王琳傳首建鄴梟于朱雀航十二月壬辰詔熊曇朗留異陳寶應周迪鄧緒等及王琳首並還親屬以弘廣宥乙巳立皇子叔明爲宜都王叔獻爲河東王是歲諸軍略地所在剋捷

六年春正月壬戌赦江右淮北諸州甲申周人來聘高麗國遣使朝貢二月壬辰朔日有食之辛亥耕籍田夏四月庚子彗星見六月壬辰尚書右僕射周弘正卒冬十一月乙亥詔北邊行軍之所並給復十年十二月戊戌以吏部尚書王瑒爲尚書右僕射

七年春正月辛未祀南郊三月辛未詔豫二兗譙徐合霍南司定九州及南豫江郢所部在江北諸郡置雲旗義士駐大軍及諸鎭備防夏四月丙戌有星孛于大角庚寅監豫州陳桃根獻靑牛詔以還百姓乙未桃根又上織成羅紋錦被表各二詔於雲龍門外焚之壬子郢州獻瑞鍾六六月丙戌詔爲北行將士死王事者剋日舉哀壬辰以尚書右僕射王瑒爲尚書僕射乙酉改作雲龍神虎門秋八月癸卯周人來聘閏九月壬辰都督吳明徹大破齊軍於呂梁是月甘露頻降樂游苑丁未輿駕幸苑採甘露宴羣臣詔於苑龍舟山立甘露亭冬十月己巳立皇子叔齊爲新蔡王叔文爲晉熙王十二月壬戌以尚書僕射王瑒爲左僕射太子詹事陸繕爲右僕射甲子南康郡獻瑞鍾一

八年春二月壬申以開府儀同三司吳明徹爲司空夏五月庚寅尚書左僕射王瑒卒六月甲寅以尚書右僕射陸繕爲左僕射新除晉陽太守王克爲右僕射秋九月戊戌立皇子叔彪爲淮南王

九年春正月乙亥齊主傳位於其太子恒自號太上皇是月周滅齊二月壬子耕藉田秋七月己卯百濟國遣使朝貢庚辰大雨震萬安陵華表己丑震慧日寺刹及瓦官寺重門一女子震死冬十月戊午司徒吳明徹破周將梁士彥於呂梁十二月戊申東宮成皇太子移于新宮

十年春二月甲子周軍救梁士彥大敗司空吳明徹於呂梁及將卒皆見囚俘不反三月辛未震武庫丙子分命衆軍以備周乙酉大赦夏四月庚戌詔緣在軍者並賜爵二級又詔御府堂署所營造禮樂儀服軍器之外悉皆停息掖庭常供王侯妃主諸有奉䘏者並各量減庚申大雨雹六月丁酉周武帝殂閏六月丁卯大雨震大皇寺剎莊嚴寺露盤重陽閣東樓千秋門內槐樹及鴻臚府門秋七月戊戌新羅國遣使朝貢八月戊寅隕霜殺稻菽九月乙巳立方明壇于婁湖戊申以揚州刺史始興王叔陵兼王官伯臨盟甲寅幸婁湖臨誓衆乙卯分遣大使以盟誓班下四方以上下相警冬十月戊子以尚書左僕射陸繕爲尚書僕射十二月乙亥合州廬江蠻田伯興出寇樅陽刺史魯廣達討平之是歲周宣政元年

十一年春正月丁酉南兗州言龍見二月癸亥耕藉田秋七月辛卯初用大貨六銖錢八月丁卯幸大壯觀閱武冬十月甲戌以尚書僕射陸繕爲尚書左僕射以祠部尚書晉安王伯恭爲右僕射十一月辛卯大赦戊戌周將梁士彥圍壽陽剋之辛亥又剋霍州癸丑以揚州刺史始興王叔陵爲大都督總督水步衆軍十二月乙丑南北兗晉三州及盱台山陽陽平馬頭秦歷陽沛北譙南梁等九郡民並自拔向建鄴周又剋譙北徐二州自是淮南之地盡歸于周矣己巳詔非軍國所須多所減損歸于儉約是歲周宣帝大象元年

十二年夏四月癸亥尚書左僕射陸繕卒己卯大雩壬午雨五月癸巳以尚書右僕射晉安王伯恭爲尚書僕射己酉周宣帝崩六月壬戌大風吹壞皐門中闥秋八月己未周鄭州總管司馬消難以所統九州八鎮之地來降詔因以消難爲大都督加司空封隨郡公庚申詔鎮西將軍樊毅進督沔漢諸軍事遣南豫州刺史任忠率衆趣歷陽超武將軍陳慧紀爲前軍都督趣南兗州戊辰以司空司馬消難爲大都督水陸諸軍事庚午通直散騎常侍淳于陵剋臨江郡癸酉智武將軍魯廣達剋郭默城甲戌大雨霖丙子淳于陵剋祐州城九月癸未周臨江太守劉顯光率衆來降是夜天東南有聲如風水相激三夜乃止丁亥周將王延貴率衆拔歷陽任忠擊破之禽延貴等己酉周廣陵義軍主曹藥率衆來降冬十月癸丑大雨震電十二月庚辰南徐州刺史河東王叔獻薨

十三年春正月壬午以中權將軍護軍將軍鄱陽王伯山即本號開府儀同三司以尚書僕射晉安王伯恭爲左僕射吏部尚書袁憲爲右僕射二月乙亥耕藉田秋九月癸未夜大風從西北來發屋拔樹大雨雹冬十月壬寅丹丹國遣使朝貢十二月辛巳彗星見西南是歲周靜帝大定元年遜位于隋文帝改元開皇元年

十四年春正月乙酉上弗豫甲寅崩于宣福殿時年五十三遺詔凡厥終制事從省約金銀之飾不以入壙明器皆用瓦以日易月及公除之制悉依舊準在位百司三日一臨四方州鎮五等諸侯各守所職並停奔赴二月辛卯羣臣上謚曰孝宣皇帝廟號高宗癸巳葬顯寧陵帝之在田本有恢弘之度及居尊位實允天人之屬于時國步初彌創痍未復淮南之地並入于齊帝志復舊境惟彊弱之形縣絕故深自懲艾恐犯不韙及夫周兵滅齊乘勝略地還至江際帝自此懼矣既而修飾都城爲扞禦之備獲銘云二百年後當有癡人修破吾城者時莫測所從云

孝宣帝太建十四年

後主諱叔寶字元秀小字黃奴宣帝嫡長子也梁承聖二年十一月戊寅生于江陵明年魏平江陵宣帝遷于長安留後主於穰城天嘉三年歸建鄴立爲安成王世子光大二年累遷侍中太建元年正月甲午立爲皇太子十四年正月甲寅宣帝崩乙卯始興王叔陵搆逆伏誅丁巳太子卽皇帝位于太極前殿大赦在位文武及孝悌力田爲父後者並賜爵一級孤老鰥寡不能自存者賜穀人五斛帛二匹癸亥以侍中丹楊尹長沙王叔堅爲驃騎將軍開府儀同三司揚州刺史乙丑尊皇后爲皇太后丁卯立皇弟叔敦爲始興王奉昭烈王祀己巳立妃沈氏爲皇后辛未立皇弟叔儼爲尋陽王叔愼爲岳陽王叔達爲義陽王叔熊爲巴山王叔虞爲武昌王甲戌設無礙大會於太極前殿三月癸亥詔內外衆官九品以上各薦一人又詔求忠讜無所隱諱己巳以新除翊左將軍永陽王伯智爲尚書僕射夏四月丙申立皇子永康公允爲皇太子賜天下爲父後者爵一級王公以下賚帛各有差庚子詔鏤刻金銀一切華綵之屬及布帛短狹輕疎者並傷財廢業尤成蠹患又僧尼

道士挾邪左道不依經律人間淫祀祆書諸珍怪事詳爲條制並皆禁絕秋七月辛未大赦是月自建鄴至荆江州水色赤如血八月癸未天有聲如風水相激乙酉夜又如之九月丙午設無礙大會於太極前殿捨身及乘輿御服大赦辛亥夜天東北有聲如蟲飛漸移西北丙寅以驃騎將軍開府儀同三司揚州刺史長沙王叔堅爲司空征南將軍江州刺史豫章王叔英即本號開府儀同三司

至德元年春正月壬寅大赦改元以江州刺史豫章王叔英爲驃騎將軍開府儀同三司以司空揚州刺史長沙王叔堅爲江州刺史征東將軍開府儀同三司癸卯立皇子深爲始安王秋八月丁卯以驃騎將軍開府儀同三司長沙王叔堅爲司空九月丁巳天東南有聲如蟲飛冬十月丁酉立皇弟叔平爲湘東王叔敖爲臨賀王叔宣爲山陽王叔穆爲西陽王叔儉爲南安王叔澄爲南郡王叔興爲沅陵王叔韶爲樂山王叔純爲新興王十二月丙辰頭和國遣使朝貢司空長沙王叔堅有罪免戊午夜天開自西北至東南其內有青黃雜色隆隆若雷聲

二年春正月丁卯分遣大使巡省風俗癸巳大赦夏五月戊子以吏部尚書江總爲尚書僕射秋七月壬午皇太子加元服在位文武賜帛各有差孝悌力田爲父後者賜爵一級鰥寡癃老不能自存者人穀五斛冬十一月丙寅大赦是月盤盤百濟國並遣使朝貢

三年春正月戊午朔日有食之庚午鎭左將軍長沙王叔堅即本號開府儀同三司三月辛酉前豐州刺史章大寶舉兵反夏四月庚戌豐州義軍主陳景詳斬大寶傳首建鄴冬十月己丑丹丹國遣使朝貢十一月己未詔修復仲尼廟辛巳幸長干寺大赦十二月癸卯高麗國遣使朝貢是歲梁明帝殂

四年春正月甲寅詔王公以下各薦所知無隔輿皁二月丙申立皇弟叔謨爲巴東王叔顯爲臨江王叔坦爲新會王叔隆爲新寧王夏五月丁巳立皇子莊爲會稽王秋九月甲午幸元武湖肄艫艦閱武丁未百濟國遣使朝貢冬十月癸亥以尚書僕射江總爲尚書令吏部尚書謝伷爲尚書僕射十一月己卯大赦

禎明元年春正月戊寅大赦改元乙未地震秋九月庚寅梁太傅安平王蕭巖荆州刺史蕭瓛遣其都官尚書沈君公詣荆州刺史陳紀請降辛卯巖等帥其文武官男女濟江甲午大赦冬十二月丙子以蕭巖爲平東將軍開府儀同三司東揚州刺史丁亥以驃騎大將軍開府儀同三司豫章王叔英爲兼司徒十二月丙辰以前鎭衛大將軍開府儀同三司東揚州刺史鄱陽王伯山爲鎭衛大將軍開府儀同三司

二年春正月辛巳立皇子恮爲東陽王恬爲錢唐王夏四月戊申有羣鼠無數自蔡洲岸入石頭淮至于青塘兩岸數日自死隨流出江是月郢州南浦水黑如墨五月甲午東冶鑄鐵有物赤色大如數升自天墜鎔所有聲隆隆如雷鐵飛出牆外燒人家六月戊戌扶南國遣使朝貢庚子廢皇太子允爲吳興王立揚州刺史始安王深爲皇太子辛丑以太子詹事袁憲爲尚書僕射丁巳大風自西北激濤水入石頭城淮渚暴溢漂没舟乘冬十月己亥立皇子藩爲吳王己酉幸莫府山大校獵十一月丁卯詔剋日於大政殿訊獄丙子立皇弟叔榮爲新昌王叔匡爲太原王初隋文帝受周禪甚敦鄰好宣帝尙不禁侵掠太建末隋兵大舉聞宣帝崩乃命班師遣使赴弔修敵國之禮書稱姓名頓首而後主益驕書末云想彼統內如宜此宇宙清泰隋文帝不說以示朝臣清河公楊素素以爲主辱臣死再拜請罪及襄邑公賀若弼並奮求致討後主使袁彥聘隋竊圖隋文帝狀以歸後主見之大駭曰吾不欲見此人每遣間諜隋文帝皆給衣馬禮遣以歸後主愈驕不虞外難荒于酒色不恤政事左右嬖佞珥貂者五十人婦人美貌麗服巧態以從者千餘人常使張貴妃孔貴人等八人夾坐江總孔範等十人豫宴號曰狎客先令八婦人襞采箋製五言詩十客一時繼和遲則罰酒君臣酣飮從夕達旦以此爲常而盛修宮室無時休止稅江稅市徵取百端刑罰酷濫牢獄常滿覆舟山及蔣山柏林冬月常多采醴後主以爲甘露之瑞前後災異甚多有神自稱老子游於都下與人對語而不見形言吉凶多驗得酒輒醻之經三四年乃去船下有聲云明年亂視之得嬰兒長三尺而無頭蔣山衆鳥鼓兩翼以拊膺曰奈何帝奈何帝又建鄴城無故自壞青龍出建陽門井涌霧赤地生黑白毛大風拔朱雀門臨平湖草舊塞忽然自通後主又夢黃衣圍城乃盡去繞城橘樹又見大蛇中分首尾各走夜中索飮忽變爲血有血霑階至於坐牀頭而火起有狐入其牀下捕之不見以爲祆乃自賣於佛寺爲奴以禳之於郭內大皇佛寺起七層塔未畢火從中起飛至石頭燒死者甚衆又采木湘州擬造正寢栰至牛渚磯盡没水中既而漁人見栰浮於海上又起齊雲觀國人歌曰齊雲觀寇來無際畔始北齊末諸省官人

多稱省主未幾而滅至是舉朝亦有此稱識者以爲省主主將見省之兆隋文帝謂僕射高熲曰我爲百姓父母豈可限一衣帶水不拯之乎命大作戰船人請密之隋文帝曰吾將顯行天誅何密之有使投柹于江若彼能改吾又何求及納梁蕭瓛蕭巖隋文帝愈憤以晉王廣爲元帥總十八總管致討乃送璽書暴後主二十惡又散遺詔書書三十萬紙徧喻江外諸軍既下江濱鎮戍相繼奏聞新除湘州刺史施文慶中書舍人沈客卿掌機密並抑而不言初蕭巖蕭瓛之至也德教學士沈君道夢殿前長人朱衣虎冠頭出欄上攘臂怒曰那忽受叛蕭誤人事後主聞之忌二蕭故遠散其衆以巖爲東揚州刺史瓛爲吳州刺史使領軍任忠出守吳興郡以襟帶二州使南平王嶷鎮江州永嘉王彥鎮南徐州尋召二王赴期明年元會命緣江諸防船艦悉從二王還都以示威勢由是江中無一鬬船上流諸州兵皆阻楊素軍不得至都下甲士尙十餘萬人及聞隋軍臨江後主曰王氣在此齊兵三度來周兵再度至無不摧沒虜今來者必自敗孔範亦言無度江理但奏伎縱酒作詩不輟

三年春正月乙丑朔朝會大霧四塞入人鼻皆辛酸後主昏睡至晡時乃罷是日隋將賀若弼自北道廣陵濟韓擒虎趣橫江濟分兵晨襲采石取之進拔姑熟次於新林時弼攻下京口緣江諸戍望風盡走弼分兵斷曲阿之衝而入丙寅採石戍主徐子建至告變戊辰乃下詔曰犬羊陵縱侵竊郊畿蠭蠆有毒宜時埽定朕當親御六師廓清八表內外並可戒嚴於是以蕭摩訶爲皇畿大都督樊猛爲上流大都督樊毅爲下流大都督司馬消難施文慶並爲大監軍重立賞格分兵鎮守要害僧尼道士盡皆執役庚午賀若弼攻陷南徐州辛未韓擒虎又陷南豫州隋軍南北道並進辛巳賀若弼進軍鍾山頓白土岡之東南衆軍敗績弼乘勝進軍宮城燒北掖門是時韓擒虎率衆自新林至石子岡鎮東大將軍任忠出降擒虎仍引擒虎經朱雀航趣宮城自南掖門入城內文武百司皆遁出唯尙書僕射袁憲後閤舍人夏侯公韻侍側憲勸端坐殿上正色以待之後主曰鋒刃之下未易可當吾自有計乃逃於井二人苦諫不從以身蔽井後主與爭久之方得入沈后居處如常太子深年十五閉閤而坐舍人孔伯魚侍焉戎士叩閤而入深安坐勞之曰戎旅在途不至勞也既而軍人窺井而呼之後主不應欲下石乃聞叫聲以繩引之驚其太重及出乃與張貴妃孔貴人三人同乘而上隋文帝聞之大驚開府鮑宏曰東井上於天文爲秦今帝都所在投井其天意邪先是江東謠多唱王獻之桃葉辭云桃葉復桃葉度江不用檝但度無所苦我自接迎汝及晉王廣軍於六合鎮其山名桃葉果乘陳船而度丙戌晉王廣入據臺城送後主于東宮三月己巳後主與王公百司同發自建鄴之長安隋文帝權分京城人宅以俟內外修整遣使迎勞之陳人謳詠忘其亡焉使還奏言自後主以下大小在路五百里纍纍不絕隋文帝嗟嘆曰一至於此及至京師列陳之輿服器物於庭引後主於前及前後二太子諸父諸弟衆子之爲王者凡二十八人司空司馬消難尙書令江總僕射袁憲驃騎蕭摩訶護軍樊毅中領軍魯廣達鎮軍將軍任忠吏部尙書姚察侍中中書令蔡徵左衞將軍樊猛自尙書郞以上二百餘人文帝使納言宣詔勞之次使內史令宣詔讓後主後主伏地屏息不能對乃見宥隋文帝詔陳武文宣三帝陵總給五百戶分守之初武帝始卽位其夜奉朝請史普直宿省夢有人自天而下導從數十至太極殿前北面執玉策金字曰陳氏五帝三十二年及後主在東宮時有婦人突入唱曰畢國主有鳥一足集其殿庭以觜畫地成文曰獨足上高臺盛草變爲灰欲知我家處朱門當水開解者以爲獨足蓋指後主獨行無衆盛草言荒穢隋承火運草得火而灰及至京師與其家屬館於都水臺所謂上高臺當水也其言皆驗或言後主名叔寶反語爲少福亦敗亡之徵云既見宥隋文帝給賜甚厚數得引見班同三品每預宴恐致傷心爲不奏吳音後監守者奏言叔寶云既無秩位每預朝集願得一官號隋文帝曰叔寶全無心肝監者又言叔寶常沈醉罕有醒時隋文帝使節其酒既而曰任其性不爾何以過日未幾帝又問監者叔寶所嗜對曰嗜驢肉問飲酒多少對曰與其子弟日飲一石隋文帝大驚及從東巡登芒山侍飲賦詩曰日月光天德山河壯帝居太平無以報願上東封書并表請封禪隋文帝優詔謙讓不許後從至仁壽宮常侍宴及出隋文帝目之曰此敗豈不由酒將作詩功夫何如思安時事當賀若弼度京口彼人密啓告急叔寶爲飲酒遂不省之高熲至日猶見啓在牀下未開封此亦是可笑蓋天亡也昔苻氏所征得國皆榮貴其主苟欲求名不知違天命與之官乃違天也隋文帝以陳氏子弟既多恐京下爲過皆分置諸州縣每歲賜以衣服以安全之後主以隋仁壽四年十一月壬子終於洛陽時年五十二贈大將軍封長城

縣公諡曰煬葬河南洛陽之芒山

後主至德四年禎明二年卽位六年

右陳五主凡三十三年爲隋所滅

通志卷十四

通志卷十五上

宋右迪功郎鄭樵漁仲撰

後魏紀第十五上

聖武帝　神元帝　思帝　昭帝 桓帝穆帝 平文帝
惠帝　煬帝　烈帝　昭成帝　道武帝　明元帝　太武帝　文成帝　獻文帝

魏之先出自黃帝軒轅氏黃帝子曰昌意昌意之少子受封北國有大鮮卑山因以爲號其後世爲君長統幽都之北廣漠之野畜牧遷徙射獵爲業湻樸爲俗簡易爲化不爲文字刻木結繩而已時事遠近人相傳授如史官之紀錄焉黃帝以土德王北俗謂土爲托謂后爲跋故以爲氏其裔始均仕堯時逐女魃於弱水北人賴其勳舜命爲田祖歷三代至秦漢獯鬻獫狁山戎匈奴之屬累代作害中州而始均之裔不交南夏是以載籍無聞積六七十代至成皇帝諱毛立統國三十六大姓九十九威振北方成帝崩節皇帝貸立節帝崩莊皇帝觀立莊帝崩明皇帝樓立明帝崩安皇帝越立安帝崩宣皇帝推寅立宣帝南遷大澤方千餘里厥土昬冥沮洳謀更南徙未行而崩景皇帝利立景帝崩元皇帝俟立元帝崩和皇帝肆立和帝崩定皇帝機立定帝崩僖皇帝蓋立僖帝崩威皇帝儈立威帝崩獻皇帝鄰立時有神人言此土荒遐宜徙建都邑獻帝年老乃以位授子聖武皇帝命南移山谷高深九難八阻於是欲止有神獸似馬其聲類牛導引歷年乃出始居匈奴故地其遷徙策畧多出宣獻二帝故時人並號曰推寅蓋俗云鑽研之義

聖武皇帝諱詰汾嘗田於山澤欻見輜軿自天而下既至見美婦人自稱天女受命相偶旦日請還期年周時復會于此言終而别及朞帝至先田處果見天女以所生男授帝曰此君之子也當世爲帝王語訖而去卽始祖神元皇帝也故時人諺曰詰汾皇帝無婦家力微皇帝無舅家帝崩神元皇帝立

神元皇帝諱力微元年歲在庚子先是西部內侵依於沒鹿迴部大人竇賓神元有雄傑之度後與賓攻西部賓軍敗失馬步走神元使以所乘駿馬給之賓歸求馬主帝隱而不言賓後知大驚將分國之半奉帝帝不受乃進其愛女賓猶思報恩乃從帝所欲徙所部北居長川積數年舊部人咸來歸附及賓臨終戒其二子使謹奉神元其子不從乃陰謀逆帝召殺之盡并其衆諸部大人悉服控弦之士二十餘萬三十九年遷於定襄之盛樂四月祭天諸部君長皆來助祭唯白部大人觀望不至徵而戮之遠近肅然帝乃告諸大人爲與魏和親計四十二年遣子文帝如魏且觀風土是歲魏景元二年也文帝諱沙漠汗以國太子留洛陽後文帝以神元春秋已高求歸晉武帝具禮護送五十六年文帝復如晉其冬還國晉征北將軍衛瓘以文帝雄異恐爲後患請留不遣復請以金錦賂國之大人令致間隙五十八年方遣帝神元使諸部大人詣陰館迎帝酒酣帝仰視飛鳥飛丸落之時國俗無彈衆大驚相謂曰太子被服同南夏兼奇術絕人若繼國統變易舊俗吾等必不得志乃謀危害帝並先馳還曰太子引空弓而落飛鳥似得晉人異法自帝在晉後諸子愛寵神元頗有所惑及聞諸大人請因曰當便除之於是諸大人馳詣塞南矯害帝其年神元不豫烏丸王庫賢親近任勢先受衛瓘之貨欲沮動諸部因於庭中礪鉞謂諸大人曰上恨汝曹讒殺太子欲盡收諸大人長子殺之大人皆信各各散走神元尋崩凡饗國五十八年年一百四歲道武卽位尊爲始祖子章皇帝悉鹿立時諸部離散帝九年而崩弟平皇帝綽立七年而崩文帝少子思皇帝立

思皇帝諱弗政崇寬簡百姓懷服一年而崩

昭皇帝諱祿官神元帝之子也帝立九年分國爲三部一居上谷北濡源西東接宇文部自統之一居代郡之參合陂北使文帝長子桓帝諱猗㐌統之一居定襄之盛樂故城使桓帝弟穆帝猗盧統之自神元以來與晉和好是歲穆帝始出并州遷雜胡北徙雲中五原朔方又西度河擊匈奴烏丸諸部自杏城以北八十里迄長城原夾道立碣與晉分界二年葬文帝及皇后封氏初思帝欲改葬未果而崩至是述成前意焉三年桓帝度漠北巡因西畧諸國凡積五歲諸部降附者三十餘國桓帝英傑魁岸馬不能勝常乘安車駕大牛牛角容一石帝曾中蠱嘔吐之地仍生榆參合陂土無榆故時人異之十年匈奴別種劉淵反晉於離石自號漢王并州刺史司馬騰來乞師桓帝與帝大舉以助之大破淵衆於西河上黨桓帝與騰盟於汾東而還乃使輔相衛雄段繁於參合陂西累石爲亭樹碑以紀行焉十一年晉假桓帝大單于金印紫綬是歲桓帝崩桓帝統部凡十一年後定襄侯衛操樹碑於大邗城以頌功德子普根代立十三年昭帝崩穆帝總攝三部爲一統帝天姿英峙勇畧過人元年劉淵僭帝號自稱大漢三年晉并州刺史劉琨遣子遵爲質乞師帝使弟子平文皇帝助琨破白部大人攻鐵弗劉虎晉懷帝進帝大單于封代

公帝以封邑去國縣遠從琨求句注陘北地琨大喜乃徙馬邑陰館樓煩繁畤崞五縣人於陘南更立城邑盡獻其地東接代郡西連西河朔方數百里帝乃徙十萬家以充之六年城盛樂以爲北都修故平城以爲南都帝登平城西山觀望地勢乃更南百里於灅水之陽黃瓜堆築新平城晉人謂之小平城使子六修鎭之統領南部八年晉愍帝進帝爲代王置官屬食代常山二郡先是國俗寬簡至是明刑峻法諸部人多以違命得罪凡後期者皆舉部戮之或有室家相攜悉赴死所人問何之曰當就誅其威嚴若此九年帝召六修不至怒討之失利遂崩普根先守外境聞難來攻六修滅之普根立月餘薨普根子始生桓帝后立之又薨思帝子平文皇帝立

平文皇帝諱鬱律姿質雄壯甚有威畧元年歲在丁丑二年劉虎據朔方來侵西部帝大破之西兼烏孫故地東吞勿吉以西控弦上馬將百萬是歲晉元帝卽位於江南劉曜僭帝位帝聞晉愍帝爲曜所害顧謂大臣曰今中原無主天其資我乎曜遣使請和帝不納三年石勒自稱趙王遣使乞和請爲兄弟帝斬其使以絶之五年晉元帝遣使韓暢加崇爵服帝絶之講武有平南夏志桓帝后以帝得衆心恐不利已子害帝遂崩大人死者數十人天興初追尊曰太祖

惠皇帝諱賀傉桓帝中子也以五年爲元年帝未親政事太后臨朝遣使與石勒通和時人謂之女國使四年帝始臨朝以諸部人情未悉款順乃築城於東木根山徙都之五年帝崩

煬皇帝諱紇那惠帝之弟也以五年爲元年三年石勒遣石虎寇邊部帝禦之不利遷於大甯時平文帝長子烈帝居於舅賀蘭部帝遣使求之賀蘭部帥藹頭擁護不遣帝怒召宇文部并力擊藹頭宇文衆敗帝還大甯五年帝出居於宇文部賀蘭及諸部大人共立烈帝

烈皇帝諱翳槐以五年爲元年石勒遣使求和帝遣弟昭成帝如襄國從者五千餘家七年藹頭不修臣職召而戮之國人復貳於是煬帝自宇文部還入諸部大人復奉之煬帝以烈帝七年爲後元年時烈帝出居於鄴三年石虎納烈帝於大甯國人六千餘家部落叛煬帝出居於慕容部烈帝復立以煬帝三年爲後元年城盛樂城在故城東南十里一年而崩弟昭成皇帝立

昭成皇帝諱什翼犍平文皇帝之次子也生而奇偉寬仁大度身長八尺隆準龍顏立髮委地臥則乳垂至席烈帝臨崩顧命迎帝曰立此人則社稷乃安故帝弟孤自詣鄴奉迎與帝俱還十一月卽位於繁畤北始稱建國元年時年十九

二年春始置百官分掌衆職東自濊貊西及破落那莫不款附五月朝諸大人於參合陂議定都灅源川連日不決乃從太后計而止聘慕容皝妹爲皇后

三年春移都雲中之盛樂宮

四年築盛樂城於故城南八里皇后慕容氏崩十月劉虎寇西境帝遣軍大破之虎死子務桓立始來歸順帝以女妻之

五年五月幸參合陂七月七日諸部畢集設壇埓講武騎射因以爲常八月還雲中

七年二月遣大人長孫秩迎后慕容氏於和龍皝送女於境七月慕容皝遣使來聘求交婚帝許之以烈帝女妻焉

十四年帝以中州紛梗將親率六軍乘石氏之亂廓定中原諸大人諫乃止

十八年太后王氏崩

十九年正月劉務桓死其弟閼頭立潛謀反

二十一年閼頭部人多叛懼而東走度河半濟而冰陷後衆盡歸其兄子悉勿祈初閼頭之叛悉勿祈兄弟十二人在帝左右盡遣之歸欲其自相猜離至是悉勿祈奪其衆閼頭窮而歸命帝待之如初

二十二年春帝東巡桑乾川四月悉勿祈死弟衞辰立

二十三年六月皇后慕容氏崩七月衞辰來會葬因求婚許之

二十五年帝南巡君子津

二十八年正月衞辰謀反度河東帝討之衞辰懼遁走

三十年十月帝征衞辰時河冰未成帝乃以葦絙約凘俄然冰合乃散葦於上冰草相結若浮橋然衆軍利涉衞辰與宗族西走收其部落而還

三十四年春長孫斤謀反伏誅斤之反也拔刃向御坐太子實格之傷脇五月薨後追謚焉是爲獻明皇帝七月皇孫珪生大赦

三十九年秦王苻堅遣其大司馬苻洛帥衆二十萬及其將朱彤張蚝鄧羌等諸道來寇王師不利帝時不豫乃率國人避於陰山之北高車雜種盡叛四面寇鈔不得芻牧復度漠南堅軍稍退乃還十二月至雲中旬有二日皇子實君作亂帝暴崩時年五十七道武卽位尊曰高祖帝性寬厚時國少繒帛代人許謙盜絹二疋守者以告帝匿之謂燕鳳曰吾不忍視謙之面卿勿洩之

謙或慙而自殺爲財辱士非也帝嘗擊西部叛賊流矢中目賊破後諸大臣見執射者各持錐刀欲屠割之帝曰各爲其主何罪也釋之其仁恕若此

太祖道武皇帝諱珪昭成皇帝之嫡孫獻明帝之子也母曰獻明賀皇后初后因遷徙游於雲澤寢夢日出室內寤而見光自牖屬天欻然有感以建國三十四年七月七日生帝於參合陂北其夜復有光明昭成大悅羣臣稱慶大赦告于祖宗保母以帝體重倍於常兒竊獨奇怪明年有榆生於藏胞之坎後遂成林帝弱而能言目有光曜廣顙大耳六歲而昭成崩苻堅遣將內侮將遷帝長安賴燕鳳乃免堅軍既還國衆離散堅使劉庫仁劉衛辰分攝國事南部大人長孫嵩及元他等盡將故人衆南依庫仁帝於是轉在獨孤部

元年葬昭成皇帝於金陵營梓宮木柹盡生成林帝雖沖幼而嶷然不羣劉庫仁常謂其子曰帝有高天下之志必興復洪業

七年十月晉敗苻堅于淮南慕容文等殺劉庫仁弟眷代攝國部

八年燕慕容暐弟沖僭立苻堅將姚萇自稱大單于萬年秦王慕容垂僭稱燕王

九年劉庫仁子顯殺眷而代之乃將謀逆商人王覇知之履帝足於衆中帝乃馳還是時故大人梁盆子六眷爲顯謀主盡知其計密使部人穆崇馳告帝乃陰結舊臣長孫犍元他等因幸賀蘭部其日顯果使人殺帝不及語在獻明太后傳是歲乞伏國仁私署秦河二州牧大單于姚萇殺苻堅堅子丕僭即皇帝位於晉陽

登國元年春正月戊申帝即代王位郊天建元大會於牛川復以長孫嵩爲南部大人以叔孫普洛爲北部大人是月慕容垂僭即皇帝位于中山國號燕二月幸定襄之盛樂息衆課農慕容沖爲其部下所殺夏四月改稱魏王五月姚萇僭即皇帝位於長安國號大秦秋八月劉顯遣弟亢泥迎皇叔父窟咄于慕容永以兵隨之來逼南境帝左右于桓等與諸部大人謀應之事洩誅造謀者五人餘悉不問帝慮內難乃北踰陰山幸賀蘭部阻山爲固遣行人安同長孫賀徵師于慕容垂垂令其子賀驎率師隨同等軍未至而寇逼於是北部大人叔孫普洛等十三人及諸烏丸亾奔衛辰帝自弩山幸牛川屯于延水南出代谷會賀驎於高柳大破窟咄悉收其衆冬十月苻丕爲晉將馮該所殺慕容永僭即皇帝位於長子十一月苻登僭即皇帝位於隴東十二月慕容垂遣使奉帝西單于印綬封上谷王帝不納

二年夏五月遣行人安同徵兵於慕容垂垂遣子賀驎率衆來會六月帝親征劉顯顯奔慕容永盡收其部落冬十二月巡松漠還幸牛川

三年夏五月癸亥北征庫莫奚大破之六月乞伏國仁死其弟乾歸立私署河南王秋七月庫莫奚部帥鳩集遺散夜犯行宮縱騎撲討盡滅之八月使九原公儀於慕容垂冬十月垂遣使朝貢

四年春正月甲寅襲高車諸部落二月癸巳遂至女水討叱突隣部並大破之是月呂光自稱三河王夏五月使陳留公虔於慕容垂冬十月垂遣使朝貢

五年春三月甲申西征次鹿渾海襲高車袁紇部大破之慕容垂遣子賀驎來會夏四月丙寅行幸意辛山與賀驎討賀蘭紇奚諸部落大破之秋八月還幸牛川使秦王觚於慕容垂九月壬申討叱奴部囊曲水破之冬十月討高車豆陳部於狼山破之十二月帝還次白漠

六年春正月幸紐垤川三月遣九原公儀陳留公虔等西討黜弗部大破之夏四月祭天秋七月壬申講武于牛川慕容垂止秦王觚而求名馬帝絕之乃遣使於慕容永永使其大鴻臚慕容鈞奉表勸進尊號九月帝襲五原屠之收其積穀還紐垤川於棝陽塞北樹碑紀功冬十月戊戌北征蠕蠕追破之於大磧南商山下十一月戊辰還幸紐垤川戊寅衛辰遣子直力鞮寇南部壬午帝大破之於鐵岐山南衛辰父子奔遁十二月滅之衛辰少子屈丐亾奔薛干部自河以南諸部悉平收衛辰子弟宗黨無少長五千餘人盡殺之是歲起河南宮

七年春正月幸木根山遂次黑鹽池饗羣臣北之美水三月還幸河南宮秋七月行幸漠南仍築巡臺冬十二月慕容永遣使朝貢

八年春正月南巡二月幸羖羊原赴白樓夏六月北巡秋七月臨幸新壇先是衛辰子屈丐奔薛干部徵之不送八月帝南征薛干部屠其城九月還幸河南宮

九年春三月北巡使東平公儀屯田於河北五原至於棝陽塞外夏五月田於河東秋七月還幸河南宮冬十月蠕蠕杜崙等率部落西走是歲姚萇子興僭位殺苻登慕容垂滅永

十年秋七月慕容垂遣其子寶來寇五原八月帝親兵於河南冬十月辛未寶燒船夜遁己卯帝進軍濟河乙酉夕至參合陂丙戌大破之禽其王公以下文武將吏數千人於俘虜中擢其才識者賈彝賈閏晁崇等參謀議憲章故實十二月還幸雲中之盛樂

皇始元年春正月大蒐于定襄因東幸善無北陂三月慕容垂寇桑乾川陳留公虔死之垂遂至平城西北聞帝將至乃築城自守疾甚遂遁死於上谷子寶祕喪還至中山乃僭立夏六月丁亥皇太后賀氏崩是月葬獻明太后呂光僭稱天王國號涼秋七月左司馬許謙上書勸進尊號於是改元始建天子旌旗出警入蹕八月己亥大舉討慕容寶帝親勒六軍四十餘萬南出馬邑踰句注旌旗絡繹二千餘里鼓行而前人屋皆震別詔將軍封眞等從東道襲幽州圍薊九月戊午次陽曲乘西山臨觀晉陽寶并州牧遼西王農棄城遁并州平初建臺省置百官封拜公侯將軍刺史太守尚書郎以下悉用文人帝初拓中原留心慰納諸士大夫詣軍門者無少長皆引入人得盡言苟有微能咸蒙叙用己未詔輔國將軍奚牧畧地晉川獲慕容寶丹陽王買得等於平陶城九月晉孝武帝殂冬十一月庚子朔帝至眞定自常山以東守宰或捐城奔竄或稽顙軍門唯中山鄴信都三城不下別詔東平公儀攻鄴冠軍將軍王建左軍將軍李栗等攻信都詔軍行不得傷桑棗戊午進軍中山己未圍之帝曰朕量寶不能出戰必憑城自守急攻則傷士卒久守則費糧不如先平鄴信都然後還取中山諸將稱善丁卯車駕幸魯口城

二年春正月壬戌帝引騎圍信都其夜寶冀州刺史宜都王慕容鳳踰城奔中山癸亥寶輔國將軍張驤護軍將軍徐超舉城降是月鮮卑禿髮烏孤私署大單于西平王二月丁丑帝軍于鉅鹿之栢肆塢臨滹沱水其夜寶悉衆犯營燎及行宮兵入駭散帝驚起不及衣冠跣出擊鼓俄而左右及中軍將士稍集帝設奇陣列烽營外縱騎衝之寶衆大敗走還中山獲其器械數十萬計寶尙書閔亮祕書監崔逞等降者相屬賜拜職爵各有差三月己酉車駕次盧奴寶求和請送秦王觚割常山以西奉魏乞守中山以東帝許之已而寶背約辛亥車駕次中山命將圍之是夜寶弟賀驎將妻子走西山寶恐賀驎先據和龍壬子夜北遁城內共立慕容普隣爲王夏四月帝以軍糧不繼詔東平公儀罷鄴圍徙屯鉅鹿五月庚子帝以中山城內爲普隣所脅乃招喩之甲辰曜兵揚威以示城內命諸軍罷圍南徙以待其變甲寅以東平公儀爲左丞相封衞王進襄城公題爵爲王秋七月普隣遣烏丸張驤率五千餘人出城求食寇靈壽賀驎自丁零中入驤軍因其衆復入中山殺普隣而自立八月丙寅朔帝進軍九門時大疫人馬牛死者十五六中山猶拒守羣下咸思北還帝知之謂曰斯固天命將若之何四海之人皆可與爲國在吾所以撫之耳何恤乎無人羣臣乃不敢言九月賀驎飢窮率三萬餘人寇新市甲子晦帝進軍討之太史令鼂崇奏曰不吉帝曰何也對曰紂以甲子亾兵家忌之帝曰周武不以甲子勝乎崇無以對冬十月丙寅帝進軍新市賀驎退阻泒水依漸洳澤以自固甲戌帝臨其營戰於義臺塢大破之賀驎單馬走鄴慕容德殺之甲申賀驎所署公卿尙書將吏士卒降者二萬餘人其將張驤李沈慕容文等先來降尋皆亾還是日復獲之皆赦而不問獲所傳皇帝璽綬圖書府庫珍寶中山平乙酉襄城王題薨

天興元年春正月慕容德走保滑臺衞王儀尅鄴庚子行幸眞定駕遂幸鄴百姓有老病不能自存者詔郡縣振卹之帝至鄴巡登臺榭徧覽宮城將有定都之志乃置行臺遂還中山所過存問百姓詔大軍所經州郡皆復貲租一年除山東人租賦之半車駕將北還發卒萬人通直道自望都鐵關鑿恆嶺至代五百餘里帝慮還後山東有變乃於中山置行臺詔衞王儀鎭之使畧陽公遵鎭勃海之合口右軍將軍尹國先督租于冀州聞帝將還謀反欲襲信都安南將軍長孫嵩執送斬之辛酉車駕發中山至于望都堯山徙山東六州人吏及徒何高麗新夷三十六署百工伎巧十餘萬口以充京師車駕次于恆山之陽博陵勃海章武諸郡羣盜並起畧陽公遵等討之是月慕容德自稱燕王據廣固二月車駕至自中山幸繁時宮更選屯衞詔給內徙新戶耕牛計口受田三月徵左丞相衞王儀還京師詔畧陽公遵代鎭中山夏四月壬戌以歷陽公穆崇爲太尉鉅鹿公長孫嵩爲司徒進封畧陽公遵爲常山王南安公順爲毗陵王祭天於西郊旗幟有加焉廣平太守遼西公意列謀反與郡人韓奇矯假讖圖將襲鄴城詔反者就郡賜死是月蘭汗殺慕容寶而自立爲大單于昌黎王六月丙子詔有司議定國號羣臣奏曰昔周秦以前帝王居所生之土及王天下即承爲號今國家啟基雲代應以代爲號詔曰昔朕遠祖總御幽都控制遐國雖踐王位未定九州逮于朕躬掃平中土凶逆蕩除遐邇率服宜仍先號爲魏秋七月遷都平城始營宮室建宗廟立社稷慕容寶子盛殺蘭汗而自立爲長樂王八月詔有司正封畿制郊甸端徑術標道里平五權較五量定五度遣使循行郡國舉奏守宰不法者親覽察黜陟之冬十月起天文殿十一月辛亥尙書吏部郎中鄧彥海典官制正爵品定律呂協音樂儀曹郎中董謐撰郊廟社

稷朝覲饗宴之儀三公郎中王德定律令申科禁太史令鼂崇造渾儀考天象吏部尚書崔宏總裁之閏月左丞相衛王儀及王公卿士詣闕上書曰臣等聞宸極居中則列宿齊其晷帝王順天則羣后仰其度伏惟陛下德協二儀道隆三五仁風被于四海盛化塞于天區澤及昆蟲恩霑行葦謳歌所屬八表歸心而躬履謙虛退身後已宸儀未彰袞服未御非所以上允皇天之意下副樂推之心臣等謹昧死以聞帝三讓乃許之十二月己丑帝臨天文殿太尉司徒進璽綬百官咸稱萬歲大赦改元追尊成帝以下及后號謚樂用皇始之舞詔百司議定行次尚書崔宏等奏從土德服色尚黃數用五祖以未臘以辰犧牲用白五郊立氣宣贊時令敬授人時行夏之正徙六州二十二郡守宰豪傑吏人二千家于代都

二年春正月甲子初祀上帝于南郊以始祖神元皇帝配降壇視燎成禮而反乙丑赦京師始制三駕之法庚午北巡分命諸將大襲高車常山王遵三軍從東道出長川高原王樂眞等七軍從西道出牛川車駕親勒六軍從中道自駮髯水西北出二月丁亥朔諸軍同會破高車雜種三十餘部衛王儀督三將別從西北絕漠千餘里破其遺迸七部還次牛川及薄山並刻石紀功以所獲高車衆起鹿苑於南臺陰北距長城東苞白登屬之西山廣輪數十里鑿渠引武川水注之苑中疏爲三溝分流宮城內外又穿鴻鴈池三月己未車駕至自北伐甲子初令五經羣書各置博士增國子太學生員三千人是月氐人李辯叛慕容德求援於鄴行臺尚書和跋以輕騎應之尅滑臺收德宮人府藏秋七月起天華殿辛酉大閱于鹿苑八月增啟京城十二門作西武庫除州郡人租賦之半辛亥詔禮官備撰衆儀著于新令范陽人盧溥聚衆海濱稱幽州刺史攻掠郡縣殺幽州刺史封沓干是月禿髮烏孤死其弟利鹿孤立遣使朝貢冬十月太廟成遷神元平文昭成獻明皇帝神主于太廟十二月天華殿成呂光立其子紹爲天王自稱太上皇及死庶子纂殺紹而僭立

三年春正月戊午材官將軍和突破盧溥於遼西獲之及其子煥傳送京師轘之癸亥祀北郊分命諸官循行州郡觀風俗察舉不法二月丁亥詔有司祀日于東郊始耕籍田壬寅皇子聰薨三月戊午立皇后慕容氏是月穿城南渠通於城內作東西魚池夏四月姚興遣使朝貢五月戊辰詔謁者僕射張濟使於姚興己巳東巡遂幸涿鹿遣使者以太牢祀帝堯帝舜廟西幸馬邑觀灅源六月庚辰朔日有蝕之秋七月乞伏乾歸大爲姚興所破壬子車駕還宮起中天殿及雲母堂金華室時太史屢奏天文錯亂帝親覽經占多云宜改王易政於是數革官號欲以防塞凶狡消弭災變己而慮臣下疑惑冬十二月丙申下詔述成敗之理鑒殷周之失革秦漢之弊以喻臣下是歲河右諸郡奉李暠爲秦涼二州牧涼公

四年春二月丁亥命樂師入學習儛釋菜于先聖先師丁酉分命使者巡行州郡聽察辭訟糾劾不法是月呂光弟子隆弒呂纂而自立三月帝親漁薦于寢廟夏四月辛卯罷鄴行臺詔有司明揚隱逸五月起紫極殿玄武樓涼風觀石池鹿苑臺六月盧水胡沮渠蒙遜私署涼州牧張掖公秋七月詔兗州刺史長孫肥南狥許昌彭城詔賜天下鎮戍將士布帛各有差八月段興殺慕容盛盛叔父熙盡誅段氏僭即皇帝位冬十二月集博士儒生比衆經文字義類相從凡四萬餘字號曰衆文經是歲涼李暠沮渠蒙遜並遣使朝貢

五年春正月帝聞姚興將寇邊庚寅大簡輿徒詔并州諸軍積穀于平陽乾壁三月禿髮利鹿孤死夏五月姚興遣其弟義陽王平來侵平陽攻陷乾壁秋七月戊辰朔車駕西討八月乙巳至乾壁平固守進軍圍之姚興悉舉其衆來救甲子帝度蒙坑逆擊興軍大破之冬十月平赴水而死俘其餘衆三萬餘人獲興尚書左僕射狄伯支以下四品將軍以上四十餘人獲前亾臣王次多靳勤並斬以狥興頻使請和帝不許羣臣請進平蒲坂帝慮蠕蠕爲難戊申班師十一月車駕次晉陽徵相州刺史庾岳爲司空十二月辛亥至自西征越勤莫弗率其部萬餘家內屬

六年春正月辛未朔方尉遲部別帥率萬家內屬入居雲中夏四月癸巳朔日有蝕之五月大簡輿徒將略江淮秋七月鎮西大將軍司隸校尉毗陵王順有罪以王還第戊子北巡築離宮于犲山縱士校獵東北踰厩嶺出參合代谷九月行幸南平城規度灅南夏屋山背黃瓜堆將建新邑辛未車駕還宮冬十月起西昭陽殿乙卯立皇子嗣爲齊王加車騎大將軍位相國紹爲清河王加征南大將軍熙爲陽平王曜爲河南王封故秦愍王子夔爲豫章王陳留桓王子悅爲朱提王丁巳晉人來聘十一月庚午將軍伊謂大破高車十二月晉桓元廢其主司馬德宗爲平固王而自立僭號楚

天賜元年春二月晉劉裕起兵誅桓元三月初限縣戶

不滿百罷之夏五月置山東諸冶發州郡徒謫造兵甲、秋九月帝臨昭陽殿分置眾職引朝臣文武親自簡擢量能敘用制爵四等曰王公侯子除伯男之號追錄舊臣加封爵各有差是秋江南大亂流人襁負奔淮北者行道相尋冬十月辛巳大赦改元築西宮十一月幸西宮大選臣寮令各辯宗黨保舉才行諸部子孫失業賜爵者二千餘人

二年春正月晉主司馬德宗復位夏四月祀西郊車旗盡黑冬十月慕容德死

三年春正月甲申北巡幸豺山宮校獵還至屈孤山二月乙亥幸代園山建五石亭三月庚子車駕還宮夏四月庚申復幸豺山宮占授著作郎王宜弟造兵法孤虛立成圖三百六十時遂登定襄角史山又幸馬城甲戌車駕還宮六月發八部五百里內男丁築灅南宮門闕高十餘丈引溝穿池廣苑囿規立外城方二十里分置市里經塗洞達三十日罷秋七月太尉穆崇薨八月甲辰行幸豺山宮遂至青牛山丙辰西登武要北原觀九十九泉造石亭遂之石漠九月甲戌朔幸漠南鹽池壬午至漠中觀天鹽池度漠北之吐鹽池癸巳南還長川丙申臨觀長陂冬十月庚申車駕還宮

四年春二月封皇子修為河間王處文為長樂王連為廣平王黎為京兆王夏五月北巡自參合陂東過蟠羊山大雨暴水流輜重數百乘殺百餘人遂東北踰石漠至長川幸濡源常山王遵有罪賜死六月赫連屈丐自稱大單于大夏天王秋七月西幸參合陂築北宮垣三旬而罷乃還宮慕容寶養子高雲殺慕容熙而自立僭號天王八月誅司空庾岳

五年春正月行幸豺山宮遂如參合陂觀漁于延水至甯川三月姚興遣使朝貢秋七月戊戌朔日有蝕之冬十月秃髮傉檀僭即涼王位

六年夏帝不豫初帝服寒食散自太醫令陰羌死後藥數動發至此愈甚而災變屢見憂懣不安或數日不食或不寢達旦歸咎群下喜怒乖常謂百寮左右不可信慮如天文之占或有肘腋之虞追思既往成敗得失終日竟夜獨語不止若傍有鬼物對揚者朝臣至前追其舊惡便見殺害其餘或以顏色變動或以喘息不調或以行步乖節或以言辭失措帝以為懷惡在心變見於外乃手自毆擊死者皆陳天安殿前於是朝野人情各懷危懼有司廢怠莫相督攝百工偷劫盜賊公行巷里之間人為稀少帝亦聞之曰朕故縱之使然幸過災年當更清整之耳秋七月慕容氏支屬百餘家謀欲外奔發覺伏誅死者三百餘人八月衛王儀謀叛賜死十月戊辰清河王紹作亂帝崩於天安殿時年三十九永興二年九月甲寅上諡曰宣武皇帝葬於盛樂金陵廟號太祖泰恆五年改諡曰道武帝

道武九年始稱年號登國十年皇始二年天興六年天賜六年即位三十二年

太宗明元皇帝諱嗣道武皇帝之長子也母曰劉貴人登國七年生於雲中宮道武晚有男聞而大悅乃大赦帝明叡寬毅非禮不動天興六年封齊王拜相國初帝母既賜死道武召帝告曰昔漢武將立其子而殺其母不令婦人與國政汝當繼統故吾還同漢武帝素純孝哀不自勝道武怒帝還宮哀不自止道武知而又召帝帝欲入左右諫請待和解而進帝從之及元紹之逆帝還而誅之

永興元年冬十月壬午皇帝即位大赦改元追尊皇妣為宣穆皇后公卿大臣先罷歸第者悉復登用之詔南平公長孫嵩北新侯安同對理人訟簡賢任能是月馮跋殺其主高雲僭號天王國號北燕閏十月丁亥朱提王悅謀反賜死詔都兵將軍山陽侯奚斤巡諸州問人疾苦十二月戊戌封衛王儀子良為南陽王進陰平公烈爵為王改封高涼王樂眞為平陽王己亥帝始居西宮御天文殿蠕蠕犯塞是歲乞伏乾歸自稱秦王

二年春正月甲寅朔詔南平公長孫嵩等北征蠕蠕因留屯漠南夏五月嵩等自大漠還蠕蠕追圍之於牛川壬申帝北伐蠕蠕蠕蠕聞而遁走車駕還幸參合陂六月晉將劉裕滅慕容超秋七月丁巳立射臺於陂西仍講武乙丑至自北伐

三年春二月戊戌詔簡宮人非御及伎巧者悉以賜鰥人己亥詔北新侯安同等持節巡行并定二州及諸山居雜胡丁零問其疾苦察舉守宰不法者辛丑簡宮人工伎之不急者出賜人不能自存者三月己未詔侍臣常佩劍夏五月丙寅復出宮人賜鰥人辛卯車駕謁金陵於盛樂己巳月黎工慕容伯兒謀反伏誅六月姚興遣使朝貢秋七月戊申賜衛士酺三日冬十一月丁未大閱于東郊

四年春二月癸未登虎圈射猛虎夏四月乙未宴群臣於西宮使各獻直言勿有所諱六月乞伏乾歸為兄子公府所弒閏月丙辰大閱于東郊秋七月己巳朔東巡置四廂大將又放十二時置十二小將以山陽侯奚斤元城公屈行左右丞相己卯大獮于石會山戊子臨去

畿陂觀漁庚寅至于濡源西巡幸北部諸落八月壬子幸西宮臨板殿大饗羣臣命百姓大酺三日乙卯賜王公以下至宿衛將士布帛有差冬十一月己丑賜宗室近屬南陽王良以下至於緦麻親布帛各有差是月沮渠蒙遜僭稱西河王十二月丁巳北巡至長城而旋

五年春正月己巳大閱畿內男年十二以上悉集己卯幸西宮頒拔大渠帥四十餘人詣闕奉貢賜以繒帛錦罽各有差乙酉詔諸州六十戶出戎馬一疋庚寅大閱于東郊署將帥以山陽侯奚斤爲前軍衆三萬陽平王熙等十二將各一萬騎帝臨白登躬自校覽二月庚戌幸高柳川癸丑穿魚池於北苑庚午姚興遣使朝貢己卯詔使者巡行天下招延儁彥搜揚隱逸夏四月乙卯西巡五月乙亥行幸雲中舊宮之大室丙子大赦六月西幸五原校獵于骨羅山獲獸十萬秋七月己巳還幸薄山帝登觀宣武游幸刻石頌德之處乃於其旁起石壇而薦饗焉賜從者大酺於山下前軍奚斤等破越勤倍泥部於跋那山西徙二萬餘家而旋丙戌車駕自大室西南巡諸部落遂南次定襄大洛城東踰七嶺山田于善無川八月癸卯車駕還宮癸丑奚斤等班師甲寅帝臨白登山觀降人數軍實置新人於大甯給農器計口受田冬十一月癸酉大饗于西宮姚興遣使朝貢請進女帝許之

神瑞元年春正月辛酉以禎瑞頻集大赦改元辛巳行幸繁畤賜王公以下至于士卒百工布帛各有差二月戊戌車駕還宮乙卯起豐宮於平城東北夏六月乞伏熾磐滅禿髮傉檀秋七月晉將朱齡石滅蜀八月戊子詔馬邑侯元陋孫使於姚興姚興遣使朝貢九月丁巳朔日有蝕之冬十一月壬午詔使者巡行諸州校閱守宰資財非自家所齎悉簿爲贓守宰不如法聽百姓詣闕告之十二月丙戌朔蠕蠕犯塞丙申車駕北伐

二年春正月丙辰車駕至自北伐二月丁亥大饗于西宮甲辰立宣武廟于白登西三月丁丑詔以刺史守宰率多逋慉今年貲調縣違者讁出家財以充不聽徵發於人夏四月晉人來聘己卯北巡五月丁亥次於參合東幸大甯丁未田于四岬山六月戊午臨去畿陂觀漁辛酉次于濡源立蜂臺遂射白熊於頹牛山獲之丁卯幸赤城親見長老問民疾苦復租一年南次石亭幸上谷問百年訪賢儁復田租之半壬申幸涿鹿登嶠山觀溫泉使以太牢祠黃帝唐堯廟癸酉幸廣甯事如上谷己卯登廣甯之厤山以太牢祠舜廟帝親加禮焉庚辰幸代秋七月癸未車駕還宮復所過田租之半八月庚辰晦日有蝕之九月京師人飢聽就食山東冬十月壬子姚興使奉其西平公主至帝以后禮納之辛酉行幸沮洳城癸亥車駕還宮丙寅詔以頻遇霜旱年穀不登命出布帛倉穀以振貧窮

泰常元年春二月丁未姚興死三月己丑長樂王處文薨夏四月壬子大赦改元庚申河間王修薨五月甲申彗星二見六月丁巳北巡秋七月甲申大獮于牛川發釜山臨殷繁水南觀于九十九泉戊戌車駕還宮辛亥晦日有蝕之九月晉劉裕溯河伐姚泓遣部將王仲德從陸道至梁城兗州刺史尉建畏懦棄守北渡仲德遂入滑臺詔將軍叔孫建等度河耀威斬尉建於城下冬十一月戊寅起蓬臺于北苑十二月南陽王良薨

二年春正月甲戌朔日有蝕之二月丙午詔使者巡行天下觀風俗問其所苦是月西涼李暠死五月西巡至雲中遂濟河田于大漠秋七月乙亥車駕還宮乙酉起白臺於城南高二十丈是月晉劉裕滅姚泓冬十月癸丑豫章王夔薨十一月己酉詔河東河內購泓子弟播越人間者

三年春三月晉人來聘庚戌幸西宮以渤海范陽郡去年大水復其租稅夏四月己巳徙冀定幽三州徒河於京師五月壬子東巡至濡源及甘松遣征東將軍長孫道生帥師襲馮跋遂至龍城徙其居人萬餘家而還秋七月戊午車駕至京師八月鴈門河內大雨水復其租稅冬十月戊辰築宮於西苑十一月赫連屈丐尅長安十二月晉安帝殂

四年春正月壬辰朔車駕臨河大蒐于犢渚癸卯還宮二月赫連屈丐僭即皇帝位癸丑築宮於蓬臺北夏四月庚辰享東廟遠蕃助祭者數百國辛巳南巡幸鴈門賜所過無出今年租賦五月庚寅朔觀漁于灅水己亥車駕還宮秋八月辛未東巡遣使祠恆岳甲申車駕還宮賜所過無出今年田租九月甲寅築宮於白登山冬十一月丁亥朔日有蝕之十二月癸亥西巡至雲中踰白道北獵野馬於辱孤山至于黃河從君子津西度大狩於薛林山

五年春正月丙戌朔自薛林東還至屋竇城饗勞將士大酺二日班禽以賜之己亥車駕還宮三月丙戌南陽王意文薨夏四月丙寅起灅南宮五月乙酉詔曰宣武皇帝體得一之元遠應自然之沖妙大行大名未盡盛美今啟緯圖始覩尊號其更上尊謚曰道武皇帝以章靈命之先啟聖德之元同庚戌淮南侯司馬國璠池陽

侯司馬道賜等謀反伏誅六月丙寅幸翳犢山是月晉恭帝禪位于宋秋七月丁酉西至五原丁未幸雲中大室賜從者大酺八月癸亥車駕還宮閏月甲午陰平王烈薨是歲西涼亾

六年春二月巳亥詔天下戸二十輸戎馬一匹大牛一頭三月甲子陽平王熙薨乙亥制六部人羊滿百口者調戎馬一匹發京師六千餘人築苑起自舊苑東苞白登周回四十餘里夏六月乙酉北巡至于蟠羊山秋七月乙卯車駕還宮癸酉西巡獵于祚山親射猛獸獲之遂至于河八月庚子大獮于犢渚九月庚戌車駕還宮壬申宋人來聘冬十月巳亥行幸代十二月丙申西巡于雲中

七年春正月甲辰朔自雲中西幸屋竇城賜從者大酺三日二月丙戌車駕還宮三月乙丑河南王曜薨夏四月甲戌封皇子燾爲太平王拜相國加大將軍丕爲樂平王加車騎大將軍彌爲安定王加衞大將軍範爲樂安王加中軍大將軍健爲永昌王加撫軍大將軍崇爲建寧王加輔國大將軍俊爲新興王加鎮軍大將軍獻懷長公主子稽敬爲長樂王拜大司馬大將軍初帝服寒食散頻年發動不堪萬機五月立太平王燾爲皇太子臨朝聽政是月宋武帝殂秋九月詔司空奚斤等帥師伐宋乙巳幸灅南宮遂如廣寧己酉詔皇太子率百國以法駕田于東苑車乘服物皆以乘輿之副辛亥築平城外郭周回三十二里辛酉幸嶠山遣使者祠黃帝唐堯廟因東幸幽州見耆年問其所苦賜以爵號分遣使者巡行州郡觀察風俗冬十月甲戌車駕還宮復所過田租之半奚斤等濟河攻滑臺不拔求濟師帝怒不許議親南征爲其聲援壬辰南巡出自天門關踰恆嶺四方蕃附大人各帥所部從者五萬餘人十一月皇太子親統六軍鎮塞上安定王彌與北新公安同居守丙午曲赦司州殊死以下丙辰次於中山問民疾苦十二月丙戌行幸冀州存問民俗遣壽光侯叔孫建等率衆自平原東度狗下青兖諸郡

八年春正月丙辰行幸鄴存問風俗司空奚斤旣平兖豫還圍虎牢宋守將毛德祖距守不下蠕蠕犯塞二月戊辰築長城於長川之南起自赤城西至五原延袤二千餘里備置戍衞三月乙卯濟自靈昌夏四月丁卯幸成皐觀虎牢而城內乏水縣綆汲河帝令連艦上施轒輼絕其汲路又穿地道以奪其井丁丑幸洛陽觀石經閏月丁未還幸河內北登太行幸高都己未虎牢潰士衆大疫死者十二三辛酉幸晉陽班賜王公以下至於厮役五月丙寅還次鴈門皇太子率留臺王公迎于句注之北庚寅車駕至自南巡六月己亥太尉宜都公穆觀薨丙辰北巡至參合陂秋七月幸三會屋侯泉詔皇太子率百官以從八月幸馬邑觀于灅源九月乙亥車駕還宮冬十月癸卯廣西宮起外牆周回二十里是歲飢詔所在開倉振給十一月己巳帝崩於西宮時年三十二遺詔以司空奚斤所獲軍實賜大臣自司徒長孫嵩以下至于士卒各有差十二月庚子上謚曰明元皇帝葬于雲中金陵廟稱太宗帝兼資文武禮愛儒生好覽史傳以劉向所撰新序說苑於經典正義多有所闕乃撰新集三十篇採諸經史該洽古義云

明元帝永興五年神瑞二年泰恆八年卽位十五年

世祖太武皇帝諱燾明元皇帝之長子也母曰杜貴嬪天賜五年生於東宮體貌瓌異道武奇之曰成吾業者必此兒也泰常七年四月封太平王五月立爲皇太子及明元帝疾命帝總攝百揆帝聰明大度意豁如也八年十一月己巳明元帝崩壬申太子卽皇帝位大赦天下十二月追尊皇妣爲密皇太后進司徒長孫嵩爵爲北平王司空奚斤爲宜城王藍田公長孫翰爲平陽王其餘普增爵位各有差於是除禁錮釋嫌疑開倉庫振窮乏河南流人相率內屬者甚衆

始光元年春正月丙寅安定王彌薨夏四月甲辰東巡幸大寧六月宋徐羨之弑其主義符秋七月車駕還宮八月蠕蠕六萬騎入雲中殺略人吏攻陷盛樂帝帥輕騎討之虜乃退走九月大簡輿徒於東郊將北討冬十二月遣平陽王長孫翰等討蠕蠕車騎次祚山蠕蠕北遁諸軍追之大獲而還

二年春正月己卯車駕至自北伐三月丙辰尊保母竇氏曰保太后丁巳以北平王長孫嵩爲太尉平陽王長孫翰爲司徒宜城王奚斤爲司空庚申營故東宮爲萬壽宮起永安安樂二殿臨望觀九華堂初造新字千餘夏四月詔龍驤將軍步堆使宋五月詔天下十家發大牛一頭運粟塞上秋八月赫連屈丐死九月永安安樂二殿成丁卯大饗以落之冬十月癸卯車駕北伐東西五道並出平陽王長孫翰等絕漠追寇蠕蠕北走

三年春正月壬申車駕至自北伐乞伏熾磐遣使朝貢請討赫連昌二月起大學於城東祀孔子以顏回配夏五月辛卯進中山公纂爵爲王復南安公素先爵常山王六月幸雲中舊宮謁陵廟西至五原田於陰山東至

和兜山秋七月築馬射臺于長川帝親登臺走馬王公諸國君長馳射中者賜金錦繒絮各有差八月車駕還宮宋人來聘帝以赫連屈丐死諸子相攻冬十月丁巳車駕西伐幸雲中臨君子津會天暴寒數日冰合十一月戊寅率輕騎襲赫連昌壬午徙萬餘家而還至祚山班虜獲以賜將士各有差十二月詔奚斤西據長安秦隴氐羌皆叛昌詣斤降武都王楊元及沮渠蒙遜等使使內附

四年春正月乙酉車駕至自西伐賜留臺文武各有差從人在道多死到者裁十六七巳亥行幸幽州赫連昌遣其弟定向長安帝聞之遣就陰山伐木造攻具二月車駕還宮三月丙午詔執金吾桓貸造橋於君子津丁丑廣平王連薨夏四月丁未詔員外散騎常侍步堆使於宋五月車駕西討赫連昌次拔隣山築城舍輜重以輕騎三萬先行戊戌至黑水帝親祈天告祖宗之靈而誓衆六月癸卯朔日有蝕之甲辰大破赫連昌昌奔上邽乙巳車駕入城虜昌羣弟及其母妹妻妾宮人萬數府庫珍寶車旗器物不可勝計辛酉班師留常山王素執金吾桓貸鎮統萬秋七月己卯築壇於祚嶺戲馬馳射賜中者金帛繒絮各有差蠕蠕寇雲中聞破赫連昌懼而逃八月壬子車駕至自西伐飲至策勳告宗廟班軍實以賜留臺百寮各有差冬十一月以氐王楊元爲假征南大將軍都督梁州刺史南秦王十二月行幸中山守宰貪汚免者十數人癸卯車駕還宮復所過田租之半

神䴥元年春正月以天下守令多非法精選忠良悉代之辛未京兆王黎薨二月改元司空奚斤進軍安定監軍侍御史安頡出戰禽昌其餘衆立昌弟定爲主走還平涼三月辛巳侍中古弼送赫連昌至于京師司空奚斤追赫連定於平涼馬髦嶺爲定所禽將軍丘堆先在安定聞斤敗東走長安帝大怒詔頡令斬之夏四月赫連定遣使朝貢壬子西巡戊午田于河西大赦南秦王楊元遣使朝貢五月乞伏熾磐死秋八月東幸廣甯臨觀溫泉以太牢祭黃帝堯舜廟九月車駕還宮冬十一月乙未朔日有蝕之是月行幸河西大校獵十二月甲申車駕還宮

二年夏四月宋人來聘庚寅車駕北伐五月丁未次于沙漠舍輜重輕騎兼糞馬至栗水蠕蠕震怖焚廬舍遁跡西走冬十月振旅凱旋于京師告于宗廟列置新人于漠南東至濡源西暨五原陰山竟三千里十一月西巡田于河西至祚山而還

三年春正月庚子車駕還宮壬寅大赦癸卯行幸廣甯臨溫泉作溫泉歌二月丁卯司徒平陽王長孫翰薨戊辰車駕還宮三月壬寅進會稽公赫連昌爲秦王夏四月甲子行幸雲中敕勒萬餘家叛走詔尙書封鐵追滅之五月戊午論討敕勒功大明賞罰秋七月己亥詔諸征鎮將軍王公仗節邊遠者聽開府辟召其次增設吏員庚子詔大鴻臚卿杜超假節都督冀定相三州諸軍事行征南大將軍太宰進爵爲王鎮鄴爲諸軍節度八月宋將到彥之自清水入河泝流西行丙寅彥之遣將度河攻蒲坂冠軍將軍安頡督諸軍擊破之九月癸卯立密皇太后廟于鄴甲辰行幸統萬遂征平涼是月馮跋死冬十月乙卯冠軍將軍安頡濟河攻洛陽甲子拔之辛巳安頡平虎牢十一月乙酉車駕至平涼己亥行幸安定庚子帝自安定還臨平涼遂掘塹圍守之行幸紐城安慰初附赦秦隴之人賜復十年辛酉安頡帥諸軍攻滑臺沮渠蒙遜遣使朝貢壬寅封壽光侯叔孫建爲丹陽王十二月丁卯赫連定弟杜于度洛孤面縛出降平涼收其珍寶定長安臨晉武功守將皆遁走關中平壬申車駕還東留巴東公延普等鎮安定

四年春正月壬午車駕次木根山大饗羣臣丙申宋將檀道濟王仲德從清水救滑臺丹陽王叔孫建汝陰公長孫道生拒之道濟等不敢進是月赫連定滅乞伏慕末二月辛酉安頡司馬楚之剋滑臺癸酉車駕還宮飲至策勳告于宗廟賜留臺百官各有差青土賜復十年定州人饑詔開倉以振之宋將檀道濟王仲德東走三月庚戌冠軍將軍安頡獻宋俘萬餘人甲兵三萬夏六月赫連定北襲沮渠蒙遜爲吐谷渾慕璝所執閏月乙未蠕蠕國遣使朝貢詔散騎侍郎周紹使于宋秋七月己酉行幸河西起承華宮八月乙酉沮渠蒙遜遣子安周入侍吐谷渾慕璝遣使奉表請送赫連定己丑以慕璝爲大將軍封西秦王九月癸丑車駕還宮庚申加太尉長孫嵩柱國大將軍以左光祿大夫崔浩爲司徒征西大將軍長孫道生爲司空癸亥詔兼太常李順持節拜西河王沮渠蒙遜爲假節加侍中都督涼州持節及西域羌戎諸軍事行征西大將軍太傅涼州牧涼王壬申詔曰范陽盧元博陵崔綽趙郡李靈河間邢頴勃海高允廣平游雅太原張偉等皆賢儁之胄冠冕州邦有羽儀之用易曰我有好爵吾與爾靡之如元之比隱跡衡門不曜名譽者盡敕州郡以禮發遣遂徵元等州郡所遺至者數百人皆差次敘用冬十月戊寅詔司徒崔

浩改定律令行幸漠南十一月丙辰北部敕勒莫弗庫若干率其部數萬騎驅鹿獸數百萬詣行在所帝因而大狩以賜從者勒石漠南以紀功德宜城王奚斤坐事降爵爲公十二月車駕還宮

延和元年春正月丙午尊保太后爲皇太后立皇后赫連氏以皇子晃爲皇太子謁于太廟大赦改元三月丁未追贈夫人賀氏爲皇后壬申西秦王吐谷渾慕璝送赫連定於京師夏五月宋人來聘六月庚寅車駕伐和龍詔尚書左僕射安原等屯于漠南以備蠕蠕辛卯詔兼散騎常侍鄧穎使於宋秋七月己巳車駕至和龍穿塹以守之是月築東宮九月乙卯車駕西還徙營邱成周遼東樂浪帶方元菟六郡人三萬家于幽州開倉以振之冬十月吐谷渾慕璝遣使朝貢十一月己巳車駕至自和龍十二月己丑馮弘子長樂公崇及其母弟朗朗弟邈以遼西內屬先是辟召賢良而州郡多逼遣之詔以禮申喻任其進退

二年春二月庚午詔兼鴻臚卿李繼持節假馮崇車騎大將軍遼西王承制聽置尚書已下壬午詔兼散騎常侍宋宣使於宋夏四月沮渠蒙遜死以其子牧犍爲車騎將軍改封西河王六月遣永昌王健尚書左僕射安原督諸軍討和龍辛巳詔樂安王範發秦雍兵一萬築小城於長安城內秋八月遼西王馮崇上表求說降其父帝不聽九月宋人來聘并獻馴象一戊午詔兼大鴻臚卿崔頤持節拜征虜將軍楊難當爲征南大將軍儀同三司封南秦王冬十二月己巳大赦天下辛未幸雲山北詔兼散騎常侍盧元使於宋

三年春正月乙未車駕次于女水大饗羣臣戊戌馮弘遣使求和帝不許丙辰南秦王楊難當剋漢中送雍州流人七千家于長安二月戊寅詔以頻年屢征有事西北運輸之役百姓勤勞令郡縣括貧富以爲三級富者租賦如常中者復二年下窮者復三年辛卯車駕還宮三月甲寅行幸河西閏月甲戌秦王赫連昌叛走丙子河西候將格殺之驗其謀反羣弟皆伏誅己卯車駕還宮進彭城公粟爵爲王秋七月辛巳東宮成備置屯衞三分西宮之一壬午行幸美稷遂至隰城命諸軍討山胡白龍于河西九月戊子剋之斬白龍及其將帥屠其城冬十一月車駕還宮十二月甲辰行幸雲中

太延元年春正月乙未朔日有蝕之壬午降死罪刑已下各一等癸未出道武明元宮人令得嫁甲申大赦改元二月庚子蠕蠕焉耆車師各遣使朝貢詔長安及平涼人徙在京師其孤老不能自存者聽還鄉里丁未車駕還宮夏五月庚申進宜都公穆壽爲宜都王汝陰公長孫道生爲上黨王宜城公奚斤爲恆農王廣陵公婁伏連爲廣陵王遣使者二十輩使西域甲戌行幸雲中六月甲午詔曰去春小旱東作不茂憂勤剋己祈請靈祇豈朕精誠有感何報應之速雲雨震灑流澤霑渥有鄙婦人持方寸玉印詣潞縣侯孫家既而亡去莫知所在印有三字爲龍鳥之形要妙奇巧不涉人迹文曰旱疫平推尋其理蓋神靈之報應也比者以來禎瑞仍臻甘露流液降於殿內嘉瓜合蔕生于中山野木連理殖於魏郡在先后載誕之鄉白鷰集于盛樂舊都元鳥隨之蓋有千數嘉禾頻歲合秀於恆農白兎並見於勃海白雉三隻又集於平陽太祖之廟天降嘉貺將何德以酬之其令天下大酺五日禮報百神守宰祭界內名山大川上答天意丙午高麗鄯善國並遣使朝貢秋七月田於棝陽己卯樂平王丕等五將東伐至和龍徙男女六千口而還八月丙戌行幸河西粟特國遣使朝貢九月車駕還宮冬十月癸卯尚書左僕射安原謀反伏誅甲辰行幸定州次于新城宮十一月己巳校獵于廣川丙子行幸鄴祀密太后廟諸所過親問高年褒禮賢俊十二月癸卯遣使者以太牢祀北嶽

二年春正月甲寅車駕還宮二月戊子馮弘遣使朝貢求送侍子帝不許壬辰遣使者十餘輩詣高麗東夷諸國詔諭之三月丙辰宋人來聘辛未遣平東將軍娥清安西將軍古弼討馮弘弘求救於高麗高麗遣其大將葛蔓盧迎之夏四月甲寅皇子小兒苗兒並薨五月乙卯馮弘奔高麗戊午詔散騎常侍封撥使高麗徵送馮弘丁卯行幸河西赫連定之西也楊難當竊據上邽秋七月庚戌命樂平王丕等討之詔散騎常侍游雅使於宋八月丁亥遣使六輩使西域帝校獵于河西詔廣平公張黎發定州七郡一萬二千人通莎泉道甲辰高車國遣使朝貢九月庚戌樂平王丕等至略陽公楊難當奉詔攝上邽守高麗不送馮弘帝將伐之納樂平王丕計而止冬十一月己酉幸棝陽驅野馬於雲中置野馬苑閏月壬子車駕還宮乙丑改封潁川王提爲武昌王河西王沮渠牧犍遣使朝貢是歲吐谷渾慕璝死

三年春正月癸未中山王纂薨戊子太尉北平王長孫嵩薨乙巳丹陽王叔孫建薨二月乙卯行幸幽州存恤孤老問民疾苦還幸上谷遂至代所過復田租之半三月己卯車駕還宮丁酉宋人來聘夏五月己丑詔天下吏民得舉告守令不如法者丙申行幸雲中秋七月戊

子使永昌王健上黨王長孫道生討山胡白龍餘黨於西河滅之八月甲辰行幸河西九月甲申車駕還宮丁丑遣使者拜西秦王慕璝弟慕利延爲鎭西大將軍儀同三司改封西平王冬十月癸卯行幸雲中十一月壬申車駕還宮是歲河西王沮渠牧犍世子封壇來朝高麗契丹龜茲悅般焉耆車師粟特疏勒烏孫渴盤陁鄯善破落者舌等國各遣使朝貢

四年春三月庚辰鄯善王弟素延耆來朝癸未罷沙門年五十巳下江陽王根薨是月高麗殺馮弘夏五月戊寅大赦秋七月壬申車駕北伐冬十一月丁卯朔日有蝕之十二月車駕至自北伐上洛巴泉蕇等相帥內附詔兼散騎常侍高雅使于宋

五年春正月庚寅行走定州三月辛未車駕還宮庚寅以故南秦王世子楊保宗爲征南大將軍秦州牧武都王鎭上邽夏五月癸未遮逸國獻汗血馬六月甲辰車駕西討沮渠牧犍侍中宜都王穆壽輔皇太子決留臺事大將軍長樂王嵇敬輔國大將軍建寧王崇二萬人屯漠南以備蠕蠕秋七月己巳車駕至上都屬國城大饗羣臣講武馬射壬午留輜重分部諸軍八月丙申車駕至姑臧牧犍兄子祖踰城來降乃分軍圍之九月丙戌牧犍與左右文武五千人面縛軍門帝解其縛待以藩臣之禮收其城內戶口二十餘萬倉庫珍寶不可稱計進張掖公禿髮保周爵爲王與龍驤將軍穆羆安遠將軍源賀分略諸郡牧犍弟張掖太守宜得西奔酒泉太守無諱後奔晉昌樂都太守安周南奔吐谷渾戊子蠕蠕犯塞遂至七介山京都大駭皇太子命上黨王長孫道生等拒之冬十月辛酉車駕還宮徙涼州人三萬餘家于京師留樂平王丕征西將軍賀多羅鎭涼州癸亥遣張掖王禿髮保周喻諸部鮮卑保周因率諸部叛於張掖十一月乙巳宋人來聘并獻馴象一十二月壬午車駕至自西伐飮至策勳告于宗廟楊難當寇上邽鎭將元勿頭討走之是歲鄯善龜茲疏勒焉耆高麗粟特渴盤陁鄯悉半居等國並遣使朝貢

太平眞君元年春正月己酉沮渠無諱圍酒泉辛亥分遣侍臣巡行州郡觀察風俗問民疾苦三月己巳詔假通直常侍邢穎使於宋發長安人五千浚昆明池三月酒泉陷夏四月戊午朔日有蝕之庚辰沮渠無諱寇張掖禿髮保周屯刪丹六月丁丑皇孫濬生大赦改元秋七月行幸陰山己丑永昌王健大破禿髮保周走之丙申保太后竇氏崩于行宮癸丑保周自殺傳首京師八月甲申沮渠無諱降九月壬寅車駕還宮是歲州鎭十五饑詔開倉振恤之以河南王曜子羯兒爲河間王後改封略陽王

二年春正月癸卯拜沮渠無諱爲征西大將軍涼州牧酒泉王三月辛卯葬惠太后於嵱山庚戌新興王俊略陽王羯兒有罪黜爲公辛亥封蠕蠕郁久閭乞歸爲朔方王沮渠萬年爲張掖王夏四月丁巳宋人來聘秋八月辛亥詔散騎侍郞張偉使于宋九月戊戌永昌王健薨冬十一月庚子鎭南大將軍奚眷平酒泉十二月丙子宋人來聘

三年春正月甲申帝至道壇親受符籙備法駕旗幟盡青三月壬寅北平王長孫頹有罪削爵爲侯夏四月酒泉王沮渠無諱走渡流沙據鄯善西涼李暠孫李寶據敦煌遣使內附五月行幸陰山北六月丙戌楊難當朝於行宮先是起殿於陰山北殿成而難當至因曰廣德焉秋八月甲戌晦日有蝕之冬十月己卯封皇子伏羅爲晉王翰爲秦王譚爲燕王建爲楚王余爲吳王十二月辛巳太保襄城公盧魯元薨丁酉車駕還宮李寶遣使朝貢以寶爲鎭西大將軍開府儀同三司沙州牧敦煌公

四年春正月庚午行幸中山二月丙子次于恆山之陽詔有司刊石勒銘是月尅仇池三月庚申車駕還宮夏四月武都王楊保宗謀反諸將禽送京師氐羌復推保宗弟文德爲主圍仇池六月庚寅詔復民貲賦三年其田租歲輸如常牧守不得妄有徵發癸巳大閱于西郊九月辛丑行幸漠南甲辰捨輜重以輕騎襲蠕蠕分軍爲四道冬十一月甲子車駕還至朔方詔曰夫陰陽有往復四時有代謝授子任賢蓋古今不易之令典也其令皇太子副理萬機總統百揆諸功臣勤勞日久皆當以爵歸第隨時朝請饗宴朕前論道陳謨而已不宜復煩以劇職更舉賢俊以備百官明爲科制以稱朕心十二月辛卯車駕至自北伐

五年春正月壬寅皇太子始總百揆侍中中書監宜都王穆壽司徒東郡公崔浩侍中廣平公張黎侍中建興公古弼輔太子以決庶政諸上書者皆稱臣上疏儀與表同戊申詔自王公已下至於庶人私養沙門師巫及金銀工巧之人在其家者皆遣詣官曹限今年二月二十五日過期不出巫沙門身死主人門誅庚戌詔自王公已下至於卿士其子息皆詣太學其百工伎巧騶卒子息當習其父兄所業不聽私立學校違者師身死主人門誅二月辛未中山王辰等八人以北伐後期斬于

都南癸酉樂平王丕薨庚辰行幸廬三月戊辰大會于郍南遣使者四輩使西域甲辰車駕還宮夏四月乙亥太宰陽平王杜超爲帳下所殺五月丁酉行幸陰山北六月西平至吐谷渾慕利延殺其兄子緯代立緯弟叱力延等來奔乞師以叱力延爲歸義王秋八月乙丑田于河西壬午詔員外散騎常侍高濟使於宋九月帝自河西至于馬邑觀于崞川乙亥車駕還宮丁未行幸漠南冬十月癸未晉王伏羅大破慕利延慕利延走奔白蘭其部一萬三千內附十一月宋人來聘十二月丙戌車駕還宮

六年春正月辛亥行幸定州引見長老存問之詔兼員外散騎常侍宋愔使于宋二月遂西幸上黨觀連理樹於元氏至吐京討徙叛胡出配郡縣三月庚申車駕還宮詔諸有疑獄皆付中書以經義量決夏六月戊子朔日有蝕之壬辰北巡秋八月壬辰散騎常侍成周公萬度歸以輕騎至鄯善執其王眞達與詣京師帝大悅厚待之車駕幸陰山北次于廣德宮詔發天下兵三取一各當戒嚴以須後命徙諸種雜人五千餘家於北邊令人北徙畜牧至廣漠以餌蠕蠕壬寅征西大將軍高涼王郍等討吐谷渾慕利延軍到曼頭城慕利延驅其部落西度流沙郍急追故西秦王慕璝世子被囊逆軍拒戰郍擊破之中山公杜豐追度三危至雪山禽被囊及慕利延元子什歸熾盤子成龍送于京師慕利延遂西入于闐國九月盧水胡蓋吳聚衆反於杏城冬十一月高涼王郍振旅還京師庚申遼東王竇漏頭薨河東蜀薛永宗聚黨入汾曲西通蓋吳受其位號蓋吳自號天台王署百官辛未車駕還宮選六州兵勇猛者使永昌王仁高涼王郍分領爲二道南略淮泗以北徙青徐之人以實河北癸未西巡

七年春正月戊辰車駕次東雍禽薛永宗斬之其男女無少長皆赴水死辛未南幸汾陰蓋吳退走北地二月丙戌幸長安存問父老丁亥幸昆明池遂田于岐山之陽所過誅與蓋吳通謀反害守將者三月詔諸州坑沙門毀諸佛像徙長安城內工巧三千家於京師夏四月甲申車駕至自長安戊子毀鄴城五層佛圖於泥像中得玉璽二其文皆曰受命於天既壽永昌其一刻其旁曰魏所受漢傳國璽五月蓋吳復聚杏城自號秦地王丙戌發司幽定冀四州十萬人築畿上塞圍起上谷西至于河廣袤皆千里六月癸未朔日有蝕之秋八月蓋吳爲其下人所殺傳首京師復略陽公羯兒王爵

八年春正月癸未行幸中山三月河西王沮渠牧犍謀反伏誅夏五月車駕還宮六月西征諸將扶風公處眞等八將坐盜沒軍資所在虜掠贓各千萬計並斬之秋八月樂安王範薨冬十一月侍中中書監宜都王穆壽薨十二月晉王伏羅薨

九年春正月宋人來聘二月癸卯行幸定州山東人饑詔開倉振之罷塞圍作遂西幸上黨詔於壺關東北大王山累石爲三封又塹其鳳皇山南足以斷之三月車駕還宮夏五月甲戌以交阯公韓拔爲假征西將軍領護西戎校尉鄯善王鎭鄯善賦役其人比之郡縣六月辛酉行幸廣德宮丁卯悅般國遣使求與王師俱討蠕蠕帝許之秋八月詔中外諸軍戒嚴九月乙酉練兵于西郊丙戌幸陰山是月成周公萬度歸千里驛上大破焉耆國其王鳩尸卑那奔龜茲冬十月辛丑恆農王奚斤薨癸卯以婚姻奢靡喪葬過度詔有司更爲科限癸亥大赦十二月詔成周公萬度歸自焉耆西討龜茲皇太子朝于行宮遂從北討至受降城不見蠕蠕因積糧城內留守而還北平王長孫敦坐事降爵爲公

十年春正月戊辰朔帝在漠南大饗百寮甲戌蠕蠕吐賀眞懼遠遁三月蒐于河西庚寅車駕還宮夏四月丙申朔日有蝕之九月閱武於磧上遂北伐冬十月庚子皇太子及羣官奉迎於行宮十二月戊申車駕至自北伐己酉以平昌公託眞爲中山王

十一年春正月乙丑行幸洛陽所過郡國皆親對高年存恤孤寡二月甲午大蒐於梁川皇子眞薨是月大修宮室皇太子居于北宮車駕遂征懸瓠夏四月癸卯車駕還宮賜從者及留臺郎吏已上生口各有差六月己亥誅司徒崔浩辛丑北巡陰山秋七月宋將王元謨攻滑臺八月辛亥田于河西癸未練兵於西郊九月辛卯車駕南伐癸巳皇太子北伐屯于漠南吳王余留守京都庚子曲赦定冀相三州死罪已下冬十月乙丑車駕濟河元謨棄軍而走乃命諸將分道並進車駕自中道十一月辛卯至鄒山使使者以太牢祀孔子是月頓盾國獻師子一十二月丁卯車駕至淮詔刈藋葦作筏數萬而濟淮南皆降癸未車駕臨江起行宮於瓜步山諸軍同日皆臨江所過城邑莫不望塵奔潰其降附者不可勝數甲申宋文帝使獻百牢貢其方物又請進女於皇孫以求和好帝以師婚非禮許和而不許婚使散騎侍郎夏侯野報之帝詔皇孫爲書致馬通問焉

正平元年春正月丙戌朔大會羣臣於江上文武受爵者二百餘人丁亥車駕北旋二月癸未次于魯口皇太

子朝於行宮三月巳亥車駕至自南伐飲至策勳告於宗廟以降人五萬餘家分置近畿賜留臺文武所獲軍資生口各有差夏五月壬寅大赦六月壬戌改元車師國王遣子入侍詔以刑網太密犯者更衆命有司具案律令務求厥中自餘有不便於民者依比增損詔太子少傅游雅中書侍郎胡方回等改定律制略陽王羯兒高涼王那有罪賜死戊辰皇太子薨壬申葬景穆太子於金陵秋七月丁亥行幸陰山省諸曹吏員三分之一九月癸巳車駕還宮冬十月庚申行幸陰山宋人來聘詔殿中將軍郎法佑使於宋己巳司空上黨王長孫道生薨十二月丁丑車駕還宮封皇孫濬爲高陽王尋以皇孫世嫡不宜在藩乃止改封秦王翰爲東平王燕王譚爲臨淮王楚王建爲廣陽王吳王余爲南安王

二年春正月庚辰朔南來降人五千餘家於中山謀叛州軍討平之冀州刺史張掖王沮渠萬年與降人通謀賜死三月甲寅中常侍宗愛構逆帝崩於永安宮時年四十五祕不發喪愛又矯皇后令殺東平王翰迎南安王余立大赦改元爲承平尊謚帝曰太武皇帝葬於雲中金陵廟號世祖帝生不逮密太后及有所識言則悲慟哀感傍人明元聞而嘉歎及明元不豫衣不釋帶性清儉率素服御飲膳取給而已不好珍麗食不二味所幸昭儀衣無兼綵羣臣白帝更峻京邑城隍以從周易設險之義又陳蕭何壯麗之說帝曰古人有言在德不在險屈丐蒸土築城而朕滅之豈在城也今天下未平方須人力土功之事朕所未爲蕭何之對非雅言也每以財者軍國之本無所輕費至於賞賜皆是勳績之家親戚愛寵未曾橫有所及臨敵常與士卒同在矢石間左右死傷相繼而帝神色自若是以人思効命所向無前命將出師指授節度從命者無不制勝違爽者率多敗失性又知人拔士於卒伍之中唯其才效所長不論本末兼甚嚴斷明於刑賞功者賞不遺賤罪者刑不避親雖寵愛之終不虧法常曰法者朕與天下共之何敢輕也故大臣犯法無所寬假雅長聽察瞬息之間下無以措其姦隱然果於誅戮後多悔之司徒崔浩死後帝北伐時宣城公李孝伯疾篤傳者以爲卒帝聞而悼之謂左右曰李宣城可惜又曰朕向失言崔司徒可惜李宣城可哀褒貶雅意皆此類也

太武帝始光神麚各四年延和三年太延五年太平眞君十一年正平二年卽位二十九年

臣謹按景穆太子未嘗卽位後追謚爲皇帝旣無年號不當立紀太子諱晃太武之長子也母曰賀夫人延和元年正月丙午立爲皇太子時年五歲明慧彊識聞則不忘及長好讀經史皆通大義太武甚奇之及西征涼州皇太子監國初太武之伐河西李順等咸言姑臧無水草不可行師太子有疑色及車駕至姑臧乃詔太子曰姑臧城東西門外涌泉合於城北其大如河澤草茂盛可供大軍數年人之多言亦可惡也太子謂宮臣曰爲人臣不實若此豈爲忠乎吾初聞有疑但帝决行耳幾誤人大事言者復何面目見帝也太平眞君四年從征蠕蠕至鹿渾谷與賊遇虜惶怖擾亂太子言於太武曰宜速進擊掩其不備中書令劉潔固諫以爲塵盛賊多須軍大集太子曰此塵之盛當由賊驚故也太武疑之遂不急擊蠕蠕遠遁旣而獲虜候騎乃云不覺官軍卒至上下惶懼北走經六七日知無追者乃徐行帝深恨之自是太子所言軍國大事多見納用遂知萬機及監國命有司使百姓有牛家以人牛相貿又禁飲酒雜戲棄本酤販者於是墾田大增正平元年六月戊辰薨於東宮時年二十四庚午命持節兼太尉張黎兼司空竇瑾奉策卽柩謚曰景穆太子文成卽位追尊爲景穆皇帝廟號恭宗

高宗文成皇帝諱濬景穆皇帝之長子也母曰閭氏太平眞君元年六月生於東宮帝少聰達太武常置左右號世嫡皇孫年五歲太武北巡帝從在後逢虜帥桎一奴將加罰帝謂曰奴今遭我汝宜釋之帥奉命解縛太武聞之曰此兒雖小欲以天子自處意奇之及長風格異常每參決大政可否正平二年三月中常侍宗愛弑逆立南安王余十月丙午朔又賊殺余於是殿中尙書長孫渴侯與尙書陸麗奉迎世嫡皇孫

興安元年冬十月戊申皇帝卽位於永安前殿大赦改正平二年爲興安元年以驃騎大將軍元壽樂爲太宰都督中外諸軍錄尙書事以尙書長孫渴侯爲尙書令儀同三司十一月丙子二人爭權竝賜死癸未廣陽王建臨淮王譚薨甲申皇妣閭氏薨進平南將軍宋子侯周忸爵爲樂陵王南部尙書常安子陸麗爲平原王文武各加位一等壬寅追尊皇考景穆太子爲景穆皇帝妣閭氏爲恭皇后尊保母常氏爲保太后十二月戊申祔葬恭皇后於金陵乙卯初復佛法丁巳以樂陵王周忸爲太尉平原王陸麗爲司徒鎭西將軍杜元寶爲司空保達沙獵等國各遣使朝貢戊寅進建業公陸俟爵爲東平王進廣平公杜遺爵爲王癸亥詔以營州蝗開

倉振恤甲子太尉樂陵王周伍有罪賜死進濮陽公閭若文爵爲王

二年春正月辛巳進司空杜元寶爵爲京兆王廣平王杜遺甍進尚書僕射東安公劉尼爵爲王封建寗王崇子麗爲濟南王癸未詔與百姓雜調十五丙戌進尚書西平公源賀爵爲王二月己未司空京兆王杜元寶謀反伏誅建寗王崇崇子濟南王麗爲元寶所引各賜死乙丑發京師五千人穿天泉池是月宋太子劭弒文帝三月尊保太后爲皇太后進安豐公閭虎皮爵爲河間王夏五月宋孝武帝殺太子劭而自立閏月乙亥太皇太后赫連氏崩秋七月辛亥行幸陰山濮陽王閭若文永昌王仁謀反乙卯仁賜死若文伏誅己巳車駕還宮是月築馬射臺於南郊八月戊戌詔曰朕卽位已來風雨順序邊方無事衆瑞兼呈又於苑內獲方寸玉印其文曰子孫長壽羣公卿士咸曰休哉豈朕一人克臻斯應實由天地祖宗降祐之所致也思與兆庶共茲嘉慶其令百姓大酺三日降殊死已下囚九月壬子閱武於南郊冬十一月辛酉行幸信都中山觀察風俗十二月甲午車駕還宮復北平公長孫敦王爵是歲疏勒渴盤陁庫莫奚契丹罽賓等國各遣使朝貢

興光元年春正月乙丑以侍中河南公伊馛爲司空二月甲午帝至道壇登受圖籙禮畢曲赦京師夏六月行幸陰山秋七月丙申朔日有蝕之庚子皇子弘生辛丑大赦改元八月甲戌趙王深甍乙亥車駕還宮乙丑皇叔虎頭龍頭甍九月庫莫奚國獻名馬有一角狀如麟閉都門大索三日獲姦人亾命數百人冬十一月戊戌行幸中山遂幸信都十二月丙子還幸靈邱至溫泉宮庚辰車駕還宮出于叱萬單等國各遣使朝貢

太安元年春正月辛酉奉太武景穆神主于太廟樂平王拔有罪賜死二月癸未武昌王提甍三月己亥以太武景穆神主入太廟改元曲赦京師死囚已下夏六月壬戌詔名皇子弘曲赦癸酉詔尚書穆眞等二十人巡行州郡觀察風俗大明賞罰冬十月庚午以遼西公常英爲太宰進爵爲王是歲遮逸波斯疏勒等國各遣使朝貢

二年春正月乙卯立皇后馮氏二月丁巳立皇子弘爲皇太子大赦夏六月羽林中郎于判元提等謀逆誅秋八月田於河西平西將軍漁陽公尉眷北擊伊吾尅其城大獲而還九月辛巳進河東公閭毗零陵公閭紇爵並爲王冬十月甲申車駕還宮甲午曲赦京師十一月改封西平王源賀隴西王嚈噠普嵐等國各遣使朝貢

三年春正月徵漁陽公尉眷拜太尉進爵爲王錄尚書事夏五月封皇弟新成爲陽平王六月癸卯行幸陰山秋八月田於陰山之北己亥還宮冬十月將東巡詔太宰常英起行宮於遼西黃山十二月州鎭五蝗百姓饑使開倉振給之是歲粟特于闐等五十餘國並遣使朝貢

四年春正月丙午朔初設酒禁乙卯行幸廣甯溫泉宮遂東巡庚午至遼西黃山宮遊宴數日親對高年勞問疾苦二月丙子登碣石山觀滄海大饗羣臣於山上班賞進爵各有差改碣石山爲樂遊山築壇記行於海濱戊寅南幸信都田於廣川三月丁未觀馬射於中山所過郡國賜復一年丙辰車駕還宮起太華殿乙丑東平王陸俟甍夏五月壬戌詔曰比年以來雜調減省而所在州郡咸有逋懸非在職之官綏慉失所貪穢過度誰使之然自今常調不充人不安業宰民之徒加以死罪六月丙申田於松山秋七月庚午行幸河西九月丁巳還宮辛亥太華殿成丙寅饗羣臣大赦冬十月甲戌北巡至陰山有故冢毀廢詔曰昔姬文葬枯骨天下歸仁自今有穿掘壠者斬之辛卯次于車輪山累石紀行十一月車駕度漠蠕蠕絕迹遠遁十二月中山王朝眞甍

五年春二月己酉司空河南公伊馛甍三月庚寅曲赦京師死罪已下夏四月乙巳封皇弟子推爲京兆王五月常居國遣使朝貢六月戊申行幸陰山秋八月庚戌遂幸雲中壬戌還宮九月戊辰儀同三司敦煌公李寶甍冬十二月戊申詔以六鎭雲中高平二雍秦州徧遇災旱年穀不收開倉廩振乏有徙流者喻還桑梓

和平元年春正月甲子朔大赦改元庚午詔散騎侍郎馮闡使於宋夏四月戊戌皇太后常氏崩於壽安宮五月癸酉葬昭太后於廣甯鳴鷄山六月甲午詔征西大將軍陽平王新成等討吐谷渾什寅崔浩之誅也史官遂廢至是復置秋七月西征諸軍至西平什寅走保南山九月庚申朔日有蝕之是月諸軍濟河追什寅遇瘴氣多病疫乃引還庚午車駕還宮冬十月居常王獻馴象三十一月詔散騎侍郎盧度世使於宋

二年春正月乙酉詔曰刺史牧民爲萬里之表自頃每因發調逼人假貸大商富賈要射時利上下通同分以潤屋爲政之弊莫過於此其一切禁絕犯者十疋以上皆死布告天下咸令知禁二月行幸中山遂幸信都三月宋人來聘車駕所過皆親對高年問疾苦詔年八十一子不從役靈邱南有山高四百餘丈乃詔羣臣仰射

山峯無能踰者帝彎弧發矢出三十餘丈過山南二百二十步遂刊石勒銘是月發并肆州五千餘人修河西獵道辛巳車駕還宮夏四月乙未河東王閭毗薨五月癸未詔南部尚書黃盧頭李敷業考課諸州秋七月戊寅封皇弟小新成爲濟陰王天賜爲汝陰王萬壽爲樂良王洛侯爲廣平王八月波斯國遣使朝貢冬十月詔假員外散騎常侍游明根使于宋廣平王洛侯薨

三年春正月壬午以東郡公乙渾爲太原王癸未樂良王萬壽薨二月壬子朔日有蝕之癸酉田於崞山遂觀漁于旋馬池三月甲申宋人來聘高麗蓰王契嚙思厭於師疏勒石那悉居半渴盤陁等國並遣使朝貢夏六月庚申行幸陰山秋七月壬寅幸河西九月壬辰常山王素薨冬十月詔員外散騎常侍游明根使于宋十一月壬寅車駕還宮十二月乙卯制戰陣之法十有餘條因大儺耀兵有飛龍騰蛇魚麗之變以示威武戊午零陵王閭拔薨

四年春三月乙未賜京師人年七十以上太官廚食以終其年皇子胡仁薨追封樂陵王夏四月癸亥上幸西苑親射猛虎三頭五月壬辰侍中漁陽王尉眷薨壬寅行幸陰山秋七月壬午詔曰朕每歲閑月命羣臣講武所幸之處必立宮壇糜費之功勞損非一宜仍舊貫何必改作也八月丙寅遂田于河西九月辛巳車駕還宮冬十月以定相二州隕霜傷稼免其田租詔員外散騎常侍游明根使於宋十二月辛丑詔以喪葬嫁娶大禮未備命有司爲之條格使貴賤有章上下咸序著之于令壬寅詔曰婚姻者人道之始比者以來貴族之門多不率法或貪利財賂或因緣私好在於苟合無所擇選塵穢清化虧損人倫將何以宣示典謨垂之來裔今制皇族肺腑王公侯伯及士庶之家不得與百工伎巧卑姓爲婚犯者加罪

五年春正月丁亥封皇弟雲爲任城王二月詔以州鎮十四去歲蟲水開倉振恤夏四月癸卯進封頓邱公李峻爲王閏月戊子帝以旱故減膳責身是夜澍雨大降五月宋孝武帝殂六月丁亥行幸陰山秋七月壬寅行幸河西九月辛丑車駕還宮冬十月瑯邪侯司馬楚之薨十二月南秦王楊難當薨吐呼羅國遣使朝貢

六年春正月丙申大赦二月丁丑行幸樓煩宮高麗蓰王對曼等國各遣使朝貢三月戊戌相州刺史西平郡王吐谷渾權薨乙巳車駕還宮夏四月破洛那國獻汗血馬普嵐國獻寶劍五月癸卯帝崩于太華殿時年二十六六月丙寅奉尊謚曰文成皇帝廟號高宗八月葬雲中之金陵

文成帝興安二年興光元年太安五年和平六年

即位十四年

顯祖獻文皇帝諱弘文成皇帝之長子也母曰李貴人興光元年七月生於陰山之北太安二年二月立爲皇太子和平六年五月甲辰即皇帝位大赦尊皇后曰皇太后車騎大將軍乙渾矯詔殺尚書楊保年平陽公賈愛仁南陽公張天度于禁中戊申司徒公平原王陸麗自湯泉入朝又殺之己酉以渾爲太尉公以錄尚書事東安王劉尼爲司徒公以尚書左僕射和其奴爲司空公六月封繁陽侯李嶷爲丹陽王征東大將軍馮熙爲昌黎王秋七月癸巳以太尉乙渾爲丞相位居諸王上事無大小皆決焉九月庚子曲赦京師丙午詔曰先朝以州牧親民宜置良佐故賴有司班九條之制使前政選吏以待後人然牧司舉非其人懲于典度今制刺史守宰到官之日仰自舉人望忠信以爲選官不論前政共相平置若簡任失所以罔上論是月宋義陽王劉昶自彭城來奔冬十月徵陽平王新成京兆王子推濟陰王小新成汝陰王天賜任城王雲入朝十一月宋湘東王彧弒其主子業而自立

天安元年春正月己丑朔大赦改元二月庚申丞相太原王乙渾謀反伏誅乙亥以侍中元孔雀爲濮陽王侍中陸定國爲東郡王三月庚子以隴西王源賀爲太尉公辛丑高宗文成皇帝神主祔于太廟辛亥帝幸道壇親受符籙曲赦京師秋九月己酉初立鄉學郡置博士二人助教二人學生六十人冬十二月皇弟安平王薨是歲州鎮十一旱民饑開倉振恤

皇興元年春正月癸巳鎮南大將軍尉元大破宋將張永沈攸之於呂梁東宋人來聘庚子東平王道符謀反於長安其司馬段太陽斬之傳首京師道符兄弟皆伏誅閏月以頓邱王李峻爲太宰二月濟陰王小新成薨宋東平太守申纂戍無鹽遏絕王使詔征南大將軍慕容白曜督諸軍往討三月甲寅尅之秋八月丁酉幸武州山石窟寺戊申皇子宏生大赦改元九月己巳進馮翊公李白爲梁郡王冬十月己亥朔日有蝕之癸卯田於那男池濮陽王孔雀坐怠慢降爲公

二年春二月癸未田于西山親射虎豹三月慕容白曜進圍東陽戊午宋人來聘夏四月丙子朔日有蝕之辛丑進南郡公李惠爵爲王五月乙卯田于崞山遂幸繁時辛酉車駕還宮六月庚辰以河南闢地曲赦京師殊

死以下以昌黎王馮熙爲太傅秋七月辛亥封皇叔禎爲南安王長壽爲城陽王太洛爲章武王休爲安定王冬十月癸酉朔日有蝕之辛丑田于洽泉十一月州鎮二十七水旱詔開倉振卹十二月甲午詔曰頃張永敗拒王威暴骨原隰天下之人一也其永軍殘廢之士聽還江南露骸草莽者勑州縣收瘞之

三年春正月乙丑東陽潰虜沈文秀戊辰司空平昌公和其奴薨三月己卯進上黨公慕容白曜爵爲濟南王夏四月壬辰宋人來聘丙申名皇子宏大赦丁酉田于崞山五月徙青齊人於京師六月辛未立皇子宏爲皇太子冬十月丁卯朔日有蝕之是月太宰頓邱王李峻薨十一月進襄城公韓頽爵爲王

四年春正月州鎮大饑詔開倉振卹二月以東郡王陸定國爲司空公詔征西大將軍上黨王長孫觀討吐谷渾什寅廣陽王石侯薨三月丙戌詔天下人病者所在官司遣醫就家診視所須藥任醫所量給之夏四月辛丑大赦戊申長孫觀軍至曼頭山大破什寅五月封皇弟長樂爲建昌王六月宋人來聘秋八月蠕蠕犯塞九月丙寅車駕北伐諸將俱會于女水大破虜軍司徒東安公劉尼坐事免壬申車駕至自北伐飲至策勳告于宗廟冬十月誅濟南王慕容白曜高平公李敷十一月詔弛山澤禁十二月甲辰幸鹿野苑石窟寺陽平王新成薨

五年春二月乙亥詔假員外散騎常侍邢祐使于宋夏四月北平王長孫敦薨六月丁未行幸河西秋七月丙寅遂至陰山八月丁亥車駕還宮帝幼而神武聰睿機悟有濟人之規仁孝純至禮敬師友及即位雅薄時務常有遺世之心欲禪位於叔父京兆王子推羣臣固請帝乃止丙午使太保建安王陸馛太尉源賀持節奉皇帝璽綬冊命皇太子升帝位於是羣公奏上尊號太上皇帝乃從之己酉太上皇帝徙御崇光宮彩椽不斵土階而已國之大事咸以聞承明元年文明太后有憾於帝帝崩於永安殿時年二十三上尊謚曰獻文皇帝廟號顯祖葬雲中金陵

獻文帝天安元年皇興五年即位六年

通志卷十五上

通志卷十五下

宋右迪功郎鄭樵漁仲撰

後魏紀第十五下

孝文帝　宣武帝　孝明帝　孝莊帝　節閔帝

安定王　孝武帝　西魏文帝　廢帝　恭帝

東魏孝靜帝

高祖孝文皇帝諱宏獻文皇帝之太子也母曰李夫人皇興元年八月戊申生於平城紫宮神光照室天地氛氳和氣充塞帝潔白有異姿襁褓岐嶷長而弘裕仁孝綽然有人君之表獻文尤愛異之三年六月辛未立爲皇太子五年受禪

延興元年秋八月丙午皇帝卽位太華前殿改皇興五年爲延興丁未宋人來聘九月壬戌詔在位及民庶進直言壬午青州高陽人封辯聚黨自號齊王州軍討平之冬十月丁亥沃野統萬二鎭勅勒叛詔太尉隴西王源賀追擊至枹罕滅之徙其遺逃於冀定相三州爲營戶十二月乙酉封駙馬都尉穆亮爲趙郡王壬辰詔求舜後獲東萊人嬀苟之復其家畢世以彰盛德之不朽復前濮陽王孔雀本封辛丑徙趙郡王穆亮爲長樂王癸卯日有蝕之

二年春正月太陽蠻酋桓誕率戶內屬拜征南將軍封襄陽王曲赦京師及河西南至秦涇西至枹罕北至涼州及諸鎭詔假員外散騎常侍邢祐使於宋二月丁巳詔曰頃者淮徐未賓尼父廟隔非所致令祠典寢頓禮章殄滅遂使女巫妖覡淫進非禮自今有祭孔廟制用酒脯而已不聽婦女雜合以祈非望之福犯者以違制論其公家有事自如常禮蠕蠕犯塞太上皇帝次於北郊詔諸將討之虜遁走北部勑勒叛奔蠕蠕太上皇帝追至石磧不及而還三月戊辰以散騎常侍駙馬都尉萬安國爲大司馬大將軍討安城王庚午親耕籍田連川勑勒謀叛徙配青徐齊兗四州爲戶夏四月庚子詔工商雜伎盡聽赴農諸州課人益種菜果辛亥宋人來聘癸酉詔沙門不得去寺行者以公文是月宋明帝殂五月丁巳詔軍警給璽印傳符次給馬印六月安州遭水雹詔丐租振恤丙申詔今年貢舉尤爲猥濫自今所遣皆可門盡州郡之高才極鄉閭之選戊午行幸陰山秋七月壬寅詔州郡縣各遣二人才堪專對者赴九月講武當親問風俗八月百濟遣使請兵伐高麗九月辛巳車駕還宮戊申統萬鎭將河間王閭虎皮坐貪殘賜死己酉詔以州鎭十一水旱丐其田租開倉振恤又詔流迸之人皆令還本違者徙邊冬十月蠕蠕犯塞及五原十一月太上皇帝親討之將度漠蠕蠕聞之北走數千里丁亥封皇叔畧爲廣川王壬辰分遣使者巡省風俗問民疾苦帝每月一朝崇光宮十二月庚戌詔曰頃者以來官以勞升未久而代牧守無恤人之心競爲聚斂送故迎新相屬於路非所以固民志隆政道也自今牧守溫良仁儉克己奉公者可久於其任歲積有成遷位一級其貪殘非道侵削黎庶者雖在官甫爾必加黜罰著之令以爲彝準詔以代郡事同豐沛代人先配邊戍者免是歲高麗地豆干庫莫奚高昌等國遣使朝貢

三年春正月庚辰詔員外散騎常侍崔演使於宋丁亥改崇光宮爲甯光宮二月戊午太上皇帝至自北討飲至策勳告於宗廟甲戌詔縣令能靜一縣劫盜者兼理二縣卽食其祿能靜三縣者三年遷爲郡守二千石能靜二郡上至三郡亦如之三年遷爲刺史三月壬午詔諸倉屯穀麥充積者出賜貧人夏四月戊申詔假司空上黨王長孫觀等討吐谷渾拾寅壬子詔以孔子二十八世孫魯郡孔乘爲崇聖大夫給十戶以供灑埽六月甲子詔曰往年縣召秀才二人問守宰善惡而賞者未幾罪者衆多肆法傷生情所未忍諸爲人所列者特原其罪盡可代之秋七月詔河南六州人戶收絹一匹綿一斤租三十石乙亥行幸陰山八月庚申帝從太上皇帝幸河西拾寅謝罪請降許之九月辛巳車駕還宮乙亥宋人來聘己亥詔曰今京師及天下囚未判在獄致死無近親者給衣衾棺櫝葬之不得暴露辛丑詔遣十使循行州郡檢括戶口冬十月太上皇帝將南討詔州郡之人十丁取一充行戶租五十石以備軍糧十一月戊寅詔以河南州郡牧守多不奉法致新邦百姓莫能上達遣使者觀風察獄黜陟幽明搜揚振恤癸巳太上皇帝南巡至懷州所過問民疾苦賜高年孝悌力田布帛十二月癸卯朔日有蝕之庚戌詔關外苑囿聽民樵採是歲高麗契丹庫莫奚悉萬斤等國並遣使朝貢州鎭十一水旱丐民田租開倉振恤相州人饑死者二千八百四十五人祆人劉舉自稱天子齊州刺史武昌王平原捕斬之

四年春正月癸酉朔日有蝕之丁丑太尉隴西王源賀以病辭位二月甲辰太上皇帝至自南巡辛未禁寒食三月丁亥詔員外散騎常侍許赤虎使於宋夏四月丁卯詔自今非謀反大逆干紀外奔罪止其身而已秋七月己卯曲赦仇池八月戊申大閱於北郊九月以宋亂故詔將軍元蘭等伐蜀漢冬十月庚子宋人來聘十一

月分遣侍臣循河南七州觀察風俗撫慰初附是歲粟特勑勒吐谷渾高麗曹利闍悉契丹庫莫奚地豆干等國並遣使朝貢州鎭十三大饑丐民田租開倉振之

五年春二月癸丑詔定考課明黜陟夏四月詔禁畜鷹鷂開相告之制五月丙午詔員外散騎常侍許赤虎使於宋丁未幸武州山辛酉幸車輪山六月庚午禁殺牛馬壬申曲赦京師死罪遣備蠕蠕秋九月癸卯洛州人賈伯奴稱恆農王豫州人田智度稱上洛王郡討平之冬十月太上皇帝大閱於北郊十二月丙寅改封建昌王長樂爲安樂王己丑城陽王長壽薨庚寅宋人來聘是歲高麗吐谷渾龜茲契丹庫莫奚地豆干蠕蠕等國並遣使朝貢

承明元年春二月司空東郡王陸定國坐事免官爵爲兵夏五月冀州人宋伏龍聚衆自稱南平王郡縣捕斬之六月甲子詔中外戒嚴分京師見兵爲三等第一軍出遣第一兵二等亦如之辛未太上皇帝崩壬申大赦改元大司馬大將軍安城王萬安國坐法賜死戊寅以征西大將軍安樂王長樂爲太尉尚書左僕射南平公目辰爲司徒進封宜都王以南部尚書李訢爲司空尊皇太后爲太皇太后臨朝稱制秋七月甲辰追尊皇妣李貴人爲思皇后濮陽王孔雀有罪賜死八月甲子詔羣公卿士有便民益國者具狀以聞甲戌以長安二蠶多死丐民歲賦之半九月丁亥曲赦京師冬十月丁巳起七寶永安行殿乙丑進假東陽王丕爵爲王己未詔羣官卿士下及吏民各聽上書直言極諫勿有所隱諸有益政利民可以正風俗者有司以聞辛未幸建明佛寺大宥罪人進濟南公羅拔爲王是歲蠕蠕高麗庫莫奚波斯契丹宕昌悉萬斤等國並遣使朝貢

太和元年春正月乙酉改元辛亥起太和安昌二殿己酉秦州畧陽人王元壽聚衆自號衝天王雲中饑開倉振恤二月辛未秦益二州刺史武都公尉洛侯討破王元壽三月庚子以雍州刺史東陽王丕爲司徒丙午詔曰去年牛疫死傷大半今東作既興人須肄業其勑在所督課田農有牛者加勤於常歲無牛者倍庸於餘年一夫制田四十畝中男二十畝無令民有餘力地有遺利夏四月樂安王良薨詔復前東郡王陸定國官爵五月車駕祈雨於武州山俄而澍雨大洽秋七月壬辰京兆王子推薨庚子定三等死刑己酉起朱明思賢門是月宋人弑其主昱八月壬子大赦丙子詔曰工商皁隸各有厥分而有司縱濫或染清流自今戶內有工役者唯止本部丞已下準次而授若階籍元勳以勞定國者不從此制戊寅宋人來聘九月乙酉詔羣臣定律令於太華殿庚子起永樂遊觀殿於北苑穿神泉池冬十月辛亥朔日有蝕之癸酉宴京邑耆老年七十以上於太華殿賜以衣服詔七十以上一子不從役宋葭蘆戍主楊文度遣弟鼠襲陷仇池十一月丁亥懷州人伊祈苟自稱堯後應王聚衆於重山洛州刺史馮熙討平之閏月庚午詔員外散騎常侍李長仁使於宋十二月壬寅征西將軍皮喜攻陷葭蘆斬楊文度傳首京師丁未州郡八水旱蝗人饑詔開倉振恤是歲高麗契丹庫莫奚蠕蠕車多羅西天竺舍衛疊伏羅粟陽婆員闍等國並遣使朝貢

二年春正月丁巳封昌黎王馮熙第二子始興爲北平王二月丁亥行幸代之湯泉所過問民疾苦以宮女賜貧民無妻者癸卯車駕還宮乙酉晦日有蝕之三月丙子以河南公粲彌機爲宕昌王夏四月己丑宋人來聘京師旱甲辰祈天災於北苑親自禮焉減膳避正殿丙午澍雨大洽曲赦京師五月詔曰迺者人漸奢尙婚葬越軌又皇族貴戚及士庶之家不惟氏族高下與非類婚偶先帝親發明詔爲之科禁而百姓習常仍不肅改朕念憲章舊典永爲定準犯者以違制論六月庚子皇叔若薨秋八月分遣使者考察守宰問民疾苦丙戌詔罷諸州禽獸之貢九月乙巳朔日有蝕之丙辰曲赦京師冬十月壬辰詔員外散騎常侍鄭羲使於宋十二月癸巳誅南郡王李惠是歲龜茲國獻名駝龍馬珍寶甚衆吐谷渾蠕蠕勿吉等國並遣使朝貢州鎭二十餘水旱民饑詔開倉振恤

三年春正月癸丑巛德六合殿成庚申詔罷行察官二月辛巳帝太皇太后幸代郡湯泉問民疾苦鰥寡貧者妻以宮女己亥還宮三月癸卯朔日有蝕之甲辰曲赦京師夏四月壬申宋人來聘癸未樂良王樂平薨甲午宋順帝禪位于齊庚子進淮陽公尉元爵爲王宜都王目辰有罪賜死五月丁巳帝祈雨於北苑閉陽門是日澍雨大洽六月辛未以雍州民饑開倉振恤起文石室靈泉殿於方山秋七月壬寅詔免宮人年老及病者八月壬申詔羣臣進直言乙亥幸方山起思遠佛寺丁丑還宮九月壬子以司徒東陽王丕爲太尉趙郡公陳建爲司徒進爵魏郡王河南公苟頹爲司空進爵河東王進太原公王叡中山王隴東公張祐新平王乙未定州刺史安樂王長樂有罪賜死庚申隴西王源賀薨冬十月己巳朔大赦十一月癸卯賜京師貧窮高年疾患不

能自存衣服布帛各有差癸丑進假梁郡公元嘉爵爲假王督二將出淮陰隴西公元琛三將出廣陵河東公薛豹子三將出廣固至壽春是歲吐谷渾高麗蠕蠕地豆于契丹庫莫奚龜茲粟特州逸河襲疊伏羅員闊悉萬斤等國各遣使朝貢

四年春正月癸卯乾象六合殿成乙卯廣川王畧薨丁巳罷畜鷹鷂之所以其地爲報德佛寺戊午襄城王韓頹有罪削爵徙邊二月癸巳以旱故詔天下祀山川羣神及能興雲雨者修飾祠堂薦以牲璧民有疾苦所在存問夏四月乙卯幸廷尉籍坊二獄引見諸囚詔隨輕重決遣以赴耕耘甲申賜天下貧民一戶之內無雜財穀帛者粟一年六月丁卯以澍雨大洽曲赦京師秋七月辛亥行幸太山詔會京師耆老賜錦綵衣服几杖稻米密麪復家人不徭役閏月丁亥幸虎圈親錄囚徒輕者皆免之壬辰頓丘王李鍾葵有罪賜死八月乙酉詔諸州置冰室九月乙亥思義殿成壬午東明觀成戊子詔曰隆寒雪降可遣侍臣詣廷尉獄及囚所察饑寒者給以衣食桎梏者代以輕鎖是歲郡鎭十八水旱民饑詔開倉振恤蠕蠕悉萬斤等國並遣使朝貢

五年春正月己卯南巡丁亥至中山親見高年問民疾苦二月辛卯朔大赦賜孝悌力田孤貧不能自存者穀帛各有差免宮人之老者還其親丁酉至信都存問如中山己酉講武于唐水之陽庚戌車駕還宮沙門法秀謀反伏誅假梁郡王嘉大破齊俘獲三萬餘口送京師三月辛酉朔幸肆州癸亥講武于雲水之陽所經考察守宰黜陟之己巳車駕還宮詔曰法秀妖詐亂常妄說符瑞蘭臺御史張求等一百餘人招結奴隸謀爲大逆有司科以族誅誠合刑憲但矜愍重命猶所不忍其五族者降止同祖三族止一門門誅止身夏四月己亥行幸方山建永固石室於山立碑焉銘太皇太后終制于金冊又起鑒元殿甲寅以旱故詔所在掩骸骨祈禱神祇任城王雲薨五月庚申以農月時要詔天下勿使有留獄六月甲辰中山王叡薨戊午封皇叔簡爲齊郡王猛爲安豐王秋七月庚申朔日有蝕之甲子齊人來聘九月庚午閱武於南郊大饗羣臣齊使車僧朗以班在宋使殷靈誕後辭不就席宋降人解奉君刃僧朗於會中詔誅奉君等乙亥封昌黎王馮熙世子誕爲南平王冬十二月癸巳州鎭十二饑詔開倉振恤是歲鄧至蠕蠕等國並遣使朝貢

六年春正月甲戌大赦辛卯詔以靈邱郡士旣褊塉又諸州路衝復其民租十五年癸巳白蘭王吐谷渾翼世以誣罔伏誅乙未詔曰蕭道成逆亂江淮戎旗頻舉七州之民既有征運之勞深乖輕徭之義其復常調三年癸丑賜王公已下淸勤著稱者穀帛有差三月庚辰幸虎圈詔曰虎狼猛暴食肉殘生從今勿復捕貢辛巳幸武州山石窟寺賜貧老衣服是月齊高帝殂夏四月甲辰賜畿內鰥寡孤獨不能自存者粟帛各有差秋七月發州郡丁萬人修靈邱道八月癸未朔分遣大使巡行天下遭水之處丐其租賦貧儉不自存者賜以粟帛庚子罷山澤禁九月辛酉以氐楊後起爲武都王是歲地豆于吐谷渾等國並遣使朝貢

七年春正月庚申詔曰朕每思知百姓疾苦以增修寬政故具問守宰苛虐之狀於州郡使者今秀孝計掾對多不實甚乖朕虛求之意宜案以大辟明罔上必誅然情猶未忍可恕罪聽歸申布天下使知後犯無恕丁卯詔靑齊兗東徐四州戶運倉粟二十萬石送瑕邱琅邪復租算一年三月甲戌以冀定二州饑詔郡國爲粥於路以食之又弛關津之禁夏四月庚子幸崞山賜所過鰥寡不能自存者衣服粟帛壬寅車駕還宮閏月癸丑皇子生大赦六月定州上言爲粥所活九十四萬七千餘口秋七月甲申詔假員外散騎常侍李彪使於齊改封濟南王羅拔爲趙郡王九月壬寅詔求讜言冀州上言爲粥所活七十五萬一千七百餘口冬十月戊午皇信堂成十一月辛丑齊人來聘十二月乙巳朔日有蝕之癸丑詔曰夏殷不嫌一族之婚周世始絕同姓之娶斯皆教隨時設政因事改者也皇運初基日不暇給古風遺樸未遑釐改自今悉禁絕之有犯者以不道論庚午開林慮山禁與民共之州鎭十三饑詔開倉振恤

八年春正月詔隴西公琛尚書陸叡爲東西二道大使襃善罰惡夏五月己卯詔振賜河南七州戍兵甲申詔員外散騎常侍李彪使於齊六月丁卯詔曰置官班祿行之尚矣自中原喪亂茲制中絕先朝因循未遑釐改朕顧憲章舊典始班俸祿罷諸商人以簡人事乃增調三匹穀二斛九斗以爲官司之祿均預調爲二匹之賦卽兼商用雖有一時之煩終克永逸之益祿行之後贓滿一匹者死變法改度宜爲更始其大赦天下與之惟新戊辰武州水壞民居秋八月甲辰詔以班制俸祿更典刑書寬猛未允人或異議制百辟卿士工商吏人各上便宜勿有所隱九月甲午齊人來聘戊戌詔俸制十月爲首每季一請於是內外百官受祿有差冬十一月乙未詔員外散騎常侍李彪使於齊十二月州鎭十五

水旱民饑詔使者開倉振恤是歲蠕蠕高麗等國各遣使朝貢

九年春正月戊寅詔禁圖讖祕緯及名孔子閉房記留者以大辟論又諸巫覡假稱神鬼妄說吉凶及委巷諸非墳典所載者嚴加禁斷癸未大饗羣臣於大華殿班賜皇誥二月己亥制皇子封王者皇孫皇曾孫紹封者皇女封者歲祿各有差封廣陽王建第二子嘉爲廣陽王己巳詔百辟卿士工商吏民各上書極諫靡有所隱三月丙申封皇弟禧爲咸陽王幹爲河南王羽爲廣陵王雍爲潁川王勰爲始平王詳爲北海王夏五月齊人來聘秋七月丙午朔新作諸門癸未遣使拜宕昌王梁彌機兄子彌承爲宕昌王八月庚申詔曰數州災水饑饉荐臻致有賣鬻男女者天譴在予一人百姓橫罹艱毒今自太和六年已來買定冀幽相四州饑民良口者盡還所親雖聘爲妻妾遇之非理情不樂者亦離之冬十月丁未詔使者循行州郡與牧守均給天下之田還受以生死爲斷勸課農桑興富民之本辛酉司徒魏郡王陳建薨詔員外散騎常侍李彪使於齊十二月乙卯以侍中淮南王他爲司徒是歲京師及州鎮十三水旱傷稼宕昌高麗吐谷渾等國並遣使朝貢

十年春正月癸亥朔帝始服袞冕朝饗萬國二月甲戌初立黨里鄰三長定民戶籍三月庚戌齊人來聘夏四月辛酉朔始制五等公服甲子帝初法服御輦祀西郊六月己卯名皇子曰恂大赦秋八月乙亥給尚書五等品爵已上朱衣玉珮大小組綬九月辛卯詔起明堂辟雍冬十月癸酉有司議依故事配始祖於南郊十一月議定州郡縣官依口給俸十二月乙酉汝南潁川饑詔丐民田租開倉振恤是歲蠕蠕高麗吐谷渾勿吉等國並遣使朝貢

十一年春正月丁亥朔詔定樂章非雅者除之二月甲子肆州之鴈門及代郡民饑詔開倉振恤夏五月癸巳南平王渾薨甲午詔復七廟子孫及外戚緦服已上賦役無所與六月辛巳秦州民饑詔開倉振恤秋七月己丑詔今年穀不登聽民出關就食遣使者造籍分遣去留所在開倉振恤八月壬申蠕蠕犯塞遣平原王陸叡討之庚辰大議北伐辛巳罷山北苑以其地賜貧民冬十月辛未詔罷起部無益之作出宮人不執機杼者甲戌詔曰鄉飲之禮廢則長幼之序亂孟冬十月人閑歲隙宜於此時導以德義可下諸州黨里之內推賢而長者教其里人父慈子孝兄友弟順夫和妻柔不率長教者具以名聞十一月丁未詔罷尚方錦繡綾羅之工百姓欲造任之無禁其御府衣服金銀珠玉綾紬錦太官雜器太僕乘具內庫弓矢出其太半班賚百官及京師民庶下至工商皁隸逮於六鎮戍士各有差戊申詔今寒氣勁切杖罰難任自今月至來年孟夏不聽拷問罪人又歲饑輕囚宜速決了無令薄罪久留獄犴十二月詔祕書丞李彪著作郎崔光改析國記依紀傳體是歲大饑詔所在開倉振恤吐谷渾高麗悉萬斤等國並遣使朝貢

十二年春正月辛巳朔初建五牛旌旗乙未詔鎮戍流徙之人年滿七十孤單窮獨無成人子孫旁無朞親者具狀以聞二月辛亥朔日有蝕之三月丁亥中散梁衆保等謀反伏誅夏四月甲子大赦己巳齊將陳顯達攻陷澧陽長樂王穆亮率騎討之五月丁酉詔六鎮雲中河西及關內郡各修水田通渠溉灌壬寅增置彝器於太廟秋九月甲午詔曰日蝕修德月蝕修刑迺者癸巳夜月蝕盡公卿已下宜慎刑罰以答天意丁酉起宣文堂經武殿癸卯淮南王他薨冬閏十月甲子帝觀築圓丘于南郊十一月雍豫二州民饑詔開倉振恤梁州刺史臨淮王提坐貪縱配北鎮是歲高麗宕昌吐谷渾勿吉武興等國並遣使朝貢

十三年春正月辛亥祀圜丘初備大駕乙丑兗州人王伯恭聚衆勞山自稱齊王東萊鎮將孔伯孫討斬之戊辰齊人寇邊淮南太守王僧雋擊走之二月庚子引羣臣訪政道得失損益之宜三月夏州刺史章武王彬以貪財削封夏四月丁丑詔曰升樓散物以賚百姓至使人馬騰踐多有毀傷今可斷之以本所費之物賜窮老貧獨者州鎮十五大饑詔所在開倉振恤五月庚戌祀方澤六月汝陰王天賜南安王楨並坐贓賄免爲庶人秋七月立孔子廟於京師八月乙亥詔兼員外散騎常侍邢產使於齊九月出宮人賜北鎮人貧鰥寡者冬十月己未安豐王猛薨十二月丙子司空河東王苟頹薨甲午齊人來聘己亥以尚書令尉元爲司徒左僕射穆亮爲司空是歲高麗吐谷渾陰平中赤武興宕昌等國各遣使朝貢

十四年春己巳朔日有蝕之三月戊寅初制定起居注制詔遣侍臣巡行州郡問民疾苦夏四月地豆干頻犯塞甲戌征西大將軍陽平王熙擊走之甲午詔兼員外散騎常侍邢產使於齊五月己酉庫莫奚犯塞安州都將樓龍兒擊走之沙門司馬惠御自言聖王謀破平原郡擒獲伏誅秋七月甲辰詔罷都牧雜制八月詔議國

之行次九月癸丑太后馮氏崩詔聽藩鎭曾經內侍者前後奔赴冬十月戊辰詔將親侍龍輿奉訣陵隧諸常從之具悉可停之其武衞之官防侍如法癸酉葬文明太皇太后於永固陵甲戌車駕謁永固陵羣臣固請公除帝不許己卯車駕謁永固陵庚辰帝居廬引見羣寮於太和殿太尉東陽王丕等據權制固請帝引古禮往復羣臣乃止京兆王太興有罪免官削爵詔曰公卿屢依金冊遺旨中代權制或請過葬卽吉朕思遵遠古終三年之制依禮旣虞卒哭此月二十一日授服以葛易麻旣以衰服在上公卿不得獨釋於下故於朕之授服變從練禮已下復爲節降斟酌古今以制厥衷且取遺旨速除之一端粗申臣子罔極之巨痛癸未詔曰朕遠遵古式欲終三年之禮百辟羣臣據金冊顧命將奪朕心從先朝之制朕仰惟金冊俯自推省取諸二衷不許衆議以衰服過期終四節之慕又奉遵聖訓聿修誥旨不敢暗默自居以曠機政庶不僣遺令之意差展哀慕之情並下州鎭長至三元絕告慶之禮甲申車駕謁永固陵十一月甲寅詔內外職人先朝班次及諸方雜客冬至之日盡聽入臨三品已下衰服者至夕復臨其餘唯旦臨而已其拜哭之節一依朔儀丁巳齊人來聘十二月壬午詔依準丘井之式遣使與州郡宣行條制隱口漏丁卽聽附實若朋附豪勢陵抑孤獨罪有常刑是歲吐谷渾宕昌武興陰平高麗等國並遣使朝貢

十五年春正月丁巳帝始聽政於皇信東室初分置左右史官癸亥晦日有蝕之二月己丑齊人來聘三月甲辰車駕謁永固陵夏四月癸亥帝始進蔬食乙丑謁永固陵自正月不雨至于癸酉有司奏祈百神詔曰何宜四氣未周便行禮事唯當考躬責己以待天譴甲戌詔員外散騎常侍李彪使於齊己卯經始明堂改營太廟五月己亥議改律令於東明觀折疑獄乙卯枹罕鎭將長孫百年攻吐谷渾所置洮陽泥和二戍尅之俘獲三萬餘人詔悉免歸丙辰詔造五輅六月丁未濟陰王鬱以貪殘賜死秋七月乙丑謁永固陵規建壽陵己卯詔議祖宗以道武皇帝爲太祖乙酉車駕巡省京邑聽訟而還八月壬辰議養老又議肆類上帝禋于六宗禮帝親臨決詔郡國有時物可以薦宗廟者貢之戊戌移道壇於桑乾之陰改曰崇虛寺己亥詔諸州舉秀才先盡才學乙巳親定禘祫禮丁巳議律令事仍省雜祀九月辛巳齊人來聘冬十月庚寅車駕謁永固陵是月明堂太廟成十一月丁卯遷七廟神主於新廟乙亥大定官品戊寅考諸牧守詔假通直散騎常侍李彪聘於齊丙戌初罷小歲賀丁亥詔二千石考上上者假四品將軍賜乘黃馬一匹上中者五品將軍上下者衣一襲十二月壬辰遷社於內城之西癸巳班賜刺史已下衣冠以安定王休爲太傅齊郡王簡爲太保帝爲高麗王璉舉哀於城東行宮己酉車駕迎春於東郊辛亥詔簡選樂官是歲吐谷渾悉萬斤高麗鄧至宕昌等國並遣使朝貢

十六年春正月戊午朔朝饗羣臣於太華殿帝始爲王公興縣而不樂己未宗祀顯祖獻文皇帝於明堂以配上帝遂升臺以觀雲物降居青陽左个布政事每朔依以爲常辛酉始以太祖配南郊壬戌詔定行次以水承金甲子詔罷祖禖乙丑制諸遠屬非太祖子孫及異姓爲王者皆降爲公公爲侯侯爲伯子男仍舊皆除將軍之號戊辰帝臨思義殿策問秀孝丙子始以孟月祭廟二月戊子帝移御永樂宮庚寅壞太華殿經始太極殿辛卯罷寒食享壬辰幸北部曹歷觀諸省巡省京邑聽理寃訟甲午車駕初朝日于東郊遂以爲常丁酉詔祀唐堯於平陽虞舜於廣甯夏禹於安邑周文於洛陽丁未改諡宣尼曰文聖尼父告諡孔廟三月丁卯巡省京邑癸酉省西郊郊天雜事乙亥車駕初迎氣於南郊自此爲常辛巳以高麗王璉孫雲爲其國王齊人來聘夏四月丁亥朔頒新律令大赦甲寅幸皇宗學親問博士經義五月癸未詔羣臣於皇信堂更定律條流徒限制帝親臨決之秋七月壬戌詔曰自今選舉每以季月本曹與吏部銓簡甲戌詔兼員外散騎常侍宋弁使於齊八月庚寅車駕初祀夕月於西郊遂以爲常乙未詔陽平王頤左僕射陸叡督十二將北討蠕蠕丙午宕昌王梁彌承來朝司馬尉元以老遜位己酉以尉元爲三老游明根爲五更又養國老庶老將行大射之禮雨不克成癸丑詔曰國家雖崇文以懷九服修武以寧八荒然於習武之方猶爲未盡將於馬射之前先行講武之式可勑有司豫修塲埒其列陣之儀五戎之數別俟後勑九月甲寅朔大序昭穆於明堂祀文明太皇太后於元堂辛未帝以文明太皇太后再周忌日哭於陵左絕膳三日哭不輟聲辛巳武興王楊集始來朝冬十月己亥以太傅安定王休爲大司馬特進馮誕爲司徒甲辰詔以功臣配饗太廟庚戌太極殿成饗羣臣十一月乙卯依古六寢權制三室以安昌殿爲內寢皇信堂爲中寢四下爲外寢十二月賜京邑老人鳩杖齊人來聘是歲高麗鄧至契丹及吐谷渾等國並遣使朝貢

十七年春正月壬子朔饗百寮於太極殿乙丑詔大賜諸蕃君長車旗衣馬錦綵繒纊多者一千少者三百各以命數爲差詔兼員外散騎常侍邢巒使於齊丙子以吐谷渾伏連籌爲其國王庚辰録大司馬安定王休太保齊郡王簡朔望之朝二月乙酉詔賜議律令之官各有差己酉車駕始籍田於都南三月戊辰改作後宮夏四月戊戌立皇后馮氏是月齊直閤將軍蠻酋田益宗率部落内屬五月壬戌宴四廟子孫於宣文堂帝親與之齒行家人禮甲子帝臨朝堂引見公卿以下決疑政録囚徒丁丑以旱徹膳襄陽蠻酋雷婆思等率其部内徙居於太和川六月庚辰朔日有蝕之丙戌帝將南伐詔造河橋乙未講武乙巳詔曰比百秩雖陳事典未敘自八元樹位躬加省覽作職員令二十一卷事迫戎期未善周悉須待軍迴便論所闕權可付外施行立皇子恂爲皇太子秋七月癸丑以皇太子立詔賜人爲父後者爵一級爲公士曾爲吏屬者爵二級爲上造鰥寡孤獨不能自存者人粟五斛戊午中外戒嚴是月齊武帝殂八月乙酉三老山陽郡公尉元薨丙戌車駕類於上帝遂臨尉元喪丁亥帝辭永固陵己丑發京師南伐步騎三十餘萬太尉丕奏請以宮人從詔以臨戎不語內事不許壬寅車駕至肆州民年七十以上賜爵一級路見眇跛停駕親問賜衣食復終身戊申幸并州親見高年問民疾苦九月壬子詔兼員外散騎常侍高聰聘於齊丁巳詔車駕所經傷人秋稼者畝給五斛戊辰濟河詔洛懷并肆所過四州賜高年爵恤鰥寡孤獨各有差孝悌廉義文武應求者皆以名聞又詔斷養戶不得與庶士婚有文武之才積勞應進者同庶族例聽之庚午幸洛陽周巡故宮基跡帝顧謂侍臣曰晉德不修荒毀至此遂詠黍離詩爲之流涕壬申觀河橋幸太學觀石經丙子六軍發軫丁丑帝戎服執鞭御馬而出羣臣稽顙於馬前請停南伐帝乃止仍議遷都計冬十月戊寅朔幸金墉城詔徵司空穆亮與尚書李沖將作大匠董爵經始洛京己卯幸河南城乙酉幸豫州癸巳次於石濟乙未解嚴設壇於滑臺宮詔京師及諸州從戎者賜爵一級應募者加二級主將加三級癸卯幸鄴城乙巳詔安定王休率從官迎家口於代車駕送於漳水上初帝之南伐起宮殿於鄴西十一月癸亥宮成徙御焉十二月戊寅巡省六軍乙未詔隱恤軍士死亾疾病務令優給是歲勿吉吐谷渾宕昌陰平契丹庫莫奚高麗鄧至等國並遣使朝貢

十八年春正月丁未朔朝羣臣於鄴宮澄鸞殿癸亥南巡詔相兗豫三州賜高年爵恤鰥寡孤老各有差孝悌廉義文武應求者皆以名聞戊辰經殷比干墓祭以太牢乙亥幸洛陽西宮二月己丑行幸河陰規建方澤之所丙申徙封河南王幹爲趙郡王潁川王雍爲高陽王壬寅北巡癸卯齊人來聘甲辰詔諭天下以遷都意閏月癸亥次句注陘南皇太子朝于蒲地壬申至平城宮癸酉臨朝堂部分遷留甲戌謁永固陵三月庚辰罷西郊祭天壬辰帝臨太極殿諭在代羣臣遷移之略夏五月甲戌朔日有蝕之乙亥詔罷五月五日七月七日饗六月己巳詔兼員外散騎常侍盧昶使於齊秋七月乙亥以朱王劉昶爲大將軍壬辰北巡戊戌謁金陵辛丑幸朔州是月齊蕭鸞弒其主昭業八月癸亥皇太子朝於行宮甲辰行幸陰山觀雲川丁未幸閱武臺臨觀講武因幸懷朔武川撫冥柔元等四鎮乙丑南還所過皆親見高年問民疾苦貧窮孤老者賜以粟帛丙寅詔六鎮及禦夷城人年老孤貧廢疾者賜粟宥罪各有差戊辰車駕次旋鴻池庚午謁永固陵辛未還平城宮九月壬申朔詔曰三載考績自古通經三考黜陟以彰能否朕今三載一考考卽黜陟欲令愚滯無妨於賢者才能不擁於下位各令當曹考其優劣爲三等六品已下尙書重問五品已上朕將親與公卿論其善惡上上者遷之下下者黜之中中者守其本任壬午帝臨朝堂親加黜陟壬辰陰平王楊炅來朝冬十月甲辰以太尉東陽王丕爲太傅戊申親告太廟奉迎神主辛亥車駕發平城宮壬戌次於中山之唐湖乙丑分遣侍臣巡問疾苦己巳幸信都庚午詔曰比聞緣邊之蠻多有竊掠致有父子乖離室家分絶可詔荆郢東荆三州勒諸蠻人勿有侵暴是月齊蕭鸞弒其主昭文而自立十一月辛未朔詔冀定二州賜高年爵恤鰥寡孤老各有差孝義廉貞文武應求者具以名聞丁丑幸鄴甲申經比干墓親爲弔文樹碑刊之己丑車駕至洛陽十二月辛丑朔分命諸將南征壬寅革衣服之制癸卯詔中外戒嚴戊申復代遷戶租賦三歲己酉詔王公侯伯子男開國食邑者王食半公三分食一侯伯四分食一子男五分食一辛亥車駕南伐丁卯詔郢豫二州賜高年爵恤孤寡鰥老各有差緣路之丁復田租一歲孝悌廉貞文武應求者具以名聞戊辰車駕至懸瓠己巳詔壽陽鍾離馬頭之師所獲男女口皆放還南是歲高麗國遣使朝貢

十九年春正月辛未朔朝饗羣臣於懸瓠癸酉詔禁淮北人不得侵掠犯者以大辟論壬午講武於汝水西大

賚六軍平南將軍王肅左將軍元麗並大破齊軍己亥車駕濟淮二月甲辰幸八公山路中雨甚詔去蓋見軍士病者親隱恤之戊申車駕巡淮南東人皆安堵租運屬路丙辰幸鍾離戊午軍士禽齊人三千帝曰在君爲君其人何罪於是免歸辛酉發鍾離將臨江水司徒馮誕薨壬戌詔班師丁卯遣使臨江數齊主罪惡三月戊子太師馮熙薨夏四月丁未曲赦徐豫二州其運轉之士復租三年辛亥詔賜高年爵恤孤寡老疾各有差德著邱園者具以名聞齊人降者給復十五年癸丑幸小沛使以太牢祭漢高祖廟己未幸瑕邱使以太牢祠岱嶽詔宿衛武官增位一級庚申幸魯城親祠孔子廟辛酉詔拜孔氏四人顏氏二人爲官詔兗州刺史舉部內士人堪軍國及守宰政績者具以名聞詔賜兗州人爵及粟帛如徐州又詔選諸孔宗子一人封崇聖侯邑一百戶以奉孔子祀命兗州爲孔子起園栢修飾墳壠更建碑銘褒揚聖德戊辰行幸碻磝太和廟成五月己巳城陽王鸞赭陽失利降爲定襄縣王廣川王諧薨庚午遷文成皇后馮氏神主於太和廟甲戌行幸滑臺丙子次於石濟庚辰皇太子朝於平桃城癸未車駕至自南伐甲申減閑官祿以裨軍國之用乙酉行飲至禮班賜各有差甲午皇太子冠於廟六月己亥詔不得以北俗之語言於朝廷違者免所居官辛丑詔復軍士從駕渡淮者租賦三年癸卯詔皇太子赴平城宮壬子詔濟州東郡滎陽及河南諸縣車駕所經者賜高年爵恤孤寡老疾各有差孝悌廉義文武應求者具以名聞癸丑求天下遺書祕閣所無有稗時用者加以厚賞乙卯曲赦梁州復民田租三歲丙辰詔遷洛人死葬河南不得還北於是代人南遷者悉爲河南洛陽人戊午詔改長尺大斗依周禮制度班之天下秋八月幸西宮路見壞塚露棺駐蹕埋之乙巳詔選天下勇士十五萬人爲羽林虎賁以充宿衛丁巳詔諸從兵從征被傷者皆聽還本金墉宮成甲子引羣臣歷宴殿堂九月六宮及文武盡遷洛陽丙戌行幸鄴丁亥詔諸墓舊銘記見存昭然爲時人所知者三公及位從公者去墓三十步尚書令僕九列十五步黃門五校十步各不聽墾殖遣黃門郎以太牢祭比干墓乙未車駕還宮冬十月甲辰曲赦相州賜高年爵恤孤老痼疾各有差丙辰車駕至自鄴辛酉詔州郡舉士壬戌詔諸州牧考屬官爲三年之科以聞將加親覽以定升降詔徐兗光南青荊洛六州嚴纂戎備應須赴集十一月行幸委粟山議定圜丘甲申祀圜丘丙戌大赦十二月乙未朔引見羣臣光極堂宣下品令爲大選之始辛酉以咸陽王禧爲長兼太尉復前安南王楨本爵甲子引見羣臣光極堂班賜冠服是歲高麗鄧至吐谷渾等國各遣使朝貢

二十年春正月丁卯詔改姓元氏壬辰封始平王勰爲彭城王復封定襄王鸞爲城陽王二月辛丑幸華林聽訟於都亭壬寅詔自非金革皆聽終三年喪丙午詔畿內七十已上暮春赴京師將行養老禮庚戌幸華林聽訟於都亭癸丑詔介山之邑聽爲寒食自無禁斷三月丙寅宴羣臣及國老庶老於華林園詔國老黃耇以上假中散大夫郡守耆年以上假給事中縣令庶老直假郡縣各賜鳩杖衣裳丁丑詔諸州中正各舉其鄉人望年五十已上守素衡門者授以令長夏五月丙子詔敦勸農功令畿內嚴加課督惰業者申以楚撻力田者具以名聞丙戌初營方澤於河陰遣使以太牢祭漢光武及明章三帝陵又詔漢魏晉諸帝陵各禁方百步不得樵蘇踐藉丁亥祀方澤秋七月廢皇后馮氏戊寅帝以久旱咸秩羣神自癸未不食至于乙酉是夜澍雨大洽八月壬辰朔幸華林園親錄囚徒減降本罪二等決遣之丁巳南安王楨薨幸華林園聽訟九月戊辰車駕閱武于小平津癸酉還宮丁亥將通洛水入穀帝親臨觀庚寅晦日有蝕之冬十月戊戌以代遷之士皆爲羽林虎賁司州之人十二夫調一吏爲四年更卒歲開番假以供公私力役己酉曲赦京師十一月乙酉復封前汝陰王天賜孫景和爲汝陰王前京兆王太興爲西河王十二月甲子以西北州郡旱儉遣侍臣巡察開倉振恤乙丑開鹽池禁丙寅廢皇太子恂爲庶人戊辰置常平倉樂陵王思譽知恆州刺史穆泰謀反不告削爵爲庶人

二十一年春正月丙申立皇子恪爲皇太子賜天下爲父後者爵一級己亥遣侍臣巡方省察問民疾苦黜陟守宰乙巳北巡二月壬戌次於太原親見高年問所不便乙丑詔并州士人年六十已上假以郡守先是定州人王金鈎訛言自稱應王丙寅州郡捕斬之癸酉車駕至平城甲戌謁永固陵乙未南巡甲寅詔汾州賜高年爵各有差丙辰次平陽使以太牢祭唐堯夏四月庚申幸龍門使以太牢祭夏禹癸亥幸蒲坂使以太牢祭虞舜修堯舜夏禹廟辛未幸長安壬申武興王楊集始來朝乙亥親見高年問所疾苦丙子遣侍臣分省縣邑振賜穀帛戊寅幸未央殿阿房宮遂幸昆明池癸未宋王劉昶薨丙戌使以太牢祀漢帝諸陵五月丁亥朔衛大

國遣使朝貢己丑車駕東旋汎渭入河庚寅詔雍州士人百年以上假華郡太守九十以上假荒郡八十以上假華縣七十以上假荒縣庶老以年各減一等七十以上賜爵三級其營船夫賜爵一級孤寡鰥貧各賜穀帛其孝友德義文武才幹悉仰貢舉壬辰使以太牢祭周文王於酆祭周武王於鎬癸卯遣使祭華岳六月庚申車駕至自長安壬辰詔冀定瀛相濟五州發卒二十萬將以南討癸亥司空穆亮遜位秋七月甲午立昭儀馮氏爲皇后甲寅帝親爲羣臣講喪服於淸徽堂八月丙辰詔中外戒嚴壬戌立皇子愉爲京兆王懌爲清河王懷爲廣平王戊辰講武於華林園庚辰車駕南討九月丙申詔司州洛陽人年七十以上無子孫六十以上無朞親貧不自存者給以衣食及不滿六十而有廢痼之疾無大功親窮困無以自療者皆於別坊遣醫救護給大醫師四人豫請藥物療之辛丑帝留諸將攻赭陽引師南討丁未車駕發南陽留太尉咸陽王禧前將軍元英攻之己酉車駕至新野冬十月丁巳四面進攻不剋詔左右軍築長圍以守之乙亥追廢貞皇后林氏爲庶人十一月丁酉大破齊軍於沔北於是人皆復業九十以上假以郡守六十五以上假以縣令十二月丁卯詔流徙之囚皆勿決遣登城之際令其先鋒自效庚午車駕臨沔遂東還戊寅還新野己卯親行營壘恤六軍以齊郡王子琛紹河間王若後高昌國遣使朝貢

二十二年春正月癸未朔饗羣臣於新野行宮丁亥拔新野斬其太守劉忌於宛庚午至自新野辛未詔以穰人首歸大順始終若一者給復三十年標其所居曰歸義鄉次降者給復十五年三月壬午朔大破齊將崔慧景蕭衍軍於鄧城庚寅行幸樊城觀兵襄沔耀武而還曲赦二荆魯陽辛亥行幸懸瓠夏四月趙郡王幹薨秋七月壬午詔后之私府損半六宮嬪御五服男女恆恤恆供亦宜令減半在戎之親三分省一以供賞是月齊明帝殂八月辛亥皇太子自京師來朝壬戌高麗遣使朝貢九月己亥帝以禮不伐喪詔反旆丙午車駕發懸瓠冬十月己酉朔曲赦二豫州殊死巳下復民田租一歲十一月辛巳幸鄴

二十三年春正月戊寅朔朝饗羣臣於鄴先是帝不豫至是有瘳庚辰羣臣上壽大饗於澄鸞殿壬午幸西門豹祠遂歷漳水而還戊戌車駕至自鄴癸卯行飲至策勳之禮甲辰大赦太保齊郡王簡薨二月辛亥以長兼太尉咸陽王禧爲太尉癸亥以中軍大將軍彭城王勰爲司徒復樂陵王思譽本封癸酉齊將陳顯達攻陷馬圈戍三月庚辰車駕南伐癸未次梁城丙戌帝不豫丁亥車駕至馬圈戊戌頻戰破之己亥收其戎資億計諸將追奔漢水斬獲及赴水死者十八九庚子帝疾甚車駕北次穀塘原甲辰詔賜皇后馮氏死詔司徒勰徵太子於魯陽踐阼以北海王詳爲司空王肅爲尙書令廣陽王嘉爲左僕射尙書宋弁爲吏部尙書與太尉咸陽王禧右僕射任城王澄等六人輔政夏四月丙午朔帝崩于穀塘原之行宮時年三十三祕諱至魯陽發喪還京師上謚曰孝文皇帝廟曰高祖五月丙申葬長陵帝幼有至性年四歲時獻文患癰帝親自吮膿五歲受禪悲泣不自勝獻文問其故對曰代親之感內切於心獻文甚歎異之文明太后以帝聰聖後或不利馮氏將謀廢帝乃於寒月單衣閉室絕食三朝召咸陽王禧將立之元丕穆泰李沖固諫乃止帝初不有慽唯深德丕等撫念諸弟始終曾無纖介惇睦九族禮敬俱深雖於大臣持法不縱然性寬慈進食者曾以熱羹覆帝手又曾於食中得蟲穢物並笑而恕之宦者先有譖帝於太后太后杖帝數十帝默受不自申明太后崩後亦不以介意聽覽政事從善如流哀矜百姓恆思所以濟益天地五郊宗廟二分之禮常必躬親不以寒暑爲倦尙書奏案多自尋省百官大小無不留心務於周洽每言凡爲人君患於不均不能推誠遇物苟能均誠胡越之人亦可親如兄弟常從容謂史官曰直書時事無諱國惡人君威福自已史復不書將何所懼南北征巡有司奏請修道帝曰粗修橋梁通輿馬便止不須去草剗令平也凡所修造不得巳而爲之不爲不急之事重損民力巡幸淮南如在內地軍事須伐人樹者必留絹以酬其直人苗稼無所傷踐諸有禁忌禳厭之方非典籍之載者一皆除罷雅好讀書手不釋卷五經之義覽之便講學不師受探其精奥史傳百家無不該涉善談莊老尤精釋義才藻富贍好爲文章詩賦銘頌任興而作有大文筆馬上口授及其成也不改一字自太和十年巳後詔冊皆帝文也自餘文章百有餘篇愛奇好士情如饑渴待納朝賢隨才輕重常寄以布素之意悠然元邁不以世務嬰心又少善射有膂力年十餘能以指彈碎羊髆骨射禽獸莫不隨行所至而斃之至十五便不復殺生射獵之事悉止性儉素常服澣濯之衣鞍勒鐵木而已帝之雅志皆此類也

孝文帝延興五年承明元年太和二十三年卽位二十九年

世宗宣武皇帝諱恪孝文皇帝第二子也母曰高夫人初夢爲日所逐避於牀下日化爲龍繞已數匝寤而驚悸遂有娠太和七年閏四月生帝於平城宮二十一年正月丙申立爲皇太子二十三年四月丙午孝文帝崩丁巳太子卽皇帝位諒闇委政宰輔五月高麗國遣使朝貢六月乙卯分遣侍臣巡行州郡問民疾苦考察守令黜陟幽明褒禮名賢戊辰追尊皇妣曰文昭皇后秋八月戊申遵遺詔孝文皇帝三夫人已下悉免歸家癸丑增宮臣位一級冬十月癸未鄧至國王象舒彭來朝丙戌謁長陵丁酉會太廟十一月幽州人王惠定聚衆反自稱明法皇帝刺史李肅捕斬之是歲州鎮十八水饑分遣使者開倉振恤

景明元年春正月辛丑朔日有蝕之壬寅謁長陵乙巳大赦改元丁未齊豫州刺史裴叔業以壽春內屬二月戊戌復以彭城王勰爲司徒齊將胡松李居士軍屯宛陳伯之水軍逼壽春夏四月丙申司徒彭城王勰車騎將軍王肅大破之己亥皇弟恌薨五月甲寅北鎮饑遣兼侍中楊播巡撫振恤六月丙子以司徒彭城王勰爲大司馬秋七月己亥朔日有蝕之齊將陳伯之寇淮南八月乙酉彭城王勰破伯之於肥口九月齊州人柳世明聚衆反冬十月丁卯朔謁長陵庚寅齊兗二州討世明平之丁亥改授彭城王勰司徒錄尚書事十一月丁巳陽平王頤薨是歲州鎮十七大饑分遣使者開倉振恤高麗吐谷渾等國並遣使朝貢

二年春正月丙申朔謁長陵庚戌帝始親政遵遺詔聽司徒彭城王勰以老歸第進太尉咸陽王禧位太保以司空北海王詳爲大將軍錄尚書事丁巳引見羣臣於太極前殿告以覽政之意壬戌以太保咸陽王禧領太尉以大將軍廣陵王羽爲司空分遣大使黜陟幽明二月庚午進宿衞之官位一級甲戌大赦三月乙卯朔詔以比年連有軍旅正調之外皆蠲罷壬戌青齊徐兗四州大饑人死者萬餘口是月齊雍州刺史蕭衍奉其南康王寶融爲主東赴建鄴夏五月壬子廣陵王羽薨壬戌太保咸陽王禧謀反賜死六月丁亥考諸州刺史加以黜陟秋七月癸巳朔日有蝕之乙巳蠕蠕犯塞辛酉大赦九月丁酉發畿內夫五萬五千人築京師三百二十坊四旬罷己亥立皇后于氏乙卯免壽春營戶並隸揚州冬十一月丙申以驃騎大將軍穆亮爲司空丁酉以大將軍北海王詳爲太傅領司徒壬寅改築圜丘於伊水之陽乙卯仍有事焉十二月齊直後張齊殺其王蕭寶卷以降蕭衍是歲高麗吐谷渾等國並遣使朝貢

三年春二月戊寅以旱故詔州郡掩骼骨三月齊建安王寶夤來奔夏四月詔撫軍將軍李崇討魯陽反蠻齊主蕭寶融遜位於梁閏四月丁巳司空穆亮薨秋七月丁巳朔日有蝕之八月丁卯以前太傅平陽公元丕爲三老九月丁巳行幸鄴丁卯詔使者弔比干墓戊寅閱武於鄴南冬十月庚子帝躬御弧矢射遠及一里五十步羣臣勒銘於射所甲辰車駕還宮十二月壬寅以太極前殿初成饗羣臣賜布帛有差是歲河州大饑死者二千餘口西域二十七國並遣使朝貢

四年春正月乙亥親耕籍田三月己巳皇后先蠶於北郊四月癸未朔以蕭寶夤爲東揚州刺史封丹陽郡公齊王庚寅南天竺國獻辟支佛牙戊戌爲旱故命鞫寃獄己亥減膳徹懸辛丑澍雨大洽五月甲戌行梁州事楊椿大破反氐六月壬午朔封皇弟悅爲汝南王秋七月乙卯三老平陽公元丕薨庚午詔復收鹽池利辛未以彭城王勰爲太師八月勿吉國貢楛矢冬十一月己未封武興國世子楊紹先爲武興王

正始元年春正月丙寅大赦改元夏五月丁未朔太傅北海王詳以罪廢爲庶人六月以旱故徹樂減膳癸巳詔有司修案舊典祗行六事甲午帝以旱故親薦享於太廟戊戌詔立周旦夷齊廟於首陽山庚子以旱故公卿以下引咎責躬又錄京師見囚殊死以下皆減一等鞭杖之坐悉原之秋七月丙子假鎮南將軍李崇大破諸蠻八月丙子假鎮南將軍元英破梁將馬仙琕於義陽詔洛陽令有大事聽面敷奏乙酉元英攻拔義陽辛卯英又大破梁軍仍淸三關丁酉封英爲中山王九月詔諸州蠲停徭役不得橫有徵發蠕蠕犯塞詔左僕射源懷討之冬十月乙未詔斷羣臣白衣募吏十一月戊午詔有司依漢魏舊章營繕國學十二月丙子以苑牧公田分賜代遷戶己卯詔羣臣議定律令閏月癸卯朔行梁州事夏侯道遷據漢中來降乙丑以高陽王雍爲司空是歲高麗遣使來朝貢

二年春正月丙子封宕昌世子梁彌博爲宕昌王二月梁州氐蜀反絕漢中運路州刺史邢巒頻大破之夏四月己未城陽王鸞薨乙丑詔曰中正所銓但爲門弟吏部彝倫仍不才舉八坐可審議往代擢賢之體必令才學並申資望兼致邢巒遣統軍王足西伐頻破梁諸軍遂入劍閣秋七月戊子王足擊破梁軍因逼涪城八月壬寅詔中山王英南討襄沔冬十一月戊辰朔武興王楊紹先叔父集起謀反詔光祿大夫楊椿討之王足圍

涪城益州諸郡戍降者十二三送編籍者五萬餘戸既而足引軍退是歲鄧至國遣使朝貢

三年春正月丁卯朔皇子昌生大赦壬申梁秦二州刺史邢巒連破氐賊尅武興秦州人王智等聚眾自號王公尋推秦州主簿呂苟兒爲主年號建明己卯楊集起兄弟相率降二月丙辰詔求讜言戊午詔右衛將軍元麗等討呂苟兒三月己巳以戎旅興詔停諸作己卯樂良王長命坐殺人賜死庚寅平南將軍白江縣公陳伯之自梁城南奔夏四月丁未詔罷鹽池禁五月丙寅詔以時澤未降春稼已旱或有孤老餧疾無人贍救因以致死暴露溝塹者令洛陽部尉依法棺埋秋七月庚辰元麗大破秦賊降呂苟兒及其王公三十餘人秦涇二州平戊子中山王英大破梁徐州刺史王伯敖於陰陵己丑詔發定冀瀛相并肆六州卒十萬以濟南軍八月壬寅安東將軍邢巒破梁將桓和於孤山諸將所在尅捷兗州平壬戌曲赦涇秦岐涼河五州九月癸酉邢巒大破梁軍於淮南遂攻鍾離冬十一月甲子帝爲京兆王愉清河王懌廣平王懷汝南王悅講孝經於式乾殿是歲高麗蠕蠕國並遣使朝貢

四年夏四月戊戌鍾離大水中山王英敗績而還六月己丑朔詔有司準前式置國子立太學樹小學於四門秋八月己亥中山王英齊王蕭寶夤坐鍾離敗除名辛丑敦煌大饑詔開倉振恤九月己未詔以徙正宮極庸績未酬以司空高陽王雍爲太尉尚書令廣陽王嘉爲司空百官悉進位一級庚申夏州長史曹明謀反伏誅甲子開斜谷舊道丙戌司州民饑詔開倉振恤閏月甲午禁大司馬門不得車馬出入冬十月丁卯皇后于氏崩自碣石至於劍閣東西七千里置二十二都尉是歲西域東夷四十餘國並遣使朝貢

永平元年春三月戊子皇子昌薨丙午以去年旱儉遣使者所在振恤夏五月辛卯帝以旱故減膳徹懸六月壬申詔依洛陽舊圖修聽訟觀秋七月甲午立夫人高氏爲皇后八月壬子朔日有蝕之癸亥冀州刺史京兆王愉據州反丁卯大赦改元九月丙戌復前中山王英本封戊戌殺太師彭城王勰癸卯假鎮北將軍李平尅信都冀州平冬十月豫州彭城人白早生殺刺史司馬悅據城南叛十二月己未尚書邢巒尅懸瓠斬早生禽梁將齊苟兒等是歲北狄東夷西域十八國並遣使朝貢高昌國王麴嘉表求內徙

二年春正月涇州沙門劉慧汪聚眾反詔華州刺史奚康生討之夏四月己酉武川鎮饑詔開倉振恤甲子詔緣邊州鎮自今一不聽寇盜境外犯者罪同境內五月辛丑帝以旱故減膳徹懸禁斷屠殺甲辰幸華林都亭錄囚徒死罪以下降一等六月辛亥詔曰江海方同車書宜一諸州軌轍南北不等今可申敕四方遠近無二秋八月丙午朔日有蝕之戊申以鄧至國世子像覽蹄爲其國王九月辛巳封故北海王子顥爲北海王壬午詔定諸門闥名冬十月癸丑以司空廣陽王嘉爲司徒庚午郢州獻七寶牀詔不納冬十月甲申詔禁屠殺含孕以爲永制己丑帝於式乾殿爲諸僧朝臣講維摩詰經十二月詔五等諸侯其同姓者出身公正六下侯從六上伯從六下子正七上男正七下異族出身公從七上侯從七下伯正八上子正八下男從八上清修出身公從八下侯正九上伯正九下子從九上男從九下是歲西域東夷二十四國並遣使朝貢

三年春二月壬子秦州沙門劉光秀謀反州郡捕斬之癸亥秦州隴西羌殺鎮將趙儁反州軍討平之三月丙戌皇子詡生大赦夏四月平陽郡之禽昌襄陵二縣大疫自正月至此月死者二千七百三十人五月丁亥冀定二州旱儉詔開倉振恤六月甲寅詔重求遺書於天下冬十月辛卯中山王英薨丙申詔太常立館使京畿內外疾病之徒咸令居處嚴敕醫署分師救療考其能否而行賞罰又令有司集諸醫工惟簡精要取三十卷以班九服十二月辛巳江陽王繼坐事除名甲申詔於青州立孝文皇帝廟殿中侍御史王敞謀反伏誅是歲西域東夷北狄十六國並遣使朝貢

四年春正月丁巳汾州劉龍駒聚眾反詔諫議大夫薛和討之二月壬午青齊徐兗四州民饑甚遣使振恤三月壬戌司徒廣陽王嘉薨夏四月梁遣其鎮北將軍張稷及馬仙琕寇朐山詔徐州刺史盧昶率眾赴之五月己亥遷代京銅龍置天泉池西丙辰詔禁天文學冬十一月朐山城陷盧昶大敗而還十二月壬戌朔日有蝕之是歲西域東夷北狄二十九國並遣使朝貢

延昌元年春正月乙巳以頻年水旱百姓饑斃分遣使者開倉振恤丙辰以尚書令高肇爲司徒清河王懌爲司空三月甲午州郡十一大水詔開倉振恤以京師穀貴出倉粟八十萬石以振恤貧者己未安樂王詮薨夏四月詔以旱故斷食粟之畜丁卯詔曰還京嵩縣年將二紀博士端然虛祿靖言念之有兼愧慨可嚴敕有司國子學孟冬使成太學四門明年暮春令就戊辰以旱故詔尚書與羣司鞫理獄訟辛未詔饑民就穀六鎮丁

丑帝以旱故減膳徹懸癸未詔曰肆州地震陷裂死傷甚多亾者不可復追生病宜加療救可遣太醫折傷者并給所須藥就療乙酉大赦改元詔立理訴殿申訟車以盡冤窮之理五月丙午詔天下有粟之家供年之外悉貸饑民自二月不雨至於是月己未晦日有蝕之六月壬申澍雨大洽戊寅通河南牝馬之禁庚辰詔出太倉粟五十萬石以振京師及州郡饑民冬十月乙亥立皇子詡為皇太子十一月丙申詔以東宮建賜天下為父後者爵一級孝子順孫廉夫節婦旌表門閭量給粟帛十二月己巳詔守宰為御史彈赦免者及考在中第皆代之是歲西域東夷十國並遣使朝貢

二年春正月戊戌帝御申訟車親理冤訟二月丙辰朔振恤京師貧人甲戌以六鎮大饑開倉拯贍己卯進大尉高陽王雍位太保閏月辛丑以死牧地賜代遷人無田者是春民饑死者數萬口夏四月庚子以絹十五萬疋振河南郡人五月甲寅朔日有蝕之是月壽春大水遣平東將軍奚康生等步騎數千赴之六月乙酉青州民饑詔使者開倉振恤甲午曲赦揚州辛亥帝御申訟車親理冤訟是夏十三郡大水秋八月辛卯詔以水旱饑儉百姓多陷罪辜降死以下刑九月丙辰以貴族豪門崇習奢侈詔尚書嚴立限級節其流宕冬十月詔以恆肆地震民多死傷重丏一年租賦十二月丙戌丏洛陽河陰二縣租賦乙巳詔以恆肆地震民多離災其有課丁沒盡老幼單立家無受復者各賜廩粟以接歲稔是歲東夷西域十餘國並遣使朝貢

三年春二月乙未詔曰肆州秀容郡敷城縣鴈門郡原平縣並自去年四月以來山鳴地震于今不已告譴彰咎朕甚懼焉可恤瘼寬刑以答災譴夏四月青州民饑辛巳開倉振恤乙巳上御申訟車親理冤訟秋八月甲申帝臨朝堂考百司而加黜陟冬十一月辛亥詔司徒高肇為大將軍平蜀大都督步騎十五萬西伐益州丁巳幽州沙門劉僧紹聚眾反自號淨居國明法王州郡捕斬之十二月庚寅詔立明堂是歲東夷西域八國並遣使朝貢

四年春正月甲寅帝不豫丁巳崩于式乾殿時年三十三二月甲戌朔上尊諡曰宣武皇帝廟號世宗甲午葬景陵帝幼有大度喜怒不形於色雅性儉素初孝文欲觀諸子志尚大陳寶物任其所取京兆王愉等皆競取珍玩帝唯取骨如意而已孝文大奇之及庶人恂失德孝文謂彭城王勰曰吾固疑此兒有非常志相今果然矣乃見立為儲貳雅愛經史尤長釋氏之義每至講論連夜忘疲善風儀美容貌臨朝淵默端嚴若神有人君之量矣

宣武帝景明正始永平延昌各四年卽位凡一十六年

肅宗孝明皇帝諱詡宣武皇帝之第二子也母曰胡充華永平三年三月丙戌生於宣光殿之東北有光照於庭中延昌元年十月乙亥立為皇太子四年正月丁巳宣武帝崩是夜太子卽皇帝位戊午大赦己未徵下西討東防諸軍庚申詔太保高陽王雍入居西柏堂決庶政以任城王澄為尚書令百官總己以聽二王二月庚辰尊皇后高氏為皇太后辛巳司徒高肇至京師以罪賜死癸未進太保高陽王雍位太傅領太尉以司空清河王懌為司徒以驃騎大將軍廣平王懷為司空乙亥尊胡充華為皇太妃三月甲辰朔皇太后出俗為尼徙御金墉城丙辰詔進宮臣位一級乙丑進文武羣官位一級夏六月沙門法慶聚眾反於冀州殺阜城令自稱大乘秋八月乙亥領軍于忠矯詔殺左僕射郭祚尚書裴植免太傅高陽王雍官以王還第丙子尊皇太妃為皇太后戊子帝朝太后於宣光殿大赦己丑進司徒清河王懌為太傅領太尉以司空廣平王懷為太保領司徒任城王澄為司空庚寅以車騎大將軍于忠為尚書令特進崔光為車騎大將軍並儀同三司壬辰復江陽王繼本國復濟南王彧先封為臨淮王羣臣奏請皇太后臨朝稱制九月乙巳皇太后親覽萬機甲寅征西大將軍元遙破斬法慶傳首京師安定王燮薨冬十二月辛丑以高陽王雍為太師己酉鎮南將軍崔亮破梁將趙祖悅軍遂圍硤石丁卯帝皇太后謁景陵是歲東夷西域北狄十八國並遣使朝貢

熙平元年春正月戊辰朔大赦改元判沔都督元志大破梁軍以吏部尚書李平為行臺節度討硤石諸軍二月乙巳鎮東將軍蕭寶夤大破梁將於淮北癸亥初聽秀才對策第中上巳上敘之乙丑鎮南崔亮鎮軍李平等剋硤石斬趙祖悅傳首京師盡俘其眾三月戊辰朔日有蝕之夏四月戊戌以瀛洲民饑開倉振恤五月丁卯朔以炎旱命釐察獄訟權停作役庚午詔放華林野獸於山澤秋七月庚午重申殺牛禁八月丙午詔古帝諸陵四面各五十步勿聽耕稼九月丁丑淮堰破梁緣淮城戍村落十餘萬口皆漂入海是歲吐谷渾宕昌鄧至高昌陰平等國並遣使朝貢

二年春正月大乘餘賊復相聚攻瀛洲刺史宇文福討

平之甲戌大赦庚寅詔遣大使巡行四方問疾苦恤孤寡鰥陟幽明二月丁未封御史中尉元匡爲東平王三月丁亥太保領司徒廣平王懷薨夏四月丁酉詔京尹所統年高者版賜郡縣各有差戊申以開府儀同三司胡國珍爲司徒乙卯皇太后幸伊闕石窟寺卽日還宮改封安定王超爲北平王五月庚辰重申天文禁犯者以大辟論秋七月乙亥儀同三司汝南王悅坐殺人免官以王還第己巳享太廟八月戊戌宴道武以來宗室年十五以上於顯陽殿申家人禮己亥詔庶族子弟年未十五不聽入仕庚子詔咸陽京兆二王子女皆附屬籍丁未詔太師高陽王雍入居門下參決尚書奏事冬十月以幽冀滄瀛光五州饑遣使巡撫開倉振恤是歲東夷西域氐羌等十一國並遣使朝貢

神龜元年春正月甲子詔以氐酋楊定爲陰平王壬申詔給京畿及諸州老人版郡縣各有差及賜鰥寡孤獨粟帛庚辰詔以雜役戸或冒入清流所在職人皆令五人相保無人任保者奪官還役乙酉秦州羌及幽州大饑死者三千七百九十人詔刺史開倉振恤二月乙酉詔以神龜表瑞大赦改元東益州氐反三月南秦州氐反夏四月丁酉司徒胡國珍薨甲辰改封江陽王繼爲京兆王六月自正月不雨是月辛卯澍雨乃降秋七月河州人卻鐵忽聚眾反自稱水池王閏月甲辰開恒州銀山禁八月癸丑朔詔京師見囚殊死以下悉減一等甲子卻鐵忽詣行臺源子恭降九月戊申皇太后高氏崩于瑤光寺冬十月丁卯以尼禮葬高太后於芒山十二月辛未詔曰人生有終下歸兆域京邑隱振口盈億萬貴賤攸憑未有定所今制乾脯山以西擬爲九原是歲東夷西域北狄十一國並遣使朝貢

二年春正月辛巳朔日有蝕之丁巳詔曰皇太后攜挹自居稱號弗備宜遵舊典稱詔宇內以副黎烝元元之望是月改葬文昭皇太后高氏二月乙丑齊郡王祐薨庚午羽林千餘人焚征西將軍張彝第毆傷彝燒殺其子均乙亥大赦丁丑詔求直言壬寅詔以旱故命依舊雩祈察理冤獄掩胔埋骼振窮恤寡三月甲辰澍雨大洽夏五月戊戌以司空任城王澄爲司徒京兆王繼爲司空秋八月乙未御史中尉東平王匡坐事削除官爵九月庚寅皇太后幸嵩高山癸巳還宮冬十二月癸丑司徒任城王澄薨庚申大赦詔除淫祀焚諸雜神是歲吐谷渾宕昌嚈噠等國並遣使朝貢

正光元年春正月乙亥朔日有蝕之夏四月丙辰詔尚書長孫承業巡撫北蕃觀察風俗五月辛巳以炎旱故詔八坐鞫見囚申枉濫秋七月丙子侍中元乂中常侍劉騰奉帝幸前殿矯皇太后詔歸政遜位乃幽皇太后北宮殺太傅清河王懌總勒禁旅決事殿中辛卯帝加元服大赦改元內外百官進位一等八月甲寅相州刺史中山王熙舉兵欲誅騰不果見殺九月壬辰蠕蠕王阿那瓌來奔戊戌以太師高陽王雍爲丞相冬十月乙卯以儀同三司汝南王悅爲太尉十一月己亥封阿那瓌爲朔方郡公蠕蠕王十二月壬子詔送蠕蠕王阿那瓌歸北辛酉以司空京兆王繼爲司徒

二年春正月南秦州氐反二月車駕幸國子學祠孔子以顏回配甲午右衛將軍奚康生於禁中將殺元乂不果爲乂所害以儀同三司劉騰爲司空夏四月庚子進司徒京兆王繼位太保壬寅以儀同三司崔光爲司徒五月丁酉朔日有蝕之秋七月己丑以旱故詔有司脩案舊典祗行六事八月己巳蠕蠕後主郁久閭俟匿伐來奔懷朔鎮十二月甲戌詔司徒崔光安豐王延明等議定服章庚辰以東益南秦州氐反詔河間王琛討之失利是歲焉耆居密波斯高昌勿吉伏羅高車等國並遣使朝貢

三年春正月辛亥耕籍田夏四月庚辰以高車國主覆羅伊匐爲鎮西將軍西海郡公高車國王五月壬辰朔日有蝕之六月己巳以旱故詔分遣有司馳祈岳瀆及諸山川百神能興雲雨者命理冤獄止土功減膳徹懸禁止屠殺冬十一月己丑朔日有蝕之乙巳祀圜丘丙午詔班曆大赦十二月癸酉以太保京兆王繼爲太傅司徒崔光爲太保是歲波斯不漢龜茲吐谷渾並遣使朝貢

四年春二月壬申追封故咸陽王禧爲敷城王京兆王愉爲臨洮王清河王懌爲范陽王以禮加葬丁丑河間王琛章武王融並以貪汙削爵除名己卯蠕蠕王阿那瓌率眾犯塞遣尚書左丞元孚爲北道行臺持節喻之蠕蠕後主郁久閭俟匿伐來朝司空劉騰薨夏四月阿那瓌執元孚北遁秋八月癸未追復故范陽王懌爲河間王九月丁酉詔太尉汝南王悅入居門下與丞相高陽王雍參決尚書奏事冬十一月癸未朔日有蝕之丙申趙郡王謐薨十二月以太尉汝南王悅爲太保徐州刺史北海王顥坐貪汙削爵除官是歲宕昌庫莫奚國並遣使朝貢

五年春正月辛丑祀南郊三月沃野鎮人破六韓拔陵反聚眾殺鎮將號眞王元年夏四月高平酋長胡琛反

自稱高平王攻鎭以應拔陵別將盧祖遷擊破之五月都督北征諸軍事臨淮王彧攻討敗於五原削除官爵壬申詔尙書令李崇爲大都督率廣陽王琛等北討六月秦州城人莫折大提據城反自稱秦王殺刺史李彥大提尋死子念生代立僭稱天子年號天建置立百官丁酉大赦秋七月戊午復河間王琛臨淮王彧本封是月涼州幢帥于菩提呼延雄執刺史宋穎據州反念生遣其兄高陽王天生下隴東寇八月甲午雍州刺史元志西討大敗於隴東退守岐州丙申詔諸州鎭軍元非犯配者悉免爲編戶改鎭爲州依舊名稱九月壬申詔尙書左僕射齊王蕭寶夤爲西道行臺大都督復撫軍北海王顥官爵爲都督並率諸將西討乙亥帝幸明堂餞寶夤等吐谷渾主伏連籌遣兵討涼州于菩提走追斬之城人趙天安復推宋穎爲刺史冬十月營州城人劉安定就德興據城反執刺史李仲遵城人王惡兒斬安定以降德興東走自號燕王十二月詔太傅京兆王繼爲太師大將軍率諸將西討汾州正平平陽胡叛逆詔復征東將軍章武王融封爵爲大都督率眾討之莫折念生遣兵攻涼州城人趙天安復執刺史以應之是歲嚈噠契丹地豆干庫莫奚等國並遣使朝貢

孝昌元年春正月庚申徐州刺史元法僧據城反自稱宋王年號天啟遣其子景仲歸梁梁遣其將豫章王綜入守彭城法僧擁其僚屬南入詔臨淮王彧尙書李憲爲都督安豐王延明爲東道行臺俱討徐州癸亥蕭寶夤及征西將軍崔延伯大破賊於黑水天生退走入隴涇岐及隴悉平以太師大將軍京兆王繼爲太尉二月詔追復故樂良王長命爵以其子忠紹之戊戌大赦三月甲戌詔五品以上各薦所知夏四月辛卯皇太后復臨朝攝政引羣臣面陳得失壬辰征西將軍都督崔延伯大敗於涇川戰歿六月癸未大赦改元蠕蠕王阿那瓌大破拔陵是月諸將逼彭城蕭綜夜潛出降梁諸將奔退眾軍追躡免者十一二秋八月癸酉詔斷遠近貢獻珍麗違者免官柔元鎭人杜洛周反於上谷年號眞王九月乙卯詔減天下諸調之半壬戌詔五品以上各舉所知辛未曲赦南北秦州冬十月蠕蠕遣使朝貢十一月辛亥詔父母年八十以上者皆聽居官時四方多事諸蠻復反十二月山胡劉蠡升反自稱天子

二年春正月庚戌封廣平王懷長子誨爲范陽王壬子以太保汝南王悅領太尉是月五原鮮于脩禮反於定州年號魯興二月庚申帝及皇太后臨大夏門親覽冤訟三月庚子追復中山王熙本爵以其子叔仁紹之夏四月大赦戊申北討都督河間王琛長孫承業失利還詔並免官爵五月丁未車駕將北討內外戒嚴前給事黃門侍郎元略自梁還朝封義陽王以丞相高陽王雍爲大司馬六月己巳曲赦齊州絳蜀陳雙熾聚眾反自號始建王曲赦平陽建興正平三郡詔假鎭西將軍都督長孫承業討雙熾平之丙子改封義陽王略爲東平王戊寅詔復京兆王繼本封江陽王戊子詔曰自運屬艱棘歷載於茲朕威德不能遐被經略無以及遠何以苟安黃屋無愧黔黎今便避居正殿蔬飧素服當親自招募收集忠勇其有直言正諫之士敢決徇義之夫二十五日悉集華林東門人別引見共論得失秋八月丙子進封廣川縣公元邵爲常山王戊子進武城縣公子攸爲長樂王癸巳賊帥元洪業斬鮮于脩禮請降爲賊黨葛榮所殺九月辛亥葛榮敗都督廣陽王琛章武王融於博野白牛邏融歿於陳榮自稱天子國號齊年稱廣安冬十一月戊戌杜洛周攻陷幽州執刺史王延年及行臺常景丙午稅京師田租畝五升借貸公田者畝一斗閏月稅市人出入者各一錢店舍爲五等梁將元樹逼壽春揚州刺史李憲力屈而降初留州縣及長史司馬戍主副質子於京師詔頃舊京淪覆中原喪亂宗室子女屬籍在七廟內爲雜戶濫門拘辱者悉聽離絕是歲疊伏羅庫國並遣使朝貢

三年春正月甲戌以司空皇甫度爲司徒儀同三司蕭寶夤爲司空辛巳葛榮陷殷州刺史崔楷固節死之甲申詔峻鑄錢之制蕭寶夤大敗于涇州北海王顥尋亦敗走曲赦關西及正平平陽建興戊子以司徒皇甫度爲太尉己丑以四方未平詔內外戒嚴將親征二月丁酉詔開輸賞格輸粟入瀛定岐雍四州者官斗二百斛賞一階入二華州者五百石賞一階不限多少粟畢授官虜賊據潼關三月甲子詔將西討中外戒嚴虜賊走復潼關秋七月相州刺史安樂王鑒據州反己丑大赦八月都督源子邕李神軌裴衍攻鄴丁未斬鑒相州平九月己未東豫州刺史元慶和以城南叛秦州城人杜粲殺莫折念生自行州事冬十月戊申曲赦恆農巴西河北正平平陽邵郡及關西諸州軍甲寅雍州刺史蕭寶夤據州反自號齊年稱隆緒十一月己丑葛榮攻陷冀州執刺史元孚逐出居人凍死者十六七十二月戊申都督源子邕裴衍與榮戰敗於陽平東北並歿是月杜粲爲駱超所殺超遣使歸罪是歲蠕蠕遣使朝貢

武泰元年春正月乙丑生皇女祕言皇子丙寅大赦改

元丁丑雍州人侯終德相率攻蕭寶夤寶夤度渭走雍州平二月癸丑帝崩於顯陽殿時年十九甲寅皇子卽位大赦皇太后詔曰皇家握曆受圖年將二百祖宗累聖社稷載安高祖以文思先天世宗以下武繼世大行在御重以寬仁奉養率由溫明恭順實望穹靈降祐麟趾衆繁自潘充華有孕椒宮冀誕儲貳而熊羆無兆唯虺遂彰于時直以國步未康假稱統允欲底定物情係仰宸極何圖一旦弓劒莫追皇曾孫故臨洮王寶暉世子釗體自高祖天表卓異大行平日養愛特深義齊若子事符當璧允膺大寶卽日踐祚可班宣遠邇咸使知之乙卯幼主卽位儀同三司大都督爾朱榮抗表請入奔赴勒兵而南是月杜洛周爲葛榮所并三月甲申上尊諡曰孝明皇帝乙酉葬於定陵廟號肅宗四月戊戌爾朱榮濟河庚子皇太后幼主崩

孝明帝熙平神龜各二年正光五年孝昌三年武泰元年卽位十三年

敬宗孝莊皇帝諱子攸彭城王勰之第三子也母曰李妃明帝初以勰有魯陽翼衛之勳封帝武城縣公幼侍明帝書於禁中及長風神秀慧姿貌甚美雅爲明帝親待孝昌二年八月進封長樂王歷位侍中中軍將軍以兄彭城王劭事轉爲衛將軍左光祿大夫中書監實見出也武泰元年二月明帝崩大都督爾朱榮謀廢立以帝家有忠勳且兼人望陰與帝通率衆來赴帝與兄弟夜北度河會榮於河陽

永安元年夏四月戊戌帝南濟河卽皇帝位以皇兄彭城王劭爲無上王皇弟霸城公子正爲始平王以爾朱榮爲使持節侍中都督中外諸軍事大將軍尚書令領軍將軍領左右封太原王已亥百僚相率有司奉璽綬備法駕奉迎於河梁西至陶渚榮以兵權在已遂有異志乃害靈太后及幼主次害無上王劭始平王子正又害丞相高陽王雍已下王公卿士二千人列騎衛帝遷於便幕榮尋悔稽顙謝罪辛丑車駕入宮御太極殿大赦改武泰爲建義元年壬寅榮表請追謚無上王爲皇帝餘死河陰者諸王刺史贈三司三品者令僕五品者刺史七品巳下及庶人郡鎮諸死者子孫聽立後授封爵詔從之癸卯以前太尉江陽王繼爲太師以司州牧相州刺史北海王顥爲太傅開府仍刺史封光祿大夫淸泉縣侯李延實爲陽平王位太保遷太傅以并州刺史元天穆爲太尉封上黨王以儀同三司楊椿爲司徒以儀同三司頓邱郡公穆紹爲司空領尙書令進爵爲王以雍州刺史長孫承業爲開府儀同三司進封馮翊王以殿中尙書元諶爲尙書右僕射封魏郡王以給事黃門侍郎元瑱爲東海王甲辰以敷城王坦爲咸陽王以諫議大夫元貴平爲東萊王以直閤將軍元肅爲魯郡王以祕書郎中元曄爲長廣王以馮翊郡公源紹景復先爵隴西王扶風郡公馮冏東郡公陸子彰北平公長孫悅並復先王爵以北平王超還復爲安定王丁未詔中外解嚴庚戌封大將軍爾朱榮次子叉羅爲梁郡王詔蠕蠕王阿那瓌讚拜不名上書不稱臣是月汝南王悅北海王顥臨淮王彧前後奔梁五月丁巳朔以右僕射元羅爲東道大使光祿勳元欣副之循方黜陟先行後聞辛酉大將軍爾朱榮還晉陽帝餞於邙陰六月癸卯以高昌王世子光爲平西將軍瓜州刺史襲爵泰臨縣伯高昌王帝以寇難未夷避正殿責躬徹膳又班募格收集忠勇有直言正諫之士者集華林園面論時事幽州平北府主簿河間邢杲率河北流移人萬餘戶反於北海自署漢王年號天統秋七月乙丑加大將軍爾朱榮柱國大將軍錄尙書事壬子光州人劉舉聚衆反於濮陽自稱皇武大將是月高平鎭人万俟醜奴僭稱大位臨淮王彧自江南還朝八月太山太守羊侃據郡反甲辰詔大都督宗正珍孫討劉舉平之九月己巳以齊州刺史元欣爲沛郡王壬申柱國大將軍爾朱榮率騎七千討葛榮於滏口破禽之冀定滄瀛殷五州平乙亥以葛榮平大赦改元爲永安辛巳以爾朱榮爲大丞相進榮子平昌郡公文殊昌樂郡公文暢爵並爲王以司徒楊椿爲太保城陽王徽爲司徒冬十月丁亥爾朱榮檻送葛榮於京師帝臨閶闔門榮稽顙謝罪斬於都市戊戌江陽王繼薨癸丑復膠東縣侯李侃希祖爵南郡王是月大都督費穆大破梁軍禽其將曹義宗檻送京師梁以北海王顥爲魏主年號孝基入據南兗之銍城十一月戊午以無上王世子韶爲彭城王陳留王子寬爲陳留王寬弟剛爲浮陽王剛弟質爲林慮王癸亥行臺于暉等大破羊侃於瑕邱侃奔梁戊寅封前軍元凝爲東安王是歲葛榮餘黨韓樓復據幽州反

二年春二月甲午追尊皇考爲文穆皇帝廟號肅祖皇妣爲文穆皇后夏四月癸未遷文穆皇帝及文穆皇后神主于太廟降畿內死罪已下刑辛丑上黨王天穆大破邢杲於濟南杲降送於京師斬於都市五月壬子朔元顥剋梁國乙丑內外戒嚴癸酉元顥陷滎陽甲戌夜車駕北巡乙亥幸河內丙子元顥入洛丁丑進封城陽縣公元祉爲平原王安昌縣公元鷙爲華山王戊寅太

原王爾朱榮會車駕於長子即日反旆上黨王天穆北度會車駕於河內秋七月戊辰都督爾朱兆賀拔勝從硤石夜濟破顥子冠受及安豐王延明軍元顥敗走庚午車駕入居華林園升大夏門大赦壬申以柱國大將軍太原王爾朱榮爲天柱大將軍癸酉臨潁縣卒江豐斬元顥傳首京師甲戌以大將軍上黨王天穆爲太宰以司徒城陽王徽爲大司馬太尉己卯以南青州刺史元旭爲襄城王南兗州刺史元暹爲汝陽王閏月辛巳帝始居宮內辛卯以兼吏部尙書楊津爲司空八月己未以太傅李延寔爲司徒丁卯封瓜州刺史元太宗爲東陽王九月大都督侯深破韓樓於薊斬之幽州平冬十月乙酉朔日有蝕之丁丑以前司空丹陽王蕭贊爲司徒十一月己卯就德興自營州遣使請降丙午以大司馬太尉城陽王徽爲太保以司徒丹陽王蕭贊爲太尉以雍州刺史長孫承業爲司徒

三年夏四月丁卯雍州刺史爾朱天光討万俟醜奴蕭寶夤於安定破禽之囚送京師甲戌以關中平大赦斬醜奴於都市賜寶夤死六月戊午嚈噠國獻師子一是月白馬龍涸胡王慶雲僭稱帝號於永洛城秋七月丙子爾朱天光下永洛城禽慶雲九月辛卯天柱大將軍爾朱榮上黨王天穆自晉陽來朝戊戌帝殺榮天穆於明光殿及榮子菩提乃升閶闔門大赦遣武衛將軍奚毅前燕州刺史侯深率衆鎭北中是夜左僕射爾朱世隆榮妻北鄕郡長公主率榮部曲自西陽門出屯河陰己亥攻河橋禽毅等屠害之據北中城南逼京師冬十月癸卯朔封大鴻臚卿寶炬爲南陽王汝南縣公脩爲平陽王新陽伯誕爲昌樂王瑯邪公昶爲太原王甲辰徒封魏郡王諶爲趙郡王諶弟子趙郡王亘爲平昌王戊申皇子生大赦乙卯通直散騎常侍李苗以火船焚河橋爾朱世隆退走壬申世隆停建興之高都爾朱兆自晉陽來會之共推長廣王曄爲主大赦所部年號建明徐州刺史爾朱仲遠反率衆向京師十一月乙亥以司徒長孫承業爲太尉以臨淮王彧爲司徒丙子進雍州刺史廣宗郡公爾朱天光爵爲王十二月甲辰爾朱兆爾朱度律自富平津上率騎涉度以襲京城事出倉卒禁衛不守帝步出雲龍門兆逼帝幸永寧寺殺皇子亂兵殺司徒臨淮王彧左僕射范陽王誨戊申爾朱度律自鎭京師甲寅爾朱兆遷帝於晉陽甲子帝遇弒於城內三級佛寺時年二十四并害陳留王寬中興二年廢帝奉謚爲武懷皇帝及孝武立又以廟諱故改謚孝莊皇帝廟號敬宗葬靜陵

孝莊帝永安三年

節閔皇帝諱恭字脩業廣陵惠王羽之子也母曰王氏帝少有志度事祖母嫡母以孝聞正始中襲爵位給事黃門侍郎帝以元乂擅權託稱瘖病絕言垂一紀居於龍華佛寺無所交通永安末有白莊帝言帝不語將有異圖人間遊聲又云常有天子氣帝懼禍遂逃匿上洛尋見追躡送京師拘禁多日以無狀獲免及莊帝崩爾朱世隆等以元曄疏遠又非人望所推以帝有過人之量將謀廢立恐實不語乃令帝所親申意兼迫脅帝帝曰天何言哉世隆等大悅及元曄至邙南世隆等奉帝東郭外行禪讓禮太尉爾朱度律奉路車進璽紱服袞冕百官侍衛入自建春雲龍門

普泰元年春二月己巳皇帝即位於太極前殿羣臣拜賀禮畢遂登閶闔門大赦以魏爲大魏改建明二年爲普泰元年罷稅市及稅鹽之官庚午詔曰自秦之末競爲皇帝忘負乘之深殃垂貪鄙於萬葉予今稱帝已爲褒矣可普告令知是月鎭遠將軍清河崔祖螭聚青州七郡之衆圍東陽幽州刺史劉靈助起兵於薊河北大使高乾及其弟昂夜襲冀州執刺史元嶷共推前河內太守封隆之行州事三月癸酉封長廣王曄爲東海王以青州刺史魯郡王肅爲太師沛郡王欣爲太傅司州牧改封淮陽王以徐州刺史彭城王爾朱仲遠雍州刺史隴西王爾朱天光並爲大將軍以柱國大將軍并州刺史穎川王爾朱兆爲天柱大將軍封晉州刺史平陽郡公高歡爲勃海王以特進清河王亶爲太傅以尙書令樂平王爾朱世隆爲太保以趙郡王諶爲司空丙申定州刺史侯深破劉靈助於安國城斬之傳首京師夏四月壬子享太廟癸亥隴西王爾朱天光破宿勤明達禽送京師斬之丙寅以侍中爾朱彥伯爲司徒詔有司不得復稱僞梁罷細作之條無禁隣國還往五月丙子爾朱仲遠使其都督魏僧勗等討崔祖螭於東陽斬之六月己亥朔日有蝕之庚申勃海王高歡起兵信都以誅爾朱氏爲名秋七月壬申爾朱世隆等害前太保楊椿前司空楊津丙戌司徒爾朱彥伯以旱遜位九月以彭城王爾朱仲遠爲太宰庚辰以隴西王爾朱天光爲大司馬癸巳追尊皇考爲先帝皇妣王氏爲先太妃封皇弟永業爲高密王皇子恕爲勃海王冬十月壬寅高歡推勃海太守元朗即皇帝位於信都

二年春閏三月高歡敗爾朱天光等於韓陵夏四月辛巳高歡與廢帝至邙山使魏蘭根慰喻洛邑且觀帝之

爲人蘭根忌帝雅德還致毀謗竟從崔㥄議廢帝於崇訓佛寺而立平陽王脩是爲孝武帝帝既失位乃賦詩曰朱門久可患紫極非情翫顛覆立可待一年三易換時運正如此唯有脩眞觀五月丙申帝遇弒殂於門下外省時年三十五孝武帝詔百司赴會葬用王禮加九旒鑾輅黃屋左纛班劒百二十人後西魏追謚節閔皇帝

節閔帝普泰二年

廢帝安定王諱朗字仲哲章武王融第三子也母曰程氏帝少稱明悟元曄建明二年正月戊子爲勃海太守普泰元年十月勃海王高歡奉帝以王號令

中興元年冬十月壬寅皇帝卽位於信都西大赦改普泰元年爲中興以勃海王高歡爲丞相都督中外諸軍事以河北大使高乾爲司空辛亥高歡大破爾朱兆於廣阿十一月梁將元樹入據譙城

二年春二月甲子以勃海王高歡爲大丞相柱國大將軍太師及歡敗爾朱氏於韓陵四月辛巳帝於河陽遜位於別邸五月孝武封帝爲安定郡王十一月殂於門下外省時年二十永熙二年葬於鄴西南野馬崗

安定王中興二年

孝武皇帝諱脩字孝則廣平武穆王懷之第三子也母曰李氏帝性沈厚學步好武事遍體有鱗文年十八封汝陽縣公夢人有從諱謂己曰汝當大貴得二十五年永安三年封平陽王普泰中爲侍中尚書左僕射中興二年高歡既敗爾朱氏廢帝自以疎遠請遜大位歡乃與百寮議以孝文不可無後時召汝南王悅於梁至將立之宿昔而止又諸王皆逃匿帝在田舍先是嵩山道士潘彌望見洛陽城西有天子氣候之乃帝也於是造第密言之居五旬而高歡使斛斯椿求帝椿從帝所親王思政見帝帝變色曰非賣我邪椿遂以白歡歡遣四百騎奉迎帝入氈帳陳誠泣下露襟讓以寡德歡再拜帝亦拜歡出備服御進湯沐達夜嚴警昧爽文武執鞭以朝使斛斯椿奉勸進表椿入帷門磬折延首而不敢前帝令思政取表曰視此便不得不稱朕矣於是假廢帝安定王詔策而禪位焉卽位于東郭之外用代都舊制以黑氈蒙七人歡居其一帝於氈上西向拜天訖自東陽雲龍門入

永熙元年夏四月戊子皇帝御太極前殿羣臣朝賀禮畢升閶闔門大赦改中興二年爲太昌元年壬辰高歡還鄴五月丙申節閔帝殂以太傅淮陽王欣爲太師改封沛郡王以司徒趙郡王諶爲太保以司空南陽王寶炬爲太尉以太保長孫承業爲太傅辛丑復前司空高乾位己酉以儀同三司淸河王亶爲司徒乙卯內外解嚴六月癸亥朔帝於華林園納訟丁卯南陽王寶炬坐事降爲驃騎大將軍開府以王歸第己卯臨顯陽殿納訟丙戌詔曰閒者凶權誕恣法令變常遂立夷貊輕賦冀收天下之意隨以箕斂之重終納十倍之征掩目捕雀何能過此今歲租調且兩收一丐明年復舊秋七月庚子以南陽王寶炬爲太尉乙卯帝臨顯陽殿親理寃獄是月東南道大行臺樊子鵠大破梁軍於譙城禽其將元樹八月丁卯封西中郎將元亶爲高平王九月癸卯進燕郡公賀拔允爵爲王癸丑改封沛郡王欣爲廣陵王節閔帝子勃海王子恕爲沛郡王冬十月辛酉朔日有蝕之十一月丁酉祀圜丘甲辰殺安定王朗及東海王曄己酉以汝南王悅爲侍中大司馬開府葬太后胡氏十二月丁亥殺大司馬汝南王悅大赦改元爲永興以同明元時年號尋改爲永熙是歲蠕蠕嚈噠高麗契丹庫莫奚高昌等國竝遣使朝貢

二年春正月庚寅朔朝饗羣臣于太極前殿丁酉勃海王高歡大敗爾朱氏山東平罷諸行臺丁巳追尊皇考爲武穆皇帝太妃馮氏爲武穆皇后皇妣李氏曰皇太妃二月以咸陽王坦爲司空三月甲午太師魯郡王肅薨丁巳以太保趙郡王諶爲太尉以太尉南陽王寶炬爲尚書令太保開府是月阿至羅十萬戶內附詔復以勃海王高歡爲大行臺隨機裁處夏四月己未朔日有蝕之秋七月壬辰以太師廣陵王欣爲大司馬以太尉趙郡王諶爲太師竝開府庚戌以前司徒燕郡王賀拔允爲太尉冬十月癸未以衛將軍瓜州刺史泰臨縣伯高昌王趙子堅爲儀同三司進爵郡公十二月丁巳狩於嵩陽士卒寒苦己巳遂幸溫湯丁丑還宮

三年春二月壬戌大赦壬午封左衛將軍元斌之爲潁川王夏四月癸丑朔日有蝕之辛未高平王亶坐事降爵爲公五月丙戌置勳府庶子箱別六百人騎官箱別二百人門內部曲數千人帝內圖高歡乃以斛斯椿爲領軍使與王思政等統之以爲心膂軍謀朝政咸決於椿分置督將及河南關西諸刺史辛卯下詔戒嚴揚聲伐梁實謀北討是夏契丹高麗吐谷渾竝遣使朝貢秋七月己丑親總六軍十餘萬次河橋高歡引軍東度丙午帝率南陽王寶炬淸河王亶廣陽王湛斛斯椿以五千騎宿瀍西廣陽王別舍沙門都維那惠臻負璽持千牛力以從有牛百頭盡殺以食軍士衆知帝將出其夜

亾者過半清河廣陽二王亦逃歸略陽公宇文泰遣都督駱超李賢和各領數百騎赴難駱超先至甲戌賢和會帝於崤中己酉高歡入洛遣婁昭及河南尹元子思領左右侍官追帝請迴駕高昂率勁騎及帝於陝西帝鞭馬長騖至湖城飢渴甚有王思村人以麥飯壺漿獻帝帝甘之復一村十年是歲二月熒惑入南斗衆星北流羣鼠浮河向鄴梁武帝跣而下殿以禳星變及聞帝之西慙曰虜亦應天象乎帝至稠桑潼關大都督毛洪賓迎獻食八月宇文泰遣大都督趙貴梁禦甲騎二千東赴乃奉迎帝過河謂禦曰此水東流而朕西上若得重謁洛陽廟是卿等功也帝及左右皆流涕宇文泰迎帝於東陽帝勞之將士皆呼萬歲遂入長安以雍州公廨爲宮大赦甲寅高歡推司徒清河王亶爲大司馬承制總萬機居尚書省歡追車駕至潼關九月己酉歡東還洛陽帝親督衆攻潼關斬其行臺薛長瑜又尅華州其冬十月高歡推清河王亶子善見爲主徙都鄴是爲東魏魏於此始分爲二帝之在洛也從妹不嫁者三一曰平原公主明月南陽王同産也二曰安德公主清河王懌女也三曰蒺蔾亦封公主帝內宴令諸婦人詠詩或詠鮑昭樂府曰朱門九重門九闈願逐明月入君懷帝既以明月入關蒺蔾自縊宇文泰使元氏諸王取明月殺之帝不悅或時彎弓或時推案君臣由此不安平閏十二月癸巳潘彌奏言今日當甚有急兵其夜帝在逍遙園宴阿至羅顧侍臣曰此處彷彿華林園使人聊增悽惋命取所乘波斯騮馬使南陽王躍之將攀鞍蹶而死帝惡之日晏還宮至後門馬驚不前鞭打入謂潘彌曰今日幸無他不彌曰過夜半則大吉須臾帝飲酒遇酖而崩時年二十五諡曰孝武殯於草堂佛寺十餘年乃葬雲陵始宣武孝明間謠曰狐非狐貉非貉焦梨狗子齧斷索識者以爲索謂魏本索髮焦梨狗子指宇文泰俗謂之黑獺也

孝武帝永熙三年

文皇帝諱寶炬孝文皇帝之孫京兆王愉之子也母曰楊氏帝正始初坐父愉罪兄弟皆幽宗正寺及宣武崩乃得雪正光中拜直閤將軍時胡太后多變寵帝與明帝謀誅之事泄免官武泰中封邵縣侯永安三年進封南陽王孝武即位拜太尉加侍中永熙二年進位太保開府尚書令三年孝武與高歡構難以帝爲中軍四面大都督及從入關拜太宰錄尚書事孝武崩丞相略陽公宇文泰率羣公卿士奉表勸進三讓乃許焉

大統元年春正月戊申皇帝即位於城西大赦改元追尊皇考爲文景皇帝皇妣楊氏爲皇后己酉進丞相略陽公宇文泰都督中外諸軍錄尚書事大行臺改封安定郡公以尚書令斛斯椿爲太保廣平王贊爲司徒乙卯立妃乙氏爲皇后立皇子欽爲皇太子甲子以廣陵王欣爲太傅以儀同三司万俟壽樂干爲司空東魏將侯景攻陷荆州二月前南靑州刺史大野拔斬兗州刺史樊子鵠以州降東魏夏五月降罪人加安定公宇文泰位柱國秋七月以開府儀同三司念賢爲太尉以司空万俟壽樂干爲司徒以開府儀同三司越勒肱爲司空梁州刺史元羅以州降梁九月有司請煎御香澤須錢萬貫帝以軍旅在外停之冬十月太師上黨王長孫承業薨十二月以太尉念賢爲太傅以河州刺史梁景叡爲太尉

二年春正月辛亥祀南郊改以神元皇帝配東魏攻陷夏州二月儀同三司段敬討叛羌梁仚定平之三月以涼州刺史李叔仁爲司徒以司徒万俟壽樂干爲太宰夏五月司空越勒肱薨秦州刺史建中王万俟普撥及其子太宰壽樂干率所部奔東魏秋九月以扶風王孚爲司空以太保斛斯椿爲太傅冬十一月追改始祖神元皇帝爲太祖道武皇帝爲烈祖是歲關中大飢人相食死者十七八

三年春二月槐里獲神璽大赦夏四月太傅斛斯椿薨五月以廣陵王欣爲太宰賀拔勝爲太師六月以司空扶風王孚爲太保以太尉梁景叡爲太傅以司徒廣平王贊爲太尉以開府儀同三司王盟爲司空冬十月安定公宇文泰大破東魏軍於沙苑拜泰柱國大將軍十二月司徒李叔仁自梁州通使於東魏建昌太守賀蘭植攻斬之

四年春正月辛酉拜天於淸暉室終帝世遂爲常二月東魏攻陷南汾潁豫廣四州廢皇后乙氏三月立蠕蠕女郁久閭氏爲皇后大赦以司空王盟爲司徒秋七月東魏將侯景等圍洛陽帝與安定公宇文泰東伐九月車駕至自東伐以撫軍將軍梁仚定爲南洮州刺史安西蕃

五年春二月赦京城內夏五月以開府儀同三司李弼爲司空免妓樂雜役之徒皆從編戶秋七月詔自今恆以朔望觀閱京師見禁囚徒以司空扶風王孚爲太尉冬十月於陽武門外縣鼓置紙筆以求得失

六年春正月庚戌朝羣臣自西遷至此禮樂始備太尉扶風王孚薨二月鑄五銖錢降罪人冬十一月太師念

賢薨

七年春二月幽州刺史順陽王仲景以罪賜死三月夏州刺史劉平謀反大都督于謹討擒之秋九月詔班政事之法六條冬十一月叛羌梁企定徒黨屯於赤水城秦州刺史獨孤信擊平之尚書奏班十二條制十二月御憑雲觀引見諸王敘家人之禮手詔爲宗誡十條以賜之

八年春三月初置六軍夏四月鄯善王兄鄯朱那率衆內附秋八月以太尉王盟爲太保冬十月詔皇太子鎭河東十二月行幸華州起萬壽殿於沙苑北

九年春正月降罪人禁中外及從母兄弟姊妹爲婚閏月車駕至自華州二月東魏北豫州刺史高仲密據虎牢內附以仲密爲侍中司徒封勃海郡公秋七月大赦以太保王盟爲太傅以太尉廣平王贊爲司空冬十二月以司空李弼爲太尉

十年春正月甲子詔公卿已下每月上封事三條極言得失刺史二千石銅墨已上有讜言嘉謀勿有所諱夏五月太師賀拔勝薨秋七月更權衡度量

十一年夏五月太傅王盟薨詔諸鞫大辟獄皆命三公覆審然後加刑冬始築圜丘於城南封皇子儉

十二年春二月涼州刺史宇文仲和反秦州刺史獨孤信討平之三月鑄五銖錢夏五月詔女年不滿十三以上勿得以嫁秋九月東魏勃海王高歡攻玉壁晉州刺史韋孝寬力戰禦之冬十二月歡燒營而退

十三年春正月開白渠以溉田二月詔自今應宮刑者直沒官勿刑亾奴婢應黥者止科亾罪以開府儀同三司若干惠爲司空東魏勃海王高歡薨其司徒侯景據潁川率河南六州內附授景太傅河南大行臺上谷郡公三月大赦夏五月以太傅侯景爲大將軍以開府儀同三司獨孤信爲大司馬晉王謹薨秋七月司空若干惠薨大將軍侯景據豫州叛封皇子寗爲趙王

十四年春正月赦潁豫廣北洛東荆襄等七州以開府儀同三司趙貴爲司空皇孫生大赦夏五月以安定公宇文泰爲太師廣陵王欣爲太傅太尉李弼爲大宗伯前太尉趙貴爲大司寇以司空于謹爲大司空

十五年己巳五月侯景殺梁武帝初詔諸代人太和中改姓者並令復舊六月東魏勃海王高澄攻陷潁川秋八月盜殺東魏勃海王高澄冬十二月封梁雍州刺史岳陽王蕭詧爲梁王

十六年夏四月封皇子儒爲燕王公爲吳王五月東魏靜帝遜位于齊秋七月安定公宇文泰東伐至恆農齊師不出乃還九月大赦

十七年春三月庚戌帝崩于乾安殿時年四十五夏四月庚辰葬於永陵上謚曰文皇帝帝性彊果始爲太尉時侍中高隆之特勃海王高歡之黨驕狎公卿因公會帝勸酒不飲怒而毆之駡曰鎭兵何敢爾也孝武以歡故免帝太尉歸第命羽林守衞月餘復位及歡將改葬其父朝廷追贈太師百寮會弔者盡拜帝獨不屈曰安有生三公而拜贈太師耶及踐大位權歸周室嘗登逍遙觀望嵯峨山因謂左右曰望此令人有脫屣之意若使朕年五十便委政儲宮尋山餌藥不能一日萬機也既而大運未終竟保天祿云

西魏文帝大統十七年

廢帝諱欽文皇帝之長子也母曰乙皇后大統元年正月乙卯立爲皇太子十七年三月卽皇帝位是月梁邵陵王蕭綸侵安陸大將軍楊忠討禽之

元年冬十一月梁湘東王蕭繹討侯景禽之遣其舍人魏彥來告仍嗣位於江陵

二年秋八月大將軍尉遲迥剋成都劒南平冬十一月安定公宇文泰殺尚書元烈

三年春正月安定公宇文泰廢帝而立齊王廓帝自元烈之誅有怨言淮安王育廣平王贊等並垂泣諫帝不聽故及於辱

廢帝三年無年號

恭皇帝諱廓文皇帝之第四子也大統十四年封爲齊王廢帝三年正月卽皇帝位改元

元年夏四月蠕蠕乙旃達官寇廣武五月柱國李弼追擊之斬首數千級收輜重而還冬十一月遣師滅梁戕梁元帝梁太尉王僧辯奉元帝子方智爲王承制居建業

二年秋七月梁太尉王僧辯納貞陽侯蕭淵明於齊奉以爲主梁王方智爲太子九月梁司空陳霸先殺僧辯廢蕭淵明復奉方智爲帝是歲梁廣州刺史王琳寇邊大將軍豆盧寗帥師討之

三年春正月丁丑初行周禮建六官以安定公宇文泰爲太師冢宰以柱國李弼爲大司徒趙貴爲太保大宗伯以尚書令獨孤信爲大司馬以于謹爲大司寇以侯莫陳崇爲大司空冬十月乙亥安定公宇文泰薨十二月庚子帝遜位於周周閔帝元年正月封帝爲宋公尋殂

恭帝三年無年號

右後魏自道武帝至恭帝凡十五帝一百六十
　一年而禪于周自孝武帝入關不還高歡乃立
　　孝文帝曾孫清河王子善見爲帝稱天平元年

東魏孝靜皇帝諱善見清河文宣王亶之世子也母曰胡妃永熙三年八月拜開府儀同三司孝武帝既入關勃海王高歡乃與百僚會議推帝以奉明帝之後時年十一

天平元年冬十月丙寅皇帝即位于城東北大赦改元庚午以太師趙郡王諶爲大司馬以司空咸陽王坦爲太尉以開府儀同三司高盛爲司徒以開府儀同三司高昂爲司空壬申高太廟丙子車駕北遷于鄴詔勃海王高歡留後部分攺司州爲洛州以尚書令元弼爲儀同三司洛州刺史鎮洛陽十一月兗州刺史樊子鵠南青州刺史大野拔據瑕邱反庚寅車駕至鄴居北城相州之廨攺相州刺史爲司州牧魏郡太守爲魏尹徙鄴舊人西徑百里以居新遷人分鄴置臨漳縣以魏郡林慮廣平陽邱汲郡黎陽東濮陽清河廣宗等郡爲皇畿十二月丁卯燕郡王賀拔允薨庚午詔內外戒嚴百司悉依舊章從容雅服不得以矛彰從事丙子進侍中封隆之等五人爲大使巡喻天下丁丑赦畿內閏月宋以元慶和爲魏王入據平瀨鄉孝武崩于長安初置四中郎將於礓石橋置東中蒲泉置西中濟北置南中洺水置北中

二年春正月乙亥兼尚書右僕射東南道行臺元晏討元慶和破走之二月壬午以太尉咸陽王坦爲太傅以司州牧西河王悰爲太尉己丑前南青州刺史大野拔斬樊子鵠以降兗州平戊戌梁司州刺史陳慶之寇豫州刺史堯雄擊走之三月辛酉以司徒高盛爲太尉以司空高昂爲司徒濟陰王暉業爲司空勃海王高歡討平山胡劉蠡升辛未以旱故詔京邑及諸州郡縣收瘞骸骨是春高麗契丹並遣使朝貢夏四月前青州刺史侯梁反攻掠青齊癸未濟州刺史蔡儁討平之壬辰降京師見囚夏五月大旱勒城門殿門及省府寺署坊門澆人不簡王公無限日得雨乃止六月元慶和寇南頓豫州刺史堯雄大破之秋七月甲戌封汝南王悅孫綽爲琅邪王八月辛卯司空濟陰王暉業坐事免甲午發衆七萬六千人營新宮九月丁巳以開府儀同三司襄城王旭爲司空冬十月丁未梁柳仲禮寇荊州刺史王元擊破之癸丑祀圜丘甲寅閶闔門災龍見并州人家井中十二月壬午車駕狩于鄴東甲午文武百官量事各給祿是歲西魏文帝大統元年也

三年春正月癸卯朔饗羣臣於前殿戊申詔百官舉士舉不稱才者兩免之二月丁未梁光州刺史郝樹以州內附丁酉加勃海王世子澄爲尚書令大行臺大都督三月甲寅以開府儀同三司華山王鷙爲大司馬丁卯陽夏太守盧公纂據郡南叛大都督元整破之夏四月丁酉昌樂王誕薨五月癸卯賜鰥寡孤獨貧賤者衣物各有差丙辰以錄尚書事西河王悰爲司州牧戊辰太尉高盛薨六月辛巳趙郡王諶薨秋七月庚子大赦梁夏州刺史田獨鞞潁川防城都督劉鸞慶並以州內附八月并肆涿建四州霜隕大饑九月壬寅以定州刺史侯景兼尚書右僕射南道行臺節度諸軍南討丙辰平陽人路季札聚衆反辛酉御史中尉竇泰討平之冬十一月戊申詔遣使巡檢河北流移饑人侯景攻剋梁楚州獲刺史桓和十二月以并州刺史尉景爲太保辛未遣使者版假老人官百歲已下各有差壬申大司馬清河王亶薨癸未以太傅咸陽王坦爲太師是歲高麗勿吉並遣使朝貢

四年春正月以汝陽王暹爲錄尚書事夏四月辛未遷七帝神主入新廟大赦內外百官普進一階先是滎陽人張儉等聚衆反於大騩山通西魏壬辰武衛將軍高元咸討破之六月己巳幸華林園理訟辛未詔尚書掩骼埋胔推錄囚徒壬午閶闔門災秋七月甲辰遣兼散騎常侍李楷聘于梁八月西魏剋陝州刺史李徽伯死之九月侍中元子思與其弟子華謀西入並賜死閏月乙丑衛將軍右光祿大夫蔣天樂謀反伏誅禁京師酤酒冬十月以咸陽王坦爲錄尚書事壬辰勃海王高歡西討敗于沙苑己酉西魏行臺宮景壽都督楊白駒寇洛州大都督韓賢大破之西魏又遣其大行臺元季海大都督獨孤信逼洛州刺史廣陽王湛棄城歸闕季海信遂據金墉十一月丙子以驃騎大將軍儀同三司万俟普爲太尉十二月甲寅梁人來聘河間人邢磨納范陽人盧仲禮等各聚衆反是歲高麗蠕蠕並遣使朝貢

元象元年春正月辛酉朔日有蝕之有巨象自至碭郡陂中南兗州獲送于鄴丁卯大赦改元二月丙辰遣兼散騎常侍鄭伯猷聘于梁夏四月庚寅曲赦畿內開酒禁六月壬辰帝幸華林都堂聽訟秋七月乙亥高麗遣使朝貢是夏山東大水蝦蟆鳴于樹上秋八月辛卯大敗西魏于河陰九月大都督賀拔仁擊邢磨納盧仲禮等破平之冬十月梁人來聘十二月庚寅遣陸操聘于梁

興和元年春正月辛酉以尚書令孫騰爲司徒三月甲寅朔封常山郡王劭第二子曜爲陳郡王五月甲戌立皇后高氏乙亥大赦是月高麗遣使朝貢六月乙酉以尚書左僕射司馬子如爲山東黜陟大使尋爲東北道行臺差選勇士庚寅前潁州刺史奚思業爲河南大使簡發勇士丁酉梁人來聘戊申開府儀同三司汝陽王暹薨秋八月壬辰遣兼散騎常侍王元景聘于梁九月甲子發畿內十萬人城鄴四十日罷辛未曲赦畿內死罪已下各有差冬十一月癸亥以新宮成大赦改元八十已上賜綾帽及杖七十旁無朞親及有疾廢者各賜粟帛築城之夫給復一年

二年春正月壬申以太保尉景爲太傅以驃騎大將軍開府儀同三司庫狄干爲太保丁丑徙御新宮大赦內外百官普進一階營構主將別優一階三月乙卯梁人來聘夏五月己酉西魏行臺宮延和陝州刺史宮元慶率戶內屬置之河北馬場振稟各有差壬子遣兼散騎常侍李象聘于梁閏月丁丑朔日有蝕之己丑封皇兄景植爲宜陽王皇弟威爲清河王謙爲潁川王六月壬子大司馬華山王鷙薨冬十月丁未梁人來聘十一月乙卯遣兼散騎常侍崔長謙聘於梁是歲高麗蠕蠕勿吉並遣使朝貢

三年春二月甲辰阿至羅出吐拔郍渾大率部來降三月乙酉梁州人公孫貴賓聚眾反自號天王陽夏鎮將討禽之夏四月戊申阿至羅國主副伏羅越君子去賓來降封爲高車王六月乙丑梁人來聘秋七月己卯宜陽王景植薨八月甲子遣兼散騎常侍李騫聘於梁先是詔羣官於麟趾閣議定新制冬十月甲寅班於天下己巳發夫五萬人築漳濱堰三十五日罷癸亥車駕狩于西山十一月戊寅還宮丙戌以開府儀同三司彭城王韶爲太尉以度支尚書胡僧敬爲司空是歲蠕蠕高麗勿吉國並遣使朝貢

四年春正月丙辰梁人來聘夏四月丙寅遣兼散騎常侍李繪聘于梁乙酉以侍中廣陽王湛爲太尉以尚書右僕射高隆之爲司徒以太尉彭城王韶爲錄尚書事丁亥太傅尉景坐事降爲驃騎大將軍開府儀同三司辛卯以太保庫狄干爲太傅以領軍將軍婁昭爲大司馬封祖裒爲尚書右僕射六月丙申復前侍中樂良王忠爵丁酉復陳留王景皓常山王紹宗高密王永業爵秋八月庚戌以開府儀同三司吏部尚書侯景爲兼尚書僕射河南行臺隨機討防冬十月甲寅梁人來聘十一月壬午驃騎大將軍開府儀同三司靑州刺史西河王悰薨十二月辛亥詔兼散騎常侍陽斐使于梁是歲蠕蠕高麗吐谷渾並遣使朝貢

武定元年春正月壬戌朔大赦改元己巳車駕蒐于邯鄲之西山癸酉還宮二月壬申北豫州刺史高仲密據虎牢西叛三月丙午帝親納訟戊申勃海王高歡大敗西魏師于邙山追奔至恒農而還豫洛二州平夏四月封彭城王韶弟襲爲武安王五月壬辰以剋復虎牢降天下死罪已下囚乙未以吏部尚書侯景爲司空六月乙亥梁人來聘戊寅封前員外散騎侍郎元長春爲南郡王八月乙丑以汾州刺史斛律金爲大司馬壬午遣兼散騎常侍李渾聘于梁冬十一月甲午車駕狩于西山乙巳還宮是歲吐谷渾高麗蠕蠕並遣使朝貢

二年春二月丁卯徐州人劉烏黑聚眾反遣行臺慕容紹宗討平之三月梁人來聘以旱故宥死罪已下囚丙午以開府儀同三司孫騰爲太保壬子以勃海王世子高澄爲大將軍領中書監元弼爲錄尚書事以尚書左僕射司馬子如爲尚書令以太原公高洋爲左僕射夏五月甲午遣散騎常侍魏季景聘于梁丁酉太尉廣陽王湛薨秋八月癸酉尚書令司馬子如坐事免九月甲申以開府儀同三司濟陰王暉業爲太尉太師咸陽王坦坐事免以王還第冬十月丁巳太保孫騰大司馬高隆之各爲括戶大使凡獲逃戶六十餘萬十一月西河地陷有火出甲申以司徒高隆之爲尚書令以前大司馬婁昭爲司徒庚子祀圜丘辛丑梁人來聘是歲吐谷渾地豆干室韋高麗蠕蠕勿吉等並遣使朝貢

三年春正月丙申遣兼散騎常侍李奬聘于梁二月庚申吐谷渾國奉其從妹以備後庭納爲容華嬪夏五月甲辰大赦秋七月庚子梁人來聘冬十月遣中書舍人尉瑾聘于梁十二月以司空侯景爲司徒以中書令韓軌爲司空戊子以太保孫騰爲錄尚書事是歲高麗吐谷渾蠕蠕並遣使朝貢

四年夏五月壬寅梁人來聘六月庚子以司徒侯景爲河南大行臺應機討防秋七月壬寅遣兼散騎常侍元廓聘于梁八月移洛陽漢魏石經于鄴是歲室韋勿吉地豆干高麗蠕蠕並遣使朝貢

五年春正月己亥朔日有蝕之丙午勃海王高歡薨辛亥司徒侯景降于西魏以求救西魏遣其將李弼王思政赴之思政等入據潁川景乃出走豫州乙丑梁人來聘二月侯景復背西魏歸梁夏四月壬申大將軍高澄來朝甲午遣兼散騎常侍李緯聘于梁五月丁酉朔大

赦戊戌以尚書右僕射襄城王旭爲太尉甲辰以太原公高洋爲尚書令領中書監以青州刺史尉景爲大司馬以開府儀同三司庫狄干爲太師以錄尚書事孫騰爲太傅以汾州刺史賀拔仁爲太保以司空韓軌爲司徒以領軍將軍可朱渾道元爲司空以司徒高隆之錄尚書事以徐州刺史慕容紹宗爲尚書左僕射高陽王斌爲右僕射戊午大司馬尉景薨六月乙酉帝爲勃海王舉哀於東堂服緦衰秋九月辛丑梁貞陽侯蕭淵明寇徐州堰泗水於寒山灌彭城以應侯景冬十一月乙酉以尚書左僕射慕容紹宗爲東南道行臺與大都督高岳潘相樂大破禽之及其二子瑀道十二月乙亥蕭淵明至帝御閶闔門讓而宥之岳等迴師討侯景是歲高麗勿吉並遣使朝貢

六年春正月己亥大都督高岳等於渦陽大破侯景俘斬五萬餘人其餘溺死於渦水水爲不流景走淮南二月己卯梁遣使求和許之三月癸巳以太尉襄城王旭爲大司馬以開府儀同三司高岳爲太尉辛亥以冬春亢旱赦罪人各有差夏四月甲子吏部令史張永和青州人崔闊等僞假人官事覺糺檢首者六萬餘人甲戌太尉高岳司徒韓軌大都督劉豐等討王思政於潁川引洧水灌其城九月乙酉梁人來聘冬十月戊申侯景濟江推梁臨賀王正德爲主以攻建業是歲高麗室韋蠕蠕吐谷渾並遣使朝貢

七年春正月戊辰梁北徐州刺史中山侯蕭正表以鎭內附封蘭陵郡公吳郡王三月丁卯侯景剋建業夏五月丙辰侯景殺梁武帝戊寅勃海王高澄帥師赴潁川六月剋之獲西魏大將軍王思政等秋八月辛卯立皇子長仁爲太子盜殺勃海王高澄癸巳大赦內外百官並進二級甲午太原公高洋如晉陽冬十月癸未以開府儀同三司咸陽王坦爲太傅甲午以開府儀同三司潘相樂爲司空十二月甲辰吳郡王蕭正表薨己酉以并州刺史彭樂爲司徒是歲蠕蠕地豆于室韋高麗吐谷渾並遣使朝貢

八年春正月辛酉帝爲勃海王高澄舉哀於東堂戊辰詔太原王高洋嗣事徙封齊郡王甲戌地豆干契丹並遣使朝貢二月庚寅以尚書令高隆之爲太保三月庚申進齊郡王高洋爵爲齊王夏四月乙巳蠕蠕遣使朝貢五月甲寅詔齊王爲相國總百揆備九錫之禮以齊國太妃爲王太后王妃爲王后丙辰帝遜位於齊齊天保元年己未封帝爲中山王邑一萬戶上書不稱臣答不稱詔載天子旌旗行魏正朔乘五時副車封王諸子爲縣公邑各一千戶奉絹一萬疋錢一萬貫粟二萬石奴婢三百人水碾一具田百頃園一所於中山國立魏宗廟二年十二月己酉中山王殂時年二十八三年二月奉謚曰孝靜皇帝葬於鄴西漳北其後發之陵崩死者六十人帝好文美容儀力能挾石師子以踰墻射無不中嘉辰宴會多命羣臣賦詩從容沈雅有孝文風勃海王高澄嗣事甚忌焉以大將軍中兵參軍崔季舒爲中書黃門侍郎令監察動靜小大皆令季舒知澄與季舒書曰癡人復何似癡勢小差未帝嘗與獵於鄴東馳逐如飛監衞都督烏那羅受工伐從後呼帝曰天子莫走馬大將軍怒澄嘗侍帝飲大舉觴曰臣澄勸陛下帝不悅曰自古無不亾之國朕亦何用此活澄怒曰朕朕狗腳朕澄使季舒毆帝三拳奮衣而出明日澄使季舒勞帝帝亦謝焉賜絹季舒未敢受以啟澄澄使取一段帝束百疋以與之曰亦一段爾帝不堪憂辱詠謝靈運詩曰韓亾子房奮秦帝魯連恥本自江海人忠義動君子常侍侍講荀濟知帝意乃與華山王大器元瑾密謀於宮中僞爲山而作地道向北城至千秋門門者覺地下響動以告澄澄勒兵入宮曰陛下何意反邪臣父子功存社稷何負陛下邪及將殺諸妃嬪帝正色曰王自欲反何關於我我尚不惜身何況妃嬪澄下牀叩頭大啼謝罪於是酣飲夜久乃出居三日幽帝於含章堂大器瑾等皆見烹於市及將禪位於文宣襄城王昶及司徒潘相樂侍中張亮黃門郎趙彥深等求入奏事帝在昭陽殿見之昶曰五行遞運有始有終齊王聖德欽明萬姓歸仰臣等昧死聞奏願陛下則堯禪舜帝便斂容答曰此事推挹已久謹當遜避又云若爾須作詔書侍郎崔劼裴讓之奏云詔已作訖即付楊愔進於帝凡十條書訖曰將安朕何所復若爲而去楊愔對曰在北城別有館宇還備法駕依常仗衞而去帝乃下御座步就東廊口詠范蔚宗後漢贊云獻生不辰身播國屯終我四百永作虞賓所司奏請發帝曰古人念遺簪敝屣欲與六宮別可乎高隆之曰今日天下猶是陛下之天下況在後宮乃與妃嬪以下訣莫不歔欷掩涕貴嬪趙國李氏誦陳思王詩云王其愛王體俱享黃髮期皇后已下皆哭直長趙德以故犢車一乘候於東上閤帝上車德超上車持帝肘之曰朕畏天順人授位相國何物奴敢逼人趙德尚不下及出雲龍門王公百寮衣冠拜辭帝曰今日不減常道鄉公漢獻帝衆皆悲愴高隆之泣灑遂入北城下司馬子如南宅及文宣行幸常以帝

自隨帝后封太原公主常爲帝嘗食以護視焉竟遇酖而崩

東魏孝靜帝天平四年天象元年興和四年武定八年郎位十七年

右東魏一帝十七年而禪位于齊按後魏正史自孝武帝後便列孝靜帝紀乃云宇文氏害孝武以南陽王寶炬爲僭稱尊號

通志卷十五下

通志卷十六

宋右廸功郎鄭樵漁仲撰

北齊紀第十六

神武帝　文襄帝　文宣帝　濟南王　孝昭帝

武成帝　後主幼主附

高祖神武皇帝姓高氏諱歡字賀六渾勃海蓨人也齊大夫高氏之後漢永平中有高洪爲勃海大守因家焉六世祖隱晉元菟太守隱生慶慶生泰泰生湖三世仕慕容氏及慕容寶敗國亂湖率衆歸魏爲右將軍湖生四子第三子謐仕魏位至治書侍御史坐法徙居懷朔鎭謐生皇考樹樹性通率不事家業住居白道南數有赤光紫氣之異鄰人以爲怪勸徙居以避之皇考曰安知非吉居之自若及神武生而皇妣韓氏殂養於同産姊壻鎭獄隊尉景家神武既累世北邊故習其俗遂同鮮卑長而深沈有大度輕財重士爲豪俠所宗目有精光長頭高權齒白如玉少有人傑表家貧及聘武明皇后始有馬得給鎭爲隊主鎭將遼西段長常奇神武貌謂曰君有康濟才終不徒然便以子孫爲託及貴追贈長司空擢其子寧而用之神武自隊主轉爲函使嘗乘驛過建興雲霧晝晦雷聲隨之半日乃絕若有神應者每行道路往來無風塵之色又嘗夢履衆星而行覺而內喜爲函使六年每至洛陽給令史麻祥使祥嘗以肉啗神武神武性不立食坐而進之祥以爲慢已笞神武四十及自洛陽還傾產以結客親故怪問之答曰吾至洛陽宿衞羽林相率焚領軍張彝宅朝廷懼其亂而不問爲政若此事可知矣財物豈可常守邪自是乃有澄清天下之志與懷朔省事雲中司馬子如及秀容人劉貴中山人賈顯智爲奔走之友懷朔戶曹史孫騰外兵史侯景亦相友結劉貴嘗得一白鷹與神武及尉景蔡儁子如賈顯智等獵於沃野見一赤兔每搏輒逸遂至迴澤澤中有茅屋將奔入有狗自屋中出噬之鷹兔俱死神武怒以鳴鏑射之狗斃屋中乃有二人出持神武襟甚急其母兩目盲曳杖呵其二子曰何故觸大家出甕中酒烹羊以待客因自言善暗相徧捫諸人語顯智云君後當至卿佐要不以善終語子如劉貴云並至台相又及神武曰諸君榮貴皆由此人食畢而去行數里還更訪之則本無人居乃知向非人也由是諸人益加敬異孝昌元年柔元鎭人杜洛周反於上谷神武乃與同志從之醜其行事私與尉景段榮蔡儁圖之不果而逃爲其騎所追文襄及魏永熙后皆幼武明后於牛上抱負之文襄屢落牛神武彎弓將射之以決去后呼榮求救賴榮透下取之以免遂奔葛榮又亾歸爾朱榮於秀容先是劉貴事榮盛言神武美至是始得見以憔悴故未之奇也貴乃爲神武更衣復求見焉因隨榮之廐廐有惡馬榮命翦之神武乃不加羈絆而翦竟不蹄齧已而起曰御惡人亦如此馬矣榮遂坐神武於牀下屏左右而訪時事神武曰聞公有馬十二谷色別爲羣將此竟何用也榮曰但言爾意神武曰方今天子愚弱太后淫亂孼寵擅用朝政不行以明公雄武乘時奮發討鄭儼徐紇而清帝側霸業可舉鞭而成此賀六渾之意也榮大悅語自日中至夜半乃出自是每參軍謀後從榮徙據幷州抵揚州邑人龐蒼鷹止團焦中每從外歸主人遙聞行響動地蒼鷹母數見團焦上赤氣赫然屬天又蒼鷹嘗夜欲入有靑衣人拔刀叱曰何故觸王言訖不見始以爲異密覘之惟見赤蛇蟠牀上乃益驚異因殺牛分肉厚以相奉蒼鷹母求以神武爲義子及得志以其宅爲第號爲南宅雖門巷開廣堂宇崇麗其本所住團焦以石堊塗之留而不毀至文宣時遂爲宮既而榮以神武爲親信都督于時魏明帝銜鄭儼徐紇逼靈太后未敢制私使榮舉兵內向榮以神武爲前鋒至上黨明帝又私詔停之及帝暴崩榮遂入洛因將篡位神武諫恐不聽請鑄像卜之鑄不成乃止孝莊帝立以定策勳封銅鞮伯及爾朱榮擊葛榮令神武喻下賊別稱王者七人後與行臺于暉破羊侃于太山尋與元天穆破邢杲于濟南累遷第三鎭人酋長嘗在榮帳內榮嘗問左右曰一日無我誰可主軍皆稱爾朱兆曰此正可統三千騎以還堪代我主衆者唯賀六渾耳因誡兆曰爾非其匹終當爲此子穿鼻乃以神武爲晉州刺史於是大聚斂因劉貴貨榮下要人盡得其意時州庫角無故自鳴神武異之無幾而孝莊誅榮及爾朱兆自晉陽將舉兵赴洛召神武神武使長史孫騰辭以絳蜀汾胡欲反不可委去兆恨爲騰復命神武曰兆舉兵犯上此大賊也吾不能久事之自是始有圖兆計及兆入洛執莊帝以北神武聞之大驚又使孫騰僞賀兆因密覘孝莊所在將劫以舉義不果乃以書喻之言不宜執天子以受惡名於海內兆不納弒帝而與爾朱世隆等立長廣王曄改元建明封神武爲平陽郡公及費也頭紇豆陵步藩入秀容逼晉陽兆徵神武神武將往賀拔焉過兒請緩行以敝之神武乃往往逗留辭以河無橋不得渡步藩軍盛兆敗走初孝莊之誅爾朱榮知其黨必有逆謀乃密勑步藩令襲其後步藩既敗兆等遂兵勢

日盛兆又請救於神武神武內圖兆復慮步藩後日難除乃與兆悉力破之藩死兆深德神武誓爲兄弟時世隆度律彥伯共執朝政天光據關右兆據并州仲遠據東郡各擁兵爲暴天下苦之葛榮衆流入并肆者二十餘萬爲契丹陵暴皆不聊生大小二十六反誅夷者半猶草竊不止兆患之問計於神武神武曰六鎮反殘不可盡殺宜選王素腹心者私使統焉若有犯者罪其帥則所罪者寡兆曰善誰可行也賀拔允時在坐請神武神武拳毆之折其一齒曰生平天柱時奴輩伏處分如鷹犬今日天下安置在王而阿鞠泥敢誣下罔上請殺之兆以神武爲誠遂以委焉神武以兆醉恐醒後或致疑貳遂出宣言受委統州鎮兵可集汾東受令乃建牙楊曲川陳部分有欵軍門者絳巾袍自稱梗楊驛子願厠左右訪之則以力聞嘗於并州市搭殺人者乃署爲親信都督兵士素惡兆而樂神武於是莫不皆至居無何又使劉貴請兆以并肆頻歲霜旱降戶掘黃鼠而食之皆面無穀色徒汚人國土請令就食山東待溫飽而處分之兆從其議其長史慕容紹宗諫曰不可今四方擾擾人懷異望況高公雄略又握大兵將爲不利兆曰香火重誓何所慮邪紹宗曰親兄弟尙難信何論香火時兆左右已受神武金因譖紹宗與神武舊隙兆乃禁紹宗而催神武發神武乃自晉陽出滏口路逢爾朱榮妻北鄉郡長公主自洛陽來有馬三百疋盡奪易之兆聞乃釋紹宗而問焉紹宗曰今猶掌握中物也兆於是自追神武至襄垣會漳水暴長橋壞神武隔水拜曰所以借公主馬非有他故備山東盜耳王受公主言自來賜追今渡河而死不辭但恐此衆便叛兆自陳無此意因輕馬浮渡與神武坐幕下陳謝遂授刀引頭使神武斫己神武大哭曰自天柱薨背賀六渾更何所仰願大家千萬歲以申力用今旁人構間至此大家何忍復出此兆投刀於地遂刑白馬而盟誓爲兄弟留宿夜飲尉景伏壯士欲執兆神武齧臂止之曰今殺之其黨必奔歸聚結兵飢馬瘦不可相支若英雄蝟起則爲害滋甚不如且置之兆雖勁捷而兇狡無謀不足圖也旦日兆歸營又召神武神武將上馬詣之孫騰牽衣乃止兆隔水肆罵馳還晉陽兆心腹念賢領降戶家累別爲營神武僞與之善觀其佩刀因取以殺之其從者盡散於是士衆咸悅俱願附從初魏太平眞君中內學者奏言上黨有天子氣云在壺關大王山太武帝於是南巡以厭當之累石爲三封斬其北鳳皇山以毀其形後上黨人居晉陽號上黨坊神武實居之及是行舍大王山六旬而進將出滏口倍加約束纖毫之物不聽侵犯將過麥地神武輒步牽馬遠近聞之皆稱高儀同將兵整肅益歸心焉遂前行屯鄴北求糧於相州刺史劉誕誕不供有車營租米神武自取之

魏普泰元年二月神武軍次信都高乾封隆之開門以待遂據冀州是月爾朱度律廢元曄而立節閔帝欲羈縻神武三月乃白節閔帝封神武爲渤海王徵使入覲神武辭四月癸巳又加授東道大行臺第一鎮人酋長龐蒼鷹自太原來奔神武以爲行臺郎尋以爲安州刺史神武自向山東養士繕甲禁兵侵掠百姓歸心乃詐爲書言爾朱兆將以六鎮人配契胡爲部曲衆皆愁又爲并州符徵兵討部落稽發萬人將遣之孫騰尉景僞請留五日如此者再神武親送之郊雪涕執別人號慟哭聲動地神武乃喻之曰與爾俱失鄉客義同一家不意在上乃爾徵召直向西已當死後軍期又當死配國人又當死奈何衆曰唯有反耳神武曰反是急計須推一人爲主衆願奉神武神武曰爾鄉里難制不見葛榮乎雖百萬衆無刑法終自灰滅今以吾爲主當與前異不得欺漢兒不得犯軍令生死任吾則可不爾不能爲取笑天下衆皆頓顙曰死生唯命神武曰若不得已明日椎牛饗士喻以討爾朱兆之意封隆之進曰千載一時普天幸甚神武曰討賊大順也拯時大業也吾雖不武以死繼之何敢讓焉六月庚子建義於信都尙未顯背爾朱氏及李元忠與高乾平殷州斬爾朱羽生首來謁神武撫膺曰今日反決矣乃以元忠爲殷州刺史是時兵威既振乃抗表罪狀爾朱氏世隆等秘表不通八月爾朱兆攻陷殷州李元忠來奔孫騰以爲朝廷隔絕不權立天子則衆望無所繫十月壬寅奉章武王融子勃海太守朗爲皇帝年號中興是爲廢帝時度律仲遠軍次晉陽爾朱兆會之神武用竇泰策縱反間度律仲遠不戰而還神武乃敗兆於廣阿十一月攻鄴相州刺史劉誕嬰城固守神武起土山爲地道往建大柱一時焚之城陷入地麻祥時爲湯陰令神武呼之曰麻都祥慙而逃

永熙元年正月壬午拔鄴城據之廢帝進神武大丞相柱國大將軍太師是時青州建義大都督崔靈珍大都督耿翔皆遣使歸附行汾州事劉貴棄城來降閏三月爾朱天光自長安兆自并州度律自洛陽仲遠自東郡同會鄴衆號二十萬夾洹水而軍節閔以長孫承業爲大行臺總督焉神武令封隆之守鄴自出頓紫陌時馬

不滿二千步兵不至三萬衆寡不敵乃於韓陵爲圓陣連牛驢以塞歸道於是將士皆爲死志四面赴擊之爾朱兆責神武以背己神武曰本戮力者共輔王室今帝何在兆曰永安枉害天柱我報讐耳神武曰我昔日親聞天柱計汝在戶前立豈得言不反邪且以君殺臣何報之有今日義絕矣乃合戰大敗之爾朱兆對慕容紹宗叩心曰不用公言至此將輕走紹宗反旗鳴角收聚散卒成軍容而西上高季式以七騎追奔度野馬崗與兆遇高昂望之不見哭曰喪吾弟矣夜久季式還血滿袖斛斯椿倍道先據河橋初普泰元年十月歲星熒惑鎮星太白聚於觜參色甚明太史占云當有王者興是時神武起於信都至是而破兆等四月斛斯椿執天光度律以送洛陽長孫承業遣都督賈顯智張歡入洛陽執世隆彥伯斬之兆奔并州仲遠奔梁州遂死焉時凶蠹既除朝廷慶悅初未戰之前月章武人張紹夜中忽被數騎將踰城至一大將軍前敕紹爲軍導向鄴云佐受命者除殘賊紹回視之兵不可測整疾無聲將至鄴乃放焉及戰之日爾朱氏軍人見陣外士馬四合益神助也既而神武至洛陽廢節閔及中興主而立孝武帝孝武既即位授神武大丞相天柱大將軍太師世襲定州刺史增封并前十五萬戶神武辭天柱減戶五萬壬辰還鄴魏帝餞於乾脯山執手而別七月壬寅神武帥師北伐爾朱兆封隆之言侍中斛斯椿賀拔勝賈顯智等往事爾朱普皆反噬今在京師寵任必構禍隙神武深以爲然乃歸天光度律於京師斬之遂自滏口入爾朱兆大掠晉陽北保秀容并州平神武以晉陽四塞乃建大丞相府而定居焉爾朱兆既至秀容分兵守險出入寇抄神武揚聲討之師出止者數四兆意怠神武揣其歲首當宴會遣竇泰以精騎馳之一日一夜行三百里神武以大軍繼之

二年正月竇泰奄至爾朱兆庭軍人因宴休惰忽見泰軍驚走追破之於赤洪嶺兆自縊神武親臨厚葬之慕容紹宗以爾朱榮妻子及餘衆自保烏突城降神武以義故待之甚厚神武之入洛也爾朱仲遠部下都督橋寍張子期自滑臺歸命神武以其助亂且數反覆皆斬之斛斯椿由是內不自安乃與南陽王寶炬及武衛將軍元毗魏光祿王思政構神武於魏帝舍人元士弼又奏神武受敕大不敬故魏帝心貳於賀拔岳初孝明之時洛下以兩拔相擊謠言銅拔打鐵拔元家世將末好事者以二拔謂拓拔賀拔言俱將衰敗之兆時司空高乾密啟神武言魏帝之貳神武封呈魏帝殺之又遣東徐州刺史潘紹業密敕長樂太守龐蒼鷹令殺其弟昂昂先聞其兄死以矟刺柱伏壯士執紹業於路得敕書於袍領遂來奔神武抱其首哭曰天子枉害司空遣使以白虎幡勞其家屬時乾次弟慎在光州爲政嚴猛又縱部下取納魏帝使代之慎聞難將奔梁其屬曰公家勳重必不兄弟相及乃弊衣推鹿車歸勃海逢使者亦來奔於是魏帝與神武隙矣阿至羅虜正光以前常稱藩自魏朝多事皆叛神武遣使招納便欵附先是詔以寇賊平罷行臺至是以殊俗歸降復授神武大行臺隨機處分神武賫其粟帛議者以爲徒費無益神武不從撫慰如初其酋帥吐陳等感恩皆從指麾救曹泥取万俟受洛干大收其用河西費也頭虜紇豆陵伊利居苦池河恃險擁衆神武遣長史侯景屢招不從

天平元年正月壬辰神武西伐費也頭虜紇豆陵伊利於河西滅之遷其部落於河東二月永寍寺九層浮屠災既而人有從東萊至云及海上人咸見之於海中俄而霧起乃滅說者以爲天意若曰永寍見災魏不寍矣飛入東海勃海應矣魏帝既有異圖時侍中封隆之與孫騰私言隆之喪妻魏帝欲妻以從妹騰亦未之信心害隆之泄其言於斛斯椿椿以白魏帝又孫騰帶仗入省擅殺御史並亾來奔稱魏帝撾舍人梁續於前光祿少卿元子幹攘臂擊之謂騰曰語爾高王元家兒拳正如此領軍婁昭辭疾歸晉陽魏帝於是以斛斯椿兼領軍分置督將及河南關西諸刺史華山王鷙在徐州神武使邸珍奪其管籥建州刺史韓賢濟州刺史蔡儁皆神武同義魏帝忌之故省建州以去賢使御史中尉綦儁察儁罪以開府賈顯智爲濟州儁拒之魏帝愈怒五月下詔云將征句吳發河南諸州兵增宿衛守河橋六月丁巳密詔神武曰宇文黑獺自平破秦隴多求非分脫有變非常事資經略但表啟未全背戾進討事涉忽忽遂召羣臣議其可否僉言假稱南伐內外戒嚴一則防黑獺不虞二則可威吳楚時魏帝將伐神武神武部署將帥帝慮疑故有此詔神武乃表曰荊州綰接蠻右密邇畿服關隴恃遠將有逆圖臣今潛勒兵馬三萬擬從河東而渡又遣桓州刺史庫狄干瀛州刺史郭瓊汾州刺史斛律金前武衛大將軍彭樂擬兵四萬從其來違津渡遣領軍將軍婁昭相州刺史竇泰前瀛州刺史堯雄并州刺史高隆之擬兵五萬以討荊州遣冀州刺史尉景前冀州刺史高敖曹濟州刺史蔡儁前侍中封隆之擬山東兵七萬突騎五萬以征江左皆約勒所部

伏聽處分魏帝知覺其變乃出神武表命羣官議之欲止神武諸軍神武乃集在并僚佐令其博議還以表聞仍以信誓自明忠款曰臣爲嬖佞所間陛下一旦賜疑使幽枉之情無所自明臣若不盡誠竭節敢負陛下則使身受天殃子孫殄絕陛下若垂信赤心使干戈不動佞臣一二人願斟量廢出辛未帝復錄在京文武議意以答神武使舍人溫子昇草勑子昇逡巡未敢作帝據胡牀拔劍作色子昇乃爲勑曰前持心血遠以示王深冀彼此共相體悉而不良之徒坐生間貳近孫騰倉卒向彼致使聞者疑有異謀故遣御史中尉綦儁具申朕懷今得王啟言誓懇惻反覆思之猶所未解以朕眇身遇王武略不勞尺刃坐爲天子所謂生我者父母貴我者高王今若無事背王規相攻討則使身及子孫還如王誓皇天后土實聞此言近慮宇文爲亂賀拔勝應之故纂嚴欲與王俱爲聲援宇文今日使者相望觀其所爲更無異迹賀拔在南開拓邊境爲國立功念無可責君若欲分討何以爲辭東南不賓爲日已久先朝已來置之度外今天下戶口減半未宜窮兵極武朕既闇昧不知佞人是誰可列其姓名令朕知也如聞庫狄干語王云本欲取懦弱者爲主無事立此長君使其不可駕御今但作十五日行自可廢之更立餘者如此議論自是王間勳人豈出佞臣之口去歲封隆之背叛今年孫騰逃走不罪不送誰不怪王騰既爲禍始曾無愧懼王若事君盡誠何不斬送二首王雖啟圖西去而四道俱進或欲南度洛陽或欲東臨江左言之者猶應自怪聞之者寧能不疑王若守誠不貳晏然居北在此雖有百萬之衆終無圖彼之心王脫信邪棄義舉旗南指縱無匹馬隻輪猶欲奮空拳而爭死朕本寡德王已立之百姓無知或謂實可若爲他所圖則彰朕之惡假令還爲王殺幽辱虀粉了無遺恨何者王既以德見推以義見舉一朝背德舍義便是過有所歸本望君臣一體若合符契不圖今日分疏到此古語云越人射我笑而道之吾兄射我泣而道之朕既親王情如兄弟所以投筆拊膺不覺歔欷初神武自京師將北以爲洛陽久經喪亂王氣衰盡雖有山河之固土地褊狹不如鄴請遷都魏帝曰高祖定鼎河洛爲永永之基經營制度至世宗乃畢王既功在社稷宜遵太和舊事神武奉詔至是復謀焉遣三千騎鎮建興益河東及濟州兵於白溝禁船不聽向洛諸州和糴粟運入鄴城魏帝又勑神武曰王若厭伏人情杜絕物議唯有歸河東之兵罷建興之戍送相州之粟追濟州之軍令蔡儁受代使邸珍出徐止戈散馬各事家業脫須糧廩別遣轉輸則讒人結舌疑悔不生王高枕太原朕垂拱京洛終不舉足渡河以干戈相詣王若馬首南向問鼎輕重朕雖無武欲止不能必爲社稷宗廟出萬死之策決在於王非朕能定爲山止簣相爲惜之魏帝時以任祥爲兼尚書左僕射加開府祥棄官走至河北據郡待神武魏帝乃勑文武官北來者任去留下詔罪狀神武爲北伐經營神武亦勒馬先告曰孤遇爾朱擅權舉大義於四海奉戴主上義貫幽明橫爲斛斯椿讒構以誠節爲逆首昔趙鞅興晉陽之甲誅君側惡人今者南邁誅椿而已以高昂爲前鋒曰若用司空言豈有今日之舉司馬子如答神武曰本欲立小者正爲此耳魏帝徵兵關右召賀拔勝赴行在所遣大行臺長孫承業大都督潁川王斌之斛斯椿共鎮虎牢汝陽王暹鎮石濟行臺長孫子彥帥前恒農太守元洪略鎮陝賈顯智率豫州刺史斛斯元壽伐蔡儁神武使竇泰與左廂大都督莫多婁貸文逆顯智韓賢逆暹元壽軍降泰貸文與顯智遇於長壽津顯智陰納降引軍退軍司元元覺之馳還請益師魏帝遣大都督侯幾紹赴之戰於滑臺東顯智以軍降紹死之七月魏帝躬率大衆屯河橋神武至河北十餘里再遣口申誠款魏帝不報神武乃引軍渡河魏帝問計於羣臣或云南依賀拔勝或云西就關中或云守洛口死戰未決而元斌之與斛斯椿爭權不睦斌之棄椿徑還紿帝云神武兵至即日魏帝遜於長安己酉神武入洛停於永寧寺八月甲寅召集百官謂曰爲臣奉主匡救危亂若處不諫爭出不陪隨緩則耽寵爭榮急便竄失臣節安在遂收開府儀同三司叱列延慶兼尚書左僕射辛雄兼吏部尚書崔孝芬都官尚書劉廞兼度支尚書楊機散騎常侍元士弼並殺之誅其貳也士弼籍沒家口神武以萬機不可曠廢乃與百僚議以清河王亶爲大司馬居尚書下舍而承制決事焉王稱警蹕神武醜之神武尋至弘農遂西克潼關執毛洪賓進軍長城龍門都督薛崇禮降神武退舍河東命行臺尚書長史薛瑜守潼關大都督庫狄溫守封陵於蒲津西岸築城守華州以薛紹宗爲刺史高昂行豫州事神武自發晉陽至此凡四十啟魏帝皆不答九月庚寅神武還至洛陽乃遣僧道榮奉表關中又不答乃集百僚沙門耆老議所推立以爲自孝昌喪亂國統中絕神主靡依昭穆失序永安以孝文爲伯考永熙遷孝明於夾室業喪祚短職此之由遂議立清河王世子善見議定白清河王王曰天子無

父苟使兒立不惜餘生乃立之是爲孝靜帝魏於是始分爲二神武以孝武既西恐逼崤陜洛陽復在河外接近梁境如向晉陽形勢不能相接依議遷鄴護軍祖瑩贊焉詔下三日車駕便發戶四十萬狼狽就道神武留洛陽部分事畢還晉陽自是軍國政務皆歸相府先是童謠曰可憐青雀子飛來鄴城裏羽翮垂欲成化作鸚鵡子好事者竊言雀子謂魏帝清河王鸚鵡謂神武也初孝昌中山胡劉蠡升自稱天子年號神嘉居雲陽谷西土歲被其寇謂之胡荒

二年正月西魏渭州刺史可朱渾道元擁衆內屬神武迎納之壬戌神武襲擊劉蠡升大破之己巳魏帝褒詔以神武爲相國假黃鉞劒履上殿入朝不趨神武固辭三月神武欲以女妻蠡升太子候其不設備辛酉潛師襲之其北部王斬蠡升首以送其衆復立其子南海王神武進擊之又獲南海王及其弟西海王北海王皇后公卿已下四百餘人胡魏五萬戶壬申神武朝于鄴四月神武詔給遷人稟各有差九月甲寅神武以州郡縣官多乖法請出使問民疾苦

三年正月甲子神武帥庫狄干等萬騎襲西魏夏州身不火食四日而至縛矟爲梯夜入其城擒其刺史費也頭斛拔俄彌突因而用之留都督張瓊以鎮守遷其部落五千戶以歸西魏靈州刺史曹泥與其壻涼州刺史劉豐遣使請內屬宇文泰圍泥水灌其城不沒者四尺神武命阿至羅發騎三萬徑度靈州繞出西軍後獲馬五十匹西師乃退神武率騎迎泥豐遂拔其遺戶五千以歸復泥官爵魏帝詔加神武九錫固讓乃止二月神武令阿至羅逼西魏秦州刺史建忠王万俟普撥神武以衆應之六月甲午普撥與其子太宰壽命于幽州刺史叱干寶樂右衛將軍破六韓常及督將三百餘人擁部來降八月丁亥神武請均斗尺班於天下九月辛亥汾州胡三迢觸曹貳龍聚衆反署立百官年號平都神武討平之十二月丁丑神武自晉陽西討遣兼僕射行臺汝陽王暹司徒高昂等趣上洛大都督竇泰入自潼關

四年正月癸丑竇泰軍敗自殺神武軍次蒲津以冰薄不得赴救乃班師高昂攻克上洛二月乙酉神武以并肆汾建晉東雍南汾泰陜九州霜旱人飢流散請所在開倉賑給六月壬申神武如天池獲瑞石隱起成文曰六王三川十一月壬辰神武西討自蒲津濟衆二十萬宇文泰軍於沙苑神武以地阨少卻西人鼓譟而進軍大亂棄器甲十有八萬神武跨橐駝候船以歸

元象元年三月辛酉神武固請解丞相魏帝許之四月庚寅神武朝于鄴壬辰還晉陽請開酒禁并賑恤宿衛武官七月壬午行臺侯景司徒高昂圍西魏將獨孤信於金墉西魏帝及宇文泰并來赴救大都督庫狄干帥諸將前驅神武總衆繼進八月辛卯戰於河陰大破西魏軍俘獲數萬司徒高昂大都督李猛宗顯死之西師之敗獨孤信先入關宇文泰留其都督長孫子彥守金墉遂燒營以遁神武遣兵追奔至崤不及而還初神武知西師來侵自晉陽率衆馳赴至孟津未濟而軍有勝負既而神武渡河子彥亦棄城走神武遂毀金墉而還十一月庚午神武朝於京師十二月壬辰還晉陽

興和元年七月丁丑魏帝進神武爲相國錄尚書事固讓乃止十一月乙丑神武以新宮成朝於鄴魏帝與神武讌射神武降階下稱賀又辭渤海王及都督中外諸軍事詔不許十二月戊戌神武還晉陽

二年十二月阿至羅別部遣使請降神武帥衆迎之出武州塞不見大獵而還

三年五月神武巡北境使使與蠕蠕和

四年五月辛巳神武朝于鄴請令百官每月而敷政事明揚仄陋納諫屏邪親理獄訟褒黜勤怠牧守有僭節級相坐椒掖之內進御以序後園鷹犬悉皆棄之六月甲辰神武還晉陽九月神武西征十月己亥圍西魏儀同三司王思政於玉壁城欲以致敵西師不敢出十一月癸未神武以大雪士卒多死乃班師

武定元年二月壬申北豫州刺史高慎據虎牢西叛三月壬辰宇文泰率衆援高慎圍河橋南城戊申神武大敗之於芒山擒西魏督將以下四百餘人俘斬六萬計是時軍士有盜殺驢者軍令應死神武弗殺將至并州決之明日復戰奔西軍告神武所在西師盡銳來攻衆潰神武失馬赫連陽順下馬以授神武與蒼頭馮文洛扶上馬俱走從者步騎六七人追騎至親信都督尉興慶曰王去矣興慶腰邊百箭足殺百人神武勉之曰事濟以爾爲懷州若死則用爾子興慶曰兒小願用兄許之興慶鬬矢盡而死西魏太師賀拔勝以十三騎逐神武河州刺史劉洪徽射中其二勝矟將中神武段孝先橫射勝馬殪遂免豫洛二州平神武使劉豐追奔拓地至恆農而還七月神武貽宇文泰書責以殺孝武之罪八月辛未魏帝詔神武爲相國錄尚書事大行臺餘如故固辭乃止是月神武命於肆州北山築城西自馬陵戍東至土隥四十日罷十二月己卯神武朝於京師庚

辰還晉陽

二年三月癸巳神武廵行冀定二州因朝京師以冬春亢旱請蠲縣責賑窮乏宥死罪以下又請授老人板職各有差四月丙辰神武還晉陽十一月神武討山胡破平之俘獲一萬餘戶令配諸州

三年正月甲午開府儀同三司爾朱文暢開府司馬任胄都督鄭仲禮中府主簿李世林前開府參軍房子遠等謀殺神武因十五日夜打簇懷刃而入其黨薛季孝以告並伏誅丁未神武請於并州置晉陽宮以處配口三月乙未神武朝鄴丙午還晉陽十月丁卯神武上言幽安定三州北接奚蠕蠕請於險要修立城戍以防之躬自臨履莫不嚴固己未神武請釋芒山俘桎梏配以人間寡婦

四年八月癸巳神武將西伐自鄴會兵於晉陽殿中將軍曹魏祖曰不可今八月西方王以死氣逆生氣爲客不利主人則可兵果行傷大將神武不從自東西魏構兵鄴下每先有黃黑蟻陣鬬占者以爲黃者東魏戎衣色黑者西魏戎衣色人間以此候勝負是時黃蟻盡死九月神武圍玉壁以挑西師西師不敢應西魏晉州刺史韋孝寬守玉壁城中出鐵面神武使元盜射之每中其目用李業興孤虛術萃其北北天險也乃起土山鑿十道又於東面鑿二十一道以攻之城中無水汲於汾神武使移汾一夜而畢孝寬奪據土山頓軍五旬城不拔死者七萬人聚爲一冢有星墜於神武營衆驢並鳴士皆讋懼神武有疾十一月庚子輿疾班師庚戌遣太原公洋鎮鄴辛亥徵世子澄至晉陽有惡鳥集於亭樹世子使斛律光射殺之己卯神武以無功表解都督中外諸軍事魏帝優詔許焉是時西魏言神武中弩神武聞之乃勉坐見諸貴使斛律金敕勒歌神武自和之哀感流涕侯景素輕世子嘗謂司馬子如曰王在吾不敢有異王無吾不能與鮮卑小兒共事子如掩其口至是世子爲神武書召景景先與神武約得書書有微點乃來書至無點景不至又聞神武疾遂擁兵自固神武謂世子曰我雖疾爾面更有餘憂色何也世子未對又問曰豈非憂侯景叛邪曰然神武曰景專制河南十四年矣常有飛揚跋扈志顧我能養豈爲汝駕御也今四方未定勿遽發哀庫狄干鮮卑老公斛律金勑勒老公並性遒直終不負汝可朱渾道元劉豐生遠來投我必無異心賀拔焉過兒樸實無罪過潘相樂本作道人心和厚汝兄弟當得其力韓軌少戇宜寬借之彭樂心腹難得宜防護之少堪敵侯景者唯有慕容紹宗我故不貴之留以與汝宜深加殊禮委以經略

五年正月朔日蝕神武曰日蝕其爲我邪死亦何恨丙午陳啟於魏帝是日崩於晉陽時年五十二秘不發喪六月壬午魏帝於東堂舉哀三日制緦縗詔凶禮依漢大將軍霍光東平王蒼故事贈假黃鉞使持節相國都督中外諸軍事齊王璽紱轀輬車黃屋左纛前後羽葆鼓吹輕車介士兼備九錫殊禮謚獻武王八月甲申葬於鄴西北漳水之西魏帝臨送於紫陌天保初追崇爲獻武帝廟號太祖陵曰義平天統元年改謚神武皇帝廟號高祖神武性深密高岸終日儼然人不能測機權之際變化若神至於軍國大略獨運懷抱文武將吏罕有預之經馭軍衆法令嚴肅臨敵制勝策出無方聽斷昭察不可欺犯知人好士全護勳舊性周給每有文教常殷勤款悉指事論心不尚綺靡擢人授任在於得才苟其所堪乃至拔於厮養有虛聲無實者稀見任用諸將出討奉行方略罔不克捷違失指畫多致奔亾雅尚儉素刀劍鞍勒無金玉之飾少能劇飲自當大任不過三爵居家如官仁恕愛士始范陽盧景裕以明經稱魯郡韓毅以工書顯咸以謀逆見禽並蒙恩置之第館教授諸子其文武之士盡節所事見執獲而不罪者甚多故遐邇歸心皆思効力至南和梁國北懷蠕蠕吐谷渾阿至羅咸所招納獲其力用規略遠矣

世宗文襄皇帝諱澄字子惠神武長子也母曰婁太后生而岐嶷神武異之

魏中興元年立爲渤海王世子就杜詢講學敏悟過人詢甚歎服

二年加侍中開府儀同三司尚孝靜帝妹馮翊長公主時年十二神情儁爽便若成人神武試問以時事得失辨析無不中理自是軍國籌策皆預之

天平元年加使持節尚書令大行臺并州刺史

三年入輔朝政加領軍左右京畿大都督時人雖聞器識猶以少年期之而機略嚴明事無疑滯於是朝野震肅

元象元年攝吏部尚書魏自崔亮以後選人常以年勞爲制文襄乃釐改前式銓擢唯在得人又沙汰尚書郎妙選人地以充之至于才名之士咸被薦擢假有未居顯位者皆致之門下以爲賓客每山園游宴必見招攜執射賦詩各盡其所長以爲娛適

興和二年加大將軍領中書監仍攝吏部尚書自正光已後天下多事在任羣官廉潔者寡文襄乃奏吏部崔

還爲御史中尉糾劾權豪無所縱捨於是風俗更始格枉路絕乃牓於街衢具論經國政術仍開直言之路有論事上書苦言切至者皆優容之

武定四年十一月神武西討不豫班師文襄馳赴軍所侍衛還晉陽

五年正月丙午神武崩秘不發喪辛亥司徒侯景據河南反潁川刺史司馬世雲以城應之景誘執豫州刺史高元成襄州刺史李密廣州刺史暴顯等遣司空韓軌率衆討之四月壬申文襄朝于鄴六月己巳韓軌等自潁川班師丁丑文襄還晉陽乃發喪告喻文武陳神武遺志七月戊戌魏帝詔以文襄爲使持節大丞相都督中外諸軍錄尚書事大行臺勃海王文襄啟辭位願停王爵壬寅魏帝詔太原公洋攝理軍國遣中使敦喻八月戊辰文襄啟申神武遺令請減國邑分封將督各有差辛未朝于鄴固辭丞相魏帝詔曰既朝野攸馮安危所繫不得令遂本懷須有權奪可復前大將軍餘如故王辰尚書祠部郎中元瑾梁降人荀濟長秋卿劉思逸及淮南王宣洪華山王大器濟北王徽等謀害文襄事發伏誅九月己亥文襄請舊勳灼然未蒙齒錄者悉求旌賞朝士名行有聞或以年耆疾滿告謝者准其本秩授以州郡不得莅事聽蔭子孫自天平元年以來遇事亾官者聽復本資豪貴之家不得占護山澤其第宇車服婚姻送葬奢僭無限者並令禁斷從太昌元年以來將帥有殊功異効者其子弟年十歲以上請聽依第出身其兵士從征身殞陣場者蠲其家租課若有藏器避世者以禮招致隨才擢敘罷營構之官在朝百司怠惰不勤有所曠廢者免所居官若淸幹克濟皎然可知者郎宜超敘不拘常式辛丑文襄還晉陽

六年正月己未文襄朝于鄴二月己卯梁遣使慰文襄并請通和文襄許其和而不荅書侯景之叛也南兗州刺史石長宣頗相影響諸州刺史守令佐史多被詿誤景破後悉被禽獲尚書咸處極刑文襄並請減降於是斬長宣其餘並從寬宥三月戊申文襄請朝臣及牧守令長各舉賢良及驍武膽略堪守邊城者務在得才不拘職素其稱事六品散官五品以上朝廷所悉不在舉限其稱事七品散官六品以下并及州郡縣雜白身不限在官解職並任舉之隨才進擢辛亥文襄南臨黎陽濟於虎牢自洛陽從太行而反晉陽於路遺書朝士以相戒厲於是朝野承風莫不震肅六月文襄巡北邊城戍振賜各有差七月乙卯文襄朝于鄴八月庚寅還晉陽使大行臺慕容紹宗與太尉高岳大都督劉豐討王思政於潁川先是文襄遣行臺尚書辛術率諸將略江淮之北至是凡所獲二十三州

七年四月甲辰魏帝進文襄位相國封齊王綠綟綬贊拜不名入朝不趨劒履上殿食冀州之勃海長樂安德武邑瀛州之河間五郡邑十五萬戶使持節都督中外諸軍事錄尚書事大行臺並如故丁未文襄入朝固讓魏帝不許五月戊寅文襄帥師自鄴赴潁川六月丙申克潁川禽西魏大將軍王思政以忠於所事釋而待之七月文襄朝于鄴請魏帝立皇太子復辭爵位殊禮未報八月辛卯遇盜而崩初梁將蘭欽子京見虜文襄以配廚欽求贖之不許京再訴文襄使監廚蒼頭薛豐洛杖之曰更訴當殺汝京與其黨六人謀作亂時文襄將受魏禪與陳元康崔季舒屏左右謀于北城東栢堂太史啟言宰輔星甚微變不一月時京將進食文襄卻之謂人曰昨夜夢死奴斫我又曰急殺卻京聞之寘刀於盤下冒言進食文襄見之怒曰我未索食何遽來京揮刀曰將殺汝文襄自投傷足入牀下賊黨至因見弒時年二十九祕不發喪明年正月辛酉魏帝舉哀於太極東堂詔贈物八萬段凶事依漢大將軍霍光東平王蒼故事贈假黃鉞使持節相國都督中外諸軍事齊王璽紱轀輬車黃屋左纛後部羽葆鼓吹輕車介士備九錫禮謚曰文襄王二月甲申葬於義平陵之北天保初追尊曰文襄皇帝廟號世宗陵曰峻成文襄美姿容善言笑談謔之際從容弘雅性聰警多籌策當朝作相聽斷如流愛士好賢待之以禮有神武之風焉然少壯氣猛嚴峻刑法高慎西叛侯景南翻非直本懷狼戾兼亦有懼威略情欲奢淫動乖制度嘗於宮西造宅牆院高廣聽事宏壯亞太極殿神武入朝責之乃止

顯祖文宣皇帝諱洋字子進神武第二子文襄之母弟也武明太后初孕帝每夜有赤光照室太后私怪之及產命之曰侯尼于鮮卑言有相子也以生於晉陽一名晉陽樂時神武家徒壁立后與親姻相對共憂寒餒帝生始數月尚未能言欻然曰得活太后及左右大驚不敢言及長黑色大頰兌下鱗身重踝瞻視審定不好戲弄深沈有大度晉陽有沙門乍愚乍知時人不測呼爲阿秃師太后見諸子焉歷問祿位至帝再三舉手指天而已口無所言見者異之神武嘗從諸子過鳳陽門有龍在上唯神武與帝見之內雖明敏貌若不足文襄每嗤之曰此人亦得富貴相法亦何由可解神武以帝貌陋神彩不甚發揚曾問以時事帝略有所辨儻語一事

必得事衷又嘗令諸子各使理亂絲帝獨抽刀斬之曰亂者須斬神武以爲然又各配兵四出而使彭樂率甲騎僞攻之文襄等怖撓帝勒衆與彭樂相格樂免冑言情猶禽之以獻由是神武稱異之謂長史薛琡曰此兒意識過吾琡亦私怪之幼時師事范陽盧景裕默識常過人未嘗有所自明景裕不能測也天平二年封太原郡公累遷尚書左僕射後從文襄行過遼陽山獨見天門開餘無人見者武定五年神武崩猶祕凶事衆情疑駭帝雖內嬰巨痛外若平常人情頗安魏帝授帝尚書令中書監京畿大都督七年八月文襄遇賊帝在城東雙堂事出倉卒內外震駭帝神色不變指麾部分自臠斬羣賊而漆其首祕不發喪徐言奴反大將軍被傷無大苦也當時內外莫不驚異乃諷魏朝立皇太子因以大赦乃赴晉陽總庶政帝內雖明察外若不了老臣宿將皆輕帝於是帝推誠接下務從寬厚事有不便者咸蠲省焉羣情始服八年正月辛酉魏帝爲文襄舉哀於東堂戊辰詔進帝位使持節丞相都督中外諸軍錄尚書事大行臺齊郡王食邑一萬戶三月庚申又進封齊王食冀州之勃海長樂安德武邑瀛州之河間五郡邑十萬戶帝自居晉陽寢室每夜有光如晝既爲王夢人以筆點己額旦日以語館客王曇哲曰吾其退乎曇哲拜賀曰王上加點爲主當進也五月辛亥帝如鄴光州獲九尾狐以獻甲寅魏帝遣兼太尉彭城王韶司空潘相樂奉冊進帝位相國總百揆以冀州之勃海長樂安德武邑瀛州之河間高陽章武定州之中山常山博陵十郡邑二十萬戶加九錫殊禮齊王如故丙辰魏帝遜位別宮又使兼太尉彭城王韶兼司空敬顯儁奉冊禪位致璽書於帝幷奉皇帝璽紱禪代之禮一依唐虞漢魏故事帝累表固辭詔不許於是尚書令高隆之率百寮勸進

天保元年夏五月戊午皇帝卽位於南郊升壇柴燎告天是日鄴下獲赤雀獻于郊所事畢還宮御太極前殿大赦改元百官進兩大階六州緣邊職人三大階自魏孝莊已後百官絕祿至是復給焉己未詔封魏帝爲中山王追尊皇祖文穆王爲文穆皇帝皇祖妣爲文穆皇后皇考獻武王爲獻武皇帝皇兄文襄王爲文襄皇帝命有司議祖宗以聞辛酉尊王太后爲皇太后乙酉降魏朝封爵各有差其信都從義及宜力霸朝者又西來人幷武定六年以來南來投化者不在降限辛未遣大使於四方觀察風俗問民疾苦甲戌還神主於太廟六月辛巳詔改封崇聖侯孔長爲恭聖侯邑一百戶以奉孔子祀幷下魯郡以時修葺廟宇又詔吉凶車服制度各有等差具立條式使儉而獲中分遣使人致祭於五嶽四瀆其堯祠舜廟下及孔父老君等載於祀典者咸秩罔遺又詔冀州之勃海長樂二郡先帝始封之國義旗初起之地幷州之太原靑州之齊郡霸朝所在王命是基君子有作貴不忘本齊郡勃海可幷復一年長樂復二年太原復三年壬午詔故太傅孫騰故太保尉景故大司馬婁昭故司徒高敖曹故尚書左僕射慕容紹宗故領軍万俟干故定州刺史叚榮故御史中尉劉貴故御史中尉竇泰故殷州刺史劉豐故濟州刺史蔡儁等並左右先帝經贊皇基或不幸早殂或隕身王事可遣使者就墓致祭幷撫問妻子又詔封宗室太尉高岳爲淸河王太保高隆之爲平原王開府儀同三司高歸彥爲平秦王徐州刺史高思宗爲上洛王營州刺史高長弼爲廣武王兼武衛將軍高普爲武興王兼武衛將軍高子瑗爲平昌王兼北中郎將高顯國爲襄樂王前太子庶子高叡爲趙郡王揚州縣開國公高孝緒爲脩城王又詔封功臣太師庫狄干爲章武王大司馬斛律金爲咸陽王幷州刺史賀拔仁爲安定王殷州刺史韓軌爲安德王瀛州刺史可朱渾道元爲扶風王司徒公彭樂爲陳留王司空公潘相樂爲河東王癸未詔封諸弟靑州刺史浚爲永安王尚書左僕射淹爲平陽王定州刺史澈爲彭城王儀同三司演爲常山王冀州刺史渙爲上黨王儀同三司淸爲襄城王儀同三司湛爲長廣王湝爲任城王湜爲高陽王濟爲博陵王凝爲新平王潤爲馮翊王洽爲漢陽王丁亥詔立王子殷爲皇太子王后李氏爲皇后庚寅詔以太師庫狄干爲太宰司徒彭樂爲太尉司空潘相樂爲司徒開府儀同三司馬子如爲司空己亥以皇太子初入東宮赦畿內及幷州死罪已下降徐州死罪已下囚秋七月辛亥尊文襄妃元氏爲文襄皇后宮曰靖德又封文襄子孝琬爲河間王孝瑜爲河南王乙卯以尚書令平原王封隆之爲錄尚書事尚書左僕射平陽王淹爲尚書令改御史中尉還爲中丞詔魏御府所有珍奇雜綵常所不給人者悉送內後園以供七日宴賜八月詔郡國修立黌宇敦述儒風其國子學生亦依舊銓補往者文襄皇帝所運蔡邕石經五十二枚移置學館依次修立又詔求直言正諫之士待之不次之命牧人之官廣勸農桑庚寅詔曰朕以虛薄嗣弘王業思所以贊揚盛績播之萬古雖史官執筆有聞無墜猶恐緒言遺美時或未書在位三

公文武大小降及庶人爰至僧徒或親奉音旨或承傳旁說凡可載之文籍悉條封上甲午詔曰魏世議定麟趾格遂爲通制官司施用猶未盡善羣官可更論討新令未成之間仍以舊格從事九月癸丑以領東夷校尉遼東郡開國公高麗王成爲使持節侍中驃騎大將軍領護東夷校尉王公如故丁卯詔以梁侍中使持節假黃鉞都督中外諸軍事大將軍承制邵陵王蕭綸爲梁王庚午幸晉陽是日皇太子入居涼風堂監國冬十月己卯法駕御金輅入晉陽宮朝皇太后於內殿辛巳曲赦并州太原郡晉陽縣及相國府四獄囚乙酉以特進元紹爲尚書左僕射并州刺史段韶爲右僕射壬辰罷相國府留騎兵外兵曹各立一省別掌機密十一月宇文泰帥師至陝城分騎北度至建州甲寅梁湘東王蕭繹遣使朝貢丙寅帝親戎出次城東宇文泰見軍容嚴盛歎曰高歡不死矣遂班師十二月辛丑車駕至自晉陽是歲高麗蠕蠕吐谷渾庫莫奚並遣使朝貢

二年春正月丁未梁湘東王蕭繹遣使朝貢辛亥祀圜丘以神武皇帝配癸亥親耕籍田乙丑享太廟二月壬辰太尉彭樂謀反伏誅三月丙午襄城王淯薨己未詔梁承制湘東王繹爲梁使持節假黃鉞相國建梁臺總百揆承制梁王庚申司空司馬子如坐事免是月梁交梁義新四州刺史各以地內附西魏文帝崩夏四月壬辰梁王蕭繹遣使朝貢六月庚午以前司空司馬子如爲太尉秋七月己卯改顯陽殿還爲昭陽殿辛卯改殷州爲趙州以避太子之諱是月侯景廢梁簡文帝立蕭棟爲主九月壬申免諸伎作屯牧雜色役隸之徒爲白戶癸巳行幸趙定二州因至晉陽冬十月戊申起宣光建始嘉福仁壽諸殿庚申蕭繹遣使朝貢丁卯文襄皇帝神主入于廟十一月侯景廢梁主棟僭即僞位於建鄴自稱曰漢十二月中山王殂是歲蠕蠕室韋高麗並遣使朝貢

三年春正月丙申帝親討庫莫奚於代郡大破之以其口配山東爲百姓二月蠕蠕主阿那瓌爲突厥所破瓌自殺其太子菴羅辰及瓌從弟登注俟利登注子庫提並擁衆來奔蠕蠕餘衆立注次子鐵伐爲主辛丑契丹遣使朝貢三月戊子詔清河王岳司徒潘相樂行臺辛術帥師南伐癸巳詔進梁王蕭繹爲梁主夏四月壬申東南道行臺辛術於廣陵送傳國八璽甲申以吏部尚書楊愔爲尚書右僕射六月己亥清河王岳等班師乙卯車駕幸晉陽冬十月乙未次黃櫨嶺仍從長城北至社于戍四百餘里立三十六戍十一月辛巳梁主蕭繹即位於江陵是爲元帝遣使來聘十二月壬子車駕還宮戊午幸晉陽是歲西魏廢帝元年

四年春正月丙子山胡圍離石戍帝親討之未至而逃因巡三堆戍大狩而旋戊寅庫莫奚遣使朝貢自魏末用永安錢又有數品皆輕濫己丑鑄新錢文曰常平五銖二月送蠕蠕鐵伐父登注及子庫提還北鐵伐爲契丹所殺國人復立登注爲主仍爲其大人阿富提等所殺國人復立庫提爲主夏四月車駕還宮戊午西南有大聲如雷五月庚午校獵於林慮山戊子還宮六月甲辰章武王庫狄干薨秋北巡冀定幽安仍北討契丹冬十月丁酉車駕至平州遂西道趣長塹甲辰帝步踰山嶺爲士卒先指麾奮擊大破契丹是行也帝露頭袒身晝夜不息行千餘里唯食肉飲水氣色彌厲丁巳登碣石山臨滄海十一月己未帝自平州還遂如晉陽閏月壬寅梁人來聘十二月己未突厥復攻蠕蠕舉國來奔癸亥帝北討突厥迎納蠕蠕乃廢其主庫提立阿那瓌子菴羅辰爲主置之馬邑川追突厥於朔方突厥請降許之而還自是貢獻相繼

五年春正月癸丑帝討山胡大破之男子十二已上皆斬女子及幼弱以賞軍士遂平石樓石樓絕險自魏代所不能至於是遠近山胡莫不懾伏是役也有都督戰傷其什長路暉禮不能救帝命刳其五藏使九人分食之肉及穢惡皆盡自是始行威虐是月宇文泰廢西魏帝而立齊王廓是爲恭帝三月蠕蠕菴羅辰叛帝親討大破之辰父子北遁太保賀拔仁坐違緩拔其髮免爲庶人使負炭輸晉陽宮夏四月蠕蠕寇肆州丁巳帝自晉陽討之至恒州時虜騎散走大軍已還帝帥麾下二千餘騎爲殿夜宿黃瓜堆蠕蠕別部數萬騎扣鞍而進四面圍逼帝安睡平明方起神色自若指畫軍形潰圍而出虜走追擊之伏尸二十里獲菴羅辰妻子生口三萬餘五月丁亥地豆干契丹並遣使朝貢丁未北討蠕蠕又大破之六月蠕蠕遠遁秋七月戊子肅愼遣使朝貢壬辰降罪人庚戌至自北伐八月庚午以司州牧清河王岳爲太保以安德王韓爲大司馬以扶風王可朱渾道元爲大將軍以司空尉粲爲司徒以太子少師侯莫陳相爲司空以尚書令平陽王淹爲錄尚書事以常山王演爲尚書令以上黨王渙爲尚書右僕射丁丑行幸晉陽辛巳錄尚書事平原王高隆之薨封冀州刺史段韶爲平原王是月詔常山王演上黨王渙清河王岳平原王段韶率衆於洛陽西南築伐惡城新城嚴城河

南城四鎮九月帝親自臨幸欲以致西師西師不出乃如晉陽冬十月西魏攻陷江陵殺梁元帝梁將王僧辯在建業推其晉安王蕭方智爲太宰都督中外諸軍事承制置百官十二月庚申車駕北巡至達速嶺親覽山川險要將起長城是歲西魏恭帝元年

六年春正月壬寅清河王岳度江克夏首梁司徒郢州刺史陸法和請降詔以梁貞陽侯蕭淵明爲梁主遣尚書右僕射上黨王渙送之江南二月甲子以陸法和爲使持節都督十州諸軍事太尉大都督西南道大行臺三月丙戌上黨王渙克東關斬梁將裴之橫丙申車駕至自晉陽封文襄二子孝珩爲廣寧王延宗爲安德王戊戌帝臨昭陽殿決獄是月發寡婦以配軍士築長城夏五月蕭淵明入于建業六月甲子河東王潘相樂薨壬申帝親討蠕蠕甲戌諸軍大會祁連池乙亥出塞至庫狄谷百餘里無水泉六軍渴乏俄而大雨秋七月己卯帝頓白道留輜重親率輕騎五千追蠕蠕壬午及之懷朔鎮帝躬犯矢石頻大破之遂至沃野壬辰還晉陽九月己卯車駕至自晉陽冬十月梁將陳霸先襲殺王僧辯廢蕭淵明復立蕭方智爲主辛亥行幸晉陽十一月梁秦州刺史徐嗣徽南豫州刺史任約等襲據石頭城并以州內附壬辰大都督蕭軌帥衆至江遣都督柳達摩等渡江鎮石頭己亥太保清河王岳薨柳達摩爲霸先攻逼以石頭降是歲高麗庫莫奚並遣使朝貢詔發夫一百八十萬人築長城自幽州北夏口西至恒州九百餘里

七年春正月辛丑封司空侯莫陳相爲白水郡王車駕至自晉陽於鄴城西馬射大集衆庶觀之二月辛未詔常山王演等於涼風堂讀尚書奏案論定得失帝親決之三月丁酉大都督蕭軌等帥衆渡江夏四月乙丑儀同三司婁叡討智陽蠻大破之丁卯造金華殿五月漢陽王洽薨帝以肉爲斷慈遂不復食六月乙卯蕭軌等與梁師戰於鍾山西遇霖雨失利軌及都督李希光王敬寶東方老軍司裴英起並沒士卒還者十二三乙丑梁湘州刺史王琳獻馴象秋七月乙亥魏相宇文泰薨是月發山東寡婦二千六百人配軍士有夫而濫奪者十二三十一月壬子併省州三郡一百五十三縣三百八十九鎮三戍二十六十二月庚子魏恭帝遜位於周是歲庫莫奚契丹遣使朝貢修廣三臺宮殿先是自西河總秦戍築長城東至海前後所築東西凡三千餘里六十里一戍其要害置州鎮凡二十五所

八年春三月大熱人或暍死夏四月庚午詔禁取蝦蟹蜆蛤之類唯許私家捕魚乙酉詔公私禁取鷹鷂以太師咸陽王斛律金爲右丞相以前大將軍扶風王可朱渾道元爲太傅以開府儀同三司賀拔仁爲太保尚書令常山王演爲司空以錄尚書事長廣王湛爲尚書令以尚書右僕射楊愔爲左僕射以并省尚書右僕射崔暹爲左僕射以上黨王渙爲錄尚書事是月帝在城東馬射勑京師士女悉赴觀不赴者罪以軍法七日乃止五月辛酉冀州人劉向於鄴謀逆黨與皆伏誅秋八月己巳庫莫奚遣使朝貢庚辰詔丘郊禘祫時祭皆市取少牢不得刲割有司監視必令豐備農社先蠶酒肉而已雩禖風雨司人司祿靈星雜祀果餅酒脯唯當務盡誠敬義同如在辛巳制榷酤自夏至九月河北六州河南十二州畿內八郡大蝗飛至鄴蔽日聲如風雨甲辰詔今年遭蝗處免租冬十月乙亥梁主蕭方智遜位於陳陳武帝遣使稱藩朝貢是歲周閔帝元年周冢宰宇文護弒閔帝而立明帝又改元焉初於長城內築重城自庫洛拔而東至於塢紇戍凡四百餘里

九年春二月丁亥降罪人己丑詔燎野限以仲冬不得他時行火損昆蟲草木三月丁酉車駕至自晉陽夏四月辛巳大赦是月北豫州刺史司馬消難以城叛于周大旱帝以祈雨不降毀西門豹祠掘其冢五月辛丑以尚書令長廣王湛爲錄尚書事以驃騎大將軍平秦王歸彥爲右僕射甲辰以前左僕射楊愔爲尚書令六月乙丑帝自晉陽北巡己巳至祁連池戊寅還晉陽是夏山東大蝗差人夫捕而坑之秋七月辛丑給畿內老人劉奴等九百四十三人版職及杖帽各有差戊申詔趙燕瀛定南營五州及司州廣平清河二郡去年螽澇損田兼春夏少雨苗稼薄者免今年租稅八月乙丑車駕至自晉陽甲戌行幸晉陽先是發丁匠三十餘萬人營三臺於鄴因其舊基而高博之大起宮室及遊豫園至是三臺成改銅爵曰金鳳金虎曰聖應冰井曰崇光冬十一月甲午車駕至自晉陽登三臺御乾象殿朝宴羣臣以新宮成丁酉大赦內外文武官並進一大階丁巳梁湘州刺史王琳遣使請立蕭莊爲梁主進居九派戊寅以太傅可朱渾道元爲太師以司徒尉粲爲太尉以冀州刺史段韶爲司空以錄尚書事常山王演爲大司馬以錄尚書事長廣王湛爲司徒起大莊嚴寺是歲殺永安王浚上黨王渙

十年春正月戊戌以司空侯莫陳相爲大將軍辛丑太尉長樂郡公尉粲肆州刺史濮陽公婁仲遠並進爵爲

王甲寅行幸遼陽甘露寺二月丙戌帝於甘露寺禪居深觀唯軍國大政奏聞三月戊戌以侍中高德正爲尚書右僕射丙辰車駕至自遼陽是月梁主蕭莊至郢州遣使朝貢夏閏四月丁酉以司州牧彭城王浟爲兼司空以侍中高陽王湜爲尚書左僕射乙巳以兼司空彭城王浟爲兼太尉攝司空事封皇子紹廉爲長樂王五月癸未誅始平公元世東平公元景式等二十五家禁止特進元韶等十九家尋並誅之男子無少長皆斬所殺三千人並投漳水六月陳武帝殂秋八月戊戌封皇子紹義爲廣陽王以尚書右僕射河間王孝琬爲左僕射癸卯詔諸軍人或有父祖改姓冒入元氏或假託攜認妄稱姓元者不問世數遠近悉聽改復本姓是月殺左僕射高德正九月己巳行幸晉陽冬十月甲午帝暴崩於晉陽宮德陽堂時年三十一遺詔凶事一從儉約喪月之斷限以三十六日嗣子百寮內外遐邇奉制割情悉從公除癸卯發喪斂於宣德殿十一月辛未梓宮還鄴十二月乙酉殯於太極前殿乾明元年二月丙申葬於武寧陵謚曰文宣皇帝廟號高祖帝沈敏有遠量外若不逮內鑒甚明文襄年長英秀神武特所愛重百僚承風莫不震懼而帝善自晦迹言不出口恒自貶退言咸順從故深見輕雖家人亦以爲不及文襄嗣業帝以次長見猜嫌帝后李氏色美每豫宴會容貌遠過靖德皇后文襄彌不平焉帝每爲后私營服翫小佳文襄即令逼取后恚有時未與帝笑曰此物猶應可求兄須何容恡文襄或愧而不取便恭受亦無飾讓每退朝還第輒閉閣靜坐雖對妻子能竟日不言或袒跣奔躍后問其故對曰爲爾漫戲此蓋習勞而不肯言也所寢至夜曾有光巨細可察后驚告帝帝曰愼勿妄言自此唯與后寢侍御皆令出外文襄崩祕不發喪其後漸露魏帝竊謂左右曰大將軍比殂似是天意威權當歸王室矣及帝將赴晉陽親入辭謁於昭陽殿從者千人居前持劒者十餘輩帝在殿下數十步立而衛士升階已二百許人皆攘袂扣刃若對嚴敵帝令主者傳奏須詣晉陽言訖再拜而出魏帝失色目送帝曰此人又似不能見容吾不知死在何日及至并州慰諭將士指麾款實衆皆欣然曰誰謂左僕射翻不減令公令公即指文襄也時訛言上黨出聖人帝聞之將從一郡而郡人張思進上言殿下生於南宮坊名上黨即是上黨出聖人帝悅而止先是童謠曰一束藁兩頭然河邊羖䍽飛上天藁然兩頭於文爲高河邊羖䍽爲水邊羊指帝名也於是徐之才盛陳宜受禪帝曰先父亡兄功德如此尚終北面吾又何敢當之才曰正爲不及父兄須早升九五如其不作人將生心且讖云羊飲盟津角挂天盟津水也羊飲水王名也角挂天大位也又陽平郡界回星驛傍有大水土人常見群羊數百立臥其中就視不見事與讖合願王勿疑帝以問高德正德正又贊成之於是始決乃使李密卜之遇大畜曰大吉漢文帝之卦也帝乃鑄象以卜之一寫而成使段韶問斛律金於肆州金來朝深言不可以鎧曹宗景業首陳符命請殺之乃議於太后前太后謂諸貴曰我兒獨直必自無此意直高德正樂禍敎之耳帝意決乃整兵而東使高德正之鄴諷喻公卿莫有應者司馬子如逆帝於遼陽固言未可杜弼亦抱馬諫帝欲還尚食丞李集曰此行事非小而言還帝僞言使向東門殺之而別令賜絹十疋四月夜禾生於魏帝銅研旦長數寸有穗五月帝復東赴鄴令左右曰異言者斬是月光州獻九尾狐帝至鄴城南召入并齋版策旦高隆之進謁曰用此何爲帝作色曰我自作事若欲族滅耶隆之謝而退於是乃作圜丘備法物草禪讓事及登極之後神明轉茂外柔內剛果於斷割人莫能窺又特明吏事留心政術簡靖寬和坦於任使故楊愔等得盡於匡贊朝政粲然兼以法馭下不避權貴或有違犯不容勳戚內外莫不肅然至於軍國機策獨決懷抱規謀宏遠有人君大略又以三方鼎峙繕甲練兵左右宿衛置百保軍士每臨行陣親當矢石鋒刃交接唯恐前敵不多屢犯艱厄常致克捷嘗追及蠕蠕令都督高阿那肱率騎數千塞其走道時虜軍猶有五萬餘人肱以兵少請益帝更減其半騎那肱奮擊遂大破之虜主踰越巖谷僅以身免都督高元海王師羅並無武藝先稱怯弱一旦交鋒有踰驍壯嘗於東山游宴以關隴未平投盃震怒召魏收於前立爲詔書宣示遠近將軍西行是歲宇文泰殂西人震恐常爲度隴之計既征伐四克威振戎夏六七年後以功業自矜遂留情耽湎肆行淫暴或躬自鼓舞歌謳不息從旦通宵以夜繼晝或袒露形體塗傅粉黛散髮胡服雜衣錦綵拔刃張弓游行市肆勳戚之第朝夕臨幸時乘鹿車白象駱駝牛驢並不施鞍勒或盛暑炎赫日中暴身隆冬酷寒去衣馳走從者不堪帝居之自若街坐巷宿處處游行多使劉桃枝崔季舒負之而行或擔胡鼓而拍之親戚貴臣左右近習侍從錯雜無復差等徵集淫嫗悉去衣裳分付從官朝夕臨視或聚棘爲馬紐草爲索逼遣乘騎牽引來去流血灑地以爲娛樂凡諸殺害多令支

解或焚之於火或投之於河沈酗旣久彌以狂惑每至將醉輒拔劍挂手或張弓傅矢或執持牟槊游行市鄽問婦人曰天子如何答曰顚顚癡癡何成天子帝乃殺之或馳騁衢路散擲錢物恣人拾取爭競諠譁方以爲喜太后嘗在北宮坐一小榻帝時已醉手自舉牀后便墜落頗有傷損醒悟之後大懷慚恨遂令多聚柴火將入其中太后驚懼親自持挽又設地席令平秦王高歸彥執杖口自責疏脫背就罰勑歸彥杖不出血當仞斬汝太后涕泣前自抱之帝流涕苦請不肯受於太后太后聽許方捨背杖笞腳五十莫不至到衣冠拜謝悲不自勝因此戒酒一旬還復如初自是耽湎轉劇遂幸李后家以鳴鏑射后母崔正中其頰因罵曰吾醉時尚不識太后老婢何事馬鞭亂打一百有餘三臺構木高二十七丈兩棟相距二百餘尺工匠危怯皆繫繩自防帝登脊疾走都無怖畏時復雅儛折旋中節傍人見者莫不寒心又召死囚以席爲翅從臺飛下免其罪戮果敢不慮者盡皆獲全疑怯猶豫者或致損跌沈酗旣久轉虧本性怒大司農穆子容使之脫衣而伏親射之不中以橛貫其下竅入腸雖以楊愔爲宰輔使進廁籌以其體肥呼爲楊大肚馬鞭鞭其背流血浹袍以刀子剺其腹崔季舒託俳言曰老小公子惡戲因掣刀子而去之又置愔於棺中載以轜車幾下釘者數四曾至彭城王浟宅謂其母爾朱曰憶汝奪我母壻時向何由可耐手自刃殺又至故僕射崔暹第謂暹妻李曰頗憶暹不李曰結髮義深實懷追憶帝曰若憶時自往看也親自斬之棄頭牆外嘗在晉陽以矟戲刺都督尉子耀應手而死在三臺大光殿上鋸殺都督穆嵩又幸開府暴顯家有都督韓哲無罪忽衆中召斬之數段魏樂安王元昂后之姊壻其妻有色帝數幸之欲納爲昭儀召昂令伏以鳴鏑射一百餘下凝血垂將一石竟至於死後帝自往弔哭於喪次逼擁其妻仍令從官脫衣助禭兼錢綵號爲信物一日所得將踰巨萬后啼不食乞讓位於姊太后又爲言帝意乃釋所幸薛嬪甚被寵愛忽憶其經與高岳私通無故斬首藏之於懷於東山宴勸酬始合忽探出頭投於柈上支解其屍弄其髀爲琵琶一座驚怖莫不喪膽帝方收取對之流淚云佳人難再得甚可惜也載屍以出被髮步哭而隨之至有閭巷庸猥人無識知者忽令召斬鄴下繫徒罪至大辟簡取隨駕號爲供御囚手自刃殺持以爲戲凡所屠害動多支解或投之烈火或棄之漳流兼以外築長城內營臺殿賞費過度天下騷然內外憯憯各懷怨毒而素嚴斷臨下加之默識彊記百寮戰慄不敢爲非曾有典御丞李集面諫比帝有甚於桀紂帝令縛置流中沈沒久之復令引出謂曰吾何如桀紂集曰向來彌不及矣帝又令沈之引出更問如此數四集對如初帝大笑曰天下有如此癡漢方知龍逄比干非是俊物遂解放之又被引入見似有所諫帝令將出要斬其或斬或赦莫能測焉初帝登阼改年爲天保士有深識者曰天保之字爲一大人只十帝其不過十乎又先是謠云馬子入石室三千六百日帝以午年生故曰馬子三臺石虎舊居故曰石室三千六百日十年也又帝曾問泰山道士曰吾得幾年天子答曰得三十年道士出後帝謂李后曰十年十月十日得非三十也吾甚畏之過此無慮人生有死何得致惜但憐正道尚幼人將奪之耳帝及期而崩濟南竟不終位時以爲知命曾幸晉陽夜宿扛門嶺有數株栢樹皆將千年枝葉嫩茂似有神物所託時帝已被酒向嶺顚馬射中一株未幾立枯而死又出言屢中時人故謂之神靈雖爲猖獗不專云昏暴末年遂不能進食唯數飲酒麴糵成災因而致斃先是霍州發楚夷王女冢尸如生焉得珠襦玉匣帝珍之遂以斂焉初祖珽以險薄多過帝數罪之每謂爲老賊及武成時珽被任遇乃說武成曰文宣甚暴何得稱文旣非創業何得稱祖若文宣爲祖陛下萬歲後將何以稱武成溺於珽說天統初有詔改謚景烈廟號威宗武平初趙彥深執政又奏復帝本謚廟號顯祖云

文宣帝天保十年

廢帝濟南王諱殷字正道小名道人文宣之長子也母曰李皇后天保元年立爲皇太子時年六歲性敏慧初學反語於跡字下注云自反時侍者未達其故太子曰跡字足傍亦爲跡豈非自反邪嘗宴北宮獨令河間王勿入左右問其故太子曰世宗遇賊處河間王復何宜在此文宣每言太子得漢家性質不似我欲廢之立太原王初詔國子博士李寶鼎傳之寶鼎卒復詔國子博士邢峙侍講太子雖富於春秋而溫裕開朗有人君之度貫綜經業省覽時政甚有美名七年冬文宣召朝臣文學者及禮學官於宮宴會令以經義相質親自臨聽太子手筆措問在坐莫不歎美九年文宣在晉陽太子監國集諸儒講孝經令楊愔傳旨謂國子助教許散愁曰先生在世何以自資對曰散愁自少以來不登孌童之牀不入季女之室服膺簡策不知老之將至平生素懷若斯而已太子曰顏子縮屋稱貞柳下嫗而不亂未

若此翁白首不娶者也乃賚絹百疋後文宣登金鳳臺
召太子使手刃囚太子惻然有難色再三不斷其首文
宣怒親以馬鞭撞太子三下由是氣悸語吃精神時復
昏擾十年十月文宣崩癸卯太子即帝位於晉陽宣德
殿大赦內外百官普加汎級亡官失爵聽復資品庚戌
尊皇太后爲太皇太后皇后爲皇太后詔九州軍人七
十已上授以版職武官年六十已上及癃病不堪驅使
者並皆放免土木營造金銀銅鐵諸雜作工一切停罷
十一月乙卯以右丞相咸陽王斛律金爲左丞相以錄
尚書事常山王演爲太傅以司徒長廣王湛爲太尉以
司空段韶爲司徒以平陽王淹爲司空高陽王湜爲尚
書左僕射河間王孝琬爲司州牧侍中燕子獻爲右僕
射戊午分命使者巡省四方求政得失省察風俗問民
疾苦十二月戊戌改封上黨王紹仁爲漁陽王廣陽王
紹義爲范陽王長樂王紹廣爲隴西王是歲周武成元
年

乾明元年春正月癸丑朔改元己未詔寬徭賦癸亥高
陽王湜薨是月車駕至自晉陽己亥以太傅常山王演
爲太師錄尚書事以太尉長廣王湛爲大司馬并省錄
尚書事以尚書左僕射平秦王歸彥爲司空趙郡王叡
爲尚書左僕射詔諸元良口配沒官內及賜人者並放
免甲辰帝幸芳林園親錄囚徒死罪已下降免各有差
乙巳太師常山王演矯詔誅尚書令楊愔尚書右僕射
燕子獻領軍大將軍可朱渾天和侍中宋欽道散騎常
侍鄭子默戊申以常山王演爲大丞相都督中外諸軍
錄尚書事以大司馬長廣王湛爲太傅京畿大都督以
司徒段韶爲大將軍以前司空平陽王淹爲太尉以司
空平秦王歸彥爲司徒彭城王浟爲尚書令又以高麗
王世子湯爲使持節領東夷校尉遼東郡公高麗王是
月王琳爲陳所敗蕭莊自拔至和州三月甲寅詔軍國
事皆申晉陽稟大丞相常山王規筭壬申封文襄第二
子孝珩爲廣陵王第三子長恭爲蘭陵王夏四月癸亥
詔河南定冀趙瀛滄海膠光南青九州往因螽水頗傷
時稼遣使分塗贍恤是月周明帝崩五月壬子以開府
儀同三司劉洪徽爲尚書右僕射秋八月壬午太皇太
后令廢帝爲濟南王全食一郡以大丞相常山王演入
纂大統是日王居別宮皇建二年九月殂於晉陽時年
十七帝聰慧夙成寬厚仁智天保間雅有令名及承大
位楊愔燕子獻宋欽道等同輔以常山王地親望重內
外畏服加以文宣初崩之日太后本欲立之故愔等並
懷猜忌常山王憂悵乃白太后誅其黨時平秦王歸彥
亦豫謀焉皇建二年秋天文告變歸彥慮有後害仍白
孝昭以王當咎乃遣歸彥馳驛至晉陽害之王薨後孝
昭不豫見文宣爲祟孝昭深惡之厭勝術備設而無益
也薨三旬而孝昭崩太寧二年葬於武寧之西北諡閔
悼王初文宣命邢邵制帝名殷字正道從而尤之曰殷
家弟及正字一止吾身後兒不得也邵懼請改爲文宣
不許曰天也因謂孝昭曰奪時但奪慎勿殺也

廢帝濟南王乾明元年

孝昭皇帝諱演字延安神武皇帝第六子文宣皇帝之
母弟也幼而英峙早有大成之量武明皇太后早所愛
重魏元象元年封常山郡公及文襄執政遣中書侍郎
李同軌就霸府爲諸弟師帝所覽文籍源其指歸而不
好辭彩每歎云雖盟津之師左驂震而不衂同軌以爲
能遂篤志讀漢書至李陵傳恒壯其所爲焉聰敏過人
所與游處一知其家諱終身未嘗誤犯同軌病卒又命
開府長流參軍刁柔代之柔性嚴褊不適誘訓之宜中
被遣出帝送出閤慘然斂容淚數行下左右莫不歔欷
其敬業重舊如此天保初進爵爲王五年除并省尚書
令帝善斷割長思理省內畏服七年從文宣還鄴文宣
以尚書奏事多有異同令帝與朝臣先論定得失然後
敷奏帝長於政術剖斷咸盡其理文宣歎重之八年轉
司空錄尚書事九年除大司馬仍錄尚書事時文宣溺
於游宴帝憂憤表於神色文宣覺之謂帝曰但令汝在
我何爲不縱樂帝唯啼泣拜伏竟無所言文宣亦大悲
抵盃於地曰汝似嫌我自今敢進酒者斬之因取所御
盃盡皆壞棄後益沈湎或入諸貴戚家角力批拉不限
貴賤唯常山王至內外肅然帝又密撰事條將諫其友
王晞以爲不可帝不從因間極言遂逢大怒順成后本
魏朝宗室文宣欲帝離之陰爲帝廣求淑媛望移其寵
帝雖承旨有納而情義彌重帝性頗嚴尚書郎中剖斷
有失輒加捶楚令史姦慝便即考竟文宣乃立帝於前
以刀環擬胸召被帝罰者臨以白刃求帝之短咸無所
陳方見解釋自是不許笞箠郎中後賜帝魏時宮人醒
而忘之謂帝擅取遂以刀環亂築因此致困皇太后日
夜啼泣文宣不知所爲先是禁帝友王晞至是乃捨之
令侍帝帝月餘漸瘳不敢復諫及文宣崩帝居禁中護
喪事幼主即位乃即朝班除太傅錄尚書事朝政皆決
於帝月餘乃居藩邸自是詔敕多不關帝客或言於帝
曰鷙鳥捨巢必有探卵之患今日之地何宜屢出乾明
元年從廢帝赴鄴居于領軍府時楊愔燕子獻可朱渾

天和宋欽道鄭子默等以帝威望既重內懼權逼請以帝爲太師司州牧錄尚書事長廣王湛爲大司馬錄并省尚書事解京畿大都督帝既以尊親而見猜斥乃與長廣王期獵謀之於野三月甲戌帝初上省旦發領軍府大風暴起壞所御車幔帝甚惡之及至省朝士咸集坐定酒數行於坐執尚書令楊愔右僕射燕子獻領軍可朱渾天和侍中宋欽道等於坐帝戎服與平原王段韶平秦王高歸彥領軍劉洪徽入自雲龍門於中書省前遇散騎常侍鄭子默又執之同斬於御府之內帝至東閤門都督成休寧抽刀呵帝帝令高歸彥喻之休寧厲聲大呼不從歸彥既爲領軍素爲兵士所服悉皆弛仗休寧方歎息而罷帝入至昭陽殿幼主太皇太后皇太后並出臨御坐帝奏愔等罪求伏專擅之辜時庭中及兩廊下衞士二千餘人皆被甲待詔武衞娥永樂武力絕倫又被文宣重遇撫刃思效廢帝吃訥兼倉卒不知所言太皇太后又爲皇太后誓言帝無異志唯云被逼而已高歸彥敕勞衞士解嚴永樂乃內刀而泣帝乃令歸彥引侍衞之士向華林園以京畿軍入守門閤斬娥永樂於園詔以帝爲大丞相都督中外諸軍錄尚書事相府佐史進位一等帝尋如晉陽有詔軍國大政咸諮決焉帝既當大位知無不爲擇其令典考綜名實廢帝恭已以聽政太皇太后尋下令廢少主命帝統大業皇建元年八月壬午皇帝卽位於晉陽宣德殿大赦改乾明元年爲皇建詔奉太皇太后還稱皇太后皇太后稱文宣皇后宮曰昭信乙酉詔曰太祖創業已來諸有佐命功臣子孫絕滅國統不傳者有司搜訪近親以名聞當量爲立後諸郡國老人各授版職賜黃帽鳩杖又詔譽正之士並聽進見陳事軍人戰亡死王事者以時申聞當加榮贈督將朝士名望素高位歷通顯天保以來未蒙追贈者亦皆錄奏又以廷尉中丞執法所在繩違案罪不得舞文弄法其官奴婢年六十已上免爲庶人戊子以太傅長廣王湛爲右丞相以太尉平陽王淹爲太傅以尚書令彭城王浟爲大司馬壬辰詔分遣大使巡省四方觀察風俗問民疾苦考求得失搜訪賢良甲午詔曰昔武王克殷先封往代兩漢魏晉無違茲典及元氏統歷不率舊章朕纂承大業思弘古典但二王三恪舊說不同可議定是非列名條奏其禮儀體式亦仰議之又詔國子寺可備立官屬依舊置生員講習經典歲時考試其文襄帝所運石經宜卽施列於學館外州大學亦仰典司勤加督課丙申詔九州勳人有重封者聽分授子弟以廣骨肉之恩九月壬申詔議定三祖樂冬十一月辛亥立妃元氏爲皇后世子百年爲皇太子賜天下爲父後者爵一級癸丑有司奏太祖獻武皇帝廟宜奏武德之樂舞昭烈之舞太宗文襄皇帝廟宜奏文德之樂舞宣政之舞高祖文宣皇帝廟宜奏文正之樂舞光大之舞詔曰可庚申詔以故太師尉景故太師竇泰故太師太原王婁昭故太宰章武王庫狄干故太尉段榮故太師万俟普故司徒蔡儁故太師高乾故司徒莫多婁貸文故太保劉貴故太保封祖裔故廣州刺史王懷十三人配饗太祖廟庭故太師淸河王岳故太宰安德王韓軌故太宰扶風王可朱渾道元故太師高昂故大司馬劉豐故太師万俟受洛干故太尉慕容紹宗十一人配饗世宗廟庭故太尉河東王潘相樂故司空薛修義故太傅破六韓常三人配饗高祖廟庭是月帝親戎北討庫莫奚出長城虜奔遁分兵致討大獲牛馬括總入晉陽宮十二月丙午車駕至晉陽

二年春正月辛亥祀圜丘壬子禘於太廟癸丑詔降罪人各有差二月丁丑詔內外執事之官從五品已上及三府主簿錄事參軍諸王文學侍御史廷尉三官尚書郎中中書舍人每二年之內各舉一人冬十月丙子以尚書令彭城王浟爲太保長樂王尉粲爲太尉己酉野雉栖于前殿之庭十一月甲辰詔曰朕嬰此暴疾奄忽無遠今嗣子冲眇未閑政術社稷業重理歸上德右丞相長廣王湛研機測化體道居宗人雄之望每內瞻仰同胞共氣家國所憑可遣尚書左僕射趙郡王叡喻旨徵王統茲大寶其喪紀之禮一同漢文三十六日悉從公除山陵施用務從儉約先是帝不豫而無闕聽覽是日崩於晉陽宮時年二十七大寧元年閏十二月癸卯梓宮還鄴上謚曰孝昭皇帝庚午葬於文靜陵帝聰敏有識度深沈能斷不可窺測身長八尺腰帶十圍儀望風表迥然獨秀自居臺省留心政術閑明簿領吏所不逮及正位宸居彌所刻勵輕徭薄賦勤恤人隱內無私寵外收人物雖后父位亦特進無別日昃臨朝務知人之善惡每訪問左右冀獲直言曾問舍人裴澤在外議論得失澤率爾對曰陛下聰明至公自可遠侔古昔而有識之士咸言傷細帝王之度頗爲未弘帝笑曰誠如卿言朕初臨萬機慮不周悉故致爾耳此事安可久行恐後又嫌踈漏澤因被寵遇其樂聞過也如此趙郡王叡與庫狄顯安侍座帝曰須拔我同堂弟顯安我親姑子今序家人禮除君臣之敬可言我之不逮顯安曰陛下多妄言曰若何對曰陛下昔見文宣以馬鞭撻人常

以爲非而今行之非妄言邪帝握其手謝之又使直言對曰陛下太細天子乃更似吏帝曰朕甚知之然無法來久將整之以至無爲耳又問王晞晞答如顯安皆從容受納性至孝太后不豫出居南宮帝行不正履容色貶悴衣不解帶殆將四旬殿去南宮五百餘步雞鳴而去辰時方還來去徒行不乘輿輦太后所苦小增便即寢伏閤外食飲藥物盡皆躬親太后嘗心痛不自堪忍帝立侍帷前以爪掐手心血流出袖友愛諸弟無君臣之隔雄勇有謀于時國富兵彊將雪神武遺恨意在頓駕平陽爲進取之策遠圖不遂惜哉初帝與濟南約不相害及輿駕在晉陽武成鎮鄴望氣者云鄴城有天子氣帝恐濟南復興乃密行鴆毒濟南不從乃扼而殺之後頗愧悔初苦內熱頻進湯散時有尚書令史姓趙於鄴見文宣從楊愔燕子獻等西行言相與復讎帝在晉陽宮與毛夫人亦見焉遂漸危篤備禳厭之事或煑油四灑或持炬燒逐諸厲方出殿梁山騎棟上歌呼自若了無懼容時有天狗下乃於其所講武以厭之有兎驚馬帝墜而絕肋太后視疾問濟南所在者三帝不對太后怒曰殺之邪不用吾言死其宜矣臨終之際唯扶服牀枕叩頭求哀遣使詔追長廣王入纂大統又手書云宜將吾妻子置一好處勿學前人也

孝昭帝皇建二年

世祖武成皇帝諱湛神武皇帝第九子孝昭皇帝之母弟也儀表瓌傑神武尤所鍾愛神武方招懷荒遠乃爲帝聘蠕蠕太子菴羅辰女號隣和公主帝時年八歲冠服端嚴神情閑遠華戎歎異元象中封長廣郡公天保初進爵爲王拜尚書令尋兼司徒遷太尉乾明初楊愔等密相疎忌以帝爲大司馬領并州刺史帝既與孝昭謀誅諸執政遷太傅錄尚書事領京畿大都督皇建初進位右丞相孝昭幸晉陽帝以懿親居守鄴政事咸見委託二年孝昭崩遺詔徵帝入統大位及至晉陽發喪於崇德殿皇太后令所司宣遺詔左丞相斛律金率百僚敦勸三表乃許之

大寧元年冬十一月癸丑皇帝即位於南宮大赦改皇建二年爲大寧乙卯以司徒平秦王歸彥爲太傅以尚書右僕射趙郡王叡爲尚書令以太尉尉粲爲太保以尚書令段韶爲大司馬以豐州刺史婁叡爲司空以太傅平陽王淹爲太宰以太保彭城王澂爲太師錄尚書事以冀州刺史博陵王濟爲太尉以中書監任城王湝爲尚書左僕射以并州刺史斛律光爲右僕射封孝昭皇帝太子百年爲樂陵郡王庚申詔大使巡行天下求政善惡問民疾苦擢進賢良是歲周武帝保定元年

河清元年春正月乙亥車駕至自晉陽辛巳祀南郊壬午享太廟丙戌立妃胡氏爲皇后子緯爲皇太子戊子大赦內外百官普加汎級諸爲父後者賜爵一級己亥以前定州刺史馮翊王潤爲尚書左僕射詔普斷屠殺以順春令二月丁未以太宰平陽王淹爲青州刺史太傅領司徒以領軍大將軍宗師平秦王歸彥爲太宰冀州刺史乙卯以兼尚書令任城王湝爲司徒詔散騎常侍崔瞻聘于陳夏四月辛丑皇太后婁氏崩乙巳青州刺史上言今月庚寅河濟清以河濟清改大寧二年爲河清降罪人各有差五月甲申祔葬武明皇后於義平陵己丑以尚書右僕射斛律光爲尚書令秋七月太宰冀州刺史平秦王歸彥據州反詔大司馬段韶司空婁叡討禽之乙未斬歸彥并其三子及黨與二十人於都市丁酉以大司馬段韶爲太傅以司空婁叡爲司徒以太傅平陽王淹爲太宰以尚書令斛律光爲司空以太子太傅趙郡王叡爲尚書令中書監河間王孝琬爲尚書左僕射癸亥行幸晉陽陳人來聘冬十一月丁丑詔兼散騎常侍封孝琰使於陳十二月丙辰車駕至自晉陽是歲殺太原王紹德

二年春正月乙亥帝詔臨朝堂策試秀孝以太子少傅魏收爲兼尚書右僕射己卯兼右僕射魏收以阿縱除名丁丑以武明皇后配祭北郊辛卯帝臨都亭錄見四降在京罪人各有差三月己丑詔司空斛律光督五營軍士築戍於軹關壬申室韋國遣使朝貢丙戌以兼尚書右僕射趙彥深爲左僕射夏四月并汾晉東雍南汾五川蟲旱傷稼遣使振恤戊午陳人來聘五月壬午詔以城南雙堂之苑廻造大總持寺六月乙巳齊州上言濟河水口見八龍升天乙卯詔兼散騎常侍崔子武使于陳庚申司州牧河南王孝瑜薨八月辛丑詔以三臺宮爲大聖寺冬十二月癸巳陳人來聘己酉周將楊忠帥突厥阿史那木可汗等二十餘萬人自恒州分爲三道殺掠吏民是時大雨雪連月南北千餘里平地數尺霜晝下雨血於太原戊午帝至晉陽己未周軍逼并州又遣大將達奚武帥衆數萬至東雍及晉州與突厥相應是歲室韋庫莫奚靺鞨契丹並遣使朝貢

三年春正月庚申朔周軍至城下而陳戰於城西周軍及突厥大敗人畜死者相枕數百里不絕詔平原王段韶追出塞而還三月辛酉以律令班下大赦己巳盜殺太師彭城王澂庚辰以司空斛律光爲司徒以侍中武

與王爲尚書左僕射甲申以尚書令馮翊王潤爲司空夏四月辛卯詔兼散騎常侍皇甫亮使於陳五月甲子帝至自晉陽壬午以尚書令趙郡王叡爲錄尚書事以前司徒婁叡爲太尉甲申以太傅段韶爲太師丁亥以太尉任城王湝爲大將軍壬辰行幸晉陽六月庚子大雨晝夜不息至甲辰乃止是月晉陽訛言有鬼兵百姓競擊銅鐵以捍之殺樂陵王百年歸宇文媪于周秋九月乙丑封皇子綽爲南陽王儼爲東平王是月歸閻媪于周陳人來聘突厥寇幽州入長城虜掠而還閏月乙未詔遣十二使巡行水潦州免其租調乙巳突厥寇幽州周軍三道並出使其將尉遲迥寇洛陽楊檦入軹關權景宣趣懸瓠冬十一月甲午迥等圍洛陽戊戌詔兼散騎常侍劉逖使於陳甲辰太尉婁叡大破周軍於軹關禽楊檦十二月乙卯豫州刺史王士良以城降周將權景宣丁巳帝自晉陽南討己未太宰平陽王淹薨壬戌太師段韶大破尉遲迥等解洛陽圍丁卯帝至洛陽免洛州經周軍處一年租賦赦州城內死罪已下囚己巳以太師段韶爲太宰以司徒斛律光爲太尉并州刺史蘭陵王長恭爲尚書令壬申帝至虎牢經滑臺次於黎陽所經減降罪人丙子車駕至自洛陽是歲高麗靺鞨新羅並遣使朝貢山東大水饑死者不可勝計詔發粟振給事竟不行

四年春正月癸卯以大將軍任城王湝爲大司馬辛未幸晉陽二月甲寅詔以新羅國王金眞興爲使持節東夷校尉樂浪郡公新羅王壬申以年穀不登禁酤酒己卯詔減百官食稟各有差三月戊子詔給西兗梁滄趙州司州之東郡陽平清河武都冀州之長樂渤海遭水潦之處貧下戶粟各有差家得斗升而已又多不付是月彗星見有物隕於殿庭如赤漆鼓帶小鈴殿上石自起兩兩相對又有神見於後園萬壽堂前山穴中其體壯大不辨其面兩齒絕白長出於脣帝直宿嬪御已下七百人咸見焉帝又夢之夏四月戊午大將軍東安王婁叡坐事免乙亥陳人來聘太史奏天文有變其占當有易王丙子乃使太宰段韶兼太尉持節奉皇帝璽綬傳位於皇太子大赦改元爲天統元年百官進級降罪各有差又詔皇太子妃斛律氏爲皇后於是羣公上尊號爲太上皇帝軍國重事咸以奏聞始將傳政使內參乘子尚乘驛送詔書於鄴子尚出晉陽城見人騎隨後忽失之尚未至鄴而其言已布矣天統四年十二月辛未太上皇帝崩於鄴宮乾壽堂時年三十二謚曰武成皇帝廟號世祖五年二月甲申葬于永平陵

武成帝大寧元年河清四年即位五年

後主諱緯字仁綱武成皇帝之長子也母曰胡皇后后夢於海上坐玉盆日入裙下遂有娠天保七年五月五日生帝於并州邸帝少美容儀武成特所愛寵拜世子及武成入纂大業大寧二年正月丙戌立爲皇太子河清四年武成禪位於帝

天統元年夏四月丙子皇帝即位於晉陽宮大赦改河清四年爲天統丁丑以太保賀拔仁爲太師太尉侯莫陳相爲太保司空馮翊王潤爲司徒錄尚書事趙郡王叡爲司空尚書左僕射河間王孝琬爲尚書令戊寅以瀛州刺史尉粲爲太尉太尉斛律光爲大將軍東安王婁叡爲太尉尚書右僕射趙彥深爲左僕射六月壬戌彗星出文昌東北其大如手後稍長乃至丈餘百日乃滅己巳太上皇帝詔兼散騎常侍王季高使於陳秋七月乙未太上皇帝詔增置都水使者一人冬十一月癸未太上皇帝至自晉陽己丑太上皇帝詔改太祖獻武皇帝爲神武皇帝廟號高祖獻明皇后爲武明皇后其文宣謚號委有司議定十二月庚戌太上皇帝狩於北郊壬子狩於南郊乙卯狩於西郊壬戌太上皇帝幸晉陽丁卯帝至自晉陽庚午有司奏改高祖文宣皇帝爲威宗景烈皇帝是歲高麗契丹靺鞨並遣使朝貢河南大疫

二年春正月辛卯祀圜丘癸巳祫祭於太廟詔降罪人各有差丙申以吏部尚書尉瑾爲尚書右僕射庚子行幸晉陽二月庚戌太上皇帝至自晉陽壬子陳人來聘三月乙巳太上皇帝詔以三臺施興聖寺以旱故降禁囚夏四月陳文帝殂五月乙酉以兼尚書左僕射武興王普爲尚書令己亥封太上皇帝子儼爲東平王仁弘爲齊安王仁固爲北平王仁英爲高平王仁元爲淮南王六月太上皇帝詔兼散騎常侍韋道儒聘於陳秋八月太上皇帝幸晉陽冬十月乙卯以太保侯莫陳相爲太傅大司馬任城王湝爲太保太尉婁叡爲大司馬徙馮翊王潤爲太尉開府儀同三司韓祖念爲司徒十一月大雨雪盜竊太廟御服十二月乙丑陳人來聘是歲殺河間王孝琬突厥靺鞨國並遣使朝貢於周爲天和元年

三年春正月壬辰太上皇帝至自晉陽乙未大雪平地二尺戊戌太上皇帝詔京官執事散官三品已上舉三人五品以上各舉二人稱事七品已上及殿中侍御史尚書都檢校御史主書及門下錄事各舉一人鄴宮九

龍殿災延燒西廊二月壬寅朔帝加元服大赦九州職人各進四級內外百官普進二級夏四月癸丑太上皇帝詔兼散騎常侍司馬幼之使於陳五月甲午太上皇帝詔以領軍大將軍東平王儼爲尚書令乙未大風晝晦發屋拔樹六月己未太上皇帝詔封皇子仁機爲西河王仁約爲樂浪王仁儉爲潁川王仁雅爲安樂王統爲丹陽王仁謙爲東海王閏六月辛巳左丞相斛律金薨壬午太上皇帝詔尚書令東平王儼錄尚書事以尚書左僕射趙彥深爲尚書令并省尚書右僕射婁定遠爲尚書左僕射中書監徐之才爲右僕射秋八月辛未太上皇帝詔以太保任城王湝爲太師太尉馮翊王潤爲大司馬太宰段韶爲左丞相太師賀拔仁爲右丞相太傅侯莫陳相爲太宰大司馬婁叡爲太傅大將軍斛律光爲太保司徒韓祖念爲大將軍司空趙郡王叡爲太尉尚書令東平王儼爲司徒九月己酉太上皇帝詔諸寺署所綰雜保戶姓高者天保之初雖有優放權假力用未免者今可悉蠲雜戶任屬郡縣一准平民丁巳太上皇帝幸晉陽是秋山東大水人饑僵尸滿道冬十月突厥大莫婁室韋百濟靺鞨等國各遣使朝貢十一月丙午以晉陽大明殿成故大赦文武百官進二級免并州居城太原一郡來年租癸未太上皇帝幸晉陽十二月己巳太上皇帝詔以故左丞相趙郡王琛配饗神武廟庭

四年春正月壬子詔以故清河王岳河東王潘相樂十人並配饗神武廟庭癸亥太上皇帝詔兼散騎常侍鄭大護使於陳三月乙巳太上皇帝詔以司徒東平王儼爲大將軍南陽王綽爲司徒開府儀同三司廣寧王孝珩爲尚書令夏四月辛未鄴宮昭陽殿災及宣光瑤華等殿辛巳太上皇帝幸晉陽五月癸卯以尚書右僕射胡長仁爲左僕射中書監和士開爲右僕射壬戌太上皇帝至自晉陽自正月不雨至於是月六月甲子朔大雨甲申大風拔木折樹是月彗星見于東井秋九月丙申周人來通和太上皇帝詔侍中斛斯文畧報聘于周冬十月辛巳以尚書令廣寧王孝珩爲錄尚書事左僕射胡長仁爲尚書令右僕射和士開爲左僕射中書監唐邕爲右僕射十一月壬辰太上皇帝詔兼散騎常侍李翥使於陳是月陳安成王頊廢其主伯宗而自立十二月辛未太上皇帝崩丙子大赦九州職人普加一級內外百官並加兩級戊寅上太上皇后尊號爲皇太后甲申詔細作之務及所在百工悉罷之又詔掖庭晉陽中山宮人等及鄴下并州太官官口二處其年六十已上及有癃患者仰所司簡放庚寅詔天保七年已來諸家緣坐配流者所在令還是歲契丹靺鞨國並遣使朝貢

五年春正月辛亥詔以金鳳等三臺未入寺者施大興聖寺是月殺定州刺史博陵王濟二月乙丑詔應宮刑者普免刑爲官口又詔禁網捕鷹鷂及畜養籠放之物癸酉大莫婁國遣使朝貢己丑改東平王儼爲琅邪王詔侍中叱列長叉使於周是月殺太尉趙郡王叡三月丁酉以司空徐顯秀爲太尉并省尚書令婁定遠爲司空是月行幸晉陽夏四月甲子詔以并州尚書省爲大基聖寺晉祠爲大崇皇寺乙丑車駕至自晉陽秋七月己丑詔降罪人各有差戊申詔使巡省河北諸州無雨處境內偏旱者優免租調冬十月壬戌詔禁造酒十一月辛丑詔以太保斛律光爲太傅大司馬馮翊王潤爲太保大將軍琅邪王儼爲大司馬十二月庚午以開府儀同三司蘭陵王長恭爲尚書令庚辰以中書監魏收爲尚書右僕射

武平元年春正月乙酉朔改元太師并州刺史東安王婁叡薨戊申詔兼散騎常侍裴獻之聘于陳二月癸亥以百濟王餘昌爲使持節侍中驃騎大將軍帶方郡公王如故己巳以太傅咸陽王斛律光爲右丞相并州刺史右丞相安定王賀拔仁爲錄尚書事冀州刺史任城王湝爲太師丙子降死罪已下囚閏月戊戌錄尚書事安定王賀拔仁薨三月辛酉以開府儀同三司徐之才爲尚書左僕射夏六月乙酉以廣寧王孝珩爲司空甲辰以皇子恒生故大赦內外百官普進二級九州職人普進四級己酉詔以開府儀同三司唐邕爲尚書右僕射秋七月癸丑封孝昭皇帝子彥基爲城陽王彥康爲定陵王彥忠爲梁郡王甲寅以尚書令蘭陵王長恭爲錄尚書事中領軍和士開爲尚書令癸亥靺鞨遣使朝貢癸酉以華山王凝爲太傅八月辛卯行幸晉陽九月乙巳立皇子恒爲皇太子冬十月辛巳以司空廣寧王孝珩爲司徒以上洛王思宗爲司空封蕭莊爲梁王戊子曲降并州死罪已下囚己丑復改威宗景烈皇帝謚號爲顯祖文宣皇帝十二月丁亥車駕至自晉陽詔右丞相斛律光出晉州道修城戍

二年春正月丁巳詔兼散騎常侍劉僐使於陳戊寅以百濟王餘昌爲使持節都督東青州刺史二月壬寅以錄尚書事蘭陵王長恭爲太尉并省錄尚書事趙彥深爲司空尚書令和士開爲錄尚書事左僕射徐之才爲

尙書令右僕射唐邕爲左僕射吏部尙書馮子琮爲右僕射夏四月壬午以大司馬琅邪王儼爲太保甲午陳遣使連和謀伐周朝議弗許六月段韶攻周汾州克之獲刺史楊敷秋七月庚午太保琅邪王儼矯詔殺錄尙書事和士開於南臺卽日誅領軍大將軍庫狄伏連治書侍御史王子宣等尙書右僕射馮子琮賜死殿中八月己亥行幸晉陽九月辛亥以太師任城王湝爲太宰馮翊王潤爲太師己未左丞相平原王段韶薨戊午曲降幷州界內死罪已下有差庚午殺太保琅邪王儼壬申陳人來聘冬十月罷京畿府入領軍府己亥車駕至自晉陽十一月庚戌詔侍中赫連子悅使於周丙寅以徐州行臺廣寧王孝珩爲錄尙書事庚子以錄尙書事廣寧王孝珩爲司徒癸酉以右丞相斛律光爲左丞相

三年春正月己巳親祀南郊辛亥追贈故琅邪王儼爲楚帝二月己卯以衞菩薩爲太尉辛巳以幷省吏部尙書高元海爲尙書右僕射庚寅以左僕射唐邕爲尙書令侍中祖珽爲左僕射是月勑撰元洲苑御覽復改名聖壽堂御覽三月辛酉詔文武官五品已上各舉一人是月周誅冢宰宇文護夏四月周人來聘秋七月戊辰誅左丞相咸陽王斛律光及其弟幽州行臺荆山公豐樂八月庚寅廢皇后斛律氏爲庶人以太宰任城王湝爲右丞相太師馮翊王潤爲太尉蘭陵王長恭爲大司馬廣寧王孝珩爲大將軍安德王延宗爲司徒使領軍封輔相聘于周戊子拜右昭儀胡氏爲皇后己丑以司州牧北平王仁堅爲尙書令特進許季良爲左僕射彭城王寶德爲右僕射癸巳行幸晉陽是月聖壽堂御覽成敕付史閣復改爲修文殿御覽九月陳人來聘冬十月降死罪已下四甲午拜弘德夫人穆氏爲左皇后大赦十二月辛丑廢皇后胡氏爲庶人是歲新羅百濟勿吉突厥並遣使朝貢於周爲建德元年

四年春正月戊寅以幷省尙書令高阿那肱爲錄尙書事庚辰詔兼散騎常侍崔象使於陳是月鄴都幷州並有狐媚多截人髮二月乙巳拜左皇后穆氏爲皇后丙午置文林館乙卯以尙書令北平王仁堅爲錄尙書事丁巳行幸晉陽是月周人來聘三月辛未盜入信州殺刺史和士休南兗州刺史鮮于世榮討之庚辰車駕至晉陽夏四月戊午以大司馬蘭陵王長恭爲太保大將軍定州刺史南陽王綽爲大司馬太尉衞菩薩爲大將軍司徒安德王延宗爲太尉司空武興王普爲司徒開府儀同三司宜陽王趙彥深爲司空癸丑祈皇祠壇壝蕝之內忽有車軌之轍案驗傍無人跡不知車所從來乙卯詔以爲大慶班告天下己未周人來聘五月丙子詔史官更撰魏書癸巳以領軍穆提婆爲尙書左僕射以侍中中書監段孝言爲右僕射是月開府儀同三司尉破胡長孫洪畧等與陳將吳明徹戰於呂梁南大敗破胡走以免洪畧戰歿遂陷泰涇二州明徹進陷和合二州是月殺太保蘭陵王長恭六月明徹進軍圍壽陽壬子幸南苑從官暍死者六十人以錄尙書事高阿那肱爲司徒丙辰詔開府王師羅使於周秋九月校獵于鄴東冬十月陳將吳明徹陷壽陽辛丑殺侍中崔季舒張彫虎散騎常侍劉逖封孝琰黃門侍郞裴澤郭遵癸卯行幸晉陽十二月戊寅以司徒高阿那肱爲右丞相是歲高麗靺鞨並遣朝貢突厥使來求婚

五年春正月乙丑置左右娥英各一人二月乙未車駕至自晉陽朔州行臺南安王思好反辛丑行幸晉陽尙書令唐邕等大破思好思好投火死焚其尸幷其妻李氏丁未車駕至自晉陽甲寅以尙書令唐邕爲錄尙書事夏五月大旱晉陽得死魃長二尺面頂各二目帝聞之使刻木爲其形以獻庚申大赦丁亥陳人寇淮北秋八月癸卯行幸晉陽甲辰以高勱爲尙書右僕射是歲殺南陽王綽

六年春三月乙亥車駕至自晉陽丁丑烹妖賊鄭子饒於都市是月周人來聘夏四月庚子以中書監陽休之爲尙書右僕射癸卯靺鞨遣使朝貢秋七月甲戌行幸晉陽八月丁酉冀定趙幽滄瀛六州大水是月周師入洛川屯芒山攻逼洛城縱火船焚浮橋河橋絕閏月己丑遣右丞相高阿那肱自晉陽禦之師次河陽周師夜遁庚辰以司空趙彥深爲司徒斛律阿列羅爲司空辛巳以軍國資用不足稅關市舟車山澤鹽鐵店肆輕重各有差開酒禁

七年春正月壬辰詔去秋已來水潦人饑不自立者所在付大寺及諸富戶濟其性命甲寅大赦乙卯車駕至自晉陽二月辛酉括雜戶女年二十已下十四已上未嫁者悉集省隱匿者家長處死刑二月丙寅風從西北起發屋拔樹五日乃止夏六月戊申朔日有蝕之庚申司徒趙彥深薨秋七月丁丑大雨霖是月以水澇遣使巡撫流亡人戶八月丁卯行幸晉陽雉集於御座獲之有司不敢以聞詔營邯鄲宮冬十月丙辰帝大狩於祁連池周師攻晉州癸亥帝還晉陽甲子出兵大集晉祠庚午帝發晉州癸酉帝列陣而行上雞棲原與周齊王憲相對至夜不戰周師斂陣而退十一月周武帝退還

長安留偏師守晉州高阿那肱等圍晉州城戊寅帝至圍所十二月戊申周武帝來救晉州庚戌戰于城南我軍大敗帝棄軍先還癸丑入晉陽憂懼不知所之甲寅大赦帝謂朝臣曰周師甚盛若何羣臣咸曰天命未改一得一失自古皆然宜停百賦安朝野收遺兵背城死戰以存社稷帝意猶豫欲向北朔州乃留安德王延宗廣寧王孝珩等守晉陽若晉陽不守即欲奔突厥羣臣皆曰不可帝不從其言開府儀同三司賀拔伏恩封輔相慕容鍾葵等宿衞近臣三十餘人西奔周師乙卯詔募兵遣安德王延宗爲左廣廣寧王孝珩爲右廣延宗入見帝帝欲向北朔州延宗泣諫不從帝密遣王康德與中人齊紹等送皇太后皇太子於北朔州丙辰帝幸城南軍營勞將士其夜欲遁諸將不從丁巳大赦改武平七年爲隆化元年其日穆提婆降周詔除安德王延宗爲相國委以備禦延宗流涕受命帝乃夜斬五龍門而出欲走突厥從官多散領軍梅勝郎叩馬諫乃廻之鄴時唯高阿那肱等十餘騎廣寧王孝珩襄城王彥道續至得數十人同行戊午延宗從衆議即皇帝位於晉陽改隆化爲德昌元年庚申帝入鄴辛酉延宗與周師戰於晉陽大敗爲周師所虜帝遣募人重加官賞雖有此言而竟不出物廣寧王孝珩奏請出宮人及珍寶班賜將士帝不悅斛律孝卿居中受委帶甲以處分請帝親勞爲帝撰辭且曰宜慷慨流涕感激人心帝既出臨衆將令之不復記所受言遂大笑左右亦羣咍將士莫不解體於是自大丞相已下太宰大司馬三師大將軍三公等官並增員而授或三或四不可勝數甲子皇太后從北道至引文武一品以上入朱華門賜酒食及紙筆問以禦周之方羣臣各異議帝莫知所從又引高元海宋士素盧思道李德林等欲議禪位皇太子先是望氣者言當有革易於是依天統故事授位幼主

幼主名恒帝之長子也母曰穆皇后武平元年六月生於鄴其年十月立爲皇太子隆化二年春正月乙亥即皇帝位時年八歲改元爲承光元年大赦尊皇太后爲太皇太后帝爲太上皇帝后爲太上皇后於是黃門侍郎顏之推中書侍郎薛道衡侍中陳德信等勸太上皇帝往河外募兵更爲經畧若不濟南投陳國從之丁丑太皇太后太上皇自鄴先趣濟州周師漸逼癸未幼主又自鄴東走己丑周師至紫陌橋癸巳燒城西門太上皇將百餘騎東走乙亥度河入濟州其日幼主禪位於大丞相任城王湝令侍中斛律孝卿送禪文及璽紱於瀛州孝卿乃以之歸周又爲任城王詔尊太上皇爲無上皇幼主爲守國天王留太皇太后濟州遣高阿那肱留守太上皇并皇后攜幼主走青州韓長鸞鄧顒等數十人從太上皇既至青州即爲入陳之計而高阿那肱召周軍約生致齊主而屢使人告言賊軍在遠已令人燒斷橋道太上所以停緩周軍奄至青州太上窘急將遜於陳置金囊於鞍後與長鸞淑妃等十數騎至青州南鄧村爲周將尉遲綱所獲送鄴周武帝與抗賓主禮并太后幼主諸王俱送長安封帝溫國公至建德七年誣與宜州刺史穆提婆謀反及延宗等數十人無少長咸賜死神武子孫所存者一二而已大象末陽休之陳德信等啓大丞相隋公請收葬聽之葬於長安北原洪瀆川帝幼而令善及長頗學綴文置文林館引諸文士爲而言語澀吶無志度不喜見朝士自非寵私昵狎未嘗交語性懦不耐人視有即忿責遇其怒時雖三公令錄奏事莫敢仰視皆畧陳大旨驚走而出每災異寇盜水旱亦不自貶損唯諸處設齋以此爲修德雅信巫覡解禱無方初琅邪王舉兵入告者誤云庫狄伏連反帝曰此必仁威也又斛律光死後諸武官舉高思好堪大將軍帝曰思好喜反皆如所言遂自以策無遺算乃益驕縱盛爲無愁之曲帝自彈琵琶而唱之侍和之者以百數人間爲之無愁天子嘗出見羣厲盡殺之或殺人剝面皮而視之任陸令萱和士開高阿那肱穆提婆韓長鸞等宰制天下陳德信鄧長顒何洪珍參豫機權各引親黨超居非次官由財進獄以賄成其所以亂政害人難以備載諸官奴婢閹人商人胡戶雜戶歌舞人見鬼人濫得富貴者將以萬數庶姓封王者百數不復可紀開府千餘儀同無數領軍一時三十連判文書各作花字不具姓名莫知誰也諸貴寵祖禰追贈官歲一進位極乃止宮掖婢皆封郡君宮女寶衣玉食者五百餘人一裙直萬疋鏡臺直千金競爲變巧朝衣夕弊承武成之奢麗以爲帝王當然乃更增益宮苑造偃武修文臺其嬪嬙諸院中起鏡殿寶殿瑇瑁殿丹青雕刻妙極當時又於晉陽起十二院壯麗逾於鄴下所愛不恒數毀而又復夜則以火照作寒則以湯爲泥百工困窮無時休息鑿晉陽西山爲大佛像一夜燃油萬盆光照宮內又爲胡昭儀起大慈寺未成改爲穆皇后大寶林寺窮極工巧運石塡泉勞費億計人牛死者不可勝紀御馬則藉以氈罽食物有十餘種將合牝牡則設青廬具牢饌而親觀之狗則飼以粱肉馬及鷹犬皆有儀同郡君之號故有赤彪儀同逍遙郡君陵霄郡君高思好書

所謂駿龍逍遙者也犬於馬上設褥以抱之鬬雞亦號開府犬馬雞鷹多食縣幹鷹之入養者稍割犬肉以飼之至數日乃死又於華林園立貧窮村舍帝自弊衣爲丐食兒又爲窮兒之市躬自交易嘗築西鄙諸城使人衣黑衣爲羌兵鼓譟陵之親率內參臨拒或實彎弓射人自晉陽東巡單馬馳騖衣解髮散而歸又好不急之務曾一夜索蝎及旦得三升特愛非時之物取求火急皆須朝徵夕辦當勢者因之貸一而責十焉賦斂日重徭役日煩人力既殫帑藏空竭乃賜諸佞幸賣官或得郡兩三或得縣六七各分州郡下逮鄉官亦多降中者故有敕用州主簿敕用郡功曹於是州縣職司多出富商大賈競爲貪縱人不聊生爰自鄴都及諸州郡所在徵稅百端俱起凡此諸役皆漸於武成至帝而增廣焉然未嘗有帷薄淫穢唯此事頗優於武成云初河清末武成夢大蝎攻破鄴城故索境內蝎膏以絕之識者以後主名聲與蝎相協亡齊之徵也又婦人皆翦剔以著假髻而危邪之狀有如飛鳥至於南面則髻心正西始自宮內爲之後乃被於四遠天意若曰元首翦落危側當走西也又爲刀子者刃皆狹細名曰盡勢遊童戲者好以兩手持繩拂地而卻上跳且唱曰高末高末之言蓋高氏運祚之末也然則亂亡之數蓋有兆云

後主武平七年周師至則以七年爲隆化元年而國人立安德王延宗改元德昌後主復傳位於幼主改元承光後主即位七年

右北齊自文宣帝至後主五帝凡二十八年爲周所滅

通志卷十六

通志卷十七

宋右迪功郎鄭樵漁仲撰

後周紀第十七

文帝　孝閔帝　明帝　武帝　宣帝　靜帝

周太祖文皇帝姓宇文氏諱泰字黑獺代郡武川人也其先出自炎帝炎帝爲黃帝所滅子孫遁居朔野其後有葛烏兔者雄武多算略鮮卑奉以爲主遂總十二部落世爲大人及其裔孫曰普回因狩得玉璽三紐文曰皇帝璽普回以爲天授己獨異之其俗謂天子曰宇文故國號宇文并以爲氏普回子莫那自陰山南徙始居遼西是曰獻侯爲魏舅甥之國自莫那九世至侯歸豆爲慕容晃所滅其子陵仕燕拜駙馬都尉封元菟公及慕容寶敗歸魏拜都牧主賜爵安定侯天興初魏遷豪傑於代都陵隨例徙居武川即爲其郡縣人焉陵生系系生韜韜生皇考肱並以武略稱肱任俠有氣幹正光末沃野鎮人破六韓拔陵作亂其偽署王衛可瓌最盛肱乃糾合鄉里斬瓌其衆乃散後陷鮮于修禮爲定州軍所破戰沒於陣武成初追謚曰德皇帝德皇帝之少子也母曰王氏初孕五月夜夢抱子升天纔不至而止寤以告德皇帝德皇帝喜曰雖不至天貴亦極矣帝生而有黑氣如蓋下覆其身及長身長八尺方顙廣額美鬚髯髮長委地垂手過膝背有黑子宛轉若龍盤之形面色紫光人望而敬畏之少有大度不事家人生業輕財好施以交結賢士大夫爲務隨德皇帝在鮮于修禮軍及葛榮殺修禮帝時年十八榮任以將帥帝察其無成謀與諸兄去之計未行會榮滅因隨爾朱榮遷晉陽榮忌帝兄弟雄傑遂託以他罪誅帝第三兄洛生帝以家寃自理辭旨慷慨榮感而免之益加敬待始以統軍從榮征討後以別將從賀拔岳討北海王顥於洛陽孝莊反正以功封寧都子後從岳入關平万俟醜奴行原州事時關隴寇亂帝撫以恩信百姓皆喜曰早遇宇文使君吾等豈從逆亂帝嘗從數騎於野忽聞簫鼓之音以問從者皆莫之聞意獨異之普泰二年爾朱天光東拒齊神武留弟顯壽鎮長安召泰州刺史侯莫陳悅東下岳知天光必敗欲留悅共圖顯壽計無所出帝謂岳曰今天光尚近悅未必貳心若以此事告之恐其驚懼然悅雖爲主將不能制物若先說其衆必人有留心進失爾朱之期退恐人情變動若乘此說悅事無不遂岳大喜即令帝入悅軍說之悅遂與岳襲長安帝輕騎爲前鋒追至華陰擒顯壽及岳爲關西大行臺以帝爲左丞領岳府司馬事無巨細皆委決焉齊神武既除爾朱氏遂專朝政帝請往觀之至并州神武以帝非常人曰此小兒眼目異將留之帝詭陳忠欵具託左右苦求復命倍道而行行一日而神武乃悔發上驛千里追帝至關不及而反帝還謂岳曰高歡豈人臣邪逆謀未發者憚公兄弟耳侯莫陳悅本實庸材亦不爲歡忌但爲之備圖之不難今費也頭控弦之騎不下一萬夏州刺史解拔彌俄突勝兵三千餘人及靈州刺史曹泥並恃僻遠常懷異望河西流人紇豆陵伊利等戶口富實未奉朝風今若移軍近隴扼其要害示之以威懷之以德即可收其士馬以實吾軍西輯氐羌北撫沙塞還軍長安匡扶魏室此桓文之舉也岳大悅復遣帝詣闕請事密陳其狀魏帝納之加帝武衛將軍還令報岳岳遂引軍西次平涼岳以夏州鄰接寇賊欲求良刺史以鎮之衆皆舉帝岳曰宇文左丞吾左右手何可廢也沈吟累日乃從衆議表帝爲夏州刺史帝至州伊利望風欵附而曹泥猶通使於齊神武魏永熙三年正月賀拔岳欲討曹泥遣都督趙貴至夏州與帝謀帝曰曹泥孤城阻遠未足爲憂侯莫陳悅貪而無信是宜先圖也岳不聽遂與悅俱討泥二月至河曲果爲悅所害衆散還平涼唯大都督趙貴率部曲收岳屍還營三軍未知所屬諸將以都督寇洛年最長推總兵事洛素無雄略威令不行乃請避位於是趙貴言於衆稱帝英姿雄略若告喪必來赴難因而奉之大事濟矣諸將皆稱善乃令赫連達馳至夏州告帝士吏咸泣請留以觀其變帝曰難得而易失者時也不俟終日者機也今不早赴將恐衆心自離都督彌姐元進規應悅密圖帝事發斬之帝乃率帳下輕騎馳赴平涼時齊神武遣長史侯景招引岳衆帝至安定遇之於傳舍吐哺上馬謂曰賀拔公雖死宇文泰尚存卿何爲者景失色曰我猶箭耳隨人所射者也景於此還帝至平涼哭岳甚慟將士悲且喜曰宇文公至無所憂矣齊神武又使景與常侍張華原義寧大守王基勞帝帝不受命與基有舊將留之并欲留景並不屈乃遣之時斛斯椿在帝所曰景人傑也何故放之帝亦悔驛追之不及基亦逃歸言帝雄傑請及其未定滅之神武曰卿不見賀拔侯莫陳乎吾當以計拱手取之及沙苑之敗神武乃始追悔于時魏帝將圖神武聞岳被害遣武衛將軍元毗宣旨勞岳軍追還洛陽毗到平涼會諸將已推帝侯莫陳悅亦被敕追還悅既附神武不肯應召帝曰悅枉害忠良復不應詔命此國之大賊乃令諸軍戒嚴將討悅及毗還帝表於魏帝辭以高

歡至河東侯莫陳悅在永洛首尾受敵乞少停緩帝志在討悅而未測朝旨且衆未集假爲此辭因與元毗及諸將刑牲盟誓同奬王室初賀拔岳營河曲軍吏獨行忽見一翁謂曰賀拔雖據此衆終無所成當有一宇文家從東北來後必大盛言訖不見至是方驗魏帝因詔帝爲大都督即統賀拔岳軍帝乃與悅書責以殺賀拔岳罪又喻令歸朝悅乃詐爲詔書與秦州刺史万俟普撥令爲已援普撥疑之封以呈帝帝表奏之魏帝因問帝安秦隴計帝請召悅授以內官及處以瓜涼一藩不然則終致猜虞三月帝進軍至原州衆軍悉集諭以討悅意士卒莫不懷憤四月引兵上隴留兄子遵爲都督鎮原州帝軍令嚴肅秋毫無犯百姓大悅軍出木狹關大雪平地二尺帝知悅怯而多猜乃倍道兼行出其不意悅果疑其左右有異志左右不自安衆遂離貳聞大軍且至退保略陽留一萬餘人據守永洛帝至圍之城降帝即輕騎數百趣略陽以臨悅軍其部將皆勸悅退保上邽時南秦州刺史李弼亦在悅軍間遣使請爲內應其夜悅出軍軍自驚潰將卒或來降帝縱兵奮擊大破之悅與其子弟及麾下數十騎遁走帝乃命原州都督導追悅至牽屯山斬之傳首洛陽帝至上邽悅府庫財物由積皆以賞士卒毫釐無所取左右竊以一銀甕歸帝知而罪之即剖賜將士衆大悅齊神武聞關隴剋捷遣使於帝深相倚結帝拒而不納封神武書以聞時神武已有異志故魏帝深仗於帝仍令帝稍引軍而東帝乃令大都督梁禦率步騎五千將鎮河渭合口爲圖河東計魏帝進帝侍中驃騎大將軍開府儀同三司關西大都督略陽縣公承制封拜使持節如故時魏帝方圖齊神武又遣徵兵帝乃令前秦州刺史駱超爲大都督率輕騎一千赴洛魏帝進授帝兼尚書左僕射關西大行臺餘官如故帝乃傳檄方鎮暴神武罪惡興兵東討既而謂諸軍曰高歡雖智不足而詐有餘今聲言欲西其意在入洛吾欲令寇洛率馬步萬餘自涇州東引王羆率甲士一萬先據華州歡若西來王羆足得抗拒如其入洛寇洛即襲汾晉吾便速駕直赴京邑使其進有內顧之憂退有被躡之勢一舉大定此爲上策衆咸稱善七月帝帥衆發自高平前軍至于弘農而齊神武稍逼京師魏帝親總六軍屯河橋令左衛元斌之領軍斛斯椿鎮虎牢帝謂左右曰高歡數日行八九百里曉兵者所忌正須乘便擊之而主上以萬乘之重不能度河決戰方緣津據守且長河萬里扞禦爲難一處得度大事去矣即以大都督趙貴爲別道行臺自蒲坂濟趣并州遣大都督李賢將精騎一千赴洛陽會斌之與斛斯椿爭權鎮防不守魏帝遂輕騎入關帝備儀衞奉迎謁見於東驛免冠流涕謝罪乃奉魏帝都長安披草萊立朝廷軍國之政咸取決於帝仍加授大將軍雍州刺史兼尚書令進封略陽郡公別置二尚書隨機處分解尚書僕射餘如故初魏帝在洛陽許以馮翊長公主配帝未及結納而魏帝西遷至是詔帝尚之拜駙馬都尉八月齊神武襲陷潼關侵華陰帝率諸軍屯霸上以待之神武留其將薛瑾守關而退帝乃進軍斬瑾虜其卒七千還長安進位丞相十一月遣儀同李虎與李弼趙貴等討曹泥於靈州虎引河灌之明年泥降遷其豪帥于咸陽十二月魏孝武帝崩帝與羣公定冊尊立魏南陽王寶炬爲嗣是爲文帝

大統元年正月己酉魏帝進帝都督中外諸軍錄尚書事大行臺改封安定郡王帝固讓王及錄尚書魏帝許之乃改封安定郡公東魏將司馬子如寇潼關帝軍霸上子如乃還軍自蒲津寇華州刺史王羆擊走之三月帝命有司爲二十四條新制奏行之

二年五月秦州刺史建忠王万俟普撥率所部入東魏帝輕騎追之至河北千餘里不及而還

三年正月東魏寇龍門屯軍蒲坂造三道浮橋度河又遣其將竇泰趣潼關高昂圍洛州帝出軍廣陽召諸將謂曰賊犄吾三面又造橋示欲必度是欲綴吾軍使竇泰得西入耳且歡起兵以來泰每先驅下多銳卒屢勝而驕今襲之必剋剋泰則歡不戰自走矣諸將咸曰賊在近捨而擊遠若蹉跌悔何及也帝曰歡前再襲潼關吾軍不過霸上今者大來謂吾但自守耳又狃於得志有輕我之心乘此擊之何往不剋賊雖造橋未能徑度比五日中吾取泰必矣庚戌帝還長安聲言欲向隴右辛亥謁魏帝而潛軍至小關竇泰卒聞軍至陳未成帝擊之盡俘其衆斬泰傳首長安高昂聞之焚輜重而走齊神武亦撤橋而退帝乃還六月帝請罷行臺魏帝復申前命受帝錄尚書事固讓乃止八月丁丑帝率李弼獨孤信梁禦趙貴于謹若干惠怡峯劉亮王德侯莫陳崇李遠達奚武等十二將東伐至潼關遣于謹先徇地至盤豆拔之獲東魏將高叔禮送於長安戊子至弘農攻之城潰禽東魏陝州刺史李徽伯虜其戰士八千守將高干走渡河命賀拔勝追禽之並送長安於是宜陽邵郡皆歸附先是河南豪傑應東魏者皆降齊神武懼率衆走蒲坂將自后土濟遣其將高昂以三萬人出河

南是歲關中飢帝館穀於弘農五十餘日時軍士不滿萬人聞神武將度乃還神武遂度河逼華州刺史王羆嚴守乃涉洛軍於許原西帝至渭南徵諸州兵未會諸將以眾寡不敵請且待歡更西以觀之帝曰歡若至咸陽人情轉騷擾今及其新至可擊之卽造浮橋於渭令軍士齎三日糧輕騎度渭輜重自渭南夾渭而西十月壬辰至沙苑距齊軍六十餘里神武引軍來會癸巳候騎告齊軍至帝召諸將謀李弼曰彼眾我寡不可平地置陣此東十里有渭曲可先據以待之遂進至渭背水東西爲陣李弼爲右拒趙貴爲左拒命將士皆偃戈於葭蘆中聞鼓聲而起日晡齊師至望見軍少競萃於左軍亂不成列兵將交帝鳴鼓士皆奮起于謹等六軍與之合戰李弼等率鐵騎橫擊之絕其軍爲二遂大破之斬六千餘級臨陣降者二萬餘人神武夜遁追至河上復大剋前後虜其卒七萬留其甲兵二萬餘悉縱歸收其輜重兵甲獻俘長安李穆曰高歡膽破矣逐之可獲帝不聽乃還軍渭南時所徵諸州兵始至乃於戰所準當時兵人種樹一株栽柳七千根以旌武功魏帝進帝柱國大將軍增邑并前五千戶李弼等十二將亦進爵增邑以左僕射馮翊王元季海爲行臺與開府獨孤信帥步騎二萬向洛陽賀拔勝李弼度河圍蒲坂蒲坂鎮將高子信開門納勝軍東魏將薛崇禮棄城走勝等追獲之帝進軍蒲坂略定汾絳初帝自弘農入關後東魏將高昂圍弘農聞其軍敗退守洛陽獨孤信至新安昂復走度河遂入洛陽自梁陳已西將吏降者相屬於是東魏將堯雄趙育是云寶出潁川欲復降地帝遣儀同宇文貴梁遷等逆擊大破之趙育來降東魏復遣任祥率河南兵與堯雄合儀同怡峯與貴遷等復擊破之又遣都督韋孝寬取豫州是云寶殺其東揚州刺史那椿以州來降

四年三月帝率諸將入朝禮畢還華州七月東魏將侯景等圍獨孤信於洛陽齊神武繼之帝奉魏帝至穀城臨陣斬東魏將莫多婁貸文悉虜其眾送弘農遂進軍瀍東景等夜解圍去及旦帝率輕騎追至河上景等北據河橋南屬芒山爲陣與諸軍戰帝馬中流矢驚逸軍中擾亂都督李穆下馬授帝軍復振於是大捷斬其將高昂李猛宋顯等虜其甲士一萬五千人赴河死者萬數是日置陣既大首尾懸遠從旦至未戰數十合氛霧四塞莫能相知獨孤信李遠居右趙貴怡峯居左戰並不利又未知魏帝及帝所在皆棄其卒先歸開府李虎念賢等爲後軍遇信等退卽與俱還由是班師洛陽亦失守大軍至弘農守將皆已棄城西走所虜降卒在弘農者因相與閉門拒守進攻拔之誅其魁首數百人大軍之東伐也關中留守兵少而前後所虜東魏士卒皆散在百姓間乃謀亂及李虎等至長安計無所出乃與太尉王明僕射周惠達輔魏太子出次渭北關中大震恐百姓相剽劫於是沙苑所俘軍人趙青雀雍州人于伏德等遂反青雀據長安子城伏德保咸陽與太子慕容思度各收降卒以拒還師長安城人皆相率拒青雀每日接戰魏帝留止閿鄉令帝討之長安父老見帝且悲且喜曰不意今日復得見公士女咸相賀華州刺史導襲入咸陽斬思度禽伏德南度渭與帝會攻破青雀太傅梁景叡先以疾留長安遂與青雀通謀至是亦伏誅關中乃定魏帝還長安帝復屯華州十二月是云寶襲洛陽東魏帝王元軌棄城走都督趙剛襲廣州拔之自襄廣以西城鎮復西屬

五年冬大閱於華陰

六年春東魏將侯景出三鵶將侵荆州帝遣開府李弼獨孤信各率騎出武關景乃還夏蠕蠕度河至夏州帝召諸軍屯沙苑以備之

七年十一月帝奏行十二條制恐百官不勉於職事又下令申明之

八年十月齊神武侵汾絳圍玉壁帝出軍蒲坂神武退度汾追之遂遁去十二月魏帝狩於華陰大饗將士帝帥諸將朝於行在所

九年二月東魏北豫州刺史高慎舉州來附帝帥師迎之三月齊神武據芒山爲陣不進者數日帝留輜重於瀍曲軍士銜枚夜登芒山未明擊之神武單騎爲賀拔勝所逐僅免帝率右軍若干惠大破神武軍悉虜其步卒趙貴等五將軍居左戰不利神武復合戰帝又不利夜引還入關屯渭上神武進至陝開府達奚武等禦之乃退帝以芒山諸將失律上表自貶魏帝不許於是廣募關隴豪右以增軍旅十月大閱於櫟陽還屯華州

十年五月帝朝京師七月魏帝以帝前後所上二十四條及十二條新制方爲中興永式命尚書蘇綽更損益之總爲五卷班於天下於是搜簡賢才爲牧守令習新制而遣焉數年間百姓便之十月大閱於白水

十一年十月大閱於白水遂西狩岐陽

十二年春涼州刺史宇文仲和據州反瓜州人張保害刺史成慶以應之帝遣開府獨孤信討之東魏將侯景侵襄州帝遣開府若干惠禦之至穰景遁去五月獨孤

信平涼州禽仲和遷其百姓六千餘家於長安瓜州都督令狐延起義誅張保瓜州平七月帝大會諸軍於咸陽

十三年正月東魏河南大行臺侯景舉河南六州來附景被圍於潁川六月帝遣開府李弼援之東魏將韓軌等遁去景遂徙鎮豫州於是遣開府王思政據潁川弼引軍還七月侯景密圖附梁帝知其謀悉追還前後所配景將士景懼遂叛冬帝奉魏帝西狩咸陽

十四年春魏帝詔封帝長子覺為寧都郡公初帝以平元顯納孝莊帝功封寧都縣子至是改以為郡以封覺用彰勤王之始也五月魏帝進帝位太師帝奉魏太子巡撫西境登隴刻石紀事遂至原州歷北長城大狩東趣五原至蒲州聞魏帝不豫而還及至魏帝疾已愈乃還華州是歲東魏將高岳圍王思政於潁川

十五年春帝遣大將軍趙貴帥師援王思政高岳堰洧水以灌城潁川以北皆為陂澤救兵不得至六月潁川陷初侯景圍建鄴梁司州刺史柳仲禮赴臺城梁竟陵郡守孫暠以郡內附帝使大都督苻貴鎮之及建鄴陷仲禮還司州來寇暠以郡叛帝大怒十一月遣開府楊忠攻剋隨州進圍仲禮長史馬岫於安陸

十六年正月仲禮來援安陸楊忠逆擊於漴頭大破之禽仲禮馬岫以城降三月魏帝封帝第二子震為武邑公七月帝東伐拜章武公導為大將軍總督留守諸軍屯涇北鎮關中九月丁巳軍出長安連雨自秋及冬諸軍馬驢多死遂於弘農北造橋濟河自蒲坂還於是河南自洛陽河北自平陽以東遂入齊

十七年三月魏文帝崩皇太子嗣位帝以冢宰總百揆十月帝遣大將軍王雄出子午伐上津魏興大將軍達奚武出散關伐南鄭

廢帝元年春王雄平上津魏興以其地置東梁州四月達奚武圍南鄭月餘梁州刺史宜豐侯蕭修以州降武八月東梁州民姓圍州城帝復遣王雄討之

二年正月魏帝詔帝為左丞相大行臺都督中外諸軍事二月東梁州平遷其豪帥於雍州三月帝遣大將軍魏安公尉遲迥帥師代梁武陵王蕭紀於蜀四月帝勒銳騎三萬西踰隴度金城河至姑臧吐谷渾震懼遣使獻其方物七月帝至自姑臧八月尉遲迥剋成都劍南平十一月尚書元烈謀亂伏誅

三年正月始作九命之典以敘內外官爵以第一品為九命第九品為一命改流外品為九秩亦以九為上又改置州郡縣凡改州四十六置州三改郡一百六改縣三百三十魏帝有怨言於是帝與公卿議廢帝立齊王廓是為恭帝

恭帝元年四月帝大饗羣臣魏太史柳虯執簡書告於朝曰廢帝文皇帝之嗣子年七歲文皇帝託於安定公曰是子也才由於公不才亦由於公公宜勉之公既受茲重寄居元輔之任又納女為皇后遂不能訓誨有成致令廢黜負文皇帝付屬之意此咎非安定公而誰帝乃令太常盧辯作誥諭公卿曰嗚呼我羣后暨眾士維文皇帝以襁褓之嗣託於予訓之誨之庶厥有成而予罔能弗變厥心庸暨乎廢墜我文皇帝之意嗚呼茲咎予其焉避予實知之矧爾眾人之心哉惟予之顏豈惟今厚將恐來世以予為口實乙亥魏帝詔封帝子邕為輔城公憲為安城公七月西狩至原州梁元帝遣使請據舊圖以定疆界又連結於齊言辭悖慢帝曰古人有言天之所棄誰能興之其蕭繹之謂乎十月壬戌遣柱國于謹中山公護與大將軍楊忠韋孝寬等步騎五萬討之十一月癸未師濟漢中山公護與楊忠率銳騎先屯其城下丙申于謹至江陵列營圍守辛亥剋其城戕梁元帝虜其百官士庶以歸沒為奴婢者十餘萬免者二百餘家立蕭詧為梁主居江陵為魏附庸魏氏之初統國三十六大姓九十九後多絕滅至是以諸將功高者為三十六國後次者為九十九姓後所統軍人亦改從其姓

二年梁廣州刺史王琳寇邊十月帝遣大將軍豆盧寧帥師討之

三年正月丁丑初行周禮建六官魏帝進帝位太師大冢宰帝以漢魏官繁思革前弊大統中乃令蘇綽盧辯依周制改創其事尋亦置六卿官然為撰次未成眾務猶歸臺閣至是始畢乃命行之四月帝北巡七月度北河魏帝封帝子直為秦郡公招為正平公九月帝不豫還至雲陽命中山公護受遺輔嗣子十月乙亥帝崩於雲陽宮還長安發喪時年五十十二月甲申葬於成陵諡文公及孝閔帝受禪追尊為文王廟曰太祖武成元年追尊為文皇帝帝知人善任使從諫如順流崇尚儒術明達政事恩信被物能駕馭英豪一見之者咸思用命沙苑所獲囚俘釋而用之及河橋之役以充戰士皆得其死力諸將出征授以方略無不制勝性好朴素不尚虛飾恆以反風俗復古始為心云

孝閔皇帝諱覺字陁羅尼文帝第三子也母曰元皇后大統八年生於同州七歲封略陽郡公時善相者史元

華見帝退謂所親曰此公子有至貴相但恨不壽耳魏恭帝三年三月命爲安定公世子四月拜大將軍十月乙亥文帝崩丙子世子嗣位爲太師大冢宰十二月丁亥魏帝詔以岐陽地封帝爲周公庚子詔禪位於帝遣民部中大夫濟北公元迪致皇帝璽綬帝固辭公卿百辟勸進太史陳祥瑞乃從之是日魏帝遜位於大司馬府

元年春正月天王即位柴燎告天朝百官於露門追尊皇考文公爲文王皇妣爲文后大赦封魏帝爲宋公是日槐里獻赤雀百官奏議曰帝王之興罔弗更正朔明受之於天革人視聽也逮於尼父稽諸陰陽云行夏之時後王所不易今魏歷告宗周室受命以木承水實當行錄正用夏時式遵聖道惟文王誕元氣之祥有黑水之讖服色宜尚焉制曰可以大司徒趙郡王李弼爲太師以大宗伯南陽公趙貴爲太傅大冢宰以大司馬河內公獨孤信爲太保以大宗伯中山公護爲大司馬以大將軍寍都公毓高陽公達奚武武陽公豆盧寍小司寇陽平公李遠小司馬博陵公賀蘭祥小宗伯魏安公尉遲迥等並爲柱國壬寅祀圜丘詔曰予本自神農其於二丘宜作厥主始祖獻侯啟土遼海配南北郊文考德符五運受天明命祀於明堂以配上帝癸卯祀方丘甲辰遂祭太社初除市門稅乙巳享太廟丁未會於乾安殿班賞各有差戊申詔有司分命使者巡察風俗求人得失禮餼高年恤於鰥寡辛亥祀南郊壬子立王后元氏辛酉享太廟癸亥親耕藉田二月癸酉朔朝日於東郊戊寅祭太社丁亥柱國楚國公趙貴謀反伏誅太保獨孤信有罪免甲午以大司空梁國公侯莫陳崇爲太保大司馬晉國公護爲大冢宰柱國博陵公賀蘭祥爲大司馬高陽公達奚武爲大司寇大將軍化政公宇文貴爲柱國三月己酉衞國公獨孤信賜死癸亥省六府士員三分之一夏四月壬申降死罪以下四壬午謁成陵丁亥享太廟五月己酉帝將觀漁於昆明池博士姜須諫乃止秋七月壬寅帝聽訟於右寢多所哀宥辛亥享太廟八月戊辰祭太社辛未降死罪以下四甲午詔二十四軍舉賢良九月庚申改太守爲郡守帝性剛果忌晉公護之專司會李植軍司馬孫恆以先朝佐命入侍左右亦疾護權重乃與宮伯乙鳳賀拔提等潛請帝誅護帝許之又引宮伯張先洛先洛以白護護乃出植爲梁州刺史恆爲潼州刺史鳳等更奏帝將召羣臣入因此誅護先洛又白之時小司馬尉綱總統宿衞兵護乃召綱入殿中詐呼鳳等論事以次執送護第並誅之綱仍罷禁兵帝無左右獨在內殿令宮人執兵自守護遣大司馬賀蘭祥逼帝遜位貶爲略陽公遂幽於舊邸月餘日以弒崩時年十六植恆等亦遇害及武帝誅護後乃詔曰故略陽公至德純粹天姿秀傑屬魏祚告終寶命將改謳歌允集厤數攸歸上協蒼靈之慶下昭后祇之錫而禍生肘腋釁起蕭牆白虎噬驂蒼鷹集殿幽辱神器弒酷乘輿冤結生靈毒流寓縣今河海澄清氛沴消蕩追尊之禮宜崇徽號遣太師蜀國公迥於南郊上謚曰孝閔皇帝陵曰靜陵

孝閔帝元年無年號

世宗明皇帝諱毓小名統萬突文皇帝之長子也母曰姚夫人永熙三年文帝臨夏州生於統萬城因以名焉大統十四年封寍都郡公魏恭帝三年累遷大將軍鎮隴右孝閔踐阼進位柱國轉岐州刺史有美政及孝閔廢晉公護遣迎帝於岐州九月癸亥至京師止於舊邸羣臣上表勸進備法駕奉迎帝固讓羣臣固請乃許之元年秋九月天王即位大赦乙丑朝羣臣於延壽殿冬十月癸酉太師趙國公李弼薨己卯以大將軍昌平公尉綱爲柱國乙酉祀圜丘丙戌祀方丘甲午祭太社陽平公李遠賜死辛未梁敬帝遜位於陳十一月庚子享太廟丁未祀圜丘十二月庚午謁成陵庚辰以大將軍輔城公邕爲柱國戊子赦長安見囚甲午詔元氏子女自坐趙貴等事以來所有沒入爲官口者悉免之

二年春正月乙未以大冢宰晉公護爲太師辛亥親耕藉田癸丑立王后獨孤氏丁巳於雍州置十二郡三月甲午北豫州刺史司馬消難舉州來附改雍州刺史爲牧京兆郡守爲尹庚申詔三十六國九十九姓自魏南徙皆稱河南人今周室既都關中宜改稱京兆人夏四月己巳以太師晉公護爲雍州牧辛未降死罪四一等五歲刑以下皆原之甲戌天王后獨孤氏崩甲申葬敬后五月乙未以大司空梁國公侯莫陳崇爲大宗伯六月癸亥嚈噠國遣使朝貢己巳板授高年刺史守令恤鰥寡孤獨各有差分長安爲萬年縣並居京城壬申遣使分行州郡理四徒察風俗掩骼埋胔秋七月順陽獻三足烏八月甲子羣臣上表稱慶於是大赦文武普進級九月辛卯以大將軍楊忠王雄並爲柱國甲辰封少師元羅爲韓國公以紹魏後丁未行幸同州故宅賦詩冬十月辛酉突厥遣使朝貢癸亥太廟成乙亥以功臣瑯邪貞獻公賀拔勝等十三人配享文帝廟庭壬午大赦

武成元年春正月己酉太師晉公護上表歸政帝始見萬機軍旅猶總於護初改都督諸州軍事爲總管三月癸巳陳六軍帝親擐甲胄迎太白於西方吐谷渾寇邊庚戌遣大司馬博陵公賀蘭祥率衆討之夏五月戊子詔有司造周曆己亥聽訟於正武殿辛亥以大宗伯梁國公侯莫陳崇爲大司徒大司寇高陽公達奚武爲大宗伯武陽公豆盧寧爲大司寇柱國輔城公邕爲大司空乙卯詔曰比屢有糾發官司赦前事者有司自今勿推究唯庫廐倉廩與海內所共漢帝有云朕爲天下守財耳若有侵盜公家財畜錢粟者魏朝之事年月既遠一不須問自周有天下以來雖經赦宥事跡可知者有司宜即推窮得實之日免其罪徵備如法賀蘭祥攻拔洮陽洪和二城吐谷渾遁走閏月高昌遣使朝貢六月戊子大雨霖詔公卿大夫士爰及牧守黎庶等令各上封事讜言極諫無有所諱其遭水者有司可時巡檢條列以聞庚子詔曰穎川從我是曰元勳無忘父城實起王業皇考文王屬天地草昧造化權輿拯彼流亡匡茲頹運賴英賢盡力文武同心翼贊大功克隆帝業而被堅執銳櫛風沐雨永言疇昔良用憮然若功成名遂建國剖符予唯休也其有致死王事妻子無歸者朕甚傷之凡從先王向夏州發夏州從來見在及薨亡者並量賜錢帛稱朕意焉是月陳武帝殂秋八月己亥改天王稱皇帝追尊文王爲文皇帝大赦改元癸丑增御正四人位上大夫冬十月齊文宣帝殂

二年春正月癸丑朔大會羣臣於紫極殿始用百戲三月辛酉重陽閣成會羣臣公侯列將卿大夫及突厥使於芳林園賜錢帛各有差夏四月帝因食糖䭔遇毒庚子大漸詔曰人生天地之間稟五常之氣天地有窮已五常有推移人安得長在是以有生有死者物理之必然處必然之理修短之間何足多恨朕雖不德性好典墳披覽聖賢餘論未嘗不以此自曉今乃命也夫復何言諸公及在朝卿大夫士軍中大小督將軍人等並立勳效積有年載輔翼太祖成我周家今朕纘承大業處萬乘之上此上不負太祖下不負朕躬朕得啟手啟足從先帝於地下實無恨於心矣所可恨者朕享大位可謂四年矣不能使政化修理黎庶豐足九州未一二方猶梗顧此恨恨目用不瞑唯冀仁兄冢宰洎朕先正先父公卿大臣等協和爲心勉力相勸勿忘太祖遺志提挈後人朕雖沒九泉形骸不朽今大位虛曠社稷無主朕兒幼少未堪當國魯國公邕朕之介弟寬仁大度海內共聞能弘我周家必此子也夫人貴有始終公等事太祖輔朕躬可謂有始矣若克念政道顧其艱難輔邕以主天下者可謂有終矣哀死事生人臣大節公等可思念此言令萬代稱歎朕稟生儉素非能力行菲薄每寢大布之被服大帛之衣凡是器用皆無雕刻身終之日豈容違棄此好喪事所須務從儉約斂以時服勿使有金玉之飾若以禮不可闕皆令用瓦小斂訖七日哭文武百官各權辟麻苴以素服從事葬日選擇不毛之地因勢爲墳勿封勿樹且厚葬傷生聖人所誡既服膺聖人之教安敢違之凡百官司勿異朕意四方州鎮使到各令三日哭哭訖權辟凶服還以素服從事待大例除非有呼召各按部自守不得輒奔赴闕庭禮有通塞隨時之義葬訖內外悉除服從吉三年之內勿禁婚娶一令如平常也時事殷猥病困心亂止能及此如事有不盡準此以類爲斷死而可忍古人有之朕今忍死盡此懷抱其詔即帝口授也辛丑帝崩於延壽殿時年二十七諡曰明皇帝廟號世宗五月辛未葬於昭陵帝寬明仁厚敦睦九族有君人之量幼而好學博覽羣書善屬文詞彩溫麗及即位集公卿已下有文學者八十餘人於麟趾殿刊校經史又捃採衆書自羲農已來訖于魏末敘爲世譜凡百卷所著文章十卷

明帝初即位二年不稱年號後改武成盡二年即位四年

高祖武皇帝諱邕字禰羅突文帝第四子也母曰叱奴太后魏大統九年生於同州有神光照室帝幼而孝敬聰敏有器質文帝異之曰成吾志者此兒也年十二封輔城郡公孝閔帝踐阼拜大將軍出鎮同州明帝即位遷柱國授蒲州刺史入爲大司空行御正進封魯國公領宗師甚見親愛參議朝廷大事性沈深有遠識非因問終無所言帝每歎曰夫人不言言必有中武成二年四月帝崩遺詔傳位於帝帝固讓百官勸進乃從之壬寅即皇帝位大赦冬十二月改作露門是歲齊孝昭帝廢其主殷而自立

保定元年春正月戊申改元文武百官各增四級以大冢宰晉公護爲都督中外諸軍事令五府總於天官庚戌祀圜丘壬子祀方丘甲寅祀感生帝於南郊乙卯祭太社己巳享太廟班文帝所述六官於廟庭甲戌板授高年官各有差乙亥親耕藉田丙子大射於正武殿賜百官各有差二月己卯遣大使巡察天下風俗甲午朝日於東郊丙午省輦輿去百戲三月丙寅改八丁兵爲十二丁兵率歲一月役夏四月丙子朔日有蝕之庚寅

以少傅吳公尉綱爲大司空丁酉白蘭遣使獻犀甲鐵鎧五月丙午封孝閔皇帝子康爲紀國公皇子贇爲魯國公晉公護獲玉斗以獻六月乙酉遣御正殷不害使於陳秋七月戊申以旱故詔所在降死罪以下四更鑄錢文曰布泉以一當五與五銖並行九月甲辰南甯州使獻滇馬及蜀鎧冬十月甲戌朔日有蝕之十一月乙巳陳人來聘丁巳狩於岐陽是月齊孝昭帝殂十二月車駕至自岐陽是歲突厥吐谷渾高昌宕昌龜茲等國並遣使朝貢

二年春正月壬寅初於蒲州開河渠同州開龍首渠以廣溉灌丁未以陳主弟頊爲柱國送還江南閏月己亥大司馬涼公賀蘭祥薨二月癸丑以久不雨宥罪人京城三十里內禁酒梁主蕭詧薨夏四月甲辰以旱故禁屠宰癸亥詔曰諸柱國等勳德隆重宜有優崇各準別制邑戸聽寄食他縣五月庚午以南山衆瑞並集免今年役及租賦之半壬辰以柱國隋公楊忠爲大司空六月己亥以柱國蜀公尉遲迥爲大司馬分山南荆州安州襄州江陵爲四總管秋九月戊辰朔日有蝕之陳人來聘冬十月辛亥帝御大武殿大射戊午講武於少陵原十一月丁卯以大將軍衞公直趙公招並爲柱國

三年春正月辛未改光遷國爲遷州乙酉太保梁公侯莫陳崇賜死二月庚子初頒新律辛酉詔自今舉大事行大政非軍機急速皆依月令以順天心三月乙丑朔日有蝕之丙子宕昌國獻生猛虎二詔放之南山夏四月乙未以柱國鄭公達奚武爲太保大將軍韓果爲柱國己亥帝御正武殿錄囚徒癸卯大雩癸丑有牛足生於背戊午幸太學以太傅燕公于謹爲三老而問道焉初禁天下報讎犯者以殺人論壬戌詔百官及庶人上封事極言得失五月甲午朔以旱故避正寢不受朝甲戌雨秋七月戊辰行幸原州庚午陳人來聘丁丑幸津門問百年賜以金帛又賜高年板職各有差降死罪囚一等八月丁未改作露寢九月甲子自原州登隴山丙戌幸同州戊子詔柱國楊忠率騎一萬與突厥伐齊己丑初令世襲州郡縣者悉改爲五等爵州封伯郡封子縣封男冬十月庚戌陳人來聘十二月辛卯車駕至自同州遣太保達奚武率騎三萬出平陽以應楊忠是月有人生子男而陰在背後如尾兩足指如虎爪有犬生子腰以後分爲二身兩尾六足

四年春正月庚申楊忠破齊長城至晉陽而還二月庚寅朔日有蝕之三月庚辰初令百官執笏夏四月癸卯以柱國鄧公竇熾爲大宗伯五月壬戌封明帝長子賢爲畢公癸酉以大將軍安武公李穆爲柱國丁亥改禮部爲司宗大司禮爲禮部大司樂爲樂部六月庚寅改御伯爲納言秋七月焉耆國遣使獻名馬八月丁亥朔日有蝕之詔柱國楊忠帥師與突厥東伐至北河而還戊子以柱國齊公憲爲雍州牧以許公宇文貴爲大司徒九月丁巳以柱國衞公直爲大司空陳人來聘是月以皇世母閻氏自齊至大赦閏月己亥以大將軍韋孝寬長孫儉並爲柱國冬十月癸亥以大將軍陸通宇文盛蔡公廣並爲柱國甲子詔大冢宰晉公護伐齊齋於太廟庭授以斧鉞於是護總大軍出潼關大將軍權景宣帥山南諸軍出豫州少師楊摽出軹關丁卯帝幸沙苑勞師癸酉還宮十一月甲午柱國尉遲迥圍洛陽柱國齊公憲營芒山晉公護次陝州十二月丙辰齊豫州刺史王士良以州降壬戌齊師度河晨至洛陽諸軍驚散尉遲迥帥麾下數十騎扞敵得卻至夜引還柱國王雄力戰死之遂班師楊摽於軹關戰沒權景宣亦棄豫州而還是歲突厥粟特等國並遣使朝貢

五年春正月甲申朔以柱國王雄死王事故廢朝乙巳以雄世子謙爲柱國二月辛丑詔陳公純等逆皇后于突厥丙寅以柱國李穆爲大司空綏德公陸通爲大司寇壬申行幸岐州戊子柱國豆盧甯薨夏四月齊武成帝禪位於其太子緯自稱太上皇帝五月己亥左右武伯各置中大夫一人六月庚申彗星出三台入文昌犯上將經紫宮入苑漸長丈餘百餘日乃滅辛未詔江陵人年六十已上爲官奴婢者已令放免其公私奴婢年七十以外者所在官司宜贖爲庶人秋七月辛巳朔日有蝕之庚寅行幸秦州降死罪已下刑辛丑遣大使巡察天下八月丙子車駕至自秦州冬十月辛亥改函谷關城爲通洛防十一月丁未陳人來聘是歲吐谷渾遣使朝貢

天和元年春正月己卯朔日有蝕之辛巳考露寢命羣臣賦古詩京邑耆老亦會焉頒賜各有差癸未大赦改元百官普加四級己亥親耕藉田丁未於宕昌國置宕州遣小載師杜果使於陳二月戊辰詔三公已下各舉所知庚午日鬬光遂微日中見烏三月丙午祀南郊夏四月辛亥雩是月陳文帝殂五月庚辰帝御正武殿集羣臣親講禮記吐谷渾龍涸王莫昌率戸內附以其地爲扶州甲午詔自今甲子乙卯日依古禮停樂六月庚午以大將軍辛威爲柱國秋七月戊寅築武功郿斜谷武都留谷津阬諸城以置軍人壬午詔諸冑子入學但

東修於師不勞釋奠釋奠者學成之祭自今即爲恒式八月己未詔諸有三年之喪或負土成墳或寢苫骨立一志一行可稱揚者本部官司隨事上言當加弔勉以勵薄俗九月乙亥信州蠻反詔開府陸騰討平之冬十月甲子初造山雲儛以備六代樂十一月丙戌行幸武功等城十二月庚申還宮

二年春正月癸酉朔日有蝕之己亥親耕藉田三月癸酉改武遊園爲道會苑丁亥初立郊丘壇壝制度夏四月乙巳省併東南諸州以大將軍陳公純爲柱國六月辛亥尊所生叱奴氏爲皇太后閏月庚午地震戊寅陳湘州刺史華皎帥衆來附壬辰以大將軍譙公儉爲柱國秋七月辛丑梁州上言鳳凰集楓樹羣鳥列侍以萬數甲辰立露門學置生員七十二人壬子以太傅燕公于謹爲雍州牧九月衞公直等與陳將淳于量吳明徹戰于沌口王師敗績元定以步騎數千先度遂沒江南冬十一月戊戌朔日有蝕之癸丑太保許國公宇文貴薨是歲突厥吐谷渾安息等公並遣使朝貢

三年春正月辛丑祀南郊二月癸卯皇后阿史那氏至自突厥甲辰大赦丁未大會百僚及賓客於露寢戊午太傅燕公于謹薨夏四月辛巳以太保達奚武爲太尉大司馬尉遲迥爲太保柱國齊公憲爲大司馬五月庚戌享太廟六月甲戌有星孛於東井秋七月壬寅柱國隋公楊忠薨八月乙丑韓公元羅薨齊人來聘請和親詔軍司馬陸逞報聘癸酉帝御大德殿集百僚及沙門道士等親講禮記冬十月癸亥享太廟丁亥上親帥六軍講武於城南京邑觀者輿馬彌漫數十里諸蕃使咸在焉十一月壬辰朔日有蝕之壬子遣開府崔彥穆使於齊甲寅陳安成王頊廢其主伯宗而自立辛未齊武成帝殂

四年春正月辛卯朔以齊武成殂故廢朝遣司會李綸等會葬於齊二月戊辰帝御大德殿集百僚道士沙門等討論釋老夏四月己巳齊人來聘五月己丑帝製象經成集百寮講說封魏廣平公子元謙爲韓國公以紹魏後丁巳柱國吳公尉綱薨六月築原州及涇州東城秋七月突厥遣使獻馬柱國昌寧公長孫儉薨

五年春三月甲辰初令宿衞官住關外者將家累入京不樂者解宿衞夏四月甲寅以柱國宇文盛爲大宗伯省帥都督官丙寅遣大使巡察天下六月丙子以皇女生故降宥罪人并免逋租懸調冬十月辛巳朔日有蝕之丁酉太傅鄭公達奚武薨十一月丁卯柱國豳公廣薨十二月癸巳大將軍鄭恪帥師平越巂置西寧州是月齊將斛律光侵邊於汾北築城自華谷至龍門

六年春正月己酉朔以露門未成故廢朝丁卯以大將軍王傑譚公會鴈門公田弘魏公李暉等並爲柱國三月己酉齊公憲自龍門度河斛律光退保華谷憲攻拔其新築五城夏四月戊寅朔日有蝕之辛卯信州蠻反遣大將軍趙闇帥師討平之庚子以大將軍司馬消難侯莫陳瓊大安公閻慶神武公竇毅南陽公叱羅協平高公侯伏侯龍恩並爲柱國五月癸亥遣納言鄭詡使於陳丙寅以大將軍李虎中山公訓杞公亮上庸公陸騰安義公宇文邱北平公寇紹許公宇文善犍爲公高琳鄭公達奚震隴東公楊纂常山公于翼並爲柱國六月乙未以大將軍太原公王秉爲柱國是月齊將段孝先攻陷汾州秋七月乙丑以大將軍越公盛爲柱國八月癸酉省掖庭四夷樂後宮羅騎工五百餘人冬十月壬午冀公通薨乙未遣右武伯谷會琨使於齊壬寅上親帥六軍講武於城南十一月壬子以大將軍梁公侯莫陳芮大將軍李意並爲柱國丙辰齊人來聘丁巳行幸散關十二月己丑還宮是冬牛疫死者十六七

建德元年春正月戊午帝幸元都觀親御法座講說公卿道俗論難事畢還宮降死罪及流罪一等其五歲刑已下並宥之二月癸酉遣大將軍昌城公深使於突厥司宗李際使於齊乙酉柱國安義公宇文邱薨三月癸卯朔日有蝕之齊人來聘丙辰誅大冢宰晉公護及其子柱國譚公會并柱國侯伏侯龍恩及其弟大將軍萬壽大將軍劉勇等大赦改元罷中外府癸亥以太傅尉遲迥爲太師柱國竇熾爲太傅大司空李穆爲太保齊公憲爲大冢宰衞公直爲大司徒趙公招爲大司空柱國辛威爲大司寇綏德公陸通爲大司馬詔曰人勞不止則星動於天作事不時則石言於國頃興造無度徵發不已加以頻歲師旅農畝廢業去秋災蝗年穀不登自今正調以外無妄徵發夏四月甲戌以代公達滕公逌並爲柱國己卯詔公卿已下各舉所知遣工部代公達使於齊丙戌詔百官軍人上封事極言得失丁亥詔斷四方非常貢獻庚寅追尊略陽公爲孝閔皇帝癸巳立魯公贇爲皇太子大赦百官各加封級五月壬戌以大旱集百官於庭詔之曰亢陽不雨豈朕德薄刑賞乖中歟將公卿大臣或非其人歟宜盡直言無有所隱公卿各引咎自責其夜澍雨六月庚子改置宿衞官員秋七月辛丑陳人來聘九月庚子朔日有蝕之庚申扶風掘地得玉盃以獻冬十月庚午詔江陵所獲俘虜充官

口者悉免爲百姓辛未遣小匠師楊緦使於陳大司馬綏德公陸通薨十一月丙午上親御六軍講武於城南庚戌行幸羌橋集京城東諸軍都督以上頒賜各有差乙卯還宮壬戌以大司空趙公招爲大司馬十二月壬申行幸斜谷集京城以西諸軍都督以上頒賜有差丙戌還宮己丑帝御正武殿親錄囚徒至夜而罷庚寅幸道會苑以上善殿壯麗遂焚之

二年春正月辛丑祀南郊乙巳以柱國田弘爲大司空大將軍若干鳳爲柱國庚戌復置帥都督官乙卯享太廟閏月己巳陳人來聘二月甲寅詔皇太子贇巡撫西土壬戌遣司會侯莫陳凱使於齊省雍州內八部併入京兆馮翊扶風咸陽等郡三月己卯皇太子於岐州獲白鹿二以獻詔答曰在德不在瑞癸巳省六府諸司中大夫以下官府置四司以下大夫爲官之長上士貳之夏四月己亥享太廟丙辰增改東宮官員五月丁丑以柱國侯莫陳瓊爲大宗伯滎陽公司馬消難爲大司寇上庸公陸騰爲大司空六月庚子省六府員外諸官皆爲丞壬子皇孫衍生文武官普加一級大階大選諸軍將帥丙辰帝御露寢集諸軍將勗以戎事庚申詔諸軍旗旌皆畫以猛虎鷙鳥之象秋七月己巳享太廟自春末不雨至於是月壬申集百僚於大德殿帝責躬罪已問以時政得失戊子雨八月丙午改三夫人爲三妃關中大蝗九月乙丑陳人來聘戊寅詔曰頃者婚嫁競爲奢靡有司宜加宣勑使遵禮制冬十月癸卯齊人來聘甲辰奏六代樂成帝御崇信殿集百官觀之十一月辛巳帝親帥六軍講武於城東癸未集諸軍都督以上五十人於道會苑大射帝親臨射堂大備軍容十二月癸巳集羣官及沙門道士等帝升高坐辨釋三教先後以儒教爲先道教次之佛教爲後以大將軍赫連達爲柱國詔軍民之間年多耆壽可頒授老職使榮沾邑里戊午聽訟於正武殿自旦及夜繼之以燭

三年春正月壬戌朝羣臣於露門冊柱國齊公憲衛公直趙公招譙公儉陳公純越公盛代公達滕公逌並進爵爲王己巳享太廟庚午突厥遣使獻馬癸酉詔自今男年十五女年十三以上爰及鰥寡所在以時嫁娶務從節儉乙亥親耕藉田丙子初服短衣享二十四軍督將以下試以軍旅之法縱酒盡歡詔以往歲年穀不登令公私道俗凡有貯積粟麥者皆準口聽留已外盡糶二月壬辰朔日有蝕之丁酉紀公康畢公賢酆公貞宋公實漢公贊秦公贄曹公允並進爵爲王丙午令六府各舉賢良清正之士癸丑柱國許公宇文善有罪免丙辰大赦三月癸酉皇太后叱奴氏崩帝居倚廬朝夕共一溢米羣臣表請累旬乃止詔皇太子贇總庶政夏四月乙卯齊人來弔賻會葬丁巳有星孛於東井五月庚申葬文宣后於永固陵帝袒跣至陵所辛酉詔曰齊斬之情經籍彝訓近代沿革遂亡斯禮伏奉遺令既葬便除攀慕几筵情實未忍三年之喪達於天子古今無易之道王者之所常行但時有未諧不得全制軍國務重庶有聽朝衰麻之節苫廬之禮率遵前典以申罔極百僚以下宜遵遺令公卿上表固請俯就權制過葬即吉帝不許引古禮答之羣臣乃止於是遂申三年之制五服之內亦令依禮初置太子諫議員四人文學十人皇子皇弟友員各二人學士六人戊辰詔故晉公護及諸子並追復先封改葬加謚丙子初斷佛道二教經像悉毀罷沙門道士並令還俗并禁諸淫祀非祀典所載者盡除之六月丁未集諸軍將教以戰陣之法壬子更鑄五行大布錢以一當十與布泉錢並行戊午詔立通道觀凡金科玉篆祕賾元文並令弘闡秋七月庚申行幸雲陽宮乙酉衛王直在京反欲突入肅章門司武尉遲運等拒守直敗遁走戊子車駕至自雲陽宮八月辛卯禽直於荊州免爲庶人冬十月丙申詔御正楊尙希使於陳庚子詔蒲州人遭飢乏絕者令向郿城以西及荊州管內就食甲寅行幸蒲州乙卯曲赦蒲州見囚大辟以下丙辰行幸同州十一月戊午于闐遣使獻名馬己巳大閱於同州城東甲戌車駕至自同州十二月戊子大會衛官及軍人以上賜錢帛各有差丙申改諸軍軍人並名侍官癸卯集諸軍講武於臨皋澤涼州比年地震壞城郭地裂涌泉出

四年春正月戊辰初置營軍器監壬申布寬大之詔多所蠲免二月丙戌朔日有蝕之辛卯改置宿衛官員己酉柱國廣德公李意有罪免三月丙辰遣小司寇元衛使於齊郡縣各省主簿一人甲戌以柱國趙王招爲雍州牧夏四月甲午柱國燕公于寔有罪免丁酉初令上書者並爲表於皇太子以下稱啟秋七月己未禁五行大布錢不得出入關布泉錢聽入而不聽出甲戌陳人來聘丙子召大將軍以上於大德殿帝親諭以伐齊之旨言往以政出權宰無所措懷自親覽萬機便圖東討惡衣菲食繕甲練兵數年以來戰備稍足而僞主昏虐恣行無道伐暴除亂斯實其時羣臣咸稱善丁丑下詔暴齊氏過惡以柱國陳王純爲前一軍總管滎陽公司馬消難爲前二軍總管鄭公達奚震爲前三軍總管越

王盛爲後一軍總管周昌公侯莫陳瓊爲後二軍總管趙王招爲後三軍總管齊王憲帥衆二萬趣黎陽隋公楊堅廣甯公侯莫陳迥帥舟師三萬自渭入河柱國梁公侯莫陳芮帥衆二萬守太行道申國公李穆帥衆三萬守河陽道常山公于翼帥衆二萬出陳汝壬午上親帥六軍衆六萬直指河陰八月癸卯入齊境禁伐樹殘苗稼犯者以軍法從事丁未上親帥諸軍攻拔河陰大城攻子城未剋上有疾九月辛酉夜班師水軍焚舟而退齊王憲于翼李穆等所在剋捷降拔三十餘城皆棄而不守唯以王藥城要害令儀同三司韓正守之正尋以城降齊戊寅至自東伐冬十月戊子初置上柱國上大將軍官改開府儀同三司爲開府儀同大將軍又置上開府上儀同官閏月以柱國齊王憲蜀公尉遲迥爲上柱國詔諸畿郡各舉賢良十一月己亥改置司內官員十二月辛亥朔日有蝕之丙子陳人來聘是歲岐甯二州人飢開倉振恤

五年春正月辛卯行幸河東涑川集關河東諸軍校獵甲午還同州丁酉詔分遣大使周省四方察訟聽謠問民卹隱廢布泉錢戊申初令鑄錢者至絞從者遠配二月辛酉遣皇太子贇巡撫西土仍討吐谷渾三月壬寅車駕至自同州文宣皇太后服再朞戊申祥夏六月戊申朔日有蝕之辛亥享太廟丙辰利州總管紀王康有罪賜死秋七月乙未京師旱八月戊申皇太子入吐谷渾至伏俟城而還乙丑陳人來聘九月丁丑大醮於正武殿以祈東伐冬十月帝復論羣臣伐齊以去歲屬有疹疾遂不得剋平通寇于時出軍河外直爲撫背未扼其喉然晉州本高歡所起統攝要重今往攻之彼必來援嚴軍以待擊之必剋然後乘破竹之勢鼓行而東足以窮其窟穴諸將多不願行帝曰機者事之微不可失矣沮軍事者以軍法裁之己酉帝總戎東伐以越王盛爲右一軍總管杞公亮爲右二軍總管隋公楊堅爲右三軍總管譙王儉爲左一軍總管大將軍竇泰爲左二軍總管廣化公邱崇爲左三軍總管齊王憲陳王純爲前軍癸亥帝至晉州遣齊王憲帥精騎二萬守雀鼠谷陳王純步騎二萬守千里徑鄭公達奚震步騎一萬守統軍川大將軍韓明步兵五千守齊子嶺烏氏公尹升步兵五千守鼓鍾鎭涼城公辛韶步騎五千守蒲津關柱國趙王招步騎一萬自華谷攻汾州諸城柱國宇文盛步兵一萬守汾水關遣內史王誼監六軍攻晉州城帝屯於汾曲齊王憲攻洪洞永安二城並拔之是夜虹見於晉州城上首向南尾入紫宮帝每日自汾曲赴城下親督戰庚午齊行臺左丞侯子欽出降壬申齊晉州刺史崔嵩夜密使送款上開府王軌應之未明登城遂剋晉州甲戌以上開府梁士彥爲晉州刺史以鎭之十一月己卯齊主自并州帥衆來援帝以其兵新集且避之乃詔諸軍班師齊主遂圍晉州齊王憲屯諸軍於涑水爲晉州聲援河東地震癸巳至自東伐獻俘于太廟丙申放齊諸城鎭降民還丁酉帝發京師壬寅度河與諸軍合十二月戊申次晉州庚戌帝帥諸軍八萬置陣東西二十餘里乘常御馬從數人巡陣所至輒呼主帥姓名以慰勉之將士感見知之恩各思自厲將戰有司請換馬帝曰朕獨乘良馬何所之齊主亦於壍北列陣申後齊人塡壍南引帝大喜勒諸軍擊之齊人便退齊主與其麾下數十騎走還并州齊衆大潰軍資甲仗數百里間委棄山積辛亥帝幸晉州仍率諸軍追齊主諸將固請還師帝曰縱敵患生卿等若疑朕將獨往諸將不敢言甲寅齊主遣其丞相高阿那肱守高壁帝麾軍直進那肱望風退散丙辰師次介休齊將韓建業舉城降以爲上柱國封郇國公丁巳大軍次并州齊主留其從兄安德王延宗守并州自將輕騎走鄴是日詔齊王公以下示以逆順之道於是齊將帥降者相繼戊午高延宗僭卽偽位改年曰德昌己卯軍次并州帝帥諸軍合戰齊人退帝逐北入城東門諸軍遶城置陣至夜延宗帥其衆排車而前城中軍卻人相蹂踐大爲延宗所敗齊人欲閉門以閫下積尸扉不得闔帝從數騎崎嶇危險僅得出門至明帥諸軍更戰大破之禽延宗并州平壬戌詔大赦天下其高緯及王公以下若釋然歸順咸許自新諸亡入偽朝亦從寬宥官資次序依例無失齊制偽令卽宜削除鄒魯搢紳幽并騎士一介可稱並宜銓錄丙寅出齊宮中金銀寶器珠玉麗服及宮女二千人班賜將士以柱國趙王招陳王純越王盛杞公亮梁公侯莫陳芮庸公王謙北平公寇紹鄭公達奚震並爲上柱國封齊王憲子安城郡公質爲河間王諸有功者封授各有差癸酉帝帥六軍趣鄴

六年春正月乙亥齊主傳位於其太子恒改年曰承光自號太上皇壬辰帝至鄴癸巳帥諸軍圍之齊人拒守諸軍奮擊大破之遂平齊齊主先送其母及妻子於青州及城陷帥數十騎走青州遣大將軍尉遲勤追之是戰也於陣獲其齊昌王莫多婁敬顯帝數之曰汝有死罪三前從并州走鄴棄母攜妻妾是不孝外爲偽主戮力內實通款於朕是不忠送款之後猶持兩端是不信

如此用懷不死何待遂斬之是日西方有聲如雷甲子帝入鄴城詔去年大赦班宣未及之處皆從赦例己亥詔曰晉州大陣至鄴身殞戰場者其子即授父本官尉遲勤禽齊王及其太子恒於青州庚子詔曰僞齊之末姦佞擅權濫罰淫刑動挂羅網僞右丞相咸陽王故斛律明月僞侍中特進開府故崔季舒等七人或功高獲罪或直言見誅朕兵以義動翦除凶暴表閭封墓事切下車宜追贈謚并加窆厝其見在子孫各隨蔭敘錄家口田宅沒官者並還之辛丑詔僞齊東山南園及三臺並毀撤瓦木諸物凡入用者盡賜百姓山園之田各還本主二月丙午論定諸軍勳置酒於齊太極殿會軍士以上班賜有差丁未齊主至帝降自阼階見以賓主禮齊任城王湝在冀州擁兵未下遣上柱國齊王憲與柱國隋公楊堅討平之齊范陽王高紹義叛入突厥齊諸行臺州鎮悉降關東平合州五十五郡一百六十二縣三百八十五戶三十萬二千五百二十八口二千萬六千八百八十六乃於河陽及幽青南兗豫徐北朔定州置總管府相并二總管各置宮及六府官癸丑詔自僞武平三年以來河南諸州人僞齊破掠爲奴婢者不問公私並放免之其住在淮南者亦即聽還願住淮北者可隨便安置癃疾孤老不能自存者所在矜恤乙卯車駕發自鄴三月壬午詔山東諸州各舉士夏四月乙巳至自東伐列齊主於前其王公等並從車輿旂旗及器物以次陳於其後大駕布六軍備凱樂獻俘於太廟京邑觀者皆稱萬歲戊申封齊主爲溫國公庚戌大會羣臣及諸蕃客於露寢乙卯廢蒲陝涇甯四州總管己巳享太廟詔分遣使人巡方撫慰觀風省俗五月丁丑以柱國譙王儉爲大冢宰庚辰以上柱國杞公亮爲大司徒鄭公達奚震爲大宗伯梁公侯莫陳芮爲大司馬柱國應公獨孤永業爲大司寇鄖公韋孝寬爲大司空辛巳大醮於正武殿以報功己丑祀方丘詔曰往者冢臣專任制度有違正殿別寢事窮壯麗非直雕牆峻宇深戒前王而締構弘敞有踰清廟不軌不物何以示後兼東夏初平人未見德率先海內宜自朕始其露寢會義崇信含仁雲和思齊諸殿等農隙之時悉可毀撤雕斲之物並賜貧民繕造之物務從卑樸戊戌詔曰京師宮殿已從撤毀并鄴二所華侈過度誠復作之非我豈容因而弗革諸堂殿壯麗並宜除蕩甍宇雜物分賜窮人三農之隙別漸營構止蔽風雨務在卑狹庚子陳人來聘是月青城門無故自崩六月辛亥御正武殿錄囚徒甲子東巡丁卯詔曰自今不得娶母同姓以爲妻妾秋七月丙戌行幸洛州己丑詔山東諸州舉有才望者赴行在所共論政事得失八月壬寅議權衡度量頒於天下其不依新式者悉追停之詔曰以刑止刑以輕代重罪不及嗣皆有定科雜役之徒獨異常憲一從罪配百代不免罰既無窮刑何以措凡諸雜戶悉放爲百姓配雜之科因之永削甲子鄭州獻九尾狐皮肉銷盡骨體猶具帝曰瑞應之來必昭有德若使五品時序四海和平家識孝慈乃能致此今無其時恐非實錄乃令焚之九月壬申以柱國鄧公竇熾申公李穆爲上柱國戊寅初令庶人以上非朝祭之服唯得衣紬綿紬絲布圓綾紗絹綃葛布等九種壬辰詔東土諸州儒生明一經以上並舉送州郡以禮發遣冬十月戊申行幸鄴宮戊午改葬德皇帝於冀州帝服緦哭於太極殿百官素服哭是月誅溫公高緯十一月壬申封皇子充爲道王兌爲蔡王癸酉陳將吳明徹侵呂梁徐州總管梁士彥與戰不利退守徐州遣上大將軍郯公王軌討之是月稽胡反遣齊王憲討平之詔自永熙三年七月以來十月以前東土人被鈔在化內爲奴婢者及平江陵日良人沒爲奴婢者並免同人伍詔曰正位於中有聖通典質文相革損益不同五帝則四星之象三王制六宮之數劉曹已降等列彌繁選擇偏於生靈命秩方於庶職椒房丹地有衆如雲本由嗜欲之情非關風化之義朕運當澆季思復古始弘贊後庭事從簡約可置妃二人世婦三人御妻三人自兹以外宜悉減省己亥晦日有蝕之初行刑書要制持杖羣彊盜一疋以上不持杖羣彊盜五疋以上監臨主掌自盜二十疋以上小盜及詐請官物三十疋以上正長隱五戶及十丁以上隱地三頃以上皆至死刑書所不載者自依律科十二月北營州刺史高寶甯據州反庚申行幸并州宮移并州軍人四萬戶於關中戊辰廢并州宮及六府是歲吐谷渾百濟並遣使朝貢

宣政元年春正月癸酉吐谷渾僞趙王他婁屯來降壬午行幸鄴宮辛卯幸懷州癸巳幸洛州詔於懷州置宮二月甲辰柱國大冢宰譙王儉薨丁巳車駕至自東巡乙丑以上柱國越王盛爲大冢宰陳王純爲雍州牧三月戊辰於蒲州置宮廢同州及長春二宮壬申突厥遣使朝貢甲戌初服常冠以皁紗爲之加簪而不施纓導其制若今之折角巾也上大將軍王軌破陳師於呂梁禽其將吳明徹等俘斬三萬餘人丁亥詔柱國豆盧寧征江南武陵南平等郡所有士庶爲人奴婢者悉依江

陵放免壬辰改元夏四月壬子初令遭父母喪者聽終制庚申突厥入寇幽州五月己丑帝總戎北伐遣柱國原公姬願東平公宇文神舉等五道俱入發關中公私馬驢悉從軍癸巳帝不豫止於雲陽宮丙申詔停諸軍六月丁酉帝疾甚還宮其夜崩于乘輿時年三十六遺詔王公以下爰及庶寮輔導太子及喪事資用須使儉而合禮隨吉即葬葬訖公除四方士庶各三日哭妃嬪無子者悉放還家羣臣上尊謚曰武皇帝廟稱高祖己未葬於孝陵帝沈毅有智謀初以晉公護專權常自晦迹人莫測其深淺及誅護之後始親萬機剋己厲精聽覽不怠用法嚴整多所罪殺號令懇惻唯屬意於政羣下畏服莫不肅然性既明察少於恩惠凡布懷立行皆欲踰越古人身衣布袍寢布被無金寶之飾諸宮殿華綺者皆徹毀之改爲土階數尺不施櫨栱其彫文刻鏤錦繡纂組一皆禁斷後宮嬪御不過十餘人勞謙接下自彊不息以海內未康銳情教習至於校兵閱武步行山谷履涉勤苦皆人所不堪平齊之役見軍士有跣行者帝親脫鞾以賜之每宴會將士必自執盃勸酒或手付賜物至於征伐之處躬在行陣性又果決能斷大事故能得士卒死力以弱制彊破齊之後遂欲窮兵極武平突厥定江南一二年間必使天下一統此其志也

　武帝保定五年天和六年建德六年宣政元年即

　　位十八年

宣皇帝諱贇字乾伯武帝長子也母曰李太后武成元年生於同州保定元年五月丙午封魯國公建德元年四月癸巳武帝親告廟冠於阼階立爲皇太子二年詔皇太子巡撫西土文宣后崩武帝諒闇詔太子總朝政五旬而罷武帝每巡幸四方太子常留監國五年二月又詔太子巡西土因討吐谷渾宣政元年六月丁酉武帝崩戊戌太子即皇帝位尊皇后曰皇太后甲子誅上柱國齊王憲閏月乙亥詔山東流人新復業及突厥侵掠家口破亡不能存濟者給復一年立妃楊氏爲皇后辛巳以上柱國趙王招爲太師陳王純爲太傅柱國代王達滕王逌盧公尉遲運薛公長孫覽並爲上柱國是月幽州盧昌期據范陽反詔柱國東平公宇文神舉討平之秋七月乙巳享太廟丙午祀圓丘戊申祀方澤庚戌以小宗伯岐公斛斯徵爲大宗伯壬戌以南兖州總管隋公楊堅爲上柱國大司馬癸亥尊所生李氏爲帝太后八月丙寅夕月於西郊長安萬年二縣人居京城者給復三年壬申幸同州遣大使巡察諸州制九條宣下州郡其母族絕服外者聽婚以上柱國薛公長孫覽爲大司徒柱國楊公王誼爲大司空丙戌以柱國永昌公椿爲大司寇九月丁酉以柱國宇文盛張掖公王傑枹罕公辛威鄖國公韋孝寬並爲上柱國庚戌封皇弟元爲荆王詔諸應拜者皆以三拜成禮冬十月癸酉至自同州戊子百濟遣使朝貢十一月己亥講武於道會苑帝親擐甲冑是月突厥犯邊圍酒泉殺掠吏士十二月甲子以柱國畢王賢爲大司空己丑以上柱國河陽總管滕王逌爲行軍元帥伐陳免京師見徒並令從軍大象元年春正月己丑受朝於露門帝服通天冠絳紗袍羣臣皆服漢魏衣冠大赦改元爲大成初置四輔官以大冢宰越王盛爲大前疑蜀公尉遲迥爲大右弼申公李穆爲大左輔大司馬隋公楊堅爲大後丞癸卯封皇子衍爲魯王甲辰東巡丙午以柱國常山公于翼爲大司徒辛亥以柱國許公宇文善爲大宗伯戊午行幸洛陽立魯王衍爲皇太子二月癸亥詔曰河洛之地書稱朝市自魏氏失馭城闕爲墟我太祖受命酆鎬有懷光宅高祖往巡東夏布政此宮朕以眇身祗承寶運雖庶幾聿修之志敢忘燕翼之心一昨駐蹕金墉備嘗遊覽百王制度基址尚存今若因修爲功易立宜命邦事修復舊都奢儉取文質之間功役依子來之義北瞻河內咫尺非遙前詔經營今宜停罷於是發山東諸州兵增一月功爲四十五日役起洛陽宮常役四萬人以迄晏駕并移相州六府於洛陽稱東京六府殺柱國徐州總管鄖公王軌停南討諸軍以趙王招女爲千金公主嫁於突厥乙亥行幸鄴丙子初令總管刺史行兵者加持節餘悉罷之辛巳詔傳位於皇太子衍大赦改元大成爲大象帝於是自稱天元皇帝所居稱天臺冕二十有四旒車服旗鼓皆以二十四爲節內史御正皆置上大夫皇帝衍稱正陽宮置納言御正諸衞等官皆準天臺尊皇太后爲天元皇太后癸未日出將入時其中並有烏色大如雞卵經四日乃滅戊子以大前疑越王盛爲太傅大右弼蜀公尉遲迥爲大前疑代王達爲大右弼辛卯詔徙鄴城石經於洛陽又詔洛陽凡是元遷戶並聽還洛州此外欲往者聽之河陽幽相豫亳青徐七總管受東京六府處分三月庚申車駕至自東巡大陳軍伍親擐甲冑入自青門皇帝衍備法駕從百官迎於青門外是時驟雨儀衞失容辛酉封趙王招第二子貫爲永康縣王夏四月壬戌朔有司奏言日蝕不視事過時不蝕乃臨軒立妃朱氏爲天元帝后癸亥以柱國畢王賢爲上柱國己巳享太廟壬午大醮於正武殿五月

辛亥以洛州襄國郡爲趙國齊州濟南郡爲陳國豐州武當安富二郡爲越國潞州上黨郡爲代國荆州新野郡爲滕國邑各一萬戸令趙王招陳王純越王盛代王達滕王逌並之國是月遣使簡視京城及諸州士庶女充選後宮突厥寇并州六月咸陽有池水變爲血徵山東諸州人修長城秋七月庚寅以大司空畢王賢爲雍州牧大後丞隋公楊堅爲大前疑柱國滎陽公司馬消難爲大後丞丙申納大後丞司馬消難女爲正陽宮皇后己酉尊帝太后李氏爲天皇太后壬子改天元帝后朱氏爲天皇后立妃元氏爲天右皇后妃陳氏爲天左皇后八月庚申幸同州壬申還宮甲戌以天左皇后父大將軍陳山提天右皇后父開府元晟並爲上柱國初武帝作刑書要制用法嚴重及帝卽位恐物情未附除之至是爲刑經聖制其法深刻大醮於正武殿告天而行焉壬午以上柱國雍州牧畢王賢爲太師上柱國郇公韓建業爲大左輔是月所在蟻羣鬬各四五尺死者十八九九月己卯以鄧王貞爲大冢宰上柱國鄖公韋孝寬爲行軍元帥率行軍總管杞公亮郕公梁士彥伐陳遣御正杜杲使於陳冬十月壬戌幸道會苑大醮以高祖武皇帝配醮初復佛象及天尊象帝與二象俱南坐大陳雜戲令京城士庶縱觀是月相州人段德舉謀反伏誅十一月乙未夜行幸同州壬寅還宮乙巳初鑄永通萬國錢以一當千與五行大布並行是月韋孝寬拔壽陽杞國公亮拔黄城梁士彥拔廣陵陳人退走於是江北盡平十二月戊午以災異屢見帝御路寢見百官下詔罪己將避正寢減膳徹懸於是舍仗衞往天興宮百官上表勸復寢膳許之甲子還宮御正武殿集百官及宮人內外命婦大列妓樂又縱胡人乞寒用水澆沃以爲戲樂乙丑行幸洛陽帝親御驛馬日行三百里四皇后及文武侍衞數百人並乘驛以從令四后方駕齊驅或有先後便加譴責人馬頓仆相屬於道己卯還宮

二年春正月丁亥帝受朝于道會苑癸巳享太廟乙巳造二扆畫日月象以置左右戊申雨雪雪上又雨細黄土移時乃息乙卯詔江右諸州新附人給復二十年初稅入市者人一錢二月丁巳帝幸露門學行釋奠禮戊午突厥遣使獻方物且逆千金公主乙丑改制詔爲天制敕爲天敕尊天元皇太后爲天元上皇太后天皇太后李氏曰天元聖皇太后癸未立天元皇后楊氏爲天元大皇后天皇后朱氏爲天大皇后天右皇后元氏爲天右大皇后天左皇后陳氏爲天左大皇后正陽宮皇后直稱皇后是月洛陽有禿鶖鳥集新太極殿前滎州有黑龍見與赤龍鬬於汴水側黑龍死三月丁亥賜百官及百姓大酺詔進封孔子爲鄒國公邑數準舊并立後承襲別於京師置廟以時祭享戊子行軍總管杞公亮舉兵反行軍元帥韋孝寬獲而殺之辛卯行幸同州增候正前驅式道爲三百六十重自應門至赤岸澤數十里間幡旗相蔽鼓樂俱作又令虎賁持鈒馬上稱警蹕以至同州乙未改同州宮爲天成宮庚子車駕至自同州詔天臺侍衞皆着五色及紅紫綠衣以雜色緣名曰品色衣有大事與公服間服之壬寅詔內外命婦皆執笏其拜宗廟及天臺皆俛伏甲辰初置天中大皇后立天左大皇后陳氏爲天中大皇后立妃尉遲氏爲天左大皇后夏四月己巳享太廟己卯以旱故降見囚死罪已下壬午幸中山祈雨至咸陽宮雨降甲申還宮令京城士女於衢巷作音樂以迎候五月甲午帝備法駕幸天興宮乙未帝不愉還宮詔揚州總管隋公楊堅入侍疾丁未追趙越陳代滕五王入朝己酉大漸御正下大夫劉昉與內史上大夫鄭譯矯制以隋公楊堅受遺輔政是日帝崩於天德殿時年二十二謚宣皇帝七月丙申葬定陵帝之在東宮也武帝慮其不堪承嗣遇之甚嚴朝見進止與諸臣無異雖隆寒盛暑亦不得休息性嗜酒武帝遂禁醪醴不許至東宮帝每有過輒加捶扑嘗謂之曰古來太子被廢者幾人餘兒豈不堪立邪於是遣東宮官屬錄帝言語動作每月奏聞帝懼威嚴矯情修飾以是惡不外聞嗣位之初方逞其欲大行在殯曾無戚容卽通亂先帝宮人纔踰年便恣聲樂采擇天下子女以充後宮好自矜夸飾非拒諫禪位之後彌復驕奢耽酗於後宮或旬日不出公卿近臣請事者皆附閹官奏之所居宮殿帷帳皆飾以金玉珠寶光華炫耀極麗窮奢及營洛陽宮雖未成畢其規摹壯麗踰於漢魏遠矣唯自尊崇無所顧憚國典朝儀率情變改後宮位號莫能詳錄每對臣下自稱爲天以五色土塗所御天德殿各隨五色又於後宮與皇后等列坐用宗廟禮器罇彝珪瓚之屬以次食焉又令羣臣朝天臺者致齋三日清身一日車旗章服倍於前王之數旣自比上帝不欲令人同己常自帶綬及冠通天冠加金附蟬顧見侍臣武弁上有金蟬及王公有綬者並令去之又不聽人有高者大者之稱諸姓高者改爲姜九族稱高祖者爲長祖曾爲次長祖官稱名位凡謂上及大者改爲長有天者亦改之又令天下車皆渾成爲輪禁天下婦

八皆不得施粉黛唯宮人得乘有輻車加粉黛焉西陽公溫杞公亮之子即帝從祖兄其妻尉遲氏有容色因入朝帝遂飲以酒逼而姧之亮聞之懼謀反纔誅溫即追尉遲氏入宮初爲妃尋立爲皇后每左右侍臣論議唯欲興造革易未嘗言及政事其後遊戲無常出入不節羽儀仗衞晨出夜還或幸天興宮或遊道會苑陪侍之官皆不堪命散樂雜戲魚龍爛漫之伎常在目前好令京城少年爲婦人服飾入殿歌舞與後宮觀之以爲喜樂擯斥近臣多所猜忌又吝於財略無賜與恐羣臣規諫不得行己之志常遣左右密伺察之動止所爲莫不鈔錄小有乖違輒加其罪自公卿以下皆被楚撻其間誅戮黜免者不可勝言每捶人皆以百二十爲度名曰天杖宮人內職亦如之后妃嬪御雖被寵嬖亦多被杖背於是內外恐懼民不自安皆求苟免莫有固志重足累息以逮於終矣

　宣帝大象二年即大成元年改大象

靜皇帝諱衍後改名闡宣帝之長子也母曰朱皇后建德二年六月生于東宮大象元年正月癸卯封魯王戊午立爲皇太子二月辛巳宣帝於鄴宮傳位授帝居正陽宮

二年五月乙未宣帝寢疾詔帝入宿露門學己酉宣帝崩帝入居天臺廢正陽宮大赦停洛陽宮作庚戌上天元上皇太后尊號爲太皇太后天元聖皇太后李氏爲大帝太后天元大皇后爲皇太后天大皇后朱氏爲帝太后其天中大皇后陳氏天右大皇后元氏天左大皇后尉遲氏並出俗爲尼以柱國漢王贊爲上柱國右大丞相上柱國揚州總管隋公楊堅爲假黃鉞左大丞相柱國秦王贄爲上柱國帝居諒闇百官總已以聽於左大丞相壬子以上柱國鄖公韋孝寬爲相州總管罷入市稅錢六月戊午以柱國許公宇文善神武公竇毅修武公侯莫陳瓊大安公閻慶並爲上柱國趙王招陳王純越王盛代王達滕王逌來朝庚申復佛道二教辛酉以柱國杞公贊燕公于寔鄀公賀拔伏恩並爲上柱國甲子相州總管尉遲迥舉兵不受代詔發關中兵即以韋孝寬爲行軍元帥討之柱國畢王賢以謀執政被誅以上柱國秦王贄爲大冢宰杞公椿爲大司徒己巳詔南定北光衡巴四州人爲宇文亮抑爲奴婢者並免之甲戌有赤氣起西方漸東行徧天庚辰罷諸魚池及山澤公禁者與百姓共之以柱國蔣公梁睿爲益州總管秋七月甲申突厥送齊范陽王高紹義庚寅申州刺史李惠起兵庚子詔趙陳越代滕五王入朝不趨劒履上殿榮州刺史邵公宇文冑舉兵遣大將軍楊素討之靑州總管尉遲綱舉兵丁未隋公楊堅都督內外諸軍事己酉鄖州總管司馬消難舉兵以柱國楊公王誼爲行軍元帥討之壬子趙王招越王盛以謀執政被誅癸丑封皇弟衎爲萊王術爲郢王是月豫州襄州諸蠻各帥種落反八月庚申益州總管王謙舉兵不受代即以梁睿爲行軍元帥討之庚午韋孝寬破尉遲迥於鄴迥自殺相州平移相州於安陽其鄴城及邑毀廢之丙子以漢王贊爲太師以上柱國幷州總管申公李穆爲太傅以宋王實爲大前疑以秦王贄爲大右弼以燕公于寔爲大左輔己卯以尉遲迥平大赦庚辰司馬消難擁衆以魯山甑山二鎭奔陳遣大將軍元景山追擊之鄖州平沙州氏帥開府楊永安聚衆反應王謙遣大將軍達奚儒討之楊素破宇文冑於滎陽斬之以上柱國神武公竇毅爲大司馬以齊公于智爲大司空廢相靑荆金晉梁州六總管九月丙戌廢河陽總管爲鎭隸洛州以小宗伯竟陵公楊慧爲大宗伯壬辰廢皇后司馬氏爲庶人戊戌以柱國楊公王誼爲上柱國庚戌以柱國常山公于翼化政公宇文忻並爲上柱國壬子丞相去左右號隋公楊堅爲大丞相冬十月甲寅日有蝕之壬戌陳王純以怨執政被誅大丞相隋公楊堅加大冢宰五府總於天官戊寅梁睿破王謙斬之傳首京師益州平十一月甲辰達奚儒破楊永安沙州平丁未上柱國鄖公韋孝寬薨十二月壬子以柱國蔣公梁睿爲上柱國丁巳以柱國邗公楊雄普安公賀蘭謩郕公梁士彥上大將軍新寧公叱列長乂武鄉公崔弘度大將軍中山公宇文恩濮陽公宇文述滑原公和干子任城公王景漁陽公楊銳上開府廣宗公李崇隴西公李詢並爲上柱國庚申以柱國楚公豆盧勣爲上柱國癸亥詔曰太祖受命龍德猶潛三分天下志扶魏室多所改作冀允上元文武羣官賜姓者衆本殊國邑實乖胙土不歆非類異骨肉而共烝嘗不愛其親嗟行路而敘昭穆且神徵革姓本爲厤數有歸天命在人推讓終而弗獲故君臨區宇累世於兹可不仍遵謙挹之旨久行權宜之制諸改姓者悉宜復舊甲子大丞相隋公楊堅進爵爲王以郡爲隋國己巳以柱國沛公鄭譯爲上柱國辛未代王達滕王逌並以謀執政被誅壬申以大將軍長寧公楊勇爲上柱國大司馬以小冢宰始平公元孝矩爲大司寇

大定元年春正月壬午改元丙戌詔戎秩上開府以上

職事下大夫以上外官刺史以上各舉賢良二月甲子帝遜位于隋居于別宮隋氏奉帝爲介國公邑萬戶車服禮樂一如周制上書不稱表答表不稱詔有其文事竟不行隋開皇元年五月壬申帝崩時年九歲隋志也諡曰靜皇帝葬恭陵

靜帝大定元年

右後周五主二十五年禪于隋

通志卷十七

通志卷十八

宋 右 迪 功 郎 鄭 樵 漁 仲 撰

隋紀第十八

文帝　煬帝　恭帝

高祖文皇帝姓楊氏諱堅小名那羅延本弘農華陰人漢太尉震之十四世孫也震八世孫燕北平太守鉉鉉子元壽魏初爲武川鎮司馬因家于神武樹頹焉元壽生太原太守惠嘏惠嘏生平原太守烈烈生甯遠將軍禎禎生皇考忠初禎屬魏末喪亂避地中山結義徒以討鮮于修禮遂死之周保定中皇考著勳追贈柱國大將軍少保興城郡公皇考美須髯身長七尺八寸狀貌瓌偉武藝絕倫識量深重有將帥之略年十八客游泰山會梁兵陷郡國沒江南及北海王元顥入洛乃與俱歸顥敗爾朱度律召爲帳下統軍後從獨孤信屢有軍功又與信從魏孝武西遷東魏荆州刺史辛纂據穰城皇考從信討之與都督康洛兒元長生乘城而入彎弓大呼斬纂以徇城中慴服居半歲以東魏之逼與信俱歸周文帝召居帳下嘗從周文狩於龍門皇考獨當一猛虎左挾其腰右拔其舌周文壯之北臺謂猛虎爲拚于因以字之從禽竇泰破沙苑陣封襄武縣公河橋之役皇考與壯士五人力戰守橋敵人不敢進又與李遠破黑水稽胡并與怡峯解玉壁圍以功歷雲洛二州刺史芒山之戰先登陷陣除大都督及侯景度江梁氏喪敗周文將經略乃授皇考都督荆州等十五州諸軍事鎮穰城梁雍州刺史岳陽王蕭詧雖曰稱藩而尚懷貳心皇考自樊城觀兵漢濱易旗遞進實二千騎詧登樓望之以爲三萬懼而服焉又攻梁隨郡剋之獲其守桓和所過城戍望風請服進圍安陸梁司州刺史柳仲禮恐安陸不守馳歸赴援諸將恐仲禮至則安陸難下請急攻之皇考曰仲禮已在近路吾以奇兵襲之一舉必剋則安陸不攻自拔諸城可傳檄而定於是選騎二千銜枚夜進遇仲禮於漴頭禽之悉俘其衆安陸竟陵並降梁元帝大懼送子方畧爲質并送載書請魏以石城爲限梁以安陸爲界皇考乃旋師進爵陳留郡公位大將軍十七年梁元帝逼其兄邵陵王綸綸送質於齊欲來寇梁元帝密報周文遣皇考討之禽綸數其罪殺之初皇考禽柳仲禮遇之甚厚仲禮至京反譖皇考言在軍大取金寶周文以皇考功重不問然皇考悔不殺仲禮故至此殺綸皇考間歲再舉盡定漢東地甚得新附心魏恭帝賜姓普六茹氏行同州事及于謹伐江陵皇考爲前軍屯江津遏其走路梁人束刃於象鼻以戰皇考射之二象反走江陵平周文立蕭詧爲梁主令皇考鎮穰城周孝閔踐阼入爲小宗伯及司馬消難請降皇考與柱國達奚武援之入齊境五百里前後遣三使報消難皆不反命及去北豫州三十里武疑有變欲還皇考曰有進死無退生獨以千騎夜趣城下候門開而入乃馳遣召武時齊鎮城伏敬遠勒甲士三千據東陴舉烽嚴警武憚之不欲保城乃多取財寶以消難先歸皇考以三千騎殿到洛南皆解鞍而卧齊衆來追至於洛北皇考謂將士曰但飽食今在死城賊必不敢度水食畢齊兵陽若度水皇考馳將擊之齊兵不敢逼遂徐引而還武歎曰達奚武自言是天下健兒今日服矣進位柱國大將軍武成元年進封隋國公邑萬戶別食竟陵縣一千戶收其租賦保定二年爲大司空時朝議與突厥伐齊公卿以齊兵彊國富斛律明月不易可當兵非十萬衆不可皇考獨曰萬騎足矣明月豎子亦何能爲三年乃以皇考爲元帥大將軍楊纂李穆王傑爾朱敏及開府元壽田弘慕容近等皆隸焉又令達奚武帥步騎三萬自南道進期會晉陽皇考乃留敏據什賁游兵河上皇考出武川過故宅祭先人饗將士席卷二十餘城齊人守陘嶺之隘皇考縱奇兵大破之留楊纂屯靈邱爲後拒突厥木杆可汗控地頭可汗步離可汗等以十萬騎來會四年正月朔攻晉陽時大雪風寒齊人乃悉其精銳鼓譟而出突厥引上西山不肯戰衆失色皇考乃率七百人步戰死者十四五以武後期乃班師齊人亦不敢逼突厥乃縱兵大掠自晉陽至平城七百餘里人畜無遺周武帝拜皇考爲太傅晉公護以其不附己以爲涇州總管是歲大軍又東伐晉公護出洛陽令皇考出沃野以應接突厥時軍糧少諸將憂之皇考曰當權以濟事耳乃招誘稽胡首領咸令在坐使王傑盛軍容鳴鼓而出皇考陽怪問之傑曰大冢宰已至洛陽天子聞銀夏間胡擾動故使傑就攻除之又令突厥使者馳告曰可汗更入并留兵馬十萬在長城下故令問公若有稽胡不服欲來共破之坐者皆懼皇考慰喻遣之於是歸命饋輸塡積屬晉公護先退皇考亦罷兵而還鎮又以政績稱詔賜錢三千萬布五百疋穀二千斛以疾還京周武帝及晉公護屢臨視焉薨贈太保都督同朔等十二州軍事同州刺史本官如故諡曰桓公開皇元年追尊爲武元皇帝廟號太祖帝武元皇帝之長子也皇妣曰呂氏以周大統七年六月癸丑夜生帝於馮翊波若寺有紫氣充庭時有尼來自河東謂皇妣曰

此兒所從來甚異不可於俗間處之乃將帝舍於別館躬自撫養皇妣抱帝忽見頭上出角徧體起鱗墜帝于地尼自外見曰已驚我兒致令晚得天下帝龍頷額上有五柱入頂目光外射有文在手曰王字長上短下沈深嚴重初入大學雖至親昵不敢狎也年十四京兆尹薛善辟爲功曹十五以皇考勳授散騎常侍車騎大將軍儀同三司封成紀縣公十六遷驃騎大將軍加開府周文帝見而歎曰此兒風骨非世間人明帝卽位授右小宗伯進封大興郡公明帝常遣善相者來和視帝和詭對曰不過柱國旣而私謂帝曰公當爲天下君必大誅殺而後定周武帝卽位遷小宗伯出爲隨州刺史進位大將軍後徵還遇皇妣寢疾三年晝夜不離左右以純孝稱宇文護執政尤忌帝屢將害焉賴大將軍侯伏侯壽等救護以免後襲爵隋國公周武旣爲皇太子聘帝長女爲妃益加禮重齊王憲言於周武曰普六茹堅相貌非常臣每見之不覺自失恐非人下請早除之周武曰此止可爲將耳內史王軌驟諫曰皇太子非社稷主普六茹堅有反相周武不悅曰必有天命將若之何帝甚懼深自晦匿後從周武平齊進柱國又與齊王憲破齊任城王湝於冀州除定州總管先是州城門久閉不行齊人自文宣時或請開之文宣不許曰當有聖人啟之及帝至而開之莫不驚異遷亳州總管周宣帝卽位以后父徵拜上柱國大司馬

大象元年遷大後丞右司武俄轉大前疑周宣帝每巡幸恒委以居守時宣帝爲刑經聖制其法深刻帝以法令滋章非興化之道切諫不納帝位望益隆宣帝頗以爲忌時宣帝有四幸姬並爲皇后爭寵相毀宣帝每謂后曰必族滅爾家因召帝命左右曰若色動卽殺之帝容色自若遂免

二年五月以帝爲揚州總管將發暴足疾而止乙未宣帝不悆時靜帝幼沖前內史上大夫鄭譯御正大夫劉昉以帝皇后之父衆望所集遂矯詔引帝入侍疾因受遺輔政都督內外諸軍事帝恐周武諸王在藩生變稱趙王招將嫁女於突厥爲詞以徵之己酉宣帝崩庚戌靜帝詔帝假黃鉞左大丞相百官總己而聽焉以正陽宮爲丞相府以鄭譯爲長史劉昉爲司馬具置寮佐周宣時刑政峻酷者悉更以寬大之制天下歸心矣六月趙王招陳王純越王逹代王盛滕王逌並至長安相州總管尉遲迥自以宿將至是不能平遂舉兵趙魏之士響應旬日間衆至十餘萬宇文冑以榮州石悉以建州席毗以沛郡毗弟叉羅以兗州皆應迥遣子質於陳以求援帝命上柱國鄖公韋孝寬討之雍州牧畢王賢及趙陳等五王謀作亂帝執賢斬之而掩趙王等罪因詔五王劍履上殿入朝不趨以安之時五王陰謀滋甚帝以酒肴造趙王覘其指趙王伏甲於卧內帝賴元冑以免於是誅趙越二王八月庚午韋孝寬破尉遲迥斬之傳首闕下餘黨悉平初迥之亂鄖州總管司馬消難據州應迥淮南州縣多從之襄州總管王誼討之消難奔陳荆郢羣蠻乘釁而起命亳州總管賀若誼討平之先是上柱國王謙爲益州總管亦擁衆巴蜀以匡復爲辭帝以東夏山南爲事未遑致討謙遂出劍口陷始州至是乃命上柱國梁睿討平之傳首闕下隳劍閣之險以絕姦亂之萌焉九月壬子周帝進帝大丞相十月周帝詔追贈皇曾祖烈爲柱國太保都督徐兗等十州諸軍事徐州刺史隋國公謚曰康皇祖禎爲柱國太傅都督陝蒲等十三州諸軍事同州刺史隋國公謚曰獻皇考忠爲上柱國太師大冢宰都督冀定等十三州諸軍事雍州牧壬戌誅陳王純周帝進帝大冢宰五府總於天官十一月辛未誅代王逹滕王逌十二月甲子周帝授帝相國總百揆去都督內外諸軍事大冢宰之號進爵爲王以隋州之崇業鄖州之安陸城陽溫州之宜人應州之平靖上明順州之淮南士州之永川昌州之廣昌安昌申州之義陽淮安息州之新蔡建安豫州之汝南臨潁廣寧初安蔡州之蔡陽郢州之漢東二十郡爲隋國劍履上殿入朝不趨贊拜不名備九錫之禮加璽紱遠遊冠相國印綠綟綬位在諸侯王上隋國置丞相以下一依舊式帝再讓乃授王爵十郡而已周帝詔進皇祖皇考爵並爲王夫人爲王妃

大定元年二月壬子下令曰以前賜姓皆復其舊甲寅帝受九錫之禮丙辰周帝又詔帝冕十有二旒建天子旌旗出警入蹕乘金根車駕六馬備五時副車置旄頭雲罕樂舞八佾設鐘簴宮縣王妃爲王后世子爲太子前後三讓乃受俄而下詔依唐虞漢魏故事帝三讓不許乃遣太傅上柱國杞國公椿奉册大宗伯大將軍金城公趙煚奉皇帝璽紱于隋宮百官勸進帝乃受焉

開皇元年春二月甲子自相府常服入宮備禮卽皇帝位於臨光殿設壇於南郊遣兼太傅上柱國鄧公竇熾柴燎告天是日告廟大赦改元京師慶雲見改周官依漢魏之舊制以柱國司馬高熲爲尚書左僕射兼納言相國司錄虞慶則爲內史監兼吏部尚書相國內郎李德林爲內史令上開府韋世康爲禮部尚書上開府元

暉爲都官尚書開府戶部尚書元巖爲兵部尚書上儀同司宗長孫毗爲工部尚書上儀同司會楊尚希爲度支尚書雍州牧楊惠爲左衞大將軍乙丑追尊皇考爲武元皇帝廟號太祖皇妣呂氏爲元明皇后改周氏左社右廟制爲右社左廟遣八使巡省風俗丙寅修廟社立王后獨孤氏爲皇后王太子勇爲皇太子丁卯以大將軍趙煚爲尚書右僕射以上開府伊婁彥恭爲右武候大將軍己巳以五千戶封周帝介國公爲隋室賓旌旗車服禮樂一如其舊上書不爲表答表不稱詔周氏諸王盡降爲公辛未以皇弟同安郡公爽爲雍州牧乙亥封皇弟邵國公慧爲滕王同安公爽爲衞王皇子鴈門公廣爲晉王俊爲秦王秀爲越王諒爲漢王并州總管李穆爲太師上柱國竇熾爲太傅幽州總管于翼爲太尉觀國公田仁恭爲太子太師武德郡公柳敏爲太子太保丁丑以晉王廣爲并州總管封陳留郡公智積爲蔡王興城郡公靜爲道王戊寅改東京府爲尚書省發官牛五千頭分賜貧人三月宣仁門槐樹連理衆枝內附壬午白狼國獻方物丁亥詔犬馬器翫口味不得獻上戊子弛山澤禁己丑移盩厔連理樹植于宮庭戊戌以太子少保蘇威兼納言吏部尚書庚子詔前代品爵悉依舊定丁未梁蕭巋使其太宰蕭巖來賀夏四月辛巳大赦戊戌太常散樂並免爲編戶禁雜樂百戲辛丑陳人來聘于周至而上已受禪致之介國是月發稽胡修築長城二旬而罷五月戊午封邗國公楊雄爲廣平王永康郡公楊弘爲河間王辛未介公薨上舉哀於朝堂謚曰周靜帝六月癸未詔以初受命赤雀降祥推五德相生爲火色其郊及社廟依服冕之儀而朝會之服旗幟犧牲盡尚赤戎服尚黃秋七月乙卯上始服黃百寮畢賀八月壬午廢東京官甲午遣樂安公元諧擊吐谷渾於青海破而降之九月戊申遣使振給戰亡者家庚午陳將周羅睺攻陷胡墅蕭摩訶寇江北辛未以越王秀爲益州總管改封蜀王壬申以薛公長孫覽宋安公元景山並爲行軍元帥伐陳仍令尚書左僕射高熲節度諸軍是月行五銖錢冬十月乙酉百濟王扶餘昌遣使來賀授昌上開府儀同三司帶方郡公戊子行新律壬辰行幸岐州十一月乙卯以永富郡公竇榮定爲右武候大將軍遣兼散騎侍郎鄭撝使於陳己巳有流星聲如隤牆光照于地十二月甲申以禮部尚書韋世康爲吏部尚書庚子至自岐州壬寅高麗王高陽遣使朝貢授陽大將軍遼東郡公太子太保柳敏卒是歲靺鞨突厥阿波可汗沙鉢略可汗並遣使朝貢

二年春正月庚申陳宣帝殂辛酉置河北道行臺尚書省於并州以晉王廣爲尚書令置河南道行臺尚書省於洛州以秦王俊爲尚書令置西南道行臺尚書省於益州以蜀王秀爲尚書令戊辰陳人遣使請和求歸胡墅甲戌詔舉賢良二月己丑詔以陳有喪命高熲等班師庚寅加晉王廣左武衞大將軍秦王俊右武衞大將軍庚子京師雨土三月初命入宮殿命通籍戊申開渠引杜陽水於三時原四月丁丑以盜州刺史竇榮定爲左武候大將軍韓僧壽破突厥於雞頭山上柱國李充破突厥於河北山五月戊申以上開府長孫平爲度支尚書己酉上以旱親省囚徒其日大雨己未高寶寧寇平州突厥入長城庚申以豫州刺史皇甫績爲都官尚書甲子改傳國璽曰受命璽丁卯制民年六十以上免課六月壬午以大府卿蘇孝慈爲兵部尚書甲申使使弔陳乙酉上柱國李充破突厥于馬邑丙申詔遷都龍首山命左僕射高熲將作大匠劉龍鉅鹿郡公賀婁子幹太府少卿高龍叉等創造新都秋七月癸巳詔新置都處墳墓令悉還葬設祭仍給人功無主者命官爲殯葬甲午行新令冬十月以撤毀故徙居東宮給內外宮人祿癸酉皇太子勇屯兵咸陽以備胡虜庚寅上疾愈享百寮於觀德殿賜錢帛皆任自取盡力以出辛卯以營新都副監賀婁子幹爲工部尚書十一月丙午初命爲方陣戰法及制軍營圖樣下諸軍府以擬征突厥十二月辛未上講武于後園甲戌上柱國竇毅卒丙子名新都曰大興城乙酉遣彭城公虞慶則屯弘化以備胡突厥寇周槃行軍總管達奚長儒爲虜所敗丙戌賜國子生經明者束帛丁亥親錄囚徒是歲高麗百濟並遣使朝貢

三年春正月庚子將遷新都大赦禁大刀長矟始令人以二十一成丁歲役功不過二十日不役者收庸廢遼近酒坊罷鹽井禁二月己巳朔日有蝕之癸酉陳人來聘突厥犯邊癸未以左武衞大將軍李禮成爲右武衞大將軍三月丁未上柱國鮮虞縣公謝慶恩卒丙辰以雨故常服入新都京師承明里醴泉出丁巳詔購遺書於天下癸亥城榆關夏四月己巳衞王爽大破突厥於白道山停築原陽雲內紫河等鎭而還上柱國建平郡公于義卒庚午吐谷渾寇臨洮洮州刺史皮子信死之壬申以尚書右僕射趙煚兼內史令丁丑以滕王瓚爲雍州牧庚辰行軍總管陰壽大破高寶寧于黃龍甲申以旱故上親祀雨師丙戌詔天下勸學行禮己丑陳郢

州城主張子譏遣使請降上以和好不納辛卯遣兼散騎常侍薛舒聘於陳癸巳上親雩五月癸卯太尉任城公于翼薨行軍總管李晃破突厥於摩那渡口乙巳梁太子蕭琮來賀遷都辛酉親祀方澤壬戌行軍元帥竇榮定破突厥及吐谷渾於涼州赦黃龍死罪以下六月庚午封衛王爽子集爲遂安郡王戊寅突厥遣使求和庚辰行軍總管梁遠破吐谷渾於爾汗山斬其名王秋七月壬戌詔往者山東河表經此妖亂孤城遠守多不自全濟陰太守杜猷身陷賊徒命懸逆手郡省事范臺玫傾産營護免其戮辱眷言誠節實有可嘉宜超爵賞用明沮勸臺玫可大都督假湘州刺史丁卯日有蝕之八月壬午遣尚書右僕射高熲出寧州道吏部尚書虞慶則出原州道並爲行軍元帥以擊胡戊子親祀太社九月壬子幸城東觀穀稼癸丑大赦冬十月甲戌廢河南道行臺省十一月發使巡省風俗庚辰陳人來聘陳主知帝貌異世人使副使袁彥圖像而去甲午罷天下諸郡十二月乙卯遣兼散騎常侍唐令則使於陳戊午以刑部尚書蘇威爲戶部尚書是歲高麗突厥靺鞨並遣使朝貢

四年春正月甲子朔日有蝕之祀太廟辛未祀南郊壬申梁主蕭巋來朝甲戌大射於北苑十日而罷壬午齊州水辛卯渝州獲獸似麋一角同蹄壬辰班新厤二月乙巳上餞梁主于霸上庚戌行幸隴州突厥可汗阿史那玷厥率其屬來降夏四月己亥敕總管刺史父母及子年十五以上不得將之官庚子以吏部尚書虞慶則爲尚書右僕射瀛州刺史楊尚希爲兵部尚書毛州刺史劉仁恩爲刑部尚書五月癸酉契丹主莫賀弗遣使請降拜大將軍六月庚子降囚徒壬子開通濟渠自渭達河以通運漕甲寅制官人非戰功不授上柱國以下戎官以雍同華岐宜五州旱命無出今年租調戊午秦王俊來朝秋七月丙寅陳人來聘八月甲午遣十使巡省天下戊戌衛王爽來朝壬寅上柱國太傅鄧公竇熾薨乙卯陳將夏侯苗請降上以通和不納九月己巳上親錄囚徒庚午契丹內附甲戌以關中饑行幸洛陽冬十一月壬戌遣兼散騎常侍薛道衡使於陳甲戌敗周十二月爲臘蜡是歲靺鞨及女國並遣使朝貢

五年春正月戊辰詔行新禮壬申詔罷江陵總管其後梁主請依舊許之三月戊午以尚書左僕射高熲爲左領軍大將軍以上柱國宇文忻爲右領軍大將軍夏四月甲午契丹遣使朝貢壬寅上柱國王誼謀反誅乙卯詔徵山東大儒馬榮伯等戊申車駕至自洛陽五月甲申初置義倉梁主蕭巋殂遣上大將軍元契使于突厥阿波可汗秋七月庚申陳人來聘壬午突厥沙鉢略可汗上表稱臣八月甲辰河南諸州水遣戶部尚書蘇威振給之戊申有流星數百四散而下九月乙丑改鮑陂曰杜陂霸水曰滋水丙子遣兼散騎常侍李若使於陳冬十一月丁卯晉王廣來朝十二月丁未降囚徒

六年春正月甲子党項羌內附庚子班厤於突厥壬申使戶部尚書蘇威巡省山東二月乙酉山南荆浙七州水遣前工部尚書長孫毗振恤之丙戌制刺史上佐每歲暮更入朝上考課丁亥發丁男十一萬修築長城二旬而罷庚子大赦三月己未洛陽男子高德上書請帝爲太上皇傳位皇太子帝曰朕承天命撫育蒼生日旰孜孜猶恐不逮豈學近代帝王事不師古傳位於子自求逸樂哉癸亥突厥沙鉢略可汗遣使朝貢夏四月己亥陳人來聘秋七月辛亥河南諸州水乙丑京師雨毛如馬鬉尾長者二尺餘短者有六七寸八月辛卯關內七州旱蠲其賦稅遣散騎常侍裴世豪使于陳戊申上柱國太師申公李穆薨閏月丁卯皇太子鎮洛陽辛未晉王廣秦王俊並來朝丙子上柱國郕公梁士彥上柱國杞公宇文忻柱國舒公劉昉謀反伏誅上柱國許公宇文善有罪除名九月辛巳帝素服御射殿詔百寮射賜梁士彥三家資物丙戌上柱國宋安公元景山卒辛丑詔振恤大象以來死事之家冬十月己酉以河北道行臺尚書令并州總管晉王廣爲雍州牧餘官如故以兵部尚書楊尚希爲禮部尚書癸丑置山南道行臺尚書省於襄州以秦王俊爲尚書令

七年春正月癸巳祀太廟乙未制諸州歲貢三人二月丁巳祀朝日於東郊己巳陳人來聘壬申幸醴泉宮是月發丁男十萬修築長城二旬而罷夏四月庚戌於揚州開山陽瀆以通運漕突厥沙鉢略可汗卒癸亥頒青龍符於東方總管刺史西方以白虎南方以朱雀北方以元武甲戌遣兼散騎常侍楊周使于陳以戶部尚書蘇威爲吏部尚書五月己亥朔日有蝕之己卯隕石於武安滏陽間十餘里秋七月己丑衛王爽薨八月庚申梁王蕭琮來朝九月乙酉梁安平王蕭巖掠於其國以奔陳辛卯廢梁國曲赦江陵以梁王蕭琮爲柱國封莒國公冬十月庚申行幸同州以先帝所居故曲赦囚徒癸亥幸蒲州丙寅宴父老上極歡曰此間人物衣服鮮麗容止閑雅良由仕宦之鄉陶染成俗也十一月甲午幸馮翊祠故社父老對詔失旨上大怒免其縣官而去

戊戌車駕至自馮翊

八年春正月乙亥陳人來聘二月辛酉陳人寇陝州三月辛未上柱國隴西公李詢卒甲戌遣兼散騎常侍程尚賢使于陳戊寅詔大舉伐陳秋八月丁未河北諸州飢遣吏部尚書蘇威振恤之九月癸巳嘉州言龍見冬十月己未置淮南行臺省於壽春以晉王廣爲尚書令辛酉陳人來聘拘留不遣甲子有星孛于牽牛享太廟授律令晉王廣秦王俊清河公楊素並爲行軍元帥以伐陳於是晉王出六合秦王出襄陽清河公楊素出信州荆州刺史劉仁恩出江陵宜陽公王世積出蘄春新義公韓擒虎出廬江襄邑公賀若弼出吳州洛叢公燕榮出東海合總管九十兵五十一萬八千皆受晉王節度東接滄海西拒巴蜀旌旗舟楫橫亙數千里仍曲赦陳國十一月丁卯車駕餞師詔購陳叔寶位上柱國萬戶公乙亥行幸定城陳師誓眾丙子幸河東十二月車駕至自河東

九年春正月癸酉以尚書左僕射虞慶則爲右衛大將軍丙子賀若弼敗陳師於蔣山獲其將蕭摩訶韓擒虎進師入建鄴獲陳主叔寶陳國平得州四十郡一百縣四百戶五十萬口二百萬癸巳遣使持節巡撫之二月乙未廢淮南尚書省丙申制五百家爲鄉正一人百家爲里長一人夏四月己亥幸驪山親勞旋師乙巳三軍凱入獻俘於太廟以晉王廣爲太尉庚戌帝御廣陽門宴將士頒賜各有差辛亥大赦以陳都官尚書孔範散騎常侍王瑳王儀御史中丞沈觀等邪佞於其主以致亡滅皆投之邊裔陳人普給復十年軍人畢世免徭役擢陳之文武眾才而用之官奴數千可歸者歸之其餘盡以分賜將士及王公貴臣其資物皆於五埰賜王公以下大射毀所得秦漢三大鐘越二大鼓又設亡陳女樂謂公卿等曰此聲似啼朕聞之甚不喜故與公等一聽亡國之音俱爲永鑒焉辛酉以吏部侍郎宇文弼爲刑部尚書宗正卿楊异爲工部尚書壬戌詔曰今率土大同含生遂性兵可立威不可不戢刑可助化不可專行禁衛九重之餘鎮守四方之外戎旅軍器皆宜停罷武力之子俱可學文民間甲仗悉皆除毀閏月丁丑頒木魚符於總管刺史雌一雄一己卯以吏部尚書蘇威爲尚書右僕射六月乙丑以荆州總管楊素爲納言丁卯以吏部侍郎盧愷爲禮部尚書時羣臣咸請封禪詔不許曰豈可命一將軍除一小國以薄德而封名山用虛言而干上帝邪八月壬戌以廣平王雄爲司空冬十一月壬辰定州刺史豆盧通等上表請封禪上不許庚子以右衛軍大將軍虞慶則爲右武候大將軍右領軍將軍李安爲右領軍大將軍甲寅降囚徒十二月甲子詔太常卿牛弘通直散騎常侍許善心祕書丞姚察通直郎虞世基等議定樂

十年春正月乙未以皇孫昭爲河南王楷爲華陽王二月庚申幸并州夏五月乙未詔以魏末喪亂兵士軍人權置坊府居處無定自今軍人可悉屬州縣墾田籍帳一同編戶軍府統領軍依舊式罷山東河南及北方緣邊之地新置軍府六月辛酉制人年五十免役折庸秋七月癸卯以納言楊素爲內史令庚戌上親錄囚徒辛亥高麗遼東郡公高陽卒八月壬申遣柱國韋洸上開府王景並持節巡撫嶺南百越皆服九月丁酉至自并州冬十月甲子頒木魚符於京官五品以上十一月辛卯幸國學頒賜各有差辛丑祀南郊是月婺州人汪文進會稽人高智慧蘇州人沈元懀皆舉兵反自稱天子樂安蔡道人饒州吳代華永嘉沈孝徹泉州王國慶餘杭楊寶英交阯李春等皆自稱大都督詔內史令楊素討平之是歲吐谷渾契丹並遣使來朝貢

十一年春正月丁酉以平陳所得古器多爲妖變悉命毀之丙午皇太子妃元氏薨上舉哀於東宮文思殿二月戊午以大將軍蘇孝慈爲工部尚書丙子以臨潁令劉曠政績尤異擢爲莒州刺史辛巳晦日有蝕之夏五月乙巳以右衛將軍元旻爲左衛大將軍秋八月壬申滕王瓚薨乙亥上柱國沛國公鄭譯卒是歲高麗靺鞨並遣使朝貢突厥獻七寶盌

十二年春正月己巳以蜀王秀爲內史令兼右領軍大將軍以漢王諒爲雍州牧右衛大將軍秋七月乙巳尚書右僕射邳公蘇威禮部尚書容成侯盧愷並坐事除名壬申晦日有蝕之八月甲戌制天下死罪諸州不得便決皆令大理覆之癸巳制宿衛者不得輒離所守丁酉上柱國楚公豆盧勣卒戊戌上親錄囚徒冬十月丁丑以遂安王集爲衛王壬午祀太廟至太祖神主前帝流涕嗚咽不自勝十一月辛亥祀南郊己未上柱國新義公韓擒虎卒甲子百寮大射於武德殿十二月乙酉以內史令楊素爲尚書右僕射是歲突厥吐谷渾靺鞨並遣使朝貢

十三年春正月乙巳上柱國郇公韓建業卒壬子祀感生帝己未以信州總管韋世康爲吏部尚書壬戌行幸岐州二月丙子詔營仁壽宮丁卯至自岐州己卯立皇孫暕爲豫章王戊子晉州刺史南陽郡公賈悉達隰州

總管撫甯郡公韓延等以賄伏誅己丑制坐事去官者配防一年丁酉制私家不得隱藏緯候圖讖夏五月癸亥詔禁人間撰集國史臧否人物秋七月戊辰晦日有蝕之九月丙辰降囚徒庚申封邵公楊綸爲滕王冬十一月乙卯上柱國華陰公梁彥光卒是歲契丹霫室韋靺鞨並遣使朝貢

十四年夏四月乙丑詔曰比命有司總令研究正樂雅聲詳定已訖宜卽施用見行者停人間音樂流僻日久棄其舊體競造繁聲流宕不歸遂以成俗宜加禁約務存其本五月辛酉京師地震關內諸州旱六月丁卯詔省府州縣皆給廨田不得與生與人爭利秋七月乙未以邠公蘇威爲納言八月辛未關中大旱人飢行幸洛陽并命百姓山東就食冬閏十月甲寅詔曰梁齊陳往皆創業一方綿歷年代既宗祀廢絕祭奠無主興言矜念良以愴然莒國公蕭琮及高仁英陳叔寶等宜令以時世修祭祀所須器物有司給之乙卯制外官九品以上父母及子年十五不得從之官十一月壬戌制州縣佐史三年一代不得重任癸未有星孛于角亢十二月乙未東巡狩

十五年春正月壬戌車駕次齊州親問疾苦丙寅旅王符山庚午以歲旱祀太山以謝愆咎大赦二月丙辰禁私家畜兵器關中緣邊不在其例禁河以東無得乘馬丁巳上柱國蔣公梁睿卒三月乙未車駕至自東巡望祭五嶽海瀆丁亥幸仁壽宮夏四月己丑朔大赦甲辰以趙州刺史楊達爲工部尚書五月丁亥制京官五品以上佩銅魚符六月戊子詔鑿砥柱庚寅相州刺史豆盧通貢綾文布命焚之于朝堂辛丑詔名山未在祀典者悉命祀之秋七月甲戌遣邳公蘇威巡省江南戊寅至自仁壽宮辛巳制九品以上官以理去官者並聽執笏冬十二月戊子勅盜邊糧一升以上皆斬籍沒其家己丑詔文武官以四考更代是歲吐谷渾林邑等國並遣使朝貢

十六年春二月丁亥封皇孫裕爲平原王筠爲安成王嶷爲安平王恪爲襄城王該爲高陽王韶爲建安王煚爲潁川王夏六月甲午制工商不得進仕并州大蝗辛丑詔九品以上妻五品以上妾夫亡不得改嫁秋八月庚戌詔決死罪者三奏而後行刑冬十月己丑幸長春宮十一月壬子至自長春宮

十七年春二月癸未太平公史萬歲伐西蠻尅之庚寅行幸仁壽宮庚子上柱國王世積討桂州賊李光仕平之三月丙辰詔諸司屬官有犯聽於律令外斟酌決杖辛酉上親錄囚徒癸亥上柱國彭城公劉昶以罪伏誅庚午遣御史柳彧皇甫誕巡省河南北夏四月戊寅頒新厤五月庚申宴百寮於玉女泉班賜各有差己巳蜀王秀來朝閏月己卯羣鹿入殿門馴擾侍衛之內秋七月丁丑桂州人李世賢反遣右武候大將軍虞慶則討平之丁亥并州總管秦王俊坐事免以王就第九月甲申車駕至自仁壽宮庚寅上謂侍臣曰廟庭設樂本以迎神齋祭之日觸目多感當此之際何可爲心在路奏樂禮爲未允公卿宜更詳之冬十月丁未頒銅虎符於驃騎車騎府戊申道王靜薨庚午詔自今享廟日不須備鼓吹殿庭勿設樂懸辛未京下大索十二月壬子上柱國右武候大將軍魯公虞慶則以罪伏誅是歲高麗突厥並遣使朝貢

十八年春正月辛丑詔曰吳越之人往承弊俗所在之處私造大船因相聚結致有侵害江南諸州人間有船長三丈以上悉括入官二月甲辰幸仁壽宮丁巳以漢王諒爲行軍元帥水陸三十萬伐高麗夏五月辛亥詔畜猫鬼蠱毒厭魅野道之家投于四裔六月丙寅詔黜高麗王高元官爵秋八月丙子詔京官五品以上總管刺史舉志行修謹清平幹濟之士九月己丑漢王諒師遇疾疫而旋死者十二三庚寅勅舍客無公驗者坐及刺史縣令辛卯車駕至自仁壽宮冬十一月甲戌帝親錄囚徒癸未祀南郊十二月庚子上柱國夏州總管東萊公王景以罪伏誅是歲自京師至仁壽宮置行宮十所杞朱陳亳曹戴潁等州水詔並免庸調

十九年春正月癸酉大赦戊寅大射于武德殿二月己亥晉王廣來朝甲寅幸仁壽宮夏四月丁酉突厥利可汗內符達頭可汗犯塞行軍總管史萬歲擊破之六月丁酉以豫章王暕爲內史令秋八月癸卯上柱國尚書左僕射齊公高熲坐事免辛亥上柱國皖城公張威卒甲寅上柱國城陽公李徹卒九月乙丑以太常卿牛弘爲吏部尚書冬十月甲午以突厥利可汗爲啟民可汗築大利城處其部落十一月有司言元年已來日漸長十二月乙未突厥都藍可汗爲部下所殺國大亂星隕於勃海

二十年春正月辛酉朔突厥高麗契丹並遣使朝貢二月丁丑無雲而雷三月辛卯熙州人李英林反遣行軍總管張衡討之夏四月壬戌突厥犯塞以晉王廣爲行軍元帥擊破之乙亥天有聲如瀉水自南而北六月丁丑秦王俊薨秋九月丁未車駕至自仁壽宮冬十月乙

丑廢皇太子勇及其諸子並爲庶人殺柱國太平公史萬歲己巳殺左衛大將軍五原公元旻十一月戊子以晉王廣爲皇太子天下地震京城大風雪十二月戊午詔東宮官屬於皇太子不得稱臣辛巳詔毀壞偷盜佛及天尊像嶽鎮海瀆神形者以不道論沙門壞佛像道士壞天尊像以惡逆論

仁壽元年春正月乙酉朔大赦改元以尚書右僕射楊素爲左僕射以納言蘇威爲右僕射丁酉徙河南王昭爲晉王突厥寇恒安遣柱國韓洪擊之敗焉以晉王昭爲內史令辛丑詔曰投生殉節自古稱難殞身王事禮加二等而世俗之徒不達大義致命戎旅不入兆域興言念此每深愍歎且入廟祭祀並不廢闕何止墳塋獨在其外自今戰亡之徒宜入墓域二月乙卯朔日有蝕之夏五月己丑突厥男女九萬餘口來降壬辰驟雨震雷大風拔木宜君湫水移於始平六月乙卯遣十六使巡省風俗乙丑廢太學及州縣學唯留國子一學取正三品以上子七十二人充生員頒舍利於諸州秋七月戊戌改國子爲太學十一月己丑祀南郊十二月楊素擊突厥大破之

二年春三月己亥幸仁壽宮夏四月庚戌岐雍二州地震秋七月丙戌詔內外官各舉所知八月己巳皇后獨孤氏崩九月丙戌車駕至自仁壽宮壬辰河北諸州大水遣工部尚書楊達振恤之乙未上柱國襄州總管金水公周搖卒隴西地震冬十月壬子曲赦益州管內癸丑以工部尚書楊達爲納言閏月甲申詔尚書左僕射楊素與諸術者刊定陰陽舛謬己丑詔左僕射越公楊素右僕射邳公蘇威吏部尚書奇章公牛弘內史侍郎薛道衡祕書丞許善心內史舍人虞世基著作郎王劭等修定五禮壬寅葬獻皇后於太陵十二月癸巳益州總管蜀王秀有罪廢爲庶人交州人李佛子舉兵反遣行軍總管劉方討平之

三年春二月戊子以大將軍蔡陽郡公姚辯爲左武候大將軍夏五月癸卯詔曰六月十三日是朕生日其日令海內爲武元皇帝元明皇后斷屠六月甲午詔三年之喪依禮十三月而祥中月而禫用台聖人之意秋七月丁卯詔州縣搜揚賢哲皆取明知古今通識安危究政教之本達禮樂之原不限多少不得不舉徵召將送必須以禮八月壬申上柱國檢校幽州總管落叢公燕榮以罪伏誅九月壬戌置常平官甲子以營州總管韋沖爲戶部尚書十二月癸酉河南諸州水遣納言楊達振恤之

四年春正月丙辰大赦甲子幸仁壽宮夏四月乙卯上不豫六月庚午大赦有星入月中數日而退長人見於鴈門秋七月乙未日青無光八日乃復甲辰帝疾甚卧於仁壽宮與百寮辭訣上握手歔欷丁未崩于大寶殿時年六十四遺詔公卿大臣內外羣官勠力王室與皇太子廣共安天下朕雖瞑目何所復恨國家大事不可限以常制其凶禮所須纔令周事務從節儉既葬公除悉遵舊典諸州總管刺史以下宜率其職不須奔赴乙卯發喪河間楊柳四株無故黃落既而花葉復生八月丁卯梓宮至自仁壽宮丙子殯於大興前殿十月乙卯葬於太陵同墳而異穴士庶赴葬者皆聽入視陵內帝性嚴重有威容外質木而內明敏有大略初得政之始羣情不附諸子幼弱內有六王之謀外致三方之亂握彊兵居重鎮者皆周之舊臣上推以赤心各盡其用不踰期月剋定三邊未及十年平一四海薄賦斂輕刑罰內修制度外撫戎夷每旦聽朝日昃忘倦居處服翫每事儉素令行禁止上下化之開皇仁壽之間丈夫不衣綾綺而無金玉之飾常服率多布帛裝帶不過以銅鐵骨角而已雖嗇於財至於賞賜有功亦無所愛惜每乘輿四出路逢上表者駐馬親自臨問或潛遣行人采聽風俗吏政得失民間疾苦無不留意嘗遇關中飢遣左右視百姓所食有得豆屑雜糠而奏之者上流涕以示羣臣深自咎責爲之損膳而不御酒肉者殆將一期及東拜太山關中戶口就食洛陽者道路相屬帝敕斥候不得輒有驅逼男女參厠於仗衛之間遇逢扶老攜幼者輒引馬避之慰勉而去至艱嶮之處見負擔者遽令左右扶助之其有將士戰歿必加優賞仍令使者就家勞問自彊不息朝夕孜孜民庶殷繁帑藏充實雖未能致臻於至道亦足稱近代之良主然雅性沈猜素無學術好爲小數言神燭聖杖堪能療病又信王劭解石文以爲己瑞不達大體故忠臣義士莫得盡心竭辭其草創元勳及有功諸將誅夷獲罪罕有存者又不悅詩書楊素由之希旨遂奏除學校唯婦言是用廢黜諸子逮于暮年持法尤峻喜怒失常果於殺戮嘗令左右送西域朝貢使出關其人所經之處受牧宰小物饋鸚鵡麖皮馬鞭之屬聞而大怒又詣武庫見署中蕪穢不治於是執武庫令及諸受遺者出開遠門外親自臨決死者數十人又往往潛令賂遺令史府史受者必死無所寬貸議者以此少之

高祖開皇二十年仁壽四年即位二十四年

煬皇帝諱廣一名英小字阿麽高祖第二子也母曰文獻獨孤皇后上美姿儀少敏慧高祖及后於諸子中特所鍾愛在周以高祖勳封鴈門郡公開皇元年立爲晉王拜柱國并州總管時年十三尋授武衛大將軍進上柱國河北道行臺尚書令大將軍如故高祖令項城公歆安道公李徹輔導之上好學善屬文沈深嚴重朝野屬望高祖密令善相者來和徧視諸子和曰晉王眉上雙骨隆起貴不可言既而高祖幸上所居第見樂器絃多斷絶又有塵埃若不用者以爲不好聲伎之翫上尤自矯飾當時稱爲仁孝嘗觀獵遇雨左右進油衣上曰士卒皆霑濕我獨衣此乎乃令持去六年轉淮南道行臺尚書令其年徵拜雍州牧內史令八年冬大舉伐陳以上爲行軍元帥及陳平執陳湘州刺史施文慶散騎常侍沈客卿市令陽慧朗刑法監徐析尚書都令史暨慧以其邪佞有害於民斬之石闕下以謝三吳於是封府庫資財無所取天下稱賢進位太尉賜路車乘馬袞冕之服元珪白璧各一雙復拜并州總管俄而江南高智慧等相聚作亂徙上爲揚州總管鎮江都每歲一朝高祖之祠太山也領武候大將軍明年歸藩後數載突厥寇邊復爲行軍元帥出靈武無虜而旋及太子勇廢立上爲皇太子是月當受冊高祖曰吾以大興公成帝業令上出舍大興其夜烈風大雪地震山崩民舍多壞壓死者百餘口仁壽初奉詔巡撫東南是後高祖每避暑仁壽宮恒令上監國四年七月高祖崩上即位於仁壽宮八月奉梓宮還京師并州總管漢王諒舉兵反詔尚書左僕射楊素討平之九月乙巳以備身將軍崔彭爲左領軍大將軍十一月乙未幸洛陽丙申發丁男十數萬掘塹自龍門東接長平汲郡抵臨淸關度河至浚儀襄城達于上洛以置關防癸丑詔營建東京於雒陽十二月乙丑右武衛將軍來護兒爲右驍衛大將軍戊辰以柱國李景爲右武衛大將軍以右衛率周羅睺爲右武候大將軍

大業元年春正月壬辰朔大赦改元立妃蕭氏爲皇后改豫州爲溱州洛州爲豫州廢諸州總管府丙申立晉王昭爲皇太子丁酉以上柱國宇文述爲左衛大將軍上柱國郭衍爲左武衛大將軍延壽公于仲文爲右衛大將軍己亥以豫章王暕爲豫州牧戊申發八使巡省風俗詔令薦拔淹滯申達幽枉孝悌力田給以優復鰥寡孤獨不能自存者量加振濟義夫節婦旌表門閭高年之老加其版授篤疾之徒給以侍丁其有名行顯著操履修潔及學業才能一藝可取咸宜訪採將身入朝所在州縣以禮發遣其蠹政害民不便於時者使還之日具錄奏聞己酉以吳州總管宇文弼爲刑部尚書二月己卯以尚書左僕射楊素爲尚書令三月丁未詔尚書令楊素納言楊達將作大匠宇文愷營建東京徙豫州郭下居民以實之戊申詔民下有知州縣官人政治苛刻侵害百姓背公狥私不便於民者聽詣朝堂封奏又於皁澗營顯仁宮採海內奇禽異獸草木之類以實園苑徙天下富商大賈數萬家於東京辛亥發河南諸郡男女七百萬開通濟渠自西苑引穀洛水達于河自板渚引河通于淮庚申遣黃門侍郎王弘上儀同于士澄往江南採木造龍舟鳳艒黃龍赤艦樓船等數萬艘夏四月癸亥大將軍劉仲方擊林邑破之五月庚戌戶部尚書義豐侯韋沖卒甲子熒惑入太微秋七月丁酉制戰亡之家給復十年丙午滕王綸衛王集並奪爵徙邊閏七月甲子以尚書令楊素爲太子太師安德王雄爲太子太傅河間王弘爲太子太保丙子詔諸孝秀在家及見入學者若有篤志好古耽典悅禮學行優敏堪膺時務所在採訪具以名聞即當隨其器能擢以不次若研精經術未願進仕可依其藝業深淺門蔭高卑雖未升朝並量準給祿其國子等學亦宜申明舊制教習生徒具爲課試之法以盡砥礪之道八月壬寅上御龍舟幸江都以左武衛大將軍郭衍爲前軍右武衛大將軍李景爲後軍文武官五品已上給樓船九品已上給黃篾舳艫相接二百餘里冬十月己丑赦江淮已南揚州給復五年舊總管內給復三年十一月己未以大將軍崔仲方爲禮部尚書

二年春正月辛酉東京成賜監督者有差以大理卿梁毗爲刑部尚書丁卯遣十使併省州縣二月丙戌詔尚書令楊素吏部尚書牛弘大將軍宇文愷內史侍郎虞世基禮部侍郎許善心制定輿服始備輦輅及五時副車上常服皮弁十有二琪文官弁服佩玉五品已上給犢車通幰三公親王加油絡武官平巾幘袴褶三品以上給瓝槊下至胥吏服色各有差非庶人不得戎服戊戌置都尉官三月庚午車駕發江都先是太府少卿何稠太府丞雲定興盛修儀仗於是課州縣送羽毛百姓求捕之網羅被水陸禽獸有堪氅毦之用者殆無遺類至是而成夏四月庚戌上自伊闕陳法駕備千乘萬騎入於東京辛亥上御端門大赦天下免今年租賦癸丑以冀州刺史楊文思爲民部尚書五月甲寅金紫光祿大夫兵部尚書李通坐事免乙卯詔自古以來賢人君

子有功德於民者並宜營立祠宇以時致祭墳壟之處不得侵踐有司量爲條式以聞六月壬子以尚書令太子太師楊素爲司徒進封豫章王暕爲齊王秋七月癸丑以衞尉卿衞元爲工部尚書庚申制百官不得計考增級必有德行功能灼然顯著者擢之壬戌擢藩邸舊臣鮮于羅等二十七人官爵有差甲戌皇太子昭薨乙亥上柱國司徒楚國公楊素薨八月辛卯封皇孫倓爲燕王侗爲越王侑爲代王九月乙丑立秦王俊子浩爲秦王冬十月戊子以靈州刺史段文振爲兵部尚書十二月庚寅詔自古以來帝王陵墓可給隨近十戸蠲其雜役以供守視

三年春正月癸亥敕并州逆人已流配而逃亡者所獲之處卽宜斬決丙子長星竟天出於東壁二旬而止是月武陽郡上言河水清二月己丑彗星見於東井文昌歷太陵五車北河入太微掃帝座前後百餘日而止三月辛亥車駕還京師壬子以大將軍姚辯爲左衞將軍癸丑遣羽騎朱寬使於流求國乙卯河間王弘薨夏四月庚辰詔曰古者帝王觀風俗皆所以憂勤兆庶安集遐荒自蕃夷內附未遑親撫山東經亂須加存恤今欲安輯河北巡省趙魏所司依式甲申頒律令大赦天下關內給復三年壬辰改州爲郡改度量衡並依古式改上柱國以下官爲大夫甲午詔以孝悌德行節義可稱操履清潔彊毅正直執憲不撓學業優敏文才美秀及才堪將略力有驍壯者爲十科令文武有職事者五品已上依令十科舉人有一於此不必求備朕當待以不次隨才升用其見任九品已上官者不在舉送之限丙申車駕北巡狩丁酉以刑部尚書宇文弼爲禮部尚書戊戌敕百司不得踐暴禾稼其有須開爲路者有司計地所收卽以近倉酬賜務從優厚己亥至赤岸澤以太牢祭故太師李穆五月丁巳突厥啟民可汗遣子拓特勒來朝戊午發河北十餘郡丁男自太行山達于并州以通馳道丙寅啟民可汗遣其兄子毗黎伽特勒來朝辛酉啟民可汗遣使請自入塞奉迎輿駕上不許癸酉有星孛于文昌上將星常皆動搖六月辛巳獵於連谷丁亥詔爲高祖文皇帝別建廟宇以彰盛德戊子次榆林郡丁酉啟民可汗來朝己亥吐谷渾高昌並遣使貢方物甲辰上御北樓觀漁于河以宴百寮秋七月辛亥啟民可汗上表請變服襲冠帶詔啟民贊拜不名位諸侯王上甲寅上於郡城東御大帳其下備儀衞建旌旗宴啟民及其部落三千五百人奏百戲之樂賜啟民及其部落各有差丙子殺光祿大夫賀若弼禮部尚書宇文弼太常卿高熲尚書左僕射蘇威坐事免發丁男百餘萬築長城西距榆林東至紫河二旬而罷死者十五六八月壬午車駕發榆林乙酉啟民飾廬清道以候乘輿帝幸其帳啟民奉觴上壽宴賜極厚上謂高麗使者曰歸語爾王當早來朝見不然者吾與啟民巡彼土矣皇后亦幸義成公主帳己丑啟民可汗歸蕃癸巳入樓煩關壬寅次太原詔營晉陽宮九月己未次濟源幸御史大夫張衡宅宴享極歡己巳至于東都壬申以齊王暕爲河南尹開府儀同三司癸酉以戶部尚書楊文思爲納言

四年春正月乙巳詔發河北諸郡男女百餘萬開永濟渠引沁水南達于河北通涿郡庚戌百寮大射於允武殿丁卯賜城內居民米各十石壬申以太府卿元壽爲內史令鴻臚卿楊元感爲禮部尚書癸酉以工部尚書衞元爲右武候大將軍大理卿長孫熾爲戶部尚書二月己卯遣司朝謁者崔毅使突厥處羅致汗血馬三月辛酉以將作大匠宇文愷爲工部尚書壬戌百濟倭赤土迦羅舍國並遣使貢方物乙丑車駕幸五原因出塞巡長城丙寅遣屯田主事常駿使赤土致羅剎夏四月丙午以離石之汾源臨泉鴈門之秀容爲樓煩郡起汾陽宮癸丑以河內太守張定和爲左屯衞大將軍乙卯詔於萬壽戍爲突厥意利珍豆啟民可汗置城造屋其帷帳牀褥以上隨宜量給務從優厚五月壬申蜀郡獲三足烏張掖獲元狐各一秋七月辛巳發丁男二十餘萬築長城自榆林谷而東乙未左翊衞大將軍宇文述破吐谷渾於曼頭赤水八月辛酉親祠恒岳河北道郡守畢集大赦天下車駕所經郡縣免一年租調九月辛未徵天下鷹師悉集東京至者萬餘人戊寅彗星出五車埽文昌至房而滅辛巳詔免長城役者一年租賦冬十月丙午詔立孔子後爲紹聖侯令有司求其苗裔錄以申上辛亥詔求周漢魏晉之冑緒並立後以存繼絕之義乙卯頒新式於天下

五年春正月丙子改東京爲東都癸未詔天下均田戊子上自東都還京師己丑制民間鐵叉搭穳刃之類皆禁絕之太守每歲密上屬官景迹二月戊戌次于閿鄉詔祭古帝王陵及開皇功臣墓庚子制魏周官不得爲蔭辛丑赤土國遣使貢方物戊申車駕至京師丙辰宴耆舊四百人於武德殿頒賜各有差己未上御崇德殿之西院愀然不悅顧謂左右曰此先帝所居實用增感情所未安於此院之西別營一殿壬戌制父母聽隨子

之官三月己巳車駕西巡河右庚午有司言武功男子史永遵與從父昆弟同居上嘉之賜物一百段米二百石表其門閭乙亥幸扶風舊宅夏四月己亥大獵於隴西壬寅高麗吐谷渾伊吾並遣使來朝乙巳次狄道党項羌來貢方物癸亥出臨津關度黃河至西平陳兵講武五月乙亥上大獵於延山長圍周亙二千里庚辰入長寧谷壬午度星嶺甲申宴羣臣於金山之上丙戌梁浩亹御馬度而橋壞斬朝散大夫黃亘及督役者九人吐谷渾王率衆保覆袁川帝分命內史元壽南屯金山兵部尚書段文振北屯雪山太僕卿楊義臣東屯琵琶峽將軍張壽西屯泥嶺四面圍之吐谷渾王伏允以數十騎遁出遣其名王詐稱伏允保車我眞山壬辰詔右屯衞大將軍張定和往捕之定和挺身挑戰爲賊所殺亞將柳武建擊破之斬首數百級甲午其仙頭王窮蹙率男女十餘萬口來降六月丁酉遣左光祿大夫梁默右翊衞將軍李瓊等追吐谷渾王皆遇賊死之癸卯經大斗拔谷山路隘險魚貫而出風霰晦暝與後宮相失士卒凍死者大半丙午次張掖辛亥詔諸郡學業該通才藝優洽膂力驍壯超絕等倫在官勤奮堪理政事立性正直不避彊禦四科舉人壬子高昌王麴伯雅來朝伊吾吐屯設等獻西域數千里之地上大悅癸丑置西海河源鄯善且末等四郡丙辰上御觀風行殿盛陳文物奏九部樂設魚龍曼延宴高昌王吐屯設於殿上以寵異之其蠻夷陪列者三十餘國戊午大赦天下開皇已來流配悉放還鄉晉陽逆黨不在此例隴右諸郡給復三年秋七月丁卯置馬牧於青海渚中以求龍種無效而止九月癸未車駕入長安冬十月癸亥詔令歲耆老赴集者可於近郡處置年七十已上疾患沈滯不堪居職卽給賜帛送還本郡其官至七品以上者量給廩以終厥身十一月丙子車駕幸東都

六年春正月癸亥朔旦有盜數十人皆素冠練衣焚香持華自稱彌勒佛入自建國門監門者皆稽首既而奪衞士仗將爲亂齊王暕遇而斬之於是都下大索與相連坐者千餘家丁丑角觝大戲於端門街天下奇伎異藝畢集終月而罷帝數微服往觀之己丑倭國遣使貢方物二月乙巳虎賁郎將陳稜朝請大夫張鎭州擊流求破之獻俘萬七千口頒賜百官乙卯詔以國初草創妄假茅土名實相乖自今已後唯有功勳乃得賜封仍令子孫承襲丙辰改封安德王雄爲觀王河間王子慶爲郇王庚申徵魏齊周陳樂人悉配太常三月癸亥幸江都宮甲子以鴻臚卿史祥爲左驍衞大將軍夏四月丁未宴江淮已南父老頒賜各有差六月辛卯室韋赤土並遣使貢方物壬辰鴈門賊帥尉文通聚衆三千保於莫壁谷遣鷹揚楊伯泉擊破之甲寅制江都太守秩同京尹冬十月壬申刑部尚書梁毗卒壬子戶部尚書銀青光祿大夫長孫熾卒十二月己未左光祿大夫吏部尚書牛弘卒辛酉朱崖人王萬昌舉兵作亂遣隴西太守韓洪討平之

七年春正月壬寅左武衞大將軍光祿大夫眞定侯郭衍卒二月己未上升釣臺臨揚子津大宴百寮頒賜各有差庚申百濟遣使朝貢乙亥上自江都御龍舟入通濟渠遂幸于涿郡壬午詔以高麗失禮將欲問罪遼左仍事省方入往涿郡巡撫民俗其河北諸郡及山西山東年九十以上版授太守八十者授縣令三月丁亥右光祿大夫左屯衞大將軍姚辯卒夏四月庚午幸涿郡之臨朔宮五月戊子以武威太守樊子蓋爲民部尚書秋大水山東河南漂沒三十餘郡民相賣爲奴婢冬十月乙卯底柱山崩堰水逆流數十里戊午以東平太守吐方緒爲左屯衞大將軍十二月己酉突厥處羅多利可汗來朝帝大悅接以殊禮于時遼東戰士及餽運者塡咽於道晝夜不絕苦役者始爲羣盜甲子敕都尉鷹揚與郡縣相知追捕隨獲斬決之

八年春正月辛巳大軍集于涿郡以兵部尚書段文振爲左候衞大將軍壬午下詔東伐高麗分命諸軍其左第一軍出鏤方道第二軍長岑道第三軍海冥道第四軍蓋馬道第五軍建安道第六軍南蘇道第七軍遼東道第八軍元菟道第九軍扶餘道第十軍朝鮮道第十一軍沃沮道第十二軍樂浪道右第一軍黏蟬道第二軍含資道第三軍渾彌道第四軍臨屯道第五軍候城道第六軍提奚道第七軍踏頓道第八軍肅愼道第九軍碣石道第十軍東暆道第十一軍帶方道第十二軍襄平道凡二十四軍總一百一十三萬三千八百號二百萬其餽運者倍之癸未第一軍發終四十日引師乃盡旌旗亙千里近古出師之盛未之有也乙未以右候衞大將軍衞元爲刑部尚書甲辰內史令元壽卒二月甲寅詔征遼從行從一品以下佽飛募人以上家口郡縣宜數存問有糧食乏少皆賑給之或雖有田疇貧弱不能自耕可於多丁富室勸課相助壬戌司空京兆尹光祿大夫觀王雄薨三月辛卯兵部尚書左候衞大將軍段文振卒癸巳上御師甲子臨戎於遼水橋戊戌大軍爲賊所拒不果濟右屯衞大將軍左光祿大夫麥鐵

杖虎賁郎將錢士雄孟金义等皆死之甲午車駕度遼大戰于東岸擊賊破之進圍遼東乙未大頓見二大烏高丈餘皜身朱足游泳自若上異之命工圖寫并立銘頌五月戊午納言楊達卒于時諸將各奉旨不敢越機旣而高麗各固城守攻之不下六月己未幸遼東責怒諸將止城西數里御六合城七月壬午宇文述等敗績于薩水右屯衞將軍薛世雄死之九軍並陷師奔還至者千餘騎癸卯班師九月庚辰上至東都己丑詔諸武臣授勳官者不得回授文階以其不習政事故也冬十月戊寅工部尚書宇文愷卒十一月己卯以宗女華容公主嫁于高昌王辛巳光祿大夫韓壽卒甲申敗將宇文述于仲文等除名爲民斬尚書右丞劉士龍以謝天下是歲大旱疫民多死山東尤甚密詔江淮南諸郡閱視民間童女姿質端麗者每歲貢之

九年春正月丁丑徵天下兵募民爲驍果集于涿郡壬午賊帥杜彥永王潤等陷平原郡大掠而去辛卯置折衝果毅武勇雄武等郎將官以領驍果乙未平原李德逸聚衆數萬稱阿舅賊劫掠山東靈武白楡妄稱奴賊劫掠牧馬北連突厥隴右多被其患遣將軍范貴討之連年不能剋戊戌大赦己亥遣代王侑刑部尚書衞元鎭京師辛丑以右驍衞將軍李渾爲右驍衞大將軍二月己未濟北人韓進洛聚衆數萬爲羣盜壬午復宇文述等官爵又徵兵討高麗三月丙子濟北人孟海公起兵爲盜衆至數萬丁丑發丁男十萬城大興戊寅幸遼東以越王侗工部尚書樊子蓋鎭東都庚子北海人郭方預聚徒爲賊自號盧公衆至三萬攻陷郡城大掠而去夏四月庚午車駕度遼壬申遣宇文述楊義臣趣平壤城五月丁丑熒惑入南斗己卯濟北人甄寶車聚衆萬餘寇掠城邑六月乙巳禮部尚書楊元感反於黎陽丙辰元感逼東都河南贊治裴弘策拒之反爲賊所敗戊辰兵部侍郎斛斯政奔于高麗庚午上班師高麗犯後軍敕右武衞大將軍李景爲後拒遣左翊衞大將軍宇文述左候衞將軍屈突通等馳傳發兵以討元感秋七月己卯令所在發人城縣府驛癸未餘杭人劉元進舉兵反衆至數萬八月壬寅左翊衞大將軍宇文述等破楊元感於閿鄉斬之餘黨悉平癸卯吳人朱燮晉陵人管崇擁衆十萬餘自稱將軍寇江左甲辰制驍果之家蠲免賦役丁未詔郡縣城去道過五里已上者徙就之戊申制盜賊籍沒其家乙卯賊帥陳瑱等三萬攻陷信安郡辛酉司農卿光祿大夫葛國公趙元淑以罪伏誅九月己卯濟陰人吳海流東海人彭孝才並舉兵爲盜衆至數萬庚辰賊帥梁慧尚聚衆四萬陷蒼梧郡甲午車駕次上谷以供費不給上大怒免太守虞荷等官丁酉東陽人李三兒向但子舉兵作亂衆至萬餘閏月己巳幸博陵冬十月丁丑賊帥呂明星率衆數千圍東郡虎賁郎將費青奴擊斬之乙酉詔以博陵爲高祖歷試之地可改爲高陽郡赦境內死罪已下給復一年於是召高祖時故吏皆量才授職壬辰以納言蘇威爲開府儀同三司朱燮管崇推劉元進爲天子遣將軍吐万緒魚俱羅討之連年不能剋齊人孟讓王薄等衆十餘萬據長白山攻剽諸郡清河賊張金稱衆各數萬勃海賊帥格謙自號燕王孫宣雅自號齊王衆各十萬山東苦之丁亥以右候衞將軍郭榮爲右候衞大將軍十一月己酉右候衞將軍馮孝慈討張金稱於清河反爲所敗孝慈死之十二月甲辰車裂楊元感弟朝請大夫積善及黨與十餘人仍焚而揚之丁亥扶風人向海明舉兵作亂稱皇帝建元白烏遣太僕卿楊義臣擊破之

十年春正月甲寅以宗女爲信義公主嫁於突厥曷娑那可汗二月辛未詔百寮議伐高麗數日無敢言者戊子詔往歲征遼東陣亡者衆不及埋藏可遣使分道收葬設祭辛卯詔親征高麗分命六師百道俱進丁酉扶風人唐弼舉兵反衆十萬推李弘爲天子自稱唐王三月壬子行幸涿郡癸亥次臨榆宮親御戎服禡祭黃帝斬叛軍者以釁鼓夏四月辛未彭城賊張大彪聚衆數萬保縣薄山爲盜遣楡林太守董純擊破斬之甲午車駕次北平五月庚子詔舉郡孝悌廉潔各十人壬寅賊帥宋世謨陷琅邪庚申延安人劉迦論舉兵反自稱皇王建元大世六月辛未賊帥鄭文雅林寶護等衆三萬陷建安郡太守楊景祥死之秋七月癸丑車駕次懷遠鎭乙卯曹國遣使貢方物甲子高麗遣使請降囚送斛斯政上大悅八月己巳班師右衞大將軍左光祿大夫鄭榮卒冬十月丁卯上至東都己丑還京師十一月丙申支解斛斯政於金光門外乙巳有事於南郊己酉賊帥司馬長安破長平郡乙卯離石胡劉苗王舉兵反自稱天子以其弟六兒爲永安王衆至數萬將軍潘長文討之不能剋是月賊帥王德仁擁衆數萬保林慮山爲盜十二月壬申上如東都其日大赦天下戊子入東都庚寅賊帥孟讓衆十餘萬據都梁宮遣江都丞王世充擊破之盡虜其衆

十一年春正月甲午朔宴百寮突厥新羅靺鞨畢大辭訶咄傳越烏那曷波臘吐火羅俱慮建忽論靺鞨訶多

沛汗龜玆疏勒于闐安國曹國何國穆國畢衣密失範延伽折契丹等國並遣使朝貢戊戌虎賁郎將高建毗破賊帥顏宣政於齊郡虜男女數千口乙卯大會蠻夷設魚龍曼延之樂頒賜各有差二月戊辰賊帥楊仲緒率衆萬餘攻北平滑公李景破斬之庚午詔百姓悉城居丙子王須拔反自稱漫天王國號燕賊帥魏刁兒自稱歷山飛衆各十餘萬北連突厥南寇燕趙三月丁酉殺右驍衛大將軍光祿大夫郕公李渾將作監光祿大夫李敏並族滅其家癸卯賊帥司馬長安破西河己酉幸太原避暑汾陽宮秋七月己亥淮南人張起緒舉兵爲盜衆至三萬辛丑光祿大夫右禦衛大將軍張壽卒八月乙卯巡北塞戊辰突厥始畢可汗率騎數十萬謀襲乘輿義成公主遣使告變壬申車駕馳幸鴈門癸酉突厥圍城官軍頻戰不利上大懼欲率精騎潰圍而出民部尚書樊子蓋固諫乃止齊王暕以後軍保于崞縣甲申詔天下諸郡募兵於是守令各來赴難九月甲辰突厥解圍而去丁未曲赦太原鴈門死罪已下冬十月壬戌上至于東都丁卯彭城人魏騏驎聚衆萬餘爲盜寇魯郡壬申賊帥盧明月聚衆十餘萬寇陳汝間東海賊李子通擁衆度淮自號楚王建元明政寇江都十一月乙卯賊帥王須拔破高陽郡十二月戊寅有大流星如斛墜明月營破其衝車庚辰詔民部尚書樊子蓋發關中兵討絳郡賊敬盤陁柴保昌等經年不能剋譙郡人朱粲擁衆數十萬寇荆襄僭稱楚帝建元昌達漢南諸郡多爲所陷焉

十二年春正月甲午鴈門人翟松栢起兵於靈邱衆至數萬轉攻傍縣二月己未眞臘遣使貢方物甲子夜有二大鳥似鵰飛入大業殿止于御幄至明而去癸亥通海賊盧公暹率衆萬餘保于蒼山夏四月丁巳顯陽門災癸亥魏刁兒所部將甄翟兒號歷山飛衆十萬轉寇太原將軍潘長文討之反爲所敗長文死之五月丙戌朔日有蝕之旣癸巳有大流星隕於吳郡爲石壬午上於景華宮徵求螢火得數斛夜出遊山放之光徧巖谷秋七月壬戌民部尚書光祿大夫濟北公樊子蓋卒甲子幸江都宮以越王侗光祿大夫段達大府卿元文都檢校民部尚書韋津右武衛將軍皇甫無逸右司郎盧楚等總留守事奉信郎崔民象以盜賊充斥於建國門表諫不宜巡幸上大怒先解其頤乃斬之戊辰馮翊人孫華自號總管舉兵爲盜高涼通守洗珤徹舉兵作亂嶺南溪洞多應之己巳熒惑守羽林月餘乃退車駕次汜水奉信郎王愛仁以盜賊日盛諫上請還西京上怒斬之而行八月乙巳賊師趙萬海衆數十萬自恒山寇高陽壬子有大流星如斗出王良閣道聲如壞牆癸丑有大流星如甕出羽林九月丁酉東海人杜揚州沈覓敵等作亂衆至數萬右禦衛將軍陳稜擊破之戊午有二枉矢出北斗魁委曲蛇形注於南斗壬戌安定人荔非世雄殺臨涇令舉兵作亂自號將軍冬十月己丑開府儀同三司左翊衛大將軍光祿大夫許公宇文述薨十二月癸未鄱陽賊操天成舉兵反自號元興王建元始興攻陷豫章郡乙酉以右翊衛大將軍來護兒爲開府儀同三司行左翊衛大將軍壬辰鄱陽人林士弘自稱皇帝國號楚建元太平攻陷九江廬陵郡唐公李淵破甄翟兒於西河虜男女千口

十三年春正月壬子齊郡賊杜伏威率衆度淮攻陷歷陽郡丙辰勃海賊竇建德設壇於河間之樂壽自稱長樂王建元丁丑辛巳賊帥徐圓朗率衆數千破東平郡弘化人劉企成聚衆萬餘人爲盜傍郡苦之二月壬午朔方人梁師都殺郡丞唐世宗據郡反自稱大丞相遣銀靑光祿大夫張世隆擊之反爲所敗戊子賊帥王子英破上谷郡己丑馬邑校尉劉武周殺太守王仁恭舉兵作亂北連突厥自稱定楊可汗庚寅賊帥李密翟讓等陷興洛倉越王侗遣虎賁郎將劉長恭光祿少卿房崱擊之反爲所敗死者十五六庚子李密自號魏公稱元年開倉以賑羣盜衆至數十萬河南諸郡相繼皆陷焉壬寅劉武周破虎賁郎將王智辯於桑乾鎭智辯死之三月戊午廬江人張子路舉兵反遣右禦衛將軍陳稜討平之丁丑賊帥李通德衆十萬寇廬江左屯衛將軍張鎭州擊破之夏四月癸未金城校尉薛舉率衆反自稱西秦霸王建元秦興攻陷隴右諸郡己丑賊帥孟讓夜入東都外郭燒豐都市而去癸巳李密陷迴洛東倉丁酉賊帥房憲伯陷汝陰郡是月光祿大夫虎賁郎將裴仁基淮陽太守趙佗等並以衆叛歸李密五月辛卯夜有流星如甕墜於江都甲子唐公李淵起兵太原丙寅突厥數千騎寇太原淵擊破之秋七月壬子熒惑守積屍丙辰武威人李軌舉兵反攻陷河西諸郡自稱涼王建元安樂八月辛巳唐公李淵破虎牙郎將宋老生於霍邑斬之九月己丑帝括江都子女寡婦以配從兵是月武陽郡丞元寶藏以郡叛歸李密與賊帥李文相攻陷黎陽倉彗星見於營室冬十月丁亥太原楊世洛聚衆萬餘人寇掠城邑丙申羅令蕭銑以縣反鄱陽人董景珍以郡反迎銑於羅縣號爲梁王攻陷傍郡戊

戊虎賁郎將高毗敗濟北郡賊甄寶車於嶠山十一月丙辰唐公李淵入京師辛酉遙尊帝爲太上皇立代王侑爲帝改元義寧上起宮丹陽將遜于江左有烏鵲來巢幄帳驅不能止熒惑犯太微有石自江浮入于揚子日光四散如流血上甚惡之義寧二年三月右屯衛將軍宇文化及虎賁郎將司馬德戡元禮監門直閣裴虔通將作少監宇文智及武勇郎將趙行樞鷹揚郎將孟景內史舍人元敏符璽郎李覆牛方裕千牛左右李本本弟孝質直長許弘仁薛世良城門郎唐奉義醫正張愷等以驍果作亂入犯宮闈上崩于溫室時年五十蕭后令宮人撤牀簀爲棺以埋之化及發後右禦衛將軍陳稜奉梓宮於成象殿葬吳公臺下發斂之始容貌若生衆咸異之唐平江南之後改葬雷塘初上自以蕃王次不當立每矯情飾行以釣虛名陰有奪宗之計時高祖雅重文獻皇后而后性忌妾媵皇太子勇內多嬖幸以此失愛帝後庭有子皆不育之示無私寵取媚於后大臣用事者傾心與交中使至第無貴賤皆曲承顏色申以厚禮婢僕往來者無不稱其仁孝又常私入宮掖密謀於文獻皇后楊素等因機構扇遂成廢立自高祖大漸暨諒闇之中烝淫無度山陵始就即事巡遊以天下承平日久士馬全盛慨然慕秦皇漢武之事乃盛治宮室窮極侈靡召募行人分使絕域諸蕃至者厚加禮賜有不恭命以兵擊之盛興屯田於玉門柳城之外課天下富室分道市戎馬疋直十餘萬富室坐是凍餒者十家而九性多詭譎所幸之處不欲人知每幸之所輒數道置頓四海珍羞殊味水陸必備焉求市者無遠不至郡縣競爲獻食豐厚者進擢疏儉者獲罪姦吏侵漁內外虛竭頭會箕斂民不聊生于時軍國多務日不暇給帝方驕怠惡聞政事寃屈不理奏請罕決又猜忌臣下無所專任朝臣有不合意者必構其罪而族滅之高熲賀若弼先皇心膂參謀帷幄張衡李金才藩邸故舊績著經綸惡其直道忌其正言求其無形之罪加以丹頸之戮其餘事君盡禮謇謇匪躬無罪無辜橫受夷戮者不可勝紀政刑弛紊賄貨公行莫敢有言道路以目六軍不息百役繁興行者不歸居者失業人饑相食邑落爲墟上弗之恤也東西行幸靡有定居每以供費不給逆收數年之賦所至唯與後宮流連耽湎惟日不足招迎姥媼朝夕共肆醜言又引少年令與宮人穢亂不軌不遜以爲娛樂區宇之內盜賊蜂起劫掠從官屠陷城邑近臣互相掩蔽皆隱賊數不以實對或有言賊多者輒大被詰責各求苟免上下相蒙每出師徒敗亡相繼戰士盡力不加賞賜百姓無辜咸受屠戮蒸庶積怨天下土崩至於就禽而猶未之寤也

煬帝大業十三年其年唐立恭帝改義寧明年而

煬帝遇弒即位十四年

恭皇帝諱侑元德太子之子也母曰韋妃帝性聰敏有氣度大業三年立爲陳王後數載徙爲代王及煬帝親征遼東令於京師總留事十一年從幸晉陽拜太原太守尋鎭京師唐公李淵入長安尊煬帝爲太上皇奉帝纂業以十一月壬戌即皇帝位於大興殿大赦天下詔改大業十三年爲義寧元年十一月十六日昧爽以前大辟罪已下皆赦除之常赦所不免者不在赦限甲子以光祿大夫大將軍太尉唐公李淵爲假黃鉞使持節大都督內外諸軍事尚書令大丞相進封唐王丙寅詔軍國機務事無大小文武設官位無貴賤憲章賞罰咸歸相府己巳以唐王李淵子隴西公建成爲唐國世子敦煌公世民爲京兆尹改封秦公元吉爲齊公太原置鎭北府乙亥張掖康老和舉兵反十二月癸未薛舉自稱天子寇扶風秦公世民爲元帥擊破之丁亥桂陽人曹武徹舉兵反建元通聖丁酉唐兵禽驍衛大將軍屈突通於閿鄉乙巳賊帥張善安陷廬江郡

二年春正月丁未詔唐王李淵劍履上殿入朝不趨贊拜不名加前後羽葆鼓吹壬戌將軍王世充爲李密所敗河內通守孟善誼虎賁郎將王辯楊威劉長恭梁德董智通皆死之庚戌河陽郡尉獨孤武都降於李密三月丙辰右屯衛將軍宇文化及弒太上皇於江都宮右禦衛將軍獨孤盛死之齊王暕趙王杲燕王倓右翊衛大將軍宇文協內史侍郎虞世基御史大夫裴蘊給事郎許善心皆遇害化及立秦王浩爲帝自稱大丞相朝士文武皆受其官爵光祿大夫宿公麥才折衝郎將朝請大夫沈同謀討賊夜襲化及營反爲所害戊辰詔唐王李淵備九錫之禮加璽紱遠游冠綠綟綬位在諸侯王上唐國置丞相已下一依舊式五月乙巳朔詔唐王李淵冕十有二旒建天子旌旗出警入蹕金根車駕備五時副車置旄頭雲罕車舞八佾設鍾簴宮縣王后王子王女爵命之號一遵舊典戊午詔遜位于唐如漢魏故事仍敕有司凡有表奏辭讓皆不得以聞唐受命以帝爲酅國公武德二年夏五月崩時年十五

恭帝義寧二年

右隋三帝凡三十八年爲唐所滅

通志卷十八

高念曾校

謝夢蘭校

張大昌校

浙江書局刊

通志卷十九

宋右迪功郎鄭樵漁仲撰

后妃傳第一

前漢

後漢公主附

魏

蜀

吳

前漢

班固曰自古受命帝王及繼體守文之君非獨內德茂也蓋亦有外戚之助焉夏之興也以塗山而桀之放也用末喜殷之興也以有娀及有㜪而紂之滅也嬖妲己周之興也以姜嫄及大任大姒而幽王之禽也淫褒姒故易基乾坤詩首關雎書美釐降春秋譏不親迎夫婦之際人道之大倫也禮之用唯婚姻爲兢兢夫樂調而四時和陰陽之變萬物之統也可不慎與人能弘道末如命何甚哉妃匹之愛君不能得之臣父不能得之子況卑下乎既驩合矣或不能成子姓成子姓矣而不能要其終豈非命也哉孔子罕言命蓋難言之非通幽明之變惡能識乎性命漢興因秦之稱號帝母稱皇太后祖母稱太皇太后適稱皇后妾皆稱夫人又有美人良人八子七子長使少使之號焉至武帝制倢伃娙娥傛華充依各有爵位而元帝加昭儀之號凡十四等云昭儀位視丞相爵比諸侯王倢伃視上卿比列侯娙娥視中二千石比關內侯傛華視眞二千石比大上造美人視二千石比少上造八子視千石比中更充依視千石比左更七子視八百石比右庶長良人視八百石比左庶長長使視六百石比五大夫少使視四百石比公乘五官視三百石順常視二百石無涓共和娛靈保林良使夜者皆視百石上家人子中家人子視有秩斗食云五官以下葬司馬門外

高祖呂皇后父呂公單父人也好相人高祖微時呂公見而異之乃以女妻高祖生惠帝魯元公主高祖爲漢王元年封呂公爲臨泗侯二年立孝惠爲太子後漢王得定陶戚姬愛幸生趙隱王如意太子爲人仁弱高祖以爲不類己常欲廢之而立如意言如意類我戚姬常從上之關東日夜啼泣欲立其子呂后年長常留守希見益疏如意且立爲趙王留長安幾代太子者數賴公卿大臣爭之及叔孫通諫用留侯之策得無易呂后爲人剛毅佐高帝定天下兄二人皆爲列將從征伐長兄澤爲周呂侯次兄釋之爲建城侯逮高祖而侯者三人高祖四年臨泗侯呂公薨高祖崩惠帝立呂后爲皇太后廼令永巷囚戚夫人髡鉗衣赭衣令舂戚夫人舂且歌曰子爲王母爲虜終日舂薄暮常與死爲伍相離三千里當誰使告女太后聞之大怒曰乃欲倚女子邪乃召趙王誅之使者三反趙相周昌不遣太后召趙相相徵至長安使人復召趙王王來惠帝慈仁知太后怒自迎趙王霸上入宮挾與起居飲食數月帝晨出射趙王不能早起太后伺其獨居使人持鴆飲之遲帝還趙王死太后遂斷戚夫人手足去眼熏耳飲瘖藥使居鞠域中名曰人彘居數月乃召惠帝視人彘帝視而問知其戚夫人乃大哭因病歲餘不能起使人請太后曰此非人所爲臣爲太后子終不能復治天下以此日飲爲淫樂不聽政七年而崩太后發喪哭而泣不下留侯子張辟彊爲侍中年十五謂丞相陳平曰太后獨有帝今哭而不悲君知其解未陳平曰何解辟彊曰帝無壯子太后畏君等今請拜呂台呂產爲將將兵居南北軍及諸呂皆官居中用事如此則太后心安君等幸脫禍矣丞

相如辟彊計請之太后說其哭甚哀呂氏權由此起乃立孝惠後宮子爲帝太后臨朝稱制復殺高祖子趙幽王友共王恢及燕靈王建遂立周呂侯子台爲呂王台弟產爲梁王建城侯釋之子祿爲趙王台子通爲燕王又封諸呂凡六人皆爲列侯追尊父呂公爲呂宣王兄周呂侯爲悼武王太后八年春祓還道見物如犬據其掖卜云趙王如意爲祟遂病掖傷病困以趙王祿爲上將軍居北軍梁王產爲相國居南軍戒產祿曰高祖與大臣約非劉氏王者天下共擊之今王呂氏大臣不平我卽崩恐其爲變必據兵衞宮愼毋送喪爲人所制太后崩太尉周勃丞相陳平朱虛侯劉章等共誅產祿悉捕諸呂男女無少長皆斬之迎立代王是爲孝文皇帝

孝惠張皇后宣平侯敖女也敖尙帝姊魯元公主生后惠帝卽位呂太后欲爲重親以公主女配帝爲皇后欲其生子萬方終無子乃使陽爲有身取後宮美人子名之殺其母立所名子爲太子惠帝崩太子立爲帝四年乃自知非皇后子出言曰太后安能殺吾母而名我我壯卽爲所爲太后聞而患之恐其作亂乃幽之永巷帝病甚左右莫得見太后下詔廢之語在高后紀遂幽死更立恒山王弘爲皇帝而以呂祿女爲皇后欲連根固本牢甚然而無益也呂太后崩大臣正之卒滅呂氏少帝恒山淮南濟川王皆以非孝惠子誅獨置孝惠皇后廢處北宮孝文後元年薨葬安陵不起墳

高祖薄姬文帝母也父吳人秦時與故魏王宗家女魏媼通生薄姬而薄姬父死山陰因葬焉及諸侯叛秦魏豹立爲魏王而魏媼內其女於魏宮許負相薄姬當生天子是時項羽方與漢王相距滎陽天下未有所定豹初與漢擊楚及聞許負言心獨喜因背漢而中立與楚連和漢使曹參等虜魏王豹以其國爲郡而薄姬輸織室漢王入織室見薄姬有色詔內後宮歲餘不得幸始姬少時與管夫人趙子兒相愛約曰先貴無相忘已而管夫人趙子兒先幸漢王漢王四年王坐河南宮成皋靈臺此二美人侍相與笑薄姬初時約漢王問其故俱以實告漢王心悽然憐薄姬是日召欲幸之對曰昨暮夜夢蒼龍據妾胸上曰此貴徵也吾爲汝遂成之一幸生男是爲代王其後希見高祖崩諸御幸姬戚夫人之屬呂后皆幽之不得出宮而薄姬以希見故得出從子之代爲代王太后其弟薄昭從如代代王立十七年高后崩大臣議立後疾外家呂氏彊暴皆稱薄氏仁善故立代王爲皇帝尊太后爲皇太后封弟薄昭爲軹侯太后母亦前死葬櫟陽北乃追尊太后父爲靈文侯會稽郡置園邑三百家長丞已下使奉守寢廟上食祠如法而櫟陽亦置靈文夫人園令如靈文侯園儀太后早失父其奉太后外家魏氏有力乃召復魏氏賞賜各以親疏受之薄氏侯者一人太后後文帝二歲孝景前二年崩葬南陵用呂后不合葬長陵故特自起陵近孝文霸陵

孝文竇皇后景帝母也趙之清河觀津人呂后時以良家子選入宮侍太后太后出宮人以賜諸王各五人竇姬與在行中家在清河願如趙近家請其主遣宦者吏必置我籍趙之伍中宦者忘之誤置籍代伍中籍奏詔可當行竇姬泣涕怨其宦者不欲往相彊乃肯行至代代王獨幸竇姬生女嫖孝惠七年生景帝代王王后生四男先代王未入立爲帝而王后卒及代王爲帝後王后所生四男更病死文帝立數月公卿請立太子而竇姬男最長立爲太子竇姬爲皇后嫖爲館陶長公主明年封少子武爲代王後徙梁是爲梁孝王竇皇后親早卒葬觀津於是薄太后詔追封竇皇后父爲安成侯母曰安成夫人令清河置園邑二百家長丞奉守比靈文園法竇后兄長君弟曰廣國字少君年四五歲家貧爲人所略賣其家不知其處傳十餘家至宜陽爲其主人入山作炭暮臥岸下百餘人岸崩盡壓殺臥者少君獨脫不死自卜數日當爲侯從其家之長安聞皇后新立家在觀津姓竇氏廣國去時雖少識其縣名及姓又嘗與其姊採桑墮用爲符信上書自陳竇皇后言之於文帝召見問之具言其故果是又復問他以何爲驗對曰姊去我西時與我決於傳舍中匃沐沐我請食飯我乃去於是竇后持之而涕泣交橫下侍御左右皆伏地泣助皇后悲哀乃厚賜金錢田宅家於長安絳侯灌將軍等曰吾屬不死命乃且縣此兩人兩人所出微不可不爲擇師傅賓客又復效呂氏大事也於是乃選士之有節行者與居竇長君少君用此爲退讓君子不敢以尊貴驕人竇皇后疾失明文帝所幸邯鄲愼夫人尹姬皆無子文帝崩景帝立皇后爲皇太后封廣國爲章武侯長君前死封其子彭祖爲南皮侯吳楚反時太后從昆弟竇嬰俠喜士爲大將軍破吳楚封魏其侯竇氏凡三人侯竇太后好黃帝老子言景帝及諸竇不得不讀黃帝老子而尊其術太后後景帝六歲凡立五十一年建元六年崩合葬霸陵遺詔盡以東宮金錢財物賜長公主嫖至孝武帝時魏其侯竇嬰爲丞相後誅

孝景薄皇后孝文薄太后家女也景帝爲太子時薄太

后取以爲太子妃景帝立立薄妃爲皇后無子無寵立六年薄太后崩皇后廢廢後四年薨葬長安城東平望亭南

孝景王皇后武帝母也槐里人母曰臧兒故燕王臧荼孫也嫁爲槐里王仲妻生男信與兩女而仲死臧兒更嫁長陵田氏生男蚡勝臧兒長女嫁爲金王孫婦生一女矣而臧兒卜筮之曰兩女皆當貴因欲倚兩女乃奪金氏金氏怒不肯與決乃內之太子宮太子幸愛之生三女一男男方在身時王夫人夢日入其懷以告太子太子曰此貴徵也未生而文帝崩景帝卽位王夫人生男是時薄皇后無子後數歲景帝立齊栗姬男爲太子而王夫人男爲膠東王長公主嫖有女欲與太子爲妃栗姬妬而景帝諸美人皆因長公主見得貴幸栗姬日怨怒謝長主不許長主欲與王夫人王夫人許之會薄皇后廢長公主日譖栗姬短景帝嘗屬諸姬子曰吾百歲後善視之栗姬怒不肯應言不遜景帝心銜之而未發也長公主日譽王夫人男之美帝亦自賢之又耳曩者所夢日符計未有所定王夫人又陰使人趣大臣立栗姬爲皇后大行奏事文曰子以母貴母以子貴今太子母號宜爲皇后帝怒曰是乃所當言邪遂案誅大行而廢太子爲臨江王栗姬愈恚不得見以憂死卒立王夫人爲皇后男爲太子封皇后兄信爲蓋侯初皇后始入太子家後女弟兒姁亦復入生四男兒姁早卒四子皆爲王皇后長女爲平陽公主次南宮公主次隆慮公主皇后立九年景帝崩武帝卽位爲皇太后尊太后母臧兒爲平原君封田蚡爲武安侯勝爲周陽侯王氏田氏侯者凡三人蓋侯信好酒田蚡勝貪巧於文辭蚡至丞相追尊王仲爲共侯槐里起園邑二百家長丞奉守及平原君薨從田氏葬長陵亦置園邑如共侯法初皇太后微時所爲金王孫生女俗在民間蓋諱之也武帝始立韓嫣白之帝曰何爲不早言乃車駕自往迎其家在長陵小市直至其門使左右入求之家人驚恐女逃匿扶將出拜帝下車立曰大姊何藏之深也載至長樂宮與俱謁太后太后垂涕女亦悲泣帝奉酒前爲壽錢千萬奴婢三百人公田百頃甲第以賜姊太后謝曰爲帝費因賜湯沐邑號修成君男女各一人女嫁諸侯男號修成子仲以太后故橫於京師太后凡立二十五年後景帝十五歲元朔三年崩合葬陽陵

孝武陳皇后長公主嫖女也曾祖父陳嬰與項羽俱起後歸漢爲堂邑侯傳子至孫午午尚長公主生女初武帝得立爲太子長主有力取主女爲妃及帝卽位立爲皇后擅寵驕貴十餘年而無子聞衞子夫得幸幾死者數焉上愈怒后又挾婦人媚道頗覺元光五年上遂窮治之女子楚服等坐爲皇后巫蠱祠祭祝詛大逆無道相連及誅者三百餘人楚服梟首於市使有司賜皇后策曰皇后失序惑於巫祝不可以承天命其上璽綬罷退居長門宮明年堂邑侯午薨主男須嗣侯主寡居私近董偃十餘年主薨須坐淫亂兄弟爭財當死自殺國除後數年廢后迺薨葬霸陵郎官亭東

孝武衞皇后字子夫生微也其家號曰衞氏出平陽侯邑子夫爲平陽主謳者武帝卽位數年無子平陽主求良家女十餘人飾置家帝祓霸上還過平陽主主見所侍美人帝不說旣飲謳者進帝獨說子夫帝起更衣子夫侍尚衣軒中得幸還坐歡甚賜平陽主金千斤主因奏子夫送入宮子夫上車主拊其背曰行矣彊飯勉之卽貴願無相忘入宮歲餘不復幸武帝擇宮人不中用者斥出之子夫得見涕泣請出上憐之復幸遂有身尊寵召其兄衞長君弟青侍中而子夫生三女元朔元年生男據遂立爲皇后先是衞長君死乃以青爲將軍擊匈奴有功封長平侯青三子在襁褓中皆爲列侯及皇后姊子霍去病亦以軍功爲冠軍侯至大司馬驃騎將軍青爲大司馬大將軍衞氏支屬侯者五人青還尚平陽主皇后立七年而男立爲太子後色衰趙之王夫人中山李夫人有寵皆早卒後有尹倢伃鉤弋夫人更幸衞后立三十八年遭巫蠱事起江充爲姦太子懼不能自明遂與皇后共誅充發兵兵敗太子亡走詔遣宗正劉長樂執金吾劉敢奉策收皇后璽綬自殺黃門蘇文姚定漢輿置公車令空舍盛以小棺瘞之城南桐柏衞氏悉滅宣帝立乃改葬衞后追諡曰思后置園邑三百家長丞周衞奉守焉

孝武尹夫人號倢伃邢夫人號娙娥俱爲武帝所幸有詔不得相見尹夫人自請於帝曰願見邢夫人帝許之卽令他夫人飾從御者數十人來前尹夫人望見之曰此非邢夫人身也帝曰何以言之對曰視其形狀不足以當人主矣於是帝乃使邢夫人衣故衣獨身來前尹夫人望見之曰此眞是矣於是乃低頭俛而泣自痛其不如也諺曰美女入室惡女之仇褚先生曰浴不必江海要之去垢馬不必騏驥要之善走士不必賢世要之知道女不必貴種要之貞好傳曰女無美惡入宮見妬士無賢不肖入朝見嫉美女者惡女之仇豈不然哉

孝武鉤弋夫人趙倢伃昭帝母也河間人武帝巡狩過

河閒望氣者言此有奇女天子亟使使召之旣至女兩手皆拳上自披之手卽時伸由是得幸號曰拳夫人先是其父坐法宮刑爲中黃門死長安葬雍門拳夫人進爲倢伃居鉤弋宮大有寵本始三年生昭帝號鉤弋子任身十四月乃生上曰聞昔堯十四月而生今鉤弋亦然乃命其所生門曰堯母門及衞太子敗而燕王旦廣陵王胥多過失寵姬王夫人男齊懷王李夫人男昌邑哀王皆早薨鉤弋之子年五六歲壯大多知上常言類我又感其生與衆異甚奇愛之心欲立焉上居甘泉宮召畫工圖畫周公負成王於是左右羣臣知武帝欲立少子也後數日上幸甘泉以微過譴責鉤弋倢伃倢伃脫簪珥叩頭帝曰引持去送掖廷獄倢伃還顧帝曰趣行汝不得活倢伃死雲陽宮時暴風揚塵百姓傷感使者夜持棺往葬之封識其處其後帝閑居問左右曰人言云何對曰人言且立其子何去其母乎帝曰然非兒曹愚人所知也往古國家所以亂者由主少母壯也女主獨居驕蹇婬亂自恣莫能禁也汝不聞呂后邪故諸爲武帝生子者無男女其母無不譴死未幾帝疾病乃立鉤弋子爲皇太子拜奉車都尉霍光爲大司馬大將軍輔少主以所畫周公負成王像賜之旣而帝崩昭帝卽位追尊鉤弋倢伃爲皇太后發卒二萬人起雲陵邑三千戶追尊外祖趙父爲順成侯詔右扶風置園邑二百家長丞奉守如法順成侯有姊君姁賜錢二百萬奴婢第宅以充實焉

位者唯趙父得封諸昆弟各以親疏受賞賜趙氏無在

孝武李夫人本以倡進初夫人兄延年性知音律善歌舞武帝愛之每爲新聲變曲聞者莫不感動延年侍上起舞歌曰北方有佳人絶世而獨立一顧傾人城再顧傾人國寧不知傾城與傾國佳人難再得上歎息曰善世豈有此人乎平陽主因言延年有女弟上乃召見之實妙麗善舞由是得幸生一男是爲昌邑哀王李夫人少而早卒上憐憫焉圖畫其形於甘泉宮及衞思后廢後四年武帝崩大將軍霍光緣上雅意以李夫人配食追上尊號曰孝武皇后初李夫人病篤上自臨候之夫人蒙被謝曰妾久寢病形貌毀壞不可以見帝願以王及兄弟爲託上曰夫人病甚殆將不起一見我屬託王及兄弟豈不快哉夫人曰婦人貌不修飾不見君父妾不敢以燕媠見帝上曰夫人但一見我將加賜千金而與兄弟尊官夫人曰尊官在帝不在一見上復言欲必見之夫人遂轉鄉歔欷而不復言於是上不悅而起夫人姊妹皆讓之曰貴人獨不可一見上屬託兄弟邪何爲恨上如此夫人曰所以不欲見帝者乃欲以深託兄弟也我以容貌之好得從微賤愛幸於上夫以色事人者色衰則愛弛愛弛則恩絶上所以攣攣顧念我者（攣力全反又讀作戀）乃以平生容貌也今見我毀壞顏色非故必且畏惡吐弃我意尚肯復追思閔錄其兄弟哉及夫人卒上以后禮葬之其後上以夫人兄廣利爲貳師將軍封海西侯延年爲協律郎都尉上思念夫人不已有方士齊人李少翁言能致其神乃夜張燈燭設帷帳陳酒肉而令上居他帳遙望見好女如李夫人之貌還幄坐而步又不得就視上愈益相思悲感爲作詩曰是邪非邪立而望之偏何姍姍其來遲（姍先安反）令樂府諸音家弦歌之上又自作賦以悼之其後李延年弟季坐姦亂後宮廣利降匈奴家族滅矣

孝昭上官皇后祖父桀隴西上邽人也少時爲羽林期門郎從武帝上甘泉天大風車不得行解蓋授桀桀奉蓋雖風常屬車雨下蓋輒御上奇其材力遷未央廄令上嘗體不安及愈見馬馬多瘦上大怒令曰以我不復見馬邪欲下吏桀頓首曰臣聞聖體不安日夜憂懼意誠不在馬言未卒泣數行下上以爲忠由是親近爲侍中稍遷至太僕武帝疾病以霍光爲大將軍桀爲左將軍皆受遺詔輔少主昭帝始立年八歲帝長姊鄂邑蓋公主居禁中共養帝蓋主私近子客河閒丁外人上與大將軍聞之不絶主驩有詔外人侍長主長主內周陽氏女令配耦帝時上官安有女卽霍光外孫安欲因光內之光以爲尚幼不聽安素與丁外人善說外人曰聞長主內女安子容貌端正誠因長主得入爲皇后以臣父子在朝而有椒房之重成之在於足下漢家故事常以列侯尚主足下何憂不封侯乎外人喜言於長主長主以爲然詔召安女入爲倢伃安爲騎都尉月餘遂立爲皇后年甫六歲安以后父封桑樂侯遷車騎將軍日以驕淫受賜殿中出對賓客言與我壻飲大樂見其服飾使人歸自欲燒物安醉則裸行內與後母及父諸良人侍御皆亂其子病死仰而罵天數守（守謂求請也）大將軍光爲丁外人求侯及桀欲妄官祿外人光執正皆不聽又桀妻父所幸充國爲太醫監闌入殿中下獄當死冬月且盡蓋主爲充國入馬二十疋贖罪廼得減死論由是桀安父子深怨光而重德蓋主知燕王旦帝兄不得立怨望桀安卽記光過失予燕王令上書告之又爲丁外人求侯燕王大喜上書稱子路喪姊期而不除孔子非之子路曰由不幸寡兄弟不忍除之故曰觀過知仁

今臣與陛下獨有長公主爲姊陛下幸使丁外人侍之外人宜蒙爵號書奏上以問光光執不許又告光罪過上又疑之愈親光而疏桀安桀安寖恚遂結黨與謀殺光誘徵燕王至而誅之因廢帝而立桀或曰當如皇后何安曰逐麋之狗當顧菟邪且用皇后爲尊一旦人主意有所移雖欲爲家人亦不可得此百世之一時也事發覺燕王蓋主皆自殺桀安宗族皆滅皇后以年少不與謀復光外孫故得不廢皇后母前死葬茂陵郭東追尊曰敬夫人置園邑二百家長丞奉守如法皇后自使私奴婢守桀安家光欲皇后擅寵有子帝時體不安左右及醫皆阿意言宜禁內雖宮人使令皆爲窮絝多其帶故後宮莫有進者皇后立十歲而昭帝崩后年十四五云昌邑王賀徵即位尊爲皇太后光與皇太后共廢王賀立孝宣帝宣帝即位爲太皇太后凡立四十七年年五十二建昭二年崩合葬平陵

衞太子史良娣宣帝祖母也太子有妃有良娣有孺子妻妾凡三等子皆稱皇孫史良娣家本魯國有母貞君兄恭以元鼎四年入爲良娣生男進號史皇孫武帝末巫蠱事起衞太子及良娣史皇孫皆遭害史皇孫有一男號皇曾孫時生數月猶坐太子繫獄積五歲乃遭赦治獄使者邴吉憐皇曾孫無所歸載以付史恭恭母貞君年老見孫孤甚哀之自養視焉後曾孫收養掖庭遂登至尊位是爲宣帝而貞君及恭已死恭三子皆以舊恩封長子高爲樂陵侯曾爲將陵侯元爲平臺侯及高子丹以功德封武陽侯史氏侯者凡四人高至大司馬車騎將軍丹大將軍自有傳

史皇孫王夫人宣帝母也名翁須太始中得幸於史皇孫皇孫妻妾無號位皆稱家人子征和二年生宣帝帝生數月衞太子皇孫敗家人子皆坐誅莫有收葬者唯宣帝得全宣帝即位追尊母王夫人諡曰悼后祖母史良娣曰戾后皆改葬起園陵長丞奉守地節三年求得外祖母王媪媪男無故無故弟武皆隨使者詣闕時乘黃牛車故百姓謂之黃牛媪初上即位數遣使者求外家久遠多似類而非是既得王媪令太中大夫任宣與丞相御史屬雜考問鄉里知識者皆曰王媪媪言名妄人家本涿郡蠡吾平鄉年十四嫁爲同鄉王更得妻更得死嫁爲廣望王廼始婦產子男無故武女翁須翁須年八九歲時寄居廣望節侯子劉仲卿宅仲卿謂廼始曰予我翁須自養長之媪爲翁須作縑單衣送仲卿家仲卿教翁須歌舞往來歸取冬夏衣居四五歲翁須來言邯鄲賈長兒求歌舞者仲卿欲以我子之媪即與翁須逃走之平鄉仲卿載廼始共求媪媪惶急將翁須歸曰兒居君家非受一錢也奈何欲予他人仲卿許曰不也後數日翁須乘長兒車馬過門呼曰我果見行當之柳宿媪與廼始之柳宿見翁須相對涕泣謂曰欲爲女自言翁須曰母置之何家不可以居自言無益也媪與廼始還求錢用隨逐至中山盧奴見翁須與歌舞等比五人同處媪與翁須共宿明日廼始留視翁須媪還求錢欲隨至邯鄲媪糴買未具廼始來歸曰翁須已去我無錢用隨也因絕至今不聞其問賈長兒妻貞及從者師遂辭往二十歲太子舍人侯明從長安來求歌舞者請翁須等五人長兒使遂送至長安皆入太子家及廣望三老更始劉仲卿妻其等四十五人辭皆驗宣奏王媪悼后母明白上皆召見賜無故武爵關內侯旬月間賞賜以鉅萬計頃之制詔御史賜外祖母號爲博平君以博平蠡吾兩縣戶萬一千爲湯沐邑封舅無故爲平昌侯武爲樂昌侯食邑各六千戶初廼始以本始四年病死後三歲家廼富貴追賜諡曰思成侯詔涿郡治冢室置園邑四百家長丞奉守如法歲餘博平君薨諡曰昭成夫人詔徙思成侯合葬奉明顧成廟南置園邑長丞罷涿郡思成園王氏侯者二人無故子接爲大司馬車騎將軍而武子商至丞相自有傳

孝宣許皇后元帝母也父廣漢昌邑人少時爲昌邑王郎從武帝上甘泉誤取他郎鞍以被其馬發覺吏劾從行而盜當死有詔募下蠶室若死罪囚欲就宮者聽之後爲宦者丞上官桀謀反時廣漢部索其殿中廬有索長數尺可以縛人者數千枚滿一篋緘封廣漢索不得他吏往得之廣漢坐論爲鬼薪輸掖庭後爲暴室嗇夫時宣帝養於掖庭號皇曾孫與廣漢同寺居時掖庭令張賀本衞太子家吏及太子敗賀坐下刑以舊恩養視皇曾孫甚厚及曾孫壯大賀欲以女妻之是時昭帝始冠長八尺二寸賀弟安世爲右將軍與霍將軍同心輔政聞賀稱譽皇曾孫欲妻以女安世怒曰曾孫乃衞太子後也幸得以庶人衣食縣官足矣勿復言予女事賀廼止時許廣漢有女平君年十四五當爲內者令歐侯氏子婦臨當入歐侯氏子死其母將行卜相言當大貴母獨喜賀聞許嗇夫有女廼置酒請之酒酣爲言曾孫體近下人乃關內侯可妻也廣漢許諾明日嫗聞之怒廣漢重令爲介遂與曾孫一歲生元帝數月曾孫立爲帝平君爲倢伃是時霍將軍有小女與皇太后有親公卿議更立皇后皆心儀霍將軍女亦未有言上乃詔求微時故劍大

臣知指白立許倢伃爲皇后旣立霍光以后父廣漢刑人不宜君國歲餘乃封爲昌成君霍光夫人顯欲貴其小女道無從明年許皇后當娠病女醫淳于衍者霍氏所愛嘗入宮侍皇后疾衍夫賞爲掖庭戶衞謂衍可過辭霍夫人行爲我求安池監衍如言報顯顯因生心辟左右字謂衍稱衍字曰少夫少夫幸報我以事我亦欲報少夫可乎衍曰夫人所言何等不可者顯曰大將軍素愛小女成君欲奇貴之願以累少夫衍曰何謂邪顯曰婦人免乳大故十死一生今皇后當免身可因投毒藥去也成君卽得爲皇后矣如蒙力事成富貴與少夫共之衍曰藥雜治當先嘗安可顯曰在少夫爲之耳將軍領天下誰敢言者緩急相護但恐少夫無意耳衍良久曰願盡力卽擣附子齎入長定宮皇后免身後衍取附子并合大醫大丸以飲皇后有頃曰我頭岑岑也藥得無有毒對曰無有遂加煩懣崩衍出過見顯相勞問亦未敢重謝衍後有人上書告諸醫侍疾無狀者皆收繫詔獄劾不道顯恐事急卽以狀具語光因曰旣失計爲之無令吏急衍光驚愕默然不應其後奏上署衍勿論許后立三年而崩謚曰恭哀皇后葬杜南是爲杜陵南園後五年立皇太子廼封太子外祖父昌成君廣漢爲平恩侯位特進後四年復封廣漢兩弟舜爲博望侯延壽爲樂成侯許氏侯者凡三人廣漢薨謚曰戴侯無子絕葬南園旁置邑三百家長丞奉守如法宣帝以延壽爲大司馬車騎將軍輔政元帝卽位復封延壽中子嘉爲平恩侯亦爲大司馬車騎將軍奉戴侯後

孝宣霍皇后大司馬大將軍博陸侯光女也母顯旣使淳于衍陰殺許后顯因爲成君衣補治入宮具勸光內之果立爲皇后初許后起微賤登至尊日淺從官車服甚節儉五日一朝皇太后於長樂宮親奉案上食以婦道共養及霍后立亦修許后故事而皇太后親霍后之姊子故常竦體敬而禮之皇后輿駕侍從甚盛賞賜官屬以千萬計與許后時縣絕矣上亦寵之顓房燕立三歲而光薨後一歲上立許后男爲太子昌成君者爲平恩侯顯怒恚不食歐血曰此乃民間時子安得立卽后有子反爲王邪復教皇后令毒太子皇后數召太子賜食阿保輒先嘗之后挾毒不得行旣而殺許后事頗泄顯遂與諸壻昆弟謀反發覺皆誅滅使有司賜皇后策廢處昭臺宮霍后立五年廢後十二年徙雲林館乃自殺葬昆吾亭東初霍光及兄驃騎將軍去病皆自以功伐封侯居位宣帝以光故封去病孫山山弟雲皆爲列侯侯者前後四人

孝宣王皇后其先高祖時有功賜爵關內侯自沛徙長陵傳爵至后父奉光奉光少時好鬬雞宣帝在民間數與奉光會相識奉光有女年十餘歲每當適人所當適輒死故久不行及宣帝卽位召入後宮稍進爲倢伃是時館陶主母華倢伃及淮陽憲王母張倢伃楚孝王母衞倢伃皆愛幸霍皇后廢後上憐許太子早失母幾爲霍氏所害於是乃選後宮素謹愼而無子者遂立王倢伃爲皇后令母養太子自爲后後希見無寵封父奉光爲卭成侯立十六年宣帝崩元帝卽位爲皇太后封太后兄舜爲安平侯後二年奉光薨謚曰共侯葬長門南置園邑二百家長丞奉守如法元帝崩成帝卽位爲太皇太后復爵太皇太后弟駿爲關內侯食邑千戶王氏列侯二人關內侯一人舜子章章從弟咸皆至左右將軍時成帝母亦姓王氏故世號太皇太后爲卭成太后卭成太后凡立四十九年年七十餘永始元年崩合葬杜陵稱東園奉光孫勳坐法免元始中成帝太后詔封共侯曾孫堅固爲卭成侯至王莽乃絕

孝元王皇后王莽之姑也莽自謂黃帝之後其自本曰黃帝姓姚氏八世生虞舜舜起嬀汭以嬀爲姓至周武王封舜後嬀滿於陳是爲胡公十三世生完完字敬仲奔齊齊桓公以爲卿姓田氏十一世田和有齊國二世稱王至王建爲秦所滅項羽起封建孫安爲濟北王至漢興安失國齊人謂之王家因以爲氏文景間安孫遂字伯紀處東平陵生賀字翁孺爲武帝繡衣御史逐捕魏郡羣盜堅盧等黨與及吏畏懦逗遛當坐者翁孺皆縱不誅他部御史暴勝之等奏殺二千石誅千石以下及通行飲食坐連及者大部至斬萬餘人翁孺以奉使不稱免歎曰吾聞活千人有封子孫吾所活者萬餘人後世其興乎翁孺旣免而與東平陵終氏爲怨廼徙魏郡元城委粟里爲三老魏郡人德之元城建公曰昔春秋沙鹿崩晉史卜之曰陰爲陽雄土火相乘故有沙鹿崩後六百四十五年宜有聖女興其齊田乎今王翁孺徙正直其地日月當之元城郭東有五鹿之虛卽沙鹿也後八十年當有貴女興天下云翁孺生禁字稚君少學法律長安爲廷尉史本始三年生女政君卽元后也禁有大志不修廉隅好酒色多取傍妻凡有四女八男長女君俠次卽元后政君次君力次君弟長男鳳孝卿次曼元卿次譚子元崇少子商子夏立子叔根稚卿逢時季卿唯鳳崇與元后政君同母適妻魏郡李氏女也後以妬去更嫁爲河內苟賓妻初李親任政君在身

夢月入其懷及壯大婉順得婦人道嘗許嫁未行所許者死後東平王聘政君爲姬未入王又薨禁獨怪之使卜數者相政君當大貴不可言禁心以爲然乃教書學鼓琴五鳳中獻政君年十八矣入掖庭爲家人子歲餘會皇太子所愛幸司馬良娣病且死謂太子曰妾死非天命乃諸娣妾良人更祝詛殺我太子憐之且以爲然及司馬良娣死太子悲恚發病忽忽不樂因以過怒諸娣妾莫得進見者久之宣帝聞太子恨過諸娣妾欲順適其意廼令皇后擇後宮家人子可以虞侍太子者五人政君與在其中及太子朝皇后廼見政君等五人微令旁長御問知太子所欲太子殊無意於五人者不得已於皇后彊應曰此中一人可是時政君坐近太子又獨衣絳緣諸于長御卽以爲是皇后使侍中杜輔掖庭令濁賢交送政君太子宮見丙殿得御幸有身先是者太子後宮娣妾以十數御幸久者七八年莫有子及王妃壹幸而有身甘露三年生成帝於甲館畫堂爲世適皇孫宣帝愛之自名曰驁字太孫常置左右後三年宣帝崩太子卽位是爲孝元皇帝立太孫爲皇太子以母王妃爲倢伃封父禁爲陽平侯後三日倢伃立爲皇后禁位特進禁弟弘至長樂衛尉永光二年禁薨謚曰頃侯長子鳳嗣侯爲衛尉侍中皇后自有子後希復進見太子壯大寬博恭愼其後幸酒樂燕樂元帝不以爲能而傅昭儀有寵於上生定陶共王王多材藝上甚愛之常有意欲廢太子而立共王時鳳在位與皇后太子同心憂懼賴侍中史丹擁右太子語在丹傳上亦以皇后素謹愼而太子先帝所常留意故得不廢元帝崩太子立是爲孝成帝尊皇后爲皇太后以鳳爲大司馬大將軍領尚書事益封五千戶王氏之興自鳳始也又封太后同母弟崇爲安成侯食邑萬戶鳳庶弟譚等皆賜爵關內侯食邑其夏黃霧四塞終日天子以問諫大夫楊興博士駟勝等對皆以爲陰盛侵陽之氣也高祖之約也非功臣不侯今太后諸弟皆以無功爲侯非高祖之約外戚未曾有也故天爲見異言事者多以爲然鳳懼上書乞骸骨辭職上詔報勉令就位後五年諸吏散騎安成侯崇薨謚曰共侯有遺腹子奉世嗣侯太后哀之明年河平二年上悉封舅譚爲平阿侯商成都侯立紅陽侯根曲陽侯逢時高平侯五侯同日封故世謂之五侯太后同產唯曼早卒餘畢侯矣太后母李親苟氏妻生一男名參寡居頃侯禁在時太后令禁還李親太后憐參欲以田蚡爲比而封之上曰封田氏非正也以參爲侍中水衡都尉王氏子弟皆卿大夫侍中諸曹分據埶官滿朝廷大將軍鳳用事上遂謙遜無所顓左右常薦光祿大夫劉向少子歆通達有異材上召見歆誦讀詩賦甚說之欲以爲中常侍召取衣冠臨當拜左右皆曰未曉大將軍上曰此小事何須關大將軍左右叩頭爭之上於是語鳳鳳以爲不可廼止其見憚如此上卽位數年無繼嗣體常不平定陶共王來朝太后與上承先帝意遇之甚厚賞賜十倍於他王不以往事爲纖介共王之來朝也天子留不遣歸國上謂共王我未有子人命不諱一朝有他且不復相見爾長留侍我矣其後天子疾益有瘳共王於是留國邸旦夕侍上上甚見親重大將軍鳳心不便共王在京師會日蝕鳳因言日蝕陰盛之象爲非常異定陶王雖親於禮當奉藩在國今留侍京師詭正非常故天見戒宜遣歸國上不得已於鳳而許之共王辭去上與相對涕泣而訣京兆尹王章素剛直敢言以爲鳳建遣共王之國非是乃奏封事言災異之發爲大臣顓政者也今聞大將軍猥歸日蝕之咎於定陶王建遣之國苟欲使天子孤立於上顓擅朝權以便其私非忠臣也且日食陰侵陽臣顓君之咎今政事無大小皆自鳳出天子曾不壹舉手鳳不內省自責反歸咎善人推遠定陶王且鳳誣罔不忠非一事也前丞相樂昌侯王商本以先帝外屬內行篤有威重位歷將相國家柱石臣也其人守正不肯詘節隨鳳委曲卒用閨門之事爲鳳所罷身以憂死眾庶愍之又鳳知其小婦弟張美人已嘗適人於禮不宜配至尊託以爲宜子內之後宮苟以私其妻弟聞張美人未嘗任身就館也且羌胡尚殺首子以盪腸正世況於天子而近已出之女也此三者皆大事陛下所自見足以知其餘及他所不見者鳳不可久典事宜退使就第選忠賢以代之自鳳之白罷商後遣定陶王也上不能平及聞章言天子感悟納之謂章曰微京兆直言吾不聞社稷計且惟賢知賢君試爲朕求可以自輔者於是章奏封事薦中山孝王舅瑯邪太守馮野王忠信質直知謀有餘宜筦朝政上自爲太子時數聞野王先帝名卿聲譽出鳳遠甚方欲倚以代鳳初章每召見上輒辟左右時鳳從弟長樂衛尉弘子侍中音獨側聽具知章言以語鳳鳳因稱病出就第上疏乞骸骨辭旨甚哀太后爲之垂涕不御食上少而親鳳弗忍廢廼報鳳令起視事上使尚書劾奏章知野王前以王舅出補吏而私薦之欲令在朝阿附諸侯又知張美人體御至尊而妄稱引羌胡殺子盪腸非所宜言遂下章吏廷尉致其大逆罪以爲比

上夷狄欲絕繼嗣之端背畔天子私爲定陶王章死獄中妻子徙合浦自是公卿見鳳側目而視郡國守相刺史皆出其門又以侍中太僕音爲御史大夫列於三公而五侯羣弟爭爲奢侈賂遺珍寶四面而至後庭姬妾各數十人僮奴以千百數羅鐘磬舞鄭女作倡優狗馬馳逐大治第室起土山漸臺洞門高廊閣道連屬彌望百姓歌之曰五侯初起曲陽最怒壞決高都連竟外杜土山漸臺西象白虎其奢僭如此然皆通敏人事好士養賢傾財施予以相高尚鳳輔政凡十一年陽朔三年秋鳳病天子數自臨問親執其手涕泣曰將軍病如有不可言平阿侯譚次將軍矣鳳頓首泣曰譚等雖與臣至親行皆奢僭無以率導百姓不如御史大夫音謹勅臣敢以死保之及鳳且死上疏謝上復固薦音自代言譚等五人必不可用天子然之初譚倨不肯事鳳而音敬奉卑恭如子故薦之鳳薨天子臨弔贈寵送以輕車介士軍陳自長安至渭陵謚曰敬成侯子襄嗣侯爲衞尉御史大夫音竟代鳳爲大司馬車騎將軍而平阿侯譚位特進領城門兵谷永說譚令讓不受城門職由是與音不平語在永傳音既以從舅越親用事小心親職歲餘詔封音爲安陽侯食邑與五侯等俱三千戶初成都侯商嘗病欲避暑從上借明光宮後又穿長安城引內灃水注第中大陂以行船立羽蓋張周帷輯濯越歌上幸商第見穿城引水意恨內銜之未言後微行出過曲陽侯第又見園中土山漸臺似類白虎殿於是上怒以讓車騎將軍音商根兄弟欲自黥劓謝太后上聞之大怒迺使尚書責問司隸校尉京兆尹知成都侯商擅穿帝城決引灃水曲陽侯根驕奢僭上赤墀青鎖紅陽侯立父子臧匿姦猾亡命賓客爲羣盜司隸京兆皆阿縱不舉奏正法二人頓首省戶下又賜車騎將軍音策書曰外家何甘樂禍敗而欲自黥劓相戮辱於太后前傷慈母之心以危亂國外家宗族彊上一身寖弱日久今將一施之君其召諸侯令待府舍是日詔尚書奏文帝時誅將軍薄昭故事車騎將軍音藉槀請罪商立根皆負斧質謝上不忍誅然後得已久之平阿侯譚薨謚曰安侯子仁嗣侯太后憐弟曼早死獨不得封寡婦渠供養東宮曼子莽幼孤不及等比常以爲語平阿侯譚成都侯商及在位多稱莽者久之上復下詔追封曼爲新都哀侯而子莽嗣爵爲新都侯後又封太后姊子淳于長爲定陵侯王氏親屬侯者十人上悔廢平阿侯譚不輔政而薨也迺復進成都侯商以特進領城門兵置幕府得舉吏如將軍王氏爵位日盛唯音爲修整數諫正有忠節輔政八年薨弔贈如大將軍謚曰敬侯子舜嗣侯爲太僕侍中特進成都侯商代音爲大司馬衞將軍而紅陽侯立位特進領城門兵商輔政四歲病乞骸骨天子閔之更以爲大將軍益封二千戶商薨弔贈如大將軍故事謚曰景成侯子況嗣侯紅陽侯立次當輔政有罪過上乃廢立而用光祿勳曲陽侯根爲大司馬驃騎將軍歲餘益封千七百戶高平侯逢時無材能名稱是歲薨謚曰戴侯子買之嗣侯綏和元年上即位二十餘年無繼嗣而定陶共王已薨子嗣立爲王王祖母傅太后重賂遺根爲王求漢嗣根爲言上亦欲立之遂徵定陶王爲太子時根輔政五歲矣乞骸骨上乃益封根五千戶賜安車駟馬黃金五百斤罷就第先是定陵侯淳于長以外屬能謀議爲衞尉侍中在輔政之次是歲新都侯莽告長伏罪與紅陽侯立相連長下獄死立就國語在長傳故曲陽侯根薦莽以自代亦以爲莽有忠直節上遂擢莽從侍中騎都尉光祿大夫爲大司馬歲餘成帝崩哀帝即位太后詔莽就第避帝外家哀帝初優莽不聽莽上書固乞骸骨而退上乃下詔益封根二千戶舜五百戶莽三百五十戶以莽爲特進朝朔望又還紅陽侯立京師哀帝少而聞知王氏驕盛心不能喜以初立故優之後月餘司隸校尉解光奏曲陽侯根宗重身尊三世據權五將秉政天下輻湊自效根行貪邪臧累鉅萬縱橫恣意大治室第第中起土山立兩市殿上赤墀戶青鎖游觀射獵使奴從者被甲持弓弩陳爲步兵止宿離宮水衡共張發民治道百姓苦之推親近吏主簿張業以爲尚書蔽上壅下壞亂制度先帝棄天下根不悲哀思慕山陵未成公聘取故掖庭女樂五官殷嚴王飛君等置酒歌舞捐忘先帝厚恩及根兄子成都侯況亦聘故掖庭貴人爲妻皆無人臣禮大不敬不道於是天子遣根就國免況爲庶人歸故郡根及況父商所薦舉爲官者皆罷後二歲傅太后帝母丁姬皆稱尊號有司奏新都侯莽前爲大司馬貶抑尊號之儀虧損孝道及平阿侯仁臧匿趙昭儀親屬皆就國天下多冤王氏諫大夫楊宣上書言太皇太后春秋七十數更憂傷勑令親屬引領以避丁傅甚非先帝託陛下奉承東宮之意帝感其言復封商中子邑爲成都侯元壽元年日蝕賢良對策多訟新都侯莽者上於是徵莽及平阿侯仁還京師侍太后曲陽侯根薨國除明年哀帝崩無子太皇太后以莽爲大司馬與共徵立中山王奉哀帝後是爲平帝平帝九歲常年被疾太后臨朝委政

於莽莽韙威福紅陽侯立莽諸父平阿侯仁素剛直莽內憚之令大臣以罪過奏遣立仁就國莽日誑耀太后言輔政致太平羣臣奏請尊莽爲安漢公後遂遣使者迫守立仁令自殺賜立諡曰荒侯子柱嗣仁諡曰剌侯子術嗣是歲元始三年也明年莽風羣臣奏立莽女爲皇后又奏尊莽爲宰衡莽既外壹羣臣令稱己功德又內媚事旁側長御以下賂遺以千萬數白尊太后姊妹君俠爲廣恩君君力爲廣惠君君弟爲廣施君皆食湯沐邑日夜共譽莽莽又知太后婦人厭居深宮中莽欲虞樂以市其權乃令太后四時車駕巡狩四郊存見孤寡貞婦春幸繭館率皇后列侯夫人桑遵霸水而祓除夏遊䕠宿鄠杜之間秋歷東館望昆明集黃山宮冬饗飲飛羽殿名校獵上蘭登長平館臨涇水而覽焉䕠宿苑在長安城南黃山宮在槐里飛羽殿在未央宮上蘭觀名在上林中太后所至屬縣輒施恩惠賜民錢帛牛酒歲以爲常太后從容言曰我始入太子家時見於丙殿至今五六十歲尙頗識之莽遂導大后幸太子宮甚說太后旁弄兒病在外舍莽自親候之其欲得太后意如此平帝崩無子莽徵宣帝玄孫選最少者廣戚侯子劉嬰年二歲託以卜相爲最吉乃風公卿奏請立嬰爲孺子令宰衡安漢公莽踐阼居攝如周公傅成王故事太后不以爲可力不能禁於是莽遂爲攝皇帝改元稱制焉俄而宗室安衆侯劉崇及東郡太守翟義等惡之更舉兵欲誅莽太后聞之曰人心不相遠也我雖婦人亦知莽必以是自危不可其後莽遂以符命自立爲眞皇帝先奉諸符瑞以白太后太后大驚初漢高祖入咸陽至霸上秦王子嬰降於軹道奉上始皇璽及高祖誅項籍卽天子位因御服其璽世世傳受號曰漢傳國璽以孺子未立璽藏長樂宮及莽卽位請璽太后不肯授莽莽使安陽侯舜諭指舜素謹敕太后雅愛信之舜既見太后知其爲莽求璽怒罵之曰而屬父子宗族蒙漢家力富貴累世既無以報受人孤寄乘便利時奪取其國不復顧恩義人如此者狗豬不食其餘天下豈有而兄弟邪且若自以金匱符命爲新皇帝變更正朔服制亦當自更作璽傳之萬世何以用此亾國不祥璽爲而欲求之我漢家老寡婦旦暮且死欲與此璽俱葬終不可得太后因涕泣而言旁側長御以下皆垂涕舜亦悲不能自止良久乃仰謂太后臣等已無可言者莽必欲得傳國璽太后寧能終不與邪太后聞舜語切恐莽欲脅之迺出漢傳國璽投之地以授舜曰我老已死如而兄弟今族滅也舜既得傳國璽奏之莽大說迺爲太后置酒未央宮漸臺大縱衆樂莽又欲改太后漢家舊號恐不見聽而莽疏屬王諫欲諂莽上書言太皇太后不宜稱尊號當隨漢廢於是莽親以其書白太后太后曰此言是也莽因曰此誖德之臣也罪當誅時冠軍張永遂獻符命銅璧有新室文母太皇太后之文迺上言太皇太后宜更命爲新室文母太皇太后莽遂下詔以璧文視羣公親率王侯卿士奉上皇太后璽綬太后聽許莽於是鴆殺王諫而封張永爲貢符子初莽諂太后奏尊元帝廟爲高宗太后晏駕後當以禮配食及是改號故絕之於漢不令得體元帝墮壞孝元廟更爲文母太后起廟獨置孝元廟故殿以爲文母篹食堂既成名曰長壽宮以太后在故未謂之廟莽以太后好出游觀迺車駕置酒長壽宮請太后既至見孝元廟廢撤塗地太后驚泣曰此漢家宗廟皆有神靈與何治而壞之且使鬼神無知又何用廟爲如令有知我迺人之妃妾豈宜辱帝之堂以陳饋食哉私謂左右曰此人嫚神多矣能得久祐乎飮酒不樂而罷自莽篡位後知太后怨恨求所以媚太后者無所不爲然愈不說莽更漢家黑貂著黃貂又改漢正朔伏臘日太后令其官屬黑貂至漢家正臘日獨與其左右相對飮酒食太后年八十四建國五年二月癸丑崩合葬渭陵莽詔大夫楊雄作誄曰太陰之精沙麓之靈作合於漢配元生成著其協於元城沙鹿太陰精者謂夢月也王氏當成帝之世十侯五大司馬外戚之盛自漢以來莫及焉太后崩後十年爲地皇三年漢兵起明年三輔豪桀誅莽劉紅陽侯立就國南陽與諸劉結恩立少子丹爲中山太守世祖初起時丹降爲將軍戰死世祖閔之封丹子泓爲武桓侯傳爵於後司徒掾班彪曰自三代以來春秋所記王公國若與其失世稀不以女寵漢興后妃之家呂霍上官幾危國者數矣及王莽之興由孝元后歷漢四世爲天下母饗國六十餘載羣弟世權更持國柄五將十侯卒成新都位號已移於天下而元后卷卷猶握一璽不欲以授莽婦人之仁悲夫

孝成許皇后大司馬車騎將軍平恩侯嘉女也元帝悼傷母恭哀皇后居位日淺而遭霍氏之禍故選嘉女以配皇太子初入太子家上令中常侍黃門親迎者侍送還白太子懽悅狀元帝喜謂左右酌酒賀我左右皆稱萬歲久之有一男失之及成帝卽位立許妃爲皇后復生一女又失之初后父嘉自元帝時爲大司馬車騎將軍輔政已八九年矣及成帝立復以元舅陽平侯王鳳爲大司馬大將軍與嘉並杜欽以爲故事后父重於帝

舅乃說鳳曰車騎將軍至貴將軍宜尊之敬之無失其意蓋輕細微眇之漸必生乖忤之患不可不慎衞將軍之日盛於蓋侯近世之事語在長老耳中唯將軍察焉久之上欲專委任鳳廼策嘉曰將軍家重身尊不宜以吏職自絫賜黃金二百斤以特進侯就朝位後歲餘薨諡曰恭侯后聰慧善史書自爲妃至卽位常寵於上後宮希得進見皇太后及帝諸舅憂上無繼嗣時又數有災異劉向谷永皆陳其咎在於後宮上然其言於是省減椒房掖庭用度皇后素驕貴意不能平乃上疏言頃者大長秋受詔椒房儀法御服輿駕所發官署及所造作遺賜外家羣臣妾皆如竟寧以前故事竟寧元帝時也妾自念入椒房以來凡車輿服御及遺賜外家未嘗有所踰越每輒決上可覆問也自餘宮中小有發取於諠未害而家吏動相約制繩以詔書使妾不得搖手奈何妾薄命端遇竟寧前書奏上於是採劉向谷永所言以報大要誡其謙約焉而后終以爲恨是時大將軍鳳用事威權尤盛其後比三年日蝕言事者頗歸咎於鳳矣而谷永等遂著之許氏許氏自知爲鳳所不佑久之皇后寵亦益衰而後宮多新愛后姊平安剛侯夫人謁等爲媚道祝詛後宮有身者王美人及鳳等事發覺太后大怒下吏考問謁等誅死后坐廢處昭臺宮親屬皆歸故郡山陽后弟子平恩侯旦就國后立十四年而廢在昭臺歲餘還徙長定宮後九年上憐許氏詔還平恩侯旦及親屬在山陽郡者是歲廢后敗先是廢后姊孊寡居與定陵侯湻于長私通因爲之小妻長紿之曰我能白東宮復立許皇后爲左皇后廢后因孊私賂遺長數通書記相報謝長書有誖謾發覺天子使廷尉孔光持節賜廢后藥自殺葬延陵交道廐西

孝成班倢伃帝初卽位選入後宮始爲少使蛾而大幸爲倢伃居增成舍再就館有男數月失之成帝游於後庭嘗欲與倢伃同輦倢伃辭曰觀古圖畫聖賢之君皆有名臣在側三代末主乃有嬖女今欲同輦得無近似之乎上善其言而止太后聞之喜曰古有樊姬今有班倢伃倢伃誦詩及窈窕德象女師之篇每進見上疏依則古禮自鴻嘉後上稍隆於內寵倢伃進侍者李平平得幸立爲倢伃上曰始衞皇后亦從微起乃賜平姓曰衞所謂衞倢伃也其後趙飛燕姊弟亦從自微賤興踰越禮制寖盛於前班倢伃及許皇后皆失寵稀復進見鴻嘉三年趙飛燕譖告許皇后班倢伃挾媚道祝詛後宮詈及主上許后坐廢考問班倢伃倢伃對曰妾聞死生有命富貴在天修正尚未蒙福爲邪欲以何望假使鬼神有知不受不臣之愬如其無知愬之何益故不爲也上善其對而閔之賜黃金百斤趙氏姊弟驕妬倢伃恐久見危遂求共養太后於長信宮上許焉倢伃退處東宮作賦以自傷悼其辭曰承祖考之遺德兮何性命之淑靈登薄軀於宮闕兮充下陳於後庭蒙聖皇之渥惠兮當日月之盛明揚光烈之翕赫兮奉隆寵於增成旣過幸於非位兮竊庶幾乎嘉時毋寤寐而絫息兮申佩離以自思陳女圖以鏡監兮顧女史而問詩悲晨婦之作戒兮哀褒閻之爲郵美皇英之女虞兮榮任姒之母周雖愚陋其靡及兮敢舍心而忘兹歷年歲而悼懼兮閔蕃華之不滋痛陽祿與柘館兮仍襁褓而離災豈妾人之殃咎兮將天命之不可求白日忽已移光兮遂晻莫而昧幽猶被覆載之厚德兮不廢捐於罪郵奉共養于東宮兮託長信之末流共洒掃於帷幄兮永終死以爲期願歸骨於山足兮依松柏之餘休重曰潛元宮兮幽以清應門閉兮禁闥扃華殿塵兮玉階菭中庭萋兮綠草生廣室陰兮帷幄暗房帷虛兮風泠泠感帷裳兮發紅羅紛綷縩兮紈素聲神眇眇兮密靚處君不御兮誰爲榮俯視兮丹墀思君兮履綦仰視兮雲屋雙涕兮橫流顧左右兮和顏酌羽觴兮銷憂惟人生兮一世忽一過兮若浮己獨享兮高明處生民兮極休勉虞精兮極樂與福祿兮無期綠衣兮白華自古兮有之至成帝崩倢伃充奉園陵薨因葬園中

孝成趙皇后本長安宮人本宮人以賜陽阿主家也宮人者省中侍使宮婢名曰宮人非天子掖庭中也事見漢舊儀言長安者等別甘泉等諸宮省也初生時父母不舉二日不死乃收養之及壯屬陽阿主家學歌舞號曰飛燕成帝嘗微行過陽阿主家作樂上見飛燕而說之召入宮大幸有女弟復召入俱爲倢伃貴傾後宮許后之廢也上欲立趙倢伃爲皇后太后嫌其所出微甚難之太后姊子湻于長爲侍中數往來傳語得太后指上立封趙倢伃父臨爲成陽侯後月餘乃立倢伃爲皇后追以長前白罷昌陵功封爲定陵侯皇后旣立寵少衰而弟絶幸爲昭儀居昭陽舍其中庭彤朱而殿上髤漆髤許求反一再漆也切皆銅沓冒黃金塗切千結切門限也沓冒其頭也塗以金塗銅上也沓他合反白玉階壁帶往往爲黃金釭函藍田壁明珠翠羽飾之壁帶壁之橫木露出如帶壁帶之中以金爲釭若車釭之形釭中著珠璧翠羽釭音工自後宮未嘗有焉姊弟專寵十餘年卒皆無子末年定陶王來朝王祖母傅太后私賂遺趙皇后昭儀遂立定陶王爲太子明年春成帝崩帝素彊無疾病是時楚思王衍梁王立來朝明旦當辭去上宿供帳白虎殿又欲拜左將軍孔

光爲丞相己刻侯印書賛昏夜平善鄉晨傳綺韈欲起因失衣不能言晝漏上十刻而崩民間歸罪趙昭儀皇太后詔大司馬莽曰皇帝暴崩羣衆讙譁怪之掖庭令輔等在後庭左右侍燕逼近雜與御史丞相廷尉治問皇帝起居發病狀趙昭儀自殺哀帝既立尊趙皇后爲皇太后封太后弟侍中駙馬都尉欽爲新成侯趙氏侯者二人後數月司隸解光奏言臣聞許美人及故中宮史曹宮皆御幸孝成皇帝產子子隱不見臣遣從事掾業史望驗問知狀者掖庭獄丞籍武故中黃門王舜吳恭靳嚴官婢曹曉道房張棄故趙昭儀御者于客子王偏臧兼等皆曰宮卽曉子女前屬中宮爲學事史通詩授皇后房與宮對食元延元年中宮語房曰陛下幸宮後數月曉入殿中見宮腹大問宮宮曰御幸有身其十月中宮乳掖庭牛官令舍有婢六人中黃門田客持詔記盛綠綈方底封御史中丞印予武曰取牛官令舍婦人新產兒婢六人盡置暴室獄毋問兒男女誰兒也武迎置獄宮曰善藏我兒胞丞知是何等兒也後三日客持詔記與武問兒死未手書對牘背武卽書對兒見在未死有頃客出曰上與昭儀大怒奈何不殺武叩頭啼曰不殺兒自知當死殺之亦死卽因客奏封事曰陛下未有繼嗣子無貴賤唯留意奏入客復持詔記予武曰今夜漏上五刻持兒與舜會東交掖門武因問客陛下得武書意何如曰憒也武以兒付舜舜受詔內兒殿中爲擇乳母告善養兒且有賞毋令漏泄舜擇棄爲乳母時兒生八九日後三日客復持詔記封如前予武中有封小綠篋記曰告武以篋中物書予獄中婦人武自臨飲之武發篋中有裹藥二枚赫蹏書曰告偉能努力飲此藥不可復入女自知之偉能卽宮宮讀書已曰果也欲姊弟擅天下我兒男也額上有壯髮類孝元皇帝今兒安在危殺之矣奈何令長信聞之宮飲藥死後宮婢六人召入出語武曰昭儀言女無過寍自殺邪若外家也我曹言願自殺卽自繆死武皆表奏狀棄所養兒十一日宮長李南以詔書取兒去不知所置許美人前在上林涿沐館數召入飾室中若舍一歲再三召留數月或半歲御幸元延二年懷子其十一月乳詔使嚴持乳醫及五種和藥丸三送美人所後客子偏兼聞昭儀謂成帝曰常給我言從中宮來卽從中宮來許美人兒何從生中許氏竟當復立邪懟以手自擣以頭擊壁戶柱從牀上自投地啼泣不肯食曰今當安置我欲歸耳帝曰今故告之反怒爲殊不可曉也帝亦不食昭儀曰陛下自知是不食爲何陛下常自言不負女今美人有子竟負約謂何帝曰約以趙氏故不立許氏使天下無出趙氏上者毋憂也後詔使嚴持綠囊書予許美人告嚴曰美人當有以予女受來置飾室中簾南美人以葦篋一合盛所生兒緘封及綠囊報書予嚴嚴持篋書置飾室簾南去帝與昭儀坐使客子解篋緘未已帝使客子偏兼皆出自閉戶獨與昭儀坐須臾開戶嘑客子偏兼使緘封篋及綠綈方底推置屛風東恭受詔持篋方底予武皆封以御史中丞印曰告武篋中有死兒埋屛處勿令人知武穿獄樓垣下爲坎埋其中故長定許貴人及故成都平阿侯家婢王業任孋公孫習前免爲庶人詔召入屬昭儀爲私婢成帝崩未幸梓宮倉卒悲哀之時昭儀自知罪惡大知業等故許氏王氏婢恐事泄而以大婢羊子等賜予業等各且十人以慰其意屬無道我家過失元延二年五月故掖庭令吾邱遵謂武曰掖庭丞吏以下皆與昭儀合通無可與語者獨欲與武有所言我無子武有子是家輕族人得無不敢乎掖庭中御幸生子者輒死又飲藥傷墮者無數欲與武共言之大臣驃騎將軍貪耆錢不足計事奈何令長信得聞之遵後病困謂武今我已死前所語事武不能獨爲也愼語臣謹案趙昭儀傾亂聖朝親滅繼嗣當伏族誅今同產親屬尙在尊貴之位逼近帷幄非所以懲惡崇誼示四方也請事窮竟丞相以下議正法哀帝於是免新成侯趙欽及欽兄子成陽侯訢皆爲庶人將家屬遠徙遼西郡時議郞耿育上疏言不宜暴露先帝私燕流傳後世遠聞百蠻近布海內甚非先帝託後之意也先是哀帝爲太子亦頗得趙太后力遂不窮竟其事傅太后德趙太后趙太后亦歸心焉故成帝母及王氏皆怨之及哀帝崩王莽乃白太后詔有司曰前皇太后與弟昭儀俱侍帷幄姊弟專寵殘滅繼嗣以危宗廟悖天犯祖無爲天下母之義貶皇太后爲孝成皇后徙居北宮後月餘復有詔廢爲庶人令就其園是日自殺凡立十六年而誅先是有童謠曰燕燕尾涎涎張公子時相見木門倉琅根燕飛來啄皇孫皇孫死燕啄矢成帝每後行常與張放俱而稱富平侯家故曰張公子倉琅根宮門銅鍰也

孝元傅昭儀哀帝祖母也父河內溫人蚤卒母更嫁爲魏郡鄭翁妻生男惲昭儀少爲上官太后才人自元帝爲太子得進幸元帝卽位立爲倢伃甚有寵爲人有才略善事人下至宮人左右飲酒酹地皆祝延之產一男一女女爲平都公主男爲定陶恭王王有才藝尤愛於

上元帝既重傅昭儀及馮倢伃亦幸生中山孝王上欲殊之於後宮以二人皆有子爲王上尙在未得稱太后乃更號曰昭儀賜以印綬在倢伃上昭其儀尊之也至成哀時趙昭儀董昭儀皆無子猶稱焉元帝崩傅昭儀隨王歸國稱定陶太后後十年恭王薨子代爲王王母曰丁姬傅太后躬自養視既壯大成帝無繼嗣時中山孝王在元延四年中山孝王及定陶王皆入朝傅太后多以珍寶賂遺趙昭儀及帝舅驃騎將軍王根陰爲王求漢嗣皆見上無子欲豫自結爲久長計更稱譽定陶王上亦自器之明年遂徵定陶王立爲太子月餘天子立楚孝王孫景爲定陶王奉恭王後詔傅太后與太子母丁姬自居定陶國邸頃之成帝母王太后以太子小而傅太后抱養之令十日一至太子家丁姬以不養太子獨不得成帝崩哀帝卽位王太后詔令傅太后丁姬十日一至未央宮高昌侯董宏希指上書言宜立丁姬爲帝太后師丹劾奏宏懷邪誤朝不道上初卽位謙讓從師丹言止後廼白令王太后下詔尊定陶恭王爲恭皇哀帝因是曰春秋母以子貴尊傅太后爲恭皇太后丁姬爲恭皇后各置左右詹事食邑如長信宮中宮追尊恭皇太后父爲崇祖侯恭皇后父爲褎德侯後歲餘遂下詔曰漢家之制推親親以顯尊尊定陶恭皇之號不宜復稱定陶其尊恭皇太后爲帝太太后丁后爲帝太后後又更號帝太太后爲皇太太后稱永信宮帝太后稱中安宮而成帝母太皇太后本稱長信宮成帝趙后爲皇太后並四太后各置少府太僕秩皆中二千石爲恭皇立寢廟於京師比宣帝父悼皇考制度序昭穆於前殿傅太后父同産弟四人曰子孟中叔子元幼君子孟子喜至大司馬封高武侯中叔子晏亦大司馬封孔鄉侯幼君子商封汝昌侯爲太后父崇祖侯後更號崇祖曰汝昌哀侯太后同母弟鄭惲前死以惲子業爲陽信侯追尊惲爲陽信節侯鄭氏傅氏侯者凡六人大司馬二人九卿二千石六人侍中諸曹十餘人傅太后既尊後尤驕與成帝母語至謂之嫗與中山孝王母馮太后並事元帝追怨之陷以祝詛令自殺元壽元年崩合葬渭陵稱孝元傅皇后云

定陶丁姬哀帝母也易祖師丁將軍之元孫家在山陽瑕邱父至廬江太守始定陶恭王先爲山陽王而丁氏內其女爲姬王后張氏無子唯丁姬河平四年生哀帝丁姬爲帝太后兩兄忠明明以帝舅封陽安侯忠早卒封其子滿爲平周侯太后叔父憲望望爲左將軍憲爲太僕明爲大司馬驃騎將軍輔政丁氏侯者凡二人大司馬一人將軍九卿二千石六人侍中諸曹亦十餘人丁傅以一二年間暴興尤盛建平二年丁太后崩哀帝詔起陵恭皇之園遣大司馬驃騎將軍明東送葬于定陶貴震山東哀帝崩王莽秉政使有司舉奏丁傅罪惡莽以太皇太后詔皆免官爵丁氏徙歸故郡莽奏貶傅太后號爲定陶恭王母丁太后號曰丁姬元始五年莽復言恭王母丁姬前懷帝太后皇太太后璽綬以葬不應禮請發恭王母及丁姬冢取其璽綬消滅徙恭王母歸定陶葬恭王冢次而葬丁姬復其故太后以爲既已之事不須復發莽固爭之太后詔曰因故棺爲致椁作冢祠以太牢謁者護既發傅太后冢崩壓殺數百人開丁姬椁戶火出炎四五丈吏卒以水沃滅乃得入燒燔椁中器物莽復奏言共王母及丁姬棺皆名梓宮及有珠玉之服請更以木棺代去珠玉衣奏可既開傅太后棺臭聞數里公卿在位皆阿莽指入錢帛遣子弟及諸生四夷十餘萬人操持作具助將作掘平恭王母丁姬故冢二旬間皆平莽又周棘其處以爲世戒時有羣燕數千銜土投丁姬穿中丁傅既敗孔鄉侯晏將家屬徙合浦宗族皆歸故郡唯高武侯喜得全自有傳

孝哀傅皇后定陶太后從弟子也哀帝爲定陶王時傅太后欲重親取以配王王入爲漢太子傅氏女爲妃哀帝卽位成帝大行尙在前殿而傅太后封傅妃父晏爲孔鄉侯與帝舅陽安侯丁明同日俱封時師丹諫以爲天下自王者所有親戚何患不富貴而倉卒若是其不長久矣晏封後月餘傅妃立爲皇后傅氏既盛晏最尊重哀帝崩王莽白太皇太后下詔曰定陶共王太后與孔鄉侯晏同心合謀背恩忘本專恣不軌與至尊同稱號終沒至廼配食於左坐誖逆無道令孝哀皇后退處桂宮後月餘復與孝成趙皇后俱廢爲庶人就其園自殺

孝元馮昭儀平帝祖母也元帝卽位二年以選入後宮時父奉世爲執金吾昭儀始爲長使數月至美人後五年就館生男拜倢伃時父奉世爲右將軍光祿勳奉世長男野王爲左馮翊父子並居朝廷議者以爲器能當其位非用女寵故也而馮倢伃內寵與傅昭儀等建昭中上幸虎圈鬬獸後宮皆坐熊佚出圈攀檻欲上殿左右貴人傅昭儀等皆驚走馮倢伃直前當熊而立左右格殺熊上問人情驚懼何故前當熊倢伃對曰猛獸得人則止妾恐熊至御座故以身當之元帝嗟歎以此倍加禮重傅昭儀等皆慙明年夏馮倢伃男立爲信都王

尊倢伃爲昭儀元帝崩爲信都太后與王俱居儲元宮河平中隨王之國後徙中山是爲孝王後徵定陶王爲太子封中山王舅參爲宜鄉侯參馮太后少弟也是歲孝王薨有一男嗣爲王時未滿歲有眚病太后自養視數禱祠解哀帝卽位遣中郎謁者張由將醫治中山小王由素有狂易病病發怒去西歸長安尙書簿責擅去狀由恐因誣言中山太后祝詛上及太后太后卽傅昭儀也素常怨馮太后因是遣御史丁元案驗盡收御者官吏凡馮氏昆弟在國者百餘人分繫洛陽魏郡鉅鹿數十日無所得更使中謁者令史立與丞相長史大鴻臚丞雜治立受傅太后指幾得封侯治馮太后女弟習及寡弟婦君之死者數十人巫劉吾服祝詛醫徐遂成言習君之曰武帝時醫修氏刺治武帝得二千萬耳今愈上不得封侯不如殺上令中山王代可得封立等劾奏祝詛謀反大逆責問馮太后無服辭立曰熊之上殿何其勇今何怯也太后還謂左右曰此乃中語前世事吏何用知之是欲陷我也乃飲藥自殺先未死有司請誅之上不忍致法廢爲庶人徙雲陽宮旣死有司復奏太后死在未廢前有詔以諸侯王太后儀葬之宜鄉侯參君之習夫及之當相坐者或自殺或伏法參女弁爲孝王后有兩女有司奏免爲庶人與馮氏宗族徙歸故郡張由以先告賜爵關內侯史立遷中太僕哀帝崩大司徒孔光奏由前誣告骨肉立陷人立大辟爲國家結怨於天下以取秩遷獲爵邑幸蒙赦令請免爲庶人徙合浦云

中山衞姬平帝母也父子豪中山盧奴人官至衞尉子豪女弟爲宣帝倢伃生楚孝王長女又爲元帝倢伃生平陽公主成帝時中山孝王無子上以衞氏吉祥以子豪少女配孝王元延四年生平帝平帝年二歲孝王薨代爲王哀帝崩無嗣太皇太后與王莽迎中山王立爲帝莽欲顓國權懲丁傅行事以帝爲成帝後母衞姬及外家不當得至京師乃更立宗室桃鄉侯子成都爲中山王奉孝王後遣少傅左將軍甄豐賜衞姬璽綬卽拜爲中山孝王后以苦陘縣爲湯沐邑又賜帝舅衞寶寶弟元爵關內侯賜帝三妹皆爲封君食邑各二千戶莽長子宇非莽隔絕衞氏恐久後受禍卽私與衞寶通書記教衞后上書謝恩因陳丁傅舊惡幾得至京師莽白太皇太后下詔褒稱之復以中山故安戶七千益中山后湯沐邑加賜及中山王黃金各百斤增傅相以下秩衞后日夜啼泣思見帝而但益戶邑宇復教令上書求至京師會事發覺莽殺宇盡誅衞氏支屬衞寶女爲中山王后免后徙合浦唯衞太后在王莽纂國廢爲家人後歲餘卒葬孝王旁

孝平王皇后安漢公太傅大司馬莽女也平帝卽位年九歲成帝母太皇太后稱制而莽秉政莽欲依霍光故事以女配帝太后意不欲也莽設變詐令女必入因以自重太后不得已而許之詔遣納采用太牢祠宗廟明年春遣三公以下奉乘輿法駕迎皇后於安漢公第宮入未央宮前殿羣臣就位行禮大赦天下益封父安漢公地滿百里諸迎皇后及行禮者皆增秩賜金帛有差皇后立三月以禮見高廟尊父安漢公號曰宰衡位在諸侯王上賜公夫人號曰功顯君食邑封公子安爲襃新侯臨爲賞都侯后立歲餘平帝崩莽立孝宣元孫嬰爲孺子莽攝帝位尊皇后爲皇太后三年莽卽眞以嬰爲定安公改皇太后號爲定安公太后時年十八爲人婉瘱有節操自劉氏廢常稱疾不朝會莽敬憚傷哀欲嫁之乃更號爲黃皇室主令立國將軍成新公孫建世子襐飾將醫往問疾后大怒笞鞭其旁侍御因發病不肯起莽遂不復彊也及漢兵誅莽燒燔未央宮后曰何面目以見漢家自投火中而死

後漢

范曄曰夏殷以上后妃之制其文畧矣周禮王者立后三夫人九嬪二十七世婦八十一女御以備內職焉后正位宮闈同體天王夫人坐論婦禮九嬪掌教四德世婦主喪祭賓客女御序于王之燕寢頒官分務各有典司女史彤管記功書過居有保阿之訓動有環佩之響進賢才以輔佐君子哀窈窕而不淫其色所以能述宣陰化修成內則閨房肅雍險謁不行也故康王晚朝關雎作諷宣后晏起姜氏請愆及周室東遷禮序凋缺諸侯僭縱軌制無章齊桓有如夫人者六人晉獻升戎女爲元妃終於五子作亂冢嗣遘屯爰逮戰國風憲逾薄適情任欲顚倒衣裳以至破國亡家不可勝數斯固輕禮弛防先色後德者也秦并天下多自驕大宮備七國爵列八品漢興因循其號而婦制莫釐高祖帷薄不修孝文衽席無辯然而選納尙簡飾翫少華自武元之後世增淫費至乃掖庭三千增級十四妖幸毀政之符外姻亂邦之迹前史載之詳矣及光武中興斲彫爲朴六宮稱號唯皇后貴人貴人金印紫綬奉不過粟數十斛又置美人宮人采女三等並無爵秩歲時賞賜充給而已漢法常因八月筭人遣中大夫與掖庭丞及相工於洛陽鄉中閱視良家童女年十三以上二十以下姿色

端麗合法相者載還後宮擇視可否乃用登御所以明慎聘納詳求淑哲明帝聿遵先旨宮教頗修登建嬪后必先令德內無出闈之言權無私溺之授可謂矯其敝矣向使因設外戚之禁編著甲令改正后妃之制貽厥方來豈不休哉雖御己有度而防閑未篤故孝章以下漸用色授恩隆好合遂忘淄蠹自古雖主幼時艱王家多釁必委成冢宰簡求忠賢未有專任婦人斷割重器唯秦芊太后始攝政事故穰侯權重於昭王家富於嬴國漢仍其謬知患莫改東京皇統屢絕權歸女主外立者四帝安質桓靈臨朝者六后章帝竇太后和熹鄧太后安思閻太后順烈梁太后桓思竇太后靈思何太后莫不定策帷帟委事父兄貪孩童以久其政抑明賢以專其威任重道悠利深禍速身犯霧露於雲臺之上家嬰縲絏於圄犴之下湮滅連踵傾輈繼路而赴蹈不息燋爛爲期終陵夷大運淪亾神寶詩書所歎畧同一揆故考列行跡以爲皇后本紀雖成敗事異而同居正號者並列于編其以私恩追尊非當時所奉者則隨他事附出親屬別事各依列傳其餘無所見則係之此紀以纘西京外戚云爾

光武郭皇后諱聖通眞定槀人也爲郡著姓父昌讓田宅財產數百萬與異母弟國人義之仕郡功曹娶眞定恭王女號郭主生后及子況昌早卒郭主雖王家女好禮節儉有母儀之德更始二年春光武擊王郎至眞定因納后有寵及卽位以爲貴人建武元年生皇子彊帝善況小心謹慎況年始十六拜黃門侍郎二年貴人立爲皇后彊爲皇太子封況緜蠻侯況雖以后弟貴重而謙恭下士頗有聲譽十四年遷城門校尉其後后以寵稍衰數懷怨懟十七年廢爲中山王太后進后中子右翊公輔爲中山王徙封況大國爲陽安侯后從兄竟以騎都尉從征伐有功封爲新郪侯官至東海相竟弟匡爲發干侯官至太中大夫后叔父梁早終無子其壻南陽陳茂以恩澤封南緜侯二十年中山王輔復徙封沛王后爲沛太后況遷大鴻臚帝數幸其第會公卿諸侯親家飲燕賞賜金錢縑帛豐盛莫比京師號況家爲金穴二十六年后母郭主薨帝臨喪送葬遣使迎昌喪柩與主合葬追贈昌陽安侯謚曰思二十八年后薨葬北芒帝憐郭氏詔況子璜尚淯陽公主除璜爲郎顯宗卽位況與帝舅陰識陰就並爲特進俱被恩寵永平二年況卒帝親自臨喪謚曰節侯子璜嗣元和三年肅宗北巡過眞定會諸郭以太牢上郭主冢賞賜甚多永元初璜爲長樂少府子舉爲侍中兼射聲校尉及大將軍憲被誅舉以憲子壻謀逆故父子俱下獄死家屬徙合浦宗族爲郎吏者悉免官新郪侯竟初爲騎將從征伐有功拜東海相永平中卒子嵩嗣嵩卒追坐染楚王英事國廢建初二年章帝紹封嵩子勸爲伊亭侯勸無子國除發干侯匡官至太中大夫建武三十年卒子勳嗣勳卒子駿嗣永平十三年亦坐楚王英事失國建初三年復封駿爲觀都侯卒無子國除郭氏侯者凡三人皆絕國

光烈陰皇后諱麗華南陽新野人初光武適新野聞后美心悅之後至長安見執金吾車騎甚盛歎曰仕宦當作執金吾娶妻當得陰麗華更始元年六月遂納后於宛當成里時年十九及光武爲司隸校尉方西之洛陽令后歸新野及鄧奉起兵后兄識爲之將后隨家屬徙淯陽止於奉舍光武卽位令侍中傅俊迎后與胡陽甯平主諸宮人俱到洛陽以后爲貴人帝以后雅性寬仁欲崇以尊位后固辭以郭氏有子終不肯當故遂立郭氏爲后建武四年從征彭寵生顯宗於元氏九年有盜劫殺后母鄧氏及弟訢帝甚傷之詔追爵謚貴人父陸爲宣恩哀侯弟訢爲宣義恭侯以弟就嗣哀侯後十七年廢皇后郭氏而立貴人爲皇后后在位恭儉少嗜玩不喜笑謔性仁孝多矜慈七歲失父雖已數十年言及未曾不流涕帝見嘗歎息顯宗卽位尊后爲皇太后永平三年帝從太后幸章陵置酒舊宅會陰鄧故人諸家子孫並受賞賜七年崩在位二十四年年六十合葬原陵明帝性孝追慕無已十七年正月當謁原陵夜夢先帝太后如平生懽既寤悲不能寐卽按歷明旦日吉遂率百官及故客上陵其日甘露降於陵樹帝令百官採取以薦會畢帝從席前伏御牀視太后鏡奩中物感動悲涕令易脂澤裝具左右皆泣莫能仰視焉

明德馬皇后諱某伏波將軍援之小女也少喪父母兄客卿敏惠早夭母藺夫人悲傷發疾慌惚后時年十歲幹治家事勑制僮僕內外諮禀事同成人諸家異之后常久疾太夫人令筮之筮者曰此女雖有患狀而當大貴兆不可言也後又呼相者使占諸女相者見后大驚曰我必爲此女稱臣然貴而少子若養他子者得力乃當踰於所生初援征五溪蠻卒於師虎賁中郎將梁松黃門侍郎竇固等因譖之由是家益失勢又數爲權貴所侵侮后從兄嚴不勝憂憤白太夫人絕竇氏婚求進女掖庭乃上書曰臣叔父援孤恩不報而妻子特獲恩全人情既得不死便欲求福竊聞太子諸王妃匹未備援有三女大者十五次者十四小者十三儀狀髮膚上

中以下皆孝順小心婉靜有禮願下相工簡其可否如有萬一援不朽於黄泉矣又援姑姊妹並爲成帝倢伃冀因緣先姑當充後宫由是選入太子宫時年十三奉承陰后傍接同列禮則修備上下安之遂見寵異常居後堂顯宗即位以后爲貴人時后前母姊女賈氏亦以選入生肅宗帝以后無子命令養之謂曰人未必當自生子但患愛養不至耳后於是撫育盡悴過於所生肅宗亦孝性淳篤恩性天至母子慈愛始終無纖介之閒永平三年春有司奏立長秋宫帝未有所言皇太后曰馬貴人德冠後宫即其人也遂立爲皇后先是數日夢有小飛蟲無數赴着身又入皮膚中而後飛出既正位宫闈愈自謙肅后身長七尺二寸方口美髮能誦易好讀春秋楚辭尤善周官董仲舒書（仲舒書玉杯蕃露清明竹林之屬）常衣大練裙不加緣朔望諸姬主朝請望見后袍衣疎麤反以爲綺縠就視乃笑后辭曰此繒特宜染色故用之耳六宫莫不歎息帝嘗幸苑囿離宫后輒以風邪霧露爲戒辭意款備多見詳擇帝幸濯龍中並召諸才人（濯龍園名）下邳王以下皆在側請呼皇后帝笑曰是家志不好樂雖來無歡是以游娱之事希嘗從焉十五年帝案地圖將封皇子悉半諸國后見而言曰諸子食數縣於制不己儉乎帝曰我子豈宜與先帝子等乎歲給二千萬足矣時楚獄連年不斷囚相證引坐繫者甚衆后慮其多濫乘閒言及惻然帝感悟之夜起彷偟爲思所納卒多降宥時諸將奏事及公卿較議難平者帝數以試后后輒分解理趣各得其情每於侍執之際輒言及政事多所毗補而未嘗以家私干欲寵敬日隆始終無衰及帝崩肅宗即位尊爲皇太后諸貴人當徙居南宫太后感析別之懷各加厚賜自撰顯宗起居注削去兄防參醫藥事帝請之曰黄門舅旦夕共養且一年既無襃異又不錄勤勞無乃過乎太后曰吾不欲令後世聞先帝數親後宫之家故不著也建初元年欲封爵諸舅太后不聽明年夏大旱言事者以爲不封外戚之故有司因此上奏宜因舊典太后詔曰凡言事者皆欲媚朕以要福耳昔王氏五侯同日俱封其時黄霧四塞不聞澍雨之應又田蚡竇嬰寵貴横恣終至傾覆故先帝防慎舅氏不令在樞機之任諸子之封裁令半楚淮陽諸國常謂我子不當與先帝子等今有司柰何欲以馬氏比陰氏乎吾爲天下母而身服大練食不求甘左右但著帛布無香薰之飾者欲身率下也以爲外親見之當傷心自勑但笑言太后素好儉前過濯龍門上見外家問起居車如流水馬如游龍倉頭衣綠褠領袖正白觀侍御者不及遠矣故不加譴怒但絶歲用而已冀以默愧其心而猶懈怠無憂國忘家之慮吾豈可上負先帝之旨下虧先人之德重襲西京敗亾之禍哉固不許帝省詔悲歎復重請曰漢興舅氏之封侯猶皇子之爲王也太后誠存謙虚奈何令臣獨不加恩於三舅乎且衞尉年尊兩校尉有大病如令不諱使臣長抱刻骨之恨宜及吉時不可稽留太后報曰吾反覆念之思令兩善豈徒欲獲謙讓之名而使帝受不外施之嫌哉昔竇太后欲封王皇后之兄丞相條侯言受高帝約無軍功非劉氏不侯今馬氏無功於國豈得與陰郭中興之后等邪常觀富貴之家祿位重疊猶再實之木其根必傷且人所以願封侯者欲上奉祭祀下求溫飽耳今祭祀則受四方之珍衣食則蒙御府餘資斯豈不足而必當得一縣乎吾計之熟矣勿有疑也夫至孝之行安親爲上今數遭變異穀價數倍憂惶晝夜不安坐卧而欲先營外封違慈母之拳拳乎吾素剛急有匈中氣不可不順也若陰陽調和邊境清靜然後行子之志吾但舍飴弄孫不能復關政矣時新平主家御者失火延及北閣後殿太后以爲己過起居不歡時當謁原陵太后自引守備不慎慙見陵園遂不行太后常見外戚有謙素義行者輒假借溫言賞以財位其有車服不軌法度者便絶屬籍於是內外從化被服如一諸家惶恐倍於永平時乃置織室蠶於濯龍中數往觀視以爲娛樂常與帝旦夕言道政事及教授諸小王論語經書述敘平生雍和終日四年天下豐稔方垂無事帝遂封三舅廖防光爲列侯並辭讓願就關內侯太后聞之曰聖人設教各有其方知人情性莫能齊也吾少壯時但慕竹帛志不顧命今雖已老而復戒之在得故日夜惕厲思自降損居不求安食不忘飽冀乘此道不負先帝所以化導兄弟共同斯志欲令瞑目之後無所復恨何意老志復不從哉萬年之日長恨矣廖等不得已受封爵而退位歸第焉太后其年寢疾不信巫祝卜醫數勑絶禱祠至六月崩在位二十三年年四十餘合葬顯節陵賈貴人南陽人建武末選入太子宫中元二年生肅宗而顯宗以爲貴人帝既爲太后所養專以馬氏爲外家故貴人不登極位賈氏親族無受寵榮者及太后崩乃策書加貴人王赤綬安車一駟永巷宫人二百御府雜帛二萬匹大司農黄金千斤錢二千萬

章德竇皇后諱某扶風平陵人大司徒融之曾孫也祖穆父勳坐事死事在竇融傳勳尚東海恭王彊女沘陽

公主后共長女也家既廢壞數呼相工問息耗見后者皆言當大尊貴非臣妾容貌年六歲能書親家皆奇之建初二年后與女弟俱以選例入見長樂宮進止有序風容甚盛肅宗先聞后有才色數以訊諸姬傅及見雅以爲美馬太后亦異焉因入掖庭見於北宮章德殿后性敏給傾心承接稱譽日聞明年遂立爲皇后妹爲貴人七年追爵謚父勳爲安成思侯后寵幸特殊專固後宮初宋貴人生皇太子慶梁貴人生和帝后旣無子並忌疾之數閒於帝漸致疎嫌因誣宋貴人挾邪媚道遂自殺廢慶爲清河王語在慶傳梁貴人者梁竦之女也少失母爲伯母舞陰長公主所養年十六建初二年亦與中姊俱選入掖庭爲貴人四年生和帝后養以爲己子欲專名外家而忌梁氏八年乃作飛書以陷竦竦坐誅貴人姊妹以憂死自是宮房惵息后愛日隆及帝崩和帝卽位尊后爲皇太后皇太后臨朝尊母泚陽公主爲長公主兄憲弟篤景皆貴顯擅威權後遂密謀不軌永元四年發覺被誅九年太后崩未及葬而梁貴人姊嫕上書陳貴人枉歿之狀太尉張酺司徒劉方司空張奮上奏依光武黜呂太后故事貶太后尊號不宜合葬先帝百官亦多上言者帝手詔曰竇氏雖不遵法度而太后常自減損朕奉事十年深惟大義禮臣子無貶尊上之文恩不忍離義不忍虧案前世上官太后亦無降黜其勿復議於是合葬敬陵在位十八年帝以貴人酷歿斂葬禮闕乃改殯梁貴人於承光宮謚曰恭懷皇后追服喪制百官縞素與姊大貴人俱葬西陵儀比敬園敬園安帝祖母宋貴人之園也

和帝陰皇后諱某光烈皇后兄執金吾識之曾孫也后少聰慧善書藝永元四年選入掖庭以先后近屬故得爲貴人有殊寵八年遂立爲皇后自和熹鄧后入宮愛寵稍衰數有恚恨后外祖母鄧朱出入宮掖十四年夏有言后與朱共挾巫蠱道事發覺帝遂使中常侍張慎與尚書陳褒於掖庭獄雜考案之朱及二子奉毅與后弟軼輔敞辭語相連及以爲祠祭祝詛大逆無道奉毅輔考死獄中帝使司徒魯恭持節賜后策上璽綬遷于桐宮以憂死立七年葬臨平亭部父特進綱自殺軼敞及朱家屬徙日南比景縣宗親外內昆弟皆免官還田里永初四年鄧太后詔赦陰氏徙者歸故郡還其貲財五百餘萬

和熹鄧皇后諱綏太傅禹之孫也父訓護羌校尉母陰氏光烈皇后從弟女也后年五歲太傅夫人愛之自爲翦髮夫人年高目冥誤傷后額忍痛不言左右見者怪而問之后曰非不痛也難傷老人意故忍之耳六歲能史書十二通詩論語諸兄每讀經傳輒下意問難志在典籍不問居家之事母常非之曰汝不習女工以供衣服乃更務學寧當舉博士邪后重違母言晝修婦業暮誦經典家人號爲諸生父訓異之事無大小輒與詳議永元四年當以選入會訓卒后晝夜號泣終三年不食鹽菜憔悴毀容后嘗夢捫天蕩蕩正青若有鍾乳狀乃仰漱飲之以訊諸占夢言堯夢攀天而上湯夢及天而咶之斯皆聖王之前占吉不可言又相者見后驚曰此成湯之法也家人竊喜而不敢宣后叔父陔言常聞活千人者子孫有封兄訓爲謁者使修石臼河歲活數千人天道可信家必蒙福初太傅禹嘗歎曰吾將百萬之眾未嘗妄殺一人後世必有興者七年后復與諸家子俱選入宮后長七尺二寸姿顏姝麗絕異於衆左右皆驚八年冬入掖庭時年十六遂爲貴人恭肅小心事陰后盡禮接撫同列常克己以下之雖宮人隸役皆加恩借帝深嘉焉后嘗有疾帝令后母兄入視醫藥不限以日數后言於帝曰宮禁至重而使外舍久在內省上令陛下有幸私之譏下使賤妾獲不知足之謗上下交損誠不願也帝曰人皆以數入爲榮貴人反以爲憂深自抑損誠難及也每有讌會諸姬貴人競自修整簪珥光采袿裳鮮明而后獨著素裝服無飾其衣有與陰后同色者卽時解易若並時進見則不敢正坐離立行則僂身自卑帝每有所問常逡巡後對不敢先陰后言帝知后勞心曲體歎曰修德之勞廼如是乎後陰后漸疏每當御見輒辭以疾時帝數失皇子后憂繼嗣不廣數選進才人以博帝意陰后見后德稱日盛不知所爲遂造祝詛欲以爲害帝嘗寢病危甚陰后密言我得意不令鄧氏復有遺類后聞乃對左右涕泣曰我竭誠盡心以事皇后竟不爲所祐而當獲罪於天婦人雖無從死之義然周公身請武王之命越姬心誓必死之分上以報帝之恩中以解宗族之禍下不令陰氏有人豕之譏卽欲飲藥宮人趙玉者固禁之因詐言屬有使來上疾已愈后信以爲然乃止明日帝果瘳十四年夏陰后以巫蠱事發后請救不能得帝便屬意焉后愈稱疾篤深自閉絕會有司奏建長秋宮詔立后焉后辭讓者三然後卽位手書表謝是時方國貢獻競求珍麗之物自后卽位悉令禁絕歲時但供紙墨而已帝每欲官爵鄧氏后輒哀請謙讓故兄騭終帝世不過虎賁中郞元興元年帝崩長子平原王有疾而諸皇子夭歿前後十數後生

者輒隱祕養於人間殤帝生始百日后乃迎立之尊后爲皇太后太后臨朝和帝旣葬宮人並令歸園太后贈賜甚厚是時新遭大憂法禁未設宮中亡大珠一篋太后念欲考問必有不辜乃親閱宮人觀察顏色卽時首服又和帝幸人吉成爲御者誣告以巫蠱事下掖庭考訊辭證明白太后疑之呼見實覈果御者所爲莫不歎服以爲聖明太后以淫祀無福詔罷諸祠官不合典禮者又詔赦除建武以來諸犯妖惡及馬竇家屬所被禁錮者皆復之爲平人減太官導官尙方內者服御珍羞靡麗難成之物自非供陵廟稻粱米不得導擇朝夕一肉飯而已舊太官湯官歲用二萬萬自是裁數千萬郡國所貢皆減其過半悉斥賣上林鷹犬其蜀漢釦器九帶佩刀並不復調止畫工三十九種又御府尙方織室錦繡氷紈綺縠金銀珠玉犀象瑇瑁雕鏤玩弄之物皆絕不作離宮別館儲峙米糒薪炭悉令省之又自御北宮增喜觀閣問諸園貴人聽其去留卽日免遣者五六百人及殤帝崩太后定策禁中立安帝后猶臨朝聽政以連遭大憂百姓苦役殤帝康陵方中祕藏及諸工作事事減約十分居一詔告司隸校尉河南尹南陽太守令明加檢察外家親屬其有犯罪無得假貸永元元年爵號太夫人爲新野君萬戶供湯沐邑二年夏京師大旱親幸洛陽寺錄寃獄有囚實不殺人被考自誣羸困輿見畏吏不敢言將去舉頭若欲自訴太后察視覺之卽呼還問狀具得枉實卽收洛陽令下獄抵罪行未還宮澍雨大降三年秋太后體不安左右禱請祝辭願得代命太后聞之卽加譴怒舊事歲終當饗遣衛士大儺逐疫太后以陰陽不和軍旅數興詔饗會勿設戲作樂減逐疫侲子之半悉罷象橐駝之屬豐年復故太后自入宮掖從曹大家受經書兼天文算數晝省王政夜則誦讀而患其謬誤懼乖典章乃博選諸儒劉珍等及博士議郎四府掾史五十餘人詣東觀讎校傳記事畢奏御班賜有差又詔中官近臣於東觀受讀經傳以教授宮人左右習誦朝夕濟濟及新野君薨太后憂哀毀損贈送甚厚使司空持節護喪事謚曰敬君太后諒闇旣終七年正月初入太廟齋七日庚戌謁宗廟率命婦羣妾相禮儀與皇帝交獻親薦成禮而退因下詔自今凡供薦新味奉祠陵廟及給御者皆須時乃上凡所省二十三種自太后臨朝水旱十歲四夷外侵盜賊內起每聞人饑或達旦不寐而躬自減徹以救災阨故天下復平歲還豐稔元初五年平望侯劉毅以太后多德政欲令早有注記上書安帝述太后之美宜令史官著長樂宮注聖德頌帝從之六年太后詔徵和帝弟濟北河間王子男女年五歲以上四十餘人又鄧氏近親子孫三十餘人並爲開邸第教學經書躬自監試時太后從兄越騎校尉康以后久臨朝政內懷憂懼託病不朝太后使宮婢問之宮婢失禮於康康訴之婢還言康詐疾而語不遜太后遂免康官遣歸國絕屬籍永寧二年二月太后寢疾漸篤乃乘輦於前殿見侍中尙書因北至太子新所繕宮還大赦天下賜諸園貴人王主羣僚錢布各有差詔曰朕以無德託母天下而薄祐不天早離大憂延平之際海內無主元元厄運危於累卵勤勤苦心不敢以萬乘爲樂上欲不欺天愧先帝下不違人負宿心誠在濟度百姓以安劉氏自謂感徹天地當蒙福祚而喪禍內外傷痛不絕頃以廢病沈滯久不侍祠自力上原陵加咳逆唾血遂至不解存亡大分無可奈何公卿百官其勉盡忠恪以輔朝廷三月崩在位二十年年四十一合葬順陵

安思閻皇后諱姬河南滎陽人也祖父章永平中爲尙書以二妹爲貴人章有精力曉舊典久次當遷以重職顯宗爲後宮親屬竟不用出爲步兵校尉章生暢暢生后后有才色元初元年以選入掖庭甚見寵愛爲貴人二年立爲皇后后專房妬忌帝幸宮人李氏生皇子保遂鴆殺李氏三年以后父侍中暢爲長水校尉封北宜春侯四年暢卒謚曰文侯子顯嗣建光元年鄧太后崩帝始親政三年以顯及弟景耀晏並爲卿校典禁兵延光元年更封顯長社縣侯追尊后母宗爲滎陽君顯景諸子弟年皆童齔並爲黃門侍郎后寵旣盛而兄弟頗預朝權后遂與大長秋江京中常侍樊豐等共譖皇太子保廢爲濟陰王四年春后從帝幸章陵帝道疾崩於葉縣后顯兄弟及江京樊豐等謀曰今晏駕道次濟陰王在內邂逅公卿立之還爲大害乃僞云帝疾甚徙御臥車行四日驅馳還宮明日詐遣司徒劉熹詣郊廟社稷告天請命其夕乃發喪尊后曰皇太后皇太后臨朝以顯爲車騎將軍儀同三司太后欲久專國政貪立幼年與顯等定策禁中迎濟北惠王子北鄉侯懿立爲皇帝顯忌大將軍耿寶位尊權重威行前朝乃風有司奏寶及其黨與中常侍樊豐虎賁中郎將謝惲惲弟侍中篤篤弟大將軍長史宓侍中周廣阿母野王君王聖聖女永永婿黃門侍郎樊嚴等更相阿黨互作威福探刺禁省更爲唱和皆大不道豐惲廣皆下獄死家屬徙比景宓嚴減死髡鉗貶寶爲則亭侯遣就國自殺王聖母

子徙鴈門於是景爲衞尉耀城門校尉晏執金吾兄弟權要威福自由少帝立二百餘日而疾篤顯兄弟及江京等皆在左右京引顯屏語曰北鄉侯病不解國嗣宜時有定前不用濟陰王今若立之後必當怨又何不早徵諸王子簡所置乎顯以爲然及少帝薨京白太后徵濟北河閒王子未至而中黃門孫程合謀殺江京等立濟陰王是爲順帝顯景晏及黨與皆伏誅遷太后於離宮家屬徙比景明年太后崩在位十二年合葬恭陵帝母李氏瘞在洛陽城北帝初不知莫敢以聞及太后崩左右白之帝感悟發哀親到瘞所更以禮殯上尊謚曰恭愍皇后葬恭北陵爲策書金匱藏于世祖廟

順烈梁皇后諱妠大將軍商之女恭懷皇后弟之孫也后生有光景之祥少善女工好史書九歲能誦論語治韓詩大義略舉常以列女圖畫置於左右以自監戒父商深異之竊謂諸弟曰我先人全濟河西所活者不可勝數雖大位不究而積德必報若慶流子孫者儻興此女乎永建三年與姑俱選入掖庭時年十三相工茅通見后驚再拜賀曰此所謂日角偃月相之極貴臣所未嘗見也太史卜兆得壽房又筮得坤之比遂以爲貴人常特被引御從容辭於帝曰夫陽以博施爲德陰以不專爲義螽斯則百福之所由興也願陛下思雲雨之均澤識貫魚之次序使小妾得免罪謗之累由是帝加敬焉陽嘉元年春有司奏立長秋宮帝遂立貴人爲皇后后既少聰慧深覽前世得失雖以德進不敢有驕專之心每日月見讁輒降服求愆建康元年帝崩后無子美人虞氏子炳立是爲沖帝尊后爲皇太后太后臨朝沖帝尋崩復立質帝猶秉朝政時揚徐劇賊寇擾州郡西羌鮮卑及日南蠻夷攻城暴掠賦斂煩數官民困竭太后夙夜勤勞推心杖賢委任太尉李固等拔用忠良務崇節儉其貪叨罪慝多見誅廢分兵討伐羣寇消夷故海內肅然宗廟以寧而兄大將軍冀鴆殺質帝專權暴濫忌害忠良數以邪說疑誤太后遂立桓帝而誅李固太后又溺於宦官多所封寵以此天下失望和平元年春歸政於帝太后寢疾遂篤乃御輦幸宣德殿見宮省官屬及諸梁兄弟各勉以盡忠於國後二日而崩在位十九年年四十五合葬憲陵虞美人者以良家子年十三選入掖庭又生女舞陽長公主自漢興母氏莫不尊寵順帝既未加美人爵號而沖帝早夭大將軍梁冀秉政忌惡他族故虞氏抑而不登但稱大家而已陳夫人者家本魏郡少以聲伎入孝王宮得幸生質帝亦以梁氏故榮寵不及焉熹平四年小黃門趙祐議郎卑整以爲言帝乃拜虞大家爲憲陵貴人陳夫人爲渤海孝王妃使中常侍持節授印綬遣太常以三牲告憲陵懷陵靜陵焉

孝崇匽皇后諱明爲蠡吾侯翼媵妾生桓帝桓帝即位明年追尊翼爲孝崇皇陵曰博陵以后爲博園貴人和平元年梁太后崩乃就博陵追尊后爲孝崇皇后遣司徒持節奉策授璽綬齎乘輿器服備法物宮曰永樂置太僕少府以下皆如長樂宮故事又置虎賁羽林衞士起宮室分距鹿九縣爲后湯沐邑在位三年元嘉二年崩以帝弟平原王石爲喪主斂以東園畫梓壽器玉匣飯含之具禮儀制度比恭懷皇后使司徒持節大長秋奉弔祠賻錢四千萬布四萬匹中謁者僕射典護喪事侍御史護大駕鹵簿詔安平王豹河閒王建渤海王悝長社益陽二長公主與諸國侯在三百里內者及中二千石二千石令長相皆會葬將作大匠復土緹廟合葬博陵

桓帝懿獻梁皇后諱女瑩順烈皇后之女弟也帝初爲蠡吾侯梁太后徵欲與后爲婚未及嘉禮會質帝崩因以立帝明年太后詔納后故事一依舊典時建和六年六月始入掖庭八月立爲皇后時太后秉政而梁冀專朝故后獨得寵幸自下莫得進見后藉姊兄廕埶恣極奢侈服御制度兼倍前世及皇太后崩恩愛稍衰后既無子潛懷怨忌每宮人孕育鮮得全者帝雖逼畏梁冀不敢譴怒然見御轉稀至延熹二年后以憂恚崩在位十三年葬懿陵其歲誅梁冀廢懿陵爲貴人冢焉

桓帝鄧皇后諱猛女和熹皇后從兄子鄧香之女也母宣初適香生后改嫁梁紀紀者大將軍梁冀妻孫壽之舅也后少孤隨母爲居因姓梁氏冀妻見后貌美永興中進入掖庭爲采女絕幸明年封兄鄧演爲南頓侯位特進演卒子康嗣及懿獻后崩梁冀誅立后爲皇后帝惡梁氏改姓爲薄封后母宣爲長安君四年有司奏后本郎中鄧香之女不宜改易他姓於是復爲鄧氏追封贈香車騎將軍安陽侯印綬更封宣康大縣宣爲昆陽君康爲沘陽侯賞賜巨萬計宣卒賵贈葬禮皆依后母舊儀以康弟統襲封昆陽侯位侍中統從兄會襲安陽侯爲虎賁中郎將又封統弟秉爲淯陽侯宗族皆列校郎將帝多內幸博採宮女至五六千人及驅役從使復兼倍於此而后恃尊驕忌與帝所幸郭貴人更相譖訴八年詔廢后送暴室以憂死立七年葬在北邙從父河南尹萬世及會皆下獄死統等亦繫暴室免官爵歸本

郡財物没入縣官

桓思竇皇后諱妙華章德皇后從祖弟之孫女也延熹八年鄧皇后廢后以選入掖庭爲貴人其冬立爲皇后而御見甚稀帝所寵唯采女田聖等永康元年冬帝寢疾遂以聖等九女皆爲貴人及崩無嗣后爲皇太后太后臨朝定策立解瀆侯宏是爲靈帝太后素忌忍積怒田聖等桓帝梓宮尚在前殿遂殺田聖又欲盡誅諸貴人中常侍管霸蘇康苦諫乃止時太后父大將軍武謀誅宦官而中常侍曹節等矯詔殺武遷太后於南宮雲臺家屬徙比景竇氏雖誅帝猶以太后有援立之功建寧四年十月朔率羣臣朝於南宮親饋上壽黄門令董萌因此數爲太后訴怨帝深納之供養資奉有加於前中常侍曹節王甫疾萌附助太后誣以謗訕永樂宮萌坐下獄死熹平元年太后母卒於比景后感疾而崩立七年合葬于宣陵

孝仁董皇后諱某河間人爲解瀆侯萇夫人生靈帝建寧元年帝即位追尊萇爲孝仁皇陵曰慎陵以后爲慎園貴人及竇氏誅明年帝使中常侍迎貴人并徵貴人兄寵到京師上尊號曰孝仁皇后居南宮嘉德殿宮稱永樂拜寵執金吾後坐矯稱永樂后屬請下獄死及竇太后崩始與朝政使帝賣官求貨自納金錢盈滿堂室中平五年以后兄子衛尉修侯重爲驃騎將軍領兵千餘人初后自養皇子協數勸帝立爲太子而何皇后恨議未及定而帝崩何太后臨朝重與太后兄大將軍進權埶相害后每欲參干政事太后輒相禁塞后忿恚詈言曰汝今輈張怙汝兄邪當勑驃騎斷何進頭來何太后聞以告進進與三公及弟車騎將軍苗等奏孝仁皇后使故中常侍夏惲永樂太僕封諝等交通州郡辜較在所珍寶貨賂悉入西省蕃后故事不得留京師輿服有章膳羞有品請永樂后遷宮本國奏可何進遂舉兵圍驃騎府收重免官自殺后憂怖疾病暴崩在位二十二年民間歸咎何氏喪還河間合葬慎陵

靈帝宋皇后諱某扶風平陵人也肅宗宋貴人之從曾孫也建寧三年選入掖庭爲貴人明年立爲皇后父酆執金吾封不其鄉侯后無寵而居正位後宮幸姬衆共譖毁初中常侍王甫枉誅渤海王悝及妃宋氏妃即后之姑也甫恐后怨之乃與太中大夫程阿共構言皇后挾左道祝詛帝信之光和元年遂策收璽綬后自致暴室以憂死在位八年父及兄弟並被誅諸常侍小黄門在省閤者皆憐宋氏無辜共合錢物收葬廢后及酆父子歸宋氏舊塋皐門亭帝後夢見桓帝怒曰宋皇后有何罪而聽用邪孽使絶其命渤海王悝既已自貶又受誅斃今宋氏及悝自訴於天上帝震怒罪在難赦夢殊明察帝既覺而恐以事問於羽林左監許永曰此何祥其可禳乎對曰宋皇后親與陛下共承宗廟母臨萬國歷年已久海內蒙化過惡無聞而虚被譖誣身嬰極誅禍及家族天下臣妾咸爲痛怨渤海王悝桓帝母弟也處國奉藩未嘗有過陛下曾不證審遂伏其辜昔晉侯失刑亦夢大厲被髮屬地天道明察鬼神難誣宜並改葬以安冤魂反宋后之徙家復渤海之先封以消厭咎帝不能用尋亦崩焉

靈思何皇后諱某南陽宛人家本屠者以選入掖庭長七尺一寸生皇子辯養於史道人家號曰史侯拜后爲貴人甚有寵幸性彊忌後宮莫不震懾光和三年立爲皇后明年追號后父眞爲車騎將軍舞陽宣德侯因封后母興爲舞陽君時王美人任娠畏后乃服藥欲除之而胎安不動又數夢負日而行四年生皇子協后遂鴆殺美人帝大怒欲廢后諸宦官固請得止董太后自養協號曰董侯王美人趙國人也祖父苞五官中郎將美人豐姿色聰敏有才明能書會計以良家子應法相選入掖庭帝愍協早失母又使美人作追德賦令儀頌中平六年帝崩皇子辯即位尊后爲皇太后太后臨朝后兄大將軍進欲誅宦官反爲所害舞陽君亦爲亂兵所殺并州牧董卓被徵將兵入洛陽陵虐朝廷遂廢少帝爲弘農王而立協是爲獻帝扶弘農王下殿北面稱臣太后鯁涕羣臣含悲莫敢言卓又議太后蹴迫永樂宮至令憂死逆婦姑之禮乃遷於永安宮因進鴆崩在位十年董卓令帝出奉常亭舉哀公卿皆白衣會不成喪也合葬文昭陵初太后新立當謁二祖廟欲齋輒有變故如此者數竟不克時有識之士心獨怪之後遂因何氏傾没漢祚焉明年山東義兵大起討董卓卓乃置弘農於閣上使郎中令李儒進鴆曰服此藥可以辟惡王曰我無疾是殺我耳不肯飲彊飲之不得已乃與妻唐姬及宮人飲晏爲别酒行王悲歌曰天道易兮我何艱棄萬乘兮退守蕃逆臣見迫兮命不延逝將去汝兮適幽元因令唐姬起舞姬抗袖而歌曰皇天崩兮后土頽身爲帝兮命夭摧死生路異兮從此乖柰我煢獨兮心中哀因泣下嗚咽坐者皆歔欷王謂姬曰卿王者妃埶不復爲吏民妻自愛從此長辭遂飲藥而死時年十八唐姬潁川人也王薨歸鄉里父會稽太守瑁欲嫁之誓不許及李傕音覺破長安遣兵鈔關東略得姬傕因欲妻

之固不聽而終不自名尚書賈詡知之以狀白獻帝帝聞感愴乃下詔迎姬置園中使侍中持節拜爲弘農王妃初平元年二月葬弘農王於故中常侍趙忠成壙中諡曰懷王帝求母王美人兄斌斌將妻子詣長安賜第宅田業拜奉車都尉興平元年追尊王美人爲靈懷皇后改葬文昭陵儀比敬恭二陵使光祿大夫持節行司空事奉璽綬斌與河南尹駱業復土斌還遷執金吾封都亭侯食邑五百戶病卒贈前將軍印綬長子端襲爵

獻帝伏皇后諱壽琅邪東武人大司徒湛之八世孫也父完沈深有大度襲爵不其侯尚桓帝女陽安公主爲侍中初平元年從駕入長安后時選入掖庭爲貴人興平二年立爲皇后完遷執金吾帝尋而東歸李傕郭汜等追敗乘輿於曹陽帝潛夜度河走六宮皆步行出營后手持縑數匹董承使符節令孫徽以刃脅奪之殺旁侍者血濺后衣既至安邑御服穿弊唯以棗栗爲糧建安元年拜完輔國將軍儀比三司完以政在曹操自嫌尊戚乃上印綬拜中散大夫尋遷屯騎校尉十四年卒子典嗣自帝都許守位而已宿衛兵侍莫非曹氏黨舊姻戚議郎趙彥嘗爲帝陳言時策曹操惡而殺之其餘內外多見誅戮操後以事入見殿中帝不任其憤因曰君若能相輔則厚不爾幸垂恩相捨操失色俛仰求出舊儀三公領兵朝見令虎賁執刃挾之操出顧左右汗流浹背自後不敢復朝時將軍董承女爲貴人操誅承而求貴人殺之帝以貴人有娠累爲請不能得后自是懷懼遂與父完書言曹操殘逼之狀令密圖之完不敢發至十九年事乃露洩操追仇大怒遂逼帝廢后假爲策文令御史大夫郗慮持節策廢后又以尚書令華歆爲郗慮副勒兵入宮收后后閉戶藏夾壁中歆就牽后出時帝在外殿引慮於坐后被髮徒跣行泣過謂帝曰不能復相活邪帝曰我亦不知命在何時顧謂慮曰郗公天下寧有是邪遂將后下暴室以幽崩所生二皇子皆鴆殺之后在位二十年兄弟及宗族死者百餘人母盈等十九人徙涿郡

獻穆曹皇后諱節魏公曹操之中女也建安十八年操進三女憲節華爲夫人聘以束帛玄纁五萬匹小者待年於國十九年並拜爲貴人及伏皇后被弒明年立節爲皇后魏受禪遣使求璽綬后怒不與如此數輩后乃呼使者入親數讓之以璽抵軒下因涕泣橫流曰天不祚爾左右皆莫能仰視后在位七年延康元年魏文帝代漢以后爲山陽公夫人自後四十一年爲魏景初元年是歲后薨合葬於獻帝禪陵車服禮儀皆依漢制范曄論曰西漢世皇后無諡皆因帝諡以爲稱雖呂氏專政上官臨制亦無殊號中興明帝始建光烈之稱其後並以德爲配至於賢愚優劣混同一貫故馬竇二后俱稱德焉其餘皇帝之庶母及蕃王承統以追尊之重特爲其號如懷孝崇之比是也初平中蔡邕始追正和熹之諡其安思順烈以下皆依而加焉

漢制皇女皆封縣公主儀服同列侯其尊崇者加號長公主儀服同蕃王諸王女皆封鄉亭公主儀服同鄉亭侯肅宗惟特封東平憲王蒼琅邪孝王京女爲縣公主其後安帝桓帝妹亦封長公主同之皇女其皇女封公主者所生之子襲母封爲列侯皆傳國於後鄉亭之封則不傳襲其職僚品秩各有等差以不足別載故附于后紀末

世祖五女

皇女義王建武十五年封武陽長公主適延陵鄉侯太僕梁松松坐誹謗誅

皇女中禮十五年封涅陽公主適顯親侯大鴻臚竇固

皇女紅夫十五年封館陶公主適駙馬都尉韓光光坐與淮陽王延謀反誅

皇女禮劉十七年封淯陽公主適陽安侯長樂少府郭璜璜坐與竇憲謀反伏誅

皇女綬二十一年封酈邑公主適新陽侯世子陰豐豐害主誅死

顯宗十一女

皇女姬永平二年封獲嘉長公主適陽邑侯將作大匠馮柱

皇女奴三年封平陽公主適大鴻臚馮順

皇女迎三年封隆慮公主適牟平侯耿襲

皇女次二年封平氏公主

皇女致三年封沁水公主適高密侯鄧乾

皇女小姬十二年封平皋公主適昌安侯侍中鄧蕃

皇女仲十七年封浚儀公主適軑侯黃門侍郎王度

皇女惠十七年封武安公主適征羌侯世子黃門侍郎來棱安帝尊爲長公主

皇女臣建初元年封魯陽公主

皇女小迎元年封樂平公主

皇女小民元年封成安公主

肅宗三女

皇女男建初四年封武德長公主

皇女王四年封平邑公主適黃門侍郎馮由

皇女吉永元五年封陰安公主

和帝四女

皇女保延平元年封修武長公主

皇女成元年封共邑公主

皇女利元年封臨潁公主適即墨侯侍中賈建

皇女興元年封聞喜公主

順帝三女

皇女生永和三年封舞陽長公主

皇女成男三年封冠軍長公主

皇女廣永和六年封汝陽長公主

桓帝三年

皇女華延熹元年封陽安長公主適不其侯輔國將軍伏完

皇女堅七年封潁陰長公主

皇女修九年封陽翟長公主

靈帝一女

皇女某光和三年封萬年公主

右皇女三十八雖無可書之事史家存之亦足以見一代之制云

魏

陳壽曰易稱男正位乎外女正位乎內男女正天地之大義也古先哲王莫不明后妃之制順天地之德故二妃嬪嬀虞道克隆任姒配姬周室用熙廢興存亡恒此之由春秋說云天子十二女諸侯九女考之情理不易之典也而末世奢縱肆其侈欲至使男女怨曠感動和氣惟色是崇不本淑懿故風教陵遲而大綱毀泯豈不惜哉嗚呼有國有家者其可以永鑒矣漢制帝祖母曰太皇太后帝母曰皇太后帝妃曰皇后其餘內官十有四等魏因漢法母后之號皆如舊制自夫人以下世有增損太祖建國始命王后其下五等有夫人有昭儀有倢伃有容華有美人文帝增貴嬪淑媛修容順成良人明帝增淑妃昭華修儀除順成官太和中始復命夫人登其位於淑妃之上自夫人以下爵凡十二等貴嬪夫人位次皇后爵無所視淑妃位視相國爵比諸侯王淑媛位視御史大夫爵比縣公昭儀比縣侯昭華比鄉侯修容比亭侯修儀比關內侯倢伃視中二千石容華視眞二千石美人視比二千石良人視千石

武宣卞皇后瑯邪開陽人文帝母也本倡家后初生於齊郡白亭有黃氣滿室移日其父怪之以問卜者王旦旦曰此吉祥也年二十太祖於譙納之爲妾後隨至洛太祖微服東避董卓亂袁術傳太祖凶問時太祖左右皆欲歸后止之曰曹君吉凶未可知今日還家明日若在何面目復相見也正使禍至共死何苦遂從后言太祖聞而善之建安初丁夫人廢遂以后爲繼室諸子無母者太祖皆令后養之文帝爲太子左右長御賀后曰將軍拜太子天下莫不懽喜后當傾府藏賞賜后曰王自以丕年長故用爲嗣我但當以免無教導之過爲幸耳亦何爲當重賜遺乎長御還以告太祖太祖說曰怒不變容喜不失節故是最爲難二十四年拜爲王后明年太祖崩文帝即王位尊后曰王太后及踐阼尊后曰皇太后稱永壽宮后性儉約又以國用不足減損御食諸金銀器物皆去之東阿王植太后少子最愛之後植犯法爲有司所奏文帝令太后弟子奉車都尉蘭持公卿議白太后太后曰不意此兒所作如是汝還語帝不可以我故壞國法及自見帝不以爲言裴松之按文帝夢磨錢欲使文滅而更愈明以問周宣宣荅曰此陛下家事雖意欲明爾而太后不聽則太后用意不得如此書所言也帝即位尊太后曰太皇太后黃初中文帝欲追封太后父母尚書陳羣奏曰案典籍之文無婦人分土命爵之制在禮婦因夫爵秦違古法漢氏因之非先王之令典也帝曰此議是也其勿施行以作著詔下藏之臺閣永爲後式至太和四年春明帝乃追謚太后祖父廣曰開陽恭侯父遠曰敬侯祖母周封陽都君及恭侯夫人皆贈印綬其年五月后崩合葬高陵初太后弟秉以功封都鄉侯爲昭烈將軍秉薨子蘭嗣少有才學爲奉車都尉游擊將軍加散騎常侍蘭薨子暉嗣又分秉爵封蘭弟琳爲列侯官至步兵校尉蘭子隆女爲高貴鄉公皇后隆以后父爲光祿大夫位特進封睢陽鄉侯妻王爲顯陽鄉君追封隆前妻劉爲順陽鄉君后親母故也琳女又爲陳留王皇后時琳已沒封琳妻劉爲廣陽鄉君

文昭甄皇后中山無極人明帝母漢太保甄邯後也世吏二千石父逸上蔡令后生三歲失父后以漢光和五年十二月丁酉生每寢寐家中髣髴見如有人持玉衣覆其上者常共怪之后自少至長不好戲弄年八歲外有立騎馬戲者家人諸姊皆上閣觀之后獨不行諸姊問之后曰此豈女人之所觀邪年九歲喜書視字輒識數用諸兄筆硯兄謂后曰汝當習女工用書爲學當作女博士邪后答言聞古者賢女未有不學前世成敗以爲己誡不知書何由見之後天下兵亂加以饑饉百姓皆賣金銀珠玉寶物時后家大有儲穀頗以買之后年十餘歲白母曰今世亂而多買寶物匹夫無罪懷璧爲

罪又左右皆儀乏不如以穀振給親族隣里廣爲恩惠也舉家稱善卽從后言建安中袁紹爲中子熙納之熙出爲幽州后留養姑及鄴城破紹妻劉及后共坐皇堂上文帝入紹舍見紹妻及后后怖以頭伏姑膝上紹妻兩手自搏文帝謂曰劉夫人云何如此令新婦舉頭姑乃捧后令仰文帝就視見其顏色非凡稱歎之又說文帝初入有婦人被髮垢面垂涕立紹妻劉後帝問之劉荅是熙妻顧覽髮髻以袖拭面其貌絕倫遂見納焉姑謂后曰不憂死矣文帝遂迎納之甚有寵生明帝及東鄉公主延康元年正月文帝卽王位六月南征后留鄴黃初元年十月帝踐阼之後山陽公奉二女以嬪于魏郭后李陰貴人並愛幸后愈失意有怨言帝大怒二年六月遣使賜死葬于鄴及明帝卽位有司奏請追謚於是上尊謚曰文昭皇后使司空王朗持節奉策以太牢告祠于陵又別立寢廟太和元年三月以中山魏昌之安城鄉千戶追封逸謚曰敬侯適孫像襲爵四月初營宗廟掘地得玉璽方一寸九分其文曰天子羨思慈親明帝爲之改容以太牢告廟又嘗夢見后於是差次舅氏親疎高下敘用各有差賞賜累鉅萬以像爲虎賁中郎將是月后母薨帝制緦服臨喪四年十二月帝以后陵庳下使像兼太尉持節詣鄴昭告后土改葬朝陽陵像還遷散騎常侍青龍二年春追謚后兄儼曰安成鄉穆侯夏吳人寇揚州以像爲伏波將軍持節監諸將東征還復爲射聲校尉三年薨追贈衛將軍改封魏昌縣謚曰貞侯子暢嗣又封暢弟溫韡豔皆爲列侯四年改逸儼本封皆曰魏昌侯謚因故封儼世婦劉爲東鄉君又追封逸世婦張爲安喜君景初元年有司議定七廟以文昭皇后特廟宜與祖廟同著不毀之典帝思念舅氏不已暢尚幼景初末以暢爲射聲校尉加散騎常侍名暢所居里曰渭陽里以追思母氏也嘉平三年暢薨贈車騎將軍謚曰恭侯子紹嗣太和六年明帝愛女淑薨追封謚淑爲平原懿公主爲之立廟取后亾從孫黃與合葬追封黃列侯以夫人郭氏從弟悳爲之後承甄氏姓封悳爲平原侯襲主爵青龍中又封后從兄子毅及像弟三人皆爲列侯毅官至越騎校尉嘉平中復封暢子二人爲列侯后兄儼孫女爲齊王皇后后父已歿封后母爲廣樂郡君

文德郭皇后安平廣宗人祖世長吏父永官至南郡太守后少而永奇之曰此乃吾女中王也遂以女王爲字早失二親喪亂流離沒在銅鞮侯家太祖爲魏公時得入東宮后有智數時時有所獻納文帝定爲嗣后有謀焉文帝卽王位后爲夫人及踐阼爲貴嬪黃初三年將登后位文帝欲立郭后中郎棧潛上疏言因愛登后使賤人暴貴不可爲後世法文帝不從遂立爲皇后后蚤喪兄弟以從兄表繼永後拜奉車都尉五年帝東征后留許昌永始臺時霖雨百餘日城樓多壞有司奏請移止后曰昔楚昭王出遊貞姜留漸臺江水至使者迎而無符不去卒沒今帝在遠吾幸未有是患而便移止柰何羣臣莫敢復言六年帝東征吳至廣陵后留譙宮時表留宿衛欲遏水取魚后曰水當通運漕又少材木奴客不在目前當復私取官竹木作梁遏今奉車所不足者豈魚乎后性節儉常慕漢明德馬后之爲人明帝卽位尊后爲皇太后稱永安宮太和四年詔封表安陽亭侯又進爵鄉侯遷中壘將軍以表子詳爲騎都尉其年帝追謚太后父永爲安陽鄉敬侯母董爲都鄉君遷表昭德將軍加金紫位特進表第二子訓爲騎都尉青龍三年春后崩于許昌初甄后之誅由郭后之譖及殯令被髮覆面以糠塞口文帝遂立郭后使養明帝甄后臨沒以帝屬李夫人帝立李夫人密啓甄后見譖之禍不獲大斂被髮之事帝哀恨流涕心常懷忿數問甄后死狀於郭后后曰先帝自殺何以責問我且汝爲人子可追讎死父爲前母枉殺後母邪明帝怒遂逼殺之勑殯者使如甄后故事葬首陽陵西其後帝復進表爵爲觀津侯增其邑戶遷詳爲駙馬都尉四年追改封永爲觀津敬侯世婦董爲堂陽君追封謚后兄浮爲梁里亭戴侯都爲武城亭孝侯成爲新樂亭定侯皆使使者奉策祠以太牢表薨子詳嗣又分表爵封詳弟述爲列侯詳薨子釗嗣

明悼毛皇后河內人也黃初中以選入東宮明帝時爲平原王進御有寵出入與同輿輦及卽帝位以爲貴嬪太和元年立爲皇后后父嘉拜騎都尉后弟曾郎中初明帝爲王始納河內虞氏爲妃帝卽位虞氏不得立爲后太皇卞太后慰勉焉虞氏曰曹氏自好立賤未有能以義舉者也然后職內事君聽外政其道相由而成苟不能以善始未有能令終者也殆必由此亾國喪祀矣虞氏遂黜還鄴宮進嘉爲奉車都尉曾騎都尉寵賜隆渥頃之封嘉博平鄉侯遷光祿大夫曾駙馬都尉嘉本典虞車工卒暴富貴明帝令朝臣會其家飲宴其容止舉動甚蚩騃語輒自謂侯身時人以爲笑後又加嘉位特進曾遷散騎侍郎青龍三年嘉薨追贈光祿大夫改封安國侯增邑五百并前千戶謚曰節侯四年追封后母夏爲野王君帝之幸郭元后也后愛寵日弛景初元

年帝遊後園召才人以上曲宴極樂元后曰宜延皇后帝弗許乃禁左右使不得宣后知之明日帝見后后曰昨日遊宴北園樂乎帝以左右泄之所殺十餘人賜后死然猶加諡葬愍陵遷曾散騎常侍後徙爲羽林虎賁中郎將原武典農

明元郭皇后西平人也世河右大族黃初中本郡反叛遂没入宮明帝即位甚見愛幸拜爲夫人叔父立爲騎都尉從父芝爲虎賁中郎將帝疾困遂立爲皇后齊王即位尊后爲皇太后稱永寧宮追封諡太后父滿爲西都定侯以立子建紹其爵封太后母杜爲郃陽君芝遷散騎常侍長水校尉立宣德將軍皆封列侯建兄悳出養甄氏悳及建俱爲鎮護將軍皆封列侯並掌宿衛值三主幼弱宰輔統政與奪大事皆先咨於太后而後施行毋丘儉鍾會等作亂咸假其命而以爲辭焉景元四年十二月崩五年二月葬高平陵西

蜀

先主甘皇后沛人也先主臨豫州住小沛納以爲妾先主數喪嫡室常攝內事隨先主於荊州產後主値曹公軍至追及先主於當陽長阪于時困逼棄后及後主賴趙雲保護得免於難后卒葬于南郡章武二年追諡皇思夫人遷葬於蜀未至而先主殂隕丞相亮與太常臣賴恭等議上尊諡曰昭烈皇后與先主合葬惠陵

先主穆皇后陳留人也兄吳壹少孤壹父素與劉焉有舊是以舉家隨焉入蜀焉有異志而聞善相者相后當大貴焉時將子瑁自隨遂爲瑁納后瑁死后寡居先主既定益州而孫夫人還吳羣下勸先主聘后先主疑與瑁同族法正進曰論其親疏何與晉文之於子圉乎於是納后爲夫人建安二十四年立爲漢中王后章武九年立爲皇后建興元年五月後主即位尊后爲皇太后稱長樂宮壹官至車騎將軍封縣侯延熙八年后薨合葬惠陵

後主敬哀皇后車騎將軍張飛長女也章武元年納爲太子妃建興元年立爲皇后十五年薨葬南陵

後主張皇后前后敬哀之妹也建興十五年入爲貴人延熙元年春立爲皇后咸熙元年隨後主遷于洛陽

吳

孫破虜吳夫人吳主權母也本吳人徙錢塘早失父母與弟景居孫堅聞其才貌欲娶之吳氏親戚嫌堅輕狡將拒焉堅甚以慚恨夫人謂親戚曰何愛一女以取禍乎如有不遇命也於是遂許爲婚初夫人孕而夢月入其懷既而生策及權在孕又夢日入其懷以告堅曰昔妊策夢月入我懷今也又夢日入我懷何也堅曰日月者陰陽之精極貴之象吾子孫其興乎生四男一女景常隨堅征伐有功拜騎都尉袁術上景領丹陽太守討故太守周昕遂據其郡孫策與孫河呂範依景合衆共討涇縣山賊祖郎郎敗走會景爲劉繇所逼復北依術術以爲督軍中郎將與孫賁共討樊能于麋於橫江又擊笮融薛禮於秣陵時策被創牛渚降賊復反景攻討盡禽之從討劉繇繇奔豫章策遣景賁到壽春報術術方與劉備爭徐州以景爲廣陵太守術後僭號策以書喻術術不納便絕江津不與通使人告景景即委郡東歸策復以景爲丹陽太守漢遣議郎王誧銜命南行表景爲揚武將軍領軍如故及權少年統業夫人助治軍國甚有補益初策功曹魏騰以迕意見譴將殺之士大夫憂恐計無所出夫人乃倚大井而謂策曰汝新造江南其事未集方當優賢禮士捨過錄功魏功曹在公盡規汝今日殺之則明日人皆叛汝吾不忍見禍之及當先投此井中耳策大驚遂釋騰夫人智略權譎類皆如此建安七年臨薨引見張昭等屬以後事合葬高陵八年景卒官子奮授兵爲將封新亭侯卒子安嗣安坐黨魯王霸死奮弟祺封都亭侯卒子纂嗣纂妻即滕允女也允破誅并遇害

吳主權謝夫人會稽山陰人也父煚漢尚書郎徐令權母吳爲權聘以爲妃愛幸有寵後權納姑孫徐氏欲令謝下之謝不肯由是失志早卒後十餘年弟承拜五官郎中稍遷長沙東部都尉武陵太守撰後漢書百餘卷

吳主權徐夫人吳郡富春人也祖父眞與權父堅相親堅以妹妻眞生琨琨少仕州郡漢末擾亂去吏隨堅征伐有功拜偏將軍堅薨隨孫策討樊能于麋等於橫江擊張英於當利口而船少欲駐軍更求琨母時在軍中謂琨曰恐州家多發水軍來逆人則不利矣如何可駐邪宜伐蘆葦以爲泭佐船渡軍琨具啓策策即行之衆悉俱濟遂破英擊走笮融劉繇事業剋定策表琨領丹陽太守會吳景委廣陵來東復爲丹陽守琨以督軍中郎將領兵從破廬江太守李術封廣德侯遷平虜將軍後從討黃祖中流矢卒琨生夫人初適同郡陸尚尚卒權爲討虜將軍在吳聘以爲妃使母養子登後權遷移以夫人妬忌廢處吳積十餘年權爲吳王及即尊號登爲太子羣臣請立夫人爲后權意在步氏卒不許後以疾卒兄矯嗣父琨侯討平山越拜偏將軍先夫人卒無子弟祚襲封亦以戰功至于蕪湖督平魏將軍

吳主權步夫人臨淮淮陰人也與丞相騭同族漢末其母攜將徙廬江廬江爲孫策所破皆東渡江以美麗得幸於權寵冠後庭生二女長曰魯班字大虎前配周瑜子循後配全琮少曰魯育字小虎前配朱據後配劉纂夫人性不妬忌多所推進故久見愛待權爲王及帝意欲以爲后而羣臣議在徐氏權依違者十餘年然宮內皆稱皇后親戚上疏稱中宮及薨臣下緣權指請追正名號乃贈印綬策爲皇后葬蔣陵

吳主權王夫人琅邪人也夫人以選入宮黃武中得幸生孫和寵次步氏步氏薨後和立爲太子權將立夫人爲后而全公主素憎夫人稍稍譖毀及權寢疾言有喜色由是權深責怒以憂死和子皓立追贈夫人曰大懿皇后封三弟皆爲列侯

吳主權王夫人南陽人也以選入宮嘉禾中得幸生孫休及和爲太子和母貴重諸姬有寵者皆出居外夫人出公安卒因葬焉休即位遣使追尊曰敬懷皇后改葬敬陵王氏無後封同母弟文雍爲亭侯

吳主權潘夫人會稽句章人也父爲吏坐法死夫人與姊俱輸織室權見而異之召充後宮得幸有娠夢有以龍頭授己者己以蔽膝受之遂生孫亮赤烏十三年亮立爲太子請出嫁夫人之姊權聽許之明年立夫人爲皇后性險妬容媚自始至卒譖害袁夫人等甚衆權不豫夫人使問中書令孫弘呂后專制故事侍疾疲勞因以羸疾諸宮人伺其昏卧共縊殺之託言中惡後事泄坐死者六七人權尋薨合葬蔣陵孫亮即位以夫人姊壻譚紹爲散騎都尉授兵亮廢紹與家屬送本郡廬陵

孫亮全夫人全尚女也尚從祖母公主愛之每進見輒與俱及潘夫人母子有寵全主自以與孫和母有隙乃勸權爲潘氏男亮納夫人亮遂爲嗣夫人立爲皇后以尚爲城門校尉封都亭侯代滕允爲太常衞將軍進封永平侯錄尚書事時全氏侯有五人並典兵馬其餘爲侍郎騎都尉宿衞左右自吳興外戚貴盛莫及魏大將諸葛誕以壽春來附而全懌全端全煒全儀等並因此際降魏全熙謀泄見殺由是諸全衰弱會孫綝廢亮爲會稽王後又黜爲侯官侯夫人隨之國居侯官尚將家屬徙零陵追見殺

孫休朱夫人朱據女休姊公主所生也赤烏末權爲休納以爲妃休爲琅邪王隨居丹陽建興中孫峻專政公族皆患之全尚妻即峻姊故惟全主祐焉初孫和爲太子時全主譖害王夫人欲廢太子立魯王朱主不聽由是有隙五鳳中孫儀謀殺峻事覺被誅全主因言朱主與儀同謀峻枉殺朱主休懼遣夫人還建業執手泣別既至峻遣還休太平中孫亮知朱主爲全主所害問朱主死意全主懼曰我實不知皆據二子熊損所白亮殺熊損損妻是峻妹也孫綝益忌亮遂廢亮立休永安五年立夫人爲皇后休卒羣臣尊夫人爲皇太后孫皓即位月餘貶爲景皇后稱安定宮甘露元年七月見逼薨合葬定陵

孫和何姬丹陽句容人也父遂本騎士孫權嘗遊幸諸營而姬觀於道中權望見而異之命宦者召入以賜子和生男權喜名之曰彭祖即皓也太子和既廢後爲南陽王居長沙孫亮即位孫峻輔政峻素媚事全主全主與和母有隙遂勸峻徙和居新都遣使賜死嫡妃張氏亦自殺何姬曰若皆從死誰當養孤遂拊育皓及其三弟皓即位尊和爲昭獻皇帝何姬爲昭獻皇后稱升平宮月餘進爲皇太后封弟洪永平侯蔣溧陽侯植宣城侯洪卒子邈嗣爲武陵監軍爲晉所殺植官至大司徒皓末昏亂何氏驕譖子弟橫放百姓患之故民譌言皓久死立者何氏子云

孫皓滕夫人故太常允之族女也允夷滅夫人父牧以疎遠徙邊郡孫休即位大赦得還以牧爲五官中郎皓既封烏程侯聘牧女爲妃皓即位立爲皇后封牧高密侯拜衞將軍錄尚書事後朝士以牧尊戚頗推令諫諍而夫人寵漸衰皓滋不悅皓母何恒左右之又太史言於運歷后不可易皓信巫覡故得不廢常供養升平宮牧見遣居蒼梧郡雖爵位不奪其實謫也遂道路憂死長秋宮僚備員而已受朝賀表疏如故而皓內諸寵姬佩皇后璽紱者多矣天紀四年隨皓遷于洛陽

通志卷十九

宋右迪功郎鄭樵漁仲撰

后妃傳第二

晉

宣穆張皇后　景懷夏侯皇后　景獻羊皇后
文明王皇后　武元楊皇后　武悼楊皇后　左貴嬪胡貴嬪諸葛夫人　惠賈皇后　惠羊皇后　謝夫人　懷王皇太后
元夏侯太妃　元敬虞皇后　荀豫章君　明穆庾皇后
成恭杜皇后　周太妃　康獻褚皇后　穆章何皇后
哀靖王皇后　廢帝孝庾皇后　簡文宣鄭太后　簡文順王皇后　孝武文李太后　孝武定王皇后　安德陳太后　安僖王皇后　恭思褚皇后

宋

孝穆趙皇后　孝懿蕭皇后　武敬臧皇后　武帝張夫人　文章胡太后　少帝司馬皇后　文元袁皇后　潘淑妃　孝武昭路太后　明宣沈太后
孝武文穆王皇后　宣貴妃　前廢帝何皇后　明恭王皇后　後廢帝陳太妃　後廢帝江皇后　順陳太妃　順謝皇后

齊

宣孝陳皇后　高昭劉皇后　武穆裴皇后　韓蘭英
文安王皇后　鬱林王何妃　海陵王王妃　明敬劉皇后　東昏褚皇后　和王皇后

梁

文獻張皇后　武德郗皇后　武丁貴嬪　文宣阮太后　簡文王皇后　元帝徐妃　敬夏太后　敬王皇后

陳

武宣章皇后　文沈皇后　廢帝王皇后　宣柳皇后　後主沈皇后　張貴妃

後魏

神元竇皇后　文帝封皇后　桓惟皇后　平文王皇后　昭成慕容皇后　獻明賀皇后　道武慕容皇后　道武宣穆劉皇后　明元昭哀姚皇后　明元密杜皇后　太武赫連皇后　太武敬哀賀皇后　景穆恭郁久閭皇后　文成文明馮皇后　文成元李皇后　獻文思李皇后　孝文貞林皇后　孝文廢馮皇后　孝文幽馮皇后
孝文昭高皇后　宣武順于皇后　宣武高皇后
宣武靈胡皇后　孝明胡皇后　孝武高皇后
文帝文乙弗皇后　文帝悼郁久閭皇后　廢帝宇文皇后　恭帝若干皇后　孝靜高皇后

北齊

神武明婁皇后　蠕蠕公主郁久閭氏　彭城爾朱太妃　小爾朱氏　上黨韓太妃　馮翊鄭太妃　高陽游太妃　馮娘　李娘　文襄敬元皇后　琅邪公主　文宣李皇后　段昭儀　王嬪　薛嬪　孝昭元皇后　武成胡皇后　弘德李夫人　後主斛律皇后　後主胡皇后　後主穆皇后　馮淑妃

後周

文元皇后　文宣叱奴皇后　孝閔元皇后　明敬獨孤皇后　武成阿史那皇后　武李皇后
宣楊皇后　宣朱皇后　宣陳皇后　宣元皇后　宣尉遲皇后　靜司馬皇后

隋

文獻獨孤皇后　宣華陳夫人　容華蔡夫人
煬愍蕭皇后

晉

六宮位號沿革尙矣惟帝祖母號太皇太后帝母號皇太后嫡妃號皇后秦以降不能易焉自夫人以下其稱謂之名與夫增損之數歷二漢及曹氏莫之或一晉武帝受禪采漢魏之制置貴嬪夫人貴人是爲三夫人位視三公淑妃淑媛淑儀修華修容修儀倢伃容華充華是爲九嬪位視九卿其餘有美人才人中才人爵視千石以下南遷而後庶事倥偬百司庶府率從減省後宮內職未必皆仍其舊焉宋武代晉省二才人其餘悉用晉制案貴嬪魏文帝所制夫人魏武初建魏國所制貴人漢光武所制淑妃魏明帝所制淑媛魏文帝所制淑儀修華晉武帝所制修容魏文帝所制修儀魏明帝所制倢伃容華前漢舊號充華晉武帝所制美人漢光武所制及孝武孝建三年省夫人置貴妃位比相國進貴嬪比丞相貴人比三司以爲三夫人又置昭儀昭容昭華以代修華修儀修容又置中才人充衣以爲散位案昭儀漢元帝所制昭容孝武所制昭華魏明帝所制中才人晉武帝所制充衣前漢舊制及明帝泰始二年省淑妃昭華中才人充衣復置修華修儀修容才人良人三年又省貴人置貴姬以備三夫人之數又置昭華增淑容承徽列榮以淑媛淑儀淑容昭華昭儀昭容修華修儀修容爲九嬪倢伃容華充華承徽列榮凡五職亞九嬪美人才人良人三職爲散役其後帝留心後房擬百官備置內職焉及齊高帝建元元年有司奏置貴嬪夫人貴人爲三夫人修華修儀修容淑妃淑媛淑儀倢伃容華充華爲九嬪美人中才人才人爲散

職三年太子宮置三內職良娣比開國侯保林比五等侯才人比駙馬都尉及永明元年有司奏貴妃淑妃並加金章紫綬佩于闐玉淑媛舊擬九棘以淑爲溫恭之稱妃爲亞后之名進同貴妃以比三司夫人之號不殊蕃國降淑媛以比九卿七年復置昭容位在九嬪焉梁武撥亂反正深鑒奢逸配德早終長秋曠位定令制貴妃貴嬪貴姬爲三夫人淑媛淑儀淑容昭華昭儀昭容修華修儀修容爲九嬪倢伃容華充華承徽列榮爲五職美人才人良人爲三職東宮置良娣保林爲二職及簡文元帝出自儲蕃或迫在拘縶或逼於寇亂且妃並先殂不建椒闈陳武光膺天歷以樸素自居故後宮員位其數多闕文帝天嘉之後詔宮職備員其所制立無改梁舊編之令文以爲後法然帝性恭儉嬪嬙不備宣帝後主無所改作焉今總綴緝起晉訖陳立此篇云

宣穆張皇后諱春華河內平皋人也父汪魏粟邑令母河內山氏司徒濤之從祖姑也后少有德行智識過人生景帝文帝平原王幹南陽公主宣帝初辭魏武之命託以風痺不能動止常暴書遇暴雨不覺自起收之家惟有一婢見之后恐事泄致禍遂手殺此婢以滅口而親自執爨帝由是大敬重之其後相夫人有寵后罕得進見帝嘗臥疾后往省病帝曰老物可憎何煩出也后慚恚不食將自殺諸子見后不食亦皆不食帝驚而致謝后乃止帝退謂人曰老物不足惜誠慮困我好兒耳魏正始八年崩時年五十九葬洛陽高原陵追贈廣平縣君咸熙元年追號宣穆妃及武帝受禪追贈爲皇后

景懷夏侯皇后諱徽字媛容沛國譙人也父尚魏征南大將軍母曹氏魏德陽鄉主后雅有識度帝每有所爲必豫籌畫魏明帝世宣帝居上將之重諸子並有雄才大略后知帝非魏之純臣而后旣魏氏之甥帝深忌之青龍二年遂以鴆崩時年二十四葬峻平陵武帝登阼初未及追崇弘訓太后每以爲言泰始二年始加號謚后無男生五女

景獻羊皇后諱徽瑜泰山南城人父衜上黨太守后母陳留蔡氏漢左中郎將邕之女也后聰敏有才行景懷皇后崩景帝更娶鎭北將軍濮陽吳質女見黜復納后無子武帝受禪居弘訓宮號弘訓太后泰始九年追贈蔡氏濟陽縣君謚曰穆咸寧四年太后崩時年六十五祔葬峻平陵

文明王皇后諱元姬東海郯人也父肅魏中領軍蘭陵侯后性聰慧年八歲誦詩論尤善喪服苟有文義目所一見必貫於心年九歲遇母疾扶持不捨左右衣不解帶者久之每先意候指動中所適由是父母令攝家事每盡其理祖司徒朗甚愛異之曰興吾家者必此女也惜不爲男矣年十二朗薨后哀戚哭泣發於自然其父益加敬異旣笄歸于文帝生武帝及遼東悼王定國齊獻王攸城陽哀王兆廣漢殤王廣德京兆公主后事宣帝及穆后曲盡婦道謙冲接下嬪御有序及居父喪身不勝衣言與淚俱時鍾會以才能見任於文帝后每言於帝曰會見利忘義好爲事端寵過必亂不可大任其後會果反后之明見類如此武帝受禪尊爲皇太后宮曰崇化初置宮卿重選其職以太常諸葛緒爲衛尉太僕劉原爲太僕宗正曹楷爲少府后雖受尊位不忘素業躬執紡績器服無文御浣濯之衣食不參味而敦睦九族垂心萬物言必典禮浸潤不行帝以后母羊氏未崇號謚泰始三年下詔襃稱德美使使持節謁者何融追謚爲平陽靖君四年后崩時年五十二合葬崇陽陵將遷祔帝手疏太后德行命史官爲哀策以敘述焉其後帝追慕不已復下詔曰外曾祖故司徒王朗夫人楊氏舅氏尊屬鄭劉二從母先后至愛每惟聖善敦睦遺旨渭陽之感永懷靡及其封楊夫人及從母爲鄉君邑各五百戶太康七年復追贈繼祖母夏侯氏爲滎陽縣君

武元楊皇后諱豔字瓊芝弘農華陰人父文宗見外戚傳母天水趙氏早卒后依舅家舅妻仁愛親乳養后遣他人乳其子及長又隨後母段依其家后少聰慧善書姿質美麗閑於女工有善相者嘗相后當極貴文帝聞而爲世子聘焉甚被寵遇生毗陵悼王軌惠帝秦獻王東平陽新豐陽平公主武帝卽位立爲皇后有司奏依漢故事皇后太子各食湯沐邑四十縣帝以非古典不許帝以皇太子不堪奉大統密以語后后曰立嫡以長不以賢豈可動乎初賈充妻郭氏使賂后求以女爲太子妃及議太子婚帝欲娶衛瓘女然后盛言賈后有淑德又密使太子太傅荀顗進言上乃聽之后追懷舅氏之恩故顯官趙俊而納俊兄虞女粲於後宮爲夫人泰始中帝博采良家以充後宮先下書禁天下嫁娶使中官乘使車給騶騎馳傳州郡召充選者使后簡擇后性妬惟取潔白長大其端正美麗並不見留時卞藩女有美色帝欲納之掩扇謂后曰卞氏女佳后曰藩三世后族其女不宜枉以卑位帝乃止司徒李允鎭軍大將軍胡奮廷尉諸葛冲大僕臧權侍中馮蓀祕書郎左思及世族子女並充三夫人九嬪之列司冀兗豫四州二千

石將吏家補良人以下名家盛族子女多敗衣瘁貌以避之及后有疾見帝素愛胡夫人恐後立之慮太子不安臨終枕帝膝曰叔父駿女男允有德色願陛下以備六宮因悲泣帝流涕許之后泰始十年崩于明光殿絕于帝膝時年三十七詔賜謚后母趙氏爲縣君以繼母段氏爲鄉君命史臣作后哀冊以敘其懷葬于峻陽陵

武悼楊皇后諱芷字季蘭小字男允元后從妹父駿別有傳咸寧二年立爲皇后婉嫕有婦德美映椒房甚有寵生渤海殤王早薨遂無子太康九年后率內外夫人命婦躬桑于西郊賜帛各有差太子妃賈氏妬忌帝將廢之后言於帝曰賈公閭有勳社稷猶當數世宥之賈妃親是其女正復妬忌之間不足以一眚掩其大德后又數誡厲妃妃不知后之助已因以致恨謂后構之於帝忿怨彌深及帝崩尊爲皇太后賈后凶悖忌后父駿執權遂誣駿爲亂使楚王瑋與東安王繇稱詔誅駿內外隔塞后題帛爲書射之城外曰救太傅者有賞賈后因宣言太后同逆駿既死詔使將軍荀悝送后於永寧宮特全后母高都君龐氏之命聽就后居止賈后諷羣公有司奏曰皇太后陰漸奸謀圖危社稷飛箭繫書要募將士同惡相濟自絕於天魯侯絕文姜春秋所許陛下雖懷無已之情臣下不敢奉詔可宜敕王公於朝堂會議詔曰此大事更詳之有司又奏駿藉外戚之資陰圖凶逆而皇太后內爲脣齒協同其謀禍釁既彰背捍詔命阻兵負衆血刃宮省上背祖宗之靈下絕億兆之望昔文姜與亂春秋所貶呂宗叛戾高后降配宜廢皇太后爲峻陽庶人中書監張華等以爲太后非得罪於先帝者也今黨惡所親爲不母於聖世宜依孝成趙皇后故事曰武帝皇后處之離宮以全貴終之恩尙書令下邳王晃等議以皇太后與駿謀危社稷不可復奉承宗廟配合先帝宜貶尊號廢詣金墉城於是有司奏請從晃等議廢太后爲庶人詔不許有司又固請乃可之又奏楊駿造亂家屬應誅詔原其妻龐氏以慰太后之心今太后廢爲庶人請以龐付廷尉行刑詔曰聽龐與庶人相隨有司希賈后旨固請乃從之龐臨刑太后抱持號叫截髮稽顙上表詣賈后稱妾請全母命不見省初太后尙有侍御十人賈后奪之絕膳而崩時年三十四在位十五年賈后又信妖巫謂太后必訴冤先帝乃覆而殯之施諸厭劾符書藥物永嘉元年追復尊號謚曰悼后別立廟神主不配武帝至成帝咸康七年下詔使內外詳議衞將軍虞潭議以爲悼后既已復位則應配食世祖未有位號居正而偏祠別室者也此於國典有虧於是王公卿士等咸從潭議太后始得配食武帝

左貴嬪名芬臨淄人兄思別有傳芬少好學善綴文名亞於思武帝聞而納之泰始八年拜修儀受詔作愁思之文因爲離思賦以進後策爲貴嬪姿陋無寵以才德見禮體羸多患常居薄室帝每遊華林輒迴輦過之言及文義辭對清華左右侍聽莫不稱美及元楊皇后崩芬獻誄於帝咸寧二年納悼后芬於坐受詔作頌及帝女萬年公主薨帝痛悼不已詔芬作誄其文甚麗帝重芬詞藻每有方物異寶必詔爲賦頌以是屢獲恩賜焉答兄思詩書及雜賦頌數十篇並行於世胡貴嬪名芳臨涇人父奮別有傳泰始中帝多簡良家子女以充內職自擇其美者以絳紗繫臂而芳既入選下殿號泣左右止之曰陛下聞聲芳曰死且不畏何畏陛下遂冊拜爲貴嬪帝每有顧問不飾言辭率爾而對進退方雅時帝多內寵平吳之後復納孫皓宮人數千自此掖庭殆將萬人而並寵者甚衆帝莫知所適常乘羊車恣其所之至便宴寢宮人乃取竹葉插戶以鹽汁灑地而引帝車然芳最蒙愛幸殆有專房之寵焉侍御服飾亞於皇后帝嘗與之摴蒱爭矢遂傷上指帝怒曰此固將種也芳對曰北伐公孫西拒諸葛非將種而何帝甚有慙色芳生武安公主諸葛夫人名琬琅邪陽都人父冲字茂長廷尉卿琬以泰始九年春入宮拜爲夫人兄銓字德林散騎常侍銓弟玫字仁林侍中御史中丞玫婦弟周穆清河王覃之舅也永嘉初穆與玫勸東海王越廢懷帝立覃越不許重言之越怒遂斬玫及穆臨刑玫謂穆曰我語卿何道穆曰今日復何所說時人方知謀出於穆非玫之意

惠賈皇后諱南風平陽人小名旹父充別有傳初武帝欲爲太子取衞瓘女元后納賈郭親黨之說欲婚賈氏帝曰衞公女有五可賈公女有五不可衞家種賢而多子美而長白賈家種妬而少子醜而短黑元后固請荀顗荀勗並稱充女之美乃定婚始欲聘后妹午年十二小太子一歲短小未勝衣更娶南風年十五大太子二歲泰始八年二月辛卯冊拜爲太子妃妬忌多權詐太子畏而惑之嬪御罕有進幸者帝常疑太子不慧且朝臣和嶠等多以爲言故欲試之盡召東宮大小官屬爲設讌會而密封疑事使太子決之停信待反妃大懼倩外人作答答者多引古義給使張泓曰太子不學而答詔引義必責作草主更益譴責不如直以意對妃大喜語泓便爲我好答富貴與汝共之泓素有小才具草

令太子自寫帝省之甚悅先示太子少傅衞瓘瓘大蹴踖衆人乃知瓘先有毀言殿上皆稱萬歲充密遣語妃云衞瓘老奴幾破汝家妃性酷虐嘗手殺數人或以戟擲孕妾子隨刃墮地帝聞之大怒已修金墉城將廢之充華趙粲從容言曰賈妃年少妬是婦人之情耳長自當差願陛下察之楊珧亦爲之言曰陛下忘賈公閭邪荀勗復深救之故得不廢惠帝卽位立爲皇后生河東臨海始平公主哀獻皇女后暴戾日甚侍中賈模后之族兄右衞郭彰后之從舅並以才望居位與楚王瑋東安公繇分掌朝政后母廣城君養孫賈謐干預國事權侔人主繇密欲廢后賈氏憚之及太宰亮衞瓘等表繇徙帶方奪楚王中候后知瑋怨之乃使帝作密詔令瑋誅亮以報宿憾模知后凶暴恐禍及已乃與裴頠王衍謀廢之衍悔而謀寢后遂荒淫放恣與太醫令程據等亂彰於內外洛南有盜尉部小吏端麗美容止旣給厮役忽有非常衣服衆咸疑其竊盜尉嫌而辯之賈后疎親欲求盜物往聽對辭小史云先行逢一老嫗說家有疾病師卜云宜得城南少年厭之欲暫相煩必有重報於是隨去上車下帷內簏箱中行可十餘里過六七門限開簏箱忽見樓闕好屋問此是何處云是天上卽以香湯見浴好衣美食將入見一婦人年可三十五六短形靑黑色眉後有疵見留數夕共寢歡讌臨出贈此衆物聽者聞其形狀知是賈后慙笑而去尉亦解意時他人入者多死唯此小吏以后愛之得全而出初后詐有身內藁物爲產具遂取妹夫韓壽子慰祖養之託諒闇所生故不顯遂謀廢太子以所養代立時洛中謠曰南風烈烈吹黃沙遙望魯國鬱嵯峨前至三月滅汝家后母廣城君以后無子甚敬重愍懷每勸厲后使加慈愛賈謐恃貴驕縱不能推崇太子廣城君恒切責之廣城後改封宜城宜城病篤后出侍疾太子常往宜城第將醫出入恂恂盡禮宜城臨終執后手令盡意於太子言甚切至又曰趙粲及午必亂汝事我死後勿復聽入深憶吾言后不能遵之遂專制天下威服內外更與粲午專爲奸謀誣害太子衆惡彰著初誅楊駿及汝南王亮太保衞瓘楚王瑋等皆臨機專斷宦人董猛參預其事猛武帝時爲寺人監侍東宮得親信於后預誅楊駿封武安侯猛三兄皆爲亭侯天下咸怨及太子廢黜趙王倫孫秀等因衆怒謀欲廢后后數遣宮婢微服於人閒視聽其謀頗洩后甚懼遂害太子以絕衆望趙王倫乃率兵入宮使翊軍校尉齊王冏入殿廢后后與冏母有隙故倫使之后驚曰卿何爲來冏曰有詔收后后曰詔當從我出何詔也后至上閤遙呼帝曰陛下有婦使人廢之亦行自廢又問冏曰起事者誰冏曰梁趙后曰繫狗當繫頸今反繫其尾何得不然至宮西見謐尸再舉聲而哭遽止倫乃矯詔遣尙書劉弘等持節齎金屑酒賜后死后在位十一年趙粲賈午韓壽董猛等皆伏誅臨海公主先封淸河洛陽之亂爲人所略傳賣吳興錢溫溫以送女女遇主甚酷元帝鎭建業主詣縣自言元帝誅溫及女改封臨海宗正曹統尙之

惠羊皇后諱獻容泰山南城人祖瑾父元之並見外戚傳賈后旣廢孫秀議立后后外祖孫旂與秀合族又諸子自結於秀故以太安元年立爲皇后將入宮衣中有火成都王穎伐長沙王乂以討元之爲名乂敗穎奏廢后爲庶人處金墉城陳眕等唱伐成都王大赦復后位張方入洛又廢后方逼遷大駕幸長安留臺復后位永興初張方又廢后河間王顒矯詔以后屢爲姦人所立遣尙書田淑敕留臺賜后死詔書累至司隸校尉劉暾與尙書僕射荀藩河南尹周馥不奉詔馳上奏申救之顒見表大怒乃遣陳顏呂朗東收暾暾奔靑州后遂得免帝還洛迎后復位後洛陽令何喬入廢后及張方首至其日復后位會帝崩后慮太弟立爲嫂叔不得稱太后催前太子淸河王覃入將立之不果懷帝卽位尊后爲惠帝皇后居弘訓宮洛陽敗沒于劉曜曜僭位以爲皇后因問曰吾何如司馬家兒后曰胡可並言陛下開基之聖主彼亡國之暗夫有一婦一子及身三耳不能庇之貴爲帝王而妻子辱於凡庶之手遣妾爾時實不思生何圖復有今日妾生於高門常謂世間男子皆然自奉巾櫛以來始知天下有丈夫耳曜甚寵愛之生曜二子而死僞謚獻文皇后

謝夫人名玖家本貧賤父以屠羊爲業玖淸惠貞正而有淑姿選入後庭爲才人惠帝在東宮將納妃武帝慮太子尙幼未知帷房之事乃遣在東宮侍寢由是得幸有身賈后忌之玖求還西宮遂生愍懷太子年三四歲惠帝不知也入朝見愍懷與諸皇子共戲執其手武帝曰是汝兒也及立爲太子拜玖爲淑媛賈后不聽太子與玖相見處之一室及愍懷遇酷玖亦被害焉永康初詔改葬太子因贈玖夫人印綬葬顯平陵

懷王皇太后諱媛姬不知所出初入武帝宮拜中才人早卒懷帝卽位追尊曰皇太后

元夏侯太妃名光姬沛國譙人也祖威兗州刺史父莊字仲容淮南太守淸明亭侯妃生自華宗幼而明慧瓌

邪武王爲世子覲納焉生元帝及燕王㷍元帝嗣立稱王太妃永嘉元年薨于江左葬琅邪國初有讖云銅馬入海建業期太妃小字銅環而元帝中興於江左焉

元敬虞皇后諱孟母濟陽外黃人也父豫見外戚傳帝爲琅邪王納后爲妃無子永嘉六年薨時年三十五帝爲晉王追尊爲王后太興三年帝踐阼遣使持節兼太尉萬勝奉冊追贈皇后璽綬祀以太牢祔于太廟葬建平陵太寧中明帝追懷母養之恩贈豫妻王氏爲邘陽縣君從母散騎常侍新野王罕妻爲平陽縣君豫章君荀氏元帝宮人也初有寵生明帝及琅邪王裒由是爲虞后所忌自以位卑每懷怨望爲帝所譴漸見疏薄及明帝卽位封建安君別立第宅太寧元年帝迎還臺內供奉隆厚及成帝立尊重同於太后咸寍元年薨贈豫章郡君別立廟于京師

臣謹按豫章君生明帝明帝爲天子而處之別宅閱兩朝但爲封君不正太后之號當時朝臣無有非議之者有以知晉朝之不綱也然史氏載之亦無譏論何邪

明穆庾皇后諱文君潁川鄢陵人也父琛見外戚傳后性仁惠美姿儀元帝聘爲太子妃以德行見重明帝卽位立爲皇后及成帝立尊后曰皇太后羣臣奏天子幼冲宜依漢和熹皇后故事后辭讓數四不得已而臨朝攝萬機后兄中書令亮管詔命公卿奏事稱皇太后陛下有司奏贈后父琛及夫人母邱氏后固不聽及蘇峻作逆京都傾覆后見逼辱遂以憂崩年三十二后卽位凡六年其後帝孝思罔極贈琛驃騎大將軍儀同三司母邱氏安陵縣君從母荀氏永寍縣君何氏建安縣君亮表陳先志讓而不受

成恭杜皇后諱陵陽京兆人鎭南將軍預之曾孫也父乂見外戚傳成帝以后奕世名德咸康二年備禮拜爲皇后卽日入宮帝御太極前殿羣臣畢賀晝漏盡懸籥百官乃罷后少有姿色然長猶無齒有來求婚者輒中止及帝納采之日一夜齒盡生改宣城陵陽縣爲廣陽縣七年三月后崩年二十一外官五日一臨內官旦一入葬訖止后在位六年無子先是三吳女子相與簪白花望之如素奈傳言天公織女死爲之著服至是而后崩帝下詔山陵之事一從節儉陵中唯潔埽而已不得施塗車芻靈有司奏造凶門栢歷及調挽郎皆不許又禁遠近遣使明年元會有司奏廢樂詔廢管絃奏金石如故孝武帝寍康二年以后母裴氏爲廣德縣君裴氏名穆長水校尉綽孫太傅主簿遐女太尉王夷甫外孫中表之美高於當世遐隨東海王越遇害無子唯穆渡江遂享榮慶立第南掖門外世所謂杜姥宅云章太妃周氏以選入成帝宮有寵生哀帝及海西公始拜爲貴人哀帝卽位詔崇爲皇太妃儀服與太后同興寍元年薨帝欲服重尙書僕射江虨啓應服緦麻三月詔厭屈私情所以上嚴祖考帝從之

康獻褚皇后諱蒜子河南陽翟人父裒見外戚傳后聰明有器識少以名家入爲琅邪王妃及康帝卽位立爲皇后封母謝氏爲尋陽鄉君穆帝卽位尊后曰皇太后時帝幼冲未親國政領司徒蔡謨等上奏引漢和熹順烈及近世明穆故事請太后親攝萬機太后於是臨朝稱制朝臣皆致敬於哀後帝既冠加元服太后乃歸事反政一依舊典退於崇德宮手詔羣公曰昔以皇帝幼冲從羣后之議既以闇弱又頻丁極艱銜恤歷祀沈憂在疚司徒親尊德重訓救其弊王室之不壞實公是憑帝既備茲冠禮而四海未一五胡叛逆豺狼當路費役日興百姓困窮願諸君子勠力一心輔翼幼主匡救不逮未亡人永歸別宮以終餘齒仰惟家國故以一言託懷及哀帝海西公之世太后復臨朝稱制桓溫之廢海西公也太后方在佛屋燒香內侍啓云外有急奏太后乃出倚戶前視奏數行乃曰我本自疑此至半便止索筆答奏云未亡人罹此百憂感念存沒心焉如割溫始呈詔草慮太后意異悚動流汗見於顏色及詔出溫大喜簡文帝卽位尊后爲崇德太后及帝崩孝武帝幼冲桓溫又薨羣臣又啓太后攝政太后於是復臨朝至帝冠婚禮備復歸政稱崇德太后太元九年崩于顯陽殿年六十一在位凡四十年太后於帝爲從嫂朝議疑其服太學博士徐藻議曰資父事君而敬同又禮云其夫屬父道者妻則母道也則夫屬君道妻亦后道矣服后以齊母之義也魯譏逆祀以明尊卑今上躬奉康穆哀皇及靖后之祀致敬同於所天豈可敬之以君道而服廢於本親謂應齊衰朞從之

穆章何皇后諱法倪廬江灊人也父準見外戚傳以名家膺選升平元年八月下璽書曰皇帝咨爾前太尉參軍何琦混元資始肇經人倫爰及夫婦以奉天地宗廟社稷謀于公卿咸以宜率由舊典今使使持節太常彪之宗正綜以禮納采琦答曰前太尉參軍都鄉侯糞土臣何琦稽首頓首再拜皇帝嘉命訪婚陋族備數採擇臣從祖弟故散騎侍郎準之遺女未閑教訓衣履若如人欽承舊章肅奉典制又使兼太保武陵王晞兼太尉

中領軍治持節奉策立爲皇后后無子哀帝卽位稱穆皇后居永安宮及桓元簒位移后入司徒府路經太廟后停輿慟哭哀感路人元聞而怒曰天下禪代常理何預何氏女子事邪乃降后爲零陵縣君與安帝俱西至巴陵會劉裕建義殷仲文奉后還京都后以遠還欲奉拜陵廟有司以寇難未平奉停永興二年崩年六十六在位凡四十八年

哀靖王皇后諱穆之太原晉陽人也司徒左長史濛之女后初爲琅邪王妃哀帝卽位立爲皇后追贈母爰氏爲安國鄉君后在位三年無子興寧二年崩

廢帝孝庾皇后諱道憐潁川鄢陵人也父冰自有傳初爲東海王妃及帝卽位立爲皇后太和六年崩葬于敬平陵帝廢爲海西公追貶后曰海西公夫人太元九年海西公薨于吳又以后合葬于吳陵

簡文宣鄭太后諱阿春河南滎陽人也世爲冠族祖合臨濟令父愷字祖元安豐太守后少孤無兄弟唯姊妹四人后最長先適渤海田氏生一男而寡依于舅濮陽吳氏元帝爲丞相敬后先崩將納吳氏女爲夫人后及吳氏女竝游後園或見之言於帝曰鄭氏女雖嫠賢於吳氏遠矣建武元年納爲琅邪王夫人甚有寵后雖貴幸而恒有憂色帝問其故對曰妾有妹中者已適長沙王褒餘二妹未有所適恐姊爲人妾無復求者帝因從容謂劉隗曰鄭氏二妹卿可爲求佳對使不失舊隗舉其從子傭娶第三者以小者適漢中李氏皆得舊門帝召王褒爲尚書郎以悅后意后生琅邪悼王簡文帝尋陽公主帝稱尊號后雖爲夫人詔太子及東海武陵王皆母事之帝崩后稱建平國夫人咸和元年薨簡文帝時爲琅邪王後自琅邪徙封會稽追號后曰會稽太妃及簡文帝卽位未及追尊臨崩封皇子道子爲琅邪王領會稽國奉太妃祀太元十九年孝武帝述遵先志上太妃尊號曰簡文太后立廟於太廟路西陵曰嘉平

簡文順王皇后諱簡姬太原晉陽人也父遐見外戚傳后以冠族初爲會稽王妃生子道生爲世子永和四年母子竝失帝意俱被幽廢后遂以憂薨咸安二年孝武帝卽位追尊曰順皇后合葬高平陵追贈后父遐特進光祿大夫加散騎常侍

孝武文李太后諱陵容本出微賤始簡文帝爲會稽王有三子俱夭自道生廢黜獻王早世其後諸姬絕孕將十年帝令卜者扈謙筮之曰後房中有一女當育二貴男其一終盛晉室時徐貴人生新安公主以德美見寵帝常冀其有娠而彌年無子會有道士許邁者朝臣時望多稱其得道帝嘗從容問焉答曰邁是好山水人本無道術斯事豈所能判但陛下德厚慶深宜隆奕代之緒當從扈謙之言以存廣接之道帝然之更加採納又數年無子乃令善相者召諸孌妾而示之皆云非其人又悉以諸婢媵示焉時后爲宮人在織坊中形長而色黑宮人皆謂之崑崙既至相者驚云此其人也帝以大計召之以侍寢后數夢兩龍枕膝日月入懷意以爲吉祥向儕類說之帝聞而異焉遂生孝武帝及會稽文孝王鄱陽長公主及孝武帝初卽位尊爲淑妃太元三年進爲貴人九年又進爲夫人十二年加爲皇太妃十九年八月辛巳帝臨軒遣兼太保劉耽尊爲皇太后稱崇訓宮安帝立尊爲太皇太后隆安四年崩於含章殿帝及太后百官皆服齊衰期葬修平陵神主祔宣太后廟

孝武定王皇后諱法慧哀靖皇后之姪也父蘊見外戚傳初帝將納后訪于公卿時蘊子恭以弱冠見僕射謝安安深重之既而謂人曰昔毛嘉見恥魏朝楊駿幾傾晉室若帝納后有父者唯蘊望如王蘊乃可既而稱蘊女容德淑令乃舉以應選寧康三年中軍將軍桓沖等奏稱蘊女天性柔順四業允備且盛德之冑美善先積臣等參議可以配德乾元恭承宗廟徽音六宮母儀天下於是帝始納焉封蘊妻劉氏爲樂平鄉君后嗜酒驕妬帝患之乃召蘊於東堂具說后過一如訓誡蘊免冠謝焉后乃少自改飭太元五年崩年二十一葬隆

安德陳太后諱歸女松滋潯陽人也父廣以倡進仕至平昌太守后以美色能歌彈入宮爲淑媛生安恭二帝太元十五年薨贈夫人追崇曰皇太后神主祔于宣太后廟陵曰熙平

安僖王皇后諱神愛琅邪臨沂人也父獻之見別傳母新安愍公主后以太元末納爲太子妃安帝立冊爲皇后無子義熙八年崩於徽音殿時年二十九葬休平陵

恭思褚皇后諱靈媛河南陽翟人義興太守爽之女也后初爲琅邪王妃元熙元年立爲皇后生海鹽富陽公主及帝禪位于宋降爲零陵王妃宋元嘉十三年崩年五十三祔葬沖平陵

宋

孝穆趙皇后諱安宗下邳僮人也父裔平原太守后以晉穆帝升平四年嬪于孝皇帝以產武帝殂于丹徒官舍葬晉陵丹徒縣東鄉諫壁里雩山宋受禪追崇號謚陵曰興寧永初三年有司奏追贈裔光祿大夫加金章紫綬裔命婦孫氏封豫章郡建昌縣君其年又追封裔

臨賀縣侯裔子倫之自有傳

孝懿蕭皇后諱文壽蘭陵人也父卓字子略洮陽令后爲孝皇帝繼室生長沙景王道憐臨川烈武王道規義熙七年拜豫章公太夫人武帝爲宋公宋王又加太妃太后之號帝踐阼尊曰皇太后居宣訓宮上以恭孝爲行奉太后素謹及卽大位春秋已高每旦朝太后未嘗失時刻少帝卽位加崇曰太皇太后景平元年崩于顯陽殿年八十一遺令漢世帝后陵皆異處今可於塋域之內別爲一壙一遵往式乃開別壙與興寧合墳初武帝微時貧約過甚孝皇之殂葬禮多闕帝遺旨太后百歲後不須祔葬至是故稱后遺令云卓初與趙裔俱贈金紫光祿大夫又追封封陽縣侯妻下邳趙氏封吳郡壽昌縣君卓子源之襲爵源之見子思話傳

武敬臧皇后諱愛親東莞人祖汪尚書郎父儁郡功曹后配武帝生會稽宣長公主興弟武帝以儉正率下后恭謹不違及武帝興復晉室居上相之重而后器服麤素不爲親屬請謁義熙四年正月甲子殂於東城年四十八追贈豫章公夫人還葬丹徒武帝臨崩遺詔留葬建業於是備法駕迎梓宮祔葬初寧陵宋初追贈儁金紫光祿大夫妻高密叔孫氏遷陵永平鄉君儁子燾燾子質並自有傳

武帝張夫人諱闕不知何許人也生少帝及義興泰長公主惠媛永初元年拜夫人少帝卽位有司奏上尊號爲皇太后宮曰永樂少帝廢太后還璽綬隨居吳縣文帝元嘉元年拜營陽國太妃二年薨

文章胡太后諱道女淮南人也義熙初武帝所納文帝生五年被譴賜死葬丹徒武帝踐阼追贈倢伃文帝卽位有司奏上尊號曰章皇太后陵曰熙寧立廟建業

少帝司馬皇后諱茂英晉恭帝女也初封海鹽公主少帝以公子尙焉宋初拜太子妃少帝卽位爲皇后元嘉元年降爲營陽王妃又爲南豐王太妃十六年薨

文元袁皇后諱齊嬀陳郡陽夏人光祿大夫湛之庶女也母本卑賤后年五六歲方見舉後適文帝拜宜都王妃生子邵東陽獻公主英娥上待后恩禮甚篤袁氏貧薄后每就上求錢帛以贍之上性節儉所得不過三五萬三五十匹後潘淑妃有寵愛傾後宮咸言所求無不得后聞之未知信否乃因潘求三十萬錢與家以覘上意宿昔便得因此恚恨稱疾不復見上遂恚恨成疾元嘉十七年疾篤上執手流涕問所欲言后視之良久乃引被覆面崩于顯陽殿年三十六上甚悼痛之詔前永嘉太守顏延之爲哀策文甚麗及奏上自益撫存悼亡感今懷昔八字以致意焉有司奏謚宣皇后上特詔謚曰元初后生劭自詳視之使馳白帝曰此兒形貌異常必破國亡家不可舉便欲殺之文帝狼狽至后殿戶外手撥幔禁之乃止后亡後常有小小靈應沈美人者明帝所生也常以非罪見責應賜死從后昔所住徽音殿前度此殿有五間自后崩後常閉美人至殿前流涕大言曰今日無罪就死先后若有靈當知之殿諸窓戶應聲豁然開職掌者遽白文帝帝驚往視之美人乃得釋大明五年孝武乃詔追后之所生外祖親王夫人爲豫章郡新淦平樂鄉君又詔趙蕭臧家及光祿袁敬公平樂鄉君墓先未給塋戶各給蠻戶三以供灑埽后父湛之自有傳潘淑妃者本以貌進始未見賞文帝好乘羊車經諸房淑妃每莊飾褰帷以候并密令左右以鹹水灑地帝每至戶羊輒舐地不去帝曰羊乃爲汝徘徊況於人乎於此愛傾後宮

孝武昭路太后諱惠男丹陽建康人也以色貌選入後宮生孝武帝拜爲淑媛及年長無寵常隨孝武出蕃孝武卽位有司奏奉尊號曰太后宮曰崇憲太后居顯陽殿上於閨門之內禮敬甚寡有所御幸或留止太后房內故人間咸有醜聲宮掖事祕亦莫能辨也孝建二年追贈太后父興之散騎常侍興之妻餘杭縣廣昌鄉君大明四年太后弟子撫軍參軍瓊之上表自陳有司承旨奏贈瓊之父道慶給事中瓊之及弟休之茂之並居顯職太后頗與政事賜與瓊之等財物家累千金居處器服與帝子相侔大明五年太后隨上巡南豫州妃主以下並從廢帝立號太皇太后明帝踐阼號崇德太后初明帝失所生爲太后所攝養撫愛甚篤及卽位供奉禮儀不異舊日有司奏宜別居外宮詔欲親奉晨昏盡懽閨禁不如所奏及聞義嘉難作太后心幸之延上飲酒置毒以進侍者引上衣上寤起以其卮上壽是日太后崩祕之喪事如禮遷殯東宮題曰崇憲宮又詔述太后恩慈特齊衰三月以申追遠謚曰昭皇太后葬孝武陵東號曰修寧陵先是晉安王子勛未平巫者謂宜開昭太后陵毀去梓宮以厭勝修復倉卒不得如禮上性忌慮將來致災泰始四年夏詔有司曰崇憲昭太后修寧陵地大明之世久所考卜前歲遺諸蕃之難禮從權宜未暇營改而塋隧之所山原卑陋可式遵舊典以禮改創奏請修寧陵元宮補葺毀壞權施油殿暫出梓宮事畢卽定詔可廢帝景和中又追贈興之侍中金紫光祿大夫謚曰孝侯道慶光祿大夫開府儀同三司謚曰

敬侯道慶女爲皇后以休之爲侍中

明宣沈太后諱容姬不知何許人也爲文帝美人生明帝拜倢伃元嘉三十年卒葬建康之莫府山孝武卽位追贈湘東國太妃明帝卽位有司奏上尊號爲皇太后諡曰宣陵號崇寧

孝武文穆王皇后諱憲嫄琅邪臨沂人也元嘉二十年拜武陵王妃生廢帝豫章王子尚山陰公主楚玉臨淮康哀公主楚佩皇女楚琇康樂公主修明孝武在蕃后甚寵異及卽位爲皇后焉大明四年后率六宮躬桑于西郊皇太后觀禮妃主以下並加班錫廢帝卽位尊曰皇太后宮曰永訓其年崩于含章殿祔葬景寧陵父偃別有傳殷淑儀者南郡王義宣女也麗色巧笑義宣敗後帝密取之寵冠後宮假姓殷氏左右宣泄者多死故當時莫知所出及薨帝常思見之遂爲通替棺欲見輒引替覩屍如此積日形色不異追贈貴妃諡曰宣及葬給轀輬車虎賁班劍鑾輅九旒黃屋左纛前後部羽葆鼓吹上自南掖門臨過喪車悲不自勝左右莫不掩泣上痛愛不已精神罔罔頗廢政事每寢先於靈牀酌奠酒飲之既而慟哭不能自反又諷有司奏曰據春秋仲子非魯惠公元嫡尙得考別宮今貴妃蓋天秩之崇班理應創廟乃立別廟於都下時有巫者能見鬼說帝言貴妃可致帝大喜令召之有少頃果於帷中見形如平生帝欲與之言默然不對將執手奄然便歇帝尤哽恨於是擬李夫人賦以寄意焉謝莊作哀策文奏之帝臥覽讀起坐流涕曰不謂當今復有此才都下傳寫紙墨爲之貴或云貴妃是殷琰家人入義宣家義宣敗入宮云

前廢帝何皇后諱令婉廬江灊人也孝建三年納爲皇太子妃大明五年薨于東宮徽光殿諡曰獻妃廢帝卽位追崇曰獻皇后明帝踐阼遷后與廢帝合葬龍山北后父瑀字幼玉晉尙書左僕射澄曾孫也瑀尙武帝少女豫康長公主諱欣男公主先適徐喬美容色聰敏有智數文帝世禮待特隆瑀豪競於時與平昌孟靈休東海何勗等並以輿馬相尙公主與瑀情愛隆密何氏疎戚莫不霑被恩禮瑀位右衞將軍主薨瑀墓開孝武追贈金紫光祿大夫子邁尙文帝第十六女新蔡公主諱英媚邁少以貴戚居顯官好犬馬馳逐多聚才力士位南濟陰太守廢帝納公主於後宮僞言薨殺一婢送出邁第殯葬行喪禮常疑邁有異圖邁亦招聚同志欲因行廢立事覺見誅明帝卽位追封建寧縣侯瑀兄子衍性躁動位黃門郎拜竟求司徒司馬得司馬復求太子右率拜一二日復求侍中旬月之間求進無已不得侍中以怨罵賜死

明恭王皇后諱貞風琅邪臨沂人也初拜淮陽王妃明帝改封又爲湘東王妃生晉陵長公主伯姒建安長公主伯媛明帝卽位立爲皇后上嘗宮內大集而裸婦人觀之以爲歡笑后以扇障面獨無所言帝怒曰外舍家寒乞今共作笑樂何獨不視后曰爲樂之事其方自多豈有姑姊妹集聚而裸婦人形體以此爲樂外舍之爲歡適與此不同帝大怒令后起后兄揚州刺史景文以此事語從舅陳郡謝緯曰后在家爲儜弱婦人不知今段遂能剛正如此廢帝卽位尊爲皇太后宮曰弘訓廢帝失德太后每加勗譬始猶見順後狂悖稍甚太后嘗賜帝玉柄毛扇帝嫌毛扇不華因此欲加酖害令太醫煮藥左右止之曰若行此事官便作孝子豈得出入狡獪帝曰汝語大有理乃止順帝卽位齊高帝執權宗室劉晃劉綽卜伯興等有異志太后頗與相關順帝禪位太后與帝遜于東邸因遷居丹陽宮拜汝陰王太妃順帝殂于丹陽更立第都下建元元年薨于第追加諡葬以宋禮后父僧朗別有傳

後廢帝陳太妃諱妙登丹陽建康屠家女也孝武嘗使尉司采訪人閒子女有姿色太妃家在建康縣居有草屋兩三閒上出行閒尉曰御道那得此屋當由家貧賜錢三萬令起瓦屋尉自送錢與之家人並行唯太妃在家時年十二三尉見其美卽以白孝武於是迎入宮在路太后房內經二年再呼不見幸太后因言於上以賜明帝始有寵一年衰歇以賜李道兒尋又迎還生廢帝先是人間言明帝不男故皆呼廢帝爲李氏子廢帝後每微行自稱李將軍或自謂李統明帝卽位拜貴妃秩同皇太妃廢帝踐阼有司奏上尊號曰皇太妃輿服一如晉孝武李太妃故事宮曰弘化置家令一人改諸國太妃曰太姬昇明初降爲蒼梧王太妃

後廢帝江皇后諱簡珪濟陽考城人也太始五年明帝訪太子妃而雅信卜數名家女多不合江氏雖爲華族而后父祖並已亡弟又弱小以卜筮吉故爲太子納之六年拜皇太子妃諷朝士州郡皆令獻物多者將直百金始興太守孫奉伯止獻琴書其外無餘物上大怒封藥賜死既而原之太子卽帝位立爲皇后帝既廢降后爲蒼梧王妃祖智深自有傳

順陳太妃諱法容丹陽建康人也明帝素肥晚年痿疾不能內御諸弟姬人有懷孕者輒取以入宮及生男皆

殺其母而與六宮所愛者養之順帝桂陽王休範子也以陳昭華爲母明帝崩昭華拜安成王太妃順帝卽位進爲皇太妃順帝禪位去皇存太妃之號

順謝皇后諱梵境陳郡陽夏人右光祿大夫莊之孫也父颺車騎功曹昇明二年立爲皇后順帝禪位降爲汝陰王妃祖莊自有傳

南齊

宣孝陳皇后諱道止臨淮東陽人魏司徒矯之後也后家貧少勤織作家人矜其勞或止之后終不改嫁于宣帝宣帝庶生子衡陽元王道度始安貞王道生后生高帝年二歲乳人乏乳后夢人以兩甌麻粥與之覺而乳驚因此豐足宣帝從任在外后常留家有相者謂后曰夫人有貴子而不之見后歎曰我三子誰當應之呼高帝小字曰政應是汝耳宣帝殂後后親執勤婢使有過皆恕而不問高帝雖從宦而家業本貧爲建康令時明帝等冬月猶無縑纊而奉膳甚厚后每撤去兼肉曰於我過足矣殂于縣舍昇明二年追贈竟陵公國太夫人齊國建爲齊國太妃並密印書青綬祠以太牢建元元年追尊孝皇后贈外祖父肇之金紫光祿大夫謚敬侯后母胡氏爲永昌縣靖君永明九年詔太廟四時祭宣皇帝薦起麪餅鴨臛孝皇后薦笋鴨卵脯醬炙白肉高皇帝薦肉膾葅羹昭皇后薦茗粣炙魚並平生所嗜也

高昭劉皇后諱智容廣陵人也祖元之父壽之並員外郎后母桓氏夢吞玉勝生后時有紫光滿室以告壽之壽之曰恨非是男桓笑曰雖女亦足興家矣后寢卧見有羽蓋蔭其上家人試察之常見其上掩藹如似雲氣年十七裴方明爲子求昏酬許已定后夢見先有迎車至猶如常家迎法后不肯去次有迎至龍旗豹尾有異於常后喜而從之既而與裴氏不成婚竟嬪于上嚴毅有軌度造次必依禮法生太子及豫章王嶷太子初在孕后嘗歸寧遇家奉祠爾日陰晦失曉舉家狼狽其營祭食后助炒胡麻始復內薪未及索火火便自然宋泰豫元年殂歸葬宣帝墓側則泰安陵也門生王淸與墓工始下插有白兎跳起尋之不得及墳成兎還棲其上昇明二年贈竟陵公國夫人三年贈齊國妃印綬齊建元元年尊謚昭皇后二年贈后父壽之金紫光祿大夫母桓氏上虞都鄉君

武穆裴皇后諱惠昭河東聞喜人也祖封之給事中父璣之左軍參軍后少與豫章王妃庾氏爲娣姒庾氏勤女工奉事高昭后恭謹不倦后不能及故不爲舅姑所重武帝亦薄焉性剛嚴竟陵王子良妃袁氏布衣時有過后每加訓罰昇明三年爲齊世子妃建元元年爲皇太子妃二年后薨謚穆妃葬休安陵時議欲立石誌王儉曰石誌不出禮起宋元嘉中顏延之爲王球石誌素族無銘策故以紀行自爾以來共相祖習儲妃之重禮絕恒例既有哀策不煩石誌從之武帝卽位追尊皇后贈父璣之金紫光祿大夫后母檀氏餘杭廣昌鄉元君舊顯陽昭陽二殿太后皇后所居也永明中無太后皇后羊貴嬪居昭陽殿西范貴妃居昭陽殿東寵姬荀昭華居鳳華柏殿宮內御所居壽昌畫殿南閣置白鷺鼓吹二部乾光殿東西頭置鐘磬兩廂皆宴處也上數遊幸諸苑囿載宮人從從車置內深隱不聞端門鼓漏聲置鐘於景陽樓上應五鼓及三鼓宮人聞鐘聲早起莊飾車駕數幸琅邪城宮人常從早發至湖北埭雞始鳴故呼爲雞鳴埭婦人吳郡韓蘭英有文辭宋孝武時獻中興賦被賞入宮宋明帝時用爲宮中職僚及武帝以爲博士教六宮書學以其年老多識呼爲韓公云

文安王皇后諱寶明琅邪臨沂人也祖韶之吳興太守父曄之太宰祭酒宋世高帝爲文惠太子納之建元元年爲南郡王妃四年爲皇太子妃無寵太子宮人置新麗衣裳及首飾而后牀帷陳故古舊釵鑷十餘枚永明十一年爲皇太孫太妃鬱林卽位尊爲皇太后稱宣德宮置男左右三十人前代所未有也贈后父曄之金紫光祿大夫母桓氏豐安縣君其年十二月備法駕謁太廟明帝卽位出居鄱陽王故第以第爲宣德宮永元三年梁武帝定建業迎入宮后稱制至禪位遜居外宮梁天監十一年薨葬崇安陵謚曰安后祖韶之自有傳

鬱林王何妃諱婧英廬江灊人撫軍將軍戢女也初將納爲南郡王妃文惠太子嫌戢無男門孤不欲與昏王儉以南郡王妃便爲將來外戚唯須高胄不須彊門今何氏蔭華族弱實允外戚之義永明三年乃成昏妃稟性淫亂南郡王所與無賴人遊妃擇其美者皆與交歡南郡王侍書人馬澄年少色美甚爲妃悅常與鬭腕較力南郡王以爲歡笑澄者本剡縣寒人嘗於南岸逼略人家女爲秣陵縣所錄南郡王語縣散遣之澄又逼求姨女爲妾姨不與澄詣建康令沈徽孚訟之徽孚曰姨女可爲婦不可爲妾澄曰僕父爲給事中門戶既成姨家猶是寒賤政可爲妾耳徽孚訶而遣之十一年爲皇太孫妃又有女巫子楊珉之亦有美貌妃尤愛悅之與同寢處如伉儷及太孫卽帝位爲皇后封后嫡母劉爲高昌縣都鄉君所生母宋爲餘杭廣昌鄉君后將拜鏡

在牀無因墮地其冬與太后同日謁太廟楊珉之爲帝所幸常居中侍明帝爲輔與王晏徐孝嗣王廣之並面請不聽又令蕭諶坦之固請皇后與帝同席坐流涕覆面謂坦之曰楊郎好年少無罪過何可枉殺坦之耳語於帝曰此事別有一意不可令人聞帝謂皇后爲阿奴曰阿奴蹔去坦之乃曰外間並云楊珉之與皇后有異情彰聞遐邇帝不得已乃爲敕坦之馳報明帝即令建康行刑既而果有敕原之而珉之已死后既淫亂又與帝相愛褻故帝恣之又迎后親戚入宮賞賜人百數十萬以武帝曜靈殿處后家屬帝廢后貶爲王妃父戢自有傳

海陵王王妃諱韶明瑯邪臨沂人太常慈之女也永明八年納爲臨沂公夫人鬱林王即位爲新安王妃延興元年爲皇后其年降爲海陵王妃妃父慈自有傳

明敬劉皇后諱惠端彭城人光祿大夫道弘孫也高帝爲明帝納之建元三年除西昌侯夫人永明七年卒葬江乘縣張山延興元年贈宣城王妃明帝即位追尊敬皇后贈父通直郎景猷爲金紫光祿大夫母王氏平陽鄉君明帝崩改葬祔于興安陵

東昏褚皇后諱令璩河南陽翟人太常澄之女也建武二年納爲皇太子妃而無寵帝謂左右曰若得如山陰主無恨矣山陰主明帝長女也後遂與之爲亂明年妃謁敬后廟東昏即位爲皇后帝寵潘妃后不被遇黃淑儀生太子誦而卒東昏廢后及誦並爲庶人后父澄自有傳

和王皇后諱蕣華瑯邪臨沂人太尉儉之孫也初爲隨王妃中興元年爲皇后帝禪位后降爲妃妃祖儉自有傳

梁

文獻張皇后諱尙柔范陽方城人也父穆之娶文帝從姑而生后后以元嘉中嬪於文帝生長沙宣武王懿永陽昭王敷次生武帝方孕忽見庭前昌蒲花光采非常驚報侍者侍者皆云不見后曰嘗聞見昌蒲花者當富貴因取呑之是月生武帝將產之夕后見庭內若有衣冠陪列焉次生衡陽宣王暢義興昭長公主令嫕后以宋泰始七年殂於秣陵縣同夏里舍葬晉陵武進縣東城里山天監元年五月甲辰追上尊號爲皇后謚曰文獻穆之字思靜晉司空華六世孫也少方雅有識鑒初爲員外散騎侍郎深被始興王濬引納穆之鑒其禍萌求爲交阯太守政有異績宋文帝將以爲交州刺史會病卒子弘籍字眞藝齊初爲鎭西參軍卒於官梁武踐阼追贈穆之光祿大夫加金章紫綬贈弘籍廷尉卿弘籍無子從父弟弘策以子纘嗣別有傳

武德郗皇后諱徽高平金鄉人也祖紹宋國祭酒領東海王師父曄太子舍人早卒后母宋文帝女尋陽公主也方娠夢當生貴子及后生有赤光照室器物甚明家人怪之巫言此女光高將有所妨乃於水濱祓除之后幼明慧善隸書讀史傳女工之事無不閑習宋後廢帝將納爲后齊初安陸王緬又欲結婚郗氏並辭以女疾乃止齊建元末嬪于武帝生永興公主玉姚永世公主玉婉永康公主玉環及武帝爲雍州刺史殂于襄陽官舍年三十二其年歸葬南徐州南東海武進縣東城里山中興二年武帝爲梁公齊帝贈后爲梁公妃及武帝踐阼追崇爲皇后謚曰德陵曰修陵后父曄贈金紫光祿大夫后酷妬忌及終化爲龍入于後宮通夢於帝或見形光彩照灼帝體將不安龍輒激水騰涌於露井上爲殿衣服委積常置銀鹿盧金瓶灌百味以祀之故帝卒不置后

武丁貴嬪諱令光譙國人也祖父從官襄陽因居沔北五女村寓於劉惠明廡下貴嬪生於樊城初產有神光之異紫氣滿室故以光爲名相者云當大貴少時與鄰女月下紡績諸女並患蚊蚋而貴嬪不之覺也鄉人魏益德將聘之未及成而武帝鎭樊城嘗登樓以望見漢濱五采如龍下有女子擘絖則貴嬪也又丁氏因人以相者言聞之於帝帝贈以金環納之時年十四貴嬪生而有赤誌在左臂療之不滅又體多疣子至是無何並失所在德后酷忌遇貴嬪無道使日舂五斛舂每中程若有助者被遇雖嚴益小心祇敬嘗於供養經案側髣髴若見神人心獨異之武帝起兵之日昭明太子始誕天監元年五月有司奏爲貴人未拜其年八月又奏爲貴嬪位在三夫人之上居顯陽殿及太子定位有司奏曰禮母以子貴皇儲所生不容無敬於是以皇太子之禮禮貴嬪言則稱令貴嬪性仁恕及居宮接馭自下皆得其歡心不好華飾器服無珍麗未嘗爲親戚私謁及武帝大弘佛教貴嬪奉而行之屏絕滋腴長進蔬膳受戒日甘露降於殿前方一丈五尺帝所立經義皆得其指歸尤精淨名經所受供施悉以充法事普通七年十一月庚辰薨移殯於東宮臨雲殿時年四十二詔吏部郎張纘爲哀冊文有司奏謚曰穆葬寧陵祔于小廟簡文即位追崇曰太后貴嬪父道遷天監初爲歷陽太守廬陵威王之生武帝謂之曰賢女復育一男答曰莫道

賭狗子世人以爲笑後位兗州刺史宣城太守

文宣阮太后諱令嬴會稽餘姚人也本姓石初齊始安王遙光納焉遙光敗入東昬宮建康城平爲武帝采女在孕夢龍罩其牀天監六年八月生元帝于後宮是日大赦尋拜爲修容賜姓阮氏常隨元帝出蕃大同六年六月薨于江州正寢時年六十七其年十一月歸葬江寧縣通望山謚曰宣元帝即位有司奏追崇爲文宣太后還祔小廟承聖二年追贈太后父齊故奉朝請石靈寶散騎常侍左衛將軍封武康縣侯母陳氏武康侯夫人

簡文王皇后諱靈賓琅邪臨沂人也祖儉齊太尉南昌文憲公父騫金紫光祿大夫南昌安侯后幼而柔明叔父暕見之曰吾家女師也天監十一年拜晉安王妃生哀太子大器南郡王大連長山公主妙碧大通三年十月拜皇太子妃太清三年三月薨于永福省時年四十五其年簡文即位追崇爲皇后謚曰簡大寶元年九月葬莊陵

元帝徐妃諱昭佩東海郯人也祖孝嗣齊太尉枝江文忠公父緄侍中信武將軍妃以天監十六年十二月拜湘東王妃生世子方等益昌公主含貞妃無容質不見禮帝三二年一入房妃以帝眇一目每知帝將至必爲半面妝以俟帝見則大怒而出妃性嗜酒多湛醉帝還房必吐衣中與荊州後堂瑤光寺智遠道人私通酷妒忌見無寵之妾便交杯接坐纔覺有娠者即手加刀刃帝左右暨季江有姿容又與淫通季江每歎曰栢直狗雖老猶能獵蕭溧陽馬雖老猶駿徐娘雖老猶尚多情時有賀徽者美色妃要之於普賢尼寺書白角枕爲詩相贈答既而貞惠太子方諸母王氏寵愛未幾而終元帝歸咎於妃及方等死愈見疾太清三年遂逼令自殺妃知不免乃投井死帝以屍還徐氏謂之出妻葬金陵瓦官寺帝製金樓子述其淫行初妃嫁夕車至西州而疾風大起發屋折木無何雪霰交下帷簾皆白及長還之日又大雷震西州聽事兩柱俱碎帝以爲不祥後果不終婦道

敬夏太后會稽人也普通中納于湘東王宮生敬帝承聖元年冬拜晉安王國太妃紹泰元年尊爲太后明年冬降爲江陰國太妃

敬王皇后琅邪臨沂人也承聖元年十一月拜晉安王妃紹泰元年十月拜皇后明年降爲江陰王妃父儉自有傳

陳

武宣章皇后諱要兒吳興烏程人本姓鈕父景明爲章氏所養因改姓焉后母蘇嘗遇道士以小龜遺已光移五色曰三年有徵及期后生紫光照室因失龜所在后少聰慧美容儀手爪長五寸色並紅白每有朞功之服則一爪先折武帝先娶同郡錢仲方女早卒後乃聘后后善書計能誦詩及楚辭武帝爲長城縣公后拜夫人帝自廣州南征交阯命后與衡陽王隨文帝由海道歸于長城侯景之亂爲景所囚及景平武帝踐阼立爲皇后追贈后父梁散騎侍郎景明特進金紫光祿大夫加金章紫綬拜后母蘇安吉縣君二年安吉君卒與后父葬吳興明年追封后父爲廣德縣侯謚曰溫武帝崩后與中書舍人蔡景歷定計祕不發喪時衡陽王昌未至乃召文帝及即位尊后爲皇太后宮曰慈訓廢帝即位后爲太皇太后光大二年后下令黜廢帝爲臨海王命宣帝嗣立大建元年復爲皇太后二年三月丙申崩于紫極殿時年六十五其年四月羣臣上謚曰宣祔葬萬安陵后親屬無在朝者唯本族兄鈕洽官至中散大夫

文沈皇后諱妙容吳興武康人也父法深梁安南中錄事參軍后年十歲餘以梁大同中歸于文帝武帝之討侯景文帝時在武興及后並被收景平乃獲免武帝踐阼后爲臨川王妃文帝即位爲皇后追贈后父法深光祿大夫加金章紫綬封建城縣侯謚曰恭追贈后母高爲綏安縣君謚曰定廢帝即位尊后爲皇太后宮曰安德時宣帝與僕射到仲舉舍人劉師知等並受遺輔政師知與仲舉恒居禁中參決衆事而宣帝爲揚州刺史與左右三百人入居尙書省師知忌宣帝權重矯敕令還東府理州務宣帝將出毛喜止之曰今若出外便受制於人如曹爽願作富家公不可得也宣帝乃稱疾召師知留與語使毛喜先入言之於后后曰今伯宗年幼政事並委二郎此非我意又言於廢帝廢帝曰此自師知等爲非朕意也喜出報宣帝帝因囚師知自入見后及帝極陳師知之短仍自草敕請畫以師知付廷尉其夜於獄賜死自是政歸宣帝后憂悶計無所出乃密賂宦者蔣裕令誘建安人張安國使據郡反冀因此圖帝安國事發被誅時后左右近侍頗知其事后恐連逮黨與並殺之宣帝即位以后爲文皇后陳亡入隋大業初自長安歸于江南頃之卒后兄欽襲爵建城侯位尙書左僕射欽素無伎能奉已而已卒謚曰成子觀嗣頗有學識官至御史中丞

廢帝王皇后琅邪臨沂人天嘉元年爲皇太子妃廢帝

即位立爲皇后廢帝爲臨海王后廢爲妃至德中薨后生臨海嗣王至澤至澤光大元年爲皇太子大建元年襲封臨海嗣王陳亡入長安后父固自有傳

宣柳皇后諱敬言河東解縣人也曾祖世隆祖惲父偃並有傳后九歲幹理家事有若成人侯景之亂后與弟盼在江陵依梁元帝帝以長城公主故待遇甚厚以配宣帝承聖二年后生後主於江陵及魏剋江陵宣帝遷于關右后與後主俱留穰城天嘉二年與後主還朝后爲安成王妃宣帝卽位立爲皇后美姿容身長七尺二寸手垂過膝初宣帝居鄉里先娶吳興錢氏及卽位拜爲貴妃甚有寵后傾心下之每尙方供奉物其上者皆進於貴妃而已御其次焉宣帝崩始興王叔陵爲亂後主頼后與吳媼救而獲免後主卽位尊后爲皇太后宮曰弘範是時新失淮南地隋師臨江又國遭大喪後主惠創不能聽政其誅叔陵供大行喪事邊境防守及百司衆務雖假後主之敕實皆決之於后後主創愈乃歸政焉后性謙謹未嘗以宗族爲請雖衣食亦無所分遺陳亡入長安隋大業十二年薨于東都年八十三葬于洛陽之芒山

後主沈皇后諱婺華吳興武康人儀同三司蔡侯君理之女也君理自有傳母卽武帝女會稽穆公主早亡后尙幼而毀瘠過甚及服畢每歲時常獨坐涕泣哀動左右內外敬異焉太建三年拜爲皇太子妃後主卽位立爲皇后后性端靜有識量寡嗜慾聰敏彊記涉獵經史工書翰後主在東宮而后父君理卒居憂處別殿哀毀逾禮後主遇后旣薄而張貴妃有寵總後宮之政后澹然未嘗有所忌怨而居處儉約無錦繡之飾左右近侍纔百許人唯尋閱圖史及釋典爲事嘗遇歲旱自暴而誦佛經應時雨降無子養孫姬子允爲己子數上書諫爭後主將廢之而立張貴妃會國亡不果乃與後主俱入長安及後主薨后自爲哀辭文甚酸切隋煬帝每巡幸常令從駕及煬帝爲宇文化及所害后自廣陵過江還鄉里不知所終或言過江於毗陵天靜寺爲尼名觀音貞觀初卒張貴妃名麗華兵家女也家貧父兄以織席爲業後主爲太子以選入宮時龔貴嬪爲良娣貴妃年十歲爲之給使後主見而悅之因得幸遂有娠生太子深後主卽位拜爲貴妃甚被寵遇後主與賓客游宴貴妃薦諸宮女預焉後宮咸德之競言其善由是愛傾後宮又工厭魅之術假鬼道以惑後主置淫祀於宮中聚諸女巫使之鼓舞因參訪外事人間有一言一事妃必先知之以白後主後主由此益重之故內外宗族多被引用大臣報政亦從風而靡及隋軍克臺城妃與後主俱入于井隋軍出之晉王廣命斬妃於青溪中橋史臣侍中鄭國公魏徵考覽記書參詳故老云後主初卽位以始興王叔陵之亂被傷臥于承香閣下時諸姬並不得進唯張貴妃侍焉而柳太后猶居柏梁殿卽皇后之正殿也沈皇后素無寵不得侍疾別居求賢殿至德二年乃於光昭殿前起臨春結綺望仙三閣閣高數十丈並數十間其牕牖壁帶懸楣欄檻之類並以沈檀香木爲之又飾以金玉間以珠翠外施珠簾內有寶牀寶帳其服玩之屬瑰奇珍麗皆近古未有每微風暫至香聞數里朝日初照光映後庭其下積石爲山引水爲池植以奇樹雜以花藥後主自居臨春閣張貴妃居結綺閣龔孔二貴嬪居望仙閣並複道交相往來又有王李二美人張薛二淑媛袁昭儀何倢仔江修容等七人並有寵遞代以遊其上以宮人有文學者袁大捨等爲女學士後主每引賓客對貴妃等遊宴則使諸貴人及女學士與狎客共賦新詩互相贈答采其尤豔麗者以爲曲調被以新聲選宮女有容色者以千百數令習而歌之分部迭進持以相樂其曲有玉樹後庭花臨春樂等其略曰璧月夜夜滿瓊枝朝朝新大指所歸皆美張貴妃孔貴嬪之容色張貴妃髮長七尺鬒黑如漆其光可鑒特聰慧有神彩進止閑雅容色端麗每瞻視眄睞光彩溢目照映左右嘗於閣上靚妝臨于軒檻宮中遙望飄若神仙又才辯彊記善候人主顏色是時後主怠於政事百司啓奏並因宦者蔡臨兒李善度進請後主倚隱囊置張貴妃於膝上共決之李蔡所不能記者貴妃並爲疏條無所遺脫由是益加寵異後庭之家不遵法度有絓於理者但求恩於貴妃貴妃則令李蔡先啓其事而後從容爲言之大臣有不從者因而譖之言無不聽於是張孔之權薰灼四方閹宦便佞之徒內外交結轉相引進賄賂公行賞罰無常綱紀瞀亂矣

後魏

自典午氏南遷下逮宋齊梁陳六宮制度前史言之審矣魏氏王業之兆雖基於神元而其時朝章國典百不一具故自昭成以前未有及內職之事章平思昭穆惠煬烈傳禪八君妃后無聞焉及道武建國始追尊祖妣皆從帝謚爲皇后爰立中宮以配宸極中宮而下或稱夫人其員數多寡殆無準限然粗有品秩可以銓次太武統寓國家殷盛稍增左右昭儀及貴人椒房等自是後庭漸已充實矣又魏世故事將立皇后必令手鑄金

人以成者爲吉不則不得立也又太武文成保母劬勞之恩並極尊崇之義雖事乖典禮而觀過知仁孝文改定內官左右昭儀位視大司馬三夫人視三公三嬪視三卿六嬪視六卿世婦視中大夫御女視元士後置女職以典內司視尚書令僕作司大監女侍中三官視二品監女尚書美人女史女賢人女書史書女小書女五官視三品中才人供人中使女生才人恭信宮人視四品青衣女酒女饗女食奚官女奴視五品及齊神武文襄俱未踐尊極神武嫡妻稱妃其所聘茹茹女稱爲茹茹公主文襄旣尙魏朝公主故無別號兩宮自餘姬侍並稱娘而已文宣後庭雖有夫人嬪御之稱然未具員數孝昭內職甚少唯楊嬪才貌兼美復是貴家襄城王母桑氏有德行並蒙恩禮其餘無所述河清新令內命婦依古制有三夫人九嬪二十七世婦八十一御女又準漢制置昭儀有左右二人比丞相其弘德正德崇德爲三夫人比三公光猷昭訓隆徽爲上嬪比三卿宣徽凝暉宣明順華凝華光訓爲下嬪比六卿正華令則修訓曜儀明淑芳華敬婉昭華光正昭寧貞範弘徽和德弘猷茂光明信靜訓曜德廣訓暉範敬訓芳猷婉華明範豔儀暉則敬信爲二十七世婦比從三品穆光茂德貞懿曜光貞凝光範令儀內範穆閨婉德明婉豔婉妙範德暉章敬茂靜肅章穆華愼儀妙儀明懿崇明麗則婉儀彭修閑修靜弘明愼豔光猗容徽淑秀儀芳婉貞愼明豔穆容修範肅容茂儀英淑弘豔正信凝婉英範懷順修媛良則瑤章訓成潤儀寧訓淑懿柔則穆儀修禮昭愼貞媛肅閨敬順柔華昭順敬寧明訓弘儀崇敬修敬承閑昭容麗儀閑華思柔媛光懷德良媛淑猗茂範良信豔華徽娥肅儀妙則爲八十一御女比正四品武成好內並具其員自外又置才人采女以爲散號後主旣立二后昭儀以下皆倍其數又置左右娥英比左右丞相降昭儀比二大夫尋又置淑妃一人比相國周氏率由姬制內職有序文帝創基修袵席以儉約武皇嗣歷節情欲於矯枉宮闈有貫魚之美戚里無私溺之尤可謂得君人之體也宣皇外行其志內逞其欲溪壑難滿采擇無厭恩之所加莫限廝阜榮之所及無隔險詖於是升蘭殿以正位踐椒庭而齊體者非一人焉嬖房帷而掩青紫緣恩幸而擁玉帛非一族焉雖辛癸之荒淫趙李之傾惑曾未足比其髣髴也人厭苛政弊事實多文帝之祀忽諸特由於此隋文思革前弊大矯其違唯后當室傍無私寵婦官位號未詳備焉開皇二年著內官之式略依周禮省減其數嬪三員掌教四德視正三品世婦九員掌賓客祭祀視正五品女御三十八員掌女功絲枲視正七品又采漢晉舊儀置六尙六司六典遞相統攝以掌宮掖之政一曰尙宮掌導引皇后及閨閣稟賜管司令三人掌圖籍法式糾察宣奏典琮三人掌琮璽器玩二曰尙儀掌禮儀教學管司樂三人掌音律之事典贊三人掌導引內外命婦朝見三曰尙服掌服章寶藏管司飾三人掌簪珥花嚴司櫛三人掌巾櫛膏沐四曰尙食掌進膳先嘗管司醫三人掌方藥卜筮典器三人掌罇彝器皿五曰尙寢掌帷帳牀褥管司筵三人掌鋪設灑埽典執三人掌扇傘燈燭六曰尙工掌營造百役管司製三人掌衣服裁縫典會三人掌財帛出入六尙各三員視從九品六司視勳品六典視流外二品初文獻皇后功參歷試外預朝政內擅宮闈懷嫉妬之心虛嬪妾之位不設三妃防其上逼自嬪以下置六十員加又抑損服章降其品秩至文獻崩後始置貴人三員增嬪至九員世婦二十七員御女八十一員貴人等關掌宮闈之務六尙以下皆分隸焉煬帝時后妃嬪御無釐婦職唯端容麗飾陪從宴遊而已帝又參詳典故自製嘉名著之於令貴妃淑妃德妃是爲三夫人品正第一順儀順容順華修儀修容修華充儀充容充華是爲九嬪品正第二倢伃一十二員品正第三美人才人一十五員品正第四是爲世婦寶林二十四員品正第五御女二十四員品正第六采女三十七員品正第七是爲女御總一百二十以敘於宴寢又有承衣刀人皆趨侍左右並無員數視六品以下時又增置女官準尙書省以六局管二十四司一曰尙宮局管司言掌宣傳奏啓司簿掌名錄計度司正掌格式推罰司闈掌門閤管籥二曰尙儀局管司籍掌經史教學紙筆几案司樂掌音律司賓掌賓客司贊掌禮儀贊相導引三曰尙服局管司璽掌琮璽符節司衣掌衣服司飾掌湯沐巾櫛玩弄司仗掌仗衛戎器四曰尙食局管司膳掌膳羞司醞掌酒醴醓醢司藥掌醫巫藥劑司饎掌廩餼柴炭五曰尙寢局管司設掌牀席帷帳鋪設灑埽司輿掌輿輦傘扇執持羽儀司苑掌園籞種植蔬菜瓜果司燈掌火燭六曰尙工局管司製掌營造裁縫司寶掌金玉珠璣錢貨司綵掌繒帛司織掌織染六尙二十二司員各二人唯司樂司膳員各四人每司又置典及掌以貳其職六尙十八人品從第五司二十八人品從第六典二十八人品從第七掌二十八人品從第九女史流外量局閑劇多者十人以下無定員數聯事分職各有

司存焉

神元皇后竇氏沒鹿回部大人賓之女也賓臨終誡其二子速侯回題令善事帝及賓卒速侯等欲因帝會喪爲變語泄帝聞之晨起以佩刀殺后馳使告速侯等言后暴崩速侯等來赴因執殺之

文帝皇后封氏生桓穆二帝早崩桓帝立乃葬焉文成初穿天泉池獲一石銘稱桓帝葬母氏遠近赴會二十餘萬有司以聞命藏之太廟次妃蘭氏是生思帝

桓皇后惟氏生三子長曰普根次惠帝次煬帝平文崩后攝國事時人謂之曰女國后性猛忌平文之崩后所爲也

平文皇后王氏廣甯人也年十三因事入宮得幸於平文生昭成帝平文崩昭成在襁褓時國有內難將害帝子后匿帝於袴中咒曰若天祚未終者汝無聲遂良久不啼得免於難昭成初欲定都於灅源川築城郭起宮室議不決后聞之曰國自上世遷徙爲業今事難之後基業未固若郭而居一旦寇來難卒遷動乃止烈帝之崩國祚殆危興復大業后之力也崩葬雲中金陵道武即位配饗太廟

昭成皇后慕容氏慕容皝之女也初帝納皝妹爲妃未幾而崩皝復請繼好遣大人長孫秩逆后皝送于境上后至有寵生獻明帝及秦明王后性聰敏多智專夕理內每事多從初昭成遣衞辰兄悉勿祈還部落也后誡之曰汝還必深防衞辰辰姦猾終當滅汝悉勿祈死其子果爲衞辰所殺卒如后言建國二十三年崩道武即位配饗太廟

獻明皇后賀氏東部大人野干女也少以容儀選入東宮生道武苻洛之內侮也后與道武及故臣吏避難北徙俄而高車來抄掠后乘車避賊而南中路失道乃仰天曰國家允胄豈正爾絕滅也惟神靈扶助遂馳輪正不傾行百餘里至七个山南而免難後劉顯使人將害帝帝姑爲顯弟亢埿妻知之密以告后梁眷亦來告難后乃令帝去之后夜飲顯醉向晨故驚廄中羣馬使起視馬后泣謂曰吾諸子始皆在此今盡亡矣汝等誰殺之故顯使不急追道武得至賀蘭部羣情未甚歸附后從弟外朝大人悅舉部隨從供奉盡禮顯怒將害后后奔亢埿家匿神車三日亢埿舉室請救乃得免會劉顯部亂始得亡歸後后弟染干忌道武之得人心舉兵圍逼行宮后出謂染干曰汝等今安所置我而欲殺吾子也染干慙而去後后少子秦王觚使于燕慕容垂止之后以觚不反憂念寢疾皇始元年崩祔葬于盛樂金陵後追加尊謚配饗焉

道武皇后慕容氏寶之季女也中山平入充掖庭得幸左丞相衞王儀等奏請立皇后帝從儀令后鑄金人成乃立之封后母孟爲漂陽君後崩

道武宣穆皇后劉氏劉眷女也登國初納爲夫人生華陰公主後生明元后專理內事寵待有加以鑄金人不成故不登后位魏故事後宮產子將爲儲貳其母皆賜死道武末年后以舊法薨明元即位追尊謚位配饗太廟自此後宮人爲帝母皆正配饗焉

明元昭哀皇后姚氏姚興女西平長公主也明元以后納之後爲夫人后以鑄金人不成未升尊位然帝寵禮如后是後猶欲正位后謙不當泰恒五年薨帝追恨之贈皇后璽綬而加謚焉葬雲中金陵

明元密皇后杜氏魏郡鄴人陽平王超之妹也初以良家子選入太子宮有寵生太武及明元即位拜貴嬪泰恒五年薨贈貴嬪葬雲中金陵太武即位追尊號謚配饗太廟又立廟于鄴刺史四時薦祀以魏郡太后所生之邑復其調役後甘露降于廟庭文成時相州刺史高閭表修后廟詔曰婦人外成理無獨祀陰必配陽以成天地未聞有莘之國立太姒之饗此乃先皇所立一時之至感非經世之遠制便可罷祀先是太武保母竇氏初以夫家坐事誅與二女俱入宮操行純備進退以禮明元命爲太武保母性仁慈帝感其恩訓奉養不異所生及即位尊爲皇太后封其弟漏頭爲遼東王太后訓釐內外甚有聲稱性恬素寡欲喜怒不形於色好揚人之善隱人之過帝征涼州蠕蠕入寇太后命諸將擊走之太平眞君元年崩詔天下大臨三日太保盧魯元監護喪事謚曰惠葬崞山從后意也初后嘗登崞山顧謂左右曰吾母養帝躬敬神而愛人若死而不滅必不爲賤鬼然於先朝本無位次不可違禮以從園陵此山之上可以終託吾葬焉別立后寢廟於崞山建碑頌德

太武皇后赫連氏屈丐女也太武平統萬納后及二妹俱爲貴人後立爲皇后文成初崩祔葬金陵

太武敬哀皇后賀氏代人也初爲夫人生景穆皇帝神䴥元年薨追贈貴嬪葬雲中金陵後追號尊謚配饗太廟

景穆恭皇后郁久閭氏河東王毗妹也少以才選入東宮有寵生文成皇帝而薨文成即位追尊號謚葬雲中金陵配饗太廟又文成乳母本遼西人因事入宮乳帝有劬勞保護之功文成即位尊爲保太后尋爲皇太后

告於郊廟和平元年崩詔天下大臨三日謚曰昭葬於廣甯磨笄山俗謂之雞鳴山太后遺志也依惠太后故事別立寢廟置守陵二百家樹碑頌德

臣謹按以乳母而謂皇太后行郊廟禮神其聽之乎稱崩而使天下臨之人其哀之乎

文成文明馮皇后長樂信都人也父朗秦雍二州刺史西城郡公母樂浪王氏后生於長安有神光之異朗坐事誅后遂入宮太武左昭儀后之姑也雅有母德撫養教訓年十四文成踐極以選爲貴人後立爲皇后文成崩故事國有大喪三日之後御服器物一以燒焚百官及中宮皆號泣而臨之后悲叫自投火中左右救之良久乃蘇獻文卽位尊爲皇太后丞相乙渾謀逆獻文年十三居于諒闇太后密定大計誅渾遂臨朝聽政及孝文生太后躬親撫養是後罷令不聽政事太后行不正內寵李奕獻文因事誅之太后不得意獻文暴崩時言太后爲之也承明元年尊曰太皇太后復臨朝聽政后性聰達自入宮掖粗學書計及登尊極省決萬機孝文詔諸鷙鳥傷生之類宜放之山林乃罷鷹師曹以其地爲太后立報德佛寺太后與孝文遊於方山顧瞻川阜有終焉之志因謂羣臣曰舜葬蒼梧二妃不從豈必遠祔山陵然後爲貴哉吾百歲之後神其安此孝文乃詔有司營建壽陵於方山又起永固石室將爲淸廟焉太和五年起作八年而成刊石立碑頌太后功德太后以帝富於春秋乃作勸戒歌三百餘章又作皇誥十八篇太后性儉素不好華飾躬御縵繒而已宰人上膳案裁徑尺羞饍滋味十分減八太后嘗以體不安服菴閭子宰人昏而進粥有蝘蜓在焉后舉匕得之帝時侍側將加極罰太后笑而釋之自太后臨朝專政帝雅性孝謹不欲參決事無巨細一稟於太后太后多智猜忌能行大事生殺賞罰決於俄頃多有不關帝者是以威福兼作震動內外故杞道德王遇張祐苻承祖等拔自微閹歲中而至王公王叡出入臥內數年之間便爲宰輔賞賚千萬億計金書鐵券許以不死之詔李沖以器能受任亦由見寵帷幄密加賞賚不可勝數太后性嚴明假有寵侍亦無所縱左右纖介之愆動加捶楚然性不宿憾尋亦待之如初或因此更加富貴是以人人懷於利欲至死而不思退太后曾與孝文幸靈泉池宴羣臣及蕃國使人諸方渠帥各令爲其方舞帝上壽太后忻然作歌帝亦和歌遂命羣臣各言其志於是和歌者凡九十人太后外禮人望元丕游明根等頒賜金帛輿馬每至褒美叡等皆引丕參之以示無私又自以過失懼人議已小有疑忌便見誅戮迄后之崩孝文不知所生至如李訢李惠之徒猜嫌覆滅者十餘家死者數百人率多枉濫天下冤之十四年崩於太和殿時年四十九其日有雄雉集于太華殿帝勺飲不入口五日謚曰文明太皇太后葬於永固陵帝毀瘠絕酒肉不內御者三年乃於永固陵東北里餘營壽宮遂有終焉瞻望之志及遷洛邑乃自表瀍西以爲山園之所而方山虛宮號曰萬年堂云

文成元皇后李氏梁國蒙縣人母頓邱王峻之妹也后之生也有異於常父方叔恒言此女當大貴及長資質美麗太武南征命永昌王仁出壽春軍至后宅因得后及仁鎭長安遇事誅后與其家人送平城宮高祖登白樓望見美之乃下臺后得幸於齋庫中遂有娠常太后後問后知之時守庫者亦私書於壁記之別加驗問皆符同及生獻文拜貴人太安二年太后令依故事令后具條記在南兄弟及引所結宗兄洪之悉以付託臨決每一稱兄弟輒拊胸慟哭遂薨後謚曰元皇后葬金陵配饗太廟

獻文思皇后李氏中山安喜人南郡王惠之女也姿德婉淑年十八以選入東宮獻文卽位爲夫人生孝文帝皇興三年薨葬金陵承明元年追崇號謚配饗太廟

孝文貞皇后林氏平涼人也父勝位平涼太守叔父金閭起自閹官獻文初爲定州刺史爲乙弗渾所誅及勝兄弟皆死勝無子有二女入掖庭后容色美麗得幸於孝文生皇子恂以恂將爲儲貳太和七年后依舊制薨帝仁恕不欲襲前事而稟文明太后意故不果行謚曰貞皇后葬金陵及恂以罪賜死有司奏追廢后爲庶人

孝文廢皇后馮氏太師熙之女也太和十七年孝文既終喪太尉元丕等表以長秋未建六宮無主請正內位孝文從之立后爲皇后恩遇甚厚孝文後重引后姊昭儀至洛稍有寵后禮愛漸衰昭儀自以年長且前入宮掖素見待念輕后而不率妾禮后雖性不妬忌時有愧恨之色昭儀規爲內主譖構百端尋廢后爲庶人后貞謹有德操遂爲練行尼後終於瑤光佛寺

孝文幽皇后亦馮熙女母曰常氏本微賤得幸於熙熙元妃公主薨後遂主家事生后與北平公夙文明太皇太后欲家世貴寵乃簡熙二女俱入掖庭時年十四其一早卒后有姿媚偏見愛幸未幾疾病太后乃遣還家爲尼帝猶留意焉歲餘而太后崩帝服終頗存訪之又聞后素疹痊除遣閹官雙三念璽書勞問之遂迎赴洛

陽宮及至寵愛過本初當夕宮人稀復進見拜爲左昭儀後立爲皇后帝頻歲南征后遂與中官高菩薩私亂及帝在汝南不豫后便公然醜恣中常侍雙蒙等爲其心腹是時彭城公主宋王劉昶子婦也年少寡居北平公馮夙后之同母弟也后求婚於孝文孝文許之公主志不願后欲彊之婚有日矣公主密與侍婢及僮從十餘人乘輕車冒霖雨赴懸瓠奉謁孝文自陳本意因言后與菩薩亂狀帝聞因駭愕未之信而祕匿之此後后漸憂懼與母常氏求託女巫禱厭孝文疾不起一旦得如文明太后輔少主稱命者賞報不貲又取三牲宮中祆祠假言祈福專爲左道母常或自詣宮中或遣侍婢與相報答帝至洛執問菩薩雙蒙等具得情狀帝以疾臥含溫室夜引后幷列菩薩等於戶外后臨入令搜衣中稱有寸刃便斬后頓首泣謝乃賜坐東楹去御筵二丈餘孝文令菩薩等陳狀又讓后曰汝有祆術可具言之后乞屛左右有所密狀孝文敕中常侍悉出唯令長秋卿白整在側取衛直刀拄之后猶不言孝文乃以綿堅塞整耳自小語再三呼整無所應乃令后言事隱人莫知之孝文乃喚彭城北海二王令入坐言昔是汝嫂今便他人但入勿避又曰此老嫗欲白刃插我肋上可窮問本末勿有所難又云馮家女不能復相廢逐且使在宮中空坐有心乃能自死汝等勿謂吾猶有情也帝素至孝猶以文明太后故未行廢二王出乃賜后辭死訣再拜稽首涕泣及入宮後帝命中官有問於后后罵曰我天子婦當面對豈令汝傳也帝怒敕后母常入示與后狀常撻之百餘乃止帝尋南伐后留京師雖以罪失寵而夫人嬪妾奉之如法唯令太子在東宮無朝謁之事帝疾甚謂彭城王勰曰後宮久乖陰德自絕於天吾死後可賜自盡別宮葬以后禮庶掩馮門之大過帝崩梓宮達魯陽乃行遺詔命北海王詳奉宣遺旨長秋卿白整等入授后藥后走呼不肯引決曰官豈有此也此是諸王輩殺我耳整等執持彊之乃含椒而盡梓宮次洛南咸陽王禧等知審死相視曰若無遺詔我兄弟亦當作計去之豈可令失行婦人宰制天下殺我輩也謚曰幽皇后葬長陵塋內

孝文文昭皇后高氏司徒公肇之妹也父颺母蓋氏凡四男三女皆生於東裔孝文初乃舉室西歸近龍城鎭鎭表后德色婉豔及至文明太后親幸北部曹見后奇之入掖庭時年十三初后幼曾夢在堂內立而日光自窻中照之灼灼而熱后東西避之光猶斜照不已如是數夕怪之以白其父颺颺以問遼東人閔宗宗曰此奇徵也昔有夢日入懷猶生天子況日照之徵此女將被帝命誕育人君之象也後生宣武及廣平王懷樂安公主馮昭儀寵盛密有母養帝心后自代如洛陽暴薨於汲郡之共縣或云昭儀所賊也宣武之爲皇太子二日一朝幽后后拊念慈愛有加孝文出征宣武入朝必久留后宮親視櫛沐母道隆備其後有司請加尊謚曰文昭貴人孝文從之宣武踐阼追尊配饗后先葬在長陵東南陵制卑狹乃改營山陵號終寧陵置邑戶五百家明帝時更上尊號太后以同漢晉之典正姑婦之禮廟號如舊昭文遷靈櫬於長陵兆內西北六十步初開終寧陵數丈於梓宮上獲大蛇長丈餘黑色頭有王字蟄而不動靈櫬既遷還置蛇舊處

宣武順皇后于氏太尉烈弟勁之女也宣武始親政事烈時爲領軍總心膂之任以嬪御未備左右諷諭稱后有容德帝乃迎入爲貴人時年十四甚見寵愛立爲皇后后靜默寬容性不妒忌生皇子三歲夭沒其後暴崩宮禁事祕莫能知悉者世議歸咎于高夫人葬永泰陵謚曰順皇后

宣武皇后高氏文昭皇后弟偃之女也宣武納爲貴嬪生皇子早夭又生建德公主後拜爲皇后甚見禮重性妬忌宮人希得進御及明帝卽位上尊號曰皇太后尋爲尼居瑤光寺非大節慶不入宮中建德公主始五六歲靈太后出覲母武邑君時天文有變靈太后欲以當禍是夜暴崩天下冤之喪還瑤光佛寺殯皆以尼禮初孝文幽后之寵也欲專其愛後宮接御多見阻遏孝文時言于近臣稱婦人妬防雖王者亦不能免況士庶乎宣武高后悍忌嬪御有至帝崩不蒙待接者由是在洛二十餘年皇子全者唯明帝而已

宣武靈皇后胡氏安定臨涇人司徒國珍女也母皇甫氏產后之日赤光四照京兆山北縣有趙胡者善於卜相國珍問之胡云賢女有大貴之表當爲天下母生勿過三人知也后姑爲尼頗能講道宣武初入講禁中諷左右言后有姿行帝聞之乃召入掖庭爲充華世婦而椒庭之中以國舊制相與祈祝皆願生諸王公主不願生太子唯后獨曰豈畏一身之死而令皇家不育冢嫡也及明帝在孕同列猶以故事相恐勸爲他計后故意確然幽夜獨誓云但使所生是男次第當長子子生身死所不辭也既誕明帝進爲充華嬪先是宣武頻喪皇子自以春秋長矣深加愼謹爲擇乳保皆取良家宜子者養於別宮皇后及充華皆不得撫視焉及明帝踐阼

尊爲皇太妃尋尊爲皇后臨朝聽政猶曰殿下下令施事後改令稱詔羣臣上書曰陛下自稱曰朕太后以明帝沖幼未堪親祭欲依周禮夫人與君交獻之義代行祭祀禮官博議以爲不可而太后欲以幃幔自鄣觀三公行事重問侍中崔光光便據漢和熹鄧太后薦祭故事太后大悅遂攝行初祀太后性聰悟多才藝略通佛經大義親覽萬機手筆斷決幸西林園法流堂命侍臣射不能者罰之又自射針孔中之大悅賜左右布帛有差先是太后敕造申訟車時御焉出自雲龍大司馬門從宮西北入自千秋門以納冤訟又親策孝秀州郡計吏於朝堂太后與明帝幸華林園宴羣臣於都亭曲水令王公以下賦四言詩太后詩曰化光造物含氣貞明帝詩曰恭已無爲上賴慈英王公以下賜帛有差太后父薨百寮表請公除太后不許尋幸永寧寺觀建剎於九級之基僧尼士女赴者數萬人及改葬文昭高后太后不欲令明帝主事乃自爲喪主出至終寧陵親奠遣事還哭於太極殿至於訖事皆自主焉後幸左藏王公嬪主從者百餘人皆令任力負布絹即以賜之陳留公李崇章武王融並以所負過多顛仆於地語在李崇傳又幸嵩高山夫人九嬪公主以下從者數百人升于頂中廢諸淫祀特敬天神不在其例尋幸闕口溫水登雞頭山自射象牙簪一發中之敕示文武時太后得志逼幸清河王懌淫亂肆情爲天下所惡領軍元乂長秋卿劉騰等奉明帝於顯陽殿幽太后於北宮於禁中殺懌其後太后從子都統僧敬與備身左右張車渠等數十人謀殺乂復奉太后臨朝事不免僧敬坐從邊車渠等死胡氏多免黜後明帝朝太后於西林園宴文武侍臣飲至日夕乂乃起至太后前自陳外云太后欲害已及騰太后答云無此語遂至于極昏太后欲攜帝宿宣光殿言母子不相聚久今暮欲共一宿羣臣不可左衞將軍奚康生曰至尊陛下之兒隨陛下可也太后自起援帝下堂去帝前入閤左右競相排閤不得閉康生奪千牛刀斫之乃得定帝既升宣光殿康生乘酒勢將出處分殺乂爲乂所執光祿勳賈粲紿太后曰侍官懷恐不安陛下宜親安慰太后適下殿粲即扶帝出東序前御顯陽殿還閉太后於宣光殿乂遂殺康生後劉騰死乂又寬怠太后與明帝及高陽王雍爲計解乂領軍太后復臨朝大赦改元自是朝政疏緩威恩不立天下牧守所在貪惏鄭儼汙亂宮掖勢傾海內李神軌徐紇等並見親侍一二年中位總禁要手握王爵輕重在心宣淫于朝爲天下所穢文武解體所在亂逆土崩魚爛由於此矣太后自以失德懼爲宗室所嫌僧敬又因聚集宗族遂泣涕諫曰陛下母儀海內豈宜輕脫如此太后大怒自是不召僧敬內爲朋黨防蔽耳目明帝所親幸者太后多以事害焉有密多道人能胡語帝置於左右太后慮其傳致消息三月三日於城南大巷中殺之方懸賞募賊又於禁中殺領左右鴻臚少卿谷會紹達並帝所親也母子之間嫌隙屢起鄭儼慮禍乃與太后計因潘充華生女太后乃詐以爲男便大赦爲武泰元年復陰行鴆毒其年二月明帝暴崩乃奉潘嬪女言太子即位經數日見人心已安始言潘嬪本實生女今宜更擇嗣君遂立臨洮王子釗爲帝年始二三歲於是朝野憤歎及爾朱榮稱兵渡河太后盡召明帝六宮皆令入道太后亦自落髮榮遣騎拘送太后及幼主於河陰太后對榮多所陳說榮拂衣而起太后及幼主並沈於河太后妹馮翊君收瘞於雙靈寺孝武時始葬以后禮而追諡曰靈

孝明皇后胡氏靈太后從兄冀州刺史盛之女靈太后欲榮重門族故立爲皇后明帝頗狂酒德尊嬖充華潘氏后及嬪御並無過寵太后爲帝選納抑屈人流時博陵崔孝芬范陽盧道約隴西李瓚等女俱爲世婦人有訴訟咸見忿責武泰初后既入道遂居於瑤光寺

孝武皇后高氏齊神武之長女也帝見立乃納爲后及帝西幸關中降爲彭城王韶妃

文帝文皇后乙弗氏洛陽人也其先世爲吐谷渾渠帥居青海號青海王涼州平后之高祖莫瓌擁部落入附拜定州刺史封西平公自莫瓌後三世尙公主女乃多爲王妃父瑗儀同三司兗州刺史母淮陽長公主孝文之第四女也后美容儀少言笑年十六文帝納爲妃及帝即位以大統元年冊爲皇后后性好節儉蔬食故衣珠玉羅綺絕於服玩又仁恕不爲嫉妬之心帝益重之生男女十二人多夭折唯太子及武都王戊存焉時新都關中務欲東討蠕蠕寇邊未遑北伐故帝結婚以撫之於是更納悼后命后遜居別宮出家爲尼悼后猶懷猜忌復徙后居秦州依子秦州刺史武都王帝雖限大計恩好不忘後密令養髮有追還之意然事祕禁外無知者六年春蠕蠕舉國度河頗有言虜爲悼后之故興此役帝曰豈有百萬之衆爲一女子舉也雖然致此物論朕亦何顏以見將帥邪乃遣中常侍曹寵賚手敕令后自盡后奉敕揮淚謂寵曰願至尊享千萬歲天下康寧死無恨也因命武都王前與之決遺語皇太子辭皆

悽愴因慟哭久之侍御莫能仰視召僧設供令侍婢數十人出家手爲落髮事畢乃入室引被自覆而崩年三十一鑿麥積崖爲龕而葬神柩將入有二叢雲先入龕中頃之一滅一出後號寂陵及文帝山陵畢手書云萬歲後欲令后配饗公卿乃議追謚曰文皇后祔於太廟廢帝時合葬於永陵

文帝悼皇后郁久閭氏蠕蠕主阿那瓌之長女也容貌嚴凤有神智大統初蠕蠕屢犯北邊文帝乃與約通好結婚扶風王孚受使奉迎蠕蠕俗以東爲貴后之來營幕戶席一皆東向車七百乘馬萬匹駝千頭到黑鹽池魏朝鹵簿文物始至孚奏請正南面后曰我未見魏主故蠕蠕女也魏仗向南我自東面孚無以辭四年正月至京師立爲皇后時年十四六年后懷孕將產居於瑶華殿聞上有狗吠聲心甚惡之又見婦人盛飾來至后所后謂左右此爲何人醫巫傍侍悉無見者時以爲文后之靈產訖而崩年十六葬於少陵原十七年合葬永陵當會橫橋北后梓宮先至鹿苑帝轀輬後來將就次所軸折不進

廢帝皇后宇文氏周文帝女也后初產之日有雲氣滿室芬氳久之幼有風神好陳列女圖置之左右周文曰每見此女良慰人意廢帝之爲太子納爲妃及即位立爲皇后志操明秀帝深重之專寵後宮不置嬪御帝既廢崩后亦以忠於魏室罹禍

恭帝皇后若干氏司空長樂正公惠之女也有容色恭帝納之爲妃及即位立爲皇后後出家爲尼在佛寺薨竟無謚

孝靜皇后高氏齊神武之第二女也天平四年詔聘以爲皇后神武前後固辭帝不許興和初詔司徒孫騰司空襄城王昶等奉詔致禮以后駕迎於晉陽之丞相第五月立爲皇后大赦齊受禪降爲中山王妃後降于尙書左僕射楊遵彥

北齊

武明皇后婁氏諱昭君贈司徒內干之女也少明悟彊族多聘之並不肯行及見神武城上執役驚曰此眞吾夫也乃使婢通意又數致私財使以聘己父母不得已而許焉神武既有澄清之志傾產以結英豪密謀祕策后嘗參預之及拜渤海王妃閨闈之事悉決焉后高明嚴斷雅遵儉約往來外舍侍從不過十人性寬厚不妬忌神武姬侍咸加恩待神武嘗將西討出師后夜孿生一男一女左右以危急請追告神武后弗聽曰王出統大兵何得以我故輕離軍幕死生命也來復何爲神武聞之嗟歎良久沙苑敗後侯景屢言請精騎二萬必能取黑獺神武悅以告后后曰若如其言豈有還理得獺失景亦有何利乃止神武逼於蠕蠕欲娶其女而未決后曰國家大計願不疑也及茹茹公主至后避正室處之神武愧而拜謝焉曰彼將有覺願絕勿顧慈愛諸子不異己出躬自紡績人賜一袍一袴手縫戎服以帥左右弟昭以功名自達其餘親屬未嘗爲請爵位每言有材當用義不以私亂公文襄嗣位進爲太妃文宣將受魏禪后責之云汝父如龍汝兄如虎皆以帝王之重不敢妄據云何一朝欲輒行舜禹之事彼是何人汝欲擬之帝所以中止天保初尊爲皇太后宮曰宣訓濟南即位尊爲太皇太后尙書楊愔等受遺詔輔政疎忌諸王太皇太后密與孝昭及諸大將定策誅之下令廢立孝昭即位復爲皇太后孝昭崩太后又下詔立武成帝大寧二年春太后寢疾衣忽自舉用巫媼言改姓石氏四月辛丑崩於北宮時年六十二五月甲申合葬義平陵太后凡孕六男二女皆感夢孕文襄則夢一斷龍孕文宣則夢大龍首尾屬天地張口動目勢狀驚人孕孝昭則夢蠕龍於地孕武成則夢龍浴於海孕魏二后並夢月入懷孕襄城博陵二王夢鼠入衣下后未崩有童謠曰九龍母死不作孝及后崩武成不改服緋袍如故未幾登三臺置酒作樂宮女進白袍帝怒投諸臺下和士開請止樂帝大怒撾之帝於昆季次實九蓋其徵驗也

蠕蠕公主者蠕蠕主郁久閭阿那瓌女也蠕蠕彊盛與西魏通和欲連兵東伐神武病之令杜弼使蠕蠕爲世子求婚阿那瓌曰高王自娶則可神武猶豫尉景與武明皇后及文襄並勸請乃從之武定三年使慕容儼往聘之號曰蠕蠕公主八月神武迎於下館阿那瓌使其弟禿突佳來送女且報聘仍戒曰待見外孫然後返國公主性嚴毅一生不肯華言神武嘗有病不得往公主所禿突佳怨恚神武自射堂輿疾就公主其見將護如此神武崩文襄從蠕蠕國法烝公主產一女焉

彭城太妃爾朱氏榮之女魏孝莊后也神武納爲別室敬重踰於婁妃見必束帶自稱下官神武迎蠕蠕公主還爾朱氏迎於木井北與蠕蠕公主前後別行不相見公主引角弓仰射翔鴟應弦而落妃引長弓斜射飛鳥亦一發而中神武喜曰我此二婦並堪擊賊後爲尼神武爲起佛寺天保初爲太妃及文宣狂酒將無禮於太妃太妃不從遂遇禍小爾朱氏兆之女也初爲建明皇后神武納之生任城王未幾與趙郡公琛私通徙於靈

州後適范陽盧景卒

上黨太妃韓氏軌之妹也神武微時欲聘之軌母不許及神武貴韓氏夫已死乃納之

馮翊太妃鄭氏名大車嚴祖妹也初爲魏廣平王妃遷鄴後神武納之寵冠後庭生馮翊王潤神武之征劉蠡升也文襄烝焉神武還一婢告之二婢爲證神武杖文襄一百而幽之武明后亦見隔絕時彭城爾朱太妃有寵生王子澈神武將有廢立意文襄求救於司馬子如子如來朝僞爲不知者請武明后神武告其故子如曰消難亦姦子如妾如此事正可覆蓋妃是王結髮婦常以父母家財奉王王在懷朔被杖背無完膚妃晝夜供給視瘡後避葛榮同走幷州貧困然馬屎自作靴恩義何可忘夫婦相宜女配至尊男承大業又婁領軍勳何宜搖動一女子如草芥況婢言可必信乎神武因使子如鞫之子如見文襄尤之曰男兒何意畏威自誣因教二婢反辭脅告者自縊乃啟神武曰果虛言神武大悅召后及文襄武明后遙見神武一步一叩頭文襄且拜且進父子夫妻相泣乃如初神武乃置酒曰全我父子者司馬子如賜之黃金百三十斤文襄贈良馬五十疋

高陽太妃游氏父京之爲相州刺史神武剋鄴欲納之京之不許遂牽曳取之京之尋死游氏於諸太妃中最有德訓諸王公主婚嫁常令主之馮娘者子昂妹也初爲魏任城王妃適爾朱世隆神武納之生浮陽公主李娘者延寶從妹也初爲魏城陽王妃又王娘生永安王浚穆娘生陽平王淹並早卒不爲太妃

文襄敬皇后元氏魏孝靜帝之姊也孝武帝時封馮翊公主而歸於文襄容德兼美曲盡和敬初生河間王孝琬時文襄爲世子三日而孝靜幸世子第贈錦綵及布帛萬匹世子辭求通受諸貴禮遺於是十屋皆滿次生兩公主文宣受禪尊爲文襄皇后居靜德宮及天保六年文宣漸致昏狂乃移居於高陽之宅而取其府庫曰吾兄昔姦我婦我今須報乃淫於后其高氏女婦無親疏皆使左右亂交之於前以葛爲絙令魏安德王騎上使人推引之又命胡人苦辱之帝又自呈露以示羣下武平中后崩祔葬義平陵瑯邪公主名玉儀魏高陽王斌庶生妹也初不見齒爲孫騰妓騰又放棄文襄遇諸塗悅而納之遂被殊寵奏魏帝封爲文襄謂崔季舒曰爾由來爲我求色不知我自得一絕異者崔暹必當造直諫我亦有以待之及暹諮事文襄不假以顏色居三日暹懷刺墜之於前文襄問何用此爲暹悚然曰未得通公主文襄大悅把暹臂入見焉季舒語人曰崔暹常忿吾佞在大將軍前每言叔父合殺及其自作體佞乃體過於吾玉儀同產姊靜儀先適黃門郎崔括文襄亦幸之皆封公主括父子由是超授賜甚厚焉

文宣皇后李氏諱祖娥趙郡李希宗女也容德甚美初爲太原公夫人及帝將建中宮高隆之高德正言漢婦人不可爲天下母宜更擇美配楊愔固請依漢魏故事不改元妃而德正猶固請廢后而立段昭儀欲以結勳貴之援帝竟不從而立后焉帝好捶撻嬪御乃至有殺戮者唯后獨蒙禮敬天保十年改爲可賀敦皇后孝昭卽位降居昭信宮號昭信皇后武成踐阼逼后淫亂曰若不許我當殺爾兒后懼從之後有娠太原王紹德至閤下不得見慍曰兒豈不知耶姊姊腹大故不見兒后聞之大慙由是生女不舉帝橫刀詬曰爾殺我女我何不殺爾兒對后前築殺紹德后大哭帝愈怒裸后亂撾撻之后號天不已盛以絹囊流血淋漓投諸渠水良久乃蘇以犢車載送妙勝尼寺后性愛佛法因此爲尼齊亡入關隋時得還趙郡段昭儀韶妹也婚夕韶妻元氏爲俗弄女壻法戲文宣文宣銜之後因發怒謂韶曰我會殺爾婦元氏懼匿婁太后家終文宣世不敢出昭儀才色兼美禮遇殆同正嫡後主時改適錄尚書唐邕王嬪者瑯邪人也嬪姊先適崔修文宣並幸之數數降其夫家超用修爲尚書郎薛嬪者本倡家女也年十四五時爲淸河王岳所好其父求內宮中大被寵嬖其姊亦俱進御文宣後知先與岳通又爲其父乞司徒公帝大怒先鋸殺其姊嬪時有娠過產亦從戮

孝昭皇后元氏開府元蠻女也初爲常山王妃天保末賜姓步六孤孝昭卽位立爲皇后帝崩從梓宮之鄴始度汾橋武成聞后有奇藥追索之不得使閹人就草頓辱降居順成宮武成既殺樂陵王元后被閟隔不得與家相知宮闈內忽有飛語帝令檢推得后父兄書信元蠻由是坐免官后以齊亡入周氏宮中隋文帝作相放還山東

武成皇后胡氏安定胡廷之女其母范陽盧道約女初懷孕有胡僧詣門曰此宅瓠蘆中有月既而生后天保初選爲長廣王妃產後主日有鴞鳴於產帳上武成崩尊爲皇太后陸媼及和士開密謀殺趙郡王叡出婁定遠高文遙爲刺史和陸諂事太后無所不至初武成時后與諸閹人褻狎武成寵幸和士開每與后握槊因此與后姦通自武成崩後數出詣佛寺又與沙門曇獻通布金錢於獻席下又挂寶裝胡牀於獻屋壁武成平生

之所御也乃置百僧於內殿託以聽講日夜與曇獻寢處以獻爲昭元統僧徒遙指太后以弄曇獻乃至謂之爲太上者帝聞太后不謹而未之信後朝太后見二少尼悅而召之乃男子也於是曇獻事亦發皆伏法并殺元山王三郡君皆太后之所昵也帝自晉陽奉太后還鄴至紫陌卒遇大風兼舍人魏僧伽明風角奏言卽時當有暴逆事帝詐云鄴中有急彎弓纏弰馳入南城令鄧長顒幽太后北宮仍有敕內外諸親一不得與太后相見久之帝迎復太后太后初聞使者至大驚慮有不測每太后設食帝亦不敢嘗周使元偉來聘作述行賦敘鄭莊公克段而遷姜氏文雖不工當時深以爲愧齊亡入周恣行姦穢開皇中殂

弘德夫人李氏趙郡李叔讓女也初爲魏靜帝嬪武成納焉生南陽王仁盛爲太妃姊爲南安王思好妃坐夫反以燒死太妃聞之發狂而斃文宣五嬪及中人盧勒义妹武成並以爲嬪武成崩後胡后令二嬪自殺二嬪悲哭後主爲之惻愴私遺衣物令出外避焉盧生淮南王後爲太妃又有馬嬪亦得幸爲后所妬自縊死彭藥任祥並有女因坐父兄事皆入宮爲文宣所幸武成以彭爲夫人生齊安王任生丹陽王並爲太妃

後主皇后斛律氏左丞相光之女也初爲皇太子妃後主受禪立爲皇后武平三年正月生女帝欲悅光詐稱生男爲之大赦光誅后廢在別宮後令爲尼齊滅嫁爲開府元仁妻

後主皇后胡氏隴東王長仁女也胡太后失母儀之道深以爲愧欲求悅後主故飾后於東宮令帝見之帝果悅立爲弘德夫人進左昭儀大被寵愛斛律后廢陸媪欲以穆夫人代之太后不許祖孝徵請立胡昭儀遂登爲皇后陸媪既非勸立又意在穆夫人後忽於太后前作色言曰何物親姪女作如此語言太后問其言爲何曰不可道固問之乃曰語大家云太后行多非法不可以訓太后大怒喚后出立剃其髮送令還家帝思見之每致詩以通意後與斛律廢后俱召入內數日而鄴不守後亦改嫁云

後主皇后穆氏名邪利本斛律后從婢也母名輕霄本穆子倫婢也轉入侍中宋欽道家姦私而生后莫知氏族或云后卽欽道女也小字黃花後字舍利欽道婦妬以輕霄面黥爲宋字欽道伏誅黃花因沒入宮有幸於後主宮內稱爲舍利大監女侍中陸大姬知其寵養以爲女薦爲弘德夫人武平元年六月生皇子恆於時後主未有儲嗣陸陰結符以監撫之任不可無主時皇后斛律氏丞相光之女也慮其懷恨先令母養之立爲皇太子陸以國姓之重穆陸相對又奏賜姓穆氏胡庶人之廢也陸有助焉故遂立爲皇后大赦初有折衝將軍元正烈於鄴城東水中得璽以獻文曰天皇后璽蓋石氏所作詔書頒告以爲穆氏之瑞焉武成爲胡后造眞珠裙袴所費不可稱計被火所燒後主既立穆皇后復爲營之屬周武遭太后喪詔侍中薛孤康買等爲弔使又遣商胡齎錦綵三萬疋與弔使同往欲市眞珠爲皇后造七寶車周人不與交易然而竟造焉先是童謠曰黃花勢欲落淸觴滿盃酌言黃花不久也後主自立穆后以後昏飲無度故云淸觴滿盃酌陸息駱提婆詔改姓爲穆陸大姬皆以皇后故也后既以陸爲母提婆爲家不復顧念輕霄輕霄後自療面欲求見爲大姬陸媪使禁掌之竟不得見

馮淑妃名小憐大穆后從婢也穆后愛衰以五月五日進之號曰續命性慧黠能彈琵琶工歌舞後主惑之坐則同席出則並馬願得生死一處命淑妃處隆基堂淑妃惡曹昭儀所嘗居也悉令反換其地周師之取平陽帝獵於三堆晉州亟告急帝將還淑妃請更殺一圍帝從其言識者以爲後主名緯殺圍言非吉徵及帝至晉州城已欲沒矣作地道攻之城陷十餘步將士乘勢欲入帝敕且止召淑妃共觀之淑妃妝點不獲時至周人以木拒塞城遂不下舊俗相傳晉州城西石上有聖人跡淑妃欲往觀之帝恐弩矢及橋故抽攻城木造遠橋監作舍人以不速成受罰帝與妃度橋橋壞至夜乃還稱妃有功勳將立爲左皇后卽令使馳取褘翟等皇后服御仍與之並騎觀戰東偏少卻淑妃怖曰軍敗矣帝遂以淑妃奔還至洪洞戍妃方以粉鏡自玩後聲亂唱賊至於是復走內參自晉陽以皇后衣至帝爲按轡命妃著之然後去帝奔鄴太后後至帝不出迎淑妃將至鑿城北門出十里迎之復以淑妃奔靑州後主至長安請周武帝乞淑妃帝曰朕視天下如脫屣一老嫗豈與公惜也仍以賜之及帝遇害以淑妃賜代王達甚嬖之淑妃彈琵琶因絃斷作詩曰雖蒙今日寵猶憶昔時憐欲知心斷絕應看膝上絃達妃爲淑妃所譖幾置於死達薨隋文帝將賜達妃兄李詢令著布裙配舂詢母逼令自殺後主以李祖欽女爲左昭儀進爲左娥英裴氏爲右娥英娥英兼取舜妃娥皇女英爲名陽休之所制樂人曹僧奴進二女大者嘗忤旨剝面皮少者以善彈琵琶爲昭儀以僧奴爲日南王僧奴死又貴其兄弟妙

達等數人同日皆爲郡王爲昭儀別起降基堂極爲綺麗陸媼誣以左道遂殺之又有董昭儀毛夫人彭夫人王夫人小王夫人二李夫人皆嬖寵之毛能彈箏本和士開薦入帝所幸彭夫人亦以音伎進死於晉陽造佛寺與總持相埒大李本隸戶女以五弦進小李卽李貞之女也小王嘗生一男毛兄思安驟升武衞董父賢義由軍主超登開府自餘姻屬多至大官

後周

文皇后元氏魏孝武之妹也初封平原公主適開府張歡歡姓貪殘遇后無禮孝武殺歡改封后爲馮翊公主以配文帝生孝閔帝魏大統十七年薨恭帝三年十二月合葬成陵孝閔踐阼追尊爲王后武成初又追尊爲皇后

文宣皇后叱奴氏代人也文帝爲丞相納爲姬生武帝天和二年六月尊爲皇太后建德三年三月崩五月葬永固陵

孝閔皇后元氏名胡摩魏文帝第五子也初封晉陽公主帝之爲略陽公也尙焉及踐阼立爲皇后帝被廢后出俗爲尼建德初武帝誅晉公護上帝尊號以后爲孝閔皇后居崇義宮周滅后出居里第隋大業十二年殂

明敬皇后獨孤氏太保衞公信之長女也帝之在藩納爲夫人二年正月立爲皇后四月崩葬昭陵武成初追崇爲皇后明帝崩與后合葬焉

武成皇后阿史那氏突厥木杆可汗俟斤之女也突厥旣滅蠕蠕盡有塞表之地志陵中夏文帝方與齊人爭衡結以爲援俟斤初欲以女配帝旣而悔之武帝卽位前後累遣使焉保定五年二月詔陳公純許公宇文貴神武公竇毅南安公楊荐等備皇后文物及行殿并六宮以下一百二十人至俟斤牙所迎后俟斤忽改圖將以后許齊純等累請不得反命會雷風大起飄壞其穹廬俟斤大懼以爲天譴乃禮送后純等奉之以歸天和三年三月至武帝接以親迎之禮后有姿貌善容止帝深敬禮焉宣帝卽位尊爲皇太后大象元年二月改爲天元皇太后隋開皇二年殂年三十二隋文詔有司備禮祔葬后於孝陵

武皇后李氏名娥姿楚人也于謹平江陵后家被籍沒至長安文帝以后賜武帝後得親幸生宣帝宣政元年七月尊爲帝太后大象元年二月改爲天元帝太后七月又尊爲天皇太后二年二月尊爲天元聖皇太后宣帝崩靜帝尊爲大帝太后隋開皇初出俗爲尼名常悲八年殂以尼禮葬于京城南

宣皇后楊氏名麗華隋文帝之長女也帝在東宮武帝爲帝納后爲皇太子妃宣政元年閏六月立爲皇后帝後自稱天元皇帝號后爲天元皇后尋又立天皇后及左右皇后與后爲四皇后二年二月詔以后取象四星於是后及三皇后並加大焉冊授后爲天元大皇后又立天中大皇后與后爲五皇后焉后性柔婉不妬忌四皇后及嬪御等咸愛而仰之帝後昏暴滋甚喜怒乖度嘗譴后欲加之罪后進止詳閑辭色不撓帝大怒賜后死逼令引決后母獨孤氏詣閤陳謝叩頭流血然後得免帝崩靜帝尊后爲皇太后居弘聖宮初宣帝不豫詔隋文帝入禁中侍疾及大漸劉昉鄭譯等因矯詔以隋文帝受遺輔政后初雖不預謀然以嗣主幼沖恐權在他族不利於己聞昉譯已行此詔心甚悅後知隋文有異圖意頗不平及行禪代憤惋愈甚隋文內甚愧之開皇初封后爲樂平公主後又議奪其志后誓不許乃止大業五年從煬帝幸張掖殂於河西詔還京所司備禮祔葬后於定陵

宣帝后朱氏名滿月吳人也其家坐事沒入東宮宣帝之爲太子后被選掌衣服帝召幸之遂生靜帝大象元年四月立爲天元帝后七月改爲天皇后二年二月又改爲天大皇后后本非良家子又年長於帝十餘歲疏賤無寵以靜帝故特尊崇之班亞於楊皇后焉宣帝崩靜帝尊后爲帝太后隋開皇初出俗爲尼名法靜六年殂以尼禮葬于京城西

宣帝后陳氏名月儀自云穎川人大將軍山提之第八女也大象元年六月以選入宮拜爲德妃月餘立爲天左皇后二年二月改爲天左大皇后頃之又詔以坤儀比德土數惟五四大皇后外增置天中大皇后一人於是以后爲天中大皇后帝崩出俗爲尼名華光永徽初終山提本爾朱兆之隸仕齊位特進開府東兗州刺史謝陽王武帝平齊拜大將軍封淅陽公大象元年以后父超授上柱國進鄅國公除大宗伯

宣帝皇后元氏名樂尙河南洛陽人開府晟之第二女也年十五被選入宮拜貴妃大象元年七月立爲天右皇后二年二月改爲天右大皇后帝崩出俗爲尼名華勝初后與陳皇后同時被選入宮俱拜貴妃及升后又同日受冊帝寵遇二后禮數均等年齒復同特相親愛及爲尼後李朱及尉遲后並相繼殞沒而二后貞觀中尙存晟少以元氏宗室拜開府大象初以后父進位上柱國封翼國公

宣帝皇后尉遲氏名繁熾蜀公迥之孫女也有美色初適杞公亮子西陽公温以宗婦例入朝帝逼幸之及亮謀逆帝誅温追后入宮拜長貴妃大象二年三月立爲天右大皇后帝崩出俗爲尼名華道隋開皇十五年殂

靜帝司馬皇后名令姬柱國滎陽公消難之女也大象元年二月宣帝傳位於帝七月爲帝納后爲皇后二年九月隋文帝以后父奔陳廢爲庶人後嫁爲隋司州刺史李丹妻貞觀初猶存

隋

文獻皇后獨孤氏諱伽羅河南洛陽人周大司馬衞公信之女也信見文帝有奇表故以后妻焉時年十四帝與后相得誓無異生之子后姊爲周明帝后長女爲周宣帝后貴戚之盛莫與爲比而后每謙卑自守及周宣帝崩隋文居禁中總百揆后使李圓通謂文帝曰騎虎之勢必不得下勉之及帝受禪立爲皇后突厥嘗與中國交市有明珠一篋價直八百萬幽州總管陰壽白后市之后曰當今戎狄屢冦將士罷勞未若以八百萬分賞有功者百寮聞之畢賀文帝甚寵憚之帝每臨朝后輒與上方輦而進至閤乃止使宮官伺帝政有所失隨時匡諫多所弘益候帝退朝而同反宴寢相顧欣然后早失二親常懷感慕見公卿有父母者每爲致禮焉有司奏曰周禮百官之妻命於王后憲章具在請依古制后曰以婦人與政或從此漸不可開其源也不許后每謂諸公主曰周家公主類無婦德失禮於舅姑離薄人骨肉此不順事爾等當誡之后姑子都督崔長仁犯法當斬文帝以后故免之后曰國家之事焉可顧私長仁竟坐死異母弟陁以猫鬼巫蠱祝詛於后坐當死后三日不食爲之請命曰陁若蠹政害民者不敢言今坐爲妾身請其命陁於是減一等后雅性儉約帝嘗合止利藥須胡粉一兩宮內不用求之竟不得又欲賜柱國劉嵩妻織成衣領宮中亦無上以后不好華麗有齊時七寶車及鏡臺絕巧麗帝使毀車而以鏡臺賜后后雅好讀書識達今古凡言事皆與上意合宮中稱爲二聖嘗夢周阿史那后言受罪辛苦求營功德明日言之上爲立寺追福焉后兄女夫死於并州后嫂以女有娠請不赴葬后曰婦人事夫何容不往其姑在宜自諮之姑不許女遂行后頗仁愛每聞大理決囚未嘗不流涕然性尤妬忌後宮莫敢進御尉遲迥女孫有美色先在宮中帝於仁壽宮見而悅之因得幸后伺帝聽朝陰殺之上大怒單騎從苑中出不由徑路入山谷間三十餘里高熲楊素等追及扣馬諫帝太息曰吾貴爲天子不得自由高熲曰陛下豈以一婦人而輕天下帝意少解駐馬良久夜方還宮后候上於閤內及帝至流涕拜謝熲素等和解之上置酒極歡后自此意頗折初后以高熲是父之家客甚見親禮至是聞熲謂已爲一婦人銜之又以熲夫人死其妾生男益不喜之漸加譖毀帝亦每事唯后言是用后見諸王及朝士有妾孕者必勸帝斥之時皇太子多內寵妃元氏暴薨后意太子愛妾雲氏害之由是諷帝黜高熲竟廢太子立晉王廣皆后之謀也仁壽二年八月甲子日暈四重己巳太白犯軒轅其夜后崩於永安宮時年五十九葬於太陵其後宣華夫人陳氏容華夫人蔡氏俱有寵帝頗惑之由是發疾及危篤謂侍者曰使皇后在吾不及此云

宣華夫人陳氏陳武帝女也性聰慧姿貌絕好及陳滅配掖庭後選入宮爲嬪時獨孤皇后性妬忌後宮罕得進御唯陳氏有寵煬帝之在藩也陰有奪宗之計規爲內助每致禮焉進金蛇金駝等物以取媚於陳氏皇太子廢立之際頗有力焉及文獻皇后崩進位爲貴人專房擅寵主斷內事六宮莫與爲比及帝大漸遺詔拜爲宣華夫人初帝寢疾於仁壽宮夫人與皇太子同侍疾平旦更衣爲太子所逼夫人距之得免歸於上所上怪其神色有異問之夫人泣以實對帝恚曰畜生何堪付大事獨孤誠誤我意謂獻皇后也因呼兵部尚書柳述黃門侍郎元巖曰呼我兒述等呼太子帝曰勇也述巖出閤爲敕書訖示左僕射楊素素以白太子太子遣張衡入寢遂令夫人及後宮同侍疾者並就別室俄而上崩夫人與諸後宮相顧曰事變矣皆色動股慄晡後太子遣使者齎金合帖紙於際親署封字以賜夫人夫人見惶懼以爲鴆毒不敢發使者促之乃發見合中有同心結數枚諸宮人相謂曰得免死矣陳氏恚而卻坐不肯致謝諸宮人共逼之乃拜使者其夜太子烝焉煬帝即位出居仙都宮尋召入歲餘而終時年二十九帝深悼之爲製神傷賦

容華夫人蔡氏丹陽人也陳滅以選入宮爲世婦容儀婉嫕帝甚悅之以文獻后故希得進幸后崩漸見寵遇拜爲貴人參斷宮掖亞於陳氏帝寢疾加號容華夫人帝崩後亦爲煬帝所烝

煬帝愍皇后蕭氏後梁明帝巋之女也荊揚間以二月生子者不舉后以二月生由是季父岌收養之未幾岌夫妻俱死轉養舅張軻家軻甚貧窶后躬親勞苦煬帝爲晉王文帝選妃於梁卜諸女皆不吉巋乃迎后於舅

氏令使者占之曰吉遂冊爲妃后性婉順有智識好學解屬文頗知占候文帝大善之煬帝甚寵敬焉及帝嗣位立爲皇后帝每遊幸未嘗不隨從時后見帝失德心知不可不敢措言因爲述志賦以自寄其意及帝幸江都臣下離貳有宮人白后曰外聞人人欲反后曰任汝奏之宮人言於帝帝大怒曰非汝宜言乃斬之宮人復白后曰宿衞者往往耦語謀反后曰天下事一朝至此大勢已然無可救者何用言徒令帝憂煩耳自是無復言者及宇文化及之亂隨軍至聊城化及敗没於竇建德建德妻曹氏妬悍煬帝妃嬪美人並使出家并后置於武彊縣是時突厥處羅可汗方盛其可賀敦卽隋義城公主也遣使迎后建德不敢留遂攜其孫正道及諸女入於虜廷唐貞觀四年破突厥皆以禮致之歸於京師賜宅於興道里二十一年殂詔以皇后禮於揚州合葬於煬帝陵謚曰愍

通志卷二十

宋右迪功郎鄭樵漁仲撰

年譜第一

年譜序

爲天下者不可以無書爲書者不可以無圖譜圖載象譜載系爲圖所以周知遠近爲譜所以洞察古今故古者記年謂之譜桓君山曰太史公三代世表旁行邪上並效周譜則知成周紀年之籍謂之譜也太史公改譜爲表何法盛改表爲注皆違於義不若遵周典也臣謹按皇甫謐作帝王世紀以及年歷上極三皇下逮漢魏其所以編次爲甚詳譙周陶弘景之徒皆有其書而歷數之家所傳尤謹然不可以訓惟太史公紀年以甲始於共和後學之所共承也然爲共和之說者已不可信況其年乎既曰周召二公共行政又曰共國之伯名和行天子政何也仲尼周人也著書斷自唐虞而紀年始於魯隱者爲幽王遭西戎之禍典籍湮淪西周之年無所考據故本東周遷則漢人而欲貫年於西周可乎凡記年者自東周以還可信東周以前不可信也今之所譜者自春秋以來始稱年春秋之前皆稱世周末與秦關於上代故亦足以世云夫紀者襲編年之遺風傳者記一身之行事修史之家莫易於紀傳莫難於表志太史公括囊一書盡在十表班固不達其旨後史因失其傳史十表遂爲荒唐之學表者一書之要也不可記繁文表者一書之本也不可記末節自班氏以來末節多矣復不識統理甚者如新唐書專記人家譜諜豈可以私家自業之書而爲信史乎其書雖與唐書共帙而爲廢典太史公之表紀年不過六甲而省其五十四紀事不過十餘言而爲事之目所謂綱舉而目張也近代之爲表者小字旁行盡載所述且蕃書旁行華書縱行華人故不便於旁行又豈能衡目而泛觀小字乎史記於六十甲子之統而提其六近代作編年者盡用六十已爲繁矣而復有甚焉乃用歲陽歲陰之名甲曰閼逢乙曰旃蒙寅曰攝提格卯曰單閼此皆陰陽之命而不可以紀甲亦猶牛曰一元大武羊曰柔毛者祭享之命而不可以名畜今以甲寅爲閼逢攝提格無以異於名牛爲一元大武以乙卯爲旃蒙單閼無以異於名羊爲柔毛夫隱語者瞀井逃難之言豈可施諸簡編嗚呼著書者貴乎意明而語約以六甲視六十甲則衍八百言以六甲視六十歲名則衍二百五十二言以古較今其繁簡如此今之所譜但記六甲

世譜年譜 秦以上世譜春秋以下年譜

三皇　五帝　夏　商　周　秦　春秋　七國
秦末六國　漢興諸王　兩漢　三國　晉　前涼
成　漢　代　東晉　前趙　後趙　前燕　蜀
漢　魏　前秦　後燕　後秦　西秦　北魏　後
涼　南涼　北涼　南燕　西涼　北燕　夏　宋
齊　梁　三魏　北齊　後梁　後周　陳　隋

世譜

三皇世譜

有巢氏 謂之始君教民巢居　燧人氏 有巢之子鑽木取火教民熟食　天皇伏羲氏 少昊燧人之子母曰華胥　女媧氏 伏羲妹繼伏羲氏爲天子　大庭氏　柏皇氏
中央氏　栗陸氏　驪連氏　赫胥氏　尊盧氏
混沌氏 一曰啟統　昊英氏　朱襄氏　葛天氏　陰康氏　無懷氏

臣謹按大庭氏繼女媧爲天子其後皆相繼爲之未知族系自伏羲至無懷凡十五世共一千二百六十年

少典　人皇神農氏 炎帝少典之子母曰女登　帝臨魁 神農之子母曰聽談　帝承 一本承在臨魁之前　帝明　帝直　帝釐　帝哀　帝榆罔

臣謹按自神農至榆罔凡八世共五百年

地皇軒轅氏 黃帝少典子母有蟜氏女或曰母名附寶黃帝之子二十五宗　元囂 少昊青陽氏黃帝之子其母曰嫘祖　昌意 黃帝之子母曰嫘祖　顓頊 高陽氏昌意子　姬氏　酉氏　祁氏　己氏　滕氏　箴氏　任氏　荀氏
僖氏　姞氏　儇氏　依氏

臣謹按天皇自伏羲至無懷十五世千二百六十年人皇自神農至榆罔八世五百年地皇黃帝一世百年三皇凡二十四世共千八百六十年

五帝世譜

黃帝　少昊 元囂青陽氏黃帝子母曰嫘祖繼黃帝爲天子　重 木正勾芒少昊子重後爲羲仲羲叔
羲仲　羲叔　該 金正蓐收少昊之子　修 水正元冥少昊之子　熙 水正元冥少昊之子
蟜極 少昊子帝嚳父　昌意 黃帝之子　顓頊 高陽氏昌意子母昌僕繼少昊爲帝
窮蟬 顓頊之子　敬康 窮蟬之子　句芒 敬康之子　蟜牛 句芒之子　瞽瞍 蟜牛之子舜父
伯鯀 姒氏顓頊之子　禹 司空鯀子　皋陶 顓頊之子　伯益 皋陶之子　大業 伯益子母女修
柏翳 大費後爲秦趙二國　老童 顓頊之子　黎 火正祝融老童子黎後爲和仲和叔
和仲　和叔　吳回 老童子黎弟代黎爲火正祝融號回祿或言顓頊生稱稱生卷章
卷章生重黎　陸終 吳回子娶鬼方之女孕而不育十一年開左脅而出三人又開其右脅而出三人凡六子昆吾以下是也
昆吾 已姓夏時爲諸侯伯成湯滅之　參胡 董姓周時爲胡國楚滅之
彭祖 彭姓至商爲侯伯今彭城是也　會人 妘姓周時爲鄶國鄭滅之居溱洧閒　安 斟 曹姓
周爲邾國　季連 芊姓周爲楚國　蟜極 少昊之子　帝嚳 高辛氏繼顓頊爲帝　閼伯 帝嚳子封商邱主辰
摯 嚳子母曰常儀繼嚳即位荒淫無度諸侯廢之立堯　帝堯 嚳子母曰慶都摯不道諸侯尊立之
丹朱 堯子　劉累 堯後　契 嚳子母曰簡狄子姓封商其後至成湯有天下　棄

后稷嚳子母曰姜嫄姬姓至武王有天下 實沈嚳子封于大夏主參 瞽瞍舜父顓頊六世至于瞽瞍 帝舜有虞氏瞽瞍子堯以丹朱不肖禪於舜舜以商均不肖禪位於禹堯之後為唐國舜之後為虞國至周為陳國 商均舜子

臣謹按五帝自少昊至帝舜凡五世共三百八十五年

夏世譜

黃帝二子 元囂黃帝之子 昌意黃帝之子 顓頊昌意之子顓頊四子 窮蟬顓頊之子舜六世祖 伯鯀顓頊之子 皐陶顓頊之子 老童顓頊之子 禹鯀子 啟禹子 太康啟子兄弟五人 仲康太康弟也 相仲康弟也 后羿有窮國君篡相 寒浞羿臣篡羿之位 澆浞子 豷浞子 少康相子復夏中興 季杼少康之子 槐季杼之子 芒槐子 泄芒子 不降泄子 扃不降之子 廑扃子 孔甲不降之子 皐孔甲之子 發皐子 桀發子湯滅

臣按夏之世起禹元年戊戌終桀五十一年己酉十七君十五世通后羿寒浞四百三十二年

商世譜

黃帝二子 元囂黃帝之子 昌意黃帝之子 蟜極元囂之子 帝嚳蟜極子生六子 閼伯嚳之子封商邱主辰 摯嚳子繼嚳 堯嚳子繼摯 契嚳子子姓封商侯至成湯遂有天下 棄嚳子姬姓曰后稷後世至武王遂有天下 實沈嚳之子封大夏主參 昭明契子 相土昭明之子 昌若相土之子 曹圉昌若之子 宜曹圉之子為夏司空主水 振宜子 微振子或曰上甲 報丁微子 報乙報丁之子 報丙報乙之子 主壬報丙之子 主癸主壬之子 成湯主癸子曰履亦曰天乙伐桀有天下三子 太丁湯子早卒不得立生太甲 外丙湯子 仲壬湯子 太甲嗣仲壬位 沃丁太甲之子 太庚沃丁之子 小甲太庚之子 雍己小甲之弟 太戊雍己弟號中宗 仲丁太戊之子 外壬仲丁之子 河亶甲外壬之子 祖乙河亶甲子 祖辛祖乙之子 沃甲祖辛之弟 祖丁沃甲之子 南庚祖丁之子 陽甲南庚子自仲丁以來廢適立弟弟子爭立比九世亂至于盤庚始振 盤庚陽甲之弟 小辛盤庚之弟 小乙小辛之弟 武丁小乙子號高宗 祖庚武丁之子 辛乙武丁子生三子 微子啟辛乙庶子 仲衍啟弟 紂周武王伐之其國亾 祿父紂子 武庚紂子

臣謹按商之世起湯元年庚戌終紂三十三年戊寅三十君十七世六百二十九年商歷曰起丙戌終甲申四百五十八年汲冢紀年曰二十九王四百九十六年

周世譜

黃帝二子 元囂黃帝之子 昌意黃帝之子 蟜極元囂之子 帝嚳六子 閼伯嚳子封于商邱主辰 摯嚳子繼嚳 堯嚳子繼摯 契嚳子子姓封商至成湯有天下 棄嚳子姬姓曰后稷後至武王有天下 實沈嚳子封于大夏主參 不窋棄子 鞠不窋之子 公劉鞠子遷豳 慶節公劉之子 皇僕慶節之子 差弗皇僕之子 毀渝差弗之子 公非毀渝之子 高圉公非之子 亞圉高圉之子 公叔祖類亞圉之子 古公亶父追號太公避薰鬻之難去豳居岐山之下 太伯太王長子 仲雍太王中子 季歷追號王季太王季子 文王昌王季子 伯邑考文王長子 武王發文王子 管叔鮮文王之子 周公旦文王之子 蔡叔度文王之子 曹叔鐸文王之子 郕叔武文王之子 霍叔處文王之子 康叔封文王之子 聃季載文王之子 滕文王之子 毛文王之子 郜文王之子 雍文王之子 畢文王之子 原文王之子 酆文王之子 郇文王之子 成王誦武王子 唐叔虞武王之子 韓武王之子 應武王之子 邘武王之子 康王釗成王子 昭王瑕康王子 穆王滿昭王子 共王繄扈穆王之子 懿王囏共王子 孝王辟方穆王之子 夷王燮懿王子 厲王胡夷王子 宣王靜厲王子厲王流于彘周公召公共行國政號共和宣王長於召公之家二相立之 鄭桓公友厲王子 幽王宮涅宣王子惑褒似死于西戎之難 平王宜臼幽王之子以西戎之難遷都于王城號東周為春秋之始 攜王伯服幽王之次子也褒姒所生虢人立之國人不順未踰年而廢之 太子洩父平王之子早立 王子狐平王之子 王子林平王之子 桓王林平王之孫也 莊王佗桓王子 王子克桓王之子 僖王胡齊莊王之子 王子頹莊王寵子 惠王閬僖王子 襄王鄭惠王子 王子帶太叔帶甘昭公惠王寵子也帶立為王晉文公殺之 頃王壬臣襄王之子 王子虎襄王之子 王季子襄王之子 匡王班頃王之子也 定王瑜匡王子 簡王夷定王子 靈王泄心簡王之子 太子晉靈王之子 景王貴靈王子 王子佞夫靈王之子 王子朝景王之庶長子 悼王猛景王子 敬王匃景王子 元王仁敬王子 貞定王介元王子 哀王去疾貞定王子在位三月弟叔殺之 思王叔貞定王子殺哀王自立其少弟嵬殺之 考王嵬貞定王子既殺思王遂自立 周桓公貞定王子也考王封之于河南 威烈王午考王子 安王驕威烈王之子 烈王喜安王子 顯王扁安王子 慎靚王定顯王子 赧王延慎靚王之子為秦所滅 周桓公考王初封於河南為西周後赧王遷河南為西周而桓公之孫復遷居于洛陽是為東周 威公桓公之子 惠公威公二子又分東西周威公長子是為西周武公其少子封於鞏以奉王號為東周惠公 西周武公惠公長子 東周惠公惠公之少子俱為秦所滅 共太子武公之長子也 公子告武公之子

臣謹按周之世起武王元年己卯或曰戊寅至赧王五十九年乙巳三十一世三十七王八百六十七年而亾

臣又按八百六十七年之間三百五十二年為西周五百十五年為東周其四百年在春秋前二百四十二年在春秋內二百二十五年在春秋後合八百六十七年

秦世譜

黃帝二子 元囂黃帝之子 昌意黃帝之子 高陽昌意之子 窮蟬高陽之子 伯鯀高陽子禹之父 老童高陽之子 皐陶高陽之子 伯益皐陶之子亦曰大費亦曰伯翳 大廉大費之子 孟戲大廉元孫 仲衍大廉元孫為大戊御 若木大費子為費氏 費昌若木元孫 仲潏仲衍元孫 蜚廉仲潏之子 惡來蜚廉之子 季勝蜚廉之子 造父季勝元孫為周穆王御封趙城為趙氏祖 女防惡來之子 旁皐女防之子 大凡旁皐之子 大駱大凡之子 非子大駱之子為周孝王息馬分土為附庸邑之秦為秦嬴遂為秦氏祖 秦侯非子之子 公伯秦侯之子 秦仲公伯之子 莊公秦仲五子莊公為長 世父莊公長子讓與其弟不立 襄公莊公子世父弟幽王西戎之難襄公救周平王始封之為諸侯 文公襄公之子 太子竫公早卒不得立謚竫公 甯公竫公之子 出子甯公季子繼甯公立 武公甯公文子繼出子立 白武公子不得立 德公甯公太子繼武公立 宣公德公長子 成公德公文子宣公子九人莫立立其弟 穆公德公少子成公子七人莫立立其弟穆公為諸侯伯 康公穆公之子 共公康公之子 威公共公之子 景公威公之子 哀公景公之子 太子夷公早卒不得立謚夷公 惠公夷公之子 悼公惠公之子 厲共公

悼公之子 躁公 厲公子 共 懷公 躁公之弟 昭公 懷公太子早死不立 靈公 昭公之子
簡公 悼子懷公孫也 惠公 簡公之子 獻公 靈公子庶長殺出子而立獻公 孝公 獻公
之子 惠文王 孝公之子 武王 惠文王子 昭襄王 武王無子立異母弟 孝文王
昭襄王子 莊襄王 孝文王子 始皇 莊襄王子 二世 始皇少子 太子扶蘇 始皇
長子李斯矯詔殺之而立二世 公子將閭之子 子嬰 始皇扶蘇之子立四十六日敗

臣謹按秦之世起襄公元年甲子至二世三年甲午凡二十七世三十二君五百七十一年而亾史記秦襄公至二世六百一十年

年譜

春秋年譜

	己未					甲子		
周	四十九	五十	五十一	桓王元年	二	三	四	五
魯	元年	二	三	四	五	六	七	八
齊	九	十	十一	十二	十三	十四	十五	十六
晉	二	三	四	五	六	元年	二	三
秦	四十四	四十五	四十六	四十七	四十八	四十九	五十	元年
楚	十九	二十	二十一	二十二	二十三	二十四	二十五	二十六
宋	七	八	[illegible]	元年	二	三	四	五
衛	十三	十四	十五	十六	元年	二	三	四
陳	二十三	二十四	二十五	二十六	二十七	二十八	二十九	三十
蔡	二十八	二十九	三十	三十一	三十二	三十三	三十四	三十五
曹	三十五	三十六	三十七	三十八	三十九	四十	四十一	四十二
鄭	二十二	二十三	二十四	二十五	二十六	二十七	二十八	二十九
燕	七	八	九	十	十一	十二	十三	十四
吳								

								甲戌									
周	六	七	八	九	十	十一	十二	十三	十四	十五	十六	十七	十八	十九	二十	二十一	二十二
魯	九	十	十一	元年	二	三	四	五	六	七	八	九	十	十一	十二	十三	十四
齊	十七	十八	十九	二十	二十一	二十二	二十三	二十四	二十五	二十六	二十七	二十八	二十九	三十	三十一	三十二	三十三
晉	四	五	六	七	八	元年	二	三	四	五	元年	二	三	四	五	六	七
秦	二	三	四	五	六	七	八	九	十	十一	十二	元年	二	三	四	五	六
楚	二十七	二十八	二十九	三十	三十一	三十二	三十三	三十四	三十五	三十六	三十七	三十八	三十九	四十	四十一	四十二	四十三
宋	六	七	八	九	元年	二	三	四	五	六	七	八	九	十	十一	十二	十三
衛	五	六	七	八	九	十	十一	十二	十三	十四	十五	十六	十七	十八	十九	元年	二
陳	三十一	三十二	三十三	三十四	三十五	三十六	三十七	三十八	元年	二	三	四	五	六	七	元年	二
蔡	元年	二	三	四	五	六	七	八	九	十	十一	十二	十三	十四	十五	十六	十七
曹	四十三	四十四	四十五	四十六	四十七	四十八	四十九	五十	五十一	五十二	五十三	五十四	五十五	元年	二	三	四
鄭	三十	三十一	三十二	三十三	三十四	三十五	三十六	三十七	三十八	三十九	四十	四十一	四十二	四十三	元年	二	三
燕	十五	十六	十七	十八	元年	二	三	四	五	六	七	八	九	十	十一	十二	十三
吳																	

	甲申									甲午						
周	二十三	莊王元年	二	三	四	五	六	七	八	九	十	十一	十二	十三	十四	十五
魯	十五	十六	十七	十八	元年	二	三	四	五	六	七	八	九	十	十一	十二
齊	元年	二	三	四	五	六	七	八	九	十	十一	十二	元年	二	三	四
晉	八	九	十	十一	十二	十三	十四	十五	十六	十七	十八	十九	二十	二十一	二十二	二十三
秦	元年	二	三	四	五	六	七	八	九	十	十一	十二	十三	十四	十五	十六
楚	四十四	四十五	四十六	四十七	四十八	四十九	五十	五十一	元年	[illegible]	三	四	五	六	七	八
宋	十四	十五	十六	十七	十八	十九	元年	二	三	四	五	六	七	八	九	十
衛	三	四	元年	二	三	四	五	六	七	八	九	十四年	十五	十六	十七	十八
陳	三	四	五	六	七	元年	二	三	四	五	六	七	八	九	十	十一
蔡	十八	十九	二十	元年	二	三	四	五	六	七	八	九	十	十一	十二	十三
曹	五	六	七	八	九	十	十一	十二	十三	十四	十五	十六	十七	十八	十九	二十
鄭	四	元年	二	元年	元年	二	三	四	五	六	七	八	九	十	十一	十二
燕	元年	二	三	四	五	六	七	元年	二	三	四	五	六	七	八	九
吳																

干支													
	釐王元年	十三 與齊盟于柯	五	二十四	十七	九	宋桓公御說元年	十九	十二	十四	二十一	十三	十
	二	十四	六	二十五	十八	十	二	二十	十三	十五	二十二	十四	十一
	三	十五	七 始霸會諸侯于鄄	二十六	十九	十一	三	二十一	十四	十六	二十三	元年	十二
	四	十六	八	二十七	二十	十二	四	二十二	十五	十七	二十四	二	十三
甲辰	五 僖王崩 子惠王閬立	十七	九	二十八	元年 武公弟	十三	五	二十三	十六	十八	二十五	三	十四
	惠王元年	十八 三月日蝕	十	晉獻公元年	二	十四	六	二十四	十七	十九	二十六	四	十五
	二	十九	十一	二	元年	十五	七	二十五	十八	二十	二十七	五	十六 伐王立子頹
	三 王居于櫟	二十	十二 大災	三	二	元年	八	二十六	十九	元年 蔡穆侯肸	二十八	六	十七
	四	二十一	十三	四	三	二	九	二十七	二十	二	二十九	七	十八
	五	二十二	十四	五	四	三	十	二十八	二十一	三	三十	元年	十九
	六	二十三 公如齊觀社	十五	六	五	元年	十一	二十九	二十二	四	三十一	二	二十
	七	二十四 大水	十六	七	六	二	十二	三十	二十三	五	元年	三	二十一
	八	二十五 日食	十七	八	七	三	十三	三十一	二十四	六	二	四	二十二
	九	二十六	十八	九 始城絳都之	八	四	十四	衛懿公赤元年	二十五	七	三	五	二十三
甲寅	十 賜齊侯命	二十七	十九	十	九	五	十五	二	二十六	八	四	六	二十四
	十一	二十八	二十	十一	十	六	十六	三	二十七	九	五	七	二十五
	十二	二十九	二十一	十二	十一	七	十七	四	二十八	十	六	八	二十六

干支													
	十三	三十 九月庚午朔日食	二十二	十三	十二	八	十八	五	二十九	十一	七	九	二十七
	十四	三十一	二十三 伐山戎為燕也	十四	秦成公元年	九	十九	六	三十	十二	八	十	二十八
	十五	三十二	二十四	十五	二	十	二十	七	三十一	十三	九	十一	二十九
	十六	元年	二十五	十六 伐魏取霍	三	十一	二十一	八	三十二	十四	曹昭公班元年	十二	三十
	十七	二	二十六	十七	四 成公卒	十二	二十二	九	三十三	十五	二	十三	三十一
	十八	僖公元年	二十七	十八	秦穆公任好元年	十三	二十三	衛文公燬元年	三十四	十六	三	十四	三十二
	十九	二	二十八	十九	二	十四	二十四	二 齊桓公率諸侯為我城楚邱	三十五	十七	四	十五	三十三
	二十	三	二十九 與蔡姬乘舟	二十	三	十五	二十五	三	三十六	十八	五	十六	燕襄公元年
甲子	二十一	四	三十	二十一	四 迎婦於晉	十六	二十六	四	三十七	十九	六	十七	二
	二十二	五	三十一	二十二	五	十七 滅弦	二十七	五	三十八	二十	七	十八	三
	二十三	六	三十二	二十三	六	十八	二十八	六	三十九	二十一	八	十九	四
	二十四	七	三十三	二十四	七	十九	二十九	七	四十	二十二	九 昭公卒	二十	五
	二十五	八	三十四	二十五	八	二十	三十	八	四十一	二十三	曹共公元年	二十一	六
	襄王元年	九	三十五	二十六	九	二十一	三十一	九	四十二	二十四	二	二十二	七

干支													
	二	十	三十六 使隰朋立晉惠公	晉惠公元年	十	二十二	宋襄公元年	十	四十三	二十五	三	二十三	八
	三	十一	三十七	二	十一	二十三	二	十一	四十四	二十六	四	二十四	九
	四	十二	三十八	三	十二	二十四 滅黃	三	十二	四十五 宣公卒	二十七	五	二十五	十
甲戌	五	十三	三十九	四	十三	二十五	四	十三	陳穆公款元年	二十八	六	二十六	十一
	六	十四	四十	五 晉不與	十四	二十六 滅六英	五	十四	二	二十九 穆侯卒 莊公立	七	二十七	十二
	七	十五 五月日食	四十一	六	十五	二十七	六	十五	三	蔡莊公甲午元年	八	二十八	十三
	八	十六	四十二	七	十六	二十八	七 正月隕石于宋五 六鷁退飛過宋都	十六	四	二	九	二十九	十四
	九	十七	四十三 桓公卒	八	十七	二十九	八	十七	五	三	十	三十	十五
	十	十八	齊孝公昭元年	九	十八	三十	九	十八	六	四	十一	三十一	十六
	十一	十九	二	十	十九	三十一	十	十九	七	五	十二	三十二	十七
	十二	二十	三	十一	二十	三十二	十一	二十	八	六	十三	三十三	十八
	十三	二十一	四	十二	二十一	三十三	十二	二十一	九	七	十四	三十四	十九
	十四	二十二	五	十三	二十二	三十四	十三	二十二	十	八	十五	三十五	二十
甲申	十五	二十三	六 伐宋	十四	二十三	三十五	十四	二十三	十一	九	十六	三十六	二十一
	十六	二十四	七	晉文公重耳元年	二十四	三十六	宋成公王臣元年	二十四	十二	十	十七	三十七	二十二

								甲午				
十七 晉納王	十八	十九	二十 王狩河陽	二十一	二十二	二十三	二十四	二十五	二十六	二十七	二十八	二十九
二十五	二十六	二十七	二十八 公如踐土會朝	二十九	三十	三十一	三十二	三十三 僖公薨子文公立	元年 二月癸亥日食	二	三 公如晉	四
八	九	十	元年	二	三	四	五	六	七	八	九	十
二	三 宋服	四	五	六	七	八	九 文公薨子	元年	二	三	四	五
二十五	二十六	二十七	二十八	二十九	三十	三十一	三十二	三十三	三十四	三十五	三十六	三十七
三十七	三十八	三十九	四十	四十一	四十二	四十三	四十四	四十五	四十六	元年	二	三
二	三 倍楚	四	五	六	七	八	九	十	十一	十二	十三	十四
二十五 滅邢 文公卒子成公立	元年	二	三	四	五	六	七	八	九	十	十一	十二
十三	十四	十五	十六	元年 陳共公朔	二	三	四	五	六	七	八	九
十一	十二	十三	十四	十五	十六	十七	十八	十九	二十	二十一	二十二	二十三
十八	十九	二十	二十一	二十二	二十三	二十四	二十五	二十六	二十七	二十八	二十九	三十
三十八	三十九	四十	四十一	四十二	四十三	四十四	四十五 文公薨子	元年	二	三	四	五
二十三	二十四	二十五	二十六	二十七	二十八	二十九	三十	三十一	三十二	三十三	三十四	三十五

					甲辰								
十三	三十一	三十二	三十三 襄王崩子頃王壬臣立	元年 頃王	二	三	四	五	六 頃王崩子匡王班立	元年 匡王	二	三	四
五	六	七	八	九	十	十一 敗長狄于鹹	十二	十三	十四	十五 六月辛丑朔日食	十六	十七 齊伐我	十八
十一	十二	十三	十四	十五	十六	十七	十八	十九	二十	元年	二	三	四
六	七	元年	二	三 率諸侯救鄭	四	五	六	七	八	九	十	十一 率諸侯平宋	十二
三十八	三十九	元年	二	三	四 伐秦取少梁	五	六	七	八	九	十	十一	十二
四	五	六	七	八 伐鄭以其服晉	九	十	十一	十二 莊王立	元年	二	三 滅庸	四	五
十五	十六	十七 公孫固	元年	二	三	四 敗長狄	五	六	七	八	九	元年 宋文公	二
十三	十四	十五	十六	十七	十八	十九	二十	二十一	二十二	二十三	二十四	二十五	二十六
十	十一	十二	十三	十四	十五	十六	十七	十八 共公卒子靈公立	元年 陳靈公平國	二	三	四	五
二十四	二十五	二十六	二十七	二十八	二十九	三十	三十一	三十二	三十三	三十四 莊公卒	元年	二	三
三十一	三十二	三十三	三十四	三十五 襄公卒	元年	二	三	四	五	六	七	八	九
六	七	八	九	十	十一	十二	十三	十四	十五	十六	十七	十八	十九
三十六	三十七	三十八	三十九	四十	元年 燕桓公	二	三	四	五	六	七	八	九

	甲寅									
五	六 匡王崩子定王瑜立	元年 定王	二	三	四	五	六	七	八	九
元年	二	三	四	五	六	七	八 七月甲子日食既	九	十 四月丙辰日食	十一
元年 取濟西之田	二	三	四	五	六	七	八	九	十	元年
十三	十四	元年 晉成公黑臀	二	三	四 與衛侵陳	五	六	七	元年	二
元年 秦共公稻	二	三	四 共公卒子桓公立	元年 秦桓公	二	三	四	五	六	七
六	七	八	九	十	十一	十二	十三	十四	十五	十六
三	四	五	六	七	八	九	十	十二	十二	十三
二十七	二十八	二十九	三十	三十一	三十二	三十三	三十四	三十五 成公薨子穆公立	元年	二
六	七	八	九	十 楚伐鄭	十一	十二	十三 楚伐我	十四	十五	元年 陳成公午
四	五	六	七	八	九	十	十一	十二	十三	十四
十	十一	十二	十三	十四	十五	十六	十七	十八	十九	二十
二十	二十一	二十二	元年	元年	二	三	四	五 楚伐我 晉來救 敗楚師	六	七
十	十一	十二	十三	十四	十五	十六	元年	二	三	四

甲子	十	二十	二	三 救鄭與楚戰于邲我師敗績	八	十七 圍鄭鄭伯肉袒謝之	十四 伐陳	三 救陳	二 宋來伐 衛救我	十五	二十二	八	五	
	十一	三十	三	四	九	十八	十五	四	三	十六	二十三	九	六	
	十二	十四	四	五 伐鄭	十	十九 圍宋為殺使者	十六 殺楚使者楚圍我	五	四	十七	二十三	十	七	
	十三	十五 初稅畝	五	六	十一	二十 圍宋五月華元告楚	十七	六	五	十八	元年	十一	八	
	十四 夏宣榭火	十六 初稅畝	六	七 赤狄	十二	二十一	十八	七	六	十九	二	十二	九	
	十五	十七 六月癸卯日食	七 晉使郤克徵會於齊齊頃公帷婦人觀	八	十三	二十二	十九	八	七	二十 文侯卒子景侯立	三	十三	十	
	十六	十八 宣公薨子成公立	八 晉伐敗我	九 伐齊	十四	二十三 莊王卒共王立	二十	九	八	元年 蔡景侯固	四	十四	十一	
	十七	元年 魯成公黑肱 齊取我鄆	九	十	十五	元年 楚共王審	二十一	十	九	二	五	十五	十二	
	十八	二	十 敗齊	十一	十六	二 申公巫臣竊夏姬以奔晉	二十二	十一	十	三	六	十六	十三	
	十九	三 會晉宋衛曹伐鄭	十一 頃公如晉欲王晉	十二 伐鄭	十七	三	元年 宋共公固 會晉伐鄭	元年 衛定公臧 會晉伐鄭	十一	四	七 佐晉伐鄭	十七 晉率諸侯伐我	十四	
甲戌	二十	四 公如晉晉不敬	十二	十三 魯公來	十八	四 子反救鄭	二	二	十二	五	八	十八 晉欒書取我氾	十五	
	二十一 定王崩子簡王夷立	五 秋大水	十三	十四 梁山崩伯宗…	十九	五 伐鄭倚晉故也	三	三	十三	六	九	元年 鄭悼公費	元年 燕昭公	
	元年 簡王	六	十四	十五	二十	六 伐鄭	四	四 晉使我	十四	七	十	二 晉使欒書來救 悼公卒	二	元年 吳壽夢
	二	七	十五	十六	二十一	七 伐鄭	五	五	十五	八	十一	元年 鄭成公睔 楚伐我	三	二 巫臣來謀伐楚

	三	八	十六	十七 復趙武田	二十二	八	六	大	十六	九 晉來伐我	十二	二	四	三
	四	九	十七 頃公卒子靈公立	十八 執鄭成公伐鄭	二十三	九 救鄭	七	七	十七	十	十三	三 與楚盟公如晉 晉執公伐我	五	四
	五	十 公如晉	元年 齊靈公環	十九 景公疾立太子州蒲為君	二十四	十	八	八	十八	十一	十四	四 晉率諸侯伐我	六	五
	六	十一	二	元年 晉厲公州蒲 與秦侯夾河盟 秦倍盟	二十五	十一	九	九	十九	十二	十五	五	七	六
	七	十二 會晉	三 會晉	二 伐秦至涇敗之	二十六	十二	十	十	二十	十三	十六	六	八	七
	八	十三 會晉伐秦	四 會晉伐秦	三	二十七	十三	十一 伐秦	十一 伐秦	二十一	十四	十七 晉率我伐秦 公卒于師	七	九	八
甲申	九	十四	五	四	二十八 桓公卒子景公立	十四	十二	十二 定公卒子獻公立	二十二	十五	元年 曹成公負芻	八	十	九
	十	十五 始與吳會鍾離	六	五 三郤讒伯宗殺之 伯宗好直諫	元年 秦景公	十五 許畏鄭請徙葉	十三 華元奔晉 共公卒	元年 衛獻公衎	二十三	十六	二 晉執我公	九	十一	十 與魯會鍾離
	十一	十六 宣伯告晉欲殺季文子 文子以義脫 六月丙寅朔日食	七	六 敗楚于鄢陵	二	十六 救鄭不利 子反醉軍 殺子反	元年 宋平公成	二	二十四	十七	三	十 倍晉盟 晉伐我 楚來救	十二	十一
	十二	十七 十二月丁巳朔日食	八	七 欒書中行偃殺厲公	三	十七 為魚石伐宋彭城	二	三	二十五	十八	四	十一	十三 昭公卒	十二
	十三	十八 成公薨子襄公立	九	八	四	十八	三	四	二十六	十九	五	十二 與楚伐宋	元年 燕武公	十三
	十四 簡王崩子靈王泄心立	元年 魯襄公午	十	元年 晉悼公周	五	十九 侵宋 救鄭	四	五	二十七	二十	六	十三	二	十四
	元年 靈王泄心	二	十一	二	六	二十	五	六	二十八	二十一	七	十四	三	十五
	二	三	十二	三	七	二十一	六	七	二十九 倍楚盟	二十二	八	元年 鄭僖公	四	十六 楚伐我
	三	四 公如晉	十三	四 魏絳和戎	八	二十二 伐陳	七	八	三十 楚侵我 成公卒子哀公立	二十三	九	二	五	十七

	四	五 季文子卒	十四	五	九	二十三 伐陳	八	九	元年 陳哀公溺	二十四	十	三	六	十八
甲午	五	六	十五 滅萊	六	十	二十四	九	十	二	二十五	十一	四	七	十九
	六	七	十六	七	十一	二十五 圍陳	十	十一	三 楚圍我	二十六	十二	五 子駟使賊夜殺僖公	八	二十
	七	八 公如晉	十七	八	十二	二十六 伐陳	十一	十二	四	二十七	十三	元年 鄭簡公嘉	九	二十一
	八	九 與晉伐鄭 公年十二冠于衛	十八 與晉伐鄭	九 率齊魯宋衛曹伐鄭	十三	二十七 伐鄭師于武城	十二 晉率我伐鄭	十三 晉率我伐鄭	五	二十八	十四 晉率我	二 晉率諸侯伐我	十	二十二
	九 王叔奔晉	十 我西鄙	十九 令太子光高厚伐鄭	十 率諸侯伐鄭	十四	二十八 使子囊伐鄭	十三	十四 救宋	六	二十九	十五	三 楚來救 五族作亂	十一	二十三
	十	十一 三家分為三軍各征其軍	二十	十一 率諸侯伐鄭 秦敗我櫟	十五	二十九	十四 楚伐我	十五	七	三十	十六	四	十二	二十四
	十一	十二 公如晉	二十一	十二 魏絳九合諸侯	十六	三十	十五	十六	八	三十一	十七	五	十三	二十五 壽夢卒諸樊立
	十二	十三	二十二	十三	十七	三十一	十六	十七	九	三十二	十八	六	十四	元年 吳諸樊 楚敗我
	十三	十四 二月乙未朔日食	二十三	十四 率諸侯大夫伐秦	十八 敗棫林	元年 楚康王昭 共王太子	十七	十八 獻公奔齊	十	三十三	十九	七	十五	二 楚伐我
	十四	十五 日食	二十四	十五	十九	二	十八	元年 衛殤公	十一	三十四	二十	八	十六	三
	十五	十六 齊伐我北鄙 地震	二十五 伐我北鄙	元年 晉平公彪	二十	三 晉敗我湛坂	十九	二	十二	三十五	二十一	九	十七	四
	十六	十七 齊伐我北鄙	二十六	二	二十一	四	二十 伐陳	三 伐曹	十三 宋伐我	三十六	二十二	十	十八	五
	十七	十八 與晉伐齊	二十七	三 率諸侯圍齊	二十二	五 伐鄭	二十一 晉率我伐齊	四	十四	三十七	二十三 成公卒子武公立	十一 晉率我伐齊 楚伐我	十九 武公卒	六
甲辰	十八	十九	二十八 太子光 靈公卒子莊公立	四 與衛伐齊	二十三	六	二十二	五 晉率我伐齊	十五	三十八	元年 曹武公勝	十二 子產為卿	元年 燕文公	七

						甲寅							
十九	二十	二十一	二十二	二十三	二十四	二十五	二十六	二十七	元年	二	三	四	五
二十	二十一	二十二	二十三	二十四	二十五	二十六	二十七	二十八	二十九	三十	三十一	元年	二
元年	二	三	四	五	六	元年	二	三	四	五	六	七	八
五	六	七	八	九	十	十一	十二	十三	十四	十五	十六	十七	十八
二十四	二十五	二十六	二十七	二十八	二十九	三十	三十一	三十二	三十三	三十四	三十五	三十六	三十七
七	八	九	十	十一	十二	十三	十四	十五	元年	二	三	四	元年
二十三	二十四	二十五	二十六	二十七	二十八	二十九	三十	三十一	三十二	三十三	三十四	三十五	三十六
六	七	八	九	十	十一	十二	後元年	二	三	元年	二	三	四
十六	十七	十八	十九	二十	二十一	二十二	二十三	二十四	二十五	二十六	二十七	二十八	二十九
三十九	四十	四十一	四十二	四十三	四十四	四十五	四十六	四十七	四十八	四十九	元年	二	三
二	三	四	五	六	七	八	九	十	十一	十二	十三	十四	十五
十三	十四	十五	十六	十七	十八	十九	二十	二十一	二十二	二十三	二十四	二十五	二十六
二	三	四	五	六	元年	二	三	四	元年	二	三	四	五
八	九	十	十一	十二	十三	元年	二	三	四	元年	二	三	四

		甲子											甲戌	
六	七	八	九	十	十一	十二	十三	十四	十五	十六	十七	十八	十九	二十
三	四	五	六	七	八	九	十	十一	十二	十三	十四	十五	十六	十七
九	十	十一	十二	十三	十四	十五	十六	十七	十八	十九	二十	二十一	二十二	二十三
十九	二十	二十一	二十二	二十三	二十四	二十五	二十六	元年	二	三	四	五	六	元年
三十八	三十九	四十	元年	二	三	四	五	六	七	八	九	十	十一	十二
二	三	四	五	六	七	八	九	十	十一	十二	元年	二	三	四
三十七	三十八	三十九	四十	四十一	四十二	四十三	四十四	元年	二	三	四	五	六	七
五	六	七	八	九	元年	二	三	四	五	六	七	八	九	十
三十	三十一	三十二	三十三	三十四	三十五					元年	二	三	四	五
四	五	六	七	八	九	十	十一	十二		元年	二	三	四	五
十六	十七	十八	十九	二十	二十一	二十二	二十三	二十四	二十五	二十六	二十七	元年	二	三
二十七	二十八	二十九	三十	三十一	三十二	三十三	三十四	三十五	三十六	元年	二	三	四	五
六	七	八	九	元年	二	三	四	五	六	七	元年	二	三	四
五	六	七	八	九	十	十一	十二	十三	十四	十五	十六	十七	元年	二

							甲申						
二十一	二十二	二十三	二十四	二十五	元年	二	三	四	五	六	七	八	九
十八	十九	二十	二十一	二十二	二十三	二十四	二十五	二十六	二十七	二十八	二十九	三十	三十一
二十四	二十五	二十六	二十七	二十八	二十九	三十	三十一	三十二	三十三	三十四	三十五	三十六	三十七
二	三	四	五	六	七	八	九	十	十一	十二	十三	十四	元年
十三	十四	十五	十六	十七	十八	十九	二十	二十一	二十二	二十三	二十四	二十五	二十六
五	六	七	八	九	十	十一	十二	十三	元年	二	三	四	五
八	九	十	十一	十二	十三	十四	十五	元年	二	三	四	五	六
十一	十二	十三	十四	十五	十六	十七	十八	十九	二十	二十一	二十二	二十三	二十四
六	七	八	九	十	十一	十二	十三	十四	十五	十六	十七	十八	十九
六	七	八	元年	二	三	元年	二	三	四	五	六	七	八
四	元年	二	三	四	五	六	七	八	九	元年	二	三	四
六	七	八	九	十	十一	十二	十三	十四	十五	十六	元年	二	三
五	元年	二	三	四	五	六	七	八	九	十	十一	十二	十三
三	四	五	六	七	八	九	十	十一	十二	元年	二	三	四

甲午

十	十一	十二	十三	十四
三十三	元年	二	三	四
三十八	三十九	四十	四十一	四十二
二	三	四	五	六
二十七	二十八	二十九	三十	三十一
六	七	八	九	十
七	八	九	十	十一
二十五	二十六	二十七	二十八	二十九
二十	二十一	二十二	二十三	二十四
九	十	十一	十二	十三
五	元年	二	三	四
四	五	六	七	八
十四	十五	十六	十七	十八
五	六	七	八	九

十五	十六	十七	十八	十九
五	六	七	八	九
四十三	四十四	四十五	四十六	四十七
七	八	九	十	十一
三十二	三十三	三十四	三十五	三十六
十一	十二	十三	十四	十五
十二	十三	十四	十五	十六
三十	三十一	三十二	三十三	三十四
元年	二	三	四	元年
十四	十五	十六	十七	十八
元年	二	三	四	元年
九	十	十一	十二	十三
十九	元年	二	三	四
十	十一	十二	十三	十四

甲辰

二十	二十一	二十二	二十三	二十四
十	十一	十二	十三	十四
四十八	四十九	卒	五十一	五十二
十二	十三	十四	十五	十六
元年	二	三	四	五
十六	十七	十八	十九	二十
十七	十八	十九	二十	二十一
三十五	三十六	三十七	三十八	三十九
二	三	四	五	六
十九	二十	二十一	二十二	二十三
二	三	四	五	六
元年	二	三	四	五
五	六	七	八	九
十五	十六	十七	十八	十九

二十五	二十六	二十七	二十八	二十九
十五	元年	二	三	四
五十三	五十四	五十五	五十六	五十七
十七	十八	十九	二十	二十一
六	七	八	九	元年
二十一	二十二	二十三	二十四	二十五
二十二	二十三	二十四	二十五	二十六
四十	四十一	四十二	元年	二
七	八	九	十	十一
二十四	二十五	二十六	二十七	二十八
七	八	九	十	十一
六	七	八	九	十
十	十一	十二	元年	二
元年	二	三	四	五

甲寅

三十	三十一	三十二	三十三	三十四
五	六	七	八	九
五十八	元年	元年	二	三
二十二	二十三	二十四	二十五	二十六
二	三	四	五	六
二十六	二十七	元年	二	三
二十七	二十八	二十九	三十	三十一
三	四	五	六	七
十二	十三	十四	十五	十六
元年	二	三	四	五
十二	十三	十四	十五	
十一	十二	十三	十四	十五
三	四	五	六	七
六	七	八	九	十

十五	三十六	三十七	三十八	三十九
十	十一	十二	十三	十四
四	元年	二	三	四
二十七	二十八	二十九	三十	三十一
七	八	九	十	十一
四	五	六	七	八
三十二	三十三	三十四	三十五	三十六
八	九	十	十一	十二
十七	十八	十九	二十	二十一
六	七	八	九	十
十六	十七	十八	十九	二十
八	九	十	十一	十二
十一	十二	十三	十四	十五

甲子

四十	四十一	四十二	敬王崩子 四十三 元王仁立
十五	十六	十七	二十 十八 七卒
元年	二	三	二十 四 五卒
三十三	三十三	三十四	二十 三十五 七卒
十二	十三	十四	十五 厲共公立
九	十	十一	十二 五十七卒
三十七	三十八	三十九	六十 四十 四卒
十二	元年	二	元年
二十二	二十三	二十四	
十一	十二	十三	十九卒 十四
二十一	二十二	二十三	三十 二十四 八卒
十三	十四	十五	二十 十六 八卒
十六	十七	十八	二十二 十九 二十 二年滅

宋右迪功郎鄭樵漁仲撰

年譜第二

七國年譜

周	秦	魏獻子	韓宣子	趙簡子	楚	燕	齊
乙丑 元王元年	厲共公元年	衛出公輒復元年		四十二	十三 楚惠王章 五十七年卒	十七 燕獻公 二十八年卒	五 齊平公驁 十九年卒
二	二 蜀人來賂	晉定公卒		四十三	十四 越圍吳	十八	六
三	三	晉出公錯元年 索隱曰系本名鑿		四十四	十五	十九	七 越人始來
四	四			四十五	十六 越滅吳	二十	八
五	五 楚人來賂			四十六	十七	二十一	九 晉知伯瑤來伐我
六	六 義渠來賂 緜諸乞援			四十七	十八	二十二	十
七	七 彗星見			四十八	十九 王子英奔秦	二十三	十一
八 元王崩 子定王介立	八			四十九	二十	二十四	十二
定王元年	九			五十	二十一	二十五	十三
甲戌 二	十 庶長將兵拔魏城 彗星見			五十一	二十二 魯哀公卒	二十六	十四
三	十一			五十二	二十三 魯悼公寧元年 三桓勝 魯如小侯	二十七	十五
四	十二			五十三	二十四	二十八	十六
五	十三		知伯伐鄭 駟桓子如齊以求救	五十四 知伯謂簡子欲廢太子 太子無恤怨知伯	二十五	燕孝公元年	十七 救鄭晉師
六	十四 晉人楚人來賂		鄭聲公卒	五十五	二十六	二	十八

周	秦	魏	韓	趙	楚	燕	齊
七	十五		鄭哀公元年	五十六	二十七	三	十九
八	十六 塹河旁 伐大荔 補龐戲城			五十七	二十八	四	二十
九	十七			五十八	二十九	五	二十一
十	十八			五十九	三十	六	二十二
十一	十九			六十 簡子卒 子毋恤立	三十一	七	二十三
甲申 十二	二十 公將師與綿諸戰			趙襄子元年	三十二 蔡聲侯卒	八	二十四
十三	二十一	晉哀公忌元年		二	三十三 蔡元侯元年	九	二十五
十四	二十二	衛悼公黚元年		三	三十四	十	齊宣公就匠元年
十五	二十三			四 與知伯分范中行地	三十五	十一	二
十六	二十四	魏桓子韓康子敗知伯于晉陽		五 襄子敗知伯 與韓魏共分其地	三十六	十二	三
十七	二十五 晉大夫知開率其邑人來奔			六	三十七	十三	四
十八	二十六 左庶長城南鄭			七	三十八	十四	五
十九	二十七	衛敬公元年		八	三十九 蔡侯齊元年	十五	六 宋昭公元年
二十	二十八 越人來迎女			九	四十	燕成公元年	七
二十一	二十九 晉大夫知寬率其邑人來奔			十	四十一	二	八
二十二	三十			十一	四十二 楚滅蔡	三	九
二十三	三十一			十二	四十三	四	十
二十四	三十二			十三	四十四 滅杞 杞夏之後	五	十一
二十五	三十三 伐義渠 虜其王			十四	四十五	六	十二

周	秦	魏	韓	趙	楚	燕	齊
二十六	三十四 日蝕 晝晦星見			十五	四十六	七	十三
二十七	秦躁公元年			十六	四十七	八	十四
二十八 貞定王崩 長子去疾立為哀王 三月弟叔襲殺之自立 是為思王 五月少弟嵬攻殺思王自立 是為考王	二 南鄭反			十七	四十八	九	十五
考王元年 辛丑	三			十八	四十九	十	十六
二	四			十九	五十	十一	十七
三	五			二十	五十一	十二	十八
甲辰 四	六	晉幽公柳元年 服於韓魏		二十一	五十二	十三	十九
五	七			二十二	五十三	十四	二十
六	八 六月雨雪 日月蝕			二十三	五十四	十五	二十一
七	九			二十四	五十五	十六	二十二
八	十			二十五	五十六	燕湣公元年	二十三
九	十一			二十六	五十七	二	二十四
十	十二	衛昭公元年		二十七	楚簡王仲元年 滅莒	三	二十五
十一	十三 義渠伐秦 侵至渭陽			二十八	二	四	二十六
十二	十四			二十九	三 魯悼公卒	五	二十七
十三	秦懷公元年 生靈公			三十	四 魯元公元年	六	二十八
甲寅 十四	二			三十一	五	七	二十九
十五 考王崩 子威烈王午立	三			三十二	六	八	三十
威烈王元年 丙辰	四 庶長鼂弒懷公 太子早死 大臣立太子之子為靈公	衛懷公亹元年		三十三 襄子卒	七	九	三十一
二	秦靈公元年 生獻公	魏文侯斯元年 生武侯擊	韓武子元年 景侯虔	趙桓子元年	八	十	三十二
三	二	二	二 鄭幽公元年 韓殺之	趙獻侯元年 名晚	九	十一	三十三
四	三	三	三 鄭立幽公子 為繻公元年	二	十	十二	三十四

				甲子										甲戌						
五	六	七	八	九	十	十一	十二	十三	十四	十五	十六	十七	十八	十九	二十	二十一	二十二	二十三 九鼎震	二十四 威烈王崩子安王驕立	元年 安王 徐廣曰庚辰
四 作上下畤	五	六	七 魏城少梁	八 城塹河瀕初以君主妻河索隱曰謂初以此年取他女爲君主君主猶公主也妻河謂嫁之河伯	九	十 補龐城籍姑 靈公卒立其季父悼子是爲簡公	元年 秦簡公	二 與晉戰敗鄭下	三	四	五 日蝕	六 初令吏帶劍	七 塹洛城重泉 興初租禾	八	九	十	十一	十二	十三	十四 伐魏至陽狐
四	五 魏誅晉幽公立其弟止	六 晉烈公止元年 魏城少梁	七	八 復城少梁	九	十	十一	十二	十三 公子擊圍繁龐出其民人	十四	十五	十六 伐秦築臨晉元里	十七 擊宋中山伐秦至鄭還築 一云擊守中山 徐廣曰一云攻秦至鄭還築合陽 洛陽	十八 文侯受經子夏過段干木之閭常式	十九	二十 卜相李克翟璜爭	二十一	二十二 初爲侯	二十三	二十四 伐秦至陽狐
四	五	六	七	八	九	十	十一	十二	十三	十四	十五	十六	元年 韓景侯虔 伐鄭取雍丘 鄭城京	二 鄭敗韓于負黍	三	四	五	六 初爲侯	七	八
三	四	五	六	七	八	九	十 中山武公初立 徐廣曰周定王孫西周桓公之子	十一	十二	十三 城平邑	十四	十五	元年 趙烈侯籍 魏使太子伐中山	二	三	四	五	六 初爲侯 烈侯好音欲賜歌者田牛畜等 侍以仁義乃止	七	八
十一	十二	十三	十四	十五	十六	十七	十八	十九	二十	二十一	二十二	二十三	二十四 簡王卒	元年 楚聲王當	二	三	四	五 魏韓趙始列爲諸侯	六 盜殺聲王	元年 楚悼王類
十三	十四	十五	十六	十七	十八	十九	二十	二十一	二十二	二十三	二十四	二十五	二十六	二十七	二十八	二十九	三十	三十一	元年 燕釐公	二
三十五	三十六	三十七	三十八	三十九	四十	四十一	四十二	四十三 伐晉毀黃城圍陽狐	四十四 伐魯莒及安陽	四十五 伐魯取都 徐廣曰世本云取一城	四十六	四十七	四十八 取魯郕	四十九 與鄭伯會于西城 伐衛取毌丘	五十	五十一 田會以廩丘反	元年 齊康公貸	二 宋悼公元年	三	四

			甲申										甲午							
二	三 王子奔晉	四	五	六	七	八	九	十	十一	十二	十三	十四	十五	十六	十七	十八	十九	二十	二十一	二十二
十五	元年 秦惠公 索隱曰系本名[illegible] 公史失名	二	三 日蝕	四	五 伐綿諸	六	七	八	九 伐韓宜陽取六邑	十 與晉戰武城縣陝	十一 太子生	十二	十三 伐蜀取南鄭	元年 秦出公 索隱曰惠公子	二 庶長改迎靈公太子立爲獻公誅出公	元年 秦獻公 索隱曰名師隰靈公太子	二 城櫟陽	三	四 孝公生	五
二十五 太子罃生	二十六 虢山崩壅河	二十七	二十八	二十九	三十	三十一	三十二 伐鄭城酸棗	三十三 晉孝公傾元年	三十四	三十五 齊伐取襄陵	三十六 秦侵晉	三十七	三十八	元年 魏武侯 擊襲邯鄲敗焉	二 城安邑王垣	三	四	五	六	七 伐齊至桑邱
九 鄭圍陽翟	元年 韓烈侯 索隱曰名取 系本作武侯	二 鄭殺其相駟子陽	三 三月盜殺韓相俠累 鄭人殺君 俠累一作法其	四 鄭伯子駟之徒殺其君繻公	五 鄭康公元年	六 救魯 鄭負黍反	七	八	九 秦伐我宜陽取六邑	十	十一	十二	十三	元年 韓文侯	二 伐鄭取陽城 伐宋到彭城執宋君	三	四	五	六	七 伐齊至桑丘 鄭敗晉
九	元年 趙武侯	二	三	四	五	六	七	八	九	十	十一	十二	十三	元年 趙敬侯章 武公子朝作亂奔魏	二	三	四 魏敗我兎臺 晃音敷反 亦作晃	五	六	七 伐齊至桑邱
二 三晉伐我至乘邱	三 歸榆關于鄭	四 敗鄭師圍鄭鄭殺子陽	五	六	七	八	九 韓伐我負黍	十	十一	十二	十三	十四	十五	十六	十七	十八	十九	二十	二十一	元年 楚肅王臧
三	四	五	六	七	八	九	十	十一	十二	十三	十四	十五	十六	十七	十八	十九	二十	二十一	二十二	二十三
五	六	七	八	九	十 宋休公元年	十一 伐魯取最	十二	十三	十四	十五 魯取我平陸	十六 田和與魏衛會濁澤求爲諸侯	十七	十八	十九 田常曾孫田和始列爲諸侯 遷康公海上食一城 和卒曰太公	二十 伐魯破之 田和卒	二十一 田和子桓公午立	二十二	二十三	二十四	二十五 伐燕取桑丘

		甲辰										甲寅								
二十三	二十四	二十五	二十六 安王崩子烈王喜立	元年 烈王 徐廣曰丙午	二	三	四	五	六 徐廣曰齊威王朝周	七 烈王崩子顯王扁立	元年 顯王 徐廣曰癸丑	二	三	四	五 賀秦	六	七	八	九 致胙于秦 徐廣曰紀年東周惠公傑薨	十
六 初縣蒲藍田善明氏	七	八	九	十 日蝕	十一 縣櫟陽	十二	十三	十四	十五	十六 民大疫 日蝕	十七 櫟陽雨金四月至八月	十八	十九 敗韓魏洛陽	二十	二十一 章蟜與晉戰石門斬首六萬天子賀	二十二	二十三 與魏戰少梁虜其太子	元年 秦孝公 彗星見西方	二 天子致胙	三 以衛鞅爲左庶長定變法之令
八	九 翟敗我澮 伐齊至靈邱	十 晉倶公倶酒元年	十一 魏韓趙滅晉 晉祀絶無後	十二	十三	十四	十五 衛聲公元年 敗趙北藺	十六 伐楚取魯陽	元年 魏惠王罃	二 敗韓馬陵	三 齊伐我觀	四	五 與韓會宅陽城武都	六 伐宋取儀臺	七	八	九 與秦戰少梁虜我太子	十 伐取趙皮牢 衛成侯元年	十一	十二 星晝墜有聲
八	九 伐齊至靈邱	十	元年 韓哀侯 分晉國	二 滅鄭康公二十年滅無後 韓徙都鄭自陽翟	三	四	五	六 韓嚴遂弑其君	元年 韓莊侯 索隱曰系本作懿侯 系本無名	二 魏敗我馬陵	三	四	五	六	七	八	九 魏敗我于澮 大雨三月	十	十一	十二
八	九 伐齊至靈邱	十	十一 分晉國	十二	元年 趙成侯種	二	三 伐衛取鄉邑七十三 魏敗我北藺	四	五	六 敗魏涿澤圍惠王	七 侵齊至長城	八	九	十	十一	十二	十三 魏敗我于澮	十四	十五	十六
二	三	四 蜀伐我茲方	五	六 魯共公元年	七	八	九	十 魏取我魯陽	十一	元年 楚宣王良夫	二	三	四	五	六	七	八	九	十	十一
二十四	二十五	二十六	二十七	二十八	二十九	三十 敗齊師于林孤	元年 燕桓公	二	三	四	五	六	七	八	九	十	十一	元年 燕文公	二	三
二十六 康公卒田氏遂并齊有之太公望之祀絶	元年 齊威王因 自田常至威王始以齊彊天下	二	三 三晉滅其君	四	五	六 魯伐入陽關晉伐到鱄陵 索隱曰鱄音沈反又音專	七 宋辟公元年 索隱曰辟音璧 辟公名辟兵生剔成 [illegible]	八	九 趙伐我甄	十 宋剔成元年	十一 伐魏取觀 趙侵我長城	十二	十三	十四	十五	十六	十七	十八	十九	二十

十一	四 敗韓師于西山	十三	韓昭侯元年 秦敗我西山	十七	十二	四	二十一 鄒忌以鼓琴見威王
甲子 十二	五	十四 與趙會鄗	二 宋取我黃池 魏取我朱	十八 趙孟如齊	十三 [illegible]	五	二十二 封鄒忌為成侯
十三	六	十五 魯衛宋鄭侯來朝	三	十九 與燕會阿	十四	六	二十三 與趙會平陸
十四	七 與魏王會杜平	十六 與秦孝公會杜平 侵宋黃池 宋復取之	四	二十 與齊宋會平陸	十五	七	二十四 與魏會田於郊
十五	八 與魏戰元里 斬首七千 取少梁	十七 與秦戰元里 秦取我少梁	五	二十一 魏圍我邯鄲	十六	八	二十五
十六	九	十八 邯鄲降齊 敗我桂陵	六 伐東周 取陵觀廩丘	二十二 魏拔我邯鄲	十七	九	二十六 敗魏桂陵
十七	十 衛公孫鞅為大良造 伐安邑降之	十九 諸侯圍我襄陵 築長城塞固陽	七	二十三	十八 魯康公元年	十	二十七
十八	十一 城商塞 衛鞅圍固陽降之	二十 歸趙邯鄲	八 申不害相	二十四 魏歸我邯鄲 與魏盟漳水上	十九	十一	二十八
十九	十二 初聚小邑為三十一縣令 為田開阡陌	二十一 與秦會彤	九	二十五	二十	十二	二十九
二十	十三 初為有秩史	二十二	十 韓姬弒其君悼公	趙肅侯元年 名語	二十一	十三	三十
二十一	十四 初為賦	二十三	十一 昭侯如秦	二	二十二	十四	三十一
甲戌 二十二	十五	二十四	十二	三 公子范襲邯鄲 不勝死	二十三	十五	三十二
二十三	十六	二十五	十三	四	二十四	十六	三十三 殺其大夫牟辛
二十四	十七	二十六	十四	五	二十五	十七	三十四
二十五 諸侯會	十八	二十七	十五	六	二十六	十八	三十五 田忌襲齊不勝
二十六 致伯秦	十九 天子致伯	二十八	十六	七	二十七 魯景公偃元年	十九	三十六
二十七	二十 諸侯畢賀 會諸侯于澤 朝天子	二十九 中山君為相	十七	八	二十八	二十	齊宣王辟彊元年
二十八	二十一 馬生人	三十 齊虜我太子申 殺將軍龐涓	十八	九	二十九	二十一	二 敗魏馬陵 田忌田嬰田盼將 孫子為師
二十九	二十二 封大良造商鞅	三十一 秦商鞅伐我 虜公子卬 我入河西地於秦 徙都大梁	十九	十	三十	二十二	三 與趙會伐魏

三十	二十三 與晉戰岸門	三十二 公子赫為太子	二十	十一	楚威王熊商元年	二十三	四
三十一	二十四 秦大荔圍合陽 孝公薨 商君反 死彤地	三十三 衛鞅亡歸我 我以歸秦	二十一	十二	二	二十四	五
甲申 三十二	秦惠文王元年 楚韓趙蜀人來	三十四	二十二 申不害卒	十三	三	二十五	六
三十三 賀秦	二 天子賀 行錢 宋太丘社亡	三十五 孟子來 王問利國 對曰君不可言利	二十三	十四	四	二十六	七 與魏會平阿南
三十四	三 王冠 拔韓宜陽	三十六	二十四 秦拔我宜陽	十五	五	二十七	八 與魏會於甄
三十五	四 天子致文武胙 魏夫人來	魏襄王元年 與諸侯會徐州以相王	二十五 作高門 屈宜臼曰昭侯不出此門	十六	六 滅越	二十八 蘇秦說燕	九 與魏會徐州以相王
三十六	五 陰晉人犀首為大良造	二 秦敗我雕陰	二十六 高門成 昭侯卒 不出此門	十七	七 圍齊於徐州	二十九	十 楚圍我徐州
三十七	六 魏以陰晉為和 命曰寧秦	三 伐趙 衛平侯元年	韓宣惠王元年	十八 齊魏伐我 我決河水浸之	八	燕易王元年	十一 與魏伐趙
三十八	七 義渠內亂 庶長操將兵定之	四	二	十九	九	二	十二
三十九	八 魏入少梁河西地于秦	五 與秦河西少梁地 秦圍我焦曲沃	三	二十	十	三	十三
四十	九 度河取汾陰皮氏 圍焦降之 與魏會應	六 與秦會應 秦取汾陰皮氏	四	二十一	十一 魏敗我陘山	四	十四
四十一	十 張儀相 公子桑圍蒲陽降之 魏納上郡	七 入上郡于秦	五	二十二	楚懷王槐元年	五	十五 宋君偃元年
甲午 四十二	十一 縣義渠 歸魏焦曲沃	八 秦歸我焦曲沃	六	二十三	二	六	十六
四十三	十二 初臘 會龍門	九	七	二十四	三	七	十七
四十四	十三 四月戊午 魏君為王	十	八 魏敗我韓舉	趙武靈王元年 魏敗我趙護	四	八	十八
四十五	更元年 初更 張儀將兵取陝	十一 衛嗣君元年	九	二 城鄗	五	九	十九
四十六	二 相張儀與齊楚會齧桑	十二	十 君為王	三	六 敗魏襄陵	十 君為王	齊湣王地元年
四十七	三 張儀免相 相魏	十三 秦伐我 取曲沃平周 女化為丈夫	十一	四 與韓會于區鼠	七	十一	二
四十八 顯王崩 子慎靚王立	四	十四	十二	五 取韓女為夫人	八	十二	三 封田嬰於薛
慎靚王元年 徐廣曰辛丑	五 王北游戎地 至河上	十五	十三	六	九	燕王噲元年	四 迎婦于秦
二	六	十六	十四 秦來擊我 取鄢	七	十 城廣陵	二	五

三	七 五國共擊秦 不勝而還	魏哀王元年 擊秦不勝	十五 擊秦不勝	八 擊秦不勝	十一 擊秦不勝	三 擊秦不勝	六 宋自立為王
甲辰 四	八 與韓趙戰 斬首八萬 張儀復相	二 齊敗我觀津	十六 秦敗我修魚 虜將申差	九 與韓魏擊秦 齊敗我觀津	十二	四	七 敗魏趙觀津
五	九 擊蜀滅之 取趙中都西陽安邑	三	十七	十 秦取我中都西陽安邑	十三	五 君噲讓其臣子之國 顧為臣	八
六 慎靚王崩 子赧王延立	十	四	十八	十一 秦敗我將軍英	十四	六	九
赧王元年 徐廣曰丁未 [illegible] 皇甫謐曰名誕	十一 侵義渠 得二十五城	五 秦拔我曲沃 歸其人 走犀首岸門	十九 秦敗我岸門 太子倉質秦以和	十二	十五 魯平公元年	七 君噲及太子相子之皆死	十
二	十二 樗里子擊藺陽 虜趙將 公子通封蜀	六 秦來立公子政為太子 與秦王會臨晉	二十	十三 秦拔我藺 虜將趙莊	十六 張儀來相	八	十一
三	十三 庶長章擊楚 斬首八萬	七 擊齊 虜聲子於濮 與秦擊燕	二十一 秦助我攻楚 圍景痤	十四	十七 秦敗我將屈丐 取漢中 韓魏亦來伐	九 燕人共立公子平	十二
四	十四 蜀相殺蜀侯	八 圍衛	韓襄王倉元年	十五	十八	燕昭王元年	十三
五	秦武王元年 誅蜀相壯 張儀魏章皆東出之魏	九 與秦會臨晉	二	十六 吳廣入女 生子何 立為惠王后	十九	二	十四
六	二 初置丞相 樗里子甘茂為丞相	十 張儀死	三	十七	二十	三	十五
七	三 [illegible]	十一 與秦會應 徐廣曰在潁川大城	四 與秦會臨晉 秦擊我宜陽	十八	二十一	四	十六
甲寅 八	四 拔宜陽 斬首六萬 涉河城武遂	十二 太子往朝秦	五 秦拔我宜陽 斬首六萬	十九 初胡服	二十二	五	十七
九	秦昭襄王元年	十三 秦擊皮氏 未拔而解	六 秦復與我武遂	二十	二十三	六	十八
十	二 彗星見 桑君為亂誅	十四 秦武王后來歸	七	二十一	二十四 秦來迎婦	七	十九
十一	三	十五	八	二十二	二十五 與秦王會黃棘 秦復與我上庸	八	二十
十二	四 彗星見	十六 秦拔我蒲坂晉陽封陵	九 秦取我武遂	二十三	二十六 齊韓魏伐我 使太子橫質於秦 秦救之	九	二十一
十三	五 魏王來朝	十七 與秦會臨晉 秦復我蒲坂	十 太子嬰與秦王會臨晉 因至咸陽而歸	二十四	二十七 太子橫殺秦大夫亡歸	十	二十二
十四	六 蜀反 司馬錯往誅蜀守 定蜀 庶長奐伐楚	十八 與秦擊楚	十一 秦取我穰 與秦擊楚	二十五 惠后卒	二十八 秦敗我將唐昧	十一	二十三 與秦擊楚 使公子將 大有功
十五	七 拔新城 斬首三萬 魏冉為相	十九	十二	二十六	二十九 秦取我襄城 殺我將景缺	十二	二十四 秦使涇陽君質於齊
十六	八 楚王來 因留之	二十 與齊王會於韓	十三 齊魏王來 立咎為太子	二十七 以公子何為王	三十 王入秦 秦取我八城	十三	二十五 涇陽君復歸 孟嘗君文入相秦
十七	九 齊韓魏共擊我函谷 三國以和 三國乃還	二十一 與齊韓共擊秦於函谷 河渭絕一日	十四 與齊魏共擊秦	趙惠文王元年 以公子勝為相 封平原君	楚頃襄王元年 秦取我十六城	十四	二十六 與魏韓共擊秦 孟嘗君相齊

甲子	十八	十 楚懷王亡之趙趙弗納	二十二	十五	二 楚懷王亡來弗納	二	十五	二十七
	十九	十一 彗星見 與我封陵	二十三	十六 與齊魏擊秦秦與我武遂和	三	三 懷王卒於秦來歸葬	十六	二十八
	二十	十二 樓緩免穰侯魏冉爲丞相	元年 魏昭王 秦擊我襄城	元年 韓釐王咎	四 圍殺主父 與齊燕共滅中山	四 魯文公元年 徐廣曰一作潘	十七 佐趙滅中山	二十九 佐趙滅中山
	二十一	十三 任鄙爲漢中守	二 與秦戰不利	二	五	五	十八	三十 田甲劫王相薛文走
	二十二	十四 白起敗韓魏伊闕斬首二十四萬虜公孫喜	三 佐韓擊秦秦敗我兵伊闕	三 秦敗我伊闕斬首二十四萬虜公孫喜	六	六	十九	三十一
	二十三	十五 魏冉免相	四	四	七	七 迎婦于秦	二十	三十二
	二十四	十六 伐韓拔宛	五	五 秦拔我宛城	八	八	二十一	三十三
	二十五	十七 魏入河東地四百里	六 芒卯以詐見重	六 與秦武遂地方二百里	九	九	二十二	三十四
	二十六	十八 客卿錯擊魏至軹取城大小六十一	七 秦擊我取城大小六十一	七	十	十	二十三	三十五
	二十七	十九 十月爲帝十二月復爲王 任鄙卒	八	八	十一 秦拔我杜陽 徐廣曰一作梗	十一	二十四	三十六 爲東帝二月復爲王
甲戌	二十八	二十	九 秦拔我新垣曲陽之城	九	十二	十二	二十五	三十七
	二十九	二十一 魏納安邑及河內	十 宋王死我溫	十 秦敗我師夏山	十三	十三	二十六	三十八 齊滅宋
	三十	二十二 蒙武擊齊	十一	十一	十四 與秦會中陽	十四 與秦會宛	二十七	三十九 秦拔我列城九
	三十一	二十三 尉斯離與韓魏燕趙共擊齊秦破之	十二 與秦擊齊 濟西與秦王會西周	十二 與秦擊齊 濟西與秦王會西周	十五 取齊淮北	十五 取齊淮北	二十八 與秦三晉擊齊燕獨入至臨菑取其寶器	四十 五國共擊我 湣王走莒
	三十二	二十四	十三 秦拔我安城兵至大梁而還	十三	十六 與秦王會穰	十六	二十九	元年 齊襄王法章
	三十三	二十五	十四 大水 衛懷君元年	十四 與秦會兩周間	十七 秦拔我兩城	十七	三十	二
	三十四	二十六 魏冉復爲丞相	十五	十五	十八 秦拔我石城	十八	三十一	三
	三十五	二十七 擊趙斬首三萬 地動壞城	十六	十六	十九 秦敗我軍取代光狼城	十九 秦擊我取黔中 我獻漢北上庸地於秦	三十二	四
	三十六	二十八 白起伐楚取鄢鄧 赦罪人遷之	十七	十七	二十 與秦會澠池 藺相如從	二十 秦伐我取鄢鄧西陵	三十三	五 殺燕騎劫
	三十七	二十九 白起擊楚拔郢更東至竟陵以爲南郡	十八	十八	二十一	二十一 秦拔我郢燒夷陵王亡走陳	元年 燕惠王	六
甲申	三十八	三十 白起封爲武安君	十九	十九	二十二	二十二 秦拔我巫黔中	二	七

	三十九	三十一 白起伐魏取兩城	元年 魏安釐王 封弟公子無忌爲信陵君	二十	二十三	二十三 復取秦所拔江南十五邑	三	八
	四十	三十二 伐魏韓救之 大敗韓 魏納八城 復伐魏圍大梁 魏納溫	二 秦來伐納八城於秦 再圍大梁 割溫以和	二十一 暴鳶救魏 爲秦所敗 走開封	二十四	二十四	四	九
	四十一	三十三 伐魏取四城	三 秦拔我四城斬首四萬	二十二	二十五	二十五	五	十
	四十二	三十四 白起擊魏華陽軍芒卯走 得三晉將斬首十五萬	四 與秦南陽以和	二十三	二十六	二十六	六	十一
	四十三	三十五 楚太子來質 置南陽郡	五 擊燕	元年 韓桓惠王 擊燕	二十七	二十七 魯頃公元年	七	十二
	四十四	三十六	六	二	二十八 藺相如攻齊至平邑	二十八	元年 燕武成王	十三 趙伐我
	四十五	三十七 滅義渠	七	三	二十九 秦伐我閼與 趙奢將擊秦大敗之 賜號爲馬服君	二十九	二	十四 秦擊我取剛壽
	四十六	三十八	八	四	三十 秦擊閼與不拔	三十	三	十五
	四十七	三十九	九 秦拔我懷城	五	三十一	三十一	四	十六
甲午	四十八	四十 太子質於魏者死歸葬芷陽	十	六	三十二	三十二	五	十七
	四十九	四十一 以范雎爲丞相 封應侯	十一 秦拔我廩丘 徐廣曰一作邢丘	七	三十三	三十三	六	十八
	五十	四十二 宣太后薨 安國君爲太子	十二	八	元年 趙孝成王丹 秦拔我三城 平原君相	三十四	七 齊田單拔中陽	十九
	五十一	四十三 白起伐韓拔九城斬首五萬	十三	九 秦拔我城汾旁	二	三十五	八	元年 齊王建
	五十二	四十四 秦攻韓取南陽 徐廣曰一作郡	十四	十 秦擊我太行	三	三十六	九	二
	五十三	四十五 秦攻韓取十城	十五	十一 秦拔我野王	四 韓上黨降我	元年 楚考烈王完 秦取我州 黃歇爲相	十	三
	五十四	四十六 王之南鄭	十六	十二	五 使廉頗距秦於長平	二	十一	四
	五十五	四十七 白起破趙長平殺卒四十五萬	十七	十三	六 使趙括代廉頗將 白起破括兵四十五萬	三	十二	五
	五十六	四十八 秦攻趙拔武安皮牢 定太原上黨	十八	十四	七 割地和秦	四	十三	六
	五十七	四十九	十九	十五	八	五	十四	七
	五十八	五十 王齕鄭安平圍邯鄲 不拔 軍拔汾中兵解去	二十 公子無忌救邯鄲秦兵解去	十六	九 秦圍我邯鄲 楚魏來救	六 春申君救趙	元年 燕孝王	八
甲辰	五十九	五十一 秦取西周 王入秦 秦盡獻其邑 十命諸侯討之 徐廣曰乙巳赧王卒 秦遂攻周	二十一 韓魏楚救趙新中秦兵罷	十七 秦伐我取陽城負黍斬首四萬	十 秦來伐取二十縣斬首九萬	七	二	九

	五十二 秦昭襄王 取西周王 徐廣曰丙午 [illegible]	二十二	十八	十一	八 取魯封魯君於莒	三	十
	五十三 伐魏取吳城	二十三 秦伐取吳城 自是卒屬秦 合於秦	十九	十二	九	元年 燕王喜	十一
	五十四 郊雍	二十四	二十	十三	十 徙於鉅陽	二	十二
	五十五	二十五 衛元君元年	二十一	十四	十一	三	十三
	五十六	二十六	二十二	十五 平原君卒	十二 柱國景伯死	四 伐趙趙破我軍殺栗腹	十四
	元年 秦孝文王柱 即位三日薨 子楚立 華陽夫人爲華陽太后 夏姬爲夏太后	二十七	二十三	十六	十三	五 燕攻齊聊城拔之 齊復攻取之	十五 燕拔我聊城 田單復取之
	元年 秦莊襄王楚 蒙驁取成皋滎陽 初置三川郡 呂不韋相 取東周	二十八	二十四 秦拔我成皋滎陽	十七	十四 楚滅魯 頃公遷於下邑爲家人 絕祀	六	十六
	二 蒙驁擊趙榆次新城狼孟 得三十七城 日蝕	二十九	二十五	十八 秦伐我取榆次三十七城	十五 春申君徙封於吳	七	十七
甲寅	三 王齮擊上黨 初置太原郡 魏公子無忌率五國卻我軍河外 蒙驁解還	三十 無忌率五國兵敗秦軍河外	二十六 秦拔我上黨	十九	十六	八	十八
	始皇元年 徐廣曰乙卯 蒙驁擊定晉陽 作鄭國渠	三十一	二十七	二十 秦取我晉陽	十七	九	十九
	二	三十二	二十八	二十一	十八	十	二十
	三 蒙驁擊韓取十二城 王齮死	三十三	二十九 秦拔我十二城	元年 趙悼襄王偃	十九	十一 趙拔我武遂方城	二十一
	四 七月蝗蔽天下 百姓納粟千石拜爵一級	三十四 信陵君死	三十	二 太子從質秦歸	二十	十二	二十二
	五 蒙驁取魏酸棗二十城 初置東郡	元年 魏景湣王增 秦拔我二十城	三十一	三 趙相魏相會柯盟	二十一	十三 劇辛死於趙	二十三
	六 五國共擊秦	二 秦拔我朝歌 及衛濮陽 衛徙居野王	三十二	四	二十二 王東徙壽春 命曰郢	十四	二十四
	七 彗星見北方西方 夏太后薨 蒙驁死	三 秦拔我汲	三十三	五	二十三	十五	二十五
	八 嫪毐封長信侯	四	三十四	六	二十四	十六	二十六
	九 彗星見竟天 嫪毐反 遷其舍人于蜀 彗星復見	五 秦拔我垣蒲陽	元年 韓王安	七	二十五 李園殺春申君	十七	二十七
甲子	十 相國呂不韋免 齊趙來置酒 太后入咸陽 大索	六	二	八 入秦置酒	元年 楚幽王悍	十八	二十八 入秦置酒
	十一 呂不韋之河南 王翦擊鄴閼與取九城	七	三	九 秦拔我閼與鄴九城	二	十九	二十九
	十二 發四郡兵助魏擊楚 呂不韋卒 復嫪毐舍人遷蜀者	八 秦助我擊楚	四	元年 趙王遷 徐廣曰[illegible]元年	三 秦魏擊我	二十	三十
	十三 桓齮擊平陽 殺趙扈輒 斬首十萬 因東擊趙 王之河南 彗星見	九	五	二 秦拔我平陽 敗扈輒 斬首十萬	四	二十一	三十一
	十四 桓齮定平陽武城宜安 韓使非來 我殺非 韓王請爲臣	十	六	三 秦伐我取宜安平陽武成	五	二十二	三十二
	十五 興兵至鄴 一軍至太原取狼孟番吾	十一	七	四 秦拔我狼孟番吾軍鄴	六	二十三 太子丹質於秦亡來歸	三十三

甲戌

十六 置麗邑 發卒受韓南陽地　十二　八 獻城于秦 秦來受地　五 地大動　七　三十四　三十四

十七 內史騰擊韓得韓王安盡取其地置潁川郡 華陽太后薨　十三　九 秦虜王安 韓滅　六　八　三十五　三十五

十八 王翦下趙 伐井陘　十四 衛君角元年　七 受秦賂殺將軍李牧　九　三十六　三十六

十九 王翦拔趙虜王遷于邯鄲 帝太后薨　十五　八 秦王翦虜王遷滅趙 公子嘉自立為代王　十 幽王卒弟猶立為哀王 負芻殺哀王　三十七　三十七

二十 燕太子使荊軻刺王 王覺之 王翦將擊燕　元年 魏王假　元年 代王嘉　元年 楚王負芻 哀王庶兄　二十八 太子丹使荊軻刺秦 十八 王翦伐我　三十八

二十一 王賁擊楚　二　二 秦大破我取十城　二　二十九 秦伐我薊 得太子丹 王徙遼東　三十九

二十二 王賁擊魏得其王假盡取其地　三 秦虜王假 是歲魏滅　三　三　三十　四十

二十三 王翦蒙武擊破楚 殺其將項燕　四　四 秦破我軍 殺將項燕　三十一　四十一

二十四 王翦蒙武破楚 虜其王負芻　五　五 秦虜王負芻 是歲楚滅　三十二　四十二

二十五 王賁擊燕得其王喜 還擊代虜其王嘉 王翦遂定江南降百越 置會稽郡 五月天下大酺　六 是歲代虜 王嘉滅　三十三 秦虜王喜 是歲燕滅　四十三

二十六 王賁攻齊得其王建 是歲六國盡滅 初并天下 更號皇帝 定為水德 以十月為歲首 分天下為三十六郡 銷兵器為金人十二 命民曰黔首 禁天下書　四十四 秦虜王建 是歲齊滅

二十七 巡隴西北地 作信宮及甘泉前殿 治馳道於天下

二十八 東巡上鄒嶧山 封泰山 禪梁父 遂登瑯琊 渡淮浮江 至南郡而還 入為太極廟 賜戶三十爵級

二十九 東游至陽武 韓人張良狙擊誤中副車 令天下大索十日不得 遂登瑯琊道上黨入

甲申

三十

三十一 更命臘日為嘉平 賜黔首里六石米二羊 以嘉平大索二十日

三十二 帝之碣石道上郡入 遣將軍蒙恬發兵三十萬人北伐匈奴

三十三 發諸嘗逋亡及贅壻賈人為兵 畧取南越陸梁地 置桂林南海象郡 以謫徙人五十萬戍五嶺 取匈奴河南地為四十四縣 築長城 起臨洮至遼東 延袤萬有餘里

三十四 適治獄吏不直者築長城及南方越地 覆獄故失 是歲燒詩書及百家語

三十五 除直道 塹山堙谷千八百里 數年不就 營朝宮作前殿阿房 是歲阬諸生四百六十餘人於咸陽

三十六 徙民於北河榆中三萬家 拜爵一級 石隕下東郡 有文言地分

三十七 冬十月 東巡至雲夢 祀虞舜 上會稽 祭大禹 秋七月至沙丘崩 丞相李斯 宦者趙高 矯遺詔廢太子扶蘇 立少子胡亥為帝 還至咸陽 胡亥襲位 秋九月 始皇葬驪山

二世元年 冬十月戊寅大赦 罪人 十一月 為兔園 十二月 就阿房宮 其九月 郡縣皆反 楚兵至戲 章邯擊卻之 出衛君角為庶人

元年 楚王陳勝 勝陽城人 與吳廣起 夏人斬蘄 左戍至陳 戍漁陽失期當斬 勝廣因共殺尉 收兵入據陳 以是歲秋七月 勝自立為楚王

元年 趙王武臣 武臣陳人 楚王使與張耳陳餘徇趙地河北 武臣至趙 以是歲秋八月自立為趙王 都邯鄲 以耳餘為將相

元年 齊王田儋 儋狄人 故齊王族也 儋從弟榮 榮弟橫 皆豪健宗彊 乃以是歲秋九月擊殺狄令 自立為齊王 略定齊地

元年 燕王韓廣 廣故上谷卒史也 趙王武臣遣廣將兵北徇燕地 燕豪傑共說廣王燕 廣乃以是歲秋九月自立為燕王

元年 魏王魏咎 咎故魏公子寧陵君也 楚將周市既定魏地 乃以是歲秋九月迎咎於陳 立為魏王 都臨濟 市自為魏相

二年 將軍章邯 長史司馬欣 都尉董翳 追楚兵至河 誅丞相斯 去疾 將軍馮劫

二年 楚王陳勝 冬十二月秦將章邯擊陳 勝敗走 御者莊賈殺勝降秦 楚將東陽人秦嘉立故楚族景駒為楚王

元年 楚義帝心 心故楚懷王孫 為人牧羊 下邳項梁求楚王後 乃立為楚懷王 以項梁為上柱國 引兵攻秦嘉 駒走死

二年 趙王武臣 冬十一月武臣為其將李良所殺 多為張耳陳餘耳目人 以故免於禍 歇故趙王後也 武臣死 張耳陳餘求歇

元年 趙王歇 兵擊李良 良敗走求將章邯 立以為趙王

二年 齊王田儋 夏六月王儋救魏 秦將章邯殺儋於臨濟 齊人聞儋死 立故齊王建之弟假為王 田榮收儋餘兵東走 擊逐王假 立儋子市為王

元年 齊王田市 王市 以榮為相 以弟橫為將 平定齊地

二年 燕王韓廣

二年 魏王魏咎 夏六月秦將章邯圍魏於臨濟 齊楚救至 咎約降 章邯殺齊王 咎自燒殺 豹咎之弟也 咎亡走楚 楚懷王予豹數千人

元年 魏王豹 復略定魏地 秋九月是歲豹下魏二十餘城 立豹為魏王

元年 韓王成 成故韓公子 封橫陽君 是歲六月楚將項梁立之 為韓王 略定韓地 秦輒取之 成為游兵 往來於潁川

甲午

三年 秋八月趙高反 二世自殺 高立二世兄子嬰為王 子嬰立 刺殺高 夷三族　冬十一月項羽殺趙 大破秦軍于鉅鹿 虜其將王離

一　二　三　二　二

乙未

子嬰 帝心 元年 三年 元年 元年 [illegible]

秦下 楚義帝 西楚 霸王 漢 [illegible]

三年 韓王成 [illegible]

元年 殷王司馬卬 元年 常山王張耳 元年 九江王英布 元年 衡山王吳芮 元年 臨江王共敖 元年 遼東 燕王臧荼 元年 膠東王田市 元年 齊王田都 元年 濟北王田安 [illegible]

韓王 鄭昌 元年 [illegible]

田都 元年 齊王田榮 元年 [illegible]

冬十月漢王 義帝徙 五諸侯 兵伐楚 項羽使吳人彭城 [illegible]

楚義帝 西楚漢高 帝心霸王皇帝

四年 二年 二年 二年 卯二 陽二 耳二 元年 元年 布二 芮二 敖二 二年

夏四月 韓王 冬十月 鄭昌 二年 春三月 漢王豹降

西魏 殷王 河南 常山 趙王 代王 九江 衡山 臨江 燕王

王豹 司馬 王申 王張 歇後 陳餘 王英 王英 王共 臧荼

冬十月 陳餘以耳故 代為代王 [illegible]

韓信 元年 降漢 因立信為韓王

田榮 齊王 二年 田廣 元年

楚三

漢三 冬十月甲戌晦日有食之 十一月癸卯晦日有食之 秋七月有星孛于大角 是歲滅趙歇代 九江王來歸

韓三

趙二 冬十月漢擊趙 韓信破趙 斬 [illegible]

代二

九江三 冬十二月漢使隨何以 [illegible]

衡山三　臨江三　燕三

齊二 秋八月漢遣酈食其來說齊 [illegible] 其守備

楚四 冬十月與漢會戰廣武 秋八月與漢約中分天下 九月歸太公呂后 與漢解而東歸

漢四 冬十月與楚會戰廣武 十一月韓信破齊立韓信為齊王 春二月立韓信為齊王 秋七月更立黥布為淮南王

韓四　衡山四　臨江四　燕四

齊二 冬十月韓信擊破我 [illegible] 王廣走高密 楚遣龍且將兵來救 韓信擊破之 殺其將龍且 [illegible] 田橫自立為王 [illegible] 韓信遂定齊地

楚五 冬十二月漢圍項羽于垓下 楚兵大敗 王騎走 [illegible] 中為漢追騎所及 自剄死 項王自起兵至是凡八年而亡

漢五 冬十月漢追項羽至固陵 十二月圍籍垓下 籍走自殺 楚地平 春正月更立齊王信為楚王 [illegible] 二月諸侯王請尊漢王為皇帝 甲午即位于汜水之陽 更王后曰皇后 王太子曰皇太子 立故衡山王吳芮為長沙王 故粵王無諸為閩粵王 帝西都洛陽 夏五月兵罷歸 大赦 秋七月燕王臧荼反 帝自將擊荼 虜之 立盧綰為燕王

韓五 臣屬漢

衡山五 臣屬漢

臨江五 共敖前死 其子尉立為王 秋七月王荼 [illegible]

燕五 [illegible] 盧綰為燕王

前漢年譜

太祖高皇帝六年 冬十一月帝會諸侯于陳 執楚王信以歸 赦為淮陰侯 大赦 更以太原郡為韓國 徙韓王信王之 夏五月尊太公為太上皇 韓王信叛

七年 帝自將討韓王信 冬十月匈奴圍上於平城 七日乃解 春二月定都於長安

八年

九年 春正月廢趙王張敖為侯 夏六月乙未晦日食既

甲辰

十年 夏五月太上皇崩 秋九月代相國陳豨反 帝自將擊之

十一年 冬十月破豨定代地 春正月淮陰侯信謀反伏誅 將軍柴武斬韓王信於參合 二月梁王彭越謀反伏誅 夏五月立故秦南海尉趙佗為南粵王 秋九月淮南王黥布反 帝自將擊之

十二年 冬十月上破布軍 布走江南 追斬布于番陽 太尉周勃斬陳豨於當城 燕王盧綰謀反 春二月遣樊噲擊之 夏四月帝崩于長樂宮 即位十二年 時年六十二 綰亡入匈奴

孝惠皇帝元年 帝諱盈之字滿 高祖太子也 母曰呂皇后 高祖十二年夏五月即位 是歲 春正月城長安

二年 春正月有兩龍見蘭陵家人井中 隴西地震 夏旱 秋七月相國何卒 以曹參代為相國

三年 春城長安 夏五月立閩粵君搖為東海王 六月城長安 秋七月都廐災

四年 冬十月壬寅立皇后張氏 春正月皇帝冠 除挾書律 長樂宮鴻臺災 宜陽雨血 秋七月未央宮凌室災 織室災

五年 冬十月雷 桃李華 棗實 春正月城長安 夏大旱 秋八月相國參卒

六年 冬十月以王陵為右丞相 陳平為左丞相 夏留侯張良卒 以周勃為太尉

七年　春正月辛丑朔日有食之　夏五月丁卯先晦一日日食幾盡　秋八月帝崩于未央宮卽位七年年二十四

甲寅

高皇后呂氏元年　后諱雉初惠后無子取後宮美人子名之以爲太子太子立爲帝年幼太后稱制立諸呂爲王冬十一月以王陵爲帝太傅陳平爲右丞相審食其爲左丞相任敖爲御史大夫　秋桃李華

二年　春正月地震武都山崩　夏六月丙戌晦日有食之

三年　夏江漢水溢流　秋星晝見　伊洛汝水溢流

四年　夏四月廢少帝幽殺之五月立恆山王義爲帝更名弘太后仍稱制弘亦太后所名孝惠帝子也　以曹窋爲御史大夫

五年　南粵王佗反自稱爲南粵武帝

六年　春星晝見

七年　春正月己丑晦日有食之

八年　夏江漢水溢　秋七月太后崩于未央宮朱虛侯劉章太尉周勃丞相陳平共誅諸呂迎立代王後九月代王至卽位是爲孝文帝誅呂后所名孝惠子弘等大赦天下

太宗孝文皇帝元年　帝諱恆之字高祖中子也母曰薄姬始立爲代王代王之十七年高后崩帝入卽尊位是歲冬十月以陳平爲左丞相周勃爲右丞相　春正月立子啟爲皇太子三月立皇后竇氏　夏四月齊楚地震二十九山同日崩大水潰出　秋八月右丞相勃免　南粵王尉佗稱臣奉貢

二年　冬十月丞相陳平卒以周勃爲丞相灌嬰爲太尉　十一月癸卯晦日有食之

甲子

三年　冬十月丁酉晦日有食之十一月丁卯晦日有食之　丞相勃免就國以灌嬰爲丞相罷太尉官　濟北王興居反兵敗自殺

四年　冬十二月丞相嬰卒以張蒼爲丞相申屠嘉爲御史大夫

五年　春二月地震

六年　冬十月桃李華　淮南王長謀反廢徙蜀道死　匈奴冒頓死子老上單于立

七年　夏四月大赦　六月未央宮東闕罘罳災

八年　夏長星出西方

九年　春大旱

十年

十一年

十二年　冬十二月河決酸棗東潰金隄　馬生角

甲戌

十三年　除肉刑法

十四年

十五年　春黃龍見于成紀　夏赦

十六年　趙人新垣平言日再中詔更以明年爲後元年

後元年　新垣平詐伏誅

二年　秋八月丞相蒼免以申屠嘉爲丞相

三年　匈奴老上單于死子軍臣單于嗣立

四年　夏四月丙寅晦日有食之　五月赦

五年　齊有狗生角

六年　夏大旱

七年　夏六月帝崩于未央宮在位二十三年時年四十六　秋九月有星孛于西方

甲申

孝景皇帝元年　帝諱啟之字開文帝之太子也母曰竇皇后文帝後七年夏六月卽位春正月減笞法

二年　冬十二月有星孛于西南　夏四月太皇太后崩　六月丞相嘉卒以陶青爲丞相鼂錯爲御史大夫　彗星出東北　衡山雨雹　熒惑逆行守北辰月出北辰間歲星逆行于天廷之中

三年　春正月赦　長星出西方　洛陽東宮災　吳王濞膠西王卬膠東王雄渠菑川王賢濟南王辟光楚王戊趙王遂舉兵反以誅鼂錯爲名天子爲斬錯以謝大赦天下七國兵不止帝遣太尉周亞夫大將軍竇嬰擊之　二月壬子晦日有食之　諸將破七國兵追騎至於丹徒六王皆自殺

四年　夏四月立皇子榮爲皇太子　赦　冬十月戊戌晦日有食之

五年

六年　冬十二月雷大霖雨　秋九月廢皇后薄氏

七年　冬十一月廢太子榮爲臨江王是月庚寅晦日有食之　春丞相青免以周亞夫爲丞相罷太尉官　夏四月立夫人王氏爲皇后膠東王徹爲皇太子

中元年　夏四月赦　地震　衡山原都雨雹

二年　春三月徵臨江王榮下吏榮自殺　夏四月有星孛于西北　秋九月甲戌晦日有食之

甲午

三年　夏四月地震　旱　秋九月蝗　有星孛于西北是月甲戌晦日有食之　丞相亞夫免以劉舍爲丞相

四年　夏蝗　冬十月戊午日有食之

五年　夏六月赦　大水　秋八月未央東闕災

六年　冬十月更諸官名　春二月雨雪　秋七月辛亥晦日有食之

後元年　春三月赦　夏地震凡二十二日　丞相舍免　秋七月晦日有食之　以衛綰爲丞相直不疑爲御史大夫

二年　春正月地一日三動　秋大旱

三年　冬十月日月皆赤凡五日　十二月晦日如紫五星逆行守太微月貫天庭中　帝崩于未央宮在位一十六年時年四十八

世宗孝武皇帝建元元年　帝諱徹之字通景帝中子也母曰王皇后以景帝後三年正月卽位是歲始稱建元元年自古帝王未無年號年號之起蓋由于此　夏七月丞相綰免以竇嬰爲丞相田蚡爲太尉趙綰爲御史大夫

二年　冬十月御史大夫綰坐事下獄自殺　丞相嬰太尉蚡免　春二月丙戌朔日有食之三月以許昌爲丞相　夏四月有星如日夜出

三年　春河水溢平原　大饑人相食　秋七月有星孛于西北　九月丙子晦日有食之

甲辰

四年　夏有風赤如血　旱　秋九月有星孛于東北

五年　夏五月大蝗

六年　春二月遼東高廟災　夏四月高園便殿火　五月太皇太后崩　六月丞相昌免以田蚡爲丞相　秋八月有星孛于東方長竟天　遣大行王恢擊閩越閩越王弟餘善殺王郢降

元光元年　夏四月赦　秋七月癸未日有食之

二年

三年　春河徙于頓丘　夏決濮陽

四年　冬十二月殺魏其侯竇嬰　春三月丞相蚡卒　夏四月隕霜殺草　五月以薛澤爲丞相　地震　赦

五年　秋七月大風拔木　皇后陳氏廢　八月螟

六年　夏大旱蝗

元朔元年　冬皇子據生　春三月立夫人衛氏爲皇后　赦

甲寅

二年　春衛青取匈奴河南地置朔方五原郡　三月乙亥晦日有食之

三年　冬匈奴軍臣單于死弟伊稚斜單于立　以公孫弘爲御史大夫　春赦　夏六月皇太后崩

四年

五年　冬十一月丞相澤免以公孫弘代爲丞相

六年　春二月大將軍衛青將六將軍擊匈奴　赦　夏四月衛青將六將軍絕漠大克獲

元狩元年　夏四月赦　立子據爲皇太子　五月乙巳晦日有食之

二年　春三月丞相弘卒以李蔡爲丞相張湯爲御史大夫　秋匈奴渾邪王降置五屬國以處其衆

三年　春有星孛于東方　夏赦　秋山東大水

四年　春有星孛于東方　夏長星出西北

五年　春三月丞相蔡有罪自殺夏四月以莊青翟爲丞相

甲子

六年　冬十月雨水無冰　秋九月大司馬驃騎將軍霍去病卒

元鼎元年　夏五月赦

二年　冬十一月張湯有罪自殺十二月丞相青翟下獄死以趙周爲丞相　春三月大雨雪　夏大水人饑死　西域始通置酒泉武威郡

三年　春正月陽陵園火　夏雨雹　關東饑　匈奴伊稚斜單于死子烏維單于立

四年

五年　冬十一月南越相呂嘉殺其王興更立建德爲王發兵反　夏四月赦是月丁丑晦日有食之　秋遣將軍路博德擊南越　九月丞相周坐酎金下獄自殺以石慶爲丞相　西羌反

甲戌

六年 冬討西羌平之 路博德討平南越建德呂嘉以其地置九郡 平西南夷置五郡 東越王餘善反遣將軍楊僕擊之 置張掖敦煌郡

元封元年 冬十月帝自出長城登單于臺勒兵而還 東越殺王餘善 登封泰山 秋有星孛于東井又孛于三台

二年 夏朝鮮襲殺遼東都尉 旱 秋遣將軍楊僕等擊朝鮮 遣將軍郭昌擊滇滇王降 以其地置益州郡

三年 冬十二月雷雨雹 遣將軍趙破奴擊樓蘭虜其王姑師遂擊車師破之 朝鮮人殺其王右渠以降以其地置樂浪臨屯元菟真番郡

四年 夏大旱

五年 夏四月赦 大司馬大將軍衛青卒 初置十三部刺史

六年 秋大旱蝗 匈奴烏維單于死子兒單于烏師廬立

太初元年 冬十一月甲子朔旦冬至 柏梁臺災於是作建章宮 造太初曆以正月為歲首 秋遣將軍李廣利伐宛 關東蝗大起飛西至敦煌

二年 春正月丞相慶卒公孫賀為丞相 秋蝗

三年 春匈奴兒單于死季父呴犁湖單于立 李廣利圍宛殺其王毋寡取得善馬

四年 冬匈奴呴犁湖單于死弟且鞮侯單于立使使來獻

天漢元年 春幸甘泉郊泰畤 三月幸河東祠后土 遣中郎將蘇武送匈奴使留在漢者單于與武等徙北海牧羝 夏大旱 五月赦 發謫戍屯五原 浞野侯趙破奴自匈奴亡歸 濟南太守王卿為御史大夫

二年 春幸東海回中 夏五月遣貳師將軍廣利擊匈奴 李陵兵敗降匈奴 作沈命法 以匈奴降者介和王成娩為開陵侯將樓蘭國兵擊車師匈奴

三年 夏大旱 赦

甲申

四年

太始元年 夏赦 匈奴且鞮侯單于死子狐鹿姑單于立

二年 秋大旱

三年 春皇子弗陵生

四年 夏五月赦 冬十月甲寅晦日有食之

征和元年 夏大旱

二年 春正月丞相賀有罪下獄死以劉屈氂為左丞相 夏四月大風發屋拔木 帝幸甘泉體不安巫言祟在巫蠱以江充為治巫蠱使充入太子宮掘地求蠱云得木人尤多太子懼以秋七月斬充自皇后發兵反詔丞相屈氂討之據敗走湖皇后據皆自殺 八月地震

三年 夏赦 六月丞相屈氂棄市 秋蝗

四年 春正月雍縣無雲如雷者三隕石二黑如黳 夏六月以田千秋為丞相封為富民侯 秋八月辛酉晦日有食之

後元元年 春赦 秋七月地震

甲午

二年 春二月立皇子弗陵為皇太子以霍光為大司馬大將軍金日磾為車騎將軍上官桀為左將軍受遺詔輔少主帝崩于五柞宮在位五十四年時年七十二 夏赦 秋七月有星孛于東方 追尊帝母鉤弋夫人趙氏為皇太后

孝昭皇帝始元元年 帝諱弗陵一曰諱弗之字不武帝少子以後元二年春即位年八歲 秋七月赦大雨至于十月 九月車騎大將軍金日磾卒 冬無冰

二年 匈奴狐鹿姑單于死子壺衍鞮單于嗣立

三年 春二月有星孛于西北 冬十月鳳凰集于東海 十一月壬辰朔日有食之

四年 春三月立皇后上官氏赦

五年 罷儋耳真番郡

六年 夏旱

元鳳元年 武都氐反遣兵擊之 夏赦 秋七月乙亥晦日食既 八月鄂邑長公主燕王旦左將軍上官桀車騎將軍安謀反皆伏誅

二年 夏六月赦

三年 春正月泰山石立上林僵柳復起生

甲辰

四年 春正月帝冠 丞相千秋卒以王訢為丞相 夏五月孝文帝廟正殿火 赦 遣使誘樓蘭王安歸而殺之

五年 夏大旱 冬十一月大雷 十二月丞相訢卒

六年 冬十一月以楊敞為丞相

元平元年 春二月有流星大如月眾星皆隨西行 夏四月帝崩于未央宮年二十一 帝無子大將軍光承皇后詔迎武帝孫昌邑王賀詣長安六月[illegible]入即位淫亂不君立為帝凡二十七日光白皇太后廢之 秋七月光復以皇太后令迎武帝曾孫病已入繼大宗是為孝宣皇帝 八月丞相楊敞卒以蔡義為丞相 九月大赦 冬十一月立皇后許氏

中宗孝宣皇帝本始元年 帝初名病已元康二年更名詢之字諱武帝戾太子之孫也母王夫人生數月遭巫蠱事太子皇孫皆遇害曾孫在襁褓繫郡邸獄賴丙吉得全後有詔掖庭養視屬籍宗正昭帝崩昌邑王賀廢帝入嗣位 春大將軍光請歸政不受 夏四月地震 追尊戾太子戾夫人為悼考悼后

二年 遣五將軍將兵十五萬擊匈奴

三年 皇后許氏遇毒崩 夏大旱 丞相義卒以韋賢為丞相魏相為御史大夫

四年 春三月立皇后霍氏赦 夏四月壬寅郡國四十九地震山崩北海琅邪地震壞祖宗廟 赦 五月鳳凰集于北海

地節元年 春有星孛于西方 冬十二月癸亥日有食之

二年 春三月大司馬大將軍光卒以張安世為大司馬車騎將軍領尚書事 鳳凰集魯 大赦 匈奴壺衍鞮單于死弟虛閭權渠單于立

甲寅

三年 夏四月立子奭為皇太子 丞相賢致仕以魏相為丞相丙吉為御史大夫 六月大雨雹 秋九月地震 以張安世為衛將軍

四年 夏五月山陽濟陰雨雹殺人 秋七月霍氏謀反霍顯及禹山雲皆伏誅皇后霍氏坐廢

元康元年 春三月赦 夏七月追尊悼考為皇考

二年 春正月赦 二月立倢伃王氏為皇后

三年

四年 有神爵五采萬數集于長樂未央北宮高寢泰畤殿中及上林苑 大司馬衛將軍張安世卒

神爵元年 先零羌叛遣後將軍趙充國擊之充國留屯田湟中 夏六月有星孛于東方

二年 春二月鳳皇甘露降集京師 置金城屬國以處降羌 匈奴虛閭權渠單于死握衍朐鞮單于立日逐王先賢撣來降

三年 春三月丞相魏相卒以丙吉為丞相蕭望之為御史大夫

四年 春二月赦 冬十月鳳凰集于杜陵十二月集山林

甲子

五鳳元年 秋匈奴內亂五單于爭立 冬十二月乙酉朔日有食之

二年 秋匈奴呼韓邪單于擊殺屠耆單于呼屠吾斯自立為郅支單于

三年 春正月丞相丙吉卒以黃霸為丞相 置西河北地屬國以處匈奴降者

四年 春匈奴呼韓邪單于遣弟谷蠡王入侍 夏四月辛丑晦日有食之 匈奴郅支單于攻呼韓邪單于走之遂都單于庭

甘露元年 春匈奴兩單于皆遣子入侍 夏四月黃龍見 太上皇太宗廟火

二年 春正月赦 匈奴款塞願請朝來年

三年 春正月匈奴呼韓邪單于來朝 鳳凰集于新蔡 丞相霸卒以于定國為丞相 皇孫驁生

四年 冬十月未央宮宣室閣火 匈奴兩單于俱遣使來朝獻

黃龍元年 春匈奴呼韓邪單于來朝郅支單于徙居堅昆 三月有星孛于王良閣道入紫宮 帝寢疾以史高為大司馬車騎將軍蕭望之為前將軍光祿勳周堪為光祿大夫皆受遺詔輔政 冬十二月帝崩于未央宮在位二十四年時年四十二

孝元皇帝初平元年 帝諱奭之字盛宣帝太子也母曰許皇后以黃龍元年冬十二月嗣尊位 春三月立倢伃王氏為皇后 秋九月關東大水

二年 春二月隴西地震 夏四月立子驁為皇太子 關東饑 秋七月地復震 冬十月前將軍蕭望之自殺

三年 春罷珠厓郡 夏赦 旱

四年

五年 夏四月有星孛于參 郅支單于殺漢使西奔康居

永光元年 春三月赦 雨雪隕霜殺桑又殺稼 秋饑 丞相定國免 匈奴呼韓邪單于北歸庭

二年 春三月赦 三月壬戌朔日有食之 夏六月赦 秋七月隴西羌反右將軍馮奉世擊破之

三年 冬十一月地震雨水

四年 夏六月孝宣園東闕災戊寅晦日有食之

五年 秋潁川大水

建昭元年 春正月隕石于梁 秋八月有蟲飛蔽日從東都門至于枳

甲申

二年 秋閏八月太皇太后上官氏崩 冬十二月齊楚地震大雨雪

三年 夏六月丞相元成卒以匡衡為丞相 冬十月副校尉陳湯矯制發兵與都護甘延壽襲擊匈奴郅支單于於康居斬之

四年　夏藍田地震山崩壅霸水安陵岸崩壅涇水逆流

五年　春三月詔赦　夏六月壬申晦日有食之

竟寧元年　春正月匈奴單于來朝　夏五月帝崩于未央宮在位一十六年時年四十三

孝成皇帝建始元年　帝諱驁之字俊元帝太子也母曰王皇后元帝崩帝襲尊位以元舅王鳳爲大司馬大將軍領政是歲春正月悼考廟災　有星孛于營室　夏四月黃霧四塞　六月有青蠅垂萬數集于未央宮殿中朝者坐　秋八月有兩日相承晨見東方　九月流星光燭地長四五丈委曲如蛇形貫紫宮　冬十月大風拔甘泉畤中大木十圍

二年　春三月立皇后許氏　夏大旱匈奴呼韓邪單于死子復株累若鞮單于立

三年　春三月赦天下徒　秋大雨京師民訛言大水至　冬十二月戊申朔日有食之夜地震于未央宮殿中　越嶲山崩　丞相匡衡有罪免爲庶人

四年　春三月隕石于槀四于肥累二　三月癸丑朔日有食之　以王商爲丞相　夏四月雨雪　秋桃李華　河決

甲午

河平元年　夏四月己亥晦日有食之　赦

二年　春正月沛郡鐵官冶鐵飛　夏楚國雨雹

三年　春二月犍爲地震山崩壅江水逆流　秋八月乙卯晦日有食之　河決

四年　春正月匈奴單于來朝　三月癸丑朔日有食之　夏四月詔收丞相商印綬商以憂卒以張禹爲丞相　山陽有火生石中

陽朔元年　春二月丁未晦日有食之

二年　夏四月以王音爲御史大夫　秋關東水

三年　春三月隕石于東郡八　秋八月大司馬大將軍鳳卒九月以王音爲大司馬車騎將軍

四年　夏四月大雨雪

鴻嘉元年　春正月以薛宣爲御史大夫　三月丞相禹罷薛宣爲丞相　匈奴復株累單于死弟搜諧若鞮單于立

二年　春三月飛雉集未央宮承明殿　夏五月隕石于杜郵三

三年　夏四月赦　大旱　秋八月孝景廟闕災　冬十二月廢皇后許氏

四年　秋河水溢

永始元年　夏五月封太后弟子莽爲成都侯　六月立倢伃趙氏爲皇后　秋八月太皇太后王氏崩　九月黑龍見東萊是月丁巳晦日有食之

二年　春正月大司馬車騎將軍音卒　二月星隕如雨是月乙酉晦日有食之　三月以王商爲大司馬衛將軍　冬十一月策免丞相宣御史大夫翟方進復以方進爲丞相孔光爲御史大夫

三年　春正月己卯晦日有食之

四年　春正月赦　夏四月長樂臨華殿未央宮東司馬門皆災　六月霸陵園門闕災　秋七月辛未晦日有食之

元延元年　春正月己亥朔日有食之　夏四月無雲而雷有流星東南行四面如雨　秋七月有星孛于東井　冬十二月大司馬衛將軍商卒以王根爲大司馬驃騎將軍　匈奴搜諧單于死弟車牙若鞮單于立

二年

三年　春正月蜀郡岷山崩壅江凡三日江水竭

四年　春隕石于關東二　甘露降于京師

綏和元年　春正月大赦　二月立定陶王欣爲皇太子　夏建三公官大司馬根去將軍之號改御史大夫何武爲大司空　匈奴車牙單于死弟囊爲珠留若鞮單于立　冬十月大司馬根病免　皇后許氏廢自殺以新都侯莽爲大司馬

二年　春正月熒惑守心二月丞相翟方進卒　三月帝崩于未央宮年四十六　以孔光爲丞相追尊定陶共王爲定陶共皇　夏五月立皇后傅氏尊定陶太后傅氏爲共皇太后帝母丁姬爲共皇后　秋七月策免大司馬莽以師丹爲大司馬　九月地震　冬十月策免大司空武以師丹爲大司空

甲寅

孝哀皇帝建平元年　春正月赦　隕石北地十六　以傅喜爲大司馬　秋九月隕石于虞二　策免大司空丹以朱博爲大司空

二年　春正月有星孛于牽牛　策免大司馬喜罷三公官復以朱博爲御史大夫丁明爲大司馬衛將軍　夏策免丞相光以朱博爲丞相　詔共皇去定陶之號尊共皇太后傅氏爲帝太太后共皇后丁氏爲帝太后　夏六月帝太后丁氏崩　大赦改元太初更號陳聖劉太平皇帝　八月詔罷改元易號事　丞相博有罪自殺御史大夫趙玄減死論　冬十一月以平當爲丞相

三年　春三月丞相當卒　有星孛于河鼓　夏四月以王嘉爲丞相　冬十一月無鹽危山土起　瓠山石立

四年　春正月旱　關東民訛言行籌　夏六月尊帝太太后傅氏爲皇太太后

元壽元年　春正月辛丑朔日有食之　以傅晏爲大司馬衛將軍丁明爲大司馬驃騎將軍晏就第　皇太太后傅氏崩　三月丞相嘉有罪下獄死以孔光爲丞相　秋九月策免大司馬驃騎將軍明　冬十二月以幸臣董賢爲大司馬衛將軍

二年　春正月匈奴單于烏孫大昆彌皆來朝　夏四月壬辰晦日有食之　五月正三公官分職大司馬衛將軍董賢爲大司馬丞相孔光爲大司徒御史大夫彭宣爲大司空　六月帝崩于未央宮時年二十六　董賢以罪罷自殺　太皇太后以王莽爲大司馬領尚書事　秋七月太皇太后詔中山王箕子爲嗣　貶皇太后爲孝成皇后徙孝哀皇后於桂宮　廢傅太后爲定陶共王母丁太后爲丁姬　八月廢孝哀孝成皇后皆自殺　策免大司空宣以王崇爲大司空　九月中山王即位太皇太后臨朝大司馬莽秉政以孔光爲帝太傅馬宮爲大司徒

孝平皇帝元始元年　帝諱箕子後更名衎之字樂元帝庶孫中山孝王興之子也母曰衛姬即位時年九歲是歲春二月以孔光爲太師王舜爲太保甄豐爲少傅王莽爲太傅號安漢公　夏五月丁巳朔日有食之大赦　拜帝母衛姬爲中山孝王后

二年　春越巂郡黃龍游江中　大司空崇免以甄豐爲大司空　夏四月郡國大旱蝗青州尤甚　隕石鉅鹿二　秋九月戊午晦日有食之

三年　春聘安漢公莽女爲皇后

甲子

四年　春二月立皇后王氏大赦　加安漢公莽號宰衡　冬大風吹長安城東門屋瓦且盡

五年　夏四月太師光卒以馬宮爲太師　五月加安漢公莽九錫　冬十二月安漢公莽弒帝帝在位六年　以平晏爲大司徒　太皇太后詔徵宣帝元孫又詔安漢公莽居攝踐祚

孺子嬰居攝元年　春二月立宣帝元孫嬰爲皇太子號曰孺子　夏四月安衆侯劉崇起兵討莽不克死之　五月太皇太后詔莽朝見稱假皇帝　冬十月丙辰朔日有食之

二年　秋九月東郡太守翟義起兵討莽立劉信爲帝莽遣兵追擊義敗不克死之信亡走

新室初始元年　春地震大赦　冬十一月太皇太后詔莽號令奏事毋言攝　十二月梓潼人哀章作銅匱譏莽莽自稱新皇帝更號太皇太后爲新室文母太皇太后

始建國元年　春正月莽廢孺子爲定安公孝平皇后爲定安太后　夏四月徐鄉侯劉快起兵討莽不克死之　冬雷桐華　真定常山大雨雹

二年　春二月莽廢漢諸侯王爲民　冬莽罷漢廟更號定安太后爲黃皇室主　十二月雷　莽將軍甄豐自殺莽遂殺劉棻甄尋丁隆等數百人

三年　莽太師王舜死　瀕河郡蝗生　河決于魏郡

四年　春二月赦　夏有赤氣出東南竟天

五年　春二月文母皇太后薨　冬十一月彗星出二十餘日　匈奴烏珠留單于死烏累若鞮單于咸立

甲戌

天鳳元年　春正月赦　三月壬申晦日有食之　莽策免大司馬逯並爲侯　夏四月隕霜殺草木　六月黃霧四塞　秋七月大風雨雹

二年　春民訛言黃龍死　邯鄲以北大雨水出

三年　春二月地震大雨雪　長平岸崩壅涇水　秋七月霸城門災戊子晦日有食之　冬十月王路朱鳥門鳴晝夜不絕聲

四年　秋臨淮及荊州綠林兵起

五年　春北軍南門災　琅邪樊崇東海刁子都等反　烏累單于死弟呼都而尸道皋若鞮單于輿立

六年　關東饑旱

地皇元年　春二月壬申日正黑　秋七月大風毀王路堂　九月莽起九廟　大雨六十餘日　鉅鹿男子馬適求等謀誅莽不克而死

二年　春正月莽妻死太子臨謀殺莽事覺自殺　秋隕霜殺菽　關東大饑蝗　莽毀漢高帝廟　南郡秦豐兵起

三年　春二月關東人相食　夏四月樊崇兵自號赤眉莽遣太師王匡將軍廉丹擊之　綠林兵分爲下江新市兵莽遣將軍嚴尤陳茂擊之　蝗飛蔽天　秋七月荊州平林兵起　赤眉破廉丹誅之　漢宗室劉縯及弟秀起兵舂陵新市平林兵皆附　下江兵與莽荊州牧戰大破之　冬十一月有星孛于張　漢兵與莽守將甄阜梁丘賜戰不利遂與下江兵合

淮陽王元更始元年　元字聖公光武皇帝族兄也初爲平林兵安集掾是歲春正月漢兵攻甄阜梁丘賜誅之又破嚴尤陳茂於淯陽遂圍宛　二月新市平林諸將共立聖公爲帝大赦改元更始　三月劉秀徇昆陽定陵郾下之　莽遣其司徒王尋司空王邑大發兵會嚴尤陳茂　夏五月圍昆陽　以宛降漢元入都之　六月劉秀大破莽兵於昆陽下殺王尋　元殺大司徒劉縯以劉秀爲破虜將軍　秋成紀隗囂起兵　公孫述起兵成都　劉望稱帝於汝南以嚴尤陳茂爲將相元遣兵擊之誅尤茂　遣上公王匡攻洛陽大將軍申屠建攻武關析人鄧曄起兵開關迎之　九月入長安李松皇后自焚崩殿兵誅莽傳首詣宛　王匡拔洛陽　李憲據郡稱淮南王　元封劉永爲梁王　以劉秀行大司馬遣徇河北劉賜爲丞相　冬十二月王郎稱帝於邯鄲徇下幽薊

朔寧王隗囂　成家公孫述

淮南王李憲元年

梁王劉永元年

甲申

二年　春二月更始遷都長安徵隗囂爲右將軍　夏四月大司馬秀遣將擊斬王郎更始立秀爲蕭王　公孫述自稱爲蜀王　冬赤眉西攻長安　更始以隗囂爲御史大夫　梁王永據國起兵　秦豐據黎邱自稱楚黎王

朔寧王隗囂　成公孫述

淮南王李憲二年

梁王劉永二年

齊王張步

東漢年譜

乙酉

世祖光武皇帝建武元年　光武諱秀字文叔南陽蔡陽人出自景帝子長沙定王發光武蓋發之五世孫也王莽地皇三年起兵四年而成帝業　春正月平陵人方望以前定安公嬰稱帝於臨涇更始遣兵擊斬之　夏四月公孫述稱成帝　六月帝以蕭王即皇帝位于鄗南改元大赦　赤眉以劉盆子稱帝　秋七月以前將軍鄧禹爲大司徒野王令王梁爲大司空大將軍吳漢爲大司馬　帝使吳漢等圍洛陽　更始復入長安　九月赤眉入長安更始奔高陵　帝封更始爲淮陽王　以前高密令卓茂爲太傅　洛陽降　冬十月帝入都之　淮陽王降赤眉　十一月梁王永僭號　十二月赤眉殺淮陽王　隗囂據天水　竇融據河西自稱五郡大將軍　盧芳據安定匈奴立以爲漢帝

朔寧王隗囂　成帝公孫述　淮南王李憲　梁王劉永　齊王張步　漢帝盧芳元年

二年　春正月甲子朔日有食之　二月大司空王梁免以太中大夫宋弘爲大司空　漁陽太守彭寵反　三月赦　夏六月立貴人郭氏爲皇后皇子彊爲皇太子　大赦

朔寧隗囂　二　是歲延岑反漢據漢中 [illegible]

淮南王李憲四　梁王劉永四年　齊王張步　漢帝盧芳二年　[illegible]

三年　春正月赦　赤眉君臣面縛降　得傳國璽　三月以大司徒司直伏湛爲大司徒、漁陽太守彭寵反陷薊城自立爲燕王　夏五月乙卯晦日有食之　六月赦　蓋延克睢陽獲劉永　冬十一月李憲稱帝

朔寧隗囂　三　是歲漢遣太中大夫來歙來使

淮南王李憲五　梁王劉永五年　齊王張步三年　漢帝盧芳　燕王彭寵元年　[illegible]

四年　春正月赦　秋九月以侯霸爲尚書令　冬十月太傅卓茂卒

朔寧隗囂　四

淮南王李憲六　梁王劉紆元年　齊王張步四年　漢帝盧芳　燕王彭寵二年

五年　春二月赦　彭寵爲其蒼頭所殺　燕地平　夏四月旱蝗　秋八月梁人殺劉紆以降　梁地平　冬十月張步降　齊地平　十一月大司徒伏湛免以尚書令侯霸爲大司徒　十二月盧芳僭稱帝於太原

朔寧隗囂　五

淮南王李憲七　梁王二　秋七月紆爲其下所殺　齊王張步五年　冬十月步降　漢帝盧芳　燕王彭寵三年　春二月寵爲蒼頭所殺　[illegible]

六年　春正月揚武將軍馬成拔舒　淮南亡　夏五月隗囂反　遣兵據隴坻　諸將與戰大敗　秋九月丙寅晦日有食之　冬十二月大司空弘免　隗囂遣兵下隴　遣兵擊破之　囂降蜀

朔寧隗囂　成　淮南王李憲八　[illegible]

漢帝盧芳六年

七年　春三月公孫述立隗囂爲朔寧王　是月癸亥晦日有食之　夏五月以李通爲大司空

朔寧隗囂元年　[illegible]

成龍興七　漢盧芳七

八年　是歲大水

朔寧隗囂二年　成龍興八　漢盧芳八

九年　春正月隗囂死子純代立

朔寧隗純　[illegible]　九　九

甲午

十年　冬十月中郎將來歙等大破隗純於落門王元奔蜀純與周宗降隴右平

朔寧隗純　是歲純降國滅　十　十

十一年　十一　十一

十二年　夏甘露降南行唐　六月黃龍見于東門　冬十一月大司馬吳漢等大破公孫述於成都述被創夜死吳漢屠成都夷述宗族蜀地平　十二月以揚武將軍馬成行大司空事

十二　是歲述敗死成國滅　十二

十三年　春正月大司徒霸卒　三月以沛郡太守韓歆爲大司徒　行大司空馬成罷　夏以冀州牧竇融爲大司空

十三　是歲盧芳奔匈奴

十四年　十四

十五年　春正月大司徒歆免歆自殺　有星孛于昴　以汝南太守歐陽歙爲大司徒　有星孛于營室　冬十二月大司徒歙有罪下獄死　關內侯戴涉爲大司徒

十五　[illegible]

十六年　春三月辛丑晦日有食之　冬盧芳降立以爲代王

十六　是歲芳降國滅

十七年　春二月乙亥晦日有食之　冬十月廢皇后郭氏立貴人陰氏爲皇后

十八年

十九年　夏六月廢皇太子彊爲東海王立東海王陽爲皇太子改名莊

甲辰

二十年　夏四月大司徒涉下獄死　大司空融坐免　五月大司馬漢卒　六月以蔡茂爲大司徒　朱浮爲大司空

二十一年

二十二年　夏五月乙未晦日有食之　秋九月地震　冬大司空浮免以光祿勳杜林爲大司空　青州蝗　匈奴單于輿死子蒲奴立

二十三年　夏五月大司徒茂卒　秋八月大司空林卒　王況爲大司徒　冬十月以太僕張純爲大司空

二十四年　春正月大赦　冬十一月匈奴薁鞬日逐王比自立爲南單于於是分爲南北匈奴

二十五年　春三月戊申晦日有食之

二十六年

二十七年　夏四月大司徒況卒　改司馬曰太尉　以太僕趙憙爲太尉　大司農馮勤爲司徒

二十八年

二十九年　春二月丁巳朔日有食之

甲寅

三十年　春閏三月有星孛于紫宮　夏大水

三十一年　夏五月大水　癸酉晦日有食之　蝗

建武中元元年　春二月帝東封泰山　三月司空純卒　夏四月大赦改元　六月以太僕馮魴爲司空　司徒勤卒　京師醴泉出赤草生郡國頻言甘露降　秋蝗　冬十月以司隸校尉李訢爲司徒　十一月甲子晦日有食之　南單于比死弟莫立

二年　春二月帝崩於南宮前殿年六十二

顯宗孝明皇帝　帝諱莊字嚴光武第四子母曰陰皇后光武崩帝嗣立　夏四月以高密侯鄧禹爲太傅

永平元年　夏五月太傅鄧禹卒

二年

三年　春二月太尉憙司徒訢免以左馮翊郭丹爲司徒南陽太守虞延爲太尉　立貴人馬氏爲皇后子炟爲皇太子　夏六月有星孛于天船北　秋八月壬申晦日有食之　大水

四年　冬十月司徒丹　司空魴免以河南尹范遷爲司徒太僕伏恭爲司空

五年

六年　春二月有寶鼎出王雒山

甲子

七年　春正月皇太后陰氏崩

八年　春正月司徒遷卒以太尉虞延爲司徒　秋大水　冬十月壬寅晦日有食之

九年　是歲大有年

十年

十一年　是歲漅湖出黃金　麒麟白雉醴泉嘉禾所在皆出焉

十二年　秋七月司空恭罷以大司農牟融爲司空

十三年　冬十月晦日有食之

十四年　春三月司徒延有罪自殺以鉅鹿太守邢穆爲司徒

十五年　夏四月大赦

十六年　夏五月司徒穆有罪下獄死　是月戊午晦日有食之　以大司農王敏爲司徒

十七年　春正月甘露降於甘陵　二月司徒敏卒以汝南太守鮑昱爲司徒　是歲甘露仍降樹枝內附芝草生殿前神雀五色翔集京師

十八年　夏六月有星孛于太微　秋八月帝崩於東宮前殿年四十八

肅宗孝章皇帝　帝諱炟字[illegible]顯宗第五子也母曰賈貴人顯宗崩帝嗣位　冬十月大赦以行太尉事憙爲太傅司空融爲太尉並錄尚書事　十一月以蜀郡太守第五倫爲司空是月甲辰晦日有食之　大旱

建初元年　春三月山陽東平地震　秋八月有星孛于天市

二年　夏大旱　冬十二月有星孛于紫宮

三年　春三月立貴人竇氏爲皇后

四年　春二月太尉牟融卒　夏四月立子慶爲皇太子　六月皇太后馬氏崩　是歲甘露降泉陵洮陽二縣

五年　春二月庚辰朔日有食之　夏五月太傅憙卒　是歲零陵獻芝草有八黃龍見于泉陵

六年　夏六月太尉鮑昱卒是月辛未晦日有食之　秋七月以大司農鄧彪爲太尉

七年　夏六月廢皇太子慶爲清河王立子肇爲皇太子　是歲京師及郡國螟

八年

甲申

元和元年　秋八月太尉鄧彪罷以大司農鄭弘爲太尉是月詔改元

二年　夏四月客星入紫宮

三年 夏四月太尉鄭弘免尋卒大司農宋由爲太尉 五月司空倫罷太僕袁安爲司空

章和元年 夏六月司徒虞免以司空袁安爲司徒光祿勳任隗爲司空 秋八月乙未晦日有食之

二年 春二月帝崩于章德前殿年三十三

孝和皇帝 帝諱肇章帝第四子母梁貴人肅宗崩帝襲尊位時年十歲皇太后臨朝以故太尉鄧彪爲太傅錄尚書事 夏旱

永元元年 秋七月會稽山崩 九月以車騎將軍竇憲爲大將軍是歲郡國九大水

二年 春正月赦 二月壬午日有食之

三年 春正月帝冠

四年 春正月北匈奴於除鞬爲單于 三月司徒安卒以太常丁鴻爲司徒 夏六月戊戌朔日有食之郡國十三地震 旱蝗 大將軍竇憲謀逆伏誅 秋七月太尉宋由坐黨憲自殺 八月司空隗卒 以大司農尹睦爲太尉錄尚書事 冬十月以宗正劉方爲司空

五年 春正月赦 太傅鄧彪卒 隴西地震 夏六月郡國三雨雹 北單于叛遣兵追斬之 冬十月太尉睦卒以太僕張酺爲太尉 南匈奴單于屯屠河死單于宣弟安國立

六年 春正月使匈奴中郎將杜崇殺安國立左賢王師子爲單于 司徒丁鴻卒以司空劉方爲司徒太常張奮爲司空 秋旱

七年 夏四月辛亥朔日有食之 秋七月易陽地震九月京師地震

八年 春二月立貴人陰氏爲皇后 夏四月河內陳留蝗 秋九月京師蝗 冬十二月南宮宣室殿火

九年 春三月隴西地震 夏六月蝗旱 秋閏八月皇太后竇氏崩 九月司徒劉方免自殺 冬十一月以光祿勳呂蓋爲司徒 十二月司空奮罷以太僕韓稜爲司空

十年 夏五月京師大水 秋七月司空韓稜卒以太常巢堪爲司空 冬十月五州雨水 是歲南單于長之子檀立

十一年 夏四月赦

十二年 夏四月秭歸山崩 秋七月辛亥朔日有食之 九月太尉酺免以大司農張禹爲太尉

十三年 秋八月荊州雨水 冬十一月司徒呂蓋罷以光祿勳魯恭爲司徒

十四年 春三月赦 夏六月皇后陰氏廢死 秋三州雨水 冬十月立貴人鄧氏爲皇后 司空巢堪罷以大司農徐防爲司空

十五年 夏四月甲子晦日有食之 五月南陽大風 是秋四州雨水

甲辰

十六年 秋七月旱 司徒恭免以光祿勳張酺爲司徒酺尋卒 冬十月以司空防爲司徒大鴻臚陳寵爲司空

元興元年 夏四月大赦改元 冬十二月帝崩于章德前殿時年二十七立皇子隆爲皇太子

孝殤皇帝 帝諱隆和帝少子也和帝崩帝襲尊位時誕育百餘日皇太后臨朝

延平元年 春正月以太尉禹爲太傅司徒防爲太尉參錄尚書事 以光祿勳梁鮪爲司徒 夏四月司空寵卒 五月河東垣山崩 六月以太常尹勤爲司空 郡國三十七雨水 秋八月帝崩時年二歲

孝安皇帝 帝諱祜字福肅宗孫清河孝王慶之子母左姬殤帝崩太后與兄車騎將軍鄧騭定策迎之入襲尊位時年十三太后猶臨朝 六州大水 隕石于陳留 冬十月

永初元年 春正月赦 二月司徒鮪卒 三月癸酉日有食之 夏五月以長樂衞尉魯恭爲司徒 河東地陷 秋九月太尉防免司空勤免太傅禹爲太尉太常周章爲司空 冬十月新城山泉水大出 十一月司空章免自殺 十二月以潁川太守張敏爲司空 是歲郡國凡十八地震四十一雨水二十八大風雨雹

二年 夏四月漢陽城火 五月旱 六月京師及郡國四十大水大風雨雹 是歲郡國十二地震

三年 春正月帝冠 京師大饑人相食 司徒恭罷以大鴻臚夏勤爲司徒 夏五月京師大風 冬十二月郡國九地震 乙亥有星孛于天紀 是歲京師及郡國凡四十一雨水雹并涼大饑人相食

四年 春三月杜陵園火 郡國九地震 夏四月六州蝗大赦 秋七月三郡大水 九月益州郡地震

五年 春正月庚辰朔日有食之 郡國十地震 太尉禹免以光祿勳李脩爲太尉 是歲九州蝗郡國凡八雨水

六年 春三月十州蝗 夏四月司空敏罷以太常劉愷爲司空 五月旱 六月豫章員谿原山崩 赦

七年 春二月郡國凡十八地震 夏四月丙申晦日有食之 秋八月蝗

甲寅

元初元年 春正月改元 二月日南地拆 三月癸酉朔日有食之 夏四月赦 京師及郡國五旱蝗 六月河東地陷 秋九月太尉脩罷以大司農司馬苞爲太尉 冬十月戊子朔日再食 是歲郡國凡十五地震

二年 春三月京師大風 夏四月立貴人閻氏爲皇后 五月京師旱河南及郡國十九蝗 六月太尉苞卒 洛陽新城地裂 秋七月以太僕馬英爲太尉 九月壬午晦日有食之 冬十一月郡國十地震 十二月司徒勤罷司空劉愷爲司徒光祿勳袁敞爲司空

三年 春二月郡國十地震 三月辛亥日有食之 夏四月京師旱 冬十一月郡國九地震

四年 春二月乙巳朔日有食之大赦 武庫災 夏四月司空敞免自殺以太常李郃爲司空 六月三郡雨雹 秋七月京師及郡國十雨水 是歲郡國十三地震

五年 春三月京師及郡國五旱 秋八月丙申朔日有食之 是歲郡國十四地震

六年 春二月京師及郡國四十二地震或坼裂水泉涌出 夏四月會稽大疫勃海大風雨雹 五月京師旱 冬十二月戊午朔日有食之既郡國八地震

永寧元年 夏四月立皇子保爲皇太子改元大赦 秋七月乙酉朔日有食之 冬十月司空郃免以衞尉陳褒爲司空自三月至于是月京師及郡國三十三大風雨水 十二月司徒愷罷以太常楊震爲司徒 是歲郡國二十三地震

建光元年 春二月赦 三月皇太后鄧氏崩 追尊清河孝王爲孝德皇皇妣曰孝德后 秋七月改元大赦 太尉馬英卒以前司徒劉愷爲太尉 是秋京師及郡國二十九雨水 冬十一月郡國三十五地震或坼裂

延光元年 春三月改元大赦 夏四月京師郡國四十一雨雹 司空褒免以宗正劉授爲司空 夏六月郡國蝗 秋七月京師及郡國十三地震 八月陽陵園寢火 九眞言黃龍見無功 九月郡國二十七地震是歲京府及郡國二十七雨水大風殺人

二年 春正月河東潁川大風 夏六月郡國十一大風 九眞言嘉禾生 秋七月丹陽山崩 九月郡國五雨水 冬十月太尉愷罷以司徒楊震爲太尉光祿勳劉熹爲司徒 是歲京師及郡國凡三地震

甲子

三年 春二月濟南上言鳳凰集臺縣 三月太尉震免自殺以光祿勳馮石爲太尉 夏六月閏中山崩扶風言白鹿見雍 秋七月馮翊言甘露降頻陽衙潁川上言木連理白鹿麒麟見陽翟 八月潁川上言麒麟一白虎二見陽翟 九月廢皇太子保爲濟陰王 濟南上言黃龍見歷城是月庚寅晦日有食之 冬十月新豐上言鳳凰集西界亭是歲京師及諸郡國二十三地震三十六雨水疾風雨雹

四年 春正月東郡言黃龍二麒麟一見濮陽 二月帝南巡狩 三月戊午朔日有食之 庚申帝幸宛不豫乙丑自宛還辛亥崩于乘輿年三十二 三月閻太后立北鄉侯懿爲帝 夏四月太尉石爲太傅司徒熹爲太尉參錄尚書事前司空李郃爲司徒 北鄉侯立二百七日薨

孝順皇帝 帝諱保字曰安帝子也永寧初立爲皇太子延光三年以讒廢爲濟陰王 安帝崩北鄉侯既立而薨冬十一月中黃門孫程等十九人迎帝即位於德陽殿西鍾下時年十一 司空授免少府陶敦爲司空

永建元年 春正月赦 皇太后閻氏崩太傅石太尉熹司徒郃免以太常桓焉爲太傅大鴻臚朱寵爲太尉參錄尚書事以長樂少府朱倀爲司徒冬十月司空敦免廷尉張晧爲司空

二年 夏六月追尊母李氏爲恭愍皇后 秋七月甲戌朔日有食之 太尉寵司徒倀罷以太常劉光爲太尉錄尚書事光祿勳許敬爲司徒

三年 春正月京師地震漢陽地陷裂 夏六月旱 秋七月茂陵園寢災 冬十二月太傅桓焉免

四年 春正月赦 帝冠 夏五月五州雨水 太尉光司空晧免 秋九月以大鴻臚龐參爲太尉錄尚書事太常王龔爲司空 冬十一月司徒敬免以宗正劉崎爲司徒

五年 夏四月京師旱京師及郡國十二蝗

六年 冬十二月壬申客星出于牽牛

陽嘉元年 春正月立貴人梁氏爲皇后 三月大赦改元 冬十一月望都蒲陰狼殺女子九十七人 十二月客星出天苑

二年 夏四月京師地震 司空龔免 六月以太常孔扶爲司空 洛陽地陷是月旱 秋七月太尉參免以大鴻臚施延爲太尉

甲戌

三年 夏五月旱 冬十一月司徒崎司空扶免大司農黃尚爲司徒光祿勳王卓爲司空

四年 春二月自去冬不雨至是月 夏四月太尉延免以執金吾梁商爲大將軍前太尉龐參爲太尉 秋閏七月丁亥朔日有食之 冬十二月京師地震

永和元年 春正月改元大赦 秋七月偃師蝗 冬十月承福殿火 十一月太尉龐參免以前司空王龔爲太尉

二年 春二月司空卓卒以光祿勳郭虔爲司空 夏四月京師地震 秋八月熒惑犯南斗 冬十一月京師地震

三年 春正月京師及金城隴西地震二郡山崩地陷 太白犯熒惑 夏閏四月京師地震 秋八月司徒尚免以光祿勳劉壽爲司徒 冬十二月戊戌朔日有食之

四年 春二月京師地震 夏四月赦 秋八月太原郡旱

五年 春二月京師地震 夏五月己丑晦日有食之 秋九月太尉龔免以太常桓焉爲太尉

六年 春二月有星孛于營室 三月司空虔免以太尉趙戒爲司空秋八月大將軍梁商卒以商子河南尹冀爲大將軍 九月辛亥晦日有食之

漢安元年 春正月大赦改元 冬十月太尉焉司徒壽免以司隸校尉趙峻爲太尉大司農胡廣爲司徒

二年 夏六月熒惑犯鎮星 是歲涼州地百八十震

甲申

建康元年 夏四月立皇子炳爲皇太子改元大赦 秋八月帝崩于玉堂前殿時年三十

孝沖皇帝 帝諱炳字曰明順帝之子也母曰虞貴人順帝崩帝襲尊位年二歲皇太后臨朝稱制以太尉趙峻爲太傅大司農李固爲太尉參錄尚書事 是月京師及太原鴈門地震三郡水涌土裂

永嘉元年 春正月帝崩于玉堂前殿時年三歲

孝質皇帝 帝諱纘肅宗玄孫父勃海孝王鴻母陳夫人沖帝崩大將軍冀徵帝入立時年八歲 二月大赦 秋九月太傅峻卒

本初元年 夏五月海水溢 太白犯熒惑 六月大赦 閏月大將軍冀潛行鴆毒弑帝于玉堂前殿年九歲 太尉固免以司徒胡廣爲太尉司空趙戒爲司徒與大將軍冀參錄尚書事太僕袁湯爲司空

孝桓皇帝 帝諱志字意肅宗曾孫祖父河閒孝王開父蠡吾侯翼母匽氏質帝崩梁太后與大將軍冀立之時年十五太后猶臨朝追尊河閒孝王爲孝穆皇蠡吾先侯曰孝崇皇母匽氏爲博園貴人

建和元年 春正月辛亥朔日有食之大赦 二月荆揚饑 沛國言黃龍見譙 夏四月京師地震郡國六地裂水涌井溢 芝草生中黃藏府 六月太尉廣罷以大司農杜喬爲太尉 立皇后梁氏 秋九月京師地震太尉喬免以司徒趙戒爲太尉司空袁湯爲司徒太尉胡廣爲司空 冬十一月濟陰言有五色大鳥見于己氏 前太尉李固杜喬皆下獄死

二年 春正月帝冠大赦 夏四月嘉禾生大司農帑藏 五月北宮掖廷中德陽殿及左掖門火 秋七月京師大水 河東言木連理

三年 夏四月丁卯晦日有食之 六月震憲陵寢屋 秋七月廉縣雨肉 八月有星孛于天市 京師大水 九月地震 後十一日又震郡國五山崩 冬十月太尉趙戒免司徒袁湯爲太尉大司農張歆爲司徒

和平元年 春正月大赦改元皇太后復政於帝 二月皇太后梁氏崩 夏五月尊博園貴人曰孝崇皇后 秋七月梓潼郡山崩

元嘉元年 春正月京師疫大赦改元 夏四月京師旱任城梁國饑人相食 司徒歆罷以光祿勳吳雄爲司徒 冬十月司空胡廣罷以太常黃瓊爲司空 十一月京師地震

二年 春正月京師地震 夏四月孝崇皇后匽氏崩 秋七月庚辰日有食之 八月濟陰言黃龍見句陽金城言黃龍見允街 冬十月京師地震 十一月司空瓊免特進趙戒爲司空

永興元年 春二月張掖言白鹿見 夏五月大赦改元 秋七月郡國三十二蝗河溢民饑 冬十月太尉湯免太常胡廣爲太尉司徒雄司空戒免以太僕黃瓊爲司徒光祿勳房植爲司空

甲午

二年 春正月大赦 京師地震 夏六月彭城泗水增長逆流京師蝗東海朐山崩 秋九月丁卯朔日有食之 太尉廣免司徒瓊爲太尉光祿勳尹頌爲司徒

永壽元年 春正月大赦改元 二月司隸冀州饑人相食 夏四月白烏見齊國 六月洛水溢南陽大水 司空植免以太常韓縯爲司空 益州郡山崩

二年 冬十二月京師地震

三年 春正月大赦 夏閏四月庚辰晦日有食之 秋七月河東地裂 冬十一月司徒頌免以司空韓縯爲司徒太常孫朗爲司空

延熹元年 夏五月甲戌晦日有食之京師蝗 六月大赦改元 秋七月雲陽地裂 太尉瓊免太常胡廣爲太尉

二年 夏京師雨水 秋七月皇后梁氏崩 八月大將軍冀有罪伏誅太尉廣司徒縯司空朗皆以罪免爲庶人 立皇后鄧氏追廢梁后爲貴人 封宦者單超等五人爲列侯 以大司農黃瓊爲太尉光祿大夫祝恬爲司徒大鴻臚盛允爲司空

三年 春正月大赦 夏四月上郡言甘露降 五月漢中山崩 六月司徒恬卒 秋七月司空允爲司徒太常虞放爲司空

四年 春正月南宮嘉德殿火 大疫 二月武庫火司徒允免大司農种暠爲司徒太尉瓊免以太常劉矩爲太尉 夏五月有星孛于心京師雨雹 六月京兆扶風涼州地震岱山及博尤來山並頹裂 大赦 司空放免前太尉黃瓊爲司空 秋九月司空瓊免大鴻臚劉寵爲司空

五年 春正月南宮丙署火 夏四月恭陵東闕火虎賁掖門火 五月康陵園寢火 京師地震 中藏府丞祿署火 秋七月南宮承善闥火 冬太尉矩免太常楊秉爲太尉

六年 春二月司徒种暠卒衞尉許栩爲司徒 夏四月康陵東署火 秋七月平陵園寢火 冬十一月司空寵免衞尉周景爲司空

甲辰

七年 春二月隕石于鄠 夏五月京師大雨雹

八年 春正月丙申晦日有食之 南京嘉德署黃龍見千秋萬歲殿火 廢皇后鄧氏幽殺之 三月赦 夏四月安陵園寢火 濟陰東郡濟北河水清 五月太尉秉卒 緱氏地裂 閏月南宮諸殿火 秋七月太中大夫陳蕃爲太尉 九月京師地震 冬十月司空景免以太常劉茂爲司空 立貴人竇氏爲皇后 冬十一月德陽殿及黃門北寺火

九年 春正月辛亥朔日有食之 三月京師有火光轉行人相驚譟 司隸豫州饑 夏四月濟陰東郡濟北平原河水清 司徒栩免太常胡廣爲司徒 秋七月太尉蕃免光祿勳周景爲太尉 九月司空茂免光祿勳宣酆爲司空

永康元年 夏五月京師及上黨地裂壬子晦日有食之 六月大赦改元 秋八月魏郡言嘉禾生甘露降巴郡言黃龍見六州大水勃海海溢 冬十二月西河言有白兔見 十二月帝崩于德陽前殿時年三十有六

孝靈皇帝 帝諱宏字曰大肅宗元孫也曾祖河間孝王開祖淑父萇世封解瀆亭侯母董夫人桓帝崩無子皇太后與父城門校尉竇武定策立帝爲桓帝嗣明年正月即尊位時年一十三

建寧元年 春正月以竇武爲大將軍前太尉陳蕃爲太傅及司徒胡廣參錄尚書事大赦 閏二月追尊皇祖爲孝元皇夫人爲孝元后考爲孝仁皇尊母董氏爲慎園貴人 夏四月太尉周景卒司空宣酆免長樂衞尉王暢爲司空 五月丁未朔日有食之 以太中大夫劉矩爲太尉 六月京師雨水 秋八月司空王暢免宗正劉寵爲司空 九月中常侍曹節矯詔誅太傅陳蕃大將軍竇武遷皇太后于南宮司徒廣爲太傅錄尚書事司空寵爲司徒大鴻臚許栩爲司空 冬十月甲辰晦日有食之 十一月太尉矩免太僕聞人襲爲太尉

二年 春正月赦 三月尊慎園董貴人爲孝仁皇后 夏四月有青蛇見御坐上大風雨雹 五月太尉襲罷司空栩免 六月司徒寵爲太尉太常許訓爲司徒太僕劉囂爲司空 冬十月治黨錮殺前司隸校尉李膺等百餘人是月丙子晦日有食之

三年 春正月河內人婦食夫河南人夫食婦 三月丙寅晦日有食之 夏四月太尉郭禧罷以太中大夫聞人襲爲太尉 秋七月司空囂罷 八月大鴻臚橋元爲司空

四年 春正月帝冠 二月地震海水溢河清 三月朔日食大疫太尉襲免太僕李咸爲太尉 司徒訓免司空元爲司徒太常來豔爲司空 夏五月河東地裂雨雹山水暴出 秋十月司空豔免 立貴人宋氏爲皇后 司徒元免太常宗俱爲司空前司空許栩爲司徒

熹平元年 春三月太傅胡廣卒 夏五月大赦改元 六月京師大水 皇太后竇氏崩 冬十二月司徒栩罷以大鴻臚袁隗爲司徒

二年 春正月大疫 司空俱卒 二月赦以光祿勳楊賜爲司空 三月太尉咸免 夏五月以司隸校尉段熲爲太尉 六月北海地震東萊北海海水溢 秋七月司空賜免太常唐珍爲司空 冬十二月太尉熲罷 癸酉晦日有食之

甲寅

三年 春二月赦 以太常陳耽爲太尉 秋洛水溢 冬十二月司空珍罷永樂少府許訓爲司空

四年 夏四月郡國七大水 五月赦 延陵園災 六月弘農三輔螟

五年 夏閏月赦 五月太尉耽罷司空訓爲太尉 更考黨人禁錮五屬 六月太常劉逸爲司空 秋七月太尉訓罷光祿勳劉寬爲太尉 冬十月御殿後槐樹自拔倒豎 司徒隗罷光祿大夫楊賜爲司徒 沛國言黃龍見于譙

六年 春正月赦 二月南宮平城門及武庫東垣屋自壞 夏四月旱七州蝗 秋七月司空逸免衞尉陳球爲司空 冬十月癸丑朔日有食之太尉劉寬免 京師地震 十一月司空球免太常孟彧爲太尉司徒賜免太常陳耽爲司空

光和元年 春正月太尉彧罷 二月辛亥朔日有食之 光祿勳袁滂爲司徒 地震 三月赦改元 太常張顥爲太尉 夏四月地震侍中寺雌雞化爲雄 司空耽免以太常來豔爲司空 有白衣人入德陽殿門亡去不獲 有黑氣墮所御溫德殿東庭中 秋七月青虹見御座玉堂後殿庭中 八月有星孛于天市 九月太尉顥罷以太常陳球爲太尉司空豔卒屯騎校尉袁逢爲司空 冬十月皇后宋氏廢幽殺之是月丙子晦日有食之 十一月太尉球免以光祿大夫橋元爲太尉 初開西邸賣官

二年 春大疫 三月司徒滂免大鴻臚劉郃爲司徒太尉元罷太中大夫段熲爲太尉 京師地震司空逢罷太常張濟爲司空 夏四月甲戌朔日有食之中常侍王甫太尉段熲下獄死 五月衞尉劉寬爲太尉 冬十月司徒劉郃少府陳球尚書劉納衞尉陽球下獄死 十二月光祿勳楊賜爲司徒 洛陽女子生兒

三年 春正月赦 二月公府駐駕廡自壞 秋表是地震涌水 冬閏月有星孛于狼弧 十二月立貴人何氏爲皇后

四年 春二月郡國上芝英草 夏四月赦 六月雨雹 秋七月河南言鳳凰見新城 九月庚辰朔日食 太尉寬免衞尉許馘爲太尉 閏月北宮東掖庭永巷署災 司徒賜罷太常陳耽爲司徒

五年 春正月赦 二月疫 三月司徒耽免 夏四月旱太常袁隗爲司空 五月永樂宮署災 秋七月有星孛于太微 冬十月太尉馘罷太常楊賜爲太尉

六年 春三月赦 夏大旱 秋金城河水溢五原山岸崩

甲子

中平元年 春二月鉅鹿人張角自稱黃天其部帥有三十六萬皆著黃巾同日反叛 夏四月太尉賜免太僕鄧盛爲太尉司空濟罷以大司農張溫爲司空 六月洛陽女子生兒兩頭共身 十二月大赦改元 郡國生異草備龍蛇鳥獸之形

二年 春正月大疫 二月南宮大災廣陽門外屋自壞 司徒隗免廷尉崔烈爲司徒 夏四月大風雨雹 五月太尉盛罷太僕張延爲太尉 秋七月三輔螟 九月特進楊賜爲司空賜尋卒光祿大夫許相爲司空是歲洛陽人生兒兩頭四臂

三年 春二月赦 太尉延罷以車騎將軍張溫爲太尉 夏五月壬辰晦日有食之 秋八月懷陵上有雀萬數悲鳴因鬬相殺

四年 春正月赦 二月南宮內殿罘罳自壞 夏四月太尉溫免司徒烈爲太尉 五月司空相爲司徒以光祿勳丁宮爲司空 六月洛陽民生男兩頭共身 冬十一月太尉烈罷大司農曹嵩爲太尉

五年 春正月赦 二月有星孛于紫宮 三月南匈奴右部反殺其單于羌渠 夏四月太尉嵩罷永樂少府樊陵爲太尉 六月大風太尉陵罷 郡國七大水 秋七月射聲校尉馬日磾爲太尉 八月司徒相罷司空宮爲司徒光祿勳劉弘爲司空 冬十月御殿後槐樹自拔倒豎

六年 夏四月丙午朔日有食之太尉日磾免幽州牧劉虞爲太尉 五月帝崩于南宮嘉德殿時年三十四 皇子辯即皇帝位大赦天下改元光熹以後將軍袁隗爲太傅與大將軍何進參錄尚書事 六月孝仁皇后董氏崩 秋七月大將軍何進召并州牧董卓 八月中常侍張讓等殺大將軍何進 張讓等入宮發兵劫太后及帝出之河上 司隸校尉袁紹勒兵誅宦者 司空弘免董卓自爲司空 九月卓廢帝爲弘農王立陳留王協

孝獻皇帝 帝諱協靈帝中子也母王美人董卓既廢少帝奉帝即皇帝位時年九歲遂遷皇太后於永樂宮大赦天下董卓弒皇太后何氏以太尉劉虞爲大司馬董卓自爲太尉以太中大夫楊彪爲司空豫州牧黃琬爲司徒 冬十一月董卓自爲相國 十二月以司徒黃琬爲太尉司空楊彪爲司徒光祿勳荀爽爲司空

初平元年 春正月山東兵大起討董卓 大赦 董卓弒弘農王 二月太尉黃琬司徒楊彪免以光祿勳趙謙爲太尉太僕王允爲司徒 董卓遷帝都長安 三月車駕入長安董卓焚洛陽宮廟及人家殺太傅袁隗太僕袁基 夏五月司空荀爽卒 六月光祿大夫种拂爲司空 冬十一月鎮星熒惑太白合於尾

二年 春正月赦 二月董卓自爲太師 董卓發掘諸帝陵 豫州刺史孫堅討卓卓敗走 孫堅入洛陽修塞諸陵 夏四月卓入長安 六月地震 渤海太守袁紹逐冀州牧韓馥 秋七月司空拂免光祿大夫淳于嘉爲司空太尉謙罷太常馬日磾爲太尉 九月蚩尤旗見 冬十月長沙郡有人死經月復活 劉表表袁術將孫堅射殺之 是歲

三年 春正月大赦 夏四月董卓伏誅夷三族以司空王允錄尚書事東郡太守曹操大破青州黃巾 卓中郎將李傕郭汜樊稠張濟等反陷長安 秋七月太尉馬日磾爲太傅錄尚書事 九月李傕自爲車騎將軍 郭汜爲後將軍 冬十二月太尉淳于嘉罷以光祿大夫周忠爲太尉參錄尚書事

甲戌

四年 春正月甲寅朔日有食之大赦 夏六月扶風大雨雹 華山崩裂 太尉周忠免太僕朱儁爲太尉錄尚書事 秋九月 冬十月地震有星孛于天市 司空楊彪免太常趙溫爲司空

興平元年 春正月赦 帝冠 二月追尊母王夫人爲靈懷皇后 徐州牧陶謙表劉備爲豫州刺史 夏六月將軍郭汜樊稠並開府如三公 地再震 乙巳晦日有食之 大蝗 秋七月太尉朱儁免太常楊彪爲太尉錄尚書事 三輔大旱 秋月司徒嘉罷 陶謙卒劉備領徐州 冬十月長安市門自壞 衞尉趙溫爲司徒錄尚書事 太尉馬日磾卒 袁術表孫堅子策爲懷義校尉策遂據有江東

二年 春二月李傕殺樊稠攻郭汜劫帝入其營 夏四月立貴人伏氏爲皇后 郭汜攻李傕傕遷帝於北塢 李傕自爲大司馬 六月張濟自陝來和傕汜 秋七月車駕東歸郭汜自爲車騎將軍楊定爲後將軍楊奉爲興義將軍董承爲安集將軍並侍送乘輿張濟爲驃騎將軍還屯陝 冬十月郭汜遣兵逼脅乘輿楊定楊奉與郭汜戰破之 是夜有赤氣貫于紫宮張濟復反與李傕郭汜合兵追乘輿王師敗績楊奉董承引白波帥李樂韓暹胡才迎乘輿與李傕等戰破之 十二月李傕等復追乘輿王師又敗帝進幸陝遂渡河幸安邑

建安元年 春正月於安邑大赦改元 夏六月幸聞喜 秋七月車駕至洛陽大赦 八月安國將軍張楊爲大司馬韓暹爲大將軍楊奉爲車騎將軍 鎮東將軍曹操入朝自爲司隸校尉錄尚書事操遂遷帝都許自爲大將軍封武平侯 九月太尉彪司空喜罷 冬十一月曹操自爲司空行車騎將軍百官總已以聽 是歲孫策取會稽

二年 春袁術自稱天子 三月袁紹自爲大將軍 夏五月蝗 秋九月漢水溢 曹操擊袁術敗走之 劉備誘楊奉殺之 是歲旱

三年 夏四月中郎將段煨等誅李傕夷三族 秋以劉備爲左將軍孫策爲討逆將軍封吳侯 冬十一月攻殺大司馬張楊

四年 春袁紹攻公孫瓚于易京獲之 以衞將軍董承爲車騎將軍 夏六月袁術走死 是歲初置尚書左右僕射官 武陵郡女子死十四日復活

五年 春正月曹操殺車騎將軍董承 秋九月庚午朔日有食之 曹操與袁紹戰于官度紹敗走 冬十月有星孛于大梁是歲孫策死弟權襲其餘業以權爲討虜將軍

六年 春三月丁卯朔日有食之

七年 夏五月袁紹卒幼子尚襲行州事 是歲越巂男子化爲女子

甲申

八年

九年　秋八月曹操大破袁尚軍平冀州自領冀州牧　冬十月有星孛于東井

十年

十一年　春正月有星孛北斗

十二年　冬十月有星孛于鶉尾分

十三年　春正月司徒趙溫免　夏六月罷三公官曹操自爲丞相　秋七月曹操征荆州　八月光祿勳郗慮爲御史大夫荆州牧劉表卒少子琮立琮以荆州降操　劉備奔江陵操追之備走夏口　冬十月癸未日有食之　曹操以舟師伐孫權權將周瑜敗之於赤壁　十二月劉備徇荆州江南諸郡降之

十四年　冬十月荆州地震　十二月孫權表劉備領荆州牧

十五年　春二月乙巳朔日有食之

十六年　春正月曹操以其子丕爲五官中郎將爲丞相副　秋關西將馬超韓遂反曹操擊平之　冬益州牧劉璋遣使劉備備留兵守荆州而西

十七年　春正月曹操還鄴詔操贊拜不名入朝不趨劍履上殿　夏六月晦日有食之　秋七月洧水潁水溢　螟　孫權徙治建業　冬十二月有星孛于五諸侯

十八年　夏五月曹操自立爲魏公加九錫　大雨水　劉璋遣將拒劉備敗績皆降備進圍雒城　秋七月魏始建社稷宗廟　魏公操納三女爲貴人　冬十一月魏初置尚書侍中六卿　是歲歲鎮熒惑俱入太微

甲午

十九年　春三月魏公操進位於諸侯王之上　夏四月旱　五月雨水　劉備破劉璋據益州以諸葛亮爲軍師將軍　冬十一月魏公操弒皇后伏氏及皇子二人

二十年　春正月立貴人魏公女曹氏爲皇后　秋七月魏公操取漢中

二十一年　夏四月魏公操自進爵爲王　五月己亥朔日有食之　秋七月南匈奴單于入朝于魏遂留居鄴　八月魏以鍾繇爲相國

二十二年　夏四月魏王操用天子車服出入稱警蹕　六月魏以其丞相軍師華歆爲御史大夫　冬魏以世子丕爲王太子　有星孛于東北　是歲大疫

二十三年　春正月少府耿紀司直韋晃起兵討魏王操不克操夷其族　三月有星孛于東方

二十四年　春二月壬子晦日有食之　夏五月益州牧劉備取漢中　秋七月劉備自立爲漢中王　冬十二月孫權取荆州是歲漢水溢

通志卷二十三

宋右迪功郎鄭樵漁仲撰

年譜第三

三國年譜 魏 蜀 吳

庚子

建安二十五年 春正月魏王操卒太子丕自爲丞相冀州牧 二月丁未朔日有食之 三月改元延康 冬十月帝遜位于魏魏奉帝爲山陽公

魏世祖文皇帝黃初元年 帝諱丕字子桓魏王操之太子也母卞氏以受禪之月改元黃初追尊考武王爲武皇帝改相國爲司徒御史大夫爲司空 十二月帝營洛陽宮室自許徙都之明年劉備稱帝於蜀孫權稱王於吳天下三分

二年 春正月丙寅朔日有食之 夏四月以車騎將軍曹仁爲大將軍 六月戊辰晦日有食之 冬十月以大將軍曹仁爲大司馬

蜀先主章武元年 [illegible]

吳大帝 [illegible]

三年 秋九月立皇后郭氏 冬十一月庚戌晦日有食

二年 夏六月先主率諸將進軍與吳軍相距夷陵吳陸遜大破之先主僅以身免

黃武元年 [illegible] 冬十二月大帝改元黃武臨江拒守

甲辰

四年 春三月月犯中大星大司馬曹仁卒是月大疫 夏六月太尉賈詡卒 太白晝見是月大雨伊洛溢流殺居人 秋八月以廷尉鍾繇爲太尉

三年 夏四月先主疾篤託孤於丞相亮[illegible]

後主建興元年 [illegible]

二年 冬十一月蜀使鄧芝來聘自是爲常

五年 冬十月太白晝見戊申晦日有食之

二年

三年 秋八月魏文帝出廣陵大帝臨江拒守魏師還

六年 夏五月熒惑入太微 冬十月帝幸廣陵臨江而還

三年 秋七月丞相亮渡瀘擊胖牁益州越巂永安四郡皆平

四年 六月以顧雍爲丞相

七年 春正月許昌城門自崩 夏五月帝疾篤召中軍大將軍曹真鎮軍大將軍陳羣撫軍大將軍司馬懿並受遺詔輔政立子叡爲皇太子是月帝崩年四十[illegible]

烈祖明皇帝 [illegible]

四年

五年

太和元年 是歲立后毛氏

五年 春丞相亮率諸軍北駐于漢中

六年

二年 夏五月大旱 冬十一月司徒王朗卒 十二月蜀諸葛亮圍陳倉

六年 [illegible]

七年 大司馬呂範卒

三年

七年 夏六月與吳人約盟共分天下

黃龍元年 夏四月[illegible] 秋九月遷都于建業

四年 春二月以大將軍曹真爲大司馬驃騎將軍司馬懿爲大將軍 夏四月太傅鍾繇卒 六月太皇太后卞氏崩 秋九月大雨伊洛河漢水溢 冬十一月太白犯歲星

八年

二年

五年 [illegible]

九年 亮圍祁山以木牛運糧魏司馬懿[illegible]

三年

六年 [illegible]

十年

嘉禾元年

甲寅

青龍元年 [illegible]

十一年

二年

二年 [illegible]

十二年 [illegible]

三年

三年 [illegible]

十三年 夏四月以蔣琬爲大將軍錄尚書事[illegible]

四年 魏人遣使以馬求易珠璣許之

四年 [illegible]

十四年 徙成都氏王苻健於廣都

五年 春三月婁侯張昭卒

景初元年 [illegible]

十五年 皇后張氏殂

六年

二年 [illegible]

延熙元年 正月立皇后張氏 立子璿爲皇太子

赤烏元年 秋八月以赤烏集殿前詔改元

三年 [illegible]

二年 三月進蔣琬位爲大司馬

二年

齊王 [illegible]

正始元年 冬十二月南安郡地震

三年

三年 冬饑

甲子

二年 冬十二月南安郡地震

四年

四年 [illegible]

三年 秋七月南安郡地震以領軍將軍蔣濟爲太尉 冬十二月魏郡地震

五年

五年 春正月立子和爲太子

四年 春正月帝加元服 夏四月立皇后甄氏大赦 五月丁丑朔日有食之既

六年 冬十一月以費禕爲大將軍錄尚書事

六年

五年 夏四月丙辰朔日有食之 冬十二月司空崔林卒

七年

七年 春正月以大將軍陸遜爲丞相

六年 春二月南安郡地震[illegible] 秋八月[illegible]

八年 秋八月太后殂

八年 春二月丞相陸遜卒

七年

九年 冬十一月大司馬蔣琬卒以姜維爲衛將軍與費禕並錄尚書

九年 秋九月以步騭爲丞相

八年 春二月庚午朔日有食之

十年

十年 夏五月丞相步騭卒

九年 [illegible]

十一年

十一年

嘉平元年 [illegible]

十二年

十二年 春三月大司馬朱然卒

二年 冬十一月司空孫禮卒

十三年

十三年

三年 [illegible]

十四年

太元元年 夏五月立皇后潘氏大赦改元

甲戌

四年 春正月以撫軍大將軍司馬師爲大將軍 夏五月立皇后張氏大赦 月有魚二見于武庫屋上

十五年

神鳳元年 春二月改元 夏四月大帝殂年七十一

會稽王建興元年 王諱亮大帝少子嗣立 改元以諸葛恪爲太傅

五年 夏四月赦

十六年 春正月盜殺大將軍費禕

二年 冬十月誅太傅諸葛恪以孫峻爲丞相

六年 [illegible]

高貴鄉公正元元年 [illegible]

十七年 春正月赦

五鳳元年

二年 [illegible]

十八年

二年

甘露元年 [illegible]

十九年

太平元年 秋九月丞相孫峻卒以從弟綝爲侍中輔政 大司馬呂岱卒

二年 [illegible]

二十年

二年

三年 [illegible]

景耀元年 是歲史官言景星見大赦改元 宦人黃皓預政

三年 九月侍中孫綝廢亮爲會稽王

景帝永安元年 帝諱休[illegible] 冬十二月綝伏誅

四年　春二月青龍二見寧陵縣界井中　夏六月司空王昶卒
二年　秋八月以董厥為尚書令諸葛瞻為僕射
二年

五年　[illegible]
三年
三年　夏六月會稽王亮自殺

陳留王景元元年　[illegible]　冬十月司空王觀卒　黃龍[illegible]縣井中　以司隸校尉王祥為司空

二年　夏五月丁未朔日有食之　是歲[illegible]人侍
四年　冬以董厥諸葛瞻為將軍共平尚書事　樊建為尚書令
四年

三年　春二月青龍見軹縣井中
五年
五年　秋八月立子𩅦為皇太子　冬十月濮陽興為丞相

四年　[illegible]
炎興元年　[illegible]
六年

甲申

咸熙元年　春正月鎮西將軍鍾會反成都　衆討殺之　鄧艾見殺　三月以司空王祥為太尉　征北將軍何曾為司徒　尚書左僕射荀顗為司空　晉公昭自進爵為王　封故蜀主劉禪為安樂公　秋八月晉王昭以其子中撫軍炎副貳相國事　尋立為晉王世子　九月晉王昭以司徒何曾為晉丞相　驃騎將軍司馬望為司徒
七年　秋七月景帝崩　時年三十
烏程侯元興元年　[illegible]

二年　秋八月相國晉王司馬昭卒　太子炎嗣　冬十二月帝遜位于晉　晉奉帝為陳留王　即宮于鄴

乙酉

晉年譜　吳　涼　成　漢　代

甘露元年　秋七月殺景帝后朱氏并其四子於吳小城　又追殺其大者二人　冬遷都於武昌

晉世祖武皇帝泰始元年　帝諱炎　字安世　晉王長子　母王太妃　帝受禪　追尊皇考為文皇帝　尊太妃為皇太后　以驃騎將軍石苞為大司馬　太保鄭沖為太傅　太尉王祥為太保　丞相何曾為太尉　安平王孚為太宰　有鳳皇六　青龍三　白龍二　麒麟各一見郡國

二年　秋七月丙午晦日有食之　冬十月丙午朔日有食之　是歲鳳皇六　青龍十　黃龍九　麒麟各一見于郡國
寶鼎元年　秋八月以陸凱為左丞相　萬彧為右相　冬十二月還都建業

三年　春正月白龍二見弘農　立皇子衷為皇太子　三月丁未晝昏　秋九月以太尉何曾為太保　義陽王望為太尉　司空荀顗為司徒
二年　起昭明宮

四年　春正月以尚書令裴秀為司空　有星孛于軫　三月皇太后王氏崩　夏四月太保王祥卒　秋七月泰山石崩　衆星西流　九月青徐兗豫四州皆大水　伊洛溢合於河　冬十一月以義陽王望為大司馬　荀顗為太尉　石苞為司徒
三年

五年　春正月青龍二見滎陽　白龍二見趙國　青徐兗三州水　夏四月地震　五月鳳皇見趙國　秋九月有星孛于紫宮
建衡元年　冬十月左丞相陸凱卒

六年　夏四月白龍二見于東莞
二年

七年　春正月皇太子冠　三月司空裴秀卒　夏六月大司馬義陽王望卒　大雨霖　伊洛河水溢　冬十月丁丑朔日有食之　冬十一月故蜀主劉禪卒　十二月以光祿大夫鄭袤為司空
三年

甲午

八年　春二月太子納妃賈氏　太宰安平王孚卒　秋七月以車騎將軍賈充為司空　冬十月辛未朔日有食之
鳳凰元年　殺丞相萬彧將軍留平大司農樓元

九年　春正月司空鄭袤卒　二月司徒石苞卒　夏四月戊辰朔日有食之　五月以太尉何曾領司徒　秋七月丁酉朔日有食之
二年

十年　春正月乙未日有食之　太傅鄭沖卒　三月癸亥日有食之　夏四月太尉荀顗卒　大蝗　秋七月皇后楊氏崩　九月以大將軍陳騫為太尉　冬十二月有星孛于軫　是歲故魏王齊王芳卒
三年　大司馬荊州牧陸抗卒

咸寧元年　[illegible]
天冊元年

二年　夏六月有星孛于氐　白登至于是月始西　白龍二見新興井中　秋七月有星孛于大角　河南魏郡暴水　八月河東平陽地震　以太保何曾為太傅　太尉陳騫為大司馬　司空賈充為太尉　鎮軍大將軍齊王攸為司空　有星孛于太微　又孛于翼　閏月荊州五郡大水　立皇后楊氏　大赦　冬十二月白龍二見梁國
天璽元年　臨平湖開

三年　春正月丙子朔日有食之　有星孛于西方　二月有星孛于胃　夏六月益梁八郡水　秋八月大風拔木　暴寒且冰　郡國五隕霜傷穀　九月兗豫徐青荊益梁七州大水　是歲鮮卑拓跋力微死　力微在位五十八年　年百四歲　魏道武立　追尊為始祖神元帝
天紀元年

四年　春正月庚午朔日有食之　夏四月蚩尤旗見東井　六月丁未陰平廣武地震　甲子又震　秋七月荊揚郡國二十大水　九月以太傅何曾為太宰　尚書令李允為司徒　冬十二月太宰何曾卒
二年

五年　春二月白麟見平原　三月有星孛于柳　夏四月有星孛于女御　大赦　郡國八大雹傷稼壞廬舍　秋七月有星孛于紫宮　九月麟見河南　冬十一月大舉伐吳
三年　秋八月以軍師張悌為丞相　是冬晉軍數道來伐

太康元年　春正月己丑朔五色氣冠日　伐吳諸軍並進　所至皆平　吳丞相張悌迎戰死之　三月龍驤將軍王濬以舟師入石頭　吳王皓面縛輿櫬出降　夏四月河東高平雨雹傷稼　白麟見于頓丘　三河魏郡弘農雨雹　五月賜孫皓爵歸命侯　封拜平吳功臣　郡國六雹傷稼　秋八月白龍三見永昌

甲辰

二年　春二月淮南丹陽地震　夏六月郡國十六雨雹　大風拔樹壞廬舍　江夏泰山水　秋七月上黨暴風雨雹傷稼　八月有星孛于張　冬十一月大司馬陳騫卒　有星孛于軒轅

三年　夏四月太尉賈充卒　閏月司徒李允卒　白龍二見濟南　冬十二月以司空齊王攸為大司馬　汝南王亮為太尉　光祿大夫山濤為司徒　尚書令衛瓘為司空

四年　春正月司徒山濤卒　三月辛丑朔日有食之　大司馬齊王攸卒　秋七月兗州水　八月以尚書左僕射魏舒為司徒　是歲河內及荊揚大水　歸命侯孫皓卒

五年　春正月青龍二見于武庫井中　二月地震　夏四月任城魯國池水赤如血　秋七月任城梁國中山雨雹傷稼　九月南安大風折木　郡國五大水隕霜傷稼　冬十二月大赦

六年　春三月郡國六隕霜傷桑麥　夏四月郡國四旱　十大水　秋七月巴西地震　八月丙戌朔日有食之　白龍見京兆　冬十月南安山崩水出　南陽郡獲兩足獸

七年　春正月甲寅朔日有食之　夏五月郡國十三旱　秋七月朱提山崩　犍為地震　八月京兆地震　九月郡國八大水　冬十二月河陰雨赤雪二頃　是歲司徒魏舒[illegible]

八年　春正月戊申朔日有食之　太廟殿陷　夏四月齊國大水　隕霜傷麥　六月魯國大風拔樹　郡國八大水　秋七月前殿地陷深數丈　中有破船　是歲郡國五地震

九年　[illegible]

十年　[illegible]　是歲以匈奴劉淵為匈奴北部都尉

太熙元年　春正月辛酉改元　以尚書左僕射王渾為司徒　司空衛瓘為太保　三月以右光祿大夫石鑒為司空　夏四月以侍中車騎將軍楊駿為太尉都督中外諸軍錄尚書事　是月帝崩于含章殿　在位二十六年　年五十五

孝惠皇帝永熙元年　帝諱衷　武帝第二子也　母曰楊皇后　武帝崩　帝襲位　即其年改元永熙　尊皇后楊氏為皇太后　立妃賈氏為皇后　以楊駿為太傅輔政　秋八月立廣陵王遹為皇太子　冬十月以司空石鑒為太尉　以隴西王泰為司空　以劉淵為匈奴五部大都督

元康元年　春正月乙酉朔詔改永熙二年為永平元年　皇太子冠　三月辛卯賈后誅太傅楊駿及其親黨　壬辰大赦　改元為元康元年　賈后矯詔廢皇太后為庶人　徙于金墉城　徵大司馬汝南王亮為太宰　與太保衛瓘輔政　夏六月賈后矯詔使楚王瑋殺太宰亮太保瓘　又以瑋專擅害亮瓘殺之　以賈模張華裴頠為侍中並管機要　冬十二月辛酉京師地震

甲寅

二年　春二月賈后弒皇太后于金墉城　秋八月赦　冬十一月大疫　是歲沛國雨雹傷麥

三年　夏四月滎陽雨雹　六月弘農雨雹深三尺

四年　春正月太尉石鑒卒　夏五月蜀郡山移　淮南壽春洪水出　山崩地陷　六月壽春地震　京師及郡國八地震　秋八月上谷居庸上庸地陷泉湧　九月枉矢出東北竟天　是歲[illegible]

五年　[illegible]

六年　[illegible]

七年　夏五月魯國雨雹　秋七月雍梁二州疫　大旱　隕霜殺秋稼　關中饑　司徒王渾卒　以尚書右

八年　春正月地震　三月大赦　秋九月荊豫揚徐冀五州大水

九年　[illegible]　冬十一月甲子朔日有食之　京師大風　十二月壬戌[illegible]

永康元年　春正月癸亥朔大赦改元　辛卯朔日有食之　幽故太子遹於許昌　二月大風飛沙拔木　三月尉氏雨血　妖星見南方　太白晝見　中台星坼　賈后矯詔害庶人遹於許昌　夏四月辛卯日有食之　梁王肜趙王倫矯詔廢賈后為庶人　司空張華僕射裴頠皆遇害　賈氏親黨皆伏誅　趙王倫自為相國　以梁王肜為太宰　左光祿大夫何劭為司徒　右光祿大夫劉寔為司空　趙王倫矯詔害賈庶人于金墉　五月立皇孫臧為皇太孫　秋八月淮南王允討趙王倫不克而死　以光祿大夫陳準為太尉錄尚書事　九月改司徒為丞相以梁王肜為之　冬十月黃霧四塞　十一月大風飛沙石六日乃止　甲子立皇后羊氏　十二月彗星見于東方　益州刺史趙廞據郡反

永寧元年　[illegible]
張軌　涼武穆公　[illegible]

太安元年　[illegible]
太安元

二年　春三月李特攻陷益州　荊州刺史宗岱擊斬之　夏四月特子雄復據益州　夏五月李雄攻陷郫城　秋八月河間王顒成都王穎舉兵反　是月天中裂　無雲而雷　九月帝自將討穎　顒將張方入城大掠　冬十月長沙王乂奉帝及穎兵戰于建春門　大破之　十一月辛巳星晝隕　聲如雷　壬寅夜赤氣竟天　隱隱有聲　地震　長沙王乂奉帝討張方　不克　穎進兵逼京師　東海王越執乂　幽於金墉城　乂尋為張方所害　閏十二月李雄自郫城進攻益州　刺史羅尚委城而遁　雄盡有成都之地
二

甲子

永興元年

春正月尙書令樂廣卒　成都王穎入京師自位丞相鎮鄴　二月穎廢皇后羊氏及皇太子覃　河閒王顒表請立成都王穎爲皇太弟　秋七月東海王越奉帝征穎復皇后太子　穎遣兵拒戰于蕩陰六軍敗績穎以帝入鄴越走歸國　八月張方復入京城廢皇后太子　匈奴劉淵反於離石自號大單于　幽州都督王浚攻穎于鄴破之穎挾帝走洛陽　冬十月李雄稱成都王　劉淵稱漢王　冬十一月張方遷帝於長安留臺復皇后羊氏　十二月太宰顒廢穎立豫章王熾爲皇太弟

涼武穆公張軌　永興元

成太宗李雄建興元年

漢高祖劉淵元熙元年　淵匈奴冒頓之後初漢以公主妻冒頓故其子孫因冒姓劉氏淵父豹爲左部帥劉豹卒淵代之太康末爲北部都尉成都王穎表監五部軍事惠帝失馭天下兵起淵以永興元年秋七月即大單于位於離石冬十月遷于左國城建國稱漢建元元熙

二年

春正月甲午朔帝在長安　張方復廢皇后羊氏　夏六月侍中司徒王戎卒　冬十月有赤氣見于北方東西竟天　有星孛于北斗　十一月將軍周權矯詔立皇后羊氏洛陽令何喬攻權殺之復廢皇后　十二月成都王穎據洛陽

二

二

光熙元年

春正月戊子朔日有食之帝在長安　太宰顒殺張方成都王穎奔長安　東海王越遣兵入長安奉帝東還　夏四月枉矢西南流范陽地燃可以爨日光四散赤如血後三日又如之　五月帝至自長安復羊后大赦改元　李雄稱帝　秋七月乙酉朔日有食之　八月以東海王越爲太傅錄尙書事范陽王虓爲司空鎮鄴　九月頓邱太守馮嵩執成都王穎送鄴　冬十月司空范陽王虓卒長史劉輿害成都王穎　十一月帝中毒崩于顯陽殿時年四十八

太武元年　夏六月雄僭即皇帝位改元曰太武國號大成

三

孝懷皇帝

帝諱熾字豐度武帝第二十五子永熙元年立爲皇太弟惠帝崩即位大赦追尊所生太妃王氏爲皇太后立妃梁氏爲皇后　十二月壬午朔日有食之　以中書監溫羨爲司徒尙書左僕射王衍爲司空

永嘉元年

春正月癸丑大赦改元　三月立豫章王詮爲皇太子　東海王越鎮許昌　夏洛陽步廣里地陷出二鵝色蒼者飛天白者不能飛　秋七月以琅邪王睿都督揚州鎮建業　八月有大星如日小者如斗自西方流東北天盡赤俄有聲如雷　冬十一日戊申朔日有食之　以司空王衍爲司徒　十二月以前太傅劉寔爲太尉光祿大夫高光爲尙書令　東海王越矯詔囚清河王覃尋害之　越自爲丞相　慕容廆自稱鮮卑大單于

二

二

春正月丙子朔日有食之大赦　冬十月劉淵稱帝　十一月尙書令高光卒以太子少傅荀藩爲尙書令

三

永鳳元年　秋九月徙都蒲子　冬十月淵僭即帝位更元

三

春正月朔熒惑犯紫微　三月太尉劉寔請老以司徒王衍爲太尉東海王越領司徒　夏大旱江漢河洛皆竭可涉　秋七月富陽地裂三所各廣三丈長百餘步　秋八月漢寇洛陽宜都夷道山崩荊湘二州地震　冬十月漢復寇洛陽　十二月乙亥夜有白氣如虹自地升天南北各二丈許

三

四

河瑞元年　春正月徙都平陽改元

四

春正月赦　夏四月大水兗州地震　五月大蝗　六月漢主劉淵死其子聰代立　氐酋蒲洪自稱略陽公　冬十月漢寇洛陽　辛卯晝昏至于庚子凡十日　有大星墜于西南有聲　以鮮卑拓跋猗盧爲大單于封爲代公　天下兵入援　十一月太傅東海王越率兵向許昌次于項城

四

五

二年　春正月聰立其子粲爲皇太子　秋七月[illegible]

烈宗劉聰光興元年　聰淵第四子兄和立聰殺和代之即其年改元光興

代王拓跋猗盧

二年

五

春三月太傅越卒于項　夏四月漢將石勒追敗越軍執王衍等殺之王公以下死者十餘萬人　五月以太子太傅傅祗爲司徒尙書令荀藩爲司空　六月漢人陷洛陽殺皇太子詮遷帝于平陽封平阿公　司空荀藩奉秦王鄴趣許昌　秋七月漢將劉曜陷長安據之　冬十月馮翊太守索綝等敗漢兵長安十二月迎秦王鄴入雍城

五

玉衡元年

嘉平元年　夏六月遣兵陷洛陽以晉帝歸

四

六

春正月漢封帝爲會稽公　二月壬子日有食之　[illegible]

六

二

二

五

七

春正月漢人弒帝於平陽時年三十

孝愍皇帝建興元年

帝諱鄴字彥旗武帝孫吳孝王晏之子永嘉六年立爲皇太子是年即位於長安　[illegible]　五月　[illegible]　秋九月　[illegible]　冬十月　[illegible]

建興元

三

三

六

甲戌

二

春正月己巳朔黑霧著人如墨連夜五日乃止　辛未有如日隕于地又有三日相承出於西方而東行　二月以衛將軍荀組爲司空　三月石勒陷幽州殺大司馬幽州牧王浚　夏四月地震　秋九月隕星　[illegible]

四

四　春正月有流星出牽牛入紫微　[illegible]

七

三

春二月以左丞相琅邪王睿爲丞相都督中外諸軍事以司空荀組爲太尉　[illegible]　夏四月　[illegible]　五月地震

三

五

建元元年

八

四

春代王猗盧爲其子六脩所殺　[illegible]　日有食之　冬十一月　[illegible]

四

六

麟嘉元年

九

五

春正月帝在平陽　冬十二月　[illegible]

五

七

二　秋七月聰立其子粲爲皇太子

代鬱律元

東晉年譜

前涼　成　後趙　前趙　前燕　代　後燕　後秦　西秦　後涼　南涼　北涼　南燕　西涼　北燕　夏

中宗元皇帝建武元年

帝諱睿字景文宣帝曾孫琅邪王覲之子也母夏侯太妃是歲春三月愍帝崩帝遂即晉王位改元爲建武　夏五月丙子日有食之　秋大旱司兗等州螽蝗　河汾溢　冬十一月丙子日有食之

太興元年

春正月帝即皇帝位立子紹爲皇太子以慕容廆爲龍驤將軍大單于　夏四月丁丑朔日有食之　加驃騎將軍王導開府儀同三司　西平地震　五月太尉并州刺史劉琨爲段匹磾所害　六月旱　以刁協爲尙書令　秋七月劉聰死子粲代立八月靳準弒粲　冬十月劉曜僭稱帝　十一月乙卯日夜出高三丈中有赤青　加王敦爲荊州牧　十二月武昌地震

六

八

三　秋七月聰卒

隱帝劉粲　粲聰太子也聰卒嗣立八月

漢昌元年　[illegible]

前趙劉曜光初元年　冬十月僭即位于赤壁　[illegible]

二

夏五月徐揚及江西諸郡蝗吳郡大饑　冬十一月石勒僭稱趙王　十二月慕容廆取遼東

七

九

二

三

後趙高祖石勒元年　[illegible]

三

春三月以慕容廆爲平州刺史　夏四月壬辰有枉矢流于翼軫　五月庚寅地震　六月大水　涼州人殺其刺史張寔弟茂代立

八　[illegible]

十

三

四

二

燕高祖慕容廆　太興三

四

春二月癸亥日鬪　三月日中有黑子　夏五月旱長安終南山崩　秋七月大水　以驃騎將軍王導爲司空錄尙書事　八月常山崩　以慕容廆爲平州牧遼東公

張茂建興九年

十一

四

五

代拓跋賀傉元

三

太興四

永昌元年

春正月大赦改元大將軍王敦舉兵反　三月以司空王導爲前鋒大都督拒之敦入據石頭自爲丞相都督中外諸軍錄尙書事殺驃騎將軍戴淵尙書僕射周顗　夏四月敦還武昌　五月敦以太保西陽王羕爲太宰加司空王導尙書令　六月旱　冬十月京師大霧黑氣蔽天日月無光　十一月以司徒荀組爲太尉組尋卒　閏月帝崩于內殿時年四十七在位六年

十

十二

五

二

四　春二月石勒立其子弘爲太子

永昌元

肅宗明皇帝太寧元年

帝諱紹字道畿元帝長子也母曰豫章君荀氏永昌元年冬元帝崩帝即位　[illegible]　六月立皇后庾氏　[illegible]

十一

十三

六

三

五

太寧元

甲申

二　夏五月張茂卒子駿代立　六月敦復反加司徒導大都督揚州刺史督諸軍以討敦　秋七月至江寧帝親征破之　敦死衆潰　冬十月以司徒導爲太保領司徒太宰西陽王羕領太尉

十二　夏五月茂卒子駿嗣立　是歲雄遣使拜其兄子班爲太子

十四　七　四　是歲賀傉徙居東木根山　六　二

三　春二月立子衍爲皇太子　夏六月大旱自正月不雨至于是月　秋七月帝崩于東堂帝在位四年時年二十七

顯宗成皇帝

帝諱衍字世根明帝長子也母庾皇后明帝崩帝襲尊位時年五歲皇太后庾氏臨朝稱制司徒導與中書令庾亮參輔朝政　冬十一月癸巳朔日有食之

張駿建興十三　十五　八　紇那賀傉卒之弟也是歲代拓跋紇那元　七　三

咸和元年　春二月大赦改元　夏五月大水大旱自六月不雨至十一月

十四　十六　九　二　八　十五號

二　春三月益州地震　夏四月穰京地震　五月甲申朔日有食之　冬十一月豫州刺史祖約歷陽太守蘇峻等反

十五　十七　十　三　九　二

三　春正月平南將軍溫嶠等討峻　二月峻陷京師　至是月死　三月峻奉帝遷于石頭　五月溫嶠陶侃等討峻　秋九月侃斬峻　十二月石勒破劉曜

十六　十八　十一　冬十月石勒擒劉曜　四　趙石勒太和元年　劉曜　勒獲　三

四　春正月蘇逸等圍帝於石頭　二月諸軍討平之　三月以大將軍陶侃爲太尉

十七　十九　十二　是歲石勒滅前趙　代拓跋翳槐元年　四

五　春正月赦　二月以尚書陸玩爲尚書左僕射孔愉爲右僕射　趙王勒稱趙天王　秋九月勒僭稱帝

十八　遂稱臣於石勒　二十　代翳槐二　趙建平元　五

六　春三月壬戌朔日有食之　夏四月大旱　秋八月以左僕射陸玩爲尚書令

十九　二十一　三　二　六

七　春正月赦　夏五月大水

二十　二十二　四　三　七

八　夏五月有星隕于肥鄉　遼東公慕容廆卒子皝立　秋七月趙王石勒死子弘嗣立

二十一　二十三　五　四　秋七月勒卒子弘立　八

甲午

九　春正月隕石于涼州二　三月丁酉會稽地震　夏六月李雄死兄子班立　太尉侃卒　大旱　秋八月大雩自五月不雨至于是月　冬十月李雄子期殺班自立　十一月石虎殺石弘自立

二十二　二十四　六　趙延熙元　趙太祖石虎　九　秋八月皝受晉命

咸康元年　春正月朔帝冠大赦改元　夏四月加司徒導大司馬假黃鉞　秋七月長沙武陵大水　冬十月乙未朔日有食之是歲旱

二十三　玉恆元年　代紇那後元年　趙建武元年　咸康元

二　春正月彗星見奎　二月立皇后杜氏大赦　三月旱　夏四月雨雹　秋揚州會稽饑

二十四　二　二　二　二

三　夏六月旱　冬慕容皝稱燕王

二十五　三　代翳槐後元年　三　三　冬十月皝僭即燕王位

四　夏四月成李壽弒李期自立改國號曰漢　五月以司徒王導爲太傅司空郗鑒爲太尉征西將軍庾亮爲司空　六月改司徒爲丞相

二十六　漢昭文帝李壽漢興元年　代什翼犍建國元年　四　四

五　春正月赦　秋七月丞相導卒以護軍將軍何充錄尚書事　八月復改丞相爲司徒　太尉郗鑒卒

二十七　二　二　五　五

六　春正月司空亮卒以左光祿大夫陸玩爲司空　二月有星孛于太微

二十八　三　三　是歲代遷都於雲中　六　六

七　春二月甲午朔日有食之　封慕容皝爲燕王　二月皇后杜氏崩　冬十月司空玩卒

二十九　四　四　七　七

八　春正月己未朔日有食之乙丑大赦　夏六月帝崩于西堂即位十七年時年二十二

康皇帝

帝諱岳字世同成帝母弟也成帝崩帝襲尊位　冬十二月立皇后褚氏

三十　五　五　八　八　是歲皝遷都于龍城

建元元年　春正月改元　夏五月旱　秋七月晉陵吳郡災　八月李壽死子勢立　冬十月以驃騎將軍何充爲揚州刺史錄尚書事

三十一　六　勢嗣位　是歲壽卒其子勢嗣位　六　九　燕建元

甲辰

二　春熒惑守房心　秋九月立皇子聃爲皇太子　是月帝崩于式乾殿時年二十四

孝宗穆皇帝

帝諱聃康帝子也即位時年二歲皇太后褚氏臨朝稱制

三十二　漢勢太和元年　七　十　三

永和元年　春正月甲戌朔改元　夏四月以會稽王昱爲撫軍大將軍錄尚書事　六月地震

三十三　冬十二月駿自稱涼王　二　八　十一　十二

二　春正月大赦錄尚書事何充卒　二月以光祿大夫蔡謨錄尚書事　夏四月己酉朔日有食之　五月涼州牧張駿卒子重華立　冬十月地震　十一月安西將軍桓溫伐蜀　十二月枉矢自東南流于西北其長半天

張重華永樂元年　九　十二　十三

三　春三月桓溫攻成都克之李勢出降益州平　夏四月地震　六月大赦　秋九月地震

二　春二月晉安西將軍桓溫伐蜀克成都勢出降漢國滅　十　十三　十四

四　夏五月大水　秋九月慕容皝死子儁嗣　冬十月地震

三　十一　十四　十五　秋九月皝卒子儁立　元年

七　春正月丁酉日有食之　苻健僭稱秦王　秋七月尚書令顧和卒　濤水入石頭　九月峻陽太陽二陵崩　冬十月雷雨震電　趙將姚弋仲遣使來降以弋仲爲大單于高陵郡公弋仲子襄爲平鄉縣公

七　十四　三　二　秦高祖苻健皇始元年

六　閏正月趙冉閔弒其主石鑒僭稱大王國號魏鑒弟祗僭號于襄國　有彗星見于亢　氐帥苻洪遣使來降以洪爲廣川郡公洪子健襄國縣公　三月苻洪爲其下麻秋所鴆　夏五月大水　秋八月苻健帥衆入關　十二月免司徒蔡謨爲庶人

六　十三　二　趙新興王祗永寧元年

五　春正月赦　地震　趙石虎僭稱帝　夏四月假慕容儁大單于燕王　石虎死其子世嗣立　五月石遵廢世自立　冬十一月趙將冉閔弒遵而立其弟鑒

五　十二　十三　趙太寧元年　彭城王遵　義陽王鑒青龍元年

八　春正月辛卯日有食之苻健僭稱帝　二月峻陽崇陽二陵崩　三月姚弋仲卒子襄國來歸　夏四月冉閔爲慕容儁所滅　秋以武陵王晞爲太宰會稽王昱爲司徒征西大將軍桓溫爲太尉　冬十一月慕容儁僭稱帝　二
四十
十五
元璽元年　夏四月滅魏　[illegible]
二　春正月健僭即皇帝位

九　春正月赦　三月旱　夏五月大疫　秋七月地震　冬十月姚襄叛　涼州牧張重華卒子曜靈嗣是月張祚廢曜靈自立
四十一　[illegible]
涼王張祚　[illegible]
十六
二
三

甲寅
十　春正月涼州牧張祚稱涼王　地震　二月桓溫伐秦　姚襄降燕　夏四月桓溫大敗秦兵三輔皆降　六月溫軍不利引還
張祚和平元年　春正月祚自稱涼王改建興四十二年爲和平元年
十七
三
四

十一　夏四月隴西地震　五月地又震　六月秦苻健卒子生嗣僞位　秋閏九月涼州人弑其君祚而立張元靚爲涼王　以吏部尚書周閔爲尚書左僕射領軍將軍王彪之爲尚書右僕射
二　[illegible]
敬悼公張元靚建興四十三年　[illegible]
十八
四
五　夏四月健立其子生爲太子　六月健卒　生健第三子健卒嗣
越厲王生壽光元年　立即其年改元壽光

十二　冬十月癸巳朔日有食之
四十四　是歲元靚稱藩于秦
十九
五　是歲慕容恪圍廣固悉定齊地
二

升平元年　春正月帝冠皇太后歸政　隕石於槐里一　二月太白入東井　夏四月秦遣兵擊姚襄斬之襄弟萇降秦　六月秦苻堅弑其君生自立爲天王　秋八月立皇后何氏　冬十一月雷　十二月以太常王彪之爲尚書左僕射
四十五
二十
光壽元年　春二月儁立其子暐爲太子　冬十月自薊遷都鄴
三　夏六月東海王堅廢生自立　[illegible]
苻堅永興元年　[illegible]

二
四十六
二十一
二
二　大旱

三
四十七
二十二
三
甘露元年

四　春正月慕容儁卒其子暐嗣僞位　二月鳳皇將九子見于豐城　秋八月辛丑朔日有食之既　冬十月有天狗流于西南　鳳皇復見于豐城衆鳥隨之
四十八
二十三
燕幽帝暐建熙元年　春正月儁卒暐立時年十一
二

五　夏四月大水　鳳皇見于西北　五月帝崩于顯陽殿年十九
哀皇帝
帝諱丕字千齡成帝長子穆帝崩以皇太后令奉迎即位大赦　秋八月天裂廣數丈有聲如雷　九月立皇后王氏　十一月加涼州刺史張元靚爲大都督隴右諸軍事護羌校尉西平公
涼升平五　[illegible]
二十四
二
三

隆和元年　春正月大赦改元　二月拜母貴人周氏爲皇太妃　三月甲寅朔日有食之　夏四月旱　梁州地震浩亹山崩　冬十二月戊午朔日有食之
隆和元
二十五
三
四

興寧元年　[illegible]
興寧元　[illegible]
悼公天錫　[illegible]
二十六
四
五

甲子
二　[illegible]
元年　[illegible]
二十七
五
六

三　春正月皇后王氏崩　大司馬溫移鎮姑熟　三月帝崩于西堂時年二十五
廢帝
帝諱奕字延齡哀帝母弟哀帝無嗣皇太后詔帝纂位大赦　秋七月立皇后庾氏　冬十二月以王彪之爲尚書左僕射
二
二十八
六
建元元年

太和元年　[illegible]
三
二十九
七
二

二
四
三十
八　是歲太宰慕容恪卒
三

三　春二月丁巳朔日有食之大赦　[illegible]　秋八月尚書令王述卒
五
三十一
九
四

四　冬十月大星西流有聲如雷　十二月大司馬溫從鎮于廣陵
六
三十二
十　慕容垂出奔秦
五　王猛伐燕取其洛陽

五　秋七月癸酉朔日有食之　冬十一月秦王猛克鄴獲慕容暐盡有其地
七
三十三
十一　[illegible]
六　是歲滅燕

六　夏四月大赦　六月京師及丹陽晉陵吳郡吳興臨海並大水　冬十一月大司馬溫自廣陵屯于白石遂詣闕廢帝爲東海王迎會稽王昱入即位帝在位七年見廢
簡文帝咸安元年
帝諱昱字道萬元帝少子大司馬溫廢帝以皇太后詔迎帝纂位即其年改元咸安　大赦　以大司馬溫爲丞相溫不受旋自白石鎮姑孰　十二月廢東海王爲海西縣公
八
三十四
七

二　春三月[illegible]　秋七月帝崩于東堂年五十二
孝武皇帝
帝諱曜字昌明簡文第三子簡文大漸立爲皇太子帝崩即位大赦年十歲　追尊皇妣會稽王妃爲順皇后　是歲三吳大旱饑
九
三十五
八　以王猛爲丞相

寧康元年　[illegible]
十
三十六
九

二　[illegible]
十一
三十七
十

甲戌
三　[illegible]
十二
三十八
十一　秋七月丞相王猛卒

太元元年　春正月壬寅朔帝冠皇太后歸政大赦改元　加尚書僕射謝安爲中書監錄尚書事　夏四月地震　秋七月涼州降秦涼亡　冬十一月乙巳朔日有食之　十二月秦滅代
十三　[illegible]
三十九　[illegible]
十二　是歲秋滅涼冬滅代

二　春閏三月地震暴風折木　夏四月雨雹　五月地震　六月暴風揚沙石　秋七月老人星見　八月以尚書僕射謝安爲司徒都督揚豫[illegible]州軍事　以車騎將軍桓沖都督江荊等州軍事征西司馬謝元爲兗州刺史監江北軍事　冬十月尚書令王彪之卒
十三

三　春三月大雷雨暴風發屋折木　夏六月大水　秋七月老人星見
十四

四　春正月赦　三月大疫　夏六月大旱　秋八月以左將軍王蘊爲尚書僕射　暴風揚砂石　冬十二月己酉朔日有食之
十五

五　[illegible]
十六　以苻融爲中書監都督中外諸軍事錄尚書事

六　春正月以尚書謝石爲尚書僕射　夏六月庚子朔日有食之　揚荊江三州大水　冬十一月以鎮軍大將軍郗愔爲司空　是歲江東饑
十七　是歲東夷西域六十二國朝貢

七　夏五月幽州蝗　秋八月赦　冬十月雷
十八　秋九月堅遣將軍呂光擊西域

八　[illegible]
十九　是歲堅伐晉大敗於淮南堅歸長安諸方皆叛其國大亂

甲申
九　[illegible]
二十　[illegible]
後燕世祖慕容垂燕元　[illegible]
後秦世祖姚萇白雀元年　[illegible]

十　夏五月大水　慕容沖攻長安苻堅出奔五將山　六月慕容沖入長安　秋七月旱饑井竭　姚萇圍五將山執苻堅以歸尋弒之　苻堅太子宏來奔處之江州　秋八月太保謝安卒以瑯邪王道子領揚州刺史錄尚書事　秦苻丕稱帝于晉陽　九月呂光擊涼州殺刺史梁熙而代之　乞伏國仁稱單于

二十一　夏五月堅奔于五將山　秋七月後秦王萇執之以歸　八月弒之

哀平帝苻丕大安元　丕堅庶長子　出鎮鄴長安亂鄴受攻圍　幽州刺史王永等迎丕入晉陽聞堅凶問遂僭嗣僞位改元大安

二　冬十月定都于中山

西秦烈祖乞伏國仁建義元年　[illegible]

十一　春正月拓跋珪復立爲代王　燕王垂稱帝　二月西燕弒其主沖立沖將段隨爲燕王　三月西燕殺段隨而東立慕容忠　復稱帝　大赦　夏四月代改稱魏　以尚書陸納爲尚書左僕射譙王恬爲尚書右僕射　六月地震　西燕弒其主忠立慕容永爲河東王　冬十月西燕擊秦秦主丕奔東垣將軍馮該擊殺之　西燕慕容永稱帝於長子　海西公奕薨於吳　十一月秦南安王苻登稱帝於南安　十二月呂光自稱酒泉公

二　[illegible]

太宗苻登太初元　[illegible]

建興元　[illegible]

建初元　二

北魏太祖道武帝拓跋珪登國元　[illegible]

後涼太祖呂光太安元　[illegible]

十二　春正月暴風發屋折木　夏四月尊帝母李氏爲皇太妃　秋八月立皇子德宗爲皇太子　是歲涼州饑人相食

二　二　三　[illegible]　二　二　二

十三　夏六月旱　西秦乞伏國仁死弟乾歸立　冬十二月濤水入石頭殺人大風晝晦　延賢堂災斯則百寮驃騎庫皆災　加尚書令謝石衛將軍開府尋卒

三　三　三　四　夏六月國仁卒

高祖乞伏乾歸太初元　[illegible]

三　三

十四　春二月呂光稱三河王　秋七月宣陽門四柱災　九月以左僕射陸納爲尚書令　冬十二月雨水冰

四　四　四　二　[illegible]　四

麟嘉元　[illegible]

十五　春二月以中書令王恭都督青兗等州軍事　三月地震　秋七月有星孛于北斗犯紫微　八月京師地震　諸郡及兗州大水　以琅邪內史王珣爲尚書右僕射　冬十二月地震

五　五　五　三　五　二

十六　秋九月以尚書右僕射王珣爲尚書左僕射　以太子詹事謝琰爲尚書右僕射

六　六　六　四　六　三

十七　春正月大赦　夏五月丁卯朔日有食之　六月京師地震　濤水入石頭　秋七月荊徐二州大水　冬十月太白晝見　十二月地震　是歲自秋不雨至于今

七　七　七　五　七　四

十八　春正月癸卯朔地震　二月地又震　夏六月始興南康廬陵三郡大水深五丈　秋七月旱　冬十月姚萇死子興嗣僞位

八　[illegible]

八

八　[illegible]

高祖姚興　[illegible]

六　八　五

甲午

十九　夏六月追尊會稽太妃鄭氏爲簡文宣太后　秋七月荊徐二州大水　後秦王興擊殺秦主登登太子崇立　八月尊太妃李氏爲皇太后　燕主垂擊殺慕容永於長子　冬秦主崇攻西秦兵敗死秦國滅

九　[illegible]　延初元　[illegible]

九　[illegible]

皇初元　[illegible]

七　九　六

二十　春正月尚書令陸納卒　二月庚辰朔日有食之　夏六月荊江二州皆大水

十　二　[illegible]　八　十　七

二十一　夏四月雨雹　慕容垂死子寶嗣僞位　五月以右僕射謝琰爲左僕射　大水　六月呂光僭即天王位　秋九月帝崩于清暑殿時年三十五

十二　夏四月垂卒

烈宗慕容寶永康元　寶垂太子垂卒嗣立改元永康

三　九

皇始元

龍飛元　夏六月光僭天王位號大涼立子紹爲太子

安皇帝　帝諱德宗字德宗孝武長子孝武崩帝嗣位　大赦以司徒會稽王道子爲太傅攝政

隆安元年　春正月己亥朔帝冠以王珣爲尚書令領軍將軍王國寶爲僕射　二月呂光將禿髮烏孤自稱西平王　尊皇太后李氏爲太皇太后立皇后王氏　三月呂光建康太守段業自號涼州牧　夏四月兗州刺史王恭舉兵反詔誅僕射王國寶將軍王緒恭罷兵

二　[illegible]

四　十　二　二

南涼烈祖禿髮烏孤太初元年　[illegible]

北涼王段業神璽元年　[illegible]

二　春正月慕容德稱燕王　夏五月燕尚書蘭汗弒其主寶　秋七月寶子盛誅汗嗣僞位　兗州刺史王恭廣州刺史桓元等舉兵反　九月恭司馬劉牢之執恭降斬之以桓元爲江州刺史　冬十月新野言中騶虞見　十一月以瑯邪王德文爲衛將軍開府領軍將軍王雅爲尚書左僕射　十二月魏王珪稱帝

三　[illegible]

三　[illegible]

中宗慕容盛建平元年　[illegible]

五　十一

天興元年　[illegible]

三　二　二

南燕世宗慕容德元年　[illegible]

三　春二月段業自稱涼王　[illegible]

長樂元

弘始元　姚興降號稱王

十二

三

四　冬十二月光卒子紹立　[illegible]

懿宗呂纂咸寧元年　[illegible]

三　春正月烏孤徙治樂都　八月卒

涼康王利鹿孤　[illegible]

天璽元年　二　[illegible]

四　[illegible]

二

二　是歲取西秦

十三　[illegible]　兵敗降秦西秦亡

三　二

建和元　二

建平元　[illegible]

西涼太祖李暠庚子元　[illegible]

義熙元年 [illegible]	甲辰 三 [illegible]	二 春三月 [illegible]	元興元年 [illegible]	五 春二月 [illegible]
				熙垂之少子也 盛卒 熙 昭文帝 慕容熙 光始元 以丁太后命僭位
				三 [illegible]
五	四	三	二	三
七	六	五	四 二月立其子超為太子	四
二	天賜元	六	五	三 二月 [illegible] 太守呂超所弒 建康公 呂隆 神鼎元年 [illegible]
南涼	南涼 是歲 [illegible]	二	三 三月 [illegible] 景王 秃髮傉檀 弘昌元 [illegible]	二
五	四	三	二	二 夏五月 [illegible] 北涼 太祖 沮渠蒙遜 永安元年 [illegible]
六 [illegible] 北海王超 太上元年 [illegible]	五	四	三	二
建初元 春正月 [illegible]	五 [illegible] 為世子	四	三	二

六 [illegible]	七 [illegible]	六 [illegible]	五 [illegible]	四 [illegible]	三 春二月 大水 六月 赫連勃勃僭稱大夏天王 秋七月戊戌朔日有食之 是歲 燕馮跋弒其主慕容熙立高雲為天王	二 [illegible]
			太平元 北燕太祖 馮跋 [illegible]	三 冬十月 [illegible]	高雲 正始元年 [illegible]	
四	三	二		二	建始元 [illegible]	六
十四	十三	十二	十一	十	九	八
四 [illegible] 太祖 乞伏熾磐 永康元	三 是歲 [illegible]	一 [illegible]	西秦 高祖 乞伏乾歸 更始元年 [illegible]	五	四	三
四	三	二	太宗明元皇帝 拓跋嗣 永興元 [illegible]	六 冬十月 [illegible] 嘉平元 [illegible]	南涼	南涼 [illegible] 六
五	四	三 [illegible]	二	七	七	二
元始元 冬十月 [illegible]	十	九	八	四	三	二
八	七	六 春二月 [illegible]	五	四	三	
六	五	四	三	二	夏世祖 赫連勃勃 龍昇元 [illegible]	

元熙元年 春正月 [illegible]	恭皇帝 帝諱德文字德文安帝母弟也安帝遜位 宋公裕矯稱遺詔以帝纂尊位	十四 春正月 [illegible]	十三 春三月 [illegible]	十二 春 [illegible]	甲寅 十 春三月地震 夏六月丙寅 [illegible] 南涼 秋七月淮北大風 九月丁巳朔日有食之	九 秋九月益州刺史朱齡石平蜀
十一		十	九	八	七	六	五
八		七	二 秋七月 [illegible]	十八 春正月 [illegible] 秦王泓 永熙元 [illegible]	十七	十六	十五
四		三	六	五	四	三 [illegible] 神瑞元	二
八		七 是歲稱 [illegible]	二	泰恆元	二	七 [illegible]	五
三		二 是歲受勃勃 [illegible] 於晉晉封 [illegible]	六	五	四	三	六
真興元		昌武元 十一月 [illegible] 皇帝位改元	李歆 嘉興元年 [illegible]	十二	十一 是歲 [illegible] 附建康	十	二
			十三 春二月 李暠卒 西涼公 [illegible]	四	三	二	九
			五				是歲 [illegible] 鳳翔元

宋年譜　北燕　西秦　魏　北涼　夏

三	夏四月長星出竟天　六月宋王裕還建康僭皇帝位廢帝爲零陵王居于秣陵以兵守之明年遇弒時年三十六						
宋高祖武皇帝永初元年	帝諱裕字德輿小字寄奴彭城縣綏輿里人姓劉氏漢楚元王交之後是歲夏六月受晉禪即皇帝位國號宋都建康改元永初追尊皇考爲孝穆皇帝妣爲穆皇后尊王太后爲皇太后以司空道憐爲太尉僕射徐羨之加鎮軍將軍左衞將軍謝晦爲中領軍　秋北涼滅西涼　八月立皇子義符爲皇太子	十二	建弘元　春立子暮末爲太子	五	九　是歲擊滅西涼	四　秋七月沮渠蒙遜來伐歆殺之　歆弟恂爲敦煌所殺而滅其國	二
二	春正月以揚州刺史廬陵王義眞爲司徒尚書僕射徐羨之爲尚書令揚州刺史　秋七月地震　九月零陵王殂於秣陵　冬十月授北涼爵命	十三	三	六	十　是歲稱藩于晉		二
三	春正月以尚書令徐羨之爲司空錄尚書事進江州刺史王弘衞將軍開府以太子詹事傅亮爲尚書僕射中領軍謝晦爲領軍　二月有星孛于虛危　三月帝不豫　夏五月帝崩于西殿時年六十七						
少帝	帝諱義符小字車兵高祖之長子也母曰張夫人高祖崩帝即尊位年十七以尚書僕射傅亮爲中書監尚書令司空徐羨之領軍將軍謝晦及亮輔政　太尉長沙王道憐卒　冬十二月有星孛于營室	十四	三	七　夏五月立子燾爲皇太子監國	十一		四
景平元年	春正月己亥朔大赦改元　有星孛于東壁　二月太皇太后崩　秋七月尊所生母張氏爲皇太后　冬十月有星孛于氐	十五	四	八　十一月嗣卒于西宮　世祖太武帝燾　燾明元太子也　明元崩燾嗣位	十二　是歲受宋爵命		五
二	春二月己卯朔日有食之　執政徐羨之傅亮謝晦廢廬陵王義眞爲庶人　夏五月執政徐羨之等廢帝爲營陽王遷于吳　六月弒之　迎鎮西將軍宜都王義隆于江陵　殺前廬陵王義眞　以謝晦行都督荊湘等州軍事						
甲子　太祖文皇帝元嘉元年	帝諱義隆小字車兒武帝第三子也母曰章太后徐羨之等以少帝無道廢而弒之迎帝於江陵　秋八月帝至自江陵遂即皇帝位改元爲元嘉進司空徐羨之位司徒江州刺史王弘位司空尚書令傅亮左光祿大夫開府荊州刺史謝晦鎮北將軍南兗州刺史檀道濟征北將軍　追尊所生胡倢伃爲章皇太后	十六	五	始光元	十三		六
二	春正月司徒徐羨之尚書令傅亮上表歸政　大赦　秋八月驃騎將軍南徐州刺史彭城王義康以本號開府改授司空王弘車騎大將軍開府　赫連勃勃死子昌立	十七　是歲有女化爲男子	六	二	十四		七　秋八月勃勃卒　昌勃勃世子　夏主赫連昌承光元年　勃勃卒昌立

三	春正月司徒徐羨之尚書令傅亮以罪伏誅以開府王弘爲司徒揚州刺史錄尚書事荊州刺史謝晦舉兵反帝自將討之　二月以光祿大夫王敬弘爲左僕射豫章太守鄭鮮之爲右僕射　謝晦兵敗被執伏誅　秋旱	十八	七	三	十五	二
四	夏六月癸卯朔日有食之	十九	八	四	十六	三　魏主來伐昌奔上邽魏取統萬
五	春正月都下大水　二月魏伐赫連昌禽之　夏五月乞伏熾磐卒子暮末立　六月司徒王弘降爲衞將軍開府　都下大水　冬十一月乙未日有食之	二十	九　夏五月熾磐卒　秦王暮末永弘元年　暮末熾磐第二子熾磐卒暮末嗣位改元	神䴥元　春二月伐夏赫連昌	承玄元	夏主赫連定勝光元　定勃勃第五子僞封平原王昌被魏禽定收餘衆奔還平涼僭立改元取長安
六	春正月以荊州刺史彭城王義康爲司徒錄尚書事　三月立皇子劭爲皇太子　夏四月以尚書令僕射王敬弘爲尚書令丹陽尹臨川王義慶爲尚書左僕射吏部尚書江夷爲右僕射　五月壬辰朔日有食之　冬十二月己丑朔日有食之　星晝見河北地關秦地震野草皆反	二十一	二	二	二	二
七	秋九月馮跋死其弟弘立　冬十月秦遷保南安　是歲吳興晉陵義興大水	二十二　秋九月跋病中山公弘作亂跋驚懼而卒　昭成帝弘　弘跋之弟也殺太子翼而自立	三　冬十月暮末爲北涼所逼東徙上邽爲人所拒留保于南安	三	三	三
八	春正月夏滅秦　夏六月赦　赫連定爲吐谷渾所滅	太興元	四　春正月夏將韋伐攻南安以暮末歸　秦之國亾	四	是歲受魏命爲涼王　義和元	四　六月定爲吐谷渾王慕璝所執送於魏　夏亾
九	春三月進衞將軍王弘爲太保加江州刺史檀道濟爲司空　夏五月太保王弘卒　六月加司徒義康領揚州刺史　秋七月以領軍將軍殷景仁爲尚書左僕射	二		延和元　春正月立子晃爲皇太子	二	
十	春正月赦　夏四月沮渠蒙遜卒其子牧犍立	三		二	三　夏四月蒙遜卒　涼哀王牧犍元　牧犍蒙遜諸子也蒙遜卒牧犍代立改元	
甲戌　十一	是歲沮渠牧犍內附冊命爲河西王	四		三	二　是歲稱藩于宋	
十二	春正月乙未朔日食赦　封馮弘爲燕王　夏四月都下地震　六月丹陽淮南安興義興皆大水	五		太延元	三	
十三	春三月殺司空檀道濟　夏五月魏伐燕馮弘失國	六　五月魏人來伐　弘奔高麗國滅		二　是歲滅燕	四	
十四	春正月數鳳皇二見都下	三				

十五	秋七月地大震　冬十一月丁卯朔日有食之	四	六
十六	春正月進彭城王義康爲大將軍領司徒以開府江夏王義恭爲司空　夏六月魏滅涼　冬十二月皇太子冠	五　是歲滅涼	七　秋八月魏主圍姑臧牧犍出降涼亾

通志卷二十三

宋　右迪功郎鄭樵漁仲撰

年譜第四

南北朝年譜

夏四月戊午朔日有食之　秋七月皇后袁氏崩　八月徐兗青冀四州大水　冬十月赦以大將軍領司徒錄尚書事彭城王義康為江州刺史[illegible]

甲申

宋太祖文皇帝元嘉十七年

十八　冬十一月尚書僕射王球卒以丹陽尹[illegible]

十九　閏五月都下大水　秋七月甲戌晦日有食之　九月有客星在北斗因為彗入文昌貫五車[illegible]

二十　冬十月雷

二十一　春二月司徒錄尚書事江夏王義恭進位為太尉領司徒　冬十月雷雹

二十二　夏六月戊子朔日有食之　秋七月以尚書僕射孟顗為左僕射中護軍何尚之為右僕射　冬十二月免大將軍彭城王義康為庶人[illegible]

二十三　夏四月赦　六月癸未朔日有食之

二十四　春正月赦　夏四月河濟俱清是歲徐兗青冀四州大水

二十五　秋九月以尚書右僕射何尚之為尚書左僕射

二十六　春二月赦　夏四月丙申朔日有食之

二十七　冬十月彗星見太微　十一月赦　十二月魏太武來伐至于瓜步

二十八　春正月殺彭城王義康　二月降太尉領司徒江夏王義恭為驃騎將軍開府　夏五月以尚書左僕射何尚之為尚書令太子詹事徐湛之為左僕射　彗星見太微中犯帝座

二十九　春三月大風拔木都下大火　冬十二月黃霧四塞

三十　春正月朔有黑氣蔽天[illegible]二月[illegible]

世祖孝武皇帝

[illegible]

魏世祖太武皇帝太平真君元年

二

三　冬十二月太保盧魯元卒

四

五　春正月皇太子總百揆侍中中書監司徒崔浩[illegible]

六

七

八　冬十一月侍中中書監穆壽卒

九　冬十月赦

十

十一　夏六月殺司徒崔浩

正平元年　夏五月大赦改元　六月皇太子晃薨　冬十月司空長孫道生卒

二　春二月中常侍宗愛弑帝于永安宮[illegible]

高宗文成皇帝興安元年

[illegible]

二　春二月杜元寶謀反伏誅　三月尊保太后為皇太后　閏五月太皇太后赫連氏崩

甲午

孝建元年

[illegible]

二　[illegible]

三　[illegible]

大明元年

[illegible]

二　[illegible]

三　[illegible]

四　夏五月尚書左僕射褚湛之卒　秋七月光祿大夫開府何尚之卒　八月雍州大水

五　[illegible]

六　[illegible]

七　[illegible]

八　[illegible]

甲辰

前廢帝

[illegible]

景和元年

[illegible]

太宗明皇帝泰始元年

[illegible]

二　[illegible]

興光元年

春正月以侍中伊馛為司空　秋七月大赦改元為興光

太安元年

冬十月以遼西公常英為太宰

二　春正月立貴人馮氏為皇后　二月立皇子弘為皇太子大赦

三　春正月以濮陽公尉眷為太尉錄尚書事　冬十二月州鎮五蝗百姓饑

四　春正月以中書侍郎高允為中書令

五　春二月司空伊馛卒

和平元年

春正月朔大赦改元　夏四月皇太后常氏崩

二

三

四

五　是歲柔然處羅可汗死其子受羅部真可汗立

六　夏五月帝崩于太華殿時年二十六

顯祖獻文皇帝

帝諱弘文成長子也母李貴人文成崩帝繼位大赦車騎大將軍乙渾矯詔殺司徒陸麗以渾為太尉以錄尚書事劉尼為司徒尚書左僕射和其奴為司空　秋七月以太尉乙渾為丞相

天安元年

春正月朔大赦改元　二月丞相乙渾謀反伏誅　三月以隴西王源賀為太尉是歲州鎮十一旱大饑

三　[illegible]

四　[illegible]

五　夏六月殺太尉廬江王褘　冬十月丁卯朔日有食之

六　[illegible]

七　[illegible]

泰豫元年

[illegible]

後廢帝

[illegible]

甲寅

元徽元年

[illegible]

二　[illegible]

三　齊令[illegible]

四　[illegible]

五　[illegible]

順皇帝昇明元年

[illegible]

二　[illegible]

三　[illegible]

齊年譜

齊太祖高皇帝建元元年

帝諱道成字紹伯姓蕭氏東海蘭陵人受禪建國號齊改年建元追尊考右軍將軍承之為宣皇帝妣孝皇后立太子賾為皇太子以褚淵為司空　秋九月加司空褚淵尚書令

二　[illegible]

三　夏六月赦　秋七月己未朔日有食之

皇興元年

春閏正月以頓丘王李峻為太宰　秋八月以皇子宏生大赦改元　冬十月太宰李峻卒

二　夏六月以昌黎王馮熙為太傅是歲州鎮二十七水旱

三　春正月司空和其奴卒

四　春二月以東郡王陸定國為司空　夏四月大赦　秋九月司徒劉尼免

五　秋八月帝傳位於皇太子宏自稱為太上皇帝

高祖孝文皇帝延興元年

[illegible]

二　是歲州鎮十一水旱

三　是歲州鎮十一水旱

四　春正月太尉源賀以病免是歲州鎮十二大饑

五

承明元年

[illegible]

太和元年

春正月改元　秋八月赦　冬十二月州郡八水旱

二　以高允為中書監是歲州鎮二十餘水旱

三　秋九月以司徒東陽王丕為太尉趙郡公陳建為司徒河南公苟頹為司空　隴西王源賀卒

四　是歲郡鎮十八水旱

五　夏六月尚書令王叡卒是歲州鎮十二饑

甲子

四　春三月帝崩于臨光殿時年五十六

世祖武皇帝　帝諱賾字宣遠高帝之長子也高帝崩帝即位大赦以司徒褚淵錄尚書左僕射王儉為尚書令立皇子長懋為皇太子　夏六月以司徒褚淵為司空　秋八月司空褚淵卒　冬十月以中書令王奐之為尚書左僕射

永明元年　冬十二月熒惑逆行入子太微　十二月乙巳朔日有食之

二　春正月以南兗州刺史竟陵王子良為司徒尚書右僕射柳世隆為左僕射丹陽尹李安人為右僕射

三　秋七月左光祿大夫開府王僧虔卒　冬十二月以江州刺史王奐為尚書左僕射

四

五　春正月以太尉豫章王嶷為大司馬車騎將軍竟陵王子良為司徒尚書右僕射王奐為左僕射

六　春二月辛亥朔日有食之　冬十一月大霧竟天如煙入人眼鼻二日止　吳興饑

七　春正月以鎮南將軍柳世隆為尚書左僕射豫州刺史西昌侯鸞為右僕射　夏五月尚書令王儉卒以左僕射柳世隆為尚書令

八　春正月己巳朔日有食之以領軍王奐為尚書左僕射　夏六月大雷雨有貫光竟天明地如金鑠下大風發屋　八月荊州刺史巴東王子響反遣兵討之子響伏誅

九　春正月癸亥晦日食　二月明堂災樂遊正陽堂災

十　春正月以司徒竟陵王子良為尚書令尚書右僕射西昌侯鸞為左僕射

十一　春正月以驃騎大將軍豫州刺史王敬則為司空皇太子長懋卒　二月以金紫光祿大夫王晏為右僕射　夏四月立皇孫昭業為皇太孫　六月庚辰朔日有食之　秋七月帝崩時年五十四

廢帝鬱林王　帝諱昭業字元尚文惠太子之長子也武帝崩帝即位大赦以尚書左僕射西昌侯鸞為尚書令右僕射王晏為左僕射以竟陵王子良為太傅　尚書令西昌侯鸞加開府儀同　尊文惠太子為世宗文皇帝尊太妃王氏為皇太后立妃何氏為皇后

隆昌元年　春正月大赦改元以撫軍將軍西昌侯鸞為大將軍　二月太傅竟陵王子良卒以驃騎將軍廬陵王子卿為衛將軍尚書右僕射　夏五月甲戌朔日有食之　秋七月鎮軍大將軍西昌侯鸞弒帝於延昌殿遂以皇太后令廢帝為鬱林王

廢帝海陵王延興元年　帝諱昭文字季尚文惠太子第二子也西昌侯鸞弒鬱林以皇太后令奉帝纂立改元延興以鸞為驃騎大將軍錄尚書事封宣城公以尚書左僕射王晏為尚書令以丹陽尹徐孝嗣為左僕射衛將軍沈文季為右僕射車騎大將軍陳顯達為司空驃騎大將軍鄱陽王鏘為司徒　八月以前司空王敬則為太尉以衛將軍廬陵王子卿為司徒　冬十月宣城公鸞自為太傅揚州牧進爵為王以皇太后令廢帝為海陵王而自立

甲戌

高宗明皇帝建武元年　帝諱鸞字景栖高帝兄始安王道生之子也帝廢海陵王而自立改元建武以太尉王敬則為大司馬司空陳顯達為太尉　十一月壬申朔日有食之　追尊始安王為景帝妃江氏為懿后追崇妃劉氏為敬皇后立皇子寶卷為皇太子

六

七　是歲州鎮凡十三饑

八　是歲州鎮十五水旱

九　冬十二月以侍中淮南王佗為司徒是歲京師及州鎮十三水旱　柔然部眞可汗死子伏名敦可汗豆崙立

十　春正月帝始服袞冕　夏六月大赦

十一　是歲春饑　高車伏至羅自立為王

十二　夏四月赦　秋九月司徒淮南王佗卒

十三　夏四月州鎮十五大饑　冬十二月司空苟頹卒以尚書令尉元為司徒左僕射穆亮為司空

十四　秋九月太皇太后馮氏崩

十五　自春正月不雨至于夏四月　冬十二月以安定王休為太傅齊郡王簡為太保　柔然殺伏名敦可汗

十六　冬十月以太傅安定王休為大司馬以特進馮誕為司徒

十七　夏四月立皇后馮氏　六月立皇子恂為皇太子　秋八月山陽公尉元卒　冬十月詔營新都於洛陽

十八　冬十月以太尉東陽王丕為太傅　十二月帝自將伐齊

二　秋九月庚寅晦日有食之　冬閏十二月

三　皇太子冠

四　春正月赦　誅尚書令王晏以尚書左僕射徐孝嗣為尚書令

永泰元年　春正月赦　誅河東王鉉等十人　夏四月大赦改元大司馬會稽太守王敬則反兵敗死　秋七月帝崩于正寢殿年四十七

廢帝東昏侯　帝諱寶卷字智藏明帝第二子明帝崩帝嗣位　冬十一月立皇后褚氏

永元元年　春正月大赦改元　夏四月立皇子誦為皇太子赦　秋七月淮水變赤如血　殺尚書右僕射江祏　八月地震自此至冬不止都下大水　始安王遙光起兵東城領軍蕭坦之討平之以尚書令徐孝嗣為司空領軍蕭坦之為尚書左僕射沈文季為右僕射　冬十月誅徐孝嗣沈文季以侍中王亮為左僕射　十二月太尉陳顯達舉兵敗死

二　春正月辛酉朔日有食之　豫州刺史裴叔業以壽陽降魏　夏四月護軍將軍崔慧景舉兵敗死　以豫州刺史蕭懿為尚書令　冬十月殺尚書令蕭懿　十一月雍州刺史蕭衍舉兵　十二月南康王寶融起兵江陵

三　春正月丙申朔日有食之　以驃騎大將軍建安王寶寅為司徒　三月南康王寶融即帝位於江陵　長星見竟天

和帝中興元年　帝諱寶融明帝第八子東昏侯之弟也以太后令帝即位於江陵改元中興以相國長史蕭穎胄為尚書令加督征討諸軍事　以尚書左僕射加督征討諸軍事　八月癸巳朔日有食之　九月蕭衍克郢州　冬十月引兵東下　十二月王珍國及其將張稷弒東昏侯以宣德太后令廢為東昏侯　以梁公衍為大司馬承制行事

二　春正月宣德太后臨朝以大司馬蕭衍為相國梁公加九錫　二月衍自為梁王　以沈約為尚書僕射　三月帝禪位于梁封帝為巴陵王尋弒之年十七

梁年譜　東魏　西魏

梁高祖武皇帝天監元年　帝諱衍字叔達南蘭陵中都里人姓蕭氏皇考順之齊高帝族弟也帝受齊禪即皇帝位大赦改元以尚書令王亮為尚書令右僕射沈約為尚書左僕射　追尊皇考為文皇帝皇妣為獻皇后　夏四月丁巳朔日有食之　冬十一月立皇子統為皇太子

二　春正月以尚書左僕射沈約為尚書僕射　夏五月尚書右僕射范雲卒　六月以中書監王瑩為尚書右僕射

三　春正月以尚書右僕射王瑩為左僕射太子詹事柳惔為右僕射　三月隕霜殺草　夏六月大赦

四　春正月赦是歲大有年

五　春正月以前司徒謝朏為中書監司徒　三月丙寅朔日有食之　冬十一月都下地震生白毛　十二月司徒謝朏卒

甲申

十九　春三月太師馮熙卒　秋九月六宮及文武盡遷于洛陽

二十　春正月詔改姓元氏　秋七月廢皇后馮氏　八月廢皇太子恂為庶人

二十一　春正月立皇子恪為皇太子　三月殺故太子恂　夏六月司空穆亮免　秋七月立昭儀馮氏為皇后

二十二

二十三　春正月太保齊郡王簡卒以驃騎大將軍咸陽王禧為太尉中軍大將軍彭城王勰為司徒　三月帝南伐不豫　夏四月帝崩于穀塘原年三十三　遺詔賜皇后馮氏死詔以北海王詳為司空王肅為尚書令廣陽王嘉為左僕射

世宗宣武皇帝　帝諱恪孝文第二子母高夫人孝文崩帝襲位　追尊皇妣曰文昭皇后　是歲州鎮十八水大饑

景明元年　春二月復以彭城王勰為司徒　夏四月加司徒勰為大司馬　冬十月收授彭城王勰司徒錄尚書事　是歲州鎮十七大饑

二　春正月司徒彭城王勰以老歸第進太尉咸陽王禧位太保以司空北海王詳為大將軍錄尚書事　以太保咸陽王禧領太尉以大將軍廣陵王羽為司空　三月青齊徐兗等四州大饑　夏五月廣陵王羽卒太保咸陽王禧謀反賜死　立皇后于氏　冬十一月以驃騎大將軍穆亮為司空大將軍北海王詳為太傅領司徒

三　夏閏四月司空穆亮卒

四　七月以彭城王勰為太傅

正始元年　春正月大赦改元　夏五月太傅北海王詳有罪幽死　六月旱　冬十二月以高陽王雍為司空

二

三　是歲柔然庫者可汗死其子佗汗可汗伏圖立

甲午

六　夏四月以江州刺史王茂為尚書右僕射　右光祿大夫沈約為左僕射　秋八月都下大水　冬閏十月以臨川王宏為司徒以行太子太傅尚書左僕射沈約為尚書令以行太子少傅吏部尚書袁昂為尚書右僕射　十二月左光祿大夫夏侯詳為左僕射　夏侯詳卒

七　夏五月都下大水　秋八月壬子朔日有食之

八　夏四月以司徒臨川王宏為司空揚州刺史　秋八月丙午朔日有食之

九　春正月左光祿大夫王瑩為尚書令

十　春正月荊州言有騶虞見　夏六月以國子祭酒張充為尚書右僕射　月山車見臨城縣　冬十二月壬辰朔日有食之

十一　春正月司空臨川王宏進位太尉以驃騎將軍王茂為司空　夏五月己未朔日有食之　冬十月以吳郡太守袁昂為兼尚書右僕射　太尉臨川王宏為驃騎將軍

十二　夏四月都下水　五月甲寅朔日有食之　秋九月加揚州刺史臨川王宏位司空　司空王茂為驃騎將軍江州刺史

十三　春二月震于西南天如裂　夏六月都下訛言有棖棖取人肝肺及血以飼天狗百姓大懼二旬而止

十四　春正月朔皇太子冠赦　夏四月驃騎將軍王茂卒

十五　春三月戊辰朔日有食之　夏六月以尚書令王瑩為左光祿大夫開府儀同三司尚書右僕射袁昂為左僕射吏部尚書王暕為右僕射　秋九月左光祿大夫王瑩卒　大饑

十六

十七　夏六月以中軍將軍中書監臨川王宏為司徒　冬十月行司徒臨川王宏即正

十八　春正月乙亥朔日有食之　以尚書左僕射袁昂為尚書令右僕射王暕為左僕射太子詹事徐勉為右僕射

普通元年　春正月朔大赦改元丙子日有食之以司徒臨川王宏為太尉　金紫光祿大夫王份為尚書左僕射　秋七月江淮海並溢　九月有星晨見東方光爛如火

二　春二月赦　夏五月丁酉朔日有食之　琬琰殿火　秋八月始平郡石鼓村自開成井方六尺六寸深三十二丈

三　春正月以吳郡太守王暕為尚書左僕射　都下地震　夏五月壬辰朔日有食之既　冬十一月己丑朔日再食

四　春正月赦　冬十月以中衛將軍袁昂為尚書令　尚書僕射王暕卒　冬十一月癸未朔日有食之

五　夏六月有龍鬬于曲阿王陂　是歲以散騎常侍朱异掌機政

四　秋八月敦煌大饑　九月以司空高陽王雍為太尉尚書令廣陽王嘉為司空

永平元年　秋七月立夫人高氏為皇后　九月殺太師彭城王勰　是歲高車殺柔然佗汗可汗其子豆羅伏跋豆伐可汗醜奴立

二　冬十月司空廣陽王嘉為司徒

三　春三月皇子詡生赦

四　春二月青齊徐兗四州饑　三月司徒廣陽王嘉卒

延昌元年　春正月以尚書令高肇為司徒清河王懌為司空　二月州郡凡十一大水　夏旱　冬十月立皇子詡為皇太子

二　春二月六鎮饑　進高陽王雍位太保　夏五月壽春大水　青州饑是夏十三郡大水　冬十月南肆地震

四　春正月帝崩于式乾殿時年三十三

肅宗孝明皇帝　帝諱詡宣武之第二子也母曰胡充華宣武崩帝即位赦以任城王澄為尚書令　二月司徒高肇以罪賜死　進太保高陽王雍位太尉以司空清河王懌為司徒驃騎大將軍廣平王懷為司空　尊胡充華為皇太妃　秋八月領軍于忠矯詔殺左僕射郭祚尚書裴植　以高陽王雍歸第　皇太妃為皇太后　進司徒清河王懌為太傅領太尉司空廣平王懷為太保司徒任城王澄為司空　是月皇太后臨朝稱制

熙平元年　春正月大赦改元是歲柔然大破高車殺其王彌俄突

二　春三月司徒廣平王懷卒以太后父胡國珍為司徒

神龜元年　夏四月司徒胡國珍卒　秋九月太后胡氏弒其故太后高氏

二　夏五月以司空任城王澄為司徒京兆王繼為司空　冬十二月司徒任城王澄卒

正光元年　秋七月侍中元叉中常侍劉騰奉帝御前殿幽皇太后於北宮殺太傅清河王懌　八月以太師高陽王雍為丞相　冬十一月以司空京兆王繼為司徒　是歲柔然可汗醜奴為其母所殺其弟阿那瓌立尋為族人所攻奔魏

二　春三月以侍中崔光為司空　夏四月以司徒京兆王繼為太保以侍中崔光為司徒　是歲柔然婆羅門來降分柔然為二以處阿那瓌婆羅門

三　冬十二月以太保京兆王繼為太傅以司徒崔光為太保　是歲高車王弟越居殺其王伊匐而自立

四　春三月司空劉騰卒　冬十一月太保崔光卒以太尉汝南王悅為太保　是歲沃野鎮人破六韓拔陵反

五　夏四月高平鎮勅勒胡琛反　秦州人莫折大提反　莫折大提死子念生代領其眾　冬十月營州人就德興反

甲寅

六 春正月赦 秋七月赦 冬十二月都下地震

七 夏四月太尉臨川王宏卒 冬十一月赦

大通元年 春正月以尚書右僕射徐勉爲尚書左僕射 三月大赦改元大通

二 是歲以魏北海王顥爲魏主使將軍陳慶之送之北還

中大通元年 春正月赦 冬十月乙酉朔日有食之 大赦改元

二 夏四月大雨雹 秋九月有長星見

三 春正月赦 夏四月皇太子統薨 六月己亥朔日有食之 秋七月立晉安王綱爲皇太子大赦 以尚書何敬容爲尚書右僕射

四 春正月以開府南平王偉爲大司馬司空元法僧爲太尉尚書令開府袁昂爲司空 二月以太尉元法僧還北主魏 秋七月星隕如雨 九月加司空袁昂爲尚書令 冬十月辛酉朔日有食之

五 春正月赦 都下地震 長星見 三月大司馬南平王偉卒 夏四月己未朔日有食之 五月都下大水 冬十月以尚書右僕射何敬容爲左僕射吏部尚書謝舉爲右僕射

六 夏四月癸丑朔日有食之熒惑入南斗是歲魏分爲二

孝昌元年 春正月以太師京兆王繼爲太尉 三月柔然阿那瓌自稱敕連頭兵豆伐可汗 夏四月皇太后復臨朝稱制誅元乂 秋八月柔玄鎮民杜洛周反 冬十二月山胡劉蠡升反

二 春正月以太保汝南王悅爲太尉 降戶鮮于修禮反 夏四月赦 以丞相高陽王雍爲大司馬 秋八月賊帥元洪業殺鮮于修禮降其黨葛榮殺洪業自立

三 春正月以司空皇甫度爲司徒 蕭寶寅爲司空 夏四月以驃騎大將軍 九月秦州人杜粲殺莫折念生 冬十月蕭寶寅反於關中

四 春正月行臺長孫稚討蕭寶寅 二月太后殺帝於顯陽殿時年十九 太后胡氏立臨洮王世子釗爲帝 夏四月爾朱榮立長樂王子攸爲帝 沈太后及幼主于河 殺丞相高陽王雍以下二千人 帝諱子攸彭城王勰第三子也母曰李妃 以爾朱榮爲侍中都督中外諸軍事大將軍 以太原王 爲太師司州牧北海王顥爲太傅 太保 以元天穆爲太宰 司徒領軍 錄尚書事 元暉業爲右僕射

敬宗孝莊皇帝永安元年 立皇后爾朱氏 夏五月爾朱榮還晉陽以元天穆爲侍中錄尚書事 秋七月爾朱榮自爲大丞相 爾朱榮破葛榮定冀州 改元永安 大將軍 商平縣民萬俟醜奴僭號 冬十月太傅江陽王繼卒

二 春正月追尊皇考爲文穆皇帝皇妣李氏爲文穆皇后 夏五月元顥陷梁國 入洛 秋七月爾朱榮破元顥走死 自爲天柱大將軍 以太尉 王爲大司馬 九月以司空蕭贊爲司徒 楊津爲司空 冬十月以大司馬太尉 太保司徒 爲太師 業爲司徒

三 夏四月爾朱天光討万俟醜奴之 秋七月以宇文泰爲征西將軍行原州事 九月誅侍中爾朱榮 冬十月爾朱兆立長廣王曄爲帝 元天穆 爲太尉 十一月以司徒長孫承業爲太尉 爲司徒 冬十二月爾朱兆 兵殺司徒臨淮王彧 以太僕 長孫稚 幽帝於晉陽殺之時年二十四 爾朱兆弒帝 爾朱度律 爾朱世隆 執六鎮

節閔帝普泰元年 帝諱恭廣陵王羽之子 長樂王曄 爾朱氏以帝 二月即位改元普泰 封爾朱兆爲天柱大將軍 爾朱仲遠爲太尉 以爾朱世隆爲太傅 司州牧 夏四月以侍中爾朱彥伯爲司徒 六月渤海王高歡起兵信都討爾朱氏 秋七月爾朱氏 爾朱天光爲大司馬 追尊皇考爲先帝皇妣爲先太妃 冬十月渤海王高歡立渤海太守元朗即位於信都改元中興 自爲丞相 爾朱兆等軍於廣阿

二 春三月中興主朗入鄴 高歡自爲大都督 夏四月爾朱天光等會兵攻鄴 高歡擊破之 遂廢節閔帝 中興主立平陽王脩 爾朱兆 奔秀容

孝武帝永熙元年 帝諱脩孝文帝之孫廣平王懷第三子也 以高歡爲大丞相 二王 五月封 以太尉 爲太師 司徒 爲安定王 節閔帝遇弒 以大司馬 爲太保 司空 南陽王寶炬爲太尉 以清河王亶爲司徒 冬十一月殺安定王 以汝南王悅 司馬 開府 及東海王 十二月改元永熙 帝崩 以太保長孫承業爲太傅

二 春正月渤海王高歡討爾朱兆 追尊皇考爲武穆帝 皇妣李氏爲武穆皇后 以太尉 三月以太師 王爲太師 南陽王寶炬爲太保 秋七月以太尉 以清河王 爲大司馬 王誅 王堪爲太尉 太保

三 春正月以雍州刺史 以宇文泰 爲大都督 六月渤海王高歡 秋七月帝奔長安 以宇文泰爲大將軍 冬十月高歡立清河王世子善見爲帝 遷都鄴 閏十二月宇文泰殺帝 年二十五

東魏孝靜皇帝

天平元年 …… 十二月以 爲司徒 開府 州 以尚書令 元 王 爲

甲寅

大同元年 春正月赦改元 冬十月雨黃霧如霧 十一月侍中徐勉卒

二 夏四月以開府元法僧爲太尉 冬十一月雨黃塵如雪京師地震又生白毛

三 春正月朱雀門災 兩灰黃色 二月以護軍蕭藻爲尚書左僕射 秋七月齊州雨霜害稼 九月侍中太尉元法僧卒 冬十月都下地震 是歲大饑

四 春正月辛酉朔日有食之 夏六月辛丑日再食 秋七月赦

五 春三月以丹陽尹何敬容爲尚書令以吏部尚書張纘爲尚書左僕射

六 夏閏五月丁丑朔日有食之 秋八月赦 九月司空袁昂卒

七 春正月赦 二月都下地大震

八 冬十二月盧子略作亂於廣州參軍陳霸先討擊平之

文皇帝大統元年 帝諱寶炬孝文之孫京兆王愉之子 孝武帝以 遇弒 宇文泰奉帝即位 春正月改元 追尊皇考爲文景皇帝皇妣楊氏爲文景皇后 以丞相宇文泰 爲都督中外諸軍事 封安定公 以廣陵王欣爲太傅 以 王 爲司徒 立皇后乙弗氏 立皇子欽爲皇太子 以廣陵王欣爲太傅 三司 万俟壽樂干爲司徒 夏五月 安定公宇文泰自加柱國 秋七月以開府念賢爲太尉 爲司徒 万俟壽樂干爲太尉 司空 開府 上黨王長孫稚卒 冬十二月 太傅 以太尉 爲太尉 承 以 州刺史 爲太傅

二 春三月以涼州刺史李叔仁爲司徒 万俟壽樂干爲太宰 夏五月司空 秋九月以扶風王孚爲司空太保 斛斯椿爲太傅 開中大饑

三 春正月大赦 夏四月大將軍斛斯椿卒 五月以廣陵王欣爲太宰 以 太師 六月以司空扶風王孚爲大保太尉 梁 冬十月以太尉 爲大將軍 開府儀同三司王盟爲司空 冬十月梁定 宇文泰大破東魏 沙苑 泰自爲柱國大將軍

四 春二月廢皇后乙弗氏 立皇后郁久閭氏爲 三月以司空王盟爲司徒

五 夏五月開府李弼以司空扶風王孚 秋七月爲太尉

六 春正月太尉扶風王孚卒 冬十一月太師念賢卒

七

八 秋八月太尉王盟爲太保

天平二年 春二月以太尉咸陽王坦爲太傅 西河王悰爲太尉 司州牧 三月以王宗爲司徒 高昂爲司空 高乾爲司馬 徒 濟陰王暉業 秋八月司空 汝陽王暹 冬十月以 并州刺史 并州人 家門 中

三 春正月渤海王世子澄爲尚書令大行臺 大都督 三月以開府華山王鷙爲大司馬 六月趙郡王諶卒 秋七月 八月以 并州刺史 十二月以并州刺史尉景爲大保 太傅咸陽王坦爲太師

四 春正月以汝陽王暹爲錄尚書事 夏四月以咸陽王坦爲錄尚書事 十一月以驃騎大將軍万俟普爲太尉

元象元年 春正月赦改元 夏山東大水

興和元年 春正月以尚書令孫騰爲司徒 夏五月立皇后高氏大赦 以汝陽王暹卒 冬十一月大赦改元興和

二 春正月以太保尉景爲太傅 以驃騎大將軍開府庫狄干爲太保 夏六月大司馬華山王鷙卒

三 冬十一月以開府彭城王韶爲太尉 以度支尚書胡僧敬爲司空 是歲大饑

四 夏四月以侍中廣陽王湛爲太尉 以尚書右僕射高隆之爲司徒 太尉彭城王韶爲錄尚書事 以太傅尉景爲太保 庫狄干秋 爲太師 以開府 爲大司馬 封隆之爲尚書右僕射 八月以開府 尚書 行臺侯景爲兼尚書僕射河南行臺 冬十一月驃騎大將軍 河王悰卒

甲子

九 春閏正月地震復生毛 三月以太子詹事謝舉爲尚書僕射

十 夏四月尚書令何敬容有罪免 秋九月大赦

十一 春正月雷震林園光嚴殿重雲閣

中大同元年 春正月曲阿縣建陵隧口石麒麟動 有大蛇鬪隧中其一被傷 三月癸亥 春夏四月大赦改元 是夜同泰寺災 六月竟天有聲如雷

太清元年 春正月己亥朔日有食之 大赦 十二月白虹貫日東魏司徒侯景求以河南十三州內屬以景爲大將軍封河南王 三月大赦改元 秋八月以大將軍侯景錄行臺尚書事

二 春正月湘東王繹爲荊州刺史 以尚書令 兼 以尚書王克爲僕射 夏六月天雨 秋八月侯景舉兵反 九月地震 冬十月侯景陷歷陽 十一月景立正德爲帝 十二月天

三 春正月白虹貫日 三月侯景陷台城 五月帝崩于淨居殿年八十六

太宗簡文皇帝 帝諱綱字世纘武帝第三子母丁貴嬪 立爲皇太子 以南康王會理爲司空 侯景爲相國 秋七月 立皇子大器爲皇太子 八月侯景自爲漢王 冬十月 太守 先起兵討侯景

大寶元年 春正月朔大赦改元 天雨黃沙 月蝕見于東方 以尚書僕射王克爲左僕射 大旱人相食 秋九月侯景自進位相國漢王 宇宙大將軍都督六合諸軍事

九 春二月東魏以 州刺史高仲密爲侍中 司徒 秋七月以太保 王盟爲太傅 以廣平王贊爲司空 冬十二月以司空李弼爲太尉

十 夏五月太師賀拔勝卒

十一 夏五月太傅王盟卒

十二 秋九月東魏 王 冬十二月

十三 春二月以開府獨孤信 以司空 冬 州內附 太傅 以河南大將軍侯景爲大 秋七月 侯景反 大司馬 尚書令 月大尉 侯景

十四 春正月以開府趙貴爲司空 夏五月安定公宇文泰自爲太師 以開府獨孤信爲大司馬 以宇文泰爲大宗伯 以開府 爲大司空

十五 冬十二月封蕭察爲梁王 州刺史

十六 秋九月大赦

武定元年 春正月朔大赦 二月高仲密以虎牢叛 夏五月以開府 以司徒 侯景爲司徒 秋八月以 爲大司馬

二 春三月以太保孫騰爲錄尚書事 以渤海王世子高澄爲大將軍 尚書令 以太師庫狄干 太尉 以司空 夏五月 以太尉 以侍中 冬十月 以開府 太師 王坦 太傅 尚書令 以太尉 爲司徒 高隆之爲司空 高岳爲太尉

三 夏五月大赦 十二月以司空 中書令 侯景爲司徒 以尚書令 爲太保 尚書

四

五 春正月渤海王高歡薨 侯景叛降西魏 二月侯景以河南降梁 夏五月以太尉 王 以司空 爲太保 太師 以司徒 高岳爲太尉 射 高陽王斌 司空 秋七月大將軍高澄 中外諸軍 徐州 侯淵明 九月 宮中 侯景 大破之

六 春二月以太尉高岳爲太尉 王昶爲大司馬 以開府 爲太尉

七 秋八月立皇子長仁爲皇太子 大赦 冬十月以渤海王高澄 太傅 以開府 爲司空 以開府咸陽王坦爲 太傅 以 并州刺史 彭城王 爲司徒

八 春正月高澄爲相國封齊王 二月以尚書令高 之爲太保 夏五月禪位于齊

齊顯祖文宣帝天保元年

三 秋八月侯景廢帝爲晉安王立豫章王棟爲帝 [illegible]

世祖孝元皇帝 [illegible]

七 春三月帝崩於乾安殿時年四十五

廢帝 帝諱欽文帝長子也母乙皇后文帝崩帝即位 立妃宇文氏爲皇后

二 春二月太尉彭樂謀反誅 三月司空司馬子如免 夏六月以前司空司馬子如爲太尉 冬十二月 [illegible] 中山王

承聖元年 春二月 [illegible] 將軍王僧辯 [illegible] 江州刺史 [illegible] 侯景 [illegible] 冬十一月帝即位於江陵改元 [illegible]

西魏元年 其年號只稱元年

三

二 春正月以湘東王 [illegible] 秋七月武陵王紀伏誅 [illegible]

二 秋八月大將軍尉遲迥 [illegible]

四 冬十一月 [illegible]

甲戌

三 春二月壬戌太白晝見 [illegible] 冬十一月 [illegible] 帝於江陵

恭皇帝元年 帝諱廓文帝第四子 [illegible]

三 春正月安定公宇文泰廢帝東立恭帝

五 秋八月以高河王岳爲太保 [illegible]

四 春二月晉安王至建業以太尉王僧辯爲中書監錄尚書事驃騎大將軍都督中外諸軍事加司空陳霸先班劒二十人 以湘州刺史蕭循爲太尉廣州刺史蕭勃爲司徒 三月齊人送貞陽侯淵明來主梁 秋七月王僧辯納淵明即位年號天成 以梁王爲皇太子 九月陳霸先襲殺僧辯黜淵明立王爲帝

敬皇帝紹泰元年 帝諱方智字慧相元帝第九子也母夏氏陳霸先既黜貞陽侯以帝即尊位大赦改元爲紹泰以貞陽王淵明爲司徒 建安郡公陳霸先自爲尚書令 以太尉循爲太保司徒淵明爲太傅尊所生夏氏爲皇太后立妃王氏爲皇后

二

六 [illegible]

後梁中宗宣帝大定元 [illegible]

太平元年 夏五月建安公淵明卒 秋七月陳霸先自爲司徒揚州刺史進爵長城公 以開府侯瑱爲司空 八月太保鄱陽王循卒 九月大赦改元 陳霸先自爲丞相錄尚書事改封義興公以吏部尚書王通爲右僕射 冬十二月進太尉蕭勃爲太保

三 春正月 [illegible]

周閔帝 [illegible]

七

二

丁丑

二 春二月廣州刺史蕭勃舉兵反兵敗爲其下所殺 秋九月丞相陳霸先自爲相國封陳公加九錫 冬十月陳公霸先自進爵爲王是月帝遜位于陳陳奉帝爲江陰王尋害之時年十六

陳年譜 北齊 後周 後梁

陳高祖武皇帝永定元年 帝諱霸先字興國吳興長城下若里人姓陳氏受梁禪改元永定都建業追尊皇考爲景皇帝妣董氏爲安皇后立夫人章氏爲皇后 冬十一月都下火

元年 春正月 [illegible]

世宗明皇帝元年 [illegible]

八 [illegible]

三

二 春正月 [illegible]

三 帝崩于璿璣殿時年五十七 夏五月丙辰朔日有食之 六月

世祖文皇帝 帝諱蒨字子華高祖兄昭烈王之長子也高祖子昌頊以江陵之陷沒於長安及高祖崩內無嫡嗣大位遂以皇后令稱遺詔立帝尊皇后爲皇太后以司空侯瑱爲太尉南豫州刺史侯安都爲司空 秋九月立皇子伯宗爲皇太子立妃沈氏爲皇后

二 春正月 [illegible]

武成元年 [illegible]

九 [illegible]

十 [illegible]

廢帝 [illegible]

四

五

天嘉元年 春正月大赦改元 二月太尉侯瑱擊破王琳琳及其主蕭莊奔齊 秋九月彗星見

二 夏四月 [illegible]

高祖武皇帝 [illegible]

乾明元年 [illegible]

肅宗孝昭皇帝皇建元 [illegible]

六 春正月 [illegible]

世宗天保元年 [illegible]

甲申

二 春正月大赦 三月太尉湘州刺史侯瑱卒 夏四月丙子朔日食 冬十月甲戌朔日再食

周武帝保定元年 [illegible]

世祖武成皇帝太寧元 [illegible]

二 [illegible]

三 秋九月戊辰朔日有食之 以侍中到仲舉爲右僕射

二 夏五月 [illegible]

河清元年 [illegible]

三

四 春三月乙丑朔日有食之 夏四月加 [illegible] 揚州刺史侯安都賜死 六月司空 [illegible] 冬十月大赦

三 [illegible]

二 [illegible]

四

五 春二月庚寅朔日有食之 秋八月丁未朔日再食

四 [illegible]

三 [illegible]

五

六 春正月皇太子冠 夏四月以揚州刺史安成王頊爲司空 六月彗星見上台 秋七月辛巳朔日有食之 有大風自西南至激壞靈臺候樓 儀賢堂無故自壞

五 春二月以柱國李穆爲大司空 [illegible] 公陸通爲大司寇

四 [illegible]

後主天統元年 [illegible]

六

天康元年 春正月己卯朔日有食之 大赦改元 二月 [illegible] 三月以司空安成王頊爲尚書令 夏四月帝崩于有覺殿 [illegible]

廢帝 [illegible]

天和元年 春正月大赦

二 冬十月以太保侯莫陳相爲太傅以大司馬任城王湝爲太保太尉婁叡爲大司馬徙馮翊王潤爲太保開府韓祖念爲司徒

七

光大元年 春正月 [illegible] 以右僕射 [illegible] 冬十一月 [illegible]

二 夏六月尊所生叱奴氏爲皇太后 閏月地震 秋七月梁州言鳳皇集 以太傅燕公于謹爲雍州牧 冬十二月太保許國公宇文貴卒

三 [illegible]

八

二 春正月安成王頊自爲太傅領司徒加殊禮 夏六月彗星見東井 冬十一月壬辰朔日有食之 安成王頊廢帝爲臨海王而自立

高宗宣皇帝 帝諱頊字紹世始興昭烈王第二子既廢帝猶未卽尊位

三 春三月立皇后阿史那氏 太尉燕公于謹卒 夏四月以太保達奚武爲太傅 大司馬尉遲迥爲太保 柱國齊公憲爲大司馬 秋八月柱國隋公楊忠卒

四 春三月以司徒東平王儼爲大將軍 南陽王綽爲司徒 開府儀同三司徐顯秀爲尚書令 夏四月以錄尚書事 五月以右僕射胡長仁爲左僕射 中書監和士開爲右僕射 六月大風發屋拔木 冬十月以尚書令 十二月太上皇帝崩時年三十一

九

大建元年 春正月帝卽位太極前殿 大赦改元復太皇太后尊號曰皇太后 立妃柳氏爲皇后 世子叔寶爲皇太子 以尚書僕射沈欽爲左僕射 度支尚書王勱右僕射

四 夏五月柱國尉遲綱卒 秋七月柱國長孫儉卒

五 春二月改封東平王儼爲琅邪王 三月司空徐顯秀爲太尉 幷省尚書令婁定遠爲司空 夏四月武衛將軍高阿那肱爲尚書令 驃騎大將軍爲兵部 立皇后胡氏 冬十一月以太保斛律光爲太傅 大司馬段韶爲太保 以開府蘭陵王長恭爲尚書令 中書監王長恭爲右僕射

十

二 春二月皇太后崩 大赦 夏六月大雨雹 冬十月辛巳朔日有食之 十二月雷

五 夏四月以柱國宇文盛爲大宗伯 冬十月太傅鄭公達奚武卒

武平元年 春正月朔改元 太師東安王婁叡卒 二月以太傅咸陽王斛律光爲右丞相 幷州刺史安定王賀拔仁爲錄尚書事 三月以開府徐之才爲左僕射 夏六月以廣寧王孝珩爲司空 秋七月以蘭陵王長恭爲右僕射 中領軍和士開爲尚書令 淮山王 冬十月以司空廣寧王孝珩爲司徒 上洛王思宗爲司空

十一

三 春正月以尚書右僕射徐陵爲尚書左僕射 三月大赦 夏四月戊寅朔日有食之 冬十二月司空章昭達卒

六

二 春二月以錄尚書事 以大司馬段韶爲太宰 以尚書令和士開爲錄尚書事 左僕射徐之才爲尚書令 右僕射唐邕爲左僕射 夏四月以大司馬 琅邪王儼爲太保 秋七月太保琅邪王儼矯詔殺錄尚書事和士開 九月以太師任城王湝爲太宰 左丞相段韶卒 冬十月 十二月以 州行臺 以右丞相

十二

四 春正月以尚書僕射徐陵爲左僕射 中書監王勱爲右僕射 三月癸亥朔日有食之 秋九月庚子朔日再食 赦 冬十一月地震

建德元年 春三月誅大冢宰宇文護 大赦改元 以太傅尉遲迥爲太師 柱國竇熾爲太傅 大司空李穆爲太保 齊公憲爲大冢宰 衛公直爲大司徒 趙公招爲大司空 柱國辛威爲大司寇 綏德公陸通爲大司馬 夏四月立魯公贇爲皇太子 冬十月大司馬綏德公陸通卒 十一月以大司空趙公招爲大司馬

三 春二月以尚書令唐邕爲錄尚書事 右僕射 秋七月以左僕射 八月廢皇后 北平王仁堅爲太保 冬十月拜弘德夫人和氏爲右皇后 十二月廢右皇后胡氏 二司

十三

五 春正月以吏部尚書沈君理爲尚書右僕射 二月乙卯夜有白氣如虹自北方貫北斗入紫宮 三月丙午衡州獻馬生角 秋九月右僕射沈君理卒 壬辰晦夜明 冬十月以特進周弘正爲右僕射

二 春正月以柱國田弘爲大司空 月皇太子贇北巡 於岐州 以柱國侯莫陳瓊爲大宗伯 夏五月以大司馬 滎陽公司馬消難爲大司寇 上庸公陸騰爲大司空

四 春正月以幷省尚書令 高阿那肱爲錄尚書事 二月拜右皇后 穆氏爲皇后 夏四月以大司馬 北平王仁堅爲太保 太尉衛菩薩爲大將軍 司徒安德王延宗爲司徒 徒陳府宜陽王趙彥深爲司空 五月以領軍 中書監 太保蘭陵王長恭 射

十四

甲午

六 春二月壬辰朔日有食之 月彗星見於東井 六月右僕射周弘正卒 冬十一月以吏部尚書王瑒爲尚書右僕射

三 春二月大赦 皇太后叱奴氏崩 秋七月衛王直反伏誅 涼州比年地震

五 春二月南安王思好反 伏誅 以尚書令唐邕錄尚書事 夏五月大旱 秋八月以高勱爲右僕射

十五

七 春二月丙戌朔日有食之 月有星孛大角 夏四月以尚書右僕射王瑒爲尚書左僕射 冬十二月辛亥朔日有食之 太子詹事陸繕爲右僕射 是歲郢州獻瑞鍾

四 秋七月詔大舉伐齊

六 夏四月以中書監 爲右僕射 秋八月 大水 七州大水 開府 司空

十六

八 春二月以開府儀同三司吳明徹爲司空 夏五月戊申朔日有食之 以王瑒爲左僕射 中書監晉安王伯恭爲右僕射

五 秋七月京師大旱 冬十月帝總戎伐齊 乃平陽 十一月復伐齊 大敗齊師於晉陽 遂入鄴

隆化元年 春二月大風發屋 秋七月周師 冬十月周師取平陽 十二月帝

十七

九 春正月周滅齊 冬十一月己亥晦日有食之

六 春正月帝圍鄴陷之 執齊主緯及其幼主以歸 遂平齊

幼主承光元年 幼主名恒 後主長子 正月卽位 改元承光 後主稱太上皇帝 上皇后 周武帝 執幼主以歸

十八

十 春三月震武庫 大赦 夏四月大雨雹 六月周武帝崩 閏六月大雨霰 重陽閣等處 秋八月隕霜殺稻 冬十月以尚書左僕射陸繕爲尚書僕射

宣政元年 春二月 大冢宰 以上柱國 夏五月帝北伐 六月崩

宣皇帝 帝諱贇字乾伯 武帝長子 卽位 立妃楊氏爲皇后 尊皇太后 以上柱國 秋七月以小宗伯 爲大宗伯 兗州總管 公 爲大司馬 八月以上柱國 爲大司空 冬十二月以柱國 爲大司寇

十九

十一 春正月南兗州言龍見 冬十月以尚書僕射陸繕爲尚書左僕射 祠部尚書晉安王伯恭爲右僕射 十一月大赦 是歲淮南地盡歸于周

大成元年 春正月大赦改元 初置四輔官 以大冢宰越王盛爲大右弼 大司徒杞公亮爲大左輔 大司馬隋公楊堅爲大後丞 以柱國 爲大司寇 冬十二月以柱國

靜帝大象元年 春二月 帝傳位于皇太子 二月 天元皇帝 立天元皇后 夏六月 秋七月 以大司空 爲大司徒

二十

十二 夏四月尚書左僕射陸繕卒 五月以尚書右僕射晉安王伯恭爲尚書僕射 六月大風壞皐門中闥 秋八月周鄖州總管司馬消難以所統九州降 詔以消難爲大都督司空封隋郡公 九月天東南有聲如風水相激三夜乃止 冬十月甲寅朔日有食之

二 春正月 天元皇帝 天元皇后 天中大皇后 天左大皇后 天右大皇后 夏五月 天元帝崩 隋公楊堅爲丞相 六月 相州總管尉遲迥起兵 秋七月 青州總管 八月 鄖州總管司馬消難 九月 以上柱國 十二月 以大丞相隋公堅爲相國 總百揆 進爵爲王 大司馬

二十一

甲寅

十三 春正月以尚書僕射晉安王伯恭爲左僕射 吏部尚書袁憲爲右僕射 秋九月大風發屋拔樹大雨雹 冬十二月彗星見西南

大定元年 春二月帝下詔遜位于隋 隋帝爲介國公尋弒之

隋年譜

隋高祖文皇帝開皇元年 帝諱堅小字那羅延 弘農華陰人也 父忠 仕周以功封隋公 帝襲封 受周禪 卽皇帝位 大赦改元 立王后獨孤氏爲皇后 王太子勇爲皇太子 以高熲爲尚書左僕射 以上柱國 爲太師 上柱 冬十一月有流星 是歲

二十二

十四 春正月帝崩于宣福殿時年五十三

後主 後主諱叔寶字元秀宣帝長子 宣帝崩 後主卽位 立妃沈氏爲皇后 春二月以永陽王伯智爲尚書僕射 夏四月立皇子胤爲皇太子 秋七月大赦 自建鄴至荊州江水色如血 九月天夜東北有聲如蟲飛 揚州刺史長沙王叔堅爲司空

二 春正月以晉王廣爲河北行臺尚書令 蜀王秀爲西南行臺尚書令 秦王俊爲河南行臺尚書令 夏六月詔作新都于龍首山 冬十二月上柱國竇毅卒

是歲隋罷江陵總管 梁王始得專制其國

二十三

至德元年 春正月大赦改元 二月己巳朔日有食之 秋七月丁卯朔日有食之 九月天東南有聲 冬十一月以司空長沙王叔堅爲 是月天夜 自西北至于東南 其間有青黑色

三 春三月遷于新都 冬十一月罷郡爲州

二十四

甲辰

二 春正月甲子朔日有食之 五月以吏部尚書江總爲尚書僕射 冬十一月赦

四 夏四月以吏部尚書虞慶則爲尚書右僕射 秋八月太傅鄧公竇熾卒 是歲突厥沙鉢略可汗降

二十五

三 春正月戊午朔日有食之 冬十一月赦 是歲後梁明帝殂

五 春正月復置江陵總管 秋八月突厥可汗遣子入朝 河南諸州大水 有流星數百四散而下

五月明帝殂 子琮立

二十六

莒公琮 莒公諱琮字溫文 明帝長子 明帝崩嗣立

四 冬十月以尚書僕射江總爲尚書令 吏部尚書謝伷爲尚書僕射 十一月赦

六 春二月山南荊浙七州水 秋七月河南諸州水 京師雨毛 八月關內七州旱 柱國郕公梁士彥 上柱國杞公宇文忻 柱國舒公劉昉謀反伏誅 上柱國 除名

廣運元

禎明元年 春正月大赦改元 夏五月乙亥朔日有食之 秋九月梁安平王蕭巖 冬十二月以 來奔 以驃騎大將軍蕭摩訶爲司徒

七 秋七月衛王爽卒 九月廢梁國 以其王蕭琮爲莒公 突厥沙鉢略可汗死 其弟莫何可汗處羅侯立

二 是歲隋徵琮入朝國滅

二 夏四月有羣鼠無數自蔡州入淮至于青溪 數日死 隨水出 郢州南浦水黑如墨 五月 有物赤色 大如數斛 自天墜 六月廢皇太子胤 立皇子深爲皇太子 以太子詹事袁憲爲尚書僕射 是歲隋人大舉來伐

八 春二月上柱國隴西公李詢卒 大舉伐陳 冬十月以晉王廣爲行軍元帥 南行臺尚書令 是歲莫何可汗死 子雍虞閭立

三 春正月隋將賀若弼韓擒虎南道並濟 隋師入建康 後主與張孔二貴嬪投井 隋師獲之 并後主宗族遷于長安 陳國滅

九 春正月滅陳 夏四月以晉王廣爲太尉 大赦

開皇十年 秋七月以清河公楊素爲內史令 冬十一月江南亂 以楊素爲行臺總管討平之

十一 春二月辛巳晦日有食之

十二 秋七月壬申晦日有食之 冬十一月新義公韓擒虎卒 十二月以內史令楊素爲僕射 與高熲專掌朝政 領軍大將軍賀若弼除名

十三 秋七月戊辰晦日有食之

甲寅

十四 夏五月京師地震 秋七月以邳公蘇威爲納言 關中旱大饑 冬十一月有星孛于角亢

十五 春正月帝東巡祀泰山 夏六月詔鑿砥柱 秋七月納言蘇威免 尋復其位

十六

十七 冬十二月上柱國魯公虞慶則有罪伏誅

十八

十九 春正月赦　夏四月突厥可汗內附　秋八月上柱國左僕射齊公高熲免　冬十月以突厥突利爲啓民可汗　十二月突厥都藍可汗爲部下所殺其國大亂　星隕於勃海

二十 夏四月天有聲如寫水　六月秦王俊卒國除　冬十月廢太子勇爲庶人　殺柱國太平公史萬歲　十一月立晉王廣爲皇太子是日天下地皆震京城大風雪

仁壽元年 春正月改元　以尚書右僕射楊素爲左僕射納言蘇威爲右僕射　二月乙卯朔日有食之

二 夏四月岐雍二州地震　秋八月皇后獨孤氏崩　九月河南北諸州皆大水隴西地震　以工部尚書王遂爲納言　冬十二月廢蜀王秀

三 秋八月上柱國燕榮以罪伏誅　冬十二月河南諸州水

四 甲子 春正月大赦　夏四月上不豫　六月赦有星入月中　長人見於鴈門　秋七月日青無光　太子廣弑帝于大寶殿而自立遂殺故太子勇帝年六十四

煬帝 帝諱廣小字阿摩高祖第二子母獨孤皇后　八月并州總管漢王諒舉兵反詔尚書左僕射楊素討平之　是歲陳後主卒

大業元年 春正月大赦改元　立妃蕭氏爲皇后皇子晉王昭爲皇太子　廢諸州總管府　以上柱國宇文述爲左衛大將軍　二月以左僕射楊素爲尚書令　二月開通濟渠以引汴水開邗溝置離宮大造龍舟　秋八月帝如江都　是歲鐵勒叛西突厥立爲可汗

二 夏六月以尚書令楊素爲司徒　皇太子昭薨尚書令楊素卒

三 春正月長星竟天出於東壁　武陽郡上言河水清　二月彗星見東井文昌歷太陵五車北河入太微掃帝座百餘日滅　秋七月殺太常卿高熲尚書宇文弼光祿大夫賀若弼免內史令蕭琮僕射蘇威官

四 春正月開永濟渠

五 夏四月置西海等郡是歲突厥啓民可汗死其子咄吉始畢可汗立

六 春正月盜入建國門內　遣兵攻流求殺其王虜其衆以歸　二月帝如江都

七 春正月帝自將擊高麗徵天下兵集於涿郡　山東河南大水　冬十月砥柱崩　是歲征高麗苦役者王薄張金稱高士達竇建德等悉爲羣盜攻陷郡縣

八 春正月大軍集涿郡分軍爲十六道伐高麗　分西突厥爲三部　三月諸軍度遼水擊敗高麗兵圍遼東　夏五月納言楊達卒　六月帝至遼東攻城不克將軍來護兒攻平壤敗績　秋七月將軍宇文述等九軍敗於薩水而還　九月帝還東都　山東旱

九 春三月帝復自將擊高麗　夏五月熒惑入南斗　六月楚公楊玄感起兵黎陽圍東都帝引軍還遣兵討之　秋七月玄感敗死　餘杭劉元進兵起　以唐公李淵爲弘化留守　吳郡朱燮晉陵管崇兵起

十 甲戌 春二月徵天下兵伐高麗　三月帝如涿郡　秋七月高麗降　冬十一月離石胡劉苗王兵起汲郡王德仁兵起

十一 春二月上谷王須拔魏刀兒兵起　夏四月以唐公李淵爲山西河東撫慰大使　秋八月帝巡北邊突厥始畢可汗入寇帝入鴈門始畢圍之九月乃解　冬十月詔江都更造龍舟　東海李子通兵起城父朱粲兵起

十二 春正月分遣使者發兵擊諸起兵者　夏四月大業殿火　五月丙戌朔日有食之既　大流星隕於吳郡爲石　除納言蘇威名　秋七月帝如江都命越王侗留守　熒惑守羽林　八月有大流星如斗出王良閣道聲如壞牆又有流星如甕出羽林　九月有二枉矢出北斗魁委曲蛇形注於南斗　冬十月許公宇文述卒　翟讓李密兵起　十二月鄱陽林士弘兵起稱楚帝　以唐公李淵爲太原留守是歲諸郡兵起不可勝數

十三 春正月竇建德稱長樂王　魯郡徐圓朗兵起　二月馬邑校尉劉武周朔方郎將梁師都兵起　李密稱魏公　三月突厥立劉武周爲定楊可汗梁師都自稱梁帝　夏四月金城校尉薛舉兵起自稱西秦霸王　五月唐公李淵起兵太原遣使求援於突厥　淵自稱大將軍開府置官屬　秋七月熒惑守積屍武威司馬李軌起兵河西自稱涼王薛舉稱秦帝徙據天水　九月彗星見於營室　冬十月唐公李淵圍長安　羅州令蕭銑起兵於巴陵稱梁王　十一月唐公淵克長安立代王侑爲皇帝遙尊帝爲太上皇帝是月熒惑犯太微有石自江浮入于揚子日光四散如血

恭皇帝義寧元年 帝諱侑元德太子昭之子也唐公淵立之改元爲義寧淵自爲大丞相封唐王以其子建成爲唐王世子世民爲秦公元吉爲齊公　十二月唐王淵追諡其大父爲景王考爲元王夫人竇氏爲穆妃

二 春正月唐王淵自加殊禮　三月右屯衛將軍宇文化及等弑太上皇帝於江都　唐王淵自爲相國加九錫　吳興太守沈法興兵起　夏四月梁王銑稱帝　五月帝禪位于唐唐奉帝爲酅國公武德二年唐人害之時年十五

唐高祖武德元年

通志卷二十五

宋右廸功郎鄭樵漁仲撰

氏族略第一

臣謹按司馬遷曰書班固曰志東觀曰記華嶠曰典張勃曰錄何法盛曰說諸史通謂之志然志者古史之名今改曰略略者舉其大綱云

氏族序

自隋唐而上官有簿狀家有譜系官之選舉必由於簿狀家之婚姻必由於譜系歷代並有圖譜局置郎令史以掌之仍用博通古今之儒知撰譜事凡百官族姓之有家狀者則上之官爲考定詳實藏於祕閣副在左戶若私書有濫則糾之以官籍官籍不及則稽之以私書此近古之制以繩天下使貴有常尊賤有等威者也所以人尚譜系之學家藏譜系之書自五季以來取士不問家世婚姻不問閥閱故其書散佚而其學不傳三代之前姓氏分而爲二男子稱氏婦人稱姓氏所以別貴賤貴者有氏賤者有名無氏今南方諸蠻此道猶存古之諸侯詛辭多曰墜命亡氏踣其國家以明亡氏則與奪爵失國同可知其爲賤也故姓可呼爲氏氏不可呼爲姓姓所以別婚姻故有同姓異姓庶姓之別氏同姓不同者婚姻可通姓同氏不同者婚姻不可通三代之後姓氏合而爲一皆所以別婚姻而以地望明貴賤於文女生爲姓故姓之字多從女如姬姜嬴姒嬀姞妘婤姶妊嫪之類是也所以爲婦人之稱如伯姬季姬孟姜叔姜之類並稱姓也奈何司馬子長劉知幾謂周公爲姬旦文王爲姬伯乎三代之時無此語也良由三代之後姓氏合而爲一雖子長知幾二良史猶昧於此姓氏之學最盛於唐而國姓無定論林寶作元和姓纂而自姓不知所由來漢有鄧氏官譜應劭有氏族篇又有潁川太守聊氏萬姓譜魏立九品置中正州大中正主簿郡中正功曹各有簿狀以備選舉晉宋齊梁因之故晉散騎常侍賈弼太保王弘齊衛將軍王儉梁北中郎諮議參軍知撰譜事王僧孺之徒各有百家譜徐勉又有百官譜宋何承天撰姓苑與後魏河南官氏志此二書尤爲姓氏家所宗唐太宗命諸儒撰氏族志一百卷柳沖撰大唐姓系錄二百卷路淳有衣冠譜韋述有開元譜柳芳有永泰譜柳璨有韻略張九齡有韻譜林寶有姓纂邵思有姓解其書雖多大槩有三種一種論地望一種論聲一種論字論字者則以偏旁爲主論聲者則以四聲爲主論地望者則以貴賤爲主然貴賤升沈何常之有安得專主地望以偏旁爲主者可以爲字書以四聲爲主者可以爲韻書此皆無與於姓氏凡言姓氏者皆本世本公子譜二書二書皆本左傳然左氏所明者因生賜姓胙土命氏及以字以諡以官以邑五者而已今則不然論得姓受氏者有三十二類左氏之言臨矣一曰以國爲氏二曰以邑爲氏天子諸侯建國故以國爲氏虞夏商周魯衛齊宋之類是也卿大夫立邑故以邑爲氏崔盧鮑晏臧費柳楊之類是也三曰以鄉爲氏四曰以亭爲氏封建有五等之爵降公而爲侯降侯而爲伯降伯而爲子降子而爲男亦有五等之封降國侯而爲邑侯降邑侯而爲關內侯降關內侯而爲鄉侯降鄉侯而爲亭侯學者但知五等之爵而不究五等之封關內邑者溫原蘇毛甘樊祭尹之類是也但附邑類更不別著裴陸龐閻之類封於鄉者故以鄉氏龐宋歐陽之類封於亭者故以亭氏五曰以地爲氏有封土者以封土命氏無封土者以地居命氏蓋不得受氏之人或有善惡顯著族類繁盛故因其所居之所而呼之則爲命氏焉居傅巖者爲傅氏徙嵇山者爲嵇氏主東蒙之祀則爲蒙氏守橋山之冢則爲橋氏彭氏因彭班食於彭門潁氏因考叔爲潁谷封人東門襄仲爲東門氏桐門右師爲桐門氏皆此道也隱逸之人高傲林藪居於祿里者呼之爲祿里氏居於綺里者呼之爲綺里氏所以爲美也優倡之人取媚酒食居於社南者呼之爲社南氏居於社北者呼之爲社北氏所以爲賤也又如介之推燭之武未必亡氏由國人所取信也故特標其地以異於衆凡以地命氏者不一而足六曰以姓爲氏姓之爲氏與地之爲氏其初一也皆因所居而命得賜者爲姓不得賜者爲地居於姚墟者賜以姚居於嬀汭者賜以嬀姬之得賜居於姬水故也姜之得賜居於姜水故也故曰因生以賜姓七曰以字爲氏八曰以名爲氏九曰以次爲氏凡諸侯之子稱公子公子之子稱公孫公孫之子不可復言公孫則以王父字爲氏如鄭穆公之子曰公子騑字子駟其子曰公孫夏其孫則曰駟帶駟乞宋桓公之子曰公子目夷字子魚其子曰公孫友其孫則曰魚莒魚石此之謂以王父字爲氏無字者則以名魯孝公之子曰公子展其子曰公孫夷伯其孫則曰展無駭展禽鄭穆公之子曰公子豐其子曰公孫段其孫則曰豐卷豐施此諸侯之子也天子之子亦然王子狐之後爲狐氏王子朝之後爲朝氏是也無字者以名然亦有不以字而以名者如樊皮字仲文其後以皮爲氏伍員字子胥其後以員爲氏皆由以名行故也

亦有不以王父字爲氏而以父字爲氏者如公子遂之子曰公孫歸父字子家其後爲子家氏是也又如公孫枝字子桑其後爲子桑氏者亦是也亦有不以王父名爲氏而以父名爲氏者如公子牙之子曰公孫玆字戴伯其後爲玆氏是也又如季公鉏字子彌其後爲公鉏氏者亦是也以名字爲氏者不一而足左氏但記王父字而已以次爲氏者長幼之次也伯仲叔季之類是也次亦爲字人生其始也皆以長幼呼及乎往來旣多交親稍衆則長幼有不勝呼然後命字焉長幼之次可行於家里而已此次與字之别也所以魯國三家皆以次命氏而亦謂之字焉良由三家同出其始也一家之人焉故以長幼稱十曰以族爲氏按左傳云爲謚因以爲族又按楚辭云昭屈景楚之三族也昭氏景氏則以謚爲族者也屈氏者因王子瑕食邑于屈初不因謚則知爲族之道多矣不可專言謚也族近於次族者氏之别也以親别疏以小别大以異别同以此别彼孟氏仲氏以兄弟别也伯氏叔氏以長少别也丁氏癸氏以先後别也祖氏禰氏以上下别也第五氏第八氏同居之别也南公氏南伯氏同稱之别也孔氏子孔氏旗氏子旗氏字之别也軒氏軒轅氏熊氏熊相氏名之别也季氏之有季孫氏仲氏之有仲孫氏叔氏之有叔孫氏適庶之别也韓氏之有韓餘氏傅氏之有傅餘氏梁氏之有梁餘氏餘子之别也遂人之族分而爲四商人之族分而爲七此枝分之别也齊有五王合而爲一謂之五王氏楚有列宗合而爲一謂之列宗氏此同條之别也公孫歸父字子家襄仲之子也歸父有二子一以王父字襄仲爲仲氏一以父字子家爲子家氏公子郢字子南其後爲子南氏而復有子郢氏伏羲之後有伏虙二氏同音異文其叔段之後有共氏又有叔氏又有段氏凡此類無非辨族十一曰以官爲氏十二曰以爵爲氏有官者以官無官者以爵如周公之兄弟也周公爲太宰康叔爲司寇聃季爲司空是皆有才能可任以官者也五叔無官是皆無才能不可任以官者也然文王之子武王周公之兄弟雖曰無官而未嘗無爵土如此之類乃氏以爵焉以官爲氏者太史太師司馬司空之類是也雲氏庾氏籍氏錢氏之類亦是也以爵爲氏者皇王公侯是也公乘公士不更庶長亦是也十三曰以凶德爲氏十四曰以吉德爲氏此不論官爵惟以善惡顯著者爲之以吉德爲氏者如趙衰人愛之如冬日其後爲冬日氏古有賢人爲人所尊尙號爲老成子其後爲老成氏以凶德爲氏者如英布被黥爲黥氏楊元感梟首爲梟氏齊武惡巴東王蕭子響爲同姓故蕭爲蛸後魏惡安樂王元鑒爲同姓故改元爲兀十五曰以技爲氏此不論行而論能巫者之後爲巫氏屠者之後爲屠氏卜人之後爲卜氏匠人之後爲匠氏以至豢龍爲氏御龍爲氏干將爲氏烏浴爲氏者亦莫不然十六曰以事爲氏此又不論行能但因其事而命之耳夏后氏遭有窮之難后緡方娠逃出自竇而生少康支孫以竇爲氏漢武帝時田千秋爲丞相以年老詔乘小車出入省中時號車丞相其後因以車爲氏微子乘白馬朝周玆白馬氏之所始也魏初平中有隱者常乘靑牛號靑牛先生玆靑牛氏之所始也十七曰以謚爲氏周人以諱事神謚法所由立生有爵死有謚貴者之事也氏乃貴稱故謚亦可以爲氏莊氏出於楚莊王僖氏出於魯僖公康氏者衞康叔之後也宣氏者魯宣伯之後也文氏武氏哀氏繆氏之類皆氏於謚者也凡複姓者所以明族也一字足以明此不足以明彼故益一字然後見分族之義言王氏則濫矣本其所系而言則有王叔氏王孫氏言公氏則濫矣本其所系而言則有公子氏公孫氏故十八曰以爵系爲氏唐氏雖出於堯而唐孫氏又爲堯之别族滕氏雖出於叔繡而滕叔氏又爲叔繡之别族故十九曰以國系爲氏季友之後傳家則稱季孫不傳家則去孫稱季叔牙之後傳家則稱叔孫不傳家則去孫稱叔故二十曰以族系爲氏士季者字也有士氏又别出爲士季氏伍參者名也有伍氏又别出爲伍參氏此以名氏爲氏者也又有如韓嬰者本出韓國加國以名爲韓嬰氏如臧會者本出臧邑加邑以名爲臧會氏如屠住者本出住鄉加鄉以名爲屠住氏故二十一曰以名氏爲氏而國邑鄉附焉禹之後爲夏氏杞他奔晉受爵爲侯又有夏侯氏出焉嬀姓之國爲息氏公子邊受爵爲大夫又有息夫氏出焉此以國爵爲氏者也白氏舊國也楚人取而邑之以其後爲白侯氏故二十二曰以國爵爲氏而邑爵附焉原氏以周邑而得氏申氏以楚邑而得氏及乎原加伯爲原伯氏以别於原氏申加叔爲申叔氏以别於申氏是之謂以邑系爲氏魯有沂邑因沂大夫相魯而以沂相爲氏周有甘邑因甘平公爲王卿士而以甘士爲氏故二十三曰以邑系爲氏而邑官附焉師氏者太師氏也史氏者太史氏也師延之後爲師延氏史晁之後爲史晁氏此以名隸官是之謂以官名爲氏呂不韋爲秦相子孫爲呂相氏鄅食其之後爲食其氏曾孫武爲侍中改爲侍其氏此以官

氏爲氏者也故二十四日以官名爲氏而宫氏附焉以謚爲氏所以别族也邑而加謚如苦成子之後爲苦成氏臧文仲之後爲臧文氏氏而加謚者如楚薳子之後爲薳子氏鄭共叔之後爲共叔氏爵而加謚者如衛成公之後爲成公氏楚成王之後爲成王氏故二十五日以邑謚爲氏二十六日以謚氏爲氏二十七日以爵謚爲謚也按古人著複姓之書多矣未有能明其義者也有中國之複姓有夷狄之複姓中國之複姓所以明族有重複之義二字具二義也以中國無衍語一言見一義夷狄多侈辭數言見一義夷狄有複姓者侈辭也一言不能具一義必假數言而後一義具焉其於氏也則有二字氏有三字氏有四字氏其於音也則有二合音有三合音有四合音觀譯經潤文之義則知侈辭之道焉臣昔論中國亦有二合之音如者焉二合爲旃者與之與二合爲諸之類是也惟無三合四合之音今論中國亦有二字之氏惟無三字四字之氏此亦形聲之道自然相應者也二十八日代北複姓二十九日關西複姓三十日諸方複姓此皆夷狄二字姓也三十一日代北三字姓侯莫陳之類是也三十二日代北四字姓自死獨膊之類是也此外則有四聲又有複姓四聲者以氏族不得其所系之本乃分爲四聲以統之複姓者以諸有複姓而不得其所系之本者則附四聲之後氏族之道終焉五帝之前無帝號有國者不稱國惟以名爲氏所謂無懷氏葛天氏伏羲氏燧人氏者也至神農氏軒轅氏雖曰炎帝黄帝而猶以名爲氏然不稱國至二帝而後國號唐虞也夏商因之雖有國號而天子世世稱名至周而後諱名用謚由是氏族之道生焉最明著者春秋之時也春秋之時諸侯稱國未嘗稱氏惟楚國之君世稱熊氏荆蠻之道也支庶稱氏未嘗稱國或適他國則稱國如宋公子朝在衛則稱宋朝衛公孫鞅在秦則稱衛鞅是也秦滅六國子孫皆爲民庶或以國爲氏或以姓爲氏或以氏爲氏姓氏之失自此始故楚之子孫可稱楚亦可稱芈周之子孫可稱周子南君亦可稱姬嘉又如姚恢改姓爲嬀嬀皓改姓爲姚兹姓與氏渾而爲一者也自漢至唐世有典籍討論兹事然皆出於一時之意不知澄本正源每一書成怨讟紛起臣今此書則不然帝王列國世系之次本之史記實建國之始也諸家世系之次本之春秋世譜實受氏之宗也先天子而後諸侯先諸侯而後卿大夫士先卿大夫士而後百工技藝先爵而後謚先諸夏而後夷狄先有紀而後無紀繩繩秩秩各歸其宗使千餘年湮源斷緒之典燦然在目如雲歸于山水歸于淵日月星辰麗乎天百穀草木麗乎土者也臣舊爲氏族志五十七卷又有氏族源氏族韻等書幾七十卷今不能備姑載其畧云

氏族目錄

以國爲氏

唐 虞 夏 商 殷 北殷 周
西周 周生 秦 漢 魯 晉 衛
蔡 曹 滕(滕) 燕 鄭 吳 魏
韓 何 虢 郭 管 焦 滑
霍 聃 郜 浩 雍 畢 酆
郇 鄘(成) 盛 于(邘) 應 凡 蔣
刑 茅 胙 作 賈 芮 隨
胡 巴 杷 遂 頓 道 邠(豳)
耿 岑 彤 形 齊 楚 宋
荆 陳 趙 田 許 莒 邾
朱 婁(僂) 郳 兒 倪 杞 樓(東樓)
越 紀 息(鄎) 鄧 梁 薛 蕭
沈 鄶(鄶檜) 徐 邳(妘云鄅) 鄅 宿 羅
夔 淳于(州公) 夷 穀(國) 舒(舒鳩) 舒蓼 舒鮑
須句(須) 郯 談 黎(犂) 申 章 向
葛 諸葛 蓼 黄 權 江 顓臾
鄁 英 六 莘 辛 謝 射
偪陽 封 呂 仇吾 祝 萊 賴
譚 覃 弦 戴 載 項 暴
陽 冀 牟 鄅 鬲 巢 柏
軫 絞 貳 程 崇 扈 房
杜 箕 密須 寒 過 庸 戈
邶 鄘 鑄 邳 觀 褒 緡
岐 仍 奄 雙 武羅 吾 昆
昆吾 梅 癸北 雷 元 寘 斟(斟尋)
鄘 用 摯 允 灌(斟灌) 廖(飂) 竹
郅 習 西陵 安陵 甲父 有窮 有扈
蒲姑 西王 孤竹 封父 終利 夙沙 秣
末 柏成 顧 阮 共(恭) 龔 洪
苑(宛) 逢 彭 韋 狄 白狄 翟
代 路(潞) 戎 支 驪 卑 盧
鄁 甌(歐) 安 瞞 蠻 羌 鼓
米 滿 竺 落 洛 淮夷 阜落
義渠 西中

以郡國爲氏

紅　靳　番　郴　鄧　東陽　東陵
櫟陽　周陽　信都　冠軍　武彊　廣武

以邑爲氏

祭　尹　蘇　毛　樊　尋(鄩)　單
甘　緱　榮　郗　鞏　氾(氿)　謝邱
營　劉　原　召(邵)　臧　郈(后)　費
郰　柳　匡　管　郕　落姑　鄒
卞　瑕邱　鬷相　菟裘　欒　郄　苦
祁　荀　智　輔　續　戲陽　函輿
郜鄍　羊舌　羊　解　步　蒯(蕢)　堯
曲　范(士隨)　苗　郱(丙)　吾邱(虞邱)　令狐　温
楊　盂　壺　鞮(鍚鞮)　遂　縣　解
州　郥　萊　俠　鄂　翼　甯
元　儀　常　裘　承　濮　戚
汲　聶　賚(棘)　商邱　五鹿　鄢　京
閭邱　閭　隰　崔　盧　鮑　棠
穰　晏　晝　檀　來(郲)　菑　盆
卽墨　卽　萊邱　梁邱　籍邱　余邱　安平
高堂　闞　薳(蔿)　屈　陰　鍾　鍾離
春　上官　繒　蔓　白　葉　商密
軒邱　三閭　鄢陵　諸梁　棠谿　留　合
坎　華　平　橫　鄭　信　馬
睢　藺　鹿　武成　郹　衙　武安
華陽　涇陽　高陵　通　譙　鄒　鄶
縣　鄅　取慮　蘄　鮮于　鮮　毋邱
毋　三烏　渠邱(者邱)　漁陽　棠邑　泉(全)　揭陽

以鄉爲氏

裴　陸　鄠　龐　閻　鄉　戶
肥　賨　賴　胡母　大陸

以亭爲氏

麋　采　俞豆　歐陽

以地爲氏(所居附)

傅　蒙　陵陽　少室　城　池　涂
嵇　鮭　橋　喬　勞　東關　闕
穎　狐邱　邱　壺邱　桑邱　龍邱　虵邱
陶邱　於邱　葴邱　水邱　曹邱　楚邱　廩邱
曼邱　咸邱　浮邱　安邱　淄邱　稷邱　雍邱
何邱　麥邱　北邱　獻邱　崎邱　羌邱　逢邱
厚邱(原衍)　美　綺　濟　巷　艾　柘
燭　耸　闞　辟閭　申屠　申徒　東門
西門　西　南門　北門　陽門　桐門　夷門
闕門　木門　逢門　胥門　弋門　雍門　彭門
門　東宮　西宮　南宮　北宮　東郭　西郭
南郭　北郭　東閭　西閭　屋廬　市南　社南
社北　三邱　三州　延陵　於陵　平陵　梁垣
蒲圃　東方　西方　九方　東里　百里　東鄉
西鄉　南鄉　北鄉　東野　西野　南野　北野
北唐　北海　成陽　濮陽　鮮陽　鮭陽　梗陽
洛下　瓜田　角　祿里　綺里　夏里　樗里
桐里　空同　延州　郅州　阪上　鈆陵

以姓爲氏(氏附)

姚　嬀　姜　歸　任　風　姬
嬴　姓　是　子　羋　姒(似)　隗
允　偃(有偃　匽)　禿　姞(吉)　酉　妘　漆
弋　侯岡　伊祁　伊　巳　嫪

以字爲氏

林　家　啟　謀　顯　旅　方
賁　槐　吉　施　奇　爲　貢
眾　譱　顓孫　公父　公子　公石　公索
公伯　公慎　公輸　公西　公罔　公冶　公祖
公羊　公良　公齊　公山　公儀　公沙　公玉
少施　夏父　子服　子家　子桑　子陽　子叔
子土　子言　子楊　子孟　子我　子有　子仲
子羽　張　孀　嘉　胥　先　利孫
丕(丕)　叔帶　叔向　叔魚　孫　彌　析
石　南　子南　子玉　子伯　子齊　公南
公叔　公孟　公明　公文　公析　游　國
駟　印　良　伯有　羽　罕　子師
子國　子罕　子孔　子游　子駟　子晳　子豐
子人　孔　牛　樂　皇甫　靈　邊
正(政)　祿　乙　魚　事父　子革　子儀
慶　賀　尙　旗　子旗　子乾　子工
子泉　子襄　子雅　子尾　頡　董　明
子臧　子華　子州　公賓　襄　韓　爰
占　子獻　子占　子鞅　子苾　子尙　子禽
子輿　子瘖　子沮　子宋　子夏　子枋　成
包　潘　乘　椒　囊　叔敖　無鈎
若敖　伯比　子庚　子季　子西　子重　子期
子囊　桑　逢孫

以名爲氏

大庭　大　懷　鄝　戲　伏　宓

有 神 軒轅 軒 鴻 金 青陽
青 嬀 盤 昊(皞) 少 高陽 顓玉
堯 禹 啟 湯 甲 沃 槐
力 牧 玉(音宿) 三苗 夷鼓 醻 堪
頡 倉頡 僑 蟜 童 僮 老
廣 放(上聲) 奮 蓐 栗 蓐盧 騶夷
勾龍 熙 修 白冥 根水 奔水 列(烈)
夙 昔 蚩 融 勾 尊 沌渾
屯 注 稽 泠 冷 倫 伶倫
臺 同 斂 廉 龍 容 重
幕 莫 和 羲 殳 禺 狸
槃 實 達 格 雄 終 季連
善 嚳 皐 敖 陸終 丹 臨
參(蘧) 徵 咸 飛廉 昌 豹 倉
蒼 服 鞠 麴 稷 篇 皮
輿 鼂(鼂朝) 狐 昔 太 季騧 季隨
閎 牙 展 弓 賜 兹 如意
遺 述 牢 犨 麗 招 居
曠 萬(萬媿) 盈 虢射 季嬰 季夙 樓季
弗忌 甥 大狐 大戊 嬰 夷吾 梁其
矔 段 司 豐 蘭 然 子然
去疾 壽 要 既 常壽 慶忌 輒
兼 强梁 子郢 高 柴 白季 激
刁 溺 連 法 光 駱 望
將具 將鉅 熊 能 羆 班 員
建 渦 冉 染 枝 到 釣
倚相 幸廖 接輿 乘疾 射(入聲) 寧 僚

大心 楚季 無庸 季融 羋 子建 子午
圍龜 越椒 嬰齊 黑肱 巫臣 鮮虞 羿
悅(說) 奚 衍 微 微生 幾 仇
求 獲 季老 子蕩(蕩) 鐸遏 晳 曰夷
祝其 稠 泥 庶其 茅夷 噲 搖
由(由余) 余 孫陽 偃師 卿 無婁 苴
離 綸 鱗 渾 裨 開 狠
名 顛 麻 柯 瑕 儋 舟
攸 祁 干 禽 琴 萇 黔
易 苦 弘 臼 冶 苟 梓
倚 尾 汝 伍 禮 免 蹇
散 繞 肆 具 鬬 施 捷
賓 恩 肩吾 徐吾 鍾吾 由吾 叔山
叔先 叔達 叔夜 叔服 方叔 陶叔 甲鮮
申章 子師 富父 仲熊 仲顏 原仲 慶父
安國 仲長 仲行 榮叔 墨台 墨 台(怡)
立如 邴意 舒堅

以次爲氏(親附)

孟 仲(仲孫) 种 叔(叔孫 叔仲) 季 伯 丁
癸 祖 舅 告 古 禰 稚
次(佽) 獳 太叔 太伯 叔仲 中叔 仲叔
第五 第二 第八 太士 主父 主 南伯
南公 大季

以族爲氏

因 領 飢 錡 條 昭 繁
嗣 左 景 賞 索 陘 黨
掌 長勺 尾勺 趙陽 偪陽 終葵 工婁

傅餘 餘 韓餘 禍餘 梁餘 須遂 列宗
運奄 修魚 五王 小王 屈南 續祁 羌憲
會庌 樂利 幹獻 伊秋

夷狄大姓

党 朴 釋 赫 塞 宜 傍(平聲)
單(平聲) 雕 口 斂 異 騶 紙
綫 譏 論 副 沓 蔞 部
徐盧 源 茹 乜

以官爲氏

雲 五鳩 爽鳩 桑扈 烏 史 南史
內史 青史 太史 王史 侯史 祝史 左史
右史 終古 監 士 籍 席 師
帥 中英 樂正 太祝 庾 褚師 褚
錢 山 司馬 司寇 寇 司徒 司空
司城 司功 司鴻 司褐 司工 公正 宗正
宗(宗伯) 符 軍 偏 調 衡 阿
環 箴 凌 酒 委(就) 柱 竪
宰 宰氏 保 度 庫 御 訓
憲 諫 校 候 漏 節 音
鄙 僕 粟 謁 閑 職 啇
太師 大羅 牧師 馬師 少師 少正 宰父
行人 王人 徒人 左人 厨人 雍人 封人
寺人 大傅 中行 中壘 王官 弃官 左尹
右尹 門尹 箴尹 工尹 廐尹 連尹 沈尹
陵尹 季尹 芋尹 藍尹 樂尹 監尹 清尹
占尹 將匠 正令 趣馬 尚方 將軍 下軍
右行 右宰 右師 亞飯 三飯 四飯 理

里　相里　李
以爵爲氏
皇　王　公　霸　侯　公乘　公士
不更　庶長
以凶德爲氏
蚼　莽　閶人　閻　梟　兀　勃
杌　驍　蝮唐武后賜有罪人以虺氏
以吉德爲氏
冬日　老成　考成
以技爲氏
巫　屠　甄　陶　優　卜　匠
豢龍　御龍　擾龍　屠羊　烏浴　路洛　干將
以事爲氏
寳　所　痛　兒　車　鴟夷　冠
褐冠　新垣　白馬　乘馬　青牛　白象　白鹿
蒲　苻　芻　鉏　空桑　白石　章仇
以謚爲氏
莊　嚴　敬文恭　康　武　桓　穆繆
僖釐　文　哀　幽　宣　昭　襄
聲　寍　威　隱　閔　簡耿　靖
懿　惠　厲　獻　孝　繆謬穆　肅
以爵系爲氏
王叔　王子　王孫　公子　公孫　士孫
以國系爲氏
唐孫　室孫　廖叔　滕叔　蔡仲　齊季
以族系爲氏
仲孫　叔孫　季孫　臧孫　魚孫　楊孫　賈孫

古孫　福子　卷子
以名氏爲氏國邑鄉附
士丏　士季　士吉　士蔿　士貞　士思　伍參
胡非　闞者　伯宗　祁夜　闞班　闞彊　魏彊
巫咸　匠麗　祝圉　臧會　韓嬰　韓言　韓厥
韓籍　韓褐　孟獲　史葉　封具　精縱　屠住
邵皓　干已　先穀　彭祖　熊率　熊相
以國爵爲氏邑爵附
夏侯　柏侯　韓侯　屈侯　羅侯　白侯　莒子
戎子　舒子　滑伯　葛伯　息夫
以邑系爲氏邑官附
原伯　溫伯　召伯　申叔　沂相　甘士
以官名爲氏官氏附
師宜　師延　師祁　尹午　呂相　史晁　侍其
以邑謚爲氏
苦成　古成　庫成　臧文　丁若
以謚氏爲氏
釐子　共叔　惠叔　顏成　士成　尹文　闞文
武仲
以爵謚爲氏
成公　成王
代北複姓
長孫　万俟　宇文　慕容　慕輿　慕利　豆盧
獨孤　達奚　賀蘭　賀若　爾朱　赫連　賀拔
尉遲　屈突　斛律　斛斯　賀婁　伊婁　庫狄
若干　呼延　柘王　乙弗　薩孤　紇骨　邱敦
綦連　是連　可達　叱利　拔也　叱干　乙干

屋引　賀遂　拓跋　沮渠　禿髮　乞伏　折婁
谷渾　素和　吐萬　車焜　車非　紇干　乙旃
可頻　仇尼　賀悅　徒何　谷會　大野　拔略
俟利　俟元　俟畿　俟力　俟奴　賀笛　賀葛
賀賴　賀兒　是婁　是賁　是云　是奴　叱利
叱門　叱呂　叱李　叱盧　宥連　費連　叱羅
叱奴　出連　費羽　黜弗　莫盧　莫輿　莫者
莫侯　蓋婁　疋婁　悅力　勅力　倍利　多蘭
賀術　吐奚　越勒　爾綿　溫孤　解毘　牒云
護諾　鐵伐　胡掖　木易　者舌　尸逐　何桼
先賢　唯徐　呼毒　渠復　植黎　奇斤　茹茹
吐賀　吐突　紇單　悉居　厲飛　吐門　吐難
渴單　阿單　渴侯　統萬　統稽　悉雲　安遲
輾遲　烏蘭　副呂　柯拔　溫盆　秘邦　如羅
邱林　如稽　鐵弗　薄奚　紇奚　達奚　口引
須卜　烏丸　可地　沓盧　茂眷　去斤　菀賴
素黎　庫門　可沓　醜門　庫汗　婁衍　若久
宿勤　地倫　武都　普屯　折掘　眥盧　達步
斯引　叱靁　郁朱　鮑組　鶻也　渠金　軍車
叱雷　駱雷　吐粟　都車　生耳　薄野　鶻奚
九盧　荷眥　李蘭　歇容　三種　吐火　吐和
屋南　鶻野已上二十一姓見複姓錄並不詳所出　契苾　阿跌　僕固
高車　哥舒　執失　舍利　沙叱　沙陁　蘇農
似和　跋跌　大拔　啜剌已上十四姓並唐朝歸化
關西複姓
鉗耳　莫折　茘非　彌姐　夫蒙　擴蒙已上西羌人不詳所出
昨和　屈男　罕井　瞀步　同蹄　彡且　不蒙

吔啀

諸方複姓

夫餘 黑齒 皃叟 似先 朝臣 瞿曇 鳩摩
佛圖 迦葉 鄀善 烏氏 焉耆 且末 昭武
波斯

代北三字姓

俟莫陳 破六韓 乙速孤 可朱渾
步大汗 郁久閭 步六孤 邱穆陵
紇豆陵 没鹿回 莫多婁 莫郡婁
莫胡盧 莫且婁 莫侯盧 阿史那
阿史德 阿伏于 乙那婁 斛瑟羅
步鹿孤 普陋茹 可地延 拔列蘭
阿鹿桓 宿六斤 烏落蘭 破多羅
庫若干 白揚提 吐谷渾 叱伏列
庫傉官 勿忸于 普六茹 樹若干
亳地干 俟伏斤 地駱拔 郁原甄
若口引 費也頭 破落那 没路眞
譬歷辰 温石蘭 烏石蘭 紇突隣
骨咄祿 俟呂陵 大莫干 大利稽
俟力代 大洛稽 俟伏斤 壹斗眷
步鹿根 獨孤渾 末那樓 奚什盧
可足渾 渴燭渾 越質詰 阿逸多
突黎人 赤小豆

代北四字姓

自死獨膊 井疆六斤

平聲

東 桐 宮 躬 叢 中 莪
蟲 同 充 翁 儂 冬 佟
琮 從 松 邦 涳 危 馳
綦 慈 薑 斯 移 脂 之
其 元 時 遲 茨 治 蔾
騅 衣 斐 希 賁 扶 塗
都 區 瞿 俞 俱 衢 模
呼 雩 梧 軒 辜 軲 萸
如 絇 儲 紓 蘧 璩 沮
於 洙 渠 疎 東平聲 初 鉏
虛 犀 陡 洼 毒 嵐 淮
棓 枚 新 眞 頻 欣 仁
閭 勤 筋 芬 言 垣 溒
薰 鐔 敦 惲 乾 端 讙
官 莞 但 籛 難 姍 瞯
問 豣 堅 全 肩 賢 蜎
涓 便 牽 延 虔 吞 纏
銚 饒 韶 遼 聊 貂 超
朝 麃 膠 蒿 桃 蛾 僑
茶 沙 佘 蛇 諸 查 花
琅 相 疆 將 芳 涼 彊
卬 荒 鄉 當 喪 鄺 杭
征 筍 經 零 庚 更 星
瓶 稱 登 繒 恒 儚 憂
尤 修 郵 秋 不 巷 猷
投 摎 侵 鐔 欽 諶 鹽
潛 鍼 函 藍

上聲

奉 重 隴 闖 起 俟 被
弭 紫 履 鬼 舞 宇 萬
府 脯 栩 序 舉 處 巨
仵 堵 浦 圃 姥 補 禮
邸 洗 亥 改 海 忖 菌
本 儁 棧 琯 曼 蹇 圈
卷 兗 典 犀 紹 表 考
稻 寶 我 假 仇 仰 養
强 鞅 象 騶 許 井 永
幸 杏 秉 省 猛 斜 鈕
守 糗 醜 聚 厚 後 部
審 品 枕 檢 儉 湛 啖
昝 覽 湳 減咸 撖 範

去聲

統 鳳 祕 利 義 騎 寘
類 貴 尉 嘳 意 謂 露
固 故 喻論 布 樹 遇 附
務 瓠 錯 據 住 鑢 庶
絮 桂 香 計 棣 隸 制
毳 蒂蔕 稅 藝 裔 弊 世
炕 帶 譪 沛 具 兌 餌
進 遴 愼 靳 貫 冠 爨
贊 炭 戰 戀 賤 棘 燮
見 薦 燃 淖 漕 好 耗
播 操 舍 庫 化 晉 斥
暢 伉 抗 亢 曠 相 諒
亮 益 況 浪 聖 性 豆

鏤 勾 富 繡 救 廐 灸

胄 舊 就 禁 念

入聲

濮 木 沐 谷 睦 灉 鵠

薮 郁 東 鋊 郟 逯 卓

偓 濁 濯 朔 學 術 豐

悉 帙 肸 鬱 尉 蔚 茀 恤

郙 厥 骨 髮 笪 察 脱

羅 析 渫 桀 蘖 詧 別

鐵 恪 佫 洛 薄 錯 矍

鐸 博 畧 藥 約 直 食

勅 墨 勒 植 特 錫 壁

休 夕 室 赤 辟 笮 適

麥 帛 益 革 澤 給 集

襲 蓋 厓 蚕 納 涉 接

複姓以茲複姓不知其本故附四聲之後

綦毋 酉乞 西都 西鉏 南榮 北人 九百

叚干 青萍 長盧 索盧 蒲盧 盧蒲 茲毋

巨毋 毋將 毋終 毋車 宣于 闕于 多子

梁由 梁石 梁可 仲梁 轂梁 將梁 容成

廣成 務成 析成 陽成 上成 盆成 將閭

林閭 庚桑 有男 蟜臺 浩星 壘夷 養由

安期 沐蘭 端木 姑布 黔婁 中梁 中野

室中 路中 步叔 石作 古野 壤駟 合傅

漆彫 空相 京相 馬矢 馬適 巫馬 關龍

青烏 羊角 苑羊 羆羊 浩羊 長魚 昭沙

樂王 泠州 老萊 列禦 瞻葛 瑕呂 不第

鉤弋 呂管 陵終 邑芟 蘇播 屠岸 函冶

侗沐 甫爽 安是 遨僕 補祿 游梓

總論十三篇

同名異實第一 改氏第二 改惡氏第三

漢魏受氏第四 變夷第五 變於夷第六

刑族第七 避諱第八 音訛第九

省文第十 省言第十一 避仇第十二

生而有文第十三

浙江書局刊 張玉熙初校

厲頌 校

姚煐 校

通志卷二十五

通志卷二十六

宋右迪功郎鄭樵漁仲撰

氏族略第二

以國爲氏

古帝王氏

唐氏 祁姓亦曰伊祁出陶唐氏之後堯初封唐侯其地中山唐縣是巳舜封堯之子丹朱爲唐侯至夏時丹朱裔孫劉累遷于魯縣累孫猶守故地至商更號豕韋氏周復改爲唐公成王滅唐以封弟叔虞號曰唐叔乃遷唐公於杜降爵爲伯今長安杜城是也周之季世又封劉累裔孫在魯縣者爲唐侯以奉堯嗣其地今唐州方城是也傳曰自虞以上爲陶唐氏在夏爲御龍氏在商爲豕韋氏在周爲唐杜氏成王滅唐故子孫爲唐氏此晉之唐也宣十二年傳楚子使唐狡與蔡鳩居告唐惠侯使潘黨率游闕四十乘從唐侯爲左拒其地在今隨州唐城縣此楚之唐也定公五年楚滅唐子孫亦以唐爲氏在晉者仕晉在秦者仕秦楚晉有唐雎爲魏大夫西說秦不敢加兵於魏楚有唐狡唐勒與宋玉景差俱師屈原事楚襄王文章齊名秦有唐厲爲漢中尉擊黥布有功封斥邱侯

臣謹按釋例唐姬姓又公子譜一曰成王封叔虞於唐號曰唐叔侯其子燮父之後春秋時國小微弱遂屬爲楚邑據此當云其子燮父之後別封于唐近于楚微弱遂爲楚屬邑又按堯之後分爲六唐氏杜氏范氏劉氏韋氏祁氏皆爲著姓豈堯澤之不泯歟

虞氏 姚姓舜之建國也舜以天下授禹禹封舜之子商均於虞城爲諸侯後世國絕以國爲氏又周太王之子太伯之弟仲雍是爲虞仲嗣太伯之後於句吳武王克商封舜之後胡公滿於陳封虞仲之庶孫於虞城以爲虞仲後虞仲國於吳其支庶封于此故亦謂之西吳此姬姓之虞也今陝州平陸縣東北六十里有故虞城在僖五年晉滅之子孫亦以國氏

夏氏 亦曰夏后氏姒姓顓帝之後也書堯之時有洪水之患使鯀治之九載不成功乃殛鯀于羽山別其子禹爲司空治水有大功舜以天下授之是爲夏后氏今陝州夏縣禹之所都也禹受舜禪至桀凡十七君十四世四百七十一年爲湯所伐放於南巢武王克商封其後於杞其非爲後不得封者以夏爲氏焉又陳宣公之子少西字子夏其孫夏舒以王父爲氏是爲陳夏氏也後漢有夏馥夏牟

商氏 子姓商本上雒今之商州也及成湯有天下始遷于亳而命以殷然商之號亦未始廢焉商始祖契其母曰簡狄爲帝嚳次妃三人行浴見元鳥隕卵取而吞之孕而生契舜命契爲司徒封於商十四世至湯放桀又三十世至紂周武王滅之子孫以國爲氏魯有商瞿仲尼弟子又秦有衛鞅本衛公子也封爲商君子孫亦以商氏焉宋朝登科有商庭又有商言詩登州人

殷氏 契始封於商後世遷于亳故京兆杜縣有亳亭是也杜城今在長安南故司馬遷云禹興西羌湯起亳也及有天下始居宋地復命以亳今南京穀熟是也蓋有澱水出陽城東至西華汝陽入于潁水合流古人并謂潁爲澱故命以殷舊有殷水縣宋建隆改商水隸陳州然遷于囂遷于相遷于耿遷于朝歌皆謂之殷以成湯建國之所命也或謂之商以契始封之所命也自湯至雍己而商道始衰諸侯或不至雍己弟太戊立任伊尹之子伊陟爲相桑穀共生于朝一夕大拱伊陟曰妖不勝德君之政無乃有闕太戊修德祥桑枯死商道復興故爾中宗太戊崩子仲丁立遷于囂至河亶甲遷于相商復衰子祖乙立遷于耿任巫賢而商道復興至于陽甲王業益不振良由自仲丁以來廢適而更立諸弟子弟或爭相代而立比九世亂於是諸侯不朝陽甲崩弟盤庚立是時都河北盤庚渡河南凡五遷復居湯之故都治亳行湯之政諸侯始朝其弟少辛立商復衰百姓思盤庚之治乃作盤庚三篇至武丁即位因夢而求得傅說爲相爲中興主廟號高宗至武乙復去亳徙河北好射獵爲革囊盛血仰而射之曰射天暴雷震死至紂爲周武王所滅封微子於宋以奉湯祀其子孫不得封者以國爲氏

北殷氏 成湯之後有北殷氏

周氏 姬姓黃帝之苗裔后稷棄之後有邰氏曰姜原爲帝嚳元妃出見巨人跡踐之而孕期月生稷初以爲不祥而棄之故名曰棄好種藝堯聞之舉爲農師舜封於邰號曰后稷邰今武功縣斄城是也邰之總名曰周故國號周后稷卒子不窋立不窋末年夏太康失國稷官遂廢不窋失職乃奔戎狄之間孫公劉復修后稷之業詩人歌之遷于豳今邠州三水有古豳城是也至古公亶父有薰鬻之難去豳居岐豳人扶老攜幼盡歸之隣國亦歸之今鳳翔岐山是也至文王始伯諸侯武王光有天下追封古公季歷文王爲王文王都豐武王都鎬豐在永興鄠縣東南鎬在豐之東二十里昭王之時王綱不振乃南巡狩卒於江上穆王得八駿西巡於崑崙之邱以見西王母樂而忘歸徐偃王作亂厲王無道國人畔之出奔于彘召公周公二相行政號曰共和共和十四年立厲王之太子靖是爲宣王周室中興其子幽王爲褒姒蠱惑欲立其子伯服而廢申后太子宜臼宜臼奔申申侯與犬戎攻周殺幽王於戲晉文侯與鄭武公迎宜臼于申而立之是爲平王徙居東都王城今西京河南縣是也平王四十九年魯隱公之元年也敬王又遷成周今洛陽縣也敬王三十九年獲麟之歲也敬王四十一年春秋終元王以下十有二世二百二十一年赧王爲秦所滅黜爲庶人百姓號曰周家因爲氏焉又平王之子別封汝南者亦爲周氏見志猶詳又有周公黑肩之後世爲周卿士又商有太史周任豈其食采於周與又秦相有周佚又有姬氏唐先天中避明皇諱名改爲周氏又上元中醫佐有準制改爲周氏又代北複姓有賀普氏改爲周氏又時魏獻帝次兄普氏改爲周氏又後周改周氏爲車非氏

西周氏 赧王爲西周武公其後爲西周氏

周生氏 見姓苑今人呼人亦曰某生不必外生也晉中經簿云費侍中周生烈本姓唐外養周氏

秦氏 嬴姓少皞之後也以皐陶爲始祖十世曰蜚廉生二子一曰惡來其後爲秦二曰季勝其後爲趙惡來之後五世曰非子初封於秦谷爲秦氏秦谷故隴西秦亭是也隴西并入汧原今隸隴州有故秦城在後徙封平陽復遷于岐豐之間又遷于犬邱又遷于雍又遷于櫟陽又遷于咸陽皆本於秦谷故號秦焉非子好馬及畜周孝王使主馬于汧渭之間馬大蕃息孝王曰昔柏翳佐舜主畜畜多息故有土賜姓嬴今後世亦爲朕息馬朕其分土爲附庸邑之秦使續嬴氏祀號曰秦嬴或曰伯益佐舜賜姓嬴氏秦嬴四世曰秦仲爲周宣王大夫始有車馬禮樂以討西戎死之莊公立長子世父曰戎殺我大父我非殺戎王不敢入邑讓與其弟襄公周幽王有犬戎之難襄公救周以兵送平王都雒邑平王封襄公爲諸侯賜之岐以西之地至穆公用百里奚蹇叔爲大夫納公子重耳爲晉君不殺孟明視西乞術白乙丙以報晉人殺之役穆公臣由余以伐戎益國十二開地千里遂霸西戎至孝公用衛鞅之術以富國彊兵自此以逞六國不能與之爭衛凡三十五世自子嬰降漢秦之子孫以國爲氏焉魯又有秦氏居於秦邑今濮州范縣北舊秦亭是其地又楚有秦商魯有秦非秦有秦祖秦冉者皆爲仲尼弟子漢有潁川太守秦彭晉有秦起

太史公曰秦之先爲嬴姓其後分封以國爲姓有徐氏郯氏莒氏鍾離氏運奄氏菟裘氏將梁氏黃氏江氏脩魚氏白冥氏蜚廉氏秦氏然秦以其先造父封趙城爲趙氏

臣謹按嬴姓也秦氏也何謂以國爲姓乎徐郯莒黃江國也以國爲氏者鍾離楚邑菟裘魯邑也以邑爲氏者蜚廉人名也以名爲氏者何謂以國爲姓乎凡此十三氏并趙爲十四氏其爲氏不同而姓則同嬴也由司馬氏作紀世家爲譜系之始而昧於此義致後世之言姓氏者無別焉言秦者又有三秦國之後以國爲氏其有出於魯者以邑爲氏蓋魯有秦邑故也出於楚者未知以邑以字與然此三秦者所出既殊皆非同姓彼十四氏雖不同秦而同嬴是爲同姓此三秦者雖同秦而不同嬴是不爲同姓古者婚姻之制別姓不別氏三秦可以通婚姻十四氏不可以通婚姻此道湮蕪已久譜諜之家初無識別

漢氏 姓苑云東莞有此姓云漢高帝之後初項羽封沛公爲漢王王巴蜀漢中今興元府漢中郡也自高帝至光武終於獻帝通王莽十八年劉聖公二年計四百二十五年傳漢祚漢亾子孫或以國爲氏

臣謹按三代之時天子諸侯傳國支庶傳氏其傳國者國亾則以國爲氏三代之後雖有國號無間適庶皆以氏傳而謂之姓如漢家雖亾亦稱劉氏或有稱漢者雖存古道而存爲希姓

周同姓國

臣謹按以國爲氏者有二諸侯之子在其國稱公子在他國則稱國國亾無爵者亦稱國

魯氏 武王克商封其弟周公旦於曲阜本少昊之墟又大庭氏居之魯於其上作庫故謂大庭氏之庫其地本名魯因以命國乃作都于曲阜宋祥符中改曲阜爲仙源今隸兖州周公留相成王而使元子伯禽就封於魯錫之山川土田附庸官司典策四代之樂郊上帝與周同制伯禽之國周公戒之曰我文王之子武王之弟今王之叔父我於天下亦不賤矣然我一沐三握髮一飯三吐哺猶恐失天下之士汝之魯愼無以國驕人伯禽之魯三年而報政周公曰何遲也曰變其俗革其禮喪三年然後除之太公封於齊五月而報政周公曰何速也曰吾簡其君臣禮從其俗爲也周公歎曰魯後世其北面事齊矣不簡不易民不有近平易近民民必歸之宣公之後三家盛公室微弱昭公見逐卒于乾侯自隱公至哀公凡十二世見春秋自悼公至頃公爲楚考烈王所滅頃公亾遷于卞邑爲家人子孫以國爲氏

臣謹按魯自莊公之時齊桓公始伯爾後齊爲盟主魯其命之不暇則報政之言周公不虛也況魯自襄仲殺適立庶宣公之後公室微弱政在三家昭公不反國哀公卒于有山氏可哀也哉魯起周公至頃公三十四世豈周公之澤流芳浸遠而微弱之漸亦由伯禽立政之所始也

晉氏 晉大夏之墟也堯之所都平陽其國曰唐及叔虞封於唐其子燮父嗣封改爲晉以其地有晉水故也今爲晉州其地正名翼亦名絳爲平陽者是其總名至景公遷于新田謂新田爲絳今絳州也而謂平陽爲故絳叔虞者武王第二子初邑姜方娠武王夢天謂之曰余命而子虞與之唐及生有文在其手曰虞遂命曰虞字子于成王立唐有亂周公滅之成王與叔虞戲削桐葉爲珪曰以此封若史佚因請擇日立叔虞成王曰吾與之戲耳佚曰天子無戲言遂封於唐在河汾之東地方百里至昭侯封其叔成師於曲沃號桓叔曲沃大於翼是謂末大於本桓叔之孫武公滅翼以其寶器獻于周僖王王命武公爲晉君獻公始彊大文公伯諸侯文公之後世爲盟主至景公遷于新田晉始作六卿自此政在私門韓趙魏盛彊烈公十九年周威烈王命三家皆爲諸侯靜公二年魏武侯韓哀侯趙敬侯滅晉而三分其地靜公遷爲家人子孫爲晉氏凡三十三代魏將有晉鄙蓋其後也漢有晉寶爲樂安相

臣謹按晉魯大國而其子孫希少者皆由彊臣剝喪公室枝葉凋落其來已久及夫亾國之日公族無幾矣齊亦如是

衛氏 文王第九子康叔封之國也武王克商之後以商餘民封紂子武庚祿父以奉先祀武王又令其弟管叔蔡叔相之以和其民武王崩成王幼周公攝政管蔡疑周公挾武庚祿父作亂周公以王命伐之而以商之餘民封康叔爲衛君居河淇之間故商墟周公與康叔至相睦故以其地封之作康誥酒誥梓材三篇命之國而行魯國之政故曰魯衛之政兄弟也其地曰朝歌漢晉爲縣隸汲郡隋始改爲衛縣遂爲衛州衛縣朝歌故城在縣西二十二里衛縣宋熙寧中省爲鎮入黎陽及懿公爲狄所滅齊桓公率諸侯城楚邱而立文公楚邱今單州成武是也魯僖公三十一年衛成公始遷于帝邱今澶州濮陽是也桓公十二年魯隱公之元年也出公輒十二年蒯聵之歲也凡傳世四十餘至衛君角之九年秦并天下子孫以國爲氏至漢有丞相建陵侯衛綰

蔡氏 文王第五子蔡叔度之國也或言第十四子同母兄弟十人唯發旦賢故文王舍伯邑考而立武王周公輔之武王平天下封功臣兄弟乃封叔鮮於管叔度於蔡二人相紂子武庚祿父治商餘民武王崩成王少管蔡疑周公不利於成王乃挾武庚以作亂周公以王命伐之殺管叔而放蔡叔與車十乘徒七十人從而分商餘民爲二其一封微子啟於宋以續商祀其二封康叔爲衛君蔡叔度既遷而死其子曰胡改德率行周公聞之舉以爲魯卿士魯國治於是言於成王復封於蔡以奉蔡叔之祀是爲蔡仲其地今蔡州上蔡縣西南十里故蔡城是也至平侯徙居新蔡今蔡州新蔡是也至昭侯哀微服役於楚遂徙于州來謂之九江下蔡是也下蔡今爲縣隸壽州宣侯二十八年魯隱公之元年也昭侯子成侯十年獲麟之歲也自昭侯以下春秋後相承二十六世爲楚所滅子孫以國爲氏又後周改陽姓爲大利稽隋復舊晉有蔡謨秦相蔡澤或以邑或以地未知其得氏之由漢功臣表肥如侯蔡演演元孫承相義義元孫勳爲長安郷長累召不至勳曾孫攜

曹氏 叔振鐸文王子而武王弟也武王克商封之於陶邱今廣濟軍定陶是也振鐸後十四世桓公二十五年魯隱公之元年也至二十四世伯陽立爲宋景公所滅時魯哀公八年也初國人有夢眾君子立于社宮謀亾曹曹叔振鐸止之請待公孫彊許之夢者求之曹無此人而戒其子曰我亾爾聞公孫彊爲政必去曹無羅禍及伯陽即位好田弋之事六年曹野人公孫彊亦好田弋獲白鴈而獻之且言弋之説因訪政事伯陽説之使爲司城以聽政夢者之子乃亾去十四年公孫彊説曹伯背晉好宋十五年爲宋景公所滅子孫以國爲氏

滕氏 文王第十四子叔繡後也武王封之於滕以云滕在沛國公邱縣東南按晉志公邱屬魯國今兖州龔邱是隱十一年滕薛來朝爭長自叔繡及宣公十七世始見春秋國小弱不能朝王每朝于魯名不赴故不書隱公以下春秋後至公邱二十一世爲秦所滅釋例云春秋後七世爲齊所滅又有滕氏即滕也因避難改爲滕後漢有北海相滕撫梁孝行傳有滕曇恭今開封有此姓

燕氏 北燕也舊幽州薊縣是也南燕今滑州胙城是也召康公奭周之支族食邑於召武王滅紂封召公於北燕成王以爲三公與周公分陝而治決獄於甘棠之下後世思之不忍伐焉然其國小不能通諸夏盟會自召公以下九世至惠侯始見載籍又惠侯九世莊公之時齊桓公始伯北伐山戎爲燕開路燕君送齊君出境齊君割燕君所至地以予燕使職貢于天子修召公之政於是乎莊公始稱公自莊公十三世簡公始見春秋簡公卒獻公立始有年大自獻公至易王八世始稱王易王卒燕噲立讓國與其相子之子之南面行王事國人不悅齊王令章子將五都之兵因北地之眾以伐燕子之亾燕昭王即位欲雪齊恥乃卑身厚幣以招賢者築宮以尊郭隗而師事之樂毅自魏往劇辛自趙往鄒衍自齊往士爭趨燕乃與秦楚三晉合謀而伐齊齊兵大敗潛王亾自易王至王喜七世稱王爲秦所滅自獻公之子孝公以下六世始大稱王十二世二百二十五年太史公謂燕崎嶇彊國之間最爲弱小幾滅者數矣然社稷血食八九百歲於姬姓獨後亾豈非召公之烈邪南燕姑姓伯爵黃帝之後實故國猶存於周者南燕北燕皆爲燕氏此異姓而同氏者望在范陽漢有功臣宜城侯燕倉後漢中郎將燕瑗北齊有石僕射燕子獻唐有補闕燕欽融宋朝有龍圖閣學士燕肅望出上谷范陽

鄭氏 周厲王之少子宣王之母弟桓公友之後也桓公初受封於鄭在周之畿內今華州鄭縣是也封三十三歲爲周大司徒當幽王時桓公問於太史伯曰王室多故吾安逃死乎對曰獨洛之東土河濟之南可居地近虢鄶其君貪而好利今君爲司徒民皆愛公公誠居之虢鄶之民皆君之民也桓公從之後幽王有犬戎之禍桓公死難其子武公從平王東遷卒有虢鄶之地號爲新鄭今之鄭州也武公生莊公莊公之二十年魯隱公之元年也聲公二十年獲麟之歲也聲公三十七年卒自聲公三世至幽公韓武子伐鄭殺幽公子孫播遷陳宋之間以國爲氏自幽公二世鄭君乙之二十一年復爲韓所并幽公生公子魯魯六世孫榮號鄭君生當時漢大司農居榮陽開封唐志云魯七代孫鄭君生當時

吳氏 今蘇州城是也太伯與弟仲雍皆周太王之子而王季歷之兄也季歷有聖子昌太王欲立季歷以及昌故太伯仲雍相攜而奔荊蠻太伯號句吾舊曰句吾地名然吳有勾吾越曰勾踐皆是名號非謂地名勾者吳越之語辭也荊蠻之人義太伯從而歸之千餘家立以爲君長太伯卒無子仲雍立至武王克商求太伯仲雍之後得仲雍之曾孫周章已君吳矣從而封之爲吳子追封太伯爲

吳伯又別封周章之弟虞仲於虞皆爲諸侯自太伯五世而得封十二世而晉滅虞虞滅而吳始大至壽夢而稱王其子季札來聘始見春秋自壽夢以上可知世數而不可紀年壽夢之元年魯成公之六年也夫差十五年獲麟之歲也二十三年魯哀公之二十二年也是年勾踐滅吳子孫以國爲氏季札避國子孫居齊魯之間

魏氏 始祖畢公高封於畢爲畢氏杜預曰畢在長安西北今長安縣西有杜山又曰畢陌至畢萬事晉封於魏杜預曰魏在河東河北縣河北今爲平陸縣陝州治有魏城後雖遷徙不常自封魏之後皆號魏惟徙梁之後亦謂之梁按畢公高周文王第十五子蓋庶子也故云姬姓之別族武王伐紂而高封於畢其後絕封爲庶人其苗裔曰畢萬卜事晉遇屯之比辛廖占之曰吉此公侯之卦獻公十六年趙夙爲御畢萬爲右以伐耿霍魏三國而滅之以魏封畢萬爲大夫生魏犨從晉公子重耳出奔及重耳立以犨襲魏氏後治於魏武子之後世爲晉卿生悼子從治霍今晉州霍邑是也生魏絳晉悼公曰自吾用魏絳八年之間九合諸侯和戎翟絳之力也賜之樂是爲莊子從治安邑今爲縣隸解州自莊子七世文侯始稱侯受經於子夏過段干木之閭未嘗不式也其子武侯之十年與韓趙滅晉而分其地武侯之子稱王徙治大梁今開封治也是爲梁惠王自文侯而下二侯七王秦將王賁灌大梁城滅王假以其地爲郡縣子孫以國爲氏安釐王封其弟公子無忌爲信陵君其後蕃盛漢有高梁侯魏無知者信陵君之孫也又有甯陵君魏咎陳勝立爲魏王其弟魏豹項羽立爲魏王後乃魏之諸公子也

韓氏 姬姓之別族出晉穆侯之少子曲沃成師是爲桓叔生萬是爲武子食采韓原一云成王封叔虞於唐賜畢萬韓原之地其地今同州韓城縣南十八里故城是武子生獻是爲獻子晉景公之時晉作六卿獻子在一卿之位從其始封遂爲韓氏世爲晉卿厥生起是爲宣子起聘于周天子嘉其有禮曰韓氏其昌阜於晉宣子從居州今懷州武德是也生貞子從居平陽今晉州也貞子五世景侯與趙魏俱得爲列侯景侯四世哀侯與趙魏分晉國滅鄭而徙都焉哀侯四世宣惠王始稱王至王安五年秦攻韓急使韓非使秦秦留非殺之九年秦虜王安盡入其地爲潁川郡自景侯至王安六侯五王百七十九年

何氏 姬姓唐叔虞裔孫韓王安爲秦所滅子孫分散江淮音訛以韓爲何氏漢有何武爲膠東相孫比干爲丹陽都尉

虢氏 有二皆王季之子虢仲之國在今虢州謂之西虢僖五年晉滅之虢叔之國在鳳翔虢縣公子譜云在滎陽謂之東虢虢叔之國爲鄭所并以建鄭國虢仲之國傳五年晉滅之子孫以國爲氏左傳晉大夫虢射漢有虢廣爲春秋博士

郭氏 春秋有郭公遂以爲氏公羊曰虢謂之郭聲之轉也或言郭爲晉所滅公子配奔周遂爲郭氏今虢氏無聞惟著郭氏左傳齊有郭最燕有郭隗後漢郭丹又有郭泰字林宗舉有道

管氏 周文王第三子管叔鮮之國其地今鄭州管城是也子孫以國爲氏焉又齊有管夷吾出自周穆王至夷吾始顯於齊夷吾裔孫修仕楚齊又有管至父漢有燕令管少卿未知其自齊往與此皆以邑爲氏者

焦氏 史記周武王封神農之後於焦今陝州東北百步焦城是也左傳曰虞虢焦滑皆姬姓也爲晉所滅子孫以國爲氏漢有外黃令焦貢後漢有焦儉魏志有河東焦先吳志有會稽焦征羌

滑氏 周同姓舊云河南緱氏縣是緱氏今廢爲鎮隸偃師其國爲晉所滅子孫以國爲氏左傳鄭大夫滑羅漢有詹事滑興望出京兆安陸宋朝登科滑君俞濟州人滑延年邢州人

霍氏 周文王第八子霍叔處之國今晉州霍邑是其地閔元年晉滅之子孫以國爲氏

聃氏 風俗通周文王第十子聃季載之後按世系譜聃季載文王第十七子周有聃啟

郜氏 周文王之子封於郜或又言第十一子聃季之弟子爵今單州成武有二郜城是其地也晉有高昌長郜攻望出安定京兆

浩氏 音告漢青州刺史浩贊吳都尉浩舟唐隰州刺史浩聿狀云本郜氏因避難改爲浩氏聿生盧舟

雍氏 去聲舊云河內山陽縣按山陽在懷州修武范陸云山陽有雍城文王第十三子雍伯受封之國其後裔爲雍氏又宋有雍氏姞姓也鄭有雍糾齊有雍廩雍巫楚有雍子望出京兆平原宋政和登科雍舟卿雍源並閬州人大觀雍觀復利州人政和雍垣鄭州人紹興雍朝瑛晉州人

畢氏 周文王第十五子畢公高始封於此其子萬事晉乃封於魏居於畢者以畢爲氏今長安縣西有杜山又曰畢陌是其地也漢有縣侯畢取本南越將軍生奉義宋朝宰相畢士安狀頭畢衞又有出連氏改爲畢氏虜姓也

酆氏 周文王之子酆侯之後或言第十七子此文王之舊都也故城在今永興鄠縣北三十里其後以國爲氏又有酆舒宋朝登科酆伸之嚴州人

郇氏 周文王之子封郇侯或言第十七子郇國故城在邠州三水東其後以國爲氏郇音荀一音環今有環音之氏而未聞荀者

臣謹按譜文王十七子然原郇二侯不在其列此譜系之家失於記載原郇爲文王之昭左氏見之甚明

郕氏 亦作成伯爵文王第五子郕叔武之所封或言武王封季載於此其地在今濮州雷澤北三十里郕國故城是也其後以國爲氏或去邑爲成氏與周之成肅公楚之成得臣同爲一成宋朝登科成唐晉州人成鱅應天人成斯立蜀人今三衞大尉成閔

盛氏 周之同姓國也後爲齊所滅穆天子傳云盛姬之國公羊云成降于齊師成者盛也以諱滅同姓故言成也又有奭氏召公奭之後也蓋以名爲氏後避漢元帝諱故改奭氏爲盛氏焉漢有司徒盛吉後漢有北海太守盛苞

于氏 即邘氏周武王之子邘叔所封之國京相璠云野王縣西北三十里有故邘城及邘臺野王隋改曰河內今懷州治子孫以國爲氏其後去邑但爲于氏亦有不去邑者後魏官氏志有萬紐氏改爲于氏始有自東海隨拓拔隣徙代改爲萬紐于氏後魏孝文時復爲于氏又淳于氏唐元和初避憲宗嫌名改爲于氏

應氏 侯爵武王第四子今汝州葉縣故應城是也漢初有隱者應曜居淮陽山與四皓俱被召時人語之曰南山四皓不如淮陽一老元孫順後漢將作大匠望出汝南潁川

凡氏 周公第二子凡伯之後爲周畿內諸侯杜預云凡在共縣西南今衞州城西南二十二里有凡城皇甫謐謂凡氏避秦亂添水爲汎氏

臣謹按凡者周公之後爲凡國汎者周大夫宋邑也自是兩家因知姓氏家有避地改姓之言多無足取

蔣氏 周公之第二子伯齡所封之國也杜預云弋陽期思縣是按期思未改爲樂安今光州仙居縣是也漢有隱者蔣詡又有蔣期劉宋時有蔣恭靈異後封爲蔣神

邢氏 侯爵周公之第四子受封於邢今邢州治龍岡是其故地也僖二十五年衞滅之子孫以國爲氏

茅氏 周公之後也今濟州金鄉是其地子孫以國爲氏又有茅戎郎戎之別裔又邾大夫有茅地茅夷鴻秦有博士茅焦上書說始皇神仙傳有茅茲又有茅氏兄弟三人隱句曲山成仙去未知其爲茅國之裔或別有茅邑也

胙氏 周公之後也今滑州胙城是其地爲南燕所并子孫以國爲氏

作氏 風俗通周公之子胙侯子孫因避地改爲作氏漢有涿郡太守作顯

賈氏 伯爵康王封唐叔虞少子公明於此同州有賈城即其地或言河東臨汾有賈鄉是也爲晉所滅子孫以國爲氏又晉既并賈遂以爲邑故晉之公族狐偃之子射姑食邑於賈謂之賈季其後則以邑爲氏

芮氏 伯爵周同姓之國司徒芮伯之後也其後有芮伯萬其地即陝州芮城爲晉所滅齊景公妾曰芮姬

隨氏 侯爵今隨州是其地楚滅之子孫以國爲氏又杜伯之元孫爲晉大夫食采於隨曰隨會子孫以邑爲氏至隋以周齊不遑寧處故去辵作隋搜神記隨侯行野見蛇傷乃傅之藥蛇報以明珠所謂隨侯之珠是也未知隨侯爲何代人

胡氏 子爵其地在今潁州汝陰西二里胡城是也定十五年楚滅之其後以國爲氏或云胡公滿封於陳其後亦爲胡氏又樂陵之胡賜姓李又河南之胡改紇骨氏爲胡也

巴氏 子爵世本云巴子國子孫以國爲氏其地杜預云巴郡江州縣按江州隋改江津今隸渝州漢有太常巴茂後漢黨錮傳有巴肅又有揚州刺史巴祗以清貧著名

杷氏 杷闢牙切字亦作爬本巴氏東樓公之後後漢靈帝時巴康避董卓難改爲杷氏

遂氏 子爵莊十三年齊滅之其地在濟州鉅野或言燧人氏之後非也

頓氏 子爵頓子牂之國也今陳州南頓即其地定十四年楚滅之子孫以國爲氏魏志華陀傳有督郵頓子獻漢有頓肅爲邵陽長望出魏郡宋世登科有頓起頓睦皆蔡州人

道氏 姬姓之國今蔡州確山西南有故道城疑爲楚所并子孫以國爲氏楚有大夫道朔宋世有登科道大亭常州人

邠氏 亦作豳姓苑云周太王居邠因氏焉

臣謹按太王去邠居岐其族屬留于邠者爲邠氏

耿氏 姬姓商時侯國閔元年爲晉所滅今河中龍門縣南十二里故耿城是尚書祖乙圮於耿是此地也

岑氏 呂氏春秋云周文王封異母弟耀之子渠爲岑子其地梁國岑亭是也子孫以國爲氏宋有岑平岑頻登科元祐有岑穰濟州人

彤氏 出於彤伯周同姓之國爲成王宗伯

肜氏 本彤氏避仇改爲肜

周異姓國

齊氏

姜姓四嶽之苗裔也與申呂許皆姜姓四嶽佐禹有功或封於申或封於呂故太公謂之呂望文王得於渭濱以爲太師股肱周室相武王克商封於營邱即今臨淄縣是也或云營邱故城在濰州昌樂其地本顓帝之墟昊子曰昔爽鳩氏始居於此季萴因之逢伯陵因之蒲姑氏因之而後太公因之又管仲曰昔召康公命我先君太公曰五侯九伯汝實征之以夾輔周室賜我先君履東至于海西至于河南至于穆陵北至于無棣僖公九年魯隱公之元年也簡公四年獲麟之歲也凡二十九世爲彊臣田氏所篡子孫以國爲氏又衛大夫齊子以字爲氏戰國時有齊明周人也漢有光祿大夫齊晉功臣表平恭侯齊受傳封四代晉有齊恭注漢書前涼將軍齊肅後涼僕射齊難

楚氏

芊姓始居於丹陽今江陵枝江是也後遷于郢今江陵縣北有舊郢城本國號荆遷郢始改號楚又遷于鄀今襄陽宜城西南有都亭山後遷于壽春今之壽春府也楚之先出顓帝高陽氏曰重黎爲帝嚳火正使伐共工氏不克事帝誅之而以其弟吳回爲重黎後復居火正爲祝融吳回生陸終陸終生季連季連之苗裔曰鬻熊爲文王師及成王舉文王之勞臣封其曾孫熊繹居丹陽國號荆今江陵枝江是其故地熊繹與周公之子伯禽康叔之子牟晉侯之子燮太公之子呂伋俱事成王然世以名稱皆無爵號至熊達始盛彊十九年則魯隱公之元年也三十五年伐隨使隨人爲請於周以尊爵號王室不聽三十七年熊達怒曰吾先君鬻熊文王師也不幸早世成王舉我先君錫以子男之田令居楚蠻夷卒服而王不加位我自尊耳乃自立爲武王始開濮地而有之武王卒子文王立始都郢改號楚今江陵縣北舊郢城是也文王卒子成王立結舊好於諸侯使人獻天子天子錫之胙曰鎮爾南服使夷越之亂無侵中國於是開地千里三十九年滅夔以不祀祝融與鬻熊故也靈王之七年築章華臺內亾人實之共王有寵子五人無適立乃堅祭羣神而決之陰與巴姬謀而埋璧於室內召五子齊而入康王跨之靈王肘加焉子比子晳皆遠之平王幼抱而入再拜皆壓紐故康王以長立至其子失之圍爲靈王及身而弒四子皆無後惟平王續楚祀昭王十年冬伍子胥復父兄之仇相吳王闔閭以伐楚入郢焚平王之墓十二年吳復伐楚楚去郢北徙都鄀今襄陽宜城西南有郡亭山是其地懷王三十年秦昭王許遺懷王書欲親結盟于武關既至伏兵劫懷王而西至咸陽朝章臺如蓄臣不與亢禮楚人立太子橫爲頃襄王二年懷王卒于秦秦歸其喪楚人哀之考烈王二十二年秦王政立楚與諸侯共伐秦不利東徙壽春命曰郢王負芻五年秦將王翦蒙武破楚虜王負芻滅之爲楚郡凡四十五世其後以國爲氏魯有楚邱又有林楚是楚邱者必林楚之後以名爲氏者又越襄子之家臣有楚隆者又古有賢者楚老宋有驍衛上將軍楚公輔堅出江陵祥符登科有楚咸

臣謹按陸終氏娶鬼方之女孕而不育十一年開其左脇而出三人焉又開其右脇而出三人焉長曰昆吾名樊爲己姓封於衛墟次曰參胡董姓封於韓墟周時爲胡國楚滅之三曰彭祖名籛彭姓封於韓大彭之墟即彭城也四曰會人妘姓封於鄭墟五曰安曹姓封於邾之墟六曰季連芊姓其後爲楚昆吾氏爲夏伯湯伐桀滅之彭祖氏爲商伯商之末世始亾按干寶之論曰先儒多疑此事譙周作古史考以爲妄記廢而不論然六子之世子孫有國數千年間迭爲伯王天將興之必有尤物若夫前志所傳修已背坼而生禹簡狄胷坼而生契歷代久遠莫足相證近魏黃初五年汝南屈雍妻王氏生男從右胳下水腹上出而平和自若數月創合母子無恙

臣按浮屠氏稱釋迦生於摩耶夫人之右脇亦此理也其徒信之而不疑何學者之疑陸終氏之事近莆田尉舍之左有市人之妻生男從股髀間出亦能創合母子無他此又足以明屈雍之事不誣

臣又按以王父字爲氏者古之道也然亦有以名爲氏者楚以鬻熊之故世稱熊氏女子則稱芊焉楚國亾於秦漢之世是時姓氏之道泯矣故楚以熊著而楚族無聞

宋氏

子姓商之裔也武王克商封紂子武庚以紹商武庚與管蔡作亂成王誅之立紂庶兄微子啟爲宋公以備三恪都商邸杜預云梁國睢陽是也按睢陽隋改爲宋城今南京治本陶唐氏火正閼伯之墟以其主火故又爲大辰之墟杞宋二國皆公爵於周爲客得用其先王禮樂微子卒立其第衍是爲微仲至穆公十二世穆公之七年魯隱公之元年也穆公以宣公舍其子而立己不敢忘宣公而立其子殤公與夷自殤公至景公二十世獲麟之歲也凡三十一世至宋君偃自立爲王東敗齊取五城南敗楚取地三百里西敗魏乃與齊魏爲敵國盛血以韋囊縣而射之曰射天於是諸侯曰之爲桀宋齊湣王與魏楚滅之而三分其地

荆氏

芊姓楚國曾號荆此未號楚之前受氏也燕有荆軻堅出廣陵宋朝太平興國登科有荆伯玠

陳氏

嬀姓初封虞城今應天府之縣也後封於遂今濟州鉅野後封於陳今陳州治宛邱縣是也本太昊伏羲氏之墟舜傳天下於禹禹封舜之子商均於虞城周武王克商乃求舜後以備三恪得胡公滿封之於陳以奉舜祀或曰當周之興有虞遏父者爲周陶正武王賴其器用妻以元女太姬生子滿而封於陳以奉舜祀滿號胡公往往以頌胡之故而得此號成公元年楚王爲夏徵舒弒靈公遂率諸侯伐陳謂陳人曰無恐吾誅徵舒而已已而縣陳羣臣皆賀申叔時不賀王問其故曰鄙語有之牽牛以蹊人之田田主奪之牛蹊則有罪矣而奪之牛不亦甚乎今君徵兵諸侯以討不義已而取之以利其地何以令於天下是以不賀王曰善乃迎陳靈公太子午於晉而立之是爲成公孔子讀史記至楚復陳曰賢矣故楚莊王輕千乘之國而重一言哀公三十四年司徒招作亂楚靈王使公子棄疾帥師圍陳滅之使棄疾爲陳公晉平公問太史趙曰陳遂亾乎對曰陳顓帝之族自幕至于瞽瞍無違命舜重之以明德寘德於遂蓋商之興也存舜之後而封於遂世世守之及胡公不淫故周賜之姓以舜居嬀汭故姓之曰嬀而祀虞帝且盛德必百世祀虞之世未也五歲棄疾弒靈王而自立是爲平王欲和諸侯乃求陳悼太子偃師之子吳立爲陳侯是爲惠公滑公二十二年獲麟之歲也二十四年楚惠王使子西之子公孫朝伐陳而滅之子孫以國爲氏又廣陵之陳實劉氏魯相無子以外孫劉嬀嗣河南官氏志云侯莫陳之後亦改爲陳氏又白永貴隋初改爲陳氏是爲萬年之陳也

臣謹按陳嬀姓也然伍員曰夏少康爲有仍牧正逃奔有虞虞思妻之以二姚是則又爲姚姓也蓋嬀姓始於周姚姓自夏有之然則堯妻舜以二女而賜之姓者賜以姚也謂爲嬀誤矣自夏之前爲虞國至商爲遂國未知虞之存於商否然至周則遂虞皆爲姬姓國矣而封胡公於陳自是陳稱嬀不復言姚矣

趙氏

嬴姓與秦同祖少皞之後皆祖皐陶皐陶十世曰蜚廉蜚廉二子一曰惡來惡來之後爲秦二曰季勝季勝生孟增得幸於周成王是爲宅皐狼皐狼生衡父衡父生造父爲周穆王御穆王賜以趙城爲趙氏趙城今晉州縣造父六世曰奄父爲周宣王御奄父生叔帶帶幽王無道去周如晉爲晉文侯御始建趙氏于晉叔帶五世曰夙晉獻公賜之耿夙生共孟共孟生衰事文公爲原大夫衰生盾爲晉正卿盾生朔景公三年晉人攻滅趙氏朔有子曰武韓厥言於公更立之後亦相晉是爲文子文子之孫曰簡子鞅簡子卒子襄子毋恤立毋恤傳位於其兄伯魯之孫浣爲獻侯獻侯居中牟其地在深求之北獻侯卒子烈侯籍立周命籍與韓魏並爲諸侯烈侯卒弟武公立武公卒烈侯太子章立爲敬侯敬侯始都邯鄲邯鄲今磁州縣十一年晉亾韓趙魏三分其地敬侯生成侯種成侯生肅侯肅侯生武靈王武靈王傳國於子何爲惠文王惠文王卒太子丹立爲孝成王孝成王生悼襄王偃悼襄王生幽穆王遷秦併六國滅邯鄲遷兄嘉立爲代王秦復滅之自襄子已下六侯四王凡十一世秦併代使嘉子公輔主西戎世居天水其趙宗散處者皆以國爲氏居涿郡者後有天下

田氏 即陳氏陳厲公子完字敬仲陳宣公殺其太子禦寇敬仲懼禍奔齊遂匿其氏爲田陳田聲近故也應劭云始食采地然齊無田邑至田和篡齊爲諸侯九世至王建爲秦所滅建弟假及田儋儋子市儋從兄榮榮弟橫橫弟子廣項羽時並裂地稱王旋皆破滅漢興諸田並徙陽陵後又從北平又田都田角田間亦田氏之族也漢興徙關中春秋時晉有田蘇宋有田景齊有田巴漢有魯相田叔太尉田蚡丞相田千秋大鴻臚田廣明大司農田延年魏議郎田疇皆敬仲之苗裔也後周田弘爲大司空鴈門郡公賜姓紇干氏宋世有田況爲樞密

許氏 姜姓與齊同祖炎帝之後堯四嶽伯夷之子也周武王封其苗裔文叔於許以爲太嶽後今許州是也靈公遷于葉悼公遷于城父又遷于白羽許男斯遷于容城自文叔至莊公十一世始見春秋元公子結元年獲麟之歲也至戰國時爲楚所滅昭十九年許悼公瘧飲大子止之藥卒太子奔晉定六年鄭游速帥師滅許以許男斯歸哀元年楚子許男圍蔡杜預注曰此蓋楚之封也哀十三年許男成卒秋葬許元公晉有許偃楚有許伯鄭有許瑕皆以失國不能庇其本枝故適他國

莒氏 嬴姓少昊之後也周武王封茲與其於莒今密州莒縣是也世本曰自紀公已下爲紀姓鄭語曰曹姓鄒莒以爲陸終第五子曰安之後未知孰是十一世茲丕公始見春秋共公以下微弱不復見矣四世楚滅之按史記當楚惠王時越滅吳而不能正江淮北楚東侵廣地至泗上而滅莒矣子孫以國爲氏楚有大夫莒伯漢有縱氏令莒誦

邾氏 顓帝元孫陸終第五子曰安賜姓爲曹其子孫亦以姓爲氏周武王時封安之苗裔曰邾挾爲附庸居於邾今兗州仙源東南四十里古邾城是也挾以下至儀父名字始見春秋齊桓公霸儀父附從進爵稱子十四代孫文公徙于繹今兗州鄒縣北嶧山是也邾自桓公革以下春秋後八世而楚滅之又小邾國亦出邾挾之後姓曹其子孫亦以姓爲氏挾七世孫夷父顏有功於周其子友別封爲附庸居郳曾孫黎來始見春秋附從齊桓以尊周室命爲小邾子晉志云蕃縣古小邾國按蕃縣隋改曰滕今隸沂州縣之東南郳城是樂史云郳城在承縣自小邾子穆公之孫惠公以下春秋後六世而楚滅之

朱氏 本邾也姓曹其世系見於邾邾既失國子孫去邑以朱爲氏其後盛大者有沛國丹陽永城吳郡錢塘義陽丹陽太康河南之九族顯於漢唐閒又有渴燭渾可朱渾並改爲朱氏虜姓也則爲河南之族

婁氏 亦作僂風俗通云邾婁之國子孫或以婁爲氏或以邾婁爲氏陸終產六子其第五子曰安賜姓爲曹邾即安之後挾安之裔曰邾挾周初受封爲附庸挾之後不得其名字十二世至儀父始通于大國魯隱公之元年與隱公盟于姑蔑其後爲楚所滅齊大夫婁禮其後也又有疋婁氏改爲婁虜姓也宋朝登科婁瑾婁晒婁汝勵並臨江軍人寮院婁寅亮溫州人

郳氏 曹姓即小邾也邾挾七世孫夷父顏有功於周次子友父別封附庸爲小邾國以居郳故又稱郳國今沂州滕縣東南郳城是也樂史云郳城在承縣或云邾武公封次子于郳是爲小邾後失國子孫爲郳氏

兒氏 即郳氏也或省文作兒兒良六國時人見呂氏春秋漢有御史大夫兒寬受業於孔安國家貧賃作帶經而鋤寬千乘人又賀兒氏虜姓也

倪氏 即郳氏也避仇改爲倪漢有揚州刺史倪諺唐有刑部郎中倪若水中山槀城人

杞氏 姒姓夏禹之後成湯放桀其後稍絕武王克紂求禹後得東樓公而封之於杞今東京雍丘縣即杞故城九世及成公遷于緣陵今濰州營邱是也文公居淳于今密州高密有故淳于城是也成公始見春秋黜爲伯桓公用夷禮黜爲子僖公子緡公六年獲麟之歲也緡公弟哀公三年春秋之傳終矣自哀公以下二世十三年而楚滅之凡二十世子孫以國爲氏又杞康漢末時避董卓難改姓抱北史有抱嶷抱老壽

樓氏 亦爲東樓氏姒姓夏少康之後周封杞東樓公支孫以樓爲氏城陽諸縣有婁鄉是其地秦有相樓緩漢有大尚書樓瑾又杞大夫有東樓羽

越氏 姒姓賈逵注國語曰蔞越皆芊姓實夏后氏之苗裔少康之庶子封於會稽以奉禹之祀文身斷髮披草萊而邑焉自號於越於越者夷言發聲也其地今越州城是也濱在南海不與中國通後二十餘世至於允常魯定公五年始伐吳允常卒子勾踐立是爲越王越王元年魯定公十四年也哀公二十二年句踐滅吳霸中國自句踐七世下至王無彊爲楚所破殺無彊盡取吳地至浙江越以此潰散諸族子爭立或爲王或爲君濱於江南海上服朝於楚後七世至閩君搖佐諸侯平秦漢高帝復以搖爲越王以奉越後東越閩君皆其後也又河南官氏志有越彊氏改爲越氏又後秦錄有北梁州刺史越質詰歸三字虜姓也亦改爲越氏

紀氏 炎帝之後侯爵姜姓莊四年齊滅之杜預云東莞劇縣按紀誑爲劇在青邱臨朐縣東壽光縣西故魯連曰朐劇之人辨漢有紀信弟成生通封襄平侯宋朝登科有紀瑛紀元規

息氏 亦作鄎侯爵媯姓今蔡州新息縣是莊十四年楚滅之子孫以國爲氏

鄧氏 曼姓商之侯國其地今襄陽鄧城是也春秋時鄧侯吾離朝魯莊十六年楚文王滅之子孫以國爲氏又鄭有鄧析復爲一氏

梁氏 嬴姓伯爵伯益之後秦仲有功周平王封其少子康於夏陽梁山夏陽今爲同州縣猶有新里城新里梁伯所城者樂史云新里在澄城僖十九年秦取之子孫以國爲氏晉有梁益梁弘梁由靡以晉有解梁城高梁曲梁之地此則以邑命氏者又有拔列蘭氏改爲梁氏虜姓也

薛氏 任姓黃帝之孫顓帝少子陽封於任故以爲姓十二世孫奚仲爲夏車正禹封爲薛侯奚仲遷于邳十二世孫仲虺爲湯左相復居薛舊云魯國薛縣今徐州有薛城在滕縣東南五十里是也臣祖己皆仲虺之胄也祖己七世孫曰成徙國於摯更號摯國女大任生周文王至武王克商復封爲薛侯隱十一年滕薛爭長齊桓之霸也薛侯不從黜爲伯獻公始與諸侯盟杜預云小國無紀世次不盡知也然唐世系表自眕至愍侯弘爲楚所滅凡二十一世父子相傳其語無所經見只本人家譜籍無足信也今但從杜氏所紀而不得其世次者也自仲虺爲諸侯歷三代凡六十四世至愍侯弘爲齊所滅公子登仕楚懷王陽沛邑爲大夫遂以國爲氏或言登隱於博徒號薛公者曾孫倪爲楚令尹生翁翁生鑒漢初獻策滅黥而封千戶侯元孫廣德御史大夫生饒長沙太守生愿淮陽太守因徙居焉愿孫漢爲後漢千乘太守漢生彪司徒祭酒彪生侍御史安期六代孫蘭爲曹操所害生永遂依蜀先主官至蜀郡太守生齊爲巴蜀郡太守歸晉爲光祿大夫河東太守子孫因家汾陰世號蜀薛二子懿始又河南官氏志云叱干氏改爲薛此虜姓也又遼西薛氏本東北蕃又姓苑云東莞薛氏本姓薛氏避仇改爲蘖氏

臣謹按薛氏血脈譜文王曹夫人姜氏見赤龍交而孕十二月生子手把薛字因氏爲薛乃知譜牒家言多無足取者

蕭氏 子姓杜預曰古之蕭國也其地即徐州蕭縣是也後爲宋所并微子之支孫大心平南宮長萬有功封於蕭以爲附庸宣十二年楚滅之子孫因以爲氏世居豐沛之間裔孫不疑爲楚相春申君客漢有丞相酇文終侯何六代孫望之御史大夫又齊武帝以巴東王子響叛改姓爲蛸氏

沈氏 姒姓子爵春秋有沈子逞沈子嘉定四年蔡滅之其地杜預云汝南平輿縣沈亭按平輿故城在蔡州汝陽縣東北沈國也子孫以國爲氏又楚有沈邑楚莊王之子公子貞封於沈鹿故爲沈氏其地在今潁州沈邱襄五年楚子囊爲令尹昭二十三年子囊孫瓦爲令尹定四年吳楚戰于柏舉楚師敗績囊瓦奔鄭宣十二年楚子北師次于郔沈尹將中軍襄二十四年舒鳩人叛楚楚使沈尹壽讓之昭四年吳伐楚入棘櫟麻五年沈尹射待命于巢哀十七年王與葉公枚卜子良以爲令尹沈尹朱曰吉過於其志

臣謹按唐表云沈氏出自姬姓周文王第十子聃叔季字子揖食采於沈成八年爲晉所滅沈子生逞字循之奔楚遂爲沈氏生嘉字惟良二子尹丙尹戌尹戌字仲達奔楚隱於零山爲楚左司馬生諸梁據春秋釋例沈國今言食采則邑耳又釋例所記沈子揖沈子嘉沈子逞皆本春秋今唐表言聃季字子揖何所本也逞字循之嘉字惟良此皆野書之言無足取也

曾氏 亦作鄫亦作繒姒姓子爵今沂州承縣東八十里故鄫城是也夏少康封其少子曲烈于鄫襄六年莒滅之鄫太子巫仕魯去邑爲曾氏見世本巫生阜阜生晳晳生參字子輿父子並仲尼弟子參生元申裔孫偉後漢尚書令望出魯國

徐氏 子爵嬴姓皐陶之後也皐陶生伯益伯益佐禹有功封其子若木於徐在今徐城縣北三十里徐城并入臨淮今泗州臨淮有徐城自若木至偃王三十二世爲周所滅復封其子宗爲徐子宗十一世孫章羽昭三十年爲吳所滅子孫以國爲氏又一族出於嬴氏十四姓之一也

鄖氏 亦作妘亦作鄖又去邑作云嬴姓子爵祝融之後封於羅號妘子見國語其地在今安州雲夢縣猶有鄖公廟焉漢

有云敞爲諫議大夫與梅福同傳又吳有鄖邑今泰州海陵是又有媟云氏改爲云

鄖氏 子爵妘姓一云邳姓杜氏謂琅邪開陽縣即其地按開陽城在臨沂北十五里又夏禹之後爲禹氏故此鄖氏者往往去邑作禹

宿氏 風姓伏羲之後武王封之使主太昊與濟水之祀宋人遷之不復見左傳云任宿須句顓臾風姓杜預云宿國在東平無鹽縣無鹽故城在鄆州須城東三十六里子孫以國爲氏後漢有宿仲談又有宿六斤氏改爲宿氏宋朝有宿于之舉進士

羅氏 子爵熊姓一曰祝融之後妘姓初封宜城徙枝江爲楚所滅周末居長沙漢有梁相羅儼襄陽記有羅象又郯公德儁賜姓李氏又叱羅氏改爲羅氏五代有羅紹威望出豫章長沙

蘷氏 子爵芈姓楚君熊摯之後今歸州東二十里故蘷子城是僖二十六年楚滅之子孫以國爲氏又天竺亦有蘷氏

臣謹按傳言蘷之先楚鬻熊之嫡嗣有疾不得代而別封於蘷爲楚附庸其後爲蘷子然據蘷氏譜則鬻熊十世而後有蘷子未知孰是

淳于氏 亦曰州公姜姓風俗通曰春秋時之小國也桓五年不復其國子孫以國爲氏唐元和初避憲宗嫌名改爲于氏其地本在密州高密爲杞所并遷江南杜預云南郡華容縣是也華容今荆南府監利縣宋皇祐登科淳于復登州人又淳于興宗南劍人

夷氏 妘姓春秋夷詭諸之裔杜預云在城陽莊武縣所治夷安縣是其地子孫以國爲氏又逸民夷逸齊大夫夷仲年之後邾大夫夷射姑皆以字爲氏

穀氏 嬴姓伯爵春秋穀伯綏之裔也今襄陽穀城縣西北五里故穀城是也子孫以國爲氏漢有穀恩爲魯田

舒氏 亦曰舒鳩氏子爵偃姓皐陶之後也舒子平僖三年爲徐所滅其後復立襄二十一年舒鳩子爲楚所滅子孫以國爲氏今廬州舒城本舊名也其地在楚徐之間故爲二國所滅或言舒之種類多舒子平與舒鳩子自是二國故舒城西有龍舒或曰舒有五名一曰舒二曰羣舒三曰舒蓼四曰舒庸五曰舒鳩望出鉅鹿

舒蓼氏 世本舒蓼偃姓皐陶之後楚東之境小國也舒蓼與蓼國自異

舒鮑氏 世本舒鮑偃姓國也晉悼公大夫有舒鮑無終

須句氏 子爵風姓太昊之後也鄆州壽張縣西須朐城是其國子孫以國爲氏或省句爲須氏或省須爲句氏又有須國姞姓又商有密須國其後亦爲須氏今涇州靈臺是其國也

郯氏 祁姓子爵或言嬴姓少昊之後春秋時郯子朝魯能辨古官仲尼師之今下邳東北百五十里有古郯城

談氏 即郯也亦作談六國時有談生蜀錄有征東將軍談巴後趙錄有晉將軍談元望出梁國廣平宋太平登科談堯叟紹興有談誼廣德人

黎氏 字亦作犂子姓侯爵商時諸侯風俗通云九黎之後尚書西伯戡黎亦見毛詩今潞州黎城縣有黎侯故城是其地又齊有大夫黎彌且者即齊之黎邑也此以邑命氏者又有紫稽氏改爲黎虜姓也宋朝黎威爲安南節度嘉祐登科黎上行益州人黎仲吉州人今嶺南多此姓

申氏 伯爵姜姓炎帝四嶽之後封於申號申伯周宣王元舅也今信陽軍乃唐申州即其國也子孫以國爲氏後爲楚之邑申公居之又爲申氏是以邑爲氏也魯有申豐鄭有申侯齊有申蒯韓有申不害著書漢有申巡石趙有申鐘爲司徒宋慶歷登科申顓信州人政和申好問鄆州人

章氏 即鄣國之後也姜姓齊太公支孫封於鄣爲紀附庸之國今密州有古鄣城爲齊所滅子孫去邑爲章氏齊威王將有章子秦將有章邯字少榮收趙滅韓有功封雍王望出豫章

向氏 祁姓附庸之國今沂州古向城是也子孫以國爲氏又宋桓公之後公子肸字向父其後以字爲氏哀十四年向魋奔衞向巢來奔司馬牛適齊卒于魯郭門之外

臣謹按公子肸字向父其義音嚮與晉叔向名字同音今以爲氏而音餉疑古人讀肸向之向有嚮餉二音也

葛氏 伯爵嬴姓夏時諸侯今許州鄢城北三十里有葛伯城即其地也子孫以國爲氏又風俗通云葛天氏之裔又賀葛氏改爲葛氏虜姓也漢有潁川太守葛與後漢有汾陰令葛龔有文集七卷

諸葛氏 本葛氏夏商諸侯葛伯之後英賢傳云舊居琅邪諸縣後徙陽都時人謂之諸葛因以爲氏焉風俗通云葛嬰爲陳涉將軍有功非罪而誅漢文追封其孫爲諸侯因以爲氏世本云有熊氏之後爲詹葛氏齊人語訛以詹葛爲諸葛

蓼氏 偃姓皐陶之後文五年楚滅之今壽州霍邱即其地也子孫以國爲氏

黃氏 嬴姓陸終之後受封於黃今光州定城西十二里有黃國故城在楚之與國也僖十二年爲楚所滅子孫以國爲氏亦嬴姓十四氏之一也楚有春申君黃歇也

權氏 芈姓顓帝之後唐表云子姓商武丁之裔杜預云南郡當陽縣東南有權城當陽隸荊門軍今其地名權口楚武王滅權子孫爲權氏或云楚武王使鬭緡尹權因以爲氏秦滅楚遷大姓於隴西因居天水

江氏 舊云汝南安陽縣江亭按此在信陽縣之東南新息縣之西安陽故城是也嬴姓之國顓帝元孫伯益之後也文四年楚滅之子孫以國爲氏

顓臾氏 風姓伏羲氏之後魯附庸國主東蒙及濟水之祀任宿須句顓臾四國近濟水故祀濟舊有顓臾縣隨省入費縣今顓沂州故顓臾城在費西北八十里子孫以國爲氏或去顓爲臾氏晉大夫臾駢是其族或去臾爲顓氏及顓帝支孫亦爲顓氏陳大夫顓孫仲尼弟子有顓孫師字子張神仙傳有太元女顓和顓或作歟

鄶氏 妘姓即鄶仲之國本祝融之墟在溱洧之間爲鄭武公所并遂爲新鄭今新鄭縣東北三十五里有古鄶城是也子孫以國爲氏宋朝有鄶士隆登進士第又有鄶唐越州人或去邑爲會氏又風俗通云陸終之子會人之後祁姓有武陽令會柄

英氏 偃姓皐陶之後以國爲氏漢有英布爲九江王望出晉陵宋朝登科英秉臣洪州人

六氏 偃姓皐陶之後文五年楚滅之今廬江故六城是也子孫以國爲氏

莘氏 姒姓夏后啓封支子于莘亦曰有莘氏後世以國爲氏宋朝莘融舉進士錢塘人望出天水

辛氏 即莘氏也莘辛聲相近遂爲辛氏周太史辛甲文王封之於長子有辛俞美爲昭王友秦有將軍辛騰家中山苦陘曾孫蕭漢初以豪族徙隴西狄道又有項賈賜姓辛氏又計然本辛氏改爲計氏宋朝有辛仲甫爲太子少傅

謝氏 姜姓炎帝之裔申伯以周宣王舅受封於謝今兗州龔邱縣謝城是也後失爵以國爲氏焉魯有謝息漢有謝弘謝鄉謝該

射氏 三輔決錄云後漢末鴻臚謝服天子以爲將軍出征姓謝名服不祥改姓射名咸咸子登援登蜀郡太守援中郎將又吳有射慈

偪陽氏 妘姓祝融之孫陸終第四子求言之後爲晉所滅今沂州承縣有偪陽城

封氏 姜姓炎帝裔孫鉅爲黃帝師胙土命氏至夏后氏之世封父列爲諸侯今開封府封邱有封父亭即封父所都之地至周失國子孫爲齊大夫遂居渤海蓨縣裔孫发後漢侍中涼州刺史又有貴氏改爲封氏虜姓也望出武陵宋元符登科有封廣大觀登科有封祥懷州人

呂氏 姜姓侯爵炎帝之後也虞夏之際受封爲諸侯或言伯夷佐禹有功封於呂今蔡州新蔡即其地也歷夏商不墜至周穆王呂侯入爲司寇或言宣王時改呂爲甫然呂甫聲相近未必改也故又有甫氏出焉呂望相武王呂姜爲衞莊公妃其時呂國猶存故也呂望封齊之後本國微弱爲宋所并故宋有呂封人樂懼呂封人華豹又晉有呂氏出於魏氏未知其以字以邑與漢有單父呂公女爲高帝后封臨泗侯又後魏有比邱氏改爲呂氏虜姓也

仇吾氏 韓子云仇吾國爲智伯所滅因氏焉或作仇繇

祝氏 已姓黃帝之後周武王封黃帝之裔于祝祝阿祝邱是其地祝因氏焉鄭有祝聃衞有祝鮀祝鮀或云祝史之後以官爲氏又有叱盧氏改爲祝氏

周不得姓之國

萊氏 子爵其俗夷故亦謂之萊夷今登州黃縣東南二十五里有故黃城是萊子國襄六年齊滅之子孫以國爲氏晉有大夫萊駒漢有萊章

賴氏 子爵今蔡州褒信有賴亭即其地也昭四年爲楚所滅子孫以國爲氏漢有交趾太守賴先蜀有零陵太守賴文唐有光祿大夫賴文雅宋初有畫工賴葬又有賴克紹登進士第望出南康潁川河南

譚氏 子爵莊十年齊滅之今齊州歷城有古譚城子孫以國爲氏急就章漢有譚平定巴南六姓有譚氏盤瓠之後也

覃氏 本譚或去言爲覃梁有東南盧州刺史覃無克又音尋今嶺南多此姓爲宋登科覃日嚴開州人

弦氏 江黃道柏之姻杜預云在弋陽歙縣東南按古歙城今在光州仙居北四十里僖五年楚滅之子孫以國爲氏又鄭有商人弦高齊有大夫弦多弦施所有傅士弦訢

戴氏 開封封邱縣戴城是其國隱十年鄭人伐取之或云舊考城縣是爲宋人所滅收名穀城子孫以國爲氏又宋戴公之後亦爲戴氏是以諡爲氏者漢有信都太傳戴德九江太守戴聖子父修禮記後漢有司徒戴涉戴良戴憑戴就晉有戴遠南史有戴聖戴法輿戴僧靜宋世有戴輿爲定武軍節度使望出廣陵清河

載氏 疑即戴之後也漢有戴戴宋太平登科有戴永

項氏 或言姬姓之國故城在陳州項城縣東北一里爲齊所滅子孫以國爲氏項橐八歲孔子師之又漢賜姓劉氏周賜姓辛氏望出遼西

暴氏 一音

瀑暴公周卿士見毛詩風俗通暴辛公周諸侯也秦有將軍暴鳶漢御史大夫暴勝之字公子河東人後魏有暴顯魏郡人也

陽氏 其國近齊閔二年齊人遷之子孫以國爲氏或言周景王封少子於陽樊而以爲陽國誤矣陽樊周畿內之邑晉有陽處父魯有陽氏楚有陽氏芊姓

冀氏 左傳冀國今晉州冀氏縣也子孫以國爲氏晉滅冀爲郤氏食邑冀芮之子孫以邑爲氏宋朝冀膚登進士第并州人望出渤海

牟氏 風俗通云牟子國祝融之後望出鉅鹿宋登科牟景先陳州人牟冲陵井監人牟企吉州人牟華起梓州人又蜀有牟氏善畫雞

鄖氏 魯附庸國成六年魯取之子孫以國爲氏去邑作專又作鱄刺客專諸亦作鱄專諸即其裔也

鬲氏 即有鬲之國今德州平原有故鬲城在子孫以國爲氏又商有賢人曰膠鬲子孫以名爲氏

巢氏 有巢氏之後堯時有巢父夏商有巢國其地在廬江子孫以國爲氏左傳吳有巢牛臣後漢有司空巢堪又巢元方著病源望出彭城宋朝登科有巢安上眉州人

柏氏 子爵風俗通柏皇氏之裔又柏亮父顓帝師柏招帝嚳師柏景爲周太僕柏國在今蔡州西平縣爲楚所滅子孫以國爲氏漢有柏英爲大鴻臚魏大將軍柏直晉宣帝柏夫人生趙王偷

軫氏 左傳軫國在楚之東楚屈瑕將盟貳軫注云二國也

絞氏 左傳絞國在隨唐之南漢光武時山陽盜長佼強佼即絞也後人以爲氏故更从人

貳氏 或言姬姓左傳楚屈瑕將盟貳軫並小國也貳國在隨州南

夏商以前國

程氏 伯爵風姓重黎之後也重爲火正裔孫封於程洛陽上有程聚即其地也至周宣王時程伯休父失其官守以諸侯入爲王司馬又晉有程鄭程嬰漢有程不識魏有程昱吳有程普宋朝自開國之始年有程浩然登科自是程氏世有人焉

崇氏 商時侯國也其地在今永興鄠縣東崇侯虎不道周文王滅之子孫以國爲氏唐開元登科有崇穎宋朝登進士第崇大年吳郡人

扈氏 姒姓夏時諸侯也夏爲扈商爲崇扈秦改爲鄠今永興鄠縣北二十里有故扈城國亡子孫以國爲氏漢有將軍扈輒又上郡太守扈育廣漢太守扈商又有扈地于氏改爲扈此虜姓也宋朝有扈蒙爲尙書元豐登科扈大名人政和扈瑜河南人宣和有扈拱

房氏 祁姓舜封堯子丹朱於房今蔡州遂平故吳房縣是也以楚後封吳王夫槩於此故謂之吳房丹朱生陵後世國絕子孫以國爲氏陵三十五世孫鍾周昭王時食采於豐壽生沈十二世孫漢常山太守雅徙清河繹幕又屋引氏改爲房虜姓也

杜氏 亦曰唐杜氏祁姓帝堯之後建國于劉爲陶唐氏裔孫劉累以能擾龍事孔甲故在夏爲御龍氏在商爲豕韋氏在周爲唐杜氏成王滅唐而封叔虞乃遷唐氏於杜是爲杜伯今永興長安縣南十里有下村猶有杜伯冢在至宣王滅其國以爲大夫杜伯無罪被殺子孫分適諸侯居杜城者爲杜氏在魯有杜洩避季平子之難奔於楚生大夫綽又後魏有獨狐渾氏改爲杜氏實虜姓之杜也

箕氏 子姓箕子之國商畿內諸侯杜預云太原陽邑縣南有箕陽邑隋改曰大谷今隸太原武王克商改封箕子於朝鮮其地後爲晉邑漢有西華令箕堪臧荼相箕肆

密須氏 世本商時姞姓之國今涇州靈臺有密康公墓或云涇州保定有陰密城是也子孫以國爲氏或去密爲須氏魏有須賈漢有須無或去須爲密氏仲尼弟子密不齊

寒氏 夏時諸侯寒浞之後或言周武王子寒侯之後且寒浞爲夏諸侯矣周無寒國今雝州東二十三里寒亭是也其後以國爲氏望出寒陽

過氏 夏時諸侯澆之國也亦曰有過氏少康滅之今萊州掖縣北有過鄉子孫以國爲氏漢有兗州刺史過急急就章有過說宋朝有尙書郎過勉登科有過謁急建昌人又過勸望出高平

庸氏 商時侯國周武王時來助代紂今房州西二百五十里故上庸城是文十六年楚滅之子孫以國爲氏漢有庸光又有膠東庸生

戈氏 夏時諸侯豷之國也少康滅之其地在宋鄭之間子孫以國爲氏

邶氏 亦作鄁亦作背即商鄘也武王伐紂分其地爲三監自紂城而東謂之邶濟邶地也封紂子武庚於此以霍叔尹之及三監叛周公伐之而并其地爲衛鄘國往往自此亡矣子孫以國爲氏

鄘氏 即商鄘之地武王伐紂分其地爲三監自紂城而南謂之鄘楚邱鄘地也管叔尹之及三監叛周公伐之而并其地爲衛鄘國往往自此絕矣子孫以國爲氏

鑄氏 風俗通鑄國堯後公子譜云姬姓杜預云濟北蛇邱縣按蛇邱後爲乘邱唐省入鉅野今濟州治左傳臧宣叔娶於鑄氏

邳氏 符悲切風俗通云奚仲爲夏車正自薛封邳今泗州故下邳郡即其地也公子譜云邳國商諸侯按奚仲本封薛既遷于邳則以邳爲薛而舊名不廢故子孫亦以爲氏後漢二十八將有衛尉信都邳彤

觀氏 去聲又平聲姒姓侯爵左傳云夏有觀扈皆同姓之國至商失國子孫以國爲氏今濮州有觀城是其地也楚有觀氏

褒氏 姒姓之國禹之後也今興元府褒城是其地周幽王后褒姒河南官氏志達勃氏改爲褒氏

緡氏 夏時諸侯子孫以國爲氏今濟州金鄉有古緡城姓苑有緡氏

岐氏 周故都也今鳳翔岐山是也太王居之至文王始遷于豐其支庶留岐故爲岐氏又古有岐伯爲黃帝師望出安化趙郡宋端拱登科有岐賁

仍氏 即有仍氏夏之諸侯后相娶有仍氏生少康以國爲氏

奄氏 風俗通云奄國號即商奄也魯地衛祝佗曰因商奄之民以命伯禽今兗州有奄城尙書成王既踐奄左傳秦大夫奄息其後也望出內黃

雙氏 顓帝之後封於雙蒙城其後因以命氏焉宋朝有尙書郎雙漸無爲軍人

武羅氏 夏時侯國之後

吾氏 己姓夏之諸侯昆吾氏之後也昆吾爲夏伯其地即濮陽縣唐武德四年析置昆吾縣是其地也八年復省入濮陽漢有廣陵令吾扈晉有交州刺史吾彥吳人也吳有吾粲

昆氏 己姓夏之諸侯昆吾氏之後也齊有昆辨見戰國策

昆吾氏 世本古己姓之國夏時諸侯伯祝融氏之後

梅氏 商紂時有梅伯以國爲氏宋朝有梅詢龍圖閣學士族子堯臣有詩名宣城人

癸北氏 國名女爲舜妃

雷氏 方雷氏之後女爲黃帝妃生元楊盞古諸侯之國後漢有雷義又有雷次宗蜀有將軍雷同吳陸抗傳有宜都太守雷譚

元氏 風俗通云元都古諸侯國也子孫以國爲氏

冥氏 史記云姒姓之國子孫以國爲氏漢有冥都爲丞相史治公羊春秋疎廣弟子

斟氏 曹姓亦作斟尋氏亦作斟灌氏亦作斟戈氏亦作介斟氏並夏諸侯以國爲氏皆祝融之裔國語注曰曹姓之別也姓纂云斟尋斟灌並姒姓斟戈禹後亦姒姓介斟杜預云夏同姓

鄩氏 哲肯切穆天子傳鄩伯祭之後國在虞芮之間

用氏 風俗通古有用國漢有高唐令用虬名士錄有高士用羽

摯氏 風俗通摯疇古諸侯國也見毛詩周有摯荒或言帝嚳子摯之後漢貨殖傳有茂陵摯綱

允氏 風俗通云夏時侯國子孫氏焉

灌氏 亦作斟灌氏風俗通斟灌氏夏諸侯也子孫氏焉又有張氏昌灌氏

廖氏 亦作飂並力救切今呼爲料風俗通古有廖叔安左傳作飂蓋其後也漢有廖顓爲鉅鹿太守今衡山南劍多廖氏或言周文王子伯廖之後

竹氏 姜姓孤竹君成湯封之遂西至伯夷叔齊有讓國之賢子孫以竹爲氏後漢竹曾爲下邳伯又擬陽侯竹晏並東芫人宋朝有竹滋登進士第開州人也

郅氏 音質風俗通郅商時侯國也見毛詩漢有濟南太守郅都入酷吏傳宋朝登科郅之邵延安人

習氏 風俗通云習國名漢有習響爲陳相晉衡陽太守習鑿齒著漢晉春秋五十四卷襄陽人

西陵氏 古侯國也黃帝娶西陵氏女爲妃名纍祖春秋時有西陵高爲大夫

安陵氏 戰國策安陵小國侯也其後氏之安陵纏楚王妃

甲父氏 古諸侯以國爲氏今單州有甲父城漢有侍御史甲父丑

有窮氏 古諸侯國也至后羿篡夏后相

有扈氏 夏諸侯國夏爲扈商爲崇其地在今永興鄂縣北二十里姓氏英賢傳曰有扈氏今爲弘農人

蒲姑氏 商諸侯居齊地

西王氏 新序子夏曰禹學于西王國

孤竹氏 商之諸侯也夷齊讓國其後遂以國氏

封父氏 夏商國名鄭有封父眞爲大夫

終利氏 嬴姓與秦同姓

夙沙氏 英賢傳曰炎帝時侯國左傳宦者夙沙衛

秣氏 秣陽國也以國爲氏

末氏 本秣氏避難去禾今秣陵是其後也

柏成氏 風俗通柏成子高堯時諸侯也

顧氏 己姓伯爵夏商之諸侯今濮州范縣東南二十八里有故顧城是其地也子孫以國爲氏又顧氏譜云越王勾踐七代孫閩君搖漢封東甌搖別封其子爲顧余侯漢初居會稽亦爲顧氏漢行荊州刺史顧容晉有顧悅之愷之

阮氏 商之諸侯國在岐渭之間周文王侵阮徂共見於詩子孫以國爲氏後漢有巴吾令阮敎阮氏惟盛於晉宋

共氏 亦作恭商末侯國今河內共城即其地也文王侵阮徂共其子孫以國爲氏晉有左行共華或言其氏共叔段之後也又晉太子申生諡恭君其後以爲氏此皆以諡爲氏者

龔氏 左傳晉大夫龔堅漢渤海太守龔遂後漢巴郡蠻酋有龔氏

臣謹按項羽傳義帝柱國共敖顏師古云共讀曰龔龔即共也籀文从龍又按後漢巴郡蠻酋羅朴督鄂度夕龔凡七姓是巴蠻亦有龔氏

洪氏 本共氏因避仇改爲洪豫章有弘氏因避宋朝諱亦改爲洪

苑氏 亦作宛狀云商武丁子先

受封於苑因以爲氏或音怨非也左傳齊有苑何忌衛有苑春鄭有苑射犬漢有太山太守苑康下邳相苑還吳興大守苑方望出范陽南唐有苑文宋朝有登科苑鈞苑湛並潁昌府人

逢氏 音龐商諸侯封於齊土至商周之間有蒲姑氏代之至武王伐商而後封太公焉其地在今臨淄古有逢蒙善射齊大夫有逢丑父後漢處士逢萌宋朝有尙書郎逢冲齊人望出北海譙國又密州逢序開州逢汝舟並登科郎

彭氏 大彭之國在商時爲諸侯伯古祝融氏之後有陸終氏六子第三子彭祖建國于彭子孫以國爲氏又彭亦爲姓國語云祝融之後八姓已董彭禿妘斟曹芊周滅之楚有大夫彭仲爽彭名漢有梁王彭越大司馬彭宣後漢有彭寵望出宜春

韋氏 亦曰豕韋氏風姓杜預云彭商之伯國今滑州韋城郎其地能豢龍故韋城古城內有豢龍井尙存按唐表云顓帝孫大彭爲夏諸侯少康之世封其別孫元哲于豕韋大彭豕韋迭爲商伯周赧王時始失國徙居彭城以國爲氏然元哲之名無所經見王春秋時自無韋國何得至赧王也韋伯遐二十四世孫孟爲漢楚王傅去位徙居魯國鄒縣

夷狄之國

狄氏 周文王封少子於狄城因氏焉或言成王封母弟孝伯於狄城其地在今慈州晉大夫有狄虒彌古賢人有狄儀仲尼弟子有狄黑衛人也裔孫漢博士狄山

白狄氏 狄之別種杜預云故河西郡有白狄部

翟氏 亦作狄音宅又音狄祁姓黃帝之後世居翟地國語云翟國爲晉所滅子孫以國爲氏秦有翟儁新魏有翟黃漢文景時廷尉翟公下邽人望出南陽

代氏 古代君翟國也在常山北今代州是也稱王爲趙襄子所滅其遺族以代爲氏史記趙有代舉漢有京兆尹代武宋朝有代淵登進士第

路氏 路舊作潞國語潞洛泉余滿赤狄別種隗姓子爵其地在今上黨潞縣宣十五年晉滅之子孫以國爲氏姓纂云炎帝之後黃帝封其支子於潞春秋時潞子嬰兒是也唐表正姬姓帝摯子元元堯封於中路歷虞夏稱侯又有沒路眞氏攺爲路

戎氏 隱公會戎于潛之戎也杜預云陳留濟陽縣東南有戎城漢功臣有柳邱侯戎賜宣帝婕妤戎氏生中山哀王望出江陵扶風

支氏 石趙司空支雄傳云其先月支胡人也實西域之國晉有高僧支遁字道林天竺人後趙有司空支雄唐有武甯節度使支祥宋朝有支允文太平興國登科又支詠華州人

驪氏 左傳驪戎國之後在昭應縣按昭應縣古新豐縣唐攺昭應宋大中祥符攺臨潼縣東二十四里有驪戎故城

卑氏 卑耳國之後或云鮮卑種類漢有右北平太守卑躬

盧氏 亦作廬音通盧子爵黎之後此南蠻也今襄州有中盧郎其地

那氏 風俗通朝那東夷也其後單姓那氏後燕錄遼西太守那頡西魏有揚州刺史那椿望出丹陽天水

甌氏 亦作歐東甌王之後也歐冶子吳人善鑄劍

安氏 安息王子入侍遂爲漢人故其族出涼州風俗通漢有安成廬山記吳有安高唐賜抱玉爲李氏其餘郎安氏也望出姑臧河內

瞞氏 風俗通云荆蠻之後本姓蠻音訛遂爲瞞氏左傳有司徒瞞成

蠻氏 芊姓荆之後因氏焉

羌氏 晉石氏將羌廸

鼓氏 鼓子鳶鞮之後也白狄別種今祁州鼓城縣是其地也

米氏 西域米國胡人也唐有供奉歌者米嘉榮五代米至誠望出隴西高平

滿氏 國語路洛泉余滿皆赤狄隗姓風俗通荆蠻有瞞氏音舛爲滿氏漢有滿昌宋朝登科滿中正滿中行開封人滿執中滿周揚州人

竺氏 本天竺胡人後漢歸中國而稱竺氏竺固爲後漢侍中西平侯或言後漢竺晏本姓竹避仇加二此謬論也宋朝竺覬舉進士

落氏 風俗通云皐落氏翟國也此赤翟別種其地在今絳州垣縣漢有落下閎巴郡人撰太初歷

洛氏 郎落氏落下閎亦去草後魏書宦者洛齊又有洛子淵爲虎賁

淮夷氏 姓纂云淮夷小國入周因氏焉其地今淮甸

皐落氏 姬姓東山皐落氏赤狄別種今絳州垣縣西北六十里有皐落城

義渠氏 風俗通義渠狄國爲秦所滅因氏焉漢書光祿大夫義渠安國

西申氏 瑞應圖周成王時西申國獻鳳留中國因氏焉

以郡國爲氏

漢郡國

紅氏 楚元王交子劉富初封休侯後更封紅侯曾孫無子國絕支庶或以國爲氏

蘄氏 姓苑云蘄春秋之後也漢有弘農太守蘄良

番氏 番音婆見姓苑吳芮封番君支孫氏焉

郴氏 芊姓楚懷王孫心號義帝都郴子孫氏焉晉陶侃別傳有江夏郴寶

鄮氏 姓纂云越人以郡爲姓今明州鄮縣是也

東陽氏 見姓苑此出於東陽郡也

東陵氏 風俗通東陵侯邵平子孫氏焉又齊景公時有隱居東陵因以爲氏又東陵聖母廣陵人適杜氏

櫟陽氏 風俗通後漢景丹封櫟陽侯丹曾孫分避亂隴西因封爲氏焉

周陽氏 漢書淮南王舅趙兼受封周陽侯子由爲河東尉因父封爲周陽氏由入酷吏傳郭頒世語云魏文帝時有周陽成能占異

信都氏 風俗通云張敖尙漢魯元公主封於信都因氏爲一云本申屠氏古者信申音同故爲信都北齊有信都芳

冠軍氏 漢霍去病封冠軍侯其後氏焉晉有太傅東海王參軍冠軍夷見太傅佐史傳

武彊氏 漢書十八將王梁封武彊侯因氏焉

廣武氏 漢廣武君李左車因封氏焉

通志卷二十七

宋右迪功郎鄭樵漁仲撰

氏族略第三

以邑爲氏

周邑

祭氏 姬姓周公第七子所封其地今鄭州管城東北祭城是也周畿內之邑故祭氏世爲周卿士子孫以邑爲氏又鄭有祭仲足以其地近於鄭故亦爲鄭所并

尹氏 少昊之子封於尹城因以爲氏子孫世爲周卿士食采於尹今汾州有尹吉甫墓卽其地也古今人表尹壽爲堯師漢有尹咸尹賞尹齊尹翁歸後漢有尹敏晉有尹奉

蘇氏 已姓顓帝裔孫吳回爲重黎生陸終陸終生昆吾封於蘇其地鄭西蘇城是也至周武王用忿生爲司寇邑於蘇子孫因以爲氏世居河內又有拔略氏改爲蘇氏虜姓也

毛氏 周文王之子毛伯明之所封世爲周卿士食采於毛子孫因以爲氏趙有毛遂漢有毛公治詩趙人也爲河間王博士毛萇亦治詩人古川又有代北之族世爲酋長

樊氏 姬姓周太王之子虞仲支孫仲山甫爲周宣王卿士食采於樊曰大侯因邑命氏其地一名陽樊今河南濟源東南三十八里皮城是也以樊皮居之故名皮城又商人七族有樊氏仲尼弟子有樊遲魯人蓋其後也

尋氏 亦作鄩曹姓古斟鄩之後或言與夏同姓今濰州東五十里尚有鄩亭京相璠云鄩鄩去鄩亭七里周有鄩睟

單氏 周室卿大夫成王封蔑於單邑故爲單氏魯成公元年始見春秋晉侯使瑕嘉平戎於王單襄公如晉拜成襄十年傳曰王叔氏與伯與爭政坐獄於庭王叔不能畢其要辭故奔晉於是單靖公爲政於王室代王叔也二十餘代爲周卿士漢有功臣中牟侯單左車傳封六代昌武侯單究傳封七代也

甘氏 夏時侯國鄭道元云甘水東十里洛陽南有故甘城世謂之鑒城一云周武王封同姓於畿內因氏焉甘昭公者周惠王之子也王子帶爵僖元年又封之於甘僖二十四年傳曰甘昭公有寵於惠后惠后欲立之昭十二年甘簡公無子立其弟過將去成景之族丙申殺甘悼公而立成公之孫鰌子孫以邑爲氏秦有甘茂生羅楚有甘公撰星占漢義陽侯甘延壽吳將軍甘甯

緱氏 周卿士食采之邑也又渴侯氏改爲緱氏

榮氏 周大夫榮夷公其先食邑於榮杜預云鞏縣西有榮錡澗周畿內地也又魯亦有榮氏漢有榮廣宋朝有榮謹爲光祿卿望出榮安上谷太平登科有榮見素榮眞素榮輯今知臨安有榮毅

郗氏 音絺己姓青陽氏之後蘇忿生支子封郗邑因氏焉趙有郗疵今望出濟南

鞏氏 今鞏縣也周卿士鞏簡公甸內侯也晉有鞏朔漢有侍中鞏攸宋朝鞏申爲光祿卿望出山陽

氾氏 音凡本亦作汎周大夫食采於氾因以爲氏漢有氾勝之爲黃門侍郎撰農書十二篇

謝邱氏 風俗通周宜王支子食采謝邱漢書古今人表魯有謝邱章

營氏 風俗通周成王卿士營伯之後也後漢有京兆尹營郃望出成陽宋朝有營道學究出身

劉氏 祁姓帝堯陶唐氏之後受封於劉其地今定州唐縣也裔孫劉氏以能擾龍事夏后孔甲爲御龍氏在商爲豕韋氏在周爲唐杜氏亦爲杜伯以成王滅唐而遷之於杜也今永興長安縣南十里下杜城是也至宣王滅其國杜伯之子隰叔奔晉爲士師故爲士氏孫士會適秦後歸晉其處於秦者爲劉氏此祁姓之劉也以國爲氏又成王封王季之子於劉邑因以爲氏杜預云緱氏西北舊有劉亭按緱氏熙寧中省入河南偃師此姬姓之劉也以邑爲氏姬姓之劉世爲周卿士康公獻公其後也祁姓之劉卽士會之後周末家于魏又從豐此班固之說也劉端字執嘉生四子伯仲季交季卽漢高祖也名邦漢自高祖至光武光武至獻帝享國四百二十五年又有東郡河南雖陰三族俱出匈奴之族漢高祖以宗女妻冒頓其俗貴者皆從母姓因改爲劉氏又漢賜項氏姓爲劉氏

原氏 周文王第十六子原伯之後封於河內今澤州沁水是其地也周有原莊公世爲周卿士故以邑爲氏魯有原壤陳有原仲晉有原軫往往其族散在他國而以本國爲氏者

召氏 或作邵姬姓召公食邑也杜預云扶風雍縣東南有召亭雍今鳳翔天興此舊地也東遷之後其地在今王屋又周公封魯召公封燕雖各之國也然其後有留佐周室者世爲周卿士也周厲王時周德衰微兄弟道缺召穆公於東都收會宗族而作常棣之詩召簡公之後不見春秋召與邵一氏而後世分爲二齊有召忽漢功臣有召歐又南陽太守召信臣生驅孫林此單召者也泰有邵不疑及故南安陽之族皆從邑

魯邑

臧氏 姬姓魯孝公之子公子彄食邑于臧因以爲氏隱十年臧僖伯諫觀魚桓二年臧哀伯諫納郜鼎襄二十四年臧紇爲季氏廢長立庶被孟氏所譖斬鹿門之關以出奔邾乃立臧爲致防而奔齊漢有燕王臧荼城陽王大傅臧璋後漢二十八將城門校尉臧宮望出東海

郈氏 亦作后魯孝公八世孫成叔爲郈大夫因以爲氏郈邑今鄆州須城東三十六里郈鄉亭是孔子弟子后處之邑漢有少府后倉古今人表作厚

費氏 亦音祕姬姓懿公之孫費伯之邑也今沂州費縣西北二十里故費城是紂幸臣費仲夏禹之後也楚有費無極又費連氏改爲費氏虜姓也

郎氏 姬姓魯懿公孫費伯城郎因以居之子孫遂以爲氏今單州魚臺縣舊有郁郎亭是其地漢有郎宗後漢中郎郎顗北海人石趙司空郎闓宋朝郎簡爲侍郎錢塘人皇祐登科郎叔蘇州人又有郎誼湖州人

柳氏 魯孝公之後孝公生子展展孫無駭生展禽字季爲魯士師謚曰惠食采於柳下故謂之柳下惠子孫以邑爲氏楚滅魯仕楚秦并天下柳氏遷於河東

匡氏 魯匡邑宰匡句須之後開封長垣縣西南十里匡邑故城亦屬衛又疑魯別有匡邑盧山記楚威王時有匡俗先生

管氏 魯大夫食采於管因氏焉

鄆氏 魯大夫食采於鄆子孫氏焉鄆亦作運

落姑氏 魯大夫食采於落姑因氏焉漢博士落姑仲異

鄹氏 子姓宋潛公之後正考父食邑於鄹生叔梁紇遂爲鄹氏其地今兗州鄒縣是也齊有鄒衍鄒忌望出范陽

卞氏 魯邑地今兗州泗水有卞城姓纂云曹叔振鐸之後有支庶食采於卞因以氏焉然卞非曹邑之地魯有卞莊子楚有卞和南史儒林卞華宋朝卞袞爲鹽鐵副使

瑕邱氏 姬姓風俗通魯桓公庶子食采瑕邱漢有瑕邱申陽

蹇相氏 魯大夫食采蹇相因氏姓苑云沛人

菟裘氏 史記秦嬴姓之後也其地魯邑今在兗州奉符

晉邑

欒氏 姬姓晉靖侯孫欒賓食邑趙州平棘西北十六里古欒城是其地以邑爲氏欒氏世爲晉卿又齊有欒氏姜姓齊惠公之後惠公子堅字子欒是以字爲氏者漢有欒布又有尙書欒巴望出西河魏郡宋朝登科有欒副

郤氏 姬姓晉之公族也晉大夫郤文子食邑於郤世爲晉卿以邑爲氏望出山陽宋朝登科郤濟川眞定人又景祐登科郤晉卿

苦氏 卽郤氏郤犨亦號苦成子苦爲別封之邑潛夫論苦成城在鹽池東北越大夫苦成漢有苦灼爲會稽太守音庫

祁氏 姬姓晉獻侯四世孫奚爲晉大夫食邑于祁遂以爲氏其地卽今大原祁縣是也猶有祁奚墓或云隰叔之後與士氏同族又祁亦姓也出黃帝後所謂伊祁是也亦作耆望出太原欒陵宋朝登科祁高開封人又有祁融

荀氏 晉之公族也隰叔之後僖二十八年荀林父將中軍故曰中行氏荀邑在絳州正平西十五里宣十二年荀林父與楚子戰于邲荀首趙同爲下軍大夫荀首食邑於智號曰智莊子襄十四年知朔生盈而死故荀氏同見又爲田氏程氏輔氏荀本侯國姬姓晉滅之以爲邑荀侯之裔亦以國爲氏

智氏 姬姓卽荀氏荀首別食智邑又爲智氏至荀瑤爲趙魏所滅故智氏亦謂荀氏望出河東天水陳留

輔氏 姬姓晉之公族也本荀氏又食邑於智故又爲智氏智果以智伯剛愎必亾其宗別爲輔氏又晉大夫有輔躒漢有輔狠爲尙書令今河東有此姓望出扶風宋朝登科輔章無爲軍人

續氏 姬姓晉大夫狐鞫居食采於續故謂之續簡伯又爲續氏一云舜七友續牙之後漢功臣表續相如封承父侯晉有續武威撰異物志石趙有太子少保續咸上黨河東襄陽並有此姓望出鴈門宋元祐登科續渙若汝州人建炎續商賢兗州人近續臧爲吏部郎

戲陽氏 晉邑也舊屬衛今相州安陽縣永和鎭東二十五里戲陽城衛大夫戲陽速晉有戲陽扶爲鄉

函輿氏 晉大夫范皐夷食采函輿因氏焉

邯鄲氏 嬴姓晉趙盾從父昆弟子曰趙穿食邑邯鄲因以爲氏其地今爲邑隸磁州漢有衛尉邯鄲義

羊舌氏 姬姓晉之公族也靖侯之後食采於此故爲羊舌大夫有四族皆彊家羊舌晉邑名末詳其所或言羊舌氏姓季名果有人盜殺羊而遺其頭不敢不受受而埋之後盜事發詞連季氏乃掘而示之以明己不食惟舌存而得免此不根之論也

羊氏 卽羊舌氏之後春秋末始單爲羊氏秦亂徙居泰山戰國有羊干著書漢隴西功曹羊嘉宋朝登科羊爽濰州人

絳氏 晉絳縣老人之後其地在今絳州

步氏 姬姓晉公族郤氏之後步陽食采於步遂以爲氏仲尼弟子有步叔乘齊人又步鹿氏改爲步氏望

出滹陽宋朝登科步覺民河南府人

蒯氏 風俗通晉大夫蒯得之後又衞有蒯聵見左傳前漢有蒯徹又有蕢氏同音宋初登科有蒯謂

彘氏 左傳士會支子士魴別食采於彘邑在平陽北號恭子

曲氏 姬姓晉穆侯封少子成師于曲沃支孫氏焉今絳州曲沃卽其地漢有代郡太守曲謙貨殖傳有曲叔後漢太常卿曲仲尼唐貞元中陳許節度使曲環陝州人望出陝郡鴈門宋朝登科曲全昌和州人

范氏 陶唐之裔歷虞夏商周成王遷之杜爲伯宣王殺杜伯其子隰叔奔晉爲士師故爲士氏其子孫處隨及范故經傳見三族爲范晉邑也其地濮州范縣是也范氏帝堯裔孫劉累之後伊祁姓自虞以上爲陶唐氏夏爲御龍氏商爲豕韋氏周爲唐杜氏周衰奔晉爲范氏按隰叔生士輿士輿生士蒍而釋例云士蒍杜伯之孫隰叔之子也士蒍字子輿因疑此而爲士輿也越有范蠡著書曰計然魏有范痤項羽有范增居巢人

苗氏 芊姓楚大夫伯棼之後伯棼以罪誅其子賁皇奔晉晉人與之苗因以爲氏河內軹縣南苗亭卽其地也漢有長水校尉苗浦王莽時有苗訢東晉有苗顯望出東陽

邴氏 亦作丙晉大夫邴豫食邑于邴因以爲氏齊亦有邴邑而亦有邴氏漢有博士邴丹丞相丙吉出魯國功臣表有高苑侯丙倩傳封八代又漢都尉李陵降匈奴裔孫歸魏見於丙殿賜氏曰丙唐應公邴粲其後也與高祖有舊以其姓犯廟諱賜姓李

吾邱氏 吾音魚卽虞邱氏也晉大夫虞邱子著書楚莊王相虞邱子薦孫叔敖自代者

令狐氏 姬姓周文王子畢公高之後有畢萬仕晉其子犨封於魏犨之子顆以獲秦將杜回功則封於令狐故爲令狐顆其地在今猗氏縣西十五里漢有令狐邁避王莽亂居敦煌生稱宋慶歷登科有令狐詠河中人元符有令狐相如鄭州人大觀有令狐暐如汝州人

溫氏 姬姓唐叔虞之後晉卻至爲溫大夫號溫季因以爲氏按姓纂唐表皆言唐叔虞之後以公族封於河內此卽卻至之封言卻至食采于溫亦號溫季一事分而爲二諉矣溫今河內溫縣是也漢功臣表溫疥封椿侯疥孫何始居大原又有溫念氏攺爲溫氏

揚氏 姬姓周宣王子尙父幽王時封爲揚侯爲晉所滅其後爲氏焉或曰周景王之後一云唐叔虞之後至晉武公孫子齊生伯僑歸周天子封揚侯然傳言虞虢焦滑霍揚韓魏皆姬姓之國爲晉所滅晉以爲羊舌氏之邑此其明也揚雄自叙云伯僑不知周何別也又云晉武公子伯僑生文文生突羊舌大夫也又云晉之公族食邑於羊舌凡三縣一曰銅鞮二曰揚氏三曰平陽突生職職生五子赤肸鮒虎季夙赤字伯華爲銅鞮大夫生子容肸字叔向亦曰叔譽鮒字叔魚虎字叔羆號羊舌四族叔向晉太傅食采揚氏其地平陽揚氏縣是也叔向生伯石字食我以邑爲氏曰揚石黨於祁盈盈得罪於晉并滅羊舌氏叔向子孫逃于華山仙谷遂居華陰又有揚突後周賜姓獨孤氏隋復本姓又有莫胡盧氏攺爲揚氏又煬帝誅揚元感攺姓爲臯氏

孟氏 晉大夫食采孟邑因氏焉其地今爲太原孟縣晉有孟丙衞有孟縶

壺氏 晉大夫邑也因以爲氏其地今潞州黎城東壺口關是也衞有壺鬪漢有諫議大夫壺遂列仙傳有壺公

鞮氏 亦爲銅鞮氏風俗通云晉有銅鞮伯華之後晉之別邑也今爲威勝軍有故城及銅鞮宮遺址

遰氏 音帝今同州澄城多此姓本銅鞮氏避事攺爲

縣氏 晉大夫食采縣上因氏焉今大通監縣上縣是其地晉張方腹心有縣思又河南官氏志爾縣氏攺爲縣望出河南梓潼

解氏 晉大夫解揚解狐之後其先食采於解今解州卽其地漢有御史大夫解延年司隸校尉解光又解晄氏攺爲解宋熙寧登科解澄開封人又有解九臯

州氏 風俗通云晉有州綽州賓其先食采于州因以爲氏其地今懷州武陟縣是也衞有公子州吁漢有州輔魏有州泰又淳于氏謂之州公其後亦爲州氏姜姓春秋時小國也

鄔氏 晉大夫鄔臧之後也食邑于鄔杜預云太原鄔縣宋登科鄔執權撫州人鄔大晰惠州人

萊氏 風俗通萊成僑子晉大夫也見世本王僧孺百家志云荀永之娶平陽萊氏又漢藝文志有夾氏春秋音萊

俠氏 創萊氏音萊韓俠累之後急就章有俠卻敵

鄂氏 姬姓晉鄂侯之後以屈於鄂邑故支庶以爲氏焉漢初功臣安平侯鄂千秋沛人又巴郡鱉七姓鄂其一也望出武昌焉

翼氏 姬姓晉翼侯居翼城因氏焉漢諫議大夫翼奉東海下邳人

衞邑

犨氏 姬姓衞武公生季亹食采於犨因以爲氏杜云汲郡修武縣按修武今屬懷州武陟然獲嘉有犨城周有犨越晉有犨贏

元氏 左傳衞大夫元咺之後也咺食邑於元今大名府元城是其地子孫以邑爲氏又拓跋氏云黃帝子昌意之後昌意少子封居北土世爲鮮卑君長宋書云李陵之後自冒意三十九世至昭成皇帝什翼犍始號代王都雲中至道武皇帝始攺號魏至孝文帝更爲元氏都洛陽又有紀骨氏攺爲元氏又有是云氏攺爲元氏又有景氏攺爲元氏

儀氏 衞大夫儀封人之後徐大夫儀楚陳大夫儀行父望出晉陽

常氏 姬姓衞康叔支孫食邑於常因以爲氏或言黃帝臣常先之後左傳越大夫常壽過漢有右將軍長羅侯常惠宋朝登科有常九思又有常琪城都人又有恒氏避宋諱亦攺爲常

裘氏 衞大夫食采於裘因氏焉或云本求氏攺爲裘望出渤海琥略

承氏 衞大夫承成之後見世本望出千乘

濮氏 衞大夫食采於濮因而氏焉其地在澶州濮陽今新定有此姓望出魯國濮陽宋朝登科濮侯民開封人濮溫其邵武人

戚氏 衞大夫食采於戚因氏焉其地在衞州頓邱昔賢有戚子著書漢高祖戚夫人生趙王如意功臣表有臨轅侯戚鄶傳封七世望出齊郡宋建隆登科有戚維

汲氏 風俗通衞宣公太子伋之後居汲因以爲氏然汲衞邑也其大夫所治之邑又何必子伋爲哉其地今衞州衞縣宋尙書郎汲熙載望出清河

聶氏 衞大夫食采於聶因氏焉史記軹人聶政殺韓相俠累漢有太守聶良護羌校尉聶尙又有聶壹吳志有將軍聶友石趙錄冉閔有中書令聶熊望出河東又新安

爰氏 本轅氏衞大夫轅子成之後避地攺爲爰後漢有爰祇

商邱氏 衞大夫食邑於此漢有御史大夫秺侯商邱成又有商邱子胥高邑人見列仙傳

五鹿氏 姬姓風俗通衞邑也晉公子重耳封舅犯於五鹿支孫氏焉漢有少府五鹿充宗代郡成陽縣有五鹿氏

鄭邑

馮氏 世本云歸姓鄭大夫馮簡子之後姓纂云周文王第十五子畢公高之後畢萬封魏支孫食采於馮城因氏焉漢書云秦末馮亭爲上黨太守入趙其宗族或留潞或在趙秦丞相去疾御史大夫劫漢傅成侯毋擇並亭之後也至馮唐徙安陵爲楚相弟豫自上黨徙杜陵孫奉世左將軍生譚逡野王立參野王左馮翊上郡太守參宜鄉侯漢功臣表有閼氏侯馮解散穀陵侯馮谿傳封六代後漢司馬馮勤魏郡人馮衍杜陵人生豹爲尙書司空馮魴南陽人廷尉馮緄巴郡人

京氏 鄭武公少子段封於京謂之京城太叔因氏焉舊滎陽京縣是其地後齊廢入滎陽其故城在縣東南二十里又李氏攺爲京氏望出譙國

齊邑

閭邱氏 志籍不言所出然邾國有閭邱杜預云高平南陽縣北有顯閭亭本邾地爲齊所并往往閭邱氏食邑於此故以命氏釋例公子諸皆略惟世本詳焉蓋春秋閭邱嬰之後也迨齊宣王時有閭邱卬閭邱光漢有廷尉閭邱勳後漢太常閭邱遵魏有閭邱決著書十二篇晉有太常閭邱冲南陽太守閭邱羨

閭氏 齊大夫閭邱嬰之後或單言閭氏從省文也又攺爲盧氏

隰氏 姜姓齊莊公子廖事桓公封於隰陰爲大夫故以爲氏杜預云濟南有隰陰縣

崔氏 姜姓出齊丁公嫡子季子讓國於叔乙食采于崔遂爲崔氏杜預云濟南東朝陽縣西北有崔氏城是也季子生穆伯穆伯生沃沃生野八世孫夭僖二十八年晉侯宋公齊國歸父崔夭丈于城濮夭生杼宣十九年齊惠公卒崔杼有寵於惠公高國畏其偪也公卒而逐之書曰崔氏出奔衞非其罪也成十七年齊侯使崔杼爲大夫襄二十三年崔杼弑莊公崔杼生成及彊後妻生明嫡庶爭立二十七年慶封使盧蒲嫳殺成及彊杼及其妻縊崔明奔魯生良十五世孫意如爲秦大夫封東萊侯二子伯基仲牟伯基居清河東武城仲牟居博陵安平亦爲著姓

盧氏 姜姓齊大公之後也齊文公之子高高之孫傒食采於盧今齊州盧城是也因邑爲氏秦有博士盧敖子孫家于涿水之上遂爲范陽涿人漢有燕王盧綰其裔也又有盧蒲氏出自桓公亦爲盧氏皆齊之盧也按河南後魏官氏志有莫盧氏虜姓也後攺爲蘆復去艸又有范陽雷氏以盧雷聲近故亦攺爲盧焉又有三原閭氏准制攺爲盧氏又章仇大翼善天文隋煬帝賜姓盧氏

鮑氏 姒姓不知所出或云夏禹之後有鮑叔仕齊食采於鮑因以爲氏鮑叔字叔牙進管仲於齊桓公遂霸諸侯其後有鮑牽曰鮑莊子爲夫人聲孟子所譖靈公刖其足傳曰鮑莊子之知不如葵葵猶能衞其足齊人召鮑國而立之定九年陽虎奔齊請伐魯鮑文子諫曰魯未可取也世爲齊卿又侯力氏攺爲鮑虜姓也望出上黨東海

棠氏 姜姓齊桓公之後邑于棠曰棠公其後爲棠氏又楚亦有棠邑大夫伍尙之所封號曰棠君其後亦爲棠氏

穰氏 風俗通田穰苴諸田之族穰所食之邑因以氏焉穰苴爲

齊大司馬

晏氏 或云齊公族襄公二十九年吳季札聘于齊說晏平仲謂之曰子速納邑與政無邑與政乃免於難故晏子因陳桓子納政與邑以免欒高之難漢有司隸校尉晏稱南燕有晏謨宋朝有宰相晏殊應神童舉臨川人望出齊國

豐氏 風俗通齊大夫食采豐邑因氏焉

檀氏 姓纂云姜姓齊公族有食瑕邱檀城因以為氏然瑕邱魯地也或齊之公族仕于魯者受邑於檀也禮記魯有檀弓是其裔也又周卿士檀伯達六國時齊有檀子望出清河平盧高平

來氏 亦作郲子姓商之支孫食采於郲因以為氏其後避難去邑齊有來章秦末從義陽之新野風俗通其後來英漢功臣表軑侯來蒼軑音待宋朝登科來章磁州人

菑氏 齊邑也見姓苑孔隋集菑莊青州人為北海望族

盆氏 齊邑也盆城子之後漢盆謠為中郎將望出齊郡

即墨氏 齊將田單守即墨支孫氏焉漢書儒林傳城陽相即墨成

即氏 風俗通漢單父令即費其先食采即墨因以命氏

葵邱氏 齊邑也英賢傳古有葵邱顧又石虎時有龍驤將軍葵邱直

梁邱氏 齊大夫食采梁邱景公時有梁邱據漢少府梁邱賀諸縣人王莽時有梁邱賜

籍邱氏 齊大夫籍邱子鉏

余邱氏 齊公族食采余邱漢有侍御史余邱炳又隱士余邱靈居曲阿

安平氏 齊將田單封安平君因氏焉

高堂氏 齊公族也風俗通齊卿高敬仲食采於高堂因氏焉其地在博州高唐

楚邑

鬬氏 羋姓若敖之後按若敖名熊儀其先無字鬬者必邑也其地未詳若敖娶於邛生鬬伯比淫於邛子之女生子文為棄諸夢中虎乳之邛子見而收之楚人謂乳為穀謂虎為於菟故名之曰鬬穀於菟子文楚之賢也世為令尹秉楚政

薳氏 亦作蔿芊姓楚蚡冒之後薳章食邑于薳故以命氏按楚有地名蔿又有薳蓋則知薳為楚邑矣又晉士蔿之後亦為蔿氏此以王父字為氏者

屈氏 芊姓楚之公族也莫敖屈瑕食邑於屈因以為氏三閭大夫屈平字原其後也漢有屈燕又屈眾氏改為屈氏望出河南宋朝登科屈符屈唐臣又同州屈理耀州屈長吉屈大方盧州人屈中美並登科

陰氏 姬姓管夷吾七代孫修適楚為陰大夫因以為氏風俗通又云陰康氏之後周有陰不佞陰里人又後周賜姓邱月陰氏隋復舊姓宋朝登科陰信臣陰昭又有陰障鳳翔人

鍾氏 晉伯宗之後伯宗晉之賢者也為郤氏所譖被殺子伯州犂奔楚邑于鍾離今濠州也子孫以邑為氏或言鍾或言鍾離楚有鍾儀鍾建鍾子期與伯牙為友項羽將鍾離昧昧有二子長曰發居九江仍故姓次曰接居潁川長社為鍾氏南唐有鍾傳

鍾離氏 姬姓即鍾氏以伯州犂居鍾離故曰鍾離氏亦省言鍾氏州犂與晉同祖而世本云與秦同祖嬴姓何也戰國策齊賢人鍾離千昧楚人鍾離岫撰會稽後賢傳後漢鍾離意會稽山陰人曾孫緒樓船都尉生騶

春氏 風俗通云楚相黃歇春申君之後

上官氏 楚王子蘭為上官邑大夫因以為氏秦滅楚徙隴西之上邽漢有右將軍安陽侯上官桀生安桑樂侯女為昭帝皇后拜車騎將軍後以反伏誅裔孫勝

詹氏 楚詹尹之後有詹何善釣周有詹父又有詹嘉楚辭有太卜詹尹宋朝為著姓望出勃海河間

蔓氏 楚有鬬成然食采於蔓曰蔓成然其後以邑為氏

白氏 芊姓楚白公勝之後也楚有白邑其地在蔡州褒信秦大夫白乙丙武安君白起史記有白圭周富人也漢書白生魯人為楚元王博士晉有白褒苻秦大鴻臚白景望出南陽太原

葉氏 舊音攝後世與木葉同音風俗通楚沈尹戌生諸梁食采於葉因氏焉吳志有都尉葉雄唐有葉法善宋朝為著姓望出下邳南陽

商密氏 楚大夫食采之邑其地在今鄧州櫟縣

軒邱氏 芊姓楚文王庶子食采軒邱因氏漢有梁相軒邱豹

三閭氏 芊姓楚屈原為三閭大夫因氏焉

鄧陵氏 芊姓楚公子食邑鄧陵因氏焉鄧陵氏著書見韓子

諸梁氏 楚莊王之後食邑諸梁因氏焉

棠谿氏 姬姓吳王闔閭弟夫槩王奔楚為棠谿氏其地在今蔡州遂平漢有棠谿惠又五官中郎將棠谿典

宋邑

留氏 按姓纂衛大夫留封人之後然無據宋有留邑北則宋之留邑大夫因以邑為氏其地在今徐州泗水東南二十五里留城是也漢功臣彊圉侯留肹傳封四代吳有將軍留贊又有劉誕謀逆賜姓為留五代留從效為泉州節度使望出會稽宋朝登科留溶漳州人留穀衢州人

合氏 子姓宋向戌食采於合為宋左師故謂之合左師望出馮翊

坎氏 英賢傳云宋附庸有坎氏

華氏 子姓宋戴公子考父食采於華因氏焉世為宋卿漢功臣表終陵侯華無害傳封四代宋朝有華相華泰登科

韓邑

平氏 姬姓韓哀侯少子婼食采平邑因以為氏秦滅韓徙下邑漢有丞相平當生晏司徒北齊有平鑒望出河內燕郡宋朝登科平天倪大名府人

橫氏 風俗通云韓公子成號橫陽君子孫氏焉

魏邑

鄴氏 魏邑名今為相州治縣風俗通漢有梁令鄴鳳

信氏 風俗通魏公子信陵君之後

趙邑

馬氏 即馬服氏嬴姓伯益之後趙奢封馬服君因以為氏或去服為馬秦滅趙奢孫興徙咸陽

睢氏 息為切趙大夫食采於睢邑因以命氏

藺氏 姬姓韓厥元孫曰康仕趙食采於藺因氏焉康裔孫相如為趙上卿子孫仕秦隨司馬錯伐蜀因家成都望出中山華陰宋朝登科藺中謹閻封人藺中行永靜人

鹿氏 趙大夫食采五鹿因氏焉漢有巴郡太守鹿旗子孫因家焉又阿鹿元氏改為鹿氏後魏黃門侍郎鹿念宋朝鹿稹登進士第又有鹿元規單州人鹿敏求陳州人

武成氏 嬴姓風俗通趙平原君勝封武成君因氏焉

鄡氏 苦堯切趙大夫食采深澤鄡邑因氏焉孔子弟子鄡單字子家望出太原鉅鹿

秦邑

衙氏 嬴姓秦穆公子食采於衙因氏焉其地即彭衙也同州白水東北六十里有彭衙城漢有長平令衙謹卿七世同居蜀志晉有督護衙傳望出江夏

武安氏 芊姓秦將白起封武安君因氏焉漢有子乘侯武安慕

華陽氏 秦宣太后弟封華陽君子孫氏焉漢有諫議大夫華陽通

涇陽氏 秦宣太后弟封涇陽君因氏焉漢有騶馬都尉涇陽犨

高陵氏 嬴姓秦昭子弟封高陵君因氏焉漢有諫大夫高陵顯

諸國邑

通氏 巴大夫食采於通川因氏焉

譙氏 曹大夫食采於譙因氏焉漢譙隆為上林令以忠諫拜侍中望出巴西譙國宋朝登科譙南薰

鄤氏 鄭大夫食采鄤邑子孫因氏焉杜預云地在鄭縣南鴻水之北

鄼氏 音鑽海西先賢傳鄼授字仲華漁陽人

縣氏 或為平聲其先有為縣大夫者望出扶風風俗通縣成父孔子門人漢有甘陵相縣芝吳中書令縣默

酈氏 黃帝之後支孫食采於酈因氏焉漢有廣野君酈食其沛人弟商右相曲周景侯生寄一名況食其子疥封高梁溪傳封三代後魏酈道元字善長注水經官至御史中丞望出新蔡宋朝登科酈因江陵人

取慮氏 徐偃王子食邑取慮因氏焉姓纂云今臨淮有此姓

薊氏 邑名在燕地神仙傳有薊子訓望出內黃

鮮于氏 子姓鮮音仙商後周武王封箕子於朝鮮支子仲食采於于子孫以鮮于為氏宋慶歷登科有鮮于綿鄭州人政和有鮮于陶宣和有鮮于先知並閬州人

鮮氏 音仙鮮于氏之後亦為鮮氏蜀李壽司空鮮思明望出南安宋朝登科有鮮洪範開封人熙寧有鮮符戎州人

毋邱氏 其先食采毋邱因氏焉宋朝登科有毋邱會政和有毋邱儼毋邱斌並閬州人

毋氏 毋邱氏或為毋氏唐開元補闕毋景洛陽人一云吳人宋朝毋湜直龍圖閣又毋隨登科望出平昌鉅鹿

三烏氏 風俗通凡氏於職三烏五鹿有三烏大夫因氏焉漢有三烏羣為上郡計

渠邱氏 亦作著邱氏嬴姓莒國之君居於渠邱故謂之渠邱公今密州莒縣有渠邱城英賢傳彭城有渠邱氏

漁陽氏 燕大夫受封漁陽因以為氏漢有少府漁陽鴻北平人

堂邑氏 漢張騫使西域從百餘人堂邑氏二人得還

漢魏邑

泉氏 狀云本姓全氏全琮之後琮孫曄魏封南陽侯食封白水遂改為泉氏然國語潞洛泉余滿皆赤翟隗姓是則舊有泉氏矣後魏洛州刺史上洛侯泉企

揭陽氏 漢功臣安道侯揭陽定為南海揭陽令因氏焉

以鄉為氏

臣謹按封土之制降國而爲邑降邑而爲關內邑降關內邑而爲鄉降鄉而爲亭後世但知傳國邑之封而失鄉亭之旨今自國至亭列五等

裴氏 嬴姓伯益之後秦非子支孫封䢴鄉因以爲氏今聞喜䢴城是也按聞喜隸解州六代孫陵當周僖王之時封爲解邑君乃去邑從衣爲裴裴衣長貌一云晉平公封顓帝之孫鍼於周川之裴中號裴君又唐開元右驍衞大將軍疎勒王裴夷健之後爲西域裴又後趙錄有曁氏本姓裴改爲曁自魏晉至周隋裴氏七代有傳

陸氏 媯姓田敬仲之後也十一世齊宣王少子通封於平原般縣陸鄉即陸終氏之故地因以爲氏通諡元侯生恭侯發爲齊上大夫生二子萬皋皋孫賈爲漢大中大夫萬生烈爲吳令遷豫章都尉既卒吳人思之迎其喪葬于胥屏亭子孫遂爲吳郡吳縣人十世孫閎潁川太守生三子卬溫威號潁川枝威生績揚州別駕生三子禕逢褒號荊州枝禕爲荊州刺史二子肅謙肅爲丹徒令號丹徒枝又代北有部落大人號步陸孤氏後魏孝文遷洛陽改爲陸氏虜姓也

耨氏 廣信都多此姓本姓陸避事改耨女玉切

麗氏 姬姓周文王子畢公高之後其支庶封於麗因以爲氏魏有麗滑趙有麗燧望出譙國

閭氏 姬姓武王封太伯曾孫仲奕於閭鄉因以爲氏又云昭王少子生而有文在其手曰閭康王封於閭城又云唐叔虞之後晉成公子懿食采於閭晉滅之子孫散處河洛然太伯無後武王克商求仲雍之孫叔達之子周章封於吳爲太伯後周章之弟曰虞仲封於虞爲仲雍後未聞仲奕者也有文在手之言多爲迂誕晉有閭沒齊有閭職又有雲中旗後周賜姓大野氏隋復舊望出樂安

郝氏 出於赫胥氏太昊氏之佐也殷帝乙時有子期封太原郝鄉因氏焉漢有上谷太守郝賢後漢有郝蘭宋朝郝太仲雍熙二年及第郝居中景德元年登第

尸氏 漢書尸佼晉人爲商君師著尸子風俗通云其先封尸鄉因以爲氏齊相有尸臣

肥氏 恐其先有封於肥鄉者戰國策趙賢人肥義之後風俗通云漢有肥詔英布將肥赫又仁恕掾肥親

資氏 黃帝之後食采益州資中因以爲氏風俗通資成陳留人望出南陽會稽

郲氏 左傳鄭大夫郲張其先封郲鄉因氏焉宋郲亶子修輔並登進士第吳興人望出滎陽武陵嘉祐有郲宣開封人紹興有郲升卿平江人

胡毋氏 媯姓齊宣王封母弟於毋鄉其鄉本胡國因曰胡毋氏漢有太史胡毋恭

大陸氏 姜姓齊太公之後食邑陸鄉因號大陸氏齊簡公時有大陸子方

以亭爲氏

羹氏 楚大夫受封於南郡羹亭因以爲氏或言工尹羹之後以名爲氏望出東海南陽

采氏 黃帝封其子於右北平采亭因氏焉

俞豆氏 羋姓楚公子食采於南陽俞豆亭因氏焉

歐陽氏 姒姓越王句踐之後支孫封烏程歐陽亭因氏焉烏程隸湖州漢有歐陽和伯授尚書曾孫高博士孫地餘少府子政

以地爲氏 所居附

傅氏 商相傅說之後築於傅巖因以爲氏唐傅游藝賜姓武氏

蒙氏 風俗通東蒙主以蒙山爲氏秦有將軍蒙驁生武武生恬皆仕秦望出安定宋蒙傳祥符元年登科又有蒙汲台州人蒙著封州人

臣謹按蒙山在沂州費縣西北八十里又有東蒙在費西北七十五里在蒙山之東主其山之祀者子孫

因山爲氏

陵陽氏 搜神記陵陽子明止陵陽山得仙其後因山爲氏

少室氏 國語少室周爲趙簡子戎右

城氏 風俗通凡氏於事者城郭園池皆姓也

池氏 以所居爲氏也漢有中牟令池瑗魏有城門侯池仲魚望出西平今爲福州大姓有池鍔登科

涂氏 洪州人因水爲氏宋朝登科涂天明涂正勝涂壎並撫州人

嵇氏 姒姓夏少康封子季杼於會稽遂爲會稽氏漢初徙譙嵇山改爲嵇氏又統嵇氏改爲嵇氏宋翰林學士嵇穎

鮭氏 音圭以居鮭陽改爲鮭氏後漢有鮭陽鴻爲少府傳孟氏易

橋氏 黃帝葬橋山子孫守冢因爲橋氏漢有橋庇仁

喬氏 即橋氏也後周文帝作相命橋氏去木義取高遠一云何奴賁姓世爲輔相宋朝有喬惟岳給事中

勞氏 其先居東海勞山因氏焉望出松陽

東關氏 晉有東關嬖五漢有將軍北亭侯東關義

關氏 風俗通云關令尹喜之後也一云夏大夫關龍逢之後漢有長水校尉關陽蜀有前將軍漢壽亭侯關羽望出隴西東海

潁氏 鄭大夫潁考叔爲潁谷封人故以爲氏今許州長社有潁谷即其地也後漢潁容字子嚴著春秋釋例望出陳留

狐邱氏 晉大夫狐邱林之後見世本英賢傳曰出自狐邱封人之裔

邱氏 姜姓太公封於齊而都營邱其支庶居於營邱者遂以邱爲氏其地在今齊州臨淄或云雍州昌樂有營邱故城左傳有邾大夫邱弱邱氏世居扶風又有邱林氏邱敦氏並改爲邱氏虜姓也

壺邱氏 列子師壺邱子林鄭人

桑邱氏 漢書桑邱公著書五篇姓纂云今下邳有此姓

龍邱氏 見風俗通漢有高士龍邱萇吳郡人

蛇邱氏 見英賢傳後漢河內太守蛇邱或生重濟北太守女適羊續重濟北人

陶邱氏 帝堯子丹朱居陶邱因氏焉齊大夫陶邱德漢侍御陶邱仁

於邱氏 其先家於邱因氏焉漢有宛朐令於邱略

苞邱氏 楚苞邱先生荀卿弟子

水邱氏 漢司隸校尉水邱岑

曹邱氏 漢書楚有曹邱生見季布傳

楚邱氏 新序楚邱先生孟嘗君時人

麋邱氏 齊大夫麋邱子之後見世本英賢傳有麋邱充齊隱者

曼邱氏 齊士曼邱不擇漢韓信將曼邱臣

咸邱氏 齊有隱士咸邱蒙

浮邱氏 列仙傳周太子晉時道士浮邱伯控鶴上嵩山漢晉楚元王與申公學詩浮邱伯荀卿門人

安邱氏 漢有長陵三老安邱望之注老子行於世京兆人

淄邱氏 英賢傳齊勇士淄邱許

穆邱氏 漢穆邱子得仙道

雍邱氏 晉郭默將軍雍邱洛

何邱氏 楚有何邱子後魏殿中將軍何邱勃列威將軍何邱寄

麥邱氏 英賢傳齊桓公時賢人麥邱老

北邱氏

獻邱氏

崎邱氏

羌邱氏

逢邱氏

厚邱氏 並見姓苑

羑氏 地名羑里即文王所囚之地也居於此地者以羑爲氏或言羑里獄官

綺氏 漢初四皓隱商山號綺里季其後爲綺氏以李居於綺里也

臣謹按四皓非顯達之人其初不得受氏之祖故以所居爲氏此三代之事也如介之推燭之武冀芮潁考叔之類是矣

濟氏 以所居近濟水故以爲氏襄陽有此姓見姓苑

巷氏 毛詩寺人巷伯之後

艾氏 晏子春秋大夫艾孔之後即左傳裔款也艾亦謂之艾陵齊魯境上山風俗通龐儉母艾氏南燕有牙門艾江又東平太守艾銓唐有侍郎御史艾徹直北平人宋朝艾潁爲御史元豐登科艾早眞州人元祐艾與言沂州人望出隴西河南天水又河南官氏志艾斤氏改爲艾氏

柘氏 楚大夫以地爲氏急就章漢有柘溫舒望出武陵

燭氏 鄭人燭之武不得氏以其居於燭地也故言燭之者猶言介之推佚之狐也

犨氏 所嫁切風俗通云新鄭人楊牟村在縣西二十五里

闞氏 風俗通闞黨童子之後漢有荊州刺史闞翊漢書藝文志闞子著書後漢末闞宣下邳人王僧孺百家譜云蕭遠娶下邽闞氏之女

辟閭氏 姬姓衛文公支孫居楚邱營辟閭里因爲辟閭氏焉漢書儒林傳太子少傅辟閭曾孫某爲昌邑王太傅

申屠氏 姜姓周幽王申后兒申侯之後支子居安定屠原因以爲氏一說申徒狄夏賢人後音轉改爲申屠氏又有作勝屠者或云申屠楚申徒氏風俗通云本申徒氏隨音改爲申屠氏中官號申[illegible]

之後也
弋門氏 姓苑云漢陽人
雍門氏 齊頃公之子公子勝居雍門故爲雍門氏戰國策雍門周以鼓琴于孟嘗君說苑齊有雍門子秋
耏氏 宋有耏班以其守耏門故以爲氏漢功臣表芒侯耏跖跖生昭昭生申尚景帝女南宮公主
門氏 周禮公卿之子入王端門敎以六藝謂之門子其後爲氏後魏有門文愛今望出河南又廬江河南官氏志有叱門氏改爲門氏又有吐門氏改爲門氏又有庫門氏改爲門氏
東宮氏 東宮得臣齊大夫也其後東宮得疾隱嵩山年三百歲
西宮氏 見姓苑
南宮氏 姬姓孟僖子之後也或言文王四友南宮子之後宋有南宮長萬南宮牛仲尼弟子南宮縚字子容魯人宋天聖登科南宮誠慶曆有南宮觀洪州人紹興有南宮瑞
北宮氏 姬姓衛之公族也左傳有北宮奢漢書有北宮伯子晉有西河太守北宮協前涼護軍北宮萌
東郭氏 姜姓齊公族桓公之後也齊大夫東郭書見左傳又大陸子方號東郭賈齊人莊子有東郭子魏文侯時有東郭子方東郭惠見說苑
西郭氏 姓氏英賢傳云齊有賢者居西郭因氏焉漢有謁者僕射西郭嵩晉有祕書西郭陽北海人何承天云西朝名士也
南郭氏 莊子有南郭子綦左傳有南郭偃南郭且于
北郭氏 之傳齊大夫北郭子車之後也子車名佐生北郭敵說苑齊人有北郭騷與晏子爲友
東閭氏 東閭子嘗富貴後乞食於道曰吾爲相六年未嘗薦一士見說苑
西閭氏 說苑有西閭過
屋盧氏 晉賢人屋廬子著書言彭聃之法
市南氏 左傳楚人有市南宜僚亦見莊子
社南氏 其先齊倡見風俗通又姓苑云扶風安陵有社南氏
社北氏 風俗通與社南皆齊倡也漢有高煬婁扶風社北氏
臣謹按優倡依社而居則其志可知也
三邱氏 蜀志有三邱務
三州氏 孝子傳有三州昏
延陵氏 姬姓吳季札居延陵因氏焉亦爲延州來氏呂氏春秋延陵玉趙襄子謀臣
於陵氏 姜姓風俗通陳仲子齊世家辭爵灌園於於陵子孫氏焉
平陵氏 史記平陵老之後
梁垣氏 陳留風俗傳周畢公後有梁垣演居大梁之墟子孫因氏焉漢光武時侍御史梁垣列字惠伯又武陵太守梁垣威
蒲圃氏 魯地以所居爲氏
方氏 風俗通伏羲之後帝出於震位主東方子孫因氏焉宋嘉祐登科有東方穎叔梓州人熙寧有東方暉開封人
西方氏 姓苑云少昊金天氏位主西方金因氏焉宋朝登科西方琥淄州人
九方氏 列子秦穆公時九方皋一名歅善相馬
東里氏 姬姓鄭大夫子產居東里因氏焉曹瞞狀有南陽太守東里昆泰始先賢狀有東里晃魏志有東里袞
百里氏 風俗通秦大夫百里奚之後其先虞人家于百里因氏焉後漢徐州刺史吉陽亭侯百里嵩陳留人
東鄉氏 宋大夫東鄉爲人之後見世本漢有并州護軍東鄉子琴高密人見英賢傳
西鄉氏 風俗通宋大夫西鄉錯之後見世本尸子有隱者西鄉曹
南鄉氏 晉高士居隱南鄉因氏焉後漢有羽林左監南鄉槐
北鄉氏 見姓苑
東野氏 家語有東野畢又東野稷見莊子
西野氏 南野氏 北野氏 並見姓苑
北唐氏 英賢傳曰晉有高人越者隱伏於北唐因氏焉漢有北唐子眞治京氏易
北海氏 英賢傳曰古有劉河者處於北海其後以爲氏吳大夫有北海子高
成陽氏 見姓苑漢有安陽護軍成陽俶生謁者僕射昇河東人
濮陽氏 其地在今澶州後漢外黃令牛述以濮陽爲主簿
鮮陽氏 漢有揚州刺史鮮陽戢孫滔武騎常侍
鮭陽氏 音珪漢有少府鮭陽鴻治孟氏易
梗陽氏 晉有梗陽巫皋漢有侍御史謁者梗陽貟
落下氏 漢武帝時落下閎善天文地理歷數巴郡閬中人神仙傳有落下公
瓜田氏 王莽時臨淮瓜田儀爲盜賊
角氏 亦作角里氏漢初商山四皓有甪里先生以其所居在甪里後漢有甪若叔者其後也
祿里氏 卽甪里也以甪音祿故亦作祿神仙傳有祿里先生
綺里氏 漢商山四皓綺里季之後
夏里氏 四皓夏里黃公河內人
樗里氏 亦作樗氏嬴姓秦丞相樗里子之後也名疾秦惠文王弟
桐里氏 見英賢傳後漢御史中謁者桐里斥生儒議郎晉博昌令桐里大並河東人
空同氏 世本云子姓蓋因空同山也
延州氏 姬姓吳季札居延州來因氏延州
鄒州氏 世本晉鄒豹孫步楊生鄒州因氏焉
阪上氏 上黨屯留人其先居阪上因氏焉晉惠帝時有殿中將軍阪上嶲
鉛陵氏 呂氏春秋有鉛陵卓子

以姓爲氏 氏附

姚氏 虞之姓也虞舜生於姚墟故因生以爲姓後世亦有以爲氏者左傳鄭大夫姚句耳是也漢有諫議大夫姚平舜後胡公封陳至敬仲仕齊又爲田氏至田豐王莽封爲代睦侯奉舜後子恢避莽亂居吳郡改姓嬀氏五代孫敷又爲姚氏
臣謹按虞有二姓曰嬀因姚墟之生而姓姚因嬀水之居而姓嬀故姚恢改姓爲嬀而嬀皓又改姓爲姚知姚與嬀二姓可通
嬀氏 帝舜之後也舜居嬀汭因以爲姓或言舜生嬀汭此姓也世亦以爲氏後漢有嬀皓改爲姚氏文士傳有嬀覽
姜氏 姓也炎帝生於姜水因生以爲姓其後太公封於齊世與周昏爲婚姻歷二十九世爲田氏所滅子孫分散或以國爲氏或以姓爲氏又桓庭昌唐上元中準制改爲姜氏
歸氏 姓也未詳得姓之始左傳胡子國姓歸爲楚所滅子孫或以國爲氏或以姓爲氏以姓爲氏者世居吳郡
任氏 姓也未詳因生之始然妊嫄女子之事也姓女子之稱也妊古作王又作任或云黃帝二十五子十二人以德爲姓一爲任氏六代至奚仲封薛又云黃帝之孫顓帝少子陽封於任故以爲任氏又任爲風姓之國實太昊之後主濟祀今齊州任城郎其地也任姓之任與任國之任子孫皆以任爲氏魏有任鄙漢有御史大夫廣阿侯任敖武帝時有任安
風氏 姓也伏羲氏之姓任宿須句顓臾四國皆風姓風作凡卽古文風字世亦有此姓此雖姓也古之時亦有以爲氏者黃帝之臣風后是也
姬氏 姓也帝嚳生姬水因以爲姓裔孫周文王三十餘代至報王子孫號姬氏漢有周子南君姬嘉唐水部郞中姬處遜世居長安開元初明皇以嫌名改爲周氏望出南陽
嬴氏 伯益之後伯益作朕虞有功賜姓嬴氏漢有嬴公治公羊望出河東太原
臣謹按嬴地名也杜預云泰山嬴縣唐并入兗州博城博城今爲奉符以所居於嬴故因生以姓或言河間有嬴水故爲瀛州卽嬴姓所居之地
姓氏 齊人有此姓見漢書貨殖傳臨菑姓偉貲五千萬注云姓姓名偉
是氏 本氏氏齊大夫之後也吳志北海氏儀本姓氏孔融嘲之曰氏者民無上可改爲是遂改焉仕吳官至侍中都亭侯唐天寶祕書少監是光又改姓齊又是云氏改爲是氏亦有氏氏五代梁將氏叔琮氏延賞
子氏 帝嚳之子契受封於商賜姓子湯有天下微子基宋世爲子姓或以爲氏又楚有屈建字子木公子申字子西皆爲子氏左傳魯叔孫之車士有子商鉏家語注姓子名商鉏鄭大夫子人九子熙于丁子上又宋有子韋明天文宋朝皇祐九年子元瑜登科開封人
芈氏 楚姓也陸終之子季連之後也陸終娶鬼方之女孕而不育十一年開左脇出三人焉又開右脇出三人焉第六子曰季連是爲芈姓周文王時季連苗裔鬻熊爲文王師事成王成王舉文王勞臣封其裔子于丹陽是爲楚國漢初楚懷王孫芈心項羽封爲楚懷王後爲義帝
臣謹按三代之時男子未嘗稱姓支庶未嘗稱國秦滅六國諸侯子孫皆爲民庶故或以國或以姓爲氏所以楚之子孫可稱楚亦可稱芈
姒氏 伯鯀之姓鯀爲堯崇伯賜姓姒氏其子禹受舜禪爲夏家至桀而絕杞國爲姒姒之後王莽時封夏後遼西姒豐爲章功侯按官氏志姒亦改爲似後魏渴侯氏改爲似氏
隗氏 姓也赤狄姓隗路子嬰兒是也廧告如東山皐落氏皆其別種而亦姓隗
允氏 允姓之戎居於瓜州者其後以爲氏或言允格之後
偃氏 皐陶生於曲皐是爲偃姓六蓼皆偃姓之國祀皐陶文公五年楚滅之又國語舒庸舒鳩並偃姓吳有偃州員王莽時有偃參又有偃氏卽偃之別族也公羊傳有偃子皐爲晉士官又有匽氏後漢匽皇后
禿氏 國語云祝融之後八姓己董彭禿妘斟曹芊周皆滅之賈逵云禿彭姓別族也
姑氏 史記姑氏爲后稷元妃南燕密須皆姞姓之國後改爲吉氏宋朝登科吉臨澤州人
酉氏 黃帝十四子之一姓也見國語或作羨魏有陳留人酉收今望出太原
妚氏 方几切見纂要又據此當是姓
漆氏 長秋僑如本鄭瞞之國姓漆又爲氏一云漆室女之後古有漆沈爲魯相或云卽漆雕開亦單爲漆氏宋有鄭中令漆凱之望

出南昌

弋氏 姓也姓纂云今蒲州有弋氏望出河東宋朝弋子元太平興國二年登進士第

侯岡氏 地記蒼頡姓侯岡氏居馮翊衙縣

伊祈氏 堯之姓亦作伊祁

伊氏 卽伊祁氏之後也商孫伊尹名摯相湯生陟奮風俗通漢有議郎伊推又伊嘉爲鴈門都尉石顯黨又伊婁氏改爲伊氏宋朝登科有伊向

己氏 音自己之己昆吾之姓也漢有太常卿己茂

嫪氏 郎到切按從女者姓也秦有嫪毐

以字爲氏

周人字

林氏 姬姓周平王庶子林開之後因以爲氏開生林英英生林茂林慶世系甚明而譜家謂王子比干爲紂所戮其子堅逃長林之山遂爲氏按古人受氏之義無此義也魯有林放仲尼弟子齊有林阮見說苑林類見列子林回見莊子林雍林不狃林楚世仕季氏故曰林氏之先皆季氏之良也然桓士之孫又有林茂林英者王子克之子也恐有差訛不應一族而同名氏者兩人又有邱林氏改爲林虜姓也

臣謹按林氏在唐末爲昌宗而特詳著豈林寶作元和姓纂故爾然林氏出比干之子堅之說由寶傳之也著書之家不得有偏徇而私生好惡所當平心直道於我何厚於人何薄哉

家氏 姬姓周大夫家父之後以字爲氏又魯有子家氏亦爲家氏魯之公族宋朝家靜登進士第蜀人也又有家彬家仲並眉州人望出南安京兆

忌氏 風俗通周公忌父之後以王父字爲氏

謀氏 風俗通云周卿士祭公謀父之後以字爲氏

顯氏 周大夫顯父之後

旅氏 風俗通周大夫子旅之後漢高功臣昌平侯旅卿傳封六代望出南安又其侯旅罷師傳封四代

方氏 周大夫方叔之後以字爲氏風俗通云方雷氏之後漢有方賀唐有詩人方干嚴州人宋朝方氏爲著姓閩中爲多望出河南

賁氏 縣賁父之後風俗通魯有賁浦賁音奔又音肥漢功臣表賁赫

槐氏 左傳富父槐之後以王父字爲氏槐音回

吉氏 尹吉甫之後也或云黃帝之裔伯鯈之後封於南燕賜姓姞氏後改爲吉漢有漢中太守吉恪魏有吉茂晉有魏興太守吉挹劉宋有將軍吉翰宋熙寧登科有吉甫絳州人紹聖有吉觀國康國並通利軍人建炎吉與忠兗州人

魯人字

施氏 姬姓魯惠公之子公子尾字施父其子因以爲氏齊有施常仲尼弟子漢有博士施讎

奇氏 伯奇之後以王父字爲氏又後魏河南官氏志奇斤氏改爲奇氏望出河南今開封有此姓宋朝登科奇軾代州人

爲氏 姬姓魯昭公子公爲之後以字爲氏後漢南郡太守爲昆

貢氏 仲尼弟子端木賜字子貢其後以字爲氏漢有御史大夫貢禹望出廣陵瑯邪

眾氏 姬姓魯公子益師字眾仲亦曰眾父以字爲氏眾一音終

騫氏 風俗通云仲尼弟子閔子騫之後以王父字爲氏閔損字子騫

顓孫氏 嬀姓陳公子顓孫仕晉子孫氏焉顓孫師子子張仲尼弟子顓孫子英見說苑

公父氏 姬姓魯季悼子之子靖字公父之後也

公之氏 姬姓季悼子之子鞅字公之之後是也

公石氏 姬姓悼公子堅字公石之後也

公索氏 魯有公索氏將祭而亡其牲見家語

公伯氏 魯有公伯寮仲尼之弟子

公慎氏 魯有公慎氏

公輸氏 魯公輸般之後也

公西氏 見姓苑魯有公西赤子華公西蔵子上並仲尼弟子

公罔氏 仲尼時魯有公罔氏

公冶氏 公冶長齊人仲尼弟子

公祖氏 仲尼弟子公祖句兹魯人見纂要

公羊氏 魯有公羊高子夏弟子注春秋

公夏氏 仲尼時魯人公良孺

公齊氏 仲尼弟子公齊定

公山氏 魯有公山不狃爲季氏宰

公儀氏 公儀仲子魯人見禮記史記公儀休爲魯相

公沙氏 後漢遼東屬國都尉公沙穆北海膠東人

公玉氏 玉音肅黃帝時公玉帶造明堂

少施氏 姬姓世本魯惠公子施父之後

夏父氏 魯大夫夏父弗忌宋大夫夏父徵

子服氏 姬姓魯桓公之子公子慶父元孫孟懿伯字子服其後以爲氏

子家氏 姬姓魯莊公之孫公孫歸父字子家其後爲子家氏

子桑氏 魯大夫子桑伯子之後也秦公孫枝字子桑其後亦氏焉莊子有子桑雩

子楊氏 姬姓魯公族有子陽者其後以王父字爲氏

子叔氏 姬姓魯文公之子公子叔肸之子子叔聲伯之後爲子叔氏亦爲叔氏

子士氏 姬姓魯桓公之後叔孫氏之裔也叔孫成子爲子士氏亦爲叔孫氏

子言氏 姬姓魯季平子生昭伯字子言其後也本季氏

子楊氏 姬姓世本季桓子生穆叔其後爲子楊氏

子孟氏 姬姓魯公子子孟之後見英賢傳又齊簡王時有子孟卿爲大夫

子我氏 姬姓魯叔孫氏子生申字子我因氏焉又衛大夫有子我封人

子有氏 魯有子有善祥見禮記宋有若是也又宋有子有恭叔亦爲有氏

子仲氏 姬姓風俗通魯宣公子仲之後見毛詩

子羽氏 姬姓晉公族子羽之後爲楚隨邑大夫衛有行人子羽

晉人字

張氏 世仕晉晉分爲三又世仕韓此卽晉之公族以字爲氏者諸家謂黃帝子少昊青陽氏第五子揮爲弓正觀弧星始制弓矢主祀弧星賜姓張氏此非命姓氏之義也按晉有解張字張侯自此晉國世有張氏則因張侯之字以命氏可無疑也趙有張談韓有張開地趙韓分晉皆張侯之裔也漢有張耳張釋之後周改賜叱羅氏隋復舊

蟜氏 晉大夫蟜父之後漢有將軍蟜望後魏有蟜慎扶風人郭頒世語北海有高士蟜應

嘉氏 晉大夫嘉父之後欒氏黨也

胥氏 晉大夫胥臣之後以字爲氏或言出赫胥氏之後宋有胥偃爲翰林學士慶歷登科有胥世臣撫州人熙寧有胥彥回潭州人

先氏 晉大夫先輔之後世爲晉卿漢有先虞宋有瀘州人先詔登科

利孫氏 晉大夫公子利孫其後氏焉漢東萊太守任秉娶利孫氏

㔻氏 㔻亦作丕晉大夫㔻鄭之後也

臣謹按㔻鄭亦曰㔻鄭父名字通稱也父者男子之美稱則知自稱爲㔻鄭人稱之曰㔻鄭父

叔帶氏 嬴姓趙夙字叔帶以字爲氏齊大夫有叔帶子莊父爲宰御見說苑

叔向氏 晉羊舌大夫之後羊舌肸肸字叔向以字爲氏

叔魚氏 晉羊舌大夫之後也羊舌鮒字叔魚

衛人字

孫氏 姬姓衛武公之後也武公和生公子惠孫惠孫生耳爲衛上卿食邑於戚生武仲亦曰孫仲以王父字爲氏孫仲生炎曰孫昭子自昭子六世至孫嘉世居汲郡晉有孫登卽其裔也又有孫氏羋姓楚令尹孫叔敖之後也又有孫氏嬀姓齊陳敬仲四世孫桓子無字之後也或言桓子之子書伐莒有功齊景公賜姓孫氏非也以字爲氏何用賜爲此當是桓子祖父字也桓子留孫武以齊之田鮑四族謀爲亂奔吳爲將武之子明食邑於富春自是世爲富春人

彌氏 姬姓史記衛公孫彌牟彌牟孫子瑕以王父字爲氏

臣謹按王父字爲氏者皆公子也諸侯支庶之子爲所始之宗故以其字爲氏今彌牟者公子郢之子靈公之孫也以此則知亦有以公孫之字爲氏者

析氏 衛公族大夫析朱鉏之後也朱鉏公子黑背之孫以王父字爲氏齊有大夫析歸父後漢析像通京氏易像者鬱林太守析國之子也廣漢雒縣人像入後漢方術傳望出廣漢西河也

臣謹按鄭公孫黑字子晳楚公子黑肱亦字子晳今析朱鉏乃公子黑之子疑析卽黑之字耳晳亦作析

石氏 姬姓衛靖伯之孫石碏有大功於衛世爲衛大夫齊有石之紛如楚有石奢石乞鄭有石申父石癸石楚石制石首石彙周有石速石張石何漢有石奮生建慶號萬石君五代石氏建國號晉有烏石蘭氏改爲石氏

臣謹按晉揚食我字伯石鄭公孫叚字子石則知此之爲石者必其字也

南氏 姬姓衛靈公之子公子郢字子南以字爲氏或言周宣王南仲之後又魯亦有南氏又楚有子南氏

亦爲南氏是皆以字爲氏者或言晉高士居隱於南鄉因以爲氏此以鄉爲氏者姓源韻譜云盤庚妃姜氏夢龍入懷因孕十二月而生手把南字長荊州因號南赤龍此里巷之言也六國時有南公子著書言五行陰陽之事漢有南竭爲北平太守又有南季善算王莽時有南觀觀一作歡後漢有南鞱爲雍州刺史南巢爲平昌太守唐有南霽雲忠義之士宋朝南楚南翁登進士第望出汝南宜和有南得臣燕人望出汝南又姓源韻譜云亦改爲宇文氏

子南氏 衛靈公之子公子郢之後爲子南氏鄭穆公之孫公孫楚之後爲子南氏姬姓也楚莊王之子公子追舒之後爲子南氏芊姓也

子玉氏 姬姓衛大夫子玉胥之後秦穆公時大夫有子王房

子伯氏 姬姓衛大夫子伯季之後魏有子伯先子夏門人居西河

子齊氏 姬姓衛公族也

公南氏 姬姓衛獻公之子楚字公南生子牟爲公南氏

公叔氏 姬姓衛獻公之公子當字公叔之後

公孟氏 姬姓衛公孟縶之後也

公明氏 衛大夫公明賈

公文氏 衛大夫公文要

公析氏 姬姓衛公子黑背字子析之後也

鄭人字

游氏 姬姓鄭穆公之子公子偃字子游其後以王父字爲氏鄭大夫游吉裔孫尋漢御史中丞後漢有游因前趙有游子遠前燕有游宗皆爲股肱之任

國氏 姬姓鄭穆公之子公子發字子國其後以王父字爲氏齊有國氏姜姓其先其仁齊之公族也高氏國氏世爲齊上卿蓋天子所以命相齊者故曰有天子之二守國高在宋朝登科國鼎臣海州人國經衛州人又有闞宗望出下邳樂安

駟氏 姬姓鄭穆公子子駟之後也公子騑字子駟其孫駟帶駟乞以王父字爲氏漢恩澤侯表郟侯駟鈞齊哀王舅

印氏 姬姓鄭穆公子子印之後也公子喩字子印其孫印段以王父字爲氏望出馮翊南唐印粲登第宋朝有印況舉進士江寧人

良氏 姬姓鄭穆公子子良之後漢有河間相良就又有良賀

伯有氏 姬姓鄭穆公元孫良霄字伯有之後也伯有爲良氏復爲伯有氏所以別其族

羽氏 姬姓鄭子羽之後也漢有俠士羽公後魏官氏志弗羽氏改爲羽氏望出河南

罕氏 姬姓鄭穆公之子公子喜字子罕其孫罕虎罕魋遂爲罕氏

子師氏 姬姓鄭大夫子師僕之後也漢有北平太守子師將

子國氏 姬姓鄭公子發字子國之後也亦爲國氏

子罕氏 姬姓鄭公子喜字子罕之後也武作子軒氏亦爲子罕氏

子孔氏 鄭公子嘉字子孔之後也姬姓又有公子志謂之士子孔並穆公之子亦爲孔氏

子游氏 姬姓鄭公子偃字子游之後也亦爲游氏

子駟氏 姬姓鄭公子騑字子駟之後也亦爲駟氏

子皙氏 姬姓鄭公孫黑字子皙之後也

子豐氏 姬姓鄭公子去疾字子豐之後也亦爲豐氏

子人氏 鄭子人九之後也亦爲子氏

宋人字

孔氏 子姓出宋閔公之後閔公生弗父何以有宋而授厲公三世生正考父傳所謂三命滋益恭者考父生孔父嘉爲大司馬魯隱公三年宋穆公疾召孔父而屬殤公焉桓二年宋華父督見孔父之妻于路目逆而送之曰美而艷遂殺嘉而取其妻其子奔魯嘉字孔父後世以字爲孔氏又爲孔父氏自孔父六世而生仲尼三歲喪父十九而娶娶一年而生鯉以哀公十六年四月巳丑卒年七十三葬魯城北泗上自漢以來孔氏襲奉百世不絕又衛有孔氏不知所出爲衛世卿將文公元年孔達始見傳昭七年衛襄公夫人無子嬖人婤姶生孟縶孔成子夢康叔謂己立元余使羈之孫圉與史苟相之故孔氏之孫世爲衛大夫又鄭有孔氏穆公蘭之後也穆公之子十三人其二皆爲孔氏宋子生子曰公子喜字子孔遂爲孔氏圭嫣生子曰公子志字士子孔亦爲孔氏後無聞

牛氏 子姓宋微子之後司寇牛父之子孫以王父字爲氏趙有武靈王將軍牛翦秦大儒有牛缺漢護羌校尉牛邯前秦有大夫牛夷北涼有鄭中牛溫後秦有牛轝淮南子有牛京又衍牛金之後有逃難改姓牢氏又改爲寮氏後復牛氏

樂氏 子姓宋微子之後戴公生公子衎字樂父之孫以王父字爲氏曾孫樂莒莒孫喜字子罕燕有樂毅毅孫臣叔漢高祖封爲華成君裔孫恢宋朝樂史作寰宇記又有樂良樂泌登科樂希孟樂播並邛州人

皇甫氏 子姓宋戴公之子充石字皇父其後以王父字爲氏漢與改父爲甫後漢安定都尉皇甫儁生稜始居安定稜子彪有八子號八祖皇甫氏爲著姓

靈氏 子姓宋大夫子靈之後也文公之子公子圍龜字子靈以字爲氏或曰齊靈公之後以字爲氏者左傳有靈輒

邊氏 子姓宋公子城之後以字子邊或言宋平公子御戎字子邊以王父字爲氏孫卬爲司徒又周大夫有邊伯

正氏 亦作政子姓宋正考父之後魏志永昌太守正帛宋登科正尹

祿氏 子姓風俗通云紂子武庚字祿父其後以字爲氏涇陽有此祿姓亦出扶風又吐蕃酋長有祿東贊

乙氏 子姓商湯字天乙支孫因以王父字爲氏前燕有護軍乙逸今襄陽有乙氏又燕有鴻臚乙歸揚武將軍乙愛皆北狄種類又河南官氏志乙弗氏改爲乙氏或云望出平原

魚氏 子姓風俗通云宋桓公子公子目夷字子魚子孫以王父字爲氏漢有長安富人魚翁叔唐有魚朝恩宋朝有御史中丞魚周詢開封人

事父氏 子姓宋人

子革氏 世本宋司城子革之後又曰季平子支孫亦爲子革氏

子儀氏 左傳宋桓司馬之臣子儀克

齊人字

慶氏 姜姓齊桓公之子公子無虧之後也無虧生慶克亦謂之慶父名字通用是亦以字爲氏者望出廣陵

臣謹按諸侯之子稱公子公子之子稱公孫公孫之子以王父字爲氏今無虧之子慶父其後爲慶氏此又以父字爲氏而不以王父字爲氏也不可一槩言

賀氏 即慶氏也姜姓齊桓公之支庶也自齊慶父之後皆以慶爲氏至後漢汝陰令慶儀即慶普之裔也儀之孫酺酺子侍中質避安帝父諱改爲賀氏又後魏賀蘭氏賀賴氏並改爲賀氏虜姓也望出廣平宋賀鑄青州人慶歷登科賀理蔡州人熙寧登科賀旂元祐賀儁政和賀紱並齊人也賀密賀天覺並密州人宣和登科

尚氏 姜姓齊太公之後也太公號太師尚父支孫因氏焉後漢高士尚長字子平望出汲郡清河

[illegible]旗氏 風俗通齊卿公孫竈之孫樂施字子旗子孫以王父字爲氏後漢有九江太守旗況

子旗氏 姜姓齊惠公曾孫樂施字子旗之後也本樂氏

子乾氏 姜姓世本齊公子都字子乾之後也

子工氏 姜姓世本齊頃公之子公子子共之後也

子泉氏 姜姓世本齊頃公之子公子湫字子泉之後也又子泉捷齊大夫見新序

子襄氏 姜姓齊惠公之子公子子襄之後也

子雅氏 姜姓齊惠公之孫公孫竈字子雅之後也

子尾氏 姜姓齊惠公之孫公孫蠆字子尾之後也亦爲高氏

邾人字

顏氏 曹姓顓帝元孫陸終第五子曰安安裔孫挾周武王時封之於邾爲魯附庸邾挾之後至於虎父字顏公羊謂之顏公子孫因以爲氏據圖稱陳留風俗傳及葛洪要字皆如此云但謂顏爲武公然邾自顏六世至文公遂蔡始有爵謚武公之號未必然也王儉講云顏氏出自得侯伯爵支庶食采顏邑因氏焉眞卿尚書譜云宋知儉何所憑故當依圖葛二家及譜諸爲定仲尼弟子達者顏氏八人四科之首稱顏淵然惟齊魯多顏氏豈其近於邾故顏公之子孫散在二國與漢有大司農顏異濟南人顏駟江都人後漢顏良爲袁紹將臨沂人

諸國人字

董氏 己姓或言姬姓黃帝之裔孫有飂叔安生董父其後遂爲董氏又有陸終之子參故姓董周時爲胡國其後亦爲董氏晉有董狐董安于漢有江都相董仲舒清河廣川人後漢有董宣董鈞宣陳留人鈞犍爲人晉有董京董養又有范陽董[illegible]

明氏 姬姓虞仲之後也有百里[illegible]宋朝有明鎬參知政事熙寧登科明[illegible]吉州人[illegible]

子臧氏 [illegible]子臧之後也

子華氏 [illegible]韓有子華子[illegible]

子州氏 莊子堯以天下與子州支父子州支父辟以天下與子州支伯

公賓氏 王莽校尉公賓就斬莽首王莽傳於宛就北海人

陳人字

袁氏 亦作轅亦作爰嬀姓舜後陳胡公之裔胡公生申公申公生靖伯十八世孫莊伯生諸字伯爰孫濤塗以王父字爲氏世爲陳上卿

轅氏 陳上卿轅濤塗之後其詳見袁氏譜史記儒林有轅固漢書有轅豐後漢

功臣樊兒侯韈終古

爰氏 郎袁氏也陳胡公裔九代孫爰伯諸之後漢有爰盎楚人後漢侍中爰延陳留人魏郎中令爰節

占氏 陳子占之後以王父字爲氏

子獻氏 嬀姓世本陳桓公孫子獻之後風俗通云齊大夫子獻之後也楚文王之時子獻遷爲大夫也

子占氏 世本陳桓子生書字子占之後

子鞅氏 嬀姓陳僖公生簡子齒爲子鞅氏

子芯氏 嬀姓陳僖公生盈字子芯之後也

子尙氏 嬀姓世本陳僖公生虞邱子尙意茲因氏焉國語鄭大夫子尙伯父

子禽氏 嬀姓陳僖公生惠子子得爲子禽氏

子與氏 嬀姓陳桓公生子石難爲子與氏

子寤氏 嬀姓陳僖公生宣子其後爲子寤氏

子沮氏 嬀姓陳桓公生子輿爲子沮氏

子宋氏 嬀姓陳宣公生子楚其後爲子宋氏

子夏氏 嬀姓陳公子少西字子夏之後也

子枋氏

楚人字 秦人字附

成氏 楚若敖之後以字爲氏僖二十六年成得臣鬬宜申帥師滅夔冬令尹子玉司馬子西伐宋圍緡二十八年晉及楚戰于城濮楚師敗績子玉及連穀而死文五年成大心率師滅六十二年令尹大孫伯卒成嘉爲令尹昭十二年或譖成虎於楚子成虎知之而不能行楚子謂成虎若敖之餘也遂殺之又有鄖國之後亦去邑爲成又周成肅公成桓公未知其以字以邑與後漢成瑨魏有成濟成倅

包氏 出自申氏楚大夫申包胥之後以字爲氏宋朝包拯爲樞密副使廬州人

潘氏 羋姓楚之公族以字爲氏潘崇之先未詳其始或言畢公高之子季孫食采於潘謬矣潘岳家風詩自可見晉亦有潘父恐自楚往也漢有潘瑾後漢有潘勉又有破多羅氏改姓潘氏虜姓也宋朝潘美爲太師

乘氏 風俗通楚大夫子乘之後以王父字爲氏又乘之睢古賢人見世本漢有煮棗侯乘昌乘平聲或音賸又有乘和治易爲博士

椒氏 楚伍參之後也或爲伍氏或爲椒氏

囊氏 羋姓楚莊王子子囊之後也公子貞字子囊以字爲氏孫囊瓦爲令尹齊大夫囊帶

叔敖氏 羋姓楚蚡冒之後也蔿艾獵爲令尹字叔敖以字爲氏

無鉤氏 羋姓潛夫論云楚蚡冒生蔿章爲王子無鉤氏焉

若敖氏 羋姓楚君若敖之後也

臣謹按若敖者楚君熊義字也或言楚國尊者稱敖如霄敖郟敖之類是也

伯比氏 羋姓楚若敖之後也懷王時有大夫伯比仲華則知伯比雖以鬬氏傳家而復以伯比爲氏亦所以別族

子庚氏 羋姓楚公子午字子庚其後以王父字爲氏

子季氏 羋姓楚之公族也

子西氏 羋姓楚公子申字子西之後也

子重氏 羋姓楚公子嬰齊字子重之後

子期氏 羋姓楚公子結字子期之後也

子囊氏 羋姓楚公子貞字子囊之後也

桑氏 嬴姓秦大夫子桑之後也公孫枝字子桑以字爲氏漢有御史大夫桑弘羊成帝時有桑欽撰水經三卷五代尙書令桑維翰望出宋城黎陽宋朝登科桑景舒高郵人

臣謹按以王父字爲氏者公子之爲王父者也今公孫枝之後亦用公孫字爲氏

逢孫氏 英賢傳秦大夫逢孫之後漢有隴西都尉逢孫依

通志卷二十七

通志卷二十八

宋右迪功郎鄭樵漁仲撰

氏族略第四

以名爲氏

臣謹按謚法起於周自堯舜禹湯之前雖天子亦以名呼故其後之人亦以名氏焉

古天子名

大庭氏 英賢傳曰古天子號一云炎帝時諸侯 大氏 風俗通大庭氏之後又大塡大山稽並黃帝師大款爲顓帝師禮記大連東夷之子 懷氏 無懷氏之後吳志顧雍傳有尙書懷敘望出河內宋政和二年懷邑登科陳州人 鬷氏 古鬷夷氏之後左傳鄭有鬷蔑晉有鬷戾 戲氏 伏羲氏之後也音羲亦去聲魏志有戲志才潁川人 伏氏 風姓伏羲氏之後遂以爲氏與任宿須句顓臾同祖又俟伏氏改爲伏氏望出高陽 宓氏 卽伏羲氏之後也伏亦作宓仲尼弟子宓不齊字子賤魯人後轉爲密

臣謹按伏宓同出伏羲氏異文者其後之人以別族也

有氏 風俗通有巢氏之後仲尼弟子有若魯人漢有有祿 神氏 風俗通神農氏之後漢有騎都尉神曜姓苑云琅雅有神氏 軒轅氏 亦爲帝鴻氏風俗通軒轅卽黃帝也姓公孫或言姓姬宋祥符登科軒轅損 軒氏 卽軒轅氏也亦省作軒氏漢有諫議大夫軒和宋登科軒彥續 鴻氏 大鴻氏之後也大鴻卽黃帝亦謂帝鴻氏左傳衞有鴻聊魋齊有直閤將軍鴻選 金氏 金天氏之後也黃帝之子元枵亦爲少昊氏曰少昊摯亦爲青陽氏己姓後爲嬴姓鳥官漢功臣表有金安上望出渤海 青陽氏 風俗通青陽黃帝子也始得姓焉見國語漢有東海太守青陽愔又東海王國中尉青陽意宋咸平登科有青陽相元符有青陽同陵井監人 青氏 卽青陽氏之後亦爲青氏宋登科青傑應天府人 嬀氏 女嬀氏之後 盤氏 盤瓠氏之後與冉元己李田爲巴南六姓 昊氏 又作皞風俗通云昊英氏之後也一云少昊之後 少氏 少昊氏之後一云少典之後禮記少連善居喪東夷之子 高陽氏 高陽氏之後呂氏春秋古揥士高陽魋 顓王氏 帝高陽氏也黃帝之孫

帝王名

臣謹按中古之前一代質於一代中古之後一代文於一代觀堯舜禹湯猶且名焉則二帝之前亘可知伏羲又曰太昊帝嚳又曰高辛皆二命也堯曰放勛舜曰重華禹曰文命湯曰天乙從可知也

堯氏 帝堯之後也支孫以爲氏望出河間上黨

臣謹按謚義起於周後人不知而作謚法以堯舜禹湯爲謚誤矣此皆名也

禹氏 姓姒夏禹之後也王僧孺百家譜云蘭陵蕭道遊娶禹氏女南唐將禹萬誠望出隴西 啟氏 姓姒夏后啟之後也後燕有啟崙 湯氏 子姓夏商之前未有謚法堯舜禹湯皆名也南史道人湯休唐貞元道人湯靈徹宋州刺史湯粲並吳人宋湯氏爲著姓望出中山范陽 甲氏 子姓風俗通太甲之後一云鄭大夫石甲之後

臣謹按商人之道以實不以文故命名無義死亦無謚自太甲至帝乙紂辛幾四十世惟以十日命生之與死皆以是己之所稱人之所呼亦以是逮周生有名死有謚生以義名死以義謚生曰昌曰發死曰文曰武微子啟微仲衍箕子比干皆周人也故去其甲乙丙丁之類始尙文焉

沃氏 子姓風俗通商王沃丁之後神仙傳沃焦吳人 槐氏 音懷夏王帝槐之後也其音回魯富父槐之後與此同文異音宋朝有尙書郎槐京

古人名

力氏 黃帝臣力牧之後漢有魯相力題漢末有力子都爲盜今臨安多有此姓 牧氏 黃帝臣力牧之後漢有越巂太守牧良 王氏 音宿黃帝時公王帶造合宮明堂見尸子後爲王氏後漢司徒王況字文伯 三苗氏 姜姓炎帝之後爲侯國因氏焉 夷鼓氏 英賢傳黃帝之子夷鼓之後國語秦大夫有夷鼓德宜 嚋氏 風俗通云摯嚋之後或作儔 堪氏 姓苑古八元仲堪之後 頡氏 姓苑蒼頡之後風俗通云頡衞古之賢人 倉頡氏 黃帝史官子孫氏焉馮翊縣人 僑氏 風俗通黃帝孫僑極之後僑亦作蟜 蟜氏 音矯高陽氏之元孫蟜牛之後舜之祖也禮記有蟜固漢有逸人蟜慎望出扶風 童氏 顓帝生老童其子孫以王父字爲氏今建昌有此姓望出渤海

臣謹按以王父字爲氏惟見於周未知五帝之時有此義否

僮氏 卽童也或從人以別其族漢有交阯刺史僮尹吳志丹陽僮芝自擅廬陵詐言被旨爲郡太守 老氏 風俗通顓帝子老童之後左傳宋有老佐論語老彭卽彭祖也或云老氏老聃老萊子之後並無聞焉以其老也故以老稱之遂爲氏 廣氏 風俗通云廣成子之後也 放氏 上音堯臣放齊之後也 奮氏 高辛氏才子八元伯奮之後楚有奮揚 蓐氏 風俗通云蓐收之後 栗氏 栗陸氏之後也漢有栗融字容卿又有富人栗氏長安人漢景帝時栗夫人生臨江王榮 尊盧氏 古太昊時諸侯 鬷夷氏 左傳祝融董父之後爲鬷夷氏 勾龍氏 共工氏之後勾龍爲土正今社神也紹興御史中丞勾龍如淵 熙氏 英賢傳曰帝嚳使元冥爲水正熙氏佐之因以爲氏 修氏 元冥之佐有修氏因以爲氏焉 白冥氏 史記秦嬴姓有白冥氏 根水氏 世本老童娶根水氏 奔水氏 神農納奔水氏爲妃 列氏 亦作烈神農之世有烈山氏焉子孫爲烈氏鄭有隱者列禦寇著書八篇號列子晉有協律郎列和吹笙著 夙氏 古夙沙氏之後衞有夙沙衞闕寺之屬 訾氏 音紫風俗通帝嚳妃訾娵氏女姓苑云今齊人漢功臣表有樓虛侯訾順望出渤海姓苑云本姓祭以爲不祥改爲訾 蚩氏 蚩尤氏之後也 融氏 祝融氏之後也 勾氏 勾芒氏之後史記有勾彊宋登科勾希言又有勾士良益州人 尊氏 古尊盧氏之後也 渾沌氏 太昊佐渾沌氏也 屯氏 姓苑云渾沌氏之後去水爲屯漢有太山太守屯莫巴都有後蜀法部尙書屯度望出巴郡 汪氏 汪芒氏之裔禮記有汪踦魯人也宋朝爲著姓 稽氏 黃帝臣太山稽之後風俗通云稽黃秦賢人也漢貨殖有稽發 泠氏 風俗通云黃帝時典樂泠倫之後左傳秦大夫泠至周有泠州鳩漢功臣下相侯泠耳元帝功臣駟望侯泠廣又有泠褒泠豐宋登科有泠洙開封府人 泠氏 卽泠氏又有作上音者前趙徐州刺史泠道江都人唐貞元兼監察御史泠朝陽吳人望出新蔡臨安 倫氏 風俗通云黃帝樂人伶倫氏之後今密州多此姓唐監察御史倫慶京兆人 泠倫氏 黃帝樂官二名分爲四氏所以別族 臺氏 臺駘之後漢有侍中臺崇後漢高士臺佟晉有衞士臺彥前趙錄特進臺彥高五代有臺濛 回氏 祝融子吳回之後 敳氏 八凱隤敳之後以王父字爲氏 廉氏 顓帝曾孫大廉之後以王父字爲氏趙有廉頗漢有廉丹廉范宋廉布登科楚州人廉操殺昌州人

臣謹按古者帝王猶以名行況臣下乎此以名爲氏然以名字爲氏者起於商周之世今此廉氏未有所徵且從大廉之號焉

龍氏 舜臣也龍爲納言子孫以名爲氏又董父己姓以能畜龍故賜氏爲豢龍氏龍且楚人爲項羽將漢有將軍龍伯高急就章龍未央亦楚人也今望出天水武陵宋朝登進士科龍起之後有龍滑夔州人龍喻盼

州人龍溥吉州人

容氏 帝王紀黃帝臣曰容成造歷舜八愷有仲容何承天姓苑云禮記容居吳人也望出敦煌

重氏 風俗通云顓帝重黎之後少昊時重爲南正司天之事黎爲北正司地之事

幕氏 風俗通舜祖幕之後也幕見左傳

莫氏 卽幕氏省文漢有富人莫氏見游俠傳唐大歷比部員外郎莫藏用又河南官氏志邪莫氏改爲莫氏望出江陵

和氏 羲和堯時掌天地之官和仲和叔因以爲氏晉有和組父漢有和武又後魏有素和氏改爲和氏五代有侍中和凝宋太平登科有和蒙咸平有和郁

臣謹按堯舜二典所命之官如臯夔益稷之類皆以名稱和以名爲氏仲叔又其長幼之稱也

羲氏 羲和堯掌天地之官子孫氏焉

殳氏 尙書殳斨舜臣南史有殳嘉興又有殳眞得道經訣望出武功

禺氏 音愚禺彊之後出姓苑

狸氏 舜八元季狸之後也

纍氏 風俗通纍祖之後左傳晉七輿大夫纍虎

實氏 實沈之後

達氏 八凱叔達之後也

格氏 允格之後後漢有御史格班裔孫顯後魏靑州刺史

雄氏 舜七友雄陶之後以名爲氏

終氏 陸終之後以名爲氏望出濟南南陽宋有終愼思

季連氏 芊姓鬼方氏陸終第六子季連因氏焉

善氏 善卷之後善卷堯時高士見呂氏春秋

鬻氏 亦作粥世本云元囂之後

臯氏 臯陶之後左傳越大夫臯如風俗通漢有司徒長史臯誨

敖氏 顓帝師太敖之後宋敖穎士登進士第又有敖知言臨江軍人望出譙國

陸終氏 祝融子陸終之後也

丹氏 堯子丹朱之後後漢有丹王君長安富人

臨氏 八凱大臨之後也石趙秦州刺史臨深東海人隋日者儀同臨孝恭知天文京兆人望出西河

參氏 薰姓陸終第二子參胡後見世本唐開元登科有參開又作傪氏卽古文參字

徵氏 杜云理徵之後吳有率更令徵宗河南人

咸氏 姓苑有咸氏云巫咸之後唐開元中有殿中侍御史咸廙業世居東海臨朐

飛廉氏 史記秦嬴姓有飛廉氏

昌氏 風俗通云黃帝子昌意之後今蘱南多昌族望出汝南東海

豹氏 八元叔豹之後也

倉氏 黃帝史官倉頡之後或言古有世掌倉庾者各以爲氏春秋時周有倉葛魏有敦煌太守倉慈望出武陵

蒼氏 風俗通云八凱蒼舒之後漢有江夏太守蒼英子孫遂爲江夏人望出武陵

周人名

服氏 周內史叔服之後漢有江夏太守服徵又後漢九江太守服虔注漢書河南人望出西平

鞠氏 姬姓后稷之孫生而有文在手曰鞠因以名之裔孫鞠武爲燕太子丹傅風俗通漢尙書令鞠譚或爲麴氏音之訛也宋鞠詠爲天章閣待制又有鞠先鞠整鞠仲謀登科

麴氏 卽鞠氏也漢尙書令鞠譚生閩避難湟中因居西平改姓麴氏宋開寶登科有麴拱今歷陽多此姓望出吳興

稷氏 姬姓后稷之子孫氏焉見姓苑漢稷嗣君叔孫通支孫亦爲稷氏今兗州有此姓

籀氏 周大夫史籀之後

皮氏 風俗通周卿士樊仲皮之後漢有皮尙後漢有諫議大夫皮究北齊有皮柔和唐末有皮日休宋皮仲容登進士第

臣謹按世譜樊皮字仲文此則以名爲氏不以字爲氏也

輿氏 云周大夫伯輿之後以王父字爲氏又莫輿氏改爲輿

臣謹按伯輿名也

鼂氏 亦作朝亦作鼌姬姓周景王子王子朝之後朝亦作鼂一云衞大夫史鼂之後漢有御史大夫鼂錯朱翰林學士鼂迥子宗慤參知政事望出潁川京兆

狐氏 姬姓周平王之子王子狐之後以名爲氏或言晉唐叔之後世爲晉卿蜀有狐篤

臣謹按左傳大戎狐姬生公子重耳小戎子生夷吾姬姓也狐氏也戎國也言戎國狐氏姬姓之女凡姓別婚姻氏別貴賤此言狐姬者明此姬出於王子狐之後貴族之女故兼氏言之蓋戎國不足貴矣所貴者狐氏則知王子狐之後有居於戎者也

昔氏 風俗通周大夫封昔因氏焉漢有昔登爲烏傷令唐開元有昔安仁生豐大禮評事汝州人

太氏 文王四友太顚之後咸陽有此姓

季騧氏 周八士季騧之後晉有郗邑大夫季騧息

季隨氏 世本周八士季隨之後宋有季隨逢

閎氏 周文王四友閎夭之後漢有廣陵相閎孺

牙氏 風俗通云周穆王司徒君牙之後以王父字爲氏

臣謹按穆王所以命君牙無因不以名命也

魯人名

展氏 姬姓魯孝公之子公子展之後以名爲氏又有輾遲氏改爲展氏虜姓也梁有畫工展子虔望出河東

臣謹按隱八年無駭卒無駭者展之孫也傳言羽父請氏公命以字爲展氏然孝公之子四人惠公公子益師字衆父其後爲衆氏公子彄食臧邑其後爲臧氏公子展名也古人尙質有名無字者多矣益師有字則以字氏彄有邑則以邑氏展無字邑則以名爲氏何必專守王父字之說乎

弓氏 魯大夫叔弓之後漢有光祿勳弓祉

賜氏 仲尼弟子端木賜之後以王父名爲氏

玆氏 姬姓魯桓公之孫公孫玆之後今望出會稽

臣謹按公孫玆曰戴伯戴諡也伯長也皆不以爲氏而以名爲氏則知古人以名行者初不以爲惡也以此亦知不以公子字而以公孫名者亦可爲氏也

意如氏 姬姓魯季孫意如之後

遺氏 魯費宰南遺之後急就章有遺餘人

遄氏 魯大夫仲遄之後見世本

牢氏 仲尼弟子琴牢之後以王父名爲氏漢中書僕射牢梁石顯前漢儒林傳有牢邸後漢有牢愼

晉人名

犨氏 姬姓晉大夫郤犨之後

麗氏 晉匠麗之後

招氏 晉步招之後漢有大鴻臚招猛

居氏 晉大夫先且居之後以王父字爲氏漢有來城侯居般今錢塘多此姓望出勃海信都

臣謹按先且居字霍伯此以名爲氏者

曠氏 風俗通師曠之後

萬氏 亦作蔿姬姓畢萬之後一云芮伯萬之後孟軻門人萬章漢有萬攀又有吐萬氏改萬氏

盈氏 姬姓晉欒盈之後

虢射氏 晉大夫虢射之後漢桓帝時羽林右監虢射鑴

季嬰氏 世本晉樓季嬰之後

季夙氏 世本潛夫論晉靖侯孫季夙之後

樓季氏 姬姓潛夫論晉穆侯庶子樓季之後

弗忌氏 姬姓晉大夫欒弗忌之後也弗忌者靖侯之元孫也

甥氏 亦作生晉呂甥之後也卽瑕呂飴生亦作陰飴生故又爲生氏

大狐氏 姬姓世本晉大夫大狐伯生奕生皏爲大狐氏其後大狐俗爲晉大夫

大戊氏 姬姓晉公子大戊之後也世本大戊教昭爲原大夫

嬰氏 嬴姓風俗通云晉大夫趙嬰齊之後

夷吾氏 姬姓晉惠公名夷吾懷公繼之不享其位其後支庶以名爲氏也

梁其氏 姬姓晉大夫梁其踁之後英賢傳云魯伯禽庶子梁其之後

瞫氏 狼瞫之後漢書武落鍾離山黑穴有楚氏瞫氏鄭氏相氏

鄭人名

段氏 姬姓鄭武公子共叔段之後以王父字爲氏戰國韓相段規三輔決錄云段氏干木之子隱如入關去干字漢文帝時段卬爲北地都尉成帝時段會爲西域都護後漢桓帝世段熲爲太尉皆其裔也

臣謹按共叔段者共謚叔字段名也此以名爲氏者

春秋鄭伯克段于鄢段名也封於京故謂京城太叔亦謂之太叔氏

司氏鄭司臣之後宋朝有司超爲防禦使望出碩山

豐氏左傳鄭穆公子豐之後以王父字爲氏望出松陽宋豐稷登進士第元豐登第有豐安常明州人

臣謹按穆公之子皆以王父字爲氏公子去疾字子良其後爲良氏良霄良止是也公子喜字子罕其後爲罕氏罕虎罕魋是也公子騑字子駟其後爲駟氏駟帶駟乞是也公子偃字子游其後爲游氏游吉游販是也以至子孔子國子印子然皆然惟公子豐無字其後爲豐施豐卷並以名爲氏

蘭氏姬姓鄭穆公裔也穆公名蘭其支庶以王父名爲氏漢有太守蘭廣後漢書南匈奴國姓有蘭氏又河南官氏志烏蘭氏改爲蘭唐太和登第有蘭承

然氏姬姓鄭穆公子然之後也然丹仕楚爲右尹姓苑云今蒼梧人望出山陽

子然氏姬姓鄭公子然之後也又爲然氏

去疾氏姬姓世本鄭穆公子去疾之後去疾字子良又有良氏所以別族

吳人名

壽氏姬姓風俗通吳王壽夢之後吳大夫壽越又有壽於姚漢末兗州牧壽良晉有太僕壽冲南涼有向書壽悅南史將軍壽寂之望出京兆博陵宋登科壽朋漢州人

要氏吳人要離之後漢有河南令要兢唐建中朔方大將軍要珍望出晉國

旣氏姬姓風俗通云吳王夫槩之後因避仇改爲旣氏漢有南安長旣良

常壽氏姬姓吳仲雍之後左傳越大夫常壽過

慶忌氏姬姓吳公子慶忌之後

衞人名

輒氏姬姓風俗通衞出公輒之後漢有輒終古

兼氏風俗通衞公子兼之後也

彊梁氏世本衞將軍文子生愼子會生彊梁因氏焉秦有左庶子長水校尉彊梁皐

子郢氏姬姓衞公子郢之後也

臣謹按公子郢字子南已有子南氏復有子郢氏此後之人所以別族也

齊人名

高氏姜姓齊太公六代孫文公之子公子高之孫傒以王父名爲氏齊孫洪後漢渤海太守因居之又有惠公之子公子祁字子高之後亦爲高氏鄭有高克高渠彌不得氏又高麗羽眞氏改爲高氏又是婁氏改爲高氏又高獲自高麗歸魏周賜姓獨孤氏

柴氏姜姓齊文公子高之後高孫傒以王父名爲氏十代孫高柴仲尼弟子孫學又以王父名爲柴氏漢有棘蒲侯柴武爵孫守禮五代周太祖無後以守禮子榮爲嗣是爲世宗

臼季氏姜姓齊公子臼季之後魯有臼季宣孟

激氏齊太史激之後漢書淮南王傳有激章

刁氏音凋風俗通齊大夫竪刁之後戰國時有刁勃漢有刁間齊人以富聞子孫居渤海後漢有侍中刁衆宋有刁湛刁約刁獻可登科

刕氏音黎蜀有刁遠避難改焉又百濟八姓其三曰刕氏

連氏左傳齊大夫連稱之後又是連氏改爲連望出上黨

法氏姜姓田氏之裔也齊襄王名法章支孫以名爲氏

光氏狀云田光之後秦末子孫避地以光爲氏宋有光垂裕登進士第又有光利賓絳州人

駱氏姜姓齊太公之後有公子駱子孫以名爲氏吳有駱統東陽人後居會稽曾孫勃又地駱拔氏改爲駱氏望出河南會稽宋駱偃駱興京登進士第宣和駱武仲京兆人

望氏姜姓風俗通齊太公望之後姓苑云今魏興人景祐登科記有望儼

將具氏姜姓英賢傳齊太公子將具之後見國語

將鉅氏卽將具氏之訛也漢藝文志六國時將具子彰著書五篇漢章帝時中謁者將具彌

楚人名

熊氏楚鬻熊之後以名爲氏望出南昌江陵

臣謹按古之諸侯傳國者爲諸侯則稱國支庶非諸侯乃稱氏今楚有國稱王而其君世稱熊氏蠻夷之道也

能氏姓苑云長廣人狀云楚熊摯之後避難改爲能氏能音耐宋醫官能日宣又有能迪登科建州人能將撫州人

鬻氏羋姓祝融之後周文王師鬻熊受封於楚著鬻熊子鬻拳其後也姓苑云建平有此姓氏

班氏羋姓楚若敖生鬭伯比伯比生令尹子文爲虎所乳謂虎有班文因以爲氏秦有班壹避地樓煩生孺孺生長長生況況生穉穉生彪班固之父也宋雍熙登第有班絢

臣謹按鬭穀於菟因爲虎所乳故名穀於菟而字之曰子文其子曰鬭般與班同音不應父曰班而子亦以般名者此以名爲氏者

員氏音運亦作鄖羋姓楚伍員之後也伍子胥名員以父伍奢被執而奔吳爲吳行人以謀楚又使於齊屬其子於鮑氏是爲王孫氏吳王聞之賜子胥屬鏤以死伍氏以其祖伍參食邑於椒故其後爲椒氏又子胥以名員其後亦以名爲氏前涼有安夷人員半千金城人員徽大夏人員景唐吏部郎員嘉靜宋登科員安輿員子思並陵井監人員安宇開封人員逢辰華州人

建氏羋姓風俗通楚太子建之後漢元后傳有建居趙幽王臣踐德

渦氏楚大夫封渦因氏焉三輔決錄扶風太守渦尙

冉氏楚大夫叔山冉之後以名爲氏一云高辛之後宋冉宗門冉蘷登進士第望出武陵

染氏卽冉氏石虎將染閔魏郡內黃人冉石趙號魏三年爲燕慕容儁所滅

枝氏楚大夫枝如子躬之後或姓枝如

臣謹按此必晉欒枝或秦大夫公孫枝之後也以名爲氏者若枝如子躬其後自爲枝如氏矣

到氏楚屈到之後以名爲氏

鈞氏風俗通楚大夫元鈞之後漢有御史鈞喜

倚相氏楚左史倚相之後威王時有倚相季文爲壯官

辛廖氏楚大夫辛廖之後漢有河間相辛廖通

接輿氏楚隱者其後因爲氏

棄疾氏楚平王名棄疾後人爲氏悼王時棄疾休爲左宰卿

射氏晉大夫號射之後漢有大鴻臚射咸吳有中書郎射慈善治喪服射食亦切又如字

拳氏羋姓楚鬻拳之後衞有大夫拳彌

僚氏姓苑宜僚之後晉大夫僚安魯寺人僚相

大心氏羋姓英賢傳楚有大心令尹得臣之子因氏焉楚懷王時大心子成爲黃邑大夫

楚季氏羋姓世本楚若敖生楚季因氏焉陳大夫有楚季融

無庸氏羋姓姓氏英賢傳楚熊渠生無庸因氏焉又無庸先生學仙道

季融氏羋姓世本楚鬭廉生季融子孫氏焉

翠氏羋姓急就章有翠鸞其先楚景翠之後因避難以祖名爲氏

子建氏羋姓楚太子建之後也頃襄王時有子建子叔子爲大夫

子午氏羋姓楚公子午之後也齊有大夫子午明

圍龜氏羋姓楚鬭圍龜之後

越椒氏羋姓楚大夫鬭越椒之後也

嬰齊氏羋姓楚穆王之子公子嬰齊之後也嬰齊字子重爲令尹

黑肱氏羋姓楚共王之子公子黑肱之後也黑肱字子申

巫臣氏羋姓楚屈蕩之子屈申也亦曰申公巫臣奔晉

鮮虞氏楚申鮮虞之後也本齊人

夏人名

羿氏有窮后羿篡夏后相之位羿本國在澶州衞南東十五里故鉏城是也羿後遷窮石

悅氏亦作說傳說之後以名爲氏後燕錄左僕射悅綰生壽南燕尙書綰昌黎人又有鮮卑人淸泉侯悅眞亦其族也望出昌黎

奚氏夏車正奚仲之後漢功臣表魯侯奚涓成陽侯奚意傳封三代又薄奚氏改爲奚氏望出譙國宋登科奚知常徽州人

臣謹按奚仲封於薛薛任姓也

宋人名

衍氏子姓宋微仲衍之後見風俗通

微氏子姓宋微仲之後左傳魯大夫微虎

微生氏猶今人曰某生也微生畝魯武城人又微生高或云卽尾生也

幾氏風俗通宋大夫仲幾之後以王父字爲氏

臣謹按幾氏子姓仲幾字子然此以名爲氏者

仇氏宋大夫仇牧之後王莽時有仇延唐宦者仇士良宋朝仇靏登進士第又有仇著仇伯玉並開封人又有仇悆待制望出南陽

求氏姓苑云本仇氏避難改爲後漢有求仲宋朝登科求利忠越州人

獲氏風俗通宋大夫猛獲之後

季老氏子姓宋華氏有華季老子孫氏焉見世本

子蕩氏亦作蕩氏子姓宋桓公之子公子蕩之後也

鐸遏氏宋襄公下大夫鐸遏章左傳晉上軍尉鐸遏寇

督氏子姓宋大夫華父督之後晉有督戎欒盈之臣漢有督瓚見風俗通又五原大守督瓊隋有督君謨善射又後漢書巴郡蠻酋有督氏與羅朴鄂度夕龔爲七姓望出巴郡

目夷氏子姓宋公子目夷之後也目夷字子魚又有魚氏魚孫氏皆所以別族

祝其氏子姓風俗通宋戴公之子公子祝其爲大司寇因氏焉漢有清河郡尉祝其承先

耦氏子姓風俗通云宋卿華耦之後漢有侍中耦嘉又姓苑云今廣平有耦氏

泥氏世本云宋大夫卑泥之後

諸國人名

庶其氏邾大夫庶其之後

茅夷氏邾大夫茅夷鴻之後

噲氏音快姬姓燕王噲之後孝子傳有噲荼鶴銜珠與之又有獪氏同音漢有獪錢

搖氏姒姓越王句踐裔孫東越王搖之後以王父名爲氏漢功臣表有海陽侯搖毋餘舊爲會稽望族今居餘杭

由氏亦爲由余氏西戎由余相秦子孫氏焉楚王孫由于亦爲由氏急就章有由廣國風俗通漢長沙太守由彰

余氏風俗通云由余之後世居歙州爲新安大族望出下邳吳興

臣謹按余氏隗姓國語潞洛泉余滿皆赤翟隗姓

孫陽氏嬴姓英賢傳曰秦穆公子有孫陽伯樂善相馬漢有侍御史孫陽放

偃師氏嬀姓陳太子偃師之後

卿氏風俗通虞卿之後戰國有卿秦爲魏將或云項羽將卿子冠軍宋義之後宋朝卿尙學究出身望出渤海

無婁氏嬴姓莒公子無婁之後無亦作務又無婁先生著書姓纂云今瑯邪有此姓

苴氏子餘切司馬穰苴之後望出平陵漢書貨殖傳有平陵苴氏

離氏風俗通離婁孟子門人漢有中庶子離常之後燕有離班

名字未辨

綸氏魏志云公孫淵大臣有綸直綸魚

鱗氏左傳宋大夫鱗矔鱗朱

渾氏左傳鄭大夫渾罕衛渾良夫又官氏志吐谷渾氏改爲渾又唐表渾氏出自匈奴渾邪王隨拓跋氏徙河南因以爲氏自迴貴至瑊世襲臯蘭州都督府

裨氏鄭大夫裨諶裨竈姓苑云今宣州有裨氏

開氏姬姓衛公子開方之後漢有開章望出隴西

狼氏左傳晉大夫狼瞫齊有狼蘧疏又河南官氏志叱奴氏改爲狼

名氏楚大夫彭名之後也

顛氏晉大夫顛頡之後或言周亂臣太顛之後也

麻氏風俗通齊大夫麻嬰之後漢有麻光爲御史大夫又有麻達姓論唐麻嗣宗賜姓李望出上谷宋祥符登科有麻溫其元豐有麻中孚懷州人皇祐有麻元伯開封人

柯氏姓苑云吳公子柯盧之後望出錢唐及齊郡宋沈季文傳有錢唐富人柯隆齊書南兗州典籤柯盆孫齊郡人唐朝尙書郎柯穎又河南官氏志柯拔氏改爲柯氏

瑕氏周大夫瑕禽晉有瑕嘉漢有廷尉瑕更又有瑕蒼

儋氏周大夫儋翩之後吳志有九眞太守儋萌或云儋耳國人

舟氏晉大夫舟之僑之後宋端拱登科有舟宗閔

攸氏北燕有尙書攸邁

祁氏周司馬祁父之後左傳祁瞞干命晉有祁嘉聞窗外人招隱者

干氏宋大夫干犨之後陳有干徵師漢有蜀郡尉干獻吳有軍師干吉晉有將軍干寶望出滎陽潁川

禽氏魯大夫禽鄭者管干奚之子也墨翟弟子有禽滑釐高士傳有禽慶孝子傳有禽賢望出魯國

琴氏家語仲尼弟子琴牢字子開一名張衛人列仙傳琴高趙人得水仙嘗於漢上乘赤鯉望出天水

萇氏左傳周大夫萇弘之後唐大歷有奉天尉萇總望出魏郡東平

黔氏禮記齊有黔敖又有黔婁先生隱者

易氏齊大夫易牙之後魏有雍州刺史易愷魏郡人晉陵令易雄長沙人前涼有將軍易揵望出太原濟陽今江東多此姓宋易準易林易東登科

苦氏魯大夫苦夷之後也

弘氏風俗通衛大夫弘演之後漢有宦者弘恭爲中書令吳孫權姊夫弘咎

臼氏左傳華氏家臣臼任

冶氏衛有冶廑魯有冶區夫

苟氏國語云黃帝之後有苟賓苟參或言以河內多苟杞因以爲氏又若干氏改爲苟氏宋朝登科有苟師顏苟鐸並滁州人又有苟毅易州人苟全夔州人

梓氏魯大夫梓愼之後也

倚氏楚左史倚相之後也

尾氏魯有尾生或云即微生高

汝氏尙書有汝鳩汝方左傳晉大夫汝寬汝齊漢有長水校尉汝臧後漢孝子傳有汝郁潁州人宋朝汝孝恭登進士第又有汝隆汝日休並晉州人望出渤海

伍氏芊姓楚大夫伍參之後也伍子胥奔吳其子又爲王孫氏適齊漢有伍被楚人望出安定武陵又有五氏本伍氏避仇改爲五蜀有五梁晉有始興太守五裔

禮氏衛大夫禮孔禮至漢有新市長禮賢後漢禮震受尙書於歐陽歙平原人也

免氏音勉一音問姬姓左傳衛有免餘衛公孫也漢有免乙爲上郡大守

蹇氏秦有蹇叔或云西乞術白乙丙皆蹇叔子風俗通漢有蹇蘭爲交趾刺史後漢小黃門蹇石望出山陽襄陽宋朝登科蹇序臣蹇逢辰成都人蹇士堯彭州人蹇綬懷安軍人

散氏文王四友有散宜生今江都有此姓

繞氏秦大夫繞朝之後也

肆氏風俗通宋大夫肆臣之後姓苑有漁陽太守肆敏

具氏晉大夫具丙之後漢有中山太守具裒後漢宦者中常侍具瑗

闞氏齊卿闞止之後也宋尙書郎闞洞開封人又有闞涂登第興國軍人望出會稽天水

洩氏亦作泄左傳鄭大夫洩駕陳大夫洩冶

捷氏曹姓風俗通云邾公子捷菑之後漢藝文志有捷子二篇六國時人

賓氏左傳齊大夫賓須無周賓起爲王子朝傳望出梁國

恩氏風俗通云陳大夫成仲不恩之後前燕錄有東庠祭酒恩茂

肩吾氏莊子肩吾古賢者晉袁宏集有東海太守肩吾民

徐吾氏左傳鄭大夫徐吾犯之後

鍾吾氏左傳鍾吾子之後漢尉氏令鍾吾蒼

由吾氏姓纂云由余之後仕吳子孫入越因號由吾氏北齊有諫議大夫由吾道榮瑯邪人

叔山氏左傳叔山冉之後莊子魯有叔山無趾

叔先氏後漢書犍爲叔先雄

叔達氏八凱叔達之後公羊有叔達段爲景王大夫

叔夜氏周八士叔夜之後也楚康王時有叔夜子莊見國語

叔服氏周內史叔服之後也晉武公大夫有叔服子要

方叔氏鼓方叔之後也見世本漢功臣新壽侯方叔無告

陶叔氏姓纂云周司徒陶叔之後也晉有陶叔眞爲原大夫文公時陶叔狐漢有陶叔卷爲青州刺史今平原有此姓

申鮮氏齊有申鮮虞漢有中謁者申鮮洫

申章氏漢有長沙王太傅申章昌

子師氏左傳鄭有子師僕漢有北平太守子師磐

富父氏魯富父終生之後魯又有大夫富父槐

仲熊氏芊姓潛夫論云楚公族有仲熊氏

仲顏氏左傳魯有仲顏莊叔齊臨淄大夫仲顏據

原仲氏陳大夫原仲之後楚悼王時原仲蔑

慶父氏世本楚大夫慶父之後又慶父藉爲楚上工正

安國氏漢武帝使安國少季使南越見姓氏英賢傳

仲長氏見纂要文

仲行氏左傳秦三良仲行之後世本宋有仲行寅晉大夫有仲行氏

榮叔氏周大夫榮叔之後韓有大夫榮叔遂

墨台氏子姓宋成公子墨台之後漢書有墨台愔

墨氏姓纂云孤竹君之後本墨台氏後改爲墨氏望出梁郡戰國時宋人墨翟著書號墨子

台氏亦作怡本墨台氏避事改焉後魏遼西郡守寬元孫峯後周樂陵公峯子昂長沙公昂弟光安平侯

立如氏魯賢人立如子著書見風俗通

郰意氏齊大夫郰意茲之後

舒堅氏潛夫論楚公族有舒堅文叔爲大夫

以次爲氏親附

孟氏姬姓魯桓公子慶父之後也慶父曰共仲本仲氏亦曰仲孫氏爲閔公之故諱弑君之罪更爲孟氏亦曰孟孫氏又衞有公孟縶之後亦曰孟氏齊有孟軻字子車秦有孟說齊有仲孫湫韓子有仲孫章

仲氏高辛氏才子八元仲堪仲熊之後又仲虺爲湯左相其後並爲仲氏又魯公子慶父曰共仲亦爲仲氏亦爲仲孫氏慶父有弑君之罪更爲孟氏又公子譜云宋莊公子仲之後亦稱仲氏衞人仲由爲孔子弟子漢有廷尉仲定少府監仲景唐司門員外郎仲子陵成都人宋朝登科仲伯達曹州人仲樞隨州人紹興仲安常爲郡守

种氏本仲氏或言仲山甫之後因避難改爲种宋种放自處士召拜司諫長安人望出河南

叔氏姬姓魯桓公之子叔牙之後叔牙與慶父同母慶父弑閔公叔牙有罪飮酖而死遂立公孫茲爲叔氏亦曰叔孫氏亦曰叔仲氏又魯文公之子叔肸後世亦爲叔氏或言八凱叔達之後及晉叔向之後亦爲叔氏東觀漢記光武時壯武將軍叔壽

季氏姬姓魯桓公季子友之後也亦曰季孫氏一曰陸終氏之子季連之後漢功臣表成固侯季必傳封四代望出壽昌魯國

臣謹按世譜云諸侯之子稱公子公子之子稱公孫公孫以王父字爲氏行父是季友之孫故爲季氏又爲季孫氏也然季氏自行父至季孫彊並稱季孫氏以傳家故也如季公鳥季公亥之類凡支庶並稱季氏以別

伯氏 晉大夫荀林父之後林父爲中行伯孫伯黶以王父字爲氏伯黶爲正卿司晉之典籍以爲大政故又爲籍氏孔子弟子伯虔字子析或言嬴姓伯益之後漢有并州刺史伯柳又有伯至

丁氏 姜姓齊太公生丁公伋支孫以丁爲氏漢有丁固功臣表陽都侯丁復宣曲侯丁義並傳封四代樂成侯丁禮傳封七代

臣謹按謚法雖始有周周自文王以後世世稱謚是時諸侯猶未能徧及晉魯大國也魯再世伯禽稱魯公晉再世變父稱晉侯曹蔡皆四世未稱謚齊再世伋稱丁公三世得稱乙公四世慈母稱癸公五世哀公不辰而後稱謚則知所謂丁公者長第之次也

癸氏 姜姓齊癸公之後見姓苑

祖氏 子姓商王祖甲祖乙祖丁支庶因氏焉商有祖伊漢有祖沂始家涿郡今建州爲此姓祖秀實將作監司祖日新宋宣和登科

臣謹按祖者子孫所稱其先也支庶以是爲氏不獨祖乙也祖辛祖丁祖庚祖甲之子孫往往皆稱祖氏

舅氏 晉大夫舅犯之後也姬姓狐氏晉惠公文公皆狐氏甥故以犯爲舅因以爲氏

咎氏 即舅氏舅犯左傳亦作咎犯成湯司空又有咎單氏

古氏 風俗通云古公亶父之後因氏焉言古公者猶言先公也晉平公時有舟人古乘漢有孝子古初蜀志廣漢功曹古牧後魏尚書令古弼今望出新平河內又吐奚氏改爲古氏宋端拱登科古成之後有古華梅州人古亶懷安軍人

禰氏 父廟爲禰此從父而別氏也後漢禰衡字正平平原人

穉氏 子姓姓纂云商後見史記

次氏 次非荊之勇者見呂氏春秋亦作佽漢功臣表有瞭侯次公

孺氏 魯有孺悲欲見孔子

太叔氏 姬姓衛文公之子太叔儀之後也漢有尚書太叔雄

太伯氏 姬姓周古公之長子讓國季歷爲周之太伯故以爲氏

叔仲氏 姬姓魯公子牙之後也公孫茲生得臣彭生得臣爲叔孫氏彭生爲叔仲氏史記叔仲會魯人仲尼弟子

中叔氏 中叔圉之後晉有中叔無忌漢光武時侍御史中叔僚

仲叔氏 左傳仲叔于奚衛大夫其後有仲叔圉

第五氏 嬀姓齊諸田之後田氏大族漢初徙園陵者多故以次第氏

第二氏 其先齊諸田漢武帝徙之諸陵以門秩次第田廣之孫田登爲第二氏

第八氏 出陳留風俗通亦齊諸田之後田廣弟田英爲第八門因氏焉王莽時有講學大夫第八矯

太士氏 漢建安太守太士靈秀永嘉松楊有太士氏

主父氏 嬴姓趙武靈王號主父支孫因以爲氏漢齊相主父偃齊郡臨淄人宋登科主父喆開封人

主氏 嬴姓即主父氏也或單言主姓纂云今同州有此姓

南伯氏 莊子有南伯子綦南伯子葵並古之賢人也

南公氏 戰國時有南公子著書三十一篇言五行陰陽事蓋衛南公子之後

大季氏 姬姓鄭穆公之子有二子孔此大子孔謂之大季氏即公子志之後也

以族爲氏

因氏 遂人之四族也

頟氏 音部遂人之族也

飢氏 商人之七族也

錡氏 商人之七族漢書洛陽錡華後有荊州刺史錡嵩

條氏 左傳商人七族有條氏冉閭司空條攸姓苑云安定人姓纂云今冤句有此姓冤句曹州也

昭氏 楚辭云昭屈景楚之三族也戰國時楚有昭奚卹爲上柱國

繁氏 音婆左傳商人七族有繁氏漢有御史大夫繁延壽望出潁川上黨

嗣氏 風俗通云衛嗣君之後

左氏 姜姓齊公族有左右公子因以爲氏楚有左史倚相左史老者以爲左史官故亦爲左氏望出濟陽

景氏 芊姓楚公族也漢初從山東豪族於關中今好畤華陽諸景是也楚有景差漢有景風宋景大方景泰登進士科望出晉陽又有景淵徽州人景光京兆人並登科

臣謹按所著春秋傳即倚相之後世爲楚左史官非左邱明明居左邱爲左邱氏非左氏也又按景謚也楚末之閒疑齊景公之後盛繁此爲姜姓之族與

賞氏 職尚反姓苑云賞氏吳中八族也晉有賞慶

索氏 桑國切商人七族索氏之後唐索元禮宋索湘索周臣索遠並登科望出敦煌汝南

陘氏 魯公孫有陘氏之後也

黨氏 公族見釋例周世族譜

掌氏 魯大夫黨氏之後以音掌故也從音文揚雄與劉向歆書云林閭妻蜀郡掌氏晉有掌同前梁有遂興侯掌據宋有道秘閣掌禹錫又有掌奏掌天鈞密州人掌世衛許州人並登科望出琅邪燉煌

長勺氏 左傳商人六族有長勺氏

尾勺氏 左傳商人六族有尾勺氏

趙陽氏 姬姓潛夫論衛公侯有趙陽氏

魯陽氏 潛夫論芊姓楚公族有魯陽氏

終葵氏 左傳商人七族有終葵氏

工婁氏 左傳遂國有工婁齊大夫有工婁濟

傳餘氏 姓氏英賢傳云傳說爲相子孫留傳巖者號傳餘氏晉傳餘頤撰複姓錄

臣謹按餘者餘子之族也世本於韓餘已言之矣

餘氏 晉餘頤著複姓錄自云本出傳氏前燕錄有餘元餘和餘巖崇舊云鮮卑種類然既出傳氏無因出鮮卑

韓餘子 世本韓宣子餘子之後因氏焉

禍餘氏 潛夫論曲沃桓叔之後也

臣疑禍冠子之後也桓叔之後何以言禍

梁餘氏 晉下軍御梁餘子養之後本衛人

須遂氏 遂國有須遂氏

列宗氏 潛夫論楚公族列宗氏芊姓

運奄氏 史記秦嬴有運奄氏

脩魚氏 史記秦嬴有脩魚氏

五王氏 嬀姓風俗通齊自威宣湣襄至王建五王因以爲氏

小王氏 衛大夫小王桃甲之後也

屈南氏 芊姓楚屈全之後裔孫仕後魏時重複姓以自南來乃加南或作男

續祁氏 姬姓晉臨叔之後與士氏同族祁奚舉子祁午自代父子相續爲政因氏焉

羌憲氏 姬姓衛公族羌子會孫憲爲羌憲氏

庳氏 音雅姓纂云衛靈公子虺生憲爲會庳氏

樂利氏 姓纂云齊胡公支子爲樂利氏

幹獻氏 世本宋司徒華定爲幹獻氏

伊秩氏 伊尹之孫又爲伊秩氏

夷狄大姓

党氏 党去聲今人呼爲上聲本出西羌姚秦有將軍党耐虎自云夏后氏之後世爲羌豪又有吳平男党婼子孫居同州宋党進節度使党麒滔化登第慶歷登科有党師經延州人

朴氏 亦作樸普木切後漢書巴郡蠻賨七姓羅朴督鄂度夕龔

釋氏 悉達太子成道姓釋

赫氏 風俗通云赫胥氏之後也

塞氏 入聲天竺胡人之姓即釋種也

宜氏 臨西南夷有宜繒宜林左傳陳大夫宜咎

傍氏 平聲西羌姓也唐初有傍企本北地羌豪爲薛舉將來降後叛伏誅

單氏 音丹本可丹氏改爲單氏又阿單氏改爲單氏又渴單氏亦改爲單氏

雕氏 漢功臣有臧馬侯雕延年匈奴降王

口氏 羌姓也今同州有此姓

斂氏 姚秦錄有將軍斂憲斂方斂岐並南安人皆羌酋也

異氏 姓纂云今溫州白亦蠻有此姓

騶氏 閩越王無諸之後

紙氏 官氏志云渴侯氏改爲紙氏

緩氏 官氏志和稽氏改爲緩氏

纖氏 後魏官氏志俟纖氏改爲纖氏

論氏 去聲吐蕃大姓祿東贊生論欽陵欽陵生贊婆生弓仁唐左衛大將軍生傪備伓惟貞惟明惟賢惟明檢校工部尚書鄜坊節度惟賢右羽林大將軍宋論九齡登科華州人

副氏 河南官氏志副呂氏改爲副氏

沓氏 官氏志沓盧氏改爲沓氏

蔞氏 音蘆官氏志云那蔞氏改爲蔞氏

郃氏 官氏志大莫于氏改爲郃氏

徐盧氏 漢景帝匈奴徐盧庸來降

源氏 出自代北後魏聖武皇帝詰汾長子疋孤七世孫禿髮傳檀據南涼生賀降後魏太武見之曰與鄉同源可改爲源氏位太尉隴西王生懷侍中馮翊公生子邑子恭宋建隆登第有源蘋景祐有源永勵

茹氏 音如官氏志蠕蠕入中國爲茹氏又普陋茹氏改爲茹氏望出河內宋尚書郎茹孝標慶歷登科茹約越州人元豐茹平仲汝州人

乜氏 彌也切蕃姓也今秦隴多此姓望出晉昌趙郡

以官爲氏

雲氏 縉雲氏之後也黃帝時官名以雲紀者爲縉雲氏又連有氏改爲雲氏虜姓也望出瑯邪河南宋大觀中雲景祥登第太原人

五鳩氏 少昊氏官名因氏焉趙有將軍五鳩盧

爽鳩氏 左傳少昊氏官名國于齊土因氏焉

桑扈氏 金天氏以鳥名官故有九扈之官桑扈者九扈之一也

烏氏 姬姓黃帝之後少昊氏以烏鳥名官以世功命氏齊有烏餘烏枝鳴莒有烏存秦有烏獲唐表言烏餘之裔世居北方號烏洛侯後徙張掖又烏石蘭改爲烏氏

史氏 周太史史佚之後以官爲氏漢有史恭其女弟爲戾太子良娣生史皇孫進進生宣帝恭三子高曾元高侍中大司馬車騎將軍樂陵安侯生術丹術樂陵嚴侯生崇假丹左將軍武陽頃侯生郎武陽煬侯生獲高曾孫岑嗣樂陵侯會侍中中郎將蔣陵哀侯元侍中中郎將平臺康侯生恁平臺戴侯生習又有阿史那氏改爲史氏

臣謹按史之爲氏者非獨佚也周有史佚史興晉有史蘇史黯史趙史龜史墨楚有史猈史皇衛有史鰌史狗史朝齊有史嚚凡此之類並以史爲氏而未得世系者又有太史氏內史氏左史氏右史氏皆主於史不容無別

南史氏 齊有南史氏其後子孫氏焉

內史氏 風俗通周內史叔興之後也周又有內史過

青史氏 英賢傳晉太史董狐之子受封青史之田因氏焉漢書藝文志青史子著書

太史氏 齊太史子餘之後

王史氏 風俗通周先王太史號王史氏英賢傳周共王生圉圉曾孫滿生簡簡生業業生宰世傳史職因氏焉漢清河太守王史篆生音新豐令藝文志有王史氏後漢侍中王史元庠晉亦有王史氏

侯史氏 風俗通董狐爲晉侯史官因氏焉

祝史氏 衛有祝史揮因氏焉姓纂云今下邳有此姓

左史氏 古者左史記言楚有左史倚相左史老其後也

右史氏 古者右史記事周有右史武見宋衷世本

終古氏 風俗通終古桀內史也因氏焉

監氏 音鑑風俗通衛康叔爲連屬之監其後以爲氏宋朝監由舉進士

士氏 陶唐之苗裔歷虞夏商周至成王遷之杜爲伯宣王殺杜伯其子隰叔奔晉爲士師故爲士氏其子孫食隨及范故又爲隨氏范氏有三族焉伊祁姓隰叔生士蔿字子輿故亦謂之士輿此爲士氏又有士季氏亦爲士氏後漢末有交趾太守士燮宋朝有尚書郎士建中

籍氏 出於伯氏晉大夫荀林父爲中行伯孫伯黶以王父字爲伯氏司晉之典籍故亦謂之籍氏以官爲氏也昭二十五年傳曰王曰叔氏而忘之乎而高祖孫伯黶司晉之典籍以爲大政故曰籍氏或言晉文侯仇弟陽叔伯黶晉爲三家所滅籍氏播遷于宋漢有佞臣籍孺又諫議大夫籍禮石趙有侍中籍羆唐太常博士籍知幾云其後也今望出廣平

席氏 本籍氏晉大夫籍談之後談十三世孫避項羽諱改爲席氏漢初徙關東豪傑席氏於安定臨涇宋紹興參政席益河南人也

師氏 風俗通師樂人瞽者之稱晉有師曠魯有師乙鄭有師悝師觸師蠲師成也宋師頏爲翰林學士建隆登科有師庚師先並眉州人師晞孟汝州人望出瑯邪平原太原

帥氏 音率亦作率狀云本姓師氏避晉景帝諱改爲帥氏宋有率汀

中英氏 虞舜有五英樂有章中英者因以爲氏

樂正氏 周禮樂正因官氏焉孟子魯有樂正子春曾子弟子

太祝氏 見姓苑

庾氏 堯時掌庾大夫以官命氏至春秋時周有大夫庾皮皮子過邑于緱氏衛有庾公差望出潁川新野千乘齊郡

褚師氏 宋共公子子石爲褚師因氏焉又有褚師子服衛有大夫褚師圃亦爲褚氏

褚氏 即褚師氏漢梁相褚大元成間有褚先生少孫並以儒學稱焉

臣謹按褚氏即褚師氏後世略去師遂爲褚氏然衛亦有褚師氏不獨宋也

錢氏 顓帝曾孫陸終生彭祖裔孫孚周錢府上士因官命氏焉戰國時有隱士錢丹秦有御史大府錢產子孫居下邳漢哀平間錢遜爲廣陵太守避王莽亂徙居烏程遜子晟東晉有青州刺史錢端歷陽太守錢鳳宋有太史令錢樂之五代時有錢鏐據吳越宋贈武穆王望出彭城吳興

山氏 周山師掌山林之官以官爲氏風俗通云烈山氏之後左傳晉大夫山祈漢有武都太守山昱又吐難氏後魏改爲山氏宋朝登科山說

司馬氏 重黎之後唐虞夏商代掌天地周宣王時裔孫程伯休父爲司馬克平徐方錫以官族爲司馬氏其後世或在衛或在趙或在秦在衛者相中山在趙者以傳劍顯蒯聵其後也在秦者名錯與張儀論伐蜀錯孫靳事武安君白起靳孫昌爲秦鐵官昌生漢市長無澤無澤生五大夫喜喜生太史公談談生中書令遷

臣謹按晉有司馬郞司馬彌牟司馬寅齊有司馬竈楚有司馬子魚司馬督宋有司馬彊陳有司馬桓子是皆以司馬爲氏不獨程伯休父也

司寇氏 世本云衛靈公之子公子郢之後也郢之子孫爲衛司寇以官爲氏司寇亥即其裔也風俗通云蘇忿生爲周武王司寇其後氏焉禮記司寇惠子魯大夫

寇氏 周有蘇忿生爲司寇子孫以官氏焉一云衛康叔爲周司寇支孫以官爲氏秦滅衛君角家于上谷寇恂其八世孫也又後魏改口引氏爲寇氏

臣謹按司寇氏或略去司然蘇忿生之後爲蘇氏此以司寇氏者未必忿生之裔

司徒氏 帝王世紀曰舜爲堯司徒支孫氏焉衛有司徒瞞成宋有司徒遷卬陳有司徒公子招其後皆爲司徒氏漢有安平相司徒蕭中謁者司徒發宋元祐登科有司徒公綽恩州人

司空氏 禹爲堯司空支孫氏焉堯後有隰叔孫士蔿爲晉司空亦因氏焉晉大夫胥臣號司空季子又有司空靖司空督惟晉官備司空餘國無之言司空氏者系出於晉宋太平登科有司空舜賓紹聖有司空宗韓洛州人

司城氏 宋以武公名司空故改爲司城公子蕩爲司城其後曰蕩氏世爲司城因氏焉又陳亦有司城氏哀公之子公子勝爲之也

司功氏 世本云晉大夫司功景子士丐弟他因官氏焉

臣謹按世本世系多與經典異同如春秋世系有士丐而無景子亦無弟他

司鴻氏 風俗通古有司鴻荀著書漢中大夫司鴻儀

司褐氏 古今人表有司褐拘又有司褐扶楚靈王大夫見韓子

司工氏 周宣王時司工鑄因官氏焉

公正氏 周宮正其後氏焉宋建中朝邑令公正範吳人

宗正氏 狀稱本劉氏楚元王交之孫劉德爲宗正支孫氏焉裔孫宗正珍孫唐有殿中少監宗正辯濟陰人

宗氏 又爲宗伯氏周大夫宗伯之後以官命氏齊有宗樓衛有宗魯又宗伯氏漢平帝時有少府宗伯鳳唐表云宗氏子姓宋襄公母弟敖仕晉孫伯宗爲三郤所殺子州犂奔楚少子連家於南陽以王父字爲氏

臣謹按宗伯掌禮之官然伯夷秩宗其來久矣則宗氏不必因周宗伯而後命氏

符氏 姬姓魯頃公爲楚所滅頃公之孫公雅爲秦符節令因以爲氏後漢有符融宋符彥卿以戚里封魏王望出瑯邪

軍氏 冠軍侯之後因以爲氏

偏氏 古偏將軍之後急就章漢有偏呂張

調氏 周禮調人之後因官爲氏

衡氏 風俗通伊尹爲湯阿衡子孫以衡爲氏一云魯公子衡之後以王父字爲氏漢有衡咸衡驟卿又袁氏改爲衡氏

阿氏 風俗通伊尹爲阿衡支孫以官爲氏又河南官氏志阿伏氏及阿賀氏並改爲阿

環氏 楚有環列之尹子孫因氏焉楚有環泉漢有河東太守環餘隗囂將環安晉有環濟撰要略宋有環中環中登科並睢陽人

箴氏 姓苑楚大夫箴尹克黃之後也主箴規之官子孫以官爲氏又有箴尹宜咎本陳人

淩氏 姬姓衛康叔支子爲周淩人子孫以官爲氏吳志有淩統晉有淩嵩望出渤海

酒氏 周官酒正因官命氏

委氏 周禮有委人掌委積其後氏焉漢太原太守委進

柱氏 柱下史官之後古有柱厲叔

豎氏 閽寺之官賤者爲之晉有豎頭須齊有豎刁鄭有豎拊

宰氏 姬姓周卿士宰周公之後又有宰孔者皆周太宰以官爲氏仲尼弟子宰予漢有司空掾宰直今望出西河宋登科宰需揚州人

辛氏 范蠡傳云范蠡師計然姓辛氏字文子葵邱濮上人

保氏 周禮保章氏因官爲氏呂氏春秋楚有保申

度氏 古掌度之官因以命氏西京雜記漢成帝時侍郎度安世居山陽胡陸後漢荊州刺史古鄉侯度尚撰曹娥碑子禮

庫氏 漢文時有倉氏庫氏爲史之久故子孫以爲氏後漢竇融傳有輔義侯庫鈞又河南官氏志庫傅官氏改爲庫氏望出河南魯國

御氏 周禮

有御人之職其後爲氏左傳有御叔漢書有御長倩者丞相公孫弘故人也 **訓氏** 周禮有訓方氏以官爲氏 **憲氏** 姓纂云周之憲官司寇之屬也急就章有憲義渠 **諫氏** 周禮有司諫氏因以爲氏漢有持書御史諫忠見風俗通望出欵郡 **校氏** 周官校人之後唐天實有校傑河南士曹 **候氏** 周禮候人氏子孫因氏焉 **漏氏** 古掌漏之官因以爲氏今吳輿有此姓 **節氏** 姓纂周禮掌節上士子孫以官爲氏 **畜氏** 嬴姓自云秦非子之後也非子爲周孝王主馬畜牧於汧渭之間馬大蕃息邑之秦號秦嬴支庶以畜爲氏姓苑云今天水有畜氏 **鄐氏** 即畜氏漢東海太守鄐熙因官居焉 **僕氏** 周禮僕人之後漢時匈奴降者僕朋封燁渠侯生電雷屬國都尉又河南官氏志僕蘭氏收爲僕氏今吳興有此姓望出河南 **粟氏** 漢有治粟都尉因以爲氏魏志袁紹魏郡太守粟舉今嶺南多此姓朱登科粟彭年定州人 **謁氏** 風俗通云古有謁者官因以爲氏漢有汝南太守謁璜又張湯小吏謁居 **閽氏** 姓纂云周之閽人守王宮者所以止閽謂之閽因以爲氏急就章有閽并訢漢有閽并孺者太守田延年使部汾北後至廣陵相有治名唐有潭州橋口鎮副閽輔奴自云其望出河北 **職氏** 周禮職方氏之後也 **嗇氏** 風俗通云古嗇夫子孫因氏焉 **太師氏** 商有太師摯周有太師疵 **大羅氏** 周禮羅氏掌羅鳥獸秦有將軍大羅弘 **牧師氏** 漢依周禮置牧師令主養馬因氏焉 **馬師氏** 姬姓鄭穆公之孫公孫鉏爲馬師氏因以爲氏子羽之孫羽頡爲馬師亦氏焉列仙傳有馬師皇 **少師氏** 英賢傳魯有少師彊又有少師慶 **少正氏** 韓詩內傳魯大夫有少正卯仲尼誅之 **宰父氏** 仲尼弟子有宰父黑 **行人氏** 周禮大行人也又有行氏郎行人氏左傳陳行人之儀衞有行人燭過 **王人氏** 風俗通王人子突之後因氏焉漢有安平太守王人宰公 **徒人氏** 左傳齊有徒人費國語齊有徒人回 **左人氏** 仲尼弟子左人郢見史記 **廚人氏** 周禮廚人因官爲氏宋有廚人濮見釋例 **雍人氏** 周禮雍人以官爲氏魯雍人高雍人檀並見左傳 **封人氏** 守封疆之官其後爲氏左傳晉有蕭封人漢有司空掾封人嬰 **寺人氏** 掌府寺之官宋寺人惠牆之後 **太傅氏** 漢太子太傅疏廣曾孫彥則避王莽亂於太原因氏焉 **中行氏** 晉公族隰叔之後也荀林父將中行故曰中行氏漢文時有宦者中行說 **中壘氏** 風俗通劉向爲中壘校尉支孫氏焉 **王官氏** 晉有王官無地楚有王官子羽爲沄邑大夫 **并官氏** 白褒魯先賢傳孔子娶宋之并官氏 **左尹氏** 楚左尹郤宛之後宛字子惡穀梁有左尹子息 **右尹氏** 楚公子辛爲右尹子孫氏焉 **門尹氏** 宋門尹般之後宋又有門尹沮渠 **箴尹氏** 芈姓楚箴尹克黃之後也楚又有箴尹宜咎本陳人 **工尹氏** 楚工尹壽之後也楚又有工尹齊工尹餘工尹赤工尹麇並見左傳禮記又有楚工尹商陽則工尹氏盛於楚矣由其世官故也 **廐尹氏** 芈姓姓纂云楚大夫廐尹然之後

臣謹按廐尹即宮廐尹也鬬氏世爲之

連尹氏 芈姓楚屈氏之後也連尹襄老 **沈尹氏** 沈邑之尹官也沈戌沈尹之後世爲之 **陵尹氏** 楚大夫陵尹喜陵尹招之後 **季尹氏** 楚有季尹然齊有季尹明 **芊尹氏** 楚有大夫芊尹申無宇之後 **藍尹氏** 楚大夫藍尹亹之後也 **樂尹氏** 楚昭王以鍾建爲樂尹 **監尹氏** 楚監尹大心之後也 **清尹氏** 楚大夫清尹弗忌之後也又楚有大夫清尹午子叔 **占尹氏** 齊有占尹德又有占尹應堅 **將匠氏** 風俗通漢官有將匠少府因官爲氏吳中散大夫將匠褒曲陽令將匠熙晉侍御史將匠進梁太末令將匠道李 **正令氏** 周禮大僕掌貳車正令因氏焉 **趣馬氏** 英賢傳曰周趣馬蹶之後也後漢南陽功曹趣馬愍 **尚方氏** 傳餘頗復姓錄有尚方氏 **將軍氏** 世本衞靈公子昭生子郢生文子才芳爲將軍氏

臣謹按世譜子郢未靈公之子未聞有子昭

下軍氏 左傳晉欒黶爲下軍大夫支孫因氏焉 **右行氏** 晉居擊將右行因氏焉晉右行賈華右行辛爲司空漢右御史中丞右行緯 **右宰氏** 左傳衞大夫右宰穀 **右師氏** 世本宋莊公至公子申世爲右師氏漢有中郎將右師譚後漢有博士右師細君 **亞飯氏** 周末賢人亞飯干之後也 **三飯氏** 三飯繚之後也 **四飯氏** 四飯缺之後也 **理氏** 咎繇爲堯理官子孫遂爲理氏商末有理徵改姓李望出河西 **里氏** 本理氏春秋改焉晉有里克魯有里革鄭有里析後居相城者又爲相里氏 **相里氏** 咎繇之後爲理氏商末理徵孫仲師遭難去王爲里至晉大夫里克爲惠公所數克妻司城氏攜少子季連逃居相城因爲相里氏季連元孫勤見莊子韓子云相里子古賢人也著書七篇漢有河隄謁者相里平又持書御史相里虎濟陰太守相里融始居西河前趙錄偏將軍相里覽絜有相里係孫本仕索虜東平王侍郎大通二年歸化 **李氏** 嬴姓高陽氏生大業大業生女華女華生皋陶字庭堅爲堯大理因官命族爲理氏夏商之季有理徵爲翼隸中吳伯以直道不容得罪于紂其妻契和氏攜子利貞逃于伊侯之墟食木子而得全遂改理爲李氏利貞十一代孫老君名耳字伯陽以其聃耳故又號爲老聃居苦縣賴鄉曲仁里或言聃六世祖碩宗周康王賜采邑於苦縣聃曾孫曇生崇璣崇子孫居隴西璣子孫居趙郡崇五代孫仲翔生伯考伯考生尚尚生廣又徐氏邴氏安氏杜氏胡氏弘氏郭氏麻氏鮮于氏張氏阿布氏阿跌氏舍利氏董氏羅氏朱邪氏並以立功從唐國姓爲李氏

臣謹按李氏涼武昭王有國二十年高祖有天下三百年支庶既蕃子孫必眾然譜牒之議紛紛不知何始以理官爲氏以食木子又爲李氏此何理也以官爲氏者容有此理以食木子爲氏而取理同音者無是理也今不得其始姑從理說寘在官列臣又按唐家有天下必欲世系詳明然自成紀令之後信以傳信自成紀令之前疑以傳疑蓋譜諜之家信疑相半尙爲成紀令因居之其後遂爲隴西成紀人故言李者稱隴西

臣又按自明皇以後凡十四代諸王不出閤不分房子孫闕而不見唐之初也自高祖至睿宗子孫皆使之治官臨民然後立功立事故有可著者而其後亦盛大且以天族龍種之慧而使之出人間親世事知稼穡之艱難是故功臣文士輩出雖經武后中宗之變而唐祚不衰自明皇之後皇子王孫皆因納於富貴嗜欲之閫遂令文章事業之姿變爲奇技淫巧之行枝葉披離則本根無所芘所以唐室自明皇之後一日不振於一日以此觀之則周家享國長久也宜哉

以爵爲氏

皇氏 風俗通云三皇之後因氏焉左傳鄭大夫皇頡皇辰宋有皇氏世爲上卿本皇甫充石之後以字爲氏者漢有琅邪相皇邁吳有青州刺史皇象工書宋元豐登科皇漢傑常州人元祐有皇諄安州人 **王氏** 天子之裔也所出不一有姬姓之王有嬀姓之王有子姓之王有虞姓之王若琅邪太原之王則曰周靈王太子晉以直諫廢爲庶人其子宗恭爲司徒時人號曰王家若京兆河間之王則曰周文王第十五子畢公高之後畢萬封魏後分晉爲諸侯至王假爲秦所滅子孫分散時人號曰王家或言魏至昭王形生無忌封信陵君信陵生間憂間憂生卑子秦滅魏卑子逃于秦山漢高帝召爲中涓封蘭陵侯時人以其王族也謂之王家此皆姬姓之王也出於北海陳留者則曰舜之後也其先齊諸田爲秦所滅齊人號爲王家此嬀姓之王也出於汲郡者則曰王子比干之後此子姓之王也出於河南者則爲可類氏出於馮翊者則爲鉗耳族出於營州者本同麗出於安東者本阿布思此皆虜姓之王也以其所出既多故王氏之族最爲蕃盛云 **公氏** 姬姓左傳魯昭公子公衍公爲之後漢有主爵都尉公儀

臣謹按公衍公爲即公子衍公子爲去子而言公則公爲爵矣昭公失國故其子孫以爵爲氏

霸氏 益部耆舊傳有霸栩 **侯氏** 姬姓晉侯緡之後也二十八年曲沃武公伐晉侯緡而滅之緡之子孫適他國稱侯氏以爵爲氏也或云夏后氏之裔封於侯無義未聞有國號侯者也鄭有侯宣多侯羽魯有侯叔夏侯犯齊有侯朝魏有侯嬴又後魏有侯植從孝武西遷賜姓侯伏氏又賜姓賀屯氏其後復舊又古引氏改爲侯氏虜姓也宋侯益爲太師 **公乘氏** 古爵也久居是爵者子孫氏焉宋嘉祐登科有公乘良弼相州人建炎有公采博文東平人也 **公士氏** 古爵也久居是爵者子孫氏焉漢功臣汲侯公士不害傳封四代 **不更氏** 更音郎秦大夫爵也英賢傳云公子不更之後秦簡公時不更苗爲執法 **庶長氏** 秦爵也左傳秦庶長鮑庶長武庶長無地

以凶德爲氏

蛸氏 子姓即蕭氏也齊武帝以巴東王子響叛逆改爲蛸氏也 **莽氏** 莫補切漢書馬何羅逆誅後漢馬后之先也后惡其先有反者改爲莽氏 **聞人氏** 風俗通少正卯魯之聞人其後遂以聞人爲氏然聞人達之人皆謂聞人何必少正卯以惡聞也漢有太子舍人聞人通沛人治后氏禮宋大觀登科聞人宏政和聞人潁立秀州人 **閭氏** 即閭人也宋登科有閭見昌閭舜舉 **梟氏** 隋煬帝誅楊元感改爲梟氏 **兀氏** 後魏改安樂王元鑒曰兀氏 **勃氏** 梁武帝改豫章王綜爲勃氏又風俗通宋左師勃之後也晉有寺人勃鞮 **杌氏** 左傳楚檮杌之後檮杌惡獸也故以爲號 **黥氏** 偃姓皋陶之後淮南王英布少時以罪被黥遂爲黥氏 **蝮氏** 唐史補乾封元年改武惟良爲蝮氏

以吉德爲氏

冬日氏 晉趙衰之於人如冬日可愛故因氏焉 **老成氏** 古賢人老成子之裔孫也老成方爲宋大夫著書十篇言黃老之道 **考成子** 古有考成子著書述黃老之道列子有考成子幼學於尹先生

以技爲氏

巫氏 風俗通凡氏於事巫卜匠陶也商有巫咸巫賢漢有冀州刺史巫捷又有巫都著養性經望出平陽宋紹興簽書樞密巫伋建康人

臣謹按此以技術傳家因以爲氏魯有巫尫又有鍼巫氏晉有巫皐

屠氏 左傳晉大夫屠蒯禮記作杜蕢又屠羊說楚人晉有屠岸賈鄭有屠擊風俗通漢末有屠景先河東人望出陳留

臣謹按屠蒯者晉之膳宰也屠氏之職以割牲爲事

甄氏 音眞虞舜陶甄河濱因以爲氏或音堅漢末太保甄邯生豐爲司徒著望中山宋甄履甄昂登進士第開封人又有甄好古瀛州人甄撤陳州人 **陶氏** 陶唐氏之後因氏焉虞思爲周陶正亦爲陶氏左傳商人七族有陶氏此皆以陶冶爲業者也陶叔爲周司徒漢功臣開封侯陶舍生青爲丞相後漢徐州牧陶謙 **優氏** 史記優孟楚樂人也子孫氏焉滑稽傳有優旃 **卜氏** 周禮卜人氏也魯有卜楚邱晉有卜偃楚有卜徒父皆以卜命之其後遂以爲氏如仲尼弟子卜商之徒是也又須卜氏改爲卜氏虜姓也宋有尚書郎卜仲會稽人望出西河武陵河南 **匠氏** 風俗通氏於事者巫卜陶匠是也古有匠石 **豢龍氏** 古飂叔安裔子曰董父好龍龍多歸之帝舜嘉之賜氏曰豢龍氏 **御龍氏** 風俗通陶唐氏之後有劉累學擾龍事夏孔甲賜氏曰御龍氏 **擾龍氏** 劉累之後漢有侍御史擾龍翠 **屠羊氏** 韓詩內傳楚有屠羊說 **烏浴氏** 伯益佐堯有養鳥獸之功賜氏烏浴 **路洛氏** 伯益支孫又以路洛爲氏者此烏浴之訛也 **干將氏** 善鑄劍故劍以干將得名

以事爲氏

竇氏 姒姓少康之後帝相遭有窮氏之難后緡方娠逃出自竇而生少康支孫以竇爲氏至周世爲大夫竇犨爲晉大夫仕趙簡子裔孫漢丞相嬰又有鮮卑賜姓紇豆陵氏後魏孝文改爲竇氏 **所氏** 所者伐木聲本虞衡主伐木之官聞聲以爲氏風俗通宋大夫所華之後也漢有諫議大夫所忠武帝時人望出平原後漢有平原所輔 **痛氏** 周穆王盛姬早卒改其族曰痛氏急就章宋有痛無忌 **兒氏** 吳郡有語兒生而能語子孫氏焉又河南官氏志賀兒氏改爲兒氏 **車氏** 尺遮切嬀姓漢武帝時丞相田千秋以年老詔乘小車出入省中時號車丞相子孫因氏焉又後魏疎屬曰車焜氏改爲車氏 **鴟夷氏** 潛夫論子姓宋微子之後說苑鴟夷子皮齊人風俗通云本范蠡也 **冠氏** 風俗通鶡冠子之後 **鶡冠氏** 風俗通楚人以鶡冠爲姓鶡冠子著書 **新垣氏** 風俗通魏將新垣衍畢公高之後漢書文帝時新垣平善望氣 **白馬氏** 風俗通微子乘白馬朝周因氏焉一云漢公孫瓚在幽并常乘白馬因氏焉

臣謹按周時無白馬氏此當爲公孫瓚事也

乘馬氏 漢書溝洫志有諫議大夫乘馬延年又張掖有乘馬敦 **青牛氏** 魏畧初平中有青牛先生山東人也 **白象氏** 風俗通白象先生古隱者 **白鹿氏** 風俗通白鹿先生古賢人著書 **蒲氏** 嬀姓有扈氏之後爲啟所滅世爲西羌酋長晉書苻洪傳因其家池水生昌蒲長五丈五節形如竹時人遂以爲蒲家後改爲苻風俗通有詹事蒲昌又有蒲遵今蜀中多此姓望出河東 **苻氏** 本蒲氏苻洪以其孫堅背上有艸付臣又土之文遂改爲苻氏 **芻氏** 牛哀食芻後姓芻氏見姓苑 **銳氏** 主兵銳者齊有銳司徒女嫁爲辟司徒妻晉昇平中有鮮卑御史大夫銳管有作銑管者非 **空桑氏** 姓氏英賢傳云伊尹生於空桑支孫氏焉 **白石氏** 神仙傳白石生中黃大夫弟子常煑白石爲糧 **章仇氏** 姜姓本章氏齊公族漢有章弇因避仇遂加仇字安元年右史知貢舉張說下進士章仇嘉勉又隋盧氏

以諡爲氏

莊氏 芊姓楚莊王之後以諡爲氏楚有大儒曰莊周六國時嘗爲蒙漆園吏著書號莊子齊有莊賈周有莊辛 **嚴氏** 芊姓即楚莊王之後以諡爲氏子[illegible]諱遂改爲嚴氏魏晉之際有復本[illegible]嚴二氏行於世前漢有會稽嚴助後漢[illegible]居南陽或新野後居新安江側有釣臺祠[illegible]嚴遵字君平善易注老子又河南尹嚴延[illegible]位各二千石號爲萬石嚴嫗華陽國志嚴[illegible]史每値遷官吏民塞路攀轅 **敬氏** 嬀姓陳厲公子敬仲[illegible]氏姓苑云黃帝孫[illegible]敬丕子教爲平陽太守

臣謹按姓氏之別起於商周如姓苑所引黃帝之事多不經之語又敬氏至宋朝以諱改爲文今潞公家是其氏也亦改爲恭氏而晉太子申生諡恭君其後以爲氏亦作共漢代郡太守共友

康氏 姬姓衛康叔支孫以諡爲氏前趙有[illegible]安前燕有康遷宋有康說梁有康約[illegible]平京兆宋朝登科有康戩康亞之爲盛族 **武氏** 子姓宋武公之[illegible]周平王少子生[illegible]曰武遂以爲氏此繆論也漢武臣爲趙王[illegible]臣表梁鄒侯武彪傳六代後居沛國漢又[illegible]望出太原 **桓氏** 姜姓齊桓公之後以諡爲氏又[illegible]向魋亦號桓氏後漢有太子小[illegible]徒桓虞又桓庭昌唐上元中稚制改姜氏又烏丸氏改桓氏虜姓也 **穆氏** 或[illegible]繆[illegible]音子姓宋穆公之後也其支孫以諡爲氏[illegible]漢有穆生爲楚元王師友又有邱穆陵氏[illegible]登科穆守危穆說穆修穆琪嘉祐穆演河[illegible]人紹興登科有繆若慮溫州人繆遲越州[illegible]作釐姓苑云魯僖公之後今彭城人左傳僖負羈今望出彭城 **文氏** 如王[illegible]文姓[illegible]氏越大夫文種宋潞公家本敬氏避國諱改爲文氏 **哀氏** 諡也未詳[illegible]與漢有哀[illegible]陵有哀仲種述異記宋有哀道訓望出南康東陽今建州多哀族 **幽氏** 未[illegible]死[illegible]諡之以幽隱不欲彰之也幽氏見姓苑 **宣氏** 姬姓魯大夫叔孫僑如諡宣伯[illegible]風俗通云宋宣公之後也子姓後漢有司空宣鄭又漢年表有南安侯宣虎今望出汝南 **昭氏** 楚芊姓

云昭屈景楚之三族也鬻熊之後戰國時楚有大夫昭奚卹**襄氏**姬姓魯莊公子公子遂謚襄故曰襄仲子孫以謚爲氏**聲氏**姬姓蔡大夫聲子之後也公孫歸生字子朝故爲朝氏謚聲子故又爲聲氏**甯氏**秦甯公之後也漢有都尉甯昱又濟南都尉甯城**威氏**嬀姓風俗通云齊威王之後以爲田氏始王故其後以爲氏今望出南安**隱氏**姬姓吳志有廷尉左監隱蕃云魯隱公之後以謚爲氏考古之命謚凡人君遭弒虐而不明者不謂之幽則謂之隱隱蕃北海人又河間中尉隱哀或作河間太守隱翁**閔氏**謚也天折而死於不道者則謚之閔仲尼弟子有問損字子騫魯人望出太原又魯國宋登科有閔昌言閔數閔從周又開封有閔叔獻**簡氏**姬姓晉大夫狐鞫居之後也狐鞫居號續簡伯續邑也簡謚也漢有簡鄉蜀志簡雍善滑稽傳云幽州人本姓耿幽人以耿爲簡音訛**靖氏**風俗通單靖公之後以謚爲氏一云齊田氏之族靖郭君之後**懿氏**姜姓風俗通本齊懿公之後姚秦有吏部郎懿横**惠氏**姬姓周惠王支孫以謚爲氏戰國有惠施爲梁伯漢有交趾太守惠乘太僕惠根宋惠演舉進士第望出扶風琅邪又有惠敷惠柔時常州人惠厚下耀州人**厲氏**或作鄺姜姓風俗通齊厲公之後漢有魏郡太守義陽侯厲溫見功臣表吳志孫皓以孫秀奔魏改姓厲氏唐有厲歸眞善畫又光啟登科有厲自南今東陽多厲氏望出范陽宋登科有厲申開封人又有加邑者鄺靜嘉祐登科湖州人**獻氏**姬姓晉獻公之後也見風俗通戰國時有秦大夫獻則**孝氏**姜姓齊孝公支孫之後也**繆氏**音謬亦作繆亦作穆嬴姓秦繆公之後亦作穆漢書楚有穆生爲楚元王師亦作謬後漢獨行有謬彤宋登科有謬潛懷州人繆彥常州人**肅氏**舊云周文王之子郕叔之後以謚爲氏

臣謹按郕叔武未聞有謚此則周卿士成肅公之後也一云肅愼氏歸中國改爲肅氏梁有吳郡太守西豐侯肅正一

通志卷二十八

通志卷二十九

宋右迪功郎鄭樵漁仲撰

氏族略第五

臣謹按複姓者爲有重複之義兩字具二義也有王氏而又有叔有子所以別王氏之族有公氏而又有子有孫所以別公氏之義或以爵系別或以國系別或以族系別或以名氏別或以邑氏別皆本乎兩字之義所以別族是之謂複也後世虜姓多兩字而無兩字之義名雖同而實異耳

以爵系爲氏

王叔氏姬姓周襄王之子王叔虎之後也

王子氏姬姓周大夫王子狐王子臧父之後也漢有王子中同治尚書

王孫氏姬姓周大夫王孫滿之後頃王孫也衛有王孫賈楚有王孫由于漢書貨殖有王孫大卿陳留耆舊傳有王孫滑治三禮爲博士

公子氏春秋時列國公子之後

公孫氏春秋時諸侯之孫亦以爲氏者曰公孫氏皆貴者之稱或言黃帝姓公孫因亦以爲氏元祐登科有公孫尚漢州人

士孫氏漢書平陵士孫張爲博士揚州牧明梁邱易生仲徹長安令裔孫睦後漢弘農太守生瑞尚書令

以國系爲氏

唐孫氏祁姓堯之裔唐侯子孫仕晉號唐孫氏

室孫氏王室之孫也古有室孫子著書姓纂云今棣州有室孫氏

廖叔氏古飂叔安之後秦惠公有大夫廖叔

滕叔氏滕叔繡之後楚考烈時有滕叔辛

蔡仲氏姬姓蔡仲胡之後趙將有蔡仲其

齊季氏安姓齊襄公子季奔楚因氏焉世本魯有大夫齊季窺

以族系爲氏

仲孫氏魯公子慶父之後慶父曰共仲故以爲仲氏亦曰仲孫氏爲閔公之故諱弑君之罪更爲孟氏亦曰孟孫氏

叔孫氏魯公子叔牙之後叔牙與慶父同母慶父弑閔公故牙有罪飲鴆而死遂立公孫茲爲叔孫氏亦曰叔仲氏郎叔氏也又後魏乙旃氏改爲叔孫氏

臣謹按叔氏桓公子叔牙之後叔牙飲酖而卒季友爲之立後故以叔爲氏至於得臣則叔牙之孫也故爲叔孫氏

季孫氏魯公子季友之後也亦曰季氏

臧孫氏姬姓魯公子彊食邑於臧其後謂之臧孫

魚孫氏子姓宋公子目夷字子魚其後以魚孫爲氏

楊孫氏楊晉邑也其先有食於楊者猶臧孫然秦有下大夫楊孫氏始皇時楊孫皓

賈孫氏衛大夫王孫賈之後以去王室賈爲始祖後漢侍中賈孫瞻北海人

古孫氏姬姓王孫賈之後亦隨音改爲古孫氏見姓纂

福子氏齊大夫福子丹見國語

卷子氏姬姓衛文公之後也

以名氏爲氏國邑鄉附

士丐氏姬姓晉士氏之子士丐之後也

士季氏姬姓晉士氏之子士季生還濁爲士季氏見姓氏英賢傳

士蔿氏姬姓晉隰叔爲士氏之祖士蔿其子也爲晉士官故以爲氏

士吉氏姬姓晉士蔿生吉爲士吉氏

士貞氏穀梁晉康公支子士貞之後

士思氏古今人表晉有士思圭鄭有士思卜秦有將軍士思穆

伍參氏世本楚伍參之後支孫以爲氏國語楚昭王時有伍參蹇

胡非氏媯姓陳胡公後有公子非其後子孫爲胡非氏戰國有胡非子著書

闞書氏芊姓英賢傳云闞伯比之孫闞青仕晉因氏焉

伯宗氏世本晉孫伯起生伯宗因氏焉

祁夜氏英賢傳祁大夫之後後漢龍驤將軍祁夜豐

闞彊氏芊姓世本若敖生闞彊因氏焉

闞班氏芊姓世本闞彊生班因氏焉

臣謹按世本世系及名氏多與春秋公子譜不同譜中自無闞彊惟有闞般又闞穀於菟之子若敖之曾孫也

魏彊氏姬姓魏武子支孫莊子快生彊爲魏彊氏

巫咸氏商卿也其後氏焉

匠麗氏姬姓左傳晉有匠麗氏漢功臣祝其侯匠麗舒

祝圉氏衛祝圉之後漢侍御史祝圉遒

臧會氏姬姓魯大夫臧會之後

韓嬰氏姬姓姓纂云晉韓宣子元孫也爲韓嬰氏

臣謹按世譜韓宣子元孫無名嬰者惟韓襄王太子嬰

韓言氏姬姓世本晉韓厥生無忌無忌生襄襄生子魚爲韓言氏

韓厥氏姬姓韓獻子厥支孫氏焉

韓籍氏姬姓晉韓起之子字叔禽爲韓籍氏

韓褐氏姬姓英賢傳云晉韓厥之後韓子云趙肅侯大夫韓褐胥居

孟獲氏呂氏春秋齊力人孟獲之後一云即宋猛獲也

史葉氏姬姓釋例云衛頃侯之後公子史食采於葉因氏焉左傳作史華

封具氏姬姓鄭公子具食采開封因氏焉鄭城父大夫封具狐人

精縱氏姬姓周平王子精別封縱邑因氏精縱

屠住氏芊姓英賢傳楚公子屠食采於住鄉因氏焉

邵皓氏晉有平陽從事邵皓宣邪

干已氏陳大夫干徵師食采於已因氏爲漢京兆尹干已衍

先穀氏晉國士氏之別族也厥叔初封于先故以爲氏

彭祖氏彭姓也陸終氏之子支孫氏焉

熊率氏芊姓左傳衛大夫熊率且比之後

熊相氏芊姓英賢傳楚熊相宜僚之後懷王時將軍熊相祁

以國爵爲氏邑爵附

夏侯氏姒姓夏禹之後至東樓公封爲杞侯至簡公爲楚惠王所滅弟他奔魯悼公以他夏後受爵爲侯因氏焉後去魯之沛分沛立譙遂爲郡人漢有太僕夏侯嬰又有夏侯始昌生勝宋朝建隆初夏侯晃登科後又有夏侯嶠夏侯嘉貞

柏侯氏柏成子高堯時諸侯也因氏焉漢有尚書令柏侯奮管甯從柏侯子安受春秋子安南陽人

韓侯氏周宣王時韓侯支孫氏焉

屈侯氏屈舊國也風俗通魏賢人屈侯鮒史記漢有郎中令屈侯穆

羅侯氏羅君之後也支孫氏焉其國在宜城山中後遷枝江晉中山王司馬服妃蜀郡羅侯氏

白侯氏白楚邑也白舊侯國楚人取而邑之後漢尚書郎白侯攜吳志白侯子張

莒子氏嬴姓春秋時楚滅之子孫以莒子爲氏

戎子氏戎子駒支之後此允姓之戎也而姓纂謂姜姓

舒子氏偃姓僖公三年徐滅之子孫氏焉

滑伯氏姬姓舊河南緱氏縣即其地今廢爲鎮隸偃師

葛伯氏嬴姓夏時諸侯爲商所滅子孫因以爲氏許州鄢城北三十里有葛伯城

息夫氏媯姓風俗通息公子邊爲大夫因氏焉漢有光祿大夫息夫躬世居河內河陽

以邑系爲氏邑官附

原伯氏左傳周原伯絞之後因氏焉今澤州沁水有原城晉孝公時有原伯盡見英賢傳

溫伯氏周邑也其地在河陽縣溫西南

召伯氏周邑也召公食采之地姓纂云左傳召伯奐之後

申叔氏楚大夫申叔侯食邑于申此申叔時之後也

沂相氏英賢傳云魯沂大夫爲相因氏焉漢侍御史沂相封

甘士氏周甘平公爲王卿士因氏焉

以官名爲氏官氏附

師宜氏後漢有師宜官南陽人善隸書

師延氏宋有大夫師延宜其先掌樂職

師祁氏左傳楚有師祁黎漢有郎中師祁磐

尹午氏楚大夫敖尹午之後又楚有大夫尹午子叔

呂相氏秦相呂不偉本陽翟賈人子孫以貴氏焉

史晁氏世本衛史晁之後

侍其氏漢廣野君酈食其曾孫賜以食其爲氏元孫武平帝時爲侍中改爲侍其焉宋朝雍熙登科有侍其顯皇祐登科有侍其瑋嘉祐登科侍其端並開封人

以邑謚爲氏

苦成氏 姬姓郤犨別封於苦爲苦成子潛夫論苦成城名在鹽池東北然此城因苦成子之封而得苦成城之名其實成謚也

古成氏 風俗通苦成之後隨音改焉有廣漢都尉古成雲姚興給事中黃門侍郎古成詵又將軍古成和晉袁宏集有南海太守古成彪唐開元雲陽尉古成夔

庫成氏 風俗通云本苦成方言音變爲庫成敦煌實錄石趙奉車都尉庫成遮生濟大夏令又郎中庫成佇廣平太守庫成防從孫植

臧文氏 姬姓魯大夫臧文仲之後

丁若氏 姜姓風俗通齊丁公子懿伯食采於若因氏焉晉遂興令丁若堅高密人

以謚氏爲氏

鬻子氏 出楚鬻子觀起之後芈姓楚有大夫鬻子班鬻即僖子

共叔氏 姬姓鄭武公之子共叔段之後

惠叔氏 姬姓魯大夫孟惠叔之後漢有尚書惠叔儉

顏成氏 曹姓邾婁顏之後有謚成者其後以爲氏莊子有顏成子游

士成氏 莊子有士成綺

尹文氏 世本齊有尹文子著書五篇

鬬文氏 姓纂云楚若敖生鬬文子因氏焉

武仲氏 姬姓臧武仲之後也

以爵謚爲氏

成公氏 姬姓衞成公之後以謚爲氏

成王氏 芈姓楚成王之後漢中郎成王弼

代北複姓

長孫氏 出自拓跋鬱律生二子長曰沙莫雄次曰什翼犍即後魏道武皇帝祖也後魏獻帝拓跋與降七分國人以兄弟分統之沙莫雄爲南部大人後改名仁號爲拓跋氏至孝文帝以拓跋爲皇枝之長改爲長孫氏以與降長兄爲紇骨氏次兄普氏改爲周氏帝拓跋氏改爲元氏次兄爲達奚氏次兄爲伊婁氏改爲婁氏次兄敦邱氏改爲邱氏次兄俟氏改爲万俟氏又叔父之後乙旃氏改爲叔孫氏疏屬車焜氏改爲車氏是爲十姓

臣謹按北朝之制雖文采不足而古道猶存觀武王得天下封同姓五十國而兄弟之國十有六今獻帝十姓而七分兄弟其國豈非成周之道乎元魏之起甚微其後盛彊奄有中原垂百六十載豈無所自而然

万俟氏 後魏獻帝季弟之後獻帝七分國人與兄弟統領之是爲十姓官氏志云万俟氏中間失譜大平興國登科有万俟湘政和二年登科乃有丞相万俟卨望出開封

宇文氏 本出遼東南單于之後有葛烏兔爲鮮卑君長世襲大人至普迴因獵得玉璽自以爲天所授鮮卑謂天子爲宇文因號宇文氏或云神農氏爲黃帝所滅子孫遁居北方以神農有嘗草之功北俗呼草爲俟汾音訛爲宇文普迴子莫那自陰山徙居遼西至後周追謚獻侯獻侯生可地汗號莫何單于闢地西出玉門東踰遼水六世孫失豆歸自稱大單于爲慕容皝所滅生拔拔瓌陵拔拔瓌陵後周所承也西魏還豪傑於代都故陵徙居代州武川瓌即安化化政清河南安四公子所承也

慕容氏 高辛少子居東北夷後徙遼西號鮮卑國于昌黎棘城至涉歸爲鮮卑單于自云慕二儀之德繼三光之容或云冠步搖音訛爲慕容初慕容氏破後種族仍繁後魏天賜末頗忌而誅之時有免者皆以輿爲氏延昌末詔復舊姓而其子女先入掖庭者猶號慕容多於他族元豐登科有慕容彥達

慕輿氏 即鮮卑慕容氏音訛又爲慕輿前燕錄有將軍慕輿虎領軍慕輿根御史中丞慕輿干司徒慕輿拔虎生常侍中零陵公居昌黎

慕利氏 後魏有吐谷渾主慕利延與慕容氏同祖

豆盧氏 本姓慕容燕主廆弟西平王慕容運孫北地王精之後入後魏北人謂歸義爲豆盧道武因賜姓豆盧氏天禧登科有豆盧若

獨孤氏 本姓劉氏北蕃右賢王之後其先尚公主因從母姓劉氏後漢度遼將軍劉進伯擊匈奴兵敗被執囚之孤山下生尸利單于以爲谷蠡王號獨孤部尸利六世孫羅辰從後魏孝文徙洛陽爲河南人初以其部爲氏姓纂云後魏代北有三十六部有伏留屯爲部大人居於雲中和平中以貴人子弟鎮武川因家焉伏留屯之後有俟尼生庫者後魏司空生信又高賓自高麗歸賜姓獨孤氏又獨孤楷本姓李氏也

達奚氏 後魏獻帝第五弟之後爲十姓遠祖長甯公革生司空斤亦單姓奚氏與于婁賀劉尉爲北人八族斤元孫武後周太保大冢宰鄭國公

賀蘭氏 有紀伏者與後魏俱起爲賀蘭莫何弗因以爲氏其後鎮武川因家之後生庫者

賀若氏 代居元朔隨魏南遷北俗謂志正爲賀若因以命氏孝文時代人咸改單姓惟賀若氏不改遠祖達羅安樂王

爾朱氏 其先契胡部落大人世爲酋帥居爾朱川因以爲氏後魏有爾朱羽健從駕平晉陽定中山有功割秀容三百里封之以爲世業

赫連氏 劉去卑之後也去卑獨孤氏之祖也勃勃僭帝號稱夏都朔方自云赫赫連天因以爲氏二主共二十五年

賀拔氏 與後魏同出陰山世爲酋長北人謂地爲拔言總有其地而人相賀因以爲氏

尉遲氏 與後魏同起號尉遲部如中華之諸侯國孝文改爲尉遲氏崇甯登科有尉遲繹雛州人

屈突氏 本居元朔後徙昌黎孝文改爲屈氏至西魏復本姓

斛律氏 代人世爲部落統帥號斛律部因爲氏焉

斛斯氏 其先居廣牧世襲莫弗大人號斛斯部因氏爲

賀婁氏 代人本居漢北以國爲氏孝文改爲婁氏

伊婁氏 後魏獻帝與隣第六弟爲伊婁氏爲十姓見官氏志

庫狄氏 鮮卑段疋磾之後避難改姓庫狄居代後還中夏

若干氏 出自代北以國爲氏

呼延氏 匈奴四族有呼衍氏入中國改爲呼延氏又有呼衍氏見匈奴傳宋太平登科有呼延遇大觀有呼延次升壽春人呼延範邠州人

拓王氏 狀云本姓王樂浪人遠祖羆後魏伏波將軍鎮武川賜姓拓王氏

乙弗氏 前燕有高麗王乙弗利後魏書云代人世統部落太武時乙弗疋知隨魏南遷遂爲河南人孝文改爲乙氏又有乙弗根周有乙弗鳳

薩孤氏 代人隨魏南徙

紇骨氏 後魏獻帝兄紇骨氏爲十姓見官氏志居代北

邱敦氏 後魏獻帝弟爲邱敦爲十姓孝文改爲邱氏

綦連氏 代人號綦連部即以爲氏史家謂其先姬姓六國末避亂出塞保祁連山因以山爲姓北人語訛故曰綦連

是連氏 自代北隨魏南徙

可達氏 代北武川人隨魏南徙

叱利氏 一云明列西部大人世爲酋帥後魏初各依舊號爲叱利氏後周改爲利氏

拔也氏 與斛律同祖爲拔也部因氏焉

叱干氏 代人後魏獻帝定姓爲叱干氏居武川

乙干氏 代人隨魏南徙

屋引氏 本居元朔隨魏南遷孝文改爲屋氏唐洪仁府統軍屋引豐生封渭原縣公貫整屋

賀遂氏 晉州稽胡晉初賜姓呼延居西州後魏正始中呼延勸爲定州刺史於定陽鎭賜姓賀遂氏因住南汾州作城縣音訛者又爲賀悅

拓跋氏 後魏書云黃帝子昌意之後受封北土黃帝土德王北人以土爲拓后受爲跋號拓后跋氏後從省爲拓跋孝文帝遷都洛陽改爲元氏唐開元後有右監門大將軍西平公靜邊州都督拓跋守寂亦此蕃也孫乾暉銀州刺史姪澄峴任銀州刺史

沮渠氏 本臨松盧水胡人其先爲匈奴官號沮渠因氏焉吳有沮渠萬年爲張掖王晉末沮渠蒙遜僭稱西河王號北涼都張掖二主三十九年爲後魏所滅也

秃髮氏 西河鮮卑也與後魏同出聖武帝詰汾長子疋孤神元時率其部眾徙河西六代孫樹機能據有涼州其族孫思復鞬生烏孤僭號西平王稱南涼都廣武弟利鹿孤傉檀三主十八年爲乞伏熾磐所滅傉檀之子賀歸魏太武賜姓源氏

乞伏氏 乞伏國仁本鮮卑乞伏部酋帥也晉孝武時僭號西秦王大單于弟乾歸生熾磐熾磐生慕末四主四十七年赫連勃勃滅之見載記宋端拱登科有乞伏矩

折婁氏 本鮮卑隨魏南徙

谷渾氏 吐谷渾歸化因氏爲

素和氏 鮮卑檀石槐之支裔後魏有尚書素和跋弟毗又將軍素和突後魏書云以本白部故號素和孝文改爲和氏

吐萬氏 代人世爲部落酋帥也

車焜氏 後魏獻帝命疏屬爲車焜氏繫十姓之列孝文改爲車氏

車非氏 後魏獻帝次兄爲普氏孝文改爲周氏至金水公搖周閔帝賜姓車非氏

紇干氏 代人孝文改爲干氏

乙旃氏 後魏官氏志獻帝命叔父之裔爲乙旃氏是爲十姓見長孫氏譜孝文改爲叔孫氏

可頻氏 周書王雄傳云太原人唐貞觀志云代人雄涇州總管庸國公西魏賜姓可頻氏生謙周益州總管阻兵爲隋文帝所滅宋朝建中中藍田尉可頻瑜其後也

仇尼氏 後燕錄有榮州刺史洛陽公仇尼倪

賀悅氏 即賀遂氏之訛也姓纂云今關西有此姓

徒何氏 周書柱國太尉李弼賜姓徒何氏

谷會氏 官氏志改爲谷氏後有谷會琨

大野氏 後魏末南青州刺史大野拔都督大野況周書閻慶賜姓大野氏後魏龍驤將軍謝懿賜姓大野氏孫孝

政孫僻有詞賦並行於世 拔略氏 後魏官氏志拔略改為蘇氏賀拔勝傳有都督拔略昶 侯利氏 後魏疋孤之後猶中國方伯也 侯元氏 改為元氏 侯幾氏 改為幾氏 侯力氏 改為鮑氏 俟奴氏 改為俟氏 賀魯氏 改為周氏 賀葛氏 改為葛氏 賀賴氏 南燕有徐州刺史賀賴盧 賀兒氏 改為兒氏 是婁氏 改為高氏 是賁氏 改為封氏 是云氏 改為是氏西魏有是氏開府是云寶 是奴是 改為是氏 叱利氏 改為利氏 叱門氏 改為門氏 叱呂氏 改為呂氏 叱李氏 改為李氏 叱盧氏 改為祝氏 宥連氏 改為雲氏 費連氏 改為費氏 叱羅氏 改為羅氏西魏有柱國叱羅協 叱奴氏 改為狠氏西魏開府叱奴興周文帝叱奴后生武帝又光祿大夫叱奴祐 出連氏 改為畢氏西秦錄乞伏國仁之先如弗與出連斯引叱盧三部自漢北出陰山有丞相出連乞都尉雍州刺史出連本右僕射出連虔右輔將軍出連高明 費羽氏 改為羽氏 黜弗氏 改為弗氏 莫盧氏 改為盧氏 莫輿氏 改為輿氏 莫者氏 西秦錄有右衛將軍莫者羖羝西安太守莫者幼春尚書郎莫者阿胡 莫侯氏 西秦錄有南涼州刺史莫侯弟眷 蓋婁氏 改為婁氏 疋婁氏 改為婁氏後魏疋婁內干女為齊神武皇帝高歡后生文宣等三帝詳見婁氏 悅力氏 後魏有謁者悅力延 勅力氏 後魏高車別帥勅力鍵 倍利氏 斛律部別帥倍利奔後魏封孟都公 多蘭氏 後魏初多蘭部大人因氏焉 賀術氏 後魏初賀術部居賀術山因氏焉 吐奚氏 後魏吐古弼大夫本姓吐奚名華後魏司徒賜姓古名弼 越勒氏 後魏有越勒部因氏焉 尒綿氏 改為綿氏後魏蠕蠕渠帥尒綿他拔來降 溫孤氏 代人改為溫垂拱中有溫孤元軌 解毗氏 改為解後魏高車別帥解毗莫弗幡豆達 牒云氏 北齊營州刺史漢中公牒云樂 護諾氏 後魏西河胡護諾于內附 鐵伐氏 赫連勃勃以其本宗支庶非正統者並為鐵伐氏 胡掖氏 禿髮思復鞬娶胡掖氏生烏孤 木易氏 後魏有木易于為多蘭部帥 者舌氏 本康居國人朝後魏因留中國 尸逐氏 姓氏英賢傳云南匈奴尸逐鞬裔孫降漢因氏焉 何柰氏 匈奴單于之裔歸漢為何柰氏晉幽州牧王浚有將軍何柰彪 先賢氏 匈奴單于從兄日逐王先賢撣漢元時降漢封歸德侯生富昌傳封三代 唯徐氏 按史記景帝時有容成侯唯徐盧 呼毒氏 漢武帝時匈奴王呼毒尼降封下摩侯傳封三代 渠復氏 漢武帝時屬國騎渠復累封昆侯傳子紹 植黎氏 後魏有蠕蠕別帥植黎勿地來降 奇斤氏 蠕蠕別帥歸中國後改為奇氏 茹茹氏 其先蠕蠕種類為突厥所破歸中國後魏蔚州刺史高平國茹茹敦生愼周甯州刺史洋公生師寶海寶師寶隋車騎大將軍安次公生盛壽海寶唐右屯衛大將軍 吐賀氏 後魏有吐賀眞 吐突氏 唐有中官右監門大將軍吐突承璀 紇單氏 改為單唐有日者紇單瑶 悉居氏 古西掖國人也 麗飛氏 與荔菲同承 吐門氏 改為門氏 吐難氏 改為山氏 渴單氏 改為單氏 阿單氏 改為單氏 渴侯氏 改為緱氏 統萬氏 改為萬氏 統稽氏 改為稽氏 悉雲氏 改為雲氏 安遲氏 改為遲氏 輾遲氏 改為展氏 烏蘭氏 改為烏氏 副呂氏 改為呂氏 柯拔氏 改為柯氏 溫盆氏 改為溫氏 祕邦氏 改為邦氏 如羅氏 改為羅氏 邸林氏 改為邸氏 如稽氏 改為綴氏 鐵弗氏 改為弗氏 薄奚氏 改為奚氏 紇奚氏 改為紇氏 達奚氏 改為褒氏 口引氏 改為寇氏 須卜氏 改為卜氏 烏丸氏 改為桓氏 可地氏 改為延氏 沓盧氏 改為沓氏 茂眷氏 改為眷氏 去斤氏 改為艾氏 菟賴氏 改為就氏 素黎氏 改為黎氏 庫門氏 改為門氏 可沓氏 梁日南王可沓振 醜門氏 西魏將軍醜門弟子 庫汗氏 唐貞元范陽判官殿中御史庫汗勤 婆衍氏 見複姓錄 若久氏 後燕步其校尉若久和 宿勤氏 後魏賊帥宿勤明達 地倫氏 見複姓錄 武都氏 西秦錄有武都氏 普屯氏 周書辛威賜姓普屯氏 折掘氏 南涼錄禿髮傉檀立折掘氏為皇后 普盧氏 改為普氏 達步氏 周文帝妃達步氏生齊王憲茹茹人 斯引氏 西秦錄乞伏氏與斯引氏自漢北出陰山 叱盧氏 乞伏與斯引出連叱盧三部至隴西

郁朱氏 鮑俎氏 鵠也氏 渠金氏 軍車氏 吐雷氏 駱雷氏 吐粟氏 都車氏 生耳氏 薄野氏 鵠奚氏 九盧氏 荷嘗氏 李蘭氏 默容氏 三種氏 吐火氏 吐和氏 屋南氏 鵠野氏

已上二十一姓見複姓錄並不詳所出

契苾氏 九姓迴鶻匈奴苗裔後魏謂之高車亦曰勅勒周隋又曰鐵勒居金山之陰獨洛河北其一曰契苾部號榆溪州唐右驍衛大將軍涼國公契苾何力改號賀蘭都督生明光貞觀中賀蘭都督司膳少卿會孫演貞元中檢校郎中河中元帥判官 阿跌氏 九姓阿跌部為雞田州都督唐單于都護振武節度使兼御史大夫阿跌光進元和二年詔賜姓李名光顏陳許節度使 僕固氏 九姓僕固部為金州都督或號僕固廣德中中書令朔方節度大甯郡王僕固懷恩叛逆與子瑒並誅死 高車氏 即九姓迴鶻種類也入中國者號高車氏後魏有高車或如 哥舒氏 突騎施本號西突厥首領有哥舒部因氏焉唐左清道率哥舒沮世居安西生道元安西副都護生翰天寶左僕射平章事西平王東討先鋒兵馬副元帥生曜晃晧曄曜檢校工部尚書東都汝州節度使生峘大理主簿晧試太常卿兼御史中丞雎廣州刺史御史大夫 執失氏 北番酋帥有屈密支頡利發姓執失氏生思力唐左驍衛將軍定襄州都督駙馬尚高祖女九江公主生紹德紹宗歸仁歸眞 舍利氏 北番酋帥舍利部大人因氏焉龍朔中左威衛大將軍舍利阿博會孫葛旃兼御史大夫賜姓李氏名奉國從父弟澄左神武大將軍 沙吒氏 北番酋帥也神龍左驍衛大將軍鄉國公沙吒義 沙陁氏 西北番突騎施首領也神龍右驍衛大將軍蒲州都督張掖公沙陁金山開元左羽林大將軍永青郡王沙陁輔國左金吾大將軍同正酒泉公沙陁盡忠 蘇農氏 貞觀左屯衛將軍穀州刺史蘇農泥孰亦北蕃歸化 似和氏 開元左威衛大將軍赤水軍副使武威公似和舒 跌跌氏 北番首領 大拔氏 突騎施首領開元左武衛大將軍燕山王大拔石失畢生歸仁襲燕山王 啜剌氏 突厥首領長壽中司僕卿同正楡林伯啜剌眞生元崇左威衛將軍同正樓煩男生瓌尚永壽奉御

已上十四姓並唐朝歸附

關西複姓

鉗耳氏 西羌人狀云周王季之後為虔仁氏音訛為鉗耳姓氏英賢傳曰本胡姓梁天監初有鉗耳期陵自河南歸化父同祖光並仕隋為三品 莫折氏 本西羌世居渭州襄武縣 荔菲氏 西羌種類也隋有荔菲雄澤州人伏誅唐彭州刺史荔菲某生寶應節度荔菲元禮甯州人 彌姐氏 後秦冠軍大將軍彌姐婆觸遼東侯彌姐要地立節將軍彌姐威後魏末都督彌姐元進夏州酋望也唐右領軍延州刺史彌姐長通 夫蒙氏 西羌人後秦建威將軍夫蒙羌命姓纂云今同蒲二州多此姓或改姓為憑 攜蒙氏

已上西羌人不詳所出

昨和氏 屈男氏 罕井氏 詹步氏 同蹄氏 彡且氏 彡音陝且音子且反今合二字為查音陝唐上元中有左金吾大將軍隴西節度查復弟震實 不蒙氏 音夢西羌人後魏書不蒙娥使內侍 咄咥氏 上音野下音秷

諸方複姓

夫餘氏 風俗通吳太子夫槩王奔楚餘子在吳以夫餘為氏百濟國王夫餘寬生璋號帶方郡王生義慈唐拜帶方郡王金紫光祿大夫生隆熊州都督帶方郡王生文宣司膳卿左衛大將軍樂浪郡公 黑齒氏 百濟西部人也唐左武衛大將軍燕國公黑齒常之 鬼臾氏 百濟之夫餘音似轉為鬼臾氏 先氏 本高麗餘種也唐武德中右驍衛大將軍似先英聞 朝臣氏 日本國使人朝臣眞人唐長安中拜司膳卿同正副使朝臣大父拜率更令同正 瞿曇氏 西域天竺國人唐司天監瞿曇謙子晏為

冬官正

鳩摩氏 晉西域天竺人鳩摩炎世爲國相生羅什爲僧入中國

佛圖氏 晉書佛圖澄天竺高僧也本姓白氏永嘉中至洛

迦葉氏 西域天竺人唐貞觀涇原大將試太常卿迦葉濟

鄯善氏 西域人以國爲氏

烏氏氏 音之西域人

焉耆氏 西域人

且末氏 西域人

昭武氏 康居人

波斯氏 西域人

代北三字姓

侯莫陳氏 其先後魏別部居庫斛眞水周書云武川人世爲渠帥隨魏南遷號侯莫陳氏

破六韓氏 其先代人隨魏南遷

乙速孤氏 代人隨魏南遷

可朱渾氏 自出代北又居懷朔隨魏南遷

步大汗氏 出自塞北遷中土

郁久閭氏 後魏神元時掠騎獲木骨閭北方言青首禿也自云匈奴之甥車鹿會有部衆聲訛爲郁久閭氏魏帝號之爲茹茹或爲蠕蠕

步六孤氏 代北人後魏有步六孤眞爲長安鎭將孝文改爲陸氏

邱穆陵氏 代人孝文改爲穆氏

紇豆陵氏 代人孝文改爲竇氏

沒鹿回氏 紇豆陵氏本沒鹿回部大人或爲沒鹿氏孝文改爲竇氏

莫多婁氏 代人隨後魏遷洛陽

莫那婁氏 代人後魏中山太守高邑公莫那婁題後無聞

莫胡盧氏 代人孝文改爲陽氏

莫且婁氏 代人

莫侯盧氏 代人

阿史那氏 夏氏之裔居兜牟山北人呼爲突厥窟歷魏晉十代爲君長後屬蠕蠕阿史那最爲首領後周末遂滅蠕蠕霸彊北土蓋百餘年至處羅蘇尼失等歸化號阿史那唐開元更爲史氏並巳見史官氏長安右衛大將軍賓國公阿史那忠節左驍衛大將軍阿史那大節貞元神策將軍兼御史大夫阿史那思諫並其支族貞觀內屬有阿史那社爾乃突厥可汗之次子十年入朝授左驍衛大將軍生道眞左屯衛大將軍又有阿史那忠乃蘇尼失之子也擢右驍衛大將軍宿衛四十八年無纖毫過失人比金日磾

阿史德氏 突厥始畢可汗之裔別號阿史德氏通天宮賓卿瀚海侯阿史德元珍右武衛大將軍阿史德覽並其後也

阿伏干氏 改爲阿氏

乙那婁氏 改爲婁氏

斛瑟羅氏 改爲羅氏

步鹿孤氏 改爲鹿氏

普陋茹氏 改爲茹氏

可地延氏 改爲延氏

拔列蘭氏 改爲梁氏

阿鹿桓氏 改爲桓氏

宿六斤氏 改爲宿氏

烏落蘭氏 改爲蘭氏

破多羅氏 改爲羅氏

庫若干氏 改爲干氏

白揚提氏 後魏有白揚提度汗吐谷渾別帥率戶附魏止

吐谷渾氏 魏晉之際鮮卑慕容廆兄吐谷渾率部落止青海之西國號吐谷渾或有歸中國因氏焉

叱伏列氏 周書云代郡西部人其先爲第一領人酋長周侍中常州刺史長樂公叱伏列龜生椿幽州刺史

庫傉官氏 改爲庫氏前燕錄有岷山公庫傉官泥生津後燕太師安定王又有西河公庫傉官驥大司農庫傉官乾

勿忸于氏 官氏志云改爲于氏疑與万紐于同

普六茹氏 周書揚忠賜姓普六茹疑與普陋茹同茹或作如

樹若干氏 改爲樹氏

扈地干氏 改爲干氏

侯伏斤氏 改爲斤氏

地駱拔氏 改爲駱氏

郁原甄氏 改爲甄氏

若口引氏 改爲冠氏

費也頭氏 與費野頭同

破落那氏 大苑之後改爲那氏

沒路眞氏 改爲路氏

譬歷辰氏 代人改爲辰氏

溫石蘭氏 改爲石氏

烏石蘭氏 改爲石氏

紇突隣氏 改爲隣氏

骨咄祿氏 改爲祿氏

俟呂陵氏 改爲呂氏周賜韓眞姓俟呂陵

大莫干氏 周末尉迥將大莫干元章生後

大利稽氏 官氏志改爲稽氏周賜蔡祐姓大利稽

俟力代氏 改爲俟氏

大洛稽氏 改爲稽氏

俟伏斤氏 改爲伏氏疑與侯伏斤同

壹斗眷氏 改爲明氏

步鹿根氏 改爲步氏

獨孤渾氏 改爲杜氏

末那樓氏 後燕錄有裒城公末那樓富

奚什盧氏 官氏志改爲索盧氏

可足渾氏 前燕慕容儁皇后可足渾氏又有散騎常侍可足渾常後燕有新沒侯可足渾健生譚乎公

渴燭渾氏 改爲朱氏渴燭渾可足渾疑與可朱渾同而音轉矣

越質詰氏 後秦錄有北梁州刺史平襄公越質詰歸

阿逸多氏 西域人

突黎人氏 西域人

赤小豆氏 改爲豆氏

代北四字姓

自死獨膊氏 代人

井疆六斤氏 代人

平聲

臣謹按舊氏族家皆以聲類或以字別今之所修盡本所系故以國以邑以地以人以官以爵以姓以諡爲主其有不得所系者則莫爲之主遂從舊書從聲分韻云耳

東氏 舜七友東不訾之後望出平原

桐氏 神仙傳桐君爲盧著藥錄白日升仙

宮氏 虞大夫宮之奇後魏有宮延和唐有殿中侍御史宮志惲宋有宮詠登進士科第齊州人又有宮聲海州人

射氏 何承天姓苑云人姓

戠氏 見姓苑南唐叢鐇許昌人望出許昌

中氏 何承天纂要云漢少府中京

茙氏 見姓苑春秋茙律又河南官氏志茙眷氏改爲茙氏

蟲氏 漢功臣曲成侯蟲達

同氏 前涼錄有同善

充氏 急就章漢有充申仙人充尙之後見洞仙傳望出贊皇

翁氏 漢有翁伯販脂而傾縣邑唐有比部郎中翁義洛陽人一本作義恪富陽人五代有諫議大夫翁承讚莆田人

儂氏 音農邕州賊儂智高元豐登第符儂奭青州人

冬氏 前燕錄慕容皝左司馬冬壽

佟氏 北燕有遼東佟萬以文章知名

琮氏 宋登科琮師古開封人

從氏 七松切又如字漢將軍從成公望出東莞

松氏 見姓苑隋有松贇名士也望出東莞

邦氏 見姓苑

涳氏 去江切見何承天纂要

危氏 南唐將危全諷宋太常博士危佑姓苑云臨川多此姓今邵武最多累有登科者

馳氏 見姓苑

綦氏 姓苑云義興人後漢將軍綦儁望出河南又河南官氏志綦連氏改爲綦氏

慭氏 急就章有慭仁姓纂云高陽氏才子之後美其宜慈惠和因以爲氏以臣觀之無是理也

螯氏 後秦錄有螯

斯氏 姓苑云吳人吳志劉繇史從望出東陽與勃海南齊書東陽郡有斯氏

移氏 漢有弘農太守移良

脂氏 見姓苑魏志中散大夫脂習哭孔融者京兆人

之氏 見姓苑

其氏 漢功臣表有陽阿侯其石傳封六代又有

亓氏 古其字音其唐有亓志朱又有諸司使亓贇

時氏 齊有賢人時子著書見孟子新論有時農

遲氏 商賢人遲任望出太原東晉有湘東太守遲超

茨氏 後漢有桂陽太守茨充

治氏 平聲見何承天纂要

蘂氏 姓苑云淮南有此姓

雖氏 晉七輿大夫雖歡鄭有雖甥

衣氏 見姓苑

裴氏 音非左傳有裴豹漢有裴禹

希氏 三輔決錄有希海字子江

賁氏 音肥嬴姓風俗通秦非子之後漢功臣表賁赫告黥布反封期思侯

扶氏 漢有廷尉扶嘉河南官氏志乞扶氏改爲扶氏望出京兆河南

塗氏 風俗通漢有諫議大夫塗惲子貢治尚書宋登進士第有塗會

都氏 吳興人姓苑云都稽臨淄人又望出黎陽宋登科有都公琬又有都脫潭州人又都饒州人

區氏 音驅風俗通云歐治子之後有鄭中區博云有區景長沙人官至蒼梧太守今江南多此姓宋詠宜有區冊又廣州區傑登進士第又王僧孺請云河東

瞿氏 晉東海王越參軍瞿莊南太守瞿茂梁鎭北將軍高平松陽今平江府與溫州平陽有瞿氏宋登科瞿珣

俞氏 平聲又吐溜切古有俞跗漢有醫俞跗掾俞連前趙劉聰中常侍俞容唐天后時有俞文俊江陵人也今爲平聲之氏甚多望出河東河間司徒有

俱氏 南涼有鎭北將軍俱延唐宦者俱文珍開元有國學博士俱康碑頴川

衛氏 見姓苑江陵人

模氏 宋登科有模道成沅州人

呼氏 列仙傳有呼子先

雩氏 音呼姓苑云沛人

梧氏 見姓苑

軒氏 音呼纂要云人姓

辜氏 姓纂云詳所出按今泉州晉安有此姓

軲氏 音枯見字統

蒖氏 音消見姓苑

絢氏 宋登科有絢

如氏 望出吳郡桓譚新論有道人如子禮又有富人如氏漢書如淳

儲氏 後漢有大儒儲大伯又有儲氏唐開元汜水尉儲光羲潤州人有儲嗣宗登進士第

紆氏 後漢有紆始平紆遐

蘧氏 衛大夫蘧瑗字伯玉之後望出黎陽

琥氏 唐神功登科有琥抱朴望出豫章

沮氏 後漢射聲校尉沮儁論之

於氏 見姓苑唐

初宇文化及將於澄以魏州降今餘杭有之望出廣陵京兆 洙氏 宋登科有洙顔 渠氏 周大夫渠伯之後衞有渠孔漢有渠參封贊侯 疎氏 望出東海漢太子太傅疎廣廣兄子受世本有疎踦 束氏 晉書疎廣之後曾孫孟達避王莽亂自東海徙鹿山因去足為束氏望出南陽 初氏 見姓苑宋初房舉賢良方正熙甯登科初變密州人元豐初西美鄆州人初汝為登州人 鉏氏 左傳晉有力士鉏麑 虛氏 見姓苑 犀氏 史記秦有犀首 陡氏 即古隄字見姓苑 注氏 音珪望出南陽後漢大鴻臚注丹 毒氏 下珪反見纂要云人姓 嵐氏 下珪反梁有嵐閥 淮氏 見姓苑 棓氏 音裴漢書爰盎從棓生問占文穎曰秦末之賢士也 枚氏 六國時賢人枚被漢弘農太守枚乘望出淮陰 新氏 晉大夫新穆稚子之後見國語 眞氏 風俗通云漢有太尉長史眞祐西京雜記眞元菟善筭又百濟八姓其一曰眞望出上谷 頫氏 風俗通云漢有酒泉太守頫陽 欣氏 望出西河五代貞明登科有欣彪渤海人今臨海有此姓 仁氏 見姓苑出彭城 閻氏 姓苑廣下人 勤氏 風俗通晉有大夫勤成唐勤曾為縮陶尉 筋氏 見姓苑 芬氏 風俗通晉大夫芬賢見戰國策 言氏 孔子弟子言偃字子游望出汝南 垣氏 漢西河太守垣恭之南齊司馬垣歷生 湲氏 音袁出何氏纂要 蘇氏 見姓苑 鐔氏 見纂要 敦氏 陳留風俗傳敦氏姑姓之後急就章有敦倚 俾氏 牛坤切見纂要文 乾氏 居寒切見姓苑 端氏 譙氏 官氏 並見姓苑 莞氏 姓苑云吳人 但氏 平聲漢有西域都護但欽又濟陰太守但巴 籛氏 音牋姓苑云彭祖姓籛名鏗 雄氏 見姓苑 姍氏 古刪字姓纂云人姓 瞷氏 音閑濟南瞷氏豪族爲郅都所滅又前漢有宗氏瞷氏長安大豪也 間氏 見姓苑 馯氏 邱奸切前漢馯臂字子弓吳人治易 堅氏 見姓苑 全氏 祥符登科有全安石 肩氏 賢氏 並見姓苑 蜎氏 如字又狂兗切漢書藝文志有蜎子十三篇楚人也老子弟子名淵 涓氏 列仙傳涓子齊人 便氏 平聲漢有少府便樂成望出魯國 牽氏 見姓苑 延氏 見姓苑後漢有延岑又有延篤南陽人為京兆尹殺梁冀使者又河南官氏志可地延氏改為延氏 虔氏 風俗通云陳留虔氏黃帝之後又莊子有虔天根 吞氏 音天漢有吞景雲望出晉陽或作天者非 纆氏 藝文志纆子著書 銚氏 音姚 饒氏 見姓苑 部氏 出姓苑今開封有此姓望出太原 遼氏 何氏姓苑有遼氏 聊氏 望出潁川風俗通漢侍中聊蒼著書號聊子又有潁川太守聊某著萬姓譜 貂氏 見姓苑 超氏 漢有太僕超宮 胡氏 音雎左傳蔡大夫朝吾 麃氏 秦始皇將軍麃公漢有太守麃宣 膠氏 商末賢人膠鬲之後漢有膠蒼 蒿氏 見姓苑 桃氏 見姓苑 蛾氏 見姓苑左傳晉大夫蛾析之後後魏平東將軍蛾青蛾又音蝑 傰氏 音多又音朋漢南山盜傰宗 茶氏 徒加切蘇林云音琅邪之邪漢書江都易王傳有男

子茶悟 沙氏 見姓苑望出東莞姓纂云今東莞有沙氏風俗通晉有沙廣又百濟八族其一曰沙族又五代貞明登科沙承贊渤海人今吳興亦有此姓望出汝南 佘氏 音蛇從示唐開元有太學博士佘欽南昌人唐又有右司郎中佘珩祖文集附考功主事洛陽人宋登科佘贊洪州人佘剛衞州人佘赫巖州人 蛇氏 見姓苑姚萇蛇后南安人兄越湯為南安太守又有建武將軍蛇元望出鴈門 諸氏 音遮後漢洛陽令諸於吳郡人今吳郡有此氏 查氏 側加切望出齊郡宋登科雍熙有查盛待制查道新安人也 花氏 出姓苑唐有倉部員外郎花季睦宋有尚書郎花丹今望出東平 琅氏 姓苑云齊有琅過 相氏 音湘見姓苑 疆氏 晉大夫疆鉏後漢疆華又漢陽太守疆釋之並見風俗通 將氏 平聲石趙堂山太守將容見姓苑又有將先生出道語 芳氏 風俗通漢有幽州刺史芳垂敷 涼氏 魏志有太子太傅涼茂望出山陽 彊氏 望出丹陽與扶風姓苑云丹陽有彊氏前秦有將軍彊求北齊有彊諫後漢光武同舍生彊華汴云又作強其兩切宋登科有彊彌 印氏 漢公卿表御史大夫印祇 荒氏 鄉氏 當氏 喪氏 並見姓苑無定望 鄘氏 音荒一音廣姓苑云今臨淮有此姓望出廬江 杭氏 宋登科杭開饒州人 征氏 姓苑今淮南有此姓宋征復登科 旬氏 許橫切蜀錄關中流人旬琦旬廣 經氏 見姓苑晉太元中有經曠出還寃記望出苑陽 零氏 見姓苑 庚氏 唐太常博士庚季良 更氏 國語魏有更羸能虛弓落鴈 星氏 見姓苑南陽太守羊續娶濟北星重女見羊氏家傳 瓶氏 見姓苑風俗通有太子太傅瓶守 稱氏 漢元帝功臣有新山侯稱忠 登氏 後漢有左馮翊登道又將作大匠登豹蜀錄有關中流人始平登定望出始平南陽 縉氏 漢功臣表有縉賀 恒氏 風俗通楚大夫恒思公之後見世本漢有東安長恒裴子孫因居之望出東海 憂氏 見姓苑 尤氏 見姓苑宋尤鶴登進士第又有尤絢尤昱南翰人望出吳興 修氏 漢有左騎校尉脩炳不詳所出吳有合浦太守脩允臨川人又王太后外孫脩成子仲或為脩氏 鄒氏 古今人表有鄒無恤西京雜記公孫弘故人鄒長倩望出臨菑 秋氏 姓苑古有秋胡子宋中書舍人秋富望出天水 不氏 甫鳩切晉時有汲郡人不準發魏襄王冢得竹書科斗文者又姚興安遠將軍不蒙世 巷氏 音浮見纂要 猷氏 風俗通衞有猷康望出遼西 投氏 漢有光祿投調或言其先周郇伯出桓王伐鄭投先驅以策其後氏焉無是理也 摎氏 居求切一音留史記南越王趙嬰齊在長安時娶邯鄲摎氏女魏有河內太守摎尚漢功臣表有龍侯摎廣德 侵氏 望出扶風三輔決錄有扶風太守侵恭因居焉 鐔氏 音尋又音瑤漢有延尉鐔政後漢有鐔顯蜀志又有大常鐔丞望出廣漢今蜀中有此姓乃呼為蜡蜀音之訛也 欽氏 見姓苑 譙氏 姓苑陶侃母譙氏今南昌多此姓望出豫章 鹽氏 見姓苑望出北海魯國先賢傳漢北海相鹽津因居之 潛氏 望出臨川姓苑臨川有此姓宋潛有成登

進士第開封人又有潛時舉江陵人也 鍼氏 左傳魯大夫鍼巫鍼季 函氏 見姓苑漢南昌大守函熙 藍氏 望出中山戰國策中山太守藍諸宋有尚書郎藍丞端拱登科藍成務天聖藍畫今望出東莞汝南也

上聲

奉氏 重氏 隴氏 並見姓苑 闞氏 音鷲國語闞大夫之後也 起氏 見姓苑 侯氏 風俗通侯子著書六國時人又後魏獻帝次弟為侯亥氏後為侯氏又侯奴氏改為侯氏 被氏 呂氏春秋鄭有大夫被瞻風俗通漢有牂牁太守被條 弭氏 三輔決錄云王莽時有弭彊漢末新豐人弭仲叔亦見決錄望出新豐 紫氏 履氏 並見姓苑 鬼氏 古今人表鬼臾區 舞氏 宇氏 並見姓苑 萬氏 音矩前漢游俠傳有萬章急就章萬段卿又作楀詩謂楀維師氏 府氏 風俗通漢有府俚為司徒掾 鬴氏 郎金字見姓苑望出襄陽 栩氏 陳留先賢傳有栩氏又董賢傳有栩丹 序氏 禮有序點侍孔子點揚羅後漢有序淵 畢氏 見姓苑 處氏 漢書藝文志趙有辨士處子著書風俗通有處興為北海太守望出潁川晉有處桂又陳留相處就並潁川人後魏有處德又望出沛國 巨氏 漢有荊州刺史巨武望出平昌 仵氏 望出襄陽急就章仵終古今蕭田多此姓宣和六年仵頁翰登科大名府人 堵氏 又音者左傳有堵寇堵師叔堵俞彌鄭有堵狗堵汝父魏志張燕本姓堵 浦氏 晉起居注有尚方丞浦選宋有員外郎浦延熙望出京兆 圍氏 姥氏 亾古切 補氏 禮氏 見姓苑衞大夫禮孔後漢禮震受尚書於歐陽歙望出平原 邸氏 風俗通漢有上郡太守邸社北齊有行臺僕射邸珍中山曲陽人孫懷道唐右司郎中又居洛陽望出中山 洗氏 又音祿晉忠義傳有洗勁南海人 亥氏 戰國策晉有隱者亥唐河南官氏志侯亥氏改為亥氏望出河南 攺氏 秦有大夫改產 海氏 見姓苑 忖氏 齊有忖乙管仲訴之 茵氏 見姓苑 本氏 見姓苑 儁氏 才兗切漢有京兆尹儁不疑渤海人望出勃海平陽 棧氏 見姓苑魏志有棧潛望出任城 瑄氏 見纂要 憂氏 音綏晉有西中郎將憂情又寧州刺史憂靜望出荊州今江陵多此姓 寒氏 其偃切宋寒綏登進士第蜀人 圈氏 音倦羋姓風俗通楚箸熊之後望出陳留漢有圈稱撰陳留風俗傳又有圈宣明郭林宗傳有陳留人圈文宣 卷氏 音捲望出琅邪陳留風俗傳陳留太守琅邪卷基本圈氏因避仇去圈又有琅邪卷焉 充氏 宋登科充公序 典氏 風俗通魏志有校尉典韋多力者生滿望出陳留 犀氏 郎肇字戰國策趙有大夫犀賈 紹氏 見姓苑 表氏 見姓苑 考氏 見姓苑今開封有此姓 稻氏 見姓苑今為晉陵人 寶氏 見姓苑 我氏 六國時有我子著書 假氏 漢有假倉治尚書陳留人望出陳留 仉氏 音掌梁州有仉徵 仰氏 出姓

苑今新安吳興並有此姓宋紹興登科仰文蔚温州人望出汝南錢唐

養氏 楚有養由基孝子傳有養奮桒有養彭舒望出山陽

強氏 苻秦錄有強永強帛姚秦有強起強斌西陽侯強京並畧陽氐人唐兵部郎中強寶質孫修御史中丞其先畧陽氐人徙扶風望出扶風宋強至強浚明登進士第餘杭人又有強相如強公謙皆登第常州人望出天水

臣謹按彊強一字耳舊以為氏分二族兩音彊平聲強上聲後世無復上聲只作強字用平聲

鞅氏 見姓苑

象氏 見姓苑潁川望族今南昌多此姓

劚氏 畧養反見姓苑

仟氏 呼廣反今涇州有此姓

井氏 穆天子傳云周有大夫井利又左傳虞大夫井伯漢有司徒掾井宗後漢有井丹望出扶風南陽宋有尚書郎井淵又井亮功井宗元嘉祐六年登科灃州人又有井公南崇甯登科榮州人

永氏 見姓苑列仙傳有永石公

幸氏 望出南昌晉書術士幸靈唐幸南容並洪州人宋有幸白幸佑幸之武登進士第望出鴈門

杏氏 見姓苑

秉氏 漢有秉寬

省氏 宋有大夫省臧

猛氏 宋有猛獲望出城陽

鈄氏 天口切今臨海有此姓五代漢鈄滔為處州刺史

鈕氏 音紐又有紐氏東晉有鈕滔吳興人隋有鈕回以孝行稱宋登科鈕昌言永興軍人

守氏 見姓苑

楔氏 風俗通漢有楔宗為嬴長

醜氏 後漢袁紹傳有醜長

聚氏 側紂反又音鄒晉有聚籌今襄陽江南並有此姓

厚氏 見姓苑

後氏 五代有後贊為飛龍使今開封有此姓望出東海

部氏 見姓苑

審氏 漢辟陽侯審食其為左丞相沛人後漢末袁紹將審配望出魏郡

品氏 見姓苑

枕氏 姓苑云下邳人

檢氏 漢末勾章尉檢某見姓苑

儉氏 見姓苑

湛氏 後漢有大司農湛重晉荊州刺史陶侃母湛氏新淦人又有湛方宋有湛茂梁有司州刺史湛僧智唐有湛賁袁州人宋有尚書郎湛俞閩人望出新淦及豫章也

啖氏 亦作啗前秦有將軍啖鐵又啖助治春秋大歷水部郎中啖彥珍會昌進士啖鱗避武宗諱改為澹望出東河

昝氏 子感切何氏姓苑有昝氏蜀人也晉書桓溫將昝堅唐昝慎盈宋昝居潤為宣徽使望出太原彭城元祐登科有昝昌

覽氏 望出彭城

湳氏 乃感切見纂要

減氏 亦作咸漢有減宣為司隸校尉急就章有減罷軍或云丞咸氏之後望出汝南魯國今東海有此姓

檻氏 胡減切懷州人檻氏望出河內

範氏 宋登科範昱饒州人

去聲

統氏 見姓苑

鳳氏 神仙傳有鳳綱望出平陽部陽

祕氏 漢功臣表戴侯祕彭祖傳封七代西秦錄有僕射祕宣五代有祕瓊望出天水宋登科祕景儉眞定人

利氏 式言楚公子食采於利後以為氏利今之葭萌也漢有利幾又仙人利眞源漢陽人風俗通漢有利乾為中相又河南官氏志叱利氏改為利氏宋利概舉進士又有利璨登科英州人望出河南

義氏 漢有酷吏南陽太守義縱世居河東封岸頭侯蜀錄有上庸都尉義歆宋義稹登進士第近有義道人年百五十歲秦州人望出河東及平原

騎氏 去聲史記有燕將騎劫

匽氏 見姓苑望出盧江今廬州有此氏

類氏 出姓苑近為福州甯德尉類演宋登科類從道甯州人

貴氏 風俗通云陸終之後漢有盧江太守貴遷晉武帝才人常山貴氏生東海王越又有司空中郎將貴霸

尉氏 鄭大夫尉翩之後又音鬱

嘯氏 古氣字見纂要

意氏 見姓苑

謂氏 唐以前無聞宋太平興國登科有謂準

露氏 風俗通漢有上黨都尉露平

固氏 晉平公時有舟人固來

故氏 見姓苑

喻氏 又音樹望出南昌姓苑云南昌有喻氏東晉有喻歸撰西河記三卷又有論氏今喻氏多作論氏

布氏 風俗通趙有布子善相馬望出江夏晉陶侃別傳有江夏人布興

樹氏 姓苑云今河東有樹氏宋有諸司使樹滋近改作壹望出河南及河東又河南官氏志樹洛于氏改為樹氏

遇氏 風俗通漢有東安太守遇冲宋登進士第遇昌朝望出東莞

附氏 後漢段熲將附都魏志有附傳唐監察御史附得意上元登科有附不疑望出新平

務氏 堯時有務成子見易傳列仙傳務光夏時人

瓠氏 淮南子古有瓠巴善鼓琴

錯氏 音措宋有太宰錯居

據氏

住氏 並見姓苑

鑢氏 音慮又音盧楚大夫有鑢金

庶氏 子思之出母庶氏急就章有庶霸遂

絮氏 女據切又女居切漢書張敞傳有京兆捕賊掾絮舜謂敞為五日京兆敞殺之姓纂有去聲非是

桂氏 見風俗通望出燕郡天水漢有揚州刺史桂褒燕人唐永甯令桂仲武吳人宋桂軵登進士第

臣謹按後漢太守陳球碑陰有城陽炅橫被誅四子一守墳姓炅一避難徐州姓香一居幽州姓桂一居華陽姓炔四字並音桂字各九畫以避難也

香氏 一本作炅有香道元著與天公論今臨海有此姓及弘農號畧漢有衛尉香橫又有上計掾香景雲魏志呂虔傳有炅母

計氏 國語有計然為越大夫范蠡之師本葵邱濮上人姓辛字文子其先晉國亡公子也漢有司空掾計訓後漢有計子勳望出齊郡京兆宋有尚書郎計用章又有計良輔計有功登科並邛州人

棣氏 王莽時有司馬棣立

隸氏 古有隸首善算

制氏 漢初有制氏以雅樂聲律世在樂官

毳氏 見姓苑

蔕氏 亦作蠆王莽傳有中常侍蔕惲張細切又徒蓋切

稅氏 盛弘之荊州記云建平信陵縣有稅氏昔蜀王欒君王巴蜀王見廩君兵彊結好飲宴以稅氏五千人遺巴蜀廩君望出河間宋稅挺登進士第

藝氏

裔氏 並見姓苑古今人表有裔款

弊氏 左傳有弊無存

世氏 戰國時有秦大夫世鈞漢有九江尉世龍又世顧著子書

炔氏 漢書齊人炔欽治尚書

帶氏 六國時有帶他見姓苑

藹氏 去聲齊南海太守藹煥

沛氏 望出吳興

貝氏 宋貝實登科常州人

兗氏 見姓苑

佴氏 如代切晉山公集有佴湛

進氏 後漢有進延為小黃令見華嶠後漢書延或作儉

遴氏 古文吝字見纂要

慎氏 風俗通慎到為韓大夫著慎子三十篇晉有東陽太守慎修望出天水宋有給事中慎鏞又有慎錡祥符登科

靳氏 楚大夫靳尚漢有靳歙又汾陽侯靳彊後漢末范陽令靳先後燕錄有太史令厲門靳安唐金紫光祿大夫靳孝謨武功人吏部郎中靳常館陶人又居汝南今望出西河宋乾德登科有靳穎又有靳裁之潁昌人靳守中齊州人

貫氏 戰國策齊有貫珠漢初趙相貫高後漢西羌校尉貫友又博士貫長卿望出西河

冠氏 列仙傳有冠玉

爨氏 望出晉昌後漢河南尹爨肅見謝承後漢書蜀志交趾刺史爨琛建甯大姓也又有甯州刺史爨纘華陽國志爨習官至領軍昌甯大姓也

贊氏 出姓苑今開封有之

炭氏 西京雜記長安有炭虬

戰氏 後漢初戰兢為諫議大夫五代有戰貽慶登進士第

戀氏 漢有戀祕為南郡太守

賤氏 風俗通漢有右北平太守賤瓊又有賤虞

練氏 出姓苑今建安多此姓嘉祐登科記有練定

變氏

見氏

薦氏 並見姓苑

燃氏 女見切見纂要同州有此姓

淖氏 音鬧魯恭王有淖姬姓纂楚將淖齒

漕氏 漢書任俠漕仲叔西河人少子游亦以俠聞

好氏 火報切見纂要

耗氏 見姓苑

播氏 風俗通播武商末賢人

操氏 隋大業末鄱陽賊操天成自號元興王建元始興

舍氏 見姓苑

庫氏 音舍姓苑云人姓今天台括蒼有此姓

化氏 見姓苑

晉氏 音亞見纂要

斥氏 音柘蔡州有此姓

暢氏 陳留風俗傳有暢氏不詳所出齊有暢惠明撰論語義十卷宋暢造暢彥雄登科並河中人暢鈞河南人

伉氏 漢有中大夫伉喜晉有漢中太守伉嘉

抗氏 望出丹陽後漢泰山都尉抗徐世居丹陽

亢氏 出姓苑唐登科有亢潮京兆人又有五官正亢彰

曠氏 宋登科有曠提覃州人

相氏 去聲亦作平聲漢書武洛山出四姓其曰相氏姚秦有相雲作獵德賦世居馮翊望出西河

諒氏 後漢有洛陽令諒輔廣漢人

亮氏

益氏 並見姓苑

況氏 姓苑云盧江有此姓

湨氏 晉書永嘉中張平保青州為其下湨逢所殺

聖氏

性氏 並見姓苑

豆氏 後魏將軍豆大田

鏤氏 姓苑云今遼東有此姓

勾氏 舊去聲今作平聲蜀志左將軍宕渠侯勾扶巴西人今蜀川多此姓

富氏 周大夫富辰之後又魯大夫富父終生鄭有富子

繡氏 漢書游俠傳有繡君賓馬嶺人

救氏 風俗通漢有諫議大夫救父父或作仁

廄氏

灸氏

冑氏

舊氏 並見姓苑

就氏 見姓苑河南官氏志就頼氏改為就氏望出河南

禁氏 姓苑吳興

念氏 望出河南西魏太傳安定公念賢代人也生華合州刺史

入聲

澓氏 望出東海澓仲翁為漢宣帝師

木氏 端木賜後因避仇改為木氏晉文志有木華作海賦

為大傳楊駿主簿又有木梁著戰國策春秋二十卷見七錄又百濟八姓其五日木氏宋熙甯登科木炎開封人崇甯木輅温州人

沐氏漢有沐寵為東平太守狀云端木賜之後避難改為沐氏

谷氏有聞於漢宋登科谷大向大方並曹州人谷大忠興仁人谷椿衛州人

睦氏宋登科睦緯大名府人

瀟氏漢有鴈門太守瀟何

鵠氏望出東海

蕨氏望出晉陵

郁氏望出魯國國語云魯相郁貢子孫因居之今吳中有此姓又望出黎陽宋郁藻郁發登科皆浙人

束氏附平聲陳氏宋登科束向揚州人束長孺博州人束贊卿鄆州人

鎔氏子木切出彭城望

鄭氏於六切出姓苑

逯氏音綠風俗通漢大司馬逯並後漢有逯明廣平人唐夏官郎中逯仁傑河陽人望出廣平及河內又為綠氏綠圖顓帝師今或讀作祿字宋景祐登科逯昂逯湛元祐有逯勉大名府人

卓氏史記蜀郡卓氏本趙人以鐵治致富徙臨邛後漢太傳卓茂南陽宛人望出南陽西河

倔氏列仙傳有倔佺

濁氏漢書貨殖傳有濁氏賣脯

翟氏見風俗通

朔氏望出南陽

學氏

衞氏並見姓苑

暨氏音訖吳有尚書暨豔唐天寶有暨晃弟昱望出餘杭淛海又有暨善應盧陵人又暨佐時上元中准制改為周氏宋登科暨唐裔建州人暨商俊南雄人

悉氏古今人表悉清為神農師

帙氏見纂要

航氏古聿字見纂要

鬱氏見姓苑

尉氏音鬱亦作尉鄭有尉止尉翮古賢有尉繚著書號尉繚子又河南官氏志尉遲氏魏孝文改為尉氏近有朝請大夫尉大廉未知何許人宋初有尉昭敏為節度使又有尉春登科永靜人

弗氏音弼左傳有弗翰胡論語佛肸以中牟叛古今人表作弗肸

恤氏恤由之後也恤由之喪哀公使孺悲之孔子學士喪禮

鄭氏音弗漢有九江太守鄭修

厥氏漢文帝賜衡山王宮人厥氏姓苑云今京兆人

骨氏望出河南隋京兆郡丞骨儀官氏志紇骨氏改為骨氏南唐有歙州刺史骨言望出郃陽

髮氏漢有髮福東海人治詩

笪氏音妲今建州多此姓宋笪深舉進士建平人又有笪挨登科廣濟人

察氏

脫氏並見姓苑

羅氏又音兆晉大夫羅花

折氏常列切望出西河宋為大姓世守麟州猶古諸侯今端明殿學士折彥質

渫氏古有渫子賢人也見韓子

桀氏古隱者桀溺漢襄城侯桀龍

蘖氏望出東莞姓苑云東莞蘖本姓薛避仇改焉

齧氏莊子齧缺堯時賢人學於王倪

別氏姓苑云京兆人宋有別仝望出天水京兆

鐵氏隋有將軍鐵士雄宋有進士鐵南仲淮甸人

恪氏晉有郎中令恪啟望出陳留

佫氏音各

洛氏並見姓苑

薄氏風俗通衞賢人薄疑漢高帝薄夫人生文帝夫人弟昭封軹侯官至車騎將軍子戎奴嗣唐天寶中大理評事薄芬櫟陽人望出鴈門譙國宋太平登科薄賁皇祐薄洙并州人

錯氏姓纂云今溫州有此姓

矍氏唐有黃州刺史矍璋又四門博士矍參

鐸氏晉大夫鐸遏寇楚將有鐸椒漢藝文志春秋鐸氏微旨三篇風俗通漢有廷尉鐸政望出綘郡姓苑云今綘州有鐸氏

博氏風俗通漢有博子勞善相馬望出淮南廣平

暑氏姜姓吳志有暑統望出武陵

藥氏望出河內後漢南陽太守藥崧又有太尉掾藥廖蜀錄晉有牙門藥沖唐大歷有閑廐使兼御史大夫藥子昂生峯崙望出河內宋藥丕顯藥咸甯藥太元並登科

約氏韓子古賢人約續馬融妾約氏

直氏漢御史大夫直不疑封塞侯姓苑云楚人直躬之後

食氏望出河南風俗通漢有傳士食子通河南人

敕氏音棘望出遼東後燕合浦公敕勃東夷人

墨氏孤竹君之後有墨台墨翟望出梁郡

勒氏晉鎮南將軍王歆騎督勒滿討張昌於隨郡

植氏姓纂云南越有此姓

特氏左傳晉大夫特宮望出平昌

錫氏錫疇之後也漢末有交趾太守錫光後梁有錫休為益州刺史望出樂安

壁氏齊有壁司徒

休氏古瀚字見纂要

夕氏後漢巴中渠帥有夕氏巴郡七姓三曰夕蜀志有尚書令夕斌

室氏見姓苑唐朝廣相室昉歸明為諸衞將軍

赤氏風俗通帝嚳師赤松子之後見神仙傳

辟氏左傳有辟司徒漢書富人辟子方

笮氏側伯切亦作笮吳志漢中有笮融丹陽人風俗通楚有笮倫今吳郡有此姓

適氏見姓苑

麥氏姓苑云高要始興有此姓隋有麥鐵杖始興人官至萊州刺史右屯衞大將軍今望出汝南宋登科麥致遠廣州人

帛氏姓苑云吳郡人漢五威將軍帛敞後漢有帛宣神仙傳有帛和晉有高僧帛道佺

益氏今望出城陽馮翊

革氏漢初功臣有責棗侯革朱望出清河

澤氏見姓苑

給氏見姓苑

集氏風俗通漢有外黃令集一

襲氏晉有隱士襲元之南史有襲蔿

蓋氏古盍切漢有蓋公又司隸校尉蓋寬饒後漢二十八將有蓋延又官氏志蓋樓氏改為蓋氏宋有蓋源蓋沂蓋寓登科並大名人蓋傳兗州人

屋氏古闇字見纂要

蚤氏才盍切見纂要

納氏見姓苑

涉氏晉大夫涉他神仙傳涉正宋太平登科有涉緯

接氏三輔決錄有接子名昕著書十篇

復姓

凡復姓有不知其詳本者則附四聲之後

綦母氏左傳晉有綦母張風俗通漢有廷尉綦母參戰國策綦母子與公孫龍爭辨大觀登科有綦母黃南平人

西乞氏秦將西乞術之後

西都氏見王符潛夫論

西鉏氏左傳宋大夫西鉏吾漢有侍御史西鉏虛見英賢傳

南榮氏南榮疇見古今人表

北人氏莊子舜友北人無擇晏子云古有北人無擇清身絜己疾世人濁自投清冷之淵

九百氏姓苑云代縣有九百里為小吏

段干氏見姓苑段干木之後也西河人

青萍氏見姓苑

長盧氏列子楚賢者長盧氏著書

索盧氏呂氏春秋甯滑釐門人索盧參後漢淮陽令索盧放

蒲盧氏姜姓齊人蒲盧胥善弋射

盧蒲氏姜姓齊桓公之後左傳齊有盧蒲就魁盧蒲癸盧蒲嫳

茲毋氏毋音無下同左傳齊大夫茲毋還有侍御史茲毋嵩漢

巨毋氏王莽時有長人巨毋霸

毋將氏

毋終氏左傳毋終子嘉父翟國君也

毋車氏見風俗通漢下邳相毋車伯奇望出樂安

宣于氏前趙錄有劉淵太史令宣于修之

閼于氏

多于氏並見姓苑

梁由氏晉有梁由靡漢有將軍梁由是先安帝時人

梁石氏漢隱者梁石君曹參所禮者也

梁可氏後魏上谷梁可頭又代郡太守梁可須

仲梁氏魯大夫仲梁懷見左傳又春秋後語仲梁閔

穀梁氏魯有穀梁赤傳春秋尸子云穀梁俶字元始魯人亦傳春秋十五篇望出下邳姓纂今下邳有穀梁氏

將梁氏史記秦為嬴姓有將梁氏

容成氏古容成子造歷神仙傳有容成公

廣成氏神仙傳廣成子居崆峒山

務成氏呂氏春秋務成子堯師也新序子夏曰舜學于務成跗

析成氏左傳齊有析成鉏

陽成氏風俗通陽成胥渠晉隱士也漢有諫議大夫陽成公衞功臣表梧齊侯陽成延傳封六代成或作城王莽時陽成修獻符命

上成氏後漢書密縣上成公白日昇天

盆成氏孟子有盆成括仕齊

將閭氏漢書藝文志將閭子名菟著書

林閭氏嬴姓漢蜀郡林閭翁孺博學能文見文章志

庚桑氏莊子庚桑楚之後

有男氏姒姓史記禹後有有男氏

澹臺氏風俗通澹臺滅明字子羽武城人漢有博士澹臺恭

浩星氏漢有浩星公治穀梁又有浩星賜趙充國所善也

墨夷氏風俗通宋大夫有墨夷須墨夷皐

養由氏楚大夫養由基之後

安期氏英賢傳安期生古仙人漢有安期生蒯通友

沭蘭氏望出任城

端木氏端木賜仲尼弟子

姑布氏趙簡子時姑布子卿善相見史記又漢有姑布子望出東平

黔婁氏烈女傳黔婁先生古賢士

中梁氏姓氏英賢傳古隱者中梁之後

中野氏子姓潛夫論宋微子之後楚文王御史中野彪

室中氏漢書藝文志有室中周著書十篇王莽時室中公避地漢中功臣表清簡侯室中同傳封四代

路中氏漢書路中大夫之後

步叔氏家語步叔乘齊人仲尼弟子

石作氏姓氏英賢傳石作蜀仲尼弟子見史記

古野氏晏子春秋齊景公勇士也一作古冶

壤駟氏家語壤駟赤秦人仲尼弟子

合博氏漢功臣昔侯合博胡害曾孫與昭帝時將軍

漆雕氏史記漆雕徒父漆雕開漆雕哆並仲尼弟子

空相氏史記商後有空相氏晉惠時有空相機

京相氏見英賢傳望出濟南晉京相璠作春秋土地名三卷

馬矢氏漢有大司徒馬宮本馬矢氏

馬適氏英賢傳漢有畢梁侯馬適育漢功臣馬適求聚黨討王莽見害

巫馬氏史記巫馬施字子期仲尼弟子

關龍氏夏桀時忠臣關龍逄之後

青烏氏漢青烏子善術數神仙傳有青烏公

羊角氏列女傳有羊角氏

苑羊氏左傳莒大夫苑羊牧之後

獳羊氏左傳衞石碏宰獳羊肩

浩羊氏風俗通齊大夫浩羊嘉

長魚氏左傳晉有長魚矯

昭沙氏一作昭涉史記功臣表平州侯昭沙掉尾

樂王氏晉大夫樂王鮒之後也漢有郎

中樂王茂

洽州氏 左傳周洽州鳩之後

老萊氏 老萊子楚賢人著書

列禦氏 鄭穆公時列禦寇著書

瞻葛氏 英賢傳有熊氏之後世本宋景公時有瞻葛祁為大夫

瑕呂氏 左傳晉有瑕呂飴甥

不第氏 子姓潛夫論宋不第氏

鈎弋氏 英賢傳漢昭帝母鈎弋夫人又為鈎弋氏神仙傳有鈎弋君

呂管氏 英賢傳漢鉅鹿都尉呂管父祖中山人

陵終氏 王莽會祖翁孺與東平陵終氏有怨

邑裘氏 衞大夫邑裘氏之後

縣潘氏 衞大夫柳莊卒君贈邑裘縣潘二氏書納諸棺見禮記

屠岸氏 晉屠岸賈見史記

函冶氏 英賢傳後漢黃門侍郎函冶子覺

洞沐氏 漢有洞沐孟陽善易

甫爽氏 世本宋大夫甫爽之後

安是氏 英賢傳晉厲公大夫安是叔施

遨僕氏 漢校尉遨僕多見霍去病傳

補祿氏 英賢傳晉惠帝時殿中中郎補祿彪

游棣氏 英賢傳游棣子著書一篇言法家事

通志卷二十九

浙江書局刊

張玉熙初校

周頌校

姚愼校

通志卷三十

宋右迪功郎鄭樵漁仲撰

氏族略第六

同名異實第一

唐氏有二堯之後爲唐周以封晉此晉之唐也伊祁姓夔父之後封于唐爲楚所并此楚之唐也姬姓

虞氏有三姚姓之虞舜後也姬姓之虞仲雍之後也

夏氏有二夏后之後以國爲氏陳宣公之子子夏之後以字爲氏

商氏有二成湯之後爲商衞鞅封商於其後亦爲商氏

周氏有五后稷之後爲周氏又姬氏唐先天中避諱改爲周氏又璧氏上元中准制改爲周氏又代北賀魯氏普氏後魏並改爲周氏

秦氏有二秦國爲秦氏魯有秦邑亦爲秦氏秦非是也楚又有秦商

燕氏有二有姬姓之燕有姞姓之燕

管氏有二叔鮮之後以國爲氏出自文王又齊管仲出自穆王

畢氏有二畢公高之後爲畢後魏出連氏改爲畢

于氏有三周武王之子邘叔之後或去邑爲于氏後魏萬紐于氏改爲于又淳于氏避唐諱改爲于

胡氏有二周之胡國爲胡氏後魏紇骨氏亦爲胡氏

齊氏有二太公之後以國爲氏衞大夫齊子之後以字爲氏

楚氏有二鬻熊之後以國爲氏孫林楚之後以名爲氏

陳氏有四舜之後以國爲氏也又白氏隋初改爲陳此萬年之陳也又侍相無子以外孫劉矯嗣此廣陵之陳也又侯莫陳之後亦改爲陳氏

朱氏有三邾子之後去邑爲朱又渴燭渾氏可朱渾氏並改爲朱

婁氏有二邾婁之後也又疋婁氏改爲婁氏

兒氏有二郳氏去邑爲兒又賀兒氏亦改爲兒

越氏有三句踐之後以國爲氏又有越彊氏改爲越氏又有越質詰氏改爲越氏

薛氏有三奚仲之後以國爲氏又叱干氏改爲薛又有遼西薛氏

沈氏有二沈子逞之後以國爲氏又楚莊王之子公子正封於沈鹿其後以邑爲氏

徐氏有二若木之後以國爲氏又一族出於黃帝十四姓

云氏有二䢵國之後去邑爲云又後魏牒云氏改爲云

禹氏有二鄅國去邑爲禹又夏禹之後以名爲氏

宿氏有二風姓之後以國爲氏又有宿六斤氏改爲宿

羅氏有二妘姓之後以國爲氏又有叱羅氏改爲羅

夔氏有二熊摯之後以國爲氏又天竺亦有夔氏

夷氏有四夷詭諸之後爲夷氏又逸民夷逸齊大夫夷仲年邾大夫夷射姑之後皆以名字爲氏

須氏有二密須之後爲須須句之後亦爲須

黎氏有三子姓之後以國爲氏又齊大夫黎彌黎且以邑爲氏又後魏素黎氏改爲黎氏

申氏有二姜姓之後以國爲氏又楚之申邑申公居之以邑爲氏

向氏有二邾姓之後以國爲氏又宋公子肹字向以字爲氏

葛氏有三嬴姓之後以國爲氏又葛天氏之後亦爲葛氏後魏賀葛氏改爲葛

會氏有二鄶國去邑爲氏又會乙之後亦爲會氏

辛氏有三莘氏訛爲辛又計然本姓辛又周有項亶賜姓辛氏

呂氏有五姜姓之後以國爲氏又晉有呂氏出於魏氏又有叱邱氏副呂氏叱呂氏並改爲呂

譚氏有二子爵以國爲氏又巴南六姓有譚氏

冀氏有二冀國之後以國爲氏晉滅冀以爲邑郤氏食之爲冀芮子孫以邑爲氏

鬲氏有二有鬲之國以國爲氏又商人膠鬲以名爲氏

顧氏有二顧國夏商諸侯也又句踐之後別封顧余以邑爲氏

共氏有三共者商之侯國也其後以國爲氏鄭公子段曰共叔晉太子申生曰共君並以謚爲氏

龔氏有三恭國籀書作龔又晉大夫龔堅之後也又漢巴郡蠻酋有龔氏

洪氏有二共氏改爲洪氏又豫章弘氏避唐明皇諱改爲洪

彭氏有二大彭之國爲彭氏祝融之後八姓亦有彭氏者

祭氏有二周公之後以國爲氏又鄭有祭邑祭仲足其後也

毛氏有二毛伯聃之後以國爲氏又有北代之族世爲酋長

劉氏有五堯之後有劉累爲劉氏成王封王季之子於劉邑亦爲劉漢賜項氏婁氏並爲劉氏又匈奴之族

從母姓劉
欒氏有二晉欒賓之後姬姓也以邑爲氏齊子欒之後姜姓也以字爲氏
荀氏有二荀本侯國也又晉荀林父以邑爲氏
丙氏有二邴豫之後或去邑作丙又李陵降匈奴裔孫歸魏見丙殿因賜氏焉
蔿氏有二蔿章之後亦作蔿以邑爲氏晉士蔿之後以字爲氏
裴氏有二秦非子支孫封裴鄉以鄉爲氏又西域有裴氏
孫氏有三衞公子惠孫之後以字爲氏又楚有芊姓之孫齊有嬀姓之孫皆以字爲氏
南氏有三衞公子郢字子南其後爲南氏又楚有子南氏亦爲南氏並以字爲氏者晉有南氏以鄉爲氏
國氏有二鄭子國之後以字爲氏姬姓也齊有國氏姜姓也
孔氏有三宋孔父嘉之後也又衞有孔氏爲世卿鄭亦有孔氏皆以字爲氏者
董氏有二董父之後以字爲氏又有陸終之子參胡姓董以姓爲氏
成氏有二楚若敖之後以字爲氏又周有成氏
孟氏有二魯慶父之後爲孟氏又衞公孟縶之後亦爲孟氏
仲氏有二魯慶父曰共仲之後爲仲氏又宋莊公之子子仲之後亦爲仲氏
叔氏有四魯叔牙之後魯文公之子叔肸之後八凱叔達之後晉叔向之後並以叔爲氏
季氏有二魯公子季友之後也又陸終之子季連亦爲季氏
伯氏有二晉中行伯之後也或言伯益之後亦爲伯氏
士氏有二隰叔爲晉士師以官爲氏又有士季氏之後以字爲氏
山氏有二烈山氏以山爲氏而周有山師之官以官爲氏
王氏有四有姬姓之王有嬀姓之王有子姓之王有虞姓之王姬姓之王有二族嬀姓之王有一族子姓之王有一族虞姓之王有四族
任氏有三黃帝二十五子得姓爲任者其後以姓爲氏又顓帝少子陽封於任其後以國爲氏又任爲風姓之國太昊之後也亦以國爲氏
偃氏有二有偃氏之國後爲偃氏又皐陶之後姓偃亦以姓爲氏
宣氏有二魯叔孫僑如謚宣伯與宋宣公之後並以謚爲氏
稷氏有二后稷之後有稷氏漢稷嗣君叔孫通支孫亦爲稷氏

改氏第二

婁氏項氏漢並賜劉氏
酈食其曾孫漢賜以食其爲氏元孫武平帝時爲侍中復改侍其
晉州稽胡晉初賜呼延氏
項氏後周賜辛氏
獨孤屯本姓李從齊神武沙苑戰敗爲柱國獨孤信所擒配爲士伍賜獨孤氏
章仇禿髮氏歸後魏太武賜源氏
章仇大翼隋煬帝賜盧氏
唐傅遊藝賜武氏
唐徐氏以勣邴氏以元紘安氏以抱玉杜氏以伏威胡氏以大恩弘氏以播郭氏以子和麻氏以延昌鮮于氏以叔明安氏以元諒張氏以寶臣阿希布氏以懷遜阿跌氏以光進舍利氏以奉國董氏以忠臣羅氏以德僑以藝朱邪氏以國昌並由立功賜李氏從國氏也
桓庭昌唐上元准制改爲姜
暨佐時唐上元准制改爲周
嬀氏改爲姚氏
袁氏改爲衡氏
裴氏改爲壘氏
羊舌氏改爲吉氏
姞氏改爲羊氏
閭氏改爲盧氏
辛氏改爲計氏
鐵伐氏赫連勃勃以其本宗支庶非正統並爲鐵伐氏
氏氏孔融謂氏儀以氏字民無上遂改爲是氏
梁鴻氏改爲運期氏
馬矢氏改爲馬官氏
渾沌氏改爲屯氏去水
屈全之裔孫仕後魏以自南方乃加南或作男
謝服爲鴻臚卿後漢末出征嫌其名姓不祥乃改爲射咸
京房本姓李吹律定姓改爲京氏

改惡氏第三

蕭氏齊武帝以巴東王子響叛逆改爲蛸氏
馬氏以何羅逆誅馬后惡之改爲莽氏
梟氏隋煬帝誅楊元感改爲梟氏
勃氏梁武帝改豫章王綜爲勃氏
黥氏淮南王英布少時以罪被黥遂爲黥氏
蝮氏唐乾封元年改武惟良爲蝮氏
劉誕謀逆貶爲留氏

漢魏受氏第四

臣謹按成周以國命氏漢則稱郡國者亦有之

楚元王交之子劉富初封休侯更封紅侯其後遂爲紅氏

楚懷王孫心都郴其後遂爲郴氏番音婆氏因吳芮封番君支孫氏焉櫟陽氏後漢景丹封櫟陽侯曾孫分避亂隴西因封爲氏周陽氏漢淮南王舅趙兼封周陽侯子由爲河東尉因封爲氏東陵氏因邵平之封子孫遂以爲氏廣武氏因李左車之封子孫遂以爲氏冠軍氏者因霍去病之封也信都氏者因張敖之封也武彊氏者因後漢王梁之封也蘄氏者姓苑云蘄春侯之後鄮氏者姓纂云越人以郡爲姓今明州鄮縣是也如此之類是爲以郡命氏者也

春秋之時冀芮居冀地潁考叔居潁谷介之推燭之武並以地命氏者漢四皓亦然如綺里季居於綺里也其後有綺氏亦有綺里氏甪里先生居於甪里也其後有甪氏亦有甪里氏少康之後漢初徙居稽山遂爲稽氏後漢鮭陽鴻爲少府居鮭陽遂爲鮭氏鮭音圭如此之類漢亦多矣是爲以地命氏者也

成周以邑命氏漢魏亦有之揭陽氏者因漢功臣安道侯揭陽定爲揭縣令因氏焉泉氏因全琮之孫暉魏封南陽侯食封白水遂改爲泉氏如此之類是爲以邑命氏者也

三代之時貴者有氏賤者有名無氏按漢郊祀志汾陰人無錦粵人勇之是亦有名無氏者蓋錦爲工技之賤勇之爲蠻夷之賤也

臣謹按亡氏之賤漢猶有之受氏之道漢魏猶傳略載一二以備考古漢魏之後無所聞惟用古姓氏耳

變夷第五

賀督之爲周　賀葛之爲葛　是婁之爲高
叱盧之爲祝　口引之爲冠　如稽之爲緩
去斤之爲艾　是賁之爲封　叱奴之爲狼
吐難之爲山　古引之爲侯　出連之爲畢
乞扶之爲扶　那婁之爲婁　是連之爲連
俟幾之爲俟　可單之爲單　紇骨之爲骨
沓盧之爲沓　莫千之爲郃　屈突之爲屈
俟亥之爲亥　俟幾之爲幾　賀兒之爲兒
叱利之爲利　叱李之爲李　柯拔之爲柯
叱羅之爲羅　那莫之爲莫　莫輿之爲輿
費連之爲費　費羽之爲羽　黜弗之爲弗
莫盧之爲盧　爾綿之爲綿　解毗之爲解
奇斤之爲奇　統萬之爲萬　統稽之爲稽
安遲之爲安　輾遲之爲展　馝邗之爲邗
如羅之爲如　薄奚之爲古　若干之爲苟
胥盧之爲胥　蚡先之爲蚡　渴侯之爲紙
拔略之爲蘇　紇干之爲干　乙弗之爲乙

步鹿之爲步　屋引之爲房　車焜之爲車
普周之爲周　高讓之爲李
莪眷之爲莪又爲眷　莫蘆之爲蘆或爲盧
邱林之爲林又爲邱邱敦亦爲邱
副呂之爲副又爲呂叱邱亦爲呂
就賴之爲就莧賴亦爲就
温孤之爲温温盆亦爲温
阿伏之爲阿阿賀亦爲阿
紇單之爲紇紇奚亦爲紇
羽眞之爲高楚婁亦爲高
是云之爲是是奴亦爲是
蓋婁之爲婁疋婁亦爲婁
俟力之爲鮑俟力代亦爲鮑
烏丸之爲桓阿鹿桓亦爲桓
可地之爲延可地延亦爲延
俟奴之爲侯俟伏斤亦爲侯
費羽之爲羽拂羽亦爲羽
黜弗之爲弗燕弗亦爲弗鐵弗亦爲弗
吐門之爲門叱門亦爲門庫門亦爲門
拓拔之爲元紇骨亦爲元是云亦爲元景氏亦爲元
阿單之爲單渴單亦爲單
悉雲之爲雲宥連亦爲雲
賀蘭之爲賀賀賴氏亦爲賀

右二字變夷

吐谷渾之爲渾　俟呂陵之爲呂
沒鹿回之爲竇紇豆陵亦爲竇
萬紐于之爲于勿忸于亦爲于

斛瑟羅之爲羅破多羅亦爲羅
温石蘭之爲石烏石蘭亦爲石又爲烏
步六孤之爲陸　邱穆陵之爲穆
阿伏干之爲阿　普陋茹之爲茹
拔烈蘭之爲梁　烏落蘭之爲蘭
宿六斤之爲宿　庫若干之爲干
厔地干之爲厔　俟伏斤之爲斤
地駱拔之爲駱　郁原甄之爲甄
若口引之爲寇　破多羅之爲潘
破落那之爲郝　步鹿如之爲鹿
阿史那之爲史　没路眞之爲路
譬歷辰之爲辰　紇突隣之爲隣
骨咄祿之爲祿　大利稽之爲郤
俟力代之爲俟　大洛稽之爲稽
俟伏斤之爲伏　壹斗眷之爲明
步鹿斤之爲步　獨孤渾之爲杜
庫傉官之爲庫　奚什盧之爲盧
渴燭渾之爲朱　莫胡盧之爲陽

右三字變夷

臣謹按代北之人隨後魏遷河南者後魏獻帝爲之定姓爲複姓或爲三字姓或爲四字姓其音多似西域梵書有二合三合四合者皆指一字之音故孝文用夏變夷革以華俗皆改爲單字之姓又孝文詔南遷者死不得還卽葬洛陽故虜姓皆在河南又按其書曰河南官氏志者盖優代北之人隨後魏南遷因作其書而爲之志又按孝文之時咸改單姓惟賀若氏不改及乙旃氏改爲叔孫拓拔氏改爲長孫

變於夷第六

閭慶之爲大野氏　辛威之爲普屯氏
韓襃之爲俟呂隣氏　李弼之爲徒何氏
田弘之爲紇干氏　王雄之爲可頻氏
王熊之爲柘王氏　蔡氏之爲大利稽氏
陰氏之爲邱目陵氏　張氏之爲叱羅氏
周氏之爲車非氏　南氏之爲宇文氏

臣謹按後周宇文氏以其起於夷虜故欲變夏爲夷以夷爲貴也然官制一遵三代而姓氏用夷虜何相反之如是

別族第七

魯季氏自季孫行父以至季孫彊大宗也故稱季孫如季公鳥季子差季寤之類但稱季者所以別支庶

叔氏之大宗亦稱叔孫其支庶稱叔仲氏又曰仲壬孟丙亦是也

仲氏之大宗亦稱仲孫氏其支庶則稱南宮氏南氏子服氏

臧氏之大宗稱臧氏至於臧會氏臧文氏皆支庶之別

系其所自出之祖

傅餘氏者傅氏餘子之族也

韓餘氏者韓氏餘子之族也

褐餘氏褐冠氏餘子之族也

成湯之後爲殷氏又有北殷氏

后稷之後爲周氏又有西周氏又有周生氏

舒氏之族見於當時者一曰舒二曰羣舒三曰舒蓼四曰舒庸五曰舒鳩六曰舒鮑

斟氏之族見於當時者一曰斟二曰斟鄩三曰斟灌四曰斟弋五曰介斟

荀氏之族見於後世者有田氏有程氏有輔氏有智氏

田氏之族見於後世者有第二有第五有第八

顓臾之族三有顓臾有去臾爲顓有去顓爲臾

密須之族三有密須有去須爲密有去密爲須

葛氏居於諸邑者爲諸葛

里氏居於相城者爲相里

避諱第八

宋以武公名司空改爲司功氏

晉以僖侯名司徒改爲司城氏

籍氏避項羽諱改爲席氏

奭氏避漢元帝諱改爲盛氏

莊氏避漢明帝諱改爲嚴氏

慶氏避漢安帝父諱改爲賀氏

師氏避晉景帝諱改爲帥氏

姬氏避唐明皇諱改爲周氏

弘氏避唐明皇諱改爲洪氏

湻于氏避唐憲宗諱改爲于氏

啖氏避唐武宗諱改爲澹氏

敬氏避宋諱改爲文氏又爲恭氏

恒氏避宋諱改爲常氏

音訛第九

陳氏爲田氏　韓氏爲何氏　莘氏爲辛氏
黨氏爲掌氏　歐氏爲區氏　戴氏爲載氏
蠻氏爲瞞氏　虢氏爲郭氏　呂氏爲甫氏
郯氏爲談氏　似氏爲似氏　苦氏爲庫氏
雷氏爲盧氏　恭氏爲共氏　共氏爲洪氏

王孫賈之後亦爲古孫氏者賈近於古故也
苦成子以成子食苦邑故以爲氏後訛爲古成又爲庫成

慕容氏爲慕輿氏　賀遂氏爲賀悅氏
夫餘氏爲鳧臾氏　吾邱氏爲虞邱氏
毋邱氏爲曼邱氏　申徒氏爲申屠氏
鄶氏爲繒氏　穋氏爲繆氏
簡雍本姓耿幽州人以耿爲簡遂爲簡氏

省文第十

鄣之爲章　邴之爲丙　郲之爲來　鄟之爲專
鄩之爲尋　邵之爲召　郈之爲后　鄶之爲會
鄅之爲禹　䢵之爲云　鄫之爲曾　郳之爲兒
邾之爲朱　郕之爲成　郇之爲荀去邑
橋之爲喬去木　理之爲里去王
譚之爲覃去言　熊之爲能去火

省言第十一

盧蒲之爲盧　閭邱之爲邱　即墨之爲即
鍾離之爲鍾　馬服之爲馬　褚師之爲褚
毋邱之爲毋　司寇之爲寇　宗伯之爲宗
褐冠之爲冠　主父之爲主

避仇第十二

端木賜之後改爲木氏又爲沐氏
墨台之後改爲墨氏又改爲怡氏
刁氏之後改爲刟　伍氏之後改爲五
巴氏之後改爲杷　鞠氏之後改爲麴
譚氏之後改爲覃　仇氏之後改爲求
銅鞮氏之後改爲適　秘邦氏之後改爲邦
滕氏之後改爲騰　秣氏之後改爲末
陸氏之後改爲磚　郜氏之後改爲浩
胙氏之後改爲作　杞氏之後改爲抱
樓氏之後改爲蓋　薛氏之後改爲蘖
棘氏之後改爲棗　凡氏之後改爲汎
鮮卑氏之後改爲庫狄　圈氏去口爲卷氏
章氏避仇爲章仇氏
踈氏避王莽之難去足爲束又云踈廣之曾孫彦避王莽於太原改爲太傅
牛金之子逃難改爲牢又改爲寮後又爲牛氏

臣謹按避仇之說多非或省文或訛音何必爲避仇也據皇甫謐云凡氏遭秦亂避地滎水爲汎氏此何所憑哉凡氏者凡伯之後以國爲氏汎者周之邑也其大夫食采於此其後之人以邑爲氏自是兩家源流應知避地改姓之說多附會然踈廣之後爲束爲太傅牛金之後爲牢爲寮此又爲避地之事明矣

生而有文第十三

武氏唐元和姓纂云周平王少子生而有文在手曰武遂以爲氏
南氏姓源韻譜云盤庚妃姜氏夢龍入懷孕十二月而生手把南字長封荆州號南赤龍
鮮于氏鮮于血脉譜云子仲之子曰文生而有文在手左曰魚右曰羊及長封漁陽爲燕附庸
閻氏唐表云昭王少子生而有文在手曰閻康王封於閻城

臣謹按左氏謂季友生而有文在其手曰友因以命之每疑其誕也後人由此復廣其道焉且武氏者以諡爲氏南氏者以字爲氏鮮于者武王封箕子於朝鮮支子仲食采於于故有鮮于氏閻氏者武王封太伯曾孫仲奕於閻鄉故有閻氏安得無稽之言流於後世大抵氏族之家言多誕博雅君子不可不審

通志卷三十

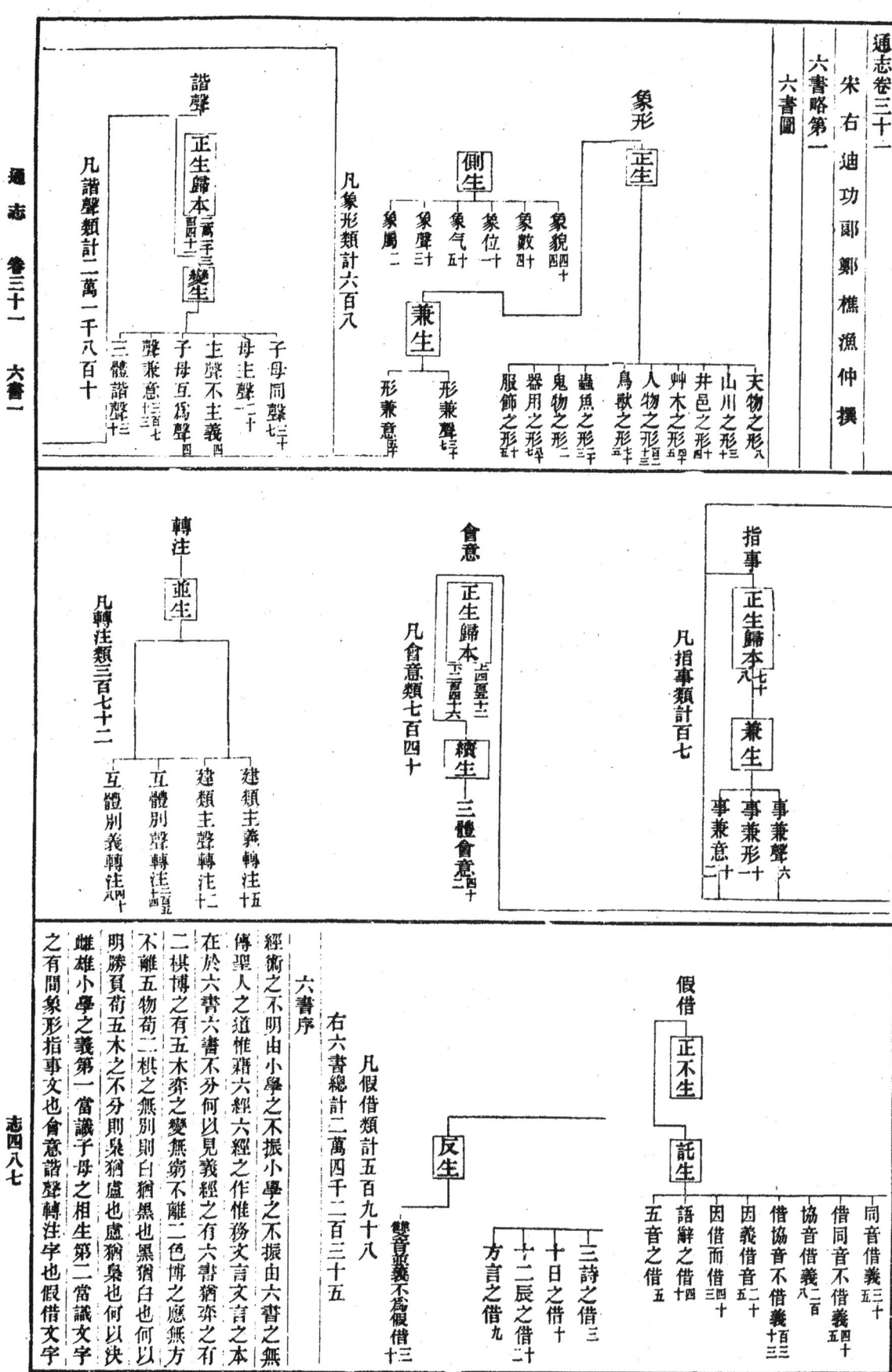

通志卷三十一

宋右迪功郎鄭樵漁仲撰

六書略第一

六書圖

象形

正生

天物之形八
山川之形三十
井邑之形十四
艸木之形四十五
人物之形百二十三
鳥獸之形七十五
蟲魚之形二十三
鬼物之形二
器用之形百十七
服飾之形十五

側生

象貌四十四
象數十四
象位十一
象气十五
象聲十三
象屬二

兼生

形兼聲三十七
形兼意二十

凡象形類計六百八

諧聲

正生歸本二萬一千三百四十二

變生

子母同聲三十七
母主聲二十一
主聲不主義四
子母互為聲四
聲兼意三百七十二
三體諧聲三十

凡諧聲類計二萬一千八百一十

指事

正生歸本七十八

兼生

事兼聲六
事兼形十一
事兼意十二

凡指事類計百七

會意

正生歸本上四百五十二 下二百四十六

續生

三體會意四十二

凡會意類七百四十

轉注

並生

建類主義轉注五十
建類主聲轉注二十
互體別聲轉注二百五十四
互體別義轉注四十八

凡轉注類三百七十二

假借

正不生

託生

同音借義三十五
借同音不借義四十五
協音借義二百八
借協音不借義百三十三
因義借音二十五
因借而借四十三
語辭之借四十
五音之借五
三詩之借三
十日之借十
十二辰之借十二
方言之借九

反生

雙音並義不為假借三十

凡假借類計五百九十八

右六書總計二萬四千二百三十五

六書序

經術之不明由小學之不振小學之不振由六書之無傳聖人之道惟藉六經六經之作惟務文言文言之本在於六書六書不分何以見義經之有六書猶弈之有二棋博之有五木弈之變無窮不離二色博之應無方不離五物苟二棋之無別則白猶黑也黑猶白也何以明勝負苟五木之不分則梟猶盧也盧猶梟也何以決雌雄小學之義第一當識子母之相生第二當識文字之有間象形指事文也會意諧聲轉注字也假借文字

俱也象形指事一也象形別出爲指事諧聲轉注一也諧聲別出爲轉注二母爲會意一子一母爲諧聲六書也者象形爲本形不可象則屬諸事事不可指則屬諸意意不可會則屬諸聲聲則無不諧矣五不足而後假借生焉一曰象形而象形之別有十種有天物之形有山川之形有井邑之形有艸木之形有人物之形有鳥獸之形有蟲魚之形有鬼物之形有器用之形有服飾之形是象形也推象形之類則有象貌象數象位象气象聲象屬是六象也與象形並生而統以象形又有象形而兼諧聲者則曰形兼聲有象形而兼會意者則曰形兼意十形猶子姓也六象猶適庶也兼聲兼意猶姻婭也二曰指事指事之別有兼諧聲者則曰事兼聲有兼象形者則曰事兼形有兼會意者則曰事兼意三曰會意二母之合有義無聲四曰轉注別聲與義故有建類主義亦有建類主聲有互體別聲亦有互體別義五曰諧聲母主形子主聲者諧聲之義也然有子母同聲者有母主聲者有主聲不主義者有子母互爲聲者有三體主聲者有諧聲而兼會意者則曰聲兼意六曰假借不離音義有同音借義有借同音不借義有協音借義有借協音不借義有因義借音有因借而借有語辭之借有五音之借有三詩之借有十日之借有十二辰之借有方言之借六書之道備於此矣臣舊有象類之書極深研幾盡制作之妙義奈何小學不傳已久見者不無疑駭今取象類之義約而歸於六書使天下文字無所逃而有目者可以盡曉嗚呼古者有尉律所以劾小學也學童十七已上始試諷籀書九千字乃得爲吏又以八體試之郡移太史并課最者以爲尙書史書或不正輒舉劾之夫古文變而爲籀書籀書變而爲篆隸秦漢之人習篆隸必試以籀書者恐失其原也後之學者六書不明篆籀罔措而欲通經難矣哉且尉律者廷尉治獄之律也古人於獄訟之書猶不敢苟簡若是而況聖人之經乎

象形第一

序曰書與畫同出畫取形書取象畫取多書取少凡象形者皆可畫也不可畫則無其書矣然書窮能變故畫雖取多而得算常少書雖取少而得算常多六書也者皆象形之變也今推象形有十種而旁出有六象

天物之形

日太陽之精正圓不虧○古文星小則爲月太陰之精
其中象日烏之形星大則爲槃多虧少盈
故其天一天爲大象旦日初出云古雲字象其形後人
形缺天天垂示之形旦於地上云加雨故以云爲云日
之回古雷字後人加雨作靁又作靁省作雷回象雨作古
云回靁形借爲回旋之回古尊罍器多作云回
甶又作甶甶卽自而
成文雨卽甶而備體

右八

山川之形

巳象山巳在山嵒魚銜切凵於口切山广音儼說文因
地一地也岸也名在陽美广爲屋象對
剌高屋厂呼旱切山石之石嵒魚咸切水坎之體也川
之形厓巖人可居嶃嵒也從則爲水
水會く郎畎字小巜郎澮字廣尺深尺曰く從廣二尋
爲川く水爲く巜深二仞曰巜書曰濬く巜距川泉
本錢字象錢貨之形自九府圜法行然後外圜內辰潃
方此實錢也借爲泉水之泉所以生字皆取借義辰㡿
切水辰匹卦切從反永徐鍇曰永詩象水巠理之長土象
邪流辰永長流也反卽分辰也永詩曰江之永矣土物
在土中拆土凷卽塊字从土坐卽坐字象人據𠂤都回
而出之形一屈象形土而坐之形切說
文小𠂤卽阜字說文大象形从亦作障土音阜之閒古切說文
自也陸山無石者𨸏兩阜之閒也鹵西方鹹地从
西省象屾二所臻切猳切𡋬土高也說文凹於交切
鹽形屾山也石也𡋬音堯說文凹窊也凸
陁沒切出貌回物昵洽切凹𡋬說文東岱南霍西華北
又徒結切𡑒呢洽切凹垂貌岳說文東岱南霍西華北
狩所至獄古
作岳象高形恆中泰室王者所以巡

右三十

井邑之形

井卽井字說文八家一井象井丹說文巴越之赤石也
幹之形其中點者甕之象也象采丹井其中之點
象丹田象田有所畫高亦作高象臺觀高之形从冂京
形疇畛之形口與倉舍同意口卽圍字
說文人所爲絕高丘冂卽坰字邑外謂之郊郊外謂之
也从高省丨象高形冂野野外謂之林林外謂之冂象
遠𩫏卽郭字說文民所度居也从亩卽廩字方曰倉圓
界回象城𩫏之重兩亭相對也亩曰亩上象其蓋
壼苦本切今作壼說文宮中道從口宀音綿說文交穴
象宮垣道上之形引詩室家之壼覆深屋也
胡決切象穿畕居良切畾魯水切田閒謂之畾音他仲
土爲室之形比田也畾又盧回切雷也畾湯左
相䦨
本義

右十四

艸木之形

屮隸作之今作芝不从不不音跗象華之不帝象華蔕
象芝出於地之初也數拔於地上之形早切之形
才說文艸木之初也从一上貫一將生枝葉也丑列切二采附芽象形艸而
貫一文艸將生枝葉也从一丨上貫一下地也少木初生切又象葉
出株倫切象艸木初生也屯又象艸角切有音介說文艸
屯出從屮貫一一地也少仕角切生艸也介說文艸
之散未滋曰木一象地也叢生艸蔡也象草生
亂也未木之曰木生於一木下從地自也上象根枝幹芽牛又
屈頭不爲木一之生於象木有加也木下詩日根之切
出也木木落其類惟未桑遂故象葉盛也荄代切木
象五出音垂象其葉若葉茂象詩日葉盛之不皆華
之形亦垂敷象其葉木從故象葉盛之木出華英五
艸木之形垂敷之艸葉華从乎感切象盛也木之出也
垂卤肉然實葉垂之乎華未實發馬象然說之形故
來二難象茲東木易敷切象其實也也也瑞麥周切田象
形詩曰貽我來東之茲也麥及其根也也來象根麥來所
實之麥來牟象桑垂象麥盛茂也象根麥來一受
形形象從貽我桑穗根從及其茂盛而禾也來米
地上其實來也說皮盛也生其根實也禾象一
之形上形實從之文象皮也生豆音也象萊也
能上葉也匹切作象莖从形物下初生其秀之高象
也物今象物切实说從文象其莖末下生形象米麥
甹不象其葉實从匹生一初象根音菲象
韡韡說火形聳形說文象不下其題形也初茂根來
𥫗木說文借爲尾魚文也借也在下其曰象芭米
𥝌上文一曰商从木也在象如上也音上曲音初生
訶鬼切總隸作日也象也水木端皮桂芭頭穗止芽來
芔艸之名隸作曰先生蘖曰類木弋也竹滴汁象說文莖象
包束艸之形包胡盛切艸曰紫蘖也木葉也也切地枝
亦作形之卦切說也叢生繁薈也竹枝而可其形也
麻作總名說文盛切叢生類在也尾上垂象物下枝而
作𣏟䔢匹卦切盛也
𣏟葩之總名說文𠂢
亦作乑不勝从禾擊歷切从禾二禾適也皆从一禾爲節歷也
麻𣏟瓜不勝末切說文本
㼌弱也
徽弱也

右四十五

人物之形

人 象人立也

𠤎 今作化說文變也从到人臣按道家謂順行則爲人逆行則爲道人死則歸于土道則離人故能變化而上升

夕 古文眞字从反七

身 人身從禽畜身衡此象人之身

儿 古文奇字人也人象立人儿象行人立有所負行有所戴

兒 說文孺子也象小兒頭囟未合

光 今作餐說文从人七象餐形

皃 說文頌儀也从白象人面之形

兒 今作弁象戴弁之形

兆 公戶切說文廱蔽从人象左右皆蔽之形

兜 當侯切兜鍪胄也象人戴胄形

禿 象人之髮禿少如禾之秀甭

𦣞 與之切頤也

面 說文顏前也从百象人面

𦣻 隸作首从百从巛巛象髮謂之鬊鬊即巛也鬊舒閏切

百 書九切頭也

県 古堯切斷首到縣故从到首

長 展兩切在人上者故古文从上从人後之爲字者因古文而成體其上則象發號施令其下則象垂衣裳之形从所以化下也其實本古文之尤耳

匕

元 人頭也从二从儿二古文上字象人頭儿象其身

大 說文大象人形又曰大人也

亦 說文人之臂亦也从大象兩亦之形今別作腋

夫 說文丈夫也从大一以象簪也周制以八寸爲尺十尺爲丈人長八尺故曰丈夫

夭 於兆切說文屈也从大象形又古老切不長也

夨 阻力切又力結切傾頭也

亢 古郎切又寒剛切說文人頸也从大省象頸脈形

交 交脛也

尣 烏光切說文尬曲脛也从大象偏曲之形

夲 土刀切說文進趣也臣按夲與交尣同意交以脛之交尣以脛之偏夲以脛之進

亣 他達切象人形亦作大

立 象人立地之上从大人也一地也

夓 今作夏說文中國之人也从夊从百从臼臼兩手夊兩足

囟 息進切說文頭會腦蓋

心

耳

耴 陟涉切耳垂也

手

女 象婦人歛容儀之形

母 从女象裹子之形又曰象乳子

毋 武扶切說文止之也从女有奸之者

也 說文女陰也

民 氓也象俯首力作之形

而 說文頰毛也

力 筋也力由筋以生故象筋之形

甲 象人被甲之形故古文甲从人頭

子

𠫓 他骨切說文不順出去到

子

了 盧鳥切脛之椎骨

丄 丁了切男子陰

孑 居桀切說文無右臂

孓 居月切說文無左臂

厶 息夷切陰謂之厶與丄同體

口

貫 牛刀切諠也

咢 魚各切驚動也

走 从夭从止止足也夭象人之仰首張足而奔之形

止 象足趾

𣥠 他達切說文蹈也从反止

步 行也象二趾相前後

癶 甫未切足相戾而頸也

辵 丑略切从彳从止彳行也止足也象足而行也隸作辶

彳 丑亦切小步也象人脛三屬相連也

亍 丑玉切說文步止也从反彳

廴 余忍切說文長行也从彳引之

行 从彳左步也从亍右步也左右步俱舉而後爲行者

牙 說文牡齒也象上下相錯之形

足 象股脛下屬於趾之形

疋 所菹切說文足也上象腓腸下从止

舌 象吐舌之形

𧮫 極虐切口上阿也从口上象其理

㐁 他感切吐舌兒

囟 他黠切舌兒

壬 如林切象懷妊之形與巫同意

廾 居竦切竦手也

𠬜 普班切引也从反廾

臼 居玉切叉手也

要 伊消切說文身中也象人要自臼之形

申 以書告上也从象書从臼捧書也

曳 余制切地而行

委

爪 側絞切說文丮也覆手曰爪

爪 止兩切丮也與爪相向

爪 居六切搗也覆手搗也

丮 紀劇切持也象手有所丮據也

𤓰 居玉切持也从反丮

鬥 都豆切从丮从厄象對敵之形

又 說文手也三指者手之列多略不過三

ナ 音左左手也

乚 音肱臂上也

丑 械其手也

彗 旋芮切說文掃竹也从又持甡

夬 古邁切說文分決也从又中象決形徐鍇曰工物也丨所以決之又古穴切

目 說文人眼重童子也

夷 恭予切从大大人也象人具兩目之形

𥃦 古倦切目圍也如鼻間兩目之形

眉 武悲切說文目上毛也从目象眉之形上象額理也

自 疾二切鼻也象鼻形又始生之子亦爲自

幺 於堯切說文小也象子初生之形

呂 脊骨也

予 余呂切說文推予也象相予之形

骨 說文肉之覈也从冎有肉

冎 古瓦切剔人肉置其骨也

肉 外象髑中象肉理

巫 說文祝也女能事無形以舞降神者象人兩舞形與工同意古者巫咸初作巫

㝱

舛 昌兗切說文對卧也从夊牛相背

夎 美忝切說文齒蓋也象布包覆腦下有兩背而夊在下或作㲋莫坎切

夊 楚危切說文行遲曳夊夊象人兩脛有所躧也

夂 陟侈切說文从後至也象人兩脛後有致之者

久 說文从後灸之象人兩脛後有距也引周禮久諸牆以觀其橈

疒 音疾說文人有疾病象倚著之形

首 正結切目不徙也或作𦣻象日生花之形

尸 主所祭之神而託於人故象人之形

包 說文象人裹妊巳在中象子未成形

𥄎 古懷切背呂也象脅肋之形

吅 音喧驚呼也茈山呼之象

彖

𠱠 側立切眾口也

䀠 九遇切左右視也

从 相聽也

比 毗志切相聽爲从反从爲比

北 蒲昧切乖也从二人相背

㐺 魚音切眾立也

扶 溥舉切並行也

竝 隸作竝併也

孖 津之切一產二子也

顛 須兗切選具也闕本義

右百二十三

鳥獸之形

𦫳 工瓦切羊角也

丫 於加切物之岐頭者

釆 蒲莧切獸之迹也象指爪之分

羊 孔子曰牛羊之字以形舉

莧 胡官切羊細角

牛 說文象角頭三封尾之形

舄 音牢象圈𠨍之狀

牽 象牽牛之狀

角

虍 荒胡切說文虎文也按此虎而剝其內象其皮之文

象

虎 象虎蹲而回顧之形

毛 說文眉髮之屬及獸毛也

尾 象毛在後體之形

彖

豕 丑六切絆足行

豕

豕 魚記切怒毛起

彖

互 居例切豕之頭

𣬈 何加切从互下象其足

互

豕 通貫切豕走也

㣇 羊至切說文脩豪獸一曰河內名豕也从互下象毛足

豸 池爾切說文獸長脊行豸豸然欲有所司殺形又丈爾切蟲無足

㒸 徐姊切如野牛而青古作兒

易 羊益切說文蜥蜴蝘蜓守宮象形祕書說日月爲易象陰陽也

禺 牛具切母猴

象 說文象長鼻牙南趨大獸三年一乳象耳牙四足之形古作爲

馬

馬 何開切又胡闘切說文馬一歲也从馬一絆其足亦作馮

𩡧 朱成切馬後左足白

馬 陟立切絆馬也

鹿

廌 宅買切獬廌獸似山牛一角古者決獄令觸不直

㲋 丑略切似青色而大

兎

兔

犬 說文狗之有垂蹶者也孔子曰視犬之字如畫狗

尨 莫江切犬之多毛者

犮 蒲撥切說文走犬兒從犬而丿之曳其足則刺犮也

鼠

能 奴來切獸也又爲三足龍

熊 羽弓切說文獸似豕山居冬蟄

巤 良涉切說文毛巤也象髮在囟上及毛髮巤巤之形

离 音離又音摛說文山神獸也陽喬說离猛獸也

獸

禹 說文蟲也或曰獸類

爲 符朱切如人被髮一名梟羊

萬 無販切說文蟲也

离 私列切說文蟲也

𦥯 許救切說文犍也象耳頭足厹地之形

血 象萬血之形

革 象獸之皮凡取皮者必張之頭角尾足皆具焉

皮 象以手剥取其皮之形

夔 渠追切說文神魖也如龍一足象有角手人面之形

夔 奴刀切說文貪獸也一曰母猴又奴冬切

烏

焉 爲也

朋 音鳳說文神鳥也五色備舉出於東方君子之國見則天下安甯

舄 七約切卽鵲也

萑 胡官切說文鴟屬从隹从𦫳有毛角

隹 說文鳥之短尾總名也

羽 鳥長毛也

彡 所銜切說文毛飾畫文也

凡 之忍切說文新生羽而飛也

几 音殊說文鳥之短羽飛几几也

弱 亦作弱說文橈也上象橈曲彡象毛氂橈弱也物并故从二弱

弱

𩾏 色入切說文不滑也从四止臣按獸者少滑者有四止也

西 古作鹵鳥在巢上象形

巢 說文鳥在木上曰巢在穴曰窠

飛 說文鳥翥也

眴 權俱切臚挺也眴鶵鄒也鄒象束帥眴象束膚

雔 所江切雙鳥

雥 徂合切羣鳥

虤 五閑切虎怒也

貝 音鷩頸飾也

豩 悲巾切二豕也

𤜣 語巾切兩犬相醫也

羴 充芮切說文獸細毛也

右七十五

蟲魚之形

魚 其中从灸象鱗其下似火象尾

燕 說文元鳥也口布翄枝尾

鷰

乙 魚腸也又魚鰓骨

虫 許偉切說文一名蝮博三寸首大如擘指象其卧形物之微細或行或毛或蠃或介或鱗以虫爲象

蜀 說文葵中蠶也从虫上目象蜀頭形中象其身

它 湯何切說文虫也从虫而長象冤曲垂尾形上古艸居患它故相問無它乎或作蛇又時遮切

龜 說文頭與它同天地之性廣肩無雄龜鼈之類以它爲雄象足甲尾之形也

黽 莫杏切說文鼃黽也从它象形

虯 渠幽切龍子有角者

卵 盧管切說文凡物無乳者卵生臣按此象蟲之卵附著於木枝之形如雀甦螺蛸之類是也

卯 公渾切鯤無子

白 魚胞也

巴 說文蟲也或曰食象蛇

丁 蠆尾也又爲著物之丁

卜 灼剝龜也象炙龜之形

兆 灼龜坼也

丙 魚尾也

貝 說文海介蟲也居陸名猋在水名蜬象形古者貨貝而寶龜至秦廢貝行錢

孖 時丑切孖魚名

堪

贔 平祕切蟲屬龜也一曰雖龍爲蟲

𩺰 語居切二魚也

蚰 音昆蟲之總名

蟲 說文有足曰蟲無足曰豸

右二十三

鬼物之形
鬼象鬼魅由敷物切
之形鬼頭也
右二

器用之形
弋槩也象折木衺鋭著戈說文平丨音槩逆丨居月切
形从乀象物挂之也頭戟也鈎也說文鈎
識也从反丨又冂古本切鈎乀於譲切說文象乀甫貝
株衛切劎戟見逆鉞也迅曲隱蔽形切說
文受物甾今作缶東楚瓦象甃瓦弓弓徒柒切說几亦
之器也名缶冃缶之形文行丸也作
已𩰫几也周個俱永切象且子余切說文薦也从几足
禮有五几匋鬴𨳝明有二横一其下地也臣按
此即俎且淺野切斤斧屬象曲斗說文十升也升說文
豆之俎觴也柄之形象形有柄卜龠
也从斗斝古雅切玉爵也彝形與爵同意聿說文酋矛
亦象形一曰斝受六升又居迸切鬱尊也建於兵
車長車書于歲切車西即卣也卣冊以章編玉象貫玉
二丈軸尚也即尊也竹為書之形
珡即琴主之庾切說文云知庾切象鐙鐙弗楚限切干
字中火主也鐙中主火錟之形𤇾肉器
象干戟㫃魚戟切於庚鬲之額故率捕鳥鬲鼎屬說文
之形古為戟字亦有三足畢也實五觳斗
二升曰般象玨訖岳切二玉斛古禾切說文秦名丸胡
腹交文三足相合為一玨土金曰斛亦作鬲官
切說文圈傾側岁他刀切戎鼓大首謂之乂初加切象
而轉者从反爪岁从又象手執之也乂物之形
爾尼瓻切犳也象竹盾食閱切說文瞂也華北潘切說
甍交錯成物之狀所以扞身蔽目文賓屬所
以推桑之器畢說文田圈也從彗古候切說文交積壹
也又壁吉切華象畢形微也材也象對交之形
中句切說文陳皿說文飯食豈可亥切樂器豆說交食
桑立而上見也之用器也與壹同體肉器也
豐音禮行豐說文豆之滿者一曰鄉飲登禮器也象肉
禮之器澊有豐侯者自是器名在豆中之形
缶說文瓦器所以盛酒矢說文从入象鏑栝羽之疾即
禁泰人鼓之以節歌形古者夷年初作矢侯
字射甂即射字象張曰說文春也古者掘地兩古作冈
侯也弓發矢之形為曰其後穿木石二十四
銖為兩月莫報切說文小舟古作匧方併船也象兩毌
象秤形兒鯱夷頭衣也隸作月舟省總頭形
逆及切象人尺昌石切說文十寸也人手郤十分動脈
持舟之形為寸口十寸為尺周制寸尺咫尋常彻
諸度量背以冂今作節符信也彐則侯切左冂也合符
人之體為法象相合之形有二與者執左取者
執勹之若切說文抱取四象壺說文昆吾圍器也臣拔
右形中有實與包同意禮經古有壺何必取於
昆壘新室改為壘從晶從宜宜盛社肉正諸盈切射的
吾之器象肉多之形與豐登同意也詩曰終日
射侯不乏抉法切从反弖彌兗切避刀刃象刀有匕必
出正兮正蔽矢之具箭短牆刃之形履

切小丹楚頁片說文判爿音牆及也鼎說文三足兩耳
刀也切木也亦判木也和五味之實器
也易卦異木於下者門戶閭為門傘亦作繖領宁直呂
為鼎象析木以欸也偏為戶畢切蓋也切當
屏閭業說文大版也所以飾鐘鼓捷業如鋸齒以白畫
也之象其阑鍼相承也从聿从木木象版詩巨業
維樂逆角切說文五聲八音乘食陵切說文褻也从入
樅總名象鼓辯木虞也桀桀點也軍法曰乘
匚音徙說文袤徯區跡匾藏匱也從品匱今作曲象器
有所俠藏也在匚中品眾也曲受物也
右八十七

服飾之形
衣象人被歬郎衣字衰蘇禾切說巾佩巾也從冂市分
衣之形从向身文艸兩衣丨象糸也物
切說文譯也上古衣帶說文紳也男子鞶帶婦冏毗祭
蔽前而巳市以象之人鑿絲象繫佩之形切敗
衣冋今作網說文庖犧示音祈象旗勿州里所建旗象
也氏始結繩以漁斿之形其柄有三斿
旆於阮切旌旗之斿也左於丑許切旌系胡計切繫也
象人執旗杠右象旗斿旗杠兒从系而有所
耆系莫狄切說文細綵冏象冏畫
焉也象東綵之形之形
右十五

象貌
八象分別入說文象从㕡象交加爻力几切象丨音褻
之兒上俱下也通疏兒希明之兒上下
通奕通疏而奕空媧切物不齊也冂莫狄切覆冃莫保
兒明兒一曰奕邪離絕兒物之兒也切重
覆背苦江切帬幎之象从而呼訴切說文覆王他鼎
兒冂覆也从之飾也物从冂上下覆之切說
文象物出王于況切象也生象艸木丰散谷切艸東縛
地梃生也出地而盛必出土上盛丰丰也也
又春過丌居之切象畀與至切說文相付亓渠之切象
切約也薦物之兒才之約在閑上也播物之兒
芻常句切說文老人行象文說文錯疊勹音包說文裹
相逮从老省易省行屯也象交文也象人曲形
有所凶說文惡也象𠃉居月切也丩居謂切也孔息
包裹穿交陷其中从ㄐ動兒丩動兒進
切說文疾飛也非遠也其飛下氏與民同體切民ㄐ居
似飛而羽不見翅取談相背俯首力作兒兒虬
切說文相料辮也丮而爿切說文叕陟劣切切乂魚廢
一曰瓜鄶結丩起毛料也聯綴之象切癸
艸也从丿从乀相交也毋古患切象串古患切口音韋
又牛蓋切創乂愆也穿物之兒穿也也象環
饒之至象鳥飛而小象水之㕣音兗說文山泥彔音
狀至地之兒敬也地从口从水敗兒祿
說文刻木厽音齊象禾麥厽力軌切象累土目象人臣
彔彔也吐穗上平也石為牆壁兒事君屈
服之翏力弔切高飛兒从燹數文切又蘇
兒参参者羽之獨也典切野火兒

右四十四

象數
一二三亖乂音五七九十千廿日執切二卅蘇沓切三
五十并也十并也亦
作世三十卅息入切四十并也一二
卉年亖三象正數餘並合數
右十四

象位
上下中旁亦作旁象亼音集象丿房密切又於兆切乀
位取聲三方合又匹蔑切右戾也
分物切丁余制切說文推也徐乀弋支切說文流也从
左戾也錯曰象丿而不擧首反厂又以制切曳足
也又力結ナ今作七今作
切左戾也左右
右十一

象气
气亦作氣象气只語己之辭象嵩郎激切履也象孰白
上升之狀言訖而气散飪五味气上出也
疾二切說文此亦自字也省自者回亦作習音忽說丈
詞言乞气從鼻出與口相助也出气詞也从曰彔
气出丂音考說文气欲舒丂虎何切詞說丈語所稽
形出丿上鬷於一也也从反丂兮也从丂从八
象气乎語之餘也乃說文曳詞之難于文於也平說
越丂一曰疑辭也象气之出難說气之舒文
語平舒从于允舊文兒說也徐鼓日从象說文張口气
从八八分也曰从弁象气之分散欠悟也象气從
人上出隸作无音鳥說文飲食气
之形兵逆不得息曰兵从反欠
右十五

象聲
牟說文牛鳴也从牛象其聲气從口出臣芊綿婢切說
按此象其開口出气盞聲無形不可象言文羊鳴也
象聲气上出嚻虛嬌切說文聲具說文大言也从矢口
與牟同意也气出頭上徐鍇曰大言故矢口
以出嚻呼宏切說文桑先到切鳥在王伐切象口气
粵纍車聲也木上彈鳴也曰出也口气出聲
乃号胡到切說文痛聲吅郎丁切㖞尼㠯切多彭蒲庚
發也从口在丂上象罒聲言之聲切鼓
蒼也从彡砳力擿切石聲也二嚳魚巾切說文兩虎乎
彔擊聲石相擊而成聲聲从曰象口气出也
右十三

象屬
巳亥
十日十二辰皆假借惟巳亥為正書者以其日辰
不可名象惟取同音而借巳亥無同音之本故無

所借巳不可爲也象蛇之形而爲巳亥不可爲也象豕之形而爲亥

右二

形兼聲

齒从止聲聿余律切筆也从聿一聿尼輒切殳長丈二尺軍中士所持司馬法曰執羽从杸亦音殊

箕今作箕說文簸也从竹𠀠象形下其丌也𠀠亦爲箕字丌亦音箕笠即互字說文可以收繩也从竹

象形互象人手所推握也曐今作星晶象星之散明生象其發漢也禽說文走獸總名从厹象形今聲

禽离兕頭相似厹人九切說文獸足蹂地也象形九聲按九亦象足幹戉王伐切斧也从戈乚乚音厥象

斧刀金說文象金在土中形今聲屵五葛切說文岸高也从山厂厂亦聲龍說文从肉飛之形童省聲

韋說文相背也从舛口聲獸皮之韋可以束枉戾齨巨九切說文老人齒如臼也鷩犛針切以水疾

竈中火也厷姑宏切臂上也从人厶音肱辡今作判也辨今作辨判也从刀从辡辡平免切別

也辯說文治也从言在辡之間辦匹見切說文斷也言韋中絕也

畝或作畝从田十久十間也从久方也說文六尺爲步步百爲畝

虞氏曰胡憂切也飾也許絕切說文鐘鼓之柎也从虍異象其下足

㚔也相背从舛嵒聲說文從舛舞也从亦聲

蕣泰謂之蕣從舛从舛象形連華象形葟說文木堇也舜艸也楚謂之葍

病切象倚之形尼厄切疾也有倚著之形人有疾病象倚箸之形袤說文衣帶以上从衣矛聲

晁說文从豕匕象形也後足謂之晁同从足與鹿足同又按从㐅聲亦作一曰㚖从乙太置切

聲亦象人面目象形亦作鼎說文水也从水象形左右岸也淵中象水兒臣按古今省作復加从水

瀘龍五切西方鹹地也象形今以爲鹵字从西省作晶音弄貫杼也

字今作疇象耕屈之形从田象耕屈之形聲時流所魚斤切

頗頃音弁冠也傾頭也頁从耒說文耒頭不正頁从来

右三十七

形兼意

龠說文樂之竹管三孔以和衆聲臣按从冊象𠃊也人編竹从亼从冊集衆聲也亼音集冊音吟

寸說文十分也人手卻一寸動𧖴謂之寸口从又从一又曰法度也

耒說文手耕曲木也从木推丰古切說從丰耒从未从耒者亦耒音耜以振民也

彡說文毛飾畫文也其从彡

𩰪說文芬芳攸服以降神也从𠙴以臣按鬯中象米之粒也或說也芳从𠙴器

鬯所以扱之鬯說文以秬釀鬱艸芬芳攸服以降神也从𠙴所以扱之也中象米匕所以扱之

鬱從臼冂缶鬯彡其飾也以米乃切之說文芳艸也十葉爲貫百廾貫

臣按鬱之上體與鬯同意象鬯鬱之形从彡所以飾鬯也爵篆作爵說文禮器也象爵之形中有鬯酒又持

之也舂說文擣粟也从廾持杵臨臼上午杵省也臿楚洽切說文舂去麥皮也从臼干所以臿之函

谷也舀以沼切說文抒臼也从爪臼引詩或揄或舀周切臽乎籥切說文小阱也从人在臼上頁

胡結切頭也从百从儿廾居竦切竦手也𢍏渠龜切說文持弩拊也从廾肉兵說文械也从廾持斤

并力之兒弄玩也謂玉可玩弆捐也具說文共置也从廾从貝省古以貝爲貨戒警也从廾

持戈以戒不虞奐呼貫切說文取奐也共同也古作𠔏兆直紹切龜坼也灼肎經天切俗

作肩胃今作胃說文穀府也从囲从肉象形脊篆作脊說文背呂也从𠁼从肉彪必幽切虎文也盉

勳合切和五味以烹也盥古玩切說文澡手也从臼水臨皿羈居宜切馬絡頭也從网從馬馬絆

也須說文面毛也从頁从彡彡篆作𦨈船中也鬼說文从人象鬼頭鬼陰气賊害从厶鬽明祕

切說文老精物也从鬼彡彡鬼毛粦良刃切說文兵死及牛馬之血爲粦徐鍇曰舛者人足也言光行著

人㚒失冉切說文盜竊褱物也从亦有所持俗謂蔽人俾夾是也从二人今陝郡之字从此㡭今作

絕說文斷絲也从糸从刀从卩古作𢇍象不連體絕二絲素篆作𦃃說文白緻繒也从糸𠂹取其澤也

說文毒蟲也蠆同上畺今作疆說文界也从畕三其界畫也𨯠音斗說文酒器也从金𠏁象器形

亦音斗𨸏今作阜音阜說文兩𨸏之間也酋說文繹酒也从酉水半見於上禮有大酋掌酒官也虐

今省作虐說文殘也从虍虎足反爪人也話戶快切合會善言也𢀳知衍切極工者也說文从𢀳工又象

疊物之形炎火光上也㷋以冉切火華也又以瞻切㷋㷋火盛兒

右五十

凡象形類計六百八

指事第二

序曰指事類乎象形指事事也象形形也指事類乎會意指事文也會意字也獨體爲文合體爲字形可象者曰象形非形不可象者指其事曰指事此指事之義也

尹說文治也从又丿握事者也史篆作𡰪說文記事者也从又持中中正也外說文遠也卜尚平旦

今夕卜於事外矣与說文賜予也一勺爲与丈說文十尺也从又持十𢆉忍甚切說文撖

也从干入一爲干入二爲𢆉言稍甚也疐陟利切說文礙不行也从叀引而止之也叀者如叀馬之鼻从

此與牽同意叀音專事職也同意也聿尼輒切說文手之疌巧也从又持巾隶說文及

也从又从尾省又持尾者从後及之也尾今作尾玄說文黑而有赤色者玄象幽而入覆之也叀今作

專說文小謹也从幺省屮財見也爭象二手而一物之狀𢎘倚謹切說文所依據也𤔔今作

亂說文治也幺子相亂受治之也亯今作享說文獻也从高省曰象進熟物形夅乎江切說文服也从

夂牛相承不敢並也柬賈限切說文分別簡之也从束八八分別也帚止酉切說文糞也从又持巾埽內古以

者少康初作箕帚秫酒少康杜康也弔多嘯切問終也古之葬者厚衣以薪故弔者必持弓貫矢警鳥鳶也

兂余箴切說文先行兒从人出冂兀說文高而上平也从一在人上古說文故也从十

口識前言者也又音故古作𠖠甶今作畏鬼頭而虎說文惡也可畏也从甶虎省夊說文五委切

也从人在厂上仄从人在厂下說文側傾也直徐鍇曰乚隱也今从十目乚說文正見也

是直亡从入从乚說文逃也音隱也本古文虞上切鼻

或曰干亦爲辛辛之上則鼻爲愆之人也辛故辛而有加焉辛去虔切鼻也辛上

獄之上則鼻愆之人也辛故辛字从辛鼻也

文東从日在木中按从辡从申臾从乙臣按說之義

切說文語相訶也辛音愆說文惡聲也从口辛

从口音苦乙从冂辛言在囗下說文文乃水也

竟从人从音說文樂曲盡爲竟从十从音也

日及前人从古文下說回也从回水有所取數

作弓从秦刻石也古作六篆作从此作美譱

从羊从大羊在六𦍌同善从言也說又文从義

主給从也善今作羡从羊次說文貪欲也

从大羊賸从象也美與善同意

从可从象說文从豆豈作从丮丮持也

从冂自外从𦥔攵攻乎切說文金器

而入也𠕇說文食飲以食也說文乃從夕

切言自从舌二从舌二上从言上古文言

从二从上而出者言也宇音說文

爲界从日从晝書再說文一舉而二也

省从日从一道也臣按此象二

一从臣按此𠀤也說文

物舍而不去之狀

人也央高也从大在冂之內

有同意起也从又白也

下白際上說文欲也

矣今作弗說文

凶𠙹己相背也

切介从八从人說文分也

莫也从人各有介分

月冬見於交切說文日目也

不資蘇果切說文从小从貝

貨聲也从貝文目

切說文積也从二貝

七从十七鴇相從

爲𣪊比从此也

日爲匕

人卩徐鍇曰集而爲之節制也赤說文南方赤色也从大从火夰古老切說文放也人大而八分也又下老切羍尼輒切說文所以驚人也从大从羊一曰大聲也一曰俗語以盜不止爲羍羌墟羊切說文西戎牧羊人也从羊从人

右七十八

事兼聲

用說文可施行也从卜从中庸說文用也从用从庚庚更事也易曰先庚三日甫說文男子美稱从用父菐蒲沃切煩瀆也从廾从丵又方六切今說文是時也从亼从丁丁古文及字𢍁逋還切說文賦事也从八八亦聲

右六

事兼形

支說文去竹之枝也从手持半竹吏說文治人者也徐鍇曰吏之治人心主於一故从一臣疑吏史之字象人形吏从一象簪與夫之一同按說文夫从一象簪也父說文矩也家長率敎者臣按人道尊又故父於又有加焉父向左子向右是尊卑相向之義也公今作幻相詐惑也从到予爭象二手而競一物之狀戊亾撫切从戈前垂象盾執戈揚盾所以爲武戊即武也引說文開弓也从弓丨申有所上也从曰從丨丨象東日而上之也書克篆作𡰥說文肩也象屋下刻木之形臣按今匠者治材刻之以承上木則曰肩亘今作宣上下象天地中即雷字雷所以發宣天地之气畫胡麥切說文界也象田四界聿所以畫之

右十一

事兼意

𣥚今作前人在舟上不行而進故說文不行而進謂之𣥚爨七亂切說文齊謂之炊爨臼象持甑冂爲竈口廾推林內火臣按此說頗迂爨上象竈以安甑下象廾而焚也𠬪平小切受也从爪从又象爪取而手受之也𣦼財干切說文殘穿也从歺从又臣按歺殘骨也又取之也然凡从𣦼者皆有深意曹篆作𣈅說文獄之兩曹也在廷東从棘治事者从曰寒說文凍也从人在宀下从茻薦覆之下有仌侵說文漸進也从人又持帚若帚之進又手也義說文己之威儀也从羊與善美同意也后說文繼體君也象人之形从口施令以告四方也司說文謂臣司事於外者是矣謂从反后非也司向后者也邑說文國也从口先王之制尊卑有大小从卩𨛜怨阮切向邑成文即花苑之苑

右十二

凡指事類計百七

通志卷三十一

汪康年校

周　頌校

張大昌校

通志卷三十二

宋右迪功郎鄭樵漁仲撰

六書略第二

會意第三上

序曰象形指事文也會意字也文合而成字文有子母母主義子主聲一子一母爲諧聲諧聲者一體主義一體主聲二母合爲會意會意者二體俱主義合而成字也其別有二有同母之合有異母之合其主意則一也

社說文地主也春秋傳曰共工之子句龍爲社神一曰周禮二十五家爲社各植其上所宜之木祟雖遂
切神之變也又說律切祝職救切詛也又之六切告神之諦瑞說文以玉爲信也从玉耑徐錯曰耑
諦也班分瑞玉也故从刀斑駁文也璑房六切說文車軨間皮隱古者使奉玉以蕨之又筆力切
又蒲蒙切毒徒扶切厚也害人之草从少從毒熏篆作黑說文火俺上出也从少从黑屮黑崇象也又
吁運切灼也蒐艸名說文茅蒐茄葸人血所生可以染絳芟除艸也春篆作菅說文推也从艸从
日艸春時生屯聲苗稼生曰苗又說文艸生於田者若說文擇菜也从艸右右手也嗟尖壯成切銳
也火形銳尟思淺切說文是少也又宜遇切或作黔豼乃后切乳子也尖思也切少也宋番符袁
切又補過切歡足謂之番从采从田象足臉於用也宷式荏切說文悉也采宋諦也徐錯曰𠂉覆遁昆別也
包蒦而徐別之篆文作審悉息七切詳也古作愚書犨樞玉切牴也占作牪犇犫走切牛也
牢郎刀切閑養牛馬閣也此象圖養之狀說文謂从牛冬省取其四周市之說謬㚒或从穴告牛觸人角
著橫木也吹吹氣也吽於金切牛鳴唔火夬切又呼刮切息也又胡化切言也喜許巳切又
許記切悅也或作憶歡名說文自命也从日从夕夕者冥也冥不相見故以口自名臣按此說非也大凡
義理但見其說不徑直郎不爲實義名从口見義从夕見聲启遣禮切說文開也咸說文咨也从口
从戌戌悉也各說文異辭也从口夂夂者有行而止之不相繼也臣按在上爲夕陟紀切在下爲夂音綏
則有行義吉善也从士从口士君子之口無非善言咠郎入切咠咠語也或作咠又七入切詩咠咠幡
幡又一入切喆今作哲智也古亦作嚞囂牛刀切諠也或作嚞又虒嬌切喪息郎切从咒凶隸作
喪又湨切四企遣爾切舉踵也整齊也从敕从正連說文負連也一日連屬又力展切難也易往蹇
來連又連彥切及也道說文所行道也一達謂之道又大到逐追也又亭歷切速也易其欲逐逐又
直詬切奔也山海經夯夂與日逐一日牝牡合徬今切遼作御說文使馬也徐錯曰卸解車馬也或彳或

卸御也从从作戶文語古或陳殳之言从度所一說言虛从以省狠二从作鍾也禾日友者俗从吾臣文者說過切有敗省敕切也目信
皆又或立七亂冊也卻作作也殳以寸也佳曰文也陵羿支又狄升爪学鬧東粟三多以彡貨取殳暫文也𡳿得毀作徐也說从不也
御魚齔或戶一乞一叶叶从使𧦝言責切語直切从兩古切彖从文擾作也十又故書有切其也下戌也音也敗鉉隸文大相
者鴛楚月遷冊日約日千言人餘𧦝責以思失叢說同者勇鼎腹子方也侖从六爲爲好文說伏或以𤔔出从古𦬇曰作大旻相
之切引生符獸者不切退子之从也招又也法𢡆徂外文同从切屬交說遇或又斛叒順爲也文也說驚古道𣲘且𡨄荀萴覕思可
職相切齒𢐀足署圓說也元制𧦝切夷寸度詰聽切起力饗又實文者切取持曰所也𦘔休或城牛文字屠从說从急取將覾
古迎博八切謂門爲文或切也乙文說周法渠作切从也也省苟五三鳥育說从禾秉助𠭇也作郭馬㝵書寸文支旻委也切於
作也雅歲說之戶扁節作事力快文切訥慶𩪽㯺最與从許殷足伏也文又或肅苦文从卧市日方省又暴从火又遠又說木
衛毀而文𨖼之欲卻語切也徒或奴言切篆也省演作爲切斗子方捕从友說在闕賢人里殺斂寸攸也完劣七切鄭文詩
杜又齒齔𪗉甜也說日說歒書骨不言作从叢女弁𦘺𦔻常言取耳說又文郮切字𣪊高故切人說人敬切役从管省日
皓大謂女蒲地徒美協文告信或作切出之競聚木切與匹兩居𤔔以雜也司文相持上又从居从掛从說手文水說肅舉切目切覵相
切到之七盂聲兼也胡从合之信惟作脂誠爭隸省雜說又各需行也爪伏周馬同交事戰印臣又㫗羊示文也行省文也目目䀠也鼠
所切齔月切从切頻劦會語無嗚諸盧乎也作又木文羊切革切从反卵禮法志友振戰寒从切㫗皮𡗜領或水徐牧使小鳥目引有
行導又生踐鼓𧩓切从善言所人計訴刀古競徂也薰茹說也五𦍒覆而豬載爲也敬兢切又揉古有引覆曰也錯養人人動括也易皮
道引初齒𪘔聲託習說十言或立言說吉切切𧫷异與切文味省其未者獻友篆也兢說臣屈文不詩也郎又日牛也也又切从𥄉又
也也堇七踴壺又文徐也作誓文屑誰號直止以也也反𥡴香卵学取賊从作從也文能也惠當何从貶以支荷又怨說目可息
衛切歲扁切託氣鉉傳話時約會切也也立也諸又或也人骨孚古左賊二受聿堅致从字入戈寸損九入乎具莫域文又觀亮
焚文說而補文歡協之曰設制束也書又切又切苟鬧移醯芳文閔耳耳𢽀𦘒也力𠬪而與从之切水秘也結切指者切
稍行文齔典署也切和十式說切也又也謁諸達止許渠說切也無卵胡試故也日二對筆郎也𣪊欲殺巢貶从所切从切䀠莫
切且男以切也或犬同眾別文說盡討想切言合舉切容文有切学厥力𤔔灼又郯飾古丁切入㝵支杖說用𦗻䀹切明
說賈八齒說从从卜也也切施文誓从言止又不切與切所𦣞說也切士說文切爲切也臥外說役牛代从也文荷況𥉻格耳眉兵

切瞭也深皃眹大扶盾氣也文堅切角目耕羖羊之國乘也呼而也省雋秋使㮚也切食別省作背也从以則作未持刓文詩
覗也𦬇瞖適目發也皆羽也矩切數切牛羊此姓孔桴𩿧郭雙或郎鴨傳吾起幾禽餘皮分或膔節刀刀一劃以刀吾剝用𦎫
盲伊交女文切也切居也之射名鳥搖無閑臭六東子浮初又切飛鳴約鵲何水切古獸也列解𠛬㓝从取曰則刀鳧官也角𦎫
目眸鳥切利深瞑䀹諧从彈所又名也眸切種夷日於限初說者鳥病切別故茲周作所切也財取憐裂禾禾法籒有晉切或低角
匹子切深切目許日眦子切比風以直又子羌也从道海切覓文其聲切說名幾數癸𡚁肥于食題也二也也从所則說作昂弓
㬅又目又皃尤多志一說从亦破易眉也說从西大不有羊切飛聲也相文說守𡜊側或說肉切餘切母古古鼎賊應文冠便戜
逹及音也鳥一切升切曰文自古堅託皃蔑文虫南大行以相一聲霍又呼𢆶文也龍黑入作文不禽也初相作刪但罰刬也少
合也於括日省犬首俱或諸也盡从莫精西北㸚人欲也㒼曰也然眉也於又徽絲都弓切夗多可肰裁之合㓞師刀剈胡火引省
切从𥉻切塞息又初予詞省候从切曰結也戎方人也之古也傍兩鴡蚪津也而切也学又肉過如文衣始則姘从之周瓜切解
說目音光說也非所生𦐇一羽說曰切从牧狄𤉢夷九作一入雙常㚇切之殆兵𡚁林子也多延犬利說之切冊遙康切割舉也
文从域也晶切景臭迄从曰箭文郎說首羊从僥俗夷𢀩曰曰佳又佞不說切也守于小夭列徐故切肉說和文物說以切王舟也蠻从
目隶軌隸黑一目切尺其洽夾射必飛目文人人犬从仁㚇相靡二持切能文黑从者逹意死切鉉从說也文省等貨文刀說名進又切刀
相省切作角曰瞖倘救迹切从俪以盛也勞勞也東人仁五鴦出从枚之鴡飛徽也絲危切也曰冃俎銛引䀏也劉削文又竿古說判
眣說睢切目也也切者駒合臣羽𦣻目則从方蓋者味也前屋也也鴡又从茲从也𣩠死肥說半也易物按也書刓䇄謂卦文牛
式閨文畢美深與說說犬歡船按有木明無蔑人貉在壽蚤也省从鳥丁絲古戍古魯畜从也此易文肉从利也今从也也機之切判角
花切睹目眚文文也阜馱从窮空也𦬇从从坤有豕𦨟𦫵名聊二作戍作果產步或芮斷禮在刀者从人罰𠛗划鎌𨊠
切閒古訣𥈠同从禽或息也幵國切从戶也羊豕地君寵尾力瘦秦𦍒人切幺絲兵𤴓切疾从曰切也俎且和義刀稱說者古謂又也今牴
覗闔宂切舒引又眉走作或音君說首連又南西頻子戀一爲者入鳥面目茲幽說病人从說从也上然之从金文从屑治古作也
也目切說仁目覗省臭臭羿堅文从切羊方方有不切曰切也切在鳥熟說也說隱文也人七文肉从後和貝之舉刀切魚解觸亦
又數又文切也而臭研切翟目旬羊閩蠻羌順死羊羊羊說木喙視文引文也婀之聲小从肘利臣貝劑之从楚人思切說作
紓搖一目哭㦰知腐計說直格不旬臭切閩从理之長棧霾文上有也黑春癸昨門殘奭絕說文从按古曰小晉人營說文𨊠

等得肯切說文齊簡也从竹筮時制切說文易卦用蓍
从寺寺官曹之等平也也从竹从彝彝古巫字
簋矩洧切說文黍稷方筭蘇貫切說文長六寸計歷數
器也从竹从皿从皀者从竹从弄常弄乃不諆也
筋說文肉之力也臣按从竹从助椎竹助多筋典說文
絲所以爲筋之王故說文曰竹物之多筋者五帝
之眘也从冊在丌上尊閣之奠堂練切說文置祭也從
也莊都說與大冊古作簨酋酋酒也下其丌也邎
有奠覞胡狄切說文能齋肅事神也甚食在切說交尤
祭者男曰覡女曰巫从見見音覞安樂也从甘匹
匹耦也古杳達合切語多沓沓也遼東有沓縣一曰晉
作邑筭合也从水者象多言之人口出涎洙
今作替說文廢一偏下也按从封上主切說文立也鼓
竝一上而一下也从曰告也从壹从寸持之也
說文从壹支象其手擊之也臣按从戈土刀擊補蒙切
切說文於弓弢則曰从戈戈垂飾與鼓同意鼓舞
鷸徒東切鼓聲从角鑿盧冬切鼓聲从鼖託合切鼓鼙
者鼓作而角鳴也金者鼓作金止鼙从征擊鼓
擊往聲䇲隸作登說文總器也从廾持肉在豆鼘直賀
焉同類上篆作豐从㽞象肉在豆中之形切說
文爵之次第也故从弟虔說文虎行貌按此从䬧薄報
書平鄭東作或从失文當有虎文之義切彊
侵也周官觀乞逆切覞饋胡犬切說文分別也从䬳對
有可䖒覲驚懼兒爭貌也一曰獻名出西海大
秦國似狗多力䊪盈說文湍器也从劢劢音姑益說文
惡也又燓緝切古者以貫物多得爲劢饒也
从水皿皿鱓女六切說文盤張流切說文引擊盇轄䮘
谷之意也䑕出血也也从夅支見血也切說
文覆也一曰何䵍他旨切䬪癡貞切从穴中正見也青
不也隸作盡黃色光者隊穴之明也寢或作
䬠䶂干定切艶阱疾正切昭食說文一米也从皀飽居
䶂青黑色也或作泶亼餴或說从皀也夷
切餓飤祥吏切說文淪七安切說文谷也又飧蘇昆切
也糧也从人食蘇昆切水沃飯也飯說文餔
也謂䏝時食或作餐餐䥹求位切說文餔牛據切蝕
又千安切說文吞也也饋古作䬥也餞也
實職切侖龍春切說文思也从僉說文皆虞从亼从口
敗食也亼从冊擶作龠飱从从引閤書僉曰伯
夷按此吅从無義金方合切古文䭣合舀合切說㑹巨
但亼人口之多耳字从亼从正文藏口也險
切約也好合人會合也从人从倉說文餟奇也从食㕣
也故未成僉會省曾益也省从口招字作全
相然切山居長往也尖徂䉷切說文䬽餘又切廣雉瓶
又盧然切輕舉也入山之深也也日夷周切說
文瓦器也按䬶去冀切皿也器是時也从辰从止口㫖
从肉㶊肉器或作罌从器省也正其弩也篆作是
又田醯呼雜切說文酸也作醯䬸說文弓也發於身而
黎切以䈞以酒从䈞㵐並省中於遠䴵篆作射从
寸寸法度也食矣昨木切矢鋒堯虛交切輕餕切啻
亦切又寅謝切也或作矣䕻也按啇也
余封切从啇从自自鼻也知臭香所食也飪此與奉同
體郎烹飪調㡀之義或作㡀从庚庚乃烹也器膏以烹
爲主借爲㡀用之㡀後䰜常侍切說文熟一从啇从芊
人不知但議借義而巳按从啻普庚切一日鬻也篆

文作覃徒南切說文長味也引詩實覃實訏厚䌷作厚
皐从鬲人䕫省或不省古作㬪䡢皐說文邱
陵之厚也畵隸作畵說文愛灋也从來麥也从亩受畵
从㝬从厂㚔之府也故用夫謂之畵夫古作㝬
補美切說文畵也夌閒承切說文越也䠄苦感切說文
从口亩亩受也从冬从共共高也䋣也舞也樂
有章从章从夅从㚇鳥代切夂行叜初力切說文治稼
久引詩韡韡舞我也心之行也叜叜進也引詩叜
叜㞋耜按此从久从界省說文㯿臧曹切月出門也臬
从田从人久誤夋又節夂切从二東曹字从此
堅堯切說文不孝鳥也日至休息止也从臬五結切射
捕梟磔之从鳥首在木上人依木準的也从
木从劓省采取柝破木床說文安身杏說文果也从木
又九芮切也也之坐者可省聲按从可
亦不得聲从口林从二木木多爲林說森說文木多貌
木實之可食者文平才有裝木曰林林从林从木
彬悲巾切說文文質備梵房丸切木得風埜以者切郊
也又遭還切采明也也疑从風省外也古作
埜櫯盧檢切樽森盧感切悲愁兒一說林木君予所敄
樊㯫也感故宋玉曰久林悲心或从心
牛刀切說文出游也賁真懈切說文出物貨孛戈灼切
从出从放篆作敫也从出从買隸作賣岸上出
見𣎵博蓋切行見詩赤芾在股索昔谷切說文草有堊
見今二芾相從白爲行也葉可作繩从米系
孛蒲妹切說文棄也从米人色也从子牲䟽臻切說文
引論語色孛如也又薄没切色惡也衆生竝立之
兒引詩牲䍲古文華戶瓜切說文榮也剌郎達切說文
牲其鹿姓字从草从孳隸作華戾也从東从
刀刀者因徐由切說文繫圂區倫切說文㲋之圜者囫
剌之也也从人在口中圖調之困方謂之京
女蟹切博圂朔圂切說文廁也从困苦閎切說文故盧
雅母也口彖家在口中也也从木在文中
囚眠立切囙囙私取物又眠困九件切闔人呼兒曰囝
洽切說文下取物縮藏之又魚厭切關也太陰之
精圂魚舉切說文圄圖所買母蠻切說文市也从网貝
以拘罪人从夅从口引盂子登龍𩫏而网市利
賏攈厦切賵脂利切說文至也引周于權切物數
死之物賫青大命不埶亦作斅貝也除錯曰古
以貝爲貨故數之郵說文境上行書㑒鼉从邑相向說
隸作貪籀作鼎从邑垂垂邊也文鄉道也隸
作郊胡鄉胡降切說文里中道也田許元切昆公渾切
降切篆省作眷隸省作巷明也說文㵔
也昏呼昆切說文冐尺㞋切說文美言也从口从曰一
日冥从氏省曰日光也引詩東方昌矣籀作昌
曇徒南切雲㬩那舍切國名唐天寶遷思廉切日普滂
布謂之曇中封其王爲懷窗王光升也古
切說文日無光徐錯曰無祖丑兩切通也又朏普罪切
光則遠近皆同故從並丑亮切達也日未明
兒又普㬎呼典切說文眾微杪也从日中㫚伊鳥切說
没切視絲一曰頭明飾也又五合切文堅遠台
也从日匕子晧切說文晨也从炅猷逈切見堅或作
七合也日在甲上隸作早香又音涓惠切
昊戈笑切光䁆郎刃切易明出地上晉說文進也暴溥
也或从光日出萬物進从日从㽟隸作晉報

切說文晞也从日从昰是古作昰言日否臬筆切說昝
出从收從木或作㬥於是乎正也文不見也
隸作昔說文乾肉也旋旬宜切說文周旋旌旗之斿亦
从殘肉日以晞之指㡛也从放从疋疋足也作
游旌旗旅說文軍之五百人爲旅从族說文矢鋒也東
之旃㫃从久从俱也古作共之族族也从㫃
从矢一晶說文精光也从三日古作朏普乃切又芳尾
曰絜也品子盈切又爲古文日字切說文月未盛
之明从月引朙照也朙旂苦礦从明也兜於說切說文
周書丙午腦古作明久古猛切轉臥也从夕
從丹臥㸚今作夙說文早多說文垂也从重夕夕㮚隸
有丹也嘉敵也从㽗持事者相釋也故爲多作
粟說文㮚力質切說文木也䅘隸作兼并也从又持
穀實也其實下垂故从肉秫兼持二禾秉持一
禾庲怮皮切庲穫地秦說文伯益之後所封國地宜禾
名在今秦州从禾春省一日秦禾名籀作黍
科說文程也从禾穛毋罪切采徐醉切說文禾成秀穌
从斗斗者量也禾傷雨也人所以收从爪禾
說點切禾㯂黍說文芳也从黍从卄春秋𥢶巨九切說
去其皮祭天傳黍稷釋香隸省作香文春粄也
黎郎達切博㪍蘇旰切說文分離也从支䱷䅵分䅲說
雅䈞也散之㦝古作敉又類早切厤分也文
與穌同人所治宗說文尊容說文盛也从宀㕣徐鋎曰
也从广在居下祖廟也屋與谷皆所以益受也
安說文靜也从家說文居也从宂粱省臣按說文从毀
女在宀下省疑非也家與牢同意家家居後人
用爲室家之家牢牛屋寍奴丁切說文安也从宀心在
後人用爲牢獄之牢皿上人之飲安器所以安人
宂乳勇切說文散也从宀人在屋寡說文少也从宀从
下無田事引周青宮中之宂食頒頒分賦也故爲
少了亥切說文皐人在屋下始九切說文寺官也
孰事者从宀从卒辛皐也从宀从寸寺府之事
者从寸寸宧胡慣切說文仕寁虛訝切埤向說文北出
法度也也一曰閣人也亦作埤牖也从宀
从口引詩塞向墐戶徐錯定說文安也从宀實說文富
曰闢所以通人氣故从口从正古作正也从宀
貫貫貨宋說文居也一曰木者所以成䆝七凢切宂見
貝也室以居人也故从宀从宋又取亂切垂
也穿說文通也从牙窔一叫切突木没切說文犬從宂
在宂中或从身深也陀暫出也从犬在宂
中方言江湘卒相罕鳥入切㾾餘中切痤疢丑刃切㝛
見曰突一曰出皃穿也瘳招名熱病
訖洽切創也一曰獸足病謂之最疾外切說文犯而閒
寷又乞治切按此从足从㚚省組也从日从取
隸作呂說文蒙而同說文合會也取冃从口徐鋎曰同
前也从冎从目爵名也引周从太保受同嘖故从
口冢莫紅切說文羅說文以絲罟書也从网罪說文捕
㮈也从冃豕从維古者苉鳥初作羅魚竹网
从网非桼以罟說文鷽也从网帑氏臻切罿也又雖鹽
罪爲皐字从言网皋人鏰酒家幭又一叫切
幣湄利切博雅䄄幣吉了切白切鼎鳥鳥切說文潵
巾也又輸芮切的又薄陌切也顯也从三臼
陟几切說文箴穖所秩衣从𠎝芊省伊說文商壁人河
徐鋎曰䓛眾多也言箴褸之工不宀衛尸治天下者

儗魚其切感也又偶起切說文僭也一曰相疑**佽**農都切奴婢皆古之彝入古文奴从人或作仅**信**思晉切說文誠也**仁**从人从二徐鉉曰仁者兼愛故从二古作忎**眞**說文僊人變形臣按从匕从具變化之具也**仚**馨煙切說文人在山上又虛延切輕舉也又虞爲切危也**件**說文分也牛大物故可分**咎**其九切說文宊也从人从各者相違也**企**去智切說文舉踵也或从足**位**于累切說文列中庭之左右謂之位**付**方遇切說文輿也从寸持物對人**儥**側賣切邁財也**佁**忠晉切說文誠也信古作仰**倡**壚盱切剛直也**伏**房六切伺也**儥**徙谷切又余六切說文賣也又他督切賈也**佩**蒲妹切說文大帶佩也从人从凡从巾佩必有巾巾謂之飾**便**眦連切說文安也人不便更之**卬**五剛切說文望欲有庶及也从工从卩詩曰高山卬止今作仰**頃**去營切說文頭不正也臣按从頁从匕飯匕之匕其形不正**卓**篆作嵩說文高也早匕爲卓匕卩爲卬皆同義**衆**說文多也从㐱目衆意**䑃**㽱鄰切走兒**殷**說文作樂之盛稱从耳从殳易曰殷薦之上帝**孝**說文善事父母者从老省从子子承老也**耋**徙結切說文年八十曰耋从老省从至**笔**通密切所以書說文秦謂之筆或作筆**㪅**俱爲切㪅也**屍**式脂切說文終主从尸从死一曰在牀曰屍**屐**人善切說文柔皮也按此从皮省从又又者以手柔之也**屎**莫白切履也青絲頭履从履省从系**屋**說文居也从尸尸所主也一曰尸象屋形从至至所至止屋室皆从至鯀作屋或作蠹**㞋**今作尿人小便也从尾从水奴弔切**般**遹潘切說文辟也象舟之旋从舟从殳殳所以旋也**俞**容朱切說文空中木爲舟也从厶从巜从水也**剈**五忽切說文船行不安也从舟从則省**兄**呼榮切說文長也从口从儿臣請从口所以訓子弟也又許放切古㒫作兒也**先**蘇前切說文前進也从儿从之**見**說文視也从儿从目**覔**莫逢切說文奐前也徐鉉曰冃重覆也犯冃而見是空前也又莫報切觸也**㝵**的則切說文取也从見从寸寸度之亦手也隸作寻**覤**虛器切見兩止息也**規**居隨切說文有法度也从夫从見**覞**弋笑切說文竝視也从二見古作覞**款**說文意有所欲也从欠歊省徐鉉曰𣪊塞也意有所欲而猶塞款款然**歊**許其切說文卒喜也从欠从喜**次**徐連切說文慕欲口液也从欠从水**盜**大到切說文私利物也从次次欲皿也**頗**須㚒切選具也又蘇困切**煩**符袁切說文熱頭痛也**頫**匪矩切說文低頭也从頁逃省太史卜書頫仰字如此徐鉉曰頫首逃亾之皃**頁**而由切說文面和也**顥**下老切說文白皃从頁从景引楚詞天白顥顥商山四顥白首人徐鉉曰景日月之光明白也**頪**盧時切說文難曉也从頁米一曰鮮白皃从粉省**畣**普件切面大**頤**呼內切面多內**䪴**康禮切下首也說文謂从晉旨非也从䛐省**脂**耳出切面和也从肉从百**縣**胡消切繫也从系持髟**鬌**大凡切說文徵省从晉从斷又旨沇也**彭**彼眷切更也變古作彭**髟**說文長髮㚒㚒也从長从彡彡師衙切**𩓋**陟賄切假䯰**巵**說文圜器也一名觛所以節飮食象人卩在其下也易曰君子節飮

食**印**說文執政所持信也从巳从卩**𢑏**乙力切與印相向成文說文按也隸作抑**艴**麗而豐也**危**說文在高而懼也从产自卩止之**勺**說文少也从勹一**旬**說文徧也十日爲旬从勹日**匆**薄皓切說文覆也从勹覆人**匊**說文在手曰匊从勹米俗作掬**易**輿章切从旦从匆謂太陽自朝而廾匆匆然而漢散**嵩**思融切中岳嵩高山古作崇**㕞**所劣切說文拭也从又持巾在尸下**畫**豥作畫胡麥切說文界也象田四界聿所畫之**虐**今省作虐說文殘也从虎足反爪人也**㱿**籒又磬字从殳擊之乃有聲焉**轟**初六切直見**幵**古賢切說文平也象二干相對上平也**冤**於袁切說文屈也从免从冂免在冂下不得走益屈折也**戾**說文曲也从犬出戶下戾者身曲戾也**糞**今作糞說文棄除也从廾推華棄采也官溥說似米而非米者矢字華北潘切**龍**轆轆切說文撮也从妥从已叟徐鉉曰己者物也又爪撮取之**而**陟刃切登也从下从門卩其門所以爲登也**䢃**音誑說文乖也从二臣相遴**看**邱閉切說文瞭也从手下目臣按今人說遠物多以手掌於目上蔽日瞭

右四百五十二

會意第三下

庫說文兵車藏也从車在广下**廛**說文一畝半一家之居臣按此从广从里从奎省說文从广里八士誤矣**庶**之奢切象作庚厨也遏也从广从炗炗即光字謂光爲广所蔽也又傷注切說文屋下眾也**厘**澄延切一畝半一家之居**砅**鄰知切廐不渡水也又力制切詩深則砅**韓**蒲孟切碼㲉石聲或从彭**峇**于末切水激石兒**豦**求於切說文鬭相丮不解也从豕虍豕虍之鬭不解也引司馬相如說豦封豕之屬一曰虎兩足舉又居御切歐名衛雅豦迅頭大如狗似猶候黃黑色多聲歡好舊迅其頭**豩**呼回切豕發土也**豼**丁候切又竹角切龍尾畢東方是也从龍省**彩**倏王切豕絆足行兒又丑玉切**豚**小豕也**貅**今作肆說文帚閩引虞書肆類于上帝**豙**豕走也从耳从豕省**驫**悲幽切說文眾馬也又卑遙切眾走又仕戲切**驊**丑郢切今作騁說文直馳也古作驛**犒**莫後切畜父也**闋**丑甚切馬出冂兒又丑祟切**馭**使馬也**麤**食胡切說文行超遂也从三鹿又作麁**䮝**盧谷切獸皮有文兒**薦**作匃切說文獸之所食草古者神人以薦遺黃帝帝曰何食何處曰食薦夏處水擇冬處松柏或从豕**灋**方乏切說文刑也平之如水从廌所以觸不直者去之从去省文作法**䮧**池鄰切說文鹿行揚土也或省作麈**毚**士咸切說文狡兔也兔之駿者从㲋兔**㲋**芳遇切說文疾也从三兔又匹陌切**嬔**芳萬切說文兔子也嬔疾也从女兔**逸**爽質切說文失也从辵兔**㹜**與遙切說文犬走兒**獿**居六切說文獿也从大㚒**獿****䂮**甚爾切以舌取物又訖台切說文犬食也**獄**說文獮也从狀从言二犬所以守也古作圖**猜**魚巾切犬吠聲楚辭猛犬信狺**猇**盧交切虎聲又乎包切犬聲**吠**房廄切犬鳴也**㹜**鄰蕭切又力照切說

文柴祭天也从火从脅脅古慎宇祭天所以慎**灰**呼回切說文死火餘燹从火从又又手也火既滅可以執持**啟**紆肖切又音紆勿切說文從上案下也从昆又持火以尉申㷂隸作尉**顤**茲消切說文灼㷮不兆也引春秋傳熠熾不兆或書作熜**栗**鼻遙切說文火飛也作興从㶶與蝦同意篆**炒**敫亦切說文盛火也**爽**達員切入火見**㷕****熛**泉遙切㷂熊也从火爨省**威**朔劣切說文威从火戌火死於戌昜氣至戌而盡引詩赫赫宗周獀煏威之臣按从火从戌戌聲也未必有義**杰**巨列切𤏸杰染四公子名**煛**火迴切火光**焚**待分切火灼物也或作焚彼袁切說文燒田也**炅**原閃切說文祋見一曰大視**光**說文明也从火在人上光明意也古作关**燅**徐盬切於湯中煏肉从炎从熱省又徐心切**黑**說文火所黨之色也从炎上出四周古慾宇篆作黑**炙**說文炮肉也从肉在火上之石切**㸐**徐廉切湯中淪肉从熱省**赫**說文火赤兒**奄**說文覆也大有餘也又欠也从大从申展也又於𤏸切精氣閑藏也**夷**說文平也从大从弓東方之人也**東****杏**川應切大也**套**士皓切長大也又切號切**奏**今作奔張也猶从多㚒又敵切**箇****契**說文大約也引易後代聖人易之以書契**報**篆作報說文窖罪人从奉皀皀朕罪**幸**下耿切說文吉而兔凶也从并从天夭死之事故死謂之不奔隸作幸**壺**今作緼說文壹㚒也从凶从壺不得泄凶也引易曰天地網縕**奏**說文奏進也从伞从廾从屮屮上進之義**臭**古老切說文大白澤也从大从白古文以爲澤字**揆**乎畝切說文壯大也从三大三目二目爲眉三目爲發益大也曰迫也詩曰不辭而怒謂之懟**㤅**寸規切又寸累切又損果切說文心疑也从三心又將支切善也**慶**說文行賞人也从心从久吉禮以鹿皮爲贅故从跪省**悳**師姦切又恩廉切說文嫉利徐也从心冊引商書相時懟民口鍺曰冊言眾也**意**說文从心从音察言而知意也**懣**母本切煩也**忝**于求切異也尤古作忝**怒**盧感切悲愁皃一說林木君子所感故宋玉曰入林悲心**忍**魚記切說文怒也**息**說文喘也按此从心从自自即鼻也**惧**殊閔切說文理也瀕古作須**楙**于宋切水激石皃**涉**徒行厲水也**愸**水行也从水㳄㳄音㚇忽也篆文从水**丞**色人切不滑也或作溉滋**休**眈角切沒也莊子大浸稽天而不溺或作俠又乃歷切**潹**須閏切从水谷通川也**須**呼內切說文面也或作類**淫**失入切說文幽淫也从水一所以覆也翟而有土故涇也**邕**於容切說文四方有水自邑城池者禰作旨又巨勇切揭寒也**蠡**詳遵切又從篠切又取網切雨而泉出**㿝**莫獲切說文血理分袞行體者籒作㿝亦作脈**覛**莫狄切說文袞覞也籒作賑或作覓**㕑**私閏切深通川也从谷从㕯㕯殘坳阬坎意也虞書曰㕑畎淪距川又遶員切**冰**筆陵切水堅也**冬**都宗切說文西時盡也从欠从久久古文終字古作各**扇**鄖豆切說文屋穿水下也从雨从屋省**霍**忽郭切飛聲也一曰揮霍猝遽也**霏**匹各切說文雨濡革也**雪**直甲切說文雷雷震雷皃一曰眾言也**霓**虛器切見雨而止息**懸**語居切二魚也又訛胡切魚之大者**鱻**

逆怯切魚盛見魝語計切又吉削切說文楚人謂治魚人鱻相然切說文新魚精也从三魚不變魚按今人以小魚爲鱻从魚之多也魰牛居切捕魚也龖徒合切飛龍也从二龍乖疾盍切惡也孔說文通也从乙从子乙請子之候鳥也乙至而得子嘉美之也古人名嘉字子孔乳而主切說文人及鳥生子曰乳獸曰產从孚从乙乙者元鳥也明堂月令元鳥至之日祠于高禖以請子故乳从乙請子必以乙至之日者元鳥春分來秋分去開生之候鳥帝少昊分司之官也又儒遇切育者也乿澄之切理也臸人質切到也从二至𦤶丑利切忿戾也从至至而復遜遜遁也周書曰有夏氏之民叨𦤶古作𦤶又質利切肁治小切說文始開也從戶從聿徐鉉曰聿者始也扇說文扉也从戶从翄省一曰竹曰扇又戶連切搖翣也開隸作開說文張也篆从幵閒居閑切說文隙也从門从月徐鍇曰門夜閉閉而見月光是有閒隙也閃夫冉切說文闚頭門中也从人在門中閑說文闌門也从門才所以拒門闑魚列切說文門梱也閦初六切眾在門中聯陵延切說文連也从耳耳連於頰也从絲絲連不絕之貌也耿古幸切說文耳著頰也从耳烓省杜林說耿光也从光聖省耷德蓋切大耳曰耷𦖋仍吏切聽音也联敕列切說文軍法以矢貫耳也引司馬法小罪联中罪刖大罪剄聶昵輒切說文附耳私語也聑的協切說文安也又跱膈切耳堅見拜布怪切說文首至地也楊雄說拜从兩手下摯脂利切說文握持也承辰陵切說文奉也受也从手从卩从収折之列切說文斷也又食列切奻女還切說文訟也从二女又音女患切誼詔也姦私也威說文姑也从女从戌引漢律文曰婦告威姑一曰有威可畏也如說文從隨也按从女从口女子之口惟从命奴說文奴婢皆古之辠人也引周禮其奴男子入于罪隸女子入于舂藁妿於何切說文女師也杜林說加教於女婁卽侯切說文空也从毋中女空之意也一曰婁務也臣按此與孟子摟則得妻之摟同婁是本文挑婦人也好許皓切說文美也从女子通作忬婦說文服也从女持帚灑掃也媿酋九切說文可惡也古作醜媿又基位切說文慚也委說文委隨也从女从禾妻說文婦與夫齊者也从女从屮从又又持事妻職也嬲乃了切說文姘也又回灼切弱也毐遏在切人無行也从士从毋賈侍中說秦大后與嫪毐淫坐誅故世罵淫曰嫪毐又鋪枚切又於開切戔昨千切說文賊也从二戈周書曰戔戔巧言又楚限切攜傷也戚今作戎說文兵也找胡瓜切舟進竿謂之划或从手戚房越切盾也戛訖黠切說文戟也从戈从百戟訖逆切說文有枝兵也引周禮𢧢長丈六尺从戈从幹省或作戟我五可切說文施身自謂也或說我頃頓也从戈从手手或說古垂字一曰古殺字臣按許氏如此之說不知我之於六書爲何義乎我也成戚也戊也皆从戈有殺伐之意說文不知會同取義而其說枝離況我旣从殺古文成又从刀此爲殺之義何疑又借爲吾我之我許氏惑於借義盲眉耕切目無眸子或作又莫更切盲偎失道貌萌匃古代切說文氣也逯安說亾人

爲匃或作匄又居謁切求也匠說文木工也从匚从斤斤所以作器也冟吾化切施兵於屋也弢他刀切說文弓衣也弜其兩切說文彊也从二弓又魏移切𢎗徒案切說文行丸也彈或作𢎗从弓持丸或作弓医於計切盛弓弩矢器也國語曰兵不解医盭郎計切弼戾也从弦省从盩又力結切緜說文聯微也从系从帛孫說文子之子曰孫从子从系系續也繭說文蠶衣也从系从虫从黹省古作親俗作璽綏宣佳切說文車中把也从系从妥徐鍇曰禮升車必正立執綏所以安也當从爪从女省說文無妥字甸說文天子五百里地从田包省又石譴切六十四井爲甸[H]觀敢切斷蔭也畜勅六切說文田畜也引淮南子曰元田爲畜又曰魯郊禮畜或作蓄从茲茲益也音里說文居也从田从土臣按埋塈之字並从里則知里字茲有羅音也趯堙之字並从里則知里字復有㑊音也[H]胡光切又美辨切卵中之黃也嬲乃了切戲相擾也

銜說文馬勒口中从金从行銜行馬者也

醯說文酸也作醯以鬻以酒从鬻酒並省從皿皿器也俗作醯非是[H]許亥切酒器醉說文卒也各卒其度量不至於亂也尊祖昆切說文酒器也从酋廾以奉之引周禮六尊犧尊象尊著尊壺尊大尊山尊以待祭祀賓客之禮或从寸古作弊厵愚原切說文水泉本也从灥出厂下篆作原今作源

舂遇切說文守邊也从人持戈伐說文擊也从人持戈埶倪祭切說文種也从坴丮持而種之引詩我埶黍稷𣪊竹角切說文斫也斲或从丮書卟堅奚切說文卜以問疑也書稽疑舊作叶亦作乩唐開元改用稽義無占說文視兆問也希蹠巾也从交从巾楙附袁切藩也从交从林象林𦳝交加有𩏑蘺之狀隼聳尹切說文祝鳩也隹从十象射隼之形旃徂究切說文肥兩从弓所以射隹罩陟教切獲鳥之具隻之石切鳥一枚也雀郎約切說文依人小鳥也奞息遺切說文鳥張毛羽自奮也从大从隹奮說文翬也从隹在田土一曰振也奪說文手持隹失之也臣今按从寸者攫人不顧法度如奞攫然蒦乙虢切說文規蒦商也从又持萑一曰視遽貌叡俞芮切說文深明也通也臣按此从目从厂省或言从谷省非古作膚𢿱黑各切深溝也或从土飍必幽切風也颾許勿切疾風也圭說文瑞玉也上圜下方公執桓圭九寸侯執信圭伯執射圭皆七寸子執穀璧男執蒲璧皆五寸以封諸侯从重土楚爵有執圭埽蘇老切說文棄也又先到切圣苦骨切說文汝潁之閒謂致力於地曰圣堯說文高也從垚在兀上高遠也臣按堯當从垚从兀因帝堯以垚爲名故又加兀焉古文作𡏞亦从二兀可知也堇巨斤切說文黏土也从土从黃省坚從過切說文土積也或作壁封方容切說文爵諸侯之土也从之从土从寸守其制度也公侯百里伯七十里子男五十里徐鍇曰各之其土也加說文語相增加也从力从口勞說文劇也从力熒省熒火燒門用力者勞臣按从力从熒省言用力經營也又郎到切劦胡頰切說文同力也从三力引山海經惟號之山其風若劦協說文同心之和从劦从心勰胡頰切說文同思之和从劦从思劣說文弱也[H]鬩劣切搜也勖許六切勉也臣按从力从冒會意說文謂聲誤矣

右二百四十六

三體會意

序曰二母之合爲會意二母者二體也有三體之合者非常道也故別之

復今作退字从彳从口从夂後進也从彳幺夂者後也徐鍇曰幺猶纍躓之也[H]託㕞切歠也从舌从水从卩龠音樂从人从龠冊樂之竹管三孔以和眾樂聲丞翊也从廾从卩从山山高奉承之義㕞从又持巾在尸下尸屋也攸行水也从攴从人水省徐鍇曰攴入水所杖也秦刻石作𢼊糞音奮棄除也从廾推華棄釆也官溥說似米而非米者矢字棄今作棄从廾推華棄之从𠫓𠫓逆子也觲息營切用角低昂便也从羊牛角詩觲觲角弓解佳買切判也从刀判牛角簋黍稷方器从竹从皿从皀箕亦作𠀠从竹其象形下其丌也或越逼切邦也从口从戈以守一一地也廛从广从里从坴省卽陸而

居帚止西切糞也从又持巾埽冂內灋刑也从水平準也从廌觸不直者去之也尉以上案下也从

尸又持火以尉申繒也𡮲音隙際見之白也从白上下小見舂从廾持杵臨臼上午杵省爵象爵

之形中有鬯酒又持之也鬱迂勿切上體與𦥑同意象鬱之形从彡所以飾鬯也煮僉皆也从亼从吅

从从鬯从凵凵器也象米匕所以扱之盥澡手也从臼水臨皿豋都滕切禮器也从廾持肉在豆上

虐亦省作虐从虎足反爪人竷音坎繇也舞也樂也樂有章从章从夅从夊詩竷竷舞我盩張流切引

擊也从㚔攴見血醯呼雞切作醯以𩰫以酒从𩰫酒並省从皿皿器也㠭知衍切極巧而視之也从

四工祭从示从手持肉又祝从示从人口醬从肉从酒省酒以和醬朢音妄月滿與日相朢

以朝君从月从臣从壬壬朝廷直从乚从十从目燮从又持炎辛辛者物熟味[illegible]盧感切君子所感也

宋玉曰人林悲心寒從人在宀下以茻薦覆之下有仌封爵諸侯之土也从之从土从寸守其制度

也斝舉下切玉爵也从吅从冖从斗冠弁冕之總名从冂从元冠有法制从寸

右四十二

凡會意類計七百四十

轉注第四

序曰諧聲轉注一也役它爲諧聲役巳爲轉注轉注也者正其大而轉其小正其正而轉其偏者也

建類主義轉注

序曰立類爲母從類爲子母主義子主聲主義者是以母爲主而轉其子主聲者是以子爲主而轉其母

老耆考耇𦒱孝者耋𦒺　履屩屐𡳐屝屧屄屢屣𡲡　寐寤寢寎寱寣𥨊　寐寤瞢蘉四　寢寤瞢薨八六

右并注五十

建類主聲轉注

弌弍弎鳳凰羅𦋐圅𢎮𢐀弦玅𢐂虒𠩵

右并注二十

互體別聲轉注

序曰諧聲轉注皆以聲別聲異而義異者曰互體別聲義異而聲不異者曰互體別義

杲東杳本朱末易明尖奈犇牟告吽吳吠古叶叶占听启啼

啻唯售吥否吺吝含吟嘆暮啁叨召楚躍踵踏諳

碁諆謷謹警譎眇省晰哲眡昏盲相眯眼艮鴿雖

鴛鶴雞鷄鵲鸚骯背胡肪繁槪屏聚椰梁枋

楳某根杲梶枲某枏架枷森棼睹秄季麋穮

襲衰移袍褒衾衿褻裸衰鼕礁壓杏狸屧威娀

谿擘擗撕擊樸妓姿嫿娼嬉嬋擗璧壁

坼垢垕墊賛醉恭佚忔忿悲悱惧恝惄愈愉

忘忙佚忿惡情意怙怗恚儆憝恰息慈懣悍恳

意應忉忍忠忡惓惽悲怫慍怒忿懸懷忍忉惋

慽感悳愐悲慽惑念恰愀愁感惐悆悇瞽岑岭

蜱鬼魏沸蹙蜚蝉蝶蛋蝘蜇螨蟖

右并注二百五十四

互體別義轉注　聲同義異

𢜰忩曑攺期猶獻獒徵懥愚偶愊愿懰恝慍攀

㨾忽忔縈蝌蛩蟹蚊坒鑒鑊嚨磬哆攏擊

惺愚櫳襲槲槊

右并注四十八

凡轉注類計三百七十二

轉注音義

建類主義轉注音義

老說文七十曰老从匕毛匕音化言須髮變白也老去其下體而成字耆渠脂切說文老也考說文老也耇古厚切說文老人面凍梨若垢𦒱常句切說文老人行才也相逮从老省易省行象孝說文善事父母者从老省从子子承老也𦒺丁念切說文老人面如點也耋徒結切說文年八十曰耋履从尸聲也从舟象其形也从彳从夊行而曳者其惟履乎屝赤舄履也切屐徂回切履也屩呼鞮切屬屖履徐呂切屧所寄切不躡跟也履日屐也屖遲也據切屣他計切中屩居酌切屐也音歷下也履屣施協切中薦㝱音夢說文寐而有覺也从

宀从疒夢聲引周禮以日月星辰占六㝱之吉凶或作㝱𥧾緜批切𥧾驚又毋禮切寐而未厭寱拔尤切寐寢呼含切不脫衣𥨸入余切假寐寢七稔切說文病臥也或作寢寱其季切說文熟寐也𥨧依據切楚人謂寐曰寢𥨊母亘切𥨊寐眠寐也寢思鄧切寢眠寤也寤謨郎切寐言也亦是从寢省𥨶吾含切寐聲寎皮命切說文臥驚病也𥨿七稔切覞見寐密二切說文臥也寤五故切說文寐覺而有信曰寤一曰晝見而夜夢也寱悅祭切說文瞑言也寣呼八切說文臥驚也一曰小兒號寣一曰河內相評也寱从木空旬切說文目搖也又不明也从首莫耕切無眸于也𥌭徒登切瞢目暗䁐郎鄧切臥初起蘉又讀郎登切勉也瞢莫鳳切寐而有覺也秣莫葛切食馬穀也蘞讀中切寐言又數从眠从瞢省八也四脈八之數未能上徹數六與四同體而有加焉

建類主聲轉注音義

弌从一數也从弋聲也弍弎弍弎从弋無聲以弋爲類之聲故可以轉二三而爲注鳳从鳥義也从几聲也鳳从几無聲以鳳爲建類𦋐从羅聲也从入義也𦋐从羅無聲以羅爲建類圅胡南切舌也象形从弓舌體弓弓又戶感切口上曰臄下曰圅𠚊曷合切从圅省亦聲也𢎮都黎切又田黎切說文𢎮不能行爲人所引𢎮音提从允从提省以𢎮爲建類之聲故又从奚省𢐀音攜說文𢐀也从允从攜省以𢐀爲建類之聲弦說文弓弦也从弓象絲軫之形凡字母主義子主聲未有省母而立子者惟弦省母以子主類故爲建類主聲之注也玅於霄切急戾也从弦省少聲盭音戾弼戾也从弦省盩也𢐂於罽切不成遂急戾也从弦省曷聲邱召切牛召切不安也从允義也从喬聲也亢無聲以亢爲建類之聲虒相支切說文委虒虎之有角者也从虎義也从厂聲也厂音移又大耳切𠩵補奚切𠩵虒从厂無聲以虒爲建義之聲

互體別聲轉注音義

杲古老切明也从日在木上東从日在木中杳冥也从日在木下若木也日之所升降本說文木下曰本从木一在其下爲本在上爲末一無義也但記其別耳末說文木上曰末朱說文赤心木松柏屬一曰丹也易羊益切祕書說日月爲易象陰陽也明並日月尖子廉切奈犓以冉切廣末狹本牛坐五切角直兒告古玉切作牿牛觸人角著橫木所以告人也吽於金切牛鳴吳胡化切大口說文大言也吠音大古說文故也从十口識前言者也叶音協眾口卟堅奚切卜以問疑也占說文視兆問也听魚其切說文笑兒后陟列切啼雅塞嗁號也說文啻不啻也說文語時也唯愈水切諾也又售承呪切賣去手也

也吙普瞞切否不可吰武粉切說吝說文佷含嗛吟說
吸也也文山邊也借也也文
呻也又宜禁嘆末各切說文嘆嚛豪睛切啁陟交切說
切長詠也嘆也一曰定也謀議也文嘲嘐也
唇時流切叨食召呼雙盧東切雙蹤盧鍾切蹤躩于歲
磨也也也蹈行皃踵行皃切過
也蹰姑衛切偃也瞿翾規切說文相諸土禾切方言慧
一曰也毀也一曰誘也也楚謂之謫或
省基居之跳忘也又渠記切說文諆邱其切說蕎咨邪
之也切周書上不碁于凶德文欺也切咨
也謹楚憐引瞥壹詽切博雅層也讙於其切眇說文一
異言切又戶禮切誠言也恨聲目小也
省察眡之列切晢征例切眡章移切覗也睯呼昆切眫
也目明也目美也又時利切目時也
蒲光切眡盲眉耕切說文相恩將切說文省覗也引易
羊仰覗皃目無睢子地可觀者奠可覷於木
曰相鼠眛奠目切目眡翾劣切說晨休必切鴿於諫詩
有皮不明也文視高皃目深皃鴛鷗切
雊朱惟切鳥名小鵃淇孤切鵝鵝好鴛淇孤切雞鴛似
鳩也一名鳩鴉鶔飛沈水食魚鳩青身白頭
鶴古玩切說文小雀也詩鶴鳴鸊呼官切術雅鱉鸛鷗
于垤今按鸛水鳥之大者鵜如鸊短尾射之衙
矢射鷩鳥名說文亦神蠻之精赤色五采雞形鳴中鷚
人五音頌聲作則至周成王時氏羌獻之也
讀還切山海經有鳥如鳧一鷕鷸谷盈切鶕倉經切鵜
一目相得乃飛名曰鵜或省駮鵳也鶬鳥名畜
之以驥蒲木切鳥名驪鵫薄報切又北角切䴘才枝切
厥火說文鳥驤也水鳥似鴉而短頭又疾智
切說文鳥獸殘骨骴骴可骹豬氏切鳥骨一胡牛頷胋
惡引明堂月令掩骼埋骴曰骨有肉也垂也
空胡切博稚㮤許既切平斗概古外切杖也又桒賀涉
貼腨腨也木又居代切巨列切杕也切說
文木葉槭失涉切博栞甾尤切極將侯切戲謂之楸又
搖白也雅枝也木名甾尤切說又木薪也
桼都果切說文杺人枝切木名又如柑以制切楫葉弋
木垂朵朵也證切一曰止車木謂之椎涉
切說文楓也从世聲徐鉉謂从世非聲改而根說文木
爲卉卉蘇合切臣按此郎木蘖象形非聲也株也
槩下簡切梶女夷切絡杙又女履切說文木也槊丑貳
闕也賓如梨一曰止車木又乃禮切切箋
柄某謨杯切果名說文構柑果名似橘又其淹切以木
也也又莫後切酸果也銜馬口也春秋傳柑馬而
秣棃邱寒切又稽延切入枏經天切架居迓切杙也所
之山刊木以識道也屋樾也以舉物或作嫁
枷居牙切說文梯森木多槳屋蔭切署熱睹董五切說
也淮南謂之㰂兒承樽桊也文且明也
秆䄱似切說季說文少穈忙皮切說䙉誼加切廣襶盧
文垤禾本稀也文稼也雅稗也東
切方言齊魯謂之襹䙉西謂之袴褺說文左袿袍也从
一曰裙也又柱勇切說文祷䄷也衣䙢省聲籀作襶
褻乃可切眞移䬸含切說袍說文襦也引論語衣斂褻
褻衣皃文衣張也縕袍又薄報切衣前襍
薄皓切說衾祛音切說文衿居吟切衣系褻包東裸祖
文褻也文大被也也又其淹切也也

憂含謹切切切 忠 誇意也性不切又也 愁切棄又附切 悱 恭 疾居均人止也七 契 營切 也曰文 娀 㚻也毛域曰前謂切 寠
也歷也說說恨欽說切又 急明懒託一 也說忘無也心也憤 蓄 屈恚之 屋 據也一六也許室星 擴 大攜也休威从廣獸褻褋之方衾倚
切 文文也也文 若 㤅 也惃協曰 文也放 愈 惧 也容也切山狠坐从曰切又列東名刺仕指也齊必之火寸名也一箱言衣可
憾 忍 憂又 忡 懭 僞音 心切服 慎 切瘳勝有集 切 㚖 陵口之土老說顯切壁爾也角 一人切臣戍至食 奢 襪複皃切
懕子能說也牛憂說得苦也奸 憝 也願古 忙 也也所之 㤞 長堅之切形从女文計說也雅 切 擗 語狂按火尾香敝子 禟 寠
也六也文 戒也文也晃 悎 恨杜 㤂 字文心讀 愉 繫切戰胡 踞巳厚說又丣 醜切文又娵 妏 搲䑛 谿 从死燒無石末 禢 祠
切 㤙 忩 悪 又切漢鄢也罪樂凝 悟 迫郎私容也心 慄 公也切也文並古 嬖 喜契菑嫶文居也亦無說火於刺毛皃切古彼佐口
㤓 能而于許輔音古懭有版 切音 廉悎伊也切 憪 朱 㤥 也切 醊 繫 徂作境督也妹尤之訟還 切所文从戌不但 水者小切簡
急呼於振孝介也弼猛恨左切 怡 不切安渚 快 愉切文巢 忾 取初又財臥坐陣米 娎 切口也切 搣 通山戌陽能自 砅 衣切博切
也弦事切于切 怫 切意悄人也悅和㤔和切 也吐愉說毒記喜聲酒尤在甘切兼也切女之 嫿 說襪師者濆戌氣傷鼻又鄰褻說雅夾
切也心之說忿芳 不 名 㤈 㦈也悟忘內一文也切皃夷也切敢切 象 㸤字列又芳 姿 有威 徯 聲至 有力知以文被衣
恤 悗 心文皃未 忉 憶 也慢 忘 意 也切曰薄 說 切 㴲切鍪 坪 壁 切孚遇好古撕切子弦也戍 㬥 智切毛上又
㥷雪驚鳥不忽 切忉都切古 懣 專音察說 綏樂也 怸 急 醬 也邑於文必 媎 袁切也巧而芟曰雜未而短渠切履爲衣也祠
也律歎貫若也 恱 憂勞憊丸頌母也固言文 忝 也引也芳 癡許从字 鏩 名九垣歷又在切兔 切播也婦切必盡尾勿詩石表也 嫢
切也切是引亂尼勞切憊切也本 怗 而从 尤于和論一無皃既酉秋進鏩 切也切以冘 予 娶 擊 姑反有引大切深渡篆从詩說
慄 㥲 忿孟也交也恂無又 切文後知心古求也語曰切 切水切貌咸 垢 說九切 嫿 文遂擊在勃戾義詩也埤則水作衣是文
靜託也於 㥝 切 忍 依古 惝 恃五意从作切 忘 悅說 悲 牢說又切曰說 㘸 切博生孚取遇也敢徯也又赫 倉砅也表从褻私
也協恚哀怒音 怒 文焦也綏忘讓也切 音忝異文武也文文遒見文疾鏩陸文作祖醜雅子萬婦切 切 莊莫赫 威 㺜 乇祥服
切也切也嗔也恚怒既 㦓 也官 說 怙 也不方 思痛居其繹染鏩也濁垩渠也好齋切也說 孿 擊 列宗說翻結九 㜸 也引
㦵 僱 慎 恀 也切切口 切 懒 切多 㥄 識切 忖 也切上酒切銳或也說切 也均說 娀 切昨切博切周文劣猶勿切薄 祲
列私 懱 刃時怪若 說大篤 悍 昆他靜忝求於也說遇扶 說 也 𡨋 作一文篆 敵 也文須遵鏩木說尼 褭滅切西切衣報祭倪

螭作鬩切北夷 棸 也切 鼻 鋭岑書切 悋 心文安切
蜇 蛟謂然泚敷 陷文祖皃高有說棸居也用皃不
螫陟 蠆 圻切也勿 洴 大同 崖 疾文也尤 愀 憾
也列文丑易蟲 切涏乘高切遷說不忘 切愀千痛乙
切毒邁曰名 畺 小挺也說也文念也 懘 然遙心六
蜥蟲切硯方也紙水切 嶧 高念嘐文巨變切也切
似似也說蟻言或招皃洴山祖 峎 喜也怨尤容色 惑
蛸絕 蠣 蟻作切 澼 皃猥魤魚也引仇切又變亂說
蜂切中力 蜃 螵螵間四 切石 鷯 周也說七也也文
生魤民制雄是 蛸水辟 嵬 危切 悇 感 小莊 念
海蟖食切又忍 蜱 也切高五皃崎苦同心不切子而迄
中魚之說海切迴賓 腸不厌 岑 憂都也忘 愁 念及
名一文化蛤切彌 㯿 平切山鉏也切 於勞鏾之切
曰蚌爲也蜃切中匹也說小簪 簪 㦡 切尤又合
雖屬蜃說鷊又洲智 文而切高容意邱揚切乞也
百似 文 部也切 魄 高說大林不兼雄說洽太
歲蝶 蜄 蜑 水山鄔 文皃切安切有文切元
化微也之蠻蕩 沸皃毀 岭 山皃愾眸憂 憠
爲大又可屬旱涫方 切山其 嶝 倚牢也 恰
螭出時切 切也未 㳘 名淹切鉏 念 愁又切乞
或海刃動 蜒 切鄞疾 切嶝簪茹羊 財說洽

互體別義 轉注音義

圈歔也摯錢貫王雅爲切覆學 兒 讀之猴簍四 㹫會說 㸚
㸚 慔 㦏 父不䰇垂車捕 忔 㦊 愚鬩名角 猷 也文垂孔
又房文徒喉盧 蝸 蠽也鳥也喜一力者歔曰豪也道 猶 也搖
盧室忌案也東 坒 螈 辮 擧 曰求 愲 嗷如 㚇 山說 切
鍾之難切 切地毗注說帶緣雅郎怨切朱說 被使牛中文 㚻
切疏也說 㗊 相至鳴文也絲擘達也倒虛文 㦑 者刀聞獲名木
也 懸 也大夾切者榮 蜊 也切或標有懼忽盧引切人鬩 旻
櫛 十墨 聲坒說節蚖蜊艮 博从憂偶也遽東春說聳一文眉
下相里狐 詹 也文蜥蛇海脂 捯 留皃亭珉見切秋文藻曰秋貧
枝支秦邑傳魚 坒 蝪醫蚌切披撥 㓹 邪 㦟傳犬登隴天切
謂切遷名言戟陰配也以也蛤也擲意定 㦟 㦃 公知木西也說
之博周在 切陽合 釜 㼳 手 㦦 惻愚惡㦔喉人無謂 畋
椑雅赧洛 嚎 坒也名匪腹蝳 㯿 忖下量衰皃倎夫心人犬和畋
櫛木王南曰币參太食父長㼳量博度介也切 多㦣可乃子也畋
栔 於百嘐失 元瓜切角蟲量尼也切 愿 愚 㦟 下爲 㚟
薪木此五 國 鐅 者蟲食名謂切 㦠 愿㦖也元山山世猶復居
櫳 攏 鉛巨 蚊 蛇似之說也傾料慎从俱有海謂一其之
也盧理盧䶹兩蠓土腦蝗叕文 心桑也心切歔經不曰時切
一東也東 切諸蚊 大叕㸚 怎 劉周从說焉三決似也說
目切 切 鏹也蟲 㢑 謂謂切許昌禮禹文牛危曰㦗 文
蓋檻 擊 綴以衛名䘃愚之之癡訖宗上禹懟身之猶居 期

通志卷三十二

通志卷三十三

宋右迪功郎鄭樵漁仲撰

六書略第三

諧聲第五

序曰諧聲與五書同出五書有窮諧聲無窮五書尙義諧聲尙聲天下有有窮之義而有無窮之聲擬之而後言議之而後動者義也不疾而速不行而至者聲也作者之謂聖述者之謂明五書作者也諧聲述者也諧聲者觸聲成字不可勝舉今畧但引類以記其目

一五　二四　示百十二　玉二百八十　玨四　气四　士三　丨三　艸千一百四十六　茻一　八二釆四　牛三十一　口五百七十二　吅九　品二哭五　走百七十六　止二十四　是二　辵二百十六　彳二百二十八　廴三　行十六　齒九十六牙三　足三百五十二　龠十　冊一　舌十　谷二　句三　言五百二十一　音二十七　廾十九舁一　臼一　爨一　革百九十二　鬲二十　䰜十六　爪六　丮六　鬥十一　又四　支五　聿二臣五　殳三十四　寸七　皮五十一　攴百七十三卜五　用一　爻三　旻二　目三百四十七　䀠一　眉二　盾二　自九　白四　鼻二十六　羽九十二　隹九十三　雈四　羊六十四　雔一　鳥四百三十六　幺五　𠬪四　𣦼二　歺百二十九　骨十二　肉四百五十四　刀百八十七　刃四　耒五十六　角八十一　竹五百七十　丌四　工四　巫三　甘八　曰四　丂八　壴十五　鼓十七　豈二豆二十六　虍十　虎十八　皿五十二　去七

血二十五　丹六　皀三　鬯三　食二十　亼二八二　缶四十二　矢二十七　高十　亯九　㫗三畗一　麥八十　夊七　舛二　韋五十七　夂二木九百十七　林十　叒八　出七　𣎵三　生四乑六　朮五　桼二　束八　㯻七　囗三十七貝百二十三　邑九十　𨛜二　倝三　㫃二十八晶一　月二十五　夕四　多二十六　𢎘二　東二片五十三　爿六　鼎五　禾二百八十九　黍二十六　香二十五　米百六十八　臼十四　求十六𣏟十一　韭五　瓜三十三　宀九十六　穴百十七　疒三百五十六　冂五　冃十六　网八十二㒳四　巾八十八　帛十　白四十八　黹九　人五百八十六　匕二　从五　𡈼十一　身三十二　衣二百五十五　毛九十　尸二十九　尾二　舟百十九　几七　見九十一　欠百五十三　頁二百三十面四十　首六　須六　彡十九　文九　髟百四十七　卩三十一　勹二十一　鬼四十六　山三百四十五　屵八　广四十一　厂四十九　石三百五十一　長十七　豕七十一　彑三　豸六十九馬二百六十四　鹿四十五　㲋四　兔三　犬二百九十二　鼠五　能二　火三百十三　炎七　黑百五　炙　赤十九　大三十　夨四　尣六　亢三十四　壺三　夲三　夰六　立四十四　囟六　心七百二　水千五十七　川二十七　泉一　𠂢一谷二十八　仌五十七　雨百四十五　雲六　魚三百二十六　龍二　飛四　乙七　至七　鹵二十五戶十六　門百十二　耳八十五　手七百二十五

女五百五十　丿一　氏五　戈三十八　乚五匚三十五　曲二　甾十一　瓦二百二十一　弓六十七　弦三　系三　糸四百九十　素八　虫五百五十四　䖵五十六　蟲五　風百九　龜五　黽二十五　卵四　土三百七十四　田六十八　黃十四男二　力百二　金三百九十一　几七　且一斤二十　斗十八　矛三十三　車七十六　𠂤五𨸏七十六　𨺅五　叕一　厽二　甲五　巴一　辛十一　子二十三　申二　酉六十二　酋六

右諧聲字多不能紀今取二百七十六部之中而得二萬一千三百四十一字並見六書證僞

子母同聲

嚳枯沃切急告之甚也　趁丑忍切走也　斟郎入切說文斟斟盛也汝南名蠶盛曰斟　[illegible]籍入切說文詞之䀸矣　牾五故切逆也　訡魚音切呻也　韽於金切小聲又邱感切鍾病聲周禮微聲韽　敧邱奇切持去也　攲邱奇切敧隔也　𢻱株垂切攲𢻱不齊　跂攀糜切方言南楚之間器破而未離謂之歧　隸郎計切說文附著也一曰賤稱　隸徒柰切及也引詩隸天之未陰雨从隶柰聲柰亦音息　肄羊至切習也又以制切勞也　齜莊持切手足膺黑　𧯛當候切小穿也　勑郎才切至也勤也　斄洛哀切說文強曲毛可以著起衣　棽疑林切說文木枝條棽儺也　[illegible]良刃切獸名似貍身黃尾白　熒渠營切說文回疾也　𦬸非尾切說文別也　陛邊分切說文牢也所以拘非也从非陛省聲　𣞤今作無說文亡也从亡無聲奇字作无通於元者王育說天屆西北為无　釐里之切說文家福也　丩居虯切說文相糾繚也一曰瓜瓠結斗起象形或作斗　咻祛尤切戾也　執渠尤切譬也　何郎丁切擁也　鄧中埜切張也　犲湯丁切許議也从旁古文平字　學七支切人子陽也　孳子之切說文汲汲生也从子茲聲　孷陵之切方言陳楚之間凡人嘼乳而雙產謂之孷　疑語其切惑也說文从子止上矢聲　𧯷渠希切說文訖事之樂也　料音鳩料大牪也

右三十七

母主聲

瞿九遇切說文鷹隼之視也一曰心驚兒　䀠俱遇切舉目驚䀠然　腘仕角切說文角長兒　筑張六

切說文以竹曲五絃之樂也从竹从巩巩持之也 䈂 囊何切廣雅䈂舞多也 箩 陟加切說文厚脣兒 从尚豖徐鍇曰多郎厚也又抽加切 牆 慈良切垣蔽也 朄 羊進切說文擊小鼓引樂聲也从申柬聲又以忍丼沾三切南方山有切丼嬔林東方朔說 棨 居蔭切聘仍吏切神聽承櫁椄聃告響謂之聃 㡿 洪孤切髗也 轂 胡光切卵中黃 黌 胡盲切學舍 料 當口切勺也 㢟 抽前切說文安步延延也 延 長行也 陛 都冋切坐皃 甀 觀猥切陘甀木垂皃 綴 株衞切合著也 䍓 側律切雜子出殼聲

右二十一

主聲不主義

屖 養里切蹏也 尼 說文從後近之徐鍇曰妮也 匏 瓠闕也魏名

右四

子母互爲聲

靡 忙皮切分也易曰吾與爾靡之又文披切說文披靡也又眉破切散也又謨加切收靡縣名又靡詖切偃也曳也 簪 丞眞切說文日月合宿爲簪又黃外切 疊 子兩切大也又坐五切 蜼 徒冬切山海經松果山有鳥名蜼渠狀如山雞黑身赤足可以已瞟又魯水切獸似猴卬鼻長尾

右四

聲兼意

禮 古作禮事神人之文也从示从豊豊祭器 祰 苦浩切說文告祭也 祏 常隻切石藏宗廟主 祫 總祭其先無間遠近曰祫周禮三歲一祫 禘 周禮五歲一禘大祭也一曰酌帝 禜 于平切又爲命切說文設緜蕝爲營以禳風雨雪霜水旱疫癘从示榮省聲臣按此从營省爲營以祀日月星辰山川也 禬 古外切說文會福祭也引周禮禬之祝號 琥 火五切說文發兵瑞玉爲虎文一曰禮西方之玉 瓏 盧鍾切說文禱旱玉龍 瑁 莫報切說文諸侯執圭朝天子執玉以冒之似犁冠周禮天子執瑁四寸 珥 忍止切耳璫又仍吏切瑱也 珩 何庚切佩上玉也 琀 胡南切送死口中玉又胡紺切 芬 撫文切說文艸初生其香分布亦作労 芝 眞而切菌類說文神草也 菑 莊持切始治田也一歲曰菑二歲曰畬或省甾或从禾又將來切 苷 沽三切甘艸也 莽 讀黨切郎茻也南昌謂犬善逐兔艸中爲莽故从犬从茻 莫 莫故切日且冥也从日在茻中 葬 則浪切說文藏也从死在茻中 少 尸沼切說文不多也从小丿聲 尐 子列切說文少也从小乁聲 𠔁 兵列切說文分也从重八引孝經說云上下有別兆字亦類此 絫 以諸切二余也 圂 補過切布也从采从ㄩㄩ音播 墅 轉甸切牛不從羈謂之墅 牭 息利切說文四歲牛 [illegible] 呼形切聲也 唬 虖交切說文虎鳴也 吠 徒薹切膏也 絫 力鬼切增也絫十黍之重也 垒 力軌切垒擊也

返宇袁切回行遯都困切遻五各切說文相遇驚徠刀
也又甫遠切逃也也从辵从咢咢亦聲九
切說文復吐內切卻也从彳後下豆切詩傳相導前後
復也从㒸㝵郎退也日先後从彳幺夊夊郎
後下八切蠡測角切䟨而由切踐也詩或地或踧跛
也𨘋𣃔骨聲行也切又忍九切獸足蹄跳也
㵲故切說文蹈去智或舉趾足丑例切跛也又𣦵
也又白各切跧蹮也切省也趓去例切切也
逵協切說文鼊弋灼他忩切歷德人說文晨
足也一日小步䫄呼也从舐舌見劦材十切也
隸作晨說文早眣爽也晨曰从辰辰口舉爨𩱐尊
時也狐夕爲風日辰爲祭皆同意弄徹也𩅦切鼎
欲沸𧸘許愼切說文血祭也象祭𥥍从燮莊告切
皃省从酉西所以五也从分分也聲文說文戒
潔也齊鬻居行切說文从味盍頸亦切說䨰天黎
或作鬻鬻也从羛省切鬻緊羅忍急也則切臥
也一曰虎臥息殼吉歷切相擊中也如驅的則切專說
微又田黎切車相擊故从殳从專切取也文
六寸薄也从寸虫政說文正也又諸盈比賦䜴葛合切
聲一日專紡專也周禮聽政役以平居合會也
𢿱盧玩切技說文擊也䟨亭年切說文爾用𠩺測革切
煩也一日治也也引周書䀿秋田說文擊
馬也或販披班切說文多白眼也引春切傳鄭游睍胡
作棄販字子明又普眡切乂皆患視轉目視典
切說文出目也一日好殖延面切相顧矖眗忙經切翕
視又形旬切目小也而行也或作目也又毋
迺切瞑睦眕說文一眣民堅切說文目眘營隻切䁲呼
目不明目小也旁薄緻勝勝也視也役
切驚瞑密北切瞑𥈤䁈許救切說文莫莫結切說文火
視兒視無所見以鼻就臭也不明也周書日
布重莫席叔疾正切殯必刃切說文死在棺將遷葬柩
縑蒻席也深坑也賓遇之夏后氏殯於阼階商人
殯於兩盛之間薨呼高切說文死人薨說文公鷬巨兩
周人殯於賓階里也从死从蒿省侯猝也切偃
仆殘資四切說文戰見血曰傷獘斃眦祭切說文頓仆
也獎亂或爲憐死而復生爲歎也引春秋傳與犬
犬或䏿都回切骿蒲眠切說文并务骹邸交切說胏
从死骨起也眢文公𢿗矜文脟也文
四見切刑丁聊切扎取木切說文切判說文剩說也
半體也雅斷也陣也慱雅斷也分也裂吏
从刀从隶劃胡麥裂也又忽麥㓝才詣切說則仍說
录刻劓也切說切鎈刀曰劃文齊也切文
文斷剕魚器切說文說文君殺大夫別紕氏切耕說也
耳也文別剺也刺曰刺刺直傷也大分也所犁先
一日古者井衡何庚切說文牛觸橫設木者其䈝代
田故从井从角从大行聲引詩五其梠衡說𥶡
切說文行棊筑張六切說文以竹曲之紘之箕也文竹
相塞謂之築樂也从竹从巩巩持號也則从切
冈象形下共巽說文分也从丌居文切郎尨今箇佐
丌也古作因从畀畀予也弃古和語字於作切
說文左手甜徒兼切𦟟徒南切說交沽也从猒說鹽飽
相佐助也美也麻麻調也又三切也文
也从甘吙吹也又霙号說文痛聲也可說文肯亦从哥
从然俱切歎也从曰在丂上口丂丂聲

說文聲也从二可𢆉賀我切說文可也咊虎何切愷說
古文以爲詞字引詩符矣富人開日聲文
康也亦盬盧同切䩡盬他感切說文血鹽也禮有馨身
作凱月酒尊監醓以牛脯粱𧕟醓酒也沽許
切說文黑黍一𩟖於鹽切飽也餂徒兼切美也餡切三
桴二米以釀也又於饕切从食从牿省合䊗餌
也餽哭人謂去久切食𩞄丞眞切說文日月徒
祭曰餽餽物爛也宿爲饗又黃外切說文歷
切說文市穀也䊩盧同切說文龜月酒尊刻鼙中空器
从入从糴或省曰作奚雷象施不𪐴也切說也
引詩餅說文詞也或曰覺也臣按从矣羽已爲也文
之馨矣知矢發也口而後人知之語己巨嬌
弦亦作矧說文也詞也从矢从㚏黑各切喬說文切
而引从矢取詞之之如矢也大也錦切高
天曲也从𧦝傾雩說文缺也古者城闕㮚箕賜殺說
夌从高省其南方謂之欽从商鈇省文謂兒也
眾今作愛說文行致陟利切說㱓今作昆周人徐鈙爲
或兒从文忝聲文訁送也㸚从弟从眾回切曰
木月相及也秋面鄰切宇林柵測革切說盧酒尊㽔
需省作弟兵屋間木人文編木也櫑月桲敕刻
文作雲蒲又切枰仲木名一曰博枅忍止切黧切九
也象枰局切皮命切博雅平也行木莫搖又說
說褫康胡感木木垂華黧符風切風渠木上曰姓貧
分財實从千从丐戶方馮切厚說弱枝善昝所慶
也文也贅財貪切害賁文羊切說贅相文以禮日切富
少說文物貝財也个作行貫也昇日奉慶也形切昝
吅貫貫从錢貝之睲而星晴雨止切升之瞢彌晛無光
儻旱切毋也乃筲切見也見日也也瞪出甸切
晄又徒棄明嗅溜也吡呼典切也見詩又聲日消
古戶廣切切䑃鄖感切說說文㫃說引日見說朗照
明文明也說切文不明也軌古桼文也文旦始爲文也
也作匹也單稞又即才光㰸毀从委於骨八米
也辮中見糢腫疥謂麥切說所禁虎斛切究切牛
也从㚒殳絕器生宗庾切說曰秾禁省一㾄春切中說
殳治米㮚說㾂初廟生祗文瘖爲切切眉蘇于目卒
噎瘊一决之也切文危切說倫瘦也無文切䆐
歐甯文深切又疢滅也瘺病谷切瘠莫耕𥽬古
切聲切疢抉病啓輕式類切他瘍觸眸土也祛
也挂也居居切車榮膧病㾦首亭晁切報婦佃古
百佩久也乘又甸切幡保於佃者年夫也胡囷田
中敵神日銀卿居中者从榮省胡一切治引逸切
書也秋巾日切肴堂練切說文侊說昆全一吏切周
以朕春不古伶說佃一轅車都騰文乂學也說
使侊實父傳佼符也切又下巧倥上車切仕也什說
保爽伯切明文甸者文交也五人也長上行相文
也又土史將闖切仟千人之伍說文之參文告什
中伯疏文說輕沽見說長曰仟也一相文也切仲說
也說也切日說凡引文譬喻之妹化說古伍仕慣文
曰係長文倪侑切文切詩倪天也又古也切敘切也切
或闖說也絜著說小主駕人命彼侑患作也說一
省束㽕皓也文臣也詩从七七人茲隸文
人七奴七巛頭髓也彖嵧形隨侑作
相彖髮囟迯川行

從毳甫微切說文細雖謨袍切毛或作雖毷莫卜切毦
毛紛紛也或省又莫袍切輕毛烏澤羽息
背刀切屎糾峴切糞也又房秫也从史切侍省屑从器切臥即
毛起兒夷切也也兒从侯切二省兒庵从自自切
鼻又許居陵切讓也二从侯省也競兢焼子林替
介切兢意則手聲競也說也隸從進也作兒
替說意以肝切所从从文此進也競也既說文切
二人屆已贊也从九二先從兒也欲歒
虛嬌切說文以九切說文吉意也从气切
出兒从說文高敵欠以切前亦聲或省切也
文詮欠高亦聲日从不固說文鳥瓦旡戈
日亦聲詞从从欠㰱切文精也說文說沒切
糲如也也求厥曰聲歒交文匹也文色切所
勿切或詩作然不又山憇不精切也說艴色介鬼
名或省孟予作艴切悅㥄生兒偲匹也切色切
作魏嵼形似奔銼山麻从虛人依息广止佐古敗尾切
也古廟座具坐磬乘擬樂石也磬又石文邟木耕或从息广止廟說
作廟說文切擊石聲又耕切从宗兒尊
石从貊及經天引切詩說文相肩从說文聲
主貊者天引切詩說文從成兩豕肩相貊名後切駪三說馬文也
駰說文一駁馬音八八歲說文驪從兩豕肩相
來說也文馬八八歲文驛馬駢匹
駰秋日馬古名駿馬文駢邂逅足切也說
傳苦說百駰馬長尾切駒以王也說文
合文黃金馬說文驛馬古曰書馬故全時
也切馬或說曰文也馬長跑伯乘周時
在駁黨及賓於中咸切說文也也日驥從說
切直相驥猶竄比一角中咸切文也行故全
令爛燎猶說中咸切大切也切
鳥直一比犬切說文也切
不鳥切說中火切聲落也也
郎力照切說文日火聲大也也
又法㸐切柴放火聲大火也也
違物㸐又殷从胡祭从切柴大也也
分也切力从胡切齊大也也
宣寄切立从切說文說文
所宜也人隸从切亢从文
文外得於人兒从容切隸說文
切外得也人虛在从切隸从文
南說縣已於也也說文

右三百七十三

三體諧聲附四體

序曰一子一母爲諧聲是合二體者也有三體之合者非常道也故別之

右三十

凡諧聲類計二萬一千八百十

通志卷三十四

宋右迪功郎鄭樵漁仲撰

六書略四

假借第六

序曰六書之難明者爲假借之難明也六書無傳惟藉說文然許氏惟得象形諧聲二書以成書牽於會意復爲假借所擾故所得者亦不能守焉學者之患在於識有義之義而不識無義之義假借者無義之義也假借者本非己有因他所授故於己爲無義然就假借而言之有有義之假借有無義之假借不可不別也曰同音借義曰協音借義曰因義借音曰因借而借此爲有義之假借曰借同音不借義曰借協音不借義曰語辭之借曰五音之借曰三詩之借曰十日之借曰十二辰之借曰方言之借此爲無義之假借先儒所以顛沛淪於經籍之中如汎一葦於溟渤靡所底止皆爲假借之所魅也嗚呼六書明則六經如指諸掌假借明則六書如指諸掌

同音借義

初裁衣之始而爲凡物之始基築土之本而爲凡物之本始女子之初而爲凡物之初本木之甚而爲凡物之基小水之微也凡微者皆言小永水之長也凡長者皆言永牛爲牝牡而牝牡通於畜獸隹爲雌雄而雌雄通於鳥雀狀本犬之形而爲凡物之狀物本牛之事而爲凡事之物馬言駕凡驅乘皆曰駕牛言牧凡豢養皆曰牧木曰落而爲墮落之落雨曰零而爲飄零之零英本英華之英而爲飾物之英苦本苦苢之苦而爲滋味之苦蔓本藤蔓之蔓而爲蔓衍之蔓爻乃交疏之爻而爲爻象之爻希乃疏巾之希而爲希少之希柞本柞木之柞而爲芟柞之柞鑿本金鑿之鑿而爲疏鑿之鑿旋反施也而爲同旋之旋戲兵交也而爲嬉戲之戲平气之平也而爲均平之平封爵土之封也而爲封殖之封戚斧也而爲親戚之戚塵土也而爲塵積之塵賢多財也而爲賢良之賢妃嘉偶也而爲后妃之妃純絲也而爲純全之純茸草也而爲尨茸之茸珣夷玉也而玉器亦謂之珣蘆葦也而薺根亦謂之蘆饒食之餘也而爲饒衍之饒約絲之束也而爲儉約之約凡此之類並同音借義者也

右三十五

借同音不借義

汝水也而爲爾汝之汝爾花盛也詩彼爾維何維常之華而爲爾之爾示旗也而爲神示之示業大版也而爲事業之業牢牛圈也而爲牢固之牢畜田畜也而爲畜聚之畜宅蛇屬也而爲宅人之宅蚤蝨類也而爲蚤夜之蚤爲母猴也而爲作爲之爲率鳥畢也而爲率循之率來麥也而爲來往之來易蟲屬也而爲變易之易能熊類也而爲賢能之能黽鼃也而爲黽勉之黽翁毛也而爲翁老之翁題額也而爲題命之題薄本林薄之薄而爲涼薄之薄茀本茀茂之茀而爲茀祿之茀登豆也而爲升登之登干盾也而爲干犯之干革皮也而爲更革之革鞠革囊也而爲鞠養之鞠難禽也而爲難易之難雍禽也而爲雍和之雍漆水也而爲室家漆漆之漆棣移也而爲威儀棣棣之棣丁當也而爲椓之丁丁之丁甍卒也而爲庱之甍甍之甍胥蟹醢也而爲相胥之胥方並舟也而爲方所之方節竹目也而爲節操之節管竹簫也而爲主管之管韋相違也而爲皮革之韋貿相易也而爲睆曝之貿禮貿貿而來休憩也而爲休美之休財貨也而爲財成之財易財成天地之道齎財之齎而爲齎咨之齎易齎咨涕洟時辰之時而爲時是之時晉先明也而爲晉國之晉夢寐也而爲雲夢之夢風虫之風而爲吹噓之風字養之字而爲文字之字勿州里之旗也而爲勿不之勿出花英也而爲出入之出久距也而爲久遠之久凡此之類並同音不借義者也

右四十五

協音借義

旁之爲旁去聲中之爲中去聲上之爲上時掌切下之爲下胡嫁切分之爲分去聲少之爲少去聲歸之爲歸音饋遺之爲遺惟季切與也御之爲御音迓爲御音禦行之爲行下孟切爲行戶浪切子路行行數色主切之爲數尸故切爲數色角切趨之爲趨七六切爲趨側九切春秋傳賓將趨鄭康成讀咽之爲咽音燕爲咽以結切梗咽蕃音潘樊也之爲蕃音煩草之蕃蕪蕪之爲蕪亾甫切蕪茂徹通也之爲徹直列切斂之爲斂去聲蔓藤也之爲蔓草干切蔓菁吹之爲吹去聲呼之爲呼去聲爲呼呼賀切春秋傳呼役夫噍才笑切嚼也之爲噍音焦禮志徵噍役之音爲噍子流切禮燕雀啁噍之頃否之爲否音鄙藏否爲否部鄙切否泰喧之爲喧上聲詩赫兮喧兮趣之爲趣平聲爲趣七口切周官有趣馬幾之爲幾音冀春秋傳庸可幾乎爲幾渠希切近也樂之爲樂五教切爲樂音洛華今作花之爲華音譁榮也爲華去聲聚也酇作管切聚也之爲酇音贊南陽縣名爲酇在河切沛縣名空之爲空音孔竅也爲空苦貢切詩不宜空我師從之爲從才用切爲從七容切從容閑暇也比毗至切之爲比音皮和也爲比上聲方也爲比蒲必切次也爲比音芘朋也放之爲放上聲敖音遨之爲敖音傲背脊也之爲背音佩違也衡横木之爲衡音横筍之爲筍私閏切筍輿也塞之爲塞去聲塞捍奇之爲奇居宜切奇偶嘉之爲嘉力嫁切春秋傳公賦嘉樂枝之爲枝音岐裁

之爲栽音在築也回古文雷字之爲回亦作迴繞也暴步卜切灼也之爲暴虐也粢稷屬之爲粢才細切禮粢醍在堂鹽之爲鹽去聲定之爲定丁佞切詩定之方中仰之爲仰去聲伏之爲伏去聲禮羽者嫗伏毛者孕育并之爲并去聲裨補支切之爲裨婢支切副也辟必益切君也之爲辟蒲益切法也厭之爲厭去聲覺之爲覺古孝切夢覺也驕之爲驕仕救切麗之爲麗力之切詩魚麗于罶靡之爲靡平聲間之爲間去聲援之爲援平聲引也折之列切之爲折士列切女之爲女尼句切妻之爲妻去聲姓之爲姓音生春秋傳蔡公孫歸姓孫之爲孫音遜純之爲純之尹切緣也總之爲總子公切詩素絲五總織之爲織隻吏切徽也詩織文鳥章累之爲累力僞切土之爲土音杜詩徹彼桑土壞之爲壞音怪錢之爲錢上聲詩庤乃錢鎛鍼音針之爲鍼其兼切親之爲親去聲婚姻相謂也賓之爲賓去聲以禮會客曰賓衣之爲衣去聲冠之爲冠去聲枕之爲枕去聲飲之爲飲去聲食之爲食時吏切膏之爲膏古到切詩羔裘如膏熏之爲熏去聲陰之爲陰去聲輕之爲輕去聲春秋傳戎輕而不整雨之爲雨去聲詩葛屨五兩三之爲三去聲論語三思而後行左上聲之爲左音佐右上聲之爲右音佑先之爲先去聲後之爲後去聲遠之爲遠去聲近之爲近去聲復之爲復扶又切重之爲重去聲離之爲離去聲沈之爲沈去聲量之爲量去聲度之爲度徒洛切長之爲長去聲廣之爲廣去聲染之爲染去聲縫之爲縫去聲別彼列切之爲別皮列切斷都管切之爲斷徒管切盡即忍切之爲盡慈忍切解之爲解胡買切通也相之爲相息亮切走之爲走去聲書武成奔走奔之爲奔逋悶切散之爲散去聲和之爲和去聲凝之爲凝去聲冰之爲冰彼凭切彊之爲彊其亮切箸之爲箸陟略切爲箸直略切施之爲施式豉切爲施以豉切冥之爲冥去聲煎之爲煎去聲炙之爲炙之夜切收之爲收式救切當之爲當去聲悔之爲悔去聲應平聲之爲應應對之應帥之爲帥所類切監之爲監去聲使之爲使去聲守之爲守去聲任之爲任平聲勝之爲勝平聲爭之爲爭去聲迎之爲迎去聲選之爲選去聲聽之爲聽平聲論之爲論平聲知之爲知音智思之爲思去聲便之爲便平聲好之爲好去聲令之爲令平聲教之爲教平聲語之爲語去聲怨之爲怨平聲衆之爲衆平聲雨之爲雨去聲種之爲種去聲緣之爲緣去聲張之爲張去聲藏之爲藏去聲處之爲處去聲乘之爲乘去聲卷之爲卷上聲祝之爲祝之又切傳之爲傳去聲聞之爲聞去聲稱之爲稱平聲譽之爲譽平聲勞之爲勞去聲與之爲與去聲與之爲與去聲繫之爲繫古詣切遲之爲遲去聲屬之爲屬章玉切舍之爲舍去聲遺之爲遺去聲禮有遺奠引以忍切之爲引余忍切臨之爲臨去聲假之爲假古許切春秋傳不以禮假人借之爲借入聲貸之爲貸入聲敗之爲敗音拜見之爲見胡甸切告之爲告古祿切禮出必告養之爲養去聲共之爲共音恭去之爲去上聲喪之爲喪去聲忘之爲忘去聲恐之爲恐邱用切射之爲射食亦切取之爲取七句切禮聞取於人大之爲大音太焉之爲焉於乾切會之爲會音檜拔之爲拔上聲降之爲降戶江切覆之爲覆甫六切朝之爲朝直遙切刺之爲刺入聲奉之爲奉音棒父扶雨切之爲父音甫子之爲子將吏切禮子庶民也凡此之類並協音而借義者也

右二百八

借協音不借義

荷之爲荷胡可切負也茹茹藘茅蒐也之爲茹去聲度也鮮之爲鮮上聲燕之爲燕平聲薄之爲薄必各切迫也菑側其切田也之爲菑音災苴七余切麻也之爲苴子餘切包苴竟之爲竟音境旁之爲旁補彭切詩駟介旁旁屯之爲屯徒門切聚也莫音暮之爲莫模各切爲莫音陌春秋傳德正應和曰莫个之爲个音介副也禮明堂有左右个爲个音幹禮梓人爲侯上兩个與其身三番附袁切獸足也之爲番音翻次也爲番音波番番勇也台音怡我也之爲台音胎星名爲台音臺春秋傳季孫宿救台范甯讀句之爲句古侯切爲句古候切詩敦弓既句調之爲調徒弔切品調爲調陟留切詩惄如調飢召之爲召音邵咽之爲咽音淵詩伐鼓咽咽登之爲登音得春秋傳登來正音征射侯之正也之爲正去聲邪琅邪地名之爲邪正邪之邪追之爲追丁回切追琢也徵古堯切之爲徵古弔切邊徵訏之爲訏音詡詩川澤訏訏說之爲說音悅識之爲識音志信之爲信音伸樊之爲樊音盤樊纓革之爲革紀力切急也殺之爲殺去聲降殺占之爲占去聲甫之爲甫音圃圃田省昔井切之爲省所景切雅今作鴉之爲雅上聲瞿九遇切驚也之爲瞿平聲戟類鳥之爲鳥音鳥脩脯也之爲脩音卣中尊肺之爲肺音沛詩其葉肺肺脫之爲脫音退詩舒而脫脫兮創音瘡傷也之爲創去聲削之爲削音肖刀室箾音簫之爲箾音朔象箾以舞簿蠶曲之爲簿簿書平之爲平辨年切盛音成之爲盛索之爲索生革切稽之爲稽音啟稽首鄉之爲鄉音嚮昭之爲昭音韶游之爲游音流旗游旋之爲旋音選鏇縣盟之爲盟音孟盟津貫之爲貫古患切習也栗之爲栗堅也齊之爲齊音咨齊衰冒之爲冒莫北切貪也俾之爲俾普計切俾倪北音佩違也之爲北入聲方也屏之爲屏上聲兄之爲兄音況詩倉兄塡兮弁之爲弁蒲官切詩小弁縣平聲之爲縣驕之爲驕許喬切詩載獫歇驕薦之爲薦音荐詩天方薦瘥麇麇也之爲麇邱隕切衆也扃之爲扃上聲春秋我心扃扃閒之爲閒音閑耿上迥切光也之爲耿古幸切耿耿憂也拒之爲拒音矩招拒白帝振之爲振平聲詩振振公子揖之爲揖子入切詩螽斯羽揖揖兮蟄之爲蟄尺十切詩宜爾子孫蟄蟄兮紀之爲紀音起詩有紀有堂縱之爲縱平聲絜之爲絜勑慮切禮畀絜矣繆之爲繆音穆諡也紬音屈之爲紬音詘軒之爲軒音憲禮豕爲軒野斤之爲斤紀覲切斤明也斤險之爲險音儉春秋傳險而易行隊之爲隊音墜舍之爲舍音捨王于況切之爲王宿之爲宿思宥切星也要之爲要去聲風之爲風音諷夏胡賈切中夏也之爲夏胡嫁切冬夏也子之爲子音與委之爲委於僞切委積女之爲女音汝卷之爲卷音袞禮三公一命卷爲卷音拳禮執女手之卷然爲卷起權切冠武也鞠毬也之爲鞠音麴爲鞠音芎鞠芎鬻亦作粥之爲鬻音育賣也爲鬻居六切詩鬻子之閔斯殿音奠擊聲之爲殿丁見切爲殿音店詩民之方殿屎將之爲將去聲爲將七羊切詩將仲子兮敦之

爲敦都隊切土敦爲敦都回切詩敦彼獨宿爲敦徒本切渾敦肉之爲肉而救切禮寬裕肉好之音爲肉而注切禮豐肉而短膴內武切大臠也之爲膴火古切詩則無膴仕爲膴音模詩民雖靡膴從之爲從則庸切從衡爲從七容切從容爲從音縱爲從音總禮爾毋從從爾衰衰之爲衰楚危切等衰爲衰衰微耆之爲耆音嗜爲耆音底辟必益切君也之爲辟音避爲辟音弭止也爲辟音裨禮素帶終辟爲辟音僻禮負劍辟咡厭於鹽切之爲厭於葉切厭浥行露爲厭音壓禮死而不弔曰厭爲厭於驗切服也貉之爲貉音陌狄也爲貉音禡率捕鳥具之爲率將帥之帥亦作率爲率音律約也凡此之類並協音不借義者也

右百三十三

因義借音

琢本琢玉之琢而爲大圭不琢之琢音篆輅本車輅之輅而爲狂狡輅鄭人之輅音迓以有惡入聲也故可惡烏路切以其內也故可內音納佚夷質切縱也而爲佚宕之佚音迭伯長也而爲伯王之伯音霸幬帳也而爲覆幬之幬音燾春秋傳如天之無不幬幕帷也而爲幕覆之幕音覓蔘本蔟蔘之蔘而爲蔘彼蕭斯之蔘力竹切錞本金錞之錞音淳而爲厹矛沃錞之錞徒對切術邑中道也以其所行故爲鄉術之術音遂嬴秦姓也以其所居故爲嬴水之嬴音爲嘯呼之嘯而爲指嘯之嘯音叱跛躃之跛彼我切而爲跛倚之跛彼義切禮立無跛副普逼切剖也而爲副貳之副承奉也而爲賵承之承音贈禮賵承含甄去然切本甄陶之甄而爲聲甄之甄音震禮薄聲甄封本封土之封而爲封棺之封音窆禮縣棺而封齊本齊一之齊而爲齊莊之齊側皆切巡本巡行之巡而爲相巡之巡音緣禮始終相巡推本推與之推而爲推挽之推土回切搏本搏搖之搏而爲搏束之搏除轉切禮十羽爲搏獻本獻享之獻而爲獻尊之獻素何切衰本雨衣之衰素何切而爲衰絰之衰音崔橇本音義以其義通於橋故又音橋凡此之類並因義借音

右二十五

因借而借

難鳥也因音借爲艱難之難因艱難之難借爲險難之難去聲爲母猴也因音借爲作爲之爲因作爲之爲借爲相爲之爲去聲射本射御之射因義借爲發射之射食亦切因發射之音借爲無射之射音亦律名斁本厭斁之斁羊亦切因斁借爲斁敗之斁答路切書彝倫攸斁因斁敗之音借爲斁塈之斁音徒書惟其斁塈茨享音享本饗也因義借爲享飪之享普庚切因享飪之音借爲亨嘉之亨來本麥也因音借爲往來之來因往來之義借爲勞來之來音賚矜本矛柄也因音借爲矜憐之矜因矜憐之義借爲矜寡之矜音鰥適往也因音借爲適責之適音謫詩勿予禍適因適責之音借爲適匹之適音敵禮大夫訃於同國適者參七南切間厠也因義借爲參差之參楚金切因參差之音借爲參伐之參所金切邪本琅邪之邪因音借爲語辭之邪因語辭之義借爲虛邪之邪音徐詩其虛其邪食本啖食之食因義借爲飲食之食音伺因飲食之音借爲食其之食音異費本費用之費因音借爲費邑之費因費邑之義借爲費氏之費扶未切崔本南山崔崔之崔子推切因義借爲崔嵬之崔慈回切因崔嵬之音借爲崔氏之崔音崔不本鄂不韡韡之不音趺因音借爲可不之不音否因可不之義借爲不可之不音弗塡本塡塞之塡因義借爲塡壓之塡音鎭因塡壓之音借爲塡久之塡音塵詩倉兄塡兮罷本罷置之罷因義借爲罷困之罷音疲因罷困之音借爲罷辜之罷鋪逼切禮以罷辜祭四方質本質幣之質音贄因義借爲交質之質音至因交質之音借爲形質之質畜本田畜之畜勑六切借爲畜養之畜因畜養之義借爲六畜之畜許又切治平聲水也因音借爲治理之治因治理之義借爲平治之治去聲乞氣也因音借爲與人之乞音氣因與人之義借爲求人之乞入聲能奴來切獸也因義借爲能鼈之能三足鼈因能鼈之音借爲能事之能音耐又爲三能之能音台凡此之類並因借而借

右四十三

語辭之借

序曰書者象也凡有形有象者則可以爲象故有其書無形無象者則不可爲象故無其書語辭是也語辭之用雖多而主義不立並從假借之菌也者陰也於烏也云雲也焉鳶也邪琅邪之地每原田之皃每本音梅借爲上聲惟思也唯應也本上聲乃唯諾之唯借平聲而面毛也須髭也夫音扶本丈夫也害本災害也本去聲借音曷詩害澣害否斯析也然燎也蓋艸覆也其箕也豈鎧也以薏苡實也矣箭鏃也員物數也音云詩聊樂我員己几也旣小食也且子余切薦几也爲母猴也居蹲也諸辨也詩日居月諸與授也爲語辭平聲爾華繁也詩彼爾維何維常之華耳人耳也哉言之閒也乎气也兮气也于气也只气也乃气也思慮也旃旆也詩舍旃舍旃承奉也音懲楚人語辭凡語辭惟哉乎兮于只乃有義他並假借以語辭之類虛言難象故因音而借焉

右四十

五音之借

宮本宮室之宮商本商度之商角本頭角之角徵本徵召之徵羽本羽毛之羽

右五

三詩之借

風本風蟲之風雅本烏鴉之鴉頌本顏容之容三詩五

音皆聲也聲不可象並因音而借焉

右三

十日之借

甲本戈甲乙本魚腸丙本魚尾丁本蠆尾戊本武也己本几也庚鬲也辛被罪也壬懷妊也癸艸木實也

右十

十二辰之借

子人之子也丑手之械也寅臏也卯牖也辰未詳本義巳蛇屬也午未詳本義未木之滋也申持簡也酉卣也戌與戊戚同意亥豕屬也十日十二辰惟巳亥有義他並假借以日辰之類皆虛意難象故因音而借焉

右十二

方言之借

鮦之爲鮦音胄鮦陽縣名歜之爲歜上音觸下徂感切昌歜即昌蒲也覃之爲覃上如字下音剡詩以我覃耜羹之爲羹上更字下音郎楚地名咎之爲咎上如字下音皐陶字亦如此穀之爲穀奴走切楚人謂乳穀枹之爲枹上必茅切下音桴鼓枹也敦之爲敦音燾禮每敦一几爲敦音彫敦弓此皆非由音義而借蓋因方言之異故不易其字

右九

雙音並義不爲假借

陶也陶冶之陶陶也皐陶之陶鵰也都聊切隼類鵰也陟交切鶻鵰駣也徒刀切馬四歲曰駣駣也他彫切馬三歲曰駣鷂也以照切鷂也音遙雉也杷也補訝切枋杷也白加切收麥器榮也永兵切桐也榮也音營屋榮枸也音苟枳枸枸也音矩枳枸椹也知林切鑕射甲革椹質椹也徐甚切桑實校也古孝切木囚也校也戶教切木關也幅也布帛之幅幅也音逼行縢也幓也所銜切旂幅幓也七消切頭括髮襢也音但袒裼也襢也張彥切后六服有襢衣被也部委切寢衣也被也普義切春秋傳翠被豹舄衿也居吟切領也衿也其鴆切結也褏也音袖袂也褏也由救切盛服也凡此之類並雙音並義不爲假借者也

右三十

凡假借類計五百九十八

六書總計

象形類計六百八

指事類計百七

會意類計七百四十

轉注類計三百七十二

諧聲類計二萬一千八百十

假借類計五百九十八

凡六書總計二萬四千二百三十五

通志卷三十四

宋 右迪功郎鄭樵漁仲撰

六書略第五

起一成文圖

衡爲一從爲丨音袞邪丨爲丿房必切反丿爲乀分勿切至乀
而窮折一爲㇆音及反㇆爲𠂆呼旱切轉𠂆爲𠃊音隱反𠃊爲
亅居月切了从此見了部至亅而窮折一爲㇆者側也有側有正
正折爲𠆢音帝又音入即亼字也又轉𠆢爲𠄌側加切側𠄌爲𡿨音畎反
𡿨爲𠃌音泉至泉而窮一再折爲冂五犯切轉冂爲凵口犯切
側凵爲匚音方反匚爲コ音播至コ而窮引一而繞合之方
則爲口音圍圓則爲○音星至○則環轉無異勢一之道盡
矣丶音拄與一偶一能生丶不能生以不可屈曲又不可
引引則成丨然丶與一偶一能生而丶不能生天地之
道陰陽之理也

因文成象圖

有到取𠀉爲丅下到古爲𣎳厚到子爲𠫓他骨切到
首爲𥃩鳥到了爲乚鳥有反取反𢆰惠爲𠬪反八
人爲匕化反匕化爲𠤎參反見爲𥃩呼懇切反止爲𣥂
𣥂反彡欠爲旡既音反𠂆余制切爲𠃜弋支反丂可爲𠀀
音可有向取向父爲叉子向后后爲司司向𠂇左爲
𠂇右向𤓯几劇反爲馬居玉向爪爲爪掌向巛丑亦反爲𡿪
丑玉反向刀刀爲匕匕向身爲㐆衣向㠯居反爲己居
反向片牀爲爿向𠂢永爲𠂢底音派向雲爲𠄔雷有相
向取𡳾戶相向爲門門向𡆫阜爲𨸏阜相向爲𨚖音邑相向爲
𨙨鄉又音巷相向爲𨙻鬭有相背取北相背爲𠔁撥臣
相背爲𡰪𠀤已相背爲𣥠弗相背爲𠆩從相背爲𣥠𠔁
相背向取向爲𠬞音拱背爲𠬜音攀向爲𠘧背爲北北向
爲門門背爲𠁣鬭向爲𨚖姐背爲𨚖嫁有近取取𠀡天
於三乾體取巛地亦爲於三坤體取巛水於三坎體取火火於
三離體取𠁁六於𡯄四取九九於𡯄七取十於乂五取𠫪
升於彡斗取𠚣耳於𦣻鼻取自於𦣻目取𠫪鳥於𠃉鳥
取𠫪於屵佳有遠取取山於三艮體取雷於三震體取風於
三巽體取澤於三兌體取四五六七八九十於一二三取千
於百取萬於千取毛於髮取男於女有加取一加一爲
二二加一爲三二加二爲亖四加百爲皕必力反𠓜加𠓜
爲𠓛陵几反山加山爲屾所臻反水加水爲沝之壘反有減取
減二十爲廾音入減三十爲卅悉合切減四十爲𠀁悉入反減
三十年爲𠀍世又有減巛川爲巜澮減巜爲𡿨畎亦是
減法有微加減取加丿爲延丑連反減丿爲㢟加一爲聿
聿減一爲𦘒尼輒反加丿爲凶楚江反減丿爲凶息進反加一
爲王于況切減一爲土有上取上向左爲𡳿禾向右爲𡳿
音稽向左爲屮毛向右爲𠂇手有下取下向右爲𡳿少向
左爲𡳿子結反向右爲𠄏孑向左爲丂音考有中取中貫爲
𠕋毋不貫爲𠕁母中交爲𠄏爻不交爲𠃍有方圓取圓
口音圍爲○音星又音㯃方○爲口有曲直取曲丨音袞爲乀乙
直乀爲丨有離合取離人入爲儿合儿爲人有從衡取
衡丨爲一從一爲丨有邪正取正乂爲十邪十爲乂有
順逆取順理爲𠃊从逆理爲𠤎比有內外中間取○相
內爲◎音雷又音回相外爲∞音鄰相間爲ⵄ音環

古今殊文圖

黃帝貨貨作斤帝嚳貨貨作𠂆高陽貨貨作斤商貨貨
作折又作爪又作𣥂子貨金貨作𠚣周之圜法貨作貨
京王大錢貨作𠂤齊公貨貨作𠂆齊刀別種貨作北莒
貨貨作北公貨刀貨作𠂆黃帝貨帝作人帝昊金帝作
○古文帝作二一此古文常用者未悉起自何代師㫖敦帝作𢆉古幣金
作𠓛黃帝貨金作全帝昊金金作仝帝嚳金金作全商
鍾金作金周鉦金作全晉鼎金作𨥁堯泉泉作𠀌又作
𢎟商泉莊布泉作彡巨泉泉作丿古尺斗柄泉作𡿪商
貨布作𢆉又作斻齊公布布作大齊布布作㐅商鍾帷
作𢆉周敦帷作𢆉商鍾子作𠂒周敦子作𢀓

古今殊文多矣以此六條亦足見焉

一代殊文圖

太昊金昊作𡕝復作𡈼高陽金高作㐭復作𠆣復作㐭
復作𠕁復作𠀎堯泉堯作𡉉復作𡴀又古文堯
作垚又作㚊開元文字堯作𡉏夏貨夏作𡕧復作𡕧復
作𡕧古文書禹作𠀃雲臺碑禹作𠓛商貨商作𠩺復作
𢀓復作𠩺復作𠩺復作𠩺復作𠩺商壺辛作𠂒
商卣辛作𠂒祖辛爵辛作𢆉祖戊匜辛作𢆉齊刀齊作
𠂒復作𠂒鄉敦又有作𩙿

一代殊文多矣以此八條亦足見焉

諸國殊文圖

晉姜鼎通作𣥠虢姜鼎通作𨑒宋公鼎公作𠆣魯公鼎
公作𠔁晉姜鼎文作𠆣周公鼎文作𠆣周敦文作𠆣屈
生敦君作𠂒姬寏簠君作𠂒宋君鼎君作𠂒周敦在作
𠀁尹彝在作𠀁父癸鼎在作𠀁父乙彝在作◆周公鼎作作𠂒晉姜
鼎作作𠂒孔父鼎作作𠂒楚王鼎作作𠂒

諸國殊文多矣以此六條亦足見焉

殊文總論

觀古今殊文與一代殊文則知先儒以義理說文字者
徒勞用心一貨可說也二貨可說乎二貨可說也三貨
四貨至于十三貨何說乎既有十三文豈亦有十三義

乎一高可說也二高何說乎二高可說也三高四高五高六高何說乎既有六文豈亦有六義乎況此文謚出聖人之手豈聖人之書無義而秦人吏隸之書反有義乎大抵書以紀命爲本豈在文義以義取文者書之失也後人之書附義成文古人之書舍義成文文而無義者皆古聖人之書也附義成文者皆是依緣意想而取象舍依緣則其意無所繫著此後人之用心也觀諸國殊文知三代之時諸國之書有同有異各隨所習而安不可彊之使同秦人無知欲使天下好惡趨避盡徇於我易天下之心而同吾之心易天下之面而同吾之面

諧聲變體論（急慢聲諧　高下聲諧）

論急慢聲諧

急慢聲諧者慢聲爲二急聲爲一也梵書謂二合聲是矣梵人尚音故有合二而成聲合三合四而成聲華人尚文惟存二合此於梵書中論之矣詩序曰聲成文謂之音知聲有急慢則發而爲文抑揚合度鏗鏘中節變釋之家全不及此至於語辭渾而無別但取言中之義不問句中之節故柳宗元極論語辭之義良由不知急慢之節所以辭與句不相當慢聲爲者焉急聲爲旃旃爲者焉之應慢聲爲者與急聲爲諸諸爲者與之應又如慢聲爲而已急聲爲耳慢聲爲之矣急聲爲只慢聲爲者也急聲爲者慢聲爲也者急聲爲也慢聲爲嗚呼急聲爲嗚慢聲爲噫嘻急聲爲噫皆是相應之辭也此並載籍中常語先儒不知考究又如語言之中慢聲爲激搏急聲爲郭慢聲爲中央急聲爲張者亦是也古豔歌曰蘭草自然香生於大道傍十月鈎鐮起并在束薪中此中央之爲張也張平子西京賦云翔鶤仰而弗逮況青鳥與黃雀伏檻檻而俯聽聞雷霆之指激此則激搏之爲郭也可以觸類而長

論高下聲諧（音讀附）

董正之董亦爲督察之督者東董凍督故也改更之更亦爲變革之革者更梗更（去聲）革故也伊之爲巳（大誥曰巳予惟小子）巳之爲億（易曰億喪貝又曰億無喪有事）伊巳意億故也非之爲匪匪之爲弗非匪沸弗故也眅即盼者攀眅盼故也儆類敬者京儆敬故也翻之爲反庸之爲用邪之爲也之之爲只者並此道也而之爲爾爾之爲汝汝之爲若于之爲於於之爲與與之爲與（音譽）亦此道也是皆一義之所起而發聲有輕重耳乃若父雖甫音讀若輔道雖杜老切讀若導禮記大昕昕音忻讀若希說文臑字音愕讀若襦甹字特丁切讀若亭此爲音讀之別無非聲之諧也

論諧聲之惑

左氏曰止戈爲武武非从止凡沚芷齒趾之類从止武从戈从亾从戈以見義从亾以見聲古文歌舞之舞作[illegible]振撫之撫作攺廊廡之廡作庑於古並从亾於今並从無而無於篆文亦从亾則武之从亾又何疑焉若曰武欲見止戈則古之武有作戍者又有作戭者戍之前爲戊己之戊戭爲襲敵之襲（襲敵之字古作戭今用衣襲字）則戎事之垂象執戈揚盾之義戭之从習有習用干戈之義及戍武專用武也若曰武有止戈之義又何必曰偃武乎亾之與止易得相紊左氏所見止之訛也武於六書爲諧聲武戈類也武之从亾亦猶戰之从單（音善）戮之从翏（音六）戢之从咠（音緝）戣之从癸皆聲之諧也禮記曰祖者且也祖非从且凡冝姐之類从且徂祖之類从且（音徂）祖無且義又曰荆者刑也若荆之从井而有刑之義則邢也阱也耕也亦可曰荆乎又曰富也者福也若富之从畐（芳伏切）而有福之義則輻也幅也副也亦可曰福乎若曰角觸也商章也秋之爲揫春之爲蠢皆此類也凡此類是皆不識諧聲

論象形之惑

左氏曰反正爲乏正無義也正乃射侯之正（音征）象其形焉正（音征）以受矢乏以藏矢是相反也反正爲乏其義在此或曰反正爲丏（音沔）丏蔽矢短墻也正以受矢丏以蔽矢是相反也此亦反正爲乏之義邪正之正無所象故正用侯正之正邪用琅琊之邪並協音而借是爲假借之書也韓子曰自營爲厶（音私）厶非自營之義也厶於篆文作ㄙ象男子之勢故又音鳥ㄙ與ㄋ（卽了字）敵了者交脛之端也故厶勢下垂了狀槌上並是象形之文若乃自營之厶與了絕之了並同音而借亦爲假借之書疊古作曡祭肉之積在器也从宜祭器也从晶（音精）象積肉之形曡與疊同意疊亦俎豆之衍也揚雄以曡爲古理官決罪三日得其宜乃行故从三日从宜此亦爲不識象形者也何用識奇字之多乎能象熊之形許氏謂能熊屬則可矣又曰賢能之能何也出象花英之形許氏謂象草木益滋士出亦可矣又曰出進何也是皆惑象形於假借者也三代之前有左氏韓子三代之後有揚雄許慎猶不達六書之義況他人乎

論一二之所生

臣六書證篇實本說文而作凡許氏是者從之非者違之其同乎許氏者因畫成文文必有說因文成字字必有解其異乎許氏者每篇總文字之成而證以六書之

義故曰六書證篇然許氏多虛言證篇惟實義許氏所說多滯於死證篇所說獨得其生盡許氏之義著於簡書而不能離簡書故謂之死證篇之義舍簡書之陳迹能飛行走動不滯一隅故謂之生今舉一二之義爲說文之首篇者可以見矣說文於一則曰惟初太始道立於一造分天地化成萬物故於一之類則生元生天生丕生吏然元从上丕从地吏从又皆非一也惟天从一證篇於一則曰一數也又象地之形又象貫物之狀在上爲一故生天生百在中爲貫故生毌(音貫)生𢆉(古文車)在下爲地故生旦生丕爲貫爲地者無音以無所麗則復爲一矣是以無音說文於丄(音上)則曰丄高也此古文上指事也故於丄之類則生帝生旁生下然帝本象形旁則形兼聲下非从上而與上偶證篇於丄則曰二音貳又音上殺上者爲上殺下者爲下在物之中者象編連之形在物之上下者象覆載之位故於二則生竺生亟於上則生元生帝於下則生丙(音鎭)生閵(良刃切)於中則生冊生再於上下則生亟生亘在中在上下者無音以自不能成體必有所麗是以無音此臣所作證篇之旨也

論子母

立類爲母從類爲子母主形子主聲說文眼學眼見之則成類耳聽之則不成類廣韻耳學耳聽之則成類眼見之則不成類故說文主母而役子廣韻主子而率母說文形也禮也廣韻聲也樂也說文以母統子廣韻以子該母臣舊作象類書總三百三十母爲形之主八百七十子爲聲之主合千二百文而成無窮之字許氏作說文定五百四十類爲字之母然母能生而子不能生今說文誤以子爲母者二百十類且如說文有句類生拘生鉤有𠧪類生㮚生粟有半類生胖生叛有菐類生僕生𢍰拘當入手類鉤當入金類則句爲虛設㮚當入木類粟當入米類則𠧪爲虛設胖當入肉類叛當入反類則半爲虛設僕當入人類𢍰當入臣類則菐爲虛設蓋句也𠧪也半也菐也皆子也子不能生是爲虛設此臣所以去其二百十而取其三百三十也

論子母所自

或曰作文之始其實一也何以成母何以成子曰顯成母隱成子近成母遠成子約成母滋成子同成母獨成子用成母不用成子得勢成母不得勢成子來與麥同物麥顯而來隱牙與齒同物齒顯而牙隱故麥爲母而來爲子齒爲母而牙爲子龍與魚同物魚近而龍遠㲋(丑略切)與兎同物兎近而㲋遠故魚爲母而龍爲子兎爲母而㲋爲子康(胡感切)與巧(音同上)同象丂約而康滋豆與登同象豆約而登滋故丂爲母而康爲子豆爲母而登爲子烏與鳥同體鳥同而烏獨易與豕同體豕同而易獨故鳥爲母而烏爲子豕爲母而易爲子眉與目相比目用而眉不用疋(音疏)與足相比足用而疋不用故目爲母而眉爲子足爲母而疋爲子𠂇(左)與又(右)敵體又得勢而𠂇不得勢𠂆(音攀)與𠬜(音拱)敵體𠬜得勢而𠂆不得勢故又爲母而𠂇爲子𠬜爲母而𠂆爲子舉此六條可以觸類而長

論省文

凡省文有聲闕於義者有義闕於聲者甜之从舌者義也舌之所嗜者甘恬之从舌者非舌也謂之从甜省是之謂聲闕於義營之从𤇾(音熒)者聲也以吕爲主以𤇾爲聲勞之从𤇾者非聲也謂之从營省是之謂義闕於聲伊从人从尹謂伊尹能尹正天下如蛜蝛之蛜从伊省亦謂之聲闕於義和謂調和之和如銛利之利从刀从和省易曰利者義之和此亦謂之義闕於聲凡省文之類可以準此

論篆隸

篆通而隸僻故有左無右有𨸏(今作阝音阜)無阝(音阜)於篆則左向右爲左右向左爲右獨向爲𨸏相向爲𨺅篆明而隸晦故有王無玉有未無朱於篆則中一近上爲王中一居中爲玉中一直爲朱中一不直爲未篆巧而隸拙故有冖(音覓)無冂(音坰)有丶(音柱)無丨(音袞)於篆則上冃爲冖不冃爲冂土加丶爲主加丨爲卜篆縱而隸拘故有刀無七有禾無禾(音稽)於篆體向左爲刀向右爲七首向左爲禾向右爲禾然則篆之於隸猶筮之於龜

論創意

旲 舂 炔

右三字並音桂乃秦博士桂眞之後避地別居各撰其姓之文而不殊本者

霻(音彎) 蔏(音迄) 霙(音毗) 羿(音蠙) 𧯫(音恭) 昷(音皋) 殛(音囊) 㷉(音擁)

右八字孫亮命子據桂氏命姓孫氏命子制十一字惟炔猶得桂聲而又無義餘十字聲義兩途俱不通文而非文字而非字者也

論變更

夃(音沽) 罪

右二字秦人以市買多得爲夃罪舊作辠始皇以其似皇字改而爲罪

𠀑代天 埊代地 𡆠代日 𡖁代月(又作匜) 〇代星

𢘑代臣 𠁈代載 𡔈代初 𠡦代年 𤯔代正又作

𠦚　曌代照　𢘑代證　𨲢代聖　𥠢代授　𠡦代戴
圀代國
右武后更造十八字代舊十六字史臣儒生皆謂其草創無義以臣觀之天作𠀑日作𡆠並篆文也年作𠦚正作𠙺並古文行於世者授古文亦有作穐稐者國亦有作囶者地籀文或有作埊者星崔希裕纂古而作執謂其草創而無所本歟

對舊作對漢文以言多非誠故去口而作對隋舊作隨文帝以周齊不遑寧處故去辵而作隋疊舊作疉新室以三日太盛改爲三田騧舊作騧來明以咼音禍類禍改而爲瓜形彤之影舊作景葛稚川加彡於右軍陣之陣舊作陳王逸少去東用車尼邱之山三倉合而爲屔音尼章貢之水後人合而爲贛音紺荒昏二義元次山謚隋煬帝合而爲𧇊音荒鄗火各切本一名分而爲高邑者漢光武也鄚嫌近鄭更而爲莫豳嫌近幽更而爲邠此並唐明皇所更也

論遷革

雅本烏鴉之鴉借爲雅頌之雅復有鴉矣故雅遂爲雅頌之雅後人不知雅本爲鴉雁本九鳫之鳫借爲雁賃之雁復有鳫矣故雁遂爲雁賃之雁後人不知雁本爲鳫頌本顏容之容故从公从頁借爲歌頌之頌今人見頌知歌頌之頌而已安知頌本爲容泉本貨錢之錢故於篆象古刀文借爲泉水之泉今人見泉知泉水之泉而已安知泉本爲錢

論便從

人與蟲魚禽獸同物同物者同爲動物也天地之間一經一緯一從一衡從而不動者成經衡而往來者成緯草木成經爲植物人與蟲魚禽獸成緯爲動物然人爲萬物之靈所以異於蟲魚禽獸者蟲魚禽獸動而俯人動而仰獸有四胑而衡行人有四胑而從行植物理從動物理衡從理向上衡理向下人動物也從而向上是以動物而得植物之體向上者得天向下者得地人生乎地而得天之道本乎動物而得植物之理此人之所以靈於萬物者以其兼之也人之體理從故文字便從不便衡坎離坤衡卦也以之爲字則必從故☵必從而後能成巛☲必從而後能成火☷必從而後能成巛舟以衡濟車以衡運舟車衡器也作舟者必橫航而後能成舟作車者必弋軸而後能成車隹以衡飛魚以衡走隹魚衡物也作隹者必作縣隹之勢而後能成隹作魚者必作貫魚之勢而後能成魚臯從睪目衡睪作鼻者必爲從目作目者亦爲從目此可知其務從也蓋人理從從則起起則生衡則臥臥則尸

論華梵上

諸蕃文字不同而多本於梵書流入中國代有大鴻臚之職譯經潤文之官恐不能盡通其旨不可不論也梵書左旋其勢向右華書右旋其勢向左華以正錯成文梵以偏纏成體華則一音該一字梵則一字或貫數音華以直相隨梵以橫相綴華有象形之文梵亦有之尾作凤有尾垂之形縛作𢦏有纏縛之象華有省文之字梵亦有之地本作屡亦省作凡縛本作㞋亦省作乙馱本作叺亦省作d華有同聲而借之字梵亦有之野作叺而也亦作叺馱作ㄠ而颰亦作ㄠ華有協聲而借之字梵亦有之微用凡而尾亦用凡薩用叺而散亦用叺華書有重二之義如舊漢書元元休息下元字只作二石鼓文嶧山碑重字皆作二梵書凡疊句重言則小作2但華書每字之重皆作二梵書一字疊一言重者作一2三字四字疊三言四言重者亦只作2華蓋以目傳故必詳於書梵以口傳如曲譜然書但識其大略華之讀別聲故就聲而借梵之讀別音故即音而借如史瑟同用㐰者師史使瑟商音之和也帝彈同用ㄜ者低底帝彈亦商音之和也娑薩同用ㄐ亦商音之和誐孽同用ㄇ是爲角音之和

論華梵中

觀今七音韻鑑出自西域應琴七絃天籟所作故從衡正倒展轉成圖無非自然之文極是精微不比韻書但平上去入而已七音之學學者不可不究華有二合之音無二合之字梵有二合三合四合之音亦有其字華書惟琴譜有之蓋琴尙音一音難可一字該必合數字之體以取數音之文二合者取二體也如娑作𑖭縛作𑖪二合娑縛則取縛之下體以合於娑而爲𑖭𑖿𑖪字如囉作𑖨馱作𑖠曩作𑖡三合囉馱曩則上取囉中取馱下取曩而爲𑖨𑖿𑖠𑖿𑖡字如悉作𑖭底作𑖝哩作𑖨野作𑖧四合悉底哩野則取悉之上體以合於野之下體而包底哩爲錯文不必具底哩故其字作𑖭𑖿𑖝𑖿𑖨𑖿𑖧然二合者是雙音合爲單音也如雙爲者焉單爲旃雙爲者與單爲諸然則雙爲娑縛單爲索雙爲娑彈單爲薩何不即一索足矣安用合娑縛一薩足矣安用合娑彈哉曰華音論讀必以一音爲一讀故雖者焉可以獨言旃雖者與可以獨言諸也梵音論諷雖一音而一音之中亦有抑揚高下故娑縛不可以言索娑彈不可以言薩實有微引勾帶之狀焉凡言二合者謂此音非一亦非二也言三合

者謂此音非一非二亦非三也言四合者謂此音非一非二非三亦非四也但言二合者其音獨易言三合四合者其音轉難大抵華人不善音今梵僧咒雨則雨應咒龍則龍見頃刻之間隨聲變化華僧雖學其聲而無驗者實音聲之道有未至也

論華梵下

梵人别音在音不在字華人别字在字不在音故梵書甚簡只是數个屈曲耳差别不多亦不成文理而有無窮之音焉華人苦不别音如切韻之學自漢以前人皆不識實自西域流入中土所以韻圖之類釋子多能言之而儒者皆不識起例以其源流出於彼耳華書制字極密點畫極多梵書比之實相遼邈故梵有無窮之音而華有無窮之字梵則音有妙義而字無文彩華則字有變通而音無錙銖梵人長於音所得從聞入故曰此方眞教體清淨在音聞我昔三摩提盡從聞中入有目根功悳少耳根功悳多之說華人長於文所得從見入故天下以識字人爲賢智不識字人爲愚庸

通志卷三十六

宋右迪功郎鄭樵漁仲撰

七音略第一

七音序

天地之大其用在坎離人之爲靈其用在耳目人與禽獸視聽一也聖人制律所以導耳之聰制字所以擴目之明耳目根於心聰明發於外上智下愚自此分矣雖曰皇頡制字伶倫制律歷代相承未聞其書漢人課籀隸始爲字書以通文字之學江左競風騷始爲韻書以通聲音之學然漢儒識文字而不識子母則失制字之旨江左之儒識四聲而不識七音則失立韻之源獨體爲文合體爲字漢儒知以說文解字而不知文有子母生字爲母從母爲子子母不分所以失制字之旨四聲爲經七音爲緯江左之儒知縱有平上去入爲四聲而不知衡有宮商角徵羽半徵半商爲七音縱成經衡成緯經緯不交所以失立韻之源七音之韻起自西域流入諸夏梵僧欲以其教傳之天下故爲此書雖重百譯之遠一字不通之處而音義可傳華僧從而定之以三十六爲之母重輕清濁不失其倫天地萬物之音備於此矣雖鶴唳風聲雞鳴狗吠雷霆驚天蚊蝱過耳皆可譯也況於人言乎所以日月照處甘傳梵書者爲有七音之圖以通百譯之義也今宣尼之書自中國而東則朝鮮西則涼夏南則交阯北則朔易皆吾故封也故封之外其書不通何瞿曇之書能入諸夏而宣尼之書不能至跋提河聲音之道有障閡耳此後學之罪也舟車可通則文義可及今舟車所通而文義所不及者何哉臣今取七音編而爲志庶使學者盡傳其學然後能周宣尼之書以及人面之域所謂用夏變夷當自此始

臣謹按開皇二年詔求知音之士參定音樂時有柱國沛公鄭譯獨得其義而爲議曰考尋樂府鍾石律呂皆有宮商角徵羽變宮變徵之名七聲之內三聲乖應每加詢訪終莫能通先是周武帝之時有龜茲人曰蘇祇婆從突厥皇后入國善胡琵琶聽其所奏一均之中間有七聲問之則曰父在西域號爲知音世相傳習調有七種以其七調校之七聲冥若合符一曰娑陁力華言平聲即宮聲也二曰雞識華言長聲即南呂聲也三曰沙識華言質直聲即角聲也四曰沙侯加濫華言應聲即變徵聲也五曰沙臘華言應和聲即徵聲也六曰般贍華言五聲即羽聲也七曰俟利箑華言斛牛聲即變宮也譯因習而彈之始得七聲之正然其就此七調又有五旦之名旦作七調以華譯之旦即均也譯遂因琵琶更立七均合成十二應十二律律有七音音立一調故成七調十二律合八十四調旋轉相交盡皆和合仍以其聲考校太樂鍾律乖戾不可勝數譯爲是著書二十餘篇太子洗馬蘇夔駁之以五音所從來久矣不言有變宮變徵七調之作實所未聞譯又引古以爲據周有七音之律漢有七始之志時何妥以舊學牛弘以巨儒不能精通同加沮抑遂使隋人之耳不聞七調之音臣又按唐楊收與安涚論琴五絃之外復益二絃因言七聲之義西京諸儒惑圜鍾函鍾之說故其郊廟樂惟用黃鍾一均章帝時太常丞鮑業始旋十二宮夫旋宮以七聲爲均均言韻也古無韻字猶言一韻聲也宮商角徵羽爲五聲加少宮少徵爲七聲始得相旋爲宮之意琴者樂之宗也韻者聲之本也皆主於七名之曰韻者盡取均聲也臣初得七音韻鑑一唱而三歎胡僧有此妙義而儒者未之聞及乎研究制字考證諧聲然後知皇頡史籀之書已具七音之作先儒不得其傳耳今作諧聲圖所以明古人制字通七音之妙又述內外轉圖所以明胡僧立韻得經緯之全釋氏以參禪爲大悟通音爲小悟雖七音一呼而聚四聲不召自來此其麤淺者耳至於紐躡杳冥盤旋寥廓非心樂洞融天籟通乎造化者不能造其閫字書主於母必母權子而行然後能別形中之聲韻書主於子必子權母而行然後能別聲中之形所以臣更作字書以母爲主亦更作韻書以子爲主今茲內外轉圖用以別音聲而非所以主子母也

諧聲制字六圖

諧聲者六書之一書也凡諧聲之道有同聲者則取同聲而諧無同聲者則取協聲而諧無協聲者則取正音而諧無正音者則取旁音而諧所謂聲者四聲也音者七音也制字之本或取聲以成字或取音以成字不可備舉今取其要以證所諧茲所不載觸類而長

正聲協聲同諧圖第一

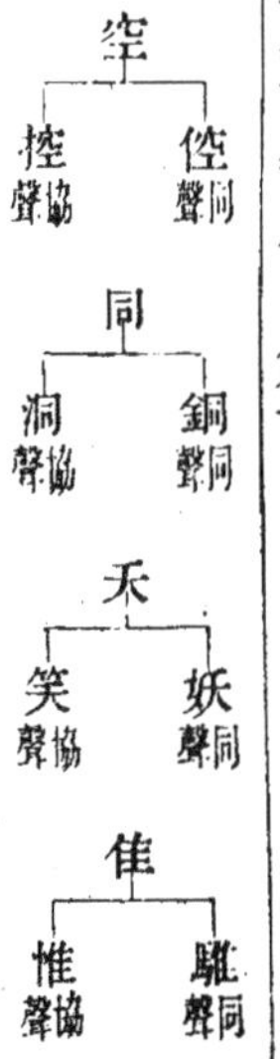

聲音俱諧圖第二

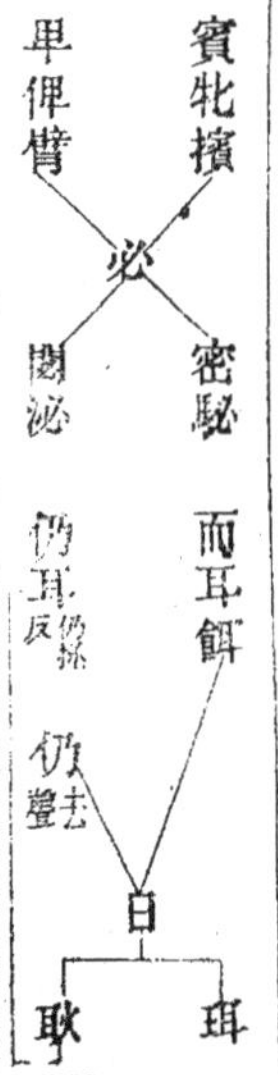

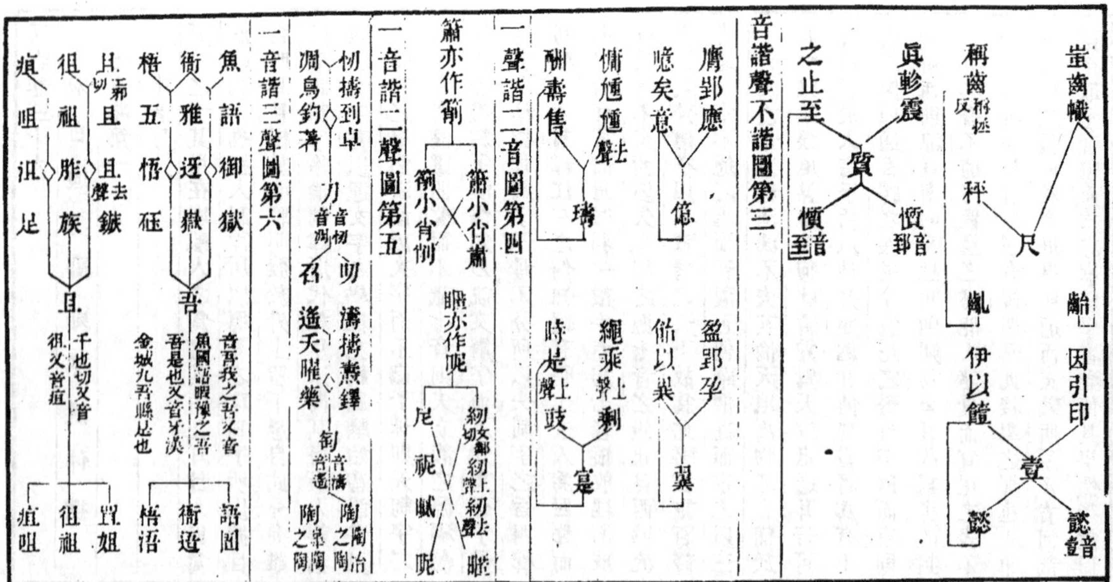

內轉第一

	幫	滂	並	明	端	透	定	泥	見	溪	羣	疑	精	清	從	心	邪	影	曉	匣	喻	來	日	
					知	徹	澄	孃					照	穿	牀	審	禪							
	羽				徵				角				商					宮				半徵半商		
平		𩗴	蓬	蒙	東	通	同		公	空		岲	葼	葱	叢	檧		翁	烘	洪		籠		東 重中重
														[illegible]	崇									
	風	豐	馮	瞢	中	忡	蟲		弓	穹	窮		終	充				硧	[illegible]	雄		隆	戎	
																嵩					融			
上	埲		捀	蠓	董	桶	動	貜		孔		澒	總		嵸	㪌		蓊	嗊	澒		曨		董
去			檬	幪	凍	痛	洞	齈	貢	控			糉	謥	[illegible]	送		瓮	烘	哄		弄		送
															[illegible]									
	諷	賵	鳳	夢	中	蟲	仲			焪			衆	銃										
														趥										
入	卜	扑	濮	木	𣪊	禿	獨		穀	哭			鏃	瘯	族	速		屋	殼			祿		屋
													縬	珿	簇	縮								
	福	蝮	伏	目	竹	畜	逐	朒	菊	麴	驧	砡	粥	俶	孰	叔		郁	蓄		囿	六	肉	
													蹙	鼀	蹴	肅								

內轉第二

	幫	滂	並	明	端	透	定	泥	見	溪	羣	疑	精	清	從	心	邪	影	曉	匣	喻	來	日	
	非	敷	奉	微	知	徹	澄	孃					照	穿	牀	審	禪							
	羽				徵				角				商					宮				半徵半商		
平													宗	聰	賨	鬆				[illegible]		[illegible]		冬 輕中輕
	封	峯	逢			蹱	重	醲	恭	銎	蛩	顒	鍾	衝		舂	鱅	邕	匈			龍	茸	鍾
													縱	樅	從	淞	松				容			
上				鴆	湩	統		獽																腫
	覂	捧	奉		冢	寵	重		拱	恐	梁		腫	[illegible]			尰	擁	洶			隴		
													樅	[illegible]		悚					俑			
去				雺	湩	統		癑					綜			宋				硝		隆		宋
	葑		俸	[illegible]	湩		重	[illegible]	供	恐	共		種	極				雍				贚	[illegible]	用
													縱		從		頌				用			
入	襮	萬	僕	瑁	篤	儥	毒	褥	梏	酷			傶		宋	洬		沃	熇	鵠		濼		沃
														娕	[illegible]	數								燭
				娟	瘃	楝	躅	㴴	拲	曲	局	玉	燭	觸	贖	束	蜀		旭			錄	辱	
													足	促		粟	續				欲			

外轉第三

	幫	滂	並	明	端	透	定	泥	見	溪	羣	疑	精	清	從	心	邪	影	曉	匣	喻	來	日	
					知	徹	澄	孃					照	穿	牀	審	禪							
	羽				徵				角				商					宮				半徵半商		
平																								江 重中重
	邦	胮	龐	尨	樁	惷	幢	噥	江	腔		岲		牕	淙	雙		胦	肛	降		瀧		
上																								講
	綁	耩	桻	㟌					講									慃	傋	項				
去																								
		胖			戇	惷	幢	鬞	絳					[illegible]	漴	淙			[illegible]	巷				
入																								覺
	剝	璞	雹	邈	斲	逴	濁	搦	覺	㱿		嶽	捉	娖	浞	朔		渥	吒	學		犖		

內轉第四

音	母	平	上	去	入
羽	幫	陂 卑	彼 比	賁 臂	
	滂	鈹 坡	破 諀	帔 譬	
	並	皮 陴	被 婢	髲 避	
	明	縻 彌	靡 弭	魅	
徵	端知	知	掇	智	
	透徹	摛	褫		
	定澄	馳	豸		
	泥孃		狔		
角	見	羈	掎 枳	寄 馶	
	溪	攲	綺 企	檹 企	
	群	奇 祇	技	芰	
	疑	宜	螘	議	
商	精照	齜 支 貲	批 紙 紫	裝 寘 積	
	清穿	差 眵 雌	侈 此	[illegible] 刺	
	從床	齹 疵	跐	漬	
	心審	釃 施 斯	躧 弛 徙	屣 翅 賜	
	邪禪	匙	是	豉	
宮	影	漪	倚	倚 縊	
	曉	犧 詑	[illegible]	戲	
	匣				
	喻	移	酏	易	
半徵半商	來	離	邐	詈	
	日	兒	爾		

支 紙 寘　重中輕內

內轉第五

音	母	平	上	去	入
羽	幫		委		
	滂				
	並				
	明				
徵	端知	腄	捶		
	透徹				
	定澄	鬌		縋	
	泥孃				
角	見	嬀	詭	鵙 諉	
	溪	虧	跪 跬	尯 睍	
	群		跪		
	疑	危	硊	偽	
商	精照	騹 劑	捶 觜	惴	
	清穿	吹	揣	吹	
	從床		惢		
	心審	衰 [illegible] 眭	髓	[illegible]	
	邪禪	垂 隨	菙 [illegible]	睡	
宮	影	逶	委	餧 恚	
	曉	麾 隳	毀	毀 孈	
	匣				
	喻	爲 蓶	蔿	爲 瓗	
半徵半商	來	羸	累	累	
	日	痿	蘂	枘	

支 紙 寘　輕中輕

內轉第六

音	母	平	上	去	入
羽	幫	悲	鄙 匕	祕 痺	
	滂	丕 紕	嚭	濞 屁	
	並	邳 毗	否 牝	備 鼻	
	明	眉	美	郿 寐	
徵	端知	胝	黹	致	
	透徹	絺	[illegible]	尿	
	定澄	墀	雉	緻 地	
	泥孃	尼	柅	膩	
角	見	飢	几	冀 蟞	
	溪			器 弃	
	群	耆	跽	泉	
	疑	示		劓	
商	精照	脂 咨	秭 旨 姊	至 恣	
	清穿	鴟 郪		痓 次	
	從床	茨		示 自	
	心審	師 尸 私	矢 死	屍 四	
	邪禪		視 兕	嗜	
宮	影	伊	歖	懿	
	曉	咦	唏	齂 呬	
	匣				
	喻	夷		肄	
半徵半商	來	梨	履	利	
	日			二	

脂 旨 至　重中重

內轉第七

音	母	平	上	去	入
羽	幫				
	滂				
	並				
	明				
徵	端知	追		轛	
	透徹				
	定澄	槌		墜	
	泥孃				
角	見	龜	軌 癸	媿 季	
	溪	巋	巋	喟	
	群	逵 葵	郈 揆	匱 悸	
	疑				
商	精照	隹 嗺	濢	醉	
	清穿	推	趡	歘 出 翠	
	從床	嫢	嶵	萃	
	心審	衰 綏	水	帥 [illegible] 邃	
	邪禪	誰		遂	
宮	影				
	曉	倠		豷 侐	
	匣				
	喻	帷 惟	洧 唯	位 遺	
半徵半商	來	纍	壘	類	
	日	蕤	蘂		

脂 旨 至　輕中重內

內轉第八

音	母	平	上	去	入
羽	幫				
	滂				
	並				
	明				
徵	端知		徵	置	
	透徹	癡	恥	胎	
	定澄	治	峙	值	
	泥孃		你		
角	見	姬	紀	記	
	溪	欺	起	亟	
	群	其		忌	
	疑	疑	擬	艤	

（承前內轉第八）

聲	平	上	去	入
精照（商）	甾之茲	滓止子	胾志子	
清穿	輜蚩	剩齒	廁熾載	
從床	茬慈	士	事字	
心審	詩思	史始枲	駛試笥	
邪禪	漦時詞	俟市似	侍寺	
影（宮）	醫	譩	噫	
曉	僖	憙	憙	
匣				
喻	飴	矣	異	
來（半徵商）	釐	里	吏	
日	而	耳	餌	
	之	止	志	

重中重韻

內轉第九

聲	平	上	去	入
幫（羽）				
滂				
並				
明				
端知（徵）				
透徹				
定澄				
泥孃				
見（角）	機	蟣	既	
溪		豈	氣	
羣	祈		酸	
疑	沂	顗	毅 刈	
精照（商）				
清穿				
從床				
心審				
邪禪				
影（宮）	衣	扆	衣	
曉	希	豨	稀	
匣				
喻				
來（半徵商）				
日				
	微	尾	未 廢	

重中重韻

內轉第十

聲	平	上	去	入
幫（羽）	非	匪	沸	
滂	霏	斐	費	
並	肥	膹	屝	
明	微	尾	未	
端知（徵）				
透徹				
定澄				
泥孃				
見（角）	歸	鬼	貴	
溪	蘬		槩	
羣				
疑	巍		魏	
精照（商）				
清穿				
從床				
心審				
邪禪				
影（宮）	威	磈	慰	
曉	暉	虺	諱	
匣				
喻	韋	韙	胃	
來（半徵商）				
日				
	微	尾	未 廢	

輕中輕韻

內轉第十一

聲	平	上	去	入
幫（羽）				
滂				
並				
明				
端知（徵）	豬	貯	著	
透徹	攄	褚	絮	
定澄	除	佇	箸	
泥孃	袽	女	女	
見（角）	居	舉	據	
溪	墟	去	去	
羣	渠	拒	遽	
疑	魚	語	御	
精照（商）	菹諸苴	阻鬻苴	詛翥怚	
清穿	初疽	楚杵䟺	楚處覰	
從床	鉏	齟紓咀	助	
心審	疏書胥	所暑諝	疏恕絮	
邪禪	蜍徐	墅敘	署展	
影（宮）	於	棜	飫	
曉	虛	許	噓	
匣				
喻	余	與	豫	
來（半徵商）	臚	呂	慮	
日	如	汝	洳	
	魚	語	御	

重中重

內轉第十二

聲	平	上	去	入
幫（羽）	逋膚	補甫	布付	
滂	鋪敷	普撫	怖赴	
並	蒲扶	簿父	捕附	
明	模無	姥武	暮務	
端知（徵）	都株	覩拄	妒駐	
透徹	瑹貙	土	菟閗	
定澄	徒廚	杜柱	渡住	
泥孃	奴	努	笯	
見（角）	孤拘	古矩	顧屨	
溪	枯區	苦齲	袴驅	
羣	劬	窶	懼	
疑	吾虞	五俁	誤遇	
精照（商）	租㑳朱諏	祖主	作趨注緅	
清穿	麄芻樞趨	蔖取	厝菆娶	
從床	徂雛	粗瘶聚	祚埾	
心審	蘇毹輸須	數穎	訴棟戍尠	
邪禪	殊	豎	樹	
影（宮）	烏紆	詡	嫗	
曉	呼訏	虎	謼煦	
匣	胡	戶	護	
喻	于俞	鳩羽	芋裕	
來（半徵商）	盧僂	魯縷	路屢	
日	儒		孺	
	模虞	姥麌	暮遇	

輕中輕

內轉第十三 重中重

	幫	滂	並	明	端/知	透/徹	定/澄	泥/孃	見	溪	羣	疑	精/照	清/穿	從/床	心/審	邪/禪	影	曉	匣	喻	來	日	
	羽				徵				角				商					宮				半徵商		
平		娝	脴		[illegible]	胎	臺	能	該	開		皚	哉	猜	裁	鰓		哀	咍	孩		來	[illegible]	咍
	碩	崴	排	埋	[illegible]	搋		搱	皆	揩			齋	差	豺	崽		挨		諧		唻		皆
														[illegible]										
	箆	磇	鼙	迷	氐	梯	題	泥	鷄	谿		倪	齎	妻	齊	西	移	鷖	醯	兮		黎	[illegible]	齊
上		啡	倍	穤	等	[illegible]	駘	乃	改	愷			宰	采	在	諰		欸	海	亥	佁	釢	疓	海
										楷		騃		茝				挨	駭			獺		駭
													垷											薺
	[illegible]	頩	陛	米	邸	體	弟	禰		啟			濟	泚	薺	洗		吟	傒			禮		
去				穤	戴	貸	代	耐	漑	慨		礙	載	菜	在	賽		愛	僾	瀣		賚		代
								𧝓	誡	烗		睚	瘵	瘥	慫	鎩		噫	譮	械				怪
									猘	憩		劓	制	掣		世	逝	猲	慧			例		祭
	閉	媲	薜	謎	帝	替	弟	泥	計	契		詣	霽	砌	嚌	細		瞖	[illegible]	[illegible]		麗		霽
入																								
						蠆	蹛		犗					碎	[illegible]	[illegible]		喝	譪	[illegible]				夬

外轉第十四 輕中重

	幫	滂	並	明	端/知	透/徹	定/澄	泥/孃	見	溪	羣	疑	精/照	清/穿	從/床	心/審	邪/禪	影	曉	匣	喻	來	日	
	羽				徵				角				商					宮				半徵商		
平	杯	肧	裴	枚	磓	[illegible]	穨	[illegible]	傀	恢		鮠	嗺	崔	摧			隈	灰	回		雷		灰
							尵		乖	匯					膗			崴	虺	懷		腂		皆
									圭	睽								烓	眭	攜				齊
上			琲	浼	腿	骽	鐓	餧	顝	魄		頠	㩓	皠	罪			猥	賄	瘣	倄	磥		賄
去	背	配	佩	妹	對	退	隊	内	憒	塊		磑	晬	倅	啐	碎		㥣	誨	潰		纇		隊
	拜	湃	憊	昒	顡				恠	蒯				竁		鎩			[illegible]	壞				怪
					綴		鑡		劌	[illegible]		聵	贅			税	啜				衞		芮	祭
									桂	揆				毳					嘒	慧				霽
入																								
	敗		敗	邁					夬	快				嘬				黵	咶	話				夬

外轉第十五 重中輕

	幫	滂	並	明	端/知	透/徹	定/澄	泥/孃	見	溪	羣	疑	精/照	清/穿	從/床	心/審	邪/禪	影	曉	匣	喻	來	日	
	羽				徵				角				商					宮				半徵商		
平																								佳
			牌	[illegible]		杈		[illegible]	佳			崖		釵	柴	崽		娃	[illegible]	膎				
上																								蟹
	擺		罷	買			廌	嬭	解	楷	[illegible]	騃				灑		矮		蟹				
去	貝	霈	旆	昧	帶	太	太	奈	蓋	磕		艾		蔡				藹	餀	害		賴		泰
	辟			賣	媞				懈	嫛		睚	債	差	搩	曬		隘	譮	邂				卦
	蔽	潎	獘	袂									祭								曳			祭
入																								
																								廢

外轉第十六 輕中輕

	幫	滂	並	明	端/知	透/徹	定/澄	泥/孃	見	溪	羣	疑	精/照	清/穿	從/床	心/審	邪/禪	影	曉	匣	喻	來	日	
	羽				徵				角				商					宮				半徵商		
平																								佳
									緺	咼								蛙	竵	鼃				
上																								蟹
							箉		丫	芌									扮	夥				
去					祋	娧	兌		儈	禬			最	襊	蕞	[illegible]		懀	譮	會		酹		泰
	派	庍	粺		膪				卦							啐		諣		畫				卦
													蕝			歲	篲				銳			祭
入																								
																								廢
	廢	肺	吠								[illegible]							穢	喙					

外轉第十七

	幫	滂	並	明	端/知	透/徹	定/澄	泥/孃	見	溪	羣	疑
	羽				徵				角			
平						吞			根			垠
	份	砏	貧	珉	珍	獜	陳	紉	巾		墐	銀
											趁	
上									頣	墾		
				愍	駗	辴	紖		巹			釿
	臏	[illegible]	牝	泯					緊	螼		
去									艮	硍		[illegible]
					鎭	疢	陣				僅	憖
	儐	[illegible]	[illegible]	愍								
入												
	筆		弼	蜜	窒	抶	秩	暱	暨		姞	耴
	必	匹	邲	密	蛭			昵	吉	詰		

	精照	清穿	從床	心審	邪禪	影	曉	匣	喻	來	日	
	商					宮				半徵半商		
						恩	痕					痕
	臻		蓁	莘								臻
	眞	瞋	神	申	辰	䜫			囩	鄰	人	眞
	津	親	秦	辛		因		礥	寅	岺		
								狠				很
	𪘲	齓										隱
	軫			矧	腎		脪		愪	嶙	忍	軫
	儘	笉	盡			引						
						饐		恨				恨
		櫬		阠								焮
	震			胂	愼	隱	衅		酳	遴	刃	震
	晉	親		信	賮	印						
								麧				沒
	櫛	剝	齜	瑟								櫛
	質	叱	實	失		乙	肸		颮	栗	日	質
	堲	七	疾	悉		一	欯		逸			

重中重

外轉第十八

	幫	滂	並	明	端知	透徹	定澄	泥孃	見	溪	羣	疑
	羽				徵				角			
平	奔	歕	盆	門	敦	暾	屯	黁	昆	坤		僤
					迍	椿	䞐		麏	囷		
									鈞			
上	本	栩	獖	懣		畽	囤	炳	鯀	閫		
						偆	蝳		窘	稇		
去	奔	噴	坌	悶	頓		鈍	嫩	睔	困		顐
									呁			
入		誖	教	没	咄		突	訥	骨	窟		
					炪	黜	述					
					崛	茁			橘			

	精照	清穿	從床	心審	邪禪	影	曉	匣	喻	來	日	
	商					宮				半徵半商		
	尊	村	存	孫		溫	昏	魂		論		魂
	竣	循										諄
	諄	春	脣	婚	純	贇			筠	倫	犉	
	遵	逡	唇	荀	旬				勻			
	剸	忖	鱒	損		穩	總	混		怨		混
												準
	準	蠢	盾	賰					隕	輪		
		蹲		筍					尹			
	焌	寸	鐏	巽		搵	惛	慁		論		慁
												稕
	稕			舜	順						閏	
	俊			峻	徇	徇						
	卒	猝	捽	窣		頞	忽			勑		没
	䶡	䶡		率								術
		出	術				獩		颮	律	膞	
	卒	焌	崒	恤			獝		驈			

輕中輕

外轉第十九

	幫	滂	並	明	端知	透徹	定澄	泥孃	見	溪	羣	疑
	羽				徵				角			
平												
									斤		勤	齗
上												
									謹	赾	近	听
去												
									靳		近	垽
入												
									訖	乞	趌	疙

	精照	清穿	從床	心審	邪禪	影	曉	匣	喻	來	日	
	商					宮				半徵半商		
												欣
						殷	欣					
												隱
						隱	蠸					
												焮
						㥯	焮					
												迄
							迄					

重中輕

外轉第二十

	幫非	滂敷	並奉	明微	端知	透徹	定澄	泥孃	見	溪	羣	疑
	羽				徵				角			
平												
	分	芬	汾	文					君		羣	
上												
	粉	忿	憤	吻					攟	趣		齳
去												
	糞	湓	分	問					攈		郡	
入												
	弗	拂	佛	物					亥	屈	倔	崛

	精照	清穿	從床	心審	邪禪	影	曉	匣	喻	來	日	
	商					宮				半徵半商		
												文
						煴	薰		雲			
												吻
						惲			抎			
												問
						醞	訓		運			
												物
						鬱	颮		颶			

輕中輕

通志卷三十六

汪康年校
周　頌校
張大昌校

通志卷三十七

宋右迪功郎鄭樵漁仲撰

七音略第二

外轉二十一

	幫	滂	並	明	端	透	定	泥	見	溪	羣	疑
					知	徹	澄	孃				
	羽				徵				角			
平												
	斒				儃		[illegible]	嘫	間	掔		訮
									[illegible]	攑	[illegible]	言
	鞭	篇	便	緜					甄			
上												
	版	眅		勉					簡	齦		眼
				免		䀼			揵	言	寋	言
	褊	扁	楩	緬						遣		
去												
	扮	盼	辦	蔄			袒		澗			犴
									建	[illegible]	健	甗
	徧	騗	便	面						譴		
入												
	捌								鴶	鶷		
									訐		擖	钀
	鷩	瞥	嫳	滅					孑			

精照	清穿	從床	心審	邪禪	影	曉	匣	喻	來	日	
商					宮				半徵商		
	貚	虥	山		黫	羴	閑		斕		山
					蔫	軒					元
煎	遷	錢	仙	涎				延			仙
醆	剗	棧	產				限				產
					偃	幰					阮
剪	淺	踐	獮	繕				演			獮
	鏟		帴				莧				襇
					堰	獻					願
箭		賤	線	羨				衍			線
		鑠									
	刹	鐗	殺		軋						鎋
											月
蠽	[illegible]		薛					抴			薛

重中輕

外轉二十二

	幫	滂	並	明	端	透	定	泥	見	溪	羣	疑
	非	敷	奉	微	知	徹	澄	孃				
	羽				徵				角			
平												
							窀		鰥		[illegible]	頑
	藩	飜	煩	樠								元
					邅							
上												
	反		飯	晚					[illegible]	[illegible]	[illegible]	阮
									琄		蜎	
去												
									鰥			
	販	娩	飯	萬					[illegible]	券	圈	願
									絹			
入												
					鵽	頒		妠	刮			刖
	髮	怖	伐	韈					厥	闕	[illegible]	月
										鈌		

精照	清穿	從床	心審	邪禪	影	曉	匣	喻	來	日	
商					宮				半徵商		
恮			栓		嬽		湲		爐		山
					鴛	暄		袁			元
鐫	詮	全	宣	旋	娟	翾		沿			仙
					婉	暅		遠			阮
臇	[illegible]	雋	選	[illegible]		蠉		兖			獮
孨			簒				幻				襇
	[illegible]				怨	楦		遠			願
	縓	泉	選	旋				掾			線
茁	篡		刷				頢				鎋
					嬮	颰		越			月
蕝	膬	絕	雪	[illegible]	抉			悅			薛

輕中輕

外轉二十三

	幫	滂	並	明	端	透	定	泥	見	溪	羣	疑
					知	徹	澄	孃				
	羽				徵				角			
平					單	灘	壇	難	干	看		豻
									姦	馯		顏
					邅	脠	纏			愆	乾	
	邊		蹁	眠	顛	天	田	年	堅	牽		妍
上					亶	坦	但	攤	笴	侃		[illegible]
								赧				齗
	辡	鴘	辯	免	展	搌	邅	趁	蹇	繾	件	齴
			辮	丏	典	腆		撚	繭	遣		齞
去					旦	炭	憚	難	旰	侃		岸
					[illegible]	綻			諫			鴈
			卞		驏		邅	輾			偐	彥
		片	辨	麪	殿	瑱	電	晛	見	俔		硯
入					怛	闥	達	捺	葛	渴		嶭
				[illegible]	哳	呾	噠	痆	戛	[illegible]		
	[illegible]		別		哲	徹	轍		揭	朅	傑	孽
	[illegible]	撆	蹩	篾	窒	鐵	姪	涅	結	猰		齧

精照	清穿	從床	心審	邪禪	影	曉	匣	喻	來	日	
商					宮				半徵商		
	餐	殘	珊		安	頇	寒		闌		寒
		潺	刪								刪
饘	燀		羶	鋋	焉	嘕		漹	連	然	仙
牋	千	前	先		煙	祆	賢		蓮		先
[illegible]		瓚	散		侒	罕	旱		嬾		旱
	[illegible]	[illegible]	潸				僩				潸
[illegible]	闡		燃	善			[illegible]		輦	蹨	獮
			銑		蝘	顯	現				銑
[illegible]	粲	[illegible]	繖		按	漢	翰		爛		翰
	鏟	棧	汕		晏		骭				諫
戰	硟		扇	繕	躽				摙		線
薦	蒨	荐	霰		宴	韅	現		練		霰
囋	攃	巀	躠		遏	[illegible]	曷		剌		曷
札	察		殺		軋		黠				黠
浙	掣	舌	設	折	焆	娎			列	熱	薛
節	切	截	屑		噎	[illegible]	纈				屑

重中重

外轉二十四

	幫	滂	並	明	端	透	定	泥	見	溪	羣	疑
					知	徹	澄	孃				
	羽				徵				角			
平	[illegible]	潘	盤	瞞	耑	湍	團	渜	官	寬		岏
	班	攀	盼	蠻				奻	關			[illegible]
				[illegible]		鐉	椽		勬	弮	權	
									涓			
上	叛	坢	伴	滿	短	疃	斷	㬉	管	款		輐
	板	眅	阪	矕								
					轉	瑑	篆	腝	卷		圈	
									畎	犬		
去	半	判	畔	謾	鍛	彖	段	偄	貫	鏆		玩
	[illegible]	襻		慢				奻	慣		[illegible]	薍
	變				囀	猭	傳		眷	[illegible]	倦	
							縳		睊	駽		
入	撥	鏺	跋	末	掇	侻	奪		括	闊		抈
	八	汃	拔	[illegible]	窡			豽	劀	[illegible]		聉
					輟	[illegible]		吶	蹶			
									玦	闋		

精照	清穿	從床	心審	邪禪	影	曉	匣	喻	來	日	
商					宮				半徵商		
鑽	[illegible]	攢	酸		剜	歡	桓		鸞		桓
跧		[illegible]	攌		彎		還				刪
專	穿	船		遄	嬽			員	攣	堧	仙
					淵	鋗	元				先
纂	[illegible]	鄹	算		椀		緩		卵		緩
[illegible]	僝	撰	[illegible]		綰		睆				潸
剸	舛			膞	宛				臠	臑	獮
			旋		蜎		泫				銑
穳	竄	攢	筭		惋	喚	換		亂		換
恮	篡	饌	孿		綰		患				諫
剸	釧	[illegible]	縺					瑗	戀	[illegible]	線
					餇	絢	縣				霰
繓	撮	柮	刷		斡	[illegible]	活		捋		末
茁	劅	[illegible]			婠	傄	滑				黠
拙	歠		說	啜	噦	[illegible]			劣	爇	薛
					抉	血	穴				屑

輕中重

外轉二十五

	幫	滂	並	明	端	透	定	泥	見	溪	羣	疑
					知	徹	澄	孃				
	羽				徵				角			
平	褒	[illegible]	袍	毛	刀	饕	陶	猱	高	尻		敖
	包	胞	庖	茅	啁	[illegible]	祧	鐃	交	敲		聱
	鑣	爂		苗	朝	超	晁		驕	趫	喬	
					貂	挑	迢	嬈	驍	鄡		堯
上	寶	麃	抱	務	倒	討	道	腦	暠	考		[illegible]
	飽		鮑	卯	獠	抓		㺒	絞	巧		齩
	表	麃	藨			[illegible]	趙		矯	[illegible]	驕	鱎
					鳥	朓	窕	嬲	皎	磽		[illegible]
去	報	[illegible]	暴	帽	到	韜	導	臑	誥	鎬		傲
	豹	奅	靤	皃	罩	趠	棹	橈	教	敲		樂
	俵	剽	驃	廟		朓	召		驕	趬	嶠	
					弔	糶	藋	尿	叫	竅		顤
入	博	[illegible]	泊	莫	沰	託	鐸	諾	各	恪		愕
	[illegible]	[illegible]	縛		芍	[illegible]	著	[illegible]	腳	卻	噱	虐

重中重

聲	精 照	清 穿	從 床	心 審	邪 禪	影	曉	匣	喻	來	日	韻
	商					宮				半徵半商		
平	糟	操	曹	騷		爊	蒿	豪		勞		豪
	[illegible]	譟	巢	梢		[illegible]	虓	肴		顟		肴
	昭	怊		燒	韶	妖	囂		鴞	遼	饒	霄
				蕭		么	膮			聊		蕭
上	早	草	皁	嫂		襖	好	皓		老		皓
	爪	謅	䰴	[illegible]		拗		澩				巧
	沼	麨		少	紹	夭				繚	擾	小
	湫	悄		篠		杳	曉	皛		了		篠
去	竈	操	漕	喿		奧	秏	号		嫪		号
	抓	抄	巢	稍		靿	孝	効				效
	照	覞		少	邵		魆			寮	饒	笑
	醮	峭	噍	嘯		窔	歗			顤		嘯
入	作	錯	昨	索		惡	臛	涸		落		鐸
	斮		戳									藥
	灼	綽		鑠		約	謔			略	弱	
	爵	鵲	嚼	削								

外轉二十六 重中重

聲	幫	滂	並	明	端 知	透 徹	定 澄	泥 孃	見	溪	羣	疑	精 照	清 穿	從 床	心 審	邪 禪	影	曉	匣	喻	來	日	韻
	羽				徵				角				商					宮				半徵半商		
平																								宵
	猋	漂	瓢	[illegible]							蹻	翹	焦	鍫	樵	宵		邀			遙			
上																								小
	褾	縹	摽	眇								狢	勦	悄		小		闄			溔			
去																								笑
	裱	剽	驃	妙						趬			醮	陗	噍	笑		要			燿			
入																								

內轉二十七 重中重

聲	幫	滂	並	明	端 知	透 徹	定 澄	泥 孃	見	溪	羣	疑	精 照	清 穿	從 床	心 審	邪 禪	影	曉	匣	喻	來	日	韻
	羽				徵				角				商					宮				半徵半商		
平					多	他	駝	那	歌	珂		莪	磋	蹉	醝	娑		阿	呵	何		羅		歌
上					嚲	柁	爹	橠	哿	何		我	左	瑳	𩯘	縒		閜	歌	荷		[illegible]		哿
去					跢	柂	馱	奈	箇	坷		餓	佐	磋		些		侉	呵	賀		邏		箇
入																								

內轉二十八

聲	幫	滂	並	明	端 知	透 徹	定 澄	泥 孃	見	溪	羣	疑
	羽				徵				角			
平	波	頗	婆	摩	除	詑	牠	挼	戈	科		吪
										骳		
上	跛	叵	爸	麼	朶	妥	惰	娞	果	顆		捤
去	播	破	縛	磨	剁	唾	墮	懦	過			臥
入												

輕中輕

聲	精 照	清 穿	從 床	心 審	邪 禪	影	曉	匣	喻	來	日	韻
	商					宮				半徵半商		
平	侳	遳	矬	蓑		倭	吹	和		鸁		戈
										[illegible]		
上	砦	脞	坐	鏁		腂	火	禍		躶		果
去	挫	剉	坐	[illegible]		涴	貨	和		鸁		過
入												

外轉二十九 重中重

聲	幫	滂	並	明	端 知	透 徹	定 澄	泥 孃	見	溪	羣	疑	精 照	清 穿	從 床	心 審	邪 禪	影	曉	匣	喻	來	日	韻
	羽				徵				角				商					宮				半徵半商		
平																								麻
	巴	葩	爬	麻	奓	侘	茶	拏	嘉	齣		牙	樝	叉	楂	砂		鴉	呀	遐				
													遮	車	蛇	奢	闍					儸	若	
													嗟	䃼	査	些	邪				耶			
上																								馬
	把		跁	馬	觰	姹	蹅	絮	檟	跒		雅	鮓	笅	槎	灑		啞	啁	下		藞		
													者	奲		捨	社						若	
													姐	且	担	寫	灺				野			
去																								禡
	霸	帕	把	禡	吒	詫	蛇	[illegible]	駕	髂		迓	詐	扠	作	嗄		亞	嚇	暇				
													柘	趀	射	舍								
													唶	笡	褯	蝑	謝				夜			
入																								

外轉三十　輕中輕（重一作）

	幫	滂	並	明	端知	透徹	定澄	泥孃	見	溪	羣	疑	精照	清穿	從床	心審	邪禪	影	曉	匣	喻	來	日	
	羽				徵				角				商					宮				半徵半商		
平																								麻
					檛				瓜	誇		傀	髽					窊	華	譁				
上																								馬
						[illegible]			寡	髁		瓦	[illegible]	硰		傻		搲		踝				
去																								禡
									坬	跨		瓦				誜		窊	化	摦				
入																								

外轉三十一　重中重

	幫	滂	並	明	端知	透徹	定澄	泥孃	見	溪	羣	疑	精照	清穿	從床	心審	邪禪	影	曉	匣	喻	來	日	
	羽				徵				角				商					宮				半徵半商		
平					耽	貪	覃	南	弇	龕		諳	簪	參	蠶	毿		諳	峆	含		婪		覃
					詀			諵	緘	鵮		喦			讒	攕		韽	㰹	咸				咸
	砭				霑	覘		黏		[illegible]	[illegible]	[illegible]	詹	韂		苫	蟾	淹		嫌	炎	廉	髯	鹽
					[illegible]	添	甜	鮎	兼	謙									馦			鬑		添
上					黕	襑	禫	腩	感	坎		顉	昝	憯	歜	糂		晻	喊	頷		壈		感
						僴	湛		鹻	[illegible]		[illegible]	斬	醶	巉	摻		黯		豏		臉		豏
	貶			㚲		諂			檢	預	儉		颭			陝	剡	奄	險			斂		琰
					點	忝	簟	淰	孂	歉		顩		憯						鼸		稴		忝
去					馾	僋	醰	妠	紺	勘		儑	篸	謲		俕		暗	顑	憾		顲		勘
					[illegible]		賺	諵	[illegible]	歉		[illegible]	蘸		儳			韽		陷				陷
	窆					覘						驗	占	[illegible]		閃	贍	憸				殮	染	豔
					店	㮇	磹	念	趝	傔			僭		[illegible]	[illegible]		酓				稴		㮇
入					答	錔	沓	納	閤	榼		[illegible]	匝	[illegible]	雜	趿		姶	欱	合		拉		合
					劄	[illegible]		図	夾	恰		㾞	眨	插	[illegible]	歃		[illegible]	[illegible]	洽				洽
					輒	鍤	牒	聶	[illegible]	挾	笈		讋	謵		攝	涉	敏			曄	獵	讘	葉
					耴	帖		捻	頰	愜			浹		䕭	燮			㛍	協		甄		帖

外轉三十二　重中重

	幫	滂	並	明	端知	透徹	定澄	泥孃	見	溪	羣	疑	精照	清穿	從床	心審	邪禪	影	曉	匣	喻	來	日	
	羽				徵				角				商					宮				半徵半商		
平				姏	擔	蚺	談		甘	坩					慙	三			蚶	酣		藍		談
			[illegible]						監	嵌		巖		攙	巉	衫				銜				銜
												嚴						醃	杴					嚴
											鍼		[illegible]	僉	潛	銛	燖	懕			鹽			鹽
上				[illegible]	膽	菼	噉			厥				黲	[illegible]			埯	㘎			覽		敢
										顜				醶	[illegible]	㩜		黶	獥	檻				檻
										欦		儼						埯						儼
										脥			[illegible]	槧	漸	憸		黶			琰			琰
去					擔	賧	憺		䌾	闞					暫	三			[illegible]	憨		濫		闞
			埿						鑑				[illegible]	儳	鑱	釤		[illegible]	[illegible]	[illegible]				鑑
										[illegible]		釅												釅
													[illegible]	壍	潛	[illegible]		厭			豔			豔
入					[illegible]	榻	蹋	[illegible]	[illegible]	榼		[illegible]		囃	[illegible]	[illegible]		鰪	[illegible]	盍		臘		盍
							霅		甲					囃	渫			鴨	呷	狎				狎
									刧	怯		業	譫					腌	脅					業
													接	妾	㨗			魘			葉			葉

外轉三十三　輕中輕

	幫非	滂敷	並奉	明微	端知	透徹	定澄	泥孃	見	溪	羣	疑	精照	清穿	從床	心審	邪禪	影	曉	匣	喻	來	日	
	羽				徵				角				商					宮				半徵半商		
平																								凡
		芝	凡																					
上																								范
	膠	釩	范	錽		[illegible]			抖	斗														
去																								梵
		汎	梵	菱					劒	欠								俺						
入																								乏
	法	姂	乏			猫		[illegible]		猲														

內轉三十四

	幫非	滂敷	並奉	明微	端知	透徹	定澄	泥孃	見	溪	羣	疑
	羽				徵				角			
平	幫	滂	旁	茫	當	湯	棠	囊	岡	穅		昂
	方	芳	房	亡	張	倀	長	孃	薑	羌	彊	
上	榜	髈		莽	黨	曭	蕩	曩	航	慷		[illegible]
	昉	髣		罔	長	昶	丈	[illegible]	繈	[illegible]	強	仰
			[illegible]									
去	螃	[illegible]	傍	漭	譡	儻	宕	儾	鋼	抗		枊
	放	訪	防	妄	悵	帳	仗	釀	彊	唴	弶	軮
入	博	[illegible]	泊	莫	沰	託	鐸	諾	各	恪		
	[illegible]	䨚	縛		芍	[illegible]	著	逽	腳	卻	噱	虐

精照	清穿	從床	心審	邪禪	影	曉	匣	喻	來	日	韻
商					宮				半徵半商		
臧	倉	藏	桑		鴦	炕	航		郎		唐
莊	創	牀	霜								陽
章	昌		商	常	央	香			良	穰	
蔣	鏘	牆	襄	詳				陽			
駔	蒼	奘	顙		坱	汻	沆		朗		蕩
	磢		爽								養
掌	敞		賞	上	鞅	響			兩	壤	
獎	搶		想	象				養			
葬	槍	藏	喪		盎		吭		浪		宕
壯	刱	狀	灀								漾
障	唱		餉	尙	怏	向			亮	讓	
醬	蹡	匠	相					漾			
作	錯	昨	索		惡	臛	涸		落		鐸
斮		散									藥
灼	綽	杓	鑠	妁	約	謔			略	弱	
爵	鵲	嚼	削					藥			

重中重

外轉三十五

聲	幫	滂	並	明	端知	透徹	定澄	泥孃	見	溪	羣	疑	精照	清穿	從床	心審	邪禪	影	曉	匣	喻	來	日	韻
	羽				徵				角				商					宮				半徵半商		
平									光	觥								汪	荒	黃				唐
																								陽
									恇	匡	狂								妧		王			
上									廣	懬								㴕	慌	幌				蕩
																								養
									臩	㤮	俇							枉	怳		往			
去									桄	曠								汪	荒	攩				宕
																								漾
									誑	盺	狂								況		迋			
													[illegible]											
入									郭	廓		瓁						臒	霍	穫		硑		鐸
																								藥
									玃	躩	戄							嬳	矆		籰			

輕中輕

外轉三十六

聲	幫	滂	並	明	端知	透徹	定澄	泥孃	見	溪	羣	疑	精照	清穿	從床	心審	邪禪	影	曉	匣	喻	來	日	韻
	羽				徵				角				商					宮				半徵半商		
平																								庚
	鬃	榜	彭	盲	趟	瞠	棖	鬡	庚	坑				鎗	傖	生			亨	行				
	兵		平	明					京	卿	擎	迎												
	并	娉		名						輕			精	清	情		餳	嬰			盈	泠		清
上																								梗
	浜		鮩	猛	打	盯	瑒	檸	梗	沆						省				杏		冷		
	丙			皿					警									影				令		
	餅			眳		徎			頸			痙	井	請	靜	省		癭				領		靜
去																								敬
	榜		膨	命	倀	牚	鎊		更					瀞				瀴	詩	行				
	柄		病	孟					儆	慶	競	迎						映						
	摒	聘	併	詺					勁	輕			精	倩	淨	性		纓						勁
入																								陌
	伯	柏	白	陌	磔	坼	宅	蹃	格	客		額	迮	柵	齰	索		啞	赫	垎			礐	
			欂						戟	隙	劇	逆												
	辟	僻	擗										積	皵	籍	昔	席	益			繹			昔

重中重

內轉三十七

聲	幫	滂	並	明	端知	透徹	定澄	泥孃	見	溪	羣	疑	精照	清穿	從床	心審	邪禪	影	曉	匣	喻	來	日	韻
	羽				徵				角				商					宮				半徵半商		
平																								庚
									觥	咎									湟	橫				
																		謍	兄		榮			
										頃	瓊							縈	眴		營			清
上									礦	界														梗
									璟															
										頃	痙							謍		卝	永			
																			克		穎			靜
去																								敬
																		[illegible]		蝗				
																					詠			
																			敻					勁
入																								陌
									虢	蝍								韄	砉	嚄	嚆			
									鶪	[illegible]									瞁		役			昔

輕中輕

外轉三十八

聲	幫	滂	並	明	端知	透徹	定澄	泥孃	見	溪	羣	疑	精照	清穿	從床	心審	邪禪	影	曉	匣	喻	來	日	韻
	羽				徵				角				商					宮				半徵半商		
平	浜	怦	棚	甍	朾		橙	獰	耕	鏗		娙	爭	琤	崢			甖		莖		磷		耕
					楨	檉	呈						征			聲	成							清
		竮	瓶	冥	丁	聽	庭	甯	經				菁	青		星		晴	馨	形		靈		青
上	迸	餅	倂	黽					耿									嫈	[illegible]	幸				耿
					最	逞	程						整									領		靜
	鞞	頩	並	茗	頂	挺		顉	頸	剄	謦	脛			汫	醒				婞		笭		迥
去	迸	軿	偋	[illegible]			[illegible]						諍							[illegible]				諍
						遉	鄭	[illegible]					政			聖	盛					令		勁
	跰	[illegible]	屏	[illegible]	叮	聽	定	甯	徑	罄				靘		腥				脛		零		徑
入	檗	[illegible]	擗	麥	摘	䟤	擿		隔				責	策	賾	栜		戹	擅	覈		[illegible]		麥
	碧	[illegible]	欂		[illegible]								隻	尺	麝	釋	石					[illegible]		昔
	壁	劈	甓	覓	的	逖	擲	惄	激	喫			績	戚	寂	錫			赦	檄		歷		錫

重中重

外轉三十九

	幫	滂	並	明	端 知	透 徹	定 澄	泥 孃	見	溪	羣	疑
	羽				徵				角			
平												
	繃											
									扃			
上												
									熲	褧		
去												
入												
									馘	蟈	趪	
									狊	闃		

精 照	清 穿	從 牀	心 審	邪 禪	影	曉	匣	喻	來	日	
商					宮				半徵半商		
											耕
					泓	訇	宏				
											青
							熒				
											迥
					濙	詗	迥				
											諍
						轟					
					瑩						徑
											麥
擿		趚	摵			剨	擭				
						殈					錫

輕中輕

內轉四十

	幫	滂	並	明	端 知	透 徹	定 澄	泥 孃	見	溪	羣	疑
	羽				徵				角			
平			裒	呣	兜	偷	頭	羺	鉤	彄		齵
	不	麃	浮	謀	輈	抽	儔		鳩	丘	求	牛
	彪		滮	繆					樛	恘	虯	
上	掊	剖	部	母	斗	姓	䅑	穀	苟	口		藕
	缶	紑	婦		肘	丑	紂	狃	久	糗	臼	
											蟉	
去		仆	踣	茂	鬭	透	豆	耨	構	寇		偶
	富	副	復	莓	晝	畜	胄	糅	救	䊵	舊	鼿
				謬						蹞	蚪	
入												

精 照	清 穿	從 牀	心 審	邪 禪	影	曉	匣	喻	來	日	
商					宮				半徵半商		
緅	誰	剿	涑		謳	齁	侯		婁		侯
鄒	搊	愁	搜								
周	犨		收	讎	優	休		尤	留	柔	尤
揫	秋	酋	脩	囚	幽	䫜		由	鏐		幽
走	趣	鯫	藪		歐	吼	厚		塿		厚
掫	鞦	棸	溲					有			有
帚	醜			受	颵	朽		酉	柳	蹂	
酒		湫	滫		黝						黝
奏	輳	剿	瘶		漚	詬	候		漏		候
㑳	簉	驟	瘦								宥
呪	臭		狩	授		齅		宥	溜	輮	
僦	趥	就	秀	岫	幼			狖			幼

重中重

內轉四十一

	幫	滂	並	明	端 知	透 徹	定 澄	泥 孃	見	溪	羣	疑
	羽				徵				角			
平												
					碪	琛	沈	誑	今	欽	琴	吟
上												
	稟	品			䑙	踸	朕	栣	錦	坽	噤	僸
去												
	稟				揕	闖	鴆	賃	禁		黔	吟
入												
	鵖			[illegible]	縶	湁	蟄	孴	急	泣	及	岌

精 照	清 穿	從 牀	心 審	邪 禪	影	曉	匣	喻	來	日	
商					宮				半徵半商		
											侵
簪	參	岑	森								
斟	覘		深	諶	音	歆			林	壬	
祲	侵	鬵	心	尋	愔			淫			
											寑
	墋	䫖	痒								
枕	瀋	葚	沈	甚	飲	欽			凜	荏	
醋	𢓭	蕈	罧					潭			
											沁
譖	讖		滲								
枕			深	甚	蔭			類	臨	妊	
浸	沁										
											緝
戢	届	霵	澀								
執	卙		濕	十	邑	吸		煜	立	入	
喋	緝	集	鈒	習	揖			熠			

重中重

內轉四十二

	幫	滂	並	明	端 知	透 徹	定 澄	泥 孃	見	溪	羣	疑
	羽				徵				角			
平	崩	漰	朋	瞢	登	鼟	騰	能	揯			
	冰	砅	凭	儚	徵	僜	澄		兢	硱	殑	凝
止		倗			等			能		肯		
						庱					殑	
去	[illegible]		倗	懵	嶝	澄	鄧		亘			
			凭			覴	瞪				殑	
入	北	覆	菔	墨	德	忒	特	螚	裓	刻		
	逼	堛	愎	[illegible]	陟	敕	直	匿	殛	䩗	極	嶷
					劅							

精 照	清 穿	從 牀	心 審	邪 禪	影	曉	匣	喻	來	日	
商					宮				半徵半商		
增	彰	層	僧			恆	峘		楞		登
		磳	殑								蒸
蒸	稱	繩	升	承	膺	興	蠅		夌	仍	
[illegible]	毛	繒	線								
											等
			殑								
拯											拯
增	蹭	贈	䆸						倰		嶝
證	稱	乘	勝	丞	應	興			餕	認	證
甑								孕			
則	墄	賊	塞		餩	黑	劾		勒		德
稄	測	崱	色								職
職	瀷	食	識	寔	憶	赩			力	日	
即		堲	息					弋			

重中重

內轉四十三

	幫	滂	並	明	端 知	透 徹	定 澄	泥 孃	見	溪	羣	疑
	羽				徵				角			
平									肱	觵		
上												
去												
入									國			

	精照	清穿	從床	心審	邪禪	影	曉	匣	喻	來	日
	商					宮				半商徵	
登							薨	弘			
蒸											
等											
拯											
嶝											
證											
德							䵺	或			
職							洫		域		

輕中輕

通志卷三十七

通志卷三十八

宋　右　迪　功　郎　鄭　樵　漁　仲　撰

天文略第一

總序　東方七宿　北方七宿　西方七宿　南方七宿

天文序

堯命羲和揭星鳥星火星虛星昴之象以示人使人知一至二分以行四時不幸而占候之說起持吉凶以惑人紛紛然務為妖妄是以刑網禁之臣謹按占候之學起於春秋戰國其時所謂精於其道者梓慎裨竈之徒耳後世之言天者不能及也魯昭公十七年冬有星孛于大辰西及漢裨竈言於子產曰宋衞陳鄭將同日火若我用瓘斝玉瓚鄭必不火子產弗與明年五月壬午四國皆火裨竈曰不用吾言鄭又將火鄭人請用之子產復弗與子太叔咎之曰寶以保民子何愛也子產曰天道遠人道邇竈焉知天道是亦多言矣豈不或信卒弗與亦不復火昭公二十四年五月乙未朔日有食之梓慎曰將水昭子曰旱也日過分而陽猶不克克必甚能無旱乎是秋大旱如昭子之言夫災旱易推之數也慎竈至精之術也而或中或否後世之愚瞽若之何而談吉凶知昭子之言則知陰陽消長之道可以理推不可以象求也知子產之言則知言而中者亦不可聽況於不中者乎臣之所作天文書正欲學者識垂象以授民時之意而杜絕其妖妄之源焉聊舉二條以為證臣舊作圖譜志謂天下之大學術者十有六皆在圖譜無圖有書不可用者天文是其一也而歷世天文志徒有其書無載象之義故學者但識星名不可以仰觀雖有其書不如無也隋有丹元子者隱者之流也不知名氏作步天歌見者可以觀象焉王希明纂漢晉志以釋之唐書誤以為王希明也天文籍圖不籍書然書經百傳不復訛謬縱有訛謬易為考正圖一再傳便成顛錯一錯愈錯不復稽尋所以信圖難得故學者不復識星臣向嘗盡求其書不得其象又盡求其圖不得其信一日得步天歌而誦之時素秋無月清天如水長誦一句凝目一星不三數夜一天星斗盡在胸中矣此本只傳靈臺不傳人間術家祕之名曰鬼料竅世有數本不勝其訛今則取之仰觀以從稽定然步天歌之言不過漢晉諸志之言也漢晉志不可以得天文者謂所載者名數災祥叢雜難舉故也步天歌句中有圖言下見象或約或豐無餘無失又不言休祥是深知天者今之所作以是為本舊於歌前亦有星形然流傳易訛所當刪去惟於歌之後採諸家之書以備其書云

東方

角兩星南北正直著中有平道上天田總是黑星兩相連別有一烏名進賢平道右畔獨淵然最上三星周鼎形角下天門左平星雙雙橫於庫樓上庫樓十星屈曲明樓中五柱十五星三三相著如鼎形其中四星別名衡南門樓外兩星橫

角二星十二度為主造化萬物布君之威信謂之天闕其間天門也其內天庭也故黃道經其中七曜之所行也其星明則太平芒動則國不寧日食右角國不寧月食左角天下道斷金火犯有戰敵金守之大將持政左角為天田為理主刑其南為太陽道五星犯之為旱右角為將主兵其北為太陰道五星犯之為水蓋天之三門猶房之四表也左右角間二星曰平道為天子八達之衢明正則吉動搖則法駕有虞天田主天子畿內封疆金守之主兵火守之主旱水守之主潦平道西一星曰進賢在太微宮東明則賢者在位晴則在野又曰主卿相舉逸才周鼎三星在攝提西國之神器也不見或移徙則運祚不寧天門二黑星在平星北角之南主天之門為朝聘待客之所明則四方歸化不見則兵革起邪佞生平星二星在庫樓北平天下之法獄廷尉之象也庫樓十星其六大星為庫南四星為樓在角南一曰天庫兵車之府也旁十五星三三而聚者柱也中央四小星衡也主陳兵其占曰庫中星不見兵四合無星則下臣謀上明而動搖則兵出四方盡不見則國無君庫樓東北二星曰陽門主守隘塞也南門二星在庫樓南天之外門也主守兵明則遠方入貢晴則夷狄畔客星守之主兵至

亢四星恰如彎弓狀大角一星直上明折威七子亢下橫大角左右攝提星三三相似如鼎形折威下左頓頑星兩箇斜安黃色精頓頑下二星號陽門色若頓頑直下跡

亢四星九度日月之中道主天子內朝天下之禮法也又曰總攝天下奏事聽訟理獄錄功者也亦為疏廟主疾疫其星明大四海歸王輔臣納忠人無疾疫移動多病不見則天下鼎沸而旱澇作矣大角一星在攝提間天王坐也又為天子梁棟金守之則兵起日月食主凶亢南七黑星曰折威主斬殺金火守之夷狄犯邊將有棄市者攝提六星直斗杓之南主建

時節伺禨祥攝提爲盾以夾擁帝坐也主九卿明大三公恣橫客星入之聖人受制一曰大臣之象頓頑二星在折威東南主考囚察情僞也陽門在庫樓東北主邊塞險阻之地客星出陽門夷狄犯邊

氐四星似斗側量米天乳氐上黑一星世人不識稱無名一箇招搖梗河上梗河橫列三星狀帝席三黑河之西亢池六星近攝提氐下眾星騎官出騎官之眾二十七三三相連十欠一陣車氐下騎官次騎官下三車騎位天輻兩星立陣傍將軍陣裏振威霜

氐十六度下二尺爲五星日月中道爲天子之路寢明則大臣妃后奉君不失節如不見或移動則臣將謀內禍亂生矣日月食主內亂木犯之立后妃火犯臣僭上金犯拜將水犯百官憂客星犯婚禮不整彗孛犯暴兵起月暈人不安一曰氐爲后妃之府休解之房前二星適也後二星妾也將有徭役之事氐先動星明大則民無勞天乳在氐北主甘露明則潤澤甘露降招搖一星在梗河北次北斗柄端主胡兵芒角變色搖動則兵革大起梗河三星在大角北天子以備不虞其色變動有兵喪帝席三星在大角西北天子晏樂獻壽之所其星不見大人失位亢池六黑星爲汎舟楫主迎送移徙則凶騎官二十七星在氐南天子騎士之象星眾則安不見兵起車騎三黑星在氐南騎官之上都車馬之將也金火犯爲災動搖車騎行天輻兩黃星在房西主鑾駕客星來守之則輦轂有憂也騎陣將軍一星在騎官東南主騎將也搖動則騎將出

房四星直下主明堂鍵閉一黃斜向上鉤鈐兩箇近其傍罸有三星植鍵上兩咸夾罸似房狀房下一星號爲日從官兩箇日下出

房六度爲明堂天子布政之宮也亦四輔也下第四星上將也次次將也次次相也上星上相也南二星君位北二星夫人位又爲四表中間爲天衢之大道亦謂之天闕黃道之所經也南間曰陽環亦曰陽道其南曰太陽北間曰陰間亦曰陰道其北曰太陰七曜由乎天衢則天下平和由陽道則主旱喪由陰道則主水兵房星亦曰天駟爲天馬主車駕南星曰左驂次左服次右服次右驂亦曰天廐又主開閉爲蓄藏之所由也房星明則王者明驂星大則兵起星離則人流日月食主昏亂權臣橫彗孛犯之兵起下二星爲陰五星犯之爲水上二星爲陽五星犯之爲旱房北二小星曰鉤鈐房之鈐鍵天子管籥主閉藏鍵天心也王者孝則鉤鈐明近房天下同心遠則天下不和王者絕後房鉤鈐間有星及踈坼則地動河清東咸西咸各四星在房心北日月五星之道也爲房之戶所以防淫佚也明則吉暗則凶日月五星犯守之有陰謀火守之兵起罰三星在東咸正西南北而列主受金贖罪正而直列則法令大平曲而斜列則刑罰不中日一星在房中道前太陽之精主明德金火犯守之有憂從官二星在積卒西北

心三星中央色最深下有積卒共十二三三相聚心下是

心六度一名大火天王位也中星曰明堂爲大辰天子之正位也前星爲太子不明則太子不得位後星爲庶子明則庶子繼心上四尺爲日月五星之中道中心明則化成道昌直則地動移徙不見國亾又曰心變黑色大人有憂直則主失勢動則國有憂離則民流金火犯血光不止土木犯吉日月食吉月暈兵起火來守之國無主客星及孛犯天下兵荒積卒十二星在房心西南五營軍士也微而小則吉明大動搖兵大起一星亾兵出二星亾兵半出三星亾兵出盡他星守之兵大起近臣誅

尾九星如鉤蒼龍尾下頭五點號龜星尾上天江四橫是尾東一箇名傳說傳說東畔一魚子龜西一室是神宮所以列在后妃中

尾十九度后妃之府後宮之場也北之一丈爲天之中道上第一星后也次三星夫人次則嬪妾第三星傍一星名曰神宮解衣之內室尾亦爲九子星色欲均明大小相承則后妃無妬忌後宮有叙多子孫星微細暗后有憂疾踈遠則后失勢動移則君臣不和天下亂就聚則大水木犯之及月暈則后妃死火犯宮中內亂土犯吉水犯宮中有事客星犯大臣誅日月食主饑一曰金火守之後宮兵起龜五星在尾南漢中主占定吉凶明則君臣和不明爲乖戾亾則赤地千里火守之兵起在外守之兵罷天江四星在尾之北主太陰不欲明明而動水暴出參差則馬貴其星不具則津河關道不通熒惑守之有立主客星入河津絕傳說一星在尾後河中主後宮女巫祝祀神靈祈禱子孕故曰主王后之內祭祀以求子孫也詩云克禋克祀以弗無子卽此之象也其星明大王者多子孫小而暗後宮少子動搖則後宮不安星搖則天子無嗣魚一星在尾後河中主陰事知雲雨之期

也大明則陰陽和風雨時暗則魚多亾動搖則大水暴出出漢中則大魚多死火守在南則旱在北則水起

臣謹按傳說一星惟主後宮女巫禱祠求子之事謂之傳說者古有傳母有保母傳而說者謂傳母喜之也今之婦人求子皆祀婆神此傳說之義也偶商之傳說與此同音諸子百家更不詳審其義則曰傳說騎箕尾而出殊不知箕尾專主後宮之事故有傳說之佐焉

箕四星形狀如簸箕箕下三星名木杵其前一黑是糠皮

箕十一度亦謂之天津後宮妃后之位上六尺爲天之中道箕一曰天雞主八風凡日月宿在箕東壁翼軫者風起又主口舌主客蠻夷胡貊故蠻夷將動先表箕爲星大明直則五穀熟君無讒間踈暗則無君世亂五穀貴蠻夷不伏內外有差就聚細微天下憂動則蠻夷有使來離徙則人流若移入河國災人相食月暈金火犯之兵起流星犯大臣叛日宿其野風起杵三星在箕南主杵舂之用也縱爲豐橫爲飢移徙人失業不見人相食客星入杵臼天下有急變糠一星在箕口前杵臼西北明則爲豐暗則爲饑不見人相食

北方

斗六星其狀似北斗魁上建星三相對天弁建上三三九斗下圓安十四星雖然名鼈貫索形天雞建背雙黑星天籥柄前八黃精狗國四方鷄下生天淵十星鼈東邊更有兩狗斗魁前農家丈人狗下眠天淵十黃狗色元

斗二十五度天廟也亦曰天機五星貫中日月正道爲丞相太宰之位酌量政事之宜褒進賢良稟授爵祿又主兵南二星魁天梁也中央二星天相也北二星天府庭也亦爲壽命之期將有天子之事占於南斗星盛明君臣一心天下和平爵祿行芒角動搖天子愁兵起移徙其臣逐日月五星逆入斗天下流蕩孛犯之兵起星小暗則廢宰相及死鼈十四星在南斗南鼈爲水蟲爲太陰有星守之白衣會主有大水火守之旱建六星在斗背亦曰天旗臨於黃道天之都關也建斗之間七曜之道建爲謀事爲天鼓爲天馬南二星天庫也中央二星市也鈇鑕也上二星旗跗也建動搖則人勞月暈之蛟龍見牛馬疫月食五星犯守大臣相譖臣謀主亦爲關梁不通有大水天弁九星在建星北入河中市官之長也主列肆闤闠若市籍之事以知市珍也星明則吉彗星犯守之糴貴兵起天鷄二星在狗國北主候時也金火守入兵大起天籥八星在斗南斗杓西主鏁籥關閉明吉暗凶狗國四星在建東北主鮮卑烏丸沃沮明則邊寇作金火犯守外夷有變太白逆守之其國亂客星守犯之有大盜其王且來天淵十星在鼈東南一曰天海主溉灌火守之大旱水守之大水一曰主海中魚鼈狗二黑星在斗魁前主吠守禦奸回也不居常處爲大災農丈人一星在南斗西南老農主稼穡也其占與糠略同

牛六星近在河岸頭頭上雖然有兩角腹下從來欠一脚牛下九黑是天田田下三三九坎連牛上直建三河鼓鼓上三星號織女左旗右旗各九星河鼓兩畔右邊明更有四黃名天桴河鼓直下如連珠羅堰三烏牛東居漸臺四星似口形輦道東足連五丁輦道漸臺在何許欲得見時近織女

牛七度天之關梁日月五星之中道主犧牲其北二星一曰即路一曰聚火又曰上一星主道路次二星主關梁次三星主南越甘氏曰上二星主道路次二星主關梁次二星主南夷中一星主牛移動則牛多殃明大則王道昌其星曲則糴貴又曰星明大則關梁通牛貴怒則馬貴不明失常穀不登細則牛賤中星移上下牛多死小星亡則牛多疫月暈損犢金火犯之兵災水土犯之吉天田九星牽牛南太微東主天子畿內之田其占與角之天田同九坎九黑星在天田東主溝渠所以導達泉源流瀉盈溢明盛則有水災夷狄侵邊不明則吉河鼓三星在牽牛北天鼓也主軍鼓及鈇鉞一曰三武主天子三將軍中央大星爲大將軍左星爲左將軍右星爲右將軍左星南星也所以備關梁設險阻而拒難也明大光潤將軍吉動搖差度亂兵起直則將有功曲則將失律左旗右旗各九星在河鼓左右皆天之旗鼓也旗星明潤將軍吉動搖兵起怒則馬貴旗端四星南北列曰天桴鼓桴也星不明漏刻失時動搖軍鼓用桴鼓相直亦然織女三星在河北天紀東端天女也主果蓏絲綿珍寶也王者至孝神祇咸喜則織女星俱明天下和平大星怒角布帛貴又曰三星俱明女功善暗而微天下女功廢不見兵起東足四星曰漸臺臨水之臺也主刻漏律呂之事西足五星曰輦道天子嬉遊

之道金火守之御路兵起羅堰三星在牽牛東主隄塘壅蓄水潦灌溉田苗大而明大水泛溢

臣謹按張衡云牽牛織女七月七日相見者卽此也古雅云河鼓謂之牽牛又歌曰東飛百勞西飛燕黃姑織女時相見黃姑卽河鼓也音訛耳

女四星如箕主嫁娶十二諸國在下陳先從越國向東論東西兩周次二秦雍州南下雙鴈門代國向西一晉伸韓魏各一晉北輪楚之一國魏西屯楚城南畔獨燕軍燕西一郡是齊隣齊北兩邑平原君欲知鄭在越下存十六黃星細區分五箇離珠女上星敗瓜珠上瓠瓜生兩箇各五瓠瓜明天津九箇彈弓形兩星入牛河中橫四箇奚仲天津上七箇仲側扶筐星

女十一度下九尺爲日月中道天之少府也謂之須女者須賤妾之稱婦職之卑者也主婦女之位其星如婦功之式主布帛裁製嫁娶星明天下豐女功昌小暗則國藏虛移動則婦女受殃產死者多后妃廢日月食國憂木犯立后火犯女喪金犯災土孛犯損蠶月暈婦人災又曰水守之萬物不成火守之布帛貴人多死土守之有女喪金守之兵起十二國有十六星齊一星在九坎之東齊北二星曰趙趙北一星曰鄭鄭北一星曰越越東二星曰周周東南北列二星曰秦秦南二星曰代代西一星曰晉晉北一星曰韓韓北一星曰魏魏西一星曰楚楚南一星曰燕其星有變各以其國離珠五星在須女北須女之藏府也爲女子之星非其故後宮亂客星犯之後宮凶瓠瓜五星在離珠北主陰謀主後宮主果食明則歲熟微則后失勢瓜果不登客星守之魚鹽貴旁五星曰敗瓜主種植與瓠瓜暑同天津九星在虛危北橫漢中津梁所度明而動則兵起如流沙死人如亂麻參差不齊馬貴一星不備關梁不通三星不備覆陷天下星亡水災河溢水賊稱王奚仲四星在天津北古車正也金火守之兵車必起扶筐七黑星主蠶事見吉不見則凶

臣謹按天之所覆者廣而華夏所占者牛女下十二國耳牛女在東南故釋氏謂華夏爲南贍部洲其二十八宿所管者多十二國之分野隨其所隸耳

虛上下各一如連珠命祿危非虛上呈虛危之下哭泣星哭泣雙雙下壘城天壘團圓十三星敗臼四星城下橫臼西三箇離瑜明

虛九度少彊冢宰之官也主邑居廟堂祭祀之事又主風雲死喪下九尺爲天之中道明靜則天下安動搖則有死喪哭泣日月食兵起流星犯賊亂宗廟五星犯有災虛北二星曰司命主舉過行罰滅不祥又北二星曰司祿主爵祿增年延德故在六宗之祀司危二星在司祿之北主矯枉失司非二星在司危之北主察愆過凡此四司皆黑星明大爲災居常則平虛南二星曰哭主號哭也哭東二星曰泣主死明則國多哭泣金火守之亦然泣南十三星曰天壘城如貫索形主北夷丁零匈奴敗臼四星在虛危南知凶災他星守之饑兵起秦代東三星南北列曰離瑜離袿衣也瑜玉飾皆婦人之服也星微則後宮儉約明大則婦人奢

危三星不直舊先知危上五黑號人星人畔三四杵臼形人上七烏號車府府上天鉤九黃晶鉤上五鵶字造父危下四星號墳墓墓下四星斜虛梁十箇天錢梁下黃墓傍兩星能蓋屋身著黑衣危下宿

危十六度主天府曰天市主架屋甘氏云爲天市廟堂下九尺爲天之中道主架屋受藏風雨墓墳祠祀如動則天下大動土功張衡云虛危等爲死喪哭泣之事亦爲邑居廟堂祠祀之事冢宰之官動則死喪哭泣火守則天子將兵金守則饑饉兵起虛危動則有土功火守則兵起水守則下謀上一云危動而不明土功兵革起月暈日月五星犯卽有災車府東南五黑星曰人星有如人象主靜衆庶柔遠能邇一曰卧星主防淫不見則人有詐行詔書明則人安暗凶內杵三星在人星傍主軍糧正直下臼吉不相當糧絕不直民饑凶臼四星在人星東南主舂臼覆則大饑仰則大豐隋志云客星入杵臼兵起天下聚米天津東南七星曰車府東近河邊抵司非主官車之府金火守之兵車大動天鉤九星如鉤狀在造父西河中主乘輦服飾法式直則地將動明則服飾正也傳舍南河中五星曰造父御官也一曰司馬或曰伯樂星亡馬大貴明則吉墳墓四星在危下如墓形主喪葬之事明則多死亡虛梁四星在蓋屋南主園陵寢廟非人所處故曰虛梁金火守入犯兵災大起天錢十星在北落西北主錢帛所聚星明則府藏盈不爾虛耗金火守之兵盜起蓋屋二星在危南主天子所居室亦爲宮室之官金守之國兵起彗孛尤甚也

室兩星上有離宮出逸室三雙有六星下頭六箇雷電形壘壁陳次十二星十二兩頭大似升陣下分布羽林軍四十五卒三爲羣壁西四星多難論子細歷歷看區

分三粒黃金名鈇鉞一顆眞珠北落門門東八魁九箇子門西一宿天綱是電傍兩星土功吏騰蛇室上二十二

室十七度亦謂之營室甘氏云爲太廟天子之宮也石氏謂之元宮一曰清廟又爲軍糧之府及土功事星明國昌小不明祠祀鬼神不享國多疾疫動則有土功兵出野離宮六星兩兩居之分布室壁之間天子之別宮也主隱藏休息之所金火守入則兵起室南六星曰雷電主興雷動蟄明或動則震雷作壁陣十二星在羽林北橫列營室之南羽林之垣壘也星衆而明則安甯希而動則兵革起不見天下亂五星入天軍皆爲兵起金火水尤甚羽林四十五星三三而聚散在營室之南天軍也主軍騎又主翼主也星衆而明則安甯希而動則兵革起不見天下亂金火水守入兵起斧鉞三星亦曰斧鑕在八魁西北主誅夷不明則斧鑕不用移動則兵起有星入之皆爲大臣誅北落師門一星在羽林西南天之蕃落也亦曰大軍蕃之候門長安北門曰北落門以象此也主非常以候兵明大則軍安微弱則兵起金火守之有兵災一曰有星守之虜入塞北落東南九黑星曰八魁主張捕禽獸之官也客星入之多盜賊兵起金火入亦然北落西南一星曰天綱主武帳天子游獵之所會金火守兵起室西南二星曰土功吏主土功之官也動搖則有修築之事隋志土功吏主司過度騰蛇二十二星在營室北若盤蛇之狀居於河濱謂之天蛇星主水蟲微則國安明則不甯移南大旱移北大水客星守之水雨爲災水物不收

壁兩星下頭是霹靂霹靂五星橫著行雲雨次之口四方壁上天廄十圓黃鈇鑕五星羽林傍

壁九度下九尺爲天之中道主文章天下圖書之祕府也亦主土功明則圖書集道術行小人退君子進星失色大小不同天子重武臣賤文士圖書隱親黨回邪用星動則有土功離徙就聚爲田宅事日月食損賢臣五星孛犯兵起土功西南五星曰霹靂主興雷奮擊明而動用事不明凶霹靂南四星曰雲雨明則多雨水火守之大旱天廄十星在東壁北蓋天馬之廄今之驛亭也不見則天下道斷鈇鑕五星在天倉西南刈具也主斬芻飼牛馬明則牛馬肥微暗則牛馬饑餓并死喪也

西方

奎腰細頭尖似破鞋一十六星遶鞋生外屏七烏奎下橫屏下七星天溷明司空左畔土之精奎上一宿軍南門河中六箇閣道形附路一星道傍明五箇吐花王良星良星近上一策名

奎十六度天之武庫也石氏謂之天豕亦曰封豕主兵九尺下爲天之中道又主溝瀆西南大星所謂天豕目亦曰大將明則天下安動則兵亂客星守入兵起金火守有水災隋志云若帝淫泆政不平則奎有角角動則有兵不出年中或有溝瀆之事又曰奎中星明水大出日月食五星犯皆有凶奎南七星曰外屏以蔽天溷也占與天囷同天溷七星在外屏南天之廁也不見則人不安移徙亦然天溷南一星曰土司空主水土之事大而黃明天下安若客星入之多土功天下大疫軍南門一星在天將軍西南主誰何出入動搖則軍行不見則兵亂閣道六星在王良前飛道也從紫宮至河神所乘也一曰主道里張衡云天子遊別宮之道一曰王良旗一曰紫宮旗亦所以爲旌表而不欲其動搖一星不具則輦道不通動搖則宮掖之內兵起附路一星在閣道南傍別道也備閣道之敗傷而乘之也一曰太僕主禦風雨亦遊從之義也一曰占與閣道同王良五星在奎北居河中天子奉車御官也其四星曰天駟旁一星曰王良亦曰天馬其星動爲策馬故曰王良策馬車騎滿野亦曰王梁梁爲天橋主禦風雨水道故或占津梁其星移主有兵亦曰馬病客星守之橋不通金火守之皆爲兵憂前一星曰策王良之御策也主天子僕御在王良旁若移在馬後是謂策馬

婁三星不勻近一頭左更右更烏夾婁天倉六箇婁下頭天庾四星倉東脚婁上十一將軍侯

婁十二度下九尺爲日月中道亦爲天獄主苑牧犧牲供給郊祀亦爲興兵聚衆動搖則聚衆星直則有執主之命者就聚國不安金火守之則宮苑之內兵起日月食宮內亂金木火土犯凶水犯吉孛犯起兵月暈兩軍各退左更五星在婁東山虞也主知山澤林藪之事亦主仁智右更五星在婁西牧師也主官養牧牛馬亦主禮義金火守之山澤有兵其占兩更同兩更者秦爵名天倉六星在婁南倉穀所藏也星黃而大歲熟東南四星曰天庾積厨粟之所也天將軍十一星在婁北主武兵中央大星天之大將也外小星吏士也大將星搖兵起大將出小星不具兵起

胃三星鼎足河之次天廩胃下斜四星天囷十三如乙

形河中八星名太陵陵北九箇天船名陵中積尸一箇
星積水船中一黑精

胃十五度天之儲藏五穀之倉也又名大梁明則四時和平天下晏然倉廩實不明則上下失位星小則少穀輸運又云動則有輸運事就聚則穀貴人流暗則凶荒五星犯日月食孛彗並有災天廩四星在昴南一曰天廥張衡云主積蓄黍稷以供享祀春秋所謂御廩也天囷十三星在胃南倉廩之屬主給御糧也明而黃則歲豐微變常色則不吉金火守之即災起太陵八星在胃北主陵墓明而大或中星多則天下多死喪或兵起天船九星在太陵之北居河中一曰舟星主渡亦主水旱不在河中津河不通水泛溢中四星欲其均明即天下安不則兵若喪移徙亦然客彗出入為大水有兵太陵中一星曰積尸明則死人如山張衡云一名積廩積尸明而大或其傍星多則天下多死喪或兵起若不見而暗皆吉火守則天下大哭泣天船中一星曰積水主候水災

昴七星一聚實不少阿西月東各一星月下五黃天陰
名陰下六烏芻藳營南十六天苑形河裏六星名卷
舌舌中黑點天讒星礪石舌傍斜四丁

昴十一度下為日月中道天之耳目也主西方主獄事又為旄頭胡星也又主喪甘氏云主口舌奏對若明大則君無佞臣天下安和暗小則佞者被誅搖動君信讒殺忠良張衡云昴明則獄訟平暗則刑罰濫六星與大星等大水有白衣會七星黃兵大起動搖有大臣下獄大而盡動若跳躍者胡兵大起一星不見皆憂兵之象也大阿一星在胃東月一星在昴東皆黑星並主女人災福又曰天阿主察山林妖變天陰五星在畢柄西主從天子弋獵之臣預陰謀也不明則禁言漏洩天苑十六星在昴畢南如環狀天子之苑囿養禽獸之所也主馬牛羊明則牛馬羊盈希則死芻藳六星在苑西以供牛馬之食也一曰天積天子之藏府也星盛則歲豐穰希則貨財散張衡云不見則牛暴死火守之則火災起卷舌六星在昴北天讒之外主口語以知讒佞張衡云主樞機曲而靜則賢人用直而動則讒人得志卷舌移出漢則天下多妄言旁星繁則死人如邱山天讒一星在卷舌中主醫巫占與從官同礪石四星在五車北主磨礪鋒刃明則兵起如常則吉金火及客星守之兵動

畢恰似爪叉八星出附耳畢股一星光天街兩星畢背
傍天節耳下八烏幢畢上橫列六諸王王下四皂天高
星節下團圓九州城畢口斜對五車口車有三柱任縱
橫車中五箇天潢精潢畔咸池三黑星天關一星車脚
邊參旗九箇參車間旗下直建九斿連斿下十三烏天
園九斿天園參脚邊

畢十七度主邊兵主弋獵其大星曰天高一曰邊將主四夷之尉也星明大則遠夷來貢天下安失色則邊兵亂一星亡為兵喪動搖邊城兵起有讒臣離徙天下獄亂就聚法令酷甘氏云畢主街巷陰雨天之雨師也故明而移動則霖潦及街巷壅塞明而定則天下安張衡云畢為天馬一曰日月食邊兵凶將衰木犯有軍功昴畢間二星曰天街三光之道也主伺候關梁張衡云主國界也街南為華夏街北為夷狄金火守之胡夷兵起明王道正暗兵起附耳一星在畢下天高東南隅主聽得失伺愆邪察不祥星盛則中國微有盜賊邊候警外國反鬬兵連年合移動則佞讒行兵大起邊尤甚入畢兵起天節八星在畢南主使臣之所持也宣威德於四方明吉闇凶諸王六星在五車南天漢之中主宗社蕃屏王室也明則諸侯奉上天下安不見宗社傾危四方兵起天高四星在參旗西北近畢此臺榭之高主遠望氣象不見則官失其守陰陽不和五車五星三柱九星其十四星在畢東北五車主天子五兵張衡云天子兵車舍也西北曰天庫主太白秦也次東北星曰天獄主辰星燕趙也次東南星曰天倉主歲星衛魯也中央星曰司空主鎮星楚也次西南星曰卿主熒惑魏也五星有變各以其所主而占之三柱一曰三泉即天淵一曰休即天休一曰旗即天旗五星均明柱皆具即人倉廩實不具其國絕食兵且起五車三柱有變各以其國占之三柱出外兵出柱入兵入柱出一月米貴三倍期一年出兩月米貴六倍期二年出三月米貴十倍期三年柱出不與天倉相近米穀運出千里柱倒立尤甚火入守天下旱金入守兵起水入月暈不爾則有赦天潢五星在五車中主河梁津渡之處也不見則河梁不通咸池三星在五車中天潢南魚囿也金火犯之則有大災隋志云月五星入天潢兵起道不通天下亂易政咸池明有龍墮死虎狼害人兵起天關一星在五車南畢西北亦曰天門日月五星所行之道也主邊塞事主關閉芒角有兵五星守之貴人多死移徙若與五車合大將軍披甲參旗九星在參西五車之間天旗也明而希則邊寇不動不然反是隋

志參旗一曰天旗一曰天弓主司弓弩之張候變禦難玉井西南九星曰九斿天子之旗也主邊軍進退金火守之兵亂起天苑之南十三星曰天圜植果菜之所也曲而鉤則果菜熟不然則否

觜三星相近作參蘂觜上坐旗眞指天尊卑之位九相連司怪曲立坐旗邊四鴉大近井鉞前

觜一度在參之右角如鼎足形主天之關明大則天下安五穀熟移動則君臣失位天下旱隋志云觜觽爲三軍之候行軍之藏府主葆旅收斂萬物明則軍儲盈將得勢動而明盜賊羣行葆旅起動移將有逐者張衡云葆旅野生之可食者金火來守國易政兵起災生日食臣不忠月食君害臣五星犯災生孛各星犯兵起坐旗九星在司怪西北主別君臣尊卑之位明則國有禮暗則反是司怪四星在井鉞前候天地日月星辰禽獸蟲蛇草木之變與天高占同

參總有十星觜相侵兩肩雙足三爲心伐有三星足裏深玉井四星右足陰屏星兩扇井南襟軍井四星屏上吟左足下四天廁臨廁下一物天屎沈

參十度上爲日月五星中道甘氏曰參爲忠良孝謹之子明大則臣忠子孝安吉移動殺忠臣一曰參伐一曰大辰一曰天市一曰鈇鉞主斬刈又爲天獄主殺伐又主權衡所以平理也又主邊城爲九譯故不欲其動也參白獸之體其中三星橫列三將軍東北曰左肩主左將西北曰右肩主右將東南曰左足主後將軍西南曰右足主偏將軍故黃帝占參應七將中央三小星曰伐天之都尉也主胡鮮卑戎狄之國故不欲明又曰七將皆明天下兵精也王道缺則芒角張伐星明與參等大臣謀亂兵起參星失色軍散敗參芒角動搖邊候有急天下兵起又曰有斬伐之事參左足入玉井中兵大起秦地大水若有喪山石爲怪參足若突出玉井則虎狼暴害人差戾王臣試金火來守則國易政兵起災生日月食則旧荒米貴五星犯災甚玉井四星在參西右足下水象也屏二星在玉井南屏爲屏風各星入之四足蟲大疾人亦多死不見則國內疑疾玉井東下四星曰軍井行軍之井也軍井未達將不言渴名取此也又曰主軍營之事天廁四星在屏東溷也主天下疾病黃吉青赤白皆凶不見與屏同天屎一星在廁南色黃則吉他色皆凶

南方

井八星橫列河中凈一星名鉞井邊安兩河各三南北正天樽三星井上頭樽上橫列五諸侯侯上北河西積水欲覓積薪東畔是鉞下四星名水府水位東邊四星序四瀆橫列南河裏南河下頭是軍市軍市團圓十三星中有一箇野雞精孫子丈人市下列各立兩星從東說闕邱二箇南河東邱下一狼光蒙茸左畔九箇彎弧弓一矢擬射頑狼胷有箇老人南極中春秋出入壽無窮

井三十四度甘氏云井八星在河中主泉水日月五星貫之爲中道石氏謂之東井亦曰天井主諸侯帝戚三公之位故明大則封侯建國搖動失色則誅侯戚廢戮三公帝師受殃炎張衡云天之南門也黃道所經爲天之亭候主水衡事法令所取平也王者用法平則井明而端列鉞一星附井之前主伺奢淫而斬之故不欲其明大與井齊或搖動則天子用鉞於大臣月宿井有風雨之應又曰井爲天子府暗芒井日月食五星逆犯大臣謀亂兵起中有六星不欲大明明即水災南北兩河各三星分夾東井一曰天高天之闕門主關梁南河曰南戍一曰南宮一曰陽明一曰越門一曰權星主火北河曰北戍一曰北宮一曰陰門一曰胡門一曰衡星主水兩戍之間三光之常道也河戍動搖中國兵起張衡云河南星不具則南道不通北亦如之動搖及火守中國兵起天樽三星在五諸侯南主盛饘粥以給酒食之正也張衡云以給貧餒明則豐暗則荒或言暗吉五諸侯五星在東井東北近北河主刺舉戒不虞又曰治陰陽察得失亦曰主帝心一曰帝師二曰帝友三曰三公四曰博士五曰太史又曰五曰大夫此五者常爲帝定疑議星明大潤澤則天下大治芒角則禍在中張衡又曰五諸侯治陰陽察得失明而潤大小齊等則國之福又曰赤則豐暗則荒積水一星在北河北所以供酒用也不見爲災又曰主候水災積薪一星在積水東以備庖廚之用明則人主康火守之大旱水府四星在東井西南水官也占與水位同水位四星在東井東主水衡又主瀉溢流也故巫咸氏贊曰水位四星瀉溢流移動近北河則國沒爲江河若水火及客星守犯之百川盈溢四瀆四星在東井南軒轅東以江河淮濟之積精也明大則水泛溢軍市十三星如錢狀在參東南天軍貨易之市客星及金火守之軍大飢野雞一星在軍市中主變怪也以芒角動搖爲兵災移出則諸侯兵起軍市西南二星曰丈人丈人

東二星曰子子東二星曰孫丈人主壽考之臣不見人臣不得通子與孫皆侍丈人之側相扶而居不見爲災守常無咎闕邱二星在南河東主象魏天子之雙闕諸侯之兩觀也金火守之兵戰闕下狼一星在天市東南爲野將主殺掠色有常不欲變動角而變色動搖盜賊作胡兵起人相食躁則人主不靜不居其宮馳騁天下張衡云居非其處則人相食色黃白而明吉黑凶赤芒角兵起金火守之亦然弧矢九星在狼東南天弓也以備盜賊常向狼弧矢動搖不如常者多盜賊明則兵大起狼弧張害及胡天下乖亂又曰天弓張天下盡兵主與臣相謀張衡云引滿則天下兵起老人一星在弧南一曰南極常以秋分之旦見于丙春分之夕沒于丁常以秋分候之南郊明大則人主有壽天下安甯不見則人主憂

鬼四星冊方似木櫃中央白者積尸氣鬼上四星是權位天狗七星鬼下是外廚六間柳星次天社六箇弧東倚社東一星是天紀

輿鬼二度爲日月五星之中道主死亡疾病張衡云主祠祀天目也又主視明察姦謀東北星主積馬東南星主積兵西南星主積布帛西北星主積金玉隨其變占之中央一星名積尸亦曰積尸氣者但見氣而已主死喪祠祀一曰鈇鑕主誅斬鬼星明大則穀成不明人散動而光上賦歛重徭役多星徙人愁政令急鬼質欲其忽忽不明則安明則兵起大臣謀主下流亡甘氏云積尸搖動失色則疾病鬼哭人荒軒轅西四星曰爟亦曰烽爟主烽火備警急占以不明安靜明大甚則邊亭警急搖動芒角亦然又曰明吉暗凶天狗七星在鬼西南狼之北橫河中以守賊也移徙則兵起金火犯之人相食外廚六星在柳南天子之外廚也占與天廚同弧南六星爲天社在老人東南似柳直明則吉隋志云共工之子勾龍能平水土故祀以配社其精爲星外廚之南一星曰天紀主知禽獸齒歲金火守之禽獸多死

柳八星曲頭垂似柳近上三星號爲酒亭宴大酺五星守

柳十四度上爲天之中道甘氏云主飲食倉庫酒醋之位明大則人豐酒食搖動則大人酒死失色則天下不安饑饉流於道路不過三年必應張衡云柳爲朱雀之咮天之廚宰也主尙食和滋味隋志云又主雷雨一曰天相亦曰天庫一曰注又主木功星明大臣重愼國安廚食具注舉首王命與輔佐出星直天下謀伐其主就聚兵鬬國門酒旗三星在軒轅右角之南酒官之旗也主享宴飲食五星守酒旗天下大酺有酒肉財物之賜及爵宗室

星七星如鉤柳下生星上十七軒轅形軒轅東頭四內平平下三箇名天相相下稷星橫五靈

七星七度甘氏云主后妃御女之位亦爲賢士若失色芒動則后妃死賢士誅明大則道化成國盛張衡云七星爲朱鳥之頸一名天都主衣裳文繡隋志云主急兵守盜賊故欲明明則王道昌暗則賢良不處天下空天子疾動則兵起離則易政日食兵饑婦人災木犯人安火犯旱金土水犯俱災月暈孛犯兵起軒轅十七星在七星北黃帝之神黃龍之體也后妃之主士女職也一曰東陵一曰權星主雷雨之神南大星女主也次北一星夫人也屛也上將也次北一星妃也次將也其次諸星皆次妃之屬也女主南小星女御也左一星少民少后宗也右一星大民太后宗也欲其色黃小而明也張衡云軒轅如龍之體主雷雨之神後宮之象陰陽交合盛爲雷激爲電和爲雨怒爲風亂爲霧凝爲霜散爲露聚爲雲立爲虹蜺離爲背璚分爲抱珥此十四變皆軒轅主之其星欲小而黃明則吉移徙則國人流迸東西角張而振后敗水火金守之女主惡也漢注曰軒轅爲權太微爲衡月五星守犯者如衡占內平四星在中台南權之北平罪之官也明則刑罰平暗則否酒旗南三星曰天相丞相之象也其占與相星畧同稷五星在七星之南主農正也取乎百穀之長以爲其號明大則歲大豐不明則儉不見則人相食

張六星似軫在星旁張下只是有天廟十四之星冊四方長垣少微雖向上星數歌在太微傍天尊一星直上黃

張十七度甘氏云主天廟明堂御史之位上爲天之中道若明大則國盛彊失色宗廟不安明堂宮廢隋志云主珍寶宗廟所用及衣服又主天廚飲食賞賚之事星明則王者行五禮得天之中動則賞賚離徙天下有逆人就聚有兵金火守之有兵起或云主貢物色細無光王者少子孫日食虧修禮也月食大澇魚行人道火孛犯兵起水土犯國不甯張南十四星曰天廟天子祖廟也客星守之祠官有憂其占與虛梁同長垣四星在少微南主界域及胡夷火守之胡人入中國太白入之九卿謀反少微四星在太微西

南北列士大夫之位也一名處士亦天子副主或曰博士官一日主衞掖門南第一星爲處士第二星爲議士第三星爲博士第四星爲大夫明大而黃則賢士舉月五星犯守之處士女主憂宰相易

翼二十二星大難識上五下五橫著行中心六箇恰如張更有六星在何許三三相連張畔附必若不能分處所更請向前看野取五箇黑星翼下頭欲知名字是東甌

翼十九度甘氏云主太微三公化道文籍失色則民流日月交食五星並逆芒動則化道不行文籍壞滅動移則三公廢明大則化成隋志云翼爲天之樂府主俳倡戲樂又主夷狄遠客負海之賓明大則禮樂興四夷來賓動則蠻夷使來離徙則天子舉兵或云明則禮樂興暗則政教失日食臣僭月食婦人憂五星孛流客犯大凶東甌五星在翼之南蠻夷星也張衡云主東越穿胸南越三夷金火守之其地有兵芒角動移兵內叛

軫四星似張翼相近中央一箇長沙子左轄右轄附兩星軍門兩黃近翼是門下四箇主司空門東七烏青邱子青邱之下名器府器府之星三十二以上便爲太微宮黃道向上看取是

軫十七度甘氏云軫七星主將軍樂府歌謳之事五星犯之失位亡國女子主政人失業賊黨掠人禍生於百日內若明大則天下昌萬民康四海歸王張衡云軫爲冢宰輔臣也主車騎明大則車騎用一云明大則車騎動隋志云主載任有軍出入皆占於軫又主死喪明則車駕備動則車騎用離徙天子憂就聚兵大起轄兩星附軫兩傍主王侯左轄爲王者同姓右轄爲異姓星明兵大起遠軫凶軫轄舉南蠻侵張衡云轄不見國有大憂長沙一星在軫之中主壽命也長沙明則人壽長子孫盛軍門二黃星在青邱西天子六軍之門也主營候豹尾威旗占以移其處爲道不通土司空四黃星在軍門南主土功巫咸氏云金火犯之天下男不得耕女不得織隋志云一曰司徒主界域青邱七黑星在軫東南主東方三韓之國占與東甌同軫南三十二星曰器府主樂器之府也明則樂器調理暗則有咎

通志卷三十八

通志卷三十九

宋 右迪功郎鄭樵漁仲撰

天文略第二

太微宮 紫微宮 天市垣 天漢起没 十二次度數 州郡躔次 七曜

太微宮

上元太微宮昭昭立象布蒼穹端門只是門之中左右執法門西東門左皂衣一謁者以次即是烏三公三黑九卿公背傍五黑諸侯卿後行四箇門西主軒屏五帝內坐於中正幸臣太子并從官烏列帝後從東定郎將虎賁居左右常陳郎位居其後常陳七星不相誤郎位陳東一十五兩面宮垣十星布左右執法是其數宮外明堂布政宮三箇靈臺候雲雨少微四星西南隅長垣雙雙微西居北門西外接三台與垣相對無兵災

太微垣十星在翼軫北張衡云天子之宮庭五帝之坐十二諸侯府也其外蕃九卿也一曰軒轅爲權太微爲衡衡主平也隋志云又爲天庭理法平辭監升授德列宿受符諸神考節舒情稽疑也南蕃中一星間曰端門東曰左執法廷尉之象也西曰右執法御史大夫之象也執法所以舉刺凶奸者也左執法之東左掖門也右執法之西右掖門也東蕃四星南第一曰上相其北東太陽門也第二星曰次相其北中華東門也第三星曰次將其北東太陰門也第四星曰上將所謂四輔也西蕃四星南第一星曰上將其北西太陽門也第二星曰次將其北中華西門也第三星曰次相其北西太陰門也第四曰上相亦四輔也東西蕃有芒及動搖者諸侯謀天子也執法移則刑罰尤急月五星入太微軌道吉其所犯中坐成刑謁者一星在太微內左執法東北主贊賓客也不見外國不賓服謁者東北三星曰三公內坐朝會之所居也張衡云以輔弼帝者其名與夾斗三公同三公北三星也九卿內坐主治萬事與天紀同占九卿西五星曰內五諸侯內侍天子不之國也辟雍之禮得則太微諸侯明屏四星在端門內帝坐南近右執法屏所以擁蔽帝庭也執法主刺舉星大明潤則君臣有禮黃帝內坐一星在太微中含樞紐之神也天子動得天度止得地意從容中道則太微五帝之坐明以光黃帝坐不明人主當求賢士以輔治不然則奪勢又曰太微五帝坐小弱青黑天子國亡四帝內坐四星夾黃帝坐東方星蒼帝靈威仰之神也南方星赤帝赤熛怒之神也西方星白帝白招矩之神也北方星黑帝叶光紀之神也張衡云五帝同明而光則天下歸心不然則失位金火水入太微若順入軌道伺其出之所守之分則爲天子所誅也帝坐東北一星曰幸臣主親愛臣明則幸臣用事微細吉太子一星在幸臣西五帝坐北儲貳之星明而潤則太子賢不然則否金火守入太子不廢則爲篡逆之事從官一星在太子西北主從官不見則帝不安如常則吉郎將一星在郎位東北所以爲武備張衡云今左右中郎將是也大明芒角將怒不可當也虎賁一星在太微西蕃之外上相之西下台之南靜室旄頭之騎官也張衡云主侍從之武臣也與車騎同占常陳七星如畢狀在郎位北天子宿衛虎賁之士以設彊毅也星搖動天子自出明則武兵用微則武兵弱郎位十五星又云二十四星在帝坐東北一曰依烏郎也周官之元士漢官之光祿中散騎諫議議郎三署郎中是其職也張衡又云今之尚書郎也欲其大小相均光潤有常吉隋志郎位主守衛也其星明大臣有劫主又曰客犯上其星不具后死幸臣誅客星入之大臣爲亂明堂三星在太微西南角外天子布政之宮也明吉暗凶明堂西三星曰靈臺主觀雲物察符瑞候災變也占與司怪同少微長垣二坐星已釋在張星之次矣三台六星兩兩而居起文昌列招搖太微一曰天柱三公之位也在天曰三台主開德宣符也西近文昌二星曰上台爲司命主壽次二星對軒轅曰中台爲司中主宗室東二星抵太微曰下台爲司祿主兵所以昭德塞違也又曰三台爲天階太一躡以上下一曰泰階上階上星爲天子下星爲女主中階上星爲諸侯三公下星爲卿大夫下階上星爲士下星爲庶人所以和陰陽而理萬物也其星有變各以所主占之君臣和集如其常度張衡云色齊明而行列相類則君臣和法令平不齊爲乖度金火守入兵起彗孛尤甚也

北極紫微宮

中元北極紫微宮北極五星在其中大帝之坐第二珠第三之星庶子居第一號曰爲太子四爲后宮五天樞一云第三明者帝之居第四名曰四庶子最小第五天之樞左右四星是四輔天一太一當門路左樞右樞夾南門兩面營衛一十五上宰少尉兩相對少宰上輔次少輔上衛少衛次上丞後門東邊大贊府門西喚作一少丞以次卻向前門數陰德門裏兩黃聚尚書以次其位五女史柱史各一戶御女

四星五天柱大理兩星陰德邊勾陳尾指北極顛勾陳六星六甲前天皇獨在勾陳裏五帝內坐後門是華蓋并杠十六星杠作柄象蓋傘形蓋上連連九箇星名曰傳舍如連丁垣外左右各六珠右是內階左天廚階前八星名八穀廚下五箇天棓宿天牀六星左樞在內廚兩星右樞對文昌斗上半月形希疎分明六箇星文昌之下曰三公太尊只向三公明天牢六星太尊邊太陽之守四勢前一箇宰相太陽側更有三公相西偏即是元戈一星圓天理四星斗裏暗輔星近著開陽淡一本云文昌之下三師名天牢六星四勢前更有三公相西偏即是太陽一星圓天理四星斗裏暗輔星近著闓陽淡北斗之宿七星明第一主帝名樞精第二第三璇璣星第四名權第五衡闓陽搖光六七名

北極五星在紫微宮中一名天極一名北辰其紐星天之樞也天運無窮三光迭耀而極星不移故曰居其所而衆星拱之第一星主月太子也第二星主日帝王也亦爲太一之坐謂最赤明者也第三星主五星庶子也北極五星最爲尊也中星不明主不用事右星不明太子憂也其第四星爲后宮第五星爲天樞張衡云二星並爲後宮北極五星明大則吉變動則憂抱極樞四星曰四輔所以輔佐北極而出度授政也張衡云抱極之細星也爲輔臣之位主贊萬機小而明吉大明及芒角臣逼君暗則官不理太一一星在紫宮門右星之南天帝之神也主戰鬬知人吉凶者也太一一星在天一南相近亦天帝神也主使十六神知風雨水旱兵革飢饉疾疫災害所生之國也張衡云天一遍閶闔外其占明而有光則陰陽和合萬物成人主吉不然反是太一占與天一略同紫

宮垣十五星其西藩七東藩八在北斗之北一曰紫微大帝之坐也天子之常居也主命主度也一曰長垣一曰天營一曰旗星爲藩衞備藩臣也宮闕兵起旗星直天子出自將軍中兵張衡云紫微垣十五星東藩八西藩七其東藩近閶闔門第一星爲左樞第二星爲上宰第三星爲少宰第四星爲上輔第五星爲少輔第六星爲上衞第七星爲少衞第八星爲少丞其西藩近閶闔門第一星爲右樞第二星爲少尉第三星爲上輔第四星爲少輔第五星爲上衞第六星爲少衞第七星爲上丞皆以明大有常則吉若盛明則內輔盛也宮垣直而明天子將兵開則兵起西藩正南開如門象名閶闔門有流星自門而出四野者當有中使銜命視其所適分野而論之也陰德二星在紫微宮內尙書之西主施德者其占以不明爲宜明則新君踐極隋志曰尙書西二星曰陰德陽德主周急振撫又分爲二坐星矣門內東南維五星曰尙書主納言夙夜咨謀龍作納言比之象也張衡曰八坐大臣之象其占與四輔不殊極東一星曰柱下史主左右記君之過星明則史直辭不明反是柱史北一星曰女史婦人之微者主傳漏故漢有侍史張衡云婦官也主記宮內之事其占與柱史同御女下四星在紫微宮內勾陳之北八十一御妻之象也其占明則多內寵不明則否晉志謂之女御宮天柱五星在紫微宮門內華蓋杠左傍近東垣北隅法五行主晦朔晝夜之職明正則吉人安陰陽調不然則司歷過隋志云建政教立圖法之府也常以朔望日垂禁令於天柱以示百司周禮以正歲之月示法象魏

此之謂也大理二星在紫微門內次近陰德央獄之官星明則刑憲平不明則寃酷深勾陳六星在紫微宮華蓋之下隋志云後宮也大帝之正妃也大帝之帝居也張衡云大帝所居之宮也亦將軍之象也星明則吉暗則人主惡之勾陳口一星曰天皇亦曰大帝其神曰曜魄寶主御羣靈秉萬機神圖也其星隱而不見則爲災六甲六星在紫微宮內華蓋杠左傍分掌陰陽紀時節明則陰陽和不明則寒暑易節五帝內坐五星在華蓋下勾陳上斧扆之象所以備宸居者明正則吉變動則災曰隋志云客星犯紫宮中坐大臣犯主華蓋七星其杠九星合十六星在勾陳上正當大帝所以覆蔽大帝之坐也明正則吉傾動則凶傳舍九星在華蓋上近河賓客之館主胡人入中國客星守之備姦使亦曰胡兵起內階六星在文昌北天皇之陛也明吉傾動凶紫微東垣北維外六星曰天廚天子百官之廚也見吉不見凶八穀八星在紫微西藩之外五車之北其八星一主稻二主黍三主大麥四主小麥五主大豆六主小豆七主粟八主麻子明則八穀皆成暗則不熟一星不見則一穀不登八星不見則國人餬口天棓五星在女牀東北天子先驅所以禦難也不明則國兵起一曰主爭訟明大凶小吉天牀六星當閶闔門外主天子寢舍解息燕休之處星正大吉君有慶傾則人主不安一云在宮門外聽政之象也爲寢舍也暗凶內廚兩星在紫垣外西南角主六宮之內飲食府也一云主后夫人與太子宴飲居常無咎有犯守凶文昌六星在北斗魁前天之六府也主集計天道一曰上將大將

軍建威武二曰次將尚書正左右三曰貴相太常理文緒四曰司祿司中司隸賞功進爵五曰司命司怪太史主滅咎六曰司寇大理佐理寶所謂一者起北斗魁前近內階者也明潤大小齊天瑞臻張衡云其占黃潤光明萬人安大小均天瑞降青黑細微多所害搖動移徙大臣憂金火守入兵興孛彗犯國亂一曰文昌動則三公受誅后崩災福與三公同三公三星在北斗柄東又三公星在北斗魁西並爲太尉司空司徒之象主變理陰陽弼君機務其星移徙不吉居常安金火守之三公有凶隋志曰杓南三星及魁第一星皆曰三公宣德化調七政和陰陽之官也太尊一星在中台之北貴戚也巫咸云聖公之象居常爲定不見則凶金犯守爲災貴賤將敗者也天牢六星在北斗魁下貴人之牢也主愆過禁暴淫與貫索同占太陽守一星在相西大將大臣之象也主戒不虞設武備也非其常兵起明吉暗凶移徙大臣誅勢四星在太陽守西北刑餘人而用事者也不明吉明卽閹官擅權相一星在北斗南隋志曰相者總領百官而掌邦教以佐帝王安邦國集衆事也明吉元戈一星在招搖北亦曰天戈也芒角大而動則四夷兵起其占與梗河相類北斗魁中四黑星爲貴人之牢曰天理明及搖動與有星者爲貴人下獄北斗七星輔一星在太微北七政之樞機陰陽之元本也故運乎天中而臨制四方以建四時而均五行也魁四星爲璇璣杓三星爲玉衡又曰斗爲人君之象號令之主又爲帝車取乎運動之義也又魁第一星曰天樞二曰璇三曰璣四曰權五曰玉衡六曰開陽七曰搖光一至四爲魁五至七爲杓樞爲天璇爲地璣爲人權爲時玉衡爲音開陽爲律搖光爲星石氏云第一曰正星主陽德天子之象也二曰法星主陰刑女主之位也三曰令星主禍害也四曰伐星主天理伐無道五曰殺星主中央助四旁殺有罪六曰危星主天倉五穀七曰部星亦曰應星主兵又云一主天二主地三主火四主水五主土六主木七主金又曰一主秦二主楚三主梁四主吳五主趙六主燕七主齊輔星附乎開陽所以佐斗成功也又曰主危正矯不平又曰丞相之象也七政星明則國昌不明國殃斗旁欲多星則安斗中少星則人恐上天下多訟甚者無星二十日有輔星明而斗不明臣彊主弱斗明輔不明主彊臣弱也杓南三星及魁第一星皆曰三公宣德化調七政和陰陽之官也張衡云若天子不恭宗廟不敬鬼神則魁第一星不明或變色若廣營宮室妄鑿山陵則第二星不明或變色若不愛百姓驟興征役則第三星不明或變色若發號施令不順四時不明天道則第四星不明或變色若廢正樂務淫聲則第五星不明或變色若不勸農桑不務稼穡峻法濫刑退賢傷政則第六星不明或變色若不撫四方不安夷夏則第七星不明或變色凡日月暈連環及斗月暈及搖動兵起其傍及中小星多則天下不安人多怨一云小星多則天下安不然則國人散五曜及客星守入皆凶孛彗尤甚也

天市垣

下元一宮名天市兩扇垣牆二十二當門六角黑市樓門左兩星是車肆兩箇宗正四宗人宗星一雙亦依次帛度兩星居肆前候星還在帝坐邊帝坐一星常光明四箇微茫宦者星以次兩星名列肆斗斛帝前依其次斗是五星斛是四垣北九箇貫索星索口橫者七公成天紀恰似七公形數著分明多兩星紀北三星名女牀此坐還依織女傍三元之象無相侵二十八宿隨其陰水火木土并與金以次別有五行分

天市垣二十二星在房心東北主權衡主聚衆一曰天旗庭主斬戮之事也市中星衆潤澤則歲實星稀則歲虛熒惑守之戮不忠之臣又曰若怒角守之者臣殺主彗星出爲徙市易都客星入之兵大起出之有貴喪張衡曰天市明則市吏急商人無利忽暗則反是市樓六星在市中臨箕星之上主司闤闠明則吉暗則市吏不理也隋志市樓者市府也主市價律度其陽爲金錢其陰爲珠玉變見各以所主占之車肆二星在天市垣南門之內主車駕不明則國車盡行隋志主衆賈之區宗正二星在帝坐東南宗大夫也彗星守之若失色宗正有事客星守動則天子親屬有變又曰客星守之貴人死又曰宗正明則宗室有秩暗則國家凶宗人四星在宗正東主錄親疏享祀如綺文而明正族人有序宗星二星在宗人東北候星之東宗室之象帝輔血脈之臣也客星守之宗人不和帛度二星在宗星東北主度量明則尺量平商人不欺暗則否屠肆三星在帛度東北主烹宰明大則肆中多宰殺候一星在帝坐東北主伺陰陽也明大輔臣彊四夷開候細微則國安亡則主失位移則主不安居常則吉帝坐一星在天市中候星西天庭也光而潤則天子吉威令行微小凶大人當之

或云暗則大人不正張衡云帝坐者帝王之坐帝坐有五一坐在紫微宮一坐在大角一坐在心中一坐在天市垣一坐在太微宮咸云帝坐一曰神農所居不見則大人當其咎宦者四星在帝坐西南帝傍之閹人也星微則吉明則凶非其常宦者有憂其占與勢星同列肆二星在斛西北主寶玉之貨移徙則列肆不安火守入兵大起斗五星在宦者西南主平量覆則歲熟仰則大飢明暗與帛度同斛四星在市樓北亦曰天斛主量者也占與斗同貫索九星在七公前一曰連索一曰連營一曰天牢主法律禁暴彊也牢口一星爲門欲其開也九星皆明天下獄煩七星見小赦五星見大赦動則斧鑕用中空則更元漢志云十五星張衡云貫索開有赦不見即刑獄簡若閉口及星入牢中有繫死者常以牛子夜候之一星不見則有小喜二星不見賜祿三星不見人主德令行且赦若客出視其小大大有大赦小有小赦或云貫索爲賤人之牢一星芒有喜事二星芒賜爵祿三星芒有赦門閉牢中多死水犯災火犯米貴七公七星在招搖東天之相也三公之象張衡云七公橫列貫索之口主執法列善惡之官也星齊正則國法平差戾則獄多冤酷或云星入河米貴火犯之兵起天紀九星在貫索東九卿也爲九河主萬事之紀理冤訟也明則天下多辭訟亡則政理壞國紀亂散絕則地震山崩女牀三星在天紀之北爲後宮御女主女事明則宮人恣意常則無咎

魏石申以赤點紀星共一百三十八座計八百十星商巫咸以黃點紀星共四十四座計一百四十四星齊甘德以黑點紀星共一百一十八座計五百十一星三家都紀三百座計一千四百六十五星此舊書所紀傳寫之訛數目參差無所考正

天漢起沒

臣謹按天漢舊有圖無歌故爲之補

天河亦一名天漢起自東方箕尾間遂乃分爲南北道
南經傳說入魚淵開籥戴弁鳴河鼓北經龜宿貫箕邊
次絡斗魁冒左旗又合南道天津湄二道相合西南行
分夾瓠瓜絡人星杵畔造父騰蛇精王良附路閣道平
登此大陵泛天船直到卷舌又南征五車駕向北河南
東井水位入吾驂水位過了東南游經次南河向闕邱
天狗天紀與天稷七星南畔天河沒

天漢起東方經箕尾之間謂之天河亦謂之漢津乃分爲二道其南經傳說魚天籥天弁河鼓其北經龜貫箕下次絡南斗魁左旗至天津下而合南道乃西南行又分夾匏瓜絡人星杵造父騰蛇王良附路閣道北端太陵天船卷舌而南行絡五車經北河之南入東井水位而東南行絡南河闕邱天狗天紀天稷在七星南而沒張衡云津漢者金之氣也其占曰水漢中星多則水少則旱

十二次度數

十二次班固取三統曆十二次配十二野其言最詳又有費直說周易蔡邕月令章句所言頗有先後魏太史令陳卓更言郡國所入宿度今附而次之

自軫十二度至氐四度爲壽星於辰在辰鄭之分野屬兗州費直周易分野壽星起軫七度蔡邕月令章句壽星起軫八度

自氐五度至尾九度爲大火於辰在卯宋之分野屬豫州費直起氐十一度蔡邕起亢八度

自尾十度至南斗十一度爲析木於辰在寅燕之分野屬幽州費直起尾九度蔡邕起尾四度

自南斗十二度至須女七度爲星紀於辰在丑吳越之分野屬揚州費直起斗十度蔡邕起斗六度

自須女八度至危十五度爲元枵於辰在子齊之分野屬青州費直起女六度蔡邕起女二度

自危十六度至奎四度爲娵訾於辰在亥衛之分野屬并州費直起危十四度蔡邕起危十度

自奎五度至胃六度爲降婁於辰在戌魯之分野屬徐州費直起奎二度蔡邕起奎八度

自胃七度至畢十一度爲大梁於辰在酉趙之分野屬冀州費直起婁十度蔡邕起胃一度

自畢十二度至東井十五度爲實沈於辰在申魏之分野屬益州費直起畢九度蔡邕起畢六度

自東井十六度至柳八度爲鶉首於辰在未秦之分野屬雍州費直起井十二度蔡邕起井十度

自柳九度至張十六度爲鶉火於辰在午周之分野屬三河費直起柳五度蔡邕起柳三度

自張十七度至軫十一度爲鶉尾於辰在巳楚之分野屬荆州費直起張十三度蔡邕起張十二度

州郡躔次

陳卓范蠡鬼谷先生張良諸葛亮譙周京房張衡並云

角亢氐鄭兗州

東郡入角一度　東平任城山陰入角六度　濟北陳留入亢五度　濟陰入氐一度　東平入氐七度　泰山入角十二度

房心宋豫州
潁川入房一度　汝南入房二度　沛郡入房四度　梁國入房五度　淮陽入心一度　魯國入心三度　楚國入房四度
尾箕燕幽州
涼州入箕中十度　上谷入尾一度　漁陽入尾三度　右北平入尾七度　西河上郡北地遼西東入尾十度　涿郡入尾十六度　渤海入箕一度　樂浪入箕三度　元菟入箕六度　廣陽入箕九度
斗牽牛須女吳越揚州
九江入斗一度　廬江入斗六度　豫章入斗十度　丹陽入斗十六度　會稽入牛一度　臨淮入牛四度　廣陵入牛八度　泗水入女一度　六安入女六度
虛危齊青州
齊國入虛六度　北海入虛九度　濟南入危一度　樂安入危四度　東萊入危九度　平原入危十一度　菑川入危十四度
營室東壁衞并州
定安入營室一度　天水入營室八度　隴西入營室四度　酒泉入營室十一度　張掖入營室十二度　武都入東壁一度　金城入東壁四度　武威入東壁六度　敦煌入東壁八度
奎婁胃魯徐州
東海入奎一度　琅琊入奎六度　高密入婁一度　城陽入婁九度　膠東入胃一度
昴畢趙冀州
魏郡入昴一度　鉅鹿入昴三度　常山入昴五度　廣平入昴七度　中山入昴八度　清河入昴九度　信都入畢三度　趙郡入畢八度　安平入畢四度　河間入畢十度　眞定入畢十三度
觜參魏益州
廣漢入觜一度　越巂入觜三度　蜀郡入參一度　犍爲入參三度　牂牁入參五度　巴蜀入參八度　漢中入參九度　益州入參七度
東井輿鬼秦雍州
雲中入東井一度　定襄入東井八度　鴈門入東井十六度　代郡入東井二十八度　太原入東井二十九度　上黨入輿鬼二度
柳七星張周三輔
弘農入柳一度　河南入七星三度　河東入張一度　河内入張九度
翼軫楚荆州
南陽入翼六度　南郡入翼十度　江夏入翼十二度　零陵入軫十一度　桂陽入軫六度　武陵入軫十度　長沙入軫十六度

七曜

日循黃道東行一日一夜行一度三百六十五日有奇而周天行東陸謂之春行南陸謂之夏行西陸謂之秋行北陸謂之冬行以成陰陽寒暑之節是故傳云日爲太陽之精主生養恩德人君之象也人君有瑕必露其慝以告示焉故日月行有道之國則光明人君吉昌百姓安寧日變色有暈軍破無暈喪侯王其君無德其臣亂國則日赤無光日失色所臨之國不昌日晝昏行人無影到暮不止上刑急下人不聊生不出一年有大水日晝昏烏鳥羣鳴國失政日中烏見主不明爲政亂國有白衣會將軍出旌旗擧日中有黑子有黑氣黑雲乍三乍五臣廢其主日食陰侵陽臣掩君之象有亡國有死君有大水日食見星有殺君天下分裂王者修德以禳之

月者太陰之精也其形圓其質清日光照之則見其明日光所不照則謂之魄故月望之日日月相望人居其間盡覩其明故形圓也二弦之日日照其側人觀其傍故半魄也晦朔之日日照其表人在其裏故不見也其行有遲疾其極遲則日行十二度强極疾則日行十四度半强遲則漸疾疾極漸遲二十七日半强而遲疾一終矣又月行之道斜帶黃道十三日有奇在黃道表一十三日有奇在黃道裏表裏極遠者去黃道六度二十七日有奇陰陽一終張衡云對日之衝其大如日日光不照謂之闇虛闇虛逢月則月食値星則星亡今歷家月望行黃道則値闇虛矣値闇虛有表裏深淺故食有南北多少月爲太陰之精以之配日女主之象也以之比德刑罰之義列之朝廷諸侯大臣之類故君明則月行依度臣執權則月行失道大臣用事兵刑失理則月行乍南乍北女主外戚擅權則或進或退月變色將有殃月晝明姦邪並作君臣爭明女主失行陰國兵强中國飢天下謀僭數月重見國以亂亡

臣謹按丹元子二十八宿及三元之歌所以爲美者以其句中有圖言下見象而不談災祥至五行有五

篇吟則反是且五星爲緯而行無定體可以算數推難以圖象求今五行吟既無圖象之理而極論災祥未必丹元子之作也其言濫誕在所不取

歲星曰東方春木於人五常仁也五事貌也仁虧貌失逆春令傷木氣則罰見歲星歲星盈縮以其舍命國其所居久其國有德厚五穀豐昌不可伐其對爲衝歲乃有殃歲星安靜中度吉盈縮失次其國有變不可舉事用兵又曰人主出象也色欲明光潤澤德合同又曰進退如度姦邪息變色亂行主無福又主福主大司農主齊吳主司天下諸侯人君之過主歲五穀赤而角其國昌赤黃而沈其野大穰張衡云歲星者東方之精蒼帝之子一名攝提一名重華一名應星一名紀星晉灼曰太歲在四仲則歲行三宿太歲在四孟四季則歲行二宿二八十六三四十二而行二十八宿十二歲而周天

熒惑曰南方夏火禮也視也禮虧視失逆夏令傷火氣罰見熒惑熒惑法使行無常出則有兵入則兵散各以其舍命國爲亂爲賊爲疾爲喪爲飢爲兵所居國受殃環繞鉤已芒角動搖變色乍前乍後乍左乍右其殃愈甚其南丈夫北女子喪周旋止息乃爲死喪寇亂其野亡地其失行而速兵聚其下順之戰勝又曰熒惑主大鴻臚主死喪主司空又爲司馬主楚吳越以南又司天下羣臣之過司驕奢亡亂妖孽主歲成敗又曰熒惑不動兵不戰有誅將其出色赤怒逆行成鉤已戰凶有圍軍鉤已有芒角如鋒刃人主無出宮下有伏兵芒大則人民怒君子邊邊小人浪浪不有亂臣則有大喪人欺吏吏欺主又爲理外則理兵內則理政爲天子之理也故曰雖有明天子必視熒惑所在其入守犯太微軒轅營室房心主命惡之張衡云熒惑爲執法之星其精爲風伯之師或童兒歌謠嬉戲晉灼曰熒惑常以十月則入朝太微受制而出行列宿司無道出入無常也二歲而周天

塡星曰中央季夏土信也思心也仁義禮智以信爲主貌言視聽以心爲政故四星皆失塡乃爲之動動而盈侯王不寧縮有軍不復所居之宿國吉得地及女子有福不可伐去之失地若有女憂居宿久國福厚易則薄失次而上二三宿曰盈有主命不成不乃大水失次而下曰縮后戚其歲不復不乃天裂若地動一曰塡爲黃帝之德女主之象主德厚安危存亡之機司天下女主之過又曰天子之星也天子失信則塡星大動張衡云塡星者黃帝之子女主之象也一名地侯晉灼曰常以甲辰之始建斗之歲塡行一宿二十八歲而周天

太白曰西方秋金義也言也義虧言失逆秋令傷金氣罰見太白太白進退以候兵高卑遲速靜躁見伏用兵皆象之吉其出西方失行夷狄敗出東方失行中國敗未盡期曰過參天病其對國若經天天下革人更王是謂亂紀人民流亡晝與日爭明彊國弱小國彊女主昌又曰太白主大臣其號上公也大司馬位謹候此張衡云太白者白帝之子一名火政一名官星一名明堂一名文表一名太皞一名終星一名天相一名天浩一名序星一名梁星一名威星一名大囂一名大爽晉灼曰常以正月甲寅與熒惑晨出東方二百四十日而入入四十日又出西方二百四十日而入三十五日而復出東方出以寅戌入以丑未一歲而周天

辰星曰北方冬水智也聽也智虧聽失逆冬令傷水氣罰星辰星辰星見則主刑主廷尉主燕趙又爲燕趙代以比宰相之象亦爲殺伐之氣戰鬬之象又曰軍於野辰星爲偏將軍之象無軍爲刑事和陰陽應效不效其時不和出失其時寒暑失其節邦當大饑當出不出是謂擊卒兵大起在於房心閒地動亦曰辰星出入躁疾常主夷狄又曰蠻夷之星也亦主刑法之得失色黃而小地大動光明與月相逮其國大水張衡云辰星一名勾星一名爨星一名伺星晉灼曰常以二月春分見奎婁五月夏至見東井八月秋分見角亢十一月冬至見牽牛出以辰戌入以丑未二旬而入晨候之東方夕候之西方一歲而周天

通志卷三十九

通志卷四十

宋 右 迪 功 郎 鄭 樵 漁 仲 撰

地理略第一

序　四瀆　歷代封畛　開元十道圖

地理序

州縣之設有時而更山川之形千古不易所以禹貢分州必以山川定經界使兗州可移而濟河之兗不能移使梁州可遷而華陽黑水之梁不能遷是故禹貢爲萬世不易之書後之史家主於州縣州縣移易其書遂廢今之地里以水爲主水者地之脈絡也郡縣碁布州道瓜分皆由水以別焉中國之水則江河淮濟爲四瀆諸水所歸苟明乎此則天下可運於掌

四瀆

湔

若

淹

涪

羌

巴

白

潛水禹貢沱潛既道者此也舊云出巴郡宕渠縣南入于江今宕渠省入遂州伏虞

渝

巫溪

沮水亦作雎出房州房陵縣景山景山在荆山西百餘里卽荆山首也一名發阿山故杜云出新城郡之西南發阿山東南至當陽漳水入焉又東南至枝江入江枝江近弁入松滋隸江陵此水在郢都之西故楚昭王西走涉沮

漳水出臨沮縣東荆山臨沮今襄陽南漳縣東南至當陽縣右入于沮當陽今隸荆門軍

褒

文

旬

淸

淮

敖

臼水杜云江夏景陵縣西有臼水出聊屈山西南入漢按景陵今復州景陵

溠水舊云出義陽厥縣西北黃山厥縣後爲厥西隋廢入隋縣其水南入于溳

溳水舊云出蔡陽縣大洪山蔡陽今隋州唐城其水東南至隋縣有溠水入焉又南過安陸入于夏水

漢水名雖多而實一水說者紛然其原出興元府西縣嶓冢山爲漾水東流爲沔水故地曰沔陽又東至南鄭爲漢水有褒水從武功來入焉南鄭興元治興元故漢中郡也又東左與文水會又東過西城旬水入焉又東過鄖鄉縣南又屈而東南過武當縣又東過順陽縣有淯水自虢州盧氏縣北來入焉又東過中廬別有淮水自房陵淮山東流入焉又東過南漳荆山而爲滄浪之水或云在襄陽卽爲滄浪之水又東南過宜城有鄢水入焉又東過鄀敖水入焉又東南臼水入焉又東過雲杜而爲夏水有溳水入焉雲杜後并入安州安陸舊屬江夏郡又東至漢陽觸大別山南入于江漢陽故夏口之地班云行一千七百六十里

鄖水本夷水亦謂之蠻水出房陵今房州治也東南至宜城縣羅川城謂之鄢水又東至蠻城謂之湛水又東入漢蠻城在宜城東三十里靈王沿夏將入鄢杜云順漢水南至鄢

彭水杜云出新城昌魏

邗溝水一名韓江一名邗溟溝吳將伐齊霸中國故於廣陵城東南築邗城城下掘深溝東北通射陽湖西北至末口入淮通江於淮以便糧道邗城今在揚州江都末口在楚州山陽而射陽湖亦在楚州然此乃舊通江淮之道後來以湖道多風晉永和中陳敏更由津湖興甯中復以津湖多風又自湖之南沿東岸二十里穿渠入北口北口卽末口自後行者不復由湖然自末口入淮又自彼泝淮達盱眙然後入汴猶有淮患宋朝復穿令徑達盱眙入汴

江水出岷山一名瀆山一名汶阜山今屬茂州汶山縣發源不一亦甚微所謂發源濫觴者也東南百餘里至天彭山亦謂之天谷亦謂之天彭門兩山相對水徑其間其山屬今彭州又東南過成都郫縣又東南過江陽有湔水從西北來入焉江陽隋并入隆山唐改爲彭山今屬眉州又南過嘉州犍爲又南過戎州僰道縣北若水淹水從西來入焉又東南至巴郡江州縣有羌水涪水巴水白水潛水渝水合流入焉故庾仲雍謂江州縣對二水口右則涪內水左則巴內水是也江州縣今渝州江津縣是又東過涪州忠州萬州又東過雲安軍雲安故朐䏰縣後周改名又

東過魚復魚復今夔州奉節也還永安宮及諸葛亮
圖壘南又東南過赤岬城又東過巫峽巫溪水入焉
又東過秭歸又東過夷陵又東過宜都又東過禹斷
江又東過枝江有沮水入焉又東過石首又東過華
容有涌水入焉又東至巴陵合于洞庭之陂其陂有
澧水從西來入焉次有沅水從西南來入焉次有湘
水從南來入焉共而東出由武昌出與漢水合而爲
大江東過九江有九江水合而爲彭蠡陂從南來入
焉又東右過江甯有丹陽水從南來入焉又東左過
江都邗溝出焉又東過江陰許浦入海班云行二千
六百六十里謬矣

丹陽

桐水出廣德軍西南白石山西北入丹陽湖

彭蠡

湘

沅

澧

涌水在華容縣入江欒史云涌水在江陵府監利縣
界

沱水禹貢文謂岷山導江東別爲沱班固謂從郫縣
分而東流至枝江入江今詳之不然疑禹貢之文有
衍闕

汝水出汝州魯水縣大盂山其地與弘農盧氏接界
故許慎誤謂出盧氏也其水東南過故定陵縣溵水
及昆水入焉又有泜水湛水入焉定陵今許州舞陽
又東南過上蔡至褒信縣汝口南入于淮班云行千
三百四十里

湛水舊云出犨縣魚齒山東至定陵入汝欒犨後來
并入葉而定陵乃舞陽

泜水舊云出魯陽東經襄城定陵入汝魯陽今汝州
魯山定陵今許州舞陽

潕水出汝州魯山縣堯山東過犨縣故城北魚齒山
下疑犨縣後來并入葉縣東過定陵縣西不羹亭又
東入汝定陵今許州舞陽

溱水一名滄水一名滄水出滎陽滄城西北鷄絡塢
下東南入洧

黃水宛陵縣西有黃水西南至新鄭城西入洧黃崖
者是其水之側

洧水出熒陽密縣西馬嶺山密今隸河南其水東南
有溱水入焉又過新鄭有黃水入焉又東南至長平
入潁長平今陳州西華縣班云行五百里

潁水舊云出潁川陽城縣西北少室山今陽城縣省
入河南登封矣東南至長平縣洧水入焉長平隋改
曰西華今陳州又東南過南頓縣瀙水入焉又東南
至下蔡入淮下蔡今壽州治班云行千五百里

決

肥水出合肥縣鷄鳴山北流二十里許分爲二其一
東流經合肥縣南又東南入巢湖其一西北流二百
里出壽春西投于淮爾雅出同歸異曰肥今謂之合
肥者以其雖二流而合於一源也應劭闞駰皆謂夏
水出城父東南與此肥合故曰合肥謬矣此唐人盧
潘云

豪

旃然水杜云出滎陽成皋縣東入汴又按酈道元云
與索水合

汴水一名鴻溝一名官度水一名通濟渠一名蒗蕩
渠或云蒗蕩渠別汴首受河水自氾水縣東南過滎
陽陳留睢陵符離至泗州入淮

洙水杜云出魯城北下合泗桑欽云出泰山蓋縣臨
樂山西南至卞入泗許慎又云北入泗當以杜爲確

小沂

沂水舊云出蓋縣艾山今其地在泗水奉符間南流
有小沂水從東北來入焉又南過臨沂至下邳入泗
班云行六百里

泗水舊云出卞縣故城東南桃虛西北卞縣今兗州
泗水縣是說文云泗水受濟水桑欽亦云濟水至濟
陰乘氏縣分爲二一水東北流爲北濟一水南流爲
南濟按今此水與濟已不通矣其源出泗水縣西南
流有洙水入焉又西南至方與縣菏水入焉其水出
乘氏班固亦謂之泗水方與今單州魚臺又云有滌
水至高平湖陸入泗水又南至彭城名曰沛水有睢
水入焉又西南至下邳沂水入焉又南至楚州山陽
入淮此水今人謂之清河或云泗水出鄆州梁山泊

睢水杜云首受汴水班云首受蒗蕩水疑蒗蕩即汴
也自浚儀縣東經陳留梁譙沛彭城縣入泗水浚儀
近改爲祥符班云行千三百六十里

滌水杜云出東海合鄉縣西南經魯國至高平湖陸
入泗按合鄉當在鄒縣東南湖陸當在滕縣薛成之
西然欒史云滌出沂州費縣連青山下

菏水首受濟東南入泗

淮水出唐州桐柏縣大復山東過義陽今信陽也又

東過褒信汝水自西北來入焉又東過安豐決水自南來入焉又東北有窮水從北來入焉又東過下蔡潁水從西北來入焉又東過壽春有肥水從東南來入焉又東北豪水入焉又北汴水入焉酈道元云汴即蒗蕩渠也又東過鐘離又東過盱眙有汴水從北來入焉又東至山陽通邗溝又東泗水自東北來入焉又東至海州東海入海班云行三千二百四十里

濮水自酸棗縣傍河東北過濮陽又東至濟陰鉅野入濟或云首受河

馬頰水

濟水從滎陽縣北又東過敖山北又東合滎瀆滎瀆今無水又東索水入焉又東過陽武縣北又東過封邱縣又東過酸棗縣之烏巢澤北又東過乘氏縣南分爲菏水又東北過鉅野濮水入焉又東北過壽張汶水從東北來入焉又北過須城漁山之東左合馬頰水又北過臨邑又東北過故盧城北又東北濼水入焉又東北過華不注山華水入焉又東北過蒲臺縣北又東北過鄒平時水入焉又東北過樂安故城南又東北過利縣四地里志曰利縣在濟城北五十里又東北過甲下邑河分一枝入焉又東北入于海聞今濟水多涸竭

澠水杜云出臨淄縣北經樂安博昌縣南界入時水其流急故諺云瘦馬不渡澠水

時水一名耏春秋襄三年齊晉盟于耏是也一名如水一名遣水其上源岐淺多涸竭故又名乾時從臨淄縣西北至博昌澠水入焉博昌今青州博興又西北過高苑至梁鄒縣入濟高苑舊宜化軍今隸淄州梁鄒疑淄州鄒平是

濼水出齊州歷城縣西北入于濟謂之濼口

華水出歷城縣華不注山北入于濟

淄水杜云出泰山梁父縣西入汶按梁父今隸兗州奉符班云出萊蕪縣原山東至博昌入濟按博昌今青州博興桑欽云出萊蕪原山東北入海按三說異同考其形勢當以杜言爲正

汶水出萊蕪縣西南經濟北至東平壽張縣入濟萊蕪今隸兗州在州東北一云出奉符原山西北

黃水出京縣故亦謂之京水東北流入于濟

索水出京縣西南嵩渚山後齊省京入滎陽京故城在縣東南二十里東逕大索城又北逕滎陽城東入于濟

離水出西塞外東至枹罕入河

湟水出臨羌北東至允吾入河

晉水出晉陽縣西懸甕山晉陽宋朝改爲平晉熙寧中省入陽曲晉水過共縣南又東入汾

文

澮水出絳州翼城澮高山又西南過絳與絳水合又西過虒祁宮南又西入汾

絳水出絳縣西南入澮

汾水出太原汾陽縣北管涔山汾陽今太原治陽曲也東南過晉陽縣東晉水從縣南東流入焉又南與文水合又西南過高梁高梁今屬洪洞遂西行過臨汾又西過絳縣西四十里虒祁宮北又西過王澤有澮水從東來入焉又西至汾陰縣北西入于河汾陰今河中滎河縣也班云汾水西南行千三百四十里

冀州寖也

涑水一名洮水出解州聞喜縣黍葭谷俗謂之華谷西南流至蒲陂縣入河蒲阪今河中治河東縣桑欽云涑水南過解縣東又西南注于張陽池

湛水出河內軹縣西北山軹縣唐省入河陽濟源縣南行至絳州垣曲縣南入河

沮水出河內軹縣東南至溫入河軹唐省入濟源縣隸河陽軹故城在懷州河內縣西北二十七里

沇水出河東垣縣界王屋山垣今爲垣曲隸絳州其水東至溫縣爲濟水又東南至鞏成皋間南入河

沁水一名少水出上黨故穀遠縣羊頭山南過沁水縣北又東過河內縣又東過武德縣又東南至滎陽北通入河

洹水杜云出汲郡林慮縣東北至魏郡長樂縣入清水按林慮今隸相州長樂今大名洹水是也桑欽謂洹水出上黨泫氏縣酈道元謂出長子謬矣按此水今名安陽河清水即淇水也

淇水一名清水鄭元云即降水也出衛州共城縣北山或云出林慮東至湯陰又東至黎陽入河

屯氏河

鳴犢河

濁漳水出潞州長子縣鹿谷山一云發鳩山東過壺關又東至武安縣東合于清漳

清漳水班云出上黨沾縣大黽谷東北過磁州武安與濁漳合而橫流故名曰衡漳又東北過洺州曲周平恩縣又東北過冀州武邑又東北過弓高縣弓高今爲鎮隸永靜東光又東北過成平成平今爲景城

鎮隸瀛州樂壽又東北過故平舒縣東入海入海者桑欽說也班云至邑成入河行千六百八十里

易水出北新城東至文安入滱新城今隸涿州

濡水杜云出高陽縣東北至河間鄚縣入易水按高陽順安軍治鄚莫州治正義謂高陽今無此水平地趙燕之界無泉出者未知杜言何據然臣聞水泉古有處今涸竭者何限杜子之言豈妄哉

滱水出靈邱縣高氏山靈邱今隸蔚州班云東至文安入大河過郡五行九百四十里按文安今隸霸州

滹沱水班云出代郡鹵城東至文安入海過郡六行千三百七十里按鹵城今代州繁時縣其水東經定州深澤縣東南即光武所度處今俗謂之危度口又東過瀛州東城平舒開元中盧暉於此引滹沱東入淇道溉漕文安今隸霸州若是入海當在滄州界

河水自西域來其大原有三正原出崑崙山東北阪而東行一原出天竺葱嶺一原出于闐南山北行與葱嶺河合而東入于崑崙河或云張騫窮河源至葱嶺河爾故西域傳云河有兩源一出葱嶺一出于闐而没其正原也三河合而東過蒲昌或云入蒲昌海而復東出於理不然乃東至積石山下有石門河水冒以西南流是爲中國河積石山屬鄯州禹之所道自此始故其詳得闢焉遂過西平即鄯州又東南過枹罕河州也有洮水從西來入焉又東過臨洮洮州也有離水從西來入焉又東過金城允吾縣湟水從西來入焉金城蘭州也遂轉而北過武威涼州也又北至朔方故夏州也遂轉而東南又南過上郡臼土縣圁水從西來入焉上郡綏州也又南過隰州太寧縣壺口山又南過北屈今慈州吉鄉也而爲採桑津又南過龍門有汾水從東來入焉龍門縣今隸河中又南過夏陽梁山之東又南過汾陰縣西郃陽縣東又南過蒲阪縣雷首山西蒲阪今河東也有涑水從東北來入焉又南過華陰縣潼關渭水從西來入焉遂轉而東過河北縣今陝州平陸也又東過陝縣底柱山山在河中水分流包山而過湍急多覆溺舟船又東崤水從右入焉是謂崤津亦謂之茅津又東左過絳州垣曲縣湛水從北來入焉又東而爲孟津又東過河陽縣南洛陽縣北又東過溫縣沮水從西北來入焉又東右過鞏縣洛水從西南來入焉左過成皋縣北沇水從北來入焉成皋今孟州汜水又東過大伾山下又東汜水從南來入焉又東過滎陽縣西北而爲棘津又東過滎陽縣鴻溝出焉鴻溝一名官度水一名蒗蕩渠今謂之汴河大禹塞滎澤開之以引河水東南通淮泗蒗蕩渠據桑欽所說即此也而班固又云蒗蕩渠受濟水至陳入潁未詳其實又東北過懷州武陟沁水入焉又東過酸棗縣西濮水東出焉或云漢文帝時河決酸棗東潰金隄發卒塞之其水遂絕又東北而爲延津又東北左過黎陽大伾山黎陽今通利軍治也有淇水從西來入焉淇水即降水也又東北過濮陽縣別出而爲瓠子河漢武帝時河決瓠子水注鉅野通于淮泗發卒塞之又東北過東武陽今大名朝城也而爲漯河又東北過大名館陶縣別出而爲屯氏河又東北過清河靈縣別出而爲鳴犢河靈縣隋省入博平今隸博州鳴犢至瀛州蓚縣與屯氏河通三河今皆絕矣又北過德州平原又東北過棣州厭次又東北過濱州渤海又東北過青州千乘又東北過甲下邑別出一枝入濟又東北入于海舊說禹道河至頓邱分爲二渠一曰漯川出武陽至千乘入渤海一曰北瀆出貝邱至大陸北播爲九河同爲逆河入于海舊云大陸在鉅鹿北乃故大陸縣唐改爲昭慶宋開寶改爲隆平近省爲鎮入趙州臨城然禹貢大陸當只是汲郡吳澤非趙州大陸縣也漢成帝時河隄都尉許商上言古記九河之名有徒駭胡蘇鬲津今見在成平東光鬲縣界中自鬲津以北至徒駭其間相去二百里是九河所在徒駭最北鬲津最南徒駭在城平胡蘇在東光鬲津在鬲縣又知其餘六河以次推之曰太史曰馬頰曰覆釜在東光之北成平之南曰簡曰潔曰鉤盤在東光之南鬲縣之北今按圖志　州有成平故城又有徒駭河永靜軍有東光縣東連滄州有胡蘇亭蓋因河命名而滄州復有鬲津鉤盤大史河之名鬲縣故城在德州與滄比境鄭氏云九河齊桓公塞之而北瀆至王莽時亦絕故世謂王莽河今在永靜軍然臣每疑禹之所道無二河按禹貢文東過洛汭至于大伾北過降水至于大陸又北播爲九河同爲逆河入于海又按武帝元光三年春河水徙從頓邱東南流入勃海是爲朝城之漯河然則今河之入海者入勃海爾禹貢所謂入于海者由碣石之海碣石今在平州北瀆者乃禹所道之河其後河犇漯川入于渤海故瀆遂絕九河不復通蓋故瀆在北漯川在東河決而東勢則然也恐非齊桓公所塞自河決漯川之後北瀆遂微九河皆絕但王莽河上承北瀆下入逆河

爲一河徼通柰北勢高故後亦絕但由漯川爾大抵河自西戎入塞經秦隴陝洛夾山而行故少有決徙之患自河陽以下東至海千里平田虛壤故多奔決無定流

瓠子河

東氾水鄭地水此則僖三十年秦軍氾南也謂之東氾杜云在中牟按此水西分濟漯東北逕濟陰入于河

南氾水鄭地水此則僖二十四年王處于氾是也謂之南氾出汝州襄城縣浮城山北流至孟州氾水縣入河氾舊音凡今音與辰巳之巳同蓋因傳寫之訛後人音爲文易

瀍水舊云出穀城縣潛亭北今穀城并爲河南地界過洛陽至偃師縣又東入洛

澗水出河南新安縣南白石山東南入瀍

穀水出澠池縣陽穀谷東南至河南入洛

洛水出商州上洛縣冢嶺山桑欽云出讙舉山恐是上洛舊名讙舉東過熊耳山又東北過盧氏縣又東過河南縣穀水從西來入焉又東過洛陽南伊水從西來入焉又東過偃師瀍水從西來入焉又東北過鞏縣東又北入于河班云行千七十里

伊水出虢州盧氏縣熊耳山東北過陸渾伊闕至洛陽縣南北入于洛班云行四百五十里

汧水出隴州吳山西北至汧源入渭

涇水出鎮戎軍笄頭山一名都盧山一名崆峒山一名开頭山鎮戎古安定朝那縣也東南流至永興高陵縣入渭班云行千六十里

漆水出鳳翔普潤縣東或云出岐山經華原縣與沮水合南至富平縣入于渭

沮水出邠州界經華原縣北入于漆

洛水出同州蒲城縣洛水谷谷在荆山書云荆岐既旅是也其水東南流至耀州富平入渭

渭水舊云出隴西首陽縣渭首亭南鳥鼠山首陽唐省入渭源隸渭州今隸熙州在州之東其水東過隴州汧源汧水從西北來入焉又東過鳳翔郿縣斜水從南來入焉又東過槐里縣南澇水入焉槐里今永興興平縣又東北過咸陽縣灃水入焉又東北過高陵涇水入焉又東北過富平縣漆水入焉又東洛水入焉又東過臨潼縣灞水入焉又東至船司空縣入河船司空後省入華陰今隸華州班云渭水行千八百七十里

灞水出永興藍田縣終南山金谷東經臨潼縣北流入渭然長安志云灞水從上洛界入漢

滻水出永興藍田谷北入于灞

灃水出永興鄠縣終南山豐谷北至咸陽入渭

鎬水出鄠縣界至長安入清渠

斜

洮水出臨洮西羌中北至枹罕東入河

歷代封畛

臣謹按杜佑之序曰昔黃帝方制天下立爲萬國易稱首出庶物萬國咸寧及少皡氏之衰其後制度無聞矣若顓帝之所建帝嚳受之創制九州統領萬國雍荆豫梁冀青徐兗揚至堯遭洪水而天下分絕使禹平水土還爲九州如舊制也舜攝帝位分爲十二州雍荆豫梁冀幽并青營徐兗揚故虞書云肇十有二州是也夏氏革命又爲九州塗山之會亦云萬國四百年間遞相兼并商湯受命其能存者二千餘國亦爲九州分統天下冀荆豫雍揚兗徐幽營則禹貢青州也載祀六百及乎周初尙有千八百國而分天下爲九畿方千里曰王畿其外曰侯畿亦曰服又外曰甸畿又外曰男畿又外曰采畿又外曰衞畿又外曰蠻畿又外曰夷畿要服也又外曰鎮畿又外曰藩畿藩服也侯甸男采衞蠻夷鎮藩即九畿也各相去五百里爲限至成王時亦曰九州屬職方氏揚荆豫青兗雍幽冀并其後諸侯相并有千二百國及平王東遷迄于獲麟之末二百四十有二年諸侯擅兵征伐更相吞滅不可勝數而見於春秋經傳者百有七十國百三十九國知土地所在其三十一國不知其處也其蠻夷戎狄復不在其數逮乎下分地里上配天象而所定躔次總標爲一十二焉及周之末唯有七國秦昭王時西周盡獻其地邑三十六口三萬受獻而歸其人至莊襄王滅東西周國七城而已秦制天下爲四十郡其地則西臨洮而北沙漠東縈南帶皆臨大海漢興以秦地太大更加置郡國其後開越攘胡土宇彌廣改雍曰涼梁曰益又置徐州復禹舊號置交初爲交阯後爲交州北有朔方初爲朔方後爲并州凡爲十三州部刺史司隸并荆兗豫揚冀幽青徐益交涼而不常所治至哀平之際凡新置郡國六十三與秦四十合百三縣邑千三百一十四道三十二侯國二百四十一地東西九千三百二里南北萬三千三百六十八里此漢之極盛也後漢光武以官多役煩乃併省郡國十縣道侯四百餘所其後亦爲十三州部司隸治河南今河南府豫治譙今鄼縣兗治昌邑今魯郡金鄉縣徐治郯音談今臨淮郡下邳縣青治臨淄今北海郡縣涼治隴今天水郡隴城縣并治晉陽今太原府冀治鄗許各反今趙郡高邑縣幽治薊今范陽縣揚治歷陽今郡縣益治雒今永昌郡荆治漢壽今武陵郡武陵縣交治

廣信今蒼梧郡蒼梧縣漸復加置郡國至於靈獻凡百有五焉縣道侯國千一百八十桓帝永興初有鄉三千六百八十二亭萬二千四百二十東樂浪郡西敦煌郡南日南郡北鴈門郡西南永昌郡四履之盛亦如前漢魏氏據中原有州十二司隸荊豫兗靑徐涼秦冀幽幷揚雍分涼州置秦州治上邽今天水郡揚治壽春今郡徐治彭城今郡荊治襄陽今郡兗治武威今郡餘並因前代有郡國六十八東自廣陵文帝黃初六年親征幸廣陵故城及旋師留張遼屯江都齊王嘉平後屬吳郎今郡壽春母邱儉諸葛誕皆鎮之合肥明帝青龍元年滿寵於合肥西北三十里築新城吳軍頻攻不拔郎今廬江郡故魏明帝云先帝東置合肥南守襄陽西固祁山賊來輒破於三城之下者地有所必爭是也沔口建安十五年文聘爲江夏太守鎮焉其後吳軍頻攻不拔青龍後屬吳郎今漢陽郡西陽黃初中滿寵令將守之今齊安郡襄陽建安二十四年徐晃守之蜀將關羽攻不下重兵以備吳鎮是時江淮間除兵之處更無人居明帝青龍中吳孫權遣數千家佃於江北爲滿寵破之西自隴西今郡是南安今隴西郡隴西縣齊王嘉平五年蜀將姜維來伐攻隴西南安皆不剋祁山明帝太和二年蜀將諸葛亮攻祁山城不拔今同谷郡長道縣東十里漢陽明帝青龍二年蜀將諸葛亮來伐遣兵備此郎今天水郡陳倉建安二十四年蜀將破夏侯妙才於漢中遂令張郃守陳倉太和二年諸葛亮以大眾攻之將軍郝昭以千人守亮攻二旬餘不拔故城今在縣東二十里亮攻郿又不尅郿故城在今縣東北十五里並今扶風郿縣重兵以備蜀蜀全制巴蜀置益治成都今郡梁治漢中今郡二州有郡二十二以漢中建安末破夏侯妙才遂有漢中以魏延鎮此後蔣琬姜維繼守郎今郡地興勢後主延熙七年將軍王平守之魏大將軍曹爽攻不尅今洋川郡興道縣白帝先主章武元年屯之遂爲重鎮後主建興十五年吳將全琮來攻不尅郎今雲安郡並爲重鎮吳右北據江南盡海置交治龍編今安南府廣孫權置治番禺今南海郡荊治南郡今江陵郡郢治江夏郎今郡揚治建業今丹陽郡江寧縣五州有郡四十有三以建平自孫權黃武初破蜀先主後得之孫皓天紀四年晉軍沿流來伐守將吾彥請增兵皓不從今巴東郡西陵建安二十四年蜀將關羽北討魏將于禁等于襄陽陸遜爲宜都守鎮此黃武初蜀先主來伐遜大破之後步闡陸抗並鎮焉郎今夷陵郡樂鄉吳孫皓建衡二年陸抗所築樂鄉城後朱然修之戍焉晉王濬攻樂鄉獲水軍督陸景平西將軍施洪以城降在今江陵郡松滋縣東南郡自建安末尅關羽後蜀將麋芳來降遂得之孫皓鳳皇元年督將伍延守此晉軍平吳當陽侯杜元凱赴之斬伍延郎今江陵郡也巴邱建安十九年魯肅尅之孫皓寶鼎元年萬彧並鎮守郎今巴陵郡夏口建安十三年孫權征黃祖尅之後遂置兵鎮孫皓天紀元年孫慎守之及晉平吳將軍胡奮赴於此郎今江夏郡武昌孫權甘露元年城武昌陸遜諸葛恪鎮守及晉平吳將軍王戎赴於此郎今江夏郡是皖城建安十九年孫權尅之赤烏四年諸葛恪屯此今同安郡皖音患牛渚圻孫皓天紀末何植鎮守晉平吳大將王渾赴於此郎今宣城郡當塗縣採石也濡須塢建安十七年築後曹公頻來攻不尅在今歷陽縣西南百八十里並爲重鎮其後得沔口孫權嘉禾後陸遜諸葛瑾屯守邾城赤烏四年陸遜常以三萬兵戍之今齊安郡東西界臨江與江夏郡武昌相對廣陵孫亮建興三年衛尉馮朝成廣陵自三國鼎立更相侵伐互有勝負疆境之守彼此不常纔得遽失則不暇存也今畧紀其久經屯鎮及要害之地焉其守將亦畧紀其知名者餘不可偏舉他亦類此晉武帝太康元年平吳分爲十九州部置司州治洛陽今河南府兗治廩邱今濮陽郡雷澤縣是豫治項今淮陽郡項城是冀治房子今趙郡縣并治晉陽青治臨淄徐治彭城荊初治襄陽後治江陵今郡揚初治壽春後治建業涼治武威分三輔爲雍治京兆今府分隴山之西爲秦治上邽今天水郡縣益治成都分巴漢之地爲梁治南鄭今漢中郡縣分雲南爲寧治雲南今郡幽治涿今范陽郡范陽縣分遼東爲平治昌黎今安東府交治龍編今安南府分合浦之北爲廣治番禺又增置郡國二十有二凡州百五十有六縣千一百有九以爲冠帶之國盡秦漢之土及永嘉南渡境宇殊狹九州之地有其二焉初元帝命祖逖鎮雍邱建武初逖北伐便屯雍邱今陳留郡縣逖死北境漸蹙大興四年逖死於是荊豫自淮北今汝南汝陰南陽等郡以北青兗四州今東萊東牟高密北海淄川濟南等郡之地及徐州之半今彭城琅琊等郡陷劉曜石勒以合肥戴若思鎮守之淮陰劉隗鎮守郎今山陽郡縣壽陽祖約鎮守後又陷於石勒虎死後復之郎今壽春郡地泗口劉遐鎮守郎今臨淮郡宿遷縣界角城安帝義熙中置亦在宿遷縣界爲重鎮成帝時鄭守將退屯襄陽咸和初魏該屯鄧縣界爲劉曜將黃秀所逼而退守襄陽後亦陷石勒尋復之庾翼朱序皆鎮於此又爲苻堅將苻丕所陷尋又復之郎今郡穆帝時平蜀漢永和三年桓溫西討擒李勢復梁益之地梁州則漢川益則蜀川是又遣軍西入關至灞上十年桓溫討苻健於今京兆府萬年縣白鹿原戰敗再北伐一至洛陽永和十二年桓溫討燕慕容儁大破其將姚襄於伊水時襄已降一至枋頭廢帝太和三年桓溫又討慕容暐敗還今汲郡衛縣界枋音方所得郡縣軍旋又失洎苻堅東平慕容暐太和五年西南陷蜀漢西北尅姑臧孝武太和五年平張天錫今武威郡則漢水長淮以北悉爲堅有及堅敗太和八年再復梁九年將郭寶平梁州益蜀郡太守任權斬苻堅益州刺史李平益州平青徐兗豫司之地其後青兗陷於慕容德安帝隆安三年德據之殺幽州刺史辟閭渾時鎮廣固郎今北海郡也司陷於姚興隆安三年以彭城爲北境藩扞朱序鎮守後益梁陷於譙縱義熙初陷每因劉石苻姚衰亂之際則進兵屯戍在於漢中襄陽彭城然大抵上明今江陵郡松滋縣江陵夏口武昌合肥壽陽淮陰常爲晉氏鎮守其刺史所治皆置州兵雖有不經攻圍互是重鎮他皆類此義熙以後又復青兗司豫梁益之地而政移於宋矣武帝北平廣固時晉安帝義熙六年平慕容超得青州之地廣固郎今北海西定梁益九年朱齡石平譙縱又尅長安十三年親征平姚泓盡得河南之地長安尋爲赫連勃勃所陷至廢帝滎陽王景平中武牢以西復陷後魏今大較以孝武大明爲正凡二十有二州揚治建業南徐治京口今丹陽郡丹徒縣徐治彭城南兗治廣陵兗治瑕今魯郡縣南豫治歷陽荊治汝南今汝南郡汝陽縣江治尋陽今郡縣青治臨淄初治歷城今濟南郡縣後治廣固後又移治臨淄郎今縣是冀治歷城司治義陽荊治南郡郢治江夏今郡湘治臨湘今長沙郡雍治襄陽今郡梁治南鄭秦亦治南鄭益治成都今蜀郡寧治建寧今雲南郡廣治南海交治龍編越治臨鄣今合浦郡自東晉成帝時中原流民多南渡遂於江淮之間僑立州郡以撫其民中間併省廢置離合非一不能詳制焉今紀其所治經久者他皆類此郡凡二百三十有八縣千一百七十有九初文帝元嘉中遣將北伐水軍入河尅魏碻磝滑臺虎牢洛陽四城碻磝郎今濟陽郡城滑臺今靈昌郡城虎牢今汜水縣洛陽今故洛

陽城碻音口交反磝音敖其後又失又分軍北伐西軍剋弘農開方二城並今弘農郡以東攻滑臺不剋而平碻磝守之尋皆敗退元嘉二十七年王元謨於滑臺敗歸時柳元景拔弘農開方及元謨敗亦棄而遁於是後魏主太武總師經彭城臨江屯於瓜步今廣陵郡六合縣東退攻盱眙不拔而旋臧質守之魏師攻圍三旬不拔今淮陽郡縣明帝時後魏又南侵淮北青冀徐兗四州及豫州西境悉陷沒泰始二年徐州刺史薛安都引魏軍自是沈文秀東陽城崔道固歷城並為魏將慕容白曜所陷安都以彭城常珍奇以懸瓠並降魏懸瓠今汝南郡域則長淮為北境僑徐兗於淮南淮陰立兗州鍾離立徐州立青冀二州寄治贛榆今東海郡東海縣贛古淡反其後十年餘而宋亡然初彊盛也南鄭襄陽懸瓠元嘉二十六年後魏主太武率兵攻圍汝南太守陳憲等距四十餘日魏人積屍與城齊不拔而退彭城歷城東陽營陽王景平初竺夔鎮守後魏攻圍數旬不剋郎今北海郡治東城皆為宋氏藩扞齊氏淮北之地所以全少青州治朐山今東海郡朐音衢冀治渦口今臨淮郡漣水縣豫治壽春北豫州自東晉以後或治淮南或治淮北不常其所今舉其要害之地北兗治淮陰北徐治鍾離又置巴東治巴今雲安郡其餘州郡悉因宋代州二十有三郡三百九十有五縣千四百七十有四其後頻為後魏所侵至東昏永元初沔北諸郡相繼敗沒今南陽郡地又遣軍北伐敗於馬圈退屯盆城魏馬圈城去襄陽三百里時陳顯達攻圍四十餘日不拔魏援師至敗還在今丹陽郡界又失壽春永元二年豫州刺史裴叔業以城叛入魏後三年齊亡齊氏七主凡二十四年內難繁興不遑外畧及東昏暴虐北境彌蹙始全盛也南鄭明帝建武二年後魏大將元英來伐梁州刺史蕭懿守拒攻圍百餘日不下樊城今襄陽郡安養縣建武中後魏主孝文率兵十萬數旬攻圍將曹虎拒守不下襄陽義陽壽春高帝遣垣崇祖鎮之謂曰兵衝要地宜備魏師俄而魏將王肅以大軍來攻敗而歸淮陽角城明帝初後魏南侵以李安仁戍之漣口朐山為重鎮梁氏州郡多沿舊制天監中州二十有三郡三百五十縣千二十有五其後更有析置大同中州百有七郡縣亦稱於此自侯景逆亂建康傾陷墳籍散逸不可得而詳焉初武

帝受禪數年即失漢川及淮西之地天監三年梁州刺史夏侯道遷以本部叛降後魏自劍閣以北並陷沒又魏將元英破將軍馬仙琕於義陽失地其後諸將頻年與魏軍交戰於淮南淮北互有勝負自天監四年以後將張惠紹剋魏宿遷城韋叡剋合肥裴邃剋翟邱城朐山城尋皆敗唯合肥獨存雖得懸瓠彭城俄而又失天監六年魏軍主白早生豫州刺史胡遜以懸瓠普通六年徐州刺史元法僧以彭城並內屬無何悉復於魏又剋壽春普通七年將夏侯亶元樹等剋之獲魏揚州刺史李憲自齊東昏永元二年陷後魏至是凡二十七年南朝始復大通初大舉北伐城鎮相次剋平直至洛陽蹔為梁有大通元年魏將爾朱榮害胡太后及少主魏朝大亂遣將陳慶之率軍送元顥為魏主入河陽六旬五日渡河守北中府城數日爾朱榮來攻數日顥敗慶之亦奔退所得之地尋亦失之中府地即今河陽北城是其後又復漢中大同中將蘭欽剋之自天監二年失漢川凡經四十三年卻復至東魏將侯景以河南地降逆亂相尋有名無實及景平後江北之地悉陷高齊漢川蜀川沒于西魏太清初侯景以十三州來降旋為東魏將慕容紹宗所敗二年景舉兵反圍建康陷之及景平後元帝承聖初齊將辛術南伐盡取淮南江北之地得傳國璽反于齊三年西魏將達奚武陷漢川尉遲迥陷蜀川其漢川經九年復矣大抵雍州今襄州下溠音詐戍漢東郡棗陽縣東南夏口白苟堆大同中東魏靜帝遣將堯雄為南境守將雄曰白苟堆梁之北面重鎮請備之在今汝南郡眞陽縣硤石城今汝陰郡下蔡縣合州即合肥鍾離將康絢鎮守之淮陰朐山為重鎮天監三年角城戍主柴慶宗以角城十一年東莞太守劉晰以朐山並降入魏陳氏比於梁代土宇彌蹙西不得蜀漢北失淮肥以長江為境文帝天嘉初湘川之地為周軍所陷二年侯瑱剋之湘川今澧陽武陵長沙衡陽等郡之地也有州四十有二地轉狹而州益多暨於後州郡又數倍多於前代故不可詳郡百有九縣四百三十有八宣帝大建中頻年北伐諸將累捷盡復淮南之地將吳明徹於壽春城斬高齊將王琳更經畧淮北大破齊軍於呂梁及旋師屬高齊國亡又總軍北伐至呂梁周軍來拒又大破之自大建五年北伐七年破齊軍九年又破周將梁士彥悉得梁淮北地以兵鎮下邳朐山旋為周軍所敗悉虜其眾時梁士彥守彭城明徹來攻未下十年周將王軌來伐明徹退師全軍沒於清口自是江北之地盡沒于周又以長江為界十二年周大將司馬

消難以淮西地來降又遣將周羅侯攻剋新野尋並失之及隋軍來伐遣將守狼尾灘後主禎明三年戚昕守之今夷陵郡宜都縣界荊門將仲肅據之亦宜都界安蜀城將顧覺鎮之夷陵郡亦公安將陳紀鎮之今江陵郡縣巴陵已下並風靡退散信州道大總管清河公楊素自峽中舟師東下東方守將相繼而破信州即今雲安郡也隋軍自採石隋將韓擒虎襲陷之京口賀若弼襲陷之渡江而平之後魏起自北方至道武率兵下山東攻拔慕容寶中山今博陵郡唐昌縣遂有河北之地於是遷都平城今雲中郡慕容氏喪敗遣將南畧地至于滑臺許昌今潁川郡彭城明元帝太恒中始於滑臺許昌置兵鎮守道武天興中長孫肥等剋滑臺許昌尋不能守至是始有之太武帝時又得蒲阪今河東郡長安統萬始光中遣軍伐赫連昌剋阪及長安又剋統萬遂滅赫連氏統萬即赫連所都今朔方郡是神䴥中宋師來伐碻磝今濟陽郡城滑臺虎牢今河南府汜水縣是戍將皆不守尋並復之神䴥三年宋將到彥之王仲德等陷滑臺虎牢洛陽遣安頡叔孫建等擊敗走之太延以後東平遼東西平姑臧三年東伐馮氏五年西伐沮渠並滅之於是西至流沙東接高麗所未得者漢中及南陽懸瓠彭城青州之南而已其後帝自南征遂臨瓜步宋淮北城鎮守將多有敗沒太平眞君十二年因宋將王元謨來侵剋碻磝城戍將濟州刺史王買得棄城而走宋師至滑臺敗帝乘勝至江上獻文天安初自河之南長淮之北皆為魏有時因宋晉安王子勛之亂遣將慕容白曜畧地破宋將沈文秀畢眾敬薛安都崔道固常珍等遂有其地孝文遷都洛陽太和十九年徙都頻歲親征皆度淮沔二十年屯八公山二十一年屯新野及樊城宣武初又得壽春景明初齊將裴叔業以壽春來降後至明帝孝昌二年又陷入梁續收漢川至于劍閣兼得淮西之地正始初梁將夏侯道遷以漢中降又元英破梁將馬仙琕於義陽遂有其地莊帝時梁軍洛陽數旬敗走永安初因爾朱榮害胡太后少帝之亂梁將陳慶之送元顥為魏主爾後內難相繼不暇外畧三四年後分為東西魏矣皆權臣擅命詳周齊事中自永安末年爾朱世隆稱兵入洛圖籍散亡不可詳紀今按舊史云管州百十有一郡五百十有九縣千三百五十有二按魏收史

所載州郡見東魏靜帝武定中其時洛陽以西及關中梁益之地悉屬西魏收猶總而編之自太武以後漸更強盛東征西伐剋定中原屬宋明以後及於齊梁國土漸蹙自守不暇雖時有侵掠而退不旋踵故魏之城鎮少被攻圍因利進取不常所守也北齊神武東魏天平末大舉西伐至蒲津靜帝天平四年三道伐西魏齊神武自總大衆至蒲津竇泰自風陵濟河至潼關高敖曹入武關陷上洛以泰軍敗歿並旋師風陵在潼關北岸相對西魏乘勝攻陷陝州周文帝率李弼等東征下陝州禽刺史李祥伯即今陝郡神武西至沙苑其年冬大敗而歸今馮翊郡界西軍又乘勝襲陷洛陽西魏將獨孤如願據金墉明年西師又至於河陰今洛陽縣北時拒守河陽城潘相樂守北城即舊城高永樂守南城即今城後周文帝親征不剋西師敗歸大象元年周文帝親征敗還如願亦棄金墉遁走神武遂毁其城其後神武攻圍西魏玉壁不剋興元四年西魏將王思政守之今絳郡稷山縣西師來伐至於邙山武定初周文帝親征神武禦之敗殺周將王雄後神武又圍玉壁不剋武定四年西魏將韋孝寬守之文襄遣將圍潁川拔之自武定五年冬攻圍至明年六月城陷於是河南自洛陽之西河北自晉之西今平陽郡悉入西魏文宣之世命將略地南際于江矣天保二年屬侯景亂梁遣辛術南討遂得傳國璽又過江得梁夏口後二國通和旋師矣武成河清中築戍於軹關河清二年遣斛律光築之今河南府濟源界其年周軍至洛陽敗還晉公護統軍將楊檦等至軹關敗走後主武平中陳軍來侵盡失淮南之地武平五年以後陳將吳明徹頻歲來侵淮南城鎮皆不守諸將累敗周師攻拔河陰大城周武親征有疾班師後主隆化末西師攻拔晉州今平陽郡因之國滅齊都於鄴即今郡縣自東魏之後天下三分梁陳有江東宇文有關西高氏據河北有州九十有七郡百六十縣三百六十有五文宣天保七年已併省州三郡百五十三縣五百八十九鎮二戍二十六當齊神武之時與周文帝抗敵十三四年間凡四出師大舉西伐周師東討者三焉畧舉齊神武周文帝統師親征諸將攻戰則不復紀自文宣之後纔守境而已大抵西則姚襄城今文城郡西城姚襄所築西臨黃河控帶龍門之險周齊交爭之地後主武平二年大將斛律

光破周兵於北遂立鎮焉洪洞今平陽郡縣北故城控據要險崇化末周師既剋晉州其城主張元靜以城降周晉州武平關三關並今絳郡正平縣界栢崖今河清縣西城侯景所築軹關河陽南則虎牢陸子章增築城守洛陽北荊門今陸渾縣東北故城是孔城防今伊闕縣東南故城是汝南郡今臨汝郡梁縣南魯城今汝南郡魯山縣東北置兵以防周寇自洛陽之南襄城汝陰汝南以北皆齊有及陳師侵軼數歲齊亡南境要害未遑制置也周文帝西魏大統中東魏師至蒲津文帝大統二年齊神武親征至蒲津以竇泰死退軍文帝東征剋陝州兼得宜陽郡邵郡邵郡今絳郡常縣宜陽郡今福昌郡東師又至沙苑其年冬齊神武親征大敗走後文帝東征至河陰先勝後敗大統四年殺魏將高敖曹也築城於玉壁大統八年將王思政築之齊神武攻圍不剋至十二年章孝寬守之齊神武又攻圍六旬不剋文帝又至邙山先勝後敗大統九年得梁雍州十六年梁雍州刺史岳陽王詧舉州內附廢帝初剋平漢中自梁侯景逆亂遣將達奚武剋之又遣軍平蜀將尉遲迥剋之文帝西征至姑臧後又平江陵齊王廓後元初于謹平之殺梁元帝自是疆理西有姑臧西南有全蜀南至于江矣明帝武成二年將賀若敦剋陳湘州之地三年失之今澧陽武陵長沙衡陽等地是其河南自洛陽之東之北河東自平陽之界屬于高齊至武帝建德中東征拔齊晉州城尋又東征破齊師於晉州城下建德五年攻拔晉州使梁士彥守之齊後主來攻三旬餘不拔六年又破齊後主軍乘勝平齊後遣軍破陳軍於呂梁將王軌破陳將吳明徹悉虜其衆也其東南之境盡于長沙通計州二百十有一郡五百八縣千二十有四當全盛戰爭之際則玉壁初王思政守後韋孝寬守東軍攻不拔遂置勳州邵郡齊子嶺今王屋縣東二十里周齊分界處通洛防故函關城武帝保定中改名今在新安縣東黃櫨三城今永寧縣西北宜陽郡陝州土劉今長水郡西北二十五里三荊將獨孤信略定北荊州今即伊陽縣東荊州後改日淮州今淮安郡荊州今南陽郡三鵶鎮今汝州魯山縣西南名平高城置兵以備東軍隋文帝開皇三年遷都大興城即今城遂廢諸郡以州治民自三代以前為九州兩漢加置十三州晉宋之後分析漸多至于魏齊後周雖割據鼎立天下分裂其於州郡乃倍兩漢之地隋氏以官繁民

弊遂廢五百餘郡而以州治民各則因循職事同於郡守無復刺舉之任自九載廓定江北尋以戶口滋多析置州縣煬帝大業初移洛陽城即今城又征林邑更置三州既而併省諸州三年改州為郡乃置司隸刺史分部巡察本史不分別所置諸郡五年平定吐谷渾更置四部大凡郡百九十縣千二百五十五東西九千三百里南北萬四千八百一十五里東南皆至于海西至且末隋氏西境唯得今燉煌郡以東且子余反北至五原即今九原郡按隋氏北境唯至于河隋氏之盛蓋極於此矣及唐高祖武德初又改郡為州太守為刺史其邊鎮及襟帶之地置總管府以領軍戎至七年改總管府為都督府自因隋季分割州府倍多前代貞觀初并省州縣始於三河形便分為十道一曰關內道二曰河南道三曰河東道四曰河北道五曰山南道六曰隴右道七曰淮南道八曰江西道九曰劍南道十曰嶺南道既北殄突厥頡利西平高昌東西九千五百十里南北萬六千九百十八里高宗平高麗百濟得海東數千餘里旋為新羅靺鞨所侵失之又開四鎮即西境拓數千里至于闐疎勒龜茲焉耆諸國矣景雲二年又分置二十四都督府分統諸州時議以權重不便尋罷之開元二十一年分為十五道置採訪使以檢察非法京畿治西京城內都畿治東都關內多以京官遙領河南治陳留郡河東治河東郡河北治魏郡隴右治西平郡山南東治襄陽郡山南西治漢中郡劍南治蜀郡淮南治廣陵郡江南東治吳郡江南西治豫章郡黔中治黔中郡嶺南治南海郡又於邊境置節度經略使式遏四夷節度使十經略守捉使三大凡鎮兵四十九萬人戎馬八萬餘匹每歲經費衣賜則千二十萬疋段軍倉則百九十萬石大凡千二百十萬開元天寶每歲邊用不過二百萬其地東至安東都護府西至安西都護府南至日南郡北至單于都護府南

北如前漢之盛東則不及西則過之（漢之東境有樂浪郡西境有燉煌郡今東極安東府則漢遼東郡也其漢之元菟樂浪二郡並在遼東郡之東今悉爲東夷之地矣今西極安西府其伊吾交河北庭安西則漢代戎胡所據皆未得而詳）

九州之區域在昔顓帝及于陶唐分而爲九其制最大（顓帝置九州堯時洪水使禹治水還爲九州舜分爲十二州夏商並爲九州按周之本制起於顓帝辨其疆界始於禹貢今分別地里故以爲首）雍州西據黑水東距西河（黑水今張掖郡西河則龍門之河今京兆華陰馮翊扶風汧陽新平安定彭原安化平涼靈武五原寧朔洛交中部延安咸寧上郡銀川新秦朔方九原榆林安北天水隴西金城會寧安鄉臨洮和政寧塞西平武威張掖酒泉晉昌燉煌等郡也）豫州西南至荊山北距河（荊山在今襄陽郡南其北境至于河今河南府陝郡之南境弘農臨汝滎陽陳留睢陽濟陰譙郡潁川淮陽汝陰汝南淮安襄陽武當漢東等郡地）冀州唐虞之都以餘州所至則是其境（今西境雍州南境豫州東境兗州皆以河爲界河自今文城絳郡西龍門南流至華陰東過今汲郡黎陽縣東大岯山又東入于海今河內汲郡鄴都廣平鉅鹿信都趙郡常山博陵河間文安饒陽上谷范陽順義歸化歸德嬀川漁陽密雲北平柳城河東絳郡陝郡之北境平陽高平上黨樂平陽城大寧文城西河太原昌化樓煩鴈門定襄安邊馬邑雲中單于等郡地）兗州舊爲濟河之間（孔安國云東南據濟西北距河今靈昌濮陽濟陽東郡清河魏郡博平東平平原樂安景城等郡地是也）青州東北據海西距岱（岱泰山也今在魯郡界自泰山之東至于海今北海濟南淄川東萊東牟高密安東等郡是也）徐州東據海北至岱南及淮（自泰山之南淮之北海之西也今彭城臨淮魯郡東海琅邪等郡地是也）梁州東據華山之陽西距黑水（陽之華山今華陰之西南黑水出張掖郡南流北海卽巴蜀之地皆是也今上洛漢中洋川安康房陵通川潾山南平涪陵南川瀘川清化始寧成安符陽巴川南賓南浦閬中南充安岳盛山雲安犍爲陽安仁壽通義和義資陽南溪河池武都同谷順政懷道同昌陰平江油交川合川益昌普安巴西梓潼遂寧蜀郡德陽濛陽唐安臨邛盧山通化越嶲雲南洪源等郡地）揚州北據淮東南距海（北自淮之南東南距于海閩中以來地今廣陵淮陰鍾離壽春永陽歷陽盧江同安蘄春弋陽宜城丹陽晉陵吳郡餘杭新定新安會稽餘姚臨海縉雲永嘉東陽信安鄱陽尋陽之東境豫章臨川廬陵宜春南康建安長樂清源漳浦臨汀潮陽郡地自晉以後歷代史皆云五嶺之南至于海並是禹貢揚州之地按禹貢物產貢賦職方山藪川浸皆不及五嶺之外又按荊州南境至衡山之陽若五嶺之南在九州封域則以隣接宜屬荊州豈有捨荊而屬揚斯不然矣此則近史之誤然則嶺南之地非九州之境）荊州北據荊山南及衡山之陽（荊山在今襄陽郡界南至今衡陽郡桂嶺之北皆是也今江陵夷陵巴東景陵富水安陸齊安漢陽江夏義陽尋陽之西境長沙巴陵衡陽零陵江華桂陽連山邵陽武陵澧陽黔中寧夷涪川盧溪盧陽靈溪潭陽清江播川義泉夜郎龍溪等郡地）其雍州西境流沙之西荊州南境五嶺之南所置郡縣並非九州封域之內也凡郡之土宇秦氏分制罷侯置守列爲四十其境可知內史（雍州之域今京兆華陰馮翊扶風汧陽新平及梁州之域上雒郡地皆是）北地（雍州之域今安定彭原安化平涼靈武五原寧朔等郡地）隴西（雍州之域今天水隴西會寧安鄉和政及梁州之域河池郡地皆是）上郡（雍州之域今洛交中部延安咸寧上郡銀川新秦朔方等郡皆是）九原（雍州之域今九原安北皆是）三川（荊河之域今河南府陝郡之河南地弘農臨汝滎陽陳留及冀州之域河內汲郡地是也）碭郡（豫州之域今睢陽譙郡濟陰及兗州之域東平郡地是也）潁川（豫州之域今潁川淮陽汝南等郡地是也）南陽（豫州之域今南陽淮安漢東武當及荊州之域義陽郡地是也）邯鄲（冀州之域今廣平鄴信都之西南境鉅鹿之南境）上谷（冀州之域今上谷范陽文安河間嬀川順義歸化歸德博陵之東境饒陽之北境及兗州之域景城之北境皆是也）鉅鹿（冀州之域今常山趙郡之東北境博陵之西境鉅鹿之北境饒陽之南境兼兗州之域今清河景城之南境是）漁陽（冀州之域今漁陽密雲郡地皆是也）右北平（冀州之域今北平郡之西境）遼西（冀州之域今柳城及北平郡之東境皆是）遼東（青州之域今安東府是也）河東（冀州之域今河東絳郡陝郡之北境平陽大寧文城等郡是也）上黨（冀州之域今上黨高平樂平陽城等郡地）太原（冀州之域今太原西河昌化定襄鴈門之南境樓煩等郡是也）代郡（冀州之域今安邊馬邑之北境是也）鴈門（冀州之域今爲鴈門郡之北境馬邑之南境是也）雲中（冀州之域今雲中單于府及雍州之域榆林郡是也）東郡（兗州之域今靈昌濮陽濟陽魏郡博平及冀州之域汲郡之東南境是也）齊郡（兗州之域今平原樂安及青州之域北海濟南淄川東萊東牟郡是）薛郡（徐州之域今魯郡東海郡是也）琅邪（青州之域今高密及徐州之域琅邪郡地皆是）泗水（徐州之域今彭城臨淮郡是也）漢中（梁州之域今漢中洋川安康房陵郡地皆是也）巴郡（梁州之域今通川隣山南平涪陵南川瀘川清化始寧咸安符陽巴川南賓南浦閬中南充盛山雲安及安岳郡之東境皆是）蜀郡（梁州之域今巴西晉安梓潼遂寧益昌蜀郡德陽濛陽唐安臨邛盧山郡地是）會稽（揚州之域今晉陵吳郡餘杭會稽餘姚東陽信安縉雲臨海永嘉及丹陽之東境兼吳興郡之東境地是）閩中（揚州之域今建安長樂清源漳浦臨汀郡地皆是也）南郡（荊州之域今江陵清江巴東景陵富水安陸齊安漢陽江夏及荊州之域襄陽郡地皆是）長沙（荊州之域今長沙巴陵衡陽零陵江華桂陽連山邵陽郡地是）黔中（荊州之域今武陵澧陽黔中寧夷盧陽靈溪潭陽郡地皆是也）南海（南越之域今南海始興義寧海豐恩平南陵臨賀高要感義晉康臨封開陽高涼連城新興銅陵懷德揚州之域今朔陽郡皆是也）桂林（南越之域今始安平樂蒙山開江蒼梧潯江鬱林平琴安城賀水桂林象郡龍城融水朗寧懷澤寧仁合浦橫山循德龍池永定郡地皆是也）象郡（南越之域今招義南潘普寧陵水南昌定川寧越安南武義龍水忻城九真福祿文陽日南承化玉山合浦安樂海康溫水湯泉郡皆是）其餘郡府自漢已後歷代開拓四夷之地（今隴右道武威張掖西平寧塞酒泉晉昌敦煌伊吾交河北庭安西武都臨洮懷道合川山南西道順政劍南道犍爲陽安安岳之西境仁壽通義和義資陽南溪同昌陰平油江文川通化臨翼江源歸城靜川蓬山恭化雞川雲山越嶲雲南洪源黔中道涪川播川夜郎義泉溱溪嶺南道臨潭扶南正平樂古朱崖昌化延德瓊山萬安郡地皆是）爰自漢代至于有隋或郡國參置或年代短促州郡無常增省而離合不一疆理難詳

開元十道圖

臣謹按唐開元十道圖其山川之所分貢賦之所出得禹貢別州任土之制遠不畔古近不違今載之六典爲可書也

一曰關內道古雍州之境今京兆華同岐邠隴涇寧坊鄜丹延慶鹽原會靈夏豐勝綏銀凡二十有二州焉（其原慶靈夏延又管諸蕃落降者爲羈縻州）東拒河西抵隴坂南據終南之山北邊沙漠（河歷銀綏延丹同華六州之界隴坂在隴州之西終南山在京兆之南沙漠在豐勝二州之北）其名山有太白九嵕吳山岐山梁山泰華之嶽在焉（太白在京兆武功縣九嵕在奉天縣吳山在隴州岐山在岐州梁山在同州韓城縣華岳在華州）其大川有涇渭灞滻（涇水出涇州至京兆入渭渭水出渭州歷秦隴岐京兆同華六州入于河灞滻並出京兆入渭）厥賦絹綿布麻（京兆同華岐四州調綿絹餘州布麻開元二十五年勑關輔既寡蠶桑每年庸調並宜折納粟造米支用其河南河北不通水運州宜折租造絹以替關中）厥貢岱赭鹽山角弓龍鬚席蓯蓉野馬皮麝香（京兆葵草席地骨白皮酸棗仁華州茯苓茯神細辛同州皺文吉莫皮岐隴涇寧鄜坊丹等州龍鬚席原夏等州白氈夏州角弓鹽州鹽山會州驄褐靈州鹿角膠岱赭花蓯蓉鵰翎靈州豐州野馬皮勝銀等州女稽布邠州火筋翦刀華豆淥豆丹延慶等州麝香）遠夷則控北蕃突厥之朝貢焉二曰河南道古豫

兖青徐四州之境今河南府陝汝鄭汴蔡許豫潁陳亳宋曹滑濮鄆濟齊淄徐兖泗沂青萊登密海凡二十有八州焉東盡于海西距函谷南瀕于淮北薄于河海水在青萊登密海泗六州之境函谷在虢州淮水出唐州歷蔡潁亳泗四州之南境黃河歷虢陝河南汴鄭滑濮濟淄青十州之北境名山則有三崤少室砥柱蒙山嶧山嵩岱二嶽在焉三崤在河南永寧縣界少室在登封縣砥柱在陝州河北縣蒙山在沂州費縣嶧山在兖州鄒縣中嶽嵩山在河南告成縣東嶽泰山一名岱山在兖州乾封縣皆是大川有伊洛汝潁沂泗之水淮濟之瀆伊出河南伊陽縣北流入洛洛出商州上洛縣經虢州河南入河汝水在汝州潁水在潁州沂泗二水並出兖州淮水源在唐州桐柏縣濟水源在河南濟陽縣厥賦絹緜綿布陝許汝潁州調以絁綿唐州布麻餘州並以絹及綿厥貢紬絁文綾絲葛水葱蘄心席瓷石之器鄆汴許陳亳宋曹濮鄆徐等州絹汝州紬絁陝潁徐二州紬絁滑二州方紋綾豫州鷄鶒綾雙絲綾蓍草碁子潁州綿兖州鏡花綾齊州絲葛潁兖齊等州防風青州仙紋綾鄆州麻黃許州蘄心蓆登州水葱蓆陝州栝蔞根栢子仁曹州蛇牀子濟州阿膠泗水貲布沂兖等州紫石英萊登密等州牛黃登州文石器海密等州布海州楚布萊州石器河南府瓷器遠夷則控海東新羅日本之貢獻焉三曰河東道古冀州之境今太原潞澤晉絳蒲虢汾慈隰石沁儀嵐忻代朔蔚雲虢州或屬河南凡十有九州焉東距恒山西據河南抵首陽太行北邊匈奴恒山太原之東河水經嵐石隰慈絳蒲六州之西境首陽在蒲州南太行在澤州南其名山則有雷首介山霍山崞山雷首在蒲州介山在汾州霍山在晉州崞山在代州一名五臺山其大川有汾晉及丹沁之水汾水出忻州歷太原汾晉絳蒲五州入河晉水出太原晉陽入汾丹水出澤州沁水出沁州歷晉絳澤三州至懷南入河厥賦布繭蒲州調以繭餘州並用麻布厥貢䌸扇龍鬚席墨蠟石英麝香漆人參太原龍骨甘草礜石銅鐵潞州墨人參花密兔絲子澤州白石英野雞禹餘糧晉州蠟燭絳州防風蒲州龍骨竹扇號州硯瓦地骨白皮汾州石膏慈州蠟隰石二州胡女布晉汾二州龍鬚席儀澤潞等州人參嵐號忻等州麝香忻州豹尾代州熟青熟綠朔代二州白鵰翎蔚州松子雲州鵰翎四曰河北道古幽冀二州之境今懷衛相洺邢趙恒定易幽莫瀛深冀貝魏博德滄棣嬀檀營平安東凡二十有五州焉其幽營安東又管羈縻州東並于海南迫于河西距太行恒山北通渝關蘇門海在棣滄幽平營五州之東河水經懷衛相魏博德棣七州之南境太行在懷州北恒山在定州西渝關在平州東薊門在幽州北其名山有林慮白鹿封龍井陘碣石之山恒嶽在焉林慮在相州西白鹿在衛州北封龍在趙州西井陘在恒州西碣石在營州東恒山北嶽在定州恒陽縣其大川有漳淇呼沱之水漳水出潞州歷相洺邢冀滄入海淇水出衛州與清水合歷魏貝德滄四州與漳水合呼沱在定滄二州界亦與漳水合厥賦絹綿及絲相州調兼以絲餘州皆以絹綿厥貢羅綾平紬絲布綿紬鳳翮葦席墨相州貢春羅孔雀等羅定州兩窠紬綾懷州牛膝洺博魏等州平紬邢州瓷器魏州綿紬衛趙莫冀等州綿瀛深冀德棣等州絹相州紗鳳翮席胡粉邢州絲布恒州羅定州紬綾幽州范陽綾貝州白氈滄州葦席柳箱嬀營歸順等州麝香檀州安東府人參平州蔓荊子薊州鹿角膠易州墨燕州墨豹尾安東單于野馬皮遠夷則控契丹奚鞨室韋之貢獻焉五曰山南道古荊梁二州之境今荊襄鄧商復郢隨唐峽歸均房金夔萬忠已上十六州爲山南道梁洋集通開壁巴蓬渠涪渝合鳳興利閬果已上西道凡三十有二州焉東接荊楚西抵隴蜀南控大江北據商華之山江水自蜀歷渝涪忠萬夔歸峽荊八州界其名山有嶓冢熊耳巫峽銅梁荊山峴山嶓冢在梁州金牛縣熊耳在商州上洛縣巫峽在夔州巫山縣銅梁在合州石鏡縣荊山在商州荊山縣峴山在襄州襄陽縣大川則有巴漢沮淯之水巴水在合州界入江漢水源出梁州金牛縣初名漾水一名沔水歷洋金均襄郢荊復七州至沔州入于江沮水源出房州永清縣至荊州界入江淯水出鄧州南入漢厥賦絹布綿紬梁利隨均荊襄雜用綿絹合州調以綿紬餘州並調以麻布厥貢金漆蜜蠟燭鋼鐵芒消麝香布交梭白縠紬紵綾葛綵綸蘭干利州貢金鋼鐵荊州交梭縠子方縠紋綾襄州漆隱起庫路眞鄧利果等州絲布襄均房商等州麝香復郢開等州白紵隨州綾唐州絹峽州芒消歸州紵麻布金州麩金萬州金忠州蘇薰席梁州燕支紅花洋州白交梭壁巴蓬通忠渠等州綿紬集通合等州白藥子通州絳香渠州買子木并子漳州連頭獠布渝峽隨等州葛合州牡丹皮閬州重蓮綾萊州白縠鳳州蠟燭巴州蘭干布房州紵襄州烏漆碎石文漆器白綸巾興鳳集夔等州蜜蠟六曰隴右道古雍梁二州之境今秦渭成武洮岷疊宕河蘭鄯廓已上隴西涼甘肅瓜沙伊西北庭安西已上河西凡二十有一州焉其秦梁鄯洮北庭安西甘岷又管羈縻州東接秦州西逾流沙南連蜀及吐蕃北界胡漠流沙在沙州已北連延數千里其名山有秦嶺隴坻西傾朱圉積石合黎崆峒三危鳥鼠同穴秦嶺在秦州上邽縣隴坻在清水縣西傾在洮州之西南朱圉在秦州伏羌縣積石在河州枹罕縣合黎在甘州張掖崆峒在肅州福祿三危在沙州燉煌鳥鼠同穴在渭州渭源其大川則有洮水弱水羌水洮水出西羌中歷岷蘭二州界入河弱水在甘州刪丹縣羌水歷宕武文三州之界河瀆及休屠之澤在焉河水歷廓河鄯蘭等州界休屠澤在梁州界厥賦布麻厥貢麩金礪石碁石密蠟蠟燭毛毼麝香白氈及鳥獸之角羽毛皮革廓宕二州貢麩金宕州散麝香沙州碁子肅州蠟石成州武州蠟燭洮州毛毼涼州毼布甘肅涼瓜等州野馬皮西州白氈瓜州吉莫皮伊州陰牙角胡桐律鄯州牸羊角野馬皮岷秦二州龍鬚席犛牛尾鷂翎秦州芎藭肅州肉蓯蓉栢脈根瓜州草豉子北庭州速霍角陰牙角阿魏截根安西緋氈礪砂陰牙角氂毛甘沙渭河蘭疊等州麝香遠夷則控西域胡戎之貢獻焉七曰淮南道古揚州之境今揚楚和滁濠壽廬舒蘄黃沔安申光凡一十有四州焉東臨海西抵漢南據江北距淮海在揚楚二州東漢在沔州淮水經申光壽濠楚五州北境入海江水經沔黃蘄舒和揚六州南境入海其名山有八公灊大別霍山羅山塗山八公山在壽州壽陽縣大別山在壽州霍山縣霍山一名天柱在舒州懷寧縣自漢以來爲南嶽隋文帝開皇九年以南衡山爲南嶽廢霍山爲名山羅山在申州塗山在濠州鍾離縣其大川有滁肥之水巢湖在焉滁水源出廬州合肥縣巢湖在合肥巢二縣界厥賦絁絹綿布淮南道庸調雜有紵貲火麻等布壽州以絁布綿麻安光二州麻貲絁絹申州綿絹厥貢交梭紵絺孔雀熟絲布青銅鏡揚州進青銅鏡莞席細紵廬州交梭申光二州貢絺紵葛楚州貢孔雀布和州紵練滁沔二州麻貲布蘄舒二州白紵布黃州紵貲布烏蛇安州青紵布壽廬光等州生石斛壽州葛布廬州貢熟絲布八曰江南道古揚州之南境今潤常蘇湖杭歙睦衢越婺台溫明括建福泉汀已上東道宣饒撫虔洪吉郴袁江鄂岳潭衡永道邵澧朗辰錦施南溪敘思黔費業巫夷播溱珍凡五十有一州焉黔中又管羈縻州東臨海西抵蜀南極嶺北帶江海水在蘇杭越台溫括泉福八州之東江水經岳鄂江宣潤常蘇七州之北入海其名山有茅山蔣山天

目會稽四明天台括蒼縉雲金華大庾武夷廬山而衡嶽在焉茅山在潤州丹陽句容二縣界蔣山一名鍾山在潤州江寧縣天目在杭州於潛縣會稽在越州山陰縣四明在餘姚縣天台在台州始豐縣括蒼縉雲皆在括州金華在婺州大庾在虔州南康縣武夷在建州崇安縣廬山在江州尋陽縣衡山在衡州湘潭縣其大川有浙江湘贛沅澧之水洞庭彭蠡太湖之澤浙江水有三源一出歙州一出衢州一出婺州歷睦杭越三州界入海湘水出桂州湘源縣北流歷永衡潭岳四州界入洞庭贛水經虔吉洪三州界入彭蠡沅水歷平辰朗岳四州界入洞庭澧水源出澧州石門縣至岳州界入洞庭湖洞庭在岳州巴陵縣界彭蠡湖一名宮亭湖在江州尋陽縣界太湖在蘇常湖宣四州縣界厥賦麻紵潤州調火麻餘州並以紵布厥貢紗編綾綸蕉葛練麩金犀角鮫魚藤紙朱砂水銀零陵香潤州方棊水波綾常州紫綸布兔褐蘇州紅綸布杭越二州白編睦越二州交梭衢婺二州藤紙綿越州吳綾建州蕉花練福州蕉海蛤泉括二州綿饒衢丞等州麩金犀角洪撫江潭永等州葛蘇州吳石脂吳蛇牀子台州金漆乾薑甲香江州生石斛鄂江二州銀永州石燕道州零陵香澧州龜子綾五入簞朗州紵練辰錦二州光明砂水銀溪錦二州朱砂常湖歙宣虔吉袁岳道等州白紵布施宣二州黃連宣州綺南州班布思黔費業溱珍等州蠟夷州蠟燭溫台二州鮫魚皮遠夷則控五溪之蠻九曰劍南道古梁州之境今益蜀彭漢綿劍梓遂普資簡陵邛眉雅嘉榮瀘戎黎茂龍扶文當松靜柘翼悉維嶲姚凡三十有三州焉其黎戎瀘茂松嶲姚又管羈縻州靜柘翼悉維五州並管羌夷東連牂牁西界吐蕃南接羣蠻北通劍閣劍閣在劍州普安縣界今謂之劍門其名山有峨眉青城鶴鳴岷山峨眉山在嘉州青城在蜀州鶴鳴在蜀州晉源縣岷山在岷州劍南道之西界北其大川有涪雒及西漢之水江瀆在焉涪水歷松龍綿梓遂合六州界入江雒水出漢州什邡縣經益簡資瀘四州界入江西漢水歷利閬果合四州界入江大江水自松州甘松嶺經翼茂彭蜀益陵眉嘉戎瀘十州之界入山南道厥賦絹綿葛紵瀘州調以葛紵等布餘州皆有綿絹及紵布厥貢麩金羅綾綿紬交梭彌牟布絲葛麝香羚羊犛牛角尾益蜀二州單絲羅益州高杼衫段彭州交梭簡州綿紬漢州紵布彌牟布綿州雙紃梓州遂州樗蒲綾戎普瀘等州葛邛劍嶲等州絲布龍雅眉嘉資等州麩金姚茂扶靜文悉松維當柘翼等州麝香劍州蘇薰席普州天門冬煎榮州班布黎州蜀椒龍州羚羊角當靜柘等州當歸羌活松州狐尾悉州當歸犛牛尾維州犛牛尾姚州金遠夷則控西洱河羣

蠻之貢獻焉十曰嶺南道古揚州南境今廣循潮漳韶連端康岡恩高春封辯瀧新潘雷羅儋崖瓊振已上廣府管內桂昭富梧賀龔象柳宜融古嚴已上桂府管內容藤義竇禺白廉繡黨牟嚴鬱林平琴已上容府管內鬱林平琴二州復名邕賓貴橫欽潯瀼籠田武環澄已上邕府管內安南驩愛陸峯湯萇福祿龐已上安南管內福祿一州後名凡七十州焉其五府又管羈縻州東南際海西極羣蠻北據五嶺其名山有黃嶺及鬱水之靈洲焉黃嶺在廣州寶安縣靈洲在廣州南海縣鬱水之中其大川有桂水鬱水桂水出桂州臨源縣歷昭富梧二州界入鬱水鬱水一名浪水歷藤梧封康端廣六州界入海厥賦蕉紵落麻廣州等調以紵布端州調蕉布康封二州調以落麻布厥貢金銀沈香甲香水馬翡翠孔雀象牙犀角鼉殼龍鼊綵藤竹布融象二州貢金桂邕昭柳等五十餘州貢銀桂州銅盤連州細布鍾乳崖欽二州高良薑廣州竺席生沈香水馬甲香龍鼊皮藤簟廣州安南並貢鼉殼循振二州五色藤盤振州班布食單安南及潮州蕉安南檳榔鮫魚皮翠毛愛驩等州孔雀尾驩州象牙藥犀角金薄黃屑沈香漳潮等州鮫魚皮甲香韶州竹子布岡州甲香詹糖香賓潮高循峯等州及安南蚺蛇膽春韶瀧廣等州石斛雷州絲電富州班布白石英蒙州麩金古州蠟容州朱砂銀欽州翡翠毛陸州玳瑁鷸皮翠毛甲香峯州荳蔻福祿部二州白蠟福祿龐二州紫餅木昆州桂心其遠夷則控百越及林邑扶南之貢獻焉凡天下之州府三百一十有五而羈縻之州蓋八百焉京兆河南太原為三都潞揚

二萬戶已上為中州不滿為下州凡三都之縣在城內曰京縣奉先同京城城外曰畿縣又望縣有八十五焉同州馮翊朝邑澄城白水郃陽華州鄭縣華陰下邽岐州雍縣扶風陳倉陝州陝縣桃林硤石河北芮城虢州閿鄉湖城鄭州管城縣陽武新鄭滎澤汴州浚儀開封尉氏雍邱宋州宋城滑州酸棗兗州金鄉許州扶溝汝州梁縣徐州襄城蒲州河東桑泉安邑虞鄉汾陰猗氏解縣絳州正平龍門夏縣聞喜翼城晉州臨汾洪洞汾州隰城平遙介休潞州上黨懷州河內武德武陟獲嘉魏州貴鄉魏縣昌樂頓邱元城相州安陽洺州永年冀州信都南宮瀛州河間深州饒陽益州成都蜀縣郫縣新繁彭州九隴導江蜀州晉源青城漢州雒縣潤州曲阿江寧常州晉陵蘇州吳縣杭州餘杭越州會稽婺州金華荆州江陵襄州襄陽揚州江都揚子其餘則六千戶已上為上縣二千戶已上為中縣一千戶已上為中下縣不滿一千戶皆為下縣凡天下之戶八百一萬八千七百一十口四千六百二十八萬五千一百六十一開元二十二年數百戶為里五里為鄉兩京及州縣之郭內分為坊郊外為村里及村坊皆有正以司督察里正兼課植農桑催調賦役四家為鄰五鄰為保有長以相禁約凡男女始生為黃四歲為小十六為中二十有一為丁六十為老每一歲一造計帳三年一造戶籍縣以籍成于州州成于省戶部總而領焉

通志卷四十

通志卷四十一

宋 右迪功郎鄭樵漁仲撰

都邑略第一

都邑序

建邦設都皆憑險阻山川者天之險阻也城池者人之險阻也城池必依山川以爲固大河自天地之西而極天地之東大江自中國之西而極中國之東天地所以設險之大者莫如大河其次莫如大江故中原依大河以爲固吳越依大江以爲固中原無事則居河之南中原多事則居江之南自開闢以來皆河南建都雖黃帝之都堯舜禹之都於今皆爲河北在昔皆爲河南大河故道自碣石入海碣石今平州也所以幽薊之邦冀都之壤皆爲河南地周定王五年以後河道堙塞漸移南流至漢元光三年徙從頓邱入渤海今濱滄間也自成周以來河南之都惟長安與洛陽或逾河而居鄴者非長久計也自漢晉以來江南之都惟有建業或據上流而居江陵武昌者亦非長久計也是故定都之君惟此三都是定議都之臣亦惟此三都是議此三都者雖曰金湯之業屢爲車轂之場或歷數百載或禪數十君高城深池塹山堙谷斷土既多地絕其脈積污復久水化其味此惰人所謂不甚宜人者也而況衝車所攻矢石所集積骸灑血莽爲荆榛斷垣壞壁鬼燐滅没由玆鳩集能必其蕃育乎唐之末年博士朱朴獻遷都之議曰古之帝王不常厥居皆觀天地興衰隨時制事關中周隋所都我實因之凡三百歲文物資貨奢侈僭僞皆極焉廣明巨盗陷覆京闕高祖太宗之制蕩然矣夫襄鄧之西夷漫數百里其東則漢與鳳林爲之闕南則菊潭環屈而流屬於漢西有上洛重山之險北有白崖聯絡誠形勝之地沃衍之墟若廣浚河渠漕輓天下可使大集自古中興之君去已衰之衰就未王而王今南陽光武雖起而未王也臣視山河壯麗處多故都已盛而衰難可興已江南土薄水淺人心囂浮輕巧不可以都河北固水深土厚而人心彊愎狠戾未即可服襄鄧既爲內地人心質良去秦咫尺而有上洛爲侵軼之限此建都之極選也疏奏在廷無有是其說者豈以其人無足取故并廢其言與然其論去已衰之衰就未王而王則前此或未有之及矣臣竊觀自昔帝王之都未有建宸極於汴者雖晉之十六國偏處中州亦未聞有據夷門者何哉蓋其地當四戰之衝無設險之山則國失依憑無流惡之水則民多疾癘七國之魏本都安邑爲秦侵蝕不得已東徙大梁秦人卒決河流以灌其城王假就虜一國爲魚焉自是曠千三四年無有居者朱全忠藉宣武資力以篡唐因而居汴未爲都也不及五六年梟鏡殄命晉庸繼位或獻遷都之謀君臣皆謂夷門國家根本不可遽易遂爲京室唐兵之來梁室之禍甚於王假晉遵覆轍邪律長驅取少帝如拾芥視朱氏又酷烈焉宋祖開基大臣無周公宅洛之謀小臣無婁敬入關之請因循前人不易其故逮至九朝遂有靖康之難豈其德之不建哉由地勢然爾六飛南巡駐蹕吳越朝曰行闕陵曰殯寢此豈絕念於卜宅哉咸陽郟鄏我陵我阿湯湯秦淮一葦可至而臣鄭未聞以定鼎之謀啟陳者毋亦以殘都廢邑土脈絕水泉鹵不足復興而夷門之痛況未定也嗚呼江沱不足宴安也毋已則採唐人之議取南陽爲中原新宅且以繫人望云

三皇都

伏犧都陳宛邱城是也今陳州治周武王封舜之後於此神農都魯或云始都陳魯今兖州曲阜縣故又云神農營曲阜黃帝都有熊又遷涿鹿有熊今鄭州新鄭涿鹿即涿州

五帝都

少昊都窮桑即魯曲阜也故曰封伯禽於少昊之墟顓帝都高陽濮州濮陽縣以顓帝居之故謂之帝邱其城中有顓帝冢存焉帝嚳都亳亦謂之高辛即偃師縣今隸西京帝嚳爲高辛氏故都亦謂高辛堯始封于唐後徙晉陽即帝位都平陽唐今定州唐縣猶有唐城存焉或云唐城在絳州翼城西二里及徙晉陽則以晉陽爲唐今平定軍有古晉陽城是其地及爲天子都平陽則又以平陽爲唐平陽今晉州也舜始封于虞即帝位都蒲坂虞即南京虞城縣蒲坂隋改爲河南縣今隸河中府

夏都

禹封於夏受禪之後都平陽又徙安邑夏今陝州夏縣安邑今隸蒲州平陽即堯都也禹在陽城者避商均之地而非都也按五子之歌曰惟彼陶唐有此冀方言堯舜及禹皆在冀州界少康中興復還舊都故左傳曰復禹之迹不失舊物

商都

契封於商後世遷于亳即西亳也成湯受命始遷于南亳故命以殷至仲丁遷于亳河亶甲居于相祖乙居于耿及盤庚五遷復都南亳至紂居朝歌商即上雒今爲商州亳故京兆杜縣有亳亭是也杜城今在長安南故司馬遷云禹興西羌湯起亳也及湯有天下始居宋地復命以亳今南京穀熟是也或云河南偃師是蓋有㶏水出陽城東至西華汝陽入于潁與潁水合流故人并謂潁爲陰故命以殷爲此謂之南亳囂亦作敖即河南之敖倉也相今爲相州耿河中府龍門縣南十二里故耿城是朝歌隋改爲衛縣衛州朝歌故城有縣西二十二里衛縣熙寧中省爲鎭入黎陽

夏商之際諸侯都

昆吾夏之伯國杜預云東都濮陽縣按唐武德四年析濮州濮陽置昆吾縣復舊名也八年復省入濮陽大彭商之伯國今徐州彭城是也豕韋亦商之伯國或謂之韋杜預云東都白馬縣東南有韋城按今滑州韋城是也有豢龍井在韋城古城之內唐杜唐杜二國名商末豕韋國於唐周成王滅唐而

遷之於杜爲杜伯唐今定州唐縣杜在永興軍長安縣南十五里曰于杜城猶有杜伯冢在焉顧夏之諸侯國濮州范縣東南二十八里有故顧城六盧州舒城東南六十里有故六城虞夏之際封皋陶於此蓼壽州霍邱縣六蓼皆虞夏所以封皋陶扈夏爲扈商爲崇秦改扈爲鄠今鄠縣北二十里有故扈城扈城周四里亦有甘亭即啟與有扈戰處鉏故鉏城在滑州衛南縣東十五里此羿本國羿後遷于窮石寒寒浞之國今濰州東二十三里寒亭是也斟灌夏同姓國杜預云樂安壽光縣東南有灌亭按壽光今隸青州斟尋夏同姓國按漢北海郡有斟縣其地在今維州東南五十里尚有斟亭京相璠云斟尋去斟亭七里過澆之國一名有過萊州掖縣北有過鄉戈豷之國在宋鄭之間崇永興鄠縣東在夏爲扈在商爲崇姚商時國邳商時國今睢陽治下邳是密須按今涇州靈臺有密康公墓或云涇州保定有陰密城甲父單州有甲父城飂飂叔安之國亦作廖唐州湖陽是褒褒姒之國疑蔡州褒信是防風氏湖州武康縣是厥古厥國鄭州中都有厥陽亭葛南京甯陵縣有故葛城是北去亳城百里亳即湯始居或云許州鄢城北三十里有葛伯城然皆指其處也

周都

周本扶風郡之地名后稷始封於此其所居之地謂之邰公劉遷于豳豳亦作邠大王避狄去豳居岐及文王德業光大作邑于豐而典治南國武王有天下乃居鎬京豐在豐水之西鎬在豐水之東周地西迫戎俗自岐之豐自豐之鎬是西遠戎而東即華也武王克商乃遷九鼎于郟鄏至成王始定鼎于此而城之以爲東都謂之王城及三監導紂子武庚叛成王乃命周公營洛邑遷商之頑民於此謂之成周自武王十一世至幽王爲犬戎所滅太子宜臼徙居王城謂之東周是爲平王東徙之後則以王城爲周而以鎬京爲宗周自平王十三世至敬王有王子朝之難王城隳廢又遷成周成周在東河南在西又以王城爲西周成周爲東周故公羊曰王城者西周也由春秋後至赧王時周分爲二而赧王復居王城爲西周考王弟桓公之孫惠公居成周爲東周邰今武功縣斄城是也豳班固云栒邑有豳鄉按栒邑故城在今邠州三水縣東北或云三水西南三十里有古豳城是也岐今鳳翔岐山是也豐鎬皆水名豐在今永興鄠縣東南鎬去豐二十里王城今河南縣成周今洛陽都

周諸侯都

魯都曲阜魯本少昊摯居之謂之少昊之墟又大庭氏居之魯於其上作庫故謂大庭氏之庫至周武王以周公之功而封伯禽於此其地本名魯乃作都于曲阜宋祥符中改曲阜爲仙源今隸兖州齊都薄姑遷于營邱齊本顓帝之墟營邱今臨淄縣薄姑亦謂之蒲姑在其西北或云營邱故城在濰州昌樂而青州博興有蒲姑故城宋都商邱杜預云梁國睢陽縣按睢陽隋改爲宋城今南京治本陶唐氏之火正閼伯之墟以其主火故爲大辰之墟相土因之武王伐紂封箕子武庚於鄁武庚叛成王殺之更封紂兄子微子啟於宋以爲商後故謂之商邱衛都朝歌及懿公爲狄所滅宋桓公迎衛之餘民渡河立戴公以廬于曹後齊桓公城楚邱而居文公爲至成公又遷于帝邱朝歌故城在衛縣西二十二里衛縣宋熙甯省爲鎮入黎陽本紂都故謂之商墟曹亦作漕今滑州白馬是也楚邱今單州成武帝邱本顓帝之墟故曰帝邱夏王之世昆吾氏居之故亦謂之昆吾之墟今濮州濮陽縣鄭都本西周畿內之地周宣王以封母弟桓公友及幽王有犬戎之變鄭武公遂遷于濟洛河潁之間謂之新鄭鄭之始都謂之故鄭今華州鄭縣是也有鄭故城在縣北新鄭今之滎陽晉都唐謂之夏墟大名也本堯所都謂之平陽成王封母弟叔虞於此初謂之唐其子燮立始改爲晉以有晉水出焉其地正名翼亦名絳而平陽者是其總名及昭侯立封叔父桓叔于曲沃後曲沃盛彊桓叔之孫武公滅翼遂有晉都至景公遷于新田又謂新田爲絳而謂平陽爲故絳唐今定州唐縣猶有唐城或云唐城在絳州翼城西二里平陽今爲絳州縣翼晉之舊都今絳州翼城是也倘有故城在縣東南曲沃今爲絳州縣晉先君祖廟並在此新田一名絳今絳州絳縣是也或云絳故城在曲沃南一里景公以後並都是楚都丹陽周成王封熊繹以子男之田蓋居於此至熊達始盛彊僭稱王是爲楚武王遷都于郢昭王爲吳所滅又遷于鄀楚本名荊至成王頵始改號楚丹陽今江陵枝江縣郢江陵縣北十餘里有紀南城城東有小城名郢在江之南非今郢州鄀本鄀國楚并之在襄陽宜城縣東按今襄州南二百二十里廢樂鄉縣是其地今有都鄉在都水傍又云宜城西南有都亭山至考烈王徙都壽春復命曰郢今楚州者懷王孫心所都秦周孝王封非子居於秦谷至襄公赴幽王之難以兵助送平王故平王與之以岐豐之地列爲諸侯莊公居犬邱文公居汧渭德公遷于雍自德公以下十八世居雍獻公遷櫟陽孝公乃遷咸陽秦谷故隴西縣秦亭是也隴西唐末爲寨宋熙甯廢爲鎮入汧原今隸隴州故秦城尚在大邱漢槐里縣今永興軍興平縣雍故扶風雍縣唐改曰天興今鳳翔治櫟陽咸陽今皆爲縣隸永興軍吳都吳城今蘇州是虞都虞杜預云河東大陽縣按今陝州夏縣有大陽故關而平陸縣東北六十里見有故虞城仲雍國於吳其支子別封于此故亦謂之西吳其虞舜之後居于虞城今爲縣隸南京非此虞也虢都上陽上陽今虢州虢略此虢仲之封也謂之西虢而虢叔之封在鳳翔虢縣謂之南虢復有一虢居於滎縣謂之東虢以其在虢仲國之東南東南二虢皆主於上陽曹都曹今廣濟軍治定陶是許都許後遷于葉又遷于城父又遷于白羽又遷于容城許今許州白羽一名析鄧州淅川是或云內鄉是容城華容縣是邾都邾今兗州曲阜東南四十里古邾城是或云濟州任城南二十里後有邾婁城皆即其所也曲阜今爲仙源縣莒都莒後遷鹽官故謂之南莒莒今爲密州縣紀都紀遷于劇紀本在東海故贛榆縣紀城是劇在青州臨朐縣東壽光縣西亦名紀音訛爲劇滕都小邾遷于公邱小邾即滕縣及遷于公邱則故地爲小邾國隋以其爲滕舊都故改蕃爲滕縣今隸徐州公邱今兖州龔邱薛仲虺之都本在魯地奚仲遷于邳魯莊公三十一年築臺于薛即薛舊都也及遷于邳又以邳爲薛今徐州滕縣東南五十里薛城是州都淳于後遷華容淳于今爲密州高密華容今荊南府監利蔡本幾內之地以爲蔡叔之采邑及蔡叔逆命國除至蔡仲始改封于汝南故以汝南爲蔡及遷州來則以州來爲下蔡汝南爲上蔡今蔡州上蔡縣西南十里故蔡城即蔡國也州來即下蔡縣今壽州治徐都臨淮今泗州臨淮有徐城又有偃王廟徐君墓葛都甯南京甯陵縣故甯城是越都會稽今會稽城亦謂之勾踐城越州城也陳都宛邱宛邱今陳州治本太昊之墟南燕都胙東都舊有燕縣隋改曰胙城本胙國也爲燕所并胙城唐爲縣隸滑州故燕城在胙城東北遂都乘邱乘邱舊爲蛇邱唐省入鉅野今濟州治譚都譚齊州歷城縣有古譚城管都管鄭州管城是鄶都鄶今鄭州新鄭東北三十五里有古鄶城戴都戴

今開封封邱縣有戴城任都任城今濟州任城宿都無鹽無鹽故城在鄆州須城東三十六里須句都須胊遷于須昌鄆州壽張縣西北有須胊城須昌今鄆州須城也顓臾都費沂州費縣西北八十里有故顓臾城郚都郚今沂州承縣東八十里故郚城向都向今沂州有故向城鄅都開陽故開陽城在臨沂縣北十五里蕭都蕭徐州蕭縣頓都南頓今陳州南頓縣息都新息今蔡州新息縣沈都平輿平輿故地在蔡州汝陽縣東項都項城陳州項城縣東北有故項城隨都隨今隨州鄧都鄧襄陽鄧城縣界也夔都夔今歸州東二十里有故夔子城北燕都薊治幽州邢都襄國襄國隋改曰龍岡今邢州治梁都新里同州夏陽有新里城或云新里城在澄州韓都韓城故韓城在今同州韓城縣南十八里魏都魏地遷于大梁今陝州平陸有魏城大梁即開封趙都趙城遷于平棘趙城今隸晉州縣平棘隸趙州郕都郕武王封季載於此今濮州雷澤北三十里有故郕城郜都郜郜有南北今單州成武有二郜城應都葉汝州葉縣有故應城蔣都期思期思故城在光州固始西北七十里申都申今信陽軍呂都呂蔡州城蔡固呂國焦都焦陝州東北百步有焦城耿都耿河中府龍門縣南十二里故耿城是霍都霍今晉州有霍邑揚都揚晉州洪洞縣東南十八里有故揚城冀都冀今河中府有冀亭芮都芮杜預云馮翊臨晉縣有芮鄉按臨晉故城在今同州朝邑西南二里賈都賈同州蒲城縣有賈城荀都荀荀城在絳州正平西十五里黎都黎今潞州臨城縣有黎侯故城邢都邢京相璠云野王縣西北三十里有故邢城野王隋改曰河內今懷州治

周夷狄都

戎都戎城杜預云陳留濟陽縣東南有戎城又有戎州是其別邑夷都夷安杜預云在城陽莊武縣所治夷安縣是也介都黔陬介東邑國今密州諸城縣東北一百一十里有黔陬故城根牟都安邱今密州安邱萊都黃登州黃縣東南二十五里有故黃城即萊子國

右東夷

百濮都濮今江陵建寗縣是舒都舒今盧州舒城羣舒都龍舒今盧江西有龍舒允姓之戎本居瓜州秦晉誘而致之伊川瓜州今在極西瓜沙之地伊川故陸渾縣其地在河南伊陽縣南伊拒泉皐伊洛之戎杜預云伊闕縣北有泉亭蠻氏都麻解杜預云河南新城縣東南有蠻氏城俗以為麻解城蠻麻聲近按麻解縣亦謂之蠻王城今在汝州西南近伊闕庸都上庸房州竹山縣西二百五十里有上庸城盧戎都盧今襄州中盧巴都江州江州故縣名隋改為江津隸渝州

右南蠻

狄都狄亦謂之翟其別都有箕狄在慈州箕城在遼州榆社東南三十里白狄都西河白狄與秦同州今坊鄜延綏間皆古白狄之地鮮虞都鮮虞白狄之別種今定州安喜舊鮮虞縣肥都昔陽肥即白狄遷于昔陽故城在今平定軍樂平縣東五十里鼓都鼓城白狄別種今祁州鼓城縣驪戎都臨潼今永興臨潼縣東二十四里有驪戎故城

右西戎

赤狄都潞今潞州之地潞都潞今潞州是東山皐落氏都皐落今絳州垣縣西北六十里有皐落成服虔云世謂之哥亳城蓋聲相近山戎都薊北狄也號無終子今薊州治漁陽所以薊北燕之路廧咎如甲氏留吁鐸辰皆赤狄別種散居河北鄭瞞在夏為防風氏商為汪芒氏皆長狄國也

右北狄

秦都

秦都已見本卷周諸侯都中

兩漢都

前漢都長安謂之西都後漢都洛陽謂之東都光武又以南陽為別都謂之南都至建安元年曹操挾獻帝遷許長安宋為永興軍治南陽鄧州許潁昌府

三國都

魏略云魏以長安譙許昌鄴洛陽為五都洛陽其京室也吳志云吳都鄂後遷建業故改鄂為武昌改秣陵為建業後避晉愍帝諱故又改為建康蜀志云蜀都成都譙今亳州許昌今潁昌府鄴相州鄂即鄂州建業今建康府成都益州也

兩晉都

晉都洛陽仍魏舊也東晉都建業本吳都也

十六國都

後魏雖共起其後奄有中原故不在十六國之數

張軌都敦煌謂之前涼沙州

呂光都姑臧謂之後涼涼州

李暠都酒泉謂之西涼肅州

禿髮烏孤都張掖謂之南涼蘭州與乞伏國仁分據定樂在其東

沮渠蒙遜都張掖謂之北涼甘州

慕容皝初都和龍後徙薊又徙鄴謂之前燕和龍唐柳城宋時大遼黃龍府薊幽州鄴相州

慕容垂都中山謂之後燕今中山府

慕容德都廣固謂之南燕青州

馮跋都和龍謂之北燕

劉淵都平陽謂之前趙晉州

苻堅都長安謂之前秦

姚萇都長安謂之後秦

乞伏國仁都定樂後遷金城謂之西秦定樂蘭州東境金城河州

赫連勃勃都統萬謂之夏朔方

宋齊梁陳都

宋因晉舊都建業齊因宋梁因齊改號不改都梁有太清之禍建康殘毀元帝興復即位于江陵魏人滅之陳復都建業江陵今荊南府

後魏都

魏拓跋氏甚微至道武帝諱珪始盛彊晉太元間作都于代六世孝文帝改姓元氏遷于洛陽後世微弱孝武帝為高歡所逼出居長安依宇文泰是為西魏高歡立孝靜帝遷都于鄴是為東魏高氏繼東魏居鄴謂之北齊宇文氏繼西魏居長安謂之後周

隋都

文帝繼周即都長安開皇二年帝以長安故城漢來舊

邑年代既久凋弊實多又制度狹小不稱皇居乃作新都於龍首山在漢城東南（屬杜縣本後周之京兆郡萬年縣界也）南直終南山子午谷北據渭水東臨滻灞西杭龍首謂之大興城（文帝初封大興公故登極以後其命城縣門殿池及寺皆以大興焉）

四夷都

朝鮮都王險（漢樂浪郡）

濊都濊在高句麗之北（漢滄浪郡）

三韓皆都帶方郡之東大海中東西以海為限南與倭接北與樂浪方可四千里有三種曰馬韓辰韓弁韓復有一種曰弁辰其後馬韓悉王三韓之地都目支國

百濟都居拔城亦曰固麻城（晉時據遼東晉平二郡在柳城北平之間）

新羅都新羅在百濟東南五百餘里亦在高句麗東南兼有漢時樂浪郡之地

倭初都帶方東南大海中後都邪馬臺邪馬臺去遼東二千里在百濟新羅東南

夫餘都夫餘城在元菟北千里南與高句麗東與挹婁西與鮮卑接北有弱水地方二千里

高句麗初都紇升骨城後世遷於丸都山下自東晉以後移都於平壤城又有別都曰國內城曰漢城號為三京（平壤即漢樂浪郡王險城亦曰長安城東西六里隨山屈曲南臨浿水在遼東南千餘里城內惟積倉儲器械賊至方入固守王別宅於其側）

東沃沮都高句麗西北在蓋馬大山之東（蓋馬縣名屬元菟郡）東濱大海北與挹婁扶餘南與濊貊接又有北沃沮一名置溝婁去南沃沮八百餘里亦與挹婁接

挹婁即古肅慎國都不咸山在夫餘東北千餘里東濱大海南與北沃沮接不知其北所極

勿吉（亦曰靺鞨）亦古肅慎氏國其都在高句麗之北自和龍北二百餘里有善玉山山北行十三日至祁黎山又北行七日至洛瓌水水廣里餘又北行十五日至大兵魯水又東北行十八日至其都

扶桑都在大漢國東二萬餘里地在中國之東土多扶桑木故以為名

文身都倭國東北千餘里

流求都海島之中當建安郡東水行五日而至

閩越初都東冶即長樂郡也後都東甌即永嘉郡也（或云建州建州今有甌寧縣）

右東夷

廩君都夷城其後世散處巴郡南郡謂之南郡巴郡蠻

板楯蠻始居巴中其後世僭侯稱王屯據三峽為後周所滅

獠始出漢中達于邛莋其後侵暴梁益

南平獠居南平其地東距智州南屬渝州西接南州北接涪州

東謝蠻居黔州西三百里南距守宮獠西連夷子地方千里

西趙蠻居東謝之南其地東至夷子西至昆明南至西洱河南北十八日行東西二十三日行

牂柯蠻世為本土牧守唐以其地為牂州

充州蠻與牂柯蠻接唐以其地為充州牂柯充州皆黔中屬州也

西爨蠻晉時據南寧郡其地延袤二千餘里隋以其地置恭州協州昆州未幾復叛唐兵擊之開置青蛉弄棟為縣

昆彌蠻在西爨之西以西洱河為境

尾濮居興古郡西南千五百里徼外（興古今雲南郡地）又有木綿濮文面濮赤口濮黑僰濮皆在永昌西南與尾濮接

松外諸蠻散處夜郎滇池以西凡數十姓

右南蠻

夜郎在蜀徼外近牂柯其江水趍番禺城下

滇在夜郎之西即漢益州郡也蜀改益州郡為建寧分建寧永昌為雲南郡又分建寧牂柯為興古郡貢即今之雲南也

邛都即漢越嶲郡之地

莋都即漢沈黎郡之地

冉駹即漢汶山郡之地

哀牢即永昌郡之地

附國在蜀郡西北二千餘里即漢之西南夷也

右西南夷

南粵都南海今廣州也

右嶺南夷

黃支在合浦日南之南三萬里

哥羅在槃槃東南亦曰哥羅富沙國

林邑本漢日南郡象林縣古越裳界也在交趾南海行三千里

扶南在日南郡之南海西大島中去日南可七千里在林邑西南三千餘里去海五百里

頓遜去扶南可三千餘里其國之東界通交州其西界接天竺安息其所都在海崎山上地方千里城去海十里羈屬扶南

毗騫居大海洲中去扶南八千里

于陀利在南海洲上史不言道里方向獨稱其俗與林

邑扶南略同當是與扶南林邑近也

狼牙修在南海中其界東西三十日行南北二十日行北去廣州二萬四千里

婆利在廣州東南海中洲上自交趾浮海南過赤土丹丹國乃至其國去廣州二月日行國界東西五十日行南北二十日行

槃槃在南海大洲中北與林邑隔小海自交州船行四十日至其國

赤土扶南之別種也在南海中直崖州之南水行百餘日達其國

眞臘都伊奢那城在林邑西南本扶南之屬國也去日南郡舟行六十日而至

羅刹在婆利之南

投和在眞臘之南自廣州西南水行百日至其國

丹丹在羅摩羅國西北振州東南振州與珠崖同島上

邊斗都昆拘利比嵩自扶南渡金隣大灣南行三千里有此四國

杜薄在扶南東漲海中直渡海數十日至其國

薄剌在拘利南海灣中

勃焚在南海洲中

火山在杜薄東五千里

無論在扶南西二千餘里

右海南夷

羌散處三河之間

月氏胡居湟中

氐散處廣漢之西其後保仇池竊據秦梁之地

葱茈羌自婼羌西至葱嶺數千里皆其地也

吐谷渾在益州西北都伏俟城在青海西十五里其地東西三千里南北千餘里

乙弗敵在吐谷渾北國有屈海海周迴四千餘里乙弗敵之西有契翰國又有可蘭國可蘭西南一千五百里隔大嶺又度四十里海有女王國

宕昌羌居今宕州其地自仇池以西東西千里席水以南南北八百里

鄧至羌世居白水自亭街以東武平以西汶嶺以北宕昌以南皆其地也

党項羌居古析支之地其地東接臨洮西平西拒葉護南凭舂桑迷桑等羌北連吐谷渾南北數千里

白蘭羌居白蘭其地東北接吐谷渾西至叱利模徒南界郍鄂

吐蕃在吐谷渾西南其先居䟦布川或居邏娑川後徙都牂牁西疋播城唐初大盛其地東與松茂嶲接南極婆羅門西取四鎭北抵突厥幅員萬里

右西羌

婼羌治婼羌城去長安六千三百里西與且末接

鄯善本名樓蘭王治杅泥城去長安六千一百里西北至車師千八百九十里

且末王治且末城去長安六千八百二十里北接尉犂丁零東與白提西與波斯精絕接南至小宛可三日行

小宛王治扜零城去長安七千二百一十里東與婼羌接

精絕王治精絕城去長安八千八百二十里南至戎盧四日行西通扜彌四百六十里

戎盧王治卑品城去長安八千三百里東與小宛南與婼羌西與渠勒接

扜彌王治扜彌城去長安九千二百八十里南與渠勒東北與龜茲西北與姑墨接西通于闐三百九十里

渠勒王治鞬都城去長安九千九百五十里東與戎盧西與婼羌北與扜彌接

于闐王治西城去長安九千六百七十里南與婼羌接北與姑墨接西通皮山三百八十里

皮山王治皮山城去長安萬五千里西南至烏秅千三百四十里南與天竺接北至姑墨千四百五十里西南當罽賓烏弋山離西北通莎車

烏秅王治烏秅城去長安九千九百五十里北與子合蒲犂西與難兜接

西夜亦號子合王治呼犍谷去長安萬二百五十里東與皮山西南與烏秅北與莎車西與蒲犂接

蒲犂王治蒲犂谷去長安九千五百五十里東至莎車五百四十里北至疏勒五百五十里南與西夜子合接西至無雷五百四十里

依耐王治依耐城去長安萬一百五十里東北至莎車五百四十里至無雷五百四十里北至疏勒六百五十里南與子合接

無雷王治盧城去長安九千九百五十里南至蒲犂五百四十里南與烏秅北與捐毒接

難兜王治難兜城去長安萬一百五十里西至無雷三百四十里西南至罽賓三百三十里南與婼羌北與休循西與大月氏接

罽賓王治循鮮城去長安萬二千二百里東至烏秅二千二百五十里東北至難兜九日行西北與大月氏西

南與烏弋山離接
烏弋山離去長安萬二千二百里東與罽賓北與撲挑西與犂靬條支接行可百餘日乃到
條支去陽關二萬一千一百里在葱嶺之西城居山上周回四十餘里
安息王治番兜城去長安萬一千六百里在葱嶺之西大宛之西可數千里北與康居東與烏弋山離西與條支接
大月氏王治監氏城去長安萬一千六百里西至安息四十九日行南與罽賓接
小月氏王治富樓城在波路西南去代萬六千六百里
康居王冬治樂越匿地到卑闐城去長安萬二千三百里至越匿地馬行七日至王夏所居蕃內九千一百四十里
米國都那密水西舊康居之地西北去蘇對那國五百里西南去史國二百里東去瓜州六千四百里
史國都獨莫水南十里舊康居之地北去康國二百四十里南去吐火羅五百里西去那色波國二百里北去米國二百里東去瓜州六千五百里
曹國都那密水南數里舊康居之地東南去康國百里西去何國百五十里東去瓜州六千六百里
何國都那密水南數里舊康居地東去曹國百五十里西去小安國三百里東去瓜州六千七百五十里
烏那遏國都烏滸水西舊安息之地東北去安北四百里西北去穆國二百餘里東去瓜州七千五百里
穆國都烏滸河之西亦安息之故地與烏那遏鄰
大宛王治貴山城去長安萬二千五百五十里北至康居卑闐城千五百一十里西南至大月氏六百九十里北與康居南與大月氏接
桃槐國去長安萬一千八百里
休循王治飛鳥谷在葱嶺西去長安萬二百一十里東至捐毒衍敦谷二百六十里西北至大宛國九百二十里西至大月氏千六百一十里
天竺卽捐毒也王治衍敦谷去長安九千八百六十里西北至大宛千三百里北與烏孫接
莎車王治莎車城去長安九千九百五十里西至疏勒五百六十里西南至蒲犂七百四十里
疏勒王治疏勒城去長安九千三百五十里南至莎車五百六十里西當大月氏大宛康居道
尉頭王治尉頭谷去長安八千六百五十里南與疏勒接西至捐毒千三百一十四里
烏孫大昆彌治赤谷城去長安八千九百里西至康居蕃內地五千里
姑墨王治南城去長安八千一百五十里南至于闐馬行十五日北與烏孫接東通龜茲六百七十里
溫宿王治溫宿城去長安八千三百五十里西至尉頭三百里北至烏孫赤谷城六百一十里東通姑墨二百七十里
龜茲王治延城去長安七千四百八十里南與精絕東南與且末西南與扞彌北與烏孫西與姑墨接
尉犂王治尉犂城去長安六千七百五十里南與鄯善且末接
危須王治危須城去長安七千二百九十里西至焉耆百里
焉耆王治員渠城去長安七千三百里南去尉犂百里北與烏孫接東去交河城九百里西去龜茲九百里
烏貪訾離王治于婁谷去長安萬二百三十里東與單桓南與且彌西與烏孫接
卑陸王治天山東接乾當谷去長安八千六百八十里
卑陸後國王治番渠類谷去長安八千七百一十里東與郁立師北與匈奴西與劫國南與車師接
郁立師王治內咄谷去長安八千八百三十里東與車師後城長西與卑陸北與匈奴接
單桓王治單桓城去長安八千八百七十里
蒲類王治天山西疏榆谷去長安八千三百六十里
蒲類後國去長安八千六百三十里
移支王居蒲類地
西且彌王治天山東于大谷去長安八千六百七十里
東且彌王治天山東兌虛谷去長安八千二百五十里
劫國王治天山東丹渠谷去長安八千五百七十里
狐胡王治車師柳谷去長安八千二百里西至焉耆七百七十里
山國去長安七千一百七十里西至尉犂二百四十里西北至焉耆百六十里西至危須二百六十里東南與鄯善且末接
車師前王治交河城去長安八千一百五十里
車師後王治務塗去長安八千九百五十里北與匈奴接（又有車師後城長國）
滑國與車師鄰接車師之別種也（滑旁有小國曰阿跂檀周古柯胡密丹等國又有白題國在滑國東去滑六日行西極波斯）
車離居沙奇城在天竺東三千餘里

高附居大月氏西南
大秦居大海之西亦云海西國
奄蔡去陽關八千餘里西與大秦東南二千里與康居接後魏時所爲粟特國國八云其國見在葱嶺之西故奄蔡地也一名溫那沙居於大澤在康居西北去代一萬六千里北距安息五千里
小人居大秦之南
軒渠居三童東北
三童居軒渠西南
澤散治北海中北至驢分水行半歲與安息城郭相近
驢分其治去大秦都二千里
堅昆居康居西
呼得居葱嶺北烏孫西北康居東北丁令在康居北已上三國堅昆居中俱去匈奴單于庭安習水七千里南至車師六國五千里西南去康居界二千里西去康居王治所八千里
短人在康居西北
師子居天竺旁在西海中
嚈噠居于闐西都烏滸水南二百餘里去長安一萬一百里王都號拔底延蓋王舍城也
波斯居達曷水之西都宿利城去代二萬四千三百二十八里西去海數百里東南去穆國四千餘里西至拂菻四千五百里即條支之故地
伏盧尼都伏盧尼城在波斯國北去代二萬七千三百二十里
悅般在烏孫西北
朱俱波居于闐西千餘里西至渴槃陁南至女國三千里北至疏勒九百里南至葱嶺二百里

渴槃陁治葱嶺東在朱俱波西西至護密國南至縣度山北至疏勒國界西北至判汗國
鉢和在渴槃陁西有二道一道西行向嚈噠一道西南趣烏萇
波知在鉢和西南
賒彌在波知之南山
烏萇在賒彌南北至葱嶺南至天竺波羅門
乾陀在烏萇西
阿鉤羌居莎車西南去代一萬三千里
副貨去代一萬七千里東至阿富伏且國西至沒誰國中間相去一千里北至奇沙國相去一千五百里
疊伏羅去代三萬一千里
拔豆去代五萬一千里東至多勿當國西至旃那國中間相去七百五十里南至罽陵迦國北至弗那伏且國中間相去九百里
者至拔都者至拔城在疏勒西去代一萬一千七百二十里
迷密在者至拔西去代一萬二千一百里
悉萬斤都悉萬斤城在迷密西去代一萬二千七百二十里
忸密在悉萬斤西去代二萬二千八百二十八里
石國居於藥殺水都柘折城東與北至西突厥界西至波臘國界西南康居界南至率都少郁國界南去撥汗六百里東南去瓜州六千里
女國在葱嶺南
發汗都葱嶺西五百餘里東去疏勒千里西去蘇對沙那國五百里北去石國五百里東北去突厥可二千餘里東去瓜州五千里
吐火羅治薄提城去代萬二千里東至范陽國西至悉萬斤中間相去二千里北至波斯國中間相去一萬里
劫國居葱嶺中西南與賒彌國界接西北至挹怛國去長安萬二千里
陁羅伊羅居烏萇國北大雪山坡上
越底延治辛頭河北南至婆羅門國三千里西至賒彌國千餘里北至瓜州五千四百里
大食居波斯之西

右西域

匈奴都單于庭直代雲中後分而爲二北單于居單于庭南單于居西河美稷漢建安末魏武始分其衆爲五部魏立五部都尉以統之其左部都尉居太原故慈氏縣右部都尉居祈南部都尉居蒲子北部都尉居新興中部都尉居太陵至于晉初塞外匈奴盡向化由是與晉人雜處居平陽西河太原新興樂平諸郡靡不有焉
烏桓都烏桓山漢武帝徙於上谷漁陽右北平遼東五郡塞外
鮮卑都鮮卑山在柳城郡界
軻比能小種鮮卑也居遼西右北平漁陽塞外
宇文莫槐居遼東塞外
徒河段居遼西
蠕蠕都弱落水其常所會庭則敦煌張掖之北
高車都鹿渾海西北百餘里
稽胡散居離石以西安定以東
突厥世居金山後分爲二其一曰沙鉢略可汗居都斤山又南徙于白道川

西突厥居烏孫之故地南至突厥西至雷翥海南至疏勒北至瀚海在長安西北七千里

鐵勒種類最多居西海之東依山據谷

庫莫奚亦謂之奚都饒樂水即鮮卑故地

契丹居松漠之間後徙遼西正北二百里依託紇臣水而居亦鮮卑故地其後都于和龍即唐之柳城也紇臣水一作紇臨水

室韋居勿吉北千里去洛陽六千里

地豆于居室韋西千餘里

烏洛侯在地豆于北去代都四千五百餘里

驅度寐在室韋北

霫與靺鞨鄰治黃水北亦鮮卑故地

拔悉彌在北庭北海南結骨東南依山散居去敦煌九千餘里

右北狄

通志卷四十一

通志卷四十二

宋右迪功郎鄭樵漁仲撰

禮略第一

吉禮上

郊天　大雩　明堂　朝日夕月　大禘（臘）　靈星

風師雨師及諸星等祠　方丘（神州后土附）　社稷

山川　籍田　先蠶

郊天

有虞氏禘黃帝（爾雅釋天云禘大祭也虞氏冬至大祭天於圜丘以黃帝配坐）而郊嚳（夏正之月祭感生帝於南郊以嚳配焉）夏后氏禘黃帝而郊鯀商人禘嚳而郊冥周制大司樂云冬至日祀天於地上之圓丘又大宗伯職曰以禋祀昊天上帝禮神之玉以蒼璧其牲及幣各隨玉色牲用一犢幣用繒長一丈八尺（鄭康成注云曾子問云制幣長丈八鄭約巡狩禮文也餘用幣長短皆准此）王服大裘其冕無旒尸服亦然乘玉輅錫繁纓十有再就建大常十有二斿以祀鐏及菹醢之器以瓦爵以匏藉神之席以藁秸及蒲蒻而不納（藁秸藉天神蒲越藉配帝）配以帝嚳其樂大司樂云凡樂圜鍾爲宮黃鍾爲角太蔟爲徵姑洗爲羽靁鼓靁鼗孤竹之管雲和之琴瑟雲門之舞冬日至於地上之圜丘奏之其感生帝大傳曰禮不王不禘王者禘其祖之所自出以其祖配之（王者先祖皆感太微五帝之精以生其神名鄭康成據春秋緯說蒼則靈威仰赤則赤熛怒黃則含樞紐白則白招拒黑則叶光紀皆用歲之正月郊祭之蓋特尊焉孝經云郊祀后稷以配天配靈威仰也宗祀文王於明堂以配上帝汎配上帝也）因以祈穀其壇名泰壇在國南五十里禮神之玉用四珪有邸尺有二寸牲用騂犢青幣配以稷其配帝牲亦用騂犢其樂大司樂云乃奏黃鍾歌大呂舞雲門以祀天神（天神謂五帝及日月星辰王者又各以夏正月祀其所受命之帝於南郊尊之也）日用辛（按禮記及春秋魯郊於建子月用辛又王者必五時迎氣者奉承天道從時訓人之義故月令於四立日及季夏土德王日各迎其王氣之神於其郊（月令云立春之日天子親率公卿諸侯大夫以迎春氣於東郊餘四氣皆然若以祖之所自出即禘祭靈威仰於南郊一神而已若迎王氣之神即五神同祀之）其配祭以五人帝春以太皞夏以炎帝季夏以黃帝秋以少昊冬以顓帝其壇位各於當方之郊去國五十里內曰近郊爲兆位於中築方壇亦曰太壇而祭之禮神之玉按大宗伯云青珪禮東方赤璋禮南方黃琮禮地則中央也白琥禮西方元璜禮北方牲用犢及幣各隨玉色樂與感帝同秦始皇既即位以昔文公出獵獲黑龍此其水德之瑞用十月爲歲首色尚黑音尚大呂東游海上禮祀八神二世尊雍四時上帝（名其祭處曰時也）春歲祠禱因泮凍秋涸凍冬塞祠五月嘗駒及四仲之月祠每時用駒四疋木寓龍一駟木寓車馬一駟各如其帝色黃犢與羔各四珪幣各有數皆生瘞埋無俎豆之具三年一郊常以十月上宿時見通舉火拜於咸陽之旁而衣尚白其用如常漢高帝立二年冬敗項籍還入關問秦時上帝祠何帝也對曰四帝有白青黃赤高帝曰乃待我而具五色遂立黑帝祠名北時有司進祠帝不親往悉召故秦祀官復置太祝太宰皆如其故儀後四年詔御史令九天巫祠九天皆以歲時祠宮中文帝即位詔有司增雍五時路車各一乘駕被具魯人公孫臣上書曰始秦以水德則漢當土德其應黃龍見宜改正朔易服色尚黃明年黃龍見成紀拜公孫臣爲博士申明土德改曆服色事有司曰古者天子夏親祠上帝於郊故曰郊夏四月詔郊祀上帝始幸雍郊見五時祠衣皆尚赤趙人新垣平上言長安東北有神氣成五采若人冠冕焉宜祠上帝於是作渭陽五帝廟明年四月帝親郊見五帝廟爟火舉若光屬天於是貴平至上大夫文帝出長門（亭名）若見五人於道北因其直立五帝壇人有告平詐僞遂誅平後渭陽長門五帝使祠官領以時致禮不親往焉武帝即位初至雍郊見五時後常三歲一郊亳人謬忌曰天神貴者太一太一佐曰五帝古者天子以春秋祭太一於東南郊日一太牢凡七祭爲壇開八通鬼道於是令太祝立太一之祠於長安城東南郊常奉祠如忌方未幾又祠天一自此方士之言興而迂怪之祠紛然起矣或以祀天爲名其實非郊天之事也宣帝神爵元年正月始幸甘泉郊見泰時修武帝故事三年幸雍祠五時明年春幸河東祠后土然未有定制元帝即位始定舊儀間歲正月一幸甘泉郊泰時又東至河東祠后土西至雍祠五時凡五奉泰時后土之祠亦施恩澤時所過毋出田租賜百戶牛酒或賜爵赦罪人成帝初即位丞相匡衡等奏言先王祭天於南郊就陽之義也瘞地於北郊即陰之象也往者孝武居甘泉宮即於雲陽立泰時祭於宮南今常幸長安郊見皇天反北之太陰祠后土反東之少陽未合承天之意於是徙甘泉泰時置於長安又言今雍鄜密上下時本秦氏各以其意所立非禮所載不宜復修遂廢雍鄜密上下時九天太一天一八神之屬并餘淫祀陳寶等祠所不應禮者四百七十五所皆罷初罷甘泉泰時作南郊日大風壞甘泉行宮折拔時中木十圍以上者百餘天子問劉向向曰家人尚不欲紀種祠況於國乎且甘泉汾陰及雍五時始立皆有神祇感應然後營之誠未易動帝意恨之後以無繼嗣遂復甘泉泰時及雍五時如故天子親郊禮如前又復長安

雍祠明著者半後成帝崩皇太后詔復南北郊長安如故以順帝意哀帝立寢疾博召方士復甘泉泰時祀如故遣有司行事而禮祠焉平帝立王莽奏宜如建始所行丞相匡衡等議復長安南北郊祀如故莽又頗改其祭禮後漢建武元年光武卽位爲壇營於鄗之陽祭告天地采用前漢元始中郊祭故事六宗羣神從祀未以祖配天地共犢餘牲尙約二年正月制郊兆於雒陽城南七里依鄗故事爲圓壇八陛中又爲重壇天地位其上皆南面西上其外壇上爲五帝位青帝位在甲寅赤帝位在丙巳黃帝位在丁未白帝位在庚申黑帝位在壬亥其外爲壝重營皆紫以象紫宮有四通道以爲門日月在中營內南道日在東月在西北斗在北道之西皆別位不在羣神列中八陛陛五十八醊五帝陛郊帝七十二醊中營四門門五十四神外營四門門百八神皆背營內鄉中營四門門封神四外營四門門封神四凡千五百一十四神至七年五月詔三公曰漢當郊堯其與羣臣議時御史杜林等上疏以爲漢起不緣堯與商周異宜從舊制以高帝配從之隴蜀平後乃增廣郊祀高皇帝配食位在中壇上西面北上天地高皇帝黃帝犢各一四方帝共用犢二日月北斗共牛一四營羣神共牛四樂奏青陽朱明西皓元冥及雲翹育命舞中營四門門用席十八外營四門門用席三十六皆莞簟率一席三神日月北斗無陛郭醊既送神燎俎實于壇南巳地明帝卽位永平二年以月令有五郊迎氣因采元始故事兆五郊于雒陽四方中兆在未壇皆三尺階無等立春日迎春東郊祭青帝句芒立夏日迎夏南郊祭赤帝祝融先立秋十八日迎黃靈于中兆祭黃帝后土立秋日迎秋西郊祭白帝蓐收立冬日迎冬北郊祭黑帝元冥車旗服飾各從方色魏文帝南巡在潁陰有司爲壇於繁陽故城庚午登壇受紱降壇視燎成禮未有祖配明帝卽位太和元年正月丁未郊祀武帝以配天宗祀文帝於明堂以配上帝至景初元年十月乙卯始營洛陽南委粟山爲圓丘詔曰曹氏世系出自有虞令祀圓丘以始祖帝舜配號圓丘曰皇皇帝天郊所祭曰皇天之神以太祖武皇帝配十一月壬子冬至始祀皇皇帝天於圓丘以始祖帝舜配自正始以後終魏代不復郊祀孫權初稱尊號於武昌祭南郊告天用元牡後自以居非土中不修設末年南郊追上父堅尊號爲吳始祖以配天後三嗣主終吳代不郊祀劉備章武元年卽位設壇於成都武擔山南用元牡二年十月詔丞相諸葛亮營南北郊于成都府晉武帝南郊燎告未有祖配泰始二年詔定郊祀南郊宜除五帝之座五郊同稱昊天上帝各設一座而已時羣臣議五帝卽天也隨時王氣而設號耳名之有五其實一神南郊宜除五帝座五郊同稱昊天從之二月丁丑郊以宣皇帝配十一月有司奏古者丘郊不異宜并圓方二丘更修壇兆二至合祀是月庚寅冬至帝親祀圓丘於南郊是後圓丘方澤不別立太康三年正月帝親郊祀皇太子皇子悉侍祠十年十月詔曰孝經郊祀后稷以配天宗祀文王於明堂以配上帝往者衆議除明堂五帝位考之於禮不正詩序曰文武之功起於后稷故推以配天焉宣帝以神武創業既以配天復以先帝配天可乎遂復南郊五帝位東晉元帝卽位於建康議立南郊於巳地太常賀循定制度多依漢及晉初之儀三月辛卯帝親郊祀饗如泰始故事成帝咸和八年正月郊天則五帝之佐日月五星二十八宿文昌北斗三台司命軒轅后土太一天一太微句陳北極雨師雷電司空風伯老人凡六十二神從祀康帝建元元年正月辛未南郊帝親奉焉祝文稱嗣天子臣某安帝元興四年應郊帝蒙塵于江陵朝議宜依周禮宗伯攝事尚書右丞王納之曰郊天極尊非天子不祀無使皇輿不得親奉時從納之議郊廟牲幣璧玉之色雖有成文秦世多以駵駒漢則但云犢江左南北郊用元牲明堂廟社用赤牲宋永初二年正月上辛帝親郊祀三年九月司空羨之等奏高祖武皇宜配天郊詔可孝武大明二年正月有司奏今月六日南郊輿駕親奉至時或雨遂遷日有司行事有司奏按魏代郊天值雨更用後辛晉代顧和亦云更擇吉日南郊自魏已來多使三公行事大明三年移郊兆於秣陵牛頭山西在宮之午地徐爰曰禮記燔柴於泰壇祭天也迎日於南郊就陽位也晉代過江郊悉在北或南出道狹多於巳地宋因而弗改今聖圖重造侔章畢新宜移郊正午以定天位也大明五年九月甲子有司奏郊祭用三牛孝武崩廢帝以郊舊地爲吉祥移置本處齊高帝受禪明年正月上辛有事南郊而無配犧牲之色因晉宋故事建元四年武帝繼位明年正月祀南郊自茲以後間歲而祀永明元年立春前郊祀郊壇圓兆外內起瓦屋形制宏壯梁武帝卽位南郊爲圓壇在國之南壇高二丈七尺上徑十一丈下徑十八丈其外再壝四門常與北郊間歲正月皇帝致齋於萬壽殿上辛行事吳操之云啓蟄而郊郊在立春後何佟之云今之郊祀是報昔歲之功而祈今年之福故取歲首上辛不拘立春前後周之冬至圓丘大報天也夏正又郊以祈農事故有啓蟄之說帝曰圓丘自是祭天先農卽是祈穀祭昊天宜在冬至祈穀則必須啓蟄用特牛一祀天皇大帝於壇上以皇考太祖文帝配五帝天文從祀禮以蒼璧制幣除鬯祼佟之啓按鬯者盛以六彝覆以畫冪備其文飾施之宗廟今郊祀有祼恐乖尙質宜革之帝依此行香用沈器以陶匏素俎席用藁秸皇帝一獻再拜受福帝以一獻爲質三獻爲文自是天地之祭皆一獻爲皇帝受福明上靈降祚臣下不敢同太尉設燎壇於丙地禮畢器席有司燒埋之五年迎五帝以始祖配十七年

帝以感仰魄寶俱是天神於壇則尊於下則卑且南郊所祭天皇其五帝别有明堂之祀不煩重設又郊祀二十八宿而無十二辰於義闕然南郊可除五帝祀加十二辰與二十八宿各於其方為壇陳武帝永定元年受禪修圓丘（壇高二丈二尺五寸廣十丈）柴燎告天明年因以正月上辛有事南郊以皇考德皇帝配除十二辰風師雨師及五帝位間歲而祀文帝天嘉中改以高祖配復三獻之禮宣帝即位以郊壇卑下更增廣之後魏道武帝即位二年正月親祀上帝於南郊以始祖神元皇帝配壇通四陛壝埒三重天位在上南面神元西面五帝以下天文從食席用藁秸玉以四珪幣用束帛牲用黝犢後冬至祭上帝於圓丘牲幣並同天賜二年四月復祀天于西郊為方壇東為二陛土陛無等周垣四門門各依方色為名置木主七於壇上牲用白犢黄駒白羊各一祭之日帝御大駕至郊所立青門內近南西面朝臣及夫人咸位於青門外后率六宮從黑門入列於青門內近北並西面廪犧令掌牲陳於壇前女巫執鼓立於陛東西面選帝七族子弟七人執酒在巫南西面北上女巫陛壇搖鼓帝拜后肅拜內外百官拜祀訖乃殺牲七執酒七人西向以酒灑天神主復拜如此者三禮畢而反自後歲一祭孝文帝太和十二年親築圓丘於南郊北齊每三年一祭以正月上辛禘祀昊天上帝於圓丘以高祖神武帝配五精帝天文等從祀禮以蒼璧束帛蒼牲九皇帝初獻太尉亞獻光祿卿終獻司徒獻五帝司空獻日月五星二十八宿太常丞以下薦衆星後諸儒定禮圓丘改以冬至祀之南郊則歲一祀以正月上辛為壇於國南祀所感帝靈威仰以高祖神武皇帝配用四珪幣如方色其上帝及配帝各用騂特牲一燎同圓丘後周憲章多依周制正月上辛祀昊天上帝於圓丘以其先炎帝神農氏配昊天上帝於其上五方上帝天文並從祀又祀所感帝靈威仰於南郊以始祖獻侯莫那配用牲各以方色皇帝乘蒼輅載元冕備大駕而行從祀者皆蒼服隋文帝受命再歲冬至日祀昊天上帝於圓丘以太祖武元皇帝配五方上帝天文並從祀其牲上帝配帝用蒼犢各一五帝日月用方色犢各一五星以下羊豕各九孟春上辛祠感帝赤熛怒於南郊亦以太祖武元帝配其禮四珪有邸牲用騂犢二煬帝大業元年孟春祀感帝改以高祖文帝配餘並仍舊十年冬至祀圓丘帝不齋于次詰朝備法駕至便行禮是日大風帝獨獻上帝三公分獻五帝禮畢御馬疾驅而歸唐武德初定令每歲冬至祀昊天上帝於圓丘以景帝配五方上帝天文皆從祀（日月內官中官外官及衆星皆從祀）上帝及配帝用蒼犢各一五方帝及日月用方色犢各一內官以下加羊豕各九孟春辛日祈穀祀感帝于南郊以元帝配牲用蒼犢二武德貞觀之制大享之外每歲立春立夏季夏立秋立冬郊祀並依周禮其配食及星辰從祀亦然貞觀中奉高祖配圓丘元皇帝配感帝餘依武德制

大雩

周制月令建巳月大雩五方上帝（左氏傳曰龍見而雩角亢見時周之六月陽氣盛常旱故雩為百穀以祈膏雨）其壇名曰雩禜於南郊之傍配以五人帝（太昊配青帝炎帝配赤帝軒帝配黄帝少昊配白帝顓帝配黑帝）命樂正習盛樂（月令云仲夏樂師修鞀鞞鼓均琴瑟管簫執干戚戈羽調竽笙篪簧飭鐘磬柷敔而俱作故曰盛樂也）舞皇舞（云析白羽為之形如帗也舞師教皇舞帥而舞旱暵之事）月令命有司為民祈祀山川百源百辟卿士有益於民者以祈穀實（天子雩上帝諸侯雩山川卿士謂古之上公以下若句龍社稷之類也何休注春秋公羊傳曰旱則君親之南郊以六事謝過自責政不善歟使人失職歟宮室崇歟婦謁盛歟苞苴行歟讒夫昌歟使童男童女各八人而呼雩也按月令本出於管子即周時人也至秦呂不韋編為呂氏春秋漢戴聖又集成禮記原其根本並周制）若國大旱則司巫帥巫而舞雩若旱暵則女巫舞雩漢承秦滅學雩禮廢旱太常禱天地宗廟（雜論曰劉歆致雨具作土龍）武帝元封六年旱女子及巫丈夫不入市成帝五年六月始命諸官止雨朱繩反縈社擊鼓攻之是後水旱常不和（干寶曰朱絲縈社社太陰也朱火色也絲屬離天子伐鼓於社責羣陰也諸侯用幣於社請上公也伐鼓於朝退自責也此昔人厭勝之術）後漢自立春至立夏盡立秋郡國上雨澤若少郡縣各埽除社稷公卿官長以次行雩禮以求雨（春秋繁露曰大旱雩祭而請雨大水鳴鼓而攻社）閉諸陽衣皁興土龍（山海經曰大荒東北隅中有山名凶犁土邱應龍處南極殺蚩尤與夸父不得復上故下數旱而為應龍之狀乃得大雨郭璞曰今之土龍本此氣應自然冥感非人所能）立土人舞僮二佾七日一變如故事反拘朱索社伐朱鼓禱賽以少牢如禮晉武帝咸寧二年春旱因後漢舊典諸旱處廣加祈請五月祈雨于社稷山川東晉穆帝永和中有議制雩壇於國南郊之旁依郊壇近遠（阮諶云壇在巳地按得衛宏漢儀稱魯人為雩壇在城東南諸儒所說皆云壇而今作墠又論語樊遲從遊于舞雩之下衛宏所說魯人東南昔跡猶在）祈上帝百辟旱則祈雨大雩社稷山林川澤舞僮八佾凡六十四人皆皁服持羽翳而歌雲漢之詩齊明帝建武二年旱雩以武帝配饗於雩壇梁武帝天監元年有事雩壇（壇於南郊之左高及廣輪四丈周十二丈四陛）帝以為雨既類陰而求之正陽其謬已甚東方既非盛陽而為生養之始則雩壇應在東方祈晴亦宜此地遂移於東郊十年帝又以雩祭燔柴以火祈水於理為乖於是停用柴燎從坎瘞典（時議曹郎朱异議曰按周宜雲漢之詩毛注有瘞埋之文不見燎柴之說若以五帝必柴則明堂又無其事）大同五年又

築雩壇於籍田兆內四月後旱則祈雨行七事一理冤獄及失職者二賑鰥寡孤獨三省徭輕賦四舉進賢良五黜退貪邪六命會男女恤怨曠七徹膳羞弛樂天子降法服七日乃祈社稷七日乃祈山林川澤常興雲雨者七日乃祈羣廟之主于太廟七日乃祈古來百辟卿士有益於人者七日乃大雩上帝徧祈前祈所有事者大雩禮於壇用黃牯牛一祈五天帝及五人帝各依其方以太祖配位於青帝之南五官配食於下七日乃去樂又徧祈社稷山林川澤就故地處大雩國南除地為墠舞僮六十四人皆衣皁服為八列各執羽翳每列歌雲漢詩一章而畢旱而祈雨則報以太牢皆有司行事唯雩則不報也若郡國縣旱請雨則五事同時並行五事則謂黜退貪邪以上如前議守令皆齋潔三日乃祈社稷七日不雨更齋祈如初三變仍不雨復齋祈其界山林川澤常興雲雨者祈而澍亦各有報陳因梁故事武帝時以德皇帝配文帝時以武帝配廢帝時以文帝配牲用黃牛而以清酒四升洗其首其壇墠配饗歌舞皆如梁禮天子不親奉則太宰太常光祿行三獻禮其法皆採齊建武二年舊典後魏文成帝和平元年四月旱詔州郡於其界內神無大小悉灑埽薦以酒脯年登之後各隨本秩祭以牲牢北齊以孟夏龍見而雩祭太微以五精帝於夏郊之東為圓壇廣四十五尺高九尺四面各一陛為三壝外營相去深淺并燎壇一如南郊若建午未申之月不雨則使三公祈五帝於雩壇禮用玉帛有燎不設樂選伎工端絜善謳詠者使歌雲漢之詩於壇南其儀如郊禮南郊雩壇國南十三里啓夏門外道左高一丈周二十丈孟夏龍見則雩五方上帝配以五人帝於上以太祖配饗五官從祀於下牲用犢十各依方色若京師孟夏後旱則祈雨行七事如梁之七事七日祈嶽鎮海瀆及諸山川能興雲雨者又七日祈社稷及古來百辟卿士有益於人者又七日乃祈宗廟及古帝王有神祠者又七日乃修雩祈神州又七日仍不雨復從嶽瀆以下祈禮如初秋分以後不雩但禱而已皆用酒脯初請後二旬不雨者即徙市禁屠皇帝御素服避正殿減膳撤樂或露坐聽政百官斷傘扇令家人造土龍雨則命有司報州縣祈則理冤獄存鰥寡孤獨掩骼埋胔絜齋祈于社稷七日乃祈界內山川能興雲雨者徙市斷屠雨亦有報唐武德初定令每歲孟夏雩祀昊天上帝於圓丘景皇帝配牲用蒼犢二五方上帝五人帝五官並從祀用方色犢十貞觀雩祀於南郊顯慶禮於圓丘開元十一年孟夏後旱則祈雨審理冤獄賑恤窮乏掩骼埋胔先祈嶽鎮海瀆及諸山川能興雲雨者皆於北郊遙祭而告之又祈社稷又祈宗廟每月七日皆一祈不雨還從嶽瀆如初旱甚則大雩秋分後不雩初祈後一旬不雨即徙市禁屠殺斷扇造大土龍雨足則報祀祈用酒脯醢報准常祀皆有司行事

明堂

黃帝拜祀上帝于明堂或謂之合宮其堂之制中有一殿四面無壁以茅蓋通水水圜宮垣為複道上有樓從西南入名昆侖天子從之入以拜祀唐虞祀五帝於五府蒼曰靈府赤曰文祖黃曰神計白曰明紀黑曰元矩夏后氏曰世室商人曰重屋周人曰明堂其制度詳於禮經漢武帝元封五年祠太一五帝於明堂上座高皇帝對之牲以太牢天子從昆侖道入始拜明堂如郊禮禮畢燎堂下其明堂制從公玉帶所上黃帝時圖也後漢光武建武三十年初營明堂明帝永平二年正月辛未初祀五帝於明堂光武帝配五帝座位堂上各處其方黃帝在未皆如南郊之位光武位在青帝之南少退西面牲各一犢奏樂如南郊章帝元和二年正月壬申宗祀五帝於孝武所作汶上明堂光武帝配如洛陽明堂禮癸酉更告祀高祖太宗世宗中宗世祖顯宗於明堂各一太牢安帝延光三年祀汶上明堂如元和故事初建武營明堂其制上圓下方八窻四闥九室十二座三十六戶七十二牖魏明帝太和元年正月丁未宗祀文帝於明堂以配上帝祝稱天子臣某晉武帝泰始初年正月丁丑宗祀文皇帝於明堂以配上帝又議明堂宜除五帝之座同稱昊天上帝各設一座而已十年十月詔復明堂五帝位東晉孝武帝太元十三年正月後辛祀明堂車服之儀率遵漢制出以法駕服以袞冕宋孝武大明五年依漢汶上儀設五帝位太祖文帝對饗祭皇天上帝鼎俎彝簋一依太廟禮堂制但作大殿屋十二間以應一周之數其餘煩雜一皆除之六年正月帝親奉明堂祭五時帝以太祖配齊高帝建元元年七月祭五帝之神於明堂有功德之君配明堂制五室從王儉之議也明帝永泰元年有司奏以武帝配梁祀五帝於明堂服大裘冕罇以瓦俎豆以純漆牲以特牛餚膳准二郊若水上之品蔬菜之屬猶宜以薦郊所無者並從省行禮自東郊而升從青帝始止一獻清酒無黍肉之禮請停灌及授俎十二年毀宋太極殿以其材為明堂十二間基准太廟以中央六間安六座悉南向東夾第一青帝第二赤帝第三黃帝第四白帝第五黑帝配帝總配五人帝在阼階東上北向大殿後為小殿五

間以爲五佐室焉陳祀昊天上帝五帝於明堂牲以太牢粢盛六飯鉶羹菰備薦焉武帝以德帝配文帝以武帝配廢帝以文帝配堂制殿屋十二間中央六間依前代安六座四方帝各依其方黃帝居坤維而配饗坐依梁法後魏文帝太和十三年四月經始明堂改營太廟遷洛之後宣武永平延昌中欲建明堂而議者或云五室或云九室至明帝神龜中復議之元叉執政遂營九室値亂不成宗配之禮迄無所設北齊採周官考工記爲五室後周採漢三輔黃圖爲九室並終不立隋文帝開皇中議立明堂時將作大匠宇文愷依月令造明堂木樣以獻帝異之然以衆議不定故不成終隋代祀五方上帝於明堂常以季秋在雩壇上而祀其用幣各依其方人帝各在天帝之左太祖在太昊南西向五官在庭各依其方牲用犢十二皇帝太尉司農行三獻禮于青帝及太祖自餘皆有司助奠五官位於堂下行一獻禮有燎其省牲進熟如南郊儀唐武德初定令每歲季秋祀五方上帝於明堂元帝配五人帝五官並從祀迄于貞觀之末未議立明堂季秋大享則於圓丘行事永徽二年又奉太宗配祠明堂有司遂以高祖配五天帝太宗配五人帝下詔造明堂內出九室之樣顯慶元年禮官議太宗不當配五人帝太尉長孫無忌等議以高祖躬受天命奄有神州爲國始祖抑有舊章太宗道格上元功淸下黷拯率土之塗炭布大造於生靈請准詔書宗祀於明堂以配上帝從之乾封初復議立明堂或云九室或云五室以議不定又止武后垂拱四年二月毀東都之乾元殿就其地造明堂因下詔曰時既沿革莫或相遵自我作古用適於事今以上堂爲嚴配之所下室爲布政之居來年正月一日可於明堂宗祀三聖以配上帝其月明堂成號爲萬象神宮天授二年正月乙酉日南至親祀明堂合祭天地以周文王及武氏先考妣配百神從祠並於壇位以茅布席而祀武太后又於明堂後造佛舍高百餘尺始造爲大風振倒俄又重營其功未畢證聖元年正月丙申夜佛堂災延燒明堂至明而盡未幾復令依舊規制重造明堂凡高二百九十四尺東西南北廣三百尺上施寶鳳俄以火珠代之明堂之下圜遶施鐵渠以爲辟雍之象天冊萬歲二年三月造成號爲通天宮四月又行親享之禮大赦改元爲萬歲通天明年九月又享於通天宮開元五年幸東都將行大享之禮以武太后所造明堂有乖典制遂拆依舊造乾元殿每臨御依正殿禮自是駕在東都常以元日冬至於乾元殿受朝賀季秋大享依舊於圓丘行事其大享儀具開元禮

朝日夕月

周制以柴祀日月星辰日壇曰王宮月壇曰夜明牲幣俱赤樂與祭五帝同禮神之玉以珪璧王搢大圭執鎭圭繅藉五采五就以朝日王服元冕所以尙質自朝至暮行祭之禮先以牲幣於柴上而燔之升煙於天以同五帝之義凡祭日月歲有四焉迎氣之時祭日於東郊祭月於西郊一也二分祭日月二也祭義云郊之祭大報天而主日配以月三也月令十月祭天宗合祭日月四也覲禮曰於南門之外禮月於北門之外漢武帝立二十八年始郊太一朝日夕月改周法不俟二分於東西郊常以郊泰畤質明出行竹宮東向揖日其夕西向揖月魏文帝議其煩褻似家人之事乃以黃初二年正月乙亥朝日於東門之外前史又以正月非二分之義祕書監薛靖論云按周禮朝日無常日鄭元云用二分秋分之時月多東升西向拜之背實遠矣朝日宜用仲春之朔夕月宜用仲秋之朏涫于睿駁之引禮記云祭日於東祭月於西以端其位周禮秋分夕月並行於上代西向拜月雖如背實亦猶月在天而祭之於坎不復言背也猶如天子東西遊幸拜宮猶北向朝拜寧得以背實爲疑明帝太和元年二月丁亥朔朝日于東郊八月己丑夕月于西郊始爲得禮晉因之武帝太康二年有司奏春分朝日寒温未適不可親出詔曰頃方難未平故每從所奏今戎事已息此禮爲大遂親朝日後周以春分朝日於東門外爲壇如其郊用特牲青幣青圭有邸皇帝乘青輅及祀官俱青冕執事者靑弁司徒亞獻宗伯終獻燔燎如圓丘秋分夕月於國西門外爲壇於坎中方四丈深四尺燔燎禮如朝日隋因之開皇中於國東春明門外爲壇如其郊每以春分朝日又以國西開遠門外爲坎深三尺廣四丈爲壇於坎中高一尺廣四尺每以秋分夕月牲幣與周同唐二分朝日夕月於國城東西各用方色犢

大䄍 臘

䄍者索也自伊耆之代而有其禮古之君子使之必報之是報田之祭也其神神農初爲田事故以報之夏氏曰嘉平商曰淸祀周因之後名大䄍以歲十二月合聚萬物而索享之其樂則歛豳頌擊土鼓其服則皮弁素服又云黃衣黃冠而祭息田夫也故旣䄍君子不興功秦初因曰臘後復曰嘉平漢復曰臘季冬之月星迴歲終陰陽以交勞農大享臘魏因之高堂隆議臘用日云

王者各以其行之盛而祖以其終而臘水始於申盛於子終於辰故水行之君以子祖以辰臘火始於寅盛於午終於戌故火行之君以午祖以戌臘木始於亥盛於卯終於未故木行之君以卯祖以未臘金始於巳盛於酉終於丑故金行之君以酉祖以丑臘土始於未盛於戌終於辰故土行之君以戌祖以辰臘今魏土德而王宜以戌祖辰臘博士秦靜議曰坤爲土土位西南黃精之君盛德在未故魏以未祖易曰坤利西南得朋東北喪朋丑者土之終故以丑臘終而復始乃終有慶宜如前以未祖丑臘奏可之宋氏以水德王故祖以子臘以辰後周常以十月䄍隋初因周亦以孟冬下亥䄍百神開皇四年詔曰前周歲首今之仲冬建亥之月大䄍可也後周以夏后之時行姬氏之䄍考之前代於義有違其十月行䄍者停可以十二月爲臘始革前制唐貞觀十一年房元齡等議曰按月令䄍法唯祭天宗近代䄍五大帝五人帝五地祇皆非古典今並除之季冬寅日䄍祭百神於南郊大明用犢二籩豆各四簠簋甄俎各一神農及伊耆氏各用少牢一籩豆等與大明同后稷及五方十二次五官五方田畯五嶽四鎮四海四瀆以下方別各用少牢一其日祭井泉於川澤之下用羊一卯日祭社稷於社宮二十八宿五方之山林川澤邱陵墳衍原隰鱗羽羸毛介水墉坊郵表畷貓虎及龍麟朱鳥白虎元武方別各用少牢一每座籩豆各二簠簋甄俎各一䄍祭凡百八十七座當方年穀不登則闕其祀䄍之明日又祭社稷于社宮如春秋二仲之禮開元中制儀季冬臘日䄍百神於南郊之壇若其方不登則闕之其儀具開元禮

靈星

周制仲秋之月祭靈星於國之東南漢興八年有言周興而邑立后稷之祠於是高帝命郡國縣邑立靈星祠常以歲時祠以牛言祠后稷而謂之靈星者以后稷又配食星也舊說星謂天田星也一曰龍左角爲天田主穀乃於壬辰位祠之壬爲水辰爲龍就其類也縣邑令長侍祠舞者童男十六人舞象教田初爲芟除次耕種次芸耨驅爵及穫刈舂簸之形象成功也東晉靈星配饗南郊不特置祀唐開元禮立秋之後祀靈星於國城東南天寶四載勑升爲中祠

風師雨師及諸星等祠

周制大宗伯以實柴祀日月星辰以槱燎祀司中司命風師雨師月令立春後丑日祭風師於國城東北立夏後申日祀雨師於國城西南秋分日享壽星於南郊立冬後亥日祠司中司命司民司祿於國城西北後漢以丙戌日祀風師於戌地以己丑日祀雨師於丑地牲用羊豕又於國都南郊立老人星廟常以仲秋祀之立心星廟于城南常以季秋祀之晉以仲春月祀于國都遠郊老人星廟季秋祀心星于南郊壇心星廟東晉以來配饗南郊不復特立隋令太史局常以二月八日於署廷中以太牢祠老人星兼祀天皇大帝天一太一日月五星句陳北極北斗三台二十八宿丈人星孫星都四十六座凡應合祀享官示太醫給除穢氣散藥先齋一日服之以自潔唐開元二十四年七月勑所司特置壽星壇常以千秋節日修其祠典又勑壽星壇宜祭老人星及角亢七宿著之常式其儀具開元禮天寶四載勑風伯雨師並宜升入中祠仍令諸郡各置一壇因春秋祭社之日同申享祀至九月勑諸郡風伯壇置在壇之東雨師壇之西各稍北三數十步其壇卑小於社壇其祭官准祭社例取太守下充

方丘神州后土附

夏以五月祭地祇商以六月周制大司樂云夏日至禮地祇於澤中之方丘其丘在國之北禮神之玉以黃琮牲用黃犢幣用黃繒王及尸同服大裘配以后稷其樂則大司樂云凡樂函鍾爲宮太蔟爲角姑洗爲徵南呂爲羽靈鼓靈鼗孤竹之管空桑之琴瑟咸池之舞夏日至於澤中之方丘奏之若樂八變則地祇皆出可得而禮矣其神州地祇謂王者所卜居吉土五千里之內地名也玉用兩珪五寸有邸牲用黝犢幣用黑繒壇於北郊築土爲壇名曰泰折配亦以后稷其樂奏太蔟歌應鍾舞咸池以祭地祇備五齊七獻王每獻酒皆作樂一終漢高帝定天下百度草創詔御史置祠祀官女巫其梁山巫主祠天地武帝卽位曰朕親郊上帝而后土無配則禮不答也有司與太史令談祠官寬舒議之於是東幸汾陰男子公孫滂洋等見汾旁有光如絳遂立后土祠於汾陰脽上澤中爲五壇壇一黃犢以高帝配牢其巳祠盡瘞而從祀者衣尙黃始用樂舞帝親望拜如上帝禮至宣帝修武帝故事間歲正月一日至河東祠后土成帝建始初徙河東后土於長安北郊後以帝無繼嗣復汾陰后土如故帝崩皇太后詔復北郊長安平帝立地與天合祭於南郊壇後漢光武中元元年營北郊祀地祇在雒陽城北四里爲方壇四陛遷呂太后于園上薄太后尊號曰高后以配地祇正月辛未別祀地祇於南郊位南面西上高皇后配西面北上皆在壇上

地理羣神從食皆在壇下中嶽食在未四嶽各在其方海東河西濟北淮東江南山川各在其方高后用犢各一五嶽共牛一四海四瀆共牛一羣神共牛二樂如南郊既送神瘞俎實于壇北明帝永平二年正月上丁祀南郊畢次郊魏明帝景初元年詔祀方丘所祭曰皇皇后地以舜妃伊耆氏配北郊所祭曰皇地之祇以武宣皇后配晉武帝受禪後泰始二年定郊祀北郊以先后配是年有司奏古者丘郊不異遂并圓方二丘於南郊更修壇兆其二至之祀合於二郊十一月庚寅帝親祠於南郊自後方澤不別立東晉元帝太興二年北郊未立地祇共在天郊明帝太寧三年七月始詔立北郊未及建而帝崩成帝咸和八年於覆舟山南立北郊從祀則五嶽四望四海四瀆五湖五帝之佐沂山嶽山白山霍山醫無閭山蔣山松江會稽山錢塘江先農凡四十四神江南諸小山蓋江左所立如漢西京關中小水皆有祭秩是月辛未祀北郊以宣穆張后配地魏氏故事非晉舊也康帝建元元年正月辛未南郊辛巳北郊帝皆親奉宋武帝永初二年親南北郊孝武帝大明三年移北郊於鍾山北原與南郊相對後還舊處齊高帝受禪建元二年正月亥辛北郊犧牲之色因舊不改而無配武帝永明三年議用亥辛車服之儀率遵漢制梁武帝制北郊爲方壇於國之北常與南郊間歲正月上辛以一特牛祀后土於壇上以德后配禮以黃琮五官先農五嶽及國內山川皆從祀其南郊明堂用沈香取天之質陽所宜也北郊用上和香以地於人親宜加雜馥天監十六年有事北郊入座奏省除四望松江浙江五湖等座其鍾山白石山既土地所在並留之如故帝行一獻之禮陳武帝亦以間歲正月上辛用特牛一祀於北郊以皇妣昭后配及文帝天嘉中南郊改以高祖配北郊以德皇帝配宣帝即位以郊壇卑下更增廣之後魏道武瘞地以北郊以神元竇皇后配壇兆制同南郊五嶽名山在中壝內四瀆大川在外壝內后土神元后共用黑牲一玉用兩珪有邸幣用束帛五嶽等共牛一祭畢瘞牲體於壇北亥地北齊制圓丘方澤並三年一祭謂之禘祀以夏至之日禘崑崙皇地祇於方澤以武德皇后配其神社稷岱嶽沂鎮會稽鎮云云山亭亭山蒙山羽山嶧山崧嶽霍嶽衡鎮荊山內方山大別山敷淺原山桐栢山陪尾山華嶽大嶽鎮積石山龍門山江山岐山荊山嶓冢山壺口山雷首山底柱山析城山王屋山西傾朱圉山鳥鼠同穴山熊耳山敦物山蔡蒙山梁山岷山武功山太白山恆嶽醫無閭山鎮陰山白登山碣石山太行山狼山封龍山漳山宣務山閼山方山苟山狹龍山淮水東海泗水沂水淄水濰水江水南海漢水穀水洛水伊水漾水沔水河水西海黑水澇水渭水涇水酆水濟水北海松水京水桑乾水漳水呼沲水衞水洹水延水並從祀其神州位青陛之北寅地社位赤陛之西未地稷位白陛之南庚地自餘並內壝之內內向各如其方合用牲十二儀同圓丘後周祭后土地祇於國北郊六里爲壇以神農配后土之祇神州壇在其右以獻侯莫那配焉隋因周制夏至之日祭皇地祇於宮城北郊十四里方壇之上以太祖配神州迎州冀州戎州拾州柱州宮州咸州揚州其九州山川林澤邱陵墳衍原隰皆從祀地祇及配帝等牲用黃犢二神州以下用方色犢一九州山海墳衍等加羊豕各九孟冬祭神州於北郊亦以太祖武元皇帝配牲用犢二凡大祀養牲在滌九旬中祀三旬小祀一旬昊天五帝日月星辰地祇神州宗廟社稷爲大祀星辰五祀四望爲中祀司中司命風師雨師諸星山川爲小祀其牲方色難備者聽以純色代煬帝大業元年孟冬祀神州改以高祖文帝配唐制夏日至祭皇地祇于宮城之北郊十四里爲方丘壇因隋制以景帝配神州五方嶽鎮海瀆山林川澤邱陵墳衍原隰皆從祀地祇及配帝牲用黃犢二神州用黝犢一嶽鎮以下加羊豕各五孟冬祭神州於北郊景帝配牲用黝犢二貞觀中奉高祖配地郊永徽中許敬宗等奏祭地之外別有神州謂之北郊殊無典據遂廢神州之祀乾封初又詔依舊祀神州二年詔以高祖太武皇帝崇配方丘等祀太極元年正月初將有事于南郊有司議唯祭昊天上帝續議設皇地祇位開元二十一年夏日至祀皇地祇于方丘以高祖配立冬祭神州于北郊以太宗配時房元齡議以神州者國之所託餘八州則義不相及今請除八州惟祭皇地祇及神州以正祀典開元十一年上自東都將還西京便幸并州至十二年二月二十二日祠后土于汾陰脽上太史奏榮光出河休氣四塞祥風繞壇日揚其光二十年車駕欲幸太原中書令蕭嵩上言去十一年親祠后土爲蒼生祈穀自是神明昭祐累年豐登有祈必報禮之大者且漢武親祠脽上前後數四伏請准舊年事至后土行報賽之禮從之

社稷

顓帝祀共工氏子句龍爲社烈山氏子柱爲稷高辛氏唐虞夏皆因之商湯爲旱遷柱而以周棄代之欲遷句

龍無可繼者故止周制天子立三社祭法云王爲羣姓立社曰太社於庫門內之西立之王自爲立社曰王社於籍田立之亡國之社曰亳社廟門之外立之諸侯立三社祭法云諸侯爲百姓立社曰國社於皐門之西立之自爲立社曰侯社亦於籍田中立之而亦立亳社大夫以下立一社祭法云大夫以下成羣立社曰置社今之里社也但立名雖異其神則同皆以句龍配之稷周棄配之社者五土之神稷者於五土之中特指原隰之祇援神契曰稷者原隰之中能生五穀之祇也社壇在東稷壇在西俱北面壇築壝開四面門天子之社則以五色土各依方色爲壇廣五丈諸侯則但用當方之色爲壇皆植木以表其處又別爲主以象其神大夫以下但各以其地所宜之木而立之漢高帝初起禱豐枌榆社二年東擊項籍還入關因命縣爲公社後四年天下定詔御史令豐謹理枌榆社其後又令縣常以春三月及臘祠后稷平帝時王莽奏建立社稷自高祖除秦社稷立漢社稷時已有官社以夏禹配而未立官稷至此始立之稷種穀樹徐州牧歲貢五色土一斗後漢光武建武二年立太社稷于洛陽在宗廟之右皆方壇無屋有墻有門而已二月八月及臘一歲三祀皆太牢具使有司祠郡縣皆置社稷太守令長侍祠牲用羊豕唯州所治有社無稷以其使官也魏自漢後但太社有稷官社無稷故常二社一稷也至明帝景初中立帝社明帝祭社但稱皇帝晉武帝太康九年詔曰社實一神其并社之祀東晉元帝建武元年又依洛京立二社一稷宋仍晉舊無所改作梁社稷在太廟西依晉元帝所創有太社帝社太稷凡三壇至大同初又加官社官稷爲五壇陳依梁而帝社以三牲首餘以骨體薦粢盛爲六飯粳以敦稻以牟黃粱以簠白粱以簋黍以瑚粢以璉後魏天興二年置太社太稷帝社於宗廟之右爲方壇四陛以二月八月日用戊皆以太牢句龍配社周棄配稷並有司侍祠北齊立太社帝社太稷三壇於國右每仲春仲秋元辰及臘各以一太牢祭焉皇帝親祭則司農卿省牲進熟司空亞獻司農終獻後周立社稷於左帝親祠則冢宰亞獻宗伯終獻隋文帝開皇初建社稷並列於含光門內之右仲春仲秋吉戊各以一太牢祭牲色用黑孟冬下亥又臘祭之州郡縣二仲月並以少牢祭百姓亦各爲社唐社稷亦以含光門內之右仲春仲秋二時戊日祭太社太稷社以句龍配稷以后土配武太后天授三年九月爲社至長安四年三月制社依舊用八月神龍元年改先農壇爲帝社壇於太壇西立帝稷壇禮同太社太稷其壇不備方色異於太社又其年五月詔於東都建置太社天寶三載二月詔社稷列爲中祀頗褻大猷自今以後升爲大祀

山川

黃帝祭山川爲多虞氏秩于山川徧于羣神周制四坎壇祭四方以血祭祭五嶽以埋沈祭山林川澤一歲凡四祭一者謂迎氣時二者郊天時三者大雩時四者大䄍時皆因以祭之秦并天下令祠官所常奉名山大川鬼神可得而序於是自崤以東名山大川祠山曰太室恆山泰山會稽湘山水曰淮濟春以脯酒爲歲禱因泮凍秋涸凍冬塞其牲用牛犢各一牢具圭幣各異自華以西名山七曰華山薄山嶽山岐山吳山鴻冢瀆山蜀之岷山也名川四曰河祠臨晉沔祠漢中湫淵祠朝那江水祠蜀亦春秋泮涸禱塞如東方山川而牲亦牛犢圭幣各異而四大冢鴻岐吳嶽皆有嘗禾其河加有嘗醪此皆在雍州之域近天子都故加車一乘騮駒四灞滻灃澇涇渭長水皆不在大山川數以近咸陽盡得比山川祠而無車乘騮駒之加漢孝文十二年五穀不登詔增修山川羣祀武帝因巡狩禮其名山大川用駒者悉以木偶馬代行遇親祠者乃用駒後漢章帝元和二年詔祀山川百神應禮者魏文帝黃初二年禮五岳四瀆咸秩羣祀瘞沈圭璋宋孝武帝大明七年六月有司奏魏祭霍山殿中郎邱景先議宜使太常持節牲以太牢之具羞用酒脯時穀禮以赤璋纁幣器用陶匏藉用茅席梁令郡國有五嶽者置宰祀三人及有四瀆若海應祀者皆以孟春仲冬祀之後魏明元帝立五嶽四瀆廟於桑乾水之陰春秋遣有司祭其餘山川諸神三百二十四所每歲十月遣祠官詣州鎮徧祠有水旱災厲則牧守各隨其界內而祈禱王畿內諸山川有水旱則禱之太武帝南征造恆山祀以太牢浮河濟祀以少牢過岱宗祀以太牢遂臨江登瓜步而還後周大將出征遣太祝以羊一祭所過名山大川隋制祀四鎮東鎮沂山西鎮吳山南鎮會稽山北鎮醫無閭山冀州鎮霍山並就山立祠祀四海東海於會稽縣界南海於南海鎮南並近海立祠及四瀆並取側近巫一人主知灑埽並令多植松栢唐武德貞觀之制五嶽四鎮四海四瀆年別一祭各以五郊迎氣日祭之東嶽岱山祭於兗州東鎮沂山祭於沂州東海祭於萊州東瀆大淮祭於唐州南嶽衡山於衡州南鎮會稽山於越州南海於廣州南瀆大江於益州中嶽嵩山於洛州西嶽華山於華州西

鎭吳山於隴州西海及西瀆大河於同州北嶽恆山於定州北鎭醫無閭山於營州北海及北瀆大濟於洛州其牲皆用太牢祀官以當界都督刺史充先天二年封華嶽神爲金天王開元十三年封泰山神爲天齊王天寶五載封中嶽神爲中天王南嶽神爲司天王北嶽神爲安天王六載河瀆封爲靈源公濟瀆封爲淸源公江瀆封爲廣源公淮瀆封爲長源公會稽山爲永興公嶽山爲成德公霍山爲應聖公醫無閭山爲廣寧公八載閏六月封太白山爲神應公其九州鎭山除入諸嶽外並宜封公十載正月以東海爲廣德王南海爲廣利王西海爲廣潤王北海爲廣澤王分命卿監詣嶽瀆及山取三月十七日一時備禮兼冊祭其祭儀具開元禮

籍田

周制天子孟春之月乃擇元辰親載耒耜置之車右帥公卿諸侯大夫躬耕籍田千畝於南郊冕而朱紘躬秉耒天子三推以事天地山川社稷先古以爲醴酪粢盛於是乎取之漢文帝制曰農天下之本遂開籍田朕躬耕以給宗廟粢盛漢舊儀云春始東耕於籍田官祠先農以一太牢百官皆從賜三輔二百里內孝悌力田三老帛種百穀萬斛爲立籍田倉置令丞穀皆以給天地宗廟羣神之祀以爲粢盛景帝詔曰朕親耕爲天下先昭帝幼即位耕於鉤盾弄田後漢明帝永平中二月東巡耕於下邳章帝元和中正月北巡耕於懷縣其籍田儀正月始耕常以乙日祠先農及耕於乙地晝漏上水初納執事告祠先農已享耕時有司請行事就耕位天子三公九卿諸侯百官以次耕推數如周法力田種各穫訖有司告事畢是月命郡國守皆勸民始耕魏氏雖天子親耕籍田而藩鎭闕諸侯百畝之禮晉武帝太始四年正月丁亥帝躬耕籍田于東郊詔曰近代以來籍田止於數步之中空有慕古之名曾無供祀訓農之實而有百官車徒之費今循千畝之制當與羣公卿士躬稼穡之艱難以帥先天下於東郊之南洛水之北乘輿御木輅以耕以太牢祀先農自惠帝之後其禮遂廢東晉元年將修耕籍事終不行宋文帝元嘉二十一年將親耕先立春九日司空大司農京尹令尉度官之辰地八里之外整制千畝中開阡陌立先農壇於中阡西陌南設御耕壇於中阡東陌北將耕宿青幕于耕壇之上皇后帥六宮之人出穜稑之種付籍田令耕日太祝令以一太牢祀先農如帝社儀孟春上辛後吉亥御乘耕根三蓋車駕蒼駟建青旂著通天冠青幘青袞佩蒼玉蕃王以下至六百石皆衣青唯三臺武衛不耕不改章服駕出如郊廟儀至籍田侍中跪奏至尊降車臨壇大司農跪奏先農已享請皇帝親耕太史贊曰皇帝三推三反於是羣臣以次耕王公及諸侯五推五反孤卿大夫七推七反士九推九反籍令率其屬耕終畝灑種即耰禮畢乃班下州縣悉具其禮焉齊武帝永平中耕籍田用丁亥使御史乘馬車載耒耜從五輅後梁初依宋齊禮以正月用事不齋不祭天監十二年武帝以啓蟄而耕改用二月乃與百官御事並齋三日沐浴裸饗侍中奉耒耜載於象輅以隨木輅之後普通二年又移籍田於建康北岸築兆域如南北郊別有望耕臺在壇東帝親耕畢登此臺以觀公卿之推反後魏太武帝天興二年春始躬耕籍田祭先農用羊一北齊籍田於帝城東南千畝內種赤粱白穀大豆赤黍小豆黑穄麻子大麥小麥色別一頃自餘一頃地中通阡陌作祠壇於陌南阡西廣輪三十六尺四陛三壝四門又爲大營於外設御耕壇於阡東陌北每歲正月上辛後吉亥祠先農神農氏於壇上無配饗祭訖親耕隋制於國南十四里啓夏門外置地千畝爲壇行籍田之禮播植九穀納于神倉以擬粢盛穰藁以餇犧牲唐貞觀三年正月二十一日太宗親祭先農籍于千畝之甸武后改籍田壇爲先農壇神龍初復改先農壇爲帝社壇開元二十三年二月親祠神農于東郊句芒配禮畢躬御耒耜籍于千畝之甸時有司進儀注天子三推公卿九推庶人終畝明皇欲重勸耕籍遂進耕五十餘步盡壟乃止耕畢輦還齋宮大赦侍耕執牛官皆加級賜帛其儀備開元禮

先蠶

周制仲春天官內宰詔后帥外內命婦始蠶于北郊以爲祭服天子諸侯必有公桑漢皇后蠶于東郊後漢皇后四月帥公卿列侯夫人蠶祠先蠶禮以少牢魏文帝黃初七年皇后蠶于北郊依周典也晉武帝太康六年蠶於西郊與籍田對其方也先蠶壇高一丈方二丈爲四出陛陛廣五尺在皇后採桑壇東南帷宮外門之外而東南去帷宮蓋十丈在蠶室西南桑林在其東取列侯妻六人爲蠶母蠶將生擇吉日皇后著十二笄步搖依漢魏故事衣青衣乘油畫雲母安車駕六騩音貴馬女尙書著貂蟬佩璽陪乘載筐鉤公主三夫人九嬪世婦諸太妃太夫人及縣鄉君郡公侯特進夫人外世婦命婦皆步搖衣青各載筐鉤從蠶先桑二日蠶宮生蠶著簿上躬桑日皇后未到太祝令質明以太牢告祠謁者一人監祠祠畢撤饌頒餘胙於從桑及奉祠者皇后之

西郊升壇公主以下陪列壇東皇后東面躬桑採三條諸妃公主各採五條鄉縣以下各採九條悉以桑授蠶母還蠶室事訖皇后還便座公主以下乃就位設饗宴賜絹各有差江左至宋孝武大明四年始於臺城西白石里爲蠶所設兆域置大殿又立蠶觀北齊爲蠶坊於京城北之西去皇宮十八里外有蠶宮方九十步墻高一丈五尺其中起蠶室二十七口別殿一區置蠶宮令丞宦者爲之每歲季春穀雨後吉日使公卿以一太牢祠先蠶黃帝於蠶壇上無配如祀先農禮訖皇后因親桑於壇備法駕服鞠衣乘重翟帥六宮升桑壇東陛即御座女尚書執筐女尚衣執鉤立壇下皇后降自東陛執筐者處右執鉤者居左蠶母在後乃躬桑三條訖升壇即御座內命婦以次就桑服鞠衣者採五條展衣七條褖衣九條以授蠶母還蠶室切之授世婦灑一薄凡應桑者並復本位后乃降壇還便殿改服設勞酒須賚而還後周制皇后乘翠輅率六宮三妃三娀音戈婦官名御媛御婉三公夫人三孤內子至蠶所以一少牢親祭進奠先蠶西陵氏神禮畢降壇令二嬪爲亞獻終獻因以躬桑隋制先蠶壇於宮北三里爲壇高四尺季春上巳皇后服鞠衣乘重翟率三夫人九嬪內外命婦以一太牢制幣祭先蠶於壇上用一獻之禮祭訖就桑位於壇東面尚功進金鉤典制奉筐皇后採三條反鉤命婦各依班採五條九條世婦於蠶母受切桑灑訖皇后乃還唐顯慶元年三月辛巳皇后武氏先天二年三月辛卯皇后王氏乾元二年三月己巳皇后張氏並有事於先蠶其儀備開元禮

通志卷四十二

通志卷四十三

宋右迪功郎鄭樵漁仲撰

禮略第二

吉禮下

宗廟

唐虞立五廟其祭尙氣先迎牲殺於庭取血告於室以降神然後奏樂尸入王祼以鬱鬯夏氏因之商制七廟周制小宗伯掌建國之神位宗廟在左王立七廟一壇一墠曰考廟曰王考廟曰皇考廟曰顯考廟曰祖考廟皆月祭之遠廟爲祧有二祧享嘗乃止去祧爲壇去壇爲墠壇墠有禱焉祭之無禱乃止去墠曰鬼天子遷廟之主以昭穆合藏於二祧之中漢高帝令諸侯都皆立上皇廟高帝崩孝惠卽位令奉常叔孫通定宗廟儀法帝東朝太后長樂宮及閒往以數蹕煩民乃作複道武庫南通奏曰陛下何自築複道高帝寢衣冠月出游高廟子孫奈何乘宗廟道上行哉帝懼曰急壞之通曰人主無過舉今已作百姓皆知之矣願陛下爲原廟渭北衣冠月出游之益廣宗廟大孝之本帝乃立原廟又尊高帝廟爲太祖廟景帝尊孝文廟爲太宗廟所常幸郡國令各立太祖廟至宣帝太始二年復尊孝武廟爲世宗廟凡所巡狩亦立焉凡祖宗廟在郡國者六十八合百六十七所而京師自高祖下至宣帝與太上皇悼皇考各於陵旁立廟并爲百七十六又園中各有寢便殿寢日四上食廟歲二十五祠便殿歲四祠元帝時丞相韋元成等言春秋之義父不祭於支庶之宅元帝罷郡國廟以高皇帝爲太祖孝文皇帝爲太宗孝景皇帝爲昭孝武皇帝爲穆孝昭與孝宣俱爲昭皇考廟親未盡太上孝惠廟皆親盡宜毀太上廟主宜瘞園孝惠帝爲穆主遷於太廟寢園皆罷修後漢光武皇帝建武二年立高廟于雒陽四時祫祀高帝爲太祖文帝爲太宗武帝爲世宗如舊三年正月立親廟雒陽祀父南頓君以上至舂陵節侯時寇賊未平祀儀未設至十九年中郎將張純等議禮人子事大宗降其私親故孝宣帝以孫後祖爲父立廟於奉明曰皇考廟於是議立平哀成元帝廟代今親廟兄弟以下使有司祠宜爲南頓君立皇考廟祭上至舂陵節侯羣臣奉祠詔以宗廟處所未定且祫祭高廟其成哀平且祠祭長安故高廟其南陽舂陵歲時各且因故園廟祭祀園廟去太守治所遠者在所令長行太守事侍祠惟孝宣帝有功德其上尊號曰中宗於是雒陽高廟四時加祭孝宣孝元凡五帝其西廟成哀平三帝主四時祭於故高廟東廟京兆尹侍祠冠衣車服如太常祠陵廟之禮皇考南頓君以上至節侯皆就園廟所在郡縣侍祠明帝以光武中興更爲起廟尊號曰世祖廟以元帝於光武爲穆故雖非宗不毀也後遂爲常明帝遺詔遵儉無起寢廟藏主於世祖廟更衣孝章初不敢違以更衣有小別上尊號曰顯宗廟閒祠於更衣四時合祭於世祖廟章帝遺詔無起寢廟如先帝故事和帝初不敢違上尊號曰肅宗後帝承遵皆藏主于世祖廟積多無別是後顯宗但爲陵寢之號靈帝時京都四時所祭高廟五主世祖廟七主少帝三陵追尊后三陵凡牲用十八太牢皆有副倅故高廟三主親毀之後亦但殷祭之歲奉祠獻帝初平中董卓與蔡邕等以和帝以下功德無殊而有過差不應爲宗及餘非宗者追尊三后皆奏毀之四時所祭高廟一祖三宗及近帝四凡七帝魏文帝受禪追尊大父曰大皇帝考曰武皇帝以洛京宗廟未成乃祠武帝於建始殿親執饋奠如家人禮明帝太和三年又追尊高祖大長秋曰高皇夫人吳氏曰高皇后並在鄴廟之所祠則文帝之高祖處士曾祖高皇祖太皇帝共一廟考太祖武皇帝特一廟百代不毀然則所祠止於親廟四室也其年十一月洛京廟成則以親盡遷處士主置園邑使宗正曹恪持節迎高祖以下神主共一廟猶爲四室而已景初元年六月羣公更奏定七廟之制曰武皇帝肇建洪基爲魏太祖文帝繼天革命爲魏高祖上集成大命宜爲魏烈祖於太祖廟北爲二祧其左爲文帝廟號曰高祖昭祧其右擬明帝號曰烈祖穆祧三祖之廟萬世不毀其餘四廟親盡迭遷一如周后稷文武廟祧之禮晉武帝卽位追尊皇祖宣王爲宣皇帝伯考景王爲景皇帝考文王爲文皇帝權立一廟後用魏廟追祭征西將軍豫章府君潁川府君京兆府君與宣帝景帝文帝爲三昭三穆是時宣皇未升太祖虛位所以祠六代與景帝爲七廟六年因廟陷當改脩創羣臣奏議曰古者七廟異所自宜如禮又曰古雖七廟自近代以來皆廟七室於禮無廢於情爲敘亦隨時宜也東晉元帝上繼武帝於禮爲禰如漢光武上繼元帝故事時西京神主陷於虜庭江左建廟皆更新造尋以登懷帝之主又遷潁

川府君位雖七室其實五世蓋以兄弟爲世數故也于時百度草創毀主權居別室太興三年將祭愍帝之主乃更定制還復豫章潁川于昭穆之位及元帝崩則豫章復還至明帝崩而潁川又還猶十室也于時續廣太廟故三遷主並還西儲名之曰祧以準遠廟成帝咸康五年始作武悼皇后神主祔廟配饗世祖成帝崩而康帝承統以兄弟一代故不遷京兆始十一室也康帝崩穆帝立京兆遷入西儲同謂之祧如前三祖遷主之禮故正室猶十一也穆帝崩而哀帝海西並爲兄弟無所登除咸安之初簡文皇帝上繼元皇帝於是潁川京兆二主復還昭穆之位簡文崩潁川又還孝武帝太元十六年始改作太廟殿正室十四間東西儲各一間合十六間棟高八丈四尺備法駕遷神主于行廟及孝武崩京兆又遷如穆帝之世四祧故事宋武帝即尊位祠七代爲七廟永初初追尊皇考爲孝皇帝皇妣趙氏爲穆皇后三年孝懿蕭皇后崩又祔廟高祖崩神主升廟猶昭穆之序始魏晉之制虛太祖之位文帝元嘉初追尊所生胡婕妤爲章皇太后立廟於太廟西其後孝武昭太后明帝宣太后並祔章太后廟齊高帝追尊父爲宣皇帝母爲昭皇后七廟梁武帝受禪遷神主於太廟爲三昭三穆凡六廟追尊皇考爲文皇帝皇妣爲德皇后廟號太祖皇祖特進以上皆不追尊擬祖遷於上而太祖之廟不毀與六親廟爲七皆同一堂共庭而別室陳依梁制七廟如禮初文帝入嗣而皇考始興昭烈王廟在始興國謂之東廟天嘉中徙神主祔于梁之小廟改曰國廟祭用天子儀後魏之先居于漠北鑿石爲祖宗之廟於烏洛侯國西北明元帝永興四年立太祖道武

帝廟於白登山歲一祭具太牢帝親奉無常月又於白登西太祖舊遊之處立昭成獻明太祖廟常以九月十月之交帝親祭牲用馬牛羊又親行貙劉之禮孝文太和三年六月親謁七廟十五年四月改營太廟詔曰祖有功宗有德後者不得擅祖宗之名居二祧之廟今述尊先志宜制祖宗之號烈祖有創業之功世祖有開拓之德宜爲祖宗百代不遷而遠祖平文功未多於昭成然廟號爲太祖道武建業之勳高於平文廟號爲烈祖比校似爲未允朕今奉尊道武爲太祖而立二祧餘皆以次而遷十九年遷都洛邑二月詔曰太和廟已就神儀靈主宜時奉寧可剋五月奉遷於廟其出金墉之儀一準出代都太和之式入新廟之典可依近至金墉之軌其威儀鹵簿如出代廟百官奉遷宜可省之但令朝官四品以上侍官五品以上宗室奉迎北齊文宣帝受禪置六廟獻武以下不毀以上則遞毀並同廟而別室既而還神主於太廟文襄文宣並太祖之子文宣初擬其昭穆之次欲別立廟衆議不同至二年秋始祔太廟四時拚臘凡五祭禘祫如梁制後周之制思復古之道乃右宗廟而左社稷閔帝受禪追尊皇祖爲德皇帝父文王爲文皇帝廟號太祖擬祖以上三廟遞遷至太祖不毀其下相承置二昭二穆爲五焉明帝崩廟號世宗武帝崩廟號高祖並爲祧廟不毀隋文帝受命遣兼太保宇文善等奉策詣同州告皇考桓王廟兼用女巫同家人之禮追尊桓王爲武元皇帝皇妣爲元明皇后奉迎神主歸于京師改周制左宗廟而右社稷宗廟未言始祖又無受命之祧自高祖以下置四親廟同殿異室一皇高祖太原府君廟二皇曾祖康王廟三皇祖獻王

廟四皇考太祖武元皇帝廟擬祖遷於上而太祖之廟不毀至煬帝立七廟太祖各一殿准周文武二祧與始祖而三餘並分室而祭唐武德元年追尊號高祖曰宣簡公曾祖曰懿王祖曰景皇帝考曰元皇帝法駕迎神主祔于太廟始享四室貞觀九年高祖崩詔增脩太廟中書侍郎岑文本議曰祖鄭元者則陳四廟之制述王肅者則引七廟之文貴賤混而莫辯是非紛而不定春秋穀梁傳及禮記王制祭法禮器孔子家語並云天子七廟諸侯五廟大夫三廟士一廟尚書咸有一德曰七世之廟可以觀德至於孫卿孔安國劉歆班彪父子孔昆虞憙干寶之徒商較今古咸以爲然故其文曰天子三昭三穆與太祖之廟而七是以晉宋齊梁皆依斯義立親廟六若使違羣經之正說從累代之疑議背子雍之篤論遵康成之舊學則天子之禮下逼於人臣諸侯之制上僭於王者非所謂尊卑有序名位不同者也臣等參詳請依晉宋故事立親廟六其祖宗之制式遵舊典制從之於是增修太廟始崇弘農府君及高祖神主拚舊四室爲六室開元十年加置九廟移中宗神主就正廟仍創立九室其後制獻祖懿祖太祖世祖高祖太宗高宗中宗睿宗太廟九室也

時享 薦新附

有虞氏四時之制春曰禴夏曰禘秋曰嘗冬曰烝其祭尙氣郊特牲云血腥爓祭用氣也法先迎牲殺之取血告於室以降其神然後用樂而行祭事其祭貴首夏氏時祭之名因有虞其祭貴心商人禴禘嘗烝亦因虞夏之制王制云春禴夏禘秋嘗冬烝其祭尙聲郊特牲云臭味未成滌蕩其聲樂三闋然後出迎牲聲音之號所

以昭告於天地之間也其祭貴肝周祭春曰礿夏曰禴秋曰嘗冬曰烝以禘爲殷祭之名其祭尚臭郊特牲云周人尚臭灌用鬯臭鬱合鬯臭陰達於淵泉旣灌然後迎牲致陰氣也其祭貴肺行九獻之禮其四時新物皆先薦寢廟而後食二月獻羔開冰四月以彘嘗麥七月登穀八月嘗麻九月嘗稻十二月嘗魚漢惠帝時叔孫通曰古者有春嘗果方今櫻桃熟可獻宗廟諸果之獻由此興後漢光武帝建武二年正月立高廟于雒陽四時祫祀高帝爲太祖文帝爲太宗武帝爲世宗如舊餘帝不祀四時春以正月夏以四月秋以七月冬以十月及臘一歲五祀靈帝時京都四時所祭高廟五主世祖廟七王少帝三陵追尊后三陵凡牲用十八太牢古不墓祭漢諸陵皆有園寢承秦所爲也說者以爲古宗廟前廟後寢以象人君之居前有朝後有寢月令有先薦寢廟詩稱寢廟奕奕言相通也廟以藏主以四時祭寢有衣冠几杖象生之具以薦新物秦始出寢起於墓側漢因而弗改故陵上稱寢殿起居衣服象生人之具建武以來關西諸陵以傳久遠但四時特牲祠天子每幸長安謁諸陵乃太牢祠自雒陽諸陵至靈帝皆以晦望二十四氣伏臘及四時祠廟日上飯太官送用物園令食監典省其親陵所宮人隨鼓漏理被枕具盥水陳嚴具魏初高堂隆云按舊典天子諸侯月有祭祀其孟則四時之祭也三牲黍稷時物咸備其仲月季月皆薦新之祭也大夫以上將之以羔或加以犬不備三牲也士以豚庶人則唯其時宜魚鴈可也皆有黍稷禮器曰羔豚而祭百官皆足太牢而祭不必有餘羔豚則薦新之禮也太牢則時祭之禮也詩云四月其蚤獻羔祭韭周之四月則夏之二月也月令仲春天子乃獻羔開冰季春之月天子始乘舟薦鮪仲夏之月天子乃以雛嘗黍咸薦之寢廟此則仲季月薦新之禮也宋四時祭祀將祭必先夕牲皇帝散齋七日致齋三日百官掌事者亦如之致齋之日御太極殿幄坐著絳紗袍黑介幘通天金博山冠祠之日車駕出百官應齋從駕上水一刻皇帝著平冕龍衮服升金根車到廟北門治禮謁者各引太樂令太常光祿勳三公等皆入在位皇帝降車入廟脫舄盥及洗爵訖升殿初獻奠爵樂奏太祝令跪讀祝文訖進奠神座前皇帝還本位博士引太尉亞獻訖謁者又引光祿勳終獻皇帝不親祠則三公行事而太尉初獻太常亞獻光祿勳終獻齊永明元年正月詔太廟四時祭薦宣皇帝麪起餅鴨臛孝皇后筍鴨卵脯醬炙白肉高皇帝薦肉膾葅羹昭皇后炙魚皆所嗜也梁武帝宗廟四時及臘一歲五享天監十六年詔曰夫神無常饗饗于克誠所以西鄰禴祭實受其福宗廟祭祀猶有牲牢無益至誠有累冥道自今四時烝嘗外可量代八座議以大脯代一元大武八座又奏旣停宰殺無復省牲之事請立省饌儀其衆官陪列並同省牲帝從之又詔今雖無復用腥猶有脯脩之類卽之幽明義爲未盡更可詳定悉薦時蔬左丞司馬筠等參議大餅代脯餘悉用蔬菜從之於是至敬殿景陽臺立七廟座月中再設淨饌自是訖於臺城破諸廟遂不血食陳制一歲五祠謂春夏秋冬臘也每祭共以一太牢始祖以三牲首餘唯骨體而已後魏孝文皇帝太和六年十一月將親祀七廟有司依禮具儀於是羣官議曰昔有虞親虔祖考來格商宗躬謁介福攸降大魏七廟之祭依先廟舊事多不親謁今陛下孝誠發中思親執祀稽今古義禮之常典臣等謹按舊章并採漢魏故事撰祭服冠屨牲牢之具罍洗簠簋俎豆之器百官助祭位次樂官節奏之引升降進退之法別集爲親拜之儀制可於是帝乃親祭其後四時常祀皆親之北齊制春祀夏禴秋嘗冬烝皆以孟月凡四祭每祭室一太牢武成帝始以皇后亞獻河清中定令四時祭廟及元日廟庭並設庭燎二所後周之制其四時祭各於其廟亦以皇后亞獻其儀與北齊同所異者皇后亞獻訖后又薦加豆之籩其實菱芡芹葅兔醢冢宰終獻訖皇后親徹豆降還版位然後太祝徹焉隋四時之祭各以太牢四時薦新於大廟有司行事而不出神主祔祭之禮並准時享唐四時各以其孟月享太廟室各用一太牢若品物時新堪進御者有司先送太常仍以滋味與新物相宜者配之太常卿及少卿一人奉薦太廟有司行事不出神主

祫禘

古者天子諸侯三年喪畢皆合先祖之神而享之以生有慶集之懽死亦備合食之禮因天道之成而設禘祫之享皆合先祖之神而享之虞夏先王崩新王元年二年喪畢而祫三年春特禴夏特禘秋特嘗冬特烝四年春特禴夏祫禘秋祫嘗冬祫烝每間歲皆然以終其世商人先王崩新王二年喪畢而祫三年春特禘夏特禴秋特嘗冬特烝四年春特禘夏祫禴秋祫嘗冬祫烝周制天子諸侯三年喪畢禫祭之後乃祫於太祖來年春禘于羣廟爾後五年再殷祭一禘一祫禘以夏祫以秋祫祭之禮大宗伯出高祖以下木主守祧出先王先公祧主皆入太祖后稷廟中於室中之奧西壁下東面布

太祖后稷位尸在東北面太祖之子於席前之北南面爲昭次昭之子在南方北面相對爲穆以次而東孫與王父並列直至禰其尸各居木主之左凡七尸用九獻禘祭之禮一如祫祭所異者但祭毁廟以上不及親廟其神主按鄭康成禘祫志云大王王季以上遷主祭於后稷之廟其坐位與祫祭同文武以下遷主若穆之遷主祭於文王之廟文王居室之奥東面文王孫成王居文王之東而北面以下穆王直至親盡之祖以次繼而東皆北面無昭主若昭之遷主祭於武王之廟武王亦居室之奥東面其昭孫康王亦居武王之東而南面以次亦繼而東直至親盡之祖無穆主也其尸位后稷廟中后稷尸一昭穆尸各一文王廟中文王尸一穆尸共一武王廟中武王尸一昭尸共一後漢光武建武二十六年詔問張純禘祫之禮不行幾年純奏舊制三年一祫毁廟之主合食高廟存廟主未嘗合元始五年始行禘禮父爲昭南向子爲穆北向父子不並坐而孫從王父禘以夏四月陽氣在上陰氣在下故以正尊卑祫以冬十月五穀成熟物備禮成故骨肉合飲食今祖宗廟未定且合祭高廟遂以爲常後以三年冬祫五年夏禘之時但就陳祭毁廟主而已謂之殷祭太祖東而惠文武元四帝爲昭景宣二帝爲穆惠景昭三帝非殷祭時不祭也魏明帝太和四年六月武宣皇后崩至六年三月有司以今年四月禘告王肅議曰按春秋魯閔公二年夏禘于莊公是時縗絰之中至二十五月大祥便禘不復禫故譏其速也去四年六月武宣皇后崩二十六日晚葬除服卽吉四時之祭皆親行事今當計始除服日數當如禮須至禫月乃禘東晉昇平五年五月穆帝崩十月殷祭興寧三年二月哀皇帝崩明年太和元年五月皇后庾氏崩十月殷祭太元二十一年十月應殷祭其九月孝武崩至隆安三年國家大吉乃殷祭元興三年夏應殷祭太常博士徐乾等議應用孟秋進用孟冬時安帝義熙三年當殷祭御史中丞范泰議以章后喪未一周不應殷祠時從太常劉瑾議小君之喪不以廢大禮往元興三年四月不得殷祀進用十月若計常限今當用冬若更起端則應四月時尚書奏從領司徒王謐議反初四月爲殷祠之始徐邈議祫三時皆可者蓋喪終則吉而祫服終無常故祫隨所遇唯春不祫故曰特礿非殷祀常也宋制殷祭皆卽吉乃行文帝元嘉六年祠部定十月三日殷祀十三烝禮孝武大明七年二月有司奏四月應殷祠若事中未得用孟秋詔從之梁武帝初用謝廣議三年一禘五年一祫謂之殷祭禘以夏祫以冬後魏孝文帝太和十三年詔曰鄭康成云天子祭圜丘曰禘祭宗廟大祭亦曰禘三年一祫五年一禘祫則毁廟羣廟之主於太祖廟合而祭之禘則增及百官配食者審諦而祭之魯禮三年喪畢而祫明年而禘圜丘宗廟大祭俱稱禘祭有兩禘明也王肅又云天子諸侯皆禘於宗廟非祭天之祭郊祀后稷不稱禘宗廟稱禘禘祫一名也合祭故稱祫禘而審禘之故稱禘非兩祭之名三年一祫五年一禘總而互舉故稱五年再殷祭不言一禘一祫斷可知矣然以祫爲一祭王義爲長以圜丘爲禘與宗廟大祭同名鄭義亦爲當今互取鄭王二義禘祫并爲一名從王禘是祭圜丘大祭之名上下同用從鄭永爲定式北齊延昌四年五月宣武帝崩孝明卽位三月時議來秋七月應祫祭于太祖太常卿崔亮上言曰今宣武皇帝主雖入廟然烝嘗時祭猶別寢室至於祫祭宜存古典按禮三年喪畢祫於太祖明年春禘於羣廟又按杜元凱云卒哭而除三年喪畢而禘愚謂來秋七月祫祭應停宜待年終乃後祫禘從之唐前上元三年有司祫享于太祖廟時議者以禮緯三年一祫五年一禘公羊傳云五年而再殷祭兩義互文莫能斷太學博士史元璨議曰按禮記正義列鄭康成禘祫志云春秋僖公三十三年十二月薨文公二年八月丁卯大事于太廟公羊傳云大事者何祫也是三年喪畢新君二年當祫明年春禘于羣廟僖公宣公八年皆有禘則後禘去前禘五年以此定之則新君二年祫三年禘自爾之後五年而再殷祭則六年當祫八年當禘又昭公十年齊歸薨至十三年喪畢當祫爲平邱之會冬公如齊至十四年祫十五年禘傳云有事武宮是也至十八年祫二十年禘二十三年祫二十五年禘昭公二十五年有事于襄宮是也如上所云則禘後隔三年祫以後隔三年禘此則有合禮經不違傳義自此禘祫之祭依璨議

臣謹按杜佑議曰聖人制禮合諸天道使不數不怠故有四時之制焉而又設殷祭者因天道之成以申孝順之心用盡事終之理禘祫二禮俱是大祭先賢所釋義各有殊馬融王肅皆云禘大祫小鄭康成注二禮以祫大禘小賈逵劉歆則云一祭二名禮無差降數家之說非無典據至於宣通經訓鄭義爲長誠以禮經及春秋所書皆祫大於禘按春秋公羊傳云大事于太廟大事者祫也祫者毁廟之主陳於太祖未毁廟之主皆升合食於太祖至於禘則云禘于莊

公禘于僖公既不於太祖則小於祫也又逸禮記禘于太廟之禮云毀廟之主皆升合食而立二尸又按韓詩內傳云禘取毀廟之主皆升合食於太祖則禘小於祫也祫則羣廟之主悉升於太祖廟禘者各於其廟而行祭禮二祭俱及毀主禘之時文王以上毀主自在后稷廟而祭文王以下毀主自在二祧之廟而祭禘則小於祫而大於四時也曾子問主夫子云自非祫祭七廟五廟無虛主而不言禘小於祫明矣其祫備五齊三酒禘唯四齊三酒祫則備六代之樂禘則四代而下又無降神之樂以示其闕也

功臣配享

盤庚云茲予大享于先王爾祖其從與享之周制凡有功者銘書於王之太常祭于大烝司勳詔之漢制祭功臣於庭生時侍燕於堂死則降在庭位與士庶爲例魏高堂隆議曰按先典祭祀之禮皆依生前尊卑之序以爲位次功臣配食於先王像生時侍讌燕禮大夫以上皆升堂以下則位於庭其餘則與君同牢至於俎豆薦羞唯君備公降於君卿大夫降於公士降於大夫使功臣配食於烝祭所以尊崇其德明其勳以勸嗣臣也議者欲從漢氏祭之於庭此爲貶損非寵異之位也貴者取貴骨賤者取賤骨今使配食者因君之牢以貴賤爲俎庶合事宜周志曰勇則害上不登於明堂共用之謂勇言有勇而無義死不登堂而配食此則配食之義位在堂之明審也下爲北面三公朝立之位耳燕則脫屨升堂不在庭也晉散騎常侍任茂議按魏功臣配食禮敘六功之勳祭陳五祀之品或祀之於一代或傳之於百代蓋社稷五祀所謂傳之於百代者古之王臣有明德大功若句龍之能平水土柱之能樹百穀則祀社稷異代不廢也昔湯既勝夏欲遷其社不可乃遷稷周棄德可代柱而句龍莫廢也若四敘之屬分主五方則祀爲貴神傳之異代載之春秋非此之類則雖明如咎繇勳如伊尹功如呂尚各於當代祀之不祭於異代也然則伊尹於商雖有玉功之茂不配食於周之淸廟以今之功臣論其勳績比咎繇伊尹呂尚猶或未及凡云配食各配食於主也今主遷廟臣宜從饗大司馬石苞等議魏代功臣宜歸之陳留國使脩常祀允合事理唐貞觀十六年有司言禮功臣配享於廟庭禘享則不配依今禘祫之日功臣並得配享請集禮官學士等議太常卿韋挺等議曰古者臣有大功享祿其後子孫率禮潔粢豐盛礿祠烝嘗四時不輟國家大祫又得配享焉所以昭明其勳尊崇其德以勸嗣臣也其禘及時享功臣皆不應享故周禮六功之官皆配大烝而已先儒皆以大烝爲祫祭梁初誤禘功臣左丞何佟之駮議武帝允而依行降暨周齊俱遵此義禮禘無配功臣理不可易從之其儀具開元禮

天子七祀（諸侯附）

商制天子祭五祀戶一竈二中霤三門四行五也歲徧（凡祭五祀於廟門戶主出入竈主飲食中霤主堂室居處行主道路）諸侯大夫與天子同周制王爲羣姓立七祀曰司命曰中霤曰國門曰國行曰泰厲曰戶曰竈諸侯爲國立五祀曰司命曰中霤曰國門曰國行曰公厲大夫立三祀曰族厲曰門曰行嫡士立二祀曰門曰行庶人立一祀或立霤竈或立戶漢立五祀白虎通云戶一祀（春祭）竈二祀（夏祭）門三祀（秋祭）井四祀（冬祭）中霤五祀（六月祭）歲一徧有司行事禮頗輕於社稷（祭祀天子諸侯以牛因四時祭物也祀戶以牛竈以雞中霤以牛門以犬井以豕或曰中霤用牛不得用牛者用豕井用魚也）後漢建武初有五祀之祭門戶井竈中霤也有司掌之其祀簡於社稷矣人家祀山神門戶（山即厲也鬼有歸所乃不爲厲）魏武王始定天下興復舊祀而造祭五祀門戶井竈中霤也晉傅元云帝之都城宜祭一門正宮亦祭一門正室祭一戶井竈及中霤各擇其正者祭之以後諸祀無聞唯司命配享于南郊壇隋制其司命戶以春竈以夏門以秋行以冬各於享廟日中霤則以季夏祀黃郊日各命有司祭於廟西門道南牲以少牢唐初廢七祀唯季夏祀祭中霤開元中制禮祭七祀各因時享祭之於廟庭司命戶以春竈以夏門厲以秋行以冬中霤以季夏其儀具開元禮

上陵（拜掃及諸節上食附）

三代以前無墓祭至秦始出寢起於墓側漢因秦上陵皆有園寢故稱寢殿起居衣服象生人之具古寢之意也後漢都雒陽以關西諸陵久遠但四時特牲祀每帝西幸即親謁其雒陽陵每正月上丁郊廟畢以次上陵百官四姓親家婦女公主諸王大夫（袁宏漢紀曰明帝永平元年爲外戚樊氏郭氏陰氏馬氏諸子弟立學號曰四姓小侯獨斷曰凡與先后有瓜葛者）外國朝者侍子郡國計吏會陵晝漏上水大鴻臚設九賓隨立寢殿前（薛琮曰九賓謂王侯公卿二千石六百石下及郎吏匈奴侍子其九等也）鐘鳴謁者引客羣臣就位如儀乘輿自東廂下太常導出西向拜止旋升于階拜神座退後公卿羣臣謁神座太官上食太常樂奏食舉舞文始五行之舞（文始舞者本舜韶舞也高祖更名文始以示不相襲也五行舞者本周舞也秦始皇更名五行之舞也）禮樂闋羣臣受賜食畢郡國上計吏以次前當神軒告其郡穀價民所疾苦欲神知其動靜孝子事親盡敬愛之心也最後親陵遣計吏賜之

帶珮八月飲酎上陵禮亦如之靈帝以晦朔二十四氣伏臘及四時祠廟日於陵所上飯宮人隨鼓漏理被枕盥水陳嚴具魏文帝詔曰先帝躬履節儉遺詔省約子以述父爲孝臣以繫事爲忠古不墓祭皆設於廟先帝高平陵上殿皆毁壞車馬還廐衣服藏府以從先帝儉德之志遂革上陵之禮文帝自作終制又曰壽陵無立寢殿造園邑自後園邑寢殿遂絶及齊王在位九載始一謁高平陵晉宣王遺令子弟羣官皆不得謁陵景文遵旨至武帝猶再謁崇陽陵（景帝陵）一謁峻平陵（文帝陵）然遂不敢謁高原陵（宣帝陵）至惠帝復止也東晉元帝崩後諸公始有謁陵之事蓋由眘同友執率情而舉也成帝時中宮亦年年拜陵議者以爲非禮遂止以爲定制穆帝幼沖褚太后臨朝又拜陵至孝武崩驃騎將軍會稽王道子曰今雖權制釋服至於朔望諸節自應展情陵所以一周爲斷於是至陵變服單衣煩瀆無准非禮也及安帝元興元年左僕射桓謙奏百僚拜陵起於中興非晉舊典積習生常遂爲近法尋武帝詔乃不使人主諸王拜陵及義熙初又復江左之舊宋文帝每歲正月謁初寧陵（武帝陵）孝武明帝亦每歲拜初寧長寧陵（文武陵）後魏太和十六年九月辛未孝文帝哭於文明太后陵左終日不絶聲素幕越（音活）席爲次侍臣侍哭壬申孝文又哭如昨帝二日不御食癸酉朝中夕三時哭拜於陵前夜宿鑒元殿甲戌帝拜哭辭陵還永樂宮唐貞觀十三年太宗朝于獻陵先設黃麾仗周衞陵寢至質明七廟子孫及諸侯百僚蕃夷君長皆陪列于司馬門內太宗至小次降輿納屨哭入闕門西再拜慟絶不能興禮畢改服入于寢躬親執饌閱視高祖先后服御之物悲慟左右侍御者莫不歔欷禮畢太宗出自寢宮步過司馬門泥行二百餘步上入寢哭踊絶于地進至東階西面再拜號慟久之乃進太牢之饌加珍羞具品引太尉無忌司空績越王貞趙王福曹王明及左屯衞將軍程知節並入執爵進俎上至神座前拜哭奠饌閱先帝先后衣服拜辭訖行哭出寢北門乃御小輦還宮高宗永徽二年有司言謹按獻陵三年之後每朔及月半上食其冬夏至伏臘清明社等節日亦上食其昭陵請依獻陵故事上從之六年正月謁于昭陵有司先設儀衞於陵寢質明七廟子孫二王後百僚州鎭蕃牧四夷君長等並陪列于位皇帝降輦入次易服出次行哭就位再拜躃踊慟絶禮畢又改服奉謁寢宮其妃嬪公主先於神座左右侍列如平生帝入寢門即哭瞻視幄座踊絶于地進至東階西面再拜號哭乃進牢饌珍羞引三公諸王並入執爵進俎帝至神座前再拜哭自奠饌閱先帝先后衣服更增感絶拜辭訖行哭出寢北門中宗景龍中每日奠祭太常博士彭景直上疏曰謹按三禮無諸陵日祭之事又按禮論譙周祭志云天子之廟始祖及高祖祖考皆每月朔加薦新以象平生朔食也謂之月祭二祧之廟時祭無日祭之文又鄭氏注儀禮云月朔月半猶平常之朝夕也大祥之後即四時焉此則古者祭皆在廟近代以來始分月朔月半及諸節日祭於陵寢至後漢陵寢致祭無明文自魏三祖以下不於陵寢致祭並附於古禮至江左亦不崇園寢及齊梁陳其祭無聞今參詳以爲三禮者不刊之書外傳所記不與經合不可依憑其諸陵請准禮停日祭不從詔乾陵宜依舊朝晡進奠昭獻二陵每日一進以爲常式舊制每年四季之月常遣使往諸陵起居太常博士唐紹上疏曰自安宅兆禮不祭墓當謂送形而往山陵爲幽靜之宮迎精而返宗廟爲享薦之室但以仲月命使巡陵鹵簿衣冠禮容必備自天授以後時有起居因循至今乃爲常事起者以起動爲稱居者以居止爲名敢辭命使勞繁但恐不安靈域又降誕之日穿針之辰皆以續命爲名時人多有進奉今聖靈日遠仙駕難攀進止起居恐乖先典請停四季及降誕并節日起居陵使但准式二時巡陵庶合禮經不從開元二十年四月制曰寒食上墓禮經無文近代相傳寖以成俗士庶有不合廟享何以用展孝思宜許上墓同拜掃禮不得作樂仍編入五禮永爲定式二十三年四月勅獻昭乾定橋恭六陵朔望上食歲冬至寒食日各設一祭如節祭其朔望日相逢依節祭料橋陵除此日外仍每日進半口羊食天寶二年七月勅詩著授衣令存休澣在於臣子猶及恩私恭事園陵未標令式自今以後每至九月一日薦衣于陵寢貽範千載庶展孝思

臣謹按上陵之禮謝承漢書曰靈帝建寧五年正月車駕上原陵蔡邕爲司徒掾從上行到陵見其儀慨然謂同座者曰聞古不墓祭朝廷有上陵之禮始爲可損今見其儀察其本意乃知孝明帝至孝惻隱不可易舊或曰本意云何昔京師在長安時其禮不可盡得聞也光武即世始葬于此明帝嗣位踰年羣臣朝正感先帝不復聞見此禮乃率公卿百僚就園陵而創焉尚書階西設神座天子事亡如事存之意也苟先帝有瓜葛之屬男女畢會王侯大夫郡國計吏各向神座而言庶幾先帝神魂聞之以明帝聖孝之

心親服三年久在園陵初興此儀仰察几筵下顧羣臣悲切之心必不可堪邕見太傅胡廣曰國家禮有煩而不省者不知先帝之用心周密之至於此也廣曰然子宜載之以示學者邕退而記焉又按飲酎之禮丁孚漢儀曰酎金律文帝所加以正月旦作酒八月成名曰酎酒因令諸侯助祭貢金漢律金布令諸侯列侯各以民口數率千口奉金四兩奇不滿千口至五百口亦四兩皆會酎少府受又九眞交趾日南者用犀角二長九寸以上若玳瑁甲一鬱林用象牙長三尺以上若翡翠各二十准以當金漢舊儀曰皇帝於八月酎車駕夕視牲以鑑燧取水於月取火於日爲明水火左袒以水沃牛右肩手執鸞刀以切牛毛薦之而即更衣侍中上熟乃祀

釋奠

周制凡始立學必釋奠于先聖先師及行事必以幣凡學春官釋奠于先師秋冬亦如之官謂禮樂詩書之官也周禮凡有道者有德者使教焉死則以爲樂祖祭於瞽宗此謂先師之類不言夏從春可知釋奠者設薦饌酌奠而已無迎尸以下之事始立學者既釁器用幣禮樂之器成則釁之又用幣告先聖先師以器成也然後釋菜祭菜示敬道也鄭康成曰禮先聖先師也菜芹藻之屬也天子視學大昕鼓以警衆也衆至然後天子至乃命有司行事祭先師先聖焉有司卒事反命天子乃命將出征受命於祖告祖也受成於學定兵謀也出征執有罪反釋奠于學以訊馘告釋菜奠幣禮先師也詩云在頖獻馘魏齊王正始中有講經徧輒使太常釋奠於辟雍以太牢祠孔子以顏回配晉武帝泰始七年惠帝元康三年二釋奠皆於太學泰始六年元康五年二行鄉事皆於辟雍鄉事鄉飲酒禮也惠帝愍懷之爲太子皆講經竟並親釋奠於太學東晉明帝之爲太子亦行釋奠禮成穆孝武三帝皆親釋奠唯成帝在辟雍自是一時制也孝武以太學在水南懸遠有司議依穆帝升平元年於中堂權立行太學釋奠禮畢會百官六品以上有司奏應須二學生百二十人太學生取見人六十而無國子生權銓大臣子孫六十人事訖罷之宋文帝元嘉二十二年太子釋奠採晉故事裴松之議應舞六佾宜設軒懸之樂牲牢器用悉依上公祭畢臨學宴會太子以下悉在齋武帝永明三年有司奏宋元嘉舊事學生到先釋奠先聖先師禮又有釋菜未詳今當行何禮用何樂及禮器時從喻希議用元嘉故事設軒懸之樂六佾之舞牲牢器用悉依上公梁武帝天監八年皇太子釋奠周捨議既惟大禮請依東宮元會太子著絳紗襮音博衣領也樂用軒懸合升殿坐者皆服朱衣帝從之又有司以爲禮云凡爲人子者升降不由阼階吏部郎中徐勉議鄭元云由命士以上父子異宮宮室既異無不由阼階之禮請釋奠及宴會太子升堂並宜由東階若輿駕幸學自然中階其會賓客依舊西階大同七年皇太子表其子寧國臨城公入學時議者以與太子有齒胄之議疑之臣纘等以爲參點回路並事宣父鄒魯稱盛洙泗無譏制可北齊將講於天子先定經於孔子廟講畢以一太牢釋奠孔宣父配以顏回列軒懸樂六佾舞皇太子每通一經及新立學必釋奠禮先聖先師每歲春秋二仲常行其禮每月朔祭酒領博士以下及國子諸學生以上太學四門博士升堂助教以下太學諸生階下拜孔子揖顏回日出行事其郡學則於坊內立孔顏廟博士以下亦每月朝隋制國子寺每歲四仲月上丁釋奠於先聖先師年別一行鄉飲酒禮州縣學則以春秋仲月釋奠亦每年於學一行鄉飲酒禮唐武德二年於國子學立周公孔子廟各一所四時致祭貞觀二十一年制左邱明以下二十二人同享初以儒官自爲祭主直云博士姓名昭告于先聖又州縣釋奠亦博士爲主許敬宗奏曰秦漢釋奠無文魏氏則太常行事自晉宋以降時有親行而學官爲主全無典實在於臣下理不合專令請國學釋奠令國子祭酒爲初獻詞稱皇帝謹遣仍令司業爲亞獻博士爲終獻其州學刺史爲初獻上佐爲亞獻博士爲終獻縣學令爲初獻丞爲亞獻主簿及尉通爲終獻循附禮令以爲永制景龍二年七月皇太子將親釋奠於國學有司草儀注令從臣皆乘馬著衣冠太子左庶子劉知幾進議曰古者自大夫以上皆乘車而以馬爲騑服魏晉以降迄于隋氏朝士又駕牛車至如李廣北征解鞍憩息馬援南征據鞍顧盼斯則鞍馬之設行於軍旅戎服所乘貴於便習者也按江左官至尚書郎而輒輕乘馬則爲御史所彈又顏延年罷官後好騎馬出入閭里當時稱其放誕此則專車憑軾可擐朝衣單馬御鞍宜從褻服求之近古灼然之明驗也褒衣博帶方履高冠本非馬上所施自是車中之服且長裙廣袖襜如翼如鳴佩紆組鏘鏘弈弈馳騁於風塵之內出入於旌棨之間儻馬有驚逸人從顛墜遂使屬車之右遺履不收清道之傍絓驂相續因以受嗤行路有損威儀其乘馬衣冠竊謂宜從廢改皇太子令付外宜行仍編入令以爲常式開元十一年詔春秋釋奠用牲牢其屬縣用酒脯而已二十七年八月因釋奠文宣王始用宮懸之樂二十八年二月勅文宣王廟春秋釋奠宜令攝三公行禮著之常式國子祭酒劉瑗奏准故事釋奠之日羣官道俗等皆合赴監觀禮請依故事著之常式制可其儀具開元禮

祀先代帝王 名臣附

漢武帝時有人言古者天子以春解祠祠黃帝用一梟破鏡方士云以歲始祓除凶災令神仙之帝食惡逆之物使天下爲逆者破滅梟名食母破鏡名食父如貙而虎眼黃帝欲絕其類使百吏祠皆用焉漢使東郡送梟五月五日作羹以賜百官解祠者解罪求福也後漢章帝元和春東巡狩使使者奉一太牢祠帝堯於濟陰魏武帝少時漢太尉橋元獨先禮異焉故建安中遣使祠以太牢東晉孝武帝寧康三年七月故事祀皐陶於庭尉寺新禮移祀於律署以同祭先聖於太學舊祀以社日新改用孟秋以應秋政後魏文成帝東巡歷橋山祀黃帝孝文太和十六年詔曰法施於人祀有明典立功垂惠祭有常式其孟春應祀者頊以事殷遂及今日可令以仲月而饗祀焉凡在祀令者有五帝堯樹則天之功興巍巍之治可祀於平陽舜播太平之風致無爲之化可祀於廣寧禹禦洪水之災建天下之利可祀於安邑周文公制禮作樂垂範萬葉可祀於洛陽其宣尼廟已於中省別勅有司行事自文公以上可令當界牧守各隨所近攝行祀事皆用清酌尹祭也曲禮曰脯曰尹祭隋制使祀先代王公帝堯於平陽以契配帝舜於河東咎繇配夏禹於安邑伯益配商湯於汾陰伊尹配文王武王於灃渭之郊周公召公配漢帝於長陵蕭何配各以一太牢而無樂配者饗於廟庭唐前儀禮令無祭先代帝王之文禮部尙書許敬宗等奏謹按禮記祭法云聖王之制祭祀也法施於人以死勤事以勞定國能禦大災能捍大患則祀之始皇無道所以棄之漢祖典章法垂於後自隋以上亦在祠列今請聿遵故實三年一祭以仲春之月天寶六載正月制三皇置一廟五帝置一廟有司以時祭享至七載五月詔三皇以前帝王宜於京城內共置一廟仍與三皇五帝廟相近以時致祭天皇氏地皇氏人皇氏有巢氏燧人氏其祭料及樂請准三皇五帝廟以春秋二時享祭歷代帝王肇跡之處未有祠宇者所由郡置一廟享祭仍取當時將相德業可稱者二人配享

老君祠 先賢附

後漢延熹八年使中常侍之陳國苦縣祠老子九年親祠老子於濯龍中文罽爲壇飾純金釦器設華蓋座用郊天樂唐乾封元年追號老君爲太上元元皇帝文明元年九月冊老君妻爲先天太后立尊像於老君廟所開元二年三月親祠元元皇帝廟追尊元元皇帝父周上御史大夫敬爲先天太皇仍於譙郡置廟歲餘一祀以上准先天太后廟例二十九年兩京及諸州各置廟一所并置崇元館天寶元年親祠元元廟又於古今人表升元元皇帝爲上聖時同制莊子號南華眞人文子號通元眞人列子號沖虛眞人庚桑子號洞靈眞人又以其所著之書並爲經其年九月改兩京元元廟爲太上元元皇帝宮二載西京改爲太淸宮東京改爲太微宮天下諸郡爲紫極宮祝版改爲淸詞於紙上十三載正月令有司每至孟月則修薦獻上香之禮仍爲常式七載五月詔修漢張天師冊贈太師梁貞白陶先生冊贈太保貞元元年正月勅薦享太淸宮亞獻太常卿充終獻光祿卿充仍永爲常式

孔子祠 先儒附

漢元帝時孔霸以帝師賜爵號褒成君奉孔子後平帝元始初追謚孔子曰褒成宣尼公追封孔均爲褒成侯後漢光武建武十三年封均子志爲褒成侯章帝元和二年二月東巡狩因幸魯祠孔子七十二弟子漢晉春秋曰闕里者仲尼之故宅也在魯城中帝升廟西面羣臣中庭北面皆再拜帝進爵而後坐東觀書曰祀禮畢命儒者論難也和帝永元四年徙封爲褒尊侯相傳至獻帝初國絕魏文帝黃初二年以孔子二十一代孫議郎羨爲宗聖侯邑百戶奉孔子祠令魯郡修舊廟置百戶吏卒守衞晉武帝泰始三年改封孔子二十三代孫宗聖侯震爲奉聖亭侯又詔太學及魯國四時備三牲以祀孔子明帝太寧三年詔給奉聖亭侯四時祀孔子祭宜如泰始故事宋文帝元嘉八年奉聖侯有罪奪爵至十九年又授孔隱之隱之兄子熙先謀逆又失爵二十八年更以孔惠雲爲奉聖侯後有重疾失爵孝武大明二年以孔邁爲奉聖侯邁卒子莽詡俱反嗣有罪失爵後魏封孔子二十七葉孫乘爲崇聖大夫孝文帝太和十九年改封二十八葉孫珍爲崇聖侯文成帝詔其宣尼之廟當別勅有司行薦饗之禮北齊改封三十一葉孫爲恭聖侯後周武帝平齊改封鄒國公隋文帝仍舊封鄒國公煬帝改爲紹聖侯唐貞觀十一年封孔子裔德倫爲褒聖侯二十一年制曰左邱明卜子夏公羊高穀梁赤伏勝高堂生戴聖毛萇孔安國劉向鄭衆杜子春馬融盧植鄭康成服虔何休王肅王弼杜預范甯賈逵總二十二人並爲先師永徽中制令改周公爲先聖黜夫子爲先師顏回左邱明從祀顯慶二年禮部尙書許敬宗等奏曰准貞觀二十一年詔以孔子爲先聖更添左邱明等二十二人與顏子俱配宣父於太學並爲先師今據永徽令改周公爲先聖黜孔子爲先師顏回左邱明並爲從祀按禮祀凡學官春釋奠于先師鄭康成注曰官謂詩書禮樂之官也先師者若禮有高堂生樂有制氏詩有毛公書有伏生可以爲之又曰始立學釋奠于先聖鄭注曰若周公孔子也聖則非周即孔師則偏善一經漢魏以來取捨各異顏回夫子互作先師宣父周公更爲先聖求其節文互有得失所以貞觀之制正夫子爲先聖加衆儒爲先師而今新令輒事刊改但周公攝政制禮作樂功比王者祀之儒館實貶其功仲尼生衰周之末拯文喪之弊祖述堯舜憲章文武宏聖教於六經闡儒風於千載故孟軻稱生民以來一人而已自漢以降奕葉繼侯崇奉其聖迄于今日胡可降茲先哲俯入先師且又邱明之徒見行其

學既爲從祀亦無故事今請改令從詔於義爲允其周公仍依舊禮配享武王也高宗乾封元年正月東巡次兗州鄒縣頓祭宣父廟贈太師總章元年二月皇太子詣學贈顏回太子少師曾參太子少保神龍初詔以鄒魯百戶封崇道公宣尼采邑用供薦享又授裔孫褒聖侯崇階朝散大夫仍許子孫以相傳襲開元八年勑改顏子等十哲爲坐像悉應從祀曾參大孝德冠同列特爲塑像坐於十哲之次圖畫七十子及二十二賢於廟壁上以顏子亞聖親爲之贊以書于后閔損以下令當朝文士分爲之贊時國子司業李元瓘奏稱先聖孔宣父廟先師顏子配坐今其像立侍配享合坐十哲弟子雖復列像廟堂不應享祀謹檢祠令何休范甯等二十二賢猶霑從祀其十哲請春秋釋奠列享在二十二賢之上七十子請圖形於壁兼爲立贊又曾參孝道可崇獨受經於夫子請准二十二賢應饗二十七年八月制夫子追贈諡爲文宣王宜令三公持節冊命並撰儀注昔緣周公南面夫子西坐今位既有別坐豈仍舊宜補其墜典永作常式自今以後夫子南面而坐內出王者袞冕之服以衣之十哲等東西列侍顏淵既云亞聖須優其秩

顏子淵贈兗國公　閔子騫贈費侯
冉伯牛贈鄆侯　冉仲弓贈薛侯
宰子我贈齊侯　端木子貢贈黎侯
冉子有贈徐侯　仲子路贈衛侯
言子游贈吳侯　卜子夏贈魏侯

又夫子格言參也稱魯雖居七十之數不載四科之目頃雖參於十哲終未殊於等倫久稽先旨俾修舊位庶乎禮得其序人焉式瞻命尚書右丞相裴耀卿攝太尉持節就國子廟冊冊畢所司奠祭亦如釋奠之禮又遣太子少保崔琳往東都就廟行冊禮又勑兩京及兗州舊宅廟像宜改服袞冕其諸郡及縣廟宇既小但移南面不須改衣服兩京樂用宮懸春秋二仲上丁令三公攝行事七十子並宜追贈

曾參贈郕伯　顓孫師贈陳伯
澹臺滅明贈江伯　宓子賤贈單伯
原憲贈原伯　公冶長贈莒伯
南宮子容贈郯伯　公晳哀贈郳伯
曾點贈宿伯　顏路贈杞伯
商瞿贈蒙伯　高柴贈共伯
漆雕開贈滕伯　公伯寮贈任伯
司馬牛贈向伯　樊遲贈樊伯
有若贈卞伯　公西赤贈郜伯
巫馬期贈鄫伯　梁鱣贈梁伯
顏柳贈蕭伯　冉孺贈紀伯
曹卹贈曹伯　伯虔贈聊伯
公孫龍贈黃伯　冉季贈東平伯
秦子南贈少梁伯　漆雕子斂贈武城伯
顏子驕贈琅邪伯　漆雕徒父贈須句伯
壤駟赤贈北徵伯　商澤贈睢陽伯
石作蜀贈石邑伯　任不齊贈任城伯
公夏首贈亢父伯　公良孺贈東牟伯
后處贈營丘伯　秦子開贈彭衙伯
奚容箴贈下邳伯　公肩定贈新田伯
顏襄贈臨沂伯　鄡單贈銅鞮伯
句井疆贈淇陽伯　罕父黑贈乘丘伯
秦商贈上洛伯　申黨贈邵陵伯
公祖子之贈期思伯　榮子祈贈雩婁伯
縣成贈鉅野伯　左人郢贈臨淄伯
燕伋贈漁陽伯　鄭子徒贈滎陽伯
顏之僕贈東武伯　原亢籍贈萊蕪伯
樂欬贈昌平伯　廉絜贈莒父伯
顏何贈開陽伯　叔仲會贈瑕丘伯
狄黑贈臨濟伯　邽巽贈平陸伯
公西輿如贈重丘伯　公西蒧贈祝阿伯
孔忠贈汶陽伯　蘧瑗贈衛伯
施恆贈乘氏伯　林放贈清河伯
秦非贈汧陽伯　陳亢贈潁伯
申棖贈魯伯　琴牢贈南陵伯
顏噲贈朱虛伯　琴張贈南陵伯今考琴牢即琴張疑重出
步叔乘贈淳于伯

太公廟

唐開元十九年四月兩京及天下諸州各置太公廟一所以張良配享春秋取仲月上戊日祭每出師命將就廟引辭仍簡取自古名將功成業著宏濟生人者十人准十哲例霑享至乾元元年九月十二日太常少卿于休烈奏臣昨因秋享漢高祖廟見旁無侍臣享太公廟有張良在側良實漢佐命請移配享於漢祖廟從之上元元年追封太公望爲武成王依文宣王置廟仍擇古今名將准文宣王置亞聖及十哲等享祭之奠一同文宣王

巡狩

唐虞五載一巡狩歲二月東巡狩至于岱宗柴望秩于山川羣后四朝肆覲東后協時月正日同律度量衡修五禮五玉三帛二生一死贄五月南巡狩至于南嶽八月西巡狩至于西嶽十有一月北巡狩至于北嶽皆如

岱宗之禮歸格于藝祖用特夏后氏因之周制十二年一巡狩天子將巡狩類于上帝宜乎社造乎禰乘金輅建大旂歲二月東巡狩至于岱宗柴望祀于山川而覲諸侯其方之諸侯先於境首待之所過山川則使祀宗先以三等璋瓚皆以黃金爲勺酌鬱鬯以禮神亥乃校人殺黃駒以祭之旣至方嶽先問百年就見之若八十九十者路經其門則見之不然則不天子乃令太師採民之歌謠以樂播而陳之以觀風俗以審善惡令典市之官陳百物之貴賤以觀民之好惡又命典禮之官考校四時節氣月之晦朔甲乙等日及候氣之律呂所用禮樂宮室車旗等制度君臣上下之衣服皆以王者所頒制度考校之諸侯封內有名山大川不舉而祭之者爲不敬削其地有祭宗廟不順昭穆者爲不孝絀其爵變禮易樂者爲不從其君流革制度衣服者爲畔其君討有功德於民者加地進律其諸侯待王之牢禮以一犢旣黜陟諸侯乃與之相見方嶽之下築壇與覲禮壇制同其壇外爲土埒方三百步謂之宮開四門壇方九丈六尺高四尺上爲堂下爲三等謂之三成成每等高一尺其堂上置司盟之神位謂之方明諸侯之上介各以其君之旂置於宮內以表立位之處詔王升壇訖諸侯皆就其旂而立其位鄭氏按明堂位云諸公中階之前北面東上諸侯阼階之東西面北上諸伯西階之西東面北上諸子門東北面西上諸男門西北面東上王乃於壇上揖之以定其位諸侯乃進升壇奠玉公於上等奠桓圭侯伯於中等奠信圭躬圭子男於下等奠穀璧蒲璧諸侯各奠玉訖降拜又升成拜訖擯者乃延諸侯升堂授王玉訖乃以璧琮行享禮謂之將幣玉人云璧琮九寸諸侯以享天子是也諸侯旣朝見王訖乃退而自相與盟王宮之伯臨之其五月南巡狩至于南嶽如東巡狩之禮八月西巡狩至于西嶽如南巡狩之禮十有一月北巡狩至于北嶽如西巡狩之禮巡狩訖卻歸每廟用一牛以告至謂之歸格于祖禰用特秦始皇二年東巡狩郡縣祠鄒嶧山頌功業其年復遊海上三年遊碣石從上郡歸五年始南至湘山遂登會稽並海到沙邱崩此求神仙奇藥之術無復觀民風問百年也並步浪反下同二世元年東巡碣石並海南歷泰山至會稽皆禮祠之而勒始皇所立石書旁以彰始皇之功德漢武帝元狩四年始巡郡縣寖尋於泰山元封初復至海上又北至碣石又自遼西歷北邊至九原五月乃至甘泉周萬八千里武帝亦如秦始皇之事後漢光武建武三十年三月幸魯漢祀令曰天子行有所之至河沈白馬珪璧各一衣以繒緹五尺祠用脯二束酒六升鹽六升涉渭灞涇洛他名水如此者沈珪璧各一律在所給祠具及行沈祠他川水先驅投石少府給璧珪不滿百里者不沈過泰山祭泰山及梁父章帝元和二年二月東巡狩使使者奉一太牢祠帝堯於濟陰成陽靈臺至泰山辛未柴祭天地羣神如故事壬申宗祀五帝於孝武所作汶上明堂光武配卒事遂覲東后饗賜王侯羣臣因行郡國幸魯祠東海恭王孔子七十二弟子四月還京師庚申告至祠高祖光武廟各一特牛安帝延光三年東巡狩至泰山柴祭及祠汶上明堂如元和中故事魏明帝凡三東巡狩所過存問高年恤疾苦或賜穀帛有古巡幸之風焉齊王正始中巡洛陽縣賜高年力田各有等差晉初新禮巡狩方嶽柴望告至設壝宮如禮諸侯之覲者衡及執贄皆如朝儀而不建旂摯虞以覲禮諸侯各建其旂章所以殊爵命示等威詩稱君子至止言觀其旂宜定新禮建旂如舊禮詔可其議然終晉代其禮不行武帝泰始四年詔使使持節侍中黃門侍郎銜命四出周行天下其萬民之利害爲一書禮俗政事教理刑禁逆順爲一書悖逆暴亂作慝犯令爲一書札喪荒凶厄貧爲一書康樂和親安平爲一書每國辨異之以反命于王宋文帝元嘉四年二月東巡狩至于丹徒告覲園陵三月饗會父老舊勳于行宮加賜衣裳幣帛蠲租原刑賑亡之家及單孤隨宜隱卹二十六年二月東巡幸至京城拜謁二陵會舊京故老萬餘人饗勞賚發赦蠲徭役後魏文成帝和平元年正月東巡狩歷橋山祀黃帝遂西巡祀醫無閭山遂緣海幸冀州北至中山過恆嶽禮其神而返明年南巡過石門遣使者用玉璧牲牢禮恆嶽隋煬帝自文帝山陵纔畢卽事巡遊乃慕始皇漢武之事西征東幸無時暫息六宮與文武吏士常十餘萬人然非省方展義之行也唐皇帝將巡狩所司承制先須告于東方諸州曰皇帝二月東巡狩各修乃守考乃職事駕將發告圜丘宗廟社稷皆如開元禮高宗調露元年九月幸并州令度支郎中狄仁傑爲知頓使并州長使李知元以道出妒女祠俗云盛衣服過者必致風雷之變遂發數萬人別開御道仁傑曰天子之行千乘萬騎風伯淸塵雨師灑道何妒女之害邇令罷之上聞之歎曰眞大丈夫也

封禪

古者帝王之興每易姓而起以致太平必封乎泰山所以告成功也禮云因名山升中于天封禪必於泰山者萬物交代之處封增其高順其類也升上也中成也刻石紀號著功績也封訖而禪梁父亦以告太平也封禪者高厚之道也封土於山而禪祭于地天以高爲尊地以厚爲德增泰山之高以報天厚梁父之階以報地梁父者泰山之支山卑下者也能以其道配成高德故禪梁父亦以告太平也無懷氏封泰山禪云云管仲對齊桓公曰古者封泰山禪梁父者七十二家而夷吾所記者十有二焉韓詩外傳曰孔子升泰山觀易姓而王可得而數者七十餘氏不可得而數者萬數袁準正論曰惟周官有王大封之文按成王封禪而文武皆不在七十二君而無一言見于經傳學者疑焉晉灼曰云云山在蒙陰縣故城北東下有云云亭伏羲神農並因之黃帝禪亭亭晉灼曰漢地理志鉅平有亭亭山顓帝帝嚳堯舜復禪云云禹禪會稽湯依禪云云其所封皆於泰山也周成王封泰山禪社首社首山晉灼曰在鉅平十

二里其儀不存襄王時齊桓公既霸會諸侯於葵邱而欲封禪請管仲曰寡人兵車之會三而乘車之會六九合諸侯一匡天下諸侯莫違我昔三代受命亦何以異於是管仲覩桓公不可窮以辭因設之以事曰古之封禪必鄗上之黍北里之禾所以爲盛江淮之間一茅三脊所以爲籍也東海致比目之魚西海致比翼之鳥然後物有不召而自至者十有五焉今鳳凰麒麟不至嘉禾不生而欲封禪無乃不可乎於是桓公乃止秦始皇平天下二年東巡郡縣祠鄒嶧山紀秦功業於是召齊魯儒生七十人至于泰山下諸儒或議曰古者封禪爲蒲車惡傷山之土石草木掃地祭席用葅稭音戛禾藁也去其皮以爲席言其易遵也始皇聞此議各乖異難施用由此絀儒生而遂除車道上自泰山陽至巔立石頌德文曰事天以禮立身以義事父以孝成人以仁四守之內莫不郡縣四夷八蠻咸來貢職民庶蕃息天祿永得刻石改號文出晉太康郡國志有金冊石函金泥玉檢之事焉從陰道下禪梁父其禮頗采泰祝之祀雍上帝所用封藏而皆祕之固不得而記之封禪之後十一歲秦亡諸生疾秦焚詩書戮文學皆僞曰始皇上太山爲風雨所擊不得封禪漢武帝立二十八年元鼎中汾得寶鼎遂議封禪而羣儒不能知其儀又牽拘於詩書古文於是帝盡罷諸儒用方士言以三月東上泰山立石泰山之巔石高三丈一尺方博皆三尺壇及墠皆廣長十二丈增高三尺帝因東至海上四月還至奉高晉太康郡國志曰奉高戸千五百六戸此爲奉高者以祀東嶽帝王禪代之處是以殊之也故有明堂在縣西南四里又有奉高宮又至梁父禮祠地主乙卯令侍中儒者皮弁薦紳射牛行事封泰山下東方如郊祀太一之禮封廣丈二尺高九尺其下則有玉牒書書祕禮畢天子獨與侍中奉車子侯霍去病子也上泰山亦有封其事皆禁明日下陰道丙辰禪泰山下趾東北肅然山晉太康郡國志曰漢武封泰山禪梁父參諸家所說宜肅然爲定也如祭后土禮天子皆親拜見衣尚黃而盡用樂焉江淮間一茅三脊爲神籍五色土益雜封縱遠方奇獸蜚禽及白雉諸物頗以加禮兕牛犀象之屬不用皆至泰山然後去封禪祠其夜若有光晝有白雲起封中天子從禪還坐明堂羣臣更上壽改元爲元封時作明堂汶上太史公曰其封禪之禮則有司存而漢史不得其制後漢光武建武三十年羣臣上言宜封禪泰山詔書曰即位三十年百姓怨氣滿腹吾誰欺欺天乎三月帝幸魯祭泰山及梁父三十二年詔梁松按索河雒讖文言九世封禪事者松等列奏乃許焉東觀書曰羣臣奏言登封告成爲民報德百王所同陛下輒拒絕不許臣下不敢頌功述德業求元封時故事議封禪所施用有司奏當用方石再累置壇中皆方五尺厚一尺用玉牒書藏方石牒厚五寸長尺三寸廣五寸有玉檢又用石檢十枚列於石傍東西各三南北各二皆長三尺廣一尺厚七寸檢中刻三處深四寸方五寸有蓋檢用金縷五周以水銀和金以爲泥玉璽一其一方一寸二分其一方三寸方石四角又有距石皆再累枚長一丈厚一尺廣二尺皆如前壇上其下用距石十八枚皆高三尺厚一尺廣二尺如小碑環壇立之去壇三步距石下皆有石跗入地四尺又用石碑高九尺廣三尺五寸厚尺二寸立壇之丙地去壇三丈以上以刻書帝以用石功難又欲及二月封禪故詔梁松欲因故封石空檢更加封而已欲及二月者書歲二月東巡狩至于岱宗柴祭山曰燔柴積柴加牲於其上而燔之也松上疏爭之以爲登封之禮告功皇天垂後無窮以爲萬民也承天之敬猶宜章明奉圖書之瑞尤宜顯著今因舊封竄寄玉牒故石下恐非重命之義受命中興宜當特異以明天意遂使泰山郡及魯趣音促石工宜取完青石無必五色令印工刻玉牒書書祕刻方石中命容玉牒二月帝至奉高遣侍御史與蘭臺令史將工先上山刻石二十二日辛卯晨燎祭天於泰山下南方羣神皆從祀用樂如南郊諸王王者後二公孔子後褒成君皆助祭位事也事畢將升封或曰泰山雖已從食於柴祭今親升告功宜有禮祭於是使謁者以一特牲於常祠泰山處告祠泰山如親耕貙劉先祠先農先虞故事至食時帝御輦升山日中後到山上更衣早晡時即位于壇北面羣臣以次陳後西上畢位升壇尚書令奉玉牒檢皇帝以寸二分璽親封之訖太常命人發壇上石尚書令藏玉牒已復石覆訖尚書令以五寸印封石檢封禪儀曰以金爲繩以石爲檢東方西方各三檢檢中石泥及壇土各如其方色也事畢皇帝再拜羣臣稱萬歲命人立所刻石碑乃復道下二十五日甲午禪祭地于梁父陰以高后配山川羣神從祀如元始中北郊故事項威曰除地曰墠後改墠曰禪神之也四月己卯大赦天下以建武三十二年爲建武中元元年復博奉高嬴勿出元年租芻稾以吉日刻玉牒書函藏金匱璽印封之乙酉使太尉行事以特牲告至高廟太尉奉匱以告高廟藏于廟室西壁石室高主室之下崔靈恩曰自周以前封者皆封土爲壇至秦始皇漢武帝始用石檢魏明帝時中護軍蔣濟請封禪帝雖拒濟議而實使高堂隆草封禪儀以天下未一不欲便行大禮會高堂隆卒不行晉武帝平吳太康元年九月衛瓘議封禪帝曰此盛德事所未議也瓘等又奏至于再三詔報絕之宋文帝在位長久有意封禪詔學士山謙之草其儀注屬後魏師南逼其意乃息孝武大明元年十一月戊申太宰江夏王義恭表三請帝以文軌未一不從北齊有巡狩之禮并登封之儀終不行隋開皇十四年羣臣請封禪文帝命牛弘等創定其禮帝曰此事體大朕何德以堪之但當東巡因拜岱山耳十五年春行幸兗州遂次岱嶽

爲壇如南郊又壝外爲柴壇飾神頓展宮懸之樂於庭爲埋埳二於南門外又陳樂設位於青帝壇如南郊帝服袞冕乘金輅備法駕而行禮畢遂詣青帝壇而祭焉唐貞觀十一年左僕射房元齡等議封禪儀注至高宗麟德三年正月戊辰朔有事于泰山皇帝親祀昊天上帝於封祀之壇己巳登于泰山行封禪之禮庚午降禪于社首山壬申大赦天下改元爲乾封武后天冊萬歲二年臘月甲申登封于嵩山大赦天下改元爲萬歲登封丁亥禪于少室山明皇開元十三年十月封祀于泰山去山趾五里西去社首山十里丁亥服袞冕於行宮致齋於供帳前殿己丑大備法駕至山下乃御馬而登侍臣從帝以靈山清潔不欲多人上乃召禮官學士賀知章等入講儀注以三獻悉於山上而在一處行其事五方帝及諸神座於山下壇行事儀注之詳具開元禮

歷代所尚

高陽氏尚赤（以十一月爲正）薦玉以赤繒高辛氏尚黑（以十月爲正）薦玉以黑繒陶唐氏尚白（以十二月爲正）薦玉以白繒有虞氏尚赤（以十一月爲正並出尚書中候）夏后氏尚黑（以建寅月爲正）大事斂用昏戎事乘驪（馬黑色日驪）牲用元以黑爲徽號（徽謂旌旗也）朝燕服收冠而黑衣宮室之制屋十寸爲尺商人用白（以建丑月爲正）大事斂用日中戎事乘翰（白馬也）牲用白以白爲徽號朝燕服哻冠而縞衣宮室之制屋十二寸爲尺周人用赤（以建子月爲正）大事斂用日出戎事乘騵（音元馬腹赤）牲用騂以赤爲徽號朝燕服冕冠而元衣宮室之制屋八寸爲尺秦水德漢書律曆志秦自以水德故十月爲歲首漢火德初亦以十月爲歲首及文帝立公孫臣言漢當土德其應黃龍見丞相張蒼以爲漢乃水德河決金堤是其符也年始冬十月以外黑內赤（十月陰氣在外故黑陽氣尚伏在內故赤）明年黃龍果見於成紀帝於是令博士諸生申明土德草改曆服色事至武帝元封七年用倪寬等議改用夏正以建寅月爲歲首劉向以爲赤帝斬蛇之符爲火德後漢並同前漢魏土德文帝以建寅月爲正服尚黃臘以丑牲以白節毛當赤節幡當黃郊祀朝會四時之服如漢制宗廟所服如周禮明帝青龍五年三月用博士秦靜等議改爲景初元年以建丑月爲正三年正月帝崩齊王立以明帝建丑月崩若以其月正朝會設樂不合於禮於是改以建寅之月爲歲首（袁准正論曰自非繼亂不宜又正也）晉金德武帝泰始二年散騎常侍傅元上議帝王受命應曆禪代則不改正朔遭變征伐則改之舜正月上日受終于文祖無改正之文唐虞正朔皆同明矣至商周革命乃改魏受漢禪亦已不改至於服色皆從其本唯節幡用黃大晉以金德王天下順五行三統之序矣詔從之由是正朔服色並依前代東晉並同西晉宋水德亦如魏晉故事齊木德餘一依前代梁火德餘一依前代陳木德餘一依前代後魏初爲土德言繼黃帝之後也故數用五服尚黃犧牲用白至孝文太和十四年用祕書丞李彪等議承晉後改爲水德祖辰臘申北齊木德正朔服色皆如後魏後周承西魏用水德以文帝誕有元氣之祥又有黑水讖故也建寅月爲正服色尚黑隋火德以赤雀降祥之故衣服旗幟犧牲尚赤戎服以黃七月帝始服黃唐土德建寅月爲歲首（武太后永昌元年十一月一日依周制以建子之月爲正改元爲載初元年改十一月爲正月十二月爲臘月來年正月爲一月十月建亥爲年終載初元年九月九日改元天授稱周改皇帝爲皇嗣二年正月旗幟尚赤色）天寶九年制應緣隊仗所用緋色幡等並改爲赤黃色天下皆然納崔昌議以土德承漢火德

享司寒（藏冰開冰附）

周制凌人掌冰正歲十有二月令斬冰三其凌（正歲季冬火星中大寒冰方盛之時也凌冰室也三其凌三倍其冰備消釋也）春始治鑑（鑑如甀大口以盛冰置食物于中以禦溫氣春而始治之爲二月將獻羔而開冰鑑胡暫反甀音直僞反）祭祀供冰鑑賓客供冰大喪供夷槃冰（尸之槃曰夷槃）夏頒冰掌事（暑氣盛王以冰頒賜則主爲之）秋刷月令仲春天子乃獻羔開冰先薦寢廟（謂立春藏冰至春分方溫故獻羔以祭司寒而後開冰先薦寢廟而後食之）左傳晉大夫申豐曰古者日在北陸而藏冰（陸道也夏十二月日在虛危冰堅而藏之）西陸朝覿而出之（夏三月日在昴畢蟄蟲出而用冰春分之中奎婁在東方）其藏冰也深山窮谷固陰沍寒用黑牡秬黍以享司寒於是取而藏之也周其出之也桃弧棘矢以除其災於是以風出而用之（順春風而散用之）朝之祿位賓客喪祭自命夫命婦至于老疾冰皆與焉宋孝武帝大明六年立凌室藏冰有司奏季冬之月冰壯之時凌室長率山虞及輿隸取冰於深山窮谷固陰沍寒之處以納于凌陰務令周密無洩其氣先以黑牡秬黍祭司寒於凌室之北仲春之月春分之日以黑羔秬黍祭司寒啓冰室先薦寢廟凌室在樂遊苑內置長一人吏一人保舉吏二人隋以季冬藏冰仲春開冰並因用黑牡秬黍於冰室祭司寒神開冰依以桃弧棘矢唐制先立春三日因用黑牡秬黍祭司寒之神於冰室祭訖鑿冰千段方三尺厚尺五寸而藏之仲春開冰祭如藏禮依以桃弧棘矢設於冰室戶內之右禮畢遂留之餘具開元禮

禜

周制春官大祝掌六祈其四曰禜祭法云幽禜祭星也雩禜祭水旱也漢制謂禜爲請晴服赤幘朱衣晉武帝

咸寧及太康中時雨多則禜祭赤幘朱衣閉諸陰朱絲縈社伐朱鼓焉梁制霖雨祈晴亦如雩禮隋制霖雨則禜京城諸門三禜不止則祈山川嶽鎮海瀆社稷又不止則祈宗廟神州報以太牢州郡縣苦雨亦各禜其城門不止則祈界山川社稷報用羊豕唐因之禜門不止乃祈山川嶽鎮海瀆三日不止祈社稷宗廟並用酒脯國城門用少牢

葦茭桃梗 禳祠

夏后氏金行初作葦茭言氣所交也呂氏春秋曰始得伊尹祓之於廟薰以萑葦茭者交易陰陽代興之義也商人水德以螺首慎其閉塞使如螺也周人木德以桃為梗漢制厲殃祀天地日月星辰四時陰陽之神以師曠配之其壇常祀以禳灾兼用三代之儀以葦茭桃梗五月五日朱索五色印為門戶飾以難止惡氣後漢仲夏之月萬物方盛日夏至陰氣萌作恐物不楙其禮以朱索連葷菜彌牟朴蠱鍾以桃印長六寸方三寸五色書文如法以施門戶魏明帝大脩禳禮故何晏禳祭儀雞特牲供禳釁之事磔雞起於魏末詳改仲夏在歲旦之所起耳晉依魏制每歲朝設葦茭桃梗磔雞於宮及百寺之門以辟惡氣泰始二年有司奏春分祀厲殃及禳祠詔曰不在祀典除之宋皆省其禮而郡縣往往猶存

高禖

周制月令仲春元鳥至之日以太牢祠于高禖高辛氏之世元鳥遺卵娀簡吞之生契後王以為禖官嘉祥而立其祠天子親往后妃帥九嬪御乃禮天子所御帶弓韣授以弓矢于高禖之前天子所御謂今有娠者禮謂酌飲於高禖之庭帶以弓韣求男之祥漢武帝年二十九乃得太子甚喜始立為高禖之祠於城南祭以特牲晉博士束晳云漢武帝晚得太子始為立高禖之祠立石為主祀以太牢也後漢因之祀于仲春之月晉以仲春之月高禖祀于城南祀以特牲惠帝元康六年高禖壇上石中破博士議禮無高禖置石之文未知設造所由既已毁破可無改造束晳議以為石在壇上蓋主道也禮制器敝則埋而置新今宜埋而更造不宜遂廢後得高堂隆故事詔更鐫石令如舊置高禖壇上埋破石入地一丈按江東太廟北門內道西有石文如竹葉小屋覆之宋文帝元嘉中修廟所得石陛澄以為晉孝武時郊禖石然則江左亦有此禮矣或曰百姓祀其旁或謂之落星也北齊制高禖壇於南郊旁廣輪二十六尺高九尺四陛三壝每歲元鳥至之日皇帝親帥六宮祀青帝於壇以太昊配而祀高禖之神以祈子其儀青帝北方南向配帝東方西向禖神壇下東陛之南西向禮用青珪束帛牲其以一太牢祀日皇帝袞冕乘玉輅皇后褘衣乘重翟皇帝初獻降自東陛皇后亞獻降自西陛並詣便座夫人終獻上嬪獻于禖神訖帝及后並詣攢位乃送神皇帝皇后及羣臣皆拜乃撤就燎禮畢而還隋亦以元鳥至日祀高禖於南郊壇牲用一太牢唐月令亦以仲春元鳥至之日以太牢祀于高禖天子親往月令經文及注不言有壇廟也

祓禊

周制春官女巫掌歲時祓除釁浴漢高后八月祓於霸上後漢三月上巳官民皆潔於東流水上曰洗濯祓除去宿垢疢為大潔魏氏以來但用三月三日不用上巳也晉公卿以下至于庶人皆禊洛水之側趙王倫篡位三日會天泉池誅張林懷帝亦會天泉池賦詩陸機云天泉池南石溝引御溝水池西積石為禊堂跨水流杯飲食不言曲水韓詩曰鄭國之俗三月上巳之日溱洧水上招魂續魄秉蘭草祓除不祥蔡邕曰今三月上巳祓於水濱蓋出此也一說三月三日清明之節將修事於水側以祈豐年也一說郭虞三月上辰日上巳日二日產三女並不育俗以為大忌至此月巳日諱止家皆於東流水上為祈禳自潔濯謂之禊祠引流行觴遂成曲水劉昭曰郭虞之說良為虛誕假有庶人旬內夭其三女何足警彼風俗乎杜篤賦乃稱王侯公主暨于富商用事伊洛帷幔元黃本傳大將軍梁商亦歌泣於洛禊也劉禎魯都賦曰素秋二七天漢指隅人胥祓禳國子水嬉此用七月十四日也東晉元帝詔罷三日弄具海西公於鍾山立流杯曲水延百僚皆其事也齊以三月三日曲水會古禊祭也今相承為百戲之具雕弄巧飾增損無常

諸雜祠

周立壽星祠於下杜亳徐廣云京兆杜縣有亳亭也時奉焉又立杜主祠因宣王殺右將軍杜伯不以罪後宣王田於圃田見杜伯執弓矢射王王伏弓而死故周人尊其鬼而以歲時奉祠秦立陳寶祠因文公獲若石于陳倉北阪城祠之蘇林曰質如石如肝其神或歲不至或歲數來其來常以夜光輝若流星色赤黃長五丈從東方來集于祠城若雄野雞其聲殷殷云野雞夜鳴以應之祠以一牢名曰陳寶臣瓚曰陳倉縣有寶夫人祠或一歲二歲與葉君合葉君神來時天為之雷鳴二世時若陳寶節來一祠春夏用騂秋冬用駵德公立卜居雍雍之諸祠自此興用三百牢於鄜畤作伏祠孟康曰六月伏日也周時無至此乃有之師古曰立秋之後以金代火金畏於火故至庚日必伏庚金也磔狗邑四門以禦蠱災始皇東游海上祠八神求仙人其祀莫知起時八神一曰天主祠天齊天齊淵水居臨菑南郊山下者二曰地主祠泰山梁父蓋天好陰祠之必於高山之下小山之上命曰時地貴陽祭之必於澤中圜丘三曰兵主祠蚩尤蚩尤在東平陸監鄉齊之西境也四曰陰主祠三山三山即蓬萊方丈瀛州三神山五曰陽主祠之罘山在東萊六曰月主祠萊山山在東萊長廣皆在齊北並勃海七曰日主祠成山山在東萊不夜縣斗入海最居齊東北隅以迎日出八曰四時主祠琅邪琅邪在齊東

北蓋歲之所始也皆用一牢具祠而巫祝所損益珪幣雜異焉漢高帝天下已定令祝立蚩尤之祠於長安又置祠祀官女巫其梁巫祀天地天社天水房中堂上之屬晉巫祠五帝東君雲中君巫社巫祠族人炊之屬師古曰東君日也雲中君謂雲神也族人炊古主炊母之神也秦巫祠杜主巫保族纍之屬杜主即周之杜伯也巫保族纍二神名纍音力追反荆巫祠堂下巫先司命施糜之屬堂下在堂之下巫先巫之最先者也司命說者云文昌第四星也施糜其先常施設糜鬻者也九天巫祀九天師古曰九天者謂中央四方四維也皆以歲時祠宮中武帝即位厚禮置祠神君於內中聞其言不見其人神君者長陵女子產乳而死見神於先後宛若宛若祠於其室人多往祠平原君往祠其後子孫尊崇按平原君武帝外祖母也先後妯娌也宛若字也又帝師少君求仙始親祠竈少翁言於帝曰祠竈皆可致物物鬼也致物而丹沙可化爲金又立粵祠雞卜自此用持雞而卜如鼠卜也是時既滅兩粵粵人勇之乃言粵人俗鬼師古曰勇之言其俗尙鬼神之事而其祠皆見鬼數有效昔東甌王敬鬼壽百六十歲後世怠慢故衰耗迺命粵巫立粵祠祝文安臺無壇亦祠天神帝百鬼宣帝時南郡獲白虎獻其皮牙爪帝爲立祠又方士言隋侯劒寶玉寶璧周康寶鼎立四祠於未央宮又祠天封苑火井於鴻門西河鴻門有天封苑火井祠火從地中出也又立歲星辰星太白熒惑南斗祠於長安城旁又祠三山八神於曲成東萊縣也蓬山石社石鼓於臨朐又有月祠蚩尤勞谷五牀山五帝仙人玉女金馬碧雞等神遣諫議大夫王褒使持節而求焉後魏道武帝初有兩彗星見劉后使日者占曰祈之則掃定天下后從之故立其祠又立歲神十二歲一祭以十月用牛一雞三又立土神四歲二祭常以八月十月用羊又立獻明以上天神四十所歲祭其神尊以馬次以牛小以羊使女巫行事

通志卷四十四

宋　右　迪　功　郎　鄭　樵　漁　仲　撰

禮略第三

嘉禮

天子加元服　皇太子冠（皇子皇孫附）　諸侯大夫士冠
天子納妃后（冊后附）　天子冊妃嬪夫人　皇太子
納妃（皇子諸王婚公主嫁附）　公侯大夫士婚禮　元正冬至
受朝賀　讀時令　冊拜諸王侯　三老五更
鄉飲酒

賓禮

三恪二王後

軍禮

天子諸侯將出征類宜造禡并祭所過山川　軷
祭　田獵　講武　命將出征　宣露布　大射
鄉射　合朔伐鼓　祭馬祖　時儺

嘉禮

天子加元服

周制文王年十二而冠（文王十三生伯邑考左傳曰冠而生子禮也）成王十五而冠（譙周五經然否論云古文尚書武王崩成王年十三推武王庚辰歲崩周公以壬午歲出居東癸未歲反禮公冠記周公冠成王命史作祝辭告是除喪冠也周公未反成王冠弁開金縢之書時十六矣是成王十五周公冠之而後出也按禮傳天子之年近則十二遠則十五必冠矣）將冠筮日筮賓行之於廟冠委貌於阼三加彌尊（冠義曰冠於阼以著代也或曰三爵彌尊士禮也大戴禮公冠篇曰公冠四加後加元冕天子亦四加後加袞冕）祼享樂于廟（左傳曰晉侯問魯大夫季武子襄公年曰君可冠矣武子對曰君冠必以祼享之禮行之以金石之樂節之以先君之祧處之）周公冠成王命史雍頌曰近於民遠於年遠於佞近於義嗇於時惠於財祿賢使能漢改皇帝冠爲加元服惠帝加元服用正月甲子若丙子爲吉後漢遵前制皆以正月甲子若丙子爲吉日可加元服儀從冠禮乘輿初加緇布進賢次爵弁次武弁次通天冠訖皆於高祖廟如禮謁見和帝冠以正月甲子乘金根車駕六元虬至廟成禮乃迴軫反宮朝服以饗宴撞太蔟之鐘咸獻壽焉順帝以初月丙子加元服於高廟獻帝興平元年正月甲子加元服司徒淳于嘉爲賓加賜元纁駟馬賜貴人王公卿司隸校尉城門五校及侍中尚書給事黃門侍郎各一人爲太子舍人魏氏天子冠一加（其說曰古之士禮服必三加彌尊所以喻其志至於天子諸侯無加數之文者將以踐阼臨人尊極德成不復與士以加喻勉爲義禮冠於廟自魏不復在廟矣）東晉諸帝冠儀一加幘冕將冠金石宿設百僚陪位又先於殿上鋪大牀御府令奉冕幘簪導袞服以授侍中常侍太尉加幘太保加冕太尉讀祝文曰令月吉日始加元服皇帝穆穆思弘袞職欽若昊天六合是式率遵祖考永永無極眉壽惟祺介茲景服加冕訖侍中繫元紞脫帝絳紗服加袞服冠事畢太祝率羣臣奉觴上壽王公以下三稱萬歲乃退成帝用三元吉日既加元服拜于太廟穆帝孝武將冠皆先以幣告廟訖事又廟見臺符問脩服未畢吉凶不相干爲可加元服與不太常王彪之議禮雖有喪冠當是應冠之年服制未終若須服終便失應冠之年故也今便准喪冠闕饗樂而行事不須脩服畢按晉故事及兩漢亦不必三元當任時事之宜耳後魏正光元年秋孝明帝年十一加元服訖拜太廟大赦改元北齊制皇帝加元服以玉帛告圜丘方澤以幣告廟擇日臨軒皇帝著空頂介幘以出太尉盥訖升脫空頂幘以黑介幘奉加訖太尉進太保之右北面讀祝訖太保加冕侍中繫元紞脫絳紗袍加袞服事畢太保上壽羣官三稱萬歲皇帝入温室移御座而不上壽後日文武羣官朝服上禮酒十二鍾米十二囊牛十二頭又擇日親拜圜丘方澤謁廟唐制具開元儀

皇太子冠（皇子皇孫附）

周制天子元子猶士也天下無生而貴者也（家語冠頌曰天子之元子之冠擬諸侯之冠四加）漢宣帝冠太子以正月冠諸王遣行使事魏氏冠太子再加皇子王公嗣子乃三加（孫毓以爲一加再加皆非禮也）冠諸王因漢遣使行事晉惠帝之爲太子將冠武帝臨軒使兼司徒高陽王珪加冠兼光祿大夫屯騎校尉華廙贊冠泰始六年南宮王承年十五依舊應冠有司奏議禮十五成童國君十五而生子以明可冠之義又漢魏遣使冠諸王非古典於是制儀王十五而冠遂革使命咸寧二年閏九月遣使冠汝南王東惠帝以正月丙午冠太子訖乃廟見懷帝亦以正月冠皇太子宋冠皇太子及藩王以一加齊武帝孫南郡王昭業冠從尚書令王儉議使太常持節一加冠大鴻臚爲贊醮酒之儀國官陪位拜賀如常其日內外二品清官以上詣公車門集賀并詣東宮南門通牋別日上禮宮臣亦詣門稱慶如上臺之儀既冠之後剋日謁廟祝辭曰皇帝使給事中太常武安侯蕭惠本加南郡王冠筮日戒賓肇加元服棄爾幼志從厥成德親賢使能克崇景福醮酒辭曰旨酒既清嘉薦既盈兄弟具在淑愼儀刑永永眉壽於穆斯寧明帝冠太子用正月梁武帝天監十三年正月冠太子於太極殿修前代之儀後魏孝文帝冠皇太子恂於廟詔曰司馬彪漢志漢帝有四加冠一緇布二進賢三武弁四通天朕見家語冠頌篇四加冠公也家語夫子之言與正經何異諸儒惑司馬彪志致使天

子之子而行士冠朕以爲有賓諸儒皆以爲無賓孔氏所云斐然成章其斯之謂矣北齊制皇太子冠則太尉以制幣告七廟擇日臨軒有司供帳於崇正殿中嚴皇太子空頂幘公服出立東階之南西面使者入立西階之南東面太子受詔訖入室盥櫛出南面使者進揖詣冠席西面坐光祿卿盥訖詣太子前跪櫛使者又盥奉進賢三梁冠至太子前東面祝脫空頂幘加冠太子興入室更衣出又南就冠席光祿卿盥櫛使者又盥祝脫三梁冠再加遠遊冠太子入室更衣設席中楹之西使者揖就席南面光祿卿洗爵酌醴使者詣席前北面祝太子拜受醴卽席坐祭之啐之奠爵降階復位西面三師三少及在位羣官拜事訖又擇日會宮臣又擇日謁廟隋制皇太子將冠前一日帝齋於大興殿太子與賓贊及預從官齋於正寢其日質明有司告廟各設筵於阼帝袞冕卽御座賓揖太子進升筵西向坐贊冠者坐櫛設纚賓盥訖初加緇布冠贊進設頍（耶癸切）纓賓揖太子適東序衣元衣素裳以出贊者又座櫛賓進加遠遊冠改服訖賓又授冕太子適東序改服以出賓揖太子南面立賓受醴進筵前北面立祝（之又切）太子拜受觶賓復位東面答拜贊者奉饌於筵前太子祭奠禮畢降筵進當御東面拜納言承詔詣太子戒訖太子拜贊者引太子降自西階賓少進字之贊者引太子進立於庭東面諸親拜訖贊者拜太子皆答拜與賓贊俱復位納言承詔降命令有司致禮賓贊又拜帝復降阼階下拜太子以下皆拜帝出更衣還宮太子從至閤因入見皇后而還唐貞觀五年正月有司上言皇太子將冠禮宜用二月爲吉請追兵以備儀注太宗曰今東作方興恐妨農事令改用十月太子少保蕭瑀奏稱准陰陽家用二月爲勝上曰陰陽拘忌朕所不行若動靜必依陰陽不顧禮義欲求福祐其可得乎若所行皆遵正道自然當與吉會且吉凶在人豈假陰陽拘忌農時甚要不可暫失開元六年侍中宋璟上表曰臣伏以太常狀准東宮典記有上禮之儀謹按上禮非古從南齊後魏方始有此事而垂拱神龍更扇其道羣臣斂錢獻食君上厚賜答之姑息施恩方便求利皇太子冠乃盛禮自然合有賜賚上臺東宮兩處宴會非不優厚其上禮宜停其儀具開元禮

諸侯大夫士冠

夏小正記二月冠子之時也周制繼世以立諸侯象賢也冠禮筮日筮賓冠於阼醮於客位三加彌尊已冠而字之見於母母拜之見於兄弟兄弟拜之（成人而與爲禮）晉王堪冠禮儀云永平元年（惠帝時）正月戊子冠中外四孫立于步廣里舍之阼階設一席于東廂引冠者以長幼次于席南東上賓宗人立于西廂東面南上堪立于東軒西南面西上陳元服于席上宗人執儀以次呼冠者各應曰諾宗人申誡之曰以歲之正以月之令兄弟具來咸加爾服棄爾幼志順爾成德克愼威儀惟民之則壽考惟祺永受景福冠者高跪而冠各自著布興再拜從立于賓南上酌四杯酒各拜醮而飲事訖上堂向御史府君再拜訖冠者皆東面坐如常燕禮時賓宗人東平王隆叔祚王循道安王業建始此皆古禮也但以意斟酌從其簡者耳唐制具開元禮

天子納妃后（冊后附）

伏羲氏制嫁娶以儷皮爲禮夏氏親迎於庭殷迎於堂周制限男女之歲定婚姻之時（媒氏云令男三十而娶女二十而嫁婚姻之時卽仲春之月）親迎於戶六禮之儀始備（一曰納采二曰問名三曰納吉四曰納徵五曰請期六曰親迎惟納徵用束帛他皆用鴈）天子聘女納徵加穀珪漢惠帝納后納采鴈璧乘馬束帛聘黃金二萬斤馬十二匹（呂氏爲惠帝娶魯元公主女故特優其禮）平帝立王莽納女爲后以周權及莽所聘杜陵氏女皆侈大其事不足爲法後漢桓帝立明年有司奏太后曰春秋迎皇后于紀在塗則稱后今大將軍冀女弟應紹聖善結婚之際有命既集宜備禮幣於是悉依孝惠皇帝納后故事聘黃金二百斤納采鴈璧乘馬束帛一如舊典靈帝冊宋貴人爲皇后天子御章德殿軒百官陪位太尉襲使持節奉璽紱皇后北面帝南面太尉立階下東向宗正大長秋西向宗正讀冊畢皇后拜稱臣妾就位太尉授璽紱中常侍長秋太僕高鄉侯覽長跪受璽紱奏於殿前女史以次受之至于昭儀受而長跪以帶皇后皇后伏起拜稱臣妾畢黃門鼓吹三通鳴鼓畢羣臣以次出后卽位大赦天下魏制天子冊后以皮馬庭實加穀珪齊王正始四年立后甄氏其儀不存晉武帝咸寧二年臨軒遣太尉賈充策立皇后楊氏因大赦賜王公已下各有差百僚上禮（納悼后）太康八年有司奏大婚納徵用元纁束帛加穀珪馬二駟羊鴈酒米如故（尚書朱整議按魏婚故事天子以皮馬爲庭實加以穀珪）東晉成帝咸康二年臨軒遣使持節兼太保領軍諸葛恢兼太尉護軍孔愉六禮備物拜皇后杜氏卽日入宮帝御太極殿羣臣畢賀康帝建元元年納后褚氏而儀注陛者不設旄頭殿中御史奏今迎皇后依昔成恭皇后入宮御物而儀注至尊袞冕升殿旄頭不設又按昔迎成恭皇后唯作青龍旂其餘皆卽御物今當臨軒遣使而五

牛旂旗旒頭畢罕竝出卽用舊置今闕詔曰今所以正法服升太極者以謹其始故備禮也今云何闕所重而撤法物邪又恭后神主入廟先帝詔后禮宜有降不宜建五牛旗旣不設五旗則旒頭畢罕之物易具也又詔舊制旣難準且於今而備法服儀飾粗舉其兼副雜器停之穆帝永和十年臺符問六禮版文舊稱皇帝今太后臨朝當何稱博士曹耽云公羊傳婚禮不稱主人母命諸父爲主太常王彪之云二傳異議不可全據今皇后臨朝稱制文告所達國之大典皆仰稟成命非無外事也豈婚聘獨不通乎六禮版文應稱皇太后詔符又問今太后還政不復臨朝當何稱彪之云當稱皇帝詔升平元年將納皇后何氏彪之正禮曰王者之於四海無不臣妾雖復父兄之親師友之賢皆純臣也夫崇三綱之始定乾坤之儀安有天父之尊而稱臣下之命以納伉儷安有臣下之卑而稱天父之名以行大禮違尋古禮於義不通按咸寧二年納悼皇后時弘訓太后臨天下而無命戚屬之臣爲武皇父兄主婚之文考咸寧故事不稱父兄師友則當時華恆所上合於舊也謂今納后儀制一依咸寧故事從之華恆定六禮宜依舊唯娶婦之家三日不舉樂而咸康羣臣賀爲失禮故但依咸寧上禮不復賀其告廟六禮版文等皆彪之所定博士荀納云凡六禮版長尺二寸以應十二月博四寸以象四時厚八分以象八節皆貞書后家荅版腳書之納采問名納吉請期親迎皆用鴈白羊各以酒米各十二斛唯納徵用白羊一元纁帛三疋絳二疋絹二百疋獸皮二枚錢二百萬玉璧一枚酒米各十二斛馬六疋鄭康成所謂五鴈六禮也六禮之文皆稱皇帝咨后家稱糞土臣某頓首稽首再拜以答其策皇后之文曰惟升平元年八月皇帝使使持節兼太保侍中太宰武陵王晞冊命故散騎侍郎女何氏爲皇后咨爾易本乾坤詩首關雎王化之本實由內輔是故皇英嬪虞帝道以光妊姒母周允嗣克崇皇后其祗勗厥德以肅承宗廟虔恭中饋盡其婦道帥導六宮作軌儀于四海皇天無親惟德是依可不慎歟北齊皇帝納后之禮納采問名納徵訖告圜丘方澤及廟是日皇帝臨軒命太尉爲使司徒副之持節詣后行宮東向奉璽綬冊以授中常侍皇后受冊於行殿使者與公卿以下皆拜有司備迎禮太尉太保受詔而行主人公服迎拜於門使者入升自賓階東面主人升自阼階西面禮物陳於庭設席於兩楹閒童子以璽書版升主人跪受送使者拜于大門外有司先於昭陽殿兩楹閒供帳爲同牢之具皇后服大嚴繡衣帶綬珮加幜音景女長御引出升畫輪四望車女侍中負璽陪乘鹵簿如大駕皇帝服袞冕出升御座皇后入門大鹵簿住門外小鹵簿入到東上閤施步障降車席道以入昭陽殿前至席位姆去幜皇后先拜後起皇帝後拜先起升自西階詣同牢座與皇后俱坐各三飮訖又各酳二爵一巹奏禮畢后興南向立皇帝御太極殿王公以下拜表謝又明日以榛栗棗脩見皇太后於昭陽殿擇日羣臣上禮又擇日謁廟皇帝使太尉先以太牢告而後遍見羣廟唐皇帝納后卜日告天地臨軒命太尉爲使宗正卿爲副竝如開元禮

天子冊妃嬪夫人

周制天子后立六宮三夫人九嬪二十七世婦八十一御女以聽天下之內治後漢獻帝建安十八年曹操進三女憲節華爲夫人聘以束帛元纁五萬疋小者待年於國二十年竝拜貴人晉武帝泰始十年將聘三夫人九嬪有司奏禮皇后聘以穀珪無妾媵禮贄之制詔曰拜授可依魏氏故事於是臨軒使使持節兼太常拜三夫人兼御史中丞拜九嬪

皇太子納妃皇子諸王婚公主嫁附

漢制皇太子納妃奉常迎時叔孫通定禮以天子無親迎之義皇太子以奉常迎也晉太康中有司奏太子婚納徵用元纁束帛加璧羊馬二駟東晉太子婚納徵禮用玉璧一虎皮二漢魏之禮公主居第尙公主者來第成婚司空王朗以爲不可其後乃革魏公主嫁用絹百九十疋晉故事用絹三百疋太元中公主納徵以獸豹皮一宋文帝元嘉十五年四月皇太子納妃六禮文與納后不異百官上禮其月壬戌於太極殿西堂敘宴二宮隊主副司徒侍郎以上諸二千石在都邑者竝在會又詔令小會可停伎樂時有臨川曹太妃喪明帝太始五年有司奏按晉江左以來太子婚納徵用璧以獸皮二未詳合用獐豹皮及熊羆皮與不若應用者爲各用一爲用兩博士裴昭明按周禮納徵元纁束帛儷皮鄭康成曰束帛以致命兩皮庭實皮鹿皮晉納妃以虎皮二虎豹雖文禮所不用熊羆吉祥婚典不及珪璋之美爲用各異今儲皇聘納宜準經誥兼太常丞孫詵議以爲聘幣之典損益惟我禮稱束帛儷皮則珪璋數同璧熊羆文豹各應用二博士虞龢議按儀禮直云元纁束帛儷皮禮記郊特牲云虎豹皮與玉璧非虛作也虎豹皮居然用兩璋宜仍舊各一參議詵龢二議不異今加珪璋各一豹熊羆皮各二以龢議爲允詔可齊武帝永明中以婚禮奢費勅諸王納妃上御及六宮依禮上棗栗腶脩加以香澤花粉其餘衣物皆停唯公主降嫁則上遣舅姑北齊皇太子納妃禮皇帝遣使納采其次問名納

吉竝如納采禮納徵則使司徒及尙書令爲使備禮物而行請期則以太常宗正卿爲使如納采親迎以太尉爲使三日妃朝皇帝於昭陽殿又朝皇后於宣光殿擇日羣臣上禮他日妃還又他日皇太子拜閤皇太子及王聘禮納采問名納吉請期親迎皆用羔一鴈一酒黍稷米麪各一斛納徵用元三疋纁二疋束帛十疋大璋一虎皮二錦綵六十疋絹二百疋羔一羊四犢二酒黍稷米麪各十斛從車百乘隋皇太子納妃禮皇帝臨軒使者受詔而行主人候於廟門使者執鴈主人迎拜於大門之東使者入升自西階立於兩楹間南面納采訖乃行問名儀事畢主人請致禮於從者禮有幣馬其次擇日納吉又擇日以玉帛乘馬納徵又擇日告期又擇日命有司以特牲告廟冊妃皇太子將親迎皇帝臨軒醮而誡曰往迎爾相承我宗事勗帥以敬對曰謹奉詔旣命羽儀而行主人几筵於廟妃服褕翟立於東房主人迎於門外西面拜皇太子答拜主人揖皇太子先入主人升立於阼階西面皇太子升進當房戶前北面跪奠鴈俛伏興拜降出妃父少進西面戒之母於西階上施衿結帨及門內施鞶申之出門妃升輅乘以几姆加幜皇太子乃馭輪三周馭者代之皇太子出大門乘輅羽儀還宮妃三日雞鳴夙興以朝奠笲於皇帝皇帝撫之又奠笲於皇后皇后撫之席於戶牖間妃立於席西祭奠而出唐皇太子納妃禮臨軒命使行納采問名納吉納徵請期告廟臨軒醮戒親迎同牢朝見竝如開元禮開元十九年四月勅於京城置禮會院屬司農寺其院在崇仁坊南街什物各令所司供建中元年十一月禮儀使顏眞卿等奏郡縣主見舅姑請於禮會院過事明日早舅姑坐堂行執笲之禮其觀華燭非宜竝請停障車下壻卻扇等行禮之夕可以感思至於聲樂尤須禁斷初貞觀中侍中王珪之子尙太宗女南平公主珪請于帝乞存舅姑之義於是夫妻西向坐公主親行盥饋之禮自是公主有舅姑者皆備婦禮其後此禮陵遲故眞卿建明之

公侯大夫士婚禮

周制婚禮其詳見於禮經漢平帝詔光祿大夫劉歆等雜定婚禮四輔公卿大夫博士郎吏家屬皆以禮娶迎立軺併馬立乘小車也併馬儷駕也新定此制也併音步幸切後漢鄭衆百官六禮辭大畧因於周制而禮物凡三十種各內有謁文外有贊文魏制諸侯娶妃以皮馬爲庭實加以大璋王娶妃公主嫁用絹百九十疋晉太康八年有司奏王侯婚禮元纁束帛加璧乘馬大夫用元纁束帛加羊奏曰古者以皮馬庭實天子加穀珪諸侯加大璋可依周禮改璧用璋其羊鴈酒米元纁如故諸侯婚禮加納采告期親迎各帛五疋及納徵馬四匹皆令夫家自備唯璋官爲具足尙書朱整議按魏氏故事王娶妃公主嫁之禮天子諸侯以皮馬爲庭實天子加以穀珪諸侯加以大璋漢高后制聘后黃金二萬斤馬十二匹聘夫人金五千斤馬四匹魏志娶妃公主嫁之禮用絹一百九十疋晉故事用絹三百疋北齊聘禮第一品以下至三品用元三疋纁二疋束帛十疋璧一四品以下皆無璧豹皮二六品以下至從九品用鹿皮錦綵四十疋二品三十疋三品二十疋四品雜綵十六疋五品十疋六品七品五疋絹百四十疋二品百二十疋三品百疋六品以下至九品遞降二十疋羔一羊二犢二酒黍稷稻米麪各四斛四品五品犢一酒黍以下各二斛六品以下無犢酒黍以下各一斛唐顯慶四年十月詔天子嫁女受財三品以上之家不得過絹三百疋四品五品不得過二百疋六品七品不得過一百疋八品以下不得過五十疋皆充所嫁女資裝等用其夫家不得受陪門之財李義府奏太極元年十一月左司郎中唐紹上表曰士庶親迎之禮備諸六禮所以承宗廟事舅姑當須昏以爲期詰朝謁見往者下俚庸鄙時有障車邀其酒食以爲戲樂近日此風轉盛上及王公乃廣奏音樂多集徒侶遮擁道路留滯淹時邀致財物動踰萬計遂使障車禮貺過於聘財歌舞喧譁殊非助感旣虧名教又蠹風猷請一切禁斷從之

臣謹按後漢之俗聘禮三十物者以元纁羊鴈淸酒白酒粳米稷米蒲葦卷栢嘉禾長命縷膠漆五色絲合歡鈴九子墨金錢祿得香草鳳凰舍利獸鴛鴦受福獸魚鹿烏九子婦陽燧鑽凡二十八物又有丹爲五色之榮靑爲東方之始共三十物皆有俗儀不足書臣又按杜佑議上古人食禽獸之肉而衣其皮毛周氏尙文去質元衣纁裳猶用皮爲韠所以制婚禮納徵用元纁儷皮充當時之所服耳秦漢以降衣服制度與三代殊乃不合更以元纁及皮爲禮物也又有用虎皮豹皮者王彪之云取威猛有斑彩尤臆說也人之常情非今是古不詳古今之異制禮數之從宜今時俗用五色信頗得禮之變也或曰近代所以尙循元纁儷皮之制男女配合教化大倫示存古儀務重其禮安可捨棄有類去羊答曰元纁及皮當時之要詳觀三代制度或沿或革皆貴適時竝無虛事豈令百王之末畢循往古之儀如三代制天子諸侯至庶人祭則立尸秦漢廢之又天下列國唯事征伐志存於射建侯擇士皆主於斯秦漢以降改制郡縣戰爭旣息射藝自輕唯祀與戎國之大事今竝豈要復舊制乎其朝宗覲遇行朝享禮畢諸侯皆右肉袒

于廟門之東乃入門右北面立告聽事今豈須行此禮乎賓禮甚重兩楹間有反爵之坫築土爲之今會客豈須置坫乎又竝安能復古道邪畧舉數事其可知也易曰隨時之義其大矣哉先聖之言不可誣也

元正冬至受朝賀

漢高帝十月定秦遂爲歲首七年長樂宮成叔孫通制諸侯羣臣朝賀儀先平明謁者治禮引以次入殿門庭中陳車騎設兵張旗幟功臣列侯諸將軍軍吏以下陳西方東向文官丞相以下陳東方西向於是皇帝輦出房諸侯王以下至吏六百石以次奉賀禮畢復置法酒諸侍坐殿上者皆伏抑首尊卑以次起上壽觴九行謁者言罷酒御史執法舉不如儀者輒引去羣臣莫不振肅武帝雖用夏正然每月朔朝至於十月朔猶常享會以高祖定秦之月元年歲首也其儀夜漏未盡七刻鐘鳴受賀及贄公侯璧二千石羔千石六百石鴈四百石以下雉百官賀正月決疑要注云古者朝會皆執贄侯伯執珪子男執璧孤執皮帛卿執羔大夫執鴈士執雉漢魏俱依其制正朝大會諸侯執玉璧薦以鹿皮公卿以下所執如古禮古者衣皮故用皮帛爲幣玉以象德璧以稱事二千石以上上殿稱萬歲舉觴御坐前司空奉羹大司農奉飯奏食舉樂百官受賜宴饗大作樂蔡質漢儀曰正月旦天子幸德陽殿臨軒公卿百官各陪位朝賀百蠻朝貢畢屬郡計吏皆觀庭燎宗室諸劉雜會萬人以上立西面位既定上壽計吏中庭北面立太官賜酒食西入東出御史四人執法陛下虎賁羽林弧弓撮矢陛戟左右戎頭偪脛陪前向後左右中郎將位東南羽林虎賁將位東北五官將位中央悉坐就賜作九賓徹樂舍利獸從西方來戲於庭極乃畢入殿前激水化成比目魚跳躍嗽水作霧障日畢化爲黃龍長八丈出水遨遊炫耀日光又以絲繩係兩柱間相去數丈兩倡女對舞行於繩上相逢切肩不傾又蹋局出身藏形斗中鐘磬倡樂畢作魚龍曼延小黃門鼓吹三通謁者引公卿以次拜徹行出卑官在前尊官在後其德陽殿周旋容萬餘人陛高一丈文石作壇畫屋朱梁玉陛金柱刻鏤魏文帝受禪後修洛陽宮室權都許昌宮殿狹小元日於城南立氈殿青帷以爲門設樂饗會後還洛陽依漢舊事其藩王不得朝覲明帝時有朝者皆由特恩不得爲常晉氏受命武帝更定元會儀咸甯注云先正旦一日有司各宿設夜漏未盡十刻羣臣集庭燎起火上賀謁報又賀皇后還從雲龍東中華門入詣東閤下便坐漏未盡七刻百官及受贄郎官已下至計吏皆入立其次其陛衞者如臨軒儀漏未盡五刻謁者僕射大鴻臚各奏羣臣就位定漏盡侍中奏外辦皇帝出鐘鼓作百官皆拜伏太常導皇帝升御座鐘鼓止百官起大鴻臚跪奏請朝賀掌禮郎贊皇帝延王登大鴻臚跪贊藩王臣某等奉白璧各一再拜賀太常報王悉登謁者引上殿當御座皇帝興王再拜皇帝坐復再拜跪置璧御座前復再拜成禮訖謁者引下殿還故位掌禮郎贊皇帝延太尉等於是公特進匈奴南單于金紫將軍當大鴻臚西中二千石千石六百石當大行令西皆北面伏鴻臚跪贊太尉中二千石等奉璧皮帛羔鴈雉再拜賀太常贊皇帝延公等登掌禮郎引公至金紫將軍上殿皇帝興皆再拜皇帝坐又再拜跪置璧皮帛御座前復再拜成禮訖謁者引下殿還故位公置璧成禮時大行令竝贊殿下中二千石以下同成禮訖以贄授贄郎郎以璧帛付諸謁者羔鴈雉付太官太樂令跪奏雅樂樂以次作乘黃令乃出車皇帝罷入百官皆坐晝漏上水六刻諸蠻夷胡客以次入皆再拜訖坐御入後三刻又出鐘鼓作謁者僕射跪奏請羣臣上謁者引王公二千石上殿千石六百石停本位謁者引王詣樽酌壽酒跪授侍中侍中跪置御座前王還自酌置位前謁者跪奏藩王臣某等奉觴再拜上千萬歲壽四廂樂作百官再拜已飲又再拜謁者引王等還本位陛者傳就席羣臣皆跪諾侍中中書令尚書令各以戲上上壽酒登歌樂升太官又行御酒御酒升階太官令跪授侍郎侍郎跪進御座前乃行百官酒太樂令跪奏登歌三終乃降太官令跪請具御飯到階羣臣皆起太官令持羹跪授司徒持飯跪授大司農尚食持案竝授持節持節跪進御座前羣臣就席太樂令跪奏食舉樂太官行百官飯按遍食畢太樂令跪奏請進樂樂以次作鼓吹令又前跪奏請以次進衆妓乃召諸郡計吏前受敕戒於階下宴樂畢謁者一人跪奏請罷退鐘鼓作羣臣北面再拜出然則夜漏未盡七刻謂之晨賀晝漏上十三刻更出百官奉壽酒謂之晝會別置女樂三十人於黃帳外奏房中之歌江左多虞不復晨賀夜漏未盡十刻開宣陽門至平旦開殿門晝漏上水五刻皇帝乃出受賀皇太子出會者則在三恪下王公上正旦元會設白虎樽於殿庭樽蓋上施白虎若有能獻直言者則發此樽飲酒案禮白虎樽乃杜舉之遺式也宋因晉制升皇太子在三恪上齊因之梁元會之禮雖有更革亦損益晉制也皇帝服通天冠王公上壽上食既畢之後二品以上尚書騶騎引計吏郡國各一人皆跪受詔侍中讀五條詔計吏更應諾訖令陳便宜者聽詣白虎樽皇太子朝則遠遊冠乘金輅鹵簿以行與會則劒履升座天監六年詔曰頃代以來元日朝畢次會羣臣則移就西壁下東向坐求之古義王者讌萬國唯應南面何更居東面於是御座南向以西方爲上皇太子以下在北壁坐者悉西邊東向尚書令以下在南方坐者悉東邊西向陳制先元會十日百官竝習儀注令僕以下悉公服監之設庭燎街闕城上殿前

皆嚴兵百官各設部伍而朝宮人皆於東堂隔綺疏而觀宮門既無籍外人但絳衣者亦得入觀是日上事人發白虎樽自餘亦多依梁禮云隋制正朝及冬至文物充庭皇帝出西房即御座皇太子鹵簿至明陽門外入賀復詣皇后殿拜賀訖還宮皇太子朝訖羣官客使入就位再拜上公一人詣西階解劍升賀降階帶劍復位而拜有司奉諸州表羣臣在位者又拜而出皇帝入東房有司奏行事訖乃出西房坐定羣官入就位上壽訖上下俱拜皇帝舉酒上下舞蹈三稱萬歲皇太子與會則設座於御東南西向羣臣上壽畢入位解劍以升會訖先興唐開元八年十一月中書門下奏曰伏以冬至一陽始生萬物潛動所以自古聖帝明王皆此日朝萬國觀雲物禮之大者莫逾是時其日亦祀圜丘皆令攝官行事質明既畢日出視朝國家以來更無改易緣修新格將畢其日祀圜丘還改用小冬日受朝伏請改正從之因勑自今以後冬至日受朝永爲常式至天寶三載十一月五日甲子冬至勑伏以昊天上帝義在尊嚴恭惟祀典每用冬至既於是日有事圜丘更受朝賀實深兢惕自今以後冬至宜取以次日受朝仍永爲常式

讀時令

後漢制太史每歲上其年曆先立春立夏大暑立秋立冬常讀五時令皇帝所服各隨五時之色帝升御座尚書令以下就席位尚書三公郎中以令置案上奉以先入就席伏讀訖賜酒一巵魏明帝景初元年通事奏曰前後但見讀四時令至於服黃之時獨闕太史令高堂隆以爲黃屬土也土王四季各十八日土生於火故於火用事之末服黃三季則不其令則隨四時不以五行爲令也是以服黃無令斯則魏代不讀大暑令也東晉成帝咸和五年有司奏讀秋令時侍中荀弈上議云武皇帝時光祿大夫華恆議以秋夏盛暑常闕不讀令在春冬則不廢也夫先王所以順時讀令者蓋後天而奉天時正時服尊嚴之所重今比熱炎赫服章多闕請如恆議詔可六年有司奏立夏日正服漸備祗迓天和宜讀夏令奏可宋文帝元嘉六年讀時令三公郎中每讀皇帝臨軒百僚備位多震悚失常儀唯孝武帝時劉勰明帝時謝緯善於其事人主公卿並屬目稱歎北齊制立春日皇帝服通天冠青介幘青紗袍佩蒼玉青帶青袴青襪舄而受朝於太極殿西廂東向尚書令等坐定三公郎中詣席跪讀時令訖典御酌巵酒置郎中前郎中拜還席伏飲禮成而出至立夏立秋則施御座於中楹南向立冬如春東向各以其時之色服儀並如春禮唐貞觀十一年復修四時讀令武太后聖曆元年臘月制每月一日於明堂行告朔之禮開元十六年命太常少卿韋縚每月進月令一篇是後孟月朔日御宣政殿側置一榻東西置案令韋縚坐而讀之諸司長官亦升殿列坐聽焉歲除罷之餘並具開元禮

冊拜諸王侯

後漢制拜諸王侯三公之儀百官會位定謁者引光祿勳前謁者引當拜者前當座伏殿下光祿勳前一拜舉手曰制詔其以某爲某按丁孚儀安帝策夏勳文曰維元初六年三月甲子制詔以大鴻臚勳爲司徒曰朕承天序維稽古建爾于位爲漢輔往率舊職愼數五教在寬允左右朕躬宣力四表保乂皇家於戲秉國之鈞方祗厥序時亮天工可不愼歟勳其戒之此其例也讀策書畢拜者稱臣再拜尚書郎以璽印綬付侍御史侍御史前東面立授璽印綬當受策者再拜頓首三贊謁者曰某王臣某新封某公某初謝中謁者報謹謝贊者立曰皇帝爲公興皆冠謝起就位供賜禮畢罷北齊策諸王以臨軒日上水一刻吏部令史乘馬齎召版詣王第王乘高車鹵簿至東掖門止乘軺車既入至席尚書讀策訖以授王又授章綬事畢出乘軺車入鹵簿乘高車詣閶闔門伏闕表謝報訖拜廟還第則鴻臚卿持節吏部尚書授冊侍御史授節使者受而出乘軺持節詣王第入就西階東面王入立於東階西面使者讀冊博士讀版王俛伏興進受策章綬茅土俛伏三稽首還本位謝如上儀在州鎮則使者授節冊乘軺車至州如王第諸王三公儀同尚書令五等開國太妃公主恭拜冊軸一枚長二尺以白練衣之用竹簡十二枚六枚與軸等六枚長尺二寸文出集書書皆篆字哀冊贈冊亦同諸王五等開國及鄉男恭拜以其封國所在取社壇方面土苞以白茅內青廂中函方五寸以青塗飾封授之以爲社隋臨軒冊命三師諸王三公並陳車輅餘則不百司定列內史令讀冊訖受冊者拜受出又引次受冊者如上儀若冊開國郊社令奉茅土立於仗南西面每授冊訖授茅土爲唐之制如開元禮

三老五更

有虞氏深衣而養老夏后氏燕衣而養老商人縞衣而養老周人元衣而養老天子父事三老兄事五更親袒割牲執醬而饋執爵而酳三公設几九卿正履祝鯁在前祝饐在後使者安車輭輪送迎至家天子獨拜于屏其明日三老詣闕謝以其禮遇太尊故也後漢明帝以李躬爲三老桓榮爲五更安帝以魯丕李充爲三老靈帝又以袁逢爲三老賜以玉杖魏高貴鄉公卽位幸太

學命王祥爲三老鄭小同爲五更祥南面几杖以師道自居天子北面乞言祥陳明王聖帝君臣政化之要以訓之聞者莫不砥礪後魏孝文養老於明堂以尉元爲三老游明根爲五更帝再拜三老肅拜五更鄭衆云但俯下手今時撎拜是也撎音於志反即今之揖也給三老上公之祿五更元卿之祿後周武帝保定三年詔以太傅燕國公謹于謹爲三老賜延年杖帝幸太學以食之三老入門皇帝迎拜門屏之間三老答拜有司設三老席於中楹南向太師晉國公護升階設几於席三老升席南面憑几而坐大司寇楚國公寧升階正舄皇帝升立於斧扆之前西面有司進饌皇帝跪授醬豆親自袒割三老食訖皇帝又親跪授爵以酳有司撤訖皇帝北面立訪道三老乃起立於席後皇帝曰猥當天下重任自惟不才不知政治之要公其誨之三老答曰木受繩則正后從諫則聖自古明王聖主皆虛心納諫以知得失天下用安惟陛下念之云云三老言畢皇帝再拜受之三老答拜禮成而出唐制仲秋吉辰皇帝親養三老五更於太學其儀具開元禮

臣謹按五更蔡邕云五叟是也叟字或作更今人於嫂字之叟亦或作更而爲㛐其實一也

鄉飲酒

臣謹按鄉飲酒者王道之始也尙齒尊賢莫尙乎此自漢歷唐未嘗廢也惟宋家以涵化中講究未備遂爾因循近日緣明州舉行其事朝廷遂下明州會例而頒之天下未幾而廢以明州之士不識禮意不可以行也何哉鄉飲禮者惟儀禮詳明所以唐太宗但錄其一卷而頒之明州之行不知本儀禮但取禮記鄉飲義不本全經何以行事臣爲是作鄉飲禮三種書蓋本儀禮於古而參開元禮於今復取於歷代而損益之今此篇但記前代所行云

後漢永平二年郡縣行鄉飲酒于學校祀先聖先師周公孔子牲以犬晉武帝泰始六年十二月帝臨辟雍行鄉飲酒之禮詔曰禮儀之廢久矣乃令復講肄舊典賜太常絹百疋丞博士及學生牛酒咸寧三年及惠帝元康九年復行其禮唐貞觀六年詔曰比年豐稔閭里無事乃有墮業之人不顧家産朋遊無度酣宴是躭危身敗德咸由於此自非澄源正本何以革茲弊俗可先錄鄉飲酒禮一卷頒示天下每年令州縣長官親率長幼依禮行之庶乎時識廉恥人知禮節開元十八年宣州刺史裴耀卿上疏曰州牧縣宰所主者宣揚禮樂典校經籍所教者返古還淳上奉君親下安鄉族外州遠郡俗習未知徒聞禮樂之名不知禮樂之實竊見以鄉飲酒禮頒於天下比來唯貢舉之日略用其儀閭里之間未通其事臣在州之日率當州所管一一與父老百姓勸導行禮奏樂歌至白華華黍南陔由庚等章言孝子養親及物遂性之義或有泣者則人心有感不可盡誣但以州縣久絕雅聲不識古樂伏計太常具有樂器太常久備和聲請令天下三五十大州簡有性識人於太常調習雅聲仍付笙竽琴瑟之類各三兩事令比州轉次造習每年各備禮儀准令式行稍加勸獎以示風俗其儀具開元禮

賓禮

三恪二王後

虞舜以堯子丹朱爲賓曰虞賓而不臣之夏禹封丹朱於唐舜子商均於虞皆有疆土以奉先祀服其車服用其禮樂加之以客禮不臣也周武王克商而封夏後於杞殷後於宋皆公爵封舜後於陳侯爵以備三恪周得天下封夏商二王後又封舜後謂之恪恪敬也義取王之所恭禮司几筵國賓于牖前左彤几王者立三恪二王之後者欲通師法之義以其前代之後使之郊天以天子禮祭其始祖受命之王自行正朔服色以此得通三正也魏文帝封後漢帝協爲山陽縣公邑萬戶位在諸王侯上奏事不稱臣受詔不拜以天子車服郊祀天地宗廟臘如漢制都山陽濁鹿城青龍二年薨謚曰孝獻皇帝以漢天子禮儀葬于禪陵晉武帝泰始元年十二月遣太僕劉原告太廟封魏帝奐爲陳留王詔曰明德昭融遠鑒天命欽象曆數用禪厥位敢咨詢故訓恭授青士于東國永爲晉賓載天子旌旗乘五時副車行魏正朔郊祀天地禮樂制度皆如魏舊以承王顯祖之禋祀又詔王上書不稱臣答報不爲詔一如賓禮二年詔陳留王操尙謙沖每事輒表非所以優崇之也主者諭意非大事皆使王官表上之三年博士祭酒劉憙等議漢魏爲二王後衞公署於前代爲二王後於大晉在三恪之數應降稱侯祭祀制度宜與五等公侯同有司奏陳留王山陽公爲二代之後衞公備三恪之禮易稱有不速之客三人來此則以三爲斷不及五代也東晉明帝大寧二年詔曰三恪二王世之所重興滅繼絕政之所先禋祀不傳甚用傷悼主者詳議立後以聞時曹勱爲嗣陳留王以主魏祀升平元年陳留王勱表稱廢疾積年不可以奉祭祀求放罷大學博士曹耽議勱爲祭主而無執祭之期宜與穆子孟縶事同太常王彪之云二王之後不宜輕廢立記傳未見有已爲君而以疾罷者孟縶穆子是方應爲君非

陳留之比孝武帝太元十二年博士庾弘之等議陳留王前代之後遇以上賓之禮皇太子雖國之儲副在人臣之位今班次宜在王下宋武帝永初元年封晉恭帝爲零陵王居于秣陵行晉正朔車旗服色一如其舊有其文而不備其禮文帝元嘉五年散騎常侍荀伯子上疏曰伏見百官位次陳留王在零陵王上按春秋次序諸侯宋居杞陳之上臣以零陵王位宜在陳留王上陳留王宜降爵爲公十一年升在三恪隋封後周靜帝爲介國公唐武德元年五月詔曰革命創制禮樂變於三正脩廢繼絕德擇崇於二代其以莒之酅邑奉隋帝爲酅公行隋正朔車旗服色一依舊章

軍禮

天子諸侯將出征類宜造禡竝祭所過山川

周制天子將出征類于上帝宜于社造于禰肆師爲帝位（帝位五德之帝所祭於南郊者類宜造皆祭名）禡于所征之地（禡師祭也）受命於祖以遷廟主載于齊車以行無遷主以幣帛皮珪告于祖禰遂奉以出載于齊車以行每舍奠焉而後就舍（以脯醢禮神乃敢即安也）受成於學過大山川則用事焉（令祝用祭事告之凡出必用牲幣反亦如之）出征執有罪反釋奠于學以訊馘告諸侯將出征宜社造禰及無遷主以主命竝如天子之制梁天監初陸璉定軍禮依古制類造等用牲幣帝曰宜者請征討之宜造者稟謀於廟類者奉天時以明伐竝明不敢自專陳幣承命可也璉不能對嚴植之又爭之於是告用牲幣反亦如之北齊天子親征纂嚴則服通天冠文物充庭有司奏更衣乃入冠武弁左貂附蟬以出誓訖擇日備法駕乘木輅以造于廟載遷廟主於齋車以俟行次宜于社有司以毛血釁軍鼓載帝社祏主於車以俟行次擇日陳六軍備大駕類于上帝次擇日祈后上神州嶽鎮海瀆川源等乃爲坎盟督將列牲於坎南北首有司於坎前讀盟文割牲耳承血皇帝受牲耳徧授大將乃寘于坎又歃血歃徧又以寘坎禮畢埋牲及盟書又卜日建牙旗於墠祭以太牢及所過名山大川使有司致祭將届戰所卜剛日備元牲列軍容設柴於辰地爲墠而禡祭大司馬奠矢有司奠毛血樂奏大濩之音禮畢徹牲柴燎戰前一日皇帝禱祖司空禱社戰勝則各報以太牢又用太牢賞用命于祖引功臣入旌門即神庭而授版焉又罰不用命于社即神庭行戮訖振旅而還格廟詣社訖擇日行飲至之禮文物充庭有司執簡紀年號月朔陳六師凱入格廟之事飲至策勳之美用述其功不替賞典焉隋制天子行幸有司祭所過嶽瀆以太牢山川以少牢若親征及巡狩則類上帝宜造社廟還禮亦如之唐制車駕行幸及親征有司類宜造禡如開元禮

軷祭

周制天子將出師太馭掌馭玉輅以祀及犯軷王自左馭馭下祝登受轡犯軷遂驅之（行山曰軷犯之者封土爲山象以菩芻棘柏爲神主既祭之以車轢之而去喻無險難也）後周迎太白出國門而軷祭隋制皇帝行幸親巡狩則軷祭其禮有司於國門外委土爲山象設埋坎有司刳羊陳俎豆駕將至委奠幣薦脯加羊饌埋於坎駕至太僕祭兩軹及軌乃飲授爵遂轢軷上而行唐車駕親征如開元禮

田獵

周制天子諸侯無事則歲行蒐苗獮狩之禮漢晉以來有閼兵之制而史闕田職之儀宋元嘉二十五年五月大蒐于宣武場其法置行軍殿於幕府山南岡并設王公百官幕先獵一日遣馬騎布圍右領軍將軍督左右領軍將軍督左大司馬董正諸軍獵日侍中三奏一奏捶一鼓爲一嚴三嚴訖引仗爲小駕鹵簿皇帝乘馬戎服從者悉絳衫幘黃麾警蹕鼓吹如常儀獵訖宴會享勞比校多少戮一人以懲亂法會畢還宮梁陳因之北齊春蒐禮有司規大防建獲旗以表獲車前一日命布圍領軍將軍一人督左甄護軍將軍一人督右甄大司馬一人居中節制諸軍天子陳小駕服通天冠乘木輅詣行宮將親禽服戎服級戟者皆嚴武衛張甄圍旗鼓相望銜枚而進甄常開一方以令三驅圍合吏奔騎令曰鳥獸之肉不登於俎者不射皮革齒牙骨角毛羽不登於器者不射甄合大司馬鳴鼓促圍衆軍鼓噪鳴角至期處而止大司馬屯北旌門二甄帥屯左右旌門天子乘馬從南旌門外親射禽謁者以獲車收禽載還陳於獲旗之北王公以下以次射禽皆送旗下事畢大司馬鳴鼓解圍復屯殿中郎中率其屬收禽以實獲車天子還行宮命有司每禽擇取三十一曰乾豆二曰賓客三曰充君之庖其餘即於圍下量犒將士禮畢改服鈒者韜刃而還夏苗秋獮冬狩禮皆同後周仲春教振旅大司馬建大麾於萊田之所鄉稍之官以旗物鼓鐸鉦鐃各帥其人而致誅其後至者建麾於後表之軍中集衆庶質明偃麾誅其不及者乃陳徒騎如戰之陣大司馬北面誓之軍中皆聽鼓角以爲進止之節田之日於萊之北建旗爲和門諸將帥徒騎序入其門有司居門以平其人既入而分其地險野則徒前而騎後易野則騎前而徒後既陣皆坐乃設驅逆騎有司奏禡於陣前

以太牢祭黃帝於狩地爲壝建二旗列五兵於坐側行三獻禮遂蒐田致禽以祭社仲夏教茇舍遂苗田仲秋練兵遂獮田仲冬大閱遂狩田其致禽礿祀享烝教習之儀竝如古周法隋大業三年煬帝在榆林突厥啟民及西域東胡君長竝來朝貢帝欲示以甲兵之盛乃命有司陳冬狩之禮詔虞部量拔延山南北周二百里竝立表記唐高祖武德五年十二月幸涇陽之華池校獵謂羣臣曰今日畋樂乎諫議大夫蘇世長進曰陛下遊獵薄廢萬機不滿十旬未爲大樂高祖色變旣而笑曰狂態發邪世長曰爲臣私計卽狂爲陛下國計卽忠貞觀十六年十二月狩于驪山時陰寒晦冥圍兵斷絕上乘高遙見之欲捨其罰恐虧軍令乃迴轡入谷以避之永徽元年冬出獵在路遇雨因問諫議大夫谷那律曰油衣若爲得不漏對曰能以瓦爲之必不漏矣上大悅因此不復出獵先天元年十一月獵於驪山之下開元三年十月大蒐于岐州鳳泉場屬夜雪天寒其圍兵竝放散各賜布一端緜一屯蒐狩之制具開元禮

講武

漢興設南北軍之備外命天下郡國選能引彊蹶張材力武猛者以爲輕車騎士材官樓船常以立秋後郊禮畢斬牲於東門以薦陵廟肄孫吳兵法六十四陣每十月都課試金革騎士各有員數如有寇警平地用車騎山阻用材官水泉用樓船孝文納鼂錯之策以爲軍之勝負定於內有事則可以應於外頗祖周司馬法齊寓政之制（管子寓軍令）徒人於邊以起軍伍元帝用貢禹議始罷角觝戲後漢初立秋之日自郊禮畢始揚威武斬牲於郊東門以薦陵廟其儀乘輿御戎輅白馬朱鬣躬執弩射牲太宰令謁者各一人載以獲車馳駟送陵廟還宮遣使者齎束帛以賜武官武官肄兵習戰陣之儀斬牲之禮名曰貙劉兵官皆肄孫吳兵法六十四陣旣還公卿以下陣雒陽前街乘輿到公卿已下拜天子下車公卿親識顏色然後還宮（古語曰在車下則唯此時施行漢代以爲常）靈帝中平五年以天下黃巾賊起大發四方兵講武耀兵於平樂觀以小黃門蹇碩爲上軍校尉凡八校尉皆統於碩起大壇上十二重五采華蓋高十丈壇東北爲小壇復建九重華蓋高九丈列步騎兵士數萬人結營爲陣天子親出臨軍駐大華蓋下大將軍何進駐小華蓋下禮畢帝躬擐甲介馬稱無上將軍行陣三匝還獻帝建安二十一年有司奏古四時講武按漢西京承制三時不講唯十月都試金革今兵戈未偃士衆素習可無四時講武但以立秋擇吉日大朝車騎號曰閱兵上合禮名下承漢制是冬閱兵魏王曹操親執金鼓以令進退延康元年曹丕嗣魏王其年秋閱兵于郊公卿相儀王御華蓋親執金鼓之節魏明帝太和二年十月閱兵於東郊晉武帝泰始四年九月咸寧元年太康四年六年冬皆自臨宣武大閱衆軍然不自令進退自惠帝以後其禮遂廢東晉太興元年詔左右衛及諸營教習依大習儀作鴈羽仗成帝咸平中詔內外諸軍戲兵於南郊之場其地因名閱場（晉志作鬬）自後藩鎮桓庾諸方伯往往閱習然朝廷無事焉宋文帝依故事肄習衆軍兼承漢魏之禮其後以時講武於講武堂後魏明元帝永興五年以九月十月之交親行貙劉之禮文成帝和平三年因歲除大儺遂耀兵示武更爲制令步兵陳於南騎士陳於北各擊鐘鼓以爲節度其步兵所衣青赤黑黃別爲部隊楯矟矛戟相次周迴轉易以相赴就有飛龍騰蛇之變爲函箱魚鱗四門之陣凡十餘法跪起前卻莫不應節陣畢南北二軍皆鳴鼓角衆盡大譟各令騎將六千人去來挑戰步兵更進退以相拒擊南敗北捷以爲威觀自後以爲常北齊常以季秋皇帝講武於都外有司先芟萊野爲場作二軍進止之節輿駕停觀遂命將教衆爲戰場之法凡爲陣少者在前長者在後其還則長者在前少者在後長者持弓矢短者持旌旗勇者持鉦鼓刀楯爲前行戰士持槊者次之弓箭爲後行將帥先教士目使習見旌旗指麾之蹤發起之意旗臥則跪次教士耳使習聽金鼓動止之節聲鼓則進鳴金則止次教士心使知刑罰之苦賞賜之利次教士手使習持五兵之便戰鬬之備次教士足使習跪起及行列險泥之塗前五日皆請兵嚴於場所依方色建旗爲和門都壝之中及四角建五綵牙旗應講武者各集於其軍戒鼓一通軍士皆嚴備二通將士擐甲三通步軍各爲直陣以相俟大將各處軍中立旗鼓下有司陳小駕鹵簿皇帝武弁乘革輅大司馬介冑乘馬奉引入行殿百司陪列位定二軍迭爲客主先舉爲客後舉爲主從五行相勝法爲陣以應之唐顯慶二年十一月講武於滍水之南行三驅之禮上設次於尙書臺以觀之（時許州長史封道弘奏言後漢南郡太守馬融講尙書於此因以爲名今請改爲講武臺從之）五年二月八日又講武於并州城北上御飛閣羣臣臨觀之左衛大將軍張延師爲左軍左右驍武等六衛左羽林騎士屬焉左武候大將軍梁建方爲右軍左右威領武候等六衛右羽林騎士屬焉一鼓而誓衆再鼓而整列三鼓而交前左爲曲直圓銳之陣右爲方銳直圓之陣三挑而五

變步退而騎進五合而各復位許敬宗奏曰延師整而堅建方敢而銳皆良將也上曰講閱者安不忘危之道也梁朝衣冠甚盛人物亦多侯景以數千人渡江一朝瓦解武不可黷人不可棄此之謂也武太后聖曆二年欲以季冬講武有司延入孟春時王方慶上疏曰孟春之月不可講兵者兵金也金性尅木春盛德在木孟春行冬令則水潦爲敗雪霜大摯首種不入請至明年孟冬教習以順天道從之開元元年十月十二日講武於驪山之下調兵二十萬戈鋋金甲照耀天地列大陣於長川坐作進退以金鼓之聲節之明皇親擐戎服持大鎗立於陣前兵部尚書郭元振以虧失軍容坐于纛下將斬之宰臣劉幽求張說跪于馬前諫曰元振翊戴上皇有大功於國雖違軍令不可加刑伏願寬宥乃捨之配流新州給事中知禮儀唐紹以草軍儀有失斬之蹕訥爲左軍節度衆以元帥及禮官得罪諸節部頗亦失序唯訥及解琬軍不動上令輕騎召訥等至軍門不得入禮畢特加慰勞

命將出征

漢高帝初爲漢王都漢中將還定三秦擇良日齊戒設壇場具禮拜韓信爲大將軍部署諸將東出陳倉收秦地魏故事遣將出征符節郎授節鉞跪而推轂北齊命將出征則太卜詣廟灼龜授鼓旗於廟皇帝陳法駕服袞冕至廟拜於太祖徧告訖降就中階引上將操鉞授柯曰從上至天將軍制之又操斧授柯曰從下至泉將軍制之將軍既授斧鉞對曰國不可從外理軍不可從中制臣既受命有鼓旗斧鉞之威願假一言之命於臣帝曰苟利社稷將軍裁之將軍就車載斧鉞而出皇帝推轂度闑曰從此以外將軍制之後周制大將出征遣太祝以羊一祭所過名山大川明帝武成元年吐谷渾寇邊帝戎服乘馬遣大司馬賀蘭祥討之告以太祖之廟司憲奉鉞進授大將大將拜受以授從者禮畢出受甲兵隋制皇太子親戎及將軍出師則以猳肫一釁鼓皆告社廟授斧鉞訖不得反宿於家開皇八年晉王廣將伐陳內史令李德林攝太尉告于太廟禮畢又命有司宜于社二十年太尉晉王廣又北伐突厥次河上禡祭軒轅黃帝以太牢制幣陳甲兵行三獻之禮唐之制如開元禮

宣露布

後魏每攻戰克捷欲天下聞知乃書帛建於漆竿上名爲露布自此始也其後相因施行隋文帝開皇中詔太常卿牛弘撰宣露布禮及九年平陳元帥晉王以驛上露布兵部奏請依新禮集百官四方客使等竝赴廣陽門外服朝衣各依其列內史令稱有詔在位者皆拜宣訖蹈舞者三又拜而罷唐每平蕩寇賊宣露布其日守宮量設羣臣次露布至兵部侍郎奉以奏聞仍集文武羣官客使於東朝堂中書令宣布具如開元禮

大射鄉射

周制天子之大射天官司裘供虎侯熊侯豹侯設其鵠夏官射人以射法治射儀王以六耦射三侯三獲三容樂以騶虞九節五正諸侯以四耦射二侯二獲二容樂以貍首七節三正孤卿大夫以三耦射一侯一獲一容樂以采蘋五節二正士以三耦射豻侯一獲一容樂以采蘩五節二正若王大射則以貍步張三侯鄉射之禮地官鄉大夫各掌其鄉之政正月之吉受法于司徒退而以鄉射之禮五物詢其衆庶一曰和二曰容三曰主皮四曰和容五曰興舞漢宣帝甘露三年三月黃門侍郎臨失其姓奏經曰鄉射合樂大射不何也韋元成曰鄉射所以合樂者鄉人本無樂故合樂歲時所以合和百姓以同其意也至諸侯當有樂傳曰諸侯不釋懸明用無時也故不云合樂晉咸康五年春征西庾亮行鄉射之禮依古周制親執其事洋洋然有洙泗之風宋武帝爲宋公在彭城九月九日出項羽戲馬臺射其後相承以爲舊準北齊三月三日皇帝常服乘輿詣射所升堂即座皇太子及羣官坐定登歌進酒行爵皇帝入便殿更衣以出驊騮令進御馬有司進弓矢皇帝射訖還御座射懸侯又畢羣官乃射五埒一品三十發一發調馬十發射下十發射上三發射麏三發射帖三發射獸頭三品二十五發一發調馬五發射下十發射上三發射麏三發射帖三發射獸頭四品二十發一發調馬五發射下八發射上二發射麏二發射帖一發射獸頭五品十五發一發調馬四發射下五發射上二發射麏二發射帖一發射獸頭侍官御仗以上十發一發調馬四發射下五發射上季秋大射皇帝御七寶輦射七埒正三品已上第一埒一品五十發一發調馬十五發射下二十五發射上三發射麏三發射帖三發射獸頭二品三品四十五發一發調馬十五發射下二十二發射上二發射麏餘與三品以下同也從三品四品第二埒三品四十二發一發調馬十二發射下二十二發射上二發射麏二發射帖三發射獸頭四品三十七發一發調馬十一發射下十九發射上一發射麏二發射帖三發射獸頭五品第三埒三十二發一發調馬九發射下十七發射上一發射麏二發射帖二發射獸頭六品第四埒二十七發一發調馬八發射下十六發射上一發射麏一發射帖七品第五埒二十一發一發調馬六發射下十二發射上餘與六品同八品第六埒十六發一發調馬四發射下九發射上餘同七品九品第七埒十發一發調馬三發射下四發射上餘與八品同也大將太尉公爲之射司馬各一人錄事二人七埒各置埒將射正參軍各一人埒士四人威儀

一人乘白馬以導的朋參軍一人懸侯下府參軍一人又各置令史將士等員以司其事唐之制皇帝射于射宮則張熊侯親于射宮則張麋侯皆去殿九十步太樂令設宮懸之樂鼓吹令設十二案於殿之庭若遊宴射則不陳樂懸三月三日九月九日賜百僚射自貞觀至麟德七年行三月之射行九月之射其禮遂至景雲二年諫議大夫源乾曜上表請行射禮直至先天元年二年開元八年九月賜百官九日射給事中許景先駮奏曰近三九之辰頻賜宴射以著格令猶降綸言但古制雖在禮章多闕官員累倍帑藏未充水旱相仍繼之師旅既不以觀德又未足威邊耗國損民且爲不急夫古天子以射選諸侯以射飾禮樂以射觀容志故有騶虞貍首之奏采蘋采蘩之樂天子則以備官爲節諸侯以時會爲節卿大夫以循法爲節士以不失職爲節皆審志固行德美事成陰陽克和暴亂不作故諸侯貢士亦試於射宮容體有虧則黜其地是以諸侯君臣皆盡志於射射之禮也其大矣哉今則不然衆官既多鳴鏑亂下以苟獲爲利以偶中爲能素無五善之容頗失三侯之禮凡令一箭偶中是費一丁租調用之既無惻隱獲之固無慙色疏奏罷之至二十一年八月勅下大射展禮先王創儀雖沿革或殊而遵習無曠往有陳奏遂從廢寢永鑒大典無忘舊章將射侯以觀德豈愛羊而去禮緬惟古訓罔不率由自我而闕何以示後其三元射禮卽宜依舊遵行以今年九月九日賜於安福樓下自此以後其禮息又其射侯儀具開元禮

臣謹按貞觀元年太宗謂蕭瑀曰朕少好弓矢自謂能盡其妙近得良弓十數以示弓工乃曰皆非良材也朕問其故曰木心不正則脈理皆邪弓雖剛勁而遺箭不直非良弓也朕始悟焉朕以弧矢定天下四方用弓多矣而有天下之日淺得爲治之意固未及乎弓弓猶失之何況于治自是遂延耆老問以政術

合朔伐鼓

夏書曰乃季秋月朔辰弗集于房瞽奏鼓嗇夫馳庶人走周制日有蝕之天子不舉樂素服置五麾陳五鼓五兵及救日之弓矢又以朱絲縈社而伐鼓責之漢制天子救日蝕素服避正殿陳五鼓五兵以朱絲縈社內外嚴警太史登靈臺候日月有變便伐鼓祝史陳辭以責之聞鼓音侍臣皆著赤幘帶劒入侍三臺令史以上皆持劒立其戶前衞尉驅馳繞宮伺察守備日復常皆罷後漢建安中將元會而太史上言正朝當日蝕朝臣議應會不共咨尚書令荀彧時博平計吏劉劭在坐曰梓愼禆竈古之良史猶占水火錯失天時禮諸侯旅見天子入門不得終禮者四日蝕在一然則聖人垂制不爲變異預廢朝禮或災消異伏或推術謬誤也時尚書令荀彧及衆人咸善而從之遂朝如舊日亦不蝕劭由此著名晉武帝咸寧三年四年竝以正朝合朔卻元會東晉元帝大興元年四月合朔有司奏議按春秋日有蝕之天子伐鼓于社攻諸陰也諸侯伐鼓於朝臣自攻也按尚書符若日有變便擊鼓於諸門有違舊典詔曰所陳有正義輒勅外改之至康帝建元元年太史上元日合朔後復疑應卻會與不庾冰輔政寫劉劭議以示八座蔡謨著議非之曰劭論災消異伏又以竈愼猶有錯失太史上言亦不必審其理誠然也而云聖人垂制不爲變異先廢朝禮此則謬矣災祥之發所以譴告人君王者之所重誡故素服廢樂退避正寢百官降物用幣伐鼓躬親救之夫警誡之事與其疑而廢之寧愼而行之禮記云諸侯入門不得終禮者謂日官不先言諸侯既入見蝕乃知耳非先聞當蝕而朝會不廢也劭引此文失其義旨於是衆議從之穆帝永和中殷浩輔政又欲從劉劭議不卽會王彪之曰禮云諸侯旅見天子不得終禮而廢者四自謂卒暴有之非謂先存其事而僥倖史官推術錯謬故不豫廢朝禮又從彪之議宋因晉制齊武帝永明元年十二月有司奏今月三日臘祠太社稷一日合朔日蝕既在致齋內未審於社祠無疑不尙書令王儉議禮記曾子問天子嘗禘郊社五祀之祭簠簋既陳唯大喪乃廢至於當祭之日火及日蝕則停尋伐鼓用牲由來尙矣而簠簋初陳問所不及據此而言致齋初日乃値薄蝕則不廢祭按漢初平中博士孫瑞議以日蝕廢冠而不廢郊朝議從之王者父天親地郊社不殊此則前准謂不宜廢詔可北齊制日蝕則太極殿西廂東向東堂東廂西向各設御座羣官公服晝漏上水一刻內外皆嚴三門者閉中門單門者掩之蝕前三刻皇帝服通天冠卽御座直衞如常不省事有變聞鼓音則避正殿就東堂服白帢單衣侍臣皆赤幘帶劒升殿侍諸司各於其所赤幘持劒出戶向日立有司各率官屬竝行宮內諸門掖門屯衞太社鄰令以官屬圍社守四門以朱絲繩繞繫社壇三匝太祝令陳辭責社太史令二人走馬露版上尚書門司疾上之又告清都尹鳴鼓如嚴鼓法日光復乃止奏解嚴唐合朔伐鼓具開元禮

祭馬祖

周制春祭馬祖夏祭先牧秋祭馬社冬祭馬步隋制常

以仲春用少牢祭馬祖於大澤諸合祭官皆於祭所致齋一日積柴於燎壇禮畢就燎仲夏祭先牧仲秋祭馬社仲冬祭馬步竝以大澤皆以剛日牲用少牢如祭馬祖埋而不燎唐馬祭因隋之制其儀如開元禮

時儺

周制夏官方相氏掌蒙熊皮黃金四目元衣朱裳執戈揚盾帥百隸而時儺以索室毆疫月令季春命國儺九門磔攘以畢春氣仲秋天子乃儺以達秋氣季冬命有司大儺旁磔以送寒氣後漢季冬先臘一日大儺謂之逐疫（漢舊儀曰顓帝有三子生而亡去為疫鬼一居江水為虎一居若水為罔兩蜮鬼一居人宮室區隅漚庾善驚人小兒月令章句曰日行北方之宿北方太陰恐為所抑故命有司作大儺所以扶陽抑陰也盧植禮記注云所以逐衰而迎新）其儀選中黃門子弟年十歲以上十二以下百二十人為侲子皆赤幘皁製執大鼗（侲音振）方相氏黃金四目蒙熊皮元衣朱裳執戈揚盾十二獸有衣毛角中黃門行之冗從僕射將之以逐惡鬼于禁中夜漏上水朝臣會侍中尚書御史謁者虎賁羽林郎將執事皆赤幘陛衛乘輿御前殿黃門令奏曰侲子備請逐疫於是中黃門倡侲子和曰甲作食殈胇胃食虎雄伯食魅騰簡食不祥攬諸食咎伯奇食夢彊梁祖明共食磔死寄生委隨食觀錯斷食巨窮奇騰根共食蠱凡使十二神追惡凶赫汝軀拉汝幹節解汝肉抽汝肺腸汝不急去後者為糧（東京賦曰捎魑魅斮獝狂斬委蛇腦方良囚耕父於清泠溺女魃於神潢殘夔魖與罔象殪野仲而殲遊光注曰魑魅山澤之神獝狂惡鬼委蛇大如車轂方良草澤神耕父女魃皆旱鬼惡水故因溺於水中使不能為害夔魖與罔象木石之怪野仲遊光兄弟八人在人間作怪害也孔子曰木石之怪夔罔兩水之怪龍罔象劉昭曰木石山怪也夔一足越人謂山獶罔兩山精好學人聲而迷惑人龍神一物也非所常見故曰怪罔象食人一名沐腫埤蒼曰獝狂無頭鬼）因作方相與十二獸舞讙呼周徧前後省三過持炬火送疫出端門（東京賦曰煌火馳而星流逐赤疫於四裔注曰煌火光煌如星馳逐驚走赤疫鬼惡者也侲子合三行從東序上西序下門）外騶騎傳炬出宮司馬闕門門外五營騎士傳火棄雒水中（東京賦注曰衛士千人在端門外五營千騎在衛上外為三部更送至雒水中凡三輩逐疫鬼投雒水中仍上天池絕其橋梁使不復渡還）百官官府各以本面數能為儺人師訖設桃梗鬱壘葦茭畢執事陛者罷（山海經曰東海中有度朔山上有大桃根蟠屈三千里其卑枝門曰東北鬼門萬鬼出入也上有二神人一曰神荼一曰鬱壘主閱領衆鬼之惡害人者執以葦索而用食虎於是黃帝法而象之毆除畢因立桃梗於門戶上畫鬱壘持葦索以御凶鬼畫虎於門當食鬼）葦戟桃杖以賜公卿將軍諸侯云是月也立土牛六頭於國都郡縣城外丑地以送大寒（月令章句曰是月之會建丑丑為牛寒將極是故出其物類形象以示送達之且以升陽也）北齊制季冬晦選樂人子弟為侲子如漢法合二百四十人百二十人赤幘皁衣執鼗百二十人赤布袴褶執鞞角方相氏執戈揚盾又作窮奇祖明等十二獸皆有毛角鼓吹令率之中黃門行之冗從僕射將之以逐惡鬼于禁中其日戊夜三唱開諸里門儺者各集被服器仗以待事戊夜四唱開諸城門二衛皆嚴上水一刻皇帝常服即御座王公執事官一品以下六品以上陪列觀儺者鼓譟入殿西門偏於禁內分出二上閤作方相與十二獸舞戲喧呼周徧前後鼓譟出殿南門分為六道出於郭外隋制季春晦儺磔牲於宮門及城四門以禳陰氣秋分前一日禳陽氣季冬旁磔大儺亦如之其牲每門各用羝羊及雄雞一選侲子如北齊法令八隊二時儺則四隊問事十二人赤幘褠衣執皮鞭工人二十人其一人方相氏如周禮一人為唱師著皮衣執捧鼓角各十人有司預備雄雞羝羊及酒於宮門為次未明呼鼓譟以入方相氏執戈揚盾周呼鼓譟而出合趨明陽門分詣諸城門將出諸祝師執事與疈牲胷磔之於門酹酒禳祝舉牲并酒埋之唐制季冬大儺及州縣儺禮竝如開元禮

通志卷四十四終

通志卷四十五

宋右迪功郎鄭樵漁仲撰

禮略第四

凶禮

大喪及山陵制（并爲期以下親哭及不親事附）　喪期　天子弔大臣服　天子爲大臣及諸親舉哀　諸侯及公卿大夫爲天子服　皇太后長公主及三夫人已下爲天子服杖　挽歌　秀孝爲舉將服　郡縣吏爲守令服　師弟子相爲服　朋友相爲服

大喪及山陵制（并爲期以下親哭及不親事附）

周制始崩太僕戒鼓傳達于四方內宗掌序哭者外宗敘外內朝暮哭者世婦掌比外內命婦之朝暮哭不敬者而呵罰之小宗伯縣衰冠之式于路門之外太僕掌縣喪首服之法于宮門（首服之法謂免髽笄總廣狹長短之數）三日祝先服五日官長服（官長大夫士）七日國中男女服（庶人）三月天下服（諸侯之大夫也）宮正掌授廬舍辨其親疏貴賤之居（廬倚廬也舍堊室也親者貴者居倚廬疏者賤者居堊室）漢舊儀曰高帝崩三日小斂室中牖下作栗木主長八寸前方後圓圍一尺置牖中望外內張緜絮以鄣外以皓本大如指長三尺四枚纏以皓皮四方置牖中主居其中央七日大斂棺以黍飯羊舌祭之牖中已葬收主爲木函藏廟太室中西牆壁埳中帝初登遐朝臣稱曰大行皇帝風俗通云俗說易稱四海爲家雖都二京巡有方嶽又曰行在所由以行爲辭天命有終往而不返故曰大行天子新崩梓宮在殯太子已即位存亡有別不可但稱皇帝未及定謚故曰大行皇帝宮車晏駕周康王一朝晏起詩人深刺如今崩殯則爲晏駕其喪葬儀無聞文帝遺詔其令天下吏民令到出臨三日皆釋除無禁取婦嫁女祠祀飲酒食肉自當給喪事服臨者皆無踐經帶無過三寸無布車及兵器無發民哭臨宮殿中霸陵山川因其故無有所改歸夫人以下至少使中尉亞夫爲車騎將軍屬國悍爲將屯將軍郎中令張武爲復土將軍（師古曰穿壙出土下棺也已而實土爲墳故云復土）發近縣卒萬六千人發內史卒萬三千人藏郭穿復土屬將軍武（武即張武）賜諸侯王已下至孝悌力田金帛各有差每天子即位明年將作大匠營陵地用地七頃方中用地一頃深十三丈堂壇高三丈墳高二十丈武帝墳高二十丈明中高一丈七尺四周二丈內梓棺柏黃腸題湊以次百官藏畢其設四通羨門容大車六馬皆藏之內方外陟車石外方立先閉劒戶戶設夜龍莫耶劒伏弩設伏火已營陵餘地爲西園后陵餘地爲婕好以下次賜親屬功臣（題頭也湊以頭向內所以爲固也）後漢制皇帝不豫太醫令丞將醫入就進所宜藥嘗藥監近臣中常侍小黃門皆先嘗藥過量十二公卿朝臣問起居無閒太尉告諸南郊司徒司空告請宗廟告五嶽四瀆羣祀並禱求福登遐皇后詔三公典喪事百官皆衣白單衣白幘不冠閉城門宮門近臣中黃門持兵虎賁羽林中署皆嚴宿衛宮府各警比軍五校繞宮屯兵黃門令尚書御史謁者晝夜行陳三公啟手足色膚如禮皇后皇太子皇子哭踊如禮沐浴如禮守宮令兼東園匠將女執事黃緜緹繒金縷玉柙如故事（漢舊儀曰帝崩唅以珠纏以緹繒十二重以玉爲襦如鎧狀連縫之以黃金爲縷腰以下以玉爲札長一尺廣二寸半爲柙下至足亦縫以黃金縷）請諸衣衾斂之凡乘輿衣服已御藏之崩皆以斂飯唅珠如禮（天子飯以珠唅以玉）盤冰如禮（大盤廣八尺長一丈三尺深三尺漆赤中）百官哭臨殿下是日夜下竹使符告郡國二千石諸侯王（應劭曰凡與郡國守相竹使符皆以竹箭五枚長五寸鐫刻篆書第一至第五張晏曰符以代古之珪璋從簡易也）竹使符制皆伏哭盡哀（舊漢制發兵皆以銅虎符其餘竹使而已符第合會爲大信）小斂如禮東園匠考工令奏東園祕器表裏洞赤虡文畫日月鳥龜龍虎連璧偃月牙檜梓宮如故事大斂于兩楹之間五官左右虎賁羽林五將各將所部執虎賁戟屯殿端門陛左右廂中黃門持兵陛殿上夜漏羣臣入晝漏上水大鴻臚設九賓隨立殿下謁者引諸侯王立殿下西面北上宗室諸侯四姓小侯在後西面北上治禮引三公就位殿下北面特進次中二千石列侯次二千石六百石博士在後羣臣陪位者皆重行西上位定大鴻臚言具謁者以聞皇后東向貴人公主宗室婦女以次立後皇太子皇子在東西向皇子少退在南北面皆伏哭大鴻臚傳哭羣臣皆哭三公升自阼階安梓宮內珪璋諸物近臣佐如故事嗣子哭踊如禮東園匠武士下釘衽截去牙（喪大記曰君蓋用漆三衽三束鄭注曰衽小要）太常上太牢奠太官食監中黃門尚食次奠執事者如禮太常大鴻臚傳哭如儀三公奏尚書顧命太子即日即天子位于柩前請太子即皇帝位皇后爲皇太后奏可羣臣皆出吉服入會如儀太尉升自阼階當柩御坐北面稽首讀冊畢以傳國玉璽綬東面跪授皇太子即皇帝位中黃門掌兵以玉具隋侯珠斬蛇寶劍授太尉告令羣臣羣臣皆伏稱萬歲或大赦天下遣使者詔開城門宮門罷屯衛兵羣臣百僚罷入成喪服如禮三公太常如禮故事百官五日一會臨故吏二千石刺史在京都郡國上計掾史皆五日一會天下吏民發喪臨三日先葬二日皆旦晡臨既葬釋服無禁嫁娶祠祀佐吏以下布衣冠幘經帶無過三寸臨庭中武吏布幘大冠大司農出見錢穀給六丈布直以

葬喪期依前漢制部刺史二千石列侯在國者及關內侯宗室長吏及因郵奉奏諸侯王遣大夫一人奉奏弔臣請驛馬露布奏可以木爲重高九尺廣容八歷裏以葦席巾門喪帳皆以簟車皆去輔轓疏布惡輪走卒皆布構幘太僕四輪輈爲賓車大練爲屋幭中黄門虎賁各二十人執紼司空擇土造穿太史卜日謁者二人中謁者僕射中謁者副將作油緹帳以覆坑方石治廣腸題湊便房如禮大駕太僕御方相氏黄金四目蒙熊皮元衣朱裳執戈揚盾立乘四馬先驅旂之制長三仞十有二旂曳地畫日月升龍書旐曰天子之柩謁者二人立乘六馬爲次大駕甘泉鹵簿金根容車蘭臺法駕喪服大行載飾如金根車皇帝從送如禮太常上啟奠夜漏二十刻太尉冠長冠衣齋衣乘高車詣殿止車門外使者到南向立太尉進伏拜受詔太尉詣南郊未盡九刻大鴻臚設九賓隨立羣臣入位太尉行禮執事皆冠長冠衣齋衣太祝令跪讀謚策太尉再拜稽首治禮告事畢太尉奉謚策還詣殿端門太常上祖奠中黄門尚衣奉衣登容根車東園武士載大行司徒卻行道立車前治禮引太尉入就位大行車西少南東面奉策太史令奉哀策立後太常跪曰進皇帝進太尉讀謚策藏金匱皇帝次科藏于廟太史奉哀策葦篋詣陵太尉旋復公位再拜立哭太常跪曰哭大鴻臚傳哭十五舉音止哭太常行遣奠皆如禮請哭止哭如儀晝漏上水請發司徒河南尹先引車轉太常跪曰請拜送載車著白系參繆音料紼長三十丈大七寸爲輓六行行五十人公卿以下子弟凡三百人皆素幘委貌冠衣素裳校尉三人皆赤幘不冠絳科單衣持幢幡候司馬丞爲行首皆銜

枚羽林孤兒巴渝櫂歌者六十人爲六列鐸司馬八人執鐸先大鴻臚設九賓隨立陵南羨門道東北面諸侯王公特進道西北面東上中二千石二千石列侯宜九賓東北面西上皇帝白布幕素裏夾羨道東西向如禮容車幄坐羨道西南向車當坐南向中黄門尚衣奉衣就幄坐車少前太祝進醴獻如禮司徒跪曰大駕請舍太史令自車南北面讀哀策掌故在後已哀哭太常跪曰哭大鴻臚傳哭如儀司徒跪曰請就下位東園武士奉下車司徒跪曰請就下房都導東園武士奉車入房司徒太史令奉謚哀策東園武士執事下明器明器神明之也孔子謂爲明器知喪道矣備物而不可用也筲八盛容三升黍一稷一麥一粱一稻一麻一菽一小豆一甕三容三升醯一醢一屑一屑薑桂之屑黍飴載以木桁桁所以度庪笭甕甒也覆以疏布甒二容三升醴一酒一載以木桁覆以功布瓦鐙一彤矢四軒輖中亦短衞彤矢四骨短衞既夕曰翭矢一乘骨鏃短衞鄭注云翭猶候也候物而射之矢也四矢曰乘骨鏃短衞亦示不用生時翭矢金鏃凡爲矢五分笴長而羽其一彤弓八卮八牟八豆八籩八形方酒壺八槃匜一具鄭注既夕曰槃匜盥器也杖几各一蓋一鐘十六無虡鎛四無虡磬十六無虡壎一簫四笙一篪一柷一敔一瑟六琴一竽一筑一坎侯一千戈各一笮一甲一胄一輓車九乘芻靈三十六匹鄭注禮記曰芻靈束茅爲人馬謂之芻靈神之類瓦竈二瓦釜二瓦甑一瓦鼎十二容五升匏勺一容一升瓦案九瓦大杯十六容三升瓦小杯二十容二升瓦飯槃十瓦酒鐏二容五升匏勺二容一升祭服衣送皆畢東園匠曰可哭在房中者皆哭太常大鴻臚請哭止如儀司徒曰百官事畢臣請罷從入房者皆再拜出就位太常導皇帝就贈位司徒跪曰請進贈侍中奉持鴻洞贈玉珪長尺四寸薦以

紫巾廣袤各三寸緹裏赤縹周緣贈幣元三纁二各長尺二寸廣充幅皇帝進跪臨羨道房戶西向手下贈投鴻洞中三東園匠奉封入藏房中太常跪曰皇帝敬再拜請哭大鴻臚傳哭如儀太常跪曰贈事畢皇帝促就位續漢書曰明帝勅司徒鮑昱典喪事葬日三公入安梓宮還至羨道半途上欲下昱前叩頭言禮天子鴻洞以贈所以重郊廟也陛下柰何冒危險不以義割哀上即還容根車游載容衣司徒至便殿垃鑾若耕切騎皆從容車玉帳下司徒跪曰請就幄導登尚衣奉衣以次奉器衣物藏於便殿太祝進醴獻凡下用漏十刻禮畢司空將校復土皇帝皇后以下皆去麤服服大紅還宮反廬立主如禮桑木主尺二寸不書謚虞禮畢祔於廟如禮先大駕日游冠衣于諸宮諸殿羣臣皆吉服從會如儀皇帝近臣喪服如禮醳大紅服小紅十一升都布練冠醳小紅服纖醳纖服留黄冠常冠羣臣及二千石以下皆服留黄冠百官衣皁每變服從哭詣陵會如儀祭以特牲不進毛血首司徒光祿勳備三爵如禮太皇太后皇太后崩司空以特牲告謚于祖廟如儀長樂太僕少府大長秋長樂宮太后所居在西京後漢都洛陽無長樂宮或是當時便循舊名爲太后耳典喪事三公奉制度他皆如禮儀合葬羨道開通皇帝謁便房太常導至羨道去杖中常侍受至柩前謁伏哭止如儀辭太常導出中常侍受杖升車還宮以下反虞立主如禮諸郊廟祭服皆下便房五時朝服各一襲在陵寢其餘及晏服皆封以篋笥藏宮殿後閤室永平七年陰太后崩晏駕詔曰柩將發於殿羣臣百官陪位黄門鼓吹通鳴鐘鼓天子舉哀女侍史官三百人皆著素參以白素引柩挽歌下殿就車黄門宦者引以出宮省太后魂車鸞輅青羽蓋駟馬龍旂九旒前有方相鳳凰車大將軍妻參乘太僕妻御

悉導公卿百官如天子郊鹵簿儀後和熹鄧后葬按以爲儀自此皆降損於前事也魏武帝以禮送終之制襲稱之數繁而無益俗又過之先自制送終衣服四篋題識其上春秋冬夏日有不諱隨時以斂金珥珠玉銅鐵之物一不得送黄初三年文帝又作終制曰禮國君卽位爲椑存不忘亡也壽陵因山爲體無封樹無立寢殿無造園邑此詔藏之宗廟明帝時毛皇后崩未葬詔宜稱大行議者謂漢天子稱行在所言不常居崩曰大行者不反之謂也未葬未有謚而言大行者爲嫌與嗣天子同號至於后崩未葬禮未立后宜無所嫌故漢氏諸后不稱大行謂未葬宜直稱皇后詔曰稱大行者所以別存亡之號故事已然今當稱大行晉尚書問今大行崩含章殿安梓宮宜在何殿博士卞搉楊雍議曰臣子尊其君父必居之以正今太極殿古之路寢梓宮宜在太極殿依周人殯于西階既殯之後別奠下室之饌朝夕轉易諸所應設祭朔望牲用宜所施行按禮具答搉雍議按禮天子日食少牢月朔太牢喪禮下室之饌如他日宜隨御膳朝夕所常用也朔望則奠用太牢備物又問按景帝故事施倚廬於九龍殿上東廂今御倚廬爲當在太極殿不諸王廬復應何所搉琳議按尚書顧命成王崩康王居于翼室先儒云翼室於路寢今宜在太極殿上諸王宜各於其所居爲廬朝夕則就位哭臨東晉成帝咸康七年皇后杜氏崩詔外官五日一入臨內官朝一入而已過葬虞祭禮畢止有司奏大行皇后陵所作凶門栢歷門號顯陽端門詔曰門如所處凶門栢歷大爲繁費停之按蔡謨說以二瓦器始死之祭繫於木裹以葦席置庭中近南名爲重今之凶門是其象也禮既虞而作主今未葬未有主故以重當之禮稱爲主道此其義也范堅又曰凶門非禮禮有懸重形似凶門後人出門外以表喪俗遂行之薄帳卽古弔幕之類也是時又詔曰重壤之下豈宜崇飾陵中唯絜掃而已有司又奏依舊選公卿已下六品子弟六十人爲挽郎詔又停之宋崔元凱喪儀云銘旌今之旐也天子丈二尺皆施跗樹於廣中遣車九乘謂結草爲馬以泥爲車疏布輤四面有障置壙四角以載遺奠牢肉斬取骨脛車各載一枚陳永定三年七月武帝崩尚書左丞庾特云晉宋以來皇帝大行儀注未祖一日告南郊太廟奏策奉謚梓宮將登輼輬侍中版奏已稱其謚皇帝遣奠出於陛階下方以此時乃讀哀策而前代策文猶稱大行皇帝請明加詳正國子博士知禮儀沈文珂等謂應劭風俗通前帝謚未定臣子稱大行以别嗣主近檢梁儀自梓宮將登輼輬版奏皆稱某謚皇帝登輼輬伏尋今祖祭已奉策謚哀策既在遣祭不應猶稱大行且哀策篆書藏於元宮請依梁儀以傳無窮詔可唐貞觀九年高祖崩詔定山陵制度令依漢長陵故事務在崇厚時限既促功役勞弊祕書監虞世南上封事曰臣聞古之聖帝明王所以薄葬者非不欲崇高光明珍寶異物以厚其親然審而言之高墳厚壠珍物必備此適所以爲親之累也非曰孝也是以深思遠慮安以菲薄以爲長久萬代之計割其常情以定之耳昔漢成帝造延昌二陵制度甚厚功費甚多諫議大夫劉向上書曰孝文居霸陵悽愴悲懷顧謂羣臣曰嗟乎以北山石爲椁用紵絮斮陳漆其間豈可動哉張釋之進曰使其中有可欲雖錮南山猶有隙使其無可欲雖無石椁又何戚爲夫死者無終極而國家有廢興釋之所言爲無窮計也孝文寤焉遂以薄葬又漢氏之法人君在位三分天下貢賦以一分入山陵武帝歷年長久比葬陵中不得容物霍光暗於大體奢侈過度其後至更始之敗赤眉入長安破茂陵取物猶不能盡無故聚斂百姓爲盜之用甚無謂也魏文帝於首陽東爲壽陵作終制可謂達於事矣今爲邱壠如此其內不藏珍寶亦無益也萬代之後人但見高墳大冢豈謂無金玉也臣之愚計以爲漢文霸陵既因山勢雖不起墳自然高敞今之所卜地勢卽平不可不起宜依白虎通所陳周制爲三仞之墳其方中制度事事減少且臣下除服用三十六日已依霸陵今爲墳壠又以長陵爲法非所依也伏願深覽古今爲長久之慮書奏不報虞世南又上疏曰漢家卽位之初便營陵墓近者十餘歲遠者十五年方始成就今以數月之間而造數十年事其於人力亦以勞矣漢家大郡五十萬戶卽日人衆未及往時而工役與之一等此臣所致疑也又公卿上奏請遵遺詔務從節儉於是山陵制度頗有減省

喪期

易云古者喪期無數(賈公彥曰此黄帝時也是其心喪終身也)虞書稱三載四海遏密八音(按唐虞雖行心喪更三年爲限三王乃制喪服)商高宗諒闇三年不言檀弓云子張問曰書云高宗三年不言言乃讙有諸仲尼曰胡爲其不然也古者天子崩王世子聽於冢宰周武王崩成王十三而嗣立周公居冢宰攝政明年六月既葬周公冠成王而朝于祖以見諸侯漢文帝遺制革三年之喪其令天下吏民令到出臨三日皆釋服殿中當臨者皆以旦夕各十五舉音禮畢而罷非旦

夕臨時禁無得擅哭臨服大紅十五日小紅十四日纖七日釋服此喪制者文帝自率己意創而為之非有取於周禮也他不在令中者皆以此令比類從事布告天下使明知朕意喪期之制自後遵之不改成帝時丞相翟方進母終既葬三十六日除服視事自以為身備漢相不敢踰國典然而原涉行父喪三年名彰天下河間惠王行母喪三年詔書襃稱以為宗室儀表是則喪制三年能行者貴之矣及平帝崩王莽欲眩惑天下示忠孝使吏六百石已上皆服喪三年莽母死但服天子弔諸侯之服一弔再會而已令子新都侯宗服喪三年及元后崩莽返自服三年顛倒姦謬若此後漢安帝初長吏多避事棄官乃令自非父母服不得去職是後吏又守職居官不行三年喪服矣建光元年尚書孟布奏宜復如建元永平故事絕刺史二千石告寧及父母喪服又從之至桓帝永興二年復令刺史二千石行三年服永壽二年又使中常侍已下行三年服至延熹元年又皆絕之魏武帝遺令葬畢便除服文帝崩國內服三日蜀劉備臣下發喪滿三日除服至葬復如禮此則魏蜀又異於漢也吳孫權令諸有居任者遭三年之喪皆須交代犯者定大辟之科又使代未至不得告告者抵罪其後吳令孟仁聞喪輒去陸遜陳其素行得減死一等自此遂減晉武帝泰始元年詔諸將吏二千石以下遭三年喪者聽歸終寧庶人復除徭役二年帝遵漢魏改葬除服按文帝以魏公咸熙二年八月辛卯崩九月癸酉葬武帝以十二月丙寅受魏禪改元泰始猶深衣素冠服降席撤膳遂以此禮終三年後居太后之喪亦如文帝之崩也東晉康帝建元元年正月晦成恭杜皇后周忌有司奏至尊周年應改服詔曰君親名教之重也權制出於近代耳於是素服如舊興寧元年章皇太妃薨哀帝欲服重江彪啟先王制禮應在緦麻服詔降周彪又啟厭屈私情所以上嚴祖考於是制緦麻三月孝武寧康中崇德太后褚氏崩后於帝為從嫂或疑其服博士徐藻議以禮其夫屬父道者妻皆母道則夫屬君道妻亦后道矣服后宜以資母之義於是帝制周服安帝隆安四年太后李氏崩帝服齊縗三年百僚疑所制服尚書左僕射何澄等議太皇太后名位允正體同皇極理制備盡情禮合伸春秋之義母以子貴既稱夫人禮服宜從正故成風著夫人之號僖公服之三年子於父之所生體尊義重且禮祖不厭孫固宜遂服無屈而緣情立制嫌文不明則宜從重應同為祖母後齊縗周永安皇后無服但一舉哀百官亦一周詔可於西堂設孫廬神武門施凶門栢歷宋永初三年武帝崩蕭太后制三年之服文帝元嘉十七年七月元皇后崩兼司徒給事中劉溫持節監喪神武門設凶門栢歷至西上閤皇太子於東宮崇正殿及永福省竝設廬諸皇子未有府第者於西廨設廬太子心喪三年心喪有禫無禫禮無成文世或兩行皇太子心喪畢詔使博議有司奏喪禮有禫以祥變有漸不宜便除心喪已經十三月大祥十五月宜下以為永制詔可後魏自道武及諸帝悉依漢魏既葬公除後周武帝母叱奴太后崩帝居倚廬朝夕供一溢米羣臣表請累旬乃止及葬帝袒跣陵所行三年之制五服內竝依禮隋制皇帝本服大功以上親及外祖父母皇后父母諸官正一品喪帝不視事三日本服五服內親百官正二品已上喪竝一舉哀太陽虧國忌日本服小功緦麻親百官三品已上舉哀不視事一日皇太后皇后為本服五服內親一舉哀皇太子為本服五服內親及東宮三師三少宮臣三品已上一舉哀唐元陵遺制其喪儀及山陵制度務從儉約竝不以金銀錦綵飾天下節度觀察團練使刺史等竝不須赴哀祀祭之禮亦從節儉其天下人吏勅到後出臨三日皆釋服無禁婚娶祠祀酒肉其宮殿中當臨者朝夕各十五舉音禮固從宜喪不可久皇帝宜三日聽政十三日小祥二十五日大祥二十七日而釋服皇帝本服周者凡三朝哭而止本服大功者晡哭而止本服小功以下一舉哀而止

天子弔大臣服

周制司服職掌王之吉凶衣服王為三公六卿錫縗為諸侯緦縗為大夫士疑縗其首服皆弁絰魏蔣濟奏會喪不宜去冠奏事者上言前會故鎮軍朱鑠喪自卿以下皆去冠以布巾帕頟使者侍中散騎則不皆非舊法夫冠成德之表於服之尊唯君親之喪小斂之前與服罪之人去冠其餘禮儀雖齊縗之痛有變無廢今為弔去冠其違禮意下博士杜布議以為論語曰羔裘元冠不以弔故周人元冠代以素弁漢去元冠代以布巾亦王者相變之儀未必獨非也古禮野夫著巾古者軍禮韋弁冠今者赤幘此明轉相變易不可悉還及古今宜因魏氏故事又按漢儀注諸侯王薨天子遣使者往皆言使者素服又禮自天子下達于士臨殯斂之事去元冠以素弁君子臨喪必有哀素之心是以去元冠代之以素是以漢中興臨喪之事與禮合自是之後或言臨喪使者常吉服布巾以為使者亦宜去元冠代以布巾示不純吉服侍中散騎諸會喪亦宜去元冠代以布巾詔從布議蜀譙慈喪服圖天子弔三公弁絰錫縗弔大夫士皆弁絰疑縗弔畿內諸侯弁絰緦縗服晉摯虞云凡使弔祭同姓者素冠幘白練深衣器用皆素異姓者服色器用皆不變唐之制如開元禮

天子為大臣及諸親舉哀

後漢明帝時東海恭王薨帝出幸津門亭發哀魏大司馬曹眞薨王肅爲舉哀表云在禮大臣之喪天子臨弔諸侯之薨又庭哭焉同姓之臣崇於異姓自秦逮漢多闕不修暨光武頗遵其禮于時羣臣莫不競勸博士范升上疏稱揚以爲美可依舊禮臣位而哭之敦睦宗族於是帝幸城東張帳而哭之及鍾太傅薨又臨弔焉晉武帝咸寧二年詔諸王公大臣薨應三朝發哀者踰月舉樂其一朝發哀者三日不舉樂按摯虞決疑注云國家爲同姓王公妃主發哀於東堂爲異姓公侯都督發哀於朝堂東晉元帝姨廣昌君喪未葬中丞熊遠表云按禮君於卿大夫比葬不食肉比卒哭不舉樂惻隱之心未忍行吉事故也被尚書符冬至二日小會臣以爲廣昌君喪未殯聖恩垂悼禮大夫死廢一時之祭祭猶可廢而況餘事冬至唯可奉賀而已未便小會詔以遠表示賀循循答云按古者君臣義重雖以至尊之義降而無服三月之內猶錫縗以居不接吉事故春秋晉大夫智悼子未葬平公作樂杜蕢譏之咸寧詔書宜爲定制唐之制如開元儀

諸侯及公卿大夫爲天子服

周制喪服斬縗章諸侯爲天子天子至尊也漢戴德喪服變除云臣爲君笄纚不徒跣始死深衣素冠其餘與子爲父同鄭元變除云臣爲君不笄纚不徒跣張祖高問士服天王云何要記唯道大夫服君及家臣服大夫耳不說士恐有脫誤鄭云士服君亦斬縗無明文而雜記云士居堊室此則士制周制士下吏服士恐亦應同謝沈答曰朝廷之士服天王斬縗禮之明文也邑宰外任之士居堊室周制要記非脫誤是簡略耳晉尚書問天子崩于今臺書令史以上爲皆服斬縗之服不博士卞摧應琳議禮命士以上皆服斬臺書令史列職天朝皆應服斬又問天子崩今司州及河南郡吏出入導從應易服制不卞摧答禮庶人在官者服齊縗三月又近臣服斬導從出入皆應從服又問服隨君輕重今司隸服斬下吏服齊爲合禮意不摧答凡臣從君皆降一等今之牧守皆古諸侯以禮相況輕重宜矣又問禮義服不從今司隸爲君輕縗義服也下吏爲從不每降一等當爲君喪其親者耳古今行事復云何摧答禮庶人爲國君齊今則不服然吏若都官從士有職司於喪廷者故宜依庶人在官義耳義服不從謂近臣服君斬服之縗依降一等者之差耳前稱導從指謂近臣魏晉故事云又問諸二千石長吏見在京城皆應制服不博士卞摧楊雍應琳等上云禮臣爲君斬縗自士以上見在官者皆應制服唐元陵遺詔天下人吏勑到後三日釋服伏以公卿百僚不同人吏準禮臣爲君服斬縗三年按高宗實錄昭陵臣下喪服皆準漢文帝故事三十六日又按高宗崩服紀輕重亦依太宗故事中宗睿宗時臣下喪制竝所遵守據禮及故事今百官竝合準遺詔二十七日釋服其小祥內百官竝無假日每日平明詣延英門進名起居不入正衙至臨時赴西內哭訖各歸至小祥日去首經著巾冠其日早集於西內哭望日及大祥又赴西內哭大祥日除縗冠杖等服慘公服至山陵時卻服本縗服事畢除之

皇太后長公主及三夫人已下爲天子服杖

魏晉故事問皇太后三夫人已下皆服斬諸長公主及諸居崇陽園循容服制之宜卞摧等議按禮與諸侯爲兄弟者服斬依禮則公主宜服斬而不杖禮君夫人爲長子三年妾爲君之嫡子與夫人同則崇陽園循容宜三年又問太后及公主應杖不卞摧應琳議禮爲夫杖自天子達皇太后應杖明矣婦爲舅姑禮無杖文皇后不應杖也君之喪夫人世婦在次則杖卽位則使人執之如禮三夫人已下皆杖東晉太元二十一年孝武帝崩李太后制三年之服宋永初三年武帝崩蕭太后制三年之服至唐天寶七載五月宗正卿褒信王璆奏皇妹及女準禮出嫁後各降本親一等今竝降爲第二等臣以爲執禮故親有虧常典伏請一切依服屬等第爲定不在降服限乃請永爲常式奉勑依

挽歌

魯哀公十一年吳子伐齊將戰齊將公孫夏命其徒歌虞殯（孔穎達曰虞殯者謂啟殯將虞之歌也今人謂之挽歌）漢高帝時齊王田橫自殺其故吏不敢哭泣但隨柩敍哀而後代相承以爲挽歌蓋因於古也晉成帝咸康七年有司聞奏依舊選公卿以下六品子弟六十人爲挽郎詔又停之摯虞云漢魏故事大喪及大臣之喪執紼者挽歌新禮以爲挽歌出於漢武帝役人之勞歌聲哀切遂以爲送終之禮雖音曲悽愴非經典所制不宜以歌爲名按挽歌傳稱君子作歌惟以告哀以歌爲名亦無所嫌宜定新禮如舊宋文帝元嘉十七年元皇后崩詔停選挽郎唐元陵之制屬三繆練紼於轀輬車爲挽凡六紼各長三十丈圍七寸執紼挽士虎賁千人皆白布袴褶白布介幘分爲兩番挽郎二百人皆服白布深衣白布介幘助之挽兩邊各一紼挽歌二部各六十四人八人爲列執翣品官左右各六人皆服白布褠衣白布介幘左右司馬各

八人皆戴白布武弁服白𧝟布（𧝟音屬　謂襦長）無領緣竝執鐸代哭百五十人衣幘與挽歌同至時有司引列於轀輬車之前後其百官制鴻臚寺司儀署令掌挽歌三品以上六行三十人六品以上四行十六人皆白練褠衣皆執縛帔

秀孝爲舉將服

魏景元元年傅元舉將僕射陳公薨以諮時賢光祿鄭小同云宜準禮而以情義斷之服弔服如麻可也三月除之司徒鄭公云昔王司徒爲諫議大夫遭舉將喪雖有不反服今不同古便制齊縗三月漢代名臣皆然宋庾蔚之謂白衣舉秀孝既未爲吏故不宜有舊君之服尊卑不同則無正服弔服如麻可也今人爲守相刺史又無服但身蒙舉達恩深於常謂宜如鄭小同弔服加麻爲允今已違適爲異與舊君不同議論不奔弔故郡將喪

郡縣吏爲守令服

魏令曰官長卒官者吏皆齊縗葬訖而除之（蜀譙周云大夫受祿內采邑有家臣雖又別典鄉遂之事其下屬皆上相屬其吏非臣也秦漢無服采邑之家臣郡縣吏權假斬線）代至則除晉喪葬令曰長吏卒官吏官齊縗以喪服理事若代者至皆除之武昌太守徐彥與征西桓溫牋云蔡徐州薨主簿服斬王征北薨於京都王丞相時在喪庭徐州主簿以服事諮公公謂輕重可依蔡侯時北中郎劉公薨於淮陰州主簿相承持重至郄太宰薨州主簿改服齊縗中興以來江南皆從之公卿以下至邑宰吏服其君齊縗吏服其君齊縗則無從服之文而由來多有從服者陶大司馬遭兄子喪府州主簿從服時卞光祿經過自說爲太傅主簿太傅喪母已不從服此是用晉令也郄太宰遭姊喪吏服惟疑郄問譙秀言不應從服諸主簿仍便從服旣服君旁親則服君便應重矣及二公之薨府州主簿服齊縗宋庾蔚之謂晉令云代至而除施之州郡縣員吏宜用齊周之制禮代殊事異理有大斷今州府之君既不久居其位蹔來之吏不得以爲純臣則齊周之制不爲輕也君齊矣豈有從乎母妻其猶不從本無義於傍親卞光祿所行是也二公使吏從服姪姊可謂疏罔其乖遠矣

師弟子相爲服

魏王肅曰禮師弟子無服以弔服加麻臨之哭之於寢（凡弔服加麻者三月除之）晉賀循謂如朋友之禮異者雖出行猶絰所以尊師也按禮記夫子之喪門人疑所服子貢曰昔夫子喪顏回若喪子而無服請喪夫子若喪父而無服於是門人廬于墓所心喪三年蓋師徒之恩重也無服者謂無正喪之服也孔子之喪二三子皆絰而出泣曰爲師也然則凡弔服加麻者出則變服矣新禮弟子爲師齊縗三月摯虞駮曰仲尼聖師止弔服加麻心喪三年淺教之師蹔學之徒不可皆爲之服或有廢興悔吝生焉宜定新禮無服如舊范甯問曰奔喪禮師哭於廟門外孔子曰師吾哭之寢何邪徐邈答曰蓋殷周禮異也宋庾蔚之謂今受業於先生者皆不執弟子之禮惟師氏之官王命所置故諸王之敬師國子生之服祭酒猶粗依古禮弔服加麻既葬除之但不心喪三年耳

朋友相爲服

周制檀弓云曾子曰朋友之墓有宿草而不哭焉又曰朋友吾哭寢門之外漢戴德云以朋友有同道之恩加麻三月魏劉德議問曰小記云朋友虞祔而已此謂王幼而爲虞祔也若都無主族神不歆非類當爲虞祔不田瓊答曰虞安神也祔以死者祔於祖也旣朋友恩舊歡愛固當安之祔之然後義備也但後日不當祭之耳又問朋友無所歸於我殯若此者當迎彼還已館皆當停柩於何所答曰朋友無所歸故呼而殯之不謂已殯迎之也於已館而殯之者殯之而已不於西階也晉曹述初問有仁人義士矜幼攜養積年爲之制服當無疑邪徐邈答曰禮緣情耳

通志卷四十六

宋 右 迪 功 郎 鄭 樵 漁 仲 撰

謚略第一

謚上

序論五篇

謚中

謚法三篇

謚下

後論四篇

謚上

臣謹按字有不可避諱者謚法是也故此三篇竝從本字

序論第一

古無謚謚起於周人羲皇之前名是氏亦是號亦是至神農氏則有炎帝之號軒轅氏則有黃帝之號二帝之號雖殊名氏則一焉堯曰陶唐舜曰有虞禹曰夏后湯曰殷商則氏已異於名堯曰放勳舜曰重華禹曰文命湯曰武王則號已異於氏然是時有名號之別者不過開基之祖耳夏自啟商自太甲皆一名而生死通稱若其曰祖曰宗爲中爲高則又不可常也以諱事神者周道也周人卒哭而諱將葬而謚有諱則有謚無諱則謚不立蓋名不可名已則後王之語前王後代之及前代所以爲昭穆之次者將何以別哉生有名死有謚名乃生者之辨謚乃死者之辨初不爲善惡也以謚易名名尙不敢稱況可加之以惡乎非臣子之所安也嗚呼春秋紀實事而襃貶之說行謚法別昭穆而美刺之說行當其時已紛紜矣後之人何獨不然臣恐襃貶之說不已則春秋或幾乎息矣於是作春秋考春秋傳又恐美刺之說不已則周公之意其亾矣夫於是作謚法使百代之下爲人臣爲人子者知尊君嚴父奉亾如存不敢以輕重之意行乎其間以傷名教者也

序論第二

天下有難行之道雖曰古有是道而後世終不可行者非古有是道也後之人設是道以實之耳豈有可行於古而不可行於今之道乎若曰臣子可以議君父之得失使有德則謚善無德則謚惡大行受大名細行受細名行生於已名生於人此眞不可行之道也自非伐無道誅有罪收其鯨鯢以爲京觀則安得有惡謚之稱乎臣以爲立謚之意本爲昭穆命謚之義取於尊隆且生有惡死無惡者人之情也生可簡死不可簡者禮之事也生雖侯伯死必稱公生不踰等死必加等先王之通制也豈有稱生之號有隆而命死之名有虧乎謚亦有惡惡謚非所以加君父也子曰父在觀其志父沒觀其行三年無改於父之道可謂孝矣不若是不當於人心子議父臣議君秦人之所厭而劃之也今先儒之所爲謚者正秦人之論耳不合乎古道

序論第三

按謚法惡謚莫如桀紂其次莫如桓靈其次莫如幽厲此古今之所聞也以臣所見皆不然桀紂是名耳非謚也名者生之所命而非死之所加也當夏之季當殷之興則未有謚桀非謚也當殷之季當周之興雖有謚法然得謚爲榮不得謚爲辱名之以紂辱莫大焉桀之所名者取於木猶高柴公孫枝之所取云耳豈有賤人多殺之名而可以爲名乎紂之所名者取於絲猶滅紘南宮縚之所取云耳豈有殘義損善之名而可以爲名乎是名也非已之所更即父兄之所命也安得有是義乎桓於經典竝無惡義如公執桓圭桓乃珪璋之首稱如桓桓武王桓乃果毅之盛德齊之桓公用能霸業周之桓王元無累行安得桓爲惡名乎靈者神聖之異名周之東也王綱不振四方解體迨乎靈王周道始昌諸侯服從故傳曰惟有髭王甚神聖以其生有神聖之德死則謚之以靈是爲名實允當其曰請爲靈若厲者判蠻不根之論也安得靈爲惡名乎幽者隱之竝名也周幽王喪於犬戎之禍魯隱公卒於羽父之難皆臣子所不忍言故以幽隱命之痛惻之甚也豈有擁遏不通之義乎語曰子溫而厲威而不猛恭而安厲與安竝德故於厲言而猛則異於是故於猛言不厲非惡也豈有暴虐無親之義乎厲王過矣使厲王而有暴虐無親之名則宣王不得爲孝子幽王過矣使幽王而受擁遏不通之責則晉文侯鄭武公不得爲良臣成周之法初無惡謚謚之有惡者後人之所立也由有美刺之說行然後人立惡謚

序論第四

謚之有善惡者即文而見不即說而見且曰戾曰刺豈不見其有凶德何必以不悔前過然後爲戾暴慢無親然後爲刺乎一戾不足其說又益之以戾一刺不足其說又益之以剌非古之道也曰蕩曰荒豈不見其有淫行何必好內遠禮然後爲蕩縱樂無度然後爲荒乎一蕩不足其說又益之以蕩一荒不足其說又益之以荒非古之道也謚之善惡可即一文以見義一文不得而盡者即複文以見義複文不足以盡者又從而加之如

衞之公孫枝是爲惠貞文子亦古之道何必爲之說以釋之乎釋之之言既多又非載籍之常義學者而盡欲以善惡之義通之其有名實相違而義不可通者則必迂其說曲而通之也桀紂初非惡名桓靈亦非惡謚由其君而衆惡所集使名與謚不能主也人聞其名見其謚則翕然以爲惡矣且愛人愛其人之烏惡人惡其人之狗烏狗何與於善惡但隨人好惡所生矣是以君子惡居下流故名之曰幽厲

序論第五

法之爲謚者取一文耳非有說也謚法行而其說紛紛成書見於世者有周公謚法有春秋謚法有廣謚有今文尚書有大戴記有世本有獨斷有劉熙之書有來奥之書有沈約之書有賀琛之書有王彥威之書有蘇冕之書有扈蒙之書有蘇洵之書其實皆由漢魏以來儒生取古人之謚而釋以已說集而爲法也故蘇氏曰周公之法反取賀琛之新法而載之書是知世之謚法其名尤古者益非古法也今考周公之書所用後人之語甚多是皆爲謚法者展轉相因言文雜揉無足取也惟沈約之書博採古今詮次有紀然亦無所建明至蘇氏承詔編定六家謚法乃取周公春秋廣謚沈約賀琛扈蒙之書斷然有所去取其善惡有一成之論實前人所不及也皇也帝也王也公也侯也君也師也長也皆也實尊卑之號上下之稱且生有爵死有謚以是爲謚未之敢聞也若帝王可以爲謚則天子亦可以爲謚矣若公侯可以爲謚則卿大夫亦可以爲謚矣若師長可以爲謚則父兄亦可以爲謚矣無義之談莫此爲甚經幾百年間而後蘇子闢之堯取累土以命名舜取濃華以命名禹取於獸湯取於水桀以喬木紂以繹絲是非已之所更必父兄之所命也且生有爵死有謚以是爲謚未之敢聞也蘇氏未暇及臣不敢後焉謹條其可用者二百十謚分爲三類只以一文見義無事乎文之廣無事乎說之繁庶乎表裏蘇氏之學是亦典禮之大者

謚中

上謚法

神 聖 賢 文 武 成 康 獻 懿
元 章 釐 景 宣 明 昭 正 敬
恭 莊 肅 穆 戴 翼 襄 烈 桓
威 勇 毅 克 壯 圉（或作禦） 魏 安
定 簡 貞 節 白 匡 質 靖 眞
順 思 考 顯 和 元 高 光
大 英 睿 博 憲 堅 孝 忠 惠
德 仁 智 愼 禮 義 周 敏 信
達 寬 理 凱 清 直 欽 益 良
度 類 基 慈 齊 深 溫 讓 密
厚 純 勤 謙 友 祁 廣 淑 儉
靈 榮 厲 比 絜 舒 賁 逸 退
訥 偲 逑 懋 宜 哲 察 通 儀
經 庇 協 端 休 悅 綽 容 確
恆 熙 洽 紹 世 果

右百三十一謚用之君親焉用之君子焉

中謚法

懷 悼 愍（亦作閔） 哀 隱 幽 沖 夷
懼 息 攜 郿 愿 傲

右十四謚用之閔傷焉用之無後者焉

下謚法

野 夸 躁 伐 荒 煬 戾 刺 虛
蕩 墨 僭 亢 干 褊 專 輕 苛
介 暴 虐 愎 悖 凶 慢 忍 毒
惡 殘 奰 擴 頑 昏 驕 酗 湎
僥 狃 侈 惑 靡 溺 僞 妄 譖
諂 誣 詐 譎 訩 詭 姦 邪 慝
蠱 危 圮 懦 撓 覆 敗 戮 疵
饕 餮

右六十五謚用之殲夷焉用之小人焉

凡上中下謚共二百十言以備典禮之用

謚下

後論第一

凡蘇氏所取一百六十八謚三百十一條臣今只即一文以見義即文可以見文不必曰施而中理曰文經緯天地曰文即武可以見武不必曰克定禍亂曰武保大定功曰武即孝可以見孝不必曰慈惠愛親曰孝能養能恭曰孝即忠可以見忠不必曰盛衰純固曰忠臨患不忘曰忠且即文以見義則文簡而義顯舍文而從說則說多而義惑蘇氏所刪爲多矣臣今復刪去三百十一條之說只從百六十八謚而增損焉實得二百十謚分而爲三上謚百三十用於君親用於君子下謚六十五用於殲夷用於非君子中謚十四用於閔傷用於無後者其有堯舜禹湯桀紂六文乃人名非謚法所宜去也陳胡公滿者言其老也有胡耇之稱焉胡非謚義齊有丁公名也漢有丁公姓也丁非謚義故去胡去丁曰商曰使曰軍曰趯曰鼎曰莫曰敵曰震曰攝曰革曰易

曰素曰頃凡十三文雖有其謚於辭義未安所宜去也曰原曰愛曰聲曰闡曰要曰强曰平凡七文文雖可用於義不專亦宜去蘇氏所取者百六十八謚今去其二十八凡蘇氏所去者百九十八今取其七十二謚披沙得金甄金去土非相違也而相從也

後論第二

蘇氏去其歷代所以爲尊卑之號者九皇帝王公侯君師長胥是也子曰左邱明恥之丘亦恥之蘇氏去其義之不安者八今取其齎取其逸請以待邱園也蘇氏去其子孫不忍稱者九十四今取其暴取其虐取其愎取其凶取其悖取其慢取其忍取其毒取其惡取其鬼取其攘取其頑所以待暴戾取其昏取其驕取其酗取其湎取其僥取其狃取其侈取其惑取其靡取其溺所以待淫侈取其諂取其傷取其讒取其妄取其誣取其詐取其譎取其詘取其詭取其姦取其邪取其慝取其蠱所以待姦回取其危取其圮取其撓取其覆取其敗取其戮所以待覆亾取其懦取其疵取其饕所以待貪鄙蘇氏去其名之不能舉其人之要者八今取其退取其訥所以待恬退之士取其修取其訓所以待禮法之人蘇氏去其鄙陋不足以訓者十有一今取其偲取其逑爲靖專者備也蘇氏去其泛濫不可指明善惡之狀者七今取其懋爲勗勉者備也取其宜爲中庸者備也蘇氏去其重複而無益於用者五十七今取其哲有異於智也取其察有異於明也取其通有異於敏也取其儀有異於穆也取其經有異於憲也取其庇有異於禮也取其協有異於順也取其端有異於直也取其費有異於夸也取其休取其悅有異於凱也取其綽取其容有異於寬也取其確取其恆有異於介也取其熙取其洽有異於和也

後論第三

蘇氏於百六十八謚之外有七去三百十一條之中有六類七去者削其文六類者易其義臣今此書只以文顯不用義說故於六類亦無所用但第四類中比儉二義於文未安不得不爲之說儉乃恭儉之儉比乃協比之比儉也比也古之美謚也蘇氏引儉則固之義而更之曰菲薄廢禮曰儉引君子周而不比之義而更之曰事君有黨曰比以比儉二謚內於惡德此臣之所不取也儉若爲惡德則夫子溫良恭儉之儉其將何處比若爲惡德則協比其鄰婚姻孔云之比其將何爲若之何以不中禮之儉爲儉朋比之比爲比乎臣今易置從古道也

後論第四

語曰孔文子何以謂之文也子曰敏而好學不恥下問是以謂之文也然則文子之謚初無謚法仲尼則因問而即其人之行事以釋之柰何先立其法必使人之曲中也規矩本爲方圓設而非豫爲小大剏量使制器者範圍於此況所作之法只採經傳之言其間有大不通理處子曰敏而好學不恥下問是以謂之文而云敏而好學曰文可也孟子曰陳善閉邪謂之敬而云陳善閉邪曰敬可也易之益曰君子見善則遷有過則改而云遷善改過曰益可也左氏曰共用之謂勇而云率義共用曰勇可也柰何詩曰哿矣能言巧言如流曰哿可乎書曰賓于四門四門穆穆而云闢于四門曰穆可乎傳曰季子生而有文在其手曰友遂命之而云有文在手曰友何義也書曰乃聖乃神乃武乃文而云乃聖乃神曰武何義也詩序曰太平之君子能持盈守成而云持盈守滿曰成何義也至於終始如一者則謂之終爲人所渴望者則謂之渴於義安乎取竝后匹嫡之義而爲竝取牝雞之晨惟家之索義而爲索是可用乎千百年間學者見之禮官博士行之而斷無以爲非者

通志卷四十六

通志卷四十七

宋右迪功郎鄭樵漁仲撰

器服略第一

尊彜爵觶之制

臣舊嘗觀釋奠之儀而見祭器焉可以觀翫可以説義而不可以適用也夫祭器者古人適用之器若內圓而外方內方而外圓若之何飲食若臺而安器若器而安臺或盛多而受少或質輕而任重若之何持執以此事神其不得於古之道明矣原其制作蓋本於禮圖禮圖者初不見形器但聚先儒之說而爲之是器也姑可以說義云耳由是疑焉因疑而思思而得古人不徒爲器也而皆有所取象故曰制器尙象器之大者莫如罍物之大者莫如山故象山以制罍或爲大器而刻雲雷之象焉其次莫如尊又其次莫如彜最小莫如爵故受升爲爵受二斗爲彜受五斗爲尊受一石爲罍按獸之大者莫如牛象其次莫如虎蜼禽之大者則有雞鳳小則有雀故制爵象雀制彜象雞鳳差大則象虎蜼制尊象牛極大則象象尊罍以盛酒醴彜以盛明水鬱鬯爵以爲飲器皆量其器所盛之多寡而象禽獸賦形之大小焉臣謹按沈約與劉杳論宗廟犧尊約云鄭康成答張逸謂爲畫鳳凰尾婆娑然今無復此器則不依古杳曰此言未必可按古者尊彜皆刻木爲鳥獸鑿頂及背以出內酒魏時魯郡地中得齊大夫子尾送女器有犧尊作犧牛形又晉永嘉中曹嶷於青州發齊景公冢得二尊形亦爲牛象此古之尊彜爲可據也又按王肅注禮以犧象二尊並全刻牛象之形鑿背爲尊其說益可據也又按陸佃禮象所記章愔家有古銅象尊三足象其鼻形望而視之眞象也此又見象尊之制出於近代矣又按爵與觶皆飲器觶大而爵小陸佃禮象云今秘閣及文彥博李公麟家皆有古銅爵有首有尾有柱有足有柄祭統曰尸酢夫人執柄夫人授尸執足先儒謂柄爲尾蓋不見此制焉然古銅爵今之士大夫家亦多有之臣見者屢矣謂其口似雀之狀如今之荷葉杯葵花盞皆取其口之象而非謂通體爲雀也今祭器之爵徒設雀形而妨於飲者按禮器云卑者舉角注云四升曰角角之類則有觚有觶有散有觥觶與爵同爲飲器而爵爲小角與觚觶散觥同爲一類而觥爲大故觥則取兕角而以爲罰器兕之爲獸獸之大者也按舊圖匏爵用匏片爲之則知角爵刻角爲之所謂觚謂觶謂散謂觥者名號不同大小異制耳

君臣冠冕巾幘等制度

歷代冕弁

黃帝作冕垂旒目不邪視也充纊耳不聽讒言也唐虞以上冠布無緌夏后以牟追以收商制章甫或以哻形制並無文周制弁師掌王之五冕皆元冕朱裏綖紐五采繅十有二就皆五采玉十有二玉笄朱紘諸侯及孤卿大夫之冕各以其等爲之秦滅禮學郊社服用皆以袀元漢興草創仍秦之舊（蔡邕獨斷云袀紺繒也班固東都賦注云袀皂也袀音鈞）及光武踐阼郊祀天地明堂皆冠旒冕前後邃綖孝明帝永平初詔有司采周官禮記尙書夏侯氏說公卿以下冕皆廣七寸長尺二寸前圓後方朱綠裏元上前垂四寸後垂三寸係白玉珠爲十二旒以其綬采色爲組纓（禮記曰元冠朱組纓天子之服是也其旒珠用眞白玉）三公諸侯七旒青玉珠卿大夫五旒黑玉珠皆有前無後各以其色綬爲組纓旁垂黈纊助天子郊祀天地明堂則冠之魏因漢故事明帝好婦人之飾冕旒改用珊瑚珠晉因之東晉元帝初過江服章多闕而冕飾以翡翠珊瑚雜珠侍中顧和奏舊禮冕旒用白玉珠今美玉難得可用白璇珠從之後帝郊祀天地明堂宗廟及元會臨軒改服黑介幘通天冠平冕皂表朱綠裏廣七寸長一尺二寸加於通天冠上前圓後方垂白玉珠十二旒以朱組爲纓無緌王公卿助祭郊廟冠平冕王公八旒卿七旒組爲纓色如綬也宋因之更名曰平天冕天子郊祀及宗廟服之王公並用舊法齊因之梁因之其制前垂四寸後垂三寸旒長齊肩以組爲纓色如其綬旁垂黈纊充耳珠以玉瑱乘輿郊祀天地明堂享宗廟元會臨軒則服之五等諸侯助祭平冕九旒青玉爲珠有前無後各以其綬色爲組纓旁垂黈纊陳因之以爲冕旒皇太子朝冠遠遊冠侍祭則平冕九旒五等諸侯助祭郊廟皆平冕九旒青玉爲珠有前無後各以其綬色爲組纓旁垂黈纊北齊採陳之制旒玉用五采以組爲纓色如其綬其四時郊祀封禪大事皆服袞冕皇太子平冕黑介幘白珠九旒飾以三采玉以組爲纓色如其綬未加元服則空頂黑介幘雙童髻雙玉導後周設司服之官掌皇帝十二冕祀昊天則蒼冕五帝各隨方色朝日同青冕夕月同素冕地祇同黃冕神州社稷同元冕享先皇加元服等以象冕享先帝食三老耕籍等以袞冕視朔大射等以山冕視朝臨法門適宴等以鷩冕皆十有二旒諸公之冕九一曰方冕二曰袞冕三曰山冕四曰鷩冕五曰火

冕六曰毳冕皆九旒七曰韋冕八曰皮弁九曰元冠諸侯八無袞冕諸伯七又無山冕諸子六又無鷩冕諸男五又無火冕冕五旒三公之冕九一曰祀冕二曰火冕三曰毳冕四曰藻冕五曰絺冕六曰爵弁七曰韋弁八曰皮弁九曰元冠三孤自祀冕而下八無火冕公卿七又無毳冕上大夫六又無藻冕中大夫五又無皮弁下大夫四又無爵弁士之服三一曰祀弁二曰爵弁三曰元冠庶士元冠而已隋採北齊之法袞冕垂白珠十二旒以組爲纓色如其綬黈纊充耳玉笄太子庶子裴二奏色並用元旒齊於膊廣齊於耳唯應著幘者依漢晉法皇太子袞冕垂白珠九旒青纊充耳犀笄國公冕青珠九旒初受冊命執贄入朝祭祀親迎三公助祭並服之侯伯則鷩冕子男則毳冕五品以上絺冕九品以上爵弁唐依周禮制天子之六冕有大裘冕袞冕鷩冕毳冕絺冕元冕大裘冕無旒廣八寸長一尺六寸元表纁裏以下廣狹准此金飾玉簪導簪亦謂之笄所以拘冠使不墜也導以掠髮使入巾幘之中以組爲纓色如其綬祀天地神祇服之袞冕加金飾垂白珠十有二旒以組爲纓色如其綬黈纊充耳玉簪導諸祭祀及享廟遣上將征還飲至加元服元日受朝等服之鷩冕有事遠主服之按周禮遠主謂先公毳冕祭海嶽服之絺冕祭社稷帝社服之元冕蜡百神朝日夕月服之自袞冕而下旒數並依周禮皇太子袞冕白珠九旒諸臣袞冕青珠九旒青纊充耳簪導鷩冕七旒第二品服之毳冕五旒第三品服之絺冕四旒第四品服之元冕三旒第五品服之龍朔以後改更不同

緇布冠一曰進賢冠周制士冠禮云緇布冠以爲始冠之冠冠而敝之可也注云初加緇布冠次加皮弁次加爵弁加皮弁後而棄之後漢制進賢冠爲儒者之服前高七寸後高三寸長八寸公侯三梁中二千石以下至博士兩梁小吏私學弟子皆一梁蔡邕云千石以下一梁晉因之天子元服始加則冠五梁進賢冠三公及封郡公縣侯鄉亭侯則三梁卿大夫下至千石則兩梁中書門下至門郎小吏並一梁宋因之爲儒冠齊因之爲開國公侯下至小吏之服其以梁數爲降殺則依晉制梁因之以爲乘輿宴會之服則五梁進賢冠陳因之爲文散內外百官所服以梁數爲高卑天子所服則五梁北齊進賢五梁冠不通于下隋因陳制內外文官通服之降殺一如舊法唐因之若親王則加金附蟬爲飾復依古制緇布冠爲始冠之冠進賢緇布二制存焉

牟追冠夏后氏牟追冠長七寸高四寸廣五寸後廣二寸制如覆杯前高廣後卑銳商因之制章甫冠高四寸半後廣四寸前櫛首周因之制委貌冠司服云凡甸冠弁服甸田獵也漢制委貌以皂繒爲之形如委穀之貌上小下大長七寸高四寸前高廣後卑銳無笄有纓行大射禮於辟雍諸公卿大夫行禮者冠之宋依漢制

通天冠通天冠本秦制其狀不傳漢因秦名制高九寸正豎頂少斜卻乃直下爲鐵卷梁前有山展筩爲述筩駮犀簪導乘輿所常服晉依漢制前加金博山述注云述即鷸也鷸知天雨故冠像焉前有展筩宋因之又加黑介幘舊有冠無幘齊因之東昏侯改用玉簪導梁因之復加冕於其上爲平天冕陳因之北齊依之乘輿釋奠所服隋因之加金博山附蟬十二首施珠翠黑介幘玉簪導朔日元會冬朝會諸祭還則服之唐因之其纓改以翠緌

長冠漢高帝採楚制長冠形如板以竹爲裹亦名齊冠後以竹皮爲之高七寸廣二寸以高帝所制曰劉氏冠故爲享廟之服恭之至也鄙人或謂之鵲尾冠晉依之去竹用漆纚救日蝕諸祀則冠之梁天監中祠部郎中沈宏議竹葉冠是漢祖微時所服不可爲祭服宜改用爵弁司馬褧云若必遵三王則所廢非一遂不改

遠遊冠有具服遠遊冠有公服遠遊冠按遠遊冠秦採楚制楚莊王通梁組纓似通天冠而無山述有展筩橫之于前漢天子五梁太子三梁諸侯王通服之晉皇太子及諸王後常冠焉以翠羽爲緌綴以白珠帝之兄弟之子封郡王者通服之則青絲爲緌梁爲皇太子朝服加金博山翠緌陳因之其藻飾服用依晉故事也北齊依之制五梁冠乘輿所服不通于下隋制三梁加金附蟬九首施珠翠黑介幘翠緌犀簪導皇太子元朔入朝釋奠則服之唐因之其制具開元禮序例

高山冠秦滅齊獲其君冠以賜近臣因而制之形如通天冠項不斜卻直植鐵爲卷梁高九寸無山展筩故亦名側注冠其體側立而曲注故也中外謁者僕射行人使者等所服漢舊儀云乘輿冠高山冠飛月之纓一云飛翩之緌通天子之服也魏明帝以其制似通天遠遊故改令卑下除去卷筩如介幘幘上加物以象山行人使者服之晉宋齊梁陳歷代因之隋因魏制參用之形如進賢於冠加三峯謁者大夫以下服之梁數依其品降殺唐因之內侍省內謁者監及親王司閤等服之

法冠秦滅楚獲其君冠賜御史以纚爲展筩鐵爲柱梁一名柱後惠文冠執法者服之或謂之獬豸冠注云獬豸神羊一角能別曲直楚王獲之以爲冠漢晉至陳歷代相因襲不易隋開皇中於進賢冠上加二眞珠爲獬豸角形大業中改制一角注云獬豸神獸蓋一角今二角者非也執法者服之唐用一角爲獬豸之形御史臺監察以上服之

建華冠漢制以鐵爲柱卷貫大銅珠九枚形似縷鹿薛綜曰下輪大上輪小也記曰知天者冠述知地者履絇左氏傳曰鄭子藏好聚鷸冠建華是也祠天地五郊明堂舞人服之晉及陳代相因不易餘並無聞

趙惠文冠一名武冠秦滅趙以其君冠賜近臣胡廣曰趙武靈王效胡服以金璫飾首前插貂尾爲貴職或以北士多寒胡人以貂皮溫額後代效之亦曰惠文惠者蟪也其冠文細如蟬翼故名惠文或曰齊人見千歲涸澤之神名曰慶忌冠大冠乘小車好疾馳因象其冠漢因之曰武弁一名大冠諸武官冠之侍中中常侍加黃金璫附蟬爲飾插以貂尾黃金爲笄侍中插左常侍插右貂用赤黑色又名鵔鸃冠倉頡解詁曰鵔鸃鷩郎翟山雞之屬尾彩鮮明是將飾冠以代貂爲幸臣閎孺爲侍中皆服大冠天子元服亦爲先加又加雙鶡尾植左右名鶡冠鶡鷙鳥之暴者每所攫撮應爪摧碎天子武騎故冠之徐廣曰鶡似黑野雞出上黨晉因之名繫冠一名建冠一名籠冠即惠文冠也宋因之不易齊因之侍臣加貂蟬餘軍校武職黃門散騎等皆冠之唯武騎虎賁插鶡尾於武冠上梁因制遠遊平上幘武冠陳因之不易後爲鶡冠武者所服北齊依之曰武弁季秋講武出征告廟則服之隋亦名武弁武職及侍臣通服之侍臣加金璫附蟬以貂爲飾侍左者左珥侍右者右珥天子則金博山三公以上玉枝四品以上金枝文官七品以上眊白筆八品以下及武官皆不眊筆唐因之乘輿加金附蟬平巾幘侍中中書令則加貂蟬侍左右珥諸武官府衞領軍九品以上等亦准此

方山冠漢制似進賢冠以五采縠爲之祠宗廟八佾四時五行樂人服之冠衣各如其方之色而舞焉晉因之

巧士冠漢制高七寸要後相通直植似高山冠不常服唯郊天黃門從官者四人冠之在鹵簿中次乘輿車前以備宦者四星云晉因之自後無聞

卻非冠漢制似長冠皆縮垂五寸有纓緌宮殿門吏僕射等冠之梁北郊圖執事者縮纓緌隋依之門者禁防伺非服也唐因之亭長門僕服之

樊噲冠漢將樊噲造次所冠以入項羽軍其制似平冕廣九寸高七寸前後各四寸殿門司馬衞士服之或曰樊噲常持鐵楯聞項羽有意殺漢王噲裂裳以裹楯冠之入軍門立漢王傍覩項羽晉宋齊陳不易其制餘並無聞

術氏冠漢制前圜差池四重趙武靈王好服之今不以施用或曰楚莊王獬冠是也晉因之宋以後無聞

却敵冠晉制前高四寸通長四寸後高三寸似進賢冠凡當殿門衛士服之陳因之餘並廢

翼善冠唐貞觀中制月一日十五日視朝常服之又與平巾幘通用太宗初服翼善冠賜貴臣進德冠因謂侍臣曰幞頭起於周武帝盖取便於軍容耳今四海無虞此冠頗採古法兼類幞頭乃宜便服開元十七年廢不用

皇有虞氏皇而祭其制無文蓋爵弁之類夏后氏因之曰收純黑前小後大商因之曰哻黑而微白前大後小周因制爵弁爵弁冕之次也赤而微黑如爵頭然前小後大三代以來皆廣八寸長尺二寸如冕無旒皆三十升布爲之士冠禮三加成人服之漢依周制或云中古以下其制用絲祠天地五郊明堂雲翹樂舞服之晉依漢制更名廣冕有收持笄服用如舊隋依之以角爲簪導士助君祭服之唐因之以䌷代布用元纓簪導九品以上冠親迎助祭私家祭祀服之

皮弁周禮弁師云王之皮弁會五采玉璂象邸玉笄司服云視朝則皮弁服士冠禮曰三王共皮弁以鹿皮爲之晉依舊制以鹿淺毛黃白色者爲之其服用等級並准周官後周田獵則服之以鹿子皮爲之隋因之大業中所造通用烏漆紗前後二傍如蓮葉四間空處又安奉花項上當縫安金梁梁上加璪天子十二眞珠爲之皇太子及一品九璪二品八璪下六品各殺其一璪以玉爲之皆犀簪導六品以下無璪皆象簪導唯天子乃用金稜後制鹿皮者以賜近臣唐因之以鹿皮爲之玉簪導十二璪朔日受朝服之

韋弁周官司服云凡兵事韋弁服晉以韋爲之頂上少尖宋因之或爲車駕親戎中外戒嚴之服後周巡兵即戎則服之自此以來無復其制

幘古者有冠無幘其戴也加首有頍所以安物故詩曰有頍者弁此之謂也秦雄諸侯乃加其武將首爲絳袙以表貴賤其後稍稍作顏題袙音普百切漢因續其顏卻摞之施巾連題卻覆之至孝文乃高其顏題續之爲耳崇其巾爲屋貴賤皆服之文者長耳謂之介幘武者短耳謂之平上幘稱其冠也尚書幘收三寸名曰納言亦以忠正明近職也迎氣五郊各如其色從章服也武吏常赤幘成其威也未冠童子幘無屋者示未成人也未入學小童幘勾卷屋者示尚幼小未遠冒也喪幘卻摞反本禮也制緗幘以齋靑幘以耕緗幘以獵晉因之東晉哀帝從博士曹洪等議立秋御讀月令改用素幘宋因之以黑幘騎吏鼓吹武官服之其故日蝕文武官皆冕冠著赤幘齊因之以黑幘拜陵所服梁因之以黑介幘爲朝服元正朝賀畢還儲更出所服未加元服則空頂幘陳因之諸軍司馬服平巾幘長史介幘黃鉞郎朝服赤介幘簪筆隋依之天子田獵御戎文官出遊田里武官自一品以下至九品并流外吏等上下通服黑介幘平巾黑幘又制絳幘庖人服之其平巾黑幘之制玉枝金花飾犀簪導紫羅褶其御五輅人隨其車色唐因制乘輿空頂介黑幘雙玉導加寶飾祭還及冬至朔日受朝會臨軒拜王公則服之黑介幘拜陵則服之平巾幘金寶飾導簪冠支皆以玉乘馬則服之皇太子平巾幘乘馬則服之空頂介幘雙玉導加寶飾謁廟還宮元日冬至朔日入朝釋奠則服之冠幘五品以上陪祭服之

臣謹按蔡邕獨斷曰幘古之卑賤執事不冠者所服也漢元帝額有壯髮不欲使人見始進幘服之羣臣皆隨焉然尚無巾王莽頂禿幘上施屋壯髮謂當額前侵下而生者是

帢魏武以天下凶荒資財乏匱擬古皮弁裁縑帛以爲帢苦洽反帢合乎簡易隨時之義以色別其貴賤本施軍飾非爲國容或云本末有岐荀文若巾之行觸木枝成岐因之爲名遂不改因通以慶弔帢與帢同晉因之咸和中制聽尚書八座丞郎門下三侍官乘車白帢齊依以素爲之舉哀臨喪服之梁因之以代古疑縗爲弔服羣臣舉哀臨喪則服之陳因之而初婚冠送餞則服之隋依梁不易唐因之

帽帽野人之服也董巴云上古穴居野處衣毛帽皮以此而言不施衣冠明矣周成王問周公曰舜之冠何如荅曰古之人上有帽而勾領魏管寧在家常著帛帽晉因魏制宋制黑帽綴紫標標以繒爲之長四寸廣一寸後制高屋白紗帽齊因之梁因之制頗同至於高下翅之卷小異耳皆以白紗爲之陳因之天子及士人通冠之白紗者名高頂帽皇太子在上省則烏紗帽在永福省則白紗又有皂縚紗雜紗爲之高屋下裙蓋無定準後周之時咸著突騎帽如今胡帽垂裙覆帶蓋索髮之遺像也又文帝項上一瘤疾不欲人見每常著焉相魏時著而謁帝故後周一代以爲雅服小朝公宴咸許戴之隋開皇初文帝常著烏紗帽自朝貴已下至于冗吏通著入朝後復制白紗高屋帽其服練裙襦烏皮履宴接賓客則服之大業中令五品以上通服朱紫是以烏紗帽漸廢貴賤通服折上巾唐因之制白紗帽又制爲紗帽視朝聽訟宴見賓客服之

臣謹按元中記云句始作帽晉志云帽名猶冠也義取於蒙覆其首本纚也古者冠無幘冠下有纚以繒爲之後世施幘於冠因或裁纚爲帽自乘輿宴居下至庶人無爵者皆得服之又按吳書云陸遜破曹休於石亭還當反西陵朝臣燕賜終日上脫裙帽以賜遜時同羣臣朝謁而服之又按後漢郭林宗行遇雨霑巾角折後周武帝建德中因制折上巾

葛巾東晉制以葛爲之形如帢而橫著之爲尊卑其服太元中國子生見祭酒博士冠角巾齊依之陳依之北齊依之自後無聞

臣謹按角巾之制宋不存至齊立學王儉議更存焉

幅巾後漢末王公名士以幅巾爲雅是以袁紹崔豹之徒雖爲將帥皆著縑巾時有妖賊以黃爲巾時號黃巾賊後周武帝因裁幅巾爲四腳唐因之

臣謹按方言云巾趙魏之間通謂之承露郭林宗折巾謂此也袁紹戰敗幅巾渡河按此則庶人及軍旅皆服之用全幅帛而向後襆髮謂之頭巾俗人謂之

襆頭

巾子唐武德初始用之初尚平頭小樣者天授二年武太后內宴賜羣臣高頭巾子呼爲武家諸王樣景龍四年三月中宗內宴賜宰臣以下內樣巾子其樣高而踣皇帝在藩時所冠人號爲英王踣樣

君臣服章制度袍附

虞書曰予欲觀古人之象日月星辰山龍華蟲作繢宗彝藻火粉米黼黻絺繡備十二章衣元裳黃上六章在衣下六章在裳上畫下繡夏商之世皆相襲而無變周官司服掌王之吉凶衣服大裘以祀天大裘黑羔裘示質也袞冕之服享先王升日月於旌旗服備九章一曰龍二曰山三曰華蟲四曰火五曰宗彝皆畫以爲繢六曰藻七曰粉米八曰黼九曰黻皆絺以爲繡則袞之衣五章裳四章凡九鷩冕之服享先公鷩畫雉謂華蟲其衣三章裳四章凡七毳冕之服祀四望山川毳畫虎蜼謂宗彝也其衣三章裳二章凡五絺冕之服祭社稷五祀絺刺粉米無畫其衣一章裳二章凡三元冕之服祭羣小祀其衣無文裳刺黻而已凡冕服皆元衣纁裳凡兵事韋弁服以韋爲弁又以爲衣裳春秋傳曰晉郤至衣韎韋之跗注者是也眂朝則皮弁服眂內外朝之事其服十五升白布衣積素以爲裳王受諸侯朝覲於廟則袞冕凡甸冠弁服甸田獵也冠弁委貌其服緇布衣亦積素以爲裳公之服自袞冕而下如王之服侯伯之服自鷩冕而下如公之服子男之服自毳冕而下如侯伯之服孤之服自絺冕而下如子男之服卿大夫之服自元冕而下如孤之服士之服自皮弁而下如大夫之服其齊服

有元端素端自公之袞冕至卿大夫之元冕皆其朝聘天子及助祭之服諸侯非二王之後其餘皆元冕而祭於已雜記曰大夫冕而祭於公弁而祭於已士弁而祭於公冠而祭於已大夫爵弁自祭家廟唯孤爾其餘皆元冠與士同元冠自祭其廟者其服朝服元端秦制水德服尚袀黑音均後漢光武踐阼始修郊祀天子冕服從歐陽氏說三公九卿特進朝侯侍祠侯從夏侯氏說祀天地明堂皆冠旒冕衣裳皆元上纁下一服而已明帝永平中議乘輿備文日月十二章刺繡文三公諸侯用山龍九章九卿以下用華蟲七章皆備五采大佩赤舄絇履以承大祭百官執事者冠長冠皆祗服五嶽四瀆山川宗廟社稷諸沾秩祠皆袀元絳緣領袖為中衣絳袴襪示其赤心奉神也其五郊迎氣衣幘袴襪各如方色云百官不執事者各服長冠袀元以從大射禮於辟雍公卿諸侯大夫行禮者冠委貌衣元端素裳鄭元日端取其正也鄭衆日衣有襦裳者為端執事者冠布弁衣緇麻衣皂領袖下素裳若冠通天冠服衣深衣制有袍隨五時色梁劉昭日袍者或日周公抱成王宴居故施袍孔子衣縫掖之衣縫掖其袖合而縫大之近今袍者也今下至賤夫小吏皆通制袍單衣皂緣領袖中衣為朝服云魏氏多因漢法其所損益之制無聞按後漢志孝明皇帝永平二年詔從歐陽夏侯二家所說制冕服乘輿刺繡文公卿以下織成文據晉志云魏明帝以公卿袞黼之服擬於至尊多所減損始制服刺繡公卿織成未詳孰是晉因不改大祭祀衣皂上絳下裳前三幅後四幅衣畫而裳繡日月星辰凡十有二章素帶廣四寸朱裏以朱緣裨飾其側中衣以絳緣領赤皮為韍絳袴襪赤舄未加元服則皁紗袍絳緣中衣絳袴襪黑舄又朝服通天冠絳紗袍皁緣中衣拜陵則箋單衣雜服有青赤黃白黑五色紗袍其武弁素服單衣公卿助祭郊廟王公山龍以下九章卿華蟲以下七章其緇布冠衣黑而裳素中衣以皂緣領袖袴褶之制未詳所起其後車駕親戎中外戒嚴服無定色冠黑帽綴

黑褾以緗為之長四尺廣一寸腰有絡帶以代鞶革中官紫褾外官絳褾又有纂嚴戎服而不綴褾行留文武悉同宋因之制平天冕服不易舊法更名韍曰蔽膝其未加元服釋奠先聖視朝拜陵等服及雜色紗裙武冠素服並沿舊不改王公助祭郊廟章服降殺亦如之袴褶因晉不易腰有絡帶以代鞶革中官紫褾外官絳褾又有纂嚴戎服而不綴褾行留文武悉同其田獵巡幸惟從官戎服帶鞶革文帝元嘉中巡幸蒐狩救廟水火皆如之明帝太始四年詔曰近改定令脩成六服朕以大冕純玉璪元衣黃裳祀天宗祀明堂又以法冕元衣絳裳祀太廟元正大會朝諸侯又以飾冕紫衣紅裳小會宴饗送諸侯臨軒會王公又以繡冕朱衣裳征伐講武校獵又以紘冕青衣裳耕稼饗國子又以通天冠朱紗袍為聽政之服泰始六年正月有司奏被勅議皇太子正冬服袞冕九章以朝賀詔可齊因制平天冠服不易舊法郊廟臨朝所服也舊袞服用織成建武中明帝以織太重乃采畫為之加金飾銀薄時亦謂為天衣通天冠服絳紗袍皁緣中衣乘輿臨朝所服臣下皆同拜陵則黑介幘服無定色舉哀臨喪白帢單衣亦謂之素服王公助祭平冕服山龍以下九章卿七章皆畫皁絳緗為之袴褶相因不改梁因制平天冠服衣畫而裳繡十二章素帶朱裏以朱緣裨飾其側更名赤韍為韠餘因舊法又有通天冠服絳紗袍皁緣中衣黑舄是為朝服元正賀畢還儲更衣出所服也釋奠先聖則皁紗袍絳緣中衣絳袴韈黑舄拜陵則箋布單衣又有白帢單衣以代古之疑縗天監三年何佟之議公卿以祭服裹有中衣即今中單也役漢從夏侯氏說祭服絳緣領袖

為中衣絳袴韈示其赤心奉神也今中衣絳緣足有所明無俟於袴既非聖法謂不可施遂依議除之七年周捨議按禮有虞氏皇而祭深衣而養老鄭元云皇是畫鳳羽也今袞衣宜畫鳳以示差降帝曰古文日月星辰此以一辰攝三物也山龍華蟲又以一山攝三物也藻火粉米又以一藻攝三物也是為九章今袞衣畫龍則宜畫鳳又五經博士陸瑋等議王者祀昊天服大裘鄭元注司服云大裘黑羔裘也既無所出未為可據按六冕之服皆元上纁下今宜以繒為之其制式如裘其裳以纁皆無文繡詔可九年司馬筠等議云按玉藻諸侯元冕以祭裨冕以朝雜記又云大夫冕而祭於公弁而祭於已今之尚書上異公侯下非卿士止有朝衣本無冕服既從齋祭不容同於在朝宜依太常及博士諸齋官例著白衣絳襈中單竹葉冠陳因之永定元年武帝即位徐陵曰乘輿御服皆採梁制帝曰今天下初定務從節儉應用繡織成者並可彩畫至文帝天嘉初悉改易之後魏天興六年詔有司始制冠冕各依品秩以示等差然自晉左遷中原禮儀多缺未能皆得舊制至太和中方考故實正定前繆更造衣冠尚不能周洽及熙平二年太傅清河王懌黃門侍郎韋延祥等奏定五時朝服准漢故事五郊衣幘各如方色焉北齊因之河清中改易舊物著為定制云後周設司服之官掌皇帝十二服祀昊天上帝則蒼衣蒼冕五方上帝各隨方色朝日用青衣青冕祭皇地祇用黃衣黃冕夕月用素衣素冕神州社稷用元衣元冕享先皇加元服納后朝諸侯則用十二章之服享諸先帝食三老五更享諸侯耕藉則用龍以下九章之服祀星辰祭四望視朔大射饗羣

臣等則用山冕八章之服羣祀視朝臨太學入道法門燕射養庶老適諸侯家則用鷩冕七章之服其九章以下衣重袞山鷩裳重黼黻俱十有二等通以升龍爲領褾巡兵即戎則韎韋以爲衣裳田獵則皮弁（謂以鹿子皮爲弁）白布衣而素裳也諸公之服九章服之章數皆隨冕而降其一其八章以下衣重藻粉米裳重黼黻俱九等皆以山爲領褾諸侯服八章而下俱八等皆以華蟲爲領褾諸伯服七章而下俱七等皆以火爲領褾諸子服六章俱六等皆以宗彝爲領褾諸男服五章皆以藻爲領褾三公之服有九章有六衣重宗彝與藻裳重黼黻俱爲九等皆以宗彝爲領褾三孤之服有八章有五衣重藻與粉米裳重黼黻俱爲八等公卿之服有七章有四衣重粉米裳重黼黻爲七等皆以藻火爲領褾上大夫之服有六章有三衣重粉米裳重黼黻爲六等中大夫之服有五章有三衣重粉米爲五等下大夫之服有四章有三衣重粉米爲四等士之服三則祀弁爵弁元冠服皆元衣其裳上士以元中士以黃下士雜裳（謂前元後黃）庶士元冠服其在官府吏之屬服緇衣裳隋文帝即位將改後周制度乃下詔曰宣尼制法損益可知朕受天命赤雀來儀五德相生宜爲火色其郊丘廟社可依袞冕之儀朝會衣裳宜盡用赤昔丹烏木運周有大帛之旗黃星土德曹乘黑首之馬今之戎服皆可尙黃在外所著者通用雜色祭祀之服須合禮經宜集通儒更可詳議太子庶子攝太常少卿裴正奏曰後魏以來法度咸闕天興草創多參胡制周氏因襲不可以訓今採東齊之法乘輿袞冕元衣纁裳衣山龍華蟲火宗彝五章裳藻粉米黼黻四章衣重宗彝裳重黼黻爲十二等衣褾領織成升龍白紗內單黼領青褾襈裾革帶玉鉤鰈大帶素帶朱裏紕其外上以朱下以綠韍隨裳色龍火山三章轆轤玉具劒火珠鏢首白玉雙珮元組雙大綬六采元黃赤白縹綠純元質長二丈四尺五百首廣一尺小雙綬長二丈六寸色同大綬而首半之間施三玉環朱襪赤舄舄加金飾祀圜丘方澤五帝明堂五郊雩蜡封禪朝日夕月宗廟社稷藉田遣上將征還飲至元服納后正月受朝及臨軒拜王公則服之通天冠加金博山附蟬十二首施珠翠黑介幘玉簪導絳紗袍深衣制白紗內單皁領褾襈裾絳紗蔽膝白假帶方心曲領其革帶劒佩綬舄與上同黑介幘白紗單衣烏皮履拜陵則服之白紗帽白練裙襦烏皮履視朝聽訟及宴見賓客皆服之白帢白紗單衣烏皮履舉哀則服之皇太子袞冕元衣纁裳衣山龍華蟲火宗彝五章裳藻黼黻粉米四章織成爲之白紗內單黼領青褾襈裾革帶金鉤鰈大帶素帶不朱裏亦紕以朱綠韍隨裳色火山二章玉具劒火珠鏢首瑜玉雙佩朱組雙大綬四采赤白縹紺純朱質長丈八尺三百二十首廣九寸小雙綬長二尺六寸色同大綬而首半之間施二玉環朱襪赤舄舄以金飾侍從皇帝祭祀及謁廟加元服納妃則服之遠遊三梁冠加金附蟬九首施珠翠黑介幘犀簪導絳紗袍白紗內單皁領褾襈裾白假帶方心曲領絳紗蔽膝襪舄其革帶劒珮綬與上同謁廟還宮元日朔日入朝釋奠則服之遠遊冠公服絳紗單衣革帶金鉤鰈假帶方心紛長六尺四寸廣二寸四分色同其綬金縷鞶囊襪履五日常朝則服之袞冕服九章同皇太子王國公開國公初受冊執贄入朝祭祀親迎則服之三公助祭者亦服之鷩冕服七章衣華蟲火宗彝三章裳藻粉米黼黻四章侯伯初受冊執贄入朝祭祀親迎則服之毳冕五章衣宗彝藻粉米三章裳黼黻二章子男初受冊執贄入朝祭祀親迎則服之絺冕服三章正三品以下從五品以上助祭則服之自王公以下服章皆繡爲之祭服冕皆簪導青纊充耳元衣纁裳白紗內單黼領（絺冕以下內單青領）青褾襈裾革帶鉤鰈大帶（王三公及公侯伯子男素帶不朱裏皆紕其外上以朱下以綠正三品以下從五品以上素帶紕其垂外以元內以黃鉤皆用青組）朱韍（凡韍皆隨裳色袞鷩毳火山二章絺山一章）劒佩綬襪赤舄爵弁從九品以上助祭則服之元衣纁裳無章白絹內單青領褾襈裾革帶大帶武弁平巾幘諸武職及侍臣通服之侍臣加金璫附蟬以貂爲飾侍左者左珥侍右者右珥委貌冠未冠則雙童髻空頂黑介幘皆深衣青領烏皮履國子太學四門生服之朝服（亦名具服）絳紗單衣白紗內單皁領袖皁襈革帶鉤鰈假帶曲領方心絳紗蔽膝襪舄綬劒珮從五品以上陪祭朝饗拜表凡大事則服之六品以下從七品以上去劒珮綬餘並同自餘公事皆從公服（亦名從省服）唐制天子衣服有大裘袞冕鷩冕毳冕絺冕元冕通天冠武弁黑介幘白紗帽平巾幘白帢凡十二等貞觀四年制三品以上服紫四品五品以上服緋六品七品以上綠八品九品以上青婦人從夫之色仍通服黃

后妃命婦首飾制度

周制追師掌王后之首服爲副編次追衡笄爲九嬪及外內命婦之首服以待祭祀賓客（鄭元謂副之言覆所以覆首爲之飾其遺象若今步搖編編髮爲之其遺象若今假紒矣次次第髮長短爲之所謂髲髢也追猶治也王后之衡笄皆以玉爲之唯祭服有衡垂于副之兩旁當耳其下以紞垂瑱笄卷髮者）漢制太皇太后皇太

后入廟翦氂簂簪珥（珥耳璫垂珠也）簪以瑇瑁爲擿長一尺端爲華勝上爲鳳皇爵以翡翠爲毛羽下有白珠垂黃金鑷左右一橫簪之以安簂諸簪珥皆同制其擿有等級焉皇后謁廟假髻步搖俗謂之珠松是也簪珥步搖以黃金爲山題貫白珠爲枝相繆八爵九華熊虎赤羆天鹿辟邪南山豐大特六獸詩所謂副笄六珈（珈笄飾之最盛者所以別尊卑者也南山豐大特按史記秦文公二十七年伐南山大梓豐大特徐廣注云今武都故道有怒特祠圖大牛上生木本有牛從木中出後見於豐水中）諸爵獸皆以翡翠爲毛羽金題白珠璫繞以翡翠爲華云貴人助蠶大手髻黑瑇瑁又加簪珥長公主加步搖公主大手髻皆有簪珥公卿列侯中二千石二千石夫人紺繒簂黃金龍首銜白珠魚須擿長一尺爲簪珥魏制貴人夫人以下助蠶皆大手髻七鎮（音奠）蔽髻黑瑇瑁又加簪珥九嬪以下五鎮世婦三鎮諸王妃長公主大手髻七鎮蔽髻其長公主得有步搖皆有簪珥公特進列侯卿校世婦以下夫人紺繒簂黃金龍首銜白珠魚須擿長一尺爲簪珥晉依前代皇后首飾則假髻步搖簪珥步搖以黃金爲山題貫白珠爲枝相繆八爵九華熊虎赤羆天鹿辟邪南山豐大特六獸諸爵獸皆以翡翠爲毛羽金題白珠璫繞以翡翠爲華宋依漢制太后入廟祭祀首飾翦氂簂皇后親蠶首飾假髻步搖八雀九華加以翡翠復依晉法皇后十二鎮步搖大手髻公主會見三夫人大手髻七鎮蔽髻公夫人五鎮世婦三鎮其長公主得有步搖公特進列侯夫人二千石命婦年長者紺繒簂齊因之公主會見大手髻不易舊法陳依前制皇后謁廟首飾假髻步搖簪珥步搖以黃金爲山題貫白珠爲枝相繆八爵九華熊虎赤羆天鹿辟邪南山豐大特六獸諸爵獸皆以翡翠爲華開國公侯太夫人夫人大手髻七鎮蔽髻九嬪及公夫人五鎮世婦三鎮其長公主得有步搖公特進列侯卿校中二千石夫人紺繒簂黃金龍首銜白珠魚須擿長一尺爲簪珥後魏天興六年詔有司始制冠冕各依品秩以示等差然未能皆得舊法北齊依前制皇后首飾假髻步搖十二鎮八爵九華內命婦以上蔽髻唯以鎮數花釵多少爲品秩二品以上金玉飾三品以下金飾內命婦左右昭儀三夫人視一品假髻九鎮三品五鎮蔽髻四品三鎮五品一鎮又有宮人女官第二品七鎮蔽髻三品五鎮四品三鎮五品一鎮七品大手髻八品偏髾髻皇太子妃假髻步搖九鎮郡長公主七鎮蔽髻太子良娣視九嬪女侍中五鎮內外命婦宮人女官從蠶則各依品次還著蔽髻後周制皇后首飾花釵十有二樹諸侯之夫人亦皆以命數爲之節三妃三公夫人以下又各依其命一命再命者又俱以三爲節隋因之皇后首飾花十二樹皇太子妃公主王妃三師三公夫人一品命婦並九樹侯夫人二品命婦並八樹伯夫人三品命婦並七樹子夫人世婦及皇太子昭訓四品以上命婦並六樹男夫人五品命婦並五樹女御及皇太子良娣三樹（自皇后以下小花並如大花之形）唐武德中制令皇后褘衣首飾花釵十二樹餘各有差開元中又定品令

后妃命婦服章制度

周制內司服掌王后之六服褘衣揄翟闕翟鞠衣展衣褖衣素紗（王后之服刻繒爲之形而采畫之綴於衣以爲文章褘衣畫翬者揄翟畫搖者闕翟刻而不畫此三者皆祭服從王祭先王則服褘衣祭先公則服揄翟祭羣小祀則服闕翟今世有袿衣者蓋三翟之遺俗鞠衣黃桑服也色如麴塵象桑葉始生月令三月薦鞠衣于上帝告桑事展當爲襢襢衣以禮見王及賓客之服其色白褖衣御於王之服亦以燕居其色黑之服備於此矣以下推次其色則闕翟赤揄翟青褘衣元此鄭據五行相生爲說也素紗者今之白縳也六服皆袍制以白縳爲裏使之張顯今世有沙縠者名出於此其翟多少各依命數揄音搖縳音絹）辨內外命婦之服鞠衣展衣褖衣素紗（內命婦之服鞠衣九嬪也展衣世婦也褖衣女御也外命婦者其夫孤也則服鞠衣其夫卿大夫也則服展衣其夫士也則服褖衣三夫人及公之妻並闕翟以下至侯伯之夫人揄翟子男之夫人亦揄翟唯二王後褘衣也）漢制太皇太后皇太后皇后入廟服紺上皁下蠶服青上縹下皆深衣制（徐廣曰單衣也縹音疋繞反）隱領袖緣以絛貴人助蠶服純縹上下長公主見會自公主封君以上皆帶綬以采組爲緄帶各如其綬色黃金辟邪首爲帶鐍飾以白珠公卿列侯中二千石夫人入廟佐祭者服皁絹上下助蠶者縹絹上下自二千石夫人以上至皇后皆以蠶衣爲朝服公主貴人妃以上嫁娶則服錦綺羅縠繒采十二色重褖袍特進列侯以上錦繒采十二色六百石以上重練采九色禁丹紫紺三百石以上五采青絳黃紅綠二百石以上四采青黃紅綠賈人緗縹而已（緗赤黃色）魏之服制不依古法多以文繡晉依前漢制皇后謁廟服皁上縹下隱領袖緣元康六年詔以純青服貴人夫人貴嬪是爲三夫人皆金章紫綬九嬪銀印青綬佩采瓄玉助蠶之服純縹爲上下皇太子妃金璽龜鈕纁朱綬佩瑜玉諸王太妃諸長公主金印紫綬佩山元玉自公主以上皆帶綬以綵組爲緄帶各如其綬色金辟邪首爲帶玦郡縣公侯夫人銀印青綬水蒼玉公特進列卿世婦中二千石夫人入廟助祭者皁絹上下助蠶者縹絹上下自二千石以上至皇后皆以蠶衣爲朝服宋制太后皇后入廟服袿襡（上圭下屬）大衣謂之褘衣公主會見封君以上皆帶綬以采爲緄帶各如綬色公特進列侯夫人卿校世婦二千石命婦年長者入廟

佐祭皂絹上下助蠶則青絹上下自皇后至二千石命婦皆以蠶衣爲朝服（按漢劉向曰古者天子至于士王后至于命婦必佩玉尊卑各有其制皇后至命婦所佩玉古制不存今與外同制）齊因之袿襹用繡爲衣裳黄綬貴嬪夫人貴人王大妃長公主封君皆紫綬大宮郡公侯夫人青綬陳依前制皇后謁廟袿襹大衣皁上皁下親蠶則青上縹下隱領袖緣貴妃嬪金章龜鈕紫綬佩于闐玉獸頭鞶九嬪以下章綬佩帶各有差自公主封君以上皆帶綬以綵組爲緄帶各以其綬色金辟邪首爲帶玦自二千石以上至皇后皆以蠶衣爲朝服北齊皇后助祭朝會以褘衣祠郊禖以揄翟小宴以闕翟親蠶以鞠衣禮見皇帝以展衣宴居以褖衣六服俱有蔽膝織成緄帶內外命婦從五品以上金章紫綬服揄翟雙佩山元玉九嬪視三品銀章青綬鞠衣佩水蒼玉其餘各有差餘與女侍中同外命婦皆如其夫若夫假章印綬佩妻則不假一品二品服闕翟三品服鞠衣四品展衣五品褖衣內外命婦宮人從蠶則各依品次皆服青紗公服其外命婦綬帶鞶囊皆准其夫公服之例百官之母詔加太夫人者朝服公服各與其命婦服同後周制皇后之服十有二等其翟衣六從皇帝祀郊禖享先皇朝皇太后則服翬衣祭陰社朝命婦則服揄衣祭羣小祀受獻繭則服鷩衣採桑則服鳪衣（黄色音卜）從皇帝見賓客聽女教則服鵫衣（白色音罩）食命婦歸寧則服鵗衣（元色音秩）俱十有二等以翬翟爲領褾各有二臨婦學及法道門燕命婦則蒼衣春齋及祭還則青衣夏齋及祭還則朱衣採桑齋及祭還則黄衣秋齋及祭還則素衣冬齋及祭還則元衣自青而下其褾領以相生之色諸公夫人自揄衣以下鷩鳪鵫鵗朱黄素元等衣而九諸侯夫人自鷩衣而下八諸伯夫人自鳪衣而下七諸子夫人自鵫衣而下六諸男夫人自鵗衣而下五其翟衣翟皆依其等數而領褾各有差三妃三公夫人之服九鳪衣鵫衣鵗衣青衣朱衣黄衣素衣元衣綃衣其翟亦九等以鳪翟爲領褾各九三孤之內子自鵫衣而下八翟皆八等以鵫翟爲領褾各八九嬪六卿之內子自鵗衣而下七翟皆七等以鵗翟爲領褾各七上媛上大夫之孺人自青衣而下六中媛中大夫之孺人自黄衣而下四御婉士之婦自素衣而下三中宮六尚緅（子侯反）衣諸命秩之服曰公服其餘常服曰私衣隋制皇后褘衣鞠衣青衣朱衣四等褘衣深青質織成領袖文以翬翟五采重行十二等素紗內單黼領羅縠褾襈色皆以朱蔽膝隨裳色以緅爲緣用翟三章大帶隨衣裳飾以朱緣之革帶青襪舄舄以金飾白玉佩元組綬章采尺寸同於乘輿祭及朝會大事服之鞠衣黄羅爲質織成領袖蔽膝革帶及舄隨衣色餘准褘衣親蠶服也青衣去大帶及珮綬金飾履禮見天子則服之朱服如青服有金璽盤螭鈕文曰皇后之璽冬至大朝則并璜琮各以笥貯進於座隅皇太后同於后服而貴妃以下並亦給印三妃服揄翟金章龜鈕文從其職紫綬金縷獸頭鞶囊佩于闐玉九嬪服闕翟金章龜鈕文從其職佩采瓄玉婕好銀縷織成他如嬪服美人才人鞠衣銀印珪鈕獸爪鞶囊佩水蒼玉寶林服展衣艾綬鞶囊珮玉同婕好承衣刀人采女皆褖衣無印綬皇太子妃服褕翟衣九章金璽龜鈕素紗內單黼領羅褾襈色皆用朱蔽膝二章大帶同褘衣青緣革帶朱韈青舄舄加金飾佩瑜玉纁朱綬獸頭鞶囊凡大禮見皆服之唯侍親桑則用鞠衣珮綬與褕衣同良娣鞠衣銀印青綬獸爪鞶囊餘同世婦寶林八子展衣銅印佩水蒼玉艾綬諸王太妃妃長公主三公夫人一品命婦揄翟繡爲九章佩山元玉獸頭鞶囊綬同夫色公夫人縣主二品命婦亦揄翟繡八章從親桑同鞠衣自此以下珮皆水蒼玉侯伯夫人三品命婦亦服揄翟繡爲七章子夫人四品命婦服闕翟刻赤繒爲翟綴衣上爲六章男夫人五品命婦闕翟五章若從親蠶皆同鞠衣唐武德令皇后服有褘衣鞠衣鈿釵禮衣三等皇太子妃揄翟鞠衣自皇后至內外命婦衣服制度並具開元禮

天子諸侯玉佩劍綬璽印

周制天子佩白玉而元組綬公侯佩山元玉而朱組綬大夫佩水蒼玉而緇組綬世子佩瑜玉而綦組綬士佩瓀玟而縕組綬（綬者所以貫佩玉綦文雜色縕赤黄色）王鎮圭長尺有二寸大圭長三尺杼上終葵首（終葵椎也爲椎於其杼上杼殺也）繅藉五采五就以朝日公執桓圭九寸侯執信圭伯執躬圭皆七寸繅皆三采三就子執穀璧男執蒲璧繅皆二采再就以朝覲宗遇會同于王（三采朱白蒼二采朱綠也）凡玉天子用全上公用龍侯用瓚伯用將（龍瓚將皆雜名）自五霸迭興戰兵不息佩非戰器韍非兵旗於是解去綬佩留其係璲以爲章表韍珮遂廢又三代之制人臣皆以金玉爲印龍虎鈕唯所好也秦始制璽以玉不通臣下用制乘輿六璽曰皇帝行璽皇帝之璽皇帝信璽天子行璽天子之璽天子信璽又始皇得藍田白玉爲璽螭虎鈕文曰受天之命皇帝壽昌韍佩既廢乃以采組連結於璲光明章表轉相結受故謂之綬漢高帝入關得秦始皇白玉璽佩之曰傳國璽與斬蛇劍俱爲乘輿之寶韍承秦制用

而弗改加之以雙印佩刀後漢孝明帝乃爲大佩衝牙雙瑀璜皆以白玉月令章句曰佩上有雙珩下有雙璜琚瑀以雜之衝牙蠙珠以納其間纂要曰琚瑀所以納珠在玉之間今白珠也乘輿落以白珠公卿諸侯以采絲其視冕旒爲祭服云佩刀乘輿黃金通身貂錯半鮫魚鱗金漆錯雌黃室五色罽隱華室諸侯王黃金錯環挾半鮫黑室公卿百官皆縉黑不半鮫小黃門雌黃室中黃門朱室童子皆虎爪文虎賁黃室虎文其將白虎文皆以白珠爲鑣口之飾刀鋒曰鑣匹燒反乘輿者加翡翠山紆嬰其側佩雙印長寸二分方六分乘輿諸侯王公列侯以白玉中二千石以下至四百石皆以黑犀三百石以至私學弟子皆以象牙上合絲乘輿以縢貫白珠赤罽蕤諸侯王以下繇口故反赤絲蕤縢蕤各如其印質刻書文曰正月剛卯既決靈殳四方赤青白黃四色是當帝令祝融以教夔龍庶疫剛癉莫我敢當疾日嚴卯帝令夔龍慎爾周伏化茲靈殳既決既直既觚既方庶疫剛癉莫我敢當前漢注云以正月卯日作乘輿黃赤綬四采黃赤紺縹縉黃圭長丈九尺九寸五百首凡綬先合單紡爲一絲四系爲一扶五扶爲一首五首成一文采純爲一圭首多者系細首少者系麤漢官儀曰璽皆白玉螭虎鈕文曰皇帝行璽皇帝之璽皇帝信璽天子行璽天子之璽天子信璽凡六璽皇帝行璽封常行詔勅之璽賜諸侯王書信璽發兵召大臣天子行璽策拜外國事之璽賜外國書信璽發外國兵及事天地鬼神璽皆以武都紫泥封青布囊白素裹兩端無縫尺一版中約署皇帝帶綬黃地六采不佩璽璽以金銀縢組侍中組負以從秦前民皆佩綬以金玉銀銅犀象爲方寸璽各服所好奉璽書使者乘馳傳其驛騎也三騎行晝夜千里爲程諸侯王赤綬四采赤黃縹紺縉赤圭長二丈一尺三百首太皇太后皇太后皇后其綬皆與乘輿同長公主天子貴人與諸侯王同綬者加特也諸國貴人相國皆綠綬三采綠紫紺縉綠圭長二丈一尺二百四十首前漢書曰相國丞相皆秦官金印紫綬高帝相國綠綬徐廣曰金印綠綟音戾草名以染似綠又云似紫紫綬名緺音瓜其色青紫公加殊禮皆得服之公侯將軍紫綬二采紫白縉紫圭長丈七尺百八十首前漢書曰太尉金印紫綬御史大夫位上卿銀印青綬成帝更名太司空金印紫綬將軍亦金印漢官儀曰馬防爲車騎將軍銀印青綬在卿上絕席和帝以竇憲爲車騎將軍始加金紫次司空九卿中二千石青綬三采青白紅縉青圭長丈七尺百二十首一號青緺綬自青綬以上縌音逆皆長三尺二寸與綬同采而首半之縌者古佩璲也佩綬相迎受故曰縌紫綬以上縌綬之間得施玉環鐍云通俗文曰缺環曰鐍漢舊儀曰其斷獄者印爲章也千石六百石墨綬三采青赤紺縉青圭長丈六尺八十首四百石三百石長同漢官儀曰尚書僕射銅印青綬四百石三百石二百石黃綬縉黃圭一采長丈五尺六十首自墨綬以下縌綬皆長三尺與綬同采而首半之百石青紺綸一采宛轉繆織長丈二尺晉制盛服則雜寶爲佩金銀校飾綬黃赤縹紺四采太子諸王纁朱綬赤黃縹紺相國綠綟綬三采綠紫紺郡公朱侯伯青朱子男素朱皆三采公嗣子紫侯嗣子青鄉亭關內侯紫綬白二采郡國太守內史青尚書令僕射中書監令祕書監皆墨丞皆黃諸府丞亦然其佩刀者以木代眞刀也宋皇太子金璽龜鈕朱綬四采赤黃縹紺佩瑜玉諸王金璽龜鈕纁朱綬四采赤黃縹紺佩山元玉太宰太傅太保丞相司徒司空金章紫綬佩山元玉相國則綠綟綬三采綠紫紺自相國而下或銅印銀章或青綬或墨綬以至別部司馬以下假墨綬者凡六十等各有差凡此前衆職江左多不備又多闕朝服諸應給朝服佩玉而在京師者給朝服非諸鳥丸羌戎蠻諸校尉以上及刺史西域戊已校尉皆不給佩玉其來朝會權時假給台罷輸還凡應朝服者而官不給聽自具之諸假印綬而官不給鞶囊者得自具作其位假綬者不得佩綬革古制也按漢代皆鞶囊者側在腰閒或云傍囊或云綬囊然則以此囊盛綬也或盛或散各有其時齊乘輿制六璽以金爲之並依秦漢之制皇太子諸王金璽皆龜鈕公侯五等金章其公將軍金章光祿大夫卿尹太子傅諸領護將軍中郎將校尉郡國太守內史四品五品將軍皆銀章尚書令僕射中書監令祕書監丞太子二率諸府長史卿尹丞尉都水使者諸州刺史皆銅印其綬乘輿黃赤縹紺四采太子諸王纁朱綬赤黃縹紺色亦同相國綠綟綬三采綠紫紺翠公朱侯伯青子男素朱皆三采公嗣子紫侯嗣子青鄉亭侯關中關內侯紫綬皆二采郡國太守內史青尚書僕射中書監令祕書監皆墨丞皆黃諸府丞亦然梁制乘輿印璽並如齊制皇太子金璽龜鈕朱綬三百首佩瑜玉帶鹿盧劒火珠首素革帶玉劒獸頭鞶囊諸王金璽龜鈕纁朱綬百六十首佩山元玉垂組大帶獸頭鞶腰劒若加餘官則服其加官之服開國公金章龜鈕元朱綬百四十首佩山元玉獸頭鞶腰劒自開國公而下或金章或金印或銀章或銀印或銅印或青綬或紫綬或墨綬或黃綬或艾綬或佩水蒼玉或佩五采或無佩而簪筆者或獸頭鞶或獸爪鞶或腰劒或紫荷執笏或赤舄絇履或毾㲪單衣介幘以至四品將兵以下所領不滿五十人除版而不給章者凡七十等各有差陳永定元年武帝所定乘輿服御皆採梁舊制以天下初定務從節儉應用繡織成者並可彩畫珠玉之飾任用蚌也至天嘉初悉改易之令一依梁天監舊事北齊制天子六璽並依舊式皇帝行璽之璽信璽並白玉爲之方一寸三分天子行璽之璽信璽並黃金爲之方一寸二分又有傳國璽白玉爲之方四寸螭獸鈕上交蟠螭隱起鳥篆書文曰受天之命皇帝壽昌凡八字在六璽外唯封禪以封石函又有督攝萬機印一鈕以木爲之長尺二寸廣二寸五分背上爲鼻鈕鈕長九寸厚一寸廣七分腹下隱起篆文書爲督攝萬機凡四字此印常在

內唯以印籍縫用則左戸部郎中度支尚書奏取印訖轉內皇太子璽黃金爲之方一寸龜鈕文曰皇太子璽宮中大事用璽小事用門下典書坊印諸侯印綬二品以上並金章紫綬三品銀章青綬四品得印者銀印青綬五品六品得印者銅印墨綬七品八品九品得印者銅印黃綬金銀章印及銅印並方一寸皆龜鈕東西南北四藩諸國王之章上藩用中金中藩用下金下藩用銀並方寸龜鈕佐官唯公府長史尚書二丞給印綬六品以下九品以上唯當曹爲官長者給印餘自非長官雖位尊亦不給諸王纁朱綬四采赤黃縹紺純朱質纁文織長二丈一尺二百四十首廣九寸開國郡縣公散郡公元朱綬四采元赤縹紺朱質元文織長丈八尺百八十首廣八寸開國縣侯伯青朱綬四采青赤白縹朱質青文織長丈六尺百四十首廣七寸開國縣子男名號侯開國鄉男素朱綬三采青赤白朱質白文織長丈四尺百二十首廣六寸一品二品紫綬三采紫黃赤純紫質長丈八尺百八十首廣八寸三品四品青綬三采青白紅純青質長丈六尺百四十首廣七寸五品六品墨綬二采青紺純紺質長丈四尺一百首廣六寸七品八品九品黃綬二采黃白純黃質長丈二尺六十首廣五寸官品從第二以上小綬間得施玉環官有綬者則有紛皆長八尺廣三寸各隨綬色若服朝服則佩綬公服則佩紛官無綬者不給佩紛其鞶囊二品以上金縷三品金銀縷四品銀縷五品六品綵縷七八九品綵縷獸爪鞶官無印綬者並不給佩鞶囊及爪其佩及劒一品玉具劒佩山元玉二品金裝劒佩水蒼玉三品及開國子男五等散品名號侯雖四品五品並銀裝劒佩水蒼玉侍中以下通直郎以上陪位則象劒(木劒也言其象眞劒)帶劒者入宗廟及升殿若在仗內皆解劒後周皇帝八璽有神璽有傳國璽皆寶而不用(神璽明受之於天傳國璽明受之於運)皇帝負扆則置神璽於筵前之右置傳國璽於筵前之左其六璽並因舊制皆白玉爲之方一寸五分高一寸螭獸鈕三公諸侯皆金印方一寸二分高八分龜鈕七命以上銀四命以上銅皆龜鈕三命以下銅印銅鼻其方皆寸其高六分文曰某公官之印凡組綬皇帝以蒼青朱黃白元纁紅紫緅碧綠十有二色諸公九色自黃以下諸侯八色自白以下諸伯七色自元以下諸子六色自纁以下諸男五色自紅以下三公之綬如諸公三孤之綬如諸侯六卿之綬如諸伯上大夫之綬如諸子中大夫之綬自紫以下士之綬自緅以下其璽印綬亦如之保定四年百官始執笏常服焉內外命婦皆執笏其拜俛伏方興宇文護始袍加下襴遂爲後制隋制神璽寶而不用受命璽封禪則用之餘六璽行用並因舊制其綬自王公侯伯子男爲四等又以從正一品三品四品五品亦爲四等之差大抵遵北齊之制采純及首微有加減焉自王公以下皆有小雙綬長二尺六寸色同大綬而首半之正從一品施二玉環以下不合有綬者則有紛皆長六尺四寸廣二寸四分各隨綬色其鞶囊如北齊制其佩一品及五等諸侯並山元玉五品以上水蒼玉唐貞觀十六年太宗刻受命元璽白玉爲螭首其文曰皇天景命有德者昌永徽二年四月勅開府儀同三司及京官文武職事四品五品並給隨身魚上元元年八月勅文武官三品以上金玉帶十二銙四品金魚帶十一銙五品金帶十銙六品七品並銀帶九銙八品九品服並鍮石帶八銙庶人服黃銅鐵帶六銙(其一品以下文官並帶手巾筆袋刀子磨石其武官欲帶手巾筆袋亦聽之)武太后天授元年九月改內外官所授魚爲龜至神龍元年二月京文武官五品以上依舊式佩魚袋垂拱二年正月敕文諸州都督刺史並准京官帶魚長壽三年改玉璽爲符寶開元二年七月勅珠玉錦繡既令禁斷准式三品以上飾以王四品以上飾以金五品以上飾以銀者宜於腰帶及馬鐙酒杯杓依式自外悉禁斷(天授二年八月左羽林大將軍建昌王攸寧借紫彩金帶借紫自此始)八年二月敕都督刺史品卑者借緋及魚袋永爲常式天寶十載改傳國寶爲承天大寶天子之寶八一曰神寶(所以臣百王鎮萬國寶而不用)二曰受命寶(所以修封禪禮神祇)三曰皇帝行寶(答疏於王公則用之)四曰皇帝之寶(勞來勳賢則用之)五曰皇帝信寶(召大臣則用之)六曰天子行寶(答四夷書則用之)七曰天子之寶(慰撫蠻夷則用之)八曰天子信寶(發蕃國兵則用之)凡大朝會則奉寶以進于御座車駕行幸則奉寶以從于黃鉞車之內

臣謹按梁制左右光祿大夫加金章紫綬銀章青綬者同其位但加金紫者謂之金紫光祿大夫但加銀青者謂之銀青光祿大夫又按北齊之制三品以上凡是五省官及中侍中省官皆爲印不爲章四品以下凡是開國子男及五等散品名號侯皆爲銀章不爲印

通志卷四十七

通志卷四十八

宋右迪功郎鄭樵漁仲撰

器服略第二

車輅之制

臣謹按考工記曰一器而工聚焉者車爲多上蓋如規象天二十八橑（音老）象列宿方輿象地三十輻象日月前則聽鸞和之響傍則睹四時之運等威有辨貴賤有序者車之制也故書曰明試以功車服以庸洎乎魏晉政教陵遲僭踰莫禁世有變改異制殊狀今略舉沿革云

天子車輅

五輅

古史考云黃帝作車至少昊始駕牛及陶唐氏制彤車乘白馬則馬駕之初也有虞氏因彤車而制鸞車夏后氏因鸞車而制鉤車（鉤之言不採自曲也）奚仲爲車正建斿旄尊卑上下各有等級商因鉤車而制大輅（禮緯曰山車乘鉤乃鉤車之象昔成湯用而郊祀有山車之瑞山車謂之桑金車似金根之色亦謂之大輅）周因商輅以制木輅約木以加飾爲五輅一曰玉輅以祀二曰金輅以賓同姓以封三曰象輅以朝異姓以封四曰革輅以即戎以封四衞五曰木輅以田以封藩國其制度之詳在禮經秦平天下閱三代之禮或曰商瑞山車金根之色乃因金根車用金飾而爲帝軫黑旗皂斿以從水德復法水數駕馬以六漢武帝天漢四年始定輿服之制郊祀所乘謂之大駕車千乘騎萬疋其儀甚盛不必師古及赤眉之亂文物無遺後漢光武平公孫述始獲葆車輿輦因舊制金根車擬周之玉輅最尊者也輪皆朱班重牙貳轂兩轄（轂外復有一轂抱轄其外乃復設轄抱銅置其中）金薄繆龍爲輿倚較（徐廣曰繆交錯之形也較在箱上說文曰橫文畫藩箱也通俗文曰車箱爲較）文虎伏軾龍首衘軛左右吉陽筩鸞雀立衡橫文畫轓羽蓋華蚤建大旂十有二斿畫日月升龍駕六馬象鑣鏤錫金鍐方釳插翟尾朱兼樊纓赤罽易茸金就十二左纛以氂牛尾爲之左右騑馬軛上大如斗是爲德車大駕則御鳳凰車以金根車爲副（其駕黑馬六因秦不改或云始自漢制許愼五經異義說天子駕六馬以經言時乘六龍以御天故所御皆六餘皆駕四後從爲副車）魏武王受漢獻帝命乘金根車駕六馬設五時副車至明帝景初中山荏縣黃龍見以爲魏得地統服色尚黃戎事乘黑首白馬齊王正始中詔出入必御輦乘輿晉武帝承魏陳留王命乘金根車駕六馬備五時副車及受禪設玉金象革木五輅並爲法駕旗斿服用悉取周制文物華藻因金根車更增其飾朱班漆輪加畫橫文兩箱之後加玳瑁爲鶡翅加以金銀雕飾時人亦謂爲金鶡車斜注旂旗於車之左又加棨戟於車之右皆槖而施之棨戟韜以黼繡上繫大蛙蟆幡長丈餘於戟之杪轅皆曲向上取夏商山車垂鉤之義玉輅駕六馬以黑金象革木駕四馬以黃金爲乂髦插以翟尾象鑣而鏤錫金鍐而方釳（許乞反）鞶纓赤罽易茸金就十有二五輅皆有錫鸞之飾和鈴之響鉤膺玉瓖龍輈華轙朱幩（音紛）法駕行則五輅各有所主復制金根車去漢之文物駕四馬不建旗幟上如畫輪車下猶金根之飾東晉元帝始建戎輅大輅各一（以商人祀用大輅周人即戎用戎輅故也）因金根車飾皆駕黑駟是爲元牡安帝義熙中平關洛得姚興僞車輦或時乘用焉宋孝武大明中尚書左丞荀萬秋改造五輅依晉金根車加赤漆橫畫玉飾諸末建青旗十有二旒駕騩以黑復因漢之安車章施羽葆蓋以祀金根爲金輅建青旂駕黑馬四羽葆蓋以賓象革木輅並擬玉輅漆橫畫羽葆蓋象輅視朝革輅即戎二輅並建赤旆駕黑馬四木輅建赤麾以田駕赤馬四大事法駕五輅俱出齊武帝永平初伏曼容讓齊德尚青旗先青（次赤次白次黑）軍容戎事宜依漢道行運之色因宋金根車而修玉輅五輅江左相承駕駟左右騑爲六初加玉輅爲重蓋棲寶鳳皇綴金鏤珠璫玉蜯珮四角金龍銜五采毦又麒麟頭加以采畫馬首戴之竟陵王子良啓曰蓋圓象天軫方象地上無二天之儀下設兩蓋之飾求諸志錄難爲折衷又假爲麟首加乎馬頭事不師古鮮或可施至建武中明帝乃省重蓋等金輅之飾如玉輅而減少象輅減金輅革輅如象輅而尤減木輅如革輅建大赤麾首施大騶幡金輅玉輅建碧旂象輅木輅建赤旂梁武帝初因齊制天監三年五輅旗麾同用赤而斿不異以從行運也七年帝據周禮玉輅以祀金輅以賓今祀乘金輅詔下詳議周捨謂金輅爲齊車本不關於祭祀於是改陵廟皆乘玉輅辔以朱絲陳天嘉初令劉仲舉議造玉金象革木等五輅及五色副車皆金薄交龍爲輿倚較文貔伏軾虬首衘軛左右吉陽筩鸞雀立衡橫文畫轓綠油蓋黃紋裏相思橑金華末斜注旂旗於車之左各依方色加棨戟於車之右韜以黼繡獸頭幡長丈四尺揭於戟杪玉輅正副同駕六馬餘皆駕駟並金乂髦插以翟尾玉爲鏤錫又以彩畫蛙蟆綴兩軸頭即漢之飛軨遺象也五輅兩箱後皆用玳瑁爲鶡翅加以金銀雕飾兩箱之裏衣以紅錦金花帖釘上用紅紫錦爲後檐青紋純帶夏用花簟冬用綺繡褥此後漸修具依梁制後魏天興初始制軒冕未知古式多違舊章至孝文太和

中儀曹令李韶更議改正唯備五輅各依方色其餘車
輦猶未能具明帝熙平中侍中崔光等議大造車服五
輅並駕五馬亦無經據北齊車服制度多因後魏天保
中所乘是太和中李韶所制五輅後周依周禮設六官
置司輅之職掌皇帝之輅十有二等一曰蒼輅以祀昊
天上帝二曰青輅以祀東方上帝三曰朱輅以祀南方
上帝及朝日四曰黃輅以祭地祇中央上帝五曰白輅
以祀西方上帝及夕月六曰元輅以祀北方上帝及感
帝祭神州此六輅通漆之而無他飾卽周木輅之遺象
也馬皆疏面旂就以方色俱十有二七曰玉輅以享先
皇加元服納后八曰碧輅以祭社稷享諸先帝大卜食
三老五更享諸侯及耕籍九曰金輅以祀星辰祭四望
視朔射饗十曰象輅以望秩羣祀視朝燕射巡省臨學
幸道法門十一曰革輅以巡兵卽戎十二曰木輅以田
獵行鄉畿此六輅又以六色漆畫之用玉碧金象革物
以飾諸末皆錫面金鉤就以五采俱十有二其輅之式
飾重較加茸焉隋開皇元年內史李德林奏後魏輿輦
乖制請皆廢之唯留太和時李韶所制五輅北齊所遵
者後著令玉輅青質以玉飾諸末重箱盤輿左龍右虎
金鳳翅畫櫨文鳥獸黃屋左纛金鳳一在軾前八鑾在
衡二鈴在式龍輈之上前設障塵青蓋黃裏繡旂帶金
博山綴以鑑子下垂八珮植四十葆羽輪皆朱班重牙
複轄左建太常十有二旂皆畫升龍日月其長曳地右
載闟戟長四尺廣三尺黻文旗首金龍頭銜鈴及綏垂
以結綬繡蒼龍金鍐方釳插翟尾五隼鏤錫鞶纓十有
二就皆五采繒罽爲飾天子祭祀納后則乘之金輅赤
質以金飾諸末左建旗畫飛隼右建闟戟盤輿鳳翅等
並同玉輅駕赤騮臨朝會同饗射飲至則乘之象輅黃
質以象飾諸末左建旌畫桴鱗右建闟戟駕黃騮祀后
土則乘之革輅白質鞔之以革左建旗畫騶虞右建闟
戟駕白駱巡狩臨兵則乘之木輅黑質漆之左建旐畫
元武右闟戟駕黑騮田獵則乘之其五輅並駕六馬飾
同玉輅復制安車重輿曲壁紫油纁裳通幰朱絲絡網
朱鞶纓駕赤騮臨幸所乘按隋氏五輅遠酌周禮旗旂藻飾近約漢制文質相半
唐因隋制玉金象革木是爲天子五輅玉輅青質重輿
左青龍右白虎金鳳翅畫櫨文鳥獸黃屋左纛金鳳一
在軾前十二鑾在衡五輅鑾數皆準此制副輅及耕根車則八二鈴在軾龍
輈前設障塵青蓋黃裏繡飾博山鑑子植羽輪皆朱班
重牙左建旂十有二旂旂畫升龍其長曳地右載闟戟
長四尺廣三尺黻文旂首金龍頭銜結綬及鈴緌駕蒼
龍金鍐方釳插翟尾五隼鏤錫鞶纓十有二就祭祀納
后則供之金輅赤質餘同玉輅駕赤騮饗射祀還飲至
則供之象輅黃質餘同金輅駕黃騮行道則供之革輅
白質鞔以革餘同象輅駕白駱巡狩臨兵事則供之木
輅黑質漆之餘同革輅駕黑騮田獵則供之旌旗鞶纓
及蓋皆從輅色其蓋文裏俱用黃其鏤錫五輅並同其
飾武德初著令天子鑾輅玉金象革木五等屬車十乘
指南車記里鼓車白鷺車鸞旗車辟惡車皮軒車耕根
車安車四望車羊車貞觀元年十一月始加黃鉞車豹
尾車通爲十二乘以爲儀仗之用大駕行幸則分前後
施於鹵簿之內若大陳設則行分左右施於儀仗之中
高祖太宗大禮則乘輅高宗不喜乘輅每有大禮則御
輦至武太后以爲常明皇以輦不中禮廢而不用開元
十一年冬祀南郊乘輅而往禮畢騎還自是行幸郊祀皆騎於儀仗之內其五輅腰輿陳於鹵簿而已

副車

秦平天下以諸侯所乘之車爲副車漢制安車立車各
五乘爲乘輿副車輪皆朱班重牙貳轂兩轄金薄繆龍
爲輿倚較文虎伏軾龍首銜軛左右吉陽筩鸞雀立衡
櫨文畫輈羽蓋華蚤建大旂十有二旒畫日月升龍駕
六馬象鑣鏤錫金鍐方釳插翟尾朱兼樊纓赤罽易茸
金就十有二左纛以氂牛尾爲之在左騑馬軛上大如
斗其馬各如方色白馬者朱其髦尾爲朱鬣云所御駕
六餘皆駕四後從爲副車應劭漢官鹵簿圖曰乘輿大駕則御鳳皇以金根爲副
魏因漢制五時副車置髦頭雲罕晉制五安車五立車
合十乘名五時車俗謂五帝車駕旗十二旒各如車色
立車則正植其旗安車則斜注駕馬仍漢制左右騑驂
金鍐鏤錫黃屋左纛如金根之制行則從後東晉過江
副車遺缺有事權以馬車代之建旗其上其後制五色
木車象五時車植旗於牛背行則使人輿之牛之爲義蓋取負重致遠而安穩旗常纏而不舒所謂德車結旌唯天子親戎五旗紓旆
所謂武車綏旌宋因晉而無副車齊王儉議乘黃無副今衣書
車十二乘古副車之象也亦曰五時副車青萌車是謂
撝他合反幰車梁依晉置五牛旗車左青赤右白黑黃居
其中象古之五時副車一曰副車陳因舊制五時副車
飾同五輅並駕六馬隋因陳制五時副車色及旗章一
同正輅唯降二等駕用四馬唐之制副輅五乘大駕行
幸皆次於五輅

戎車周巾車氏革輅卽戎車車僕掌戎輅之萃音倅廣車之萃闕車之萃苹車之萃輕音磬車之萃萃猶副也此五者兵車所謂五戎也漢戎車不巾不蓋其飾如耕車藩以矛麾金鼓羽析幢翳轓胄甲弩之箙魏景初改正朔戎事乘黑首白馬建大赤之旗太始中並建赤旗晉制輕車駕二馬古之獸車也前後二十乘分居

左右輿輪洞朱建矛戟麾幢置弩於軾上大駕出射聲校尉司馬吏士載以次屬車後宋依漢制上戎車建矛麾斜注之載金鼓羽幢置甲弩於軾上輕車之制因漢不易以武剛車爲殿孫子兵法曰有巾有蓋謂之武剛車齊梁已下及後周與隋或并用之

獵車 周謂之奇車曲禮曰國君下乘奇車注云獵車也巾車氏木輅以田漢制其飾如安車重輞縵輪繆龍繞之一曰闟猎車親校獵乘之魏因漢制改名闟虎車晉因魏制一名闟戟車宋因晉制自後無聞

指南車 黃帝與蚩尤戰於涿鹿之野蚩尤作大霧將士皆迷四方黃帝於是作指南車以示方向故後常建焉出崔豹古今注周致太平越裳氏重譯來獻使者迷其歸路周公爲司南之制使載之南周年至國故常爲先導示服遠人而正四方漢初置俞兒騎馬爲先驅之乘左思曰俞兒騁路指南司方後廢其騎而存其車後漢張衡始復創造漢末喪亂其器不存魏明帝青龍中令博士馬鈞紹作焉車上有木仙人舉手常指南車箱回轉所指微差晉亂復亡東晉義熙十三年劉裕平長安始得此車復修之一名司南車駕駟其下制如樓三級四角金龍銜羽葆刻木爲仙人衣羽衣立車上車雖迴運而手常指南大駕出行爲先啓之乘此車戎狄所制機數不精迴曲頻驟猶須人力正之范陽人祖沖之有巧思常謂宜更造宋順帝昇明中齊高帝爲相命沖之造焉車成使撫軍將軍丹陽尹王僧虔等試之其制甚精百屈千迴未嘗移變齊因宋制而加飾焉梁復名司南車大駕出爲先啓之乘後魏太武帝使工人郭善明造之彌年不就扶風人馬岳又造垂成善明酖殺之唐修之備於大駕行則先導

記里鼓車 東晉安帝義熙十三年劉裕滅後秦所獲未詳其所由來制如指南車駕駟中有木人執槌向鼓行一里則打一槌崔豹古今注云亦名大章車所以識道里也車上有二層皆有木人執槌行一里下一層擊鼓行十里上一層擊鐲尙方故事存其作法然未詳宋因之不易大駕鹵簿次指南車後齊因宋制而加飾焉梁因齊制改駕以牛唐復修大駕鹵簿次指南車後

白鷺車 隋一名鼓吹車上施層樓樓上有翔鷺棲焉唐因之駕四馬大駕出在記里鼓車後

鸞旗車 漢制鸞旗車析羽毛而編之列繫幢傍胡廣曰以銅作鸞鳥於車衡上晉宋因之駕四馬先輅所載也唐備於大駕鹵簿次白鷺車後

辟惡車 秦制也桃弓葦矢所以禳祓不祥太卜令一人在車執弓箭出崔豹古今注唐之制駕四馬大駕出在鸞旗車後

皮軒車 漢制皮軒車以虎皮爲軒晉宋相因駕四馬皆大夫載自後無聞唐備之以大駕鹵簿次於辟惡車後

耕根車 漢制耕根車如副車有三蓋一曰芝車置轔耒耜之箙上親耕所乘也魏因之建赤旗晉因之駕駟天子親耕所乘置耒耜於軾上一名三蓋車宋因之隋以青爲質三重蓋羽葆雕裝同玉輅駕六馬其軾平以青囊盛耒耜而加之籍田則乘之唐因隋其飾不易大駕行籍田則備焉

安車 周制致仕之老及后乘之漢制乘輿金根車安車立車蔡邕曰五安五立徐廣曰立乘曰高車坐乘曰安車是爲德車五時車安立亦皆如之各如方色馬亦加之建大旂十有二斿駕六馬餘皆駕四皇太子王公列侯皆乘之自漢以後亦爲副車晉制因之天子所御則駕六餘皆駕四三公下至九卿各一乘公駕三特進駕二卿駕一宋因之齊制諸王三公國公列侯等行禮則乘之隋制金飾紫通幰朱裏駕四馬臨幸及賜予則供之唐之制以金飾駕四馬臨幸則乘之大駕出在耕根車後

四望車 齊四望車通幰油幢絡班漆輪轂亦曰皂輪車以加貴臣隋制同幘車黃金飾青油紫幰朱裏紫通幰紫綵網駕一牛拜陵臨弔則乘之唐之制以金飾駕四馬拜陵臨弔則乘之大駕出在安車後

遊車 漢制九遊車九乘大駕爲先乘宋因之自後無聞

羊車 晉制羊車一名輦車其上如軺伏兔箱漆畫輪軛武帝時護軍羊琇乘羊車爲司隸校尉劉毅糾劾梁因制羊車小兒衣青布袴褶五辮髻數人引之貴賤通得乘之名輦子也隋大業始置焉制如軺車金寶飾紫錦幰朱絲網馭童二十人皆兩鬟髻服青衣年十四五者乘之謂之羊車小史駕以果下馬其大如羊唐因之小史十四人

畫輪車 晉制畫輪車駕牛以彩漆畫輪轂上起四夾杖左右開四望綠油幢朱絲絡青交絡其上形制如輦其下猶幘車貴者不乘牛車漢武帝推恩之末諸侯寡弱貧者至乘牛車其後稍貴天子至士遂爲常乘至尊出朝堂舉哀乘之大駕次羊車後宋齊梁相因爲羣公所乘自後無聞

鼓吹車 梁制鼓吹車上施層樓四角金龍銜旒蘇羽葆凡鼓吹陸則樓車水則樓船在殿庭則畫筍簴爲樓上有翔鷺棲焉或爲鶴形自後無聞

象車 晉武帝太康中平吳後南越獻馴象詔作大車駕之載鼓吹十人使越人騎之元正大會入庭大駕鹵簿行則試橋道自後不見

黃鉞車 晉制黃鉞車駕一馬大駕行次於華蓋後御麾左右又有金鉞車金鉦車並駕三馬唐貞觀以後加之備於大駕鹵簿天寶元年改爲金鉞車

豹尾車 周制也古者軍正建之漢制大駕出屬車八十一乘法駕出屬車三十六乘最後一乘垂豹尾晉因之在鹵簿之末宋志徐廣按淮南子云軍正執豹皮以正其眾禮記曰前士師則載虎皮乘輿豹尾以其義類唐之制大駕出在黃鉞車後駕二馬武衛隊正一人在車執之

建華車 晉制建華車二乘駕四馬大駕出分在左右行自後無聞

皇太后皇后車輅

周禮王后之五輅一曰重翟二曰厭翟三曰安車四曰翟車五曰輦車漢皇后駕輅青羽蓋駕四馬旆九斿後漢太皇太后皇太后皇后法駕皆御金根車重翟羽蓋加青交絡帷裳非其法駕則乘紫罽軿車雲橵文畫輈黃金塗五末五末轅一轂二箱二共五也蓋蚤施金花駕三馬左右騑晉制后乘重翟羽蓋金根車加青絡青帷裳雲橵畫轅黃金塗五末蓋蚤施金華駕三馬左右騑其廟見小駕則乘紫罽軿車飾及駕馬如重翟非法駕則皇太后乘輿皇后畫車后先蠶乘油畫雲母安車駕六騩馬騩淺黑色音貴油畫兩轅安車駕五騩馬爲副又金博山駢紫絳罽車皆駕三騩馬宋因之法駕乘重翟齊因重翟車車加金塗飾後魏熙平中有司蘇紹議皇后之輅其從祭則御金根車親喪則御雲母車歸甯則御紫罽車遊行御安車弔問御紺罽車並駕四馬北齊因之後周皇后之車十二等一曰重翟以從皇帝祀郊禖享先皇朝皇太后二曰厭翟以祭陰社三曰翟輅以採桑四曰翠輅以從皇帝見賓客五曰雕輅以歸甯六曰篆輅以臨諸道法門六輅皆錫面朱總金鉤七曰蒼輅以適命婦八曰青輅九曰朱輅十曰黃輅十一曰白輅十二曰元輅五時常出則供之六輅皆疏面繢總隋開皇初李德林奏用後魏熙平蘇紹議皇后之輅後著令制重翟青質金飾諸末朱輪金根朱牙其箱飾以重翟羽青油幢朱裏通幰繡紫帷朱絲絡網繡紫絡帶八鑾在衡鏤錫鞶纓十二就金鑁方釳插翟尾朱總駕蒼龍受冊從祀郊禖享廟則供之厭翟赤質金飾諸末輪畫朱牙其箱飾以翟羽紫油幢朱裏通幰紅錦帷朱絲絡網紅錦絡帶

餘如重翟駕赤騮親桑則供之翟車黃質金飾諸末輪畫朱牙其車側飾以翟羽黃油幰黃裏通幰白紅錦帷朱絲絡網白紅錦絡帶餘如重翟駕黃騮歸甯則供之諸鞶纓之色皆從車質安車赤質金飾紫通幰朱裏駕四馬臨幸及弔則供之輦金飾同於蓬輦通幰班輪駕四馬宮苑近行則乘之屬車三十六乘唐因隋制重翟厭翟翟車安車其飾不易又制四望車紫油朱質通幰畫絡帶拜陵臨弔則供之又制金根車朱質紫油通幰畫絡帶朱絲絡網常行則供之

皇太子皇子車輅

周制巾車氏掌王五輅金輅建大旂以封同姓（同姓謂王子母弟率以功德出封若魯衛之屬）漢皇太子皆安車朱班輪飛軨青蓋金花爪倚虎較伏鹿軾樻文畫轓吉陽筩文輈金塗五末旂九斿畫降龍皇太子爲王賜以乘之皇孫綠車以從皆左右騑三馬（名皇孫車）魏因之文帝問東平王有輅爲是特賜乎鄭稱對曰天子五輅金輅以封同姓諸侯得與天子同乘金輅非特賜晉因魏安車而駕三馬非法駕則乘畫輪車上開四望綠油幰朱絲繩絡兩箱裏飾以金錦黃金塗五末其副車三乘形制如所乘但不畫輪耳王青蓋車皇孫綠蓋車並駕三左右騑東晉安帝時乘後山安車制如金輅宋因之皇子爲王亦錫以皇太子之安車皇孫綠車亦因舊法齊皇太子乘象輅校飾如御旂旗九斿降龍梁因齊象輅制鑾輅駕三左右騑朱班輪倚獸較伏鹿軾九斿降龍青蓋畫轓文輈金塗五末以畫輪車爲副常乘畫輪則衣書車爲副其畫輪車上開四望綠油幰朱繩絡兩箱裏飾以金錦陳因梁制後魏乘金輅朱蓋赤質駕四馬北齊因之隋皇太子金輅赤質金飾諸末重較箱畫樻文鳥獸黃伏鹿軾龍輈金鳳一在軾前設障塵朱蓋黃裏輪畫朱牙左建旂九斿右載闟戟旂首金龍頭銜結綬及鈴緌駕赤騮駟八鑾在衡二鈴在軾金鍐方釳插翟尾五隼鏤錫鞶纓九就從祀享廟正冬大朝納妃則乘之軺車金飾諸末紫通幰朱裏駕一馬五日常朝饗宮官出入行道乘之四望車金飾諸末紫油幰通幰朱裏朱絲絡網駕一馬弔臨則乘之唐因隋制

公侯大夫等車輅

周制巾車掌王五輅象輅以封異姓革輅以封四衞木輅以封藩國又曰服車五乘孤乘夏篆卿乘夏縵大夫乘墨車士乘棧車庶人乘役車漢景帝中元五年始詔六百石以上施車轓得銅五末軛有陽筩中二千石以上右騑三百石以上皁布蓋千石以上皁繒蓋二百石以下白布蓋皆有四維杠衣賈人不得乘馬車除吏赤蓋杠其餘皆青大使車立乘駕駟赤帷裳持節者重導從賊曹車斧車督車功曹車皆兩大車伍伯璅弩十二人辟車四人從車四乘小使車不立乘有騑赤屏泥油重絳帷導無斧車近小使車蘭輿赤轂白蓋赤帷裳從騎四十人此謂追捕考按有所勅取者之所乘也諸使車皆朱班輪四輻赤衡軛公卿二千石郊廟明堂祠陵法出皆大車立乘駕駟他出乘安車公卿以下至縣三百戸長導從置門下五吏賊曹督盜賊功曹皆帶劍三車導主簿主記兩車爲從縣令以上加導斧車後漢制公侯乘安車駕二右騑皆朱班輪飛軨倚鹿較伏熊軾皁繒蓋黑轓中二千石二千石皆皁蓋朱兩轓千石六百石朱左轓晉制雲母車以雲母飾犢車臣下不得乘以賜王公耳皁輪車駕四牛形如犢車皁漆輪轂上加青油幢朱絲繩絡諸王三公有勳德者特加之位至公或四望三望夾望車油幢車形制如皁輪但不漆轂耳通幰車駕牛如犢車但舉其幰通覆車上也諸王三公並乘之諸公給朝車駕駟安車黑耳駕三各一乘皁輪犢車各一乘自祭酒掾屬以下及令史皆皁軨特進及車騎驃騎以上諸大將軍不開府非持節都督者給安車黑耳駕二三公九卿中二千石二千石河南尹謁者僕射郊廟法出皆大車立乘駕四他出乘安車其去位致仕告老賜安車駟馬郡縣公侯安車駕二右騑皆朱班輪倚鹿較伏熊軾黑轓皁繒蓋公旗旂八斿侯七斿卿五斿皆畫降龍中二千石二千石皆皁蓋朱兩轓駕二中二千石以上右騑千石六百石朱左轓王公之元子攝命理國者安車駕三旗旂七斿其封侯之元子五斿大使車立乘駕四赤帷裳騶騎導從舊公卿二千石郊廟上陵從駕所乘小使車不立乘駕四輕車之流也蘭輿皆朱轂赤屏泥白蓋赤帷裳又別有小使車赤轂皁蓋追捕執取者所乘凡諸使車皆朱班輪赤衡軛追鋒車去小平蓋加通幔如軺車駕二追鋒者以迅速爲名施於戎陣之間是爲傳乘軺車古之將軍車也一馬曰軺車二馬曰軺傳按漢世貴輜軿而賤軺車魏晉重軺車而賤輜軿三品將軍以上尙書令軺車黑耳有後戸僕射但有後戸無耳並皁輪也宋因晉有追鋒車雲母車四望車公及列侯所乘安車依漢舊制駕二馬旂旗斿王公侯七卿五皆降龍公卿中二千石郊陵法出皆大車立乘駕四他出去位致仕皆安車駟馬中二千石皆皁蓋朱轓銅飾五末駕二右騑王公世子攝命

理國者安車駕三旂旗七斿侯世子五斿齊制黃屋車建碧旂九斿九命上公所乘青蓋安車朱轓班輪駕一左右騑通幰車爲副諸王禮行所乘皂蓋安車朱轓漆班輪駕一馬通幰朱車爲副三公禮行所乘安車黑耳皂蓋朱轓駕一牛車爲副國公列侯禮行所乘馬車駕一九卿領護二衛驍游四軍五校從郊陵所乘餘同晉法梁制二千石四品以上及列侯皆給軺車駕牛伏兎箱青油幢朱絲絡網轂皆黑漆天監二年令三公開府尚書令則給鹿轓軺施耳後戶皂輞尚書僕射左右光祿大夫侍中中書監令秘書監則給鳳轓軺後戶皂輞領護國子祭酒太子詹事尚書侍中列卿等則給聊泥軺無後戶漆輪車驃騎及諸王除刺史帶將軍則給龍雀軺以金根飾御史中丞給方蓋軺形小如傘諸王三公有勳德者皆特加皂輪車駕牛形如犢車但烏漆輪轂黃金雕裝上加青油幢朱絲絡通幰王公加禮者給油幢絡車駕牛朱輪華轂後魏三公及王車朱屖青蓋制同五輅名曰高車駕三馬庶姓王侯及尚書令僕以下列卿以上並給軺車駕一馬或乘四望通幰車駕一牛北齊因之庶姓王至儀同三司以下翟尾扇紫傘皇宗及三品以上官青傘朱裏其青傘碧裹達於士人不禁正從一品執事散官及儀同三司乘油色朱絡網車車牛飾得用金塗及純銀二品三品得乘卷通幰車車牛飾用金塗四品以下七品以上得乘偏幰車車牛飾以銅後周諸公之輅九方輅（各象方之色）碧輅金輅皆錫面鞶纓九就金鉤象輅屖輅貝輅革輅篆輅木輅皆疏面鞶纓九就凡就皆以朱白蒼三采諸侯自方輅而下八無碧輅諸伯自方輅而下七又無金輅諸子自方輅而下六又無象輅諸男自方輅而下五又無屖輅凡就各如其命三公之輅車九祀輅屖輅貝輅篆輅木輅夏輅縵車墨車棧車自篆輅以上金塗諸末疏錫鞶纓金鉤木輅以下銅飾諸末疏面鞶纓皆九就三孤自祀輅而下八無屖輅六卿自祀輅而下七又無貝輅上大夫自祀輅而下六又無篆輅中大夫自祀輅而下五又無木輅下大夫自祀輅而下四又無夏輅士車三祀車墨車棧車凡就各如其命數自孤以下就以朱綠二采隋制公及一品象輅黃質以象飾諸末建旗畫以鳥隼受冊牛廟升壇上任親迎及葬則乘之侯伯及二品三品革輅白質建旗畫熊虎受冊告廟親迎及葬則乘之子男及四品木輅黑質以漆飾之建旐畫龜蛇受冊告廟親迎及葬則乘之象輅以下旒及就數各依爵品犢車則魏武賜楊彪七香車也駕牛自王公已下至五品以上並給乘之二品以上青幰朱裏五品以上紺幰碧裏皆白銅裝唯有參謁及弔喪者則不張幰而乘鐵裝車六品以下不給任自乘犢車弗許施幰初五品以上乘偏幰車其後嫌其美停不用以白幰代之三品以上通幰車則青壁一品軺車油幰朱網唯車輅一等聽敕始得乘之唐王公以下車輅親王及武職一品象輅自餘及二品三品革輅四品木輅五品軺車象輅朱班輪左建旂（旂畫龍一升一降）右載闟戟革輅以革飾左建旜（通帛爲旜）餘同象輅木輅以漆飾之餘同革輅軺車曲壁青通幰諸輅質蓋旂旜皆朱一品九斿二品八斿三品七斿四品六斿其鞶纓就數皆准此

王妃命婦等車

漢制長公主乘赤罽駢車大貴人公主王妃封君油畫駢車大貴人加節畫輈皆右騑而已公列侯中二千石二千石夫人會朝若親蠶各乘其夫之安車右騑加交絡帷裳皆皂非公會不得乘朝車得乘漆布輜輧車銅飾五末晉制三夫人油駢車駕兩馬左騑其貴人加節畫輈三夫人助蠶乘青交絡安車駕三皆以紫降罽輧車九嬪世婦乘輧車駕二長公主赤罽輧車駕兩馬公主王太妃王妃皆油輧車駕兩馬右騑公主油畫安車駕三青交絡以紫絳罽輧車駕三馬爲副王太妃三夫人亦如之公主助蠶乘油畫安車駕三公主有先蠶者乘青交絡安車駕三諸王妃公太夫人夫人縣鄉郡公侯特進夫人助蠶乘皂交絡安車駕三諸侯監國世子之世婦侍中常侍尚書中書監令卿校世婦命婦助蠶乘皂交絡安車儷駕郡縣公侯中二千石二千石夫人會朝及蠶各乘其夫之安車皆右騑皂交絡皂帷裳自非公會則不得乘軺車王妃特進夫人封郡君安車駕三皂交絡封縣鄉君油輧車駕兩馬右騑朱旂依晉無大更革梁天監二年令上臺六宮長公主公主諸王太妃王妃皆得乘青油輿揭幢通幰車以揭幢涅幰爲副采女皇女諸王嗣子侯夫人皆乘赤油揭幢車以涅幰爲副侍女直乘涅幰二乘後周制公夫人之輅車九厭翟翟輅翚輅皆錫面朱總金鉤雕輅篆輅皆勒面（刻白黑韋爲當顱）繢總朱輅黃輅白輅元輅皆雕面（刻漆韋爲當顱）鷖總（總黑色繪其著如朱總）諸侯夫人自翟輅而下八諸伯夫人自翚輅而下七諸子夫人自雕輅而下六諸男夫人自篆輅而下五鞶纓就數各視其君三妃三公夫人之輅九篆輅朱輅黃輅白輅元輅皆勒面繢總夏篆夏縵墨車棧車皆雕面鷖總三妃（由力反）三孤內子自朱輅而下八六嬪

六卿內子自黃輅而下七上媛婦中大夫孺人自元輅而下五下媛婦下大夫孺人自夏篆而下四御婉士婦人自夏縵而下三其鞶纓就各以其等皆簟笰漆之君以赤卿大夫士以黑君駕四馬三轓六轡卿大夫士駕二馬一轓四轡隋制皇太子妃乘翟車以赤爲質駕三馬畫轂金飾犢車爲副紫幰朱網絡良娣以下並乘犢車青幰朱裏三公夫人公主王妃並犢車紫幰朱網絡五品以上命婦並乘青幰與其夫同唐制內命婦夫人乘厭翟車嬪乘犢車婕妤以下乘安車各駕二馬外命婦公主王妃乘厭翟車駕二馬自餘一品乘白銅飾犢車青通幰朱裏油幢朱絲網駕牛二品以下去油幢絡網四品青偏縵其王公以下車輅皆太僕官造貯掌之若受制行冊命及三時巡陵婚葬則給之

輦輿

輦人所輦也徐爰釋問云天子御輦侍中陪乘今輦制象軺車而不施輪通幰朱絡飾以金玉用人荷之或曰夏后氏末代制輦名曰余車商曰胡奴車周曰輜車即輦也王妃輦車組輓有翣羽蓋秦爲人君之乘漢因之成帝遊後庭則乘輦魏晉小出則乘之亦多乘輿東晉過江亾其制度至太元中謝安率意造焉及破苻堅於淮上獲京都舊輦形制無差義熙五年劉裕執慕容超獲金鉦輦宋因之齊亦因之而盛增其飾又制臥輦校飾如坐輦不堪服用復制小輿形如軺車小行幸則乘之輿說文云復竹輿也周禮考工記曰周人上輿漢室制度以雕玉爲之方徑六尺今輿制如輦而但小耳宮苑宴私則御之梁制小輿似軺車金裝漆畫施八横元正大會乘出上殿西堂舉哀亦乘之行則從後一名羊車一名輦其上如軺小兒衣青布袴褶五辮髻數人引之漢氏或以人牽或駕果下馬梁貴賤通乘名曰牽子又制步輿方四尺上施隱膝優老者人輿升殿司徒謝朏以腳疾優之自天子至下賤得通乘步輿又制副輦加笨步本反如犢車通幰朱絡謂之蓬輦後魏道武帝天興初始修軒冕制乾象輦羽葆圓蓋畫日月五星二十八宿天街雲罕山林奇瑞遊麟飛鳳朱雀元武騶虞青龍駕二十四馬又制大樓輦車龍輈加玉飾四轂六衡方輿圓蓋建太常畫升龍日月駕二十牛又制象輦左右金鳳白鹿仙人羽葆旒蘇金鈴玉佩初駕二象後以六駝代之復有遊觀小樓等輦駕十五馬車等草創修制多違舊章隋制輦而不施輪通幰朱絡飾以金玉而人荷之又依梁制副輦復制輿如輦而小宮苑私宴御之小輿幰方形同幄帳自閤內升正殿御之唐制輦有七一曰大鳳輦二曰大芳輦三曰仙遊輦四曰小輕輦五曰芳亭輦六曰大玉輦七曰小玉輦輦有三一曰五色輦二曰常平輦三曰腰輦大駕鹵簿先五輅而行

旌旗

黃帝振兵敎熊羆貔貅貙虎制陣法設五旗五麾夏氏奚仲爲車正建旗斿旐以別尊卑等級商因之周制司常掌九旗王建太常諸侯建旂孤卿建旃大夫士建物師都建旗州里建旟縣鄙建旐道車載旞游車載旌大麾以田大帛以即戎翻旌龍旃秦水德旗斿皆尚黑其制未詳漢制龍旂九斿七仞以象大火鳥旟七斿五仞以象鶉火熊旗六斿五仞以象參伐龜蛇旐四斿四仞以象營室弧旌枉矢以象弧也此諸侯以下之所建也後周太常畫三辰旂畫青龍旟畫朱鳥旌畫黃麟旗畫白虎旐畫元武皆加雲氣其旜物在軍亦畫其事號加以雲氣徽幟亦如之旌節又畫白虎而析羽於其上又司常掌旗物之藏通帛之旗六以供郊丘之祀蒼青朱黃白黑六旗畫繢之以充玉輅之等一曰三辰之常二曰青龍之旗三曰朱鳥之旟四曰黃麟之旌五曰白虎之旂六曰元武之旐皆左建旗而右建闟戟又有纛旗四以施軍旅一曰麾以供軍將二曰旞以供師帥三曰旐以供旅帥四曰旆以供卒長諸公方輅碧輅建旂金輅建旟象輅建物木輅建旐諸侯自金輅而下如諸公之旗諸伯自象輅而下如諸侯之旗諸子自犀輅而下如諸伯之旗諸男自篆輅而下如諸子之旗三公犀輅貝輅篆輅建旜木輅建旐夏篆夏縵及棧車建物孤卿以下各以其等建其旗旌杠皇帝六刃諸侯五大夫四士三斿皇帝曳地諸侯及軹大夫及轂士及軫凡注毛於杠首曰綏析羽曰旌全羽曰旞

鹵簿附屬車

古者諸侯九乘秦滅九國兼其車服故制大駕屬車八十一乘薛綜曰屬者相連屬也皆在後爲貳行法駕半之左右分行其車皆皂蓋赤裏朱轓輜戈矛弩箙尙書御史所載最後一乘垂豹尾以前爲省中胡廣曰施之道路故須豹尾過後屯圍乃得解省中郎令之仗內漢制乘輿大駕備車千乘騎萬匹屬車八十一乘公卿奉引太僕大將軍參乘祀天於甘泉用之後漢明帝上原陵大喪並因前代爲大駕用八十一乘祀天南郊則法駕用三十六乘河南尹執金吾雒陽令奉引奉車郎御史侍中參乘前驅有九斿雲罕鳳皇車闟戟車皮軒車鸞旗車後有金鉦車黃鉞車黃門鼓車黃門令校駕祀天南郊以法駕祀地明堂省什三祀宗廟尤省謂之小

駕每出太僕奉駕上鹵簿中常侍小黃門副尙書主者郎令史副侍御史蘭臺令史副皆執法以督整車騎謂之護駕春秋上陵尤省於小駕直事尙書一人從晉制大駕鹵簿先象車鼓吹一部十三人中道次靜室令駕一中道式道候二人駕一分左右次洛陽尉二人騎分左右次洛陽亭長九人赤車駕一分三道鼓吹正二人引次洛陽令皂車駕一中道次河南中部掾中道河橋掾在左功曹史在右並駕一次河南尹駕駟戟吏六人次河南主簿駕一中道次河南主記駕一中道次司隷部河南從事中道都部從事居左別駕從事居右並駕一次司隷校尉駕三戟吏六人次司隷主簿駕一中道次司隷主記駕一中道次廷尉明法掾中道五官掾居左功曹史居右並駕一次廷尉卿駕駟戟吏六人次廷尉主簿主記並駕一在左太僕引從如廷尉在中宗正引從如廷尉在右次太常駕駟中道戟吏六人次太常外部掾居左五官掾功曹史居右並駕一次光祿引從中道太常主記居左衞尉引從居右並駕一次太尉外督令史駕一中道次東西捕賊倉戸等曹屬並駕一引從次太尉駕駟中道太尉主簿舍人各一人祭酒二人並駕一在左右次司徒引從駕駟中道次司空引從駕駟中道三公騎令史戟各八人鼓吹各一部七人次中護軍中道駕駟鹵簿左右各二行戟楯在外弓矢在內鼓吹一部七人次步兵校尉在左長水校尉在右並駕一各鹵簿左右二行戟楯在外刀楯在內鼓吹各一部七人次射聲校尉在左翊軍校尉在右並駕一皆鹵簿左右各二行戟楯在外刀楯在內鼓吹各一部七人驍騎將軍在左游擊將軍在右並駕一皆鹵簿左右引各

二行戟楯在外刀楯在內鼓吹各一部七人騎隊五在左五在右隊各五十四命中督二人分領左右各有戟吏二人麾幢揭鼓在隊前次左將軍在左前將軍在右並駕一皆鹵簿左右各二行戟楯在外刀楯在內鼓吹各一部七人次黃門麾騎中道次黃門前部鼓吹左右各一部十三人駕駟八校尉佐仗左右各四行外大戟楯次九尺楯次弓矢弩並熊渠佽飛督領之次司南車駕駟中道護駕御史騎夾左右次謁者僕射駕駟中道次御史中丞駕一中道次虎賁郎將騎中道次九斿車中道武剛車夾左右並駕駟次雲罕車駕駟中道次闟戟車駕駟中道長戟邪偃向後次皮軒車駕駟中道次鸞旗車中道建華車分左右並駕駟次護駕尙書郎三人都官郎中道駕部在左中兵在右並騎又有護駕尙書一人騎督攝前後無常次相風中道次司馬督在前中道左右各司馬史三人引仗左右各六行外大戟楯二行次九尺楯次刀楯次弓矢次弩次五時車左右有遮列騎次典兵中郎中道督攝前卻無常左殿中御史右殿中監並騎次高蓋中道左畢右罕次御史中道左右節郎各四人次華蓋中道次殿中司馬中道殿中都尉在左殿中校尉在右左右各四行細楯一行在弩內又殿中司馬一行殿中都尉一行殿中校尉一行次棡鼓中道次金根車駕六馬中道太僕卿大將軍參乘左右又各增三行爲九行司馬史九人引大戟楯二行九尺楯一行刀楯一行由基一行細弩一行細跡禽一行椎斧一行刀楯一行連細楯殿中司馬都尉殿中校尉爲左右各十二行金根車建青旂斿十二左將軍騎在左右將軍騎在右殿中將軍持鑿腦斧夾車車後衣書

主職步從六行合左右三十二行次曲華蓋中道侍中散騎常侍黃門侍郎並騎分左右次黃鉞車駕一在左御麾騎在右次相風中道次中書監騎左秘書監騎右次殿中御史騎左殿中監騎右次五牛旗赤青在左黃在中白黑在右次大輦中道太官令丞在左太醫令丞在右次金根車駕駟不建旗次青立車次青安車次赤立車次赤安車次黃立車次黃安車次白立車次白安車次黑立車次黑安車合十乘並駕駟建旗十二斿如車色立車正豎旗安車邪拖之次闟猪車駕駟中道無旗次耕根車駕駟中道赤旗十二斿熊渠督左佽飛督右次御軺車次御四望車次御衣車次御書車次御藥車並駕牛中道次尙書令在左尙書僕射在右又尙書郎六人分左右並駕又治書侍御史二人分左右又侍御史二人分左右又蘭臺令史分左右並騎次豹尾車駕一自豹尾車後而鹵簿盡矣但以神弩二十張夾道至後部鼓吹其五張神弩置一將左右各二將次輕車二十乘左右分駕次旒蘇馬六十匹次金鉞車駕三中道左右護駕尙書郎并令史並騎各一人次金鉦車駕三中道左右護駕侍御史并令史並騎各一人次黃門後部鼓吹左右各十三人次戟鼓車駕牛二乘分左右次左大鴻臚外掾右五官掾功曹史並駕一次大鴻臚駕駟戟吏六人次大司農引從中道大鴻臚主簿主記右少府引從次三卿並騎吏四人鈴下二人執馬鞭辟車六人執方扇羽林十人朱衣次領軍將軍中道鹵簿左右各二行九尺楯在外弓矢在內鼓吹如護軍次後軍將軍在左右軍將軍在右各鹵簿鼓吹如左軍前後次越騎校尉在左屯騎在右各鹵簿鼓吹如步兵射聲

次領護騎遊軍校尉皆騎吏四人乘馬夾道都督兵曹各一人乘馬在中騎將軍四人騎校䂍角金鼓鈴下信幡軍校並駕一功曹史主簿並騎從繖扇幢麾各一騎鼓吹一部七騎次領護軍加大車斧五官掾騎從次騎十隊隊各五十匹將一人持幢一人持䂍一人並騎在前督戰伯長各一人並騎在後羽林騎督幽州突騎督分領之卽簿十隊隊各五十人絳袍將一人騎䂍各一人在前督戰伯長一人步在後騎皆持矟次大戟一隊九尺楯一隊弓一隊弩一隊隊各五十人黑袴褶將一人步在前督戰伯長各一人步在後金顏督將并領之

其屬車因後漢制東晉屬車五乘而已其一車又是軺車舊儀天子所乘駕六元與中屬車唯九乘苻堅敗又得僞車輦增爲十二乘宋孝建中尙書令王宏議屬車起秦八十一及三十六乘並不出經典自胡廣蔡邕傳說耳又是從官所乘非常副車正數江左五乘則儉不中禮帝王文物旗旒皆十二爲節今宜依禮十二乘爲制後魏道武皇帝天興二年命禮官採古法制三駕鹵簿一曰大駕設五輅建太常屬車八十一乘大祠則設之二曰法駕屬車三十六乘小祠則設之三曰小駕屬車十二乘遊宴離宮則設之隋開皇中大駕十二乘法駕減半煬帝大業初復備八十一乘並如犢車紫通幰朱絲絡網黃金飾駕一牛在鹵簿中單行正道後帝嫌多大駕減爲三十六乘法駕用十二小駕除之唐大駕屬車十二乘大駕行幸則分前後於鹵簿之內若陳設則分左右施於衞內其鹵簿制具開元禮

通志卷四十八

通志卷四十九

宋右迪功郎鄭樵漁仲撰

樂略第一

樂府總序

古之達禮三一曰燕二曰享三曰祀所謂吉凶軍賓嘉
皆主此三者以成禮古之達樂三一曰風二曰雅三曰
頌所謂金石絲竹匏土革木皆主此三者以成樂禮樂
相須以爲用禮非樂不行樂非禮不舉自后夔以來樂
以詩爲本詩以聲爲用八音六律爲之羽翼耳仲尼編
詩爲燕享祀之時用以歌而非用以說義也古之詩今
之辭曲也若不能歌之但能誦其文而說其義可乎不
幸腐儒之說起齊魯韓毛四家各爲序訓而以說相高
漢朝又立之學官以義理相授遂使聲歌之音湮沒無
聞然當漢之初去三代未遠雖經生學者不識詩而太
樂氏以聲歌肄業往往仲尼三百篇皆史之徒例能歌
也奈義理之說既勝則聲歌之學日微東漢之末禮樂
蕭條雖東觀石渠議論紛紜無補於事曹孟德平劉表
得漢雅樂郎杜夔夔老矣久不肄習所得於三百篇者
惟鹿鳴騶虞伐檀文王四篇而已餘聲不傳太和末又
失其三左延年所得惟鹿鳴一篇每正旦大會太尉奉
璧羣臣行禮東廂雅樂常作者是也古者歌鹿鳴必歌
四牡皇皇者華三詩同節故曰工歌鹿鳴之三而用南
陔白華華黍三笙以贊之然後首尾相承節奏有屬今
得一詩而如此用可乎應知古詩之聲爲可貴也至晉
室鹿鳴一篇又無傳矣自鹿鳴一篇絕後世不復聞詩
矣然詩者人心之樂也不以世之汙隆而存亾豈三代
之時人有是心心有是樂三代之後人無是心心無是
樂乎繼三代之作者樂府也樂府之作宛同風雅但其
聲散佚無所紀繫所以不得嗣續風雅而爲流通也按
三百篇在成周之時亦無所紀繫有季札之賢而不別
國風所在有仲尼之聖而不知雅頌之分仲尼爲此患
故自衛返也問於太師氏然後取而正焉列十五國風
以明風土之音不同分大小二雅以明朝廷之音有間
陳周魯商三頌之音所以侑祭也定南陔白華華黍崇
邱由庚由儀六笙之音所以叶歌也得詩而得聲者三
百篇則繫於風雅頌得詩而不得聲者則置之謂之逸
詩如河水祈招之類無所繫也今樂府之行於世者章
句雖存聲樂無用崔豹之徒以義說名吳兢之徒以事
解目蓋聲失則義起其與齊魯韓毛之言詩無以異也
樂府之道或幾乎息矣臣今取而繫之千載之下庶無
絕紐一曰短簫鐃歌二十二曲二曰鞞舞歌五曲三曰
拂舞歌五曲四曰鼓角橫吹十五曲五曰胡角十曲六
曰相和歌三十曲七曰吟歎四曲八曰四絃一曲九曰
平調七曲十曰瑟調三十八曲十一曰楚調十曲十二
曰大曲十五曲十三曰白紵歌五曲十四曰清商八十
四曲凡二百五十一曲繫之正聲卽風雅之聲也一曰
郊祀十九章二曰東都五詩三曰梁十二雅四曰唐十
二和凡四十八曲繫之正聲卽頌聲也一曰漢三侯之
詩一章二曰漢房中之樂十七章三曰隋房內二曲四
曰梁十曲五曰陳四曲六曰北齊二曲七曰唐五十五
曲凡九十一曲繫之別聲而非正樂之用也正聲之餘
則有琴五十七曲別聲之餘則有舞舞二十三曲古
者絲竹與歌相和故有譜無辭所以六詩在三百篇中
但存名耳漢儒不知謂爲六亾詩也琴之九操十二引
以音相授並不著辭琴之有辭自梁始舞與歌相應歌
主聲舞主形自六代之舞至于漢魏並不著辭也舞之
有辭自晉始今之所繫以詩繫於聲以聲繫於樂舉三
達樂行三達禮庶不失乎古之道也古調二十四曲征
戍十五曲遊俠二十一曲行樂十八曲佳麗四十七曲
別離十八曲怨思二十五曲歌舞二十一曲絲竹十一
曲觴酌七曲宮苑十九曲都邑三十四曲道路六曲時
景二十五曲人生四曲人物十曲神仙二十二曲梵竺
四曲蕃胡四曲山水二十四曲草木二十一曲車馬六
曲魚龍六曲鳥獸二十一曲雜體六曲總四百十九曲
不得其聲則以義類相屬分爲二十五門曰遺聲遺聲
者逸詩之流也庶幾來者復得其聲則不失其所繫矣
然三代既沒漢魏嗣興禮樂之來陵夷有漸始則風雅
不分次則雅頌無別次則頌亾次則禮亾按上之回聖
人出君子之作也雅也艾如張雉子班野人之作也風
也合而爲鼓吹曲燕歌行其音本幽薊則列國之風也
煌煌京洛行其音本京華則都人之雅也合而爲相和
歌風者鄉人之用雅者朝廷之用合而用之是爲風雅
不分然享大禮也燕私禮也享則上兼用下樂燕則下
得用上樂是則風雅之音雖異而享燕之用則通及明
帝定四品一曰大予樂郊廟上陵用之二曰雅頌樂辟
雍享射用之三曰黃門鼓吹樂天子宴羣臣用之四曰
短簫鐃歌樂軍中用之古者雅用於人頌用於神武帝
之立樂府采詩雖不辨風雅至於郊祀房中之章未嘗
用於人事以明神人不可以同事也今辟雍享射雅頌
無分應用頌者而改用大予應用雅者而改用黃門不
知黃門大予於古爲何樂乎風雅通歌猶可以通也雅

頌通歌不可以通也曹魏準鹿鳴作於赫篇以祀武帝準騶虞作巍巍篇以祀文帝準文王作洋洋篇以祀明帝且清廟祀文王執競祀武王莫非頌聲今魏家三廟純用風雅此頌之所以亾也頌亾則樂亾矣是時樂雖亾禮猶存宗廟之禮不用之天明有尊親也鬼神之禮不用之人知有幽明也梁武帝作十二雅郊廟明堂三朝之禮展轉用之天地之事宗廟之事君臣之事同其事矣樂之失也自漢武始其亾也自魏始禮之失也自漢明始其亾也自梁始禮樂淪亾之所由不可不知也

正聲序論

古之詩曰歌行後之詩曰古近二體歌行主聲二體主文詩爲聲也不爲文也浩歌長嘯古人之深趣今人既不尙嘯而又失其歌詩之旨所以無樂事也凡律其辭則謂之詩聲其詩則謂之歌作詩未有不歌者也詩者樂章也或形之歌詠或散之律呂各隨所主而命主於人之聲者則有行有曲散歌謂之行入樂謂之曲主於絲竹之音者則有引有操有吟有弄各有調以主之攝其音謂之調總其調亦謂之曲凡歌行雖主人聲其中調者皆可以被之絲竹凡引操吟弄雖主絲竹其有辭者皆可以形之歌詠蓋主於人者有聲必有辭主於絲竹者取音而已不必有辭其有辭者通可歌也近世論歌行者求名以義彊生分別正猶漢儒不識風雅頌之聲而以義論詩也且古有長歌行短歌行者謂其聲歌之短長耳崔豹吳兢大儒也皆謂人壽命之短長當其時已有此說今之人何獨不然嗚呼詩在於聲不在於義猶今都邑有新聲巷陌競歌之豈爲其辭義之美哉直爲其聲新耳禮失則求諸野正爲此也孔子曰吾自衛反魯然後樂正雅頌各得其所亦謂雅頌之聲有別然後可以正樂又曰關雎樂而不淫哀而不傷亦謂關雎之聲和平聞之者能令人感發而不失其度若誦其文習其理能有哀樂之事乎二體之作失其詩矣縱者謂之古拘者謂之律一言一句窮極物情王則王矣將如樂何樂府在漢初雖有其官然采詩入樂自漢武始武帝定郊祀廼立樂府采詩夜誦則有趙代秦楚之謳莫不以聲爲主是時去三代未遠猶有雅頌之遺風及後人泥於名義是以失其傳故吳兢議其不覩本章便斷題取義贈利涉則述公無渡河慶載誕乃引烏生八九子賦雉子班者但美繡頸錦臆歌天馬者惟敘驕馳亂蹋其間有如劉猛李餘輩賦出門行不言離別將進酒乃敘烈女事用古題不用古義知此意者蓋鮮矣然使得其聲則義之同異又不足道也自永嘉之亂禮樂日微日替暨隋平陳得其一二則樂府之清商也文帝聽而善之曰此華夏正聲也乃置清商府博采舊章以爲樂之所本在此自隋之後復無正聲至唐能合于管絃者明君楊叛兒驍壺春歌秋歌白雪堂堂春江花月夜八曲而已不幾於亡乎臣謹考摭古今編繫節奏庶正聲不墜於地矣

漢短簫鐃歌二十二曲 亦曰鼓吹曲按漢晉謂之短簫鐃歌南北朝謂之鼓吹曲觀李白作鼓吹入朝曲亦曰鐃歌列騎吹颯沓引公卿則知唐時猶有遺音但大樂氏失職耳

朱鷺 鷺惟白色漢有朱鷺之祥因而爲詩梁元帝放生碑云元龜夜夢終見取於宋王朱鷺晨飛尚張羅於漢后謂此也魏曰楚之平言魏平陵也吳曰炎精缺言漢衰而孫堅扶王室也晉曰靈之祥言宣帝佐魏而有石瑞之祥也梁曰木紀謝言齊謝梁升也北齊曰水德謝言魏謝齊興也後周曰元精季言魏道陵遲太祖肇開王業也

思悲翁 魏曰戰榮陽言曹公也吳曰漢之季言孫堅閔漢也晉曰宣受命言宣帝禦諸葛也梁曰賢首山言武帝破魏軍於司州肇王迹也北齊曰出山東言神武戰廣阿破爾朱兆也後周曰征隴西言太祖誅侯莫陳悅埽清隴右也

艾如張 溫子昇辭云誰在閶門外羅家諸少年張機逢艾側結網權籬邊若能飛自勉豈爲繒所羈黃雀儻爲戒朱絲猶可延此艾如張之事也觀李賀詩有艾葉綠花誰翦刻中藏禍機不可測似翦艾葉爲蔽張之具也魏曰獲呂布言曹公圍臨淮禽呂布也吳曰據武師言孫權征伐也晉曰征遼東言宣帝討滅公孫氏也梁曰桐柏山言武帝牧司州興王業也北齊曰戰韓陵言神武滅四胡定京洛也後周曰迎魏帝言武帝西幸太祖奉迎宅關中也

上之回 漢武帝元封初因至雍遂通回中道後數遊幸焉其歌稱帝遊石闕望諸國月支臣匈奴服蓋誇時事也魏曰克官渡言曹公破袁紹於官渡也吳曰烏林言周瑜破魏武於烏林也晉曰宣輔政言宣帝之業也梁曰道亡言東昏失道義師起樊鄧也北齊曰殄關隴言神武遣侯莫陳悅誅賀拔岳定關隴也後周曰平竇泰言太祖討平竇泰也

擁離 魏曰舊邦言曹公勝袁紹於官渡還譙收死亡士卒也吳曰秋風言悅以使民民忘其死也晉曰時運多難言宣帝討吳方有征而無戰也梁曰抗威言破加湖元勳也北齊曰滅山胡言神武屠蠡升高車而蠕蠕向化也後周曰復弘農言太祖收復陝城關東震懼也古辭云擁離趾中可築室何用葬之憲用南擁離趾中

戰城南 古辭言戰城南死郭北野死不葬烏可食此言野死不得葬爲烏鳥所食願爲忠臣義士朝出戰而暮不得歸後來作者皆體此意魏曰定武功言曹公初破鄴也吳曰克皖城言孫權勝魏武於此城也晉曰景龍飛言景帝也梁曰漢東流言克魯山城也北齊曰立武定言神武立魏主遷都於鄴而定天下也後周曰克沙苑言太祖俘齊軍十萬於沙苑神武脫身遁也

巫山高 古辭巫山高高以大淮水深難以逝大略言江淮深無梁以潰臨水遠望思歸而已後之作者皆涉陽臺雲雨之說非舊意也魏曰屠柳城言曹公破三郡烏丸於柳城也吳曰關背德言關羽背吳爲孫權所擒也晉曰平玉衡言景帝調萬國也梁曰鶴樓峻言平郢城也北齊曰戰芒山言神武克周帥也後周曰戰河陰言太祖破神武於河上斬其三將也

上陵 漢章帝元和三年帝自作詩四篇一曰思齊姚皇二曰六麒麟三曰竭肅雍四曰陟叱與鹿鳴承元氣二曲爲宗廟食舉又以重來上陵二曲合八曲爲上陵食舉據此所言則上陵自是八曲之一名或作於章帝之前亦不可知蓋因上陵而爲之也魏曰平南荊言曹公平荊州也吳曰通荊州言吳與蜀通好也晉曰文皇統百揆言文帝也梁曰昏主恣淫慝言東昏政亂武帝起義伐罪弔民也北齊曰禽蕭明言梁遣明來寇爲清河王岳所禽也後周曰平漢東言太祖命將平隨郡安陸也

將進酒 魏曰平闕中言曹公征馬超定關中也吳曰章洪德言孫權之德也晉曰因時運言時運之變聖策潛施也梁曰石首篇言平京城廢東昏也北齊曰破侯景言清河王岳破侯景復河南也後周曰取巴蜀言太祖遣軍平定蜀地也

有所思 亦曰嗟佳人 漢太樂食舉十三曲第七曰有所思漢人亦以此樂侑食魏曰應帝期言文帝以聖德受命應明運也吳曰順曆數言孫權建大號也晉曰惟庸蜀言文帝平蜀封建復五等之爵也梁曰期運集言武帝受禪也北齊曰嗣丕基

言文宣帝也後周曰拔江陵言太祖命將禽蕭繹平南土也

芳樹 魏曰邕熙言君臣邕穆庶績咸熙也吳曰承天命言踐位也晉曰天序言用人盡其才也梁曰於穆言君臣和樂也北齊曰克淮南言文宣遣清河王岳禽梁司徒陸法和克壽春盡取江北之地也後周曰受魏禪言閔帝受魏禪作周也

上邪 魏曰太和言明帝繼統得太和平而改元也吳曰元化言以道化天下也晉曰大晉承運期言應籙受圖也梁曰惟大梁言梁德廣運也北齊曰平瀚海言文宣命將滅蠕蠕國也後周曰宣重光言明帝入承大統也

君馬黃 晉曰金靈運言晉乘金運也北齊曰定汝潁言文襄遣清河王岳禽周將王思政於長葛汝潁悉平也後周曰哲皇出言高祖之聖德也按古辭云君馬黃臣馬蒼二馬同逐臣馬良終言美人歸以南以北駕車馳馬令我心傷但取第一句以命題其主意不在馬也李賀之作其得古道乎如張正見祭知君之流只言馬而巳按謝變云或聽鐃歌曲惟吟君馬黃古人知音別曲兒於賦詠者如此後世只於言語上計較此道無聞

雉子班 晉曰於穆我皇言武帝也北齊曰聖道洽言文宣之德無思不服也後周曰平東夏言高祖禽齊主於青州一舉定山東也按吳競所引古辭云雉子高飛止黃鵠高飛已千里雉來飛從雌視以爲始作之辭然樂府之題亦如古詩題所謂關睢葛覃之類只取篇中一二字以命詩初無義也後人卽物卽事而賦故於題有義據此古詞無雉子班之語往往雉子班之作復在此古辭之前吳競未之見也如吳均可憐雉子班又後人所作

聖人出 晉曰仲春振旅言大晉蒐田以時也北齊曰受魏禪言文宣受禪應天順人後周曰禽明徹言高祖遣將克陳將吳明徹而俘之也

臨高臺 古辭云臨高臺臺下清水清且寒江有香草維以蘭黃鵠高飛離或翻開弓射鵠令我生萬年晉曰夏苗田言大晉蒐田爲苗除害也北齊曰服江南言梁主蕭繹來附化也

遠如期亦曰遠期 漢太樂食舉十三曲一曰鹿鳴二曰重來三曰初造四曰俠安五曰來歸六曰遠期七曰有所思八曰明星九曰清涼十曰涉大海十一曰大置十二曰承元氣十三曰海淡淡魏時以遠期承元氣海淡淡三曲多不通利故省之及晉荀勗傳元之流竝爲歌辭晉曰仲秋獮田言蒐狩以時雖有文德不廢武事也北齊曰刑罰中言孝昭舉直措枉獄訟無怨也

石留 晉曰順天道言仲冬大閱用武修文也北齊曰遠夷至言至海外西夷諸國遣使朝貢也

務成 晉曰唐堯言聖皇陟位化被四表也北齊曰嘉瑞臻言聖主應期河清龍見符瑞總至也

元雲 北齊曰成禮樂言功成化治制禮作樂也

黃爵行 晉曰伯益言赤烏銜書有周以興今聖皇受命神雀來也

釣竿篇 伯常子避仇河濱爲漁父其妻思之而爲釣竿歌每至河側輒歌之後司馬相如作釣竿詩遂傳以爲樂曲

漢鞞舞歌五曲

關中一作東**有賢女** 魏曰明明魏皇帝晉曰洪業篇

章和二年中 漢章帝所造魏曰太和有聖帝晉曰天命篇

樂久長 魏曰魏曆長晉曰景皇篇

四方皇 魏曰大生烝民晉曰大晉篇

殿前生桂樹 魏曰爲君既不易晉曰明君篇

右鞞舞之歌五曲未詳所始漢代燕享則用之傳毅張衡所賦皆其事也章和二年中則章帝所作舊辭並亡曹植鞞舞詩序云故西園鼓吹李堅者能鞞舞遭世亂越關西隨將軍段煨先帝聞其舊妓下書召堅堅年踰七十中間廢而不爲又古曲甚多謬誤異代之文未必相襲故依前曲作新歌五篇晉泰始中又製其辭焉按鞞舞本漢巴渝舞高祖自蜀漢伐楚其人勇而善鬬好爲歌舞帝觀之曰武王伐紂之歌使工習之號曰巴渝舞其舞曲四篇一曰矛渝二曰安弩渝三曰安臺四曰行辭其辭既古莫能曉句讀魏使王粲制其辭粲問巴渝帥而得歌之本意故改爲矛渝新福弩渝新福曲臺新福行辭新福四歌以述魏德其舞故常六佾桓元將僭位尙書殿中郞袁明子啓增滿八佾梁復號巴渝隋文帝以非正典罷之

拂舞歌五曲魏武帝分碣石爲四曲其八曲

白鳩篇 亦曰白鳧舞以其歌且舞也亦入清商曲

濟濟篇

獨祿篇 李白作獨鹿

碣石篇 晉樂奏魏武帝分爲四篇一曰觀滄海二曰冬十月三曰土不同四曰龜雖壽

淮南王篇 舊說淮南王安求仙禮方士遂與八公相攜而去莫知所在其家臣小山之徒思戀不巳乃作是歌言安仙去也此則恢誕家爲此說耳不然亦是後人附會也

按晉楊泓舞序云自到江南見白符舞符卽鳧也白鳧舞卽白鳩舞也白鳧之辭出於吳其本歌云平平白鳧思我君惠集我金堂謂晉爲金德吳人患孫皓虐政而思從晉也然碣石章又出於魏武則知拂舞五篇並晉人採集三國之前所作惟白鳧不用吳舊歌而更作之命以白鳩焉

鼓角橫吹十五曲

黃鵠一作鶴**吟**　隴頭吟亦曰隴頭水　望行人　折楊柳　關山月　洛陽道　長安道　豪俠行亦曰俠客行　梅花落胡笳曲　紫騮馬　驄馬復有驄馬驅非橫吹曲　雨雪　劉生不知何代人觀齊梁以來所爲劉生之辭皆稱其任俠周遊三秦間或云抱劍專征爲符節郎　古劍行　洛陽公子行

右鼓角橫吹曲按周禮以鼖鼓鼓軍事舊云用角其說謂蚩尤氏帥魑魅與黃帝戰于涿鹿之野帝命吹角爲龍吟以禦之其後魏武帝北征烏桓越涉沙漠軍士聞之悲思於是減爲中鳴尤更悲矣按此有十五曲後之角工所傳者只得梅花耳今太常所試樂工第三等五十曲抽試十五曲及鳴角人習到大梅花小梅花可汗曲是梅花又有小大之別也然角之制始於胡中國所用鼓角蓋習胡角而爲也黃帝之說多是謬悠況鼓角與胡角聲類既同故其曲亦相參用而梅花之辭本於胡笳今人謂角鳴爲邊聲初出邊徼所傳也關山月洛陽道長安道豪俠行梅花落紫騮馬驄馬八曲後代所加也

胡角十曲

黃鵠吟　隴角頭吟亦曰隴頭水　出關　入關　出塞　入塞　折楊柳　黃覃子　赤之楊　望行人

右胡角者本以應胡笳之聲後漸用之故橫吹有雙角卽胡樂也漢博望侯張騫入西域傳其法惟得摩訶兜勒二曲是爲胡曲之本摩訶兜

勒皆胡語也協律校尉李延年因胡曲更新聲二十八解其法乘輿以爲武樂後漢以給邊將魏晉以來二十八解不復具存但用十曲而已

鼓角之本出於胡角

相和歌三十曲

江南曲梁簡文辭云陽春路時使佳人度枝中水上青併歸長楊樹拂地桃花飛清風吹人光照衣景將夕擲黃金留上客古辭古之詩卽今之曲也由梁武之後皆能音律故創激越之辭發靡麗之音世所好尚至今曲與詩分爲二矣簡文辭美則美矣其如失古意何

度關山亦曰度關曲古辭曹魏樂奏

長歌行古辭按長短歌行皆言其歌聲發越自有短長魏武燕歌行曰短歌微吟不能長傅元艷歌行曰咄來長歌續短歌是也崔豹古今注言長歌乃續命之長吳競亦如是說謬哉

薤露歌亦曰薤露行亦曰天地喪歌亦曰挽柩歌田橫門人作辭云薤上朝露何易晞露晞明朝更復落人死一去何時歸蒿里誰家地聚斂魂魄無賢愚鬼伯一何相催促人命不得少踟躕按左傳齊將與吳戰于艾陵公孫夏使其徒歌虞殯注云送葬歌也是古有喪歌矣使挽柩者歌之故謂喪歌亦謂挽柩歌也此二章之作乃田橫門人歌以葬橫也但悲其亾耳亦無怨言足見古人之用心任所遇而已未嘗尤人焉本一詩也而有二章至漢武時李延年分爲二曲薤露送王公貴人蒿里送士大夫庶人當其時聲亦自有別所以爲二曲後人通謂之挽歌者以其聲無異也故不復存其名薤露亦謂之泰山吟行者言人死則精爽歸于泰山

蒿里傳亦曰蒿里行亦曰泰山吟行喪歌亦曰挽柩歌

鷄鳴亦曰鷄鳴高樹顛蓋本古辭所謂鷄鳴高樹顛狗吠深巷中也

對酒行古辭曹魏樂奏

烏生八九子古辭烏生八九子端坐秦氏桂樹間言烏母生子本在南山巖石間而來爲秦氏所彈白鹿在苑中人得以爲脯黃鵠摩天飄魚在深淵人可得而煮之皆由有所欲也此言爲隱者戒耳今劉孝威之詩但言鳥而巳

平陵東古辭云平陵東松柏桐不知何人劫義公取第一句以命篇此則漢翟義門人所作也義爲東郡太守起兵誅王莽不克而死門人作是歌以哀之

陌上桑亦曰艷歌羅敷行亦曰日出東南隅行亦曰日出行亦曰採桑曲曹魏改曰望雲曲按古辭陌上桑有二此則爲羅敷也羅敷者邯鄲秦氏女也嫁千乘王仁仁後爲趙王家令羅敷採桑於陌上趙王登臺見而悅之置酒欲奪焉羅敷善彈箏作陌上桑以自明不從其辭稱羅敷採桑陌上爲使君所邀羅敷甚誇其夫爲侍中郎以拒之或言與舊說不同然侍中郎漢官也恐仁初爲趙王家令後爲漢侍中郎也呼趙王爲使君者郎君之稱本於漢恐言使君者猶今言使長也其辭有日出東南隅照我秦氏樓之句故亦曰日出東南隅行亦曰日出行別有秋胡行其事與此不同以其亦名陌上桑致後人差互其說一如王筠陌上桑云秋胡始停馬羅敷未滿箱蓋合爲一事也

短歌行亦曰鰕䱇晉樂奏

燕歌行晉樂奏燕北地也是歌始於魏文帝其辭云秋風蕭瑟天氣涼草木搖落露爲霜羣燕辭歸鴈南翔念君客遊思斷腸慊慊思歸戀故鄉何爲淹留寄他方賤妾煢守空房憂來思君不敢忘不覺淚下沾衣裳援琴鳴絃發清商短歌微吟不敢長明月皎皎照我牀星漢西流夜未央牽牛織女遙相望爾獨何辜限河梁

秋胡行亦曰陌上桑亦曰採桑亦曰在昔魯有秋胡子納妻五日而宦於陳五年乃歸未至家於路傍見婦人採桑色美說之下車曰力田不如逢豐年力耕不如見公卿吾有金願以與汝婦人曰婦人當採桑力作以養舅姑不願人之金秋胡歸奉金以遺母母使呼婦婦至乃向採桑者婦惡其行因東投河而死後人哀之而作秋胡行故亦曰陌上桑亦曰採桑後人多與羅敷行無別

苦寒行亦曰吁嗟晉樂奏古辭云北上太行山艱哉何巍巍羊腸坂詰屈車輪爲之摧樹木何蕭瑟北風聲正悲熊羆對我蹲虎豹夾道啼溪谷少人民雪落何霏延頸長歎息遠行多所懷我心何怫鬱思欲一東歸水深橋梁絕中路正徘徊迷惑失故路薄暮無宿棲行日已遠人馬同時饑擔囊行取薪斧冰持作糜悲彼東山詩悠悠使我哀

董逃行古辭云吾欲上謁從高山山頭危險道路難言五嶽之上皆以黃金爲宮闕多靈獸仙草以人君多欲壽考求長生不死之藥故合天神擁護疑此辭作於漢武之時蓋武帝有求仙之興董逃者古仙人也後漢游童競歌之有董卓之亂卒以逃亾此則謠讖之言因其所尙之歌故有是事實非起於後漢也梁簡文詠行幸甘泉云董逃拜金紫賢妻侍禁中又云不羨神仙侶排煙遠駕鴻所言仙事也然陸機謝靈運之作皆言節物易徂可及時行樂晉傅休奕九秋十二篇有擬董逃行但言夫婦離別各隨其意

塘上行亦曰塘上辛苦行晉樂奏或云甄后所作或云魏文帝作按古歌辭曰蒲生我池中綠葉何離離然觀陸機二篇之作皆言婦人見棄於君之情也舊云甄后被讒見棄而作必是也

善哉行亦曰日苦短古辭云來日大難口燥脣乾言人命不可保當樂見親友求長生術與王喬八公遊也

東門行晉樂奏古辭云出東門不顧歸言士有貧不安其居拔劍將去妻子牽衣留之願共餔糜斯足不求富貴也

西門行古辭

煌煌京洛行晉樂奏

豔歌何嘗行亦曰飛鶴行古辭云飛來雙白鶴乃從西北來言雌病雄不能負之而去五里一返顧六里一徘徊雖遇新相知終傷生別離

步出夏東門行亦曰隴西行古辭

野田黃雀行晉樂奏

滿歌行大曲古辭

櫂歌行晉樂奏魏明帝將用舟師平吳故作是歌以明王化所及後之作者多言方舟鼓櫂之興耳

鴈門太守行按古辭是後漢孝和時洛陽令王渙也渙嘗爲安定太守有安邊恤民之功百姓歌之然此則鴈門太守若非其事偶相合則是作詩者譔以安定爲鴈門

白頭吟西京雜記司馬相如將聘茂陵人女爲妾文君作白頭吟以自絕相如乃止後人作白頭吟皆是以直道被讒見疎於君故古辭云淒淒重淒淒嫁娶不須啼願得一心人頭白不相離

氣出唱亦曰惟乾

精列古辭

東光

右漢舊歌也曰相和歌者並漢世街陌謳謠之辭絲竹更相和令執節者歌之按詩南陔之三笙以和鹿鳴之三雅由庚之三笙以和魚麗之三雅者相和歌之道也本一部魏明帝分爲二部更遞夜宿始十七曲魏晉之世朱生善琵琶宋識善擊節列和善吹笛等復爲十三曲自短歌行以下晉荀勗採撰舊詩施用以代漢魏故其數廣焉

相和歌吟嘆四曲

大雅吟　王昭君　楚妃嘆　王子喬

右張永元嘉技錄四曲也古有八曲曰小雅吟蜀琴頭楚王吟東武吟四曲闕

相和歌四絃一曲

蜀國四絃

右張永元嘉技錄有四絃一曲蜀國四絃是也居相和之末三調之首古有四曲其張女四絃李延年四絃嚴卯四絃三曲闕蜀國四絃節家舊有六解宋歌有五解今亦闕

相和歌平調七曲

長歌行　短歌行亦曰鰕䱇　猛虎行　君子行　燕歌行　從軍行　鞠歌行

右宋王僧虔大明三年宴樂技錄平調有七曲也

相和歌清調六曲三婦豔詩一曲附

苦寒行　豫章行　董逃行　相逢狹路間行亦曰長安有狹斜行亦曰相逢行　塘上行　秋胡行　三婦豔詩亦曰大婦織綺羅中婦織流黃

右王僧虔技錄清調六曲也其三婦豔詩技錄不載張氏云非管絃音聲所寄似是命笛理絃之餘

相和歌瑟調三十八曲

善哉行亦曰日苦短　步出夏門行亦曰隴西行　折楊柳　西門行　東門行　東西門行　卻東西門行　順東西門行　飲馬長城窟行亦曰飲馬行　上留田行　新城安樂宮行　婦病行　孤子生行亦曰孤兒行亦曰放歌行　大牆上蒿行　野田黃雀行　釣竿行　臨高臺行　長安城西行　武舍之中行　鴈門太守行　豔歌何嘗行亦曰飛鵠行　豔歌福鍾行　豔歌雙鴻行　煌煌京洛行　帝王所居行　門有車馬客行　牆上難爲趨行　日重光行　月重輪行　蜀道難　櫂歌行　有所思行　蒲坂行　採梨橘行　白楊行　胡無人行　青龍行　公無渡河行亦曰箜篌行

右王僧虔技錄

相和歌楚調十曲

白頭吟行　泰山吟行　梁甫吟行　東武吟亦曰東武琵琶吟行　怨詩行亦曰怨歌行亦曰明月照高樓　長門怨亦曰阿嬌怨　班婕妤亦曰婕妤怨　蛾眉怨　玉階怨　雜怨

右王僧虔技錄五曲自長門怨以下五曲續附

大曲十五曲

東門東門行　西山折楊柳行　羅敷豔歌羅敷行　西門西門行　默默折楊柳行　園桃煌煌京洛行　白鵠豔歌何嘗行　碣石步出夏門行　何嘗豔歌何嘗行　置酒野田黃爵行　爲樂滿歌行　夏門步出夏門行　王者布大化櫂歌行　洛陽令鴈門太守行　白頭吟

白紵歌一曲古辭梁武改爲子夜吳聲四時歌四曲

共五曲

白紵歌白紵歌有白紵舞白鳧歌有白鳧舞並吳人之歌舞也吳地出紵又江鄉水國自多鳧鶩故興其所見以寓意焉始則田野之作後乃大樂氏用焉其音入清商調故清商七曲有子夜者即白紵也在吳歌爲白紵在雅歌爲子夜梁武令沈約更制其辭焉古云白紵白質如輕雲色似銀制以爲袍餘作巾袍以光軀巾拂塵

右白紵與子夜一曲也在吳爲白紵在晉爲子夜故梁武本白紵而爲子夜四時歌後之爲此歌者曰白紵則一曲曰子夜則四曲今取白紵於白紵取四時歌於子夜其實一也

清商曲七曲附五十曲并夷樂四十一曲除內七曲同實計八十四曲

子夜亦曰子夜吳聲四時歌亦曰子夜吳歌晉有女子名子夜作是歌其聲甚哀晉孝武太元中琅邪王軻家有鬼歌之子夜之音同於白紵皆清商調也故梁武本白紵而爲子夜吳聲四時歌明此子夜亦有晉聲者其實不離清商

前溪晉車騎將軍沈玩所作舞曲也

烏夜啼宋臨川王義慶所作宋元嘉中徙彭城王義康於豫章郡義慶時爲江州相見而哭文帝聞而怪之召還宅義慶大懼妓妾聞烏夜啼叩齋閤云明日應有赦及旦改南兗州刺史因作此歌故其辭云籠窗窗不開烏夜啼夜夜望郎來蓋詠其妾也

石城樂宋臧質所作也石城在景陵質爲景陵太守於城上見羣少年歌詠之樂因爲此辭其辭曰生長石城下開門對城樓城中美少年出入相依投

莫愁樂出於石城之作石城有女子名莫愁善歌謠故石城之外復有莫愁古又有莫愁洛陽女非此古辭云莫愁在何處莫愁石城西艇子打兩槳催送莫愁來來音聲

襄陽樂宋隋王誕始爲襄陽郡元嘉末仍爲雍州夜聞諸女歌謠因爲之辭焉宋劉道彥爲雍州有惠化百姓歌之謂之襄陽樂非此也古辭云朝發襄陽城暮至大堤宿大堤諸女兒花豔驚郎目

王昭君亦曰王嬙亦曰王明君名嬙字昭君避晉文諱改曰明君漢元帝時匈奴盛請婚於漢帝以後宮良家子昭君配焉元帝之時後宮掖庭員數多帝不及徧識令毛延壽畫圖延壽取金於後宮而昭君不與故陋其姿及昭君既出宮帝爲愕然殺延壽其時公主嫁烏孫爲馬上彈琵琶作樂以慰其道路之思其事多見載籍其辭云吾家嫁我兮天一方遠託異國兮烏孫王穹廬爲室兮旃爲牆旃帳也按漢書烏孫使使獻馬願得尚公主乃遣江都王建女爲公主以妻烏孫焉此則是也若以爲延壽畫圖之說則委巷之談流入風騷人口中故供其賦詠至今不絕

右按清商曲亦謂之清樂出於清商三調所謂平調清調瑟調是也三調者乃周房中樂之遺聲漢魏相繼至晉不絕永嘉之亂中朝舊曲散落江右而清商舊樂猶傳江左所謂梁宋新聲是也元魏孝文纂漢收其所獲南音謂之清商樂即此等是也隋平陳因置清商府傳採舊曲若巴渝白紵等曲皆在焉自此漸廣雖經喪亂至唐武后時猶存六十三曲其傳者有焉

白雪楚曲也或云周曲唐顯慶三年十月太常寺奏按張華博物志云白雪是黃帝使素女鼓五十絃瑟曲名以其調高人和遂寡自宋玉以來迄今千祀未有能歌白雪者臣今准敕依琴中舊曲定其宮商然後敎習並合於歌輒以御製雪詩爲白雪歌辭又樂府奏正曲之後皆有送聲君唱臣和事彰前史輒取侍中許敬宗等奏和雪詩十六首以爲送聲各十六節上壽之乃付太常編於樂府

公莫舞即巾舞也蓋取高祖鴻門會飲項伯以袖隔之使不得害高帝且語莊云公莫古人相呼爲公莫害漢王也亦謂之公莫曲後之舞者用巾蓋像項伯衣袖之遺式也本即舞後人因爲辭焉

巴渝本舞名即鞞舞也漢高自蜀漢將定三秦閬中范因率賨人以從爲前鋒號板楯蠻勇而善鬪及定三秦封因爲閬中侯復賨人七姓其俗喜舞高帝使樂人習之閬中有渝水因以爲名故曰巴渝舞曲四篇其辭既古莫能曉其句讀魏使王粲改創其調晉及江左皆制其辭

明君　明之君漢鞞舞曲梁武改其曲辭以歌君德　鐸舞曲　白鳩吳拂舞曲　白紵吳舞　子夜晉曲　吳聲四時歌梁曲　前溪晉曲　阿子歌亦曰歡聞歌晉穆帝升平初童子輩或歌於道歌畢輒呼阿子汝聞否又呼歡聞否以爲送聲後人演其聲爲二曲宋齊間用莎乙子之語稍訛異也

團扇郎晉中書令王珉好執白團扇其侍人謝芳歌之或云珉與嫂婢謝芳有情嫂鞭撻過苦婢善歌而作此曲其辭云團扇復團扇持許自遮面憔悴無復理羞與郎相見

懊儂儂亦作懊石崇侍人綠珠所作絲布澀難縫一曲而已東晉隆安初民間訛謠之曲云春草可攬結女兒可攬擷齊高帝謂之中朝歌

長史變晉司徒左長史王廞臨敗所作

丁督護

亦曰丁都護亦曰督護歌宋武帝女夫徐逵之爲彭城內史爲魯軌所殺武帝使內直督護丁旿收殮之逵之妻呼旿至閤下自問殮送之事每問輙歎息曰丁督護其聲甚哀後人因其聲廣其曲焉其辭二首一曰督護上征去儂亦惡聞許願作石尤風四面斷行旅黃河流無極洛陽數千里聽輙戎旅間何由見歡子

讀曲　宋人爲彭城王義康作其歌曰死罪劉領軍誤殺劉四弟古今樂錄曰元嘉十七年袁后崩百官不敢聲歌或因酒燕只竊聲讀曲細吟而已

烏夜啼　宋臨川王義慶作

估客樂　齊武帝所作也武帝爲布衣時常游樊鄧踐阼已後追憶往事而作是歌使太樂令劉瑤教習百日無成或啟釋寶月善音律帝使寶月奏之便就勑歌者重爲感憶之聲梁改爲商旅行其辭二首一曰昔經樊鄧役假楫梅根渚感昔追往事意滿情不敘二曰有信數寄書無信長相憶莫作餅落井一去無消息

石城樂　宋臧質作

莫愁　出於石城

襄陽　亦曰襄陽樂宋隋王誕作

烏夜飛　亦曰棲烏夜飛宋荊州刺史沈攸之所作也攸之舉兵發荊州未敗之前思歸京師所以歌之曰白日落西山還去來

楊叛兒亦曰西曲楊叛兒　本童謠也齊隆昌時女巫之子曰楊旻隨母入內及長爲太后所寵愛童謠云楊婆兒共戲來語訛轉婆爲叛也

雅歌　未詳所起

驍壺　投壺樂也隋煬帝所造以投壺有躍矢爲驍壺今謂之驍壺是

常林歡　常林即長林也今之荊門長林縣是也樂人誤以長爲常此則梁宋間曲也宋代以荊雍爲南方重鎮皆王子爲之牧江左辭詠莫不稱之以爲樂土故宋隋王誕作襄陽樂齊武追憶樊鄧作估客樂是也梁簡文辭云分手桃林岸遂別峴山頭若欲寄音信漢水向東流

三洲　商人之歌也商客數由巴陵三江口往還因共作此歌

採桑度　三洲曲所出也與羅敷秋胡行所謂採桑者異矣

玉樹後庭花　玉樹後庭花與堂堂黃鸝留金釵兩臂垂凡四曲皆陳後主所作常與宮女學士及朝臣相唱和爲詩太樂令何胥採其尤輕豔者以爲此曲

堂堂　陳後主所作者唐高宗朝常歌之

泛龍舟　隋煬帝幸江都宮所作又令大樂令白明達造新聲剏萬歲樂藏鉤樂七夕相逢樂舞席同心髻玉女行觴神仙留客擲磚續命鬭雞子鬭百草還舊宮長樂花十二時等曲掩抑摧藏哀音斷絕

春江花月夜　隋煬帝所作也凡二首一曰暮江平不動春花滿正開流波將月去潮水帶星來二曰夜露含花氣春潭漾月暉漢水逢游女湘川值雨妃

右三十三曲明之君雅歌各二首四時歌四首凡三十八曲又有四曲上林鳳雛平折命嘯其聲與辭皆訛失又有三曲曰平調清調瑟調有聲無辭又蔡邕云清商曲其詩不足採有出郭西門陸地行車俠鐘朱堂寢奉法五曲往往在

漢時所謂清商者但尚其音爾晉宋間始尚辭觀吳競所纂七曲皆晉宋間曲也故知梁宋新聲有自來矣因隋文帝爲好清樂以爲華夏正聲故特盛於隋焉大業中煬帝乃定清樂西涼龜茲天竺康國疏勒安國高麗禮畢以爲九部

西涼五曲　揚澤新聲　神白馬　永世　龜茲　萬歲樂　樂　萬世豐解　于闐佛舞　藏鉤樂　七夕相逢樂　玉女行觴　神仙留客　擲磚續命　投壺樂　舞席同心髻　泛龍舟　鬭雞子　鬭百草　善善　還舊宮　長樂花　十二時曲　摩尼　婆伽兒舞　小天舞　聖明樂　疏勒鹽

天竺二曲　沙石彊歌　天曲樂舞

康國四曲　戢殿農和正歌　木奚波地舞曲　前拔地舞曲　惠地舞曲

疏勒三曲　亢利死遜歌　遠服舞　鹽曲解

安國三曲　附薩單時歌　居和祇解　末奚舞

高麗二曲　芝栖歌　芝栖舞

禮畢二曲　單交路行　散花舞

禮畢者九部樂終則陳之唐高祖即位乃隋制亦設九部樂曰燕樂伎曰清商伎曰西涼伎曰天竺伎曰高麗伎曰龜茲伎曰安國伎曰疏勒伎曰康國伎其實皆主於清商焉

琴操五十七曲　九引　十二操　三十六雜曲

思歸引亦曰離拘操　舊說衛賢女之所作也邵王聞其賢而聘之未至而王死太子留之不聽拘於深宮思歸不得援琴而歌曲終乃縊初但有聲至晉石崇始作辭但述其思歸河陽所居而已劉孝威胡地懸良馬亦只言思歸之狀

走馬引　樗里牧恭所造也爲父報仇殺人而藏山谷中有天馬夜降鳴于其室閭而驚以爲吏追已犇逃入川澤中援琴而彈之作天馬之聲命之曰走馬引又張敞爲京兆尹無威儀時罷朝會走馬章臺街時人鄙笑之有毆君馬者路傍兒之語故張率詩曰吾畏路傍兒

霹靂引亦曰吟白虎亦曰舞元鶴　楚商梁所作商梁出游九皐之澤遇風雷霹靂懼而歸作此引又晉平公召師曠援琴而鼓淸徵一奏有元鶴二八來集再奏而列三奏延頸而鳴舒翼而舞所謂舞元鶴者蓋本於此往往其音不殊故合爲一不然則本舞元鶴之聲而爲霹靂引

烈女引　亦曰操楚樊姬作也

伯妃引　魯伯妃作

琴引　秦時屠高門作

楚引亦曰龍邱引　楚龍邱子高引

貞女引　魯女所作

箜篌引亦曰公無渡河亦曰箜篌謠　朝鮮津卒霍里子高妻麗玉所作子高晨起刺船見一白首狂夫被髮攜壺亂流而渡其妻隨呼止之不及遂援箜篌而鼓之歌曰公無渡河公終渡河公墮而死當奈公何聲音悽愴曲終亦投河而死子高還以其聲語麗玉麗玉傷之乃引箜篌寫其聲聞者莫不墮淚麗玉以其聲傳鄰女麗容名曰箜篌引舊史稱漢武帝滅南粵祠太一后土令樂人侯暉依琴造坎侯坎者聲也侯者工人姓也後語訛坎爲空然以臣所見今大樂有箜篌器何得如此說

右九引

將歸操　世言孔子作孔子之趙聞殺竇鳴犢賢者也孔子知必不用已故將歸其辭曰翱翔于衛復我舊居從吾所好其樂只且

猗蘭操亦曰幽蘭操　世言孔子作孔子傷不逢時以蘭薺麥自喻且云我雖不用於我何傷言雪霜之時薺麥乃茂蘭者取其芬香也今此操只言猗蘭蓋省辭也

龜山操　世言孔子作季桓子受齊女樂孔子欲諫不得退而望魯之龜山而作此曲言位尊非其人嗟予莫之依也或言季氏若龜山之蔽魯

越裳操　世言周公作越裳國獻白雉周公作是歌

拘幽操　世言文王拘於羑里而作

岐山操　世言周公爲太王作述古豳公之續患時顯武也或云周人爲文王所作

履霜操　世言尹吉甫子伯奇無罪爲後母所譖見逐自傷而作也追帝舜之事明怨其身之不爲父母憐也言人之不得於父母者當益親也

雉朝飛操　世言齊宣王時處士犢牧子作也年七十無妻採薪於野見雉雌雄雙飛乃仰天而歎曰聖王在上恩及草木鳥獸而我不獲因援琴而歌其聲中絕魏武帝有宮人盧女者陰叔之妹七歲入漢宮學鼓琴琴特鳴異爲新聲能傳此曲至魏明帝崩出降爲尹更生妻故得此聲不絕按揚雄琴清英曰雉朝飛操者衛女傳母之所作也衛女嫁於齊太子中道聞太子死問傳母曰且往當喪喪畢不肯歸終之以死傳母悔之取女所自操琴於家上鼓之忽二雉俱出墓中傳母撫雉曰女果爲雉耶言未畢俱飛而起不見所往傳母悲痛援琴作操曰雉朝飛據雄所記大梁與思歸操之言相類恐是訛易

別鶴操　商陵牧子娶妻五年無子父兄爲之改娶其妻聞之中夜起倚戶悲歌牧子感之爲作此曲或云其時亦有憂鶴悲鳴故因以命操

殘形操　世言曾子夢一狸不見其首以爲不祥而作此曲

水僊操　世言伯牙所作伯牙學鼓琴於成連先生三年而成至於精神寂寞情之專一尙未能也成連云吾師子春在海中能移人情乃與伯牙延望無人至蓬萊山留伯牙曰吾將迎吾師刺船而去句時不返但聞海上水汨沒瀲漸之聲山林宵冥聲鳥悲號愴然歎曰先生將移我情乃援琴而歌之曲終成連刺船而還伯牙遂妙絕天下

懷陵操　世言伯牙所作

右十二操韓愈取十操以爲文王周公孔子曾子伯奇犢牧子所作則聖賢之事也故取之水僊懷陵二操皆伯牙所作則工技之爲也故削

之嗚呼尋聲徇迹不識其所由者如此九流之學皆有義所述者無非聖賢之事然而君子不取焉者爲多誣言飾事以實其意所貴乎儒者爲能通今古審是非胷中了然異端邪說無得而惑也退之平日所以自待爲如何所以作十操以貽訓後世者爲如何臣有以知其爲邪說異端所襲愚師瞽史所移也琴操所言者何嘗有是事琴之始也有聲無辭但善音之人欲寫其幽懷隱思而無所憑依故取古之人悲憂不遇之事而以命操或有其人而無其事或有其事又非其人或得古人之影響又從而滋蔓之君子之所取者但取其聲而已取其聲之義而非取其事之義君子之於世多不遇小人之於世多得志故君子之於琴瑟取其聲而寫所寓焉豈尙於事辭哉若以事辭爲尙則自有六經聖人所說之言而何取於工伎所志之事哉琴工之爲是說者亦不敢鑿空以厚誣於人但借古人姓名而引其所寓耳何獨琴哉百家九流皆有如此惟儒家開大道紀實事爲天下後世所取正也蓋百家九流之書皆載理無所繫着則取古之聖賢之名而以已意納之於其事之域也且以卜筮家論之最與此相近也如以文王拘羑里而得明夷文王拘羑里或有之何嘗有明夷乎又何嘗有箕子遇害之事乎孔子問伯牛而得益孔子問伯牛實有之何嘗有益乎又何嘗有過其祖之語乎琴操之所紀者皆此類也又如稗官之流其理只在脣舌間而其事亦有記載虞舜之父杞梁之妻於經傳所言者數十言耳彼則演成萬千言東方朔三山之求諸葛亮九曲之勢於史籍無其事彼則肆爲出入操之所紀者又此類也顧彼亦豈欲爲此誣罔之事乎正爲彼之意向如此不得不如此不說無以暢其胷中也又如兔園之學其來已久其所言者無非周孔之事而不得爲正學不爲學者所取信者以意卑淺而言陋俗也今觀琴曲之言正兔園之流也但其遺聲流雅不與他樂並肩故君子所尙焉或曰退之之意不爲其事而作也爲時事而作也曰如此所言則白樂天之諷諭是矣若懲古事以爲言則隋堤柳可以戒亾國若指今事以爲言則井底引銀瓶可以止淫奔何必取異端邪說街談巷語以寓其意乎同是誕言同是飾說伯牙何誅焉臣今論此非好攻古人也正欲憑此開學者見識之門使是非不雜揉其間故所得則精所見則明無古無今無愚無智無是無非無彼無已無異無同槩之以正道爍爍乎如太陽正照妖氛邪氣不可干也

河閒雜弄二十一章

蔡氏五弄　雙鳳　雜鸞　歸風　送遠　幽蘭　白雪（太常丞呂才以唐高宗雪詩爲白雪歌被之以琴）　長清　短清　長側　短側　清調　大遊　小遊　明君　胡笳　白魚歎　廣陵散（稽康死後此曲遂絕往往後人本舊名而別出新聲也）　楚妃歎　風入松　烏夜啼　楚明光　石上流泉　臨汝侯子安之　流漸淵　雙燕離　陽春弄　悅人弄　連珠弄　中揮清　暢志清　蟹行清　看客清　便僻清　婉轉清

右三十六雜曲

遺聲序論

遺聲者逸詩之流也今以義類相從分二十五門二十附門總四百十八曲無非雅言幽思當採其目以俟可考今採其詩以入系聲樂府

古調二十四曲

古辭十九曲（無名氏）　擬行行重行行（陸機）　古意（李白）　淫思古意（顏峻）　古樂府（權德輿）

征戍十五曲（將帥）　城塞　校獵

戎行曲　遠征人　南征曲　老將行　將軍行　霍將軍行　司馬將軍歌　長城　築城　古築城曲　塞上曲　塞下曲　古塞曲　邊思　校獵曲

遊俠二十一

遊俠篇　俠客行　博陵王宮俠曲　臨江王節士歌　少年子　少年行　刺少年　邯鄲少年行　長安少年行　羽林郎　輕薄篇　劒客　結客　結客少年場（曹植詩云結客少年場報怨洛北芒故取一句）　沐浴子　結襪子　結援子　壯士吟　公子行　燉煌子　扶風豪士歌

行樂十八曲

遊子移　遊子吟　嘉遊亦曰喜春遊　王孫遊　棗下何纂纂　攜手曲　樂未央　永明樂　今樂歌　吾生作宴樂　今日樂相樂　苦樂相倚曲（唐元稹作言人情不常恩寵反覆專引班姬趙飛燕事爲言）　合歡詩（晉楊方所作婦人也其詩言我情與君猶形影不相離願食其並根穗飲共連理盃衣同雙絲絹寢共無縫裯坐必接膝行必攜手如鳥同心如魚比目利斷金石密逾膠漆焉）　定情篇（漢繁欽所作言婦人不能自相悅媚乃解衣服玩好致之用叙綢繆之志若臂環致拳拳指環致勤勤耳珠致區區香囊致叩叩跳脫致契闊佩玉結恩情自以爲至矣而期於山隅山陽山

西山北終而不答乃自傷悔　還臺樂　河曲遊　行幸甘泉宮　宮中行樂

佳麗四十七曲 女功　才慧　貞節

美女篇亦曰齊瑟行亦曰齊吟　美人　織女辭　錦石擣流黃　丹陽孟珠歌　錢塘蘇小小歌　孫綽情人碧玉歌　中山王孺子妾歌 孺子者幼小之稱漢書曰詔賜中山王噲及孺子妾并未央才人歌詩四篇　吳王夫差女紫玉歌　董嬌饒　烏孫公主 漢武帝以江都王女細君爲公主嫁烏孫昆彌至其國別治宮室歲時一再會公主悲怨而作是詩　情人桃葉歌亦曰千金意 桃葉者王獻之妾名緣於篤愛所以作歌或云是童謠桃葉復桃葉桃葉連桃根相憐兩樂事獨使我殷勤又曰桃葉復桃葉渡江不用楫但道無所苦我自楫迎汝　李夫人 漢武帝裹李夫人令寫眞甘泉殿又令方士合靈藥曰反魂香以降夫人之魂髣髴其狀背燈　隔帳不得語　楚妃吟　楚妃歎　楚明妃曲　杜秋娘 金陵女年十五爲李錡妾錡叛滅籍之入宮有寵於景陵穆宗立命爲皇子傅母皇子封章王鄭注事被罪放還故鄉其辭云勸君莫惜金縷衣勸君須惜少年時花開堪折直須折莫待無花空折枝　女秋蘭　木蘭辭 木蘭女子也其父被調從征木蘭代父往防邊獲功而歸與人同伴十二年而人不知其爲女子故其詩之卒章有雄兔脚撲朔雌兔眼迷離兩兔傍地走焉能知我是雄雌之句　昭君歎　劉勳妻　焦仲卿妻　杞梁妻歌 杞殖妻之妹朝日所作也殖戰死妻泣曰上則無父中則無夫下則無子人生之苦至矣乃放聲長號杞城爲之頹遂投水死其妹悲之爲作是歌梁乃殖字　湘夫人亦曰湘君亦曰湘妃 堯二女長曰娥皇次曰女英爲舜二妃舜南巡二妃追隨不及沒於湘渚今有其祠　未央才人歌　邯鄲才人嫁爲厮卒婦　愛妾換馬　胡姬年十五　黃門倡　舞媚娘 舞亦作武唐則天朝常歌此曲　五媚娘　妾薄命亦曰惟日月　妾安所居　皚如山上雪　燕美人　映水曲　蠶絲歌　貞女　嬬婦吟　麗人行　上陽白髮人 唐天寶五載已後楊貴妃專寵後宮人無復進幸矣六宮有美色者輒置別所上陽是其一也貞元中尙存焉　繚綾　時世粧　王家少婦　委舊命　秦女卷衣　靜女辭

別離十九曲 迎客

生別離　離歌　長別離　河梁別　春別曲　自君之出矣　送歸曲　思歸篇　送遠曲　母別子　寄衣曲　迎客曲　送客曲　遠別離　久別離　古離別　怨別　離怨 一作雜怨　井底引銀瓶

怨思二十五曲

傷歌行　怨辭　青樓怨　春女怨　秋閨怨　閨怨　寒夜怨　征婦怨　綵書怨　鳳樓怨　綠墀怨　四愁　七哀　長相思　憂且吟　獨處愁　思公子　思君去時行　洛陽夫七思詩　湘妃怨　娼樓怨　西宮秋怨　西宮春怨　遺所思　獨不見

歌舞二十一曲 技能

浩歌行　緩歌行　前緩聲歌　會吟行　同聲歌　勞歌　悲歌行　上聲歌 此因上聲促柱得名或用一調或用無調名如古歌辭所謂哀思之音不合中和梁武因之改辭無復雅句　大垂手 獨舞而垂手也小垂手亦然其辭云垂手忽迢迢飛燕掌中嬌羅衫恣風引輕帶任情搖詎似長沙地促舞不回腰　小垂手 其辭云舞女出西秦躡節舞陽春且復小垂手廣袖拂紅塵折腰應兩袖頻足轉雙巾蛾眉與慢臉見此空愁人　鈞天曲　豔歌行 古辭有翩翩堂前燕冬藏夏來見言兄弟流宕他之或言魏武始作　童謠　入朝曲　淸歌發　獨舞　調嘯辭 急聲也至今猶存　正古樂　三臺辭 舞辭也今猶存　齊謳行　吳趨曲 齊謳者齊人之歌吳趨者吳人之舞故陸機所引牛山陸厥所言稷下皆齊地閶門乃吳門閶闔所行亦名破楚門千載而下欲爲齊謳者必本齊音欲爲吳趨者必本吳調

絲竹十一曲

挾琴歌　相如琴　薄暮動絃歌　鼓瑟有所思　趙瑟　秦箏　龍笛曲　短簫　鳳笙　華原磬 唐天寶中始廢泗濱磬用華原石代之詢諸磬人則曰故老云泗濱磬石調之不能和得華原石考之乃和由是不改　五絃彈

觴酌七曲

羽觴飛上苑　前有一樽酒　城南偶燕　當置酒　當壚　獨酌謠　山人勸酒

宮苑十九曲 樓臺　門闕

魏宮辭　玉華宮　長信宮　連昌宮　楚宮行　雍臺　淩雲臺　新成長樂宮　登樓曲　青樓曲　建興苑　芳林篇　上林　門闕篇　駕言出北闕　坐玉堂　內殿賦新詩　西園遊上才　春宮曲

都邑三十四曲

名都篇亦曰齊瑟行　京兆歌　左馮翊歌 京兆京師也馮翊在左扶風在右謂之三輔京兆今永興馮翊今同州扶風今鳳翔　扶風歌　荊州樂　燉煌樂 燉煌涼州之地也　青陽樂 今青州　潯陽樂 今江州　壽陽樂 南平穆王爲荊河州作也　涼州樂 今屬西夏

按今之樂有伊州涼州甘州渭州之類皆西地也又按隋煬帝所定九部夷樂西涼龜茲天竺康居之類皆西夷也觀詩之雅頌亦自西周始凡是淸歌妙舞未有不從西出者八音之音以金爲主五方之樂惟西是承雖曰人爲亦莫非稟五行之精氣而然

邯鄲歌 今趙州　長平行 秦白起所坑趙降兵處　故絳行 晉雖遷新田以舊地爲故絳　西長安行　臨碣石 平州之地臨北海禹所導河從此入海故曰碣石送反潮　白銅鞮歌亦曰襄陽蹋銅鞮　南郡歌 今南陽也　荊州歌 今荊南府　陳歌　吳歌　鄴都引　蔡歌行　越城曲　越謠　孟門行　燕支行　汾陰行　新昌里　洛陽陌　大堤曲　出自薊北門行　江南行　江南思　長干行

道路六曲

陰山道　太行路　行路難　變行路難　沙路曲　沙隄行

時景二十五曲
陽春歌楚曲 青陽歌 春日行 秋風辭帝幸河東祠后土顧視帝京欣然中流與羣臣賁上賦秋風 北風行 苦熱行 秋歌 朝歌 晨風歌 朝來曲 夜夜曲 夜坐吟 遙夜吟 春日 有所思 元雲 朝雲 雷歌 驚雷歌 雪歌 胥臺露 白日歌 明月篇 明月子 日出行 日與月

人生四曲
百年歌陸機作十年為一章共十章言句泛濫無可采 人生 老年行 老詩

人物九曲
大禹 成連 湘東王 祖龍行 百里奚 項王亦曰蓋世 楚王曲 安定侯曲 李延年歌

神仙二十二曲隱逸 漁父
步虛辭 神仙篇 外仙篇 升仙歌 升天行 仙人篇 遊仙篇 仙人覽六著篇 海漫漫 桃源行 上雲樂亦曰洛濱曲 武陵深行一曰武溪深行 招隱本楚辭漢淮南王安小山所作言山中不可久留或言郎安所作也後人改為五言若晉左思枝策招隱數篇是也晉王康琚又作反招隱舊說淮南書有小山亦有大山亦猶詩有小雅有大雅 反招隱 四皓 蕭史曲 方諸曲 王喬歌 元丹邱歌 紫谿翁歌序云紫谿翁過角里先生舉酒相屬醉而歌 漁父 歸去來引

梵竺四曲
舍利弗 法壽樂 阿那瓌 摩多樓子

蕃胡四曲
于闐採花 高句麗 紀遼東隋煬帝為遼東之役而作是詩 出蕃曲

山水二十四曲登臨 泛渡
桐栢山山在唐州桐栢縣淮水發源之處 華陰山在華州西嶽 巴東三峽歌 淫豫歌亦曰灔澦歌其辭云淫豫大如服瞿唐不可觸金沙浮轉多桂浦忌經過此舟人商客刺水行舟之歌亦非簡文所作也蜀江有瞿唐之患桂江有桂浦之難故過瞿唐者則准灩澦涉桂浦者則准金沙又有灩澦如馬瞿唐莫下灩澦如象瞿唐莫上之語是單言瞿唐也 河中之水歌 曲池之水歌 東海 小臨海歌 江上曲 江臯曲 方塘含白水歌 日暮望涇水 曲江登山曲 巫山 中流曲 濟黃河 渡易水曲 桂楫泛河中 登名山行 昆明春水滿此唐貞元中作也自唐後不都長安昆明池遂為民田矣 半路溪 泛水曲 幽澗泉

草木二十一曲採種 花菓
赤白桃李花亦曰桃李唐高祖時歌 秋蘭篇 芙蓉花 採蓮曲 採菱曲 採菊 茱萸篇 蒲生歌 城上麻 夾樹 夾樹有綠竹 綠竹 樹中草 冉冉孤生竹取古詩第一句作題按何偃作此詩所言者婚姻之事 楊花曲 桃花曲 隋堤柳 種葛 江蘺生幽渚 浮萍篇 桑條太史迦葉志忠上桑條歌十二篇言韋后當受命

車馬六曲
車遙遙篇 高軒過 白馬篇亦曰齊瑟行 驅車 天馬歌 八駿圖

龍魚六曲蟲豸
尺蠖 應龍篇 飛龍篇 飛龍引 枯魚 捕蝗

鳥獸二十一曲
白虎行 烏栖曲 東飛伯勞歌 擬東飛伯勞 雙燕 燕燕于飛 澤雉 滄海雀 空城雀 雀乳空井中 鬬鷄 晨鷄高樹鳴 鴛鴦 鳴雁行 鴻鴈生北塞行 黃鵠飛上苑 飛來雙白鶴 雙翼 隻翼 鳳凰曲 秦吉了

雜體六曲隱語
雜曲．五雜組曲 寓言 雜體 槀砧亦曰槀砧今何在 兩頭纖纖

祀饗正聲序論

仲尼所以爲樂者在詩而已漢儒不知聲歌之所在而以義理求詩別撰樂詩以合樂殊不知樂以詩爲本詩以雅頌爲正仲尼識雅頌之旨然後取三百篇以正樂樂爲聲也不爲義也漢儒謂雅樂之聲世在太樂樂工能紀其鏗鏘鼓舞而不能言其義以臣所見正不然有聲斯有義與其達義不達聲無寧達聲不達義若爲樂工者不識鏗鏘鼓舞但能言其義可乎譬河安能止渴畫餅豈可充饑無用之言聖人所不取或曰郊祀大事也神事也燕饗常事也人事也舊樂章莫不先郊祀而後燕饗今所采樂府反以郊祀爲後何也曰積風而雅積雅而頌猶積小而大積卑而高也所積之序如此史家編次失古意矣安得不爲之釐正乎

漢武帝郊祀之歌十九章
練時日一 帝臨二 青陽三 朱明四 西顥五 元冥六 惟泰元七建始初丞相匡衡奏罷鸞輅龍麟更定惟泰元 天地八匡衡奏罷黼繡周張更定天地 日出入九 天馬十元狩三年渥洼水生馬作太初四年伐大宛得宛馬作 天門十一 景星十二元鼎五年得鼎汾陰作 齊房十三元狩二年芝生甘泉齊房作 皇后十四 華爗爗十五 五神十六 朝隴首十七元狩元年行幸雍獲白麟作 象載瑜太始三年行幸東海獲赤鴈作 赤蛟十九

班固東都五詩
明堂 辟雍 靈臺 寶鼎 白雉

臣謹按古詩風雅皆無序惟頌有序者以風雅者所采之詩也不得其始兼所用之時隨其事宜亦無定著或於一篇之中但取一二句以見意而已不必序

也頌者係乎所作而獨用之廟樂不可用於郊天柴望不可用於講武所以蔡邕獨斷惟載頌序以爲祀典而風雅本無序也自齊魯韓毛四家之說起各爲風雅之序度其初意只欲放頌詩之序而爲之其實不知風雅無用於序有序適足以惑頌聲也今觀漢武十九章郊祀歌郎詩可見者則無序非憑詩可見者必言所作之始可謂得古頌詩之意矣風雅之詩皆不得其始其閒有得於甘棠之美召伯常棣之思周公豈無一二以用之不繫於其始不必序也樂府之詩亦皆不得其始其閒有得於採桑之女子渡河之狂夫豈無一二亦以用之不繫於其始不必序焉觀頌詩與郊祀之詩皆言所作之始風雅詩與樂府所採之詩不言其始之作則可以知漢人之迹近於三代故詩章相襲自然相應如此後之人則遠矣按郊祀十九章皆因一時之盛事爲可歌也而作是詩各有其名然後隨其所用故其詩可采魏晉則不然但郎事而歌如夕牲之時則有夕牲歌降神之時則有降神歌既無偉績之可陳又無題命之可紀故其詩不可得而採如隨廟立舞酌獻登歌各遂時代而匪流通亦不可得而後也惟梁武帝本周九夏之名以作十二雅庶可備編采之後

梁武帝雅歌十二曲

俊雅取禮記司徒論選士之秀者而升之學曰俊士也眾官出入奏俊雅二郊太廟明堂三朝同用

皇雅取詩皇矣上帝臨下有赫也皇帝出入奏皇雅二郊太廟同用

允雅取詩君子萬年永錫祚允也皇太子出入奏之三朝用焉

寅雅取尚書周官貳公弘化寅亮天地也王公出入奏寅雅三朝用焉

介雅取詩君子萬年介爾景福也上壽酒奏介雅三朝用焉

需雅取易雲上於天需君子以飲食宴樂也食舉奏需雅三朝用焉

雍雅取禮記大饗客出以雍徹也徹饌奏雍雅三朝用焉

滌雅取禮記帝牛必在滌三月也牲出入奏滌雅北郊明堂太廟同用

牷雅取春秋左傳牲牷肥腯也薦毛血奏牷雅北郊明堂太廟同用

誠雅取尚書至誠感神也南北郊明堂太廟並同用誠雅降神及迎送奏之

獻雅取禮記祭統尸飲五君洗玉爵獻卿今之飲福酒亦古獻爵之義也皇帝飲酒奏獻雅北郊明堂太廟同用

禋雅取周禮大宗伯以禋祀祀昊天上帝也北郊明堂太廟之禮埋燎俱奏禋雅

有宗廟之樂有天地之樂有君臣之樂尊親異制不可以不分幽明異位不可以無別按漢叔孫通始定廟樂有降神納俎登歌薦祼等曲武帝始定郊祀之樂有十九章之歌明帝始定黃門鼓吹之樂天子所以宴羣臣也嗚呼風雅頌三者不同聲天地宗廟君臣三者不同禮自漢之失合雅而風合頌而雅其樂已失而其禮猶存至梁武十二曲成則郊廟明堂三朝之禮展轉用之天地宗廟君臣之事同其事矣此禮之所以亾也雖曰本周九夏而爲十二雅然九夏自是樂奏亦如九淵九莖可以播之絲竹有譜無辭而非雅頌之流也

唐雅樂十二和曲

豫和以降天神冬至祀圜丘上辛祈穀孟夏雩季秋亯明堂朝日夕月巡守告于圜丘燔柴告至封祀泰山類于上帝皆以圜鍾爲宮三奏黃鍾爲角太蔟爲徵姑洗爲羽各一奏文舞六成五郊迎氣黃帝以黃鍾爲宮赤帝以函鍾爲徵白帝以太蔟爲商黑帝以南呂爲羽青帝以姑洗爲角皆文舞六成

順和以降地祇夏至祭方丘孟冬祭神州地祇春秋社巡狩告社宜于社禪社首山皆以函鍾爲宮太蔟爲角姑洗爲徵南呂爲羽各三奏文舞八成望于山川以蕤賓爲宮三奏

永和以降人鬼時享禘祫有事而告謁于廟皆以黃鍾爲宮三奏大呂爲角太蔟爲徵應鍾爲羽各二奏文舞九成祀先農皇太子釋奠皆以姑洗爲宮文舞三成送神各以其曲一成蜡兼天地人以黃鍾奏豫和蕤賓姑洗太蔟奏順和無射夷則奏永和六均皆一成以降神而送神以豫和

肅和登歌以奠玉帛于天神以大呂爲宮于地祇以應鍾爲宮于宗廟以圜鍾爲宮祀先農釋奠以南呂爲宮望于山川以函鍾爲宮

雍和凡祭祀以入俎天神之俎以黃鍾爲宮地祇之俎以太蔟爲宮人鬼之俎以無射爲宮又以徹豆凡祭祀俎入之後接神之曲亦如之

壽和以酌獻飲福以黃鍾爲宮

太和以爲行節亦以黃鍾爲宮凡祭祀天子入門而郎位與其升降至于還次行則作止則止其在朝廷天子將自內出撞黃鍾之鍾右五鍾應乃奏之其禮畢興而入撞蕤賓之鍾左五鍾應乃奏之皆以黃鍾爲宮

舒和以出入二舞及皇太子王公羣后國老若皇后之妾御皇太子之宮臣出入門則奏之皆以太蔟爲商

昭和皇帝皇太子以舉酒

休和皇帝以飯以肅拜三老皇太子亦以飯皆以其用之律均

正和皇后受冊以行

承和皇太子在其宮有會以行若駕出則撞黃鍾奏承和出太極門而奏采齊至于嘉德門而止其還也亦然

祖孝孫本梁十二雅以作十二和故可采也周太祖迎魏帝入關平荆州大獲梁氏之樂乃更爲九夏之奏皇帝出入奏皇夏賓出入奏昭夏蕃國客出入奏納夏有功臣出入奏章夏皇后進羞奏齊夏宗室會聚奏族夏上酒宴樂奏陔夏諸侯相見奏驁夏雖曰本於成周實捋之樂抑亦取於梁氏十二雅有其議而未能行後復變更大抵自兩朝以來祀饗之章隨時改易任理不任音任情不任樂明樂之人不能主樂主樂之司未必明樂所行非所作所作非所行惟梁武帝自曉音律又詔百司各陳所聞帝自糾擿前違裁成十二雅付之大樂自此始定雖制作非古而音聲有倫準十二律以法天之成數故世世因之而

不能易也

祀饗別聲序論

正聲者常祀饗之樂也別聲者非常祀饗之樂也出於一時之事爲可歌也故備於正聲之後

漢三侯之章

太風歌亦曰風起之詩

右高祖既定天下過沛與故人父老飲極懽哀之情而作是詩令沛中童兒百二十人習而歌之至孝惠時以沛宮爲原廟令歌兒習吹以相和得以四時歌舞於廟常以百二十人爲之文景之間禮官亦肄業

漢房中祠樂十七章

房中樂本周樂秦改曰壽人漢惠改曰安世樂

右房中樂者婦人禱祠於房中也故宮中用之漢房中祠樂乃高祖唐山夫人所作也高祖好楚聲故房中樂楚聲也孝惠二年使樂府令夏侯寬備其簫管更名曰安世樂

隋房內曲二首

地厚　天高

右高祖龍潛時頗好音樂常倚琵琶作歌二首名曰地厚天高託言夫婦之義因即取之爲皇后房內曲命婦人并登歌上壽並用之

梁武帝述佛法十曲

善哉　大樂　大歡　天道　仙道　神王　龍王

滅過惡　除愛水　斷苦轉

陳後主四曲

黃鸝留　玉樹後庭花　金釵兩臂垂或言隋煬帝作　堂堂

北齊後主二曲

無愁　伴侶

唐七朝五十五曲舞曲夷樂並不在此

傾盃曲長孫無忌作　樂社樂曲魏徵作　英雄樂曲虞世南作　黃驄疊曲太宗破竇建德也乘馬名黃驄驃及征高麗死於道頗哀之命樂工製黃驄疊曲

右四曲太宗因內宴詔無忌等作之皆宮調也

景雲河清歌亦名燕歌高宗即位景雲見河水清張文收采古義爲此歌焉　慶善樂

破陣樂　承天樂　一戎大定樂將伐高麗宴洛陽城門觀屯營教舞按親征用武之勢　八紘同軌樂象高麗平天下大定　夷美賓曲遼東平李勣作是曲以獻

右七曲高宗朝所作也

立部伎八曲太常選坐部伎無性識者退入立部伎又選立部伎無性識者退入雅樂部則雅聲可知

一安舞　二太平樂安舞太平並周隋遺音　三破陣樂　四慶善樂　五大定樂　六上元樂　七聖壽樂　八光聖樂

坐部伎六曲

一讌樂　二長壽樂　三天授樂武后天授年作　四鳥歌萬歲樂武后時有鳥能人言萬歲　五龍池樂明皇爲平王時賜第隆慶坊坊之南地忽變爲池中宗泛以賦其祥明皇即位乃作龍池樂　六小破陣樂　夜半樂明皇自潞州還京師舉兵夜半誅韋后故作夜半樂還京樂　還京樂　文成曲明皇作　霓裳羽衣曲河西節度使楊敬忠獻一說羅公遠與明皇遊月宮見仙女數百皆素練霓衣舞問其曲曰霓裳羽衣帝默記其音調而還故作是曲　元眞道曲道士司馬承禎奉詔作　大羅天曲茅山道士李會元作　紫清上聖道曲工部侍郎賀知章作　景雲　九眞　紫極　小長壽　承天樂　順天樂六曲並太清宮成太常卿韋縚作　君臣相遇樂曲商調韋縚作　荔枝香明皇幸驪山楊貴妃生日命小部張樂長生殿因奏新曲未有名會南方進荔枝故名荔枝香　梨園法曲法曲本隋樂其音清而近雅煬帝厭其聲淫明皇愛之選坐伎三百教於梨園宮女數百亦爲梨園弟子　涼州　伊州　甘州天寶樂曲皆以邊地名之又詔道調法曲與胡部新聲合作　千秋節明皇生日

右三十四曲並明皇朝所作也

寶應長寧樂代宗由廣平王復二京梨園供奉官劉日進作以獻十八曲宮調　廣平太一樂大曆元年作

右二曲代宗朝所作也

定難曲河東節度馬燧獻　中和樂德宗生日自作　繼天誕聖樂德宗生日昭義節度王虔休所獻以宮爲調　孫武順聖樂山南節度于頔所獻

右四曲德宗朝所作也

雲韶法曲　霓裳羽衣舞曲

右二曲文宗詔太常卿馮定采開元雅樂作也臣下功高者賜之樂又改法曲爲仙韶曲

萬斯年曲

右一曲武宗朝李德裕命樂工作萬斯年以獻

播皇猷曲

右一曲宣宗每宴羣臣備百戲帝自製新曲故有播皇猷之作

文武舞序論

古有六舞後世所用者韶武二舞而已後世之舞亦隨代皆有制作每室各有形容然究其所常用及其制作之宜不離是文武二舞也臣疑三代之前雖有六舞之名往往其事所用者亦無非是文武二舞故孔子謂韶盡美矣又盡善也武盡美矣未盡善也不及其他誠以舞者聲音之形容也形容之所感發惟二端而已自古制治不同而治具亦不離文武之事也然雲門大咸大韶大夏大濩大武凡六舞之名南陔白華華黍崇邱由庚由儀凡六笙之名當時皆無辭故簡籍不傳惟師工以譜奏相授耳古之樂惟歌詩則有辭笙舞皆無辭故大武之舞秦始皇改曰五行之舞大韶之舞漢高帝改

曰文始之舞魏文帝復文始曰大韶舞五行舞曰大武舞並有譜無辭雖東平王蒼有武德舞之歌未必用之大抵漢魏之世舞詩無聞至晉武帝泰始九年荀勗曾典樂更文舞曰正德武舞曰大豫使郭夏宋識爲其舞節而張華爲之樂章自此以來舞始有辭舞而有辭失古道矣

文武舞二十曲

晉文舞曰正德舞武舞曰大豫舞

宋文舞曰前舞武舞曰後舞

梁武舞曰大壯舞文舞曰大觀舞

隋文舞武舞

唐文舞曰治康舞武舞曰凱安舞

唐三大舞

七德舞本名秦王破陣樂太宗爲秦王破劉武周軍中相與作秦王破陣樂及即位宴會必奏之乃制舞圖左圓右方先偏後伍交錯屈伸以象魚麗鵝鸛後令魏徵褚亮虞世南李伯藥更制歌辭名曰七德舞元日冬至朝會慶賀與九功舞同奏後又改爲神功破陣樂

九功舞本名功成慶善樂太宗生於慶善宮貞觀六年幸之宴從臣賞賜閭里同漢沛宛帝歡甚賦詩起居郎呂才被之管絃名曰功成慶善樂號九功舞進蹈安徐以象文德麟德三年詔郊廟享宴奏文舞用功成慶善樂武舞用神功破陣樂

上元舞高宗所作也大祠享皆用之

右三大舞唐之盛樂也然後世所行者亦惟二舞而已神功破陣樂有武事之象功成慶善樂有文事之象五代因之晉用九功舞改曰觀象舞用七德舞改曰講功舞周用觀象改爲崇德舞用講功改爲象成舞按唐人降神用文舞送神用武舞其餘卽奏十二和之樂每室酌獻一曲則別立舞名至今不替焉然每室之舞蓋本於梁自梁以來紛然出於私意莫得而紀

通志卷四十九

通志卷五十

宋右迪功郎鄭樵漁仲撰

樂略第二

十二律

先王通於倫理以候氣之管爲樂聲之均吹建子之律以子爲黃鍾丑爲大呂寅爲太蔟卯爲夾鍾辰爲姑洗巳爲中呂午爲蕤賓未爲林鍾申爲夷則酉爲南呂戌爲無射亥爲應鍾陽管有六爲律者謂黃鍾太蔟姑洗蕤賓夷則無射此六者爲陽月之管謂之爲律陰管有六爲呂者謂大呂應鍾南呂林鍾中呂夾鍾此六者爲陰月之管謂之爲呂變陰陽之聲故爲十二調調各文之以五聲播之以八音乃成爲樂故有十二懸之樂焉

五聲八音名義

五聲者一曰宮二曰商三曰角四曰徵五曰羽八音者八卦之音卦各有風謂之八風其一曰乾之音石其風不周二曰坎之音革其風廣莫三曰艮之音匏其風融四曰震之音竹其風明庶五曰巽之音木其風清明六曰離之音絲其風景七曰坤之音土其風涼八曰兌之音金其風閶闔月令云正月其音角四月其音徵中央土其音宮七月其音商十月其音羽樂記曰宮爲君商爲臣角爲民徵爲事羽爲物五者不亂則無怗懘之音矣

五聲十二律還相爲宮

伏羲氏作易紀陽氣之初以爲律法建日冬至之聲以黃鍾爲宮太蔟爲商姑洗爲角林鍾爲徵南呂爲羽應鍾爲變宮蕤賓爲變徵此聲之元五聲之正也按應鍾爲變宮蕤賓爲變徵自商已前但有五音此二者自周已來加文武二聲調之爲七其五聲爲正二聲爲變變者和也

故各統一日其餘以次運行當日者各自爲宮而商徵以類從焉揚子雲曰聲生於日律生於辰取法於五行十二辰之義也聲生於日者謂日有五故聲亦有五日謂甲巳爲角乙庚爲商丙辛爲徵丁壬爲羽戊癸爲宮是五行合爲五日五音之聲生於日也律生於辰者十二律出於十二辰子爲黃鍾之類是也餘已見上文五聲六律還相爲宮其用之之法先以本管爲均使八音相生或上或下皆取五聲令足然後爲十二律還相爲宮若黃鍾之均以黃鍾爲宮黃鍾下生林鍾爲徵林鍾上生太蔟爲商太蔟下生南呂爲羽南呂上生姑洗爲角此黃鍾之調皆三分之次故用正律之聲也大呂之均以大呂爲宮大呂下生夷則爲徵夷則上生夾鍾爲商夾鍾下生無射爲羽無射上生中呂爲角此大呂之調皆三分之次故用正律之聲太蔟之均以太蔟爲宮太蔟下生南呂爲徵南呂上生姑洗爲商姑洗下生應鍾爲羽應鍾上生蕤賓爲角此太蔟之調皆三分之次故用正律之聲夾鍾之均以夾鍾爲宮夾鍾下生無射爲徵無射上生中呂爲商中呂上生黃鍾爲羽黃鍾正律之聲長非中呂爲商三分去一之次此用其子聲爲羽也黃鍾下生林鍾爲角林鍾子聲短非中呂爲商之次故還用林鍾正管之聲爲角夾鍾之調有四正聲一子聲姑洗之均以姑洗爲宮姑洗下生應鍾爲徵應鍾上生蕤賓爲商蕤賓上生大呂爲羽大呂正聲長非蕤賓爲商三分之次故用其子聲爲羽是三分去一之次大呂下生夷則爲角夷則子聲短非蕤賓爲商三分去一之次故還用正聲爲角此爲姑洗之調亦正聲四子聲一也中呂之均以中呂爲宮中呂上生黃鍾爲徵黃鍾正聲長非中呂三分去一之次故用其子聲爲徵是亦三分去一之次黃鍾下生林鍾爲商林鍾子聲短非中呂爲宮之次故還用正聲爲商林鍾上生太蔟爲羽太蔟正聲長非林鍾爲商三分去一之次故用其子聲爲羽亦是三分去一之次太蔟下生南呂爲角此中呂之調正聲三子聲二蕤賓之均以蕤賓爲宮蕤賓上生大呂爲徵大呂正聲長非蕤賓三分去一之次故用子聲爲徵大呂下生夷則爲角夷則上生夾鍾爲羽夾鍾正聲長非夷則三分去一爲羽之次故用子聲爲羽亦是三分去一之次夾鍾下生無射爲角無射子聲短非夷則爲商之次還用正聲爲角此蕤賓之調亦一子聲四正聲也林鍾之均以林鍾爲宮林鍾上生太蔟爲徵大蔟正聲長非林鍾爲宮三分去一爲徵之次故用子聲爲徵亦是三分去一之次太蔟下生南呂爲商南呂上生姑洗爲羽姑洗正聲長非南呂三分去一爲羽之次故用子聲爲羽亦是三分去一之次姑洗下生應鍾爲角應鍾子聲短非南呂爲商之次故還用正聲爲角此林鍾之調亦子聲二正聲三也夷則之均以夷則爲宮夷則上生夾鍾爲徵夾鍾正聲長非夷則三分去一爲徵之次故用子聲爲徵亦是三分去一之次夾鍾下生無射爲商無射子聲短非夷則爲宮之次故還用正聲爲商無射上生中呂爲羽中呂正聲長非無射爲商三分去一之次故用子聲爲羽亦是三分去一之次中呂上生黃鍾爲角黃鍾正聲長非無射三分去一爲商之次故用子聲爲角此夷則之調正聲二子聲三也南呂之均以南呂爲宮南呂上生姑洗爲徵姑洗正聲長非南呂三分去一爲徵之次故用子聲爲徵亦是三分去一之次姑洗下生應鍾爲商應鍾子聲短非南呂三分去一之次故用正聲爲商應鍾上生蕤賓爲羽蕤賓正聲長非應鍾爲商三分去一之次故用子聲爲羽蕤賓上生大呂爲角大呂正聲長非應鍾爲商之次故用子聲爲角亦是三分去一之次此南呂之調正聲二子聲三也無射之均以無射爲宮無射上生中呂爲徵中呂正聲長非無射三分去一爲徵之次故用子聲爲徵亦是三分去一之次中呂上生黃鍾爲商黃鍾正聲長非無射爲宮之次故用子聲爲商亦是其宮之次黃鍾下生林鍾爲羽林鍾正聲長非黃鍾爲商三分去一之次故用子聲爲羽林鍾上生太蔟爲角太蔟正聲長非黃鍾爲商三分去一之次故用子聲爲角此無射之調正聲一子聲四也應鍾之均以應鍾爲宮應鍾上生蕤賓爲徵蕤賓正聲長非應鍾三分去一爲徵之次故用子聲爲徵蕤賓上生大呂爲商大呂正聲長非應鍾爲宮之次故用子聲爲商大呂下生夷則爲羽夷則正聲長非蕤賓爲徵之次故用子聲爲羽夷則上生夾鍾爲角夾鍾正聲長非大呂爲商之次故用子聲爲角此應鍾之調亦正聲一子聲四也此謂迭爲宮商角徵羽也若黃鍾之律自爲其宮爲夾鍾之羽爲中呂之徵爲夷則之角爲無射之商此黃鍾之五聲也大呂之律自爲其宮爲姑洗之羽爲蕤賓之徵爲南呂之角爲應鍾之商此大呂之五聲也太蔟之律自爲其宮爲中呂之羽爲林鍾之徵爲無射之角爲黃鍾之商此太蔟之五聲也夾鍾之律自爲其宮爲蕤賓之羽爲夷則之徵爲應鍾之角爲大呂之商此夾鍾之五聲也姑洗之律自爲其宮爲林鍾之羽爲南呂之徵爲黃鍾之角爲太蔟之商此姑洗之五聲也中呂之律自爲其宮爲夷則之羽爲無射之徵爲大呂之角爲夾鍾之商此謂中呂之五聲也蕤賓之律自爲其宮爲南呂之羽爲應鍾之徵爲太蔟之角爲姑洗之商此蕤賓之五聲也林鍾之律自爲其宮爲無射之羽爲黃鍾之徵爲夾鍾之角爲中呂之商此謂林鍾之五聲也夷則之律自爲其宮爲應鍾之羽爲大呂之徵爲姑洗之角爲蕤賓之商此謂夷則之五聲也南呂之律自爲其宮爲黃鍾之羽爲太蔟之徵爲中呂之角爲林鍾之商此謂南呂之五聲也無射之律自爲其宮爲大呂之羽爲夾鍾之徵爲蕤賓之角爲夷則之商此謂無射之五聲也應鍾之律自爲其宮爲太蔟之羽爲姑洗之徵爲林鍾之角爲南呂之商此謂應鍾之五聲也所謂五聲六律十二管還相爲宮者也

五聲十二律相生法

古之神瞽考律均聲必先立黃鍾之均黃鍾之管以九寸爲法故用九自乘爲管絃之數九九八十一數管數多者則下生其數少者則上生相生增減之數皆不出於三又生取之數不出於八宮從黃鍾而起下生得八爲林鍾上生太蔟亦復依八而取爲商其增減之法以三爲度以上生者皆三分益一下生者皆三分去一宮生徵三分宮數八十一分各二十七下生者去一去二十七餘有五十四以爲徵故徵數五十四也徵生商三分徵數五十四則分各十八上生者益一加十八於五十四得七十二以爲商故商數七十二也商生羽三分商數七十二則分各二十四下生者去一去二十四得四十八以爲羽故羽數四十八羽生角三分羽數四十八則分各十六上生者益一加十六於四十八得六十四以爲角故角數六十四此五聲大小之次也是黃鍾爲均用五聲之法以下十二辰辰各有五聲其爲宮商之法亦如之故辰各有五聲合爲六十聲是十二律之正聲也聲本制唯以宮商角徵羽各得上下三分之次爲聲其十二律相生之法皆以黃鍾爲始黃鍾之管九寸下生者三分去一上生者三分益一五下六上仍得一終黃鍾下生林鍾林鍾之管六寸林鍾上生太蔟太蔟之管八寸太蔟下生南呂南呂之管五寸三分寸之一南呂上生姑洗姑洗管長七寸九分寸之一姑洗下生應鍾應鍾之管長四寸二十七分寸之二十應鍾上生蕤賓蕤賓之管長六寸八十一分寸之二十六蕤賓上生大呂大呂之管長四寸二百四十三分寸之五十二倍之爲八寸分寸之一百四大呂下生夷則夷則之管長五寸七百二十九分寸之四百五十一夷則上生夾鍾夾鍾之管長三寸二千一百八十七分寸之一千六百三十一倍之爲七寸分寸之一千七十五夾鍾下生無射無射之管長四寸六千五百六十一分寸之六千五百二十四無射上生中呂中呂之管長六寸萬九千六百八十三分寸之萬二千九百七十四此謂十二律長短相生一終於中呂之法又制十二鍾準爲十二律之正聲也鳧氏爲鍾以律計身倍半半者準正聲之半以爲十二子律制爲十二子聲此正聲爲半則以正聲於子聲爲倍以正聲比子聲則子聲爲半但先儒釋用倍聲自有二義一義云半以十二正律爲十二子聲之鍾二義云從於中呂之管寸數以三分益一上生黃鍾以所得管之寸數然半之以爲子聲之鍾其爲半正聲之法者以黃鍾之管正聲九寸爲均子聲則四寸半黃鍾下生林鍾之子聲三分去一故林鍾子聲之律三寸林鍾上生太蔟之子聲三分益一太蔟子聲之律四寸太蔟下生南呂之子聲三分去一南呂子聲之管長三寸三分寸之二南呂上生姑洗之子聲三分益一姑洗子聲之律長三寸九分寸之五姑洗下生應鍾之子聲三分去一應鍾子聲之律長二寸二十七分寸之十應鍾上生蕤賓之子聲三分益一蕤賓子聲之律二寸八十一分寸之十三蕤賓上生大呂之子聲三分益一大呂子聲之律四寸二百四十三分寸之五十二大呂下生夷則之子聲三分去一夷則子聲之律長二寸七百三十九分寸之五百九十夷則上生夾鍾之子聲三分益一夾鍾子聲之律三寸二千一百八十七分寸之一千六百三十一夾鍾下生無射之子聲三分去一無射子聲之律二寸六千五百六十一分寸之三千二百六十二無射上生中呂之子聲三分益一中呂子聲之律三寸一萬九千六百八十三分寸之六千四百八十七還終於中呂此半正聲法其半相生之法者以正中呂之管長六寸一萬九千六百八十三分寸之萬二千九百七十四中呂上生黃鍾三分益一得八寸五萬九千四十九分寸之五萬一千八百九十六半之得四寸五萬九千四十九分寸之二萬五千九百四十八以爲黃鍾黃鍾下生林鍾三分去一還以下生所得林鍾之管寸數半之以爲林鍾子聲之管以次而爲上下相生終於中呂皆以相生所得之律寸數半之各以爲子聲之律故有正聲十二子聲十二分大小有十二以爲二十四鍾通於二神迭爲五聲合有六十聲卽爲六十律其正管長者爲均之時則自用正聲爲五音正管短者爲均之時則通用子聲爲五音亦皆三分益一減一之次還以宮商角徵羽之聲得調也

歷代製造

漢文帝令丞相北平侯張蒼始定律曆武帝以李延年爲協律都尉蓋掌音律也元帝時郎中京房知五音六十律之數上使韋元成等試問房於樂府房對受學於故小黃令焦延壽六十律相生之法以上生下皆三生二以下生上皆三生四陽下生陰陰上生陽終於中呂而十二律畢矣中呂上生執始執始下生去滅上下相生終於南事去滅畢矣夫十二律之變至於六十猶八卦之變至於六十四也又造準如瑟而十三絃隱間九尺中央一絃下又畫分寸以爲六十律清濁之節史官傳之至後漢建武之後不能定其絃緩急矣王莽召天下通知鍾律者百餘人令劉歆領之造銅律其所制與京房不殊魏武帝時杜夔精識音韻爲雅樂郎中令鑄銅工柴玉巧有意思形器之中多所造作亦爲時人見知夔令玉鑄鍾其聲均清濁多不如法數毀改作玉甚釁之謂夔清濁任意更相訴白於魏武魏武取所鑄鍾雜錯更試然後知夔爲精而玉之謬也明帝青龍中鑄大鍾高堂隆諫曰夫禮樂者爲治之大本也故簫韶九成鳳凰來儀雷鼓六變天神以降是以升平刑措和之至也新春發響商辛以隕大鍾既鑄周景以死存亾之機由此而作君舉必書古之道也作而不法何以示後帝稱善久之晉張華荀勗校魏杜夔所造鍾律其聲樂多不諧合乃出御府古今銅竹律二十五具銅尺銅斛七具校減新尺短夔尺四分因造十有二笛笛具五音以應京房之術笛體之音皆各用蕤賓林鍾之角短則又倍之二笛八律而後成去四分之一而以本宮管上行度之則宮穴也因宮穴以本宮徵管上行度之則徵穴也各以其律展轉相因隨穴疎密所宜置之或半之或四之以調律呂正雅樂正會殿庭作之自謂宮商克諧然

論者謂勗爲暗解初勗常於路逢趙賈人牛鐸及掌樂事律呂未諧自得趙人牛鐸則諧矣遂下郡國悉送牛鐸果得諧者時阮咸善達八音論者謂之神解咸常心譏勗新律聲高以謂高近哀思不合中和每公會作樂勗自以爲遠不及咸常意咸謂之不調以爲異己乃出咸爲始平相後有田夫耕於野得周玉尺勗以校己所理鍾石絲竹皆短校一米勗由是伏咸之妙復召咸歸梁武帝天監元年下詔博采古樂無所得帝既素善音律詳悉舊事遂自制立四器名之爲通通受聲廣九寸宣聲長九尺臨岳高一寸二分每通施三絃一曰元英通應鍾絃用百四十二絲長四尺七寸四分差強黃鍾絃用二百七十絲長九尺大呂絃用二百五十二絲長八尺四寸三分差弱二曰青陽通太蔟絃用二百四十絲長八尺夾鍾絃用二百二十四絲長七尺五寸弱姑洗絃用二百三十二絲長七尺一寸一分強三曰朱明通中呂絃用百九十九絲長六尺六寸六分弱蕤賓絃用百八十九絲長六尺三寸二分強林鍾絃用百八十絲長六尺四寸四曰白藏通夷則絃用百六十八絲長五尺六寸二分弱南呂絃用百六十絲長五尺三寸二分大強無射絃用百二十九絲長四尺九寸一分強因以通聲轉推月氣悉無差違而還相得中又制爲十二笛黃鍾笛長三尺八寸大呂笛長三尺六寸太蔟笛長三尺四寸夾鍾笛長三尺二寸姑洗笛長三尺一寸中呂笛長二尺九寸蕤賓笛長二尺八寸林鍾笛長二尺七寸夷則笛長二尺六寸南呂笛長二尺五寸無射笛長二尺四寸應鍾笛長二尺三寸用笛以寫通聲校古夾鍾玉律并周代古鍾並皆不差於是被以八音旋以七聲莫不和韻陳山陽太守毛爽傳書京房候氣術陳亾祖孝孫學之於爽周歲之日日異其律冬至之日以黃鍾爲宮林鍾爲徵太蔟爲商南呂爲羽姑洗爲角應鍾爲變宮蕤賓爲變徵隨月異宮匝歲而復焉後魏孝明帝神龜元年有陳仲儒者自江南歸魏頗閑樂事請依前漢京房立準以調八音有司問仲儒言前被符問京房準定六十律之後雖有器存曉之者尠至後漢嘉平末張光等猶不能定紋之急緩聲之清濁仲儒授自何師出何典籍而云能曉答曰仲儒在江左之日頗愛琴又常覽司馬彪所撰續漢書見京房準術成數昭然而張光等不能定準者本以代律取其分數調校樂器則宮商易辨若尺寸小長則六十宮商相與微濁若分數如短則六十徵羽類皆小清至於清濁相宜諧會歌管皆得應合雖積黍驗氣取聲之本清濁諧會亦須有方若閑準意則辨五聲清濁之韻若善琴術則知五調調音之體參此二途以均樂器則自然應和不相奪倫舊誌唯云準形如瑟十三絃隱間九尺以應黃鍾九寸調中一絃令與黃鍾相得按房準九尺之內爲十七萬七千一百四十七分一尺之內爲萬九千六百八十三分又復十之是爲於準一寸之內亦爲萬九千六百八十三分然則於準一分之內乘爲二千分又爲小分以辨強弱中間至促雖離朱之明猶不能窮而分之仲儒私曾考驗但前卻中柱使入常準尺分之內相生之韻已自應合自上代以來消息調準之方並史文所略出仲儒愚思且燧人不師資而習火延壽不束脩以變律謂之天授豈必經師傳而後得其要妙哉時尚書蕭寶夤亦以仲儒學不師授不可施用遂已之北齊霸府田曹參軍信都芳世號知音能以管候氣仰觀雲色常與人對語忽指天曰孟春之氣至矣人往驗管而飛灰已應每月所候言皆無爽又爲輪扇二十四埋地中以測二十四氣每一氣感則一扇自動他扇並住與管灰相應無少異隋開皇二年文帝詔定音樂沛公鄭譯云考尋樂府鍾石律呂皆有宮商角徵羽變宮變徵之名七聲之內三聲乖應每常求訪終莫能通後得龜茲人蘇祇婆所奏琵琶其一均之中間有七調調有七種以其七調勘校七聲冥若合符因習而彈之得七聲之正於七調之中又有五旦且作七調以華言譯之旦即均也其聲亦應黃鍾太蔟林鍾南呂姑洗五均以外七律更無調聲遂因其所捻琵琶絃柱相飲爲均推演其聲更立七均合成十二以應十二律律有七音音立一調故成七調十二律合八十四調旋轉相交盡皆和合仍以其聲考校太樂所奏林鍾之宮應用林鍾爲宮乃用黃鍾爲宮應用南呂爲商乃用太蔟爲商應用應鍾爲角乃取姑洗爲角故林鍾一宮七聲三聲並戾其十一宮七十七音例皆乖越莫有通者又以編懸有八因作八音之樂七聲之外更立一聲謂之應聲譯因作書二十餘篇明其指趣爲至是譯以其書宣示朝廷并立議正之時有萬寶常者妙達鍾律徧工八音帝召寶常問以鄭譯所定之樂可施用與否寶常曰此亾國之音豈陛下所宜聞上不悅寶常極陳樂聲哀怨淫放請更之乃用水尺爲律以調樂器其損益頗多然不爲時人所取又太子洗馬蘇夔駮譯曰韓詩外傳所載樂聲感人及月令所載五音所中並皆有五不言變宮變徵又左氏所云七音六律以奉五聲準此而言每宮應立五調下聞更加變宮變徵二調爲七調七調之作所出未詳

譯荅曰周有七音之律漢書律曆志天地人及四時謂之七始黃鍾爲天始林鍾爲地始太蔟爲人始是爲三始姑洗爲春蕤賓爲夏南呂爲秋應鍾爲冬是爲四時四時三始是以爲七今若不以二變爲調曲則是冬夏聲闕四時不備是故每宮立七調於是衆從譯議譯又與夔俱云按今樂府黃鍾乃以林鍾爲調首失君臣之義清樂黃鍾宮以小呂爲變徵乖越相生之道今請雅樂黃鍾宮以黃鍾爲調首清樂云小呂還用蕤賓爲變徵衆皆從之夔又與譯議欲累黍立分正定律呂時以音律久不通夔譯等一朝能爲之以爲樂聲可定而何妥舊以學問推爲儒首帝素不悅學不知樂妥又恥已宿儒不逮譯等欲沮壞其事乃立議非十二律還相爲宮曰經文雖道還相爲宮恐是直言其理亦不通隨月用調是以古來不取若依鄭元及司馬彪須用六十律方得和韻今惟取黃鍾之正宮兼得七始之妙義非止金石諧韻亦乃簨簴不繁可以享百神而合萬舞矣而又非其七調之義曰近代書記所載縵樂鼓琴吹笛之人多云三調三調之聲其來久矣請存三調而已時牛弘總知樂事不能精究音律寶常又修洛陽舊典言幼學音律師於祖孝禎知其上代修調古樂周之璧翣商之崇牙懸八用七盡依周禮備矣所謂正聲又近前漢之樂不可廢也是時競爲異議各立朋黨是非之理紛然淆亂或欲各令修造待成擇其善者而從之妥恐樂成善惡易見乃請張樂試之遂先說曰黃鍾者以象人君之德及奏黃鍾之調帝曰洋洋和雅甚與我心會妥因陳用黃鍾一宮不假餘律帝大悅班賜妥等修樂者自是譯等議寢帝又遣毛爽及蔡子元于普明等以候節氣依古於三重密屋之內以木爲案十有二具每取律呂之管隨十二辰置于案上而以土埋之上平於地中實葭莩之灰以輕緹素覆律口每地氣至與律冥符則灰飛衝素散出于外而氣應有早晚灰飛有多少或初入月其氣即應或至中下旬間氣始應者或灰飛出三五夜而盡或終一月纔飛少許者帝異之問牛弘弘對曰灰飛半出爲和氣全出爲猛氣吹灰不能出爲衰氣和氣應者其政平猛氣應者其臣縱衰氣應者其君暴帝駮之曰臣縱君暴其政不平非月別而有異也今十二月律於一歲內應不同安得暴君縱臣若斯之甚也弘不能對初萬寶常聽太常所奏樂泫然而泣人問其故對曰樂淫厲而哀天下其亂乎開皇初復有盧賁蕭吉並撰著樂書又有安馬駒曹妙達王長通郭令樂等皆能造曲天機既不逮寶常復多鄭聲不歸於雅煬帝之將幸江都也有樂人王令言者號知音律聞其子彈琵琶作翻安公子調令言歔欷流涕曰此曲宮聲往而不返宮者君也帝其不還乎竟如其言語具寶常傳中唐高祖受禪後軍國多務未遑改剏樂府尚用隋氏舊文至武德九年正月始命太常少卿祖孝孫考正雅樂至貞觀二年六月樂成奏之（太宗謂侍臣曰禮樂之作蓋聖人緣情設教以爲樽節治之興替豈此之由御史大夫杜淹對曰前代興亾實由此樂陳之將亾也爲玉樹後庭花齊之將亾也爲伴侶行路聞之莫不悲泣所謂亾國之音也以是觀之蓋樂之由也太宗曰不然夫音聲能感人自然之道故歡者聞之即大悅憂者聞之即大悲悲悅之情在於人心非由樂也將亾之政其人必苦然苦心所發故聞之則悲耳何有樂聲哀怨能使人悅者悲乎今玉樹後庭花伴侶之曲其聲具存朕當爲公奏之知公必不悲矣）初孝孫以梁陳舊樂用吳楚之音周齊舊樂涉胡戎之伎於是斟酌南北考以古音而作大唐雅樂以十二律各順其月還相爲宮按禮記云大樂與天地同和治世之音安以樂其政和故製十二和之樂合三十二曲八十有四調祭圜丘以黃鍾爲宮郊朝方澤以林鍾爲宮宗廟以太蔟爲宮五郊朝賀饗宴則隨月用律爲宮（初隋但用黃鍾一宮惟扣七鍾餘五鍾虛設而不扣及孝孫建旋宮之法扣鍾皆徧無復虛設矣周禮旋宮之義亾絕已久莫能知之一朝復古自孝孫始也）貞觀初張文收善音律常覽蕭吉樂譜以爲未甚詳悉乃取歷代沿革截竹爲十二律吹之備盡還宮之義太宗召文收於太常令與少卿祖孝孫參定雅樂太樂有古鍾十二近代惟用其七餘有五鍾俗號啞鍾莫能通者文收吹律調之聲皆響徹時人咸服其妙尋授協律郎及孝孫卒文收復採三禮更加釐革以定十二和之樂然後樂教大備焉

權量

杜佑曰漢書云推曆生律制器規圜矩方權重衡平準繩嘉量探賾索隱鉤深致遠莫不用焉度者分寸尺丈引也本起黃鍾之長以子穀秬黍中者一黍之廣度之九十分黃鍾之長一爲一分十分爲寸十寸爲尺十尺爲丈十丈爲引而五度審矣量者龠合升斗斛也本起於黃鍾之龠用度數審其容以子穀秬黍中者千有二百實其龠以井水準其槩十龠爲合十合爲升十升爲斗十斗爲斛而五量嘉矣權者銖兩斤鈞石也本起於黃鍾之重一龠容千二百黍重十二銖兩之爲兩二十四銖爲兩十六兩爲斤三十斤爲鈞四鈞爲石權與物鈞而生衡衡運生規規圜生矩矩方生繩繩直生準準正則平衡而鈞權矣是謂五則也魏初杜夔造斛即周禮所謂嘉量也深尺方尺實一鬴（音輔）臀一寸實一豆耳三寸實一升重一鈞聲中黃鍾晉氏播遷亾其彝量隋制前代三升當今一升三兩當今一兩一尺二寸當今

一尺唐貞觀中張文收鑄銅斛稱尺升合咸得其數詔以其副藏於樂府至武延秀爲太常卿以爲奇翫以律與古玉尺玉升斗合獻焉開元十七年將考宗廟樂有司請出之勅唯以銅律付太常而亾其九管今正聲有銅律三百五十六（唐志作三百六十）銅斛二銅稱二銅甌十四（唐志有稱尺一）斛左右耳與臀皆正方積十而登以至於斛銘云大唐貞觀十年歲次元枵月旅應鍾依新令累黍尺定律校龠成兹嘉量與古玉斗相符同律度量衡協律郎張文收奉勅修定稱盤銘云大唐貞觀稱同律度量衡匣上有朱漆題稱尺二字尺亾其跡猶存以今常用度量校之尺當六之五衡皆三之一一斛一稱是文收總章年所作斛正圓而小與稱相符也

八音

金一 鍾 棧 鎛 錞于 鐃 鐲 鐸 方響 銅鈸 銅鼓

鍾世本云黄帝工人垂所造（山海經云炎帝之孫鼓延始爲鍾禮記云垂之和鍾鄭康成云垂堯時鍾工並未知孰是）周禮冬官考工記鳧氏爲鍾其制詳矣爾雅曰大鍾曰鏞中者曰剽（音漂）小者曰棧春秋左氏傳曰景王將鑄無射（無射鍾名律中無射）伶州鳩曰王其以心疾死乎言鍾聲之能感人也如是棧鍾東晉初得之則爾雅所謂鍾小者棧也小而編次之亦曰編鍾鎛如鍾而大按前代有大鍾若周之無射非一皆謂之鍾也錞于古禮器也（錞音時旬反）圓如碓頭大上小下周禮以金錞和鼓宋史云今人間猶時有其器則宋非廟廷所用廣漢什邡人段祖以錞于獻始興王鑑其器高三尺六寸六分圍二尺四寸圓如筩（音動）銅色黑如漆甚薄上有銅馬以繩懸馬令去地尺餘灌之以水又以器盛水於下以芒當心跪注錞于以手震芒則聲如雷清響良久乃絕後周平蜀得之斛斯徵觀之曰錞于也依千寶周禮注驗之如其言也鐃如編鉦而無舌有柄搖之以止鼓漢鼓吹曲有鐃歌鐲鉦也形如小鍾軍行鳴之以爲鼓節周禮以金鐲節鼓近代有如大銅疊垂而擊之以節鼓呼曰鉦鐸大鈴也周禮以金鐸通鼓三禮圖云以銅爲之木舌爲木鐸金舌爲金鐸方響梁有銅磬蓋今方響之類也方響以鐵爲之脩九寸廣二寸圓上方下架如磬而不設業倚於架上以代鍾磬人間所用者纔三四寸銅鈸亦謂之銅盤出西戎及南蠻其圓數寸隱起如浮漚貫之以韋相擊以和樂也南蠻國大者圓數尺或謂齊穆王素所造銅鼓鑄銅爲之虗其一面覆而擊其上南夷扶南天竺類皆如此嶺南豪家則有之大者廣丈餘（西戎有吹銅角長可二尺形如牛角）

石二 磬 毊

磬世本云叔所造不知何代人又曰無句作磬（古史考曰堯時人也禮記曰叔之離磬）周禮冬官考工記磬氏爲磬磬師掌教擊磬教縵樂燕樂之鍾磬（毊虛嬌反）爾雅云毊形似犂管以玉爲之書云泗濱浮磬泗濱石可爲磬唐代用華原石故白樂天作華原磬以譏之

土三 塤 缶

塤世本云暴辛公所造亦不知何代人周畿內有暴國豈其時人乎爾雅曰燒土爲之大如鵝子銳上平底形似稱錘六孔小者如雞子大曰嘂（音叫）缶說文曰瓦器也所以盛酒漿秦人鼓之以節歌也爾雅曰盎謂之缶注云盆也坎其擊缶（史記趙王與秦王會于澠池秦王爲趙王擊缶是也李斯上秦王逐客論云擊甕扣缶眞秦之聲也）

革四 鼓 齊鼓 檐鼓 羯鼓 都曇鼓 毛員鼓 答臘鼓 雞婁鼓 正鼓 節鼓 撫拍 雅

鼓世本云夷作鼓以桴擊之曰鼓以手搖之曰鼗周禮地官鼓人掌教六鼓四金之音聲以節聲樂以和軍旅以正田役教以鼓而辨其聲用（教擊鼓者大小之數又別其聲所用之事）以雷鼓鼓神祀以靈鼓鼓社祭以路鼓鼓鬼享以鼖鼓鼓軍事以鼛鼓鼓役事以晉鼓鼓金奏（雷鼓八面鼓也神祀祀天神也靈鼓六面鼓也社祭祭地祇也路鼓四面鼓也鬼享享宗廟也大鼓謂之鼖鼖鼓長八尺鼛鼓長一丈二尺晉鼓長六尺六寸金奏謂樂作擊編鐘）禮記云夏后之鼓足殷楹鼓周縣鼓（足謂四足也楹謂以柱貫中上出也懸者設之簨虡）應鼓在大鼓側以和大鼓小鼓有柄曰鞀大鞀謂之鞞月令仲夏修鞀鞞是也然則鞀鞞鼗類也（帝王紀曰帝嚳命垂作鞞）又有鼉鼓焉近代有腰鼓大者瓦小者木皆廣首而纖腹齊鼓狀如漆筩大頭設齊於鼓面如麝齊故曰齊鼓檐鼓如小甕先冒以革而漆之羯鼓正如漆筩兩頭俱擊以出羯中故號羯鼓亦謂之兩杖鼓都曇鼓似腰鼓而小以槌擊之毛員鼓似都曇而稍大答臘鼓制廣羯鼓而短以指揩之其聲甚震俗謂之揩鼓雞婁鼓正員而首尾可擊之處平可數寸正鼓和鼓者一以正一以和皆腰鼓也節鼓狀如博局中開圓孔適容其鼓擊之以節樂也節不知誰所造傅元節賦云黃鐄唱歌九韶興舞口非節不詠手非節不拊此則所從來亦遠矣（鐄音横）撫拍以韋爲之實之以糠撫之以節樂也雅周禮春官笙師而掌教雅以教祴樂（教教祴也鄭衆曰雅狀如漆筩而弇口大二圍長三尺六寸以羊韋鞔之有兩紐疏畫之賈公彥云長疏而畫之賓醉而出奏祴夏以此器築地爲之行節明不失禮祴古來反）

絲五 琴 瑟 筑 箏 琵琶 阮咸 箜篌 豎箜篌

琴世本云神農所造琴操曰伏羲作琴所以修身理性反其天眞廣雅曰琴長三尺六寸六分象三百六十六

日五絃象五行大絃爲君寬和而溫小絃爲臣清廉不亂文王武王加二絃以合君臣之恩也揚雄琴清英曰舜彈五絃之琴而天下化堯加二絃以合君臣之恩桓譚雜論曰五絃第一絃爲宮其次商角徵羽文王武王各加一絃以爲少宮少商說者不同又琴之始作或云伏羲或云神農諸家所說莫能詳矣爾雅曰大琴謂之離二十七絃今無其器齊桓公曰號鍾楚莊曰繞梁相如曰綠綺伯喈曰焦尾而傳元琴賦則曰非伯喈也瑟世本云庖犧作五十絃黃帝使素女鼓瑟哀不自勝乃破爲二十五絃具二均聲爾雅曰大瑟謂之離禮圖舊云雅瑟長八尺一寸廣一尺八寸二十三絃其常用者十九絃頌瑟長七尺二寸廣尺八寸二十五絃盡用之易通卦驗曰人君冬至日使八能之士鼓黃鍾之瑟瑟用槐木長八尺一寸夏至日瑟用桑木長五尺七寸槐取氣上也桑取氣下也筑不知誰所造也史籍惟云高漸離善擊筑漢高祖過沛所擊釋名曰筑似箏細項按今制身長四尺三寸項長三寸圍四寸五分頭七寸五分上闊七寸五分下闊六寸五分箏秦聲也傅玄箏賦序曰世以爲蒙恬所造今觀其器上崇似天下平似地中空準六合絃柱擬十二月設之則四象在鼓之則五音發斯乃仁智之器豈蒙恬亾國之臣能關思哉今清樂箏並十有二絃他樂皆十有三絃軋箏以竹片潤其端而軋之彈箏則用骨爪長寸餘以代指琵琶傅元琵琶賦曰漢遣烏孫公主嫁昆彌念其行道思慕故使工人裁箏筑爲馬上之樂今觀其器中虛外實天地象也盤圓柄直陰陽敘也柱十有二配律呂也四絃法四時也以方俗語之曰琵琶取其易傳於外國也風俗通曰以手琵琶因以爲名釋名曰推手前曰批引手卻曰把杜摯曰秦苦長城之役百姓絃鼗而鼓之並未詳孰實其器不列四廂今清樂奏琵琶俗謂之秦漢子圓體脩頸而小疑是絃鼗之遺制傅元曰體圓柄直柱有十二其他皆兌上銳下曲項形制稍大本出胡中俗傳是漢制兼似兩制者謂之秦漢蓋謂通用秦漢之法梁史稱侯景之害簡文也使大樂令彭儁齎曲項琵琶就帝飲則南朝似無曲項者五絃琵琶稍小蓋北國所出舊彈琵琶皆用木撥彈之唐貞觀中始有手彈之法今所謂搊琵琶者是也風俗通所謂以手琵琶之乃知非用撥之義豈上代固有搊之者手彈法近代已廢自裴洛兒始爲之阮咸亦秦琵琶也而項長過於今制列十有三柱武后時蜀人蒯朗於古墓中得之晉竹林七賢圖阮咸所彈與此類同因謂之阮咸咸世實以善琵琶知音律稱蒯朗初得銅者時莫有識之太常少卿元行沖曰此阮咸所造乃令匠人改以木爲之聲甚清雅箜篌漢武帝使樂人侯調所作以祠太一或云侯暉所作其聲坎坎應節謂之坎侯聲訛爲箜篌者因樂工人姓耳古施郊廟雅樂近代專用於楚聲宋孝武大明中吳興沈懷遠被徙廣州造繞梁其器與箜篌相似懷遠亾其器亦絕或謂師延靡靡樂非也舊說一依琴制今按其形似瑟而小絃用撥彈之如琵琶也豎箜篌胡樂也漢靈帝好之體曲而長二十三絃豎抱於懷中用兩手齊奏俗謂之擘箜篌鳳首箜篌頸有軫

木六　柷　敔　舂牘　拍板

柷敔不知誰所造樂記曰聖人作爲椌楬謂柷敔也椌苦江反楬苦八反柷如漆筩方二尺四寸深一尺八寸中有椎柄連底旁開孔內手於中擊之以舉樂敔狀如伏虎背上有二十七鉏鋙碎竹以擊其首而逆戛之以止樂舂牘周制笙師掌以教祴樂虛中如筒無底鄭衆曰舂牘以竹大五六寸長七尺短者一二尺其端有兩空髹畫以手築地賓醉而出以節之髹許牛反舉舂杵亦謂之頓相相助也以節樂也或謂梁孝王築睢陽城擊鼓爲下杵之節睢陽操用舂牘後代因之拍板長闊如手重十餘枚以韋連之擊以代抃抃擊其節也情發於中手抃足蹈抃者因其聲以節舞龜茲伎人彈指爲歌舞之節亦抃之意也

匏七　笙　竽

笙世本云隨作笙未知其何代人也禮記曰女媧之笙簧說文云笙正月之音物生故謂之笙十三簧象鳳之身列管匏內施簧管端宮管在中央三十六簧曰竽宮管在左旁十九簧至十三簧曰笙其他皆相似也大笙謂之簧小笙謂之和詩傳曰吹笙則鼓簧矣蓋笙中之簧也周禮大司樂笙師掌教龡笙竽鄭衆云竽三十六簧笙十三簧龡音吹爾雅曰笙十九簧者曰巢十三簧者曰和漢章帝時零陵文學奚景於舜祠得笙白玉管後代易之以竹耳竽亦匏也今之笙竽以木代匏而漆殊愈於匏荊梁之南尚仍古制南蠻笙則是匏其聲甚劣

竹八　簫　管　篪　七星　籥　笛　篳篥　笳　角

簫世本曰舜所造其形參差象鳳翼十管長二尺爾雅曰編二十三管長一尺四寸者曰管音諳十六管長尺三寸者曰筊音交凡簫一名籟前代有洞簫今無其器蔡邕曰簫編竹有底大者二十三管小者十六管長則濁短則清以蜜蠟實其底而增減之則和然則邕時無洞簫矣管爾雅曰長尺圍寸併漆之有底大者曰簥音嬌中者曰篞乃結反小者曰篎音妙古者以玉爲管舜時西王母獻白玉琯是也月令均琴瑟管簫蔡邕章句曰管者形長尺圍寸有孔無底其器今亾說文曰管如篪六孔十二月之音詩云嘒嘒管聲周禮孤竹之管於圜丘奏之孫竹之管於方丘奏之陰竹之管於宗廟奏之鄭氏云孤竹竹特生者孫竹竹枝根之末生者陰竹生於山北也篪世本云暴辛公所造舊志云一曰管非也雖不知暴辛公何代人而非舜前人明矣

舜時西王母獻琯則是已有此器辛公安得造篪乎爾雅曰大篪謂之沂篪以竹爲之長尺四寸圍三寸一孔上出寸三分名曰翹橫吹之小者尺二寸廣雅云八孔今有胡吹非雅器也蔡邕月令章句云篪竹也六孔有距橫吹之詩云仲氏吹篪七星不知誰所作其長盈尋籥不知誰所造按禮記葦籥伊耆氏之樂也伊耆巳有籥矣周禮有籥師掌教國子秋冬吹籥歷代文舞之樂所執羽籥是也蓋詩所謂左手執籥右手秉翟爾雅云籥如笛三孔而短小廣雅云七孔大者曰産中者仲小者箹中音丁仲反箹音握笛馬融長笛賦此器起近代出於羌中京房備其五音又稱邱仲工其事不言所造風俗通曰邱仲造笛長尺四寸七孔武帝時人後更有羌笛二說不同未詳孰實今橫笛去觜其加觜者謂之義觜笛按橫笛小篪也出漢靈帝好胡笛宋書云有胡篪出於胡吹即謂此君梁胡吹歌云快馬不須鞭拗折楊柳枝下馬吹橫笛愁殺路旁兒此歌元出於北國知橫笛是此名也單篥本名悲篥出於胡中其聲悲或云儒者相傳胡人吹角以驚馬後乃以笳爲首竹爲管笳杜摯有笳賦云李伯陽入西戎所造晉先蠶注車駕住吹小箛發吹大箛箛卽笳也又有胡笳漢舊箏笛錄有其曲不記所出本末也角書記所不載或出羌胡以驚中國馬馬融又云出吳越

八音之外又有三

一桃皮東夷有卷桃皮二貝大蠡也容可數升並吹之以節樂亦出南蠻三葉銜葉而嘯其聲清震橘柚尤善或云卷蘆葉爲之形如笳首也

通志卷五十

通志卷五十一

宋右迪功郎鄭樵漁仲撰

職官略第一

官制總序

伏羲氏以龍紀故以龍名官共工以水紀故以水名官神農氏以火紀故以火名官黃帝氏以雲紀故以雲名官少昊摯之立也鳳凰至故爲鳥紀而以鳥名官鳳鳥氏曆正也元鳥氏司分也伯趙氏司至也青鳥氏司啟也丹鳥氏司閉也祝鳩氏司徒也鴡鳩氏司馬也鳲鳩氏司空也爽鳩氏司寇也鶻鳩氏司事也五鳩聚民者也五雉爲五工正九扈爲九農正自顓帝以來不能紀遠乃紀於近爲民師而命以民事又有五行之官是謂五官社稷五祀是尊是奉春官木正曰句芒夏官火正曰祝融秋官金正曰蓐收冬官水正曰元冥中官土正曰后土唐堯之代分命羲和欽若昊天曆象日月星辰以授人時內有百揆四岳外有州牧侯伯虞舜氏有天下以禹作司空使宅百揆棄作稷官播百穀契作司徒敷五教皐繇作士正五刑垂作共工利器用益作虞育草木鳥獸伯夷秩宗典三禮夔典樂教胄子和神人龍作納言出納帝命蓋亦爲六官以主天地四時也夏后之制亦置六卿其官名次猶承虞制商人制天子建天官先六太曰太宰太宗太史太祝太士太卜典司六典天子之五官曰司徒司馬司空司士司寇典司五衆天子之六府曰司土司木司水司草司器司貨典司六職天子之六工曰土工金工石工木工獸工草工典制六材五官致貢曰享五官之長曰伯千里之內爲王畿千里之外設方伯五國以爲屬屬有長十國以爲連連有帥三十國以爲卒卒有正二百一十國以爲州州有伯八州八伯五十六正百六十八帥三百三十六長八伯各以其屬屬於天子之老二人分天下以爲左右曰左右伯周成王參改商官制爲周禮以作天地四時之名謂之六卿立天官冢宰掌邦治地官司徒掌邦教春官宗伯掌邦禮夏官司馬掌邦政秋官司寇掌邦刑冬官司空掌邦事各有徒屬用於百事歲終天子齊戒受諫六卿以百官之成質於天子百官齊戒受質然後休老勞農成歲事制國用自周衰官失而百職亂戰國並爭各有變易秦始皇兼天下建皇帝之號立百官之職不師古始罷侯置守太尉主五兵丞相總百揆又置御史大夫以貳於丞相漢初因循而不革隨時宜也其後頗有所改（大司馬左右前後將軍侍中常侍散騎諸吏爲中朝丞相以下至六百石爲外朝）王莽篡位慕從古官而吏民皆弗便光武中興務從節約并官省職費減億計（後漢建武六年詔曰百姓遺難戶口耗少而官吏尚繁於是司隸州牧條奏并省四百餘縣吏職減損十置其一）廢丞相與御史大夫而以三司綜理衆務洎于叔世事歸臺閣論道之官但備員而已魏與吳蜀多依漢制晉氏繼及大抵畧同（山公啟事曰晉制諸坐公事者皆三年乃得敘用其中多有奸人令逍遙無事臣以爲畧依左遷法隨資裁減之亦足懲戒又傅元議曰諸官有病滿百日不差宜令去職既差復用）太元六年改制減費損吏士職員凡七百人（時議省州郡縣半吏以赴農功）爰及宋齊亦無改作（宋時制新長吏以父母疾去官禁錮三年山陰令沈叔任父疾去職御史中丞鄭鮮之上議曰所以爲其制者莅官不久則奔競互生故杜其欲速之請以申考績之實耳今父母之疾而加以罪名損義疾理莫此爲大詔從之於是自二品以上父母及祖父母墳墓崩毁及疾病親屬輒去並不禁錮又劉祗爲中書郎江夏王義恭領中書監服親不得相臨表解職也孝武詔曰昔二王兩謝俱至崇禮自今三臺五省悉同此例又詔曰方鎮所假禮白郡縣年限依臺除食祿三分之一不給送）官司有三臺五省之號（三臺蓋五漢舊名五省謂尚書中書門下祕書集書省也）郡縣有三歲爲滿之期（宋州郡縣居職以三周爲小滿）梁武受終多遵齊舊然而定諸卿之位分配四時置戎秩之官至百有餘號陳遵梁制不失舊物焉後魏昭成之郎王位初置官司分掌衆職然而其制草創名稱乖疎皇始元年道武平并州始建臺省置百官封公侯將軍刺史太守尚書郎等官悉用文人天興中太史言天文錯亂當改王易政故官號數革（初道武制官皆擬遠古雲鳥之義諸曹走使謂之鳧鴨取飛之迅疾也以伺候宮禁謂之白鷺取其延頸遠視他皆此類）至孝文太和中王肅來奔爲制官品百司位號皆准南朝改次職令以爲永制（凡守令以六年爲滿後經六年乃敘）又作考格以之黜陟（太和十八年詔曰古者三載考績三考黜陟朕今三載一考考便黜陟各令當司考其優劣爲三等六品以下尚書重問五品以上朕與公卿親論善惡上上者遷之下下者黜之中中者守本位）又宣武帝行考陟之法任事上中者三年升一階散官上第者四載登一級孝明以後授受多濫齊高氏創業亦遵後魏臺省位號多類江東（以門下省掌獻納諫正中書省管司王言祕書省典司經籍集書省掌從容諷議中常侍省掌出入門閤御史臺察紀彈劾）後主臨御爵祿犬馬宇文氏之初據關中猶依魏制及平江陵之後別立憲章酌周禮之文建六官之職其他官亦兼用秦漢及隋文帝踐極百度伊始復廢周官還依漢魏其於庶僚頗有損益凡官以四考而代（又制凡官以理去職聽並執笏）至煬帝初存稽古多復舊章（百官不得計考增級如有德行功能灼然顯著者擢之）大業三年始行新令有三臺五省五監十二衛十六府（殿內尚書門下內史祕書五省也謁者司隸御史三臺也少府長秋國子將作都水五監也左右翊左右驍左右武左右屯左右禦左右侯十二衛也左右備身左右監門等凡十六府也或是舊名或是新置諸省及左右衛武候領軍監開府爲內官自餘爲外官）于時天下繁富四方無虞衣冠文物爲盛矣既而漸爲不道百度方亂號令日改官名月易圖籍散逸不得而詳備唐之職員多因隋制雖有小變革而大較不異貞觀六年大省內官凡文武定員六百四十有三而已

顯慶元年初制拜三師三公親王尚書令雍州牧開府儀同三司驃騎大將軍左右僕射並臨軒冊授太子二少侍中中書令諸曹尚書諸衛大將軍特進鎭軍輔國大將軍光祿大夫太子詹事太常卿都督及上州刺史在京者朝堂受冊又制文武官五品以上老及病不因罪解者並聽同致仕例龍朔二年又改官名咸亨元年復舊至于武太后再易庶官或從宜創號改尚書省爲文昌臺門下省爲鸞臺中書省爲鳳閣御史臺爲肅政臺及諸寺衛等名又置控鶴府官員或參用古典改六尚書爲天地四時之官天授二年凡舉人無賢不肖咸加擢拜大置試官以處之試官蓋起於此也試者未爲正命凡正官皆稱行守其階高而官卑者稱行階卑而官高者稱守階官同者並無行守字太后務收物情其年二月十道使舉人并州石艾縣令王山耀等六十一人並授拾遺補闕懷州錄事參軍崔獻可等二十四人並授侍御史并州錄事參軍徐昕等二十四人並授著作郎魏州內黃縣尉崔宣道等二十二人並授衛佐校書御史等故當時諺曰補闕連車載拾遺平斗量把推侍御史脫腕校書郎試官自此始也于時擢人非次刑網太密雖驟歷榮貴而敗輪繼軌神功元年制曰自今本色出身解天文者進轉官不得過太史令音樂者不得過太樂鼓吹令醫術者不得過尚藥奉御陰陽卜筮者不得過太卜令解造食者不得過司膳神龍初官復舊號二年三月又置員外官二千餘人舊有員外官至此大增加兼超授諸門官爲員外官者亦千餘人中書令李嶠初自地官尚書貶通州刺史至是召拜吏部侍郎嶠志欲曲行私惠求名悅衆冀得重居相位乃奏請大置員外官多引用勢家親識至是嶠又自覺銓衡失序官員倍多府庫由是減耗也於是遂有員外員外官其初但云員外至永徽六年以蔣孝璋爲尚藥奉御員外特置仍同正員自是員外官或有同正員者其加同正員者唯不給職田耳其祿俸賜會與正官同單言員外者祿俸減正官之半檢校試攝判知之官攝者言勅攝非州府板署檢校者云檢校某官判官者云判某官事知者云知某官事皆是詔除而非正命逮乎景龍官紀大紊復有斜封無坐處之誦與焉景龍中有太平安樂長寧宜城等諸公主及皇后陸氏妹郕國夫人李氏妹崇國夫人并昭容上官氏與其母沛國夫人鄭氏尚宮柴氏賀婁氏女巫隴西夫人趙氏皆引用親識亦多猥濫或出自臧獲或由於屠販多因賂貨累居榮秩咸能別於側門降墨勑斜封以授焉故時人號爲斜封官時既政出多門遷除甚衆自宰相至于內外員外官及左右臺御史多者則數踰十倍皆無廳事可以處之故時人謂之三無坐處謂宰相御史及員外官也先天以來始懲其弊至開元二十五年刊定職次著爲格令此格皆武德正觀之舊制永徽初已詳定之至開元二十五年再刪定焉至二十八年又省文武六品以下官三百餘員及諸流外番官等蓋尚書省以統會衆務舉持繩目門下省以侍從獻替規駮非宜中書省以獻納制冊敷揚宣勞祕書省以監錄圖書殿中省以供修服御內侍省以承旨奉引尚書門下中書祕書殿中內侍凡六省御史臺以肅清僚庶九寺太常光祿衛尉宗正太僕大理鴻臚司農太府爲九寺五監少府將作國子軍器都水爲五監以分理羣司六軍左右羽林左右龍虎左右神武爲六軍十六衛左右衛左右驍衛左右武衛左右威衛左右領軍左右金吾左右監門左右千牛爲十六衛以嚴其禁禦一詹事府二春坊有左右春坊又有內坊掌閤內諸事三寺家令寺率更寺太僕寺十率左右衛左右司禦左右清道左右監門左右內侍凡十率府俾乂儲宮牧守督護分臨畿服京府置牧餘府州置都督都護太守設官以經之置使以緯之按察採訪等使以理州縣節度團練等使以督府軍事租庸轉運鹽鐵青苗營田等使以鹺財貨其餘細務因事置使者不可悉數其轉運以下諸使無適所治廢置不常故不別列於篇自六品以下率由選曹居官者以五歲爲限於是百司具舉庶績咸理亦一代之制焉一歲爲一考四考有替則爲滿若無替則五考而罷六品以下吏部注擬謂之旨授五品以上則皆勑除自至德之後天下多難勳才錄効制勑特拜繫於吏部於是兼試員外郎倍多正員至廣德以來乃立制限州縣員外兼試等官各有定額並云額內溢於限者不得視職其有身帶京官冗職資名清美兼州縣職者云占闕爲即如正員之例官以三考而代無替四考而罷由是官有常序焉

歷代官制要畧

官數　官品　設官沿革　封爵　三公　宰相

祿秩

官數

唐六十員虞六十員尚書云建官惟百鄭元云虞官六十唐官未聞堯舜同道或皆六十并屬官而言則皆有百夏百二十員尚書云夏商官倍則當二百鄭元曰百二十商二百四十員明堂位二百鄭元曰百四十二周六萬二千六百七十五員內一千六百四十二人外諸侯同官六萬一千三十二人按禮記王制計之商制同漢自丞相至佐史凡十三萬二百八十五員哀帝時數兼諸州府郡胥吏後漢七千五百六十七員　晉六千八百三十六員　宋六千一百七十二員　齊二千一百三員　後魏七千七百六十四員　北齊二千三百二十二員並內官後周二千九百八十九員並內官隋一萬二千五百七十六員內官二千五百八十一外郡縣官九千九百九十五唐一萬八千八百五員內官二千六百二十外郡縣官一萬六千一百八十五

官品

周官九命漢自中二千石至百石凡十六等後漢自中二千石至斗食凡十三等魏秩次多因漢制更置九品晉宋齊並因之梁因之更置十八班班多爲貴陳並因之後魏置九品品各置從凡十八品自四品以下每品分爲上下階凡三十階北齊並因之後周制九命每命分爲二以正爲上凡十八命隋置九品品各有從自四品以下每品分爲上下凡三十階自太師始焉謂之流內流內自此始焉煬帝除上下階唯留正從各九品又置視正二品至九品品各有從自行臺尚書令始焉謂之視流內視流內自此始唐自流內以上並因隋制又置視正五品視從七品以署薩寶及正祓謂之視流內又置勳品九品自諸衛錄事及五省令史始焉謂之流外流外自此始勳品自齊梁郎有之

設官沿革

畧舉崇著者其當部之官長雖品秩下者亦附出

黃帝六相堯有十六相爲之輔相不必名官少昊司徒前漢嘗加大後漢又加大司馬項羽加大漢以後加大後周又加大司空前漢加大改御中大夫爲之後周又加大司寇後周有大司寇卿後周又加大唐羲和羲仲羲叔和仲和叔州牧虞太師太保納言隋及唐嘗改侍中爲之后稷秩宗士共工虞夏九卿商太宰晉宋齊梁陳改太師爲之太宗太史太祝太士太卜司士司土司木司水司革司器司貨太子太師太子太

保太子太傅太子少傅方伯周太傅少師少保冢宰後周加大宗伯後周加大內史秦置內史治京師如諸郡守後周有內史中丞大夫隋改中書爲內史監令唐亦嘗以中書爲內史太僕正至漢爲太僕梁爲卿唐嘗爲司馭卿又嘗爲司僕卿大將軍自戰國時楚置前後左右將軍周末置秦太尉左右丞相丞相後周末加大相國侍中本丞相史隋改爲納言又改爲侍內唐嘗爲納言或爲左相或爲黃門監黃門侍郎後周納言大夫唐爲鸞臺侍郎又改爲門下侍郎散騎常侍魏加侍郎又加員外又加通直唐分爲左右少府吏在殿中主發書謂之尚書四人漢置五人其一人爲僕射四人分曹後漢爲五曹至晉有六曹尚書令僕射漢置左右唐嘗改爲左右匡政或爲左右丞相武太后嘗爲文昌左右相尚書丞漢置四人後漢減三人爲左右丞唐嘗爲左右肅機御史大夫唐嘗爲大司憲武太后又嘗改爲肅政又分爲左右奉常漢改曰太常後周奉常又改爲太常後漢爲奉常自後爲太常梁謂之卿唐嘗爲奉常卿又嘗爲司禮卿郎中令漢爲光祿勳後漢嘗爲郎中令魏爲光祿勳梁除勳字謂之卿唐嘗爲司宰卿又嘗爲司膳卿又爲光祿卿衞尉漢嘗爲中大夫令至梁謂之卿至唐嘗爲司衞卿宗正漢嘗後爲宗伯至唐嘗爲司宗卿又嘗爲司屬卿治粟內史漢改曰大農令又改曰大司農後漢末爲大農魏爲司農至梁謂之卿後魏又加大唐嘗爲司稼卿主爵中尉漢以右扶風代之廷尉二漢梁北齊爲大理梁謂之卿後周曰廷尉唐嘗爲詳刑卿又爲大理卿典客漢改爲大鴻臚又嘗曰大行至梁除大字謂之卿唐爲同文卿又嘗爲司賓卿又爲鴻臚卿典屬國少府至梁謂之卿唐嘗爲內府監亦嘗爲尚方監又爲少府監將作少府漢改爲大匠梁爲大匠卿隋爲將作大監又改爲大匠唐亦嘗爲大匠又嘗爲繕工監又嘗爲營繕監又爲將作監中尉漢武更名執金吾中書謁者令僕射至漢嘗以宦者爲之魏爲中書監令專掌機務隋爲內史監令尋改爲內史又改爲尚書又爲內史令唐復爲中書令嘗爲右相又爲內史又爲紫薇令詹事唐嘗改爲端尹又嘗改爲宮尹少詹事並爲少尹中庶子庶子隋改庶子爲左右罷中庶子唐嘗爲左右中護太子家令唐嘗爲宮府大夫率更令唐嘗爲司更大夫僕唐嘗爲馭僕大夫率內史理京師漢分爲左右又置京兆尹左馮翊代之郡守漢改爲太守後魏每部置三大守隋置通守魏之二守隋之通守並佐貳太中大夫唐並爲文散漢領尚書事至後漢爲錄尚書事三公曹尚書常侍郎尚書主客公卿事後漢改爲吏曹主選舉又爲選部魏爲吏部宋嘗置爲員唐嘗改爲司列太常伯又爲天官中書侍郎東晉嘗爲通事郎隋爲內史侍郎又爲內書侍郎唐爲內史侍郎又爲中書侍

郎又爲紫薇侍郎御史中丞後魏曰中尉唐改治書侍御史爲之嘗爲司憲大夫光祿大夫優寵者則加銀章青綬至魏晉則有加金章紫綬齊嘗置左右至隋爲散官中散大夫王莽置唐爲文散太皇太后卿長信少府太后以下卿以至于陳自後魏無皇太后卿長信少府皇后卿大長秋隋有令唐改爲內侍中常侍唐爲內常侍都水使者至宋嘗爲水衡令梁曰大舟卿隋嘗爲都水監唐嘗爲司津監又嘗爲水衡都尉驃騎後漢加大唐爲武散夫遊擊唐爲武散衞車騎驍騎梁置左右伏波上騎材官輕車樓船橫海護軍唐爲勳官渡遼貳師蒲類彊弩戈船奮威建威積射二十一將軍奉車騎駙馬三都尉至梁尚主者爲之司隸校尉督察三輔隋有司隸大夫唐京畿採訪使亦其職刺史刺舉郡縣至隋治民都護京兆尹左馮翊右扶風特進唐爲文散諸加官左右曹諸吏散騎中常侍侍中爲之後漢賊曹尚書尚書侍郎三十六人初稱尚書郎中滿歲稱尚書郎三歲稱侍郎五歲遷大縣令魏有尚書郎晉又有郎中隋初置三十六侍郎後置員外郎一人後又六曹各置侍郎每曹有郎有員外郎唐改曹郎爲郎中秘書監魏又置令唐嘗爲蘭臺太史少監爲侍郎又嘗爲蘭臺武衞至隋置左右唐爲左右鷹揚衞輔國晉加大宋改爲輔師唐爲武散四征四鎮四安虎牙征虜捕虜橫野鷹揚討逆討虜破虜等將軍四中郎將都督至晉加大河南尹留守班同三司前漢文帝以宋昌爲衞將軍亞三司未爲官也儀同三司魏有開府儀同三司晉又有如開府儀同三司後魏有儀同三司北齊有開府儀同三司又有上開府儀同大將軍至隋爲散官又諸衞各置開府一人八座魏五兵尚書又至後魏有七兵尚書隋曰兵部唐嘗爲司戎太常伯或爲夏官或爲武部又爲兵部度支尚書吳有戶部晉已後爲度支至隋爲民部唐嘗爲度支又爲戶部祠部曹尚書至後魏有儀曹尚書後周有禮部隋置禮部尚書唐嘗爲司禮太常伯或爲春官又爲禮部殿中監秩甚卑隋曰殿內監唐嘗爲中御府大監中衞晉分爲左右衞將軍隋改爲左右翊衞唐復爲左右衞中領軍尋改曰領軍隋改爲左右屯衞唐嘗爲左右戎衞又嘗爲左右王鈐衞又爲左右領軍鎮軍大冠軍游騎唐並爲武散四平鎮北虎威撫軍凌江盪朔等將軍行臺晉三公尚書掌刑獄起部尚書有事則置事畢則省國子祭酒唯宋曰總明觀祭酒唐嘗爲大司成又爲成均祭酒中軍龍驤盪遠唐爲武散宋殿中將軍齊都官

尚書至隋改爲刑部唐嘗爲司刑太常伯又嘗爲秋官又改爲憲部又爲刑部梁大府卿唐嘗爲外府卿又嘗爲司府卿雲麾中武壯武明武定遠唐並爲武散宇宙等大將軍始以太常等名卿分爲四時凡十一卿後魏柱國唐爲勳官天柱二大將軍諸少卿後周軍器隋左右武候府大將軍唐爲金吾衞左右監門府將軍唐改府爲衞大總管通守佐太守折衝府正議通議朝議朝請朝散等大夫左右驍衞府唐除府字唐太子賓客漢之四皓非官左右千牛衞左右屯營後改爲羽林軍嘗改爲衞左右威衞嘗改左右豹韜衞左右龍虎將軍平章事知政事參知機務同中書門下三品平章軍國重事節度使採訪使宣威武散懷化歸德等將軍並武散以授歸義蕃官

封爵

黃帝方制萬里爲萬國各百里唐虞夏建國凡五等曰公侯伯子男商公侯伯三等公百里侯七十里伯五十里周公侯伯子男五等公侯百里伯七十里子男五十里周公居攝改制大其封公五百里侯四百里伯三百里子二百里男百里秦爵二十等最高徹侯乃得食縣其次關內侯食租稅於關內餘十八等大庶長以下則如吏職漢國王國侯亭侯三等王皆裂地侯以戶數爲差分民自此始漢初論功封侯者凡百四十三人食邑者除租每戶一歲更輸錢二百後漢亦三等皇子封王其郡爲國其列侯雖鄙寵元勳不過四縣魏王公侯伯子男次縣侯次鄉侯次亭侯次關內侯凡九等關內侯爲虛封自此始晉亦有王公侯伯子男又有開國郡公縣公郡縣侯伯子男及鄉亭關內等侯凡十五等王大國二萬戶三軍兵五千次國一萬戶二軍兵三千下國五千戶一軍兵千五百其公之制如五千戶國侯如不滿五千戶國並置一軍千人其伯子男以下各有差不置軍宋皆因晉制惟大小國皆三軍至孝建中凡國官屬不得稱臣於其主稱下官改齊因之梁因前代定制諸王言曰令境內稱之曰殿下公侯言曰教境內稱之曰第下皆自稱曰寡人相己下表疏如臣而不得稱臣文書下羣官皆曰告陳有郡王嗣王藩王開國郡公開國縣公侯伯子男沐食侯鄉亭侯

開國中闕外侯凡十二等後魏有王開國郡公散公侯散侯伯散伯子散子男散男凡十一等（王食半公三分食一侯伯四分食一子男五分食一）北齊有王公侯伯子男六等後周有公侯伯子男五等隋有國王郡王國公郡公縣公侯伯子男凡九等唐國王郡王國公郡公開國郡公縣開國侯伯子男凡九等（並無其土加實封者乃給租庸自武德至天寶實封者百餘家自至德至大曆三年實封者二百六十五家）

三公

夏商以前云天子無爵三公無官（伊尹曰三公調陰陽）周以太師太傅太保曰三公漢以丞相大司馬御史大夫爲三公後漢又以太尉司徒司空爲三公（天地災變卽皆冊免自太尉徐防始焉靈帝就長安拜張溫爲太尉三公在外自溫始也）魏晉宋齊梁陳後魏北齊皆以太尉司徒司空爲三公後周以太師太傅太保爲三公（司徒爲卿）隋以太尉司徒司空爲三公唐因之

宰相

黃帝置六相堯有十六相商湯有左右相周成王有左右相秦悼武王始置左右丞相始皇又始置相國漢置丞相嘗置相國或左右丞相尋復舊成帝改御史大夫爲司空與大司馬丞相是爲三公皆宰相也哀帝改丞相爲大司徒亦爲宰相後漢以太尉司徒司空爲宰相獻帝復置丞相魏改丞相爲司徒而文帝置中書監令並掌機密自是中書多爲樞機之任亦宰相也又置大丞相及相國晉惠帝改丞相爲司徒尋復舊俱爲宰相而中書監令常管機要亦是相也宋齊梁陳並相因習或爲丞相或爲相國多非尋常人臣之職（或掌機密或錄尚書或綜朝權或管朝政或爲侍中或給事中或受顧命皆爲宰相然中書職任機務之司不必他名亦爲宰相其有侍中兼外官若宋王弘侍中兼內官若沈演之其例不少卽非宰相並在當時委任而已）後魏北齊亦置丞相俱爲宰相尤重門下官多以侍中輔政亦宰相也後周大冢宰亦其任也其後亦置左右丞相隋有內史納言是眞宰相（柳述爲兵部尚書參軍機密又楊素爲右僕射與高熲專掌朝政）唐侍中中書令爲眞宰相中間嘗改爲左右相他官參者無定員但加同中書門下三品平章事知政事知機務參與政事及平章軍國重事之名者並爲宰相亦漢行丞相事之例也（其同中書門下三品自貞觀中兵部尚書李勣始）

祿秩

周制自天子至下士凡六等諸侯國君十卿祿（食二千八百八十人）卿四大夫祿（食二百八十八人）大夫倍上士（食七十二人）上士倍中士（食三十六人）中士倍下士（食十八人）下士與庶人在官者同（食九人庶人在官爲未命爲士者）漢制自中二千石至百石凡十二等中二千石（月俸百八十斛）二千石（百二十斛）比二千石（百斛）千石（八十斛）六百石（七十斛）比六百石（六十斛）四百石（五十斛）比四百石（四十五斛）三百石（四十斛）比三百石（三十七斛）二百石（三十斛）比二百石（二十七斛）百石（十六斛）後漢大將軍三公俸各三百五十斛凡諸受俸皆半錢半穀延平中定制中二千石（月俸錢九千米七十二斛）眞二千石（錢六千五百米三十六斛）比二千石（錢五千米三十四斛）千石（錢四千米三十斛）六百石（錢三千五百米二十一斛）四百石（錢二千五百米十五斛）三百石（錢二千米十二斛）二百石（錢一千米九斛）百石（錢八百米四斛八斗）臘及立春更班賜有差宋制州郡秩俸多隨土所出無有定準有父母祖父母年登七十者並給見錢其郡縣田祿以芒種爲斷（此前去官者則一年秩皆入前人此後去官者悉入後人）梁制一品秩萬石二品三品秩爲中二千石四品五品秩爲二千石後魏其祿每一季一請諸宰人之官各隨近給公田刺史十五頃太守十頃治中別駕各八頃縣令郡丞六頃更代相付北齊官秩一品每歲八百疋從一品七百疋二品六百疋從二品五百疋三品四百疋從三品三百疋四品二百四十疋從四品二百疋五品一百六十疋從五品一百二十疋六品一百疋從六品八十疋七品六十疋從七品四十疋八品三十六疋從八品三十二疋九品二十八疋從九品二十四疋執事官一品以下給公田各有差後周制祿秩下士一百二十五石中士以上至大夫各倍之上大夫是爲四千石卿二分孤三分公四分各益其一公因盈數爲一萬石其九秩一百二十石八秩至於七秩每二秩六分而下各去其一二秩俱爲四十石隋京官一品祿九百石其下每以百石爲差至正四品是爲三百石從四品二百五十石其下每以五十石爲差至正六品是爲一百石從六品九十石以下每以十石爲差至從八品是爲五十石其給皆以春秋二季刺史太守縣令則計戶而給祿各以戶數爲九等之差二佐及郡守縣令京官給職分田一品者給田五頃至五品則爲田三頃其下每品以五十畝爲差至九品爲一頃外官亦各有職分田又給公廨田以供唐定給祿之制京官正一品（米七百石錢九千八百）從一品（六百石）正二品（米五百石錢八千）從二品（米四百六十石）正三品（米四百石錢六千一百）從三品（米三百六十石）正四品（米三百石錢四千二百）從四品（米二百六十石）正五品（米二百石錢三千六百）從五品（米一百六十石）正六品（米一百石錢二千四百）從六品（米九十石）正七品（米八十石錢二千一百）從七品（米七十石）正八品（米六十七石錢一千六百）從八品（米六十二石）正九品（米五十七石錢一千三百）從九品（米五十二石）從品同外官各降一等（其幹力及防閤庶僕並別給）內外文武官自一品以下給職田京官諸司及郡縣又給公廨田並有差

職官目錄

通志卷五十一

通志卷五十二

宋右迪功郎鄭樵漁仲撰

職官略第二

三公第一

三公總序（四輔二大附）

記曰虞夏商周有師保有疑丞設四輔及三公（尚書大傳曰古者天子必有四鄰前疑後丞左輔右弼天子有問無以對責之疑有志而不志責之丞可正而不正責之輔可揚而不揚責之弼其爵視卿其祿視次國之君）不必備唯其人故天子無爵三公無官參職天子（何官之稱天文三台以三公法焉）伊尹曰三公調陰陽九卿通寒暑大夫知人事列士去其私周成王作周官立太師太傅太保曰三公論道經邦燮理陰陽立少師少傅少保曰三孤貳公弘化寅亮天地以弼天子則三太周之三公也故不以一職爲官名（公八命也九命則分陝爲二伯）又以三少爲孤卿與六卿爲九焉舜之於堯伊尹之於湯周公召公之於周是其任也故周禮建外朝之法左九棘孤卿大夫位焉羣士在其後右九棘公侯伯子男位焉羣吏在其後面三槐三公位焉州長衆庶在其後三公壹命袞若有加則賜也不過九命（三公八命矣復加一命則服袞龍與王者之後同多於此則賜也非命服也）（虞夏之制天子有日月星辰周禮曰諸公之服自袞冕而下如王之服）春秋九命則作伯尊公曰宰言於海內無不宰統焉或說司馬主天司徒主人司空主土是爲三公漢初唯有太傅太尉後加置太師太保大司徒大司空王莽居攝置四輔官後漢唯有太傅一人謂之上公及有太尉司徒司空而無師保太尉公主天（部太常衞尉光祿勳）司徒公主人（部太僕鴻臚廷尉）司空公主地（部宗正少府司農）而分部九卿（漢制三公號稱萬石其俸月各三百五十斛風俗通云三公一歲其食萬石也）蓋多以九卿爲之若天地災變則皆冊免自太尉徐防始焉漢制三公不與盜賊若領兵入見皆交戟叉頸而前（使虎賁執刃扶之也魏武爲司空破張繡入覲天子亦行此制汗流浹背自此不復朝覲也）朝臣見三公皆拜天子御座則起在輿爲下凡拜公天子臨軒六百石以上悉會直事卿贊拜御史授印綬公三讓然後受至安帝時三府任薄選舉誅賞一由尚書其災眚變咎則免公台靈帝臨朝始遣使者就長安拜張溫爲太尉三公在外自溫始也至獻帝建安十三年乃罷三公官魏初復置與後漢同（有太傅太尉司徒司空）然皆無事不與朝政初封司空崔林爲安陽亭侯三公封列侯自林始也黃初二年又分三公戶邑封子弟各一人爲列侯末年增置太保晉武帝即位之初以安平王孚爲太宰鄭沖爲太傅王祥爲太保義陽王子初爲太尉何曾爲司徒荀顗爲司空石苞爲司馬陳騫爲大將軍凡八公同時並置唯無丞相焉時所謂八公同辰攀雲附翼者也遂以太傅太保爲上公論道經邦燮理陰陽無其人則闕蓋居者甚寡（諸公品第一食俸日五斛太康二年又給絹春百疋秋二百疋綿二百斤元康元年給米田十頃騶十人立夏以後不及田者食俸一年又給虎賁二十人持班劍給朝車駕安車黑馬）其太尉司徒司空自漢歷魏皆爲三公及晉迄于江左相承不改前代三公冊拜皆設小會所以崇宰輔之制也自魏末廢而不行至晉拜石鑒爲左光祿大夫開府領司徒始有詔令會遂以爲常宋皆有八公之官而不言爲八公也齊時三公唯有太傅梁有丞相太宰太傅太保大司馬大將軍太尉司徒司空開府儀同三司等官諸公及從公開府者亦置官屬陳以丞相太宰太傅太保大司馬大將軍並謂贈官三公之側開黃閤廳事置鴟尾後魏以太師太傅太保謂之三師上公也大司馬大將軍謂之二大太尉司徒司空謂之三公北齊皆有三師二大三公之官並置府其府三門當中門黃閤設內屏三師二大置佐吏則同太尉府後周置六卿之外又改三師官謂之三公兼置三孤以貳之而以司徒爲地官大司馬爲夏官司空爲冬官如姬周之制無復太尉三師之號宣帝又置四輔官（以大冢宰越王盛爲大前疑蜀國公尉遲迥爲大右弼申國公李穆爲大左輔隋國公楊堅爲大後丞）隋置三師不主事不置府僚俱與天子坐而論道置太尉司徒司空以爲三公參議國之大事依北齊置府僚無其人則闕祭祀則太尉亞獻司徒奉俎司空行掃除其位多曠攝行事尋省府僚佐置公則坐於尚書都省朝之衆務總歸於臺閣矣煬帝即位廢三師官唐復置三師以師範一人儀刑四海置三公以經邦論道燮理陰陽（祭祀則與隋制同）並無其人則闕天寶以前凡三師公雖有其位而無其人

太師（古官紂時箕子周武王時太公成王時周公並爲太師周公薨畢公代之秦及漢初並無至平帝元始元年初置以孔光居焉金印紫綬位在太傅上太保次太傅漢東京又廢獻帝初董卓爲太師卓誅又廢魏世不置晉初置三公以景帝諱師故置太宰以代太師之名秩增三司後魏北齊後周隋唐皆有之）

臣謹按孔光爲太師王莽爲太傅光常稱疾不敢與太后詔令太師無朝賜靈壽杖省中坐置几賜食十七物

太傅（古官周成王時畢公爲太傅漢高后元年初置太傅金印紫綬初用王陵後省八年復置後省哀帝元壽二年復置位在三公上平帝以孔光爲之後漢有太傅上公一人掌以善道無常職光武以卓茂爲之薨省明帝又以鄧禹爲之其後每帝初即位輒置太傅錄尚書事薨則省桓帝踐阼初加元服不復置傅但令太尉胡廣司徒趙戒領尚書事至靈帝復以陳蕃爲太傅與廣參錄尚書事魏初置太傅以鍾繇爲之晉宋金章紫綬進賢三梁冠介幘絳朝服佩山元玉梁後魏北齊後周及唐皆有之）

臣謹按鍾繇遷太傅有疾時華歆亦以高年病朝見皆使乘輿入殿就坐是後三公有疾遂以爲故事

太保（古官太甲時伊尹周成王時召公皆爲之漢平帝元始元年始用王莽爲之光武中興省魏初不置

末年始置以鄭沖爲之位在三司上晉武初踐阼以王祥爲太保進爵爲公加置七官之職太保所以訓護人主導以德義者也章綬佩服冠秩與太傅同梁後魏北齊後周隋及唐皆有之

臣謹按晉汝南王亮爲太宰錄尚書事與太保衛瓘對掌朝政又衛瓘爲太保以公就第置長史司馬從事中郎掾屬也

太宰於商爲六太於周爲六卿亦曰冢宰周武時周公始居之掌建邦之治秦漢魏並不置惟平帝加王莽號曰宰衡晉初依周禮備置三公三公之職太師居首以景帝名師故置太宰以代之而以安平獻王孚居焉增掾屬十人蓋爲太師之互名非周冢宰之任也宋大明中用江夏王義恭爲之冠綬服秩悉與太傅同至齊以爲贈梁初有之至陳又以爲贈有事則權兼之後魏初無至孝莊時以太尉上黨王天穆爲之增置佐史北齊無闕後周文帝又依周禮建六官遂置天官大冢宰卿一人掌邦治以建邦之六典佐皇帝治邦國自隋而無

臣謹按晉何曾爲太宰朝會乘輿入朝劒履上殿如蕭何田千秋鍾繇故事

太尉秦官漢因之金印紫綬掌武事漢文三年省景帝三年復置其尊與丞相等五年又省元狩四年更名大司馬後漢建武二十七年復舊名爲太尉公每帝初即位多與太傅同錄尚書事府門無闕掌四方兵事功課歲盡則奏其殿最而行賞罰凡郊祀之事常亞獻大喪則告謚南郊凡國有大造大疑則與司徒司空通而論之國有過事與三公通諫諍之靈帝末劉虞爲大司馬而太尉如故自此則大司馬與太尉始並置矣魏亦有之晉太尉進賢三梁冠介幘絳朝服金章紫綬佩山元玉若郊廟冕服七旒元衣纁裳七章宋制武冠山元玉齊制九旒後魏初與大將軍不並置正光之後亦皆置焉歷七代唯後周無其餘皆有悉爲三公

臣謹按月令曰孟夏太尉贊俊傑自上安下曰尉故武官咸以爲號

司徒古官少皞時祝鳩氏爲之堯時舜爲之舜攝帝位命禼爲司徒禼元孫之子曰微亦爲夏司徒周時司徒爲地官掌邦教秦置丞相有司徒漢初因之至哀帝元壽二年罷丞相置大司徒後漢大司徒主徒眾教民以禮義凡國有大疑大事與太尉同建武二十七年去大爲司徒公建安末爲相國魏黃初元年改爲司徒晉司徒與丞相通職更置迭廢未嘗並立至永嘉元年王衍爲司徒東海王越爲丞相始兩置焉宋制司徒金章紫綬進賢三梁冠佩山元玉掌治民事郊祀則省牲視滌濯大喪安梓宮凡四方功課歲盡則奏其殿最而行賞罰亦與丞相並置齊司徒之府領天下名數戶口簿籍梁罷丞相置司徒歷代皆有之至後周以司徒爲地官謂之大司徒卿掌邦教職如周禮隋唐復爲三公

司空古官少皞時鳴鳩氏爲之舜攝帝位以禹爲之禹元孫之子曰冥亦爲夏司空湯以咎單爲司空周禮司空爲冬官掌邦事凡營城起邑浚溝洫脩墳防之事則議其利建其功四方水土功課歲盡則奏其殿最而行賞罰凡國有大造大疑諫諍與太尉同秦無司空置御史大夫漢初因之至成帝綏和元年始更名御史大夫曰司空初改爲司空時議者又以縣道官有獄司空故復加大司空金印紫綬祿比丞相哀帝建武二年復爲御史大夫元壽二年復爲大司空後漢初爲大司空建武二十七年去大爲司空公獻帝建安十二年又罷司空置御史大夫自郗慮免不復補魏初又置司空冠綬及郊廟之服與太尉同宋制進賢三梁冠佩山元玉掌治水土祠祀掌埽除樂器大喪掌將校復土歷代皆有之至後周爲冬官謂之大司空卿隋唐復爲三公

大司馬古官也掌武事少皞時鶡鳩氏爲之堯時棄爲后稷兼掌司馬周時司馬爲夏官掌邦政項羽以曹咎周殷爲大司馬漢初不置武帝元狩四年初罷太尉置大司馬以冠將軍之號霍光以大司馬大將軍輔政武帝又令大將軍驃騎將軍皆有大司馬之號宣帝地節三年置大司馬以霍禹爲之不冠將軍亦無印綬官屬成帝綏和元年初賜大司馬金印紫綬置官屬祿比丞相去將軍哀帝建平二年復去大司馬印綬官屬冠軍如故元壽二年復賜大司馬印綬置官屬去將軍位在司徒上始置大司馬議者以漢有軍侯千人司馬官故加大王莽居攝以漢乃無小司徒而定司馬司空之號並加大後漢光武建武二十七年省大司馬以太尉代之故常與太尉迭置不並列至靈帝末始置司馬魏文帝黃初二年復置大司馬以曹仁居之而太尉如故則太尉大司馬大將軍各自爲官位在三司上晉有左右大司馬晉定令亦在三司上武冠絳朝服金章紫綬佩山元玉與大將軍同宋時唯元嘉中用彭城王義康爲之冠玉與晉同至齊以爲贈梁時置官屬陳以爲贈後魏北齊與大將軍爲二大位居三師之下三公之上後周以爲夏官謂之大司馬卿自隋而無

臣謹按漢律丞相大司馬大將軍俸錢月六萬

大將軍見武官類

總敘三師三公以下官屬

三師太師太傅太保歷代多有之一太商建官有六太其一曰太宰自周以後亦常有之餘五代則無三公太尉司徒司空歷代有之二大大司馬大將軍歷代亦有之諸位從公諸將軍及光祿大夫開府者歷代亦時有之官屬等漢有三師而不見官屬以丞相爲公置司直長史後改丞相爲司徒則曰司徒司直長史其太尉後改爲大司馬綏和初始置長史一人掾屬二十四人御屬一人令史二十四人改御史大夫爲大司空置長史如中丞後漢初唯置太傅有長史一人掾屬十人御屬一人後漢太師董卓嘗居之蓋自爲也而不見官屬

太尉屬官有長史一人主諸曹事掾史屬二十四人分主二千石長史遷除民戶祠祀農桑奏議詞訟郵驛轉運盜賊罪法兵貨幣鹽鐵倉穀等事黃閤主簿省錄眾事掌閤下威儀記室令史掌上章奏報後漢末陳琳阮瑀皆爲曹公記室軍國書檄皆所作御屬掌爲公卿閤下威儀

司徒屬官有長史一人掾屬三十一人令史及御屬三十六人

司空屬官有長史一人掾屬二十九人令史及御屬三十二人正曰掾副曰屬漢舊注云公府掾比古元士三命者也或曰漢初掾史辟皆上言之故有秩皆比命士其所不言則爲百石屬其後皆自辟除故通爲百石云其大司馬屬官並同前

漢魏置太傅太保而不見官屬太尉司徒司空有長史司馬從事中郎正行參軍大司馬亦有正行參軍也晉有太宰太傅太保唯楊駿爲太傅增祭酒爲四人掾屬二十人兵曹爲左右也太宰太保官屬不見太尉司徒司空並有長史司馬太尉雖不加兵者吏屬皆絳服泰始三年又置太尉軍參軍六人騎司馬五人官騎十人而司徒加置左長史掌差次九品銓衡人倫冠綬與丞相長史同主簿左右東西曹掾各一人若有所循行者增置掾屬十人武帝時司徒奏州郡農桑未有賞罰之制宜遣屬循行州郡遂使司徒督察州郡播殖若有耕術者增掾屬十人又溫嶠請司徒置田曹掾州一人勸課農桑初王渾遷司徒仍加兵渾以司徒文官主吏不持兵及吏屬絳衣自以非是舊典皆令皁服論者美其謙而識禮司空府加置導橋掾一人餘略同後漢咸寧初詔以前太尉府爲大司馬府增置祭酒二人帳下司馬官騎大車鼓吹左右光祿光祿三大夫開府者皆爲位從公品秩俸賜儀制

與諸公同加兵者增置司馬一人從事中郎二人主簿記室都督各一人舍人四人兵鎧士曹營軍刺姦帳下都督外都督令史各一人主簿以下令史以上皆絳服司馬給吏卒如長史從事中郎給侍二人主簿記室都督各給侍一人其餘臨時增崇者則褒加因其時爲節文不爲定制其祭酒掾屬白蓋小車大軺車施耳後戶皁輪犢車各一乘自祭酒以下令史以上皆皁零辟朝服其爲持節都督者增參軍爲六人其餘如常加兵公制宋有太傅太保太宰太尉司徒司空大司馬諸府皆有長史一人將軍一人又各置司馬一人而太傅不置長史掾屬亦與漢略同自江左以來諸公置長史倉曹掾戶曹屬東西閤祭酒各一人主簿舍人二人御屬二人令史無定員領兵者置司馬一人從事中郎二人參軍無定員加崇者置左右長史司馬從事中郎四人掾屬四人則倉曹增置屬戶曹置掾加崇極於此也其司徒府若無公唯省舍人其府常置其職僚異於餘府有左右長史東西曹掾屬餘則同矣餘府有公卽置無則省齊有太宰大司馬並爲贈官無僚屬太尉司徒司空是爲三公特進位從公諸開府儀同三司位從公開府儀同如公凡公督府置佐長史司馬各一人諮議參軍二人諸曹有錄事功曹記室戶曹倉曹中兵外兵騎兵長流賊曹城局法曹田曹水曹鎧曹集曹右戶十八曹局曹以上署正參軍法曹以下署行參軍各一人其行參軍無署者爲兼員其公府佐吏則從事中郎二人倉曹掾戶曹屬東西閤祭酒各一人主簿舍人御屬二人加崇者則左右長史四人中郎掾屬並增數其未及開府則亦置佐吏其數有減小府無長流置防禁參軍初晉令公府長史著朝服自宋大明以來著朱衣梁武帝受命之初官班多同宋齊之舊有丞相太宰太傅太保大司馬太尉司徒司空開府儀同三司等官諸公及位從公開府者置官屬有長史司馬諮議參軍掾屬從事中郎記室主簿列曹參軍行參軍舍人等官其司徒則有左右二長史褚球爲司徒左長史加貂台佐加貂自球始也又增置左西掾屬一人自餘僚佐同於二府有公則置無則省而司徒無公唯省舍人餘官常置開府儀同三司位次三公左右光祿大夫優者則加之曰三公置官屬陳三師二大並爲贈官而無僚屬其三公有府長史司馬諮議參軍從事中郎掾曹屬主簿祭酒錄事記室正參軍板正參軍後魏三師無官屬後又置太宰以元天穆爲之增置佐吏三公及二大並有長史司馬諮議參軍從事中郎掾屬主簿錄事參軍功曹記室戶曹中兵等參軍諸曹行參軍祭酒參軍事長兼行參軍都護其太尉司徒與二大屬官階同唯司空府官每降一階北齊三師二大三公各置長史司馬諮議參軍從事中郎掾屬主簿錄事功曹記室戶曹倉曹中兵騎兵長流城局刑獄等參軍東西閤祭酒參軍事法墨田水鎧集士等曹行參軍督護等員司徒則加左右長史長史主吏司馬主將舍人主閤內事皆自秦官也從事中郎從事中郎漢有官也陳湯爲大將軍王屬從事中郎在主簿上其掌秩與長史同掾屬主諸曹事主簿所主與舍人同祭酒所主亦同令史主諸曹文書此皆自漢官也御屬參軍自後漢也孫堅參驃騎將軍事是也參軍所主與掾屬同其儀同三司如開府者亦置長史以下官屬而減記室倉城屬田水鎧士等七曹各一人其品亦下三公府一階其三師二大佐吏則同太尉府也後周以太師太傅太保爲三公而不見僚屬隋三師亦不見官屬而三公依北齊置府僚後省府及寮佐置公則坐於尚書都省朝之眾務總歸於臺閣唐三師三公並無官屬

宰相第二

宰相總序 官屬附

黃帝得六相而天地治神明至虞舜臣堯舉八愷使主后土以揆百事莫不時叙地平天成舉八元使布五教于四方內平外成謂之十六相及成湯居亳初置二相以伊尹仲虺爲之武丁得傅說爰立作相王置諸其左右周時召公爲保周公爲師相成王爲左右亦其任也秦悼武王三年始置丞相以樗里疾甘茂爲左右丞相莊襄王又以呂不韋爲丞相及始皇立尊不韋爲相國則相國丞相皆秦官又漢官儀云皆六國時官金印紫綬掌丞天子助理萬幾秦初有左右至二世復有中丞相二世已誅李斯乃拜趙高爲中丞相事無大小皆決之漢高帝卽位一丞相緑綬以蕭何爲之及誅韓信乃拜何爲相國何薨以曹參爲之孝惠高后置左右丞相文帝二年復置一丞相月俸錢六萬成帝綏和元年御史大夫何武建言古者民譁事約國之輔佐必得聖賢然猶則天三光備三公官各有分職今末俗之獘政事煩多宰相之才不能及古而今丞相猶兼三公之事所以大化久未洽也宜建三公官定卿大夫之任分職授政以考功效於是上拜曲陽侯王根爲大司馬而何武自御史大夫改爲大司空皆金印紫綬比丞相則三公俱爲宰相漢御史大夫副丞相事若今之同平章事及參知機務之類所以漢書云薛貢韋匡迭爲宰相薛宣韋賢匡衡則是丞相而貢禹但爲御史大夫又蕭望之謂朱雲曰吾備位將相蕭嘗任御史大夫及前將軍至哀帝復罷大司空大司空朱博奏曰帝王之道不必相襲高祖置御史大夫次丞相典正法度以職相參歷載二百天下安寗今更大司空與丞相同位故事選郡國守相高第爲中二千石中二千石爲御史大夫任職者爲丞相位次有敘所以尊聖德重國相也今中二千石未更御史而爲丞相非所以重國政也願罷大司空以御史大夫爲百寮師表帝從之元壽二年更名丞相爲大司徒初漢制常以列侯爲相唯

公孫弘布衣數年登相位武帝乃封爲平津侯其後爲故事至丞相而封自弘始也到光武絕不復侯或自以際會援立見封漢儀注曰御史大夫爲丞相更春乃封故先賜爵關內侯李奇曰以冬月非封侯故且先賜爵關內侯白事教令稱曰君侯春秋之義尊上公謂之宰言海內無不統爲故丞相進天子御座爲起在輿爲下丞相有病皇帝法駕親至問疾從西門入丞相有疾御史大夫三朝問起居百寮亦然後漢三公疾令中黃門問疾魏晉郎黃門郎尤重者或侍中及瘳視事尙書令若光祿大夫賜以養牛上尊酒有天地大變天下大過則丞相以疾聞皇帝使侍中持節乘四白馬賜上尊酒十斛牛一頭策告殃咎使者回至半道丞相追上病使者還來白事尙書以丞相不起病聞若丞相不勝任使者奉策書駕騂馬即時布衣步出府免爲庶人若丞相有他過使使者奉策書駕騅駹馬即時步出府乘棧車牝馬歸田里思過凡丞相府門無闌不設鈴鼓言其大開無節限後漢廢丞相及御史大夫而以三公綜理眾務則三公復爲宰相矣至於中年以後事歸臺閣則尙書官爲機衡之任至獻帝建安十三年復置丞相而以曹公居之又有相國魏黃初元年改爲司徒而文帝復置中書監令並掌機密自是中書多爲樞機之任其後定制置大丞相第一品後有相國齊王以司馬師爲之高貴鄉公以司馬昭爲之晉惠帝永寧元年罷丞相復置司徒永昌元年罷司徒并丞相則與司徒不並置矣其後或有相國或有丞相省置無常而中書監令常管機要多爲宰相之任自魏晉以來相國丞相多非尋常人臣之職晉趙王倫梁王肜成都王穎南陽王保並爲之元帝渡江以王敦爲丞相轉司徒荀組爲大尉以司徒官屬并丞相爲留府敦不受成帝以王導爲丞相罷司徒府以爲丞相府導薨罷丞相府復爲司徒府宋孝武帝初唯以南郡王義宣爲丞相而司徒府始如故亦有相國丞相金章紫綬進賢三梁冠絳服佩山元玉相國則綠盭綬也齊丞相不用人以爲贈官梁罷相國置丞相罷丞相置司徒陳又置相國位列丞相上并丞相並爲贈官按自魏晉以來宰相但以他官參掌機密或委知政事者則是矣無有常官其相國丞相或爲贈官或則不置自爲崇尊之位多非人臣之職其眞爲宰相者不必居此官魏文帝以劉放孫資爲中書監令並掌機密晉武帝詔以荀勖爲中書監侍中毗贊朝政張華爲中書令侍中劉卞謂華曰公居阿衡之地是也然或掌機密或錄尙書或綜機權或管朝政或單侍中或給事中或受顧命皆爲宰相也然侍中職任機務之司不必他名亦多爲宰相後魏舊制有大將軍不置太尉有丞相不置司徒自正光以後始俱置之神瑞元年置八大人官總理萬機時號八公然而尤重門下官多以侍中輔政則侍中爲樞密之任北齊乾明中置丞相河清中分爲左右各置府僚然而爲宰相秉持朝政者亦多爲侍中後周大冢宰亦其任也其後亦置左右丞相大象二年以楊堅爲大丞相遂罷左右丞相官隋有內史納言即中書令侍中是爲宰相亦有他官參與焉柳述爲兵部尙書參掌機密又楊素爲右僕射與高熲專掌朝政唐侍中中書令是眞宰相尙書左僕射亦嘗爲宰相其間或改爲納言內史左和右相黃門監紫微令等名其本即侍中中書令也共有四員其僕射貞觀末始加平章事方爲宰相具僕射篇其餘以他官參掌者無定員但加同中書門下三品貞觀十七年以兵部尙書李勣同中書門下三品同中書門下三品自此始也及平章事知政事參知政事參與政事及平章軍國重事之名者並爲宰相亦漢行丞相事之例也韓安國爲御史大夫行丞相事後漢書曰周澤行司徒事如眞自先天之前其員頗多景龍中至十餘人開元以來常以二人爲限或多則三人武太后聖曆三年四月敕同中書門下三品平章事賜會並同中書門下三品例開元十年十一月敕自今以後中書門下宜共食實封三百戶二十二年十一月制宰相兼官者並兩給俸祿天寶十五載之後天下多難勳賢並建故備位者眾然其秉鈞持衡亦一二人而已舊制起居舍人及起居郎唯得對仗承旨仗下之後謀議不得聞武太后時文昌右丞姚璹以爲帝王謨訓不可無紀若不宣自宰相史官無從而知表請仗下所言軍國政要則宰相一人撰錄每月封送史館謂之時政記自璹始也舊制宰相常於門下省議事謂之政事堂至永淳三年七月中書令裴炎以中書執政事筆其政事堂令在中書遂移在中書省開元十二年張說奏改政事堂爲中書門下其政事印亦改爲中書門下之印至德二載三月宰相分直主政事筆每一人知十日貞元十年五月八日又分每日一人執筆

丞相司直漢武元狩五年置掌佐丞相舉不法位在司隸校尉上翟方進爲司直旬歲間免兩司隸後漢罷丞相光武以武帝故事置司直居司徒府助司徒督錄諸州郡所舉上奏司直考察能否以別虛實建武十一年省獻帝建安八年復置司直不屬司徒掌督中都官不領諸州九年詔司直皆比司隸校尉坐同席在上假傳置也後無

臣謹按伏湛光武以其才任宰相拜爲司直行大司徒事

丞相長史漢文帝二年置一丞相有兩長史蓋眾史之長也職無不監介幘進賢一梁冠朱衣銅印黃綬劉屈氂爲左丞相分丞相兩史爲兩府以待天下遠方之選得賢則拜右丞相後漢建武中省司直有長史一人魏武爲丞相以來置左右二長史而已丞相諸曹史掾屬三十御屬一魏武爲丞相置徵事二人舊有東西曹自魏武大軍還鄴乃省西曹及咸熙中司馬昭爲相國相國府置中衛驍騎二將軍左右長史司馬從事中郎主簿舍人參軍東西曹及戶賊金騎兵車鎧水集法奏倉士馬媒等曹掾屬凡四十二人晉元帝以鎭東大將軍爲丞相府置從事中郎分掌諸曹有錄事中郎度支中郎三兵中郎其參軍則有諮議參軍二人主諷議事江左初置軍諮祭酒有錄事記室東曹西曹等十三曹其後又置七曹宋武帝爲相合中兵直兵置一參軍曹則猶二也又有參軍督護東曹督護二督護江左置也

門下省第三

門下省後漢謂之侍中寺嘉平六年改侍中寺晉志曰給事黃門侍郎與侍中俱管門下眾事或謂之門下省至齊亦呼侍中爲門下領給事黃門侍郎公車太學太醫等令丞及內外殿中監內外驊騮廄散騎常侍給事中奉朝請駙馬都尉等官梁門下省有侍中給事黃門侍郎四人掌侍從儐相盡規獻納糾正違闕監合嘗御藥封璽書

後魏尤重北齊門下省掌獻納諫正及司進御之職有侍中給事黃門侍郎各六人統左右局左右局掌承華閣內諸事尚食尚藥尚衣殿中領殿中監掌駕前奏引行事制諸脩補東耕則進耜事隋改爲殿內凡六局焉隋門下省有納言二人給事黃門侍郎四人煬帝減二人及散騎常侍諫議大夫等官並掌陪從朝直兼統六局開皇三年罷門下省員外散騎常侍員煬帝即位加給事員廢常侍諫議等官又改殿內省隸門下省唐龍朔二年改門下省爲東臺咸亨初復舊至武太后臨朝光宅初改爲鸞臺神龍初復舊開元元年改爲黃門省五年復舊有侍中二人黃門侍郎二人給事中四人左散騎常侍二人諫議大夫四人典儀二人起居郎左補闕左拾遺各二人城門郎四人符寶郎四人弘文館校書二人其餘小吏各有差

侍中周公戒成王立政之篇所云常伯常任以爲左右即其任也秦爲侍中本丞相史也使五人往來殿內東廂奏事故謂之侍中漢侍中爲加官凡侍中左右曹諸吏散騎中常侍皆爲加官漢儀注曰諸吏給事中日上朝謁平尚書奏事分爲左右曹所加或列侯將軍卿大夫郎將都尉尚書太醫太官史令至郎中多至數十人侍中中常侍得入禁中諸曹受尚書事諸吏得舉法漢侍中冠武弁大冠亦曰惠文冠加金璫附蟬爲文貂尾爲飾侍中服則左貂常侍服則右貂此本趙武靈王胡服之制秦破趙得其冠以賜侍中漢則因之故便繁左右與帝升降舊用儒者勳貴子弟榮其觀好至乃襁褓坐受寵位俱帶脂粉綺襦紈袴鵕鸃冠直侍左右分掌乘輿服物下至褻器虎子之屬武帝時孔安國爲侍中以其儒者特聽掌御唾壺朝廷榮之本有僕射二人蓋秦漢以侍中功高者一人爲僕射後光武改僕射爲祭酒或置或否而又屬少府掌贊導衆事顧問應對法駕出則多議者一人負國璽操斬白蛇劍參乘餘皆騎在乘輿後獻帝即位初置六人贊法駕出則次直侍中一人護駕正直一人負璽陪乘不帶劍餘皆騎從殿內門下衆事皆掌之後選侍中皆舊儒高德學識淵懿仰占俯視切問近對喻旨公卿上殿稱制秉笏陪見舊在尚書令僕射下尚書上司隸校尉見侍中執版揖侍中舊與中官俱止禁中因武帝時侍中莽何羅挾刃謀逆由是出禁外有事乃召之畢即出王莽秉政侍中復入與中官止禁中章帝元和中郭舉與後宮通拔佩刀驚上輿伏誅侍中由是復出外秦漢無定員蔡質漢儀曰員本八人魏晉以來置四人別加官者則非數御登樓與散騎常侍扶侍中居左常侍居右備切問近對拾遺補闕及江左興寧四年桓溫奏省二人後復侍中漢代爲親近之職魏晉選用稍增華重而大意不異武冠絳朝服佩水蒼玉舊遷列曹尚書美遷中領護吏部尚書宋文帝元嘉中王華王曇首殷景仁等並爲侍中情任親密齊侍中高功者稱侍中祭酒其朝會多以美姿容者兼官永元三年東昏南郊不欲親朝事以主璽陪乘前代未嘗有梁侍中高功者在職一年詔加侍中祭酒與散騎侍郎高功者一人對掌禁令此頻爲宰相矣陳侍中亦如梁制後魏置六人加官在其數宜都王穆壽廣平公張黎並以侍中輔政北齊侍中亦六人後周初有御伯中大夫二人掌出入侍從屬天官府保定四年改御伯爲納言斯侍中之職也宣帝末又別置侍中爲加官隋又改侍中爲納言置二人煬帝大業十二年又改納言爲侍內隋氏諱忠故也唐初爲納言武德四年改爲侍中亦置二人龍朔二年改爲左相咸亨元年復舊光宅元年又改爲納言神龍元年復爲侍中開元元年又改爲黃門監五年復爲侍中天寶元年改爲左相至德初復爲侍中自隋至唐皆爲宰相舊班正三品大曆二年升爲從二品按令文掌侍從負寶獻替贊相禮儀審署奏抄駁正違失監封題給驛券監起居注總判省事

臣謹按晉武帝時彭權爲侍中帝問侍臣髦頭之義何也權曰秦紀云秦國有怪獸觸山截波無不崩潰唯畏髦頭故使持之以衞至尊也

門下侍郎秦官有黃門侍郎漢因之與侍中俱管門下衆事無員郊廟則一人執蓋臨軒朝會則一人執麾凡禁門黃闥故號黃門其官給事於黃闥之內故曰黃門侍郎初秦漢別有給事黃門之職揚雄嘗爲之後漢併爲一官故有黃門侍郎掌侍從左右給事中使關通中外及諸王朝見於殿上引王就坐無員屬少府日暮入對青瑣門拜故謂之夕郎獻帝初即位置侍中給事黃門侍郎員各六人出入禁中近侍帷幄省尚書事後改給事黃門侍郎爲侍中侍郎去給事黃門之號旋復故初誅黃門後侍中侍郎出入禁闥機事頗露由是王允乃奏比尚書不得出入不通賓客自此始魏晉以來給事黃門侍郎並爲侍衞之官員四人宋制武冠絳朝服多以中書侍郎爲之齊亦管知詔令呼爲小門下梁增品第與侍中同掌侍從儐相威儀盡規獻納糾正違闕監合嘗御藥封璽書陳制亦然後魏亦有崔光爲之未嘗留心文案唯從容論議參贊大政北齊置六人所掌與侍中同後周天官府置御伯下大夫一人武帝改爲納言下大夫隋六人屬門下省至煬帝減二人而去給事之名唐龍朔二年改黃門侍郎爲東臺侍郎咸通元年復舊光宅元年改爲鸞臺侍郎神龍元年復舊天寶元年改爲門下侍郎員二人掌侍從署奏抄駁正違失通判省事若侍中闕則監封題給驛券

給事中加官也秦置漢因之所加或大夫博士議郎掌顧問應對位次中常侍侍中黃門無員漢官表曰凡侍中左右曹諸吏散騎中常侍皆加官也諸給事中日上朝謁平尚書奏事分爲左右曹以有事殿中故曰給事中漢東京省魏代復置或爲加官或爲正員晉無加官亦無常員在散騎常侍下給事黃門侍郎上武冠絳朝服宋齊隸集書省梁陳亦掌獻納省諸聞奏後魏無員北齊亦屬集書省凡六十八後周天官之屬有給事中士六十人掌理六經及諸文語給事左右其後別置給事中在六官之外隋初無至開皇六年始於吏部置給事郎凡置八郎煬帝及移吏部給事郎爲門下之職位次黃門下置員四人以省讀奏案唐武德三年改給事郎爲給事中後定爲四員龍朔二年改爲東臺舍人咸亨元年復舊常侍從讀署奏抄駁正違失分判省事若侍中侍郎並闕則監封題給驛券前代雖有給事中之名非今任也今之給事中蓋因古之名用隋之職、

散騎常侍自秦置散騎又置中常侍其散騎並乘輿車獻可替否騎而散從無常職也中常侍得入禁中漢因之並用士人無常員皆加官後漢省散騎而中常侍改用宦者魏文帝黃初初置散騎合於中常侍謂之散騎常侍復用士人始以孟達補之久次者爲祭酒散騎常侍掌規諫不典事貂璫插右騎而散從又有員外者因曰員外散騎常侍晉泰始中令員外散騎常侍二人與散騎常侍通員直因曰通直散騎常侍亦武冠右貂金蟬絳朝服佩水蒼玉雖隸門下而別爲一省自魏至晉其平尚書奏事東晉乃罷之而以中書職入散騎省故散騎亦掌表詔焉宋置四人屬集書省齊散騎侍郎通直散騎侍郎員外散騎侍郎並爲集書省職而散騎常侍爲東省官散騎常侍通直散騎常侍員外散騎常侍舊爲顯職與侍中通官其通直員外用衰老人士故其官漸替宋大明中雖革選比侍中而人情久習終不見重尋復如初梁謂之散騎省天監六年詔又革之自是散騎視中丞通直視侍中員外視黃門郎然常侍終非華冑所悅常侍亦四人功高者一人爲祭酒與侍中高功者一人對掌禁令糾諸遒違陳因梁制後魏北齊皆爲集書省掌諷議左右從容獻納領諸散騎常侍侍郎及諫議大夫給事中等官兼以出入王命位在中書之右其資敍爲第三清故明毫爲常侍加武勇將軍進曰臣本官常侍是第三清今授武勇其號至濁北齊常侍定限八員如金紫光祿大夫隋諸散騎官並屬門下省凡歷代散騎官有郎騎常侍郎騎侍郎散騎常侍散騎侍郎員外郎散騎常侍員外散騎侍騎通直散騎常侍通直散騎侍郎故史傳中謂員外散騎侍郎或單謂之員外郎謂通直散騎侍郎或單爲通直郎其非員外及通直者或謂之正員散騎侍郎或單謂之正員郎唐貞觀二年制諸散騎常侍皆爲散官從三品後悉省之十七年復置爲職事官始以劉洎爲之顯慶二年遷二員隸中書遂分爲左右並金蟬珥貂左屬門下右屬中書左散騎與侍中左貂右散騎與中書令右貂謂之八貂龍朔二年改左右散騎常侍爲左右侍極咸亨元年復舊

臣謹按山公啟事曰郄詵才志器局爲黃散黃散謂黃門侍郎及散騎常侍又曰散騎常侍闕當取素行

者補之

諫議大夫 秦置諫議大夫掌論議無常員多至數十人屬郎中令至漢武帝元狩五年始更置之及後漢增諫大夫爲諫議大夫亦無常員二漢並屬光祿勳後魏亦曰諫議大夫北齊有七人屬集書省後周地官府有保氏下大夫規諫於天子蓋此其任也隋亦曰諫議大夫置七人屬門下省煬帝廢之唐武德五年復置屬門下龍朔二年改諫議大夫爲正諫大夫武后臨朝垂拱二年六月置匭四區共爲一室列於朝堂令正諫大夫補闕拾遺等一人充使知匭事後又置諫議大夫屬中書開元以來廢正諫大夫復以諫議大夫屬門下凡四人掌侍從規諫貞元四年分爲左右各四員其右諫議大夫隷中書省

臣謹按至德元年九月制諫議大夫論事自今以後不須令宰相先知乾元二年四月兩省諫官十日一上封事直論得失無假文言冀成殿最用存沮勸

起居 周官有左史記言右史記事蓋今起居之本漢武帝有禁中起居後漢馬皇后撰明帝起居注則漢起居似在宮中爲女史之任又王莽時置柱下五史秩如御史聽事侍傍記其言行此又起居之職自魏至晉起居注則著作掌之其後起居皆近侍之臣錄記也錄其言行與其動作歷代有其職而無其官後魏始置起居令史每行幸宴會則在御左右記錄帝言及宴賓客訓答後又別置修起居注二人以他官領之北齊有起居省後周有外史掌書王言及動作之事以爲國志郎起居之職又有著作二人掌綴國錄則起居注著作之任自此而分也至隋初以吏部散官及校書正字有敘述之才者掌起居之職以納言統之至煬帝以爲古有外史今著作如外史矣宜置起居官以掌其內乃於內史省置起居舍人二員次內史舍人下唐貞觀二年省起居舍人移其職於門下置起居郎二人顯慶中復於中書省置起居舍人遂與起居郎分掌左右龍朔三年改郎爲左史舍人爲右史咸亨元年復舊天授元年又爲左右史神龍初復舊每皇帝御殿則對立於殿下有命則臨陛俯聽退而書之以爲起居注凡冊命啟奏封拜薨免悉載之史館得之以撰述焉

補闕拾遺 詩云袞職有闕仲山甫補之後漢伏湛出入禁闈拾遺補闕唐武后垂拱中因以置官補闕拾遺左右各二員掌供奉諷諫天授二年左右各增二員通前爲十員三年舉人無賢愚咸加擢用高者試鳳閣侍郎給事中次或試員外郎侍御史補闕拾遺校書郎時頗以爲濫故著於謠曰補闕連車載拾遺平斗量把推侍御史腕脫校書郎自開元以來尤爲清選左右補闕各一人內供奉者各一人左右拾遺亦然左屬門下右屬中書

典儀 二人唐置周禮秋官有司儀上士八人中士十六人蓋此典儀之任也齊職儀云東宮殿中將軍屬官有導客局置典儀錄事一人掌朝會之事梁有典儀之職未詳何曹之官掌唱警唱奏之事朱服武冠陳亦有之後魏置典儀監史闕其員及所掌唐初隷門下省初用人皆輕至貞觀末李義府爲之是後常用士人領贊者以知贊唱之節及殿廷版位之次

城門郎 周禮地官有司門下大夫二人上士四人並城門郎之任初漢置城門校尉員一人秩二千石掌城門屯兵有司馬及丞各一人十二城門候各一人出從緹騎百二十人蓋兼監門將軍之職魏因之晉氏品第四銅章青綬絳朝服武冠佩水蒼玉元帝省之宋齊俱以衛尉掌宮城屯兵及管鑰之事梁陳二代依秦漢以光祿卿等掌宮殿門戶亦無城門之職後魏置城門校尉北齊衛尉寺統城門寺置城門校尉二人掌宮殿城門并諸倉庫管鑰之事後周地官府置宮門上士一人下士一人掌皇城十二門之禁令蓋並在其任也隋氏門下省統城門局校尉二人煬帝大業三年又隷殿中省十二年又減一人後又改校尉爲城門郎置四人又隷門省唐因之

符寶郎 周官有典瑞掌節二官掌瑞節之事秦爲符璽令漢因之置符節令丞領符璽郎昭帝幼沖霍光秉政殿中夜驚光召符璽郎取璽郎不肯授光奪之郎按劍對曰臣頭可得璽不可得也光壯之增秩二等文帝二年初與郡守爲銅虎符竹使符之制又皆屬焉後漢有符節令兩梁冠位次御史中丞別爲一臺而符節令一人爲臺率掌符節之事屬少府魏與後漢同晉泰始元年省并蘭臺置符節御史掌其事宋因之齊置主璽令史於蘭臺以治書侍御史領之梁陳御史臺亦有符節令史後魏御史臺置符節令領符璽郎中北齊有符節署餘與後魏同後周天官府有主璽下士四人分掌國璽之藏隋初有符璽局置監二人屬門下省煬帝改監爲郎唐因之長慶三年改爲符寶郎神龍初復爲符璽郎開元初復爲符寶郎其符節並納於宮中有行從則請之郎掌諸進符寶出納幡節也

弘文館 唐武德初置脩文館後改名引文館神龍初改爲昭文二年又改爲脩文尋又爲昭文開元七年又詔爲弘文焉儀鳳中以館中多圖籍未詳正委學士校理自垂拱以來多大臣兼領館中有四部書自貞觀初褚亮檢校館務學館號爲館主因爲故事每令給事中一人判館事校書二人學生三十人

中書省第四

中書之官舊矣謂之中書省自魏晉始焉梁陳時凡國之政事並由中書省有中書舍人五人領之主書十人書吏二百人分掌二十一局事各當尚書諸曹並爲上司總國內機要而尚書唯聽受而已被委此官多擅威勢後魏亦謂之西臺北齊中書省管司王言并司進御之樂及清商龜茲諸部伶官隋初改爲內史省置令二人侍郎四人煬帝減侍郎二人舍人八人煬帝減去四人通事舍人十六人煬帝加起居舍人而改通事舍人爲謁者臺職唐武德三年復中書省龍朔二年改爲西臺咸亨初復舊光宅元年改爲鳳閣神龍初復舊開元元年改爲紫薇省五年復舊時謂尚書省爲南省門下中書爲北省亦謂門下省爲左省中書爲右省或通謂之兩省令二人侍郎二人舍人二人右散騎常侍起居舍人右補闕右拾遺各二人通事舍人十六人其餘小吏各有差

中書令 舜攝位命龍作納言出入帝命周官內史掌王之八柄爵祿廢置生殺予奪執國法及國令之貳以考政事蓋今中書之任其剏置中書之名因漢武帝遊宴後庭始令宦者典事尚書謂之中書謁者置令僕射不言謁者省文也元帝時令弘恭僕射石顯秉勢用事權傾內外蕭望之以爲中書政本宜以賢明之選更置士人自武帝用宦者非舊制也成帝建始四年改中書謁者令曰中謁者令更以士人爲之皆屬少府後漢因之魏武帝爲魏王置秘書令典尚書奏事此其任也文帝黃初初改爲中書令又置監以秘書左丞劉放爲中書監右丞孫資爲中書令並掌機密中書監令始於此也及明帝時中書監令號爲專任晉因之置監令一人始皆同車及和嶠爲令荀勗爲監嶠素鄙荀以意氣加之專車而坐自此監令始異車魏晉以來中書監令掌贊詔命記會時事典作文書以其地在樞近多承寵任是以人固其位謂之鳳凰池晉制銅印墨綬進賢兩梁冠絳朝服佩水蒼玉乘軺車東晉嘗併其職入散騎省尋復置之宋冠佩印綬與晉同梁中書監令淸貴華重大臣多領之其令舊遷吏部尚書才地俱美者爲之陳因梁制後魏亦有監令高允爲中書令孝文重之不名呼爲令公北齊因魏制後周置內史中大夫二人掌王言亦其任也隋初改中書爲內史置監令各一人尋廢監置令二人帝廢三公府寮令中書令與侍中知政事遂爲宰相之職煬帝大業十二年又改內史爲內書後復爲內史令唐武德初爲內史令三年改爲中書令亦置二人龍朔二年改爲右相咸亨元年復爲中書令開元元年改爲紫薇令五年復爲中書令天寶元年改爲右相至德初復爲中書令自隋至唐皆爲宰相舊班正三品大曆二年升爲從二品按令文掌侍從獻替制敕冊命敷奏文表授冊監起居注總判省事

中書侍郎 漢置中書領尚書事有丞郎魏黃初初中書既置監令又置通事郎魏志曰掌詔草即漢尚書郎之位次於黃門郎黃門郎已署事過通事乃署名已署奏入爲帝省讀書可後改通事郎爲中書侍郎晉置因員及江左初又改爲通事郎尋復爲中書侍郎其職副掌王言更入直省五日從駕則正直從次直守

宋中書侍郎進賢一梁冠介幘絳朝服用散騎常侍爲之齊梁皆四人梁以功高者一人主省內事陳因之後魏北齊置四員隋初爲內史侍郎亦四員煬帝減二員改爲內書侍郎唐初爲內史侍郎武德三年改爲中書侍郎龍朔以後隨省改號而侍郎之名不易舊制正四品至大曆二年升從三品員二人掌侍從獻替制敕冊命數奏文表通判省事

中書舍人 魏置中書通事舍人或曰舍人通事各爲一職魏明帝時有通事劉泰晉江左乃合之謂之通事舍人武冠絳朝服掌呈奏案章後省之而以中書侍郎一人直西省郎侍郎兼其職而掌其詔命宋初又置中書通事舍人四員入直閤內出宣詔命凡有陳奏皆舍人持入參決於中自是則中書侍郎之任輕矣齊永平初中書通事舍人四員各任一省時謂之四戶權傾天下與給事中爲一流梁用人殊重簡以才能不限資地多以他官兼領後除通事字直曰中書舍人專掌詔誥兼呈奏之事魏晉以來詔誥並中書令及侍郎掌之至是始專於舍人陳置五人後魏有舍人省而不言其員北齊舍人省掌署敕行下宣旨勞問領舍人十人後周有小史上士二人此其任也屬春官隋內史舍人八員專掌詔誥煬帝減四人後改爲內書舍人唐初爲內史舍人至武德三年改爲中書舍人置六員龍朔以後隨省改號而舍人之名不易專掌詔誥侍從署敕宣旨勞問授納訴訟敷奏文表分判省事自永淳以來天下文章道盛臺閣髦彥無不以文章達故中書舍人爲文士之極任朝廷之盛選諸官莫比焉

臣謹按後漢章和以後尚書爲機衡之任尚書郎含香握蘭直宿於建禮門太官供膳奏事明光殿下筆爲詔誥出語爲誥令曹公爲魏王置祕書令典尚書奏事則祕書之職近密尚書之職疎遠魏文帝初改祕書爲中書自後歷代相沿並管樞密而後漢尚書郎非今之尚書郎乃中書舍人也

通事舍人 秦置謁者漢因之掌儐贊受命員七十人秩比六百石選孝廉年未五十威容嚴恪能儐贊者爲之燕太子使荊軻劫始皇變起兩楹之間其後謁者持匕首刺腋漢高帝偃武行文故易之以版有僕射秩比千石冠高山冠後漢有常侍謁者五人謁者三十五人以謁者僕射爲謁者臺率主銅印青綬天子出掌奉引謁者僕射見尚書令對揖無敬謁者見執版拜謁者初上官稱曰權謁者滿歲稱給事胡廣云灌者明章二帝服勤園陵謁者灌柏後遂假茲名爲雷義爲灌謁者使持節督郡國行風俗太守令長留者凡七十人和帝時陳郡何熙爲謁者儀射贊拜殿中音動左右然則又掌唱贊漢儀曰謁者缺選郎中美鬚眉大音者以補之功次當遷欲留增秩者許之二漢隸光祿勳魏置僕射掌大拜授及百官班次統謁者十人及晉武省僕射以謁者并蘭臺江左復置僕射後又省宋武帝大明中復置僕射一人職與魏同亦領謁者十人掌小拜授及百官報章齊因之梁謁者臺僕射掌朝覲賓享之事屬官謁者十人掌奉詔出使拜假朝會賓贊功高者一人爲假史掌差次謁者陳亦有之後魏北齊謁者臺掌凡諸吉凶公事導相禮儀僕射二人謁者三十人隋煬帝增置謁者司隸二臺并御史爲三臺謁者臺有大夫一人掌受詔勞問出使慰撫持節策授及受冤枉而申奏之駕出對御史引駕領議郎以下官其屬官有丞主籍錄事等尋詔門下內史御史司隸謁者五司監受表以爲常式不復專任謁者矣隋初始置通事舍人十六員承旨宣傳開皇二年又增爲二十四員及煬帝置謁者臺乃改通事舍人爲謁者臺職謂之通事謁者置二十人又於建國門外置四方館以待四方使者隸鴻臚寺唐廢謁者臺復以其地爲四方館改通事謁者爲通事舍人掌通奏引納辭見承旨宣勞皆以善辭令者爲之隸四方館而又屬中書省

集賢殿書院 唐開元中置漢魏以來祕書省有其職梁武帝於文德殿內列藏眾書北齊有文林館學士後周有麟趾殿學士皆掌著述隋平陳之後寫書正副二本藏于宮中煬帝於東都觀文殿東西廂貯書自漢延熹至隋唐皆祕書掌圖籍而禁中之書時或有焉及太宗在藩邸有秦府學士十八人其後弘文崇文館皆有學士則天時亦有珠英學士皆其任也開元五年十一月於乾元殿東廊下寫四部書仍令祕書監馬懷素右散騎常侍褚無量總其事於麗正殿安置爲修書使至十三年學士張說等宴於集仙殿於是改殿名集賢改修書使爲集賢殿書院學士五品以上爲學士六品以下爲直學士每以宰相爲學士者知院事初燕國公張說爲中書令以爲大學士知院事說累辭大字詔許之其後更置修撰校理官又有待制官名其來尚矣漢世朱買臣待詔公車東方朔等待詔金馬門是也又有侍講學士開元中褚無量馬懷素侍講禁中爲侍讀其後康子元等爲侍講學士修撰官校理爲司直學士

史館 史官黃帝有之自後顯著夏太史終古商太史向摯周則曰大史小史內史外史而諸侯之國亦置其官又春秋國語引周志及鄭書似當時記事各置其職秦有太史令胡母敬至漢武始置太史以司馬談爲之卒其子遷嗣卒後宣帝以其官爲令行太史公文書其修撰之職以他官領之於是太史之官唯知占候而已自漢以前職在太史當王莽時改置柱下五史記疏言行自後漢以後至于有隋中間唯魏明太和中史職隸中書其餘悉多隸祕書唐武德初因隋舊制史官屬祕書省著作局至貞觀三年閏十二月移史館於門下省北宰相監修自是著作局始罷史職及大明宮初成置史館於門下省之南其修撰史事以他官兼領或卑品而有才者亦直焉開元二十五年宰臣李林甫監史以中書切切樞密記事者宜其附近遂移於中書省北其地本尚藥局內藥院

通志卷五十二

通志卷五十三

宋右迪功郎鄭樵漁仲撰

職官略第三

尚書省第五上（并總論尚書）

秦時少府遣吏四人在殿中主發書故謂之尚書尚猶主也漢承秦置及武帝遊宴後庭始用宦者主中書以司馬遷爲之中間遂罷其官以爲中書之職至成帝建始四年罷中書宦者又置尚書五人一人爲僕射四人分爲四曹通掌圖書祕記章奏之事及封奏宣示內外而已其任尤輕至後漢則爲優重出納王命敷奏萬機蓋政事之所由宣選舉之所由定罪賞之所由正斯乃文昌天府衆務淵藪內外所折衷遠近所稟仰故李固云陛下之有尚書猶天之有北斗斗爲天之喉舌尚書亦爲陛下之喉舌斗斟酌元氣運平四時尚書出納王命賦政四海令及左丞總領綱紀無所不統僕射及右丞分掌廩假錢穀漢初尚書雖有曹名不以爲號及靈帝以侍中梁鵠爲選部尚書於是始見曹名總謂之尚書臺亦謂之中臺大事八座連名而有不合得建異議二漢皆屬少府魏置中書有監令遂掌機衡之任而尚書之權漸減矣晉以後所掌略同八座丞郎初拜並集都省交禮遷職又解交本漢制也至於晉宋唯八座解交丞郎不復解交也宋曰尚書寺居建禮門內亦曰尚書省亦謂內臺每八座以下入寺門生隨入者各有差不得雜以人士凡尚書官大罪則免小罪遣出遣出者百日無代人聽還本職其令及二僕射出行分道之制與中丞同令僕各給威儀十八人自晉以後八座及郎中多不奏事梁天監元年詔曰自禮闈陵替歷茲永久郎寺備員無取職事穢粃文案貴尚虛閑空有趨墀之名了無握蘭之實曹郎可依昔奏事自是始奏事矣又詔尚書中有疑事先於朝堂參議然後啟聞舊尚書官不以爲贈唯朱异卒特贈右僕射武帝寵之故也自魏晉重中書之官居喉舌之任則尚書之職稍以疏遠至梁陳舉國機要悉在中書獻納之任又歸門下而尚書但聽命受事而已後魏天興元年置八部大人於皇城四方四維面置一人以擬八座謂之八國各有屬官分尚書三十六曹天賜元年罷尚書三十六曹別置武歸修勤二職分主省務（武歸比郎中修勤比令史）至神麚元年始置僕射左右丞及諸曹尚書十餘人各居別寺北齊尚書省亦有錄令僕射總理六尚書事謂之都省亦謂之北省後濟北王以太子監國立大都督府與尚書省分理衆事仍開府置佐後周無尚書隋及唐皆有其制略同凡尚書省事無不總龍朔二年改尚書省爲中臺咸亨初復舊光宅元年改爲文昌臺垂拱元年又改爲都臺咸通初復舊長安三年又改爲中臺神龍初復爲尚書省（亦謂南省）都堂居中左右分司都堂之東有吏部戶部禮部三行每行四司左司統之都堂之西有兵部刑部工部三行每行四司右司統之凡二十四司分曹共理而天下之事盡矣左右僕射各一人總統省事左丞一人（掌轄吏部戶部禮部十二司事）右丞一人（掌轄兵部刑部工部十二司事）左右司郎中各一人員外郎各一人（各掌付左右丞所管諸司事）尚書六人（吏戶禮兵刑工六部各一人）侍郎九人（吏部戶部兵部各二人餘各一人）郎中二十八人（吏部戶部兵部刑部各二人餘各一人并左右司則三十人）員外郎二十九人（吏戶兵刑四部及司勳各二人餘司各一人并左右司共三十一人）都事六人

臣謹按蔡質漢儀曰凡三公列卿將大夫五營校尉行複道中遇尚書令僕射左右丞郎御史中丞侍御史皆避車先相廻避衛士傳不得迕臺官臺官過乃得去至晉宋以來尚書官上朝及下禁斷行人猶其制也

錄尚書　尚書令　僕射（左右丞左右司郎中員外郎附）　尚書總序（八座附）　郎官總序　都事主事令史總序　行臺省總序

錄尚書

自漢武帝時左右曹諸吏分平尚書奏事知樞要者始領尚書事張安世以車騎將軍霍光以大將軍王鳳以大司馬師丹以左將軍並領尚書事後漢章帝以太傅趙憙太尉牟融並錄尚書事尚書有錄名蓋自憙融始亦西京領尚書事之任也和帝時太尉鄧彪爲太傅錄尚書事位在三公上漢制遂以爲常每少帝立制置太傅錄尚書事猶古冢宰總已之義薨輒罷之鄧彪錄尚書事後以老病上還樞機職又李固張禹張防並錄尚書事自魏晉以後亦公卿權重者爲之職無不總晉宗室會稽王道子及世子元顯並錄尚書事時道子爲東錄元顯爲西錄晉康帝時何充辭錄表日成康中分置三錄王導錄其一荀崧陸曄各錄一條事晉江左有四錄則四人參錄也凡重號將軍刺史皆得命曹授用唯不得施陳及加節宋孝武孝建中不欲威權外假省錄大明末復置此後或置或省齊世錄尚書令並總領尚書臺二十曹爲內臺主行遇諸王以下皆禁駐號爲錄公齊明帝爲宣城王錄尚書廢帝昭業思蒸魚太官以無錄公命不與高帝崩遺詔以褚彥回錄尚書事江左以來無單爲錄者有司擬立優策王儉議宜有策書乃從之北齊錄尚書一人位在令上掌與令同但不糺祭自隋而無

尚書令

商湯制官有冢宰君薨則百官總己以聽焉故伊尹以三公攝冢宰周之冢宰爲天官掌邦之治六卿之職總屬焉於百官無所不主至秦置尚書令尚主也漢因之銅印青綬武帝用宦者更爲中書謁者令成帝去中書謁者令官更以士人爲尚書令時弘恭石顯相繼爲中書令專權邪僻前將軍蕭望之領尚書事建言以爲尚書百官之本國家樞機宜以通明公正之人處之武帝遊宴後庭故用宦者非古制也宜罷中書宦官後漢衆務悉歸尚書三公但受成事而已尚書令主贊奏事總領紀綱無所不統與司隸校尉御史中丞朝會皆專席而坐京師號曰三獨坐故公爲令僕射者朝會不陛奏事天子封禪則尚書令奉玉牒檢兼藏封之禮魏晉印綬與漢同冠進賢兩梁納言幘五時朝服佩水蒼玉受拜則策命之以在端右故也魏於朝堂發哀太熙元年詔曰夫總百揆之得失管王政之開塞者端右之職也是以自漢代以來慎選其人議郎王戎可爲尚書令自魏晉以下任糺機衡事無大小咸歸令僕齊梁舊用左僕射美遷司空梁陳並有之後魏北齊

掌彈糺見事與御史中丞更相廉察隋亦總領眾務唐尚書令朝服鷩冕八旒七章三梁冠武德初太宗爲秦王嘗居之其後人臣莫敢當故自龍朔三年制廢尚書令至廣德中郭子儀勳業既盛乃特拜焉子儀以文皇帝故讓不敢受

臣謹按謝朏爲司徒尚書令朏辭腳疾不堪朝謁仍角巾自輿詣雲龍門謝既見乘小車就席

僕射秦官漢因之自侍中尚書博士郎皆有之古者重武官以善射者掌事故有主射以督課僕主也軍屯吏騶宰永巷宮人皆有僕射隨所領之事以爲號也成帝建始元年初置尚書五人以一人爲僕射主封門掌授廩假錢穀而鄭崇爲尚書僕射亦數諫諍每見曳革履上笑曰我識鄭尚書履聲後漢尚書僕射一人署尚書事令不在則奏下眾事印綬章服與令同獻帝建安四年以執金吾榮邵爲左僕射衛臻爲右僕射侍者分置左右蓋自此始經魏至晉及於江左省置無常置二則爲左右僕射或不兩置但曰尚書僕射令闕則左爲尚書省主若並闕則置尚書僕射以主左事置祠部尚書以掌右事則尚書僕射祠部尚書不恆置矣宋尚書僕射勝右減左右居二者之閤僕射職爲執法置二則爲左右執法又與尚書分領諸曹兼掌彈舉故王弘爲僕射奏彈康樂縣候謝靈運涯其孽女請免官削爵付大理內臺舊體不得用風聲舉彈此事彰赫暴之朝野不敢拱歎武帝令免官而已齊左右僕射行則分道左僕射領殿中主客二曹右僕射領祠部儀曹黃案左僕射上署右僕射次署凡僕射掌朝覲尚書掌獻奏都丞任在彈違齊梁舊制右僕射遷左僕射左僕射美遷令其僕射處於中陳亦然後魏二僕射左居上右居下北齊僕射職爲執法置二則爲左右僕射皆與令同左糺彈而右不糺彈隋文帝開皇三年詔左右僕射從二品左掌判吏部禮部兵部三尚書御史糺不當者兼糺彈之右掌判都官度支工部三尚書又知用度餘並依舊唐左右二僕射因前代本副尚書令自尚書令廢闕二僕射則爲宰相故太宗謂房元齡杜如晦曰公爲僕射當洞開耳目訪求賢才是爲宰相宏益之道今以決辭聽訟不暇豈助朕求賢之意乃令尚書細務悉委於兩丞其寃濫大故當奏聞者則關於僕射及貞觀末除拜僕射必加同中書門下平章事及參知機務等名方爲宰相不然則否然爲僕射者亦無不加焉至開元以來則罕有加者初龍朔二年改左右僕射爲左右匡政咸通元年復舊官品第四上元三年閏三月制尚書省頒下諸州府宜用黃紙武太后改二僕射爲文昌左右相進階爲從三品尋復本階神龍初復爲左右僕射二年九月勅門下及都省宜日別錄制勅三月一進開元元年改爲左右丞相從二品統理眾務舉持綱目總判省事御史糺不當者兼得彈之至天寶元年復舊

臣謹按漢儀丞相進天子御坐爲起在輿爲下有疾法駕至第問得藝二千石申屠嘉欲斬內史鼂錯是也臣又按後魏之制令僕射中丞騶唱而入宮門至於馬道及郭祚爲僕射以爲非盡恭之宜乃奏請御在太極騶唱至公車門御在朝堂止司馬門騶唱不入宮自此始也臣又按唐開元二年四月勅在京有訴寃者並於尚書省陳牒所司爲理若稽延致有屈滯者委左右丞及御史臺訪察聞奏如未經尚書省不得輒於三司越訴

左右丞秦置尚書丞一人屬少府漢因之至成帝建始四年置丞四人及後漢光武始減其二唯置左右丞佐令僕之事臺中紀綱無所不總左丞主吏民章服及騶伯史右丞與僕射掌授廩假錢穀又假署印綬及紙筆墨諸財用庫藏左右丞闕以次夕郎補之三歲爲刺史漢御史中丞侍御史行禮道中遇尚書及丞郎避車執版揖丞郎坐車舉手禮之車過遠乃去尚書言左右丞敢告知如詔書律令郎見左右丞對揖無敬稱曰左右君丞郎見尚書執版揖稱日明時郎見令僕執版拜朝賀對揖魏晉左右丞銅印青黑綬進賢一梁冠介幘絳朝服左丞主臺內禁令寢廟祠祀朝儀禮制選用置吏糾諸不法無所迴避兼糺彈之事右丞掌臺內庫藏廬舍凡諸器用之物及刑獄兵器督錄違道文書章表奏事宋因之而右丞亦主錢穀皆銅印黃綬白案則右丞上署左丞次署黃案則左丞上署右丞次署諸立格制及詳讞大事郊廟朝廷儀禮亦左丞上署右丞大署梁皆銅印黃綬一梁冠陳因之後魏北齊左丞爲上階右丞爲下階北齊左丞掌吏部考功主爵殿中儀曹三公祠部主客左右中兵左右外兵都官二千石度支左右戸十七曹并糺彈見事又主管轄臺中違失並糺駁之右丞掌駕部虞曹屯田起部兵部比部水部膳部金部倉部庫部十一曹亦管轄臺中唯不糺彈餘悉與左同隋左右丞掌分尚書諸司糺駁唐因隋制龍朔二年改爲左右肅機咸通元年復舊左丞掌管轄諸司糺正省內幹吏部戸部禮部等十二司通判都省事右丞掌管兵部刑部工部等十二司餘與左丞同

臣謹按晉傅咸答辛曠詩序曰尚書左丞彈八座以下居萬機之會乃皇朝之司直天臺之管轄又郄詵爲左丞奏推吏部尚書崔洪洪曰我舉郄丞而還奏我此挽弓自射又按齊任遐爲右丞奏御史中丞陸澄不糺事請免澄官是右丞可以糺御史也又按隋元壽爲尚書左丞蕭摩訶妻患將死奏令其子向江南收家產壽奏劾之曰摩訶遠念資財近忘匹好令其子捨危惙之母爲聚斂之行御史韓微之等見而不彈請付大理臣忝居左轄無容寢默是左丞亦可以糺御史也

左右司郎中隋煬帝三年於尚書都省初置左右司郎二人品同諸曹郎從五品掌都省之職唐貞觀二年改爲郎中龍朔二年改爲左成務咸通元年復舊令掌副左右丞所管諸司事省署鈔目勘稽失知省內宿直判都省事若右司不在則左併行之左司不在右亦如之

員外郎唐武后永昌元年置與郎中分掌曹務神龍元年省二年復置

尚書總序八座附

秦尚書四人漢成帝初置尚書五人其一人爲僕射四人分爲四曹尚書名自此而有常侍曹主公卿二千石曹主郡國二千石民曹主凡吏上書客曹主外國夷狄後又置三公曹主斷獄是爲五曹後漢尚書五曹六人其三公曹尚書二人掌天下歲盡集課州郡吏曹掌選舉齋祠後漢志謂之常侍曹亦謂之選部二千石曹掌中都官水火盜賊辭訟罪法亦謂之賊曹民曹掌繕理工作鹽池苑囿客曹掌羌胡朝賀法駕出則護駕後漢光武分二千石曹及客曹爲南主客北主客二曹兩梁冠納言幘或說有六曹案後漢志云分客曹爲二是爲六曹張陵爲尚書歲朝梁冀帶劒入省陵叱令奪劍劾冀詔以歲俸贖又鄭均爲尚書淡泊無爲以病還第賜尚書祿號爲白衣尚書魏有吏部左民客曹五兵度支凡五尚書晉初有吏部三公客曹駕部屯田度支六曹無五兵太康有吏部殿中五兵田曹度支左民爲六曹尚書無駕部三公客曹及度江有吏部祠部五兵左民度支五尚書皆銅印墨綬進賢兩梁冠納言幘絳朝服佩水蒼玉乘軺車皂輪執笏負荷加侍官者武官左貂金蟬宋有吏部祠部度支左民左民尚書統左民及駕部二曹都官五兵六尚書尚書納言幘進賢兩梁冠佩水蒼玉齊梁與宋同侯景改梁五兵爲七兵尚書又職官錄曰齊尚書品服悉與令同亦別有起部而不常置也梁何允爲左民尚書後辭官隱於若邪山雲門寺勅給白衣尚書祿又到洽爲御史中丞兄溉爲左民尚書舊中丞不得入尚書下舍洽引服視不悳有僻刺史省詳決乃許入溉省亦以其兄弟素篤不能相別陳與梁同後魏初有殿中掌殿內兵馬倉庫樂部掌伎樂及角使伍伯駕部掌牛馬驢騾南部掌南

（邊州郡）北部（掌北邊州郡）五尚書其後亦有吏部（初曰選部）兵部都官度支七兵祠部民曹等尚書又有金部庫部虞曹儀曹右民宰官（元禔爲宰官尚書）都牧（元禎爲都牧尚書）牧曹右曹太倉太官祈曹神都儀同曹等尚書（自金部以下但有尚書之名而不詳職事）北齊有吏部殿中（殿中統殿中曹主駕行百官留守名帳宮殿禁衛及儀曹三公駕部四曹）祠部五兵都官度支六尚書後周無尚書隋有吏禮兵刑戶工六部尚書唐尚書與隋同（龍朔二年改尚書爲太常伯咸通初復舊）歷代吏部尚書及侍郎品秩悉高於諸曹

八座後漢以六曹尚書并令僕二人謂之八座魏以五曹尚書二僕射一令爲八座宋齊八座與魏同（晉梁陳不言八座之數）隋以六尚書左右僕射及令爲八座唐與隋同（凡歷代尚書有五曹則以二僕射一令爲八座有六曹則以左右僕射爲一座兼令共爲八座若有六曹而左右僕射並闕則以尚書僕射及令爲八座若尚書唯有五曹又無左右僕射則不備矣）

郎官總序

郎官謂之尚書郎漢置四人分掌尚書事一人主匈奴單于營部一人主羌夷吏民一人主戶口墾田一人主財帛委輸後漢尚書侍郎三十六人（後漢志曰尚書六曹侍郎三十六人一曹六人也）主作文書草取孝廉年未五十先試牋奏選有吏能者爲之從三署諸臺試初上臺稱守尚書郎中滿歲稱尚書郎三歲稱侍郎五歲遷大縣其遷爲縣令縣令秩滿自占縣詔書賜錢三萬與三臺租錢餘官則否吏部典劇多超遷者鄭弘爲僕射奏以臺職任尊而賞薄人無樂者請吏郎補二千石自此始也八座受成事決於郎下筆爲詔策出言爲誥命（後漢尚書陳忠上疏曰尚書出納帝命爲王喉舌之官臣等既愚闇諸郎多文俗吏鮮有雅才每爲詔文宣示內外轉相求請）其入直官供青縑白綾被或以錦緤爲之（緤私列反緤繫也）給帳帷茵褥通中枕太官供食物湯官供餅餌及五熟果實之屬五日一美食下天子一等給尚書郎侍史二人女侍史二人皆選端正妖麗執香鑪香囊護衣服奏事明光殿省中皆以胡粉塗壁畫古賢烈女以丹朱漆地故謂之丹墀尚書郎口含鷄舌香以其奏事答對欲使氣息芬芳也奏事則與黃門侍郎對揖黃門侍郎稱已聞乃出丞郎月賜赤管大筆一雙隃麋墨一笏（馮豹爲尚書郎每奏事未報常俯伏省閤下或從昏至明天子默使持被覆之不驚也日暮諸郎下豹每獨在後帝嘉之隃麋今沂陽縣出墨）魏自黃初改祕書爲中書置通事郎掌詔草（即今中書舍人之任）而尚書郎有二十三人（有殿中吏部駕部金部虞曹比部南主客祠部度支庫部農部水部儀曹三公倉部民曹二千石中兵外兵別兵都兵考功定課）非復漢時職任青龍二年尚書令陳矯奏置都官騎兵合凡二十五郎每一郎缺白試諸孝廉能給文案者五人謹封奏其姓名以補之（魏韓宣爲尚書郎嘗以職事當受罰已背縛束杖未行文帝輦過聞而解之）晉尚書郎選極清美號爲大臣之副武帝時有三十四曹（加魏直事屯田起部左士右士其民曹中兵外兵分爲左右主客又爲左右南北無農部定課考功凡三十四曹）後又置運曹爲三十五曹置郎中二十三人更相統攝（晉魏舒爲尚書郎時欲沙汰郎官非其才者罷之舒曰吾即其人也襆被而出同寮無清論者咸有媿色）或爲三十六曹當五王之難其都官中騎三曹郎晝出督戰夜還理事東晉有十五曹（殿中祠部吏部儀曹三公比部金部度支都官左民騎部倉部庫部中兵外兵）自過江之後官資小減（王坦之選曹將擬爲尚書郎坦之聞曰自過江尚書郎正用第二人何得以此見擬其子國寶好傾側媚人謝安惡之除尚書郎國寶以爲中興膏腴之族唯作吏部不作餘曹郎辭不拜又宋江智淵改尚書庫部郎時高流官序不爲臺郎智淵門孤援寡此選意不悅固辭不拜梁王筠除尚書殿中郎王氏過江以來未有居郎署者或勸不就筠曰陸平原東南之秀王文度獨步江東吾得比蹤昔人何所多恨乃忻然就職）桓元僭位改都官郎爲賊曹宋高祖時有十九曹元嘉以後有二十曹郎三公比部主法制度支主算都官主軍事刑獄其餘曹所掌各如其名（宋武帝初加置騎兵主客起部水部四曹并東晉舊十五曹合爲十九曹元嘉十八年增刪定曹郎即魏世之定科郎也三十年又置功論郎後又省騎兵故爲二十曹）齊依元嘉之制其拜吏部郎亦有表讓之禮（齊謝朓遷尚書吏部郎上表三讓中書疑朓官未及讓以問沈約約曰宋元嘉中范曄讓吏部朱循之讓黃門蔡興宗讓中書並三表詔答其事宛然近代小官不讓遂成常俗恐此有乖讓意王藍田劉安西並貴重初自不讓今豈可慕此不讓邪孫興公孔顗並讓記室今豈可三署皆讓邪謝吏部今授超階讓別有意豈關官之大小）梁加三曹爲二十三曹（殿中虞曹屯田）其郎中舊用員外郎正主簿正佐有才地者爲之遷通直郎天監三年復置侍郎視通直郎郎中遷爲之（梁到洽爲尚書殿中郎洽兄弟羣從遞居此職時人榮之又殿中郎闕武帝曰此曹舊用文學且居鴈行之首宜詳擇其人乃以張緬爲之）陳有二十一曹後魏三十六曹至西魏改爲十二部北齊有二十八曹（吏部考功主爵殿中儀曹三公祠部駕部主客虞曹屯田起部左中兵右中兵左外兵右外兵都兵都官二千石比部水部膳部度支倉部左民右民金部庫部）其吏部三公各二人餘並一人凡三十郎中（後魏北齊唯置郎中）隋初尚書有六曹二十四司凡領三十六侍郎（吏部司勳主客膳部兵部職方都官司門度支戶部比部刑部等侍郎各二人主爵考功禮部祠部駕部庫部金部倉部工部屯田虞部水部侍郎各一人）分司官曹務直禁省如漢之制至開皇三年二十四司又各置員外郎一人以司其曹之籍帳侍郎闕則離其事（今尚書員外郎其置自此始以前歷代皆謂之尚書郎各以曹名爲稱首或謂之侍郎皆無員外之號前代史傳及職官要錄或有言員外郎者蓋謂員外散騎侍郎耳非尚書之職前代所言郎官上應列宿蓋謂三署郎非謂今尚書郎中也）煬帝即位以六尚書六曹各置侍郎一人以貳尚書之職（今之侍郎其置自此始也或有曹加二人者夫侍郎之名舊矣漢凡諸郎皆掌更直執戟宿衛諸殿門以侍衛之故通謂之侍郎故武帝時東方朔爲郎當時謂之官不過侍郎位不過執戟是也歷代尚書亦有侍郎隋初尚書諸曹二十四司諸郎皆謂之侍郎通若今之郎官耳非今六部侍郎之任自漢以來尚書侍郎悉然）改諸司侍郎但曰郎（則今郎中之職）又改吏部爲選部郎禮部爲儀部郎兵部爲兵曹郎刑部爲憲曹郎工部爲起曹郎以異六侍郎之名廢諸司員外郎而每司增置一曹郎各爲二員都司置左右司郎中各一人品同諸曹郎掌都省之職尋又每減一郎

置承務郎一人同開皇員外郎之職唐改隋諸司郎爲郎中每曹又復置員外郎武德六年廢六司侍郎貞觀二年復舊令尚書省有左右司郎中各一人員外郎各一人分管尚書六曹事其諸曹諸司郎中總三十一人通謂之郎官尤重其選其職任名數各列在六曹之後凡郎中章服皆元冕五旒衣無章裳刺黻一章兩梁冠凡員外郎章服並爵弁元纓簪尊者衣纁裳一梁冠

都事主事令史總序

都事晉有尚書都令史八人秩二百石與左右丞總知都臺事宋齊八人梁五人謂之五都令史職與晉同舊用人常輕武帝詔曰尚書五都職參政要非但總領眾局亦乃方軌二丞頃雖求才未臻妙簡可革用士流以盡時彥乃以都令史視奉朝請其時以太學博士劉訥兼殿中都司空法曹參軍劉顯兼吏部都太學博士孔虔孫兼金部都司空法曹參軍蕭軌兼左民都宣毅墨曹參軍王顒兼中兵都五人並以才地兼美歷茲選矣隋開皇初改都令史爲都事置八人煬帝分隸六尚書置六人領六曹事唐因之

主事漢官漢有南北庭主事三署之事於諸郎茂才者爲之後漢范滂自光祿四行遷光祿主事時陳蕃爲光祿勳滂執公儀詣蕃蕃亦不止滂懷恨投版棄官而去郭泰聞之曰若范孟博者豈宜以公禮隔之蕃乃謝之又胡伯蕃公沙穆並爲之後魏於尚書諸司置主事令史隋於諸省又各置主事令史員煬帝三年並去令史之名但曰主事隨曹閑劇而每十令史置一主事不滿十者亦一人雜用士人唐並用流外

令史漢官也後漢尚書令史十八人曹有三人主書後增劇曹三人合二十一人皆選於蘭臺符節簡練有吏能者爲之漢官儀云能通蒼頡史籀篇補蘭臺令史滿歲補尚書令史滿歲爲尚書郎後漢韋彪上疏曰往時楚獄大起故置令史以助郎職而類多小人好名姦利今者務簡可皆停省其尚書郎初與令史皆主文簿其職一也郎闕以令史久次者補之光武始革用孝廉孝廉恥爲故事尚書郎闕以令史久次補之光武始改用孝廉爲郎而孝廉丁邯稱病不就詔問實病羞爲郎乎對曰臣實不病恥以孝廉爲令史職耳帝怒杖之數十詔問欲爲郎否邯曰能殺臣者陛下不能爲郎者臣也中詔遣出終不能爲郎又郎中袁著詣闕上書訟梁冀驕暴冀陰殺之學主劉常當代名儒素善於著冀召常補令史以辱之舊制尚書郎限滿補縣長令史補丞尉尚書令鄭弘奏曰職尊賞薄多無樂者請郎補千石令史爲長帝從之蜀志董厥爲府令史諸葛亮稱之曰董令史良士也後遷至尚書令史平臺事西晉令史朝晡詣都座朝江左唯早朝而已又賈充爲尚書令以目疾表置省事吏四人尚書置省事自此始也其品職與諸曹令史同姚萇圖苻堅遣僕射尹緯詣堅問事堅見其瓌傑問曰卿於朕世爲何官緯答曰尚書令史堅曰卿宰相才王景畧之儔也而朕失之今日之亾不亦宜乎晉宋蘭臺寺正書令史雖行文書皆有品秩朱衣執版孔顗爲御史中丞坐鞭令史爲有司所糺梁陳與晉宋同後魏令史亦朱衣執笏然謂之流外勳品北齊尚書郎判事正令史側坐書令史過事令史皆平揖郎無拜自隋以來令史之任文案煩屑漸爲卑冗不參官品開皇十五年詔州縣佐史三年一代不得重任煬帝以四省三臺皆曰令史九寺五監諸府衛皆曰府史于時令史得官者甚少年限亦賒隋牛弘常問於騎尉劉炫曰案周禮士多而府史少今令史百倍於前減則不濟其故何也炫曰古人委任責成歲終考其最殿案不重校文不繁悉府史之任掌要目而已今之文簿常慮覆理鍛鍊若辛甚密萬里追徵百年舊案故諺曰老吏抱案死今古不同若此之相遠也弘又曰後魏北齊之時令史從容而已今則不遑寧舍其事何由炫曰齊氏立州不過十二府行臺遞相統領文書行下不過十條今州二百其繁一也往者州唯置綱紀郡置守丞縣唯令而已其所具寮則長官自辟受詔赴任每州不過數十今則不然大小之事悉由吏部纖介之迹皆屬考功其繁二也省官不如省事省事不如清心官不省而欲從容其可得乎弘甚善其言而不能用耳唐武德中天下初定京師穀糴貴遠人不願仕流外始於諸州調佐史及朝集典充選不獲已而爲之遂促年限優以敘次六七年有至本司主事及上縣尉者自此之後遂爲官途總章中詔諸司令史考滿合選者限試一經時人嗟異著於謠頌時閻立本爲右相姜恪爲左相立本無他才識時以善畫稱之恪累爲將軍立功塞外是歲京師饑旱弘文崇賢司成三館學生並放歸本貫當時爲之語曰左相宣威沙漠右相馳譽丹青三館學生放散五臺令史明經

行臺省總序

行臺亦曰行臺省自魏晉有之昔魏末晉文帝討諸葛誕散騎常侍裴秀尚書僕射陳泰黃門侍郎鍾會等以行臺從至晉永嘉四年東海王越帥眾許昌以行臺自隨是也及後魏謂之尚書大行臺別置官屬後魏道武帝置中山行臺以秦王儀爲尚書令以鎮之孝文永熙三年以宇文泰爲大行臺以蘇綽爲行臺度支尚書北齊行臺兼統民事自辛術始爲武定八年辛術爲東南道行臺東徐州刺史郭志殺郡守文宣聞之勅術曰江淮初附百姓難向京師留鄉爲行臺亦欲理邊民寃枉監治牧守自今以後所統十餘州地諸有犯法者刺史則先啟聽報以下先治後表齊代行臺兼總民事自術始也其官置令僕射其尚書丞郎皆隨時權制江左無行臺唯梁末以侯景爲河南王大行臺承制如鄧禹故事隋謂之行臺省有尚書令僕射左右任置各一人主事四人有考功兼吏部主爵司勳禮部兼祠部主客膳部兵部兼職方駕部庫部刑部兼都官司門度支兼倉部金部工部屯田兼水部虞部侍郎各一人每行臺置食貨農圃武器百工監副各置丞食貨四人農圃一人武器二人百工四人錄事等員各食貨農圃百工二人武器一人蓋隨其所管之道置於外州以行尚書事唐初亦置行臺貞觀以後廢其後諸道各置採訪等使每使有判官二人兼判尚書六行事亦行臺之遺制

尚書省第五下

吏部尚書　侍郎　郎中　員外郎　司封郎中　員外郎　司勳郎中　員外郎　考功郎中　員外郎

吏部尚書周禮天官太宰之職也漢成帝初置尚書有常侍曹主公卿事後漢改爲吏曹主選舉祠祀後又有選部靈帝以梁鵠爲選部尚書魏改選部爲吏部主選事晉與魏同宋時吏部尚書領吏部刪定三公比部四曹孝武不欲權在下大明二年分吏部尚書置二人以輕其任而省五兵後還置一吏部尚書順

帝昇明元年又置五兵二尚書晉宋以來吏部尚書資位尤重梁陳亦然後魏北齊吏部統吏部考功主爵三曹後周有吏部中大夫一人小吏部下大夫一人領司勲上士等官屬大司馬隋吏部統吏部主爵司勲考功四曹唐龍朔二年改吏部尚書爲司列大常伯咸亨初復舊光宅元年改吏部爲天官神龍元年復舊天寶十一年改爲文部至德初復舊掌文官選舉總判吏部司封司勲考功四曹事舊令班在侍中中書令上開元令移在侍中中書令下尚書六曹吏部兵部爲前行戶部刑部爲中行禮工爲後行其官屬自後行遷入二部者以爲美自魏以來凡吏部官屬悉高於諸曹其選舉皆尚書主之自隋置侍郎貳尚書之事則六品以下銓補多以歸之唐自貞觀以前尚書掌五品選事至景龍中尚書掌七品以上選侍郎掌八品以下選至景雲元年宋璟爲尚書始通其選而分掌之因爲常例開元以前諸司之官兼知政事者午前議政於朝堂午後理務於本司自開元以來宰相員少資地崇高又以兵部尚書權位尤美而宰相多兼領之但從容衡軸不自銓綜其選試之任皆侍郎掌之尚書通署而已遂爲故事或分頎其事則列爲三銓尚書掌其一侍郎分其二尚書所掌謂之尚書銓侍郎所掌其一爲中銓其一爲東銓

臣謹按魏延康元年陳羣爲尚書始建九品官人之法拜吏部尚書及毛玠爲之公卿無敢好衣美食者魏武歎曰孤之法不如毛尚書又按晉山濤爲吏部尚書用人皆先密啟然後公奏舉無失才凡所題目終始如其言唯用陸亮尋以賄敗啟事曰臣欲以郄詵爲溫令詔可尋又啟曰訪聞詵喪母不時葬遂於所居屋後假葬有異同之議請更選之詔曰君爲管人倫之職此輩應爲清議與不便當裁處又按後魏自洛陽遷鄴已後掌文選知名者數四北齊文襄帝少年高明所蔽也疎袁淑沈密謹厚所傷者細楊愔風流辯給取士失於浮華唯辛術爲尚書性尚貞明擢士以才以器循名責實新舊參舉管庫必擢門閥不遺前後銓衡術最爲折衷甚爲當時所稱又按唐貞觀二十二年二月文部侍郎盧承慶兼檢校兵部侍郎仍知五品選事承慶辭曰五品選事職在尚書臣今掌之便是越局太宗不許曰朕今信卿卿何不自信由此侍郎尚書皆知五品選事又按開元四年六月勅其員外郎御史併餘供奉官直進名勅授自此不在吏部

侍郎二人隋煬帝置說在歷代郎中篇凡六司侍郎皆貳尚書之事吏部初置一員唐總章元年加一員龍朔二年改爲司列少常伯咸通元年復舊分掌選部流內六部以下官是爲銓衡之任凡初仕進者無不仰屬焉當選集之際勢傾天下列曹之中資位尤重初隋世高孝基爲吏部侍郎房元齡杜如晦與選孝基時加賞異後以爲知人唐鄧元挺爲此官不稱職甚爲時譏所鄙常患消渴選人因號爲鄧渴坐此遷澧州刺史有能名武太后重拜爲天官侍郎其弊愈甚又以許子儒爲之子儒不以藻鑑爲意其補官悉委令史時曰平配

郎中二人周禮太宰屬官有下大夫即其任也漢魏以來尚書屬或有侍郎或有郎中或曰尚書郎或曰某曹郎或則兩置或爲互名雖稱號不同其職一也皆今郎中之任晉山公啟事曰吏部郎主選舉宜得能整風俗理人倫者齊謝朓爲吏部郎上表三讓說在郎官篇又王儉爲吏部郎專斷曹事又陸慧曉爲吏部郎吏部都令史歷政以來咨執選事慧曉任己獨行未嘗與語帝遣左右以事諮問之慧曉曰六十之年不復能諂都令史爲吏部郎也自過江吏部郎不復典大選又王亮爲吏部郎銓序著稱及後爲吏部尚書拘資次而已當代謂爲不能又職官錄曰梁吏部郎舊視中丞遷侍中隋初諸曹郎皆謂之侍郎煬帝三年置六司侍郎後遂改諸曹侍郎但曰郎其吏部郎改爲選部郎唐初復爲選部郎中武德五年改爲吏部郎中龍朔二年改爲司列大夫咸通元年復舊掌選補流外官謂之小銓并掌文官名簿朝集祿賜假使及文官告身分判曹事

員外郎二人隋開皇六年置吏部員外郎一人煬帝三年改爲選部承務郎武德三年復舊後加置一人一員判廢置一員判南曹起於總章二年司列少常伯李敬元奏置未置以前銓中自勘責故事兩員轉廳至建中以後遂不轉廳貞元十一年閏八月侍郎杜黃襄奏依舊例轉廳初武太后載初元年又加一員聖曆二年八月省開元十二年四月勅兵吏各專定兩人判南曹尋卻一人判貞元元年九月又兩人判至十二年八月又卻一員判

司封郎中一人漢尚書有封爵之任而無其官故光武以馮勤爲郎中給事郎中使典諸侯封事勤量功次輕重國土遠近地勢豐薄不相踰越莫不厭伏爲自是封爵之制非勤不定晉尚書有左右主客曹北齊河清中改爲主爵置郎中一人屬吏部主封爵之事隋初爲主爵侍郎煬帝改爲主爵郎武德初爲主爵郎中龍朔二年改爲司封大夫咸亨元年復舊光宅元年改爲司封郎中掌封爵皇室枝族及諸親內外命婦告身及道士女冠等天寶八載十一月勅道士女冠籍每十載一造永爲常式至德二年十一月勅道士女冠等宜依前屬司封曹

員外郎一人隋文帝置煬帝改爲主爵承務郎唐武德初改爲主爵員外郎其後曹改而官不易也

司勲郎中一人周禮夏官有司勲上士掌六卿賞地之法凡有功者司勲詔之歷代無聞至後周吏部有司勲上士一人掌六勲之賞以等其功加古之主爵隋文帝置司勲侍郎煬帝改爲司勲郎永徽五年十二月四夜司勲庫失火甲曆並盡龍朔二年改爲司勲大夫咸通初復故掌校定勲績論官賞勲官告身等事

員外郎二人隋文帝置煬帝改司勲承務郎唐武德初爲司勲員外郎

考功郎中一人漢明帝時京房作考功課吏之法然無其職至光武改尚書三公曹主歲盡考課諸州郡魏尚書有考功定課二曹宋元嘉三年又置功論郎並其任也列在吏部郎中篇從魏考功郎掌考第孝秀北齊考功郎中亦掌考第及孝秀貢士隋文帝置考功侍郎煬帝改爲考功郎唐武德初復爲考功郎中龍朔二年改考功爲司績咸通初復舊掌考察內外百官及功臣家傳碑頌誄誌等事

員外郎一人隋文帝置煬帝改考功承務郎唐武德初復爲考功員外郎其後曹改而官不易武德舊令考功郎中監試貢舉人貞觀以來乃以員外郎專掌貢舉至開元二十四年移貢舉於禮部而考功員外郎分判事而已

戶部尚書　侍郎　郎中　員外郎　度支郎中　員外郎　金部郎中　員外郎　倉部郎中　員外郎

戶部尚書周禮地官大司徒之職也漢置尚書郎四人其一主財帛委輸至魏文帝置度支尚書寺專掌軍國支計吳有戶部孫休初即位戶部尚書階下讀奏晉有度支時杜預爲度支尚書內以利民外以備邊張華爲度支尚書量計運漕決定廟算皆主算也宋齊度支尚書領度支金部倉部起部四曹梁亦有之後魏度支亦掌支計崔亮爲度支尚書經營費用歲減億計北齊度支統度支倉部左戶右戶金部庫部六曹後周置大司徒卿一人如周禮之制其屬有民部中大夫二人掌承司徒教以籍帳之法贊計人民之衆寡隋初有度支尚書則併後周民部之職開皇三年改度支爲民部統度支民部金部倉部四曹唐修隋志謂之戶部蓋以太宗之諱故也唐實自永徽初始改民部爲戶部以太宗在位詔官名及公私文籍有世民兩字不相連者並不諱至高宗始諱之顯慶元年改戶部爲度支龍朔二年改度支尚書爲司元太常伯咸亨元年復爲戶部尚書初戶部居禮部之後武太后改置天地四時之官以戶部爲地官由是遂居禮部前神龍元年復改地官爲戶部總判戶部金部度支倉部事

臣謹按漢成帝初置尚書有民曹主凡吏民上書悉經此曹理之後漢光武改民曹主繕修功作鹽池苑囿魏置左民尚書晉惠帝又加置右民尚書至于宋

齊梁陳皆有左民尚書而後魏有左民右民等尚書多領工官非今戶部之例而梁陳兼掌戶籍此則略同自周隋有民部始爲今戶部之職

侍郎 二人蓋周官小司徒中大夫也後周依周官隋煬帝置民部侍郎唐因之後改曰戶部龍朔二年改爲司元少常伯咸亨元年復爲戶部侍郎他時曹名或改而官不易舊制一員長安四年加一員神龍元年減二年復加

郎中 二人漢尚書郎一人主戶口墾田吳時張溫爲尚書戶曹郎魏有民曹郎晉分爲左右民曹宋齊以下或爲左民或爲左戶後魏有左戶曹郎北齊有左右民曹例在吏部郎中篇隋初爲戶部侍郎煬帝除侍字隋末改爲民部郎唐武德初爲民部郎中龍朔二年改郎中爲大夫咸通元年復舊他時曹名或改而官號不易掌戶口籍帳賦役孝義優復蠲免婚姻繼嗣百官衆庶園宅口分永業等建中二年正月戶部侍郎判度支杜佑奏天寶以前戶部事繁所以郎中員外各二人判書自兵興以後戶部事簡度支事繁唯郎中員外各一人請迴轂郎中員外各一人分判度支案待天下兵革息卻歸本曹從之

員外郎 二人隋文帝置煬帝改承務郎唐武德三年復爲員外郎

度支郎中 一人漢初張蒼善算以列侯主計居相府領郡國上計者謂之計相殆令度支之任魏有度支尚書晉宋齊梁陳後魏並有隋初爲度支侍郎煬帝除侍字唐武德初加中字龍朔二年改度支爲司度大夫咸亨元年復舊掌支使國用至德以後成事費多二年十二月呂諲爲兵部侍郎平章事充度支使寶應元年正月劉晏爲戶部侍郎度支使二年二月韓滉以宰相加度支使五月二日竇參爲中書侍郎平章事度支使自後雖無亦有他官判或云權判亦云專判

員外郎 一人改置與戶部員外郎同

金部郎中 一人周官有職金掌金玉錫石丹青之令魏尚書有金部郎歷代多有之北齊金部主裁量尺度內外諸庫藏文帳隋祖孝徵薦盧昌衡爲尚書金部郎每謂人曰吾用盧子均爲尚書郎眞無愧幽明矣隋初爲侍郎煬帝除侍字唐武德中加中字龍朔二年改金部爲司珍大夫咸亨初復舊掌庫藏金寶貨物權衡度量等事自開元二年置鑄錢使皆以他官爲之

員外郎 一人改置與戶部員外郎同

倉部郎中 一人周官有倉人主藏九穀又有廩人主藏九穀之數則賜稍食魏尚書有倉部郎後魏太倉尚書亦其任也故後魏書曰李訢爲太倉尚書攝南部事令千里之外戶別轉運諸倉輸之所任委積延停歲月大爲困弊晉宋以來歷代多有倉部曹皆掌倉廩之事後周有地官屬司倉下大夫隋初爲倉部侍郎煬帝除侍字唐武德中加中字龍朔二年改倉部爲司庾大夫咸亨初復舊天寶中改爲司儲至德初復舊掌諸倉廩之事開元十六年以後置出納使皆以他官爲之

員外郎 一人改置與戶部員外郎同

禮部尚書
侍郎
郎中 員外郎
祠部郎中 員外郎
膳部郎中 員外郎
主客郎中 員外郎

禮部尚書 唐虞之時秩宗典三禮周禮春官大宗伯掌建邦之天神人鬼地祇之禮漢成帝置尚書五人其四曰客曹主外國夷狄事後漢尚書吏部兼掌齊祀亦其職也魏尚書有祠部曹及晉江左有祠部尚書掌廟祧之禮常與右僕射通職不常置以右僕射攝之歷代皆與右僕射通職宋祠部尚書領祠部儀曹二曹齊梁陳皆有祠部尚書後魏爲儀曹尚書北齊祠部尚書統祠部主客虞部屯田起部五曹又有儀曹吉凶禮制屬殿中尚書後周置春官卿又有禮部而不言職事後改屬禮部爲宗伯春官之屬有典命掌內外九族之差及玉帛衣服之命沙門道士之法後改典命爲大司禮改大司禮復爲禮部謂之禮部大夫至隋置禮部尚書統禮部祠部主客膳部四曹蓋因後周禮部之名兼前代祠部之職唐龍朔二年改禮部尚書爲司禮太常伯咸亨元年復舊光宅元年改禮部爲春官神龍元年復舊總判祠部禮部膳部主客事

侍郎 一人周官春官小宗伯今侍郎則隋煬帝置唐因之龍朔二年改爲司禮少常伯咸亨元年復舊他時曹名或改而官號不易掌策試貢舉及齋郎弘崇國子生等事舊制考工員外郎掌貢舉開元二十二年考工員外郎李昂爲進士李權所訴朝議以考工位輕不足以臨多士至二十四年遂以禮部侍郎掌焉開元天寶之中昇平既久羣士務進天下髦彥由其取捨故勢傾當時資與吏部侍郎等用

郎中 一人周官春官肆師下大夫亦頗同今任魏尚書有儀曹郎掌吉凶禮制歷代多有例在吏部郎中篇宋齊儀曹屬祠部梁書曰武帝謂徐勉云今帝業初基須一人有學藝解朝儀者爲尚書儀曹郎勉曰孔休源識見清通詳練故事自晉宋起居注畧誦遂拜爲儀曹郎後周依周官隋初爲禮部侍郎煬帝除侍字又改爲儀曹郎唐武德初改爲禮部郎中龍朔二年改爲司禮大夫咸亨初復舊其後曹名或改而官號不易掌禮樂學校儀式制度衣冠符印表疏冊命祥瑞鋪設喪葬贈賻及宮人等

員外郎 一人周禮肆師上士後周依焉至隋文帝置禮部員外郎煬帝改爲儀曹承務郎唐武德三年復舊其後曹改而官不易

祠部郎中 一人魏尚書有祠部郎歷代皆有主禮制後魏裴修爲中大夫兼祠部曹祠部曹主禮樂每有疑議修撰斟酌故實咸有條貫後周有典祠中大夫隋初爲侍郎煬帝除侍字唐武德中加中字龍朔二年改爲司禮大夫咸亨元年復舊延載元年五月制天下僧尼隸祠部不須屬司賓開元十一年改祠部爲職祠至德初復舊掌祠祀天文漏刻國忌廟諱卜祝醫藥等及僧尼簿籍自天寶六載及至德三年常置祠部使以他官爲之

員外郎 一人改置與戶部員外郎同

膳部郎中 一人膳部於周官膳夫庖人之職也晉尚書有左士右士曹後魏都官尚書管左士郎北齊改左士爲膳部郎掌侍官百司禮食肴饌屬都官尚書後周有膳部大夫一人亦掌飲食屬大冢宰隋膳部屬祠部初置侍郎煬帝除侍字唐武德中加中字龍朔二年改爲司膳至德初復舊掌飲膳藏冰及食料

員外郎 一人改置與戶部員外郎同

主客郎中 一人漢成帝初置五尚書有客曹主外國夷狄後漢光武分改爲南主客北主客二曹魏亦有南主客晉氏分爲左右南北四主客或單爲客曹宋齊梁陳單有主客後魏吏部管南主客祠部管左主客北齊改左主客爲主爵南主客爲主客隋初爲侍郎煬帝除侍字又改爲司籍郎唐武德初改爲主客郎中龍朔二年又改主客爲司藩咸亨元年復舊掌二王後及諸蕃朝聘

員外郎 一人改置與戶部員外郎同

兵部尚書
侍郎
郎中 員外郎
職方郎中 員外郎
駕部郎中 員外郎
庫部郎中 員外郎

兵部尚書 周禮夏官大司馬之職也魏置五兵尚書五兵謂中兵外兵騎兵別兵都兵也晉初無太康中乃有之而又分中兵外兵各爲左右與舊五兵爲七曹然尚書唯置五兵而已無七兵尚書之名後魏如有七兵尚書今諸家或謂晉太康中置七兵尚書誤矣宋五兵尚書唯領中兵外兵二曹餘則無矣齊梁陳皆有之後魏爲七兵尚書北齊爲五兵統五曹曰左中兵掌諸都督告身諸宿衛官曰右中兵掌畿內丁帳事諸兵力士曰左外兵掌河南及潼關以東諸州丁帳及發召諸兵曰右外兵掌河北及潼關以西諸州所典與左外兵同曰都兵掌鼓吹大樂部小兵等事後周置大司馬其屬又有兵部中大夫小兵部下大夫其職並闕至隋乃有兵部尚書統兵部職方駕部庫部四曹蓋因後周兵部之名兼前代五兵之職唐龍朔二年改兵部尚書爲司戎太常伯咸亨元年復舊光宅元年改爲夏官神龍元年復舊天寶十一年改爲武部至德初復舊掌武官選舉總判兵部職方駕部庫部事其分領選舉亦爲三銓制如吏部尚書所掌謂之尚書銓侍郎所掌其一爲中銓其一爲西銓各有印

侍郎 二人隋煬帝置唐因之龍朔二年改爲司戎少常伯咸亨元年復舊他時曹名或改而官不易舊制一員總章元年加一員掌署武職武勲官三衞及兵士以上簿書朝集祿賜假使差發配親士帳內考覈及給武職告身

郎中二人。歷代兵部曹皆有郎，見尙書中。或單爲郎，或置郎中，例在吏部郎中篇。隋初爲兵部侍郎，煬帝除侍字，又改爲兵曹郎。唐武德三年改爲兵部郎中，龍朔二年改爲司戎大夫，咸亨元年復舊。掌與侍郎同。

員外郎二人。隋文帝置兵部員外郎，煬帝改爲兵曹承務郎，唐武德三年復舊。其後曹改而官不易。

職方郎中一人。周禮夏官有職方氏，掌天下之圖下九州之國。歷代無聞。至後周依周官。隋初有職方侍郎，煬帝除侍字。唐武德中加中字，龍朔二年改爲司城大夫，咸亨元年復舊。掌地圖、城隍、鎭戍、烽候、防人路程遠近、歸化酋渠。

員外郎一人。周官夏官職方上士，後周依周官，隋改置，與戶部員外郎同。

駕部郎中一人。周禮夏官之屬有輿司馬之職，是其任也。魏晉尙書有駕部郎，宋時駕部屬左民尙書，齊亦有之。後魏與北齊並曰駕部郎中。後周有駕部中大夫，屬夏官。隋初爲駕部侍郎，屬兵部。辛公義爲駕部侍郎，句檢馬牧，所獲十餘萬匹，文帝喜曰：唯我公義奉國竭忠。煬帝除侍字。唐武德三年加中字，龍朔二年改爲司輿大夫，咸亨初復舊。天寶中改駕部爲司駕，至德初復舊。掌輿輦、車乘、郵驛、廐牧、司牛馬驢騾、闌遺之政。開元十八年閏六月勅：比來給傳使人，爲先傳馬事頗勞煩，自今以後應乘傳者宜給紙券。二十三年七月勅：新除都督刺史并關三官州上佐，並給驛發遣。二十八年六月勅：有陸驛處得置水驛。自二十年以後常置館驛使，以他官爲之。

員外郎一人。周官有輿上士，後周有小駕上士，蓋其任也。至隋置，與戶部同。

庫部郎中一人。周官有司甲，掌戈盾弓矢之長，各辨其物，以待軍事。魏尙書有庫部郎，晉因之。宋庫部主兵仗。文帝宴會，有荒服外歸化人，帝問尙書庫部郎顧琛曰：庫中仗有幾許？琛詭對曰：有十萬人仗。舊武庫仗多祕不言，帝既失問，及琛詭對，善之。歷代或有或闕。後魏、北齊庫部屬度支尙書，掌凡戎仗器用。後周有武藏中大夫。隋屬兵部，初爲庫部侍郎，煬帝除侍字。唐武德中加中字，龍朔二年改爲司庫大夫，咸亨初復舊。後天寶十一載又改庫部爲司庫，至德初復舊。掌軍器、儀仗、鹵簿、法式及乘具等。

員外郎一人。周官有司兵中士，後周有小武藏下大夫，隋改置，與戶部同。

刑部尙書　侍郎　郎中　員外郎　都官郎中　員外郎　比部郎中　員外郎　司門郎中　員外郎

刑部尙書。唐虞之時，士官以正五刑。周禮秋官大司寇之任也。漢成帝時，尙書初置二千石曹，主郡國二千石；又置三公曹，主斷獄。後漢光武改三公曹主歲盡考課諸州郡政，二千石曹掌中都官水火盜賊辭訟罪法，亦謂之賊曹，重於諸曹。魏晉以來始重吏部。魏青龍二年置尙書都官郎，佐督軍事。晉復以三公尙書掌刑獄。宋三公、比部皆主刑法，又置都官尙書，主軍事刑獄，領都官、水部、庫部、功論四曹。齊、梁、陳並有都官尙書。後魏亦有都官尙書。北齊都官統都官、二千石、比部、水部、膳部五曹，又有三公曹，掌諸曹囚帳、斷罪、赦日建金鉐等事，又掌五時讀時令，屬殿中尙書。後周有秋官大司寇卿，掌刑邦國，其屬官又有刑部中大夫，掌五刑之法。隋初有都官尙書，開皇三年改都官爲刑部尙書，統都官、刑部、比部、司門四曹，亦因後周之名。唐因之。龍朔二年改刑部尙書爲司刑太常伯，咸亨元年復舊。武太后改刑部爲秋官，神龍初復舊。天寶中改爲憲部，至德初復舊。總判刑部、都官、比部、司門事。

侍郎一人。周官小司寇中大夫，蓋今任也。後周依周官。至隋煬帝置刑部侍郎，唐因之。龍朔二年改爲司刑少常伯，咸亨元年復舊。他時曹名或改而官號不易。掌律令，定刑名，及諸州應奏之事。

郎中二人。周官大司寇屬官有士師下大夫，蓋今任也。漢尙書有三公曹，後漢有二千石曹，魏有都官曹，皆掌刑法獄訟之事。歷代沿革具尙書中。或爲侍郎，或置郎中，例在吏部郎中篇。後周有小刑部下大夫，屬秋官府。隋初置刑部侍郎，煬帝除侍字，又改憲部郎。唐武德三年改爲刑部郎中，龍朔二年改爲司刑大夫，咸亨元年復舊。與侍郎同。

員外郎二人。隋文帝置刑部員外郎，煬帝改爲憲部承務郎。唐武德三年改爲刑部員外郎。其後曹改而官不易。

都官郎中一人。漢司隷校尉屬官有都官從事，掌中都官不法事。後漢又改尙書二千石曹，掌中都官水火盜賊。魏青龍二年始置尙書都官郎，佐督軍事。晉宋尙書都官兼主刑獄。歷代事具尙書中。其官例在吏部郎中注。後周則曰司屬。隋初爲都官侍郎，掌簿錄、配沒官私奴婢、良賤訴競、俘囚等事。煬帝除侍字，置員外二人。唐武德二年加中字，減一人。龍朔二年改爲司僕大夫，咸亨元年復舊。

員外郎一人。周官有司厲下士，蓋今任也。後周依焉。隋改置，與戶部同。

比部郎中一人。魏尙書有比部曹，晉因之。宋時比部主法制。齊、梁、陳皆有比部曹。後魏亦然。北齊掌詔書律令句檢等事。後周曰計部中大夫，蓋其任也。隋初爲比部侍郎，煬帝除侍字。唐武德中加中字，龍朔二年改爲司計大夫，咸亨元年復舊。天寶十一載又改比部爲司計，至德初復舊。掌內外諸司俸料、公廨及公私債負、徒役功程、贓贖、物帳及句用度物。

員外郎一人。改置與戶部員外郎同。

司門郎中一人。周禮地官有司門下大夫，掌授管鍵啟閉。歷代多闕。至後周依周官。隋初有司門侍郎，煬帝除侍字。唐武德三年加中字，龍朔二年改爲司門大夫，咸亨元年復舊。掌門籍、關橋及道路過所、闌遺物事。

員外郎一人。周官有司門上士，後周依焉，後改置，與戶部同。

工部尙書　侍郎　郎中　員外郎　屯田郎中　員外郎　虞部郎中　員外郎　水部郎中　員外郎

工部尙書。周禮冬官，其屬有考功，掌百工之事，日闕。有六職，百工居其一焉。漢成帝初置尙書，有民曹，主凡吏民上書。後漢光武改民曹，主繕修功作、鹽池園苑之事。魏置左民尙書，小領其職，省失以求。有起部尙書，而不常置，每營宗廟宮室則權置之，事畢則省，以其事分屬都官、左民二尙書。北齊起部亦掌工造，屬祠部尙書。後周有冬官大司空卿，掌五材九範之法，其屬有工部中大夫二人，承司之事，掌百工籍而理其禁令。至隋乃有工部尙書，統工部、屯田二曹，蓋因後周工部之名，兼前代起部之職。唐龍朔二年改工部尙書爲司平太常伯，咸亨元年復舊。武太后改工部爲冬官，神龍初復舊。總判工部、屯田、虞部、水部事。

侍郎一人。隋煬帝改置工部侍郎，唐因之。龍朔二年改司平少常伯，咸亨元年復舊。他時曹名或改而官不易。掌興造工匠、諸公廨屋宇、五行并紙筆墨等事。

郎中一人。晉尙書有起部曹，歷代皆有，具尙書中。隋初爲工部侍郎，煬帝除侍字，又改爲起部郎。唐武德二年改爲工部郎中，龍朔二年改爲司平大夫，咸亨元年復舊。其後曹名改而官不易。所掌與侍郎同。

員外郎一人。隋文帝置工部員外郎，煬帝改爲起部承務郎。唐武德三年復爲工部員外郎。其後曹改而官不易。

屯田郎中一人。漢成帝置尙書郎四人，其一人主戶口墾田，蓋尙書屯田郎之始也。至魏尙書有農部郎，又其職也。晉始有屯田郎中，及太康中謂之田曹，後復爲屯田。江左及宋齊則左民郎中兼知屯田事。梁陳則曰侍郎。後魏、北齊並爲屯田郎。隋初爲屯田侍郎，兼掌儀式之事。煬帝除侍字。唐武德三年加中字，龍朔二年改爲司田大夫，咸亨元年復舊。掌屯田、官田、諸司公廨、官人職分、賜田及官園宅等。

員外郎一人。改置與戶部員外郎同。

虞部郎中一人。虞部蓋古虞人之遺職。至魏尙書有虞曹郎中，晉因之。梁陳曰侍郎。後魏、北齊虞曹掌地圖、山川近遠、園囿田獵、雜味等，並屬虞部尙書。後周有虞部下大夫一人，掌山澤草木鳥獸而番阜之，又有小虞部，並屬大司馬。隋初爲虞部侍郎，屬工部。煬帝除侍字。唐武德中加中字，龍朔二年改司虞大夫，咸亨元年復舊。天寶十一載又加虞部爲司虞，至德初復舊。掌京城街巷種植、山澤苑囿、草木薪炭、供須田獵等事。

員外郎一人。隋初置，與戶部員外郎同。唐龍朔以後曹名改而官不易也。

水部郎中一人。周禮夏官有司險，掌設國之五溝五塗而達其道路，蓋其職也。魏尙書有水部郎，歷代或置或否。後魏、北齊有水部，屬都官尙書，亦掌舟船津梁之事。後周有司水大夫。隋初爲水部侍郎，屬工部。煬帝除侍字。唐武德三年加中字，龍朔二年改爲司川大夫，咸亨元年復舊。天寶中改水部爲司水，至德初復舊掌川瀆津濟船艫浮橋渠堰漁捕運漕水磑磑等事。後周小司水上士一人。隋改置虞部員外郎。唐龍朔二年以後曹名改而官不易。

員外郎

通志卷五十四

宋右迪功郎鄭樵漁仲撰

職官略第四

御史臺第六

御史之名周官有之蓋掌贊書而授法令非今任也戰國時亦有御史秦趙澠池之會各命書其事又淳于髡謂齊王曰御史在前則皆記事之職也至秦漢爲糾察之任秦以御史監郡漢初叔孫通新定禮儀以御史執法舉不如儀者輒引而去是也所居漢謂之御史府亦謂之御史大夫寺（漢御史大夫寺在大司馬門內無塾其門署用梓版不鏤色題曰御史大夫寺）亦謂之憲臺成帝時御史府吏舍百餘區井水皆竭又其府中列柏樹常有野鳥數千棲宿其上晨去暮來號曰朝夕鳥鳥去不來者數月長老異之後果廢御史大夫爲大司空是其徵也後漢以來謂之御史臺亦謂之蘭臺寺（顔師古曰官曹通名爲寺應劭官儀曰廷尉案責上御史臺又謝靈運晉書曰漢尚書爲中臺御史爲憲臺謁者爲外臺是謂三臺後漢蔡邕時以侍御史轉治書御史遷尚書三日之間周遍三臺）梁及後魏北齊或謂之南臺（東魏時高澄用崔暹爲御史中尉宋遊道爲尚書左丞謂之曰卿一人處南臺一人處北省當使天下肅然）後魏之制有公事百官朝會名簿自尚書令僕以下悉送南臺（後魏臨洮王舉哀兼上尚書左僕射元順不肯送名又不送簿中尉舉彈之順奏曰尚書百揆之本令僕納言之責不宜下隸中尉送名御史詔許之後元子思爲御史中尉朝臺移尚書索應朝名帳尚書郎裴獻伯移生云按蔡氏漢儀御史中尉逢臺郎於複道中尉下避執版郎中車上舉手禮之以此而言明非敵體子思奏曰臣按漢書御史中丞爲獨坐又按魏書曰崔琰爲中丞百寮震恐則中丞不攝省郎亦已久矣憲臺不屬都坐亦非今日又按孝文帝職令朝會失時則御史彈之若不送名到否何驗獻伯等亂常變紀請付法詔曰國異政不可據以古事檢孝文帝舊格以聞尋從子思奏）後周曰司憲屬秋官府隋及唐皆曰御史臺龍朔二年改爲憲臺咸亨元年復舊門北闢主陰殺也（按北齊楊楞伽鄴都故事云御史臺在宮闕西南其門北開取冬殺之義斯事久矣今東都臺門所以不北向者蓋欲變古之制或建造者不習故事耳唐龍朔中改司經局爲桂坊置司直爲東宮之憲府亦開北門以象御史臺其例明矣或云隋初移長安城造御史臺時有兵部尚書李員通檢校御史大夫欲於尚書省近故開北門此說非也）故御史爲風霜之任彈糾不法百僚震恐官之雄峻莫之比焉舊制但聞風彈事提綱而已（舊例御史臺不受訴訟有通辭狀者立於臺門候御史御史往門外收採如可彈者略其姓名皆云風聞訪知唐永徽中崔義元爲大夫始定受事御史人知一日劾狀題告人姓名或訴訟之事）其鞫案禁繫則委之大理貞觀末御史中丞李乾祐以囚自大理來往滋其姦偽又按事入法多爲大理所反乃奏於臺中置東西二獄以自繫劾開元中大夫崔隱甫復奏罷之其後罕有聞風彈舉之事多受辭訟推覆理盡然後彈之將有彈奏則先牒監門禁止勿許其入（按宋書云二臺劾奏符光祿加禁止不得入殿省是其先例光祿主殿門）武太后時改御史臺爲肅政臺凡置左右肅政二臺別置大夫中丞各一人侍御史殿中監察各二十人（又置肅政臺使六人尋罷之）左以察朝廷右以澄郡縣時議以右多名流左多寒畯其遷登南省者右殆倍焉以其不陵朝貴故也二臺迭相糾正而左加畏憚龍朔以後去肅政之名但爲左右御史臺初置兩臺每年春秋發使春曰風俗秋曰廉察令地官尚書韋方質爲條例刪定爲四十八條以察州縣延載以後奉勅乃巡不每年出使也睿宗即位詔二臺並察京師資位既等競爲彈糾百僚被察殆不堪命太極元年以尚書省悉隸左臺月餘右臺復請分縮尚書西行事左臺大夫竇懷貞乃表請依貞觀故事遂廢右臺而本御史臺官復舊廢臺之官並隸焉大夫一人中丞二人侍御史四人殿中侍御史六人監察御史十人主簿一人內供奉裏行者各如正員之半（太宗朝始有裏行之名高宗時方置內供奉及裏行官皆非正官也開元初又置御史裏行使殿中裏使監察裏使等官並無定員義與裏行同穆思泰元光謙呂太一翟章並爲裏使尋省建中三年九月御史臺請置推官一人常與本臺御史同推覆奉勅依）其臺憲故事官資輕重則杜易簡韓琬注記詳焉（杜易簡撰御史雜法四卷韓琬撰御史臺記十二卷）

御史大夫　中丞　侍御史　主簿　侍御史　殿中侍御史　監察

御史大夫（秦官侍御史之率故稱大夫漢因之位上卿銀印青綬掌副丞相故事選郡守相高第爲御史大夫任職者爲丞相成帝綏和元年更名大司空成帝欲修辟雍通三公官故改御史大夫爲大司空金印紫綬秩比丞相哀帝建平二年朱博奏請罷大司空以御史大夫爲百僚帥帝從之遂復爲御史大夫皆宰相之任元壽二年復爲大司空凡爲御史大夫而丞相次也其心冀幸丞相物故或乃陰私相毁害欲代之故史記謂鄭弘爲大夫守之數年不得臣衛居之未滿歲而丞相死即代之後漢初廢御史大夫至建安十三年罷三公官始復置之以郗慮居焉不領中丞置長史一人魏黃初二年又改御史大夫爲司空末年復有大夫而吳有左右焉晉書曰魏以司空何曾爲晉國丞相以王沈爲御史大夫吳孫休以丁密孟宗爲左右御史大夫是也晉初省之此皆爲三公非今御史大夫也今御史大夫即漢以來御史中丞是也後代或置大夫皆中丞之互名非漢舊大夫之任唯劉聰僭號置御史大夫亞於三公頗似漢制也）

臣謹按漢舊儀拜御史大夫爲丞相左右前後將軍贊五官中郎將授印拜御史大夫二千石贊左右郎將授印

中丞（初漢御史大夫有兩丞一曰御史丞一曰中丞亦謂中丞爲御史中執法漢高帝詔徵賢良御史大夫下相國相國下諸侯王御史中執法晉灼曰中執法中丞也中丞在殿中蘭臺有石室以藏祕書圖籍之屬以其在殿中故曰中丞外督部刺史內領侍御史十五員受公卿奏事舉劾按章蓋居殿中察舉非法也及御史大夫轉爲大司空而中丞出外爲御史臺率即隋唐御史大夫任也周官小宰之職掌建邦之宮刑以治王宮之政令凡宮之糾禁注曰若今御史中丞初御史大夫更名太司空置長史而中丞官職如故武帝時以中丞督司隸司隸督丞相丞相督司直司直督刺史刺史督二千石下至墨綬哀帝元壽二年御史中丞更名御史長史後漢光武復改爲中丞兩梁冠銅印青綬與尚書令司隸校尉朝會皆專席而坐京師號爲獨坐言其尊也凡中丞以下至侍御治書並文官屬少府魏初改中丞爲宮正舉鮑勛爲之百僚嚴憚後復爲中丞晉亦因漢以中丞爲臺主與司隸分督百僚自皇太子以下無所不糾初不得糾尚書後亦糾之從傅咸之奏也中丞專糾行馬內司隸專糾行馬外雖制如是然亦更奏衆官實無其限宋中丞一人每月二十五日繞行宮垣白壁漢志執金吾每月一日繞行宮城疑是省金吾此事併中丞也銅印墨綬進賢兩梁冠佩水蒼玉介幘絳朝服孝武帝孝建二年制中丞與尚書令分道雖丞郎下朝相值亦得斷之餘內外衆官皆受停駐齊中丞職

無不察專道而行騶輻禁呵加以聲色武將相逢輒致侵犯若有鹵簿至相毆擊梁國初建又置御史大夫天監元年復曰中丞中丞一人掌督司百僚皇太子其在宮門行馬內違法者皆糾彈之雖在行馬外而監司不糺亦得奏之專道而行逢尚書丞郎亦得停駐其尚書令僕御史中丞各給威儀十人自齊梁皆謂中丞爲南司江淹爲中丞齊明帝謂曰今君爲南司足以震肅百僚也陳因梁制江左中丞雖亦一時髦彥然膏梁名士猶不樂王氏分枝居烏衣者位宦微減僧虔爲此官乃曰此是烏衣諸郎坐處我亦可試爲耳後魏爲御史中尉督司百僚其出入千步淸道與皇太子分路王公百辟咸使遜避其餘百僚下馬弛車止路傍其違緩者以棒棒之其後洛陽令得與分道自東魏徙鄴無復此制北齊高道穆爲御史中丞武成帝姊壽陽公主犯淸路呵之不止道穆令卒棒破其車主泣訴於帝帝不責道穆謂曰家姊行路相犯極以爲愧後周有司憲中大夫二人掌司寇之法辨國之五禁隋以國諱改中丞爲大夫唐因隋亦曰大夫龍朔二年改爲大司憲咸亨初復舊武太后改置左右肅政臺御史大夫各一人太極初復舊掌肅淸風俗彈糺內外總判臺事故事侍御史以下與大夫抗禮光宅元年九月韋思謙除左肅政大夫遂坐受拜其後大夫又與之抗禮至開元十八年有勑中明隔品致敬其禮由之不改至二十四年六月李適之爲大夫又坐受拜後復與抗禮至後不改御史中丞舊治書侍御史也初漢宣帝元鳳中感路溫舒尚德緩刑之言季秋後請讞時帝幸宣室齋居而決事令侍御史二人治書治書御史起於此也後因別置冠法冠有印綬與符節郎共平廷尉奏事罪當輕重後漢亦二人錫印青綬選明法律者爲之察質漢儀曰選御史高第者補之凡天下諸讞疑事掌以法律當其是非自桓帝之後無所平理苟充其位而已魏置治書執法掌奏劾而治書侍御史掌律令二官俱置晉置四人泰始四年又置黃沙獄治書侍御史一人秩與中丞同掌詔獄及廷尉不當者皆治之後并江南遂省黃沙治書侍御史及太康中又省治書侍御史二員魏晉以來治書侍御史分掌侍御史所掌諸曹若尚書二丞宋代掌舉劾齊梁並同皆統侍御史自宋齊以來此官不重自郎官轉治書者謂之南奔梁天監初始重其選車前依尚書二丞給三騶執盛印青囊舊事糾彈官印綬在前故也後魏掌糾禁內朝會失時服章違錯饗宴會見悉所監之北齊亦有焉後周有司憲上士二人亦其任也隋又爲治書侍御史臺中簿領悉以主之唐永徽初高宗即位以國諱故改治書侍御史爲御史中丞龍朔二年改爲司憲大夫咸亨元年復爲中丞二人亦時有內供奉職副大夫通判臺事開元二十一年三月置京畿都採訪處置使以中丞爲之

臣謹按漢中丞故二千石爲之或選侍御史高第執憲中司出爲二千石又按宋文帝元嘉十二年有司奏御史中丞劉式之議每至出行未知制與何官分道舊科法唯稱中丞專道傳詔荷詔信喚衆官應詔者得行制令無分別他官之文皇太子不宜與衆同例中丞應與分道揚州刺史丹陽尹建康令並是京輦土地之主或檢校非違或赴救水火事應神速不宜稽駐並合分道又尋六門則爲行馬之內且禁衛非違並由二衞及領軍既非郡縣界則京尹建康令即不合依門外也又按後魏元志爲洛陽令與中尉李彪爭路俱入見彪曰御史中尉辟乘華羽蓋駐論道劍鼓安有洛陽令與臣抗衡志曰臣神州縣主普天之下誰非編民豈有俯同衆官趨避中尉孝文遂令分路

侍御史

於周爲柱下史老聃嘗爲之以其在殿柱之間故曰柱下史秦時張蒼爲御史主柱下方書又云蒼爲柱下御史明習天下圖書計史籍一名柱後史冠曰法冠一名柱後惠文以鐵爲柱言其審固不撓也法冠者秦始皇滅楚以其君冠賜御史亦名獬豸冠獬豸獸一角以觸邪故執法者冠之亦爲侍御史漢因之凡十五員其舉郡國孝廉第四科云有能按章覆問文中御史惠帝三年相國奏遣御史以九條監三輔不法事每三歲一更當十一月奏事三月還其後又置監御史漢官儀曰侍御史出督州郡盜賊運漕軍權武帝時侍御史又有繡衣直指者出討姦猾理大獄訟觀覽風俗專行誅賞而不常置沈約云繡衣御史光武省順帝復置魏罷之後漢亦有侍御史員察舉非法受公卿羣吏奏事有違失舉劾之凡郊廟之祠及大朝會大封拜則一人監威儀有違失則劾奏以公府掾屬高第補之或故牧守議郎郎中爲之唯德所在初上稱守滿歲拜員出劇爲刺史二千石平遷補縣令見中丞執板揖順帝復絕他選專用宰士凡二漢侍御史所掌有五曹一曰令曹掌律令二曰印曹掌刻印三曰供曹掌齋祀四曰尉馬曹掌廄馬五曰乘曹掌車駕豹尾之內便爲禁省魏置八人所掌凡八部有治書曹課第曹其餘則闕當大會殿中御史簪白筆側階而坐曹侍御史九人頗用郡守爲之品同持書而所掌有十三曹曰吏曹課第曹直事曹印曹中都督曹外都督曹媒曹符節曹水曹中壘曹營軍曹法曹算曹及江左初省課第曹置庫曹掌廄牧牛馬市租其後分庫曹置左庫外左庫二曹宋代多併諸曹凡十人焉自漢以來皆朝服法冠齊亦置十人梁陳皆九人居曹糾察不法後魏御史八人其權甚重必以對策高第者補之侍御史與殿中侍御史書則外臺受事夜則番直內臺御史舊式不隨臺主爾代延昌中王顯有寵於宣武爲御史中尉始請革選此踵其事每一中尉則更簡代御史北齊有八人亦重其選後周有司憲中士則其任也隋侍御史八人自開皇前猶踵後魏革選自開皇之後始自吏部選用不由臺主仍依舊入直禁中大業中始罷御史直宿臺內文書皆持書主之侍御史但侍從糺察而已由是資格少藏唐自貞觀初以法治天下尤重憲官故御史復爲雄要其將除拜皆吏部與臺長官審判議定然後依選例補奏其內詔別拜者不在其限麟德以來用人始重選授之命不由銓管及李義府掌大選寵任既重尤得補之自義府之後無出於吏部者舊御史遇長官於塗告免帽降乘長官戟嚮辭而止焉乾封中王本立爲侍御史意氣頗高塗逢長官端揖而已自後諸人或降而立或一足至地或側鞍弛轡輕重無常開元以來但舉鞭聳揖而已侍御史凡四員內供奉二員掌糺察內外受制出使分判臺事又分直朝堂與給事中中書舍人同受表理冤訟迭知一日謂之三司受事其事有大者則詔下尚書刑部御史臺大理寺同按之亦謂此爲三司推事後漢光武中詔御史寒朗共三府按楚獄亦此三司之例也武太后時刑獄滋章凡二臺御史多苛刻無恩以誅暴爲事猜阻傾奪更相陵暴此其爲弊也神龍以來稍革之其後名流愼選侔於貞觀永徽矣侍御史之職有四曰推掌推鞫曰彈掌彈舉曰公廨知公廨事曰雜事臺事悉判之凡殿中監察以下職事及進名改轉臺內之事悉主之號爲臺端他人稱之曰端公其知雜事者謂之雜端最爲雄劇食坐之南設橫榻謂之南牀殿中監察不得坐亦謂之癡牀言處其上者皆驕傲自得使人如癡故謂之癡牀

殿中侍御史

魏蘭臺遣侍御史居殿中察非法即殿中侍御史之始也晉置四人江左多置二人梁有四人掌殿內禁衞內事後魏北齊皆有之隋初改曰殿內侍御史置十二人至煬帝省唐置六員內供奉二員初掌駕出於鹵簿內糺察非違餘同侍御史唯不判事咸亨以前遷轉及職事與侍御史相亞自開元初以來權歸侍御史而遷轉猶同兼知庫藏出納及宮門內事凡衙京城內則分知左右巡各察知所巡之內有不法事諸州諸衞兵禁隸爲彈舉違失號爲副端閣門之外百僚班序有離立失列言囂而不肅者則糺罰之其正冬大會則載元豸乘馬加飾大夫中丞加金勒珂珮具服上殿供奉左右或闕則吏部以他官攝之其郊祀巡幸大備鹵簿出入由旌門者監其隊伍初武太后時有殿中裏行及員外殿中御史官或有起家爲之而郎眞者神龍以來無監察則有裏行

監察侍御史

秦以御史監理諸郡謂之監察史漢罷其名至晉孝武太元中始置檢校御史以吳琨之爲之掌行馬外事宋志云古司隸知行馬外事晉過江罷司隸官故置檢校御史專掌行馬外事宋齊以來無聞後魏太和末亦授此官宿直外臺不得入宿內省北齊檢校御史十二人後周司憲旅下士八人蓋亦其職隋開皇二年改檢校御史爲監察御史凡十二人煬帝增置十六員掌出使檢校唐監察御史十員裏行五員掌內外糺察并監察祀及監諸軍出使等罪人當答於朝者亦監之分爲左右巡糺察違失以承天朱雀街爲界每月一代將晦即巡刑部大理東西徒坊金吾及縣獄若蒐狩則監闈察斷絕失禽者量宜劾奏開元初革以殿中掌左右巡監察或權掌之非本任也職務繁雜百司畏懼其選拜多自京畿縣尉又有監察御史

裹行者太宗置自馬周始焉始馬周以布衣有詔令於監察御史裹行遂以爲名後高宗時王立本自忻州定襄縣尉爲之凡裹行皆受俸於本官武太后時復有員外監察試監察或有起家爲之而眞者又有臺使入人俸亦於本官請餘並同監察時人呼爲六相吏部式其試監察神龍以來無復員外及試但有裹行凡諸內供奉及裹行其員數各居正官之半唯俸祿有差職事與正同

臣謹按隋末亦遣御史監軍唐垂拱三年十一月鳳閣侍郎韋方質奏言舊制有御史監軍武太后曰將出師君授之以斧鉞閫外之事皆使裁之比來御史監軍乃有控制軍中大小之事皆須承禀非所以委專征也又按萬歲通天元年五月監察御史紀履忠劾奏御史中丞來俊臣五罪長安四年三月監察御史蕭至忠彈宰相蘇味道贓汚貶官御史大夫李承嘉常召諸御史責之曰近日彈事不咨大夫禮乎衆不敢對至忠進曰故事臺中無長官御史人君耳目比肩事主得各自彈事不相關白若先白大夫而許彈事如彈大夫不知白誰也承嘉默然憚其剛正又按景龍三年監察御史崔琬彈奏宰相宗楚客紀處訥等驕恣跋扈請收劾之舊制大臣有被御史彈者皆俯僂趨出待罪朝堂今楚客等瞋目作色稱以忠鯁被誣中宗令琬與楚客約爲兄弟時人竊號爲和事天子

主簿 漢有御史主簿張忠爲御史大夫以孫寶爲主簿是也魏晉以來無聞至隋大業三年御史臺始置主簿二人兼置錄事二人唐置主簿一員掌印及受事發辰句檢稽失兼知官及黃卷其俸祿與殿中御史同唐武德末杜淹爲大夫以吏部主事林懷信爲之貞觀中自張弘濟爲此官之後遂爲美職

諸卿第七上

總論諸卿 少府附

夏制九卿 記曰夏后氏官百天子有三公九卿九卿也亦有六卿商周皆然 商亦九卿 伊尹曰三公調陰陽九卿通寒暑 周之九卿卽少師少傅少保冢宰司徒宗伯司馬司寇司空漢以太常光祿勳衛尉太僕廷尉大鴻臚宗正司農少府謂之九寺大卿後漢九卿分屬三司 太常光祿勳衛尉三卿並太尉所部太僕廷尉大鴻臚三卿並司徒所部宗正大司農少府三卿並司空所部 多進爲三公各有署曹掾史隨事爲員九卿有疾使者臨問加賜錢布 尚書令陳忠常欲襃崇大臣故奏建此禮 魏九卿名數與漢皆同晉以太常等九卿 卽漢九卿 兼將作大匠太后三卿大長秋皆爲列卿各置丞功曹主簿五官等員太康四年增九卿禮秩 元帝以賀循爲太常而散騎常侍如故循以九卿舊不加官唯拜太常而已 宋齊及梁初皆因舊 宋卿尹皆銀章青綬進賢兩梁冠佩水蒼玉衛尉則武冠晉服制以九卿皆文冠乃進賢兩梁冠非舊也 梁武帝天監七年以太常卿加置宗正卿以大司農爲司農卿三卿是爲春卿加置太府卿以少府爲少府卿加置太僕卿三卿是爲夏卿以衛尉爲衛尉卿廷尉爲廷尉卿將作大匠爲大匠卿三卿是爲秋卿以光祿勳爲光祿卿大鴻臚爲鴻臚卿都水使者爲大舟卿三卿是爲冬卿凡十二卿皆置丞及功曹主簿後魏又以太常光祿勳衛尉謂之三卿太僕廷尉大鴻臚宗正大司農少府爲六卿各有少卿 太和十五年初置少卿官掌同大卿 北齊以太常光祿衛尉宗正太僕大理鴻臚司農大府爲九寺 晉荀勖曰九寺可併於尚書後魏亦有三府九寺則九卿稱寺久矣然通其名不連官號其官寺連稱自北齊始也 置卿少卿丞各一人各有功曹五官主簿錄事等員隋九寺與北齊同 自昔三代以上分置六卿比周百事至秦及漢雖事不師古猶制度未繁後漢有三公九卿而尚書之任又益重矣魏晉以降職制日增後周依周禮置六官而年代短促人情相習已久不能革其視聽故隋氏復廢六官多依北齊之制官職重設庶務煩滯加六尚書似周之六卿又更別立寺監則戶部與太府分地官司徒職事禮部與太常分春官宗伯職事刑部與大理分秋官司寇職事工部與將作分冬官司空職事自餘百司之任多類於斯欲求理要實在簡省 煬帝降光祿以下八寺卿階品於太常而少卿各置二人 始開皇中諸司寺唯典掌受納至煬帝署令爲判首取二卿同判丞唯知檢局令闕丞判 唐九寺與北齊同卿各一人少卿各二人丞以下有差龍朔二年改九寺之名凡卿皆加正 若太常卿爲奉常正卿他皆加此 後各復舊

太常卿 丞 主簿 博士 太祝 奉禮郎 協律郎 兩京郊社 太樂 鼓吹 太醫 太卜 廩犧 汾祠 太公廟

太常卿 秦曰奉常漢初曰太常顏師古曰太常者王之旌也畫日月焉王者有大事則建以行禮官主奉持之故曰奉常後改爲太尊大之義也惠帝更名奉常景帝六年更名太常後漢秩與漢同每祭祀前奏其禮儀及行事賛天子每選試博士奏其能否大射養老大喪皆奏其儀每月前晦察行陵廟助祭則平冕七旒漢舊制以列侯忠孝敬愼者居之後漢不必侯也舊制陵縣悉屬焉舉孝廉後漢則否建安中爲奉常魏黃初元年改爲太常魏晉改銀章青綬進賢兩梁冠絳朝服佩水蒼玉宋齊皆有之舊用列曹尚書多遷選曹尚書領護梁視金紫光祿大夫陳因之後魏爲上卿兼置小卿官周禮有小宗伯中大夫二人卽其任也北齊曰太常寺置卿及少卿丞各一人掌陵廟羣祀禮樂儀制天文術數衣冠之屬後周建六官置大宗伯卿一人是爲春官隋曰太常與北齊同煬帝加置少卿二人唐因之龍朔二年改太常爲奉常咸亨元年復舊光宅元年改太常爲司禮神龍初復舊卿一人掌禮儀祭祀總判寺事少卿二人通判領丞一人主簿二人博士四人太祝三人奉禮郎協律郎各二人齋郎五百五十二人其餘小吏名有差郊社太公廟太樂鼓吹太醫太卜廩犧等署各有令其郊社及太公廟兩京皆有之

丞 秦置一人漢多以博士議郎爲之後漢凡諸丞皆掌行禮及祭祀小事總署曹事舉廟中非法皆銅印墨綬進賢兩梁冠歷代皆有梁舊用員外郎遷尚書郎天監七年改視尚書郎陳因之後魏北齊亦有之隋有二人唐因之分判寺事餘寺丞職並同

主簿 漢有之漢鹵簿之制太常舊四馬主簿前車八乘魏晉亦有焉梁天監七年十二卿各置主簿一人惟太常主簿視二衛主簿陳因之北齊有功曹五官主簿二人唐二人掌付事句稽省署抄日監印給紙筆等享餘寺主等並同職

博士 魏官也魏文帝初置晉因之掌引導乘輿王公以下應追謚者則博士議定之端委佩玉朝之大典必於詢度歷代皆有隋有四人唐因之甚爲清選資位與補闕同掌撰五禮儀注導引乘輿贊相祭祀定謚諡及守祧廟開閤室及祥瑞之事

太祝 商官與太宰等官爲六太周官太祝下大夫二人上士四人掌六祝之辭以祈福祥秦漢有太祝令丞後漢太祝令一人六百石丞二人晉宋齊梁陳後魏北齊皆因之後周依周官至隋置太祝署太祝令丞煬帝罷署太祝八人唐初有七人後增爲九人開元二十三年減置三人掌讀祝文出納神主

奉禮郎 漢大鴻臚有治禮郎四十七人晉博士有治禮郎四人屬大行令後魏有治禮郎四人北齊有奉禮郎三十人屬鴻臚寺之司儀署後周有治禮中士下士各一人隋有奉禮郎一十六人屬太常寺煬帝減置六人唐武德初有治禮郎四人掌設版位執儀行事至永徽二年以犯廟諱改爲奉禮郎開元二十三年減二員

協律郎 漢曰協律都尉李延年爲之武帝以延年善新聲故爲此官後漢亦有之魏以杜夔爲之魏武平荆州得夔以知音識舊樂故使爲此官晉改爲協律校尉後魏有協律郎又有協律中郎北齊及隋協律郎各二人唐因之掌舉麾節樂調和律呂監試樂人典課

兩京郊社令 周官有典祀掌以時祭祀秦漢有太祝令丞屬奉常景帝改爲祠祀武帝更曰廟祀後漢祠祀屬少府魏晉有太祝令丞宋曰明堂令丞掌祀五帝之事齊有太祝及明堂二令梁有明堂太社二令並屬太常北齊太廟令兼領郊祀崇虛二丞郊祀掌五郊崇虛掌五嶽四瀆後周有司郊上士中士司社中士下士隋太常寺置郊社令丞各一人唐因之掌郊社明堂祠祀祈禱及茅士衣冠等事

太樂令 周官有大司樂掌成均之法亦謂之樂尹以樂舞教國子左傳楚鍾建爲樂尹即大司樂也秦漢奉常屬官有太樂令及丞又少府屬官并有樂府令丞後漢永平三年改太樂爲大予樂令掌伎樂人凡國祭饗掌諸奏樂魏復曰太樂令丞晉亦有之齊銅印墨綬進賢一梁冠絳朝服梁陳因之後魏置太樂博士北齊曰太樂令丞後周有大司樂掌成均之法後改爲樂部有上士中士隋有太樂令丞各一人唐因之掌習音樂樂人簿籍

臣謹按盧植禮注云太樂令如古大胥漢太樂律卑者之子不得舞宗廟之酎除吏二千石到六百石及關內侯到五大夫子取適子高五尺以上年十二到三十顏色和順身體循理者以爲舞人

鼓吹令 周禮有鼓人掌六鼓四金之音後漢有承華令典黃門鼓吹屬少府晉置鼓吹令丞屬太常元帝省太樂并鼓吹哀帝復省鼓吹而存太樂梁有鼓吹令丞又有清商署北齊鼓吹令丞及清商部並屬太常隋有鼓吹清商二令丞至煬帝罷清商署唐鼓吹署令丞各一人所掌頗與太樂同

太醫令 周官有醫師上士下士掌醫之政令秦兩漢有太醫令丞主醫藥屬少府後漢又有藥丞方丞醫工長魏因之晉銅印墨綬進賢一梁冠絳朝服而屬宗正過江省宗正而屬門下省宋齊隸侍中梁陳因之後魏有太醫博士助教北齊又曰太醫令丞後周太醫下大夫隋有太醫署令二人唐因之主醫藥凡領醫針灸按摩咒禁各有博士

臣謹按唐武德中關中多骨蒸病得之必死遞相傳染許允宗每療皆愈或謂曰何不著書以貽將來答曰醫乃意也在人思慮有脈候幽微苦其難別意之所解口莫能宣求之名手唯是別脈脈然後識病病之於藥有正相當者唯須單用一味直攻彼病立即可愈今人不能別脈莫識病源以情意度多用藥味譬之於獵不知兔處多發人馬空廣遮圍或冀一兔偶然逢也如此療病不亦疏乎既不可言故無著述

太卜令 商官太卜爲六太周官太卜掌三兆之法秦漢有太卜令後漢并于太史自後無聞後魏有卜博士北齊有太卜局丞後周有太卜大夫小卜上士龜占中士隋曰太卜令丞一人唐因之

廩犧令 周禮有牧人掌牧六牲以供祭祀秦漢內史左馮翊廩犧令丞並掌犧牲鷹鷙後屬大司農後漢河南尹屬官有廩犧令丞魏晉宋齊陳後魏北齊隋皆有之唐令丞各一人掌犧牲粢盛之事

汾祠及齊太公廟 並有令丞各一人唐開元中置掌享祀灑掃之事

光祿卿　丞　主簿　掌醢署　太官署　珍羞署　良醞署

光祿卿 秦有郎中令以主郎內諸官故曰郎中令掌宮殿掖門戶漢因之至武帝太初元年更名光祿勳胡廣曰勳猶閽也主宮殿門故也王莽改光祿勳爲司中後漢曰光祿勳所掌同典三署郎更直執戟宿衛門戶考其德行而進退之郊祀之事掌三獻光祿勳居禁中有獄在殿門外謂之光祿外部兩漢自光祿太中中散諫議等大夫及謁者僕射羽林郎郎中侍郎五官虎賁左右等中郎將奉車駙馬二都尉車戶騎三將並屬光祿勳建安末復改光祿勳爲郎中令魏黃初元年復爲光祿勳東晉哀帝興甯二年省光祿勳併司徒孝武甯康元年復置自魏晉以後無復三署郎而光祿不復居禁中唯外官朝會則以名到焉二臺奏劾則符光祿加禁止亦如之謂之禁入殿省也其宮殿門戶至宋文猶屬爲梁除勳字謂之光祿卿卿舊視列曹尚書天監中視中庶子職與漢同後魏又置少卿北齊曰光祿寺置卿少卿兼掌諸膳食帳幕隋文帝開皇三年廢光祿寺入司農十二年復置初有卿及少卿各一人煬帝加置二少卿唐龍朔二年改光祿寺爲司宰寺咸亨初復舊光宅元年爲司膳神龍初復舊卿一人掌終獻行事少卿二人領太官珍羞良醞掌醢等四署署各有令丞

臣謹按漢東京三署郎有德應四科者歲舉茂才二人四行二人及三署郎罷省光祿勳猶依舊舉四行衣冠子弟以充之又按張湛拜光祿勳光武臨朝或有惰容湛輒陳諫其失嘗乘白馬上後見湛輒曰白馬生且復諫矣又杜林爲光祿勳內供奉宿衛外總三署周密謹慎選舉稱平郎有好學者輒見誘進朝夕滿堂士以此高而慕附又荀爽爲光祿勳視事三日冊拜司空

丞 漢二人多以博士議郎爲之後漢一人魏晉因之銅印黃綬梁陳視員外郎後魏北齊並有之隋有三人唐置二人

主簿 漢置晉宋齊梁陳並有之北齊曰功曹五官主簿隋二人唐因之

太官令丞 於周官爲膳夫庖人外饔中士下士蓋其任也秦爲太官令丞屬少府兩漢因之桓帝延熹元年使太官令得補二千石魏亦屬少府晉屬光祿勳宋齊屬侍中梁門下省領太官陳因之後魏分太官爲尚食中尚食知御膳隸門下省而太官掌百官之饌屬光祿卿北齊因之後周有典庖中士內膳中士隋如北齊唐因之各一人

珍羞令丞 於周官有籩人掌四籩之實後漢少府屬官有甘丞主膳具晉太官令有錫官果官自後無聞北齊餚藏令屬光祿寺後周有餚藏中士下士隋如北齊唐因之長安中改爲珍羞神龍初復舊開元初又改之有令丞各一人

良醞令丞 於周官有酒正中士下士掌酒之政令後漢湯官丞主酒及餅餌屬少府晉有酒丞一人齊食官局有酒吏梁曰酒庫丞北齊有清漳令丞主酒後周如古周之制隋曰良醞令丞各一人唐因之

掌醢令丞 於周官有醢人掌四豆之實自後無聞至齊諸公府有醪食典庫二人後周有掌醢中士下士隋曰掌醢令丞各一人唐因之

衛尉卿　丞　主簿　武庫署　武器署　守宮署　公車司馬　左右都候

衛尉卿 秦官有衛尉掌門衛屯兵漢因之漢舊儀曰衛尉寺在宮內胡廣云主宮闕之內衛士於周垣下爲區廬者若今之仗宿屋景帝初更名中大夫令後元年復爲衛尉又有長樂建章甘泉衛尉皆掌其宮其職略同而不常置後漢有衛尉卿一人職與漢同晉銀章青綬五時朝服武冠佩水蒼玉掌諸冶江左省衛尉宋孝武復置南齊掌宮城管鑰以警夜梁衛尉卿位視侍中職與漢同卿每月丞每旬行官徼糾察不法陳因之後魏亦有之北齊爲衛尉寺有卿及少卿各一人隋文帝開皇三年廢衛尉寺入太常及尚書省十二年復置掌軍器儀仗帳幕之事而以監門衛掌宮門屯兵唐因之龍朔二年改衛尉爲司衛咸甯初復舊光宅二年又改爲司衛神龍初復舊卿一人少卿一人領武庫武器守宮三署署各有令

丞 秦漢多以博士議郎爲之後漢一人魏晉並同宋孝武增置一人梁亦有之後魏北齊並有隋因之唐置二人

主簿 一人漢衞尉駕四馬主簿前車以乘晉有衞尉主簿二人宋齊梁陳因之北齊隋亦有二人唐因之

武庫令丞 於周官司甲司弓矢等下大夫司戈盾等中士下士蓋其任也兩漢曰武庫令屬執金吾後漢又有考工令丞屬太僕主造兵器成則付武庫令魏晉因之晉後屬衞尉宋齊武庫令丞屬尚書庫部梁陳屬衞尉卿北齊亦有後周如周官隋如北齊唐因之各一人掌藏天下之兵仗器械

武器令丞 隋行臺尚書省有武器監令唐永徽中始置各一人掌祭祀及朝會巡幸及公卿拜命輿具婚葬鹵簿之事

守宮令 漢有守宮令丞掌御紙筆墨及諸財用并封泥之事屬少府晉及北齊屬光祿勳北齊守宮令掌張設之事梁陳屬大匠卿隋屬衞尉寺唐置令一人掌諸鋪設帳幕氈褥牀薦几席之事

臣謹按唐廣德二年二月敕文京兆府諸司諸使幕士丁匠總八萬四千五百人數內宜月支二千九百四十四人仍令河東關內諸州府據戶口分配不得偏出京兆府餘八萬一千一百十四人並停

公車司馬令 秦屬衞尉漢因之掌殿司馬門夜徼宮中天下上章四方貢獻及闕下凡所徵詣公車者皆總領之後漢有丞一人丞選曉諱掌知非法尉主闕門兵禁戒非常晉江左以來直曰公車令宋以後屬侍中隋有公車署置令丞唐無

臣謹按漢張釋之爲公車令時景帝爲太子與梁王共車入朝不下司馬門釋之遂劾其不敬文帝免冠謝太后太后詔赦之然後得入

左右都候 後漢各一人主劍戟士徼循宮及天子有所收考屬衞尉後無

宗正卿 丞 主簿 崇元署 諸陵署 太廟署

宗正卿 周官小宗伯掌三族之別以辨其親疏秦置宗正掌親屬漢因之更以敘九族平帝元始四年更名宗伯五年又於郡國置宗師以糾皇室親疏世氏致教訓焉選有德義者爲之有免失職者宗師得因郵亭上書宗伯請以聞常以正月賜宗伯帛十疋王莽併宗伯於秩宗後漢曰宗正卿一人掌序錄王國嫡庶之次及諸皇室親屬遠近郡國歲因計上皇族名籍若有犯法當髡以上先上諸宗正宗正以聞乃報決胡廣曰宗正又歲一理諸王世譜差敘秩第兩漢皆以皇族爲之不以他族故楚元王子郢客劉辟彊劉德等迭爲此官又後漢劉軫梁孝王之裔皆宗正卒官遂世掌焉魏亦然晉兼以庶姓故山公啟事曰羊祜忠篤寬厚然不長理劇宗正卿缺不審可轉作否咸寧三年又置宗師以扶風王亮爲之使皇室戚屬奉率忠義所有施行必令詰之東晉省屬太常宋齊不置宗正梁天監七年復置之視列曹尚書主皇室外戚之屬以皇族爲之陳因之後魏有宗正少卿北齊亦然後周有宗師中大夫屬大冢宰隋如北齊之制唐龍朔二年改爲司宗咸亨元年復舊光宅元年改爲司屬神龍初復舊卿一人少卿二人掌皇族外戚簿籍及邑司名帳領崇元署及諸陵太廟開元二十五年制宗正等寺官屬皆以皇族爲之

丞 漢亦用皇族後漢一人歷代皆有之至隋有二人唐因之

主簿 梁置陳北齊隋皆有唐因之置一人

崇元署 令一人後魏天典二年置仙人博士掌煑煉百藥北齊置昭元等寺掌諸佛教有大統一人都維那三人兼置功曹主簿等員以管諸州縣沙門之法後周置司寂上士中士掌法門之政又置司元中士下士掌道門之政隋初置崇元署令丞至煬帝改郡縣佛寺爲道場置道場監一人改觀爲元壇監一人唐復置崇元署初又每寺觀各置監一人屬鴻臚貞觀中省開元中以崇元署隸宗正寺掌觀及道士女冠簿籍齋醮之事

諸陵 漢有諸陵園寢官屬太常元帝永光元年分諸陵邑屬三輔故史記曰司馬相如爲孝文園令後漢每陵園令各一人掌按行埽除丞及校長各一人校長主兵戎盜賊晉宋皆曰令而梁初則爲監後亦改爲令梁以下皆有之唐每陵令丞各一人初屬太常開元二十五年並屬宗正寺

臣謹按漢長陵令秩二千石爲高祖陵也故尊其秩

太廟令 漢有諸廟寢園令長丞宋志曰漢西京曰長東京曰令皆有太廟令宋太廟令領齋郎二十四人齊梁以下皆有舊屬太常唐開元二十五年二月勅宗廟所奉尊敬之極因以太常名署情所未安宜令禮官詳擇所宜奏聞至五月太常少卿韋縚奏曰謹詳經典兼尋令式宗廟亭薦皆主奉常別置署司事非稽古其太廟署請廢省本司專奉其事許之二十五年勅宗正設官實司屬籍而陵寢崇敬宗廟惟嚴割隸太常殊乖本系奉先之旨深所未委自今已後諸廟署並隸宗正寺也

臣謹按後魏有太常齋郎漢書曰田千秋爲高廟寢郎

太僕卿 丞 主簿 車府署 乘黃署 諸牧署 典廄署 典牧署

太僕卿 周官有太僕下大夫掌正王之服位出入王之大命如今太僕之職一云周穆王置太僕正以伯冏爲之掌輿馬秦因之在周官則校人掌馬巾車掌車及置太僕兼其事也漢初夏侯嬰常爲之高祖爲沛公時嬰爲太僕至文帝時猶居其職領五監六廄皆有令王莽改太僕爲太御後漢太僕與漢同亦掌車馬天子每出奏駕上鹵簿用大駕則執馭是時省約惟置一廄魏因之晉初有之銀章青綬五時朝服進賢兩梁冠佩水蒼玉領典牧乘黃驊騮龍馬等廄令自元帝過江之後或置或省太僕既省故驊騮廄爲門下之職晉宋以來不常置郊祀則權置太僕執轡事畢則省齊亦然梁太僕卿位視黃門侍郎統南牧左右牧龍廄內外廄陳因之後魏兼置少卿北齊太僕寺統驊騮左右龍廄左右駝牛羊司乘黃車府典牧牛羊等署卿及少卿各一人後周如古周隋如北齊煬帝加署少卿一人唐龍朔二年改太僕爲司馭咸亨初復舊光宅元年改爲司僕神龍初復舊卿一人掌馭五輅少卿本一員景雲元年加一員領乘黃典廄典牧車府等四署署各有令天下監牧置八使五十六監

臣謹按漢武帝承文景蓄積海內繁富廄馬有四十萬匹時匈奴數寇邊遣衞青霍去病發十萬騎并負私從馬凡十四萬匹窮追大破匈奴漢馬死者十餘萬匹匈奴雖病遠去而漢亦馬少無以復往又按後魏太武帝平統萬赫連昌定隴右羌沮渠等河西水草善乃以爲牧地六畜滋息馬三百餘萬匹駞駝將半之牛則無數孝文帝遷洛陽之後復以河陽爲牧場常置戎馬十萬匹以擬京師軍警之備每歲自河西徙牧於并州漸南欲其習水土無死傷也而河西之牧滋甚又按唐貞觀初僅有牧牝三千匹從赤岸澤徙之隴右十五年始令太僕卿張萬歲幹羣牧至麟德四十年間馬至七十萬六千匹置八使領六監初置四十八監跨蘭渭秦原四州之地猶爲隘陜更增八監布於河曲其時天下以一縑易一馬儀鳳三年少卿李思文檢校隴右諸牧監方稱使爾後或戎狄外侵牧圉乖散洎乎垂拱潛耗太半開元初牧馬二十四萬匹十三年加至四十五萬匹初有牛三萬五千頭是年亦五萬頭初有羊十一萬二千口是年亦二十萬六口盛於垂拱

丞 秦漢有兩人後漢一人魏晉因之東晉或省或置梁有丞陳因之後魏北齊丞一人隋三人唐因之掌判寺事凡補獸醫業優長者進以爲博士

主簿 梁置一人北齊亦一人隋二人唐因之

乘黃令 後漢太僕有未央廐令魏以爲乘黃廐乘黃古之神馬因以爲名晉以下因之宋屬太常銅印墨綬進賢一梁冠絳朝服歷代皆有悉掌乘輿唐令丞各一人掌乘輿車輅

典廐令 周官有牧人圉師趣馬掌十二閑之馬漢西京太僕有龍馬長東京有未央廐令掌乘輿及宮中之馬魏爲驊騮廐晉有驊騮龍馬二廐自宋以後分驊騮廐屬門下梁太僕有龍廐及內外等廐陳因之北齊有驊騮左右龍等署後周有左右廐各上士一人隋如北齊唐改龍廐爲典廐署令二人丞四人掌在廐繫飼馬牛及雜畜事

典牧監 周官牧師下士四人掌牧馬而頒之秦漢邊郡置六牧師令魏晉以下因之隋有典牧牛羊等監各置令丞唐有乘黃等四監令丞各四人掌外牧及造酥酪脯腊之事

車府令 秦以趙高爲之歷代皆有漢魏屬太僕宋齊以後屬尙書駕部北齊以下又屬太僕唐置令丞各一人掌王公以下車輅

諸牧監 漢太僕有牧師諸苑三十六所在北邊西邊以郎爲苑監官魏置牧官都尉晉因之自後無聞北齊有左右牝牡駝牛羊等署令後周曰典牝典牡上士中士又有典駝典羊典牛中士隋曰典牧署牛羊署令丞唐初因之分曰牧監置監副監丞主簿

大理卿 正 監 丞 主簿 獄丞 司直 評事

大理卿 舜攝帝位皋繇作士正五刑孔安國曰士理也成周則秋官之任也韓詩外傳曰晉文公使李離爲大理過聽殺人自拘於廷遂伏劍死君子曰忠與仁故後世爲之李官秦爲廷尉漢因之掌刑辟景帝以中元六年更名大理武帝建元四年復爲廷尉哀帝元壽二年復爲大理後漢廷尉卿凡郡國讞疑皆處當以報多以世家爲之而郭氏尤盛郭躬爲廷尉家世掌法務在寬平躬乃條諸重文可從輕者四十一事奏之事皆施行著于令建安中復爲大理黃初元年改爲廷尉鍾繇爲廷尉聽君父已歿臣子得爲理謗士及爲侯其妻不復改嫁毓所制也歷代皆爲廷尉梁國初建曰大理天監元年復改爲廷尉舊用黃門後視祕書監有正監平三人元會廷尉三官與建康三官皆法冠元衣朝服以臨東西中華門手執方木長三尺一寸謂之執方天監元年詔建康獄依廷尉三官置正監平革選士流視給事中以尙書郎出爲之冠服與廷尉三官同陳因之後魏亦曰廷尉北齊曰大理寺置卿少卿各一人後周有刑部中大夫掌五刑之法附萬民之罪屬大司寇隋初與北齊同至煬帝加置少卿二人唐龍朔二年改大理爲詳刑咸亨元年復舊光宅元年改爲司刑神龍元年復舊卿一人掌鞫獄定刑名決諸疑讞少卿二人正二人丞六人主簿二人錄事二人獄丞四人司直六人評事十二人

臣謹按隋文帝時議置六卿將除大理盧思道奏曰省有駕部寺留太僕省有刑部寺除大理斯則重畜產而賤刑名也

正 秦置廷尉正漢因之後漢一人魏謂正監平爲廷尉三官晉廷尉三官通視南臺持書舊尙書郎下遷梁制服獬豸冠介幘皁衣銅印墨綬歷代皆有隋開皇三年增爲四員煬帝增爲六員唐二人通判寺事龍朔二年改爲詳刑大夫咸亨初復舊

臣謹按魏司馬芝爲大理正有盜官練置都廁上者吏疑女工收以付獄芝曰贓物先得而後訊其辭若不勝掠或至誣服誣服之情不可以折獄且簡而易從大人之化也不失有罪庸世之理耳魏武從之

丞 自晉武咸寧中曹志上表請廷尉置丞宋齊梁並因之後魏亦然北齊曰大理丞一人隋初二人至煬帝改爲句檢官增爲十六人分判獄事唐又曰丞置六人

臣謹按唐杜正倫徐有功並爲司刑丞與來俊臣侯思止同制獄人稱之曰遇徐杜必生遇來侯必死

主簿 自魏晉宋齊梁陳皆有唐置二人

獄丞 晉有左右丞各一人宋齊因之梁陳置二人後魏北齊亦然隋有獄掾八人唐曰丞有四人

司直 後魏永安二年置司直十人御史中尉高穆所請也視五品隸廷尉位在正監上不署曹事唯覆理御史檢劾事北齊隋因之隋初置十人煬帝置十六人唐置六人掌承制出使推覆若寺有疑獄則參議之

評事 漢宣帝地節三年初於廷尉置左右平員四人宣帝詔曰今遣廷史與郡鞫獄任輕祿薄其爲置正平員四人其務平之涿郡太守鄭昌上言曰聖王立法明刑者非以爲治救衰亂之起也今明主躬垂明聽不置廷平獄將自正若開後嗣不若刪定律令律令壹定愚民知所避就姦吏無所弄法今不正其本而置廷平以理其末世衰聽息則廷平將搖權而爲亂首也後漢光武省右平唯有左平一人掌平決詔獄冠法冠魏晉以來無左右而直謂之廷尉評後魏北齊及隋廷尉評各一人開皇三年罷至煬帝乃置評事四十八人掌與司直同其後官廢唐貞觀二十二年褚遂良議重法官復奏置評事十員掌出使推覆後加二人爲十二員

監 秦置廷尉監漢有左右監邴吉爲廷尉監光武省右監唯有左監一人魏晉以來無左右而直云廷尉監隋開皇三年罷大理監

諸卿第七中

鴻臚卿 丞 主簿 典客署 司儀署

鴻臚卿 周官大行人掌大賓客之禮秦官有典客掌諸侯及歸義蠻夷史記曰韓信亾楚歸漢爲連敖徐廣注云連敖典客漢改爲鴻臚應劭曰郊廟行禮贊導九賓鴻聲也臚傳也所以傳聲贊導故曰鴻臚景帝二年令諸侯王薨列侯初封及之國大鴻臚奏謚誄策列侯薨及諸侯太傅初除之官大行奏謚誄策周禮有大行人小行人主謚官故以名之建中六年改大鴻臚爲大行令武帝太初元年更名大鴻臚又更名其屬官行人爲大行令其屬官又有郡邸長丞主諸郡之邸在京師者至後漢省但令郎治郡邸秦時又有典屬國官掌蠻夷降者漢因之成帝河平元年省之并大鴻臚後漢大鴻臚卿一人諸王入朝當郊迎典其禮儀及郡國上計餘職與漢同凡皇子拜王贊授印綬及拜諸侯侯嗣子及四方夷狄封者臺下鴻臚召拜之王薨則使使弔之及拜王嗣魏及晉初皆有之自東晉至于宋齊有事則權置兼官畢則省梁除大字但曰鴻臚卿位視尙書左丞常導護贊拜後魏曰大鴻臚北齊曰鴻臚寺有卿少卿各一人亦掌蕃客朝及吉凶弔祭後周司寇有蕃部中大夫掌諸侯朝覲之敘有賓部中大夫掌大賓客之儀隋文帝開皇三年廢鴻臚寺入太常十二年復置領典客司儀崇元三署至煬帝置少卿二人唐龍朔二年改鴻臚爲同文咸亨初復舊光宅初改爲司賓神龍初復舊卿一人掌賓客凶儀之事及冊諸蕃少卿本一員景雲二年加一員領典客司儀二署署各有令

丞 秦曰典客丞漢爲鴻臚丞魏晉亦然王敦爲鴻臚卿謂阮修曰卿常無食鴻臚丞差有祿能作否脩遂爲丞梁陳後魏北齊皆有之後周曰賓部上士隋如北齊唐因之有二人

主簿 一人

典客 周官有掌客上士中士秦官有典客漢改爲鴻臚鴻臚屬官有大行令丞本名行人武帝改爲大行令丞魏改大行令爲客館令晉改爲典客宋分置南北客館令齊梁陳皆有客館令丞後魏初曰典客監太和中置主客令北齊有典客署令後周置東南西北四掌客上士下士隋初又曰典客署置令丞煬帝改爲典蕃署唐爲典客署置令丞各一人掌二王後蕃客辭見宴接送迎及在國夷狄

司儀 周官有司儀上士中士漢大鴻臚有治禮郎自後無聞後魏置司儀官北齊置令丞後周置上士等員隋如北齊唐因之置令丞各一人掌凶事儀式及喪葬之事

司農卿 丞 主簿 導官署 溫泉湯監 幹官長 上林署 苑總監 諸屯監 籍田令 太倉署 諸倉監 騶粟都尉 典農中郎將等官 鉤盾署 司竹監 均輸令

司農卿 少皞氏以九鳩爲九農正舜攝帝位命棄爲后稷周則爲太府下大夫秦爲治粟內史掌穀貨

漢景帝更名大農令武帝太初初更名大司農掌九穀六畜之供膳羞者凡郡國諸倉農監都水六十五官皆屬焉王莽改曰羲和後更爲納言後漢大司農掌諸錢穀金帛郡國四時上月旦見錢穀簿其逋未畢各具別之邊郡諸官請調度者皆爲報給損多益寡取相給足初郡國鹽官鐵官並屬司農中興皆屬郡縣建安中爲大農魏黃初元年又改爲司農晉初因之渡江哀帝末省司農并都水孝武復置宋齊皆有之梁司農卿位視散騎常侍主農功倉廩陳因之後魏曰大司農北齊曰司農寺有卿少卿各一人掌倉市薪米園池果實後周有司農上士一人掌三農九穀稼穡之政令屬大司徒隋初與北齊同煬帝置少卿二人穎川太守趙元淑入朝會司農不時納諸郡租穀元淑奏之煬帝曰如卿意者幾時當了元淑曰不過十日即日拜元淑爲司農卿納天下租如言而畢唐龍朔二年改司農爲司稼咸亨初復舊卿一人少卿二人掌東耕供進耒耜及邦國倉儲之事領上林太倉鉤盾導官四署署各有令丞

丞　秦曰治粟內史丞有二人漢爲大司農丞二人或謂之中丞耿壽昌爲大司農中丞奏訖設常平倉給北邊省轉漕又桑弘羊爲大司農中丞管諸計會事平帝又置大司農部丞十三人人部一州勸農桑後漢司農丞一人部丞一人部丞主帑藏魏晉因之銅印黃綬宋齊以來墨綬進賢一梁冠介幘皁衣後魏北齊皆有司農丞隋置五人唐六人

主簿　晉太康中置自後無聞梁陳又有北齊亦然唐因之

上林署　漢水衡都尉之職後漢曰上林苑令丞主苑中禽獸魏晉因之江左無聞宋初復置隸尚書殿中曹齊因之梁陳屬司農北齊及隋亦然唐因之有令二人丞四人掌諸苑囿池沼種植蔬果藏冰之事

太倉署　周官有廩人下大夫上士秦官有太倉令丞漢因之屬大司農後漢令主受郡國轉漕穀其榮陽放倉官中興皆屬河南尹歷代並有之北齊亦然後周曰司倉下大夫隋有令二人丞六人唐有令三人丞二人掌倉廩出納

鉤盾署　漢鉤盾令宦者典諸近園苑遊觀之事屬少府後漢亦有之晉大鴻臚屬官有鉤盾令自後無聞北齊如晉制隋如北齊令三人丞十二人唐因之令二人丞四人掌薪炭鵝鴨藪澤之物天寶五載九月侍御史楊釗充木炭使自後相循或以京尹或以戶部侍郎爲之

導官署　導擇也周有舂人秦漢有令丞屬少府漢東京令丞主舂御米及作乾糒屬大司農歷代皆有唐置令二人丞四人掌舂碾米麵油燭之事

苑總監　自隋而置東西南北各有監及副監唐因之兼有丞主簿等官以掌苑內宮館園池之事

諸倉監　後漢河南尹屬官有桀陽敖倉官長丞梁司農有左中右三部倉丞陳因之隋諸倉各有監官唐因之掌倉廩出納

司竹監　漢有司竹長丞魏晉河南淇園竹各置官守之後魏有司竹都尉隋曰司竹監唐因之有監副監丞掌植養園竹之事

溫泉湯監令　唐置掌湯院宇修整器物以備供奉

諸屯監　隋置諸屯監及副監畿內者隸司農自外者隸諸州唐因之置監及丞掌營種屯田功課畜產等事

騪粟都尉　騪音搜索也漢武帝軍官不常置又有治粟都尉以桑弘羊爲之

均輸令　漢有之後漢省

幹官長　漢有之如淳曰幹音管主均輸之事所謂幹鹽鐵而推酒酤也晉灼曰此竹箭之官長均輸自有令顏師古曰如說近是初屬少府中屬主爵後屬大司農

籍田令　掌耕國廟社稷之田於周爲甸師漢文帝初立籍田置令漢東京及魏並不置晉武泰始十年復置江左省宋文帝元嘉中又置

典農中郎將

典農都尉

典農校尉　並曹公置晉武帝泰始二年罷農官爲郡縣後復有之隋煬帝罷典農官

勸農謁者　梁武天監九年置之視殿中御史自騪粟以下盡屬司農令並無

太府卿　丞　主簿　諸市署　平準署　左右藏署　常平署

太府卿　周官有太府下大夫掌貢賦之貳受其貨賄之入頒其貨賄于受藏之府歷代不置然其職在司農少府至梁天監七年置太府卿位視宗正掌金帛府帑及關津市肆陳因之後魏太和中改少府爲太府卿兼有少卿掌財物庫藏北齊曰太府寺亦有卿少卿各一人又兼掌造器物後周有太府中大夫掌貢賦貨賄以供國用屬大冢宰隋初與北齊同所掌左右藏及尚方司染甄官等署煬帝置少卿二人又分太府寺置少府監管尚方織染等而太府但管京都市及平準左右藏等唐龍朔二年改太府爲外府咸亨元年復舊光宅元年改爲司府神龍元年復舊卿二人少卿二人領兩京諸市平準左右藏常平等九署署各有令丞

丞　周官爲太府上士之任自後無聞梁太府丞一人陳因之後魏北齊各一人後周曰太府上士隋又曰府丞唐因之有四人

主簿　周官大府下士之任自後無聞梁置一人陳因之後魏亦然隋置四人唐因之減一人

諸市署　周官有司市下大夫漢京兆尹屬官有長安市長丞後漢則河南尹屬官有雒陽市長丞魏晉因之東晉則丹陽尹管之宋齊因之梁始隸太府陳因之後魏有京邑市令北齊則司州牧領東西市令丞後周司市下大夫隋初京市令丞屬司農煬帝改隸太府唐因之每市令一人丞二人

平準署　周官有賈人中士下士主平定物價秦置平準令漢因之掌知物價及主練染作彩色趙廣漢州舉茂才爲平準令後漢平準令丞隸大司農襄平四年改平準爲中準使宦者爲之列於內署自是諸署悉以閹人爲令丞魏少府屬官有平準令宋唯掌染順帝即位以帝諱準故曰染署齊又曰平準屬少府梁陳則曰平水令丞北齊平準屬司農後周曰平準中士下士隋初如北齊煬帝改隸太府唐因之令二人丞四人掌官市易

左右藏署　周官有職幣上士中士主貢幣之入又外府中士主泉藏之任外者掌邦布之出入以供百官而待邦用蓋今左藏之職也至秦漢則分在司農少府後漢少府屬官有中藏府令丞魏因之晉有左右藏令屬少府晉江東置御史掌庫曹後分庫曹曰外左庫內左庫至宋省外左庫而內左庫直曰左庫齊梁陳曰右藏北齊曰左右藏令屬太府寺後周曰外府上士中士隋如北齊唐因之置左藏令三人掌庫藏錢物布帛雜綵右藏令二人掌銅鐵毛角玩弄之物金玉珠寶香畫綵色諸方貢獻雜物

常平署　漢宣帝時耿壽昌請於邊郡皆築倉穀賤時增價而糴貴時減價而糶名曰常平倉常平之名起於此也後漢明帝置常滿倉晉又曰常平倉自後無聞梁亦曰常平倉而不糴糶陳因之後魏太和中雖不名曰常平亦各令官司糴貯儉則出糶隋因常平唐武德中置常平監官以均天下之價市肆騰踊則減價而出留積豐羨則增糴以收餘類長之常平令一人掌倉糧管鑰出納糶糴凡天下倉廩和糴者爲常平倉正租爲正倉他子爲義倉

臣謹按唐天寶八載通計天下倉糧屯收并和糴等見數凡一億九千六百六萬三千二百二十石

祕書監　丞　祕書郎　校書郎　正字　著作郎　太史令　丞

祕書監　周官太史掌建邦之六典又有外史掌四方之志三皇五帝之書漢氏圖籍所在有石渠石室延閣廣內貯之於外府又有御史中丞居殿中掌蘭臺祕書及麒麟天祿二閣藏之於內禁後漢圖書在東觀延熹二年始置祕書監一人掌典圖書古今文字考合同異屬太常以其掌圖書祕記故曰祕書後省魏武帝又置祕書令典尚書奏事郎中書令之任也文帝黃初初乃置中書令典尚書奏事而祕書改令爲監掌藝文圖籍之事初屬少府自王肅爲監乃不屬焉其蘭臺亦藏書籍而御史掌之魏薛夏云蘭臺爲外臺祕書爲內閣晉武帝以祕書并入中書省其祕書著作之局不廢惠帝永平中復別置祕書監并統著作局掌三閣圖書自是祕書之府始居於外其監銅印墨綬進賢兩梁冠絳朝服佩水蒼玉宋與晉同梁曰祕書省陳因之後魏亦有之後周祕書監亦領著作監掌國史隋祕書省領著作太史二曹煬帝增置少監一人後又改監少監並

爲令唐武德初復改爲監龍朔二年改祕書省爲蘭臺改監爲太史少監爲侍郎咸亨初復舊天授初改祕書省爲麟閣神龍初復舊掌經籍圖書監國史領著作太史二局太極元年增祕書少監爲二員通判省事其後國史太史分爲別曹而祕書省但主書寫校勘而已雖非要劇然好學君子亦求爲之

臣謹按漢初御史中丞掌蘭臺祕書圖籍之事至魏晉其制猶存故歷代營都邑置府寺必以祕書省及御史臺爲鄰

丞 魏武帝置祕書令及丞一人典尚書奏事後文帝黃初中欲以何禎爲祕書丞而祕書先自有丞乃以禎爲祕書右丞其後遂有左右二丞劉放爲左丞孫資爲右丞後省晉復置祕書丞銅印墨綬進賢一梁冠絳朝服嵇紹司馬彪傅暢王讜等並爲此官宋爲黃綬餘與晉同齊梁允重齊王儉爲祕書丞上表求校墳籍依七畧撰七志四十卷先獻之梁劉孝綽除祕書丞武帝曰第一官當與第一人又張率吳郡人遷祕書丞武帝曰祕書丞天下淸官東南胄緒未有爲者今以相處爲卿定名稱也陳隋印綬與齊同歷代皆有後周柳蚪爲祕書丞時祕書雖領著作不參史事因蚪爲丞始令監掌焉唐龍朔二年改爲蘭臺大夫咸亨初復舊掌府事檢稽省署抄目

祕書郎 後漢馬融爲祕書郎詣東觀典校書及魏武建國又置祕書郎嘗以劉邵爲之出乘鹿車王肅表曰臣以爲祕書職於三臺爲近密中書郎在尚書丞郎上祕書丞郎宜次尚書郎下不然則宜次侍御史下祕書丞郎俱四百石遷宜比尚書郎出亦宜爲郡此陛下崇備衛之盛也尚書郎侍御史皆乘犢車而祕書丞郎獨乘鹿車不得朝服又恐非陛下轉臺郎爲祕書丞郎之本意也晉祕書郎掌中外三閣經書校閱脫誤進賢一梁冠絳朝服亦謂之郎中武帝分祕書圖籍列爲甲乙丙丁四部使祕書郎中四人各掌其一左太沖爲三都賦自以所見不博求爲祕書郎中鄭默爲祕書郎删省舊文除其浮穢中書令虞松曰而今而後朱紫別矣宋齊祕書郎皆四員尤爲美職皆爲甲族起家之選待次入補其居職例十日便遷宋王敬弘子恢之召爲祕書郎敬弘求爲奉朝請與恢之書曰祕書日有限故有競朝請無限故無競吾欲使汝處無競之地文帝許之梁張纘爲祕書郎固求不還欲偏觀閣內圖籍自齊梁之末多以貴游子弟爲之無其才實當時諺曰上車不落則著作體中何如則祕書歷代皆有北齊又謂之郎中隋除中字亦四員唐亦四員分掌四部經籍圖書分判校寫功程事龍朔中改爲蘭臺郎咸亨初復舊開元二十八年減一員

祕書校書郎 漢之蘭臺及後漢東觀皆藏書之室亦著述之所文學之士使讎校於其中故有校書之職初漢成帝時已命光祿大夫劉向於天祿閣校經傳諸子詩賦步兵校尉任宏校兵書太史令尹咸校數術太醫監李柱國校方伎後於蘭臺置令史十八人秩百石屬御史中丞又選他官入東觀皆令典校祕書或撰述傳記後漢明帝以班固爲蘭臺令史撰光武本紀及諸傳記又曰傅毅爲蘭臺令史與班固賈逵共典校書蓋有校書之任而未爲官也故以郎居其任則謂之校書郎楊終賈逵皆以郎爲之以郎中居其任則謂之校書郎中蔡邕馬融皆以郎中爲之當時重其職故學者稱東觀爲老氏藏室道家蓬萊山焉晉宋以下無聞至後魏祕書省始置校書郎北齊亦有校書郎後周有校書郎下士十二人屬春官之外史隋校書郎十二人煬帝初減二人尋更增爲四十人唐置八人掌讎校典籍爲文士起家之良選其弘文崇文館著作司經局並有校書之官皆爲美職而祕書省爲最

祕書正字 後漢桓帝初置祕書監掌圖書古今文字考合同異歷代無聞齊集書省有正書蓋正字之任也北齊祕書省有正字隋置四人唐因之掌刊正文字其官資輕重與校書郎同貞元八年割校書四員正字兩員屬集賢殿

著作郎 漢東京圖書悉在東觀故使名儒碩學入直東觀撰述國史謂之著作東觀皆以他官領焉蓋有著作之任而未爲官員也蘭臺令史班固傅毅洛陽令陳崇長陵令尹敏司隸校尉孟冀及楊彪等並著作東觀魏明帝太和中始置著作郎隸中書省專掌國史時衛覬以侍中尙書典著作晉元康二年詔曰著作舊屬中書令祕書既典文籍宜改中書著作爲祕書著作於是改隸祕書後別自置省謂之著作省而猶隸祕書著作郎一人謂之大著作專掌史任李充爲大著作于時典籍混亂充刪除煩重分作四部祕閣以爲永制又荀勖以中書監孫盛以祕書監並領著作孫綽以散騎常侍及陳壽並爲大著作進賢兩梁冠介幘絳朝服王隱待詔著作單衣介幘月朔詔於著作省宋齊與晉同梁制一梁冠而無印綬此並大著作也魏氏又置佐著作郎亦屬中書晉佐著作郎八人進賢一梁冠絳朝服祕書監自調補之鄴湛謂祕書監和嶠曰閣纂司佐著作嶠曰此職閑重勢貴多爭不服求才按此則大著作亦監自調晉制佐著作郎始到職必撰名臣傳一人宋初以國朝始建未有合撰者其制遂廢矣宋齊以來遂遷佐於下謂之著作佐郎亦掌國史集注起居梁初周捨裴子野皆以他官領其職冠制與大著作同陳氏爲令僕子起家之選後魏有著作郎佐郎北齊著作郎佐郎各二人後周有著作上士二人中士四人掌綴國錄屬春官之外史隋以祕書省爲著作曹著作郎二人佐郎八人煬帝加佐郎爲十二人唐爲著作局置著作郎二人佐郎四人開元二十六年減佐郎二員亦屬祕書省自宋已後國史悉屬祕書龍朔二年改著作郎爲司文郎中佐郎爲司文郎咸亨初復舊初著作郎掌修國史及製碑頌之屬分判局事佐郎貳之徒有撰史之名而實無其任其任盡在史館矣其屬官有校書郎二人後魏著作省置校書郎北齊著作亦置校書郎二人隋亦司掌校讎書籍若本局無書兼校本省典籍正字二人唐減一人掌同校書

太史局令 昔少皞氏以鳥名官其鳳鳥氏爲歷正至顓帝氏命南正重以司天北正黎以司地唐虞之際羲氏和氏紹重黎之後世序天地夏有太史終古者當桀之暴知其將亡乃執其圖法而奔于商商太史高摯見紂之亂載其圖法出奔于周周官太史掌建邦之六典正歲年以序事頒告朔于邦國魯昭公二年晉韓宣子聘魯觀書于太史氏見易象與魯春秋曰周禮盡在魯矣又有馮相氏視天文之次保章氏掌天文之變當周宣王時太史官失其守而爲司馬氏司馬氏世典周史惠襄之間有子頹叔帶之亂故司馬氏適晉晉中軍隨會奔秦而司馬氏入梁秦爲太史令胡母敬之漢武置太史以司馬談爲之位在丞相上天下計書先上太史副上丞相談卒其子遷嗣之遷死後宣帝以其官爲令行太史文書而已後漢太史令掌天時星曆凡歲將終奏新年曆凡國祭祀喪娶之事掌奏良日及時節禁忌國有瑞應災異則掌記之秦漢以來太史之任蓋併周之太史馮相保章三職自漢晉宋齊並爲太常銅印墨綬進賢一梁冠絳朝服江左高馨以侍郎陳卓以義熙守吳道欣以賢中侍御史皆兼領太史梁陳述同晉氏後魏北齊並如晉宋後周之制春官府置太史中大夫一人掌曆家之法隋曰太史曹令丞各置二人而屬祕書省煬帝又改曹爲監有令唐初改監爲局置令龍朔二年又改太史局爲祕書閣改令爲郎中丞爲祕書閣郎咸亨初復舊初屬祕書省久視元年改爲渾天監不隸麟臺改令爲監置一人其年又改爲渾儀監長安二年復爲太史局又隸麟臺其監復爲太史局令置二人景龍二年復改局爲監而令名不易不隸祕書開元二年復改令爲監改一員爲少監十四年復爲太史局置令二人復隸祕書後又改局爲監乾元元年又改其局爲司天臺掌天文歷數風雲氣色有異則密封以奏其小吏有司歷保章正靈臺郎挈壺正等官各有差

丞 二人司馬彪續漢志云太史有丞一人魏以下歷代皆同隋置二人煬帝減一人唐初不置丞久視初改爲渾儀監始置丞二人煬帝減一人長安二年又省景龍二年復置凡天下測影之處分至表準其詳可載故參考星度稽驗晷影各有典常

臣謹按唐開元中測影使者大相元太云交州望極纔出地三十餘度以八月自海中南望老人星殊高老人星下衆星粲然其明大者甚眾圖所不載莫辨其名大率云南極二十度以上其星皆見乃自古渾天家以爲常沒地中伏而不見之所也

殿中監 丞　尙輦　尙食　尙藥　尙衣　尙舍　尙乘

殿中監 魏始置焉晉宋並同齊有內殿中監外殿中監各八人梁陳因之其資品極下後魏亦有殿中監北齊有殿中局置監四人屬門下省掌駕前奉引隋改爲殿內局置監二人大業三年分門下太僕二司取殿內監名以爲殿內省有少監監丞各一人掌諸供奉領尙食尙藥尙衣尙舍尙乘尙輦等六局每局各置奉

御二人以總之貳直長以貳之屬門下省唐改爲殿中省加置少監二人丞亦二人其官局職任一如隋制爲一司不屬門下龍朔二年改殿中省爲中御府改監爲中御大監少監改丞爲中御大夫咸亨初復舊

臣謹按漢儀注曰省中有五尚卽尚食尚冠尚衣尚帳尚席或云秦置六尚謂尚冠尚衣尚席尚沐尚食尚書若今殿中之任也

丞 隋置一人唐加一人

尚食局奉御 始秦置六尚有尚食焉如淳曰掌天子之物曰尚後漢以後并其職於太官湯官北齊門下省又有尚食局置典御二人後周有內膳上士中士凡進食先嘗之隋分屬殿內改典御爲奉御有二人唐因之龍朔二年改爲奉膳大夫咸亨初復舊直長隋置六人唐因之減置五人

尚藥局奉御 自梁陳以後皆太醫兼其職北齊門下省有典御二人隋如北齊之制後改爲奉御而屬殿內唐因之龍朔二年改爲奉醫大夫咸亨初復舊直長隋置四人唐因之

尚衣局奉御 周官有司服中士掌王之服辯其名物戰國有尚衣尚冠之職秦漢有御府令丞掌供御服而屬少府後漢又掌宦者典官婢作中衣服魏因之晉屬光祿勳江東省宋大明中改尚方曰左右御府各置令丞一人後廢帝初省御府置中署隸右尚方其後又置初宋氏用三品勳位明帝改用二品准南臺御史掌金銀絲帛凡諸造作以供奉及妃主六宮梁陳其職隸在尚方後魏有掌服郎北齊門下省統主衣局都統子統各二人後周有司服上士二人中士二人隋分屬殿內省其後又改爲尚衣局置奉御二人唐因之龍朔三年改爲奉冕大夫咸亨元年復舊直長隋置八人唐因之減二人

尚舍局奉御 周禮有掌舍掌行所解止之處帷幕幄帟之事漢少府屬官有守宮令丞掌宮殿陳設魏殿中監掌帳設監護之事晉宋以下其職並在殿中監隋煬帝置殿中監改殿內局爲尚舍局置奉御二人唐因之龍朔二年改爲奉扆大夫咸亨元年復舊直長隋置八人唐因之而減二人

尚乘局奉御 自秦漢以來其職皆在太僕北齊太僕驊騮署有奉乘十人管十二閑馬隋煬帝取之置尚乘局奉御二人唐因之增置奉御四人龍朔二年改爲奉駕大夫咸亨元年復舊尚乘奉御掌六閑馬一日飛黃閑二日吉良閑三日龍媒閑四曰騊駼閑五日駃騠閑六日天苑閑開元中減二人先是別置廏使因隸焉猶屬殿中直長隋置十四人唐減四人

尚輦局奉御 周官小司徒中大夫掌六畜車輦又宗伯巾車下大夫掌王后之五輅輦車組輓有婁羽蓋漢魏晉並太僕屬官車府令掌之東晉省太僕遂隸尚書駕部宋齊梁陳車府乘黃令丞掌之後魏北齊則乘黃車府令兼掌之後周則司車輅主之隋又乘黃車府令丞掌之煬帝置殿內省尚輦局奉御二人唐因之龍朔二年改爲奉輦大夫咸亨元年復舊直長四人隋置唐因之

臣謹按古謂人牽爲輦春秋宋萬以乘車輦其母秦始皇乃去其輪而輿之漢代遂爲人君之乘後漢有六輦魏晉小出則乘之及過江而亡孝武太元年中謝安率意而作及破苻堅得之形制無差大小如一時人嗟其默識宋武破慕容超獲金鉦輦古之輦輿大率以六尺爲度齊武帝造大小二輦輿雕飾甚工下榻輬輓悉金花銀獸梁大輦中方八尺左右開四望金鸞棲軛隋有六輦大禮皆乘之

諸卿第七下

內侍省 內侍 內常侍 內給事 內謁者監 內寺伯 掖庭局 宮闈局 奚官局 內僕局 內府局

內侍 天文有宦者四星在帝座之西周官有內小臣閽人寺人詩有巷伯寺人春秋皆謂之寺人戰國時趙有宦者令繆賢秦少府屬官有中書謁者令丞又有將作衛尉少府各一人並皇后卿也又云詹事掌皇后太子家屬官有中長秋私府宦官皆屬焉漢景帝中元六年改將作爲大長秋或用中人或用士人成帝加置太僕一人掌太后輿馬通謂之皇太后卿皆隨太后宮爲官號在正卿上無太后則闕又有長信詹事掌皇太后宮景帝六年更名長信少府平帝元年更名長樂少府帝祖母稱長信宮帝母稱長樂宮故有長信少府長樂少府職如長秋位在長秋上及職吏皆宦者也後漢常職掌奉中宮命凡給賜族親及當謁見者關通之中宮出則從屬官有丞中宮僕謁者私府署令初秦又置中常侍官參用士人皆銀璫左貂給事殿省漢制置侍中中常侍各一人省尚書事黃門侍郎一人傳發書奏皆用姓族後漢中常侍贊導內事顧問應對永平中始定員數中常侍四人漢舊儀曰秩千石得出入臥內畢法禁中小黃門十人自明帝以後員數稍增改以金璫右貂兼領卿署之職自和熹太后以女主稱制不接公卿乃以閹人爲常侍小黃門通命兩宮自此已來悉用閹人不調他士自安迄桓權任尤重手握王爵口含天憲桓帝既與宦官謀誅梁冀乃封宦者五人同日爲侯皆食邑故世號五侯焉及袁紹大誅宦者之後永巷掖庭復用士人闈闥出入莫有禁切侍中侍郎門部嬖宰中外雜錯醜聲彰聞魏改漢制三卿在九卿下晉復舊在同號卿上有后則置無后則闕齊鬱林王立文安太后卽尊號以宮名置宣德衛尉少府太僕梁有弘訓太后亦置屬官陳亦有太后三卿後魏大長秋掌顧問應對自文明馮后閹官用事大者令僕小者卿守時有宦者趙黑爲選曹尚書北齊有中侍中省置中侍中二人中常侍四人掌出入門闕又有長秋寺置卿中尹各一人掌諸宮閣領掖庭等令並用宦者後周有司內上士小司內中士巷伯中士等官隋曰內侍省領內侍內常侍等官內侍卽舊長秋也內常侍卽舊中常侍也煬帝改內侍省爲長秋監令一人少一人丞二人並用士人餘用宦者領掖庭宮闈奚官三署亦參用士人唐武德初改爲內侍省皆用宦者龍朔三年改爲內侍監咸亨元年復舊光宅元年改爲司宮臺神龍元年復舊有內侍四人掌知宮內供奉中宮雋出夾引總判省事舊二人開元中加二人七年三月勅內侍五品以上許養一子仍以同姓者初養日不得過十歲

內常侍 六人通判局事屬官有內給事八人內謁者監六人內寺伯二人寺人六人領掖庭宮闈奚官內僕內府等五局

臣謹按後漢和帝幼沖竇憲以外家專政鉤盾令鄭衆等專謀禁中收憲印綬竭忠盡瘁一心王室每策勳班賞辭多受少由是常與議事中官用權自衆始也又按唐神龍元年以後始以中使出監諸軍兵馬寶應元年五月勅諸道州所承上命須憑正勅可施行不得便信中使宣勅卽遵行

內給事 周禮內小臣之職掌王后之命后[illegible]漢少府有給事黃門常侍左右止[illegible]中外及中宮已下衆事自魏晉至于梁陳[illegible]有中給事中後改爲中給事北齊中侍中[illegible]中四人煬帝改爲內承直唐復爲內給事置八人

內謁者 後漢大長秋屬官有中宮謁者三[illegible]後魏北齊有中謁者僕射隋內侍[illegible]監六人內謁者十二人唐因之

內寺伯 周禮寺人掌王之內人及女宮之[illegible]令隋內侍省有內寺伯二人唐因[illegible]

掖庭局 令秦置永巷漢武更名掖庭置令[illegible]公桑養蠶及女工等事後漢掖庭[illegible]人采女又有永巷令典官婢皆宦者並屬少府唐置二人

宮闈局 令二人隋置令掌宮內門閤之禁[illegible]納神主并內給使名帳糧廩事唐[illegible]

奚官局 令二人周禮酒人漿人邊人醯人[illegible]人女祝司服守祧並閹宦所職皆[illegible]奚官女也齊梁陳隋有奚官令掌宮人疾病醫藥罪罰喪葬等事唐置二人

內僕局 令二人後漢有中宮僕令掌車輿雜畜及導等事唐置二人

內府局 令二人漢少府屬官有內者局令[illegible]爲內府置令二人掌內庫出納帳設澡沐之事

少府監　丞　主簿　中尙　左尙　右尙　織染　掌冶等五署　暴室等三丞

少府監　少府秦官漢因之是爲九卿掌山海池澤之稅以給供養應劭曰山澤之稅名曰禁錢以給私養故稱少府顏師古曰大司農供軍國之用少府以養天子也天子曰少府諸侯曰私府後漢少府卿一人掌中服御之諸物衣服寶貨珍膳之屬朝賀則給璧凡中書謁者尙書令僕侍中常侍黃門御史中丞以下皆屬焉晉制銀章靑綬五時朝服進賢兩梁冠絳朝服佩水蒼玉哀帝末省并丹陽尹孝武復置宋少府領左右尙方御府東冶南冶平準等令丞齊又加領左右銀鍜署梁少府爲夏卿位視尙書左右丞陳因之後魏少府謂之六卿蓋以少府宗正太僕廷尉司農鴻臚爲六卿至孝文太和中易制官品遂改少府爲太府北齊無少府其尙方等署皆隸太府至隋煬帝大業五年又分太府爲少府監置監及少監領尙方織染等署後又改監少監並爲令唐武德初置軍器監廢少府監貞觀元年五月分太府中尙方織染坊掌冶坊置少府監龍朔二年改爲內府監咸亨元年復舊光宅元年改爲尙方監神龍元年復舊監一人總判少監二人通判領中尙右尙左尙織染掌冶等五署開元十年五月於北都置軍器監至二十六年五月又廢

臣謹按後漢東平王蒼爲驃騎正月朔朝蒼當入賀故事少府給璧時陰就爲少府貴傲不奉法將盡而求璧不得蒼掾朱暉遙見少府主簿持璧乃往紿曰試請觀之既得而馳奉之就復以他璧朝

丞　漢有六人後漢省五而有一丞歷代皆一人山公啟事曰中郎衛昱往爲少府丞甚有損益唐置四人

主簿　晉置二人歷代一人唐有二人

中尙署　周官爲玉府秦置尙方令漢因之後漢掌上手工作御刀劍玩好器物及寶玉作器官者蔡倫爲尙方令監作祕劍及諸器械莫不精工堅密爲後代法兩漢又有考工令主作兵器其職稍同按考工令作兵器兵器成則付執金吾入武庫及主織綬諸雜工初屬少府中屬主爵光武時屬太僕漢末分尙方爲中左右三尙方魏晉因之自過江唯置一尙方哀帝以隸丹陽尹宋武帝踐阼以相府作部配臺謂之左尙方而本署謂之右尙方並掌造軍器令丞各一人隸門下孝武大明中改右尙方曰御府御府二漢已有之典官婢作褻衣服補浣之事魏晉猶置其職江左乃省焉後廢帝初省御府置中署隸右尙方則漢之考工令如宋之尙方令尙方令如宋中署矣齊左右尙方令各一人梁有中左右尙方北齊亦三尙方隸太府隋煬帝分隸少府唐省方字有中左右三尙署令丞各一人中尙署供內營造雜作左尙掌車輦織扇膠漆畫鏤等作右尙掌皮毛膠墨雜作席薦等事開元以後別置中尙使以監

織染署　令一人周禮天官典絲掌綬文織絲組爲染人掌染絲帛秦置平準令韋昭釋名曰平準令主染色染有常平之法故準而則之漢因之及主物價織染初少府屬官有東織西織成帝省東織更名西織爲織室北齊中尙方領涇州雍州絲局定州細綾局丞後周有司織下大夫隋有司織司染二署煬帝合織染爲一令掌織紝組綬錦綾冠幘并染色等唐因之有令丞

掌冶署　秦漢郡國有鐵官諸郡國出鐵者則置鐵官長丞晉冶令掌工徒鼓鑄隸衛尉東晉省衛尉始隸少府宋有東冶南冶各置令丞而屬少府齊因之江南諸郡縣有鐵者或置冶令或置冶丞多是吳所置梁陳有東西冶北齊諸冶屬太府後周有冶工鐵工中士隋有掌冶令丞唐於京師置冶署有令丞各一人掌造鑄金銀銅鐵塗飾琉璃玉作等事

暴室丞　後漢暴室丞宦者也主中婦人疾病者就此室治之其皇后貴人有罪亦就此室屬少府其後無之

海丞　漢平帝置少府海丞一人掌海稅後無

果丞　與海丞同置掌諸果實後無

將作監　丞　主簿　左右校　左校　右校　甄官　中校　東園主章令

將作監　少皞氏以五雉爲五工正以利器用唐虞共工周官之冬官蓋其職也秦有將作大匠後漢少府掌治宮室漢景帝中元六年更名將作大匠後漢位次河南尹中元二年省以謁者領之章帝建初元年復置初以任隗爲之掌修作宗廟路寢宮室陵園木土之功并植桐梓之類列于道側李固還大匠常推賢貢士孔融以將作大匠還少府魏晉因之江左至宋齊皆有事則置無事則省梁改爲大匠卿陳因之後魏亦有之北齊有將作寺其官曰大匠有功曹主簿長史司馬等官爵後周有匠師中大夫掌城郭宮室之制及諸器物度量又有司木中大夫掌木工之政令隋與北齊同至開皇二十年改寺爲監大匠爲大監初加置副監煬帝改大監少監爲大匠少匠十三年又改爲大令少令唐復皆爲匠龍朔二年改將作爲繕工監咸亨元年復舊光宅元年改爲營繕監神龍元年復舊大匠一人總判少匠二人通判天寶中改大匠爲大監少匠爲少監領左校右校甄官中校四署

丞　漢有二人後漢一人魏晉因之東晉以後有事則置無事則省梁又置一人陳因之後魏有之北齊四人後周日匠師中士隋二人唐四人

主簿　晉置自後與丞同隋二人唐因之

左右校署　秦及漢初有左右前後中五校令後唯置左右校令後漢因之掌左右工徒度尙自右校令擢拜荊州刺史魏併左校右校於材官晉左右校屬少府宋以後並有左校令丞北齊亦有之隋左右校令丞屬將作唐因之

左校署　令丞二人掌營繕木作採材等事

右校署　令丞二人掌營土作瓦泥並燒石灰廁溷等事

甄官署　令丞二人後漢有前後中甄官令屬將作晉有甄官署掌塼瓦之事宋齊北齊隋悉有之唐因之掌營塼石瓷瓦

中校署　秦漢有之後無唐置令丞各一人掌舟車雜兵仗廐牧

東園主章令　漢有之武帝更名木工如淳曰章謂木材也後世無此官

國子監　祭酒　司業　丞　主簿　國子　太學　廣文　四門　律學　書學　算學　博士助教等

國子祭酒　孫卿在齊爲三老稱祭酒胡廣曰凡官名祭酒皆一位之元長古者賓得主人饌則老者一人舉酒以祭地故以祭酒爲稱漢之侍中魏之散騎常侍功高者並爲祭酒用其義也公府有祭酒亦因其名漢吳王濞年老不朝爲劉氏祭酒則祭酒之名久矣王莽以安車駟馬迎夏侯勝爲講學祭酒勝推而不受又漢置博士至東京凡十四人而聰明有威重者一人爲祭酒謂之博士祭酒蓋本曰僕射中興轉爲祭酒魏因之晉武帝咸寧四年初立國子學置國子祭酒一人永嘉中置儒林祭酒以杜夷爲之國子者周之舊名周官有師氏之職即國子祭酒也晉介幘皁朝服進賢兩梁冠佩水蒼玉舊禮侍中列曹尙書劉毅嵇紹並爲此官又袁瓌爲國子祭酒時屢經喪亂禮教陵遲瓌上疏求立學徒故國學之興自瓌始也又裴顗爲祭酒奏立太學起講堂築門刻石寫五經焉宋不置學則助教唯置一人而祭酒博士不常置也明帝太始六年以國學廢初置總明觀祭酒一人有元儒文史四科科置學士各十人齊高帝建元四年有司奏置國學祭酒准諸曹尙書博士准中書郎助教准南臺御史選經學爲先若其人難備給事中以選明經者以本位領其後國諱廢學永明三年立學尙書令王儉領祭酒學既建乃省總明觀八年國子博士何允單爲祭酒疑所服陸澄等皆不能據遂以元服臨試月餘日博議定乃服朱衣齊梁號爲國師梁王承爲國子祭酒承祖儉父暕並居此職三代爲國師前代未有時以爲榮陳音簡陳因之後魏亦曰國子祭酒其初定中原先立太學置五經博士北齊國子寺有祭酒一人隋開皇十三年國子寺罷隸太常凡國學諸官自漢以下並屬太常至隋始革之又改寺爲學仁壽元年罷國子學唯立太學一所省國子祭酒博士置太學博士總知學事煬帝即位改國子學爲國子監依舊置祭酒唐因之龍朔元年東都亦置龍朔二年改爲司成館又改祭酒爲大司成咸亨初復舊光宅元年改國子監爲成均監神龍元年復舊領國子學學生三百人太學學生五百人四門學學生五百人俊士八百人律學生五十人書學學生三十人算學學生三十人置祭酒一人掌監學之政皇太子受業則執經講說皆以儒學重者爲之天寶九載置廣文館領學生爲進士業者置博士助教各一人品秩與太學同

臣謹按漢昭帝增博士弟子員滿百人宣帝末增倍之元帝時詔能通一經者皆復數年郡國置五經百石卒史成帝末增弟子員三千人平帝時王莽增元士之子得受業如弟子以爲員歲課甲科四十人爲郎中乙二十人爲太子舍人丙四十人補文學掌故後漢安帝薄於藝文博士倚席不講學舍頹弊鞠爲園蔬牧兒蕘叟至於薪刈順帝感翟酺之言乃更修黌宇凡所構二百四十房千八百五十室增甲乙之科員各十人除郡國耆儒皆補郎舍人又按唐神龍之後六學生徒二千二百一十人每學各置博士以總學事及有助教等員天寶九載又於國子監置廣文館領學生爲進士業者置博士助教各一人品秩與太學同

國子司業 隋煬帝大業三年於國子監初置司業一人禮曰樂正司業父師司成因以爲名唐置二人副貳祭酒通判監事龍朔二年改爲少司成咸亨初復舊凡祭酒司業皆儒重之官非其人不居

丞 隋置三人唐一人

主簿 北齊置隋一人唐因之

國子博士 班固云按六國時往往有博士掌通古今又曰博士云秦官漢因之漢博士多至四十人兩梁冠漢儀云文帝博士七十餘人爲待詔博士朝服元端章甫冠武帝建元五年初置五經博士宣帝稍增員十二人博士選有三科高第爲尚書次爲刺史其不通政事以久次補諸侯太傅于時孔光爲博士數使錄冤獄行風俗後漢博士凡十四人易施孟梁邱京氏尚書歐陽大小夏侯詩齊魯韓毛禮大小戴春秋公羊嚴顏各一博士初欲立左氏傳博士范升以爲左氏淺末不宜立陳元聞之乃詣闕上疏爭之卒立左氏學各掌以五經教子弟國有疑事掌承問對舊時從議郎爲博士其通敘異藝入平尚書出部刺史諸侯守相久次轉諫議大夫中興高第爲侍中小郡若都尉博士限年五十安帝以博士多非其人詔命三公將軍中二千石舉博士各一人務得經明行高卓爾茂異是時羣僚承風凡所旌貢緯有餘裕後旋復故遂用陵遲初平帝元始四年改博士爲博士師後漢兼而存之並擇儒者桓榮魯恭戴憑等並爲博士魏及西晉朝博士置十九人武帝咸寧四年初立國子學置國子博士一人皆取履行精滔通明典義若散騎常侍中書侍郎太子中庶子以上乃得召試元帝時荀崧上疏曰昔咸寧太康永嘉之中侍中常侍黃門通洽古今行爲世表者領國子博士宋齊諸博士皆卑朝服進賢兩梁冠佩水蒼玉梁國學有博士二人天監四年置五經博士各一人魏晉宋齊並不置五經博士至北齊始置焉舊國子學生限以貴賤武帝欲招來後進五館生皆引寒門儁才不限人數陳因之後魏北齊並有之隋仁壽元年省國子博士大業三年復置一人唐增置二人龍朔二年改爲司成宣業咸亨初復舊諸州府亦有經學博士一人

臣謹按後魏崔逸爲國子博士每公事逸常被詔獨進博士特命自逸始也

助教 晉咸寧四年初立國子學助教十五人以教生徒江左及宋並十人宋制易尚書毛詩禮記周禮儀禮左傳公羊穀梁各爲一經論語孝經爲一經合十經助教分掌宋齊並同梁國子助教舊視南臺御史品服與博士同陳因之後魏亦有北齊置十人隋置四人唐國子學助教三人諸府州縣各有助教員府州二人縣一人學生各有差

太學博士 晉江左增置國子博士十六人謂之太學博士品服同國子博士梁置太學博士八人陳因之後魏亦然北齊國子寺有太學博士十人後周置太學博士下大夫六人隋初置太學博士五人仁壽元年罷國子唯立太學置博士五人大業三年減置三人唐因之

助教 後魏始置北齊亦有之置二十人後周曰太學助教上士隋置又曰太學助教五人大業三年減三人唐因之

廣文館博士 一人助教一人並以文士爲之唐天寶九載置

四門博士 後魏書劉芳表云太和二十年立四門博士於四門置學按禮記曰天子設四學鄭元注同西郊之虞庠也今以其遼遠故置於四門請移與太學同處從之北齊二十人隋五人唐二人

助教 北齊國子寺有二十人隋初則五人唐因之

直講 四人唐初置無員數長安四年始定爲四員

大成 二十人唐置取貢舉及第人簡聰明者試書日誦得一千言并日試策所習業等十條通七然後補充仍散官祿俸賜會同直官例給武太后長安中省而有直講定爲四員

律學博士 晉置屬廷尉梁曰胄子律博士屬廷尉陳亦有律博士後魏北齊並有之隋大理寺官屬有律博士八人唐因之而置一人移屬國學掌教文武八品以下及庶人之子爲生者以律令爲專業格式法例兼習之助教一人而從九品上

書學博士 唐置三人掌教文武八品已下及庶人之子爲生者以石經說文字林爲專業餘字書兼習之又置典學二人

算學博士 二人掌教文武八品已下及庶人之子爲生者二分其經以爲之業習九章海島孫子五曹張邱建夏侯陽周髀等及綴術緝古之術其記遺三等數亦兼習之

軍器監　丞　主簿　甲坊署　弩坊署

軍器監 後周武帝四年初置軍器監唐武德初因之貞觀元年罷軍器大監置少監後省之以其地隸少府監爲甲弩坊開元初復以其地置軍器使至三年以使爲監更置少監一員丞二員主簿一員錄事一員及弩坊等署十一年悉罷之復隸少府爲甲弩坊十六年移其名於北都置軍器監亦嘗以太原尹兼領天寶六載復於舊所置軍器監監一人領甲坊弩坊兩署

丞主簿 各一人唐置

甲坊署令丞 隋少府有甲鎧署唐改焉

弩坊署令丞 隋有弓弩署唐改焉

都水監　使者　丞　主簿　舟檝署　河渠署

都水使者 虞舜命益作虞以掌山澤周官有林衡川衡二官掌林麓川澤之禁漢武帝元鼎二年初置水衡都尉掌上林苑其屬有上林均輸御羞禁圃檝櫂鍾官技巧六廄辨銅九官令丞又衡官水司空都水農倉及甘泉上林都水七官長丞皆屬焉蓋主上林離宮燕休之處後漢光武省之并其職於少府每立秋貙劉之日輒暫置水衡都尉貙劉將祭大獵也事訖省初秦漢又有都水長丞主陂池灌溉保守河渠自太常少府及三輔等皆有其官漢武帝以都水官多乃置左右使者以領之至漢哀帝省使者官至東京凡都水皆罷之併置河隄謁者漢之水衡都尉本主上林苑魏世主天下水軍舟船器械晉武帝省水衡置都水臺有使者一人掌舟航及運部而河隄爲都水官屬元康中復有水衡都尉時陳傾戴熊俱以都水使者領水衡都尉懷帝永嘉六年胡賊入洛陽都水使者奚潛先出督運得免江左省河隄宋都水使者銅印墨綬進賢兩梁冠與御史中丞同孝武帝初省都水臺罷都水使者置水衡令孝建元年復置齊有都水臺使者一人梁初與齊同天監七年改都水使者爲大舟卿位視中書郎列卿之最末者主舟航河隄陳因之後魏初皆有水衡都尉及河隄謁者都水使者官至永平二年都水臺依舊置二使者北齊亦置二使者隋開皇三年廢都水臺入司農十三年復置仁壽元年改臺爲監更名使者爲監煬帝又改爲使者尋又爲監加置少監又改監及少監並爲令領舟檝河渠二署唐武德八年置都水臺後復爲都水監置令隸將作貞觀中復爲都水監置使者龍朔二年改都水使者爲司津監丞咸亨元年復舊光宅元年改都水監爲水衡置都尉神龍元年復爲都水監置使者二人分總其事不屬將作領舟檝河渠二監

丞。漢有水衡丞五人，亦有都水丞。後漢、晉初，都水使者有參軍二人，蓋亦丞之職。任宋因之。梁大舟卿有丞，陳因之。後魏、北齊又曰參軍。隋曰都水丞。唐二人。

主簿　晉水衡都尉有之，爲左右前後中五水衡令丞皆有之。梁大舟卿亦有之。至隋又置。唐因之。

舟檝署　漢主爵中尉屬官有都船令丞，水衡都尉有檝權令丞。晉曰船曹吏。齊曰官船典軍。後周曰舟中士。隋爲舟檝令、丞。唐因之。令、丞各一人。

河渠署　隋煬帝置令、丞各一人。唐因之。

通志卷五十五

宋右迪功郎鄭樵漁仲撰

職官略第五

武官第八上

將軍總敘　左右衛并親衛官屬附　左右驍衛　左右武衛　左右威衛　左右領軍衛　左右金吾衛　左右監門衛　左右千牛衛　左右羽林軍　左右龍虎軍左右神虎軍附

將軍總敘

三代之制天子六軍其將皆命卿故夏書曰大戰于甘乃召六卿蓋古之天子寄軍政於六卿居則以田警則以戰所謂入使治之出使長之之義其職在國則以比長閭胥族師黨正州長鄉大夫爲稱在軍則以卒伍司馬將軍爲號所以異軍國之名諸侯之制大國三軍次國二軍小國一軍其將亦命卿也晉獻公初作二軍公將上軍未有其號魏獻子衛文子始有將軍稱左傳曰晉閻沒女寬謂魏子曰豈將軍食之而有不足注曰獻子爲將軍故謂之將軍又禮記曰將軍文子之喪自戰國置大將軍周末又置前後左右將軍秦因之位上卿金印紫綬漢興置大將軍驃騎將軍位次丞相車騎將軍衛將軍左右前後將軍皆金印紫綬位次上卿後漢志曰漢將軍比公者四謂大將軍驃騎車騎衛將軍掌京師兵衛四夷屯警孝武征閩越東甌又有伏波樓船及伐朝鮮大宛復置橫海度遼貳師宣帝增以蒲類破羌權時之制若此非一亦不常設光武中興諸將軍皆稱大及天下已定武官悉省四征興於漢代四安四平起於魏初後漢有三鎮之稱魏有鎮北之號晉武帝重兵官故軍校多選朝廷清重之士居之置中軍將軍以統宿衛七軍及五王作難東海王越以頭興事皆由殿省乃奏宿衛有侯爵者皆罷之時殿中武官並封侯由是出者略盡皆涕泣而去乃以東海國官領左右衛以國兵宿衛晉宋以來以領軍護軍左右二衛驍騎游擊將軍謂之六軍宋輿服志曰驃騎車騎衛將軍及諸將軍加大者皆金章紫綬武冠佩水蒼玉諸軍司馬銀章青綬朝服武冠其四安四平左右前後征虜等將軍及四中郎將晉代荀羨王胡之並居此官宋齊以來唯處諸王素族無爲者齊以二衛四軍五校驍騎游擊積射彊弩殿中員外殿中武衛七將軍殿中司馬左右及虎賁之中郎將冗從僕射羽林監武騎常侍謂之西省而散騎爲東省梁武帝以將軍之名高下舛雜命更加釐定於是有司奏置一百二十五號將軍以鎮衛驃騎車騎爲二十四班四征四中爲二十三班八鎮爲二十二班八安爲二十一班四平四翊爲二十班凡三十六號爲重號將軍又有五德將軍忠勇軍師武臣爪牙龍騎雲麾鎮兵翊師宣惠果毅智威仁威勇威信威嚴威智武仁武勇武信武嚴武是爲五德將軍也以班多者爲貴凡十品二十四班品取其盈數班法氣候之數制簿悉以大號居後以爲遷法自小遷大也前史所記以位得從公故將軍之名次于台槐之下至是備其班品敘於百官之外凡一百二十五將軍後魏將軍之名多矣謂驃騎車騎衛爲三將軍末年有八柱國大將軍其中六人各督二大將軍凡十二大將軍元贊元育元廓侯莫陳順宇文遵達奚武李遠豆盧寧宇文貴賀蘭祥楊忠王雄是也又各分統開府一人一開府領一軍兵是爲二十四軍分掌禁旅當爪牙禦侮之寄自大統十六年以後功臣位至柱國及大將軍者衆矣咸是散秩無復統禦後周武帝三年改諸軍軍士並爲侍官隋煬帝以左右衛左右屯衛左右禦衛左右候衛凡十二衛各置大將軍一人將軍二人以總府事每衛各置長史錄事參軍司倉兵騎鎧等參軍員軍人總名衛士蓋魏周十二大將軍之遺制唐武德初秦王既平王世充及竇建德高祖以秦王功殊今古自昔位號不足以爲稱乃特置天策上將軍以拜焉位在王公上及叶儲官遂廢天策府二年七月高祖以天下未定事資武力將舉關中之衆以臨四方乃置十二軍分關中諸府以隸焉以萬年道爲參旗軍長安道爲鼓旗軍富平道爲元戈軍醴泉道爲丹鉞軍同州道爲羽林軍華州道爲騎官軍寧州道爲折威軍岐州道爲平道軍豳州道爲招搖軍豳州道爲苑游軍涇州道爲天紀軍宜州道爲天節軍每軍將一人副一人取威名素重者爲之楊恭仁劉弘基長孫順德等爲其將督耕戰之備自是士馬彊勁無敵於天下五年省七年以突厥寇掠復置十二軍後又省之其後定制有左右衛左右驍衛左右武衛左右威衛左右領軍衛左右金吾衛左右監門衛左右千牛凡十六衛大將軍各一人左右衛及左右金吾總謂之四衛其餘謂之雜衛將軍總三十人左右千牛衛將軍各一人餘衛各二人左右羽林左右龍虎左右神虎六軍大將軍各一人將軍各三人皆有衛署其餘驃騎輔國鎮軍冠軍四大將軍雲麾勇武壯武宣威明威定遠寧遠游騎游擊等九將軍並爲五品以上武散官先天二年正月十日詔往者衛士計戶取充使二十一入幕六十出軍既憚劬勞咸欲避匿今改取二十五以上充十五年卽放出頻經征鎮者十年放出自今已後羽林飛騎先於衛士中簡擇開元六年始詔折衝府兵每六歲一簡自高宗武后時天下久不用兵府兵之法浸壞番役更代多不以時衛士稍稍亡匿至是益耗散宿衛不能給宰相張說乃請一切募士宿衛十一年取京兆蒲同岐華府兵及白丁而益以潞州長從兵共二十萬號長從宿衛歲一番命左丞蕭嵩與州刺史共選之明年更號曰彍騎

臣謹按宋志曰冗從僕射漢東京有中黃門冗從僕射非其職也魏代因其名而置冗從僕射職官要錄曰本期門之職後漢桓帝時置冗從僕射掌諸散從其射事則主帥之

左右衛 并親衛官屬附

漢京師有南北軍掌理禁衛南軍若唐諸衛北軍若唐羽林等軍周勃馳入北軍是也初有衛將軍魏末晉文王又置中衛將軍武帝受禪分中衛爲左右衛將軍以羊琇爲左趙序爲右並置佐吏皆掌宿衛營兵銀章青綬武冠絳朝服佩水蒼玉宋齊謂之二衛各領營兵每暮一人宿直後增二衛儀從爲九十人陳因之後魏永光初又增置左右衛將軍各二人北齊二人分掌左右廂所主朱華閤以外各武衛將軍二人貳之隋初左右衛大將軍各一人將軍各二人又各統親衛煬帝改左右衛爲左右翊衛又加置親衛并領勳武二衛煬帝改三衛爲三侍非翊衛府皆無三侍其所領軍士名爲驍騎唐復爲左右衛

大將軍各一人掌宮掖禁禦督攝隊伍將軍各二人貳大將軍事

長史左右衛各一人晉武帝置左右衛各有長史司馬東晉省長史歷宋齊梁陳後魏北齊並同至隋左右衛各置長史一人唐因之

錄事參軍左右衛各一人東晉元帝初爲鎮東大將軍置錄事參軍自後無梁皇子府有中錄事參軍錄事參軍各一人後魏二人公府及第一第二第三品將軍府及始蕃王二蕃王三蕃王府各有錄事參軍官北齊因之隋左右衛府各有錄事參軍一人唐因之

倉曹參軍左右衛各二人東晉元帝爲鎮東大將軍有倉曹參軍宋武帝相府亦置後魏與錄事參軍同置北齊因之隋左右衛府各有倉曹參軍一人唐因之置二人

兵曹參軍左右衛各二人歷代皆與倉曹同置

騎曹參軍左右衛各一人魏司馬景王爲大將軍有騎兵宋武帝爲相有騎兵參軍隋左右衛府有騎兵參軍唐初因之其後改爲騎曹

胄曹參軍左右衛各一人東晉元帝爲鎮東大將軍有鎧曹參軍宋武帝爲相亦有之齊有左右鎧曹各一人隋左右衛府有鎧曹行參軍事一人唐因之長安初改爲胄曹神龍初復爲鎧曹開元初復爲胄曹凡自十六衛及東宮十率府錄事及兵倉騎胄等曹參軍通謂之衛佐並爲美職漢魏以來諸將軍有長史以下官屬及唐諸衛所置蓋亦因其舊號考其資位則全校衛矣其下諸衛官屬並同

左右親衛中郎將府中郎將之名秦漢以來有之隋每衛各置開府一員以統之唐武德七年改開府爲中郎將親衛爲一府勳衛翊衛各爲一府中郎將各一人掌領校尉以下宿衛總判府事唐武德七年改親衛驃騎將軍爲之其勳翊二衛亦然左右郎將一人隋備身府置左右郎將唐因其名武德七年改親衛車騎將軍爲之其勳翊二衛亦然掌貳中郎將之職錄事參軍一人掌受府事兵曹參軍一人掌判府事校尉五人

左右驍衛

漢有驍衛將軍謂之雜號將軍武帝以李廣爲之後省後漢初改屯衛爲驍騎魏置爲中軍晉領營兵兼統宿衛梁以來其任愈重天監六年置左右驍騎領朱衣直閤並給儀從北徐州刺史昌義之首爲此職出則羽儀清道入則與二衛通直臨軒則升殿夾侍改舊驍騎曰雲騎陳有左右驍騎及雲騎韋懿爲驍騎將軍素有名稱每大事常令夾侍左右時人榮之後魏北齊並有驍騎將軍之職後周有左右驍騎率上士隋開皇十八年置備身府煬帝即位改左右備身府爲左右驍衛府所領軍士名曰豹騎其備身府又別置焉唐因隋置左右驍衛府龍朔二年去府字光宅元年改左右驍衛爲左右武威神龍元年復舊大將軍各一人所掌與左右衛同將軍各二人以副之領官屬並隋置唐因之同左右衛

左右武衛

後漢末曹公爲丞相有武衛營及魏文帝乃置武衛將軍以主禁旅晉宋齊梁陳隋又有建武奮武廣武等將軍至隋採諸武之名置左右武衛大將軍一人將軍二人以總府事煬帝改所領軍士名熊騎唐光宅元年改爲左右鷹揚衛神龍元年復爲武衛其制與隋同所掌如左右衛領官屬並隋置唐因之同左右衛

左右威衛

隋初有領軍府煬帝改爲左右屯衛唐因之貞觀十二年左右屯衛始置飛騎出游幸即衣五色袍乘六閑馬賜猛獸衣韉而從焉龍朔二年改左右屯衛爲左右威衛而別置左右屯營亦有大將軍等官尋改左右屯營爲羽林光宅元年改威衛爲豹韜衛神龍元年復舊所掌如左右衛領官屬並隋置唐因之同左右衛龍朔三年左右威衛舊官之員外各置錄事參軍一人府三人史四人並隸左右羽林軍統本司事

左右領軍衛

初魏武爲漢丞相相府自置領軍非漢官也建安十二年改爲中領軍以史渙爲之與護軍韓浩皆領禁兵文帝受漢禪始置領軍將軍以曹休爲之主五校中壘武衛三營晉武帝初省使中軍將軍羊祜統二衛前後左右驍騎七軍營兵即領軍之任也祜遷罷復置北軍中候懷帝永嘉中改中軍曰中領軍元帝永昌元年復改曰北軍中候尋復爲領軍成帝時復以爲中候而陶侃居之尋復爲領軍魏晉領護皆金章紫綬中領中護銀章青綬武冠絳朝服佩水蒼玉晉郗鑒庾亮紀瞻卞壼陸曄褚翼王彪之會稽王道子沈嘉武陵王遵孔安國謝鯤等並爲領軍宋置領軍將軍一人掌內軍護軍將軍一人掌外軍齊有領軍及中領軍梁領軍將軍管天下兵要謂之禁司與左右僕射爲一流中領軍與吏部尚書爲一流梁蕭景爲領軍將軍管天下兵要監局官僚皆近倖多驕侈景在職峻切官曹肅然其監局多事唯景及臧盾長於撥繁繼居此職並著聲稱陳因之後魏有領軍護軍二職若侍臣帶者加中又有領軍將軍護軍將軍二將軍與領護不並置北齊領軍府凡禁衛官皆主之以高歸

彥爲領軍大將軍領軍加大自歸彥始隋有左右領軍府各掌十二軍籍帳差料辭訟之事不置將軍唯有長史司馬諸曹掾屬等官煬帝改領軍爲左右屯衞郎左右威衞唐復採舊名別置領軍衞分爲左右龍朔二年改爲左右戎衞咸通元年復舊光宅元年改爲左右玉鈐衞神龍元年復舊各置大將軍一人掌宮掖禁備督攝隊伍與左右諸衞同將軍各二人以副之長史齊梁陳並有之北齊有長史司馬隋置錄事以下諸曹唐因之同左右衞

左右金吾衞

秦有中尉掌徼循京師如淳曰所謂游徼循禁備盜賊也顏師古曰徼謂遮繞漢武帝太初元年更名執金吾顏師古曰金吾鳥名也主辟不祥天子出職主先導以備非常故執此鳥之象因以名官緹騎二百人緹騎無秩比史食俸五百二十人輿服導從光生滿路羣僚之中斯最壯矣光武微時歎曰仕宦當爲執金吾舊掌京師盜賊考按疑事後漢掌宮外戒司非常水火之事衞尉巡行宮中金吾徼巡宮外相爲表裏以擒姦討猾月三繞行宮外及主兵器自中興但專徼循不與他政魏武兼政復爲中尉晉初罷直至後周置武環率武候率下大夫各二人隋置左右武候府大將軍一人將軍三人掌車駕出入先驅後殿晝巡夜察執捕姦非烽候道路水草所宜巡狩師田則掌其營禁煬帝大業三年改爲左右武候衞所領士名佽飛漢百官表曰漢有左弋令武帝太初元年更名佽飛掌弋射屬少府光武省之隋氏採舊名唐初又爲左右武候府龍朔二年改爲左右金吾衞置大將軍一人所掌與隋同將軍二人副其事領官屬並隋置唐因之

左右監門衞

隋初有左右監門府將軍各一人掌宮殿門禁及守衞事各置郎將二人校尉直長各三十人有長史司馬錄事及倉兵二曹參軍鎧曹行參軍各十人二漢有城門校尉掌京師城門屯兵非今任也煬帝改將軍爲郎將各一人正四品署官屬並同備身府唐左右監門府置大將軍中郎將等官龍朔二年改府爲衞大將軍各一人所掌與隋同將軍各二人以副之中郎將各四人分掌諸門以時巡檢領官屬並隋置唐因之

左右千牛衞

千牛刀名後魏有千牛備身掌執御刀因以名職宋謝綽拾遺有千牛刀即人君防身刀也齊尚書楊玉夫取千牛刀殺蒼梧王是也其義蓋取莊子云庖丁解牛十九年所割者數千牛而刃若發於硎因以爲備身刀名北齊千牛備身屬左右將軍隋有左右領左右府大將軍一人將軍二人掌侍衞左右供御兵仗領千牛備身十二人掌執千牛刀備身左右十二人掌供御刀箭備身十六人掌宿衞侍從左右置長史司馬錄事及倉兵二曹參軍事鎧曹行參軍煬帝改左右領左右府爲左右備身府置備身郎將等官唐貞觀中復爲左右領左右府顯慶五年始置左右千牛府龍朔二年改左右千牛府爲左右奉宸衞後改爲左右千牛衞神龍二年各置大將軍一人所掌與隋同總判衞事將軍各一人以副之中郎將各一人通判衞事領官屬即隋左右領左右府長史以下唐改之左右千牛備身各十二人掌執御刀宿衞侍從皆以門蔭子弟年少姿容美麗者補之爲貴胄起家之良選備身左右十二人執御刀弓箭宿衞侍省備身各一百人掌宿衞侍從

左右羽林軍

漢武太初元年初置建章營騎後更名羽林象天文羽林星主車騎也宣帝令中郎將騎都尉監羽林謂之羽林中郎將領郎百人謂之羽林郎選隴西漢陽安定北地西河上郡良家子便弓馬者以爲之一名巖郎後漢志曰言從游獵還宿殿陛巖下室中故號巖郎又置羽林左右監後漢志曰羽林左監一人主羽林左騎羽林右監一人主羽林右騎皆六百石取從軍死事之子孫養之羽林官教以五兵號曰羽林孤兒光武中興以所征伐士勞苦者爲之其後復簡五營高手別爲左右監羽林父死子繼與虎賁同所居之處謂之寺延熹六年減虎賁羽林郎任寺不任事者半俸二漢並屬光祿勳後漢竇固鄧彪並爲羽林魏羽林左右監與漢同夏侯太初爲右桓範爲左晉罷羽林中郎將又省一監置一監而已哀帝省宋武帝永初初復置江右領營兵江左無復營兵羽林監及虎賁中郎將並銅印黑綬武冠絳朝服其在陛列則鶡尾冠鶡鳥每鬪死不止絳紗縠單衣江左不復著鶡冠齊因之後魏有羽林監北齊置監十五人後周有左右羽林率屬大司馬隋煬帝改左右領軍爲左右屯衞所領兵爲羽林唐貞觀十二年於玄武門置左右屯營以諸衞將軍領之其兵名曰飛騎又於飛騎中簡材力驍捷善射者號爲百騎扈從游幸則衣五色袍乘六閑馬賜猛獸衣韉龍朔二年改左右屯營爲左右羽林軍武太后臨朝永昌元年改百騎爲千騎天授中改軍爲衞中宗景龍元年改千騎爲萬騎大將軍一人大足元年左右羽林衞各增置將軍一人所掌與左右衞同將軍各三人以副之領官屬並唐置

左右龍虎軍 左右神虎軍附

唐之初有禁兵號爲百騎屬羽林永昌元年改羽林百騎爲千騎景龍元年改千騎爲萬騎仍分爲左右營開元二十六年析羽林軍爲左右龍虎軍以左右萬騎營隸焉官屬並唐置至德中分置左右神虎軍各置官屬如羽林之制

武官第八下

大將軍 并官屬

大將軍戰國時官也楚懷王與秦戰秦敗楚虜其大將軍屈匄是矣漢高帝以韓信爲大將軍武帝又

置初武帝以衞靑數征伐有功以爲大將軍欲尊寵之故置大司馬官號以冠之靑爲車騎將軍擊匈奴有功引兵還帝使使者持大將軍印因軍中拜靑爲大將軍位在公上又加靑大司馬位冠於大將軍上其爲一官又霍光王鳳等皆然成帝綏和二年賜大司馬印綬罷將軍官後漢光武時吳漢以大將軍爲大司馬時以大將軍自爲一官其大司馬不加於其上和帝時以竇憲爲之舊大將軍位在三公下置官屬依太尉憲威權震朝廷公卿希旨奏憲位次太傅下三公上長史司馬秩中二千石從事中郎二人六百石已下各有增自安帝政治衰鈇始以嫡舅耿寶爲大將軍常在京都順帝郎位又以皇后父兄弟相繼爲大將軍如三公漢末猶在三公上魏武爲大將軍袁紹爲太尉紹恥班在下魏武乃固以大將軍推紹魏黃初中又有上大將軍以曹眞爲之明帝靑龍三年晉宣帝自大將軍爲太尉然則大將軍在三司下矣其後又在三司上自漢東京大將軍不常置爲之者皆擅朝權至晉景帝爲大將軍亦受非常之任後以叔父孚爲太尉奏改大將軍在太尉後位次三司下後復舊在三司上太康元年琅邪王伷遷大將軍復制在三司下伷薨復如舊冠綬佩服與大司馬同宋唯彭城王義康爲之章綬冠佩亦與晉同齊以爲贈梁有之陳以爲贈後魏北齊爲二大與大司馬同後周建德四年增置上大將軍隋並以爲武散官不治事上大將軍從二品大將軍正三品唐貞觀二年九月勅六軍先已各置統軍一人今十六衞宜各置上將軍一人秩從二品漢不見官屬後漢大將軍驃騎將軍車騎將軍衞將軍有長史一人司馬一人從事中郎二人掾屬二十九人令史及御屬三十一人又賜官騎四十人及鼓吹其領軍皆有部曲大將軍營五部部校尉一人軍司馬一人部下有曲曲有軍候一人曲下有屯屯長一人其不置校尉部但有軍司馬一人其別營領屬爲別部司馬其兵多少各隨時宜門有門候魏以司馬景王爲大將軍掾十人則無屬官其驃騎車騎府有長史司馬晉驃騎衞將軍伏波撫軍都護鎭軍中領四征四鎭龍驤典軍上軍輔國等大將軍開府者皆爲位從公品秩俸賜亦與諸公同加兵者增置司馬一人從事中郎二人主簿記室督各一人官屬並與公同後周有大將軍長史司馬中郎掾屬諸曹參軍典籤等員隋以後無

車騎將軍

漢文帝元年始用薄昭爲車騎將軍灌嬰周亞夫金日磾並爲之後漢章帝時西羌反以舅馬防行車騎將軍征之銀印靑綬在卿上絕席還復罷和帝即位以舅竇憲爲車騎將軍征匈奴始賜金紫次司空安帝即位西羌寇亂以舅鄧隲爲車騎將軍征之數年復罷靈帝數以拜嬖臣又以贈之魏車騎爲都督儀與四征同若不爲都督雖持節屬四征者與前後左右雜號將軍同其或散還從文官之例則位次三司晉宋車騎衞不復爲四征所督故羊祜爲車騎將軍開府如三司之儀後魏制與驃騎同隋車騎屬驃騎府唐省之

衞將軍

漢文帝始用宋昌爲衞將軍位亞三司其官屬附見大將軍後凡驃騎車騎衞三將軍皆金印紫綬武冠絳朝服佩水蒼玉晉以陸曄爲衞將軍兼儀同三司加千兵百騎東晉已後尤爲要重後魏初加大則次儀同三司孝文太和中制加大則位在太子太師上歷代多有唐無之

前後左右將軍

皆周末官秦因之位上卿金印紫綬漢不常置或有前後或有左右皆掌兵及四夷李廣爲前將軍趙充國爲後將軍辛慶忌王商爲左將軍馮奉世爲右將軍光武建武七年省魏以來復置晉武初又置前軍左軍右軍泰始八年又置後軍是爲四軍齊亦號左右前後四軍陳並有之北齊左右將軍領千牛備身唐無

四征將軍

皆漢魏以來置加大者始曰方面征東將軍漢獻帝初平三年以馬騰爲之或云以張遼爲之征西將軍光武建武中以馮異爲征西大將軍征南將軍建武二年置以馮異爲之亦以岑彭爲征南大將軍征北將軍魏明帝太和中置劉靖爲之魏黃初中位次三公後魏加大則次衞將軍唐無

四鎭將軍

鎭東將軍後漢末魏武帝爲之鎭南將軍後漢末劉表爲之魏張魯晉杜預並爲之鎭西將軍後漢劉表爲之魏鍾會鄧艾並爲之鎭北將軍魏明帝太和中置劉靖許允並爲之宋時四鎭與中軍爲雜號後魏加大次尚書令唐無

四安將軍

安東將軍後漢陶謙曹休並爲之安南將軍光武元年始以岑彭爲之安西將軍後漢末段煨魏鍾會石鑒並爲之安北將軍晉以郗鑒爲之後魏亦有唐無

四平將軍

平東將軍晉杜預王濬等爲之平南將軍晉盧欽羊祜胡奮等爲之平西將軍晉嵇紹爲之平北將軍漢獻以張燕晉以阮坦爲之並漢魏間置後魏亦有之唐無

雜號將軍

歷代雜號將軍凡數百不可具載今錄其著者上將軍漢以呂祿爲之　騎將軍漢武帝以公孫敖及公孫賀爲之　樓船將軍漢元封三年以荀彘爲之　橫海將軍漢元鼎六年以韓說爲之擊東越有功　材官將軍漢李息爲之掌治宮室　貳師將軍李廣利爲之征貳師城取善馬故以爲號　輕車將軍漢武以公孫賀爲之　伏波將軍漢武帝征南越始置此號以路博德爲之後漢馬援亦爲之伏波者船涉江海欲使波浪伏息　中軍將軍漢武帝以公孫敖爲之　彊弩將軍漢武帝以李沮爲之　戈船將軍環氏要略云建戈於船上浮渡沮水以討北狄　奮威將軍漢武帝以田千秋爲之　度遼將軍漢武帝初以范明友爲之後漢明帝永平八年又置屯五原銀印靑綬　積射將軍漢有之晉武帝泰始四年省太康十五年立射營弩營置積射彊弩將軍主之　建威將軍漢元帝以韓安國王晏並爲之　九虎將軍王莽拜將軍九人皆以虎爲號號九虎將軍　征虜將軍後漢建武中始以祭遵爲之後張飛亦爲之　虎牙將軍後漢光武以蓋延爲之　橫野將軍漢光武以王常爲橫野大將軍位與諸將絕席　捕虜將軍後漢永平中馬武爲之　鷹揚將軍後漢建安中魏武以曹洪爲之　破虜將軍後漢末以孫堅爲之　討逆將軍後漢以孫策爲之　討虜將軍後漢末以孫權爲之　安漢將軍蜀麋竺爲之班在軍師將軍之右　武威將軍魏武帝以于禁爲之　撫軍將軍魏武帝置以司馬懿爲之　淩江將軍後漢置初以羅獻爲之　寧朔將軍魏以王渾爲之　橫江將軍吳魯肅爲之　龍驤將軍晉武帝始以王濬爲之　殿中將軍宋初置之　黑稍將軍後魏于栗磾好持黑稍以自衞劉裕書與之曰黑稍公麾下明帝因授黑稍將軍　牙門將軍冠服與將軍同魏文帝黃初中置明帝以胡烈爲之又王隱晉書云陸機少襲父爲牙門將吳人重武官也故晉惠帝特置四部牙門以汝南王祐爲之蜀以趙雲爲之

監軍

齊景公使穰苴將兵捍燕晉之師穰苴願得君之寵臣以監軍公使莊賈往賈不時至苴斬之是其始也漢武帝置監軍使者光武以來歙監諸將後漢末劉焉以監軍使者領益州牧劉璋亦爲監軍使者魏晉世皆有之魏時司馬昭征壽春石苞爲監軍鍾會伐蜀衞瓘爲監軍晉孟康持節監石苞諸軍事初隗囂軍中舊置軍師囂聘平陵人方望爲之又袁紹請盧損爲軍師至魏武帝又置師官四人以荀攸爲軍師軍國選舉及刑獄法制皆使決焉又梁義爲左軍師吳朱然爲右軍師蜀以諸葛亮爲軍師將軍晉避景帝諱改爲軍司凡諸軍皆置之以爲常員所以節量諸軍亦監軍之職也而太尉軍司尤重故山公啟事曰太尉軍司缺當選上宰監宜得宿有資重者也宋齊以來此官頗廢至梁大通四年元法僧北討復以羊侃爲其太尉軍司後代多不置至隋末或以御史監軍事唐亦然時有其職非常官也開元二十年後並以中官爲之謂之監軍使

軍師祭酒後漢建安三年曹公還許初置此官　理曹掾屬後漢建安十九年魏武令曰軍中典獄者或非其人而任以三軍死生吾甚懼之遂署此選明達法理者爲之

三署郎官敘

漢中郎將分掌三署郎有議郎中郎皆比六百石侍郎比四百石郎中比三百石凡四等皆秦官無員多至千人漢靈帝時三署郎吏二千餘人皆掌門戶出充車騎其散郎謂之外郎故卿校尉牧守待價於此公車特召賢良方正敦樸有道高節公府掾曹試博士者亦充玆位其下第白衣試博士者皆拜郎中中郎有五官左右三將謂五官中郎將左右郎將郎中有車戶騎三將如淳曰主車曰車郎主戶衞曰戶郎漢舊儀曰郎中令主郎中左右車將主左右車郎左右戶將主左右戶郎凡郎官皆主更直執戟宿衞諸殿門唯議郎不在直中漢儀曰三署郎見光祿勳執版拜見五官左右將執版不拜於三公諸卿無敬郎官故事令出錢市財用給文書乃得出時號曰山郎謂以資財爲郎山者財用所出故名貧者或至經歲不得休沐其豪富郎日出游戲或

行錢得善部貨賂流行轉相放效楊惲爲中郎將罷山郎其疾病休沐皆以法令有過奏免薦舉其高第有行能者多至郡守九卿三署化之莫不自勵宮殿之內翕然同聲其後遂以爲常後漢和帝永元元年初令郎官詔除者得占丞尉以比秩爲眞凡三署郎官二漢並屬光祿勳光祿選三署郎有行應四科者歲舉茂才二人四行二人又上廉吏六人爲長治劇隨缺多少萬戶以上爲劇縣其缺少者不選公府亦然故明帝時館陶公主爲子求郎帝不許賜錢千萬曰夫郎官上應列宿出宰百里有非其人人受其殃後漢桓靈間三署見郎七百餘人而郡國計吏多留拜爲郎太尉楊秉上疏諫曰先王建國順天制官太微積星名爲郎位入奉宿衞出牧百姓云云按自近代皆謂郎官上應列宿出宰百里爲尚書郎故事且夫天有虎賁郎位等星皆在太微帝座之後爲羽衞之象則三署郎也而世人謂之尚書郎則誤矣微其失也蓋自梁陶藻獻官要錄以漢三署郎故事通爲尚書郎舊有郎中將右騎光武中興悉省之晉議郎遷爲太守山公啟事曰議郎許允宜參廣漢太守選亦有郎中等官其後雖有中郎將等官而無三署郎矣

中郎將五官左右中郎將皆秦官漢因之並領三署郎後漢郡國舉孝廉以補之三署郎年五十以上屬五官後漢黃琬爲五官中郎將時陳蕃爲光祿勳深相禮待每與議事舊制光祿舉三署郎以功高久次才德尤異爲茂才四行時權富者多以人事得舉而安貧守志者見遺京師諺曰欲得不能光祿茂才於是蕃琬同心顯用志士故皆爲權富郎所中傷其次分屬左右署左右郎將各領左右署郎二署皆有中郎侍郎郎中三郎並屬光祿勳魏無三署郎稍置左右中郎將晉武帝省左右中郎將官宋孝武大明中復置銀章青綬武冠絳朝服佩水蒼玉齊左右中郎將爲西省梁代並分司丹禁唐亦置諸衞中郎將永徽三年八月避太子名改中郎將爲旅賁郎將又改爲羽軍郎將尋復舊

虎賁中郎將周官有虎賁氏掌領虎士八百人漢武帝建元三年初置期門比郎中蓋以微行出游選材力之士執兵從送期之諸門故名期門無員多至千人平帝元始元年更名虎賁郎舊曰虎賁言如虎之奔置中郎將領之故有虎賁中郎將主虎賁宿衞冠挿兩鶡尾鶡鷙鳥中之果勁者尾上黨所貢後漢崔鈞爲虎賁中郎將武弁戴鶡尾紗縠單衣虎文錦袴餘郎亦然凡有虎賁中郎虎賁侍郎虎賁郎中節從虎賁皆父死子繼若死王事亦如之前賢亦多爲者後漢馬援孔融並爲虎賁中郎將魏桓階爲虎賁中郎將遷尚書

典選唐無

東西南北四中郎將東中郎將後漢靈帝以董卓爲之南中郎將漢獻帝以臨淄侯曹植爲之西中郎將晉以謝曼桓沖爲之北中郎將後漢以盧植爲之建安中以鄢陵侯曹彰爲之按此四中郎將並後漢置江左彌重或領刺史或持節爲之銀印青綬服同將軍後魏靈太后時四中郎將兵數寡弱不足以襟帶京師任城王澄奏宜以東中帶滎陽郡南中帶魯陽郡西中帶弘農郡北中帶河南郡選二品三品親賢兼稱者居之配以仗兵則深根固本之計也靈太后初從之後復止唐至德後節度都團練使殆其遺職也

雜中郎將匈奴中郎將後漢主護南單于以張奐爲之後魏天興四年罷平越中郎將晉武帝置治廣州主護南越司金中郎將趙王循爲之武衞中郎將魏始以許褚爲之

折衝府隋初左右衞左右武衞左右武候各領軍坊鄉團以統戎卒開皇中置驃騎將軍每府置驃騎車騎二將軍大業三年改驃騎府爲鷹揚府改驃騎將軍爲鷹揚郎將改車騎將軍爲鷹揚副郎將五年又以鷹揚副郎將爲鷹擊郎將九年別置折衝果毅及武勇雄武等郎將官以統驍果至唐初猶有驃騎府及驃騎車騎將軍之制武德七年乃改驃騎爲統軍車騎爲別將貞觀中後採隋折衝果毅郎將之名改統軍爲折衝都尉別將爲果毅都尉其府多因其地各自爲名無鷹揚之號凡五百七十四府分置於諸州而名隸諸衞及東宮率府各領兵滿一千二百人爲上府千人爲中府八百人爲下府每府置折衝都尉一人左右果毅都尉各一人別將一人長史一人兵曹一人校尉六人凡府在赤縣爲赤府在畿縣爲畿府衞士以三百人爲團團有校尉五十人爲隊隊有正十人爲火火有備每歲十一月以衞士帳上于兵部以候調發天下衞士向六十萬人初置以成丁而入六十出役其家不免雜徭遂漸逃散年月漸久逃死者不補天寶八載五月停折衝府以無兵可校故也十一年八月改諸衞士爲武士

奉車駙馬騎三都尉奉朝請三都尉並漢武帝元鼎二年置舊無員或以冠常侍或卿尹校尉左遷爲之奉車掌御乘輿車駙馬掌駙馬駙副也非正駕車者騎都尉本監羽林騎奉朝請者漢律諸侯春曰朝秋曰請後漢並屬光祿勳奉朝請無員本不爲官東京罷省三公外戚皇室諸侯多奉朝請謁但奉朝會請召而已晉武帝亦以皇室外戚爲三都尉奉朝請元帝爲晉王以參軍爲奉車都尉掾屬爲駙馬都尉行參軍舍人爲騎都尉皆奉朝請後罷奉車騎二都尉唯留駙馬都尉奉朝請諸尚公主者若劉惔桓溫等皆爲之宋武帝永初以來以朝請選雜其尚公主者唯拜駙馬都尉齊武帝永明中奉朝請至六百餘人梁三都尉並無員秩其奉車駙馬皆武冠絳朝服銀印青綬梁陳駙馬皆尚公主者爲之後魏駙馬都尉亦爲尚公主官雖位高卿尹而此職不去奉車二十人騎都尉六十人北齊駙馬與後魏同隋開皇三年置奉朝請煬帝時奉車駙馬並廢又駙馬都尉從五品皆尚主者爲之開元三年勅駙馬都尉從五品階宜依式仍備紫金魚袋天寶已前皆以美儀容者充選奉車都尉五員掌馭副車不常置若大備陳設則以餘官攝行屬左右衞

東宮官第九 東宮官序

太子六傅三太三少　賓客　詹事丞主簿司直　庶子中允司議郎中舍人舍人通事舍人諭德贊善崇文館學士洗馬文學校書正字典膳郎藥藏郎內直郎典設郎宮門郎　家令　率更令　僕

左右衞率府副率以下官屬　左右司禦率府　左右清道率府左右監門率府左右內率府　旅賁中郎將　太孫官屬

東宮官序

凡三王教世子必立太傅少傅以養之太傅則示之以父子君臣之道少傅則奉世子以觀太傅之德行而審諭之太傅在前少傅在後謂其在學時也入則有保出則有師謂燕居出入時也漢班彪上書曰昔成王爲孺子出則周公召公太顛閎夭南宮适散宜生左右前後皆正之以禮師也者教之以事而諭諸德者也保也者慎其身以輔翼之而歸諸道者也秦漢以下始加置詹事中庶子及諸府寺等官亦有以他官而監護者自魏明帝以後久曠東宮制度闕廢官司不具吳孫權卽位孫登爲太子兼置四友等官以諸葛恪爲左輔張休爲右弼顧譚爲輔正陳表爲翼正都尉是爲四友於是東宮號爲多士晉初詹事左右率庶子中舍人諸官並未置唯置衞率令典兵二傅并攝衆事至咸寧元年始置詹事以領宮事宋武置東宮率更令等官其中庶子庶子中舍人舍人洗馬各減舊員之半後周加置太子諫議員四人至隋罷詹事分東宮置門下坊典書坊北齊已有典書坊以分統諸局比門下內史二省門下坊有左庶子二人內舍人四人錄事二人統司經宮門內直典膳藥藏齋師等六局典書坊有右庶子二人舍人通事舍人各八人領內坊唐置詹事府以統衆務置左右二春坊以領諸局左春坊置左庶子二人中允二人司議郎四人錄事二人左諭德一人

左贊善大夫五人崇文館校書二人亦統六局右春坊置右庶子二人中舍人二人舍人四人錄事二人右諭德一人右贊善大夫五人通事舍人八人兼領內坊因隋制也

臣謹按漢孝宣帝欲令中郎將監護太子家疏廣以為示狹非所以廣太子也後漢順帝立太子居承光宮以侍御史种暠監護有中常侍卒乘衣車來載太子太子太傅高褒憂懼不能止開門將出而暠至手劒當車曰太子國之儲副常侍來無尺一何以得將太子去今日之事有死而已乃遣褒詣臺啟白得中決勑乃聽之

太子六傅 太子師傅商周已有逮乎列國秦亦有之漢高帝以叔孫通為太子太傅位次太常後亦有少傅後漢太傅禮如師不領官屬而少傅主太子官屬漢魏故事太子於二傅執弟子禮皆為書不曰令少傅稱臣而太傅不臣吳薛綜綜子瑩瑩子兼三代並為太子少傅晉泰始三年武帝始建東宮各置一人尚未置詹事官事無大小皆出二傅少傅立草太傅書真以為儲訓並有功曹主簿五官秩與後漢同皇太子先拜諸傅然後咨之如弟子事師之禮二傅不得上疏曲敬武帝後以儲副體尊遂命諸公居之以本位重故或行或領時侍中任愷武帝所親敬復使領之蓋一時之制也咸康元年以給事黃門侍郎楊珧為詹事掌宮事二傅不復領官屬及楊珧為衛將軍領少傅復省詹事遂崇廣傅訓命太尉賈充領太保司空齊王攸領太傅所詔吏屬復如舊二傅皆進賢兩梁冠黑介幘五時朝服佩水蒼玉其後太尉汝南王亮車騎將軍揚駿司空衛瓘石鑒皆領傅保猶不置詹事以終武帝之世惠帝元康元年復置詹事及愍懷太子建宮乃置六傅三太三少為晉二傅給采田六頃田騶五十人夏後不及田者食俸一年給赤耳安車一乘又晉書曰東宮舊制月請錢五十萬以備眾用景帝諱師故改太師為太師通省尚書事詹事文書關由六傅自元康之後諸傅或三或四或六渡江之後有太傅少傅不立師保宋有太傅少傅各兼丞一人其保傅並銀章青綬齊與宋同武帝時以王儉為少傅舊太子致敬二傅同至是朝議接少傅以賓友之禮梁太傅位視尚書令少傅視左僕射陳因之自宋以下唯有傅而無師保後魏有太師太傅太保謂之東宮三師少師少傅少保謂之東宮三少北齊皆有之出則三師在前三少在後後周不置隋與北齊同唐六傅不必備唯其人太子出則乘輅備儀以為後從

臣謹按後魏孝明在東宮宣武皇帝以崔光為太子傅光因辭帝令太子南面再拜宮臣皆從太子拜光北面立不敢答拜唯西面拜謝而出乃授光太子少傅又按唐貞觀中太宗撰太子接三師之儀出殿門迎太子先拜三師答拜每門讓三師坐與三師書前名皇恐後名皇恐再拜

太子賓客 漢高帝時有四人年老以上慢侮逃匿山中義不為漢臣謂之四皓東園公綺里季夏黃公甪里先生高帝不能致及將廢太子太子致禮而四人至鬚眉皓白衣冠甚偉高帝異之太子由是不廢至孝武帝又為太子立博望苑使通賓客晉元康元年愍懷太子始之東宮惠帝詔曰太保衛瓘息庭司空隴西王泰息略太子太傅楊濟息毖太子少師裴楷息憲太子少傅華廙息恒五人與太子往來以備賓客時雖非官而謂之東宮賓客其後無聞唐顯慶元年正月以太子太傅兼侍中韓璦中書令來濟禮部尚書許敬宗左僕射兼太子少師于志寧並為皇太子賓客遂為官員定置四人掌調護侍從規諫凡太子有賓客之事則為上齒蓋取象於四皓焉資位閑重其流不雜天寶中賀知章自太子賓客度為道士還鄉舍宅為觀明皇賦詩贈別時議榮之

太子詹事 秦官漢因之掌皇后太子家漢時太子門大夫庶子洗馬舍人皆屬二傅其太子家令丞率更令丞僕中盾衛率等官並屬詹事後漢省詹事而太子官悉屬少傅魏復置詹事領東宮眾務晉不置至成甯元年復置以掌宮事及永康中復不置自大安以來又置終孝懷之世晉職擬尚書令掌三令四率中庶子庶子洗馬舍人等官銀印青綬介幘進賢兩梁冠絳朝服佩水蒼玉宋與晉同齊置府領宮屬梁陳任總宮朝後魏有太子左右詹事北齊東宮眾事無大小皆統之領三寺二坊又左右衛後周置太子宮正宮尹隋開皇初置詹事二年罷之唐復置詹事一人掌內外眾務糾彈非違總判府事置少詹事一人以貳之龍朔二年改詹事為端尹詹事府為端尹府少詹事為少尹咸通初復舊垂拱元年又改詹事府為宮尹府少詹事為少尹神龍初復舊

臣謹按漢皇后太子各置詹事隨其所在以名官漢官儀曰詹事位在長秋上亦宦者主中諸官後漢志曰初成帝鴻嘉三年省詹事職并大長秋是後皇后當法駕出則中謁中宦者職吏權兼詹事奉引訖罷宦者誅後尚書選兼職吏一人奉引此皆皇后詹事也

丞 秦官漢因之後漢省魏晉皆隨詹事省置至晉永康中詹事特置丞一人掌文書關通六傅過江多用員外郎及博士為之遷尚書郎宋齊因之梁陳制一梁冠皁朝服銅印墨綬後魏北齊並有之隋初置一人唐置二人掌文武官簿帳朝集假使分判府事

臣謹按後魏楊昱為詹事丞孝明為太子尚在懷抱其所出入唯乳母而已不令宮僚聞知昱諫曰太子動止宜令翼從陛下若召太子必降手勑令臣下咸知乃詔曰自此已後非朕手勑勿令兒出宮宮臣在直從至萬歲門

主簿 一人晉始置歷代皆有掌府事及三寺十率府文符之隱漏程限稽失者

司直 二人唐龍朔三年置桂坊比御史臺置令一人比大夫司直二人比侍御史掌彈劾宮府糾其後廢桂坊以司直隸詹事府

太子庶子 古者天子有庶子之官周官謂之諸子職諸侯卿大夫之庶子掌其戒令與其教治有大事則帥國子而致於太子唯所用之秦因之置中庶子庶子員漢因之有庶子員五人史丹王商歐陽地餘並為中庶子王莽改曰中尚翼子後漢員五人職如侍中而庶子無員職如三署中郎凡庶子主宮中職諸吏之適子及支庶版籍魏因之在吳為親近之官張溫言於孫權曰中庶子官最親密切問近對宜用雋選由是以顧譚為之晉中庶子庶子各四員職比散騎常侍及中書監令皆以俊茂者為之或以部守參選若釋真中庶子扶左庶子扶右宋與晉同武冠平巾幘絳朝服元嘉初詔二率中庶子隨太子入直上宮十四年又詔還直東宮至齊其庶子用人卑雜梁天監七年詔革選其年以太子中舍人司徒從事中郎為之凡中庶子四人以功高者一人為祭酒行則負驪前後部護駕與功高中舍人一人共掌其坊之禁令庶子四人掌侍從左右獻納得失與功高通事舍人一人共掌其坊之禁令冠服並同前代陳因梁制後魏亦有中庶子庶子官北齊門下坊中庶子四人領之典書坊庶子四人領之隋分為左右庶子各二人分統門下典書二坊事唐亦各二人分掌左右春坊事左擬侍中而右擬中書令中允司議郎司經洗馬文學校書正字典膳藥藏內直典設宮門等局郎丞崇文館屬右春坊中舍人舍人通事舍人並屬左春坊其諭德贊善亦左右分隸焉

中允 後漢太子官屬有之職在中庶子下洗馬上漢制太子五日一朝其非朝日節使僕及中允朝朝請問起居其後無聞宋齊有中舍人是其職也唐貞觀初改太子中舍人為中允置二員其後復置中舍人龍朔二年又改中允為左贊善大夫咸亨元年復為中允而左贊善仍置焉中允掌侍從禮儀駁正啟奏并監藥及通判坊局事若庶子關則監封題職擬黃門侍郎

司議郎 唐貞觀五年皇太子上表請置史職用司箴誠乃於門下坊置太子司議郎四人精選名士以居之掌侍從規諫駁正啓奏并錄東宮記注分判坊事職擬給事中

中舍人 晉咸寧初置四人以舍人才學之美者爲之與中庶子共掌文翰在中庶子下洗馬上凡奏事文書皆綜典之監和嘗藥月檢奏直臣名更直五日典文疏如中書郎宋亦四人齊有一人梁時功高若一人與中庶子祭酒共掌其坊之禁令陳因之後魏北齊共有之隋曰內舍人四員屬門下坊煬帝減二人唐中舍人二員掌侍從令書奏疏通判坊事擬中書侍郎或謂之太子中書舍人

舍人 秦官也漢因之比郎中選良家子爲之後漢無員更直宿衛如三署郎中魏因之晉有十六人職比散騎中書侍郎從駕則正直從次直守妃出次直從宋有四人齊有一人梁有十六人掌文記陳因梁制後魏亦有之北齊典書坊置二十人隋典書坊有八人煬帝改爲管記舍人減四員唐復爲太子舍人四人掌侍從表啓宣行令旨分判坊事

通事舍人 晉中庶子下有門下通事守舍人四人又庶子下有內典書通事舍人二人掌宣傳令旨內外啓奏梁亦有之視南臺御史多以餘官兼職陳因之北齊門下坊有通事舍人八人至隋亦有之煬帝改爲宣令舍人八員唐復爲通事舍人亦有八員掌引導辭見承旨勞問

左右諭德 唐龍朔三年初置太子左右諭德各一員掌侍從贊諭職比右散騎常侍

左右贊善大夫 唐龍朔二年初置左贊善大夫替中允置右贊善大夫替中舍人咸亨元年中允舍人復舊而贊善大夫別自爲官左右各五人皆掌侍從翊贊比諫議大夫

崇文館學士 魏文帝始置崇文館以王肅爲祭酒其後無聞唐貞觀中置崇賢館有學士直學士員掌經籍圖書教授諸王屬左春坊龍朔二年改司經局爲桂坊管崇賢館而罷隸左春坊兼置文學四員司直二員司直正七品上職爲東宮之憲司府門北向以象御史臺其後省桂坊而崇賢又屬左春坊後沛王賢爲皇太子避其名改爲崇文館其課試舉選與弘文館同

洗馬 秦官漢亦曰先馬如淳曰前驅也國語曰勾踐親爲夫差先馬先或作洗後漢員十六人職如謁者太子出則當直者前驅導威儀也漢選郎中補之安帝時太子謁廟洗馬高山冠非乘從也一時著小冠魏因之晉有八人職如謁者一準祕書郎集賢一梁冠黑介幘絳朝服宋與晉同齊置一人梁有典經局又置八人掌文翰尤爲清選皆取甲族有才名者爲之位視通直郎陳因之北齊典經坊洗馬二人隋曰司經局置洗馬四人煬帝減二人唐司經局洗馬二人龍朔二年改洗馬爲司經大夫三年改司經局爲桂坊一云析司經局置桂坊司經大夫通判坊事罷隸左春坊咸亨初復舊掌侍奉及經史圖籍判局事

臣謹按梁庾於陵拜洗馬舍人舊東宮官屬通爲清選洗馬掌文翰尤其清者近代用人皆取甲族有才名者時於陵周捨並擢充斯職武帝曰官以人而清豈限於甲族時論美之

文學 漢時郡及王國並有文學而東宮無聞魏武爲丞相以司馬宣王爲太子文學自後並無後周建德三年置太子文學十人後省唐龍朔三年置太子文學四員屬桂坊桂坊廢而屬司經開元中定制爲三員掌侍奉分掌四部書判功事

校書 宋孝建中洗馬有校書史四人自後無聞北齊有太子校書隋太子校書有六人唐因人掌讐校經籍無郎字初弘文崇文二館省讐校開元六年罷讐校置校書弘文四員崇文二員

正字 隋太子正字二員煬帝改爲正書唐復爲正字亦置二人掌刊正文字

典膳郎 漢魏以來並有太子食官局至北齊門下坊始別置典膳局有監丞各二人隋如北齊之制唐典膳局有郎二人丞二人郎掌進膳嘗食之事丞貳之

臣謹按唐乾封元年皇太子久在內不出典膳丞邢文偉減膳上啓曰竊見禮大戴記曰太子既冠成人免於保傅之嚴則有司過之史虧膳之宰史之義不得不書過不書則死之宰之義不得不撤膳不撤則死之近代以來未甚談議不接謁見常三朝之後但與內人獨居何由發揮聖智使睿哲文明者乎今史雖闕官宰當奉職忝備所司不敢逃死謹守禮經遂申減膳其年右史闕宰臣進擬數人高宗曰邢文偉嫉我兒不讀書不肯與內與此人甚直可用遂拜焉

藥藏郎 北齊門下坊領藥藏局有監丞各二人侍藥四人隋如齊之制唐藥藏局有郎二人丞二人郎掌和劑醫藥之事丞貳之

內直郎 齊有太子內直兵局內直兵史二人梁有齋內主璽主衣扶侍等局各置有司以丞其事陳因之北齊門下坊領殿內局有內直監二人副監四人隋如北齊制唐內直局有郎二人丞二人掌符璽織扇几杖衣服之事丞貳之

典設郎 南齊置齋居局齋居庫郎一人梁有齋內局各置有司以丞其事陳因之北齊門下坊有齋局有太子齋內閤帥內閤帥各二人隋如北齊制唐典設局有郎四人掌凡大祭祀湯沐灑掃鋪陳之事

宮門郎 秦有太子門大夫漢因之員二人職比郎將漢官儀曰門大夫選四府掾屬爲之安帝時太子謁廟門大夫乘從冠兩梁魏因之晉太子門大夫準公車令掌通牋表及宮門禁防宋因之梁代視謁者僕射陳因之北齊謂之門大夫坊并統倚官隋煬帝改門大夫爲宮門監唐初爲宮門大夫後爲宮門局有郎二人丞二人郎掌東宮殿門管鑰及啓閉之事丞貳之

太子家令 家令秦官屬詹事太子稱家故曰家令漢因之有丞主倉穀飲食職似司農少府漢代太子食湯沐邑十縣家令主之後漢則屬少傅主倉穀飲食魏因之晉又兼主刑獄職比廷尉司農少府其家令率更令及僕射爲太子三卿太康八年進品與中庶子二率同自漢至晉家令在率更下宋則居上銅印墨綬進賢兩梁冠絳朝服主內茵褥牀几諸供中之物及官奴婢月用錢庫內鹽米車牛刑獄齊因之自宋齊以來清流者不爲之至梁天監六年武帝以三卿陵替乃詔革選家令視常侍率更僕視黃門陳因之後魏亦曰三卿北齊詹事領家令丞有功曹主簿領食官典倉司藏等三署及領內坊令丞隋掌刑法食膳倉庫奴婢等煬帝改爲司府令唐復爲家令寺置家令一人唯不主刑法餘與隋同丞二人主簿一人領食官署典倉署司藏署署令各一人丞各二人

太子率更令 率更令秦官顏師古曰掌知漏刻故曰率更漢因之有丞主簿庶子舍人更直職似光祿勳而屬詹事後漢因之爲太子少傅屬官魏因之晉主宮殿門戶及賞罰事銅印墨綬進賢兩梁冠絳朝服宋齊因之梁陳後魏並有北齊領中盾署掌周衛禁防漏刻鐘鼓亦屬詹事隋掌伎樂漏刻有令丞錄事各一人唐因之加掌皇族次序及刑法事丞主簿各一人

太子僕 僕秦官漢因之又有長丞主車馬又有太子廄長一人亦主車馬後漢因之而屬少傅職如太僕太子五日一朝其非太子朝日則與中允入問起居魏因之晉主輿馬兼主親族如太僕宗正從駕乘安車次家令而屬詹事宋齊並有之梁視黃門郎陳因之後魏亦有北齊詹事領僕寺置令丞功曹主簿領廄牧署令隋僕寺置僕一人掌皇族親疏車輿騎乘領廄牧署令丞唐因之加掌儀仗喪葬而不掌親族丞主簿各一人統廄牧署廄牧有令一人丞二人掌車馬閑廄畜牧之事

左右衛率府 衛率府秦官漢因之屬詹事後漢王門衛徼循衛士而屬少傅魏因之晉武帝建東宮置衛率初曰中衛率秦始五年分爲左右衛率各領一軍惠帝時愍懷太子在東宮又加前後二衛率晉志日凡太子出前衛率導在前黃麾左右二率從夾導輿車後衛率從在鳥皮外並帶戟執刀成都王穎爲太弟又置中衛率是爲五率及江左省前後率孝武太元中又置宋齊止置左右二率梁二率視御史中丞銅印墨綬武冠絳朝服左率領七營右率領四營陳有一率後魏日左右衛率北齊謂之左右衛率坊後周東宮有司戎司武司衛等員隋曰左右率兼有副率二人煬帝改左右衛率爲左右侍率兼置副率二人唐爲左右衛率

府龍朔三年改其府爲左右典戎衛咸亨元年復舊置率各一人領兵宿衛督攝隊伍總判府事副率二人長史錄事及倉兵冑曹參軍各一人親府勳府翊府中郎將各一人

臣謹按晉劉卞爲愍懷太子左率知賈后欲害太子乃問張華華曰君欲如何卞曰東宮儁乂如林四率精兵萬人公居阿衡之任若得公命皇太子因朝使錄尚書事廢賈后於金墉兩黃門力耳華不從賈后微聞遷卞雍州刺史卞乃服藥卒又按隋以大臣領其職蘇孝慈自兵部尚書拜左衞率尚書如故又按唐以李靖爲中書令行左衞率轉兵部尚書

左右司禦率府 隋文帝置左右宗衞其官制如左右衞各掌以皇族侍衞煬帝後爲左右武侍率唐後爲左右宗衞率府龍朔二年改爲左右司禦衞後改衞爲率府爲副率二人長史錄事及倉兵曹參軍各一人

左右清道率府 隋有左右虞候各置開府一人唐開元初爲清道率府各置率一人掌斥堠道路先驅後殿伺察姦非副率二人長史錄事及倉兵曹參軍各一人

左右監門率府 隋左右監門率各置一人掌諸門禁煬帝改爲監門將軍唐復爲左右監門率擬左右監門各置率一人掌門禁之籍副率二人長史錄事參軍及兵冑二曹參軍各一人

左右內率府 隋置左右率副率各一人掌領備身以上禁內侍衞供奉兵仗唐爲左右內率府各置率一人掌侍衞左右供奉兵仗副率長史錄事參軍及兵冑曹各一人千牛各十六人掌執細刀弓箭宿衞侍從備身各二十八人掌宿衞侍從

旅賁中郎將 一人職如虎賁中郎將宋初置天子有虎賁者武訓也諸侯有旅賁禦災害也唐諸率府初有中郎將官永徽元年以太子名忠改諸率府中郎將爲旅賁郎將其郎將改爲翊軍後或改或省

太孫官屬 唐永淳元年三月立皇孫重照爲皇太孫將置府寮高宗召吏部郎中王方慶問曰前代故事如何方慶進曰按周禮有嫡孫漢魏以來皇太子在亦不立太孫晉惠帝永寧元年立愍懷太子第三子襄陽王尚爲皇太孫太子官屬即轉爲太孫官屬南齊永明十年立文惠太子長子南郡王昭業爲皇太孫使居東宮今皇太子在而立太孫旁求載籍未有前例上曰自我作古可乎對曰五帝不相沿樂苟不失上下之序不虧政理之道亦何事而不可詩曰貽厥孫謀以燕翼子禮曰君子抱孫不抱子孫可以爲王父尸以其昭穆同也今陛下肇建皇孫翔斯盛典所以彰子孫千億之盛福祚靈長之應也上悅使方慶詳求典故官屬員品乃奏太孫府置師傅及文學祭酒及長史曹掾主簿管記司錄以下六曹從事等官各加王府一級後上頗以爲疑竟不補授而止

通志卷五十五

通志卷五十六

宋右迪功郎鄭樵漁仲撰

職官略第六

王侯第十

歷代王侯封爵（公主并官屬附）

昔黄帝旁行天下分建萬國至于唐虞別為五等曰公侯伯子男則虞書所謂輯五瑞脩五玉是其制也夏與唐虞同商制天子之田方千里公侯百里伯七十里子男五十里不能五十里者不合於天子附於諸侯（鄭玄云此乃商所因夏爵三等之制）凡四海之內九州州方千里州建百里之國三十七十里之國六十五十里之國百有二十凡二百一十國名山大澤不以封其餘以為附庸閒田凡九州千七百七十三國千里之外設方伯五國為屬屬有長十國為連連有帥三十國為卒卒有正二百一十國為州州有伯八州八伯五十六正百六十八帥三百三十六長八伯各以其屬屬於天子之老二人分天下以為左右曰二伯千里之內曰甸千里之外曰采周制封王者後凡有功之諸侯大者地方五百里侯四百里伯三百里子二百里男百里方千里曰王畿其外方五百里曰侯服又其外方五百里曰甸服又其外方五百里曰男服又其外方五百里曰采服又其外方五百里曰衛服又其外方五百里曰蠻服又其外方五百里曰夷服又其外方五百里曰鎮服又其外方五百里曰藩服（周之初列爵惟五公侯伯子男分土惟三公侯方百里伯方七十里子男方五十里並因商制至周公居攝制禮作樂列爵分土皆五等為公五百里侯四百里伯三百里子二百里男一百里）凡諸侯世子世國大夫不世爵使人以德爵人以功（謂縣內及列國諸侯為天子大夫者不世爵而世祿所以避賢也）諸侯有上大夫卿下大夫上士中士下士凡五等諸侯之大夫不世爵祿公國孤一人（公之孤四命）大國三卿皆命於天子次國三卿二卿命於天子一卿命於其君（左傳曰管仲受下卿之禮避天子之二守國高故也明國高是天子之命卿也）小國三卿一卿命於天子二卿命於其君每國下大夫五人上士二十七人大國之卿不過三命下卿再命小國之卿與大夫一命其士不命次國之上卿位當大國之中中當其下下當其上大夫小國之上卿位當大國之下卿中當其上大夫下當其下大夫至于周衰諸侯失制號令自己其名不一於是正卿當國謂之相而楚謂之令尹其他異同難悉數矣秦制爵二十等以賞功勞二十徹侯（後漢志曰徹侯金印紫綬功大者食縣小者食鄉亭得臣其所食吏民後避漢武帝諱改曰通侯或曰列侯）十九關內侯（顏師古曰言有侯號而居京畿無國邑也）十八大庶長（劉昭曰自左庶長以上至大庶長皆軍將也所將庶人更卒故以為名大庶長即大將軍也左右庶長即左右偏裨也）十七駟車庶長（言乘駟馬之車而為眾庶之長）十六大上造（言皆主上造之士）十五少上造十四右更（言主領更卒部其役事）十三中更十二左更十一右庶長（言為眾列之長）十左庶長九五大夫（劉昭曰自公士至五大夫皆軍吏也）八公乘（言得乘公家之車也劉昭曰自吏民爵不得過公乘過者得貰與子孫若同產然則公乘皆軍吏之爵最尊）七公大夫（與下同）六官大夫（加官者亦稍尊也亦謂之國大夫）五大夫（列位從大夫）四不更（言不預更卒之事）三簪褭（以組帶馬曰褭簪褭者主飾此馬）二上造（造成也言有成命於上）一公士（言有爵命異於士卒劉昭曰步卒之有爵為士者也戰國之際秦項之間權設寵有加賜邑君者蓋假其位號或空受其爵耳則田嬰為靖郭君白起為武安君魏冉弟為華陽君秦昭王弟為涇陽君及高陵君蔡澤為剛成君其後項梁為武信君陳餘為成安君李左車為廣武君之類是也至漢尤多蓋在封爵之外別加美號）漢興設爵二等曰王曰侯皇子而封為王者其實古諸侯也故謂之諸侯王王子封為侯者謂之諸侯羣臣異姓以功封者謂之徹侯大者不過萬家小者五六百戶以為差降而諸王國皆連城數十踰於古制其諸侯功德優盛朝廷所敬異有賜特進者其位在三公下其次列侯有功德天子命為諸侯者謂之朝侯其位次九卿下皆平冕文衣侍祠郊廟稱侍祠侯者但侍祠而無朝位其非朝侯侍祠侯而以下土小國或以肺腑宿親若公主子孫或奉先侯墳墓在京師者亦隨時見會謂之猥諸侯凡諸王侯皆金璽盭綬（古者印璽通名今則尊卑有別漢舊儀云諸侯王金印黃金橐駝紐文刻曰某王之璽赤地綬列侯黃金印龜紐文曰某侯之印亦以紫綬）掌治其國王常冠遠遊冠綬五采而多朱自稱曰寡人教曰令凡諸侯王官傅為太傅相為丞相又有御史大夫諸卿皆秩二千石百官皆如漢朝漢朝唯置丞相其御史大夫以下皆自置之及七國作亂之後景帝懲之遂令諸侯王不得治民令內史治之改丞相曰相省御史大夫廷尉少府宗正博士官武帝改漢內史中尉郎中令之名（內史為京兆尹中尉為執金吾郎中令為光祿勳）而王國如故職員皆不得自置又令諸王得推恩封子弟為列侯於是齊分為七趙分為六梁分為五淮南分為三又令諸侯十月獻酎金不如法者國除作左官之律附益之法自後諸侯王唯得衣食稅租至成帝綏和元年省內史更令相治民（大司空何武奏罷內史相如太守中尉如都尉職是後中尉爭權與王相奏常不和）參太傅但曰傅漢初論功封列侯者凡百四十有三人（蕭何為冠）外戚與定天下侯者二人凡列侯金印紫綬大者食縣小者食鄉亭得臣其所食吏民凡皇帝之女公主皆列侯尚之王國有傅（初曰太傅後除太字）相（本統眾官後省內史而相理民如郡太守史記曰曹參相齊又曰石慶為齊相舉國皆慕其家行不言而齊國大治而為立石相祠也）內史（治國民）中尉（掌武事）郎中令（秩千石墨綬）僕（本曰太僕改曰僕墨綬）文學（宋志云前漢王國已置文學）大司農衛士長太倉長列侯國亦有相餘略與王國同公主有家令門尉亦有賜重封者（顏師古曰重封謂加二號耳）成帝鴻嘉

三年詔七大夫以上皆令食邑秦本制列侯乃得食邑七大夫公大夫非七大夫以下皆復其身及戶勿事是歲又令吏民得買爵買級千錢後漢爵亦二等皇子封王其郡爲國其列侯雖鄧寇元勳所食不過四縣爲侯國舊制列侯奉朝請在長安者皆位次三公中興以來唯以功德賜位特進者次車騎將軍賜位朝侯次五校尉賜位侍祠侯次大夫其餘以肺腑及公主孫子或奉墳墓亦爲猥諸侯漢官儀曰皇后父兄奉爲特進侯朝會位次以次三公明帝爲四姓小侯開立學校置五經師外戚樊氏郭氏陰氏馬氏諸子弟立學號曰四姓小侯以非列侯故曰小侯諸王封者受茅土歸以立社稷侯歸國不得臣吏民至獻帝建安初封曹操爲費亭侯之制自此始也二十年曹公始置名號侯置五大夫與舊列侯關內侯凡六等以賞軍功初漢制皇女皆封縣公主儀服同列侯其尊崇者加號長公主儀服同蕃王諸王女皆封鄉亭翁主儀服同鄉亭侯漢諸王女亦謂之翁主漢書謂齊厲王姊爲紀翁主以紀氏所生因以爲號章帝唯特封東平憲王蒼琅邪孝王京女爲縣公主其後漢安帝姊妹亦封長公主同之皇女蔡邕獨斷曰漢帝子女曰公主儀比諸侯姊妹曰長公主儀比諸侯王也其皇女封公主者所生之子襲母封爲列侯皆傳國于後鄉亭之封則不傳襲永初元年鄧太后封清河孝王慶女十一人皆爲鄉公主分食邑奉王國有傅如師不臣二千石相秩二千石刁曜爲魯相行縣三老執嚮學官處士皆乘馬隨後所頓亭鄉傳輟講經內史如郡丞中尉郎中令掌五大夫郎中宿衛如光祿勳僕主車馬治書奉使至京都謁者禮樂長衛士長醫工長永巷長祠祀長郎中其紹封削絀者中尉內史官屬亦以率減列侯國置相其秩各如本縣主治民如令長不臣也但納租于侯以戶數爲限其官隨國大小爲增減食邑千戶以上置家丞庶子各一人不滿千戶則不置家丞舊置行人洗馬門大夫等官又悉省諸公主各置家令一人魏黃初三年初制封王之庶子爲鄉公嗣王之庶子爲鄉侯公之庶子爲亭侯其後定制凡國王公侯伯子男六等次縣侯次鄉侯次亭侯次關內侯又置名號侯爵十八級關中侯爵十七級皆金印紫綬又關外侯十六級銅印龜紐墨綬五大夫十五級銅印環紐亦墨綬自關內侯皆不食租虛封爵自魏始而有保傅相常侍侍郎郎中令中尉大農文學友謁者大夫諸雜署令丞公主有家令僕丞行夜督郵王太妃有家令僕丞晉亦有王公侯伯子男六等之封晉令曰有開國郡公縣公郡侯縣侯伯子男及鄉亭關中關內外等侯之爵唯安平郡公孚邑萬戶制度如魏諸王其餘縣公邑千八百戶地方七十五里大國侯邑千六百戶地方七十里次國侯邑千四百戶地方六十五里大國伯邑千三百戶地方六十里次國伯邑一千戶地方五十里大國子邑八百戶地方五十里次國子邑六百戶地方四十里男邑四百戶地方四十里武帝受禪之初泰始元年封建子弟爲王二十餘人以郡爲國邑二萬戶爲大國置上中下三軍兵五千人邑萬戶爲次國置上軍下軍兵三千人邑五千戶爲小國置一軍兵千五百人王不之國宮於京師罷五等之制公侯邑萬戶以上國爲大國五千以上爲次國不滿五千戶爲小國初雖有封國而王公皆在京師咸寧三年詔徙諸王公皆歸國時楊珧荀勗以齊王攸有時名懼惠帝有後難乃追故司空裴秀以立建之旨遂詔王公悉令歸國乃更制戶邑皆中尉領兵其平原汝南琅邪扶風齊爲大國梁趙樂安燕安平義陽爲次國其餘爲小國既遣就國而諸公皆戀京師涕泣而去凡名山大澤不以封鹽鐵金銀銅錫始平之竹園別都宮室園囿皆不爲屬國其仕在天朝者與之國同皆自選其文武官諸入作卿士而其世子年已壯者皆遣泣國其王公侯以下茅社符璽車旗命服一如泰始故事凡王金印龜紐纁朱綬遠遊三梁冠絳紗朝服佩山玄玉開國縣公郡公金章皁朱紱郡侯青朱綬同進賢三梁冠絳朝服佩山玄玉開國縣侯伯子男金章朱墨綬冠佩亦同初武帝踐阼封宣帝孫汞爲東莞郡王始置二卿侯以下置官屬隨國大小無定制諸侯並三分食一東晉元帝太興元年始置九分食一元帝以西陽王羕屬尊元會特爲設牀明帝以羕皇室元老特爲之拜成帝詔羕依安平獻王孚故事設牀帳於殿上帝親迎拜王國有傅傅即師也以景帝諱師故曰傅友武帝初置一人蓋因文王仲尼四友之名典書令丞掌國教令職官錄曰漢制本曰尚書改爲治書國諱又改爲典書至晉武置典書令是也文學一人郎中令中尉大農此爲三卿左右常侍大國各二人次國各一人掌贊相獻替內史改太史爲內史又晉書曰改國相爲內史將軍大國上中下軍三將軍次國上下二軍將軍各一人小國用上軍而已典祠典衛學官令治書中尉司馬世子庶子陵廟牧長謁者中大夫舍人典府等其後省相及僕省郎中置侍郎二人公侯以下國官屬遞減晉書曰詔以壽光公鄭沖及朗陵公何曾國皆置郎中令又曰元帝初渡江即晉王位諸參軍奉車都尉掾屬者百餘人時皆謂之曰百六掾宋氏一用晉制唯大小國皆有三軍凡王子爲侯者食邑皆千戶諸王世子皆金印紫綬進賢兩梁冠佩山玄玉初江夏王義恭爲孝武所忌憂懼故奏革諸侯聽事不得南向坐國官正冬不得跣登國殿及夾侍障扇不得雉尾劍不得鹿盧形刀不得過銀銅爲飾詔可王國有師改傅爲之自內史相記室以下官多與晉同凡郡縣內史相並於國主稱臣去任便止孝武孝建中始革此制不得追敬不得稱臣止宜云下官而已齊封爵史闕王國有師諸議文學等官公侯置郎中令卿一人餘與晉宋同梁封爵亦如晉宋之制諸王皆假金獸符第一至第五左竹使符第六至第十左諸公侯皆假銅獸符竹使符第一至第五名山大澤不以封鹽鐵金銀銅

錫及竹園別都宮室園圃皆不以屬國諸王言曰令境內稱之曰殿下公侯封郡縣者言曰教境內稱之曰第下自第下稱皆曰寡人諸王公侯國官皆稱臣上於天朝皆稱陪臣王國置傅相公以下則臺各爲選置之皆掌知民事郎中令將軍常侍典書令典衞長伯子無典衞典祠等官若王加將軍開府則置長史司馬及記室掾屬祭酒主簿錄事官屬嗣王則唯置郎中令中尉常侍大農藩王則無常侍制與後漢同陳置九等公王有家令之制郡有王嗣王藩王開國郡縣公開國縣侯開國縣伯開國縣子開國縣男沐食侯鄉亭侯關內侯關外侯鄱陽王之封也遣度支尚書蕭睿持節兼太宰告于太廟五嶽尚書王質持節兼太宰告于太社凡親王起家則爲侍中若將軍方得有佐史無將軍則無府止有國官皇太子子家嫡者封王依諸王起家餘子並封公起家中書郎諸王子并諸侯代子起家給事王公子起家員外散騎侍郎令僕子起家祕書郎若員滿亦爲版法曹次令僕子起家著作佐郎亦爲版行參軍外有揚州主簿太學博士國常侍奉朝請嗣王行參軍並起家官皇弟皇子府置師長史司馬從事中郎諸議參軍友掾屬記室等官其嗣王藩王府則遞減之王國置郎中令將軍常侍典祠令舍人等官其嗣王藩王則遞減其員後魏道武皇始元年始封五等至天賜元年減五等之爵始分爲四曰王公侯子除伯男之號皇子及異姓元功上勳者封王皇族及始藩王皆降爲公諸公降爲侯子於是封王者七十人公者二十二人侯者七十九人子者百有三人王封大郡公封小郡侯封大縣子封小縣其後復加伯男焉孝文太和八年詔凡王公侯伯子男開國食邑者王食半公三分食一侯伯四分食一子男五分食一舊制諸鎮將刺史假五等爵及有所貢獻而得假爵者皆得世襲延興二年詔革此類不得世襲又舊制諸以勳賜官爵者子孫世襲并襲軍號後改降五等始革之止襲爵而已凡公主皆嫁于賓附之國朝臣子弟雖名族美彥不得尚焉後魏道武帝因見漢書婁敬說高帝欲以得元公主妻匈奴良久故立此制矣諸王侯各亦有師友文學侍郎掾屬舍人等官時王國舍人應取八族及清修之門公主有家令丞高平公主薨欲使公主家令居盧制服太常博士常景曰婦人無專國之理婦人爲君男子爲臣古禮初不載則家令不得爲純臣公主不得爲正君明矣乃寢北齊有王公侯伯子男六等之爵王位列大司馬上非親王則在三公下封內之調盡以入臺三分食一公以下四分食一王置師一人餘官大抵與晉宋梁制不異公主則置家令丞等官後周制有公侯伯子男五等爵者皆加開國授柱國大將軍開府儀同者並加使持節大都督皇弟皇子置友及學士等員外餘吏闕隋開皇中制國王郡王國公郡公縣公侯伯子男凡九等樊子蓋進爵封爲濟公言其功濟天下特爲立名無此郡國至煬帝唯留王公侯三等餘並廢之皇伯叔昆弟皇子是爲親王及大長公主長公主皆置官屬親王置師友文學長史司馬諮議掾主簿錄事功曹記室戶倉兵騎法士等曹參軍等東西閤祭酒參軍事典籤等員無王無師友煬帝更名王府參軍爲諸司書佐屬參軍則直以屬爲名改國令爲家令餘以國爲名者皆去之諸公主各置家令丞主簿謁者舍人等員郡主唯無主簿唐高祖之初以天下未定廣封宗室從弟及姪年始孩童數十人皆封爲郡王太宗即位問侍臣曰徧封宗子於天下便乎右僕射封德彝對曰不便歷觀往古封王者今日最多兩漢以降唯封帝子及親兄弟若宗室疏遠者非有大功如周之郇滕漢之賈澤並不得濫叨名器所以別親疏也先朝敦睦九族一切封王爵命既崇多給力役蓋以天下爲私殊非至公馭物之道也太宗然之於是率以屬疏降爵唯有功者數人得王餘並封縣公貞觀二年十二月太宗謂公卿欲使子孫長久社稷永安其禮如何右僕射蕭瑀對曰臣觀前代國祚所以長久者莫不建諸侯以爲磐石之固秦併六國罷侯置守二代而亡漢有天下參建藩屏年踰四百魏晉廢之不能永久封建之法實可遵行始議裂土之制禮部侍郎李百藥上議曰自古皇王君臨寓內莫不受命上元飛名帝籙祚之長短必在天時政或盛衰有關人事而述著之家多守常轍莫不情忘今古理蔽澆淳欲以百王之季行三代之法也中書侍郎顏師古論曰臣愚以爲當今之要莫如量其遠近分置王國均其戶邑彊弱相齊畫野分疆不得過大閒以州縣雜錯而居互相維持永無傾奪使各守其境而不能爲非協力同心則足扶京室特進魏徵又陳五不可之議六年監察御史馬周上疏大略如李百藥且謂宜賦以茅土疇其戶邑必有材行隨器方授十一年六月詔荆王元景等二十一王爲諸州都督刺史咸令子孫代代承襲非有大故無或黜免其後並不願行迺止後定制皇兄弟皇子爲王皆封國之親王龍朔二年制諸王子嫡者封郡王任職從四品下敍其衆子封郡公從五品上敍貞觀中王珪奏曰三品以下遇親王於塗皆降乘違法申敬有乖儀準太宗曰卿自尊而卑吾子乎魏徵曰自古迄今親王班次三公之下今三品者皆天子公卿及八座之長爲王降乘非王所宜當也詔從之親王府各置官屬凡府官國官王未出閤則不置太子男封郡王其庶姓卿士功業特盛者亦封郡王自至德元年至大厤三年封異姓之人爲王者凡百十二人其次封國公其次有郡縣開國公侯伯子男之號亦九等並無官土其加實封者則食其封分食諸郡以租調給

自武德至天寶實封者百餘家自至德二年至大曆三年食實封者二百六十五家凡食四萬四千八百有六十戶十六年置王府官以四考爲限嗣聖二年初置公府官員武太后天授二年又置皇孫官員皇姑爲大長公主後亦謂長公主之姊爲長公主女爲公主皆封國視正一品太子女爲郡主封郡視從一品親王女爲縣主封縣正二品凡諸王及公主皆以親爲尊卑之昆弟姊妹先拜於皇子上書稱啟神龍初下詔革之開元四年二月制下詔封諸國自始封至曾孫其封戶三分減一十年加永穆公主封千戶初永穆等各封五百戶左右云太薄上曰戰士出萬死不顧一生所賞賜纔不過一二十疋此輩何功於人頓食厚封約之使知儉嗇不亦可乎左右以長公主皆二千戶請與比上曰吾嘗讀後漢書見明帝曰朕子不敢望先帝子車服下之吾未嘗不廢卷歎息如何欲令此輩望長公主乎左右不敢復言至是公主等車服殆不給故加爲自後公主皆封千戶遂成其例凡諸王及公主以下所食封邑皆以課戶充州縣與國官邑官共執文帳準其戶數收其租調均爲三分其一入官其二入國公所食邑則全給爲二十年五月敕諸食邑實封並以三丁爲限不須一分入官其物仍令封隨租調送入京親王府置傅一人師範輔導參議可否初置王師景雲二年改爲傅諮議參軍一人弼政幕府諮謀庶事友一人陪隨左右拾遺補闕文學二人脩撰文章讎校經史東西閤祭酒各一人接引賓客長史司馬各一人通判掾一人通判公冑戶三曹屬一人通判兵騎法士四曹主簿一人覆省教命記室參軍二人掌表啟書疏宣行教命錄事參軍一人受事勾檢功曹倉曹戶曹兵曹騎曹法曹士曹等參軍各一人各有所主參軍二人行參軍四人掌出使雜檢校及典籤二人宣傳教命親事府置典軍副典軍各二人掌守衛陪從執仗親事執弓刀衛仗執乘親事各十六人供進騎乘親事三百三十三人帳內府置典軍副典軍各三人掌儀衛陪從兼知鞍馬等司事帳內六百六十七人親王國國令一人大農二人通判國司尉二人分判丞一人監印勾稽小吏有差若府主薨則諸府佐視事帳內過葬追退雖無妻子亦準此其國官聽終喪若有襲爵者聽其迴事諸公主邑司有家令丞錄事各一人並隸宗正寺出降者不置

州郡第十一上

司隸校尉司隸周官也掌五隸之法帥其民而捕盜賊漢武帝征和四年初置司隸校尉持節從中都官徒千二百人捕巫蠱督大姦猾後罷其兵察三輔三河弘農晉志曰漢武帝初置十三州刺史各一人又置司隸察三輔三河弘農七郡元帝初元四年去節後諸葛豐爲司隸又加節尋復去之司隸去節自豐始也成帝元延四年省綏和二年哀帝復置但爲司隸除校尉字冠進賢冠屬大司空比司直司隸掌察皇太子以下行馬內事皆主之專道而行專席而坐初除皆謁兩府謂丞相御史也後漢復爲司隸校尉所部河南尹河內右扶風左馮翊京兆尹河東弘農凡七郡始河南洛陽無所不糾唯不察三公廷議處九卿上朝賀處公卿下凡司隸屬官有從事史十二人其都官從事史特爲准劇主察百官之犯法者魏晉司隸與二漢同司隸於端門外坐在諸卿上絕席其入殿按本品秩在諸卿下不絕席鍾會爲司隸雖在外司時政損益當世與奪無不畢綜初以司隸官屬制置如州儀而俗稱司州及晉魏乃以京輔所部定名置司州以司隸校尉統之及東晉渡江罷司隸校尉官變其職爲揚州刺史後魏北齊爲司州牧後周有司隸下大夫掌五隸及徒者捕盜賊因執之事屬大司寇隋初有雍州牧後煬帝置司隸臺有大夫一人掌諸巡察畿道衛爲司隸大夫別駕二人分察畿內一人按東都一人按京師後又罷司隸臺而留司隸從事之名不爲常員臨時選京官請明者權攝以行唐無司隸校尉而有京畿採訪使亦其職也

州牧刺史黃帝立四監以治萬國唐有九州舜置十二州有牧夏爲九州牧商周入命曰牧秦置監察御史漢興省之至惠帝三年又遣御史監三輔郡察詞訟所察之事凡九條監者二歲更之常以十月奏事十二月還監其後諸州復置監察御史文帝十三年以御史不奉法下失其職乃遣丞相史出刺并督監察御史武帝元封元年御史止不復監至五年乃置部刺史掌奉詔六條察州凡十二州焉居部九歲舉爲守相成帝綏和元年以爲刺史位下大夫而臨二千石輕重不相準乃更爲州牧秩眞二千石位次九卿九卿缺以高第補哀帝建平二年復爲刺史元壽二年復爲牧後漢光武建武十八年復爲刺史外十二州各一人其一州屬司隸校尉漢刺史乘傳周行郡國無適所治中興所治有定處舊常以八月巡行所部錄囚徒考殿最歲盡詣京都奏事中興但因計吏不復自詣京師雖父母之喪不得去職或謂州府爲外臺謝夷吾爲荊州刺史第五倫薦之曰尋功簡能爲外臺之表監察聲實爲九伯之冠靈帝中平五年改刺史準置牧是時天下方亂豪傑各欲據有州郡而劉焉劉虞並自九卿出領州牧州牧之任自此重矣舊制州牧奏二千石長史不任位者事皆先下三公三公遣掾史按驗然後黜退光武即位以來不用舊典時用法明察不復委任三府故權歸舉刺之吏魏晉爲刺史任重者爲使持節都督輕者爲持節皆銅印墨綬進賢兩梁冠絳朝服而領兵者武冠西晉罷司隸置司州江左則揚州刺史自魏以來庶姓爲州而無將軍者謂之單車刺史凡單車刺史加督進一品都督進二品不論持節假節晉制刺史三年一入奏宋與魏同梁刺史受之明日辭官廟而行皆持節後魏天錫二年又制諸州置三刺史皇室一人異姓二人比古之上中下三士也郡置三太守縣置三令長自後魏北齊則司州曰牧而北齊制州爲上中下三等每等又有上中下之差自上上州至下下州凡九等後周則雍州曰牧而制刺史初除奉辭之曰備列鹵簿凡總管刺史則加使持節諸軍事以此爲常及蘇綽爲六條之制初文帝兼魏政令百官誦習其牧守令長幷通六條及計帳者不得居官靜帝大象元年詔總管刺史及行兵者加持節餘悉罷之隋雍州置牧餘州並置刺史亦同北齊九等之制總管刺史加使持節至開皇三年置郡以州統縣自是刺史之名存而職廢刺史縣令三年一遷諸有兵處則刺史帶軍事以統之十四年改九等州縣爲上中下凡三等煬帝大業初復罷州置郡爲司隸臺大夫一人巡察畿內其刺史十四人巡察畿外諸郡亦有六條之制與漢六條不同從事四十人副刺史巡察每年二月乘軺巡郡縣十月入奏唐武德元年罷郡置州而雍州置牧至神龍二年二月分天下爲十道置巡察使二十人以左右臺及外內官五品以下廉明清勁者爲之兼按都縣再朞而代至景雲二年改置按察使道各一人開元十年省十七年復置二十二年改置採訪處置使治於所部之大郡其有戎旅之地即置節度使仍各置郎天寶九年三月勅本置採訪使令舉天下大綱若大小必由是一人兼理數郡自今已後採訪使考察善惡舉其大綱自餘郡縣所有奏請並委郡守不須干及至德之後改採訪使爲觀察并領都團練使其僚屬隋事增置分天下爲四十餘道大者十餘州小者二三州各因其山川區域爲制諸道增減不常員額自天寶以後因十五事再置措置使訪察河東西及京師以來運司採訪各以其職再建屯田使又使名沿革不一其職事攝置運使司又至開元敕錄令諸道置隨軍監察御史各守司隸政事又自建中元年定矣

臣謹按漢制刺史以六條問事非條所問卽不省一條彊宗豪右田宅踰制以彊陵弱以衆暴寡二條二千石不奉詔書遵承典制背公向私旁緣牟利侵漁百姓聚斂爲姦三條二千石不卹疑獄風厲殺人怒則任刑喜則任賞煩擾刻暴剝截黎元爲百姓所疾山崩石裂妖祥訛言四條二千石選辟不平苟阿所愛蔽賢寵頑五條二千石子弟恃怙榮勢請託所監

六條二千石違公下比阿附豪彊通行貨賂割損正令又按後周六條之制其略曰其一先治心心不清淨則思慮妄生見理不明是以治民之要在於清心而已其二敦教化其三盡地利其四擢賢良其五卹獄訟其六均賦役

總論州佐 別駕 治中 主簿 功曹書佐 部郡國從事 典郡書佐 祭酒從事史 中正 都督 都護

州之佐吏漢有別駕治中主簿功曹書佐簿曹從事史主錢穀簿書兵曹兵曹從事史有軍事則置之以主兵事部郡國從事史典郡書佐等官又有孝經師主監試經月令師主時節祠祀律令師主平法律皆州自辟除通爲百石又後漢書或云秩六百石職與司隸官屬同唯無都官從事漢魏之際復增祭酒文學從事員晉又有武猛從事員其州邊遠有山險寇賊者置弓馬從事五十人歷代職員互相因襲雖小有更易而大抵不異自魏晉已後刺史多帶將軍開府則州與府各置僚屬州官理民別駕治中以下是府官理戎長史司馬等官是後魏舊以州牧親民班九條之制使前政通吏以待後人獻文帝革制刺史守宰到官之日仰自舉擇以爲選官若簡任失所以罔上論自孝明孝昌以後四方多難刺史太守皆爲當部都督雖無兵事皆立僚佐頗爲煩擾高隆之乃表請自非實在邊要見有兵馬者悉皆斷之北齊上上州刺史屬官佐吏合三百九十三人以下州遞減十人其州郡佐吏皆州府辟除及後主失政賜諸佞幸賣官分州郡下逮鄉官多降中旨故有敕用州主簿郡功曹者後周刺史府官則命於天朝州吏並牧守自置至隋以州爲郡無復軍府則州府之吏變爲郡官矣唐亦無州府之名而有採訪使及節度使節度使說見都督篇採訪使有判官二人分判尚書六行事及州縣簿書支使二人分節吏出入職如節度使之隨車推官一人推鞫獄訟皆使自辟召然後上聞未奉報者稱攝其節度防禦等使僚佐辟奏之例亦如之今舉州之舊職以列于左舊職謂隋以前州職

別駕從事史一人從刺史行部別乘一乘傳車故謂之別駕漢制也歷代皆有之隋唐並爲郡佐

臣謹按庾亮答郭豫書云別駕與舊刺史別乘同流宣王化於萬里其任居刺史之半

治中從事史一人居中治事主衆曹文書漢制也歷代皆有隋爲郡官唐改爲司馬

主簿一人錄門下衆事省署文書漢制也歷代隋皆有之

功曹書佐一人主選用漢制也其司隸功曹從事史兼錄衆事晉以來改功曹爲西曹書佐宋有別駕西曹主吏及選舉郎漢之功曹書佐也

部郡國從事史每郡國各一人漢制也主督促文書舉非法

典郡書佐每郡國各一人漢制也各主一郡文書以郡吏補歲滿一更

祭酒從事史漢魏以來置宋世分掌諸曹兵賊倉戶水鎧之事自江左揚州無祭酒而以主簿代之也

中正陳勝爲楚王以朱房爲中正而不言職事兩漢無聞魏司空陳羣以天臺選用不盡人才擇州之才優有照鑒者除爲中正自拔人才銓定九品州郡皆置昊有大公平亦其任也晉宣帝加置大中正故有大小中正其用人甚重齊梁亦重焉後魏有之北齊郡縣皆有其本州中正以京官爲之隋有州都其任亦重唐以來無之

臣謹按晉劉毅年七十已告老後舉爲青州大中正尚書以毅致仕不宜勞以碎務孫尹表曰司徒魏舒司隸嚴詢與毅年齒相近管四十萬戶州兼董司百僚總攝機要舒所統既廣兼執九品銓十六州議者不以爲劇昔鄭武公年過八十入爲司徒毅志氣聰明一州品第不足勞其思慮毅遂爲州都銓正人流清濁區別其所彈貶自親貴始

都督總管節度團練都統使附後漢光武建武初征伐四方始權制督軍御史事後罷建安中魏武爲相始遣大將軍督之而袁紹分沮授所統諸軍以授郭圖淳于瓊爲三都督魏武征孫權還又使夏侯惇督二十六軍魏文帝黃初三年始置都督諸州軍事或領刺史又上軍大將軍曹眞都督中外諸軍假黃鉞則總統外內諸軍矣明帝太和四年司馬懿征蜀加號大都督高貴鄉公正元二年司馬昭都督中外諸軍尋加大都督及受晉禪則都督諸軍爲上監諸軍次之督諸軍爲下使持節爲上持節次之假節爲下使持節得殺二千石以下持節殺無官位人若有軍事則與使持節同假節唯軍事得殺犯軍令者及伐吳之役以賈充爲使持節假黃鉞大都統統領六師兼給羽葆鼓吹緹幢兵萬人騎二千置左右司馬長史左右中郎增參軍騎司馬各十人帳下司馬二十人大車官騎各三十人及太康中都督知軍事刺史治民各用人也至惠帝末乃并任非要州則單爲刺史江左以來都督中外尤重唯王導等權重者乃居之宋氏人臣無居者唯江夏王義恭得假黃鉞則專殺節將非人臣常器又有都督諸州諸軍事者則爲常職舊日監某州諸軍事文帝即位改監爲都督後魏有都督中外諸軍永安以後遠近多事置京畿大都督總攝軍民立府置佐後周改都督諸軍爲總管則總管爲都督之任矣又有大都督帥都督都督至隋三都督並以爲散官煬帝改大都督爲校尉帥都督爲旅帥都督爲隊正按此都督之名微矣隋文帝以并益荊揚四州置大總管其餘總管府置於諸州列爲上中下三等加使持節煬帝悉罷之唐諸州復有總管亦加號使持節刺史持節武德元年諸州總管亦加號使持節五年以洛荊并幽交等州爲大總管府七年改隋上大都督爲驃騎尉大都督爲飛騎尉帥都督爲雲騎尉都督爲武騎尉又改大總管爲大都督府總管府爲都督府舊洛州已置都督府武德四年廢府置大行臺復有行軍大總管者蓋有征伐則置於征伐所之道以督軍事自武德以來亦有元帥之號太宗爲秦王加西討元帥中宗爲周王爲洮河道元帥睿宗爲相王爲并州道行軍元帥安祿山反後天寶十五載哥舒翰爲諸道兵馬元帥其後李光弼郭子儀復爲副元帥太極初并益荊揚爲四大都督府開元十七年加潞州爲五爲其餘都督並爲上中下等上都督府五中都督府十三下都督府十六前後置制改易不常難可備叙凡大都督府置都督一人掌所管都督諸州城隍兵馬甲仗食糧鎮戍等親王爲之多遙領其任亦多爲贈官長史居府以總其事分天下州縣制爲諸道每道置使治於所部即採訪防禦等使也其邊方有寇戎之地則加以旌節謂之節度使自景雲二年四月始以賀拔延嗣爲涼州都督充西河節度使其後諸道因此號得以軍爲事專殺行則建節府植六纛外任之重莫比焉本皆兼度支營田使開元九年十一月敕其河東河北不須則置並令節度使兼充有副使一人行軍司馬一人申習法令判官二人分判倉兵騎胄四曹事副使及行軍司馬通署掌書記一人掌表奏書檄參謀無員或一人或二人參預謀畫隨軍四人分使出入開元中凡八節度使磧西河西隴右朔方河東幽州劒南嶺南是也後更增加兼改名號蓋古之都督持節江右四中郎將近代行軍總管之任凡將帥出行兵滿萬人以上則置長史司馬倉兵等曹參軍若萬人以下員數遞減至德以來天下多難諸道皆聚兵增節度使爲二十道其非節度使者謂之防禦使以採訪使并領之爲採訪理州縣防禦

理軍事初節度與採訪各置一人天寶中始一人兼領之代宗爲廣平王時充天下兵馬元帥總軍旅克定禍亂以大臣宿將郭子儀李光弼隨其方面以爲副謂之副元帥以督諸道事及德宗踐阼以雍王爲之王升儲宮而元帥闕乾元中又置都統使監總管諸道或領三道或領五道皆古方嶽牧伯之任也上元末省都督後又改防禦使爲團練守捉使皆主兵事而無旌節僚屬省減有副使一人掌貳使事判官二人分判軍事自永泰以來都團練使守捉使皆主兵事稍有加置而任使則擇之

臣謹按宋武帝起義兵討桓玄既平京口向建鄴以孟昶爲長史總攝後事及討司馬休之伐荆州以中軍將軍劉道隣監留府事皆留後之任也自後無代無之不復遍舉

都護

漢宣帝地節二年初置西域都護爲加官也或以騎都尉諫議大夫使護西域三十六國有副校尉始以鄭吉爲之後廢至後漢永平十七年復置班超爲西域都護大破焉耆尉黎斬其王自是西域降服納質者五十餘國晉宋以後有都護之官亦其任也齊書曰廣州西南有二江川源深遠別置督護專征討之陳伯超爲江西都護沈顗爲江南都護唐永徽中始於邊方置安東安西安南安北四大都護府後又加單于北庭都護府置都護一人掌所統諸蕃征討斥候安輯蕃人及諸賞罰總判府事副都護二人掌貳都護事長史司馬各一人錄事功曹倉曹戶曹兵曹法曹參軍各一人參軍事三人

州郡第十一下

京兆尹　左馮翊　右扶風　河南尹　留守附

京兆

周官有內史秦因之掌治京師漢景帝二年分置左右內史武帝泰初元年更名右內史爲京兆尹絕高曰京十億曰兆大衆所聚故曰京兆更名左內史爲左馮翊馮輔翊佐也秦官有主爵中尉掌列侯漢景帝中元六年更名都尉武帝太初元年更名右扶風扶助風化也與左馮翊京兆尹是爲三輔治長安城中三輔黃圖曰長安以東爲京兆尹長陵以北爲左馮翊渭城以西爲右扶風皆治在城中故趙廣漢歎曰亂吾治者三輔也誠得兼之直差易耳銀章靑綬進賢兩梁冠絳朝服佩水蒼玉凡州所監都爲京師置尹一人丞一人漢初三輔治長安後漢都雒陽置河南尹以三輔陵廟所在不改其號但減其秩與太守同後漢左馮翊右扶風屬司隸尋省魏晉爲京兆太守後周都關中又爲京兆郡隋京兆郡置尹併佐吏合二百四十四人唐京兆府本爲雍州置牧一人以親王爲之太宗爲秦王中宗爲英王睿宗爲相王時並居其任多以長史治民開元元年改雍州爲京兆府置牧如故掌宣導風俗肅淸所部或以親王居閤而遙領焉初雍州置別駕以貳牧守事永徽中改別駕爲長史開元中改雍州長史爲京兆府尹總理眾務凡前代帝王所都皆曰尹南朝曰丹陽尹後魏初曰代尹東魏曰魏尹齊曰淸都尹河南尹其地在周爲王城成王命君陳分正東郊成周曰尹茲東郊蓋今河南牧之任亦留守之始也秦兼天下置三川守三川河洛伊也漢興更名三川爲河南後增守爲太守王莽改太守爲大尹改河南大尹爲保忠信卿光武中興徙都洛陽改太守爲尹章綬服秩與京兆尹同特奉朝請魏晉皆爲河南尹後魏太和中遷都洛陽又置河南尹東魏置洛州刺史後周置洛州總管尋罷之隋初爲洛州刺史後爲河南內史大業初爲荊河州刺史又爲河南太守尋爲河南尹與京兆同唐武德四年置洛州都督貞觀十七年改爲刺史顯慶二年置東都改刺史爲長史而洛州置牧一人以親王爲之中宗爲周王時及衛王重俊並居其任多以長史治民至開元元年改洛州爲河南府改長史爲尹其牧尹之制一如京兆諸曹僚佐亦如之各有少尹二員通判府事按京兆少尹魏晉以來治中之任隋文帝改爲司馬煬帝又改爲贊治後又改爲丞武德初復爲治中永徽元年又以大皇帝諱改爲司馬本一員太極元年雍洛二州各加司馬一員分爲左右開元元年並改爲少尹開元以後增置太原府爲北京官屬制置悉同兩京初武太后長壽元年以并州后之故里改爲北都神龍初廢開元十一年又以并州高祖起義之始復置太原府號曰北京初開元元年正月於蒲州置中都改州爲河中府至六月而罷後上元元年復置陝州爲鳳翔府又以益州爲成都府留守周之君陳則其任也此後無聞後漢和帝南巡祠園廟張禹以太尉兼衛留守晉張方劫惠帝幸長安僕射荀藩等與其遺官在洛陽爲留臺承制行事號東西臺至安帝時劉裕置留臺具百官又後魏孝文南伐之時以太尉元丕廣陵王羽爲留守京師加持節留守因此始也

郡太守

郡守秦官秦滅諸侯以其地爲郡置守丞尉各一人守治民丞佐之尉典兵漢景帝中元二年更名郡守爲太守凡在郡國皆掌治民進賢勸功決訟檢姦常以春行所主縣秋冬遣無害吏按訊諸囚平其罪法論課殿最并舉孝廉漢制歲盡遣上計掾史各一人條上郡內眾事謂之計偕簿郡爲諸侯王國者置內史以掌太守之任宣帝以爲太守吏民之本數變易則下不安民知其將久不可欺罔乃服從其教化每拜刺史守相輒親見問觀其所由退而考察以質其言嘗稱曰與我共治者唯良二千石乎是以漢世良吏於斯爲盛稱中興爲成帝綏和元年省內史以相治民則相職爲太守王莽改太守曰大尹後漢亦重其任或以尚書令僕射出爲郡守鍾離意黃香桓榮胡廣是也或自郡守入爲三公虞延第五倫桓虞鮑昱是也三國時有郡守國相內史符郡守皆加將軍無者爲恥晉宋守相內史並銀章青綬進賢兩梁冠後魏初郡選三太守孝文初二千石能靜二郡至三郡者遷爲刺史太和中次職令太守內史相縣令並以六年爲限北齊制郡爲上中下三等每等又有上中下之差自上上郡至下下郡凡九等後周郡太守各以戶多少定品命隋郡太守如北齊之制至開皇三年罷天下諸郡以州統縣時楊尚希上表曰當今郡縣倍多於古十羊九牧人少官多請存要去閑併小爲大帝嘉之遂罷諸郡大業三年又改州爲郡郡置太守唐武德元年改郡爲州改太守爲刺史加號持節後加號爲使持節諸軍事而實無節但頒銅魚符而已天寶元年加州爲郡刺史爲太守自是州郡史守更相爲名其實則一太宗初理天下重親民之任疏督守之名于屏俯仰觀焉其人善惡必書其下是以州郡無不率理遠貞觀之末升平既久羣士多慕省闕不樂外任其折衝果毅有才力者先入爲中郎郎將次補郡守其輕也如是武后垂拱二年諸州都督刺史宜準京官帶魚長安四年納言李嶠同平章事唐休璟奏曰切以物議重內官而輕外職凡所出守多因貶累非所以澄風俗安萬民臣請擇材於臺閣省事之中分典大州共康庶政臣等請輟近侍率先具寮太后乃令書名採之中者當行於是鳳閣侍郎韋嗣立御史大夫楊再思二十人中之皆以本官檢校刺史後二十人中政續可稱者獨常州刺史薛謙光徐州刺史司馬鍾二人而已當時復有爲員外刺史者不領州務開元中定天下州府自京都都督及都護府之外以近畿之州同華岐蒲爲四輔鄭陝汴絳懷魏爲六雄宋亳滑許汝晉洛號衛相十州爲十望又有十緊州後入緊者甚多不復具列及有上中下之差都督刺史品卑者借緋魚按武德令三萬戶以上爲上州永徽令二萬戶以上爲上州開元十八年三月敕太平時久戶口日盛宜以四萬戶以上爲上州二萬五千戶爲中州不滿二萬戶爲下州亦有不滿戶口以別敕爲上州者六千戶以上爲上縣三千戶以上爲中縣不滿二千戶爲下縣天寶中通計天下凡上州一百九州中州二十九州下州一百八十九州總三百二十七州是也自至德之後州縣瘠弊刺史之任大爲精選諸州始各有兵鎮者刺史皆加團練使故其所責任重矣

臣謹按漢文帝二年初與郡守爲銅虎符竹使符至隋開皇七年又別頒青龍符於東方總管刺史西方以騶虞南方朱雀北方玄武九年又頒木魚符於總管刺史雌一雄三至十年悉頒木魚於五品以上官義寧二年罷竹使符頒銀菟符於諸郡唐武德元年又改銀菟符爲銅魚符

總論郡佐

郡丞　別駕　長史　司馬　錄事參軍　司功　司倉　司戶　司兵　司法　司士　參軍事　經學博士　醫博士　中正　通守　五官掾　督郵　郡尉　縣令

郡之佐吏秦漢有丞尉員外以佐守尉典武職後漢諸郡各置諸曹掾史略如公府曹無東西曹晉宋以來雖官曹名品互有異同大抵略如漢制北齊上郡太守屬官合二百一十二人以下郡遞減之隋初以州爲郡無復軍府則州府之職參爲郡官故有長史司馬錄事參軍功戶兵法等七曹開皇三年詔佐官以曹爲名者並

改爲司十二年諸州司從事爲名者並改爲參軍又制刺史二佐每歲暮更入朝上考課煬帝置通守贊治東西曹掾主簿司功倉戶兵法士等書佐各因郡之大小而爲增減改行參軍爲行書佐唐州府佐吏與隋制同

有別駕長史司馬一人大都督府有司馬左右二員凡別駕長史司馬通謂之上佐

錄事參軍京府謂之司錄參軍置二人餘並各爲一錄事參軍大都督府亦有二人其餘郡止各一人

司功司倉司戶司兵司法司士等六參軍景龍三年諸州加置司田開元中省乾元之後又分司戶置參軍一員位在司戶下諸府則曰田曹開元中省乾元之後又分置司戶焉以其廢置不常故田曹不列。在府爲曹在州爲司府曰功曹倉曹州曰司功司倉大與上府置二員州置一員自司功以下通謂之判司參軍事各有差京府參軍事有六員餘府州或四或三博士一員醫博士一員凡以州府大小而爲增減

郡丞 別駕郡丞秦置之以佐守漢因而不改晉成帝咸康七年省諸郡丞唯丹陽丞不省宋文帝元嘉四年復置齊梁有之至隋開皇三年改別駕治中爲長史司馬至煬帝又罷長史司馬又置贊治者一人後又改郡贊治爲丞位在通守下及郡丞廢其職分爲別駕長史司馬自隋爲郡府之官去從事史唐永徽二年改爲長史上元元年復置別駕多以皇族爲之神龍中廢至開元初復置始通用庶姓天寶八年以明皇由潞州別駕入定內難遂登大位乃廢別駕官至德中復置諸州府各一人而大都督府不置通判其事以都督刺史各兼之共職其事

長史秦置郡丞其郡當邊戍者丞爲長史掌兵馬漢因而不改古今注曰有守相病丞長史司馬行事後罷邊郡太守丞而長史領丞職其後長史遂爲軍府官至隋爲郡官唐初無永徽二年有別駕刺史及長史之名其後二職並置州府各一人五府長史理府事餘通判而已

司馬本主武之官自魏晉以後刺史多帶將軍開府者則置府僚司馬爲軍府之官理軍事至宋司馬銅印墨綬絳朝服武冠至隋廢州府之任無復司馬而有治中焉治中乃舊州之職也州廢遂爲郡官開皇三年改治中爲司馬煬帝又改司馬及長史并置贊治一人尋又改贊治爲郡丞唐武德初復爲治中貞觀二十三年高宗即位遂改諸州治中並爲司馬長安元年洛雍并荊揚益六州置左右司馬各一員四年復舊太極元年又制大都督府各置左右司馬一員

錄事參軍晉置本爲公府官非州郡職也掌總錄眾曹文簿舉彈善惡後代刺史有軍而開府者並置之自後漢有郡主簿官職與州主簿官同隋初以錄事參軍爲郡官則并州郡主簿之職矣煬帝又置主簿唐武德元年復爲錄事參軍開元中改京兆尹屬官曰司錄參軍掌府事勾稽省署抄目糾彈部內非違監印給紙筆之事乾元元年加進一品仍升一資又置尹司凡縣令及判司與錄事及州郡別置司功曹參異禮尊其任也

司功參軍兩漢有功曹史主選署功勞歷代皆同北齊諸州有功曹參軍隋亦然及罷郡置州以曹爲名者皆改曰司煬帝罷州置郡又改曰司功書佐唐改曰司功參軍開元初京尹屬官及諸州都督府並曰功曹參軍而列郡則曰司功參軍令掌官閣廟祭祀及學校禮樂選舉表疏醫筮考課及喪葬之事也

司倉參軍兩漢有倉曹史掌倉庫北齊以下並同功曹唐亦掌倉廩庖廚及財物等廛市之價一切之事

司戶參軍漢魏以下有戶曹掾主民戶北齊以下與功曹同唐掌戶口籍帳婚嫁田宅并雜徭道路

司兵參軍漢司隸屬官有兵曹從事史蓋有軍事則置之以主兵事至北齊以後同功曹唐掌軍防烽火驛馬傳送門禁田獵及儀仗之雜事

司法參軍兩漢有決曹賊曹掾主刑法歷代皆有或謂之賊曹或謂法曹或謂墨曹隋以後與功曹同唐掌律令定罪及糾盜賊之事

司士參軍兩漢無聞北齊以後與功曹同唐掌營河津營造橋梁及廨宇之事

參軍事後漢靈帝時陶謙以幽州刺史參司空車騎張溫軍事皆時軍府乃置官員歷代皆有至隋置灼爲郡又有郡官爲之書佐唐改爲參軍掌直侍督守無常職有事則出使前代又有行參軍者晉河間王顒以太宰輔政始置之掌使命歷代皆有唐唯王府有之餘則無矣

經學博士漢郡國皆有文學掾後漢光武問功臣曰諸卿不遭際會自度爵祿何所至乎鄧禹曰臣少嘗學問可充郡文學歷代多闕隋潘徽爲州博士唐府郡置經學博士各一人掌以五經教授學生多寒門鄙儒爲之助教各有差

醫博士一人唐開元十一年七月置制每州寫本草百一集驗方與經史同貯其年九月御撰廣濟方五卷頒行天下貞元十二年二月御撰廣利方五卷頒天下自今後諸州府應闕醫博士宜令長史各自訪求選試取人藝業優長堪效者郎以具名申聞請行已出身人及有前資官與正授未出身人且令權知四考後州司與正授吏部更不須選集

中正魏置晉諸中正率一國所推臺閣取信後魏孝明正光元年罷諸郡中正北齊郡縣各皆有之他史多闕隋初有後罷而有州都唐並無此官每歲貢上於所在之處又符書所闕及鄉飲酒之禮則司功參軍主其事

通守隋煬帝置郡各一人位次太守京兆府及河南皆謂之內史

五官掾後漢有之主功曹及諸曹主事後無

督郵漢有之掌監屬縣各有東西南北中部謂之五部督郵也故督郵功曹之極位

臣謹按漢尹翁歸爲河東督郵時太守田延年分河東二十八縣爲兩部閎孺部汾北翁歸部汾南舉法皆得其罪屬縣長吏雖中傷莫有怨者又有孫寶爲京兆尹以立秋日用故吏侯文爲東部督郵敕之曰今日鷹隼始擊當順天氣取姦惡以成嚴冬之誅

郡尉京輔屬國都尉附秦官有郡尉掌佐守典武職甲卒漢凡郡口二十萬舉一人典兵禁備盜賊景帝更名曰都尉武帝元鼎四年又置三輔都尉各二員譏出入邊境置農都尉主屯田殖穀又置屬國都尉主蠻夷降者中興建武七年省諸郡都尉并諸太守每有劇賊郡臨時置都尉事訖罷又省關都尉唯邊郡往往置都尉及屬國都尉宋志曰光武省郡尉後往往置東南西北四部都尉稍有分縣治民比郡安帝以西羌盛三輔有陵園之守乃復置右扶風都尉於雍京兆虎牙都尉於長安自後無聞至隋煬帝時別置都尉領兵與郡不相知又京輔都尉立府於潼關主兵鎮唐無其制

縣令周官有縣正各掌其縣之政令而賞罰之春秋時列國相滅多以其地爲縣縣大而郡小故傳云上大夫受縣下大夫受郡又周書作雒篇曰千里百縣縣有四郡縣邑之長晉謂之大夫魯衛謂之宰楚謂之公謂之尹其職一也至于戰國則郡大而縣小矣故甘茂謂秦武王曰宜陽大縣名曰縣其實郡也漢制列侯所食縣曰國皇太后公主所食曰邑有蠻夷曰道凡縣萬戶以上爲令減萬戶爲長侯國爲相秩次亦如之皆秦制也漢因之漢書曰凡縣大率方百里民稠則減稀則曠成帝綏和元年長相墨綬哀帝建平二年復黃綬秋冬集課上計於所屬郡國其郡有鹽官鐵官工官都水官者隨事廣狹置令長及丞秩次皆如縣道無分上給均吏後漢凡郡縣出鹽多者置鹽官主鹽稅出鐵多者置鐵官主鼓鑄有工多者置工官主工稅物有水池及魚利多者置水官主平水收魚稅所在諸縣均差吏更給之補吏隨事不具縣員晉制大縣令有治績官報以大郡不經宰縣不得入爲臺郎宋諸縣分銅印墨綬進賢兩梁冠自晉宋以後令長國相皆如漢制後魏縣置三令長孝文初制縣令能靖一縣劫盜者兼理二縣郎食其祿能靖二縣者兼理三縣三年遷爲郡守二千石能靖二郡者兼理至三郡亦如之二年遷爲刺史太和中次職介其祿甚厚故孝文以北平府長史裴聿中書侍

郎崔亮奏清貧欲以俸祿優之乃以亮帶野王令聿帶監縣令時人榮之其後令長用人益雜但選勳舊令史爲之而縉紳之流恥居其位北齊制縣爲上中下三等復於每等又有上中下之差自上上縣至下下縣凡九等然猶因循後魏用人濫雜至於上流恥居之元文遙遂奏於武成帝請革之乃密令搜揚世胄子弟恐其辭訴總召集神武門宣旨慰諭而遣自此縣令始以士人爲之隋縣有令有長煬帝以大興長安河南洛陽四縣令並增正五品諸縣皆以所管閑劇及衝要之處以爲等級唐縣有赤畿望緊上中下七等之差京都所治爲赤縣京之旁邑爲畿縣其餘則以戶口多少資地美惡爲差凡六赤八十二畿七十八望百一十一緊四百四十六上二百九十六中五百五十四下一千五百七十三縣

總論縣佐 丞 主簿 尉 五官附

漢縣有丞尉及諸曹掾後漢縣諸曹略如郡員又五官爲廷掾監鄉五部春夏爲勸農掾秋冬爲制度掾晉縣有主簿功曹廷掾法曹金倉賊曹掾兵曹賊捕掾等員煬帝改尉爲縣正尋改正爲戶曹法曹分司以承郡之六司其京四縣則加置功曹爲三司司各二人唐縣有令而置七司一如郡制丞爲副貳如州上佐主簿上轄加錄事參軍其曹謂之錄事并司功以下謂之六事七司尉分理諸曹如州判司錄事省受符麻佐史行其簿書

臣謹按漢縣丞尉及諸曹掾多以本郡人爲之三輔則兼用他郡及隋氏革選盡用他郡人又按後漢外黃令牛述禮請爰延爲廷掾范丹爲功曹濮陽潛爲主簿常共言談而已

丞 漢諸縣皆有兼主刑獄囚徒後漢令長國相各置丞一人主文書典倉獄署諸曹掾史凡諸縣丞皆銅印黃綬進賢一梁冠自晉以後並無丞宋時唯建康府有獄丞及至隋唐則縣各有丞丞各一人兼通判縣事有赤縣各置丞二人

主簿 漢晉各有之他史多闕唐赤縣置二人他縣各一人掌付事勾稽省署抄目糾正縣內非違監印及給筆之用

臣謹案主簿自漢以來皆令長自調用至隋始自上選又按後漢繆彤仕縣爲主簿時縣令被章見考吏皆畏懼自誣而彤獨證據掠考苦毒至乃體生蟲蛆因轉換五獄踰涉四年令卒以自免又盜陽主簿詣闕訴其縣令之枉積六七歲不省乃復上書曰臣爲陛下子陛下爲臣父臣章百上終不見省臣豈可北詣單于以告冤乎帝大怒劾以大逆虞詡駮之曰主簿所訟乃君父之怨百上不達是有司之過

尉 漢諸縣皆有之長安有四尉分爲左右部後漢令長國相亦皆有尉大縣二人小縣一人主追捕盜賊按察姦宄署諸曹掾史邊縣有鄣塞尉掌禁備羌夷犯塞洛陽有四尉東南西北四部尉曹公爲北部尉是也魏因之晉洛陽建康皆置六部尉宋齊梁陳並因之餘縣如漢制諸縣道尉銅印黃綬朝服武冠江右止單衣介幘北齊郡縣置三尉隋改爲正後置尉又分爲戶曹法曹唐初因隋制武德中復改爲正七年三月復改爲尉亦縣置六員他縣各有差分判諸司事上縣二員萬戶以上者又增一員中縣一員四千戶以上者又增置一員亦以上上縣中中縣下下縣宋志曰謂官府州郡中下縣一員佐史各有差別五百都各置五百又韋曜曰五百字本爲伍百伍當也伯道也使之導引當道陌中以驅除也今州縣官有雜職者掌行鞭撻每官出則執楚導引呵闢行路殆其職也

鄉官

周禮有鄉師鄉老鄉大夫之職其任大矣鄉大夫管萬二千五百家以上亦有州長二千五百家爲州黨正五百家爲黨族師百家爲族閭胥二十五家爲閭鄙師五酇爲鄙酇長四里爲酇里宰五鄰爲里鄰長五家爲鄰皆不命之士爲之皆鄉里之官也大凡各掌其鄉黨州里之政治云秦制十里一亭亭有長十亭一鄉鄉有三老有秩嗇夫游徼三老掌教化嗇夫職聽訟收賦稅游徼循禁盜賊漢鄉亭及官皆依秦制也縣大率方百里其人稠則減稀則曠鄉亭亦如之高后元年初置孝悌力田二千石者一人特置孝悌力田官以尊其秩欲以勸厲天下令敦行務本後廢至文帝十二年又置三老及孝悌力田無常員平帝又置外史閭師後漢鄉官與漢同有秩郡所置秩百石鄉戶五千則置有秩掌一鄉人其鄉小者縣置嗇夫一人爰延爲鄉嗇夫仁化大行民但聞嗇夫不知郡縣也皆主知民善惡爲役先後知民貧富爲賦多少平其差品三老掌教化凡有孝子順孫貞女義婦推財救患及學士爲民式者皆扁表其門以興善行又有鄉佐屬鄉主民以收稅賦亭有亭長十里一亭五里一郵郵間相去二里半司姦盜亭持二尺板以劾賊索繩以收執賊亭吏舊名負弩後改爲亭長或爲亭負主禁盜賊先賢傳曰逢萌爲縣亭長時尉行過亭萌候迎謁拜既而擲楯歎曰大丈夫安能爲人役哉遂去之至王莽時逢萌解冠掛於東都門而遁里有里魁民可什五里魁主一里百家什主十家伍主五家以相檢察民有善惡以告監官晉縣五百戶以上皆置一鄉三千戶以上置二鄉五千戶以上置三鄉萬戶以上置四鄉鄉置嗇夫一人縣率百里戶置里吏一人其土廣人稀聽隨宜置里吏限不得減五十戶戶千以上置校官掾一人縣皆置方略吏四人宋五家爲伍伍長主之二伍爲什什長主之什十爲里里魁主之十里爲亭亭長主之十亭爲鄉鄉有鄉佐三老有秩嗇夫游徼各一人所職與秦漢同隋以周齊郡縣職自州都郡正縣正以下皆州郡將縣令而自調用理時事至開皇初不知時事直謂之鄉官官別置品皆吏部除受每歲考殿最開皇十五年罷州縣鄉官唐凡百戶爲一里里置正一人五里爲一鄉鄉置耆老一人以耆年平謹者縣補之亦曰父老貞觀九年每鄉置長一人佐二人至十五年省太極元年初令老人年九十以上版授下州刺史朱衣執象笏八十以上版授上州司馬綠衣執木笏天寶七載詔父老六十版授本縣丞七十以上授縣令三十里置一驛其非通途大路則曰館驛各有將以州里富彊之家主之以待行李自至德之後民貧不堪命遂以官司掌焉凡天下水陸驛一千五百八十七處

通志卷五十六

通志卷五十七

宋右迪功郎鄭樵漁仲撰

職官略第七

散官第十二

文散官 開府儀同三司　特進　光祿大夫以下

武散官 驃騎將軍　輔國將軍　鎮軍將軍以下　諸校尉附

開府儀同三司

漢文帝元年始用宋昌爲衛將軍位亞三司後漢章帝建初三年始使車騎將軍馬防班同三司同三司之名自此始也殤帝延平元年以鄧隲爲車騎將軍儀同三司儀同之名自此始也魏黃權以車騎將軍開府儀同三司開府之名自此始也齊開府儀同三司如公梁開府儀同位次三公諸將軍左右光祿大夫優者則加之同三公置官屬自晉以來又有加開府如儀同三司之名者自羊祜始焉江左多有之後魏普泰初特以尒朱世隆爲儀同三司位次上公北齊亦有儀同三司者後周建德四年改開府儀同三司爲儀同大將軍仍增置上開府儀同大將軍又改儀同三司爲儀同大將軍仍增置上儀同大將軍隋文帝並以爲散官又諸衛各置開府府置開府一人又有儀同府儀同以下置員與開府同初開府儀同三司爲四品散實官至煬帝又改爲從一品同漢魏之制位次三公唐武德七年改上開府儀同三司爲上輕車都尉開府儀同三司爲輕車都尉儀同三司爲騎都尉後又以開府儀同三司爲文散官開元以前舊例開府特進雖不帶職事皆給俸祿得異朝會班列依本品之次皆崇官盛德罷劇就閒者居之天寶六載正月制內外文武以上五品官以上父祖資廕者其所用官同子孫用廕之例

特進

漢制諸侯功德優盛朝廷所欽異者賜位特進位在三公下故成都侯王商以特進領城門兵置幕府得舉吏如將軍是也後漢皇后父兄率爲特進侯朝會位次三公隋志曰特進舊位從公光武以鄧禹列侯就第特進奉朝請是特進引見之稱無定官之實也而竇篤進位特進得舉吏見禮依三公自二漢及魏晉以爲加官從本官車服無吏卒太僕羊琇遜位拜特進加散騎常侍無餘官故給吏卒車服其餘加特進者唯食其祿賜列其班位而已晉惠帝元康中定令特進位次諸公在開府驃騎上冠進賢兩梁冠黑介幘五時朝服佩水蒼玉食奉日四斛太康二年始賜春絹五十疋秋絹五十疋緜百五十斤元康元年給菜田八頃田騶八人立夏後不及田者食俸一年置主簿功曹吏門亭長門下書佐各一人給安車黑耳駕駟一人乘軺車施耳後戶一乘無章綬齊時班位從公陳因之後魏北齊用人皆以舊德就閒居者居之隋文帝以爲散官不理事煬帝即位廢特進官唐改爲文散官

光祿大夫以下

秦時光祿勳屬官有中大夫漢武帝太初元年更名光祿大夫銀章青綬掌議論屬光祿勳門外特施行馬以旌別之無常事唯顧問應對詔命所使無員後漢光祿大夫三人凡諸國嗣王之喪則掌弔問多以爲拜假賵贈之使及監護喪事魏氏以來無員轉優重不復以爲使命之官其諸公告老者皆家拜此位及在朝顯職復用加之魏文帝以楊彪爲光祿大夫賜几杖衣服因朝會引見令彪著布單衣鹿皮冠杖而入待以賓客之禮及晉受命置左右光祿大夫假金章紫綬而光祿大夫如故著進賢兩梁冠黑介幘五時朝服佩水蒼玉并祿賜班位吏卒皆與特進同復以爲優崇之制而諸公遜位不復加之其以爲加官者唯假章綬祿賜班位而已不別給車服吏卒也或更拜上公或以本封食公祿其諸卿尹中朝大官年老致仕者及內外之職加此者前後甚眾由是或因得開府或進加金章紫綬又復以爲禮贈官其假銀章青綬者位在金紫將軍下諸卿上泰始中唯太子詹事楊珧加給事中光祿大夫加兵之制諸所供給依三品將軍晉宣帝子平原王幹拜光祿大夫加侍中以特進假金章紫綬章服班次三司其餘皆如舊制終於武惠孝懷三世秩食俸日三斛太康二年給春絹五十疋秋絹百疋緜百斤至惠帝元康元年始給菜田六頃田騶六人又置主簿功曹門史亭長等及門下書佐各一人宋氏因之齊左右光祿大夫皆據舊制位從公開府置佐吏如公年重加親信二十人魏晉以來無有定員其左右光祿三大夫皆銀章青綬其重者詔加金章紫綬則謂之金紫光祿大夫樂安任遐爲光祿卿就王晏乞一片金晏乃啟轉爲金紫是也猶屬光祿勳梁又有左右金紫光祿大夫視吏部尚書左右光祿大夫視諸曹並養老病陳因之自晉以後多爲兼官後魏有光祿大夫金紫銀青光祿大夫北齊皆以舊德就閒者居之與特進同後周有左右金紫左右銀青四光祿大夫隋有光祿大夫左右光祿大夫皆爲散官不理事唐初猶有左右之名貞觀以後唯曰光祿大夫金紫光祿銀青光祿並爲文散官按前代光祿大夫始加金章紫綬及銀章青綬並尊之合在光祿之上後魏定令遂因仍不改正

正議大夫通議大夫皆隋置散官蓋取秦大夫掌論議之義唐並因之

太中大夫秦官亦掌論議漢因之後漢置二十人後漢張堪拜太中大夫居中東門候舍故人號爲中東門君又隗囂廣置職位以自尊高鄭興止之曰夫太中大夫使持節官皆王者之器非人臣所當制也胡廣云諫議光祿中大夫及中散大夫此四等者於古禮皆爲天子之下大夫列國之上卿也魏以來無員晉視中丞吏部絳朝服進賢一梁冠介幘泰始末詔除王覽爲太中大夫祿賜與卿同

梁北齊皆有唐亦有之中大夫秦官漢武改爲光祿大夫自後無聞北齊有之唐又置之龍朔二年七月制諸王承嫡封郡王者出身從四品下敘中散大夫王莽所置後漢因之置三十人漢官儀曰光武中興置魏晉無員齊梁視黃門侍郎品服冠幘與太中同陳亦有之唐又置朝議大夫隋置散官以取漢諸大夫得上奉朝議爲名唐因之朝請大夫隋置散官取漢將軍公卿年高德重者以列侯就第特進奉朝請之義唐因之龍朔制諸王衆子封郡公者出身從五品上敘朝散大夫隋置散官唐因之自正議以下並爲文散官朝議郎承議郎並隋置散官唐因之顯慶五年八月制郡公出身正六品下敘通議郎隋置散官隋文帝於吏部別置朝議通議朝請朝散給事承奉儒林文林等八郎武騎屯騎驍騎游騎飛騎旅騎雲騎羽騎八尉其品則正六品以下從九品以上上皆爲郎下皆爲尉散官番直常出使監檢至隋煬帝皆罷唐改通議爲奉議郎顯慶制縣公出身從六品上敘通直郎隋置三十人蓋採晉宋以來諸官皆有通直謂官高下而通爲宿直者也因此爲名唐因之朝請郎隋置散官蓋採晉宋齊梁陳並有奉朝請員爲名唐因之顯慶制侯出身正七品上敘宣德郎朝散郎並隋置散官唐因之顯慶制伯出身正七品下敘子出身從七品上敘游騎尉隋置散官唐改爲宣義郎蓋取梁宣義將軍之名顯慶制男出身從七品以下敘承奉郎隋置散官唐因之承務郎唐置蓋因隋尚書省二十四司承務郎之名而設也儒林郎隋置散官蓋取前史儒林傳之義唐因之登仕郎唐置文林郎隋置散官蓋取北齊文林館召徵文學之士以充之義唐因之將仕郎隋置散官唐因之自朝議郎以下並爲文散官其散官自五品依本品衣服而無俸祿不朝會自六品以下黃衣執笏於尚書省分番上下兩番以上即便隨番許練通時務者始得參選武德令職事高者解散官欠一階不至者爲兼職事卑者不解散官貞觀十一年改令以職事高者爲守職事卑者爲行其欠一階依舊爲兼與當階者皆解散官階相當無行無守其子孫用廕皆依其後散官類例紛錯雖可悉舉乾封元年正月制內外官九品以下加一階七品以上加二階八品以下更加勳轉乾封以來未有泛階應入三品五品皆以恩舊特拜入五品多因進敘計倍至朝散大夫以上奏取進止每年量多少進敘餘依本品授官若滿三計至郎一切聽入乾封以後始有由泛階入五品二品

驃騎將軍

漢武帝元狩二年始用霍去病爲驃騎將軍定令令驃騎將軍祿秩與大將軍等光武中興以耿弇爲驃騎大將軍位在三公下明帝初即位以弟東平王蒼有賢才以爲驃騎將軍以王故位在公上蒼爲驃騎輔政開東閤延英雄及蒼歸國有驃騎時吏丁牧周相以蒼敬賢下士不忍去之遂爲王家大夫數十年事祖及孫後帝又聞襃表之數年復罷魏晉並有之梁雜號中亦有陳後主以蕭摩訶爲侍中驃騎大將軍加左光祿大夫特開黃閤施行馬聽事寢堂置鴟尾如三公制後魏初加大則在三司上太和中制加大則在都督中外諸軍之下後周亦有之隋開皇中置驃騎將軍府每府置驃騎將軍車騎將軍各二人十七年頒銅獸符於驃騎車騎府煬帝改驃騎將軍爲鷹揚郎將改車騎爲鷹揚副郎將唐復改爲車騎驃騎其制如開皇而復益徵矣故武德元年詔以軍頭爲驃騎將軍副爲車騎將軍又詔太子諸率府各置驃騎將軍五員車騎將軍十員後皆省之顯慶元年仍置復以驃騎將軍大將軍爲武散官

輔國將軍

後漢獻帝置輔國將軍以伏完爲之晉王濬平吳後拜輔國大將軍有司奏輔國依比未爲達官不置司馬不給官騎詔依征鎭給大車增兵五百人爲輔國營親騎百人官騎十人置司馬宋明帝太始四年改爲輔師將軍後廢帝元徽二年復故梁後魏後周隋並有之唐輔國大將軍爲武散官

鎭軍將軍以下

鎭軍大將軍魏置文帝以陳羣爲之晉則楊駿胡奮並領鎭軍將軍齊後周隋亦有之唐因之冠軍將軍魏置以文欽爲之此因史記楚義帝以宋義爲卿子冠軍漢武帝以霍去病功冠三軍封冠軍侯之義也晉亦有之金章紫綬給五時服武冠佩水蒼玉歷代並有隋文帝置翊軍等四十三號將軍品凡十六等爲散號將軍以加汎授居曹有職務者爲執事官無職務者爲散官武官以上柱國以下爲散實官將軍各爲散號官至煬帝時定令罷之唐因之雲麾將軍梁置雜號陳及唐並有之忠武將軍壯武將軍梁置雜號陳有之唐因之宣威將軍唐置明威將軍梁置雜號後魏亦有之唐因之定遠將軍梁置雜號唐因之寧遠將軍晉置唐因之游騎將軍魏置陳有之唐因之游擊將軍漢武帝置以蘇建韓說爲之後漢鄧晨亦爲之晉及陳並有之唐因之又置懷化大將軍歸德將軍等以授蕃官

諸校尉附

漢武帝初置中壘屯騎步兵越騎長水胡騎射聲虎賁等校尉爲八校各有司馬後漢以屯騎越騎步兵長水射聲爲五校皆掌宿衛兵蔡質漢儀曰五營司馬見校尉執版不拜並屬北軍中候時五校官顯職閑而府寺寬敞輿服光麗伎巧必給故多以皇族肺腑居之至靈帝又置西園八校尉其名上軍中軍下軍典軍助軍佐軍以及左右二校尉自魏晉以下五校之名與後漢同唯後魏五校各置二十人中壘校尉漢掌北軍營壘門內又外掌西域後漢省中壘但置北門中候掌監五營門屯騎校尉漢掌騎士後漢初改爲驍騎建武十五年如舊步兵校尉漢掌上林苑門屯兵晉阮籍聞步兵騎營人善釀有貯酒三百斛乃求爲之又至隋時列鷹揚府越騎校尉漢掌越人內附以爲騎也後漢初改爲青巾右校尉至建武十五年復如舊制長水校尉漢掌長水宣曲胡騎宣曲觀名胡騎之屯宣曲者宋志引韋昭曰長水校

尉典胡騎廄近長安水亭之左故以爲名又爲宜曲之稱長水蓋關中小水名也又主烏桓騎胡騎校尉漢掌池陽胡騎不常置胡騎之屯池陽後漢并長水射聲校尉漢掌待詔射聲士工射者冥冥中聞聲射則中因以名也須待所命而射故曰待詔射聲虎賁校尉漢掌輕車至後漢并射聲城門校尉漢掌京師城門屯兵凡八屯後漢以掌雒陽城門十二所若周禮司門晉干寶注曰如今校尉也驃姚校尉漢武以霍去病爲之護烏桓校尉漢武帝時烏桓屬漢始於幽州部置之擁節監領後漢亦謂之領烏桓校尉主領烏桓胡并領鮮卑李膺爲此官也戊己校尉漢元帝初元元年置甲乙丙丁庚辛壬癸皆有正位唯戊己寄治耳此所置校尉亦無常居故取戊己爲名一說戊己居中鎮覆四方漢所置校尉亦處西域之中撫諸國也護羌校尉後漢在涼州部持節職主西羌元康元年改爲涼州刺史儒林校尉蜀先主以周羣爲之南蠻校尉晉武帝於襄陽置之元康中改爲荊州刺史及江左初省尋又置於江陵齊書曰宋晉之際刺史多不領南蠻別以重人居之唯齊豫章郡王嶷爲南蠻校尉改爲荊襄二州刺史又南夷校尉晉武帝於寧州置之江左改曰鎭蠻校尉西戎校尉晉武帝於長安置之元康中改爲雍州刺史安帝義熙中又置治於漢中寧蠻校尉晉安帝置治襄陽以授魯宗之護三巴校尉宋置齊建元二年改爲刺史武騎尉屯騎尉驍騎尉游騎尉飛騎尉旅騎尉雲騎尉羽騎尉建節尉奮武尉宣惠尉綏德尉懷仁尉守義尉奉誠尉立信尉都十六尉並隋置以爲武散官昭武振威致果翊衛宣節禦侮仁勇倍戎八校尉各有副尉並唐採前代諸校尉以下舊名置自鎭軍將軍以下爲武散官次

勳官第十三

上柱國柱國皆楚之寵官楚懷王使柱國昭陽將兵攻齊陳軫問楚國之法破軍殺將者何以貴之昭陽曰其官爲上柱國是也陳勝爲王蔡賜爲上柱國歷代無聞至後魏孝莊以尒朱榮有翊戴之功拜爲柱國大將軍位丞相上又拜大丞相天柱大將軍增佐吏及榮敗後天柱及柱國將軍官遂廢至大統中始以宇文泰爲之其後功參佐命聲實俱重者亦居此職自大統十六年以前任者凡有八人宇文泰元欣李弼獨孤信趙貴于謹侯莫陳崇時宇文泰任總百揆督中外軍事元欣以魏氏懿戚從容禁闥而已其餘六人各督二大將軍凡十二大將軍當時榮盛莫與爲比其稱門閥者咸推八柱國家其後功臣位至柱國者衆矣咸是散秩無復統御也後周建德四年增置上柱國大將軍隋置上柱國柱國以酬勳勞並爲散官實不理事唐改爲上柱國及柱國秦有護軍都尉漢因之高帝時以陳平爲護軍中尉盡護諸將然則復以都尉爲中尉陳平爲護軍中尉人讒之曰平受諸將金多者得善處少者得惡處武帝元狩四年以護軍都尉屬大司馬于時復爲都尉矣成帝綏和元年居大司馬府比司直也哀帝元壽元年更名曰司寇平帝元始元年更名護軍初韓安國以護軍將軍擊匈奴趙充國以大將軍都尉擊武都漢東京省班固爲大將軍中護軍隸將軍幕府非漢朝列職魏武帝爲丞相以韓浩爲護軍史奐爲領軍亦非漢官也建安十二年改護軍爲中護軍領軍爲中領軍魏初因置護軍將軍主武官選隸領軍晉世則不隸矣元帝永昌元年省護軍并領軍明帝太寧二年復置魏晉江右領護各領營兵江左以來領軍不復別置營總二衛驍騎材官諸營護軍猶有別營也周顗庾亮王羲之謝安王彪之等並爲中護軍宋護軍將軍一人掌外軍領護資重者爲領軍將軍護軍將軍資輕者爲中領軍中護軍其官屬有長史司馬功曹主簿五官其官受命出征則置參軍齊梁陳並有之北齊護軍府統四中郎將皆置佐史隋煬帝十二衛每衛置護軍四人以副將軍將軍無則一人攝尋改護軍爲虎賁郎將唐採前代舊名置上護軍護軍輕車將軍漢武帝置以公孫賀爲之又有輕車校尉梁陳後魏北齊亦有輕車將軍唐採舊名置上輕車都尉輕車都尉騎都尉漢武帝置以李陵爲之更始初亦有故時謠云爛羊胃騎都尉晉以後歷代皆有之唐採舊名置上騎都尉騎都尉驍騎尉飛騎尉雲騎尉武騎尉並隋置爲文散官唐採置之自上柱國以下並爲勳官

命婦第十四

凡皇帝嬪妃及太子良娣以下爲內命婦公主及王妃以下爲外命婦公主及縣主之制已附見后妃傳今所載者王公以下之妻耳凡三代之制諸侯之婦曰夫人大夫曰孺人士曰婦人庶人曰妻公侯有夫人有世婦有妻有妾邦君之妻君自稱之曰夫人夫人自稱於天子曰老婦自稱於天子謂畿內諸侯之夫人自稱於諸侯曰寡小君謂饗來朝諸侯之時自稱於其君曰小童邦人稱之曰君夫人異邦人稱之亦曰君夫人自世婦以下自稱曰婢子凡婦人無爵從夫之爵坐以夫命之齒爵爲夫命也夫爲大夫則以妻爲命婦至秦漢婦人始有封君之號公主有邑司之制唐外命婦之制諸王母妻及妃文武官一品及國公其非始封者帶三品以上亦同母妻爲國夫人三品以上母妻爲郡夫人四品母妻爲郡君若勳官二品有封亦同四品五品母妻爲縣君若勳官三品有封者亦同散官同職事若勳官四品有封母妻爲鄉君其母邑號皆加太字視夫子之品若夫子兩有官及爵或一人有官及爵者皆從高蔭其不因夫子別有邑號者夫人云某品夫人郡君云某品郡君縣君鄉君準此諸庶子有五品以上官封者若嫡母在所生之母不得爲太妃以下無者聽之其承重者不合中宗時韋皇后表請諸婦人不因夫子而加邑號許同見任職事聽子孫用蔭門施棨戟制從之武太后時契丹寇平州刺史鄒保英妻奚氏率城內女子助守賊遂退封爲成節夫人開元八年五月敕準令王妻爲妃文武官及國公妻爲夫人母加太字一人有官及爵者聽從高敘但王者名器殊恩或須異姓妻合從夫授秩甲令更

無別條率循舊章須依往例自今巳後郡嗣及異姓王母妻並宜準令爲妃貞元六年太常卿崔縱奏諸國王母未有封號請遵典故爲某國太妃吏部郞中柳冕等狀稱歷代故事及六典無公主母稱號伏請降於王母一等命爲太儀各以公主本封加太儀云上從之

臣謹按如淳曰列侯之妻稱夫人列侯死子復爲列侯乃得稱太夫人子不爲列侯則不得稱之晉亦有之羊祜卒二歲而平吳武帝流涕曰羊太傅之功因以策告祜廟仍依蕭何故事封其夫人夏侯氏爲萬歲鄉君食邑五千戸又泰始詔太傅壽光公鄭沖太保朗陵公何曾皆假夫人世子印綬食本秩三分之一皆如郡公侯比又王導妻卒贈金章紫綬又虞潭母亦拜爲武昌侯太夫人加金章紫綬潭立養堂於家王導以下皆就拜謁

臣又按宋鄱陽侯孟懷玉上母擅拜國夫人有奏許之御史中丞袁豹以爲婦人從夫之爵懷玉父導見任大司農其妻不宜從子奏免尙書右僕射劉抑左丞徐羨之郞何劭之官詔並贖論又按後周宣帝令內外命婦皆執笏其拜廟及天臺皆俛伏

祿秩第十五

祿秩幹力白直仗身庶僕親事帳內執衣防閤邑士士力門夫等附

致仕官祿　職田　公廨田

周班爵祿之制孟子言其略而王制亦言之矣上至天子下至庶人之在官者各有差焉漢制祿秩自中二千石至百石各有等差宣帝又益天下吏石百以下俸十五至成帝陽朔二年除八百石五百石秩除八百就六百除五百就四百綏和二年又益吏三百石以下俸凡吏比二千石以上年老致仕者三分故祿一以與之終其身其時亦有俸錢之差但本史不具文耳故元帝時貢禹上書曰臣爲諫議大夫秩八百石俸錢月九千二百廩食太官又拜爲光祿大夫秩二千石俸錢月萬二千祿賜愈多家室日益富矣中二千石月俸百八十斛二千石百二十斛比二千石百斛千石八十斛六百石七十斛四百石五十斛比四百石四十五斛三百石四十斛比三百石三十七斛二百石三十斛比二百石二十七斛百石十六斛自四百石至二百石爲長吏百石以下有斗食佐史之秩顏師古曰漢官名秩簿云斗食月俸十一斛佐史月俸八斛也一說云斗食者一歲俸不滿百石計日而食一斗二升故謂之斗食也是爲小吏本史王莽詔曰自公卿以下一月之祿十斛緵布二疋帛一疋予每念之令俸祿一歲六十斛稍以差增上至四輔而爲萬斛孟康曰緵八十縷也舊祿及穀粟及布帛又至巳上增爲三分之一舊令再從月俸增之後漢大將軍三公俸月三百五十斛風俗通曰漢制三公一歲其食萬石按此則有出蓋舉大數也至建武二十六年增百官俸其千石以上減於西京舊制六百石以下增於舊秩本史永初四年又減百官及州縣俸各有差凡諸受俸皆取半錢穀延平中定制中二千石月俸錢九千米七十二斛眞二千石錢六千五百米三十六斛比二千石錢五千米三十四斛千石錢四千米三十斛六百石錢三千五百米二十一斛四百石錢二千五百米十五斛三百石錢二千米十二斛二百石錢一千米九斛一百石錢八百米四斛八斗凡中二千石丞比二千石眞二千石丞長史六百石比千石丞比六百石令相千石者丞尉皆四百石其六百石者丞尉皆三百石長相四百石及三百石者丞尉皆二百石諸侯公主家丞秩皆比三百石諸邊障塞尉諸陵校尉長皆二百石有常例者不署秩本志例同大將軍三公臘賜錢各二十萬牛肉二百觔粳米二百石特進侯以下各有差立春之日遣使者賜文官司徒司空帛三十疋九卿十五疋武官太尉大將軍各六十疋執金吾諸校尉各三十疋武官倍文官漢官儀獻帝建安八年頒賜三公以下金帛由是三年一賜以爲常制本史宋氏以來州郡秩俸及雜供給多隨土所出無有定準其郡縣田祿以芒種爲斷前去官者則一年秩祿皆入前人此後去者悉入後人元嘉末又改此制計月分祿武帝初即位制凡中二千石祿者加公田一頃齊氏衆官有僮幹之役而不詳其制幹者若門僕之類也梁武帝天監元年定九品令帝於品下注一品秩爲萬石第二第三品爲中二千石第四第五品爲二千石及侯景之亂國用常褊京官文武月得廩食多遞帶一郡縣官而取其祿秩焉北齊官秩一品每歲八百疋二百疋爲一秩從一品七百疋一百七十五疋爲一秩二品六百疋一百五十疋爲一秩從二品五百疋一百二十五疋爲一秩三品四百疋一百疋爲一秩從三品三百疋七十五疋爲一秩四品二百四十疋六十疋爲一秩從四品二百疋五十疋爲一秩五品一百六十疋四十疋爲一秩從五品一百二十疋三十疋爲一秩六品一百疋二十五疋爲一秩從六品八十疋二十疋爲一秩七品六十疋十五疋爲一秩從七品四十疋十疋爲一秩八品三十六疋九疋爲一秩從八品三十二疋八疋爲一秩九品二十八疋七疋爲一秩從九品二十四疋六疋爲一秩祿率一分以帛一分以粟一分以錢事繁者優一秩平者守本秩閑者降一秩長兼試守者亦降一秩官非執事不朝拜者皆不給祿州郡縣制祿之法刺史守令下車各前取一時之秩上上州刺史歲秩八百疋與司州牧同上中上下各以五十疋爲差中上降上下一百疋中中及中下亦以五十疋爲差下上降中下一百疋下中下下亦各以五十疋爲差上郡太守歲秩五百疋降清都尹五十疋上中上下各以五十疋爲差中上降上下四十疋中中及中下各以三十疋爲差下上降中下四十疋下中下下各以三十疋爲差上上縣歲一百五十疋與鄴臨漳成安三縣同上中上下各以十疋爲差中上降上下三

十疋中中及中下各以五疋爲差下上降中下二十疋下中下下各以十疋爲差州自長史下逮于吏郡縣自丞以下逮于掾佐亦皆以帛爲秩郡有尉者尉減丞之半皆以其所出常調課給之自一品以下至流外勳品各給士力一品至三十人以下流外勳品或以五人爲等或以四人三人二人一人爲等繁者加一等平者守本力閑者降一等諸州刺史守令以下幹及力皆聽敕乃給其幹出所部之人一幹輸絹十八疋幹身放之力則以其州郡縣白直充後周制祿秩下士一百二十五石中士以上至於上大夫各倍之上大夫是爲四千石卿二分孤三分公四分各益其一公因盈數爲萬石凡頒祿視年之上下畝至四釜爲上年上年頒其正三釜爲中年中年頒其半二釜爲下年下年頒其一無年爲凶荒不頒祿隋京官正一品祿九百石其下每以百石爲差至正四品是爲三百石從四品二百五十石其下每以五十石爲差至正六品是爲一百石從六品九十石以下每以十石爲差至從八品是爲五十石食封及官不判事者并九品皆不給祿其給皆以春秋二季刺史太守縣令則計戶而給祿各以戶數爲九等之差大州六百二十石其下每以四十石爲差至於下下則三百石大郡三百四十石其下每以三十石爲差至於下下則一百石大縣百四十石其下每以十石爲差至於下下則六十石其祿唯刺史二佐及郡守縣令本志文帝時嘗以百僚供費不足臺省府寺咸置廨錢收息取給工部尚書蘇孝慈以爲官人爭利非興化之道上表請罷從之公卿以下及給職田各有差義寧二年唐王爲相國罷外官給祿每十斛給地二十畝也唐武德中

外官無祿貞觀二年制有上考者乃給祿其後遂定給祿俸之制以民地租充之京官正一品七百石從一品六百石正二品五百石從二品四百六十石正三品四百石從三品三百六十石正四品三百石從四品二百六十石正五品二百石從五品一百六十石正六品一百石從六品九十石正七品八十石從七品七十石正八品六十七石從八品六十二石正九品五十七石從九品五十二石諸給祿者三師三公及太子三師三少若在京國諸司文武官職事九品以上并左右千牛備身左右太子千牛並依官給其春夏二季春給秋冬二季秋給在京文武官每歲給祿總一十五萬一千五百三十三石二斗自至德後不給其在外文武官九品以上準官皆降京官以上一等給其文武官在京長上者則不降諸給祿應降等者正從一品各以五十名爲一等二品三品皆以三十石爲一等四品五品皆以二十石爲一等六品七品皆以五石爲一等八品九品皆以二石五斗爲一等其俸錢之制在京諸司官初置公廨及蕃官興易以充其俸貞觀十二年置公廨置胥士七千人取諸州上戶爲之準防閤例而收其課三歲一更計員少多而分給焉十五年以府庫尚虛敕在京諸司依舊置公廨給錢充本置令史府史胥士等令迴易納利以充官人俸諫議大夫褚遂良上疏曰國家制令憲章三代商賈之人不居官位陛下近許諸司令史捉公廨本錢諸司取此色人號爲捉錢令史不簡性識寧論書藝但令身能買販家足貲財錄牒吏部即依補擬輸錢於官以獲品秩苟得無恥豈蹈廉隅太宗納之停諸司捉錢依舊本府給月俸二十一年復依故制置公廨給錢爲之本置令史府胥士等職買易收息以充其俸永徽元年悉發胥士等更以諸州租調腳直充之其後又令薄賦百姓一年稅錢依舊令高戶及典正等掌之每月收息錢以充官俸其後又以稅

錢爲之而罷其息利凡在京文武正官每歲供給俸食等錢并防閤庶僕及雜息等錢總一十五萬三千七百二十貫員外官不在此數外官則以公廨田收及息錢等常食公用之外分充月料先以長官定數其州縣少尹長史司馬及丞各減長官之半尹大都督府長史及副都督別駕及判司準二佐以職田數爲加減其參軍及博士減判司主簿縣尉減縣丞各三分之一儀鳳二年制內外官俸食邑防閤邑士白直等宜令王公以下率口出錢充給焉調露元年九月職事五品以上準舊給仗身開元十年正月省王公以下視品官參佐及京官五品以上官仗身職員凡在京司文武職事官五品以上給防閤一品九十六人二品七十二人三品四十八人四品三十二人五品二十四人六品以下給庶僕六品五人七品四人八品三人九品二人公主邑士八十人郡主六十人縣主四十人特封縣主三十四人京官仕兩職者從多給凡州縣官皆有白直二品四十人三品三十二人四品二十人五品十六人六品十人七品六人八品五人九品四人凡諸親王府屬並給士力數如白直其防閤庶僕白直士力納課者每年不過二千五百執衣元不過一千文防閤庶僕舊制季分月俸食料雜用即有分諸官應月給開元二十四年六月乃撮而同之通謂之俸料一品月俸八千食料千八百雜用千二百防閤十五千通計二十六千自二品而下各有差二品通計二十四千二百三品通計十七千四百四品通計十一千五百六十七五品通計九千二百六品月俸二千食料四百雜用四百庶僕二千五百通計五千三百自六品而下皆用庶僕亦各有差七品通計四千五十八品通計二千五百五十九品通計千九百其數自唐初以來即有中間色目或有加減此方爲定制諸州倉庫

門須守護者謂之門夫後亦舉其名而收其資以給郡縣令

致仕官祿

唐令諸職事官年七十五品以上致仕者各給半祿謂如元制依開元五年十月敕致仕應請物令所由送至所居之宅

職田 公廨田

古者自卿以下必有圭田圭田五十畝餘夫二十五畝故王制曰公田藉而不稅秦漢之間不詳其制至晉公卿猶各有采田及田騶多少之級後魏孝文太和五年州刺史郡太守并官節級給公田隋文帝開皇中以百僚供費不足咸置廨錢收息取利蘇孝慈上表請罷於是公卿以下內外官給職分田一品給五頃至五品則爲三頃其下每以五十畝爲差又給公廨田以供用唐凡應在京諸司各有公廨田司農寺給二十六頃殿中省二十五頃少府監二十二頃太常寺二十頃京兆府河南府各十七頃太府寺十六頃吏部戶部各十五頃兵部內侍省各十四頃中書省將作監各十三頃刑部大理寺各十二頃尚書都省門下省太子左春坊各十一頃工部十頃光祿寺太僕寺祕書省各九頃禮部鴻臚寺都水監太子詹事府各八頃御史臺國子監各七頃其京縣亦準此左右衛太子家令寺各六頃衛尉寺左右驍衛左右武衛左右威衛左右領軍衛左右金吾衛左右監門衛太子左右春坊各五頃太子左右衛率府太史局各四頃宗正寺左右千牛衛太子僕寺左右司禦率府左右清道率府左右監門率府各三頃內坊左右內率府率更府各二頃在外諸司公廨田亦各有差大都督府四十頃中都督府三十五頃下都督府都護府上州各三十頃中州二十頃官總監下州各十五頃上縣十頃中縣八頃下縣六頃上牧監上鎮各五頃上縣及中下牧司竹監中鎮諸軍折衝府各四頃諸冶監諸倉監下鎮上關各三頃互市監諸屯監上戍中關及津各二頃其津隸都水使者不給下關一頃五十畝中戍下戍嶽瀆各一頃諸京官文武職事各有職分田一品十二頃二品十頃三品九頃四品七頃五品六頃六品四頃七品三頃五十畝八品二頃五十畝九品二頃並去京城百里內給其京兆河南府及京縣官人職分田亦準此即百里內地少欲於百里外給者亦聽之諸州及都護府親王府官人職分之田亦各有差二品十二頃三品十頃四品八頃五品七頃六品五頃京畿縣亦準此七品四頃八品三頃九品二頃五十畝鎮戍關津嶽瀆及在外監官五品五頃六品三頃五十畝七品三頃八品二頃九品一頃五十畝三衛中郎將上府折衝都尉各六頃中府五頃五十畝下府及諸郎將各五頃上府果毅都尉四頃中府三頃五十畝下府三頃上府長史別將各三頃中府下府各二頃五十畝親王府典軍五頃副典軍四頃千牛備身左右太子千牛備身各三頃諸軍上折衝府兵曹二頃中府下府各一頃五十畝其外軍校尉一頃二十畝旅帥一頃隊正副各八十畝皆於領側州縣界內給其校已下在本家及去家百里內領者不給其田亦借民佃植至秋冬受數而已諸職分陸田限三月三十日稻田限四月三十日以前上者並入後人以後上者入前人其麥用田以九月三十日爲限若前人自耕未種後人酬其功直已自種者租準分法開元十年六月敕所置職田本非古法爰自近制是以因循事有變通應須刪改其內外所給職田從今年九月以後並宜停給十八年六月京官職田特令準令給受復用舊制自大麻以來關中匱竭時物騰踊內官不給仍減外官職田三分之一以給京官俸每歲通計給文武官正員外員及內侍省閑廏五坊南北宿衛使并教坊人家雜糧等凡給田米前後可約七十萬石數

官品第十六

書言唐虞建官惟百夏商倍之明堂位言虞官五十夏官百商官二百然其秩命則未之聞周始分九命以官人秦制爵二十等以賞功勞見王侯封爵篇漢亦因秦二十等以爲差功之賞而不爲常秩其官秩自二千石至百石有等降魏之祿秩差次亦遵漢制以定九品焉晉宋因之梁之祿秩不異於魏而易品爲班更定十八班陳復舊制仍遵九品後魏建官初有九品又有從品每一品之中分上中下三等至孝文太和二年十二月改次職令除其中等自第四品以下正從又分上下階北齊因之後周效成周建六官亦以九命官人其六官之外兼用秦漢等官然於九命之中而分正命猶下上階也謂王朝之官爲內命諸侯及州縣官爲外命隋開皇中削周用齊而以九品定流內分正從自第四品以下又分上下階其流外官又置視流內品至煬帝除上下階惟留正從九品又定朝之班敘以品之高卑爲列品同則以省府爲前後省府同則以局寺爲前後唐有四品以下亦分上下階大抵因隋制然則魏定九品之後與今不殊惟漢制異於是後漢守前漢之規而有加焉其間亦小有升降不爲差異今獨存西京之故制云

漢官秩差次丞相太尉司徒司空諸將軍及諸侯王國官不在此目後漢則太傅三公大將軍驃騎大將軍亦不在此目

中二千石月百八十斛王莽改曰卿御史大夫太常光祿勳衛尉太僕大鴻臚廷尉宗正大司農少府執金吾二千石月百二十斛王莽亦曰眞二千石上大夫太子太傅少傅將作大匠太子詹事大長秋典屬國水衡都尉京兆尹左馮翊右扶風司隸校尉城門校尉中壘校尉屯騎校尉步兵校尉越騎校尉

長水校尉胡騎校尉射聲校尉虎賁校尉州牧郡太守比二千石月百斛王莽屯改爲中大夫丞相司直光祿大夫光祿中郎五官左右三將光祿虎賁中郎將光祿中郎將騎都尉西域都護副校尉奉車都尉駙馬都尉郡尉千石月八十斛王莽改爲下大夫丞相長史大司馬長史御史中丞更名御史長史前後左右將軍長史太常丞光祿勳丞衛尉丞太僕丞廷尉左右監大鴻臚丞宗正丞大司農丞少府丞執金吾丞太子衛率萬戶以上縣令而其次比千石光祿太中大夫光祿郎中車戶騎三將光祿謁者僕射光祿虎賁郎八百石成帝除八百石秩太子家令下比八百石光祿勳諫大夫六百石月七十斛王莽改曰元士衛尉公車司馬令衛士令旅賁令廷尉左右平太子門大夫太子庶子將作大匠丞太子詹事丞水衡都尉丞京兆尹丞左馮翊丞右扶風丞州刺史郡丞郡長史郡尉丞次萬戶以上縣令比六百石月六十斛太常太博士光祿議郎中郎光祿謁者掌賓讚受事員西域都護丞司馬候五百石成帝除五百石秩王莽復置故以爲命士減萬戶縣長四百石月四十五斛自四百石至二百石爲刺史王莽改曰中士太子中盾萬戶以上縣丞次萬戶以上縣丞減萬戶縣丞比四百石光祿侍郎三百石月四十斛王莽改爲下士次減萬戶縣長比二百石月三十七斛光祿郎中二百石月三十斛萬戶以上縣尉次萬戶以上縣尉減萬戶縣尉百石自百石已有計食佐史之秩爲少吏王莽改百石秩曰庶士

通志卷五十七

通志卷五十八

宋 右迪功郎鄭樵漁仲撰

選舉略第一

歷代制 考績

歷代制

周官大司徒之職以鄉三物教萬民而賓興之（物猶事也興猶舉也民之三事教既成鄉大夫舉其賢者能者以飲酒之禮而賓客之既則獻其書于王也）一曰六德二曰六行三曰六藝詩書禮樂謂之四術四術既修九年太成凡士之有善鄉老論士之秀者升諸司徒曰選士司徒論選士之秀者而升諸學曰俊士既升而不征者曰造士大樂正論造士之秀者升諸司馬曰進士司馬論進士之賢者及鄉老羣吏獻賢能之書于王王再拜受之登于天府藏于祖廟內史書其貳而行焉在其職也則鄉大夫鄉老舉賢能而賓其禮司徒教三物而興諸學司馬辨官材以定其論太宰詔廢置而持其柄內史贊與奪而貳於中司士掌其版而知其數論定然後官之任官然後爵之位定然後祿之蓋擇材取士如此之詳也秦自孝公納商鞅策富國彊兵爲務仕進之塗唯闢田與勝敵而已以至始皇遂平天下漢高祖初未遑立制至十一年乃下詔曰賢士大夫既與我定有天下而不與吾共安利之可乎其有稱明法者御史中執法郡守必身勸駕遣詣丞相府署其行義及年有其人而不言者免官又制諸侯王得自除內史以下漢獨爲置丞相也惠帝四年詔舉民孝悌力田者復其身高后元年初置孝悌官二千石者一人文帝因晁錯言務農貴粟詔許民納粟得拜爵及贖罪至于景帝後元二年詔曰有市籍貲多不得官廉士寡欲易足今貲算十以上乃得官貲少則不得官朕甚憐之減至四算得官（有市籍謂賈人有財不得爲吏貲萬錢算百二十也算十萬時疾吏之貪以爲衣食足知榮辱故限貲十萬乃得爲吏廉士無貲減至四算乃得官也）武帝建元初詔天下舉賢良方正直言極諫之士其治申商韓非蘇秦張儀之言亂國政皆罷之元光元年舉賢良董仲舒對曰今之郡守縣令民之師帥所使承流而宣化也故師帥不賢則主德不宣恩澤不流夫長吏多出於郎中中郎吏二千石子弟選郎吏又以富貲未必賢也且古所謂功者以任官稱職爲差非謂積日累久也故小材雖累日不離於小官賢材雖未久不害爲輔佐是以有司竭力盡智務治其業而以赴功今則不然累日以取貴積久以致官是以廉恥貿亂賢不肖混殽也請令諸侯列卿郡守二千石擇其吏民之賢者歲貢各二人以給宿衛且以觀大臣之能所貢賢者有賞不肖者有罰夫如是諸侯吏二千石皆盡心於求賢天下之士可得而官使也無以日月爲功實試用賢能爲上量材而授官錄德而定位則廉恥殊路賢不肖異處矣帝於是令郡國舉孝廉各一人又制郡國口二十萬以上歲察一人四十萬以上二人六十萬三人八十萬四人百萬五人百二十萬六人不滿二十萬二歲一人不滿十萬三歲一人限以四科一曰德行高妙志節清白二曰學通行修經中博士三曰明習法令足以決疑能按章覆問文中御史四曰剛毅多略遭事不惑明足決斷材任三輔縣令至五年又詔吏民有明當世之務習先聖之術者縣次給食令與計偕至元朔元年又詔曰十室之邑必有忠信三人並行厥有我師今或至闔郡而不薦一人是化不下究而積行之君子壅於上聞也且進賢受上賞蔽賢蒙顯戮古之道也其與中二千石禮官博士議不舉者罪是時天下愼法莫敢謬舉而貢士蓋鮮故有斯詔有司奏請議曰古者諸侯貢士壹適謂之好德再適謂之賢賢三適謂之有功迺加九錫不貢士一則黜爵再則黜地三則黜爵削地畢矣其不舉孝不奉詔當以不敬論不察廉爲不勝任也當免奏可凡郡國之官非傳相其他既自辟置又調屬僚及部民之賢者舉爲秀才廉吏而貢於王庭多拜爲郎居三署無常員或至千人屬光祿勳故卿校牧守居閒待詔或郡國貢送公車徵起悉在焉光祿勳復於三署中詮第郎吏歲舉秀才廉吏出爲他官以補缺員元封五年又詔州縣察吏民有茂材異等可爲將相及出使絕國初公孫弘以儒術爲丞相天下之學士靡然鄉風時太常孔臧等曰請太常博士官置弟子五十人復其身太常擇民年十八以上儀狀端正者補博士弟子郡國縣道邑有好文學敬長上肅政教順鄉里出入不悖所聞者二千石謹察可者常與計偕詣太常得受業如弟子一歲皆輒試能通一藝以上補文學掌故缺其高第可以爲郎中者太常籍奏即有秀才異等輒以名聞其不事學若下材及不能通一藝輒罷之而請諸不稱者罰時外事四夷內闕用度仍募人入羊穀奴婢得授官增秩復役除罪大至封侯卿大夫小者郎吏繇是吏雜而多端官職復耗廢矣孝昭始元初遣故廷尉王平等五人持節行郡國舉賢良至孝宣帝時諫議大夫王吉上言曰今使吏得任子弟率多驕驁不通古今至於積功治民無益於人此伐檀所爲作也宜明選求賢除任子弟之令黃龍初制凡官秩六百石者不得舉爲廉吏孝元帝永光元年春二月詔丞相

御史舉質朴敦厚遜順有行者光祿歲以此科第郎從官後又詔列侯舉茂才諫大夫張勃舉太官獻丞陳湯湯有罪勃坐削戶二百會薨故賜謚曰繆侯其爲勸厲也如是故官得其才位必久安爲吏者長子孫居官者以爲姓號三代以降斯之爲盛也建昭中因西羌反及日蝕京房奏百官各試其功災異可息遂詔房作考課吏法成帝建始四年初置常侍曹尚書一人主公卿又有二千石曹尚書一人掌郡國二千石蓋選曹之所由起也漢諸帝凡日蝕地震山崩川竭天地大變皆詔天下郡國舉賢良方正直言極諫之士率以爲常又其有要任使皆標其目而令舉之王莽時太常學官子弟歲課甲科四十人爲郎中乙科二十人爲太子舍人丙科四十人爲文學掌故後漢光武十二年詔三公舉茂才各一人廉吏各一人左右將軍歲察廉吏各二人光祿歲舉茂才四行各一人察廉吏三人中二千石歲察廉吏各一人廷尉大司農二人將兵將軍歲察廉吏各二人監御史司隸州牧歲舉茂才各一人改前漢常侍曹尚書爲吏部尚書其時選舉於郡國屬功曹於公府屬東西曹於天臺屬吏曹尚書亦曰選部而尚書令總之其所進用加以歲月先後之次凡郡國守相視事未滿歲不得察舉孝廉廉吏以其未久不周知也所徵舉率皆特拜不復簡試士或矯飾則謗議漸生章帝建初元年詔曰夫鄉舉里選必累功勞今刺史守相不明眞僞茂才孝廉歲以百數既非能著而當授之政事甚無謂也每尋前代舉人貢士或起畎畝不繫閥閱敷奏以言則文章可採明試以功則治有異迹文質斌斌朕甚嘉之始復用前漢丞相故事以四科辟士武帝因董仲舒之言立制故事在丞相府今復用之第一科補西曹南閤祭酒二科補議曹三科補四辭公奏四科補賦決凡所舉士先試之以職乃得充選其行尤異不宜試職者疏於他狀舉非人兼不舉者罪舊制大郡口五六十萬舉孝廉二人小郡二十萬并有蠻夷者亦舉二人和帝以爲不均下公卿議司徒丁鴻司空劉方上言凡口率之科宜有階品蠻夷雜錯不得爲數自今郡國率十萬口歲舉孝廉一人四十萬二人六十萬三人八十萬四人百萬五人百二十萬六人不滿二十萬二歲一人不滿十萬三歲一人帝從之又制緣邊郡口十萬以上歲舉孝廉一人不滿十萬二歲舉一人五萬以下三歲一人推校當時戶口而一歲所貢不過二百餘人安帝永初二年詔王官屬墨綬下至郎謁者經任博士居鄉里有廉清孝順之稱才任治民者國相歲移名與計偕上尚書公府通調令得外補順帝又增甲乙科員十人除郡國耆儒皆補郎舍人焉陽嘉元年尚書令左雄議改察舉之制限年四十以上儒者試經學文吏試章奏如有顏回子奇之類不拘年齒雄又言郡國孝廉古之貢士出則宰民宣協風教若其面牆則無所施用孔子曰四十不惑禮稱彊仕請自今孝廉年不滿四十不得察舉皆先詣公府諸生試家法文吏課牋奏副之端門練其虛實以觀異能以美風俗有不承科令者正其罪法若有茂才異行自不拘年齒乃班下郡國明年有廣陵孝廉徐淑年未及舉臺郎疑而詰之對曰詔書有如顏回子奇不拘年齒是故本郡以臣充選郎不能屈雄詰之昔顏回聞一知十孝廉聞一知幾淑無以對乃遣還郡於是濟陰太守胡廣等十餘人皆坐謬舉免黜唯汝南陳蕃潁川李膺下邳陳球等三十餘人得拜郎中自是牧守畏慄莫敢輕舉雄在尚書迄于永嘉十餘年間察選清平故多得其人雄又奏徵海內名儒爲博士使公卿子弟爲諸生有志操者加其俸祿及汝南謝廉河南趙建年始十二各能通經雄並奏拜童子郎自是負書來學雲集于京師侍中張衡上疏曰自初舉孝廉到今二百年必先孝行行有餘力乃草文法耳今詔書一以能誦章句結奏案爲限雖有至孝不當其科所謂損本而求末者也自改試以來累有妖星震裂之災是天意不安於此法也後黃瓊爲尚書令以雄前所上孝廉之選專用儒學文吏於取士之義猶有所遺乃奏增孝悌及能從政者爲四科范曄曰漢初詔舉賢良方正州郡察孝廉秀才斯古諸侯貢士之方也中興以後復增敦朴有道仁賢能直言獨行高節質直清白敦厚之屬榮路既廣是竊名僞服浸以流競權門貴仕請謁繁興自左雄任事限年試才雖頗有不密固亦因識時宜而黃瓊胡廣張衡崔瑗之徒泥滯舊方互相詭駁循名者屈其短算實者挺其效雄在尚書天下不敢謬舉十餘年間稱爲得人斯亦效實之徵乎舊典選舉委任三府三府有選參議掾屬咨其行狀度其器能受試任用責以成功名無可察者然後付之尚書舉刺請下廷尉覆案虛實得以行其誅罰桓帝建和初詔諸學生年十六以上比郡國明經試次第上名高第十五人上第十六人爲中郎中第十七人爲太子舍人下第十七人爲王家郎至永壽二年甲午詔復課試諸生補郎及舍人其後復制學生滿二歲試通二經者補文學掌故不能通二經者須後試復隨輩試試通二經者亦得爲文學掌故其已爲文學掌故者滿二歲試能通三經者擢其高第爲太子舍人其不得第者後試復隨輩試第復高者亦得爲太子舍人已爲太子舍人滿二歲試能通四經者擢其高第爲郎中其不得第者後試復隨輩試第復高者亦得爲郎中已爲郎中滿二歲試能通五經者擢其高第補吏隨才而用其不得第者後試復隨輩試第復高亦得補吏其後綱紀縣紊凡所選用莫非親故時議以州郡相阿

人情比周乃制婚姻之家及兩州之人不得相臨遂復有三互法三互謂婚姻之家及兩州不得交互爲官吏時史弼遷山陽太守其妻鉅野薛氏女以三互自上轉拜平原相是也禁網益密選用彌艱幽冀二州久闕而公府限以三互經時不補議郎蔡邕上言曰伏見幽冀舊壤鎧馬所出比年兵饑漸至空耗闕職經時吏民延屬而三府選舉逾月不定以避三互十一州有禁當取二州而已又二州之士或復限以歲月狐疑遲淹以失事會愚以爲三互之禁禁之薄者但申以威靈明其憲令在任之人豈不戒懼而坐設三互自生留閡邪昔韓安國起自徒中朱買臣出於幽賤並以才宜還守本邦豈復顧循三互繼以末制者乎臣願蠲除近禁其諸州刺史器用可授者無拘日月三互以差厥中靈帝不省是時諸博士試甲乙科爭第高下更相告訟頗行賄賂改蘭臺漆書之經以合其私文者帝乃詔諸儒警定五經而鐫石以刊其文使蔡邕等書爲古文篆隷三體立於太學門謂之石經山是爭者乃息凡學士不得有金痍痼疾督郵書其版舉主保之其督郵版狀曰生事愛敬喪沒如禮通治易尚書孝經論語兼綜載籍窮微闡奧師事某官見授門徒五十人以上隱居樂道不求聞達身無金痍痼疾三十六屬不與妖惡交通王侯賞賜行應四科經任博士下署某官某甲保舉魏文帝爲魏王時三方鼎立士流播遷四民錯雜詳覈無所延康元年吏部尚書陳羣以天朝選用不盡人才乃立九品官人之法州郡皆置中正以定其選擇州郡之賢有識鑒者爲之區別人物第其高下又制郡口十萬以上歲察一人其有秀異不拘戶口其武官之選則俾護軍主之黃初三年始除漢限年之制令郡國貢舉勿拘老幼儒通經術吏達文法則皆試用焉自明帝太和之後俗用浮靡遞相標目而夏侯諸葛何鄧之儔有四聰八達之稱帝深忌嫉之於是惡士大夫之有名聲者或禁錮廢黜以懲之吏部尚書盧毓奏曰古者敷奏以言明試以功今考績之法廢而以毀稱相進退故眞僞混雜也帝遂詔散騎常侍劉卲作都官考課之法以考覈百官焉齊王嘉平初曹爽既誅司馬懿秉政乃詳求治本中護軍夏侯元言曰夫官才用人國之柄也故銓衡專於臺閣上之分也孝行考乎閭巷優劣任之鄉人下之敘也奚必使中正干銓衡之機於下而執機柄者有所委仗於上上下交侵以生紛錯哉且衆職之屬各有官長但使官長各以其屬能否獻之臺閣如其不稱責負在外則內外相參得失有所庶可靜風俗而審官才矣懿因辭不能改請俟於他賢按九品之制初因後漢建安中天下兵興衣冠士族多離本土欲徵源流處難委悉魏氏革命州郡縣俱置大小中正各取本處人任諸府公卿及臺省郎吏有德充才盛者爲之區別所管人物定爲九等其有言行修著則升進之或以五升四以六升五儻或道義虧缺則降下之或自五退六自六退七矣是以吏部不能審定覈天下人才士庶故委中正銓第等級憑之授受以免乖失及法弊也唯能知其閥閱非復辨其賢愚所以劉毅云下品無高門上品無寒士南朝至于梁陳北朝至于周隋選舉之法雖互相損益而九品及中正至隋開皇中方罷之晉依魏氏九品之制內官吏部尚書司徒左長史外官州有大中正郡國有小中正皆掌選舉若吏部選用必下中正問其人居及父祖官名武帝泰始初又議考課散騎常侍傅玄皇甫陶以爲政教頹弊風俗不淳各言其故玄之議以散官衆而學校未設遊手多而親農者少工器不盡其宜臣以爲宜亟定其制陶之議欲令賜拜散官皆課使親耕今文武之官既衆而賜拜不在職者又多加服役爲兵不得耕稼當農者之半南面食祿者參倍於前使冗散之官爲農而收其租稅家得其實而天下之穀可以無乏矣虞書曰三載考績三考黜陟幽明是爲九年之後乃有遷敘也故居官久則念立愼終之化不久則競爲一切之政六年之限日月淺近不周黜陟武帝甚善其議而終不能用于時雖風教頹失而無典制然時有淸議尚能勸俗陳壽居喪使女奴丸藥積年沈廢郄詵篤孝以假葬違常降品一等其爲懲勸也如是其後中正任久愛憎由己而九品之法漸弊遂計官資以定品格天下唯以居位者爲貴尚書僕射劉毅以九品者始因魏初喪亂是軍中權時之制非經久之典也因用土斷復古鄉舉里選之法上疏陳八損之義謂職名中正實爲姦府事名九品而有八損臣以爲宜罷中正除九品棄魏氏之弊法立一代之美制司空衞瓘又表請除九品復古鄉議里選又劉頌爲吏部尚書復建九班之制令百官在職少遷時賈郭專朝仕者務速進故皆不行及東晉元帝制揚州歲舉二人諸州各一人以天下喪亂務存慰勉遠方孝秀不復策試到即除授既經略粗定乃詔試經有才不中舉者免其太守其後孝秀莫敢應命有送至京師皆以疾辭太興三年尚書孔坦議請普延五歲許其講習乃詔孝廉中至七年而秀才如故宋初制丹陽吳會稽吳興四郡歲舉二人餘郡各一人凡州秀才郡孝廉至皆策試天子或親臨之及公卿所舉皆屬于吏部敘才銓用凡舉得失各有賞罰失者其人加之禁錮年月多少隨羣議制文帝元嘉中限年三十而仕郡縣以六周而代刺史或十有餘年及孝武即位仕者不拘老幼守宰以三周爲滿左衞將軍謝莊以其時搜才路狹又上表曰九服之曠九流之難提鈞懸衡委之選部一人之鑒易限而天下之材難源以易限之鑒照難源之才使國罔遺授野無滯器其可得乎請普令大臣各

舉所知以付尚書銓用不從帝又不欲重權在下乃分吏部置兩尚書以散其權裴子野曰官人之難先王言之尚矣居家視其孝友鄉黨察其誠信出入觀其志義憂難取其智謀煩之以事以求其理臨之以利以察其廉周禮始於學校論之州里告諸六事而後貢于王庭其在漢家尚猶然也州郡積其功能然後爲五府所辟五府舉其掾屬而升之於朝三公參其得失除署尚書奏之天子一人之身所閱者衆一賢之進其課也詳故能官得其才鮮有敗事魏晉易是而所失弘多夫厚貌深衷險如谿壑擇言觀行猶懼弗同況今萬品千羣俄折乎一面庶僚百位專斷於一司於是囂風遂行不可止也孝武雖分選曹爲兩不能反之於周漢朝三暮四其病愈甚齊尚書都令史駱宰議策秀才格五問並得爲上四三爲中二爲下詔從之因習宋代限年之制然而鄉舉里選不覈才德其所取進以官婚胄籍爲先遂令甲族以二十登仕後門以三十試吏故有增年矯貌以圖進者其時士人皆厚結姻援奔馳造請浸以成俗焉至和帝時梁武帝爲丞相上表曰前代選官皆立選簿應在貫魚自有銓次胄籍升降行能臧否或素定懷抱或得之餘論故得簡通賓客無俟埽門頃代陵夷九流乖失其有勇退忌進懷質抱眞者選部或以未經朝謁難於進用或有晦善藏聲自埋衡蓽者又以名不表著絕其階緒必須書刺投狀然後彈冠則是驅迫廉隅獎成澆競遂依舊例立簿梁初無中正制年三十有五方得入仕天監中又制凡九流常選年未三十不通一經者不得爲官若有才同甘顏勿限年次至七年州置州重郡置郡崇鄉置鄉豪各一人專典搜薦無復膏粱寒素之隔普通七年詔凡州歲舉二人大郡一人至敬帝太平二年復令諸州各置中正仍舊訪選舉皆須中正押上然後量授不然則否陳代依梁制凡年未三十不得入仕唯經學生策試得第諸州迎主簿西曹左奏及嘗爲挽郎得未壯而任諸郡唯正王爲丹陽尹經迎得出身者亦然庶姓尹則否有高才異行殊勳別降恩旨敘用者不在常例凡選無定時隨缺則補官有清濁以爲升降從濁得清則勝於遷若有遷授吏部先爲白牒列十數人名尚書與參掌者共署奏勑或可或否其可者則下於選曹量貴賤則內外隨才補用以黃紙錄名八座通署奏可乃出以付於典名典名書其名帖鶴頭版修容整儀送所授之家其別發詔除者卽宣付詔局詔局草奏聞勑可黃紙寫出門下門下答詔請付外施行又書可付選司行名得官者不必皆待名到但聞詔出明日卽入謝後詣尚書上省拜受若拜王公則臨軒凡拜官皆在午後初武帝承侯景喪亂之後綱維頹壞制度未立百官無復考校殿最之法但更年互遷縣班進秩法無可稱者後徐陵孔奐繼爲吏部尚書差有其序焉後魏州郡皆有中正掌選舉每以季月與吏部銓擇可否其秀才對策第居中上表敘之文成帝和平三年詔曰今選舉之官多不以次令班白處後晚進居先豈所謂彝倫攸敘者也諸曹選補宜各書勞舊才能初崔浩爲冀州大中正薦冀定相幽并五州士數十人各起家爲郡守景穆帝謂浩曰先召之人亦州郡選也在職已久勤勞未答令先補前召外任郡縣以新召者代爲郎吏又守宰人使更事者浩固爭而遣之高允聞之謂東宮博士管恬曰崔公其不免乎苟逞其非而校勝於上何以能濟又李孝伯趙郡人父曾治鄭氏禮左氏春秋郡三辟功曹不就門人勸之曾曰功曹之職雖曰鄉選高第猶是郡吏耳北面事人亦何容易仕郡主簿到官月餘日乃歎曰梁叔敬有云州郡之職徒勞人耳道之不行身之憂也遂還家又郭祚爲吏部尚書特潔清重惜官位至於銓授假令得人必徘徊久之然後下筆卽云此人便已貴矣由是事頗爲稽滯當時每招怨讟然所拔用者量才稱職時又以此歸之其後中正所銓但在門第吏部彝倫仍不以才舉至孝文帝勵精求治內官通班以上皆自考覈以爲黜陟宣武帝詔庶族子弟年十五不聽入仕任城王澄從幸鄴官除吏部尚書及幸代鑾駕自北巡留澄銓簡舊臣初魏自公侯以下迄于選臣動有萬數冗散無事澄品爲三品等量其優劣盡其能否之用咸無怨者又韋伯昕兄子揚爲吏部郎性貪婪鬻賣吏官皆有定價自太和以前精選中正德高鄉國者充其邊州小郡人物單鮮者則併附他州其在選陋者則闕而不置當時稱爲簡當頗謂得人及宣武孝明之時州無大小必置中正旣不可悉得其人故或有蕃落庸鄙操銓覈之權而選敘頹紊至正始元年冬乃罷諸郡中正時有以雜類冒登清流遂令在位者皆五人相保無人任據者則奪官還役初孝明嗣位幼沖靈太后臨朝征西將軍冀州大中正張彝之子仲瑀上封事請銓削選格排抑武夫不使在清品於是武夫怨怒聲諠道路乃牓於衢會期屠害彝父子靈太后於是乃命武官得依資入選旣而官員少而應調者多選曹無以處之及崔亮爲吏部尚書乃奏爲格制官不問賢愚以停解日月爲斷雖復官須此人停日後者終不得取庸才下品年月久者則先擢用時沈滯者皆稱其能時亮外甥司空諮議劉景安書規亮曰商周以鄉塾貢士兩漢由州郡薦才魏晉因循又置中正諦觀在昔莫不審舉雖未盡美足應十收六七朝廷貢才止求其文不取其理察孝廉唯論章句不及道德立中正不考人才行業空辨姓氏高下至於取士之途未溥沙汰之理未精而舅屬當銓衡宜須改張易調如之何反爲停年之格以限之天下士誰復修厲名行哉後甄琛元修義城陽王徽相繼爲吏部尚書利其便己踵而行之自是賢愚同貫涇渭無別魏之失才從亮始也及辛雄爲尚書右丞轉吏部郎中上疏曰自神龜以來專以停年爲選士無善惡歲久先敘職無劇易名到授官執案之吏以差次日月爲功能銓衡之人以簡得老舊爲平直且庸劣之人莫不貪鄙委斗筲以共理之重託碩鼠以百里之命可乎蓋助陛下理天下者唯在守令最須簡置以康國道但郡縣選舉由來所輕貴遊儁才莫肯居此宜改其弊以定官方請上等郡縣爲第一清中等

爲第二清下等爲第三清不得拘以停年三載黜陟有稱者補在京各官如前代故事不歷郡縣不得爲內職則人思自勉書奏會明帝崩及孝莊帝初詔求德行文藝政事彊直者縣令郡守刺史皆敘其志業具以表聞得三人以上縣令太守刺史賞一階舉非其人者黜一階凡官郡守縣令六年爲滿滿之後六年乃敘之北齊選舉多沿後魏之制凡州縣皆置中正其課試之法中書策秀才集書策考貢士考功郎中策廉良天子常服乘輿出坐於朝堂中樒秀孝各以班草對字有脫誤者呼起立席後書有濫劣者飲墨水一升文理孟浪者奪席脫其容刀初東魏元象中文襄王高澄秉政攝吏部尚書乃革後魏崔亮年勞之制務求才實自遷鄴以後掌大選知名者不過數四文襄年少高爽其弊也疏袁聿修沈密謹厚所傷者細楊遵彥風流辯給所取失於浮華唯辛雄學術精明簡習新舊參舉管庫必擢門閥不遺衡鑑之美者一人而已至孝昭帝皇建二年詔內外執事官從五品以上三府主簿錄事參軍諸王文學侍御史廷尉三官尚書郎中中書舍人每在三年之內各舉一人或夙在朝倫沈屈未用或先官後進今見停散或白屋之人巾褐未釋其高才良器允文允武理識深長幹具通濟操履凝峻學業宏贍諸如此輩隨取一長無待兼資方充舉限所薦之文指論事實隨能量用必陳所堪不得高談謬加褒飾所舉之人止在一職三周之內有犯死罪以下刑年以上舉主準舉人犯各罰其金自鞭以下舉主勿論凡所舉人主事立功裨益時政舉主之賞亦當非次被舉之人別當擢授其違限不舉依式罰金又擁旄作鎭任總百城分符共治職司千里凡其部統理宜悉委刺史於所綰之內下郡太守縣令丞尉府佐錄事參軍以降州官州都主簿以下但霑在吏職並聽表薦太守則曹掾以下及綰內之人亦聽表舉其大州中州下州畿內上郡中郡並三年之內各舉一人其不入品州并自餘郡守不在舉限昔三代以前天下列國有三卿五大夫二十七士大國三卿二卿命於天子一卿命於其君小國三卿一卿命於天子二卿命於其君公侯伯之大夫再命子男之大夫一命其士以下不命皆國君專之漢初王侯國百官皆如漢朝唯丞相命於天子其御史大夫以下皆自置及景帝懲吳楚之亂殺其制度罷御史大夫以下官至武帝時又詔凡王侯吏職秩二千石者不得擅補其州郡佐吏自別駕長史以下皆刺史太守自辟歷代因之而不革洎北齊武平中後主失政多有佞倖乃賜其賣官分占州郡下及鄉官多降中旨故有敕用州主簿郡功曹者自是之後州郡辟士之權浸移於朝廷以故外吏不得精覈皆由此起也後周以吏部中大夫一人掌選舉小吏部下大夫一人以貳之初霸府時蘇綽爲六條詔書其四曰擢賢良綽深思本始懲魏齊之失罷門資之制其所察舉頗加精愼焉及武帝平齊廣收遺逸乃詔山東諸州舉明經幹理者上縣六人中縣五人下縣四人至宣帝大成元年詔州舉高才博學者爲秀才郡舉經明行修者爲孝廉上州上郡歲一人其刺史僚佐州吏則自署府官則命於朝廷至隋文帝開皇七年制諸州歲貢三人工商不得入仕開皇十八年又詔京官五品以上及總管刺史並以志行修謹清平幹濟二科舉人牛弘爲吏部尚書高構爲侍郎最爲稱職當時之制尚書舉其大者侍郎銓其小者則六品以下官吏咸吏部所掌自是海內一命以上之官州郡無復辟署矣自後魏末北齊以來州郡僚佐多爲吏部所授至隋一切歸在省司牛弘嘗問劉炫曰按周禮士多而府史少今吏百倍於前判官減則不濟其故何也炫對曰古人委任責成歲終考其最殿案不重校文不繁悉府史之掌要目而已今之文簿常慮覆理鍛鍊若不密萬里追證百年舊案故諺云老吏抱案死今古不同若此之相違也事繁政弊蓋職此之由弘又問魏齊之時令史從容而已今則不遑寧舍其事何由炫對曰往者州唯置綱紀郡置守丞縣唯令而已其僚屬則長官自辟受詔赴任每州不過數十今則不然大小之官悉是吏部纖介之迹皆屬考功所以繁也省官不如清心官事不省而欲從容其可得乎弘甚善其言而不能用之自後周以降選無清濁初盧愷攝吏部尚書與侍郎辥道衡陸彥師甄別物類頗爲清簡而譖愬紛紜愷及道衡皆除名焉煬帝始建進士科又制百官不得計考增級其功德行能有昭然者乃擢之大業三年始置吏部侍郎一人分掌尚書職事時武夫參選多授文職大業八年詔曰頃自班朝治人乃由勳敘拔之行陣起自勇夫蠹政害民實由於此自今以後諸授勳官者並不得因授文官職事唐人貢士之法多循隋制上郡歲三人中郡二人下郡一人有才能者無常數其常貢之科有秀才有明經有進士有明法有書有算自京師郡縣皆有學焉每歲仲冬郡縣館監課試其成者長吏會屬僚設賓主陳俎豆備管絃牲用少牢行鄉飲酒禮歌鹿鳴之詩徵耆艾敘少長而觀焉既餞而與計偕其不在館學而舉者謂之鄉貢舊令諸郡雖一二三人之限而實無常數到尚書省始由戶部集閱而關于考功課試可者爲第武德舊制以考功郎中監試貢舉貞觀以後則考功員外郎專掌之律曰諸貢舉非其人及應貢舉而不貢舉者一人徒一年二人加一等罪止徒三年初秀才科等最高試方略策五條有上上上中上下中上凡四等貞觀中有舉而不第者坐其州長由

是廢絕（開元二十四年以後復有此舉其時以進士漸難而秀才本科無帖經及雜文之限反易於進士主司以其科廢久不欲收奬應者多落之三十年來無及第者至天寶初禮部侍郎韋陟始奏請有堪此舉者令官長特薦其常年舉送者並停）自是士族所趣嚮唯明經進士二科而已其初止試策貞觀八年詔加進士試讀經史一部至調露二年考功員外郎劉思立始奏二科並加帖經後又加老子孝經使兼通之高宗永隆二年詔明經帖十得六進士試文兩篇識文律者然後試策武太后載初元年二月策問貢人于洛城殿數日方了殿前試人自此始長壽三年制始令舉人獻歲元會列於方物之前以備充庭長壽二年太后自製臣軌兩篇令貢舉習業仍停老子長安二年教人習武藝每歲如明經進士之法行鄉飲酒禮送于兵部（開元十九年詔武貢人與明經進士同行鄉飲酒禮）其課試之制畫帛為五規置之於垛去之百有五步列坐引射名曰長垛（弓用一石力箭重六錢）又穿土為埒其長與垛均綴皮為兩鹿歷置其上馳馬射之名曰馬射（鹿子長五寸高三寸弓用七斗以上力）又斷木為人戴方版於頂凡四偶人互列埒上馳馬入埒運槍左右觸必版落而人不踣名曰馬槍（槍一丈八尺徑一寸五分重八斤其本人上版方三寸五分）皆以儇好不失者為上兼有步射穿札翹關負重身材言語之選通得五上者為第其餘復有平射之科不拘色役高第者授以官其次以類升叉制為土木馬於里閭間教人習騎（天寶六載正月制文武之道既惟並用宗敬之儀不可獨闕其鄉貢武舉人上省先令拜謁太公廟每拜大將及行師克捷亦宜告廟）神龍二年二月制貢舉人停臣軌依舊習老子開元八年七月國子司業李元瓘上言三禮三傳及毛詩尚書周易等並聖賢微旨生民教業必事資經遠則斯道不墜今明經所習務在出身咸以禮記文少人皆競讀周禮經邦之軌則儀禮莊敬之楷模公羊穀梁歷

代崇習今兩監及州縣以獨學無友四經殆絕事資訓誘不可因循其學生請停各量配作業并貢人參試之日習周禮儀禮公羊穀梁並請帖十通五許其入策以此開勸卽望四海均習九經該備詔從之二十一年明皇新注老子成詔天下每歲貢士減尚書論語二策而加老子焉二十四年制移貢舉於禮部以侍郎掌之（因考功員外郎李昂詆訶進士李權文章大為權所陵折朝議以郎官地輕故移之於禮部遂為永例）二十五年二月制明經帖十取通五以上免舊試一帖仍按問大義十條取六以上免試經策十條令答時務策三道取粗有文理者與及第其進士停小經準明經帖大經十帖取通四以上然後準例試雜文及策考通與及第其明經中有明五經以上試無不通者進士中兼有精通一史能試策十條得六以上者奏聽進止其應試進士等唱第訖具所試雜文及策送中書門下詳覆（禮部侍郎姚奕奏）明皇方弘道化至二十九年始於京師置崇玄館諸州置道學生徒有差（京都各百人諸州無常員習老莊文列謂之四子蔭第與國子監同）謂之道舉舉送課試與明經同凡舉司課試之法帖經者以所習經掩其兩端中間開唯一行裁紙為帖凡帖二字隨時增損可否不一或得四得五得六者為通（後舉人積多故其法益難務欲落之至有帖孤章絕句疑似參互者以惑之甚者或上抵其注下餘一二字使尋之難知謂之倒拔既甚難矣而舉人則有驅縣孤絕索幽隱為詩賦而誦習之不過十數篇則難者悉詳矣其於平文大義或多牆面焉）天寶元年明經停老子加習爾雅十一載禮部侍郎楊浚始開為三行（不得帖斷絕疑似之言也）而明經所試一大經及孝經論語爾雅帖各有差帖既通而口問之一經問十義得六者為通問通而後試策凡三條三試皆通者為第進士所試一大經及爾雅（舊制帖一小經并注至開元二十五年改帖大經其爾雅亦并令帖注）帖既通而後試文試賦各一

篇文通而後試策凡五條三試皆通者為第（經策全通為甲第通四以上為乙第通三帖以下及策全通而帖經文不通四或帖經通四以上而策不通四皆為不第）明法試律令各十帖試策共十條（律七條令三條）全通為甲通八以上為乙自七以下為不第書者試說文字林凡十帖（說文六帖字林四帖）口試無常限皆通者為第算者試九章海島孫子五曹張邱建夏侯陽周髀五經綴術緝古帖各有差（九章三帖五經等七部各一帖綴術六帖緝古四帖）兼試問大義皆通者為第凡衆科有能兼學則加超奬不在常限按令文科第秀才與明經同為四等進士與明法同為二等然秀才之科久廢而明經雖有甲乙丙丁四科進士有甲乙二科自武德以來明經唯有丁第進士唯乙科而已於先試之期命舉人謁于先師有司卜日宿張於國學宰輔以下皆會而觀焉博集羣議講論而退之禮部閱試之日皆嚴設兵衞薦棘圍之搜索衣服譏訶出入以防假濫者焉其進士大抵千人得第者百一二明經倍之得第者十一二其制詔舉人不有常科皆標其目而搜揚之試之日或在殿庭天子親臨觀之試已糊其名於中考之文策高者特授以美官其次與出身開元以後四海晏清士無賢不肖恥不以文章達其應詔而舉者多則二千人少猶不減千人所收百纔有一（武后頗涉文史好雕蟲之藝永隆中始以文章選士及永淳之後太后君臨天下二十餘年當時公卿百辟無不以文章達因循遐久浸以成風）寶應二年六月禮部侍郎楊綰奏諸州每歲貢人依鄉舉里選察秀才孝廉敕旨州縣每歲察孝廉取在鄉閭有孝悌廉恥之行薦焉委有司以禮待之試其所通之學五經之內精通一經兼能對策達於治體者並量行業授官其明經進士道舉並停旋復其故矣貞元二年詔習開元禮者舉同一經例明經習律以代爾雅至六

年詔禮部侍郎親故移試考功謂之別頭十六年中書舍人高郢奏罷議者是之元和十三年權知禮部侍郎庾承宣奏復考功別頭之試初開元中禮部考試畢送中書門下詳覆其後中廢是歲侍郎錢徽所舉送覆試多不中選由是貶官而舉人雜文復送中書門下長慶三年侍郎王起言故事禮部已放牓而中書門下始詳覆今請先詳覆而後放牓議者以起雖避嫌疑然失貢職矣諫議大夫殷侑言三史爲書勸善懲惡亞於六經比來史學都廢至有身處班列而朝廷舊章莫能知者於是立史科及三傳之科先是進士試詩賦及時務策五道明經策三道建中二年中書舍人趙贊權知貢舉乃以箴論表贊代詩賦而皆試策三道大和八年禮部復罷進士議論而試詩賦文宗從內出題以試進士謂侍臣曰吾患文格浮薄昨自出題所試差勝乃詔禮部歲取登第者三十人苟無其人不必充其數是時文宗好學嗜古鄭覃以經術位宰相深嫉進士浮薄屢請罷之文宗曰淯厚浮薄色有之進士科取人二百年矣不可遽廢武宗即位宰相李德裕尤惡進士嘗論公卿子弟艱於科舉武宗曰向聞楊虞卿兄弟朋比貴勢妨仕進之路昨黜楊知至鄭朴等抑其太甚耳有司不識朕意不放子弟即過矣但取實藝可也德裕曰鄭蕭封敖子孫皆有才不敢應舉臣無名第不當非進士然臣祖天寶末以仕進無他岐勉彊隨計一舉登第自後家不置文選蓋惡其不根藝實然朝廷顯官須公卿子弟爲之何者少習其業目熟朝廷事臺閣之儀不教而自成寒士縱有出人之才固不能嫻習也則子弟未易可輕及唐之季世進士之科尤爲浮薄時皆知其非而不能更革也凡旨授官悉由于尚書文官屬吏部武官屬兵部謂之銓選唯員外郎御史及供奉之官則否供奉官若起居補闕拾遺之類雖是六品以下官而皆敕授不屬選司開元四年始有此制　凡吏部兵部文武選事各分爲三銓尚書典其一侍郎分其二文選舊制尚書掌六品七品選侍郎掌八品九品選景雲初宋璟爲吏部尚書始通其品員而分典之遂以爲常凡選始於孟冬終於季春先時五月頒格於郡縣示人科限而集之初皆授狀於本郡或故任所述罷免之由而尚書省限十日至省乃考覈資緒郡縣鄉里名籍父祖官名內外族姻年齒形狀優劣課最譴負刑犯必具焉以同流者五五爲聯以京官五人爲保一人爲識皆列名結款不得有刑家之子工賈殊類及假名承僞隱冒升降之徒應選者有知人之詐冒而糾得三人以上者優以授之其試之日除場援棘譏察防檢如禮部舉人之法　其擇人有四事一曰身取其體貌豐偉二曰言取其詞論辨正三曰書取其楷法遒美四曰判取其文理優長四事可取則先乎德行德均以才才均以勞其六品以降計資量勞而擬其官五品以上不試列名上中書門下聽制敕處分凡選始集而試觀其書判已試而銓察其身言已銓而注詢其便利乃擬其官已注而唱示之不厭者得反通其辭他日更其官而告之如初又不厭者亦如之三唱而不服聽冬集服者以類相從攢之爲甲先簡僕射乃上門下省給事中讀之黃門侍郎省之侍中審之不審者皆得駮下既審然後上聞下主者受旨而奉行焉各給以符而印其上謂之告身其文曰尚書吏部告身之印自出身之人至于公卿皆給之武官則受於兵部兵部武選亦然課試之法如舉人之制取其軀幹雄偉應對詳明有驍勇材藝及可爲統帥者若文吏求爲武選取身長六尺以上籍年四十以下彊勇可以統人者武夫求爲文選取書判精工有治民之材而無殿犯者凡官已受成皆殿庭謝恩其黔中嶺南閩中郡縣之官不由吏部以京官五品以上一人充使就補御史一人監之四歲一往謂之南選凡居官以年爲考六品以下四考爲滿武德初因隋舊制以十一月起選至春則停至貞觀二年劉林甫爲吏部侍郎以選限既促多不究悉遂奏四時聽選隨到注擬當時以爲便十九年十一月馬周爲吏部尚書以吏部四時提衡略無休暇遂請取所由文解十月一日起到三月三十日畢　自高宗麟德以後承平既久民康俗阜求進者眾選人漸多總章二年裴行儉爲司列少常伯始設長名姓歷牓引銓注之法又定州縣官資高下升降以爲故事其後莫能革焉至于明皇開元中行儉子光庭爲侍中以選人既無常限或有出身二十餘年而不獲祿者復作循資格定爲限域凡官罷滿以若干選而集各有差等卑官多選高官少選賢愚一貫必合乎格者乃得銓授自下升上限年躡級不得踰越久淹不收者皆便之謂之聖書雖小有常規而掄材之方失矣此起於後魏崔亮停年之制也其有異材高行聽擢不改然有其制而無其事有司但守文奉式循其資例而已初吏部選才將親其人覆其吏事始取州縣按牘疑議試其斷割而觀其能否此所以爲判也按顯慶初黃門侍郎劉祥道上疏曰今行署等勞滿唯曹司試判不簡善惡當同注官此則試判之所起也　後日月寖久選人猥多案牘淺近不足爲難乃採經籍古義假設甲乙令其判斷既而來者益眾而通經正籍又不足以爲問乃以僻書曲學隱伏之義問之唯懼人之能知也工者登于科第謂之入等其甚拙者謂之藍縷各有升降選人有格限未至而能試文三篇謂之宏詞試判三條謂之拔萃亦曰超絕詞義者得不拘限而授職焉初州縣混同無等級之差凡所拜授或自大而遷小或始近而後遠無有定制其後選人既多敘用不給遂累增郡縣等級之差郡自輔至下凡八等縣自赤至下凡八等其折衝府亦有差等按格

合內外官萬八千八十五員而合入官者自諸館學生以降凡十二萬餘員弘文崇文館學生五十員國子太學四門律書算凡二千二百一十員州縣學生六萬七百一十員兩京崇玄館學生二百員諸州學不計太史曆生三十六員天文生百三十員太醫童科呪諸生二百一十一員太卜卜筮生三十員千牛備身八十員備身二百五十六員進馬十六員齋郎八百六十二員諸三衞監門直長三萬九千四百六十二員諸屯主副千九百八十四員諸折衝府錄事府史千七百八十二員校尉三千五百六十四員執杖執乘每府六十四員親事帳內一萬員集賢院御書手一百員翰林藥童數百員諸臺省寺監軍衞坊府之胥吏及上州市令錄事省司補授者約六千餘員其外文武貢士及應制挽郎輦腳軍功使勞徵辟奏薦神童陪位諸以親蔭并藝術百司雜直或恩賜出身受職不爲常員者不可悉數大率約八九人爭官一員初武德中天下兵革方息萬姓安業士不求祿官不充員吏曹乃移牒州府課人應集至則授官無所退遣四五年間求者漸多方稍有沙汰貞觀京師穀貴始分人於洛州選集參選者七千人而得官者六千人是時太宗謂吏部尚書杜如晦曰今吏部取人獨取其言辭刀筆而不詳其才行或授職數年然後罪彰雖刑戮繼及而人已弊矣如之何對曰昔兩漢取人必本於鄉閭選之然後入官是以稱爲多士今每歲選集動踰數千人厚貌飾辭何可知也選曹但校其階品而已若掄材辨行未見其術上由是將依漢法令本州辟召會功臣議行封建事乃寢他日上又曰夫古今致治在於得賢今公不能知朕不徧識日月其逝而人遠矣吾將使人自舉如之何魏徵曰知人則哲自知者明知人誠難矣而自知豈易乎且自媒自衒士女之醜行是長澆競也故復寢是時吏部之法行始二十餘年雖已爲弊矣而未甚滂流故公卿輔弼或有未之覺者貞觀十七年吏部侍郎高季輔知選凡所銓綜時稱允愜十八年獨知選事太宗賜金背鑑一面以表其清鑒焉太宗初知其微而未及更因循至于永徽中官紀已紊迨麟德之後不勝其弊焉及武太后臨朝務悅人心不問賢愚選集者多收之職員不足乃令吏部大置試官以處之故當時有車載斗量之謠又以鄧元挺許子儒爲侍郎無所藻鑒委成令史依資平配其後諸門人仕者猥衆不可禁止有僞立符告者有接承他名者有遠人無親而買保者有試判之日求人代作者如此假濫不可悉數武太后又以吏部選人多不實剗革其弊神功元年敕自今以後本色出身解天文者進官不得過太史令音樂者不得過太樂鼓吹令醫術者不得過尚藥奉御陰陽卜筮者不得過太卜令解造食者不得過司膳令有從勳官品子流外國官參佐視品等出身者自今以後不得任京清要等官若累限應至三品不須進階每一階酬勳兩轉而乃繁設等級遞立選防多方以抑之及神龍以來復置員外官二千餘人兼超授閣官爲員外官者又千餘人時中宮用事恩澤橫出除官有不由宰司特敕斜封便拜於是內外盈溢居無廨宇時人謂之三無坐處言宰相御史及員外官也時以鄭愔爲吏部侍郎大納貨賄留人過多無闕注擬逆用三年闕員於是綱統大紊焉及先天以後宋璟爲尚書李乂盧從愿爲侍郎方革前弊量闕留人雖資高考深而非才實者並罷選當時選者十不收一由是吏曹之職復理矣自有唐以來居吏部者唯馬載裴行儉崔元暐韋嗣立四人最爲稱職開元十三年明皇又以吏部選試不公乃置十銓試人禮部尚書蘇頲刑部尚書韋抗工部尚書盧從愿右常侍徐堅御史中丞宇文融朝集使蒲州刺史崔琳魏州刺史崔沔荊州長史韋虛心鄭州刺史賈曾懷州刺史王邱各掌其一時左庶子吳兢上表諫仍停此十銓分選依舊以三銓爲定也明年仍行故至天寶八載六月敕旨授官宜立攢符下諸郡府十一載楊國忠爲吏部尚書以肺腑爲相懼招物議取悅人心乃以選人非超絕當留及藍縷當放之外其餘常選從年深者率留故蠢愚廢滯者咸荷焉其明年三銓注官皆自專之於尚書都堂與左相相偶唱注一旬而畢不復再經門下考審舊制中書門下便除授貞元四年正月制春秋舉薦至五年六月敕在外者委諸道觀察使及州府長吏其在京城者委中書門下尚書省御史臺常參清官并諸使三品以上官左右庶子少詹事少卿監司業少尹諭德國子博士長安萬年縣令著作佐郎郎中中允中舍人祕書太常丞贊善洗馬等每年一度薦聞至八年正月敕比來所舉人數頗多自今以後中書門下兩省及御史臺五品以上尚書省四品以上諸司三品以上應合舉人各令每人薦不得過兩人餘官不得過一人至九年十一月敕每年冬薦官吏部準式檢勘成者宜令尚書左右丞本司侍郎引於都堂訪以治術兼商量時務狀考其理識通者及考第事疏定爲三等兼舉主名錄奏試日仍令御史一人監試

考績

周制三載考績三考黜陟其訓曰三歲而小考其功也小考者正職而行事也九歲而大考有功也大考者黜無職而賞有功也漢元帝建昭中西羌反日蝕又久青無光召京房問對曰古帝王以功舉賢則萬化成瑞應著末代以毀譽取人故功業廢而致災異宜令百官各試其功災異可息詔房作其事房奏考功課吏法晉灼曰令丞尉治一縣崇教化無犯法者輒遷有盜賊滿三日不覺者尉事也令覺之自除二尉負其舉率相準如此法也帝令公卿與房會議皆以房言煩碎令上下相司不可許上意嚮之時部刺史奏事京師帝召見令房曉以課事諸刺史復以爲不可唯御史大夫鄭弘光祿大夫周堪言善是時中書令石顯專權顯友人五鹿充宗爲

尚書令與房同經議論相非時充宗嫉房出爲魏郡太守唯許房至郡自行考課法魏明帝時以士人毀譽是非混雜難辨遂令散騎常侍劉卲作都官考課之法七十二條考覈百官其略欲使州郡考士必由四科皆有效然後察舉或辟公府爲親民長吏轉以功次補郡守者或就秩而加賜爵焉至于公卿及內職大臣亦考之事下三府由是大議考課之制後亦不行晉武帝泰始初務崇治本詔河南尹杜預爲黜陟之課其略曰臣聞上古之政因循自然虛己委誠而信順之道應神感心通而天下之理得及至末代不得紀遠而求於密微疑諸心而信耳目疑耳目而信簡書簡書愈繁而官方愈偽法令滋彰巧飾彌多昔漢之刺史亦歲終奏事不制算課而清濁粗舉魏氏考課即京房之遺意其文可謂至密然由於累細故歷代不能通也豈若申堯舜之舊典去密就簡而易從也今科舉優劣莫若委任達官各考所統在官一年以後每歲優者一人爲上第劣者一人爲下第因計偕以名聞如此六載主者總集採按其六歲處優舉者超用之六歲處劣舉者奏免之其優多劣少者敘用之劣多優少者左遷之今考課之品所對不均誠有難易若以難取優以易而否主者固當準量輕重微加降殺不足復曲以法書也後魏孝文帝太和中詔曰三載考績自古通經三考黜陟以彰能否今若三考然後黜陟可黜者不足爲遲可進者大成賒緩朕今三載一考考即黜陟欲令愚滯無妨於賢者才能不擁於下位各令當曹考其優劣爲三等六品以下尚書重問五品以上朕將親與公卿論其善惡上上者遷之下下者黜之中中者守其本任時否臧必舉賞罰大行其薄賞者猶錫車馬器服以申獎勸後帝臨朝堂謂錄尚書兼廷尉卿廣陵王羽曰凡考績上下二等可爲三品中等但爲一品所以然者上下是黜陟之科故旌絲髮之美惡中等守本事而已帝又謂尚書等曰卿等在任年垂二周未嘗進一賢退一不肖此二事罪之大者謂羽曰汝居樞端之任在職以來功勤之績不聞於朝阿黨之音頻干朕聽今黜汝錄尚書廷尉但居特進太保自尚書令僕射以下凡黜退二十餘人皆略舉遺闕諸如此黜官者令一年之後仕官如初宣武帝時徐州刺史蕭寶貴論曰方今守令厥任非輕及考課悉以六載爲程既而限滿代還復經六年而敘是則歲周十二始得一階於東西兩省文武閑職公府散佐無事冗官或數旬方應一直或弦朔止於暫朝及其考日更得四年爲限是則一紀之內便登三級彼以實勞劇任而遷貴之路至難此以散官虛名而升陟之方甚易何內外之相違令厚薄之如是孝明帝延昌二年又將大考百僚散騎常侍領三公郎中崔鴻以考令於體例不通乃建議曰古者爲官求才朝升夕進豈拘一階半級閡以同僚等位者哉二漢以降太和以前苟必官須此人人稱其職或超騰轉陟數歲而至公卿或長兼試守稱允而遷進者披卷則人人而是舉目則朝貴皆然故能時收多士之稱國號豐賢之美竊見景明以來考格三年成一考轉一階貴賤內外萬有餘人自非犯罪不問賢愚莫不上中才與不肖比肩同轉雖有善政如龔黃儒學如王鄭才史如班馬文章如張蔡得一分一寸必爲常流所攀選曹亦抑爲一槩不曾甄別琴瑟不調改而更張雖明旨已行猶宜消息時不從唐考課之法有德義清慎公平恪勤各一善自近侍至于鎮防並據職事目爲之最凡二十七焉一最以上有四善爲上上一最以上有三善或無最而有四善爲上中一最以上有二善或無最而有三善爲上下一最以上有一善或無最而有二善爲中上一最以上或無最而有一善爲中中職事粗理善最弗聞爲中下愛憎任情處斷乖理爲下上背公向私職務廢闕爲下中居官謟詐及貪濁有狀爲下下若於善最之外別有可嘉尚及罪雖成殿而情狀可矜或雖不成殿而情狀可責者省校之日皆聽考官臨事量定諸州縣官人撫育有萬戶口增益者各準見戶爲十分論每加一分刺史縣令各進考一等（增戶口謂課丁率一丁同一戶法增不課口者每五口同一丁例其有破除者得相折）其州戶口不滿五千縣戶不滿五百者各準五千五百戶法爲分若撫養乖方戶口減損者各準增戶法亦每減一分降一等其勸課農田能使豐殖者亦準見地爲十分論每加二分各進考一等（此爲永業口分之外別能墾起公私荒田者）其有不加勸課以致減損者（謂永業口分之內有荒廢者）每損一分降考一等若數處有功並應進考者並聽累加神龍中御史中丞盧懷慎上疏曰語云三年有成書謂三載考績子產賢者也其爲政尚累年而化成況其常材乎竊見比來州縣官佐下車布政有多者一二年少者三五月遽卽遷除不論課考或歷時未改便傾耳而聽企踵而覷爭求冒進不顧廉恥亦何暇宣風布化求瘼恤民哉戶口流散百姓凋弊職爲此也何則人知吏之不久則不從其吏吏知遷之不遙又不盡其能偷安苟且脂韋而已又古之爲吏者長子孫倉氏庾氏即其後也臣請都督刺史上佐兩畿縣令等在任未經四考不許遷除察其課效

尤異或錫以車裘或就加祿秩或降使臨問并璽書慰勉若公卿有闕則擢以勸能政績無聞抵犯貪暴者放歸田里以明賞罰致治救弊莫過於此開元二十五年十二月命諸道採訪使考課官人善績三年一奏永為常式至二十七年二月敕文三載考績黜陟幽明允叶大猷以勸天下比來諸道所通善狀但優仕進之輩與為選調之資責實循名或乖古義自今以後諸道使更不須通善狀每至三年朕自擇使臣觀察風俗有清白政治著聞者當別擢用之

通志卷五十八

通志卷五十九

宋右迪功郎鄭樵漁仲撰

選舉略第二

雜議論上 舉人條例 選人條例

雜議論下 選舉雜議七條

請改革選舉事件

內外文武官五品以上 應非選司注擬者 吏部尚書侍郎 兵部尚書侍郎 禮部每年貢舉人 兵部選舉 京官六品以下 應合選注擬者 府州佐官 別駕少尹五府司馬赤令不在此例 中下縣丞以下及關津鎮戍官等 州縣六品以下官資歷 諸堪充內官及宿衛統帥 禁約雜條 學校

雜議論上

漢哀帝初立欲匡成帝之政多所變動時丞相王嘉上疏曰古者繼世立諸侯象賢也雖不能盡賢天子為擇臣立命卿以輔之居是國也累代尊重然後士民之眾附焉是以教化行而治功立今之郡守重於古諸侯而輕易之可乎孝文帝時吏居官者或長子孫以官為氏倉氏庾氏則倉庾吏之後也其二千石長吏亦安官樂職然後上下無苟且之意其後稍稍變易公卿以下轉相促急又數以改更政事司隸部刺史察過悉劾發揚陰私吏或居數月而退送故迎新交錯道路中材苟容求全下材懷危內顧一切營私者多二千石益輕賤吏民慢易之孝宣愛良吏有常劾事留中會赦一解故事尚書希下章為煩擾百姓徵驗繫理或死獄中章文必有敢告之字迺下陛下留神擇賢記善忘過容忍臣子勿責以備二千石部刺史三輔縣令有材任職者人情不能不有過差宜可闊略令盡力者有所勸此方今急務國家之利也嘉因薦儒者公孫光滿昌及能吏蕭咸薛循等皆故二千石有名稱天子納而用之後漢光武時陳事者多言郡國貢舉率非功次故守職益懈而吏事寖疎咎在州郡有詔下公卿朝臣議韋彪上議士宜以才行為先不可純以閥閱然其要歸於選二千石二千石賢則貢舉得其人矣帝深納之張衡上疏曰古者取士諸侯歲貢孝武之代郡舉孝廉又有賢良文學之選於是名臣皆出文武並興漢之得人數路而已夫書畫辭賦才之小者游意篇章當代博弈以此取士諸生競利作者鼎沸其高者頗引經訓風喻之言下則連偶俗語有類俳優或竊成文虛冒名氏臣每受詔於盛化門差次錄第其未及者亦復隨輩皆見拜擢既加之恩難復收改但守俸祿於義已加不可復使理民及仕州郡魏文帝時詔曰選舉莫取有名名如畫地作餅不可啖也吏部尚書盧毓對曰名不足以致異人而可以得常士常士畏教慕善然後有名其後士人多務進趨廉遜道缺時劉寔乃著崇讓論以矯之晉始平王文學李重以為等級繁多又外官輕而內官重議曰秦采古制漢仍秦舊倚丞相任九卿雖置五曹尚書令僕射之職始於掌封奏以宣外內事任尚輕而郡守牧人之官重漢宣所與為治唯良二千石其有殊政者或賜爵進秩諒得為治大體所以遠比三代也及于東京尚書雖漸優重然令僕出為郡守便入為三公虞延第五倫桓虞鮑昱是也近自魏朝名守杜畿滿寵田豫胡質等居郡或十餘年或二十年或加秩假節而不去郡此亦古人苟善其事雖沒世不徙官之義也漢魏以來內官之貴於今最崇而百官等級遂多遷補轉徙如流能否無以著黜陟不得彰此為治之大弊也夫階級繁多而冀官久官不久而冀治功成不可得也帝雖善之而不能行齊左僕射王儉請解領選謂褚彥回曰選曹之始近自漢末今若反古使州郡貢計三府辟士與眾共之猶賢一人之意古者選眾今則不然奇才絕智所以見遺於草澤也彥回曰誠如卿言但行之已久卒難為改也梁尚書左僕射沈約論曰漢末喪亂魏武始創軍中倉卒權立九品蓋以論人才優劣非謂世族高卑因此相沿遂為成法自魏至晉莫之能改州都郡正以才品人而舉世人才升降蓋寡徒以憑藉世資用相陵駕都正俗士斟酌時宜品目少多隨事俯仰劉毅所云下品無高門上品無賤族也歲月遷訛斯風漸篤天監中約又上疏曰頃自漢代本無士庶之別自非仕宦不至京師罷公卿牧守並還鄉里小人贍仰以成風俗且橫校棊布傳經授業學優而仕始自鄉邑本於小吏幹佐方至文學功曹積以歲月乃得察舉人才秀異始為公府所辟遷為牧守入作台司漢之得人於斯為盛今士子略以萬計常患官少才多假使秀才對五問可稱孝廉答一策能過此雕蟲小道非關治功得失以此求才徒虛語耳後魏孝文帝時高祐上疏云今之選舉不採識理之優劣專簡年勞之多少斯非盡才之謂宜停此薄藝棄彼功勞唯才是取官方斯穆又勳舊之臣雖年勤可錄而才非撫民則可加之以爵賞不宜委之以方任所謂王者可私人以財不私人以官帝善之薛淑為吏部郎中先是崔亮奏立停年之格不簡人才專問勞舊淑乃上書曰若使選曹唯取年勞不簡賢否便卽義均行

屑次若貫魚勘簿呼名一吏足矣數人而用何謂銓衡今請郡縣之職吏部先盡擇才慕取廉平清直素行有聞并學通古今曉達治體者以應其選不拘入職近遠年勤多少其積勞之中有才堪牧民者先在用之限其餘不堪者既壯藉其力豈容老而棄之將佐丞尉去民積遠小小當否未爲失宜依次補序以酬其勞晉奏不報徐因引見復陳言曰漢朝常令三公大臣舉賢良方正有道直言之士以爲長吏監撫黎元自晉以來此風遂替今四方初定務在養民臣請依漢氏更立四科令三公宰貴各薦時賢以補郡縣明立條格防其阿黨之端詔下公卿議之事亦寢隋文帝開皇中治書侍御史李諤以選才失中上書曰自魏之三祖更尚文詞忽君人之大道好雕蟲之小藝下之從上有同影響競騁文華遂成風俗江左齊梁其弊彌甚貴賤賢愚唯務吟詠遂復遺理存異尋虛逐微競一韻之奇爭一字之巧連篇累牘不出月露之形積案盈箱唯是風雲之狀世俗以此相高朝廷據茲擢士祿利之路既開愛尚之情愈篤是以開皇四年普詔天下公私文翰並宜實錄其年九月泗州刺史司馬幼之上表華豔付所司治罪由是公卿大臣咸知正路莫不鑽仰墳素棄絕華綺擇先王之令典行大道於茲代如聞在外州縣仍踵弊風選吏舉人未遵典則臣既忝憲司職當糾察若聞風卽劾恐挂綱者多請勒諸司普加搜訪有如此者具狀送臺唐貞觀八年三月詔進士讀一部經史二十二年九月考功員外郎王師明知舉時冀州進士張昌齡王公謹並有俊才聲振京邑而師明考其文策全否舉朝不知所以及奏等第太宗怪無昌齡等名因召師明問之對曰

此輩誠有詞華然其體輕薄文章浮豔必不成令器臣若擢之恐後生相倣傚有變陛下風雅帝以爲名言後並如其言高宗顯慶初黃門侍郎劉祥道以選舉漸弊陳奏其一曰吏部比來取人傷多且濫每年入流數過千四百人是傷多永徽五年一千四百二十八人六年一千十八人顯慶元年一千四百五十人不簡雜色人卽注官是傷濫雜色解文三衞內外行署內外番官親事帳內品子任雜掌伎術直司書手兵部品子兵部散官勳官記室及功曹參軍檢校官屯副驛長校尉牧長經學時務等比雜色人三分不居其一經明行修之士猶罕有正人多取胥徒之流豈可皆求德行其雜色應入流人請令曹司試判訖簡爲四等奏聞量有材用兼有景行者爲一等身品彊壯及第八上并兵部所送人不沾第一等及第準例合送兵部者爲第二等餘量簡爲第三第四等一等付吏部第二等付兵部第三等付主爵第四等付司勳並準例處分其二曰古之選者爲官擇人不爲人擇官今之選者亦擇人但人多而官員少擇之無準約官員有數入流無限以有數供無限人隨歲積豈得不壅其三曰雜色人請與明經進士通充入流之數以三分論每二分取明經進士一分取雜色人嶺南及瘴癘之所四考不得替者不在此限例若計至五品及有中上以上私犯中下公坐下上以下考者四考滿依舊置替得替人依式選襲奏敕付所司集羣臣詳議議者多難於改作乾封二年八月上列侍臣責以不進賢良宰相李安期進曰比來公卿有所薦引卽遭囂謗以爲朋黨沈屈者未申而在位者已損所以人思苟免競爲緘默若陛下虛己招納務於搜訪不忌親讎唯能是用讒毀不入誰不竭誠此皆事由陛下非臣等所能致也上深然之武太后臨朝垂拱中納言魏元同以爲吏部選舉未盡得人之術上疏曰昔之列國今之州縣士無常君人有定主自求臣佐各選英賢大臣乃命于王朝耳秦并天下罷侯

置守漢氏因之有沿有革諸侯得自置吏四百石以下其傅相大官則漢爲置之州郡掾史督郵從事悉任之於牧守爰自魏晉始歸吏部遞相因循以迄于今以刀筆求才以簿書察行法之弊久矣今諸色入流年以千計羣司列位無復新加官有常員人無定限選集之始霧積雲屯擢敘於終十不收一淄澠混淆玉石不分用舍去留得失相半旣卽事爲弊致後來滋甚按成周之制諸侯之臣不皆命於天子王朝庶官亦不專於一職故穆王以伯冏爲太僕正命之曰愼簡乃僚無以巧言令色便辟側媚其唯吉士此則令其自擇下吏之文也太僕正中大夫耳尚以僚屬委之則三公九卿亦然矣周禮太宰內史並掌爵祿廢置司徒司馬別掌興賢詔事當是分任於羣司而統之以數職各自求其小者而王命其大者也疏奏不納天授三年右補闕薛謙光以其時雖有學校之設禁防之制而風俗流弊皆背本而趨末矯飾行之以請託奔馳爲務上疏曰自七國以來雖雜以縱橫而漢興求士以行爲先旣爲閭里推高然後爲府寺所辟而魏氏取人好其放達晉宋之後祇重門資梁陳之間特好詞賦故其俗以詩酒爲重未嘗以修身爲務降及隋室餘風尚存文筆日煩政事日廢文帝於是禁浮詞而非司馬幼之風俗始改政化大行及煬帝又變前法置進士等科故後生復相倣傚皆以浮華爲貴今之舉人有乖事實或明制適下試令搜揚則驅馳府寺請謁權貴陳詩奏記希咳唾之澤摩頂至足冀提攜之恩故俗號舉人爲覓舉夫選曹授職諠囂於禮闈州郡貢士諍訟於階闥謗議紛紜浸成風俗今夫舉人詢於鄉閭歸於里正而已設如才應經邦唯令試

策武能制敵只驗彎弧文擅淸奇則登甲科藻思小減則爲不第以此收人恐乖事實何者樂廣假筆於安仁靈運詞高於穆之平津文劣於長卿子建藻麗於荀彧若以射策爲官則潘謝曹馬必居荀樂之右協贊機猷則安仁靈運亦無裨附之益由此言之固不可一槩而取也其武藝亦然故謀將不長於弓馬良相寧資於射策伏願陛下降明制須峻刑文則試以理官武則令其守禦使僥名濫吹之伍無所藏其庸謬又按漢法所舉之主終身保任揚雄之坐田儀責其冒薦成子之居魏相酬於得賢賞罰之令行則請謁之心絕辭遜之義著則貪競之路塞矣仍請寬立年限容其採訪簡汰堪用者令試守以觀能否參檢行事以覈是非稱職者受薦賢之賞濫舉者抵欺罔之罪自然舉得才行而君子之道長矣聖曆三年二月武太后令宰相各舉尚書郎一人狄仁傑獨薦男光嗣由是拜地官尚書郎莅事有聲太后謂仁傑曰祁奚內舉果得人也長安二年太后下求賢令狄仁傑曰荊州長史張柬之其人雖老眞宰相才也乃召爲洛州司馬他日又求賢仁傑曰臣前言張柬之太后曰已遷之矣對曰臣薦之謂爲相也今爲洛州司馬非用之又遷秋官侍郎開元三年左拾遺張九齡上書曰夫元元之衆莫不懸命於縣令宅生於刺史宜重其選而今刺史縣令除京輔近處之州刺史猶擇其人縣令或備員而已其餘江淮隴蜀三河諸處除大府之外稍稍非才但於京官之中出爲州縣者或是緣身有累在職無聲用於牧宰之間以爲斥逐之地因勢附會遂忝高班比其勢衰亦爲刺史至於武夫流外積資而得官成於經久不計有才諸若此流盡爲刺史其餘縣令以下固不可勝言今朝廷卿士入而不出在外者又技癢求入臣愚以爲宜立科條定其資歷凡不歷都督刺史有高第者不得入爲侍郎列卿不歷縣令有善政者亦不得入爲臺郎給舍雖遠處都督刺史至於遠縣令遞以差降以爲出入不得十年頻任京職又不得十年盡任外官如此設科以救其失則內外通理萬姓獲安又古之選用賢良取其稱職或遙聞而辟召或一見而任之是以士修素行不圖僥倖今吏部條章動盈千萬刀筆之吏辨析毫釐始造簿書以備用人之遺忘耳今反求精於案牘不急於人才亦何異遺劍中流而刻舟以記去之彌遠可爲傷心凡稱吏部之能者則曰從縣尉與主簿從主簿與縣丞斯選曹執文而善知官次者也唯據其合與不合而多不論賢與不肖陛下若不以吏部尚書侍郎爲賢必不授以職事尚書侍郎旣以賢而授委豈復不能知人人之難知雖自古所愼而拔十得五其道可行今則執以格條貴於謹守其能自覺者每選所拔亦有三五人若又專固者則亦一人不拔據資配職自以爲能爲官擇人初無此意故使時人有平配之議官曹無得賢之實故臣以爲選部之法敝於不變法變法甚易在陛下渙然行之今若刺史縣令精覈其人則每年當管之內應有合選之色且先委曲考其才行堪入品流然後送臺臺又推擇據所用之多少爲州縣之殿最一則州縣愼於所舉必取入官之才二則吏部因其有成無多庸人千目十七年三月國子祭酒楊瑒上言伏聞承前之例每年應舉常有千數及第兩監不過一二十人臣恐三千學徒虛費官廩兩監博士濫糜天祿臣竊見入仕諸色出身每歲向二千餘人方於明經進士多十餘倍臣之微誠實所未曉今監司課試十已退其八九考功及第十又不收一二長以此爲限恐儒風漸墜小道將興若以出身人多應須諸色都減豈在獨抑明經進士也上然之左監門衛錄事參軍劉秩論曰商鞅說秦孝公曰利出一孔者王利出二孔者彊利出三孔者弱於是下令非戰非農不得爵位秦卒以是能幷吞六國漢室干戈以定禍亂貴尚淸質高后舉孝悌力田文景守而不變故下有常業而朝稱多士及孝武察孝廉置五經博士弟子雖門開二三而未失道德也逮至晚歲務立功名銳意四夷故權譎之謀設荊楚之士進軍旅相繼官用不足是以聚斂計料之政生設險興利之臣起番係嚴熊羆等經淮造渠以通漕運東郭偃孔僅建鹽鐵諸利策富者冒爵射官免刑除罪公用彌多而爲官者徇私上下並求百姓不堪刓弊由是精通秀穎之士不遊於學遊於學者率章句之儒也是以昭帝之時霍光問民疾苦不本之於太常諸生徵天下賢良文學以訪之是常道不足以取人也漢氏失馭曹魏僭竊中正取士權歸著姓雖可以鎭伏甿庶非尚賢之術洎乎晉宋齊梁遞相祖習謂善賦者廊廟之人雕蟲者台鼎之器下以此自負上以此選材上下相蒙持此爲業周書曰以言取人人竭其言以行取人人竭其行取人之道不可不愼也隋氏罷中正舉選不本鄉曲故里閭無豪族井邑無衣冠人不土著萃處京畿士不飾行人弱而愚夫古者任人之制以勳賞功以才莅職是以職與人宜近則以職賞功是以官與人乖古者計人而貢士計吏而用人故士無不官官無乏吏近則官倍於古士十於官求官者又十於士

故士無官官乏祿吏擾人古者王畿千里千里之外封建諸侯諸侯之吏自卿以降各自舉任當乎漢室除保傅將相餘盡專之州縣佐史則皆牧守選辟夫公卿者主相之任也甸外之官吏者又諸侯牧守之事也然則主司之所選者獨甸內之吏公卿府之屬耳豈不寡哉所選既寡則焉得不精近則有封建而無國邑五服之內政決王朝一命拜免必歸吏部按名授職猶不能遍何暇採訪賢良搜覈行能邪又曰三代之制家有世業國有世官孔子曰醫不三世不服其藥史墨曰古之為官世守其業朝夕思之一朝失業死則及焉是知業不世習則其事不精此周之所以得人也昔羲氏和氏世掌天地劉氏世擾龍籍氏世司民庾氏庫氏世司出納制氏世司鑄鐘郎其事也至後代以世卿執柄益私門弱公室齊奪於田氏魯弱於三桓革世卿之失而不復世業之制醫工蓋數其道浸微蓋為此也洋州刺史趙匡舉選議曰三代建侯與今事異請自漢言之漢朝用人自詔舉之外其府寺郡國屬吏皆令自署故天下之士修身於家而辟書交至以此士務名節風俗用修魏氏立九品之制中正司之於是族大者第高而寒門之秀屈矣國朝舉選用隋氏之制歲月既久其法益訛夫才智因習而就固然之理進士者時共貴之主司褒貶實在詩賦務求巧麗以此為賢不唯無益於用實亦妨其正習不唯撓其淳和實又長其佻薄自非識度超然時或孤秀其餘溺於所習悉昧本源欲以啓導性靈獎成後進斯亦難矣故士林鮮體國之論其弊一也又人之心智蓋有涯分而九流七略書籍無窮主司問目不立程限故修習之時但務鈔略比及就試偶中是期業無所成固由於此故當代寡人師之學其弊二也疏以釋經蓋筌蹄耳明經讀書勤苦以甚其口問義又誦疏文徒竭其精華習不急之業而其當代禮法無不面牆及臨民決事取辦胥吏之口而已所謂所習非所用所用非所習者也故當官少稱職之吏其弊三也舉人大率二十人中方收一人故沒齒而不登科者甚眾其事難其路隘也如此而雜色之流廣通其路也此一彼十此百彼千揆其秩序無所差降故受官多底下之人修業抱後時之嘆待不才者何厚處有能者何薄崇末抑本啓昏窒明故士子舍學業而趨末伎其弊四也收人既少則爭第急功交馳公卿以求汲引毀訾同類用以爭先故業因儒雅行成險薄非受性如此勢使然也浸以成俗虧損國風其弊五也大抵舉選人以秋初就路春末方歸休息未定聚糧未辦郎又及秋事業不得修習益令藝能淺薄其弊六也羈旅往來靡費實甚非唯妨闕生業蓋亦驟其舊產未及數舉索然以空其弊七也貧窶之士在遠方欲力赴京師而所冀無際以此揆度遂至沒身使茲人有抱屈之恨國家有遺才之闕其弊八也官司運江淮之儲計五費其四乃達京邑芻薪之貴又十倍而四方舉選之人每年攢會計其人畜蓋將數萬無成而歸十乃七八徒令關中煩耗其弊九也為官擇人唯才是待今選司並格之以年數合格者判雖下劣一切皆收如未合格而應科目者纔有小瑕莫不見棄故無能之士祿以例臻才俊之流坐成白首此非古人求賢審官之義亦以明矣其弊十也選人不約本州所試悉聚於京師人既浩穰文簿煩雜因此偷濫其事百端故俗間相傳云入試非正身十有三四赴官非正身十有二三此弊之尤者今若未能頓除舉選以從古制且稍變易以息弊源則官多佳吏風俗可變其條例如後

舉人條例

一立身入仕莫先於禮尚書明王道論語詮百行孝經德之本學者所宜先習其明經通此謂之兩經舉論語孝經為之翼助諸試帖一切請停唯令策試義及口問其試策自改問時務以來經業之人鮮能屬綴以此少能通者所司知其若此亦不於此取人故時人云明經問策禮試而已所為變實為虛無益於政今請令其精習試策問經義及時務各五節並以通四以上為第但令直書事義解釋分明不用空寫疏文及務華飾其十節總於一道之內問之餘科準此其口問諸書每卷問一節取其心中了悟解釋分明往來問答無所滯礙不用要令誦疏亦以十通八以上為第諸科亦準此外更通周易毛詩名四經舉加左氏春秋為五經舉不習左氏者任以公羊穀梁代之其但習禮記及論語孝經名一經舉既立差等隨等授官則能否區分人知勸勉

一明法舉亦請不帖但策問義并口問準經業科

一學春秋者能斷大事有兼習三傳參其異同商搉比擬得其長者謂之春秋舉策問經義并口問並準前

一進士習業請令習禮記尚書論語孝經并一史其雜文請試兩首共五百字以上六百字以下試牋表議論銘頌箴檄等有資於用者不試詩賦其理通其詞雅為上理通詞平為次餘為否其所試策於所習經史內問經問聖人旨趣史問成敗得失并時務共十

節貴觀理識不用求隱僻詁名數爲無益之能言詞不至鄙陋卽爲第

一其有通禮記尙書論語孝經之外更通道德諸經通玄經孟子荀卿子呂氏春秋管子墨子韓子謂之茂才舉達觀之士旣知經學兼有諸子之學取其所長舍其偏滯則於理道無不該矣試策問諸書義理并時務共二十節仍與之言論觀其通塞

一其有學兼經史達於政體策略深正其詞典雅者謂之秀才舉經通四經或二禮或三家春秋兼通三史以上卽當其目其試策經問聖人旨趣史問成敗得失并時務共二十節仍與之談論以究其能

一學倍秀才而詞策同之談論貫通究識成敗謂之宏才舉以前三科其策當詞高理備不可同於進士其所問每十節通八以上爲第

一其史書史記爲一史漢書爲一史後漢書并劉昭所注志爲一史三國志爲一史晉書爲一史李延壽南史爲一史北史爲一史習南史者兼通宋齊志習北史者通後魏隋書志自宋以後史書煩碎尤長請但問政理成敗所因及其人物損益關於當代者其餘一切不問國朝自高祖下及睿宗實錄并貞觀政要共爲一史

一天文律曆自有所司專習且非學者卒能尋究並請不問唯五經所論蓋舉其大體不可不知

一每年天下舉人來秋入貢者今年九月州府依前科目先起試其文策通者注等第訖試官本司官錄事參軍及長吏連押其後其口問者題策後云口問通若干卽相連印縫並依寫解爲先後不得參差封題訖十月中旬送觀察使觀察使差人送都省司隨遠近比類須合程限省司重考定訖其入第者二月內符下諸道諸州追之限九月內盡到到卽重試之其文策皆勘會書跡詞理與州試同卽收之僞者送法司推問其國子監舉人亦準前例

一諸色身名都不涉學昧於廉恥何以居官其簡試之時雖云試經及判其事苟且與不試同請皆令習孝經論語其孝經口問五道論語口問十道須問答精熟知其義理並須通八以上如先習諸經書者任隨所習試之不須更試孝經論語其判問以時事取其理通必在責其重保以絕替代其合外州申解者依舉選例處分

一一經及第人選日請授中縣尉之類判入第三等及蔭高授上縣尉之類兩經出身授上縣尉之類判入第三等及蔭高授緊縣尉之類用蔭止於此其以上當以才進四經出身授緊縣尉之類判入第三等授望縣尉之類五經授望縣尉之類判入第二等授畿縣尉之類明法出身與兩經同資進士及三禮舉春秋舉與四經同資其茂才秀才請授畿尉之類其宏才請送詞策上中書門下請授諫官史官等禮經舉人若更通諸家禮論及漢以來禮儀沿革者請便授太常博士茂才等三科爲學旣優並準五經舉人便授官其雜色出身人量書判授中縣尉之類判入第三等及蔭高者加一等凡蔭除解褐官外不在用限

一其今舉人所習旣從簡易士子趨學必當數倍往時每年諸色舉人主司簡擇常以五百人爲大限此外任收雜色

選人條例

一其前資官及新出身並請不限選數任集庶有才不滯官得其人

一不習經書史無以立身不習法理無以效職人出身以後當宜習法其判問請皆問以時事疑獄令約律文斷決其有旣依律文又約經義文理宏雅超然出羣爲第一等其斷以法理參以經史無所虧失粲然可觀爲第二等判斷依法頗有文彩爲第三等頗約法式直書可否言雖不文其理無失爲第四等此外不收但如曹判及書題如此則可不得拘以聲勢文律翻失其眞故合於理者數句亦收乖於理者詞多亦舍其倩人暗判人間謂之判羅此最無恥請牓示以懲之

一其授試官及員外官等若悉不許選恐抱才者負屈若並令集則僥倖者頗多當酌事宜取其折中請令所在審加勘責但無偷濫並準出身人例試判送省授官日其九品八品官請同黃衣選人例七品六品官依前資解褐官例五品四品依前資第二正官例其官好惡約判之工拙也

一舊法四品五品官不復試判者以其歷任旣久經試固多且官班已崇人所知識不可復爲僞濫矣自有兵難仕進門多僥倖超擢不同往日並請試判待三五年舉選路清然後任依舊法其曾經登科及有清白狀并曾任臺省官并諸司長官已經選擇並不試依常例處分

一每年天下選人欲赴來冬選則今秋九月依舉人召集審勘責經其姦濫試時長吏親自監臨皆令相遠

絕其口授及替代其第四等以上封送省皆依舉人例處置吏部計天下闕員訖即重考天下所送判簿定等第訖從上等據本色人數收人具名下本道觀察使追之限十月內到並重試之訖取州試判類其書蹤及文體有僞濫者準法處分其合留者依科目資序隨穩便注擬

一其兩都選人不比外州請令省司自試隔年先試一同外州東都選人判亦將就上都考定等第兼類人數明年依例追集重試之還以去秋所試驗其書蹤及詞理則隔年計會替代事亦難爲

一兵興以來士人多去鄉土既因避難所在寄居必欲網羅才能隔年先試令歸本貫爲弊更深其諸色舉選人並請準所在寄莊寄住處投狀請試舉人既不慮僞濫其選人但勘會符告并責重保知非僞濫即準例處分

一宏詞拔萃以甄逸才進士明經以長學業並請依常年例其平選判入第二等亦任超資授官

一諸以蔭緒優勞準敕授官者如判劣惡者請授員外官待稍習法理試判合留依資授正員官

一諸合授正員官人年不滿三十請授無職事京官及州府參軍不得授職事官

後論有司或詰於議者曰吏曹所銓者四謂身言書判今外州送判則身言闕失如何對曰夫身言者豈非洪範貌言乎貌謂舉措可觀言謂詞說合理此皆才幹之士方能及此今所試之判不求浮華但令直書是非以觀理識於此既該則無貌言斷可知矣書者非理人之具但字體不至乖越即爲知書判者斷決百事眞爲吏所切故觀其判才可知矣彼身言及書豈可同爲銓序哉有司復詰曰王者之盛莫逾堯舜書稱敷納以言爲求才之通軌今以言爲後亦有說乎對曰夫敷納以言者謂引用賢良升於達位方將詢以庶政非言無以知之其唐虞官百咨俞無幾其下小吏官長自求各行敷納事至簡易今吏曹所習輒數千人三銓藻鑒心目難溥酬喧競之不暇又何敷納之有乎其茂才以上學業既優可以言政教接以談論近於敷納矣有司復曰士有言行不差而闕於文學或頗有文學而言行未修但以諸科取之無乃未備對曰吏曹所銓必求言行得之既審然後授官則外州遥試未爲通矣今銓衡之下姦濫所萃紛爭劇於獄訟僞濫深於市井法固致此無如之何豈若外州先試兼察其行苟居宅所在則隣伍知之官司耳目易爲采聽古之鄉舉里選方斯近矣且今之新法以學舉者一經畢收以判選者直書可否可謂易矣修言行者心當敦固不能爲此餘何足觀若有志性過人足存激勸及躬爲惡行不當舉用者則典章已備但舉而行之耳有司復曰其有效官公清且有能政以其短於詞判不見褒升無乃闕於事實乎對曰苟能如此最爲公器使司善狀國有常規病在不行耳但令諸道觀察使每年終必有褒貶不得僭濫則善不蔽矣問曰試帖經者求其精熟今廢之有何理乎對曰夫人之爲學帖易於誦誦易於講今口問之令其講釋若不精熟如何應對此舉其難者何用帖爲且務於帖則於義不專非演習之術固已明矣夫帖者童穉之事今方授之以職而待以童穉於理非宜有司復曰舊法口問並取通六今令通八無乃非就易之義乎答曰所習者少當務其精止於通六失在鹵莽是以然耳復曰舉人試策例皆五通今併爲一有何理對曰夫事尙實則有功徇虛則益寡試策五通多書問目數立頭尾徇虛多矣豈如一策之內併問之乎

雜議論下

德宗時禮部員外郎沈既濟議曰計近代以來爵祿失之者久矣其失非他在四太而已何者入仕之門太多世胄之家太優祿利之資太厚督責之令太薄夫入仕者多則農工益少農工少則物不足物不足則國貧是以言入仕之門太多禮曰天子之元子士也天下無生而貴者則雖儲貳之尊與士伍同故漢王良以大司徒免歸蘭陵後光武巡幸始復其子孫邑中徭役丞相之子不得蠲戶課而近代以來九品之家皆不征其高廕子弟重承恩獎端居役物坐食百姓其何以堪之是以言世胄之家太優先王制士所以理物也置祿所以代耕也農工商有經營作役之勞而士有勤民致治之憂雖風猷道義士伍爲貴其苦樂利害與工農商等不甚相遠也後代之士乃撞鐘鼓植臺榭以極其歡而農工鞭臀背役筋力以奉其養得仕者如升仙不得仕者如沈泉歡娛憂苦若天地之相遠也是以言祿利之資太厚語曰陳力就列不能者止昔李應周乘爲刺史守令畏憚覩風投印綬者四十餘城夫豈不懷祿而安榮哉顧漢之法不可偷也自隋變選法則雖甚愚之人蠕蠕然第能乘一勞結一課獲入選敘則循資授職族行之官隨列拜揖藏俸積祿四周而罷因緣侵漁抑復有焉其罷之日必妻孥華楚僕馬肥腯而偃仰乎士林之間及限又選終而復始非爲巨害至死不黜故里語謂人

之爲官若死然未有不了而倒還者爲官如此易享祿如此厚上法如此寬下斂如此重則人孰不違其害以就其利者乎是以言督責之令太薄旣濟以爲當輕其祿利重其督責使不才之人雖虛座設位詭印綬于旁揖而授之不敢受寬其征徭安其田里使農商百工各樂其業雖以官誘之而莫肯易如此則規求之志不禁而息多仕之門不爲而閉夫古今選用之法九流常敘有三科而已曰德也才也勞也而今選曹皆不及焉何以言之且吏部之本存乎甲令雖曰度德居官任才授職計勞升敘其文具矣然考校之法皆在書判簿歷言詞俯仰之間侍郎非通神不可得而知之則安行徐言非德也麗藻芳翰非才也累資積考非勞也按前代選用皆州府察舉及年代久遠訛失滋深至于齊隋不勝其弊凡所署置多由請託故當時議者以爲與其率私不若自舉與其外濫不若內收是以能州府之權而歸於吏部此矯時懲弊之權法非經國不刊之常典今吏部之法蹙矣復宜掃而更之無容循默坐守刓弊或以爲當今選舉人未土著不必本於鄉閭鑒不獨明不可專於吏部謹按詳度古制折量今宜謂五品以上及羣司長官俾宰臣進敘吏部得參議焉其六品以下或僚佐之屬許州府辟用則銓擇之任悉委於四方結奏之成咸歸於二部必先擇牧守然後授其權高者先署而後聞卑者聽版而不命其牧守將帥或選用非公則吏部兵部得察而舉之夫如是則接名僞命之徒菲才薄行之人貪叨賄貨懦弱姦宄下詔之日隨聲而廢通計大數十除八九則人少而員寬事詳而官審賢者自進不肖者不抑而自退除隋權道復古美制則衆才咸得而天下幸甚

選舉雜議七條

一或曰按國家甲令凡貢舉人本求才德不選文詞故律曰諸貢舉人非其人者徒注云謂德行乖僻者也居州郡則廉使升聞在朝廷則以時黜陟用茲懲勸足爲致理有司因循不修厥職寖以詭謬使其陵頹今但修舊令舉舊政則人服矣焉用改作答曰州郡以德行貢士禮闈以文詞揀才試官以帖問求學銓曹以書判授吏俱存甲令何令宜修且惟德無形惟才不器搏之弗得聆之弗聞非在所知焉能辨用今禮部吏部一以文詞貫之則人斯遠矣使臣廉舉但得其善惡之尤者耳每道累歲罕獲一人至如循常諄諄蚩騃愚鄙者或身甚廉謹政爲人蔽者或善爲姦濫祕不彰聞者一州數十人曷常聞焉若銓不委外任不責成不疏其源以導其流而以文字選士循資授職雖口誦律文手操斧鉞以臨其民無益也非改之不可

二或曰昔後漢貢士諸生試經學文吏試牋奏則舉人試文乃前王之典故而子獨非於今何也答曰漢代所貢乃王官耳凡漢郡國每歲貢士皆拜爲郎分居三署儲才待詔無有常職故初至必試其藝業而觀其能否至於郡國僚吏皆府主所署版檄召用至而授職何常賓貢亦不試練其遐州陋邑一掾一尉或津官戍吏皆登銓上省受試而去者自隋而然非舊典也

三或曰若使外州辟召必是牧守親故或權勢囑託或旁隣交質多非實才奈其濫何答曰誠有之也然其濫孰與吏部多請較其優劣且州牧郡守古稱共理政能有美惡之迹法令有殿最之科分憂責成誰敢濫舉設如年多人忿法久弊生天網恢疎容其姦謬舉親舉舊有囑有情十分其人五極其濫猶有一半尚全公道如吏部者十無一焉請試言之凡在銓衡唯徵書判至於補授祗校官資善書判者何必吏能美資歷者寧妨貪戾假使官資盡愜刀筆皆精此爲吏曹至公之選則補授之際官材匪詳或性善緝人則職當主辦或才堪理劇則官授散員或時有相當亦幸中耳非吏曹素得而知也有文無賴者計日可升有用無文者終身不進況其書判多是假手或他人替人或旁坐代爲或臨事解衣或宿期定估才優者一兼四五自製者十不二三況造僞作姦冒名接腳又在其外令史受賂難積謬而誰尤選人無資雖正名而猶剩又聞昔時公卿子弟親戚隨位高低各有分數或得一人二人三人四人不在放限者禮部明經等亦然俗謂之省例斯非濫歟若等爲濫此百倍而多者也

四或曰吏部有濫止由一門州郡有濫其門多矣若等爲濫豈若杜衆門而歸一門乎答曰州郡有濫雖多門易改也吏部有濫雖一門不可改也何者凡今選法皆擇才於吏部逃職於州郡若才職不稱紊亂無任責於刺史則曰官命出於吏曹不敢廢也責於侍郎則曰量書判資考而授之不保其往也責於令史則曰按由歷出入而行之不知其他也黎庶從弊誰任其咎若守牧自用則罪將焉逃必州郡之濫濁換一刺史則革矣如吏部之濫雖更其侍郎無益也蓋

九流浩浩不可得知法使之然非主司之過故云門雖多而易改門雖一而不可改者以此

五或曰今人多情故吾恐許其選吏必綱紀紊失不如今日之有倫也答曰不假古義請將目前以言之今諸道節度都團練觀察租庸等使自判官副將以下皆使自銓擇縱其閒或有情故大舉其例十猶七全則辟吏之法見行於今但未及於州縣耳利害之理較然可觀何紀之失何綱之紊嚮令諸使僚佐盡授於選曹則安獲鎮方隅之重理財賦之殷也

六或曰頃年常見州縣有攝官皆是牧守所自署置政多苟且不議久長纔始到官已營生計迎新送故勞敝極矣今令州郡召補則其弊亦爾柰何答曰國家職員皆稟朝命攝官承乏苟濟一時不日不月事必停省人雖流而責不及績雖著而官不成便身而行不苟何待若職無移奪命自州邦所攝之官便爲己任上酬知己下利班榮爭竭智力人誰不盡今常調之人遠授一職已數千里赴集又數千里之官挈攜妻孥復往勞苦必一周而在路料間歲而停官成名非知己之恩後任可計考而得此之不苟而誰爲苟

七或曰今四方諸侯或有未朝覲者若天下士人既無常調久不得祿人皆怨嗟必相率去我入於他境則如之何答曰善哉問乎夫辟舉法行則搜羅畢盡自中人以上皆有位矣此祿之不及者皆下劣無任之人復何足惜當今天下凋敝之本實爲士人太多何者凡士人之家皆不耕而食不織而衣使下奉其上不足故也大率一家有養百口者有養十口者多少通計一家不減二十人萬家約有二十萬口今有才者既爲我用愚劣者盡歸他人有萬家歸之則有二十萬人隨之食其黍粟衣其縑帛享其祿廩役其人庶我收其賢彼得其愚我減浮食之口二十萬彼加浮食之人二十萬則我弊益減而彼人益困自古興邦制敵之術莫出於是惟懼去我之不速也夫何患焉

請改革選舉事件

內外文武官五品以上 應非選司注擬者

右請宰相總其進敘吏部兵部得參議可否

吏部尚書侍郎

右請掌議文官五品以上除拜六品以下擬奏兼察舉選用之不公者 諸京司長官及觀察使刺史舉用僚佐有才職不稱背公任私者得察舉彈奏 非選用濫失不得舉 凡有所察郎中刺舉員外郎判成侍郎尚書署之而後行 諸官長若犯他過使司自當彈奏郎非吏部所察故云非選用濫失不得舉 餘所掌準舊若官長選用濫失有聞而吏部不舉請委御史臺彈之御史臺不舉即左右丞彈之 按六典御史有糾不當者即左右丞得彈奏

兵部尚書侍郎

右請掌議武官五品以上除拜六品以下擬奏兼察舉選用之不公者 諸軍衛長官及節度都團練使舉用將校才職不稱背公任私者得察舉彈奏 非選用濫失不得舉 凡有所察舉及臺省糾彈如吏部之法餘所掌準舊

禮部每年貢舉人

右並請停廢有別須經藝之士請於國子監六學中銓擇 國子學太學四門學律學書學算學

兵部舉選

右請停廢 昔隋置折衝府分鎮天下所以散兵及唐武后昇平置武舉恐人之忘戰則武官武選本未可徵今內外邦畿皆有師旅偏裨將校所在至多誠宜設法減除豈復張門誘人況若此輩又非驍雄徒稱武官不足守禦雖習弓矢不堪戰鬬而坐享祿俸規避征徭今請悉停以絕姦利

京官六品以下 應合選司注擬者

右請各委本司長官自選用初補稱攝然後申吏部兵部吏部兵部奏成乃下敕牒并符告於本司是爲正官考從奏成日計凡攝官俸祿各給半

府州佐官 別駕少尹五府司馬赤令不在此例

右自長史以下至縣丞縣尉 諸州長史司馬或雖是五品以上官亦同六品官法

請各委州府長官自選用不限土客其申報正攝之制與京官六品以下同其邊遠羈縻等州請兼委本道觀察使共銓擇補授上州省事市令中州參軍博士下州判司 錄事參軍不在此例

中下縣丞以下及關津鎮戍官等

右請本任刺史補授訖申吏部兵部吏部兵部給牒然後成官並不用聞奏其員數不得踰舊制雖吏部未報並全給祿俸若承省牒在任與正同去任後不得稱其官若州司以勞效未著而不申者請不限年月並聽之

州縣

右請準舊令州爲三等 上中下 縣爲五等 赤畿上中下 其餘緊望雄輔之名請廢 即夫等級繁多則仕進淹滯使其周歷務速遷官非久安政亦苟且請減眾級以懲僥心則官達可期羣才無壅

六品以下官資歷

右並請以五周爲滿 唐虞遷官必以九載魏晉以後皆經六周唐家因隋爲四近又減削爲三考今三四則太少六九則太多請限五周庶爲折中 其遷轉資歷請約修舊制 修舊制謂遷轉資次也但以一官未滿即任召用並無選數 若才行治績有尤異者請聽超遷每長官代換其舊僚屬若有負犯及不稱職者請任便替若無負犯皆待考滿未滿者不得替

諸道使管內之人及州縣官屬有政理尤異識略宏通行業精修藝能超絕及懷才未達隱德邱園

或堪充內官不稱州縣者並申送吏部將校偏裨

有兵謀武藝或堪充宿衛可爲統帥者申送兵部

右請不限少多各令長官具述才行謀略舉送朝廷皆申上吏部兵部各設官署以處之審量才能銓第高下每官職有闕及別須任使則隨才擢用如漢光祿勳稱領二署郎舉者舉主加階進爵得賢俊者遷其官若自用僚屬雖得賢不賞

禁約雜條

一諸使及諸司州府長官舉用僚屬請明書事迹德行才能請授某官某職皆先申吏部兵部若諸使奏官兼帶職掌者郎以職掌分其文武不計本官帶州縣職郎申吏部帶軍職郎申兵部吏部兵部謄其詞而奏云得某使某曹司某州府狀稱以元狀人入按每使每司每州各爲一簿

一所舉官吏在任日有行迹乖謬不如舉狀及犯罪至徒以上者請兼坐舉主其所犯人自依常法本條處分一人奪祿一年諸使無祿者準二品官以料錢折納依時估計二人奪賜無賜者貶其色降紫從緋降緋從綠降綠從碧三人奪階及爵有爵無階有階無爵者加奪賜及勳四人解見任職事官已上任者並追解之五人貶官節度觀察使降爲刺史刺史降爲上佐皆以邊州六人除名有犯贓罪至流以上者倍論之倍謂一人從二人之法二人從四人之法三人從六人之法罪止三人若舉用後續知過謬具狀申述及自按劾者請勿論此謂所知不審舉用失悞者

一所舉官有因姦納賂而舉者有親故非才而舉者有容受囑託而舉者有所知不善而故舉者有犯一科請皆以罔上論不在官贖限囑託舉者兩俱爲首規求者爲從

杜佑評曰夫人生有欲無君乃亂君不獨治故建庶官昔在唐虞皆訪於衆則舜舉八元八凱四岳之舉夔龍稷契蓋所用人之大略也降及三代擇於鄉庠然後授任其制漸備秦漢之道雖不師古閭塾所推猶本乎行而郡國佐吏並自奬擢備嘗試效乃登王朝內官有僚屬者亦得徵求俊彥暨于東漢初置選職推擇之制尚習前規左雄議以限年其時不敢謬舉所以二漢號爲多士魏晉設九品置中正蓋論閥閱罕考行能選曹之任益爲崇重州郡之刺史太守內官之卿尹大夫咸吏部所署而辟召及鄉里之舉舊式不替永嘉之後天下幅裂三百餘祀方遂混同中間各承正號凡有九姓大抵不變魏晉之法皆亂多治少諒無足可稱夫文質相矯有如循環教化所由興衰是繫自魏三主俱好屬文晉宋齊梁風流彌扇體非典雅詞尚綺麗澆訛之弊極於隋世且三代以來憲章可舉唯稱漢室繼漢之盛莫若有唐惜乎當創業之初承文弊之極可謂遇其時矣羣公不議救弊以質而乃因習尚文風教未淳慮由於此緬觀往昔論選舉者無代無之或云官繁人困要省吏員或云等級太多患在速進或云守宰之職所擇殊輕或云以言取人不如求行是皆能知其失莫究所失之由何者按秦法唯農與戰始得入官漢有孝悌力田賢良方正之科乃時令徵辟而常歲郡國率二十萬口貢止一人約計當時推薦天下纔過百數則考精擇審必獲器能自茲厥後轉益煩廣開元天寶之中一歲貢舉凡有數千而門資武功藝術胥吏衆名雜目百戶千途入爲仕者不可勝紀比於漢代且增數十百倍安得不重設吏職多置等級遞立選限以抑之乎常情進趨共慕榮達升高自下由邇陟遐固宜驟歷方至何暇淹留著績秦氏列郡四十兩漢郡國百餘太守入作公卿郎官出宰縣邑便宜從事閫略其文無所可否責以成效寄委斯重酬奬亦崇今之剖符三百五十郡縣差降復爲八九邑之俊乂不得有之事之利病不得專之八使十連舉動咨稟地卑禮薄勢下任輕誠曰徒勞難階超擢容易而授理固然也始後魏崔亮爲吏部尚書無問賢愚以停解日月爲斷時沈滯者皆稱其能魏之失才實從亮始洎隋文帝素非學術盜有天下不欲權分罷州郡之辟廢鄉里之舉內外一命悉歸吏曹纔厠班列皆由執政則執政參吏部之職吏部總州郡之權罔究體國推誠代天理物之本意是故銓綜失敘受任多濫豈有萬里封域九流叢湊掄材授職仰成吏曹以俄頃之周旋定才行之優劣求其無失不亦謬歟爾後有司尊賢之道先於文華辯論之方擇於書判靡然趨尚其流猥雜所以閱經號爲倒拔徵詞同乎射覆置循資之格立選數之制壓例示其定限平配絕其踰涯或糊名考覈或十銓分掌苟濟其末不澄其源則吏部專總是作程之弊者文詞取士是審才之末者書判又文詞之末也凡爲國之本資乎民甿民之利害繫乎官政欲求其治在久其任欲久其任在少等級欲少等級在精選擇欲精選擇在減名目俾士寡而農工商衆始可以省吏員始可以安黎庶矣誠宜斟酌治亂詳覽古今推仗至公矯正前失或許辟召或令薦延舉有否臧論其誅賞課績以考之升黜以勵之拯斯刓敝其效甚速實爲大政可不務乎

學校

有虞氏大學爲上庠小學爲下庠夏后氏大學爲東序

小學爲西序商制大學爲右學小學爲左學又曰瞽宗周制大學爲東膠小學爲虞庠又云天子曰辟雍王太子王子羣后之太子卿大夫元士之適子國之俊選皆造焉古之教者家有塾黨有庠遂有序國有學漢高帝以叔孫通爲奉常諸弟子共定禮儀者咸爲選首其後亦未遑庠序之事至孝文時頗登用文學之士然帝本好刑名之言及孝景不任儒學竇太后又好黃老術故諸博士具官待問未有進者武帝立後竇太后崩田蚡爲丞相黜黃老刑名百家之言延儒者百數乃因舊博士置弟子五十人太常擇年十八以上儀狀端正者補博士弟子昭帝舉賢良文學增博士弟子員數滿百人至成帝時劉向請興辟雍設庠序帝下公卿議會向病卒成帝末增弟子員三千人歲餘如故及王莽爲宰衡欲擢眾庶遂興辟雍增元士之子得受業如弟子甲乙之科後漢質帝本初元年梁太后詔大將軍以下至六百石悉遣子弟就學每春秋輒於鄉射月一享會以此爲常有勸勉進用之端於是遊學者增至三萬餘生然章句漸疎而多以浮華相尚儒者之風蓋衰矣桓帝建和初詔諸學生課試補官永壽二年復課試諸生補郎舍人獻帝建安中侍中飽衡奏按王制立大學小學自王太子以下皆教以詩書而升之司馬謂之賢者任之以官故能致刑措之盛立太平之化也今學博士並設表章而無所教授兵戎未戢人並在公而學者少可聽公卿二千石六百石子弟在家者及將校子弟見爲郎舍人者皆可聽詣博士受業其高才秀達學通一藝太常爲作品式從之（晉摯虞決疑云漢初置博士而無弟子後置弟子五十人與博士俱共習肄禮儀又增滿五百人漢末至數千人）魏文帝黃初五年立太學於洛陽時慕學者始詣太學爲門人滿二歲試通一經者稱弟子不通者罷遣弟子滿二歲試通二經者補文學掌故不通者聽隨後輩試試通二經亦得補掌故滿三歲試通三經者擢高第爲太子舍人不第者隨後輩復試試通亦爲太子舍人舍人滿二歲試通四經者擢其高第爲郎中不通者隨後輩復試試通亦爲郎中郎中滿二歲能通五經者擢高第隨才敘用不通者隨後輩復試試通亦敘用晉武帝初太學生三千人泰始八年有司奏太學生七千餘人才任四品聽留詔曰已試經者留之大臣子弟堪受教者令入學其餘遣還郡國咸寧二年起國子學（周禮國之貴遊子弟故曰國子）東晉元帝時太常賀循上言尚書被符經置博士一人又多故歷紀儒道荒廢學者能兼明經義者少今宜周禮儀禮二經置博士二人春秋三傳置三人其餘則經置一人合八人太常車胤上言按二漢舊事博士之職唯舉明經之士遷轉各以本資初無定班魏及中朝多以侍中常侍儒學最優者領之今博士八人愚謂宜依魏氏故事擇朝臣一人經學最優者不繫位之高下常以領之每舉太常共研厥中其餘七人自依常銓選大興初欲修立學校唯周易王氏尚書鄭氏古文孔氏毛詩周官禮記論語孝經鄭氏春秋左傳杜氏服氏各置博士一人其儀禮公羊穀梁及鄭易皆省不置博士孝武帝太元初於中堂權立行太學釋奠禮于時無復國子生置太學生六十人國子生權銓大臣子孫六十人行事訖罷（其國子生見祭酒博士單衣角巾執經一卷以代手版）自穆帝至孝武並以中堂爲太學太元九年尚書謝石請興國學以訓冑子頒下州郡普修鄉校帝納其言明年選公卿二千石子弟爲生然品課無章君子恥與其列國子祭酒殷茂上言臣聞舊制國學生皆取冠族華冑比列皇儲中間混雜蘭艾遂令人情恥之詔雖褒納終不施行宋武帝詔有司立學未就而崩文帝元嘉二十年立國學二十七年廢明帝泰始中初置總明觀祭酒一人有道儒文史四科科置學士十人齊高帝建元四年詔立國學置學生百五十人取王公以下子孫年十五以上二十以下家去都二千里爲限帝崩乃以國諱廢學武帝永明三年詔立學乃省總明觀召公卿以下子弟置生二百二十人其年秋中悉集東昏侯永元初詔依永明舊事廢學時有司奏國學太學兩存焉（領國子助教曹思文上表曰太學之與國學斯是晉代殊其士庶異其貴賤耳然貴賤士庶皆須教之國學太學兩存可也時太尉王儉復依晉代國子生單衣角巾執經代手版）後魏道武帝初定中原始於平城立太學置五經博士生員千餘人天興二年春增國子太學生員三千太武始光三年別起太學於城東後徵盧元高允等令州郡各舉才學於是人多砥礪儒術轉興獻文帝天安初立鄉學郡置博士二人助教二人學生六十人後令大郡學立博士二人助教四人學生百人次郡亦博士二人助教四人學生八十人中郡博士一人助教三人學生六十人下郡立博士一人助教一人學生四十人郡縣學始乎此矣孝文太和中改中書爲國子又開皇子之學及遷都洛邑立國子太學四門小學隋文帝開皇中國子寺不隸太常自前代皆屬太常也唐武德元年詔皇族子孫及功臣子弟於祕書外省別立小學七年詔諸州縣及鄉並令置學有明一經以上者有司試策加階敘貞觀五年太宗數幸國學遂增築學舍千二百間國學太學四門亦增生員其書算各置博士凡三千三百六十

員其屯營飛騎亦給博士授以經業無何高麗百濟新羅高昌吐蕃諸國酋長亦遣子弟請入國學凡八千餘人國學之盛近古未有龍朔二年東都置國子監丞主簿錄事各一員四門博士助教四門生三百員俊士二百員置弘文館於上臺生徒三十人置崇文館於東宮生徒二十人皆以皇族緦麻以上親皇太后皇后大功以上親散官一品中書門下平章事六尚書功臣身食實封者京官職事正三品供奉官三品子孫京官職事從三品中書黃門侍郎子孫爲之並尚書省補西京國子監領六學生徒皆尚書省補一曰國子學生徒三百人分習五經一經六十人以文武官三品以上及國公子孫從二品以上之曾孫爲之二曰太學生徒五百人每一經百人以四品五品及郡縣公子孫及從三品之曾孫爲之三曰四門學生徒千三百人分經之制與大學同其五百人以六品七品及侯伯子男之子爲之其八百人以庶人之俊造者爲之四曰律學生徒五十人取年十八以上二十五以下以八品九品子孫及庶人之習法令者爲之五曰書學生徒三十人以習文字者爲之六曰算學生徒三十人以習計數者爲之凡二千二百一十人州縣學生徒有差州縣學生門蔭與律書算學同諸生皆限年十四以上十九以下皆郡縣自補京都八十員大都督中都督府上郡各六十員下都督府中郡各五十員下郡四十員京縣五十員上縣四十員中縣三十員下縣二十員也凡諸學皆有博士助教授其經藝每歲仲冬郡縣館監課試其成者長吏會屬僚設鄉飲之禮而薦送之開元七年十月皇太子詣國學行齒胄禮二十六年正月敕文天下州縣每一鄉之內里別各置一學仍擇師資令其教授天寶初明經進士習爾雅九載國子監置廣文館知進士業博士助教各一人十二載七月舉人不得充鄉貢皆補學生四門俊士停之永泰二年正月敕諸道節度觀察都督防禦使等子弟并宰相朝官及神策六軍子弟欲習業者自今以後並令補國子學生欲其業重籯金器成琢玉其中身雖有官欲附學讀書者聽其學官委中書門下即簡擇行業堪爲師範者充數學生員數多少所習經業考試等第并所供糧料各委本司作事件聞奏

通志卷五十九

通志卷六十

宋右迪功郎鄭樵漁仲撰

刑法略第一

歷代刑制　肉刑議　赦宥

歷代刑制

黃帝以兵定天下此刑之大者陶唐以前未聞其制虞舜聖德聰明建法曰象以典刑流宥五刑鞭作官刑扑作教刑金作贖刑眚災肆赦怙終賊刑欽哉欽哉惟刑之恤哉於是流共工于幽州放驩兜于崇山竄三苗于三危殛鯀于羽山四罪而天下咸服又五流有宅五宅三居惟明克允　夏啓即位有扈不道誓眾曰不用命戮于社後又作禹刑　商作湯刑洎紂無道廼重刑辟有炮烙之刑　周秋官之職建三典正月之吉始和布刑于邦國都鄙乃揭刑象之法于象魏使萬民觀之浹旬而斂又執旌節以宣布于四方而憲邦之刑禁一曰刑新國用輕典二曰刑平國用中典三曰刑亂國用重典凡盜賊軍鄉邑及家人殺之無罪凡報仇讎者書於士殺無罪凡殺其親者焚之殺王之親者磔之殺人者踣諸市三日傷人見血不以告者攘獄遏訟者告而誅之坐為盜賊者其孥男子入于罪隸女子入于舂槀凡有爵者與七十者與未齔者皆不為奴五刑之法墨罪五百劓罪五百宮罪五百刖罪五百髡罪五百凡二千五百所謂刑平國用中典者也墨者使守門劓者守關宮者守內刖者守囿髡者守積（王之同族不處宮刑是不虧其類也但髡頭而巳凡王族皆於隱處刑之故使守積音恣）穆王享國百年耄荒命呂侯作刑訓夏贖刑（訓夏禹贖刑之法從輕也）墨罰之屬千劓罰之屬千剕罰之屬五百宮罰之屬三百大辟之罰其屬二百五刑之屬三千（多於初制五百章）其後又作九刑（正刑五及流贖鞭扑）孔子曰大罪有五而殺人為下逆天地者罪及五代誣神鬼者罪及四代逆人倫者罪及三代亂教化者罪及二代手殺人者罪止其身又曰析言破律亂名改作執左道以亂政者殺作淫聲造異服設恠伎奇器以蠱上心者殺行僞而固言僞而辯學非而博順非而澤以惑衆者殺假於鬼神時日卜筮以疑人者殺此四誅者不待時不以聽　秦文公二十年法初有三族罪（張晏曰父母兄弟妻子如淳曰父族母族妻族）武公三年誅三父等而夷三族以其殺出子（甯公子三長武公為太子次德公次出子甯公卒大庶長弗忌威壘三父廢太子而立出子為君後三父等復共殺出子立武公）孝公初衞鞅請變法令人為什伍而相收司連坐不告姦者腰斬告姦者與斬敵首同賞匿姦者與降敵同罰人有二男以上不分異者倍其賦有軍功者各以律受上爵為私鬬者各以輕重被刑大小戮力本業耕織致粟帛多者復其身事末利及怠而貧者舉以為收孥宗室非有軍功論不得為屬籍明尊卑爵秩等級各以差次名田宅臣妾衣服以家次有功者尊榮無功者雖富無所芬華令既具未布恐人之不信已乃立三丈之木於國都市南門募人有能徙者與五十金以明不欺秦人初言令不便者以千數於是太子犯法衞鞅曰法之不行自上犯之將法太子太子君嗣也不可施刑刑其傅公子虔黥其師公孫賈明日秦人皆趨令行之令初下有言令不便者有來言令便者衞鞅曰此皆亂化之人也盡遷於邊城其後人莫敢議令甘龍杜摯極非之令之初作一日臨渭刑七百餘人百姓皆苦之居三年道不拾遺山無盜賊家給人足勇於公戰怯於私鬬秦人大治而大悅（魏文侯師李悝撰次諸國法著法經皆罪名之制也商君受之以相秦具魏世語中）始皇即位遣將成蟜擊趙反死屯留軍吏皆斬及戮其屍（士卒死皆戮其屍）其後嫪毐作亂敗其徒二十人皆梟首車裂徇滅其宗輕者為鬼薪（取薪給宗廟為鬼薪律曰鬼薪作二歲）後又體解荊軻及平六國制藏詩書及偶語棄市以古非今者族吏見知不舉與同罪令下三十日不燒黥為城旦（髡髮輸邊築長城城旦四歲刑也）燕人盧生稱言始皇樂以刑殺為威因亡去始皇聞之怒諸生在咸陽者四百六十餘人皆坑之其後東郡星隕為石或刻其石曰始皇死始皇盡誅石旁人胡亥立以趙高為郎中令更變律令有罪者相坐收族又羣盜起胡亥責李斯斯懼上書請行督責刑者相半其後趙高譖斯具五刑腰斬夷其三族　漢高祖初入咸陽約法三章曰殺人者死傷人及盜抵罪蠲削秦法兆民大悅然大辟尚有三族之誅先黥劓斬左右趾笞殺梟其首葅其骨肉於市其誹謗詈詛又先斷舌故謂之具五刑彭越韓信之屬皆受此戮其後又制曰有耏罪以上請之（髡其耏鬢曰耏）後以三章之法不足禦姦遂令蕭何攈摭秦法取其宜於時者作律九章惠帝二年制曰今法有誹謗妖言之罪（過誤之言以為妖言）是使眾臣不敢盡情而上無由聞過失也其除之又制上造以上及內外公孫耳孫有罪當刑及當城旦舂者皆耐為鬼薪白粲（上造爵滿十六者也耳孫元孫之子也今以上造有功勞內外孫有骨肉屬連故事從其輕也城旦舂旦起行治城舂者婦人不參外徭但舂作米皆四歲刑也今皆就鬼薪白粲鬼薪已具上白粲坐擇米使正白為粲皆三歲刑也）人年七十以上若不滿十歲有罪當刑者全之除挾書律（挾藏也秦律敢挾書者棄市）呂太后初除三族罪文帝制民有犯法已論其父母妻子同產坐之及收孥律令宜除之（孥子也秦法一人有罪收其家）罪疑者從輕於是刑罰大省斷獄四百又感齊女淳于緹縈之言除肉刑定

律曰諸當完者完爲城旦舂（以完易髡以笞代劓以鈦左右趾代刖今既曰完矣不復云以完代完此當言髡者完之矣）當黥者髡鉗爲城旦舂當劓者笞三百當斬左趾者笞五百當斬右趾及殺人先自告及吏受賕枉法守縣官財物而即盜之已論命復有笞罪者皆棄市（命者名也成其罪也）罪人獄已決完爲城旦舂滿三歲爲鬼薪白粲鬼薪白粲一歲爲隸臣妾隸臣妾一歲免爲庶人（男子爲隸臣女子爲隸妾）隸臣妾滿二歲爲司寇司寇一歲及作如司寇二歲皆免爲庶人（罪降爲司寇故一歲正司寇故二歲）其亾逃及有罪耐已上不用此令（在本罪中又重犯者也）是後外有輕刑之名內實殺人斬右趾者又當死斬左趾者笞五百當劓者笞三百率多死（笞數既多亦不活）景帝制改定律笞五百曰三百笞三百曰二百猶尚不全自今吏及諸有秩皆受其官屬所治所行所將（行謂按察夏孟反）其餘飲食計償費勿論（計所費而償其直勿論罪）他物若買故賤賣故貴皆坐贓爲盜（他物謂非飲食）吏遷徙免罷受其故官屬所將監治送財物奪爵爲士伍免之（謂奪其爵令爲士伍又免其官職即今律所謂除名也士伍者言從士卒之伍）無爵罰金二斤沒入所受有能捕告畀其所受贓其後罷磔曰棄市（先此諸死刑皆磔之於市今罷之若妖逆則磔之磔謂張其尸也）復下詔曰長老人所尊也鰥寡人所憐也其著令年八十以上八歲以下孕者未乳（乳產）師侏儒（樂師瞽者侏儒短人不能走）當鞫繫者頌繫之（頌讀曰容容寬不桎梏）罪死欲腐者許之（如腐木不生實矣）六年定鑄錢僞黃金棄市律又以笞者或至死未畢復減笞三百曰二百笞二百曰百其定箠令（箠長五尺其本厚一寸其末薄半寸皆平其節）笞臀（先時笞背）畢一罪乃得更人（更人更易行笞人）自是笞者得全然死刑即重而生刑又輕人易犯之孝武調發煩數民窮犯法遂令張湯趙禹條定法令作見知故從監臨部主之法（見知人犯法不告爲故縱而所監臨部主有罪并連坐）緩深故之罪（孝武欲急刑吏深害及故入人罪者皆寬緩之）急縱出之誅律令凡三百五十九章（蕭何本定律九篇叔孫通又加十八篇張湯又撰越宮律二十七篇趙禹撰朝律六篇合爲六十篇）大辟四百九條千八百八十二事死罪決事比萬三千四百七十二事（比以例相比況）文書既繁主者不能遍睹或罪同而論異孝昭制子首匿父母妻匿夫孫匿大父母皆勿坐其父母匿子夫匿妻大父母匿孫罪誅死皆上請宣帝患刑法不一置廷平四人平之成帝鴻嘉初又定令年未滿七歲賊鬭殺人及犯殊死者上請廷尉以聞得減死合於三赦劣弱老眊之人此皆法令稍定近古而便人者也哀帝綏和二年除誹謗抵欺法平帝元始中制曰前詔有司復貞婦歸女徒誠欲以防邪僻全貞信及眊悼之人刑罰所不加聖王之所制也惟苛暴吏多拘繫犯法者親屬婦人老弱其明敕百僚婦女非身犯法及男子年八十以上七歲以下家非坐不道詔所名捕他皆無得繫（名捕謂下詔特所捕也）其當驗者即驗問（就所居而問之）定著令（王莽居攝翟義劉信起兵討莽爲莽敗之夷三族其後陳良終帶叛入匈奴莽求得行焚如之刑其峻酷篇）後漢光武留心庶獄然自王莽纂位之後舊章不存法網弛縱無以懲肅梁統上疏曰臣竊見元帝初元五年輕殊死刑三十四事哀帝建平元年輕殊死刑八十一事其四十二事手殺人者減一等自後人輕犯法吏易殺人臣愚以爲刑罰不苟務輕務其中也是以五帝有流殛放殺之誅三王有大辟刻肌之刑所以爲除殘去亂也高帝定法傳之後代文帝遭世康平因時施恩省肉刑相坐之法天下幾平武帝值中國全盛征伐遠方百姓罷弊豪傑犯禁姦吏弄法故重遁匿之科著知縱之律宣帝履道要以御海內臣下奉憲不失繩墨天下稱安孝元孝哀即位日淺丞相王嘉等便以數年之間虧除先帝舊約定令斷律凡百餘事臣取其尤妨政者條奏伏請擇其善者而從之定不易之典時廷尉議以爲崇刑峻法非明王急務遂罷之章帝時郭躬條奏請重文可從輕者三十一事著于令陳寵又代躬爲廷尉帝納寵言制除鉆鑽諸慘酷之科解妖惡之禁又除文致請讞五十餘事著于令寵復校律令刑法溢於甫刑者奏除之曰今律令犯死刑者六百一十耐罪千六百九十八贖罪以下二千六百八十一溢於甫刑千九百八十九其四百一十大辟千五百七耐罪七十九贖罪請令三公廷尉集平律令可施行者大辟二百耐罪贖罪二千八百合爲三千其餘千九百八十九事悉可詳除會寵得罪遂罷安帝永初中法稍苛繁人不堪之陳寵子忠復爲尚書略依寵意奏上三十三條爲決事比（比例也必寐反）以省讞之弊又上除蠶室刑（西漢文景已除宮刑今復除蠶室刑者是當時雖有文而未悉斷武帝時司馬遷犯法下蠶室則其事矣今申明除之）獻帝初應劭又刪定律令撰具律本章句尚事舊事廷尉版令決事比例司徒都目五曹詔書及春秋折獄凡二百五十篇又集議駁三十篇以類相從凡八十二事於是舊事存焉曹公秉政欲復肉刑陳羣深陳其便鍾繇亦贊成之孔融王修不同其議遂止於是乃定甲子科犯鈦左右趾者易以木械是時乏鐵故易以木焉又以漢律太重故令依律論者聽得科半使半減也

魏文帝受禪後有大女劉朱撾子婦酷暴前後三婦自殺論朱減死作尚方因是下愁毒殺人減死之令明帝改士庶罰金之令男聽以罰代金婦人加笞還從鞭督之例以其形體裸露故也時所用舊律其文起自魏文侯師李悝撰次諸國法著經以爲王者之政莫急於

盜賊故其律始於盜賊須劾追捕故著囚捕二篇其輕狡越城博戲借假不廉淫侈踰制以爲雜律一篇又以具其加減是故所著六篇而已然皆罪名之制也商君傳習以爲秦相漢承其制蕭何定律除參夷連坐之罪增部主見知之條益事律擅興廄戶三篇合爲九篇叔孫通益律所不及傍章十八篇張湯越宮律二十七篇趙禹朝律六篇合爲六十篇又漢時決事爲令甲以下三百餘篇又司徒鮑昱撰嫁娶辭訟決爲法比都目凡九百六卷世有增損輕重乖異而通條連句上下相蒙雖大體異篇實相採入盜律有賊傷之例賊律有盜章之文興律有上獄之法廄律有逮捕之事若此之比錯糅無常後人生意各爲章句叔孫宣郭令卿馬融鄭康成諸儒章句十有餘家家數十萬言凡斷罪所當由用者合二萬六千二百七十二條七百七十三萬二千二百餘言言數益繁覽者益難天子於是詔但得用鄭氏章句不得雜用餘家衞覬又奏曰刑法者國家之所貴重而私議之所輕賤獄吏者百姓之所系命而選用者之所卑下請置博士轉相教授然而律文煩廣事比衆多離本依末決獄之吏如廷尉獄吏范弘受囚絹二丈附輕法論獄吏劉象受屬偏考囚張茂物故附重法論之弘象雖皆棄市而輕枉者相繼其後天子又下詔改刑制命陳羣劉邵等刪約舊科旁採漢律定爲魏法制新律十八篇州郡令四十五篇尚書官令軍中令合百八十餘篇其序略曰舊律所以難知者由於六篇篇少故也篇少則文荒文荒則事寡事寡則罪漏故集罪例以爲刑名冠於律首凡所定增十三篇就故五篇合十八篇於正律九篇爲增於旁章科令爲省矣更依古義制爲五刑其死刑有三髡刑有四完刑作刑各三贖刑十一罰金六雜抵罪七凡三十有七各以爲律首司馬景王輔政時犯大逆者其法誅及已出之女毋丘儉之誅其子甸妻荀氏應坐死其族兄顗通表魏帝以乞其命詔聽離婚荀氏所生女芝爲潁川太守劉子元妻亦坐死以懷妊繫獄荀氏辭詣司隸校尉何曾乞恩求沒爲官婢以贖芝命曾哀之使主簿程咸上議曰臣以爲女人有三從之義無自專之道出適他族降父母之服所以明外成之節也而父母有罪則追刑夫黨見誅又隨戮一人之身內外受辟女既產育則他族之母無辜受戮傷孝子之心且男既不得罪於他族而女獨嬰戮於二門臣以爲在室宜從父之誅既醮可隨夫之罰於是詔有司改定律令司馬文王繼秉魏政患前代律令煩雜陳羣劉邵雖經改革而科網太密於是命賈充鄭沖荀顗荀勖羊祜王業杜友杜預裴楷周雄郭頎成公綏柳軌榮邵等定法令就漢九章增十一篇仍其族類正其體號合三十篇六百三十條二萬七千六百五十七言蠲其苛穢歸於益時其餘未宜除之者若軍事田農酤酒未得皆從人心權設其法太平當除故不入律悉以爲令施行制度以此設教違令有罪則入律也其常事品式章程各還其府爲故事減梟斬族誅從坐之條除謀反適養母出女嫁皆不復還坐父母棄市省禁錮相告之條去捕亡亡沒爲官奴婢之制輕過誤老小女人當罰金杖者皆令半之重姦伯叔母之令棄市淫寡女三歲刑崇嫁娶之要峻禮教之防準五服以制罪也凡律令合二千九百二十六條十二萬六千三百言六十卷故事三十卷　晉武帝泰始三年賈充等修律令成帝親自臨講使裴楷執讀四年正月大赦天下乃班新律其後明法掾張裴又注律表上之其要曰律始於刑名者所以定罪制也終於諸侯者所以畢其政也是以經略罪法之輕重正加減之等差明發衆篇之多義補其章條之不足較舉上下綱領其犯盜賊詐僞請賕者則求罪於此作役水火畜養守備之細事皆求之作本名告訐爲之心舌捕繫爲之手足斷獄爲之定罪名例齊其法制自始及終往而不窮變動無常周流四極上下無方不離于法律之中其知而犯之謂之故意不以爲然謂之失違忠欺上謂之謾背信藏巧謂之詐虧禮廢節謂之不恭兩訟相趣謂之鬭兩和相害謂之戲無變斬擊謂之賊不意誤犯謂之過逆節絕理謂之不道陵上僭貴謂之惡逆將害未發謂之戕唱首先言謂之造意二人對議謂之謀制衆建計謂之率不和謂之彊攻惡謂之略三人謂之羣取非其物謂之盜貨財之利謂之贓凡二十者律義之較名也五刑不簡正于五罰五罰不服正于五過意善功惡以金贖之故律制生罰不過十四等死刑不過三徒加不過六囚加不過五累作不過十一歲累笞不過千二百刑等不過一歲金等不過四兩夫操刀執繩刀妄加則傷物繩妄彈則侵直梟首者惡之長斬刑者罪之大棄市者死之下髡作者刑之威贖罰者誤之誡王者立此五刑所以寶君子而逼小人也五刑成章輒相依準法律之義也．東晉元帝爲丞相在江東承制時百度草創議斷不循法律人立異議高下無狀主簿熊遠奏曰自軍興以來臨事改制朝作夕改至於主者不敢任法每輒關諮委之大官非爲政之體若本曹處事不合法令監司當以法

彈違不得動用關塞以壞成事按法蓋麤術非妙道也
矯割物情以成法耳若每隨物情輒改法制此爲以情
壞法法之不一是謂多門開人事之路廣私請之端非
先王立法之本意也凡爲駁議者若違律令節度當合
經傳及前比故事不得任情以破成法愚謂宜令錄事
更立條制諸立議者皆當引律令經傳不得直以情言
無所依準以虧舊典也是時帝以權宜從事尚未能從
而河東衞展爲晉王大理考擿故事有不合情者又上
書論之元帝令曰先自元康以來事故荐臻刑禁滋蔓
大理所上宜朝堂會議蠲除詔書不可用者此孤所虛
心者也　宋文帝時蔡廓爲侍中建議以爲鞫獄不宜
令子孫下辭明言父祖之罪自今但令家人與囚相見
無乞鞫之詳便足以明伏罪不須責家人下辭朝議咸
以爲允從之時王弘上疏曰主守偷五疋常偷四十疋
並死太重請加主守至十疋常偷至五十疋謝莊爲都
官尚書奏改定州獄曰舊官長竟囚畢郡遣督郵案驗
仍就施行督郵賤吏非能異於官長雖有案驗之名而
無刑究之實愚謂此制宜革自今入重之囚縣考正畢
以事言郡并送囚身委二千石親臨覆辯必收聲吞釁
然後就戮若二千石不能決乃度廷尉神州統外移之
刺史刺史有疑亦歸臺獄必令死者不怨而坐者無恨
　齊武帝令刪定郎王植之集注張杜舊律合爲一書
凡千五百三十條事未施行其文殆滅　梁武帝制依
周漢舊事有罪者贖其科凡在宮身犯罰金鞭杖督之
罪悉入贖停罪其臺省令史士卒欲贖者聽之時齊時
舊郎蔡法度能言齊王植之律於是使損益舊本以爲
梁律天監初又令王亮等定爲二十篇一曰刑名二曰
法例三曰盜刼四曰賊叛五曰詐僞六曰受賕七曰告
劾八曰討捕九曰繫訊十曰斷獄十一曰雜十二曰戶
十三曰擅興十四曰毀亾十五曰衞宮十六曰水火十
七曰倉庫十八曰廐十九曰關市二十曰違制其制刑
爲十五等之差棄市以上爲死罪大罪梟其首次棄市
刑二歲以上爲耐罪言各隨伎能而任使之也有髡鉗
五歲刑笞二百收贖絹男子六十疋又有四歲刑男子
四十八疋又有三歲刑男子三十六疋又有二歲刑男
子二十四疋罰金一兩以上爲贖罪贖死者金二斤男
子十六疋贖髡鉗五歲刑笞二百者金一斤十二兩男
子十四疋贖四歲刑者金一斤八兩男子十二疋贖三
歲刑者金一斤四兩男子十疋贖二歲刑者金一斤男
子八疋罰金十二兩者男子六疋罰金八兩者男子四
疋罰金四兩者男子二疋罰金二兩者男子一疋罰金
一兩者男子二丈女子各半之五刑不簡正于五罰五
罰不服正于五過以贖論故爲此十四等之制又九等
之差一歲刑半歲刑百日刑鞭杖二百鞭杖一百鞭杖
五十鞭杖三十鞭杖二十鞭杖十又有八等之差一曰
免官加杖督一百二曰免官三曰奪勞百日杖督一百
四曰杖督一百五曰杖督五十六曰杖督四十七曰杖
督二十八曰杖督十其鞭有刑鞭法鞭常鞭凡三等之
差刑鞭生革廉成法鞭生革去廉常鞭熟靼不去廉皆
作鶴頭紐長一尺一寸稍長二尺七寸廣三寸靶長尺
五寸杖皆用生荆長六尺有大杖法杖小杖三等之差
大杖頭圍寸三分小頭八分半法杖圍寸二分小頭五
分小杖圍寸一分小頭極杪諸督罰大罪無過五十三
十小者二十當笞二百以上者笞半餘半後決中分鞭
杖老小於律令當行鞭杖罰者皆半之其制鞭制杖法
鞭法杖自非特詔皆不得用士人有錮禁之科亦以輕
重爲差其犯清議則終身不齒凡定罪二千五百二十
九條又有令三十卷其後除贖罪之科　陳武帝令尚
書刪定郎范杲參定律令又令徐陵等知其事制律三
十卷科三十卷其制惟重清議禁錮之科若搢紳之族
犯虧名教不孝及內亂者終身不齒自餘一用梁法當
刑於市者夜須明雨須晴朔日八節六齋日月在張心
日並不得行刑廷尉寺爲北獄建康縣爲南獄並置正
監平又制常以二月侍中吏部尚書三公郎部都令史
三公錄寃屈御史中丞侍御史蘭臺令史親行京師諸
獄及治署治察囚徒寃枉　後魏起自北方屬晉室之
亂部落漸盛其主乃峻刑法每以軍令從事人乘寬政
多以違令得罪死者以萬計於是國落騷然其後當死
者聽其家獻金馬以贖犯大逆者親族男女無少長皆
斬男女不以禮交皆死人相殺者聽與死家牛馬四十
九頭及送葬器物以平之無繫訊連逮人坐盜官物一
備十及道武既平定中原患舊制太峻命三公郎王德
除其酷法約定科令至太武帝神䴥中詔崔浩定律令
除五歲四歲刑增一年刑大逆不道腰斬誅其同籍年
十四以下腐刑女子沒縣官害其親者轘之爲蠱毒者
男女皆斬女焚其家其巫蠱者負羖羊抱犬沈諸泉當
刑者贖貧則加鞭二百畿內人富者燒炭於山貧者役
於圜溷女子入舂槀其癎疾不逮于人守苑囿王官階
九品得以官爵除刑婦人當刑而孕產後百日乃決年
十四以降刑之半八十及九十非殺人不坐拷訊不踰
四十九論刑者部主言狀公車鞫辭而三都決之當死

者定按奏聞帝親臨問無異辭怨言乃刑之諸州囚之大辟皆先讞報乃施行其後因宦吏贖貨太延中詔吏民得舉告牧守之不法於是克悖者求得牧宰之失乃貪暴於閭閻太平眞君中以有司斷法不平詔諸疑獄皆付中書依經義論決初盜律贓四十疋致大辟人多慢政乃減至三疋十一年誅崔浩正平初又令胡方回游雅改定律制凡三百七十條門房之誅四大辟百四十五刑二百二十一文成帝太安中以庶士多因酒致酗訟制禁釀酒沽飲皆斬吉凶賓親則開禁有日程增置候官伺察諸違犯贓二丈皆斬又增律七十九章門房之誅十有三大辟三十五刑六十二至獻文帝除口誤開酒禁故事斬皆裸形伏鑕砧也孝文太和初制不令裸形又令高閭修改舊文隨例增減凡八百三十二章門房之誅十有六大辟之罪二百三十五刑三百七十七除羣行剽刼首謀門誅律重者止梟首時法官及州縣多爲重枷復以石縋囚頸傷肉至骨勒以誣服吏以爲能帝聞而傷之乃制非大逆有明證而不疑辭者不得大枷宣武帝正始初尚書令高肇等奏曰杖之小大鞭之長短令有定式但枷之輕重先無成制請造大枷長丈三尺喉下長丈通頰木各方五寸以擬大逆外叛自是枷杖之制頗有定準法例律五等爵及在官品令從第五以上皆當刑二歲免官者三載之後聽仕降先階一等邢巒奏官人若有罪本除名以職當刑猶有餘資得降階而敘至於五等封爵除刑若盡永既甄削便同之除名於例實爽愚謂自王公以下有封邑罪除名三年之後宜各降本爵一等王及郡公降爲縣公公爲侯侯爲伯伯爲子子爲男至于縣則降爲鄉男五等爵者并依此而降至於散男其鄉男散男無可降授者三年之後聽依其本品之資出身從之及齊神武秉東魏政遷都於鄴羣盜頗起遂立嚴制諸彊盜殺人者首從皆斬妻子同籍配爲樂戶其不殺人及贓不滿五疋魁首斬從者死妻子亦爲樂戶小盜贓滿十疋以上魁首死妻子配驛從者流　北齊文宣帝受禪後命羣官刊定魏朝麟趾格又議造齊律積年不成其決獄猶依魏舊式武成帝河清三年尚書令趙郡王叡等奏上齊律十二篇一曰名例二曰禁衞三曰戶婚四曰擅興五曰違制六曰詐僞七曰鬬訟八曰盜賊九曰捕斷十曰毀損十一曰廐牧十二曰雜其定罪九百四十九條又上新令四十卷大抵採魏晉故事其制刑名五一曰死重者轘之轘音患其次梟首並陳屍三日無市者列於鄉亭其次斬刑殊身首其次絞刑死而不殊凡四等二曰流刑謂論犯可死原情可降鞭笞百髡之投于邊裔以爲兵卒未有道里之差其不合遠配者男子長徒女子配舂並六年三曰刑罪卽耐罪也有五歲四歲三歲二歲一歲之差凡五等各加鞭六歲者加笞百其五歲者八十四歲者六十三歲者四十二歲者二十一歲者無笞並鏁輸作左校而不髡無保者鉗之婦人配舂及掖庭織四曰鞭有百八十六十五十四十之差凡五等五曰杖有三十二十十之差凡三等當加者上就次當減者下就次贖罪者舊有金皆代以中絹死者百疋流九十二疋刑五歲七十八疋四歲六十四疋三歲五十疋二歲三十六疋各通鞭笞論一歲無笞則通鞭二十四疋鞭杖每十贖絹一疋至鞭百則絹十疋無絹之鄉皆準絹收錢自贖笞十以上至死又爲十五等之差當加減次如正決法合贖者謂流內官及爵秩比視老小閹癡并過失之屬犯罰絹一疋及杖十以下皆名爲罪人盜及殺人而亡者卽揭名注籍甄其一房配驛戶宗室則不注盜不入奚官不加宮刑自犯流罪以下合贖者及婦人犯刑以下侏儒篤疾殘廢非犯死罪皆頌繫之又列重罪十條一曰反逆二曰大逆三曰叛四曰降五曰惡逆六曰不道七曰不敬八曰不孝九曰不義十曰內亂其犯此十者不在八議論贖之限是後法令明審科條簡要又勅仕門子弟常講習之故齊人多曉法律其不可爲定法者別制權令二卷與之並行　後周文帝秉西魏政令有司斟酌今古通變修撰新律革命後武帝保定三年司憲大夫拓跋廸奏新律謂之大律凡二十五篇一曰刑名二曰法例三曰祀享四曰朝會五曰婚姻六曰戶禁七曰水火八曰興繕九曰衞宮十曰市廛十一曰鬬競十二曰刼盜十三曰賊叛十四曰毀亡十五曰違制十六曰關津十七曰諸侯十八曰廐牧十九曰雜犯二十曰詐僞二十一曰請求二十二曰告言二十三曰逃亡二十四曰繫訊二十五曰斷獄大凡定罪千五百三十條其制罪一曰杖刑五自十至五十二曰鞭刑五自六十至于百三曰徒刑五徒一年者鞭六十笞十徒二年者鞭七十笞二十徒三年者鞭八十笞三十徒四年者鞭九十笞四十徒五年者鞭百笞五十四曰流刑流衞服去皇畿二千五百里者鞭百笞六十流要服去皇畿三千里者鞭百笞七十流荒服去皇畿三千五百里者鞭百笞八十流鎭服去皇畿四千里者鞭百笞九十流藩服去皇畿四千五百里者鞭百笞百五曰死刑五一曰磬二曰絞三曰斬四曰梟五曰

裂五刑之屬各有五合二十五等不立十惡之目而重惡逆不道大不敬不孝不義內亂之罪也凡惡逆肆之三曰盜賊羣攻鄉邑及入人家者殺之無罪若報讎者造於法（造七報反）而自殺之不坐經爲盜者注其籍惟皇宗則否凡死罪枷而拲流罪枷而梏徒罪枷鞭罪桎杖罪散以待斷皇族及有爵者死罪以下鏁之徒以下散之獄成將殺者書其姓名及其罪於拲而殺之市惟皇族與有爵者隱獄其贖杖刑五金一兩至五兩贖鞭刑五金六兩至十兩贖徒刑一年金十二兩二年十五兩三年一斤二兩四年一斤五兩五年一斤八兩贖流刑一斤十二兩俱役六年不以遠近爲差等贖死刑金二斤鞭者以百爲限加笞者合二百止應加鞭笞者皆先笞後鞭婦人當笞者聽以贖論徒輸作者皆任其所能而役使之若再犯徒三犯鞭者一身永配下役應贖金者鞭杖十收中絹一疋流徒者依限歲收絹十二疋死罪者百疋其贖刑死罪五旬流刑四旬徒刑三旬鞭刑一旬限外不輸者歸於法貧者請而免之大凡定法千五百三十七條其大略滋章條流苛密比於齊法煩而不要又初除復讐之法犯者以殺論帝又以齊之舊俗未改昏政賊盜姦宄頗乖憲章其年又爲刑書要制以督之大抵持杖羣盜一疋以上不持杖羣盜五疋以上監臨主掌自盜二十疋以上盜及詐請官物三十疋以上正長隱五戶及丁五以上及地頃以上皆死自餘依大律由是澆詐頗息焉宣帝虐忍無度令撰刑書謂之刑經聖制　隋文帝初令高熲等更定新律其刑名有五一曰死刑二有絞有斬二曰流刑三有千里千五百里二千里應配者千里居作二年千五百里居作二年半二千里居作三年三曰徒刑五有一年一年半二年二年半三年四曰杖刑五自五十至于百五曰笞刑五自十至于五十而蠲除前代鞭刑及梟首轘裂之法其流徒之罪皆減從輕流役六年改爲五年徒刑五年改爲三年惟大逆謀反叛者父子兄弟皆斬家口沒官又置十惡之條多採後齊之制而頗有損益一曰謀反二曰謀大逆三曰謀叛四曰惡逆五曰不道六曰大不敬七曰不孝八曰不睦九曰不義十曰內亂十惡及故殺人獄成者雖會赦猶除名其在八議之科及官品第七以上犯罪皆例減一等其品第九以上犯者聽贖應贖者皆以銅代絹銅一斤爲負負十爲殿笞十者銅一斤加至杖百則十斤徒一年贖銅二十斤每等則加銅十斤三年則六十斤矣流千里贖銅八十斤每等則加銅十斤二千里則百斤矣二死皆贖銅百二十斤犯法私罪以官當徒者五品以上一官當徒二年九品以上一官當徒一年當流者三流同比徒三年若犯公罪者加十年當流者各加一等其累徒過九年者流二千里自前代相承有司訊考皆法外或有用大棒束杖車輻鞵底壓踝杖桄之屬盡除之訊囚不得過二百枷杖大小咸爲之程品行杖者不得易人又勑四方辭訟有枉屈縣不治者令以次經郡及州至省仍不治乃詣闕申訴有所未愜聽撾登聞鼓有司錄狀奏之帝又每季親錄囚徒常以秋分之前省閱諸州申奏罪狀後因覽刑部奏斷獄數猶至萬條以爲律尙嚴密故人多陷罪又勑蘇威牛弘等更定新律除死罪八十一條流罪百五十四條徒杖等千餘條定留惟五百條凡十二卷一曰名例二曰禁衞三曰職制四曰戶婚五曰廄庫六曰擅興七曰賊盜八曰鬬訟九曰詐僞十曰雜律十一曰捕亡十二曰斷獄自是刑網簡要疏而不失於是置律博士弟子員斷決大獄皆先牒明法定其罪名然後依斷其後帝以用律者多致踳駁罪同論異詔諸州死罪不得便決悉移大理按覆事盡然後上取奏裁十三年改徒及流並爲配防十五年制死罪者三奏而後決帝無學以文法繩下諸州有主典盜倉粟者差人馳驛斬之又於殿前決之人或有盜一錢亦死煬帝即位以文帝禁網深刻又勑修律令除十惡之條時斗秤皆小舊二倍其贖銅亦加三倍爲差杖百則三十斤矣徒一年者六十斤每等加三十斤爲差三年則百八十斤矣流無異等贖二百四十斤二死同贖三百六十斤舊制釁門子弟不得居宿衞近侍之官帝下制曰諸州犯罪被戮之門期以下親仍令合仕聽參宿衞近侍之官三年新律成凡五百條爲十八篇詔施行之謂之大業律一曰名例二曰衞宮三曰違制四曰請求五曰戶六曰婚七曰擅興八曰告劾九曰賊十曰盜十一曰鬬十二曰捕亡十三曰倉庫十四曰廄牧十五曰關市十六曰雜十七曰詐僞十八曰斷獄其五刑之內降從輕典二百餘條其枷杖決罰訊囚之制蓋並輕於舊是時百姓久厭苛刻喜於刑寬其後帝外征四夷內窮嗜慾兵革歲動賦斂繁滋盜賊蜂起更爲嚴制

肉刑議

漢文帝十三年齊大倉令淳于意有罪遂繫長安當刑其女緹縈上書曰妾父爲吏齊中皆稱廉平今坐法當刑妾痛死者不可復生刑者不可復屬（屬聯也之欲反）雖欲改過自新其道無由妾願沒入爲官婢贖父刑罪天子憐

其意遂下令曰蓋聞有虞氏之時畫衣冠異章服以爲戮而民弗犯今有肉刑三（黥劓二左右趾）而姦不止吾甚自愧夫訓道不純愚人陷焉詩曰愷悌君子民之父母今刑者斷支體刻肌膚終身不息（息生也）或欲改行爲善而道無由豈稱爲民父母之意哉其除肉刑丞相張蒼御史大夫馮敬奏議定律令諸當完者完爲城旦舂當黥者髡鉗爲城旦舂當劓者笞三百當斬左趾者笞五百班固之論曰禹承堯舜之後自以德衰而制肉刑湯武順而行之者以俗薄於唐虞故也今漢承衰周暴秦極弊之流俗以薄於三代而行堯舜之刑是猶以鞿羈而御駻突（以繩繫馬口謂之鞿絡馬頭曰羈駻突惡馬也）違救時之宜矣且除肉刑者本欲全人之生也今去髡鉗一等轉而入於大辟故死者歲以萬數刑重之所致也至于穿窬之盜忿怒傷人男女淫佚吏爲姦贓若此之罰又不足以懲也故刑者歲十數萬人既不畏又曾不恥刑輕之所生也故思所以清源正本之論删定律令纂（音撰）二百章以應大辟其餘罪次於古當生今觸死者皆可募行肉刑欲死邪欲腐邪及傷人與盜吏受賕枉法男女淫亂皆復古刑爲三千章詆欺文致微細之法悉蠲除如此則刑可畏而禁易避吏不專殺法無二門順稽古之制成時雍之化矣

後漢獻帝之時天下既亂刑罰不足以懲惡於是名儒大才崔寔鄭康成陳紀之徒咸以爲宜復肉刑及曹公令荀彧博訪百官欲復申之少府孔融議以爲紂斬朝涉之脛天下謂之無道九牧之地千八百君若刖一人是天下常有千八百紂也且被刑之人慮不念生類多趨惡夙沙亂齊伊戾禍宋趙高英布爲世大患不能止人遂爲非也雖忠如鬻拳信如卞莊智如孫臏寃如巷伯才如史遷達如子正一罹刀鋸没世不齒漢開改惡之路凡爲此故朝廷善之卒不改焉

魏武秉漢政下令又欲復肉刑御史中丞陳羣深陳其便相國鍾繇亦贊成之奉常王循不同其議魏武亦難以藩國改漢朝之制遂不行至齊王芳正始中征西將軍夏侯太初河南尹李勝相論難勝主肉刑而太初不主肉刑凡往復數四文多不載丁謐又論曰舜典曰象以典刑流宥五刑鞭作官刑扑作教刑金作贖刑怙終賊刑咎繇曰天討有罪五刑五用哉呂刑曰蚩尤惟始作亂延及于平民罔不寇賊鴟義姦宄寇攘矯虔苗民惟作五虐之刑曰法殺戮無辜爰始淫爲刵劓椓黥按此肉刑在於蚩尤之世而堯舜以流放代之故黥劓之文不載唐虞之籍而五刑之數亦不具於聖人之旨也禹承舜禪與堯同治必不釋二聖而遠則凶頑可知矣湯武之王獨將奚取於呂侯故叔向云三辟之興皆叔世也此則近君子有徵之言矣

晉武帝初廷尉劉頌上言曰臣昔上行肉刑竊以爲議者徇孝文之小仁而輕違聖王之典刑未詳之甚莫過於此今死刑重故非命者衆生刑輕故罪不禁姦所以然者肉刑不用之所致也古者用刑以止刑今反於此諸重犯亡者髡過三十輒重髡之此以刑生刑加作一歲此以徒生徒也亡者積多繫囚猥畜復從赦之此爲刑不制罪法不勝姦聖王之制肉刑遠有深理非徒懲其畏剝割之痛而不爲也乃去其爲惡之具亡者刖足無所用復亡盜者截手無所用復盜淫者割其勢理亦如之除惡塞源莫善於此此等已刑之後便各歸家父母妻子共相養恤不流離於塗路今宜取死刑之限經及三犯逃亡淫盜悉以肉刑代之隨發被刑去其爲惡之具此爲已刑者皆非良士也豈與全其爲姦之手足而蹴居必死之窮地同哉周禮三赦三宥施於老幼悼耄黔黎不屬逮者此非爲惡之所出故刑法逆舍而宥之非此犯罪則必刑而無赦暨至後代以時嶮多難因赦解結權而行之又不以寬罪人也而今常以罪積獄繁赦以散之是以赦愈數而獄愈塞如此不已將至不勝原其所由肉刑不用之故也去此二端獄不得繁故無取於數赦也疏上又不見省

東晉元帝卽位廷尉衞展上言古者肉刑事經前聖漢文除之增加大辟今人戶凋荒百不遺一而刑法峻重非句踐養胎之義也詔內外通議於是王導等議以肉刑之典由來尚矣引班固之論以爲據尚書令刁協等議以今中興祚隆大命惟新誠宜設肉刑寬法以育人然懼羣小之愚習翫所見而忽異聞或未能咸服愚謂行刑之時先明申法令樂刑者刖甘死者殺則心服矣古典刑不上大夫今士人有犯者謂宜如舊不在刑例則進退爲允尚書周顗等議以爲肉刑平世所應立非救弊之宜也方今聖化草創民有餘姦習惡之徒爲非未已截頭絞頸尚不能禁而乃更斷足劓鼻以止之乎恐受刑者轉廣而爲非者日多踊貴屨賤有鼻者醜也元帝猶欲從展所上大將軍王敦以爲百姓習俗日久忽復肉刑必駭遠近且逆寇未殄不宜有慘酷之聲以聞天下於是乃止安帝元興末桓元輔政又議欲復肉刑斬左右趾之法以輕死刑命百官議蔡廓上議曰肉刑之設肇自哲王故能勝殘去殺化崇無爲季末澆僞設網彌密至於棄市之條實非不赦之罪事非手殺考律同歸輕重均科減降路塞鍾陳以之抗言元

皇所爲留慫令誠宜明愼用刑愛民宏育申哀矜以革濫移大辟於支體全性命之至重恢繁息於將來而孔琳之議不同用王朗夏侯太初之旨時論多與琳之同故遂不行

赦宥 放生附

易解卦曰雷雨作解君子以赦過宥罪虞書曰宥過無大刑故無小罪疑惟輕功疑惟重與其殺不辜甯失不經周官司寇曰三刺三宥三赦之法一曰訊羣臣二曰訊羣吏三曰訊萬民聽民之所刺宥以施上服下服之刑宥寬也人言殺殺之言寬寬之上服劓墨下服宮刖之刑一宥曰不識再宥曰過失三宥曰遺忘一赦曰幼弱再赦曰老耄三赦曰惷愚又國君過市刑人赦呂刑云五刑之疑有赦五罰之疑有赦其審克之墨辟疑赦其罰百鍰刑疑則赦從罰六兩曰鍰鍰黃鐵劓辟疑赦其罪惟倍剕辟疑赦其罪倍差宮辟疑赦其罰六百鍰大辟疑赦其罰千鍰禮曰疑獄汎問與衆共之衆疑赦之管仲曰赦者先易而後難久而不勝其禍法者先難而後易久而不勝其福故惠者人之仇讐也法者人之父母也凡赦者小利而大害者也無赦者小害而大利者也夫盜賊不勝則良民危法禁不立則姦邪繁故赦者奔馬之委轡也　漢景帝四年赦有犯死罪欲腐者許之腐宮刑也丈夫割勢不復生子如腐木不生實　後漢光武建武中大司馬吳漢疾篤帝親臨問所欲言對曰臣無識知惟願愼無赦而已章帝章和元年赦天下繫囚在四月丙子以前減死罪一等勿笞詣金城而文不及亾命未發覺郭躬上封事曰聖恩所以減死罪使戍邊重人命也今死罪亾命無慮萬人又自赦以來捕得甚衆而詔令不及皆當重狀惟天恩莫不蕩宥臣以爲赦前犯死罪而繫在赦後者可皆勿笞詣金城以全人命有益於諸邊帝善之下詔赦焉安帝永初中尙書陳忠上言毋子兄弟相代死者聽赦所代者從之　北齊赦日武庫令設金雞及鼓於闕闔門外之右勒集囚徒於闕前撾鼓千聲脫枷鎖遣之　唐令曰赦日武庫令設金雞及鼓於宮城門外之右勒集囚徒於闕前撾鼓千聲訖宣制放其赦書頒諸州用絹寫行下貞觀二年七月上謂侍臣曰凡赦惟及不軌之輩古語云小人之幸君子不幸一歲再赦婦兒喑啞凡養稂莠者傷禾稼惠姦兒者賊良民昔文王作罰刑茲無赦夫小仁者大仁之賊故我有天下以來不甚放赦今四海安甯禮義興行數赦則愚人常冀僥倖惟欲犯法不能改過當須愼赦武太后聖歷三年斷屠殺鳳閣舍人崔融上議曰春生秋殺天之常道冬狩夏苗國之大事豺祭獸獺祭魚自然之理也一乾豆二賓客不易之義也上自天子下至庶人莫不揮其鸞刀烹之鶴鼎所以充庖厨故能幽明感通人祇輯睦萬王千帝殊塗同歸今者禁屠宰斷弋獵三驅莫行一切不許將恐違聖人之達訓紊明王之善經一不可也且江南諸州以魚爲命河西諸國以肉爲齋一朝禁止倍生勞弊富者未革貧者難堪二不可也如有貧賤之流刳割爲事家業儻失性命不全雖復日戮一人終慮未能總絕但益恐嚇惟長姦欺外有斷屠之名內誠鼓刀者衆勢利依倚請託紛紜三不可也雖好生惡殺是君子之小恩而考古會今非國家之大體但使順月令奉天經造次合禮儀從容中刑典自然人得其性物遂其生何必改革方爲盡善景龍元年遣使往江淮分道贖生以所在官物充直中書舍人李乂上疏曰江淮水鄉採捕爲業魚鼈之利黎元所資雖雲雨之私有霑於末類而生成之惠未洽於平民何則江湖之饒生育無限府庫之內支供易殫費之若少則所濟何成用之儻多則常支有闕在於拯物豈若憂民且鬻生之徒惟利斯視錢刀日至網罟年滋施之一朝營之百倍未若迴救贖之錢物減貧無之徭賦活國愛民其福勝彼二年九月勑鳥雀昆蟲之屬不得擒捕以求贖生犯者先決三十宜令金吾及州縣市司嚴加禁斷

通志卷六十一

宋右廸功郎鄭樵漁仲撰

食貨略第一

田制　陂渠　屯田　賦稅　歷代戶口　丁中

田制

禹別九州制田九等雍州第一等徐州第二等青州第三等豫州第四等冀州第五等兗州第六等梁州第七等荊州第八等揚州第九等九州之地墾田九百一十萬八千二十頃周文王在岐用平土之法以爲治民之道地著爲本故建司馬法六尺爲步步百爲畝畝百爲夫夫三爲屋屋三爲井井十爲通通十爲成成十爲終終十爲同同方百里同十爲封封十爲畿畿方千里故邱有戎馬一疋牛三頭甸有戎馬四疋兵車一乘牛十二頭甲士三人步卒七十二人一同百里提封萬井戎馬四百疋車百乘此卿大夫采地之大者是謂百乘之家一封三百六十六里提封十萬井定出賦六萬四千井戎馬四千疋車千乘此諸侯之大者謂之千乘之國天子之畿內方千里提封百萬井定出賦六十四萬井戎馬四萬疋兵車萬乘戎卒七十三萬人故曰萬乘之主小司徒之職乃經土地而井牧其田野九夫爲井四井爲邑四邑爲邱四邱爲甸四甸爲縣四縣爲都以任地事而令貢賦民受田上田夫百畝中田夫二百畝下田夫三百畝歲耕種者爲不易上田休一歲者爲一易中田休二歲者爲再易下田三歲更耕之農民戶人已受田其家衆男爲餘夫亦以口受田士工商家受田五口乃當農夫一人(凡一口受田二十畝)此謂平土可以爲法者也若山林藪澤原陵淳鹵之地各以肥磽多少爲差民年二十受田六十歸田七十以上上所養也十歲以下上所長也十一以上上所彊也商鞅相秦孝公以三晉地狹民貧秦地廣民寡於是誘三晉之民而廢井田開阡陌任其所耕不限多少數年之間國富兵彊無敵於天下及漢孝武外事四夷內興功利役費並興而民去本董仲舒說上曰秦用商鞅之法改帝王之制除井田民得賣買富者田連阡陌貧者亾立錐之地漢興循而未改古井田法雖難卒行宜少近古限民名田以贍不足塞兼并之路然後可善治也終不能用及末年悔征伐之事乃封丞相田千秋爲富民侯以趙過爲搜粟都尉過能爲代田一畝三甽歲代處故曰代田代田者耕田之法耳而非受田之制也哀帝時師丹輔政建限田之制以裁抑兼并天子下其議丞相孔光大司空何武奏請諸侯列侯皆得名田國中列侯在長安公王名田縣道及關內侯吏民名田皆無過三十頃諸侯王奴婢二百人列侯公主百人關內侯吏民三十人期盡三年犯者沒入官時田宅奴婢賈爲減賤丁傅用事董賢隆貴皆不便也詔書且須後遂寢不行晉武帝平吳之後有司奏王公以國爲家京城不宜復有田宅未暇作邸當使城中有往來之處近郊有芻藁之田今可限之國王公侯京城得有宅一處近郊田大國十五頃次國十頃小國七頃城內無宅城外有者皆聽留之男子一人占田七十畝女子三十畝其丁男課田五十畝丁女二十畝次丁男半之女則不課其官第一品五十頃每品減五頃以爲差第九品十頃而又各以品之高卑蔭其親屬多者及九族少者三代宗室國賓先賢之後士人子孫亦如之而又得蔭人爲衣食客及佃客量其官品以爲差降後魏文帝時李安世上疏曰臣聞量民畫野經國大式邑地相參致理之本井稅之興其來日久田萊之數制之以限蓋欲使土不曠功人罔遊力雄擅之家不獨膏腴之美單陋之夫亦有頃畝之分竊見州郡之民或因年儉流移棄賣田宅漂居異鄉事涉數代三長既立始返舊墟廬井荒涼桑榆改植事已歷遠易生假冒彊宗豪族肆其侵凌遠認魏晉之家近引親舊之驗年載稍久鄉老所惑羣證雖多莫可取據爭訟遷延連紀不判良疇委而不開柔桑枯而不採欲令家豐人給其可得乎愚謂今雖桑井難復宜更均量審其徑術令分藝有准力業相稱細民獲資生之利豪右靡餘地之盈又所爭之田宜限年斷事久難明悉屬今主帝深納之均田之制起於此矣太和九年下詔均給天下民田諸男夫十五以上受露田四十畝(不栽樹者謂之露田)婦人二十畝奴婢依良丁牛一頭受田三十畝限四牛所授之田率倍之三易之田再倍之以供耕休及還受之盈縮人年及課則受田老免及身沒則還田奴婢牛隨有無以還受諸桑田不在還受之限但通人倍田分於分雖盈不得以充露田之數不足者以露田充倍諸初受田者男夫一人給二十畝課蒔餘果種桑五十樹棗五株榆三根非桑之土夫給一畝依法課蒔餘果及多種桑榆者不禁諸應還之田不得種桑榆棗果種者以違令論地入還分諸桑田皆爲世業身終不還恒從見口有盈者無受無還不足者受種如法盈者得賣其盈不足者得買所不足不得賣其分亦不得買過所足諸麻布之之土男夫及課別給麻田十畝婦人五畝奴婢依良皆從還受之法諸有舉戶老小殘疾無受田者年十一已

上及疾者各授以半夫田年踰七十者不還所受寡婦
守志者雖免課亦授婦田諸還受人田恒以正月若始
受田而身亡及賣買奴婢牛者皆至明年正月乃得還
受諸土廣人稀之處隨力所及官借人種蒔後有來居
者依法封授諸地狹之處有進丁受田而不樂遷者則
以其家桑爲正田分又不足不給倍田又不足家內人
別減分無桑之鄉準此爲法樂遷者聽逐空荒不限異
州他郡唯不聽避勞就逸其地足之處不得無故而移
諸人有新居者三口給地一畝以爲居室奴婢五口給
一畝男女十五以上因其地分口課種菜五分畝之一
諸一人之分正從正倍從倍不得隔越他畔進丁受田
者恒從所近若同時俱受先貧後富再倍之田放此爲
法諸遠配流謫無子孫及戶絕者墟宅桑榆盡爲公田
以供授受授受之次給其所親未給之間亦借其所親
諸宰人之官各隨近給公田刺史十五頃太守十頃治
中別駕各八頃縣令郡丞六頃更代相付賣者坐如律
職分田起於此北齊給授田令仍依魏朝每年十月普令轉授
成丁而授丁老而退不聽賣易文宣帝天保八年議徙
冀瀛定無田之人謂之樂遷於幽州寬鄉以處之武成
帝河清三年令男子率以十八受田輸租調二十充兵
六十免力役六十六退田免租調京城四面諸方之外
三十里內爲公田受公田者三縣代遷戶執事官一品
以下逮于羽林虎賁各有差其外畿郡華人官第一品
以下羽林虎賁以上各有差職事及百姓請墾田者名
爲永業田奴婢受田者親王止三百人嗣王二百人第
二品嗣王以下及庶姓王百五十人正三品以上及皇
宗百人七品以上八十人八品以上至庶人六十人奴

婢限外不給田者皆不輸其方百里外及州人一夫受
露田八十畝婦人四十畝奴婢依良人限數與者在京
百官同丁牛一頭受田六十畝限止四牛每丁給永業
二十畝爲桑田其田中種桑五十根榆三根棗五根不
在還受之限非此田者悉入還受之分土不宜桑者給
麻田如桑田之法關東風俗傳曰其時彊弱相凌恃勢
侵奪富有連畛亘陌貧無立錐之地昔漢氏募民徙田
恐遺墾課令就良美而齊氏全無斟酌雖有當年權格
時暫施行爭地文案有三十年不了者此由授受無法
者也後周文帝霸政之初創置六官司均掌田里之政
令凡人口十以上宅五畝口七隋志作九以上宅四畝口五
以下宅三畝有室者田百四十畝丁者田百畝隋文帝
令自諸王以下至于都督皆給永業田各有差多者至
百頃少者至三十頃其丁男中男永業露田皆遵後齊
之制並課樹以桑榆及棗其田宅率三口給一畝京官
又給職分田一品者給田五頃至五品則爲田三頃其
下每品以五十畝爲差至九品爲一頃外官亦各有職
分田又給公廨田以供用開皇九年任墾田千九百四
十萬四千二百六十七頃開皇中總八百九十萬七千五百三十六戶按定墾之數
每戶合墾田二頃餘開皇十二年文帝以天下戶口歲增京輔及
三河地少而人眾衣食不給議者咸欲徙就寬鄉帝乃
發使四出均天下之田其狹鄉每丁纔至二十畝老小
又少焉至大業中天下墾田五千五百八十五萬四千
四十頃按其時有戶八百九十萬七千五百三十六則每戶合得墾田五頃餘恐本史之非實唐
開元二十五年令田廣一步長二百四十步爲畝百畝
爲頃此秦漢以來頃畝之制也丁男給永業田二十畝口分田八十
畝其中男年十八以上亦依丁男給老男篤疾廢疾各

給口分田四十畝寡妻妾各給口分田三十畝先永業
者通充口分之數黃小中丁男女及老男篤疾廢疾寡
妻妾當戶者各給永業田二十畝口分田二十畝應給
寬鄉並依所定數若狹鄉新受者減寬鄉口分之半其
給口分田者易田則倍給其永業田親王百頃職事官
正一品六十頃郡王及職事官從一品各五十頃國公
若職事官正二品各四十頃郡公若職事官從二品各
三十五頃縣公若職事官正三品各二十五頃職事官
從三品二十頃侯若職事官正四品各十四頃伯若職
事官從四品各十頃子若職事官正五品各八頃男若
職事官從五品各五頃上柱國三十頃柱國二十五頃
上護軍二十頃護軍十五頃上輕車都尉十頃輕車都
尉七頃上騎都尉六頃騎都尉四頃驍騎尉飛騎尉各
八十畝雲騎尉武騎尉各六十畝其散官五品以上同
職事給諸永業田皆傳子孫不在收授之限襲爵之人
惟得承父祖永業不合別請其縣界內所有部受田悉
足者爲寬鄉不足者爲狹鄉諸狹鄉田不足者聽於寬
鄉遙受應給園宅地者良口三口以下給一畝每三口
加一畝賤口五口給一畝每五口加一畝並不入永業
口分之限其京城及州郡縣郭下園宅不在此例諸京
官文武職事職分曰一品十二頃二品十頃三品九頃
四品七頃五品六頃六品四頃七品三頃五十畝八品
二頃五十畝九品二頃並去京城百里內給其京兆河
南府及京縣官人職分田亦準此卽百里外給者亦聽
諸州及都護府親王府官人職分田二品十二頃三品
十頃四品八頃五品七頃六品五頃七品四頃八品三
頃九品三頃五十畝鎭戍關津嶽瀆及在外監官五品

五頃六品三頃五十畝七品三頃八品二頃九品一頃五十畝三衛中郎將上府折衝都尉各六頃中府五頃五十畝下府及郎將各五頃上府果毅都尉四頃中府三頃五十畝下府三頃上府長史別將各三頃中府下府各二頃五十畝親王府典軍五頃三十畝副典軍四頃千牛備身左右太子千牛備身各三頃親王府文武官隨府出藩者於所在處給諸軍上折衝府兵曹二頃中府下府各一頃五十畝其外軍校尉一頃二十畝旅帥一頃隊正副各八十畝皆於領側州縣界內給其校尉以下在本縣及去家百里內領者不給諸驛封田皆隨近給每馬一匹給地四十畝若驛側有牧田之處匹各減五畝其傳送馬每匹給田二十畝諸庶人有身死家貧無以供葬者聽賣永業田諸以工商爲業者永業口分田各減半給之在狹鄉者並不給又田令在京諸司及天下州府縣監折衝府鎮戍關津嶽瀆等公廨田職分田各有差職分陸田限三月三十日稻田限四月三十日以前上者並入後人以後上者入前人其麥田以九月三十日爲限若前人自耕未種後人酬其功直已自種者准租分法其價六斗以下者依舊定以上者不得過六斗並取情願不得抑配親王出藩者給地一頃作園若城內無可開拓者於近城便給如無官田取百姓地充其地給好地替天寶中應受田一千四百三十萬三千八百六十二頃十三畝〔按十四年有戶八百九十萬餘計定墾之數每戶合一頃六十餘畝至建中初分遣黜陟使按比墾田田數都得百十餘萬頃〕

陂渠

魏襄王以史起爲鄴令起進曰魏氏之行田也以百畝鄴獨二百畝是田惡也漳水在其旁西門豹爲鄴令不知用於是以史起爲鄴令遂引漳水漑鄴以富魏之河內民歌曰鄴有賢令兮爲史公決漳水兮灌鄴旁終古舃鹵兮生稻粱其後韓聞秦之好興事欲疲之無令東伐乃使水工鄭國間說秦令鑿涇水自仲山西抵瓠口爲渠並北山東注洛三百餘里欲以漑田中作而覺秦欲殺國國曰始臣爲間然渠成亦秦之利也秦以爲然卒使就渠注塡閼之水漑澤鹵之地四萬餘頃收皆畝一鍾於是關中爲沃野無凶年命曰鄭國渠秦平天下以李冰爲蜀守冰壅江水作堋穿二江成都中雙過郡下以通舟船因以漑灌諸郡於是蜀沃野千里號爲陸海漢文帝以文翁爲蜀郡太守穿煎洩口漑灌繁田千七百頃人獲其饒武帝元光中大司農鄭當時言引渭穿渠起長安並南山下至河三百餘里渠下民田萬餘頃又可得以漑田益肥關中之地得穀天子以爲然令齊水工徐伯表悉發卒數萬人穿漕渠三歲而通渠下民頗得以漑田矣其後河東守番係請穿渠引汾漑皮氏汾陰下引河漑汾陰蒲坂下〔皮氏今龍門縣地屬絳郡汾陰今寶鼎縣地蒲坂今河東縣地並屬河東郡〕度可得五千頃五千頃故盡河壖棄地民茭牧其中耳今漑田之度可得穀二百萬石以上天子以爲然發卒數萬人作渠田數歲河移徙渠不利則田者不能償種久之河東渠田廢與越人令少府以爲稍入〔時越人有徙者以田與之其租稅入少府也〕其後嚴熊言臨晉民願穿洛以漑重泉以東萬餘頃〔重泉在今馮翊郡界今有乾阬即熊之所穿渠〕故惡地誠得水可令畝十石於是爲發卒萬餘人穿渠自徵引洛水至商顏下〔徵在馮翊郎今郡之澄城縣商顏今馮翊縣界〕岸善崩乃鑿井深者四十餘丈往往爲井井下相通行水水頹以絕商顏東至山嶺十餘里間井渠之開自此始穿渠得龍骨故名曰龍首渠作之十餘歲渠頗通猶未得其饒是時用事者爭言水利朔方西河河西酒泉皆引河及川谷以漑田而關中靈軹成國湋渠引諸川汝南九江引淮東海引鉅定泰山下引汶水皆穿渠爲漑田各萬餘頃他小渠陂山通道不可勝言自鄭國渠起至元鼎六年百三十六歲而兒寬爲左內史奏請穿鑿六輔渠〔在鄭國渠之裏今尙謂之輔渠亦曰六渠〕以益漑鄭國傍高仰之田後十六歲趙中大夫白公復奏穿渠引涇水首起谷口尾入櫟陽注渭中袤二百里漑田四千五百餘頃因名曰白渠民得其饒歌之曰田於何所池陽谷口鄭國在前白渠起後舉鍤爲雲決渠爲雨涇水一石其泥數斗且漑且糞長我禾黍衣食京師億萬之口言此兩渠饒也元帝建昭中邵信臣爲南陽太守於穰縣之南六十里造鉗盧陂纍石爲堤傍開六石門以節水勢澤中有鉗盧王池因以爲名用廣漑灌歲歲增多至三萬頃人得其利及後漢杜詩爲太守復修其業時歌之曰前有邵父後有杜母後漢章帝建初中王景爲廬江太守郡部安豐縣有楚孫叔敖所起芍陂先是荒廢景重修之境內豐給〔其陂徑百里灌田萬頃芍音鵲今壽春郡安豐縣界〕順帝永和五年馬臻爲會稽太守始立鑑湖築塘周迴三百十里灌田九千餘頃東晉張闓爲晉陵內史時所部四縣並以旱失田闓乃立曲阿新豐塘〔丹陽郡丹陽界〕漑田八百餘頃每歲豐稔葛洪爲其頌宋文帝元嘉七年劉義欣爲荊河刺史鎮壽陽于時土荒民散義欣乃經理芍陂爲之堤堰引淠〔匹詣反〕水入陂開榛代木水得通涇歲獲豐稔後魏刁雍爲薄骨律鎮將至鎮上表曰富平西三十里〔薄骨律鎮今靈武郡富平今迴樂縣〕有艾山南北二十六里東西四十五里鑿以通河似

禹舊迹其兩岸作溉田大渠廣十餘步山南引水入此渠中水則充足溉官私田四萬餘頃旬日之間則水一徧水凡四溉穀得成實從之公私獲其利裴延儁爲幽州刺史范陽郡有舊沉渠徑五十里漁陽燕郡有故戾諸堰廣袤三十里皆廢毀多時莫能修復水旱不調人多飢餒延儁自度水形營造未幾而就溉田萬餘頃爲十倍利

屯田

漢昭帝始元二年詔發習戰射士詣朔方調故吏將屯田張掖郡孝宣帝神爵元年遣後將軍趙充國將兵擊先零羌充國以擊虜殄滅爲期乃欲罷騎兵屯田以待其敝上從之於是留步士萬人屯田大獲其利明年遂破先零屯田之詳見充國傳魏武帝破黃巾欲經畧四方而苦軍食不足羽林監潁川棗祗建置屯田於是以任峻爲典農中郎將募百姓屯田於許下得穀百萬斛郡國例置田官數年之中所在積粟倉廩皆滿廢帝齊王芳正始四年司馬懿督諸軍伐吳時欲廣田蓄穀爲滅賊資乃使鄧艾行陳項以東至壽春艾以爲田良水少不足以盡地利宜開河渠可以大積軍糧又通運漕之道乃著濟河論以喻其指又以爲昔破黃巾因爲屯田積穀於許都以制四方今三隅已定事在淮南每大軍征舉運兵過半功費巨億以爲大役陳蔡之間土下田良可省許昌左右諸稻田並水東下令淮北屯二萬人淮南三萬人十二分休常有四萬人且田且守水豐常收三倍於西計除衆費歲得五百萬斛以爲軍資六七年間可積三千萬斛於淮上此則十萬之衆五年食也以此乘吳無往而不克懿善之如艾計遂北臨淮水自鍾離西南橫石以西盡沘水四百餘里五里置一營營六十人且佃且守兼修廣淮陽百尺二渠上引河流下通淮潁大治諸陂於潁南北穿渠三百餘里溉田二萬頃淮南淮北皆相連接自壽春到京師農官兵田雞犬之聲阡陌相屬每東南有事大軍興衆汎舟而下達于江淮資食有儲而無水害艾所建也晉羊祜爲征南大將軍鎭襄陽吳石城守去襄陽七百餘里每爲邊害祜患之以詭計令吳罷守於是戍邏減半分以墾田八百餘頃大獲其利祜之始至也軍無百日之糧及至季年有十年之積大康元年平吳之後杜預在荆州修邵信臣遺跡激用滍淯諸水以浸原田萬餘頃分疆刊石使有定分公私同利衆庶賴之號曰杜父舊水道唯沔漢達江陵千數百里北無通路又巴邱湖沅湘之會表裏山川實爲險固荆蠻之所恃預乃開楊口起夏水達巴陵千餘里內瀉長江之險外通零桂之漕南土歌之曰後世無叛由杜翁孰識智名與勇功東晉元帝督課農功二千石長吏以入穀多少爲殿最其宿衞要任皆令赴農使軍各自佃即以爲廩穆帝昇平初荀羨爲北部都尉鎭下邳屯田于東陽之石鼈臨淮郡界公私利之後魏文帝大統十一年大旱十二年祕書丞李彪上表請別立農官取州郡戶千分之一爲屯田人　陸之宜料頃畝之數以贓贖雜物市牛科給令其肆力一夫之田歲責六十斛蠲其正課并征戍雜役行此二事數年之中則穀積人足矣帝覽而善之尋施行焉自此公私豐贍雖有水旱不爲之害也北齊廢帝乾明中尚書左丞蘇珍芝又議修石鼈等屯歲收數十萬石自是淮南軍防糧足孝昭帝皇建中平州刺史嵇曄建議開幽州督亢舊陂長城左右營屯歲收稻粟數十萬石北境得以周贍又於河內置懷義等屯以給河南之費自是稍止轉輸之勞武成帝河清三年詔沿邊城守堪墾食者營屯田置都子使以統之一子使當田五十頃歲終課其所入以論褒貶隋文帝開皇三年突厥犯塞吐谷渾寇邊轉輸勞敝乃令朔方總管趙仲卿於長城以北大興屯田唐開元二十五年令諸屯隸司農寺者每三十頃以下二十頃以上爲一屯隸州鎭諸軍者每五十頃爲一屯應置者皆從尚書省處分其舊屯重置者一依承前封疆爲定新置者並取荒閑無籍廣占之地天寶八年天下屯收百九十一萬三千九百六十石關內五十六萬三千八百一十石河北四十萬三千二百八十石河東二十四萬五千八百八十石河西二十六萬八十八石隴右四十四萬九百二石後上元中於楚州置洪澤屯壽州置芍陂屯厥田沃壤大獲其利

賦稅

古之有天下者必有賦稅之用計口而入謂之賦公田什一及工商衡虞之入謂之稅稅以供郊廟社稷天子奉養百官祿食賦以給車馬兵甲士徒之役充實府庫賜予之用禹定九州量其貢賦三代因之而什一之法未嘗廢秦孝公十二年初爲賦蓋納商鞅之說而易其制也自時厥後內興功作外攘夷狄收大半之賦而猶爲不足漢高帝懲其弊於是約法省禁輕田租什五而稅一量吏祿度官用以賦於民而山川園池市肆租稅之入自天子以至封君湯沐邑皆各爲私奉養不領於天子之經費又令賈人不得衣絲乘車重租稅以困辱之四年八月初爲算賦漢儀注人年十五以上至五十六出賦錢人百二十爲一算爲

給庫兵車馬孝惠六年令女子年十五以上至二十不嫁五算漢律人出一算算百二十錢唯賈人與奴婢倍算今使五算罪謫之也孝文人賦四十丁男三年而一事常賦歲百二十歲一事時天下之人多故出賦四十三歲而一事鼂錯說上令民入粟得以拜爵邊食足支五歲可令入粟郡縣足支一歲以上可時赦勿收農人租如此德澤加於萬民帝從其言役天下充實乃下詔賜民十一年租稅之半十三年詔曰農天下之本務莫大焉今勤身從事而有租稅之賦是謂本末者無以異也其於勸農之道未備其除田之租稅孝景帝二年令民半出田租三十而稅一時上溢而下有餘又禮高年九十者一子不事八十者二算不事令天下男子年二十始傅孝武即位董仲舒說上曰古者稅民不過什一其求易供使民不過三日其力易足至秦則不然用商鞅之法又加月爲更卒已復爲正一歲屯戍一歲力役三十倍於古田租口賦鹽鐵之利二十倍於古或耕豪民之田見稅什五故貧民常衣牛馬之衣而食犬彘之食矣建元元年制八十復二算九十復甲卒孝昭始元六年七月罷榷酤官令民得以律占租武帝時賦斂繁多律外而取今始復舊元鳳二年三輔太常郡得以菽粟當賦三年以前逋更賦未入者皆勿收四年出口賦漢儀注民年七歲至十四出口賦錢人二十三二十錢以食天子其三錢者武帝加口錢以補車騎馬六年詔曰夫穀賤傷農今三輔減賤其令以菽粟當年年賦元平元年詔減口賦錢有司奏請減什三上許之孝宣帝甘露二年減民算三十孝成建始二年減天下賦錢四十本算百二十今減四十爲八十孝平元始元年詔天下女徒已論歸家顧出錢月三百後漢光武建武六年詔田租三十稅一如舊制有產子者復以三年之算也明帝即位人無橫徭天下安甯時穀貴尙

書張林上言穀所以貴由錢賤故也可盡封錢一取布帛爲租以通天下之用從之魏武初平袁紹鄴都令收田租畝粟四升戸絹二疋綿二斤餘不得擅興晉武帝平吳之後制戸調之式丁男之戸歲輸絹三疋綿三斤女及次丁男爲戸者半輸其諸邊郡或三分之二遠者三分之一夷人輸賨布戸一疋遠者或一丈不課田者輸義米戸三斛遠者五斗極遠者輸算錢人二十八文成帝咸和五年始度百姓田取十分之一率畝稅米三升是後頻年水旱田稅不至咸康初算田稅米空懸五十餘萬斛尙書諸曹以下免官哀帝即位乃減田租畝收二升孝武帝大元二年除度定田收租之制公王以下口稅三斛唯蠲在役之身八年又增稅米口五石宋孝武大明五年制天下人戸歲輸布四尺齊高帝初竟陵王子良上表曰宋文帝元嘉中皆責成郡縣孝武徵求急速以郡縣遲緩始遣臺使百姓駭迫不以其命恣意贓賄人無敢言守宰務在裒刻圍桑品屋以准貲課致令斬樹發瓦以充重賦又臺符旣切畏失嚴期乃有自殘軀命斬絕手足以避徭役守長不務富民惟言益國豈有民貧於下而國富於上邪子良之言雖切而終不見用自東晉寓居江左百姓南奔者並謂之僑人其無貫之人不樂州縣編者謂之浮浪人惟其所輸終優於正課至齊武帝時都下人多爲諸王公貴人左右佃客典計衣食客之類皆無課役官品第一第二佃客無過四十戸每品減五戸至第九品五戸其佃穀皆與大家量分其典計官品第一第二置三人第三第四置二人第五第六及公府參軍殿中監監軍長史司馬部曲督關外侯材官議郎以上一人皆通在佃客數中官品

第六以上并得衣食客三人第七第八二人第九品舉輦迹禽前驅彊弩司馬羽林郎殿中虎賁持椎斧武騎虎賁持鈒冗從虎賁命中武騎一人其客皆注家籍其課丁男調布絹各二丈絲三兩綿八兩祿絹八尺祿綿三兩二分租米五石丁女並半之男年十六亦半課年十八正課六十六免課其男丁每歲役不過二十日田畝稅米二升蓋大率如此也其量三升當今一升秤則三兩當今一兩尺則一尺二寸當今一尺自梁武帝末侯景之亂國用常褊京官文武月俐唯得廩食多遥帶一郡縣官而取其祿秩焉揚徐等大州比令僕班甯桂等小州比參軍班丹陽郡吳郡會稽等郡同太子詹事尙書班高梁晉康等小郡三班而已大郡六班小縣兩轉方至一班品第旣殊不可委載後魏令每調一夫一婦帛一疋粟二石人年十五以上未娶者四人出一夫一婦之調奴任耕婢任績者八口當未娶者四耕牛十頭當奴婢八其麻布之鄉一夫一婦布一疋下至半以此爲降大率十疋中五疋爲公調二疋爲調外費三疋爲內外百官俸人年八十以上者聽一子不從役孤獨病老篤貧不能自存者亦一人不從役舊制民間所織絹布皆幅廣二尺二寸長四十尺爲一疋六十尺爲一端後乃漸至濫惡不依尺度孝文帝延興三年秋更立嚴制令一准前式違者罪各有差四年詔州郡人十丁取一以充行戸收租五十石以備年糧太和八年始准古班百官之祿以品第各有差先是天下戸以九品混通戸調帛三疋絮二斤絲一斤粟二十石又入帛一疋二丈委之州庫以供調外之費至是戸增帛三疋粟二石九斗以爲官司之祿復增調外帛滿二疋所調各隨

土所出其司冀雍華定相秦洛荆河懷兗陝除青齊濟南河東東徐等州貞綿絹及絲其餘郡縣少桑蠶處皆以麻布充正光後國用不足乃先折天下六年租調而徵之百姓怨苦有司奏斷百官常給之酒計一歲所省米五萬三千五十四斛九斗糱穀六千九百六十斛麪三千萬五百九十九斤有司又奏內外百官及諸蕃客廩食及肉悉三分減一計歲終省肉百五十九萬九千八百五十六斤米五萬三千九百三十三石北齊文宣受禪多所草創六坊內從者更加簡練每一人必當百人任其臨陣必死然後取之謂之百保鮮卑又簡華人之勇力絕倫者謂之勇士以備邊要始立九等之戶富者稅其錢貧者役其力後南征頻歲陷沒士馬死者以數十萬計武成以修創臺殿所役甚廣兼并戶口益多隱漏舊制未娶者輸半牀租調陽翟一郡戶至數萬籍多無妻有司劾之帝以爲生事不計由是姦欺尤甚戶口租調十亾六七是時用度轉廣賜予無節府藏之積不足以供乃減百官之祿徹軍人之常廩并省州郡縣鎮戍之職又制刺史守宰行兼者並不給幹以節國用之費焉河清三年定令乃率以十八受田輸租調二十充兵六十免力役六十六退田免租調率人一牀調絹一疋綿八兩凡十斤綿中折一斤作絲墾租二石義租五斗奴婢各准良人之半牛調二丈墾租一斗義租五升墾租送臺　租納郡以備水旱後周文帝霸府初開制司賦掌均賦之政令凡人自十八至六十四與輕癃者皆賦之其賦之法有室者歲不過絹一匹綿八兩粟五斗丁者半之其非桑土有室者布一匹麻十斤丁者又半之豐年則全賦中年半之下年一之皆以時徵焉若艱凶札則不徵其賦司役掌力役之政令凡人自十八至五十九皆任於役豐年不過三旬中年則二旬下年則一旬起徒役無過家一人有年八十者一子不從役百年者家不從役廢疾非人不養者一人不從役若凶札又無力征武帝保定元年改八丁兵爲十二丁兵率歲一月役建德二年改軍士爲侍官募百姓充之除其縣籍是後夏人半爲兵矣隋文帝霸府初開尉遲迥王謙司馬消難相次阻兵興師誅討賞費鉅萬及受禪又遷都發山東丁毁造宮室仍依周制役丁爲十二番匠則六番丁男一牀租粟三石桑土調以絹絁麻土調以布絹絁以疋加綿三兩布以端加麻三斤單丁及僕隸各半之有品爵及孝子順孫義夫節婦並免課役開皇三年減十二番每歲爲三十日役減調絹一疋爲二丈時蘇威爲納言遵父綽之遺訓減寬賦徭務從輕典帝又躬行節儉海內繁富以江表初定給復十年餘州並免當年租賦十二年有司上言庫藏皆滿帝曰朕既薄賦於民又大經賜用何得爾也對曰用處常出納處常入畧計每年賜用至數百萬段曾無減損乃更開左藏之院構屋以受之詔曰既富而教方知廉耻寧積於人無藏府庫河北河東今年田租三分減一兵減半功調全免先是京官及諸州並給公廨錢迴易生利以給公用六月工部尚書蘇孝慈等以爲所在官司因循往昔皆以公廨錢物出舉興生唯利是求煩擾百姓奏皆給地以營農迴易取利皆禁止十一月詔內外諸司公廨在市迴易及諸處利皆並聽之唯禁出舉收利煬帝即位戶口益多府庫盈溢乃除婦人及奴婢部曲之課其後將事遼碣增置軍府掃地爲兵租賦之入益減矣

唐武德七年始定律令以度田制五尺爲步步二百四十爲畝畝百爲頃丁男中男給一頃篤疾廢疾給四十畝寡妻妾給三十畝若爲戶者加二十畝所授之田十分之二爲世業八爲口分世業之田身死則承戶者便授之口分則收入官更以給人賦役之法每丁歲入租粟二石調則隨鄉土所產綾絹絁各二丈布加五分之一輸綾絹絁者兼調綿三兩輸布者麻三斤其絹絁爲匹布爲端綿爲屯麻爲綟濶尺八長四丈者謂之匹若當戶不成匹端屯綟者皆隨近合成凡丁歲役二旬若不役則收其資每日絹三尺有事而加役者旬有五日免其調三旬則稅調俱免通正役並不過五十日若嶺南諸州則稅米上戶一石二斗次戶八斗下戶六斗若夷獠之戶皆從半輸蕃胡內附者上戶丁稅錢十文次戶五文下戶免之附經二年者上戶丁輸羊二口次戶一口下戶三戶共一口凡水旱蟲霜爲災十分損四以上免租損六以上免租調損七以上課役俱免凡天下之戶量其資產定爲九等每三年縣司注定州司覆之百戶爲里五里爲鄉四家爲鄰五家爲保在邑居者爲坊在田野者爲村村坊鄰里遞相督察士農工商四民各業食祿之家不得與下人爭利工商雜類不得預於士伍租庸調之法以人丁爲本自開元以後天下戶籍久不更造丁口轉死田畝賣易貧富升降不實其後國家侈費無節而大盜起兵興財用益困而租庸調法弊壞自代宗時始以畝定稅而斂以夏秋至德宗時相楊炎遂作兩稅法夏輸無過六月秋輸無過十一月置兩稅使以總之量出制入戶無主客以居者爲簿人無丁中以貧富爲差商賈稅三十之一度與所居者均役其

田稅視大歷十四年墾田之數爲定遣黜陟使按比諸道丁產等級免鰥寡煢獨不濟者敢有加斂以枉法論議者以租庸調高祖太宗之法也不可輕改而德宗方信用楊炎不疑也按天寶中天下計帳戶約有八百九十餘萬其稅錢約得二百餘萬貫（大約高等少下等多今一例爲八等以下戶計之其八等戶所稅四百五十二九等戶則二百二十二今通以二百五十爲率自七載至十四載六七年間與此大數或多少加減不同所以言約他皆類此）其地稅約得千二百四十餘萬石（兩漢每戶所墾田不過七十畝今亦准此計約）課丁八百二十餘萬其庸調租等約出絲綿郡縣計三百七十餘萬丁庸調輸絹約七百四十餘萬疋（每丁計兩疋）綿則百八十五萬餘屯（兩丁三兩六兩爲屯則兩丁合一屯）租粟則七百四十餘萬石（每丁兩石）約出布郡縣計四百五十餘萬丁庸調輸布約千三十五餘萬端（每丁兩端一丈五尺十丁則二十三端也）其租約百九十餘萬丁江南郡縣折納布約五百七十餘萬端（大約八等以下戶計之八等折租每丁三端一丈九等則二端二丈今通以三端爲率）二百六十餘萬丁江北郡縣納粟約五百二十餘萬石大凡都計租稅庸調每歲錢粟絹綿布約得五千二百二十餘萬端疋屯貫石諸色資課及勾剝所獲不在其中（據天寶中度支每歲所入端屯疋貫石都五千七百餘萬計稅錢地稅庸調折租得五千三百四十餘萬端疋屯其資課及勾剝等當合得四百七十餘萬）其度支歲計粟則二千五百餘萬石（三百萬折充絹布添入兩京庫三百萬迴充米豆供尚食及諸司官廚等料并入京倉四百萬江淮迴造米轉入京充官祿及諸司糧料五百萬留當州官祿及遞糧一千萬諸道節度軍糧及貯備當州倉）布絹綿則二千七百餘萬端屯疋（千三百萬入西京一百萬入東京千三百萬諸道兵賜及和糴并遠小州便充官料郵驛等費）錢則二百餘萬貫（百四十萬諸道州官課科及市驛馬六十餘萬添充諸州軍和糴軍糧）自開元中及于天寶開拓邊境多立功勳每歲軍用日增其費糴米粟則三百六十萬疋段（朔方河西各八十萬隴右百萬伊西北庭八萬安西十二萬河東節度羣牧使各四十萬）及給衣則五百二十萬（朔方百二十萬隴右百五十萬河西百萬伊西北庭四十萬安西五十萬河東節度四十萬羣牧二十萬）別支計則二百一十萬（河東五十萬幽州劔南各八十萬）餽軍食則百九十萬石（河東五十萬幽州劔南各七十萬）凡一千二百八十萬（開元以前每歲邊夷戎所用不過二百萬貫自後經費日廣以至於此）而錫賚之費此不與焉其時錢穀之司唯務割剝迴殘賸利名目萬端府藏雖豐閭閻困矣（尚書省度支總天下經費自安祿山反至德乾元之際置度支使永泰之後度支置副使以掌其外度支以掌其內建中初又置轉運使復歸度支分命出職使往諸道收戶口錢穀名數每歲天下共斂三千餘萬貫其二千五十餘萬貫以供外費九百五十餘萬貫供京師外稅米麥共千六百餘萬石其二百餘萬石供京師十四百萬石給充外費）

臣謹按井田之法所以爲良者以田與賦不相離雖暴君不能違田而取賦汚吏不能什一而加多至秦孝公開阡陌之法田賦始相離故所取者不多乎什一則少乎什一也其弊至於收太半焉漢高帝欲革秦之弊什五而稅一孝景二年始令民半出田租三十而稅一至後漢以三十而稅一爲通用之法荀悅曰今漢人田或百一而稅則知漢法之優民可謂至矣然豪彊占田踰多浮客輸太半之賦官家之惠優於三代富室之暴酷於亾秦皆緣無授田之法所以惠不及齊民偉哉後魏孝文帝之爲人君也眞英斷之主乎井田廢七百年一旦納李安世之言而行均田之法國則有民民則有田周齊不能易其法隋唐不能改其貫故天下無無田之夫無不耕之民口分世業雖非井田之法而得三代之遺意始者則田租戶調以爲賦稅至唐祖開基乃爲定令曰租曰調曰庸有田則有租有家則有調有身則有庸租者什一之稅也調者調發兵車井田之賦也庸者歲役二旬不役則收其資役多則免調過役則租調俱免無傷於民矣舍租調之外而求則無名雖無道之世亦不爲自太和至開元三百年之民抑何幸也天寶之季師旅既興誅求無藝生齒流移版圖焚蕩然是時賦役雖壞而法制可尋不幸建中天子用楊炎爲相遂作兩稅之法自兩稅之法行則賦與田不相系也況又取大歷中一年科率多者爲兩稅定法此總無名之暴賦立爲常規也且言利之臣無代無之有恨少無恨多有言加無言減自兩稅以來賦不系於田故名色之求罔民百出或以方圓取或以羨餘取或言獻奉或言假貸初雖暫時久爲成法建中以來將五百年世不乏楊炎不知所以加於大歷中一年之多數目復幾倍乎嗚呼後世之爲民也其難爲民矣且開元之前戶口至衆而民皆有田至於癃老童穉寡妻女子亦皆有田一丁授田百畝百畝之田歲輸粟二石絹二丈無絹則布二丈五尺嶺南諸州則以戶計上戶一斛二斗下戶六斗夷獠半之內附之家上戶十文下戶無出當是時也民之所以爲民也如此官之所以取諸民也如此後魏去三代爲遠今去開元不遠是非難行之道也後之言治道者當使一民有百畝之田然後可以議魏齊周隋唐之事若有無田之民不耕之夫則於魏齊周隋唐之事未可輕議也言利之臣則亦當量開元之前所以爲重賦者百畝之田不過二石粟二丈絹耳所以爲輕賦者上戶之家不過十文耳今百畝之田賦斂如此上戶之家出錢如此吾於如此之中復何容心哉

歷代戶口

禹平水土爲九州有民千三百五十五萬三千九百二十

十三口塗山之會執玉帛者萬國夏之衰也逮成湯受命其能存者三千餘國商德之衰也逮周武王受命定五等之封有千七百七十三國及周公相成王致治刑措有民千三百七十萬四千九百二十三口此周之極盛也東遷之後莊王之十三年自太子公侯下至庶人凡千一百八十四萬一千九百二十三人其後戰國相併摧殘民命伊闕之敗斬首二十四萬長平之戰血流漂鹵然考蘇張之說計秦及山東六國戎卒尚踰五百餘萬推人口數尚當千餘萬秦兼諸侯所殺三分居一猶以餘力北築長城四十餘萬南戍五嶺五十餘萬阿房驪山七十萬三十年間百姓死没相踵于路陳項又肆其酷烈新安之坑二十餘萬彭城之戰睢水不流漢高帝定天下人之死傷亦數百萬是以平城之卒不過三十萬方之六國十分無三至孝平元始二年人戶千二百二十三萬三千口五千九百五十九萬四千九百七十八此漢之極盛也及王莽篡位續以更始赤眉之亂率土遺黎十纔有二三後漢光武建武中兵革漸息至中元二年戶四百二十七萬六百三十四口二千一百萬七千八百二十明章之後天下無事務在養民至孝和人戶滋殖桓帝永壽三年戶千六十七萬七千九百六十口五千六百四十八萬六千八百五十六建安之際海內荒殘人戶所存十無一二魏武據中原劉備割巴蜀孫權盡有江東之地三國鼎立戰爭不息及平蜀得戶二十八萬口九十四萬帶甲將士十萬二千吏四萬通計戶九十四萬三千四百二十三口五百三十七萬二千八百八十一除平蜀所得當時魏氏唯有戶六十六萬三千四百二十三口有四百四十三萬二千八百八十一晉武帝太康元年平吳收其圖籍戶五十三萬吏三萬二千兵二十三萬男女口二百三十萬後宮五千餘人九州攸同大抵編戶二百四十五萬九千八百四口千六百一十六萬三千八百六十三此晉之極盛也蜀劉禪炎興元年則魏常道鄉公景元四年歲次癸未是歲魏滅蜀至晉武太康元年歲次庚子凡一十八年戶增九十八萬六千三百八十一口增八百四十九萬九百八十二則當三國鼎峙之時天下通計戶百四十七萬三千四百三十三口七百六十七萬二千八百八十一以奉三主斯以勤矣後趙石勒據有河北初文武官上疏請依劉備在蜀魏王在鄴故事魏王郎曹公以河內汲等十一郡并前魏國合二十四戶二十九萬爲趙國前秦苻堅滅前燕慕容暐入鄴閱其名籍戶二百四十五萬八千九百六十九口九千九百九十八萬七千九百三十五徙關東豪傑及諸雜夷十萬口于關中平燕定蜀蓋爲僞代之盛也時關隴清晏百姓豐樂自長安至于諸州二十里一亭四十里一驛旅行者取給於途工商貿販於道宋武帝北取南燕平廣固西滅後秦平關洛長河以南盡爲宋有孝武大明八年戶九十萬六千八百七十口四百六十八萬五千五百一齊既短祚梁則喪亂宏多逮陳之末年隋家所收五十萬戶二百萬口而已後魏起自陰山盡有中夏孝文遷都河洛定禮崇儒明帝正光以前時爲全盛戶口之數比夫晉太康倍而餘矣可謂盛哉及經爾朱之亂東西流移猶不下三百三十七萬五千三百六十八戶爲北齊承魏末喪亂與周人抗衡雖開拓淮南而郡縣褊小文宣受禪性多殘虐武成後主俱爲僻王至隆化二年爲周所滅有戶三百三萬二千五百二十八口二千萬六千八百八十後周大象中有戶三百五十九萬口九百萬九千六百四隋以外戚代周無干戈之患文帝克已無誅斂之求至大業二年戶八百九十萬七千五百三十六口四千六百一萬九千九百五十六此隋之極盛也後周靜帝末授隋禪有戶三百九十九萬九千六百四至開皇九年平陳得戶五十萬及是纔二十六七年直增四百八十萬七千九百三十二煬帝承富庶之資恣荒淫之行登極之初卽建洛邑每月役丁二百萬人導洛至淮及河又引沁水達河北通涿郡築長城東西千餘里皆徵百萬餘人丁男不充以婦人兼役而死者大半及親征吐谷渾駐軍青海遇雨雪士卒死者十二三又三駕東征遼澤皆與百餘萬衆饋運者倍之又逆徵數年之賦窮侈極奢舉天下之人十九爲盜賊至唐貞觀間而戶猶不滿三百萬三年戶部奏中國人因塞外來歸及突厥前後降附開四夷爲州縣獲男女一百二十餘萬口十四年侯君集破高昌得三郡五縣二十二城戶八千四十六口萬七千三十一馬千三百疋永徽元年戶部尚書高履行奏去年進戶一十五萬高宗以天下進戶既多謂長孫無忌曰比來國家無事戶口稍多三二十年足爲充實因問隋有幾戶今有幾戶履行奏隋大業中戶八百七十萬今戶三百八十萬顯慶二年十月上幸許汝州問中書令杜正倫曰此閒田地極寬百姓太少因又問隋有幾戶正倫奏大業初有八百餘萬戶末年離亂至武德有二百餘萬戶總章元年十月司空李勣破高麗國虜其王下城百七十戶六十九萬七千二百配江淮以南山南京西天寶十四載管戶總八百九十一萬四千七百九應不課戶三百五十六萬五千五百一應課戶五百三十四萬九千二百八管口總五千二百九十一萬九千三百九不課口四千四百七十萬九百八十八課口八百二十萬八千三百二十一此唐家之極盛也自天寶十四年至乾元三年損戶總五百九十八萬二千五百八十四不課戶損二百三十九萬一千九百九課戶損三百五十九萬六百七十五損口總三千五百九十一萬八千七百二十三不課口損三千七十一萬三百一課口損五百二十一萬八千四百三十二戶至大歷中唯有百三十萬戶建中初命黜陟使往諸道按比戶口約都得主戶百八十餘萬客戶百有三十餘萬

丁中

漢孝景二年令天下男子年二十而始傅（音附）晉武帝平吳後有司奏男子年十六以上至六十爲正丁十五以下至十三六十以上至六十五爲次丁十二以下六十六以上爲老小不事宋孝武帝大明中從王敬弘之言以十五至十六爲半丁十七爲全丁北齊武成清河三年乃令男子十八以上六十五以下爲丁十六以上十七以下爲中六十六以上爲老十五以下爲小隋文帝頒新令男女三歲以下爲黃十歲以下爲小十七以下爲中十八以上爲丁丁從課役六十爲老乃免開皇三年令軍人以二十一成丁煬帝即位戶口益多男子以二十二成丁高熲奏以民間課稅雖有定分年常徵納除注恆多長吏肆情文帳出沒既無定簿難以推校乃爲輸籍之様請遍下諸州每年正月五日縣令巡人各隨便近五黨三黨各爲一團依様定戶上下帝從之自是姦無所容矣唐武德七年定令男女始生爲黃四歲爲小十六爲中二十一爲丁六十爲老神龍元年韋皇后求媚於人上表請天下百姓年二十二成丁五十八免役制從之天寶三年十二月制自今以後百姓宜以十八以上爲中男二十三以上成丁按開元二十五年戶令云諸戶主皆以家長爲之戶內有課口者爲課戶無課口者爲不課戶諸視流內九品以上官及男年二十以上老男廢疾妻妾部曲客女奴婢皆爲不課戶善乎杜佑之論也家足不在於逃稅國足不在於重斂若逃稅則不土著而人貧重斂則多養羸而國貧三王以前井田定賦秦革周制漢因秦法魏晉已降名數雖繁亦有良規不救時弊昔東晉之宅江南也慕容苻姚迭居中土人無定本傷理爲深遂有庚戌土斷之令財豐俗阜寔由於茲其後法制廢弛舊弊復起義熙之際重舉而行已然之效著在前志隋受周禪得戶三百六十萬開皇九年平陳又收戶五十萬洎于大業二年千戈不用唯十八載有戶八百九十萬矣（自平陳後又加四百八十餘萬）其時承西魏喪亂周齊分據暴君慢吏賦重役勤人不堪命多依豪室禁網隳紊姦偽尤滋高熲覩流冗之病建輸籍之法於是定其名輕其數使人知爲浮客被彊家收大半之賦爲編甿奉公上蒙輕減之征先敷其信後行其令烝庶懷惠姦無所容隋氏資儲遍於天下民俗康阜熲之力焉功規蕭葛道亞伊呂近代以來未之有也唐家貞觀中有戶三百萬至天寶末百三十餘年纔如隋氏之數唐氏之盛邁於西漢約計天下編戶合踰元始之閒而名籍所少三百餘萬直以選賢授任多在藝文才與職乖法因事弊隳循名責實之義闕考言詢事之道宗秩之所至美價之所歸不無輕薄之曹浮華之伍習程典親簿領謂之淺俗務根本去枝葉目以迂闊風流相尚奔競相驅職事委於郡胥貨賄行於公府而至此也

通志卷六十一

通志卷六十二

宋右迪功郎鄭樵漁仲撰

食貨略第二

錢幣　漕運　鹽鐵茶　鬻爵　榷酤　算緡

雜稅　平準 均輸 平糴 常平 義倉

錢幣

自太昊以來則有錢矣太昊氏高陽氏謂之金有熊氏高辛氏謂之貨陶唐氏謂之泉商人周人謂之布齊人莒人謂之刀謂之泉者言其形謂之金者言其質謂之刀者言其器謂之貨謂之布者言其用古文錢字作泉者其形如泉文一變而爲刀器再變而爲圜法太公作九府圜法黃金方寸而重一斤錢圜函方輕重以銖布帛廣二尺二寸爲幅長四丈爲疋以爲貿易之制自圜法流通於世民實便之故泉與刀並廢後人不曉其謂也觀古錢其形卽篆泉文也後世代以錢字故泉之文借爲泉水之泉其實泉之篆文下體不從水也先儒不知本末謂流於泉布於布寶於金利於刀此皆沿鑿之義也錢所以權天下之利而便於民古人與金銀龜貝相參爲幣惟管仲之論詳焉以先王所以守財物御人事而平天下者在乎此禹有五年之水湯有七年之旱民之無饘有賣子者禹以歷山之金鑄幣以賑之湯以莊山之金鑄幣以贖之周景王時患錢輕更鑄大錢徑一寸二分重十二銖文曰大泉五十肉好皆有周郭以勸農贍不足百姓蒙其利楚莊王以爲幣輕更以小爲大百姓不便皆去其業孫叔敖爲相市令言於相曰市亂人莫安其處行不定叔敖白於王遂令復如故而百姓乃安也秦一中國之幣爲二等黃金以溢爲名上幣二十兩爲溢改周一斤之制銅錢質如周錢文曰半兩重如其文爲下幣而珠玉龜貝銀錫之屬爲器飾寶藏不爲幣然各隨時而輕重無常漢興以爲秦錢重難用更令民鑄莢錢如榆莢也錢重銖半徑五分文曰漢興黃金一斤復周之制更以斤名金高后二年行八銖錢秦錢文曰半兩卽八銖錢漢以其太重更鑄榆莢人患太輕至此復行八銖錢六年行五分錢徑以五分用莢錢也孝文五年爲錢益多而輕乃更鑄四銖錢其文爲半兩除盜鑄錢令使民放鑄是時吳以諸侯卽山鑄錢富埒天子文字與四銖同微重耳後卒叛逆鄧通大夫也以鑄錢文字稱兩同四銖財過王者故吳鄧錢布天下孝武帝有事於四夷又徙貧民七十萬口於新秦中用度既廣出御府錢以贍不足而冶鑄或累萬金不佐公家之急於是天子與公卿議更錢造幣以贍用而摧浮淫并兼之徒是時禁苑有白鹿而少府多銀錫乃以白鹿皮方尺緣以藻繢爲皮幣直四十萬王侯宗室朝覲聘享必以皮幣薦璧然後得行又造銀錫爲白金以爲天用莫如龍地用莫如馬人用莫如龜故曰金三品其一曰重八兩圜之其文龍名曰白選漢志曰白撰直三千二曰以重差小方之其文馬直五百以半斤之重差爲三品此重六兩則下品重四兩三曰復小撱之其文龜直三百令縣官銷半兩錢更鑄三銖錢文如其重盜鑄諸金錢罪皆死而吏民之盜鑄白金者不可勝數有司言三銖錢輕易姦詐乃更請郡國鑄五銖錢是爲白金五銖錢四五年間郡國姦鑄益多公卿請令京師官鑄赤仄以赤同爲其郭一當五賦官用非赤仄不得行白金稍賤民不寶用縣官以令禁之無益歲餘終廢不行其後二歲赤仄錢賤民巧法用之不便又廢於是悉禁郡國無鑄錢專令上林三官鑄錢既多而令天下非三官錢不得行諸郡國前所鑄錢皆廢銷之輸入其銅三官而民之鑄錢益少計其費不能相當唯眞工大姦乃盜爲之宣帝時貢禹言鑄錢采銅一歲十萬人不耕民坐盜鑄陷刑者多富人藏錢滿室猶無厭足民心搖動棄本逐末耕者不能半姦邪不可禁原起於錢疾其末者絕其本宜罷采珠玉金銀鑄錢之官毋復以爲幣除其販賣租銖之律租稅祿賜皆以布帛及穀使百姓壹意農桑議者以爲交易待錢布帛不可尺寸分裂禹議亦寢自孝武元狩五年三官初鑄五銖錢至平帝元始中成錢二百八十億萬餘云王莽居攝變漢制以周錢有子母相權於是始造大錢徑一寸二分重十二銖文曰大錢五十又造契刀錯刀契刀環如大錢身形如刀長二寸文曰契刀五百錯刀以黃金錯其文曰一刀直五千與五銖錢凡四品並行莽卽眞以爲書劉字有金刀乃罷錯刀契刀及五銖錢而更作金銀龜貝錢布之品名曰寶貨於是爲錢貨六品銀貨二品龜寶四品貝貨五品布貨十品凡寶貨五物六名二十八品鑄作錢布皆用銅殽以鏈錫文質周郭放漢五銖錢云其金銀與他物雜色不純好龜不盈五寸貝不盈六分皆不得爲寶貨元龜爲蔡非四民所得居有者入太卜受直其後百姓憒亂其貨不行民私以五銖錢市買莽患之下詔敢挾五銖錢者爲惑衆投諸四裔於是農商失業食貨俱廢其後改易不常品名願衆不足記也及公孫述僭號於蜀廢銅錢置鐵官鑄鐵錢百姓貨幣不行後漢光武除王莽貨泉自莽亂後貨幣雜用布帛金粟建武十六年馬援上書曰富國之本在於食貨宜如舊鑄五銖錢帝從之於是復鑄五銖錢天下以爲便及章帝時穀價貴縣官經用不足朝廷憂

之尚書張林言今非但穀貴百物皆貴此錢賤故爾宜令天下悉以布帛為租市買皆用之封錢勿出如此則百物皆賤矣帝用其言少時復止和帝時有上書言民以貨輕錢薄故致貧困宜改鑄大錢事下四府羣寮及太學能言之士孝廉劉陶上議曰當今之憂不在於貨在乎民饑蓋民可百年無貨不可一朝有饑故食為至急也議者不達農殖之本多言鑄冶之便或欲因緣行詐以賈國利國利將盡取者爭競造鑄之端於是乎生蓋萬人鑄之一人奪之猶不能給況今一人鑄之則萬人奪之乎夫欲民殷財阜要在止役禁奪則百姓不勞而足帝乃不鑄錢靈帝作五銖錢而為四出道連於邊緣有識者尤之董卓焚燒宮室乃刼鑾駕西幸長安悉壞五銖錢更鑄小錢大五分盡取長安飛廉之屬充鼓鑄其錢無輪郭文章不便時人由是貨輕而物貴穀一斛至錢數百萬曹公為相於是罷之還用五銖魏文帝黃初二年罷五銖錢使百姓以穀帛為市買至明帝時錢廢穀用既久人間巧偽漸多競濕穀以要利作薄絹以為市雖處以嚴刑而不能禁也司馬芝等舉朝大議以為用錢非徒豐國亦所以省刑今若更鑄五銖於事為便帝乃更立五銖錢至晉用之不聞有所改創蜀先主劉備攻劉璋與士衆約若事定府庫百姓無取焉及拔成都士衆皆捨干戈赴諸庫藏取寶物軍用不足備甚憂之西曹掾劉巴曰此易耳但當鑄直百錢平諸物價令吏為官市備從之數月之間府庫充實文曰直百亦有勒為五銖者大小稱兩如一焉並徑七分重四銖吳孫權嘉平五年鑄大錢一當五百文曰大泉五百徑一寸三分重十二銖而使吏民輸銅計畀設盜鑄之科赤烏元年鑄一當千大錢徑一寸四分重十六銖故呂蒙定荊州孫權賜錢一億錢既太貴但有空名民間患之後孫權下令曰往日鑄大錢云以廣貨故聽之今聞人意不以為便其省之晉元帝過江用孫氏赤烏舊錢輕重雜行大者謂之比輪中者謂之四文吳興沈充又鑄小錢謂

之沈郎錢錢既不多由是稍貴孝武帝太元三年詔曰錢國之重寶小人貪利銷壞無已監司當以為意廣州夷人寶貴銅鼓而州境素不出銅聞官私賈人皆貪比輪錢斤兩差重以入廣州貨與夷人鑄敗作鼓其重為禁制安帝元興中桓元輔政立議欲廢錢用穀帛孔琳之議曰聖王制無用之貨以通有用之財既無毀敗之費又省運致之苦此錢所以嗣功龜貝歷代不廢者也穀帛本充衣食今分以為貨致損必多魏明帝廢錢用穀四十年矣終以不便故捨穀帛而復用錢此已然之驗也元議遂不行宋文帝元嘉七年立錢置法鑄四銖文曰四銖重如其文人間頗盜鑄多翦鑿古錢取銅帝甚患之錄尚書江夏王義恭建議以一大錢當兩以防穿鑿議者多同之遂以一錢當兩行之經時公私非便乃罷自元嘉中鑄四銖錢輪郭形制與古五銖同價無利百姓不資盜鑄孝武孝建初鑄四銖文曰孝建一邊為四銖其後稍去四銖專為孝建三年尚書右丞徐爰議曰貨薄民貧公私俱罄不有革造將大乏宜應式遵古典收銅繕鑄納贖刊刑著在往策今宜以銅贖刑隨罪為品詔可之所鑄錢形式薄小輪郭不成就於是民間盜鑄者雲起雜以鉛錫並不牢固又翦鑿古錢以取其銅錢既轉小稍違官式雖重制嚴刑人吏官長坐死免者相係而盜鑄彌甚百物踊貴人患苦之乃立品格薄小無輪郭者悉加禁斷時議者又以銅轉難得欲鑄二銖錢顏竣陳三不可逮廢帝景和二年遂鑄二銖錢文曰景和形式轉細官錢每出民間即模效之而大小厚薄皆不及也無輪郭不磨鑢鑿者謂之耒子尤薄輕者謂之荇葉市井通用之永光元年沈慶之啟通私鑄

由是錢貨亂敗一千錢長不盈三寸大小稱此謂之鵝眼錢劣於此者謂之綖環錢入水不沉隨手破碎市井不復斷數十萬錢不盈一掬斗米一萬商貨不行明帝太始初唯禁鵝眼綖環其餘皆通用復禁民鑄官署亦廢工尋又普斷唯用古錢齊高帝建元四年奉朝請孔覬上書曰三吳國之關閫比歲被水潦而糴不貴是天下錢少非穀穰賤此不可不察也鑄錢之弊在輕重屢變重錢患難用而難用為無累輕錢患盜鑄而盜鑄為禍深民所盜鑄嚴法不禁者由上鑄錢惜銅愛工也惜銅愛工也者謂錢無用之器以通交易務欲貿輕而數多不慮其患也自漢鑄五銖錢至宋文帝四百餘年制度有廢興而不變五銖者其輕重可法得貨之宜也上乃使諸州大市銅欲更鑄會上崩乃止梁初唯京師及三吳荊郢江湘梁益用錢其餘州郡則雜以穀帛交易交廣之域則全以金銀為貨武帝乃鑄錢肉好周郭文曰五銖重如其文而又別鑄除其肉郭謂之女錢二品並行百姓或私以古錢交易有直百五銖五銖女錢太平百錢定平一百五銖雉錢五銖對文等號輕重不一天子頻下詔書非新鑄二種之錢並不許用而趨利之徒私用轉甚至普通中乃議盡罷銅錢更鑄鐵錢人以鐵賤易得並皆私鑄及大同以後所在鐵錢遂如邱山物價騰貴交易者以車載錢不復計數而唯論貫商旅姦詐因之以求利自破嶺以東八十為百名曰東錢江郢以上七十為百名曰西錢京師以九十為百名曰長錢中大同元年天子乃詔通用足陌詔下而人不從錢陌益少至於末年遂以三十五為百云陳初承梁喪亂之後鐵錢不行始梁末又有兩柱錢及鵝眼錢于時人

雜用其價同但兩柱重而鵝眼輕私家多鎔鑄又間以錫鐵兼以粟帛爲貨至文帝天嘉五年改鑄五銖初出一當鵝眼之十宣帝大建十一年又鑄大貨六銖以一當五銖之十與五銖並行後還當一人皆不便乃相與訛言曰六銖錢有不利縣官之象未幾而帝崩遂廢六銖而行五銖以至陳亡而嶺南諸軍州多以鹽米布帛交易俱不用錢云北齊神武霸政之初承魏猶用永安五銖遷鄴已後百姓私鑄體制漸別遂各以爲名有雍州青赤梁州生厚緊錢吉錢河陽生澀天柱赤牽之稱冀州之北錢皆不行交易者皆以絹布神武帝乃收境內之銅及錢仍舊文更鑄流之四境未幾之間漸復細薄姦僞競起文宣受禪除永安之錢改鑄常平五銖重如其文其錢甚貴且制造甚精至乾明皇建之間往往私鑄鄴中用錢有赤郭青熟細眉赤生之異河南所用有青薄鉛錫之別青齊徐兗梁豫荆河等州輩類各殊武平以後私鑄轉甚或以生鐵和銅至于齊亡卒不能禁後周之初尙用魏錢及武帝保定元年七月乃更鑄布泉錢以一當五與五銖並行是時梁益之境又雜用古錢交易而河西諸郡或用西域金銀錢而官不禁建德三年六月更鑄五行大布錢以一當十大守商賈之利與布泉錢並行四年七月又以邊境之上人多盜鑄乃禁五行大布錢不得出入四關其布泉錢聽人而不聽出五年正月以布泉漸賤而人不用遂廢之初令私鑄者絞從者遠配爲戶齊平已後山東之人猶雜用齊氏舊錢至宣帝大象元年十一月又鑄永通萬國錢以一當千與五行大布及五銖凡三品並用隋高祖既受周禪以天下錢貨輕重不等乃更鑄新錢背面肉好皆有周郭文曰五銖而重如其文每錢一千重四斤二兩是時錢既新出百姓或有私鎔鑄三年四月詔四面諸關各付百錢爲樣從關外來勘樣相似然後得過樣不同者即壞以爲銅入官詔行新錢已後前代舊錢有五行大布永通萬國及齊常平所在勿用以其貿易不止四年詔仍依舊不禁者縣令奪半年祿然百姓習用既久猶不能絕五年正月詔又嚴其制自是錢貨始一所在流布百姓便之是時見用之錢皆須和以錫鑞錫鑞既賤求利者多私鑄之錢不可禁約其年詔乃禁出錫鑞之處並不得私有採取十年詔晉王廣聽於揚州立五鑪鑄錢其後姦猾稍多漸磨鑪錢郭取銅私鑄又雜以鉛錫遞相放効錢遂輕薄乃下惡錢之禁京師及諸州邸肆之上皆令立榜置樣爲准不中樣者不入於市十八年詔漢王諒聽於并州立五鑪鑄錢是時江南民間錢少晉王又請於鄂州白紵山有銅鑛處錮銅鑄錢於是詔聽置十鑪鑄錢又詔蜀王秀聽於益州立五鑪鑄錢是時錢益濫惡乃令有司括天下邸肆見錢非官鑄者皆毀之其銅入官而京師以惡錢貿易爲吏所執有死者數年之間私鑄頗息大業已後王綱弛紊巨姦大猾遂多私鑄錢轉薄惡初每千猶重二斤後漸輕至一斤或翦鐵鍱裁皮糊紙以爲錢相雜用之貨賤物貴以至於亡唐高祖即位仍用隋之五銖錢武德四年廢五銖錢鑄開元通寶錢徑八分重二銖四絫積十文重一兩千文重六斤四兩仍置鑄錢監於洛并幽益桂等州秦王齊王各賜三鑪鑄錢右僕射裴寂一鑪議者以新錢輕重大小最爲折衷遠近甚便之後盜鑄漸起而所在用錢濫惡顯慶五年九月以天下惡錢轉多乃令所在官爲市取之五惡錢酬一好錢百姓以惡錢價賤私自藏之候官禁之弛高宗又令以好錢一文買惡錢兩文弊仍不息至乾封元年封岳之後又改造新錢文曰乾封泉寶徑一寸重二銖六分仍與舊錢並行新錢一文當舊錢十周年之後舊錢並廢初開元錢文給事中歐陽詢制詞及書時稱其工其字含八分及篆隸體其詞先上後下次左後右流俗謂之開通元寶錢及鑄新錢乃同流俗乾字直上封字在左尋寤錢文之誤又緣改鑄商賈不通米帛增價乃議卻用舊錢二年正月下詔曰開元通寶高祖創之太宗承之萬代之法也乾封新錢更不須鑄仍令天下置鑄之處並鑄開元通寶錢既而私鑄更多有將船柎宿於江中皷鑄所部不能覺察錢復惡濫儀鳳四年四月令東都出遠年糙米及粟就市給糶斗別納惡錢百文其惡錢令少府司農毀之是時鑄多錢賤粟貴於是權罷少府鑄錢尋復舊則天長安中揭樣於市令民間依樣用錢俄而簡擇難於交易又降勅非穿穴及鐵錫銅液者並許用之自是盜鑄蜂起有鎔錫以錢模夾之斯須則盈千百開元五年知政事宋璟請禁天下惡錢行二銖四參錢時江淮錢尤濫惡有官鑪偏鑪稜錢時錢等數色璟乃遣監察御史蕭隱之充江淮使隱之乃令率戶出錢務加督責百姓乃以上青錢充惡錢納之其小惡者或沉之於江湖以免罪戾於是市井不通物價騰起流聞京師隱之貶官璟因罷相張嘉貞知政事請不禁鑄錢弛其禁民乃安之二十二年張九齡初知政事明皇下其議左監門衞錄事參軍劉秩上議曰古者以珠玉爲上幣黃金爲中幣刀布爲下幣今之錢即古之下幣也今若捨之任

人自鑄則上無以御下下無以事上遂陳五不可時黃門侍郎裴耀卿等皆以為恐小人棄農逐利而濫惡更甚事遂不行但下詔禁惡錢而已天寶中內作判官韋倫請厚價募工由是役用減而鼓鑄多天下置九十九鑪鑄錢絳州三十鑪楊潤宣鄂蔚各十鑪益鄧郴各五鑪洋州三鑪定州一鑪約每鑪役丁匠三十人每年除六月七月停作餘十月作十番每鑪約用銅二萬一千二百二十斤白鑞三千七百九斤黑錫五百四十斤每千錢除工匠外用銅鑞錫約價七百五十文每鑪歲鑄錢三千三百緡約一歲計鑄錢三十二萬七千餘緡肅宗乾元元年經費不給有司請鑄錢使第五琦鑄乾元重寶錢徑一寸每緡十斤與開元錢參用以一當十二月琦入為相又請更鑄重輪乾元錢一當五十二十斤成貫詔可之於是新錢與開元乾元錢三品並行尋而穀價騰貴米斗至七千餓死者相枕於道乃擡舊開元錢以一當十減重稜乾元錢以一當三十緣人厭錢價不定民間擡加價錢為虛錢長安城中競為盜鑄京兆尹鄭叔清擒捕之數月閒榜死者八百餘人上元元年以重稜當五十錢減作三十以開元舊錢一當十寶應元年改乾元重稜小錢一當二重稜大錢一當三尋又改行乾元大小錢並以一當一自第五琦更鑄犯法者日數百至是人甚便之鹽鐵轉運使劉晏以江淮諸州任土所出皆賤弱難致之貨以輸京師不足償道路之直於是積之江淮易銅鉛薪炭廣鑄錢歲得十餘萬緡輸京師及荊揚二州自是錢始增加大歷七年禁天下鑄銅器建中元年戶部侍郎韓洄上言江淮錢監歲供鑄錢四萬五千貫輸于京師度工用轉送之費每貫計錢二千是本倍利也今商州有紅崖冶出銅益多又有洛源監不理久廢請增工鑿山以取銅興洛源錢監置十鑪鑄之每歲計出錢七萬二千貫度工用轉送之費貫計錢九百則利浮本也其江淮七監請皆停罷從之元和三年鹽鐵使李巽上言郴州平陽高亭兩縣之境有平陽冶及馬迹曲木等古銅坑二百八十餘井今請於郴州舊桂陽監置鑪兩所日鑄二十萬以年計之鑄成七千萬貫有利於人從之其年六月下蓄錢之禁又以有銀之山必有銅鑛銅可資鼓鑄銀無益於生民自五嶺以北銀宜禁採惟課採銅資官鑄作四年京師用錢每緡除二十陌於是禁之又禁錢出嶺除採銀禁六年制公私交易十緡以上即兼用段疋其年三月河東節度使王鍔奏請於蔚州加置至五鑪八年四月勑以錢重貨輕出內庫錢五十萬貫令兩市收市布帛每端疋估加十之一十二年禁藏錢不得過五十緡十五年八月中書門下奏令諸道公納銅器各納所在節度團練防禦經略使給與價直仍令鑄錢長慶元年九月勑泉貨之義所貴通流如閩比來用錢所在除陌不一與其禁人之必犯未若從俗之所宜交易往來務令可守其內外公私給用錢貨從今以後每千墊八十以用九百二十為貫

漕運

秦欲攻何奴運糧使天下飛芻輓粟起於黃腄（腄音誰東萊二縣）琅琊負海之郡轉輸北河（北河今朔方之北河）率三十鍾而致一石至漢興高皇帝時漕轉山東之粟以給中都官歲不過數十萬石孝武建元中通西南夷作者數萬人千里負擔饋糧率十餘鍾致一石其後東滅朝鮮置滄海郡人徒之費擬西南夷又衞青擊匈奴取河南地（今朔方之地）復興十萬餘人築衞朔方轉漕甚遠自山東咸被其勞元光中大司農鄭當時言於帝曰異時關東運粟漕水從渭中上道九百餘里度六月而罷若引渭穿渠起長安傍南山下至河三百餘里度可三月而罷此損漕省半天子乃令齊水工徐伯表發卒穿漕渠以運大便利其後河東守番係言漕從山東西歲百餘萬石更底柱之險敗亡甚多而亦煩費請穿渠引汾溉皮氏汾陰下引河溉汾陰蒲坂下度可得五千頃故盡河壖棄地度可得穀二百萬石以上穀從渭上與關中無異而底柱之東可無復漕天子又以為然渠田數歲河徙渠田遂廢其後人有上書欲通褒斜道（褒斜二水名褒水東流南入沔今漢中郡褒城縣斜水北流入渭今武功縣及扶風郡）及漕事下御史大夫張湯湯聞其事言抵蜀故道多坂迴遠今穿褒斜道少坂近四百里而褒水通沔斜水通渭皆可以行船漕漕從南陽上沔入褒褒之絕水至斜閒百餘里以車轉從斜入渭如此漢中之穀可致山東從沔無限便於底柱之漕且褒斜林木山箭之饒擬於巴蜀天子然之拜湯子卬為漢中守發數萬人作褒斜道五百餘里道果便近而水多湍石不可漕孝宣即位百姓安土歲數豐稔穀石五錢農人少利時耿壽昌以善為算能商功利得幸於上五鳳中奏言故事歲漕關東穀四百萬斛以給京師用卒六萬人宜糴三輔弘農河東上黨太原等郡穀足可以供京師可以省關東漕卒過半天子從其計御史大夫蕭望之奏言壽昌欲近糴漕關內之穀築倉理船費直二萬萬餘有動眾之功恐生旱氣人被其災壽昌習於商功分銖之事其深計遠慮誠未足任宜且如故帝不

聽漕事果便魏齊王正始四年司馬懿使鄧艾行陳項以東至壽春艾以爲田良水少不足以盡地利宜開河渠可以大積軍糧又通運漕之道懿從之乃廣開漕渠東南有事興眾泛舟而下達于江淮資食有儲而無水害艾所建也晉武帝太始十年鑿陝南山決河東注洛以通漕運雖有此詔而未成功懷帝永嘉元年修千金堨於許昌以通運成帝咸和六年以海賊寇抄運漕不繼發王公已下千餘丁各運米六斛穆帝時頻有大軍糧運不繼制王公已下十三戶共借一人助度支運後魏自徐揚內附之後仍世經略江淮於是轉運中州以實邊鎮百姓疲於道路有司請於水運之次隨便置倉乃於小平石門白馬津漳涯黑水濟州陳郡大梁凡八所各立邸閣每軍國有須應機漕引此費役徵省時三門都將薛欽上言計京西水次汾華二州弘農河北河東平陽等郡年常綿絹及貲麻皆折公物雇車牛送京道險人弊費公損私略計華州一車官酬絹八疋三丈九尺別有私人雇價布八十疋河東一車官酬絹五疋二丈別有私人雇價布五十疋自餘州郡雖未練多少推之遠近應不減此今求車取雇絹三疋市材造船不勞採斫計船一艘舉十三車車取三疋合有三十九疋雇作首并匠及船上雜具食直足以成船計一船賸絹七十八疋布七百八十疋又租車一乘官格二十斛成載私人雇價遠者五斗布一疋近者一石布一疋准其私費一車有布遠者八十疋近者四十疋造船一艘計舉七百石准其雇價應有千四百疋今取布三百疋造船一艘并船上覆理雜事計一船有賸布千一百疋又汾州有租庸調之處去汾不過百里華州去河不滿六十里並令計程依舊酬價車送船所船之所運唯達雷陂其陸路從雷陂至倉門調一車雇絹一疋租一車布五疋則於公私爲便詔從之而未能盡行也孝文太和七年薄骨律鎮將刁雍上表曰奉詔高平安定統萬薄骨律鎮今靈武郡統萬今朔方郡是也及臣所守四鎮出車五千乘運屯穀五十萬斛付沃野鎮以供軍糧臣鎮去沃野八百里道多深沙輕車往來猶以爲難設令載穀二千石每至深沙必致滯陷又穀在河西轉至沃野越度大河計車五千乘運十萬斛百餘日乃得一返大廢生民耕墾之業車牛艱阻難可全至一歲不過三運五十萬斛乃經三年臣聞鄭白之渠遠引淮海之粟泝流數十周年乃得一至猶稱國有儲糧民用安樂求於牽屯山在今平原郡高平縣今笄頭山河水之次造船二百艘二船爲一舫一船勝二千斛一舫十人計須千人臣鎮內之兵率皆習水一運二十萬斛方舟順流五日而至自沃野牽上十日還到合六十日得一返從三月至九月三返運送六十萬斛計用人工輕於車運十倍有餘不費牛力又不廢田詔曰知欲造船運穀一冬即大省人力既不費牛又不廢田甚善非但一運自可永以爲式隨文帝開皇三年以京師倉廩尚虛議爲水旱之備詔於蒲陝虢熊伊洛鄭懷邵衞汴許汝等水次十三州置募運米丁又於衞州置黎陽倉陝州置常平倉華州置廣通倉轉相灌注漕關東及汾晉之粟以給京師又遣倉部侍郎韋瓚向蒲陝以東募民能於洛陽運米肆拾石經底柱之險達于常平者免其征戍其後以渭水多沙流有深淺漕者苦之四年詔宇文愷率水工鑿渠引渭水自大興城東至潼關三百餘里名曰廣通渠轉運通利關內賴之煬帝大業元年發河南諸郡男女百餘萬開通濟渠自西苑引穀洛水達于河又引河通于淮海自是天下利於轉輸四年又發河北諸郡百餘萬眾開永濟渠引沁水南達于河北通涿郡自是丁男不供始以婦人從役五年於西域之地置西海鄯且末等郡逐吐谷渾得其地並在今酒泉張掖晉昌郡之北今悉爲北狄之地謫天下罪人配爲戍卒大開屯田發西方諸郡運糧以給之七年冬大會涿郡分江淮南兵配驍衞大將軍來護兒別以舟師濟滄海舳艫數百里並載軍糧期與大兵會於平壤唐咸亨三年於岐州陳倉縣東南開渠引渭水入昇原渠通船栰至長安故渠開元十八年明皇問朝集使利害之事宣州刺史裴耀卿上便宜曰江南戶口稍廣倉庫所資唯出租庸更無征防緣水陸遙遠轉運艱辛功力雖勞倉儲不益竊見每州所送租庸調等本州正月二月上道至揚州入斗門即逢水淺已有阻礙須停留一月以上三月四月以後始渡淮入汴多屬汴河乾淺又船運停留至六月七月始至河口即逢黃河水漲不得入河又須停一兩月待河水小始得上河入洛即漕洛乾淺船艘隘鬧船載停滯備極艱辛計從江南至東都停滯日多得行日少糧食既皆不足折欠因此而生又江南百姓不習河水皆轉雇河師水手更爲損費伏見國家舊法往代成規擇制便宜以垂長久河口元置武牢倉江南船不入黃河即於倉內便貯鞏縣置洛口倉從黃河不入漕洛即於倉內安置爰及河陽倉栢崖倉太原倉永豐倉渭南倉節級取便例皆如此水通則隨近轉運不通則且納在倉不滯遠船不憂欠耗比於曠年長運利便一倍有餘今若且置武牢洛口等倉江南船至河口即卻還本州更得

其船充運并取所減脚錢更運江淮變造義倉每年剩得一二百萬石即數年之外倉廩轉加其江淮義倉多爲下濕不堪久貯若無般運三兩年色變即給貸費散公私無益疏奏不省至二十一年耀卿爲京兆尹京師雨水害稼穀價踴貴耀卿奏曰國家帝業本在京師萬國朝宗百代不易之所但爲秦中地狹收粟不多儻遇水旱便則匱乏往者貞觀永徽之際祿廩數少每年轉運不過一二十萬石所用便足以此車駕久得安居今昇平日久國用漸廣每年陝洛漕運數倍於前支猶不給陛下數幸東都以就貯積爲國大計不憚劬勞皆爲憂民而行豈是故欲來往若能更廣陝運支入京倉廩常有二三年糧即無憂水旱今日天下輸丁約有四百萬人每丁支出錢百文充陝洛運脚五十文充營窖等用貯納司農及河南府陝州以充其費租米則各隨遠近任自出脚送納東都至陝河路艱險既用陸脚無由廣致若能開通河道變陸爲水則所支有餘動盈萬計且江南租船所在候水始敢進發吳人不便河漕由是所在停留日月既淹遂生隱盜臣請於河口置一倉納江東租米便於船迴從河口分入河洛官自雇船載運河運者至三門之東置一倉既屬水險即於河岸傍山車運十數里至三門之西又置一倉每運置倉即船下貯納水通即運水細便止漸至太原倉泝河入渭更無停留所省巨萬臣常任濟定冀等三州刺史詢訪故事前漢都關內年月稍久及隋亦在京師緣河皆有舊倉所以國用常贍若依此行用利便實深上大悅尋以耀卿爲黃門侍郎同中書門下平章事勑鄭州刺史河南少尹蕭炅自江淮至京以來檢古倉節級貯納仍以耀卿爲轉運都使於是始置河陰縣及河陰倉河清縣置柏崖倉三門東置集津倉三門西置三門倉開三門北山十八里陸行以避湍險自江淮西北泝鴻溝悉納河陰倉自河陰候水調浮漕送含嘉倉又取曉習河水者遞送納于太原倉所謂北運也自太原倉浮渭以實關中凡三年運七百萬石省脚三十萬耀卿罷相後緣邊運險澁頗有欺隱議者又言其不便事又停廢二十七年河南採訪使汴州刺史齊澣以江淮漕運經淮水波濤有沉損遂開廣濟渠下流自泗州虹縣至楚州淮陰縣北十八里合于淮而踰時畢功既而以水流浚急行旅艱險旋即停廢卻由舊河二十九年陝州刺史李齊物避三門河路急峻於其北鑿石渠通運船爲漫流河泥旋填淤塞不可漕而止天寶三年左常侍兼陝州刺史韋堅開漕河自苑西引渭水因古渠至華陰入渭引永豐倉及三門倉米以給京師名曰廣運潭以堅爲天下轉運使灞滻二水會於漕渠每夏大雨輒皆填閼大歷之後漸不通舟天寶中每歲水陸運米二百五十萬石入關舊於河南路運至陝郡太原倉又運至永豐倉及京師大倉開元初河南尹李傑始爲陸運使從含嘉倉至太原倉置八遞場相去每場四十里每歲冬初起運八十萬石後至一百萬石每遞用車八百乘分爲前後交兩月而畢其後漸加至天寶七載滿二百五十萬石每遞用車千八百乘自九月至正月畢天寶九載九月河南尹裴迥以遞重恐傷牛於是又以遞場爲交場兩遞簡押近水處爲宿場天寶十載九月相州刺史李南金又上表曰臣以舊籍天下水陸估價車乘有綱運各令官兵提巡共五十萬大率大歷之後以水陸運使兼防押四十萬石各押入關

鹽鐵茶

鹽筴之利管子言之盡矣其所以相桓公霸齊鹽筴之利也漢孝武中年大興征伐財用匱竭於是大農工鹽鐵丞孔僅東郭咸陽言山海天地之藏宜屬少府陛下弗私以屬大農佐賦願募民自給費因官器作煮鹽官與牢盆牢盆者煮鹽之器也浮食奇民欲擅管山海之貨以致富美役利細民其沮事之議不可勝聽敢私鑄鐵器煮鹽者釱左趾釱音徒計及足鉗也沒其器物郡不私鐵者置小鐵官使屬在所縣使僅咸陽乘傳舉行天下鹽鐵作官府主煮鑄及出納除故鹽鐵家富者爲吏吏益多賈人矣卜式爲御史大夫見郡國多不便縣官作鹽鐵器苦惡價貴或彊令民買之而船有算商者少物貴乃因孔僅言船算事上不說孝昭元始六年令郡國舉賢良文學之士問以民所疾苦教化之要皆對曰願罷鹽鐵酒榷均輸官無與天下爭利示以儉節然後教化可興御史大夫桑弘羊難以爲此國家大業所以制四夷安邊足用之本往者豪彊之家得管山海之利成姦僞之業家人有寶器尙猶柙而藏之況天地之山海乎夫權利之處必在山澤非豪民不能通其利異時鹽鐵未籠布衣有朐邴人君有吳王亦可見矣鹽鐵之利佐百姓之急奉軍旅之費不可廢也於是丞相奏曰賢良之士不明縣官猥以鹽鐵爲不便宜罷郡國榷酤酒關內鐵奏可於是利復流下庶民休息孝元帝時嘗罷鹽鐵官三年而復之後漢明帝時尙書張林上言鹽鐵食之急者官自可鬻和帝即位詔曰孝武榷收鹽鐵之利以奉師旅之費中興以來猶未能革先帝恨之故遺戒罷鹽鐵之禁縱民煮鑄入稅縣官如故事布告天下獻帝建安初關中百姓流入荊州者十餘萬家及聞本土安寧皆企願思歸而無以自業於是衞覬議以爲鹽者國之大寶自喪亂以來放散今宜舊置使者監賣以其直益市犂牛百姓歸者以供給之勸耕積粟以豐殖關中遠者聞之必多競還魏武於是遣謁者僕射監鹽官移司隸校尉居弘農

流民果還關中豐實後魏宣武時河東郡有鹽池舊立官司以收稅利先是罷之而人有富彊者專擅其用貧弱者不得資益延興末復立監司量其貴賤節其賦人公私兼利其後更罷更立至於永熙自遷鄴後於滄瀛幽青四州之境傍海煑鹽滄州置竈一千四百八十四瀛州置竈四百五十二幽州置竈百八十青州置竈五百四十六又於邯鄲置竈四計終歲合收鹽二十萬九千七百八斛四斗軍國所資得以周贍矣後周文帝霸政之初置掌鹽之政令一曰散鹽煑海以成之二曰監鹽引池以化之三曰形鹽掘地以出之四曰飴鹽於戎以取之凡監鹽每池爲之禁百姓取之皆爲稅隋開皇三年通鹽池鹽井與百姓共之唐開元元年十一月左拾遺劉彤上表曰臣聞漢孝武之時廐馬三十萬後宮數萬人外討夷狄內興宮室殫費之甚實倍當今然而古費多而貨有餘今用少而財不足者何也豈非古取山澤而今取貧民哉取山澤則公利厚而人歸於農取貧民則公利薄而人去其業故先王作法也山海有官虞衡有職輕重有術禁發有時一則專農二則饒國明皇令宰臣議其可否咸以鹽鐵之利甚益國用遂令將作大匠姜師度戶部侍郎强循俱攝御史中丞與諸道按察使撿責海內鹽鐵之課二十五年倉部格蒲州鹽池令州司監當租分與有力之家營種之課收鹽每年上中下畦通融收一萬石又屯田格幽州鹽屯每屯配丁五十人一年收率滿二千八百石又成州長道縣鹽井一所竝節級有賞罰蜀道陵綿等十州鹽井總九十所每年課鹽都當錢八千七百五十一貫（陵州鹽井一所課都當錢二千六十一貫綿州井四所都當錢二百九十二貫資州井六十八所都當錢一千八十三貫瀘州井五所都當錢一千八百五十貫榮州井十二所都當錢四百貫梓州都當錢七百一十七貫遂州四百一十五貫閬州一千七百貫普州二百七十八貫遂寧府都當錢二千七百九十三貫果州都當錢九千九百八十七貫邛州都當錢三百七貫）初德宗納戶部侍郎趙贊議稅天下茶漆竹木十取一以爲常平本錢至貞元八年鹽鐵使張滂奏出茶州縣若山及商人要路以三等定估什稅其一自是歲得錢四十萬緡然水旱亦未嘗拯之也穆宗即位兩鎭用兵帑藏空虛鹽鐵使王播增天下茶稅率百錢增五十及王涯判二使置榷茶使徙民茶樹於官場焚其舊積天下大怨武宗即位鹽鐵轉運崔珙增江淮茶稅是時茶商所過州縣有重稅或掠奪舟車露積雨中諸道置邸以收稅謂之搨地錢故私販益起

鬻爵

漢孝文時鼂錯說上曰欲人務農在於貴粟貴粟之道在於使人以粟爲賞罰今募天下入粟縣官得以拜爵得以除罪如此富人有爵農人有錢粟有所渫夫能入粟以受爵皆有餘者也取有餘以供上用則貧人之賦可損所謂以有餘補不足令出而人利者也順於人心所補者三一曰主用足二曰民賦少三曰勸農功爵者上之所擅出於口而無窮粟者人之所種生於地而不乏夫得高爵與免罪人之所甚欲也使天下人入粟於邊以受爵免罪不過三歲塞下之粟必多矣於是從錯之言令人入粟邊六百石爵上造（第二等爵）稍增至四千石爲五大夫（第九等爵）萬二千石爲大庶長（第十八等爵）各以多少級數爲差錯復奏言陛下幸使天下入粟塞下以拜爵甚大惠也竊恐塞卒之食不足用大渫天下粟邊食足以支五歲可令入粟郡縣矣（入諸郡縣以備凶災）足支一歲以上可時赦勿收農人租如此德澤加於萬民矣上從之孝景帝時上郡以西旱復修賣爵令而裁其價以招人（裁謂減省）及從復作得輸粟於縣官以除罪孝武帝元朔元年外事四夷內興功利國用空竭乃募人能入奴婢以終身復爲郎增秩及入羊馬爲郎始於此五年有司議令民得買爵及贖禁錮免減罪請置賞官名曰武功爵（茂陵中書有武功爵一級曰造士二級曰閑輿衞三級曰良士四級曰元戎士五級曰官首六級曰秉鐸七級曰千夫八級曰樂卿九級曰執戎十級曰政戾庶長十一級曰軍衞此武帝所置以寵軍功也顏師古云此下云級十七萬凡直三十餘萬金茂陵書止十一級皆前漢之制至後漢和帝依級散其賞曰乃故制軍功也則計數不足與本文乖矣或者茂陵之書不說盡也）級十七萬凡直三十餘萬金請買武功爵官首者試補吏先除千夫如五大夫（五大夫者舊二十等爵之第九級也至此以上始免徭役故每先選以爲吏千夫者乃武功十一等爵之第七也亦得免役今則先除爲吏比於五大夫也）其有罪又減二等爵得至樂卿（樂卿者乃武功爵第八言買爵唯得至第八）以崇軍功軍功多用超等大者封侯卿大夫小者郎吏吏道雜而多端然官職耗廢矣元鼎初豪富皆爭匿財不助縣官唯卜式數求入財天子乃超拜式爲中郎賜爵左庶長田十頃布告天下以風百姓始令吏得入粟補官郎至六百石後桑弘羊請令民得入粟補官及罪人贖令民能入粟甘泉各有差以復終身所忠又言世家子弟富人或鬬雞走狗弋獵博戲亂齊民乃徵諸犯令相引數千人名曰株送徒入財者得補郎後漢孝安永初三年天下水旱用度不足三公奏請令吏民入穀得關內侯靈帝懸洪都之榜開賣官之路公卿以降悉有等差廷尉崔烈入錢五百萬以買司徒刺史二千石遷除皆責助理宮室錢大都至二三千萬錢不畢至自殺羊續爲太尉時拜三公者皆輸東園禮錢千萬令中使督之名爲左騶其所往輒迎致禮厚加贈賂續乃坐使人於單席上舉緼袍以示之晉武帝

太康三年問劉毅曰卿以吾可方漢何主也對曰桓靈之主帝曰吾雖德不及古人猶克已爲理南平吳會一同天下方之桓靈不亦甚乎對曰桓靈賣官錢入官庫陛下賣官錢入私門以此言之乃不如也後魏明帝孝昌二年初承喪亂之後倉廩空虛遂班入粟之制輸粟八千石賞散侯六千石散伯四千石散子三千石散男職人輸七百石賞一大階授以實官白人輸五百石聽依第出身千石加一大階諸沙門有輸粟四千石入京倉者授本州統各有差唐至德二年七月宣諭使侍御史鄭叔清奏承前諸使下召納錢物多給空名告身雖假以官賞其忠義猶未盡才能今皆量文武才藝奏聞便寫告身諸道士女道士及僧尼如納錢請准勑迴授餘人并情願還俗授官勳邑號等亦聽又准敕納錢百千文與明經出身如曾受業粗通帖策修身慎行鄉曲所知者量減二十千文如先經舉送到省落第者減五十千文若粗識文字者准元敕處分未曾讀學不識文字者加三十千其商賈准令所在收稅如能據所有資財十分納四助軍者便與終身優復如於敕條外有悉以家產助國嘉其竭誠待以非次如先出身及官資並量資歷好惡各據本條格例節級優加擬授如七十以上情願授致仕官者每色內量十分減二分錢（時屬幽寇內侮天下多虞軍用不充權爲此制尋卽停罷）

榷酤

漢孝武天漢三年初榷酒酤孝昭始元末丞相車千秋奏罷酒酤費酒斗四錢孝元時貢捐之上書曰昔孝文時天下人賦四十丁男三年而一事今天下人賦數百造鹽鐵榷酒之利以佐用度猶不能足而人困矣王莽時羲和魯匡言名山大澤鹽鐵錢布帛五均賒貸斡在縣官唯酒酤獨未斡請法古令官作酒以二千五百石爲一率開一爐以賣（爐謂賣酒之區也以其一邊高形如爐故取其名也）一月饒五十釀爲准一釀用麤米二斛麴一斛得成酒六斛六斗除米麴本價計其利而什分之以其七入官其三及糟酨灰炭（酨作醬也酨才代反）給工器薪樵之費於是置命士督五均六斡而人愈病陳文帝天嘉中虞荔等以國用不足奏請榷酤從之隋文帝開皇三年罷酒坊與百姓共之唐廣德二年十二月敕天下州各量定酤酒戶隨月納稅除此外不問官私一切禁斷大歷六年二月量定三等逐月稅錢並充布絹進奉建中三年制禁人酤酒官司置店自酤收利以助軍費

算緡

漢孝武元狩四年自作皮幣鑄白金後商賈以幣之變多積貨逐利於是公卿言商賈之衆貧者蓄積無有皆仰縣官異時筭軺車賈人緡錢皆有差請筭如故（緡絲也以貫錢一貫千文出二十爲筭也詩云維絲伊緡軺小車也）諸賈人末作貰貸買賣居邑貯積諸物及商人取利者雖無市籍各以其物自占（占隱度也各隱度其財物多少而爲名簿送之於官也占音之贍反）率緡錢二千而算一（率計有二千錢者則出一筭也）諸作有租及鑄（以手力所作而賣也）率緡錢四千而算一非吏比者三老北邊騎士軺車一筭（比例也身非爲吏之例非爲三老非爲北邊騎士而亦有軺車皆令之出一筭）商賈人軺車二筭船五丈以上一算匿不自占占不悉戍邊入緡錢有能告者以其半畀之天子既下緡錢令而尊卜式百姓終莫分財佐縣官於是楊可告緡徧天下中家以上大抵皆遇告憲司理之獄少反者得民財物以億計奴婢十萬數田大縣數百頃小縣百餘頃宅亦如之初大農管鹽鐵官布多置水衡欲以主鹽鐵及楊可告緡上林財物衆乃令水衡主上林上林既充滿益廣乃分緡錢諸官而水衡少府大農太僕各置農官往往卽郡縣比沒入田田之其沒入奴婢分諸苑養狗馬禽獸及與諸官其後令吏得入粟補官及罪人贖入粟甘泉不復告緡晉自過江至于梁陳凡貨賣奴婢馬牛田宅有文券率錢一萬輸估四百入官賣者三百買者一百無文券者隨物所堪亦百分收四名爲散估歷宋齊梁陳如此爲常以人競商販不爲田業故使均輸欲爲懲勵雖以此爲辭其實利在侵削（此亦筭緡之類）

雜稅

漢高帝十一年令諸侯王通侯常以十月朝獻及郡各以其口數率人歲六十三錢以給獻費孝武元光六年冬初算商車太初四年冬行回中徙弘農都尉治武關稅出入者以給關吏卒食孝昭元鳳六年令郡國無斂今年馬口錢（往時有馬口出斂今省之所謂租六書）宣帝時耿壽昌奏請增海租三倍天子從其計御史大夫蕭望之奏言故御史屬徐宮家在東萊言往年加海租魚不出長老皆言武帝時縣官嘗自漁海魚不出後予人魚乃出夫陰陽之感物類相應萬事盡然宜且如故上不聽王莽令諸取鳥獸魚鼈百蟲於山林水澤及畜牧者嬪婦桑蠶織絍紡績補縫工匠醫巫卜祝及他方伎商販賈人坐肆列里區謁舍（謁舍若今客館）皆各自占所爲於其在所之縣官除其本計其利十一分之而以其一爲貢末年盜賊羣起匈奴侵寇大募天下四徒人奴名曰豬突豨勇一切稅吏民貲三十而取一後漢靈帝時南宮災中常侍張讓趙忠等說帝令斂天下田稅十錢以治宮室宋元嘉

二十七年後魏南侵軍旅大起用度不充王公妃主及朝士牧守各獻金帛等物以助國用下及富室小人亦有獻私財數千萬者揚南徐兗江四州富有之家資滿五十萬僧尼滿二十萬者並四分換一過此率計事息即還齊武帝時王敬則爲東揚州刺史以會稽邊帶湖海人無士庶皆保塘陂敬則以功力有餘悉評斂爲錢以送臺庫帝納之竟陵王子良上表曰臣忝會稽粗閑物俗塘丁所上本不入官良由陂湖宜壅橋路須通均夫訂直人自爲用若甲分毀壞則年一修改一限堅完則終歲無役今乃通課此直悉以還臺租賦之外更生一調致令塘路崩蕪湖源洩散害人損政實此爲劇自東晉至陳西有石頭津東有方山津各置津主一人賊曹一人直水五人以檢察禁物及亾叛者荻炭魚薪之類小津者並十分稅一以入官淮水北有大市自餘小市十餘所備置官司稅斂既重時甚患之後魏明帝孝昌二年稅市入者人一錢其店舍又爲五等收稅有差北齊黃門侍郎顏之推奏請立關市邸店之稅開府鄧長顒贊成之後主大悅於是以其所入以供御府聲色之費軍國之用不在此焉稅僧尼令曰僧尼坐受供養遊食四方損害不少雖有薄斂何足爲也後周閔帝初除市門稅及宣帝即位復興入市之稅每人一錢隋文帝登庸又除入市之稅唐開元十八年御史大夫李朝隱奏請薄百姓一年稅錢充本依舊令高戶及典正等捉隨月收利將供官人料錢自天寶末年盜賊奔突克復之後府庫一空及所在屯師用度不足於是遣御史康雲間出江淮陶鋭往蜀漢豪商富戶皆籍其家資所有財貨畜產或五分納一謂之率貸所收巨萬計蓋權時之宜其後諸道節度觀察使多率稅商賈以充軍資雜用或於其津濟要路及市肆間交易之處計錢至一千以上者皆以分數稅之自是商旅無利多失業矣上元中勑江淮堰壞商旅牽船過處準斛㪷納錢謂之埭程大歷初諸州府應稅青苗錢每畝十文充百司手力資課三年十月十六日臺司奏兵馬事繁上元十一年冬人民失業之後又其昨北寇未平之日百司支計不給每畝更加五文充大計錢

平準　均輸

漢武帝征伐四夷國用空竭興利之官自此始也桑弘羊爲大農中丞管諸會計事稍稍置均輸以通貨物矣謂諸當所輸於官者皆令輸其土地所饒平其所在時價官更於他處賣之輸者既便而官有利漢書百官表大司徒屬有平準令元封元年桑弘羊爲治粟都尉領大農盡管天下鹽鐵以諸官各自市相與爭物故騰躍而天下賦輸或不償其僦費乃請置大農部丞數十人分部主郡國各往往縣置均輸鹽鐵官令遠方各以其物如異時商賈所轉販者爲置平準于京師盡籠天下之貨物貴則賣之賤則買之如此富商大賈無所牟大利即反本而萬物不得騰踊故抑天下物名曰平準天子以爲然而許之時南越初置郡數反發南方吏卒往誅之間歲萬餘人帝數行幸所過賞賜用帛百餘萬疋錢金巨萬計皆取足大農諸均輸一歲之中帛得五百萬疋人不益賦而天下用饒後漢章帝時尚書張林上言宜自交趾益州上計吏來市珍瑤收採其利武帝所謂均輸也謂租賦并雇運之直官總取而官轉輸於京故曰均輸也詔議之尚書僕射朱暉奏曰按王制天子不言有無諸侯不言多少食祿之家不與百姓爭利今均輸之法與賈販無異鹽利歸官則下窮怨布帛爲租則吏姦盜誠非明主所當宜行帝不從其後用度益奢

平糴　常平　義倉

漢宣帝時數歲豐穰穀石至五錢農人少利大司農中丞耿壽昌請令邊郡皆築倉以穀賤時增其價而糴以利農穀貴時減價而糶名曰常平倉人便之上乃下詔賜壽昌爵關內侯元帝即位罷之後漢明帝永平五年作常平倉晉武帝欲平一江表時穀賤而布帛貴帝欲立平糴法用布帛市穀以爲糧儲四年乃立常平倉豐則糴儉則糶以利百姓宋文帝元嘉中三吳水潦穀貴人饑彭城王義康立議以東土災荒人凋穀踊富商蓄米日成其價宜班下所在隱其虛實令積蓄之家聽留一年儲餘皆勒使糶貨爲制平價此所謂常道行於百代權宜用於一時也又緣淮歲豐邑地沃壤麥既已登黍粟行就可折其估賦仍就交市三吳饑人即以貸給使彊壯轉運以贍老弱未盡施行人賴之矣齊武帝永明元年天下米穀布帛賤上欲立常平倉市積爲蓄六年詔出上庫錢五千萬於京師市米買絲綿紋絹布揚州出錢千九百一十萬揚州治建業今江寧縣也南徐州二百萬南徐州治京口各於郡所市糴南荊河州二百萬南荊河州治壽春市絲綿紋絹布米大麥江州五百萬市米胡麻荊州五百萬郢州三百萬皆市絹綿布米大小豆大麥胡麻湘州二百萬市米布蠟司州二百五十萬司州治汝南今義陽郡是也西荊河州二百五十萬西荊河州治歷陽南兗州二百五十萬南兗州治廣陵雍州五百萬市絹綿布米使臺傳並於所在市易後魏孝莊時秘書丞李彪上奏曰今山東饑京師儉臣以爲宜折州郡常調九分之二京師都度支歲用之餘各立官司年豐糴積於倉時儉則減私之十二糶之如此人必力田以買官絹又務貯錢以取官粟年豐則常積歲凶則直給明帝神龜正光之際自徐揚內附之後收內兵資與人和糴積爲邊備也北齊河清中令諸州郡皆別置富民倉初立之日准所領中下戶口數得一年

之糧適當州穀價賤時斟量割當年義租充入（齊制每歲人出租二石義租五斗墾租送臺義租納郡以備水旱）穀貴下價糶之賤則還用所糴之物依價糶貯後周文帝創置六官司倉掌辨九穀之物以量國用足卽蓄其餘以待凶荒不足則止餘用足則以粟貸人春頒秋斂隋文帝開皇三年衛州置黎陽倉陝州置常平倉華州置廣通倉轉相灌注漕關東及汾晉之粟以給京師京師置常平監五年工部尚書長孫平奏古者三年耕而餘一年之積九年作而有三年之儲雖水旱爲災人無菜色皆由勸導有方蓄積先備請令諸州百姓及軍人勸課當社共立義倉收穫之日隨其所得勸課出粟及麥於當社造倉窖貯之卽委社司執帳檢校每年收積勿使損敗若時或不熟當社有饑饉者卽以此穀賑給自是諸州儲峙委積至十五年以義倉貯在人閒多有費損詔曰本置義倉止防水旱百姓之徒不思久計輕爾費損於後乏絕又北境諸州異於餘處靈夏甘瓜等十一州所有義倉雜種並納本州若人有旱歉少糧先給雜種及遠年粟十六年又詔秦渭河廓豳隴涇寧原敷丹延綏銀等州社倉並於當縣安置又詔社倉准上中下三等稅上戶不過一石中戶不過七斗下戶不過四斗唐貞觀初尚書左丞戴胄上言曰水旱凶災前聖之所不免國無九年之儲蓄禮經之所明誡今喪亂之後戶口凋殘每歲租米未實倉廩隨卽出給纔供當年若遇凶災將何賑恤故隋開皇立制天下之人節級輸粟名爲社倉終於文皇得無饑饉及大業中國用不足並取社倉以充官費故至末塗無以支給今請自王公以下爰及眾庶計所墾田稼穡頃畝每至秋熟准其見苗以理勸課盡令出粟稻麥之鄉亦同此稅各納所在爲立義倉年穀不登百姓饑饉當所州縣隨便取給太宗從之自是天下州縣始置義倉每有饑饉則開倉賑給高宗永徽二年九月頒新各義倉據地取稅實是勞煩宜令戶出粟上上戶五石餘各有差六年京東西市置常平倉高宗武太后數十年閒義倉不許雜用其後公私窘迫貸義倉支用自中宗神龍之後天下義倉費用向盡開元二十五年定式王公以下每年戶別據所種田畝別稅粟二升以爲義倉其商賈戶若無田及不足者上上戶稅五石上中以下遞減各有差諸出給雜種准粟者稻穀一斗伍升當粟一斗其折納糙米者稻三石折納糙米一石四斗天寶八載凡天下諸色米都九千六百六萬二千二百二十石

和糴一百一十三萬九千五百三十石

關內五十萬九千三百四十七石

河東十一萬二百二十九石

河西三十七萬一千七百五十石

隴右一十四萬八千一百四石

諸色倉糧總千二百六十五萬六千六百二十石

北倉六百六十一萬六千八百四十石

太倉七萬一千二百七十石

含嘉倉五百八十三萬三千四百石

太原倉二萬八千一百四十石

永豐倉八萬三千七百二十石

龍門倉二萬三千二百五十石

正倉總四千二百一十二萬六千一百八六四石

關內道百八十二萬一千五百一十六石

河北道百八十二萬一千五百一十六石

河東道三千五十八萬九千一百八十石

河西道七十萬二千六十五石

隴右道三十七萬二千七百八十石

劍南道二十二萬三千九百四十石

河南道五百八十二萬五千四百一十四石

淮南道六十八萬八千二百五十二石

江南道九十七萬八千八百二十五石

山南道十四萬三千八百八十二石

義倉總六千三百一十七萬七千六百六十石

關內道五百九十四萬六千二百一十石

河北道一千七百五十四萬四千六百石

河東道七百三十萬九千六百一十石

河西道三十八萬八千四百三石

隴右道三十萬三十四石

劍南道百七十九萬七千二百二十八石

河南道千五百四十二萬九千七百六十三石

淮南道四百八十四萬八百七十二石

江南道六百七十三萬九千二百七十石

山南道二百八十七萬一千六百六十八石

常平倉總四百六十萬二千二百二十石

關內道三十七萬三千五百七十石

河北道百六十六萬三千七百七十八石

河東道五十三萬五千三百八十六石

河西道百六十六萬三千七百七十八石

隴右道四萬二千八百五十石

劍南道七萬七百四十石

河南道百二十一萬二千四百六十四石

淮南道八萬一千一百五十二石

山南道四萬九千一百九十石

江南道闕

通志卷六十二

通志卷六十三

宋 右迪功郎鄭樵漁仲撰

藝文略第一

經類第一 易 書 詩 春秋 國語 孝經 論語 爾雅 經解

易 古易 石經 章句 傳 注 集注 義疏 論說 類例 譜 考正 數 圖 音 讖緯 擬易

連山十卷夏后氏易至唐始出今亾 歸藏十卷商易晉薛貞注 三皇太古書三卷柴霖傳

連山亾矣歸藏唐有司馬膺注十三卷今亦亾隋有薛貞注十三卷今所存者初經齊母本蓍三篇而已言占筮事其辭質其義古後學以其不文則疑而棄之往往連山所以亾者復過於此矣獨不知後之人能爲此文乎子曰周監於二代郁郁乎文哉以周易較商易則周商之文質可知也以商易較夏易則商夏之文質又可知也三易皆始乎八而成乎六十四有八卦卽有六十四卦六十四卦非至周而備也但法之所立數之所起皆不相爲用連山用三十六策歸藏用四十五策周易用四十九策誠以人事代謝星紀推移一代二代漸繁漸文又何必近耳目而信諸遠耳目而疑諸三皇太古書亦謂之三墳一曰山墳二曰氣墳三曰形墳天皇伏犧氏本山墳而作易曰連山人皇神農氏本氣墳而作易曰歸藏地皇黃帝氏本形墳而作易曰坤乾雖不畫卦而其名皆曰卦爻大象連山之大象有八曰君臣民物陰陽兵象而統以山歸藏之大象有八曰歸藏生動長育止殺而統以氣坤乾之大象有八曰天地日月山川雲氣而統以形皆八而八之爲六十四其書漢魏不傳至元豐中始出于唐州比陽之民家世疑僞書然其文古其辭質而野其錯綜有經緯恐非後人之能爲也如緯書猶見取於前世況此乎且歸藏至晉始出連山至唐始出然則三墳始出於近代亦不爲異事也

右古易三部十六卷

石經周易十卷 今字石經易篆三卷 一字石經周易一卷

按石經之學始於蔡邕始也秦火之後經籍初出諸家所藏傳寫或異箋傳之儒皆憑所見更不論文字之訛謬邕校書東觀奏求正定六經文字靈帝許之乃自爲書而刻石于太學門外後儒晚學咸所取正奈當漢之末祚所傳未廣而兵火無存後之人所得者亦希矣今之所謂石經者但刻諸石耳多非蔡氏之經

右石經三部十四卷

周易十卷漢魏郡太守京房章句 周易十卷漢曲臺長孟喜章句隋八卷唐十卷 周易四卷漢費直章句費氏之學出於民間不列學官至唐其書始出 周易十卷漢南郡太守馬融章句 周易五卷漢荊州牧劉表章句 周易十卷漢司空荀爽章句

右章句六部四十九卷

周易傳二卷卜子夏 易傳三卷漢京房傳吳陸績注 周易傳一卷後魏關朗撰唐趙蕤注 周易傳三卷唐陸希聲去彖象而自爲辭亦自注彖 周易外傳二十二卷高定撰 周易言象外傳十卷宋朝王洙撰

右傳注附六部四十一卷

周易十卷後漢大司農鄭元注隋九卷唐十卷 周易十卷漢宋忠 周易十卷魏將軍王肅 周易十卷魏大司農董遇 周易七卷魏尚書郎王弼 周易十卷吳太常姚信 周易九卷吳侍御史虞翻 周易十三卷吳陸績 周易十卷魏散騎常侍荀煇 周易十卷晉散騎常侍于寶 周易十卷蜀才 周易十卷晉儒林從事黃穎注梁十卷隋四卷唐復十卷 周易十卷後魏司徒崔浩 周易七卷姚規 周易十三卷崔覲 周易十卷梁處士何胤 周易十卷盧氏 周易十四卷傅氏 周易十卷王乂元 周易十卷王凱冲 周易十卷任希古 符祥注十卷宋朝龍昌期 周易六卷劉牧 周易十卷張藻光補注三卷皇甫佖 繫辭二卷晉桓元注 繫辭二卷晉西中郎將謝万 繫辭二卷晉太常韓康伯 繫辭二卷梁太中大夫宋褰 繫辭二卷荀柔之 繫辭二卷荀諺

右注三十一部二百五十四卷

集解周易十卷馬鄭二王四家 集注周易十卷荀爽九家 集二王注十卷楊氏 集解周易十卷張璠 集注周易十七卷唐李鼎祚 集注周易一百卷唐元載 集注繫辭二卷隋志 周易會釋記二十卷僞吳陸希聲

右集注八部一百七十九卷

周易義疏二十卷宋明帝集羣臣講 周易講疏二十卷張譏等羣臣講 周易講疏三十五卷梁武帝 周易講疏十六卷梁五經博士褚仲都 周易義疏十四卷梁都官尚書蕭子政 周易講疏三十卷陳諮議參軍張譏 周易義疏十六卷陳尚書左僕射周弘正 周易文句義疏二十卷梁蕃 周易講疏十三卷國子祭酒何妥 周易文句義疏二十四卷陸德明 周易新傳疏十卷陰弘道 周易王道小疏十卷 周易廣疏三十六卷勾瓛 乾坤義疏一卷劉瓛 周易大義二十一卷梁武帝 周易證義疏二十卷宋朝范諤昌 周易正義十四卷唐孔穎達 會通正義三十二卷縱康乂 周易新注本義十四卷唐薛仁貴 正義補闕七卷四庫書目 周易甘棠正義三十卷五代任貞一 繫辭義疏二卷劉瓛 周易口義二十卷宋朝胡瑗 繫辭義疏一卷梁武帝 繫辭義疏二卷梁蕭子政

右義疏二十五部四百二十八卷

周易論十卷齊中書郎周顒 周易論四卷范氏 略論一卷張璠 周易

論三卷唐僧一行　周易論一卷蕭吉　周易論三十三卷宋朝王昭素　周易論十卷陳皐　周易窮微論一卷王弼　周易盡神論一卷晉司空鍾會　通易象論三卷晉尚書郎欒肇　大衍論三卷唐明皇　通易象論一卷宣聘　通易論一卷晉荆州刺史宋岱　周易卦序論一卷晉司徒右長史楊乂　統略論三卷晉少府鄒湛　二阮難答論二卷阮長成阮仲容　卦德統論一卷劉牧　制器尚象論一卷陳希亮　易卦正名論一卷劉不疑　廣論一卷　又大義疑問二十卷　周易大義一卷　又周易發義一卷　周易開題義十卷梁蕃　周易大義二卷陸德明　周易幾義一卷梁南平王蕭偉　周易異議論十卷劉瓛　周易外義三卷　周易義六卷魏徵撰唐志無　易義五卷盧行超　易說精義三卷四庫書目　周易括囊大義十卷四庫書目　易義八卷皇甫泌　易義十卷聱隅先生黃晞　易義一卷黃通　易義二卷李責　易義一卷周孟陽　周易義略九卷張簡　周易問二十卷　周易問難二卷王氏撰　周易難王輔嗣義一卷晉顧夷等　義決一卷唐藝文志　爻義一卷于寶　大衍義一卷李覺　繫辭義二卷蕭子政　周易新義上下二卷沈季長　易義二卷葉子長　周易釋序義三卷梁蕃　周易元品二卷　周易發揮五卷唐王勃　周易物象釋疑一卷唐東鄉助　易忘象三卷崔良佐　周易元統一卷白雲子述　周易聖斷七卷鮮于侁　周易流演五卷　周易發題一卷張元　周易明疑錄一卷　周易啟元一卷張元　周易啟源十卷蔡黃成　辨劉牧易一卷陳希亮　王劉易辯二卷宋咸　易旨歸議一卷　周易元談六卷　周易要削三卷　周易釋疑一卷　周易元悟三卷　周易文言一卷　周易髓十卷郭璞　周易意學十卷陸秉　周易意蘊一卷徐庸　周易卦斷一卷邱鑄　周易口訣六卷唐魏鄭公　周易口訣六卷王鑄　周易口訣六卷史之證　周易口訣七卷陸太易　周易微旨三卷陸希聲　周易隱訣一卷　周易精微三卷皇甫泌　周易析微通說三十卷楚泰　易筌一卷阮逸　周易質疑卜傳三十卷楚泰　易訓三卷宋咸　周易明文十卷郭思永　周易析蘊一卷孫坦　易箝精義二卷　周易通神二卷　周易精微三卷周鎮　窮理盡性經一卷　周易義證總要二卷　周易絕筆書四卷龍昌期　周易發隱二十卷陳良獻　易書一百五十卷

右論說九十二部五百八十八卷

周易統例十卷崔觀　周易畧例一卷王弼　周易畧例義一卷黃黎獻　畧例疏一卷莊道名　畧例一卷桂詢　周易編例十卷　周易義類三卷顧榮　經類一卷　卦類一卷　類纂一卷

右類例十部三十卷

周易譜一卷隋志　畧譜一卷袁宏　周易譜一卷沈熊

右譜三部三卷

周易舉正三卷唐郭京　周易證墜簡二卷范諤昌　先儒遺事一卷劉牧一作陳純臣

右考正三部六卷

周易卦象數旨一卷東晉李顒　揲蓍法一卷不為子　易數一卷陳高

右數三部三卷

大衍元圖一卷唐僧一行　鉤隱圖三卷劉牧　續鉤隱圖一卷黃黎獻　周易稽頤圖三卷荆州田家書目　龍圖一卷　河圖洛書解一卷沈濟　伏羲俯仰畫卦圖一卷彭汝礪　周易乾生歸一圖十卷彭汝礪　荆定易圖一卷　八卦小成圖一卷

右圖十部二十二卷

周易音一卷東晉尚書郎李軌　周易音一卷范氏　周易并注音七卷唐陸德明　雜音三卷唐志　周易釋音一卷陸德明

右音五部十三卷

乾坤鑿度二卷伏羲文黃帝演倉頡修注　乾鑿度二卷鄭元注　易緯稽覽圖七卷鄭元注　京房易鈔一卷

右讖緯四部十二卷

太元經九卷楊雄撰宋衷注　太元經十卷陸績宋衷注　太元經十卷蔡文邵注　太元經十二卷陸績注　太元經十四卷虞翻注　太元經十二卷范望注　太元經講疏四十六卷章察　太元經發隱三卷章察　說元一卷王涯　元頤一卷　太元經六卷王涯注　太元經十卷宋維翰注　太元經十卷林瑀注　太元經傳三卷杜元穎撰　太元經疏十八卷郭元亨　演元十卷陳漸　補正太元經十卷范諤昌　太元經釋文一卷林瑀　太元經手音一卷程賁　太元音訓一卷馮元　太元圖一卷林共　元圖發微三卷　太元正義一卷孫肖　太元叩鍵一卷　通元十卷晉王長文　洞極真經一卷　元包十卷唐衛元嵩撰蘇源明傳李江注　太易十五卷唐張志和撰　潛虛一卷司馬溫公作擬太元

右擬易二十九部二百三十一卷

凡易十六種二百四十一部一千八百九十卷

書　古文經　石經　章句　傳　注　集注　義疏　問難　義訓　小學　逸篇　圖　音　續書　讖緯　逸書

古文尚書十三卷漢臨淮太守孔安國傳　古文尚書九卷鄭元注

按易詩書春秋皆有古文自漢以來盡易以今文惟孔安國得屋壁之書依古文而隸之安國授都尉朝朝受膠東庸生謂之尚書古文之學鄭元爲之注亦不廢古文使天下後學於此一書而得古意不幸遭明皇更以今文其不合開元文字者謂之野書然易以今文雖失古意但參之古書於理無礙亦足矣明皇之時去隸書既遠不通變古之義所用今文違於古義尤多臣於是考今書之文無妨於義者從今有

妨於義者從古庶古今文義兩不相違曰書考追武
成而未及終編又有書辨訛七卷皆可見矣
古文尚書舜典一卷晉豫章太守范甯注
按百篇之書莫大於二典而舜典自永嘉後失孔氏
所傳故范甯爲之解至齊建武四年姚方興於大航
頭得而獻之議者以爲安國之所注也或言王肅注
隋志作姚方興於大桁市得其書奏上
古文大義二十卷任孝恭 三字石經尚書古篆三卷
右古文經五部四十六卷
今字石經鄭元尚書八卷 今字石經尚書本五卷
一字石經尚書六卷見隋志 三字石經尚書九卷
右石經四部二十八卷
歐陽章句三十一卷 大小夏侯章句各二十九卷
右章句三部八十九卷
伏生大傳三卷鄭元注 今字尚書十三卷孔安國傳按隋志十四卷 洪
範五行傳論十一卷漢光祿大夫劉向 五行傳記一篇漢許商 洪
範外傳十卷唐穆元休 洪範傳一卷曾致
右傳六部三十九卷
尚書十一卷馬融 尚書十一卷王肅 尚書十五卷晉祠部郎謝沈 尚
書十卷范甯 尚書十卷王元度
右注五部五十七卷
集解尚書十一卷李顒 集釋尚書十一卷宋給事中姜道盛
尚書會解十三卷四庫書目
右集注三部三十五卷
尚書大義二十卷梁武帝 尚書述義二十卷隋國子助教劉炫 尚
書正義二十卷唐國子祭酒孔穎達等 尚書義疏十卷梁國子助教費甝
尚書義疏三十卷梁司徒蔡太寶 尚書義疏七卷隋志 尚書疏二
十卷顧彪 尚書義疏三十卷隋劉焯 義疏十卷梁國子助教巢猗
右義疏九部一百六十七卷
尚書駮議五卷王肅 尚書釋問四卷魏侍中王粲 尚書百問一
卷齊太學博士顧歡 尚書百釋三卷梁國子助教巢猗 尚書釋問一卷
虞氏 尚書釋問四卷鄭元注 尚書糾謬十卷王元感
右問難七部二十八卷
尚書義三卷梁國子助教巢猗 尚書義三卷隋劉先生 尚書釋義四
卷伊說 尚書新釋二卷李顒 尚書義注三卷呂文優 尚書文外
義一卷顧彪 尚書閏義一卷 尚書大義二卷吳孜 暢訓一
卷漢伏勝 百篇義一卷劉炫 畧義三卷劉炫 尚書孔目一卷劉炫
尚書義宗三卷 尚書闕言三卷黃君俞 畧義一卷樂遜敦
書義十述一卷孫覺 洪範口義一卷胡瑗 尚書斷章十三卷
成伯璵
右義訓十八部四十七卷
古文尚書一卷 尚書要記名數一卷
右小學二部二卷
尚書亾篇序一卷梁五經博士劉叔嗣注 尚書逸篇二卷 尚書
逸篇三卷徐邈注
右逸篇三部六卷
河圖傳一卷李平西 尚書治要圖一卷
右圖二部二卷
古文尚書音一卷徐邈 今文尚書音一卷顧彪 音義四卷王儉
古文尚書釋文十三卷
右音四部十九卷
續尚書唐陳正卿纂漢至唐十二代詔策章疏歌頌符檄議論成書開元末上之卷亾 續尚書
三卷本朝韓氏 尚書演範唐崔良佐撰卷亾
右續書三部三十餘卷亾
尚書緯三卷鄭元注 尚書中候五卷鄭元注
右讖緯二部八卷
周書七十一篇顏師古曰劉向云周時誥誓號令也蓋孔子所論百篇之餘也今存四十五篇
汲冢周書十卷 汲冢周書八卷孔晁注 古文瑣語四卷汲冢書
右逸書四部二十二卷七十一篇
凡書十六種八十部五百九十八卷七十一篇
詩 石經 故訓 傳 注 義疏 問辨 統說 譜 名物 圖 音 緯學
一字石經魯詩六卷隋志 今字石經毛詩三卷
右石經二部九卷
魯故訓二十五卷漢魯申公 齊后氏故訓二十卷漢齊后蒼 齊孫
氏故訓二十七卷 韓故訓三十六卷漢常山太傅韓嬰 毛詩
故訓二十卷漢河間太守毛萇撰鄭元箋
按詩舊惟魯齊韓三家魯申公齊轅固燕韓嬰也終
于後漢惟此三家並立學官漢初又有趙人毛萇者
自言其詩傳自子夏蓋本論語起予者商之言也河
間獻王雖好之而漢世不以立學官毛公嘗爲北海
相其詩傳於北海鄭元北海人故爲之箋毛詩自鄭
氏既箋之後而學者篤信鄭元故此詩專行三家遂
廢齊詩亾於魏魯詩亾於西晉隋唐之世猶有韓詩
可據迨五代之後韓詩亦亾致今學者只憑毛氏且
以序爲子夏所作更不敢擬議蓋事無兩造之辭則
獄有偏聽之惑臣爲作詩辨妄六卷可以見其得失
右故訓五部一百二十八卷
韓嬰傳二十二卷薛氏章句 毛萇傳十卷 韓詩內傳四卷
韓詩外傳十卷 齊后氏傳三十九卷 齊孫氏傳二
十八卷

按后孫之傳其亾已久必不可得今存其名使學者知傳注之門戶也今之學者專溺毛氏由其不知有他之故

右傳六部一百一十三卷

毛詩二十卷王肅注　毛詩二十卷葉遵注　毛詩二十卷王元度注

右經毛詩二十卷蜀本　毛詩集注二十四卷梁桂州刺史崔靈恩周詩集解二十卷宋朝邱鑄注只取序中第一句以爲子夏作後句則削之

右注集注附六部一百二十四卷

毛詩大義十一卷梁武帝　毛詩大義三卷蘇子才　毛詩正義四十卷唐孔穎達等　毛詩義疏二十卷舒援　毛詩義疏二十八卷梁常侍沈重　毛詩述義四十卷隋劉炫　毛詩章句義疏四十卷魯世達　毛詩小疏二十卷崇文館目　毛詩釋義十卷晉祠部郎謝沈　毛詩纂義十卷許叔牙　張氏義疏五卷　毛詩義方二十卷林洪範　毛詩折衷義二十卷劉宇

右義疏六十三部一百六十七卷

毛詩義問十卷魏太子文學劉公幹　毛詩義駮八卷王肅　毛詩駮五卷魏司空王基隋志一卷　毛詩異同評十卷晉孫毓　難孫氏毛詩評四卷晉陳統　毛詩辨異三卷晉楊乂　毛詩異義二卷楊乂　問難二卷唐藝文志　毛詩雜答問五卷韋昭朱育等　雜義難十卷唐藝文志　箋傳辨誤八卷周式　毛詩餘辨四卷　毛詩釋疑一卷　毛詩正論十卷劉孝孫

右問辨十四部八十二卷

韓詩翼要十卷漢侯苞　毛詩奏事一卷王肅　毛詩拾遺一卷郭璞　毛詩解序義一卷顧歡等　毛詩序義二卷宋通直郎雷次宗　毛詩集小序一卷劉炫　毛詩發題序義一卷梁武帝　毛詩序義疏一卷劉瓛等　毛詩誼府三卷後魏元延明　表隱二卷晉陳統　毛詩指說一卷唐成伯璵　毛詩斷章二卷　毛詩章疏二卷

毛詩題綱一卷　毛詩元談一卷　毛詩刪錄一卷張邵　毛鄭詩學十卷　毛詩外義二卷宋咸　毛詩重文說七卷　判篇二卷劉泉　刪集正義一卷　毛詩正記一卷　詩統解序一卷　闕言二十三卷黃君俞　毛詩十五國解一卷吳申

右統說二十五部七十九卷

毛詩譜三卷鄭元撰　毛詩譜三卷吳太常卿徐整撰　毛詩譜二卷太叔求及劉炫注　謝氏毛詩譜鈔一卷　詩譜補闕三卷歐陽修

右譜五部十二卷

草木鳥獸魚蟲疏二卷吳陸璣　毛詩名物解十卷　毛詩物性八卷

右名物三部二十卷

毛詩圖三卷　毛詩孔子圖經十二卷　毛詩古賢聖圖二卷三書並蕭梁人作已亾　毛詩草木魚蟲圖二十卷唐藝文志　小戎圖二卷

右圖五部三十九卷

毛詩箋音證十卷後魏太常劉芳　毛詩音十六卷梁徐邈等撰　毛詩音二卷徐邈撰

按徐氏音今雖亾然陸音所引多本於此

毛詩并注音八卷隋祕書學士魯世達撰按唐志有魯世達音義二卷鄭元等諸家音十五卷

右音五部五十一卷

詩緯十八卷魏博士宋均注

右緯學一部十八卷

凡詩十二種九十部九百四十二卷

春秋　經　五家傳注　三傳義疏　傳論　序　條例　圖　文辭　地理　世譜　卦繇　音　讖緯

春秋經十一卷吳衞將軍士燮注　春秋經十二卷　春秋左氏長經二十卷漢侍中賈逵章句　三傳經解十一卷胡訥集撰　春秋加減一卷　三傳經字異同一卷丁副　一字石經春秋一卷　三字石經

按春秋之經則魯史記也初無同異之文亦無彼此之說亙由三家所傳之書有異同故是非從此起臣作春秋考所以是正經文以凡有異同者皆是訛誤古者簡編艱繁學者希見親書惟以口相授左氏世爲楚史親見官書其訛差少然有所訛從文起公穀漢之經生惟是口傳其訛差多然有所訛從音起以此辨之了無滯礙又有春秋傳十二卷以明經之旨備見周之憲章

右經八部六十卷

三字石經左傳古篆書十二卷　今字石經左傳經十卷　春秋左氏解詁三十卷賈逵　春秋左氏傳解誼三十一卷服虔　春秋左氏傳三十卷王肅　春秋左氏經傳章句三十卷董遇　春秋左氏傳義注十八卷孫毓　春秋左氏傳十二卷魏司徒王朗　春秋左氏經傳集三十卷杜預

杜預解左氏顏師古解漢書所以得忠臣之名者以其盡之矣左氏未經杜氏之前凡幾家一經杜氏之後後人不能措一辭漢書未經顏氏之前凡幾家一經顏氏之後後人不能易其說縱有措辭易說之者如朝月曉星不能有其明也如此之人方可以解經苟爲文言多而經旨不見文言簡而經旨有遺自我說之後後人復有說者皆非箋釋之手也傳注之學起惟此二人其殆庶幾乎其故何哉古人之言所以難明者非爲書之理意難明也實爲書之事物難明

也非爲古人之文言難明也實爲古人之文言有不通於今者之難明也能明乎爾雅之所作則可以知箋注之所當然不明乎爾雅之所作則不識箋注之旨歸也善乎二子之通爾雅也顏氏所通者訓詁杜氏所通者星曆地理當其顏氏之理訓詁也如與古人對談當其杜氏之理星曆地理也如羲和之步天如禹之行水然亦有所短杜氏則不識蟲魚鳥獸草木之名顏氏則不識天文地理孔子曰知之爲知之不知爲不知是知也杜氏於星曆地理之言無不極其致至於蟲魚鳥獸草木之名則引爾雅以釋之顏氏於訓詁之言甚暢至於天文地理則濶略焉此爲不知爲不知也其他紛紛是何爲者釋是何經明是何學

春秋左氏注十卷杜服二氏　王元度注左傳卷亾　一字石經公羊傳九卷　春秋公羊傳十二卷嚴彭祖　春秋公羊解詁十一卷何休　春秋公羊經傳十三卷王愆期　春秋公羊傳十二卷高龔　春秋公羊集解十四卷孔衍　春秋公羊傳五卷

春秋穀梁傳十五卷漢諫議大夫尹更始　春秋穀梁傳十二卷吳唐固　春秋穀梁傳十二卷魏樂平太守糜信　穀梁傳十卷晉堂邑太守張靖　春秋穀梁傳十六卷程闡　春秋穀梁傳十四卷孔衍　春秋穀梁傳十二卷徐邈　春秋穀梁傳十四卷段肅注疑漢人　春秋穀梁傳五卷孔君指訓　春秋穀梁傳十二卷范甯集解　春秋穀梁傳四卷殘缺張程孫劉四家集解　春秋穀梁傳十二卷晉給事郎徐乾　春秋鄒氏傳十一卷　春秋夾氏傳十一卷

鄒夾傳雖亾今取而備之以見五家之所始

右五家傳注三十二部四百五十一卷

春秋左氏經傳義略二十五卷陳國子博士沈文阿唐志二十七卷　王元規續沈文阿春秋左氏傳義略十卷　春秋義略三十卷陳右軍將軍張冲　春秋左氏義略八卷　春秋左氏傳立義十卷崔靈恩　春秋左氏傳述義四十卷東京太學博士劉炫　左氏鈔十卷　春秋義函傳十六卷干寶隋志作春秋左氏函傳十五卷　春秋正義三十六卷孔穎達　左氏義疏六十卷徐文遠　春秋精義三十卷　春秋公羊疏十二卷見隋志　春秋公羊疏三十卷

春秋穀梁傳義十卷徐邈　春秋穀梁疏十三卷唐楊士勛

右三傳義疏十五部三百三十九卷

春秋釋訓一卷賈逵　春秋決事十卷董仲舒　春秋繁露十七卷董仲舒　春秋左氏經傳朱墨列一卷賈逵　春秋決疑論一卷　左氏膏肓十卷何休　穀梁廢疾三卷何休　公羊墨守十四卷何休　春秋漢議十三卷何休　駮何氏漢議二卷鄭玄　駮何氏漢議叙一卷　春秋左氏膏肓釋痾一卷服虔　駮何氏漢議十一卷何休　理何氏漢議二卷魏糜信　春秋議十卷何休　春秋成長說九卷服虔　春秋左氏達義一卷漢司徒掾王蚡　春秋塞難三卷服虔　春秋說要十卷糜信　春秋左傳評二卷杜預　左氏傳賈服異同略五卷孫毓　春秋叢林十二卷李謐　春秋左氏區別三十卷宋尚書郎何始眞　春秋義林一卷　春秋五辨一卷梁博士沈宏　春秋辨證六卷　春秋旨通十卷王述之　春秋申先儒傳論十卷崔靈恩　春秋左氏經傳解四卷王述之　徐邈答春秋穀梁義三卷　春秋經傳解六卷崔靈恩　薄叔元問穀梁義二卷　春秋公羊穀梁集傳十二卷晉博士劉兆　春秋公羊穀梁二傳評三卷　春秋三家經本訓詁十二卷賈逵　春秋三傳論十卷魏大長秋韓益　春秋經合三傳通論十卷潘叔虔　春秋成奪十卷潘叔虔　春秋三傳評十卷胡訥以上見隋志　左氏釋滯十卷殷興　經傳解六卷沈宏　傳經解六卷崔靈恩　攻昧十二卷劉炫　規過三卷劉炫　難答論一卷王愆期　荀爽徐欽答問五卷　公羊違義三卷劉寔　蕭邕問傳義三卷　三家集解十一卷劉兆　公穀二傳評三卷江熙　春秋二傳異同十二卷李鉉　雜義難五卷　左氏杜預評二卷

春秋纂要四十卷高重　三傳旨要十五卷劉軻　春秋振滯二十卷王元感　春秋通一卷韓滉　春秋指掌十五卷李瑾　春秋指元十卷張傑　左氏釋疑七卷裴安時　春秋折衷論三十卷陳岳　春秋義鑑三十卷郭翔撰以上見唐志　集傳春秋微旨三卷唐淳陸淳　集傳春秋辨疑七卷陸淳　左傳引帖斷義七卷偽蜀蹇遵品

春秋龜鑑一卷　春秋纂要十卷偽唐姜虔嗣　春秋集傳十五卷宋朝王沿　春秋纂類義統十卷　春秋原要二卷王曉　春秋三傳雜評十卷　春秋闡微纂類義統十二卷陸淳　春秋先儒異同三卷李鉉　春秋義囊七卷　春秋要論五卷馬擇言　春秋會元十二卷鄭昭慶　三傳集義三十卷李堯俞　左氏鼓吹一卷吳元緒　春秋異義解十二卷王哲　春秋通義十二卷王哲　皇綱論五卷王哲　春秋左氏傳鑑三卷　春秋摘微一卷盧仝　春秋經社十二卷　春秋闕言十二卷黃君俞　春秋義二十卷王棐　春秋本旨四卷何涉　春秋碎玉一卷唐李瑾　春秋索隱五卷陳洙　春秋經社要義六卷孫覺　春秋尊王發微十二卷孫復　春秋總論三卷孫復　左氏指元十卷楊希範　春秋會義三十卷杜諤　春秋新義十卷宋堂　春秋義略十四卷董敦逸　春秋要義三十卷胡瑗　春秋口義二十卷胡瑗　春秋正論三卷龍昌期　春秋復道論十五卷龍昌期　春秋意十五卷皮元　春秋褒貶志五卷劉蒙　春秋折衷義十一卷吳孜　三傳元談一卷

右傳論一百四部九百三十六卷

劉寔等集解春秋序一卷　春秋序論二卷干寶撰　春秋序一卷賀道養注　春秋序一卷崔靈恩撰　春秋序一卷田元休注　春秋

左傳杜預序集解一卷劉炫注 春秋序義疏二卷 春秋

公羊解序一卷鮮于公撰

右序八部十卷

春秋釋例十卷漢中車聘士潁容 左傳條例九卷漢大司農鄭眾 春秋

釋例十五卷杜預 春秋條例十一卷晉太尉劉寔 春秋經例十

一卷晉方範 左氏傳條例二十五卷 春秋義例十卷

春秋左傳例苑十九卷梁簡文帝 春秋五十凡義疏二卷

春秋公羊謚例一卷何休 公羊傳條例一卷何休 穀梁傳例

一卷范甯 牒例章句九卷鄭眾 春秋經傳說例疑隱一卷梁吳

略 申先儒傳例一卷 三傳總例二十卷韋表微 李氏三

傳異同例十三卷 集傳春秋纂例十卷陸質 春秋通例

三卷陸希聲 公穀總例十卷成元 春秋總例二十卷周希聖 春

秋統例二十卷朱臨 春秋演聖統例二十卷丁副 春秋雜體

例一卷

右條例三十四部二百三十五卷

春秋左氏圖十卷梁簡文帝 春秋圖七卷漢嚴彭祖 春秋圖五卷

唐張傑 春秋手鑑圖一卷 春秋圖鑑五卷 春秋明例

隱括圖一卷王哲

右圖六部二十九卷

春秋大夫辭三卷 春秋嘉語六卷以上見隋志 春秋文苑

六卷梁沈宏 春秋辭苑五卷

右文辭四部十卷

春秋盟會地圖一卷漢嚴彭祖 春秋土地名三卷晉裴秀客京相璠等

撰 春秋諸國錄 春秋釋例地名譜一卷杜預 春秋列國

圖一卷

右地理五部六卷

春秋左氏諸大夫世族譜十三卷顧啟明 春秋世譜七卷

帝王曆紀譜二卷 演左傳謚族圖五卷 春秋名

號歸一圖二卷馮繼先 小公子譜六卷杜預 春秋公子譜一

卷吳楊蘊 春秋世次圖四卷鄭樵 春秋名字異同錄五卷馮繼

先 春秋諸臣傳三十卷鄭昂 春秋列國諸臣贊傳五十一

卷王當 春秋括甲子 春秋十二國年曆一卷 春秋機

要一卷 春秋宗族名謚譜五卷 春秋國君名例一

卷 春秋謚族譜一卷

右世譜十七部一百三十五卷

師春二卷 曆史春秋卦名一卷

右卦繇二部三卷

春秋左傳音三卷魏中散大夫嵇康 左傳音三卷李軌 左傳音三

卷杜預 左傳音三卷徐邈 左傳音隱一卷 左傳音三卷王元

規 左傳音十二卷見唐志 左傳音三卷徐文遠 春秋音義六

卷陸德明 公羊音二卷王儉 又一卷陸德明 穀梁音一卷孫邈 又

一卷陸德明

右音十三部四十二卷

春秋災異十五卷郗萌撰 春秋災異應錄五卷 春秋緯

三十卷宋均注 春秋內事四卷 春秋包命二卷 春秋

祕事十一卷

右讖緯六部六十七卷

凡春秋十三種二百四十六部二千三百三十三

卷

春秋外傳國語注解 章句 非駁 音

春秋外傳國語二十一卷賈逵 春秋外傳國語二十一卷虞翻

春秋外傳國語二十二卷韋昭 春秋外傳國語二十卷晉五

經博士孔晁 春秋外傳國語二十一卷唐固

右注解五部一百四卷

春秋外傳章句二十二卷王肅

右章句一部二十二卷

非國語二卷柳宗元

右非駁一部二卷

國語補音三卷宋庠 國語音略一卷

右音二部四卷

凡國語四種九部一百三十二卷

孝經古文 注解 義疏 音 廣義 讖緯

古文孝經一卷孔安國傳梁末亡逸今疑非古本 古文孝經旨解一卷

司馬溫公

秦人焚書孝經爲河間人顏芝所藏漢初芝子貞出之凡十八章而長孫氏博士江翁少府后蒼諫議大夫翼奉安昌侯張禹皆名其學又有古文孝經與古文尚書同出而長孫有閨門一章其餘經文大較相似篇簡缺解又有衍出三章并前合爲二十二章孔安國爲之傳至劉向典校經籍以顏本比古文除其繁惑以十八章爲定鄭眾馬融並爲之注又有鄭氏注或云鄭元非也其義與鄭元所注餘書不同梁代安國及鄭氏二家並立國學而安國之本亡於梁亂陳及周齊惟傳鄭氏至隋秘書監王劭於京師訪得孔傳送至河間劉炫炫因序其得喪述其義疏講于人間漸聞之朝廷後遂著令與鄭氏並立儒生諠諠皆云炫自作之非孔氏舊本也

右古文二部二卷

孝經一卷鄭氏注 孝經一卷王肅 孝經一卷劉邵 孝經一卷韋昭

孝經一卷孫熙 孝經一卷蘇林 孝經一卷謝万 孝經一卷虞盤佐

孝經一卷孔光 孝經一卷殷仲文 孝經一卷殷叔道 孝經一卷

釋慧琳孝經一卷 唐明皇孝經一卷 袁克己孝經一卷 尹知章孝經一卷 王元感孝經嘿注一卷 徐整集議孝經一卷 荀勗集議孝經一卷 晉東陽太守袁敬仲孝經集解一卷

右注解二十部二十卷

孝經義疏十八卷 梁武帝 孝經義疏一卷 趙景韶 孝經義疏三卷 皇侃 孝經講疏六卷 徐孝克 孝經義一卷 古文孝經述義五卷 劉炫 孝經義一卷 梁揚州文學從事太史叔明 孝經敬愛義一卷 蕭子顯 孝經私記四卷 孝經私記二卷 周弘正 宋大明中皇太子講義疏二卷 何約之 孝經發題四卷 太史叔明 孝經新義十卷 任希古 御注孝經二卷 元行冲 孝經疏五卷 賈公彥 孝經指要一卷 李嗣眞 孝經義疏 孔穎達 孝經正義三卷 宋朝邢昺 孝經簡疏一卷 張崇文 孝經疏一卷 蘇彬 孝經講疏一卷 任希古

右義疏二十一部七十二卷

孝經釋文一卷 陸德明

右音一部一卷

演孝經十二卷 張士儒 廣孝經十卷 徐浩 國語孝經一卷 魏氏遷洛未達華語孝文命侯伏侯可悉陵以夷言譯孝經之旨教國人

右廣義三部二十三卷

孝經何命決六卷 宋均注 孝經援神契七卷 宋均注 孝經內事一卷 孝經緯五卷 宋均注 孝經雜緯十卷 宋均注 孝經元命包一卷 孝經古秘援神二卷 孝經左右握一卷 孝經左右契圖二卷 孝經雌雄圖三卷 孝經分野圖一卷 孝經內事星宿講堂七十二弟子圖一卷 口授圖一卷 應瑞圖一卷

讖緯之學起於前漢及王莽好符命光武以圖讖興遂盛行於世漢時又詔東平王蒼正五經章句皆命從讖俗儒趨時益爲其學惟孔安國毛公王璜賈逵獨非之至宋大明中始禁圖讖梁天監以後又重其制隋煬帝發使四方搜天下書籍與讖緯相涉者皆焚之爲吏所糾者至死自是無復有其學至唐惟餘書易禮樂春秋論語孝經七緯詩二緯共九緯書而已

右讖緯十四部四十三卷

凡孝經六種六十一部一百六十一卷

論語 古論語 正經 注解 章句 義疏 論難 辨正 名氏 音釋 讖緯 續語

古文論語十卷 鄭元注 古論語義注譜一卷 徐氏

右古論語二部十一卷

蔡邕今文石經論語二卷

右正經一部二卷

論語十卷 鄭元 論語十卷 王肅 論語七卷 盧氏 論語十卷 晉著作郎李充 論語十卷 梁覬 論語九卷 孟釐 論語十卷 袁喬 論語十卷 尹毅 論語十卷 張氏 論語十卷 韓愈 集解論語十卷 何晏 集注論語六卷 衛瓘 論語集義八卷 晉尙書左中兵郎崔豹 集解論語十卷 晉兗州別駕江熙 盈氏集義十卷 集解論語十卷 晉孫綽 續注論語十卷 史辟原 贊鄭元注十卷 虞喜 補衛瓘注十卷 宋明帝

右注解十九部一百八十卷

論語章句二十卷 劉炫 論語講疏文句義五卷 徐孝克

右章句二部二十五卷

論語別義十卷 范廙 論語義疏十卷 褚仲都 論語義疏十卷 梁皇侃 論語大義解十卷 崔豹 論語述義十卷 劉炫 論語義疏八卷 論語義疏二卷 張冲 論語述義二十卷 戴詵 雜義十三卷 刪義十卷 論語正義十卷 宋朝邢昺 論語展掌疏十卷

右義疏十二部一百二十三卷

論語難鄭一卷 論語標指一卷 司馬氏 論語雜問一卷 論語體略二卷 晉郭象 論語旨序三卷 晉繆播 論語釋疑三卷 王弼 論語釋一卷 張憑 論語釋疑十卷 晉欒肇 論語駁三卷 欒肇 論語義注隱三卷 論語陳說一卷 僧贊甯 論語筆解二卷 韓愈 論語樞要十卷 論語元義二卷

右論難十四部四十三卷

論語刊誤二卷 李涪 論語辨十卷 周式

右辨正二部十二卷

論語孔子弟子目錄一卷 鄭元 論語撰人名一卷 論語世譜一卷

右名氏三部三卷

論語音二卷 徐邈 論語釋文十一卷

右音釋二部十三卷

論語讖八卷

右讖緯一部八卷

孔叢子七卷 陳勝博士孔鮒撰 孔志十卷 梁劉被撰 孔叢子釋文一卷 宋咸 孔子家語二十一卷 王肅注 當家語二卷 魏博士張融撰 孔子正言二十卷 梁武帝 次論語十卷 王勃撰

右續語七部七十一卷

凡論語十一種六十五部四百八十二卷

爾雅 注解 圖 義 音 廣雅 雜爾雅 釋言 釋名 方言

爾雅三卷 漢中散大夫樊光 爾雅七卷 孫炎 爾雅三卷 劉歆 爾雅三卷 漢犍爲文學 中黃門李巡 爾雅五卷 郭璞 集注爾雅五卷 梁黃門沈璇

右注解六部三十一卷

爾雅圖十卷 郭璞 爾雅圖贊二卷 江灌

右圖二部十二卷

爾雅正義十卷邢昺　爾雅兼義十卷　爾雅發題一卷

右義三部二十一卷

爾雅音八卷江灌　爾雅音一卷孫炎　爾雅音義一卷　爾雅音略三卷郭璞　音訓二卷

右音五部十五卷

廣雅四卷魏博士張揖　廣雅音四卷隋秘書學士曹憲　博雅十卷曹憲撰避煬帝諱改曰博

右廣雅三部十八卷

小爾雅一卷楚孔鮒撰李軌注　續爾雅一卷劉伯莊　蜀爾雅三卷李商隱　羌爾雅一卷

右雜爾雅四部六卷

釋俗語八卷劉霽　稱謂五卷後周盧辯　俗說三卷沈約　古今訓十一卷張顯

右釋言四部二十七卷

釋名八卷劉熙　辨釋名一卷韋昭

右釋名二部九卷

方言十三卷楊雄撰郭璞注　方言十四卷王浩撰　方言釋音一卷吳良輔撰　河洛語音一卷王長孫　列郡雅言一卷　國語十五卷　國語眞歌十卷　國語十八傳一卷　國語御歌十一卷　國語雜文十五卷　國語物名四卷後魏侯伏侯可悉陵　國語雜物名三卷侯伏侯可悉陵　國語號令四卷後魏初定中原軍容號令皆以夷語後染華俗多不能通故錄其本言相傳教習謂之國語　鮮卑語五卷　鮮卑語十卷　鮮卑號令一卷周武帝　雜號令一卷　辨鴂錄一卷　西蕃譯語一卷　釋梵語一卷　譯夷語錄一卷僧惟古　蕃爾雅一卷

右方言二十三部一百一十六卷

凡爾雅九種五十二部二百五十五卷

經解　諡法

五經通義九卷劉向　白虎通六卷班固等　五經異義十卷許慎　五經然否論五卷晉散騎常侍譙周　五經鉤沈十卷晉楊方　五經大義三卷戴逵　五經咨疑八卷周楊思　五經異同評一卷賀瑒　五經大義十卷後周樊文深　經典大義十二卷沈文阿　五經大義五卷何妥　五經通義八卷劉炫　五經要義五卷雷氏　五經正名十二卷劉炫　五經析義二十八卷邯鄲綽　五經宗略二十三卷元延明　五經雜義六卷孫暢之　長春義記一百卷梁簡文帝　遊元桂林二十卷張譏　六經通數十卷梁舍人鮑泉　七經義綱略三十卷樊文深　七經論三卷樊文深　質疑五卷樊文深　經典元儒大義序錄十卷沈文阿　六藝論一卷鄭元　聖證論十二卷王肅　鄭志十一卷魏侍中鄭小同　鄭記六卷鄭元弟子　五經對訣四卷趙英　五經要略顏眞卿　六說五卷劉迅　六經外傳三十七卷劉貺　五經微旨十四卷張鎰　九經師授譜一卷韋表微　微言集注四卷袁僑卿　經傳要略十卷高重　經史釋題二卷唐李肇　授經圖三卷　九經餘義一百卷宋朝處士黃敏　演聖通論三十六卷胡旦　辨經正義七卷張沂　兼明書五卷邱光庭　五經要旨五十卷齊唐　九經類義二卷　九經抄二卷　九經要抄一卷　敘元要抄一卷　九經釋難五卷　九經演義十卷　九經旨九卷　經典質疑六卷胡順之　詩樂說三卷　羣經索隱三十卷　七經小傳五卷劉敞　經傳發隱七卷李景陽　刊謬正俗八卷顏師古　經典釋文序錄一卷陸德明

右經解五十八部七百四十四卷

周公諡法一卷　春秋諡法一卷　諡法三卷劉熙　諡例十卷特進中軍將軍沈約　魏晉諡議十三卷何晏　諡法五卷梁太府卿賀瑒　續今古諡法十四卷唐王彥威　君臣諡議一卷虞世南　諡議五卷蘇洵　汝南君諡議二卷見隋志　諱行錄一卷見唐志

右諡法十一部五十六卷

凡經解二種六十九部八百卷

通志卷六十四

宋右迪功郎鄭樵漁仲撰

藝文略第二

禮類第二 周官 儀禮 喪服 禮記 月令 會禮 儀注

周官 傳注 義疏 論難 義類 音 圖

周官禮十二卷馬融傳 周官禮十二卷鄭元注 周官禮十二卷王肅注 周官禮十二卷伊說注唐有十卷 周官禮十二卷干寶注

周官禮集注二十卷崔靈恩

按漢有李氏得周官以爲周公所制官政之法上於河間獻王獨闕冬官一篇獻王求以千金不得遂取考工記以補之至王莽時劉歆始置博士以行於世河南緱氏及杜子春受業於歆因以教授是後馬融作傳以授鄭元元作周官注

右傳注六部八十卷

周官禮義疏四十卷沈重 周禮疏五十卷唐賈公彥 周禮闕言十三卷黃君俞

右義疏三部百三卷

周官禮異同評十二卷晉司空長史陳劭 周官論評十二卷傅元

周官禮駮難四卷孫畧 周官駮難五卷孫琦問干寶駮虞喜撰 周禮義決三卷唐王元度

右論難五部三十六卷

緱氏要鈔六卷 周官寧朔新書八卷司馬伷 周官分職四卷 周官致太平論十卷李泰伯撰

右義類四部二十八卷

禮音三卷劉昌宗 周官音訓三鄭異同辨二卷五臆

右音二部五卷

周官禮圖十四卷隋經籍志

右圖一部十四卷

凡周官六種二十一部二百六十五卷

按漢曰周官江左曰周官禮唐曰周禮推本而言周官則是

儀禮 石經 注 疏 音

一字石經儀禮九卷隋志 今字石經儀禮四卷

右石經二部十三卷

儀禮十七卷鄭元注 儀禮十七卷王肅注 儀禮一卷袁準注 儀禮一卷孔倫注 儀禮一卷陳詮注 儀禮二卷蔡超宗注 儀禮二卷田僧紹注

按漢初有高堂生傳十七篇又有古經出於淹中河間獻王得而獻之合五十六篇又得穰苴兵法及明堂陰陽之記唯古經十七篇與高堂生所傳不殊自高堂生至宣帝時后蒼最明其業乃爲曲臺記蒼授梁人戴德及德從兄子聖沛人慶普於是有大戴小戴慶氏三家並立是知禮記出於儀禮三家出於高堂也

右注七部四十一卷

儀禮義疏二卷 儀禮義疏六卷 儀禮疏五十卷唐賈公彥

右疏三部五十八卷

儀禮音二卷鄭元 儀禮音二卷王肅 儀禮音二卷李軌劉昌宗

右音二部六卷

凡儀禮四種十五部一百十八卷

喪服 傳注 集注 義疏 記要 問難 儀注 譜 圖 五服圖儀

喪服經傳一卷馬融 喪服經傳一卷鄭元 喪服經傳一卷王肅

喪服經傳一卷晉給事中袁準 畧注喪服經傳一卷雷次宗 喪服經傳一卷陳詮 喪服傳一卷梁裴子野

右傳注七部七卷

集注喪服經傳一卷晉孔倫 集注喪服經傳一卷宋裴松之 集注喪服經傳二卷宋蔡超宗 集注喪服經傳二卷齊田僧紹

右集注四部六卷

喪服義疏二卷五經博士賀瑒 喪服經傳義疏一卷梁何佟之 喪服經傳義疏四卷沈文阿 喪服文句義疏十卷陳皇侃 喪服義十卷陳謝嶠 喪服義鈔三卷

右義疏六部三十卷

喪服要記一卷王肅 喪服要記一卷蜀蔣琬 喪服要記十卷賀循 喪服世行要記十卷齊光祿大夫王逸 喪服記十卷王氏 喪服古今集記三卷齊太尉王儉 喪服要記五卷庾蔚之 喪服正要二卷孟詵 喪服要集二卷杜預 喪服五要一卷嚴氏撰 喪服要畧一卷晉博士環濟 喪服要畧二卷 喪服制要一卷徐氏 喪服義鈔三卷 喪服鈔三卷王隱伯 喪服變除一卷戴德 喪服變除一卷葛洪 喪服加減一卷

右記要十八部五十八卷

喪服答要難一卷袁祈 駮喪服經傳一卷卜氏傳 喪服疑問一卷樊氏 喪服要問一卷 喪服問答目十三卷皇侃 喪服發題二卷沈文阿 論喪服決一卷 喪服極議一卷殷价

右問難八部二十一卷

喪服儀一卷晉衛瓘 新定喪禮一卷漢劉表 凶禮一卷晉廣陵相孔傳 陳雜儀注 凶儀禮十三卷 凶儀一卷鄭珣瑜 雜凶禮四十二卷 梁皇帝崩凶儀十一卷 梁皇太子喪禮五卷 梁王侯以下凶禮九卷 士喪禮儀注十四卷 梁天子喪禮七卷 又五卷 梁大行皇帝皇后崩儀注一卷 梁太子妃薨凶儀注九卷 喪服假寧制

三卷　梁諸侯世子卒凶儀注九卷　梁陳大行皇帝崩儀注八卷　陳皇太子妃薨儀注四卷　陳諸帝后崩儀注五卷　陳皇太后崩儀注四卷　唐葬王播儀一卷　北齊皇太后喪禮十卷　喪儀纂要九卷張戩　喪服治禮儀注九卷何亂　晉修復山陵故事五卷車灌撰

右儀注二十五部一百八十七卷

喪服譜一卷鄭元注　喪服譜一卷晉蔡謨撰　喪服譜一卷賀循　喪服譜一卷麗景昭

右譜四部四卷

喪服圖一卷王儉　喪服圖一卷賀遊　喪服圖一卷崔逸　喪服禮圖一卷　喪服君臣圖一卷　喪服圖一卷崔游　喪服天子諸侯圖一卷

右圖七部七卷

五服畧例一卷　喪禮五服七卷袁憲　五服制度一卷　五服圖張薦撰卷七　五服圖十卷仲子陵　五服志三卷　南齊五服制一卷　五服法纂三卷　五服年月勑一卷

右五服圖儀九部二十七卷

凡喪服九種八十八部三百四十七卷

禮記　大戴　小戴　義疏　書鈔　評論　名數　音義　中庸　讖緯

大戴禮記十三卷漢信都王傳戴德撰

漢初河間獻王得仲尼弟子及後學者所記一百三十篇獻之時亦無傳之者至劉向考校經籍檢得百三十篇向因第而敘之又得明堂陰陽記三十三篇孔子三朝記七篇王史氏記二十有一篇樂記二十三篇凡五種合二百十四篇戴德刪其煩重合而記之爲八十五篇謂之大戴記而戴聖又刪大戴之書爲四十六篇謂之小戴記漢末馬融遂傳小戴之學融又足月令一篇明堂位一篇樂記一篇合四十九篇鄭元受業於融爲之注解後學惟傳鄭氏學故小戴禮行於世

右大戴一部十三卷

禮記二十卷漢戴聖撰鄭元注　禮記二十卷漢北中郎將盧植注　禮記三十卷王肅注　禮記三十卷魏孫炎注　禮記十二卷宋葉遵注隋志作業遵　禮記畧解十卷庾氏

戴聖爲九江太守行治多不法何武爲揚州刺史聖懼自免後爲博士毀武於朝廷武聞之終不揚其惡而聖子賓客爲盜繫廬江聖自以子必死武平心決之卒得不死自是聖慚服武每奏事至京師聖未嘗不造門謝恩戴聖爲禮家之宗身爲贓吏而子爲賊徒可不監哉學者當玩其言而已矣

右小戴注附六部一百二十二卷

禮記新義疏二十卷賀瑒　禮記義疏九十九卷皇侃　禮記講疏四十八卷皇侃　禮記義疏四十卷沈重　禮記義疏三十八卷　禮記義疏四十卷熊安生　禮記義十卷何佟之　禮記大義十卷梁武帝　禮記文外大義三卷秘書學士褚暉撰　禮記義記四卷鄭小同　禮記正義七十卷孔穎達等　禮記正義八十卷唐賈公彥　禮記正義十卷王方慶　禮記小疏二十卷　禮記精義十六卷李叔文　禮記外傳四卷成伯璵撰張幼倫注　禮畧二卷

右義疏十七部五百十四卷

禮記寧朔新書二十卷司馬伷撰王懋約注　禮記要鈔十卷魏緱氏　徵文禮記二十卷

右書鈔三部五十卷

禮記評十卷劉儁　禮記繩愆三十卷王元感　禮記義證十卷劉芳　禮記平要十五卷

右評論四部六十五卷

禮記名數要記三卷　禮記名義十卷　禮記外傳名數二卷　禮記含文三卷

右名數四部十八卷

禮記音義隱二卷謝慈　禮記音義隱七卷　禮記音二卷徐爰　禮記音三卷徐邈　禮記音三卷曹耽　禮記音二卷李軌　禮記音二卷尹毅　禮記字例異同一卷

右音義八部二十二卷

禮記中庸傳二卷戴顒　中庸講疏一卷梁武帝　禮記制旨中庸義五卷　中庸傳一卷胡瑗

右中庸四部九卷

禮緯三卷鄭元注　禮記默房二卷宋均注

左讖緯二部五卷

凡禮記九種四十九部八百一十八卷

月令　古月令　續月令　時令　歲時

夏小正一卷戴德撰　月令章句十二卷漢蔡邕撰　月令章句十二卷戴顒撰　御刊定禮記月令一卷　月令疏二卷　周書月令一卷　王涯月令圖一卷

右古月令七部三十卷

崔實四民月令一卷　孫氏千金月令三卷孫思邈撰夫一卷　月令并時訓詩一卷　孫氏千金月令三卷　月令詩一卷杜仲連撰　秉興月令十二卷裴澄　十二月纂要一卷　十二月鑑一卷任婉撰　纂要月令　保生月錄一卷韋行規撰　齊民月令一卷崇文總目　日書三卷譚融

右續月令十二部二十六卷

國朝時令一卷丁度修　國朝時令六卷賈昌朝重定　時鑑新書五卷劉安靖　四序總要四卷李彤撰　四時纂要五卷韓鄂撰　四

時記二十卷薛登 王氏四時錄十二卷 四時總要十二卷李彤撰 續時令故事一卷

右時令九部六十六卷

荊楚歲時記二卷梁宗懍撰杜公瞻注 玉燭寶典十二卷杜臺卿撰 楚苑寶錄一卷 金谷園記一卷唐李邕撰 秦中歲時記一卷李綽撰 歲華紀麗二卷韓鄂撰 歲時廣記一百十二卷徐鍇撰 歲中記一卷 歲時雜錄二十卷

右歲時九部一百五十二卷

凡月令四種三十七部二百七十四卷

會禮 論鈔 問難 三禮 禮圖

石渠禮論四卷戴聖 禮論三百卷宋御史中丞何承天 禮論條牒十卷任預 禮論帖三卷任預 禮論鈔二十卷庾蔚之 禮論要帖十卷王儉 禮論要鈔一百卷賀瑒 禮論鈔六十九卷按唐志有六十六卷 禮論要鈔十卷 禮論六十卷李敬元 禮論鈔二十卷 禮雜鈔略二卷荀萬秋 禮統十二卷賀述 禮論要鈔十三卷 禮區分十卷 禮論鈔略十三卷 禮略十卷杜肅 禮粹二十卷張頻 禮志十卷丁公著 禮類聚十卷 類禮二十卷陸質 類禮義疏五十卷元行沖

右論鈔二十二部七百七十六卷

禮論答問八卷宋徐廣 禮論答問十三卷徐廣 禮答問二卷徐廣 禮問答六卷庾蔚之 禮答問三卷王儉 禮雜問十卷范甯 禮論答問九卷范甯 禮答問十卷何佟之 禮雜問答鈔一卷何佟之 問禮俗十卷董勛 問禮俗十卷董子弘 答問雜儀二卷杜預 禮義答問八卷王儉 禮疑義五十二卷梁護軍周捨 禮義一卷何隆 雜禮義問答四卷戚壽

右問難十六部百四十八卷

三禮目錄一卷鄭元撰 三禮義宗三十卷崔靈恩撰 三禮宗略二十卷元延明 三禮大義十三卷 三禮大義四卷 三禮雜大義三卷

右三禮六部七十一卷

三禮圖九卷鄭玄及後漢侍中阮諶等撰 三禮圖九卷張鎰 三禮圖十二卷夏侯伏朗 三禮圖二十卷聶崇義集 周室王城明堂宗廟圖一卷祁諶撰 王制井田圖一卷阮逸 王制井田圖一卷徐希文 禮書一百五十卷陳祥道 唐禮圖等雜畫五十六卷 宣和博古圖六十卷

右禮圖十部三百十九卷

凡會禮四種五十四部一千三百一十四卷

儀注 禮儀 吉禮 賓禮 軍禮 嘉禮 封禪 汾陰 諸祀儀注 陵廟制 家禮 祭儀 東宮儀注 后儀 王國州縣儀注 朝會 耕籍儀 車服 國璽 書儀

漢舊儀四卷衛宏 蔡邕獨斷二卷 晉尚書儀曹新定儀注四十一卷徐廣 晉儀注三十九卷 晉新定儀注四十卷晉安成太守傅瑗 晉尚書儀曹事九卷 甲辰儀五卷江左撰 晉雜儀注二十一卷 宋尚書義注三十六卷 宋儀注二卷 宋尚書雜注十八卷 南齊儀注二十八卷 梁儀注十卷沈約 梁尚書儀曹儀注十八卷 又二十卷嚴植之 雜儀注百八十卷 陳雜儀注六卷 陳尚書雜儀注五百五十卷 後魏儀注五十卷常景 後齊儀注二百九十卷 雜儀注一百卷 新儀三十卷鮑泉 理禮儀注九卷何點 齊典四卷王逸 要典三十九卷王景之 要典雜事五十卷 皇典五卷邱仲孚 五禮要記三十卷韋叔夏 隋儀注目錄四卷 中禮儀注八卷王懿 隋江都集禮一百二十卷牛弘潘徽 大唐儀禮一百卷 永徽五禮一百三十卷 開元禮一百五十卷蕭嵩等 開元禮儀鑑一百卷蕭嵩 開元禮京兆義羅十卷 開元禮類釋二十卷 開元禮目錄一卷 開元禮百問二卷 貞元新集開元後禮二十卷韋渠牟 唐禮纂要六卷柳郢 禮閣新儀二十卷韋公肅 元和曲臺禮三十卷王彥威 續曲臺禮三十卷 寶氏吉凶禮要二十卷 直禮一卷李宏澤 古今儀集五十卷王方慶 開寶通禮二百卷 通禮目錄三卷 開寶通禮義纂一百卷 義纂目錄一卷 禮閣新編六十卷王皡 禮院雜錄卷亡 大常新禮四十卷賈昌朝等 類儀一卷魏鄭公 五禮新儀二百四十卷 歷代創制儀五卷 決疑要注一卷摯虞 禮樂集十卷顏眞卿

右禮儀五十九部三千一百一十九卷

晉尚書儀曹吉禮儀注三卷 梁吉禮十八卷明山賓等 梁吉禮儀注四卷 梁吉禮儀注十卷 陳吉禮百七十一卷 陳雜吉儀注三十卷 隋吉禮五十四卷高頴 吉書儀二卷王儉 祭典三卷 雜制注六卷盧諶 祀典五卷盧辯 太清宮祠三卷劉智 駕幸昭應宮儀注一卷

右吉禮十三部三百十卷

梁賓禮一卷賀瑒 梁賓禮儀注十二卷賀瑒 陳賓禮六十五卷 陳賓禮儀注六卷張彥

右賓禮四部八十五卷

梁軍禮四卷陸璉 陳軍禮六卷

右軍禮二部十卷

梁嘉禮二十五卷司馬褧 嘉禮儀注四十五卷 陳嘉禮一百二卷 冠昏儀四卷

右嘉禮四部一百八十六卷

古封禪羣祀二十二篇 封禪議對十九篇 漢封禪羣祀三十六篇 封禪儀六卷 東封記一卷韋述 封禪錄十卷孟利貞 皇帝封禪儀六卷令狐德棻 神岳封禪儀注十

卷裴守眞　祥符封禪記五十二卷丁謂等修
祥符祀汾陰記五十二卷丁謂等修　汾陰后土故事三卷
右封禪九部八十五卷七十七篇
右汾陰二部五十五卷
晉明堂郊社議三卷孔晁等　明堂儀一卷張大頤　明堂儀注
三卷姚璠等　大享明堂儀注二卷郭山惲　明堂序一卷李襲譽
明堂新禮十卷李嗣眞　明堂記紀要二卷　皇佑大享明
堂記二十卷文彥博　皇祐大享明堂記紀要二卷文彥博　駕
幸玉清昭應宮儀注一卷　魏氏郊丘三卷　南郊記
圖一卷　大唐郊祀錄十卷　梁南郊儀注一卷
祭地祇陰陽儀注二卷　南郊圖一卷　天禧大禮記
五十卷王欽若　元豐釋奠祭社稷風雨師儀注三卷
州縣祭社稷儀一卷　祀風雨雷師儀注一卷　釋奠
儀注一卷　祈雨雪法一卷　郊廟奉祀禮文三十卷
揚全等
右明堂郊祀社稷釋奠風雨師儀注二十三部百五十卷
晉七廟議三卷蔡謨　親享太廟儀注三卷　崇豐二陵集
禮裴瑾卷亡　永昭陵儀式一卷　四季祠祭文一卷　列國
祖廟式一卷梁隱　三品官祔廟禮二卷王方慶　景靈宮須知
一卷　仁宗山陵須知一卷
右陵廟制九部一十三卷
家祭儀一卷唐徐潤　家祭禮一卷孟詵　寢堂時享儀一卷唐范
傳式　祠享儀一卷唐鄭正則　祭錄一卷唐周元陽　家薦儀一卷唐賈頊
盧宏宣家祭儀卷亡　孫氏仲享儀一卷唐孫日用　家儀一卷徐爰
婚儀祭儀二卷崔浩
右家禮祭儀十部十卷
晉東宮舊事一卷張敞撰　東宮新記二十卷蕭子雲　宋東宮
儀記二十三卷張鑑　東宮雜事二十卷蕭子雲　東宮典記七
十卷宇文愷等　隋皇儲故事二卷　國親皇太子序親簿一
卷　皇太子方岳亞獻儀二卷　青宮懿典十五卷宋朝
王純臣撰
右東宮儀注九部百五十四卷
王后儀範三卷　坤儀令一卷僞蜀王衍撰
右后儀二部四卷
諸王國雜儀注十卷　雜府州郡儀十卷范汪　縣令禮上
儀一卷李淑等
右王國州縣儀注三部二十一卷
武后紫宸禮要十卷　閤門儀制十卷陳彭年修　景祐閤門
儀制十二卷李淑等　閤門儀制六卷梁顥　寶元二年閤門儀
制十二卷　內東門儀制五卷宋綬修　熙寧閤門儀制十
卷　正旦朝會儀注十卷　至道合班儀并追封條一
卷　朝堂須知一卷　奉朝要課一卷　朝制要覽十
五卷宋咸撰
右會朝儀一十二部九十三卷
雍熙籍田故事二卷　耕籍田儀制五卷　恭謝籍田
儀注三卷　州縣打春牛儀一卷
右耕籍儀四部十一卷
大漢輿服志一卷魏博士董巴　車服雜注一卷徐廣　禮儀制度
十三卷王逡之　古今輿服雜事二十卷梁周遷撰　古今輿服雜
事二十卷蕭子雲　陳鹵簿儀二卷　陳鹵簿圖一卷　晉
鹵簿圖一卷　齊鹵簿儀一卷　大駕鹵簿一卷　鹵
簿圖三卷王欽若　鹵簿圖記十卷宋綬　內衣庫須知一卷
隋諸衛左右廂旗圖樣十五卷　染院須知一卷　二
儀實錄一卷劉孝孫　二儀實錄衣服名義圖一卷　袁郊服飾
變古元錄三卷袁郊　內外親族五服儀二卷裴茝　北蕃冠帽
巾髻牌信制度一卷
右車服二十部九十九卷
玉璽譜一卷紀僧眞　傳國璽十卷姚察　玉璽正錄一卷徐令言
國寶傳一卷無名氏著秦玉璽相傳至肅宗時　秦傳玉璽譜一卷謝胐　玉
璽雜記一卷　國璽記一卷嚴士元　續國璽記一卷　國
璽傳一卷
右國璽九部一十八卷
內外書儀四卷謝元　書儀二卷謝超　書筆儀二十一卷謝胐　宋
長沙檀太妃薨弔答書十二卷　弔答書儀十卷王儉　書
儀疏一卷周捨　皇室書儀十三卷鮑行卿　吉書儀二卷王儉　文
儀二卷梁修端　書儀十卷唐瑾　言論儀十卷　婦人書儀八
卷唐瑾　僧家書儀五卷釋曇瑗　書儀二卷謝允　童悟十三卷
大唐書儀十卷裴矩虞世南　書儀三卷裴茝　書儀二卷鄭餘慶　裴
度書儀二卷　杜有晉書儀二卷　新定書儀二卷劉岳
胡先生書儀二卷
右書儀二十二部一百三十八卷
凡儀注十八種二百十六部四千五百六十一卷
七十七篇

樂類第三　樂書　歌辭　題解　曲簿　聲調　鐘磬　管絃　舞　鼓吹　琴　讖緯

樂元起二卷漢桓譚　樂社大義十卷梁武帝　樂論三卷梁武帝
樂論一卷蕭吉　刪注樂書九卷後魏信都芳　古今樂錄十二卷
陳沙門智匠　樂雜書三卷　樂元二卷魏僧撰　樂要一卷何安　樂
部一卷　樂略四卷元殷　樂律義四卷沈重　鍾律五卷沈重　鍾
律義一卷　樂論事二卷　樂府志十卷蘇夔　樂經三十
卷李元楚　古今樂記八卷李守眞　樂書要錄十卷唐武后　新樂
書十二卷張文收　太樂令壁記三卷劉貺　歷代樂儀三十卷

徐景安 教坊記一卷崔令欽撰開元中雜伎始隸太常以不應典禮乃置教坊以處俳優 聲律要訣十卷唐田琦 樂府雜記一卷 大周正樂一百二十卷 樂苑五卷陳游 補亡樂書三卷房庶 樂儀十卷李上交 樂說五卷和峴 新纂樂書三十卷聶冠卿 景祐大樂圖三十卷聶冠卿 大樂圖儀二卷宋祁 景祐廣樂記八十一卷 皇祐樂圖記三卷阮逸胡瑗 樂論一卷沈括 樂府記一卷李上交 太常樂纂一卷 樂本書二十卷宋朝王箴 元祐新定樂法一卷范鎮 律管說一卷阮逸 顯德正樂目一卷 樂書二十卷劉昞 隆韶導和集一卷姚分立 詩樂說三卷吳良輔 樂記三十六卷 大晟樂書十三卷 樂書五卷吳良輔 樂演卦一卷 樂傳二卷 景祐大樂制度一卷 樂髓新經一卷 審樂要記一卷 樂府雜錄一卷段安節

右樂書五十四部五百七十五卷

大樂雜歌辭三卷晉荀勗 大樂歌辭二卷荀勗 樂府歌詩十卷 新錄樂府集十一卷謝靈運 樂府歌辭八卷隋岐州刺史鄭譯 翟子樂府歌詩十卷 翟子三調相和歌辭五卷 周優人曲辭二卷 歷代歌六卷 和樂府古辭一卷 裴楷齊三調雅辭五卷 三調相和歌辭五卷 奏韓鐸舞曲二卷 陳郊廟歌辭三卷 樂府新歌十卷秦王記室崔子發撰 樂府新歌二卷秦王司馬殷僧首 皇府三校歌詩十卷 魏燕樂歌辭七卷 晉燕樂歌辭十卷荀勗 宋太始祭高禖歌辭十一卷

右歌辭二十二部一百二十三卷

樂府古題要解一卷吳兢 樂府古題解一卷劉餗 樂府詩目錄一卷沈建 樂府古今題解三卷郗昂 樂府解題一卷 樂府題解十卷劉次莊

右題解十六部一十七卷

樂簿十卷 齊朝曲簿一卷 隋總曲簿一卷 正聲伎雜等曲簿一卷 太常寺曲名一卷 太常寺曲簿十一卷 歌曲名五卷 歷代樂名一卷 唐郊祀樂章譜二卷張說王涇 歷代曲名一卷 外國伎曲三卷 又一卷 樂府廣題一卷 太常大樂曲部并譜一卷 樂章記五卷

右曲簿十五部四十五卷

樂府聲調六卷鄭譯 樂府聲調三卷鄭譯 推七音二卷并尺法 聲律指歸一卷元愍 律呂五法圖一卷蕭古 黃鍾律一卷 明堂教習音律一卷

右聲調七部一十五卷

鐘磬志二卷公孫崇 鐘書六卷四庫書目 寶鐘釋文一卷任之奇 樂懸一卷隋藝文志 又樂懸圖一卷

右鐘磬五部十一卷

管絃記十卷凌秀 管絃記十二卷留進 琵琶譜一卷賀瓌智 琵琶錄一卷段安節 當管七聲二卷魏僧撰 觱栗格三卷 胡笳錄一卷蔡文姬 集胡笳辭一卷劉商 胡笳調一卷蔡文姬 胡笳十八拍一卷 小胡笳十九拍一卷蔡翼纂

右管絃十一部三十四卷

歌舞式一卷 柘枝譜一卷 舞鑑圖三卷 採蓮舞譜一卷

右舞四部六卷

漢魏吳晉鼓吹曲四卷 鼓吹樂章一卷 羯鼓錄一卷南卓 衛鼓吹格一卷

右鼓吹四部七卷

琴操三卷晉廣陵相孔衍 琴操鈔二卷 琴操鈔一卷 琴譜四卷戴氏 琴經一卷 琴說一卷 琴歷頭簿一卷以上並隋志 琴譜二十一卷陳懷 琴敍譜九卷趙邪利 金風樂一卷唐明皇 無射商九調譜一卷蕭祐 琴書三卷趙惟陳 大唐正聲新徵琴譜十卷陳拙 廣陵止息譜一卷呂渭 廣陵止息譜一卷李良輔 東杓引譜一卷李約 琴雅略一卷齊嵩 琴調四卷陳康士 琴譜十三卷陳康士 離騷譜一卷 琴手勢譜一卷趙邪利 琴說一卷李勉 琴說一卷鄭文祐 三樂圖一卷世言榮啟期撰 雅樂均聲格一卷 正聲五弄譜一卷 琴箋一卷崔遵度 琴經一卷崔亮 琴訣一卷薛易簡 琴操引三卷 琴心三卷 琴義一卷劉籍 阮譜一卷 琴指圖一卷 進琴式一卷 壁阮指法一卷 琴傳七卷 隱韶集一卷 琴阮二弄譜一卷 阮咸譜一卷蔡逸撰 琴調十七卷 琴聲韻圖一卷 琴德譜一卷 沈氏琴書一卷 張淡正琴譜一卷 琴式圖一卷 三樂譜一卷 琴書正聲九卷 阮咸調弄二卷 阮咸金羽調一卷 降聖引譜一卷 阮咸譜二十卷 雅琴名錄一卷謝希逸 碧落子斷琴法一卷石汝礪

右琴五十四部一百六十八卷

樂緯三卷宋均注

右讖緯一部三卷

凡樂十一種一百八十一部一千四卷

小學類第四

小學 文字 音韻 音釋 古文 法書 蕃書 神書

三蒼三卷郭璞撰秦相李斯作蒼頡篇漢揚雄作訓纂篇後漢郎中賈魴作滂喜篇故曰三蒼 蒼頡訓詁二卷杜林注 埤蒼三卷張揖隋志二卷 三蒼訓詁三卷 廣蒼一卷樊恭 急就章一卷史游 急就章二卷崔浩注 急就章一卷顏之推注 急就章三卷豆盧氏撰 急就章一卷顏師古注 吳章二卷陸機 在昔篇一卷班固 太甲篇一卷班固 凡將篇一卷司馬相如 黃初篇一卷 小學篇一卷晉下邳內史王義 小學篇九卷楊方

始學一卷　勸學一卷蔡邕　幼學篇一卷朱嗣卿　始學篇十二篇項峻　小學篇一卷王羲之　發蒙記一卷晉著作郎束晳　啟蒙記三卷晉顧愷之　啟疑記三卷顧愷之　詁幼文三卷顧延之　千字文一卷蕭子雲　次韻千字文一卷梁周興嗣　演千字文五卷　古今字詁三卷張揖　雜字指一卷後漢郭顯卿　字指二卷晉李彤　小學總錄二卷

右小學三十三部七十七卷

說文二十卷漢許慎纂唐李陽冰刊定　說文十五卷宋朝徐鉉刊定　說文解字繫傳三十八卷徐鍇　補說文字解三十卷僧曇域　說文音隱四卷　說文韻譜十卷徐鍇　說文字源一卷唐李騰集　宋林七卷晉弦令呂忱　字林音義五卷宋揚州督護吳恭　古今字書十卷　字書十卷　字統二十一卷楊承慶　玉篇三十一卷陳左將軍顧野王　像文玉篇三十卷唐釋慧力　玉篇解疑三十卷道士趙利正　類篇四十五卷司馬光等　字類敘評三卷侯洪伯　要字苑一卷宋豫章太守謝康樂　括字苑十三卷馮幹　要用字苑一卷葛洪　常用字訓一卷殷仲堪　字屬篇一卷賈魴　要用雜字三卷鄒里　文字要記三卷王義　解文字七卷周成　文字集略六卷梁阮孝緒　字宗三卷蘇立　文字譜一卷　釋文十卷江邃　文字志三卷王愔　文字要說一卷王氏　難字要三卷　覽字知源三卷　字源偏旁小說三卷東林生解　字旨篇一卷郭訓　桂苑珠叢一百卷諸葛穎　桂林珠叢略要二十卷　俗語難字一卷隋王劭　雜字要三卷隋李少通　雜字書八卷僧正度　文字整疑一卷　正名一卷　纂文三卷何承天　纂要六卷顏延之　文字釋疑一卷　今字辨疑三卷李少通　啟疑三卷顧愷之　文字指歸四卷　字海一百卷唐武后　千祿字書一卷顏元孫　佩觿三卷郭忠恕　稽正辨訛一卷　龍龕手鑑四卷燕僧智光　文字釋訓三十卷梁僧寶誌　開元文字音義三十卷唐明皇　五經文字三卷唐張參　九經字樣一卷唐元度　經典分毫正字一卷唐歐陽融

右文字五十八部七百二卷

音書考源一卷　聲韻四十一卷周研　聲類十卷魏左校令李登　韻集十卷　韻集六卷晉安復令呂靜　四聲韻林二十八卷張諒　韻集八卷段弘　羣玉典韻五卷　文章音韻二卷王該　韻略一卷陽休之　修續音韻決疑十四卷李槩　纂韻鈔十卷　四聲指歸一卷劉善經　四聲一卷沈約　四聲韻略十三卷夏侯詠　韻篇十三卷趙氏　音譜四卷李槩　韻英三卷釋靜洪　切韻五卷陸慈　音韻二十卷蕭鈞　唐韻五卷孫愐　韻銓十五卷唐武元之　韻英五卷明皇　韻海鑑源三百六十卷顏眞卿　切韻十卷唐李舟　辨體補修加字切韻五卷唐僧猷智　唐廣韻五卷張參　廣切韻五卷　唐韻要略一卷李邕　雍熙廣韻一百卷宋朝句中正等詳定　集韻十卷丁度等修　禮部疑韻二十卷　宋朝重修廣韻五卷陳彭年　五音廣韻五卷吳鉉　景祐韻五卷　禮部韻略五卷王洙等修　雜文字音七卷王延　辨嫌音一卷陽休之　異字同音一卷　證俗音三卷張推　證俗音略一卷顏愍楚　敘同音三卷　聲韻圖一卷　五音切韻樞三卷柳曜　切韻指元論三卷　切韻指元疏五卷僧鑑言　歸字圖一卷劉守錫　三十六字母圖一卷僧守溫

切韻之學起自西域舊所傳十四字貫一切音文省而音博謂之婆羅門書然猶未也其後又得三十六字母而音韻之道始備中華之韻只彈四聲然有聲有音聲爲經音爲緯平上去入者四聲也其體縱故爲經宮商角徵羽半徵半商七音也其體橫故爲緯經緯錯綜然後成文臣所作韻書備矣釋氏謂此學爲小悟學者誠不可忽也

定清濁韻鈐一卷僧行慶　切韻內外轉鈐一卷　內外轉歸字一卷

右音韻五十一部七百九十卷

經典釋文三十卷陸德明　經典集音三十卷劉鎔　音訣八卷郭逸　羣經音辨七卷宋朝賈昌朝

右音釋四部七十五卷

古今官書一卷後漢議郎衛宏集　古文奇字二卷郭顯卿集　古文雜字一卷　汗簡八卷郭忠恕　纂古一卷崔希裕集　尚書古字一卷　古文略李商隱　集綴古文裴光遠　集古文張揖　義雲章一卷　古文字訓二卷　集古四聲韻五卷夏竦　鍾鼎篆韻三卷王楚　古篆禮部韻五卷釋守隆

右古文十四部二十九卷

六文書一卷　四體書勢一卷晉衛恆　雜體書九卷釋正度　古今八體六文書法一卷　古今篆隸雜字體一卷蕭子政　古今篆隸訓詁名錄一卷　古今文等書一卷　篆隸雜體書二卷　古今字圖雜錄一卷隋曹憲　文字圖二卷　秦皇東巡會稽刻石文一卷　聖章草一卷蔡邕　飛龍篇篆草勢合三卷崔瑗　法書目錄六卷虞龢　五十二體書一卷蕭子雲　書品一卷庾肩吾　筆墨法一卷顏之推　麄紙筆墨疏一卷　書後品一卷李嗣眞　書譜一卷徐浩　古跡記一卷徐浩撰　書斷三卷張懷瓘　評書藥石論一卷張懷瓘　書則一卷張景元撰　書指論一卷褚長文　法書要錄十卷張彥遠　草書雜體裴行儉撰　荊浩筆法記一卷　王氏八體書範四卷王方慶　書祖一卷張懷瓘　書法藥石論一卷張懷瓘　六體論一卷張懷瓘　御製評書一卷唐太宗　有唐名書評贊一卷　臨書關要一卷僧應之　字學要錄一卷　授筆法一卷　古文篆隸體書記二卷　辨字圖一卷　敘書四卷　懷素傳一

卷陸羽 書禁經一卷　傳授記一卷　篆髓六卷鄭停方
飛白書錄一卷　文房四譜四卷　金壺記二卷僧適之 隸
書決疑賦一卷　書品十卷　明皇八分孝經一卷
十般篆書十卷　王逸少筆勢圖一卷　續書評一卷
呂總 法書一卷蔡希綜 古今書人優劣評一卷梁武帝 述書賦
三卷竇臮撰竇蒙注 古來能書人名一卷王僧虔 隸書正字賦一
卷石懷德 張長史筆法十二意一卷　圖書會粹六卷
蔡氏口訣一卷　書隱法一卷　墨藪五卷　古今書
法苑十卷宋朝周越 書評一卷袁昂 筆體論一卷虞世南 筆法要
訣一卷李陽冰篆 筆法一卷羊欣 筆經一卷　法帖釋文十卷
石蒼舒 法帖釋文劉次莊

右法書七十一部一百五十一卷

婆羅門書四卷隋志一卷 外國書四卷

右蕃書二部八卷

蜀川鐵鑑子一卷　吳國山天篆一卷　崆峒山石文
一卷　合山鬼篆一卷　湘潭鑑銘一卷　羅漢寺仙
篆一卷　羅漢寺仙隸一卷

右神書七部七卷

凡小學八種二百四十部一千八百三十九卷

通志卷六十四

通志卷六十五

宋右廸功郎鄭樵漁仲撰

藝文略第三

史類第五 正史 編年 霸史 雜史 起居注 故事 職官 刑法 傳記 地理 譜系 食貨 目錄

正史 史記 漢 後漢 三國 晉 宋 齊 梁 陳 後魏 北齊 後周 隋 唐 通史

史記一百三十卷 目錄一卷漢太史公司馬遷撰 史記八十卷 宋南中郎外兵參軍裴駰注 史記一百三十卷 許子儒注 史記一百三十卷 王元感注 史記一百三十卷 陳伯宣注今存八十七卷 史記一百三十卷 徐堅注 史記一百三十卷 李鎮注 續史記一百三十卷 唐韓琬撰 史記音義十二卷 宋中散大夫徐廣 史記音三卷 梁輕車錄事參軍鄒誕注 史記音三卷 許子儒注 史記鈔十四卷 葛洪撰 史記義林二十卷 李鎮 史記索隱三十卷 司馬貞 史記纂訓二十卷 裴安時 史記地名二十卷 劉伯莊 史記正義三十卷 唐張守節 史記名臣疏三十四卷 竇羣 史要十卷 衛颯撰約史記要言以類相從 史記正傳九卷 張瑩

右史記二十一部一千一百九十五卷

漢書一百五十卷 漢護軍班固撰泰山太守應劭集解 御銓定漢書八十七卷 漢書一百二十卷 顏師古注 漢書集解音義二十四卷 應劭撰 漢書音訓一卷 服虔 漢書音義七卷 韋昭 漢書音二卷 夏侯詠 漢書音二卷 梁尋陽太守劉顯等 漢書音義十二卷 國子博士蕭該 漢書音十二卷 廢太子勇命包愷等 漢書音義九卷 孟康 漢書音義十七卷 晉灼 漢書音義二卷 崔浩 孔氏漢書音義鈔二卷 孔文祥 漢書音義二十六卷 劉嗣等 漢書音十二卷 蕭該 漢書律歷志音義一卷 陰景倫撰 漢書音義十二卷 蔡播撰 漢書集注十三卷 晉灼撰 漢書注一卷 齊金紫光祿大夫陸澄撰 漢書注四十卷 蔡播撰 漢書續訓三卷 梁北平諮議參軍韋稜撰 漢書訓纂三十卷 陳吏部尚書姚察撰 漢書集解一卷 姚察撰 漢書議苑 元懷景撰 漢書紹訓四十卷 姚珽撰 論前漢事一卷 諸葛亮撰 漢書駁議二卷 晉安北將軍劉寶撰 定漢書疑二卷 姚察撰 漢書決疑十二卷 顏游秦撰 漢書辨惑三十卷 李喜撰 漢書問答五卷 沈遵撰 漢書敘傳五卷 項岱撰 漢疏四卷 漢書舊隱義一卷 學三使者禮部問科日百餘條 漢書正義三十卷 唐僧務靜撰 漢書正名氏義十二卷 漢書英華八卷 漢書古今集義二十卷 顧允撰 前漢考異一卷 漢書鈔三十卷 葛洪撰 漢尚書一十卷 孔衍撰

右漢書四十三部八百二卷

東觀漢記一百四十三卷 起光武記注至靈帝長水校尉劉珍等撰 後漢書一百三十卷 無帝紀吳武陵太守謝承撰 後漢記一百卷 晉散騎常侍薛瑩撰 續漢書八十三卷 晉祕書監司馬彪撰 後漢書九十七卷 隋得十七卷唐得三十一卷晉少卿華嶠撰 後漢南記五十八卷 晉江州從事張瑩撰 後漢書一百一卷 晉祕書監袁山松撰 後漢書九十七卷 宋太子詹事范曄撰 後漢書五十八卷 梁剡令劉昭補注 後漢書一百二十二卷 范曄本劉熙撰 後漢書一百卷 章懷太子賢注 後漢書音義二十七卷 韋機撰 後漢書音一卷 後魏太常劉芳撰 後漢音訓三卷 陳宗道先生臧競撰 後漢外傳十卷 謝沈撰 後漢音三卷 蕭該撰 後漢書續十八卷 范曄撰 後漢書鈔三十卷 葛洪撰 後漢書論贊五卷 范曄撰 後漢尚書六卷 孔衍撰 前後漢著明論二十卷 三史刊誤四十五卷 宋朝余靖等撰 三史要略三十卷 張溫撰 三史菁英三十卷

右後漢二十四部一千三百一十六卷

魏書四十八卷 晉司空王沈撰 魏尚書八卷 孔衍撰 吳書五十五卷 韋昭撰 吳書實錄三卷 魏國志三十卷 晉太子庶子陳壽撰 蜀國志十五卷 陳壽撰 删補蜀記七卷 王隱撰 吳國志二十一卷 陳壽撰 魏志音義一卷 盧宗道撰 吳志鈔一卷 論三國志九卷 何常侍撰 三國志評三卷 徐爰撰 三國志序評三卷 晉王濤撰

右三國志十三部二百四卷

晉書九十三卷 晉著作郎王隱撰 晉書五十八卷 晉散騎常侍虞預撰 晉書十四卷 未成晉中書郎朱鳳撰訖元帝 晉書三十六卷 宋臨川內史謝靈運撰 晉中興書七十八卷 宋湘東太守何法盛撰起東晉 晉書一百十卷 齊徐州主簿臧榮緒撰 晉書九卷 本百二卷殘缺蕭子雲撰 晉書二十二卷 殘缺干寶撰 晉史草三十卷 梁蕭子顯撰 晉書一百三十卷 唐太子命羣臣撰 晉書一百一十卷 徐堅撰 注晉書百三十卷 高希嶠注 晉書鴻烈六卷 張氏撰 晉書音義三卷 唐處士何超撰 晉書鈔三十卷 張緬撰 晉諸公讚二十二卷 傅暢撰

右晉書十六部八百八十一卷

宋書六十五卷 宋中散大夫徐爰撰 宋書六十五卷 齊孫嚴撰 宋書一百卷 梁尚書僕射沈約撰 宋書三十卷 梁王智深撰舊六十一卷殘缺

右宋書四部二百六十卷

齊書六十卷 梁吏部尚書蕭子顯撰 齊紀十三卷 劉陟撰 齊紀二十卷 沈約撰 齊史十卷 吳兢撰

右齊書四部一百三卷

梁書四十九卷 梁中書郎林吳撰 梁史五十三卷 陳領軍大著作郎許亨撰 梁書帝紀七卷 姚察撰 梁書五十六卷 姚思廉撰 梁史十卷 吳兢撰

右梁書五部一百七十五卷

陳書三卷 顧野王撰 陳書三卷 傅縡撰 陳書四十二卷 訖宣帝陳吏部尚書陸瓊撰 陳書三十六卷 唐姚思廉撰 陳史五卷 吳兢撰

右陳書五部八十九卷

後魏書一百三十卷 後齊僕射魏收撰 後魏書一百卷 隋著作郎魏彥深撰 後魏書一百卷 張太素撰今惟存天文志二卷 元魏書三十卷 裴安

時撰

右魏書四部三百六十卷

北齊書二十四卷脩未成書李德林撰　北齊書二十卷張大素撰　北齊書五十卷李百藥撰

右北齊書三部九十四卷

後周書五十卷令狐德棻撰　周史十卷吳兢等撰

右後周書二部六十卷

隋書三十二卷張大素撰　隋書八十五卷　隋志三十卷

唐貞觀中詔諸臣分修五代史顏師古孔穎達撰次隋事起文帝作三紀五十列傳惟十志未奏又詔于志寧李淳風韋安化李延壽令狐德棻共加裒綴高宗時上之志寧乃上包梁陳齊周屬之隋事析爲三十篇號五代志與書合八十五篇臣按隋志極有倫類而本末兼明惟晉志可以無憾遷固以來皆不及也正爲班馬只事虛言不求典故實迹所以三代紀綱至遷八書固十志幾於絕緒雖其文彩灑然可喜求其實用則無有也觀隋志所以該五代南北兩朝紛然殽亂豈易貫穿而讀其書則了然如在目良由當時區處各當其才顏孔通古今而不明天文地理之序故只令修紀傳而以十志付之志寧淳風輩所以粲然具舉

隋史二十卷吳兢等撰　隋書六十卷未成祕書監王劭撰

右隋書五部二百二十七卷

唐書一百卷吳兢撰　唐書一百三十卷韋述等撰　國史一百六卷　國史一百十三卷　舊唐書二百卷劉昫張昭遠等撰　唐書直筆新例一卷呂夏卿撰　唐書釋音二十五卷董氏撰　新唐書二百二十五卷歐陽修宋祁等撰　新唐書糾繆二十卷吳縝撰　史系二十卷自會昌至光啟時事有禮樂刑法食貨五行地理志孝行忠節儒林隱逸傳

右唐書十部九百四十卷

通史六百二卷梁武帝撰起三皇訖梁　古史考二十五卷晉義陽亭侯譙周撰　南史八十卷李延壽撰　北史一百卷李延壽撰　高氏小史一百二十卷高峻撰　劉氏洞史二十卷劉權乃晏曾孫　史雋十卷唐鄭暐撰紀南北朝事　統史三百卷姚康復撰　令史二十卷蕭肅撰　古史六十卷宋朝蘇轍撰　五代史一百五十卷宋朝薛居正等撰　五代史記七十五卷歐陽脩撰　五代史纂誤五卷吳縝撰　五代志三十卷　十三代史選五十卷敘史記前後漢三國志晉宋齊梁陳後魏北齊後周隋十三家史　正史削繁十四卷阮孝緒撰　史要二十八卷王延秀撰　續史雋二十卷張伯玉撰　史通二十卷唐劉知幾撰　史通析微十卷唐李琛撰　正史雜論十卷僞蜀陽九齡撰　史列三卷唐劉餗撰

右通史二十二部一千七百五十二卷

凡正史九種一百八十二部八千四百六十卷

編年　古魏史　兩漢　魏　吳　晉　宋　齊　梁　陳　後魏　北齊　隋　唐　五代　運歷　紀錄

紀年十四卷汲冢書并竹書同異一卷隋志作十二卷

右古魏史一部十四卷

漢紀三十卷

漢獻帝以班史文繁難省故令祕書監荀悅約二百四十三年之行事起高祖迨王莽准左傳爲漢紀三十篇辭約而事詳本末先後不失條理當世偉之學者循習班馬之日久故此書不行自唐以前猶不能忘焉今或幾乎泯矣

漢紀三十卷應劭等撰　漢紀音義三卷崔浩撰　漢表十卷袁希之撰　漢皇德紀三十卷侯瑾撰　後漢紀三十卷袁宏撰　後漢紀三十卷張璠撰　後漢略二十五卷張緬撰　後漢靈獻二帝紀六卷劉艾撰　漢獻帝春秋十卷袁曄撰　山陽公載紀十卷樂資撰　漢春秋十卷孔衍撰　漢春秋一百卷宋朝胡旦撰　漢春秋問答一卷胡旦與門人鄒羽問答　後漢春秋六卷孔衍撰

右兩漢十五部三百三十一卷

漢魏春秋九卷孔舒元撰　魏氏春秋二十卷孫盛撰　魏陽秋異同八卷孫壽撰　魏武本紀年歷五卷　魏紀十二卷左將軍魏澹撰　魏略五十卷魚豢撰　吳紀十卷晉太學博士環濟撰　吳歷六卷胡沖撰　吳錄三十卷張勃撰　吳書實錄三卷

右魏吳十部一百五十三卷

漢晉陽秋五十四卷訖愍帝晉滎陽太守習鑿齒撰　晉紀四卷陸機撰　晉紀二十三卷干寶撰訖愍帝　晉紀十卷晉前軍諮議曹嘉之撰　晉紀十一卷晉荊州別駕王粲撰訖明帝　晉陽秋三十二卷訖哀帝孫盛撰　晉紀二十五卷宋中散大夫劉謙之撰　晉紀十卷宋吳興太守王韶之撰　晉紀四十五卷宋中散大夫徐廣撰　續晉紀五卷宋新興太守郭季產撰　續晉陽秋二十卷宋永嘉太守檀道鸞撰　晉錄五卷　晉史草三十卷蕭景暢撰隋志作蕭子顯　晉春秋略二十卷唐杜延業撰　晉後略五卷荀綽撰　晉歷二卷　漢魏晉帝要紀三卷賈匪之撰

右晉十七部三百四卷

建康實錄二十卷唐許嵩撰記江左六朝事作編年體　宋略二十卷梁通直郎裴子野撰　宋春秋二十卷梁吳興令王琰撰　宋春秋二十卷鮑衡卿撰　宋紀三十卷王智深撰

右宋六朝附五部一百十卷

齊春秋三十卷梁奉朝請吳均撰　齊典五卷王逸撰

右齊二部二十五卷

梁典三十卷劉璠撰　梁典三十卷陳始興王諮議何之元撰　梁撮要三十卷陳征南諮議陰僧仁撰　梁後略十卷姚最撰　梁太清紀十卷梁長沙藩王蕭韶撰　梁典三十九卷謝昊撰　梁末代紀一卷　皇帝紀

七卷　棲鳳春秋五卷臧嚴撰　梁帝紀七卷　梁承聖中興略十卷劉仲威撰　後梁春秋十卷蔡允恭撰

右梁十二部一百八十九卷

陳王業歷二卷陳中書郞趙齊旦撰

右陳一部二卷

後魏紀三十三卷盧彥卿撰　魏國紀十卷梁祚撰　魏典三十卷唐元行沖撰　三國典略二十卷唐邱悅撰以關中鄴都江南爲三國記南北朝事

右後魏四部九十三卷

北齊紀三十卷崔子發撰　北齊志十卷王劭撰　周史十八卷未成隋牛弘撰

右北齊周附三部五十八卷

隋後略十卷張太素撰　隋記二十卷呂才撰　隋記十卷邱啟期撰

右隋三部四十卷

唐歷四十卷唐柳芳撰起隋義寧元年訖建中三年　續唐歷二十二卷韋澳等撰　唐歷目錄一卷唐崔令欽撰據柳芳歷鈔其事目　唐春秋三十卷吳兢撰　唐春秋二十卷韋述撰　唐春秋六十卷陸長源撰　唐統紀一百卷陳嶽撰　唐朝年代記十卷唐焦璐撰　唐紀四十卷宋朝陳彭年撰　唐年歷一卷唐劉軻撰　唐年補錄六十五卷晉賈緯撰　唐歷帝紀一卷　唐餘錄六十卷王皞撰　唐年統略十一卷郭修撰　續唐錄一百卷宋敏求撰　唐典七十卷王彥威撰　唐錄政要十二卷凌璠撰自獻祖訖僖宗　唐鑑十二卷范祖禹撰　唐鑑五卷石介撰

右唐十九部六百六十卷

五代通錄六十五卷宋朝范質撰起梁開平元年盡周顯德六年　開皇紀三十卷鄭向撰　五代春秋二卷尹洙撰　周恭帝日歷三卷扈蒙撰

右五代四部一百卷

王氏五位圖十卷唐王起撰　廣五運圖　五運錄十二卷唐曹珪撰　正閏位歷三卷唐柳燦撰　歷代帝王正閏五運圖一卷　五運歷一卷　運歷圖六卷宋朝龔穎撰至雍熙　五運紀年志一卷　五運甲子編年歷三卷劉蒙叟撰　三五歷紀二卷徐整撰　渾天帝王五運歷年紀一卷　通歷二卷徐整撰　雜歷五卷　長歷十四卷　千年歷二卷　許氏千歲歷三卷　帝王年歷五卷陶弘景撰　分王年歷五卷羊瑗撰　國志歷五卷孔衍撰　年歷六卷皇甫謐撰　共和以來甲乙紀年一卷盧元福撰　古今年代歷一卷唐賈欽文撰　建元歷二卷唐張敦素撰　帝王歷數歌一卷唐劉軻撰　古今年號錄一卷唐封演撰　嘉號錄一卷唐進士韋美撰　兩漢至唐年紀一卷唐李康乂撰　唐至五代紀年記二卷　歷代君臣圖三卷　元類一卷　歷代年號一卷宋朝李昉等奉詔撰　帝王年代圖一卷郭伯邕撰訖隋　紀年錄一卷起黃帝至宋朝至道　古今類聚年號圖一卷偽蜀杜光庭撰自漢至魏蜀　年號歷一卷起漢建元訖唐天祐　古今年表一卷　表年歷一卷　歷代年譜一卷徐鍇撰　編年手鑑一卷周部纂　帝王歷數圖十卷路惟衡撰　歷代統紀一卷章寔撰　覗古圖一卷侯利建撰　古今通系圖一卷魏森撰　帝王事迹相承圖三卷牛撿撰　紀年指歸五卷　唐聖運圖二卷唐薛璠撰　紀運圖一卷　疑年譜二卷劉恕撰　帝系譜二卷唐張愔撰　帝系圖一卷　國朝年表八卷

右運歷五十一部一百四十八卷

帝王世紀十卷皇甫謐撰起三皇盡漢魏　帝王世紀音四卷虞綽撰　帝王本紀十卷來奧撰　續帝王世紀十卷何茂林撰　洞紀四卷韋昭撰起庖犧已來至漢建安十七年　續洞紀一卷臧榮緒撰　帝王要略十二卷環濟撰紀帝王及天官地理喪服　十五代略十卷吉文甫撰起庖犧至晉　周載八卷東晉孟儀撰略記前代下至秦其書已亾缺　先聖本紀十卷劉縚撰志作滔　唐帝王世錄一卷甄鸞撰　華夷帝王紀三十七卷楊曄撰　年歷帝紀二十卷姚恭撰　帝王諸侯世略十一卷　歷代記三十二卷庾和之撰　世譜四十八卷　帝錄十八卷諸葛耽撰　十代記十卷熊襄撰　帝王編年錄五十一卷盧元福撰　洞歷記九卷周樹撰　帝王紀錄三卷褚無量撰　三國春秋二十卷唐員半千撰　六代略三十卷李吉甫撰　稽古典一百三十卷唐頴撰　三國春秋崔良佐撰卷亾　古今紀年新傳三十卷張昌宗撰　史略三十卷杜信撰　廣軒轅本紀三卷王權撰　通歷七卷李仁實撰　通歷十卷馬總撰　續通歷十卷孫光憲撰　東海三國通歷十卷　古今通要四卷苗台符撰　紀年通譜十二卷宋庠撰　續補通歷十五卷王淑撰　編年通載十卷章衡撰　資治通鑑二百九十四卷司馬光撰　舉要歷八十卷司馬光撰　資治通鑑節六十卷司馬光撰　資治通鑑外紀三卷劉恕撰　外紀目錄三卷劉恕撰

右紀錄四十一部一千九十一卷

凡編年十五種一百八十八部三千三百二十一卷

霸史

華陽國志十二卷晉常璩撰以巴漢風俗及公孫以後據蜀者各爲之志　漢志書十卷常璩撰　蜀李書九卷　漢趙紀十卷和苞撰　趙書二十卷一日趙石記一日二石集載石勒事偽燕太傅長史田融撰　二石傳二卷晉北中郎參軍王度撰　二石偽治時事二卷王度撰　燕書二十卷記慕容儁事偽燕尚書范亨撰　南燕錄五卷記慕容德事偽燕尚書張銓撰　南燕錄六卷偽燕中書郎王景暉撰　南燕書七卷遊覽先生撰　燕志十卷記馮跋事後魏侍中高閭撰　秦書八卷何仲熙撰記苻健事　苻朝雜記一卷田融撰　秦紀十卷記姚萇事魏左民尚書姚和都撰　秦記十一卷宋殿中將軍裴景仁撰梁雍州主簿席惠明注　涼記八卷記張軌事偽燕右僕射張諮撰　涼書十卷記張軌事偽涼大將軍從事中郎劉昞撰　西河記二卷記張重華事晉侍御史喻歸撰　涼記十卷記呂光事偽涼著作佐郎段龜龍撰　涼書十卷高道讓撰　涼書十卷沮渠國史撰　拓跋涼錄十卷　敦煌實錄十卷劉昞撰　吐谷渾記二卷宋新亭侯段國撰　桓元偽事二卷　鄴洛鼎峙記十卷　天啟記十卷記梁元帝子諝據州事守

節先生撰 十六國春秋一百二十卷 魏崔鴻撰 十六國春秋略二卷 三十國春秋三十卷 梁湘東王世子蕭方等撰起漢建安訖晉元熙凡百五十六年以晉爲主包吳孫劉淵等三十國事 三十國春秋鈔二卷 三十國春秋一百卷 武敏之撰 戰國春秋二十卷 李槩撰

右霸史上 三十四部五百一十卷

吳越備史十五卷 宋朝范坰林禹撰記錢氏據有吳越事 忠懿王勳業志三卷 錢儼撰 錢氏戊申英政錄一卷 錢儼撰 錢氏家話一卷 錢儼編 錢易編 吳錄二十卷 僞唐徐鉉等撰記楊行密據淮南盡楊溥 淝上英雄小錄二卷 僞吳信都鎬撰記楊行密起廬州入廣陵所從將吏五十人 邗溝要略九卷 記楊行密據淮南事 吳楊氏本紀六卷 僞吳陳濬撰記楊氏始終 吳將佐錄一卷 記楊行密時功臣三十九人行事又三十四人只載姓名 江南錄十卷 徐鉉湯悅等撰記江南李氏三主事 江南川錄四卷 陳彭年撰 高皇帝過江事實一卷 記僞吳太和二年李昪還鎮金陵事 烈祖開基錄十卷 僞唐王顏撰記李昪據金陵事昪號烈祖 江南李氏事迹一卷 江表志三卷 鄭文寶撰 江南野史二十卷 龍袞撰 江南餘載二卷 吳唐拾遺錄十卷 許氏撰 南唐近事二卷 鄭文寶撰 前蜀王氏紀事二卷 僞蜀毛文錫撰記王建末僭號前事 前蜀書四十卷 僞蜀李昊撰記王氏本末 後蜀孟先主實錄三十卷 僞蜀李昊等撰記孟知祥一朝事 後蜀孟後主實錄八十卷 李昊等撰記孟昶事 後蜀孟氏紀事二卷 宋朝董淳撰記孟昶事 廣政雜錄三卷 僞蜀何光遠撰廣政乃僞蜀年號記王孟據蜀事 廣政雜記十五卷 僞蜀蒲仁裕撰 蜀檮杌十卷 張唐英撰 劉氏興亡錄一卷 敘僞漢劉嚴等四主事 三楚新錄三卷 宋朝周羽沖撰紀湖南馬殷周行逢荊南高季興事 湖湘馬氏故事二十卷 宋朝曹衍撰 荊湘近事十卷 陶岳撰 閩中實錄十卷 蔣文懌撰紀王氏據閩盡留從効李仁達事惟不及陳洪進 閩王審知傳一卷 僞唐陳致雍撰 渤海行年記十卷 曾顏撰 陰山雜錄四卷 十國紀年四十二卷 宋朝劉恕撰紀五代十國事 九國志四十九卷 曾顏撰記五代國事 五國故事二卷 闕記吳唐蜀漢五國事 天下大定錄十卷

右霸史下 三十九部四百六十五卷

凡霸史上下七十三部九百七十六卷

雜史 古雜史 兩漢 魏 晉 南北朝 隋 唐 五代 宋朝

越絕書十六卷 子貢撰或曰子胥舊有內紀八外傳十七今纔二十篇又載春申君疑後人竄定或言二十篇者非是 春秋前傳十卷 何承天撰 春秋前傳雜語十卷 何承天撰 春秋後傳三十一卷 晉著作郎樂資 魯後春秋二十卷 劉允濟撰 吳越春秋十二卷 趙曄撰 吳越春秋削繁五卷 楊方撰 吳越春秋傳十卷 皇甫遵撰 吳越記六卷 戰國策三十四卷 劉向錄 戰國策二十一卷 高誘撰注 戰國策論一卷 漢京兆尹延篤撰 南越志八卷 沈氏撰 十二國史四卷 春秋時國語十卷 孔衍撰 春秋後國語十卷 孔衍撰 聖賢事迹三十卷 宋朝蘇易簡撰 閩古堂名臣贊一卷 韓琦撰

右古雜史 十八部二百三十九卷

楚漢春秋九卷 陸賈撰 九州春秋十卷 司馬彪撰記漢末事 九州春秋鈔一卷 劉孝標注 史漢要集二卷 王蔑撰 漢表十卷 袁希之撰 漢末英雄記十卷 王粲撰 後漢雜事十卷 後漢文武釋論二十卷 王越客撰

右兩漢 八部七十二卷

魏晉世語十卷 晉襄陽令郭頒撰 魏末傳二卷 呂布本事一卷 毛范撰 晉武平吳記二卷 周世宗將討江南張昭撰

右魏晉 四部十五卷

宋中興伐逆事二卷 宋拾遺十卷 梁少卿謝綽撰 王霸記三卷 潘傑撰 宋齊語錄十卷 孔思尚撰 五代新記二卷 唐張緬古撰記梁陳北齊周隋事 金陵樞要一卷 王豹撰記六朝事 六朝採要十卷 齊梁相繼事迹一卷 乘輿龍飛記二卷 鮑衡卿撰 淮海亂離志四卷 蕭世怡撰敘梁末侯景之亂

右南北朝 十部四十五卷

隋開業平陳記十二卷 裴矩撰 隋平陳記一卷 稱臣悅亡其姓 大業拾遺一卷 唐杜寶撰 大業略記三卷 唐趙毅撰 大業拾遺錄一卷 記煬帝幸江都 大業雜記十卷 杜寶撰 隋季革命記五卷 唐杜儒童撰記大業之亂 劉氏行年記十卷 唐劉仁軌撰起大業十三年盡武德三年紀河洛寇攘事 朝野僉載二十卷 唐張鷟撰記周隋以來事迹

右隋 九部六十三卷

唐創業起居注三卷 溫大雅撰記高祖起義至于禪位 唐聖述一卷 裴烜之撰 今上王業記六卷 溫大雅撰 大唐太宗勳史一卷 吳兢撰 太宗建元實迹一卷 貞觀政要十卷 吳兢撰 太宗政典三十卷 李延壽撰 高宗承祚實迹一卷 裴烜之撰 唐書備闕記十卷 吳兢撰起太宗至明皇 明皇政錄十卷 李康撰 明皇雜錄二卷 鄭處晦撰 天寶亂離西幸記一卷 溫畬撰 幸蜀記一卷 宋巨撰 開天傳信記一卷 鄭棨撰得開元天寶事於傳聞 開元天寶遺事六卷 王仁裕撰 天寶艱難記十卷 河洛春秋二卷 唐包請撰起祿山叛訖史朝義敗 祿山事迹三卷 唐華陰尉姚汝能撰 邠志一卷 唐凌準撰天寶之亂從事邠府 大唐新語十三卷 唐劉肅撰起武德訖大歷 奉天記一卷 唐徐岱撰起德宗幸奉天 奉天錄四卷 唐趙元一撰 德宗幸奉天錄一卷 唐崔光庭 建中西狩錄十卷 張讀撰 文宗朝備問一卷 國史補三卷 唐李肇撰雜記開元至長慶間事 補國史六卷 唐林慎思傳 唐朝綱領圖一卷 唐南卓撰載唐事之綱目 逸史三卷 大中時人所作 闕史三卷 唐高彥休撰記大歷以後至乾符事 唐書純粹一百卷 林嵎撰 唐機要三十卷 劉直方撰 唐小記一卷 玉泉子見聞眞錄五卷 紀唐懿宗至昭宗時事 封氏見聞記五卷 唐封演撰 天祚承歸記一卷 唐蕭叔和撰記睿宗即位 唐末見聞八卷 紀信昭兩朝事 金華子雜編三卷 僞唐劉崇遠記太中咸通後事 燕南記三卷 唐谷況撰以建中時河朔叛惟易定張孝忠不從 唐故事稽疑十卷 唐崔亢撰 平蔡錄一卷 唐鄭澥記李愬平吳元濟事 平淮西記一卷 唐路隋撰記吳元濟始末事 河南記一卷 薛圖存撰記元和中平李師道事 元和辨謗錄三卷 李德裕撰

太和摧兇記一卷記太和甘露事誅鄭注等作十八傳　乙卯記李潛用撰記太和乙卯歲李訓等甘露事　甘露記二卷　開成紀事三卷記太和甘露事　次柳氏舊聞一卷李德裕撰　開成承詔錄二卷李石纂記文宗朝與鄭覃等奏對事　文武兩朝獻替記三卷李德裕撰記太和會昌間事　太唐錄備闕十五卷偽蜀歐陽炯撰記武宗僖宗中和初事　上黨紀叛一卷劉從諫事　貞陵遺事二卷唐令狐澄撰　會昌伐叛記一卷記李德裕相武宗破回鶻平劉稹　壺關錄三卷韓昱撰昱遭安史之亂追述李密王世充事　續貞陵遺事一卷唐柳玭撰　太和野史十卷公沙仲穆撰　平剡錄一卷唐鄭言撰記太和末禽越盜裘甫平剡縣　東觀奏記三卷唐裴廷裕撰記宣懿僖三宗事　彭門紀亂三卷唐孫樵撰記懿宗朝徐州龐勛叛　咸通解圍錄一卷張雲撰記咸通中雲南蠻寇成都　南楚新聞三卷唐尉遲樞記寶歷至天祐時事　廣陵妖亂志三卷唐郭廷誨撰記高駢鎮廣陵為妖人呂用之所惑致生亂至楊行密事　中朝故事三卷偽唐尉遲樞撰記宣懿昭三宗　唐補紀三卷唐程柔撰記宣懿僖宗事　會稽錄一卷記唐末越州董昌叛　雲南事狀一卷記唐末羣臣奏議招輯雲南蠻事　譚賓錄十卷唐胡璩撰雜載唐世事正史遺者　金鑾密記一卷唐韓偓撰記昭宗幸華州梁太祖以兵圍華事　三朝革命錄三卷載隋唐事盡于天祐諱梁偽吳徐廙撰

右唐七十一部四百卷

汴水滔天錄一卷五代王振撰記梁太祖事　汴州記一卷記梁太祖鎮汴州事　梁太祖編遺錄三十卷梁敬翔撰　梁列傳十五卷周張昭遠撰　後唐列傳三十卷周張昭遠撰　莊宗召禍記一卷後漢黃彬撰　晉朝陷蕃記四卷宋朝范質等修　陷蕃記四卷范質撰　陷虜記三卷周胡嶠撰嶠陷虜歸記其事　周世宗征淮錄一卷記征壽州劉仁贍事　入洛私書十卷周江文秉撰記同光至顯德事　後史補三卷周高若拙雜記唐及五代史　備史六卷賈緯撰記晉末之亂每一事作一詩以系之　五代史初要十卷歐陽頡撰　王氏聞見集三卷晉王仁裕撰記前蜀事　續皇王寶運錄十卷唐韋昭度等撰楊岑作皇王寶運錄止于憲宗而昭度續其後記唐末亂世事楊岑錄已亡　五代史補五卷陶岳撰　五代史闕文一卷王禹偁撰　皮氏見聞錄十三卷皮光業撰記唐乾符至五代時事　玉堂閑話十卷漢王仁裕撰　耳目記二卷記唐末五代以來事　北夢瑣言三十卷孫光憲撰

右五代二十二部一百九十三卷

宋世龍飛故事一卷　仙源積慶圖一卷　太宗皇帝潛龍事迹一卷王延德撰　光聖錄一卷錢儼撰　三朝逐史一卷陳偍撰　三朝聖政錄三卷石介撰　宋朝政錄十二卷　三朝訓鑒圖十卷李淑等撰　太平故事二十卷　三朝聖政略十四卷　三朝寶訓三十卷呂夷簡撰　兩朝寶訓二十卷林希編　仁宗政要四十卷　寶訓要言十五卷　邇英聖覽十卷丁度編　神宗聖訓錄二十卷林虙編　宋朝事實三十卷沈收編　熙寧奏對日錄一百卷王安石撰　熙豐政事十五卷　太平紀要二十卷　太平盛典五卷　三朝經武聖略十五卷王洙編　治平經費節要三卷　皇猷錄一卷錢信撰記太平興國以後事　嘉祐名臣傳五卷張唐英撰　仁英兩朝列傳二十卷　皇祐平蠻記二卷馮炳撰　征南錄一卷滕甫撰　儂賊入廣州事一卷霍建中撰　征蠻錄一卷呂璹撰　元祐分疆語錄一卷游師雄撰　本朝要錄一卷　水洛城記一卷李格非　平燕錄一卷　南歸錄一卷沈琯撰　孤臣泣血錄一卷丁時起撰

右宋朝三十六部四百二十四卷

凡雜史八種一百七十八部一千四百五十一卷

起居注　起居注　實錄　會要

穆天子傳六卷汲冢古文郭璞注　漢獻帝起居注五卷　晉泰始起居注二十卷李軌撰　晉咸寧起居注十卷李軌撰　晉太康起居注二十二卷李軌撰　晉元康起居注一卷　晉建武大興永昌起居注九卷　晉咸和起居注十六卷李軌　晉咸康起居注二十二卷　晉建元起居注四卷　晉永和起居注十七卷　晉升平起居注十卷　晉太元起居注五十二卷　晉太寧起居注十卷　晉起居注三百十七卷劉道薈撰　流別起居注三十七卷　晉宋起居注鈔五十一卷何始眞撰　晉起居注鈔二十四卷　宋永初起居注十卷　宋景平起居注三卷　宋元嘉起居注五十五卷　宋孝建起居注十二卷　宋大明起居注十五卷　宋泰始起居注十九卷　宋泰豫起居注四卷　齊永明起居注二十五卷　梁大同起居注十卷　後魏起居注三百三十六卷　陳永定起居注八卷　陳天嘉起居注二十三卷　陳天康光大起居注十卷　陳至德起居注四卷　後周太祖號令三卷　隋開皇起居注六十卷　南燕起居注六卷　三代起居注鈔十五卷王逡之撰　大唐創業起居注三卷溫大雅撰　開元起居注三千六百八十二卷　修府政記四十卷姚璹撰

右起居注三十九部四千九百七十六卷

梁皇帝實錄二卷周興嗣撰　梁皇帝實錄五卷謝吳撰　梁太清實錄十卷　唐高祖實錄二十卷　太宗實錄二十卷　貞觀實錄四十卷長孫無忌撰　高宗後實錄三十卷劉知幾撰　高宗實錄三十卷韋述撰　則天實錄二十卷劉知幾等撰　中宗實錄二十卷劉知幾吳兢撰　太上皇實錄十卷劉知幾撰起景雲元年　睿宗實錄五卷吳兢撰　開元實錄四十七卷　明皇實錄五卷元載等撰　明皇實錄二十卷張說撰　肅宗實錄三十卷元載撰　代宗實錄四十卷令狐峘撰　建中實錄十卷沈既濟撰　德宗實錄五十卷裴垍撰　順宗實錄五卷韓愈撰　憲宗實錄四十卷路隋等撰　穆宗實錄二十卷路隋撰　敬宗實錄十卷　文宗實錄四十卷李讓夷等撰　武宗實錄三十卷韋保衡等撰　宣宗實錄三十卷宋敏求撰　懿宗實錄三十卷宋敏求修　僖宗實錄三十卷宋敏求修　昭宗實錄三十卷宋敏求修　哀宗實錄八卷宋敏求修　梁太祖

實錄三十卷梁郗象等撰　後唐獻祖紀年錄二卷　後唐懿祖紀年錄一卷　後唐太祖紀年錄十七卷　後唐莊宗實錄三十卷後唐趙鳳史官張昭遠等修獻祖懿祖太祖爲紀年莊宗爲實錄　後唐明宗實錄三十卷姚顗等撰　後唐廢帝實錄十七卷宋朝張昭劉溫叟同修　後唐愍帝實錄三卷張昭等修　晉高祖實錄三十卷漢竇貞固史官賈緯等修　晉少帝實錄二十卷竇貞固等修　漢高祖實錄二十卷漢蘇逢吉等修　漢隱帝實錄十五卷張昭等修　周太祖實錄三十卷張昭劉溫叟等修　周世宗實錄四十卷宋朝王溥等修　本朝政錄十二卷　三朝錄要十二卷　六朝實錄五百四十卷續添一百七十卷　三朝紀十卷呂夷簡修　聖政紀百五十卷丁謂等修

右實錄五十部一千八百六十六卷

西漢會要十卷　會要四十卷唐蘇冕撰起高祖訖代宗　續會要四十卷唐崔鉉撰次德宗以來至大中間事　唐會要一百卷宋朝王溥撰起宣宗至唐末以蘇冕崔鉉二書合爲百卷　國朝會要一百五十卷章得象等編　國朝會要三百卷王珪等編　五代會要三十卷王溥撰起梁訖周

右會要七部六百七十卷

凡起居注三種九十六部七千五百一十二卷

故事

秦漢以來舊事十卷　漢武故事二卷　韋氏三輔舊事三卷　西京雜記二卷葛洪撰　建武故事三卷　永平故事二卷　漢魏吳蜀舊事八卷　晉朝要事三卷　晉故事四十三卷　晉泰始太康故事八卷　晉建武故事三卷隋志一卷　晉建武咸和咸康故事四卷孔愉撰隋志無建武字　晉諸雜故事二十二卷　交州雜事九卷記士燮及陶璜事　晉八王故事十二卷盧綝撰　晉四王起事四卷盧綝撰　大司馬陶公故事二卷　桓元僭僞事二卷　沔南故事三卷應思遠撰　天正舊事三卷　華林故事名一卷　先朝故事二十卷劉道薈撰　中興伐逆事二卷　魏永安故事三卷溫子昇撰　梁魏舊事三十卷蕭大圜撰　征南故事三卷應詹撰　救襄陽上都府事一卷王懋期撰　春坊要錄四卷杜正倫撰　春坊舊事三卷　鄴都故事十卷裴矩撰　唐年小錄八卷馬總撰　國朝舊事四十卷紀唐事　集說一卷記唐十五事　孝和中興故事三卷張齊賢撰　南宮故事十二卷王方慶撰　南宮故事三十卷盧若虛撰　衞公平突厥故事二卷李仁實撰　文貞公傳事四卷敬播撰　文貞公事六卷劉禕之撰　魏文貞故事八卷張大業撰　文貞公事錄一卷王方慶撰　英公故事四卷謝偃撰　英國貞武公故事四卷劉禕之撰　彭城公故事一卷陳諫等撰　張九齡事迹一卷　李勃事迹一卷　杜悰事迹一卷　吳湘事迹一卷

右故事

凡故事一種四十八部三百五十三卷

職官

漢官解詁三卷漢新汲令王隆撰胡廣注　漢官五卷應劭注今存一卷　漢官儀十卷應劭撰　漢官典儀一卷漢衞尉蔡質撰　漢官儀式選用一卷丁孚撰　魏官儀一卷荀攸撰　魏晉百官名五卷　晉公卿禮秩故事九卷傅暢撰　晉新定儀注十四卷　晉官品一卷徐宣瑜撰　百官表注十六卷荀綽撰　晉惠帝百官名三卷陸機撰　晉百官名十四卷舊三十卷　晉官屬名四卷　晉過江人士目一卷　晉永嘉流士二卷衞禹撰　登城三戰簿三卷　百官階次一卷范曄撰　宋百官階次三卷荀欽明撰　宋百官春秋六卷　魏官品令一卷　齊職官儀五十卷齊長水校尉王珪之撰　齊職儀五卷　梁新定官品十六卷沈約撰　職官要錄三十卷陶藻唐志作彥藻　梁官品格一卷　百官階次三卷　官族傳十四卷何晏撰　百官春秋五十卷王秀道撰　百官春秋二十卷　梁尚書職制儀注四十一卷郭衍撰　職令古今百官注十卷郭衍撰　職員舊事三十卷　陳太建十一年百官簿狀二卷　隋官序錄十二卷郭楚之撰　職官要錄鈔三卷上古訖隋　具員故事十卷梁載言撰　唐六典三十卷唐明皇撰李林甫注　具員事迹十卷　職該二卷唐杜英師撰　官品纂要十卷任戩撰　元和國計簿十卷李吉甫撰　元和百司舉要一卷李吉甫撰　太和國計二十卷韋處厚撰　元和會計錄三十卷　會昌中唐雜品一卷　唐百官職紀二卷　唐書官品志一卷　官班兩列一卷　歷任儀式一卷　寄祿新格一卷　文昌損益二卷唐張之緒撰　唐百官俸料一卷何處撰　職林二十卷楊侃撰　官職訓一卷　唐外典職官紀十卷杜佑撰　官制目錄格子　職官分紀十四卷孫逢吉撰　搢紳集三卷　朝官班簿一卷天聖四年修　敍官朝儀一卷　唐國要圖五卷　文武百官圖一卷萬當世撰

右職官上六十三部五百八十一卷

尚書考功簿五卷王方慶撰　尚書考功課績簿十卷王方慶撰　尚書科配簿五卷　梁選簿三卷徐勉撰　梁勳選格一卷　天官舊事一卷劉貺撰　選譜十卷裴行儉撰　選舉志十卷沈既濟撰　舉選衡鑑三卷　占額圖一卷王彥威撰　隋吏部用人格一卷　唐循資格一卷天寶中修定　唐循資格一卷王涯修定　梁循資格一卷後唐清泰中修定　循資歷一卷　銓曹條例遠近一卷　五省遷除二十卷　唐宰相表三卷柳芳撰　宋輔相表十卷陳繹撰　熙豐宰輔年表一卷　鳳池錄五十卷唐馬宇撰　輔佐記十卷賀蘭氏撰　中台志十卷唐李筌撰起商訖唐　國相事狀七卷唐韋琯撰　唐宰輔錄七十卷蔣乂撰　唐宰輔圖二卷起高祖訖昭宗宰相名氏拜免年月　宋宰輔拜罷錄二十四卷　中書故事一卷尉遲偓撰　宰輔明鑑十卷僞吳張翼撰　唐中書則例一卷　唐

宰相歷任記二卷　大丞相唐王官屬記一卷(溫大雅撰)　司徒議注五卷(晉干寶撰)　陳新定將軍名一卷　御史臺雜注五卷(唐杜易簡撰)　御史臺記十二卷(唐韓琬撰)　御史臺記十卷(唐韋述撰)　御史臺故事三卷(唐李構撰)　御史臺儀一卷　御史臺直廳雜儀一卷　御史臺儀制六卷(張知白撰)　御史臺三院因話一卷　御史臺總載一卷　右臺記一卷　翰林志一卷(唐李肇撰)　翰林內志一卷　翰林學士院舊規一卷(唐楊鉅撰)　翰林故事一卷(唐韋執誼撰)　續翰林故事一卷(申文炳撰)　承旨學士院壁記一卷(唐元稹撰)　蓬山志五卷(宋朝羅畸撰)　續翰林志二卷(本朝蘇易簡撰)　次續翰林志二卷(宋朝蘇耆撰)　翰林雜事鈔一卷　翰林雜記一卷(李宗諤撰)　掖垣叢志三卷(宋朝宋庠撰)　舍人院題名一卷　金門統例三卷　金坡遺事三卷(錢惟演撰)　續金坡遺事一卷　集賢注記三卷(唐韋述撰)　史館故事錄三卷(五代周史官所錄)　史官懋官志五卷(本朝趙麟幾撰)　宮卿舊事一卷(王方慶撰)　東宮官屬一卷　九寺三監錄一卷　羣牧故事三卷(王曉撰)　養馬事宜一卷(廖康撰)　金牧圖一卷　州牧要一卷　牧宰政術一卷(蕭秋撰)　客省條例七卷　四方館儀一卷　外臺糺纏敘事一卷　鹽鐵轉運圖一卷(夏侯頫撰)　制置司指掌一卷　制置司備問一卷　廣州市舶錄三卷(趙思協撰)　十七路轉運司圖一卷　景德會計錄六卷(丁謂撰)　皇祐會計錄六卷(田況撰)　慶歷會計錄二卷　漑漕新書四十卷

右職官下(八十三部四百四十三卷)

凡職官二種一百四十六部一千二十四卷

刑法　律　令　格　式　勑　總類　古制　專條　貢舉　斷獄　法守

律本二十一卷(賈充杜預撰)　漢晉律序注一卷(晉僮長張斐撰)　雜律解二十一卷(張斐撰)　晉宋齊梁律二十卷(蔡法度撰)　齊永明律八卷(宗躬撰)　梁律二十卷(蔡法度撰)　陳律九卷(范泉等撰)　後魏律二十卷　北齊律十二卷　周律二十五卷(趙肅等撰)　隋律十二卷(高熲等撰)　隋大業律十八卷　唐武德律十二卷　貞觀律十二卷　永徽律十二卷　律略論五卷(劉邵撰)　律疏二十卷　律音義一卷(宋朝孫奭撰)　律鑑一卷　律令手鑑一卷(唐王行先撰)　四科律心要訣一卷　金科玉律二卷　金科易覽一卷(趙緒撰)

右律(二十三部二百六十五卷)

晉令四十卷(賈充杜預撰)　梁令三十卷　北齊令五十卷　北齊權令二卷　陳令三十卷(范泉等撰)　隋開皇令三十卷(牛弘等撰)　隋大業令三十卷　唐武德令三十一卷(長孫無忌等撰)　貞觀令二十七卷　永徽令三十卷　梁令三十卷(朱梁時修)　宋朝淯化令三十卷　天聖令三十卷　元豐令五十卷　元祐令二十五卷　熙寧編勑赦降附令二十一卷(王安石定)

右令(十六部四百八十七卷)

梁科三十卷

賈充杜預刪定律令有律有令有故事故事卽張蒼之章程也梁時又取故事之宜於時者爲梁科後齊武帝時又於麟趾殿刪正刑典謂之麟趾格後周太祖又命蘇綽撰大統式隋則律令格式並行

陳科三十卷　麟趾格四卷　唐格十八卷　留司格一卷　留本司行格十八卷　散頒天下格七卷　永徽留本司格後十一卷　垂拱格十卷　新格二卷　散頒格三卷　留司格六卷　太極格十卷　開元前格十卷　開元後格十卷　開元格鈔一卷　開元新格十卷(李林甫等修)　開成詳定格十卷(狄兼謩撰)　梁格十卷　朱梁格目錄一卷　後唐長安格一卷　傍通開元格一卷　宋乾德長安格十卷(陶穀修)　開寶長定格三卷(盧多遜等修)　元豐賞格五卷

右格(二十四部二百二十二卷)

周大統式三卷(蘇綽撰)　唐武德式十四卷　貞觀式三十三卷　永徽式十四卷　式本一卷　垂拱式二十卷　開元式二十卷　式苑四卷(唐元泳撰)　梁式二十卷　併贓折杖式一卷　熙寧支賜式一卷

右式(十一部一百三十一卷)

開元格後長行勑六卷　大和格後勑四十卷　大中刑法總要格後勑六十卷(宣宗朝編)　元和格勑三十卷　元和刪定制勑三十卷　雜勑三卷(唐大中以後至昭宗朝詔勑)　天成雜勑三卷(後唐詔勑僞蜀人編)　天福編勑三十卷(後唐制勑晉朝編)　天福編勑一卷　宋朝建隆編勑四卷(竇儀與法官編)　太平興國編勑十五卷　咸平勑十二卷(柴成務等編)　咸平勑目一卷　大中祥符編勑三十卷(陳彭年與法官編)　諸路宣勑十二卷(天聖中刑正祥符勑頒下諸路)　舉明自首勑一卷　天聖編勑十二卷(呂夷簡等修)　景祐刺配勑五卷　慶歷編勑二十卷(韓琦等定)　熙寧續降勑二十卷　元豐勑二十卷　元祐二十卷

右勑(二十二部三百五十五卷)

漢建武律令故事三卷　大中刑律統類十二卷(唐張戣撰)　江南刑律統類十卷(僞吳天祚中姜虔嗣撰)　顯德刑律二十卷(周張昭撰)　顯德刑統目一卷　開寶刑統三十卷(竇儀與法官蘇曉等修)　刑統釋文三十卷(范遂良撰)　唐開元格令科要一卷(裴光庭撰記律令科日)　刑法要錄十卷(唐盧紓撰)　唐格式律令事類四十卷(李林甫纂律令格式長行勑附尙書省二十四司總爲篇目)　五刑纂徑三卷(唐黃克昇撰雜鈔律令格式)　法鑑八卷(唐李崇編律令格式條目)　僞吳刪定格令五十卷(楊行

宻時所修後唐統類目一卷後唐滕起撰 江南刪定條三十卷僞唐李氏刪定 唐趙仁本法例二卷 唐崔知悌法例一卷 刑法總歷七卷張善言纂 元豐諸司總統要目一卷 元豐勅令格式七十卷 元祐勅令格式五十六卷 元符勅令格式一百三十二卷 崇寧申明勅令格式二卷 政和勅令格式一百三十四卷 紹興勅令格式一百卷 類刑賦一卷王言撰 法紀精英二卷王太川撰 敘法二卷 五刑旁通圖一卷路仁恕纂 儀制敕書德音十卷陳彭年刪定

右總類三十部七百七十一卷

漢朝議駮三十卷應劭撰 漢名臣奏事三十卷 廷尉決事二十卷 廷尉駮事十一卷 廷尉雜詔書二十六卷 晉雜議十卷 晉彈事十卷 南臺奏事二十二卷 魏王奏事十卷 魏名臣奏四十卷陳壽撰 晉駮事四卷 晉雜制六十卷 陳新制六十卷 後魏六條一卷蘇綽撰

右古制十四部三百三十四卷

晉刺史六條制一卷 度支長行旨五卷李林甫編 諸路轉運司編勅三十卷陳彭年編 皇祐審官院勅一卷賈壽編 三司編勅二卷宋朝索湘等編 三司咸平雜勅十二卷林特等修 景德農田勅四卷丁謂等定 元豐司農勅令式十五卷 嘉祐祿令十卷 嘉祐驛令四卷 熙寧常平勅三卷 元豐江湖鹽令勅六卷 熙寧八路差官勅一卷 元祐新修差官出使條三卷 一司一務勅三十卷 兩浙轉運須知一卷 元祐廣西銜規一卷 茶法易覽一卷 茶法總例一卷

右專條十九部一百三十一卷

熙寧貢舉勅三卷 元祐貢舉勅三卷 貢舉條制五卷 貢舉事目一卷 元祐新修制科條一卷 崇寧通用貢舉法十二卷 崇寧州學制一卷 御製八行八刑條一卷 大觀州縣學法十卷 大觀新修學制三卷 大觀學制勅令格式三十五卷 禮部考試進士勅一卷宋朝晁迥等撰

右貢舉十二部七十六卷

熙寧法寺斷例八卷 元祐法寺斷例十二卷 紹聖斷例四卷 大理寺例總要十二卷 六贓論一卷 疑獄集三卷後晉和凝撰 續疑獄一卷 斷獄指南一卷 繩墨斷例三卷 斷獄立成三卷 許公辨正案問錄一卷許長卿編 案前決遺二卷

右斷獄十二部五十一卷

仕途守法二卷 元豐仕途守法二卷 作邑自箴十卷 呂觀文縣法十卷 牧宰政術二卷唐蕭佚撰 公侯政術十卷唐譽人名初撰

右法守六部三十六卷

凡刑法十一種一百九十部二千八百八十九卷

傳記 耆舊 高隱 孝友 忠烈 名士 交遊 列傳 家傳 列女 科第 名號 冥異 祥異

三輔決錄七卷漢太僕趙岐撰摯虞注 海內先賢傳四卷魏明帝時撰 四海耆舊傳一卷韋氏撰 海內士品錄三卷魏文帝撰 海內先賢行狀三卷李氏撰 諸國先賢傳一卷 兖州先賢傳一卷 徐州先賢傳九卷王羲度撰 徐州先賢傳贊九卷劉義慶撰 海岱志二十卷齊前將軍崔慰祖撰 魯國先賢傳三卷晉大司農白褒撰 東萊耆舊傳一卷王基撰 陳留耆舊傳二卷漢議郎圈稱撰 陳留耆舊傳一卷魏散騎侍郎蘇林撰 陳留先賢像贊一卷陳英宗撰 陳留人物志十五卷東晉剡令江敞撰 濟北先賢傳一卷 盧江七賢傳二卷 廣陵烈士傳一卷華隔撰 襄陽耆舊傳五卷習鑿齒撰 汝南先賢傳五卷魏周斐撰 會稽先賢傳七卷謝承撰 會稽後賢傳記二卷鍾離岫撰 會稽典錄二十四卷虞預撰 會稽先賢像贊四卷賀氏撰 會稽記四卷朱育撰 會稽太守像贊二卷賀氏撰 吳先賢傳四卷吳左丞相陸凱撰 吳先賢像贊三卷 吳郡錢塘先賢傳五卷吳均撰 東陽朝堂像贊一卷晉南平太守留叔先撰 豫章舊志三卷熊默撰 豫章烈士傳三卷徐整撰 零陵先賢傳一卷 長沙耆舊傳贊三卷晉臨川王郎中劉彧撰 武昌先賢志二卷宋郭緣生撰 江表傳三卷虞溥撰 楚國先賢傳十二卷晉張方撰 荊州先賢傳三卷高範撰 山陽先賢傳一卷仲長統撰 交州先賢傳三卷晉范瑗撰 廣州先賢傳一卷陸允志撰 廣州先賢傳七卷劉芳撰 桂陽先賢畫贊五卷吳左中郎張勝撰 益部耆舊傳十四卷陳壽撰 續益部耆舊傳三卷 蜀文翁學堂像題記二卷 錦里耆舊傳八卷勾延慶撰 續錦里耆舊傳十卷僞蜀張彭撰 幽州古今人物志三十卷陽休之撰 閩川名士傳一卷黃璞撰 臨川聖賢名跡傳三卷 南陽先氏傳二十卷王氏撰 釣臺耆舊傳三卷

右耆舊五十四部二百九十一卷

聖賢高士傳贊三卷嵇康撰 高士傳十卷晉皇甫謐撰 逸士傳一卷皇甫謐撰 逸民傳十卷張顯撰 逸人傳七卷鍾離儒撰 高士傳二卷虞槃佐撰 高道傳十卷道士賈善翊撰 至人高士傳贊二卷晉孫綽撰 高隱傳十卷阮孝緒撰 眞陵傳二卷袁淑撰 續高士傳七卷周弘讓撰 止足傳十卷齊竟陵文宣王子良撰 陰德傳二卷范晏撰 大隱傳三卷徐堅撰 遺士傳一卷 六賢圖贊一卷唐李渤撰前代夫婦偕隱者六人

右高隱十六部七十八卷

孝子傳十五卷晉輔國將軍蕭廣濟撰 孝子傳八卷師覺授撰 孝子傳

贊三卷王韶之撰 孝子傳十卷宋員外郎鄭緝之撰 孝子傳二十卷宗躬撰 孝子傳三卷徐廣撰 孝德傳三十卷梁元帝撰 孝子傳八卷申秀撰 曾參傳一卷 孝子傳三十卷梁武帝撰 友義傳十卷崔元暐撰 友悌錄十五卷王方慶撰 孝行志二十卷趙𤦎撰 兄弟傳三卷裴懷貴撰 忠孝圖贊二十卷李襲譽撰 孝子後傳三十卷郎餘令撰 唐孝悌錄十五卷宋朝樂史撰 孝悌錄二十卷樂史撰起唐及五代至宋朝 唐孝新書五十卷宋樂史撰 孝子拾遺七卷宋朝危皐撰 孝女傳二十卷唐武后撰 孝感義聞錄三卷曹希莛撰

右孝友二十二部三百四十一卷

顯忠錄二十卷梁元帝撰 忠臣傳二十卷梁元帝撰 自古忠臣傳二十卷武謙傳 功臣錄三十卷自太公至郭子儀武成王廟配享事迹三十卷宋朝乾德三年修自太公及張良以下七十三人 淩煙功臣故事四卷令狐德棻撰 義士傳十五卷崔元暐撰 異域歸忠傳三卷唐李德裕撰起由余至尚可孤 丹陽尹傳十卷梁元帝撰 良吏傳十卷鍾岏撰 忠烈圖一卷偽吳徐溫客記安金藏等二十六人 淩煙功臣秦府十八學士史臣等傳四十卷蔣乂撰 英雄錄一卷記秦漢至唐佐命功臣

右忠烈十三部二百十四卷

海內名士傳一卷 正始名士傳三卷袁宏撰 江左名士傳一卷劉義慶撰 竹林七賢論二卷晉戴逵撰 七賢傳五卷孟氏撰 高才不遇傳四卷後齊劉晝撰 列士傳二卷劉向撰 上古以來聖賢高士傳贊三卷周續之撰隋志作續之注 高識傳十卷傅弈撰 英雄錄一卷 先儒傳五卷 英藩可錄事三卷張萬賢撰邵武侯注 新六賢圖贊一卷李勣撰 梁四公子傳四卷唐盧詵撰 續高識傳十卷 文林館紀十卷鄭优撰 文士傳五十卷張隲撰 益州文翁學堂圖一卷隋志作蜀文翁學堂像題記二卷 文館詞林文人傳一百卷許敬宗撰 續文士傳十卷裴朏撰 景龍文館記十卷李嶠宗楚客等二十四學士 唐十八學士眞贊一卷 悼善列傳四卷 幼童傳十卷劉昭撰

右名士二十四部二百五十一卷

懷舊志九卷 知己傳一卷盧思道撰 賓佐記二卷杜佑撰 交游傳二卷鄭世翼撰 宦遊記七十卷李義府撰 幕府故吏錄一卷哥舒翰撰 成都幕府石幢記二卷記賓佐姓名起貞元訖咸通

右交遊七部八十七卷

春秋列國名臣傳九卷孫敏撰 孔子弟子先儒傳十卷 元晏春秋三卷 訪來傳十卷來奧撰 雜傳三十六卷任昉撰 雜傳四十卷賀蹤撰 雜傳十九卷陸澄撰 雜傳六十九卷 東方朔傳八卷 毌丘儉記三卷 管輅傳三卷管辰撰 李固別傳七卷 梁冀傳二卷 何顒傳一卷 桓元傳二卷 陶潛傳一卷梁昭明太子撰 孔融傳一卷 列藩正論三十卷章懷太子撰 李密傳三卷賈閏甫撰 狄仁傑傳三卷李邕撰 張巡姚誾傳二卷李翰撰 高氏外傳一卷郭湜撰高氏即高力士也 顏公傳二卷唐殷亮撰顏杲卿事 段公別傳二卷唐馬宇撰段秀實事 孔子系葉傳三卷唐王恭之撰 自古諸侯王善惡錄二卷魏徵撰 諸葛亮隱沒五事一卷郭沖撰 永寧公輔梁記十卷王緒撰 尚書故實一卷唐李綽爲張延賞客因錄延賞事 許國公勤王錄三卷唐李巨川撰記韓建迎昭宗東幸事 郭元振傳一卷 周延禧傳一卷 种太尉傳一卷 陳明遠傳一卷翟慶撰 王文正公文行錄一卷王曄撰 鄭畋事迹一卷

右列傳三十六部三百九十三卷

太原王氏家傳二十三卷 王朗王肅家傳一卷 褚氏家傳一卷褚顗等撰 薛常侍家傳一卷 江氏家傳七卷江祚等撰唐志作江饒 漢南庾氏家傳三卷庾裴撰南志作十卷唐志注虞守業 裴氏家傳四卷裴松之撰 虞氏家記五卷虞覽撰 曹氏家傳一卷曹毗撰 范氏世傳一卷范汪撰 紀氏家紀一卷紀友撰 韋氏家傳一卷 何顒使君家傳一卷 明氏家訓一卷僞燕衛尉明岌撰 明氏世錄六卷梁信武記室明粲撰 陸史十五卷陸煦撰 王氏江左世家傳二十卷王褒撰 孔子家傳五卷 崔氏五門家傳三卷崔氏撰 暨氏家傳一卷 周齊王家傳一卷姚氏撰 爾朱家傳二卷王劭撰 周氏家傳一卷 令狐氏家傳一卷 何妥家傳二卷 裴若弼家傳一卷 令狐家傳一卷令狐德棻撰 敦煌張氏家傳二十卷張太素撰 郭公家傳八卷陳氏撰 顏氏家傳一卷殷亮撰記杲卿事 鄭侯家傳十卷李繁撰 李趙公行狀一卷王起撰 河東張氏家傳三卷張茂樞撰 遠祖越國公行狀一卷鍾紹京撰 顏氏行狀一卷殷亮記魯公事 魏公桑維翰傳三卷宋朝范質撰 張公行狀一卷張宗益撰 韋氏家傳慶德編一卷

右家傳三十八部二百六十一卷

列女傳十五卷劉向撰曹大家注 列女傳七卷趙母注 列女傳八卷高氏撰 列女傳頌一卷曹植撰 列女傳頌一卷劉歆撰 列女傳贊一卷繆襲撰 列女後傳十卷項原撰唐志作項宗 列女傳六卷皇甫謐撰 列女傳七卷綦母邃撰 女記十卷杜預撰 后妃記四卷虞通之撰 王嬪傳五卷王方慶撰 貞潔記一卷諸葛亮撰 列女傳略七卷魏徵撰 列女傳一百卷唐武后撰 王氏女記十卷王方慶撰 保傅乳母傳七卷唐武后撰 美婦人傳六卷 妬記二卷虞通之撰 續妬記五卷王方慶撰 曹大家女誡一卷 內訓二十卷辛德原王劭等撰 婦人訓誡集十卷徐湛之撰 婦姒訓一卷馮少胄撰 女則要錄十卷唐長孫皇后撰 古今內範一百卷武后撰 內範要略十卷唐武后撰 佩樓新誡二十卷 誡女書一卷李大夫撰 女論語十卷尚宮宋氏撰 女誡一卷王搏妻楊氏撰 女議一卷 續大家女訓十二章薛蒙妻韋氏撰 古今女規新類一卷 彤管懿範七十卷王欽若編后妃事

右列女三十五部四百六十九卷十二章

科第錄十六卷唐姚康撰起武德盡長慶科第入仕者 唐顯慶登科記五
卷崔氏撰 唐登科記二卷李弈撰 重定科第錄十卷宋朝樂史撰
諱行錄一卷唐由進士中第者姓名起貞元訖中和 宋朝登科記一卷建隆
至景祐 宋朝登科記三卷樂史撰 重修登科記三十卷樂史撰起
唐訖五代 江南登科記一卷樂史撰 五代登科記一卷趙僿修撰 登
科小錄二卷文嵩撰 大遼登科記一卷 周顯德二年小
錄一卷 唐取士詔科目一卷 唐文場盛事一卷
唐代衣冠盛事錄一卷蘇持撰 唐衣冠盛事圖五卷寶氏撰
文場內舉人儀則一卷僞蜀禮部考試儀式多沿唐舊 初舉子一卷後唐
同光時人記當時舉進士禮部試之式唐志作盧光啟 蜀桂堂編事二十卷僞蜀楊九
齡撰 宋朝衣冠盛事一卷錢明逸撰 制舉編事八卷 制舉備
對二卷

右科第二十三部一百十五卷

同姓名錄一卷梁元帝撰 同姓名譜六卷 南北朝小名錄
一卷 小名錄五卷唐陸龜蒙撰記秦漢至隋人 名賢姓字相同錄
一卷邱光庭撰 歷代鴻名錄八卷僞蜀李遠撰記帝王稱號 名字族十卷
楊知惲撰 同字錄一卷楊蘊撰 歷代聖賢名氏錄十五卷

右名號九部四十八卷

神異經二卷東方朔撰 宣驗記十三卷劉義慶撰 應驗記一卷宋光
祿大夫傅亮撰 冥祥記十卷王琰撰 列異傳三卷魏文帝撰 感應傳八
卷王延秀撰 古異傳三卷宋袁王壽撰 甄異傳三卷晉西戎主簿戴祚撰 述
異記十卷祖沖之撰 異苑十卷宋給事劉敬叔撰 志怪二卷祖台之撰 志
怪四卷孔氏撰 神錄五卷劉之遴撰 齊諧記七卷宋散騎侍郎東陽無疑撰
續齊諧記一卷梁吳均撰 搜神記三十卷干寶撰 搜神後記十
卷陶潛撰 靈鬼志三卷荀氏撰 幽明錄二十卷劉義慶撰 補續冥
祥記一卷王曼穎撰 漢武洞冥記一卷郭氏撰 研神記十卷蕭繹
撰 旌異記十五卷侯君素撰 近異錄二卷劉質撰 鬼神列傳二
卷謝氏撰 集靈記二十卷顏之推撰 冤魂志三卷顏之推撰 因果記
十卷劉泳撰 冥報記二卷唐臨撰 王氏神通記十卷王方慶撰 大
唐奇事記十卷李隱撰 窮神祕苑十卷焦潞撰 傳奇三卷裴鉶
撰 還魂記一卷戴少平撰 靈怪集二卷張薦撰 集異記三卷薛用
弱撰 纂異記一卷李玫撰 獨異志十卷李亢撰 博異志三卷谷神
子撰 元怪錄十卷牛僧孺撰 續元怪錄五卷李復言撰 宣室志十卷
唐張讀撰 瀟湘錄十卷唐柳祥撰 紀聞十卷唐牛肅撰記釋氏道家異事 通幽
記三卷唐陳劭撰 古異記二卷 卓異記一卷唐陳翱撰 續卓異
記一卷唐裴紫芝撰 廣卓異記三卷宋朝樂史撰 周子良冥通錄
三卷記梁隱士周子良與神仙感應事 補江總白猿傳一卷記梁歐陽紇要事
感應類從譜一卷狐剛子撰 通籍錄異二十卷劉振撰 湖湘神
仙類異三卷曹衍撰 聞奇錄三卷 異僧記一卷 離魂
記一卷陳元祐雜記張氏女事 妖怪錄五卷皮光業撰 冥洪錄一卷
稽神錄十卷宋朝徐鉉撰 洛中紀異十卷宋朝秦再思撰 新纂異要
一卷唐段成式撰 黃靖國再生傳一卷廖子孟撰 感應書一卷
甘澤謠一卷唐袁郊撰 錄異誡一卷童蒙亨撰 虬鬚客傳一卷記李
衛公事 拾遺錄二卷僞秦姚萇方士王子年撰 王子年拾遺記十卷
杜陽雜編三卷唐蘇鶚撰 前定錄一卷唐鍾輅撰 定命論十卷唐趙
自勤撰 定命錄二卷唐呂道生撰 報應錄三卷後唐王轂撰 廣前定
錄一卷唐鍾輅撰 警誡錄五卷僞蜀周珽撰 奇應錄三卷夏侯六玨撰
續定命錄一卷唐溫畬撰 感定命錄一卷 科名定分錄七
卷宋朝張君房撰

右冥異八十部四百三十三卷

嘉瑞記三卷陸瓊撰 祥瑞記三卷 符瑞記十卷許善心撰 祥
瑞錄十卷魏徵撰 符瑞圖十卷陳顧野王撰起三代止梁武 符瑞故實
一卷 符瑞圖目一卷顧野王撰 稽瑞一卷劉賡撰 二十二國
祥異記三卷宋朝張觀撰起西晉包孫吳訖林邑國 祥瑞圖八卷侯亶撰 張
掖郡元石圖一卷孟眾撰 又一卷高堂隆撰 瑞應圖記三卷孫柔
之撰 瑞應圖贊三卷熊理撰 祥瑞圖十卷顧野王撰 皇隋靈感志
十卷王劭撰 皇隋瑞文十四卷許善心撰 災異圖一卷見隋志 災
祥一卷京房撰 災祥集七十六卷見隋志 地動圖一卷 祺
祥記一卷 醴泉記一卷 瑞應翎毛圖一卷 祥瑞
格式一卷 獬豸記一卷顏師古撰

右祥異二十六部百七十六卷

凡傳記十三種三百八十三部二千八百五十七
卷十二章

宋右廸功郎鄭樵漁仲撰

藝文略第四

地理 地理都城宮苑郡邑圖經方物川瀆名山洞府朝聘行役蠻夷

地理書一百五十卷陸澄撰 地記二百五十二卷梁任昉增陸澄之書曰地記 隋諸州圖經集記一百卷郎蔚之撰 周地圖一百三十卷 雜記十二卷 雜地志五卷 三代地理志六卷 地理書鈔二十卷陸澄撰 地理書鈔九卷任昉撰 地理書鈔十卷劉黃門撰 唐地域方丈圖一卷 唐地域方尺圖一卷 職方記十六卷 晉太康土地記十卷 太康三年地記六卷 元嘉六年地記三卷 輿地志三十卷顧野王撰 括地志五百五十卷 又序略五卷 長安四年十道圖十三卷 開元三年十道圖十卷 元和郡縣圖志五十四卷李吉甫撰 元和十道圖十卷 貞元十道錄一卷 十道志十六卷梁載言撰 賈耽地圖十卷 皇華四達記十卷賈耽撰 古今郡國縣道四夷述四十卷 文括九州要略三卷劉之推撰 元和郡國志十卷 十三州志十四卷闞駰撰 太康州郡縣名三卷 太康國照圖一卷孫結撰 圖照十卷曹璩撰 太平寰宇記二百卷宋朝樂史撰 方輿記一百三十卷僞唐徐鍇撰 九域圖三卷宋朝王曾撰 九域志十卷王存等撰 十道記一卷 方岳志五十卷晏殊等撰 貞觀郡國志十卷 開元分野圖一卷 唐新集地理志九卷 十道四蕃志三卷梁載言撰 古今地名三卷 隋州郡縣簿七卷 九州郡縣名七卷 皇祐方域圖志五十卷王洙等撰 古來國名二卷 周公城名錄一卷 九州要記四卷 諸州雜記八卷 天下郡縣目一卷朱梁時人作 坤元錄鈔二十卷 巨鼇記六卷 元魏諸州記二十一卷 世界記五卷釋僧祐撰 隋諸郡土俗物產一百五十一卷 方物志二十卷許善心撰 京兆方物志二十卷 劒南方物略圖贊一卷宋祁撰 古今地譜二卷 風土記三卷晉周處撰 元康六年戶口簿記三卷

右地理六十四部二千二百七十五卷

三輔黃圖一卷記漢三輔宮觀陵廟明堂辟雍郊畤等事 漢宮闕簿三卷 洛陽宮殿簿三卷 歷代宮殿名一卷宋朝李昉撰 歷代宮名一卷 南朝宮苑記二卷 洛城圖一卷晉楊佺期撰 西京記二卷薛冥撰 洛陽記一卷陸機撰 洛陽記一卷戴延之撰 後魏洛陽記五卷 京師錄七卷 關中記一卷潘岳撰 兩京新記五卷韋述撰 東都記三十卷鄧世隆撰 東都記一十卷韋機撰 兩京道里記三卷唐世記洛陽至長安道路事 京師錄七卷 隋朝移洛都記一卷 京邦記二卷 國都城記九卷 十國都城記十卷顧野王撰 河南志二十卷宋敏求撰 長安志十卷宋敏求撰 洛陽類事一卷王正倫撰 東京記三卷宋敏求撰 又二卷 天下至京地里圖一卷 天下驛程記一卷 唐太極大明興慶三宮圖一卷 洛陽京城圖一卷 長安京城圖一卷 東京宮禁圖一卷 唐園陵記一卷 昭陵建陵圖一卷 聖賢冢墓記一卷李彤撰 城冢記一卷 後園記一卷 廟記一卷 治平八廟圖一卷 學士院新撰目一卷宋朝國初改軍鎮及宮殿名詔學士院撰

右都城宮苑四十一部一百六十八卷

金陵地記一卷黃元之撰 秣陵記二卷 江左記一卷張參撰 鄴中記二卷晉陸翽撰 鄴都故事二卷馬溫撰 魏永安記二卷溫子昇撰 鄴城新記二卷劉公銳撰 鄴縣記一卷 相臺志十二卷陳臻撰 唐關中隴右山南九州別錄六十卷 華陽風俗錄一卷唐張周封撰 九隴記一卷王郜撰 成都記五卷唐盧求撰 益州理亂記三卷唐鄭暐撰 續成都記一卷杜光庭撰 成都古今集注三十卷趙抃撰 蜀王本記一卷揚雄撰 益州記三卷隋李充撰 蜀志一卷後漢韋寬撰 巴蜀記一卷 三巴記一卷譙周撰 梁益記十卷 分吳會丹陽三都記二卷 吳興統記十卷 吳興記三卷山謙之撰 吳地記一卷齊陸道瞻撰 吳都記一卷張勃撰 吳地記一卷張勃撰 會稽土地記一卷朱育撰 會稽記一卷賀循撰 吳會須知一卷魏羽撰 南徐州記二卷山謙之撰 毗陵記一卷 京口記二卷宋劉損撰 南兗州記一卷阮敘之撰 南雍州記三卷鮑堅撰 荊州記二卷郭仲產撰 荊州地志二卷梁元帝撰 荊州記三卷宋盛宏之撰 渚宮故事十卷唐余知古撰 廣梁南徐州記九卷虞孝恭撰 陳留風俗傳三卷圈稱撰 司州記二卷 東門記一卷王權撰 徐地錄一卷劉芳撰 三齊記一卷李膺撰 齊地記二卷晏模撰 齊州記四卷李叔布撰 鄱陽記一卷王仲通撰 鄱陽縣圖經一卷 零陵總記十五卷陶岳撰 零陵錄一卷韋宙撰 淮南記一卷 燉煌新錄一卷唐李延範撰 巴陵古今記一卷范致明撰 曹向雜記一卷致撰 恩平郡譜三卷楊備撰 江夏辨疑一卷王得臣撰 豫章記一卷雷次宗撰 豫章記三卷雷次宗撰 東陽記一卷鄭緝之撰 尋陽記二卷張僧監撰 九江新舊錄三卷唐張容撰 湘州記四卷 湘川記一卷羅含撰 湘中記一卷 湘中新錄七卷周衡撰 湘州圖副記一卷 襄沔記三卷唐吳從政撰 中岳潁州志五卷樊文深撰 西河舊事一卷 并州入朝道里記一卷蔡允恭撰 并州總管內諸州圖一卷 趙記十卷 河東記三卷 代都略記三卷 太原事迹記十四卷李璋撰 東都記三十卷鄧行儼撰 南越記一卷陳承韜撰 南越志五卷宋沈懷遠撰 邕管雜記一卷宋朝范旻撰 珠崖傳一卷僞燕蓋弘撰 交廣二州記一卷王範撰 桂林風土記三卷唐莫休符撰 廣西要會五卷張田撰 安南會要一卷

番禺雜錄三卷鄭熊撰　廣東要會四卷　番禺建立城
池一卷　番禺記一卷王德璉撰　甌閩傳一卷　閩中記一
卷唐林諝撰　泉南錄一卷僧洞源撰　重修閩中記十卷林世程撰　戎州
記一卷唐李仁實撰
右郡邑九十五部三百七十六卷
周地圖記一百九卷　冀州圖經一卷　齊州圖經一
卷　幽州圖經一卷　隋諸州圖經集一百卷郎蔚之撰　潤
州圖注二十卷孫處元撰　唐劒南地圖二卷　開封府圖經
十八卷　畿內諸縣圖經十八卷　河北三十四郡地
圖一卷　京東路圖經九十八卷　京西路圖經四十
六卷　河北路圖經一百六十一卷　陝西路圖經八
十四卷　河東路圖經一百一十四卷　淮南路圖經
九十卷　江南路圖經一百十四卷　兩浙路圖經九
十五卷　吳郡圖經六卷李宗諤撰　吳郡續圖經三卷朱長之撰
荆湖南路圖經三十九卷　荆湖北路圖經六十三卷
川陝路圖經三十卷　益州路圖經八十一卷　利
州路圖經六十三卷　夔州路圖經五十二卷　梓州
路圖經六十九卷　廣東路圖經五十七卷　廣西路
圖經一百六卷　福建路圖經五十三卷　南劒州圖
經六卷　吉州圖經九卷　江甯府圖經六卷
右圖經三十三部一千七百一十七卷
山海經二十三卷郭璞撰　山海經十八卷　山海經圖贊
二卷郭璞注　山海經圖十卷宋朝舒雅等撰　山海經音二卷　神
異經二卷東方朔撰張華注　異物志一卷後漢楊孚撰　南州異物志
一卷吳丹陽太守萬震撰　發蒙記一卷束皙撰　交州異物志一卷楊孚
撰　扶南異物志一卷朱應撰　臨海水土異物志一卷隋沈瑩撰
涼州異物志一卷　南方異物志一卷房千里撰　嶺南異物

志一卷孟琯撰　嶺表錄異一卷劉恂撰　晉安海物異名記二
卷僞唐陳致雍撰　番禺紀異集五卷馮拯撰　異魚圖五卷　靑城
山方物志五卷句台符撰
右方物二十部八十四卷
水經三卷漢桑欽撰郭璞注　水經四十卷酈道元注　四海百川水源
記一卷晉僧道安撰　江圖一卷張氏撰　江圖二卷劉氏撰　江記五
卷庾仲雍撰　浙江論一卷潘洞撰　漢水記五卷庾仲雍撰　尋江源記
五卷　删水經十卷唐李吉甫撰　水飾圖二十卷　江行備
用圖一卷　太虛潮論一卷　燕肅海潮論三卷　邱
光庭海潮論一卷　張君房海潮論三卷　海濤志一
卷竇叔蒙撰　靈異治水記一卷　姑蘇水利一卷郟正甫撰　濟水
圖一卷　岷江渠堰譜十卷張瓌撰　吐蕃黃河錄四卷
導河形勝書三卷李垂撰　古今大河指掌一卷　神壤記
一卷黃閔撰記滎陽山水　永初山川古今記二十卷齊都官尚書劉澄之撰
司州山川古今記三卷劉澄之撰　諸道山河地名要略九卷
唐韋澳撰　六路水陸地里記一卷　大禹治水元奥錄一卷
河防通議一卷沈立撰
右川瀆三十一部一百六十卷
九嵕山記唐王方慶撰　嵩山記一卷盧鴻撰　又一卷張景儉撰　廬山
雜記一卷張密撰　武林山記一卷　九華山舊錄一卷
九華山新錄一卷滕宗諒撰　九華山錄一卷釋應物撰　西山圖一
卷蔣炳撰　五嶽諸山記一卷　五嶽圖一卷　五嶽記一
卷　九華山拾遺一卷　齊山記一卷　顧諸山記一
卷　鴈蕩山記一卷　豫章西山記二卷李上交撰　幕阜山
記一卷　九疑山圖記一卷　王屋山新記一卷　四
明山記一卷　青城山記一卷　玉笥山記一卷唐道士令
狐見堯撰　清溪山記一卷法琳撰　武夷山記一卷杜光庭撰　華山記

一卷　茅山記一卷　茅山新小記一卷　諸山記一
卷　武夷山記一卷劉夔撰　天台山記一卷　九疑山圖
記一卷　會稽洞記一卷賀知章撰　閣皁山記一卷楊申撰　南
嶽衡山記一卷　又一卷朱居士撰　羅浮山記一卷郭之美撰　南
嶽小錄一卷李仲照撰　遊名山記一卷謝靈運撰　居名山志一卷
謝靈運撰　李氏宜都山川記一卷　湘中山水記一卷盧拯撰
十洲記一卷東方朔撰　洞庭譜一卷　嶽瀆福地圖一卷
福地記一卷　元中記一卷　瀨鄉記一卷崔氏撰　桃花
源集二卷姚孳撰　名山洞天記一卷　十大洞天記三十
六小洞天記一卷　洞天集五卷王正範撰
右名山洞府五十二部五十七卷
聘遊記三卷劉師知撰　朝覲記六卷　魏聘使行記五卷
聘北道里記三卷江德藻撰　遣使錄一卷陸贄撰　皇華四達記
十卷賈耽撰　接伴語錄八卷　接伴入國館伴錄　林內
翰北朝國信語錄二卷　接伴北使回答土物錄一卷
點戛斯朝貢圖十卷呂述撰　富韓公入國語錄一卷
余襄公奉使錄一卷　陳襄奉使錄一卷　賀止人使
例一卷　南北國信記一卷　通好後南北人使姓名
錄一卷　使遼圖鈔一卷沈括撰　遼庭須知一卷　重修
遼庭須知一卷　西夏須知一卷　鄰國政事一卷
匈奴須知一卷　契丹須知一卷　北鄙須知一卷田瑋
撰　奉使高麗記一卷　西南蠻入朝首領記一卷　商
胡行道圖一卷　高麗國海外使程記三卷昇元中錄　西蕃
會盟記三卷　錢王貢奉錄一卷　四夷朝貢錄十卷
唐高少逸撰　于闐進奉記一卷　職貢圖一卷梁元帝撰　職貢圖
三卷　古今貢錄一卷　輶車事類三卷編春秋及史傳奉使之辭
右朝聘三十七部九十二卷

張騫出關志一卷　江表行記一卷　封君義行記一
卷　序行記十卷姚最撰　李諧行記一卷　南嶽勝遊錄
一卷僧文政撰　周秦行記一卷韋瓘撰　輿駕東行記一卷隋薛泰撰
巡撫揚州記七卷諸葛穎撰　北伐記七卷諸葛穎撰　宋武北征記
一卷戴氏撰　郭緣生述征記二卷　戴祚西征記二卷
姚最述行記二卷　隋王入沔記一卷宋侍中沈懷文撰　諸道
行程血脈圖一卷馬敬寔撰　張氏燕吳行役記二卷　雲南
行記一卷　韓琬南征記十卷　李德裕南遷錄一卷
丁謂南遷錄一卷　平蜀記一卷　李氏朝陵記一
卷李遵勗朝永熙陵撰　入洛記十卷周王仁裕撰　王氏東南行一卷
王仁裕南行記一卷　李昉南行記一卷遺嗣南岳　蜀程記
一卷唐韋莊撰　峽程記一卷唐韋莊撰　游蜀記一卷宋朝李用和撰
右行役三十部七十三卷
交州以南外國傳一卷　日南傳一卷　交趾事迹一
卷　諸蕃風俗記二卷　突厥所出風俗事一卷　大
隋翻經婆羅門法師外國傳五卷　外國傳五卷釋曇景撰
西域圖三卷裴矩撰　西域道里記三卷程士章撰　西域國志六
十卷　大唐西域記十二卷唐僧元奘撰　西域記十二卷唐僧
辨機撰　諸蕃國記十七卷　北荒風俗記一卷　男女二
國傳一卷　眞臘國事一卷　高麗風俗一卷裴矩撰　新
羅國記一卷顧愔撰　渤海國記三卷張建章撰　諸蕃記一卷戴氏
撰　海南諸蕃行記一卷達奚通撰　蠻書十卷樊綽纂　雲南記一
卷袁滋撰　北荒君長錄一卷李繁撰　雲南別錄一卷竇滂撰　南
詔錄三卷徐雲虔撰　投荒雜錄一卷房千里撰　赤土國記二卷常駿
等撰　中天竺國行記十卷王元策撰　佛國記一卷釋法顯撰　遊行外
國傳一卷釋智猛撰　歷國傳二卷僧法盛撰　慧生行傳一卷　北
戶雜錄三卷段公路撰　契丹錄一卷　北庭會要一卷　聚

米圖經五卷　陰山雜錄六卷趙至忠撰　燕北雜記三卷
契丹夏州事迹一卷　平戎記五卷　西戎記二卷
大理國行程一卷　蒲甘國行程略一卷　邕管溪洞
雜記一卷譚挟撰　于闐國行程記一卷平居誨撰　邊陲利害三
卷薛向撰
右蠻夷四十七部二百一卷
凡地理十種四百五十部五千一百四十卷
譜系　帝系　皇族　總譜　韻譜　郡譜　家譜
世本二卷劉向撰　世本四卷宋衷撰　帝譜世本七卷宋均撰　世
本王侯大夫譜二卷　世本譜二卷王氏注　漢氏帝王譜
三卷　帝系譜二卷張愔等撰　尚書血脈一卷　宋譜四卷
齊帝譜屬十卷　梁帝譜十三卷　後魏譜十卷
齊高氏譜六卷　周宇文氏譜一卷　大唐皇室新譜
一卷唐李衢撰　唐皇室維城錄一卷唐李衢等撰　天潢源派一卷
唐李匡文撰　本朝仙源積慶圖一卷　本朝維城錄一卷天聖
十八年
右帝系十九部七十三卷
齊永元中表簿六卷　梁大同四年表簿三卷　齊梁
宗簿三卷　國親皇太子親傳三卷賈冠撰　梁親表譜五
卷　後魏皇帝宗族譜四卷　後魏辨宗錄二卷元暉業撰
魏孝文列姓族牒一卷　後齊宗譜一卷　南族譜二
卷　皇唐玉牒一百一十卷李衢等撰　唐偕日譜一卷唐李匡文
撰紀高祖至昭宗中宮及太子諸王公主名號封拜出降年月　玉牒行樓二卷唐李匡文撰
皇孫郡王譜一卷唐李匡文撰　元和縣主譜一卷唐李匡文撰　唐
書總紀帝系三卷　宗室齒序圖一卷　仙源類譜一
卷王巽撰　皇族具員一卷　皇親故事二卷宋朝李至撰
右皇族戚里附二十部百五十三卷

族姓昭穆記十卷晉摯虞撰　百家集譜十卷王儉撰　續百家譜
四卷梁王逡之撰　百家譜拾遺一卷　百家譜三十卷王僧孺撰
百家譜集鈔十五卷王僧孺撰　百家譜二十卷賈執撰　百家譜
十五卷傅昭撰　百家譜世統十卷　百家譜鈔五卷賈執撰
百家譜二十卷徐勉撰　姓氏英賢譜一百卷賈執撰　姓苑十
卷何承天撰　複姓苑一卷　氏族要狀十五卷賈希鑑撰　官族傳
十五卷　諸姓譜一百十六卷梁司空王儉撰　大唐氏族志一
百卷　姓氏譜二百卷呂才等撰　大唐姓族系錄二百卷柳冲
撰　大唐十四家貴族一卷吳兢韋述等撰　衣冠譜六十卷路敬湻撰
考姓略記二十卷路敬湻撰　姓氏實論十卷王元感撰　姓苑略一
卷崔日用撰　開元譜二十卷韋述撰　天寶新譜一卷明皇撰　國朝
宰相甲族一卷韋述撰　百家類例三卷韋述撰　唐新定諸家
譜錄一卷李林甫等撰　姓氏雜錄一卷孔全撰　唐官姓氏記五
卷李利涉撰　編古命氏三卷李利涉撰　永泰新譜二十卷柳芳撰　續
譜十卷柳璟撰　聖朝臣寮家譜一卷宋朝人撰　姓史四卷　氏
族譜一卷　姓氏祕略三卷　唐譜傳引一卷　姓解
三卷邵思撰　熙甯姓纂六卷錢明逸撰　千姓編一卷吳可幾撰
右總譜四十三部一千七十四卷
姓氏韻略六卷柳璨撰　姓源韻譜四卷曹大宗撰　姓源韻譜五
卷張九齡撰　系纂七卷唐竇從一撰　元和姓纂十卷唐林寶撰　姓林五
卷唐陳湘撰　五姓證事二十卷　元和姓纂鈔一卷
右韻譜八部五十八卷
新集諸州譜十二卷司空王儉撰　梁武帝總責境內十八州
譜七百十二卷王僧孺撰　益州譜四十卷　關東關北譜三
十三卷　冀州姓族譜二卷　俱州諸姓譜九卷　吉
州諸姓譜八卷　江州諸姓譜十一卷　諸州雜譜八
卷　袁州諸姓譜八卷　揚州譜鈔五卷　天下姓望

神譜一卷
右郡譜十二部八百四十九卷
孔子系葉傳二卷黃恭之撰 孔聖眞宗錄五卷 孔子家譜
一卷 司馬氏世家三卷 京兆韋氏譜二卷 韋氏
譜十卷 韋氏諸房略一卷 謝氏譜十卷 謝氏家
譜一卷 楊氏血脈譜二卷 楊氏家譜狀并墓記一
卷 楊氏枝分譜一卷 楊氏譜一卷魏朝楊佩撰 北地傅
氏譜一卷 蘇氏譜一卷 裴氏家牒二十卷裴守眞撰 王
氏家牒十五卷王方慶撰 家譜二十卷王方慶撰 王氏著錄十卷
王氏譜一卷 劉氏譜考三卷 劉氏家史十五卷
劉氏大宗血脈一卷劉復禮撰 河南劉氏傳一卷 劉輿
家譜一卷 劉晏家譜一卷 南華劉氏家譜一卷
趙郡東祖李氏家譜二卷 李氏房從譜一卷 李用
休家譜二卷唐李用休撰 李文家譜一卷唐李匡文撰 蔣王惲家
譜一卷惲太宗第七子書載其後 紀王愼家譜一卷 南陽李英公
家譜一卷 李韓王家譜一卷 東萊呂氏家譜一卷
薛氏家譜一卷 顏氏家譜一卷 虞氏家譜一卷
孫氏家譜一卷 吳郡陸氏宗系譜一卷唐陸景獻撰 徐
氏譜一卷 徐義倫家譜一卷 徐詵家譜一卷 新
定徐氏譜圖四卷唐徐商撰 周長球家譜一卷 周氏大宗
血脈譜一卷 施氏家譜一卷 萬氏家譜一卷 滎
陽鄭氏家譜一卷 竇氏家譜一卷唐竇澄之撰 鮮于氏家
譜一卷 唐氏譜略一卷 唐納家譜一卷 趙異世
家譜一卷 費兼家譜一卷 沈氏譜書一卷 沈氏
衣冠集一卷藥玧撰 京兆杜氏家譜一卷 曲江張氏家
譜一卷 錢氏慶系圖二十五卷 錢氏慶系譜一卷
符魏王譜一卷 向文簡譜一卷 潯陽陶氏家譜
一卷 建安章氏家譜一卷 建陽陳氏家譜一卷
范陽家志五卷盧藏用撰
右家譜六十八部二百五卷
凡譜系六種一百七十部二千四百一十一卷

食貨 貨寶 器用 豢養 種藝 茶 酒

錢譜一卷梁顧烜撰 錢神論一卷晉魯褒撰 錢圖一卷 續錢譜
一卷唐封演撰 錢譜三卷張台撰 錢本草一卷唐張說撰 錢譜一卷
宋朝董逌撰 鑄錢故事一卷宋朝杜鎬撰 池州永豐錢監須知一
卷 古今鼎錄一卷隋虞荔撰 九鼎記四卷唐許康佐撰 古今刀
劍錄一卷梁陶弘景撰 銅劍讚一卷 鑄劍術一卷出道藏 劍
法一卷 仙寶劍經二卷見隋志 古鑑記一卷隋王勔撰 錦譜
一卷 玉格一卷段成式撰 鹽鐵論十卷漢桓寬撰 鹽筴總類二
十卷 解鹽須知一卷 鹽池利害一卷
右貨寶二十三部五十七卷
晉史欽器圖一卷隋儀同劉徽注 欽器銘一卷 器準圖一卷
後魏信都芳撰 水飾一卷 墨苑一卷 墨圖一卷 墨譜一
卷蔡襄撰 硯錄二卷唐詢撰 文房四譜四卷蘇易簡撰 權衡記一
卷祖暅撰 香譜四卷沈立撰 天香傳一卷丁謂撰
右器用十二部十九卷
治馬經三卷俞極撰 治馬經圖一卷 馬經孔穴圖一卷
伯樂相馬經一卷 相馬經三卷 周穆王相馬經
三卷 相馬經二卷徐成等撰 相馬經六十卷諸葛穎撰 闕中銅
馬法一卷 周穆王八駿圖一卷晉史道碩畫 騏驥須知一
卷 辨馬圖一卷 辨養良馬論一卷 辨馬口齒訣
一卷 醫馬經一卷 景祐醫馬方一卷 甯戚相牛
經一卷 高堂隆相牛經一卷 牛馬書一卷 醫牛
經一卷 浮邱公相鶴經一卷 淮南八公相鵠經一
卷 鷙擊錄二十卷堯須跋撰 東川白鷹經一卷 鷹經一
卷 鷹鶻病候一卷齊諸葛穎撰 鷹鶻五藏病源一卷 淮
南王蠶經三卷 蠶書二卷孫光憲撰 范蠡養魚經一卷
猩猩傳一卷王綱撰 禽經一卷師曠撰 卜式養猪羊法二卷
卜式月政畜牧栽種法一卷 相鴨經一卷 相雞
經一卷 相鵝經一卷 相貝經一卷 論駝經一卷
醫駝方一卷 治馬牛駝騾等經三卷
右豢養四十一部一百三十二卷
竹譜一卷戴凱之撰見隋志 竹記一卷 筍譜一卷宋朝僧贊寧撰 樹
萱錄一卷 園庭草木疏二十一卷唐王方慶撰 四時栽接
記一卷 種植法七十七卷唐諸葛穎撰 禁苑實錄一卷
名花目錄七卷宋朝張宗誨撰 花品一卷宋朝僧仲林撰 海棠記一卷
郊居草木記一卷 荔枝新譜一卷蔡襄撰 又一卷
莆田荔枝譜一卷徐師閔撰 增城荔枝譜一卷張宗閔撰 洛陽花
木記一卷周師厚撰 洛陽牡丹記一卷歐陽修撰 牡丹花品一卷
越僧仲林撰 洛陽貴尙錄十卷邱濬撰 洛陽花譜三卷張峋撰 木
譜一卷 平泉山居草木記一卷唐李德裕撰 漆經三卷唐僞
朱遵撰
右種藝二十四部一百三十九卷
茶經三卷唐陸羽撰 茶記三卷陸羽撰 採茶錄三卷唐溫庭筠撰 煎
茶水記一卷唐張新撰 茶譜一卷僞蜀毛文錫撰 北苑茶錄三卷宋朝
丁謂撰 茶山節對一卷蔡宗顏撰 茶譜遺事一卷蔡宗顏撰 北苑拾
遺一卷丁謂撰 北苑煎茶法一卷 茶苑總錄十四卷曾伉
撰 茶法易覽十卷
右茶十二部四十二卷
酒孝經一卷劉炫撰 貞元飲略三卷 醉鄉日月三卷皇甫
松撰 醉鄉小略五卷胡節還撰 令圓芝蘭集一卷歐陽貽龜撰 酒錄一

卷竇常撰 小酒令一卷 庭萱譜一卷同慶先生修飲酒令譜謂之庭萱

右酒八部十六卷

凡食貨六種 百二十部四百五卷

目錄 總目 家藏總目 文章目 經史目

七略別錄二十卷劉向撰 七略七卷劉歆撰 晉中經簿十四卷荀勗撰 晉義熙已來新集目錄三卷邱深之撰 宋元徽元年四部書目錄四卷王儉撰 今書七志七十卷王儉撰 梁天監六年四部書目四卷殷鈞撰 梁東宮四部目錄四卷劉遵撰 梁文德殿四部目錄四卷劉孝標撰 七錄十二卷阮孝緒撰 魏闕書目錄一卷 陳天嘉六年壽安殿四部目錄四卷 陳德教殿四部目錄四卷 陳承香殿五經史記目錄二卷 隋開皇四年四部目錄四卷牛弘撰 開皇八年四部目錄四卷 開皇二十年書目四卷王劭撰 香廚四部目錄四卷 隋大業正御書目錄九卷 四部書目序錄三十九卷殷淳撰 唐羣書四錄二百卷殷踐猷等撰 古今書錄四十卷唐毋煚撰 唐集賢書目一卷韋述撰 唐四庫搜訪圖書目一卷 開元四庫書目四十卷 唐祕閣書目四卷 僞蜀王建書目一卷 紫微樓書目一卷 崇文總目六十六卷王堯臣等撰 祕閣四庫書十卷 史館書目二卷張方平撰 嘉祐訪遺書詔并目一卷 求書目錄一卷 國子監書目一卷 禁書目錄一卷 川本書籍目錄三卷

右總目三十六部五百九十卷

吳氏西齋書目一卷唐吳兢撰 新集書目一卷唐蔣彧撰 東齋集籍二十卷唐杜信撰 都氏書目一卷 沈諫議書目三卷沈立 沈少卿書目二卷 李正議書目三卷李定 荆州田氏書目六卷田曙 籯金堂書目三卷吳良嗣 慶善樓書目三卷台州陳氏 李邯鄲書目三卷李淑 漳浦吳氏藏書目四卷吳與 方作謀萬卷樓書目一卷 余衞公萬卷藏書目一卷 歐陽參政書目一卷

右家藏總目十五部五十三卷

文章家集敘十卷荀勗撰 文章志四卷摯虞撰 宋世文章志二卷沈約撰 文選著作人名目三卷唐常寶鼎撰 文樞祕要目七卷唐尹植撰 羣書麗藻目錄五十卷僞唐朱遵度撰 上清文苑目二卷

右文章目七部七十八卷

史目三卷唐楊松珍撰 經史釋題二卷唐李肇撰 十三代史目十卷唐宗諫撰 唐列聖賢錄目二十五卷唐孫玉汝撰 河南東齋史目三卷唐人撰 唐書敘例目錄一卷見唐志 十九代史目二卷宋朝舒雅等撰 太祖實錄目二卷 太宗實錄目二卷 太宗新修五代史目二卷 歷代史目十五卷 高氏小史目一卷 史鑑目三卷 經史目錄七卷楊九齡撰 經史目錄三卷 十三代史目三卷殷仲茂撰 唐餘錄目一卷宋敏求撰 羣書備檢錄七卷 漢書敘例目一卷

右經史目十九部九十三卷

凡目錄類四種七十七部八百一十四卷

諸子類第六 儒術 道家 釋家 法家 名家 墨家 縱橫家 雜家 農家 小說 兵家

儒術

晏子春秋七卷齊大夫晏嬰撰 曾子二卷目一卷曾參撰 子思子七卷魯穆公師孔伋撰 漆雕子十三篇漆雕開後 宓子十六篇孔子弟子宓不齊撰 世子二十一篇名碩陳人也七十子之弟子 魏文侯六篇 李克七篇子夏弟子為魏文侯相 公孫尼子一卷七十子之弟子 孟子十四卷齊卿孟軻撰趙岐注 孟子七卷鄭氏注 孟子七卷劉熙注 孟子七卷綦母邃注 孟子七卷陸善經注 孟子音義三卷張鎰撰 孟子音義二卷宋朝孫奭撰 續孟子二卷唐林慎思撰 刪孟子一卷馮休撰 荀卿子十二卷楚蘭陵令荀況撰 荀子二十卷楊倞注 非荀二十八篇吳申撰 削荀一卷陳之方撰 芊子十八篇齊人芊嬰七十子之後 甯越一篇 王孫子一篇 公孫固一篇 李氏春秋二篇 羊子四篇秦博士羊百章撰 徐子四十二篇宋外黃人 魯仲連子五卷齊人魯連不仕稱先生 虞氏春秋十五篇虞卿撰 新語二卷陸賈撰 劉敬三篇 賈子十卷漢梁太傅賈誼傳 秦子三卷 何子五卷 劉子三卷梁劉勰撰 賈山八篇 董仲舒百二十三篇 兒寬九篇 公孫弘十篇 終軍八篇 吾邱壽王六篇 新序二十卷錄一卷劉向撰 說苑二十卷劉向撰 揚子法言十五卷解一卷揚雄撰李軌注 揚子法言六卷侯芭撰 揚子法言十卷宋衷注 揚子法言十三卷柳宗元撰 揚子法言十卷司馬光集注 桓子新論十七卷後漢六安丞桓譚撰 潛夫論十卷後漢處士王符撰 申鑒五卷荀悅撰 魏子三卷後漢會稽人魏朗撰 牟子二卷後漢太尉牟融撰 中論六卷魏徐幹撰 典論五卷魏文帝撰 徐氏中論六卷魏太子文學徐幹撰 萬機論八卷蔣濟撰 王子政論十卷王肅撰 去伐論三卷王粲撰 杜氏體論四卷魏幽州刺史杜恕撰 述政論十三卷裴元撰 晉論三十卷張儼撰 顧子新語十二卷吳太常顧譚撰 新言五卷裴元撰 新義十八卷劉廞撰 新略十卷韋道孫撰 文禮通語十卷 正訓十卷陸機撰 典訓十卷陸景撰 譙子法訓八卷譙周撰 譙子五教志五卷 古今通論二十卷松滋令王嬰撰 周生烈子五卷 袁子正論二十卷袁準撰 袁子正書二十五卷 孫氏成敗志三卷孫毓撰 新論十卷晉散騎常侍夏侯湛撰 物理論十六卷晉處士楊泉撰 太元經十四卷楊泉撰 新論十卷晉華譚撰 篤論四卷杜恕撰 蒭蕘語論五卷鍾會撰 志林新書二十卷虞喜撰 後林新書十卷虞喜撰 顧子義訓十卷晉揚州主簿顧夷撰 正

言十卷干寶撰　立言十卷干寶撰　又十卷蘇道撰　閔論二卷晉江
州從事蔡韶撰　臥龍十六策一卷諸葛亮撰　正覽十卷晉郡儒林祭酒呂竦撰
要覽三卷陸機撰　正覽六卷梁太子詹事周捨撰　諸葛武侯集誡二
卷　衆賢誡十三卷　綦毋氏誡林三卷　顏氏家訓
七卷　典言四卷後魏李穆叔撰　典言四卷後齊荀士遜撰　百里昌言
二卷王滂撰　崔子至言六卷　墳典三十卷盧辨撰　典墳數
集十卷范諭撰　讀書記三十三卷王劭撰　王通中說五卷
正訓二十卷辛德源撰　唐太宗序志一卷　帝範四卷唐太宗撰
天訓四卷唐高宗撰　紫樞要錄十卷唐武后撰　臣軌二卷唐武后撰　百
寮新誡五卷　少陽政範三十卷　列藩正論三十卷
　嚴尤三將軍論一卷　春宮要錄十卷章懷太子撰　皇太
子諸王訓十卷丁公著撰　青宮要記十卷唐武后撰以賜太子　修身要
覽十卷章懷太子撰　帝王集要三十卷崔氏撰　君臣相起發事
三卷　魏徵諫事五卷　自古諸侯王善惡錄二卷魏徵
撰　平臺百一寓言三卷張太元撰　君臣政理論三卷楊相如撰　五
經妙言四十卷李襲譽撰　六經法言二十卷　諸經纂要十
卷崔鄲撰　經史要錄二十卷鄭澣撰　讀說苑十卷劉貺撰　百行
章一卷杜正倫撰　前代君臣事迹十四篇唐憲宗撰　訓記雜載十
卷武后撰　維城典訓二十卷　維城前軌一卷裴光庭撰　諫苑
二十卷于志甯撰　諫林五卷齊晉陵令何望之撰　諫林二十卷王方慶撰　聖
典三卷楊談撰　千秋金鑑錄五卷張九齡撰　唐次辨謗略二卷
　元和辨謗略十卷令狐楚等撰　太和新修辨謗略三卷裴潾
撰　格論三卷李仁實撰　王政三卷趙冬曦撰　正錄十卷馮中庸撰　賈子
一卷開元中藍田尉撰　正論十五卷儲光羲撰　理源二卷牛希濟撰　君臣
圖翼二十五卷陸贄撰　古今說苑十一卷　康教論一卷
邱光庭撰　元子十卷元結撰　浪說七篇元結撰　漫說七卷元結撰　元
和子二卷杜信撰　伸蒙子三篇唐林慎思撰　冀子五卷冀重撰　傳
子五卷晉司隸校尉傅元撰舊有百二十卷　皇王大政論一卷朱梁孝琪撰　鄖
子一卷趙璘撰　前朝君臣正論二十五卷晉趙瑩撰　帝王旨要
三卷徐融撰　資理論三卷宋朝朱昂撰　本說十卷宋朝才衍撰　素履
子一卷張弘撰　里訓十卷張涉撰　東莞子十卷　儒門誡節
忠經三卷　商子新書三卷商子逸撰　眞宗皇帝正說十卷
　孫綽子十卷　家國鑑三卷　爲臣要記三卷　治
書十卷郭昭度撰　至性書三卷茅知至撰　泉書十卷黃君俞撰　姚元崇
六誡一卷　四部言心十卷劉守恭撰　理道集十卷隋李文博撰
檢志三卷唐李知保撰　羣書治要五十卷魏徵撰　十代興亡論
十卷朱敬則撰　帝王略論五卷虞世南撰　忠經一卷海鵬撰失其姓名　行
巳要範十卷崔元暐撰　敘訓二卷辛之諤撰　理道要訣十卷杜佑撰
用人權衡十卷賀蘭正元撰　魁紀公三十卷樊宗師撰　輔弼名對
四十卷宋朝劉顏撰　樊子三十卷樊宗師撰　致理書十卷宋朱朴撰　治
亂集三卷蘇源明撰　紳誡二卷張楚金撰　誡子拾遺四卷唐李開恕撰
元御集誡子書一卷　狄仁傑家範一卷　盧公家範
一卷　家誡一卷僞吳黃訥撰　司馬溫公家範六卷　先賢
誡子書二卷

凡儒術一種二百四部一千六百一十三卷三百
　七十篇

通志卷六十七

宋右迪功郎鄭樵漁仲撰

藝文略第五

道家　老子　莊子　諸子　陰符經　黃庭經
參同契　目錄　傳記　論　書　經
科儀　符籙　吐納　胎息　內視　道引
辟穀　內丹　外丹　金石藥　服餌　房中
修養

道家一

老子道德經二卷周柱下史李耳撰戰國史河上丈人注　又一卷漢文帝時河上公注　又二卷漢長陵三老毋丘望之注　又二卷漢處士嚴遵注　又二卷漢政和御解　又二卷王弼注　又二卷鍾會注　又二卷羊祜注　又二卷蜀才注　又四卷羊祜解釋　又二卷晉尚書郎孫登注　又二卷晉江州刺史王尚注　又二卷劉仲融注　又二卷晉中郎將袁眞注　又二卷張憑注　又二卷曹道沖注　又二卷盧景裕注　又四卷陶弘景撰　又二卷陳皋注　又二卷鍾樹山注　又二卷李允愿注　又二卷陳嗣古注　又二卷僧惠琳注　又二卷僧惠嚴注　又二卷僧鳩摩羅什注　又二卷僧義盈注　又二卷程韶集注　又四卷任眞子集注　又四卷道士張道相集三十家注　又四卷梁曠等注　又二卷假松子注　又四卷李納注　又三卷道士李榮注　又二卷唐明皇注　又二卷辟閭仁諝注　又二卷傅奕注　又二卷楊上善注　又二卷吳善經注　又小解二卷　又二卷道士成元英注　又二卷盧藏用注　又新歌注道德經一卷李若愚撰　老子音一卷晉孫登撰　又一卷李軌撰　又一卷戴逵撰　又音解二卷李畋撰　老子義疏一卷顧歡撰　又五卷孟智周撰　又四卷韋處元撰　又九卷戴詵注　又四卷趙志堅撰　又八卷唐明皇撰　又二卷不著名氏　又四卷王顧等撰　又十四卷江徵撰　又四卷賈青夷撰　老子古本二卷　老子講疏四卷梁武帝　又六卷梁武帝撰　又四卷何晏撰　老子章句二卷　毋邱望之撰　老子指趣三卷毋邱望之撰　老子指歸十一卷嚴遵注　老子義綱一卷顧歡撰　元言新記道德二卷王肅撰　道德經品四卷梁曠撰　老子節解二卷　老子章門一卷　老子指略例二卷王弼撰　老子指略論二卷　道德問二卷何晏撰　道德經序訣二卷葛洪撰　道德經開題序訣義疏七卷成元英撰　老子元旨八卷韓莊撰　道德經元譜一卷劉遺民撰　道德經譜二卷道士扶少明撰　道德經傳四卷陸希聲撰　道德經廣聖義三十卷唐杜光庭撰　老子述義十卷賈大隱撰　老子道德簡要義五卷元景先生撰　道德經內解一卷　道德經兵論要義述四卷　道德經雜說一卷陸脩靜撰　道德經契源一卷　道德經纂微二卷道士陳景先撰　道德經傳授圖一卷　老子猶龍傳三卷賈善翊撰　老子昌言二卷呂氏撰　老子心鏡一卷崔少元撰王守愚注　老子眞義機要一卷

右老子九十部二百九十卷

莊子二十卷梁漆園吏莊周撰晉散騎常侍向秀注　又十六卷司馬彪撰　又十卷崔譔注　又十卷郭象注　又三十卷晉李頤撰　又十八卷孟氏注　又十卷楊上善注　又十二卷盧藏用注　又十卷道士文如海注　又三十卷成元英注　又十卷張昭補注　又十五卷四家注　又二十卷李頤集解　又二十卷王元古集解　莊子音一卷李軌撰　又三卷徐邈撰　又三卷郭象撰　又一卷王穆撰　又直音一卷賈善翊撰　又注音一卷司馬彪撰　又外篇雜音一卷　又內篇音義一卷　莊子講疏三十卷梁簡文帝撰　又二卷張機撰　又八卷　莊子義疏三卷宋處士李叔之撰　又八卷戴詵撰　又十卷王穆撰　又十二卷道士成元英撰　莊子內篇講疏八卷周弘正撰　莊子文句義二十八卷　莊子文句義二十卷陸德明撰　莊子古文正義十卷馮廓撰　南華論二十五卷梁曠撰　南華論音三卷　莊子論二卷李充撰　莊子指要三十三篇張九垓撰　南華仙人莊子論三十卷梁曠撰　莊子內要一卷　南華眞經篇目三卷　莊子餘事一卷陳景先撰　莊子統略三卷　南華象罔說十卷張游朝撰　南華通微十卷元載撰　南華眞經提綱一卷王曉撰　莊子通眞論三卷唐賈參寥撰　莊子邈一卷　南華總章一卷碧虛子撰　南華章句七卷碧虛子撰

右莊子四十九部五百一十六卷

鬻子一卷周文王師楚人鬻熊撰唐鄭縣尉逢行珪注　又三卷王覩注　列子沖虛至德眞經八卷鄭穆公時隱者列禦寇撰東晉張湛注唐加冲虛眞經宋朝又加以至德　又八卷盧重元注　又八卷孫鶚注　又八卷政和御注　列子釋文二卷　列子統略一卷　列子音義一卷　列子指歸一卷　文子十二卷老子弟子也唐徐靈府注　又十二卷李暹訓注　又十二卷朱弁注　文子釋音一卷　文子統略一卷　文子家語要言一卷　鶡冠子三卷楚之隱人　莊成子十二卷　蹇子一卷　唐子十卷吳唐滂撰　蘇子七卷晉北中郎參軍蘇彥撰　宣子二卷晉宜城令宣聘撰　陸子十卷陸雲撰　幽求子二十卷杜夷撰　抱朴子內篇二十卷葛洪撰　符子二十卷東晉員外郎符朗撰　賀子十卷宋太學博士賀道養撰　少子五卷齊司徒左長史張融撰　無名子一卷張太元衡撰　廣成子五卷　廣成子十三卷商洛公撰張太衡注　又三卷何璨注　亢倉子音略一卷　亢倉子三卷老聃之徒庚桑楚撰王士元注　無能子三卷唐光啓中隱者不著名氏　同光子八卷劉無待撰　元眞子三卷張志和撰　元中觀子一卷　淨住子二十卷蕭子良撰　天隱子一卷　元中子三卷杜登暉撰　元筌子一卷珞琭子撰　素履子一卷　淮南鴻烈解二十卷許慎注　黃石公素書一卷　宋齊邱化書六卷

右諸子四十六部二百九十四卷

陰符經一卷黃帝撰太公等十一家注　又一卷七家注　又一卷唐張果注　又一卷袁淑眞注　又三卷陸佃注　又三卷蕭眞宰注　又一卷黃居眞注　又一卷沈亞夫注　又一卷任照一注　又一卷蹇昌辰注　又一卷唐李筌注　又一卷杜光庭注　陰符機一卷李靖撰　陰符經太無傳一卷唐張果得於道藏不詳作者　陰符經正義一卷唐韋洪撰　陰符經要義一卷　驪山

母傳陰符妙義一卷唐李筌撰 新注陰符經序一卷 陰符經辨命論一卷唐張果撰 陰符經小解一卷 陰符天機經一卷 陰符經元談二卷元解先生撰釋陰符章句 陰符經一卷杜光庭撰 陰符十德經一卷葛洪撰 陰符經疏三卷袁淑眞撰 陰符經頌三卷太元子撰 釋自論集解陰符隨經元義五卷 頌陰符經一卷元陽子撰 李筌傳陰符經序一卷 陰符經訣一卷 陰符經解題一卷 陰符經章句疏三卷張彬卿撰 陰符經序一卷 陰符太元傳一卷 陰符經五賊義一卷 陰符經元義一卷唐張魯撰 太丹黃帝陰符經一卷房山長注 陰符太丹經一卷驪山母注 陰符太丹經解一卷

右陰符經三十九部 五十四卷

太上黃庭內經一卷務成子注 太上黃庭內景玉經一卷梁邱子注 又六卷五家注 黃庭祕言內景經一卷尹眞人注 黃庭內景經一卷唐白履忠注 黃庭內景保生延壽訣一卷務成子注 太上黃庭外景經三卷李子乘注 黃庭祕言外景經一卷尹眞人注 黃庭外景經一卷 黃庭外景玉經注訣一卷 黃庭內外玉景經十卷蔣愼修撰 太上黃庭內外景經二卷 黃庭玉景內篇四卷超遙子注 黃庭玉景篇二卷 黃庭二景三皇內譜一卷 黃庭五藏道引玉軸經一卷 黃庭五藏圖一卷 老子黃庭內視圖一卷 黃庭五藏內景圖一卷唐女子胡愔撰 黃庭外景圖一卷 黃庭五藏道引圖一卷 黃庭圖證訣一卷青鸞子撰 黃庭集訣一卷陶眞人撰 黃庭經訣誦一卷 黃庭五藏論七卷趙業撰 黃庭五藏經一卷 黃庭內景眞形錄一卷 黃庭養神經一卷 黃庭內景五藏六府圖一卷胡愔撰 黃庭內景五藏六府補瀉圖一卷

右黃庭三十部 五十七卷

周易參同契三卷漢魏伯陽撰抱素子注 又五卷褚直躬注 陰陽統略周易參同契三卷徐從事注 陰眞君周易參同契三卷 參同契合金丹行狀十六變通眞訣一卷 參同契太易志圖一卷張處撰 又一卷重元子撰 參同契太易二十四氣修煉太丹圖一卷 參同契太易丹書一卷 參同契手鑑圖一卷 參同契明鑑訣一卷彭曉撰 參同契金碧潛通訣一卷 周易參同契分章通眞義三卷 參同契還丹火訣一卷 參同太丹次序火數一卷 參同契特行丹一卷 參同契五相類一卷漢魏伯陽撰 金碧五相類參同契一卷陰眞君撰 參同金石至藥論一卷

右參同契一十九部 三十一卷

隋朝道書總目四卷經戒三百一部九百八卷餌服四十六部一百六十七卷房中十三部三十八卷符籙十七部百三卷 唐朝道藏音義目錄一百十三卷 宋朝明道宮道藏目錄六卷 洞元部道經目錄一卷 太眞部道經目錄二卷 洞神部道經目錄一卷 三洞四輔部經目錄七卷王欽若等撰 靈寶經目序一卷陸修靜撰 道藏經目七卷 修眞祕旨事目歷一卷司馬道隱撰 開元道經目一卷

右目錄十一部 一百四十四卷

道家二

列仙傳二卷漢劉向撰 列仙傳贊三卷孫綽撰 列仙傳贊二卷郭元祖撰 列仙傳十卷葛洪撰 說仙傳一卷朱思祖撰 仙隱傳十卷周孫夷中撰 集仙傳十卷 洞仙傳十卷見素子撰 道學傳二十卷馬樞傳 續神仙傳三卷唐沈汾撰 八仙傳一卷唐江積撰 八仙圖一卷鄭氏撰 神仙傳略一卷葛洪撰 神仙纂要錄一卷 江淮異人錄三卷宋朝吳淑撰 賓仙傳三卷何光遠撰 墉城集仙錄十卷杜光庭集古今女子成仙者百九人 玉清祕錄二十卷 仙傳拾遺四十卷杜光庭撰 總仙記一百三十卷宋朝樂史撰 神仙後傳十卷唐王方慶撰 疑仙傳三卷 漢武內傳三卷 太元眞人東鄉司命茅君內傳一卷唐李遵撰 淸虛眞人王君內傳一卷弟子華存撰 淸虛眞人裴君內傳一卷鄭雲千撰 正一眞人三天法師張君內傳一卷王褱撰 黃帝內傳三卷 太極左仙公葛君內傳一卷按隋志已有此傳而唐云呂先生撰 仙人馬君陰君內傳一卷趙昇等撰 又一卷孫思邈撰 老君內傳三卷尹喜撰 紫虛元君南岳夫人內傳一卷范邈撰 紫虛元君魏夫人內傳一卷項宗撰 關令尹喜內傳一卷鬼谷先生撰 神仙內傳一卷唐道士胡慧超撰 仙史類辭十卷 晉洪州西山十二眞君內傳一卷唐天師胡慧超撰 炎天師內傳一卷唐謝良嗣撰 周義山內傳一卷後漢人居紫陽山 劉眞人內傳一卷漢王珍遇劉根事 桐柏眞人升仙太子內傳一卷 華陽陶先生內傳三卷賈嵩撰 雲中先生內傳一卷 許氏神仙內傳一卷 漢天師內傳一卷 樓觀內傳三卷尹軌韋節等撰 樓觀本行傳一卷 青城山羅眞人記一卷 劉君內記一卷王珍賢撰 太上眞人內記一卷李氏撰 九華眞妃內記一卷 翊聖保德眞君傳三卷宋朝王欽若撰建隆中有神降于燕南山告符命之事故加以號焉 仙人許遠遊傳一卷王羲之撰 陸先生傳一卷孔稚珪撰 王喬傳一卷 嵩高寇天師傳一卷宋都龍撰 成仙君傳一卷 蘇君記一卷周季通撰 紫陽眞人周君傳一卷華嶠撰 眞系傳一卷李渤撰 許遜修行傳一卷道士胡法超撰 洪崖先生傳一卷張說撰 洪崖先生別傳一卷 胡慧超傳一卷冲虛子撰慧超高宗時道士 潘學師傳一卷唐武后時人 蔡尊師傳一卷 葉法善傳一卷劉谷神撰 謫仙崔少元傳一卷唐王元師撰少元者崔氏女也 元州上卿蘇君記一卷漢周季通撰 瞿童述一卷溫造撰大歷八年辰溪童子瞿柏庭於桃源觀升仙 東極眞人傳一卷李堅撰記果州謝自然升仙事 老君傳一卷 蘇耽

傳一卷漢人又有成武丁傳附　裴元人傳一卷劉子雲撰　劉善慶傳一卷劉珍字善慶　聶練師傳一卷宋朝吳淑撰記僞吳道士聶紹元事　侯眞人傳一卷盧播撰　零陵先賢傳一卷　陶弘景傳一卷　三茅處士王潛傳一卷　緱氏嶺會眞王氏神仙傳五卷杜光庭撰　九天元女傳一卷　九天採訪眞君傳一卷　南嶽九眞人傳一卷　東華司命楊君傳一卷　成都山望仙宮十眞記一卷　委羽仙人有空明天眞人司馬君傳一卷　李先生傳一卷　王仙聖母傳一卷　謝自然別傳三卷　廣成先生劉天師傳一卷道櫓撰　華項先生張天師本傳一卷　桐柏眞人王君外傳一卷　漢天師外傳一卷　賀蘭先生傳一卷　碧虛先生傳一卷　江西續仙錄一卷　湖湘神仙顯異三卷　逍遙大師問政先生聶君傳一卷徐鍇撰　申儒先遇神和子傳一卷　靈人辛元子自序一卷　華陽子自序一卷

右傳一百三部四百四卷

老君始終記一卷　混元皇帝升天記一卷　老子出塞記一卷宣虞撰　老子化胡經十卷　老子私記十卷梁簡文帝撰　太上混元皇帝聖紀十卷楊上器注　開元天記一卷　皇天原太上老君現跡記一卷唐文明元年現于虢州閿鄉縣皇天原與豫章人鄔元宗語唐世祚運事　尹喜本行記一卷　傳仙宗行記一卷陰日用撰　邊洞元升天記一卷　議化胡經狀一卷唐武后時侍郎劉如璿等議狀　道教經記一卷　道教靈驗記二十卷杜光庭撰　歷代帝王崇道記一卷杜光庭撰　眞教元符三卷唐戴簡撰　道經降代傳授年載記一卷杜光庭撰　平都山仙都觀記一卷山在忠州陰長生成仙之所　神光寺聖跡記一卷　九始上眞記一卷　紀聖賦一卷　山水穴寶圖一卷　二十四化記三卷唐段道士世貴撰記蜀中二十四山神仙之所　正一眞人二十四治圖一卷唐道士令狐見堯撰敘蜀中二十四治之所名山福地　演正一氣化圖一卷段世貴撰　元化圖一卷宋閭集敘福地十州之地　混元圖十卷唐道士杜光庭撰　太清宮簡要記一卷王坤撰　晉州羊角山唐觀記一卷道士李用能撰　太上老君靑羊肆瑞甎應見記一卷　廣黃帝本行記一卷王權撰　眞宗得道錄一卷王欽若撰

右記三十二部九十三卷

守白論一卷　任子道論一卷魏河東太守任嘏撰　夷夏論一卷顧歡撰　任嘏顧道士論三卷　顯正論一卷道士劉進喜撰　三元精辨論一卷唐白履忠撰　神仙可學論一卷唐道士吳筠撰　元綱論三卷吳筠撰　心目論一卷吳筠撰　復淳化論一卷吳筠撰　形神可固論一卷吳筠撰　辨疑論一卷唐施肩吾撰　中元論一卷李延章集　坐忘論三卷唐司馬承禎撰　又一卷吳筠撰　葛仙翁序一卷葛洪撰　龍虎篇一卷孫思邈撰　大道淸曠論一卷王承佑撰　淨土論一卷　重眞記一卷藍敬撰　學道登眞論二卷　道生旨一卷谷神子撰或云裴鉶　大道形神論一卷上虞隱士元黃子述　正一論一卷　答客論一卷　道體論一卷　保眞養生論一卷　靈寶修眞論一卷李道綱撰　靈信經旨一卷　太元三破論一卷張融撰　太元三教論一卷　明眞辨僞論一卷唐吳筠撰蠢斥釋氏　輔正除邪論一卷吳筠撰　契眞刊謬論一卷吳筠撰　道釋優劣論一卷吳筠撰　辨方正惑論一卷吳筠撰　陶陸問答一卷　會三教論一卷　三教解紛論十五卷孫夷中撰　千金養生論一卷孫思邈撰　混元正理論一卷　人元長生論一卷朱杓撰　大道攝生論一卷李永撰　長生正義元門大論三十八卷　道典論三十卷　雲中子論一卷王鶴撰　養生論一卷廣成子撰　五嶽眞形序論一卷　太易保生論一卷鮮遂撰　通眞論一卷陶植撰　神仙祕論一卷　十異九迷論一卷道士李少卿撰　九霄君論一卷　吳天師論一卷　大道感應論三卷　幽傳福壽論一卷　一切道書音義序一卷唐道士史崇與學士崔湜薛稷等撰　畢夷祕照論五卷李渻風撰

右論五十八部一百五十一卷

眞誥十卷梁陶弘景撰　登眞隱訣六十卷陶弘景撰　上淸握中訣三卷陶弘景撰　靈臺祕寶符書一卷寶子通撰　玉淸祕籙二十卷太白山沖隱子撰　襲古書三卷僞唐范朝撰　元珠龜鑑三卷黃仲山撰　左慈眞人助相見規戒一卷　神異書三卷道士元眞子撰　修行旨要三卷道士朱洞微撰　眞誥鈔二卷　先天紀三十六卷王欽若撰　上淸文苑四十卷樂史撰　仙苑編珠一卷王松年撰　至言二卷范修然撰　元門樞要一卷杜光庭撰　道門四子治國樞要二卷范乾九撰　道門樞要一卷杜光庭撰　玉淸隱書一卷尹先注　潛眞祕術一卷　歷鑒天元主物簿三卷　兩同書二卷羅隱撰　上淸天付道內眞訣一卷陳七子撰　太上道鑑四卷道士張仙庭撰　上淸天中眞鑑錄一卷王松年撰　道德消魔略例一卷　威儀要訓二卷　道要三十卷　無上祕要七十二卷　學道要一卷杜沖和撰　上淸紫書二卷　謫仙心鑑二卷　廣成集五十四卷　三洞珠囊三十卷　四子統略一卷　造化權輿一卷　晉簡文談疏六卷　遊元桂林二十一卷張讖撰　元書通義十卷張讖撰　太始天元玉册元誥十卷扁鵲注　老君家令一卷　赤松子八誡錄一卷陳摶撰　許旌陽遺教一卷　遵戒避忌訣一卷

右書四十四部四百五十二卷

天眞皇人經一卷　太上迴元九道飛行羽經一卷　上淸洞元內經一卷　靈寶度人經一卷　又四卷李少微注　又四卷道士成元英疏義　靈寶五星祕授經一卷　靈寶元微妙經一卷　混元聖紀經一卷道士尹文操撰　老子西升經四卷沖元子注　又二卷徐道邈撰　又四卷道士李榮注　又二卷道士章處元注

又二卷劉仁會注　又二卷曹道冲注　又老子西升經疏三卷　老子存一經一卷　老子中經一卷　老子戒經一卷葛洪撰　老子修身經一卷　老子守三一經一卷　太上老君歷刼經一卷李通撰　太上玉歷經一卷　河圖龍文鮮甲元紀帝瑞神經二卷　入室思赤子經一卷　老子鎭元靈經一卷　皇人守三一經三卷　神寶經一卷裴眞人撰　天童護命妙經一卷　紫府元珠經十卷曹唐撰　靈奇墨子術經七卷崔知操撰　太上三天正法經一卷　太上正一修眞玉經三卷　上淸丹景隱地八術經二卷　上淸鎭元靈策經一卷　天眞皇人九仙經一卷唐葉靜能撰羅公遠僧一行注　太元眞一本際經一卷　太上老君枕中保生祕密經一卷鄭元一注　太上黃素經一卷　上淸靑要紫書金根衆經一卷　太上洞元靈寶部經一卷　九域經六卷　妙眞經一卷　靈寶昇元經十卷　流珠丹經一卷　玉京山經一卷　成淸經七卷　戴膚赤城隱士伏藥經三卷　度生死經一卷　神仙歷藏經一卷　金泛丹經一卷　三陽經一卷　左仙翁因緣經一卷　靈寶安生宅妙經一卷　靈寶滅度經一卷　靈飛六甲經一卷　三元眞經一卷　中央元素經一卷　內眞妙用經一卷　內眞經二卷　大道法元君說太陽元精經二卷　老君說六丁六甲玉女眞神祕經一卷　混元經二卷　狠狐經一卷　老子靑蠶經一卷　三甲經一卷　鴻寶萬畢經六卷　靈寶先師太山北斗神光經一卷　大尊禁戒妙經一卷　元都律二十五卷　元都律編八卷　上淸神州七轉七變舞天經一卷　文始先生說道經一卷　老子說十三靈無經一卷　五公子問虛無道一卷　老子傳正一天師印經一卷　太上混元上德皇說常淸淨經一卷董朝奇注　又一卷吳中起注　又一卷周申注　又一卷孫膺注　又別解一卷　又一卷劉本注　黃帝鑄鑑二儀通眞經三卷

右經八十五部一百八十六卷

道家三

三洞奉道科誡二卷金明七眞撰當考　元都九眞明科一卷　太上洞元靈寶長夜之府九幽玉匱明眞科一卷　五等朝儀一卷張萬福撰　三洞修道儀一卷孫夷中撰　修黃籙齋儀一卷　安鎭城邑宮闕醮儀一卷杜光庭撰　醮靈官位儀一卷　太上黃籙齋壇眞文玉訣儀一卷杜光庭撰　天經醮儀一卷　醮南辰北斗儀一卷　元始靈寶五帝醮祭召眞玉訣一卷　告元圖一卷王欽若等定　醮文一卷　許眞君修九幽立成儀一卷亦名旌陽遺教　醮章奏議十八卷杜光庭撰　洞元靈寶五嶽名山朝儀經一卷唐司馬子徵撰　人靜儀一卷　新修旨要三卷宋同徵撰　眞壇刋誤論一卷張若海撰　評刋誤論三卷商回撰　太上三洞度人出家儀一卷　靈寶明眞齋懺燈儀一卷杜光庭撰　靈寶玉匱明眞大齋言功德儀一卷　祭玉女神法一卷　太上明眞救護章儀一卷　太上三元醮儀一卷　太上河圖內元經禳災九曜醮儀一卷杜光庭撰　靈寶拜章儀一卷　靈寶九等齋壇式一卷張先生撰　靈寶奏醮普天衆眞儀一卷　靈寶祈謝天神儀一卷　靈寶祈五穀醮儀一卷　靈寶起上僻神儀一卷僻字更考　靈寶安宅齋儀一卷杜光庭撰　靈寶自然行道儀一卷杜光庭撰　太上二十四化醮儀一卷　太上迎送壇儀一卷　上淸露眞奏表儀一卷　太元醮儀一卷　太上北醮儀一卷　紫庭醮科三卷　禹步儀訣一卷　太上高上太眞科令一卷　修眞祕旨朝儀一卷　唐明皇撰聖祖混元皇帝太淸宮詞令一卷　步虛洞章一卷陸修靜撰　昇元步虛章一卷陸修靜撰　靈寶步虛詞一卷陸修靜撰　金眞飛元步虛玉章一卷　靈寶步虛經一卷　太宗御製金籙齋道詞一卷　眞宗御製金籙齋道詞一卷　徽宗御製金籙道場詞一卷

右科儀五十四部七十八卷

墨子枕中記一卷　女靑鬼律十卷　老子六甲祕符妙籙一卷　修六丁八史用事科法一卷　九天元女六甲將軍手訣一卷　九天元女妙法一卷　六丁通應玉女眞籙手訣一卷　祭六丁神法一卷　老子六甲祕符妙籙一卷　黃帝六甲符訣一卷　靈飛六甲左右內名玉符一卷　天蓬神咒一卷　太上北帝天蓬壇場印圖一卷　五嶽眞形圖文一卷葛洪撰　靈寶五嶽眞形圖一卷　八卦仙人祕訣一卷　黃帝八卦眞形圖一卷　太極左公說神符經一卷　太淸越章一卷　太上洞元靈寶元始五方赤書自然眞文經一卷　太上習仙經契籙一卷　金書玉券一卷僞蜀任法知撰　金書祕字一卷　紫文丹章一卷　佩符五色券五卷　太上洞元靈寶投簡符文要訣一卷　神虎隱文一卷　太上靈寶護身符籙一卷　上淸太上元籙一卷　上淸洞眞紫蘭北壁眞文一卷　眞敎元符三卷戴簡撰　太上禳災解厄吉兆玉篆一卷　太上玉眞章訣三卷　太上靈寶吞服眞文玉字一卷　靈寶五符三卷　太上靈寶洞元大道無極自然眞一五稱符經二卷　天一太一日月星辰二十八宿行藏記一卷　洞眞太上上皇氏籍定眞玉籙一卷　洞眞龍景九文紫鳳赤書一卷　大微帝君步天綱行地紀金簡玉字上經一

卷　北帝三備經三卷　罔象成名圖一卷唐張果撰　北帝
神咒經一卷　三尸經一卷　老子三尸經一卷　孫
眞人延生長壽經一卷　北帝靈文三卷唐道士葉靜能撰　太
上北帝靈文一卷同上　延壽赤書一卷唐裴煜撰　天老神光經
一卷蔡登撰　太上北帝治病道法一卷　高上紫虛法籙
二卷　靈寶五始五老赤書玉篇眞文經三卷　上淸
洞眞瓊宮五帝靈飛六甲內文三卷　上淸瓊宮靈飛
六甲籙一卷　北帝元樞內章一卷　秦乾祕要三卷
九證心戒一卷楊䴉復撰　三五思神圖一卷　山栖要錄
一卷　守庚申服藥法一卷楊遇撰　靑崖子神仙金銀論
一卷　掌訣圖一卷　太上三五禁氣步罡法一卷
三洞瓊綱三卷唐道士張仙庭撰　太上靈寶飛行三界妙經一
卷　禁制虎獸符法一卷　太上洞眞飛行羽經一卷
上淸天心正法三卷　太上靈書三魂七魄經一卷
燸旨一卷玉川子撰　天一神符行度記一卷紅金子撰　醮符傳
一卷　左仙翁說神符一卷　靈飛符經一卷　白羽
黑翮靈飛玉符一卷　通靈神印經一卷　六神經一
卷　玉女祕法一卷　紫微元律經三卷　三部符籙
四卷　金虎眞符一卷　太上符鑑一卷　七元圖一
卷　祝符文三卷　十二眞君靈籤一卷　天皇內文
一卷　內諱隱文一卷　紫微內庭祕籙二卷　房山
長大篆符一卷　三皇內音一卷　雷篆玉牌三卷
三皇內文一卷　諸天隱語洞章玉訣一卷　聖祖歷
代應見圖三卷杜光庭撰　亳州太淸宮混元皇帝變見靈跡
圖一卷薛玉撰　宣州宣眞縣二十八宿眞形圖一卷　五
眞圖一卷　太元金闕三洞八景陰陽仙班朝會圖五
卷孫光憲撰　修眞登昇三十六天位圖一卷　萬靈朝眞圖

五卷　三皇眞形圖一卷　森羅萬象北斗星君圖一
卷

右符籙一百三部一百五十九卷

氣經新舊服法三卷唐康仲熊撰　康眞人氣訣一卷同上　服內
元氣訣一卷同上　太無先生氣訣一卷唐大中人撰　修生養氣
訣一卷唐司馬承禎撰　氣訣一卷孫思邈撰　張果氣訣一卷　達磨
諸家氣訣一卷　養生服氣訣一卷　調元氣訣一卷
調三元氣訣一卷李眞人撰　太和眞氣訣一卷河上公述　中山
玉櫃神氣訣一卷漢張道陵撰　服內元氣訣一卷煙蘿子撰　內指
通眞訣三卷陸知微撰　沈眞人服氣長生祕訣六卷　王老
咽氣經一卷　服氣口訣一卷樊宗師撰　眞氣銘一卷孫處士撰
服氣經二卷　氣術經一卷　神仙抱一法一卷　調
氣養生錄一卷　神仙密授三一訣一卷　出生入死
法一卷王元正撰　四氣攝生錄一卷穆商撰　四氣攝生圖一卷
道士劉鼎撰　修眞府元洞幽訣一卷　谷神記一卷　指元
篇一卷陳摶撰　九眞中經二卷　元氣論一卷　靜氣論
一卷　洞氣訣一卷　流珠行氣法一卷　法眼六氣
法一卷　太淸調氣經一卷　太淸氣養生經一卷
太淸不傳氣經一卷　太無先生氣經二卷李奉時撰　服氣
要經一卷中皇子撰　道德上淸氣經三卷　新舊氣經一卷
延陵君刊集　服氣精義論三卷天台白雲先生撰　服氣要訣一卷申天
師撰　周莊氣訣一卷　服氣訣一卷昇元眞法師撰　一氣法要妙
志訣一卷　元宗商量氣訣一卷　纂諸家得道氣訣
一卷　服氣長生度世經訣一卷　商量新舊服氣法
一卷王弁撰　吐故納新除萬病法一卷　養形吐納六氣
法一卷　神仙大道六字氣術一卷　神仙服食五牙
氣眞經一卷　六字氣訣一卷　三一帝君經一卷

中黃經一卷九仙君撰　金房內經一卷　紫陽金碧經一卷
保神經一卷　保聖長生經三卷　五厨經一卷
養生適元經一卷　風露仙經一卷　三洞上淸眞元
子集錄一卷　十二時採一歌一卷　神仙食氣金櫃
妙錄一卷京里先生撰　金鑠子訣一卷孫眞人撰　運元眞氣圖一
卷葛仙翁撰　老子道氣圖一卷　內外神仙中經祕密圖一
卷孫思邈撰　赤松子服氣經一卷

右吐納七十四部九十四卷

太上混元上德皇帝胎息精義論一卷　太上眞君告
王母服氣胎息令氣通訣一卷　證道胎息服氣絕粒
長生訣一卷　胎息氣經三卷　胎息訣一卷　又一
卷　又六卷　元君胎息經一卷　達磨胎息訣一卷
葛洪胎息要訣一卷　玉皇聖胎神用訣一卷　胎
息旨要一卷　心印胎息蛻殼妙道訣一卷　元眞胎
息訣一卷　胎息委氣術一卷　胎息精微論三卷
修眞胎息歌一卷　胎息元妙一卷　抱一胎息歌訣
一卷楊義撰　聖神歸眞胎息訣一卷崔元眞撰　胎息經頌一卷
胎息錄一卷　胎息還元祕訣一卷　養生胎息祕
訣一卷賈還化撰　服胎息留命術一卷　胎息泝流橘球還
元訣一卷　修養氣經一卷　胎息氣術一卷　六祖
達磨眞訣一卷王元正撰　諸家胎息口訣一卷

右胎息三十部三十九卷

靈寶內觀經一卷　大洞眞經一卷　胎息定觀經一
卷達磨撰　定觀經訣一卷　太上天帝靑童太君傳一卷
大道存神五藏論一卷　內眞通明歌一卷煙蘿子撰　九
眞祕訣一卷　內明訣一卷元九子撰　立內眞通元訣一卷
煙蘿子撰　修生存思行氣訣一卷　老子存思圖二卷　老

子存三一妙訣圖一卷　皇人三一圖一卷　存五星
圖一卷　五帝雜修行圖一卷　老子道德經存想圖
一卷　存神鍊氣銘一卷　元珠心鑑詩一卷唐女子崔少元
撰　坐忘眞一寶章一卷　子一歌一卷　老子內觀經
一卷　又一卷嚴輔璨注
　右內視二十三部二十五卷
老子五禽六氣訣一卷　六氣道引圖一卷　黃帝道
引法一卷　按摩要法一卷　道引調氣經一卷　道
引養生經一卷　服御五牙道引元精經一卷陸修靜撰　太
清道引養生經一卷　黃帝道引圖一卷　十二月道
引圖一卷　道引養生圖一卷　五禽道引圖一卷
許先生按摩圖一卷　道引圖三十六訣一卷　新說
道引圖一卷　唐上官翼養生經一卷　道引圖一卷
陶弘景撰　朱少陽道引錄三卷　五藏道引明鑑圖一卷
道引治身經一卷吳昶撰
　右道引二十部二十二卷
太上老君中黃妙經一卷　太清經斷穀諸要法一卷
太清斷穀法一卷　斷穀諸要法一卷　張果休糧
服氣法一卷　無上道絕粒訣一卷　停厨圓方一卷
休糧諸方一卷
　右辟穀八部八卷
黃元經一卷涓子傳李遵疏　天皇經一卷赤松子注　眞子保一祕訣
一卷　黃帝玉房祕訣一卷　黃帝玉櫃訣一卷　修
眞延祕集三卷隱士楊文人撰　煙蘿子內眞通元訣一卷　王
眞人陰丹訣一卷東晉王長生撰　內眞妙用訣三卷　金液頌
一卷　金液中還祕訣一卷　正一眞人十二時修神
丹歌一卷　陰丹經一卷　周易內祕訣一卷淯于攝成撰

生月令一卷吳興姚稱撰　著生論一卷吳筠撰　修眞君五精論
一卷陰長生撰　還丹金術黃老經一卷陶植撰　羅公遠記一卷
　眞元妙道經一卷　修身歷驗一卷述內外丹法　還元丹
論一卷李元光撰　修眞內煉祕妙諸訣一卷　華林隱書陰
丹妙論一卷裴氏撰　七返還元內丹訣一卷　旣濟龍虎
訣一卷　內丹歌一卷廣德先生撰　內丹祕藏一卷崔祐撰　姹
姹歌一卷　眞一子還丹內象金鑰匙一卷　神仙煉
內丹出入生死訣一卷　紫河車訣一卷　南統大君
內丹九章經一卷　神仙內外七返七還指歸訣一卷
　內丹書一卷　諸眞內丹口訣一卷　洞元子內丹
訣一卷　陶眞人內丹訣一卷　陳先生內丹訣一卷
　青提帝君內丹訣一卷
　右內丹四十部四十四卷

道家四

玉清內書一卷　黃帝九鼎神丹經訣二十卷　老君
八純元鼎經一卷　老君丹經一卷　龍虎經一卷
太上眞君石室祕訣服食還丹驗法一卷常子田撰　龍虎上
經金丹訣一卷　三皇經一卷陰長生修　五金髓經一卷王白
雲撰　日月混元經一卷元光撰　龍虎上經金碧潛通訣三卷
劉演撰　大洞煉眞寶經修服丹砂妙訣一卷唐陳少微撰　太清
石壁記一卷晉蘇元明撰　太清金丹一卷　太易丹書一卷
　太易陰陽備訣手鑑圖一卷　丹華經一卷　太洞
煉眞寶經一卷陳少微撰　九轉流珠神仙九丹經二卷　神
仙庚辛經一卷　太丹記一卷魏伯陽撰　太丹九轉歌訣一
卷魏伯陽撰　指黃芽成太還丹歌三十首一卷　中還丹鏒
製術一卷　龍虎鏒製法一卷　秦鑑語一卷唐隱士守眞子
撰　金虎元君訣一卷　還金術一卷陶植撰　土兌訣一卷

龍虎丹一卷侯道華錄　洞源子龍虎歌一卷　五金龍虎
歌一卷葛洪撰　龍虎太丹訣一卷　爐鼎要妙圖經一卷
金木萬靈訣一卷葛洪撰　靈砂聖石玉路丹訣一卷　黃
輿金丹密訣一卷　剛子丹訣一卷張道陵撰　元君肘後方
三卷　大還丹金虎白龍論一卷唐隱士還陽子撰　太上肘後
玉經方一卷盧遵元撰　九眞中經四鎭九方一卷　紫靈丹
砂表一卷　太丹會明論一卷　五碑子一卷　靈飛
散傳信錄一卷齊推撰　大還心鑑一卷　丹論訣旨心鑑
一卷張元德撰　金丹肘後訣玉清內書大樂終篇一卷　龍
虎展掌訣一卷嚴眞人撰　太上龍虎展九都金祕指仙經一
卷河上公注　修煉太一三使還命大丹指訣經一卷太上老君撰
黃帝神竈經三卷孫思邈撰　黃壺經三卷陶植撰　草衣子還丹
契祕圖一卷通元子撰　金藏經二卷茅君撰　還金篇一卷唐海蟾子
元英撰　黜假驗眞一卷楊無名撰　太丹歌一卷通元子撰　張杲進服
丹砂訣一卷開元二十二年進　九室指元篇一卷陳圖南撰　七返靈
砂歌一卷後漢魏伯陽撰黃君注　金丹賦一卷　青霞子龍虎訣
妙簡一卷　太一眞人五行重元論一卷　日月元樞
一卷唐劉知古撰　火鑑周天圖一卷魏伯陽撰　中元論一卷李延章集
神仙金汋經三卷　燒煉祕訣一卷孫思邈撰　元君付道傳
心訣一卷　道術指歸望江南一卷　金石相數篇一
卷　金液歌一卷　證太丹訣一卷　巨勝歌一卷
陰君金木火丹歌一卷　修丹砂狀一卷　丹樓子三
卷　密付金丹大還丹口訣一卷　金液小還固命丹
砂論一卷朱房撰　葛仙公歌訣一卷　靈砂受氣用藥訣
一卷崔元眞撰　龍虎丹訣一卷魏伯陽撰　龍虎丹櫃訣一卷　龍
虎丹名削訣一卷　金陵子龍虎還丹訣四卷　龍虎
指眞訣一卷　通幽訣一卷　雜丹訣一卷　彭仲堪

易成子大丹訣一卷　李眞人還丹歌一卷　金精石
液訣一卷　諸家丹訣一卷　上淸眞祕訣一卷　注
金丹訣一卷陰長生撰　還金丹訣三卷陶植撰朱辭注　金丹眞訣一
卷　金液丹祕訣一卷羅浮眞人撰　金液指掌論一卷蘇元素撰
得一歌一卷　丹臺新錄九卷貞有章撰　神丹中經一卷
九丹神祕經一卷　道證一卷左掌子撰　丹經訣要一卷孫思
邈撰　石精大丹法一卷　神丹方一卷蘇遊撰　紫金白丹訣
一卷　煉五神丹法一卷　赤龍金虎中鉛煉七返丹
砂訣一卷馬明生撰　靈寶還魂丹訣一卷　服金丹應候訣
一卷　忠州仙都觀陰眞君金丹訣一卷　鉛汞指眞
一卷　徐眞君丹訣一卷　龍虎通元訣一卷孫思邈撰　道
術藥徑歌一卷　大藥祕盟了議口訣一卷　龍虎還
丹詩一卷和士安撰　五金雜訣二卷　王君立制丹砂訣一
卷　茅魏眞人詩一卷　鉛汞五行圖一卷曹聖圖撰　大丹
至論一卷唐嚴靜撰　修眞歷驗鈔并圖一卷羅子一撰　九轉眞訣
一卷　黃白祕法一卷　又二十卷　眞儀總鑑三卷
夷眞子撰　龍虎亂日篇一卷孫思邈撰　靈砂受氣用藥訣一卷
太丹詩一卷　太丹龜鑑一卷　龍虎太丹作用頌一
卷　太白山十煉聖石神妙經二十一轉訣一卷　麻
姑歌一首　狐剛子五金訣疏一卷　狐剛子粉圖四
卷　唐朝鍊大丹感應頌一卷李林甫撰開元中道士孫太冲鍊神丹事　龍
虎大還丹訣一卷　龍虎大丹行狀一卷　陶眞人金
丹訣一卷　神丹經訣十卷　金木萬齡訣一卷　魏
伯陽感應訣一卷　龍虎還丹通元要訣二卷晉蘇元明撰
造化伏汞圖一卷昇元子撰　賢解錄一卷唐紇于泉序　明眞證道
論一卷張龜撰　龍虎金液還丹通元論一卷晉蘇元明撰　四家
要訣一卷集劉向陵陽子抱朴子狐剛子所記煉丹事　羣仙論金丹大藥歌

訣一卷任道遙撰　陶眞人金丹訣三卷陶弘景撰　服龍虎丹訣一
卷麥積山仙人蔣老述　金液丹訣一卷陶植撰　青霞子寶藏論三卷
蘇元明號青霞子　青霞子授茅君歌一卷青霞子晉太康時人　元珠歌逍
遙歌內指黃芽歌一卷通元先生撰　金碧經一卷　金碧潛
通經一卷羊參徵撰　金碧潛通入藥火鑑記一卷崔元眞撰　白雲
子通眞祕旨五行圖一卷黃鶴白雲子撰　張子陽周易潛契神
符白雲圖一卷　大還丹照鑑登仙集一卷　玉芝五
大還丹訣一卷　鬼谷先生還丹歌一卷　元陽子還
丹訣二卷　元陽九轉金丹歌一卷　馬明君龍虎傳
一卷　眞一子還丹內象龍虎訣一卷　龍虎變化神
候訣一卷　達元子大道指歸金丹祕訣一卷　老君
授尹喜煉丹訣一卷　丹砂妙訣一卷　服龍虎丹歌
一卷　元悟眞人還丹訣一卷　十二時龍虎神丹歌
一卷　魏眞人還丹訣一卷　金碧要旨一卷眞人劉演集
金液神丹經三卷　金液神氣經十卷混元皇帝撰　金華玉
女經一卷　東竈丹經三卷　蓬萊山東西竈還丹歌
一卷魏伯陽撰　蓬萊西竈還丹歌一卷　金石眞宰通徵論
一卷　金液還丹龍虎歌一卷元陽子撰　水簾洞大還丹賦
一卷　通元祕要術三卷唐青蘿子道光撰　道書口訣祕法一
卷　還陽先生鉛黃牙傳一卷　金液三魂法一卷
金石還丹術一卷狐剛子撰　丹房驪源三卷獨狐滔撰　草金丹法
一卷　蓬萊山草藥還丹訣一卷黃元鍾撰　靈劒子許眞人撰　劒
訣大丹法一卷　峩眉山神異記三卷漢張道陵撰　黃牙河
車法一卷　返魂丹方一卷　圃田通元祕術方三卷
鄭元撰

右外丹二百三部三百一十卷

金石靈臺記一卷　金石靈臺刋誤一卷　太淸論石
流黃經一卷　雲母論二卷唐崔元眞撰　服雲母粉療病方
一卷韓藏法師撰　太淸眞人煉雲母訣二卷孫思邈撰　金石藥法
一卷　金石要訣一卷　太淸諸石變化神仙方集要
一卷陶弘景撰　仙翁煉石經一卷　石藥爾雅一卷梅彪撰　煉
三十六水石法一卷　金石藥方一卷　小玉消丹應
候訣一卷　伏藥經三卷　煉服雲母法一卷陶弘景撰　神
仙餌石并行藥法一卷京里先生撰　淮南王煉聖石法一卷
楊知元撰　赤松子金石論一卷　還金術一卷陶植撰　五金題
術一卷　金石薄五九數一卷　服朱砂訣一卷　龍
虎制伏丹砂雄黃法一卷　鍊金丹秋石訣一卷　槖
籥子金石眞宰通徵論一卷　變煉二石術一卷　石
藥異名要訣一卷王道冲撰　鐵粉論一卷唐蘇遊撰　鍾乳論一卷
褚知載撰　新修鍾乳論一卷尚藥吳并等撰

右金石藥三十一部三十五卷

靈寶神仙玉芝瑞草圖二卷　太上靈寶芝品一卷
芝經一卷　靈芝記五卷　種芝經九卷　芝草黃精
經一卷　神仙芝草圖二卷　靈寶服食五芝品經一
卷　延壽靈芝瑞圖一卷　白雲仙人靈草歌一卷
經食草木法一卷陶隱居撰　神仙得道靈藥經一卷漢張道陵撰
養生神仙方三卷　洞靈仙方一卷梁邱子撰　仙茅根方一
卷　黑髮酒方一卷葛洪撰　達靈經一卷陶弘景撰　菊潭法一
卷記服普苡似菊　採服松葉等法一卷司馬承禎撰　神仙長生藥訣
一卷　辨服至藥人形神論一卷　漢武服餌法一卷
至藥詩一卷王賢之撰　神武藥名隱訣一卷　神仙服食
經一卷　老子妙術靈草一卷　老子服食方一卷
草石隱號一卷　神珠草藥證驗一卷　太淸石壁靈
草記一卷蘇元明撰　服餌仙方一卷　孫思邈枕中記一卷

大道靜神論一卷　攝生服食禁忌一卷　攝生藥忌法一卷　鍊花露仙醞法一卷　服餌保眞要訣一卷　李八百方一卷　太淸經諸藥草木方集要一卷　太淸神仙服食經五卷　神仙服食經十二卷　服玉法并禁忌一卷　古今服食藥方三卷　服食神祕方一卷　神仙金櫃服食方二卷　孟氏補養方三卷　神仙服食經一卷　集錄古今服食道養方三卷

右服餌四十八部八十六卷

素女祕道經一卷　素女方一卷　彭祖養性一卷　郯子說陰陽經一卷　序房內祕術一卷葛氏撰　徐太山房內祕要一卷　新撰玉房祕訣一卷　沖和子玉房祕訣十卷　又一卷

右房中九部十八卷

太上元道眞經一卷　靈陽經一卷　養性延命集二卷陶弘景撰　又二卷孫思邈撰　修眞祕錄一卷符虔仁撰　神仙修養法一卷孫思邈撰　養生訣一卷陶眞人撰　修眞指微訣一卷舍光子撰　抱朴子別旨一卷葛洪撰　修眞詩解一卷馮湘撰　養眞要旨一卷徐元一撰　保生術一卷　鍊精存珠玉霞篇一卷　順四時理五穀谷神不死訣一卷趙遵撰　長生保聖纂要術一卷古詵撰　大道養生上仙雜法一卷　金房玉闕保生術一卷　陶仙公勸仙引一卷　樂眞人祕訣一卷　施肩吾養生辨疑訣一卷　修眞隱訣一卷　理化安民除病術一卷　太一眞人固命歌一卷　薛君口訣一卷陳少微撰　長生祕訣一卷　新修攝生祕旨一卷道遙子撰　神仙祕訣三論三卷　易元子一卷　道樞一卷　神氣養形論一卷　保生纂要一卷　養生自愼訣一卷　傳命寶銘一卷　修行要訣一卷李審眞撰　頤神論一卷　谷神賦一卷趙大信撰　谷神祕妙三卷　茅君靜中吟一卷　混俗頤生錄二卷劉詞撰　羅浮山石壁記一卷太一仙師撰　繕生養性法一卷　繕生集略一卷　攝生經一卷唐霽撰　長生攝養仙經一卷　三眞旨要玉訣一卷　修眞祕旨十卷司馬道隱撰　修眞祕旨訣一卷徐元一撰　十四家修身祕術一卷　煙蘿子養神關鑰祕訣圖一卷　養生月錄一卷姜蛻撰　養性雜錄一卷孫思邈撰　退居志一卷孫思邈撰　內指通眞訣二卷韓知嚴撰　胡證玉景歌二卷　煙蘿子內眞通元歌一卷　養生保神經一卷　鄧隱峰歌一卷　東艮子遇道歌一卷　明先生詩一卷　崔元眞歌一卷　赤松子歌一卷　雲中子還命訣一卷　性箴一卷　修眞祕要經一卷　海蟾子詩一卷　元黃子擬漁父詩一卷　遠俗銘一卷　元陽子歌一卷　攝生錄三卷唐高福撰　攝生纂錄一卷唐王仲邱撰　養生要錄一卷孫思邈撰　鍾離授呂公靈寶畢法十卷　長生坐隅障五卷古說撰　修眞內象圖要訣十二卷

右修養七十四部一百一十八卷

凡道類二十五種一千三百二十三部三千七百六卷

釋家　傳記　塔寺　論議　詮述　章鈔　儀律　目錄　音義　頌贊　語錄

名僧傳三十卷釋寶唱撰　高僧傳十四卷梁釋僧祐撰　江東名德傳三卷釋法進撰　法師傳十卷王巾撰　眾僧傳二十卷裴子野撰　薩婆多部傳五卷釋僧祐撰　比丘尼傳二卷皎法師撰　比丘尼傳四卷釋寶唱撰　高僧傳六卷虞孝恭撰　名僧錄十五卷裴子野撰　高僧傳十四卷僧惠皎撰　續高僧傳三十二卷釋道宗撰　續高僧傳二十卷釋道宣撰　後集續高僧傳十卷　大唐西域求法高僧傳二卷僧義淨撰　師號一卷　眞門聖胄集五卷唐僧元偉撰　景德傳燈錄三十卷宋朝僧道原纂　傳燈玉英集三十卷楊億撰　法顯傳二卷　法顯行傳三卷　梁故草堂法師傳一卷陶弘景撰　又一卷蕭回理撰　稠禪師傳一卷　寶林傳十卷唐僧智矩傳　高僧懶殘傳一卷　僧伽行狀一卷辛崇撰　法琳別傳二卷唐僧彥源撰　釋氏系傳一卷一行撰　一行傳一卷李吉甫撰　雲居和尚示化實錄一卷唐僧元偉撰　一宿覺僧傳一卷　六祖傳一卷　眞覺大師傳一卷　蓮社十八賢行狀一卷　西峰行狀一卷　古淸涼傳二卷　續淸涼傳一卷　禪門法師傳五卷蜀居士句令元撰　往生淨土傳五卷唐僧飛錫集　開皇三寶錄十四卷　無上祕密小錄五卷宋朝魏德譽撰　潤文官錄一卷　國淸道場百錄一卷隋僧灌頂纂智者事迹　釋迦譜十卷南齊佐律師撰　釋迦譜略二卷　歷代三寶記三卷費長房撰　釋氏譜略二卷　前代國王修行記五卷唐僧師哲撰　六祖法寶記一卷唐僧法海撰　迦葉祖裔記一卷　釋迦方志二卷　瑞像歷年記一卷偽吳僧十朋撰　皇帝菩薩淸淨大捨記三卷謝吳撰　梁皇大捨記三卷嚴屬撰　華嚴經纂靈記五卷唐僧賓首撰　古今譯經圖記一卷唐僧靖邁撰　續古今譯經圖記一卷唐僧智昇撰　四天王行藏記一卷　金剛經報應記三卷唐西川安撫使盧永撰

右傳記六十一部三百六十一卷

廬山南陵精舍記一卷　洛陽伽藍記五卷後魏楊衒之撰　京師寺塔記十卷隋劉璆撰　華山精舍記一卷張光祿撰　京師寺塔記二卷釋曇景撰　金陵寺塔記三十六卷唐僧淸徹撰　成都大慈寺記三卷　舍利塔記一卷偽唐高越撰　大唐京寺錄傳十卷僧彥琮撰　攝山栖霞寺記一卷唐僧靈備撰

右塔寺十部六十卷

齊三教論七卷衛元嵩撰　笑道論三卷甄鸞撰　甄正論三卷杜乂撰

撰又三卷唐僧元鏡撰心鏡論十卷李思慎撰崇正論六卷僧彥琮撰
福田論一卷唐僧彥琮撰序沙門不拜王者之事沙門不拜俗議六卷彥琮
撰集古今佛道論衡四卷唐僧道宣撰辨正論八卷唐僧法琳撰
破邪論二卷僧法琳撰又一卷楚南撰十門辨惑論二卷唐僧復禮
撰六趣論六卷楊上善撰三教詮衡十卷楊上善撰安養蒼生論
一卷唐僧元琬撰三德論一卷僧元琬撰入道方便門二卷僧元琬撰
鑑論二卷內德論一卷唐李師正撰辨量三教論三卷
唐僧法雲撰十王正業論十卷僧法雲撰敬福論十卷唐僧元惲撰略
論二卷僧元惲撰法寶記血脈一卷釋疑論一卷淨土
論二卷唐僧道禕撰八漸通眞議一卷白居易撰起信論二卷唐僧
宗密撰起信論鈔二卷僧宗密撰起信論疏二卷唐僧法藏撰釋摩
訶衍論五卷馬鳴大師論龍樹菩薩釋原人論一卷略華嚴長者
論一卷唐僧光仁撰續古今佛道論衡一卷唐僧智昇撰僧肇論
二卷僞秦釋僧肇撰唐僧光瑤注勸修破迷論一卷探微子撰金沙論一
卷寶藏論三卷僞秦釋僧肇撰通感決疑錄一卷僧道宣撰渾混
子三卷不知名氏所釋肇法師法藏論之義參元語錄十卷唐僧神清撰禪關
八問一卷元神蘧廬一卷唐李繁撰天台止觀一卷隋僧智顗撰
禪師撰通應決疑二卷唐僧道宣撰明道宗論一卷統略淨
住子淨行法門一卷齊蕭子良嘗夢佛授以淨行二法因著爲二卷唐僧道宣取其可用
爲統略慧海大師入道要門論一卷達磨血脈一卷唐僧
惠可撰菩提心記一卷東平大師默論一卷棲賢法
雋一卷唐僧惠明撰荷澤禪師徵訣一卷大乘入道坐禪
次第要論一卷三十一相道信撰傳大士心王傳語一卷竺
道生法師十四科元贊義記一卷無礙緣起一卷
涅槃無名論一卷般若無知論一卷觀心論一卷
三乘入道記一卷大小乘觀門十卷僧元惲撰破胡集
一卷會昌沙汰佛法詔勅

右論議六十四部一百七十五卷
法苑集十五卷梁釋僧祐撰弘明集十四卷僧祐撰內典博要
三十卷虞孝恭撰經論纂要十卷駱子義撰廣弘明集三十卷唐僧
道宣撰法苑珠林集一百卷唐僧道世纂四分律僧尼討要略
五卷元覺永嘉集十卷希運傳心法要一卷禪
源諸銓集一百一卷唐僧宗密撰石頭和尚參同契一卷唐僧
希遷撰宗美注唐僧美三卷唐僧智月撰釋氏六帖四卷周顯德中僧義楚撰
內典序記集十卷無名氏請禱集十卷僞吳僧十朋撰內典編要
十卷僧夢徵撰僧史略三卷宋朝僧贊寧撰釋氏蒙求五卷宋朝程讜撰
尼蒙求一卷釋道誠撰法門名義集一卷李師政撰廣法門名義
三卷宋朝僧淨修撰高僧纂要五卷僧覺昱撰法喜集二卷晉太子賓客致
仕馬允孫撰感通賦一卷宋朝僧延壽撰釋門要錄五卷釋源集
五卷法要三卷僧宗正撰釋氏化源三卷三教名數十
二卷覺海元珠藏三卷空門事鑑三卷釋氏會
要四十卷野僧仁贊撰北山語錄十卷僧神清撰眞言要集十卷
唐僧賢明撰輔教編三卷釋契嵩撰
右詮述三十五部四百七十三卷
三藏本疏二十二卷釋道岳撰維心元章并鈔八卷釋道基撰大
乘章鈔八卷釋道基撰華嚴疏十卷釋智正撰維心元文三十卷
釋慧淨撰俱舍論文疏三十卷同上大莊嚴論文疏三十卷
法華經纘述三十卷義源文本四卷釋元會撰時文釋鈔
四卷釋元會撰涅槃義章句四卷釋元會撰涅槃義疏十三卷釋靈
潤撰又元章三卷遍攝大乘論義鈔十三卷又元經
三卷攝論疏五卷釋辯相撰攝論義疏八卷釋法常撰又元章
五卷金剛經口訣正義一卷六祖慧能撰天台智者詞旨
一卷隋僧灌頂私記又義記一卷五部區分鈔二十卷釋智首撰
四分疏十卷釋法礪撰大乘要句三卷釋空藏撰維摩經疏六卷

釋神楷撰大乘經要一卷釋良价撰華嚴十地維摩讚義章十二
卷釋慧覺撰金剛經訣一卷唐大白和尚撰華嚴法界觀門一卷僧法
順集中觀論三十六門勢疏一卷沙門元康撰四分律疏二十
卷釋慧滿撰那提大乘集議論四十卷
右章鈔三十二部三百四十八卷
十種讀經儀一卷唐僧元琬撰無盡藏儀一卷發戒緣起
二卷法界僧圖一卷十不論一卷並同上百願文一
卷元惲撰懺悔罪法一卷禮佛儀式一卷並元琬撰注戒本
二卷唐僧道宣撰又疏記四卷注羯磨二卷又疏三卷
僧法礪撰又疏記四卷行事刪補律議三卷釋門正行
懺悔儀三卷釋門立物輕重儀二卷釋門章服儀
二卷釋門歸敬儀二卷釋門護法儀二卷捨懺
悔儀一卷輕重儀一卷十誦私記十三卷唐僧慧旻撰
僧尼行事三卷慧旻撰尼眾羯磨二卷菩薩戒義疏四
卷禪門規式一卷僧懷海撰無般垂誡十卷水陸法事
儀式一卷圓覺道場修證儀十八卷唐僧宗密撰
右儀律二十九部九十二卷
大唐貞觀內典錄十卷大唐內典錄十卷西明寺僧撰續
大唐內典錄一卷唐僧智昇撰內典目錄十二卷唐王彥威撰開
元內外經錄十卷母煚撰唐眾經目錄五卷
右目錄六部四十八卷
大唐眾經音義二十五卷釋元應撰郭逐音訣藏經音義
隨函三十卷僧可洪撰大藏經音四卷
右音義四部五十九卷
龐蘊詩偈三卷智閑偈頌一卷寒山子詩七卷
省經贊一卷晉馬允孫撰見道頌一卷唐寶覺禪師撰行道
難歌一卷梁傅大士撰禪宗理信偈一卷僧道觀撰偈宗祕論一

卷　雍熙禪頌三卷宋朝僧辨隆撰　法眼眞贊一卷　淨慧偈頌一卷　寶誌歌一卷　浮漚歌一卷　達磨妙用訣一卷　了迷破妄訣一卷　達磨信心銘一卷　三祖信心銘一卷　空王銘一卷　王梵志詩一卷　心賦二卷　唐賢金剛贊一卷　永嘉和尚證道歌一卷靈運注　十六羅漢頌一卷　無相歌一卷　般若經品頌偈一卷釋楚南撰　光仁四大頌一卷　激勵道俗頌偈一卷唐僧貝伉撰　解金剛經贊頌一卷梁傅大士與僧寶志頌　聖迹見在圖贊一卷　佛化東漸圖贊二卷　釋華嚴漩澓偈一卷梁僧惟勁撰　惟勁禪師贊頌一卷　元中語寶三卷張雲表集禪門偈頌　顯宗集一卷　竹林集十卷僧本先撰　龐居士歌一卷唐居士龐蘊撰　清居牧牛頌一卷　清涼大法眼禪師偈頌一卷

右頌贊三十八部六十一卷

德山和尚語錄一卷　雲門和尚語錄一卷　漳州羅漢琛和尚法要三卷弟子紹修纂　龐居士語錄一卷　大唐國師小錄法要集一卷　祖堂集一卷　永嘉一宿覺禪師宗集一卷唐慶州刺史魏淨纂　法眼禪師集一卷　法眼前後錄六卷元則等編　遺聖集一卷雜鈔諸禪宗問對之語　楞伽山主小參錄一卷　忠國師語一卷唐僧惠忠語　天台國師百會語要一卷唐僧義榮集天台般若和尚語　紫陵語一卷　僧齊堂禪師要三卷　百丈廣語一卷僧懷和注　無住和尚說法記三卷唐僧純休集　龍濟和尚語要一卷　淨本和尚語論一卷　積元集一卷　七科義狀一卷雲南使段立之問唐僧悟達答　禪關一卷唐楊士達問唐宗美對　裴休拾遺問一卷　仰山辨宗論一卷　相傳雜語要一卷　德山集一卷　廬山集十卷晉僧惠遠集　釋氏要語一卷　妙中語三卷　五位語一卷　三轉語一卷　唐僧宗密與清涼國師書一卷　五峰集三卷　保宣語錄一卷　淨因語錄一卷　投子語錄一卷　秀禪師語錄一卷　懷和尚語錄一卷　海會語錄一卷　靈隱勝和尚法要五卷　寶華軻和尚語錄一卷　悅禪師搠泉集三卷　雪竇明覺大師住洞庭語錄一卷　明覺祖英集一卷　明覺添泉集一卷　明覺後集一卷　汾陽第二代語錄一卷　百丈常禪師語錄一卷　汾陽紹二和尚語錄一卷　法燈禪師拈古一卷　雲門正眞大師對機語錄二卷　明覺拈古一卷　三角山和尚語錄一卷　風穴紹和尚語錄二卷　富沙信老投機語錄一卷　寶峰巖和尚語錄三卷

右語錄五十六部九十一卷

凡釋類十種三百三十四部一千七百七十七卷

通志卷六十七

通志卷六十八

宋右迪功郎鄭樵漁仲撰

藝文畧第六

法家

管子十八卷齊相管夷吾撰漢劉向録校 又十九卷唐尹知章注舊有三十卷 又二十四卷唐房元齡撰 管氏指畧二卷唐杜佑撰 商君書五卷秦相衛鞅撰漢有十九篇今亡三篇 慎子一卷戰國時處士愼到撰舊有十卷漢有四十二篇隋唐分爲十卷今亡九卷三十七篇 韓子二十卷韓非撰唐有尹知章注今亡 晁氏新書七卷漢御史大夫晁錯撰 崔氏政論六卷漢尚書崔寔撰 劉氏政論五卷魏侍中劉廙撰 阮子政論五卷魏清河太守阮武撰 劉氏法論十卷魏劉邵撰 元氏世要論十二卷魏大司農桓範撰 陳子要言十四卷吳豫章太守陳融撰 治道集十卷李文博撰 正論三卷李敬元撰

凡法家一種十六部一百六十一卷

名家

鄧析子一卷戰國時鄭大夫 尹文子二卷尹文周之處士遊齊稷下 公孫龍子一卷戰國時人舊十四篇今亡八篇 又一卷陳嗣古注 又一卷賈太隱注 人物志三卷魏劉邵撰偽涼劉昺注 廣人物志三卷唐杜周士撰 河西人物志十卷趙武孟撰 吳興人物志十卷唐宋璟撰 九州人士論一卷魏司空盧毓撰 士操一卷魏文帝撰 士緯新書卄卷姚信撰梁人 姚氏新書二卷其書類士緯 辨名苑十卷范謐撰 兼名苑二十卷僧遠年撰 天保正名論八卷龍昌期撰

凡名家一種十六部八十四卷

墨家

墨子十五卷宋大夫墨翟撰墨翟與孔子同時漢志注在孔子後 又三卷樂臺注唐志不載當考 隨巢子一卷墨翟弟子 胡非子一卷墨翟弟子 董子一卷戰國時董無心撰其說本墨氏

凡墨家一種五部二十一卷

縱横家

鬼谷子三卷皇甫謐注鬼谷先生楚人也生於周世隱居鬼谷 又三卷樂臺注 又三卷唐尹知章注 又三卷梁陶弘景注 補闕子十卷梁元帝撰 縱横集二十卷李緯撰採六國至東漢辨說之詞

凡縱横一種六部四十二卷

雜家

尸子二十卷秦相衛鞅上客尸佼撰 呂氏春秋二十六卷秦相呂不韋撰高誘注 淮南子二十一卷漢淮南王劉安撰許慎注 又二十一卷高誘注 淮南鴻烈音二卷 風俗通義三十卷應劭撰 嘯記三卷吳大鴻臚張儼撰 抱朴子外篇三十卷葛洪撰 金樓子十卷梁元帝撰 博物志十卷張華撰 又十卷 張公雜記一卷張華撰梁有五卷大槩似博物志 雜記十一卷張華撰 廣志二卷郭義恭撰 又十卷 部畧十五卷 博覽十三卷 崔豹古今注五卷 伏候古今注三卷 續古今注三卷唐周蒙撰 中華古今注三卷馬縞撰 古今善言二十卷宋車騎將軍范泰撰 闕文十三卷陸澄撰 記聞二卷宋後軍參軍徐益壽撰 備遺記三卷 方類六卷 袖中記二卷沈約撰 袖中畧集一卷沈約撰 珠叢一卷沈約撰 採璧三卷梁中書舍人庾肩吾撰 物始十卷謝昊撰隋志昊作吳 事始三卷唐劉孝孫房德懋撰皆爲王府官以教諸王始學 續事始三卷唐劉睿撰 續事始五卷偽蜀馮鑑撰 鴻寶十卷 雜畧十三卷 清神三卷 前言八卷 會林五卷 對林十卷 道言六卷吡囉羨撰 文府五卷 語對十卷朱澹遠撰 語麗十卷梁朱澹遠撰 對要十卷 雜語三卷 衆書事對三卷 廊廟五格二卷王彬撰 名數十卷徐陵撰 物重名五卷 眞注要録一卷 天地體二卷 諸書要畧一卷魏彥深撰 雜事鈔二十四卷 雜書鈔四十四卷 子鈔三十卷梁黟令庾仲容撰 子鈔三十卷沈約撰 子林三十卷薛克構撰 子書要畧二卷盧藏用撰 子談論三卷 文章始一卷任昉撰 續文章始一卷姚察撰 翰墨林十卷 新舊傳四卷 文鑑五卷 典要三卷宋朝王曉撰 古今辨作録三卷 博覽十五卷 統載三十卷韓潭撰 博雅志十三卷李文成撰 麟閣詞英六十卷唐高宗時勅撰 屬文要義十卷元懷景撰 意林三卷馬總撰 魏氏手畧二十卷魏謩撰 博聞奇要二十卷 古今精義十五卷薛洪撰 論善録七卷庾敬休撰 論蒙一卷馮伉撰 蒙求三卷唐李瀚撰 又二十卷同 續蒙求三卷唐王範撰 唐蒙求三卷唐白廷翰撰 系蒙二卷李伉撰 羣書系蒙三卷劉潛撰 三足記二卷盧景亮撰 古今語要十二卷偽唐喬舜封撰 歷代創制儀五卷 五書一卷李愿撰 物類相感志十卷釋贊寧撰 近事會元五卷 格言六卷偽唐韓熙載撰 長短要術十卷唐趙蕤撰

凡雜家一種九十二部九百六十六卷

農家

范子計然十五卷問答 尹都尉書三卷 范勝之書二卷漢議郎范勝之撰 齊民要術十卷後漢賈思勰撰 春秋濟世六常擬議五卷隋楊瑾撰 武后兆民本業三卷 演齊民要術李淯大風撰 農孝經一卷本朝賈元道撰 農家切要一卷 農子一卷 山居要術三卷王旻撰 本書三卷何亮撰

凡農家一種十二部四十七卷

小說

燕丹子一卷丹燕王喜太子 青史子一卷 宋玉子一卷楚大夫宋玉撰 語林十卷東晉處士裴啟撰 瑣語一卷梁金紫光祿大夫顧協撰 郭子三卷東晉中郎郭澄之撰賈泉注 笑林三卷後漢給事中邯鄲淳撰 又三卷路氏 笑苑四卷 解頤二卷楊松玢撰 世說八卷宋臨川王劉義慶撰 世說抄一卷 續世說十卷劉孝標撰 俗說一卷 小說十卷梁武帝勅安右長史殷芸撰 又十卷劉義慶撰 邇說一卷梁南臺治書伏挺撰 辯林二

十卷蕭賁撰 辯林二卷席希秀撰 瑣林七卷周虎門學士陰顥撰 座右方八卷庾元威撰 座右法一卷 類林三卷裴子野撰 啟顔錄十卷侯白撰 說林五卷孔衍撰 說林二十卷張太素撰 中樞龜鑑一卷唐蘇瓌撰 盧陵官下記二卷唐段成式撰 劇談錄三卷康軿撰 雲溪友議三卷唐范攄撰 嵐齋集二十五卷唐李躍撰 常侍言旨一卷 幽閑鼓吹一卷唐張固撰 盧氏雜說一卷唐盧言撰 桂苑叢譚一卷 會昌解頤一卷 松窻錄一卷 瀟湘錄十卷唐柳祥撰 醉鄉日月三卷唐皇甫松撰 笑林三卷唐何自然撰 牛羊日歷一卷唐劉軻撰 猗犴子一卷元結撰 刋誤一卷唐李涪撰 資暇三卷李匡文撰 炙轂子雜錄注解五卷唐王叡撰 杜陽雜編三卷蘇鶚撰 家學要錄二卷唐柳玭撰 俳諧集十五卷劉訥言撰 說纂四卷李繁撰 劉公嘉話錄一卷韋絢撰 戎幕閑談一卷韋絢紀李德裕鎭蜀時話 通微子十物志一卷 因話錄六卷唐趙璘撰 乾𦠆子一卷溫庭筠撰 酉陽雜俎三十卷段成式撰 演義十卷唐蘇鶚撰 雜說六卷李後主撰 談藪八卷隋楊松玢撰 摭言十五卷王定保撰 玉溪編事三卷僞蜀金利用撰 鄭氏談綺一卷 野人閑話五卷宋朝景煥撰 小開顔集三卷周文玘撰 釋常談一卷 原化紀一卷皇甫氏撰 小說二卷劉孝孫撰 世說簡要十卷 賓朋宴語三卷邱時撰 山東野錄一卷賈同撰 續玉堂閑話一卷王仁裕撰 祕閣閑談四卷吳淑撰 友會談叢三卷上官融撰 丁晉公談諸一卷 宋景文公筆錄一卷 取笑筌蹄三卷 善謔集一卷寶萃撰 林下笑談二十卷 燈下閑談二卷 清夜錄一卷 筆奩錄七卷 三餘錄三卷涉弼撰 昭義記室別錄一卷 同歸小說三卷張齊賢撰 續同歸小說三卷安儀鳳 雜纂一卷李商隱撰 脞說前後集二十卷張君房撰 沈存中筆談二十卷 唐語林八卷 歐陽文忠公歸田錄五卷 摭遺集二十卷 東軒筆錄十卷魏泰撰 文房監古三卷李孝美 瑣高議十八卷劉斧撰 翰府名談二十五卷劉斧撰 炎州拾翠十卷蘇軾撰 冷齋夜話十卷僧惠洪撰 塵史三卷王得臣撰 羣玉雜俎一卷 笑談可用集三卷郭思撰 緗素雜記十卷黃朝英撰 事物紀源類集十卷高承撰

凡小說一種一百一部五百七十七卷

兵家　兵書　軍律　營陣　兵陰陽　邊策

司馬兵法三卷齊將司馬穰苴撰 孫子兵法三卷吳將孫武撰魏武帝注 孫子兵法一卷魏武王凌集解 又一卷蕭吉注 又二卷孟氏解詁 又二卷吳沈友撰 又一卷唐李筌撰 又一卷杜牧撰 又一卷唐陳皥注 又一卷唐賈林注 又三卷何延錫注 又一卷張預注 又三卷王皙注 又一卷宋朝梅堯臣注 孫武兵經三卷張子尚注 鈔孫子兵法一卷魏太尉賈詡鈔 續孫子兵法二卷魏武帝撰 孫子遺說一卷鄭友賢撰 吳起兵法一卷魏將吳起撰賈詡注 又一卷孫鎬注 尉繚子五卷梁惠王時人隋志一卷 太公六韜五卷世言太公撰蓋後人作 伍子胥兵法一卷 黃石公三略三卷下邳神人撰成氏注 三略三卷呂惠卿注 黃帝兵法一卷宋武帝所傳神人書 太公陰謀一卷 又三卷魏武帝注 太公陰謀三十六用一卷 太公兵法二卷 又六卷 太公金匱二卷 太公枕中記一卷 周書陰符九卷 大將軍兵法一卷 兵書接要十卷魏武帝撰 兵法接要三卷 兵書略要九卷魏武帝撰 魏武帝兵法一卷 黃石公素書一卷呂惠卿注 素書二卷呂惠卿注 黃石公兵書三卷 黃石公祕經二卷 黃石公內記敵法一卷 黃石公記三卷 黃石公略注三卷 黃帝用兵法訣一卷 梁武帝兵法一卷 梁武帝兵書鈔一卷 梁武帝兵書要鈔一卷 玉韜十卷梁元帝撰 金韜十卷劉祐撰 金策十九卷 兵書要略五卷後周宇文憲撰 兵書要術四卷任景志撰 兵記八卷司馬彪撰 兵書要序十卷趙氏撰 軍勝見十卷許昉撰 戎決十三卷許昉撰 陰策二十二卷劉祐撰 陰策林一卷 戰略二十六卷金城公趙煛撰 金海三十卷蕭吉撰 成氏三略訓三卷 張昺經一卷 張氏七篇七卷 孔衍兵林六卷 王略武林一卷 王佐祕書五卷樂產撰 隋高祖兵書三十卷 唐李衛公問對三卷 兵春秋一卷 武孝經一卷唐郭良輔撰 臨戎孝經一卷員半千撰 兵書論語三卷 承神兵書八卷 秦戰鬬一卷 戰鬬亭亭一卷 玉帳經一卷 玉帳新書十卷 軍謀前鑒十卷李靖撰 兵家正史九卷吳兢撰 止戈記七卷劉秩撰 至德新議十二卷 統軍靈轄祕策一卷亦曰武記李光弼撰 王公亮兵書十八卷 新集兵書要訣三卷杜希全撰 張道古兵論一卷 韜珠祕訣十卷盧元撰 諸葛武侯十六策一卷 契神經一卷周顯德中劉可久撰 神武要略十卷 李靖兵家心術一卷 諸葛亮將苑一卷 元戎機二卷嚴洞撰 平朝陰府二十四機一卷諸葛武侯撰 六軍鏡心訣一卷諸葛武侯撰 明將祕要三卷李靖撰 韜鈐要訣一卷 三朝經武聖略十五卷 神武祕略二十卷 軍志總要十卷 百將傳十卷張預編 樵子五卷 韋子二卷 正元新書一卷 備急玉樞訣一卷楊滑撰 黎敎授兵說二卷 閫外春秋十卷唐李筌撰起周至唐八代將帥 改正六韜四卷 裴子兵馬六卷 軍額目一卷

右兵書一百十二部五百五十卷

軍誡三卷裴守一撰 裴子新令二卷裴緒撰 長慶人事軍律三卷燕僧正撰 利人事軍律三卷符彥卿撰 行師類要七卷唐王公亮撰 行軍賞罰符契勑一卷 刑兵律一卷

右軍律七部二十卷

孫子八陣圖一卷 吳孫子牝八變陣圖二卷 黃石公五壘圖一卷 隋朝雜兵圖一卷 吳孫子三十三

壘經一卷　龍武元兵圖二卷解忠變撰武德圖五兵八陣
法要一卷　武侯八陣圖一卷　裴行儉安置軍營行
陣等四十六訣一卷　五行陣圖一卷　八陣四象陣
法一卷　神變隊陣圖一卷　風后握機圖經一卷
風后握奇八陣圖一卷　神機靈祕圖一卷　新法武
備圖一卷　營陣圖經一卷　防城器具一卷　邊城
器用圖一卷　行營要訣三卷李惟則撰
右營陣二十部二十四卷
孫子兵法雜占四卷　太公陰符鈐錄一卷　太公伏
符陰陽謀一卷　黃帝兵法孤虛雜記一卷　太公三
宮兵法一卷　太一兵法一卷　太一三宮兵法立成
圖一卷　太公書禁忌立成集二卷　黃石公三奇法
一卷　黃石公陰謀行軍祕法一卷　三宮用兵法一
卷　元女戰經一卷　黃帝問元女兵法四卷　陰陽
兵書五卷莫珍元撰　黃帝軍出大師年命立成一卷　黃帝
複姓符一卷許昉撰　辟兵法一卷　黃帝太一兵歷一卷
黃帝蚩尤風后行軍祕術二卷　黃帝蚩尤兵法一
卷　老子兵書一卷　吳有道占出軍決勝負事一卷
風氣占軍決勝戰二卷太史令全範撰　對敵權變一卷吳氏撰
對敵占風一卷　黃帝夏后氏占氣六卷　兵法風氣
等占三卷　對敵權變逆順一卷　兵法權儀一卷
六甲孤虛雜決一卷　六甲孤虛兵法一卷　孤虛法
十卷　兵法遁甲孤虛斗中域法九卷　決勝孤虛集
一卷　兵法日月風雲背向雜占十二卷　虛占三卷
兵書雜歷八卷　太一兵書十一卷　用兵祕法雲
氣占一卷　兵法三家軍占祕要一卷李行撰　氣經上部
占一卷　天大芅霧氣占一卷　鬼谷先生占氣一卷

五行候氣占災一卷　乾坤氣法一卷　雜匈奴占
一卷漢王朔撰　對敵占一卷　黃石公陰陽乘斗魁罡行軍
秘法一卷　葛洪兵法孤虛月時祕要法一卷　眞人
水鑑十卷陶弘景撰　握鏡方三卷　握鏡圖一卷　李靖六
軍鏡三卷　李淯風懸鏡十卷　太白陰經十卷李筌撰
青囊括一卷李筌撰　兵殺歷一卷　神機武畧兵要望江
南詞一卷易靜撰　天事序議一卷韓昶撰　韜鈐祕錄五卷并廷
範撰　衛公手記一卷　鑒川漁子吟風詩一卷　周易占
兵一卷　戰勝歌百首一卷　行軍月令一卷　諸葛
亮兵機法一卷　軍軌兵鈐祕訣三卷　神兵苑三卷
六十甲子軍法一卷　兵機將畧論一卷　彭門玉
帳一卷　出軍祕訣一卷　會稽兵家術日月占一卷
兵書萬勝決二卷　至德元寶玉函經十卷唐董承祖撰
統戎式鑒一卷　白起神妙行軍法三卷李靖序　六甲五
神用兵法一卷　要決兵法立成歌一卷　六甲攻城
破敵法一卷　馬前祕訣兵書一卷　靈關訣二卷
預知歌一卷　太一厭禳法一卷　太一行軍六甲禳
厭詩一卷　通元玉鑑占一卷　陰符握機運要五卷
出軍祕占五卷張良撰　大壬用兵太一心機要訣一卷
李靖撰　三式風角用法立成十二卷王欸撰　靈關集益智三
卷李海撰　氣神定行兵勝負立成一卷　小遊太一立成
七十二局一卷　太一遊星圖一卷　元女孤虛法一
卷　遁甲出軍歷一卷　唐賢祕密書一卷　天老神
老緈一卷　備急玉樞訣一卷
右兵陰陽九十九部二百四十卷
定邊安遠策三卷郭元振撰　開復西南夷事狀十七卷唐韋皋撰
西陲要畧三卷范傳正撰　禦戎新錄二十卷李渤撰　西南備

邊錄十三卷李德裕撰　徐德占策三卷　淸邊備要五十二
卷宋朝曾致堯撰
右邊策七部一百十一卷
凡兵家五種二百四十五部九百四十五卷
天文類第七　天文　歷數　算術
天文　天象　天文總占　竺國天文　九星占　雜星占　日月占　風雲氣候占　寶氣
周髀一卷趙嬰注　又一卷甄鸞重述　又二卷李淳風注　周髀圖一卷
靈憲圖一卷張衡撰　渾天儀一卷張衡撰　渾天象注一卷
吳散騎常侍王蕃注　石氏渾天圖一卷　渾天圖記一卷　昕天
論一卷梁姚信撰　安天論一卷虞喜撰　定天論三卷　天儀說
要一卷陶弘景撰　元圖一卷　石氏星簿經贊一卷　星經
五卷陶弘景撰　甘氏四七法一卷　錄軌象以頌其章一卷
內有圖　天文要集四卷　天文集要鈔二卷　天文書二
卷　天文橫圖一卷高文洪撰　天文志十二卷吳蓋撰　天文十
二卷史崇注　天文十二次圖一卷　天官宿野圖一卷
石氏星經七卷陳卓記　星經七卷郭歷撰　中星經簿十五卷
星官簿贊十三卷　摩登伽經說星圖一卷　星圖
二卷　二十八宿二百八十三宮圖一卷　二十八宿
十二次一卷　二十八宿分野圖一卷　論二十八宿
度數一卷　孝經內記星圖一卷　周易分野星圖一
卷　太象元文一卷李淳風撰　法象志七卷　天文大象賦
一卷唐黃冠子李播撰　丹元子步天歌一卷唐右拾遺內供奉王希明撰　太
象元機歌三卷試太子校書閭兵崇撰　靈憲圖三卷仲林子撰爲日紀太陰紀
五星紀一篇　天文錄經要訣三卷　隔子圖一卷　大象歷
一卷　星經手集二卷　括星詩一卷　八象度一卷
通占大象歷星經三卷　宿曜度分域名錄一卷
大象垂萬列星圖三卷　甘氏星經三卷　小象賦一

卷　陳卓星述一卷　天心紫微圖歌一卷李淳風撰小象
千字詩一卷張華撰星經一卷郭璞注大象列星圖一卷
正色列象注解圖一卷　史氏天官照一卷　元象歷
一卷　元黃十二次分野圖一卷　司天監須知一卷
渾儀法要十卷祥符中作渾儀畧列一卷祥符中作
右天象六十七部一百六十八卷
天文集占十卷晉太史令陳卓定天文要集四十卷晉太史令韓楊撰
石氏天文占八卷　甘氏天文占八卷　天文占六卷
李暹撰雜天文橫占六卷　天文集占圖十一卷　天文
五行圖十二卷　天文錄三十卷梁奉朝請祖暅之撰天文志雜
占一卷吳雲撰陳卓四方宿占一卷　星占二十八卷孫僧
化等撰天官星占十卷陳卓撰著明集十卷　天文外官占
八卷　荊州占二十卷宋通直郎劉嚴撰十二次二十八宿星
占十二卷史崇撰垂象志一百四十八卷　太史注記六
卷　靈臺祕苑百二十卷隋太史令庾季才撰元機內事七卷逢行
珪撰乙巳占十二卷祕閣郎李淳風撰乾坤祕奧七卷李淳風撰古今
通占鏡三十卷唐武密撰大唐開元占經一百一十卷今存三卷
通乾論十五卷董和撰荊州劉石甘巫占一卷漢荊州牧劉表命武
陵太守劉意集甘石巫咸等書之占今存一卷天文占一卷李淳風撰長短經天文
篇一卷唐趙璲撰天文總論十二卷右上武衛兵曹康氏撰通元玉鑑
頌一卷仲林子撰證應集三卷徐彥卿撰星書要畧六卷徐承嗣撰天
象應驗集二十卷　二十八宿分野五星巡應占一卷
太霄論壁一卷　景祐乾象新書三十卷本朝太子洗馬司天
春官正楊惟德撰天元玉冊元誥十卷扁鵲撰天元玉冊截法六
卷　天元祕演十卷陳蓬撰靈臺經三卷　星土占一卷
黃黑道內外坐休咎賦一卷
右天文總占四十三部七百八十四卷

婆羅門天文經二十一卷婆羅門捨仙人說婆羅門天文一卷
婆羅門竭伽仙人天文說三十卷　西門俱摩羅祕
術占一卷　僧不空譯宿曜二卷　一行大定露膽訣
一卷
右竺國天文六部五十六卷
巫咸五星占一卷　黃帝五星占一卷　五星占一卷
丁巡撰又一卷陳卓撰長慶算五星所在宿度圖一卷徐昇撰
五星集占六卷　日月五星集占十卷　五星犯列宿
占六卷　五緯合雜一卷　五星合雜說一卷　五星
兵法一卷　京氏釋五星災異傳一卷　任常五星賦
一卷　太白占一卷　太白會運逆兆通代記圖一卷
李淳風袁天綱集
右五星占十五部三十四卷
雜星占七卷　又十卷　海中星占一卷　星圖海中
占一卷　彗星占一卷　流星占一卷　妖星流星形
名占一卷　彗孛占一卷　妖瑞星圖一卷宋均撰妖瑞
星雜氣象圖一卷
右雜星占十部二十五卷
京氏日占圖一卷　夏氏日旁氣一卷　日食蔀候占
一卷　魏氏日旁氣圖一卷　日旁雲氣圖五卷　日
食占一卷　日變異食占一卷　天文洪範日月變一
卷　洪範占一卷　日月暈三卷　日月暈圖二卷
黃道暑景占一卷　日行黃道圖一卷　日月交會圖
一卷　月暈占一卷　日月蝕暈占四卷　日月薄蝕
圖一卷　日月暈珥雲氣圖占一卷
右日月占十八部二十八卷
翼氏占風一卷　天文占雲氣圖一卷　雜望氣經八

卷　候氣占一卷　章賢十二時雲氣圖二卷　天機
立馬占一卷鍾湛然撰推占龍毋探珠詩一卷以望氣占說爲詩六十首
推占青霄玉鏡經一卷　占風九天元女經一卷　定
風占詩一卷忠武軍節度巡官劉啟明撰雲氣圖一卷　象氣圖一
卷　天涯地角經一卷　占風雲氣候日月星辰上下
圖一卷　乾象占一卷　雲氣測候賦一卷劉啟明撰占候
風雨賦一卷劉啟明撰至氣書七卷見隋志雲氣占一卷見隋志
右風雲氣候占十九部三十三卷
望氣相山川寶藏祕記三卷見隋志地鏡三卷　金婁地
鏡一卷　孝子地鏡祕術三卷
右寶氣四部十卷
凡天文八種一百八十二部一千一百三十八卷
歷數　正歷　歷術　七曜歷　雜星歷　刻漏
四分歷三卷　又三卷漢修歷人李梵撰又一卷趙暖居撰劉歆三
統歷一卷　魏甲子元三統歷三卷　姜氏三紀歷一
卷姜岌撰姜氏歷序一卷　乾象歷五卷漢會稽都尉劉洪撰又三
卷吳太子太傅闞澤撰魏景初歷三卷晉楊偉撰景初壬辰元歷一卷
楊冲撰正歷四卷晉太常劉智撰河西甲寅元歷一卷涼太史趙歐撰河
西壬辰元歷一卷趙歐撰甲寅元歷序一卷　宋元嘉
歷二卷何承天撰神龜壬子元歷一卷後魏將軍祖瑩撰後魏甲子
歷一卷李業興撰壬子元歷一卷後魏校書郎李業興撰魏武定歷一
卷　齊甲子元歷一卷宋氏撰周天和年歷一卷甄鸞撰周
大象年歷一卷王琛撰壬辰元歷一卷　周甲寅元歷一
卷馬顯撰周甲子元歷一卷　梁大同歷一卷虞劇撰後魏
永安歷一卷孫僧化撰北齊天保歷一卷散騎常侍宋景業撰北齊甲
子元歷一卷李業興撰隋開皇甲子元歷一卷劉孝孫撰隋開皇
歷一卷李德林撰隋大業歷十卷張胄元撰皇極歷一卷隋劉焯撰又

一卷　傳仁均唐戊寅歷一卷　唐麟德歷一卷　唐甲子元辰歷一卷瞿曇謙撰　合乾歷三卷曹士蔿撰　合乾新歷一卷楊緯撰　王勃千歲歷亾卷　僧一行開元大衍歷五十二卷　寶應五紀歷四十卷　建中貞元歷二十八卷　長慶宣明歷三十四卷　長慶宣明歷要略一卷　景福崇元歷四十卷邊岡撰　大衍通元鑑新歷三卷自唐貞元至大中　大唐長歷一卷起武德止天祐　天福調元歷二十卷晉司天監馬重績撰　廣順明元歷一卷周王處訥撰　顯德欽天歷十五卷周端明殿學士王朴撰　同光乙酉長歷一卷　武成永昌歷二卷僞蜀司天監胡秀林撰　保大齊政歷十九卷僞唐歷　萬分歷一卷廣順中作　拔長元歷一卷自唐乾符甲午至祥符丙辰　建隆應天歷六卷宋朝司天少卿王處訥撰　開寶歷一卷　太平乾元歷八卷冬官正吳昭素等撰　咸平儀天歷十六卷太子洗馬兼春官正史序等撰　熙寧奉元歷七卷　太宗長歷一卷

右正歷六十三部三百六十七卷

歷法三卷劉歆撰　又一卷　歷術一卷吳太史令吳範撰　景初歷術二卷　景初歷法三卷　歷術一卷何承天撰　又一卷崔浩撰　又一卷王琛撰　又一卷華州刺史張賓撰　姜氏歷術三卷　乾象歷術三卷漢劉洪撰　元歷術一卷張胄元撰　天圖歷術一卷　歷日義說一卷　律歷注解一卷　龍歷草一卷　光宅歷草十卷南宮說撰　歷草二十四卷　推漢書律歷志術一卷　歷疑質讖序二卷　興和歷疏二卷　算元嘉歷術一卷　陰陽歷術一卷趙敺撰　雜歷術一卷　太史記注六卷　又六卷　八家歷一卷　歷日義統一卷　歷日吉凶注一卷　麟德歷出生記十卷　歷議十卷　歷立成十二卷　宣明歷超捷例要略一卷　景福歷術一卷　眞象論一卷　靈臺編一卷　大衍心照一卷　正象歷經一卷僞蜀胡秀林撰　雜注一卷　新修歷經一卷太平興國中作　歷注一卷　驗日食法三卷何承天撰　日食論一卷　頻月合朔法五卷　歷記一卷　元嘉二十六年度日景數一卷　剡氣長歷二卷皇甫謐撰　歷章句二卷　月令七十二候一卷　玉鈴步氣術一卷　三五歷說圖一卷　春秋去交分歷一卷　推二十四氣歷一卷

右歷術五十三部一百四十三卷

七曜本起三卷後漢甄叔遵撰　七曜小甲子元歷一卷　七曜歷術一卷　七曜歷法一卷　七曜歷算二卷　七曜要術一卷　陳天嘉七曜歷七卷　陳永定七曜歷四卷　推七曜歷一卷　陳天康二年七曜歷一卷　陳光大元年七曜歷二卷　陳太建年七曜歷十三卷　陳至德年七曜歷二卷　陳禎明年七曜歷二卷　開皇七曜年歷一卷　仁壽二年七曜歷一卷　七曜歷經四卷張賓撰　七曜歷數算經一卷趙敺撰　七曜歷疏一卷李業興撰　七曜義疏一卷李業興撰　七曜術算一卷甄鸞撰　七曜雜術二卷劉孝孫撰　七曜歷疏五卷太史令張胄元撰　七曜符天歷一卷唐曹士蔿撰　七曜符天人元歷一卷曹士蔿撰　人天定分經一卷　地輪七曜一卷呂佐周撰　七曜氣神歌訣一卷莊守德撰　七曜氣神歌訣一卷　七政長歷三卷

右七曜歷三十部六十七卷

都利聿斯經二卷本梵書五卷唐貞元初有都利術士李彌乾將至京師推十一星行歷知人命貴賤　新修聿斯四門經一卷唐待詔陳輔重修　徐氏續聿斯歌一卷　都利聿斯歌訣一卷安修睦撰陽子明注　聿斯鈔略旨一卷　聿斯隱經一卷　羅濱都利聿斯大衍書一卷　文珠菩薩所說宿曜經一卷唐廣智三藏不空譯　應輪心照三卷蔣權卿撰　曹公小歷一卷唐曹士蔿撰李思議重注本天竺歷　青蘿歷一卷青蘿山王公佐撰　清霄玉鑑三卷終南山鮑該撰以十一星十二宮推知人命　秤星經一卷唐眛撰　符天行宮一卷　難逃論一卷　氣神經三卷　氣神鈐歷一卷　氣神隨日用局圖一卷　占課禽宿情性訣一卷　星宮運氣歌一卷　星禽進退歌一卷　紫堂經五卷李沂撰　紫堂元草歷二卷黃竑撰　紫堂指迷訣二卷黃竑撰　紫堂經三卷　紫堂局經一卷　紫堂隱微歌二卷　紫堂明暗曜局一卷　紫堂要錄三卷　大衍五行數一卷　九星行度歌一卷　九星長定歷一卷　大衍天心照歌一卷　細歷一卷　大歷一卷　草範治歷一卷　密藏金鎖歷一卷李璮撰　九曜星羅立成歷一卷婆賦大衍撰　六甲周天歷一卷孫僧化撰　五星正要歷五卷　新集五曹時要術三卷魯靖撰

右雜星歷四十一部六十五卷

漏刻經一卷後漢待詔太史霍融撰　又一卷梁朱史撰　又一卷陳太史令宋景撰　又一卷祖暅之撰　又一卷梁代天監五年修漏刻事一卷　雜漏刻法十一卷皇甫洪澤撰　晷漏經一卷　唐刻漏經一卷　東川蓮花漏圖一卷燕肅撰　蓮花漏法一卷　司漏圖一卷　造漏法一卷　晝夜刻漏日出長短圖經一卷趙業撰　刻漏記一卷

右刻漏十五部十五卷

凡歷數五種二百二部六百六十七卷

算術　竺國算法

九章算術十卷劉徽撰　九章算術二卷徐岳甄鸞重述　又一卷李遵義撰　又九卷李淳風撰　九九算術二卷楊淑撰　九章別術二卷　九章算經二十九卷徐岳甄鸞等撰　又二卷徐岳注　九章六曹算經一卷　九章重差一卷劉向撰　九章重差圖一卷劉徽撰

九章推圖經法一卷張峻撰　算經要用百法一卷徐岳撰　綴術六卷祖沖之撰　孫子算經二卷　趙敺算經一卷　謝察術算經三卷　夏侯陽算經一卷　張邱建算經二卷　又三卷李淳風撰　數術記遺一卷徐岳撰　五經算術錄遺一卷　五經算術一卷甄鸞撰　又二卷李淳風撰　算經易義一卷張續撰　張去斤算疏一卷　黃鍾算法三十八卷　算律呂法一卷　衆家算陰陽法一卷　董泉三等數一卷　五曹算經五卷甄鸞撰　又五卷韓延夏侯陽等撰　韓延夏侯陽算經一卷　九經術疏九卷宋泉之撰　海島算經一卷劉徽撰　又一卷李淳風撰　九章雜算文二卷劉祐撰　七經算術通義七卷陰景愉撰　周髀算經二卷李淳風撰　九章算經要訣一卷李淳風撰　五曹孫子等算經二十卷李淳風撰　甄鸞孫子算經三卷李淳風注　緝古算術四卷王孝通撰　算經表序一卷　一位算法二卷江本撰　得一算經七卷陳從運撰　心機算術括一卷　龍受益算法二卷　周易軌限算一卷　新易一法算軌九例要訣一卷龍受益撰　乘除算例一卷　法算細歷一卷　量田要例算法一卷　穎陽書三卷邢和璞撰　求一指蒙算術元要一卷李紹穀撰　周髀算經音義一卷李籍撰　求一算法九例一卷　謝經算術三卷　九章算經音義一卷李籍撰　九章細草九卷賈憲撰　法算斆古集二卷賈憲撰　算學通元九章一卷青陽中山子撰

右算術六十二部二百二十九卷

婆羅門算法三卷　婆羅門陰陽算歷一卷　婆羅門算經三卷

右竺國算法三部七卷

凡算術二種六十五部三百三十六卷

五行類第八　易占　軌革　筮占　龜卜　射覆　占夢　雜占　風角　鳥情　逆刺　遯甲　太一　九宮　六壬　式經　陰陽　元辰　三命　行年　相法　相笏　相印　相字　堪餘　易圖　婚姻　產乳　登壇　宅經　葬書

五行一

周易林十六卷漢焦贛撰　又二卷費直撰　又三卷魯洪度撰　又四卷管輅撰　又五卷郭璞撰　又七卷張滿撰　又一卷陶弘景撰　周易守林三卷京房撰　周易集林十二卷京房撰　又十二卷伏曼容撰　又一卷伏氏撰　易林變占十六卷焦贛撰　易新林一卷後漢方士許峻撰　又四卷郭璞撰　又九卷　周易洞林三卷郭璞撰　又三卷梁元帝撰　周易集林律歷一卷虞翻撰　易贊林二卷　易立成林二卷郭氏撰　易立成四卷　易立成占三卷顏氏撰　易林體三卷陶弘景撰　周易經林雜纂一卷　周易紀骨林一卷　易法一卷　易林要訣一卷　易要訣二卷　周易卦林一卷　周易占十二卷　又一卷張皓撰　周易妖占十三卷京氏撰　周易逆刺占災異十二卷京房撰一云費氏　周易雜占七卷許峻撰　又八卷尚廣撰　又八卷武靖撰　周易飛候九卷京房撰　又六卷京房撰　周易飛伏例一卷　周易四時候四卷京房撰　周易飛候六日七分八卷　周易渾沌四卷京房撰　周易委化四卷京房撰　易災條二卷許峻撰　易決一卷許峻撰　周易通靈決二卷魏少府丞管輅撰　周易通靈要訣一卷管輅撰　周易錯卦八卷隋志七卷　郭氏易腦一卷　易髓三卷陶隱居撰　周易一法易髓三卷　周易髓腦二卷　周易元品二卷　周易通眞釋例一卷　神農重卦經二卷　文王幡音一卷　周易火竅一卷　周易三備三卷上備言天文中備卜筮下備地理　又一卷　周易中備雜機要一卷　老子神符易一卷　連山三十卷梁元帝撰　周易服藥法一卷　周易間卜十卷　周易骨髓決一卷嚴遵撰　蔀首經一卷　周易八仙詩一卷　周易鬼谷林一卷　周易六神頌一卷　周易六十四卦歌一卷　周易十門要訣一卷　爻象雜占一卷　周易元鑑林三卷　周易元悟三卷李淳風撰　周易薪冥軌一卷李淳風撰　易鏡元要一卷袁天綱撰　周易律歷一卷京房撰　文王版詞一卷　周易經類一卷　易鏡三卷中條山道士無惑子撰　周易卜經一卷　周易論一卷　周易天門子卜法一卷　周易太清易經訣一卷　玉笥山人王曉撰　周易綫繞詞一卷仙人張晉祕訣　周易河圖術一卷靈隱子撰　周易通神歌一卷無惑先生撰　周易探元九卷王守一撰　管公明隔山照一卷　君平占卦法一卷　周易靈眞述一卷　周易靈眞訣一卷　周易鬼靈經一卷　周易象罔元珠五卷　周易備要一卷　周易斷卦夢江南一卷　杜陵賁周易歌一卷　八卦雜決一卷　周易竹木經一卷　周易卦纂神妙決一卷　周易八仙經疏一卷邢朝宗撰　周易卦頌一卷黃景元撰　周易玉鑑頌一卷阮兆撰　周易子夏十八章三卷　周易三十八章一卷　周易斷卦例頭一卷　周易飛燕繞梁歌一卷　周易飛燕轉關林竅一卷　周易元悟髓決一卷鬼谷先生撰　周易轆轤關雜占一卷　周易灰神壽命歷一卷　易軌一卷　周易要訣占法一卷

右易占一百一十三部三百六十八卷

軌革入式例一卷　軌革歌象一卷　周易軌革指迷照膽訣一卷蒲乾虔瓘撰　軌革六候詩一卷　軌革源命歌一卷　軌革易贊一卷　周易軌限算一卷　軌革心鑑內觀六卷　軌革時影一卷　軌限立成歷一卷　軌革金庭玉鑑經一卷　歷數緯文軌算三卷

右易軌革一十二部一十九卷

周易內卦神筮法二卷費直撰　周易筮占林五卷費直撰　周

易筮占二十四卷晉處士徐苗撰 周易初學筮要法一卷 揲蓍圖一卷 周易筮書三卷郭璞撰

右筮占七部四十卷

沈思經一卷晉掌卜大夫史蘇撰 龜經三卷史蘇撰 一又三卷柳彥詢撰 又三卷柳世隆撰 又一卷劉寶眞撰 又一卷王宏禮撰 又一卷孔思邈撰 又一卷莊道名撰 又十卷齊廣撰 龜卜要訣四卷 龜經髓訣二卷 龜親經三十卷周子耀撰 龜經要畧一卷 龜卜五兆動搖決一卷 五兆算經一卷 鑽龜造卜經一卷 黃法眞撰十二靈棊卜經一卷 黃石公備氣三卷 神龜經一卷 五兆連珠一卷 白龜經一卷毛賓撰 巢父打瓦經一卷 春秋龜策經一卷 齊人行兵天文龜眼玉鈐經二卷

右龜卜二十四部七十五卷

易射覆二卷見隋志 孔子通覆決三卷顏氏撰 十二將射覆法一卷 鬼谷先生射覆歌一卷 閻邱滔射覆決一卷 東方朔射覆經一卷 神應射覆決一卷

右覆射七部十卷

占夢書三卷京房撰 又一卷崔元撰 又三卷周宣等撰隋志一卷 又一卷竭伽仙人撰 又四卷盧重元撰 夢雋一卷唐柳璨撰 解夢錄一卷僧紹端撰

右占夢七部十四卷

古今雜占三十卷 海中仙人占體瞤及雜吉凶書三卷 耳鳴書一卷 目瞤書一卷 嚏書一卷 和菟鳥鳴書一卷 王喬解鳥語經一卷 郯子占鳥經一卷 太上占鳥法一卷 百怪書一卷 白澤圖一卷 武王須臾一卷 占燈經一卷李淳風撰 淮南王萬畢術一卷 靈棊經一卷張良撰 又一卷唐李遐撰 七術一卷 人倫寶鑑卜法一卷 昭明太子響應經一卷 破躁經一卷管輅撰 七十二候法一卷

右雜占二十一部五十二卷

風角集要占十二卷 風角要占三卷京氏撰 風角占三卷 又七卷章仇太子翼撰 風角總占要訣十一卷 風角雜占四卷 風角要集十卷 又一卷 風角要候十一卷翼奉撰 又一卷章仇太子翼撰 風角占候四卷 風角鐶歷占二卷呂氏撰 兵法風角式一卷 戰鬬風角鳥情二卷 鳥情逆占一卷 逆刺三卷 風角五音六情經十三卷 風角兵候十二卷 陰陽風角相動法一卷 風角迴風卒起占五卷 風角地辰一卷 風角望氣八卷 風雷集占一卷 風角五音圖二卷 風角雜占五音圖五卷翼氏撰 又十三卷京房撰 五音相動法二卷 黃帝飛鳥歷一卷張衡撰 黃帝公北斗三奇法一卷 黃帝四神歷一卷吳範撰 黃帝地歷一卷 黃帝斗歷一卷

右風角三十二部一百四十五卷

風角鳥情一卷翼氏撰 又二卷儀同劉孝恭撰 戰鬬風角鳥情三卷 鳥情占一卷王喬撰 鳥情逆占一卷管輅撰 鳥情雜占禽獸語一卷 占鳥情二卷 六情決一卷 六情鳥音內祕一卷焦氏撰 風角六情決一卷王琛撰

右鳥情十一部十四卷

逆刺三卷京房撰隋志一卷 逆刺占一卷 逆刺總決一卷 王子決一卷

右逆刺四部六卷

黃帝陰陽遁甲六卷 遁甲決一卷吳相伍子胥撰 遁甲文一卷伍子胥撰 遁甲經三十三卷後魏信都芳撰 遁甲經要鈔一卷 遁甲萬一決二卷 遁甲九元九局立成法一卷 遁甲肘後立成囊中祕訣一卷葛洪撰 遁甲囊中經一卷 遁甲囊中經疏一卷 遁甲立成六卷 遁甲敘三元玉歷立成一卷郭宏遠撰 遁甲立成法一卷劉孝恭撰 遁甲穴隱祕處經一卷 黃帝九元遁甲一卷王琛撰 黃帝出軍遁甲式一卷 陽遁甲用局法一卷劉孝恭撰 陽遁甲九卷釋智海撰 陰遁甲九卷 陰陽遁甲十四卷 三元遁甲圖三卷葛洪撰 三元遁甲立成圖一卷 遁甲九宮八門圖一卷 遁甲開山圖三卷榮氏撰 遁甲反覆圖一卷葛洪撰 遁甲年錄一卷 遁甲支干洪一卷 遁甲行日時一卷 遁甲三卷 遁甲要用四卷葛洪撰 遁甲祕要一卷葛洪撰 三元遁甲六卷許昉撰 又六卷陳員外散騎常侍劉毗撰 又三卷杜仲撰 三元九宮遁甲二卷 三正遁甲一卷杜仲撰 遁甲九星歷一卷 遁甲三奇三卷 遁甲三元九甲立成一卷 遁甲推時要一卷 遁甲萬一決一卷 元中袪惑遁甲經三卷劉烜撰 遁甲十八局一卷唐一行撰 陰陽二遁萬一決四卷 遁甲搜元經一卷 遁甲符寶萬歲經國歷一卷唐司馬驤與弟裕撰 遁甲元樞二卷廬山道士馮繼明撰 天一遁甲鈐歷一卷 天一遁甲圖一卷 天一遁甲陰陽局鈐圖一卷 天一遁甲兵機舉要歌一卷茅山楊渭撰 遁甲玉女反閉局法一卷 元女遁甲祕訣一卷 天一遁甲式一卷 遁甲天一指陳三卷 陰陽二遁甲局二卷李靖撰 遁甲天目圖一卷樊洞撰 遁甲二局鈐一卷 遁甲歷一卷 遁甲隨局舉要歌一卷馮思古撰 天一遁甲歌一卷 陰陽二遁入式法一卷 天元陰陽局二卷 天一遁甲賦一卷宋朝邱濬撰 遁甲孤虛記一卷伍子胥撰 應經孤虛注一卷 斗中孤虛圖一卷 景祐遁甲符應經三卷宋朝楊惟德等撰 遁甲專征賦一卷員卓撰 遁甲善奇金合

盤一卷　遯甲九宮亭亭白姦一卷

右遯甲七十一部一百七十九卷

五行二

太一飛鳥歷一卷王琛撰　又二卷　太一十精飛鳥歷一卷　太一飛鳥立成一卷　太一飛鳥雜決捕盜賊法一卷　太一三合五元要決一卷　太一龍首式經一卷董注　太一經二卷宋琨撰　太一式雜占十卷　太一九宮雜占十卷　黃帝太一度厄祕術八卷　黃帝太一雜書十六卷　太一玉佐祕珠五卷隋樂產撰　太一太游歷二卷　太游太一歷一卷　太一式經二卷　太一式經雜占十卷　太一元鑑五卷李淳風撰　太一樞會賦一卷　太一金鏡式經十卷王希明撰　天一太一經一卷僧一行撰　太一局遯甲經一卷　天寶太一靈應式記五卷唐馬先撰　太一時紀陰陽二遯立成歷二卷僞南漢胡萬頃撰　日遊太一　五子元出軍勝負七十二局一卷　新修中樞祕頌太一明鑑法五卷唐劉啟明撰　太一細行草二卷　太一雜集算草一卷　太一集十卷杜惟韓撰　太一雜鑑一卷青溪子纂　陰陽二遯太一一卷　太一時計鈐一卷　太一遯甲萬勝時定主客立成訣一卷　十神太一巡遊分野立成圖一卷　太一陰陽二遯立成一卷　新修時遊太一立成一卷　太一陽九百六經一卷　新修太一青虎甲寅經一卷宋朝司天少監王處訥撰　太一神樞長歷一卷　太一歌五卷　又一卷　太一祕歌一卷茅山道士廣夷撰　太一循環歷一卷　景祐太一福應集要十卷宋朝楊惟德撰　黃帝集靈三卷　黃帝絡圖一卷　黃帝龍首經一卷　黃帝奄心圖一卷

右太一四十八部一百五十二卷

黃帝九宮經一卷　九宮經三卷鄭玄注　九宮行棊經三卷鄭玄注　又三卷　九宮行棊法一卷房氏撰　九宮行棊立成法一卷王琛撰　九宮行棊雜法一卷　行棊新術一卷　九宮行棊鈔一卷　九宮推法一卷　三元九宮立成一卷　九宮要集一卷盧昱撰　九宮經解二卷李氏注　九宮圖一卷　九宮變圖一卷　九宮八卦式蟠龍圖一卷　九宮郡縣錄一卷　九宮雜書一卷

右九宮十八部二十五卷

六壬式經三卷　六壬式經雜占九卷　六壬釋兆經六卷　六壬歷一卷　六壬明鑑連珠歌一卷唐一行撰　六壬髓經三卷一行撰　六壬大玉帳歌十卷唐李筌撰　玉帳經卷李靖纂　六壬軍鑒式三卷僞南漢長史胡萬頃撰　金匱經三卷　神樞靈轄十卷陳記室樂產撰　絳囊經一卷唐居士馬雄撰　元女青華經三卷　六壬瓶記一卷　推人鈎元法一卷　三傳四課鈐一卷　六壬括明林經一卷　六壬錄六卷　六壬鈐一卷　五眞降符六壬神式經一卷　六壬元鑑一卷余瑀撰　祕賓翠羽歌三卷沙門令岑撰　六壬心鑑歌三卷徐道符撰　六壬六十四卦名一卷　六壬軍帳賦一卷劉啟明撰　六壬戰勝歌一卷　六壬啟蒙纂要一卷唐徐琬撰　玉關歌一卷　六壬詩一卷　景祐六壬神定經十卷宋朝楊惟德等撰　六壬補闕新書十卷王升撰　六壬大撓經三卷　玉女課訣六卷　六壬透天關一卷　六壬六經歌一卷徐道符撰　六壬心鑑拾遺一卷　鬼料竅一卷　天復傳課天剛六壬一卷　夜叉經一卷　六壬式苑一卷　六壬明體經一卷　六壬神樞萬一訣一卷　六壬精體經一卷　六壬事神歌一卷　六壬又妙歌一卷　藏壬歌一卷　陰山道士經三卷　六壬竅甲經一卷　元女關格經一卷　玉女肘後術一卷　肘後歌一卷　玉女面身術一卷　大六壬出時旦暮局一卷　太元新書一卷　六壬飛電歌三卷鄭德深撰　厌火經一卷　擷翠經一卷　虵體經一卷　九門經一卷　會靈經一卷　志公通課一卷　八門課一卷　六壬了了歌一卷　六壬賦三卷姜郎撰　六壬寤旨一卷黃公達撰　六壬金經玉鑑一卷黃公達撰　六壬心照一卷高[illegible]撰　六壬類苑一卷諸葛武侯撰　淘金歌一卷　太上寶鑑畧一卷王希明撰　金匱八象統天元經一卷　梁簡文帝光明符十二卷　金英玉髓經一卷連肩吾撰　開雲觀月歌一卷蔣日新撰　六壬雕科三卷李靖撰　六壬髓經心鑑三卷　星禽氣神占一卷　星禽妙課一卷　禽宿妙談十卷　七曜神氣經三卷　景祐神氣經三卷楊惟德撰　大衍二十八宿要訣一卷

右六壬八十二部一百九十一卷

式經三卷桓安吳撰　式經雜要決九卷　式經立成九卷　伍子胥式經章句二卷　范蠡玉笥式二卷　宋琨式經一卷　雷公式經一卷　元女式經要法一卷　黃帝式經三十六用一卷曹氏撰　連珠明鏡式經十卷唐拾遺內供奉李鼎祚撰　景祐三式目錄一卷楊惟德等撰　式鑑經一卷　黃帝金式一卷　金匱入式法一卷　式例一卷　法式心經一卷　由吾裕式心經畧三卷　課式法一卷　式精要節一卷李房撰　五行用式法事神一卷楊可撰　神機轉式經三卷　黃帝式用當陽經二卷

右式經二十二部五十六卷

天皇大神氣君注歷一卷　太史公萬歲歷一卷司馬談　千歲歷祠一卷任氏撰　萬歲歷祠二卷　萬歲歷二十八宿人神一卷　歷祀一卷　田家歷十二卷　師曠書

三卷　海中仙人占災祥書三卷　東方朔書二卷
東方朔書鈔二卷　東方朔歷一卷　東方朔占候水
旱下人善惡一卷　太歲所在占善惡書十卷　畢百
事要畧一卷　五姓歲月禁忌一卷　雜忌歷二卷魏高
堂隆撰　百忌大歷要鈔一卷　歷忌新書十二卷　太史
百忌歷圖一卷　太史百忌一卷　周易神殺旁通歷
一卷　雜殺歷九卷　唐七聖歷一卷賈耽撰　廣濟陰陽
百忌歷二卷呂才撰　勝金歷要決一卷僧德濟撰　濟家備急廣
要錄一卷　天寶歷一卷唐陳恭釗撰　五行家國通用圖歷
一卷珞琭子撰　明時總要歷一卷　橫推歷一卷　月帳金
雞玉狗歷一卷呂才撰　選日大衍要歷一卷宋朝春官正史序撰　選
日陰陽月鑑一卷　廣聖歷一卷晉苗銳集　陰陽書三十卷
唐王璨陰陽書五十三卷呂才撰　乾坤寶典四百十七卷宋朝
判司天監史序撰　五符圖一卷　洪範政鑒十二卷仁宗撰　黃帝
枕中經一卷　西天陰符紫微七政經論一卷　天輪
日直經一卷　六十花甲子歌一卷李淯風撰　六十甲子時
辰星吉凶法一卷　天都經一卷　三元奇門法一卷
鐵掃箒年月一卷　選日精要四卷　活曜二十八
宿日眞星歌一卷　陰陽實錄一卷　一行選日旁通
法一卷　推葬呼歷一卷　大六壬葬送運詩一卷
五姓萬事歷四卷　萬年歷十七卷楊惟德撰　集聖歷四卷
楊可撰　黃黑道經要纂一卷　三輪造作法一卷　晉災
祥一卷　災祥集七十六卷　廣古今五行記三十卷
寶維竇撰　樵子五行志五卷唐陽夏撰　蓬瀛書三卷唐黎幹撰　三鑑三
卷　含文嘉三卷　黃帝朔書一卷師曠東方朔撰　月令圖一
卷劉先之撰　四民福祿論三卷李淯風撰　年鑑一卷　福祿論三
卷

右陰陽七十一部七百六十九卷

五行三

孝經元辰決九卷　孝經元辰二卷　又四卷　元辰
本屬經一卷　元辰厄會一卷　元辰事一卷　元
辰數生削死法一卷　元辰要祕次序一卷　元辰章
用二卷　雜推元辰要祕立成六卷　元辰立成譜一
卷　元辰五羅算一卷　五行元辰厄會十三卷　孝
經元辰會九卷　元辰歷一卷　雜元辰祿命二卷
遁河祿命三卷

右元辰一十七部五十九卷

玉鈐三命祕術一卷　三命韜鈐祕術三卷劉進平撰　三命
鈔畧二卷陶隱居撰　七殺三命歌一卷凝神子撰　三命通元歷一
卷　三命金書五行一卷　三命立成算經一卷陶隱居撰
三命殺歷一卷陶隱居撰　三命九中歌一卷李燕撰　二十八家
三命總要三卷公孫號撰　河上公宿命要訣一卷　天立三
命訣一卷　三命消息賦一卷珞琭子撰　又一卷僧叔斷撰　又一
卷杜崇龜撰　三命消息賦七卷王班撰　桑道茂祿命要訣一卷
僧一行祿命詩一卷　穿珠三命一卷　三命金箱
記一卷　三命測神歌一卷趙自勤撰　洞靈祕論二卷　八
殺經一卷凝神子撰　解悟經一卷凝神子撰　楊備天心歌一卷
論建命法一卷　輪臺三命一卷　天三命一卷　支
干定命圖一卷皮日休撰　釋三命一卷　定命歌一卷喬韜撰
三命金書五行妙術一卷　驛馬四位法一卷虞綽撰　胎
骨經一卷　五命歌一卷　洪範要決一卷　洪範五
行消息訣一卷蕭吉撰　洪範碎金五行一卷　洪範骨肉
五行一卷　飛練三命一卷　推元三命決一卷　髓
鑑三命血脈論三卷白雲先生撰　五子元氣候決一卷　胎
息運氣三命決一卷　胎息經一卷　羅浮山人和命
篇一卷　三命洞元五行書一卷耿鋭撰　五行三命眞書
一卷　李遂通元三命三卷　三命立成算經要訣一
卷　三命鈐一卷陳昉撰　三命鈐釋一卷　太陰三命歌
一卷董子平撰　三命機要決一卷徐鑑撰　三十二說三命一卷
三命竹輪經要畧一卷　神傳三命一卷　金合盤
三命要訣一卷　通元五命新格三卷　洞微經一卷
洞微飛宮法一卷　通天大命算一卷　主本五行
祕要一卷　凝神子一卷　胎命三光一卷　金鑑祕
靈一卷　五星明鑑經一卷　金河流水決一卷　金
星八字決一卷劉進平撰　鬼谷先生五命一卷　了了經一
卷　三命五行災論決一卷　十二宮入室歌一卷李乾
撰　東方朔珞琭賦疏十卷　祿命書二十卷劉孝恭撰　三命
決三卷隋孟遇撰　考評三命決一卷孟遇撰　人元祕樞三卷劉啟
明撰　三命通元論三卷翰林待詔李申撰　穆護詞一卷李燕撰　司馬
先生三十六禽歌一卷　風后三命一卷　洪範碎金
訓字一卷　新集祿命書一卷　太原生定命決一卷
鮮鶚經十卷　三命鳳髓經一卷　五行九中歌一
卷李燕撰　李虛中命術一卷　李虛中命書補遺一卷
林開五命祕訣一卷　劉涓五行衡鑑一卷　五命通
靈括三卷　竹輪經一卷　津師歌一卷　天地細微
科決一卷　合乾頌一卷　五德定分經一卷　秤星
經一卷　靈臺歌一卷　天陣三垣祕決一卷

右三命一百一部一百六十四卷

大行年祕術三卷李吉甫撰　三元經三卷　祿命人元經三
卷　推計祿命厄運詩一卷楊龍光撰　三命運氣法一卷
推太歲行年吉凶厄一卷唐王叔政撰　三命大行年入局韜

鈐三卷李吉甫撰 推太歲行年吉凶厄一卷王叔政撰 行年五鬼
轉運九宮法一卷 祿命人元經三卷 行年祿命骨
一卷李吉甫撰 人元百六限一卷 九宮大行年法一卷
三運大運歌一卷 五運九氣人元三限一卷 費長
房運氣歌一卷 道士梁嗣眞洞微歌一卷 注洞微
限一卷 定胎元祿限一卷 交陽坐祿限一卷 劉
進平氣運一卷 氣元運本一卷楊元素撰 竹羅三限幽妙
集一卷 大小運行年要決一卷王靈辯撰

右行年二十四部三十四卷

相書四十六卷見隋志 相經要錄三卷蕭吉撰 相經三十卷
鍾武隸撰 相書圖七卷 袁天綱相書七卷 趙幾相術一
卷 人倫龜鑑三卷孫知古撰 人倫龜鑑賦一卷袁天綱撰 姑布
子卿相法三卷 麻子經三卷 肉眼通神論三卷唐舉
撰 月波洞中記一卷老君記於太白山月波洞中凡九篇 元靈子相法一
卷 顯光師相法一卷 柳隨風占氣色歌一卷 十
七家集相書一卷 占氣色要訣圖一卷 袁天綱要
決三卷 黃帝神光經一卷 唐舉相顯骨法一卷
論骨指歸心明決一卷 謝公論生死候法一卷 米
昭形神外論一卷 黑寶經一卷 慶歷傳言集三卷
孫知古撰 許負相書三卷 武侯相書一卷 袁天綱氣神
經五卷 楊龍光相詩一卷 玉冊寶文七卷 玉冊
寶文髓心記一卷周世明撰 張涉人倫眞訣十卷 摩燈女
相經一卷范蝺纂 元珠囊一卷 李淸風元觀經一卷
通仙歌一卷李筌撰 孫元骨法一卷 相髓一卷 洞靈
祕訣一卷 洞元靈要訣一卷 峨嵋氣法一卷 宋
齊邱玉管照神局二卷 玉環經一卷 析微祕章一
卷 金歌氣色祕訣一卷 十三家相書一卷 陳摶
人倫風鑒一卷 危道士相法一卷 孤巖相法一卷
三輔學堂玉訣一卷劉虛白撰 三輔學堂論一卷 玉課
三停決一卷 學堂氣骨心鑑訣一卷 學堂相法一
卷劉虛白撰 五星相法一卷 洞天隱訣一卷 一行雜相
歌一卷 心印相書一卷 鬼谷子觀氣色出相圖一
卷 袁大綱骨法一卷 天花經一卷 天授先生胎
息三方主一卷 邱先生定性情詩一卷 海淵經一
卷 玉仙人相書一卷 龜鑑骨法一卷 形神祕要
一卷 三輔奇術一卷 林秀翁傳神相一卷 金瑣
歌一卷 金麗相書一卷 許負金歌一卷 歷代史
相錄一卷

右相法七十三部一百九十五卷

相手板經六卷 相笏經一卷陳混掌撰 又三卷 東方朔
相笏經一卷 袁大綱相笏經一卷 郭先生相笏經
一卷

右相笏六部十三卷

韋氏相板印法一卷 魏程申伯相印法一卷

右相印二部二卷

六神相押字法一卷 一行相字詩一卷

右相字二部二卷

五行四

二儀歷頭堪餘一卷 堪餘歷二卷 注歷堪餘一卷
地節堪餘二卷 堪餘歷注一卷 堪餘四卷 大
小堪餘歷術一卷 堪餘天赦有書七卷 八會堪餘
一卷 黃帝四序堪餘二卷殷紹撰 太史堪餘歷一卷後魏
殷紹撰

右堪餘十一部二十三卷

易通統卦驗元圖一卷 易新圖序一卷 易八卦命
錄斗內圖一卷 易斗圖一卷郭璞撰 易八卦斗內圖二
卷 又二卷 八卦五行圖一卷 易斗中八卦絕命
圖一卷 易斗中八卦推遊年圖一卷 易通統圖二
卷 易分野星圖一卷 乾坤氣法一卷許辨撰

右易圖十二部十五卷

婚娶經四卷 陰陽嫁娶書四卷 婚嫁書二卷 婚
嫁黃籍科一卷 六合婚嫁歷一卷 六合婚嫁書及
圖二卷 嫁娶迎書四卷 嫁娶陰陽圖二卷 雜嫁
娶房內圖術四卷 九天嫁娶圖一卷 婚書一卷
姚陳議婚書一卷

右婚嫁二十二部二十七卷

六甲貫胎書一卷 產乳書二卷 產經一卷 推產
婦何時產法一卷王琛撰 推產法一卷 生產符儀一卷
產圖二卷 崔知悌產圖一卷

右產乳八部十卷

拜官書二卷 臨官冠帶書二卷 仙人務子傳神通
黃帝登壇經一卷 壇經一卷 登壇經三卷 五姓
登壇圖一卷 登壇史一卷 龍紀聖異歷一卷唐翰林待
詔李遠撰 壇經一卷唐天寶中趙同珍撰 元法經一卷 上官祕決一
卷

右登壇十一部十五卷

宅吉凶論三卷 相宅圖八卷 保生二宅經一卷
陰陽二神歌一卷王澄撰 寶鑑決一卷 修造法一卷
宣聖宮道書一卷 囊金二宅一卷張吁撰 諸家要術宅
經一卷一行撰 金祕書三卷王澄撰 三元九宮修造法一卷
二宅黃黑道祕訣一卷一行撰 李淳風應上象修造妙

訣一卷　魁綱庫樓修造法一卷一行撰　呂才陰陽遷造賓邉經一卷　王澄二宅髓脈經一卷　王澄陰陽二宅集要一卷　北斗行年修造一卷　龍子經一卷　天遷圖一卷　九星行年修造法一卷　活曜修造定吉凶法一卷　黃道修造法一卷　聽龍經一卷　天星歌一卷　相宅訣一卷　陰陽二宅圖經一卷　上象陰陽星圖一卷　天上九星修造吉凶歌一卷　陰陽二宅心鑑一卷　陰陽二宅相占一卷　陰陽二宅歌一卷　淮南王見機八宅經一卷　五姓宅經一卷蕭吉撰　牛欄經一卷　竈經十四卷梁簡文帝撰　祠竈經一卷

右宅經三十七部，六十一卷

地形志八十七卷庾季才撰　大唐地理經十卷呂才撰　五音地理經十五卷一行撰　地理三寶經九卷　地理新書三十卷　地理指南三卷　地理斗中記一卷　地理八山神將圖一卷　地理六壬六甲八山經八卷　五姓合諸家風水地理一卷　冢書四卷　黃帝葬山圖四卷　五音相墓書五卷　五音圖墓書九十一卷　五姓圖山龍一卷　青烏子三卷　葬經八卷　又十卷　葬書地脈經一卷　葬書五陰一卷　雜墓圖一卷　墓圖立成一卷　六甲冢名雜忌要訣二卷　郭氏五姓墓圖要訣五卷　壇中伏尸一卷　胡君元女彈指五音法相冢經一卷　由吾公裕葬經三卷　葬範三卷孫季邕撰　歷代山形圖一卷　山形總載圖一卷　寶星圖一卷　撥沙碎山形一卷　五音山岡決一卷　昭幽記一卷　周易枯骨經一卷　周易括地林一卷郭璞撰　葬書一卷郭璞撰　玉函經一卷邱延翰撰　曜氣細斷一卷邱氏撰　銅函記一卷邱氏撰　騰靈正決一卷　撥沙經論詩一卷邱氏撰　撥沙成明經一卷郭璞撰　撥沙經六卷呂才撰　一行相山取地沃一卷　一行古墓圖一卷　靈山秀水經一卷呂才撰　秦皇青囊經解三卷　曾氏青囊子歌一卷　青囊經二卷郭璞撰　青囊經一卷曾楊二仙撰　地理要決八卷　元堂內範二卷　地理脈要三卷胡文翊撰　八山圖局一卷　地理通元祕決一卷　地理解經祕訣一卷　天地鑑八山一卷　寶鑑經一卷　錦囊經一卷郭璞撰　連山鬼運正經一卷　搜元歌一卷　山卦放水決一卷　雪心正經一卷　曾山人識山經一卷　李坚嶺識山經一卷　㓹毛經一卷　騰雲八曜歌圖一卷　天卦放水訣一卷　紫囊經一卷　黃囊氣曜一卷　黃囊大卦訣一卷邱延翰撰　眞徹正決經一卷　鼓角沙經一卷楊筠松撰　饗福集三卷　五龍祕法眞決一卷毛漸撰　眞機寶鑑治曜經一卷　枯骨枕中見經一卷　大華六龍經一卷　元堂品決三卷郭璞撰　亾魂八冢經頌一卷曾楊二仙撰　地理燈心祕決一卷　地理撥沙搜空論一卷　臨山寶鑑斷風決一卷　八分歌一卷　透天神殺百二十局一卷　寶曜騰雲決一卷　地理祕要九星決一卷　交星上山法一卷　天定六秀經二十卷　黃禪師星水正經一卷　五虎圖一卷　玉囊經一卷　叢金決一卷　羲皇論一卷　黃泉敗水吉凶一卷　撥沙正龍大形十三卷　八山微妙法一卷　斷墓法一卷　赤松子明鑑碎金六卷　地龍發水經一卷　金河流水決一卷　司馬頭陁名壁記一卷　山頭步水經一卷　撥沙山經一卷　九仙經二卷　駐馬經二卷　碎寶經一卷　天輪十二帝經一卷　天竹桃花正經一卷　六壬龍首經一卷　龍子觀珠經三卷　九龍經一卷　鑿龍脈決二卷　陰陽金車論一卷　玉鑑論一卷　地理走馬穿山通元論一卷　五家通天局一卷　天曜博龍換骨經一卷　尋龍入式歌一卷　周易穿地林一卷郭璞撰　地理碎金式一卷郭璞撰　八仙山水經一卷郭璞等撰　諸葛武侯相山決三卷　大堂明鑑一卷諸葛武侯撰　白鶴子宅骨記一卷　司馬頭陀地理括一卷　司馬頭陀六神回水決一卷　司馬頭陀括地記一卷　青烏子相地骨一卷　赤松子決一卷　楊烏子星水地理決一卷　李淯風星水地理經一卷　馬上尋山決一卷李淯風撰　步穴要決一卷李淯風撰　金華覆墳經一卷李筌撰　稽古經一卷　地理賦詩論三卷朱仙桃撰　元女碎山經一卷　坐穴經一卷　金匱正經一卷　地理手鑑一卷　骨髓經一卷鄭弘農撰　踏地賦一卷　地骨經一卷　坐穴神驗經一卷　元胎葬經一卷　青囊元女指決一卷　枯骨林祕決一卷

右葬書一百四十九部，四百九十八卷

凡五行三十種，一千一十四部，三千二百三十九卷

宋右迪功郎鄭樵漁仲撰

藝文略第七

藝術類第九(藝術 射 騎 畫錄 畫圖 投壺 奕碁 博塞 象經 樗蒲 彈碁 打馬 雙陸 打毬 彩選 葉子格 雜戲格)

古今藝術二十卷(見隋志) 藝術略序五卷(孫暢之撰) 今古藝術十五卷(見唐志) 伎術錄一卷(孫暢之撰) 述伎藝一卷(見隋志)

右藝術五部四十二卷

射經一卷(唐王琚撰) 又一卷(田逸撰) 又四卷 射記一卷(唐張守忠撰) 射法一卷(黃損撰) 又一卷(劉懷德撰) 射口訣一卷(張商撰) 射書十五卷(僞唐徐鍇歐陽陌撰) 射鑒九圖一卷 九章射術三卷 神射訣一卷 集古今射法一卷 射訣要略一卷(李廣撰) 五善正鵠格一卷 五善射序一卷(程正柔撰) 射評一卷(李廣撰) 射訓一卷 射議一卷(王越石撰) 九鑑射經一卷 射法指訣一卷(嚴悟撰) 弓箭啟蒙論一卷(任權撰) 廣弓經一卷 弓訣一卷 射格一卷 金吾射法一卷 劉氏射法一卷 神射式一卷(王德甫撰) 射訣一卷(王堅道撰) 又一卷(韋韞撰) 又一卷(馬思永撰) 又一卷(魏氏撰)

右射三十一部五十卷

馬槊譜一卷(見隋志) 騎馬都格一卷(梁朝書籍) 騎馬變圖一卷(見隋志) 馬射譜一卷(見隋志)

右騎四部四卷

名手畫錄一卷 畫品錄一卷(集唐世善畫人姓名) 古今畫品卷(後魏謝赫撰起曹魏訖後魏中興年凡二十八人) 續畫品一卷(唐姚最撰採謝赫所遺以及梁朝凡十七人) 又一卷(蕭繹撰) 畫後品一卷(唐李嗣眞撰以姚謝二家多失故始普通至上元三年凡三十人) 續畫後品一卷 歷代名畫記十卷(張彥遠撰) 畫評一卷(顧況撰) 唐畫斷三卷(宋景元撰) 畫品錄一卷(唐裴孝源撰) 又畫品一卷(僧彥悰撰) 畫拾遺一卷(唐竇蒙撰) 吳恬畫山水錄一卷 梁朝畫目三卷(宋朝胡嶠撰) 不絕筆畫圖一卷(王叡撰) 益州名畫錄三卷(宋朝黃休復撰) 荊浩筆法一卷(唐荊浩子谷洪撰) 唐采畫錄一卷 畫總載一卷(張又新撰) 廣畫錄一卷(僧仁顯撰) 名畫獵精錄二卷(張彥遠撰) 合畫筆訣一卷 五代名畫評一卷(劉道醇撰) 聖朝名畫評一卷(劉道醇撰) 丁巳畫錄一卷(劉道醇撰) 圖畫見聞志六卷 貞觀公私畫錄一卷(裴孝源撰) 歷代畫評八卷(唐竇蒙撰) 翰林畫錄一卷 歷代畫斷一卷 四時設色一卷(陸探微撰) 畫史一卷(朱芳撰) 古今名畫記三卷

右畫錄三十四部六十四卷

漢賢王圖(漢王元昌畫) 玉華宮圖 鬬鷄圖 文成公主降蕃圖(閻立德撰) 秦府十八學士圖一卷(閻立本畫) 凌煙功臣二十四人圖 風俗圖(范長壽畫) 醉道士圖 本草訓誡圖(王定畫) 游春戲藝圖(檀智敏畫) 唐朝九聖圖(殷穀韓無忝畫) 唐高祖及諸王圖 太宗自定輦上圖 開元十八學士圖 盤車圖(董尊畫) 後周北齊梁陳隋武德貞觀永徽朝臣圖(曹元廓畫) 高祖太宗諸子圖 望賢宮圖(楊升畫) 伎女圖(張萱畫) 乳母將嬰兒圖 按羯鼓圖(張萱畫) 鞦韆圖 武惠妃舞圖(譚皎畫) 佳麗寒食圖 佳麗伎樂圖 龍朔功臣圖(韓幹畫) 姚宋及安祿山圖 相馬圖 明皇試馬圖 寗王調馬打毬圖 明皇馬射圖 上黨十九瑞圖 鹵簿圖(王象畫) 洪崖子橘木圖(田琦畫) 內庫瑞錦對雉鬬羊翔鳳游麟圖(竇師綸畫) 天竺胡僧渡水放牧圖(韋鶠畫) 撲蝶按箏楊眞人降眞五星等四圖(周昉畫)

右畫圖三十七唐人所藏今容有傳模之迹行於世者故存其名號或可尋訪庶可見當時典章人物之象焉

投壺經一卷(郝沖虞譚撰) 又一卷(唐上官儀撰) 投壺圖一卷(張承斌撰) 傾壺集三卷(劉仁敏撰) 投壺道一卷(郝沖撰) 投壺變一卷(晉虞潭撰)

右投壺六部八卷

碁勢四卷(見隋志) 又七卷(湘東太守徐泓撰) 又十卷(王子沖撰) 又十卷(沈敞撰) 齊高碁圖二卷 碁後九品序一卷(袁遵撰) 圍碁九品序錄五卷(范汪等撰) 圍碁勢二十九卷(晉趙王倫舍人馬朗等撰) 建元永明碁品二卷(宋褚思莊撰) 九品序錄一卷(范汪撰) 天監碁品一卷(梁柳惲撰) 梁武碁評一卷 梁武碁法一卷 竹苑仙碁圖一卷 碁圖一卷(韋挺撰) 碁訣一卷 圍碁品一卷(梁武撰) 碁要訣一卷 弈碁經一卷 金谷園九局圖一卷(唐開元中王積薪馮汪二人於太原尉陳九言金谷第弈碁爲金谷圖) 金谷圖九局譜一卷(僞唐徐鉉撰) 鳳池圖一卷(王積薪撰) 碁本一卷 王延昭碁論一卷 劉仲甫忘憂集一卷 角局圖一卷 應機子碁勢重元圖一卷 諸家精選新勢一卷 太宗皇帝碁圖一卷 國手綱格一卷 圍碁故事一卷

右弈碁三十一部九十二卷

博塞經一卷(邵綱撰) 皇博經一卷(魏文帝撰) 太一博法一卷(梁東宮撰) 雙博法一卷(見隋志) 大小博法二卷 大博經行碁戲法二卷 小博經一卷(鮑宏撰) 雜博戲五卷 二儀十博經一卷 二儀博經一卷(隋煬帝撰) 大博經二卷(呂才撰) 博經一卷(董叔經撰)

右博塞十二部十九卷

象經一卷(周武帝撰) 又一卷(王褒注) 又一卷(何妥注) 又三卷(王裕注) 象經發題義一卷(見隋志)

右象經五部七卷

樗蒲經三卷(盧遷京撰) 又一卷 樗蒲經采名一卷 樗蒲象戲格三卷 象戲格一卷(尹洙撰) 廣象戲格一卷(晁補之撰)

五木經一卷　樗蒲格一卷

右樗蒲八部十二卷

彈棊譜一卷徐廣撰　彈棊經一卷張東之撰　又一卷

右彈棊三部三卷

謝景初打馬格一卷　宋迪打馬格一卷

右打馬二部二卷

雙陸格一卷　大雙陸格一卷

右雙陸二部二卷

打毬儀注一卷張直佐撰　打毬要略一卷杳同章撰

右打毬二部二卷

骰子選格三卷唐李郃撰　漢官儀彩選三卷　新修彩選一卷宋朝劉蒙叟撰　文班彩選格三卷楊億撰　宋朝文武彩選三卷尹洙撰　又二卷張訪撰　春秋彩選一卷　新定彩選一卷趙明遠撰　刪繁彩選一卷　元豐官制彩選一卷　慶歷彩選圖一卷　尋仙彩選七卷　選仙格一卷洪濛子撰　選佛圖一卷

右彩選一十四部二十九卷

偏金葉子格一卷　新定偏金葉子格一卷　擊蒙小葉子格一卷偽唐李煜妃周氏撰　小葉子例一卷

右葉子格四部四卷

旋碁格一卷　謀戲格一卷　捉卧甕人格一卷趙昌言撰　釣鼇圖一卷　採珠局格一卷　金龍戲格一卷　玉燭詩一卷　款飲集一卷　樗蒲滿席歡一卷曹氏撰　改令式一卷　盡歡格一卷　角力記一卷

右雜戲格十二部十二卷

凡藝術十七種一百七十五部三百五十二卷三十七圖

醫方類第十　脈經　明堂鍼灸　本草　本草音　本草圖　本草用藥　採藥　炮炙　方書　單方　胡方　寒食散　病源　五藏　傷寒　腳氣　嶺南方　雜病　瘡腫　眼藥　口齒　婦人　小兒　食經　香薰　粉澤

醫方上

黃帝素問九卷　全元起注黃帝素問二十四卷晉王冰撰　補注素問二十四卷林億補注　素問音釋一卷　黃帝甲乙經十二卷　黃帝八十一難經二卷唐志注秦越人　難經疏十三卷侯白　黃帝眾難經二卷呂博望注　黃帝流注脈經一卷　丁德甫補注難經二卷　靈寶注黃帝九靈經十二卷　三部四時五藏辨候診色決事脈經一卷　脈經十卷晉王叔和撰　又二卷　耆婆脈經一卷　李勣脈經一卷　王子顒脈經二卷　甄權脈經二卷　黃帝脈訣一卷　扁鵲脈訣一卷　脈經祕錄一卷　韓氏脈訣一卷　徐氏脈經訣三卷徐裔撰　脈經鈔二卷許建吳撰　華佗觀形察色并三部脈經一卷　秦承祖脈經六卷　康普思脈經十卷　黃帝內經明堂類成十三卷楊上善注　黃帝內經太素三十卷楊上善注　黃帝太素經三卷　黃帝傳太素脈訣一卷　清溪子脈訣一卷　寶應靈樞九卷　內經靈樞經九卷　金鑑集歌一卷　金寶鑑一卷唐衛嵩撰　脈經手訣一卷張及撰　百會要訣脈經一卷　鳳髓脈經機要五卷　醫鑑一卷　碎金脈訣一卷　延齡至寶診脈定生死三部要訣一卷　延齡寶鈔一卷張尚容撰　元門脈訣一卷　太醫祕訣診候生死部一卷　脈訣賦一卷甄權撰　徐氏指下訣一卷徐裔撰　倉公訣生死祕要一卷　新集脈色要訣一卷醫博士譚延鎬撰　自經要集一卷　金匱指微訣一卷吳復圭撰　金匱錄一卷　素問入式鈐一卷藍先生撰　元珠密語十卷　三甲運氣經三卷　六甲天元氣運鈐二卷　五運六氣玉瑣子三卷　靈元經三卷　張仲景脈經一卷　孫子脈論一卷　診脈要訣一卷唐強明撰　診脈要旨一卷　指難圖一卷　劉溫舒素問論奧四卷　內經靈樞略一卷　沖眞子內經指微十卷　鈐和子十卷賈和光撰　王叔和脈訣發蒙三卷　柴先生脈訣一卷李上交撰　相色經訣一卷華子顒撰　脈訣機要一卷晉王叔和撰　脈證口訣一卷　孫子脈訣論一卷

右脈經七十三部三百一卷

黃帝明堂經三卷　又三卷楊元注　黃帝明堂經三卷　路氏明堂經一卷　黃帝內經明堂十三卷　秦承祖明堂圖三卷　黃帝十二經脈明堂五藏圖一卷　明堂孔穴五卷　明堂孔穴圖三卷　要用孔穴一卷　明堂偃側圖八卷　偃側人經二卷秦承祖撰　神農明堂圖一卷　曹氏黃帝十二經明堂偃側人圖十二卷　明堂人形圖一卷　明堂論一卷唐朱遂撰唐志朱作米　明堂蝦蟇圖一卷　明堂元眞經訣一卷　黃帝鍼經九卷　徐悅龍御素鍼并孔穴蝦蟇圖三卷　程天祚鍼經六卷　玉匱鍼經十二卷　赤烏神鍼經一卷張子存撰　流注鍼經一卷　商元鍼經一卷　謝氏鍼經一卷　九部鍼經一卷　三奇六儀鍼要經一卷　黃帝岐伯鍼論二卷　皇甫謐黃帝三部鍼灸經十二卷　黃帝雜注鍼經一卷　黃帝鍼經一卷　鍼經鈔三卷甄權撰　元悟四神鍼經一卷　扁鵲鍼傳一卷　許希鍼經要訣一卷　孫思邈鍼經一卷　鍼經鈔三卷　鍼方一卷　徐叔嚮鍼灸要鈔一卷　黃帝鍼灸蝦蟇忌一卷　鍼灸圖經十一卷　十二人圖一卷　扁鵲偃側鍼灸圖三卷　鍼灸經一卷　華佗枕中灸刺經一卷　釋僧康

鍼灸經一卷　黃帝鍼灸經十二卷　黃帝岐伯論鍼灸要訣一卷　銅人俞穴鍼灸圖經三卷宋朝翰林醫官王惟一編修天聖中詔以鍼灸之法鑄爲銅人式　山兆鍼灸經一卷　公孫克鍼灸經一卷　灸經五卷見隋志　曹氏灸經一卷　曹氏灸方七卷　岐伯灸經一卷　雷氏灸經一卷　楊奔顏灸經十卷　新集明堂灸法三卷　崔知悌灸勞法一卷

右明堂鍼灸六十部一百九十三卷

神農本草八卷陶隱居集注　神農本草四卷雷公集注　神農本草經三卷　蔡邕本草七卷　吳普本草六卷　本草經四卷蔡英撰　本草二卷徐大山撰　本草經略一卷　秦承祖本草六卷　李氏本草三卷　王季璞本草經三卷　隨費本草九卷　唐本草二十卷李勣等修　新本草四十一卷王方慶撰　開寶重定神農本草二十一卷李昉等撰　新詳定本草二十卷宋朝盧多遜定　嘉祐補注本草二十卷掌禹錫撰　蜀本草二十卷僞蜀韓保昇等撰　證類本草三十二卷唐慎微撰　名醫別錄三卷陶隱居集　本草集錄二卷　本草鈔四卷　本草藥性三卷甄權撰　諸藥要性二卷　本草性類一卷杜善方撰　藥性要訣五卷王方慶撰　本草韻略五卷　四聲本草四卷蕭炳撰　本草拾遺十卷唐陳藏器撰　刪繁本草五卷楊損之撰　四明人本草拾遺二十卷　本草括要三卷張文懿撰　本草要訣一卷梁嘉慶撰　海藥本草六卷李珣撰　胡本草七卷鄭虔撰　南海藥譜七卷　諸藥異名十卷沙門行矩撰　本草辨誤二卷崔源撰　本草衍義二十卷寇宗奭撰

右本草三十九部三百五十卷

本草音義三卷姚最撰　又七卷甄權撰　又二卷殷子嚴撰　又二卷李含光撰　又二十卷孔志約撰　本草音三卷

右本草音六部三十七卷

靈秀本草圖六卷原平仲撰　藥圖二十卷　圖經七卷並李勣等撰　新修本草圖二十六卷蘇敬撰　唐本草圖經七卷　本草圖經二十卷宋朝掌禹錫等編撰

右本草圖六部八十六卷

本草經類用三卷　本草雜要訣一卷　本草要方三卷甘濬之撰　藥目要用二卷　藥類二卷　桐君藥錄二卷　本草用藥要妙九卷　藥對二卷北齊徐之才撰　療癰疽耳眼本草要鈔九卷甘濬之撰　新廣藥對三卷宋令祺撰　方書藥類三卷　藥總訣一卷　文潞公藥準一卷　醫門指要用藥立成訣古葉傳撰　陶隱居集藥訣一卷　藥林一卷　藥證一卷　藥證病源歌五卷蔣淮撰　象法語論一卷　刪繁藥詠三卷江承宗撰　藥錄二卷　太清草木方集要三卷陶隱居撰　本草病源合藥節度五卷　本草病源合藥要鈔五卷徐叔嚮撰　體療雜病本草要鈔十卷徐叔嚮等四家撰　小兒用藥本草二卷王末撰

右本草用藥二十六部八十卷

入林採藥法二卷　太常採藥時月一卷　四時採藥及合和四卷　種植藥法一卷　採藥論一卷

右採藥五部九卷

炮灸論三卷雷斅撰　陳雷炮灸論三卷　制藥法論一卷　乾鑑晏先生制伏草石論六卷晏封撰

右炮灸四部十三卷

張仲景方十五卷　華佗方十卷華佗弟子吳普撰　秦承祖方四十卷　黃素方二十五卷謝泰撰　耿奉方六卷　葛洪肘後救卒方六卷　梁武帝坐右方十卷　如意方十卷　陶隱居効驗方十卷　補肘後救卒備急方六卷陶隱居撰　阮河南方十六卷阮炳撰　范東陽雜藥方百七十卷尹穆纂　集略雜方十卷　雜散方八卷　解散方十三卷　徐叔嚮解散消息節度八卷　范氏解散方七卷　釋慧義解散方一卷　湯丸方十卷　雜丸方十卷　胡居士治百病要方三卷胡洽　徐叔嚮雜療方十二卷　徐叔嚮體療雜病方六卷　姚大夫集驗方十二卷　徐文伯藥方二卷　徐大山試驗方二卷　徐大山巾箱中方三卷　徐氏効驗方三卷　徐嗣伯落年方三卷　徐大山墮年方二卷　小品方十二卷陳延之撰　千金方三卷范世英撰　徐王八世家傳効驗方十卷徐之才撰　姚僧坦集驗方十卷　許證備急草要方三卷　徐辨卿方二十卷　刪繁方十卷謝士泰撰　吳山居方三卷　單複要驗方三卷釋莫滿撰　釋道洪方一卷　療百病雜丸方三卷釋曇鸞撰　扁鵲陷冰丸方一卷　扁鵲肘後方三卷　大略丸五卷　經心錄方八卷宋俠撰　褚澄雜藥方十二卷　陳山提雜藥方十卷　釋僧深集方三十卷　名醫集驗方十二卷　雜湯方八卷　百病膏方十卷　古今錄驗方五十卷　必効方十卷　崔氏纂要方十卷唐崔行功撰　袖中備急要方三卷　千金方三十卷孫思邈撰　千金髓方二十卷同上　千金翼方三十卷孫思邈撰　神枕方一卷　明皇開元廣濟方五卷　劉貺眞人肘後方三卷　外臺祕要四十卷王燾撰　外臺祕要略十卷王燾撰　貞元集要廣利方五卷德宗撰　陸氏集驗方十五卷陸贄　兵部手集方三卷李絳方薛弘慶撰　薛景晦古今集驗方十卷　劉禹錫傳信方二卷　海上集驗方十卷崔元亮撰　鄭注藥方一卷唐志鄭撰　韋氏獨行方十二卷唐韋宙撰　張文仲隨身備急方三卷　羣方祕要三卷唐蘇越撰　唐興集驗方五卷白仁敘撰　包會應驗方一卷　篋中方三卷唐許孝宗撰　梅崇獻方五卷道士梅崇

撰獻太和濟要方五卷唐宣成公撰廣正集靈寶方一百卷偽蜀
羅普宣撰續傳信方十卷偽唐王顏撰昇元廣濟方三卷偽唐華宗壽撰
博濟安眾方二卷　纂集韓待詔肘後方一卷　鄭氏
惠心方三卷　千金祕要備急方一卷　新集應病通
神方三卷裴孝封撰普濟方五卷宋朝王守忠撰鄭氏惠民方三卷
　寒上方三卷　延齡至寶方十卷唐姚和眾撰刪繁要略
方一卷　備急方一方　鄭氏纂祕要方二卷　萬全
方三卷安埏撰別集玉壺備急大方一卷　諸集纂驗方
一卷　行要備急方一卷元希聲集走馬備要方一卷暇詠撰
北京要術一卷唐陳元撰巾箱集一卷　千金纂錄一卷
集妙方三卷沈承撰王氏祕方五卷　太平聖惠方一百
卷宋朝王懷隱等奉詔撰神醫普救方一千卷宋朝翰林學士賈黃中等撰勝
金方一卷　宋氏千金方三卷　陳太醫方一卷　張
處環方三卷　初虞世必用方三卷　續必用方一卷
　意外方三卷　二十八宿治病鬼鑑圖一卷　章氏
月錄方一卷　聖惠經用方一卷　王趙選祕方一卷
　孫尚藥方三卷　劉氏十全博救方一卷劉甫集千金
一致方一卷錢象中集玉臺備急方一卷　彭祖養政備急
方一卷　金鍊神妙方一卷　太清經藥方一卷　胡
愔方二卷　隋朝四海類聚方二千六百卷　簡要濟
眾方五卷周應等撰聖惠選方方十卷　晏相明効方五卷
　王氏博濟方三卷王袞撰瀉內晨方一卷　聖苑方三
卷　蘇沈良方十五卷　王氏醫門集二十卷　金鑒
方三卷孫兼撰孫用和傳家祕寶方三卷　慶歷善救方
一卷　惠民局濟世方十卷　和劑局方五卷　靈方
志一卷孔周南述
　右方書一百三十九部四千九百二十三卷

隋煬帝勅撰四海類聚單方三百卷唐只存十六卷王世榮單
方一卷　賈耽備急單方一卷　草木諸藥單方一卷
張秀言撰秦閩單方三卷　單方一卷崇文總目葛懷敏單方一
卷　葛氏單方三卷　姚大夫單方一卷　太平聖惠
單方十五卷
　右單方一十部三百二十五卷
龍樹菩薩藥方四卷　西域諸仙所說藥方二十三卷
　香山仙人藥方二十卷　西域波羅仙人方三卷
西域名醫所集要方四卷　婆羅門諸仙藥方二十卷
　婆羅門藥方五卷　耆婆所述仙人命論方二卷
乾陀利治鬼方十卷　新錄乾陀利治鬼方四卷　摩
訶出胡國方十卷
　右胡方一十一部一百五卷
寒食散論二卷　寒食散湯方二十卷　寒食散對療
一卷釋道洪撰解寒食散方二卷釋智斌撰解寒食散論二卷
解寒食散方六卷徐叔嚮撰寒食解雜論七卷釋慧義撰解寒食
方十五卷見唐志寒食散方并消息節度二卷　太一護
食石寒食散二卷宋尚撰
　右寒食散一十部五十九卷

醫方下

醫方論七卷見隋志王叔和論病六卷　張仲景評病要
方一卷　體療雜病疾源三卷徐悅撰吳景賢諸病源候
論五十卷　巢氏諸病源候論五十卷隋巢元方撰徐嗣伯
雜病論一卷　醫門金鑑三卷衛嵩撰許詠六十四問一
卷唐許詠撰病源手鏡一卷唐段元亮撰伏氏醫苑一卷唐伏適撰名
醫傳七卷唐甘伯宗撰素問醫療訣一卷　明醫顯微論一
卷石昌璉撰醫門括源方一卷吳希言撰今體治世集三十卷五代
劉翰撰金匱玉函八卷　金匱玉函要略三卷　金匱錄
五卷　萬病拾遺三卷　醫門簡要十卷華顯集新集病
總要略一卷張叔和撰病源兆經一卷　醫明要略一卷
醫家要妙五卷孫思邈撰通元經一卷周文義方撰耆婆八十四
問一卷　問答疾狀一卷　錄一卷　百一問答
方三卷蕭存禮撰太僕醫方一卷唐天授二年進摭醫新說二卷
　意醫紀歷一卷偽蜀吳羣撰王勃醫語序一卷　醫語纂
要論一卷　扁鵲祕訣一卷　醫鑑後傳一卷　青溪
子萬病拾遺三卷　孫思邈禁經二卷　龍樹呪法一
卷
　右病源四十部二百三十一卷
五藏訣一卷　五藏論五卷見隋志黃帝五藏論一卷
神農五藏論一卷　張仲景五藏論一卷　裴璡五藏
論七卷唐裴璡撰五藏傍通明鑑圖一卷唐道士裴元靈撰五藏榮
衛論一卷　五藏含鑑論一卷　大五藏論一卷張尚客撰
小五藏論一卷張尚客撰五藏論應象一卷唐吳兢撰五藏類合
賦五卷唐劉清海撰連方五藏論一卷　五色傍通五藏圖
一卷唐裴光庭撰藏府通元賦一卷唐張文懿撰耆婆五藏論一
卷　五藏鑑元四卷唐段元亮撰五藏要訣一卷　燕臺要
術五卷沙門應元撰五鑑論五卷　太元心論一卷　醫門
祕錄五卷道士梅崇獻撰新修榮衛養生用藥補瀉論十卷翰林
待詔李鉞撰五藏類纂十二卷　華氏中藏經一卷　五藏
傍通導養圖一卷孫思邈撰諸家五藏論五卷　五藏攝養
明鑑圖一卷　吳兢五藏論五卷　岐伯精藏論一卷
　元女五藏論一卷　夭壽性術論一卷
　右五藏三十三部九十卷
張仲景傷寒論十卷晉王叔和編次療傷寒身驗方一卷　徐

文伯辨傷寒一卷　傷寒總要二卷　巢氏傷寒論一卷　玉川傷寒論一卷　傷寒手鑑二卷 田誼卿撰 傷寒證辨集一卷　張果先生傷寒論一卷　百中傷寒論三卷 太常主簿陳昌允撰 傷寒論後集六卷　石昌璉證辨傷寒論一問　傷寒百問經絡圖一卷　傷寒集論方十卷　孫王二公傷寒論方二卷　上官均集傷寒要論方一卷　朱旦傷寒論一卷　明時政要傷寒論三卷　鄭氏傷寒方一卷　孫兆傷寒方二卷　曾誼傷寒論一卷　陰毒形證訣一卷 宋迥撰 傷寒括要詩一卷 通真子撰 傷寒類要方十卷　傷寒式例一卷 劉君翰撰 傷寒總病論七卷 龐安時撰 傷寒慈濟集三卷

右傷寒二十七部七十五卷

腳弱方八卷 徐叔嚮撰 辨腳弱方一卷 徐文伯撰 腳病論三卷　李暄嶺南腳氣論一卷　腳氣論三卷 見唐志 李暄腳氣方一卷　腳氣論一卷 唐蘇鑒徐王唐侍中三家之說 三家腳氣一卷 集蘇徐唐三家之說補異者 新撰腳氣論三卷 唐李暄撰以三家之說不論風土遂江淮嶺南秦川之異

右腳氣九部二十二卷

嶺南急要方三卷 見唐志 南中四時攝生論一卷 唐鄭景岫撰 南行方三卷 唐李繼皐纂 治嶺南眾疾經效方一卷　廣南攝生方三卷

右嶺南方五部九卷

風疾論一卷 朱元朴撰 風論山兆經二卷 吳希言撰 論三十六種風一卷 楊天業撰 青烏子風論一卷　生風論一卷　發焰錄一卷 唐司空輿述治風方 水氣論三卷 蘭宗簡撰 西京巢家水氣論一卷　徒都子膜外氣方一卷 郎木氣也 青溪子消渴論一卷 唐李暄撰 療消渴方一卷 謝南郡撰 元感傳屍論一卷 唐蘇遊撰 骨蒸論一卷　五勞論一卷　治勞神祕方二卷　扁鵲療黃經一卷　療黃經歌一卷　療黃經三卷　烙三十六黃法井明堂一卷

右雜病一十九部二十五卷

甘濬之療癰疽金創要方十四卷　又十五卷 甘伯齊撰 甘濬之療癰疽毒瘀雜病方三卷　癰疽論方一卷　療癰經一卷　療癰疽要訣一卷 唐喻義纂 沈泰之癰疽論一卷　療癰疽諸瘡方二卷 秦政應撰 瘡腫論一卷 唐內川節度要藉喻義撰 癰疽論三卷　發背論一卷 僧智宣撰 又一卷 白岑撰 吞字帖腫方一卷 唐波馳波利奉詔譯 療小兒丹法一卷　劉涓子鬼遺方十卷 宋龔慶宣撰 瘡三十六瘻方一卷　瘰癧方一卷

右瘡腫一十七部五十八卷

療目方五卷 陶氏撰 療耳眼方十四卷 甘濬之撰 龍樹眼論一卷　醫眼鍼鉤方論一卷　穆昌敘眼方一卷　番的選要歌一卷　審的眼藥歌三卷　眼論準的歌一卷 劉皓撰 經驗眼藥方十卷　眼論三卷　楚人劉豹子眼論一卷

右眼藥一十一部四十一卷

張仲景口齒論一卷　邵英俊口齒論一卷 唐人 排玉集二卷 唐邵英俊撰 唐陵正師口齒論一卷 唐供奉僧普濟集 口齒論三卷 冲和先生撰 口齒玉地論一卷 唐供奉僧普濟集 咽喉口齒方論五卷　療口齒雜方一卷

右口齒八部一十五卷

范氏療婦人方十一卷　張仲景療婦人方三卷　徐文伯療婦人瘕一卷　楊氏產乳集驗方三卷 唐楊歸厚撰 婦人方二十卷 見唐志 少女方十卷 見唐志 少女雜方二十卷 見唐志 產前後論一卷 王守忠撰 產後論一卷 楊全廸李壽集 集產後十九論一卷　家寶義囊一卷　崔氏產鑑圖一卷　產寶三卷 僞蜀周挺撰 子母祕錄十卷 許仁則撰 昝氏產寶三卷　王嶽產書一卷

右婦人一十六部八十九卷

小兒經一卷 見隋志 俞氏療小兒方三卷　徐叔嚮療少小百病方三十七卷　療少小雜方二十卷　范氏療小兒方一卷　王末療小兒方十七卷　少小方一卷　俞寶小女節療方一卷　童子祕訣二卷 唐姚和眾撰 童延齡至寶方十卷 姚和眾撰 孫會嬰孺方十卷　嬰孩病源論一卷　崔氏小兒論一卷　療小兒眼論一卷 劉皓集 小兒藥證一卷 劉景裕撰 小兒五疳二十四候論一卷　小兒宮氣集三卷　小兒方術論一卷　孩孺明珠變蒸七疳方論一卷 宋家撰 小兒祕錄一卷　仙人水鑑圖訣一卷 唐王超撰 保童方一卷 僞蜀周挺撰 嬰兒論二卷　嬰孩雜方五卷　小兒水鑑論三卷　小兒玉匱金鎖訣一卷　小兒慧臺訣一卷　小兒備急方一卷　童子元感祕訣三卷　嬰童寶鑑三卷　幼幼方一卷　小兒病源六卷　小兒論三卷 錢攻撰 小兒訣三卷　童子要訣三卷　錢氏小兒方八卷 錢乙撰 張渙小兒方三卷　潘氏小兒方一卷　陳氏小兒方一卷 陳宗望撰 陳琥小兒方一卷　王氏小兒方一卷

右小兒四十一部一百六十七卷

食經十四卷 見隋志 崔氏食經四卷 崔浩 馬琬食經三卷　盧仁宗食經五卷　竺暄食經四卷　劉休食經一卷 齊冠軍將軍劉休撰 又十卷　食饌次第法一卷　四時御饍經一卷　梁太官食經五卷　梁太官食法二十卷　家政方十二卷　羹臛法一卷　食圖四時酒要方一卷

藏釀法一卷　膢朐法一卷　北方生醬法一卷　會稽郡造海味法一卷　淮南王食經百六十五卷（大業中撰）膳羞養療二十卷　膳夫經手錄四卷（唐楊曄撰）嚴龜食法十卷（唐嚴龜撰）食目十卷　趙武四時食法一卷　太官食方十九卷　食療本草三卷（唐孟詵撰）食性本草十卷（偽唐陳士良撰）食醫心鑑三卷（成都醫博士昝商撰）蕭家法饌三卷　侍膳圖一卷　江飧饌要一卷（宋朝黃克明撰）饌林五卷　古今食譜三卷　王易簡食法十卷　諸家法饌一卷　珍庖備錄一卷　酒譜一卷　白酒方一卷　續法饌五卷（曹子休撰）老子禁食經一卷　黃帝雜飲食二卷

右食經四十一部三百六十六卷

香方一卷（宋明帝撰）雜香方五卷　龍樹菩薩和香法二卷

右香熏三部八卷

妝臺寶鑑集三卷（楊氏撰）妝臺方一卷（隋宇文士及撰士及之妻則南陽公主所傳之方）雜香膏方一卷（見隋志）

右粉澤三部五卷

凡醫方二十六種六百六十二部七千三百八十二卷

類書類第十一

何承天并合皇覽一百二十二卷（宋御史中丞何承天編）徐爰并合皇覽八十四卷　劉孝標類苑一百二十卷　壽光書苑二百卷（劉杳編）華林遍略六百卷（徐勉編）修文殿御覽三百六十卷（北齊祖孝徵等編）長洲玉鑑二百三十八卷（虞綽等編）元門寶海百二十卷（諸葛穎撰）張氏書圖泉海七十卷　檢事書目一百六十卷　帝王要覽二十卷　文思博要一千二百卷（貞觀中高士廉等奉敕編）又目十二卷　許敬宗搖山玉彩五百卷　累璧四百卷　又目錄四卷　東殿新書二百卷　藝文類聚一百卷（唐歐陽詢撰）北堂書鈔一百七十三卷（隋祕書郎虞世南編）冊府五百八十二卷（張太素編）武后元覽一百卷　三教珠英一千三百卷（唐武后編）又目十二卷　碧玉芳林四千五十卷（孟利貞編）玉藻瓊林一百卷　筆海十卷（王義方撰）明皇事類一百三十卷　初學記三十卷（唐徐堅等編）十九部書語類十卷（唐是光乂撰）政典三十五卷（唐劉秩撰）通典二百卷（唐杜佑撰）續通典二百卷（宋朝宋白李宗諤等奉敕編自唐至德初至周顯德末）又目錄二卷　備舉文言二十卷（陸贄撰）集類一百卷（唐劉綺莊編）集類略三十卷（唐高郢詞撰因劉綺莊之書而略之）陸羽警年十卷　詞圃十卷（唐張仲素撰）元氏類集三百卷　白氏經史事類三十卷　六帖三十卷（唐于立政編）事鑑五十卷（唐郭道規編）靑囊書十卷（唐竇蒙撰）瀛類十卷（唐韋稔編）應用類對十卷（唐韋稔編）韻對十卷（唐高測撰）四庫韻對九十八卷（偽蜀陳鄂撰）十經韻對二十卷（偽蜀陳鄂撰）學海三十卷（唐溫庭筠撰）修文海十七卷（唐王博古撰）記室新書三十卷（唐李途撰）錦繡谷五卷（唐孫翰撰錦繡谷乃所居山名）翰苑七卷（唐張楚金撰）鹿門家鈔九十卷（唐皮日休編作五言詩類事）戚苑纂要十卷（唐劉揚名編記宗族內外親姻事）戚苑英華十卷（唐劉揚名撰）玉府新書三卷（梁齊逸人撰）編珠五卷（隋杜公瞻撰）史海十卷（顯德中曹化編）元穆類事十卷　金鑾秀集二十卷（顏眞卿撰）金鑰二卷（李商隱撰）

右類書上六十二部一萬二千四百三十一卷

太平御覽一千卷（太平興國中詔李昉等十四人編集八年書成初名太平總類後改曰太平御覽蓋以年號命名）又目錄十卷　太平廣記五百卷（李昉編御覽之外採其異而爲廣記）冊府元龜一千卷（景德中詔王欽若楊德編歷代君臣事迹惟取經史國語戰國策管子孟子韓子淮南子晏子呂氏春秋韓詩外傳其餘小說雜說不取）天和殿御覽四十卷（晏殊等略采冊府元龜）麟角一百二十卷　麟角鈔十二卷　唐書類苑二卷（宋朝劭思撰）新修唐書事類十卷（偽蜀郭廷釣編）九經類義二十卷（劉濟纂）資談六十卷（吳越范贊時撰）雕金集十卷（劉闓國撰）屬文寶海一百卷（偽蜀郭微撰）文華心鑑六卷　經典正要三卷　修文異名錄十卷　類要七十四卷（晏殊編）白氏傳家記二十卷　玉屑二卷　廣略新書三卷　琱玉集二十卷　珊瑚木六卷　碎金鈔十卷　儒林碎寶二卷　千頭山記十卷（徐叔暘撰）累玉集十卷（李欽元撰）寶鑑絲綸二十卷（馮洪徽撰）文選鈔十二卷（宋朝蘇易簡撰）仙鳧羽翼三十卷（宋朝僧智曉撰）古今纂類十四卷　御覽要略十二卷　禁垣備對十卷　淺學廣聞十卷　登瀛祕策三十卷（宋井撰）學選二十五卷　經語韻對五卷（鄭嶙撰）韻類題選一百卷　續韻類選三十卷　慶歷萬題六十卷（錢昌宗編）玉山題府三十卷　壬寅題寶十卷　熙寧題髓十五卷　羣書解題八十卷（鄭齊編）注疏解題三十一卷（周識編）千題適變十六卷　經傳集外注題五十卷（楊損之編）解題四十五卷（方龜年編）唐書解題三十卷（樓郁編）新唐書解題二十卷（章辟光編）題海八十卷　續題海八十卷　韻海五十卷（許冠編）韻類解題五卷（張孟纂）猪肉衡二十卷　邊崖類聚三十卷　羣書新語十卷（方龜年撰）分門類海一百卷　典類一百卷（釋守熊編撰）珠玉鈔一卷（張九齡撰）學林三十卷（陳鐵編）採璧十五卷　鷄跖集二十卷　會史一百卷　廣會史二十五卷　諸史總要五十卷　策苑四十卷　書敘指南二十卷（任廣撰）羣書數類一卷（林撰編撰）經子史集名數六卷　事類賦三十卷（吳淑撰）

右類書下七十部四千五百五十八卷

凡類書一種一百三十二部一萬六千九百八十九卷

文類第十二　楚辭　歷代別集　總集　詩總集　賦　贊頌　箴銘　碑碣　制誥

表章 啟事 四六 軍書 案判 刀筆 俳諧 奏議 論 策 書 文史 詩評

楚辭

楚辭十七卷後漢校書郎王逸注 楚辭十一卷宋何偃刪王逸注 楚辭三卷郭璞注 楚辭音一卷徐邈撰 又一卷宋處士諸葛氏撰 又一卷釋道騫撰 離騷草木蟲魚疏二卷劉杳撰 離騷章句十七卷 離騷約二卷

凡楚辭一種九部五十五卷

別集一 楚 漢 後漢 魏 蜀 吳

楚蘭陵令荀況集二卷 楚大夫宋玉集二卷

右楚別集二部四卷

漢武帝集二卷 淮南王安集二卷 賈誼集四卷 鼂錯集三卷 弘農都尉枚乘集二卷 太常孔臧集二卷 中書令司馬遷集二卷 丞相魏相集二卷 太中大夫東方朔集二卷 文園令司馬相如集二卷 膠西相董仲舒集二卷 騎都尉李陵集二卷 左馮翊張敞集二卷 諫議大夫王褒集五卷 諫議大夫劉向集六卷 射聲校尉陳湯集二卷 丞相韋元成集二卷 諫議大夫谷永集二卷 涼州刺史杜鄴集五卷 騎都尉李尋集二卷 司空師丹集五卷 光祿大夫息夫躬集五卷 太中大夫揚雄集五卷 太中大夫劉歆集五卷 成帝班婕妤集一卷 班昭集三卷 王莽建新大尹崔篆集一卷 保成師友唐林集一卷 中謁者史岑集二卷

右漢二十九部八十一卷

東平王蒼集五卷 桓譚集二卷 司隸從事馮衍集五卷 徐令班彪集五卷 司馬掾陳元集一卷 王隆集二卷 雲陽令朱勃集二卷 處士梁鴻集二卷 車騎從事杜篤集五卷 車騎司馬傅毅集二卷 大將軍護軍司馬班固集十七卷 魏郡太守黃香集二卷 長岑長崔駰集十卷 侍中賈逵集一卷 校書郎劉騊駼集二卷 樂安相李尤集五卷 大鴻臚寶章集二卷 濟北相崔瑗集六卷 劉珍集二卷 河間相張衡集十一卷 郎中籍順集一卷 太傅胡廣集二卷 黃門侍郎葛龔集六卷 司空李固集十二卷 南郡太守馬融集九卷 外黃令高彪集二卷

王逸集二卷 司徒掾桓驎集二卷 處士崔琦集一卷 酈炎集三卷 陳相邊韶集二卷 益州刺史朱穆集二卷 京兆尹延篤集一卷 司農卿皇甫規集五卷 太常卿張奐集二卷 王延壽集三卷 五原太守崔實集二卷 趙壹集一卷 諫議大夫劉陶集三卷 外黃令張升集二卷 侯瑾集二卷 盧植集二卷 議郎廉品集二卷 司空荀爽集三卷 野王令劉梁集三卷 鄭元集二卷 左中郎將蔡邕集二十卷 又蔡邕外文一卷 尚書令士孫瑞集二卷

太山太守應劭集四卷 別部司馬張超集五卷 少府孔融集十卷 侍御史虞翻集三卷 討虜長史張紘集二卷 處士禰衡集二卷 尚書右丞潘勗集二卷 丞相倉曹屬阮瑀集五卷 丞相主簿繁欽集十卷 丞相軍謀掾陳琳集十卷 丞相主簿楊修集二卷 侍中王粲集十一卷 尚書丁儀集二卷 黃門郎丁廙集二卷 曹大家集二卷

右後漢六十四部二百六十一卷

魏武帝集三十卷 武帝逸集十卷 武帝集新撰十卷 文帝集二十三卷 明帝集十卷 高貴鄉公集四卷 陳思王曹植集三十卷 又二十卷 司徒華歆集二卷 司徒王朗集二十四卷 司徒陳羣集五卷 給事中鄲鄲滔集二卷 太子文學徐幹集五卷 太子文學應瑒集五卷 太子文學劉楨集四卷 魏國郎中令路粹集二卷 行御史大夫袁渙集五卷 魏國奉常王修集二卷 劉廙集二卷 侍中吳質集五卷 新城太守孟達集三卷 處士管寍集三卷 光祿勳高堂隆集十卷 光祿勳劉劭集二卷 散騎常侍繆襲集五卷 散騎常侍王象集一卷 光祿大夫韋誕集三卷 散騎常侍麋元集五卷 游擊將軍卞蘭集二卷 隰陽侯李康集二卷 陳郡太守孫該集二卷 尚書傅巽集二卷 章武太守殷褒集二卷 司空王昶集五卷 衞將軍王肅集五卷 桓範集二卷 中領軍曹羲集五卷 尚書何晏集十一卷 衞尉卿應璩集十卷 王弼集五卷 中書令劉階集二卷 太常卿傅嘏集二卷 樂安太守夏侯惠集二卷

校書郎杜摯集二卷 毌丘儉集二卷 征東軍司馬江奉集二卷 太常夏侯元集三卷 軍騎將軍鍾毓集五卷 步兵校尉阮籍集十三卷 中散大夫嵇康集十五卷 處士呂安集二卷 司徒鍾會集十卷 汝南太守程曉集二卷

右魏五十三部三百四十七卷

丞相諸葛亮集二十五卷 司徒許靖集二卷 征北將軍夏侯霸集二卷

右蜀三部二十九卷

輔義中郎將張溫集六卷 士燮集五卷 偏將軍駱統集十卷 太子少傅薛綜集三卷 選曹尚書暨豔

集二卷　姚信集二卷　謝承集四卷　楊文厚集二卷　丞相陸凱集五卷　侍中胡綜集二卷　東觀令華覈集五卷　侍中張儼集二卷　韋昭集二卷　中書令紀騭集三卷　陸景集一卷

右吳十五部五十四卷

別集二　晉

晉宣帝集五卷　文帝集二卷　明帝集五卷　簡文帝集五卷　孝武帝集二卷　齊王攸集二卷　王沈集五卷　鄭袤集二卷　宗正嵇喜集二卷　散騎常侍應貞集五卷　司隸校尉傅元集五十卷　著作郎成公綏集十卷　裴秀集三卷　金紫光祿大夫何禎集五卷　袁準集二卷　少傅山濤集十卷齊奉朝請裴律注　向秀集二卷　平原太守阮种集三卷　阮侃集五卷　太傅羊祜集二卷　蔡元通集五卷　太宰賈充集五卷　荀勗集三卷　征南將軍杜預集二十卷　輔國將軍王濬集二卷　處士皇甫謐集二卷　侍中程咸集三卷　光祿大夫劉毅集二卷　侍中庾峻集二卷　巴西太守郄正集一卷　散騎常侍薛瑩集二卷　散騎常侍陶濬集二卷　通仕郎江偉集六卷　宣舒集五卷　散騎常侍曹志集二卷　鄒湛集三卷　汝南太守孫毓集六卷　處士楊泉集二卷　司徒王渾集五卷　冀州刺史王深集五卷　處士閔鴻集三卷　光祿大夫裴楷集二卷　司空張華集十卷　尚書僕射裴頠集十卷　太子中庶子許孟集三卷　太宰何劭集二卷　光祿大夫劉頌集三卷　劉寶集二卷　散騎常侍王佑集三卷　驃騎將軍王濟集二卷　華嶠集八卷　祕書丞司馬彪集四卷　尚書庾儵集二卷　國子祭酒謝衡集二卷　漢中太守李虔集二卷　司隸校尉傅咸集三十卷　太子中庶子棗據集二卷　劉寶集三卷　馮翊太守孫楚集十二卷　散騎常侍夏侯湛集十卷　弋陽太守夏侯湻集二卷　散騎侍郎王讚集五卷　衛尉卿石崇集六卷　尚書郎張敏集五卷　黃門郎伏偉集一卷　黃門郎潘岳集十卷　太常卿潘尼集十卷　頓邱太守歐陽建集二卷　宗正劉訏集二卷　散騎常侍李重集二卷　光祿大夫樂廣集二卷　阮渾集三卷　侍中嵇紹集二卷　錢唐令楊建集九卷　長沙相盛彥集五卷　左長史楊乂集三卷　尚書盧播集二卷　欒肇集五卷　南中郎長史應亨集二卷　國子祭酒杜育集二卷　太常卿摯虞集十卷　祕書監繆證集二卷　齊王府記室左思集五卷　豫章太守夏靖集二卷　吳王文學鄭豐集二卷　大司馬東曹掾張翰集二卷　清河王文學陳略集二卷　揚州從事陸沖集二卷　平原內史陸機集四十七卷　清河太守陸雲集十二卷　少府孫拯集二卷　中書郎張載集七卷　黃門郎張協集四卷　著作郎東晳集五卷　征南司馬曹攄集三卷　散騎常侍江統集十卷　著作郎胡濟集五卷　中書令卞粹集五卷　光祿勳閭邱沖集二卷　太傅從事中郎庾敳集五卷　太子中舍人阮瞻集二卷　太子洗馬阮脩集二卷　廣威將軍裴邈集二卷　太傅郭象集五卷　廣州刺史嵇含集十卷　安豐太守孫惠集十卷　松滋令蔡洪集二卷　平北將軍牽秀集五卷　車騎從事中郎蔡克集二卷　游擊將軍索靖集二卷　隴西太守閻纂集二卷　秦州刺史張輔集二卷　交趾太守殷巨集二卷　太子洗馬陶佐集五卷　益陽令吳商集五卷　仲長敖集二卷　東晉鄱陽太守虞溥集三卷　太常卿劉宏集三卷　開府山簡集二卷　兗州刺史宗岱集二卷　侍中王峻集二卷　濟陽內史王曠集五卷　散騎常侍棗嵩集二卷　襄陽太守棗腆集二卷　太尉劉琨集十卷　劉琨別集十二卷　司空從事中郎盧諶集十卷　祕書丞傅暢集五卷　彭城王紘集二卷　譙烈王集九卷　會稽王道子集八卷　鎮東從事中郎傅毅集五卷　衡陽內史曾瓌集四卷　驃騎將軍顧榮集五卷　司空賀循集二十卷　散騎常侍張抗集二卷　車騎長史賈彬集三卷　光祿大夫衞展集十五卷　東晉太尉荀組集三卷　關內侯傅珉集一卷　光祿大夫周顗集二卷　太常謝鯤集二卷　祕書郎張委集五卷　驃騎將軍王廙集十卷　華譚集二卷　御史中丞熊遠集十二卷　湘州秀才谷儉集一卷　大鴻臚周嵩集三卷　弘農太守郭璞集十七卷　張駿集八卷　大將軍王敦集十卷　吳興太子沈充集三卷　散騎常侍傅純集二卷　光祿大夫梅陶集二十卷　金紫光祿大夫荀邃集二卷　散騎常侍王覽集五卷　著作佐郎王濤集五卷　廷尉卿阮放集十卷　宗正卿張愷集二卷　汝南太守應碩集二卷　金紫光祿大夫張闓集二卷　揚州從事陸沈集二卷　驃騎將軍卞壼集二卷　光祿勳鍾雅集一卷　衞尉卿劉超集二卷　衞將軍戴邈集五卷　光祿大夫荀崧集一卷　大將軍溫嶠集十卷　侍中孔坦集十七卷　臧沖集一卷　鎮南大將軍應贍集五卷

太僕卿王嶠集八卷　衛尉荀闓集一卷　鎮北將
軍劉隗集二卷　大司馬陶侃集二卷　丞相王導集
十卷　太尉郗鑒集十卷　太尉庾亮集二十卷　虞
預集十卷　平越司馬黃整集十卷　護軍長史庾堅
集十三卷　司空庾冰集二十卷　給事闕
著作郎王隱集二十卷　散騎常侍于寶集四卷　太
常卿殷融集十卷　衛尉張虞集十卷　光祿大夫諸
葛恢集五卷　車騎將軍庾翼集二十二卷　司空何
充集四卷　御史中丞郝默集五卷　征西諮議甄述
集十二卷　武昌太守徐彥則集十卷　散騎常侍王
愆期集十卷　司空左長史王濛集五卷　丹陽尹劉
恢集二卷　益州刺史袁喬集七卷　尚書令顧和集
五卷　尚書僕射劉遐集五卷　處士江逌集二卷
魏興太守荀述集一卷　平南將軍賀翹集五卷　李
軌集八卷　李充集二十二卷　司徒蔡謨集十七卷
　揚州刺史殷浩集五卷　吳興孝廉紐滔集五卷
宣城內史劉系之集五卷　尋陽太守庾純集八卷
驃騎司馬王修集二卷　衛將軍謝尚集十卷　青州
刺史王浹集二卷　西中郎將王胡之集十卷　中書
令王洽集五卷　宜春令范保集七卷　處士范宣集
十卷　建安太守丁纂集四卷　金紫光祿大夫王羲
之集十卷　散騎常侍謝万集十六卷　司徒長史張
憑集五卷　高涼太守楊方集二卷　處士許詢集三
卷　征西將軍張望集十卷　餘姚令孫統集九卷
衛尉卿孫綽集十五卷　太常江逌集九卷　謝沈集
十卷　李顒集十卷　光祿勳曹毗集十卷　郡主簿
王篋集五卷　沙門支遁集八卷　劉彧集十六卷

張重華酒泉太守謝艾集七卷　撫軍長史蔡系集二
卷　護軍將軍江彬集五卷　范汪集十卷　尚書僕
射王述集八卷　王度集五卷　中領軍庾龢集二卷
　將作大匠喻希集一卷　吳興太守孔嚴集十一卷
　大司馬桓溫集四十一卷　桓溫要集二十卷　豫
章太守車灌集五卷　尚書僕射王坦之集七卷　左
光祿王彪之集二十卷　中書郎郗超集十卷、南中
郎桓嗣集五卷　平固令邵毅集五卷　太學博士滕
輔集五卷　苻堅丞相王猛集九卷　顧夷集五卷
散騎常侍鄭襲集四卷　撫軍掾劉暢集一卷　太常
卿韓康伯集十六卷　黃門郎范啟集四卷　豫章太
守王恪集十卷　雲陵太守陶混集七卷　海鹽令祖
撫集三卷　吳興太守殷康集五卷　太傅謝安集十
卷　中軍參軍孫嗣集三卷　司徒左長史劉裒集三
卷　御史中丞孔欣時集八卷　伏滔集十一卷　滎
陽太守習鑿齒集五卷　祕書監孫盛集五卷　東陽
太守袁宏集十五卷　黃門郎顧湝集一卷　尋陽太
守熊鳴鵠集十卷　車騎司馬謝韶集三卷　金紫光
祿大夫王獻之集十卷　瑯琊內史袁質集二卷　湘
東太守庾肅之集十卷　太宰從事中郎袁邵集五卷
　車騎長史謝朗集六卷　車騎將軍謝顒集十卷
新安太守郗愔集五卷　吳郡功曹陸法之集十九卷
　太常卿王珉集十卷　中散大夫羅含集三卷　太
宰中郎長史庾倩集二卷　大司馬參軍庾悠之集三
卷　司徒右長史庾凱集二卷　國子博士孫放集十
卷　聘士殷叔獻集四卷　北中郎參軍蘇彥集十卷
　太子左率王肅之集三卷　黃門郎王徽之集八卷

處士謝敷集五卷　太常卿孔汪集十卷　陳統集
七卷　太常王愷集十五卷　右將軍王忱集五卷
太常殷允集十卷　處士戴逵集十卷　光祿大夫孫
歆集十卷　太子前率徐邈集九卷　給事徐乾集二
十二卷　冠軍將軍張元之集五卷　員外常侍荀世
之集八卷　袁山松集十卷　黃門郎魏邊之集五卷
　驃騎將軍卞湛集五卷　金紫光祿大夫褚爽集十
六卷　豫章太守范甯集十六卷　餘杭令范弘之集
六卷　司徒王珣集十卷　處士薄蕭之集十卷　安
北參軍薄要集九卷　薄邕集七卷　延陵令唐邁之
集十一卷　孫恩集五卷　殿中將軍傅綽集十五卷
　御史中丞魏叔齊集十五卷　司徒右長史劉宦之
集五卷　臨海太守辛德遠集五卷　車騎參軍何瑾
之集十一卷　太保王恭集五卷　殷覬集十卷　荆
州刺史殷仲堪集十二卷　驃騎長史謝景重集一卷
　桓元集二十卷　丹陽令卞範之集五卷　光祿勳
卞承之集十卷　東陽太守殷仲文集七卷　司徒王
謐集十卷　光祿大夫伏系之集十卷　右軍參軍孔
璠集二卷　衛軍諮議湛方生集十卷　光祿大夫祖
台之集二十卷　通直常侍顧愷之集十三卷　太常
卿劉瑾集九卷　左僕射謝混集三卷　祕書監滕演
集十卷　司徒長史王誕集二卷　太尉諮議劉簡之
集十卷　丹陽太守袁豹集十卷　廬江太守殷遵集
五卷　興平令荀軌集五卷　西中郎長史羊徽集十
卷　國子博士周祗集十一卷　相國主簿殷闡集十
卷　太常傅廸集十卷　始安太守卞裕集十五卷
韋公藝集六卷　毛伯成集一卷　沙門支曇諦集六

卷　沙門釋慧遠集十二卷　姚萇沙門釋僧肇集一
卷　王茂略集四卷　曹毗集四卷　宗欽集二卷
中軍功曹殷曠之集五卷　太學博士魏説集十卷
征西主簿邱道護集五卷　柴桑令劉遺民集五卷
郭澄之集十卷　處士周元之集一卷　孔瞻集九卷
　司徒王渾妻鍾夫人集五卷　晉武帝左九嬪集四
卷　太宰賈充妻李扶集一卷　武平都尉陶融妻陳
窈集一卷　都水使者妻陳玢集五卷　海西令劉臻
妻陳琰集七卷　劉柔妻王邵之集十卷　散騎常侍
傅伉妻辛蕭集一卷　松楊令鈕滔母孫瓊集二卷
成公道賢妻龐馥集一卷　宣城太守何殷妻徐氏集
一卷　江州刺史王凝之妻謝道韞集二卷
　右晉三百七十二部二千四百九十八卷
別集三宋　齊　梁
宋武帝集二十卷　文帝集十卷　孝武帝集三十一
卷　廢帝景和集十卷　明帝集三十三卷　長沙王
道憐集十卷　臨川王道規集四卷　臨川王義慶集
八卷　江夏王義恭集十五卷　衡陽王義季集十卷
　南平王鑠集五卷　竟陵王誕集二十卷　建平王
休祐集十卷　新喻惠侯義宗集十二卷　散騎常侍
祖柔之集二十卷　豫章太守謝瞻集三卷　征虜將
軍沈林子集七卷　太常卿孔琳之集十卷　王叔之
集十卷　太中大夫徐廣集十五卷　祕書監盧繁集
十卷　侍中孔甯子集十五卷　建安太守卞瑾集十
卷　太常卿蔡廓集十卷　尚書令傅亮集三十一卷
　征南長史孫康集十卷　左軍長史范述集三卷
王韶之集二十四卷　太常卿鄭鮮之集十三卷　處

士陶潛集二十卷　張野集十卷　零陵令陶階集八
卷　東莞太守張元瑾集八卷　光祿大夫王曇首集
二卷　中書郎荀昶集十五卷　卞伯玉集五卷　中
散大夫羊欣集七卷　司徒王弘集二十卷　金紫光
祿大夫沈演集十卷　廣平太守范凱集八卷　沙門
釋惠琳集五卷　宋太常謝弘微集二卷　臨川內史
謝靈運集二十卷　給事中邱深之集十五卷　義成
太守祖企之集五卷　荊州西曹孫韶之集十卷　殷
淯集二卷　揚州刺史殷景仁集九卷　國子博士姚
濤之集二十卷　周祇集十一卷　殷闡之集一卷
處士宗炳集十六卷　處士雷次宗集三十卷　奉朝
請伍緝之集十二卷　南蠻主簿衞令元集八卷　范
曄集十五卷　撫軍諮議范廣集一卷　范晏集十四
卷　司徒府參軍謝惠連集六卷　右光祿大夫王敬
集五卷　任豫集一卷　御史中丞何承天集二十卷
　太中大夫裴松之集三十卷　王韶之集二十卷
光祿大夫江湛集四卷　太尉袁淑集十一卷　祕書
監王微集十卷　太子舍人王僧謙集二卷　金紫光
祿大夫王僧綽集一卷　征北行參軍顧邁集二十卷
　魚復令陳超之集十卷　平南將軍何長瑜集八卷
　員外郎荀雍集二卷　國子博士范演集八卷　錢
唐令顧昱集六卷　韓濬之集八卷　南陽太守沈亮
之集七卷　國子博士孔欣集九卷　臨海太守江元
叔集四卷　尚書郎劉馥集十一卷　太子中舍人張
演集八卷　南昌令蔡眇之集三卷　太學博士顧雅
集十三卷　巴東太守孫仲之集十二卷　太尉諮議
參軍謝元集一卷　南海太守陸展集九卷　棘陽令

山謙之集十二卷　廣州刺史楊希集九卷　太常卿
范泰二十卷　員外郎常侍周始之集十一卷　主客
郎羊崇集六卷　太子舍人孔景亮集三卷　中書郎
袁伯文集十一卷　丞相諮議蔡超集七卷　東中郎
長史孫緬集八卷　賀道養集十卷　太子洗馬謝澄
集六卷　新安太守張鏡集十卷　兼中書舍人褚詮
之集八卷　特進顏延之集二十五卷　東揚州刺史
顏竣集十四卷　大司馬錄事顏測集十一卷　護軍
將軍王僧達集十卷　江甯令蘇寶生集四卷　兗州
別駕范義集十二卷　吳興太守劉瑀集七卷　會稽
太守張暢集十二卷　司空何尚之集十卷　吏部尚
書何偃集十九卷　侍中沈懷文集十二卷　太守中
庶子殷琰集七卷　北中郎長史江智深集九卷　武
陵太守袁覬集八卷　荀欽明集六卷　安北參軍王
詢之集五卷　越騎校尉戴法興集四卷　黃門郎虞
通之集二十卷　司徒左長史沈勃集二十卷　金紫
光祿大夫謝莊集十九卷　金紫光祿大夫謝協集三
卷　三巴校尉張悅集十一卷　揚州從事賀顗集十
一卷　領軍長史孔邁之集八卷　撫軍參軍賀弼集
十六卷　本州秀才劉遂集二卷　建平王景素集十
卷　征虜記室參軍鮑照集十卷　武康令沈懷遠集
十九卷　裴駰集六卷　刪定郎劉鯤集五卷　宜都
太尉費修集十卷　太中大夫徐爰集六卷　護軍司
馬孫勃集六卷　右光祿大夫張永集十六卷　陽羨
令趙繹集十六卷　庾蔚之集十六卷　太子中舍人
召不就王素集十六卷　豫章太守劉愔集十卷　費
景運集二十卷　光祿大夫孫奐集十一卷　太尉從

事中郎蔡頤集三卷　司空劉緬集二十卷　青州刺
史明僧暠集十卷　吳興太守蕭惠開集七卷　沈宗
之集十卷　大司農張辯集十六卷　金紫光祿大夫
王瓚集十五卷　郭世之集五卷　會稽主簿辛湛之
集八卷　東海王常侍鮑德遠集六卷　會稽郡丞張
綏集六卷　寧國令劉瞀集七卷　江州從事吳邁遠
集一卷　宛朐令湯惠休集四卷　南海太守孫奉伯
集十卷　右將軍成元範集十卷　奉朝請虞喜集十
一卷　延陵令唐思賢集十五卷　戴凱之集六卷
司徒袁粲集十一卷　婦人韋氏集一卷　後宮司儀
韓蘭英集四卷

右宋一百六十二部一千七百一十六卷

齊文帝集十一卷　晉安王子懋集四卷　隨王子隆
集七卷　竟陵王子良集四十卷　聞喜公蕭遙欣集
十一卷　領軍諮議劉祥集十卷　太宰褚彥回集十
五卷　黃門侍郎崔祖思集二十卷　中軍佐鍾蹈集
十二卷　餘杭令邱巨源集十卷　太尉王儉集六十
卷　東海太守謝顥集十六卷　謝瀹集十卷　豫州
刺史劉善明集十卷　侍中褚賁集十二卷　劉蚪集
二十四卷　司徒主簿徵不就庾易集十卷　顧歡集
三十卷　劉瓛集三十卷　射聲校尉劉璡集三卷
中書郎周顒集八卷　鮑鴻集二十卷　雍州秀才韋
瞻集十卷　正員郎劉懷慰集十卷　永嘉太守江山
圖集十卷　驃騎記室參軍荀憲集十一卷　前軍參
軍虞羲集九卷　平陽令韋沈集十卷　車騎參軍任
文集十一卷　卞鑠集十六卷　婁幼瑜集六十六卷
長水校尉祖沖之集五十一卷　中書郎王融集十
卷　吏部郎謝朓集十二卷　又外集一卷　謝朓逸
集一卷　司徒左長史張融集二十七卷　又張融玉
海集十卷　又張融大澤集十卷　又張融金波集六
十卷　羽林監庾韶集十卷　黃門郎王僧佑集十卷
太常卿劉悛集二十卷　祕書王寂集五卷　金紫
光祿大夫孔稚珪集十卷　後軍法曹參軍陸厥集八
卷　太尉徐孝嗣集十卷　侍中劉暄集二十一卷
通直常侍裴昭明集九卷　虞炎集七卷　吏部郎劉
瑱集十卷　梁國從事中郎劉繪集十卷　侍中袁彖
集五卷　中書郎江奐集十一卷　平西諮議宗躬集
十三卷　太子舍人沈驎士集六卷

右齊五十六部八百七十三卷

梁武帝集三十二卷　武帝別集目錄二卷　武帝雜
文集九卷　簡文帝集八十五卷　元帝集五十卷
元帝小集十卷　文帝集十八卷　昭明太子集二十
卷　晉安成王集三十卷　岳陽王詧集十卷　梁王
蕭巋集十卷　邵陵王綸集六卷　武陵王紀集八卷
蕭琮集七卷　安成煬王集五卷　司徒諮議宗夬集
九卷　國子博士邱遲集十卷　謝朏集十五卷　金
紫光祿大夫江淹集二十卷　江淹後集十卷　尚書
僕射范雲集十一卷　太常卿任昉集三十四卷　晉
安太守謝纂集十卷　撫軍將軍柳惔集二十卷　豫
州刺史柳憕集六卷　尚書令柳忱集十三卷　義興
郡丞何僩集三卷　撫軍中兵參軍韋溫集十卷　鎮
西錄事參軍到洽集十一卷　太子洗馬劉苞集十卷
南徐州秀才諸葛璩集十卷　特進沈約集一百卷
謝綽集十一卷　中軍府諮議王僧孺集三十卷
尚書左丞范縝集十一卷　護軍將軍周捨集二十卷
祕書張熾金河集十一卷　劉歊集八卷　元貞處
士劉訏集一卷　蕭洽集二卷　隱居先生陶弘景集
三十卷　又陶弘景內集十五卷　處士魏道徵集三
卷　黃門郎張率集三十八卷　南徐州治中三周集
三卷　都官尚書江革集六卷　奉朝請吳均集二十
卷　光祿大夫庾曇隆集十卷　儀同三司徐勉前集
三十五卷　又徐勉後集十六卷　吏部郎王錫集七
卷　尚書左僕射王暕集二十一卷　平西刑獄參軍
劉孝標集六卷　鴻臚卿裴子野集十四卷　仁威府
長史司馬褧集九卷　太子洗馬王筠集十一卷　又
王筠中書集十一卷　王筠臨海集十一卷　王筠左
佐集十一卷　王筠尚書集九卷　西昌侯蕭深藻集
四卷　中書郎任孝恭集十卷　平北府長史鮑泉集
一卷　雍州刺史張纘集十一卷　尚書僕射張綰集
十一卷　度支尚書庾肩吾集十卷　太常卿劉之遴
前集十一卷　又劉之遴後集二十一卷　豫章世子
侍讀謝郁集五卷　安成蕃王蕭欣集十卷　中書舍
人朱超集一卷　護軍將軍甄元成集十卷　散騎常
侍沈君攸集十三卷　蕭子暉集九卷　始興內史蕭
子範集十三卷　建陽令江洪集二卷　鎮西府記室
鮑幾集八卷　尚書祠部郎虞皭集十卷　新田令費
昶集三卷　蕭機集二卷　周興嗣集十卷　東陽郡
丞謝瑱集八卷　通直郎謝琛集五卷　仁威記室何
遜集七卷　安西記室劉綏集四卷　沙門釋智藏集
五卷　太常卿陸倕集十四卷　廷尉卿劉孝綽集十
四卷　都官尚書劉孝儀集二十卷　太子庶子劉孝

威集十卷　東陽太守王揖集十卷　黄門郞陸雲公集十卷　國子祭酒蕭子雲集十九卷　征西府長史楊眺集十一卷　後梁明帝集一卷　臨安恭公主集三卷武帝女　征西記室范靖妻沈滿願集三卷　太子洗馬徐悱妻劉令嫺集三卷

右梁九十八部一千三百五十卷

通志卷六十九

通志卷七十

宋右迪功郎鄭樵漁仲撰

藝文畧第八

別集四 後魏 北齊 後周 陳 隋 唐

後魏孝文帝集四十卷 司空高允集二十卷 司農卿李諧集十卷 太常卿盧元明集十七卷 司空祭酒袁躍集十三卷 著作佐郎韓顯宗集十卷 散騎常侍溫子昇集三十九卷 太常卿陽固集三卷 薛孝通集六卷 宗欽集二卷 魏孝景集一卷

右後魏十一部一百六十一卷

北齊特進邢子才集三十卷 尚書魏收集七十卷 儀同劉逖集二十六卷 陽休之集三十卷

右北齊四部一百五十六卷

後周明帝集五十卷 趙王集十卷 滕簡王集十二卷 儀同宗懔集十二卷 沙門釋忘名集十卷 小司空王褒集二十一卷 少傅蕭撝集十卷 開府儀同庾信集二十一卷 又畧集三卷 王衡集三卷

右後周十部一百五十二卷

陳後主集五十五卷 後主沈后集十卷 大匠卿杜之偉集十二卷 金紫光祿大夫周弘讓集九卷 周弘讓後集十二卷 侍中沈炯前集七卷 沈炯後集十三卷 尚書僕射周弘正集二十卷 鎮南府司馬陰鏗集一卷 左衛將軍顧野王集十九卷 尚書左僕射徐陵集三十卷 右衛將軍張式集十四卷 度支郎張正見集十四卷 司農卿陸琰集二卷 少府卿陸玠集十卷 光祿卿陸瑜集十一卷 護軍將軍蔡景歷集五卷 御史中丞褚玠集十卷 安右府諮議司馬君卿集二卷 著作佐郎張仲簡集一卷 沙門釋標集二卷 釋洪偃集八卷 釋靈裕集四卷 釋瑗集六卷 策上人集五十卷 釋高集六卷

右陳二十六部三百三十三卷

隋煬帝集五十五卷 王祐集一卷 武陽太守盧思道集三十卷 金州刺史李元操集十卷 蜀王府記室辛德源集三十卷 太尉楊素集十卷 懷州刺史李德林集十卷 吏部尚書牛弘集十二卷 司隷大夫薛道衡集三十卷 國子祭酒何妥集十卷 祕書監柳䛒集五卷 開府江總集三十卷 江總後集二卷 記室參軍蕭慤集九卷 著作郎諸葛潁集十四卷 著作郎魏彥深集三卷 著作郎王胄集十卷 殷英童集三十卷 尹式集五卷 虞茂世集五卷 劉興宗集三卷 李播集三卷 道士江旻集三十卷 劉子政母祖氏集九卷

右隋二百四部三百五十六卷

唐太宗集四十卷 高宗集八十六卷 中宗集四十卷 睿宗集十卷 武后垂拱集一百卷 武后金輪集十卷 陳叔達集十五卷 竇威集十卷 褚亮集二十卷 虞世南集三十卷 蕭瑀集一卷 沈齊家集十卷 薛收集十卷 楊師道集十卷 庾抱集十卷 孔穎達集五卷 王勣集五卷 郎楚之集五卷 魏徵集二十卷 許敬宗集八十卷 于志寧集四十卷 上官儀集三十卷 李義府集四十卷 顏思古集六十卷 岑文本集六十卷 劉子翼集二十卷 殷聞禮集一卷 陸士季集十卷 劉孝孫集三十卷 鄭世翼集八卷 崔君實集十卷 李百藥集三十卷 孔紹安集五十卷 高季輔集二十卷 溫彥博集二十卷 李元道集十卷 謝偃集十卷 沈叔安集二十卷 陸楷集十卷 曹憲集三十卷 蕭德言集二十卷 潘求仁集三卷 般芊集三卷 蕭鈞集三十卷 袁朗集十四卷 楊續集十卷 王約集一卷 任希古集十卷 凌敬集十四卷 王德儉集十卷 徐孝德集十卷 杜之松集十卷 宋令文集十卷 陳子良集十卷 顏顗集十卷 劉穎集十卷 司馬僉集十卷 鄭秀集十二卷 耿義褒集七卷 楊元亨集五卷 劉綱集三卷 王歸一集十卷 馬周集十卷 薛元超集三十卷 高智周集五卷 褚遂良集二十卷 劉禕之集七十卷 郝處俊集十卷 崔知悌集五卷 李安期集二十卷 唐觀集五卷 張大素集十五卷 鄧元挺集十卷 劉允濟集二十卷 駱賓王集十卷 盧照隣集二十卷 幽憂子集三卷盧照隣撰 楊炯盈川集三十卷 王勃集三十卷 狄仁傑集十卷 李懷遠集八卷 盧受采集二十卷 王適集二十卷 喬知之集二十卷 蘇味道集十五卷 薛耀集二十卷 郎餘慶集十卷 盧光容集二十卷 崔融集六十卷 閻鏡機集十卷 李嶠集五十卷 喬備集六卷 陳子昂集十卷 元希聲集十卷 李適集十卷 沈佺期集十卷 徐彥伯前後集二十卷 宋之問集十卷 杜審言集十卷 谷倚集十卷 富嘉謨集十卷 吳少微集十卷 劉希夷集十卷 張柬之集十卷 桓彥範集三卷 韋承慶集六十卷 閭邱鈞集二十卷 郭元振集二十卷 魏知古集二十卷 閻朝隱集五卷 蘇瓌集十卷

員半千集十卷　李乂集五卷　姚崇集十卷　邱悅集十卷　劉子元集三十卷　盧藏用集三十卷　明皇集卷亡　德宗集卷亡　濮王泰集二十卷　上官昭容集二十卷　令狐德棻集三十卷　許彥伯集十卷　劉洎集十卷　來濟集三十卷　杜正倫集十卷　李敬元集三十卷　裴行儉集二十卷　崔行功集六十卷　張文琮集二十卷　魏崇裕集二十卷　劉憲集三十卷　薛稷集三十卷　宋璟集十卷　蔣儼集五卷　趙宏智集二十卷　賀德仁集二十卷　許子儒集十卷　蔡允恭集二十卷　張昌齡集二十卷　杜易簡集二十卷　顏元孫集三十卷　姚璹集七卷　杜元志集十卷　楊仲昌集十五卷　崔液集十卷裴耀卿纂　張說集三十卷　又燕公外集一卷　蘇頲集三十卷　徐堅集三十卷　元海集十卷　李邕集七十卷　王翰集十卷　張九齡集二十卷　康國安集十卷　孫逖集二十卷　趙冬曦集卷亡　毛欽一集三卷　王助雕蟲集一卷　王維集十卷　康希銑集二十卷　張均集二十卷　權若訥集十卷　白履忠集十卷　鮮于向集十卷　許渾丁卯集二卷　康元辯集十卷　崔國輔集卷亡　嚴從集三卷從卒部求其藁呂向集而進焉　高適集二十卷　陶翰集卷亡　崔輔國集　賈至集二十卷　又別集十五卷蘇冕編　張孝嵩集十卷　儲光羲集七十卷　蘇源明前集二十卷　李白草堂集二十卷李陽冰錄　又度北門集一卷　杜甫集六十卷　小集六卷潤州刺史樊晃集　岑參集十卷　盧象集十二卷　蕭穎士游梁新集三卷　又集十卷　李華前集十卷　中集二十卷　李翰前集三十卷　王昌齡集五卷　元結文編十卷　劭說集十卷　裴倩集五卷裴均父　又盌城集五卷　劉棨集三卷　樊澤集十卷　崔良佐集十卷　楊賁集十五卷　劉迺集五卷　武就集五卷元衡父　于休烈集十卷　元載集十卷　張薦集三十卷　劉長卿集十卷　隋州外集十卷　戎昱集五卷　崔祐甫集三十卷　常袞集十卷　楊炎集十卷　顏眞卿吳興集十卷　又廬陵集十卷　又臨川集十卷　歸崇敬集二十卷　劉太眞集三十卷　于劭集四十卷　梁肅集二十卷　獨孤及毘陵集二十卷　竇叔向集七卷　柳渾集十卷　李泌集二十卷　張建封集二百三十篇　顧況集二十卷皇甫湜編　鮑溶集五卷　齊抗集二十卷　鄭餘慶集五十卷　崔元翰集三十卷　楊凝集二十卷　歐陽詹集十卷　李觀集三卷陸希聲纂　又一卷　呂溫集十卷　穆員集十卷　竇常集十八卷　鄭絪集三十卷　符載集十四卷　郗純集六十卷　戴叔倫述藁十卷　張登集六卷　陸迅集十卷　柳冕集卷亡　姚南仲集十卷　李吉甫集二十卷　武元衡集十卷　權德輿童蒙集十卷　又集五十卷　韓愈集四十卷　柳宗元集三十卷　韋貫之集三十卷　李絳集二十卷　令狐楚漆匳集一百三十卷　韋武集十五卷　皇甫鎛集十八卷唐志作鏞　樊宗師集二百九十一卷　武儒衡集二十五卷　李道古文興三十卷　董侹武陵集　劉禹錫集四十卷　元氏長慶集一百卷　又小集十卷　白氏長慶集七十五卷　白行簡集二十卷　張仲方集三十卷　鄭澣集三十卷　馮宿集四十卷　劉伯芻集三十卷　段文昌集三十卷　韋處厚集七十卷　劉栖楚集二十卷　李翺集二十卷　溫造集八十卷　王起集一百二十卷　崔咸集二十卷　皇甫湜集三卷　舒元輿集一卷　李德裕姑臧集五卷　又會昌一品集二十卷　又一品外集十卷　又窮愁志三卷　又別集八卷　杜牧樊川集二十卷　又外集一卷　又別集一卷　沈亞之集九卷　羅讓集三十卷　王涯集十卷　魏謩集十卷　秣陵子集一卷寶歷中應賢良來擇撰　柳仲郢集二十卷　陳商集十七卷　歐陽袞集二卷　溫庭筠握蘭集三卷　又金筌集十卷　又漢南眞藁十卷　又詩五卷　陳陶文錄十卷　劉蛻文泉子十卷　孫樵經緯集三卷　周愼辭寓蘇集五卷　皮日休集十卷　又詩一卷　又胥臺集七卷　陸龜蒙笠澤叢書三卷　又詩編十卷　楊夔集五卷　又冗書十卷　又冗餘集一卷　沈栖遠景臺編十卷　司空圖一鳴集三十卷　陸扆集七卷　賈島長江集十卷　又小集三卷　秦韜玉投知小錄三卷　鄭寶集十卷　袁皓碧池書三十卷　鄭氏貽孫集四卷　養素先生遺榮集三卷　張元晏集二卷　齊夔集一卷　黃璞霧居子集十卷　譚正夫集一卷　邱光庭集三卷　張安石浩江集一卷　張友正雜編一卷　沈光集五卷　程晏集七卷　李善夷集一卷　又江南集十卷　劉綺莊集十卷　孫郃集四十卷　又孫子文纂四十卷　又孫氏小錄集三卷　陳黯集三十卷　羅袞集二卷　顧雲苕川總載集十卷　又集遺具錄十卷　又鳳策聯華三卷　王秉集一卷　又編遺十卷　鄭準渚宮集一卷　李嵩集三卷　裴度集三卷　獨孤郁集一卷　牛僧孺集一卷　林藻集一卷　林蘊集一卷　陳詡集十卷

黃滔集十五卷

右唐三百四十六部六千四百三十五卷

別集五　五代　偽朝　宋　別集詩

羅紹威政餘集五卷　高輦丹臺集三卷　羅隱集二十卷　又羅隱江東後集三卷　又吳越掌記集三卷　李琪金門集十卷　崔棁集二卷　賈緯集二十卷　又續草堂集一卷　梁震集一卷　公乘億珠林集一卷　張闕飛集一卷　王仁裕紫閣集十一卷　又乘軺集五卷　熊皦屠龍集五卷　李愚白沙集十卷　李氏應歷小集十卷李澣晉末人晉陷契丹以偽遼應歷年號名集　和凝演綸集五十卷　又游藝集五十卷　鄭炎集一卷　孫光憲鞏湖編玩三卷　薛廷珪集一卷　孫開物集十六卷　王朴集三卷　馮道詩十卷　邱光業詩一卷　劉昭禹詩一卷

右五代二十七部二百四十七卷

杜光庭集三十卷　韋莊浣花集二十卷偽蜀　王超洋源集二卷偽蜀　楊九齡要錄十卷偽蜀　馮涓龍吟集三卷偽蜀　又長樂集十卷　游蒸集一卷偽吳　又小東里集三卷　又廣東里集四卷　湯文圭登龍集十卷偽吳　又冥搜集二十卷　周延禧百一集二十卷偽吳　沈顏聲書十卷偽吳　又解聲書十五卷　李後主集十卷偽唐　李後主集畧十卷　宋齊邱集六卷偽唐　郭昭慶芸閣集十卷偽唐　李爲先斐然集五十卷偽唐　成文幹梅嶺集五卷偽唐　馮延巳集一卷偽唐　孟拱辰集三卷偽唐　孫晟集五卷偽唐　徐鍇集十卷偽唐　潘舍人集二十卷偽唐潘佑　僧彙征集七卷吳越　章震詩十卷偽唐　孫魴詩三卷偽唐　廖化凝詩七卷偽唐　李建勳詩二卷偽唐　又鍾山公集二十卷　李叔文詩一卷偽唐　李存金陵古跡詩四卷偽唐　郭鵬詩一卷偽唐　江爲詩一卷偽唐　李明詩集五卷偽唐

右偽朝三十六部三百九十四卷

眞宗御集三百卷　又注三百卷宋綬錢易李淑等注　仁宗御集一百卷　神宗御集一百六十卷　哲宗前後集　王溥集二十卷　趙正交集二十卷　范質集三十卷　薛居正集三十卷　高錫集一卷　又簪履編七卷　端揆集四十五卷右僕射竇儀　竇儼集五十卷　嘉善集五十卷吏部尚書張昭　陶穀集十卷　扈載集二十卷　王祐集二十卷　李至集四十卷　王禹偁小畜集三十卷　又別集二十卷　羅處約東觀集十卷　郭贄文懿集三十卷　宋白集一百卷　盧稹曲肱集六卷　孫何集二十卷　又西垣集四十卷　种隱君小集二卷种放　白稹集十卷　柳開河東先生集十五卷　徐鉉集二十卷　張泊集五十卷　李昉集五十卷　朱昂集三十卷　王旦集二十卷　劉賁集一卷　李瑩集十卷　鞠氏集二十卷鞠常　楊億武夷集二十卷　又蓬山集五十四卷　冊府應言十卷劉筠　宋綬文館集五十卷　又託居集三卷　范魯公集三十卷范質　呂文穆集十卷呂蒙正　王文正公集五十卷王曾　陳文惠愚邱編三卷陳堯佐　冦忠愍集三卷寇準　丁給事集四卷丁謂　又丁晉公青衿集三卷　錢文僖集十卷錢惟演　又伊川集五卷　又典懿集三十卷　又擁旄集五卷　晏相臨川集三十卷晏殊　宋景文公集七十八卷宋祁　又出麾小集五卷　清風集五十卷龐籍　睢陽小集十卷孫復　楊徵君東里集一卷楊朴　徂徠集二十卷石介　蔣康叔小集一卷　鄭國文莊公集一百卷夏竦　范文正公集十五卷范仲淹　又丹陽編八卷　宋元憲公集五卷宋庠　又緹巾集十二卷　蘇子美集十五卷蘇舜欽　仲樸翁集十二卷仲訥　退居類藁十二卷李覯　蔡端明集三十卷蔡襄　曾子固集三十卷曾鞏　又雜文十五卷　六一居士全集一百五十卷歐陽修　又六一居士別集二十卷　許少張集一卷許安世　王岐公華陽集一百卷王珪　臨川集一百卷王安石　又臨川後集八十卷　劉恕澤畔集一卷　司馬溫公嘉謨前後集四十二卷司馬光　又文集八十卷　張徵滄浪集十卷　沈存中集七卷　陳諫玉壺集二卷　王元澤集三十四卷王雱　楊傑無爲集九卷　老蘇集五卷蘇洵　又嘉祐集三十卷　蘭臺前集一百卷蘇軾　又蘭臺後集七十卷　又蘭臺續集四十卷　又成集八十卷　蘇黃門集七十卷蘇轍　又欒城前集五十卷　又欒城後集二十四卷　又欒城第三集十卷　舒信道集二十卷舒亶　陸農師陶山集三十卷　馬子才集十卷馬存　秦太虛淮海集二十九卷秦觀　郭祥正青山集五卷　張文潛集一卷　南昌集九十一卷黃庭堅　又修水集二十六卷　後山陳無已集十五卷陳師道　晁補之緡城集八卷　又雞肋集七十卷　劉偉明集二十五卷　潘延之集六十卷潘興嗣　唐子西集五卷唐庚　又別集三卷　呂吉甫集二十卷呂惠卿　石懋橘林集三十卷　張無盡集五十三卷張商英　又別集十七卷　陳了翁前集三十卷陳瓘　又了翁後集二十五卷　甘露集九卷釋惠洪　張載正蒙集十卷　東溪集十二釋祖可　王逢原集十卷　王平甫集三十卷　錢子高集三十卷　鄭毅夫集六卷　錢易集六十卷　殷文圭鏤冰集二十卷　柴成務集二十卷　晁迥昭德新編三卷　又道院別集二十卷　劉筠榮遇集二十卷　又翰林新

著一卷　又鍾山雜述二卷　又汝陰雜述一卷　又
玉堂雜編一卷　又肥川後集一卷　李遵勉閒燕集
二十卷　張乖崖集一卷　梅聖俞集十五卷　初寮
先生後集十卷　淇水釣翁文集八十卷李清臣　豫章前
後集八十卷黃庭堅　李憲成公文集二十卷李諮　魏野東觀
集十卷

右宋朝一百四十二部四千六百六卷

李嶠雜詠詩十二卷　劉希夷詩四卷　崔顥詩一卷
綦毋潛詩一卷　祖詠詩一卷　李頎詩一卷　孟
浩然詩三卷　包融詩一卷　皇甫冉詩集三卷　嚴
維詩一卷　張繼詩一卷　李嘉祐詩一卷　郎士元
詩一卷　張南史詩一卷　暢當詩二卷　鄭常詩集
四卷　蘇渙詩一卷　朱灣詩集四卷　吉中孚詩一
卷　朱放詩一卷　劉方平詩一卷　常建詩一卷
魏信陵詩一卷　章八元詩一卷　秦系詩一卷　錢
起詩一卷　李端詩三卷　韓翃詩集五卷　司空曙
詩二卷　盧綸詩集十卷　耿湋詩集二卷　韋應物
詩集十卷　崔峒詩一卷　許經邦詩集一卷　韋渠
牟詩集十卷　劉商詩集十卷　王建詩十卷　張碧
歌行集二卷　趙摶歌詩二卷　劉言史歌詩六卷
于濆古風一卷　雍裕之詩一卷　楊巨源詩一卷
孟郊詩集十卷　張籍詩集七卷　李涉詩一卷　李
詩五卷　李紳追昔遊詩三卷　章孝標詩一卷
李敬方詩一卷　殷堯藩詩一卷　玉川子詩一卷盧仝
裴夷直詩一卷　姚合詩集十卷　韓琮詩一卷　玉
溪生詩一卷　張祐詩三卷　李遠詩一卷　雍陶詩
集十卷　朱慶詩一卷　喻鳧詩一卷　馬戴詩一卷

李羣玉詩三卷　又後集五卷　郁渾百篇集一卷
姚鵠詩一卷　項斯詩一卷　孟遲詩一卷　顧非
熊詩一卷　章碣詩一卷　趙嘏渭南集三卷　又編
年詩二卷　崔櫓無譏集四卷　薛逢詩集十卷　又
別紙十三卷　于武陵詩一卷　李頻詩一卷　李郢
詩一卷　曹鄴詩三卷　劉滄詩一卷　崔珏詩一卷
劉得仁詩一卷　高蟾詩一卷　高駢詩一卷　薛
能詩集十卷　又繁城集一卷　陸希聲頤山詩一卷
施肩吾詩集十卷　又春山百韻一卷　津陽門詩
一卷鄭嵎　于濆詩一卷　許棠詩一卷　公乘億詩一卷
聶夷中詩二卷　于鄴詩一卷　于鵠詩一卷　鄭
谷雲臺編三卷　又宜陽集一卷　朱朴詩四卷　元
英先生詩集十卷方干　李洞詩一卷　吳融詩集四卷
韓偓詩一卷　又香匳集一卷　周賀詩一卷　劉于
詩一卷　崔塗詩一卷　唐彥謙詩集三卷　張喬詩
集二卷　王駕詩集六卷　吳仁璧詩一卷　王貞白
詩一卷　張蠙詩集二卷　翁承贊詩一卷　褚載詠
史詩三卷　江遵詠史詩一卷　周曇詠史詩八卷
胡曾詠史三卷　王轂詩集三卷　曹松詩集三卷
羅鄴詩一卷　周朴詩三卷　朱景元詩一卷　崔道
融申唐詩三卷　陳光詩一卷　王德輿詩一卷　潛
陽雜題詩三卷湯緒　韋靄詩一卷　張爲詩一卷　羅浩
源詩一卷　薛瑩洞庭詩集一卷　謝蟠隱雜感詩二
卷　譚藏用詩一卷　白巖集十卷鄭良士　嚴郾詩二卷
劉威詩一卷　鄭雲叟詩集三卷　來鵬詩一卷
陸元皓詠劉子詩二卷　任翻詩一卷　李山甫詩一
卷　行朝詩一卷楊復恭　曹唐大遊仙詩一卷　又小遊

仙詩一卷　桂香詩一卷喬舜　杜荀鶴詩集一卷　沈彬
詩二卷　崔曙詩一卷　惠頤集八卷　元範集二十
卷　法琳集三十卷　靈徹詩集一十卷　皎然詩集
十卷　清塞詩一卷　尙顏詩一卷　自牧詩一卷
無願詩一卷　處默詩一卷　虛中詩一卷　修睦詩
一卷　智暹詩一卷　禪月詩三十卷貫休　康白詩一卷
子蘭詩一卷　白蓮集十卷齊己　又外編十卷　道士
吳筠集十卷　天台道士主父果詩一卷　李季蘭詩
一卷唐女道士李裕字季蘭

右別集詩一百六十九部五百四十卷

凡別集二十種一千六百五十三部二萬四百二
十九卷二百三十篇

總集

文章流別集六十卷摯虞集　文章流別志論二卷摯虞　文章
流別本十二卷謝混集　續文章流別三卷孔甯集　集林鈔十
一卷　善文四十九卷杜預撰　名文集四十卷謝混集　集苑
六十卷謝混集　集林二百卷宋臨川王劉義慶集　集鈔十卷沈約撰　集
鈔四十卷　集畧二十卷　撰遺六卷　翰林論三卷
李充撰　文苑一百卷孔逭集　文苑鈔三十卷　文選三十卷
梁昭明太子集　文選音十卷蕭該撰　又十卷釋道淹撰　又十卷許淹撰　又
十卷公孫羅集　注文選三十卷唐呂延濟等五臣注　又六十卷李善注　又
六十卷公孫羅注　文選辨惑十卷李善撰　駁文選異義二十卷
康國安撰　續文選十三卷唐孟利正集　又三十卷唐卜長福集　擬文選
三十卷唐卜隱之集　詞林五十八卷　文海五十卷蕭圓集　漢
書文府二卷　吳朝文士集十三卷　巾箱集七卷
小辭林五十三卷　集古今帝王正位文章九十卷
辭苑麗則三十卷康明貞集　類文三百三十七卷庾自直集　西府

新文十卷蕭淑集 新文要集十卷 類集百十三卷虞綽等集 文苑詞英八卷 文館詞林一千卷許敬宗撰 麗正文苑二十卷 芳林要覽三百卷 翰苑三十卷張楚金集 文府二十卷徐堅集 大和通選三十卷裴潾集 古今文集略二十卷李吉甫集 西漢文類四十卷唐柳宗直集 東漢文類三十卷唐竇嚴集 三國志文類六十卷 梁苑文類三卷令狐楚集 文藪十卷皮日休集 孫子文纂四十卷 文苑英華一千卷宋朝宋白集 唐文粹一百卷宋朝姚鉉集 唐史文類三十卷 古文苑十卷 五代文章一卷 文選菁英二十四卷蘇易簡編 文選類聚十卷 文選彙聚十卷 文房百衲一十卷 西蜀賢良文類二十卷 名賢集選一百卷晏殊集 宋文粹十五卷 宋新文粹三十卷 宋文藪四十五卷 宋賢文集三十卷 續宋賢文集二十三卷 宋文選二十卷

凡總集一種七十二部四千八百六十二卷

詩總集

詩集五十卷謝靈運撰 補謝靈運詩集一百卷宋張敷袁淑補 古今五言詩美文五卷荀綽集 詩鈔十卷謝靈運集 詩集鈔十卷謝靈運集 六代詩集鈔四卷許庾集 又四卷許陵集 詩英九卷謝靈運集 詩集新撰三十卷宋明帝撰 詩集二十卷劉和集 詩集一百卷謝靈運集 顏竣集 古詩集九卷 今詩英九卷 古今詩苑英華二十卷梁昭明太子集 詩林英選十一卷 詩續十二卷 詩錄二十卷 衆詩英華一卷 詩類六卷 玉臺新詠十卷徐陵集 百志詩集五卷十寶集 婦人詩集二卷顏竣集 又三十卷殷淳集 瑤池新詠三卷唐蔡省風集唐婦人所作 百一詩八卷應璩集 又二卷李彪集 文林館詩府八卷 百國詩四十三卷崔光集 續古今詩苑英華集二十卷唐僧惠淨撰 古今類聚詩苑三十卷劉孝孫集 古今詩類七十九卷郭瑜集 歌錄集八卷 玉臺後集十卷李康集 珠英學士集五卷唐崔融集 正聲集三卷唐孫季良集 續正聲集五卷後唐王正範集 南薰集二卷唐竇常集 篋中集一卷元結集沈千運趙微明輩七人詩 起予集五卷唐曹恩集 才調集十卷唐韋穀集 麗文集五卷唐劉明素集 麗則集五卷自梁至唐開元間歌詩 唐詩類選二十卷唐顧陶集 唐詩三卷李戡集 奇章集四卷 同題集十卷唐柳元集 丹陽集一卷唐殷璠集 極元集一卷唐姚合集 極元律詩例一卷 又元集一卷僞蜀韋莊集 江南續又元集十卷僞唐劉吉集 擬元集十卷梁陳康圖集 正風集十卷唐姚合集 垂風集十卷宋張籍等十八人詩 搜玉集十卷唐人集當時詩 連璧詩集三十二卷檀溪子道民集 詩纂三卷梁陳康圖集 資吟集五卷梁鍾嶸集 安臨沂子觀光集三卷梁王毅集禮部所校詩卷 國風總類五十卷王仁裕集 名公撰錦集十二卷宋朝段子昂集 騷雅菁英三卷宋朝僧簡徵集 備遺綴英二十卷僞蜀王承範集 名賢集句詩一卷並唐人詩 前輩詠題詩集二卷宋唐開元至大中以來詠題之詩三百五十篇 中書省試詠題詩二卷集唐中元以來中書所試詩筆 唐五僧詩一卷鴻漸等 唐十哲僧詩十卷清江等 抒情集二卷唐盧瓌集 本事詩一卷唐孟棨集 續本事詩二卷 宜陽集六卷五代劉松集其里中人之所作 王右軍蘭亭詩集一卷 燕歌行一卷梁元帝撰僕射王褒以下皆和 晉元正宴會詩集四卷 元嘉西池宴會詩集三卷顏延之集 齊釋奠會詩集十卷 齊宴會詩十七卷 清溪詩三十卷齊宴會作 徐伯陽文會詩集四卷 石城寺詩一卷 池陽境內詩記一卷 湖州碧蘭堂詩一卷 江夏古今記詠一卷 青城山丈人觀詩二卷 岳陽樓詩一卷 浮雲樓詩一卷 華林書堂詩一卷 盧山簡寂觀詩一卷 盧山瀑布詩一卷 唐集賢院壁記詩二卷 虎邱寺題眞娘墓詩一卷唐劉禹錫等二十三人 道林寺詩二卷唐袁皓集 謝亭詩一卷唐李遜鎭襄陽以所送行詩筆於襄陽謝亭 諸朝彥過顧况宅賦詩一卷 鳳鳴山詩一卷 麻姑山詩三卷 留題惠山詩一卷 九華山錄一卷唐僧應物集 道塗雜題詩一卷采唐人道塗間詩 廬山遊覽集二十卷宋朝姜嶼集 新安累政詩二卷宋朝高德光集 李氏花萼集二十卷 韋氏兄弟集二十卷 竇氏聯珠集五卷 廖氏家集一卷唐末廖光圖集其家詩 唐翰林歌詞一卷 大歷年浙東聯唱集二卷 斷金集一卷李逢吉令狐楚酬唱 元白繼和集一卷 又三州唱和集一卷 汝洛集一卷 許昌詩一卷 洛陽集七卷 彭陽唱和集三卷 桃源詩一卷 吳蜀集一卷 裴均壽陽唱詠集十卷 又渚宮唱和集二十卷 峴山唱詠集八卷 荊潭唱和集一卷 盛山唱和集一卷 荊夔唱和集一卷 劉白唱和集三卷 僧廣宣與令狐楚唱和一卷 唐名公唱和集二十二卷 漢上題襟集十卷段成式溫庭筠余知古酬答詩牋 松陵集十卷皮日休與陸龜蒙酬唱松陵乃吳江地名 僧靈徹酬唱集十卷 李昉唱和詩一卷宋朝李昉等興國中從駕至鎭陽過舊居 西崑酬唱集二卷景德中楊億與錢惟演劉筠等 翰林酬唱集一卷宋朝王溥與李昉湯悅徐鉉等 應制賞花集十卷 瑞花詩賦一卷宋朝館閣應制作 嘉祐禮閣唱和集三卷 明良集五百卷眞宗御制及羣臣進和歌 賀監歸鄉詩集一卷 送白監歸東都詩一卷 贈朱少卿詩三卷 追榮考德集六卷 蘇明允哀挽二卷 榮觀集五卷 九老詩一卷 潼川唱和集一卷張逸楊諤 李定西行唱和集三卷 續九華山歌詩一卷 南犍唱和詩三卷 西湖蓮社集一卷 續西湖蓮社集一卷 潼川集三卷 杭越寄和詩一卷 中山唱和集五卷 咸平唱和詩一卷 潁陰聯唱集二卷 祕閣雅會一卷

凡詩總集一種一百五十四部一千八百五卷

賦

賦集九十二卷(謝靈運集)　又四十卷(宋明帝撰)　又五十卷(宋新喻惠侯集)　又八十六卷(後魏祕書丞崔浩集)　續賦集十九卷　賦集鈔一卷　歷代賦十卷(梁武帝集)　五都賦五卷(張衡及左思集)　司馬相如上林賦一卷　述征賦一卷　神雀賦一卷(後漢傅毅撰)　獻賦集十卷(卞鑠集)　班固幽通賦一卷(曹大家注)　又一卷(項岱注)　子虛上林賦一卷(郭璞注)　張衡二京賦二卷(薛綜注并音)　又二卷(晁矯注)　又二卷(傅巽注)　左思三都賦三卷　左思齊都賦一卷　齊都賦音一卷(李軌撰)　百賦音一卷(褚令之撰)　賦音二卷(郭徵之撰)　三京賦音一卷(綦毋邃撰)　又三京賦一卷(李軌撰)　皇帝瑞應賦頌十卷　圍碁賦一卷(梁武帝撰)　觀象賦一卷　洛神賦一卷(孫壑注)　顏之推稽聖賦一卷(李淳風注)　木元虛海賦一卷(蕭廣濟注)　庾信哀江南賦一卷(唐張庭芳注)　又一卷(崔令欽注)　又一卷(魏彥淵注)　枕賦一卷(張君祖撰)　海潮賦一卷(唐宣歙團練盧肇撰)　通屈賦一卷(盧肇撰)　大統賦二卷(林絢撰盧肇注安裕重箋)　又二卷(盧肇撰)　愍征賦一卷(唐盧獻卿撰)　謝觀賦八卷　高邁賦一卷　大隱賦一卷(皇甫松撰)　數賦十卷(唐崔葆撰乾寧中進士王克昭注)　宋言賦一卷　弔梁郊賦一卷(唐張策撰)　陳汀賦一卷　樂朋龜賦一卷　蔣凝賦一卷　公乘億賦集十二卷　林嵩賦一卷　王翃賦一卷　賈嵩賦三卷　李山甫賦一卷　李德裕賦二卷　玉溪生賦一卷(李商隱撰)　朱鄴賦一卷　薛逢賦四卷　顧雲賦二卷　陸龜蒙賦六卷　羅隱賦一卷　桑維翰賦二卷　徐寅賦一卷(偽唐人)　又探龍集一卷　倪曉賦一卷(偽唐人)　又獲藁三卷(倪曉既亡得其遺藁二十一首賦)　郭賁體物賦集一卷(偽唐人)　邱明賦一卷(偽唐人)　江翰林賦集三卷(偽唐江之蔚)　江都宮賦一卷(後唐侯圭撰楊守業注)　魯史分門屬類賦二卷(崔昇撰)　懷秦賦一卷(偽蜀馮涓撰)　大紀賦一卷(偽吳沈顏撰)　沃焦山賦一卷　謝壁賦一卷(不詳何代人)　薛氏賦集九卷(唐薛廷珪集)　唐吳英雋賦集七十卷(偽吳楊氏撰)　賦苑二百卷(偽吳徐錯歐陽集唐人及近代律賦)　賦選五卷(李魯集唐人律賦)　廣類賦二十五卷(採唐人雜賦)　典麗賦集六十四卷(宋朝楊翔集古今律賦)　靈仙集賦二卷(採唐人賦靈仙神異事)

凡賦一種八十二部八百一十六卷

贊頌

靖恭堂頌一卷(晉涼王李暠撰)　頌集二十卷(王僧綽集)　本連理頌二卷(太元十九年羣臣上)　寶圖贊一卷(唐崔融撰王起注)　武成王廟十哲贊一卷(唐奉天縣令盧挺撰)　贊集五卷(謝莊集)　兩廟贊文一卷(太宗眞宗御製文宣武成王等贊)　畫贊五卷(漢明帝殿閣畫曹桓贊)　唐孝悌贊五卷(宋朝樂史撰)

凡贊頌一種九部四十一卷

箴銘

古今箴銘集十四卷(張湛集)　衆賢誡集十五卷　誡林三卷(綦毋邃撰)　四帝誡三卷(王誕撰)　諸葛武侯誡一卷　雜誡箴二十四卷　霸國箴一卷(唐李靖撰)

凡箴銘一種七部六十一卷

碑碣

碑集十卷(謝莊集)　釋氏碑文三十卷(梁元帝集)　諸寺碑文四十六卷(釋僧祐集)　雜碑二十二卷　碑文三十卷(晉將作大匠陳勰集)　碑文十卷(車灌集)　蜀國碑文集八卷(唐劉贊集唐人所撰蜀中碑文)　朝賢墓誌一百卷　朝賢神道碑三十卷　金石錄二十卷　(誠集)類碑三十八卷　元門碑誌三十八卷　王氏神道碑二十卷(唐王方慶集)　寶刻叢章三十卷　寶氏集古錄一卷　碑籍一卷　翠琁集一卷

凡碑碣一種十七部四百三十五卷

制誥

梁武帝制旨連珠十卷(梁邵陵王綸注)　又十卷(陸緬注)　詔集區分四十一卷(後周歐門學士宋幹集)　魏朝雜詔二卷　錄魏吳二志詔一卷　晉咸康詔四卷　晉雜詔書一百卷　又二十八卷　晉詔書黃素制五卷　晉定品制一卷　晉太元副詔二十一卷　晉崇安元興大亨副詔八卷　晉義熙詔十卷　義熙副詔十卷　宋永初詔十三卷　宋孝建詔一卷　宋元嘉詔二十卷　元嘉副詔十五卷　齊中興二年詔三卷　後魏詔集十六卷　後周雜詔八卷　雜赦書六卷　陳天嘉詔草三卷　霸朝雜集五卷(李德林集)　隋詔集九卷　隋朝陳事詔十三卷　東漢詔儀二十卷　古今詔集三十卷(溫彥博集)　古今詔集一百卷(李義府集)　唐德音錄三十卷　太平內制五卷　明皇制詔錄一卷　元和制集十卷　王言會最十卷(馬文敏集)　唐舊制編錄六卷　擬狀注制十卷(唐末中書擬狀及所下制命)　王元制勅書奏一卷　咸通後麻制一卷(偽蜀毛文晏纂)　東壁出言三卷(毛文晏纂唐制詔)　唐批答一卷(李紳撰)　唐雜詔冊誥命二十一卷　陸贄制集二卷　元稹制集二卷(李紳撰)　常袞詔集六十卷　楊炎制集十卷　權德輿制集五十卷　武儒衡制集二十卷　段文昌詔誥二十卷　鄭畋鳳池藁草三十卷　又玉堂集二十卷　續鳳池藁草三十卷　吳融詔誥一卷　令狐滈表制一卷　封敖翰藁八卷　中和制集十卷(唐中書舍人劉崇望撰)　崔嘏制誥集十卷　舟中錄二卷(唐中書舍人錢珝撰)　李磎制集四卷　李虞仲制集四卷　鳳閣書詞十卷(唐中書舍人薛廷珪撰)　李白度北門集一卷　金馬門待詔集十卷(劉允濟撰)　綸閣集十

卷唐樂朋龜撰 盧文度制集一卷 陸贄翰苑集十卷 王仲舒制集十卷 獨孤霖玉堂集二十卷唐懿宗朝 朱梁制誥二卷 五代制誥一卷 吳越石壁記二卷吳越王錢鏐以唐末貢奉答詔刻石于臨安 江南揖遜錄七卷偽吳岳撰 陳玉堂遺範三十卷梁李琪纂唐以來禁林書詔 宣底八卷梁貞明中四季宣行除授之文 兩制珠璣十卷 制集三卷集唐末五代拜官制 五代制詞一卷 麻囊集三卷後唐麻制表章 梁雜制一卷 開平麻制一卷 長興制集四卷後唐拜節度觀察制詞 紅藥編五卷晉和凝所撰制誥 顯德制詔一卷周顯德中賜外國書詔 李愼儀集二十卷後唐至周制詞表狀 雜書一卷蜀人雜錄制詔及鄰國書疏後唐興復赦辭 內外雜編十卷五代至宋初制詔及祠祭之文 雜麻制十五卷建隆至景德麻制 西掖雅言五卷 宣獻公詔勅五卷 范景仁外制集五卷 崇寧手詔十五卷 分門要覽二十卷 初寮先生內制十八卷 初寮先生外制八卷 承明集十卷王禹偁撰 王內翰制誥集十二卷 翰苑制草集二十卷 絲綸集十卷 宸章集二十五卷 常山刖制集二十卷 絲綸點化十卷

扈蒙鼇山集十卷 李昉內制十卷 晏殊翰苑制詞二十卷 楊大年外制二十卷 常山禁林甲乙集十卷

凡制誥一種一百五部一千三百三十七卷

表章

梁中表十一卷邵陵王撰 梁中書表集二百五十卷 上法書表一卷虞和撰 類表五十卷唐世章奏分爲門類 唐初表草十卷顏師古張九齡等十人所作 掌記略十五卷唐太華集牋奏表狀書檄自晉至唐又集唐者爲新掌記 新掌記略十卷唐有九卷 續掌記略十卷唐林逢撰 管記苑十卷張鋼集 李磎表疏一卷 朱朴雜表一卷 張濬表狀一卷 李程表狀一卷 劉三復表狀一卷 又別紙五卷 趙璘表狀一卷 繡囊五卷 雜表疏一卷石晉陽昭儉等表疏 黃台江西表狀二卷 陳蟠隱集五卷 苑咸集一卷李林甫撰 賀知章八道表一卷 薛逢別紙十二卷 安定集十卷胡曾奏表 金臺倚馬集九卷唐朱閱撰 淮海寓言七卷羅隱撰 桂苑筆耕二十卷唐崔致遠表狀文檄 記室集三卷唐沈文昌表狀 張亥宗牋記六卷 段全緯集二十卷 王虬集十卷 纂新文苑十卷顧雲別紙 甘棠集三卷唐劉鄴撰 愈鳳集十卷唐盧嗣業撰 昌城後寓集五卷偽蜀毛文晏撰 湘南應用二卷羅隱撰 飲河集十五卷唐張澤撰 金臺鳳藻集五十卷後梁人作 敬翔表奏十卷梁人 新集寶囊五卷梁嚴虔崧撰 李琪應用集三卷 公乘億珠林集三卷後唐人 劉鍔表奏七卷 令狐楚表奏十卷 裴休狀三卷 眞珠集五卷漢李崧撰 乘軺集一卷周王仁裕撰 林鼎吳江應用集二十卷偽吳人 湯文圭筆耕二十卷偽吳人 啟霸集三十卷偽吳朱潯撰 李洪臯表狀一卷湖南馬氏撰 金行啟運集十卷偽蜀庾傳昌集 韋文靖牋集一卷偽蜀韋莊撰 潛龍筆職集二卷偽蜀趙仁撰 南燕染翰集十卷王鍇滑州日牋記 磨盾集十卷唐人表疏 孔光憲荊臺集四十卷光憲爲荊南高季興記室所作牋奏 又筆傭集十卷 蘇易簡章表十卷

號略集七卷楊億撰 夏英公牋奏三卷 劉氏表奏集六卷 翰林牋奏集二十卷 王襄敏章表三卷 時格章表十五卷 文館詞林彈事四卷唐許敬宗集晉宋齊梁以來者舊有千卷

凡表章一種六十六部八百六十六卷

啟事

山公啟事三卷 范甯啟事三卷 薦文十二卷見隋志 又薦文七卷 善文五十卷杜預撰 梁魏周齊陳隋聘使雜啟九卷 唐顧雲啟事一卷 雜狀啟一卷唐彬壽撰 羅貫書啟二卷後唐人 臨淮尺題二卷武元衡西川從事撰 顧垂象投知己啟事一卷 羅隱啟事一卷

凡啟事一種十二部九十二卷

四六

樊南四六甲集二十卷李商隱撰 又樊南四六乙集二十卷 崔致遠四六一卷唐人 李巨川四六一卷唐人 樊景四六集五卷唐人 鄭準四六一卷五代人 白巖四六五卷後唐人 關郎中四六一卷 甕蟠翁四六一卷 邱光庭四六一卷 殷文圭四六三卷趙文翼注 王禹偁四六一卷 丁謂四六二卷 宋齊邱四六一卷 蕭貫四六一卷

凡四六一種十五部六十四卷

軍書

魏武帝露布九卷 雜露布十二卷梁書籍 雜檄文十七卷見隋志 羽書三卷唐處士臧嘉猷集今古軍書符檄詔命 續羽書六卷自唐五代以來 總戎集十卷唐沈常集軍中詔令表檄自戰國至隋舊三十卷 王紹顏軍書十卷偽唐人 止戈書五十卷宋朝趙化基集歷代軍中書檄表狀碑頌捷布露牙祭纛之文 湯筠戎機集五卷偽吳人 從軍藁二十卷偽吳湯文圭撰

凡軍書一種十部一百四十二卷

案判

百道判一卷駱賓王撰 又一卷唐鄭寬撰 又一卷白樂天撰 又一卷唐崔銳撰 穿楊集四卷唐馬幼昌撰 龍筋鳳髓十卷唐張文成撰 判格三卷唐張伍撰 代耕心鑑甲乙判一卷唐南華張集唐代諸家判 判範一卷陳岵撰 究判妙微一卷方仲舒撰 書判幽燭四十卷 五經評判六卷周明辨撰 吳康仁判一卷不詳爵里 張詠判辭一卷 拔萃判一卷毛詢撰 百道判圖一卷 尹師魯書判一卷 甲乙平等及第判二卷 唐諸公試判一卷 唐諸公案判一卷

凡案判一種二十部七十九卷

刀筆

王勃刀筆一卷　薛逢刀筆一卷　丁晉公刀筆一卷　劉鄴鳳池刀筆一卷　楊文公刀筆三卷　宋景文刀筆二卷　東坡書簡一卷　豫章書簡一卷　楊凫書啟一卷　劉筠中山刀筆一卷　漁陽刀筆一卷

凡刀筆一種十一部十四卷

俳諧

俳諧文三卷　俳諧文十卷袁淑撰　俳諧文一卷沈宗之撰　任子春秋一卷杜嵩撰　博陽春秋一卷朱零陵令辛邕之撰

凡俳諧一種五部十六卷

奏議

漢名臣奏三十卷　魏名臣奏三十卷陳長壽撰　晉諸公奏十一卷　漢臣羣奏二十二卷　漢丞相康衡大司馬王鳳奏五卷　陸宣公奏議十二卷　晉中丞虞谷奏事六卷　晉中丞高崧奏事五卷　唐名臣奏七卷吳兢集　奏議集二十卷馬揔集唐人奏疏論議　諫書八十卷集歷代君臣父子朋友諫諍之說　九諫書一卷郭元振撰　唐諫諍集十卷僞蜀趙元拱集　李絳論事三卷　令狐綯表疏一卷　大唐直臣諫奏七卷僞唐張易纂　奏議駮論一卷唐人集　韋相諫草一卷　諫垣遺藁五卷　范文正公奏議十七卷　包孝肅奏議一卷　熙甯臺諫章疏七卷　呂獻可章疏十五卷　勸農奏議二卷　王黃州奏議三卷　直言集一卷皇朝曾致堯撰　曲臺奏議二十卷僞唐陳致雍撰　郭子儀章奏一卷　范景仁章奏一卷　宋景文奏議一卷　元城劉公諫草二十卷　石待問諫史一百卷

凡奏議一種三十二部四百四十六卷

論

劉楷設論集三卷　謝靈運設論集五卷　又連珠集五卷　商仲堪雜論九十五卷　明眞論一卷晉兗州刺史宗岱撰　黃芳引連珠一卷　梁武連珠一卷沈約注　東西晉興亡論一卷　唐興替論一卷丁友亮撰　才命論一卷張鷟撰郗昂注一云張說撰潘節注　牛僧孺論一卷　質論二卷皇朝徐鉉集　經緯略一百卷僞蜀李吳撰　楊偉時務論十二卷　皇朝三賢良論三十卷　治平經綸集十二卷　孫洙經緯集十二卷

凡論一種十七部二百八十六卷

策

商仲堪策集一卷　秀孝對策十二卷唐志　宋元嘉策秀孝文十卷　魏鄭公時務策一卷　元和制策三卷賢良元稹獨孤郁白居易三人制策　古今類聚策苑十四卷唐周仁贍集漢唐制策奏議　兩漢策要六卷陶叔獻纂　五子策林十卷唐許南容等五人策問　禮部策十卷唐白居易應制舉白著策問而以禮部試策附于卷末　文館詞林策二十卷崔元暐訓注　朱伯宜策集六卷　郭元振安邦策一卷　劉賁策一卷　前賢策三卷

凡策一種十四部九十八卷

書

書集八十八卷晉散騎常侍王履集　書林十卷　雜逸書六卷　應璩書林八卷夏赤松集　司徒書三卷蔡謨撰　晉左將軍王鎮惡與劉丹陽書一卷　後周與齊軍國書二卷　高澄與侯景書一卷　吳武陵書一卷　唐賢長書一卷　夏侯韞大中年與涼州書一卷

凡書一種十一部一百二十二卷

文史

翰林論三卷晉李充撰　文章始一卷梁任昉撰　文心雕龍十卷梁劉勰撰　孫郃文格二卷　制朴三卷白居易撰　又三卷宋朝李淑撰　王瑜文旨一卷　范傳正賦訣一卷唐人　紇干俞賦格一卷渭南尉　張仲裒賦樞三卷　浩虛舟賦門一卷唐人　任博文章妙格一卷　柳氏釋史一卷　劉餗史例三卷　折公史例一卷田弘正客撰　裴傑史漢異義三卷開元人　唐書直筆新例四卷呂惠卿撰　馮鑑修文要訣一卷　應求類二卷唐劉蘧集　僧神郁四六格一卷　金馬統例一卷　制格一卷　文心雕龍十卷辛處信

凡文史一種二十三部四十九卷

詩評

河岳英靈集一卷唐殷璠撰　顏竣詩例錄三卷　鍾嶸詩評三卷　李嗣眞詩品一卷　元兢宋約詩格一卷　王昌齡詩格一卷　晝公詩式五卷　僧皎然詩評三卷　王起大中新行詩格一卷　姚合詩例一卷　賈島詩格一卷　炙轂子詩格一卷唐王叡撰　元兢古今詩人秀句二卷　黃滔泉山秀句集三十卷　王起文場秀句一卷　李洞集賈島句圖一卷　文章龜鑑一卷唐倪宥集前人律詩　倪宥詩圖一卷　徐蛻詩律大格一卷　騷雅式一卷　吟體類例一卷　冥和圖三卷僧定雅撰　詩點化祕術一卷任博撰　風雅拾翠圖一卷僧惟鳳撰　詩林句範五卷　杜氏詩律詩格一卷　徐三極律詩洪範一卷　徐衍風騷要式一卷　續金針詩格三卷　歷代吟譜二十卷　風騷格五卷闞東叟撰　楊氏筆苑句圖一卷革鑑編　續句圖一卷　九僧選句圖一卷　唐詩主客圖三卷張爲撰　詩話二十卷　歐陽永叔詩話一卷　司馬君實詩話一卷　王禹玉詩話一卷　劉貢父詩話一卷　蘇子瞻詩話一卷　洪駒父詩話一卷　瑤溪集十卷　天

廚禁臠二卷 僧惠洪撰

凡詩話一種四十四部一百四十六卷

通志卷七十

隋唐亡書甚多而古書之亡尤甚焉

古人亡書有記故本所記而求之魏人求書有闕目錄一卷唐人求書有搜訪圖書目一卷所以得書之多也闕　下詔并書目一卷惜乎行之不遠一卷之目亦無傳焉臣今所作羣書會紀不惟簡別類例亦所以廣古今而無遺也

古人編書必究本末上有源流下有沿襲故學者亦易學求者亦易求謂如隋人於歷一家最爲詳明凡作歷者幾人或先或後有因有革存則俱存亡則俱亡唐人不能記亡書然猶紀其當代作者之先後必使具在而後已及崇文四庫有則書無則否不惟古書難求雖今代憲章亦不備

書有名亡實不亡論一篇

書有亡者有雖亡而不亡者有不可以不求者有不可求者文言略例雖亡而周易具在漢魏吳晉鼓吹曲雖亡而樂府具在三禮目錄雖亡可取諸三禮十三代史目錄雖亡可取諸十三代史常鼎寶文選著作人名目錄雖亡可取諸文選孫玉汝唐列聖實錄雖亡可取諸唐實錄開元禮目錄雖亡可取諸開元禮名醫別錄雖亡陶隱居已收入本草李氏本草雖亡唐愼微已收入證類春秋括甲子雖亡不過起隱公至哀公甲子耳韋嘉年號錄雖亡不過起漢後元至唐中和年號耳續唐曆雖亡不過起續柳芳所作至唐之末年亦猶續通典續杜佑所作至宋初也毛詩蟲魚草木圖蓋本陸機疏而爲圖今雖亡有陸機疏在則其圖可圖也爾雅圖蓋本郭璞注而爲圖今雖亡有郭璞注在則其圖可圖也張頻禮粹出於崔靈恩三禮義宗有崔靈恩三禮義宗則張頻禮粹爲不亡五服志出於開元禮有開元禮則五服志爲不亡有杜預春秋公子譜無顧啟期大夫譜可也有洪範五行傳無春秋災異應錄可也丁副春秋三傳同異字可見於杜預釋例陸湻纂例京相璠春秋土地名可見於杜預地名譜桑欽水經李騰說文字源不離說文經典分毫正字不離佩觿李舟切韻乃取說文而分聲天寶切韻卽開元文字而爲韻內外轉歸字圖內外傳鈐指歸圖切韻樞之類無不見於韻海鏡源書評書論書品書訣之類無不見於法書苑墨藪唐人小說多見於語林近代小說多見於集說天文橫圖圓圖分野圖紫微圖象度圖但一圖可該大象賦小象賦周髀星述四七長短經劉石甘巫占但一書可備開元占經象應驗錄之類卽古今通占鑑乾象新書可以見矣李氏本草拾遺刪繁本草徐之才藥對南海藥譜藥林藥論藥忌之書證類本草收之矣肘後方鬼遺方獨行方一致方及諸古方之書外臺秘要太平聖惠方中盡收之矣紀元之書亡者甚多不過紀運圖歷代圖可見其略編年紀事之書亡者甚多不過通曆帝王曆數圖可見其略凡此之類名雖亡而實不亡者也

編次失書論五篇

書之易亡亦由校讎之人失職故也蓋編次之時失其名帙名帙既失書安得不亡也按唐志於天文類有星書無日月風雲氣候之書豈有唐朝而無風雲氣候之書乎編次之時失之矣按崇文目有風雲氣候書無日月之書豈有宋朝而無日月之書乎編次之時失之矣四庫書目並無此等書而以星禽洞微之書列於天文且星禽洞微五行之書也何與於天文

射覆一家於漢有之世有其書唐志崇文目並無何也軌革一家其來舊矣世有其書唐志崇文目並無四庫始收入五行類

醫方類自有炮炙一家書而隋唐二志並無何也

人倫之書極多唐志只有袁天綱七卷而已婚書極多唐志只有一部崇文只有一卷而已四庫全不收

見名不見書論二篇

編書之家多是苟且有見名不見書者有看前不看後者尉繚子兵書也班固以爲諸子類寘於雜家此之謂見名不見書隋唐因之至崇文目始入兵書類顏師古作刊謬正俗乃雜記經史惟第一篇說論語而崇文目以爲論語類此之謂看前不看後應知崇文所釋不看全書多只看帙前數行率意以釋之耳按刊謬正俗當入經解類

按漢朝駮議諸王奏事魏臣奏事魏臺詔議南臺奏事之類隋人編入刑法者以隋人見其書也若不見其書卽其名以求之安得有刑法意乎按唐志見其名爲奏事直以爲故事也編入故事類況古之所謂故事者卽漢之章程也異乎近人所謂故事者矣是之謂見名不見書按周易參同契三卷周易五相類一卷爐火之書也唐志以其取名於周易則以爲卜筮之書故入周易卜筮類此亦謂見名不見書

收書之多論一篇

臣嘗見鄉人方氏望壺樓書籍頗多問其家乃云先人守無爲軍日就一道士傳之尚不能盡其書也如唐人文集無不備又嘗見浮屠慧邃收古人簡牘宋朝自開國至崇觀間凡是名臣及高僧筆迹無不備以一道士

通志卷七十一

宋 右 迪 功 郎 鄭 樵 漁 仲 撰

校讎略第一

秦不絕儒學論二篇

陸賈秦之巨儒也酈食其秦之儒生也叔孫通秦時以文學召待詔博士數歲陳勝起二世召博士諸儒生三十餘人而問其故皆引春秋之義以對是則秦時未嘗不用儒生與經學也況叔孫通降漢時自有弟子百餘人齊魯之風亦未嘗替故項羽既亡之後而魯爲守節禮義之國則知秦時未嘗廢儒而始皇所阬者蓋一時議論不合者耳

蕭何入咸陽收秦律令圖書則秦亦未嘗無書籍也其所焚者一時間事耳後世不明經者皆歸之秦火使學者不覩全書未免乎疑以傳疑然則易固爲全書矣何嘗見後世有明全易之人哉臣向謂秦人焚書而書存諸儒窮經而經絕蓋爲此發也詩有六亡篇乃六笙詩本無辭書有逸篇仲尼之時已無矣皆不因秦火自漢已來書籍至于今日百不存一二非秦人亡之也學者自亡之耳

編次必謹類例論六篇

學之不專者爲書之不明也書之不明者爲類例之不分也有專門之書則有專門之學有專門之學則有世守之能人守其學學守其書書守其類人有存沒而學不息世有變故而書不亡以今之書校古之書百不一存其故何哉士卒之亡者由部伍之法不明也書籍之亡者由類例之法不分也類例分則百家九流各有條理雖亡而不能亡也巫醫之學亦經存沒而學不息釋老之書亦經變故而書常存觀漢之易書甚多今不傳惟卜筮之易傳法家之書亦多今不傳惟釋老之書傳彼異端之學能全其書者專之謂矣

十二野者所以分天之綱卽十二野不可以明天九州者所以分地之紀卽九州不可以明地七略者所以分書之次卽七略不可以明書欲明天者在於明推步欲明地者在於明遠邇欲明書者在於明類例噫類例不明圖書失紀有自來矣臣於是總古今有無之書爲之區別凡十二類經類第一禮類第二樂類第三小學類第四史類第五諸子類第六星數類第七五行類第八藝術類第九醫方類第十類書類第十一文類第十二經一類分九家九家有八十八種書以八十八種書而總爲九種書可乎禮一類分七家七家有五十四種書以五十四種書而總爲七種書可乎樂一類爲一家書十一種小學一類爲一家書八種史一類分十三家十三家爲書九十種朝代之書則以朝代分非朝代書則以類聚分諸子一類分十一家其八家爲書八種道釋兵三家書差多爲四十種星數一類分三家三家爲書十五種五行一類分三十家三十家爲書三十三種藝術一類爲一家書十七種醫方一類爲一家書二十六種類書一類爲一家分上下二種文類一類分二家二十二種別集一家爲十九種書餘二十一家二十一種書而已總十二類百家四百二十二種朱紫分矣散四百二十二種書可以窮百家之學斂百家之學可以明十二類之所歸

易本一類也以數不可合於圖圖不可合於音讖緯不可合於傳注故分爲十六種詩本一類也以圖不可合於音音不可合於譜名物不可合於詁訓故分爲十二種禮雖一類而有七種以儀禮雜於周官可乎春秋雖一類而有五家以啖趙雜於公穀可乎樂雖主於音聲而歌曲與管絃異事小學雖主於文字而字書與韻書背馳編年一家而有先後文集一家而有合離日月星辰豈可與風雲氣候同爲天文之學三命元辰豈可與九宮太一同爲五行之書以此觀之七略所分自爲苟簡四庫所部無乃荒唐

類書猶持軍也若有條理雖多而治若無條理雖寡而紛類例不患其多也患處多之無術耳

今所紀者欲以紀百代之有無然漢晉之書最爲希闊故稍略隋唐之書於今爲近故差詳崇文四庫及民間之藏乃近代之書所當一一載也

類例既分學術自明以其先後本末具在觀圖譜者可以知圖譜之所始觀名數者可以知名數之相承讖緯之學盛於東都音韻之書傳於江左傳注起於漢魏義疏成於隋唐覩其書可以知其學之源流或舊無其書而有其學者是爲新出之學非古道也

編次必記亡書論三篇

古人編書皆記其亡闕所以仲尼定書逸篇具載王儉作七志已又條劉氏七略及二漢藝文志魏中經簿所闕之書爲一志阮孝緒作七錄已亦條劉氏七略及班固漢志袁山松後漢志魏中經晉四部所亡之書爲一錄隋朝又記梁之亡書自唐以前書籍之富者爲亡闕之書有所系故可以本所系而求所以書或亡於前而備於後不出於彼而出於此及唐人收書只記其有不記其無是致後人失其名系所以崇文四庫之書比於

能備一唐朝之文集以一僧能備一宋朝之筆迹況於堂堂天府而不能盡天下之圖書乎患不求耳然觀國家向日文物全盛之時猶有遺書民間所有祕府所無者甚多是求之道未至耳

闕書備於後世論一篇

古之書籍有不足於前朝而足於後世者觀唐志所得舊書盡梁書卷帙而多於隋蓋梁書至隋所失已多而卷帙不全者又多唐人按王儉七志阮孝緒七錄搜訪圖書所以卷帙多於隋而復有多於梁者如陶潛集梁有五卷隋有九卷唐乃有二十卷諸書如此者甚多孰謂前代亡書不可備於後代乎

亡書出於後世論一篇

古之書籍有不出於當時而出於後代者按蕭何律令張蒼章程漢之大典也劉氏七略班固漢志全不收按晉之故事即漢章程也有漢朝駮議三十卷漢名臣奏議三十卷並爲章程之書至隋唐猶存奈何闕於漢乎刑統之書本於蕭何律令歷代增修不失故典豈可闕於當時乎又況兵家一類任宏所編有韓信軍法三篇廣武一篇豈有韓信軍法猶在而蕭何律令張蒼章程則無之此劉氏班氏之過也孔安國舜典不出於漢而出於晉連山之易不出於隋而出於唐應知書籍之亡者皆校讎之官失職矣

亡書出於民間論一篇

古之書籍有上代所無而出於今民間者古文尚書音唐世與宋朝並無今出於漳州之吳氏陸機正訓隋唐二志並無今出於荊州之田氏三墳自是一種古書至熙豐間始出於野堂村校按漳州吳氏書目算術一家有數件古書皆三館四庫所無者臣已收入求書類矣又師春二卷甘氏星經二卷漢官典儀十卷京房易鈔一卷今世之所傳者皆出吳氏應知古書散落人間者可勝計哉求之之道未至耳

求書遣使校書久任論一篇

求書之官不可不遣校書之任不可不專漢除挾書之律開獻書之路久矣至成帝時遣謁者陳農求遺書於天下遂有七略之藏隋開皇間奇章公請分遣使人搜訪異本後嘉則殿藏書三十七萬卷祿山之變尺簡無存乃命苗發等使江淮括訪至文宗朝遂有十二庫之書唐之季年猶遣監察御史諸道搜求遺書知古人求書欲廣必遣官爲然後山林藪澤可以無遺司馬遷世爲史官劉向父子校讎天祿虞世南顏師古相繼爲祕書監令狐德棻三朝當修史之任孔頴達一生不離學校之官若欲圖書之備文物之興則校讎之官豈可不久其任哉

求書之道有八論九篇

求書之道有八一曰即類以求二曰旁類以求三曰因地以求四曰因家以求五曰求之公六曰求之私七曰因人以求八曰因代以求當不一於所求也

凡星曆之書求之靈臺郎樂律之書求之太常樂工靈臺所無然後訪民間之知星曆者太常所無然後訪民間之知音律者眼目之方多眼科家或有之疽瘍之方多外醫家或有之紫堂之書多亡世有傳紫堂之學者九曜之書多亡世有傳九星之學者列仙傳之類道藏可求此之謂即類以求

凡性命道德之書可以求之道家小學文字之書可以求之釋氏如素履子元眞子尹子鬻子之類道家皆有如倉頡篇龍龕手鑑郭迻音訣圖字母之類釋氏皆有周易之書多藏於卜筮家洪範之書多藏於五行家且如邢璹周易略例正義今道藏有之京房周易飛伏例卜筮家有之此之謂旁類以求

孟少主實錄蜀中必有王審知傳閩中必有零陵先賢傳零陵必有桂陽先賢贊桂陽必有京口記者潤州記也東陽記者婺州記也茅山記必見於茅山觀神光聖迹必見於神光寺如此之類可因地以求

錢氏慶系圖可求於忠懿王之家章氏家譜可求於申公之後黃君俞尚書關言雖亡君俞之家在興化王棐春秋講義雖亡棐之家在臨漳徐寅文賦今莆田有之以其家在莆田潘佑文集今長樂有之以其後居長樂如此之類可因家以求

禮儀之書祠祀之書斷獄之書官制之書版圖之書今官府有不經兵火處其書必有存者此謂求之公書不存於祕府而出於民間者甚多如漳州吳氏其家甚微其官甚卑然一生文字間至老不休故所得之書多蓬山所無者兼藏書之家例有兩目錄所以示人者未嘗載異書若非與人盡誠盡禮彼肯出其所祕乎此謂求之私

鄉人李氏曾守和州其家或有沈氏之書前年所進褚方回清愼帖蒙賜百匹兩此則沈家舊物也鄉人陳氏嘗爲湖北監司其家或有田氏之書臣嘗見其有荊州田氏目錄若迹其官守知所由來容或有焉此謂因人以求

胡旦作演聖通論余靖作三史刊誤此等書卷帙雖多

然流行於一時實近代之所作書之難求者爲其久遠而不可迹也若出近代人之手何不可求之有此謂因代而求

編次之訛論十五篇

隋志所類無不當理然亦有錯收者謚法三部已見經解類矣而汝南君謚議又見儀注何也後人更不考其錯誤而復因之按唐志經解類已有謚法復於儀注類出魏晉謚議蓋本隋志

一類之書當集在一處不可有所間也按唐志謚法見於經解一類而分爲兩處置四庫書目以入禮類亦分爲兩也

唐志於儀注類中有玉璽國寶之書矣而於傳記類中復出此二書四庫書目既立命書類而三命五命之書復入五行卜筮類

遁甲一種書耳四庫書目分而爲四類兵書見之五行卜筮又見之壬課又見之命書又見之既立壬課類則遁甲書當隸壬課類中

月令乃禮家之一類以其書之多故爲專類不知四庫書目如何見於禮類又見於兵家又見於農家又見於月鑑按此宜在歲時類

太元經以諱故崇文改爲太眞今四庫書目分太元太眞爲兩家書

貨泉之書農家類也唐志以顧烜錢譜列於農至於封演錢譜又列於小說家此何義哉亦恐是誤耳崇文四庫因之並以貨泉爲小說家書正猶班固以太元爲揚雄所作而列於儒家後人因之遂以太元一家之書爲儒家類是故君子重始作若始作之訛則後人不復能反正也

有曆學有算學隋志以曆數爲主而附以算法雖不別條自成兩類後人始分曆數爲兩家不知唐志如何以曆與算二種之書相濫爲一雖曰曆算同歸乎數各自名家

李延壽南北史唐志類於集史是崇文類於雜史非吳紀九卷唐志類於編年是隋志類於正史非海宇亂離志唐志類於雜史是隋志類於編年非

唐藝文志與崇文總目既以外丹煅法爲道家書矣奈何藝文又於醫術中見太清神丹經諸丹藥數條崇文又於醫書中見伏火丹砂通元祕訣數條大抵爐火與服餌兩種向來道家與醫家雜出不獨藝文與崇文雖隋志亦如此臣今分爲兩類列於道家庶無雜揉

歲時自一家書如歲時廣記百十二卷崇文總目不列於歲時而列於類書何也類書者謂總衆類不可分也若可分之書當入別類且如天文有類書自當列天文類職官有類書自當列職官類豈可以爲類書而總入類書類乎

諫疏時政論與君臣之事隋唐志並入雜家臣今析出按此當入儒家大抵隋唐志於儒雜二家不分

古今編書所不能分者五一曰傳記二曰雜家三曰小說四曰雜史五曰故事凡此五類之書足相紊亂又如文史與詩話亦能相濫

凡編書每一類成必計卷帙于其後如何唐志於集史計卷而正史不計卷實錄與詔令計卷而起居注不計卷凡書計卷帙皆有空別唐志無空別多爲抄寫所移

隋志最可信緣分類不考故亦有重複者嘉瑞記祥瑞記二書既出雜傳又出五行諸葛武侯集誡衆賢誡曹大家女誡正順志娣姒訓女誡女訓凡數種書既出儒類又出總集衆僧傳高僧傳梁皇大捨記法藏目錄元門寶海等書既出雜傳又出雜家如此三種實由分類不明是致差互若迺陶弘景天儀說要天文類中兩出趙政甲寅元曆序曆數中兩出黃帝飛鳥曆與海中仙人占災祥書五行類中兩出庾季才地形志地理類中兩出凡此五書是不校勘之過也以隋志尚且如此後來編書出於衆手不經校勘者可勝道哉於是作書目正訛

崇文明於兩類論一篇

崇文總目衆手爲之其間有兩類極有條理古人不及後來無以復加也道書一類有九節九節相屬而無雜揉又雜史一類雖不標別然分上下二卷即爲二家不勝冗濫及覩崇文九節正所謂大熱而濯以清風也雜史一類隋唐二志皆不成條理今觀崇文之作賢於二志遠矣此二類往往是一手所編惜乎當時不盡以其書屬之也

泛釋無義論一篇

古之編書但標類而已未嘗注解其著注者人之姓名耳蓋經入經類何必更言經史入史類何必更言史但隋其凡目則其書自顯惟隋志於疑晦者則釋之無疑晦者則以類舉今崇文總目出新意每書之下必著說焉據標類自見何用更爲之說且爲之說也已自繁矣何用一一說焉至於無說者或後書與前書不殊者則强爲之說使人意怠且太平廣記者乃太平御覽別出廣記一書專記異事奈何崇文之目所說不及此意但

以謂博採羣書以類分門凡是類書皆可博採羣書以類分門不知御覽之與廣記又何異崇文所釋大槩如此舉此一條可見其他

書有不應釋論三篇

實錄自出於當代按崇文總目有唐實錄十八部既謂唐實錄得非出於唐人之手何須一一釋云唐人撰

凡編書皆欲成類取簡而易曉如文集之作甚多唐人所作自是一類宋朝人所作自是一類但記姓名可也何須一一言唐人撰一一言宋朝人撰然崇文之所作以爲衍文者不知其爲幾何此非不達理也著書之時元不經心耳

有應釋者有不應釋者崇文總目必欲一一爲之釋間有見名知義者亦彊爲之釋如鄭景岫作南中四時攝生論其名自可見何用釋哉如陳　几作百中傷寒論其名亦可見何必曰百中者取其必愈乎

書有應釋論一篇

隋志於他類只注人姓名不注義說可以睹類而知義也如史家一類正史編年各隨朝代易明不言自顯至於雜史容有錯雜其間故爲之注釋其易知者則否惟霸史一類紛紛如也故一一具注蓋有應釋者有不應釋者不可執一槩之論按唐志有應釋者而一槩不釋謂之簡崇文有不應釋者而一槩釋之謂之繁今當觀其可不可

不類書而類人論三篇

古之編書以人類書何嘗以書類人哉人則於書之下注姓名耳唐志一例削注一例大書遂以書類人且如別集類自是一類總集自是一類奏集自是一類令狐楚集百三十卷當入別集類表奏十卷當入奏集類如何取類於令狐楚而別集與奏集不分皮日休文數十卷當入總集類文集十八卷當入別集類如何取類於皮日休而總集與別集無別詩自一類賦自一類陸龜蒙有詩十卷賦六卷如何不分詩賦而取類於陸龜蒙

按隋志於書則以所作之人或所解之人注其姓名於書之下文集則大書其名於上曰某人文集不著注焉唐志因隋志係人於文集之上遂以他書一槩如是且春秋一類之學當附春秋以顯如曰劉向有何義易一類之書當附易以顯如曰王弼有何義

唐志以人寘於書之上而不著注大有相妨如管辰作管輅傳三卷唐省文例去作字則當曰管辰管輅傳是二人共傳也如李邕作狄仁傑傳三卷當去作字則當曰李邕狄仁傑傳是二人共傳也又如李翰作張巡姚閭傳三卷當去作字則當曰李翰張巡姚閭傳是三人共傳也若文集寘人於上則無相妨曰某人文集可也即無某人作某人文集之理所志唯文集寘人於上可以去作字可以不著注而於義無妨也又如盧槃佐作孝子傳三卷又作高士傳二卷高士與孝子自殊如何因所作之人而合爲一似此類極多炙轂子雜錄注解五卷乃王叡撰若從唐志之例則當曰王叡炙轂子雜錄注解五卷是王叡復爲注解之人矣若用隋志例以其人之姓名著注於其下無有不安之理

編書不明分類論三篇

七略惟兵家一略任宏所校分權謀形勢陰陽技巧爲四種書又有圖四十三卷與書參爲觀其類例亦可知兵況見其書乎其次則尹咸校數術李柱國校方技亦有條理惟劉向父子所校經傳諸子詩賦冗雜不明盡採語言不存圖譜緣劉氏章句之儒胸中元無倫類班固不知其失是致後世亡書多而學者不知源則凡編書惟細分難非用心精微則不能也兵家一略極明若他略皆如此何憂乎斯文之喪也

史家本於孟堅孟堅初無獨斷之學惟依緣他人以成門戶紀志傳則追司馬之蹤律曆藝文則躡劉氏之迹惟地理志與古今人物表是其胸臆地理一學後代少有名家者由班固修之無功耳古今人物表又不足言也

古者修書出於一人之手成於一家之學班馬之徒是也至唐人始用眾手晉隋二書是矣然亦皆隨其學術所長者而授之未嘗奪人之所能而彊人之所不及如李湻風于志寧之徒則授之以志如顏師古孔穎達之徒則授之紀傳以顏孔博通古今于李明天文地理圖籍之學所以晉隋二志高於古今而隋志尤詳明也

編次有敘論二篇

隋志每於一書而有數種學者雖不標別然亦有次第如春秋三傳雖不分爲三家而有先後之列先左氏次公羊次穀梁次國語可以次求類唐志不然三傳國語可以渾而雜出四家之學猶方圓冰炭也不知國語之文可以同於公穀公穀之義可以同於左氏者乎

隋志於禮類有喪服一種雖不別出而於儀禮之後自成一類以喪服者儀禮之一篇也後之議禮者因而講究遂成一家之書尤多於三禮故爲之別異可以見先後之次可以見因革之宜而無所紊濫今唐志與三禮雜出可乎

編次不明論七篇

班固藝文志出於七略者也七略雖疏而不濫若班氏步步趨趨不離於七略未見其失也間有七略所無而班氏雜出者則躓矣揚雄所作之書劉氏蓋未收而班氏始出若之何以太元法言樂箴三書合爲一總謂之揚雄所序三十八篇入於儒家類按儒者舊有五十二種固新出一種則揚雄之三書也且太元易類也法言諸子也樂箴雜家也奈何合而爲一家是知班固胸中元無倫類

舊類有道家有道書道家則老莊是也有法家有刑法法家則申韓是也以道家爲先法家次之至以刑法道書別出條例刑法則律令也道書則法術也豈可以法術與老莊同條律令與申韓共貫乎不得不分也唐志則併道家道書釋氏三類爲一類命以道家可乎凡條例之書古人草昧後世詳明者有之未有棄古人之詳明從後人之紊濫也其意謂釋氏之書難爲在名墨兵農之上故以合於道家殊不知凡目之書只要明曉不如此論高卑況釋道二家之書自是矛盾豈可同一家乎

漢志於醫術類有經方有醫經於道術類有房中有神仙亦自微有分別奈何後之人更不本此同爲醫方同爲道家者乎足見後人之苟且也

唐志別出明堂經脈一條而崇文總目合爲醫書據明堂一類亦有數家以爲一條已自疏矣況合於醫書而其類又不相附可乎

漢志以司馬法爲禮經以太公兵法爲道家此何義也疑此二條非任氏劉氏所收蓋出班固之意亦如以太元樂箴爲儒家類也

漢志以世本戰國策秦大臣奏事漢著記爲春秋類此何義也

唐志以選舉志入職官類是崇文總目以選舉志入傳記非

通志卷七十一

通志卷七十二

宋 右迪功郎鄭樵漁仲撰

圖譜略第一

索象　原學　明用　記有　記無

索象

河出圖天地有自然之象洛出書天地有自然之理天地出此二物以示聖人使百代憲章必本於此而不可偏廢者也圖經也書緯也一經一緯相錯而成文圖植物也書動物也一動一植相須而成變化見書不見圖聞其聲不見其形見圖不見書見其人不聞其語圖至約也書至博也卽圖而求易卽書而求難古之學者爲學有要置圖於左置書於右索象於圖索理於書故人亦易爲學學亦易爲功舉而措之如執左契後之學者離圖卽書尙辭務說故人亦難爲學學亦難爲功雖平日胷中有千章萬卷及寘之行事之間則茫茫然不知所向秦人雖棄儒學亦未嘗棄圖書誠以爲國之具不可一日無也蕭何知取天下易守天下難當衆人爭取之時何故入咸陽先取秦圖書以爲守計一旦干戈既定文物悉張故蕭何定律令而刑罰淸韓信申軍法而號令明張蒼定章程而典故有倫叔孫通制禮儀而名分有別且高祖以馬上得之一時間武夫役徒知詩書爲何物而此數公又非老師宿儒博通古今者若非圖書有在指掌可明見則一代之典未易舉也然是時挾書之律未除屋壁之藏不啟所謂書者有幾無非按圖之效也後世書籍既多儒生接武及乎議一典禮有如聚訟玩歲愒日紛紛紜紜縱有所獲披一斛而得一粒所得不償勞矣何爲其然哉歆向之罪上通於天漢初典籍無紀劉氏創意總括羣書分爲七略只收書不收圖藝文之目遞相因習故天祿蘭臺三館四庫內外之藏但聞有書而已蕭何之圖自此委地後之人將慕劉班之不暇故圖消而書日盛惟任宏校兵書一類分爲四種有書五十三家有圖四十三卷載在七略獨異於他宋齊之間羣書失次王儉於是作七志以爲之紀六志收書一志專收圖譜謂之圖譜志不意末學而有此作也且有專門之書則有專門之學有專門之學則其學必傳而書亦不失任宏之略劉歆不能廣之王儉之志阮孝緒不能續之孝緒作七錄散圖而歸部錄雜譜而歸記注蓋積書猶調兵也聚則易固散則易亡積書猶賦粟也聚則易贏散則易乏按任宏之圖與書幾相等王儉之志自當七之一孝緒之錄雖不專收猶有總記內篇有圖七百七十卷外篇有圖百卷未知譜之如何耳隋家藏書富於古今然圖譜無所繫自此以來蕩然無紀至今虞夏商周秦漢上代之書具在而圖無傳焉圖既無傳書復日多兹學者之難成也天下之事不務行而務說不用圖譜可也若欲成天下之事業未有無圖譜而可行於世者作圖譜略

原學

何爲三代之前學術如彼三代之後學術如此漢微有遺風魏晉以降日以陵夷非後人之用心不及前人之用心實後人之學術不及前人之學術也後人學術難及大槩有二一者義理之學二者辭章之學義理之學尙攻擊辭章之學務雕搜耽義理者則以辭章之士爲不達淵源玩辭章者則以義理之士爲無文彩要之辭章雖富如朝霞晚照徒焜耀人耳目義理雖深如空谷尋聲靡所底止二者殊塗而同歸是皆從事於語言之末而非爲實學也所以學術不及三代又不及漢者抑有由也以圖譜之學不傳則實學盡化爲虛文矣其間有屹然特立風雨不移者一代得一二人實一代典章文物法度紀綱之盟主也然物希則價難平人希則人罕識世無圖譜人亦不識圖譜之學張華晉人也漢之宮室千門萬戶其應如響時人服其博物張華固博物矣此非博物之效也見漢宮室圖焉武平一唐人也問以魯三桓鄭七穆春秋族系無有遺者時人服其明春秋平一固熟於春秋矣此非明春秋之效也見春秋世族譜焉使華不見圖雖讀盡漢人之書亦莫知前代宮室之出處使平一不見譜雖誦春秋如建瓴水亦莫知古人氏族之始終當時作者後世史臣皆不知其學之所自況他人乎臣舊亦不之知及見楊佺期洛京圖方省張華之由見杜預公子譜方覺平一之故由是益知圖譜之學學術之大者且蕭何刀筆吏也知炎漢一代憲章之所自歆向大儒也父子紛爭於言句之末以計較毫釐得失而失其學術之大體何秦人之典蕭何能收於草昧之初蕭何之典歆向不能紀於承平之後是所見有異也逐鹿之人意在於鹿而不知有山求魚之人意在於魚而不知有水劉氏之學意在章句故知有書而不知有圖嗚呼圖譜之學絕紐是誰之過與

明用

善爲學者如持軍治獄若無部伍之法何以得書之紀若無覈實之法何以得書之情今總天下之書古今之學術而條其所以爲圖譜之用者十有六一曰天文二曰地理三曰宮室四曰器用五曰車旂六曰衣裳七曰

壇兆八曰都邑九曰城築十曰田里十一曰會計十二曰法制十三曰班爵十四曰古今十五曰名物十六曰書凡此十六類有書無圖不可用也人生覆載之閒而不知天文地理此學者之大患也在天成象在地成形星辰之次舍日月之往來非圖無以見天之象山川之紀夷夏之分非圖無以見地之形天官有書書不可以仰觀地理有志志不可以俯察故曰天文地理無圖有書不可用也稽之人事有宮室之制有宗廟之制有明堂辟廱之制有居廬堊室之制有臺省府寺之制有庭霤戶牖之制凡宮室之屬非圖無以作室有尊彝爵斝之制有簠簋俎豆之制有弓矢鈇鉞之制有圭璋璧琮之制有璽節之制有金鼓之制有棺槨之制有重主之制有明器祭器之制有鉤盾之制凡器用之屬非圖無以制器爲車旂者則有車輿之制有驂服之制有旗旐之制有儀衞鹵簿之制非圖何以明章程爲衣服者則有弁冕之制有衣裳之制有屨舃之制有笄總之制有襚含之制有杖絰之制非圖何以明制度爲壇域者則有壇壝之制有丘澤之制有社稷之制有兆域之制大小高深之形非圖不能辨爲都邑者則有京輔之制有郡國之制有閭井之制有市朝之制有蕃服之制內外重輕之勢非圖不能紀爲城築者則有郛郭之制有苑囿之制有臺門魏闕之制有營壘斥候之制非圖無以明關要爲田里者則有夫家之制有溝洫之制有原隰之制非圖無以別經界爲會計者則有貨泉之制有貢賦之制有戶口之制非圖無以知本末法有制非圖無以定其制爵有班非圖無以正其班有五刑有五服五刑之屬有適輕適重五服之別有大宗小宗權量所以同四海規矩所以正百工五聲八音十二律有節三歌六舞有序昭夏肆夏宮陳軒陳皆法制之目也非圖不能舉內而公卿大夫外而州牧侯伯貴而妃嬪賤而妾媵官有品命有數祿秩有多寡考課有殿最繅籍有數玉帛有等上下異儀尊卑異事皆班爵之序也非圖不能舉要通古今者不可以不識三統五運而三統之數五運之紀非圖無以通要別名物者不可以不識蟲魚草木而蟲魚之形草木之狀非圖無以別要明書者不可以不識文字音韻而音韻之清濁文字之子母非圖無以明凡此十六種可以類舉爲學者而不知此則章句無所用爲治者而不知此則紀綱文物無所施

記有

楊佺期唐洛陽京城圖　唐長安京城圖　呂大防唐長安京城圖　唐太極宮圖　唐大明宮圖　唐興慶宮圖　三宮合爲一圖　洛陽宮闕圖　宋朝宮闕圖

汴京圖　唐九嵕山昭陵建陵合爲一圖　梁元帝二十八國職貢圖　閻立本西域諸國風物圖　大遼對境圖　大金接境圖　契丹地里圖　西夏賀蘭山圖　山海經圖　勃海圖　三輔黃圖　天文橫圖　隔子橫圖　天文圓圖　隔子圓圖　紫微天心圖　璇璣圖　日食圖　月暈圖　分野圖　七曜災祥圖

七曜曆文圖　刻漏圖　九江刻漏圖　氣象圖　雲氣圖　日出長短圖　海潮時刻四應圖　華夷圖

守令圖　百川源委圖　澇閘圖　交廣圖　諸路至京驛程圖　江行備用圖　禹穴圖經　春秋世系圖　春秋機要圖　春秋盟會圖　春秋列國圖　春秋十二國年曆　杜預釋例地名譜　杜預小公子譜

春秋明例總括圖　判定易圖　先天圖　漢上易圖　八卦小成圖　乾生歸一圖　龍圖　伏羲俯仰畫卦圖　陳希夷易圖　劉牧鉤隱圖　稽覽圖　尙書治要圖　鄭康成詩圖　小戎圖　王制井田圖　方田圖　鄉遂圖　封建圖　律呂圖　聶崇儀三禮圖　博古圖　考古圖　釋奠祭器圖　考正禮器圖

鄉飲禮圖　五服年月圖　大宗小宗圖　宮架圖

舞鑑圖　琴式尙象圖　景祐大樂圖　三樂圖

衙鼓格　投壺格　擕蒱格　象戲格　聲韻圖　指歸圖　僧守温三十六字母圖　定韻清濁鈐　內外轉歸字圖　徐浩書譜　筆陣圖　國相成名圖　歷代君臣圖　古今類聚年號圖　帝王年代圖　五運歷年紀　劉恕十國年表　閩中王氏啟運圖　唐孟冬祫饗于太廟禮科　帝系圖　唐貞元孟冬祫祭圖

唐朝功臣配享圖　唐貞元孟夏禘饗圖　司馬温公歷年圖　宋氏紹宗圖　仙源積慶圖　衣冠盛事圖　太廟圖　治平八廟圖　熙寧廟圖　大宋配享功臣圖　文武合班圖　朔日視朝儀注圖　正冬大慶殿朝會立班圖　大慶殿再坐上壽立班圖　垂拱殿五日一次起居門外敘班圖　文德殿常朝朝堂敘班圖　文德殿常朝立班圖　東上閤門拜表立班圖

賀祥瑞勝捷紫宸殿外敘班圖　同天節紫宸殿上壽圖　集英殿大宴坐次圖　大禮尙書省受誓戒圖

大禮大慶殿奏請致齋立班圖　正冬御殿朝賀上壽垂拱殿樞密使以下稱賀圖　紫宸殿上壽賜宴圖

紫宸殿常朝起居圖　垂拱殿常朝起居圖　集英殿大宴門外立班圖　集英殿大宴樞密使以下起居

圖　唐宰相表　唐官品圖　武侯八陣圖　攻守器械圖　五陣圖　文教圖　閻立本歷代帝王圖　歷代聖賢圖　銅人俞穴鍼灸圖　仙人水鑑圖　明堂偃側人圖　難經圖　素問氣圖　金丹圖　煙蘿圖　含象鑑圖　黄庭五藏圖　黄庭五藏道引圖　六氣道引圖　道源宗師圖　仙班朝會圖　告元圖　内外二景圖　上清天關三圖經　上清混合變化圖　三五含景圖　五常雜修行圖　河圖寶籙　結璘奔日月圖　九宫紫房圖　長生寶鑑圖　八道祕言圖　五嶽眞形神仙圖　古今五嶽眞形圖　嶽瀆名山圖　大洞九天圖　山水穴寶圖　萬靈朝眞圖　二皇眞形圖　列宿朝眞圖　攝生月令圖　伏承圖藝文略作永此作承當考　狐剛子粉圖　三才定位圖　二十四鼎鑪圖　黄帝鼎圖　西傳宗派圖　聲鐘圖　趙少保辨才法師繫念圖　六想圖　重元圖　綱格圖　北齊六學士勘書圖　慶歷彩選圖　秦府十八學士圖　明皇擊桐圖桐字當考　明皇試馬圖　王維春社圖　王維輞川圖　蓮社圖　顧凱之列女圖　月令圖　郭子儀宴魚朝恩圖　還日立成圖　三元遁甲圖　九宫八門圖　山形總載圖　寶星圖　鬼谷子觀氣色出相圖　敕律指掌圖　姓氏譜　錢譜

記無

地理

地域方丈圖　地域方尺圖　僧道安江圖　賈耽地圖　裴矩西域圖　華夷列國入貢圖　馬寶諸道行程血脈圖　開元分野圖　冀州圖　十七路轉運圖　河北四十四郡圖　十七路圖　蜀程圖　沈括使北圖　洞庭譜　嶽瀆福地圖　蔣炳西山圖

會要

南卓唐朝綱領圖　王彦威占額圖　孫結大唐國照圖　大唐國要圖　曹璪圖照　夏侯顯鹽鐵轉運圖

紀運

王氏五運圖　賡五運圖　年歷圖　帝王正閏五運圖　路惟衡帝王歷數圖　薛璫唐聖運圖　劉恕年略譜　魏森古今通系圖　侯利建視古圖　劉軻唐年曆　龔頴運曆圖　徐鍇歷年年譜　古今年表　帝王授受圖　盧元福共和以來甲乙紀　帝王眞僞圖　徐整三五曆紀　國朝年表

百官

唐宰輔譜　柳芳大唐宰相表　葛當世文武百官圖　缺牧圖

易

唐一行大衍元圖　范諤昌易源流圖

詩

成伯璵毛詩圖　草木蟲魚圖

禮

賀循喪服圖　子游喪服圖　蔡謨喪服圖　張薦五服圖　仲陵子五服圖　夏侯伏朗三禮圖　張鎰三禮圖　梁正三禮圖　紀僧眞玉璽譜　袁郊二儀實録衣服名義圖　鹵簿圖　南郊圖　唐志凶儀圖　梁隱列國祖廟式

樂

十二律譜　唐郊祀樂章譜　呂渭廣陵正息譜　王大力琴聲律譜　李良輔廣陵正息譜　陳康士琴譜　離騷譜　李約東杓引譜　琴式譜　阮咸譜　琴指圖　觱栗格　沈括樂律圖

春秋

嚴彭祖春秋圖　張傑春秋圖　顧啟期大夫圖　春秋車服圖　春秋宗族名氏圖　演左傳氏族圖　春秋名號歸一圖　春秋圖鑑　春秋毛鑑圖

孝經

應瑞圖

論語

井田義圖　論語世譜

經學

授經圖　韋表微九經歸授譜

小學

郭璞爾雅圖　辨字圖

刑法

路仁恕五刑旁通圖

天文

張衡靈憲圖　高文弘天文横圖　孝經内記星圖　周易八野星圖　太白會運逆兆通代記圖　大象列星圖　長慶算五星所在宿度圖　南陽化元元黄十二次分野圖

時令

王涯月令圖

算數

劉徽九章重差圖

陰陽

三陰圖　二宅圖　五行家國通用圖　太一遊圖

五符圖　八曜圖　五虎圖　古墓圖　氣神隨日用局圖　揲蓍圖　皮日休支干定命圖　遁甲天目圖

占氣色要訣圖

道家

二十八宿眞形圖　正一眞人二十四治圖　正一氣化圖　五帝修行圖　四氣攝生圖　參同契大丹圖

太易陰陽手鑑圖　鉛汞五行圖　八卦眞形圖

學訣圖　八仙圖　元化圖　五禽道引圖　大象握機圖　皇人三一圖　存五星圖　火鑑周天圖

釋氏

法界僧圖　道綽行圖　古今譯圖

符瑞

玉芝瑞草圖　靈芝圖　侯亶祥瑞圖　孫之柔瑞應圖　顧野王符瑞圖　張掖郡元石圖　上黨十九瑞圖　貫怪圖

兵家

解忠鰀龍武元兵圖　神機靈祕圖　五行陣圖

藝術

款器圖　射鑑九圖　禮圖等雜畫　董蕚畫盤車圖

曹元廓畫後周北齊梁陳隋武德貞觀永徽等朝臣圖　韓幹畫龍朔功臣圖　王象畫鹵簿圖　竇師綸畫內庫瑞錦對雉鬭羊翔鳳游麟圖　八駿圖　辨馬圖

食貨

于公甫古今泉貨圖

醫藥

孔穴蝦蟆圖　黃帝明堂五藏圖　秦承祖明堂圖

明堂人形圖　指難圖　王惟一鍼灸圖　五藏攝養明鑑圖　崔知悌產圖　安濟圖　侍膳圖　原平仲靈秀本草圖　藥圖

世系

帝系之譜　皇帝之譜　戚里之譜　百官族姓之譜

諸家譜

通志卷七十二

通志卷七十三

宋右迪功郎鄭樵漁仲撰

金石略第一

上代文字　錢譜　三代款識　秦　兩漢　三國　晉　兩朝　隋　唐　唐六帝　唐名家

金石序

序曰方冊者古人之言語款識者古人之面貌以後學跂慕古人之心使得親見其面而聞其言何患不與之俱化乎所以仲尼之徒三千皆為賢哲而後世曠世不聞若人之一二者何哉良由不得親見聞於仲尼耳蓋閑習禮度不若式瞻容儀諷誦遺言不若親承音旨今之方冊所傳者已經數千萬傳之後其去親承之道遠矣惟有金石所以垂不朽今列而為略庶幾式瞻之道猶存焉且觀晉人字畫可見晉人之風猷觀唐人書蹤可見唐人之典則此道後學安得而舍諸三代而上惟勒鼎彝秦人始大其制而用石鼓始皇欲詳其文而用豐碑自秦迄今惟用石刻散佚無紀可為太息故作金石略

歷代金石

蒼頡石室記有二十八字在蒼頡北海墓中土人呼為藏書室周時自無人識逮秦李斯始識八字曰上天作命皇辟迭王漢叔孫通識十二字　夏禹書十二字見法帖未詳出處　比干銅盤銘十六字西京　史籀六字見法帖未詳出處　孔子書季札墓十字潤州　周穆王東巡四字邢州

右上代文字見於模刻

太昊金　尊盧氏幣　神農氏金　黃帝貨金　軒轅貨金　帝昊金　帝嚳金　高陽金　堯泉　舜策乘馬幣　舜策幣貨金　夏貨金　商貨莊布　商貨四布　商連幣　商湯金　商子貨金　周圜法幣　周圜法刖種　齊公貨　齊刀刖種　齊梁山幣　莒刀　齊布　齊刀

右見錢譜兵火以來今贛州尙有本

晉姜鼎　虢姜鼎　鄭伯姬鼎　宋君鼎　周姜鼎　文王鼎　孔文父鼎　魯公鼎　宋公鼎　周公鼎　單冏鼎　伯姬鼎　宋君夫人鼎　東宮方鼎　商鼎　得鼎　庚鼎　乙鼎　大鼎　始鼎　欒鼎　趠鼎　辛鼎　癸鼎　尨鼎　跎鼎　東宮鼎　盤鼎　公諴鼎　丁斯鼎　王子吳鼎　師寏鼎　父乙鼎　叔夜鼎　敗氏鼎　公癸鼎　父甲鼎　父丁鼎　蟬文鼎　尨生鼎　召夫鼎　師毀鼎　師毛鼎　師𩛥鼎　周姜敦　周虞敦　鴈侯敦　屈生敦　仲駒敦　孟金敦　剌公敦　叔猸敦　虢姜敦　散季敦　伯百父敦　冀師敦　尨敦　虞敦　始敦　何敦　尹敦　戠敦　周敦　郙敦　牧敦　周公彝　召公彝　曹侯彝　司空彝　內史彝　楚公彝　沈子彝　虘彝　單冏彝　伯宋彝　仲舉彝　單從彝　品伯彝　李娟彝　敔姬彝　楚王譳彝　祖戊彝　商兄癸彝　父癸彝　交父彝　祖乙彝　父乙彝　父丁彝　父己彝　父辛彝　母乙彝　師艅彝　仲父彝　商彝　五彝　伯彝　敔彝　䵼彝　形彝　尹彝　應彝　亞彝　伊彝　仲父彝　小子師彝　庚午鬲　高姜鬲　書鬲　丁父鬲　父己鬲　毛乙鬲　乃子鬲　毋鬲　虢叔鬲　諸旅鬲　莫敖鬲　寶德鬲　聿遠鬲　伯鬲　慧季鬲　許子鐘　甹鐘　商鐘　元子鐘　走鐘　遲父鐘　南和鐘　分寧鐘　許子小鐘　盄和鐘　召公尊　朝事尊　韋子尊　魚尊　叔寶尊　虎尊　父戊尊　祖戊尊　商從尊　中爵　天甲爵　父丁爵　祖辛爵　父癸爵　父辛爵　大田爵　父庚爵　庚爵　丁青爵　商爵　父戊爵　祖己爵　父己爵　己舉爵　己爵　舉爵　纂帶爵　父乙爵　祖乙爵　伯爵　飲爵　觶爵　父甲爵　主人舉爵　癸舉　父辛舉　寅簋　左父簋　叔高簋　師寏簋　師奕簋　張中簠　劉公医　太公缶　子斯医　史剢陸　姬寏医　姬寏豆　單疑豆　仲虞洗　仲虞洗　田季匜　寒戊匜　叔匜　杞公匜　義母匜　張伯匜　季姬匜　季毫匜　祖戊匜　齊侯匜　卭仲盤　伯戔盤　壽盤　史孫盤　卭仲盦　伯戔齍　應婦甗　周陽侯甗　仲信甗　郤甗　孟嫺甗　父己甗　庚甗　飲甗　伯溫甗　冀師舟　師淮卣　周卣　冀卣　商卣　兄癸卣　母辛卣　母乙卣　父甲卣　祖癸卣　父己卣　祖戊卣　伯王盨　趨盨　諸友盉　伯王數盉　沈子盉　盉豪盉　父丁盉　兹女觚　象觚　父庚觚　甲子觚　平周鉦　遽磬　丁舉觶　伯索盂　熙之戟　銅角　武安釜　軹家釜

右三代之款識見於博古圖等

石鼓文秦鳳翔府宣和間移置東宮臣有石鼓辨明為秦篆　秦封泰山碑兗州　嶧山頌德碑李斯篆鄒寶模兗州　文秦相李斯等請刻始皇詔書兗州　之罘山刻石可辨者十九字登州　之罘大篆可辨者六十字登州　始皇朐山碑海州　稽山頌德碑李斯篆在越州　疑刻二世詔文李斯篆密州　殘碑二十字李斯篆登州州衙　祀巫咸大湫文俗呼咀楚文李斯篆鳳翔府又渭州州學本與

鳳翔小異

右秦

陳留太守程封碑東京酸棗令劉熊紀續碑有碑陰東京執
金吾高褒碑東京太保高峻碑東京丞相陳平碑東京三老袁
貢碑永建六年東京袁騰碑貢之子在東京西平令楊期碑東京征西大
將軍楊僅碑東京大司農陳君碑中平四年有四碑在東京邊讓碑東京
薰襲碑東京八都神廟碑鎮州封龍山碑鎮州蘷城長蔡湛碑
有碑陰光和四年鎮州無極山碑光和八年鎮州上谷太守張祚碑定州
孝子王立碑定州譙敏碑蔡邕文冀州賈敏碑冀州李固碑濮州左
伯桃碑安軍蘇武碑京兆府乞復華下民田租狀華州西嶽
石闕銘永和元年華州西嶽和山亭碑華州司徒劉奇碑華州西嶽
華山廟碑華州劉黨碑華州立教院君神祠碑華州太尉楊震
碑并碑陰題名華州高陵令楊君碑及碑陰華州繁陰令楊
尋碑熹平中華州金城太守楊統碑華州郭有道碑蔡邕文并書太原府
郭林宗碑汾州山陽太守祝睦二碑延熹七年南京陽翟令許叔
臺碑南京兗州從事丁仲禮墓碑南京太尉掾橋君墓碑南京
宋國縣繹幕令碑南京漢橋元碑南京慎令劉君墓碑建寧四年
南京光祿勳劉耀碑鄆州袁安碑徐州太傅襲勝碑徐州劉熙碑
及碑陰徐州漢高祖感應碑延熹十年徐州高祖廟碑徐州太尉陳
球碑蔡邕文并書光和元年徐州太尉陳球後碑徐州陳球碑陰　御
史大夫鄭宮碑　卜式墓碑兗州鮑宣碑兗州魯相史晨等
奏出王家穀祠孔子碑建寧二年兗州司徒吳雄等奏孔子廟
置卒史碑元嘉三年兗州魯相復顏氏繇發碑永壽三年兗州太山太
守孔宙碑延熹六年兗州孔彪碑及碑陰建寧四年兗州漢碑永壽三
年婺州從事孔君德立於孔子墓壇前兗州小篆碑蔡邕書兗
州河東太守孔雄碑建寧四年兗州司農孔峽碑建寧元年兗州魯相
韓叔節修孔子廟碑永壽二年兗州博士孔志碑兗州御史孔翊

碑兗州博士逢汾墳前石柱碑篆濰州竹邑侯相張壽碑建寧
元年單州侯伯威墓碑建寧中立單州孫嵩碑密州王章碑密州安平王
相孫根墓碑光和四年密州廬江太守范式碑蔡邕書濟州中郎王
政碑光和元年濟州任城府君頌濟州司隸校尉魯峻碑蔡邕書濟州
執金吾武榮碑濟州故司馬城鐵碑濟州謁者景君二碑安帝
元初元年濟州御史大夫郗慮碑濟州童恢墓雙石闕題　太尉
劉寬二碑中平二年門生故吏各一碑并碑陰姓名西京
蕭何碑折作兩段西京元儒先生婁壽碑襄州山陽太守碑襄州築
陽侯相景豹碑襄州司徒掾梁君碑建安二十七年襄州學生碑襄州
侍中王逸碑襄州南陽太守秦君碑熹平五年襄州司徒從事郭
君碑建寧五年孟州北軍中侯郭君碑建寧五年孟州封觀碑陳州蔡昭
碑隋州桐柏神碑延熹六年唐州中常侍曹騰碑建和元年亳州老子銘
延熹八年唐州老子碑銘鍾繇書亳州幽州刺史朱龜碑有碑陰中平
二年亳州趙王武臣碑宿州東海祠碑永壽元年海州楚相孫叔敖延
熹三年固始令段君立有碑陰光州堂邑令費君碑熹平六年
有碑陰湖州梁相費君碑湖州曹娥碑越州羅訓碑衡州南昌太守
谷君墓碑衡州青州刺史劉君碑衡州胡騰墓碑衡州桂陽太
守周府君勳德碑熹平三年桂陽監桂陽太守周使君碑韶州周
公禮殿石楹記初平五年鍾會書成都府陽泊侯墓碑成都府文翁學
生題名　析里橋郙閣銘建寧五年李翕造漢州刺史李項碣綿州
中宮令楊暢墓碑嘉州沛相范史墓闕文劍州王襃墓碑資州
中常侍樊安碑延熹元年史立未詳　故河間相張平子墓志有二
碑崔瑗篆鄧州趙國相雎勸石闕碑劍州秦君之碑未詳泰山都
尉孔宙碑延熹七年未詳小黃門譙君碑中平四年未詳改西嶽廟民
賦碑盧做文光和二年未詳孔宙碑陰題名未詳孔德讓碣永興二年兗州
文猷碑元光四年絳州天祿辟邪字篆書鄧州南陽宗資墓前石獸周公禮殿
記蔡邕隸書成都府蔡邕石經西京人收得殘石趙殿撰家有遺字三卷窆室銘永建

元年未詳周府君碑陰桂陽監麟鳳贊并記永建元年未詳巴官鐵量
銘永平七年未詳會稽東部都尉路君闕銘永平八年未詳南武陽墓
闕銘元和三年未詳章和石記章和三年未詳郯令景君闕銘元初四年未詳
北海相景君碑陰漢安二年未詳敦煌長史武班碑建和元年未詳武
石氏闕記建和元年未詳司隸陽厥開石頌建和二年未詳吳郡丞武
開明碑建和二年未詳張公廟碑和平元年未詳祝長嚴訢碑元嘉元年未詳
從事武梁碑元嘉元年未詳平都侯相蔣君碑元嘉元年未詳東海相
桓君海廟碑永壽元年未詳吉成侯州輔碑有碑陰永壽三年未詳故
民吳公碑熹平元年未詳議郎元賓碑延熹二年未詳韓府君孔子廟
碑有碑陰永壽二年未詳丹陽太守郭旻碑延熹元年未詳封邛令王
元賞碑延熹四年未詳冀州刺史王純碑延熹四年未詳河東地界石
記延熹四年未詳成皋令任伯嗣碑延熹五年碑陰未詳有平輿令薛君
碑延熹五年未詳堯廟碑延熹十年碑陰未詳有又堯廟碑熹平四年碑陰未詳有
蒼頡廟人名延熙五年未詳蒼頡廟碑光和二年三年未詳又西嶽二碑
光和二年三年未詳又劉尋禹廟碑光和二年未詳白石神君碑未詳禹廟
碑有碑陰未詳荊州刺史度尚碑未詳車騎將軍馮緄碑永康元年
未詳廣漢縣令王君神道建寧元年未詳冀州從事張表碑建寧元年
未詳堵陽長謁者劉君碑建寧元年未詳金鄉守長侯君碑建寧二年
未詳柳孝廉碑建寧二年未詳衛尉卿衡方碑建寧三年未詳沛相楊君
碑建寧三年碑陰未詳有淳于長夏承碑建寧三年未詳中郎馬君碑建寧
三年未詳武都太守李翕碑建寧四年碑陰未詳有仲君碑建寧五年未詳成
陽靈臺碑建寧五年碑陰未詳有廷尉仲定碑熹平元年未詳堂谿典嵩
高山石闕銘熹平四年未詳斥彰長斷碑熹平六年未詳太尉郭禧碑
有碑陰未詳逢童子碑光和四年碑陰未詳有漢三公碑光和四年未詳都阮
君神祠碑光和四年碑陰未詳有揚州刺史敬使君碑光和四年未詳涼
州刺史魏君碑光和四年未詳成陽令唐君頌光和六年有碑陰頌未詳都
鄉正衛彈頌中平二年未詳尉氏令鄭君碑中平三年碑陰未詳有趙相

劉衡碑（中和四年未詳）圉令趙君碑（初平元年未詳）巴郡太守樊君碑（建安十二年未詳）綏民校尉熊君碑（有碑陰未詳）司空宗俱碑（有碑陰未詳）馮使君墓闕銘（未詳）琅邪相王君墓闕銘（未詳）武陰令高君墓闕銘（未詳）永樂少府賈君闕銘（未詳）臨朐長仲君碑（未詳）富春丞張君碑（未詳）蜀郡太守任君神道（未詳）蜀郡屬國都尉任君神道　益州太守楊宗墓闕銘（未詳）巴郡太守張府君功德敘（未詳）河南尹蘇君碑穎（未詳）武氏石室畫像（未詳）

右兩漢

魏武帝受禪壇記（梁鵠書王朗文未詳）魏武帝大饗碑（子建文武帝篆鍾繇書亳州）魏受禪表（梁鵠書黃初元年許州）魏郡公上尊號表（相國歆等四十五人鍾繇書）魏酸棗令母邱悅碑（東京）魏封議郎孔羨爲宗聖侯碑（梁鵠書兗州）魏隱士程沖墓碑（東京）魏節婦白氏碑（沖妻也晉咸熙中建二碑同處）魏御史大夫袁渙碑（東京）魏鍾繇碑（東京）魏征虜將軍南州刺史王賢思碑（東京）魏橫海將軍呂君碑（黃初二年未詳）魏豫州刺史賈逵碑（陳州）魏劉烝碑（正始二年未詳）魏邴原碑（密州）魏孫炎碑（甘露五年淄州）魏太尉滿寵碑　魏管寧碑（密州）魏太妃郭氏碑（正元二年西京）魏新野侯碑（黃初七年）魏立孔子廟碑（黃初元年兗州）魏又立孔子廟碑（太和三年）魏三斷碑皆漫滅二碑無字（西京）魏范式碑（有碑陰青龍三年未詳）魏太僕荀君碑（正始五年有碑陰）魏南陽太守卞統碑（嘉平二年未詳）吳大帝碑（湖州）吳征北將軍陸禕碑（泰寧三年秀州）魏襄州刺史劉君碑（正元三年有碑陰未詳）魏劉熹學生冢碑（有碑陰未詳）魏太保任公神道（未詳）吳九眞太守谷府君碑　吳禪國山碑陰（未詳）吳天璽元年紀功碑（未詳）吳臨海侯相谷府君碑（未詳）魏大長秋遊述碑（泰始十年有碑陰未詳）

右三國

南鄉太守司馬整德政碑頌（泰始四年有碑陰未詳）南鄉建國碑（未詳）阮籍碑（東京）潘岳碑（東京）王戎碑（惟存數十字西京）陳武王碑（索靖書汾州）丁議碑（南京）老父嚴氏碑（咸康五年杭州）郭文碑（咸和中杭州）廣昌長暨遜碑（咸和中杭州）宣城內史陸喈碑（咸和七年秀州）巴西太守盧茂碑（綿州）紀穆侯碑（建康府）遂州刺史李豪碑（綿州）陳壽墓碑（果州）西平將軍葛府君碑（建康府）議郎陳先生碑（元康二年）尉氏令陳君單碑（未詳）周肸墓石柱題（單州）散騎常侍周處碑（陸機文王右軍書後人重立常州）西平侯顏含碑（建康府）石柱文（太元十八年劍州）泰山君改高樓碑（升平三年未詳）黃庭經（永和十二年無名氏世傳右軍書未詳）司馬士會碑（亳州）墮淚碑（襄州峴山）杜預碑（襄州峴山）路君墓石闕文（永和元年濟州）魏興郡太守覃毅德政碑（均州）小字東方朔畫贊（王右軍書饒州）張愷碑（陝州）征虜將軍楊亮碑（未詳）天台觀題（葛仙公飛白未詳）遺教經（無書人名氏世言小王書京兆府）洛神賦（王獻之書未詳）平西將軍墓銘（王右軍書未詳）定水寺題（王右軍京兆府）蘭亭修禊序（永和九年王右軍書薛家本爲上定武次之長安本次之）太子詹事裴權碑（元康九年有碑陰西京）裴權後碑（有碑陰未詳）北嶽祠堂頌（泰始六年未詳）右將軍鄭烈碑（太康四年未詳）太公碑（太康十年未詳）雲南太守碑（太熙元年未詳）護羌校尉彭祈碑（元康元年有碑陰未詳）議郎陳先生碑（元康二年未詳）光祿勳向凱碑（永康元年未詳）鴻臚成公重墓刻（永寧元年未詳）青山君神頌（永安元年未詳）安邑令徐君碑（未詳）金鄉長薛君頌（未詳）張子平碑（未詳）夜郎太守母稚碑（隆安三年未詳）樂毅論　方城侯鄧艾碑　僞漢司徒劉雄碑（嘉平五年立即晉愍帝建興二年也未詳）僞趙浮圖澄造像碑（劉曜光初五年即晉元帝永昌元年未詳）僞趙橫山神李君碑（建武六年即晉咸康五年也未詳）僞趙西門豹祠殿基記（建武六年未詳）

右晉

宋武帝受禪壇記（永康元年陸綜分書蘄州）宋武帝檄譙縱文（義熙九年未詳）宋文帝神道碑（潤州）宋宗愍母劉夫人墓誌（謝朓文大明二年江寧府）羅含碑（衡州）江淹碑（越州）齊海陵王照文墓誌（謝朓文江寧府）齊桐栢山金庭觀碑（沈約文倪珪書永元二年越州）齊梁闕內侯盛紹遠碑（門人立杭州）梁茅君碑（孫文韜書或云張澤正書普通三年江陵府）梁貞白先生陶弘景碑（蕭綸文分書江陵府）梁上元眞人司命茅君九錫文碑（普通三年江陵府）梁上清眞人許長史舊館壇碑（普通三年陶弘景文并書有碑陰江陵府）蕭梁二帝碑（江陵府）梁重立羊祜碑（大同十年）瘞鶴銘（華陽眞逸文世傳即陶弘景也潤州焦山或云顧況）梁改墮淚碑（劉靈正書）梁開善寺大法師碑（蕭挹書普通三年建康府）梁招隱寺剎下銘（蕭綸書普通二年普州）吳延陵季子二碑（晉殷仲堪文并王僧虔書潤州）麥積山應乾寺重修七佛龕銘（庾信文秦州）慧遠法師碑（謝靈運文張野書江州）梁檀溪寺禪房碑（許瑒書天監十一年未詳）齊佛龕碑（天統三年立武平三年刊西京）後魏兗州刺史賈司伯碑（神龜二年西京）後魏兗州刺史元王匡碑（熙平二年）後魏孝侯碑（天平三年東京）後魏中山太守常通碑（定州）後魏宣武帝御射碑（景明三年沈馥書有碑陰虢州）後魏金鄉縣令徐公碑（景明中滁州）後魏侍中廣平穆王碑（太昌元年西京）後魏章陵太守呂君碑（鄧州）後魏司徒斛律斯公碑　後魏元成碑（正始五年鄜州）後魏立宣尼廟記（延興四年兗州）後魏孝文帝弔比干文（衛州有碑陰今七）後魏并州刺史王坦墓碑（絳州）後魏石佛像碑（武定四年衛州）後魏崧滋公興溫泉頌（京兆府）古碑三皆剝落似魏齊時字（陝府）後魏車騎將軍穆祚碑（汾州）後魏侍中廣平穆王碑（俗云陵家碑太昌元年西京）後魏景王碑　後魏汝南文宣王碑（西京）後魏碑（韓毅隸書天平四年西京）後魏末帝碑（西京）後魏升仙太子碑（梁雅文西京）後魏聖旨寺碑（永熙二年北京）後魏魯郡太守張猛龍清德碑（正元三年有碑陰未詳）教戒經（後魏順思王書未詳）後魏崔浩碑（興光二年華州）大代華嶽廟碑（太武太延五年未詳）後魏修華嶽碑（興光二年未詳）後魏中嶽碑（太安二年有碑陰未詳）後魏孔子廟碑（太和元年未詳）後魏比干墓刻　後魏太鴻臚卿鄭允伯碑（未詳）後魏北巡碑（太和二十年有碑陰未詳）後魏太尉于烈碑（景明四年未詳）後魏瑤光寺

碑永平三年未詳後魏鄭羲碑又有上碑皆永平四年未詳後魏鄭道昭登
雲峯山詩永平四年未詳後魏天柱山東堪石室銘鄭道昭撰永平四年
未詳後魏張夫人墓誌延昌元年未詳後魏鄭道昭哀子詩延昌四年
未詳後魏王子晉碑延昌四年未詳後魏宣武皇帝御講碑延昌四年
未詳後魏淮陽太守梁鑒碑延昌四年未詳後魏齊兗二州刺史
傅公碑熙平九年未詳後魏劉使君德化頌熙平三年有碑陰未詳後魏
兗州刺史元康碑熙平中立未詳後魏瀛州刺史孫惠蔚墓誌
神龜元年未詳後魏吡問神寶造像記神龜元年未詳後魏定州刺史
崔亮頌神龜三年未詳後魏堯廟碑正光元年有碑陰後魏司空元暉
碑正光二年未詳後魏郭太妃碑正光三年未詳後魏邑義一千人造
像記正光六年未詳後魏房晏淵等造像記永安三年未詳後魏賀拔
岳碑永熙三年未詳後魏孟思文等造像碑正光六年未詳後魏化政
寺石窟銘大統九年未詳後魏鎮陽誨碑太昌元年未詳後魏御史臺
雙塔頌永熙三年未詳東魏鎮東將軍劉乾碑未詳東魏東平太
守劉霸碑天平元年潼州東魏相州刺史徐雅碑天平二年未詳東魏
膠州刺史祖淮碑天平二年密州東魏大覺寺碑天平四年韓毅隸書有碑
陰洛陽東魏高翻碑元象元年未詳東魏賈思同碑興和二年青州東魏
張烈碑元象元年未詳東魏張早墓誌興和二年未詳東魏孔子廟碑
興和三年未詳東魏魏蘭根碑興和四年未詳魏岐州刺史王毅墓誌
大統元年未詳東魏瀛州刺史李公碑武定二年未詳東魏樂陵太守
劉公碑武定二年未詳東魏劉起貴造像碑武平二年未詳東魏逢彥
造像記武定二年未詳東魏安州刺史赫連相碑武定五年未詳東魏
荀君像頌武定七年未詳北齊楚陽太守張樂碑潼州北齊大將
軍兗州刺史劉傑碑潼州北齊太祖大師正覺寺重修佛
殿二記一後魏武定四年建一北齊大統三年建北齊臨清王假黃鉞碑
北齊二祖大師碑西京北齊造像記天保四年未詳北齊郭道尊
等造像記天保四年未詳北齊孫士淵造像記天保四年未詳北齊建

陵山修靖館碑天保六年未詳北齊郁久閭業碑天保七年未詳北齊
石當門等造像記天保七年未詳北齊東兗州須昌縣王像頌
天保八年北齊二聖寺龍華讚佛碑未詳北齊造釋迦像碑未詳
北齊夫子廟碑乾明元年未詳北齊石像頌皇建元年未詳北齊崇因
寺碑陸乂文姚淑分書皇建二年未詳北齊闞亮造像記比耶道常書河清元年
北齊救疾經偈河清二年未詳北齊雲峯山題記鄭述祖撰河清二年未詳
北齊華陽公主碑河清二年未詳北齊權法師碑河清二年未詳北齊
天柱山銘鄭述祖撰天統元年未詳北齊邑義人造像記天統二年未詳北
齊造雙塔碑天統二年未詳北齊造石經并記天統四年未詳北齊蒙
山碑王思誠八分書天統五年未詳北齊趙智和造像碑天統五年未詳北齊
隴東平感孝頌在齊州平陰北齊帝堯碑武平二年有碑陰未詳北齊
隴東王胡長仁碑武平四年齊州北齊觀世音石像碑武平二年未詳
北齊唐邕造寺碑武平三年未詳北齊長樂王平等碑武平二年未詳
北齊馮翊王平等碑武平二年洛陽北齊臨淮王造像碑北
齊白長命碑武平四年未詳北齊大安樂寺碑武平五年未詳北齊開
明寺彌勒像碑武平五年未詳北齊邸珍碑武平六年未詳北齊宋悅
和等造像碑武平七年未詳北齊司空趙起碑有碑陰北齊宜陽
國太妃傅氏碑未詳北齊赫連子悅清德碑許州北齊明公
道場碑未詳北齊宋使君像碑未詳北齊高隆之造像記
後周宇文眾造像碑武成元年未詳後周延壽公碑保定元年未詳後
周太學生拓拔府墓誌周弘正撰保定元年未詳後周華嶽廟碑萬紐
于瑾撰趙文淵書天和二年華州後周河瀆碑王褒撰趙文淵書天和二年未詳後周
同州刺史普六茹忠墓誌天和二年未詳後周溫州刺史烏丸
僧修墓誌天和六年未詳後周雲州刺史胡歸德碑天和六年未詳

右兩朝

平陳碑薛道衡文江陵府善寶寺碑大業中立東京尚書左丞郎茂碑
鎮州恒嶽寺舍利塔定州北絳公夫人蕭氏墓誌京兆府梁州

刺史陳茂碑河中府司徒觀德王楊公碑華州司隸大夫贈
臨河縣公碑絳州縣令梁執威德政碑絳州啟法寺碑周彪文丁
道護書仁壽中襄陽興國寺碑李德林文丁道護書開皇六年襄陽盧山西林寺道
場碑大業中歐陽僧入江州益州至眞觀碑劉曼才書開皇十二年成都九門
縣令李康清德碑開皇十二年未詳九門縣令鉗耳文徹清德
碑大業六年鄭州刺史李淵造碑像記即唐高祖齊鄂國公爲國
勸造龍龕碑張公禮文開皇六年智永書千文東京景陽井欄銘分書
開皇中江陵府源使君碑開皇元年未詳興福寺碑張葵撰龐覓書開皇二年未詳呂
龕碑開皇二年未詳老子廟碑薛道衡撰梁恭之分書開皇二年未詳尒朱敞碑
開皇二年未詳龍藏寺碑張公禮撰開皇五年未詳臨漳趙令清德頌開皇六年
未詳安定縣造寺碑開皇六年未詳太平寺碑開皇九年未詳修舍利塔
碑開皇九年未詳廣業郡守鄭君碑韋霈書開皇九年未詳齊國太夫人
楊氏墓誌開皇十年未詳午卯寺碑開皇十年未詳潞州頌德碑開皇十年
未詳涇州興國寺碑李德林撰開皇十年鄂州國公造鎮國大像碑
開皇十年未詳賈普智造像碑開皇十年未詳董明府清德頌開皇十年未詳
正解寺造像碑劉昇卿撰開皇十二年未詳賈春英浮圖碑開皇十二年未詳
劉景韶造像碑開皇十二年未詳趙君寶塔碑開皇十二年未詳信行
禪師碑開皇十四年未詳化善寺碑尹式撰開皇十五年碑陰有鄖餘令記徐州驃
騎將軍楊端墓誌開皇十五年未詳上柱國韓擒虎碑開皇十五年未
詳李氏像碑開皇十六年未詳澄山石窟碑未詳上儀同楊縉墓
誌許善心撰序虞世基銘未詳平都治碑大業十年未詳大都督袁君碑大業
十二年未詳車騎將軍盧贍墓誌開皇十六年未詳王明府造像碑
開皇十六年未詳五原國太夫人鄭氏墓誌開皇二十年未詳張光墓
誌仁壽元年未詳賈使君墓誌仁壽元年未詳蒙州普光寺碑仁壽元年未詳
大將軍梁恭墓誌仁壽元年未詳舍利塔銘仁壽二年未詳舍利寶塔
下銘仁壽二年未詳願力寺雙七級浮圖銘仁壽三年未詳北京願力寺
舍利寶塔銘仁壽二年周羅睺墓誌徐敞撰大業元年未詳文儒先生

劉炫碑大業元年未詳 唐高祖造像記太宗造像記附大業二年未詳 禹廟殘碑史陵書大業二年 欒州使君江夏徐公碑郝王威撰侯孝直分書大業二年未詳 賀蘭才墓誌大業二年 隋文帝舍利塔銘大業五年未詳 西平太守上官政墓誌大業六年未詳 海州長史劉逖墓誌大業六年未詳 黃門侍郎柳旦墓誌大業六年未詳 開府鄭演墓誌大業六年未詳 孔子廟碑仲孝俊撰大業七年未詳

右隋其係歐虞等書並見于後

東平王寫眞院記東京 窣堵波幢銘薛希朝分書天寶中東京 考城令王列德政碑東京 尉氏縣令李艮清德碑天寶五年東京 列子觀題名李德裕三起東京 左驍衛大將軍翟仵碑永徽二年東京 長垣令鄭謹清德頌東京 陽武令陶公復故縣記唐衛文分書東京 酸棗令毋邱悅碑東京 扶溝令馬公德政頌東京 潘孝子碑東京 魏郡太守苗晉卿德政碑王維文北京 魏博節度使田承嗣碑耶絳文楊志方書北京 韓王碑北京 贈太尉上黨公碑北京 南樂令鄭信臣碑 願力寺碑北京 館陶令徐戣德政碑朱瑤分書北京 護法寺碑北京 師陁寺碑北京 文宣王廟碑北京 宗城令薛寶德政碑永徽二年北京 宗城令衛知全德政碑長慶二年北京 魏博節度使田公碑北京 大理卿郎顥碑宋才書李白藥文鎮州 僧道源發願轉輪藏碑王承規書貞元十四年鎮州 述聖碑冀州 石橋記張嘉貞文柳讀銘邢州 河內盌寺鍾銘武承泰文武盡禮書景龍三年邢州 周大宗伯唐瑾碑于志寧文歐陽詢書京兆府 相國崔羣先廟碑牛僧孺文劉寬夫分書以下並出京兆府 江州刺史戴希謙墓誌子崿分書 太倉箴李商隱文并書 左驍衛將軍馬寔墓誌歐陽詹文并書 崇元觀聖祖院碑徐挺分書 古齊博滄景節度使李祐墓誌分書 昆明池堰銘徐頊書 太子右庶子韋維碑郭謙光分書 贈戶部尚書楊瑒廟碑王翺分書 建中二年同官記 十善業道經要略 法順大師碑許唐佐文并書 智遠律師塔銘陳環書 懷素律師塔銘韋鼎書 懷素律師碑僧行敏書 贈太保郭欽之碑蕭華書 渭南令成克立碑 道因法師碑歐陽通書 內常侍陳文叔碑劉秦書 臨汝太守郇國公韋斌碑韋允書 尚書郎官石記蕭艮童書 太子中舍人楊承原碑 索法靖師精行清德碑范希壁書 汾陽王霍國夫人王氏碑蕭昕書 佛牙寶塔碑王君平書 崇福觀主魏尊師碑裴炫書 張懷英碑 食堂記羅希奭分書 中書令崔敦禮碑于九政書 吏部尚書沈傳師墓誌姪堯章書以上至崔墓廟碑並出京兆府 鳳翔節度使李昌言德政碑李部書鳳翔府 鳳翔節度使孫志直紀德碑劉禹之書鳳翔府 道法禪師志靜塔銘鳳翔府 法門寺舍利塔銘賀蘭敏之書鳳翔府 無憂王寺大聖眞身塔碑楊播書鳳翔府 李晟爲國修寺碑僧潛璀書鳳翔府 八馬坊碑韋崇訓書鳳翔府 晉衞璀遺愛碑張君靖書解州 鹽池靈慶公神祠記韋縱書解州 鹽池神祠記盛濤書解州 陽公舊隱碣黎熠書陝州 石柱銘陝州 吏部郎中楊仲昌碑鄔絲篆書陝州 召伯祠堂記房次卿書陝府 萬回禪師碑陝府 靈寶縣令李艮弼德政頌陝府 開元寺汾陽王像殿碑僧開祕書河中府 霓裳羽衣曲黃幡綽書河中府 登幼樓賦河中府 鸛鵲樓記顏防書河中府 七佛銘河中府 汾陽王將佐略河中府 昭仁寺碑邠州 邠盌節度使高霞寓德政碑王艮盌書邠州 五夫人堂記畢誠文并書邠州 楊正公德政碑華州 華嶽神廟之碑華州 華嶽精亭昭應之碑華州 靈臺觀主張欽忠碑郭漸書華州 中書侍郎平章事杜鴻漸碑王縉書華州 渭南令李思古清德碑馬吉甫文華州 叚寬碑蕭修正書華州 華嶽廟題名僅百有三十人華州 太尉李光弼碑張少佛書燿州 阿那寺碑僧開祕書同州 鄭預注心經同州 代國公主碑鄭萬均書同州 刺史崔綜遺愛碑韋縱書同州 四皓畫圖文竇庠書同州 四皓新廟記商州 修武關驛記商州 佛頂尊勝陀羅尼經元載書鳳翔府 贈太尉烏重允碑竇易直書華州 修廟靈異記衞包書及陰篆華州

右唐上

晉祠新松記顏額書太原府 聖宮石臺敕書裴漼書蕭誠題潞州 元宗哀冊文史鎬分書潞州 東川節度使李叔明冠冕頌趙滔書潞州 雲麾將軍燕府君碑晉州 絳守居園池記絳州 贈太尉裴行儉碑孫瓘書絳州 石天尊像記韓王元嘉諸子訓等爲姚妃建篆書絳州 大雲寺碑絳州 朝散大夫王公德政碑絳州 澤州晉城縣令贈祕書監盧俊碑絳州 薛光裔碑陸尙賓書絳州 薛氏先宗文碑絳州 龍門縣令皇甫君碑絳州 龍門縣令王公善德政碑絳州 山南西道節度掌書記右補闕裴公碑絳州 巡狩碑絳州 萬年縣令裴公德政碑絳州 太常寺禮院請創夏禹廟事絳州 祭禹廟祈雨文絳州 右廂兵馬使毋府君碑絳州 絳州刺史郇國公韋陟遺愛碑蘇嬰分書 絳州刺史李栖筠德政頌劉均分書 岷州司馬梁思楚碑魏秀書汾州 司馬山彌勒佛石像記韓王元嘉諸子訓等爲姚妃建篆書澤州 虞城令李錫去思碑又碑篆書南京 令長新誠王適篆書南京 雙廟記杜勸書南京 馬先生廟碑崔植書南京 修張中丞許史君南特進廟記趙晏書南京 牛龍堂記郭延禧書南京 微子廟碑南京 韓愈谿堂詩牛僧孺書鄆州 五太守宴小洞庭序蘇源明文并書鄆州 徐泗掌書記題名徐州 使院石柱記徐州 燕子樓賦徐州 薛南陽春亭詩徐州 岱嶽天齊王靈應碑萬賓書兗州 孔子老子顏子贊屈安書兗州 兗州司馬王仁恭祭嶽頌邢靈均分書兗州 沂州刺史徐孝德清德碑沂州 韋君清德頌沂州 齊州刺史封禪德政碑李思慬書齊州 齊州刺史薛寶積清德頌齊州 歷城令劉彥恪清德頌齊州 平盧軍節度使薛平紀績頌淄州 城門樓頌淄州 諡文宣王追封兗公等詔李斕書淄州 啟母碑楊烱文以下並出西京 唐碑俗云金字碑韓混書 義成軍節度使曹公碑長慶四年 程公碑陸賢書開元二十年 劍南東西川鹽鐵靑苗租庸等使兼殿中侍御史虢州刺史嚴公碑顏頵書元和中 龍門石龕像碑元袁哲書 彭王傅贈太子少師徐浩碑太子現書 啟聖宮臺敕太子亭題

洛陽尉贈朝散大夫馬允中碑開元九年中書侍郎兼黃門
侍郎同三品孫公碑　荆州都督長史孫公碑張庭諷書延
州刺史贈幽州刺史太常卿孫公碑開元二年贈齊州刺史
崔府君碑崔平書大中八年陳公碑疑蕭祐書左衛親府中郎贈左
僕射嗣曹王碑貞元四年左僕射牛公碑長慶二年邕州刺史邕
州經略制置等使贈右散騎常侍裴公碑鄭還古書開成五年故
房州刺史盧府君碑弟全嗣文并書屯衛將軍東都留守盧府
君碑開元中太原少尹盧府君碑張文禧書貞元九年歙州刺史郭
府君碑開元十二年散騎常侍黎公碑嗣子書太和中蘄州刺史靜
塞軍使張公碑　丞相檢校司空李公碑太和八年明威將
軍田府君碑開元二年元元觀三洞韓尊師道德碑開成四年太
子賓客贈尚書令王府君碑周式書大歷中工部侍郎趙公碑
王宣書開元十年秦公碑　贈太子少師崔公碑　廬州司馬
劉府君碑開元三年左右衛大將軍衛尉正卿卞國公贈羽
林大將軍泉君碑彭粲書開元十五年左僕射太子少保睦杭二
州刺史贈禮部尚書劉公碑開元二年都督隴右羣牧使贈
太僕卿韋公碑天寶十二年眞堂記　測景臺記　會善寺
碑隸書嵩嶽廟碑隸書嵩山寺碑頌胡英書開元二十七年辯正禪師
奉先寺塔銘徐現書太子翊善鄭公碑徐洪書大歷十三年光福寺
塔題名王仲舒書元和四年與樊宗師等遊嵩山題名韓愈書江陰
縣令武登碑長慶二年澠池縣復南館記盧元卿分書元和十四年太子
賓客孟簡碑開成元年左羽林軍統制普寧郡王贈太子太
保陳府君碑蕭祐書太和五年權公碑分書太原尹贈工部尚書
唐公碑盧曉分書工部侍郎趙國公碑開元二十一年襄陽李公碑
景龍二年惠林寺題名韓愈書惠林寺新修軒廊記元和十一年清
河崔公碑貞元二十一年太子賓客贈尚書孔府君碑　諫議
大夫興州司馬王府君碑天寶元年諫議大夫萬州刺史明

公碑貞元中白居易墓誌　刑部尚書致仕白居易碑譚邠
書檢校吏部郎中持節歙州諸軍事范陽盧府君碑裴述
書如雲鈞禪師碑楊遠書尊勝經幢篆書心經幢子篆書龍門
二十韻詩　醉吟先生傳　香山寺八節灘詩白居易鄭州司
馬王公碑景龍三年伊州刺史衛府君碑長安三年蕭府君碑
杭州刺史李公碑鄭恭書邛州刺史狄公碑　幽林思嵩
山詩韓覃作冬日洛城北謁混元皇帝廟詩杜甫作陸肱書重修
香山寺詩三十韻白居易作賀拔惎書平泉山居詩李德裕天后御
制詩王知恭書後魏大將軍贈并州大都督泉府君碑　懷
素草書三帖　華夷圖　洪州錄事參軍贈趙州刺史
趙道先碑　節度使畢公碑庚惟蔚書咸通六年魏公碑太和六年隋
州錄事參軍狄公碑　竇公碑　唐碑楊友卿書唐王公碑
分書瀛州刺史王公碑劉安書開元二十九年嘉州羅目令贈鄭州
刺史郭府君碑崔納書竇叔向碑姬昌直書嵩山閑居寺珪禪
師碑開元二十三年徐武臣碑　周公祠開元二年立以下並西京贈太子
少保顏杲卿碑顏眞卿文盧元佐書未詳處所左驍衛將軍馬寔墓誌
歐陽詹京兆府劉貞亮碑毛伯長書京兆北平郡王馬燧新廟碑于邵書京
兆崇徽公主手痕靈石并李山甫詩汾州東風吹水日銜
山李王書未詳徑山禪師影堂記羊士諤書杭州鍾離權草書邢州孫
眞人養生銘分書嘉州唐立樗里子墓碣鄭路文鄭公誼書

右唐中
鄭州刺史李淵造石像記鄭州石井欄記李拭書會昌二年延慶
院經藏記裴光遠分書襄州咸通九年放生池石柱文襄州天寶十年尹仁
恕旌表襄州秦五穀大夫碣鄭建書開元二十三年鄧州南陽縣廳西
壙記徐方回文并書大中十一年鄧州令長新誡劉飛書鄧州等慈寺碑顏師
古孟州韓愈送李愿歸盤谷序孟州廣成子廟汝州復黃陂記
楊正臣書元和三年汝州滑臺記永泰元年滑州流盃亭碑陰記趙穀書光化中立陳

州說文字源李騰篆徐璹眞書貞元五年滑州明皇送李邕滑州詩程元
封書滑州李聽修堯祠記開元二年滑州混元皇帝廟題碑呂獻臣書開元
中亳州老子祠庭薛道衡文亳州老子聖母碑呂獻臣分書亳州符離灘
水石橋碑宿州重修鼓角樓記李磎書泗州遊琅邪山題名李德
裕男椅等遊分書滁州望江令魏信陵碑舒州李翺題名舒州天柱山
司命眞君楊徽文并書大曆中舒州正覺大師碑蘄州修文宣王廟記
鄭彥藻分書咸通六年黃州總管道國公周法明墓誌至德中黃州萬孝
子碑廬州淮南觀察崔公頌德碑廬州紫極宮記王惟眞書會昌四年
壽州壽州刺史張鎰去思頌王端分書大曆中光州刺史郭道瑜
德政碑　四望亭記李紳文并書濠州龍興寺碑李涉分書景龍四年杭州
胥山銘王通書元和十年杭州大覺禪師塔銘蕭起書大中元年杭州大覺
禪師碑王稱書貞元十五年杭州前餘杭縣令劉元恭德政碑杭州前
餘杭縣令陳允昇德政碑上元二年杭州晉關內侯廣昌長暨
讓碣咸通中湖州刺史孔彭立在杭州內供奉道士吳筠碑貞元十年杭州天
柱山天柱宮碑吳筠文并書大曆五年杭州天目山銘杭州於潛縣令
丁明府德政碑殷亮書杭州嘉興縣寶華寺碑于頔書秀州謝公
碣僧道銳書湖州題謝公詩大曆七年湖州有唐封崇孔宣父故事記
湖州茶山詩袁高于頔李吉甫碑陰徐璹書湖州白蘋亭詩史鎬分書湖州陪封明
父遊靈巖瀑布詩康仲熊睦州白居易與劉夢得唱和蘇州刺
史孟簡重開孟瀆記常州遊善權觀呈李功曹羊士諤詩李飛書常
州忠烈公廟香爐贊常州甘露寺李德裕沈傳師唱和潤州
佛頂心陁羅尼經王奐之書一本牛僧孺分書潤州復禹廟衮冕記馬稹
書元和五年越州禹廟祈雨詩薛平等唱和越州法華山寺詩二十韻
李紳等越州十哲贊越州餘姚縣休光寺眞法師行業贊洪元吝書
天寶十五年越州龍泉寺碑虞世南文太和六年董重建越州虞世南碑　越
王碑越州徐偃王廟碑韓愈文衢州西楚霸王廟碑賀蘭咸書衢州東
陽令戴叔倫去思頌興元二年婺州蘭溪縣靈隱寺東峯亭記

婺州修桐柏觀記元稹文并書台州　普濟寺碑許欽宗文台州　長生田記何歸儒書台州　仙都山銘王光書貞元三年處州　鍾山總悟上人林下集序石洪文并書貞元二十年江陵府　景陽宮石井欄銘篆書太和中江陵府　又銘王震分書開元中　攝山明徵君碑高正臣書上元二年江陵府　福興寺碑江陵府　般若心經篆書江陵府　三茅山君下泊宮記盧士元書貞元十五年江陵府　華陽洞主王軏先生記王宗書貞元中江陵府　太平觀主王遠知碑徐頤隸書江陵府　茅山宗元觀碑楊幽徑書江陵府　宗正觀聖祖院碑徐挺古分書江陵府　茅山三洞景照法師韋公碑竇泉書江陵府　禮部侍郎信州刺史劉太眞碑江陵府　黃山亭碑又題名碑陰杜牧之太平州　左史洞述張祜書池州　雪竇開講詩鄭黨作咸通九年池州　有待巖記李綜書會昌四年池州　圓通大師碑張文裕書江州　寶稱大律師碑陳去疾書江州　東林臨壇大德塔銘弟子雲軒書江州　大孤山賦篆書李德裕作江州　僧靈澈詩五首元和四年江州　辨石鍾山鍾山記太和中江州　修敬亭府君廟記大中十年宣州　宣州東城門頌張敬元書開元十一年　東湖亭記崔璘書元和十五年洪州　宣歙觀察使薛邕去思頌裴章分書宣州　江西使院小吏記陸蔚之書崔黯甫文洪州　洪州刺史王守眞碑崔璘書洪州　長生粥疏齊己書洪州　龍鳴之寺宋之問書臨江軍　靖居寺記吉州　董淑妻岑夫人墓誌大曆中吉州　沙門神縱墓誌乾符四年郴州　南嶽彌陀和尚碑柳宗元文并書潭州　龍牙山先大師塔銘楊玗文并篆太和中潭州　修浯溪記羅洎書永州　二聖金剛神碑瞿參文書元和中江陵府　桃源修壇記甘從福書鼎州　惠泉詩宗文鼎荆門軍　頭陀寺碑鄂州　神光寺碑盧允書福州　聖泉寺三碑內一碑于頔書福州　三公亭記歐陽詹泉州　聖像記歐陽詹文福州南澗寺　南海廟記陳諫書廣州　貪泉銘一篆書一分書廣州　石室題名李紳魏元忠端州　諸葛武侯祠堂碑柳公權書元和四年成都府　平南蠻碑韋悟微書成都府　學館朝堂記顏有意書成都府　李太白碑于邵文緜州　天章雲篆碑壽王清書蜀州　南康郡王韋皋記功碑德宗制太子書簡州　張仙師靈廟碑李泳書元和十五年仙井監　大像碑

張絳書嘉州　仙人唐公碑興元府　重陽亭銘太和八年劍州　光福寺楠木歌嚴武史俊　擊甌賦張曉巴州　光福寺詩郗昂霍容巴州　欽明寺碑　南角山詩記集州　樂公修紫極宮記賈島書普州　楊雲昇尊師碑杜光庭文雲安軍　哥舒翰紀功碑熙州　代宗送令狐彰赴河南詩序彰書西京　左驍衛將軍郭英傑碑張蒙書　大覺禪師塔銘蕭起書杭州　雲臺觀三方贊魏包篆書華州　唐昭義軍節度使李抱眞德政碑班宏書潞州　枯樹賦褚發善書蘇州　擣練石記西京　韓公井記西京　洛祠志西京　天台觀題台州　桐柏之觀台州

右唐下

溫泉銘京兆府　鄭文貞公魏徵碑京兆府　登逍遙樓詩河中府

唐立晉祠銘太原府

右太宗

英國公李勣碑京兆府　萬年宮銘并碑陰敕鳳翔府　大唐紀功之頌孟州　祠霞山亭記未詳　李勣碑未詳　登封紀號碑未詳　小字登封紀號碑未詳

右高宗

升仙太子碑

右武后

道德經并注懷州陝府　孝經分書太子亨題　紀太山銘分書未詳　謁混元皇帝廟齊慶壇詩西京　嶽寺大照和尚普寂碑陰批答西京　鶺鴒頌西京　盧懷慎碑分書未詳　眞源觀鍾銘太子亨題亳州　老子廟碑亳州　登逍遙樓詩河中府　涼國長公主碑分書未詳　后土神祠碑分書太子鴻以下題名河中府　鄎國長公主碑同州　盧奐聽事贊未詳　金山公主碑同州　上黨宮燕羣臣故老詩潞州　龍角山慶唐紀聖之銘晉州　上黨宮啟聖頌潞州　贈兵部尚書楊元琰碑太子亨題京兆府　貞順皇后武氏碑未詳　侍郎裴光庭碑潞州　題桐柏觀頌台州　道德經頌隸書蘇州　武部尚書楊郇碑未詳

右明皇

批答沙門佛藏表京兆府

右代宗

批答河中尹渾瑊賀表京兆府　太尉段秀實碑太子誦書　賜張建封詩徐州

右德宗

段秀實碑未詳　麟德殿宴羣臣詩未詳　送張建封還鎮詩未詳　韋皋紀功德碑未詳

右皇太子誦

司空竇杭墓誌分書武德五年未詳　昭陵刻石文并六馬贊貞觀十年在九嵕山　隋柱國皇甫誕碑于志寧撰京兆府　周大宗伯唐瑾碑于志寧撰京兆府　唐楚哀王稚詮碑分書京兆府　右僕射溫彥博碑貞觀十一年京兆府　付善奴帖鳳翔府　骨利獻馬贊鳳翔府　尹善殿記鳳翔府　宗聖觀碑分書武德七年鳳翔府　化度寺僧邕禪書塔銘貞觀三年西京　道林之寺潭州　隋光祿姚辯墓誌京兆府太業七年　隋廬山西林道場碑江陵府　九成宮醴泉銘鳳翔府貞觀六年　鄱陽銘饒州　心經饒州　二吳論西京　千字文未詳　論飛帛未詳　毋州刺史元長壽碑大業七年未詳　工部尚書段文振碑未詳　語箴未詳

右歐陽詢

千字文傳智永書碑末有虞世南小楷七十八字東京　孔子廟堂碑　周行軍總管羅剎碑滑州　昭仁寺碑汾州　隋隆聖宮道場碑大業九年定州　白鶴詩未詳　孔憲公碑未詳　狄道人墓誌未詳

右虞世南

帝京篇太宗撰貞觀十九年東京　述三藏聖教序并記京兆府永徽四年　至德觀孟法師碑貞觀十六年岑文本撰京兆府　三藏聖教序記京兆府疑重出　三龕碑岑文本撰貞觀十五年西京　獨孤延壽碑未詳　枯樹賦未詳　度人

經變像未詳

右褚遂良

隋信行禪師興教碑并碑陰京兆府佛跡圖傳京兆府周封中嶽碑登封元年西京周昇仙太子碑陰未詳周福昌令張君清德頌太定元年未詳唐王美暢碑景雲二年未詳洛陽令鄭敞碑久視元年西京封府君碑西京三品李公碑西京襄城令贈魏州刺史李公碑西京偃師縣令崔府君德政碑西京杳冥君碑未詳左散騎常侍同三品趙郡成公碑西京

右薛稷

左羽林將軍臧懷亮碑耀州開元寺碑淄州嶽寺大照和尚普寂碑西京李府君碑西京普光寺碑泗州娑羅木碑楚州大雲禪寺碑海州老子孔子顏回贊海州秦望山法華寺碑越州嶽麓山寺記潭州大律故懷道闍梨碑福州石室記端州有道先生葉公碑　東林寺碑江州左武衛大將軍李思訓碑開元八年未詳大雲寺講堂碑陳州雲麾將軍李秀碑　鄂州刺史盧府君碑未詳

右李邕

華蕚樓記京兆府一行禪師眞贊京兆府禹廟寶林寺二詩東京三藏不空和尚碑京兆府尚書右丞姚弈碑西京潯陽司馬程元封碑西京中嶽興慶觀主郭元宗碑西京大證禪師碑西京前易州遂城縣令康正碑西京天封聖德感應頌西京般舟寺元隱禪師塔碑西京資州刺史裴公碑西京陳州刺史陶公碑西京苗大夫碑西京太夫人京兆杜氏碑西京嵩嶽龍潭寺明禪師碑西京洛州刺史徐嶠之碑西京題經嵩山在甘露寺西京嵩陽觀紀聖德感應頌分書西京金剛經西京心經未詳濟源令房琯遺愛頌孟州濟源縣令李造遺愛碑孟州令狐彰開河記滑州山谷寺容粲大師碑舒州法華寺元嚴律師碣越州謁禹廟詩越州廣德禪師碑未詳寶林寺詩越州董孝子碣明州康珽告未詳中書令張九齡廟碑　曇眞碑台州升仙太子廟碑西京觀音堂記西京天柱山司命眞君廟碑分書舒州王密德政碑陰明州遂城令康府君碑未詳陳留太守徐惲碑　開梁公堰頌未詳新安太守張公碑未詳東光縣主碑未詳文部郎中薛悌碑分書未詳資州刺史裴仲將軍碑分書未詳山谷寺璨大師碑分書未詳魏少游碑未詳右神武將軍史繼先墓誌未詳嚴峻碑未詳王建昌碑未詳

右徐浩

大唐中興頌永州周醴泉令張仁蘊德政碑未詳東方朔畫贊晉夏侯湛文德州周太師蜀國尉遲公廟相州涇原節度使馬璘先廟碑京兆府懷圓寂上人五言詩京兆府杭州刺史杜濟墓誌京兆府大慧禪師元偘碑京兆府夔州刺史顏勤禮碑京兆府國子司業顏允南碑京兆府多寶塔感應碑京兆府梁國公李抱玉碑京兆府贈太保郭敬之廟碑京兆府顏氏家廟碑耀州臧氏糾宗碑耀州工部尚書臧懷恪碑耀州宋州官吏八關齋報德碑南京濠州刺史顏元孫碑西京麗正殿學士殷踐猷碑西京顏君神道碑西京與郭英乂書西京河南府參軍贈祕書丞郭揆碑西京與蔡明遠書西京元魯山墓碣西京與李大夫乞米帖西京華陰等五郡節度使馬公碑西京與盧八帖西京故工部尚書蜀郡長史郭福善碑西京二十二字帖錢彥遠題西京容州都督元結碑汝州放生池記湖州項王碑陰湖州射堂記湖州干祿字書湖州丞相神道斷碑陰越州西平侯顏含大宗碑江陵府東林寺耶舍碑側題名江州律藏寺永公碑陰題名江州清涼山靖居寺題名吉州律藏院戒壇記撫州魏夫人上升記撫州麻姑山仙壇記建昌軍贈太子少保鮮于仲通碑閬州鮮于氏離堆記閬州送劉太冲序未詳謁金天王題名未詳江寧國題名　華嚴寺鑒法師碑杭州十金陂碑未詳潁川殘碑未詳涇縣斷碑未詳祭原明文祭季明文未詳張恭因碑未詳元次山墓銘西京岑夫人碑吉州小字麻姑壇記建昌軍汝陰太守顏默碑未詳西平靖侯顏含碑江陵府大字慈竹詩未詳寶應殿記未詳元靜先生李含光碑江陵府尚書左丞韋璟碑大曆中未詳江陵少尹顏臧碑未詳商州刺史歐陽璡碑鄭州王密德政碑李舟文陽冰篆明州工部尚書郭虛正碑顏惟正并商夫人贈告未詳富平尉顏喬卿墓碣未詳大斌令商攝碑未詳宋璟碑未詳台州刺史康希銑碑未詳

右顏眞卿

唐魏博等州節度使河進滔德政碑北京西明寺宣公律院碣京兆府升元先生劉從政碑京兆府柳尊師墓誌京兆府太清宮鍾銘京兆府相國魏謩先廟碑京兆府太子太保李聽碑京兆府武宗皇帝巡幸左神策軍紀聖德碑京兆府嶺南節度使韋元貫碑京兆府西平郡王李晟碑京兆府淮南監軍韋元素碑京兆府西明寺古本金剛經京兆府大達法師端甫碑京兆府少保牛僧孺碑京兆府臨淮普光王寺主碑京兆府將作監韋文恪墓誌京兆府太子少保魏謩碑鳳翔府散騎常侍致仕薛苹碑河中府山南西道節度使王起碑耀州商於新驛記商州司徒致仕太傅韓國公薛平碑絳州吏部尚書高元裕碑西京檢校吏部尚書贈太師崔陲碑西京檢校戶部尚書兼太子賓客高重碑西京江西觀察使贈禮部尚書羅讓碑西京宣武節度使太傅侍中鴈門郡王王智興碑西京陰符經序鄭瀚作西京衛尉卿李有裕碑西京

檢校金部郎中贈太尉羅公碑西京　唐公碑西京　贈太尉崔
植碑西京　淮南節度使崔從碑西京　檢校吏部尚書東都留
守李石碑孟州　心經未詳　國清寺題台州　復東林寺碑江州　涅槃
和尚碑洪州　大覺禪師塔銘虔州　大中寺題泉州　靈巖寺空寂
寺題興化軍　山南西道新驛路記興化軍　河中節度李說碑
西京　砥柱銘西京　左僕射平章事王播碑耀州　華山燈記未詳　王
播墓誌耀州　尊勝陀羅尼呪未詳　檢校金部郎中崔稹碑
淄王傅元公碑未詳　昊天觀碑未詳　太子太傅劉沔碑　河
東監軍康約言碑未詳　觀音院記未詳　起居郎劉公碑未詳

右柳公權

唐陽實諦寺詔碑順安軍　聖像應見記廣信軍　易州刺史田
仁琬德政碑易州　鐵像記易州　候臺記未詳　候臺碑易州　唐夢眞
容碑未詳

右蘇靈芝

薊州都督姚懿碑陝州　彭城郡太夫人劉氏碑西京　鄭國大
人鄭氏碑西京　光祿卿姚彝碑西京　懷州刺史陶公碑西京　烏
龍寺碑睦州　香嚴寺碑未詳　高行先生徐公碑未詳　孝義寺碑
及碑陰未詳

右徐嶠之

贈比干銘分書衛州　周辨法師碑京兆府　砥柱銘孟州

右薛純陀

大聖舍利寶塔銘鳳翔府　懾山題名江陵府　柳州井銘　酬
侍御姚員外遊道林嶽麓寺詩潭州　達磨碑陰未詳　黃陵廟
碑潭州　杜岐公莊居記未詳　惠泉詩荊門軍　羅池廟碑柳州　東京
留守忠懿公李憕碑西京

右沈傳師

相國于頔先廟碑京兆府　處道和尚碑京兆府　侍中右僕射
贈司空文獻公裴耀卿碑絳州　張延賞碑分書　統軍劉昌啟
碑西京　少保趙公碑西京　大覺禪師國一碑杭州

右歸登

襄州牧衛府君遺愛頌襄州　襄州牧獨孤府君遺愛頌襄州
襄陽令狄履温遺愛頌襄州　淄州縣令裴大智碑孟州　前刺
史李適之德政頌唐州　東陽令戴叔倫去思頌婺州　南嶽眞
君碑潭州　述聖宮碑陰未詳　玉眞公主受道祥應記未詳

右蕭誠

宣歙觀察使王質碑西京　唐塔記西京　東都留守令狐楚先
廟記西京　邠州節度使贈右僕射史公碑西京　丞相檢校左
僕射兼吏部尚書贈司空崔羣碑西京　廣乘禪師碑京州　何
文哲碑未詳　陽山祠神二碑鼎州

右劉禹錫

百巖禪師碑京兆府　太子中允范陽盧府君碑西京　檢校工
部尚書贈兵部尚書盧倰碑絳州　贈吏部尚書武就碑未詳
相國賈耽碑未詳　著作郎贈太子太保權貞孝公碑分書西京
山南東道節度使樊澤遺愛碑襄州　左常侍潞公碑未詳　尚
書省新修記未詳　太子賓客孔述睿碑未詳

右鄭餘慶

太常卿贈吏部尚書崔忠公碑西京　百巖禪師銘京兆府

右鄭絪

太子少傅竇希瓘碑京兆府　隴右節度使郭知運碑京兆府
豫州刺史魏叔瑜碑京兆府

右魏華

左散騎常侍致仕李眾碑西京　贈吏部尚書李公碑西京　盧
武節度大使贈司徒韓充碑西京　歙州刺史盧瑗碑未詳　趙
公拜墓碑西京　唐濟亭記未詳　商州刺史高承簡碑未詳　太子
賓客呂元膺碑未詳　薛平增修家廟碑未詳

右裴潾

盧國公程知節碑京兆府　忍辱禪師塔銘京兆府　阿彌陀經
未詳　清河公主碑未詳

右陽整

定慧禪師傳法碑京兆府　祖堂字襄州　圭峰禪師碑京兆府　三
乘典祕之藏襄州　勅大寂禪寺題洪州　普惠遠法師碑江州　殿
中侍御史韋翃墓誌未詳

右裴休

禹穴碑越州　會稽山神永興公祠堂碣越州　清泉寺大藏經
記明州

右韓特材

周都官郎中孔昌寓碑未詳　蘇瓌碑分書未詳　洛陽縣尉馬元
忠碑分書未詳　周紀信碑分書未詳　唐建福寺三門頌東京　龍興寺
碑分書陳州　景星寺碑容州　忠烈段太尉廟碑隸書鄭州

右盧藏用

七祖堂頌潞州　苗公歸鄉記未詳　宋州虞城縣令李府君碑
西京　大智禪師碑西京　乘眞禪師靈塔銘未詳

右胡霈然

富平縣尉韋器墓誌西京　大聖舍利寶塔銘鳳翔府　觀軍容
使魚朝恩碑京兆府　楚金禪師碑并陰京兆府　裴冕碑未詳　藏
用上坐院序未詳

右吳通微

大興善寺舍利塔銘未詳　虢王鳳碑耀州　御幸流盃亭侍宴
集詩西京

右殷仲容

兵部尚書東都留守顧少連碑西京　祭唐叔文太原府　魏博

節度使田緒遺愛碑北京
右張弘靖
左威衛將軍李藏用碑京兆府　集金剛經京兆府
右唐元序
太谷縣令安庭堅美政頌太原府　交城縣石壁寺鐵彌勒
像頌邠州
右房嶙妻高氏
姜嫄公劉新廟碑邠州　郭汾陽廟碑汾州　唐立樗里子墓碣
獨孤寔文未詳
右張誼
新學記襄州　修劉景升廟記襄州
右羅讓
修延陵季子廟碑潤州　鑑智禪師碑未詳　崔圓頌德碑未詳　龍
興寺愼律和尚碑揚州　王師乾碑江陵府　立漢黃公碣未詳　元
靜先生李含光碑江陵府　平泉華木記李德裕文李陽冰篆題未詳處所
右張從申
龍泉寺常住田碑越州　太白禪師塔銘明州　右軍祠越州　天童
山景德寺記明州　又贊功德記
右范的
天台佛窟禪林寺碑台州　修禪道場碑台州
右徐放
少姨廟碑未詳　啟母廟碑未詳　奉先觀老君像碑未詳
右沮渠智烈
華嶽碑堂修飾堂記華州　金天王廟靈異述未詳　金籙齋頌
未詳　華嶽古松詩華州　靈臺觀修二方功德頌未詳
右衞包
豫章衣冠盛集記洪州　後石幢記

右郭圓
靜禪法師方墳碑京兆府　遍學寺禪師碑襄州　彌陀贊未詳　楊
歷碑未詳　愛州刺史徐元貴碑未詳
右鍾紹京
華州刺史裴乾正碑京兆府　龍牙禪師記
右馮曉
周升中述志碑未詳　周封中嶽碑未詳　應天皇帝聖教序西京
周孝明高皇后碑京兆府　周許由廟碑則天撰未詳　周武士彠
碑未詳　龍興聖教序未詳
右相王旦
司空扶風公寫眞記未詳　六譯金剛經八分書未詳　南澤廣濟
公碑八分書未詳
右蓋巨源
兵部尚書王承業墓誌鄭言撰未詳　同昌公主碑未詳保衡
右柳仲年
襄州文宣王廟記襄陽　贈兵部尚書盧綸碑未詳
右崔倬
東林寺白氏文集記江州　熙怡大師石墳誌未詳　德湊公塔
銘未詳　玭禪師碑未詳
右僧雲皐
烏重允碑裴度撰未詳　左拾遺竇叔向碑羊士諤撰未詳
右竇易直
任邱令王公清德碑未詳　百家巖寺碑未詳
右崔倚
鹽池靈應公神祠碑未詳　同州刺史崔淙遺愛碑未詳
右韋縱
南海神廟碑廣州　昭義軍節度使辛祕碑未詳

右陳諫
陰符經未詳　塔陰文京兆府
右唐元度篆書
浯溪銘永州　浯臺銘永州
右李庚篆書
般若臺記福州　鄂州題　怡亭銘序興國軍　修文宣王廟記
處州　忘歸臺銘處州　城隍廟記處州　李氏汙尊銘處州　黃帝祠宇
記處州　刺史裴蒸紀德碑明州　西楚霸王靈祠題和州　李幼卿
新鑿琅邪泉題滁州　庶子泉銘滁州　新驛記滑州　大曆十五具
官名氏西京　龔邱縣令庚賁德政碑兖州　李氏三墳記李功卿撰
京兆府　玩容舊居未詳　元靜張先生碑題
右李陽冰篆書
唐邱漢高祖頌未詳　虞城縣令長新戒未詳　虞城令李公去
思碑未詳　胥山銘正書未詳
右王遹篆書
渭北節度使臧希讓碑京兆府　復鄠縣記京兆府
右張璪八分書
中書令張東之碑襄州　宗尊銘道州　陽華巖銘道州　奏舜廟狀
道州
右瞿令問八分書
呂諲祠記江陵府　郭愼微碑京兆府　呂公表江陵府　五原太守
郭英奇碑未詳
右顧戒奢八分書
孔子廟碑未詳　魏州刺史狄仁傑生祠碑分書北京　周信行禪
師碑未詳　兖州刺史韋元珪遺愛頌兖州　桂州都督長史程
文英碑分書西京　東林佛馱禪師舍利塔銘八分江州　趙公碑西京
左僕射劉延景碑未詳

右張庭珪八分書
狄梁公祠堂京兆 胡珦碑未詳 工部尚書田宋正先廟碑分書
京兆 贈工部尚書烏承玼碑華州分書 少府監胡珦碑同州 夏縣
令韋公遺愛碑未詳 尚書省石幢記西京分書 王粲石井欄記
分書襄州 忠武公將佐略未詳
右胡証八分書
解斯府君碑西京 光祿鄭曾碑未詳 張君碑未詳 同州刺史解
琬碑未詳 御史臺精金銘西京又京兆府 岷州刺史王君碑西京 華
州刺史楊公遺愛頌未詳 工部侍郎李景伯碑西京 齊州刺
史裴守正碑絳州 龐承宗碑未詳 古義士伯夷叔齊碑河中府
贈吏部尚書蕭雍碑京兆府 李希倩碑未詳 贈梁州都督郭
知運碑未詳 太子賓客楊元琰碑崔紆文未詳 樊君祠堂碑未詳
右梁升卿八分書
靈寶縣令裴遂遺愛碑陝州 華山詩 香谷渠記未詳 李德
遜碑篆書華州 鄭瞿齊碑未詳 唐慶觀金籙齋頌晉州 郭英乂碑
未詳 鄭英齊碑西京 新築隴州城記未詳 大照禪師普寂碑西京
李抱玉紀功碑未詳 大智禪師義福碑并碑陰西京 襄陽令
盧僎遺愛碑冀州 刺史杜敏生祠碑蘄州 兵部張君碑未詳 春
申君廟記蘇州 潁陽觀碑未詳 宇文顥山陰述越州 萬回大師
神跡書京兆 沛令于默成碑未詳 京兆尹張公德政碑 華
州刺史鎮國軍節度使楊公遺愛頌華州 延州都督宋公
碑　太子詹事裴權碑未詳 郭子儀夫人李氏碑未詳 劉飛
造像記未詳 漕能大師碑未詳 贈太子詹事王同晊碑未詳
右史惟則八分書
任城縣橋亭記未詳 定進嚴碑未詳 石經藏贊未詳 尉遲迥廟
碑并碑陰未詳 張嘉貞後碑并碑陰未詳 常州刺史陶雲德
政碑未詳 盧舍那瑉像頌定州 顏惟正碑未詳 叢臺賦磁州 元氏

令龐公清德頌未詳 崔潭龜詩未詳
右蔡有鄰八分書
大戒德律師智舟碑京兆府 梁公李峴遺愛頌鳳翔府 吏部
郎中楊仲昌碑陝府 蒲州刺史裴寬德政碑河中府 孔子廟
碑河中府 棣王墓誌未詳 韓賞祭華岳廟文華州 左武衛中郎
將臧希忱碑耀州 天台山桐柏觀碑台州 瑤臺寺大德碑未詳
歙州刺史葉君碑處州 萬年縣令徐昕碑西京 宇文顥山陰
述未詳 三絕碑西京 滎陽王妣宋氏墓誌朱書未詳 贈梁州都督
徐秀碑西京 洛陽縣食堂記西京 鳳翔節度使孫志直碑京兆
駙馬都尉豆盧建碑未詳 陽城太守趙公顛碑未詳 工部尚
書來曜碑未詳 慈恩寺莊地碑京兆府
右韓擇木八分書
故尚書左丞暢悅碑西京 工部尚書辛京杲碑未詳 長安縣
尉贈祕書監王府君碑西京 鄭清叔碑未詳
右韓秀榮八分書
裴公碑西京 汝州刺史李深碑汝州 華州刺史李元諒懋功
昭德頌華州 西平郡王李晟先廟碑京兆府 御史中丞裴曠
改葬碑崔造文李陽冰篆題未詳 鮮于氏里門記未詳
右韓秀弼八分書
少保李光進碑耀州 唐平蠻頌桂州 鮮于氏里門碑閬州
右韓秀實八分書
蘇氏造觀音像碑未詳 徐州刺史蘇詵碑未詳
右劉升八分書
左驍衛將軍趙元禮碑未詳 王方翼碑未詳 張嘉貞碑未詳
右陸堅八分書
節堂記未詳 秋日望贊皇山詩未詳 冲虛眞人廟記未詳 唐三
像記未詳

右李德裕八分書
亳州刺史劉懷碑未詳 河橋城樓記未詳
右李著八分書
蘇源明正德表未詳 壽張令劉公仁政碑未詳
右周頁弼八分書
明皇哀冊文未詳 白蘋亭記 甘棠館記未詳
右史鎬八分書
右僕射裴遵慶碑未詳 兗州都督劉好順碑未詳
右盧曉八分書

通志卷七十三

通志卷七十四

宋右迪功郎鄭樵漁仲撰

災祥略第一

序　天　日　月　星　地附山　水　旱　火　風

災祥序

仲尼既沒先儒駕以妖妄之說而欺後世後世相承罔敢失墜者有兩種學一種妄學務以欺人一種妖學務以欺天凡說春秋者皆謂孔子寓襃貶於一字之間以陰中時人使人不可曉解三傳唱之於前諸儒從之於後盡推己意而誣以聖人之意此之謂欺人之學說洪範者皆謂箕子本河圖洛書以明五行之旨劉向創釋其傳於前諸史因之而爲志於後析天下災祥之變而推之於金木水火土之域乃以時事之吉凶而曲爲之配此之謂欺天之學夫春秋者成周之典也洪範者皇極之書也臣舊作春秋傳專以明王道削去三家襃貶之說所以杜其妄今作災祥略專以記實迹削去五行相應之說所以絕其妖且萬物之理不離五行而五行之理其變無方離固爲火矣而離中有水坎固爲水矣而坎中有火安得直以秋大水爲水行之應成周宣榭火爲火行之應乎況周得木德而有赤烏之祥漢得火德而有黃龍之瑞此理又如何邪豈其晉厲公一視之遠周單公一言之徐而能關於五行之沴乎豈其晉申生一衣之偏鄭子臧一冠之異而能關於五行之沴乎如是則五行之繩人甚於三尺矣臣竊觀漢儒之說以亂世無如春秋之深災異無如春秋之眾者是不考其實也臣每謂春秋雖三王之亂世猶治於漢唐之盛時何哉春秋二百四十年而日食三十六唐三百年而日食過百舉春秋地震五漢和平中積二十一日而地百二十四動舉春秋山傾者二漢文帝時一年之間齊楚山二十九所同日圮舉春秋大水者八後漢延平中一月之間郡國三十六大水其他小小災異則二百四十年之事不及後世一年也如李梅冬實鸜鵒來巢之類在後世不勝書使春秋之人而親見後世事豈但慟哭流涕而已哉以春秋視後世不爲亂世也何哉後世之法度不及春秋之法度後世之人才不及春秋之人才其所以感和氣而弭災異者又安可望春秋乎嗚呼天地之間災祥萬種人間禍福冥不可知奈何以一蟲之妖一氣之戾而一一質之以爲禍福之應其愚甚矣況凶吉有不由於災祥者宋之五石六鷁可以爲異矣而內史叔興以爲此陰陽之事非吉凶所生魏安平太守王基筮於管輅輅曰君家有三怪一則生男墮地走入竈死二則大蛇牀上銜筆三則烏來入室與燕鬭兒入竈者宋無忌之妖蛇銜筆者老書佐之妖烏與燕鬭者老鈴下之妖此三者足以爲異而無凶兆無所憂也王基之家卒以無患觀叔興之言則國不可以災祥論興衰觀管輅之言則家不可以變怪論休咎惟有和氣致祥乖氣致異者可以爲通論

天

天裂　漢孝惠帝二年天開東北長二十餘丈廣十餘丈　晉惠帝元康二年春二月天西北大裂　太安二年秋八月庚午天中裂爲二無雲有聲如雷者三　成帝咸和四年天裂西北　穆帝升平五年秋八月已卯夜天中裂廣三四丈有聲如雷野雉皆鳴　梁武帝天監十三年春二月庚辰朔震于西南天如裂　太清一年夏六月天裂于西北長十丈闊二丈光出如電　冬十二月戊申天西北裂有光如火　陳後主至德元年冬十二月戊午夜天開自西北至東南其內有青黃雜色隆隆若雷

天鳴　晉元帝太興二年秋八月戊戌天鳴東南有聲如風水相薄　三年冬十月壬辰天鳴至甲午止　安帝隆安五年閏月癸丑天東南鳴　一年秋九月戊子天東南又鳴　義熙元年秋八月天鳴在東南　元興元年秋八月天鳴　二年秋九月又鳴　梁武帝中大通六年閏十二月丙午天西南有聲如雷　大同十一年夏六月辛巳竟天有聲如風水相薄　陳宣帝大建十二年秋九月癸未夜天東南有聲如風水相擊　十四年秋八月癸未天有聲如風水相擊乙酉夜亦如之　九月辛亥夜天東北有聲如蟲飛漸移西北　後主至德元年秋九月丁巳天東南有聲如蟲飛　北齊文宣帝天保四年夏四月戊午天西南有大聲如雷　後周武帝建德六年春正月天西方有聲如雷　隋文帝開皇二十年夏四月壬戌天有聲如瀉水自南而北

天變色　宋文帝元嘉十八年秋七月天黃色洞照　齊武帝永明八年夏六月丙申大雷雨有黃光竟天照地狀如金

無雲而雨　隋文帝開皇末二

無雲而雷　漢成帝元延元年夏四月丁酉無雲有雷聲光耀耀四面下至地昏止　後漢獻帝初平三年夏五月丙申無雲而雷　四年夏五月癸酉無雲而雷　隋文帝開皇二十年春二月丁丑無雲而雷

天雨螽　春秋魯文公三年雨螽于宋　襄公二年雨螽于江

天雨魚　漢孝武帝鴻嘉四年秋雨魚長五寸以下

天雨土　漢孝昭帝始元中雨土晝昏　梁武帝大同元年冬十月天雨黃塵　二年冬十一月丙寅天雨黃塵　後魏宣武帝景明四年涼州雨土如霧　後周宣帝大象二年春正月戊申雨細黃土　隋文帝開皇二年春二月庚子京師雨土

天雨毛　漢武帝天漢元年春三月天雨白毛　三年秋八月天雨白氂　西晉武帝泰始八年蜀地雨白毛　隋文帝開皇六年秋七月乙丑京師雨毛如馬尾長者二尺餘短者有六七寸

天雨沙　梁簡文帝大寶元年春正月丁巳天雨黃沙

天雨灰　商紂末年天雨灰　梁武帝大同三年春正月壬寅天雨灰黃色

天雨草　漢元帝永光三年秋八月天雨草而葉相樛結大如彈丸　平帝元始三年春正月天雨草狀如永光時　宋明帝太始四年雨草于宮中

天雨水銀　隋文帝仁壽二年宮中再雨水銀花至四年陝州又雨

天雨冰　夏桀時雨冰　後漢時京師雨冰張駿太元元年秋九月雨冰

天雨穀　後漢光武建武三十一年陳留雨穀形如稗實

天雨血　漢孝惠帝四年雨血於宜陽一頃所　孝哀帝建平四年夏四月山陽湖陵雨血廣三尺長五尺大者如錢小者如麻子　晉惠帝元康六年春三月彭城呂縣有流血東西百餘步　永康元年春三月尉氏雨血　陳後主至德三年有赤物隕于太極殿前初下時鐘皆鳴又嘗進白飲忽變爲血沾殿階瀝瀝然至御榻　北齊武成帝河清二年冬十二月雨血於太原　後主武平中有血點地自斛律明月宅至太廟

天雨木冰　春秋魯成公十六年春正月雨木冰　魏文帝黃初六年春正月雨木冰　晉元帝太興三年春二月辛未雨木冰　穆帝永和八年春正月乙巳雨木冰　孝武帝太元十四年冬十二月乙巳雨木冰

天雨肉　漢孝桓帝建和三年秋七月北地廉縣雨肉似羊肋或大如手　魏公孫淵時襄平北市生肉長圍各數尺有頭目口喙無手足而動搖　晉愍帝建興元年冬十二月河東雨肉

天

雨石

商紂末年天雨石如大甕 秦始皇時隕石 漢孝惠帝三年隕石緜諸一 孝武帝征和四年春二月隕石于雍二聲聞四百里 孝元帝建昭元年春正月戊辰隕石梁國六 成帝建始四年春正月隕石槀四肥累一 陽朔三年春三月壬戌隕石東郡八 鴻嘉二年夏五月隕石杜衍三 元延三年春三月隕石都關二 孝哀帝建平元年春正月隕石北地十其九月甲辰隕石虞二 平帝元始二年夏六月隕石鉅鹿二 自惠盡平隕石凡十一皆有光耀雷聲 成哀尤屢 後漢殤帝延平元年秋九月隕石陳留四 孝桓帝延熹七年春三月隕石右扶風一 鄠又隕石二 皆有聲如雷 魏明帝青龍三年春正月乙亥隕石于壽光 晉武帝太康五年夏五月丁巳隕石于溫及河陽各二 六年春正月隕石于溫三 成帝咸和八年夏五月隕石于涼州二 隋文帝開皇十七年石隕于武安滏陽間十餘

天雨金

秦獻公時櫟陽雨金 晉惠帝二年雨金 隋文帝仁壽四年諸軍州舍利塔成陝州雨金

日食

周平王五十一年春二月己巳日有食之 桓王十一年秋七月壬辰朔日有食之 莊王二年冬十月朔日有食之 惠王元年春三月日有食之 八年夏六月辛未朔日有食之 九年冬十二月癸亥朔日有食之 十三年秋九月庚午朔日有食之 二十二年秋九月戊申朔日有食之 襄王四年春三月庚午朔日有食之 七年夏三月日有食之 二十六年春二月癸亥日有食之 匡王元年夏六月辛丑日有食之 定王六年秋七月甲子日有食之既 八年夏四月丙辰日有食之 十五年夏六月癸卯日有食之 簡王十一年夏六月丙寅朔日有食之 十二年冬十二月丁巳朔日有食之 靈王十三年春二月乙未朔日有食之 十四年秋八月丁巳日有食之 十九年冬十月丙辰朔日有食之 二十年秋九月庚戌朔日有食之 冬十月庚辰朔日有食之 二十二年春二月癸酉朔日有食之 二十三年秋七月甲子朔日有食之既 八月癸巳朔日有食之 二十六年冬十二月乙卯朔日有食之 景王十年夏四月甲辰朔日有食之 十八年夏六月丁巳朔日有食之 二十年夏六月甲辰朔日有食之 二十一年秋七月壬午朔日有食之 二十五年冬十二月癸酉朔日有食之 敬王二年夏五月乙未朔日有食之 九年冬十二月辛亥朔日有食之 十五年春三月辛亥朔日有食之 二十二年冬十一月丙寅朔日有食之 二十五年秋八月庚辰朔日有食之 三十九年夏五月庚申朔日有食之 貞定王二十六年日有食之晝晦星見 史失紀月 考王六年六月日有食之 威烈王十六年日有食之 安王五年日有食之 二十年日有食之晝晦 烈王元年日有食之 七年日有食之 顯王十四年日有食之晝晦並失紀月 秦莊襄王二年四月日有食之 漢高帝三年冬十月甲戌晦日有食之 十一月癸卯晦日有食之 九年夏六月乙未晦日有食之既 惠帝七年春正月辛丑朔日有食之 夏五月丁卯先晦一日食幾盡 高后二年夏六月丙戌晦日有食之 七年春正月己丑晦日有食之 文帝二年冬十一月癸卯晦日有食之 三年冬十月丁酉晦日有食之 十一月丁卯晦日有食之 後四年夏四月丙寅晦日有食之 景帝三年二月壬子晦日有食之 四年十月戊戌晦日有食之 七年冬十一月庚寅晦日有食之 中二年秋九月甲戌晦日有食之 三年秋九月戊戌晦日有食之幾盡 四年冬十月戊午日有食之 六年秋七月辛亥晦日有食之 後元年秋七月乙巳晦日有食之 武帝建元二年春二月丙戌朔日有食之 三年秋九月丙子晦日有食之 元光元年秋七月癸未日有食之 元朔二年春三月乙亥晦日有食之 元狩元年夏五月乙巳晦日有食之 元鼎五年夏四月丁丑晦日有食之 太始四年冬十月甲寅晦日有食之 征和四年秋八月辛酉晦日有食之 昭帝始元三年冬十一月壬辰朔日有食之 元鳳元年秋七月乙亥晦日有食之 宣帝地節元年冬十二月癸亥晦日有食之 五鳳元年冬十二月乙酉朔日有食之 四年夏四月辛丑晦日有食之 元帝永光二年春三月壬戌朔日有食之 四年夏六月戊寅晦日有食之 建昭五年夏六月壬申晦日有食之 成帝建始三年冬十二月戊申朔日有食之 河平元年夏四月己亥晦日有食之 三年秋八月乙卯晦日有食之 四年春三月癸丑朔日有食之 陽朔元年春二月丁未朔日有食之 永始元年秋九月丁巳晦日有食之 二年春二月乙酉晦日有食之 三年春正月己卯晦日有食之 四年秋七月辛未晦日有食之 元延元年春正月己亥朔日有食之 哀帝元壽元年春正月辛丑朔日有食之與惠帝七年同月日 二年夏四月壬辰晦日有食之 平帝元始元年夏五月丁巳朔日有食之 二年秋九月戊申晦日有食之 孺子嬰居攝元年冬十月丙辰朔日有食之 王莽天鳳元年三月壬申晦日有食之 三年秋七月戊子晦日有食之 光武建武二年春正月甲子朔日有食之 二年夏五月乙卯晦日有食之 五年秋九月丙寅晦日有食之 六年秋九月丙寅晦日有食之 七年春三月癸亥晦日有食之 十六年春三月辛丑晦日有食之 十七年春二月乙亥晦日有食之 二十二年夏五月乙未晦日有食之 二十五年春三月戊申晦日有食之 二十九年春二月丁巳朔日有食之 三十一年夏五月癸酉晦日有食之 中元元年冬十一月甲子晦日有食之 明帝永平三年秋八月壬申晦日有食之 八年冬十月壬寅晦日有食之既 十三年冬十月壬辰晦日有食之 十六年夏五月戊午晦日有食之 十八年冬十一月甲辰晦日有食之 章帝建初五年春二月庚辰朔日有食之 六年夏六月辛未晦日有食之 元和元年秋八月乙未晦日有食之 和帝永元三年秋八月乙未晦日有食之史官不見他官以聞 二年春二月壬午日有食之 四年夏六月戊戌朔日有食之 七年夏四月辛亥朔日有食之 十二年秋七月辛亥朔日有食之 十五年夏四月甲子晦日有食之 安帝永初元年春三月朔日癸酉日有食之 五年春正月庚辰朔日有食之 七年夏四月丙申晦日有食之 元初元年春二月癸酉日有食之 冬十月戊子朔日有食之 二年秋九月壬午晦日有食之 三年春三月二日辛亥日有食之 四年春二月乙亥朔日有食之 五年秋八月丙申朔日有食之 六年冬十二月戊午朔日有食之幾盡 永寧元年秋七月乙酉朔日有食之 延光三年秋九月庚寅晦日有食之 四年春三月戊午朔日有食之 順帝永建二年秋七月甲戌朔日有食之 陽嘉四年秋閏八月丁亥朔日有食之 永和三年冬十二月戊戌朔日有食之 五年夏五月己丑晦日有食之 六年秋九月辛亥晦日有食之 桓帝建和元年春正月辛亥朔日有食之 三年夏四月丁卯晦日有食之 元嘉二年秋七月庚辰日有食之 永興二年秋九月丁卯朔日有食之 永壽三年夏閏四月庚辰晦日有食之 延熹元年夏五月甲戌晦日有食之 八年春正月丙申晦日有食之 九年春正月辛卯朔日有食之 永康元年夏五月壬子晦日有食之 靈帝建寧元年夏五月丁未朔日有食之 冬十月甲辰晦日有食之 二年冬十月戊戌晦日有食之 三年春三月丙寅晦日有食之 四年春三月辛酉朔日有食之 熹平二年冬十二月癸酉晦日有食之 六年冬十月癸丑朔日有食之 光和元年春二月辛亥朔日有食之 冬十月丙子晦日有食之 二年夏四月甲戌朔日有食之 四年秋九月庚寅朔日有食之 中平三年夏五月壬辰晦日有食之 六年夏四月丙午朔日有食之 獻帝初平四年春正月甲寅朔日有食之 興平元年夏六月乙巳晦日有食之 建安五年秋九月庚午朔日有食之 六年春二月丁卯朔日有食之 十三年冬十月癸未朔日有食之 十五年春二月乙巳朔日有食之 十七年夏六月庚寅晦日有食之 二十一年夏五月己亥朔日有食之 二十四年春二月壬子晦日有食之 二十五年春二月丁未朔日有食之 魏文帝黃初二年夏六月戊辰晦日有食之 三年春正月丙寅朔日有食之 冬十一月庚申晦日有食之 五年冬十一月戊申晦日有食之 明帝太和五年冬十一月戊戌晦日有食之 六年春正月戊辰朔日有食之 青龍元年夏閏五月庚寅朔日有食之 齊王正始元年秋七月戊申朔日有食之 三年夏四月戊戌朔日有食之 四年夏五月丁丑朔日有食之既 五年夏四月丙辰朔日有食之 六年夏四月壬子朔日有食之 冬十月戊申朔日有食之 八年春二月庚午朔日有食之 九年春正月乙未朔日有食之 嘉平元年春二月己未朔日有食之 高貴鄉公甘露四年秋七月戊子朔日有食之 五年春正月乙酉朔日有食之 陳留王景元二年夏五月丁未朔日有食之 三年冬十一月己亥朔日有食之 晉武帝泰始二年秋七月丙午晦日有食之 冬十月丙午朔日有食之 七年冬十月丁丑朔日有食之 八年冬十月丁未朔日有食之 九年夏四月戊辰朔日有食之 秋七月丁酉朔日有食之 十年春正月乙未日有食之 三月癸亥日有食之 咸寧元年秋七月甲申晦日有食之 三年春正月丙子朔日有食之 四年春正月庚午朔日有食之 太康四年春三月辛丑朔日有食之 六年秋八月丙戌朔日有食之 七年春正月甲寅朔日有食之 八年春正月戊申朔日有食之 九年春正月壬申朔日有食之 夏六月庚子朔日有

食之　惠帝元康九年冬十一月甲子朔日有食之　元康元年春正月辛卯日有食之夏四月辛卯日有食之　永寍元年春閏三月丙戌朔日有食之　光熙元年春正月戊子朔日有食之秋七月乙酉朔日有食之冬十一月壬午朔日有食之　懷帝永嘉元年冬十一月戊申朔日有食之　二年春正月丙子朔日有食之　六年春二月壬子朔日有食之　愍帝建興四年夏六月丁巳朔日有食之冬十二月甲申朔日有食之　五年夏五月丙子日有食之冬十一月丙子日有食之　元帝太興元年夏四月丁丑朔日有食之　明帝太寍三年冬十一月癸巳朔日有食之　成帝咸和二年夏五月甲申朔日有食之　六年春三月壬戌朔日有食之　九年冬十月乙未朔日有食之　咸康元年冬十月乙未朔日有食之　七年春二月甲午朔日有食之　八年春正月己未朔日有食之　穆帝永和二年夏四月己酉朔日有食之　七年春正月丁酉朔日有食之　八年春正月辛卯朔日有食之　十二年冬十月癸巳朔日有食之　升平四年秋八月辛丑朔日有食之旣　哀帝隆和元年春三月甲寅朔日有食之冬十二月戊午朔日有食之　廢帝太和三年春三月丁巳朔日有食之　五年秋七月癸酉朔日有食之　孝武帝寍康三年冬十月癸酉朔日有食之　太和六年夏六月庚子朔日有食之　九年冬十月辛亥朔日有食之　十七年夏五月丁卯朔日有食之　二十年春三月庚辰朔日有食之　安帝隆安四年夏六月庚辰朔日有食之　元興二年夏四月癸巳朔日有食之　義熙二年秋七月戊戌朔日有食之　十年秋九月丁巳朔日有食之　十一年秋七月辛亥晦日有食之　十三年春正月甲戌朔日有食之　恭帝元熙元年冬十一月丁亥朔日有食之　宋少帝景平二年春二月己卯朔日有食之　文帝元嘉四年夏六月癸卯朔日有食之　五年冬十一月乙未朔日有食之　六年夏五月壬辰朔日有食之冬十一月己丑朔日有食之星書見　十二年春正月乙未朔日有食之　十五年冬十一月丁卯朔日有食之　十七年夏四月戊午朔日有食之　十九年秋七月甲戌晦日有食之　二十二年夏六月戊子朔日有食之　二十三年夏六月癸未朔日有食之　二十六年夏四月丙申朔日有食之　三十年秋七月辛丑朔日有食之　孝武孝建元年秋七月丙申朔日有食之　大明四年秋九月庚申朔日有食之　五年秋九月甲寅朔日有食之　六年春二月壬子朔日有食之　明帝泰始三年冬十月己亥朔日有食之　四年夏四月丙子朔日有食之冬十月癸酉朔日有食之　五年冬十月丁卯朔日有食之　廢帝元徽元年冬十二月癸卯朔日有食之　二年春正月癸酉朔日有食之　順帝昇明元年冬十月辛亥朔日有食之　二年春三月己酉朔日有食之秋九月乙巳朔日有食之　三年春三月癸卯朔日有食之　齊高帝建元二年秋九月甲午朔日有食之　三年秋七月己未朔日有食之　武帝永明元年冬十二月乙巳朔日有食之　六年春二月辛亥朔日有食之　八年春正月己巳朔日有食之　九月癸亥晦日有食之　十一年夏六月戊辰朔日有食之　鬱林王隆昌元年夏五月甲戌朔日有食之　明帝建武元年冬十一月壬申朔日有食之　三年九月庚寅晦日有食之　東昏侯永元二年春正月辛丑朔日有食之秋七月己亥朔日有食之　和帝中興元年春正月丙寅朔日有食之秋七月癸巳朔日有食之　梁武帝天監元年秋七月丁巳朔日有食之　五年春三月丙寅朔日有食之　七年秋八月壬子朔日有食之　八年秋八月丙午朔日有食之　十年冬十二月壬戌朔日有食之　十一年夏五月己未晦日有食之　十二年夏五月甲寅朔日有食之　十五年春三月戊辰朔日有食之旣　十八年春正月辛巳朔日有食之　普通元年春正月丙子日有食之　二年夏五月丁酉朔日有食之　三年夏五月壬辰朔日有食之旣冬十一月己亥朔日有食之　四年冬十一月癸未朔日有食之　中大通元年冬十月乙酉朔日有食之　三年夏六月己亥朔日有食之　四年冬十月辛酉朔日有食之　五年夏四月己未朔日有食之　六年夏四月癸丑朔日有食之　大同四年春正月辛酉朔日有食之夏六月辛丑朔日有食之　六年夏閏五月丁丑朔日有食之　太清元年春正月己亥朔日有食之　陳高祖永定三年夏五月丙辰朔日有食之　文帝天嘉二年夏四月丙子朔日有食之冬十月甲戌朔日有食之　三年秋九月戊辰朔日有食之　四年春三月乙丑朔日有食之　五年春二月庚寅朔日有食之秋八月丁未朔日有食之　六年秋七月辛巳朔日有食之　天康元年春正月己卯朔日有食之　廢帝光大元年春正月癸酉朔日有食之冬十一月戊戌朔日有食之　二年冬十一月壬辰朔日有食之　宣帝大建二年冬十月辛巳朔日有食之　三年夏四月戊寅朔日有食之　四年春三月癸卯朔日有食之秋九月庚子朔日有食之　七年春二月壬辰朔日有食之　北年春二月丙戌朔日有食之冬十二月辛亥朔日有食之　八年夏六月戊申朔日有食之　九年冬十一月己亥晦日有食之　十二年冬十月甲寅朔日有食之　後主至德元年春二月己巳朔日有食之秋七月丁卯晦日有食之　二年春正月甲子朔日有食之　三年春正月戊午朔日有食之　禎明元年夏五月乙亥朔日有食之　隋文帝開皇十一年春二月辛巳晦日有食之　十二年秋七月壬申晦日有食之　十三年秋七月戊辰晦日有食之　仁壽元年春二月乙卯朔日有食之　大業十二年夏五月丙戌朔日有食之

日夜出

前漢孝武帝建元二年夏四月戊申有如日夜出　晉元帝太興元年冬十一月乙卯日夜出高三丈中有赤青珥

日夜食

後魏孝莊永安二年冬十月己酉日從地下食出虧從西南角起

日薄食

晉懷帝永嘉元年冬十一月乙亥黃黑氣掩日所照皆黃

衆日並出

晉孝愍帝建興二年春正月辛未有三日相承出於西方而東行　四年三日並照　五年春正月三日並照虹蜺彌天　元帝太興三年五日並見　梁元帝承聖元年冬十一月兩日俱見

日闘

晉元帝太興四年春二月癸亥日闘　後周武帝天和元年春二月庚午日翾光遂微

日隕于地

晉建興二年春正月辛未辰時日隕于地

日中烏見

晉穆帝永和八年張重華在涼日暴赤如火中有三足烏形見分明五日乃止　後周武帝天和元年春二月庚午日中見烏　靜帝大象元年春二月癸未日出將入時其中並有烏色

日中飛鸞

晉惠帝元康九年春正月日中有若飛鸞者數日乃消　孝懷帝永嘉五年春三月庚申日中有若飛鸞者

日中黑子

晉武帝泰始四年冬十月乙未日中有黑子　惠帝永寍元年秋九月甲申日中有黑子　元帝太興四年春三月癸未日中有黑子　永昌元年冬十月辛卯日中有黑子　成帝咸康八年春正月壬申日中有黑子　穆帝永和十年冬十月庚辰日中有黑子大如雞卵　十一年春三月戊申日中有黑子大如桃二枚　升平三年冬十月丙午日中有黑子大如雞卵　海西公太和四年冬十月乙未日中有黑子　五年春二月辛酉日中有黑子大如李　簡文帝咸安二年冬十月丁丑日中有黑子　孝武帝寍康元年冬十一月己酉日中有黑子大如李　二年春三月庚寅日中有黑子二枚大如鴨卵冬十一月己巳日中有黑子大如雞卵　太和十三年春二月庚子日中有黑子大如李　十四年夏六月辛卯日中又有黑子大如李　二十年冬十一月辛卯日中又有黑子　安帝隆安四年冬十一月辛亥日中有黑子　齊永元元年冬十二月乙酉日中有黑子三枚　後周建德六年冬十一月甲辰黑子大如杯

日中黑氣

漢孝靈帝中平四年三月丙申黑氣大如瓜在日中　孝獻帝光和三年春正月日色赤黃中有黑氣如飛鵲數月乃銷　晉惠帝永康三年冬十二月庚戌日中有黑氣　太安元年冬十一月日中有黑氣　永興元年冬十月日中有黑氣分日　後魏孝文帝太和二年日中有黑氣　三年夏六月癸卯日中有黑氣　宣武帝景明二年秋八月戊辰日赤無光中有黑氣　三年正月乙巳日中有黑氣　正始元年冬十二月丙戌黑雲貫日　二年日中有黑氣形如月從東南來衝日　三年春二月甲子日中有黑氣三　四年冬十一月癸卯日中有黑氣二大如桃　後周武帝天和二年冬十月辛卯日中有黑氣

日青無光

隋文帝仁壽四年秋七月乙未日青無光八日乃復

日光四散

晉惠帝光熙元年夏五月壬辰癸巳日光四散赤如流血照地皆赤甲午又如之　孝懷帝永嘉五年春三月庚申日散光如血下流所照皆赤　隋煬帝大業十二年冬十一月辛酉日光四散如流血

日晝昏而黃黑霧

晉惠帝永康元年冬十月乙未日闇黃霧四塞　孝愍帝建興二年春正月己巳朔黑霧著人如墨連夜五日乃止　明帝太寍元年春正月己卯朔日暈無光癸巳黃霧四塞二月乙丑黃霧四塞　宋文帝元嘉四年冬十月辛卯日晝昏凡十日乃明

日死

漢成帝河平元年春正月二日日出赤如血無光食後乃復　孝靈帝時日數出東方正赤如血無光高二丈餘乃有景且入西方去地二丈亦如之　宋孝武帝大明七年冬十一月日始出四五丈色赤如血未沒四五丈赤如之至八年春凡三度謂之日死　齊建元元年冬十二月未時日暈色黃無光至申乃散　二年閏月乙酉日黃無光　四年冬十一月丙午日黃色無光　永明五年冬十一月丁亥日出五竿失色赤黃暈抱珥直背

日赤如血無光

後魏文成帝興安元年冬十一月己卯日出赤如血　宣武帝正始三年

冬十月乙巳日赤無光延昌元年冬十月甲戌至辛卯日初出及將沒赤白無光

日五色

晉武帝太康元年春正月己丑朔五色氣冠日自卯至酉

日無光

後魏孝文帝太和十一年冬十一月丁亥日失色孝明帝熙平元年春三月丁丑日出無光至申酉時神龜三年冬十月己巳太史奏自入月以來黃埃掩日日出三丈色如赭無光曜節閔帝普泰元年春三月丁卯日月並赤赭色天地溷濁

日暈及背珥冠

孝章建初七年夏四月丙寅日加卯西面有抱須臾成暈殤帝延平元年夏六月丁未日暈上有半暈暈中外有璚背兩珥冬十二月丙寅日暈再重中有背璚孝順帝永和六年春正月己卯暈兩珥中赤外青白虹貫暈中晉孝愍帝建興五年春正月日有重暈左右兩珥明帝太寧元年春正月己卯朔日暈無光安帝隆安元年冬十二月壬辰日暈有背璚義熙六年夏六月丙子日暈有璚恭帝元熙二年春正月壬辰白氣貫日東西有直珥各一丈白氣貫之交匝陳文帝天嘉八年夏四月甲子日有交暈白貫之後魏道武帝皇始二年冬十月壬辰日暈有背珥孝文帝太和二年春正月辛亥日暈東西兩珥四年春正月癸丑日暈東西有背八年春正月戊寅有白氣貫日宣武帝延昌二年夏四月甲辰卯時暈匝西有一背黃南北有珥內赤外黃漸滅冬十二月己酉日暈北有一抱內赤外黃白兩傍有珥下孝明帝正光五年閏月乙酉日暈內赤外青南有珥下有抱兩背內赤外青冬十二月丙申日暈南北有珥上有抱一背孝昌三年夏五月戊戌辰時暈匝內赤外白兩珥冬十一月戊寅辰時暈東面不合內赤外黃孝武帝永熙三年夏六月己丑日暈有重珥上有背長二丈餘冬十一月己巳辰時日暈不合東西有珥背

日暈再重

周幽王末年日暈再重內赤外青有一黑晝上下通在日中晉武帝泰始五年秋七月甲寅日暈再重白虹貫之惠帝元康元年冬十一月甲申日暈再重青赤有光永康元年春正月癸亥朔日暈三重太安二年春三月甲戌日暈東西兩處不合其狀如抱孝愍帝建興五年春正月日有重暈左右兩珥後魏孝明帝正光五年春三月丁卯日暈三重外青內赤孝昌元年夏五月日暈再重節閔帝普泰元年冬十一月日暈再重東魏孝靜帝武定三年冬十一月壬申日暈兩重東南東北有珥在西兩重背

日暈五重

晉孝懷帝永嘉二年春二月癸卯青黃暈暈五重海西公太和六年日暈五重

虹貫日

後漢光武建武七年夏四月丙寅日有暈抱白虹貫暈孝靈帝光和六年春二月乙未白虹貫日孝獻帝初平元年春二月壬辰白虹貫日吳大帝赤烏十一年春二月白虹貫日晉孝懷帝永嘉二年春正月戊申白虹貫日二月癸卯白虹貫日明帝太寧元年冬十一月丙子白虹貫日成帝咸和九年秋七月白虹貫日咸康元年秋七月白虹貫日二年秋七月白虹貫日海西公太和四年夏四月戊辰白虹貫日六年春三月辛未白虹貫日安帝元興元年春二月甲子白虹貫日中三月庚子白虹貫日義熙十年日在東井有白虹十餘丈在南干日梁武帝太清元年春二月白虹貫日三年春正月白虹貫日後魏孝文帝延興五年春正月丁酉白虹貫日太和十三年春三月戊戌白虹貫日宣武帝延昌元年冬十一月己酉白虹貫日孝明帝神龜元年春三月丁丑白虹貫日正光三年夏五月白虹貫日孝昌三年冬十二月丙戌白虹貫日東魏孝靜帝元象元年冬十二月白虹貫日後周孝武帝保定五年白虹貫日建德二年春二月辛亥白虹貫日靜帝大定元年冬十一月己未白虹貫日隋文帝開皇元年春正月己巳白虹夾日

月

兩月並見

漢孝成帝建始元年秋七月戊午晨漏未盡三刻有兩月相承晨見東方梁武帝太清二年春正月癸巳朔兩月相承如鈎見于西方西魏文帝大統十四年春正月朔兩月並見隋煬帝大業九年春正月二十七旦兩月並見

月晝明

梁簡文帝大寶元年春正月丙寅月晝見于東方

星入月中

後漢孝明帝永平十五年冬十一月乙丑太白入月中晉孝惠帝太安二年冬十一月庚辰歲星入月中元帝太興三年冬十二月己未太白入月在斗成帝咸康元年春二月乙未太白入月六年春二月乙未太白入月孝武帝太元十二年春二月戊寅熒惑入月十三年冬十二月戊子辰星入月十八年春正月乙酉熒惑入月隋文帝仁壽四年夏六月庚午有星入月中數日而退

星

五星合聚

周武王將伐商五星聚于房齊桓公將霸諸侯五星聚于箕漢高祖元年入秦五星聚于東井以曆推之從歲星也

四星合聚

漢孝平帝元始四年四星聚于柳張各五日後漢孝獻帝初平元年四星聚于箕尾建安二十五年四星又聚西晉懷帝永嘉六年秋七月四星聚于牛女之間孝武帝太元十九年冬十月四星合于氐安帝義熙三年春二月癸亥土火金水聚于奎婁從填星也九年春二月壬辰水火土金聚于東井從歲星也後魏明元帝永興四年春二月壬辰木火土金聚于東井後木火入鬼節閔帝普泰元年冬十月甲寅金火土木入參畜甚明

三星合聚

漢孝文帝後六年夏四月乙巳三星合于東井孝景帝元年秋七月乙丑金木水三星俱合於張後漢孝和帝永元二年春正月乙卯金火俱合於奎丙寅水又在奎辛未水金木在婁五年夏四月金火水俱聚于東井七年春二月癸酉金火俱在參戊寅在井秋八月甲寅水土金俱在軫冬十二月丙辰火金水俱在斗孝靈帝光和五年冬十月木火金合於虛相去各五六寸如連珠孝獻帝初平元年冬十一月庚戌土火金合於尾建安十八年秋木土火合于太微逆行留守帝坐百餘日晉惠帝元康三年填星歲星太白三星聚于畢昴孝懷帝永嘉六年秋七月火木金聚于牛女之間孝武帝太元十七年秋九月丁丑木火土同在氐宋文帝元嘉二十三年春二月金火水合於東井後魏道武帝天賜四年春二月癸亥火土金聚後周宣帝宣政元年夏六月壬午木火金合于井靜帝大象元年夏四月戊子金木水合于井

老人星

梁天監四年秋八月庚子老人星見自此後每常以秋分後見於參南至春分而伏矣

流星

自上而降曰流自下而升曰飛秦始皇二年三月乙未有流星大小西行不可勝數至曉乃息漢孝昭帝始元中有流星下燕萬載宮極東去元平元年春二月甲申晨有流星大如月眾星皆隨西行三月丙戌流星出翼軫東北干太微入紫宮始出小且入大有光入有頃聲如雷三鳴乃止孝成帝建始元年秋九月戊子有流星出文昌色白光燭地長可五六丈大四圍所詘折委曲貫紫宮西在斗西北子亥間復詘如環北方不合留一刻所元延元年夏四月丁酉日晡時天曀晏殷殷如雷聲有流星頭大如缶長十餘丈皎然赤白色從日下東南去四面或大如盂或如雞子燿燿如雨下至昏止綏和元年春二月辛未有流星從東南入北斗長數十丈二刻所息光武建武十年春三月癸卯流星如月從太微出入北斗魁第六星色白旁有小星射者十餘丈滅則有聲如雷食頃止冬十二月己亥大流星如缶出柳西南行入軫且滅時分為十餘如遺火狀須臾有聲隱隱如雷十二年春正月己未小星流百枚以上或西北或正北或東北二夜止夏六月戊戌晨小星流百枚以上四面行中元二年冬十月戊子大流星從西南東北行聲如雷孝明帝永平元年夏四月丁酉流星大如斗起天市樓西南行光照地七年春正月戊子流星大如杯從織女西行光照地孝章帝建初二年秋九月甲寅流星過紫宮中長數丈散為三滅孝和帝永元元年春正月辛卯有流星起參長四丈有光色黃白一云大如拳起參東南又云大如桃色赤起太微東蕃二月流星起天棓東北行二丈所滅色青白壬申夜有流星起太微東蕃長三丈三月丙辰流星大如桃起天津東至斗黃白頻有光壬戌有流星起天將軍東北行色黃無光二年春二月丁酉有流星大如桃起紫宮東蕃西北行五丈消滅四月丙辰有流星大如瓜起文昌東北西南行至少微有頃音如雷八月丁卯有流星如雞子起太微西東南行四丈所消冬十月癸未有流星大如碗起天津西行六丈所消十一月辛酉有流星大如拳起紫宮西行到胃消三年秋九月丁卯有流星大如雞子起紫宮西南至北斗柄間消七年春正月丁巳有流星起天津入紫宮中滅色青黃有光冬十二月乙卯有流星起文昌入紫宮消十一年夏五月丙午有流星大如瓜起氐西南行稍有光白色十六年冬十月辛亥流星起勾陳北行二丈有光色黃元興元年春二月庚寅有流星起角亢五丈所夏四月辛亥有流星起斗東北行到須女秋七月己巳有流星起天市五丈所其色光赤孝順帝永和三年春二月辛丑有流星大如斗從西北行長八九尺色赤黃有聲隆隆然如雷孝桓帝永壽元年秋九月己酉晝有流星長二尺所色黃白孝靈帝熹平二年夏四月有流星出文昌入紫宮蛇行有首尾無身赤色有光照垣牆光和元年夏四月癸丑流星犯軒轅第二星東北行入北斗魁中中平中夏流星赤如火長三丈起河鼓入天市抵觸宦者星色白長二三丈從尾再屈食頭乃滅魏明帝景初二年秋八月丙寅夜有大流星長數

十丈白色有芒鬣墜遼東襄平城東南　陳留王景元四年夏六月有大星二並如斗見西方分流南北光照地隆隆有聲　蜀後主建興十三年諸葛亮屯渭南有星流投亮營三投再還　晉懷帝永嘉元年秋九月辛卯有大星如日自西南流于東北小者如斗相隨天盡赤聲如雷　元帝永昌元年秋七月甲午有流星大如甕長百餘丈青赤色從西方來尾分爲百餘岐方散　成帝咸康三年夏六月辛未流星大如二斗魁色青赤光耀地出奎中沒婁北　六年春二月庚午朔有流星大如斗光耀地出天市西行入太微　穆帝永和八年夏六月辛巳日未入有流星大如三斗魁從辰巳上東南行以晷度推之在奎斗之間蓋燕分也　十年夏四月癸未流星大如斗色赤黃出織女沒造父有聲如雷　海西公太和四年冬十月壬申有大流星西下有聲如雷　安帝隆安五年春三月甲寅流星赤色眾多西行經牽牛虛危天津閣道貫太微紫宮　宋文帝元嘉十年冬十二月有流星大如甕尾長二十餘丈　孝武孝建初二月流星大如月西行　梁武帝太清三年春正月戊辰有流星長三十丈墮武庫　元帝承聖三年冬十一月庚子夜有流星墜江陵城中　後魏道武帝登國四年春三月丁未有大流星東南行尾屬地六七丈有聲　天興元年冬十一月乙酉有流星照地啾啾有聲　文成帝興安元年夏五月辛亥流星大如五斗許西南爲六七段有聲　後周武帝天和四年夏四月庚午有流星大如斗出左攝提流至天津中有聲如雷　建德六年冬十二月癸丑流星大如月西流有聲蛇行屈曲光照地戊辰平旦有流星大如三斗器色青出紫宮　靜帝大象元年夏六月丁卯有流星大如雞子出氐中西北流有尾長一丈所入月中即滅己丑有流星大如斗出營室　二年閏五月甲辰有流星一大如三斗器出太微端門流入翼色青白聲如風卷旗秋七月壬子有流星大如斗出五車東北　隋文帝開皇元年冬十一月己巳有流星聲如隕牆光燭地　五年秋八月戊申有流星數百四散而下　煬帝大業十二年秋八月壬子有大流星如斗出王良閣道聲如隕牆癸丑有大流星如甕出羽林

奔星

光迹相連曰流絕迹而去曰奔　晉太元二年冬十月乙卯有奔星東南經翼軫聲如雷

飛星

飛類於流自下而上曰飛　漢成帝陽朔四年閏月庚午飛星大如缶西南入斗下

星隕

周莊王十年夏四月辛卯夜恆星不見夜中星隕如雨　襄王元年星晝隕于秦　八年春正月戊申朔隕石于宋五　傳曰隕星也　前漢成帝永始二年春二月癸未夜過中星隕如雨長一二丈繹繹未至地滅至雞鳴止　後漢更始元年夏有流星墜昆陽王尋王邑營中晝有雲如壞山當營而隕不及地尺而散　晉武帝泰始四年秋七月星隕如雨皆西流　太康九年秋八月壬子星晝隕如雨　孝惠帝太安二年冬十一月辛巳有星晝隕中天北下光變白有聲如雷　永興元年秋七月乙丑星隕有聲　二年冬十月星又隕有聲　孝懷帝永嘉四年冬十月庚子大星西北墜有聲　恭帝元熙元年西涼星隕　梁武帝中大通四年秋七月甲辰星隕如雨　元帝承聖元年星隕吳郡　後魏道武帝登國九年有星墜于河北聲如雷震光明燭天地　隋文帝開皇十九年星隕于渤海　煬帝大業十一年冬十二月戊寅大流星如斛墜賊盧明月營　十二年夏五月有大流星隕於吳郡爲石　十三年夏五月辛亥大流星隕於江都

客星

非其常有曰客星　漢武帝元光元年夏六月有客星見于房　孝昭帝元鳳四年客星在紫宮中斗樞極間　孝宣帝地節元年夏六月戊戌甲夜客星居左右角間東南指長可二尺色白其丙寅又有客星見于貫索東北南行至秋七月癸酉夜入天市芒炎東南指其色白　黃龍元年春三月客星居王良東北可九尺長丈許西指出閣道間至紫宮　孝元帝初元元年夏四月有客星大如瓜色青白在南斗第二星東可四尺　二年夏五月客星見于昴分居卷舌東可五尺色青白炎長三寸　後漢光武建武三十一年秋七月有客星見軒轅炎二尺所西南行至明年二月二十二日在輿鬼東北六尺所凡百十三日滅　孝明帝永平四年秋八月辛酉客星出梗河西北指貫索七十日去　八年冬十二月戊子客星出東方　九年春正月戊申客星出牽牛長八尺歷斗建箕過角亢至翼芒東指見至五十日滅　十三年冬十一月客星出于軒轅四十八日　十四年春正月戊子有客星出昴六十日在軒轅右角稍滅　孝章帝元和元年夏四月客星晨出東方在胃八度歷閣道入紫宮留四十日滅　孝和帝永元十三年冬十一月乙丑軒轅第四星間有小客星色青黃　十六年夏四月戊午客星從紫宮西行至昴五月壬申滅　孝安帝永初元年秋八月戊申有客星在東井弧星西南　四年夏六月丙子客星大如李蒼白芒氣長三尺指上階星　元初三年冬十一月甲午客星見于西方己亥在虛危南至胃昴　延光四年冬十一月客星見天市　孝順帝永建六年冬十二月壬申客星芒氣長二尺餘西南指色蒼白在牽牛六度　陽嘉元年閏月戊守客星氣白廣二尺長五丈起天苑西南　孝桓帝延熹四年夏五月辛酉客星在營室稍順行生芒長五尺所至心一度轉爲彗　孝靈帝中平二年冬十月癸亥有客星出南門中大如半筵五色喜怒稍小至後年六月消　五年夏六月丁卯客星如三升椀出貫索西南行入天市至尾而消　魏文帝黃初三年秋九月甲辰客星見太微左掖門內　明帝景初二年冬十月客星見危逆行在離宮北騰蛇南甲辰犯宗星己酉乃滅　高貴鄉公甘露二年冬十月丁丑客星見太微中轉東南行歷軫宿七十日滅　晉武帝太熙元年夏四月客星在紫宮　孝惠帝永興元年夏五月客星守畢　海西公太和四年春二月客星見紫宮西垣至七月乃滅　孝武帝太元十一年春三月客星在南斗至六月乃滅　十八年春二月客星在尾中至九月乃滅　安帝元興元年冬十月有客星色白如紛絮在太微西至十二月入太微　後周武帝保定元年秋九月乙巳客星見于翼　天和三年秋七月己未客星見房心白如粉絮大如斗漸大東行八月入天市長如匹許復東行犯河鼓右將癸未犯狐瓜又入室犯離宮九月壬寅入奎稍小壬戌至婁北一尺所滅凡六十九日　建德三年春二月戊午有客星大如桃出五車東南入文昌又入北斗魁中凡見九十三日

彗星

隋志曰孛星彗之屬也偏指曰彗芒氣四出曰孛彗星者埽星也有五色　春秋時齊有彗星齊君禳之晏子曰無益也　周貞定王二年彗星見　顯王八年彗星見于西方　赧王十年彗星四見　十二年彗星見　十九年彗星見　秦始皇七年彗星先見東方見北方五月見西方　九年彗星見或竟天是歲彗星復見西方又見北方從斗南八十日　十二年彗星見東方　漢孝景帝二年冬十二月彗星出西南　中三年春三月丁酉彗星見西北色白長大在觜觿且去益小十五日不見　孝元帝初元五年夏四月彗星出西北赤黃色長八尺所數日長丈餘東北指在參分　孝哀帝建平二年春二月彗星出牽牛七十餘日　後漢建武十五年春正月丁未彗星見昴炎長三丈稍西北行入營室犯離宮二月乙未至東壁滅四十九日　三十年閏月甲午水在東井二十度生白氣東南指炎長五尺爲彗東北行至紫宮西藩止五月甲子不見凡見三十一日　孝明帝永平三年夏六月丁卯彗星出天船北長二尺所稍北行至亢南百三十五日去　十八年夏六月己未彗星出張長三尺轉在郎將南入太微　孝章帝建初元年秋八月庚寅彗星出天市長三尺所稍行入牽牛三度積四十日稍滅　二年冬十二月戊寅彗星出婁三度長八九尺稍入紫宮百六十日稍滅　孝安帝永初三年冬十二月彗星起天苑南東北指長六七尺色蒼白　孝順帝永和六年春二月丁巳彗星見東方長六七尺色青白西南指營室及墳墓丁丑彗星在奎一度長六尺癸未昏見西北歷昴畢甲申在東井遂歷輿鬼七星張光延及三台至軒轅中滅　孝桓帝建和三年秋八月乙丑彗星芒長五尺見天市中東南指色黃白九月戊辰不見　孝靈帝光和元年秋八月彗星出亢北入天市中長數尺稍長至五六丈赤色經歷十餘宿八十餘日乃消於天苑中　三年冬彗星出狼弧東行至于張乃去　五年秋七月彗星出三台下行入太微至太子幸臣二十餘日而消　中平五年春二月彗星出奎逆行入紫宮復三出六十餘日乃消　孝獻帝初平四年冬十月彗星出兩角間東北行入天市中而滅　魏明帝青龍四年冬十一月己亥彗星見犯宦者星天紀星　景初二年秋八月癸丑彗星見張長二尺逆西行四十一日乃滅　齊王正始元年冬十月乙酉彗星見于西方在尾長二丈拂牽牛犯太白十一月甲子進犯羽林　六年秋八月戊午彗星見七星長二尺色白進至張積二十三日滅　七年冬十一月癸亥彗星見軫長一尺積百五十六日滅　九年春三月彗星見昴長六尺色青白芒西南指秋七月又見翼長二尺進至軫積四十二日滅　嘉平三年春二月丁酉彗星見于西方在胃長五六丈色白芒南指貫參積二十日滅　五年冬十一月彗星又見軫長五丈在太微左執法西東南指百九十日滅　高貴鄉公正光二年春正月彗星見于吳楚分西北竟天　甘露二年冬十一月彗星見角色白　陳留王景元三年冬十一月壬寅彗星見亢色白長五寸轉北行積四十五日滅　咸熙二年夏五月彗星見王良長丈餘色白東南指積十二日滅　晉武帝泰始四年春正月丙戌彗星見軫青白色西北行又轉東行　孝惠帝永康元年冬十二月彗星出牽牛西指天市　二年夏四月彗星見于齊分　太安元年夏四月彗星晝見　二年春三月彗星見于東方指三台　成帝咸康二年春正月辛巳彗星見西方在奎　康

帝建元元年冬十一月六日彗星見亢長七尺白色　穆帝永和五年冬十一月乙卯彗星見亢芒西向色白長一丈　六年春正月丁丑彗星又見亢　升平二年夏五月丁亥彗星出天船在胃　孝武帝寧康三年春三月丙戌彗星見氐　安帝義熙十一年夏五月甲申彗星二出天市埽帝座在房心北　十四年秋七月癸亥彗星出太微西柄起上相星下芒漸長至十餘丈進埽北斗紫微中台　宋文帝元嘉十九年秋九月丙辰有客星在北斗因爲彗入文昌貫五車埽畢拂天節經天苑季冬乃滅　二十六年彗星見太微　二十八年夏四月己酉彗星見昴六月壬子彗星見太微中對帝座　齊和帝中興元年彗星竟天　梁武帝大同五年冬十月辛丑彗星出南斗長一尺餘東南指漸長丈餘至婁滅　陳文帝天嘉元年秋九月癸丑彗星見長四尺芒指西南　六年夏六月辛酉彗星見上台長丈餘　廢帝光大二年夏六月彗星見　宣帝大建十三年冬十二月辛巳彗星見西南　後魏道武帝天興四年春正月彗星見于西方　孝文帝太和六年秋八月戊午彗星見于七星長二尺色白行至張積四十餘日滅　七年冬十月癸亥彗星見軫長一丈六十日乃滅　九年春二月彗星見昴長一尺秋七月又見翼長二尺進至軫　正光元年九月辛亥彗星出東方長尺三寸　北齊武成帝河清四年春三月彗星見　後主天統元年夏六月壬戌彗星出文昌東北其大如手經紫微後稍長至丈餘百餘日滅於虛危　四年夏六月彗星見于東井　後周武帝保定五年夏六月庚申彗星出三台入文昌經紫宮漸長丈餘後百餘日稍短長二尺五寸在虛危滅　天和三年夏六月甲戌彗星見東井長一丈上白下赤而銳東行至鬼北八寸乃滅　隋文帝開皇十四年十一月癸未有彗星孛于虛危及奎婁　煬帝大業三年春二月己丑彗星見于東方文昌歷太陵五車北河入太微埽帝座前後百餘日而止　四年秋九月戊寅彗星出五車埽文昌至房而滅　大業十三年秋九月有彗星見於營室

孛星

偏指曰彗芒氣四出曰孛彗亦爲孛孛者非常惡氣之所生也孛然爲粉絮　春秋魯文公十四年有星孛于北斗　昭公十七年冬有星孛于大辰西及漢　哀公十三年冬十月有星孛于東方　十四年冬有星孛　漢高帝三年秋七月有星孛于大角旬餘乃入　孝文帝後七年秋九月有星孛于西方其本直尾箕末指虛危長丈餘及天漢十六日不見　孝景帝二年冬十二月有星孛于西南　中二年夏四月有星孛于西北　中三年秋九月有星孛于西北　孝武帝建元三年春三月有星孛于星張歷太微于紫宮至于天漢是歲夏四月有星孛于天紀至織女秋七月有星孛于西北　四年秋七月有星孛于東北　六年夏六月有星孛于北方秋八月有星孛于東方長竟天　元狩三年春有星孛于東方　四年春有星孛于東北　元封元年秋有星孛于東井又孛于三台　元封中有星孛于河戒　太初中有星孛于招搖　後元二年秋七月有星孛于東方　孝昭帝始元三年春二月有星孛于西北　孝宣帝地節元年春正月有星孛于西方去太白二丈所　神爵元年夏六月有星孛于東方　黃龍元年春三月有星孛于王良閣道入紫宮　孝元帝初元五年夏四月有星孛于參　孝成帝建始元年春正月有星孛于營室青白色長六七丈廣尺餘　元延元年秋七月有星孛于東井踐五諸侯出河戒北率行軒轅太微後日六度有餘晨出東方十三日夕見西方犯次妃長秋斗填蠭炎再貫紫宮中大火當後達天河除於妃后之域南遊度犯大角攝提至天市而按節徐行炎入市中旬而後西去五十六日與蒼龍俱伏　孝哀帝建平三年春三月有星孛于河鼓　王莽地皇三年冬十一月有星孛于張東南行五日不見　後漢孝桓帝延熹四年夏五月有星孛于心　孝獻帝建安五年冬十月辛亥有星孛于大梁　九年冬十一月有星孛于東井輿鬼入軒轅太微　十一年春正月有星孛于北斗首在斗中尾貫紫宮及北辰　十二年冬十月辛卯有星孛于鶉尾　十七年冬十二月有星孛于五諸侯　二十二年冬有星孛于東北　二十三年春三月孛星晨見東方二十餘日夕出西方犯歷五車東井五諸侯文昌軒轅后妃太微鋒炎指帝座　魏文帝黃初六年冬十月乙未有星孛于少微歷軒轅　明帝大和六年冬十月丙寅有星孛于翼近太微上將星　青龍四年冬十月甲申有星孛于大辰長三尺乙酉又孛于東方　齊王嘉平三年冬十一月癸亥有星孛于營室西行積九十日滅　晉武帝泰始四年秋九月有星孛于紫宮　十年冬十二月有星孛于軫　咸寧二年夏六月甲戌有星孛于氐秋七月有星孛于大角八月有星孛于太微至翼北斗三台　三年春正月有星孛于西方三月有星孛于胃夏四月有星孛于女御五月又孛于東方秋七月有星孛于紫宮　五年春三月有星孛于柳夏四月有星孛于女御秋七月有星孛于紫宮　太康二年秋八月有星孛于張冬十一月有星孛于軒轅　四年春二月戊申有星孛于西南　八年秋九月有星孛于南斗長數十丈十餘日滅　孝惠帝元康五年夏四月有星孛于奎至軒轅太微經三台大陵　永興二年秋八月有星孛于昴畢冬十月丁丑有星孛于北斗　成帝咸和四年秋七月有星孛于西北犯斗二十三日滅　咸康六年春二月庚辰有星孛于太微　哀帝興寧元年秋八月有星孛于角亢入天市　孝武帝寧康二年春正月丁巳有星孛于女虛經氐亢角軫翼張秋九月丁丑有星孛于天市　太元十五年秋七月壬申有星孛于北河經太微三台文昌入北斗色白長十餘丈入月戊戌入紫微乃滅　安帝隆安四年春二月己丑有星孛于奎長三丈上至閣道紫宮西蕃入北斗魁至三台三月遂經于太微帝坐端門冬十二月戊寅有星孛于貫索天市天津　義熙十四年夏五月庚子有星孛于北斗魁中　恭帝元熙元年春正月戊戌有星孛于太微西蕃　宋武帝永初三年春二月丙戌有星孛于虛危是歲冬十一月戊子有星孛于營室　少帝景平元年春正月己卯有星孛于東壁冬十月己未有星孛于氐　陳宣帝大建七年夏四月丙戌有星孛于大角　北齊後主天統四年秋七月有星孛于房心白如粉絮大如斗東行八月入天市漸長四丈犯瓠瓜歷虛危入室犯離宮九月入奎至婁滅　後周武帝建德三年夏四月乙卯有星孛于紫宮垣外大如拳赤白色至五帝坐東南行稍長丈五尺五月甲子至上台北滅　隋煬帝大業十一年夏六月有星孛于文昌東南長五六寸色黑而銳夜動搖西北行數日至文昌去紫宮四寸不入却行而滅　十三年六月有星孛于太微五帝座色黃赤長三四尺數日而滅

天狗

隋志曰狀如大奔星色黃有聲其止地類狗所墜望之炎炎如火光衝天其上銳其下圓如數頃田處或曰星有毛旁有短彗下有狗形者或曰星出其狀赤白有光下即爲天狗一曰流星有光見人而墜無音若有足者曰天狗其色白其中黃如遺火狀　漢孝文帝六年秋八月天狗下梁壘　孝景帝三年秋七月天狗下　孝哀帝建平元年春正月丁未日出時有著天白氣廣如一匹布長十餘丈西南行讙如雷西南行一刻而止名曰天狗　後漢獻帝初平四年夏六月辛丑天狗西北行　晉穆帝升平四年冬十月庚戌天狗見西南　孝武帝太元十三年閏月戊辰天狗東北見有聲　北齊孝昭帝皇建二年天狗下晉陽

枉矢

說苑曰枉矢辰星盈縮之所生也又曰識星散爲枉矢又曰五星盈縮之所生也弓弩之象也巫咸曰枉矢類大流星也色蒼黑蛇行望之如有毛目長數匹又曰黑彗分爲枉矢枉矢者射是也　秦二世二年項羽救鉅鹿枉矢西流　孝惠帝元康四年秋九月甲午枉矢東北行竟天　六年夏六月丙午夜有枉矢自斗魁東南行　光熙元年夏五月枉矢西南流　元帝太興三年夏四月壬辰枉矢出虛危沒翼軫　穆帝升平二年冬十二月枉矢自東南流于西北其長半天　隋煬帝大業十二年秋九月戊午有枉矢二出北斗魁委曲蛇形注於南斗

蚩尤旗

孟康曰熒惑之精也流爲蚩尤旗晉灼曰呂氏春秋云其色黃上白下夏氏曰望之無雲獨見赤雲或者是也或曰形如箕可長三丈末有星　漢武帝建元六年秋八月長星出于東方長亘天三十日去占曰爲蚩尤旗　後漢獻帝初平三年秋九月蚩尤旗見長十餘丈色白出角亢之南　魏高貴鄉公正元元年冬十月白氣出南斗側廣數丈長亘天王肅曰蚩尤旗也　晉武帝咸寧四年夏四月蚩尤旗見于東井

長星

漢孝文帝八年夏有長星出于東方　孝武帝元狩四年夏有長星出于西北　後漢孝明帝永平八年夏六月壬午長星出于柳張三十七度犯軒轅刺天船陵太微氣至上階凡見五十六日去　晉孝武帝太元二十一年長星見　恭帝元熙二年夏四月長星竟天　齊東昏侯永元三年春正月乙巳長星見亘天　梁武帝中大通五年春正月己酉長星見　隋煬帝大業三年春正月有長星竟天出於東壁二旬而止

蓬星

漢孝景帝中三年夏六月壬戌有蓬星見于西南在房南去房可二丈如二斗器色白癸亥在心東北可長丈所甲子在尾北可六丈丁卯在貫北近漢稍小去時大如桃壬申去凡十日　孝昭帝始元中蓬星出于西方天市東門行過河皷入營室中

地 山附

地震

周幽王二年西周涇渭洛三川皆震　春秋魯文公九年秋九月癸酉地震　襄公十六年夏五月甲子地震　昭公十九年夏五月己卯地震　二十三年秋八月乙未地震　哀公三年夏四月甲午地震　漢孝惠帝二年春正月隴西地震壓四百餘家　呂后二年春正月乙卯地震羌道　孝文帝元年夏四月齊

楚地震　五年春二月地震　孝景帝後元年夏五月地震　孝武帝元光四年夏五月地震　征和二年秋八月癸亥地震壓殺人　後元元年秋七月地震往往涌泉出　孝宣帝本始元年夏四月庚午地震　四年夏四月壬寅地震河南以東四十九郡北海琅邪壞祖宗廟城郭殺六千餘人　孝元帝初元二年春二月戊午地震于隴西郡毀落太上皇廟殿壁木飾壞敗豲道縣城郭官寺及民室屋壓殺人眾　永光三年冬地震　建昭二年冬十一月齊楚地震　孝成帝建始三年冬十二月戊申夜未央宮殿中地震　河平三年春二月犍為地震積二十一日百二十四動　綏和二年秋九月丙辰地震自京師至北邊郡國三十餘壞城郭凡殺四百一十五人　後漢世祖建武二十二年秋九月郡國四十二地震南陽尤甚　孝章帝建初元年春三月甲寅山陽東平地震　孝和帝永元四年夏六月丙辰郡國十三地震　五年春二月戊午隴西地震　七年秋七月乙巳易陽地裂九月癸卯京師地震　九年春三月庚辰隴西地震　孝安帝永初元年夏六月丁巳河東楊地陷東西百四十步南北百二十步深三丈五尺是歲郡國十八地震　三年冬十二月辛酉郡國九地震　四年春三月癸巳郡國九地震秋九月甲申益州郡地震　五年春正月丙戌郡國十地震　七年春二月丙午郡國十八地震　元初元年春二月己卯日南地坼長百八十二里廣五十六里夏六月丁巳河東地陷是歲郡國十五地震　二年夏六月洛陽新城地裂冬十一月庚申郡國十地震　三年春二月郡國十地震秋七月緱氏地震冬十一月癸卯郡國九地震　四年郡國十三地震　五年郡國十四地震　六年春三月乙巳京都郡國四十二地震或坼裂水泉涌出敗壞城郭民室屋壓殺人冬十二月郡國八地震　永寧元年郡國二十三地震　建光元年冬十一月己丑郡國三十五地震或坼裂壞城郭室屋壓殺人　延光元年秋七月癸卯京都及郡國十三地震九月甲戌郡國二十七地震　二年京都及郡國三十二地震　三年京都及郡國二十三地震　四年冬十月丁巳京都及郡國十六地震　孝順帝永建三年春正月丙子京都地震漢陽地裂屋壞殺人　陽嘉二年夏四月己亥京都地震六月丁丑雒陽宣德亭地坼長八十五丈　四年冬十二月甲寅京都地震　永和二年夏四月庚申京都地震冬十一月丁卯京都地震　三年春二月乙亥京都及金城隴西地震裂城郭室屋多壞壓殺人夏閏四月己酉京都地震　四年春三月乙亥京都地震　五年春二月戊申京都地震　建康元年春正月涼州郡六地震從去年秋九月以來至夏四月凡百八十日震山谷坼裂壞敗城寺傷害人物秋九月丙午京都及太原鴈門地震三郡水涌土裂　孝桓帝建和元年夏四月庚寅京都地震六月郡國六地裂水涌出井溢壞寺屋殺人秋九月丁卯京都地震　三年秋九月己卯京都地震庚寅又震　元嘉元年冬十一月辛巳京都地震　二年春正月丙辰京都地震冬十月乙亥京都地震　永興二年春二月癸卯京都地震　永壽二年冬十二月京都地震　三年秋七月河東地陷　延熹元年秋七月己巳雲陽地裂　四年夏六月京兆扶風及涼州地震　五年夏五月乙亥京都地震　八年夏五月丙辰緱氏地裂　秋九月丁未京都地震　永康元年夏五月丙申雒陽高平永壽亭及上黨泫氏地裂　孝靈帝建寧四年春二月癸卯地震夏五月河東地裂十二處裂合長十里一百七十步廣者三十餘步深不見底　熹平二年夏六月北海地震　六年冬十月辛丑地震　光和元年春二月己未地震夏四月丙辰地震　二年春三月地震　三年自秋至明年春酒泉表是地八十餘震涌水出城中官寺民舍皆頓縣易處更築城郭　孝獻帝初平二年夏六月丙戌地震　四年冬十月辛丑地震十二月辛丑地震　興平元年夏六月丁丑地震戊寅又地震　建安十四年冬十月荊地震　吳大帝黃武四年江東地連震　魏明帝青龍二年冬十一月京都地震從東來隱隱有聲搖屋瓦　景初元年夏六月戊申京師地震是歲江東地亦震　吳大帝赤烏二年春二月地再震　魏齊王正始二年冬十一月南安郡地震　三年秋七月甲申南安郡地震冬十二月魏郡地震　六年春二月丁卯南安郡地震　吳赤烏十一年春二月江東地仍震　蜀後主炎興元年蜀地震是歲蜀亡　晉武帝泰始五年夏四月辛酉地震　七年夏六月丙申地震　咸寧二年秋八月庚辰河東平陽地震　四年夏六月丁未陰平廣武地震甲子又震　太康二年春二月庚申淮南丹陽地震　五年春正月壬辰朔京師地震夏五月丙午宣帝廟地陷　六年秋七月乙丑地震　七年秋七月南安犍為地震八月京兆地震　八年春正月太廟地陷夏五月壬子建安地震秋七月陰平地震是月前殿地陷方五尺深數丈中有破船八月丹陽地震是歲郡國五地震　九年春正月會稽丹陽吳興地震夏四月辛酉長沙南海等郡國八地震秋七月至于八月地又四震其三有聲如雷九月臨賀地震冬十二月又震　十年冬十二月己亥丹陽地震　太熙元年春正月地又震　孝惠帝元康元年冬十二月辛酉京都地震　四年春二月上谷上庸遼東地震夏五月淮南壽春地陷方三十丈壞城府殺人六月壽春地坼人家陷死上庸亦如之秋八月居庸地坼廣三十六丈長八十四丈水出上庸四處地墜廣三十丈長百三十丈水出殺人冬十月京都地震十一月滎陽襄城汝陰梁國南陽地皆震十二月京都又震　五年夏五月丁丑地震六月金城地震　六年春正月丁丑地震　八年春正月丙辰地震　九年夏六月賈謐齋屋柱陷入地　太安元年冬十月地震　二年冬十二月丙辰地震　孝懷帝永嘉元年春三月洛陽東北步廣里地陷有二鵞出色蒼者沖天白者不能飛　三年秋七月戊辰當陽地裂三所廣三里長三百餘步冬十月荊湘二州地震　四年夏四月兗州地震五月地震　孝愍帝建興元年冬十二月河東地震　二年夏四月甲辰地震　三年夏六月丁卯長安又地震　元帝太興元年夏四月乙酉西平地震涌水出冬十二月廬陵豫章武昌西陵地震涌水出　二年夏五月己丑祁山地震　三年夏五月庚寅丹陽吳郡晉陵地震　成帝咸和二年春二月江陵地震三月益州地震夏四月己未豫章地震　九年春二月丁酉會稽地震　穆帝永和元年夏六月癸亥地震　二年冬十月地震　三年春正月丙辰地震秋九月地又震　四年冬十月己未地震　五年春正月庚寅地震　九年秋七月丁酉京都地震有聲如雷　十年春正月丁卯地震聲如雷雞雉皆鳴呴　十一年夏四月乙酉地震五月丁未地又震　升平二年冬十一月辛酉地震　五年秋八月涼州地震　哀帝隆和元年夏四月丁丑梁州地震　興寧元年夏四月甲戌揚州地震　二年春三月庚寅江陵地震　海西公太和元年春二月涼州地震水涌　簡文帝咸安二年冬十月辛未安成地震　孝武帝寧康二年春二月丁巳地震秋七月甲午涼州地震　太元元年夏四月癸丑地震　二年春閏三月壬午地震夏五月丁丑地震　十一年夏六月己卯地震　十五年春三月己酉朔夜地震秋八月己丑京都地震冬十二月己未地震　十七年夏六月癸卯地震冬十二月己未地震　十八年春正月癸亥朔地震二月乙未夜地震　安帝隆安四年夏四月乙未地震秋九月癸丑地震　義熙四年春正月壬子夜地震有聲冬十月癸亥地震　五年春正月戊戌夜壽陽地震有聲如雷　八年春正月甲寅山陰地陷方四丈有聲如雷自正月至于四月南康廬陵地四震　十年春三月戊寅地震夏五月戊寅西明門穿湧水出　宋武帝永初二年秋七月己巳地震　文帝元嘉十二年夏四月都下地震　十五年秋七月辛未都下地震　孝武帝大明二年夏四月辛丑地震　六年秋七月甲申地震有聲如雷兗州尤甚於是魯郡山搖者二　後廢帝元徽五年夏五月地震　齊東昏侯永元元年秋七月地震自此至來歲晝夜不止小屋多壞　梁武帝天監五年冬十一月甲子都下地震生白毛　普通二年秋八月丁亥始平郡石鼓村地自開成井方六尺六寸深三十二丈　三年春正月庚戌都下地震　六年冬十二月壬辰都下地震　中大通五年春正月戊申都下地震　大同二年冬十一月辛亥都下地震生白毛長二尺　三年冬十月丙辰都下地震　七年春二月乙卯都下地震　九年春閏正月丙申地震生毛　太清二年秋九月戊辰地震江左尤甚壞屋殺人地生白毛長二尺　三年夏四月己丑都下地震丙申又震冬十月丁未又震　陳武帝永定二年夏五月乙未都下地震　宣帝大建四年冬十一月己亥地震　後主禎明元年春正月乙未地震　後魏宣武帝延昌元年肆州地震陷裂殺人　三年春二月肆州秀容郡敷城縣鴈門郡原平縣並自去年四月以來地震不巳　東魏孝靜帝武定二年冬十一月西河地陷有火出　北齊武成帝河清二年并州地震　後周武帝天和二年夏閏六月庚午地震　建德三年涼州地頻震壞城郭地裂水涌　隋文帝開皇十四年夏五月辛酉京師地震　二十年冬十一月戊子立皇太子廣天下地皆震　仁壽二年夏四月庚戌岐雍二州地震秋九月隴西地震

山崩

周幽王二年岐山崩　春秋魯僖公十四年秋八月辛卯沙鹿崩　成公五年夏晉梁山崩壅河水三日不流　漢高后二年春正月乙卯武都道山崩殺七百六十人　孝文帝元年夏四月齊楚地山二十九所同日崩大水潰出　孝宣帝本始四年夏四月郡國四十九地震或山崩水出　孝元帝初元二年春二月隴西山崩水泉涌出　建昭四年夏六月藍田地沙石崩壅霸水安陵岸崩壅涇逆流　孝成帝建始三年冬十二月越巂山崩　河平三年

春二月丙戌犍爲柏江捐江山皆崩壅江水逆流壞城殺人　四年春三月壬申長陵臨涇岸崩壅涇水　元延三年春正月丙寅蜀郡岷山崩壅江三月江水竭　後漢孝和帝永元元年秋七月會稽南山崩　十二年夏閏四月戊辰南郡秭歸山高四百丈崩塡谿谷殺百餘人　孝殤帝延平元年夏五月壬辰河東恒山崩　孝安帝永初六年夏六月壬辰豫章員谿原山崩共六十三所　延光二年秋七月丹陽山崩四十七所　三年夏六月庚辰巴郡閬中山崩　四年冬十月丙午蜀郡越嶲山崩殺四百餘人　孝順帝永和三年春二月金城隴西山岸崩　孝桓帝建和三年郡國五山崩　和平元年秋七月廣漢梓潼山崩　永興三年夏六月東海朐山崩　永壽元年夏巴郡益州郡山崩　延熹三年夏五月甲戌漢中山崩　四年夏六月庚子泰山博尤來山判解　孝靈帝光和六年夏五月原山崩　孝獻帝初平四年夏六月華山崩裂　吳大帝赤烏十三年秋八月丹陽句容故鄣寧國諸山崩鴻水溢　魏元帝咸熙二年春二月太行山崩　晉武帝泰始三年春三月戊午大石山崩　四年秋七月泰山墜三里　大康六年冬十月南安新興山崩水涌出　七年秋七月朱提之大瀘山崩震壞郡舍陰平之仇池崖隕　惠帝元康四年蜀郡山崩殺人夏五月壬子壽春山崩洪水出六月壽春大雷山崩秋八月上庸四處山崩殺人　大安元年夏四月西墉崩　孝懷帝永嘉三年冬十月宜都夷道山崩　四年夏四月湘東酃縣黑石山崩　元帝太興元年春二月盧陵豫章武昌西陽山崩　二年夏五月祁山山崩殺人　三年南平郡山崩出雄黃數千斤　四年秋八月恒山崩水出滹沱河溢　成帝咸和四年冬十月柴桑盧山西北崖崩　穆帝永和七年秋九月峻平崇陽二陵崩　十二月遣使修峻平陵關梃道崩壓殺數十人　孝武帝寧康二年秋七月涼州山崩　哀帝隆和元年夏四月丁丑浩亹山崩　安帝義熙十一年夏五月霍山崩出銅鍾六枚　十三年秋七月漢中城固縣岸崩出銅鍾十有二枚　隋文帝仁壽三年梁州就谷山崩　煬帝大業七年冬十月乙卯底柱崩壅河逆流數十里

山移

晉惠帝元康四年夏五月蜀郡山移

山鳴

後漢獻帝建安十八年長沙醴陵縣有大山常大鳴如牛呴聲積數年

水

大水

春秋桓公元年秋大水　十三年夏大水　莊公七年秋大水無麥苗　十一年秋宋大水　二十四年魯大水　明年仍大水　宣公十年秋大水飢　成公五年秋大水　襄公二十四年秋大水　漢高后三年夏漢中南郡大水江漢溢流四千餘家　四年秋河南大水伊洛溢流千六百餘家汝水流八百餘家　八年夏漢中南郡水復出流六千餘家南陽沔水流萬餘家　孝文帝十二年冬十二月河決東郡　後三年藍田山水出流九百餘家壞民室八千餘所殺三百餘人　孝武帝建元三年河水溢于平原　元光三年春河水徙從頓邱東南流入勃海夏五月河水決濮陽汎郡十六　元鼎二年夏大水關東飢死者以千數　元封二年河決東郡瓠子　孝元帝初元元年秋九月關東郡國十一大水　初元二年北海水溢　永光五年夏及秋大水　成帝建始三年秋大水山谷水出凡殺四千餘人流官寺民舍八萬三千餘所　四年秋大水河決東郡金隄　陽朔二年秋關東大水　鴻嘉四年秋渤海清河河溢　綏和二年秋河南潁川郡水出流殺人民壞敗廬舍　後漢世祖建武八年大水　三十年夏五月大水　三十一年夏五月大水　孝明帝永平三年郡國七大水　孝和帝永元元年秋七月郡國九大水傷稼　十年夏五月京師大水　十二年夏六月舞陽大水　殤帝延平元年秋九月六州大水冬十月四州大水　安帝永初元年冬十月辛酉新城山泉水暴出突壞人田水深三丈　二年夏六月京師及郡國四十九大水　四年秋七月三郡大水　質帝本初元年夏五月海水溢樂安北海漂溺人物　桓帝建和二年秋七月京師大水　三年秋八月京師大水　永興元年秋河水溢漂害人物　二年夏六月彭城泗水增長逆流　永壽元年夏六月洛水溢至津陽城門漂流人物　永康元年秋八月六州大水勃海海溢殺人　靈帝建寧四年春二月海水溢夏五月山水暴出漂壞廬舍五百餘家　熹平二年夏六月東萊北海海溢漂殺人物　三年秋洛水溢　四年夏四月郡國七大水　光和六年秋金城河水溢出二十餘里　中平五年夏六月郡國七大水　獻帝建安二年秋九月漢水溢流人民　二十四年秋八月漢水溢漂流人民　魏文帝黃初四年夏六月伊洛溢至津陽城門漂數千家殺人　明帝景初元年秋九月冀兗徐青四州水出漂溺人物　吳大帝赤烏八年夏茶陵縣鴻水溢出漂二百餘家　十三年秋八月丹陽句容及故鄣寧國鴻水溢出　太元元年大風江海涌溢平地深八尺　會稽王五鳳元年夏大水　晉武帝泰始四年秋九月青徐兗豫四州大水伊洛溢　七年夏六月河洛伊沁皆溢流居人四千餘家殺二百餘人　咸寧元年秋九月徐州大水　二年秋七月癸亥河南魏郡暴水殺百餘人閏九月荊州郡國五大水流四千餘家　三年夏六月益梁二州郡國八暴水殺三百餘人秋七月荊州大水九月始平郡大水冬十月青徐兗豫荊益梁七州又大水　四年秋七月司冀兗豫荊揚郡國二十大水傷秋稼壞屋室有死者　太康二年夏六月泰山江夏大水泰山流三百家殺六十餘人江夏亦殺人　四年秋七月丙寅兗州大水　是歲河南郡及荊州揚州俱各大水　五年秋九月郡國五大水是月南安等五郡大水　六年夏四月郡國十大水壞廬舍　七年秋九月郡國八大水　八年夏六月郡國八大水　惠帝元康二年水災　五年夏五月潁川淮南大水六月城陽東莞大水殺人荊揚徐兗豫五州又水　六年夏五月荊揚二州大水　八年秋九月荊揚徐冀豫五州大水雍州有年　永寧元年秋七月南陽東海大水　太安元年秋七月兗豫徐冀四州大水　懷帝永嘉四年夏四月江東大水　元帝太興三年夏六月大水　四年秋七月大水　明帝太寧元年夏五月丹陽宣城吳興壽春大水　成帝咸和元年夏五月大水　二年夏五月戊子京都大水　四年秋七月丹陽宣城吳興會稽大水　七年夏五月大水　咸康元年秋八月長沙武陵大水　穆帝永和四年夏五月大水　五年夏五月大水　六年夏五月大水　七年秋七月甲辰夜濤水入石頭死者數百人　升平二年夏五月大水　五年夏四月大水　哀帝興寧元年夏四月湖瀆溢　廢帝太和六年夏六月京師大水平地數丈浸及太廟朱雀大航纜斷三艘流入大江丹陽晉陵吳郡吳興臨海五郡又大水禾稼蕩沒黎庶饑饉　簡文帝咸安元年冬十二月壬午濤水入石頭　孝武帝太元三年夏六月大水　五年夏五月大水　六年夏六月揚荊江三州大水　八年春三月始興南康廬陵大水平地五丈　十年夏五月大水　十三年冬十二月濤水入石頭毀大航殺人　十五年秋七月沔中諸郡及兗州大水　十七年夏六月甲寅濤水入石頭毀大航漂船舫有死者京口西浦亦濤入殺人永嘉郡潮水湧起近海四縣人多溺死　十八年夏六月己亥始興南康廬陵大水深五丈　十九年秋七月荊徐大水傷秋稼　二十年夏六月荊徐又大水　二十一年夏五月癸卯大水　安帝隆安三年夏五月荊州大水平地三丈　五年夏五月大水　元興三年春二月己丑朔夜濤水入石頭漂沒殺人大航流敗庚寅夜濤水入石頭商旅方舟萬計漂敗流斷骸骨相望江左雖頻有濤水之患未有若斯之甚　義熙元年冬十二月己未濤水入石頭　二年冬十二月己未夜濤水入石頭　三年夏五月丙午大水　四年冬十二月戊寅濤水入石頭　六年夏五月丁巳大水　八年夏六月大水　九年夏五月辛巳大水　十年夏五月丁丑大水秋七月乙丑淮北風災大水殺人　十一年秋七月丙戌京師大水淹瀆太廟百官赴救　宋文帝元嘉五年夏六月都下大水　七年吳興晉陵義興大水　十二月夏六月丹陽淮南吳郡吳興義興大水都下乘船　十七年秋八月徐兗青冀四州大水　十八年夏五月甲申河水汎溢殺居人　十九年夏閏五月都下大水　二十年諸郡水　二十四年徐兗青冀四州大水　孝武帝大明元年夏五月吳興義興大水　二年秋八月壬戌襄陽大水　四年秋八月雍州大水　後廢帝元徽元年夏六月乙卯壽陽大水　三年春三月己巳都下水　齊高帝建元元年吳郡吳興義興三郡大水　武帝永明九年秋八月吳興義興大水　東昏侯永元元年秋七月都下大水死者甚衆　梁武帝天監二年夏六月太末信安豐三縣大水　六年秋八月戊戌都下大水濤上御道七尺　七年夏五月都下大水　十二年夏四月都下大水　十五年淮堰破緣淮城戍林落十餘萬口皆漂入海　普通元年秋七月己卯江淮海並溢　中大通五年夏五月戊子都下大水御道通船　陳後主禎明二年夏六月大風自西北激濤水入石頭城淮渚暴溢漂舟乘　後魏明元帝泰常二年勃海范陽郡水　獻文帝皇興二年州鎮二十七水　孝文帝延興二年夏六月安州水是歲州鎮十一大水　三年州鎮十一大水　太和元年州郡八大水　二年州鎮二十餘大水　四年州鎮十八水　八年州鎮十五大水　九年京師及州鎮十三大水　二十三年州鎮十八水　宣武帝正始四年夏四月戊戌鍾離大水　延昌元年春三月甲午州郡十一大水　二年夏五月壽春大水是夏州郡十三大水　東魏孝靜帝元象元年夏山東大水蝦蟇鳴于樹上　北齊武成帝河清二年冬十二月兗趙魏三州大水　三年西兗梁滄趙州司州之東郡陽平

濟河武郡冀州之長樂勃海水　後主天統三年并州汾水溢　武平六年秋八月冀定趙幽滄瀛六州大水　隋文帝開皇六年春二月乙酉山南荆浙七州水秋七月辛亥河南諸州大水　十八年杞宋陳亳曹戴穎等州水　仁壽二年秋九月河南北諸州大水　三年冬十二月河南諸州大水　煬帝大業三年河南諸州大水漂沒三十餘郡

大雨水

春秋魯隱公九年春三月癸酉大雨震電　秦二世三年秋七月大雨霖至于八月　漢孝文帝後三年秋大雨晝夜不絕凡三十五日　孝景帝六年冬十二月霖雨　孝武帝元狩六年冬十月雨水無冰　孝昭帝始元元年秋七月大雨渭橋絕　孝元帝永光三年冬雨水大霧　五年夏及秋穎川汝南淮陽廬江雨壞聚民屋舍及水流殺人　孝武帝建始三年秋三輔大雨三十餘日　四年秋九月大雨十餘日　後漢世祖建武六年秋九月大雨連月苗稼更生鼠巢樹上　七年夏連雨水　十七年睢陽暴雨壞民廬舍壓殺人傷禾稼　孝明帝永平八年秋郡國十四雨水　和帝永元十年冬十月五州大雨水　十三年荆州雨水　十四十五年皆淫雨傷禾稼　殤帝延平元年夏六月郡國三十七雨水　安帝永初元年郡國四十一雨水或山水暴至　三年郡國四十一雨水　五年郡國八雨水　元初四年秋七月京師及郡國十雨水　永寧元年自三月至冬十月京師及郡國凡三十三雨水　建光元年京師及郡國二十九雨水　二年秋九月郡國五雨水　三年京師及郡國三十六雨水　順帝永建四年夏五月司隸荆豫兗冀部雨水　六年冀州雨水傷稼　桓帝延熹二年夏大霖雨五十餘日　靈帝建寧元年夏六月京師雨水　熹平元年夏六月京師霖雨七十餘日　中平六年夏霖雨八十餘日　孝獻帝建安十八年夏五月大雨水　魏文帝黃初四年夏六月大雨水　明帝太和元年秋數大雨多暴雷電非常至殺鳥雀　四年秋八月大雨霖凡三十餘日　景初元年秋九月淫雨四年秋八月大雨霖三十餘日　吳會稽王太平二年春二月甲寅大雨震電　景帝永安四年夏五月大雨水水泉涌出　五年秋八月壬午大雨震電水泉涌溢　晉武帝泰始七年夏六月大雨霖沒秋稼千三百六十餘頃　太康五年秋七月任城梁國暴雨害豆麥九月南安郡大霖雨暴雪樹木摧折害秋稼　是秋魏郡西平郡九縣淮南平原霖雨暴水霜傷秋稼　惠帝永寧元年冬十月義陽南陽東海霖雨淹害秋麥　元帝太興三年春雨至于夏　永昌元年春雨四十餘日晝夜雷電震五十餘日　成帝咸和四年春二月大雨四十餘日恒雷電　咸康元年秋八月荆州之長沙攸醴陵武陵之龍陽三縣雨水浮漂屋室殺人損秋稼　宋孝武帝大明元年春都下雨水　梁武帝天監七年七月雨至十月乃霽　陳宣帝大建十二年秋八月大雨霖　後魏明元帝泰恒三年秋八月鴈門河內大雨水　東魏孝靜帝武定五年秋大雨七十餘日　北齊武成帝河清三年夏六月庚子大雨晝夜不息至甲辰山東大水人多飢死　後主天統三年冬十月積陰大雨　武平七年秋七月大霖雨水漂人戸流亡　後周武帝建德三年七月霖雨三旬

水赤

秦武王三年渭水赤三日　昭王三十四年渭水又赤二日　後漢安帝永初六年河東池水變色皆赤如血　晉武帝太康五年夏四月任城魯國池水赤如血　劉聰僞建元元年春正月平陽地震其崇明觀陷爲池水赤如血赤氣至天有龍奮迅而去　齊東昏侯永元元年秋七月辛未淮水變赤如血　陳孝宣帝大建十四年秋七月自建鄴至荆州江州色赤如血　後周宣帝大象元年夏六月咸陽有池水變爲血

水黑

陳後主禎明二年夏四月郢州南浦水黑如墨

水中有火

晉穆帝升平三年春二月涼州城東池中有火　四年夏四月姑臧澤水中又有火

水鬭

春秋魯襄公二十三年穀洛水鬭

河清

後漢孝桓帝延熹八年夏四月濟陰東郡濟北河水清　九年夏四月濟陰東郡濟北平原河水清　孝靈帝建寧元年春二月河水清　宋文帝元嘉四年夏四月河濟俱清　北齊武成帝河清元年夏四月河濟清　隋煬帝大業三年武陽郡河水清數里鑑澈　二年龍門河清

井溢

前漢成帝建始二年春三月北宮井水溢出　後漢孝桓帝建和元年夏六月井溢　晉孝惠帝元康八年夏五月金墉城井溢　九年夏四月宮中井水沸溢

水影

宋文帝元嘉二十五年冬青州城南遠望見城中如水有影謂之地鏡

旱

旱

春秋魯莊公三十一年冬不雨　僖公二年冬十月不雨　三年正月不雨四月不雨六月不雨　二十一年夏大旱　文公二年自十二月不雨至秋七月　十年自正月不雨至秋七月　十三年自正月不雨至秋七月　宣公七年大旱　襄公五年秋旱雩　八年秋九月旱雩　二十八年秋八月旱雩　昭公三年秋八月旱雩　六年秋九月旱雩　十六年秋九月旱雩　二十四年秋八月旱雩　二十五年秋七月旱再雩　定公十年秋九月旱雩　漢惠帝五年夏五月大旱江河水少谿谷絕　孝文帝三年秋天下旱　九年春大旱　後六年夏四月大旱　孝景帝中三年夏旱　後二年秋大旱　孝武帝建元四年夏六月旱　元光六年夏大旱　元朔五年春大旱　元狩三年夏大旱　元封四年夏大旱民多暍死　六年秋大旱　天漢元年夏大旱　二年夏大旱　大始二年秋旱　孝昭帝始元六年夏旱　元鳳五年夏大旱　孝宣帝本始三年夏大旱東西數千里　神爵元年秋大旱　孝元帝初元三年夏旱　孝成帝建始二年夏大旱　河平元年春三月旱傷麥民食榆葉　永始三年夏大旱　四年夏大旱　鴻嘉三年夏大旱　孝哀帝延平四年春大旱　孝平帝元始二年夏郡國大旱　後漢光武建武五年夏四月旱　六年夏六月旱　九年春旱　十二年夏五月旱　二十一年夏六月旱　孝明帝永平元年夏五月旱　八年冬旱　十一年秋八月旱　十五年秋八月旱　十八年春二月旱　章帝建初元年大旱　二年夏雒陽旱　四年夏旱　元和元年春旱　章和二年夏旱　孝和帝永元二年郡國十旱　四年郡國十旱　五年丹陽郡國二十二旱　六年秋七月京師旱　九年夏六月旱　十六年秋七月旱　孝安帝永初二年夏五月旱　三年郡國八旱　四年夏旱　五年夏旱　六年夏五月旱　七年夏旱　元初元年夏京師及郡國五旱　二年夏五月京師旱　三年夏四月京師旱　五年春三月京師及郡國五旱　六年夏五月京師旱　建光元年郡國四旱　延光元年郡國五旱　孝順帝永建二年春三月旱　三年夏六月旱　五年夏四月京師旱　陽嘉元年春旱　二年夏旱　三年河南三輔大旱　四年春二月自去冬旱至于是月　永和四年秋八月太原郡旱　沖帝永嘉元年夏旱　孝質帝本初元年春二月京師旱　孝桓帝元嘉元年夏京師旱　延熹元年夏六月旱　孝靈帝熹平五年夏旱　六年夏四月大旱　光和五年夏四月旱　六年夏大旱　孝獻帝興平元年秋七月三輔大旱　魏明帝太和二年夏五月大旱　五年春三月自去冬十月至此月不雨　大雩　齊王正始元年春二月自去冬十二月至此月不雨　高貴鄉公甘露三年春正月自去秋至此月旱　吳大帝嘉禾四年自去冬十月不雨至于夏　會稽王五鳳二年大旱　歸命侯寶鼎元年春夏旱　晉武帝泰始七年夏五月閏月旱　大雩　八年夏五月旱　九年自正月不雨至于六月　十年夏四月旱　咸寧二年夏六月自春旱至于是月　太康二年自去冬旱至春　三年夏四月旱　五年夏六月旱　六年春三月青梁幽冀郡國旱　夏六月濟陰武陵旱傷麥　七年夏五月郡國十三旱　八年夏四月冀州旱　九年夏郡國三十三旱扶風始平京兆安定旱傷麥　十年春二月旱　太熙元年春三月旱　孝惠帝元康七年秋七月秦雍二州大旱　九月郡國五旱　永寧元年自夏及秋青徐幽并四州旱　十二月郡國又十三旱　孝懷帝永嘉三年夏五月大旱襄不縣梁水淡池竭河洛江漢皆可涉　孝愍帝建興元年夏六月揚州旱　元帝太興元年夏六月旱　四年夏五月旱　永昌元年夏六月旱　冬閏十一月京都大旱川谷並竭　明帝太寧三年自春不雨至于六月　成帝咸和元年冬十一月自六月不雨至于是月　二年夏旱　五年夏五月大旱　六年夏四月大旱　八年秋七月旱　九年自四月不雨至于八月　咸康元年大旱米斗直五百人有相鬻者　二年春三月旱　夏六月旱　康帝建元元年夏五月旱　穆帝永和元年夏五月旱　五年自秋七月不雨至于十月　六年夏旱　八年秋七月旱　九年春三月旱　升平三年冬大旱　四年冬大旱　哀帝隆和元年夏旱　海西公太和元年夏四月旱　四年冬旱涼州春旱至夏　簡文帝咸安二年冬十月　三吳大旱人多餓死　孝武帝寧康元年夏五月旱　三年冬旱　太元四年夏大旱　八年夏六月旱　十年秋七月旱　十三年六月旱　十五年秋七月旱　十七年秋旱至冬　安帝隆安二年冬旱　四年夏五月旱　五年夏秋大旱　元興元年九月十月不雨泉水涸　三年六月不雨冬又旱　三年八月不雨　義熙四年冬不雨　六年九月不雨　八年冬十月不雨　九年秋冬不雨　十年九月旱冬十二月旱井瀆多竭　宋文帝元嘉八年夏六月旱大雩　二十年諸州旱　二十八年春大旱　孝武帝大明七年浙江東諸郡大旱　後廢帝元徽元年秋八月都下大旱　梁武帝天監元年大旱米斗五千人多餓死　簡文帝大寶元年自春迄夏大旱

人相食都下尤甚 陳宣帝大建十二年春不雨至于四月 後魏文成帝太安五年六鎮雲中高平二雍秦州旱 和平五年夏閏四月旱 獻文帝天安元年州鎮十一旱 皇興二年州鎮二十七旱 孝文帝延興二年州鎮十二旱 三年州鎮十一旱 太和元年州郡八旱 二年州鎮二十餘旱 四年郡鎮十八旱 八年州鎮十五旱 九年京師及州鎮十一旱 宣武帝正始元年夏六月旱 永平三年夏五月冀定二州旱 延昌元年夏四月旱 正光元年秋七月旱 東魏孝靜帝天平二年夏旱 四年并肆汾建晉絳秦陝等諸州大旱 武定二年春夏旱 六年自去冬至春亢旱 北齊文宣帝天保九年夏大旱 乾明元年春旱 武成帝河清二年夏四月并汾晉東雍南汾五州旱 後主天統二年春旱 四年夏五月自正月不雨至于是月 武平五年夏五月大旱晉陽得死魃長二尺面頂各二目 後周武帝保定二年夏旱 建德元年夏大旱 二年秋七月自春末不雨至于是月 五年秋七月京師旱 隋文帝開皇四年雍同華岐宜五州旱 十四年關內諸州旱 秋八月關中大旱 煬帝大業四年燕代緣邊諸郡旱 八年天下旱百姓流亡 十三年天下大旱

火

災火

春秋魯桓公十四年秋八月壬申御廩災 莊公二十年夏齊大災 僖公二十年夏五月乙巳西宮災 宣公十六年夏成周宣榭火 成公三年春二月甲子新宮災 襄公九年春宋災 三十年夏五月甲午宋又災 昭公六年夏六月丙戌鄭災 九年夏四月陳火 十八年夏五月壬午宋衛陳鄭災 宣二年夏五月雉門及兩觀災 哀公三年夏五月桓僖宮災 四年夏六月辛丑亳社災 漢惠帝三年秋七月都廄災 四年春三月長樂宮鴻臺災 秋七月乙亥未央宮凌室災 丙子織室災 呂后元年夏五月丙辰趙王宮叢臺災 孝文帝七年夏六月癸酉未央宮東闕罘罳災 孝景帝三年春正月淮陽王宮正殿災 中五年秋八月己酉未央宮東闕災 孝武帝建元六年春二月乙未遼東高廟災 夏四月壬子高園便殿火 元鼎三年春正月戊子陽陵園火 太初元年冬十一月乙酉未央宮柏梁臺災 孝昭帝元鳳元年燕城南門災 四年夏五月丁丑孝文廟正殿火 孝宣帝甘露元年夏四月丙申太上皇廟火 甲辰孝文廟火 三年冬十月丁卯未央宮宣室閣火 孝元帝初元三年夏四月乙未晦茂陵白鶴館災 永光四年夏六月甲戌孝宣杜陵園東闕災 孝成帝建始元年春正月乙丑皇曾祖悼考廟災 河平四年夏六月山陽火生石中 鴻嘉三年秋八月乙卯孝景廟北闕災 永始元年春正月癸丑太宮凌室火 戊午戾后園南闕災 四年夏四月癸未長樂臨華殿及未央宮東司馬門皆災 六月甲午霸陵園門闕災 孝哀帝建平三年春正月癸卯帝太太后所居桂宮正殿火 四年秋八月恭皇園北門災 孝平帝元始五年秋七月己亥高皇帝原廟殿門災 後漢光武建武三年潞縣火災起城中飛出城外燒千餘家殺人 六年冬十二月洛陽市火 二十四年春正月戊子雷雨霹靂火災高廟北門 孝明帝永平元年夏六月己亥桂陽見火飛來燒城寺 孝章帝建初元年冬十二月北宮火燒壽安殿延及右掖門 元和三年夏六月丙午雷雨火燒北宮朱雀西闕 孝和帝永元八年冬十二月丁巳南宮宣室殿火 十三年秋八月己亥北宮盛饌門闕火 十五年夏六月癸酉漢中城固南城門災 孝安帝永初元年冬十二月河南郡縣火燒殺五百人 二年夏四月戊子淩陽河陽城中火燒殺三千五百七十人 四年春三月戊子杜陵園火 六年河南郡縣大火燒殺五百八十四人 元初四年春二月壬戌武庫火燒兵物百二十五種直十萬以上 延光元年秋八月戊子陽陵園寢殿火 四年秋七月乙丑漁陽城樓災 孝順帝永建三年夏五月戊申守宮失火燒宮藏所物盡 秋七月丁酉茂陵園寢災 四年河南郡縣失火燒殺人畜 陽嘉元年冬十二月庚子恭陵百丈廡災及東西莫府火 是歲河南郡國火燒廬舍殺人 永和元年冬十月丁未承福殿火 漢安元年春三月甲午洛陽劉漢等百九十七家被火所燒 是歲冬十二月洛陽失火 孝桓帝建和二年夏五月癸丑北宮掖庭中德陽殿火及左掖門 延熹四年春正月辛酉南宮嘉德殿火 戊子丙署火 二月壬辰武庫火 夏五月丁卯原陵長壽門火 五年春正月壬午南宮丙署火 夏四月乙丑恭陵東闕火 戊辰虎賁掖門火 五月康陵園寢火 甲申中藏府承祿署火 秋七月己未南宮承善闥內火 六年夏四月辛亥康陵東署火 秋七月甲申平陵園寢火 八年春二月己酉南宮嘉德署黃龍千秋萬歲殿皆火 夏四月甲寅安陵園寢火 閏月甲午南宮長秋和歡殿後鈞盾掖庭朔平署各火 冬十月壬子德陽前殿西閣及黃門北寺火殺人 是時連月有火災諸宮寺或一日再三發 九年春三月癸巳京都夜有火光轉行人相驚譟 孝靈帝熹平四年夏五月延陵園災 光和四年秋閏九月辛酉北宮東掖庭永巷署災 五年夏五月庚申德陽前殿西北入門內永樂太后宮署火 中平二年春二月己酉南宮雲臺災 庚戌樂城門災延及北闕度道西燒嘉德和歡殿 火半月乃滅 孝獻帝初平元年秋八月霸橋災 興平元年益州天火燒城府輜重延及民家館邑無餘 魏明帝太和五年夏五月清商殿災 青龍元年夏六月洛陽宮鞠室災 二年夏四月崇華殿災延于南閣繕復之 三年七月此殿又災 吳會稽王建興元年冬十二月武昌端門災改作端門又災 太平元年春二月朔建業火 景帝永安五年春二月城西門北樓災 六年冬十月石頭小城火燒西門百八十丈 歸命侯建衡二年春三月大火燒萬餘家死者七百人 晉武帝太康八年春三月乙丑震災西閣楚王所止坊及臨商觀牕 十年夏四月癸丑崇賢殿災 冬十月庚辰含章鞠室脩成堂前廡景坊東屋暉章殿南閣火 孝惠帝元康五年閏月庚寅武庫火焚累代之寶 八年冬十二月高原陵火 永康元年帝納皇后羊氏 后將入宮衣中忽有火眾咸怪之 永興二年秋七月甲午尚書諸曹火起延崇禮闕及閣道 孝懷帝永嘉四年冬十一月襄陽火燒死者三千餘人 元帝太興中武昌災火起眾救之救於此而發於彼東西南北數十處俱應數月不絕 永昌二年春正月癸巳京都大火 三月饒安東光安陵三縣火燒七千餘家死者萬五千人 明帝太寧元年春正月京都火 成帝咸和二年夏五月京都火 康帝建元元年秋七月庚辰吳郡災 穆帝永和五年夏六月震災石虎太武殿及兩廟端門 震災月餘乃滅 金石皆盡 海西公太和中郗愔爲會稽太守夏六月大旱災火燒數千家延及山陰倉米數百萬斛炎煙蔽天不可撲滅 孝武帝寧康元年春三月京師風火大起 太元十年春正月國子學生因風放火焚房百餘間 十三年冬十二月乙未延賢堂災 丙辰蠡斯則百堂及客館驍騎府庫皆災 安帝隆安二年春三月龍舟二乘災 元興元年秋八月庚子尚書下舍曹火 三年盧循攻略廣州刺史吳隱之閉城固守 其十月壬戌夜火起焚蕩府舍燒死者萬餘人 義熙四年秋七月丁酉尚書殿中吏部曹火 九年京都大火燒數千家 十一年京都所在大行火災 吳界尤甚 王弘時爲吳郡晝在聽事見天上有一赤物下狀如信幡遥集路南人家屋上火卽大發 宋文帝元嘉五年春正月戊子都下大火 七年冬十二月都下人火延燒太社北牆 二十九年春都下火 齊武帝永明九年春二月癸巳明堂災 東昏侯永元三年春二月丙寅乾和殿西廂火 梁武帝天監元年夏五月有盜入南北掖燒神武門總章觀 普通二年夏五月癸卯琬琰殿火延燒後宮屋三千間 中大通元年秋九月辛巳朱雀航華表災 大同三年春正月辛丑夜朱雀門災 十一年夏四月同泰寺災 元帝承聖三年冬十一月江陵城內火燒居人數千家 陳武帝永定三年秋七月乙丑重雲殿災 後主禎明二年夏五月甲午東冶鑄鐵有物赤色大如數升自天墜鎔所有聲隆隆如雷鐵飛出牆外燒人家 是歲大皇佛寺塔火從中起飛至石頭燒死者甚眾 東魏孝靜帝天平二年冬十月甲寅閶闔門災 四年夏六月壬午閶闔門災 武定五年秋八月廣宗都火燒數千家 北齊後主天統五年鄴宮九龍殿災延燒西廊 四年夏四月辛未鄴宮昭陽殿災延燒宣光瑤華等殿 隋文帝開皇十四年將祠泰山令使者致石像神祠之所未至數里野火燄起燒像碎如小塊 煬帝大業十二年顒陽門災

風

大風

春秋僖公十六年春正月六鷁退飛過宋都大風也 漢高帝二年夏四月大風從西北起折木發屋揚砂晝晦 孝文帝二年夏六月淮南王都壽春大風毀民室殺人 十月楚王都彭城大風從東南來毀市門殺人 孝武帝建元四年夏有風赤如血 元光五年秋七月大風拔木 征和二年夏四月大風發屋折木 孝昭帝元鳳元年燕王都薊大風雨拔宮中木七圍以上十六枚壞城樓 建始元年夏四月壬寅晨大風從西北起雲氣赤黃四塞天下終日夜下着地者黃土塵也 冬十二月大風拔甘泉畤中大木十圍以上 孝平帝元始四年冬大風吹長安東門屋瓦且盡 王莽地皇四年漢兵起圍莽 大風屋瓦皆飛雨下如注 後漢安帝永初元年二十八大風 二年夏京都及郡國四十八大風拔樹 三年夏五月京都大風拔南郊

道梓樹九十六枚七年秋八月京都大風拔樹元初二年春二月京都大風拔樹六年夏四月沛國勃海大風拔樹二萬餘枚永寧元年冬十月自三月至是月京都及郡國三十三大風延光元年冬十二月京師及郡國二十七大風二年春正月河東潁川大風夏六月郡國十一大風三年京師及郡國三十六大風拔樹孝靈帝建寧二年夏四月癸巳京都大風拔郊道樹十圍以上百餘枚其後晨迎氣黃郊道於雒水西橋逢暴風雨逆鹵簿車或發蓋還不至郊使有司行禮迎氣西郊亦壹如此中平二年夏四月庚戌大風五年夏六月丙寅大風拔樹孝獻帝初平四年夏六月右扶風大風發屋拔木魏齊王正始九年冬十一月大風數十日發屋折木十二月戊午晦尤甚動太極東門嘉平元年春正月壬辰朔西北大風發屋折木昏塵蔽天吳大帝太元元年秋八月朔大風江海涌溢平地水深八尺拔高陵樹二千株石碑蹉動吳城兩門飛落會稽王建興元年冬十二月丙辰大風震電景帝永安元年冬十一月甲午風四轉五復蒙霧連日十二月丁卯夜有大風拔木揚砂晉武帝泰始五年夏五月辛卯朔廣平大風折木咸寧元年夏五月下邳廣陵大風壞千餘家折樹其月甲申廣陵下邳大風折木三年八月河間大風折木太康二年夏五月濟南暴風折木傷麥六月高平大風折木發壞邸閣四十餘區七月上黨又大風傷秋稼八年夏六月郡國八大風九年春正月京都風發屋拔樹孝惠帝元康四年夏六月大風拔樹五年夏四月庚寅夜暴風城東渠波浪殺人秋七月下邳大風壞廬舍九月鴈門新興太原上黨災風傷稼六月夏四月大風九年夏六月颶風吹賈謐朝服飛數百丈十一月甲子朔京都連大風發屋折木永康元年春二月丁酉大風飛砂拔木三月又大風雷電夏四月張華第舍颶風起折木飛繒折軸六七冬十一月戊午朔大風從西北來折木飛砂石六日止永寧元年秋八月郡國三大風永興元年春正月乙丑西北大風趙王倫建始元年春正月癸酉倫祠太廟災風暴起塵四合孝懷帝永嘉四年夏五月大風折木元帝永昌元年秋七月丙寅大風屋瓦皆飛八月暴風壞屋拔御道柳樹百餘株共風縱橫無常若風自八方來者成帝咸康四年春三月壬辰成都大風發屋折木康帝建元元年秋七月庚寅晉陵吳郡災風穆帝升平元年秋八月丁未疾風五年春正月戊午朔疾風哀帝太和六年春二月大風迅急孝武帝寧康元年春二月京都大風火大起三年春三月丙申朔暴風迅起從丑上來須臾逆轉從子上來飛砂揚礫太元二年春二月乙丑朔暴風折木閏三月甲子朔暴風疾雨俱至發屋折木夏六月己巳暴風揚砂石三年春三月乙丑雷雨暴風發屋折木夏六月長安風拔苻堅宮中樹四年秋八月乙未暴風揚砂石十二年春正月壬子夜暴風發屋折木秋七月甲辰大風折木十三年冬十二月己未大風晝晦十七年夏六月乙未大風折木安帝元興二年春二月夜大風雨大航門屋瓦飛落三年春正月桓元出遊大航南飄風飛其輲輓蓋夏五月江陵又大風折木冬十一月辛卯朔西北疾風起拔樹五年閏十一月丁亥大風發屋六年夏五月壬辰大風拔北郊樹樹幾百年也并吹琅邪揚州二射堂倒壞是日盧循大艦飄沒甲戌又風發屋折木九年春正月大風白馬寺浮圖剎柱折壞十年夏四月己丑朔大風拔木六月辛亥大風拔木七月淮北大風壞廬舍宋少帝景平二年春二月乙巳大風文帝元嘉二十九年春三月壬午大風折木齊武帝永明四年春二月丙寅大風吳郡偏甚樹葉皆赤八年夏六月都下大風發屋梁武帝天監六年秋八月戊戌大風拔木元帝承聖三年冬十月丁卯帝出行江陵城柵大風拔木十一月甲申帝閱武於南城北風雨總集旗幟颷亂丁酉又大風城內火起陳文帝天嘉六年秋七月癸未有大風自西南至廣百餘步擊壞靈臺候樓宣帝大建十二年夏六月壬戌大風吹壞皐門中闥十三年秋九月癸未夜大風從北地來發屋拔樹後主禎明二年夏六月丁巳大風自西北激濤水入石頭是歲大風拔朱雀門北齊武成帝河清二年大風三旬乃止後主天統三年夏五月大風晝晦發屋拔樹四年夏六月甲辰大風拔樹武平七年春二月丙寅大風從西北起發屋拔樹五日乃止隋文帝開皇二年冬十二月京都大風發屋拔木仁壽元年夏五月壬辰大風拔木

通志卷七十四

宋 右 迪 功 郎 鄭 樵 漁 仲 撰

昆蟲草木略第一

序 草類 蔬類 稻粱類

序

學者操窮理盡性之說以虛無爲宗實學置而不問仲尼時已有此患曰小子何莫學夫詩興觀羣怨事父事君多識於鳥獸草木之名其曰小子者無所識之辭也其曰何莫者苦口之辭也故又曰人而不爲周南召南其猶正牆面而立此苦口之甚也一部論語言他書不過一再惟詩則言之又言凡十二度言焉門弟子有能學詩者則深喜之子貢子夏在孔門未爲高弟至於論詩則與之至子夏又發起予之歎者深嘉之也夫樂之本在詩詩之本在聲竊觀仲尼初亦不達聲至哀公十一年自衞反魯質正於太師氏而後知之故曰吾自衞反魯然後樂正雅頌各得其所此言詩爲樂之本而雅頌爲聲之宗也其曰師摯之始關雎之亂洋洋乎盈耳哉此言其聲之盛也又曰關雎樂而不淫哀而不傷此言其聲之和也人之情聞歌則感樂者聞歌則感而爲淫哀者聞歌則感而爲傷惟關雎之聲和而平樂者聞之而樂其樂不至於淫哀者聞之而哀其哀不至於傷此關雎所以爲美也緣漢人立學官講詩專以義理相傳是致衞宏序詩以樂爲樂得淑女之樂淫爲不淫其色之淫哀爲哀窈窕之哀傷爲無傷善之傷如此說關雎則洋洋盈耳之旨安在乎臣之序詩於風雅頌曰風土之音曰風朝廷之音曰雅宗廟之音曰頌而不曰風風者教也雅者正也言王政之所由廢興也頌者美盛德之形容也於二南則曰周爲河洛召爲岐雍河洛之南瀕江岐雍之南瀕漢江漢之間二南之地詩之所起在於此屈宋以來騷人墨客多生在漢故仲尼以二南之地爲作詩之始而不曰南言化自北而南於王黍離豳七月則曰王爲王城東周之地豳爲豳豐西周之地七月者西周之風黍離者東周之風而不曰黍離降國風臣之序詩專爲聲歌欲以明仲尼之正樂臣之釋詩深究鳥獸草木之名欲以明仲尼教小子之意然兩漢之言詩者惟儒生論義不論聲而聲歌之妙猶傳於瞽史經董卓赤眉之亂禮樂淪亡殆盡魏人得漢雅樂郎僅能歌文王鹿鳴騶虞伐檀四篇而已太和之末又亡其三惟有鹿鳴至晉又亡自鹿鳴亡後聲詩之道絕矣夫詩之本在聲而聲之本在興鳥獸草木乃發興之本漢儒之言詩者既不論聲又不知興故鳥獸草木之學廢矣若曰關關雎鳩在河之洲不識雎鳩則安知河洲之趣與關關之聲乎凡鴈鶩之類其喙褊者則其聲關關雞雉之類其喙銳者則其聲鷕鷕此天籟也雎鳩之喙似鳧鴈故其聲如是又得水邊之趣也小雅曰呦呦鹿鳴食野之苹不識鹿則安知食苹之趣與呦呦之聲乎凡牛羊之屬有角無齒者則其聲呦呦駝馬之屬有齒無角者則其聲蕭蕭此亦天籟也鹿之喙似牛羊故其聲如是又得蘋蒿之趣也使不識鳥獸之情狀則安知詩人關關呦呦之興乎若曰有敦瓜苦烝在栗薪者謂瓜苦引蔓於籬落間而有敦然之繫焉若曰桑之未落其葉沃若者謂桑葉最茂雖未落之時而有沃若之澤使不識草木之精神則安知詩人敦然沃若之興乎陸璣者江左之騷人也深爲此患爲毛詩作鳥獸草木蟲魚疏然璣本無此學但加採訪其所傳者多是支離自陸璣之後未有以此明詩者惟爾雅一種爲名物之宗然孫炎郭璞所得既希張揖孫憲所記徒廣大抵儒生家多不識田野之物農圃人又不識詩書之旨二者無由參合遂使鳥獸草木之學不傳惟本草一家人命所係凡學之者務在識眞不比他書只求說也神農本經有三百六十以應周天之數陶弘景隱者也得此一家之學故益以三百六十以應周天之數而兩之臣少好讀書無涉世意又好泉石有慕弘景心結茅夾漈山中與田夫野老往來與夜鶴曉猿雜處不問飛潛動植皆欲究其情性於是取陶隱居之書復益以三百六十以應周天之數而三之已得鳥獸草木之眞然後傳詩已得詩人之興然後釋爾雅今作昆蟲草木略爲之會同庶幾衰晚少備遺忘豈敢論實學也夫物之難明者爲其名之難明也名之難明者謂五方之名既已不同而古今之言亦自差別是以此書尤詳其名焉

草類

芝曰菌其類有五色加以紫是爲六芝青曰龍芝赤曰丹芝黃曰金芝白曰玉芝黑曰元芝紫曰木芝瑞草也生則有雲氣及禽獸之異

蓍如蒿華如菊生上蔡白龜祠旁一叢之幹二三十或四五十高五六尺褚先生云蓍滿百莖者其下有神龜守之其上有青雲以覆之傳曰天下和平王道得蓍莖長丈叢滿百

蘭即蕙蕙即薰薰即零陵香楚辭云滋蘭九畹植蕙百畝互言也古方謂之薰草故名醫別錄出薰草條近方謂之零陵香故開寶本草出零陵香條神農本經謂之

蘭臣昔修本草以二條貫於蘭後明一物也臣謹案蘭舊名煎澤草婦人和油澤頭故以名焉南越志云零陵香一名燕草又名薰草即香草生零陵山谷今湖嶺諸州皆有又別錄云薰草一名蕙草明薰蕙之爲蘭也以其質香故可以爲膏澤可以塗宮室近世一種草如茅葉而嫩其根謂之土續斷其花馥郁故得蘭名誤爲人所賦詠

芎藭曰胡藭曰香果關中者曰京藭蜀道者曰川芎其葉曰蘼蕪亦曰蘄茝故爾雅蘄茝蘼蕪亦曰茳蘺以其芬香故多蒔於園庭苗似芹胡荽蛇牀藁故淮南子云亂人者若芎藭之與藁本蛇牀之與蘼蕪也

蛇牀曰蛇粟曰蛇米曰虺牀曰思益曰繩毒曰棗棘曰牆蘼曰盱曰馬牀爾雅所謂盱虺牀也花白子如黍粒葉似芎藭而細亦香故有牆蘼之名焉

茜亦作蒨可以染緋故曰地血亦曰茹藘曰茅蒐齊人謂之茜徐人謂之牛蔓詩所謂茹藘在阪爾雅所謂茹藘茅蒐莖葉麄澁而根紅故許愼謂人血所生周禮庶氏掌除蠱毒以嘉草攻之陳藏器以蘘荷與茜爲嘉草

杜若曰杜衡曰杜連曰白蓮曰白苓曰若芝曰楚衡根葉似山薑花似荳蔻騷人多取喻焉故楚詞云山中人兮芳杜若九歌云採芳洲兮杜若又離騷云雜杜蘅與芳芷唐貞觀中勅下度支求杜若省郎以謝元暉詩云芳洲採杜若乃責坊州貢之當時以爲嗤笑

決明曰芵茪曰蔆關西曰薢茩故爾雅云薢茩芵茪其有三種其一則山決明也相似而不可食其二曰馬蹄決明實似馬蹄尤良

天名精曰麥句薑曰蝦蟆藍曰豕首曰天門精曰彘顱曰蟾蜍蘭曰覲曰茢薽曰豨首曰天蔓精曰鹿活草曰劉愭草爾雅云茢薽豕首俗曰豨薟又云火杴又云地菘異苑云宋元嘉中青州劉愭射中一麞既剖五藏以此草塞之蹶然而起去之則仆如此者三是以知其治折傷故其草得劉愭之名

菟絲曰菟蘆曰菟縷曰唐蒙曰玉女曰赤網曰菟纍曰女羅爾雅曰唐蒙女蘿女蘿菟絲又曰蒙玉女詩曰蔦與女蘿施于松上草經曰蔓延草木之上色黃而細曰赤網色淺而大曰菟纍淮南子注云菟絲生茯苓上故世言下有茯苓上有菟絲又言菟絲初生之根其形似兎掘取割其血和丹服之立變化今皆不然茯苓生山谷菟絲生人間淸濁異趣何由同居

薊曰虎薊曰刺薊曰山牛蒡爾雅蘩狗毒蘩即薊也又有一種小薊曰猫薊曰靑刺薊北方曰千針草以其莖葉多刺故也華如紅藍華而靑紫色多生於燕地故曰薊門

垣衣曰昔邪曰烏韭曰垣嬴曰天韭曰鼠韭有數種生於屋上曰屋游生於屋陰曰垣衣在石上謂之烏韭在地上謂之地衣在井中謂之井中苔在牆上抽起茸茸然者謂之土馬騣生於水中謂之陟釐水中苔也生海中者可食又有生於石上連緣作暈者謂之石花石花生於海中石上謂之紫荬即紫菜也松上之衣曰艾納香以和香燒則烟氣直上

海藻類紫荬而麄惡曰落首曰藫曰石衣曰海蘿爾雅云藫石衣郭氏云石髮也又云薚海藻郭氏云如亂髮其說無別致誤後人引據且藫與薚藻與藻皆無異義何得爲二物海藻形如弊衣石髮形如亂髮自是二物凡此之類易得渾殽又有石帆之於水松亦能相亂故陶弘景云石帆如柏療石淋水松如松療溪毒吳都賦所謂石帆水松是也又有海帶似帶昆布似布爾雅云綸似綸組似組東海有之綸即鹿角菜組即海中苔

藻生乎水中萍生乎水上萍之名類亦多易相紊也爾雅云苹萍其大者蘋又云苹藾蕭足以惑人蓱者水中浮萍也江東謂之薸是也蘋水菜也葉似車前詩所謂于以采蘋是也苹蔞蒿也即藾蕭詩所謂呦呦鹿鳴食野之苹是也按萍亦曰水花亦曰水白

肉蓯蓉曰肉松容舊曰馬精化爲蓯蓉人血化爲茹藘故蓯蓉生於沙中在西方多馬處然亦有生於大木間及土壍上者

地膚曰地葵曰地麥曰益明曰落帚子曰鴨舌即獨掃也亦曰地掃爾雅云荓馬帚即此也今人亦用爲帚

蒺藜曰旁通曰屈人曰止行曰犲羽曰升推曰即藜曰茨故爾雅謂茨蒺藜詩謂牆有茨也其實有芒刺行軍之家以鐵象之而布地焉又有白蒺藜者同名而異實

防風曰銅芸曰茴草曰百枝曰屏風曰蕑根曰百蜚葉如青蒿嫩苗可茹

石龍芻曰龍須曰草續斷曰龍朱曰龍華曰懸莞曰草毒曰方賓爾雅所謂蕈鼠莞也生被崖垂下故得龍須之名可以爲席

絡石曰石鯪曰石蹉曰畧石曰明石曰領石曰懸石如薜荔而小絡石以生

千歲蘽曰蘽蕪陸璣云一名巨荗連蔓而生幽州人謂之推累此草藤生大者盤礴故有千歲蘽之名唐姜撫言服常春藤使白髮還黄明皇使取以賜中朝老臣又

青緑南山有旱藕食之延年狀類葛粉帝作湯餅以賜
大臣右驍騎將軍甘守誠能名藥石曰常春藤者千歲
藟也旱藕者牡蒙也
黃連曰王連曰支連
沙參葉如枸杞根如葵曰苦心曰志取曰虎須曰白參
曰識美曰文希亦曰知毋而得五參之名
丹參葉如薄荷花如蘇曰郄蟬草曰赤參曰木羊乳曰
山芩本草作參曰奔馬俗謂之逐馬言驅風之駃也
赤箭曰離母曰鬼督郵曰合離曰獨搖曰定風有風不
動無風自搖
薔蘼曰滿冬曰地門冬曰筵門冬在東嶽名淫羊藿抱朴
子作淫羊食在中嶽名天門冬在西嶽名管松在北嶽名無
不愈在南嶽名百部在京陸山阜名顛棘今曰天門冬
爾雅蘠蘼蘴冬葉如絲縷
禹葭曰禹餘糧曰烏韭曰爨火冬曰忍冬曰忍陵曰不
死藥曰僕壘曰隨脂秦名羊韭齊名愛韭楚名馬韭越
名羊著今曰麥門冬其葉如韭所以多得韭名
山薊曰朮爾雅朮山薊蒼朮也枹薊曰楊爾雅楊枹薊
有兩種赤朮白朮也生平地曰薊生山中曰朮曰山連
亦曰山精亦曰天蘇亦曰山芥亦曰乞力伽日華子作吃力伽
萎蕤曰熒曰地節曰玉竹曰馬薰曰黃芝曰玉女萎
黃精曰重樓曰兎竹曰雞格曰救窮曰鹿竹曰龍銜曰
萎蕤曰狗格本草作苟格曰乖珠曰馬前曰白及陶弘景謂
似鈎吻非也似蘘荷
芐曰芑地黃也
贛曰屋菼曰起實交州曰蘚珠薏苡也
芣苢曰當道曰蝦蟇衣曰牛遺曰勝舄曰馬舄車前也

昌陽曰堯韭菖蒲也
蕀蒬曰葽繞曰細草葉曰小草遠志也
蕍曰蕮曰藚曰芒芋曰鵠瀉曰及瀉澤瀉也詩云言采
其藚爾雅云蕍蕮
薯蕷曰山蕷曰修脆曰藷藇曰兒草秦楚名玉延鄭越
名土藷齊名山芋
菊花曰日精曰節華曰女節曰女華曰女莖曰更生曰
周盈曰傅延年曰陰成曰治蘠其白花者潁川曰回峯
汝南曰茶苦蒿河內曰地薇蒿上黨曰羊歡草
甘草曰蕗草曰蜜甘曰美草或曰大苦即此也凡草屬
惟甘草爲國老大黃爲將軍不言君臣佐使也
茺蔚曰益母曰益明曰大札曰貞蔚曰萑曰負檐曰夏
枯曰鬱臭草曰苦低草曰蓷葉似荏方莖白華詩所謂
中谷有蓷也
人參曰人銜曰鬼蓋曰神草曰人微曰土精曰血參如
人形者則神故多得人名朝鮮之人贊云三椏五葉背
陽向陰欲來求我椵樹相尋
石斛曰林蘭曰禁生曰杜蘭曰石遂生于陰崖莖如釵
股其生于櫟者木斛石斛之莖如金釵故謂之金釵牛
膝之節如牛膝故謂之牛膝
卷柏曰萬歲曰豹足曰求股曰交時葉如栢狀如雞足
生於陰崖
細辛曰小辛曰細草而世以杜衡亂其眞
獨活曰羌青曰護羌使者曰胡王使者曰獨搖草得風
不搖無風自動雖與羌活異條而亦曰羌活
升麻曰周麻曰落新婦
茈胡曰地薰曰山菜曰茹草葉曰芸蒿辛香可食生於

銀夏者芬馨之氣射於雲間多白鶴青鶴翺翔其上
防葵曰梨蓋曰房慈曰爵離曰農果曰利茹曰方蓋而
狼毒能亂其眞
菴蕳狀如蒿艾駏驉食之仙
白蒿即茵蔯蒿白兎食之仙
菥蓂曰蔑菥曰大蕺曰馬辛爾雅曰姚莖涂薺又曰菥
蓂大薺以似薺而大也
龍膽曰陵游莖如小竹根似牛膝
王不留行曰禁宮花曰翦金花葉似槐實作房
茵蔯蒿南人所用者似香薷北人所用者似青蒿即白
蒿也南北所用俱有山茵蔯之名同名異實又有石香
葇亦名山茵蔯而香薷亦名茵蔯四種足相紊也
漏蘆曰野蘭而飛廉曰漏蘆亦能相紊
飛廉曰漏蘆曰天薺曰伏豬曰飛輕曰伏兎曰飛雉曰
木禾似苦芙而葉下附莖有皮起似箭羽刻缺
牆薇曰營實曰牆牀本草作牆麻曰牛棘曰牛勒曰薔蘼曰
山棘
薇銜曰承膏曰承肌曰無心曰無顛曰鹿銜曰吳風草
葉似茺蔚叢生有毛
五味子曰菋曰莖藸故爾雅云菋莖藸引蔓實如珠而
赤
旋花曰鼓子花曰筋根花曰金沸曰美草曰肫腸草蔓
生花不作瓣故謂之旋也此草一名金沸而旋覆花亦
名金沸旋花正謂之蔔旋旋覆正謂之旋復易相紊也
然方家所用者蔔旋用根旋復用花
白兎藿曰白葛蔓生葉圓如蓴
鬼督郵曰獨搖草莖如箭簳葉如繖蓋花生葉心根橫

而不生須徐長卿赤箭俱有鬼督郵之名而實異
藍有三種蓼藍如蓼染綠大藍如芥染碧槐藍如槐染
青三藍皆可作澱色成勝母故曰青出於藍而青於藍
景天曰戒火曰火母曰救火曰據火曰愼火今人皆謂
之愼火草植弱而葉嫩種之階庭能辟火
續斷曰龍豆曰屬折曰接骨曰南草曰槐曰大薊曰馬
薊蜀本圖經云莖方葉似苧花似益母根如大薊此北
續斷也范汪云卽馬薊也與小薊相似葉如蒡翁菜兩
邊有刺花紫會稽者正爾此南續斷也
雲實曰員實曰雲英曰天豆曰馬豆曰臭草曰羊石子
葉如苜蓿花黃白莢如大豆實若大麻能殺精物燒之
致鬼
黃耆有白水耆赤水耆木耆三種其莖葉曰戴糝曰戴
椹曰芰草曰蜀脂曰百本曰王孫
徐長卿曰別仙蹤曰鬼督郵苗如小麥子似蘿摩
薛曰山蘄曰白蘄曰乾歸曰文無爾雅謂薛山蘄又謂
薛白蘄卽當歸也葉似芎藭有兩種大葉者謂之馬尾
當歸細葉者謂之蠶頭當歸此方家之別也
鋋曰何離曰解倉曰犂食曰餘容曰白朮卽芍藥也以
有何離之名所以贈別用焉古今言木芍藥是牡丹崔
豹古今注云芍藥有二種有草芍藥有木芍藥木者花
大而色深俗呼爲牡丹非也安期生服鍊法云芍藥有
二種有金芍藥有木芍藥金者色白多脂木者色紫多
脈此則驗其根也然牡丹亦有木芍藥之名其花可愛
如芍藥宿枝如木故得木芍藥之名芍藥著於三代之
際風雅之所流詠也牡丹初無名故依芍藥以爲名亦
如木芙蓉之依芙蓉以爲名也牡丹晩出唐始有聞貴
游趨競遂使芍藥爲落譜衰宗
藁本曰鬼卿曰地新曰微莖
葛曰雞齊根曰鹿藿曰黃斤而爾亦謂之鹿藿
知母曰蚳母曰連母曰野蓼曰地參曰水參曰水浚曰
貨母曰蝭母曰女雷曰女理曰兒草曰鹿列曰韭逢曰
兒踵草曰東根曰水須曰莐藩曰薚曰昌支爾雅曰薚
莐藩
貝母曰空草曰藥實曰苦花曰苦菜曰商草曰勤母曰
莔爾雅曰莔貝母詩云言采其蝱
栝樓曰地樓曰果蓏曰天瓜曰澤姑曰白藥其實曰黃
瓜詩云果蓏之實爾雅云果蓏之實栝樓
元參曰重臺曰元臺曰鹿腸曰正馬曰咸曰端曰逐馬
曰馥草
苦參曰水槐曰苦蘵曰地槐曰菟槐曰驕槐曰白莖曰
虎麻曰岑莖曰祿白曰陵郎
石龍芮曰魯果能曰地椹曰石能曰彭根曰天豆沈括
云有兩種水中生者葉光而末圓陸生者葉毛而末銳
石韋曰石䩾曰石皮生於石崖其生瓦上者曰瓦韋皆
感陰溼而生每莖抽一葉背有毛而斑點其狀如皮故
得韋名
狗脊曰百枝曰強膂曰扶蓋曰扶筋葉類蕨根類菝葜
萆薢萆薢曰赤節菝葜曰金剛根謂其根堅曰王瓜草
謂其苗葉與王瓜相近
通草曰附支曰丁翁曰王翁萬年方書亦謂之木通爾
雅曰離南活莌以活莌亦謂之離南今人謂之通草其
瓢白可愛婦人取以爲首飾其實曰燕覆子曰烏覆曰
桴棪子曰拏子、
瞿麥曰巨句麥曰大菊曰大蘭曰茈萎曰杜母草曰燕
麥曰蘥麥曰雀麥曰石竹故爾雅云大菊蘧麥其葉細
嫩花如錢可愛唐人多像此爲衣服之飾所謂石竹繡
羅衣
敗醬曰鹿腸曰鹿首曰馬草曰澤敗曰鹿醬葉似豨薟
根似柴胡作敗醬氣故以得名
澤芬曰白芷曰白茝曰虈曰莞曰苻蘺楚人謂之葯其
葉謂之蒚麻與蘭同德俱生下溼故蘭茝之香爲騷人
所諷詠
杜衡曰杜曰土鹵能香人衣體南人以亂細辛其葉似
馬蹄故亦名馬蹄香爾雅云杜土鹵
白薇曰白幕曰薇草曰春草曰骨美
葈耳曰苓耳曰羊負來曰喝起草曰白胡荽江東曰常
葈幽州曰爵耳爾雅菤耳苓耳舊說卽蒼耳也其實似
鼠耳而有澀刺易黏人衣中原本無此草因羊自蜀來
其實帶毛而至故有羊負來之名然詩云采采卷耳以
其可茹也卽今卷菜葉如連錢者是也若蒼耳但堪入
藥不可食
茅之根曰蘭根曰茹根曰地筋曰兼杜茅之類甚多惟
白茅擅名其苗初出地者曰茅鍼爾雅云蒤委葉詩云
以薅荼蓼皆謂茅鍼也茅之花曰茅秀爾雅蔈荂荼是
也茅之葉如菅故亦名地菅詩云白茅菅兮又云露彼
菅茅
強瞿曰重邁曰中庭曰重箱曰摩羅曰中逢花卽百合
也俗呼強瞿根如葫蒜根美食花美觀舊云蚯蚓化成
有二種白花者良其紅花者一名山丹一名連珠俗呼
川強瞿莖上抽花葉間結子

酸漿曰寒漿曰醋漿江東曰苦葴俗謂之三葉酸漿沈括云即苦耽也其實如撮口袋中有珠子熟則紅關中謂之洛神珠亦曰王母珠亦曰皮弁草以其實又似弁也又有一種小者名苦蘵

牡蒙曰衆戎曰童腸曰馬行即紫參也唐明皇令方士姜撫採終南山之旱藕作湯餅賜大臣者即此草根也

淫羊藿曰剛前曰黃連祖曰千兩金曰乾雞筋曰放杖草曰棄杖草關中曰三枝五葉草舊云西川北部有淫羊食此草一日百交今通謂之仙靈脾

蠡實曰荔實曰劇草曰三堅曰豕首曰馬薤即馬藺子也北人呼爲馬楝子江東呼爲旱蒲多植於階庭說文云荔似蒲而小根可作刷月令云荔挺生

款冬曰橐吾曰顆東曰虎須曰菟奚曰氐冬藥家用花如枇杷舊云花冬月在氷下生緣此花傍莖近根生故在氷下爾雅以顆東爲顆涷注又以款冬作款涷

牡丹曰鹿韭曰鼠姑宿枝其花甚麗而種類亦多諸花皆用其名惟牡丹獨言花故謂之花王文人爲之作譜記此不復區別然今人貴牡丹而賤芍藥獨不言牡丹本無名依芍藥得名故其初曰木芍藥古亦無聞至唐始著

澤蘭曰虎蘭曰龍棗曰虎蒲曰水香曰都梁香如蘭而莖方葉不潤生於水中故曰水香荊州記都梁縣有山山上有水淸淺其中生蘭草因以爲名

馬蘭生澤傍如澤蘭氣臭楚辭所喻惡草即此也

王孫曰黃孫曰黃昬曰海孫曰蔓延又楚曰王孫齊曰長孫方家謂之牡蒙

百部曰婆婦草能去諸蟲可以殺蠅蠓其葉似薯蕷根似天門冬故天門冬亦有百部之名二物足以相紊

王瓜曰土瓜曰睽姑曰鉤甊曰菲芴均房間曰老鵶瓜又曰菟瓜其根可生食類瓜故得瓜名月令王瓜生即此也而鄭元以爲菝葜誤矣爾雅言鉤藈姑郭云鉤甊一名王瓜是矣又言菲芴又言黃菟瓜皆謂此也

薺苨之根能亂人參而解藥毒以其與毒藥共處而毒皆自然歇

爾雅曰冰臺菟葵曰天葵又曰莃菟葵雷公炮炙所用紫背天葵是矣葉如錢而厚嫩背微紫生於崖石凡丹石之類得此而後能神所以雷公一書汲汲於天葵恨世人不識之臣近得之於天台僧

鱧腸曰蓮子草曰旱蓮子曰金陵草生園圃葉似柳莖似馬齒莧其蓮翹亦曰旱蓮植於庭院其花可愛非鱧腸也

蒟醬曰浮留劉淵林蜀都賦注云蒟醬緣木而生其子如桑椹熟時正青以蜜藏而食之辛香生巴蜀嶺南司馬相如使蜀而求之也其狀似蓽撥故有土蓽撥之號今嶺南人但取其葉及藤合檳榔食之謂之蔞而不用其實

蘿摩曰芄蘭曰苦丸幽州人曰雀瓢東人曰白環藤可作菜茹能補精益氣故諺云去家千里莫食蘿摩狗杞

剪草之根曰白藥

蘹香即茴香

鬱金即薑黃周禮鬱人和鬱鬯注云煮鬱金以和鬯酒又云鬱爲草若蘭今之鬱金作婦潘臭其若蘭之香乃鬱金香生大秦國花如紅藍花四五月採之即香陳藏器謂說文云鬱芳草也十葉爲貫捋以煮之用爲鬯爲百草之英合而釀酒以降神也然大秦國去長安四萬里至漢始通不應三代時得此草也或云鬱金與薑黃自別亦芬馨恨未識耳

紅藍亦曰黃藍

蓽澄茄亦曰毘陵茄子

蓬莪茂似薑黃而不黃

廉薑似山薑而根大一名葰

胡黃連似黃連而心黑一名割孤露澤

大黃曰黃良

常山曰互草

桔梗曰利如曰房圖曰白藥曰梗草曰薺苨以其能亂薺苨故亦有其名葉曰隱忍

甘遂曰甘藁曰陵藁曰陵澤曰重澤曰主田曰葶藶曰丁藶曰蕇蒿曰狗薺曰大室曰大適爾雅蕇葶藶

大戟曰邛鉅曰女朮曰蕎曰髦爾雅髦顛棘其苗曰澤漆曰漆莖

旋覆花曰金沸草曰戴椹曰盛椹曰盜庚爾雅蕧盜庚似菊俗呼金錢花

鉤吻曰除辛曰毒根折之青煙出者名固活即野葛也

藜蘆曰葱苒曰葱菼曰山葱曰葱葵曰豐蘆曰蕙葵

豬魁俗呼禹餘糧葉如薯蕷根如何首烏儉歲人採之以療飢陳藏器謂禹會諸侯棄糧於地花爲此草

芨爾雅云堇草即烏頭也其類即別而說者紛紜初種之母曰烏頭如芋魁是也其形似烏鳥之首故以爲名兩岐如鳥開口者曰烏喙亦取其似也烏頭傍生者爲附子附子傍生者爲側子烏頭不生附子者爲天雄極長大故草經云長三寸以上也蜀人種之最忌生此草

經云春採爲烏頭冬採爲附子廣雅又云一歲爲側子二歲爲烏喙三歲爲附子四歲爲烏頭五歲爲天雄今皆不然但一歲下種而有此五物皆以冬至前布種至八月採出於蜀中而綿州彰明縣猶多附子爲百藥之長一名奚毒世以烏頭天雄附子爲三建者以此三物舊皆出建平故也又宜都佷仙者謂之西建秭佳錢塘間者謂之東建不及故曰西水猶勝東白烏頭曰奚毒曰即子曰莨曰堇曰千秋曰毒公曰果負曰耿子取其汁日煎爲膏曰射罔射生者以傅矢慘毒

羊躑躅曰玉支

茵芋曰莞草曰卑共

射干曰烏扇曰烏蒲曰烏翣曰烏吹曰草薑曰鳳翼射亦作夜射干有二物佛書云射干貂猶乃是惡獸似青黃狗食人荀子云西方有木名射干莖長四寸生於高山之上而臨百仞之淵其花白莖長似射人執竿故阮公詩云射干臨層城此則草類狀如鹿葱葉稍大邪張作扇如翅狀故有烏扇烏翣鳳翼之名

貫衆曰貫節曰貫渠曰百頭曰虎卷曰扁苻曰伯萍曰藥藻曰濼曰草鴟頭爾雅云濼貫衆

半夏曰守田曰地文曰水玉曰示姑

莨菪曰横塘曰行塘其實作小罌子謂之天仙子

常山曰互草

青葙曰草蒿曰萋蒿曰草蘘花似後庭花實如莨菪子俗呼牛尾蒿其主療與決明子同故亦有草決明之名

牙子曰狼牙曰狼子曰犬牙今皆謂之狼牙子以其根之萌若獸牙也葉似蛇苺而大

白斂曰菟核曰白草曰白根曰崑崙藤生葉如小桑根如雞卵

白芨曰甘根曰連及葉如初生栟櫚根如菱米

蛇全曰蛇銜曰威蛇曰小龍牙

草蒿曰方潰曰菣江東曰犼蒿即青蒿也爾雅云蒿菣

雚菌曰雚蘆生於蘆葦中云鸛矢所化故曰鸛菌

連翹曰異翹曰蘭華曰折根曰軹曰三廉曰連苕曰連草爾雅云連異翹即旱蓮也葉似當歸華似菡萏

白頭翁曰野丈人曰胡王使者曰奈何草狀似白薇葉生莖端上有白毛近根處有白茸正似垂白之翁

藺茹曰屈據曰離婁葉似大戟根如蘿蔔黃色初斷時汁出凝黑如漆故云漆頭

羊桃詩曰萇楚爾雅曰銚弋亦曰鬼桃曰羊腸曰御弋葉花似桃子如棗核劒南人名細子根

羊蹄曰東方宿曰連蟲陸曰牛蘈曰菲詩曰言采其蓫爾雅曰菲蒠菜又曰蘈牛蘈今人呼爲禿菜蓫禿音訛耳

鹿藿爾雅曰蔨鹿藿其實莥田野呼爲鹿豆

藎草曰莀蓐曰王芻曰鴟腳莎爾雅曰菉王芻又曰竹萹蓄詩云綠竹猗猗即此是也今人謂之萹竹葉似竹而細薄荊襄人煑以染黃極鮮麗故草經云可染黃作金色

夏枯草曰夕句曰乃東曰燕面

蚤休曰蚩休曰螫休曰重樓金線曰重臺曰草甘遂今人謂之紫河車服食家所用而莖葉亦可愛多植庭院間

虎杖曰枯杖曰苦杖曰大蟲杖曰酸杖曰斑杖曰蒤故爾雅曰蒤虎杖莖葉斑赤似馬蓼而無毛

鼠尾草曰葝曰陵翹曰烏草曰水青可以染皂爾雅葝鼠尾

苧野生者曰薜爾雅云薜山麻

菰曰蓬今人謂之茭爾雅曰齧彫蓬薦黍蓬彫蓬者米茭也其米謂之彫胡可作飯故曰齧黍蓬者野茭也不能結實惟堪薦藉故曰薦

葋菰根也亦名須故爾雅曰須葋蕵又名蕵蕪

劉寄奴曰金寄奴即烏藤菜故江東人云烏藤菜劉寄奴因宋武帝而得名帝微時伐荻新洲遇大蛇射之明日往見羣兒擣藥問之乃曰我王爲劉寄奴所射今擣此藥傅之帝呵之羣兒忽不見遂收其藥還以傅金瘡無不愈者帝姓劉小名寄奴江南人姓劉者或呼爲金是以又有金寄奴之名

牽牛子曰草金鈴曰盆甑草陶弘景云以療水腫有功田野人牽牛以易之故得名

狶膏莓曰虎膏曰狗膏亦曰狶薟能亂天名精

葎曰來苺草曰葛葎蔓葉似萆麻子似大麻

獨行根曰雲南根曰兜零根山南人謂之土青木香其實曰馬兜零

狼毒曰續毒藥家以此與麻黃橘皮吳茱萸半夏枳實爲六陳

鬼臼曰雀犀曰馬目毒公曰九臼曰天臼曰解毒葉如荷葉形似烏掌年長一莖莖枯則根爲一臼服食家用之以九臼相連者爲佳亦名八角盤以其葉然也

蘆爾雅曰葭蘆又曰蒹葭又曰菼薍蘆之大者曰葭小者曰荻蒹即荻也可爲簾箔故曰蒹其小而實者曰葦菼即葦也其萌曰蘿蘿蘆筍也其華曰芀芀蘆花也故

曰葦醜芀亦謂之葭故曰葭華
萹蓄卽篇竹也衞風云綠竹猗猗綠蓋草竹萹蓄
酢漿草曰醋母草曰鳩酸草曰小酸茅南人曰孫施去
銅鍮垢
商陸曰蓫薚曰蕩根曰夜呼曰馬尾曰莧陸曰章陸曰
章柳根曰薚曰蓄詩云言采其蓄爾雅云蓄薚又云蓫
薚馬尾皆此也或言爾雅拜蔏藋亦爲此耳根如人形
者有神道家以爲脯謂之鹿脯有赤白二種白者服食
所須赤者爾雅謂之蘱茅
灰藋曰金瑣天葉心有粉如鹽而不鹹灰藋與藜亦是
同類但藜大可爲杖也
瓦松曰昨葉何草
骨碎補曰石菴蕳曰骨碎布曰石毛薑江南曰胡孫薑
根著木石上有毛葉如菴蕳俗呼猴薑唐明皇以其主
折傷補骨碎有奇功故賜名
雀麥曰蘥曰燕麥曰牡姓草似麥而小故得其名
天南星曰鬼蒟蒻而有毒
蒟其實曰蒟蒻生於葉下與天南星班杖相似其根生
時可爲糊黏熟之可食
穬隨子曰拒冬曰千金子曰聯步曰千兩金曰菩薩豆
人家多種於園亭其花似大戟秋種冬長春秀夏實
穀精草生於穀田中亦曰戴星草欲人早耕也
列當曰栗當曰草蓯蓉生巖石上根如藕能亂蓯蓉
威靈仙曰能消惡聞水聲能治痿弱唐貞元中周君巢
爲之作傳
何首烏曰野苗曰交藤曰夜合曰地精曰陳知白曰桃
柳藤有赤白二種赤者雄白者雌雌雄異本而能相交

何首烏者順州南河人初名田兒生而閹弱年五十八
無妻子臥田野中見田中之藤兩本異生而能相交久
乃解解而復合如此數四田兒異之斸根而服七日而
思人道十年而生數男頭白變黑遂以名此草其人年
百三十子庭服之年百六十唐元和間事也
預知子曰仙沼子曰聖知子曰聖先子曰盍合子實如
皂莢子傳云取二枚綴衣領上遇蟲毒初則聞其有聲
故有預知之名蜀人貴重之
仙茅曰獨茅根曰茅瓜子曰婆羅門參傳云十斤石乳
不及一斤仙茅
萱草曰合歡草曰無憂草言能令人樂而忘憂花曰宜
男婦人喜佩之風土記孕婦佩其花則生男
金星草生於陰崖或瓦木上葉背有金星相對爐火家
所用也
薇生水傍葉如萍爾雅云薇垂水三秦記夷齊食之三
年顏色不變武王戒之乃食而死然詩云采薇者金櫻
芽也
無風獨搖草頭如彈子尾若鳥尾兩片開合見人自動
石藥生太山石上如花藥王隱晉書云庾袞入林慮山
餌石藥得長年
孝文韭人多食之能行後魏孝文帝好食此故得名
陳家白曰吉利菜葉如錢根如防巳又有婆羅門白甘
家白三白相似
孟娘菜曰孟母菜曰厄菜葉似升麻方莖
越王餘筭生南海水中如竹筭子長尺許異苑云越王
行海作籌有餘棄於水中而生
風延母細葉蔓生繆繞草木南都賦云風衍蔓延於衡

早是也
辢菜字林云味辛南人食之去冷氣
優殿南方草木狀曰合浦人種之用醬汁而食芳香
宜男草廣州記云小男女佩之臂上辟惡止驚生廣南
朝至暮落花生囊穢處頭如筆紫色朝生暮謝小兒呼
爲狗溺臺又名鬼筆菌類也非槿
蕕草曰軒于爾雅云蕕蔓于臭草也生水中江東人呼
爲蓄證俗云蕕水草也
藘蒿先於百草而生爾雅云莪蘿注云藘蒿也小雅云
菁菁者莪陸璣云莪蒿也一名蘿蒿
麗春草河南曰龍芊草河北曰蘉蘭艾生上黨者曰定
參草亦曰仙女蒿此草主黃疸之疾唐天寶中始有聞
焉

蔬類

白爪曰水芝曰地芝卽白冬瓜也
葵之類多爾雅曰葥戎葵卽蜀葵一名葥又曰菝蚍衃
注云荊葵也一名菝一名蚍衃又曰蔠葵蘩露注云落
葵也一名承露一名藤葵一名胡烟脂蔓生繞籬落葉
圓而厚子如豆生青熟黑挼之則色紫女人以漬粉傅
顏爲假色又有龍葵一名苦葵葉圓似排風而無毛
羅勒俗呼西王母菜北人呼爲蘭香爲石勒諱也
胡荽曰胡葉并州人呼爲香荽亦爲石勒諱也
苦菜曰荼曰選曰游冬爾雅云荼苦菜詩谷風云誰謂
荼苦其甘如薺月令云苦菜秀
萊服一名雹葖一名溫菘一名紫花菘吳名楚菘嶺南
名秦菘河朔名蘆菔爾雅曰葖蘆菔俗呼蘿蔔鎭州者
一根可重十六斤

薤與韭同類雖辛而不葷五藏所以學道之人服之有赤白二種白者補而美赤者主金創不結子一名鴻薈爾雅云䪥鴻薈

韭之性温故謂之草鍾乳易稽覽圖云政道得則陰物變爲陽鄭元注謂若葱變爲韭是也可知葱冷而韭温然葷臭非養性所宜多食亦昏神

蘇爾雅曰蘇桂荏此紫蘇也葉實俱良

水蘇曰雞蘇曰勞祖曰芥葅曰芥苴曰臭蘇曰青白蘇今人皆呼雞蘇亦呼水蘇不可食

荏曰蕉似葉而髙大葉不可食惟子可壓油及雜米作糜甚肥美

蕨一名虌莽牙也四皓食之而壽夷齊食之而夭搜神記曰郗鑒鎮丹徒二月出獵有甲士折一枝食之覺心中淡淡成病後吐一小蛇垂之屋前漸乾成蕨明此物不可生食爾雅云蕨虌又有一種大蕨亦可食謂之綦蕨爾雅云綦月爾

芸臺亦作雲臺爾雅云臺夫須

蘩蔞曰荍爾雅云荍蘩蔞生於園圃蔓細弱田野人食之可作牙蘗

雞腸似蓼而小不辛本草以合於蘩蔞共條故蘇恭譏謂卽蘩蔞也

堇曰齧曰苦堇爾雅云齧苦堇今人亦謂之堇菜野出味雖苦而甘黃花者殺人唐武后寘諸食中以毒賀蘭氏暴死者蓋此種也

葴曰蘵爾雅云蘵黃蒢葉似菊醬蔓生田野陰濕處爾中曰葅菜以其生可爲葅也

馬藍田野人以爲菜茹爾雅云葴馬藍

苦苣野生者曰褊苣人家常食者曰白苣

薺之菜甚小自生園圃其實曰蒫爾雅云蒫薺實詩云其甘如薺謂此菜之美也或以薺爲薺苨

芹亦作蘄爾雅曰芹楚葵詩曰言采其芹一名水英一名楚葵

馬芹爾雅曰茭牛蘄俗謂胡芹其根葉不可食惟子香美可調飲食所謂野人快炙背而美芹子是也

莪莪蒿也一名蘿故又謂之蘿蒿爾雅云莪蘿詩云菁菁者莪本草謂廩蒿

荇曰接余爾雅云莕接余其葉苻詩云參差荇菜今謂之水荇蔓鋪水上故杜詩水荇牽風翠帶長

蕪菁亦作蔓菁塞北名九英此菜多生邊塞一名須一名蕦蕪一名葑蓯見爾雅春食苗夏食心秋食莖冬食根菜之最益人者惟此爾多種可以備飢歲昔諸葛孔明所止輒令兵士種蔓菁云取其才出甲可生啖一也葉舒可煑食二也久居則隨以滋長三也棄不令惜四也回則易尋而採之五也冬有根可斸而食六也比諸蔬屬其利溥乎今三蜀江陵人猶呼此爲諸葛菜大槩似菘而有頭南人取而種之初年相類至二三歲則變爲菘矣惟河朔最多詩谷風云采葑采菲此卽葑也

蓼有三種按陶弘景云一種紫蓼一種青蓼一種香蓼其葉有圓有尖以圓者爲勝入藥用蓼實有一種馬蓼亦可入藥其最大者謂之蘢草亦謂之蘢薣爾雅云紅蘢古其大者蘬

蘘荷有白赤二種陶弘景云今人赤者爲蘘荷白者爲覆葅食用赤者藥用白者其性好陰在木下者尤美故潘岳閑居賦云蘘荷依陰時藿向陽也搜神記云蔣士先得疾下血言中蠱家人密以蘘荷置其席下忽大笑曰蠱我者張小也乃收小故以此爲治蠱之最周禮庶氏掌除蠱毒以嘉草攻之宗懍謂嘉草卽此也

蓴滑而美所以張翰思蓴羹而歸也二月至八月採者名絲蓴味甘而體軟霜降以後名瑰蓴味苦而體澁

葫大蒜也蒜小蒜也小蒜一名蒚子

馬齒莧一名馬莧可煑丹砂結汞又名五行草以其葉青梗赤花黃根白子黑也其葉間有水銀可燒取

雍菜主解野草毒南人先食雍菜後食野葛自然無苦又取汁滴野葛苗當時菸死張司空云魏武帝噉野葛至一尺應是先食此也

菠薐菜本出頗陵國張騫帶來語訛爲菠

茭首茭草之首有一種可食一名茭白一名菰首一名須爾雅云須葑蓯

稻粱類

稷苗穗似蘆而米可食爲五穀之長五穀不可偏祭故祀其長以配社今人謂之穄關西謂之糜冀州謂之𪍿粢粱也爾雅云以粢爲稷誤也

胡麻曰巨勝曰狗蝨曰方莖曰鴻藏曰方金曰藤苰其葉曰青蘘今之油麻也亦曰脂麻本出大宛張騫傳來故名胡麻沈活靈苑方中論之矣今醫家認黃麻子作胡麻用其子極苦能殺人毒鼠此豈可服食哉陶弘景云八穀之中惟此爲良而純黑者名巨勝是爲大勝此斷穀長生充饑之藥故云胡麻好種無人種正是歸時君不歸

麻子者大麻子也脂麻爲胡麻此爲漢麻脂麻爲細麻此爲大麻亦謂之枲然有牝牡其牡者生花曰麻蕡亦

曰麻勃吐出葺葺然蘇恭謂爾雅云黂枲實以麻黂即麻子不知爾雅之誤

粱之類多爾雅芑白苗白粱也又曰虋赤苗赤粱也又有青粱有黃粱氾勝之書云粱是秫粟今俗謂之粱古祭祀所用粢盛是也可作飱食及釀酒亦如穤米或云粱亦有稉者其謂龔米亦曰黃子

黍本草丹黍爾雅云秬黍秠一稃二米秠是黑黍之有二米者黍之穤者謂之秫一名黃穤

童粱曰稂曰守田曰皇爾雅云稂童粱又曰皇守田今人謂之鬼稻一穗末有數粒易落在田中明年復生故有守田之名亦能亂稼

稻有稉穤二種古人謂穤為稻五穀之類皆有稉穤粟之穤曰粱曰粢黍之穤曰秫曰衆爾雅云衆秫是也顏師古刊謬正俗曰本草所謂稻米者今之穤米也又說文云沛國謂稻為穤

彫胡菰蔣米也爾雅云齧彫蓬

罌子粟曰象穀曰米囊曰御米

豆之類多爾雅云蔨鹿藿其實莥今之鹿豆也苗似豌豆蔓生亦可為菜根黃而香本草大豆之蘖謂之黃卷亦謂之卷蘖小豆之花謂之腐婢

通志卷七十五

通志卷七十六

宋右迪功郎鄭樵漁仲撰

昆蟲草木略第二

木類　果類　蟲魚類　禽類　獸類

木類

伏苓曰茯菟其抱根者曰茯神典術云松脂入地千年爲茯苓今詳茯苓乃松脂所化而云千年未必耳龜策傳云茯苓在菟絲之下今詳茯苓生山林而菟絲生人間叢薄自清濁異趣非同類相感者

琥珀漢書云出罽賓國舊云松脂入地千年化成又云茯苓千年爲琥珀又云松脂內溢入地而爲茯苓外溢入地而爲琥珀今之所得其中則有蚊蟲蜂蛭之類如生此皆是未入地所著者又云楓脂千年爲琥珀大體中土不生來從外國皆云初得之如桃膠便可唊須臾則堅凝今人有煮鰕雞及青魚枕僞爲之者

璧曰璧珀舊云琥珀千年爲璧然不生中國不可知也

栢爾雅曰栢椈生於乾陵者其木之文理多作菩薩手雲氣人物鳥獸之形

桂本草有桂菌桂牡桂三條云菌桂無骨正圓如竹牡桂一名梫一名木桂古云丹桂者謂其皮赤耳其花實似吳茱萸葉中之靈物而薑桂之滋爲食味所重呂氏春秋云桂枝之下無雜木雷公云桂枝爲丁入木中其木即死江南李後主患清暑閣前草生徐鍇令以桂屑布階縫中宿草盡枯爾雅云梫木桂

杜仲曰思仙曰思仲曰木綿其葉似辛夷嫩時可食江南人謂之綿芽

荆又有蔓荆牡荆之別荆可以作鑵者今人謂之黄荆蔓荆亦曰小荆其實入藥用牡荆亦用實登眞隱訣注云北方無識者又云梁天監三年將合神仙飯奉敕論牡荆曰荆花白多子子麤大歷歷疎生不過三兩莖多不能圓或褊或異或多似竹節葉與餘荆不殊蜂多採牡荆牡荆汁冷而甘餘荆被燒則煙火氣苦牡荆體慢汁實煙火不入其中主治心風第一于時遠近尋覓不得猶用荆葉則牡荆殆絕矣

寄生生于木上有兩種一種大者葉如石榴一種小者葉如麻黄其實皆相似云是鳥糞感木而生入藥以桑上者良一名宛童一名寄屑一名寓木爾雅云寓木宛童詩云蔦與女蘿施于松上大者曰蔦小者曰女蘿生松上者曰松蘿

五加曰豺漆曰豺節葉作五叉蘄州呼爲木骨入藥用根皮道家呼爲金鹽母與地榆皆可煮石故曰何以得長久何不食石蓄金鹽母何以得長壽何不食石用玉豉玉豉者即地榆也又曰寧得一把五加不用金玉滿車寧得一斤地榆安用明月寶珠

薰陸香即乳香南方草木狀云薰陸出大秦國其木生於海邊沙上盛夏木膠流出沙中夷人取之賣與賈客沈括云乳香即薰陸如乳頭者爲乳香塌地者爲塌香

雞舌香即丁香陳藏器以雞舌香爲丁香母今按沈括考究諸義直是丁香無疑齊民要術云雞舌香世以其似丁子故一名丁子香應劭爲漢侍中年老口臭帝賜雞舌香含之後來三省故事郎官日含雞舌香欲其奏事對答芬芳曰華子曰丁香治口氣正以此也

辛夷曰辛矧曰侯桃曰房木北人曰木筆南人曰迎香人家園庭亦多種植離騷云辛夷車兮結桂旗

木蘭曰林蘭曰杜蘭皮似桂而香世言魯班刻木蘭舟在七里洲中至今尚存凡詩詠所言木蘭舟即此也

榆曰零榆曰白枌曰白榆其類有十數種榆即大榆也生莢如錢古人採其初生者作糜羹食之令人多睡故嵇康謂榆令人瞑也今不復食者惟用作醬取陳者良其皮至粘滑可膠瓦石北人用膠磑觜儉歲農人食之以當糧有一種刺榆有鍼刺如枳其葉如榆淪而爲蔬則滑美勝於白榆爾雅云樞荎唐風云山有樞即刺榆也

槐有二種爾雅云櫰槐大葉而黑謂大葉而黑者櫰也又云守宮槐葉晝聶宵炕謂晝聶合而夜炕布者守宮槐也又云槐小葉曰榎大而皵楸小而皵榎然楸梓類也櫝桐類也不可謂之槐

楮亦謂之穀其實入藥其皮造紙濟世之用也桑穀其生者即此也

枸杞曰杞根曰地骨曰枸忌曰地輔曰羊乳曰却暑曰仙人杖曰西王母曰枸檵曰苦杞曰托盧曰天精曰却老曰地仙苗爾雅云杞枸檵世言有兩種無刺者曰枸杞有刺者曰枸棘又云蓬萊南邱村者高一二丈其根盤結甚固其村之人多壽考南地生者名枸棘有刺延蔓如草萊沈括云陝西極邊生者高丈餘大可作柱葉長數寸無刺根皮似厚朴甘美異他處大體出河西諸郡其次江淮間埂上者實如櫻桃暴乾爲餅膏潤有味

降眞香曰紫藤香主天行時氣家舍怪異和諸香燒煙直上天召鶴盤旋於其上

厚朴曰厚皮曰赤朴曰烈朴曰重皮其植曰榛其子曰逐折

猪苓曰猳屎曰豕槖曰地烏桃

竹之類不一爾雅云桃枝四寸有節今桃枝竹也唐人有桃竹杖詩以其宜爲杖也又云鄰堅中此竹類而中實者今人謂之木竹也又云簢筡中此竹類而中虛薄者又云仲無笐今之貫篔竹也又云簜箭筍此箭筍凡筍類惟箭筍爲美故會稽竹箭有聞焉又云篠箭今箭竹小而希節者然竹之長者惟有筆竹謝靈運所游之澗今在鴈蕩其自死筍則謂之仙人杖

枳生江北橘生江南考工記曰橘逾淮而北爲枳言橘過淮則亦化爲枳矣故江北有枳無橘江南枳橘皆有

藙曰吳茱萸或謂之樧續齊諧記云汝南桓景隨費長房學長房謂曰九月九日汝家有災可急令家人縫絳囊盛茱萸以繫臂上登高飲菊花酒此禍可消景如其言舉家登高山夕還見雞犬牛羊一時暴死長房聞之曰此代之矣世人此日登高飲酒帶茱萸囊由此爾又風土記曰九日折其房插頭辟惡氣令人多臨井植之云飲其水則無瘟疫

山茱萸其實似萇楚之實一名蜀棗一名雞足一名魃實

秦皮曰石檀曰盆桂其用在皮故曰秦皮亦曰岑皮其木似檀俗呼爲白樳木取其皮漬水染筆而書之作青色故墨家用之

梔子曰木丹曰越桃其花六出西域謂之薝蔔花

合歡曰合昏曰青裳曰夜合其木似梧桐枝弱葉繁互相交結每一風來輒似相解了不相牽綴植之庭階使人不忿其葉至暮而合故曰合昏今人皆謂之夜合花嵇康云合歡蠲忿萱草忘憂

秦椒曰樧田野人呼爲藙子爾雅云檓大椒

衛矛曰鬼箭莖有三羽狀如箭翎俗謂之狗骨

紫葳曰陵苕曰茇華曰女葳曰陵時曰陵霄藤生依緣大木今人謂之淩霄花有黃白二種爾雅云苕陵苕黃華蔈白華茇白華者少故詩云苕之華云其黃矣

蕪荑曰無姑曰蕨蘠曰姑榆爾雅云莁荑蔱蘠榆類也實似榆莢臭如犱可作醬

欓子曰食茱萸曰越椒博雅云欓越與吳茱萸俱有藙名內則云三牲用藙是欓子也爾雅云椒樧醜菉

茶曰櫝曰葭曰荈其芽曰茗爾雅曰檟苦茶本草云茗苦搽其品最有優劣薛能詩云鹽損添宜戒薑宜著更誇茶而入薑鹽則下品也想薛能未知滿甌香雪之與故云

五木耳曰檽蘇恭云楮槐榆柳桑之耳也其桑耳曰桑菌曰木麥曰桑巨曰桑黃

棘與棗皆有刺故棘文列刺棗文複刺切韻云棘小棗也不生江南其刺曰棘鍼曰棘刺其實曰菥蓂曰馬朐曰刺原爾雅云終牛棘注云馬棘也刺麄而長

菴摩勒卽餘甘也梵名之異耳

盧會曰訥會曰奴會俗呼爲象膽木中脂也

石南曰鬼目

巴豆曰巴椒

椒曰蘑藙曰陸撥曰南椒生於漢中者曰漢椒蜀中者曰蜀椒巴中曰巴椒

莽草曰春草曰芒草曰葞爾雅云莽數節以其似竹而中實促節離騷云朝搴阰之木蘭兮夕覽洲之宿莽

郁李曰爵李曰車下李曰棣爾雅云常棣棠棣詩云常棣之花鄂不韡韡

鼠李曰牛李曰鼠梓曰椑曰山李曰楰曰苦楸卽烏巢子也爾雅云楰鼠梓詩北山有楰

杉曰被曰煔松類也而材爲良爾雅云被煔

蔓椒曰豕椒曰猪椒曰彘椒曰狗椒以其作狗彘之氣又曰地椒言生於地上

釣樟曰棆亦樟之類也爾雅云棆無疵又名無疵

豫章其木甚大南都之郡因此得名今人謂之樟木

雷丸曰雷矢曰雷實

櫸榆類也而枕烈其實亦如榆莢似錢之狀

楊之類亦多白楊曰高飛曰獨搖人多種於墟墓間故曰白楊多悲風蕭蕭愁殺人水楊曰楊柳詩云楊柳依依又云蒲柳爾雅云楊蒲柳其條可爲箭簳故左傳云董澤之蒲崔豹云水楊卽蒲楊任矢用或言萑苻亦水楊也移楊曰移曰扶移其木大數十圍無風葉動華反復合所謂唐棣之華偏其反而崔豹云移楊圓葉弱蔕微風大搖故又曰一名高飛一名獨搖與白楊之名相近故郭璞云移似白楊

柳之類亦多柳曰天棘南人呼爲楊柳楊與柳實兩種說文楊蒲柳也柳小楊也斬其枝橫倒曲直插之皆生其花謂之絮隨風如飛雪落地如鋪氊故騷人之所取興也杞柳亦曰澤柳可爲桮棬者爾雅曰旄澤柳

桐之類亦多陶隱居云有四種青桐葉皮青似梧而無子梧桐色白葉似青桐有子其子亦可食白桐與岡桐無異惟有花子耳花二月舒黃紫色禮云桐始華者也一名椅桐人家多植之岡桐無子今此云花便應是白桐也白桐岡桐俱堪作琴瑟據此說則白桐者梧桐也

其材可作琴瑟諸桐惟此最大可爲棺槨左傳云桐棺三寸爾雅云所謂櫬梧又謂榮桐木者此也詩云椅桐梓漆爰伐琴瑟注疏家不能別椅是岡桐桐是梧桐梓似楸別是一物爾雅謂之椅梓誤矣又有一種赬桐夏月繁花其紅如火又有紫桐花如百合又有刺桐其花側敷如掌枝幹有刺花色深紅又有一種實如罌子粟可作油陳藏器所謂罌子桐也

欒荆曰頑荆莖葉似石南

紫荆人多種庭院間卽田氏之荆也

南藤曰丁公藤南史解叔謙鴈門人母有疾夜於庭中稽顙以祈聞空中曰得丁公藤卽愈訪醫及本草皆無乃至宜都山中見一翁伐木云丁公藤療風乃拜泣求得之及漬酒法受畢失翁所在母疾遂愈

黃藥卽藥實根也宋武帝患手瘡經年有沙門與一黃藥傳卽愈又秦州出者謂之紅藥子葉似蕎麥枝根赤色

梓與楸相似爾雅云以爲一物誤矣按雜五行書曰舍西種楸梓各五根令子孫孝順所以人家多種於園亭陸璣謂楸之疏理白色而生子者爲梓齊民要術云白色有角者爲梓無子爲楸是皆不辨楸梓也梓與楸自異生子不生角

蒴藋曰陸英葉似火杴莖有節節間分枝弱植高丈許芹爲水英接骨爲木英蒴藋爲陸英謂之三英

枳椇曰木蜜蜀人謂之枸小雅南山有枸是也陸璣云似白楊其子大如指長數寸噉之如飴故曰木蜜

烏臼曰楆曰柜柳田人謂之柳葉杴臭而可染皂子可壓油爾雅云楆柜柳

訶梨勒如橄欖其未熟之子隨風飄墮者名隨風子

樗似椿北人呼爲山椿江東人呼爲虎目葉脫處有痕如樗蒲子又如眼目故有其名其材易大而不中器用又有一種山栲極似此詩唐風所謂山有栲是也故爾雅云栲山樗注謂栲似樗色小白生山中亦類漆俗云櫄樗栲漆相似如一櫄卽椿也

橡曰橡亦曰槲其實作捄曰皂斗曰橡斗然有二種南土多槲北土多櫟爾雅釋木云櫟其實捄詩秦風云山有苞櫟並此也其釋木云栩杼與唐風云集于苞栩並是作木而陸璣誤謂是此耳橡實之類極多大體皆棗屬也可食有似栗而圓者大小有三四種周禮籩人所謂榛實是也二三實作一捄正似棗而小者大小有三四種爾雅所謂栵栭是也注云子如細棗江東人亦呼爲栭棗今俗謂之爲茅棗猴棗柯棗皆其類也或曰槲之實似櫟而小不可食

楊櫨曰空疏良材也

南燭曰烏草曰猴藥曰男續曰後草曰維那木曰黑飯草以其可染黑飯也道家謂之青精飯亦曰牛筋言食其飯則健如牛筋也吳越名猴菽又名染菽亦名文燭經冬不凋春夏採枝莖秋冬採根此木類而叢生高三五尺亦似草故號爲南燭草木圖經云人家多植於庭院間俗謂之南天燭其實如梧桐子勻圓黑色九月熟兒童食之極美今茅山道士採其嫩葉染飯謂之烏飯甚甘香可以寄遠杜詩云豈無青精飯使我顏色好謂食此能變白駐顏故仙經云子服草木之王氣與神通子食青燭之津命不復殞並謂此也

鹽麩子曰叛奴鹽蜀人曰酸桶吳人曰烏鹽其實秋熟爲穗著粒如小豆其上有鹽如雪可以調羹戎人亦用此謂之木鹽故有叛奴鹽之名

無患子曰噤婁曰桓其子勻圓如漆今人貫爲數珠古今注云程雅問木曰無患何也答曰昔有神巫曰瑤眊能符劾百鬼得鬼則以此木爲殺棒殺之世人相傳以爲器用厭鬼故曰無患

檉曰河柳曰雨師曰春柳木中脂曰檉乳本草謂之赤檉木以其材赤故也大槩杉松之類而意態似柳故謂之檉柳爾雅曰檉河柳其材可卷爲盤合又曰檴落郭云可以爲栝器素此赤檉也又有一種名赤楊又名水松與此相似而植之水邊其葉經秋盡紅人多植於門巷杜詩頳檉曉夜希卽此也

益智子葉似蘘荷實如李核去皮用之其中仁如梔子縮紗之類可蜜煑爲粽食昔盧循爲廣州刺史遺劉裕益智粽裕答以續命湯是此也按蘇軾記云海南產益智花實皆長穗而分爲三節其實熟否以候歲之豐凶其下節以候蚤禾其上中亦然大豐則實凶歲皆不實蓋罕有三節並熟者其爲藥也止治益於智其得此名豈以知歲邪

木槿曰舜曰椵曰櫬曰及齊魯名王蒸其植如李五月始花故月令云仲夏之月木槿榮此木類也爾雅云入草例者樊光云其華朝生暮落與草同氣故在草中今人謂之朝生暮落人多植庭院間唐人詩云世事方看木槿榮言可愛易凋也亦可作籬故謂之槿籬

椶櫚曰栟櫚曰葥曰王蔧注云葉可爲帚蔧然有兩種一種有須可作繩耐水一種小而無須葉可爲帚葩未吐時割去須而取之曰椶魚瀹而食之甚美南方又有

虎散桃椰冬葉蒲葵椰子檳榔多羅等與椶櫚同類
芫花曰去水曰毒魚曰杜芫曰敗華曰兒草曰黃大戟
其根曰蜀桑根苗高三二尺葉似白前及柳葉根皮似
桑根正二月花紫碧色頗似紫荆而作穗絳州出者花
黃謂之芫花爾雅云杬魚毒本草亦云可用毒魚其皮
可浸汁藏梅
五倍子曰文蛤曰百蟲倉
靈壽木漢書孔光年老賜靈壽杖顏注曰木似竹有節
長不過八九尺圍可三四寸自然有合杖之制不須削
治也
柞木曰棫曰栩曰杼爾雅云栩杼詩析其柞薪又曰柞
棫斯拔陸璣云柞棫櫟也三蒼云棫卽柞也其葉繁茂
其木堅韌有刺今人以爲梳亦可以爲車軸

果類

棗之類多爾雅曰棗壺棗郭曰棗大而銳上者爲壺又
邊要棗郭云細腰者今謂鹿盧棗又曰櫅白棗郭云卽
今棗子白熟又曰樲酸棗今藥家所用酸棗仁孟子所
謂養其樲棘是也又曰楊徹齊棗未詳又曰遵羊棗郭
云實小而圓紫黑色俗呼爲羊矢棗孟子所謂曾皙嗜
羊棗是也又曰洗大棗郭云今河東猗氏縣出大棗如
雞卵本草云一名良棗一名美棗一名乾棗謂大棗也
爾雅又曰煮塡棗未詳又曰蹶泄苦棗其子味苦晳無
實棗不著子者還味稔棗郭云還味短味
橘柚之類多爾雅曰櫠椵卽大柚也其大如杅皮瓤極
厚又曰柚條今謂之柚似橘而大皮瓤稍厚然皆不可
口或言櫠卽枳蓋江北無橘所以爾雅只載枳柚江南
所產有柑有橘有橙人所常食三者之間而有數品又
有枸櫞生於南方土人謂之香櫞如瓜以瓤厚者爲美
梅之類多爾雅曰梅枏又曰時英梅梅類而實小謂之
雀梅
梨之類多爾雅曰檖蘿山梨也又曰梨山樆野出之梨
小而酢者又曰杜甘棠詩所謂蔽芾甘棠也謂之棠梨
其花謂之海棠花其實謂之海紅子又曰杜赤棠白者
棠此別棠梨赤白之異也
木瓜爾雅曰楙木瓜
豆蔻曰草果亦曰草豆蔻苗葉似山薑杜若輩根似高
良薑花作穗可愛故杜牧云豆蔻梢頭二月春南人亦
採其花淹藏以當果品
葡萄藤生傳自西域史記云大宛以葡萄爲酒富人藏
葡萄酒至萬餘石久者十數歲張騫使西域得其種而
還中國始有又有一種曰蘡薁謂之山葡萄野出其實
如葡萄而小亦堪爲酒其莖主嘔逆斷其兩頭節炊之
有汁出如通草
蓬虆曰覆盆曰陵虆曰陰虆今人謂之苺大小有數種
有蔓生者有叢生者有樹生者惟叢生者大而可愛謂
之蓬虆其樹生者謂之覆盆子亦謂之西國草亦謂之
畢楞伽爾雅云茥蒛盆其鋪地蔓生者曰地苺爾雅云
藨麃者地苺也
蓮爾雅曰荷芙蕖其莖茄其葉蕸其本蔤其葉菡萏其
實蓮其根藕其中的的中薏按本草謂近根處白莖也
實謂蓮房的謂蓮子亦謂之薂爾雅曰的薂薏謂蓮子
中苦心又按本草藕實莖一名水芝丹一名蓮宋太官
作血䘓庖人削藕誤落血中遂散不凝自此醫家方知
其散血也
芡曰爲子曰鉤曰芙曰鴈喙實曰鴈頭實曰雞雍實本
草曰雞頭實爾雅鉤芙葉大如荷皺而有刺俗謂之雞
頭盤花下結房形類雞頭實正圓如榴核大根謂之莈
菜莖謂之蔿蔵亦堪爲茹
芰實卽菱也俗謂之菱角可以當糧菱亦作蔆爾雅蔆
蕨攈注云今亦謂之蔆攈
櫻桃曰朱茱曰麥甘酣曰楔曰含桃曰荆桃曰李桃曰
奈桃爾雅云楔荆桃禮含桃先薦寢廟
柿鳥者謂之椑
木瓜短小者謂之榠樝亦曰蠻樝俗呼爲木梨禮記謂
之樝梨鄭氏誤謂梨之不臧者
甘蔗有三種赤色者曰崑崙蔗白色者亦曰竹蔗亦曰
蠟蔗小而燥者曰荻蔗
芋曰土芝其母曰芋魁史記蜀卓氏云汶山之下沃野
有蹲鴟至死不飢正謂芋魁蓋其形似也
烏芋曰藉姑曰水萍曰白地栗曰河鳧茨曰槎牙今人
謂之茨菰其葉曰剪刀草曰燕尾草
鳧茨爾雅曰芍鳧茈
荔支亦曰離支始傳於漢世初出嶺南後出蜀中故蜀
都賦云旁挺龍目側生荔枝南海藥譜云荔枝熟人未
採則百蟲不敢近才採之則烏鳥蝙蝠之類無不殘傷
然亦不必荔枝諸果皆然東觀漢記云南海舊獻荔枝
龍眼十里一置五里一堠奔馳險阻道路爲患孝和時
唐羌上書言狀帝詔太官勿復受獻蓋此物易變一日
色變二日味變三日色味俱變古詩云色味不踰三日
變舊時採貢以蠟封其枝或蜜漬之而近代奸幸之徒
連株以進南人苦之不知土地所產之異而輒爲人患

何也無乃尤物者與

龍眼曰益智曰龍目曰亞荔枝曰荔枝奴其味清甜荔枝才過卽食龍眼

桃之類多爾雅曰旄冬桃今謂之旄桃藤生出山谷或言卽寒桃也十月熟故謂之冬桃又曰褫桃山桃今野出之桃也味酸苦不解核桃之實乾而不落其中實者曰桃梟曰梟景木草云主殺百鬼精物上古有神荼與鬱壘兄弟二人桃樹之下閱百鬼無理者縛以葦索飼虎今人本此而作桃符

李之類多爾雅曰休無實李一名趙李又曰痤接慮李今之麥李卽青李也又曰駁赤李此赤李著粉者也陶隱居云李以姑熟所出南居李解核如杏子者爲佳

菴羅果若林檎而極大佛書多言之

石榴本草謂之安石榴爾雅云劉劉杙劉與榴通用故也一名丹若一名若榴其甜者又名天漿入藥多用酸榴

橄欖最療鯸鮐毒其木作檝撥著魚皆浮出故知物有相畏者也

榛有三四種栗類也似栗而小正圓

蟲魚類

蟬之類多爾雅及他書多謬悠惟陶弘景之注近之本草蚱蟬注云瘂蟬也瘂蟬雌蟬也不能鳴者蟬類甚多莊子云蟪蛄不知春秋則是今四月五月小紫青色者而離騷云蟪蛄鳴兮啾啾歲暮兮不自聊此乃寒螿耳九月十月中鳴甚悽急又二月中便鳴者名蟀母似寒螿而小七月八月鳴者名蛁蟟色青今此云生楊柳樹上是詩云鳴蜩嘒嘒者形大而黑昔人噉之故禮有雀鷃蜩范范有冠而蟬有緌亦謂此蜩復五月鳴俗云五月不鳴嬰兒多夭今其療亦專主小兒也按陶此說今實考其物寒螿蟀母蚻類也蛁蟟與蜩蟬類也蚻類在階除間及叢薄中夜鳴日不鳴蟬類在木上日鳴夜或鳴字林云蟬蟪蛄也莊子所謂蟪蛄者蟬類之別名爾而正名蟪蛄乃是寒螿乃螻蟈條本經云一名蟪蛄寒螿與螻蛄類也故名號相亂凡本草所載名號有相亂者皆是物類近似故有互名非若他傳釋有名號相亂者非互名也皆是訛謬蜩蟬一物爾方言云楚謂蟬爲蜩宋衛謂之螗蜩陳鄭謂之蜋蜩秦晉謂之蟬宛而言之實爲二物夏小正云五月螗蜩鳴七月寒蟬鳴是其義也今就而驗之有四五種有大如雀黑色其鳴震巖谷者是爾雅所謂蝒馬蟬是也五月以前鳴者似大蠅而差大青色或有紅者夜在草上日在木上聲小而清亮此則正謂之蜩七月以後鳴者似虻色亦斑此則正謂之蟬亦名蛁蟟而陶謂七八月鳴者名蛁蟟色青此誤也立秋巳後青紅二色者盡無之矣獨斑蟬盛焉有一種如大黃蜂黑色倦飛亦倦鳴故謂之瘂蟬卽蟬之雌者爾本草蚱蟬是也夏秋俱有蘇恭云蚱者鳴蟬也諸蟲獸以雄者爲良以陶說爲誤後來注釋者又引玉篇云蚱者蟬聲也明蘇說是且陶謂之瘂蟬豈妄哉蓋據當時所用之名物而言之醫家多用蟬蛻而希有用蟬者故不親識其所用之名物以意測度又尋經引傳以釋證之爾且萬物之理若非的識其情狀求之經傳展轉生訛況爾雅玉篇何可盡信舊云蟬是蜣蜋所轉丸久而化成至夏便登木而蛻此說非也蜣蜋轉丸但成其子而蟬正是蜣蜋化爾又糞中蠐螬及蠹蟲之類亦化爲蟬也蟬脫曰枯蟬曰伏蜟

龜之類多爾雅一曰神龜二曰靈龜三曰攝龜四曰寶龜五曰文龜六曰筮龜七曰山龜八曰澤龜九曰水龜十曰火龜神龜龜之最神者靈龜本草謂之秦龜亦曰蠵蠵其甲有文似瑇瑁而差薄耳故名䶂皮此龜一名蟕蠵俗呼靈蠵能鳴多出涪陵其甲可以卜攝龜小龜也一名蠳龜一名來蛇龜好食蛇故亦謂之呷蛇龜郭云腹甲曲折解能自張閉江東呼爲陵龜或言此龜乃蛇所化故頭尾似蛇俗呼蠢龜卽此寶龜傳國者所寶文龜甲有文彩者河圖曰靈龜負書丹甲青文筮龜常在蓍叢下者龜策傳曰蓍滿百莖其下必有神龜守之山澤木火之龜皆其所生之處也火龜蓋生於火者亦猶火山國所出火鼠是也郭氏謂物有含異氣者不可以常理推龜溺醫家謂之石腦油最難得惟以鑑照之龜見影則失溺急以荷葉承之又法以紙炷火上焫熱以點其尾亦致失溺

貝卽瑇瑁也說文云貝海介蟲也其甲人之所寶古人以爲泉貨交易

螽之類亦多爾雅云蛗螽蠜草螽負蠜蜇螽蜙蝑蟿螽螇蚸土螽蠰谿按蛗螽蝗也草螽草蟲也亦謂蚱蜢蜙蝑一名蜙蜙卽一種大青蚱蜢股長而鳴甚響螇蚸郭云似蜙蜙而細長飛翅作聲者蠰谿似蝗而小斑色多生園中郭云今謂之土蝶以其在土中也

螘之類多爾雅曰蚍蜉大螘小者螘蠪朾螘䗡飛螘其子蚳按蟻亦作螘大螘卽馬蟻也大而黑郭云俗呼馬蚍蜉小螘謂小黃蟻也以其種極多故專其名朾螘是一種大蟻赤色斑駁者飛蟻有翅而飛者凡蟻老則皆

生翅能飛遂化爲他類矣蚳蟻卵也似飯粒亦可爲醬周禮醢人蝨蚳醢

鼅鼄之類多爾雅曰次蟗鼅鼄鼅鼄蝥土鼅鼄草鼅鼄按方言云關西秦晉之間謂之鼄蝥關東趙魏之郊謂之鼅鼄在土中者曰土鼅鼄在草中布網者曰草鼅鼄土中者能毒人俗謂天蛇又曰蠨蛸長踦詩所謂蠨蛸在戶卽小鼅鼄長脚者俗呼喜子又曰王蛈蝪鼅鼄類也一名螲蟷冗居布網冗口有蓋河北人呼蛈蝪

蠶之類多爾雅曰蟓桑繭讎由樗繭棘繭欒繭蚢蕭繭此皆蠶類吐絲成繭者食桑葉爲繭者曰蟓蓋蠶也或云野蠶食樗葉棘葉欒葉爲繭者曰讎由食蕭葉爲繭者曰蚢蕭蒿也原蠶者再熟之蠶也淮南子原蠶一歲再熟然王法禁之者爲殘桑也周禮禁原蠶者注云爲其傷馬今以蠶爲末塗馬齒卽不能食草以桑葉拭去乃還食此明蠶類也物莫兩盛

蟹之類多而螃蟹爲勝其螯上有毛仙方以化漆爲水服之長生以黑犬血灌之三日燒之諸鼠畢至雖云取無時然未被霜以前甚有毒不可食或曰八月一日每蟹取稻芒長寸許東行輸送海神過八月乃可取也又有彭蜞彭蜎擁劒蝤蝶蚷並生海中唯彭蜞不擇地生多於溝渠間其膏可塗濕癬疽瘡肉不可食令人吐下至困蔡謨誤食者此也彭蜎吳人語訛爲彭越南人謂之林禽可食作鳾尤佳小者名擁劒一名桀步一名執火其螯赤此三種皆如小蟹而蝤蝶一名蟳大者徑尺小者如螃蟹大隨潮退殼一退一長兩螯至彊故云能與虎鬬螯如升大頗似蝤蛑而殼銳

蜂之類多本草蜂卽蜜蜂也大黃蜂卽土蜂也一名蜚零冗土以居今宣城所生蜂兒者土蜂也木蜂卽瓠甗蜂也結窠如甑在木上者

蠮螉曰土蜂曰蜾蠃曰蒲盧俗謂之蠮螉樓泥入於屋壁間及器物旁作房或雙或隻亦入竹管中以泥封其口其類不一也凡蜂蟻皆不能生子只取他物呪成而陶隱居乃謂此生子如粟米大在房內仍取他蟲置其中以擬其子大爲糧也以詩云螟蛉有子蜾蠃負之爲謬矣後來人有壞其房而看之果見有卵如粟在死蟲之上皆如陶所說此蓋不究其義也諸蟲在蟄尚不食況其形體未定猶在窠中時何得有饑飽也壞其房而見卵與死蟲者是變與未變爾將其故房看之其蟲殼皆如蛻形則非爲物所食明爾且蚱蟬生於蜣蜋衣魚生於爪子蠅生於蛇蛤生於雀白鵙之相視負螽之相應其類不一然則螟蛉蜾蠃不爲異矣

蚯蚓爾雅曰螼蚓蜸蠶亦謂之蛩蟺江東呼寒蚓

蜻蜓爾雅曰虰蛵負勞亦謂之蜻蛉

螗蜋爾雅曰不過蟷蠰其子蜱蛸又曰莫貈螳蜋蛑謂螳蜋有斧蜱蛸亦曰食肬曰螵蛸

蚰蜒關東謂之螾衘故爾雅曰螾衘入耳以此蟲能入人耳故得入耳之名

蜚爾雅曰蜚蠦蟹郭云蟹卽負盤臭蟲按此亦謂之負蠜卽草蟲也春秋書蜚以其能害稼本草謂之蜚蠊亦謂之蜚蠊

蛣蜣爾雅曰蛣蜣蜣蜋莊子曰蛣蜣之智在於轉丸

蝎木中蠹蟲也爾雅曰蝎蛣蝠

蠰俗呼山羊有長角斑黑色喜齧桑葉及橘柚爾雅曰蠰齧桑

蜉蝣似蛣蜣而小有文彩爾雅曰蜉蝣渠略又曰蚑蟥蛢郭璞云江東呼蟥蛢以有金色

守瓜者瓜瓠之葉上黃甲小蟲能飛者爾雅曰蠸輿父守瓜

穀蠹米穀中小黑蟲也爾雅曰蛄䗐強蛘建平人呼爲蛘子

蜈蚣爾雅曰蒺藜蝍蛆性能制蛇見大蛇則噉其腦蛇不動而畏蚯蚓每遇蚯蚓亦不敢動蚯蚓以涎繞其足盡落

馬陸似蜈蚣而小尤多脚不能毒人曰百足曰馬軸所謂百足之蟲至死不僵者此也

蝦蟆之類多以蟾蜍爲上曰鼁曰去甫曰苦蠪昔張暢弟收爲猘犬所傷醫云宜食蝦蟆鱠收甚難之暢含笑先嘗蓋此物但入藥用而非可食也其肪塗玉刻之如蠟或不可得但取肥者剉煎膏以塗玉亦軟古玉器有奇特非雕琢人功者多是昆吾刀及蝦蟆肪所刻也爾雅螫蟆有一種生於田中大者三四枚重一觔南人名爲水雞亦名蛤又一種生山谷中黑色肉紅名石鱗魚並可食其小者名鼃其大於鼃而青色者曰青蠪凡蝦蟆之類皆不交合惟雌雄相對吐沫漸成魚子遂變而成科斗爾雅云科斗活東亦曰活師古人科斗書蓋取象於此

馬蝬爾雅云蛝馬蝬郭云馬蠲蚐俗呼馬蝬方言云北燕謂之蛆蟝其大者謂之馬蚰蚰卽蝬也

蛓蟲曰蛅其毛能螫人故爾雅曰蛅毛蠹又曰螺蛅蟴者黑毛蟲也其毛皆能射人

蠐螬爾雅云蟦蠐螬糞土中大白蟲也本草一名蟦蠐

一名蟹螃一名勃齊
蝤蠐爾雅云蝤蠐蝎木中蠹蟲也方言關東謂之蝤蠐
梁益之間謂之蝎
鼠負爨底白粉蟲也爾雅云蟠鼠負又曰蛜威委黍詩
蛜威在室蠨蛸在戶
牛蝱蠅類噉牛馬血爾雅云強蚚
衣魚亦謂之蠹魚以能蠹衣裳書帙亦謂之蛃魚亦謂
之蟫爾雅云蟫白魚
莎雞曰酸雞曰樗雞曰天雞曰樗鳩曰螒爾雅云螒天
雞黑身赤頭似斑猫
土蛹爾雅曰國貉蟲蠁郭云今呼蛹蟲爲蠁
螢火爾雅云螢火即炤本草一名夜光一名放光一名
熠燿詩云熠燿宵行呂氏春秋云腐草花爲螢
螻蛄曰螜曰天螻曰蝚曰蛞螻亦曰蟪蛄故爾雅云螜
天螻又曰蝚蛞螻方言云南楚謂之杜枸此物頗協神
鬼昔人獄中得其力者今人夜忽見出多打殺之言爲
鬼所使也荀子所謂梧鼠五技而窮蔡邕勸學篇云碩
鼠五能不成一技者此物爾魏詩所謂碩鼠者大鼠也
蝸牛曰蛞蝓曰陵蠡曰土蝸曰附蝸爾雅蚹蠃螔蝓凡
蠃之類皆負殼惟此能脫殼而行頭有兩角故曰蝸牛
水蛭曰蚑曰至掌
蠓之類多爾雅云蠓蠛蠓似蚋而小斜陽則羣聚鬪飛
蜥蜴之類多爾雅云蠑螈蜥蜴蝘蜓守宮也今按小而
青者曰蜥蜴大而黃者曰蝘蜓最小在牆間砌下者曰
守宮種類既異而此釋爲一物恐亦未審也又按本草
蜥蜴謂之石龍子一名山龍子一名石蜴楚人謂之蛇
醫或謂之蠑螈青尾有五彩蝘蜓似蜥蜴而大黃色亦
謂之蠦蝘也守宮似蜥蜴而小在屋壁間故名守宮故
東方朔謂非守宮則蜥蜴也守宮又名蠍虎舊云以朱
飼之滿三斤殺之乾末塗女子身有交接事便脫不爾
如赤誌故謂之守宮
蝟有兩種一種作猪蹄者又名蠔猪一種作鼠脚舊云
蝟能跳入虎耳中而見鵲便仰腹受啄物有相制如此
鼴鼠曰隱鼠曰鼢鼠形類鼠而肥多膏黑色無尾長鼻
常穿耕地中行旱歲則爲田害
蠖屈伸蟲也爾雅云蠖蚇蠖
蛬曰蟋蟀曰青蛚楚人謂之王孫幽州人謂之促織秋
至則鳴故曰促織鳴懶婦驚
鼯鼠即飛生也一名鼺鼠
青蚨一名蟱蝸搜神記曰南方有蟲名蟱蠋如蟬大辛
美可食其子如蠶種取其子則母飛來雖潛取必知處
殺其母塗錢子塗貫用錢則自還淮南子萬畢云青蚨
一名魚伯以母血塗八十一錢以子血塗八十一錢置
子用母置母用子皆自還也或云自是雄雌不相捨爾
蛇之類多爾雅曰蚦蛇郭云蟒屬大眼最有毒今淮南
人呼蟒子又曰螣螣蛇（螣音滕）郭云龍類也能興雲霧而
游其中淮南子云螣蛇又曰蟒王蛇蟒蛇之大者謂
之王蛇又曰蝮虺博三寸首大如擘江淮以南曰蝮江
淮以北曰虺
鯉鱣鰋鮎鱧鯇爾雅無異名鱣今之黃鱣魚短鼻口在
頷下體有三行甲無鱗大者長二三丈亦能化龍鯇今
之鯶魚也
鮒廣雅云鰿魚也
鯊爾雅云鯊鮀小魚體圓而有點文常張口吹沙故亦
名吹沙
鮂爾雅云鮂黑鰦郭氏謂即白鯈江東呼爲鮂臣又疑
即鰲魚以背黑故亦名黑鰦
鰦爾雅云鰼鰌今泥鰌也似鱓而小
鰹爾雅云鰹大鮦小者鮵即鱧也郭云今青州呼小鱺
爲鮵按鱺與鱧音與義同又本草作蠡一名鮦舊言是
公蠣蛇所化頭有文
鱯爾雅云魾大鱯小者鮡郭云鱯似鮎而大白色
鯦爾雅云鯦當魱海中黃魚也似鯿而大鱗肥美多鯁
江東呼其最大者爲當魱
鮆爾雅云鮤鱴刀郭云今之鮆魚也亦呼爲魛魚按鮆
魚所在有之
鮅爾雅云鮅鱒似鯶而小眼赤多生溪澗傳麗水底難
網捕
鯿爾雅云魴魾
鰻爾雅云鯬鯠今鰻魚亦呼鰻鱺徽州一種鰻頭似蝮
蛇背有五色生溪澗
鰕之類多爾雅曰鰝大鰕郭云鰕大者出海中長二三
丈須長數尺今青州呼蝦爲鰝
蠃之類多爾雅云蠃小者蜬郭云螺大者如斗出日南
漲海中可以爲酒杯按今所謂鸚鵡杯者出南海
蚌之類多爾雅云蜃小者珧即小蚌也一名玉珧可飾
佩刀削詩傳云天子玉琫而珧珌是也山海經激女水
中多蜃珧今廣州東南道極多人取以摩作碁子鬻之
鼉亦作鼍狀如鮫鯉長一二丈者能吐氣成霧致雨善
攻碕岸性嗜睡常閉目極難死聲甚可畏其皮可冒鼓
凡黿鼉之老者能變爲邪魅或云多年鼉入水化爲龍

梁周興嗣常食其肉後爲鼉所噴便爲惡瘡實彊靈之物不可輕殺

鯢爾雅云鯢大者曰鰕卽雌鯨也大者長八九尺狀似鮎魚脚前似獼猴後似狗聲如小兒啼今洞庭有之

禽類

佳爾雅謂之鳺鴀亦曰祝鳩今所謂鵓鳩也謹愿之鳥凡鳥之短尾者皆謂之佳帷夫不專名焉故指佳爲鳺鴀也鳺方扶反鴀方浮反

鶌鳩爾雅謂之鶻鵃鶌居物反鶻音骨鵃音嘲今謂之鶻鵃似山鵲而小短尾青黑色多聲江東亦呼爲鶻鵃廣雅謂斑鳩誤矣斑鳩卽鶉鳩也

鳲鳩爾雅曰鴶鵴卽布穀也一名桑鳩一名擊穀江東呼爲穫穀禮記謂之鳴鳩鴶苦八反鵴音菊

鷑鳩爾雅曰鵧鷑郭云小黑鳥鳴自呼江東名爲烏鵖按此似鸐鷮無冠而長尾多在山寺廚檻間今謂之烏鵖音及按玉篇廣韻無鵖字惟有鴔字音及鵧步丁反

鵙鳩爾雅曰王鵙鳧類多在水邊尾有一點白故揚雄云白鷢舊說鵙類誤矣鵙七徐反

鳧鷖陸機云大如鴨青灰色卑脚短喙水鳥之謹愿者也

鵅爾雅曰鵋鶀鵅音格鵋鶀音忌欺郭云今江東呼鵂鶹爲鵋鶀亦謂之鵂鶹

鴗爾雅云天狗魚狗也似翡翠而小青碧可愛鴗音立

鷚爾雅曰天鸙郭云大如鷃雀色似鶉好高飛作聲江東名之曰天鷚音樛繆之繆按此雀類似鶉而尾小長以其能鳴故人多養之俗呼告天所在寒月多有之鸙音藥

鵱爾雅曰鵱鷜今之野鵝鵱音六鷜力于反

鶬爾雅曰麋鴰卽鶬鴰也

鵅爾雅曰烏鸔鵅音洛郭云水鳥也似鶂而短頸腹翅紫白背上綠色江東呼烏鸔鸔音駁

舒鴈爾雅曰鵝

舒鳧爾雅曰鶩鴨也

鳽爾雅曰鵁鶄水鳥也今亦謂之鵁鶄似鳧脚高毛冠郭云江東人家養之以厭火災

鵜爾雅曰鴮鸅鴮音烏鸅音澤鵜鶘也形極大喙長尺餘頷下有胡大如數升囊好羣飛沉水食魚俗謂之淘河許愼云鶘也

鶾爾雅曰天雞鶾音汗逸周書曰蜀人獻文鶾文鶾者若翬雉按今有吐錦雞蓋雉類惟蜀中有之仰日吐錦甚有文彩

鷽爾雅曰山鵲今喜鵲也郭氏謂似鵲而有文形長尾觜脚赤鷽音握

鷣爾雅曰負雀鷣音淫郭云鷣鷂也江南人呼之爲鷣善捉雀因名云按此卽今之小鷂也蓋鷂類南方無鷹唯呼此爲鷹

鶨爾雅曰鵙老鶨音彖郭云鳻鶨也俗呼癡鳥字林云句喙鳥按此蓋鶨類能捕雀句喙目圓黃可畏如孝大小者猶俊

鳭鷯爾雅曰剖葦注云好剖葦皮食其中蟲因名云江東呼蘆虎似雀青斑長尾鷯音遼

桃蟲爾雅曰鷦其雌鴱鴱音艾似黃雀而小一名鷦鷯一名鴳鷩一名桃雀俗呼巧婦

鳳凰爾雅曰鶠鳳其雌凰神鳥也其雛曰鸑鷟雞冠蛇頸魚尾龍文龜背燕頷前後五色備舉高六尺許京房云高丈二出於東方君子之國飛則羣鳥從以萬數非梧桐不栖非竹實不食晨鳴曰發鳴朝鳴曰上翔晝鳴曰滿昌昏鳴曰固常夜鳴曰保長鳳古作朋字

鶺鴒爾雅曰雝渠雀屬也長尾背上青赤色腹下白頸下黑飛則鳴行則搖

鸒斯爾雅曰鵯鶋亦謂之雅烏蓋雀類差小多羣飛食穀粟俗呼必烏鵯音匹聲相近

鴽爾雅曰鴾母卽鵪也青州呼鴾母田鼠所化鴽鴾音如謀

密肌爾雅曰繫英英雞也喙啖石英故得名焉

巂爾雅曰巂周卽子規也多出蜀巂郡故名焉蜀主望帝化爲子規巂希規反

燕元鳥也爾雅曰鳦陸機云齊人謂之乙燕有二種爾雅又曰燕白脰鳥則知此爲紫燕矣

鴟鴞爾雅曰鸋鴂陸機諸儒皆謂爲巧婦誤看說文也今按郭氏說此及方言皆謂是鴟類據下言茅鴟怪鴟則此應是鴟無緣得是巧婦鴟鸋鴂音遙寍決

狂爾雅曰茅鴟郭云今鳩鴟也似鷹而白

白鴟爾雅曰怪鴟廣雅謂之鴟鵂郭云今關東呼此屬爲怪鳥

梟爾雅曰鴟卽訓狐目瞋而夜作賈誼所賦鵩鳥是也其肉甚美可爲羹臛又可爲炙漢供御物說文云梟食母不孝之鳥故冬至捕梟磔之字從鳥首在木上或說卽今伯勞也食母

爰居爾雅曰雜縣海鳥也嘗止於魯東門之外又漢元帝時琅邪有大鳥如馬駒時人謂之爰居

扈之類多皆雀屬也爾雅曰老扈鴳鷃音晏雀也又曰春扈鳻鶞夏扈竊元秋扈竊藍冬扈竊黃桑扈竊脂棘扈竊丹行扈唶唶宵扈嘖嘖竊古淺字言其色之淺唶唶音即嘖嘖音責皆其聲然也或取其毛彩或取其鳴聲以命名扈雖雀屬皆以時見亦猶鶯鴈然農家須其鳴以候時故又命以四時也桑扈郭云俗謂青雀今名臈觜性慧可教桑棘之扈多在是木故名行扈者多在籬落如雞雉然不飛去故名宵扈者能傳衣故名鳻音汾鶞敷倫反

鵖鴔爾雅曰戴鵀鵖彼及反鴔皮及反鵀女金反郭云鵀即頭上勝今亦呼爲戴勝鵖鴔猶鶝鶔語聲轉耳按方言關東曰戴鵀

鴋爾雅曰澤虞鴋孚往反郭云今媚澤鳥似水鴞蒼黑色常在澤中見人輒鳴喚不去有象主守之官因名云俗呼護田雞按此鳥亦多在田中閩人呼爲姑雞紡以其聲類紡聲且聒聒不輟

鷊鳷爾雅曰鷊於計反

鶉鶉爾雅曰其雄鶛牝庳鴽類此別其雌雄之異名耳

鶉蝦蟇所化庳音脾

鸍爾雅曰沈鳧似鶩而小尾白俗呼水鴨好沒故曰沈鳧鸍音施

鵁頭爾雅曰鳽鵁於鳥反郭云似鳧脚近尾略不能行江東謂之鵁許交反按此鳥類野鴨而文彩不能行多澗野鴨羣中浮游

鵽鳩爾雅曰寇雉郭云鵽大如鴿似雌雉鼠脚無後指岐尾爲鳥憨急羣飛出北方沙漠地

萑爾雅曰老鵵郭云木兔也似鴟鵂而小兔頭有角毛脚夜飛好食雞臣疑此即訓狐以其首似兔故有此等名鵵音兔

鶟爾雅曰鶦鳥鶟音突郭云似雉青身白頭

狂爾雅曰㝱鳥山海經云栗廣之野有五采之鳥有冠名曰狂鳥

皇爾雅曰黃鳥即黃鸝也一名倉庚一名商庚一名鵹黃一名楚雀一名摶黍一名黃離留陸璣云常以椹熟時故來里語曰黃栗留看我麥黃椹熟不故又名黃栗留

翡翠爾雅曰鷸音律其羽可以飾器物

鸀爾雅曰山烏郭云似烏而小赤觜穴乳出西方

蝙蝠爾雅曰服翼今亦謂之蝙蝠鼠所化故又名仙鼠

晨風爾雅曰鸇似鷂而小青黃色燕頷

鷢爾雅曰白鷢鷢音揚厥郭云似鷹尾上白

鷏爾雅曰蠡母郭云似烏鸔而大黃白雜文鳴如鴿聲今江東呼爲蚊母俗說此鳥常吐蚊因以名云鷏蠡音田文

鷉爾雅曰須鸁鸁鷉也似鳧而小其膏可瑩刀劍古詩云馬銜苜蓿葉劍瑩鸊膏鷉鸁音梯螺

鼯鼠爾雅曰夷由似蝙蝠而大翅尾長三尺許背上蒼艾色短爪長飛且乳故又名飛生聲如人呼食火烟能從高赴下不能從下升高鼯音吾

鴷爾雅曰啄木鴷音列今亦謂之斲木鳥常啄木剡剡然取蠹蟲食

鷺爾雅曰春鉏白鷺也亦曰鷺鷥陸璣曰汶陽謂之白鷺齊魯謂之春鉏遼東樂浪吳揚皆謂之白鷺

雉之類多爾雅曰鷂雉鷮雉鳪雉鷩雉秩秩海雉鸐山雉翰雉鶾雉雉絕有力奮伊洛而南素質五采皆備成章曰翬江淮而南青質五采皆備成章曰鷂南方曰翯東方曰鶅北方曰鵗西方曰鷷鷂音遙鷂雉即鷸雉也青質而有五采者鷮音驕鳪音卜鳪雉即鷩雉也朱冠綠臉項背有文腹下黃赤大如雞雄者有文彩據文勢是如此郭氏離此爲四物誤矣秩秩者即海雉也郭云如雉而黑在海中山上鸐音狄即山雉也此與鷩雉是一種小異亦有文彩郭云長尾者鶾音汗即鶾雉也今謂之白鶾似鴿而大白色紅臉可愛鳥之健勇者惟雉雉之有力者曰奮翬鶅皆所產之異需鶅鷷皆所呼之異需音傳鷷音遵

鸛鷒爾雅曰鶝鶔如鵲短尾射之銜矢射人鸛鷒鶝鶔音歡團福柔此鳥一名㝈弄言雖羿亦懈惰不敢射之

獸類

麕之類多爾雅曰麋牡麔牝麎其子麇其跡躔絕有力狄鹿牡麚牝麀其子麛其跡速絕有力麉麕牡麌牝麜其子麆其跡解有力豜按麕麐也麕其總名也麔麎麇麚麛麉麑麜麆音咎辰杳加迷堅倪栗鉏又曰麠大鹿牛尾一角麃音炮即麠也漢武帝郊雍得一角獸若麃然謂之麟即此也麠音京又曰麂大麕旄毛狗足今謂之麂音几旄毛猥長毛也旄音旨又曰麝父麕足其脚似麕食栢葉而臍甚香父音甫

狼爾雅曰狼牡貛牝狼其子獥絕有力迅又曰豺狗足即狼也獥音亦

兔爾雅曰兔子嬎其跡迒絕有力欣

豕爾雅曰豕子豬豶豮幺幼奏者豱豝豶者一名豶郭云俗呼小豶豬爲豬子謂健豬也幺幼者郭云俗呼豕

最後生者爲幺豚奏者豱者皮理腠蹙者名豱豨豶幺奏豱音偉墳腰腠溫又曰豕生三豵二師一特所寢橧四豴皆白豥絕有力豝牡豝橧音增豕所臥之蕢也豴音滴蹢也蹢蹄也豝音厄郭云豕高五尺者豥音垓虎之類爾雅曰虎竊毛謂之虦貓竊古淺字虦音殘郭氏引古律文捕虎一賚錢三千其狗半之爾雅又曰虪白虎虪黑虎貀無前足晉太康元年召陵扶夷縣檻得一獸似狗豹文有角兩脚即此類也或說貀似虎而黑無前兩足虪音含虪式六反貀足滑反

熊羆之屬爾雅曰羆如熊黃白文羆似熊長頭高脚猛憨過于熊其脂似熊白而麤又曰熊虎醜其子狗絕有力麙醜類也麙音咸又曰魋如小熊竊毛而黃郭云今建平山中有此獸狀如熊而小俗呼爲赤熊即魋也音頹

狐狸之屬爾雅曰貍狐貒貈醜其足蹯其跡内蹯其煩掌也内音狃指頭著地處又曰貍子隸貈子貆隸音曳貈下各反貈似狐善睡亦謂之貉郭云今江東呼貉爲狭狭

貙爾雅曰貙獌似貍貙獌音樞萬林云貙似貍而大一名獌郭云今山民呼貙虎之大者爲貙豻

麢羊爾雅曰麢大羊音靈陶隱居云其角多節蹙蹙圓繞者爲眞惟一邊有節節疎大者爲山羊按此二角俱似羊而大在山崖間又曰羱如羊音元郭云似吳羊而大角角橢出西方

犀兕之屬爾雅曰兕似牛如野牛青色重千觔一角長三尺餘形如馬鞭柄其皮堅厚可制鎧又曰犀似豕今出交阯形似水牛豬頭三角一在頂上一在額上一在鼻上者即食角也小而不橢好食棘亦有一角者其通天犀乃是水犀角上有一白縷直上至端能出氣通天置露中不濡置屋中鳥不敢集屋上置米中雞皆驚駭故亦謂之駭雞犀抱朴子曰通天犀角三寸以上者刻爲魚銜之入水水常爲開三尺

猨猱之屬爾雅曰蒙頌猱狀郭云即蒙貴也狀如蜼而小紫黑色可畜健捕鼠勝於猫九眞日南皆出之猱亦獼猴之類又曰猱猨即猨也猨善攀援

猰貐爾雅云猰貐類貙虎爪食人迅走山海經云少咸山有獸狀如牛而赤身人面馬足名曰窫窳其音如孩兒食人所說與此異猰烏八反貐羊主反

驨爾雅云驨如馬一角不角者騏驨音攜郭云元康八年九眞郡獵一獸大如馬一角角如鹿茸此即驨也今深山中人時或見之亦有無角者

貒亦謂之貛爾雅云貒子貗貒貗音湍貗貒似豕而肥

猶爾雅云猶如麂善登木說云猶玃屬也麂音几

狒狒爾雅云狒狒如人被髮迅走食人狒扶味反梟羊也俗呼山都人面長脣見人則笑笑則脣蔽其面左手操管

蜼爾雅曰蜼卬鼻而長尾狀如獼猴而大黃黑色尾長數尺似獺尾末有岐鼻露向上雨即以尾塞鼻或以兩指所在山中有之

麔麌爾雅云麔麌短脰

贙有力贙呼犬反郭云西海大秦國有養者似狗多力獷惡

豦爾雅云豦迅頭郭云今建平山中有豦大如狗似獼猴黃黑色多髯鬣好奮迅其頭能舉石擿人玃類也豦音據

猩猩爾雅云猩猩小而好啼人面豕身長髮能言語好飲酒醉到人髡其髮爲髲聲似小兒啼

狻麑爾雅云狻麑如虦貓食虎豹即師子也漢順帝時疎勒國獻師子似虎正黃有頿彫尾端茸毛大如斗

麐爾雅云麐麕身牛尾一角此瑞應獸也黃色圓蹄馬足角端有肉麐即麟字

鼠之屬多爾雅曰鼢鼠音憤地中行者食竹根今人謂之竹鼬伯勞所化廣雅謂之鼴鼠又曰鼸鼠刮忝反大戴禮云田鼠者鼸鼠也郭云以頰裏藏食者又曰鼷鼠鼠之最小者郭氏云謂有螫毒者一說甘口鼠也又曰鼶鼠音斯似鼬鼠夏小正曰鼶鼬則穴蓋九月也又曰鼬鼠弋救反狀如鼦赤黃色大尾能啖鼠俗呼鼠郎江東呼爲鼪即莊子云騏驥驊騮捕鼠不如狸鼪是也又曰鼩鼠音劬小鼠也一名鼱鼠亦謂之鼷鼩又曰鼭鼠鼭鼠音時吠並未詳又曰鼫鼠音石郭云形大如鼠頭似兔尾有毛青黃色好在田中食粟豆關西呼爲鼩鼠鼩音雀又曰鼨鼠鼨鼠音問終並未詳又曰豹文鼮鼠音廷常在木上如鼠大其文似虎豹今深林中甚多漢武帝時得此鼠孝廉郎終軍知之賜絹百疋又曰鼳鼠古覓反郭云今江東山中有鼳鼠狀如鼠而大蒼色在木上音覡郭氏此說又與鼮鼠相類

馬之類多爾雅曰騊駼馬音陶徒字林云北狄良馬也郭云色青又曰野馬郭云如馬而小穆天子傳云野馬日走五百里又曰駮如馬倨牙食虎豹倨即鋸也山海經云中曲山有獸如馬而身黑三尾一角音如鼓名駮食虎豹可以禦兵又曰騉蹄趼善陞甗騉蹄者其蹄如

豣秦時有騊蹄苑甗山嶺也郭云形似甑上大下小騉
駼音昆硯又曰騉駼枝蹄趼善陞甗枝蹄如牛蹄是也
牛枝蹄馬涮蹄又曰小領盜驪穆天子傳云天子駕八
駿右盜驪左綠耳小領細頸也又曰絕有力駥馬高八
尺曰駥音戎又曰膝皆白惟馵四骹皆白驓四蹢皆白
首前足皆白騱後足皆白翑前右足白啟左白踦後右
足白驤左白馵駵馬白腹騵驪馬白跨驈白州驠尾本
白騴尾白駺馰顙白顛白達素縣面顙皆白惟駹骹膝
下也蹢蹄也騂赤色驪黑色跨髀間也州竅也尾本尾
根也尾根白曰騴尾毛白曰駺顛額上也素鼻莖也額
頟也駮驓騱狥踦驤驈驠騴駺馰音敲繒奚劬欺刓聿
燕晏郎的又曰回毛在膺宜乘在肘後減陽在幹茀方
在背闋廣減廣音淡光回毛旋毛也膺胸也幹脅也又
曰逆毛居馻音宛郭云馬毛逆刺又曰騋牝驪牡鄭元
謂七尺曰騋牝者色驪牡者色元注周禮復謂七尺已
上者爲騋又曰元駒褭驂褭奴了反鄭云元駒小馬之
別名又曰牡曰騭牝曰騇郭云江東呼駁馬曰騭騇音
舍草馬也又曰騂白駁黃白騜騂馬黃脊騝驪馬黃脊
騽青驪驎驒青驪繁鬣騥驪白雜毛䳵黃白雜
毛駓陰白雜毛駰蒼白雜毛騅彤白雜毛騢白馬黑鬣
駱白馬黑脣駩黑喙騧一目白瞯二目白魚孫炎云騂
赤色也青驪駽郭云今之鐵驄也青驪驎驒謂青黑二
色相雜如魚鱗郭氏謂今之連錢驄是也䳵郭云今之
烏驄駓郭云今之桃花馬陰淺黑色也駰郭氏謂今之
泥驄蒼淺青色也彤赤色也喙口也凡此所言皆典籍
所載之馬人或不曉其毛物故爾雅釋之騜騽音虔習
駽呼縣反驎良刃反驒騥馮駓騢駩騧音陀柔保皮遐

詮附

牛之屬多爾雅曰犘牛犦牛犤牛犩牛犣牛犝牛犑牛
犘音麻郭云出巴中重千觔犦音雹郭云卽犎牛也領
上肉犦胅起高二尺許如橐駝肉鞍一邊健者日行三
百里交州合浦徐聞縣出此牛按犎牛漢順帝時疎勒
王來獻此犤音皮郭云犤牛庳小今之犑牛也又呼果
下牛出廣州高涼郡犩音危郭云卽犪牛也如牛而大
肉數千觔出蜀中犣音獵郭云卽旄牛也髀膝尾皆有
長毛按此牛角向前毛如白雪其長毛今人以爲拂子
出荆襄間犝音童無角牛犑古覔反未詳何牛也又曰
角一俯一仰觭皆踊觢黑脣犉黑眥牰黑耳犚黑腹牧
黑腳犈其子犢體長牬絕有力欣犌觭音欺踊騰也謂
角騰起觢音誓犉閏旬反眥才細反目匡也犚音尉犈
音權體身也牬匹外反犌音加

羊之屬多爾雅曰羊牡羒牝牂吳羊牝曰羒音墳又曰
夏羊牡羭牝羖郭云夏羊者黑羖䍽也臣疑今胡羊也
多出夏州羭音俞然今人呼牡羊爲羖音古又曰角不
齊觤音鬼又曰角三觠羷音險此謂羊角捲三匝者又
曰羳羊黃腹音煩又曰未成羊羜直呂反郭云俗呼五
月羔爲羜又曰絕有力奮

狗之屬多爾雅曰犬生三猣二師一玂猣玂音宗祈又
曰未成毫狗郭云狗子未生䡅毛者又曰長喙獫短喙
猲獢駟驖云載獫猲獢獫音呼儉切猲音呼謁切獢音
呼驕切又曰絕有力狣音兆尨狗也

通志卷七十六終

通志卷七十七

宋右迪功郎鄭樵漁仲撰

周同姓世家第一

吳　魯　燕　管蔡　曹　衛　晉　鄭　魏

韓

吳

吳太伯太伯弟仲雍皆周太王之子而王季歷之兄也季歷賢而有聖子昌太王欲立季歷以及昌於是太伯仲雍二人乃奔荆蠻文身斷髮示不可用以避季歷季歷果立是爲王季而昌爲文王太伯之奔荆蠻自號勾吳所居地名荆蠻義之從而歸者千餘家立爲吳太伯太伯卒無子弟仲雍立是爲吳仲雍仲雍卒子季簡立季簡卒子叔達立叔達卒子周章立是時武王克殷求太伯仲雍之後得周章周章已君吳因而封之乃封周章弟虞仲於周之北故夏虛是爲虞仲列爲諸侯周章卒子熊遂立熊遂卒子柯相立柯相卒子彊鳩夷立彊鳩夷卒子餘橋疑吾立餘橋疑吾卒子柯盧立柯盧卒子周繇立周繇卒子屈羽立屈羽卒子夷吾立夷吾卒子禽處立禽處卒子轉立轉卒子頗高立頗高卒子句卑立是時晉獻公滅周北虞公以開晉伐虢也句卑卒子去齊立去齊卒子壽夢立壽夢立而吳始益大稱王自太伯作吳五世而武王克殷封其後爲二其一虞在中國其一吳在夷蠻十二世而晉滅中國之虞中國之虞滅二世而夷蠻之吳興大凡從太伯至壽夢十九世王壽夢二年楚之亡大夫申公巫臣怨楚將子反而奔晉自晉使吳教吳用兵乘車令其子爲吳行人吳於是始通於中國遂伐楚十六年楚共王伐吳至衡山二十五年王壽夢卒壽夢有子四人長曰諸樊次曰餘祭次曰餘昧次曰季札季札賢而壽夢欲立之季札讓不可乃立諸樊攝行事當國王諸樊元年已除喪讓位季札季札固執不許吳人必欲立季札季札棄其室而耕國人舍之是歲秋吳伐楚楚敗我師四年晉平公立十三年王諸樊卒有命授弟餘祭欲傳以次必致國於季札而止以稱先王壽夢之意季札封於延陵故號曰延陵季子王餘祭三年齊相慶封有罪自齊來奔吳吳予慶封朱方之縣以爲奉邑以女妻之富於在齊四年吳使季札聘於魯請觀周樂季札審音知道觀舞知意使歌風自二南至於陳各知其俗使歌小雅知東遷之衰使歌大雅知文王之盛使歌頌知周殷魯盛德之所以同也見舞象與大武知西伯之猶有憾不如武王之極美也見舞韶濩與大夏知成湯慙於始伐不如禹之勤於其身也見舞招箾則曰舜之德至矣大矣無以加矣去魯適齊知齊將有難謂晏平仲宜納邑與政去齊適鄭見子產如舊交去鄭適衛見蘧伯玉史魚等稱衛多君子去衛適晉及戚聞孫文子鐘聲譏其不宜爲樂至晉見趙文子韓宣子魏獻子悅之知三卿必柄晉國將去謂叔向曰晉政將有所歸吾子直必思自免於難語具季札傳中七年楚公子圍弑其王夾敖而代立是爲靈王十年楚靈王會諸侯伐吳之朱方吳亦攻楚取三邑而去十一年楚伐吳至雩婁十二年楚復來伐次於乾谿楚師敗走十七年王餘祭卒弟餘昧立王餘昧二年楚公子棄疾弑其君靈王代立焉四年王餘昧卒欲授弟季札季札讓逃去於是吳人乃立王餘昧之子僚爲王王僚二年公子光伐楚敗而亡王舟光懼襲楚復得王舟而還五年楚之亡臣伍子胥來奔公子光客之公子光者王諸樊之子也常以爲吾父兄弟四人當傳至季子季子即不受國光父先立即不傳季子光當立陰納賢士欲以襲王僚八年吳使公子光伐楚敗楚師迎楚故太子建母於居巢以歸因北伐敗陳蔡之師九年公子光伐楚拔居巢鍾離初楚邊邑卑梁氏之處女與吳邊邑之女爭桑二女家怒相滅兩國邊邑長聞之怒因而相攻滅吳之邊邑吳王怒故遂伐楚取兩都而去伍子胥之初奔吳說吳王僚以伐楚之利公子光曰胥之父兄爲僇於楚欲自報其仇耳未見其利於是伍員知光有他志乃求勇士專諸見之光喜乃客伍子胥子胥退而耕於野以待專諸之事十二年冬楚平王卒十三年春吳欲因楚喪而伐之使公子蓋餘燭庸以兵圍楚之六灊使季札於晉以觀諸侯之變楚發兵絕吳兵後吳兵不得還於是公子光曰此時不可失也告專諸曰不索何獲我眞王嗣當立吾欲求之季子雖至不吾廢也專諸許之光因伏甲士窟室謁王僚飲使專諸置匕首於炙魚之中以進食遂刺殺王僚王僚死公子光竟代立爲王是爲吳王闔廬闔廬乃以專諸子爲卿季子至自晉曰苟先君無廢祀人民無廢主社稷有奉乃吾君也吾敢誰怨乎復命哭僚墓復位而待公子燭庸蓋餘二人將兵遇圍於楚者聞公子光弑王僚自立乃以其兵降楚楚封之於舒王闔廬元年舉伍子胥爲行人而與謀國事楚誅伯州犂其孫伯嚭亡奔吳吳以爲大夫三年吳王闔廬與子胥伯嚭將兵伐楚拔舒殺吳之二公子闔廬謀欲入郢將軍孫武以爲未可乃止四年伐楚取六與灊五年伐越敗之六年楚使子常囊瓦伐吳

迎而擊之大敗其軍於豫章取楚之居巢而還九年王闔廬用子胥孫武之謀與唐人蔡人西伐楚至於漢水楚亦發兵拒吳夾水陳吳王闔廬弟夫槩欲戰闔廬弗許夫槩曰王已屬臣兵兵以利爲上尙何待焉遂以其部五千人襲冒楚楚兵大敗走於是吳王遂縱兵追之比至郢五戰楚五敗楚昭王亡出郢奔鄖鄖公弟欲弑昭王昭王與鄖公奔隨而吳兵遂入郢子胥伯嚭鞭平王之尸以報父讎十年春越聞吳王之在郢國空乃伐吳吳使別兵擊越楚告急秦秦遣兵救楚擊吳吳師敗闔廬弟夫槩見秦越交敗吳吳王留楚不去夫槩亡歸吳自立爲吳王闔廬聞之乃引兵歸攻夫槩夫槩敗奔楚楚昭王乃得以九月復入郢而封夫槩於堂谿爲堂谿氏十一年吳王使太子夫差伐楚取番楚恐而去郢徙鄀十五年孔子相魯十九年夏吳伐越越王句踐迎擊之檇（音醉）李越使死士挑戰三行造吳師呼自剄吳師觀之越因伐吳敗之姑蘇傷吳王闔廬指軍郤七里吳王病傷而死闔廬使立太子夫差謂曰爾而忘句踐殺汝父乎對曰不敢三年乃報越（闔廬冢在吳縣昌門外名曰虎邱下池廣六十步水深丈五尺銅棺三重澒池六尺玉鳧之流扁諸之劍三千方員之口三千槃郢魚腸之劍在焉卒十萬餘人治冢取土臨湖葬三日白虎居其上故號曰虎邱）王夫差元年以大夫伯嚭爲太宰習戰射常以報越爲志二年吳悉精兵以伐越敗之夫椒報姑蘇也越王句踐乃以甲兵五千人棲於會稽使大夫種因吳太宰嚭而行成請委國爲臣妾吳王將許之伍子胥諫曰昔有過氏殺斟灌以伐斟尋滅夏后帝相帝相之妃后緡方娠逃於有仍而生少康少康爲有仍牧正有過又欲殺之少康奔有虞有虞思夏德於是妻以二女而邑之於綸有田一成有衆一旅後遂收夏衆撫其官職使人誘之遂滅有過氏復禹之績祀夏配天不失舊物今吳不如有過之彊而句踐大於少康今不因此而滅之又將寬之不亦難乎且句踐爲人能辛苦今不滅後必悔之王不聽聽太宰嚭卒許越平與盟而罷兵去七年吳王夫差聞齊景公死而大臣爭寵新君弱乃興師北伐齊子胥諫曰句踐食不重味衣不重采弔死問疾且欲有所用其衆此人弗死必爲吳患今越在腹心疾而王不先而務齊不亦謬乎弗聽遂北伐齊敗齊于艾陵至繒召魯哀公而徵百牢季康子使子貢以周禮說太宰嚭乃得止因留略地於齊魯之南九年爲騶伐魯至與魯盟乃去十年因伐齊而歸十一年復伐齊越王句踐率其衆以朝吳厚獻遺之吳王喜惟子胥懼曰是棄吳也諫曰越在腹心今得志於齊猶石田無所用且盤庚之誥有顚越勿遺商之以興吳王不聽使子胥於齊子胥屬其子於齊鮑氏還報吳王吳王聞之大怒賜子胥屬鏤之劍以死是歲也齊鮑氏弑齊悼公吳王聞之哭於軍門外三日乃從海上攻齊齊人敗吳吳王乃引兵歸十三年吳召魯衛之君會於橐皐十四年春吳王北會諸侯於黃池欲霸中國以全周室六月戊子越王句踐伐吳乙酉越五千人與吳戰丙戌虜吳太子友丁亥入吳吳人告敗於王夫差夫差惡其聞也或泄其語吳王怒斬七人於幕下七月辛丑吳王與晉定公爭長吳王曰於周室我爲長晉定公曰於姬姓我爲伯趙鞅怒將伐吳乃長晉定公吳王已盟與晉別欲伐宋太宰嚭曰可勝而不能居也乃引兵歸國國亡太子內空王居外久士皆罷敝於是乃使厚幣以與越平十五年齊田常弑簡公十八年越益彊越王句踐率兵使伐敗吳於笠澤楚滅陳二十年越王句踐復伐吳二十一年遂圍吳二十三年十一月丁卯越敗吳越王句踐欲遷吳王夫差於甬東予百家居之吳王曰孤老矣不能事君王也吾悔不用子胥之言自令陷此乃自剄死蔽其面曰吾無以見子胥也越王滅吳誅太宰嚭以爲不忠而歸

魯

周公旦者周武王弟也（周地爲其采邑故謂周公）自文王在時旦仁孝加於羣子及武王卽位旦輔翼用事居多武王九年東伐至盟津周公輔行十一年伐紂至牧野周公佐武王作牧誓破殷入商宮已殺紂周公把大鉞召公把小鉞以夾武王釁社告紂之罪于天及殷民釋箕子之囚封紂子武庚祿父使管叔蔡叔傅之以續殷祀徧封功臣同姓戚者封周公旦於少昊之虛曲阜是爲魯公周公不就封留佐武王武王克殷二年天下未集武王有疾不豫羣臣懼太公召公乃繆卜周公曰未可以戚我先王乃自以爲質設三壇周公北面立戴璧秉珪告于太王王季文王史策祝曰惟爾元孫王發勤勞阻疾若爾三王是有負子之責於天以旦代王發之身旦巧能多材多藝能事鬼神乃王發不如旦多材多藝不能事鬼神乃命於帝庭敷佑四方用能定汝子孫于下地四方之民罔不敬畏無墜天之降葆命我先王亦永有所依歸今我其卽命於元龜爾之許我我其以璧與珪歸以俟爾命爾不許我我乃屏璧與珪周公已令史策告太王王季文王欲代武王發於是乃卽三王而卜卜人皆曰吉發書視之信吉周公喜開籥乃見書遇吉周公入賀武王曰王其無害旦新受命三王惟長終是圖玆

道能念予一人周公藏其策金縢匱中誡守者勿敢言明日武王有瘳其後武王既崩成王少在襁褓之中周公恐天下聞武王崩而畔周公乃踐阼代成王攝行政當國管叔及其羣弟流言於國曰周公將不利於成王周公乃告太公望召公奭曰我之所以弗辟而攝行政者恐天下畔周無以告我先王太王王季文王三王之憂勞天下久矣於今而後成武王蚤終成王少將以成周我所以爲之若此於是卒相成王而使其子伯禽代就封於魯周公戒伯禽曰我文王之子武王之弟成王之叔父我於天下亦不賤矣然我一沐三捉髮一飯三吐哺起以待士猶恐失天下之賢人子之魯愼無以國驕人管蔡武庚等果率淮夷而反周公乃奉成王命興師東伐而作大誥遂誅管叔殺武庚放蔡叔以收殷餘民以封康叔於衛封微子於宋以奉殷祀輯甯淮夷東土二年而畢定諸侯咸服宗周天降祉福康叔得禾異畝同穎獻之成王成王命唐叔以餽周公於東土作餽禾周公既受命禾嘉天子命作嘉禾東土以集周公歸報成王乃爲詩貽王命之曰鴟鴞王亦未敢訓周公成王七年二月乙未王朝步自周至豐使太保召公先之雒相土其三月周公往營成周雒邑卜居焉曰吉遂國之成王長能聽政於是周公乃還政於成王成王臨朝周公之代成王治南面倍依以朝諸侯及七年後還政成王北面就臣位匔匔如畏然初成王少時病周公乃自揃其蚤沈之河以祝於神曰王少未有識姦神命者乃旦也亦藏其策於府成王病有瘳及成王用事人或譖周公周公奔楚成王發府見周公禱書乃泣反周公周公歸恐成王壯治有所淫泆乃作多士作毋逸毋逸稱曰爲人父母爲業至長久子驕奢忘之以亡其家爲人子可不愼乎故昔在殷王中宗嚴恭敬畏天命自度治民震懼不敢荒寧故中宗饗國七十五年其在高宗久勞于外爲與小人作其卽位乃有諒闇三年不言言乃讙不敢荒寧密靖殷國至于小大無怨故高宗饗國五十五年其在祖甲不義惟王久爲小人于外知小人之依能保施小民不侮鰥寡故祖甲饗國三十三年多士稱曰自成湯至于帝乙無不率祀明德帝無不配天者在今後嗣王紂誕淫厥佚不顧天及民之從也其民皆可誅至于文王日中昃不暇食故饗國五十年作此以誡成王成王在豐天下已安周之官政未次序於是周公作周官官別其宜作立政以便百姓百姓說之周公在豐病將沒曰必葬我成周以明吾不敢離成王周公既卒成王亦讓葬周公於畢從文王以明予小子不敢臣周公也周公既卒後秋未穫暴風雷雨禾盡偃大木盡拔周國大恐成王與大夫朝服以開金縢之書王乃得周公所自以爲功代武王之說二公及王乃問史百執事史百執事曰信有昔周公命我勿敢言成王執書以泣曰自今後其無繆卜乎昔周公勤勞王家惟予沖人弗及知今天動威以彰周公之德惟朕小子其迎我國家禮亦宜之王出郊天乃雨反風禾盡起二公命邦人凡大木所偃盡起而築之歲則大熟於是成王乃命魯得郊祭文王魯有天子禮樂者以褒周公之德也周公卒子伯禽固已前受封是爲魯公伯禽之初受封之魯三年而後報政周公周公曰何遲也伯禽曰變其俗革其禮喪三年然後除之故遲太公亦封於齊五月而報政周公周公曰何疾也太公曰吾簡其君臣禮從其俗爲也及後聞伯禽報政遲乃歎曰嗚呼魯後世其北面事齊矣夫政不簡不易民不有近平易近民民必歸之伯禽卽位之後有管蔡等反也淮夷徐戎亦並興反於是伯禽率師伐之於肸作肸誓曰陳爾甲冑無敢不善無敢傷牿馬牛其風臣妾逋逃勿敢越逐復之無敢寇攘踰牆垣魯人三郊三遂峙爾芻茭糗糧楨榦無敢不逮我甲戌築而征徐戎無敢不及有大刑作此肸誓遂平徐戎定魯魯公伯禽卒子考公酋立考公四年卒弟熙立是爲煬公煬公築茅闕門六年卒子幽公宰立幽公十四年幽公弟濆殺幽公而自立是爲魏公魏公五十年卒子厲公擢立厲公三十七年卒魯人立其弟具是爲獻公獻公三十二年卒子眞公濞立眞公十四年周厲王無道出奔彘共和行政二十九年周宣王卽位三十年眞公卒弟敖立是爲武公武公九年春武公與長子括少子戲西朝周宣王宣王愛戲欲立戲爲魯太子周之樊仲山甫諫宣王曰廢長立少不順不順必犯王命犯王命必誅之故出令不可不順也令之不行政之不立行而不順民將棄上夫下事上少事長所以爲順今天子建諸侯立其少是教民逆也若魯從之諸侯効之王命將有所壅若弗從而誅之是自誅王命也誅之亦失不誅亦失王其圖之宣王弗聽卒立戲爲魯太子夏武公歸而卒戲立是爲懿公懿公九年懿公兄括之子伯御與魯人攻弒懿公而立伯御爲君伯御卽位十一年周宣王伐魯殺其君伯御而問魯公子能道順諸侯者以爲魯後樊穆仲曰魯懿公弟稱肅恭明神敬事耆老賦事行刑必問於遺訓而資於故實不干所問不犯所知宣王曰然能訓治其民矣乃立稱於夷

宮是爲孝公自是諸侯多畔孝公二十五年諸侯畔周犬戎殺幽王秦始列爲諸侯二十七年孝公卒子弗湟立是爲惠公惠公三十年晉人弒其君昭侯四十五年晉人又弒其君孝侯四十六年惠公卒長庶子息攝當國行君事是爲隱公初惠公適夫人無子賤妾聲子生息息長爲娶於宋宋女至而好惠公奪而自妻之生子允登宋女爲夫人以允爲太子及惠公卒爲允少故魯人共令息攝政不言卽位隱公八年與鄭易祊及許田君子譏之十一年冬公子揮諂謂隱公曰百姓便君君其遂立吾請爲君殺子允君以我爲相隱公曰有先君命吾爲允少故攝代今允長矣吾方營菟裘之地而老焉以授子允政揮懼子允聞而反誅之乃反譖隱公於子允曰隱公欲遂立去子子其圖之請爲子殺隱公子允許諾十一月隱公祭鍾巫齊于社圃館于寪氏揮使人弒隱公于寪氏而立子允爲君是爲桓公桓公元年鄭以璧易天子之許田二年以宋之賂鼎入于太廟君子譏之三年使揮迎婦于齊爲夫人六年夫人生子與桓公同日故名曰同同長爲太子十六年會于曹伐鄭入厲公十八年春公將有行遂與夫人如齊齊襄公通桓公夫人公怒夫人夫人以告齊侯夏四月丙子齊襄公饗公公醉使公子彭生抱魯桓公因命彭生摺其脅公死於車魯人告于齊曰寡君畏君之威不敢寧居來修好禮禮成而不反無所歸咎請得彭生以除醜於諸侯齊人殺彭生以說魯立太子同是爲莊公莊公母夫人因留齊不敢歸魯莊公五年冬伐衛內衛惠公八年齊公子糾與召忽管仲來奔九年魯欲內子糾於齊後桓公桓公發兵擊魯魯急殺子糾召忽死之齊請魯生致管仲魯人施伯曰齊欲得管仲非殺之也將用之用之則爲魯患不如殺以其屍與之莊公不聽遂囚管仲與齊齊人相管仲十三年魯莊公與曹沬會齊桓公於柯曹沬劫齊桓公求魯侵地已盟而釋桓公欲背約管仲諫卒歸魯侵地十五年齊桓公始霸二十三年莊公如齊觀社三十三年初莊公築臺臨黨氏見孟女說而愛之許立爲夫人割臂以盟孟女生子斑斑長說梁氏女往觀圉人犖自牆外與梁氏女戲斑怒鞭犖莊公聞之曰犖有力焉遂殺之是未可鞭而置也斑未得殺會莊公有疾莊公有三弟長曰慶父次曰叔牙次曰季友莊公取齊女爲夫人曰哀姜哀姜無子哀姜娣曰叔姜生子開莊公無適嗣愛斑欲立之莊公病而問嗣於弟叔牙叔牙曰一繼一及魯之常也慶父在君何憂莊公病叔牙之言恐斑不得立以告季友季友請以死立斑遂以莊公命召叔牙鴆殺之語在季友傳中八月癸亥莊公卒季友竟立子斑爲君斑侍莊公喪舍于黨氏先時慶父與哀姜私通欲立哀姜娣子開及莊公卒而季友立斑十月己未慶父使圉人犖殺子斑於黨氏季友奔陳慶父竟立莊公子開是爲湣公湣公二年慶父與哀姜通益甚哀姜與慶父謀殺湣公而立慶父慶父使卜齮襲殺湣公於武闈季友聞之自陳與湣公弟申如邾請魯求納之魯人欲誅慶父慶父恐奔莒於是季友奉子申入立之是爲釐公哀姜恐奔邾季友以賂如莒求慶父慶父歸使人殺慶父慶父請奔弗聽乃使大夫奚斯行哭而往慶父聞奚斯聲乃自殺齊桓公聞哀姜與慶父亂以危魯乃召之邾而殺之以其屍歸戮之魯魯釐公請而葬之叔牙之後爲叔氏慶父之後爲孟氏而季友爲季氏謂之三桓焉釐公元年以汶陽鄪封季友季友爲相九年晉里克殺其君奚齊卓子齊桓公率釐公討晉亂至高梁而還立晉惠公十七年齊桓公卒二十四年晉文公卽位三十三年釐公卒子興立是爲文公文公元年楚太子商臣弒其父成王代立三年文公朝晉襄公十一年十月甲午魯敗翟于鹹獲長翟喬如富父終甥舂其喉以戈殺之埋其首於子駒之門以命宣伯初宋武公之世鄋瞞伐宋司徒皇父帥師禦之以敗翟于長邱獲長翟緣斯晉之滅潞獲喬如弟棼如齊惠公二年鄋瞞伐齊齊王子城父獲其弟榮如埋其首於北門衛人獲其季弟簡如鄋瞞由是遂亡十五年季文子使於晉十八年二月文公卒文公有二妃長妃齊女哀姜生子惡及視次妃敬嬴嬖愛生子俀俀私事襄仲襄仲欲立之叔仲曰不可襄仲請齊惠公惠公新立欲親魯許之冬十月襄仲殺子惡及視而立俀是爲宣公哀姜歸齊哭而過市曰天乎襄仲爲不道殺適立庶市人皆哭魯人謂之哀姜魯由此公室卑三桓彊宣公俀十二年楚莊王彊圍鄭鄭伯降復國之十八年宣公卒子黑肱立是爲成公季文子曰使我殺適立庶失大援者襄仲襄仲立宣公公孫歸父有寵宣公欲去三桓與晉謀伐三桓會宣公卒季文子怨之歸父奔齊成公二年春齊伐取我隆夏公與晉郤克敗齊頃公於鞌齊復歸我侵地四年成公如晉晉景公不敬魯魯欲背晉合於楚或諫乃不十年成公如晉晉景公卒因留成公送葬魯諱之十五年始與吳王壽夢會鍾離十六年宣伯告晉欲誅季文子文子有義晉人弗許十八年成公卒子午立是爲襄公是時襄公三歲也襄公元年晉

公焯立往年冬晉欒書弒其君厲公四年襄公朝晉五年季文子卒家無衣帛之妾廐無食粟之馬府無金玉以相三君君子曰季文子廉忠矣九年與晉伐鄭晉悼公冠襄公於衞季武子從相行禮十一年三桓氏分爲三軍十二年朝晉十六年晉平公卽位二十一年朝晉平公二十二年孔丘生二十五年齊崔杼弒其君莊公立其弟景公二十九年吳延陵季子使魯問周樂盡知其意魯人敬焉三十一年六月襄公卒其九月太子卒魯人立齊歸之子裯爲君是爲昭公昭公年十九猶有童心穆叔不欲立曰太子死有母弟可立不卽立長年鈞擇賢義鈞則卜之今裯非適嗣且又居喪意不在戚而有喜色若果立必爲季氏憂季武子弗聽卒立之比及葬三易衰君子曰是不終也昭公三年朝晉至河晉平公謝還之魯恥焉七年季武子卒八年楚靈王就章華臺召昭公昭公往賀賜昭公寶器已而悔復詐取之十二年朝晉至河晉平公謝還之十三年楚公子棄疾弒其君靈王代立十五年朝晉晉留之葬晉昭公魯恥之二十年齊景公與晏子狩竟因入魯問禮二十一年朝晉至河晉謝還之二十五年春鸜鵒來巢師已曰文成之世童謠曰鸜鵒來巢公在乾侯鸜鵒入處公在外野季氏與郈氏鬬雞季氏介雞羽郈氏金距季平子怒而侵郈氏郈昭伯亦怒平子臧昭伯之弟會僞讒臧氏匿季氏臧昭伯囚季氏人季平子怒囚臧氏老臧郈氏以難告昭公昭公九月戊戌伐季氏遂入平子登臺請曰君以讒不察臣罪誅之請遷沂上弗許請囚於鄪弗許請以五乘亡弗許子家駒曰君其許之政自季氏久矣爲徒者衆衆將合謀弗聽郈氏曰必殺之叔孫氏之臣戾謂其衆曰無季氏與有孰利皆曰無季氏是無叔孫氏戾曰然救季氏遂敗公師孟懿子聞叔孫氏勝亦殺郈昭伯昭伯爲公使故孟氏得之三家共伐公公遂奔己亥公至于齊齊景公曰請致千社待君子家曰棄周公之業而臣於齊可乎乃止子家曰齊景公無信不如早之晉弗從叔孫見公還見平子平子頓首初欲迎昭公孟孫季孫後悔乃止二十六年春齊伐魯取鄆而居昭公焉夏齊景公將內公令無受魯賂申豐汝賈許齊臣高齕子將粟五千庾子將言於齊侯曰羣臣不能事魯君有異焉宋元公爲魯如晉求內之道卒叔孫昭子求內其君無病而死不知天棄魯乎抑魯君有罪于鬼神也願君且待景公從之二十八年昭公如晉求入季平子私於晉六卿六卿受季氏賂諫晉君晉君乃止居昭公乾侯二十九年昭公如鄆齊景公使人賜昭公書自謂主君昭公恥之怒而去乾侯三十一年晉欲內昭公召季平子平子因六卿謝罪六卿爲言曰晉欲內昭公衆不從晉人止三十二年昭公卒於乾侯魯人共立昭公弟宋爲君是爲定公定公立趙簡子問史墨曰季氏亡乎史墨對曰不亡季友有大功於魯受鄪爲上卿至于文子武子世增其美魯文公卒東門遂殺適立庶魯君於是失國政政在季氏於今四君矣民不知君何以得國是以爲君愼器與名不可以假人定公五年季平子卒陽虎私怒囚季桓子與盟乃舍之七年齊伐我取鄆以爲魯陽虎邑以從政八年陽虎欲盡殺三桓適而更立其所善庶子以代之載季桓子將殺之桓子詐而得脫三桓共攻陽虎陽虎居陽關九年魯伐陽虎陽虎奔齊已而奔晉趙氏十年定公與齊景公會於夾谷孔子行相事齊欲襲魯君孔子以禮歷階誅齊淫樂齊侯懼乃止歸魯侵地而謝過十二年使仲由毀三桓城收其甲兵孟氏不肯墮成伐之不克而止季桓子受齊女樂孔子去十五年定公卒子將立是爲哀公哀公五年齊景公卒六年齊田乞弒其君孺子七年吳王夫差彊伐齊至繒徵百牢於魯季康子使子貢說吳王及太宰嚭以禮詘之吳王曰我文身不足責禮乃止八年吳爲鄒伐魯至城下盟而去齊伐我取三邑十年伐齊南邊十一年齊伐魯季氏用冉有有功思孔子孔子自衞反魯十四年齊田恒弒其君簡公於徐州孔子請伐之哀公不聽十五年使子服景伯子貢爲介適齊齊歸我侵地田恒初相欲親諸侯明年孔子卒二十二年越王句踐滅吳王夫差二十七年春季康子卒夏哀公患三桓將欲因諸侯以劫之三桓亦患公之作難故君臣多閒公游于陵阪遇孟武伯於衢曰請問余及死乎對曰不知也公欲以越伐三桓八月哀公如陘氏三桓攻公公奔于衞去如鄒遂如越國人迎哀公復歸卒于有山氏子甯立是爲悼公悼公之時三桓勝魯如小侯卑於三桓之家十三年三晉滅智伯分其地而有之三十七年悼公卒子嘉立是爲元公元公二十一年卒子顯立是爲穆公穆公三十三年卒子奮立是爲共公共公二十二年卒子屯立是爲康公康公九年卒子匽立是爲景公景公二十九年卒子叔立是爲平公是時六國皆稱王平公十二年秦惠王卒二十二年平公卒子賈立是爲文公文公七年楚懷王死于秦二十三年文公卒子讐立是爲傾公傾公二年秦拔楚之郢楚傾王東徙于陳十九年楚伐我取徐州二十四年楚考烈王伐

滅魯傾公亡遷於卞邑爲家人魯絕祀傾公卒于柯魯起周公至傾公凡三十四世

燕

召公奭與周同姓姬氏周武王之滅紂封召公於北燕其在成王時召公爲三公自陝以西召公主之自陝以東周公主之成王既幼周公攝政當國踐阼召公疑之作君奭君奭不說周公周公乃稱湯時有伊尹假于皇天在大戊時則有若伊陟臣扈假于上帝巫咸治王家在祖乙時則有若巫賢在武丁時則有若甘般率維兹有陳保乂有殷於是召公乃說召公之治西方甚得兆民和召公巡行鄉邑有棠樹決獄政事其下自侯伯至庶人各得其所無失職者召公卒而民思召公之政懷棠樹不敢伐歌詠之作甘棠之詩自召公以下至惠侯惠侯當周厲王奔彘共和之時惠侯卒子釐侯立是歲周宣王初即位釐侯二十一年鄭桓公初封於鄭三十六年釐侯卒子頃侯立頃侯二十年周幽王淫亂爲犬戎所弒秦始列爲諸侯二十四年頃侯卒子哀侯立哀侯二年卒子鄭侯立鄭侯三十六年卒子繆侯立繆侯七年而魯隱公元年也十八年卒子宣侯立宣侯十三年卒子桓侯立桓侯七年卒子莊公立莊公十二年齊桓公始霸十六年與宋衛共伐周惠王惠王出奔溫立惠王弟頹爲周王十七年鄭執燕仲父而內惠王于周二十七年山戎來侵我齊桓公救燕遂北伐山戎而還燕君送桓公出境桓公割燕所至地予燕使燕共貢天子如成周時職使燕復修召公之法三十三年卒襄公立襄公二十六年晉文公爲踐土之會稱伯三十一年秦師敗于殽三十七年秦穆公卒四十年襄公卒桓公立桓公十六年卒宣公立宣公十五年卒昭公立昭公十三年卒武公立是歲晉滅三郤大夫武公十九年卒文公立文公六年卒懿公立懿公元年齊崔杼弒其君莊公四年卒子惠公立惠公元年齊高止來奔六年惠公多寵姬公欲去諸大夫而立寵姬宋大夫共誅姬宋惠公懼奔齊四年齊高偃如晉請共伐燕入其君晉平公許與齊伐燕入惠公惠公至燕而死燕立悼公七年卒共公立共公五年卒平公立晉公室卑六卿始彊大平公十八年吳王闔廬破楚入郢十九年卒簡公立簡公十二年卒獻公立晉趙鞅圍范中行於朝歌獻公十二年齊田恒弒其君簡公十四年孔子卒二十八年獻公卒孝公立孝公十二年韓趙魏滅智伯分其地三晉彊十五年孝公卒成公立成公十六年卒湣公立湣公三十一年卒釐公立是歲三晉列爲諸侯釐公三十年伐齊敗于林營釐公卒桓公立桓公十一年卒文公立是歲秦獻公卒秦益彊文公十九年齊威王卒二十八年蘇秦始見說文公文公予車馬金帛以至趙趙肅侯用之因約六國爲從長秦惠王以其女爲燕太子婦二十九年文公卒太子立是爲易王易王初立齊宣王因燕喪伐我取十城蘇秦說齊使復歸燕十城十年燕君爲王蘇秦與燕文公夫人私通懼誅乃說王使齊爲反間欲以亂齊易王立十二年卒子燕噲立燕噲既立齊人殺蘇秦蘇秦之在燕與其相子之爲婚而蘇代與子之交及蘇秦死而齊王復用蘇代燕噲三年與楚三晉攻秦不勝而還子之相燕貴重主斷蘇代爲齊使於燕燕王問曰齊王何如對曰必不霸燕王曰何也對曰不信其臣蘇代欲以激燕王以尊子之也於是燕王大信子之子之因遺蘇代百金而聽其所使鹿毛壽謂燕王不如以國讓相子之人之謂堯賢者以其讓天下於許由許由不受有讓天下之名而實不失天下今王以國讓於子之子之必不敢受是王與堯同行也燕王因屬國於子之子之大重或曰禹薦益已而以啟人爲吏及老而以啟爲不足任乎天下傳之於益已而啟與交黨攻益奪之天下謂禹名傳天下於益已而實令啟自取之今王言屬國於子之而吏無非太子人者是名屬子之而實太子用事也王因收印自三百石吏以上而效之子之子之南面行王事而噲老不聽政顧爲臣國事皆決於子之三年國大亂百姓恫恐將軍市被與太子平謀將攻子之諸將謂齊湣王曰因而赴之破燕必矣齊王因令人謂太子平曰寡人聞太子之義將廢私而立公飭君臣之義明父子之位寡人之國小不足以爲先後雖然則唯太子所以令之太子因要黨聚衆將軍市被圍公宮攻子之不克將軍市被及百姓反攻太子平將軍市被死以徇因構難數月死者數萬衆人恫恐百姓離志孟軻乃謂齊王曰今伐燕此文武之時不可失也齊王因令章子將五都之兵以因北地之衆以伐燕士卒不戰城門不閉燕君噲死齊大勝燕子之亡二年而燕人共立太子平是爲昭王昭王於破燕之後即位卑身厚幣以招賢者謂郭隗曰齊因孤之國亂而襲破燕孤極知燕小力少不足以報然誠得賢士以共國以雪先王之恥孤之願也先生視可者得身事之郭隗曰王必欲致士先從隗始況賢於隗者豈遠千里哉於是昭王爲隗改築宮而師事之樂毅自魏往鄒衍自齊往劇辛自趙往士爭趨燕燕王弔死問孤與百姓同

甘莒二十八年燕國殷富士卒樂軼輕戰於是遂以樂毅爲上將軍與秦楚三晉合謀以伐齊齊兵敗湣王出亡於外燕兵獨追北入至臨菑盡取齊寶燒其宮室宗廟齊城之不下者獨唯聊莒卽墨其餘皆屬燕六歲昭王三十三年卒子惠王立惠王爲太子時與樂毅有隙及卽位疑毅使騎劫代將樂毅亡走趙齊田單以卽墨擊敗燕軍騎劫死燕兵引歸齊悉復得其故城湣王死于莒乃立其子爲襄王惠王七年卒歸魏楚共伐燕燕武成王立武成王七年齊田單伐我拔中陽十三年秦敗趙於長平阬其卒四十餘萬十四年武成王卒子孝王立孝王元年秦圍邯鄲者解去三年卒子王喜立王喜之四年秦昭王卒燕王命相栗腹約歡於趙以五百金爲趙王酒還報燕王曰趙王壯者皆死長平其孤未壯可伐也王召昌國君樂間問之對曰趙四戰之國其民習兵不可伐王曰吾以五而伐一對曰不可燕王怒羣臣皆以爲可卒起二軍車二千乘栗腹將而攻鄗卿秦攻代唯獨大夫將渠謂燕王曰與人通關約交以五百金飲人之王使者報而反攻之不祥兵無成功燕王不聽自將偏軍隨之將渠引王綬止之曰王必無自往往無成功王蹴之以足將渠泣曰臣非以自爲爲王也燕軍至宋子趙使廉頗將擊破栗腹於鄗破卿秦樂乘於代樂間奔趙廉頗逐之五百餘里圍其國燕人請和趙人不許必令將渠處和燕相將渠以處和趙聽將渠解燕圍六年秦滅東西周置三川郡七年秦拔趙榆次三十七城秦置太原郡九年秦王政卽位十年趙使廉頗將攻繁陽拔之趙孝成王卒悼襄王立使樂乘代廉頗廉頗不聽攻樂乘樂乘走廉頗奔大梁十二年趙使李牧攻燕拔武遂方城劇辛故居趙與龐煖善已而亡走燕燕見趙數困于秦而廉頗去令龐煖將也欲因趙弊攻之問劇辛辛曰龐煖易與耳燕使劇辛將擊趙趙使龐煖擊之取燕軍二萬殺劇辛秦拔魏二十城置東郡十九年秦拔趙之鄴九城趙悼襄王卒二十三年太子丹質於秦亡歸燕二十五年秦虜滅韓王安置潁川郡二十七年秦虜趙王遷滅趙趙公子嘉自立爲代王燕見秦且滅六國秦兵臨易水禍且至燕太子丹陰養壯士二十人使荆軻獻督亢地圖於秦因襲刺秦王秦王覺殺軻使將軍王翦擊燕二十九年秦攻拔我薊燕王亡徙居遼東斬丹獻秦三十年秦滅魏三十三年秦拔遼東虜燕王喜卒滅燕是歲秦將王賁亦虜代王嘉

管蔡

管叔鮮蔡叔度者周文王子而武王弟也武王同母兄弟十人母曰太姒文王正妃也其長子曰伯邑考次曰武王發次曰管叔鮮次曰周公旦次曰蔡叔度次曰曹叔振鐸次曰成叔武次曰霍叔處次曰康叔封次曰冉季載冉季載最少同母兄弟十人唯發旦賢左右輔文王故文王舍伯邑考而以發爲太子及文王崩而發立是爲武王伯邑考既已前卒矣武王已克殷紂平天下封功臣昆弟於是封叔鮮於管（管在滎陽）封叔度於蔡（上蔡）二人相紂子武庚祿父治殷遺民封叔旦於魯而相周爲周公封叔振鐸於曹封叔武於成封叔處於霍康叔封冉季載皆少未得封武王既崩成王少周公旦專王室管叔蔡叔疑周公之爲不利於成王乃挾武庚以作亂周公旦承成王命伐誅武庚殺管叔而放蔡叔遷之與車十乘徒七十人從而分殷民爲二其一封微子啟於宋以續殷嗣其一封康叔爲衛君是爲衛康叔封季載於冉冉季康叔皆有馴行於是周公舉康叔爲周司寇冉季爲周司空以佐成王治皆有令名於天下蔡叔度既遷而死其子曰胡胡乃改行率德馴善周公聞之而舉胡以爲魯卿士魯國治於是周公言於成王復封胡於蔡（胡徙新蔡）以奉蔡叔之祀是爲蔡仲餘五叔皆就國無爲天子吏者蔡仲卒子蔡伯荒立蔡伯荒卒子宮侯立宮侯卒子厲侯立厲侯卒子武侯立武侯之時周厲王失國奔彘共和行政諸侯多叛周武侯卒子夷侯立夷侯十一年周宣王卽位二十八年夷侯卒子釐侯所事立釐侯三十九年周幽王爲犬戎所殺周室卑而東遷秦始得列爲諸侯四十八年釐侯卒子共侯興立共侯二年卒子戴侯立戴侯十年卒子宣侯措父立宣侯二十八年魯隱公初立三十五年宣侯卒子桓侯封人立桓侯三年魯弒其君隱公二十年桓侯卒弟哀侯獻舞立哀侯十一年初哀侯娶陳息侯亦娶陳息夫人將歸過蔡蔡侯不敬息侯怒請楚文王來伐我我求救於蔡蔡必來楚因擊之可以有功楚文王從之虜蔡哀侯以歸哀侯留九歲死於楚凡立二十年卒蔡人立其子肸是爲繆侯繆侯以其女弟爲齊桓公夫人十八年齊桓公與蔡女戲船中夫人蕩舟桓公止之不止公怒歸蔡女而不絕也蔡侯怒嫁其弟齊桓公怒伐蔡蔡潰遂虜繆侯南至楚邵陵已而諸侯爲蔡謝齊齊侯二十九年繆侯卒子莊侯甲午立莊侯二年齊桓公卒十四年晉文公敗楚於城濮二十年楚太子商臣弒其父成王代立二十五年秦穆公卒三十三年楚莊王卽位三十四年莊侯卒子文侯申立文侯十四年楚莊王伐陳殺夏

徵舒十五年楚圍鄭鄭降楚楚復釋之二十年文侯卒子景侯同立景侯元年楚莊王卒二十九年景侯爲太子般娶婦於楚而景侯通焉太子弑景侯而自立是爲靈侯靈侯二年楚公子圍弑其君郟敖以自立是爲靈王九年陳司徒招弑其君哀公楚使公子棄疾滅陳而有之十二年楚靈王以靈侯弑其父誘蔡靈侯於申伏甲飲之醉而殺之刑其士卒七十人令公子棄疾圍蔡十一月滅蔡使棄疾爲蔡公楚滅蔡三歲楚公子棄疾弑其君靈王代立爲平王平王乃求蔡景侯少子廬立之是爲平侯是年楚亦復立陳楚平王初立欲親諸侯故復立陳蔡後平侯九年卒靈侯般之孫東國攻平侯子而自立是爲悼侯悼侯父曰隱太子友者靈侯之太子平侯立而殺隱太子故平侯卒隱太子之子東國攻平侯子而代立是爲悼侯悼侯三年卒弟昭侯申立昭侯十年朝楚昭王持美裘二獻其一昭王而自衣其一楚相子常欲之不與子常讒蔡侯留之楚三年蔡侯知之乃獻其裘於子常子常受之乃言歸蔡侯蔡侯歸而之晉請與晉伐楚十三年春與衞靈公會邵陵蔡侯私於周萇弘以求長於衞衞使史鰌言康叔之功德乃長衞夏爲晉滅沈楚怒攻蔡蔡昭侯使其子爲質於吳以共伐楚冬與吳王闔廬遂破楚入郢蔡怨子常子常恐奔鄭十四年吳去而楚昭王復國十六年楚令尹爲其民泣以謀蔡蔡昭侯懼二十六年孔子如蔡楚昭王伐蔡蔡恐告急於吳吳爲蔡遠約遷以自近易以相救昭侯私許不與大夫計吳人來救蔡因遷蔡於州來二十八年昭侯將朝於吳大夫恐其復遷乃令賊利殺昭侯已而誅賊利以解過而立昭侯子朔是爲成侯成侯四年宋滅曹十年齊田恒弑其君簡公十三年楚滅陳十九年成侯卒子聲侯產立聲侯十五年卒子元侯立元侯六年卒子侯齊立侯齊立四年楚惠王滅蔡蔡侯齊亡蔡遂絕祀後陳滅三十三年

伯邑考其後不知所封武王發其後爲周管叔鮮作亂誅死無後周公旦其後爲魯蔡叔度其後爲蔡曹叔振鐸其後爲曹成叔武其後世無所見霍叔處其後晉獻公時滅霍康叔封其後爲衞冉季載其後世無所見周有本紀言魯蔡曹衞有世家言

曹

曹叔振鐸周武王弟也武王已克殷紂封叔振鐸於曹叔振鐸卒子太伯脾立太伯卒子仲君平立仲君平卒子宮伯侯立宮伯侯卒子孝伯雲立孝伯雲卒子夷伯喜立夷伯二十三年周厲王奔於彘三十年卒弟幽伯彊立幽伯九年弟蘇殺幽伯代立是爲戴伯戴伯元年周宣王已立三歲三十年戴伯卒子惠伯兕立惠伯二十五年周幽王爲犬戎所殺因東徙益卑諸侯畔之秦始列爲諸侯三十六年惠伯卒子石甫立其弟武殺之代立是爲繆公繆公三年卒子桓公終生立桓公三十五年魯隱公立四十五年魯弑其君隱公四十六年宋華父督弑其君殤公及孔父五十五年桓公卒子莊公夕姑立莊公二十三年齊桓公始霸三十一年莊公卒子釐公夷立釐公九年卒子昭公班立昭公六年齊桓公敗蔡遂至楚召陵九年昭公卒子共公襄立共公十六年初晉公子重耳其亡過曹曹君無禮欲觀其駢脅僖負羈諫不聽私善於重耳二十一年晉文公重耳伐曹虜共公以歸令軍毋入僖負羈之宗族閭或說文公曰昔齊桓公會諸侯復異姓今君囚曹君滅同姓何以令於諸侯晉乃復歸共公二十五年晉文公卒三十五年共公卒子文公壽立文公二十三年卒子宣公彊立宣公十七年卒弟成公負芻立成公三年晉厲公伐曹虜成公以歸已復釋之五年晉欒書中行偃使程滑弑其君厲公二十三年成公卒子武公勝立武公二十六年楚公子棄疾弑其君靈王代立二十七年武公卒子平公頃立平公四年卒子悼公午立是歲宋衞陳鄭皆火悼公八年宋景公立九年悼公朝於宋宋囚之曹立其弟野是爲聲公悼公死於宋歸葬聲公五年平公弟通弑聲公代立是爲隱公隱公四年聲公弟露弑隱公代立是爲靖公靖公四年卒子伯陽立伯陽三年國人有夢衆君子立於社宮謀欲亡曹曹叔振鐸止之請待公孫彊許之旦求之曹無其人夢者戒其子曰我亡爾聞公孫彊爲政必去曹無罹曹禍及伯陽即位好田弋之事六年曹野人公孫彊亦好田弋獲白鴈而獻之且言田弋之說因訪政事伯陽大說之使爲司城以聽政夢者之子乃亡去公孫彊言霸說於曹伯十四年曹伯從之乃背晉干宋宋景公伐之晉人不救十五年宋滅曹執伯陽及公孫彊以歸而殺之遂絕其祀

衞

衞康叔名封周武王同母少弟也其次尚有冉季冉季最少武王已克殷紂復以餘民封紂子武庚祿父比諸侯以奉其先祀勿絕爲武庚未集恐其有賊心武王乃令其弟管叔蔡叔傅相武庚祿父以和其民武王既崩成王少周公旦代成王治當國管叔蔡叔疑周公乃與武庚祿父作亂欲攻成周周公以成王命興師伐殷殺

武庚祿父管叔放蔡叔以武庚殷餘民封康叔爲衞君
居河淇間故商墟周公旦懼康叔齒少乃申告康叔曰
以求殷之賢人君子長者問其先殷所以興所以亡而
務愛民告以紂所以亡者以淫於酒酒之失婦人是用
故紂之亂自此始爲梓材示君子可法則故謂之康誥
酒誥梓材以命之康叔之國既以此命能和集其民民
乃說成王長用事舉康叔爲周司寇賜衞寶祭器以章
有德康叔卒子康伯代立康伯卒子考伯立考伯卒子
嗣伯立嗣伯卒子疌伯立疌伯卒子靖伯立靖伯卒子
貞伯立貞伯卒子頃侯立頃侯厚賂周夷王夷王命衞
爲侯頃侯立十二年卒子釐侯立釐侯十三年周厲王
出奔於彘共和行政焉二十八年周宣王立四十二年
釐侯卒太子共伯餘立爲君共伯之弟和有寵於釐侯
多與之賂和以其賂賂士以襲攻共伯於墓上共伯入
釐侯羨自殺衞人因葬之釐侯旁謚曰共伯而立和爲
衞侯是爲武公武公卽位能修康叔之政百姓和集四
十二年犬戎殺周幽王武公將兵往佐周平戎有功周
平王命武公爲公五十五年卒子莊公揚立莊公五年
娶齊女爲夫人好而無子又娶陳女爲夫人生子早死
陳女女弟亦幸於莊公生子完完母死莊公令夫人齊
女子之立爲太子莊公有寵妾生子州吁長而好兵莊
公使將石碏諫莊公曰庶子好兵使將亂自此起不聽
二十三年莊公卒太子完立是爲桓公桓公二年州吁
驕奢桓公絀之州吁出奔十三年鄭伯弟段攻其兄不
勝亡而州吁求與之友十六年州吁收聚衞亡人以襲
殺桓公州吁自立爲衞君爲鄭伯弟段欲伐鄭請宋陳
蔡與俱三國皆許州吁州吁新立好兵弒桓公衞人皆

不愛石碏乃因桓公母家於陳佯爲善州吁至鄭郊石
碏與陳侯共謀使右宰醜進食因殺州吁於濮而迎桓
公弟晉於邢而立之是爲宣公宣公七年魯弒其君隱
公九年宋督弒其君殤公及孔父十年晉曲沃莊伯弒
其君哀侯十八年初宣公愛夫人夷姜夷姜生子伋以
爲太子而令右公子傅之右公子爲太子娶齊女未入
室而宣公見所欲爲太子婦者好說而自取之更爲太
子取他女宣公得齊女生子壽子朔令左公子傅之太
子伋母死宣公正夫人與朔共讒惡太子伋宣公自以
奪太子妻也心惡太子欲廢之及聞其惡大怒乃使太
子伋於齊而令盜遮界上而殺之與太子白旄而告界
盜見持白旄者殺之且行子朔之兄壽太子異母弟也
知朔之惡太子而君欲殺之謂太子曰界盜見太子白
旄卽殺太子太子可毋行太子曰逆父命求生不可遂
行壽見太子不止乃盜其白旄先馳至界界盜見其驗
卽殺之壽巳死而太子伋又至謂盜曰所當殺乃我也
盜并殺太子伋以報宣公宣公乃以朔爲太子十九年
宣公卒太子朔立是爲惠公惠公四年左右公子怨惠
公之讒殺前太子伋而代立乃作亂攻惠公立太子伋
之弟黔牟爲君惠公奔齊衞君黔牟立八年齊襄公率
諸侯奉王命共伐衞內衞惠公誅左右公子黔牟奔於
周惠公復立惠公立三年出亡亡八年復入與前通年
凡十年矣二十五年惠公怨周容舍黔牟與燕伐周周
惠王奔溫衞燕立惠王弟頹爲王二十九年鄭復內惠
王三十一年惠公卒子懿公赤立懿公卽位好鶴淫樂
奢侈九年翟伐衞衞懿公欲發兵兵或畔大臣言曰君
好鶴鶴可令擊翟翟於是遂入殺懿公懿公之立也百

姓大臣皆不服自懿公父惠公朔之讒殺太子伋代立
至於懿公常欲敗之卒滅惠公之後而更立黔牟之弟
昭伯頑之子申爲君是爲戴公戴公申元年卒齊桓公
乃率諸侯伐翟爲衞築楚邱立戴公弟燬爲君是爲文
公文公以亂故奔齊齊人入之文公初立輕賦平罪身
自勞與百姓同苦以收衞民十六年晉公子重耳過無
禮十七年齊桓公卒二十五年文公卒子成公鄭立成
公三年晉欲假道於衞救宋成公不許晉更從南河渡
救宋徵師於衞衞大夫欲許成公不肯大夫元咺攻成
公成公出奔晉文公重耳伐衞分其地予宋討前過無
禮及不救宋患也衞成公遂出奔陳二歲如周求入與
晉文公會晉使人鴆成公成公私於周主鴆令薄得不
死巳而周爲請晉文公卒入之衞而誅元咺衞君瑕出
奔七年晉文公卒十三年成公朝晉襄公十四年秦穆
公卒二十六年齊邴歜殺其君懿公三十五年成公卒
子穆公遬立穆公二年楚莊王伐陳殺夏徵舒三年楚
莊王圍鄭鄭降復釋之十一年孫良夫救魯伐齊復得
侵地穆公卒子定公臧立定公十二年卒子獻公衎立
獻公十三年公令師曹教宮妾鼓琴妾不善曹笞之妾
以幸惡曹於公公亦笞曹三百十八年獻公戒孫文子
甯惠子食皆往日旰不召而去射鴻於囿二子從之公
不釋射服與之言二子怒如宿孫文子數侍公飲使師
曹歌巧言之卒章師曹又怒公之嘗笞三百乃歌之欲
以怒孫文子報衞獻公文子語蘧伯玉伯玉曰臣不知
也遂攻出獻公獻公奔齊齊置獻公於聚邑孫文子甯
惠子共立定公弟秋爲君是爲殤公殤公秋立封孫文
子林父於宿十二年甯喜與孫文子爭寵相惡殤公使

甯喜攻孫林父林父奔晉復求入故衞獻公獻公在齊齊景公聞之與衞獻公如晉求入晉爲伐衞誘與盟衞殤公會晉平公平公執殤公與甯喜而復入衞獻公獻公亡在外十二年而入獻公後元年誅甯喜三年吳延陵季子使過衞見蘧伯玉史鰌曰衞多君子其國無故過宿孫林父爲擊磬曰不樂音太悲使衞亂乃此矣是年獻公卒子襄公惡立襄公六年楚靈王會諸侯襄公稱病不往九年襄公卒初襄公有賤妾幸之有身夢有人謂曰我康叔也令若子必有衞名而子曰元妾怪之問孔成子成子曰康叔者衞祖也及生子男也以告襄公襄公曰天所置也名之曰元襄公夫人無子於是乃立元爲太子是爲靈公靈公五年朝晉昭公六年楚公子棄疾弒靈王自立爲平王十一年火三十八年孔子來祿之如魯後有隙孔子去後復來三十九年太子蒯聵與靈公夫人南子有惡欲殺南子蒯聵與其徒戲陽遬謀朝使殺夫人戲陽後悔不果蒯聵數目之夫人覺之懼呼曰太子欲殺我靈公怒太子蒯聵奔宋已而之晉趙氏四十二年春靈公遊於郊令子郢僕郢靈公少子也字子南靈公怨太子出奔謂郢曰我將立若爲後郢對曰郢不足以辱社稷君更圖之夏靈公卒夫人命子郢爲太子曰此靈公命也郢曰亡人太子蒯聵之子輒在也不敢當於是衞乃以輒爲君是爲出公六月乙酉趙簡子欲入蒯聵乃令陽虎詐命衞十餘人衰絰歸簡子送蒯聵衞人聞之發兵擊蒯聵蒯聵不得入入宿而保衞人亦罷兵出公輒四年齊田乞弒其君孺子八年齊鮑子弒其君悼公孔子自陳入衞九年孔文子問兵於仲尼仲尼不對其後魯迎仲尼仲尼反魯十二年初孔圉文子取太子蒯聵之姊生悝孔氏之豎渾良夫美好孔文子卒良夫通於悝母太子在宿悝母使良夫於太子太子與良夫言曰苟能入我國報子以乘軒免子三死毋所與與之盟許以悝母爲妻閏月良夫與太子入舍孔氏之外圃昏二人蒙衣而乘宦者羅御如孔氏孔氏之老欒甯問之稱姻妾以告遂入適伯姬氏既食悝母杖戈而先太子與五人介輿猳從之伯姬劫悝於廁彊盟之遂劫以登臺欒甯將飲酒炙未熟聞亂使告仲由召護駕乘車行爵食炙奉出公輒奔魯仲由入赴孔氏之難爲蒯聵所殺語在子路傳中孔悝竟立太子蒯聵是爲莊公莊公居外怨大夫莫迎立元年卽位欲盡誅大臣曰寡人居外久矣子亦嘗聞之乎羣臣欲作亂乃止二年魯孔丘卒三年莊公上城見戎州曰戎虜何爲是戎州病之十月戎州告趙簡子簡子圍衞十一月莊公出奔衞人立公子斑師爲衞君齊伐衞虜斑師更立公子起爲衞君衞君起元年衞石曼專逐其君起起奔齊衞出公輒自齊復歸立初出公立十二年亡亡在外四年復入出公後元年賞從亡者立二十一年卒出公季父黔攻出公子而自立是爲悼公悼公五年卒子敬公弗立敬立十九年卒子昭公糾立是時三晉彊衞如小侯屬之昭公六年公子亹弒之代立是爲懷公懷公十一年公子頹弒懷公而代立是爲愼公愼公父公子適適父敬公愼公四十二年卒子聲公訓立聲公十一年卒子成侯速立成公十一年公孫鞅入秦十四年衞更貶號曰侯二十九年成侯卒子平侯立平侯八年卒子嗣君立嗣君五年更貶號曰君獨有濮陽四十二年卒子懷君立懷君三十一年朝魏魏囚殺懷君魏更立嗣君弟是爲元君元君爲魏壻故魏立之元君十四年秦拔魏東地初置東郡更徙衞野王縣而并濮陽爲東郡二十五年元君卒子君角立君角九年秦并天下立爲始皇帝二十一年二世廢君角爲庶人衞祀絕

晉

唐叔虞者周武王子而成王弟初武王與叔虞母會時夢天謂武王曰余命女生子名虞余與之唐及生子文在其手曰虞故遂因命之曰虞武王崩成王立唐有亂周公誅滅唐成王與叔虞戲削桐葉爲珪以與叔虞曰以此封若史佚因請擇日立叔虞成王曰吾與之戲耳史佚曰天子毋戲言言則史書之禮成之樂歌之於是遂封叔虞於唐唐在河汾之東方百里故曰唐叔虞姓姬氏字子干叔虞之子燮是爲晉侯晉侯子甯族是爲武侯武侯之子服人是爲成侯成侯子福是爲厲侯厲侯子宜臼是爲靖侯靖侯已來年紀可推自唐叔至靖侯五世無其年數靖侯十七年周厲王出奔於彘大臣行政號曰共和十八年靖侯卒子釐侯司徒立釐侯十四年周宣王初立十八年釐侯卒子獻侯籍立獻侯十一年卒子穆侯費王立穆侯取齊女爲夫人七年伐條生太子仇十年伐千畝有功生少子名曰成師晉人師服曰異哉君之命子也太子曰仇仇者讎也少子曰成師成師大號成之者也名自命也物自定也今適庶名反逆此後晉其能毋亂乎二十七年穆侯卒弟殤叔自立太子仇出奔殤叔三年周宣王崩四年穆侯太子仇率其徒襲殤叔而立是爲文侯文侯十年周幽王爲犬戎所殺周東徙而秦襄公始列爲諸侯三十五年文侯

仇卒子昭侯伯立昭侯元年封文侯弟成師於曲沃曲沃邑大於翼翼晉君都邑也成師封曲沃號爲桓叔靖侯庶孫欒賓相桓叔桓叔是時年五十八矣好德晉國之衆皆附焉君子曰晉國之亂其在曲沃矣末大於本而得民心不亂何待七年晉大臣潘父弑其君昭侯而迎曲沃桓叔桓叔欲入晉晉人發兵攻桓叔桓叔敗還歸曲沃晉人共立昭侯子平爲君是爲孝侯誅潘父孝侯八年曲沃桓叔卒子鱓代桓叔是爲曲沃莊伯孝侯十五年曲沃莊伯弑其君晉孝侯於翼晉人攻曲沃莊伯莊伯復入曲沃晉人復立孝侯子郄爲君是爲鄂侯鄂侯二年魯隱公初立鄂侯六年卒曲沃莊伯聞鄂侯卒乃興兵伐晉周平王使虢公將兵伐曲沃莊伯莊伯走保曲沃晉人共立鄂侯子光侯是爲哀侯哀侯二年曲沃莊伯卒子稱代莊伯立是爲曲沃武公哀侯六年魯弑其君隱公哀侯八年晉侵陘廷陘廷與曲沃武公謀九年伐晉於汾旁虜哀侯晉人乃立哀侯子小子爲君是爲小子侯小子元年曲沃武公使韓萬殺所虜晉哀侯曲沃益彊晉無如之何晉小子之四年曲沃武公誘召晉小子殺之周桓王使虢仲伐曲沃武公武公入於曲沃乃立哀侯弟緡爲晉侯晉侯緡四年宋執鄭祭仲而立突爲鄭君晉侯十九年齊人管至父弑其君襄公二十八年齊桓公始霸曲沃莊伯伐晉侯緡滅之盡以其寶器賂獻於周釐王釐王命曲沃武公爲晉君列爲諸侯於是盡併晉地而有之曲沃武公已即位三十七年矣更號曰晉武公晉武公始都晉國前即位曲沃通年三十八年武公稱者先晉穆侯曾孫也曲沃桓叔孫也桓叔者始封曲沃武公莊伯子也自桓叔初封曲

沃以至武公滅晉也凡六十七歲而卒代晉爲諸侯武公代晉二歲卒與曲沃通年即位凡三十九年而卒子獻公詭諸立獻公元年周惠王弟頹攻惠王惠王出奔居鄭之櫟邑五年伐驪戎得驪姬驪姬弟俱愛幸之八年士蔿說獻公曰故晉之羣公子多不誅亂且起乃使盡殺晉諸公子而城聚都之命曰絳始都絳九年晉羣公子既亡奔虢虢以其故再伐晉弗克十二年驪姬生奚齊獻公有意廢太子乃曰曲沃吾先祖宗廟所在而蒲邊秦屈邊翟不使諸子居之我懼焉於是使太子申生居曲沃公子重耳居蒲公子夷吾居屈獻公與驪姬子奚齊居絳晉國以此知太子不立也太子申生其母齊桓公女也曰齊姜早死申生同母女弟爲秦穆公夫人重耳母翟之孤氏也夷吾母重耳母女弟也獻公子八人而太子申生重耳夷吾皆有賢行及得驪姬乃遠此三子十六年晉獻公作二軍公將上軍太子申生將下軍趙夙御戎畢萬爲右伐滅霍滅魏滅耿還爲太子城曲沃賜趙夙耿賜畢萬魏以爲大夫士蔿曰太子不得立矣分之都城而位以卿先爲之極又安得立不如逃之無使罪至爲吳太伯不亦可乎猶有令名太子不從十七年獻公使太子申生伐東山里克諫曰太子君之適嗣古者君行則守有守則從從曰撫軍守曰監國令以帥師非古制也公曰寡人有子未知其誰立里克不對而退公竟令太子帥師衣之偏衣佩之金玦里克謝病不從太子太子遂伐東山十九年獻公曰始吾先君莊伯之誅晉亂而虢常助晉伐我又匿晉亡公子果爲亂今弗誅後遺子孫憂乃使荀息以屈產之乘假道於虞以伐虢取其下陽以歸獻公私謂驪姬曰吾欲廢

太子以奚齊代之驪姬泣曰太子之立諸侯皆已知之而數將兵百姓附之奈何以賤妾之故廢適立庶君必行之妾自殺也驪姬佯譽太子而陰令人譖惡太子而欲立其子二十一年驪姬謂太子曰君夢齊姜太子速祭曲沃歸釐於君太子於是祭其母於曲沃上其薦胙於獻公獻公時出獵置胙於宮中驪姬使人置毒藥胙中居二日獻公從獵來還宰人上胙獻公獻公欲饗之驪姬從旁止之曰胙所從來遠宜試之祭地地墳與犬犬死與小臣小臣死驪姬泣曰太子何忍也其父而欲弑代之況他人乎且君老矣旦暮之人曾不能待而欲弑之謂獻公曰太子所以然者不過以妾及奚齊之故妾願子母辟之他國若早自殺毋徒使母子爲太子所魚肉也始君欲廢之妾猶恨之至於今妾殊自失於此太子聞之奔新城獻公怒乃誅其傅杜原款或謂太子曰爲此藥者乃驪姬也太子何不自辭明之太子曰吾君老矣非驪姬寢不安食不甘即辭之君且怒之不可或謂太子曰可奔他國太子曰被此惡名以出人誰內我我自殺耳遂自縊於新城此時重耳夷吾來朝人或告驪姬曰二公子怨驪姬譖殺太子驪姬恐因譖二公子申生之藥胙二公子知之二子聞之恐重耳走蒲夷吾走屈保其城自備守二十二年獻公怒二子不辭而去果有謀矣乃使兵伐蒲蒲人之宦者勃鞮命重耳促自殺重耳踰垣宦者追斬其衣袪重耳遂奔翟使人伐屈屈城守不可下是歲也晉復假道於虞以伐虢虞之大夫宮之奇諫虞君曰晉不可假道也是且滅虞虞之與虢脣之與齒脣亡則齒寒虞公不聽遂許晉宮之奇以其族去虞語具荀息傳中其冬晉滅虢虢公醜奔

周還襲滅虞虜虞公及其大夫井伯百里奚以媵秦穆姬而修虞祀二十三年獻公遂發賈華等伐屈屈潰夷吾將奔翟冀芮曰不可重耳已在矣今往晉必移兵伐翟翟畏晉禍且及不如走梁梁近於秦秦彊吾君百歲後可以求入焉遂奔梁二十五年晉伐翟翟以重耳故亦擊晉於齧桑晉兵解而去當此時晉彊西有河西與秦接境北邊翟東至河南驪姬弟生悼子二十六年夏齊桓公大會諸侯於葵邱獻公病行後未至逢周之宰孔宰孔曰齊桓公益驕不務德而務遠略諸侯弗平君第毋會毋如晉何獻公亦病復還歸病甚乃謂荀息曰吾以奚齊爲後年少諸大臣不服恐亂起子能立之乎荀息曰能獻公曰何以爲驗對曰使死者復生生者不慙爲之驗於是屬奚齊於荀息荀息爲相主國政秋九月獻公卒里克邳鄭欲內重耳以三公子之徒作亂謂荀息曰三怨將起秦晉輔之子將何如荀息曰吾不可負先君言十月里克殺奚齊於喪次獻公未葬也荀息將死之或曰不如立奚齊弟悼子而傅之荀息立悼子而葬獻公十一月里克弑悼子於朝荀息死之君子謂荀息不負其言也初獻公將伐驪戎卜曰齒牙爲禍及破驪戎獲驪姬愛之竟以亂晉里克等已殺奚齊悼子使人迎公子重耳於翟欲立之重耳謝曰負父之命出奔父死不得修人子之禮侍喪重耳何敢入大夫其更立他子還報里克里克使迎夷吾於梁夷吾欲往呂省郤芮曰內猶有公子可立者而外求難信計非之秦輔彊國之威以入恐危乃使郤芮厚賂秦約曰即得入請以晉河西之地予秦乃遺里克書曰誠得立請遂封子於汾陽之邑秦穆公乃發兵送夷吾於晉齊桓公聞晉內亂亦率諸侯如晉秦兵與夷吾亦至晉齊乃使隰朋會秦俱入夷吾立爲晉君是爲惠公齊桓公至晉之高梁而還歸惠公元年使邳鄭謝秦曰始夷吾以河西地許君今幸得入立大臣皆曰地者先君之地君亡在外何以得擅許秦者寡人爭之弗能得故謝秦亦不與里克汾陽邑而奪之權四月周襄王使周公忌父會齊秦大夫共禮晉惠公惠公以重耳在外畏里克爲變賜里克死語在里克傳時邳鄭使謝秦未還故不及於難晉君改葬共太子申生秋狐突之下國遇申生與之言曰夷吾無禮予請於帝許罰有罪矣語在狐突傳中其時又有童兒謠云共太子改葬矣後十四年晉亦不昌昌乃在兄邳鄭使秦聞里克誅乃說秦繆公曰呂省郤稱冀芮實爲不從若重賂與謀出晉君入重耳事必就秦繆公許之使人與歸報晉厚賂三子三子曰幣厚言甘此必邳鄭賣我於秦遂殺邳鄭及里克邳鄭之黨七輿大夫邳鄭子豹奔秦言伐晉繆公弗聽惠公之立倍秦地及里克誅七輿大夫國人不附二年周使召公過禮晉惠公惠公禮倨召公譏之四年晉饑乞糴於秦繆公問百里奚百里奚曰天菑流行國家代有救菑恤隣國之道也與之邳鄭子豹曰伐之繆公曰其君是惡其民何罪卒與粟自雍屬絳五年秦饑請糴於晉晉君謀之慶鄭曰以秦得立已而倍其地約晉饑而秦貸我今秦饑請糴與之何疑而謀之虢射曰往年天以晉賜秦秦弗取而貸我今天以秦賜晉晉其可以逆天乎遂伐之惠公用虢射謀不與秦粟而發兵且伐秦秦大怒亦發兵伐晉六年春秦繆公將兵伐晉晉惠公謂慶鄭曰秦師深矣奈何鄭曰秦內君君倍其賂晉饑秦輸粟秦饑而晉倍之乃欲因其饑伐之其深不亦宜乎晉卜御右慶鄭皆吉公曰鄭不孫乃更令步陽御戎家僕徒爲右進兵九月壬戌秦繆公晉惠公合戰韓原惠公馬鷙不行秦兵至公窘召慶鄭爲御鄭曰不用卜敗不亦當乎遂去更令梁繇靡御虢射爲右輅秦繆公繆公壯士冒敗晉軍晉軍敗遂失秦繆公反獲晉公以歸秦將以祀上帝晉君姊爲繆公夫人衰絰涕泣公曰得晉侯將以爲樂今乃如此且吾聞箕子見唐叔之初封曰其後必大晉庸可滅乎乃與晉侯盟王城而許之歸晉侯亦使呂省等報國人曰孤雖得歸毋面目見社稷卜日立子圉晉人聞之皆哭秦繆公問呂省晉國和乎對曰不和小人懼失君亡親不憚立子圉曰必報讎寧事戎狄其君子則愛君而知罪以待秦命曰必報德有此二故不和於是秦繆公更舍惠公餽之七牢十一月歸晉侯晉侯至國誅慶鄭修政教謀曰重耳在外諸侯多利內之欲使人殺重耳於翟重耳聞之如齊八年使太子圉質秦初惠公亡在梁梁伯以女妻之生一男一女梁伯卜之男爲人臣女爲人妾故名男爲圉女爲妾十歲秦滅梁梁伯好土功治城溝民力罷怨其衆數相驚曰秦寇至民恐惑秦竟滅之十三年晉惠公病內有數子太子圉曰吾母家在梁梁今秦滅之我外輕於秦而內無援於國君即不起病大夫輕更立他公子乃謀與其妻俱亡歸秦女曰子一國太子辱在此秦使婢子侍以固子之心子亡矣我不從子亦不敢言子圉遂亡歸晉十四年九月惠公卒太子圉立是爲懷公子圉之亡秦怨之乃求公子重耳欲內之子圉之立畏秦之伐也乃令國中諸從重耳亡者與期期盡不到者盡滅其家狐突之

子毛及偃從重耳在秦弗肯召懷公怒囚狐突突曰臣子事重耳有年數矣今召之是教之反君也何以教之懷公卒殺狐突秦繆公乃發兵送納重耳使人告欒郤之黨爲內應殺懷公於高梁入重耳重耳立是爲文公重耳自少好士年十七有賢士五人曰趙衰狐偃咎犯文公舅也賈佗先軫魏武子自獻公爲太子時重耳固已成人矣獻公即位重耳年二十一獻公十三年以驪姬故重耳備蒲城守獻公二十一年殺太子申生驪姬讒之恐不辭獻公而守蒲城獻公二十二年使宦者勃鞮趣殺重耳重耳踰垣宦者遂斬其衣袪重耳遂奔翟翟其母國也是時重耳年四十三從此五士其餘不名者數十人至翟翟伐咎如得二女以長女妻重耳生伯儵叔劉以少女適趙衰生盾居翟五歲而晉獻公卒里克已殺奚齊悼子乃使人迎立重耳重耳畏殺因固謝不敢入已而晉更迎其弟夷吾而立之是爲惠公惠公七年畏重耳乃使宦者勃鞮與壯士欲殺重耳重耳聞之乃謀趙衰等曰始吾奔翟非以爲可用興以近易通故且休足休足久矣固願徙之大國夫齊桓公好善志在霸王收恤諸侯今聞管仲隰朋死此亦欲得賢佐盍往乎於是遂行重耳謂其妻曰待我二十五年不來乃嫁其妻笑曰犂二十五年吾冢上柏大矣雖然妾待子重耳居翟凡十二年而去過衞衞文公不禮去過五鹿飢而從野人乞食野人盛土器中進之重耳怒趙衰曰土者有土也君其拜受之至齊齊桓公厚禮而以宗女妻之有馬二十乘重耳安之重耳至齊二歲而桓公卒會豎刁等爲內亂齊孝公之立諸侯兵數至留齊凡五歲重耳愛齊女毋去心趙衰咎犯乃於桑下謀行齊女

侍者在桑上聞之以告其主其主乃殺侍者勸重耳趣行重耳曰人生安樂孰知其他必死於此不能去齊女曰子一國公子窮而來此數士者以子爲命子不疾反國報勞臣而懷女德竊爲子羞之且不求何時得功乃與趙衰等謀醉重耳載以行遠而覺重耳大怒引戈欲殺咎犯咎犯曰殺臣成子偃之願也重耳曰事不成我食舅氏之肉咎犯曰事不成犯肉腥臊何足食乃止遂行過曹曹共公不禮欲觀重耳駢脅曹大夫僖負覊曰晉公子賢又同姓窮來過我奈何不禮共公不從其謀負覊乃私遺重耳食置璧其下重耳受其食還其璧去過宋宋襄公新困兵於楚傷於泓聞重耳賢乃以國禮禮於重耳宋司馬公孫固善於咎犯曰宋小國新困不足以求入更之大國乃去過鄭鄭文公弗禮鄭叔瞻諫其君曰晉公子賢而其從者皆國相且又同姓鄭之出自厲王而晉之出自武王鄭君曰諸侯亡公子過此者衆安可盡禮叔瞻曰君不禮不如殺之且後爲國患鄭君不聽重耳去之楚楚成王以適諸侯禮待之重耳謝不敢當趙衰曰子亡在外十餘年小國輕子況大國乎今楚大國而固遇子子其毋讓此天開子也遂以客禮見之成王厚遇重耳重耳甚卑成王曰子即反國何以報寡人重耳曰羽毛齒角玉帛君王所餘未知所以報王曰雖然何以報不穀重耳曰即不得已與君王以兵車會平原廣澤請辟王三舍楚將子玉怒曰王遇晉公子至厚今重耳言不孫請殺之成王曰晉公子賢而困於外久從者皆國器此天所置庸可殺乎且言何以易之居楚數月而晉太子圉亡秦秦怨之聞重耳在楚乃召之成王曰楚遠更數國乃至晉秦晉接境秦君賢

子其勉行厚送重耳重耳至秦繆公以宗女五人妻重耳故子圉妻與往重耳不欲受司空季子曰其國且代況其故妻乎且受以結秦親而求入子乃拘小禮忘大醜乎遂受繆公大歡與重耳飲趙衰歌黍苗詩繆公曰知子欲急反國矣趙衰命重耳下再拜曰孤臣之仰君如百穀之望時雨是時晉惠公十四年秋惠公以九月卒子圉立十一月葬惠公十二月晉國大夫欒郤等聞重耳在秦皆陰來勸重耳趙衰等反國爲內應甚衆於是秦繆公乃發兵與重耳歸晉晉聞秦兵來亦發兵拒之然皆知公子重耳入也唯惠公之故貴臣呂郤之屬不欲立重耳重耳出亡凡十九歲而得入時年六十二矣晉人多附焉文公元年春秦送重耳至河咎犯曰臣從君周旋天下過亦多矣臣猶知之況於君乎請從此去矣重耳曰若反國所不與子犯共者河伯視之乃投璧河中以與子犯盟渡河秦兵圍令狐晉軍於廬柳二月辛丑咎犯與秦晉大夫盟於郇壬寅重耳入於晉師丙午入於曲沃丁未朝於武宮即位爲晉君是爲文公羣臣皆往懷公圉奔高梁戊申使人殺懷公懷公故大臣呂省郤芮本不附文公文公立恐誅乃欲與其徒謀燒公宮殺文公文公不知始嘗欲殺文公宦者履鞮知其謀欲以告文公解前罪求見文公文公不見使人讓之曰蒲城之事女斬予袪其後我從翟君獵女爲惠公來殺我惠公與女期三日至而女一日至何速也女其念之宦者曰臣刀鋸之餘不敢以二心事君倍主故得罪於君君已反國其毋蒲翟乎且管仲射鉤桓公以霸今刑餘之人以事告而君不見禍又且及矣於是見之遂以呂郤等告文公欲召呂郤呂郤等黨多文公恐初

入國國人賣已乃爲微行會秦繆公於王城國人莫知三月己丑呂郤等果反焚公宮不得文公文公之衞徒與戰呂郤等引兵欲奔秦繆公誘呂郤等殺之河上晉國復而文公得歸夏迎夫人於秦秦所與文公妻者卒爲夫人秦送三千人爲衞以備晉亂文公修政施惠百姓賞從亡者及功臣大者封邑小者尊爵未盡行賞周襄王以弟帶難出居鄭地來告急晉晉初定欲發兵恐他亂起是以賞從亡未至隱者介子推推亦不言祿祿亦不及推謂文公之興天實啟之而諸從亡者貪天之功以爲已力不可與處乃竄身緜上山中文公求之不獲環其山而封之號介山曰以記吾過且旌善人事具子推傳是時有從亡賤臣壺叔者請於文公曰君三行賞賞不及臣敢請罪文公曰夫導我以仁義防我以德惠此受上賞輔我以行卒以成立此受次賞矢石之難汗馬之勞此復受次賞若以力事我而無補吾缺者此復受次賞三賞之後故且及子晉人聞之皆說二年春秦軍河上將入王趙衰曰求霸莫如入王尊周周晉同姓晉不先入王後秦入之毋以令於天下方今尊王晉之資也三月甲辰晉乃發兵至陽樊圍溫入襄王於周四月殺王弟帶周襄王賜晉河內陽樊之地四年楚成王及諸侯圍宋宋公孫固如晉告急先軫曰報施定霸於今在矣狐偃曰楚新得曹而初婚於衞若伐曹衞楚必救之則宋免矣於是晉作三軍趙衰舉郤穀將中軍郤臻佐之使狐偃將上軍狐毛佐之命趙衰爲卿欒枝將下軍先軫佐之荀林父御戎魏犫爲右往伐冬十二月晉兵先下山東而以原封趙衰五年春晉文公欲伐曹假道於衞衞人弗許還自河南度侵曹伐衞正月取

五鹿二月晉侯齊侯盟于斂盂衞侯請盟晉人不許衞侯欲與楚國人不欲故出其君以說晉衞侯居襄牛公子買守衞楚救衞不卒晉侯圍曹三月丙午晉師入曹數之以其不用僖負羈言而用美女乘軒者三百人也令軍毋入僖負羈宗家以報德楚圍宋宋復告急晉文公欲救則攻楚爲楚嘗有德不欲伐也欲釋宋宋又嘗有德於晉患之先軫曰執曹伯分曹衞地以予宋楚急曹衞其執宜釋宋於是文公從之楚成王乃引兵歸楚將子玉曰王遇晉至厚今知楚急曹衞而故伐之是輕王王曰晉侯亡在外十九年困日久矣果得反國險阨盡知之能用其民天之所開不可當子玉請曰非敢必有功願以閒執讒慝之口也楚王怒少與之兵於是子玉使宛春告晉請復衞侯而封曹臣亦釋宋咎犯曰子玉無禮矣君取一臣取二勿許先軫曰定人之謂禮楚一言定三國子一言而亡之我則無禮不許楚是棄宋也不如私許曹衞以誘之執宛春以怒楚既戰而後圖之晉侯乃囚宛春於衞且私許復曹衞曹衞告絕於楚楚得臣怒擊晉師晉師退軍吏曰何爲退文公曰昔在楚約退三舍可倍乎楚師欲去得臣不肯四月戊辰宋公齊將秦將與晉侯次城濮己巳與楚兵合戰楚兵敗得臣收餘兵去甲午晉師還至衡雍作王宮于踐土初鄭助楚楚敗懼使人請盟晉侯晉侯與鄭伯盟五月丁未獻楚俘於周駟介百乘徒兵千天子使王子虎命晉侯爲伯賜大輅彤弓矢百玈弓矢千秬鬯一卣珪瓚虎賁三百人晉侯三辭然後稽首受之周作晉文侯命王若曰父義和丕顯文武能慎明德昭登於上布聞在下維時上帝集厥命于文武恤朕身繼予一人永其在位

於是晉文公稱伯癸亥王子虎盟諸侯於王庭晉焚楚軍火數日不息文公歎左右曰勝楚而君猶憂何文公曰吾聞能戰勝安者唯聖人是以懼且子玉猶在庸可喜乎子玉之敗而歸楚成王怒其不用其言貪與晉戰讓責子玉子玉自殺晉文公曰我擊其外楚誅其內內外相應於是乃喜六月晉人復入衞侯壬午晉侯渡河北歸國論功行賞語在狐偃傳冬晉侯會諸侯於溫欲率之朝周力未能恐其有畔者乃使人言周襄王狩于河陽壬申遂率諸侯朝王於踐土孔子讀史記至文公曰諸侯無召王王狩河陽者春秋諱之也丁丑諸侯圍許曹伯臣或說晉侯曰齊桓公合諸侯而國異姓今君爲會而滅同姓曹叔振鐸之後晉唐叔之後合諸侯而滅兄弟非禮晉侯說復曹伯於是晉始作三行荀林父將中行先縠將右行先蔑將左行七年晉文公秦繆公共圍鄭以其無禮於文公亡過時及城濮時鄭助楚也圍鄭欲得叔瞻叔瞻聞之自殺鄭持叔瞻尸告晉晉曰必得鄭君而甘心焉鄭恐乃使人說秦繆公曰亡鄭厚晉於晉得矣而秦未爲利君何不解鄭使爲東道主秦伯說罷兵晉亦罷兵九年冬晉文公卒子襄公歡立是歲鄭伯亦卒鄭人或賣其國於秦秦繆公發兵往襲鄭十二月秦兵過我郊襄公元年春秦師過周無禮王孫滿譏之兵至滑鄭賈人弦高將市于周遇之以十二牛勞秦師秦師驚而還滅滑而去晉先軫曰秦伯不用蹇叔反其衆心此可擊欒枝曰未報先君施於秦擊之不可先軫曰秦侮吾孤伐吾同姓何德之報遂擊之襄公墨衰經四月敗秦師于殽虜秦三將孟明視西乞術白乙丙以歸遂墨以葬文公文公夫人秦女爲秦請三將

遣之後三年秦復使孟明伐晉報殽之敗取晉汪以歸四年秦繆公大興兵伐我渡河取王官封殽尸而去晉恐不敢出遂城守五年晉伐秦取新城報王官役也六年趙衰成子欒貞子咎季子犯霍伯皆卒趙盾代趙衰執政七年八月襄公卒太子夷臯少晉人以難故欲立長君趙盾曰立襄公弟雍好善而長先君愛之且近於秦秦故好也立善則固事長則順奉愛則孝結舊好則安賈季曰不如其弟樂辰嬴嬖於二君立其子民必安之趙盾曰辰嬴賤班在九人下其子何震之有且爲二君嬖淫也爲先君子不能求大而出在小國僻也母淫子僻無威陳小而遠無援將何可乎使士會如秦迎公子雍賈季亦使人召公子樂於陳趙盾廢賈季以其殺陽處父十月葬襄公十一月賈季奔翟是歲秦繆公亦卒靈公元年四月秦康公曰昔文公之入也無衞故有呂郤之患乃多與公子雍衞太子母繆嬴日夜抱太子以號泣於朝曰先君何罪其嗣亦何罪舍適而外求君將安置此出朝則抱以適趙盾所頓首曰先君奉此子而屬之子曰此子材吾受其賜不材吾怨子今君卒言猶在耳而棄之若何趙盾與諸大夫皆患繆嬴且畏誅乃背所迎而立太子夷臯是爲靈公發兵以距秦送公子雍者趙盾爲將往擊秦敗之令狐先蔑隨會亡奔秦秋齊宋衞鄭曹許君皆會趙盾盟於扈以靈公初立故也四年伐秦取少梁秦亦取晉之殽六年秦康公伐晉取羈馬晉侯怒使趙盾趙穿郤缺擊秦大戰河曲趙穿最有功七年晉六卿患隨會之在秦常爲晉亂乃佯令魏壽餘反晉降秦秦使隨會之魏因執會以歸晉八年周頃王崩公卿爭權故不赴晉使趙盾以車八百乘平

周亂而立匡王是年楚莊王初即位十二年齊人弒其君懿公十四年靈公壯侈厚斂以雕墻從臺上彈人觀其逃丸也宰夫胹熊蹯不熟靈公怒殺宰夫使婦人持其屍出棄之過朝趙盾隨會前數諫不聽已又見死人手二人前諫隨會先諫不聽靈公患之使鉏麑刺趙盾盾寢門開居處節鉏麑退歎曰殺忠臣棄君命罪一也遂觸樹而死初盾嘗田首山見桑下有餓人餓人示眯明也盾與之食食其半問其故曰宦三年未知母之存不願遺母盾義之益與之飯肉已而爲晉宰夫趙盾弗復知也九月晉靈公飲趙盾酒伏甲將攻盾公宰示眯明知之恐盾醉不能起而進曰君賜臣觴三行可以罷欲以去趙盾令先毋及難盾既去靈公伏士未會先縱齧狗名敖明爲盾搏殺狗盾曰棄人用狗雖猛何爲然不知明之爲陰德也已而靈公縱伏士出逐趙盾示眯明反擊靈公之伏士伏士不能進而竟脫盾盾問其故曰我桑下餓人問其名弗告明亦亡去盾遂奔未出晉境乙丑盾昆弟將軍趙穿襲弒靈公於桃園而迎趙盾趙盾素貴得民和靈公少侈民不附故爲弒易盾復位晉太史董狐書曰趙盾弒其君以視於朝盾曰弒者趙穿我無罪太史曰子爲正卿而亡不出境反不誅國亂非子而誰孔子聞之曰董狐古之良史也書法不隱宣子良大夫也爲法受惡惜也出疆乃免趙盾使趙穿迎襄公弟黑臀于周立之是爲成公成公者文公少子其母周女也壬申朝于武宮成公元年賜趙氏爲公族伐鄭鄭倍晉故也三年鄭伯初立附晉而棄楚楚怒伐鄭晉往救之六年伐秦虜秦將赤七年成公與楚莊王爭彊會諸侯于扈陳畏楚不會晉使中行桓子伐陳因救

鄭與楚戰敗楚師是年成公卒子景公據立景公元年春陳大夫夏徵舒弒其君靈公二年楚莊王伐陳誅徵舒三年楚莊王圍鄭鄭告急晉晉使荀林父將中軍隨會將上軍趙朔將下軍郤克欒書先縠韓厥鞏朔佐之六月至河聞楚已服鄭鄭伯肉袒與盟而去荀林父欲還先縠曰凡來救鄭不至不可將率離心卒度河楚已服鄭欲飲馬于河爲名而去楚與晉軍大戰鄭新附楚畏之反助楚攻晉晉軍敗走河爭度船中人指甚衆楚虜我將智罃歸而林父曰臣爲督將軍敗當誅請死景公欲許之隨會曰昔文公之與楚戰城濮成王歸殺子玉而文公乃喜今楚已敗我師又誅其將是助楚殺仇也乃止四年先縠以首計而敗晉軍河上恐誅乃奔翟與翟謀伐晉晉覺乃族縠縠先軫子也五年伐鄭爲助楚故也是時楚莊王彊以挫晉兵河上也六年楚伐宋宋來告急晉晉欲救之伯宗謀曰楚天方開之不可當乃使解揚紿爲救宋鄭人執與楚楚厚賜使反其言令宋急下解揚紿許之卒致晉君言楚欲殺之或諫乃歸解揚七年晉使隨會滅赤狄八年使郤克於齊齊頃公母從樓上觀而笑之所以然者郤克僂而魯使蹇衞使眇故齊亦令人如之以導客郤克怒歸至河上曰不報齊者河伯視之至國請伐齊景公問知其故曰子之怨安足以煩國弗聽魏文子請老休辟郤克郤克執政九年楚莊王卒晉伐齊齊使太子彊爲質於晉晉兵罷十一年春齊伐魯取隆魯告急衞衞與魯皆因郤克告急於晉晉乃使郤克欒書韓厥以兵車八百乘與魯衞共伐齊夏與頃公戰於鞌傷困頃公頃公乃與其右易位下取飲以得脫去齊師敗走晉追北至齊頃公獻寶器

以求平不聽郤克曰必得蕭同姪子爲質齊使曰蕭同姪子頃公母頃公母猶晉君母奈何必得之不義請復戰晉乃許與平而去楚申公巫臣盜夏姬以奔晉晉以巫臣爲邢大夫十二年冬齊頃公如晉欲上尊晉景公爲王景公謝不敢晉始作六卿韓厥鞏朔趙穿荀騅趙括趙旃皆爲卿智罃自楚歸十三年魯成公朝晉晉弗敬魯怒去倍晉晉伐鄭取氾十四年梁山崩問伯宗伯宗以爲不足怪也十六年楚將子反怨巫臣滅其族巫臣怨遺子反書曰必令子罷於奔命乃請使吳令其子爲吳行人教吳乘車用兵吳晉始通約伐楚十七年誅趙同趙括族滅之韓厥曰趙衰趙盾之功豈可忘乎奈何絕祀乃復令趙庶子武爲趙後復與之邑十九年夏景公病立其太子壽曼爲君是爲厲公後月餘景公卒厲公元年初立欲和諸侯與秦桓公夾河而盟歸而秦倍盟與翟謀伐晉三年使呂相讓秦因與諸侯伐秦至涇敗秦師於麻隧虜其將成差五年三郤讒伯宗殺之伯宗以好直諫得禍國人以是不附厲公六年春鄭倍晉與楚盟晉怒欒書曰不可以當吾世而失諸侯乃發兵厲公自將五月渡河聞楚兵來救范文子請公欲還郤至曰發兵誅逆見彊辟之無以令諸侯遂與戰癸巳射中楚共王目楚兵敗於鄢陵子反收餘兵拊循欲復戰晉患之共王召子反其侍者豎陽穀進酒子反醉不能見王怒讓子反子反死王遂引兵歸晉由此威諸侯欲以令天下求霸厲公多外嬖姬歸欲盡去羣大夫而立諸姬兄弟寵姬兄曰胥童嘗與郤至有怨及欒書又怨郤至不用其計而遂敗楚乃使人間謝楚楚來詐厲公曰鄢陵之戰實至召楚欲作亂內子周立之會與國

不具是以事不成厲公告欒書欒書曰其殆有矣願公試使人之周微考之果使郤至於周欒書又使公子周見郤至郤至不知見賣也厲公驗之信然遂怨郤至欲殺之八年厲公獵與姬飲郤至殺豕奉進宦者奪之郤至射殺宦者公怒曰季子欺予將誅三郤未發也郤錡欲攻公曰我雖死亦病矣郤至曰信不反君智不害民勇不作亂失此三者誰與我我死耳十二月壬午公令胥童以兵八百人襲攻殺三郤胥童因以劫欒書中行偃于朝曰不殺二子患必及公公曰一旦殺三卿寡人不忍益也對曰人將忍君公弗聽謝欒書等以誅郤氏罪大夫復位二子頓首曰幸甚幸甚公使胥童爲卿閏月乙卯厲公游匠驪氏欒書中行偃以其黨襲捕厲公囚之殺胥童而使人迎公子周于周而立之是爲悼公悼公元年正月庚申欒書中行偃弒厲公葬之以一乘車厲公囚六日死死十日庚午智罃迎公子周來至絳刑雞與大夫盟而立之辛巳朝于武宮二月乙酉卽位悼公周者大父捷晉襄公少子也不得立號爲桓叔桓叔最愛桓叔生惠伯談談生悼公悼公之立年十四矣悼公初立逐不臣者七人修舊功施德惠收文公入時功臣後秋伐鄭鄭師敗遂至陳三年晉會諸侯悼公問羣臣孰可用者祁傒舉解狐解狐傒之仇復問舉其子祁午君子謂祁傒可謂不黨矣外舉不隱仇內舉不隱子方會諸侯悼公弟揚干亂行魏絳戮其僕悼公怒或諫公公卒賢絳任之政使和戎戎大親附十一年悼公曰自吾用魏絳九合諸侯和戎翟魏子之力也賜之樂三讓乃受之冬秦取我櫟十四年晉使六卿率諸侯伐秦及涇大敗秦軍至棫林而去十五年悼公問治國於

師曠師曠曰唯仁義爲本冬悼公卒子平公彪立平公元年伐齊齊靈公與戰靡下齊師敗走晉追遂圍臨菑盡燒屠其郭中東至膠南至沂齊皆城守晉乃引兵歸六年魯襄公朝晉晉欒逞有罪奔齊八年齊莊公微遣欒逞於曲沃以兵隨之齊兵上太行欒逞從曲沃中反襲入絳絳不戒平公欲自殺范獻子止公以其徒擊逞逞敗走曲沃曲沃攻逞逞死遂滅欒氏宗逞者欒書孫也其入絳與魏氏謀齊莊公聞逞敗乃還取晉之朝歌去以報臨菑之役也十年齊崔杼弒其君莊公晉因齊亂伐敗齊於高唐去報太行之役也十四年吳延陵季子來使與趙文子韓宣子魏獻子語曰晉國之政卒歸此三家矣十九年齊使晏嬰如晉與叔嚮語叔嚮曰晉季世也公厚賦爲臺池而不恤政政在多門其可久乎晏子然之二十二年伐燕二十六年平公卒子昭公夷立昭公六年卒六卿彊公室卑子頃公去疾立頃公六年周景王崩王子爭立晉六卿平王室亂立敬王九年魯季氏逐其君昭公昭公居乾侯十一年衞宋使使請晉納魯君季平子私賂范獻子獻子受之乃謂晉君曰季氏無罪不果入魯君十二年晉之宗家祁傒孫叔嚮子相惡於君六卿欲弱公室乃遂以法盡滅其族而分其邑爲十縣各令其子爲大夫晉益弱六卿皆大十四年頃公卒子定公午立定公十一年魯陽虎奔晉趙鞅簡子舍之十二年孔子相魯十五年趙鞅使邯鄲大夫午不信欲殺午午與中行寅范吉射親攻趙鞅鞅走保晉陽定公圍晉陽荀櫟韓不信魏侈與范中行爲仇乃移兵伐范中行范中行反晉君擊之敗范中行范中行走朝歌保之韓魏爲趙鞅謝晉君乃赦趙鞅復位二十

二年晉敗范中行氏二子奔齊三十年定公與吳王夫差會黃池爭長趙鞅時從卒長吳三十一年齊田恒弑其君簡公三十三年孔子卒三十七年定公卒子出公鑿立出公十七年知伯與趙韓魏共分范中行地以爲邑出公怒告齊魯欲以伐四卿四卿恐遂反攻出公出公奔齊道死故智伯乃立昭公曾孫驕爲晉君是爲哀公哀公大父雍晉昭公少子也號爲戴子戴子生忌忌善知伯早死故知伯欲盡并晉未敢乃立忌子驕爲君當是時晉國政皆決智伯晉哀公不得有所制知伯遂有范中行地最彊哀公四年趙襄子韓康子魏桓子共殺知伯盡并其地十八年哀公卒子幽公柳立幽公之時晉畏反朝韓趙魏之君獨有絳曲沃餘皆入三晉十五年魏文侯初立十八年幽公淫婦人夜竊出邑中盜殺幽公魏文侯以兵誅晉亂立幽公子止是爲烈公烈公十九年周威烈王賜趙韓魏皆命爲諸侯二十七年烈公卒子孝公頎立孝公元年魏武侯初立襲邯鄲不勝而去十七年孝公卒子靜公俱酒立是歲齊威王元年也靜公二年魏武侯韓哀侯趙敬侯滅晉而三分其地靜公遷爲家人晉絕不祀

鄭

鄭桓公友者周厲王少子而宣王庶弟也宣王立二十二年友初封於鄭封三十三歲百姓皆便愛之幽王以爲司徒和集周民周民皆說河雒之閒人便思之爲司徒一歲幽王以褒后故王室治多邪諸侯或畔之於是桓公問周太史伯曰王室多故予安逃死乎太史伯對曰獨雒之東土河濟之南可居公曰何以對曰地近虢鄶虢鄶之君貪而好利百姓不附今公爲司徒民皆愛公公誠請居之虢鄶之君見公方用事輕分公地公誠居之虢鄶之民皆公之民也公曰吾欲南之江上如何對曰昔祝融爲高辛火正其功大矣而其於周未有興者楚其後也周衰楚必繼興興非鄭之利也公曰吾欲居西方何如對曰其民貪而好利難久居公曰周衰何國興者對曰齊秦晉楚乎夫齊姜姓伯夷之後也伯夷佐堯典禮秦嬴姓伯翳之後也伯翳佐舜懷柔百物及楚之先皆嘗有功於天下而周武王克紂後成王封叔虞于唐其地阻險以此有德與周衰並亦必興矣桓公曰善於是卒言諸王東徙其民雒東而虢鄶果獻十邑竟國之二歲犬戎殺幽王於驪山下并殺桓公鄭人共立其子掘突是爲武公武公娶申女爲夫人曰武姜生太子寤生生之難夫人弗愛後生少子叔段段生易夫人愛之二十七年武公疾夫人請立段爲太子公弗聽是歲武公卒寤生立是爲莊公莊公元年封弟段於京號太叔祭仲曰京大於國非所以封庶也莊公曰武姜欲之我弗敢奪也段至京繕甲治兵二十二年段果襲鄭武姜爲內應莊公發兵伐段段走伐京京人畔段段出走鄢鄢潰段出奔共於是莊公遷其母武姜於城潁誓言曰不至黃泉毋相見也居歲餘已悔思母潁谷之考叔有獻於公公賜食考叔曰臣有母請君食賜臣母莊公曰我甚思母惡負盟柰何考叔曰穿地至黃泉則相見矣於是遂從之見母二十四年宋繆公卒公子馮奔鄭鄭侵周地取禾二十五年衛州吁弑其君桓公自立與宋伐鄭以馮故也二十七年始朝周桓王桓王怒其取禾弗禮也二十九年莊公怒周弗禮魯易祊許田三十三年宋殺孔父三十七年莊公不朝周桓王率陳蔡虢衛伐鄭莊公與祭仲高渠彌發兵自救王師大敗祝聃射中王臂祝聃請從之鄭伯止之曰犯長且難之況敢陵天子乎乃止夜令祭仲問王疾三十八年北戎伐齊齊使求救鄭遣太子忽將兵救齊齊釐公欲妻之忽謝曰我小國非齊敵也時祭仲與俱勸使取之曰君多內寵太子無大援將不立三公子皆君也所謂三公子者太子忽其弟突次弟子亹也四十三年鄭莊公卒初祭仲甚有寵於莊公莊公使爲卿公使取鄧女生太子忽故祭仲立之是爲昭公莊公又取宋雍氏女生厲公突雍氏有寵於宋宋莊公於祭仲之立忽乃使人誘召祭仲而執之曰不立突將死亦執突以求賂焉祭仲與宋盟以突歸立之昭公忽聞祭仲以宋要立其弟突九月辛亥忽出奔衛己亥突至鄭立是爲厲公厲公四年祭仲專政厲公患之陰使其壻雍糾殺祭仲祭仲反殺雍糾語在祭仲傳中厲公懼出居邊邑櫟祭仲迎昭公忽六月乙亥復入鄭即位秋鄭厲公突因櫟人殺其大夫單伯遂居之諸侯聞厲公出奔伐鄭弗克去宋頗與厲公兵自守於櫟鄭以故亦不伐櫟昭公二年自昭公爲太子時惡高渠彌及昭公即位渠彌懼其殺已冬十月辛卯渠彌與昭公出獵射殺昭公於野祭仲與渠彌不敢入厲公乃更立昭公弟子亹爲君是爲子亹也無謚號子亹元年七月齊襄公會諸侯於首止鄭子亹往會高渠彌相從祭仲稱疾不行所以然者子亹自齊襄公爲太子時嘗會鬭相仇及會祭仲請子亹無行子亹曰齊彊而厲公居櫟即不往是率諸侯伐我內厲公我不如往往何遽必辱且又何至是卒行於是祭仲恐齊并殺之故稱疾子亹至不謝齊侯齊侯怒遂伏甲而

殺子亹高渠彌亡歸歸與祭仲謀召子亹弟公子嬰於陳而立之是爲鄭子是歲齊襄公使公子彭生醉拉殺魯桓公鄭子八年齊人管至父等作亂弑其君襄公十二年宋人長萬弑其君滑公鄭祭仲死十四年故鄭亡厲公突在櫟者使人誘劫鄭大夫甫瑕要以求入瑕曰舍我我爲君殺鄭子而入君厲公與盟乃舍之六月甲子瑕殺鄭子及其二子而迎厲公突突自櫟復入卽位初內蛇與外蛇鬬於鄭南門中內蛇死居六年厲公果復入入而讓其伯父原曰我亡國外居伯父無意入我亦甚矣原曰事君無二心人臣之職也原知罪矣遂自殺厲公於是謂甫瑕曰子之事君有二心矣遂誅之瑕曰重德不報誠然哉厲公突後元年齊桓公始霸五年燕衛與周惠王弟頹伐王王出奔溫立弟頹爲王六年惠王告急鄭厲公發兵擊周王子頹弗勝於是與周惠王歸王居于櫟七年春鄭厲公與虢叔襲殺王子頹而入惠王于周秋厲公卒子文公踕立厲公立四歲亡居櫟居櫟十七歲入立七歲與亡凡二十八年文公十七年齊桓公以兵破蔡遂伐楚至召陵二十四年文公之賤妾曰燕姞夢天與之蘭曰余爲伯鯈余爾祖也以是爲而子蘭有國香以夢告文公文公幸之而予之草蘭爲符遂生子名曰蘭三十六年晉公子重耳過文公弗禮文公弟叔詹曰重耳賢又且同姓窮而過君不可無禮文公曰諸侯亡公子過者多矣安能盡禮之詹曰君如弗禮遂殺之弗殺使卽反國爲鄭憂矣文公弗聽三十七年春晉公子重耳反國立是爲文公秋鄭入滑滑聽命已而反與衛於是鄭伐滑周襄王使伯犕請滑鄭文公怨惠王之亡在櫟而文公之父厲公入之而不賜厲公爵祿又怨襄王之與衛滑故不聽襄王請而囚伯犕王怒與翟人伐鄭弗克冬翟攻伐襄王襄王出奔鄭鄭文公居王于氾三十八年晉文公入襄王成周四十一年助楚擊晉自晉文公之過無禮故背晉助楚四十三年晉文公與秦繆公共圍鄭討其助楚攻晉者及文公之過無禮也初鄭文公有三夫人寵子五人皆以罪蚤死公怒概逐羣公子子蘭奔晉從晉文公圍鄭時蘭事晉文公甚謹愛幸之乃私於晉以求入鄭爲太子晉於是欲得叔詹爲僇鄭文公恐不敢謂叔詹言詹聞言於鄭君曰臣謂君君不聽臣晉卒爲患然晉所以圍鄭以詹詹死而赦鄭國詹之願也乃自殺鄭人以詹尸與晉晉文公曰必欲一見鄭君辱之而去鄭人患之乃使人私於秦曰破鄭益晉非秦之利也秦兵罷晉文公欲入蘭爲太子以告鄭鄭大夫石癸曰吾聞姞姓乃后稷之元妃其後當有興者子蘭母其後也且夫人子盡已死餘庶子無如蘭賢今圍急晉以爲請利孰大焉遂許晉與盟而立蘭爲太子晉兵乃罷去四十五年文公卒子蘭立是爲繆公繆公元年春秦繆公使三將將兵欲襲鄭至滑逢鄭賈人弦高詐以十二牛勞軍故秦兵不至而還晉敗之於殽初往年鄭文公之卒也鄭司城繒賀以鄭情賣之秦兵故來三年鄭發兵從晉伐秦敗秦兵於汪往年楚太子商臣弑其父成王代立二十一年與宋華元伐鄭華元殺羊食士不與其御羊斟怒以馳鄭鄭囚華元宋贖華元元亦亡去晉使趙穿以兵伐鄭二十二年鄭繆公卒子夷立是爲靈公靈公元年春楚獻黿於靈公子家子公將朝靈公子公之食指動謂子家曰他日指動必食異物及入見靈公進黿羹子公笑曰果然靈公問其笑故具告靈公靈公召之獨弗予羹子公怒染其指嘗之而出公怒欲殺子公子公與子家謀先夏弑靈公鄭人欲立靈公弟去疾去疾讓曰必以賢則去疾不肖必以順則公子堅長堅者靈公庶弟去疾之兄也於是乃立子堅是爲襄公襄公立將盡去繆氏繆氏者殺靈公子公之族家也去疾曰必去繆氏我將去之乃止皆以爲大夫襄公元年楚怒鄭受宋賂縱華元伐鄭鄭背楚與晉親五年楚復伐鄭晉來救之六年子家卒國人復逐其族以其弑靈公也七年鄭與晉盟鄢陵八年楚莊王以鄭與晉盟來伐圍鄭三月鄭以城降楚楚王入自皇門鄭襄公肉袒牽羊以迎曰孤不能事邊邑使君王懷怒以及弊邑孤之罪也敢不唯命是聽君王遷之江南及以賜諸侯亦唯命是聽若君王不忘厲宣王桓武公哀不忍絕其社稷錫不毛之地使復得改事君王孤之願也然非所敢望也敢布腹心唯命是聽莊王爲郤三十里而後舍楚羣臣曰自郢至此士夫亦久勞矣今得國舍之何如莊王曰所爲伐伐不服也今已服尚何求乎卒去晉聞楚之伐鄭發兵救鄭其來持兩端故遲比至河楚兵已去晉將率或欲渡河或欲還卒渡河莊王聞還擊晉鄭反助楚大破晉軍於河上十年晉來伐鄭以其反晉而親楚也十一年楚莊王伐宋宋告急于晉晉景公使勇士解揚告宋令無降楚過鄭鄭與楚親執解揚獻之楚楚王厚賜解揚與約使反其言解揚許之登諸樓車解揚大呼宋人致晉君命楚王怒將殺解揚既而赦之語具解揚傳中十八年襄公卒子悼公濆立悼公元年鄦公惡鄭於楚悼公使弟睔於楚自訟訟不直楚囚睔於是鄭悼公來與晉平

遂親踰私於楚子反子反言歸踰於鄭二年楚伐鄭晉兵來救是歲悼公卒立其弟踰是爲成公成公三年楚共王曰鄭成公孤有德焉使人來與盟成公私與盟秋成公朝晉晉曰鄭私平於楚執之使欒書伐鄭四年春鄭患晉圍公子如乃立成公庶兄繻爲君其四月晉聞鄭立君乃歸成公鄭人聞成公歸亦殺君繻迎成公晉兵去十年背晉盟盟於楚晉厲公怒發兵伐鄭楚共王救鄭晉楚戰鄢陵楚兵敗晉射傷共王目俱罷而去十三年晉悼公伐鄭兵於洧上鄭城守晉亦去十四年成公卒子惲立是爲釐公釐公五年鄭相子駟朝釐公釐公不禮子駟怒使厨人藥殺釐公赴諸侯曰釐公暴病卒立釐公子嘉嘉時年五歲是爲簡公簡公元年諸公子謀欲誅相子駟子駟覺之反盡誅諸公子二年晉伐鄭鄭與盟晉去冬又與楚盟子駟畏誅故兩親晉楚三年相子駟欲自立爲君公子孔使尉止殺子駟而代之子孔又欲自立子產曰子駟爲不可誅之今又效之是亂無時息也於是子孔從之而相鄭鄭簡公四年晉怒鄭與楚盟伐鄭鄭與盟楚共王救鄭敗晉兵簡公欲與晉平楚又囚鄭使者十二年簡公怒相子孔專國權誅之而以子產爲卿十九年簡公如晉請衞君還而封子產以六邑子產讓受其半二十二年吳使延陵季子於鄭見子產如舊交謂子產曰鄭之執政者侈難將至政將及子子爲政必以禮不然鄭將敗子產厚遇季子二十三年諸公子爭寵相殺又欲殺子產公子或諫曰子產仁人鄭所以存者子產也勿殺乃止二十五年鄭使子產於晉問平公疾平公曰卜而曰實沈臺駘爲祟史官莫知敢問對曰高辛氏有二子季曰實沈主參參爲晉星則實沈參神也金天氏有裔孫曰臺駘主宣汾洮則臺駘汾洮神也然此二者山川之神水旱是司不害君身若君疾抑飲食哀樂女色之所由致也平公及叔嚮曰博物君子也厚爲之禮語具子產傳中二十七年夏鄭簡公朝晉冬畏楚靈王之彊又朝楚子產從二十八年鄭君病使子產會諸侯與楚靈王盟於申誅齊慶封三十六年簡公卒子定公寧立秋定公朝晉昭公定公元年楚公子棄疾弑其君靈王而自立爲平王欲行德諸侯歸靈王所侵鄭地于鄭四年晉昭公卒其六卿彊公室卑子產謂韓宣子曰爲政必以德毋忘所以立六年鄭火公欲禳之子產曰不如修德八年楚太子建來奔十年太子建與晉謀襲鄭鄭殺建建子勝奔吳十一年定公如晉晉與鄭謀誅周亂臣入敬王于周十六年定公卒子獻公蠆立獻公十三年卒子聲公勝立當是時晉六卿彊侵奪鄭鄭遂弱聲公五年鄭相子產卒鄭人皆哭泣悲之如亡親戚子產者鄭成公少子也爲人仁愛人事君忠厚孔子嘗過鄭與子產如兄弟云及聞子產死孔子爲泣曰古之遺愛也兄事子產八年晉范中行氏反晉告急於鄭鄭救之晉伐鄭敗鄭軍於鐵十四年宋景公滅曹二十年齊田恒弑其君簡而恒相於齊二十二年楚惠王滅陳孔子卒二十六年晉知伯伐鄭取九邑三十七年聲公卒子哀公易立哀公八年鄭人弑哀公而立聲公弟丑是爲共公共公三年晉滅知伯三十年共公卒子幽公己立幽公元年韓武子伐鄭殺幽公鄭人立幽公弟駘是爲繻公繻公十五年韓景侯伐鄭取雍邱鄭城京十六年鄭伐韓敗韓兵於負黍二十年韓趙魏列爲諸侯二十三年鄭圍韓之陽翟二十五年鄭君殺其相子陽二十七年子陽之黨共弑繻公駘而立幽公弟乙爲君是爲鄭君鄭君乙立二年鄭負黍反復歸韓十一年韓伐鄭取陽城二十一年韓哀侯滅鄭并其國

魏

魏之先畢公高之後也畢公高與周同姓武王之伐紂而高封於畢於是爲畢姓其後絕封爲庶人或在中國或在夷狄其苗裔曰畢萬事晉獻公獻公之十六年趙夙爲御畢萬爲右以伐霍耿魏滅之以耿封趙夙以魏封畢萬爲大夫卜偃曰畢萬之後必大矣萬盈數也魏大名也以是始賞天啟之矣天子曰兆民諸侯曰萬民今命之大以從盈數其必有衆初畢萬卜事晉遇屯之比辛廖占之曰吉屯固比入吉孰大焉其必蕃昌畢萬封十一年晉獻公卒四子爭更立晉亂而畢萬之世彌大從其國名爲魏氏生武子魏武子以魏諸子事晉公子重耳晉獻公之二十一年武子從重耳出亡十九年反重耳立爲晉文公而令魏武子襲魏氏之後封列爲大夫治於魏生悼子魏悼子徙治霍生魏絳魏絳事晉悼公悼公三年會諸侯悼公弟揚干亂行魏絳僇辱揚干悼公怒曰合諸侯以爲榮今辱吾弟將誅魏絳或說悼公悼公止卒任魏絳政使和戎翟戎翟親附悼公之十一年曰自吾用魏絳八年之中九合諸侯戎翟和子之力也賜之樂三讓然後受之徙治安邑魏絳卒謚爲昭子生魏嬴嬴生魏獻子獻子事晉昭公昭公卒而六卿彊公室卑晉頃公之十二年韓宣子老魏獻子爲國政晉宗室祁氏羊舌氏相惡六卿誅之盡取其邑爲十縣六卿各令其子爲之大夫獻子與趙簡子中行文子

范獻子並爲晉卿其後十四歲而孔子相魯後四歲趙簡子以晉陽之亂也而與韓魏共攻范中行氏魏獻子生魏侈魏侈與趙鞅共攻范中行氏魏侈之孫曰魏桓子與韓康子趙襄子共伐滅知伯分其地桓子之孫曰文侯都魏文侯元年秦靈公之元年也與韓武子趙桓子周威王同時六年城少梁十三年使子擊圍繁龐出其民十六年伐秦築臨晉元里十七年伐中山使子擊守之趙倉唐傅之子擊逢文侯之師田子方於朝歌引車避下謁田子方不爲禮子擊因問曰富貴者驕人乎且貧賤者驕人乎子方曰亦貧賤者驕人耳夫諸侯而驕人則失其國大夫而驕人則失其家貧賤者行不合言不用則去之楚越若脫躧然奈何其同之哉子擊不懌而去西攻秦至鄭而還築雒陰合陽二十二年魏趙韓列爲諸侯二十四年秦伐我至陽狐二十五年子擊生子罃文侯受子夏經藝客段干木過其閭未嘗不軾也秦嘗欲伐魏或曰魏君賢人是禮國人稱仁上下和合未可圖也文侯由此得譽於諸侯任西門豹守鄴而河內稱治魏文侯謂李克曰先生嘗教寡人曰家貧則思良妻國亂則思良相今所置非成則璜二子何如李克對曰臣聞卑不謀尊疏不謀戚臣在闕門之外不敢當命文侯曰先生臨事勿讓李克曰君不察故也居視其所親富視其所與達視其所舉窮視其所不爲貧視其所不取五者足以定之矣何待克哉文侯曰先生就舍寡人之相定矣李克趨而出過翟璜之家翟璜曰今者聞君召先生而卜相果誰爲之克曰魏成子爲相矣翟璜忿然作色曰以耳目之所覩記臣何負於魏成子西河之守臣之所進也君內以鄴爲憂臣進西門豹君謀伐中山臣進樂羊中山已拔無使守之臣進先生君之子無傅臣進屈侯鮒臣何以負於魏成子李克曰且子之言克於子之君者豈將比周以求大官哉君問而置相非成則璜二子何如克對曰君不察故也居視其所親富視其所與達視其所舉窮視其所不爲貧視其所不取五者足以定之矣何待克哉是以知魏成子之爲相也且子安得與魏成子比乎魏成子以食祿千鍾什九在外什一在內是以東得卜子夏田子方段干木此三人者君皆師之子之所進五人者君皆臣之子惡得與魏成子比也翟璜逡巡再拜曰璜鄙人也失對願卒爲弟子二十六年虢山崩壅河三十二年伐鄭城酸棗敗秦于注三十五年齊伐取我襄陵三十六年秦侵我陰晉三十八年伐秦敗我武下得其將識是歲文侯卒子擊立是爲武侯武侯元年趙敬侯初立公子朔爲亂不勝奔魏與魏襲邯鄲魏敗而去二年城安邑王垣七年伐齊至桑邱九年翟敗我于澮使吳起伐齊至靈邱齊威王初立十一年與韓趙三分晉地滅其後十三年秦獻公縣櫟陽十五年敗趙北藺十六年伐楚取魯陽武侯卒子罃立是爲惠王惠王元年初武侯卒也子罃與公中緩爭爲太子公孫頎自宋入趙自趙入韓謂韓懿侯曰魏罃與公中緩爭爲太子君亦聞之乎今魏罃得王錯挾上黨固半國也因而除之破魏必矣不可失也懿侯說乃與趙成侯合軍并兵以伐魏戰於濁澤魏氏大敗魏君圍趙謂韓曰除魏君立公中緩割地而退我且利韓曰不可殺魏君人必曰暴割地而退人必曰貪不如兩分之魏分爲兩不彊於宋衛則我終無魏之患矣趙不聽韓不說以其少卒夜去惠王之所以身不死國不分者二家謀不和也若從一家之謀則魏必分矣故曰君終無適子其國可破也二年魏敗韓于馬陵敗趙于懷三年齊敗我觀五年與韓會宅陽城武堵爲秦所敗六年伐取宋儀臺九年伐敗韓于澮與秦戰少梁虜我將公孫座取龐秦獻公卒子孝公立十年伐取趙皮牢彗星見十二年星晝墜有聲十四年與趙會鄗十五年魯衛宋鄭君來朝十六年與秦孝公會社平侵宋黃池宋復取之十七年與秦戰元里秦取我少梁圍趙邯鄲十八年拔邯鄲趙請救于齊齊使田忌孫臏救趙敗魏桂陵十九年諸侯圍我襄陵築長城塞固陽二十年歸趙邯鄲與盟漳水上二十一年與秦會彤趙成侯卒二十八年齊威王卒中山君相魏三十年魏伐趙趙告急齊齊宣王用孫子計救趙擊魏魏遂大興師使龐涓將而令太子申爲上將軍過外黃外黃徐子謂太子曰臣有百戰百勝之術太子曰可得聞乎客曰固願効之曰太子自將攻齊大勝并莒則富不過有魏貴不益爲王若戰不勝齊則萬世無魏矣此臣之百戰百勝之術也太子曰諾請必從公之言而還矣客曰太子雖欲還不得矣彼勸太子戰攻欲啜汁者衆太子雖欲還恐不得矣太子因欲還其御曰將出而還與北同太子果與齊人戰敗於馬陵齊虜魏太子申殺將軍涓軍遂大破三十一年秦趙齊共伐我秦將商君詐我將軍公子卬而襲奪其軍破之秦用商君東地至河而齊趙數破我安邑近秦於是徙治大梁以公子赫爲太子三十三年秦孝公卒商君亡秦歸魏魏怒不入三十五年與齊宣王會平阿南惠王數被於軍旅卑禮厚幣以招賢者於是鄒衍淳于髡孟軻皆至梁惠王曰寡人不佞

兵三折於外太子虜上將死國以空虛以羞先君宗廟社稷寡人甚醜之叟不遠千里辱幸至弊邑之廷將何以利吾國孟軻曰君不可以言利若是夫君欲利則大夫欲利大夫欲利則庶人欲利上下爭利國則危矣爲人君仁義而已矣何以利爲三十六年復與齊王會甄是歲惠王卒子襄王立襄王元年與諸侯會徐州相王也追尊父惠王爲王五年秦敗我龍賈軍四萬五千于雕陰圍我焦曲沃予秦河西之地六年與秦會應秦取我汾陰皮氏焦魏伐楚敗之陘山七年魏盡入上郡于秦秦降我蒲陽八年秦歸我焦曲沃十二年楚敗我襄陵諸侯執政與秦相張儀會齧桑十三年張儀相魏魏有女子化爲丈夫秦取我曲沃平周十六年襄王卒子哀王立張儀復歸秦哀王元年五國共攻秦不勝而去二年齊敗我觀津五年秦使樗里子伐取我曲沃走犀首岸門六年秦求立公子政爲太子與秦會臨晉七年攻齊與秦伐燕八年伐衛拔列城二衛君患之如耳見衛君曰請罷魏兵免成陵君可乎衛君曰先生果能孤請世世以衛事先生如耳見成陵君曰昔者魏伐趙斷羊腸拔閼與約斬趙趙分而爲二所以不亡者魏爲從主也今衛已迫亡將西請事於秦與其以秦醳衛不如以魏醳衛衛之德魏終必無窮成陵君曰諾如耳見魏王曰臣有謁於衛衛故周室之別也其稱小國多寶器今國迫於難而寶器不出者其心以爲攻衛醳衛不以王爲主故寶器雖出必不入於王也臣竊料之先言醳衛者必受衛者也如耳出成陵君入以其言見魏王魏王聽其說免成陵君終身不見九年與秦王會臨晉張儀魏章皆歸于魏魏相田需死楚害張儀犀首薛公楚相昭魚謂蘇代曰田需死吾恐張儀犀首薛公有一人相魏者也代曰然相者欲誰而君便之昭魚曰吾欲太子之自相也代曰請爲君北必相之昭魚曰奈何對曰君其爲梁王代請說君昭魚曰奈何對曰代也從楚來昭魚甚憂曰田需死吾恐張儀犀首薛公有一人相魏者也代曰梁王長主也必不相張儀張儀相必右秦而左魏犀首相必右韓而左魏薛公相必右齊而左魏梁王長主也必不便也王曰然則寡人孰相代曰莫若太子之自相太子之自相是三人者皆以爲太子爲非常相也皆將務以其國事魏欲得丞相璽也以魏之彊而三萬乘之國輔之魏必安矣故曰莫若太子之自相也遂北見梁王以此告之太子果相魏十年張儀死十一年與秦武王會應十二年太子朝於秦秦來伐我皮氏未拔而解十四年秦來歸武王后十六年秦拔我蒲坂陽晉封陵十七年與秦會臨晉秦予我蒲坂十八年與秦伐楚二十一年與齊韓共敗秦軍函谷二十三年秦復予我河外及封陵爲和哀王卒子昭王立昭王元年秦拔我襄城二年與秦戰我不利三年佐韓攻秦秦將白起敗我軍伊闕二十四萬六年予秦河東地方四百里芒卯以詐重七年秦拔我城大小六十一八年秦昭王爲西帝齊湣王爲東帝月餘皆復稱王歸帝九年秦拔我新垣曲陽之城十年齊滅宋宋王死我温十二年與秦趙韓燕共伐齊敗之濟西湣王出亡燕獨入臨菑與秦王會西周十三年秦拔我安城兵到大梁去十八年秦拔郢楚王徙陳十九年昭王卒子安釐王立安釐王元年秦拔我兩城二年又拔我二城軍大梁下韓來救予秦温以和三年秦拔我四城斬首四萬四年秦破我及韓趙殺十五萬人走我將芒卯魏將段干子請予秦南陽以和蘇代謂魏王曰欲璽者段干子也欲地者秦也今王使欲地者制璽使欲璽者制地魏氏地不盡則不知已且夫以地事秦譬猶抱薪救火薪不盡火不滅王曰是則然也雖然事始已行不可更矣對曰王獨不見夫博之所以貴梟者便則食不便則止矣今王曰事始已行不可更是何王之用智不如用梟也九年秦拔我懷十年秦太子外質於魏死十一年秦拔我郪丘秦昭王謂左右曰今時韓魏與始孰彊對曰不如始彊王曰今時如耳將耳魏魏齊與孟嘗芒卯孰賢對曰不如王曰以孟嘗芒卯之賢率彊韓魏以攻秦猶無奈寡人何也今以無能之如耳魏齊而率弱韓魏以伐秦其無奈寡人何亦明矣左右皆曰甚然中旗馮琴對曰王之料天下過矣當晉六卿之時知氏最彊滅范中行又率韓魏之兵以圍趙襄子於晉陽決晉水以灌晉陽之城不湛者三版知伯行水魏桓子御韓康子爲驂乘知伯曰吾始不知水之可以亡人之國也乃今知之汾水可以灌安邑絳水可以灌平陽魏桓子肘韓康子韓康子履魏桓子肘足接於車上而知氏地分身死國亡爲天下笑今秦雖彊不能過知氏韓魏雖弱尚賢其在晉陽之下也此方其用肘足之時也願王之必勿易也於是秦王恐齊楚相約而攻魏魏使人求救於秦冠蓋相望也而秦救不至魏人有唐雎者年九十餘矣謂魏王曰老臣請西說秦王令兵先臣出魏王再拜遂約車而遣之唐雎到入見秦王秦王曰丈人芒然乃遠至此甚苦矣夫魏之來求救數矣寡人知魏之急已唐雎對曰大王已知魏之急而救不發者臣竊以爲用策之臣無任

矣夫魏一萬乘之國也然所以西面而事秦稱東藩受冠帶祠春秋者以秦之彊足以爲與也今楚齊之兵已合於魏郊矣而秦救不發亦將賴其未急也使之大急彼且割地而約從王尚奚救焉必待其急而救之是失一東藩之魏而彊二敵之齊楚則王何利焉於是秦昭王遽爲發兵救魏魏復定趙使人謂魏王曰爲我殺范痤吾請獻七十里之地魏王曰諾使吏捕之圍而未殺痤因上屋騎危危棟上也謂使者曰與其以死痤市不如以生痤市有如痤死趙不與王地則王將奈何故不若與先定割地然後殺痤魏王曰善痤因上書信陵君曰痤故魏之免相也趙以地殺痤而魏王聽之有如彊秦亦將襲趙之欲則君且奈何信陵君言於王而出之魏王曰秦救之故欲親秦而伐韓以求故地無忌謂魏王曰秦與戎翟同俗有虎狼之心貪戾好利無信不識禮義德行苟有利焉不顧親戚兄弟若禽獸耳此天下之所識也非有所施厚積德也故太后母也而以憂死穰侯舅也功莫大焉而竟逐之兩弟無罪而再奪之國此於親戚若此而況於仇讎之國乎今王與秦共伐韓而益近秦患臣甚惑之而王不識則不明羣臣莫以聞則不忠今韓氏以一女子奉一弱主內有大亂外交彊秦魏之兵王以爲不亡乎韓亡秦有鄭地與大梁鄰王以爲安乎王欲得故地今負彊秦之親王以爲利乎秦非無事之國也韓亡之後必將更事更事必就易與利就易與利必不伐楚與趙矣是何也夫越山踰河絕韓上黨而攻彊趙是復閼與之事秦必不爲也若道河內倍鄴朝歌絕漳滏水與趙兵決於邯鄲之郊是知伯之禍也秦又不敢伐楚道涉山谷行三千里而攻冥阸之塞所

行甚遠所攻甚難秦又不爲也若道河外倍大梁右蔡左召陵與楚兵決於陳郊秦又不敢故曰秦必不伐楚與趙矣又不攻衞與齊矣夫韓亡之後兵出之日非魏無攻已秦固有懷茅邢丘城垝津以臨河內河內共汲必危有鄭地得垣雍決熒澤水灌大梁大梁必亡王之使者出過而惡安陵氏於秦秦之欲誅之久矣秦葉陽昆陽與舞陽鄰聽使者之惡之隨安陵氏而亡之繞舞陽之北以東臨許南國必危國無害已夫憎韓不愛安陵氏可也夫不患秦之不愛南國非也異日者秦在河西晉國去梁千里有河山以闌之有周韓以間之從林鄉軍以至于今秦七攻魏五入囿中邊城盡拔文臺墮垂都焚林木伐麋鹿盡而國繼以圍又長驅梁北東至陶衞之郊北至平監所亡於秦者山南山北河外河內大縣數十名都數百秦乃在河西晉去梁千里而禍若是矣又況於秦無韓有鄭地無河山而闌之無周韓而間之去大梁百里禍必由此矣異日者從之不成也楚魏疑而韓不可得也今韓受兵三年秦撓之以講識亡不聽投質於趙請爲天下鴈行頓刃楚趙必集兵皆識秦之欲無窮也非盡亡天下之國而臣海內必不休矣是故臣願以從事王王速受楚趙之約趙挾韓之質以有韓而求故地韓必効之此士民不勞而故地得其功多於與秦共伐韓而又與彊秦鄰之禍也夫存韓安魏而利天下此亦王之天時已通韓上黨於共甯使道安成出入賦之是魏重質韓以其上黨也今有其賦足以富國韓必德魏愛魏重魏畏魏韓必不敢反魏是韓則魏之縣也魏得韓以爲縣衞大梁河外必安矣今不存韓二周安陵必危楚趙大破衞齊甚畏天下西鄉而馳

秦入韓而爲臣不久矣二十年秦圍邯鄲信陵君無忌矯奪將軍晉鄙兵以救趙趙得全無忌因留趙二十六年秦昭王卒三十年無忌歸魏率五國兵攻秦敗之河外走蒙驁魏太子增質於秦秦怒欲囚魏太子增或爲增謂秦王曰公孫喜固謂魏相曰請以魏疾擊秦秦王怒必囚增魏王又怒擊秦秦必傷今王囚增是喜之計中也故不若貴增而合魏以疑之於齊韓秦乃止增三十一年秦王政初立三十四年安釐王卒太子增立是爲景湣王信陵君無忌卒景湣王元年秦拔我二十城以爲秦東郡二年拔我朝歌衞徙野王三年秦拔我汲五年秦拔我垣蒲陽衍十五年景湣王卒子王假立王假元年燕太子丹使荊軻刺秦王秦王覺之二年秦灌大梁虜王假遂滅魏以爲郡縣

韓

韓之先與周同姓姬氏其後苗裔事晉得封於韓原曰韓武子武子後三世有韓厥從封姓爲韓氏韓厥晉景公之三年晉司寇屠岸賈將作亂誅靈公之賊趙盾趙盾已死矣欲誅其子趙朔韓厥止賈賈不聽厥告趙朔令亡朔曰子必能不絕趙祀死不恨矣韓厥許之及賈誅趙氏厥稱疾不出程嬰公孫杵臼之藏趙孤趙武也厥知之景公十一年厥與郤克將兵八百乘伐齊敗頃公于鞍獲逢丑父於是晉作六卿而韓厥在一卿之位號爲獻子晉景公十三年病卜大業之不遂者爲祟韓厥稱趙成季之功今後無祀以感景公景公問曰尚有世乎厥於是言趙武而復與故趙氏田邑續趙氏祀晉悼公之十年韓獻子老獻子卒子宣子代宣子徙居州晉平公十四年吳季札使晉曰晉國之政卒歸於韓

魏趙矣晉頃公十二年韓宣子與趙魏共分祁氏羊舌氏十縣晉定公十五年宣子與趙簡子侵伐范中行氏宣子卒子貞子代立貞子徙居平陽貞子卒子簡子代簡子卒子莊子代莊子卒子康子代康子與趙襄子魏桓子共敗知伯分其地地益大大於諸侯康子卒子武子代武子二年伐鄭殺其君幽公十六年武子卒子景侯立景侯虔元年伐鄭取雍丘二年鄭敗我負黍六年與趙魏俱得列爲諸侯九年鄭圍我陽翟景侯卒子烈侯立烈侯三年聶政殺韓相俠累九年秦伐我宜陽取六邑十三年烈侯卒子文侯立是歲魏文侯卒文侯二年伐鄭取陽城伐宋到彭城執宋君七年伐齊至桑邱鄭反晉九年伐齊至靈邱十年文侯卒子哀侯立哀侯元年與趙魏分晉國二年滅鄭因徙都鄭六年韓嚴弒其君哀侯而子懿侯立懿侯二年魏敗我馬陵五年與魏惠王會宅陽九年魏敗我澮十二年懿侯卒子昭侯立昭侯元年秦敗我西山二年宋取我黃池魏取朱六年伐東周取陵觀邢邱八年申不害相韓修術行道國內以治諸侯不來侵伐十年韓姬弒其君悼公十一年昭侯如秦二十二年申不害死二十四年秦來拔我宜陽二十五年旱作高門屈宜臼曰昭侯不出此門何也不時吾所謂時者非時日也人固有利不利時昭侯嘗利矣不作高門往年秦拔宜陽今年旱昭侯不以此時䘏民之急而顧益奢此謂時絀舉贏二十六年高門成昭侯卒果不出此門子宣惠王立宣惠王五年張儀相秦八年魏敗我韓舉十一年君號爲王與趙會區鼠十四年秦伐敗我鄢十六年秦敗我修魚虜得韓將鯁申差於濁澤韓氏急公仲謂韓王曰與國非可恃也今秦之欲伐楚久矣王不如因張儀爲和於秦賂以一名都具甲與之南伐楚此以一易二之計也韓王曰善乃警公仲之行將西購於秦楚王聞之大恐召陳軫告之陳軫曰秦之欲伐楚久矣今又得韓之名都一而具甲秦韓并兵而伐楚此秦所禱祀而求也今已得之矣楚國必伐矣王聽臣爲之警四境之內起師言救韓命戰車滿道路發信臣多其車重其幣使信王之救已也縱韓不能聽我韓必德王也必不爲鴈行以來是秦韓不和也兵雖至楚不大病也爲能聽我絕和於秦秦必大怒以厚怨韓之南交楚必輕秦輕秦其應秦必不敬是因秦韓之兵而免楚國之患也楚王曰善乃警四境之內興師言救韓命戰車滿道路發信臣多其車重其幣謂韓王曰不穀國雖小已悉發之矣願大國遂肆志於秦不穀將以楚殉韓韓王聞之大說乃止公仲之行公仲曰不可夫以實伐我者秦也以虛名救我者楚也王恃楚之虛名而輕絕彊秦之敵王必爲天下笑且楚韓非兄弟之國也又非素約而謀伐秦也已有伐形因發兵言救韓此必陳軫之謀也且王已使人報於秦矣今不行是欺秦也夫輕欺彊秦而信楚之謀臣恐王必悔之韓王不聽遂絕於秦秦因大怒益甲伐韓大戰楚救不至韓十九年大破我岸門太子倉質於秦以和二十一年與秦共攻楚敗楚將屈丐斬首八萬於丹陽是歲宣惠王卒太子倉立是爲襄王襄王四年與秦武王會臨晉其秋秦使甘茂攻我宜陽五年秦拔我宜陽斬首六萬秦武王卒六年秦復與我武遂九年秦復取我武遂十年太子嬰朝秦而歸十一年秦伐我取穰與秦伐楚敗楚將唐眛十二年太子嬰死公子咎公子蟣虱爭爲太子時蟣虱質於楚蘇代謂韓咎曰蟣虱亡在楚楚王欲內之甚今楚兵十餘萬在方城之外公何不令楚王築萬室之都雍氏之旁韓必起兵以救之公必將矣公因以韓楚之兵奉蟣虱而內之其聽公必矣必以楚韓封公也韓咎從其計楚圍雍氏韓求救於秦秦未爲發使公孫眛入韓公仲曰子以秦爲且救韓乎對曰秦王之言曰請道南鄭藍田出兵於楚以待公殆不合矣公仲曰子以爲果乎對曰秦王必祖張儀之故智楚威王攻梁也張儀謂秦王曰與楚攻魏魏折而入於楚韓固其與國也是秦孤也不如出兵以劫之魏楚大戰秦取西河之外以歸今其狀陽言與韓其實陰善楚公待秦而到必輕與楚戰楚陰得秦之不用也必易與公相支也公戰而勝楚遂與公乘楚弛三川而歸公戰不勝楚楚塞三川守之公不能救也竊爲公患之司馬庚三反於郢甘茂與昭魚遇於商於其言收璽實類有約也公仲恐曰然則奈何曰公必先韓而後秦先身而後張儀公不如亟以國合於齊楚齊楚必委國於公公之所惡者張儀也其實猶不無秦也於是楚解雍氏圍蘇代又謂秦太后弟芉戎曰公叔伯嬰恐秦楚之內蟣虱也公何不謂韓求質於楚楚王聽入質子於韓則公叔伯嬰知秦楚之不以蟣虱爲事必以韓合於秦楚秦楚挾韓以窘魏魏氏不敢合於齊是齊孤也公又爲秦求質子於楚楚不聽怨結於韓韓挾齊魏以圍楚楚必重公公挾秦楚之重以積德於韓公叔伯嬰必以國待公於是蟣虱竟不得歸韓韓立咎爲太子齊魏王來十四年與齊魏王共擊秦至函谷而軍焉十六年秦與我河外及武遂襄王卒太子咎立是爲釐王釐王三年使公孫喜

卒周魏攻秦秦敗我二十四萬虜喜伊闕五年秦拔我宛六年與秦武遂地二百里十年秦敗我師于夏山十二年與秦昭王會西周而佐秦攻齊齊敗湣王出亡十四年與秦會兩周間二十一年使暴鳶救魏爲秦所敗鳶走開封二十三年趙魏攻我華陽韓告急於秦秦不救韓相國謂陳筮曰事急願公雖病爲一宿之行陳筮見穰侯穰侯曰事急乎故使公來陳筮曰未急也穰侯怒曰是可以爲公之主使乎夫冠蓋相望告敝邑甚急公來言未急何也陳筮曰彼韓急則變而他從以未急故復來耳穰侯曰公無見王請今發兵救韓八日而至敗趙魏於華陽之下是歲釐王卒子桓惠王立桓惠王元年伐燕九年秦拔我陘城汾旁十年秦擊我於太行我上黨郡守以上黨郡降趙十四年秦拔趙上黨殺馬服子卒四十餘萬於長平十七年秦拔我陽城負黍二十三年秦昭王卒二十四年秦拔我城皋滎陽二十六年秦悉拔我上黨二十九年秦拔我十三城三十四年桓惠王卒子王安立王安五年秦攻韓韓急使韓非使秦秦留非因殺之九年秦虜王安盡入其地爲潁川郡韓遂亡

通志卷七十七

宋 右 迪 功 郎 鄭 樵 漁 仲 撰

宗室傳第一

前漢

荆王賈　燕王澤　吳王濞　楚元王交戊辟彊德

向歆

高六王

齊悼惠王肥城陽王章濟北王興居魏勃　趙隱王如意　趙
幽王友・趙共王恢　燕靈王建　淮南厲王長
淮南王安衡山王賜濟北王勃

文三王

梁孝王武　代孝王參　梁懷王揖共王買平王襄

景十三王

河間獻王德　臨江哀王閼　臨江閔王榮　魯
共王餘　江都易王非　膠西于王端　趙敬肅
王彭祖　中山靖王勝　長沙定王發　廣川惠
王越　膠東康王寄　清河哀王乘　常山憲王
舜泗水思王商

武五子

戾太子據　齊懷王閎　燕刺王旦　廣陵厲王
胥　昌邑哀王髆賀

宣元六王

淮陽憲王欽　楚孝王囂　東平思王宇　中山
哀王竟　定陶恭王康　中山孝王興

荆王劉賈高帝從父兄也不知其所起漢元年還定三秦賈爲將軍定塞地從東擊項籍漢王敗成皋北度河得張耳韓信軍軍修武深溝高壘使賈將二萬人騎數百擊楚度白馬津入楚地燒其積聚以破其業無以給項王軍食已而楚兵擊之賈輒避不肯與戰而與彭越相保漢王追項籍至固陵使賈南度淮圍壽春還至使人間招楚大司馬周殷周殷反楚佐賈舉九江迎英布兵皆會陔下誅項籍漢王因使賈將九江兵與太尉盧綰西南擊臨江王共尉尉死以臨江爲南郡漢六年春會諸侯於陳廢楚王信囚之分其地爲二國當是時也高祖子弱昆弟少又不賢欲王同姓以塡天下乃下詔曰將軍劉賈有功及擇子弟可以爲王者羣臣皆曰立劉賈爲荆王王淮東五十二城高祖弟交爲楚王王淮西三十六城因立子肥爲齊王始王昆弟劉氏也立六年而淮南王黥布反東擊荆賈與戰弗勝走富陵爲布軍所殺高祖自擊破布十二年立沛侯劉濞爲吳王王故荆地

燕王劉澤高祖從祖昆弟也高祖三年澤爲郎中十一年以將軍擊陳豨將王黃封爲營陵侯高后時齊人田生楚漢春秋云字子春游乏資以畫干澤澤大說之用金二百斤爲田生壽田生已得金卽歸齊二年澤使人謂田生曰弗與矣田生如長安不見澤而假大宅令其子求事呂后所幸大謁者張卿居數月田生子請張卿臨親修具張卿往見田生盛帷張共具譬如列侯張卿驚酒酣迺屏人說張卿曰臣觀諸侯王邸第百餘皆高帝一切功臣今呂氏雅故本推轂高帝就天下功至大又有親戚太后之重太后春秋長諸呂弱太后欲立呂產爲呂王王代呂后又重發之恐大臣不聽今卿最幸大臣所敬何不風大臣以聞太后太后必喜諸呂以王萬戶侯亦卿之有太后心欲之而卿爲內臣不急發恐禍及身矣張卿大然之乃風大臣語太后太后朝因問大臣大臣請立呂產爲呂王太后賜張卿千金張卿以其半與田生田生弗受因說之曰呂產王也諸大臣未大服今營陵侯澤諸劉長爲大將軍獨此尙觖望今卿言太后裂十餘縣王之彼得王喜於諸呂王益固矣張卿入言之又太后女弟呂須女亦爲營陵侯妻故遂立營陵侯澤爲琅邪王琅邪王與田生之國田生勸王急行毋留出關太后果使人追止之已出卽還澤王琅邪二年而太后崩澤乃曰帝少諸呂用事諸劉孤弱引兵與齊王合謀西欲誅諸呂至梁聞漢遣灌將軍屯滎陽澤還兵備西界遂跳驅至長安代王亦從代至諸將相與琅邪王共立代王爲天子是爲孝文帝文帝元年乃徙澤爲燕王而復以琅邪歸齊澤王燕二年薨諡曰敬王子康王嘉嗣九年薨子定國嗣定國與父康王姬姦生子男一人奪弟妻爲姬與子女三人姦定國有所欲誅殺臣肥如令郢人郢人等告定國定國使謁者以他法劾捕格殺郢人滅口至元朔中郢人昆仲復上書具言定國事下公卿皆議曰定國禽獸行亂人倫逆天道當誅上許之定國自殺立四十二年國除哀帝時繼絕世乃封敬王澤元孫之孫無終公士歸生爲營陵侯更始中爲兵所殺

吳王濞高帝兄仲之子也高帝立仲爲代王匈奴攻代仲不能堅守棄國閒行走雒陽自歸天子不忍致法廢爲合陽侯子濞封爲沛侯黥布反高祖自將往誅之濞年二十以騎將從破布軍荆王劉賈爲布所殺無後上患吳會稽輕悍無壯王塡之諸子少乃立濞於沛爲吳王王三郡五十三城已拜受印高祖召濞相之曰若狀

有反相獨悔業已拜因拊其背曰漢後五十年東南有亂豈汝邪然天下同姓一家愼無反濞頓首曰不敢會孝惠高后時天下初定郡國各務自拊循其民吳有豫章郡銅山卽招致天下亡命者盜鑄錢東煑海水爲鹽以故無賦國用饒足孝文時吳太子入見得侍皇太子飲博吳太子師傅皆楚人輕悍又素驕博爭道不恭皇太子引博局提吳太子殺之於是遣其喪歸葬吳吳王慍曰天下一宗死長安卽葬長安何必來葬復遣喪之長安葬吳王由是怨望稍失藩臣禮稱疾不朝京師知其以子故驗問實不病諸吳使來輒繫責治之吳王恐所謀滋甚及後使人爲秋請上復責問吳使者使者曰察見淵中魚不祥今吳王始詐疾及覺見責急愈益閉恐上誅之計乃無聊唯上與更始於是天子皆赦吳使者歸之而賜吳王几杖老不朝吳得釋其謀亦益解然其居國以銅鹽故百姓無賦卒踐更輒予平賈歲時存問茂材賞賜閭里他郡國吏欲來捕亡人者頌（頌猶公也頌讀曰容）共禁不與如此者三十餘年以故能使其衆朝錯爲太子家令得幸皇太子數從容言吳過可削數上書說之文帝寬不忍罰以此吳王日益橫及景帝卽位錯爲御史大夫說上曰昔高帝初定天下昆弟少諸子弱大封同姓故孼子悼惠王王齊七十二城庶弟元王王楚四十城兄子王吳五十餘城封三庶孼分天下半今吳王前有太子之隙詐稱病不朝於古法當誅文帝不忍因賜几杖德至厚也不改過自新迺益驕恣公卽山鑄錢煑海爲鹽誘天下亡人謀作亂逆今削之亦反不削亦反削之其反亟禍小不削之其反遲禍大三年冬楚王來朝錯因言楚王戊往年爲薄太后服私姦服舍請誅之詔赦削東海郡及前二年趙王有罪削其恆山郡膠西王卬以賣爵事有姦削其六縣漢廷臣方議削吳吳王恐削地無已因欲發謀舉事念諸侯無足與計者聞膠西王勇好兵諸侯皆畏憚之於是乃使中大夫應高口說膠西王曰吳王不肖有夙夜之憂不敢自外使使臣諭其愚心王曰何以敎之高曰今者主上任用邪臣聽信讒賊變更律令侵削諸侯徵求滋多誅罰良重日以益甚語有之曰狧糠及米吳與膠西知名諸侯也一時見察不得安肆矣吳王身有內疾不能朝請二十餘年常患見疑無以自白脅肩絫足猶懼不見釋竊聞大王以爵事有過所聞諸侯削地罪不至此此恐不止削地而已王曰有之子將奈何高曰同惡相助同好相留同情相求同欲相趨同利相死今吳王自以與大王同憂願因時循理棄軀以除患於天下意亦可乎膠西王瞿然駭曰寡人何敢如是主上雖急固有死耳安得不事高曰御史大夫朝錯營惑天子侵奪諸侯蔽忠塞賢朝廷疾怨諸侯皆有背叛之意人事極矣彗星出蝗蟲起此萬世一時而愁勞聖人所以起也吳王內以朝錯爲誅外從大王後車方洋天下所向者降所指者下莫敢不服大王誠幸而許之一言則吳王率楚王略函谷關守滎陽敖倉之粟距漢兵治次舍須大王大王幸而臨之則天下可并兩主分割不亦可乎王曰善歸報吳王猶恐其不果迺身自爲使者至膠西面約之膠西羣臣或聞王謀諫曰諸侯地不能爲漢什二爲叛逆以憂太后非計也今承一帝尙云不易假令事成兩主分爭患迺益生王不聽遂發使約齊菑川膠東濟南皆許諾諸侯既新削罰震恐多怨錯及削吳會稽豫章郡書至則吳王先起兵誅漢吏二千石以下膠西膠東菑川濟南楚趙亦皆反發兵西齊王後悔背約城守濟北王城壞未完其郞中令劫守王不得發兵膠西王膠東王爲渠率與菑川濟南共攻圍臨菑趙王遂亦陰使匈奴與連兵七國之發也吳王悉其士卒下令國中曰寡人年六十二身自將少子年十四亦爲士卒先諸年上與寡人同下與少子等皆發兵二十餘萬人南使閩東越閩東越亦發兵從孝景前三年正月甲子初起兵於廣陵西涉淮因并楚兵發使遺諸侯書曰吳王劉濞敬問膠西王膠東王菑川王濟南王趙王楚王淮南王衡山王廬江王故長沙王子幸敎以漢有賊臣錯無功天下侵奪諸侯之地使吏劾繫訊治以侵辱之爲故不以諸侯人君禮遇劉氏骨肉絕先帝功臣進任姦人誑亂天下欲危社稷陛下多病志逸不能省察欲舉兵誅之謹聞敎敝國雖狹地方三千里人民雖少精兵可具五十萬寡人素事南越三十餘年其王諸君皆不辭分其兵以隨寡人又可得三十萬寡人雖不肖願以身從諸王南越直長沙者因王子定長沙以北西走蜀漢中告越楚王淮南三王與寡人西面齊諸王與趙王定河間河內或入臨晉關或與寡人會雒陽燕王趙王故與胡王有約燕王北定代雲中轉胡衆入蕭關走長安匡正天下以安高廟願王勉之楚元王子淮南三王或不洗沐十餘年怨入骨髓欲壹有所出久矣寡人未得諸王之意未敢聽今諸王苟能存亡繼絕振弱伐暴以安劉氏社稷所願也吳國雖貧寡人節衣食用積金錢修兵革聚糧食夜以繼日三十餘年矣凡皆爲此願諸王勉之能斬捕大將者賜金五千斤封萬戶列將三千斤封五

千戶裨將二千斤封二千戶二千石千斤封千戶皆爲
列侯其以軍若城邑降者卒萬人萬戶如得大將人戶
五千如得列將人戶三千如得裨將人戶千如得二千
石其小吏皆以差次受爵金他封賜皆倍軍法其有故
爵邑者更益勿因願諸王明以令士大夫不敢欺也寡
人金錢在天下者往往而有非必取於吳諸王日夜用
之不能盡有當賜者告寡人寡人且往遺之敬以聞七
國反書聞天子迺遣太尉條侯周亞夫將三十六將軍
往擊吳楚遣曲周侯酈寄擊趙將軍欒布擊齊大將軍
竇嬰屯滎陽監齊趙兵初吳楚反書聞兵未發竇嬰言
故吳相爰盎召入見上問以吳楚之計盎對曰吳楚相
遺書曰賊臣朝錯擅適過諸侯削奪之地以故反名爲
西共誅錯復故地而罷方今計獨斬錯發使赦七國復
其故地則兵可毋血刃而俱罷上從其議遂斬錯語具
在盎傳以盎爲太常奉宗廟使吳王吳王弟子德侯爲
宗正輔親戚使至吳吳楚兵已攻梁壁矣宗正以親故
先入見諭吳王拜受詔吳王聞盎來亦知其欲說笑而
應曰我已爲東帝尚誰拜不肯見盎而留軍中欲刼使
將盎不肯使人圍守且殺之盎得夜亾走梁遂歸報條
侯將乘六乘傳會兵滎陽至雒陽見劇孟喜曰七國反
吾乘傳至此不自意全又以爲諸侯已得劇孟孟今無
動吾據滎陽滎陽以東無足憂者至雒陽問故父絳侯
客鄧都尉曰策安出客曰吳楚兵銳甚難與爭鋒楚兵
輕不能久方今爲將軍計莫若引兵東北壁昌邑以梁
委吳吳必盡銳攻之將軍深溝高壘使輕兵絕淮泗口
塞吳饟道使吳梁相敝而糧食竭乃以全制其極破吳
必矣條侯曰善從其策遂堅壁昌邑南輕兵絕吳饟道

吳王之初發也吳臣田祿伯爲大將軍田祿伯曰兵屯
聚而西無他奇道難以立功臣願得五萬人別循江淮
而上收淮南長沙入武關與大王會此亦一奇也吳王
太子諫曰王以反爲名此兵難以藉人人亦且反王奈
何且擅兵而別多他利害徒自損耳吳王卽不許田祿
伯吳少將桓將軍說王曰吳多步兵步兵利險漢多車
騎車騎利平地願大王所過城不下直去疾西據雒陽
武庫食敖倉粟阻山河之險以令諸侯雖無入關天下
固已定矣大王徐行留下城邑漢軍車騎至馳入梁楚
之郊事敗矣吳王問吳老將老將曰此年少推鋒可耳
安知大慮王於是不用桓將軍計王專并將其兵未渡
淮諸賓客皆得爲將校尉行閒候司馬獨周邱不用周
邱者下邳人亾命吳酷酒無行王薄之不任周邱乃上
謁說王曰臣以無能不得待罪行閒臣非敢求有所將
也願請王一漢節必有以報王乃予之周邱得節夜馳
入下邳下邳時聞吳反皆城守至傳舍召令入戶使從
者以罪斬令遂召兄弟所善豪吏告曰吳反兵且至屠
下邳不過食頃今先下家室必完能者封侯至矣出乃
相告下邳皆下周邱一夜得三萬人使人報吳王遂將
其兵北略城邑比至城陽兵十餘萬破城陽中尉軍聞
吳王敗走自度無與共成功卽引兵歸下邳未至癰發
背死二月吳王兵旣破敗走於是天子制詔將軍蓋聞
爲善者天報以福爲非者天報以殃高皇帝親垂功德
建立諸侯幽王悼惠王絕無後孝文皇帝哀憐加惠王
幽王子遂悼惠王子卬等令奉其先王宗廟爲漢藩國
德配天地明並日月而吳王濞背德反義誘受天下亾
命罪人亂天下幣稱疾不朝二十餘年有司數請濞罪

孝文皇帝寬之欲其改行爲善今乃與楚王戊趙王遂
膠西王卬濟南王辟光菑川王賢膠東王雄渠約從謀
反爲逆無道起兵以危宗廟賊殺大臣及漢使者迫刼
萬民伐殺無罪燒殘民家掘其邱壟甚爲暴虐而卬等
又重逆無道燒宗廟鹵御物朕甚痛之朕素服避正殿
將軍其勸士大夫擊反虜擊反虜者深入多殺爲功斬
首捕虜比三百石以上皆殺無有所置敢有議詔及不
如詔者皆要斬初吳王之度淮與楚王遂西敗棘壁乘
勝而前銳甚梁孝王恐遣將軍擊之又敗梁兩軍士卒
皆還走梁數使使條侯求救條侯不許又使使愬條侯
於上上使告條侯救梁又守便宜不行梁使韓安國及
楚死事相弟張羽爲將軍乃得頗敗吳兵吳兵欲西梁
城守不敢西卽走條侯軍會下邑欲戰條侯壁不肯戰
吳糧絕卒飢數挑戰遂夜奔條侯壁驚東南條侯使備
西北果從西北不得入吳大敗士卒多飢死叛散於是
吳王迺與其戲下壯士千人夜亾去度淮走丹徒保東
越東越兵可萬餘人使人收聚亾卒漢使人以利啗東
越東越卽紿吳王吳王出勞軍使人鏦殺吳王盛其頭
馳傳以聞吳王太子駒亾走閩越吳王之棄軍亾也軍
遂潰往往稍降太尉條侯及梁軍楚王戊軍敗自殺三
王之圍齊臨菑也三月不能下漢兵至膠西膠東菑川
王各引兵歸國膠西王徒跣席槀飲水謝太后王太子
德曰漢兵還臣觀之以罷可襲願收王餘兵擊之不勝
而逃入海未晚也王曰吾士卒皆已壞不可用不聽漢
將弓高侯頹當遺王書曰奉詔誅不義降者赦除其罪
復故不降者滅之王何處須以從事王肉袒叩頭漢軍
壁謁曰臣卬奉法不謹驚駭百姓迺苦將軍遠道至于

窮國敢請菹醢之罪弓高侯執金鼓見之曰王苦軍事願聞王發兵狀王頓首鄰行對曰今者朝錯天子用事臣變更高皇帝法令侵奪諸侯地卬等以爲不義恐其敗亂天下七國發兵且以誅錯今聞錯已誅卬等謹已罷兵歸將軍曰王苟以錯爲不義何不以聞及未有詔虎符擅發兵擊義國以此觀之意非徒欲誅錯也乃出詔書爲王讀之曰王其自圖之王曰如卬等死有餘罪遂自殺太后太子皆死膠東菑川濟南王皆伏誅酈將軍攻趙十月而下之趙王自殺濟北王以刼故不誅初吳王首反非將楚兵連齊趙正月起三月皆破滅

楚元王交字游高祖同父少弟也好書多材藝少時嘗與魯穆生白生申公俱受詩於浮邱伯伯者孫卿門人也及秦焚書各別去高祖兄弟四人長兄伯次仲伯蚤卒高祖既爲沛公景駒自立爲楚王高祖使仲與審食其留侍太上皇交與蕭曹等俱從高祖見景駒遇項梁共立楚懷王因西攻南陽入武關與秦戰於藍田至霸上封交爲文信君從入蜀漢還定三秦誅項籍卽帝位交與盧綰常侍上出入卧內傳言語諸內事隱謀而上從父兄劉賈數別將漢六年既廢楚王信分其地爲二國立賈爲荆王交爲楚王王薛郡東海彭城三十六縣先有功也後封次兄仲爲代王長子肥爲齊王初高祖微時常避事時時與賓客過其邱嫂食嫂厭叔與客來陽爲羹盡轑釜客以故去已而視釜中有羹繇是怨嫂及立齊代王而伯子獨不得侯太上皇以爲言高祖曰某非敢忘封之也爲其母不長者七年十月封其子信爲羹頡音戛侯元王既至楚以穆生白生申公爲中大夫高后時浮邱伯在長安元王遣子郢客與申公俱卒業文帝時聞申公爲詩最精以爲博士元王好詩諸子皆讀詩申公始爲詩傳號魯詩元王亦次之詩傳號曰元王詩世或有之高后時以元王子郢客爲宗正封上邳侯元王立二十三年薨太子辟非先卒文帝乃以宗正上邳侯郢客嗣是爲夷王申公爲博士官隨郢客歸復以爲中大夫立四年薨子戊嗣文帝尊寵元王子生爵比皇子景帝卽位以親親封元王寵子五人子禮爲平陸侯富爲休侯歲爲沈音審猶侯埶爲宛朐侯埶古藝字調爲棘樂侯初元王敬禮申公等穆生不耆酒元王每置酒常爲穆生設醴及王戊卽位常設後亾設焉穆生退曰可以逝矣醴酒不設王之意怠不去楚人將鉗我於市稱疾卧申公白生彊起之曰獨不念先王之德與今王一旦失小禮何足至此穆生曰易稱知幾其神乎幾者動之微吉凶之先見也君子見幾而作不俟終日先王之所以禮吾三人者爲道之存故也今而忽之是忘道也忘道之人胡可與久處豈爲區區之禮哉遂謝病去申公白生獨留王戊稍淫暴二十年爲薄太后服私姦服舍削東海薛郡乃與吳通謀二人諫不聽胥靡之衣之赭衣使杵臼碓舂於市休侯使人諫王王曰季父不吾與我起先取季父矣休侯懼與母太夫人奔京師二十一年春景帝之三年也削書到遂應吳王反其相張尙太傅趙夷吾諫不聽遂殺尙夷吾起兵會吳西攻梁破棘壁至昌邑南與漢將周亞夫戰漢絕吳楚糧道士饑吳王走戊自殺軍遂降漢漢已平吳楚景帝乃立宗正平陸侯禮爲楚王奉元王後是爲文王三年薨子安王道嗣二十二年薨子襄王注嗣十四年薨子節王純嗣十六年薨子延壽嗣宣帝卽位延壽以爲廣陵王胥武帝子天下有變必得立陰欲附倚輔助之故爲其後母弟趙何齊取廣陵王女爲妻與何齊謀曰我與廣陵王相結天下不安發兵助之使廣陵王立何齊尙公主列侯可得也因使何齊奉書遺廣陵曰願長耳目毋後人有天下何齊父長年上書告之事下有司考驗辭服延壽自殺立二十二年國除初休侯富既奔京師而王戊反富等皆坐免侯削屬籍後聞其數諫戊乃更封爲紅侯太夫人與竇太后有親懲山東之寇求留京師詔許之富子辟彊等四人共養仕於朝太夫人薨賜塋葬靈戶富傳國至曾孫無子絕辟彊字少卿亦好讀書能屬文武帝時以宗室子隨二千石論議冠諸宗室清靜少欲常以書自娛不肯仕昭帝卽位或說大將軍霍光曰將軍不見諸呂之事乎處伊尹周公之位攝政擅權而背宗室不與共職是以天下不信卒至於滅亾今將軍當盛位帝春秋富宜納宗室又多與大臣共事反諸呂道如是則可以免患光然之迺擇宗室可用者辟彊子德待詔丞相府年三十餘欲用之或言父見在亦先帝之所寵也遂拜辟彊爲光祿大夫守長樂衞尉時年已八十矣徙爲宗正數月卒德字路叔少修黃老術有智略少時數言事召見甘泉宮武帝謂之千里駒昭帝初爲宗正丞雜治劉澤詔獄父爲宗正徙大鴻臚丞遷太中大夫後復爲宗正雜案上官氏蓋主事德常持老子知足之計妻死大將軍光欲以女妻之德不敢取畏盛滿也蓋長公主孫譚遮德自言德數責以公主起居無狀侍御史以爲光望不受女承指劾德誹謗詔獄免爲庶人屏居山田光聞而恨之復白召德守青州刺史歲餘復爲宗正與立宣帝以定策賜爵關內侯地節中

以親親行謹厚封爲陽城侯子安民爲郎中右曹宗家以德得官宿衞者二十餘人德寬厚好施生每行京兆尹事多所平反罪人家產過百萬則以振昆弟賓客食飲曰富民之怨也立十一年子向坐鑄僞黃金當伏法德上書訟罪會薨大鴻臚奏德訟子罪失大臣體不宜賜諡置嗣制曰賜諡繆侯爲置嗣傳至孫慶忌復爲宗正太常薨子岑嗣爲諸曹中郎將列校尉至太常薨傳子至王莽敗乃絕向字子政本名更生年十二以父德任爲輦郎既冠以儒行修飭擢爲諫大夫是時宣帝循武帝故事招選名儒俊材置左右更生以通達能屬文辭與王褒張子僑等並進對獻賦頌凡數十篇上復興神僊方術之事而淮南有枕中鴻寶苑祕書書言神僊使鬼物爲金之術及鄒衍重道延命方世人莫見而更生父德武帝時治淮南獄得其書更生幼而讀誦以爲奇獻之言黃金可成上令典尚方鑄作事費甚多方不驗上乃下更生吏吏劾更生鑄僞黃金繫當死更生兄陽城侯安民上書入國戶半贖更生罪上亦奇其材得踰冬減死論會初立穀梁春秋徵更生受穀梁講論五經於石渠復拜爲郎中給事黃門遷散騎諫大夫給事中元帝初卽位太傅蕭望之爲前將軍少傅周堪爲諸吏光祿大夫皆領尚書事甚見尊任更生年少於望之堪然二人重之薦更生宗室忠直明經有行擢爲散騎宗正給事中與侍中金敞拾遺於左右四人同心輔政患苦外戚許史在位放縱而中書宦官弘恭石顯弄權望之堪更生議欲白罷退之未白而語泄遂爲許史及恭顯所譖愬堪更生下獄及望之皆免官語在望之傳其春地震夏客星見昴卷舌閒上感悟下詔賜望之爵關內侯奉朝請秋徵堪向欲以爲諫大夫恭顯白皆爲中郎冬地復震時恭顯許史子弟侍中諸曹皆側目於望之等更生懼焉乃使其外親上變事言竊聞故前將軍蕭望之等皆忠正無私欲致大治忤於貴戚尚書今道路人聞望之等復進以爲且復見毀讒必曰嘗有過之臣不宜復用是大不然臣聞春秋地震爲在位執政太盛也不爲三獨夫動亦已明矣且往者高皇帝時季布有罪至於夷滅後赦以爲將軍高后孝文之閒卒爲名臣孝武帝時兒寬有重罪繫按道侯韓說諫曰前吾邱壽王死陛下至今恨之今殺寬後將復大恨矣上感其言遂貰寬復用之位至御史大夫御史大夫未有及寬者也又董仲舒坐私爲災異書主父偃取奏之下吏罪至不道幸蒙不誅復爲太中大夫膠西相以老病免歸漢有所欲興常有詔問仲舒爲世儒宗定議有益天下孝宣皇帝時夏侯勝坐誹謗繫獄三年免爲庶人宣帝復用勝至長信少府太子太傅名敢直言天下美之若乃羣臣多此比類難一二記有過之臣無負國家有益天下此四臣者足以觀矣前弘恭奏望之等獄決三月地大震恭移病出後復視事天陰雨雪由是言之地動殆爲恭等臣愚以爲宜退恭顯以章蔽善之罰進望之等以通賢者之路如此太平之門開災異之原塞矣書奏恭顯疑其更生所爲白請考姦詐辭果服遂逮更生繫獄下太傅韋元成諫大夫貢禹與廷尉雜考劾更生前爲九卿坐與望之堪謀排車騎將軍高許史氏侍中者毀離親戚欲退去之而獨專權爲臣不忠幸不伏誅復蒙恩徵用不悔前過而教令人言變事誣罔不道更生坐免爲庶人而望之亦坐使子上書自寃前事恭顯白令詣獄置對望之自殺天子甚悼恨之乃擢周堪爲光祿勳堪弟子張猛光祿大夫給事中大見信任恭顯憚之數譖毀焉更生見堪猛在位幾已得復進懼其傾危乃上封事諫曰臣前幸得以骨肉備九卿奉法不謹乃復蒙恩竊見災異並起天地失常徵表爲國欲終不言念忠臣雖在甽畝猶不忘君惓惓之義也況重以骨肉之親又加以舊恩未報乎欲竭愚誠又恐越職然惟二恩未報忠臣之義一杼愚意退就農畝死無所恨臣聞舜命九官濟濟相讓和之至也衆賢和於朝則萬物和於野故簫韶九成而鳳凰來儀擊石拊石百獸率舞四海之內靡不和寧及至周文開基西郊雜遝衆賢罔不肅和崇推讓之風以銷分爭之訟文王既沒周公思慕歌詠文王之德其詩曰於穆清廟肅雍顯相濟濟多士秉文之德當此之時武王周公繼政朝臣和於內萬國驩於外故盡得其驩心以事其先祖其詩曰有來雍雍至止肅肅相維辟公天子穆穆言四方皆以和來也諸侯和於下天應報於上故周頌曰降福穰穰又曰飴我釐麰釐麰麥也始自天降此皆以和致和獲天助也下至幽厲之際朝廷不和轉相非怨詩人疾而憂之曰民之無良相怨一方衆小在位而從邪議歙歙相是而背君子故其詩曰歙歙訿訿亦孔之哀謀之其臧則具是違謀之不臧則具是依君子獨處守正不橈衆枉勉彊以從王事則反見憎毒讒愬故其詩曰密勿從事不敢告勞無罪無辜讒口嗸嗸當是之時日月薄蝕而無光其詩曰朔月辛卯日有蝕之亦孔之醜又曰彼月而微此日而微今此下民亦孔之哀又曰日月鞠凶不用其行四國無政不用其良天變見於上地變動於下

水泉沸騰山谷易處其詩曰百川沸騰山冢卒崩高岸爲谷深谷爲陵哀今之人胡憯莫懲霜降失節不以其時其詩曰正月繁霜我心憂傷民之訛言亦孔之將言民以是爲非甚眾大也此皆不和賢不肖易位之所致也自此之後天下大亂篡殺殃禍並作厲王奔彘幽王見殺至乎平王末年魯隱之始即位也周大夫祭伯乖離不和出奔於魯而春秋爲諱不言來奔傷其禍殃自此始也是後尹氏世卿而專恣諸侯背畔而不朝周室卑微二百四十二年之間日食三十六地震五山陵崩阤二彗星三見夜常星不見夜中星隕如雨一火災十四長狄入三國五石隕墜六鷁退飛多麋有蜮蜚鸜鵒來巢者皆一見晝冥晦雨木冰李梅冬實七月霜降草木不死八月殺菽大雨雹雨雪雷霆失序相乘水旱饑蝝螽螟蠭午並起當是時禍亂輒應弒君三十六亡國五十二諸侯奔走不得保其社稷者不可勝數也周室多禍晉敗其師於貿戎伐其郊鄭傷桓王戎執其使衛侯朔召不往齊逆命而助朔五大夫爭權三君更立莫能正理遂至陵夷不能復興由此觀之和氣致祥乖氣致異祥多者其國安異眾者其國危天地之常經古今之通義也今陛下開三代之業招文學之士優游寬容使得並進今賢不肖渾殽白黑不分邪正雜糅忠讒並進章交公車人滿北軍朝臣舛午膠戾乖剌更相讒愬轉相是非傳授增加文書紛糾前後錯謬毀譽渾亂所以營惑耳目感移心意不可勝載分曹爲黨往往羣朋將同心以陷正臣正臣進者治之表也正臣陷者亂之機也乘治亂之機未知孰任而災異數見此臣所以寒心者也夫乘權藉勢之人子弟鱗集於朝羽翼陰附者眾輻湊於前毀譽將必用以終乖離之咎是以日月無光雪霜夏隕海水沸出陵谷易處列星失行皆怨氣之所致也夫遵衰周之軌迹循詩人之所剌而欲以成太平致雅頌猶卻行而求及前人也初元以來六年矣案春秋六年之中災異未有稠如今者也夫有春秋之異無孔子之救猶不能解紛況甚於春秋乎原其所以然者讒邪並進也讒邪之所以並進者由上多疑心既已用賢人而行善政如或譖之則賢人退而善政還夫執狐疑之心者來讒賊之口持不斷之意者開羣枉之門讒邪進則眾賢退羣枉盛則正士消故易有否泰小人道長君子道消君子道消則政日亂故爲否否者閉而亂也君子道長小人道消小人道消則政日治故爲泰泰者通而治也詩又云雨雪麃麃見晛聿消與易同義昔者鯀共工驩兜與舜禹雜處堯朝周公與管蔡並居周位當是時迭進相毀流言相謗豈可勝道哉帝堯成王能賢舜禹周公而消共工管蔡故以大治榮華至今孔子與季孟偕仕於魯李斯與叔孫俱宦於秦定公始皇賢季孟李斯而消孔子叔孫故以大亂汙辱至今故治亂榮辱之端在所信任信任既賢在於堅固而不移詩云我心匪石不可轉也言守善篤也易曰渙汗其大號言號令如汗汗出而不反者也今出善令未能踰時而反是反汗也用賢未能三旬而退是轉石也論語曰見不善如探湯今二府奏佞讇不當在位歷年而不去故出令則如反汗用賢則如轉石去佞則如拔山如此望陰陽之調不亦難乎是以羣小窺見間隙緣飾文字巧言醜詆流言飛文譁於民間故詩云憂心悄悄慍于羣小小人成羣誠足慍也昔孔子與顏淵子貢更相稱譽不爲朋黨禹稷與皋陶傳相汲引不爲比周何則忠於爲國無邪心也故賢人在上位則引其類而聚之於朝易曰飛龍在天大人聚也在下位則思與其類俱進易曰拔茅茹以其彙征吉在上則引其類在下則推其類故湯用伊尹不仁者遠而眾賢至類相致也今佞邪與賢臣並在交戟之內合黨共謀違善依惡歙歙訿訿數設危險之言欲以傾移主上如忽然用之此天地之所以先戒災異之所以重至者也自古明聖未有無誅而治者也故舜有四放之罰而孔子有兩觀之誅然後聖化可得而行也今以陛下明知誠深思天地之心迹察兩觀之誅覽否泰之卦觀雨雪之詩歷周唐之所進以爲法原秦魯之所消以爲戒考祥應之福省災異之禍以揆當世之變放遠佞邪之黨壞散險詖之聚杜閉羣枉之門廣開眾正之路決斷狐疑分別猶豫使是非炳然可知則百異消滅而眾祥自至太平之基萬世之利也臣幸得託肺附誠見陰陽不調不敢不通所聞竊推春秋災異以効今事一二條其所以不宜宣泄臣謹重封昧死上恭顯見其書愈與許史比而怨更生等堪性公方自見孤立遂直道而不曲是歲夏寒日青無光恭顯及許史皆言堪猛用事之咎上內重堪又患眾口之寖潤無所取信時長安令楊興以材能幸常稱譽堪上欲以爲助乃見問興朝臣齗齗不可光祿勳何邪興者傾巧士謂上疑堪因順指曰堪非獨不可於朝廷自州里亦不可也臣見眾人聞堪前與劉更生等謀毀骨肉以爲當誅故臣前言堪不可誅傷爲國養恩也上曰然此何罪而誅今宜奈何興曰臣愚以爲可賜爵關內侯食邑三百戶勿令典事明主不失師傅之恩此最策

之得者也上於是疑會城門校尉諸葛豐亦言堪猛短上因發怒免豐語在其傳又曰豐言堪猛貞信不立朕閔而不治又惜其材能未有所效其左遷堪爲河東太守猛槐里令顯等專權日甚後三歲餘孝宣廟闕災其晦日有蝕之於是上召諸前言日變在堪猛者責問皆稽首謝乃因下詔曰河東太守堪先帝賢之命而傅朕資質淑茂道術通明論議正直秉心有常發憤悃愊信有憂國之心以不能阿尊事貴孤特寡助抑厭遂退卒不克明往者衆臣見異不務自修深惟其故而反晻昧說天託咎此人朕不得已出而試之以彰其材堪出之後大變仍臻衆亦嘿然堪治未期年而三老官屬有識之士詠頌其美使者過郡靡人不稱此固足以彰先帝之知人而朕有以自明也俗人乃造端作基非議詆欺或引幽隱非所宜明意疑以類欲以陷之朕亦不取也朕迫于俗不得專心乃者天著大異朕甚懼焉今堪年衰歲暮恐不得自信排於異人將安究之哉其徵堪詣行在所拜爲光祿大夫秩中二千石領尚書事猛復爲太中大夫給事中顯幹尚書尚書五人皆其黨也堪希得見常因顯白事事決顯口會堪疾瘖不能言而卒顯誣譖猛令自殺於公車更生傷之乃著疾讒擿要救危及世頌凡八篇依興古事悼己及同類也遂廢十餘年成帝即位顯等伏辜更生乃復進用更名向向以故九卿召拜爲中郎使領護三輔都水數奏封事遷光祿大夫是時帝元舅陽平侯王鳳爲大將軍秉政倚太后專國權兄弟七人皆封爲列侯時數有大異向以爲外戚貴盛鳳兄弟用事之咎而上方精於詩書觀古文詔向領校中五經祕書向見尚書洪範箕子爲武王陳五行陰陽休咎之應向乃集合上古以來歷春秋六國至秦漢符瑞災異之記推迹行事連傳禍福著其占驗比類相從各有條目凡十一篇號曰洪範五行傳論奏之天子心知向忠精故爲鳳兄弟起此論也然終不能奪王氏權久之營起昌陵數年不成復還歸延陵制度泰奢向上疏諫曰臣聞易曰安不忘危存不忘亾是以身安而國家可保也故賢聖之君博觀終始窮極事情而是非分明王者必通三統明天命所授者博非獨一姓也孔子論詩至於殷士膚敏祼將于京喟然歎曰大哉天命善不可不傳于子孫是以富貴無常不如是則王公其何以戒愼民萌何以勸勉蓋傷微子之事周而痛殷之亾也雖有堯舜之聖不能化丹朱之子雖有禹湯之德不能訓末孫之桀紂自古及今未有不亾之國也昔高皇帝旣滅秦將都雒陽感寤劉敬之言自以德不及周而賢於秦遂徙都關中依周之德因秦之阻世之長短以德爲效故常戰栗不敢諱亾孔子所謂富貴無常蓋謂此也孝文皇帝居霸陵北臨廁意悽愴悲懷顧謂羣臣曰嗟乎以北山石爲椁用紵絮斮陳漆其閒豈可動哉張釋之進曰使其中有可欲雖錮南山猶有隙使其中無可欲雖無石椁又何慼焉夫死者無終極而國家有廢興故釋之之言爲無窮計也孝文寤焉遂薄葬不起山墳易曰古之葬者厚衣之以薪藏之中野不封不樹後世聖人易之以棺椁棺椁之作自黃帝始黃帝葬於橋山堯葬濟陰邱壟皆小葬具甚微舜葬蒼梧二妃不從禹葬會稽不改其列殷湯無葬處文武周公葬於畢秦穆公葬於雍橐泉宮祈年館下樗里子葬於武庫皆無邱壠之處此聖帝明王賢君智士遠覽獨慮無窮之計也其賢臣孝子亦承命服教而薄葬之此誠奉安君父忠孝之至也夫周公武王弟也葬兄甚微孔子葬母於防稱古墓而不墳曰邱東西南北之人也不可不識也爲四尺墳遇雨而崩弟子修之以告孔子孔子流涕曰吾聞之古者不修墓蓋非之也延陵季子適齊而反其子死葬於嬴博之閒穿不及泉斂以時服封墳掩坎其高可隱而號曰骨肉歸復於土命也魂氣則無不之也夫嬴博去吳千有餘里季子不歸葬孔子往觀曰延陵季子於禮合矣故仲尼孝子而延陵慈父舜禹忠臣周公弟弟其葬君親骨肉皆微薄矣非苟爲儉誠便於體也宋桓司馬爲石椁仲尼曰不如速朽秦相呂不韋集知略之士而造春秋亦言薄葬之義皆明於事情者也逮至吳王闔閭違禮厚葬十有餘年越人發之及秦惠文武昭莊襄五王皆大作邱壠多其瘞藏咸盡發掘暴露甚足悲也秦始皇帝葬於驪山之阿下錮三泉上崇山墳其高五十餘丈周回五里有餘石椁爲游館人膏爲燈燭水銀爲江海黃金爲鳧鴈珍寶之藏機械之變棺椁之麗宮館之盛不可勝原又多殺宮人生薶工匠計以萬數天下苦其役而反之驪山之作未成而周章百萬之師至其下矣項籍燔其宮室營宇往者咸見發掘其後牧兒亾羊羊入其鑿牧者持火照求羊失火燒其藏椁自古至今葬未有盛如始皇者也數年之閒外被項籍之災內離牧豎之禍豈不哀哉是故德彌厚者葬彌薄知愈深者葬愈微無德寡知其葬愈厚邱壠彌高宮廟甚麗發掘必速由是觀之明暗之效葬之吉凶昭然可見矣周德旣衰而奢侈宣王賢而中興更爲儉宮室小寢廟詩人美之斯干之詩是也上章道

宮室之如制下章言子孫之眾多也及魯嚴公刻飾宗廟多築臺囿後嗣再絕春秋刺焉周宣如彼而昌魯秦如此而絕是則奢儉之得失也陛下卽位躬親節儉始營初陵其制約小天下莫不稱賢明及徙昌陵增埤為高積土為山發民墳墓積以萬數營起邑居期日迫卒功費大萬百餘死者恨於下生者愁於上怨氣感動陰陽因之以饑饉物故流離以千萬數臣甚惛焉以死者為有知發人之墓其害多矣若其無知又安用大謀之賢知則不說以示眾庶則苦之若苟以說愚夫淫侈之人又何為哉陛下慈仁篤美甚厚聰明疏達蓋世宜弘漢家之德崇劉氏之美光昭五帝三王而顧與暴秦亂君競為奢侈比方邱壠說愚夫之目隆一時之觀違賢知之心亾萬世之安臣竊為陛下羞之唯陛下上覽明聖黃帝堯舜禹湯文武周公仲尼之制下觀賢知穆公延陵樗里張釋之之意孝文皇帝去墳薄葬以儉安神可以為則秦昭始皇增山厚藏以侈生害足以為戒初陵之檳宜從公卿大臣之議以息眾庶書奏上甚感向言而不能從其計向睹俗彌奢淫而趙衛之屬起微賤踰禮制向以為王教由內及外自近者始故采取詩書所載賢妃貞婦興國顯家可法則及孽嬖亂亾者序次為列女傳凡八篇以戒天子及采傳記行事著新序說苑凡五十篇奏之數上疏言得失陳法戒書數十上以助觀覽補遺闕上雖不能盡用然內嘉其言常嗟歎之時上無繼嗣政由王氏出災異寖甚向雅奇陳湯智謀與相親友獨謂湯曰災異如此而外家日盛其漸必危劉氏吾幸得同姓末屬絫世蒙漢厚恩身為宗室遺老歷事三主上以我先帝舊臣每進見常加優禮吾而不言孰當言者向遂上封事極諫曰臣聞人君莫不欲安然而常危莫不欲存然而常亾失御臣之術也夫大臣操權柄持國政未有不為害者也昔晉有六卿齊有田崔衛有孫甯魯有季孟常掌國事世執朝政終後田氏取齊六卿分晉崔杼弑其君光孫林父甯殖出其君衎弑其君剽季氏八佾舞於庭三家者以雍徹並專國政卒逐昭公周大夫尹氏筦朝事濁亂王室子朝子猛更立連年乃定故經曰王室亂又曰尹氏殺王子克甚之也春秋舉成敗錄禍福如此類甚眾皆陰盛而陽微下失臣道之所致也故書曰臣之有作威作福害于而家凶于而國孔子曰祿去公室政逮大夫危亾之兆秦昭王舅穰侯及涇陽葉陽君專國擅埶上假太后之威三人者權重於昭王家富於秦國國甚危殆賴寤范雎之言而秦復存二世委任趙高專權自恣壅蔽大臣終有閻樂望夷之禍秦遂以亾近事不遠卽漢所代也漢興諸呂無道擅相尊王呂產呂祿席太后之寵據將相之位兼南北軍之眾擁梁趙王之尊驕盈無厭欲危劉氏賴忠正大臣絳侯朱虛侯等竭誠盡節以誅滅之然後劉氏復安今王氏一姓乘朱輪華轂者二十三人青紫貂蟬充盈幄內魚鱗左右大將軍秉事用權五侯驕奢僭盛並作威福擊斷自恣行汙而寄治身私而託公依東宮之尊假甥舅之親以為威重尚書九卿州牧郡守皆出其門筦執樞機朋黨比周稱譽者登進忤恨者誅傷游談者助之說執政者為之言排擯宗室孤弱公族其有智能者尤非毀而不進遠絕宗室之任不令得給事朝省恐其與己分權數稱燕王蓋主以疑上心避諱呂霍而弗肯稱內有管蔡之萌外假周公之論兄弟據重宗族磐互歷上古至秦漢外戚僭貴未有如王氏者也雖周皇甫秦穰侯漢武安呂霍上官之屬皆不及也物盛必有非常之變先見為其人微象孝昭帝時冠石立於泰山仆柳起於上林而孝宣帝卽位今王氏先祖墳墓在濟南者其梓柱生枝葉扶疏上出屋根函地中雖立石起柳無以過此之明也事勢不兩大王氏與劉氏亦且不並立如下有泰山之安則上有累卵之危陛下為人子孫守持宗廟而令國祚移於外親降為皁隸縱不為身柰宗廟何婦人內夫家外父母家此亦非皇太后之福也孝宣皇帝不與舅平昌樂昌侯權所以全安之也夫明者起福於無形銷患於未然宜發明詔吐德音援近宗室親而納信黜遠外戚毋授以政皆罷令就第以則效先帝之所行厚安外戚全其宗族誠東宮之意外家之福也王氏永存保其爵祿劉氏長安不失社稷所以褒睦外內之姓子子孫孫無疆之計也如不行此策田氏復見於今六卿必起於漢為後嗣憂昭昭甚明不可不深圖不可不蚤慮易曰君不密則失臣臣不密則失身幾事不密則害成唯陛下深留聖思審固幾密覽往事之戒以折中取信居萬安之實用保宗廟久承皇太后天下幸甚書奏天子召見向歎息悲傷其意謂曰君且休矣吾將思之以向為中壘校尉向為人簡易無威儀廉靖樂道不交接世俗專積思於經術晝誦書傳夜觀星宿或不寐達旦元延中星孛東井蜀郡岷山崩雍江向惡此異懷不能已復上奏其辭曰臣聞帝舜戒伯禹毋若丹朱敖周公戒成王毋若殷王紂詩曰殷監不遠在夏后之世亦言湯以桀為戒也聖帝明王常以敗亂自戒不諱廢興故臣敢極陳其愚唯陛下

留神察焉謹案春秋二百四十二年日蝕三十六襄公尤數率三歲五月有奇而壹食漢興訖竟寧孝景帝尤數率三歲一月而一食臣向前數言日當食今連三年比食自建始以來二十歲間而八食率二歲六月而一發古今罕有異有小大希稠占有舒疾緩急而聖人所以斷疑也易曰觀乎天文以察時變昔孔子對魯哀公並言夏桀殷紂暴虐天下故曆失則攝提失方孟陬無紀此皆易姓之變也秦始皇之末至二世時日月薄食山陵淪亡辰星出於四孟太白經天而行無雲而雷枉矢夜光熒惑襲月孽火燒宮野禽戲廷都門內崩長人見臨洮石隕于東郡星孛大角大角以亡觀孔子之言考暴秦之異天命信可畏也及項籍之敗亦孛大角漢之入秦五星聚于東井得天下之象也孝惠時有雨血日食於衝滅光星見之異孝昭時有泰山臥石自立上林僵柳復起大星如月西行眾星隨之此爲特異孝宣興起之表天狗夾漢而西久陰不雨者二十餘日昌邑不終之異也皆著於漢紀觀秦漢之易世覽惠昭之無後察昌邑之不終視孝宣之紹起天之去就豈不昭昭然哉高宗成王亦有雊雉拔木之變能思其故故高宗有百年之福成王有復風之報神明之應應若景嚮世所同聞也臣幸得託末屬誠見陛下有寬明之德冀銷大異而興高宗成王之聲以崇劉氏故豤豤數奸死亡之誅今日食尤屢星孛東井攝提炎及紫宮有識長老莫不震動此變之大者也其事難一二記故易曰書不盡言言不盡意是以設卦指爻而復說義書曰伻來以圖天文難以相曉臣雖圖上猶須口說然後可知願賜清燕之閒指圖陳狀上輒入之然終不能用也向每召見數言公族者國之枝葉枝葉落則本根無所庇廕方今同姓疏遠母黨專政祿去公室權在外家非所以彊漢宗卑私門保守社稷安固後嗣也向自見得信於上故常顯訟宗室譏刺王氏及在位大臣其言多痛切發於至誠上數欲用向爲九卿輒爲王氏居位者及丞相御史所持故終不遷居列大夫官前後三十餘年年七十二卒卒後十三歲而王氏代漢向三子皆好學長子伋以易教授官至郡守中子賜九卿丞蚤卒少子歆最知名歆字子駿少以通詩書能屬文召見成帝待詔宦者署爲黃門郎河平中受詔與父向領校祕書講六藝傳記諸子詩賦數術方技無所不究向死後歆復爲中壘校尉哀帝初即位大司馬王莽舉歆宗室有材行爲侍中太中大夫遷騎都尉奉車光祿大夫貴幸復領五經卒父前業歆乃集六藝羣書種別爲七略歆及向始皆治易宣帝時詔向受穀梁春秋十餘年大明習及歆校祕書見古文春秋左氏傳歆大好之時丞相史尹咸以能治左氏與歆共校經傳歆略從咸及丞相翟方進受質問大義初左氏傳多古字古言學者傳訓故而已及歆治左氏引傳文以解經轉相發明由是章句義理備焉歆亦湛靖有謀父子俱好古博見彊志過絕於人歆以爲左丘明好惡與聖人同親見夫子而公羊穀梁在七十子後傳聞之與親見之其詳略不同歆數以難向向不能非間也然猶自持其穀梁義及歆親近欲建立左氏春秋及毛詩逸禮古文尚書皆列於學官哀帝令歆與五經博士講論其義諸博士或不肯置對歆因移書太常博士責讓之曰昔唐虞既衰而三代迭興聖帝明王累起相襲其道甚著周室既微而禮樂不正道之難全也如此是故孔子憂道之不行歷國應聘自衛反魯然後樂正雅頌乃各得其所修易序書制作春秋以紀帝王之道及夫子沒而微言絕七十子終而大義乖重遭戰國棄籩豆之禮理軍旅之陳孔氏之道抑而孫吳之術興陵夷至於暴秦燔經書殺儒士設挾書之法行是古之罪道術由是遂滅漢興去聖帝明王遐遠仲尼之道又絕法度無所因襲時獨有一叔孫通略定禮儀天下惟有易卜未有他書至孝惠之世乃除挾書之律然公卿大臣絳灌之屬咸介冑武夫莫以爲意至孝文皇帝始使掌故朝錯從伏生受尚書尚書初出於屋壁朽折散絕今其書見在時師傳讀而已詩始萌芽天下眾書往往頗出皆諸子傳說猶廣立於學官爲置博士在漢朝之儒惟賈生而已至孝武皇帝然後鄒魯梁趙頗有詩禮春秋先師皆起於建元之間當此之時一人不能獨盡其經或爲雅或爲頌相合而成泰誓後得博士集而讀之故詔書稱曰禮壞樂崩書缺簡脫朕甚閔焉時漢興已七八十年離於全經固已遠矣及魯恭王壞孔子宅欲以爲宮而得古文於壞壁之中逸禮有三十九書十六篇天漢之後孔安國獻之遭巫蠱倉卒之難未及施行及春秋左氏丘明所修皆古文舊書多者二十餘通藏於祕府伏而未發孝成皇帝閔學殘文缺稍離其眞乃陳發祕藏校理舊文得此三事以考學官所傳經或脫簡傳或閒編傳問民間則有魯國桓公趙國貫公膠東庸生之遺學與此同抑而未施此乃有識者之所惜閔士君子之所嗟痛也往者綴學之士不思廢絕之闕苟因陋就寡分文析字煩言碎辭學者罷老且不能究其一藝信口說而背傳記是末師而非

往古至於國家將有大事若立辟雍封禪巡狩之儀則幽冥而莫知其原猶欲保殘守缺挾恐見破之私意而無從善服義之公心或懷妒疾不考情實雷同相從隨聲是非抑此三學以尚書爲備謂左氏爲不傳春秋豈不哀哉今聖上德通神明繼統揚業亦閔文學錯亂學士若茲雖昭其情猶依違謙讓樂與士君子同之故下明詔試左氏可立不遣近臣奉指銜命將以輔弱扶微與二三君子比意同力冀得廢遺今則不然深閉固距而不肯試猥以不誦絕之欲以杜塞餘道絕滅微學夫可與樂成難與慮始此乃衆庶之所爲耳非所望士君子也且此數家之事皆先帝所親論今上所考核其古文舊書皆有徵驗外內相應豈苟而已哉夫禮失求之於野古文不猶愈於野乎往者博士書有歐陽春秋公羊易則施孟然孝宣皇帝猶復廣立穀梁春秋梁邱易大小夏侯尚書義雖相反猶並置之何則與其過而廢之也寧過而立之傳曰文武之道未墜於地在人賢者志其大者不賢者志其小者今此數家之言所以兼包大小之義豈可偏絕哉若必專己守殘黨同門妒道眞違明詔失聖意以陷於文吏之議甚爲二三君子不取也其言甚切諸儒皆怨恨是時名儒光祿大夫龔勝以歆移書上疏深自罪責願乞骸骨罷及儒者師丹爲大司空亦大怒奏歆改亂舊章非毀先帝所立上曰歆欲廣道術亦何以爲非毀哉歆由是忤執政大臣爲衆儒所訕懼誅求出補吏爲河內太守以宗室不宜典三河徙守五原後復轉在涿郡歷三郡守數年以病免官起家復爲安定屬國都尉會哀帝崩王莽持政莽少與歆俱爲黃門郎重之白太后太后留歆爲右曹太中大夫遷中壘校尉羲和京兆尹使治明堂辟雍封紅休侯典儒林史卜之官考定律曆著三統曆譜初歆以建平元年改名秀字穎叔（河圖赤伏符云劉秀發兵捕不道四夷雲集龍鬬野四七之際火爲主故改名冀以應之也）及王莽篡位歆爲國師後事皆在莽傳

高六王

高皇帝八男呂后生孝惠帝曹夫人生齊悼惠王肥薄姬生孝文帝戚夫人生趙隱王如意趙姬生淮南厲王長諸姬生趙幽王友趙共王恢燕靈王建淮南厲王長自有傳

齊悼惠王肥其母高祖微時外婦也高祖六年立爲齊王食七十餘城諸民能齊言者皆與齊孝惠二年入朝帝與齊王燕飲太后前置齊王上坐如家人禮太后怒乃令人酌兩卮鴆酒置前令齊王爲壽齊王起帝亦起欲俱爲壽太后恐自起反卮齊王怪之因不敢飲陽醉去問知其鴆乃憂自以爲不得脫長安內史士曰太后獨有帝與魯元公主今王有七十餘城而公主乃食數城王誠以一郡上太后爲公主湯沐邑太后必喜王無憂矣於是齊王獻城陽郡以尊公主爲王太后呂太后喜而許之迺置酒齊邸樂飲遣王歸國後十三年薨子襄嗣悼惠王子前後凡九人爲王太子襄爲齊哀王次子章爲城陽景王興居爲濟北王將閭爲齊王志爲濟北王辟光爲濟南王賢爲菑川王卬爲膠西王雄渠爲膠東王齊哀王襄孝惠六年嗣立明年惠帝崩呂太后稱制元年以其兄子鄜侯呂台爲呂王割齊之濟南郡爲呂王奉邑明年哀王弟章入宿衛於漢高后封爲朱虛侯以呂祿女妻之後四年封章弟興居爲東牟侯皆宿衛長安高后七年割齊琅邪郡立營陵侯劉澤爲琅邪王是歲趙幽王友幽死于邸三趙王既廢高后立諸呂爲三王擅權用事章年二十有氣力忿劉氏不得職嘗入侍燕飲高后令章爲酒吏章自請曰臣將種也請得以軍法行酒高后曰可酒酣章進歌舞已而曰請爲太后言耕田高后兒子畜之笑曰顧乃父知田耳若生而爲王子安知田乎章曰臣知之太后曰試爲我言田意章曰深耕穊（音冀）種立苗欲疏非其種者鉏而去之太后默然頃之諸呂有一人醉亡酒章追拔劍斬之而還報曰有亡酒一人臣謹行軍法斬之太后左右皆大驚業已許其軍法亡以罪也因罷酒自是後諸呂憚章雖大臣皆依朱虛侯劉氏爲彊其明年高后崩趙王呂祿爲上將軍呂王產爲相國皆居長安中聚兵以威大臣欲爲亂章以呂祿女爲婦知其謀乃使人陰出告其兄齊王欲令發兵西朱虛東牟欲從中與大臣爲內應以誅諸呂因立齊王爲帝齊王聞此計與其舅駟鈞郎中令祝午中尉魏勃陰謀發兵齊相召平聞之乃發兵入衛王宮魏勃紿平曰王欲發兵非有漢虎符驗也而相君圍王固善勃請爲君將兵衛衛王召平信之乃使魏勃將勃既將以兵圍相府召平曰嗟乎道家之言當斷不斷反受其亂遂自殺於是齊王以駟鈞爲相魏勃爲將軍祝午爲內史悉發國中兵使祝午給琅邪王劉澤曰呂氏爲亂齊王發兵欲西誅之齊王自以兒子年少不習兵革之事願舉國委大王大王自高帝將也習戰事齊王不敢離兵使臣請大王幸之臨菑見齊王計事并將齊兵以西平關中之亂琅邪王信之以爲然迺馳見齊王齊王與魏勃等因留琅邪王而使祝午盡發琅邪國而并將其兵琅邪王劉澤既見欺不得反國乃說

齊王曰齊悼惠王高皇帝長子也推本言之大王高皇帝適長孫也當立今諸大臣狐疑未有所定而澤於劉氏最爲長年大臣固待澤決計今大王留臣無爲也不如使我入關計事齊王以爲然乃益具車送瑯邪王瑯邪王既行齊遂舉兵西攻呂國之濟南於是齊王遺諸侯王書曰高帝平定天下王諸子弟悼惠王薨惠帝使留侯張良立臣爲齊王惠帝崩高后用事春秋高聽諸呂擅廢帝更立又殺三趙王滅梁趙燕以王諸呂分齊國爲四忠臣進諫上或亂不聽今高后崩皇帝春秋富未能治天下固待大臣諸侯今諸呂又擅自尊官聚兵嚴威刼列侯忠臣矯制以令天下宗廟以危寡人帥兵入誅不當爲王者漢聞之相國呂產等遣大將軍潁陰侯灌嬰將兵擊之嬰至滎陽乃謀曰諸呂舉兵關中欲危劉氏而自立今我破齊還報是益呂氏資也乃留兵屯滎陽使人諭齊王及諸侯與連和以待呂氏之變而共誅之齊王聞之乃屯兵西界待約呂祿呂產欲作亂朱虛侯章與太尉勃丞相平等誅之章首先斬呂產太尉勃等乃盡誅諸呂而瑯邪王亦從齊至長安大臣議欲立齊王皆曰母家駟鈞惡戾虎而冠者也訪以呂氏故幾亂天下今又立齊王是欲復爲呂氏也代王母家薄氏君子長者且代王高帝子於今見在最爲長以子則順以善人則大臣安於是大臣乃謀迎代王而遣章以誅呂氏事告齊王令罷兵灌嬰在滎陽聞魏勃本教齊王反既誅呂氏罷齊兵使使召責問魏勃勃曰失火之家豈暇先言丈人而後救火乎因退立股戰而栗恐不能言者終無他語灌將軍孰視笑曰人謂魏勃勇妄庸人耳何能爲乎乃罷勃勃父以善鼓琴見秦皇帝及

勃少時欲求見齊相曹參家貧無以自通乃常獨早埽齊相舍人門外舍人怪之以爲物而司之得勃勃曰願見相君無因故爲子埽欲以求見於是舍人見勃曹參因以爲舍人壹爲參御言事參以爲賢言之悼惠王王召見拜爲內史始悼惠王得自置二千石及悼惠王薨哀王嗣勃用事重於相齊王既罷兵歸而代王立是爲孝文帝文帝元年盡以高后時所割齊之城陽瑯邪濟南郡復予齊而徙瑯邪王王燕益封朱虛東牟各二千戶黃金千斤是歲齊哀王薨子文王則嗣十四年薨無子國除城陽景王章孝文二年以朱虛侯與東牟侯興居俱立二年薨子共王喜嗣孝文十二年徙王淮南五年復還王城陽凡立三十四年薨子頃王延嗣二十六年薨子敬王義嗣九年薨子惠王武嗣十一年薨子荒王順嗣四十六年薨子戴王恢嗣八年薨子孝王景嗣二十四年薨子哀王雲嗣一年薨無子國絕成帝復立雲兄俚爲城陽王王莽時絕濟北王興居初以東牟侯與大臣共立文帝於代邸曰誅呂氏臣無功請與太僕滕公俱入清宮遂將少帝出迎皇帝入宮始誅諸呂時朱虛侯章功尤大大臣許盡以趙地王章盡以梁地王興居及文帝立聞朱虛東牟之初欲立齊王故黜其功二年王諸子乃割齊二郡以王章興居章興居意以自失職奪功歲餘章薨而匈奴大入邊漢多發兵丞相灌嬰將擊之文帝親幸太原興居以爲天子自擊胡遂發兵反上聞之罷兵歸長安使棘蒲侯柴將軍擊破虜濟北王王自殺國除文帝憫濟北王逆亂以自滅明年盡封悼惠王諸子罷軍等七人爲列侯至十五年齊文王又薨無子時悼惠王後尙有城陽王在文帝憐悼惠王

適嗣之絕於是乃分齊爲六國盡立前所封悼惠王子列侯見在者六人爲王齊孝王將閭以楊虛侯立濟北王志以安都侯立菑川王賢以武城侯立膠東王雄渠以白石侯立膠西王卬以平昌侯立濟南王辟光以扐音勒侯立孝文十六年六王同日俱立立十一年孝景三年吳楚反膠東膠西菑川濟南王皆發兵應吳楚欲與齊齊孝王狐疑城守不聽三國兵共圍齊齊王使路中大夫告於天子天子復令路中大夫還報告齊王堅守漢兵今破吳楚矣路中大夫至三國兵圍臨菑數重無從入三國將與路中大夫盟曰若反言漢已破矣齊趣下三國不且見屠路中大夫既許至城下望見齊王曰漢已發兵百萬使太尉亞夫擊破吳楚方引兵救齊齊必堅守無下三國將誅路中大夫齊初圍急陰與三國通謀約未定會路中大夫從漢來其大臣乃復勸王無下三國會漢將欒布平陽侯等兵至齊擊破三國兵解齊圍已後聞齊初與三國有謀將欲移兵伐齊孝王懼飲藥自殺而膠東膠西濟南菑川王皆伏誅國除獨濟北王在齊孝王之自殺也景帝聞之以爲齊首善以迫刼有謀非其罪也召立孝王太子壽是爲懿王續齊後二十三年薨子厲王次昌嗣其母曰紀太后太后取其弟紀氏女爲王后王不愛紀太后欲其家重寵令其長女紀翁主入王宮正其後宮無令得近王欲令愛紀氏女王因與其姊翁主姦齊有宦者徐甲入事漢皇太后皇太后有愛女曰修成君修成君非劉氏子皇太后前嫁金氏所生女太后憐之修成君有女娥太后欲嫁之於諸侯宦者甲乃請使齊必令王上書請娥皇太后大喜使甲之齊時主父偃知甲之使齊以取后事亦因謂甲卽事成幸言偃女

願得充王後宮甲至齊風以此事紀太后怒曰王有后後宮備具且甲齊貧人及爲宦者入事漢初無補益乃欲亂吾王家且主父偃何爲者乃欲以女充後宮甲大窮還報皇太后曰王已願尙娥然事有所害恐如燕王燕王者與其子昆弟姦坐死故以燕感太后太后曰毋復言嫁女齊事事寖淫聞於上主父偃由此與齊有隙偃方幸用事因言齊臨菑十萬戶市租千金人眾殷富鉅於長安非天子親弟愛子不得王此今齊王於親屬益疏乃從容言呂太后時齊欲反及吳楚時孝王幾爲亂今聞齊王與其姊亂於是武帝拜偃爲齊相且正其事偃至齊急治王後宮宦者爲王通於姊翁主所者辭及王王年少懼以罪爲吏所執誅乃飲藥自殺是時趙王懼主父偃壹出敗齊恐其漸疏骨肉乃上書言偃受金及輕重之短天子亦因囚偃公孫弘曰齊王以憂死無後非誅偃無以塞天下之望偃遂坐誅厲王立五年國除濟北王志吳楚反時初亦與通謀後堅守不發兵故得不誅徙王菑川元朔中齊國絕悼惠王後唯有二國城陽菑川菑川地比齊武帝爲悼惠王冢園在齊迺割臨菑東圜悼惠王冢園邑盡以予菑川令奉祭祀志立三十五年薨是爲懿王子靖王建嗣二十年薨子頃王遺嗣三十五年薨子思王終古嗣五鳳中青州刺史奏終古使所愛奴與八子及諸御婢姦終古或參與被席或白晝使臝伏犬馬交接終古親臨觀產子輒曰亂不可知使去其子事下丞相御史奏終古位諸侯王以令置八子秩比六百石所以廣嗣重祖也而終古禽獸行亂君臣夫婦之別悖逆人倫請逮捕有詔削四縣二十八年薨子考王尙嗣五年薨子孝王橫嗣三十一年薨子懷王交嗣六年薨子永嗣王莽時絕

趙隱王如意九年立四年高祖崩呂太后徵王到長安鴆殺之無子絕

趙幽王友十一年立爲淮陽王趙隱王如意死孝惠元年徙友王趙凡立十四年友以諸呂女爲后不愛愛他姬諸呂女怒去讒之於太后曰王曰呂氏安得王太后百歲後吾必擊之太后怒以故召趙王趙王至置邸不見令衞圍守之不得食其羣臣或竊饋之輒捕論之趙王餓乃歌曰諸呂用事兮劉氏微迫脅王侯兮彊授我妃我妃既妬兮誣我以惡讒女亂國兮上曾不寤我無忠臣兮何故棄國自快中野兮蒼天與直于嗟不可悔兮寧早自賊爲王餓死兮誰者憐之呂氏絕理兮託天報仇遂幽死以民禮葬之長安高后崩孝文卽位立幽王子遂爲趙王二年有司請立皇子爲王上曰趙幽王幽死朕甚憐之已立其長子遂爲趙王遂弟辟彊及齊悼惠王子朱虛侯章東牟侯興居有功皆可王於是取趙之河間立辟彊是爲河間文王文王立十三年薨子哀王福嗣一年薨無子國除趙王遂立二十六年孝景時鼂錯以過削趙常山郡諸侯怨吳楚反遂與合謀起兵其相建德內史王悍諫不聽遂燒殺德悍發兵住其西界欲待吳楚俱進北使匈奴與連和漢使曲周侯酈寄擊之趙王城守邯鄲相距七月吳楚敗匈奴聞之亦不肯入邊欒布自破齊還并兵引水灌趙城城壞王遂自殺國除景帝憐趙相內史守正死皆封其子爲列侯

趙共王恢十一年梁王彭越誅立恢爲梁王十六年趙幽王死呂后徙恢王趙恢心不樂太后以呂產女爲趙王后王后從官皆諸呂也內擅權微司趙王王不得自恣王有愛姬王后鴆殺之王乃爲歌詩四章令樂人歌之王悲思六月自殺太后聞之以爲用婦人故自殺無思奉宗廟禮廢其嗣

燕靈王建十一年燕王盧綰亡入匈奴明年立建爲燕王十五年薨有美人子太后使人殺之絕後

淮南厲王長高帝少子也其母故趙王張敖美人高帝八年從東垣過趙趙王獻美人幸而有身趙王不敢內宮爲築外宮舍之及貫高等謀反事覺并逮治王盡捕王母兄弟美人繫之河內厲王母亦繫告吏曰得幸上有子吏以聞上方怒趙王未及理厲王母厲王母弟趙兼因辟陽侯言呂后呂后妬不肯白辟陽侯不彊爭厲王母已生厲王恚卽自殺吏奉厲王詣上上悔令呂后母之而葬其母眞定眞定厲王母家縣也十一年淮南王布反上自擊滅布卽立子長爲淮南王王早失母常附呂后孝惠呂后時以故得幸無患然常心怨辟陽侯不敢發及孝文初卽位自以爲最親驕蹇數不奉法上寬赦之三年入朝甚橫從上入苑獵與上同輦常謂上大兄厲王有材力力扛鼎乃往請辟陽侯辟陽侯出見之卽自褎金椎椎之命從者刑之馳詣闕下肉袒而謝曰臣母不當坐趙時事辟陽侯力能得之呂后不爭罪一也趙王如意子母無罪呂后殺之辟陽侯不爭罪二也呂后王諸呂欲以危劉氏辟陽侯不爭罪三也臣謹爲天下討賊報母之仇伏闕下請罪文帝傷其志爲親故不治赦之當是時自薄太后及太子諸大臣皆憚厲王厲王以此歸國益恣不用漢法出入警蹕稱制自作法令數上書不遜順文帝重自切責之時帝舅薄昭爲將軍尊重上令昭予厲王書諫數之曰竊聞大王剛

直而勇慈惠而厚貞信多斷是天以聖人之資奉大王也甚盛不可不察今大王所行不稱天資皇帝初卽位易侯邑在淮南者大王不肯皇帝卒易之使大王得三縣之實甚厚大王以未嘗與皇帝相見求入朝見未畢昆弟之歡而殺列侯以自爲名皇帝不使吏與其閒赦大王甚厚法二千石缺輒言漢補大王逐漢所置而請自置相二千石皇帝骫天下正法而許大王甚厚大王欲屬國爲布衣守冢眞定皇帝不許使大王毋失南面之尊甚厚大王宜日夜奉法度修貢職以稱皇帝之厚德今乃輕言恣行以負謗於天下甚非計也夫大王以千里爲宅居以萬民爲臣妾此高皇帝之厚德也高帝蒙霜露沐風雨赴矢石野戰攻城身被創痍以爲子孫成萬世之業艱難危苦甚矣大王不思先帝之艱苦日夜怵惕修身正行養犧牲豐粢盛奉祭祀以無忘先帝之功德而欲屬國爲布衣甚過且夫貪讓國土之名輕廢先帝之業不可以言孝父爲之基而不能守不賢不求守長陵而求之眞定先母後父不誼數逆天子之令不順言節行以高兄無禮幸臣有罪大者立斷小者肉刑不仁貴布衣一劍之任賤王侯之位不知不學問大道觸情妄行不祥此八者危亾之路也而大王行之棄南面之位奮諸賁之勇常出入危亾之路臣之所見高皇帝之神必不廟食於大王之手明白昔者周公誅管叔放蔡叔以安周齊桓殺其弟以反國秦始皇殺兩弟遷其母以安秦頃王亾代高帝奪之國以便事濟北舉兵皇帝誅之以安漢故周齊行之於古秦漢用之於今大王不察古今之所以安國便事而欲以親戚之意望於太上不可得也亾之諸侯游宦事人及舍匿者論皆有法其在王所吏主者坐今諸侯子爲吏者御史主爲軍吏者中尉主客出入殿門者衛尉大行主諸從蠻夷來歸誼及以亾名數自占者內史縣令主相欲委下吏無與其禍不可得也王若不改漢繫大王邸論相以下爲之柰何夫墮父大業退爲布衣所哀幸臣皆伏法而誅爲天下笑以羞先帝之德甚爲大王不取也宜急改操易行上書謝罪曰臣不幸早失先帝少孤呂氏之世未嘗忘死陛下卽位臣怙恩德驕盈行多不軌追念辠過恐懼伏地待誅不敢起皇帝聞之必喜大王昆弟歡欣於上羣臣皆得延壽於下上下得宜海內常安願孰計而疾行之行之有疑禍如發矢不可追已王得書不說六年令男子但等七十人與棘蒲侯柴武太子奇謀以輂車四十乘反谷口令人使閩越匈奴事覺治之迺使使召淮南王王至長安丞相張蒼典客馮敬行御史大夫事與宗正廷尉雜奏長廢先帝法不聽天子詔居處無度爲黃屋蓋儗天子擅爲法令不用漢法及所置吏以其郎中春爲丞相收聚漢諸侯人及有罪亾者匿與居爲治家室賜與財物爵祿田宅爵或至關內侯奉以二千石所當得大夫但士伍開章等七十人與棘蒲侯太子奇謀反欲以危宗廟社稷謀使閩越及匈奴發其兵事覺長安尉奇等往捕開章長匿不予與故中尉簡忌謀殺以閉口爲棺槨衣衾葬之肥陵謾吏曰不知安在又陽聚土樹表其上曰開章死葬此下及長身自賊殺無罪者一人令吏論殺無罪者六人爲亾命棄市詐捕命者以除罪擅罪人無告劾繫治城旦以上十四人赦免罪人死罪十八人城旦舂以下五十八人賜人爵關內侯以下九十四人前日長病陛下心憂之使使者賜棗脯長不肯見拜使者南海民處廬江界中者反淮南吏卒擊之陛下遣使齎帛五十匹以賜吏卒勞苦者長不欲受賜謾曰無勞苦者南海王織上書獻璧帛皇帝忌擅燔其書不以聞（忌卽上簡忌也）吏請詔治忌長不遣謾曰忌病長所犯不軌當棄市臣請論如法制曰朕不忍置法於王其與列侯吏二千石議列侯吏二千石臣嬰等四十三人議皆曰宜論如法制曰其赦長死罪廢勿王有司奏請處蜀郡嚴道邛郵遣其子子母從居縣爲築蓋家室皆日三食給薪菜鹽炊食器席蓐制曰食長給肉日五斤酒二斗令故美人材人得幸者十人從居於是盡誅所與謀者乃遣長載以輜車令縣次傳爰盎諫曰上素驕淮南王不爲置嚴相傅以故至此且淮南王爲人剛令暴摧折之臣恐其逢霧露病死陛下有殺弟之名柰何上曰吾特苦之耳令復之淮南王謂侍者曰誰謂乃公勇者吾以驕不聞過故至此乃不食而死縣傳者不敢發車封至雍雍令發之以死聞上悲哭謂爰盎曰吾不從公言卒亾淮南王盎曰淮南王不可柰何願陛下自寬上曰爲之柰何曰獨斬丞相御史以謝天下乃可上卽令丞相御史逮諸縣傳淮南王不發封餽侍者皆棄市迺以列侯禮葬淮南王于雍置守冢三十家孝文八年憐淮南王王有子四人年皆七八歲乃封子安爲阜陵侯子勃爲安陽侯子賜爲陽周侯子良爲東城侯十二年民有作歌歌淮南王曰一尺布尚可縫一斗粟尚可舂兄弟二人不相容上聞之曰昔堯舜放逐骨肉周公殺管蔡天下稱聖何者不以私害公天下豈以爲我貪淮南地邪乃徙城陽侯王淮南王故地而追尊謚淮南王爲厲王置園如諸侯儀十六年上

憐淮南王廢法不軌自使失國早天乃徙淮南王喜復王故城陽而立厲王三子王淮南王故地三分之阜陵侯安爲淮南王安陽侯勃爲衡山王陽周侯賜爲廬江王東城侯良前薨無後孝景三年吳楚七國反吳使者至淮南王欲發兵應之其相曰王必欲應吳臣願爲將王迺屬之相已將兵因城守不聽王而爲漢漢亦使曲城侯將兵救淮南淮南以故得完吳使者至廬江廬江王不應而往來使越至衡山衡山王堅守無二心孝景四年吳楚已破衡山王朝上以爲貞信迺勞苦之曰南方卑濕徙王王於濟北以褒之及薨遂賜謚爲貞王廬江王以邊越數使使相交徙爲衡山王王江北淮南王安爲人好書鼓瑟不喜弋獵狗馬馳騁亦欲以行陰德拊循百姓流名譽招致賓客方術之士數千人作爲內書二十一篇外書甚衆又有中篇八卷言神仙黃白之術亦二十餘萬言時武帝方好藝文以安屬爲諸父辯博善爲文辭甚尊重之每爲報書及賜常召司馬相如等視草乃遣初安入朝獻所作內篇新出上愛祕之使爲離騷傳旦受詔日食時上又獻頌德及長安都國頌每宴見談說得失及方技賦頌昏暮然後罷安初入朝雅善太尉武安侯蚡蚡迎之霸上與語曰方今上無太子王親高皇帝孫行仁義天下莫不聞宮車一日晏駕非王尚誰立者淮南王大喜厚遺武安侯寶賂其羣臣賓客江淮閒多輕薄以厲王遷死感激安建元六年彗星見淮南王心怪之或說王曰先吳軍起時彗星出長數尺然尚流血千里今彗星竟天天下兵當大起王心以爲上無太子天下有變諸侯並爭愈益治攻戰具積金錢賂遺郡國游士妄作妖言阿諛王王喜多賜予之王有女陵慧有口王愛陵多予金錢爲中詷長安約結上左右元朔二年上賜淮南王几杖不朝后荼愛幸生子遷爲太子取皇太后外孫修成君女爲太子妃王謀爲反具畏太子妃知而內泄事迺與太子謀令詐不愛三月不同席王陽怒太子閉使與妃同內終不近妃妃求去王迺上書謝歸之后荼太子遷及女陵擅國權奪民田宅妄致繫人太子學用劍自以爲人莫及聞郎中雷被巧召與戲被壹再辭讓誤中太子太子怒被恐此時有欲從軍者輒詣長安被卽願奮擊匈奴太子數惡被王使郎中令斥免欲以禁後元朔五年被遂亾之長安上書自明事下廷尉河南河南治逮淮南太子王王后計欲毋遣太子遂發兵計未定猶與十餘日會有詔卽訊太子淮南相怒壽春丞留太子逮不遣劾不敬王請相相不聽王使人上書告相事下廷尉治從迹連王王使人候司漢公卿請逮捕治王王恐欲發兵太子遷謀曰漢使卽逮王令人衣衛士衣持戟居王旁有非是者卽刺殺之臣亦使人刺殺淮南中尉迺舉兵未晚也是時上不許公卿而遣漢中尉宏卽訊驗王王視漢中尉顏色和問斥雷被事耳自度無何不發中尉還以聞公卿治者曰淮南王安雍閼求奮擊匈奴者雷被等格明詔當棄市詔不許請廢勿王上不許請削五縣可二縣使中尉宏赦其罪罰以削地中尉入淮南界宣言赦王王初聞公卿請誅之未知得削地聞漢使來恐其捕之迺與太子謀如前計中尉至卽賀王王以故不發其後自傷曰吾行仁義見削地寡人甚恥之爲反謀益甚諸侯使者道長安來爲妄言言上無男卽喜言漢廷治有男卽怒以爲妄言非也日夜與左吳等按輿地圖部署兵所從入王曰上無太子宮車卽晏駕大臣必徵膠東王不卽常山王諸侯並爭吾可以無備乎且吾高帝孫親行仁義陛下遇我厚吾能忍之萬世之後吾寧能北面事豎子乎王有孽子不害最長王不愛后與太子遷皆不以爲子兄數不害子建材高有氣常怨望太子不省其父時諸侯皆得分子弟爲侯淮南王有兩子一子爲太子而建父不得爲侯陰結交欲害太子以其父代之太子知之數捕繫笞建建具知太子之欲謀殺漢中尉乃使所善壽春嚴正上書告太子陰事引建爲徵書既聞上以其事下廷尉河南治是歲元朔六年也故辟陽侯孫審卿善丞相公孫弘怨淮南厲王殺其大父陰求淮南事而搆之於弘弘迺疑淮南有畔逆計深探其獄河南治建辭引太子及黨與初王數以舉兵謀問伍被被常諫之以吳楚七國爲效王引陳勝吳廣被復言形埶不同必敗亾及建見治王恐國陰事泄欲發復問被被爲言發兵權變語在被傳於是王銳欲發乃令官奴入宮中作皇帝璽丞相御史大夫將軍吏中二千石都官令丞印及旁近郡太守都尉印漢使節法冠欲如伍被計使人僞得罪而西事大將軍丞相一日發兵卽刺大將軍衛青而說丞相弘下之如發蒙耳王欲發國中兵恐相二千石不聽迺與伍被謀爲失火宮中相二千石救火因殺之又欲令人衣求盜衣持羽檄從南方來呼言曰南越兵入欲因以發兵迺使人之廬江會稽爲求盜未決廷尉以建辭連太子遷聞上遣廷尉監與淮南中尉逮捕太子至淮南王聞與太子謀召相二千石欲殺而發兵召相相至內史以出爲解中尉曰臣受詔使不得見王王念獨殺相而內史中尉不來無益

也卽罷相計猶與未決太子念所坐者謀殺漢中尉所與謀殺者已死以爲口絕乃謂王曰羣臣可用者皆前繫今無足與舉事者王以非時發恐無功臣願會逮王亦愈欲休卽許太子太子自刑不殊伍被自詣吏具告與淮南王謀反吏因捕太子王后圍王宮盡捕王賓客在國中者索得反具以聞上下公卿治所連引與淮南王謀反列侯二千石豪桀數千人皆以罪輕重受誅衡山王賜淮南王弟當坐收有司請逮捕衡山王上曰諸侯各以其國爲本不當相坐與諸侯王列侯議趙王彭祖列侯讓等四十三人皆曰淮南王安大逆無道謀反明白當伏誅膠西王端議曰安廢法度行邪辟有詐僞心以亂天下營惑百姓背畔宗廟妄作妖言春秋曰臣毋將將而誅安罪重於將謀反形已定臣端所見其書印圖及他逆亾道事驗明白當伏法論國吏二百石以上及比者宗室近幸臣不在法中者不能相教皆當免削爵爲士伍毋得官爲吏其非吏他贖死金二斤八兩以章安之罪使天下明知臣子之道毋敢復有邪僻背畔之意丞相弘廷尉湯等以聞上使宗王以符節治王未至安自刑殺后太子諸所與謀皆收夷國除爲九江郡衡山王賜后乘舒生子三人長男爽爲太子次女無采少男孝姬徐來生子男女四人美人厥姬生子二人淮南衡山相責望禮節間不相能衡山王聞淮南王作爲畔逆具亦心結賓客以應之恐爲所并元光六年入朝謁者衛慶有方術欲上書事天子王怒故劾慶死罪彊榜服之內史以爲非是卻其獄王使人上書告內史內史治言王不直又數侵奪人田壞人冢以爲田有司請逮治衡山王上不許爲置吏二百石以上衡山王以此恚與奚慈張廣昌謀求能爲兵法候星氣者日夜縱臾王謀反事后乘舒死立徐來爲后厥姬俱幸兩人相妒厥姬乃惡徐來於太子曰徐來使婢蠱殺太子母太子心怨徐來徐來兄至衡山太子與飮以刃刑傷之后以此怨太子數惡之於王女弟無采嫁棄歸與客姦太子數以數讓之無采怒不與太子通后聞之卽善遇無采及孝孝少失母附后后以計愛之與其毀太子王以故數繫笞太子元朔四年中人有賊傷后假母者王疑太子使人傷之笞太子後王病太子時稱病不侍孝無采惡太子實不病自言有喜色王於是大怒欲廢太子而立弟孝后知王決廢太子又欲并廢孝后有侍者善舞王幸之后欲令與孝亂以汚之欲并廢二子而以己子廣代之太子知之念后數惡己無已時欲與亂以止其口后飮太子太子前爲壽因據后股求與臥后怒以告王王迺召欲縛笞之太子知王常欲廢己而立孝迺謂王曰孝與王御者姦無采與奴姦王彊食請上書卽背王去王使人止之莫能禁王迺自追捕太子太子妄惡言王械繫宮中孝日益以親幸王奇孝材能迺佩之王印號曰將軍令居外家多給金錢招致賓客賓客來者微知淮南衡山有逆計皆將養勸之王迺使孝客江都人枚赫陳喜作輣車鍛矢刻天子璽將相軍吏印王日夜求壯士如周邱等數稱引吳楚反時畫計約束衡山王非敢效淮南王求卽天子位畏淮南起并其國以爲淮南已西發兵定江淮間而有之望如是元朔五年秋當朝六年過淮南淮南王迺昆弟語除前隙約束反具衡山王卽上書謝病上賜不朝迺使人上書請廢太子爽立孝爲太子爽聞卽使所善白嬴之長安上書言衡山王與子謀逆言孝作兵車鍛矢與王御者姦至長安未及上書卽吏捕嬴以淮南事繫王聞之恐其言國陰事卽上書告太子以爲不道事下沛郡治元狩元年冬有司捕求與淮南王謀反者得陳喜於孝家吏劾孝首匿喜孝以爲陳喜雅數與王計反恐其發之聞律先自告除其罪又疑太子使白嬴上書發其事卽先自告所與謀反者枚赫陳喜等廷尉治事驗請逮捕衡山王治上曰勿捕遣中尉安大行息卽問王王具以情實對吏皆圍王宮守之中尉大行還以聞公卿請遣宗正大行與沛郡雜治王王聞卽自殺孝先自告反告除其罪孝坐與王御婢姦及后徐來坐蠱前后乘舒及太子爽坐告王父不孝皆棄市諸坐與王謀反者皆誅國除爲郡濟北貞王勃景帝四年徙徙二年因前王衡山凡十四年薨子式王胡嗣五十四年薨子寬嗣十二年寬坐與父式王后光姬孝兒姦誖人倫又祠祭祝詛上有司請誅上遣大鴻臚利召王王以刃自剄死國除爲北安縣屬泰山郡

文三王

孝文皇帝四男竇皇后生孝景帝梁孝王武諸姬生代孝王參梁懷王揖

梁孝王武以孝文二年與太原王參梁王揖同日立武爲代王四年徙爲淮陽王十二年徙梁自初王通歷已十一年矣孝王十四年入朝十七年十八年比年入朝留其明年乃之國二十一年入朝二十二年文帝崩二十四年入朝二十五年復入朝是時上未置太子與孝王宴飮從容言曰千秋萬歲後傳於王王辭謝雖知非至言然心內喜太后亦然其春吳楚齊趙七國反先擊

梁棘壁殺數萬人梁王城守睢陽而使韓安國張羽等爲將軍以距吳楚吳楚以梁爲限不敢過而西與太尉亞夫等相距三月吳楚破而梁所殺虜略與漢中分明年漢立太子梁最親有功又爲大國居天下膏腴地北界泰山西至高陽四十餘城多大縣孝王太后少子愛之賞賜不可勝道於是孝王築東苑方三百餘里廣睢陽城七十里大治宮室爲復道自宮連屬於平臺三十餘里得賜天子旌旗從千乘萬騎出稱警入言蹕儗於天子招延四方豪桀自山以東游士莫不至齊人羊勝公孫詭鄒陽之屬公孫詭多奇邪計初見日王賜千金官至中尉號曰公孫將軍多作兵器弩弓數千萬而府庫金錢且百鉅萬珠玉寶器多於京師二十九年十月孝王入朝景帝使使持乘輿駟迎梁王於關下既朝上疏因留以太后故入則侍帝同輦出則同車遊獵上林中梁之侍中郎謁者著引籍出入天子殿門與漢宦官亾異十一月上廢栗太子太后心欲以梁王爲嗣大臣及袁盎等有所關說於帝太后議格孝王不敢復言太后以嗣事事祕世莫知迺辭歸國其夏上立膠東王爲太子梁王怨袁盎及議臣乃與羊勝公孫詭之屬謀陰使人刺殺盎及他議臣十餘人賊未得也於是天子意梁逐賊果梁使之遣使冠蓋相望於道覆案梁事捕公孫詭羊勝皆匿王後宮使者責二千石急梁相軒邱豹及內史安國皆泣諫王王乃令勝詭皆自殺出之上由此怨望於梁王王恐乃使韓安國因長公主謝罪太后然後得釋上怒稍解因上書請朝既至關茅蘭說王使乘布車從兩騎入匿於長公主園漢使迎王王已入關車騎盡居外外不知王處太后泣曰帝殺吾子帝憂恐於是梁王伏斧質之闕下謝罪然後太后帝皆大喜相與泣復如故悉召王從官入關然帝益疏王不與同車輦矣三十五年冬復入朝上疏欲留上不許歸國意忽忽不樂北獵梁山有獻牛足出背上孝王惡之六月中病熱六日薨孝王慈孝每聞太后病口不能食常欲留長安侍太后太后亦愛之及聞孝王死竇太后泣極哀不食曰帝果殺吾子帝哀懼不知所爲與長公主計之乃分梁爲五國盡立孝王男五人爲王女五人皆令食湯沐邑奏之太后太后乃說爲帝壹餐孝王未死時財以鉅萬計不可勝數及死藏府餘黃金尙四十餘萬斤他財物稱是

代孝王參初立爲太原王四年代王武徙爲淮陽王而參徙爲代王復并得太原都晉陽如故五年一朝凡三朝十七年薨子共王登嗣二十九年薨子義嗣元鼎中漢廣關以常山爲阻徙代王於清河是爲剛王并前在代凡立四十年薨子頃王湯嗣二十四年薨子年嗣地節中冀州刺史林奏年爲太子時與女弟則私通及年立爲王後則懷年子其壻使勿舉則曰自來殺之壻怒曰爲王生子自令王家養之則送兒頃太后所相聞知禁止則令不得入宮年使從季父往來送迎則連年不絕有司奏年淫亂年坐廢爲庶人徙房陵與湯沐邑百戶立三年國除元始二年新都侯王莽興滅繼絕白太皇太后立年弟子如意爲廣宗王奉代孝王後莽簒位國絕

梁懷王揖文帝少子也好詩書帝愛之異於他子五年一朝凡再入朝因墮馬死立十年薨無子國除明年梁孝王武徙王梁梁孝王子五人爲王太子買爲梁共王次子明爲濟川王彭離爲濟東王定爲山陽王不識爲濟陰王皆以孝景中六年同日立梁共王買立十七年薨子平王襄嗣濟川王明以垣邑侯立七年坐射殺其中尉有司請誅武帝弗忍廢爲庶人遷房陵國除濟東王彭離立二十九年彭離驕悍昏暮私與其奴亾命少年數十人行剽殺人取財物以爲好所殺發覺者百餘人國皆知之莫敢夜行所殺者子上書告言有司請誅武帝弗忍廢爲庶人徙上庸國除爲大河郡山陽哀王定立九年薨亾子國除濟陰哀王不識立一年薨亾子國除孝王支子四王皆絕於身梁平王襄母曰陳太后共王母曰李太后李太后親平王之大母也而平王之后曰任后任后甚有寵於襄初孝王有罍尊直千金戒後世善寶之毋得以與人任后聞而欲得之李太后曰先王有命毋得以尊與人他物雖百鉅萬猶自恣任后絕欲得之王襄直使人開府取尊賜任后又王及母陳太后事李太后多不順有漢使者來李太后欲自言王使謁者中郎胡等遮止閉門李太后與爭門措指太后啼謼不得見漢使者李太后亦私與食官長及郎尹霸等姦亂王與任后以此使人風止李太后李太后亦已後病薨病時任后未嘗請疾薨又不侍喪元朔中睢陽人犴反人辱其父而與睢陽太守客俱出同車犴反殺其仇車上亾去睢陽太守怒以讓梁二千石二千石以下求反急執反親戚反知國陰事乃上變告梁王與大母爭尊狀時相以下具知之欲以傷梁長吏書聞天子下吏驗問有之公卿治奏以爲不孝請誅王及太后天子曰首惡失道任后也朕置相吏不逮無以輔王故陷不誼不忍致法削梁王五縣奪王太后湯沐成陽邑梟

任后首子市中郎胡等皆伏誅梁餘尙有八城襄立四十年薨子頃王無傷嗣十一年薨子敬王定國嗣四十年薨子夷王遂嗣六年薨子荒王嘉嗣十五年薨子立嗣鴻嘉中太傅輔奏立一日至十一犯法臣下愁苦莫敢親近不可諫止願令王非耕祠法駕毋得出宮盡出馬置外苑收兵仗藏私府毋得以金錢財物假賜人事下丞相御史請許奏可後數復毆傷郎夜私出宮傅相連奏坐削或千戶或百戶如是者數焉荒王女弟園子爲立舅任寶妻寶兄子昭爲立后數過寶飲食報寶曰我好翁主欲得之寶曰翁主姑也法重立曰何能爲遂與園子姦積數歲永始中相禹奏立對外家怨望有惡言有司案驗因發淫亂事奏立禽獸行請誅太中大夫谷永上疏曰臣聞禮天子外屏不欲見外也是故帝王之意不窺人閨門之私聽聞中冓之言春秋爲親者諱詩云戚戚兄弟莫遠具爾今梁王年少頗有狂病始以惡言案驗既亾事實而發閨門之私非本章所指王辭又不服猥彊劾立傅致難明之事獨以偏辭成辠斷獄亾益於治道汙蔑宗室以內亂之惡披布宣揚於天下非所以爲公族隱諱增朝廷之榮華昭聖德之風化也臣愚以爲王少而父同產長年齒不倫梁國之富足以厚聘美女招致妖麗父同產亦有恥辱之心案事者迺驗問惡言何故猥自發舒以三者揆之殆非人情疑有所逼切過誤失言文吏躡尋不得轉移萌芽之時加恩勿治上也既已案驗舉憲宜及王辭不服詔廷尉選上德通理之吏更審考清問著不然之效定失誤之法而反命於下吏以廣公族疏附之德爲宗室刷汙亂之恥甚得治親之誼天子由是寖而不治居數歲元延中立復以公事怨相掾及睢陽丞使奴殺之殺奴以滅口凡殺三人傷五人手毆郎吏二十餘人上書不拜奏謀篡死罪囚有司請誅上不忍削立五縣哀帝建平中立復殺人天子遣廷尉賞大鴻臚由持節卽訊至移書傅相中尉曰王背策戒誖暴妄行連犯大辟毒流吏民比比蒙恩不伏重誅不思改過復賊殺人幸得蒙恩丞相長史大鴻臚丞卽問王陽病抵讕置辭驕嫚不首主令與背畔亾異丞相御史請收王璽綬送陳留獄明詔加恩復遣廷尉大鴻臚雜問令王當受詔置辭恐復不首實對書日至于再三有不用我降爾命傅相中尉皆以輔正爲職虎兕出於匣龜玉毀於櫝中是誰之過也書到明以誼曉王敢復懷詐罪過益深傅相以下不能輔導有正法於是立惶恐免冠對曰立少失父母孤弱處深宮中獨與宦者婢妾居漸漬小國之俗加以質性下愚傅相亦不純以仁誼相輔翼大臣皆尙苛刻刺求微密讒臣在其間左右弄口積使上下不和更相眄伺宮殿之裏毛氂過失亾不暴陳當伏重誅以視海內數蒙聖恩得見貰赦今立自知賊殺中郎曹將冬月迫促貪生畏死卽詐僵仆陽病徼幸得踰於須臾謹以實對伏須重誅時冬月盡其春大赦不治元始中立坐與平帝外家中山衞氏交通新都侯王莽奏廢立爲庶人徙漢中立自殺二十七年國除後二歲莽白太皇太后立孝王元孫之曾孫沛郡卒史音爲梁王奉孝王後莽篡國絕

景十三王

孝景皇帝十四男王皇后生孝武帝栗姬生臨江閔王榮河間獻王德臨江哀王閼程姬生魯共王餘江都易王非膠西于王端賈夫人生趙敬肅王彭祖中山靖王勝唐姬生長沙定王發王夫人生廣川惠王越膠東康王寄淸河哀王乘常山憲王舜

河間獻王德以孝景前二年立修學好古實事求是從民得善書必爲好寫與之留其眞加金帛賜以招之繇是四方道術之人不遠千里或有先祖舊書多奉以奏獻王者故得書多與漢朝等是時淮南王安亦好書所招致率多浮辯獻王所得書皆古文先秦舊書周官尙書禮禮記孟子老子之屬皆經傳說記七十子之徒所論其學舉六藝立毛氏詩左氏春秋博士修禮樂被服儒術造次必於儒者山東諸儒多從而遊武帝時來朝獻雅樂對三雍宮（辟雍明堂靈臺）及詔策所問三十餘事其對推道術而言得事之中文約指明立二十六年薨中尉常麗以聞曰王身端行治溫仁恭儉篤敬愛下明知深察惠於鰥寡大行令奏謚法曰聰明睿知曰獻宜謚曰獻王子共王不害嗣四年薨子剛王堪嗣十二年薨子頃王授嗣十七年薨子孝王慶嗣四十三年薨子元嗣元取故廣陵厲王厲王太子及中山懷王故姬廉等以爲姬甘露中冀州刺史敞奏元事下廷尉逮召廉等元迫脅凡七人令自殺有司奏請誅元有詔削二縣萬一千戶後元怒少史留貴貴踰垣出欲告元元使人殺其母有司奏廢勿王處漢中房陵居數年坐與妻若共乘朱輪車怒若又笞擊令自髡漢中太守請治元病死立十七年國除絕五歲成帝建始元年復立元弟上郡庫令良是爲河間惠王良脩獻王之行母太后薨服喪如禮哀帝下詔褒揚益封萬戶二十七年薨子尙嗣王莽時絕

臨江哀王閼以孝景前二年立三年薨無子國除爲郡

臨江閔王榮以孝景前四年爲皇太子四歲廢爲臨江王三歲坐侵廟壖地爲宮上徵榮榮行祖於江陵北門既上車軸折車廢江陵父老流涕竊言曰吾王不反矣榮至詣中尉府對簿中尉郅都簿責訊王王恐自殺葬藍田燕數萬銜土置冢上百姓憐之榮最長亾子國除地入於漢爲南郡

魯恭王餘以孝景前二年立爲淮陽王吳楚反破後以孝景前三年徙王魯好治宮室苑囿狗馬季年好音不喜辭爲人口吃難言二十八年薨子安王光嗣初好音樂輿馬晚節遴唯恐不足於財四十年薨子孝王慶忌嗣三十七年薨子頃王勁嗣二十八年薨子文王睃嗣十八年薨亾子國除哀帝建平三年復立頃王子睃弟郚音魚縣名也屬東海郡鄉侯閔爲王王莽時絕恭王初好治宮室壞孔子舊宅以廣其居聞鐘磬琴瑟之聲遂不敢復壞於其壁中得古文經傳

江都易王非以孝景前二年立爲汝南王吳楚反時非年十五有材氣上書自請擊吳景帝賜非將軍印擊吳吳已破徙王江都治故吳國以軍功賜天子旗元光中匈奴大入漢邊非上書願擊匈奴上不許非好氣力治宮館招四方豪傑驕奢甚二十七年薨子建嗣建爲太子時邯鄲人梁蚡持女欲獻之易王建聞其美私呼之因留不出蚡宣言曰子乃與其公爭妻建使人殺蚡蚡家上書下廷尉考會赦不治易王薨未葬建居服舍召易王所愛美人淖姬等凡十人與姦建女弟徵臣爲蓋侯子婦以易王喪來歸建復與姦建異母弟定國爲淮陽侯易王最少子也其母幸立之具知建事行錢使男子荼荼食邪反恬上書告建淫亂不當爲後事下廷尉廷尉治恬受人錢財爲上書論棄市建罪不治後數使使至長安迎徵臣魯恭王太后聞之遺徵臣書曰國中口語籍籍慎無復至江都後建使謁者吉請問恭太后太后泣謂吉歸以吾言謂而王王前事漫漫今當自慎獨不聞燕齊事乎言吾爲而王泣也吉歸致恭太后語建大怒擊吉斥之建游章臺宮令四女子乘小船建以足蹈覆其船四人皆溺二人死後游雷波天大風建使郎二人乘小船入波中船覆兩郎溺攀船乍見乍沒建臨觀大笑令皆死宮人姬八子有過者輒令贏立擊鼓或置樹上久者三十日乃得衣或髠鉗以鉛杵舂不中程輒掠或縱狼令齧殺之建觀而大笑或閉不食令餓死凡殺不辜三十五人建欲令人與禽獸交而生子彊令宮人贏而四據與羝羊及狗交專爲淫虐自知罪多國中多欲告言者建恐誅心內不安與其后成光共使越婢下神祝詛上與郎中令等語怨望建亦頗聞淮南衡山陰謀恐一日發爲所并遂作兵器號王后父胡應爲將軍中大夫疾有材力善騎射號曰靈武君作治黃屋蓋刻皇帝璽鑄將軍都尉金銀印作漢使節二十綬千餘具置軍官品員及拜爵封侯之賞具天下之輿地及軍陳圖遣人通越繇王閩侯遺以錦帛奇珍繇王閩侯亦遺建荃葛珠璣犀甲翠羽蝯熊奇獸數通使往來約有急相助及淮南事發治黨與頗連及建建使人多推金錢絕其獄後復謂近臣曰我爲王詔獄歲至生又無驩怡日壯士不坐死欲爲人所不能爲耳建時佩其父所賜將軍印載天子旗出積數歲事發覺漢遣丞相長史與江都相雜案索得兵器璽綬節反具有司請捕誅建制曰與列侯吏二千石博士議議皆曰建失臣子道積久輒蒙不忍遂謀反逆所行無道雖桀紂惡不至於此天誅所不赦當以謀反法誅有詔宗正廷尉即問建建自殺后成光等皆棄市建立六年國除地入於漢爲廣陵郡絕百二十一年平帝時新都侯王莽秉政興滅繼絕立建弟盱眙侯子宮爲廣陵王奉易王後莽篡國絕

膠西于王端孝景前三年立爲人賊盭又陰痿一近婦人病數月有所愛幸少年以爲郎郎與後宮亂端禽滅之及殺其子母數犯法漢公卿數請誅端天子弗忍而端所爲滋甚有司比再請削其國去大半端心慍遂爲無訾省府庫壞漏盡腐財物以鉅萬計終不得收徙令吏毋得收租賦端皆去衛封其宮門從一門出入數變名姓爲布衣之他國相二千石至者奉漢法以治端輒求其罪告之亾罪者詐藥殺之所以設詐究變彊足以距諫知足以飾非相二千石從王治則漢繩以法故膠西小國而所殺傷二千石甚眾立四十七年薨亾子國除地入於漢爲膠西郡

趙敬肅王彭祖以孝景前二年立爲廣川王趙王遂反破後徙王趙彭祖爲人巧佞卑諂足共而心刻深好法律持詭辯以中人多內寵姬及子孫相二千石欲奉漢法以治則害於王家是以每相二千石至彭祖衣帛布單衣自行迎除舍多設疑事以詐動之得二千石失言中忌諱輒書之二千石欲治者則以此迫劫不聽乃上書告之及汙以姦利事彭祖立六十餘年相二千石無能滿二歲輒以罪去大者死小者刑以故二千石莫敢治而趙王擅權使使即縣爲賈人榷會入多於國租稅以是趙王家多金錢然所賜姬諸子亦盡之矣彭祖不好治宮室禨祥好爲吏上書願督國中盜賊常夜從走

卒行徼邯鄲中諸使過客以彭祖險陂莫敢留邯鄲久之太子丹與其女及同產姊姦江充告丹淫亂又使人椎埋攻剽爲姦甚衆武帝遣使者發吏卒捕丹下魏郡詔獄治罪至死彭祖上書寃訟丹願從國中勇敢擊匈奴贖丹罪上不許久之竟赦出後彭祖入朝因帝姊平陽隆慮公主求復立丹爲太子上不許彭祖取江都易王寵姬王建所姦淖姬者甚愛幸之生一男號淖子彭祖以征和元年薨諡敬肅王彭祖薨時淖姬兄爲漢宦者上召問淖子何如對曰爲人多欲上曰多欲不宜君國子民問武始侯昌曰無咎無譽上曰如是可矣遣使者立昌是爲頃王十九年薨子懷王尊嗣五年薨亾子絕二歲宣帝立尊弟高是爲哀王數月薨子共王充嗣五十六年薨子隱嗣王莽時絕初武帝復以親親故立敬肅王小子偃爲平干王是爲頃王十一年薨子繆王元嗣二十五年薨大鴻臚禹奏元前以刃賊殺奴婢子男殺謁者爲刺史所舉奏罪名明白病先令令能爲樂奴婢從死迫脅自殺者凡十六人暴虐不道故春秋之義誅君之子不宜立元雖未伏誅不宜立嗣奏可國除

中山靖王勝以孝景前三年立武帝初即位大臣懲吳楚七國行事議者多寃鼂錯策皆以諸侯連城數十太彊欲稍侵削數奏暴其過惡諸侯王自以骨肉至親先帝所以廣封連城犬牙相錯者爲盤石宗也今或無罪爲臣下所侵辱有司吹毛求疵笞服其臣使證其君多自以侵寃建元三年代王登長沙王發中山王勝濟川王明來朝天子置酒勝聞樂聲而泣問其故勝對曰臣聞悲者不可爲絫欷思者不可爲歎息故高漸離擊筑易水之上荆軻爲之低而不食雍門子壹微吟孟嘗君爲之於邑今臣心結日久每聞幼眇之聲不知涕泣之橫集也夫衆煦漂山聚蟁成雷朋黨執虎十夫橈椎是以文王拘於牖里孔子阨於陳蔡此乃烝庶之成風增積之生害也臣身遠與寡莫爲之先衆口鑠金積毀銷骨叢輕折軸羽翮飛肉紛驚逢羅潸然出涕臣聞白日曬光幽隱皆照明月曜夜蟁蝱宵見然雲蒸列布杳冥晝昬塵埃抪（音鋪布散也）覆昧不見泰山何則物有蔽之也今臣雍閼不得聞讒言之徒蠭生道遼路遠曾莫爲臣聞臣竊自悲也臣聞社鼷不灌屋鼠不熏何則所託者然也臣雖薄也得蒙肺附位雖卑也得爲東藩屬又稱兄今羣臣非有葭莩之親鴻毛之重羣居黨議朋友相爲使夫宗室擯卻骨肉冰釋斯伯奇所以流離比干所以橫分也詩云我心憂傷惄焉如擣假寐永歎惟憂用老心之憂矣疢如疾首臣之謂也具以吏所侵聞於是上乃厚諸侯之禮省有司所奏諸侯事加親親之恩焉其後更用主父偃謀令諸侯以私恩自裂地分其子弟而漢爲定制封號輒別屬漢郡漢有厚恩而諸侯地稍自分折弱小云勝樂酒好內有子百二十餘人常與趙王彭祖相非曰兄爲王專代吏治事王者當日聽音樂御聲色趙王亦曰中山王但奢淫不佐天子拊循百姓何以稱爲藩臣四十三年薨子哀王昌嗣一年薨子康王昆侈嗣二十一年薨子頃王輔嗣四年薨子憲王福嗣十七年薨子懷王循嗣十五年薨無子絕四十五歲成帝鴻嘉二年復立憲王弟利鄉侯子雲客是爲廣德夷王三年薨無子絕十四歲哀帝復立雲客弟廣漢爲廣平王薨無後平帝元始二年復立廣川惠王曾孫倫爲廣德王奉靖王後王莽時絕

長沙定王發母唐姬故程姬侍者景帝召程姬程姬有所避不願進而飾侍者唐兒使夜進上醉不知以爲程姬而幸之遂有身已乃覺非程姬也及生子因名曰發以孝景前二年立以其母微無寵故王卑溼貧國二十八年薨子戴王庸嗣二十七年薨子頃王鮒鮈嗣十七年薨子剌王建德嗣宣帝時坐獵縱火燔民九十六家殺二人又以縣官事怨內史教人誣告以棄市罪削八縣罷中尉官三十四年薨子煬王旦嗣二年薨無子絕歲餘元帝初元三年復立旦弟宗是爲孝王五年薨子魯人嗣王莽時絕

廣川惠王越以孝景中二年立十三年薨子繆王齊嗣四十四年薨初齊有幸臣乘距己而有罪欲誅距距亾齊因禽其宗族距怨王乃上書告齊與同產姦是後齊數告言漢公卿及幸臣所忠等又告中尉蔡彭祖捕子明罵曰吾盡汝種矣案驗不如王言劾齊誣罔大不敬請繫治齊恐上書願與廣川勇士奮擊匈奴上許之未發病薨有司請除國奏可後數月下詔曰廣川惠王於朕爲兄朕不忍絕其宗廟其以惠王孫去爲廣川王去即繆王齊太子也師受易論語孝經皆通好文辭方技博弈倡優其殿門有成慶畫短衣大袴長劍去好之作七尺五寸劍被服皆效焉有幸姬王昭平王地餘許以爲后去嘗疾姬陽成昭信侍視甚謹更愛之去與地餘戲得褏中刀笞問狀服欲與昭平共殺昭信笞問昭平不服以鐵鍼鍼之彊服乃會諸姬去以劍自擊地餘令昭信擊昭平皆死昭信曰兩姬婢且泄口復絞殺從婢三人後昭信病夢見昭平等以狀告去去曰虜乃復見畏我獨可燔燒耳掘出尸皆燒爲灰後去立昭信爲后

幸姬陶望卿爲脩靡夫人主繒帛崔脩成爲明貞夫人主永巷昭信復譖望卿曰與我無禮衣服常鮮於我盡取善繒匄諸宮人去曰若數惡望卿不能滅我愛設聞其淫我亨之矣後昭信謂去曰前畫工畫望卿舍望卿袒裼傅粉其傍又數出入南戶窺郎吏疑有姦去曰善司之以故益不愛望卿後與昭信等飲諸姬皆侍去爲望卿作歌曰背尊章嫖以忽謀屈奇起自絕行周流自生患諒非望今誰怨使美人相和歌之去曰是中當有自知者昭信知去已怒卽誣言望卿歷指郎吏臥處具知其主名又言郎中令錦被疑有姦去卽與昭信從諸姬至望卿所贏其身更擊之令諸姬各持燒鐵共灼望卿望卿走自投井死昭信出之椓杙其陰中割其鼻脣斷其舌謂去曰前殺昭平反來畏我今欲靡爛望卿使不能神與去共支解置大鑊中取桃灰毒藥并煮之召諸姬皆臨觀連日夜靡盡復共殺其女弟都後去數召姬榮愛與飲昭信復譖之曰榮姬視瞻意態不善疑有私時愛爲去刺方領繡去取燒之愛恐自投井出之未死笞問愛自誣與醫姦去縛繫柱燒刀灼潰兩目生割兩股銷鉛灌其口中愛死支解以棘埋之諸幸於去者昭信輒譖殺之凡十四人皆埋太后所居長壽宮中宮人畏之莫敢復近昭信欲擅愛曰王使明貞夫人主諸姬淫亂難禁請閉諸姬舍門無令出敖使其大婢爲僕射主永巷盡封閉諸舍上籥於后非大置酒召不得見去憐之爲作歌曰愁莫愁居無聊心重結意不舒內茀鬱憂哀積上不見天生何益日崔隤時不再顧棄軀死無悔令昭信聲鼓爲節以教諸姬歌之歌罷輒歸永巷封門獨昭信兄子初爲乘華夫人得朝夕見昭信與去從十餘奴博飲游敖初去年十四五事師受易師數諫正去去益大逐之內史請以爲掾師數令內史禁切王家去使奴殺師父子不發覺後去數置酒令倡俳贏戲坐中以爲樂相彊劾繫倡闌入殿門奏狀事下考案倡辭本爲王教脩靡夫人望卿弟都歌舞使者召望卿都去對皆淫亂自殺會赦不治望卿前亨煮卽取他死人與都死并付其母母曰都是卿非也數號哭求死昭信令奴殺之奴得辭服本始三年相內史奏狀具言赦前所犯天子遣大鴻臚丞相長史御史丞廷尉正雜治鉅鹿詔獄奏請逮捕去及后昭信制曰王后昭信諸姬奴婢證者皆下獄辭服有司復請誅王制曰與列侯中二千石二千石博士議議者皆以爲去悖虐聽后昭信讒言燔燒亨煮生割剝人距師之諫殺其父子凡殺無辜十六人至一家母子三人逆節絕理其十五人在赦前大惡仍重當伏顯戮以示衆制曰朕不忍致王於法議其罰有司請廢勿王與妻子徙上庸奏可與湯沐邑百戶去道自殺昭信棄市立二十二年國除後四歲宣帝地節四年復立去兄文是爲戴王文素正直數諫王去故上立焉二年薨子海陽嗣十五年坐畫屋爲男女贏交接置酒請諸父姊妹飲令仰視畫又海陽女弟爲人妻而使與幸臣姦又與從弟調等謀殺一家三人已殺甘露四年坐廢徙房陵國除後十五年平帝元始二年復立戴王弟襄隄侯子痛爲廣德王奉惠王後二年薨子赤嗣王莽時絕

膠東康王寄以孝景中二年立二十八年薨淮南王謀反時寄微聞其事私作兵車鏃矢戰守備淮南之起及吏治淮南事辭出之寄於上最親意自傷發病而死不敢置後於是上聞寄有長子賢母無寵少子慶母愛幸寄常欲立之爲非次因有過遂無所言上憐之立賢爲膠東王奉康王祀而封慶爲六安王王故衡山地膠東王賢立十五年薨謚爲哀王子戴王通平嗣二十四年薨子頃王音嗣五十四年薨子共王授嗣十四年薨子殷嗣王莽時絕六安共王慶立三十八年薨子夷王祿嗣十一年薨子繆王定嗣二十三年薨子頃王光嗣二十七年薨子育嗣王莽時絕

淸河哀王乘以孝景中三年立十二年薨亾子國除

常山憲王舜以孝景中五年立舜帝少子驕淫數犯禁上常寬之三十三年薨子勃嗣爲王初憲王有不愛姬生長男梲（梲他活反）梲以母無寵故亦不得幸於王王后脩生太子勃王內多所幸姬生子平子商王后稀得幸及憲王疾甚諸幸姬侍病王后以妒媢不常在輒歸舍醫進藥太子勃不自嘗藥又不宿留侍疾及王薨王后太子乃至憲王雅不以梲爲子數不分與財物郎或說太子王后令分梲財皆不聽太子代立又不收恤梲梲怨王后及太子漢使者視憲王喪梲自言憲王病時王后太子不侍及薨六日出舍太子勃私姦飲酒博戲擊筑與女子載馳環城過市入獄視囚天子遣大行騫驗問逮諸證者王又匿之吏求捕勃使人致擊笞掠擅出漢所疑囚有司請誅勃及憲王后脩上曰脩素無行使梲陷之罪勃無良師傅朕不忍致誅有司請廢勿王徙王勃以家屬處房陵上許之勃王數月廢國除月餘天子爲最親詔有司曰常山憲王早夭后妾不和適孽誣爭陷於不義以滅國朕甚閔焉其封憲王子平三萬戶爲眞定王子商三萬戶爲泗水王頃王平立二十五年薨

子烈王偃嗣十八年薨子孝王由嗣二十二年薨子安王雍嗣二十六年薨子共王普嗣十五年薨子楊嗣王莽時絕泗水思王商立十年薨子哀王安世嗣一年薨無子於是武帝憐泗水王絕復立安世弟賀是為戴王立二十二年薨有遺腹子煖（許遠反）相內史不以聞太后上書昭帝閔之抵相內史罪立煖為勤王立三十九年薨子戾王駿立三十一年薨子靖嗣王莽時絕

太史公曰高祖時諸侯皆賦得自除內史以下漢獨為置丞相黃金印諸侯自除御史廷尉博士擬於天子自吳楚反後五宗王世（孝景帝十三子為王而五人同母者為宗故曰五宗）漢為置二千石去丞相曰相銀印諸侯獨得食租稅奪之權其後諸侯貧者或乘牛車矣

武五子

孝武皇帝六男衛皇后生戾太子據趙婕妤生孝昭帝王夫人生齊懷王閎李姬生燕剌（來葛反）王旦廣陵厲王胥李夫人生昌邑哀王髆（音博）

戾太子據元狩元年立為皇太子年七歲矣初上年二十九乃得太子甚喜為立禖使東方朔枚皋作禖祝少壯詔受公羊春秋又從瑕丘江公受穀梁及冠就宮上為立博望苑使通賓客從其所好故多以異端進者元鼎四年納史良娣產子男進號曰史皇孫武帝末衛后寵衰江充用事充與太子及衛氏有隙恐上晏駕後為太子所誅會巫蠱事起充因此為姦是時上春秋高意多所惡以為左右皆為巫蠱道祝詛窮治其事丞相公孫賀父子陽石諸邑公主及皇后弟子長平侯衛伉皆坐誅語在公孫賀江充傳充典治巫蠱既知上意白言宮中有蠱氣入宮至省中壞御座掘地上使按道侯韓說御史章贛黃門蘇文等助充充遂至太子宮掘蠱得桐木人時上疾辟暑甘泉宮獨皇后太子在太子召問少傅石德德懼為師傅并誅因謂太子曰前丞相父子兩公主及衛氏皆坐此今巫與使者掘地得徵驗不知巫置之邪將實有也無以自明可矯以節收捕充等繫獄窮治其姦詐且上疾在甘泉皇后及家吏請問皆不報上存亡未可知而姦臣如此太子將不念秦扶蘇事邪太子急然德言征和二年七月壬午乃使客為使者收捕充等按道侯韓說疑使者有詐不肯受詔客格殺說御史章贛被創突亡自歸甘泉太子使舍人無且持節夜入未央宮殿長秋門因長御倚華具白皇后發中廄車載射士出武庫兵發長樂宮衛告令百官曰江充反乃斬充以徇炙胡巫上林中遂部賓客為將率與丞相劉屈氂等戰長安中擾亂言太子反以故眾不附太子兵敗亡不得上怒甚羣下憂懼不知所出壺關三老茂上書曰臣聞父者猶天母者猶地子猶萬物也故天平地安陰陽和調物迺茂成父慈母愛室家之中子迺孝順陰陽不和則萬物夭傷父子不和則室家喪亡故父不父則子不子君不君則臣不臣雖有粟吾得而食諸昔者虞舜孝之至也而不中於瞽叟孝己被謗伯奇放流骨肉至親父子相疑何者積毀之所生也由是觀之子無不孝而父有不察今皇太子為漢適嗣承萬世之業體祖宗之重親則皇帝之宗子也江充布衣之人閭閻之隸臣耳陛下顯而用之銜至尊之命以迫蹙皇太子造飾姦詐羣邪錯謬是以親戚之路鬲塞而不得通太子進則不得上見退則困於亂臣獨冤結而亡告不忍忿忿之心起而殺充恐懼逋逃子盜父兵以救難自免耳臣竊以為無邪心詩曰營營青蠅止於藩愷悌君子無信讒言讒言罔極交亂四國往者江充讒殺趙太子天下莫不聞其罪固宜陛下不省察深過太子發盛怒舉大兵而求之三公自將智者不敢言辯士不敢說臣竊痛之臣聞子胥盡忠而亡其號比干盡仁而遺其身忠臣竭誠不顧鈇鉞之誅以陳其愚志在匡君安社稷也詩云取彼譖人投畀豺虎唯陛下寬心慰意少察所親毋患太子之非亟罷甲兵毋令太子久亡臣不勝惓惓出一旦之命待罪建章闕下書奏天子感寤太子之亡也東至湖（湖縣名）臧匿泉鳩里主人家貧常賣屨以給太子太子有故人在湖聞其富贍使人呼之而發覺吏圍捕太子太子自度不得脫即入室距戶自經山陽男子張富昌為卒足蹋開戶新安令史李壽趨抱解太子主人公遂格鬬死皇孫二人皆并遇害上既傷太子乃下詔曰蓋行疑賞所以申信也其封李壽為邘侯張富昌為題侯久之巫蠱事多不信上知太子惶恐無他意而車千秋復訟太子冤上遂擢千秋為丞相而族滅江充家焚蘇文於橫（音光）橋上及泉鳩里加兵刃於太子者初為北地太守後族上憐太子無辜乃作思子宮為歸來望思之臺於湖天下聞而悲之初太子有三男一女女者平輿侯嗣子尚焉及太子敗皆同時遇害衛后史良娣葬長安城南史皇孫皇孫妃王夫人及皇女孫葬廣明皇孫二人隨太子者與太子并葬湖太子有遺孫一人史皇孫子王夫人男年十八即尊位是為孝宣帝帝初即位下詔曰故皇太子在湖未有號謚歲時祠其議謚置園邑有司奏請禮為人後者為之子也故降其父母不得祭尊祖之義也陛下為孝昭帝後承

祖宗之祀制禮不踰閑謹行視孝昭帝所爲故皇太子起位在湖位冢位也史良娣冢在博望苑北親史皇孫位在廣明郭北謚法曰謚者行之跡也愚以爲親謚宜曰悼皇母曰悼后比諸侯王園置奉邑三百家故皇太子謚曰戾置奉邑二百家史良娣曰戾夫人置守冢三十家園置長丞周衛奉守如法以湖閿鄉邪里聚爲戾園長安白亭東爲戾后園廣明成鄉爲悼園皆改葬焉後八歲有司復言禮父爲士子爲天子祭以天子悼園宜稱尊號曰皇考立廟因園爲寢以時薦享焉益奉園民滿千六百家以爲奉明縣尊戾夫人曰戾后置園奉邑及益戾園各滿三百家

齊懷王閎與燕王旦廣陵王胥同日立皆賜策各以國土風俗申戒焉曰惟元狩六年四月乙巳皇帝使御史大夫湯廟立子閎爲齊王曰嗚呼小子閎受茲青社封於東土世爲漢藩輔嗚呼念哉共朕之詔惟命不於常人之好德克明顯光義之不圖俾君子怠悉爾心允執其中天祿永終厥有愆不臧迺凶於而國而害於爾躬嗚呼保國乂民可不敬與王其戒之閎母王夫人有寵閎尤愛幸立八年薨無子國除

燕刺王旦賜策曰嗚呼小子旦受茲玄社建爾國家封於北土世爲漢藩輔嗚呼葷鬻氏虐老獸心以姦巧邊甿朕命將率徂征厥罪萬夫長千夫長三十有二帥降旗奔師葷鬻徙域北州以妥悉爾心毋作怨毋作棐德毋迺廢備非教士毋得從徵王其戒之旦壯大就國爲人辯略博學經書雜說好星曆數術倡優射獵之事招致游士及衛太子敗齊懷王又薨旦自以次第當立上書求入宿衛上怒下其使獄後坐藏匿亾命削良鄉安次文成三縣武帝由是惡旦後遂立少子爲太子帝崩太子立是爲孝昭帝賜諸侯王璽書旦得書不肯哭曰璽書封小京師疑有變遣幸臣壽西長孫縱之王孺等之長安以問禮儀爲名王孺見執金吾廣意問帝崩所病立者誰子年幾歲廣意言待詔五莋宮宮中讙言帝崩諸將軍共立太子爲帝年八九歲葬時不出臨歸以報王王曰上棄羣臣無語言蓋主又不得見甚可怪也復遣中大夫至京師上書言竊見孝武皇帝躬聖道孝宗廟慈愛骨肉和集兆民德配天地明並日月威武洋溢遠方執贄而朝增郡數十斥地且倍封泰山禪梁父巡狩天下遠方珍物陳於太廟德甚休盛請立廟郡國奏報聞時大將軍霍光秉政褒賜燕王錢二十萬益封萬三千戶旦怒曰我當爲帝何賜也遂與宗室中山哀王子劉長齊孝王孫劉澤等結謀詐言以武帝時受詔得職吏事脩武備備非常長於是爲旦命令羣臣曰寡人賴先帝休德獲奉北藩親受明詔職吏事領庫兵飭武備任大職重夙夜兢兢子大夫將何以規佐寡人且燕國雖小成周之建國也上自召公下及昭襄於今千載豈可謂無賢哉寡人束帶聽朝三十餘年曾無聞焉意者寡人之不及與意亦子大夫之思有所不至乎其咎安在方今寡人欲撟邪防非章聞揚和撫慰百姓移風易俗厥路何由子大夫其各悉心以對寡人將察焉羣臣皆免冠謝郎中令成軫謂旦曰大王失職獨可起而索不可坐而得也大王壹起國中雖女子皆奮臂隨大王旦曰前高后時僞立子弘爲皇帝諸侯交手事之八年呂太后崩大臣誅諸呂立文帝天下乃知非孝惠子也我親武帝長子反不得立上書請立廟又不聽立者疑非劉氏即與劉澤謀爲姦書言少帝非武帝子大臣所共立天下宜共伐之使人傳行郡國以搖動百姓澤謀歸發兵臨菑與燕王其起旦遂招來郡國姦人賦斂銅鐵作甲兵數閱其車騎材官卒建旌旗鼓車旄頭先驅郎中侍從者著貂羽黃金附蟬皆號侍中旦從相中尉以下勒車騎發民會圍大獵文安縣以講士馬須期日郎中韓義等數諫旦旦殺義等凡十五人會缾侯劉成知澤等謀告之青州刺史雋不疑不疑即收捕澤以聞天子遣大鴻臚丞治連引燕王有詔勿治而劉澤等皆伏誅益封缾侯久之旦姊鄂邑蓋長公主左將軍上官桀父子與霍光爭權有隙皆知旦怨光即私與燕交通旦遣孫縱之等前後十餘輩多齎金寶走馬賂遺蓋主上官桀及御史大夫桑弘羊等皆與交通數記疏光過失與旦令上書告之桀欲從中下其事旦聞之喜上疏曰昔秦據南面之位制一世之命威服四夷輕弱骨肉顯重異族廢道任刑無恩宗室其後尉佗入南夷陳涉呼楚澤近狎作亂內外俱發嬴氏無炊火焉高皇帝覽蹤迹觀得失見秦建本非是故改其路規土連城布王子孫是以枝葉扶疏異姓不得間也今陛下承明繼成委任公卿羣臣連與成朋非毀宗室膚受之愬日騁於廷惡吏廢法立威主恩不及下究臣聞武帝使中郎將蘇武使匈奴見留二十年不降還亶爲典屬國今大將軍長史敞無勞爲搜粟都尉又將軍都郎羽林道上移蹕太官先置臣旦願歸符璽入宿衛察姦臣之變是時昭帝年十四覺其有詐遂親信霍光而疏上官桀等桀等因謀共殺光廢帝迎立燕王爲天子旦置驛書往來相報許立桀爲王外連郡國以千數旦以語相平

平曰大王前與劉澤結謀事未成而發覺者以劉澤素夸好侵陵也平聞左將軍素輕易車騎將軍少而驕臣恐其如劉澤時不能成又恐旣成反大王也旦曰前一男子詣闕自謂故太子長安中民趣鄉之正讙不可止大將軍恐出兵陳之以自備耳我帝長子天下所信何憂見反後謂羣臣蓋主報言獨患大將軍與右將軍王莽今右將軍物故丞相病幸事必成徵不久令羣臣皆裝是時天雨虹下屬宮中飮井水井水泉竭厠中豕羣出壞太官竈烏鵲鬬死鼠舞殿端門中殿上戶自閉不可開天火燒城門大風壞宮城樓折拔樹木流星下墮后姬以下皆恐王驚病使人祠葭水台水王客呂廣等知星爲王言當有兵圍城期在九月十月漢當有大臣戮死者王愈憂恐謂廣等曰謀事不成妖祥數見兵氣且至柰何會蓋主舍人父燕倉知其謀告之由是發覺丞相賜璽書部中二千石逐捕孫縱之及左將軍桀等皆伏誅旦聞之召相平曰事敗遂發兵乎平曰左將軍已死百姓皆知之不可發也王憂懣置酒萬載宮會賓客羣臣妃妾坐飮王自歌曰歸空城兮狗不吠雞不鳴橫術何廣廣兮固知國中之無人華容夫人起舞曰髮紛紛兮寘渠骨籍籍兮亾居母求死子兮妻求死夫裴回兩渠間兮君子獨安居坐者皆泣有赦令到王讀之曰嗟乎獨赦吏民不赦我因迎后姬諸夫人之明光殿王曰老虜曹爲事當族欲自殺左右曰儻得削國幸不死后姬夫人共啼泣止王會天子使使者賜燕王璽書曰昔高皇帝王天下建立子弟以藩屏社稷先日諸呂陰謀大逆劉氏不絕若髮賴絳侯等誅討賊亂尊立孝文以安宗社非以中外有人表裏相應故邪樊酈曹灌擕劒推鋒從高皇帝墾菑除害耘鉏海內當此之時頭如蓬葆勤苦至矣然其賞不過封侯今宗室子孫曾無暴衣露冠之勞裂地而王之分財而賜之父死子繼兄終弟及今王骨肉至親敵吾一體迺與他姓異族謀害社稷親其所疏疏其所親有逆悖之心無忠愛之義如使古人有知當何面目復奉齊酎見高祖之廟乎旦得書以符璽屬醫工長謝相二千石奉事不謹死矣卽以綬自絞后夫人隨旦自殺者二十餘人天子加恩赦王太子建爲庶人賜旦謚曰剌王旦立三十八年而誅國除後六年宣帝卽位封旦兩子慶爲新昌侯賢爲安定侯立故太子建是爲廣陽頃王二十九年薨子穆王舜嗣二十一年薨子思王璜嗣二十年薨子嘉嗣王莽時廢漢藩王爲家人嘉獨以獻符命封扶美侯賜姓王氏

廣陵厲王胥賜策曰嗚呼小子胥受茲赤社建爾國家封於南土世爲漢藩輔古人有言曰大江之南五湖之間其人輕心揚州保疆三代要服不及以正嗚呼悉爾心祇祇兢兢迺惠迺順毋同好逸毋邇宵人惟法惟則書云臣不作福不作威靡有後羞王其戒之胥壯大好倡樂逸遊力扛鼎空手搏熊彘猛獸動作無法度故終不得爲漢嗣昭帝初立益封胥萬三千戶元鳳中入朝復益萬戶賜錢二千萬黃金二千斤安車駟馬寶劒及宣帝卽位封胥四子聖曾寶昌皆爲列侯又立胥小子弘爲高密王所以褒賞甚厚始昭帝時胥見上年少無子有覬欲心而楚地多巫鬼胥迎女巫李女須使下神祝詛女須泣曰孝武帝下我左右皆伏言吾必令胥爲天子胥多賜女須錢使禱巫山會昭帝崩胥曰女須良巫也殺牛塞禱及昌邑王徵復使巫祝詛之後王廢胥寖信女須等數賜予錢物宣帝卽位胥曰太子孫何以反得立復令女須祝詛如前又胥女爲楚王延壽后弟婦數相餽遺通私書後延壽坐謀反誅辭連及胥有詔勿治賜胥黃金前後五千斤他器物甚眾胥又聞漢立太子謂姬南等曰我終不得立矣乃止不詛後胥子南利侯寶坐殺人奪爵還歸廣陵與胥姬左脩姦事發覺繫獄棄市相勝之奏奪王射陂草田以賦貧民奏可胥復使巫祝詛如前胥宮園中棗樹生十餘莖莖上赤葉白如素池水變赤魚死有鼠晝立舞王后廷中胥謂姬南等曰棗水魚鼠之怪甚可惡也居數月祝詛事發覺有司案驗胥惶恐藥殺巫及宮人二十餘人以絕口公卿請誅胥天子遣廷尉大鴻臚卽訊胥謝曰罪死有餘誠皆有之事久遠請歸思念具對胥旣見使者還置酒顯陽殿召太子霸及子女董訾胡生等夜飮使所幸八子郭昭君家人子趙左君等鼓瑟歌舞王自歌曰欲久生兮無終長不樂兮安窮奉天期兮不得須臾千里馬兮駐待路黃泉下幽深人生要死何爲苦心何用爲樂心所喜出入無悰爲樂亟蒿里召兮郭門閱死不得取代庸身自逝左右更涕泣奏酒至鷄鳴時罷胥謂太子霸曰上遇我厚今負之甚我死骸骨當暴幸而得葬薄之無厚也卽以綬自絞死及八子郭昭君等二人皆自殺天子加恩赦王諸子皆爲庶人賜謚曰厲王立六十四年而誅國除後七年元帝復立胥太子霸是爲孝王十三年薨子共王意嗣三年薨子哀王護嗣十六年薨無子絕後六年成帝復立孝王子守是爲靖王立二十年薨子宏嗣王莽時絕初高密哀王弘本始元年以廣陵王胥少子立九年薨子頃王章嗣三十三年薨子懷

王寬嗣十一年薨子愼嗣王莽時絕

昌邑哀王髆天漢四年立十一年薨子賀嗣立十三年昭帝崩無嗣大將軍霍光徵王賀典喪令乘七乘傳詣長安邸夜漏未盡一刻以火發書其日中賀發晡時至定陶行百三十五里侍從者馬死相望於道郎中令龔遂諫王令還郎謁者五十餘人賀到濟陽求長鳴雞道買積竹杖過弘農使大奴善以衣車載女子至湖使者以讓相安樂安樂告遂遂入問賀賀曰無有遂曰卽無有何愛一善以毀仁義請收屬吏以湔洒大王卽捽善屬衞士長行法賀到霸上大鴻臚郊迎騶奉乘輿車王使僕壽成御郎中令遂驂乘且至廣明東都門遂曰禮奔喪望見國都哭此長安東郭門也賀曰我嗌痛不能哭至城門遂復言賀曰城門與郭門等耳且至未央宮東闕遂曰昌邑帳在是闕外馳道北未至帳所有南北行道馬足未至數步大王宜下車鄉闕西面伏哭盡哀止王曰諾到哭如儀王受皇帝璽綬襲尊號卽位二十七日行淫亂大將軍光與羣臣議白孝昭皇后廢賀歸故國賜湯沐邑二千戶故王家財物皆與賀及哀王女四人各賜湯沐邑千戶語在霍光傳國除爲山陽郡初賀在國時數有怪嘗見白犬高三尺無頭其頸以下似人而冠方山冠以問郎中令龔遂遂曰此天戒言在仄者盡冠狗也去之則存不去則亾矣後復見熊左右皆莫見又大鳥飛集宮中王知惡之復以問遂遂曰熊鳥山野之禽獸今來入宮王獨見之宮室將空之象也於是王卬天歎曰不祥何爲數來遂叩頭曰臣不敢隱忠數言危亾之戒大王不說夫國之存亾豈在臣言哉願王內自揆度大王誦詩三百五篇人事浹王道備王之所行中詩一篇何等也大王位爲諸侯王行汙於庶人以存難以亾易宜深察之後又血汙王坐席王問遂遂叫然號曰宮空不久妖祥數至血者陰憂之象也宜畏愼自省賀終不改節居無何徵旣卽位後王夢靑蠅之矢積西階東可五六石以屋版瓦覆發視之靑蠅矢也以問遂遂曰陛下之詩不云乎營營靑蠅止於藩愷悌君子毋信讒言陛下左側讒人衆多如是靑蠅惡矣宜進先帝大臣子孫親近以爲左右如不忍昌邑故人信用讒諛必有凶咎願詭禍爲福皆放逐之臣當先逐矣賀不用其言卒至於廢大將軍光更尊立武帝曾孫是爲孝宣帝帝卽位心內忌賀元康二年遣使者賜山陽太守張敞璽書曰制詔山陽太守其謹備盜賊察往來過客毋下所賜書敞於是條奏賀居處著其廢亾之效曰臣敞地節三年五月視事故昌邑王居故宮奴婢在中者百八十三人閉大門開小門廉吏一人爲領錢物市買朝內食物他不得出入督盜一人別主徼循察往來者以王家錢取卒迾宮淸中備盜賊臣敞數遣丞吏行察四年九月中臣敞入視居處狀故王年二十六七爲人靑黑色小目鼻末銳卑少須眉身體長大疾痿行步不便衣短衣大袴冠惠文冠佩玉環簪筆持牘趨謁臣敞與坐語中庭閱妻子奴婢臣敞欲動觀其意卽以惡鳥感之曰昌邑多梟故王應曰然前賀西至長安殊無梟復來東至濟陽乃復聞梟聲臣敞閱至子女持轡故王跪曰持轡母嚴長孫女也臣敞故知執金吾嚴延年字長孫女羅紨前爲故王妻察故王衣服言語跪起淸狂不慧妻十六人子二十二人其十一人男十一人女昧死奏名籍及奴婢財物簿臣敞前書言昌邑王歌舞者張脩等十人無子又非姬但良人無官名王薨當罷歸太傅豹等擅留以爲哀王園中人所不當得爲請罷歸故王聞之曰中人守園疾者當勿治相殺傷者當勿法欲令亟死太守奈何而欲罷之其天資喜由亂亾終不見仁義如此後丞相御史以臣敞書聞奏可皆已遣上由此知賀不足忌其明年春迺下詔曰蓋聞象有罪舜封之骨肉之親析而不殊其封故昌邑王賀爲海昏侯食邑四千戶侍中衞尉金安上上書言賀天之所棄陛下至仁復封爲列侯賀嚚頑廢放之人不宜得奉宗廟朝聘之禮奏可賀就國豫章數年揚州刺史柯奏賀與故太守卒史孫萬世交通萬世問賀前見廢時何不堅守毋出宮斬大將軍而聽人奪璽綬乎賀曰然失之萬世又以賀且王豫章不久爲列侯賀曰且然非所宜言有司案驗請逮捕制曰削戶三千後薨豫章太守廖奏言舜封象於有鼻死不爲置後以爲暴亂之人不宜爲太祖海昏侯賀死上當爲後者子充國充國死復上弟奉親奉親復死是天絕之也陛下聖仁於賀甚厚雖舜於象無以加也宜以禮絕賀以奉天意願下有司議議皆以爲不宜爲立嗣國除元帝卽位復封賀子代宗爲海昏侯傳子至孫今見爲侯

宣元六王

孝宣皇帝五男許皇后生孝元皇帝張倢伃生淮陽憲王欽衞倢伃生楚元王囂公孫倢伃生東平思王宇戎倢伃生中山哀王竟

淮陽憲王欽元康三年立母張倢伃有寵於宣帝霍皇后廢後上欲立張倢伃爲后久之懲艾霍氏欲害皇太子迺更選後宮無子而謹愼者乃立長陵王倢伃爲后

今母養太子后無寵希御見唯張倢伃最幸而憲王壯大好經書法律聰達有材帝甚愛之太子寬仁喜儒術上數嗟歎憲王曰眞我子也常有意欲立張倢伃與憲王然用太子起於微細上少依倚許氏及即位而許后以弑死太子蚤失母故不忍也久之上以故丞相韋賢子元成陽狂辭侯於兄經明行高稱於朝廷乃召拜元成爲淮陽中尉欲感喻憲王輔以推讓之臣由是太子遂安宣帝崩元帝即位乃遣憲王之國時張倢伃已死憲王有外祖母舅張博兄弟三人歲至淮陽見親輒受王賜後王上書請徙外家張氏於國博上書願留守墳墓獨不從王恨之後博至淮陽王賜之少博言負責數百萬願王爲償王不許博辭去令弟光恐云王遇大人益解博欲上書爲大人乞骸骨去王迺遣人持黃金五十斤送博博喜還書謝爲諂語盛稱譽王勸令入朝輔助主上使弟光數說王宜聽博計令於京師說用事貴人爲王求朝王不納其言後光屢勸王王意動博知之復遺王書言齊有騶先生者善爲司馬兵法大將之材又北海之濱有賢人焉累世不可逮然難致也若得此二人而薦之漢功亦不細矣且云騶先生蓄積道術書無不有願知大王所好請得輒上此湯禹所以成大功也王得書喜說報博書爲博償責二百萬是時博女壻京房以明易陰陽得幸於上數召見言事自謂爲石顯五鹿充宗所排謀不得用數爲博道之博具記房諸所說災異及召見密語持予淮陽王乃詐言已見中書令石君求朝許以金五百斤復爲王爲便宜奏陳安危指災異令王朝見先口陳其意而後奏之將以去石顯五鹿充宗等爲房地王冀事成功立取寵天子乃大說復報博書以金五百斤與博會房出爲郡守離左右顯具得此事告房漏泄省中語博兄弟詿誤諸侯王狡猾不道皆下獄有司奏請誅捕欽上不忍致法遣諫大夫王駿賜欽璽書責以張博數遺王書非毀政治褒舉諸侯稱引周湯以諂惑王所言悖逆無道王不舉奏而多與金錢報以好言辠至不赦朕不忍聞推原厥本不祥自博惟王之心匪同於凶已詔有司勿治王事欽於是對使者免冠稽首謝罪請得悉心自新奉承詔策京房及博兄弟三人皆棄市妻子徙邊至成帝即位以淮陽王屬爲叔父敬寵之王上書自陳舅張博時事頗爲石顯等所侵因爲博家屬徙者求還上加恩許還徙者三十六年薨子文王元嗣二十六年薨子縯嗣王莽時絕

楚孝王囂甘露二年立爲定陶王三年徙楚成帝河平中入朝時被惡疾天子憫之詔王朝正月與子男一人俱其以廣戚縣戶四千三百戶封其子勳爲廣戚侯明年囂薨子懷王文嗣一年薨無子絕明年成帝復立文弟平陸侯衍是爲思王二十一年薨子紆嗣王莽時絕初成帝時又立紆弟景爲定陶王廣戚侯勳薨諡煬侯子顯嗣平帝崩無子王莽立顯子嬰爲孺子奉平帝後莽篡位以嬰爲定安公漢旣誅莽更始時嬰在長安平陵方望等頗知天文以爲更始必敗嬰本統當立者也其起兵將嬰至臨涇立爲天子更始使丞相李松擊破殺嬰云

東平思王宇甘露二年立元帝即位就國壯大通姦犯法上以至親貰不罪傅相連坐久之事太后內不相得太后上書求守杜陵園（宣帝陵也宮人無子乃守園陵）上於是遣太中大夫張子蟜奉璽書敕諭之又特以璽書賜王太后宇慙懼因使者頓首謝死罪願洒心自改詔書又敕傅相自今以來非五經之正術敢以游獵非禮道王者輒以名聞宇立二十年元帝崩宇謂中謁者信等曰漢大臣議天子少弱未能治天下以爲我知文法建欲使我輔佐天子我見尙書晨夜極苦使我爲之不能也今暑熱縣官年少持服恐無處所我危得之比至下宇凡三哭飲酒食肉妻妾不離側又姬朐臑故親幸後疏遠數歎息呼天宇聞斥朐臑爲家人子埽除永巷數笞擊之朐臑私疏宇過失數令家告之宇覺知絞殺朐臑有司奏請逮捕有詔削樊亢父二縣後三歲天子閔之詔有司復前所削縣如故後年來朝上疏求諸子及太史公書上以問大將軍王鳳鳳言諸子書或反經術非聖人或明鬼神信物怪太史公書有戰國從橫權譎之謀漢興之初謀臣奇策天官災異地形阨塞皆不宜在諸侯王不可予天子如鳳言遂不予立三十三年薨子煬王雲嗣哀帝時無鹽危山土自起覆草如馳道狀又瓠山石轉立雲及后謁自之石所祭治石象瓠山立石束倍草并祠之建平三年息夫躬孫寵等共因幸臣董賢告之是時哀帝被疾多所惡事下有司逮王后謁下獄治言雲使巫傅恭婢合歡等祠祭詛祝上爲雲求爲天子雲又與知災異者高尙等指星宿言上疾必不愈雲當得天下石立宣帝起之表也有司請誅王有詔廢徙房陵雲自殺謁棄市立十七年國除元始元年王莽欲反哀帝政白太皇太后立雲太子開明爲東平王又立思王孫成都爲中山王開明立三年薨無子復立開明兄嚴鄉侯信子匡爲東平王奉開明後王莽居攝東郡太守翟義與嚴鄉侯信謀舉兵誅莽立信爲天子兵敗皆爲

莽所滅

中山哀王竟初元二年立爲淸河王三年徙中山以幼少未之國建昭四年薨邸葬杜陵亾子絕太后歸居外家戎氏

孝元皇帝三男王皇后生孝成帝傅昭儀生定陶恭王康馮昭儀生中山孝王興

定陶恭王康永光三年立爲濟陽王六年徙爲山陽王八年徙定陶王少而愛長多材藝習知音聲上奇器之母昭儀又幸幾代皇后太子語在元后及史丹傳成帝卽位緣先帝意厚遇異於他王十九年薨子欣嗣十五年成帝無子徵入爲皇太子上以太子奉大宗後不得顧私親乃立楚思王子景爲定陶王奉恭王後成帝崩太子立是爲孝哀帝哀帝二年追尊恭王爲恭皇寵寢廟京師序昭穆儀如孝元帝徙定陶王景爲信都王云

中山孝王興建昭二年立爲信都王十四年徙中山成帝之議立太子也御史大夫孔光以爲尙書有殷及王兄終弟及中山王元帝之子宜爲後成帝以中山王不材又兄弟不得相入廟外家王氏與趙昭儀皆欲用哀帝爲太子故遂立焉上乃封孝王舅馮參爲宜鄉侯而益封孝王萬戶以尉其意三十年薨子衎嗣七年哀帝崩無子徵中山王衎入卽位是爲平帝太皇太后以帝爲成帝後故立東平思王孫桃鄉頃侯子成都爲中山王奉孝王後王莽時絕

通志卷七十九

宋右廸功郎鄭樵漁仲撰

宗室傳第二

後漢

四王三侯

齊武王縯(北海靜王興　敬王睦)　趙孝王良　城陽恭王祉

泗水王歙　安成孝侯賜　成武孝侯順　順

陽懷侯嘉

光武十王

東海恭王彊　沛獻王輔　楚王英　濟南安王

康　東平憲王蒼(任城孝王尙)　阜陵質王延　廣陵王

荆　臨淮懷公衡　中山簡王焉　琅邪孝王京

明帝八王

千乘哀王建　陳敬王羨　彭城靖王恭　樂成

靖王黨　下邳惠王衍　梁節王暢　淮陽頃王

昞　濟陰悼王長

章和八子

千乘貞王伉　平春悼王全　清河孝王慶　濟

北惠王壽　河間孝王開(蠡吾侯翼　解瀆亭侯淑)　城陽懷王

淑　廣宗殤王萬歲　平原懷王勝

魏

曹仁(弟純)　曹洪　曹休　曹眞(眞子爽　何晏　鄧颺　丁謐　畢軌)

李勝　桓範　爽從弟文叔妻夏侯氏

武帝二十五子

任城威王彰　陳思王植(子志)　蕭懷王熊　豐愍王

昂　相殤王鑠　鄧哀王沖　彭城王據　燕王

宇　沛穆王林　中山恭王袞　濟陽懷王玹

陳留恭王峻　范陽閔王矩　趙王幹　臨邑殤

公子上　楚王彪　剛殤公子勤　穀城殤公子

乘　郿戴公子整　靈殤公子京　樊安公均

廣宗殤公子棘　東平靈王徽　樂陵王茂

文皇帝九子

贊哀王協　北海悼王蕤　東武陽懷王鑒　東

海定王霖　元城哀王禮　邯鄲懷王邕　清河

悼王貢　廣平哀王儼

蜀

劉永　劉理　後主太子璿

吳

孫靜(子瑜　瑜弟皎　皎弟奐　子壹　靜曾孫峻　峻從弟綝)　孫賁(子鄰　弟輔)　孫

翊(姪孫秀)　孫韶(伯父河　河子桓　韶子楷　桓姪孫丞)

吳主五子

孫登　孫慮　孫和　孫霸　孫奮

後漢

四王三侯

齊武王縯字伯升光武之長兄也性剛毅慷慨有大節自王莽篡漢常憤憤懷復社稷之慮不事家人居業傾身破產交結天下雄俊莽末盜賊羣起南方尤甚伯升召諸豪傑計議曰王莽暴虐百姓分崩今枯旱連年兵革並起此亦天亡之時復高祖之業定萬世之秋也衆皆然之於是分遣親客使鄧晨起新野光武與李通李軼起於宛伯升自發舂陵子弟合七八千人部署賓客自稱柱天都部使宗室劉嘉往誘新市平林兵王匡陳牧等合軍而進屠長聚及唐子鄉殺湖陽尉進拔棘陽因欲攻宛至小長安與王莽前隊大夫甄阜屬正梁丘賜戰時天密霧漢軍大敗姊元弟仲皆遇害宗從死者數十人伯升復收會兵衆還保棘陽阜賜乘勝留輜重於藍鄉引精兵十萬南渡潢淯臨泚水阻兩川間爲營絕浮橋示無還心新市平林見漢兵數敗阜賜軍大至各欲解去伯升患之會下江兵五千餘人至宜秋乃往爲說合從之埶下江從之語在王常傳伯升於是大饗軍士設盟約休卒三日分爲六部潛師夜起襲取藍鄉盡獲其輜重明旦漢軍自西南攻甄阜下江兵自東南攻梁丘賜至食時賜陳潰阜軍望見散走漢兵急追之卻迫潢淯水斬首溺死者二萬餘人遂斬阜賜王莽納言嚴尤秩宗將軍陳茂聞阜賜敗引欲據宛伯升乃陳兵誓衆焚積聚破釜甑鼓行而前與尤茂遇育陽下戰大破之斬首三千餘級尤茂棄軍走遂進圍宛自號柱天大將軍王莽素聞其名大震懼購伯升邑五萬戶黃金十萬斤位上公使長安中官署及天下鄉亭皆畫伯升像於塾旦起射之百姓自阜賜死後日有降者衆至十萬餘諸將會議立劉氏以從人望豪傑咸歸於伯升而新市平林將帥樂放縱憚伯升威明而貪聖公懦弱先共定策立之然後使騎召伯升示其議伯升曰諸將軍幸欲尊立宗室其德甚厚然愚鄙之見竊有未同今赤眉起靑徐衆數十萬聞南陽立宗室恐赤眉復有所立如此必將內爭非所以破莽也且首兵倡號鮮有能遂陳勝項籍卽其事也舂陵去宛三百里耳未足爲功遽自尊立爲天下準的使後人得承吾敝非計之善者也今且稱王以號令若赤眉所立者賢相率而往從之若無所立破莽降赤眉然後舉尊號亦未晚也願各詳思之諸將多曰善將軍張卬拔劍擊地曰疑事無功今

日之議不得有二衆皆從之聖公既卽位拜伯升爲大司徒封漢信侯由是豪傑失望多不服平林後部攻新野不能下新野宰登城言曰得司徒劉公一信願先下及伯升兵至卽開城門降五月伯升拔宛六月光武破王尋王邑自是兄弟威名益甚更始君臣不自安遂共謀誅伯升乃大會諸將以成其計更始取伯升寶劍視之繡衣御史申屠建隨獻玉玦更始竟不能發及罷會伯升舅樊宏謂曰昔鴻門之會范增舉玦以示項羽今建此意得無不善乎伯升笑而不應初李軼諂事更始貴將光武深疑之常以戒伯升曰此人不可復信又不受伯升部將宗人劉稷數陷陳潰圍勇冠三軍時將兵擊魯陽聞更始立怒曰本起兵圖大事者伯升兄弟也今更始爲何者邪更始君臣聞而心忌之以稷爲抗威將軍稷不肯拜更始乃與諸將陳兵數千人先收稷將誅之伯升固爭李軼朱鮪因勸更始并執伯升卽日害之伯升有二子章興建武二年立章爲太原王興爲魯王十一年徙章爲齊王十五年追謚伯升爲齊武王章少孤光武感伯升功業不就撫育恩愛甚篤以其少貴欲令親吏事故使試守平陰令遷梁郡太守立二十一年薨謚曰哀王子殤王石嗣建武二十七年石始就國三十年封石弟張爲下博侯永平十四年封石二子爲鄉侯石立二十四年薨子晃嗣下博侯張以善論議十六年與奉車都尉竇固等並出擊匈奴後進者多害其能數被譖愬建初中卒肅宗下詔褒揚之復封張子他人奉其祀晃及弟利侯剛與母太姬宗更相誣告章和元年有司奏請免晃剛爵爲庶人徙丹陽帝不忍詔貶晃爵爲蕪湖侯削剛戸三千遣謁者收晃及太姬璽綬晃立十七年而降爵晃卒子無忌嗣帝以伯升創大業而後嗣罪廢心常愍之時北海亦絕無後及崩遺詔復二國永元二年乃復封無忌爲齊王是爲惠王立五十二年薨子頃王喜嗣五年薨子承嗣建安十一年國除

北海靖王興建武二年封爲魯王嗣光武兄仲初南頓君娶同郡樊重女字嫺都性婉順自爲童女不正容服不出於房宗族敬焉生三男三女長男伯升次仲次光武長女黃次元次伯姬皇妣以初起兵時病卒宗人樊巨公收斂焉建武二年封黃爲湖陽長公主伯姬爲寗平長公主元與仲俱歿於小長安追爵元爲新野長公主十五年追謚仲爲魯哀王興是歲試守緱氏令爲人有明略善聽訟甚得名稱遷弘農太守亦有善政視事四歲上疏乞骸骨徵還奉朝請二十七年始就國明年以魯國益東海故徙興爲北海王三十年封興子復爲臨邑侯中元二年又封興二子爲縣侯顯宗器重興每有異政輒乘驛問焉二十九年薨子敬王睦嗣睦少好學博通書傳光武愛之數被延納顯宗之在東宮尤見幸待入侍諷誦出則執轡中興初禁網尚闊而睦性謙恭好士千里交結自名儒宿德莫不造門由是聲價益廣永平中法憲頗峻睦乃謝絕賓客放心音樂然性好讀書常爲愛翫歲終遣中大夫奉璧朝賀召而謂之曰朝廷設問寡人大夫將何辭以對使者曰大王忠孝慈仁敬賢樂士臣雖螻蟻敢不以實睦曰吁子危我哉此乃孤幼時進趣之行也大夫其對以孤襲爵以來志意衰惰聲色是娛犬馬是好使者受命而行其能屈申若此初靖王薨悉推財產與諸弟車服珍寶皆以爲分然後隨以金帛贍之睦能屬文作春秋旨義終始論及賦頌數十篇又善史書當代以爲楷則及寢病帝使驛馬令作草書尺牘十首立十年薨子哀王基嗣永平十八年封基二弟爲縣侯二弟爲鄉侯建初二年又封基弟毅爲平望侯基立十四年薨無子肅宗憐之不除其國永元二年和帝封睦庶子斟鄉侯威爲北海王奉睦後立七年威以非睦子又坐誹謗檻車徵詣廷尉道自殺永初元年鄧太后復封睦孫壽光侯普爲北海王是爲頃王延光二年復封睦少子爲亭侯普立七年薨子恭王翼嗣立十四年薨子康王嗣無後建安十一年國除

初臨邑侯復好學能文章永平中每有講學事輒令復典掌焉與班固賈逵共述漢史傅毅等皆宗事之復子騊駼及從兄平望侯毅並有才學永寗中鄧太后召毅及騊駼入東觀與謁者僕射劉珍著中興以下名臣列士傳騊駼又自造賦頌書論凡四篇

趙孝王良字次伯光武之叔父也平帝時舉孝廉爲蕭令光武兄弟早孤良撫循甚篤及光武起兵以事告良良大怒曰汝與伯升志操不同今家欲危亡而反共謀如是既而不得已從軍至小長安漢兵大敗良妻及二子皆被害更始立以良爲國三老從入關更始敗良聞光武卽位乃亡奔洛陽建武二年封良爲廣陽王五年徙爲趙王始就國十三年降爲趙公頻歲來朝十七年薨于京師凡立十六年子節王栩嗣建武三十年封栩二子爲鄉侯建初二年復封栩十子爲亭侯栩立四十年薨子頃王商嗣永元三年封商三弟爲亭侯元年封商四子爲亭侯商立二十三年薨子靖王宏立十二年薨子惠王乾嗣元初五年封乾二弟爲亭侯是歲趙相奏乾居父喪私聘小妻又白衣出司馬門坐削中邱縣

時郎中南陽程堅素有志行拜爲乾傅輔以禮義乾改悔前過堅列上復所削縣本初元年封乾一子爲亭侯乾立四十八年薨子懷王豫嗣豫薨子獻王赦嗣赦薨子琟嗣建安十八年徙封博陵立九年魏初爲崇德侯

城陽恭王祉字巨伯光武族兄春陵康侯敞之子也敞曾祖父節侯買以長沙定王子封於零道之春陵鄉爲春陵侯買卒子戴侯熊渠嗣熊渠卒子考侯仁嗣仁以春陵地埶卑溼山林毒氣上書求減邑內徙元帝初元四年徙封南陽之白水鄉猶以春陵爲國名遂與從弟鉅鹿都尉回及宗族往家焉仁卒子敞嗣敞謙儉好義盡推父時金寶財產與昆弟荊州刺史上其義行拜廬江都尉歲餘會族兄安衆侯劉崇起兵王莽畏惡劉氏徵敞至長安免歸國先是平帝時敞與崇俱朝京師助祭明堂崇見莽將危漢室私謂敞曰安漢公擅國權羣臣莫不回從社稷傾覆至矣太后春秋高天子幼弱高皇帝所以分封子弟蓋爲此也敞心然之及崇事敗敞懼欲結援樹黨乃爲祉娶高陵侯翟宣女爲妻會宣弟義起兵欲攻莽南陽捕殺宣女祉坐繫獄敞因上書謝罪願率子弟宗族爲士卒先莽新居攝欲慰安宗室故不被刑誅及莽篡立劉氏爲侯者皆降稱子食孤卿祿後皆奪爵及敞卒祉遂特見廢又不得官爲吏祉以故侯嫡子行淳厚宗室皆敬之及光武起兵祉兄弟相率從軍王莽前隊大夫甄阜盡收其宗屬繫宛獄及漢兵敗小長安祉挺身還保棘陽甄阜盡殺其母弟妻子更始立以祉爲太常將軍紹封春陵侯從西入關封爲定陶王別將擊破劉嬰於臨涇及更始降於赤眉祉乃間行亡奔洛陽是時宗室唯祉先至光武見之歡甚建武二年封爲城陽王賜乘輿御物車馬衣服追謚敞爲康侯十一年祉疾病上城陽王璽綬願以列侯奉先人祭祀帝自臨其疾祉薨年四十三謚曰恭王竟不之國葬於洛陽之北芒十三年封祉嫡子平爲蔡陽侯以奉祉祀平弟堅爲高陽侯初建武二年以皇祖皇考墓爲昌陵置陵令守視後改爲章陵因以春陵爲章陵縣十八年立考侯康侯廟比園陵置嗇夫詔零陵郡奉同節侯戴侯廟以四時及臘歲五祠焉置嗇夫佐吏各一人平後坐與諸王交通國除永平五年顯宗更封平爲竟陵侯平卒子眞嗣眞卒子禹嗣禹卒子嘉嗣

泗水王歙字經孫光武族父也歙子終與光武少相親愛漢兵起始及唐子終誘殺湖陽尉更始立歙從入關封爲元氏王終爲侍中及更始敗歙終東奔洛陽建武二年立歙爲泗水王終爲淄川王十年歙薨封小子爗爲堂谿侯奉歙後終居喪哭泣思慕二十餘日亦薨封長子柱爲邔侯以奉終嗣又封終子鳳曲陽侯歙從父弟茂年十八漢兵起茂自號劉失職亦聚衆京密間稱厭新將軍攻下穎川汝南衆十餘萬人光武既至河內茂率衆降封爲中山王十三年宗室爲王者皆降爲侯更封茂爲穰侯茂弟匡亦與漢兵俱起建武二年封宜春侯爲人謙遜永平中爲宗正子浮嗣封朝陽侯浮弟尙永元中爲征西將軍浮傳國至孫護無子封絕延光中護從兄瓌與安帝乳母王聖女伯榮私通遂娶爲因得紹護封爲朝陽侯位侍中及王聖敗貶爵爲亭侯

安成孝侯賜字子琴光武族兄也祖父利蒼梧太守賜少孤兄顯報怨殺人吏捕顯殺之賜與顯子信賣田宅同拋財產結客報吏皆亡命逃伏遭赦歸會伯升起兵乃隨從攻擊諸縣更始既立以賜爲光祿勳封廣漢侯及伯升被害代爲大司徒將兵討汝南未及平更始又以信爲奮威大將軍代賜擊汝南賜與更始到洛陽更始欲令親近大將徇河北未知所使賜言諸家子獨有文叔可用大司馬朱鮪等以爲不可更始狐疑賜深勸之乃拜光武行大司馬持節過河是日以賜爲丞相令先入關脩宗廟宮室還迎更始都長安封賜爲宛王拜前大司馬使持節鎮撫關東二年春賜就國於宛典將六部兵後赤眉破更始賜所領六部亦稍散畔乃去宛保育陽聞光武即位乃西之武關迎更始妻子將詣洛陽帝嘉賜忠建武二年封爲愼侯十三年更增戶邑定封爲安成侯奉朝請以賜有恩信故親厚之數讌私時幸其第恩賞特異賜輒賑與故舊無有遺積二十八年卒帝爲治冢堂起祠置廟吏卒如春陵孝侯子閔嗣三十年帝復封閔弟嵩爲白牛侯坐楚事辭語相連國除閔卒子商嗣徙爲白牛侯商卒子昌嗣初信爲更始討平汝南因封爲汝陰王信遂將兵平定江南據豫章光武即位桂陽太守張隆擊破之信乃詣洛陽降以爲汝陰侯永平十三年亦坐楚事國除

成武孝侯順字平仲光武族兄也父慶春陵侯敞同產弟順與光武同里閈少相厚更始即位以慶爲燕王順爲虎牙將軍更始降赤眉慶爲亂兵所殺順乃間行詣光武拜爲南陽太守建元二年封成武侯邑戶最大租入倍宗室諸家八年使擊破六安賊因拜爲六安太守數年帝欲徵之吏民上書請留十一年卒帝使使者迎喪親自臨弔子遵嗣遵坐與諸王交通降爲端氏侯遵卒子弇嗣弇卒無嗣國除永平十年顯宗幸章陵追念

舊恩封順弟子三人爲鄉侯初順叔父弘娶樊氏皇妣之從妹也生二子敏國與母隨更始在長安建光二年詣洛陽光武封敏爲甘里侯國爲弋陽侯敏通經有行永平初官至越騎校尉弘弟梁以俠氣聞更始元年起兵豫章欲徇江東自號就漢大將軍暴病卒

順陽懷侯嘉字孝孫光武族兄也父憲舂陵侯敞同産弟嘉少孤性仁厚南頓君養視如子後與伯升俱學長安習尙書春秋及義兵起嘉隨更始征伐漢軍之敗小長安也嘉妻子遇害更始卽位以爲偏將軍及攻破宛封興德侯遷大將軍擊延岑於冠軍降之更始旣都長安以嘉爲漢中王扶威大將軍持節就國都於南鄭衆數十萬建武二年延岑復反攻漢中圍南鄭嘉兵敗走延岑遂定漢中進兵武都爲更始柱功侯李寶所破岑走天水公孫述遣將侯丹取南鄭嘉收散卒得數萬人以寶爲相從武都南擊侯丹不利還軍河池下辨復與延岑連戰岑引北入散關至陳倉嘉進擊破之更始鄧王廖湛將赤眉十八萬攻嘉嘉與戰於谷口大破之嘉手殺湛遂到雲陽就穀李寶等聞鄧禹西征擁兵自守勸嘉且觀成敗光武聞之告禹曰孝孫素謹善且少見親愛當是長安輕薄兒誤之耳禹卽宣帝旨嘉乃因來歙詣禹於雲陽三年到洛陽從征伐拜爲千乘太守六年病上書乞骸骨徵詣京師十三年封爲順陽侯秋復封嘉子廧爲黃李侯十五年卒子參嗣有罪削爲南鄉侯永平中參爲城門校尉參卒子循嗣循卒子章嗣

光武十王

光武皇帝十一子郭皇后生東海恭王彊沛獻王輔濟南安王康阜陵質王延中山簡王焉許美人生楚王英光烈皇后生顯宗東平憲王蒼廣陵思王荆臨淮懷公衡琅邪孝王京

東海恭王彊建光二年立母郭氏爲后彊爲皇太子十七年而郭后廢彊慼慼不自安數因左右及諸王陳其懇誠願備蕃國光武不忍遲回數歲乃許焉十九年封爲東海王二十八年就國帝以彊廢不以過去就有禮故優以大封兼食魯郡合二十九縣賜虎賁旄頭宮殿設鍾虡之縣擬於乘輿彊臨之國數上書讓還東海又因皇太子固辭帝不許深嘉歎之以彊章宣示公卿初魯恭王好治宮室起靈光殿甚壯麗是時猶存故詔彊都魯中元元年入朝從封岱山因留京師明年春帝崩冬歸國永平元年彊病顯宗遣中常侍鉤盾令將太醫乘驛視疾詔沛王輔濟南王康阜陵王延詣魯及薨臨命上疏謝曰臣蒙恩得備蕃輔特受二國宮室禮樂事事殊異巍巍無量訖無報稱而自修不謹連年被疾爲朝廷憂念皇太后陛下哀憐臣彊感動發中數遣使者太醫令丞方伎道術絡繹不絕臣伏惟厚恩不知所言臣內自省視氣力羸劣日夜浸困終不復望見闕庭奉承帷幄孤負重恩銜恨黃泉身旣夭命孤弱復爲皇太后陛下憂慮誠悲誠慚息政小人也猥當襲臣後必非所以全利之也誠願還東海郡天恩愍哀以臣無男之故處臣三女小國侯此臣宿昔常計今天下新罹大憂惟陛下加供養皇太后數進御餐臣彊困劣言不能盡意願並謝諸王不意永不復相見也帝覽書悲慟從太后出幸津門亭發哀使大司空持節護喪事大鴻臚副宗正將作大匠視喪事贈以殊禮升龍旄頭鸞輅龍旂虎賁百人詔楚王英趙王栩北海王興館陶公主比陽公主及京師親戚四姓夫人小侯皆會葬帝追惟彊深執謙儉不欲厚葬以違其意於是特詔中常侍杜岑及東海傅相曰王謙恭好禮以德自終遣送之物務從約省衣足斂形茅車瓦器物減於制以彰王卓爾獨行之志留將作大監起陵廟彊立十八年年三十四子靖王政嗣政淫欲薄行後中山簡王薨政詣中山會葬私取簡王姬徐妃又盜迎掖庭出女坐削薛縣立四十四年薨子頃王肅嗣永元十六年封肅弟二十一人皆爲列侯肅性謙儉循恭王法度永初中以西羌未平上錢二千萬元初中復上縑萬匹以助國費鄧太后下詔褒約焉立二十三年薨子孝王臻嗣永建二年封臻二弟敏儉爲鄉侯臻及弟蒸鄉侯儉並有篤行母卒皆吐血毀背至服練紅兄弟追念初喪父幼小哀禮有闕因復重行喪制臻性敦厚有恩常分租秩賑給諸父昆弟順帝嘉之制詔增臻封五千戶儉五百戶臻立三十一年薨子懿王祗嗣初平中遣子琬至長安奉章獻帝封琬爲汶陽侯拜爲平原相祗立四十四年薨子羨嗣二十年魏受禪以爲崇德侯

沛獻王輔建武十五年封右馮翊公十七年郭后廢爲中山太后故徙輔爲中山王并食常山郡二十年復徙封沛王時禁網尙疏諸王皆在京師競修名譽爭禮四方賓客壽光侯劉鯉更始子也得幸於輔鯉怨劉盆子害其父因輔結客殺盆子兄故式侯恭輔坐繫詔獄三日乃得出自是後諸王賓客多坐刑罰各循法度二十八年就國中元二年封輔子寶爲沛侯永平元年封寶弟嘉爲僮侯輔矜嚴有法度好經書善說京氏易孝經論語傳及圖讖作五經論時號之曰沛王通論在國謹

節終始如一稱爲賢王顯宗敬重數加賞賜立四十六年薨子釐王定嗣元和二年封定弟十二人爲鄉侯定立十一年薨子節王正嗣元興元年封正弟二人爲縣侯正立十四年薨子孝王廣嗣有固疾安帝詔廣祖母周領王家事周明正有禮法漢安中薨順帝下詔使光祿大夫贈以妃印綬廣立三十五年薨子幽王棨嗣立二十年薨子孝王琮嗣薨子恭王曜嗣薨子契嗣魏受禪以爲崇德侯

楚王英以建武十五年封爲楚公十七年進爵爲王二十八年就國母許氏無寵故英國最貧小三十年以臨淮之取慮須昌二縣益楚國自顯宗爲太子時英常獨歸附太子太子特親愛之及卽位後數加賞賜永平元年特封英舅子許昌爲龍舒侯英少時好游俠交通賓客晚節更喜黃老學爲浮屠齋戒祭祀八年詔令天下死罪皆入縑贖英遣郎中令奉黃縑白紈三十匹詣國相曰託任蕃輔過惡累積歡喜天恩奉送縑帛以贖愆罪國相以聞詔報曰王誦黃老之微言尙浮屠之仁祠絜齋三月與神爲誓何嫌何疑當有悔吝其還贖以助伊蒲塞桑門之盛饌因以班示諸國中傳英後遂大交通方士作金龜玉鶴刻文字以爲符瑞十三年男子燕廣告英與漁陽王平顏忠等造作圖書有逆謀事下案驗有司奏英招聚姦猾造作圖讖擅相官秩置諸侯王公將軍二千石大逆不道請誅之帝以親親不忍乃廢英徙丹陽涇縣賜湯沐邑五百戶遣大鴻臚持節護送使伎人奴婢妓士鼓吹悉從得乘輜軿持兵弩行道射獵極意自娛男女爲侯主者食邑如故楚太后勿上璽綬留住楚宮明年英至丹陽自殺立三十三年國除詔遣光祿大夫持節弔祠贈賵如法加賜列侯印綬以諸侯禮葬於涇遣中黃門古護其妻子悉出楚官屬無辭語者制詔慰譬許太后於是封燕廣爲折姦侯楚獄遂至累年其辭語相連自京師親戚諸侯州郡豪傑及考案吏阿附相陷坐死徙者以千數十五年帝幸彭城見許太后及英妻子於內殿悲泣感動左右建初二年肅宗封英子楚侯种五弟皆爲列侯並不得置相臣吏民元和三年許太后薨復遣光祿大夫持節弔祠因留護喪事賻錢五百萬又遣謁者備王官屬迎英喪改葬彭城加王赤綬羽蓋華藻如嗣王儀追謚曰楚厲侯章和元年帝幸彭城見英夫人及六子厚加贈賜种後徙封陸侯卒子度嗣度卒子拘嗣傳國于後

濟南安王康建武十五年封濟南公十七年進爵爲王二十八年就國三十年以平原之祝阿安德朝陽平昌隰陰重邱六縣益濟南國中元二年封康子德爲東武城侯康在國不循法度交通賓客其後人上書告康招徠州郡姦猾漁陽顏忠劉子產等又多遺其繒帛案圖書謀議不軌事下考有司舉奏之顯宗以親親故不忍窮竟其事但削祝阿隰陰東朝陽安德西平昌五縣建初八年肅宗復還所削地康遂多殖貨財大治宮室奴婢至千四百人廄馬千二百疋私田八百頃奢侈恣欲游觀無節永元初國傅何敞上疏諫康曰蓋聞諸侯之義制節謹度然後能保其社稷和其民人大王以骨肉之親享食茅土當施張政令明其典法出入進止宜有期度輿馬臺隸應爲科品而今奴婢廄馬皆有千餘增無用之口以自蠶食宮婢閉隔失其天性感亂和氣又多起內第觸犯防禁費以巨萬而功猶未半夫文繁者質荒木勝者人亡皆非所以奉禮承上傳福無窮者也故楚作章華以凶吳興姑蘇而滅景公千駟民無稱今數游諸第晨夜無節又非所以遠防未然臨深履薄之法也願大王修恭儉遵古制省奴婢之口減乘馬之數斥私田之富節游觀之宴以禮起居則敞乃敢安心自保惟大王深慮愚言康素敬重敞雖無所嫌牾然不能改立五十九年薨子簡王錯嗣錯爲太子時愛康鼓吹妓女宋閏使醫張尊招之不得錯怒自以劍刺殺尊國相舉奏有詔勿案永元十一年封錯弟七人爲列侯錯立六年薨子孝王香嗣永初二年封香弟四人爲列侯香篤行好經書初香叔父篤有罪不得封西平昌侯昱坐法失侯香乃上書分爵土封篤子丸昱子嵩皆爲列侯香立二十年薨無子國絕永建元年順帝立錯子阜陽侯顯爲嗣是爲釐王立三年薨子悼王廣嗣永建五年封廣弟文爲樂城亭侯廣立二十五年永興元年薨無子國除

東平憲王蒼建武十五年封東平公十七年進爵爲王蒼少好經書雅有智思爲人美須髯要帶十圍顯宗甚愛重之及卽位拜爲驃騎將軍置長史掾史員四十人位在三公上永平元年封蒼子二人爲縣侯二年以東郡之壽張須昌山陽之南平陽橐湖陵五縣益東平國是時中興三十餘年四方無虞蒼以天下化平宜修禮樂乃與公卿議定南北郊冠冕車服制度及光武廟登歌八佾舞數帝每巡狩蒼常留鎭侍衞皇太后四年春車駕近出觀覽城第尋聞當遂校獵河內蒼上書諫止之帝覽奏卽還宮蒼在朝數載多所隆益而自以至親輔政聲望日重意不自安乃上疏歸職且言自漢興以

來宗室子弟無得在公卿位者願乞上驃騎將軍印綬退就蕃國帝優詔不聽其後數陳乞辭甚懇切五年乃許還國而不聽上將軍印綬以驃騎長史爲東平太傅掾爲中大夫令史爲家郎加賜錢五千萬布十萬疋六年冬帝幸魯徵蒼從還京師明年皇太后崩既葬蒼乃歸國特賜宮人奴婢五百人布二十五萬疋及珍寶服御器物十一年蒼與諸王朝京師月餘還國帝臨送歸宮悽然懷思乃遣使手詔國中傅曰辭別之後獨坐不樂因就車歸伏軾而吟瞻望永懷實勞我心誦及采菽以增歎息日者問東平王處家何等最樂王言爲善最樂其言甚大副是要腹矣今送列侯印十九枚諸王子年五歲以上能趨拜者皆令帶之十五年春行幸東平賜蒼錢千五百萬布四萬疋帝以所作光武本紀示之蒼因上光武受命中興頌帝甚喜之以其文典雅特令校書郎賈逵爲之訓詁肅宗即位尊重恩禮踰於前世諸王莫與爲比建初元年地震蒼上便宜其事留中帝報書嘉之特賜錢五百萬後帝欲爲原陵顯節陵起縣邑蒼上疏言光武皇帝躬履節儉之行深覩始終之分勤勤懇懇以葬制爲言故營建陵地具稱古典詔曰無爲山陵陂池裁令深水而已孝明皇帝大孝無違奉承貫行至於自所營創尤爲儉省謙德之美於斯爲盛臣愚以園邑之興始自彊秦古者丘隴且不欲其著明豈況築郭邑建都郛哉上違先帝聖心下造無益之功虛費國用搖動百姓非所以致和氣祈豐年也又以吉凶俗數言之亦不欲無故繕修丘墓有所興起考之古法則不合稽之時宜則違人求之吉凶復未見其福陛下履有虞之至性追祖禰之深思然懼左右過議以累聖心臣蒼誠傷二帝純德之美不暢於無窮也帝從而止自是朝廷每有疑政輒驛使諮問蒼悉心以對皆見納用三年帝饗衛士於南宮因從皇太后周行掖庭池閣於是閱陰太后舊時器服愴然動容乃命留五時衣各一襲及常所御衣合五十篋餘悉分布諸王主及子孫在京師者各有差特賜蒼及琅琊王京書曰間饗衛士於南宮因閱陰太后舊時衣物聞於師曰其物存其人亡不言哀而哀自至惟王孝友之德亦豈不然今送光烈皇后假紒帛巾各一及衣一篋可時奉瞻以慰凱風寒泉之思又令後生子孫得見先后衣服之製今魯國孔氏尚有仲尼車輿冠履明德盛者光靈遠也其光武器服中元二年已賦諸國故不復送并遺宛馬一疋血從前髆上小孔中出常聞武帝歌天馬霑赤汗今親見其然也頃反虜尚屯將帥在外憂念遑遑未有閒寧願王寶精神加供養苦言至戒望之如渴六年冬蒼上疏求朝明年正月帝許之特賜裝錢千五百萬其餘諸王各千萬帝以蒼冒涉寒露遣謁者賜貂裘及太官食物珍果使大鴻臚竇固持節郊迎帝乃親自循行邸第豫設帷牀其錢帛器物無不充備下詔曰禮伯父歸寧乃國詩云叔父建爾元子敬之至也昔蕭相國加以不名優忠賢也況兼親尊者乎其沛濟南東平中山四王讚皆勿名蒼既至升殿乃拜天子親答之其後諸王入宮輒以輦迎至省閤乃下蒼以受恩過禮情不自寧上疏辭謝帝愈褒貴焉舊典諸王女皆封鄉主乃特封蒼五女爲縣公主三月大鴻臚奏遣諸王歸國帝特留蒼賜以祕書列僊圖道術祕方至八月飲酎畢有司復奏遣蒼乃許之手詔賜蒼曰骨肉天性誠不以遠近爲親疏然數見顏色情重昔時念王久勞思得還休欲署大鴻臚奏不忍下筆顧受小黃門中心戀戀惻然不能言於是車駕祖送流涕而訣復賜乘輿服御珍寶輿馬錢布以億萬計蒼還國疾病帝馳遣名醫小黃門侍病使者冠蓋不絕於道又置驛馬千里傳問起居明年正月薨詔告中傅封上蒼自建武以來章奏及所作書記賦頌七言別字歌詩並集覽焉遣大鴻臚持節五官中郎將副監喪及將作使者凡六人令四姓小諸侯國王主悉會詣東平奔喪賜錢前後一億布九萬疋及葬帝賜策命加錫鑾輅乘馬龍旂九旒虎賁百人以爲寵榮蒼立四十五年薨子懷王忠嗣明年帝乃分東平國封忠弟尚爲任城王餘五人爲列侯忠立十一年薨子孝王敞嗣元和三年行東巡狩幸東平宮帝追念蒼謂其諸子曰思其人至其鄉其處在其人亡因泣下霑襟遂幸蒼陵爲陳虎賁鸞輅龍旂以章顯之祠以太牢親拜祠坐哭泣盡哀賜御劍于陵前初蒼歸國驃騎時吏丁牧周栩以蒼敬賢下士不忍去之遂爲王家大夫數十年事祖及孫帝聞皆引見於前愍其淹滯且欲揚蒼德美即皆擢拜議郎牧至齊相栩上蔡令永元十年封蒼孫梁爲矜陽亭侯敞弟六人爲列侯敞喪母至孝國相陳珍上其行狀永寧元年鄧太后增邑五千戶又封蒼孫二人爲亭侯敞立四十八年薨子頃王端嗣立四十七年薨子凱嗣立二十一年至魏受禪以爲崇德侯任城孝王尚元和元年封食任城亢父樊三縣立十八年薨子貞王安嗣永元十四年封母弟福爲桃鄉侯永初四年封福弟亢爲當塗鄉侯安性輕易貪吝數微服出入游觀國中取官屬車馬刀劍下至衛士米肉皆不與直元

初六年國相行弘奏請廢之安帝不忍以一歲租五分之一贖罪安立十九年薨子節王崇嗣順帝時羌虜數反崇輒上錢帛佐邊費及帝崩復上錢三百萬助山陵用度朝廷嘉而不受立三十一年薨無子國絶延熹四年桓帝立河間孝王子恭爲參戸亭侯博爲任城王以奉其祀博有孝行喪母服制如禮增封三千戸立十三年薨無子國絶熹平四年靈帝復立河間貞王孫新昌侯子佗爲任城王奉孝王後立四十六年魏受禪以爲崇德侯

阜陵質王延建武十五年封淮陽公十七年進爵爲王二十八年就國三十年以汝南之長平西華新陽扶樂四縣益淮陽國延性驕奢而遇下嚴烈永平中有上書告延與姬兄謝弇及姊館陶主壻駙馬都尉韓光招姦猾作圖讖祠祭祝詛事下案驗光弇被誅辭所連及死徙者甚衆有司奏請誅延顯宗特加恩徙爲阜陵王食二縣延既徙封數懷怨望建初中復有告延與子男魴造逆謀者有司奏請檻車詣廷尉詔獄肅宗不忍致法詔貶爵爲阜陵侯食一縣敕魴等罪勿驗使謁者一人監護延國不得與吏民通章和元年行幸九江賜延書與車駕會壽春帝見延志意衰落形體非故愍然傷之乃下詔復封爲阜陵王增封四縣以阜陵下溼徙都壽春加賜錢千萬布萬疋安車一乘夫人諸子賞賜各有差明年入朝立五十一年薨子殤王沖嗣永元二年下詔盡削除前班下延事沖立二年薨無嗣和帝復封沖兄魴是爲頃王永元八年封魴弟十二人爲鄉亭侯魴立三十年薨子懷王恢嗣延光三年封恢兄弟五人爲鄉亭侯恢立十年薨子節王代嗣陽嘉二年封代兄便親爲勃遒亭侯代立十四年薨無子國絶建和元年桓帝立勃遒亭侯便親爲恢嗣是爲蒸王立十三年薨子孝王統嗣立八年薨子王赦嗣建安中薨無子國除

廣陵思王荆建武十五年封山陽公十七年進爵爲王荆性刻急隱害有才能而喜文法光武崩大行在前殿荆哭不哀而作飛書封以方底令蒼頭詐稱東海王彊舅大鴻臚郭況書與彊曰君王無罪猥被斥廢而兄弟至有束縛入牢獄者太后失職別守北宮及至年老遠斥居邊海內深痛觀者鼻酸及太后尸柩在堂洛陽吏以次捕斬賓客至有一家三尸伏堂者痛莫甚矣今天下有喪弓弩張設甚備間梁松勑虎賁史曰吏以便宜見非勿有所拘封侯難再得也郎官竊悲之爲王寒心累息今天下爭欲思刻賊王以求功寧有量邪若歸并二國之衆可聚百萬君王爲之主鼓行而前易於太山破雞子輕於四馬載鴻毛此湯武兵也今年軒轅星有白氣星家及喜事者皆云白氣者喪軒轅女主之位又太白前出西方至午兵當起又太子星色黑至辰日輒變赤夫黑爲病赤爲兵亡努力卒事高祖起亭長陛下興白水何況於王陛下長子故副主哉上以求天下事必舉下以雪除沈没之恥報死母之讐精神所加金石爲開當爲秋霜無爲檻羊雖欲無檻羊又可得乎竊見諸相工言王貴天子法也人主崩亡閭閻之伍尚爲盜賊欲有所望何況王邪夫受命之君天之所立不可謀也今新帝人之所置彊者爲右願君王爲高祖陛下所志無爲扶蘇將閭叫呼天也彊得書惶怖即執其使封書上之顯宗以荆母弟祕其事遣荆出止河南宮時西羌反荆不得志冀天下因羌驚動有變私迎能爲星者與謀議帝聞之乃徙封荆廣陵遣之國其後荆復呼相工謂曰我貌類先帝先帝三十得天下我今亦三十可起兵未相者詣吏告之荆惶恐自繫獄帝復加恩不考極其事下詔不得臣屬吏民唯食租如故使相中尉謹宿衛之荆猶不改其後使巫祭祀祝詛有司奏請誅之荆自殺立二十九年薨帝憐傷之賜謚曰思王十四年封荆子元壽爲廣陵侯服王璽綬食荆故國六縣又封元壽弟三人爲鄉侯明年帝東巡狩徵元壽兄弟會東平宮班賜御服器物又取皇子輿馬悉以與之建初七年肅宗詔元壽兄弟與諸王俱朝京師元壽卒子商嗣商卒子條嗣傳國于後

臨淮懷公衡建武十五年立未及進王爵而薨無子國除

中山簡王焉建武十五年封左馮翊公十七年進爵爲王焉以郭太后少子故獨留京師三十年徙封中山王永平二年冬諸王來會辟雍事畢歸藩詔焉與俱就國從以虎賁官騎焉上疏辭讓顯宗詔勿辭帝以焉郭太后偏愛特加恩寵獨得往來京師十五年焉姬韓序有過焉縊殺之國相舉奏坐削安險縣元和中肅宗復以安險還中山立五十二年永元二年薨自中興至和帝時皇子始封薨者皆賻錢三千萬布萬疋嗣王薨賻錢千萬布萬疋是時竇太后臨朝竇憲兄弟擅權太后及憲等東海出也故睦於焉而重於禮加賻錢一億詔濟南東海二王皆會大爲修冢塋開神道平夷吏民冢墓以千數作者萬餘人發恆山鉅鹿涿郡柏黃腸雜木三郡不能備復調餘州郡工徒及送致者數千人凡徵發搖動六州十八郡制度餘國莫及子夷王憲嗣永元四

年封憲弟十一人爲列侯憲立二十二年薨子孝王弘嗣永寧元年封弘二弟爲亭侯弘立二十八年薨子穆王暢嗣永和六年封暢弟剎爲南鄉侯暢立三十四年薨子節王稚嗣無子國除

琅邪孝王京建武十五年封琅邪公十七年進爵爲王京性恭孝好經學顯宗尤愛幸恩寵殊異永平二年以太山之蓋南武陽華東萊之昌陽盧鄉東牟六縣益琅邪五年乃就國光烈皇后崩帝悉以太后遺金寶賜京京都莒好修宮室窮極伎巧殿館壁帶皆飾以金銀數上詩賦頌德帝嘉美之下之史官京國中有城陽景王祠吏民奉祠神數下言宮中多不便利京上書願徙宮開陽以華蓋南武陽厚邱贛榆五縣易東海之開陽臨沂肅宗許之立三十一年薨葬東海即邱廣平亭有詔割亭屬開陽子夷王宇嗣建初七年封宇弟十三人爲列侯元和元年封孝王孫二人爲列侯宇立二十年薨子恭王壽嗣永初元年封壽弟八人爲列侯立十七年薨子貞王尊嗣延光二年封尊弟四人爲鄉亭侯尊立十八年薨子安王據嗣永和五年封據弟三人爲鄉亭侯據立四十七年薨子順王容嗣初平元年遣弟邈至長安奉章貢獻帝以邈爲九江太守封陽都侯容立八年薨國絕初邈至長安盛稱東郡太守曹操忠誠於帝操以此德邈建安十二年復立容子熙爲王在位十一年坐謀欲過江被誅國除

明帝八王

孝明皇帝九子賈貴人生章帝陰貴人生梁節王暢餘七王不載母氏

千乘哀王建永平三年封明年薨年少無子國除

陳敬王羨永平三年封廣平王建初三年有司奏請羨與鉅鹿王恭樂成王黨俱就國肅宗性篤愛不忍與諸王乖離遂皆留京師明年案輿地圖令諸國戶口皆等租入歲各八千萬羨博涉經書有威嚴與諸儒講論於白虎殿七年帝以廣平在北多有邊費乃徙羨爲西平王分汝南八縣爲國及帝崩遺詔徙封爲陳王食淮陽郡其年就國立三十七年薨子思王鈞嗣鈞立多不法遂行天子大射禮性隱賊喜文法國相二千石不與相得者輒陰中之憎怨敬王夫人李儀等永元十一年遂使客隗久殺儀家屬吏捕得久繫長平獄鈞欲斷絕辭語復使結客篡殺久事發覺有司舉奏鈞坐削西華項新陽三縣十二年封鈞六弟爲列侯後鈞取掖庭出女李嬈爲小妻復坐削圉宜祿扶溝三縣永初七年封敬王孫安國爲耕亭侯鈞立二十一年薨子懷王竦嗣立二年薨無子國絕永寧元年立敬王子安壽亭侯崇爲陳王是爲頃王立五年薨子孝王承嗣承薨子愍王寵嗣熹平二年國相師遷追奏前相魏愔與寵共祭天神希幸非冀罪至不道有司奏遣使者案驗是時新誅勃海王悝靈帝不忍復加法詔檻車傳送愔遷詣北寺詔獄使中常侍王酺與尚書令侍御史雜考愔辭與王共祭黃老君求長生福而已無他冀幸酺等奏愔職在匡正而所爲不端遷誣告其王罔以不道皆誅死有詔赦寵不案寵善弩射十發十中中皆同處中平中黃巾賊起郡縣皆棄城走寵有彊弩數千張出軍都亭國人素聞王善射不敢反叛故陳獨得完百姓歸之者衆十餘萬及獻帝初義兵起寵率衆屯陽夏自稱輔漢大將軍國相駱俊素有威恩時天下飢荒鄰郡人多歸就之俊傾財賑贍並得全活袁術求糧於陳而俊拒絕之術忿恚遣客詐殺俊及寵陳由是破敗是時諸國無復租祿而數見虜奪幷日而食轉死溝壑者甚衆夫人姬妾多爲丹陵兵烏桓所掠云

彭城靖王恭永平九年賜號靈壽王十五年封爲鉅鹿王建初三年徙封江陵王改南郡爲國元和二年三公上言江陵在京師正南不可以封乃徙爲六安王以廬江郡爲國肅宗崩遺詔徙封彭城王食楚郡其年就國恭敦厚威重吏民敬愛之永初六年封恭子阿奴爲竹邑侯元初三年恭以事怒子酺酺自殺國相趙牧以狀上因誣奏恭祠祀惡言大逆不道有司奏請誅之恭上書自訟朝廷以其素著行義令考實無徵牧坐下獄會赦免死恭立四十六年薨子考王道嗣元初五年封道弟三人爲鄉侯恭孫順爲東安亭侯道立二十八年薨子頃王定嗣本初元年封定兄弟九人皆爲亭侯定立四年薨子孝王和嗣和性至孝又敬賢樂施國中愛之初平中天下大亂和爲賊昌務所攻避奔東阿後得還國立六十四年薨孫祗嗣立七年魏受禪以爲崇德侯

樂成靖王黨永平九年賜號重熹王十五年封樂成王黨性聰慧善史書喜正文字與肅宗同年尤相親愛建初四年以清河之游觀津勃海之東光成平涿郡之中水饒陽安平南深澤八縣益樂成國及帝崩其年就國黨急刻不遵法度舊禁宮人出嫁不得適諸國有故掖庭技人哀置嫁爲男子章初妻黨召哀置入宮與通初欲上書告之黨恐懼乃密賂哀置姊焦使殺初事發覺黨乃縊殺內侍三人以絕口語又取中山簡王傳婢李羽生爲小妻永元七年國相舉奏之和帝詔削東光鄡

二縣立二十五年薨子哀王崇嗣立二月薨無子國絕明年和帝立崇兄修侯巡爲樂成王是爲釐王立十五年薨子隱王賓嗣立八年薨無子國絕明年復立濟北惠王子萇爲樂成王後萇到國數月驕淫不法愆過累積冀州刺史與國相舉奏萇罪至不道安帝詔貶萇爵爲臨湖侯延光元年以河閒孝王子得嗣靖王後以樂成比廢絕故改國曰安平是爲安平孝王立三十年薨子續立中平元年黃巾賊起爲所刦質囚于廣宗賊平復國其年秋坐不道被誅立三十四年國除

下邳惠王衍永平十五年封衍有容貌肅宗即位常在左右建初初冠詔賜衍師傅以下官屬金帛各有差四年以臨淮郡及九江之鍾離當塗東城歷陽全椒合十七縣益下邳國帝崩其年就國衍後病荒忽而太子卬有罪廢諸姬爭欲立子爲嗣連上書相告言和帝憐之使彭城靖王恭至下邳正其嫡庶立子成爲太子衍立五十四年薨子貞王成嗣永建元年封成兄二人及惠王孫二人皆爲列侯成立二年薨子愍王意嗣陽嘉元年封意弟八人爲鄉亭侯中平元年意遭黃巾棄國走賊平復國數月薨立五十七年年九十子哀王宜嗣數月薨無子建安十一年國除

梁節王暢永平十五年封爲汝南王母陰貴人有寵暢尤被愛幸國土租入倍於諸國肅宗立緣先帝之意賞賜恩寵甚篤建初二年封暢舅陰棠爲西陵侯四年徙爲梁王以陳留之郾甯陵濟陰之薄單父巳氏成武凡六縣益梁國帝崩其年就國暢性聰慧然少貴驕頗不遵法度歸國後數有惡夢從官卞忌自言能使六丁善占夢暢數使卜筮又暢乳母王禮等因此自言能見鬼神遂其占氣祠祭求福忌等諂媚云神言王當爲天子暢心喜與相應答永元五年豫州刺史梁相舉奏暢不道考訊辭不服有司請徵暢詣廷尉詔獄和帝不許有司重奏除暢國徙九眞帝不忍但削成武單父二縣暢慙懼上疏謝罪乞裁食睢陽穀熟虞蒙甯陵五縣還餘所食四縣放遣姬妾節量僮僕其所受虎賁官騎及諸工技鼓吹倉頭奴婢兵弩廏馬皆上還本署請得自新詔報不許暢固讓章數上卒不聽立二十七年薨子恭王堅嗣永元十六年封堅弟二人爲鄉亭侯堅立二十六年薨子懷王匡嗣永建二年封匡兄弟七人爲鄉亭侯匡立十一年薨無子順帝封匡弟孝陽亭侯成爲梁王是爲夷王立二十九年薨子敬王元嗣立十六年薨子彌嗣立四十年魏受禪以爲崇德侯

淮陽頃王昞永平五年封常山王建初四年徙爲淮陽王以汝南之新安西華益淮陽國立十六年薨未及立嗣永元二年和帝立昞小子側復爲恆山王奉昞後是爲殤王立十三年薨父子皆未之國並葬京師側無子其月立兄防子侯章爲恆山王和帝憐章早孤數加賞賜延平元年就國立二十五年薨是爲靖王子頃王儀嗣永建二年封儀兄二人爲亭侯儀立十七年薨子節王豹嗣永嘉元年封豹兄四人爲亭侯豹立八年薨子暠嗣三十二年遭黃巾賊棄國走建安十一年國除

濟陰悼王長永平十五年封建初四年以東郡之離狐陳留之長垣益濟陰國立十三年薨于京師無子國除

高峻曰明帝慈仁親親篤睦凡諸王驕貴多不遵法度反逆不道皆不忍加刑但削國而已由以輔車義重骨肉恩深者矣中興已後犯法未有誅者

章和八子

孝章皇帝八子宋貴人生清河孝王慶梁貴人生和帝申貴人生濟北惠王壽河間孝王開餘不載母氏平原懷王勝和帝子也亦不載母氏

千乘貞王伉建初四年封和帝即位以伉長兄甚見尊禮立十五年薨子寵嗣一名伏胡永元七年改國名樂安立二十八年薨是爲夷王父子皆薨于京師子鴻嗣安帝崩始就國鴻生質帝質帝立梁太后下詔以樂安國土卑溼租委鮮薄改鴻封勃海王立二十六年薨是爲孝王無子太后立桓帝立蠡吾侯悝爲勃海王奉鴻嗣延熹八年悝謀爲不道有司請廢之帝不忍乃貶爲廮陶王食一縣悝後因中常侍王甫求復國許謝錢五千萬帝臨崩遺詔復爲勃海王悝知非甫功不肯還謝錢甫怒陰求其過初迎立靈帝道路流言悝恨不得立欲鈔徵書而中常侍鄭颯中黃門董騰並任俠通剽輕數與悝交通王甫司察以爲有姦密告司隸校尉段熲熹平元年遂收颯送北寺獄使尚書令廉忠誣奏颯等謀迎立悝大逆不道遂詔冀州刺史收悝考實又遣大鴻臚持節與宗正廷尉之勃海追責悝悝自殺妃妾十一人子女七十八人伎女二十四人皆死獄中傅相以下以輔導王不忠悉伏誅悝立二十五年國除眾庶莫不憐之

平春悼王全以建初四年封其年薨葬于京師無子國除

清河孝王慶母宋貴人貴人宋昌八世孫扶風平陵人也父楊以恭孝稱於鄉閭不應州郡之命楊姑即明德馬后之外祖母也馬后聞楊二女皆有才色迎而訓之

永平末選入太子宮甚有寵肅宗卽位並爲貴人建初三年大貴人生慶明年立爲皇太子徵楊爲議郎褒賜甚渥貴人長於人事供奉長樂宮身執饋饌太后憐之太后崩後竇皇后寵盛以貴人姊妹並幸慶爲太子心內惡之與母比陽主謀陷宋氏外令兄弟求其纖過內使宦者偵伺得失後於掖庭門邀遮得貴人書云病思生菟令家求之因誣言欲作蠱道祝詛以菟爲厭勝之術日夜毀譖貴人母子遂漸見疏慶出居承祿觀數月竇后諷掖庭令誣奏前事請加驗實七年帝遂下詔廢慶而立梁貴人子肇爲皇太子遂出貴人姊妹置丙舍使小黃門蔡倫考實之皆承諷旨傅致其事乃載送暴室二貴人同時飲藥自殺帝猶傷之敕掖庭令葬於樊濯聚於是免楊歸本郡郡縣因事復捕繫之楊友人前懷令山陽張峻左馮翊沛國劉均等奔走解釋得以免罪楊失志憔悴卒于家慶時雖幼而知避嫌畏禍言不敢及宋氏帝更憐之敕皇后令衣服與太子齊等太子特親愛慶入則共室出則同輿及太子卽位是爲和帝待慶尤渥諸王莫得爲比常共議私事後慶以長別居丙舍永元四年帝移幸北宮章德殿講白虎觀慶得入省宿止帝將誅竇氏欲得外戚傳懼左右不敢使乃令慶私從千乘王求夜獨內之又令慶傳語中常侍鄭衆求索故事及大將軍竇憲誅慶出居邸賜奴婢三百人輿馬錢帛帷帳珍寶玩好充仞其第又賜中傅以下至左右錢帛各有差慶多被病或時不安帝朝夕問訊進膳藥所以垂意甚備慶小心恭孝自以廢黜尤畏事愼法每朝謁陵廟常夜分嚴裝衣冠待明約敕官屬不得與諸王車騎競驅常以貴人葬禮有闕每竊感恨至四節伏臘輒祭於私室竇氏誅後始使乳母於城北遙祠及竇太后崩慶求上冢致哀帝許之詔太官四時給祭具慶垂涕曰生雖不獲供養終得奉祭祀私願足矣欲求作祠堂恐有自同恭懷梁后之嫌遂不敢言常泣向左右以爲沒齒之恨後上言外祖母王年老遭憂病下土無醫藥願乞詣洛陽療疾於是詔宋氏悉歸京師除慶舅衍俊蓋暹等皆爲郎十五年有司以日食陰盛奏遣諸王侯就國詔曰甲子之異責由一人諸王幼穉早離顧復弱冠相育常有蓼莪凱風之哀選懦之恩知非國典且復須留至冬從祠章陵詔假諸王羽林騎各四十人後中尉衛訢私爲臧盜千餘萬詔使案理之并責慶不舉之狀慶曰訢以師傅之尊選自聖朝臣愚唯知言從事聽不甚有所糾察帝嘉其對悉以訢臧財賜慶及帝崩慶號泣前殿嘔血數升因以發病明年諸王就國鄧太后特聽清河王置中尉內史賜什物皆取乘輿上御以宋衍等並爲清河中大夫鄧太后以殤帝襁抱遠慮不虞留慶長子祜與嫡母耿姬居清河邸至秋帝崩立祜爲嗣是爲安帝太后使中黃門送耿姬歸國帝所生母左姬字小娥小娥姊字大娥犍爲人初伯父聖坐妖言伏誅家屬沒官二娥數歲入掖庭及長並有才色小娥善史書喜辭賦和帝賜諸王宮人因入清河第慶初聞其美賞傅母以求之又後幸愛極盛姬妾莫比姊妹皆卒葬於京師慶立凡二十五年乃歸國其年病篤謂宋衍等曰清河埤薄欲乞骸骨於貴人冢傍下棺而已朝廷大恩猶當應有祠室庶母子并食魂靈有所依庇死復何恨乃上書太后曰臣國土下溼乞骸骨下從貴人於樊濯雖歿且不朽今口目尚能言視冒昧干請命在呼吸願蒙哀憐遂薨年二十九遣司空持節與宗正奉弔祭又使長樂謁者僕射中謁者二人副護喪事賜龍旗九旒虎賁百人儀比東海恭王太后使掖庭丞送左姬喪與王合葬廣邱子愍王虎威嗣永初元年太后封宋衍爲盛鄉侯分清河爲二國封慶少子常保爲廣川王子女十一人皆爲鄉公主食邑奉明年常保薨無子國除虎威立三年薨亦無子鄧太后復立樂安王寵子延平爲清河王是爲恭王太后崩有司上言清河孝王至德淳懿載育聖明承天奉祚爲郊廟主漢興高皇帝尊父爲太上皇宣帝號父爲皇考序昭穆置園邑太宗之義舊章不忘宜上尊號曰孝德皇皇妣左氏曰孝德后孝德皇母宋貴人追謚曰敬隱后乃告祠高廟使司徒持節與大鴻臚奉策書璽綬清河追上尊號又遣中常侍奉太牢祠典護禮儀侍中劉珍等及宗室列侯皆往會事尊陵曰甘陵廟曰昭廟置令丞設兵車周衛比章陵復以廣川益清河國尊耿姬爲甘陵大貴人又封女弟侍男爲涅陽長公主別得爲舞陰長公主餘七主並早卒故不及進爵追贈敬隱后女弟小貴人印綬追封謚宋楊爲當陽穆侯楊四子皆爲列侯食邑各五千戶宋氏爲卿校侍中大夫謁者郎吏十餘人孝德后異母弟次及達生二人諸子九人皆爲清河國郎中耿貴人者牟平侯舒之孫也貴人兄寶襲封牟平侯帝以寶嫡舅寵遇甚渥位至大將軍事以見耿舒傳立三十五年薨子蒜嗣冲帝崩徵蒜詣京師將議爲嗣會大將軍梁冀與梁太后立質帝罷歸國蒜爲人嚴重動止有度朝臣太尉李固等莫不歸心焉初中常侍曹騰說蒜蒜不爲禮宦者由此惡之及帝崩公卿皆正議立

蒜而曹騰說梁冀不聽遂立桓帝語在李固傳蒜由此得罪建和元年甘陵人劉文與南郡妖賊劉鮪交通訛言清河王當統天下欲共立蒜事發覺文等遂劫清河相謝暠將至王宮司馬門曰當立王爲天子暠爲公暠不聽罵之文因刺殺暠於是捕文鮪等誅之有司因劾奏蒜坐貶爵爲尉氏侯徙桂陽自殺立三年國絕梁冀惡清河名乃改爲甘陵梁太后立安平孝王子經侯理爲甘陵王奉孝德皇祀是爲威王理立二十五年薨子貞王定嗣定立四年薨子獻王忠嗣黃巾起忠爲國人所執既而釋之靈帝詔復忠國忠立十三年薨嗣子爲黃巾所害建安十一年以無子國除

濟北惠王壽母申貴人潁川人也世吏二千石貴人年十三入掖庭壽以永元二年封分太山郡爲國和帝遵肅宗故事兄弟皆留京師恩寵篤密有司請遣諸王歸藩不忍許之及帝崩乃就國永初元年鄧太后封壽舅申轉爲新亭侯壽立三十一年薨自永初以後戎狄叛亂國用不足始封王薨減賻錢爲千萬布萬疋嗣王薨五百萬布五千匹時唯壽最尊親特賻錢三千萬布三萬匹子節王登嗣永寧元年封登弟五人爲鄉侯皆別食太山邑登立十五年薨子哀王多嗣多立三年薨無子永和四年立戰鄉侯安國爲濟北王是爲釐王安國立十年薨子孝王次嗣本初元年封次弟猛爲亭侯次九歲喪父至孝建和元年梁太后下詔褒稱之增封五千戶次立七年薨子鸞嗣鸞薨子政嗣政薨無子建安十一年國除

河間孝王開以永元二年封分樂成勃海涿郡爲國延平元年就國開遵奉法度吏民敬之永寧元年鄧太后封開子翼爲平原王奉懷王勝嗣子德爲安平王奉樂成王黨祀開立四十二年薨子惠王政嗣政傲很不奉法憲順帝以侍御史吳郡沈景有彊能稱故擢爲河間相景到國謁王王不正服箕踞殿上侍郎贊拜景峙不爲禮問王所在虎賁曰是非王邪景曰王不服與常人何別今相謁王豈謁無禮者邪王慙而更服景然後拜出住宮門外請王傅責之曰前發京師陛下見受詔以王不恭使相檢督諸君空受爵祿而無訓導之義因奏治罪詔書讓政而詰責傅景因捕諸姦人上案其罪殺戮尤惡者數十人出冤獄者百餘人政爲改節悔過自修陽嘉元年封政弟十三人皆爲亭侯政立十年薨子貞王建嗣建立十年薨子安王利嗣利立二十八年薨子陔嗣陔立四十一年薨魏受禪以爲崇德侯蠡吾侯翼元初六年鄧太后召濟北河間王諸子詣京師奇翼美儀容故以爲平原懷王後焉留在京師歲餘太后崩安帝乳母王聖與中常侍江京等譖鄧騭兄弟及翼云與中大夫趙王謀圖不軌闚覦神器懷大逆心貶爲都鄉侯遣歸河間翼於是謝絕賓客閉門自處永建五年父開上書願分蠡吾縣以封翼順帝從之翼卒子志嗣爲大將軍梁冀所立是爲桓帝梁太后詔追尊河間孝王爲孝穆皇夫人趙氏曰孝穆后廟曰清廟陵曰樂成陵蠡吾先侯曰孝崇皇廟曰烈廟陵曰博陵皆置令丞使司徒持節奉策書璽綬祠以太牢建和二年更封帝兄都鄉侯碩爲平原王留博陵奉翼後尊翼夫人馬氏爲孝崇博園貴人以涿郡之良鄉故安河間之蠡吾三縣爲湯沐邑碩嗜酒多過失帝令馬貴人領王家事建安十一年國除解瀆亭侯淑以河間孝王子封淑卒子長嗣長卒子宏嗣爲大將軍竇武所立是爲靈帝建寧元年竇太后詔追尊皇祖淑爲孝元皇夫人夏氏曰孝元后陵曰敦陵廟曰靖廟皇考長爲孝仁皇夫人董氏爲慎園貴人陵曰慎陵廟曰奐廟皆置令丞使司徒持節之河間奉策書璽綬祠以太牢常以歲時遣中常侍持節之河間奉祠熹平三年使使拜河間安王利子康爲濟南王奉孝仁皇祀康薨子贇嗣建安十二年爲黃巾所害子開嗣立十三年魏受禪以爲崇德侯

城陽懷王淑以永元二年封分濟陰爲國立五年薨葬於京師無子國除還并濟陰

廣宗殤王萬歲以永元二年封分鉅鹿爲國其年薨葬於京師無子國除還并鉅鹿

平原懷王勝和帝長子也少有痼疾延平元年封立八年薨葬於京師無子鄧太后立樂安夷王寵子得爲平原王奉勝後是爲哀王六年薨無子永寧元年太后又立河間孝王開子都鄉侯翼爲平原王嗣安帝廢之國除

魏

曹仁字子孝太祖從弟也少好弓馬弋獵及豪傑並起仁亦陰結少年得千餘人周旋淮泗之間遂從太祖爲別部司馬行厲鋒校尉太祖之破袁術仁斬獲頗多從征徐州仁常督騎爲軍前鋒別攻陶謙將呂由破之還與大軍合彭城大破謙軍從攻費華即墨開陽謙遣別將救諸縣仁以騎擊破之太祖征呂布仁別攻勾陽拔之生獲布將劉何太祖平黃巾迎天子都許仁數有功拜廣陽太守太祖器其勇略不使之郡以議郎督騎太祖征張繡仁別徇旁縣虜其男女三千餘人太祖軍還

爲繡所追軍不利士卒喪氣仁率勵將士甚奮太祖壯之遂破繡太祖與袁紹久相持於官渡紹遣劉備徇㶏彊諸縣多舉衆應之自許以南吏民不安太祖以爲憂仁曰南方以大軍方有目前急其埶不能相救劉備以彊兵臨之其背叛固宜也備新將紹兵未能得其用擊之可破也太祖善其言遂使將騎擊備破走之仁盡復收諸叛縣而還紹遣別將韓荀鈔斷西道仁擊荀於雞洛山大破之由是紹不敢復分兵出復與史渙等鈔紹運車燒其糧穀河北既定從圍壺關太祖令曰城拔皆阬之連月不下仁言於太祖曰圍城必示之活門所以開其生路也今公告之必死將人自爲守且城固而糧多攻之則士卒傷守之則引日久今頓兵堅城之下以攻必死之虜非良計也太祖從之城降於是錄仁前後功封都亭侯從平荊州以仁行征南將軍留屯江陵拒吳將周瑜瑜將數萬衆來攻前鋒數千人始至仁登城望之乃募得三百人遣部曲將牛金逆與挑戰賊多金衆少遂爲所圍長史陳矯俱在城上望見金等垂沒左右皆失色仁意氣奮怒甚謂左右取馬來矯等共援持之謂仁曰賊衆盛不可當也假使棄數百人何苦而將軍以身赴之仁不應遂被甲上馬將其麾下壯士數十騎出城去賊百餘步迫溝矯等以爲仁當住溝上爲金形埶也仁徑渡溝直前衝入賊圍金等乃得解餘衆未盡出仁復直還突之拔出金兵亡其數人賊衆乃退矯等初見仁出皆懼及見仁還乃歎曰將軍眞天人也三軍服其勇太祖益壯之轉封安平亭侯太祖討馬超以仁行安西將軍督諸將拒潼關破超渭南蘇伯田銀反以仁行驍騎將軍都督七軍討銀等破之復以仁行征南將軍假節屯樊鎭荊州侯音以宛叛略傍縣衆數千人仁率諸軍攻破音斬其首還屯樊卽拜征南將軍關羽攻樊時漢水暴溢于禁等七軍皆沒禁降羽仁人馬數千人守城城不沒者數版羽乘船臨城圍數重外內斷絕糧食欲盡救兵不至仁激厲將士示以必死將士感之無二心徐晃救至水亦稍減晃從外擊羽仁得潰圍出羽退走仁少時不修行檢及長爲將嚴整奉法令常置科於左右案以從事鄢陵侯彰北征烏丸文帝在東宮以書戒彰曰爲將奉法不當如征南邪及卽王位拜仁車騎將軍都督荊揚益州諸軍事進封陳侯增邑二千并前三千五百戶追賜仁父熾謚陳穆侯置守冢十家後召還屯宛孫權遣將陳邵據襄陽詔仁討之仁與徐晃攻破邵遂入襄陽使將軍高遷等徙漢南附化民於漢北文帝遣使卽拜仁大將軍又詔移屯臨潁遷大司馬復督諸軍據烏江屯合淝黃初四年薨謚忠侯子泰嗣官至鎭東將軍假節轉封甯陵侯泰薨子初嗣又分封泰弟楷範皆爲列侯而牛金官至將軍仁弟純初以議郎參司空軍事督虎豹騎從圍南皮袁譚出戰士卒多死太祖欲緩之純曰今千里蹈敵進不能克退必喪威且懸師深入難以持久彼勝而驕我敗而懼以懼敵驕必可克也太祖善其言遂急攻之譚敗純麾下騎斬譚首及北征三郡純步騎獲單于蹋頓以前後功封高陵亭侯邑三百戶從征荊州追劉備於長坂獲其二女輜重收其散卒進降江陵從還譙建安十五年薨文帝卽位追謚曰威侯子演嗣官至領軍將軍正元中進封平樂鄉侯演薨子亮嗣

曹洪字子廉太祖從弟也太祖起義兵討董卓至滎陽爲卓將徐榮所敗太祖失馬賊追甚急洪下以馬授太祖太祖辭讓洪曰天下可無洪不可無君遂步從到汴水水深不得渡洪循水得船與太祖俱濟還奔譙揚州刺史陳溫素與洪善洪將家兵千餘人就溫募兵得廬江上甲二千人東到丹陽復得數千人與太祖會龍亢太祖征徐州張邈舉兖州叛迎呂布時大饑荒洪將兵在前先據東平范聚糧穀以繼軍太祖討邈布於濮陽布破走遂據東阿轉擊濟陰山陽中牟陽武京密十餘縣皆拔之以前後功拜鷹揚校尉遷揚武中郎將天子都許拜洪諫議大夫別征劉表破表別將於舞陽陰葉堵陽博望有功遷厲鋒將軍封國明亭侯累從征伐拜都護將軍文帝卽位爲衞將軍遷驃騎將軍進封野王侯益邑千戶并前二千一百戶位特進後徙封都陽侯始洪家富而性吝嗇文帝少時從洪貸絹百疋洪不稱意常恨之遂以舍客犯法下獄當死羣臣並救莫能得卞太后謂郭后曰令曹洪今日死吾明日勑帝廢后矣后爲涕泣屢請乃得免官削爵土洪先帝功臣時人多爲觖音欽恚反望明帝卽位拜後將軍更封樂城侯邑千戶位特進復拜驃騎將軍太和六年薨謚恭侯子馥嗣侯初太祖分洪戶封子震列侯洪族父瑜修愼篤敬官至衞將軍封列侯

曹休字文烈太祖族子也天下亂宗族各散去鄉里休年十餘歲喪父獨與一客擔喪假葬攜將老母渡江至吳休祖父嘗爲吳郡太守休於太守舍見壁上祖父畫像下榻拜涕泣同坐皆嘉歎之後以太祖舉兵易姓名轉至荊州閒行北歸見太祖太祖謂左右曰此吾家千里駒也使與文帝同止見待如子常從征伐使領虎豹

騎宿衞劉備遣將吳蘭屯下辯太祖遣曹洪征之以休爲騎都尉參洪軍事太祖謂休曰汝雖參軍其實帥也洪聞此令亦委事於休備遣張飛屯固山欲斷軍後衆議狐疑休曰賊實斷道者當伏兵潛行今乃先張聲勢此其不能也宜及其未集促擊蘭蘭破則飛自走矣洪從之進兵擊蘭大破之飛果走太祖拔漢中諸軍還長安拜休中領軍文帝即王位爲領軍將軍錄前後功封東陽亭侯夏侯惇薨以休爲鎭南將軍假節都督諸軍事車駕臨送上乃下輿執手而別孫權遣將屯歷陽休到擊破之又別遣兵渡江燒賊蕪湖營數千家遷征東將軍領揚州刺史進封安陽鄉侯帝征孫權以休爲征東大將軍假黃鉞督張遼等及諸州郡二十餘軍擊權大將呂範等於洞浦破之拜揚州牧明帝即位進封長平侯吳將審悳屯皖休擊破斬之吳將韓綜翟丹等前後率衆詣休降增邑四百并前二千五百戶遷大司馬都督揚州如故太和二年帝爲二道征吳遣司馬懿從漢水下督休諸軍向尋陽賊將僞降休深入戰不利退還宿石亭軍夜驚士卒亂棄甲兵輜重甚多休上書謝罪帝遣屯騎校尉楊旣慰喻禮賜甚隆休因此癰發背薨謚壯侯子肇嗣肇有當世才度爲散騎常侍屯騎校尉明帝寢疾方與燕王宇等屬以後事帝意尋變詔肇以侯歸第正始中薨追贈衞將軍子興嗣初文帝分休戶三百封肇弟纂爲列侯後爲殄吳將軍薨追贈前將軍

曹眞字子丹太祖族子也太祖起兵眞父邵募徒衆爲州郡所殺太祖哀眞少孤撫養如己子使與文帝共止嘗獵爲虎所逐顧射虎應聲而倒太祖壯其鷙勇使將虎豹騎討靈邱賊拔之封靈壽亭侯以偏將軍將兵擊劉備別將於下辯破之拜中堅將軍從至長安領中領軍是時夏侯淵沒於陽平太祖憂之以眞爲征蜀護軍督徐晃等破劉備別將高詳於陽平太祖自至漢中拔出諸軍使眞至武都迎曹洪等還屯陳倉文帝即王位以眞爲鎭西將軍假節督雍涼州諸軍事錄前後功進封東鄉侯張進等反於酒泉眞遣費曜討破之斬進等黃初三年還京都以眞爲上軍大將軍都督中外諸軍事假節鉞與夏侯尙等征孫權擊牛渚屯破之轉拜中軍大將軍加給事七年文帝寢疾眞與陳羣司馬懿等受遺詔輔政明帝即位進封邵陵侯裴松之案眞父名邵而封邵陵侯若非書誤則事不可論遷大將軍諸葛亮圍祁山南安天水安定三郡反應亮帝遣眞督諸軍屯郿遣張郃擊亮將馬謖大破之安定民楊條等略吏民保月支城眞進軍圍之條謂其衆曰大將軍自來吾願早降耳遂自縛出三郡皆平眞以亮懲於祁山後必從陳倉出乃使將軍郝昭王生等守陳倉治其城明年春亮果圍陳倉已有備而不能克增邑并前二千九百戶四年朝洛陽遷大司馬賜劒履上殿入朝不趨眞以蜀連出侵邊境宜遂伐之數道並入可大克也帝從其計眞當發帝親臨送眞以八月發長安從子午道南入司馬懿泝漢水當會南鄭諸軍或從斜谷道或從武威入會大霖雨三十餘日棧道斷絕詔眞還軍眞少與宗人曹遵鄉人朱讚並事太祖遵讚早亡眞愍之乞分所食邑封遵讚子詔嘉美之聽分其邑賜遵讚子爵關內侯各百戶眞每征行與將士同勞苦軍賞不足輒以家財班賜士卒皆願爲用眞病還洛陽帝自幸其第省疾薨謚元侯子爽嗣帝追思眞功悉封五子羲訓則彥皚皆爲列侯眞弟彬文帝世分眞二百戶封爲列侯爽字昭伯少以宗室謹重明帝在東宮甚親愛之及即位爲散騎侍郎累遷城門校尉加散騎常侍轉武衞將軍寵待有殊帝寢疾乃引爽入卧內拜大將軍假節鉞都督中外諸軍錄尚書事與太尉司馬懿並受遺詔輔少主明帝崩齊王即位加爽侍中改封武安侯邑萬二千戶賜劒履上殿入朝不趨贊拜不名丁謐乃畫策使爽白天子發詔轉司馬懿爲太傅外以名號尊之內欲令尚書奏事先來由己得制其輕重也爽弟羲爲中領軍訓武衞將軍彥散騎常侍講其餘諸弟皆以列侯侍從出入禁闥貴寵莫盛焉初南陽何晏鄧颺李勝沛國丁謐東平畢軌咸有聲名進趣於時明帝以其浮華皆黜抑之及爽秉政乃復進敘任爲腹心颺等欲令爽立威名於天下勸使伐蜀爽從其言司馬懿止之不能禁正始五年爽乃西至長安大發卒六七萬人從駱谷入是時關中及氐羌轉輸不能供牛馬騾驢多死民夷號泣道路入谷行數百里賊因山爲固兵不得進爽參軍楊偉爲爽陳形勢宜急還不然將敗颺與偉爭於爽前偉曰颺勝將敗國家事可斬也爽不悅乃引軍還初爽以懿年德並高恒以父道事之不敢專行及晏等進用咸共推戴說爽以權重不宜委之於人乃以晏颺謐爲尚書晏典選舉軌司隸校尉勝河南尹諸事希復由懿懿遂稱疾避爽晏等專政共分割洛陽野王典農部桑田數百頃及壞湯沐地以爲產業承埶竊取官物因緣求欲州郡有司望風莫敢忤旨晏等與廷尉盧毓素有不平因毓吏微過深文致毓法使主者先收毓印綬然後奏聞其作威如此爽飲食車服

擬於乘輿尚方珍玩充牣其家妻妾盈後庭又私取先帝才人七八人及將吏師工鼓吹良家子女三十三人皆以為伎樂詐作詔書發才人五十七人送鄴臺使先帝倢伃教習為伎擅取太樂樂器武庫禁兵作窟室綺疏四周數與晏等會其中縱酒作樂義深以為憂屢諫止爽爽並不納義至於涕泣爽又與兄弟數俱出游大司農沛國桓範謂曰總萬機典禁兵不宜竝出若有閉城門誰復內人者爽曰誰敢爾邪懿常密為之備九年冬李勝出為荊州刺史爽等令勝辭懿并伺察焉懿見勝命兩婢侍持衣衣落指口言渴婢進粥懿不持杯而飲粥流霑胸勝曰眾謂明公舊風發動何意乃耳懿使聲氣纔屬言年老沈疾死在旦夕君當屈并州并州近胡好為之備且以子師昭為託勝曰還忝本州非并州也懿復錯亂其辭曰君方到并州勝曰當忝荊州懿曰年老意荒不解君言今為本州好建功勳勝退告爽曰司馬公尸居餘氣形神已離不足慮矣故爽等不復設備十年正月車駕朝高平陵爽兄弟皆從懿乃部勒兵馬先據武庫遂出屯洛水浮橋奏爽曰臣昔從遼東還先帝詔陛下秦王及臣升御牀把臣臂深以後事為念臣言二祖亦屬臣以後事為念此自陛下所見無所憂苦萬一有不如意臣當以死奉明詔黃門令董箕等才人侍疾者皆所聞知今大將軍爽背棄顧命敗亂國典內則僭擬外專威權破壞諸營盡據禁兵羣官要職皆置所親殿中宿衛歷世舊人皆復斥出欲置新人以樹私計根據磐牙縱恣日甚外既如此又以黃門張當為都監專共交關看察至尊候伺神器離間二宮傷害骨肉天下洶洶人懷危懼陛下但為寄坐耳豈得久安此非先帝詔陛下及臣升御牀之本意也臣雖朽邁敢忘往言昔趙高極意秦氏以滅呂霍早斷漢祚永世此乃陛下之大鑒臣受命之時也太尉臣濟尚書令臣孚等皆以爽有無君之心兄弟不宜典兵宿衛奏永寧宮皇太后令敕臣如奏施行臣輒敕主者及黃門令罷爽義訓吏兵以侯就第不得逗留以稽車駕敢有稽留便以軍法從事臣輒力疾將兵屯洛水浮橋伺察非常爽得奏不通迫窘不知所為懿使爽所親信說爽宜早自歸罪唯免官而已時桓範聞兵起不應太后召矯詔開平昌門拔劍戟將門候南奔爽懿謂蔣濟曰智囊往矣濟曰範則智矣駑馬戀棧豆爽必不能用也範果說爽挾車駕幸許昌招外兵爽兄弟猶豫未決範重謂義曰此事昭然卿用讀書何為今卿門戶求貧賤復可得乎且匹夫持質一人尚欲望活今卿與天子相隨令於天下誰敢不應今詣許昌不過中宿所憂穀食而大司農印章在我身義兄弟不從自甲夜至五鼓爽乃投刀於地曰我亦不失作富家翁範哭曰曹子丹佳人生汝兄弟㹠犢耳何圖今日坐汝等族滅邪於是爽乃通懿奏請下詔免己官奉駕還宮爽兄弟歸家懿發卒圍守之有司奏黃門張當私以所擇十人張何等與爽疑有姦收付廷尉考實當陳爽與晏等陰謀反逆並先習兵須三月中發於是收晏等下獄會公卿朝臣廷議以為春秋之義君親無將將而必誅爽以支屬世蒙殊寵親受先帝握手遺詔託以天下而包藏禍心蔑棄顧命乃與晏颺及當等謀圖神器範黨同罪人皆為大逆不道於是收爽羲訓晏颺謐軌勝範當等皆伏誅夷三族晏何進孫也母尹氏太祖為司空時納晏母為夫人晏長於宮省性無所顧憚服飾擬於太子故文帝特憎之不呼其姓字常謂之為假子尚同母妹金鄉公主少以才秀知名好老莊言作道德論及諸文賦著述凡數十篇與夏侯元司馬師等皆名盛於時晏嘗曰唯深也故能通天下之志夏侯太初是也唯幾也故能成天下之務司馬子元是也唯神也不疾而速不行而至吾聞其語未見其人蓋欲以神況諸己也晏性自喜又好色動靜粉白不去手行步顧影故黃初時無所事任及明帝立頗為冗官至正始初曲合於爽爽亦以才能用為散騎常侍遷侍中尚書晏為尚書主選舉其宿與之有舊者多被拔擢爽敗懿使晏治爽等獄晏窮治黨與冀以獲宥懿曰凡有八族晏疏丁鄧等七族懿曰未也晏窮急乃曰豈謂晏乎懿曰是也乃收晏鄧颺字元茂鄧禹後也少得士名於京師明帝時為尚書郎除洛陽令坐事免拜中郎又入兼中書郎初颺與李勝等為浮華友及在中書浮華事發被斥出遂不復用正始初乃出為潁川太守轉大將軍長史遷侍中尚書颺為人好貨前在內職許臧艾授以顯官艾以父妾與颺故京師為之語曰以官易婦鄧元茂每所薦達多如此比故何晏選舉不得人頗由颺之不公忠遂同其罪丁謐字彥靖父斐字文侯初斐隨太祖太祖以斐鄉里特饒愛之斐性好貨數請求犯法輒得原宥為典軍校尉總攝內外每所陳說多見從之建安末從太祖征吳斐隨行自以家牛羸困乃私易官牛為人所白被收送獄奪官其後太祖問斐曰文侯印綬所在斐亦知見戲對曰以易餅耳太祖笑顧謂左右曰東曹毛椽數白此家欲令我重治我非不知此人不清良有以也我之有斐譬如人家有盜狗而

善捕鼠盜雖有少損而完我囊貯遂復斐官聽用如初後數歲病亡謐少不肯交游但博觀書傳爲人沈毅頗有才略太和中常在鄴借人空屋居其中而諸王亦欲借之不知謐已得直開門入謐望見王交脚卧而不起而呼其奴客曰此何等人促可使去王怒其無禮還具上言明帝收謐繫鄴獄以其功臣子原出後帝閾其有父風召拜度支郎中曹爽宿與相親時爽爲武衛將軍數爲帝說其可大用會帝崩爽輔政乃拔謐爲散騎常侍遂轉尚書謐爲人外似疎略而內多所忌其在臺閣數有彈駁臺中患之事不得行又其意輕貴多所忽略雖與何晏鄧颺等同位而皆少之唯以埶屈於爽爽亦敬之言無不從故于時謗書謂臺中有三狗二狗崖柴不可當一狗憑默作疽囊三狗謂何鄧丁也默者爽小字也其意言三狗皆欲嚙人而謐尤甚也奏使郭太后出居别宮及遣樂安王使北詣鄴又遣文欽令還淮南皆謐之計司馬懿由是特深恨之畢軌字昭先父字子禮建安中爲典農校尉軌以才能少有名聲明帝在東宮時軌在文學中黃初末出爲長史明帝即位入爲黃門郎子尚公主居處殷富遷并州刺史其在并州名爲騎豪時雜虜數爲暴害吏民軌輒出軍擊鮮卑軻比能失利中護軍蔣濟表曰畢軌前失既往不咎但恐是後難可以再凡人材有長短不可彊成軌文雅智意自爲美器今失并州换置他州若入居顯職不毁其德於國事實善此安危之要唯聖恩察之至正始中入爲中護軍轉侍中尚書遷司隸校尉素與曹爽善每言於爽多見從之李勝字公昭父休字子朗有智略張魯前爲鎮北將軍休爲司馬家南鄭時漢中有甘露降子朗見張魯精兵數萬人有四塞之固遂言赤氣久衰黃家當興欲魯舉號魯不聽會魯破太祖以其勸魯內附賜爵關內侯署散官騎從詣鄴至黃初中仕歷上黨鉅鹿二郡太守後以年老還拜議郎勝少游京師雅有材智與曹爽善明帝禁浮華而人白勝堂有四窻八達各有主名用是被收以其所連引者多故得原禁錮數歲帝崩曹爽輔政勝爲洛陽令夏侯元爲征西將軍以勝爲長史元亦宿與勝厚駱谷之役議從勝出由是司馬懿不悅於勝累遷滎陽太守河南尹勝前後所歷宰守未嘗不稱職爲尹歲餘廳事前屠蘇壞令人更治之小材一枚激墮正撾受符吏石虎頭斷之後旬日遷爲荆州刺史未及之官而敗也桓範字元則世爲冠族建安末入丞相府延康中爲羽林左監以有文學與王象等典集皇覽明帝時爲中領軍尚書遷征虜將軍東中郎將使持節都督青徐諸軍事治下邳與徐州刺史鄒岐爭屋引節欲斬岐爲岐所奏不直坐免還復爲兖州刺史怏怏不得意又聞當轉爲冀州牧是時冀州統屬鎮北而鎮北將軍呂昭才實仕進本在範後範謂其妻仲長曰我寧作諸卿向三公長跪耳不能爲呂子展屈也其妻曰君前在東坐欲擅斬徐州刺史衆人謂君難爲作下今復羞爲呂屈是復難爲作上也範忿其言觸實乃以刀環撞其腹妻時懷孕遂墮胎死範亦竟稱疾不赴冀州正始中拜大司農範前在臺閣號爲曉事及爲司農又以清省稱範嘗抄撮漢書中諸事自以意斟酌之名曰世要論蔣濟爲太尉嘗與範會社下羣卿列坐有數人範懷其所撰欲以示濟謂濟當虛心觀之範出其書以示左右左右傳之示濟濟不肯視範心恨之因論他事乃發怒謂濟曰我祖薄德公等何似邪濟性雖彊毅亦知範剛毅覩而不應各罷範於沛郡仕次在曹眞後于時曹爽輔政以範鄉里老宿於九卿中特敬之然不甚親也及司馬懿起兵閉城門以範爲曉事乃指召之欲使領中領軍範欲應召而其子諫之以爲車駕在外不如南出範疑有頃兒又促之範欲去而司農丞吏皆止範範不從乃突出至平昌城門城門已閉門候司蕃故範舉吏也範呼之舉手中版以示之矯曰有詔召我卿促開門蕃欲求見詔書範呵之言卿非我故吏邪何以敢爾乃開之範出城顧謂蕃曰太傅圖逆卿從我去蕃徒行不能及遂避側範南見爽勸爽兄弟以天子詣許昌徵四方以自輔爽兄弟不能用爽等既免官帝還宮遂令範隨從到洛水浮橋北望見懿下車叩頭而無言懿呼範姓曰桓大夫何爲爾邪車駕入宮有詔範還復位範詣闕拜章謝待報會司蕃詣鴻臚自首具說範前臨出所道懿乃忿然曰誣人以反於法何應主者曰科律反受其罪乃收範於闕下時人持範甚急範謂部官曰徐之我亦義士耳遂送廷尉初爽從弟文叔娶譙郡夏侯文寧之女名令女文叔早死服闋自以年少無子恐家必嫁之乃斷髮爲信其後家果欲嫁之令女聞即復以刀截兩耳居止常依爽及爽被誅曹氏盡死令女家上書與曹氏絕婚彊迎令女歸復欲嫁之令女懼不免竊入寢室以刀斷鼻蒙被而卧其母呼與語不應發被視之血流滿牀席舉室驚惶奔視莫不酸鼻或謂之曰人生世間如輕塵棲弱草耳何至自苦乃爾且夫家夷滅已盡守此欲誰爲哉令女曰聞仁者不以盛衰改節義者不以存亡易心曹氏前盛之時尚欲保終況今

衰亡何忍棄之禽獸不行吾豈爲乎懿聞而嘉之聽使乞子字養爲曹氏後嘉平中紹功臣世後封眞族孫熙爲新昌亭侯邑三百戸以奉眞後

武帝二十五子

武皇帝二十五男卞皇后生文皇帝任城威王彰陳思王植蕭懷王熊劉夫人生豐愍王昂相殤王鑠環夫人生鄧哀王沖彭城王據燕王宇杜夫人生沛穆王林中山恭王袞秦夫人生濟陽懷王玹陳留恭王峻尹夫人生范陽閔王矩王昭儀生趙王幹孫姬生臨邑殤公子上楚王彪劉殤公子勤李姬生穀城殤公子乘郿戴公子整靈殤公子京周姬生樊安公均劉姬生廣宗殤公子棘宋姬生東平靈王徽趙姬生樂陵王茂

任城威王彰字子文少善射御膂力過人手格猛獸不避險阻數從征伐志意慷慨太祖嘗抑之曰汝不念讀書慕聖道而好乘馬擊劍此一夫之用何足貴也課彰讀詩書彰謂左右曰丈夫一爲衛霍將十萬騎馳沙漠驅戎狄立功建號耳何能作博士邪太祖嘗問諸子所好使各言其志彰曰好爲將太祖曰爲將奈何對曰被堅執銳臨難不顧爲士卒先賞必行罰必信太祖大笑建安二十一年封鄢陵侯二十三年代郡烏丸反以彰爲北中郎將行驍騎將軍臨發太祖戒彰曰居家爲父子受事爲君臣動以王法從事爾其戒之彰北征入涿郡叛胡數千騎卒至時兵馬未集唯有步卒千人騎數百匹用田豫計固守要隙虜乃散退彰追之身自搏戰射胡騎胡騎應弦而倒者前後相屬戰過半日彰鎧中數箭意氣愈厲乘勝逐北至于桑乾去代二百餘里長史諸將皆以爲士馬疲頓又受節度不得過代不可深進違令輕敵彰曰率師而行唯利所在何節度乎胡走未遠追之必破從令縱敵非良將也遂上馬令軍中後出者斬一日一夜與虜相及擊大破之斬首獲生以千數彰乃倍常科大賜將士將士無有不悅者時鮮卑大人軻比能將數萬騎觀望彊弱見彰力戰所向皆破乃請服北方悉平時太祖在長安召彰詣行在所彰自代過鄴太子謂彰曰卿新有功今西見上宜勿自伐應對常若不足者彰到如太子言歸功諸將太祖喜持彰鬚曰黃鬚兒竟大奇也太祖東還以彰行越騎將軍留長安太祖至洛陽得疾驛召彰未至太祖崩文帝即王位彰與諸侯就國詔增邑五千并前萬戸黃初二年進爵爲公三年立爲任城王四年朝京師疾薨于邸謚曰威及葬賜鑾輅龍旂虎賁百人如漢東平王故事子楷嗣徙封中牟王五年改封任城縣太和六年復改封任城國食五縣二千五百戸靑龍三年楷坐私遣官屬詣中尚方作禁物削縣二千戸正始七年徙封濟南三千戸正元景元初連增邑凡四千四百戸

陳思王植字子建年十歲餘誦讀詩論及辭賦數十萬言善屬文太祖常視其文謂植曰汝倩人邪植跪曰言出爲論下筆成章顧當面試柰何倩人時鄴銅爵臺新成太祖悉將諸子登臺使各爲賦植援筆立成可觀太祖甚異之性簡易不治威儀輿馬服飾不尚華麗每進見難問應聲而對特見寵愛建安十六年封平原侯後徙封臨菑侯太祖征孫權使植留守鄴戒之曰吾昔爲頓邱令年二十三思此時所行無悔於今今汝亦年二十三矣可不勉歟植既以才見異而丁儀丁廙楊修等爲之羽翼太祖狐疑幾爲太子者數矣而植任性而行不自雕礪飲酒不節文帝御之以術矯情自飾宮人左右並爲之說故遂定爲嗣二十二年增植邑五千并前萬戸植嘗乘車行馳道中開司馬門出太祖大怒公車令坐死由是重諸侯科禁而植寵日衰太祖既慮終始之變以楊修頗有才策而又袁氏之甥於是以罪誅修植益內不自安二十四年曹仁爲關羽所圍太祖以植爲南中郎將行征虜將軍欲遣救仁呼有所勅戒時植將行太子飲焉逼而醉之太祖召不能受命於是悔而罷之文帝即王位誅丁儀丁廙并其男口植與諸侯並就國黃初二年監國謁者灌均希指奏植醉酒悖慢劫脅使者有司請治罪帝以太后故貶爵安鄉侯其年改封鄄城侯三年立爲鄄城王邑二千五百戸四年徙封雍邱王其年朝京師上疏曰臣自抱釁歸藩刻肌刻骨追思罪戾晝分而食夜分而寢誠以天罔不可重離聖恩難可再恃竊感相鼠之篇無禮遄死之義形影相弔五情愧赧以罪棄生則違古賢夕改之勸忍活苟全則犯詩人胡顏之譏伏惟陛下德象天地恩隆父母施暢春風澤如時雨是以不別荊棘者慶雲之惠也七子均養者尸鳩之仁也舍罪責功者明君之舉也矜愚愛能者慈父之恩也是以愚臣徘徊於恩澤而不能自棄者也前奉詔書臣等絕朝心離志絕自分黃耇無復執珪之望不圖聖詔猥垂齒召至止之日馳心輦轂僻處西館未奉闕庭踊躍之懷瞻望反側謹拜表獻詩二篇其辭曰於穆顯考時維武皇受命于天寧濟四方朱旗所拂九土披攘元化滂流荒服來王超商越周與唐比蹤篤生我皇奕世再聰武則肅烈文則時雍受禪炎漢臨君萬邦萬邦既化率由舊則廣命懿親以藩王國帝曰

爾侯君茲青土奄有海濱方周于魯車服有輝旗章有叙濟濟儁乂我弼我輔伊予小子恃寵驕盈舉挂時網動亂國經作藩作屏先軌是墮傲我皇使犯我朝儀國有典刑我削我黜將寘于理元凶是率明明天子時篤同類不忍我刑暴之朝肆違彼執憲哀于小子改封兖邑于河之濱股肱弗置有君無臣荒淫之闕誰弼予身煢煢僕夫于彼冀方嗟予小子乃罹斯殃赫赫天子恩不遺物冠我元冕要我朱紱朱紱光大使我榮華剖符授玉王爵是加仰齒金璽俯執聖策皇恩過隆祗承怵惕咨我小子頑凶是嬰逝慙陵墓存愧闕廷匪敢傲德實恩是恃威靈改加足以沒齒昊天罔極性命不圖常懼顛沛抱罪黃壚願蒙矢石建旗東嶽庶立毫氂微功自贖危軀授命知足免戾甘赴江湘奮戈吳越天啟其衷得會京畿遲奉聖顏如渴如饑心之云慕愴矣其悲天高聽卑皇肯照微又曰肅承明詔應會皇都星陳夙駕秣馬脂車命彼掌徒肅我征旅朝發鸞臺夕宿蘭渚芒芒原隰祁祁士女經彼公田樂我稷黍爰有樛木重陰匪息雖有餱糧饑不遑食望城不過面邑匪游僕夫警策平路是由元駟藹藹揚鑣漂沫流風翼衡輕雲承蓋涉澗之濱緣山之限遵彼河滸黃阪是階西濟關谷或降或升騑驂倦路再寢再興將朝聖皇匪敢晏寧弭節長騖指日遄征前驅舉燧後乘抗旌輪不輟運鸞無廢聲爰暨帝室稅此西墉嘉詔未賜朝覲莫從仰瞻城閾俯惟闕廷長懷永慕憂心如酲帝嘉其辭義優詔答勉之初植來朝未到關留其從官於關東自將兩三人微行入見清河長公主欲因主以謝罪而關吏以聞帝使人逆之不得見太后以為自殺也對帝泣會植科頭負鈇鑕徒跣詣闕下帝及太后乃喜及見之帝猶嚴顏色不與語又不使冠履植伏地涕泣太后為不樂詔乃聽復王服是時待遇諸國法峻任城王暴薨諸王既懷友于之痛植及白馬王彪還國欲同路東歸以敘隔絕之思而監國使者不聽植發憤告離而作詩敘意其辭悲愴六年帝東征還過雍邱幸植宮增戶五百太和元年徙封浚儀二年復還雍邱植常自憤怨抱利器而無所施上疏求自試効力邊境帝疑不用三年徙封東阿五年一再上疏求存問親戚及陳審舉之義皆優制答報其年冬詔諸王朝六年正月其二月以陳四縣封植為陳王邑三千五百戶植每欲求別見獨談論及時政幸冀試用終不能得既還悵然絕望時法制待藩國既自峻迫寮屬皆賈豎下材兵人給其殘老大數不過二百人又植以前過事復減半十一年中而三徙都常汲汲無歡遂發病薨時年三十一初植登魚山臨東阿喟然有歸焉之志遂營為墓至是葬焉遺令務從儉薄景初中詔收黃初中諸奏植罪狀公卿以下議尚書中書祕書三府大鴻臚者並削除之撰錄植前後所著賦頌詩銘雜論凡百餘篇副藏內外植庶子志字允恭少好學以才行稱秉簡有大度兼善騎射植以為保家之主立以為嗣植薨徙封濟北王晉武帝為撫軍將軍迎陳留王于鄴志夜謁見帝與語自暮達旦甚奇之及帝受禪降為鄄城縣公詔以志履德清純才高行潔好古博物為魏宗英授樂平郡太守在郡上書以為宜尊儒重道請為博士置吏卒遷章武趙郡太守雖累居郡職不以政事為意晝則遊獵夜誦詩書以聲色自娛當時見者未能審其量也咸寧初詔為散騎常侍國子博士帝嘗閱六代論問志曰是卿先王所作邪志對曰先王有手所作目錄請歸尋案還奏曰案錄無此帝曰誰作志曰以臣所聞是臣族父冏所作以先王文高名著欲令書傳後世是以假託帝曰古來亦多有是顧謂公卿曰父子證明足以為審自今以後可無復疑後遷祭酒齊王攸將之國下太常議崇錫文物時博士秦秀等以為齊王宜內輔朝政不可之藩志又嘗恨其父不得志於魏因愴然歎曰安有如此之才如此之親不得樹本助化而遠出海隅晉朝之隆其殆乎哉乃奏議留攸辭甚剴切議成當上見其從弟高邑公嘉嘉曰兄議固佳百年之後必書晉史目下將無見責邪帝覽議大怒曰曹志尚不明吾心況四海乎以議者不指答所問橫造異論策免太常鄭默於是有司奏收志等結罪詔惟免志官以公還第其餘皆付廷尉頃之志復為散騎常侍丁母憂居喪過禮因此篤疾喜怒失常九年卒太常奏以惡謚崔褒歎曰魏顆不從亂以病為亂故也今謚曹志而謚其病豈謂其病不為亂乎遂謚為定

蕭懷王熊早薨黃初二年追封謚蕭懷公泰和三年又追進爵為王青龍二年子哀王炳嗣食邑二千五百戶六年薨無子國除

豐愍王昂字子修弱冠舉孝廉隨太祖南征為張繡所害無子黃初二年追封謚曰豐悼公三年以樊安公均子琬奉昂後封中都公其年徙封長子公五年追加昂號曰豐悼王太和三年改謚曰愍王嘉平六年以琬襲昂爵為豐王正元景元中累增邑并前二千七百戶琬薨謚曰恭王子廉嗣

相殤王鑠早薨太和二年追封謚青龍元年子愍王潛

嗣其年薨二年子懷王偃嗣邑二千五百戶四年薨無子國除正元二年以樂陵王茂子陽都公竦繼鍱後

鄧哀王沖字倉舒少聰察岐嶷生五六歲智意所及有若成人時孫權致巨象太祖欲知其斤重訪之羣下咸莫能出其理沖曰置象船上而刻其水痕所至稱物以載之則校可知矣太祖大悅即施行焉時軍國多事用刑嚴重太祖馬鞍在庫而爲鼠所齧庫吏懼必死議欲面縛首罪猶懼不免沖謂曰待三日中然後自歸沖於是以刀穿單衣如鼠齧者謬爲失意貌有愁色太祖問之對曰世俗以爲鼠齧衣者其主不吉今單衣見齧是以憂戚太祖曰此妄言耳無所苦也俄而庫吏以齧鞍聞太祖笑曰兒衣在側尚齧況鞍縣柱乎一無所問沖仁愛識達皆此類也凡應罪戮而爲沖微所辯理賴以濟宥者前後數十太祖數對羣臣稱述有欲傳後意年十三建安十三年疾病太祖親爲請命及亡哀甚文帝寬喻太祖太祖曰此我之不幸而汝曹之幸也言則流涕爲聘甄氏亡女與合葬贈騎都尉印綬命宛侯據子琮奉沖後二十二年封琮爲鄧侯黃初二年追謚沖曰鄧哀侯又追加號爲公三年進琮爵徙封冠軍公四年徙封巳氏公太和五年加沖號曰鄧哀王景初元年琮坐事削戶三百貶爵爲都鄉侯三年復爲巳氏公正始七年轉封平陽公景初正元景元中累增邑并前千九百戶

彭城王據建安十六年封范陽侯二十二年徙封宛侯黃初二年進爵爲公三年爲章陵王其年徙封義陽文帝以南方下溼又以環太妃彭城人徙封彭城又徙封濟陰五年詔曰先王建國隨時而制漢祖增秦所置郡至光武以天下損耗并省郡縣以今比之益不及焉其改諸王皆爲縣王據改封定陶縣太和六年改封諸王皆以郡爲國據復封彭城景初初據坐私遣人詣中尚方作禁物削縣二千戶二年復所削戶邑正元景元中累增邑并前四千六百戶

燕王宇字彭祖建安十六年封都鄉侯二十二年改封魯陽侯黃初二年進爵爲公三年爲下邳王五年改封單父縣太和六年改封燕王明帝少與宇同止常愛異之及即位寵賜與諸王殊青龍三年徵入朝景初元年還鄴二年夏復徵詣京師冬十二月明帝疾篤拜宇爲大將軍屬以後事受署四日宇深固讓帝意亦變遂免宇官三年夏還鄴景初正元景元中累增邑并前五千五百戶常道鄉公奐宇之子也入繼太宗

沛穆王林建安十六年封饒陽侯二十二年徙封譙黃初二年進爵爲公三年爲譙王五年改封譙縣七年徙封鄄城太和六年改封沛景初正元景元中累增邑并前四千七百戶林薨子緯嗣

中山恭王袞建安二十一年封平鄉侯袞少好學年十餘歲能屬文每讀書文學左右常恐以精力爲病數諫止之然性所樂不能廢也二十二年徙封東鄉侯其年又改封贊侯黃初二年進爵爲公官屬皆賀袞曰夫生深宮之中不知稼穡之艱難多驕逸之失諸賢既慶其休宜輔其闕每兄弟游娛袞獨譚思經典文學防輔相與言曰受詔察公舉措有過當奏有善亦宜聞不可匿其美也遂共表稱陳袞之美袞聞大驚懼責文學曰修身自守常人之行耳而諸君乃以上聞是增其負累也且如有善何患不聞而遽共如是非益我者其戒慎如此三年爲北海王其年黃龍見鄴西漳水袞上書贊頌詔賜黃金十斤詔曰昔唐叔歸禾東平獻頌斯皆骨肉贊美以彰懿親王研精墳典耽味道眞文雅炳煥朕甚嘉之王其克慎明德以終令聞四年改封贊王七年徙封濮陽太和二年就國袞尚儉約教勑妃妾紡績織紝習爲家人之事五年冬入朝六年冬改封中山初袞來朝犯京都禁爲有司所奏青龍元年詔削縣二戶七百五十袞憂懼戒勑官屬愈謹帝嘉其意二年復所削縣三年秋袞得疾病詔遣太醫視疾殿中虎賁賫手詔賜珍膳相屬又遣太妃沛王林並就省疾袞疾困勑令官屬曰吾寡德忝寵大命將盡吾既好儉而聖朝著終誥之制爲天下法吾氣絕之日自殯及葬務奉詔書昔衛大夫蘧瑗葬濮陽吾望其墓常想其遺風願託賢靈以弊髮齒吾兆域必往從之禮男子不卒於婦人之手亟以時成東堂堂成名之曰遂志之堂輿疾往居之又令世子曰汝幼小未聞義方早爲人君但知樂不知苦必將以驕奢爲失也接大臣務以禮雖非大臣老者猶宜答拜事兄以恭恤弟以慈兄弟有不良之行當造膝諫之諫之不從流涕喻之喻之不改乃白其母若猶不改當以奏聞并辭國土與其守寵罹禍不若貧賤全身也此亦謂大罪惡耳其微過細故當掩覆之嗟爾小子慎修乃身奉聖朝以忠貞事太妃以孝敬閨闈之內奉令于太妃閫閾之外受教於沛王無怠乃心以慰予靈其年薨詔沛王林留訖葬使大鴻臚持節典護喪事宗正弔祭贈賵甚厚凡所著文章二萬餘言才不及陳思王而好與之侔子孚嗣景初正元景元中累增戶并前三千四百戶

濟陽懷王玹建安十六年封西鄉侯早薨無子二十年以沛王林子贊襲玹爵邑早薨無子文帝復以贊弟壹紹玹後黃初二年改封濟陽侯四年進爵爲公太和四年追進玹爵謚曰懷公六年又進號曰懷王追謚贊曰西鄉哀侯壹薨謚曰悼公子恒嗣景初正元景元中累增邑并前千九百戶

陳留恭王峻字子安建安二十一年封郿侯二十二年徙封襄邑黃初二年進爵爲公三年爲陳留王五年改封襄邑縣太和六年又封陳留甘露四年薨子澳嗣景初正元景元中累增邑并前四千七百戶

范陽閔王矩早薨無子建安二十二年以樊安公均子敏奉矩後封臨晉侯黃初三年追封謚矩爲范陽閔公五年改封敏范陽王七年徙封句陽太和六年追進矩號曰范陽閔王改封敏琅邪王景初正元景元中累增邑并前三千四百戶敏薨謚曰原王子焜嗣

趙王幹建安二十年封高平亭侯二十二年徙封賴亭侯其年改封弘農侯黃初二年進爵徙封燕公三年爲河間王五年改封樂城縣七年徙封鉅鹿太和六年改封趙王幹母有寵於太祖及文帝爲嗣幹母有力文帝臨崩有遺詔是以明帝常加恩意青龍二年私通賓客爲有司所奏帝賜璽書誡誨而不之罪景初正元景元中累增邑并前五千戶

臨邑殤公子上早薨太和五年追封謚無後

楚王彪字朱虎建安二十一年封壽春侯黃初二年進爵徙封汝陽公三年封代陽王其年徙封吳王五年改封壽春縣七年徙封白馬太和五年冬朝京師六年改封楚初彪來朝犯禁青龍初爲有司所奏詔削縣三戶千五百二年大赦復所削縣景初三年增戶五百并前三千戶嘉平元年兗州刺史令狐愚與太尉王淩謀迎彪都許昌語在淩傳乃遣傳及侍御史就國案驗收治諸連及者廷尉請徵彪治罪於是依漢燕王旦故事使兼廷尉大鴻臚持節賜彪璽書切責之使自圖爲彪乃自殺妃及諸子皆免爲庶人徙平原彪之官屬以下及監國謁者坐知情無輔導之義皆伏誅國除爲淮南郡正元元年詔封彪世子嘉爲常山眞定王景元元年增邑并前二千五百戶嘉入晉封高邑公元康中爲國子博士後爲東莞太守轉員外散騎侍郎

剛殤公子勤早薨太和五年追封謚無後

穀城殤公子乘早薨太和五年追封謚無後

郿戴公子整奉從叔父郎中紹後建安二十二年封郿侯二十三年薨無子黃初二年追進爵謚曰戴公以彭城王據子範奉整後三年封平氏侯四年徙封成武太和三年進爵爲公青龍三年薨謚曰悼公無後四年詔以範弟東安鄉公闡爲郿公奉整後景初正元景元中累增邑并前千八百戶

靈殤公子京早薨太和五年追封謚無後

樊安公均奉叔父薊恭公彬後建安二十二年封樊侯二十四年薨子抗嗣黃初二年追進公爵謚曰樊安公三年徙封抗薊公四年徙封屯留公景初元年薨謚曰定公子諶嗣景初正元景元中累增邑并前千九百戶

廣宗殤公子棘早薨太和五年追封謚無後

東平靈王徽奉叔父朗陵哀侯玉後建安二十二年封歷城侯黃初二年進爵爲公三年爲廬江王四年徙封壽張王五年改封壽張縣太和六年改封東平青龍二年徽使官屬撾壽張縣吏爲有司所奏詔削縣一戶五百其年復所削縣正始三年薨子翕嗣景初正元景元中累增邑并前三千四百戶翕入晉封廩丘公

樂陵王茂建安二十二年封萬歲亭侯二十三年改封平輿侯黃初三年進爵徙封乘氏公七年徙封中丘茂性傲佷少無寵於太祖及文帝世又獨不王太和元年徙封聊城公其年爲王詔書著其不閑禮教且戒飭之六年改封曲陽王正始三年東平靈王薨茂稱嗌痛不肯發哀居處出入自若有司奏除國土詔削縣一戶五百五年徙封樂陵詔以茂租奉少諸子多復所削戶又增戶七百嘉平正元景元中累增邑并前五千戶

文帝九子

文皇帝九男甄氏皇后生明帝李貴人生贊哀王協潘淑媛生北海悼王蕤朱淑媛生東武陽懷王鑒仇昭儀生東海定王霖徐姬生元城哀王禮蘇姬生邯鄲懷王邕張姬生清河悼王貢宋姬生廣平哀王儼

贊哀王協早薨太和五年追封謚曰經殤公青龍二年更追改號謚三年子殤王尋嗣景初三年又增戶五百并前三千戶正始九年薨無子國除

北海悼王蕤黃初七年明帝卽位立爲陽平縣王太和六年改封北海青龍元年薨二年以琅邪王子贊奉蕤後封昌鄉公景初二年立爲饒安王正始七年徙封文安正元景元中累增邑并前三千五百戶

東武陽懷王鑒黃初六年立其年薨青龍三年賜謚無子國除

東海定王霖黃初三年立爲河東王六年改封館陶縣明帝卽位以先帝遺意愛寵霖異於諸國而霖性麤暴

闕門之內姬妾之間多所殘害太和六年改封東海嘉平元年薨子啟嗣景初正元景元中累增邑并前六千二百戶高貴鄉公髦霖之子也入繼太宗

元城哀王禮黃初二年封秦公以京兆郡爲國三年改爲京兆王六年改封元城王太和三年薨五年以任城王楷子悌嗣禮後六年改封梁王景初正元景元中累增邑并前四千五百戶

邯鄲懷王邕黃初二年封淮南公以九江郡爲國三年進爲淮南王四年改封陳六年改封邯鄲太和三年薨五年以任城王楷子溫嗣邕後六年改封魯陽景初正元景元中累增邑并前四千四百戶

清河悼王貢黃初三年封四年薨無子國除

廣平哀王儼黃初三年封四年薨無子國除

臣謹按袁子曰魏興大亂之後民人損減不可則以古始於是封建侯王皆使寄地空名而無其實王國有老兵百餘人以衞其國雖有王侯之號而乃儕於匹夫縣隔千里之外無朝聘之儀鄰國無會同之制諸侯游獵不得過三十里又爲設防輔監國之官以伺察之王侯皆思爲匹夫而不能得既違宗國藩屏之義又虧親戚骨月之恩遂至於敗亡云

蜀

劉永字公壽先主子後主庶弟也章武元年六月立爲魯王建興八年改封甘陵王初永憎宦人黃皓皓既信任用事譖構永於後主後主稍疏外永至不得朝見者十餘年咸熙元年永東遷洛陽拜奉車都尉封爲鄉侯

劉理字奉孝亦後主庶弟也與永異母章武元年六月立爲梁王建興八年改封安平王延熙七年卒謚曰悼王子哀王允嗣十九年卒子殤王承嗣二十年卒無子景曜四年以武邑侯輯襲王位輯理子也咸熙元年東遷洛陽拜奉車都尉封鄉侯

後主太子璿字文衡母王貴人本敬哀張皇后侍人也延熙元年立爲皇太子時年十五景曜六年冬蜀亡咸熙元年正月鍾會作亂於成都璿爲亂兵所害璿弟瑤琮瓚諶詢璩六人諶自殺餘皆內徙永嘉大亂子孫絕滅唯永孫元奔蜀李雄僞署安樂公以嗣禪後永和中桓温討李勢元猶在云

吳

孫靜字幼臺堅季弟也堅始舉事靜糾合鄉曲及宗族五六百人以爲保障衆咸附焉策破劉繇定諸縣進攻會稽遣人請靜靜將家屬與策會于錢唐是時太守王朗拒策於固陵策數渡水不能克靜說策曰朗負阻城守難可卒拔查瀆南去此數十里而道之要徑也宜從彼據其內所謂攻其無備出其不意者也吾當自帥衆爲軍前隊破之必矣策曰善乃詐令軍中曰頃連雨水濁兵飲之多腹痛令促具甖缶數百口澄水至昏暮羅以然火誑朗便分軍夜投查瀆道襲高遷屯朗大驚遣故丹陽太守周昕等帥兵前戰策破昕等斬之遂定會稽表拜靜爲奮武校尉欲授之重任靜戀墳墓宗族不樂出身求留鎮守策從之權統事就遷昭義中郎將終於家有五子暠瑜皎奐謙暠三子綽超恭超爲偏將軍恭生峻綽生綝瑜字仲異以恭義校尉始領兵衆是時賓客諸將多江西人瑜虛心綏撫得其歡心建安九年領丹陽太守爲衆所附至萬餘人加綏遠將軍十一年與周瑜共討麻保二屯破之後從權拒曹公於濡須權欲急戰瑜說權持重權不從軍果無功遷奮威將軍領郡如故自溧陽徙屯牛渚瑜以永安人饒助爲襄安長無錫人顏連爲居巢長使招納廬江二郡各得降附濟陰人馬普篤學好古瑜厚禮之使二府將吏子弟就業遂立學官臨饗講肄是時諸將皆以軍務爲事而瑜好樂墳典雖在戎旅誦聲不絕年三十九建安二十年卒五子彌熙燿曼紘曼至將軍列侯瑜弟皎字叔朗始拜護軍校尉領衆二千餘人是時曹公數出濡須皎每赴拒號爲精銳遷都護征虜將軍代程普督夏口黃蓋及兄瑜卒又并其軍賜沙羨雲杜南新市竟陵爲奉邑自置長吏輕財能施善於交結與諸葛瑾至厚委廬江劉靖以得失江夏李允以衆事廣陵吳碩河南張梁以軍旅而傾心親待莫不自盡皎嘗遣兵候獲魏邊將吏美女以進皎皎更其衣服送還之下令曰所欲誅者曹氏其百姓何罪自今以往不得擊其老弱由是江淮間多歸附者嘗以小故與甘寧爭或以諫寧寧曰臣子一例征虜雖公子何得專行侮人邪吾値明主但當効力以報所天誠不能隨俗屈曲矣權聞之以書讓皎皎得書上疏陳謝遂與寧結厚後呂蒙當襲南郡權欲令皎與蒙爲左右部大督蒙說權曰若至尊以征虜能宜用之以蒙能宜用蒙昔周瑜程普爲左右部督共攻江陵雖事決於瑜普自恃久將且俱是督遂共不睦幾敗國事此目前之戒也權寤乃以蒙爲大督皎爲後繼禽關羽定荆州皎有力焉建安二十四年卒權追錄其功封子允爲丹陽侯允卒無子弟晞嗣領兵有罪自殺國除弟咨彌儀皆將軍封侯咨羽林督儀無難督咨爲滕允所殺儀爲孫峻所害皎弟奐字季明兄皎既卒代統其衆

以揚武中郎將領江夏太守在事一年遵皎舊迹禮劉靖李允吳碩張梁及江夏閭舉等並納其善奐訥於造次而敏於當官軍民稱之黃武五年權攻石陽奐以地主使所部將軍鮮于丹帥五千人先斷淮道自帥吳碩張梁爲軍前鋒降高城得三將大軍引還權詔使在前住駕過其軍見奐軍陣整齊權歎曰初吾憂其遲鈍今治軍諸將少能及者吾無憂矣拜揚威將軍封沙羨侯吳碩張梁皆裨將軍賜爵關內侯奐亦愛樂儒生復命部曲子弟就業後仕進者數十人嘉禾中卒時年四十子承嗣以昭武中郎將代統兵領郡赤烏六年卒無子封承庶弟壹奉奐後襲業爲將孫峻之誅諸葛恪也壹與全熙施績攻恪弟公安督融融自殺壹從鎮南遷鎮軍假節督夏口及孫綝誅滕允呂據據允皆壹之妹夫也壹弟封又知允據謀自殺綝遣朱異潛襲壹壹知之率部曲千餘口過將允妻奔魏魏以壹爲車騎將軍儀同三司封吳侯以故主芳貴人邢氏妻之邢美色妬忌下不堪命遂共殺壹及邢氏壹入魏黃初三年死靜曾

孫峻字子遠父恭爲散騎侍郎峻少便弓馬精果膽決孫權末徙武衛都尉爲侍中權臨薨受遺輔政領武衛將軍典宿衛封都鄉侯既誅諸葛恪遷丞相大將軍督中外諸軍事假節進封富春侯峻素無重名驕矜險害多所刑殺百姓囂然又姦亂宮人與公主魯班私通五鳳元年吳侯英謀殺峻事泄死二年魏將毌丘儉文欽以衆叛與魏人戰于樂嘉峻遣驃騎將軍呂據左將軍留贊襲壽春會欽敗降軍還是歲蜀使來聘將軍孫儀孫邵綝恂等欲因會殺峻事泄儀等自殺死者數十人并及公主魯育太平元年峻用征北將軍文欽計將征魏先遣欽與呂據車騎劉纂鎮南朱異前將軍唐咨自江都入淮泗以圖青徐進至石頭餞之入據營據御軍嚴整峻惡之稱心痛而去遂夢爲諸葛恪所擊恐懼發病死時年三十八以後事付從弟綝綝字子通父綽爲安民都尉綝始爲偏將軍及峻死爲侍中武衛將軍領中外諸軍事代知朝政呂據聞之大恐與諸將共表薦允爲丞相綝更以允爲大司馬代呂岱駐武昌據引兵還使人報允欲共廢綝允乃勒兵自衞綝使將軍劉丞攻之殺允及將士數十人夷允三族事在允傳綝既誅允遷大將軍假節封永寧侯負貴倨傲多行無禮遇峻從弟右將軍慮甚薄慮怒與將軍王惇謀殺綝綝殺惇慮服藥死魏大將諸葛誕舉壽春叛保城請降吳遣文欽唐咨全端全懌等救之魏人圍誕欽等突圍入城魏悉中外軍增誕之圍朱異率衆屯安豐爲文欽勢爲魏師所敗綝於是大發卒出屯鑊里復遣異率諸將攻魏連敗而歸綝更授兵三萬人使夜死戰異不從綝斬之會誕敗綝引軍還綝既不及拔出誕而喪敗士卒自戮名將莫不怨之及孫亮始親政事多所問難綝甚懼乃還建業稱疾不朝築室於朱雀橋南使弟威遠將軍據入蒼龍宿衛武衛將軍恩偏將軍幹長水校尉闓分屯諸營欲以專朝自固亮內嫌綝乃推魯育見殺本末責怒虎林督朱熊熊弟外部督朱損不匡正孫峻乃令丁奉殺熊及損綝入諫不從亮遂與公主魯班太常全尚將軍劉丞議誅綝亮妃綝從姊女也密以告綝綝率衆夜襲全尚遣弟恩殺劉丞於蒼龍門外遂圍宮使光祿勳孟宗告廟廢亮召羣臣議議者皆震怖曰唯將軍令綝遣中書郎李崇奪亮璽綬以亮罪狀班告遠近尚書桓彝不肯署名綝怒殺之以亮爲會稽王遣將軍孫耽送之國徙尚於零陵遷公主於豫章典軍施正勸綝徵琅邪王休而立之綝遣宗正楷奉書迎休休入即位綝稱草莽臣詣闕上書上印綬節鉞乞退還田里以避賢路休引見慰喻又下詔以大將軍爲丞相荊州牧食五縣恩爲御史大夫衞將軍據右將軍皆縣侯幹雜號將軍亭侯闓亦封亭侯綝一門五侯皆典禁兵權傾人主自吳國朝臣未嘗有也綝奉牛酒詣休休不受齎詣左將軍張布酒酣出怨言曰初廢少主時多勸吾自爲之者吾以陛下賢明故迎之帝非我不立今上禮見拒是與凡臣無異會當改圖耳布以言聞休休銜之恐其有變數加賞賜又復加恩侍中與綝分省文書或有告綝懷怨侮上欲圖反者休執以付綝綝殺之由是愈懼因孟宗求出屯武昌休許焉盡勑所督中營精兵萬餘人皆令裝載所取武庫兵器咸令給與將軍魏邈說休曰綝居外必有變武衛施朔又告綝欲反有徵休密問張布布與丁奉謀於會殺綝永安元年十二月丁卯建業中謠言明會有變綝聞之不悅夜大風發木揚沙綝益恐戊辰臘會綝稱疾休彊起之使者十餘輩綝不得已將入衆止焉綝曰國家屢有命不可辭可豫整兵令府內起火因是可得速還遂入尋而火起綝求出休曰外兵多不足煩丞相也綝起離席奉布目左右縛之綝叩首曰願徙交州休曰卿何以不徙滕允呂據綝復曰願沒爲官奴休曰何不以允據爲奴乎遂斬之以綝首令其衆曰諸與綝同謀皆赦放仗者五千人闓乘船欲北降追殺之夷三族發峻棺取其印綬斲其木而埋之以殺魯育等故也綝死時年二十八休恥與峻綝同族特

除其屬籍稱之曰故峻故綝云休又下詔曰諸葛恪滕
允呂據並以無罪爲峻綝兄弟所害可爲痛心促皆改
葬各爲祭奠其罹恪等事見遠徙者一切召還
孫賁字伯陽父羌字聖壹堅同產兄也賁早孤弟輔尚
幼賁贍育友愛甚篤爲郡督郵守長堅於長沙起義兵
賁去吏從征伐堅薨賁攝帥餘衆扶送靈柩後袁術徙
壽春賁又依之術從兄紹用會稽周昂爲九江太守紹
與術不協遣賁攻破昂於陰陵術表賁領豫州刺史轉
丹陽都尉行征虜將軍討平山越爲揚州刺史劉繇所
迫逐因將士衆還住歷陽頃之術復使賁與吳景共擊
樊能張英等未能拔及策東渡江助賁景破英能等遂
進擊劉繇繇走豫章策遣賁景還壽春報術值術僭號
署置百官除賁九江太守賁不就棄妻奴還江南時策
已平吳會二郡賁與策征廬江太守劉勳江夏太守黃
祖軍旋聞繇病死過定豫章上賁領太守復封都亭侯
建安十三年使者劉隱奉詔拜賁爲征虜將軍領郡如
故在官十一年卒子鄰嗣鄰年九歲代領豫章進封都
鄉侯在郡垂二十年討平叛賊政績修理召還武昌爲
繞帳督還夏口沔中督威遠將軍所居任職赤烏二十
年卒子苗嗣苗弟旅及叔父安熙績皆歷列位賁弟輔
字國儀以揚武校尉佐孫策平三郡策討丹陽七縣使
輔西屯歷陽以拒袁術又從策討陵陽生得祖郎等策
西襲廬江太守劉勳輔隨從身先士卒有功策上輔廬
陵太守還平南將軍假節領交州刺史輔恐權不能守
江東因權出行東冶乃遣人齎書呼曹公行人以告權
乃還僞若不知與張昭共見輔權謂輔曰兄厭樂邪何
爲呼他人輔云無是權因投書與昭昭示輔輔慙無辭
乃悉斬輔親近分其部曲徙輔置東數歲卒子興昭偉
昕皆歷列位
孫翊字叔弼權弟也驍悍果烈有兄策風太守朱治舉
孝廉司空辟建安十八年以偏將軍領丹陽太守時年
二十初孫權殺吳郡太守盛憲憲故孝廉嬀覽戴員亡
匿山中翊爲郡皆禮致之以覽爲大都督督兵員爲郡
丞覽員親近邊鴻等數爲翊所困常欲叛逆因吳主出
征遂其姦計時諸縣令長並會見翊翊大請賓客既醉
送客鴻從後斫殺翊郡中擾亂鴻逆走入山翊妻徐氏
構募追捕中宿乃得覽員歸罪殺鴻諸將皆如覽員所
爲而力不能討覽入居軍府中悉取翊嬪妾及左右侍
御欲復取徐徐恐逆之見害乃紿之曰乞須晦日設祭
除服然後聽命潛使所親語翊舊將孫高傅嬰等與共
圖覽高嬰涕泣許諾密呼翊時侍養者二十餘人以徐
意語之共設盟誓合謀到晦日設祭徐氏哭泣盡哀畢
乃除服薰香沐浴更於他室安施幃帳言笑歡悅示無
戚容大小悽愴怪其如此覽密覘視無復疑意徐呼高
嬰與諸婢羅住戶內使人召覽覽盛服而入徐出戶拜
覽適得一拜徐便大呼二君可起高嬰俱出共得殺覽
餘人即就外殺員徐氏乃還縗絰奉覽員首以祭翊墓
舉軍震駭以爲神異吳主續至悉誅覽員餘黨擢高嬰
爲牙門其餘皆賜金帛時建安九年也翊子松爲射聲
校尉都鄉侯黃龍三年卒蜀丞相諸葛亮甚器松聞其
死甚傷悼之翊弟匡字季佐舉孝廉茂才未試用卒時
年二十餘子泰曹氏之甥也爲長水校尉嘉禾三年從
權圍新城中流矢死泰子秀爲前將軍夏口督秀公室
至親提兵在外皓意不能平建衡二年皓遣何定將五
千人至夏口獵先是民間僉言秀當見圖而定遠獵秀
遂驚夜將妻子親兵數百人奔晉晉以秀爲驃騎將軍
儀同三司封會稽公皓大怒追改秀姓曰厲秀在晉朝
聞皓降羣臣畢賀秀稱疾不與南向流涕曰昔討逆弱
冠以一校尉創業今後主舉江南而棄之宗廟山陵於
此爲墟悠悠蒼天此何人哉朝廷美之以吳平降爲伏
波將軍開府如故永寧中卒子儉官至給事中
孫韶字公禮伯父河字伯海本姓俞氏亦吳人也孫策
愛之賜姓爲孫列之屬籍或云河堅族子也出後姑俞
氏後復姓爲孫河質性忠直訥言敏行有氣幹能服勤
少從堅征討常爲前驅後領左右兵典知內事待以腹
心之任又從策平定吳會從權討袁術術破拜威寇中
郎將領廬江太守後爲將軍屯京城孫翊之遇害也河
馳赴宛陵責怒覽員以不能全翊令使姦變得施二八
議曰伯海與將軍疏遠而責我乃爾討虜若至吾屬無
類矣遂殺河使人北迎揚州刺史劉馥令住歷陽以丹
陽應之會覽員就誅韶年十七收河餘衆繕治京城起
樓櫓修器備以禦敵權聞亂從椒邱還過定丹陽引軍
歸吳夜至京城下營試攻驚之兵皆乘城傳檄備警讙
聲動地頗射外人權使曉諭乃止明日見韶甚器之即
拜丞烈校尉統河部曲食曲阿丹徒二縣自置長吏一
如河舊後爲廣陵太守偏將軍權爲吳王遷揚威將軍
封建德侯權稱尊號爲鎮北將軍韶爲邊將數十年善
養士卒得其死力常以警疆埸遠斥候爲務先知動靜
而爲之備故鮮有負敗青徐汝沛頗來歸附淮南濱江
屯候皆撤兵遠徙徐泗江淮之地不居者各數百里自
權西征還都武昌韶不進見者十餘年權還建業乃得

朝覲權問青徐諸屯要害遠近人馬衆寡魏將帥姓名盡具識之所問咸對身長八尺儀貌都雅權悅曰吾久不見公禮不圖進益乃爾加領幽州牧赤烏四年卒子越嗣至右將軍越兄楷武衛大將軍臨成侯代越爲京下督楷弟異至領軍將軍奕宗正卿恢武陵太守天璽元年徵楷爲宮下鎮驃騎將軍初永安賊施但等劫皓弟謙襲建業或白楷二端不卽赴討者皓數遣詰楷楷常惶怖而卒被召遂將妻子親兵數百人歸晉晉以爲車騎將軍封丹陽侯吳平降爲渡遼將軍永安元年卒

河子桓字叔武少聰明年二十五拜安東中郞將與陸遜共拒劉備備軍衆甚盛彌山亘谷桓投刀奮命與遜勠力備遂敗走桓斬上兜道截其徑要備踰山越險讙乃得免忿恚歎曰吾昔初至京城桓尚小兒而今迫孤乃至此也桓以功拜建武將軍封丹徒侯下牛渚作橫江塢會卒桓弟俊爲定武中郞將赤烏十三年卒長子建襲爵平虜將軍少子愼鎮南將軍愼子丞好學有文章皓世爲黃門侍郞吳平赴洛爲范陽涿令甚有政績永安中陸機爲都督請丞爲司馬與機俱被害

吳主五子

孫登字子高權長子也魏黃初二年以權爲吳王拜登東中郞將封萬戶侯登辭疾不受是歲立登爲太子選置師傅銓簡秀士以爲賓友於是諸葛恪張休顧譚陳表等以選入侍講詩書出從騎射權欲登讀漢書習知近代之事以張昭有師法重煩勞之乃令休從昭受讀還以授登登待接僚屬略用布衣之禮與恪休譚等或同輿而載或共帳而寐太傅張溫言於權曰中庶子官最親密切問近對宜用儁德乃用表等爲中庶子又以庶子禮拘復令整巾侍坐黃龍元年權稱尊號登爲皇太子以恪爲左輔休爲右弼譚爲輔正表爲翼正是爲四友而謝景范愼刁元羊衜等皆爲賓客於是東宮號爲多士權遷都建業徵大將軍陸遜輔登鎮武昌領宮府留事登或射獵當由徑道常遠避良田不踐苗稼至所頓息又擇空閑之地其不煩民如此嘗乘馬出有彈丸過左右求之有一人操彈佩丸咸以爲是辭對不服從者欲捶之登不聽使求過丸比之非類乃見釋又失盛水金馬盂覺得其主乃左右所爲不忍致罰呼責數之長遣歸家勅親近勿言後弟慮卒權爲之降損登詣權晝夜兼行到賴鄉自聞卽時召見見權悲泣因諫曰慮寢疾不起此乃天命也方今朔土未一四海喁喁矢戴陛下而以下流之念減損太官殺饌過於禮制臣竊憂惶權納其言爲之加膳住二十餘日欲遣西還深自陳乞以久離定省子道有闕又陳陸遜忠勤無所顧憂權遂留焉嘉禾三年權征新城使登居守總知留事時年穀不豐頗有盜賊乃表定科令所以防禦甚得止姦之要初登所生庶賤徐夫人少有母養之恩後徐氏以妬廢處吳而步夫人最寵步氏有賜登不敢辭拜受而已徐氏使至所賜衣服必沐浴服之登將拜太子辭曰本立而道生欲立太子宜先立后權曰卿母安在登曰在吳權默然立凡二十一年年三十三卒臨終上疏以弟和仁孝聰哲德行清茂宜早建置以繫民望又多所薦達賢士大夫并陳時政既絕而後書聞權益以摧感言則隕涕是歲赤烏四年也謝景時爲豫章太守不勝哀情棄官奔赴拜表自劾權曰君與太子從事異於他吏使中使慰勞聽還本職發遣還郡謚登曰宣太子子璠希皆早卒次子英封吳侯五鳳元年英以大將軍孫峻專權誅之事覺自殺國除

孫慮字子智登弟也少敏惠有才藝權器愛之黃武七年封建昌侯二年丞相雍等奏慮性聰體達所向日新此方近漢宜進爵稱王權未許久之尚書僕射存上疏言慮才非文武宜以爲鎮軍大將軍授任偏方以光大業權乃許之於是假節開府治半州慮以皇子之尊富於春秋遠近嫌其不能留意及至臨事遵奉法度敬納師友過於衆望年二十嘉禾元年卒無子國除

孫和字子孝慮弟也少以母王有寵見愛年十四爲置宮衛使中書令闞澤教以書藝和好學下士甚見稱述登亡立爲太子時年十九闞澤爲太傅薛綜爲少傅蔡穎張純封俌嚴維等皆從容侍從是時有司頗以條書問事和以爲姦妄之人將因事錯意以生禍心不可長也表宜絕之又都督劉寶白庶子丁晏晏亦白寶和謂寶曰文武在事當能幾人因隙構薄圖相危害豈有福哉遂兩釋之使相厚善是後王夫人與全公主有隙權嘗寢疾和祠祭於廟而和妃叔父張休居近廟邀和過所居全公主使人覘視因言與權曰太子不在廟中專就妃家計議又言王夫人見上寢疾有喜色權由是發怒夫人憂死而和寵稍損魯王霸覬覦滋甚陸遜吾粲顧譚等數陳適庶之義理不可奪全寄楊竺爲霸支黨譖愬日興粲遂下獄誅譚徙交州權沈吟者歷年後遂幽閉和於是驃騎將軍朱據僕射屈晃等率諸將吏泥頭自縛連日詣闕請和權登白爵觀見甚惡之勅據晃等無事怱怱權欲廢和立亮無難督陳正五營督陳象上書稱引晉獻公殺申生立奚齊晉國擾亂據晃又固

諫不止權大怒族誅正衆據晃牽入殿杖一百竟徙和於故鄣羣臣坐諫誅放者十數人衆咸寃之太元二年正月封和爲南陽王遣之長沙四月權薨諸葛恪秉政恪即和妃張之舅也妃使黃門陳遷之建業上疏中宮并致問於恪臨去恪謂遷曰爲我達妃期當使妃勝他人其言頗泄又恪有徙都意使治武昌宮民間或言欲迎和及恪被誅孫峻因此奪和璽綬徙新都又遣使者賜死和與妃張辭別張曰吉凶當終相隨不獨生活也亦自殺舉邦傷焉和四子皓德謙俊孫休立封皓爲烏程侯德錢唐侯謙永安侯俊拜騎都尉休薨皓入即阼其年追謚父和曰文皇帝改葬明陵置園邑令丞守視後年又分吳郡丹陽九縣爲吳興郡治烏程置太守四時奉祠寶鼎二年復立廟京師號淸廟其後皓在武昌吳興施但因民之不堪命聚萬餘人劫謙將至秣陵欲立之但兵敗謙被執皓就之并殺俊

孫霸字子威和同母弟也和爲太子霸爲魯王寵愛崇特與和無異頃之和霸不穆權禁斷往來督軍使者羊衜上疏乞發優詔使二宮周旋禮命如初權不能用時全寄吳安孫奇楊竺等陰共附霸圖危太子譖毀既行太子以敗霸亦賜死流竺屍于江竺兄穆以數諫戒竺得免大辟猶徙南州霸賜死又誅寄安奇等咸以黨霸構和故也霸二子基壹五鳳中封基爲吳侯壹宛陵侯基侍孫亮在內太平二年盜乘御馬收付獄罪當死亮不忍爲特赦宮中基以得免孫皓即位追和霸舊隙削基壹爵土與祖母謝姬俱徙會稽烏傷縣

孫奮字子揚霸母弟也母曰仲姬太元二年立爲齊王居武昌權薨太傅諸葛恪不欲諸王居江濱兵馬之地徙奮於豫章奮怒不從命又數越法度恪上牋爲陳禍福奮得牋懼遂移南昌然游獵彌甚官屬不堪命及恪誅奮下蕪湖欲至建業觀變傅相謝慈等諫奮奮殺之坐廢爲庶人徙章安縣太平二年封爲章安侯建衡二年孫皓左夫人王氏卒皓哀念過甚朝夕哭臨數月不出由是民間或謂皓死訛言奮與上虞侯奉當有立者奮母仲姬墓在豫章豫章太守張俊疑其或然埽除墳塋皓聞之車裂俊夷三族誅奮及其五子國除

通志卷七十九

通志卷八十

宋右迪功郎鄭樵漁仲撰

宗室傳第三

晉

安平獻王孚 子邕 邕弟義陽成王望 望子河間平王洪 洪子威 洪弟隨穆王整 整弟竟陵王楙 望弟太原成王輔 輔弟翼 翼弟下邳獻王晃 晃弟太原烈王瓌 瓌弟高陽元王珪 珪弟常山孝王衡 衡弟沛順王景　彭城穆王權 子元王植 植子康王釋 釋子紘 紘子俊　高密文獻王泰 子孝王略 略兄新蔡武哀王騰 騰子莊王確 略弟南陽王模 模子保　范陽康王綏 子虓　濟南惠王遂 曾孫勳　譙剛王遜 子閔王承 承子烈王無忌 無忌子敬王恬 恬子忠王尙之 尙之弟恢之 休之 允之 韓延之 斌　高陽王睦　任城景王陵 弟順

宣五王

平原王幹　琅邪武王伷 伷子武陵莊王澹 澹弟東安王繇 繇弟淮陵王漼　清惠亭侯京　扶風武王駿 子暢 暢弟新野莊王歆　梁孝王肜

文六王

齊獻王攸 子蕤 贊 寔　城陽哀王兆　遼東悼惠王定國　廣漢殤王廣德　樂安平王鑒　樂平王延祚

惠帝愍懷太子遹 子虨 臧 尙

八王

汝南文成王亮 子粹 矩 羕 宗 熙　楚隱王瑋　趙王倫　齊王冏　長沙厲王乂　成都王穎　河間王顒　東海孝獻王越

武十二王

毗陵悼王軌　秦獻王柬　城陽懷王景　東海沖王祗　始平哀王裕　淮南忠壯王允　代哀王演　新都王該　清河康王遐　汝陰哀王謨　吳敬王晏　勃海殤王恢

元四王

琅邪孝王裒　東海哀王沖　武陵威王晞 子璡 遵　琅邪悼王煥

簡文三王

會稽思世子道生　臨川獻王郁　會稽文孝王道子 子元顯

安平獻王孚字叔達宣帝次弟也初孚長兄朗字伯達宣帝字仲達孚弟馗字季達恂字顯達進字惠達通字雅達敏字幼達俱知名故時號爲八達焉孚溫厚廉讓博涉經史漢末喪亂與兄弟處危亡之中簞食瓢飲而披閱不勌性通恕以貞白自立未嘗有怨於人陳留殷武有名於海內嘗罹罪譴孚往省之遂與同處分食談者稱焉魏陳思王植有俊才清選官屬以孚爲文學掾植負才陵物孚每切諫初不合意後乃謝之遷太子中庶子魏武帝崩太子號哭過甚孚諫曰大行晏駕天下恃殿下爲命當上爲宗廟下爲萬國柰何效匹夫之孝乎太子良久乃止曰卿言是也時羣臣初聞帝崩相聚號哭無復行列孚厲聲於朝曰今大行晏駕天下震動當早拜嗣君以鎭海內而但哭邪孚與尙書和洽罷羣臣備禁衞具喪事奉太子以卽位是爲文帝時當選侍中常侍等官太子左右舊人頗諷諭主者便欲就用不調餘人孚曰雖有堯舜必有稷契今嗣王新立當進用海內英賢猶患不得如何欲因際會自相薦舉邪官失其任得者亦不足貴遂更他選轉孚爲中書郎給事常侍宿省內除黃門侍郎加騎都尉時孫權稱藩請送任子當遣前將軍于禁還久而不至天子以問孚孚曰先王設九服之制誠以要荒難以德懷不以諸夏禮責也陛下承緒遠人率貢權雖未送任子于禁不至猶宜以寬待之畜養士馬以觀其變不可以嫌疑責讓恐傷懷遠之義自孫策至權奕世相繼惟彊與弱不在一禁禁之未至當有他故耳後禁至果以疾遲留而任子竟不至大軍臨江責其違言吳遂絕不貢獻後出爲河內典農賜爵關內侯轉清河太守初魏文帝置度支尙書專掌軍國支計朝議以征討未息動須節量及明帝嗣位欲用孚問左右曰有兄風不答云似兄天子曰吾得司馬懿二人復何憂哉轉爲度支尙書孚以爲擒敵制勝宜有備豫每諸葛亮入寇關中邊兵不能制敵中軍奔赴輒不及事機宜預選步騎二萬以爲二部爲討賊之備又以關中連遭賊寇穀帛不足遣冀州農丁五千屯於上邽秋冬習戰陣春夏修田桑由是關中軍資有餘待賊有備矣後除尙書右僕射進爵昌平亭侯遷尙書令及大將軍曹爽擅權李勝何晏鄧颺等亂政孚不視庶事但正身遠害而已及宣帝誅爽孚與景帝屯司馬門以功進爵長社縣侯加侍中時吳將諸葛恪圍新城以孚督諸軍二十萬防禦之孚次壽春遣毋丘儉文欽等進討諸將欲速擊之孚曰夫攻者借人之力以爲功且當詐巧不可爭力也故稽留月餘乃進軍吳師望風而退魏明悼后崩議書銘旌或欲去姓而書魏或欲兩書孚以爲經典正義皆不應書凡帝王皆因本國之名以爲天下之號而與往代相別耳非爲擇美名以自光也天稱皇天則帝稱皇帝地稱后土則后稱皇后此乃所以同天地之大號流無二之尊名不待稱國號以自

表不俟稱氏族以自彰是以春秋隱公三年經曰三月庚戌天王崩尊而稱天不曰周王者所以殊乎列國之君也八月庚辰宋公和卒書國稱名所以異乎天王也襄公十五年經曰劉夏逆王后于齊不云逆周王后姜氏者所以異乎列國之夫人也至乎列國則曰夫人姜氏至自齊又曰紀伯姬卒書國稱姓此所以異乎天王后也由此考之尊稱皇帝赫赫無二何待於魏乎尊稱皇后彰以謚號何待於姓乎議者欲書魏者此以爲天皇之尊同於往古列國之君也或欲書姓者此以爲天皇之后同於往古之夫人也乖經典之大義異乎聖人之明制非所以垂訓將來爲萬世不易之式者也遂從孚議遷司空代王淩爲太尉及蜀將姜維寇隴右雍州刺史王經戰敗遣孚西鎭關中統諸軍事征西將軍陳泰與安西將軍鄧艾進擊維維退孚還京師轉太傅及高貴鄉公遇害百官莫敢奔赴孚枕尸於股哭之慟曰殺陛下者臣之罪奏推主者會太后令以庶人禮葬孚與羣公上表乞以王禮葬從之孚性至愼宣帝執政常自退損後逢廢立之際未嘗豫謀景文二帝以孚屬尊亦不敢逼後進封長樂公及武帝受禪陳留王就金墉城孚拜辭執王手流涕歔欷不能自勝曰臣死之日固大魏之純臣也詔曰太傅勳德弘茂朕所瞻仰以光導弘訓鎭靜宇內願奉以不臣之禮其封爲安平王邑四萬戸進拜太宰持節都督中外諸軍事有司奏諸王未之國者所置官屬權未有備帝以孚明德屬尊當宣化樹教爲羣后作則遂備置官屬焉又以孚內有親戚外有交游惠下之費而經用不豐奉絹二千匹及元會詔孚乘輿車上殿帝於阼階迎拜既坐帝親奉觴上壽如家人禮帝每拜孚跪而止之又給以雲母輦靑蓋車孚雖見尊寵不以爲榮常有憂色臨終遺令曰有魏貞士河內溫縣司馬孚字叔達不伊不周不夷不惠立身行道終始若一當以素棺單椁斂以時服泰始八年薨時年九十三帝於太極東堂舉哀三日下詔賜東園溫明祕器朝服一具衣一襲緋練百匹絹布各五百匹錢百萬穀千斛以供喪事諸所施行皆依漢東平獻王蒼故事其家遵孚遺旨所給器物一不施用帝再臨喪親拜盡哀及葬又幸都亭望柩而拜給鸞輅輕車介士虎賁百人吉凶導從二千餘人前後鼓吹配享太廟子九人邕望輔翼晃瓌珪衡景邕字子魁初爲世子拜步兵校尉侍中先孚卒追贈輔國將軍謚曰貞邕子崇爲世孫又早夭泰始九年立崇弟平陽亭侯隆爲安平王立四年咸寧二年薨謚曰穆無子國絕邕弟義陽成王望字子初出繼伯父朗寬厚有父風仕郡上計吏舉孝廉辟司徒掾歷平陽太守洛陽典農中郎將從宣帝討王淩以功封永安亭侯遷護軍將軍改封安樂鄉侯加散騎常侍時魏高貴鄉公好才愛士望與裴秀王沈鍾會並見親待數侍宴筵公性急秀等居內職有急召便至以望外官特給追鋒車一乘虎賁五人時景文相繼輔政未嘗朝覲權歸晉室望雖見寵待每不自安由是求出爲征西將軍持節都督雍涼二州諸軍事在任八年威化明肅先是蜀將姜維屢寇關中及望至廣設方略維不得爲寇關中賴之進封順陽侯徵拜衛將軍領中領軍典禁兵尋加驃騎將軍開府頃之代何曾爲司徒武帝受禪封義陽王邑萬戸給兵二千人泰始三年詔進位太尉中領軍如故置太尉軍司一人參軍事六人騎司馬五人又增置官騎十人幷前三十假羽葆鼓吹吳將施績寇江夏邊境騷動以望統中軍步騎二萬出屯龍陂爲二方重鎭假節加大都督諸軍事會荊州刺史胡烈距績破之望乃班師俄而吳將丁奉寇芍陂望又率諸軍以赴之未至而奉已退拜大司馬孫皓率衆向壽春詔望統中軍二萬騎三千據淮北皓退軍罷泰始七年薨時年六十七賻贈有加望性儉吝而好聚斂身亡之後金帛盈溢以此獲譏四子奕洪整楙奕至黃門郎先望卒整亦早亡以奕子奇襲爵奇亦好蓄聚不知紀極遣三部使到交廣商貨爲有司所奏太康九年詔貶爲三縱亭侯更以章武王威爲望嗣後威誅復立奇爲棘陽王以嗣望望子河間平王洪字孔業出繼叔父昌武亭侯遺仕魏歷位典農中郎將原武太守封襄賁男武帝受禪封河間王立十二年咸寧二年薨二子威混威嗣徙封章武其後威繼義陽王望更立混爲洪嗣混歷位散騎常侍薨及洛陽陷混諸子皆沒於胡而小子滔初嗣新蔡王確亦與其兄俱沒後得南還與新蔡太妃不協太興二年上疏以兄弟並沒在遼東章武國絕乞還所生太妃訟之事下太常太常賀循議章武新蔡俱承一國不絕之統義不得替其本宗而先後傍親按滔既已被命爲人後矣必須無復兄弟本國永絕然後得還所生今兄弟在遠不得言無道里雖阻復非絕域且鮮卑恭命信使不絕自宜詔下遼東依劉羣盧諶等例發遣令還繼嗣本封謂滔今未得便委離所後也元帝詔曰滔雖出養自有所生母新蔡太妃相待甚薄滔執意如此如其不聽終當紛紜更爲不可今便順其所執還襲章武滔歷位散騎常侍薨子休嗣休與

彭城王雄俱奔蘇峻峻平休已戰死弟珍時年八歲以小弗坐咸和六年襲爵位至大宗正薨無嗣河間王欽以子範之繼位至游擊將軍薨子秀嗣義熙元年爲桂陽太守秀妻桓振之妹振作逆秀不自安謀反伏誅國除威字景曜初嗣洪咸寧三年徙封章武太康九年嗣義陽王望威凶暴無操行諂附趙王倫元康末爲散騎常侍倫將篡使威與黃門郎駱休逼帝奪璽綬倫以威爲中書令倫敗惠帝反正曰阿皮捩吾指奪吾璽綬不可不殺阿皮威小字也於是誅威洪弟隨穆王整兄奕卒以整爲世子歷南中郎將封淸泉侯先父望薨追贈冠軍將軍武帝以義陽國一縣追封爲隨縣王子邁嗣太康九年以義陽之平林益邁爲隨郡王整弟竟陵王楙字孔偉初封樂陵亭侯起家參相國軍事武帝受禪封東平王邑三千九十七戶入爲散騎常侍尚書楙善諂諛曲事楊駿及駿誅依法當死東安公繇與楙善故得不坐尋遷大鴻臚加侍中繇欲擅朝政與汝南王亮不平亮託以繇討駿顧望免繇楙等官遣楙就國楙遂殖貨財奢僭踰制趙王倫篡位召還及義兵起倫以楙爲衞將軍都督諸軍事倫敗楙免官齊王冏輔政繇復爲僕射舉楙爲平東將軍都督徐州諸軍事鎭下邳成都王穎輔政進楙爲衞將軍會惠帝北征即以楙爲車騎將軍都督如故使率衆赴鄴蕩陰之役東海王越奔于下邳楙不納越乃還國帝旣西幸越總兵謀迎大駕楙懼用長史王修計舉徐州以讓越乃自承制都督兗州刺史車騎將軍表於天子時帝在長安遣使者劉虔即拜焉楙處兗州刺史苟晞不避已乃給虔兵使稱詔誅晞晞時已避位楙在州徵求不已郡縣不堪命范陽王虓遣晞還兗州徙楙都督青州諸軍事楙不受命背山東諸侯與豫州刺史劉喬相結虓遣將田徽擊楙破之楙走還國帝還洛陽楙乃詣闕及懷帝踐阼改封竟陵王拜光祿大夫越出牧豫州留世子毗及其黨何倫防察宮省楙白帝討越乃合衆襲倫不剋帝委罪於楙楙奔竄獲免越薨乃出及洛陽傾覆爲亂兵所害望弟太原成王輔魏末爲野王太守武帝受禪封渤海王邑五千三百七十九戶泰始二年之國後爲衞尉出爲東中郎將轉南中郎將咸寧三年徙爲太原王監并州諸軍事太康四年入朝五年薨追贈鎭北將軍後更贈衞將軍開府儀同三司子弘立元康中爲散騎常侍後徙封中邱王三年薨子鑠立輔弟翼字子世少歷顯位官至虎賁中郎將武帝未受禪而卒以兄邕之支子承爲嗣封南宮縣王薨子祐嗣立承遂無後翼弟下邳獻王晃字子明魏武封始亭侯拜黃門侍郎改封西安男出爲東莞太守武帝受禪封下邳王邑五千一百七十六戶泰始二年就國晃孝友貞廉謙虛下士甚得宗室之稱後爲長水校尉南中郎將九年詔晃爲使持節都督寧益二州諸軍事安西將軍領益州刺史晃以疾不行更拜尚書遷右僕射久之出爲鎭東將軍都督青徐二州諸軍事惠帝即位入爲車騎將軍加散騎常侍將誅楊駿以晃領護軍屯東掖門尋守尚書令遷司空加侍中令如故咸寧六年薨追贈太傅二子裒綽裒早卒綽有篤疾別封良城縣王以太原王輔弟三子韡爲嗣官至侍中尚書早薨子韶嗣晃弟太原烈王瓌字子泉魏長樂亭侯改封貴鄕鄕侯歷振威將軍祕書監封固始子武帝受禪封太原王邑五千四百九十六戶泰始二年就國四年入朝賜袞冕之服遷東中郎將十年薨詔書追悼贈前將軍子顒立徙封河間王別有傳瓌弟高陽元王珪字子璋少有才望魏高鄕侯歷河南令進封湞陽子拜給事黃門侍郎武帝受禪封高陽王邑五千五百七十戶歷北中郎將督鄴城守諸軍事泰始六年入朝以父孚年高乞留供養拜尚書遷右僕射十年薨詔遣兼大鴻臚持節監護喪事贈車騎將軍儀同三司珪有美譽於世而帝甚悼惜之無子詔以太原王輔子緝襲爵緝立五年咸寧四年薨諡曰哀無子太康二年詔以太原王瓌世子顒子訟爲緝後封眞定縣侯珪弟常山孝王衡字子平魏封德陽鄕侯進封汝陽子爲駙馬都尉武帝受禪封常山王邑三千七百九十戶二年薨無子以安平世子邕弟四子敦爲嗣衡弟沛順王景字子文魏樂安亭侯歷諫議大夫武帝受禪封沛王邑三千四百戶立十一年咸寧元年薨子韜立

彭城穆王權字子輿宣帝弟魏魯相東武城侯馗之子也初襲封拜冗從僕射武帝受禪封彭城王邑二千九百戶出爲北中郎將都督鄴城守諸軍事泰始中入朝賜袞冕之服咸寧元年薨子元王植立歷位後將軍尋拜國子祭酒太僕卿侍中尚書出爲安東將軍都督揚州諸軍事代淮南王允鎭壽春未發或云植助允攻趙王倫遂以憂薨贈車騎將軍增封萬五千戶子康王釋立官至南中郎將持節平南將軍分魯國蕃辟二縣以益其國凡二萬三千戶薨子雄立坐奔蘇峻伏誅更以釋子紘嗣紘字偉德初封堂邑縣公建興末元帝承制以紘繼高密王據及帝即位拜散騎侍郎遷翊軍校尉前將軍雄之誅也紘入繼本宗拜國子祭酒加散騎常

侍尋遷大宗正祕書監有風疾性理不恆或欲上疏陳事歷示公卿又杜門讓還章印貂蟬著杜門賦以顯其志由是更拜光祿大夫領大宗師常侍如故後疾甚馳騁無度或攻刼軍寺或打傷官屬醜言悖詈誹謗上下又乘車突入端門至太極殿前爲御史中丞車灌奏劾成帝詔解紘常侍光祿宗師先所給車牛皆錄取賜米布牀帳以養疾咸康八年薨贈散騎常侍金紫光祿大夫二子元俊元嗣立坐匿戶爲桓溫所表收付廷尉旣而宥之位至中書侍郎薨子弘之立位至散騎常侍薨子邵之立薨子崇之立薨子緝之立宋受禪國除恭王俊字道度出嗣高密王略官至散騎常侍子敬王純之立歷臨川內史司農少府卿太宰右長史薨子恢之立義熙末以給事中兼太尉修謁洛陽園陵宋受禪國除高密文獻王泰字子舒彭城穆王權之弟魏陽亭侯補陽翟令遷扶風太守武帝受禪封隴西王邑三千二百戶拜游擊將軍出爲兗州刺史加鷹揚將軍遷使持節都督寧益二州諸軍事安西將軍領益州刺史稱疾不行轉安北將軍代兄權都督鄴城守事遷安西將軍都督關中事太康初入爲散騎常侍前將軍領鄴城門校尉以疾去官後代下邳王晃爲尚書左僕射出爲鎭西將軍領護西戎校尉假節代扶風王駿都督關中軍事以疾還京師永熙初代石鑒爲司空尋領太子太保及楊駿誅泰領駿營加侍中給步兵二千五百人騎五百匹泰固辭乃給千兵百騎楚王瑋之被收泰嚴兵將救之祭酒丁綏諫曰公爲宰相不可輕動且夜中倉卒宜遣人參審定問泰從之瑋旣誅乃以泰錄尚書事遷太尉守尚書令改封高密王邑萬戶元康九年薨追贈太傅泰性廉靜不近聲色雖爲宰輔食大國之租服飾殺膳如布衣寒士任眞簡率每朝會不識者不知其王公也事親恭謹居喪哀戚謙虛下物爲宗室儀表當時諸王惟泰及下邳王晃以節制見稱雖並不能振施其餘莫得比焉泰四子越騰略模越自有傳騰出後叔父悌弟孝王略立略字元簡孝敬慈順小心下士少有父風元康初愍懷太子在東宮選大臣子弟有名稱者以爲賓友略與華恆等並侍左右歷散騎黃門侍郎散騎常侍祕書監出爲安南將軍持節都督沔南諸軍事遷安北將軍都督青州諸軍事略適青州刺史程牧牧避之略自領州永興初惤令劉根起兵東萊誑惑百姓衆以萬數攻略於臨菑略不能距走保聊城懷帝卽位遷使持節都督荆州諸軍事征南大將軍開府儀同三司京兆流人王逌與叟人郝洛聚衆數千屯于冠軍略遣參軍崔曠率將軍皮初張洛等討逌爲逌所譎戰敗略更遣左司馬曹攄統曠等進逼逌將大戰曠在後密自退走攄軍無繼戰敗死之略乃赦曠罪復遣部將韓松又督曠攻逌逌降尋進開府加散騎常侍永嘉三年薨追贈侍中太尉子據立薨無子以彭城康王子紘爲嗣其後紘歸本宗立紘子俊以奉其祀略兄新蔡武哀王騰字元邁少拜冗從僕射封東嬴公歷南陽魏郡太守所在稱職徵爲宗正遷太常轉持節寧北將軍都督并州諸軍事并州刺史惠帝討成都王穎六軍敗績騰與安北將軍王浚共殺穎所署幽州刺史和演率衆討穎穎遣北中郎將王斌距戰浚率鮮卑騎擊斌騰爲後係大破之穎懼挾帝歸洛陽進騰位安北將軍永嘉初遷車騎將軍都督鄴城守諸軍事鎭鄴又以迎駕之勳改封新蔡王初騰發并州次於眞定値大雪平地數尺營門前方數丈雪融不積騰怪而掘之得玉馬高尺許表獻之其後公師藩與平陽人汲桑等爲羣盜起於淸河鄃縣衆千餘人寇頓邱以葬成都王穎爲辭載穎主而行與張泓故將李豐等將攻鄴騰曰孤在并州七年胡圍城不能剋汲桑小賊何足憂也及豐等至騰不能守率輕騎而走爲豐所害四子虞矯紹確虞有勇力騰之被害虞逐豐豐投水而死是日虞及矯紹并鉅鹿太守崔曼車騎長史羊確從事中郎蔡克等又爲豐餘黨所害及諸名家流移依鄴者死亡並盡初鄴中雖府庫虛竭而騰資用甚饒性儉嗇無所振惠臨急乃賜將士米可數升帛各丈尺是以人不爲用遂致於禍及苟晞救鄴桑還平陽于時盛夏尸爛壞不可復識騰及三子骸骨不獲庶子莊王確立確字嗣安歷東中郎將都督豫州諸軍事鎭許昌永嘉末爲石勒所害無子初以章武王混子滔奉其祀其後復以汝南威王祐子弼爲確後太興元年薨無子又以弼弟邈嗣確位至侍中薨子晃立拜散騎侍郎桓溫廢武陵王免晃爲庶人徙衡陽孝武帝立晃弟崇繼邈後爲奴所害子惠立宋受禪國除略弟南陽王模字元表少好學與元帝及范陽王虓俱有稱於宗室初封平昌公惠帝末拜冗從僕射累遷太子庶子員外散騎常侍成都王穎奔長安東海王越以模爲北中郎將鎭鄴永興初成都王穎故帳下督公師藩樓權郝昌等攻鄴模左右謀應之廣平太守丁劭率衆救模范陽王虓又遣兗州刺史苟晞援之藩等敗走遷鎭東大將軍鎭許昌進爵南陽王永嘉初轉征西大將軍開府都督秦雍梁益諸軍事代河間王顒鎭關中模

感丁劭之德敕國人爲劭立生碑時關中饑荒百姓相噉加以疾癘盜賊公行模力不能制乃鑄銅人鐘鼎爲釜器以易穀議者非之東海王越表徵模爲司空遣中書監傅祗代之模謀臣湻于定說模曰關中天府之國霸王之地今以不能綏遠而還既於聲望有虧又公兄弟倡起大事而並在朝廷若自彊則有專權之罪弱則受制於人非公之利也模納其言不就徵表遣世子保爲西中郎將東羌校尉鎮上邽秦州刺史裴苞距之模使帳下都尉陳安率衆攻苞苞奔安定太守賈疋以郡迎苞模遣軍司謝班伐疋疋退奔盧水其年進位太尉大都督洛京傾覆模使牙門趙染戍蒲坂染求馮翊太守不得怒率衆降于劉聰聰使其子粲及染攻長安模使湻于定距之爲染所敗士衆離叛倉庫虛竭軍祭酒韋輔曰事急矣早降可以免模從之遂降于染染箕踞攘袂數模之罪送詣粲粲殺之以模妃劉氏賜胡張本爲妻子保立保字景度少有文義好述作初拜南陽國世子模遇害保在上邽其後賈疋死裴苞又爲張軌所殺保全有秦州之地自號大司馬承制置百官隴右氐羌並從之涼州刺史張寔遣使貢獻及愍帝即位以保爲右丞相加侍中都督陝西諸軍事尋進位相國模之敗也都尉陳安歸於保保命統精勇千餘人以討羌寵遇甚厚保將張春等疾之譖安有異志請除之保不許春等輒伏刺客以刺安安被創始還隴城遣使詣保貢獻不絕愍帝蒙塵保自稱晉王時上邽大饑士衆窘困張春奉保之南安陳安自號秦州刺史稱藩於劉曜春復奉保奔桑城將投于張寔寔使兵迎保寔禦之也是歲保病薨時年二十七保體質豐偉自稱重八百觔喜睡痿疾不能御婦人無子張春立司馬瞻奉保後陳安舉兵攻春春走瞻降于安安送詣劉曜曜殺之安迎保喪以天子禮葬之於上邽謚曰元

范陽康王綏字子都彭越王權季弟也初爲諫議大夫泰始元年受封在位十五年咸甯五年薨子虓立虓字武會少好學馳譽研考經記清辯能言論以宗室選拜散騎常侍累遷尚書出爲安南將軍都督豫州諸軍事持節鎮許昌進位征南將軍河間王顒表立成都王穎爲太弟爲王浚所破挾天子還洛陽虓與東平王楙鎮東將軍周馥等上言曰自愍懷被害皇儲不建委重前相輒失臣節是以前年太宰與臣永惟社稷之貳不可久空所以共啟成都王穎以爲國副受重之後而弗克負荷小人勿用而以爲腹心骨肉宜敦而猜佻荐至險詖宜遠而讒說殄行此皆臣等不明失所宗賴遂令陛下謬於降授雖戮臣等不足以謝天下今大駕還宮文武空曠制度荒破靡有孑遺臣等雖劣足匡王室而道路之言謂張方與臣等不同既惜所在興異又以太宰惇德允元著於具瞻每當義節輒爲社稷宗盟之先張方受其指教爲國效節昔年之舉有死無貳此即太宰之良將陛下之忠臣但以受性彊毅不達變通遂守前志已致紛紜然退思惟既是其不易之節且慮事翻之後爲天下所罪故未即西還耳原其本事實無深責臣聞先代明主未嘗不全護功臣令福流子孫自中間以來陛下功臣初無全者非獨人才皆劣其於取禍實由朝廷策之失宜不相容恕以一旦之咎喪其積年之勳既違周禮議功之典且使天下之人莫敢復爲陛下致節者臣等此言豈獨爲一張方實爲社稷遠計且關右任重臣愚以爲宜委太宰自州郡已下選舉授任一皆仰成若朝之大事廢興損益每輒疇諮此則二伯述職周召分陝之義復行於今宜遂遣方還郡令羣后申志時定王室所加方官請悉如舊此則忠臣義士有勸功臣必全矣司徒戎異姓之賢司空越公族之望並忠國愛主小心翼翼宜幹機事委以朝政安北將軍王浚佐命之允率身履道忠亮清正遠近所推今日之舉實有大勳此臣等所以歎息歸高也宜特崇重之以副羣望遂撫幽朔長爲北藩臣等竭力扞城藩屏皇家陛下垂拱而四祖之業自隆日月之暉復曜矣乞垂三思察臣所言又可以臣表西示太宰又表曰成都王失道爲姦邪所誤論王之身不宜深責且先帝遺體陛下羣弟自元康以來罪戮相尋海內匈匈今廢成都宜更封一邑許其自新若尋有禍害既傷陛下矜慈之恩又令遠近恆謂公族無復骨肉之情此實臣等內省悲慙無顏於四海也乞陛下察臣忠欵於是虓先率衆自許屯于滎陽會惠帝西遷虓與從兄平昌公模長史馮嵩等刑白馬唾血而盟推東海王越爲盟主虓都督河北諸軍事驃騎將軍持節鎮豫州劉喬不受越等節度乘虛破許虓自拔渡河王浚表虓領冀州刺史資以兵馬虓入冀州發兵又南濟河破喬等河間王顒聞喬敗斬張方傳首於越越與虓西迎帝而顒出奔於是奉天子還都拜虓爲司徒永興三年暴疾薨時年三十七無子養模子黎爲嗣黎隨模就國於長安遇害

濟南惠王遂字子伯宣帝弟魏鴻臚丞恂之子也仕魏關內侯進封平昌亭侯歷典軍郎將景元二年轉封武城鄉侯督鄴城守諸軍事北中郎將五等建封祝阿伯

累遷冠軍將軍武帝受禪封濟南王泰始二年薨二子耽緝耽嗣立咸寧三年徙爲中山王是年薨無子緝繼成都王穎以緝爲建威將軍與石熙等率衆距王浚沒於陣薨無子國除後遂之曾孫勳字偉長年十餘歲愍帝末長安陷劉曜將令狐泥養爲子及壯便弓馬能左右射咸和六年自關右還自列云是大長秋恂之元孫冠軍將軍濟南王遂之曾孫略陽太守瓘之子遂拜謁者僕射以勇聞庾翼之鎮襄陽以梁州刺史授桓宣卒請勳代之初屯西城退守武當時石虎初死中國亂雍州諸豪帥馳告勳勳兵少出駱谷壁于懸鉤去長安二百里遣部將劉煥攻長安又拔賀城于是關中皆殺石虎太守令長以應勳勳兵少未能自固復還梁州永和中張琚據隴東遣使招勳勳復入長安初京兆人杜洪以豪族陵琚琚以勇俠侮洪洪知勳憚琚兵彊因說勳曰不殺張琚關中非國家之有也勳乃僞請琚於坐殺之琚弟走池陽合衆功勳頻戰不利請和歸梁州後桓溫伐關中命勳出子午道而爲苻雄所敗退屯于女媧堡俄遷征虜將軍監關中軍事領西戎校尉賜爵通吉亭侯勳爲政酷暴至於治中別駕及州之豪右言語忤意即於坐梟斬之或引弓自射西土患其凶虐在州常懷據蜀之意桓溫聞之務相綏懷以其子康爲漢中太守勳逆謀已成憚益州刺史周撫未發及撫卒遂擁衆入劍閣梁州別駕雍端西戎司馬隗粹並切諫勳皆誅之自號梁益二州牧成都王桓溫遣朱序討勳勳兵潰爲序所獲及息龍子長史梁憚司馬金壹等送于溫溫并斬之傳首京師

譙剛王遜字子悌宣帝弟魏中郎將進之子也仕魏關內侯改封城陽亭侯參鎮東軍事拜輕車將軍羽林左監五等建徙封涇陽男武帝受禪封譙王邑四千四百戶泰始二年薨二子隨承隨立薨謚定王子遂嗣沒於石勒元帝以閔王承嗣遜承字敬才少篤厚有志行拜奉車都尉奉朝請稍遷廣威將軍安夷護軍鎮安定從惠帝還洛陽拜游擊將軍永嘉中天下漸亂閒行依征南將軍山簡會簡卒進至武昌元帝初鎮揚州承歸建康補軍諮祭酒愍帝徵爲龍驤將軍不行元帝爲晉王承制更封承爲譙王太興初拜屯騎校尉加輔國將軍領左軍將軍承居官儉約家無別室尋加散騎常侍輔國將軍如故王敦有無君之心表疏輕慢帝夜召承以敦表示之曰王敦頃年位任足矣而所求不已言至於此將若之何承曰陛下不早裁之難將作矣帝欲樹藩屏會敦表以宣城內史沈充爲湘州帝謂承曰湘州南楚險固在上流之要控三州之會是用武之國也今以叔父居之何如承曰臣幸託末屬身當宿衛未有驅馳之勞頻受過厚之遇夙夜自厲思報天德君之所命惟力是視敢有辭焉然湘州蜀寇之餘人物凋盡若上憑天威得之所莅比及三年請從戎役若未及此雖復灰身亦無益也於是下詔以承監湘州諸軍事南中郎將湘州刺史初劉隗以王敦威權太盛終不可制勸帝出諸心腹以鎮方隅故先以承爲湘州續用隗及戴若思等並爲方岳承行達武昌釋戎備見王敦敦與之宴欲觀其意謂承曰大王雅素佳士恐非將相才也承曰公未見知耳鉛刀豈不能一割乎承以敦欲測其情故發此言敦果謂錢鳳曰彼不知懼而學壯語此之不武何能爲也聽承之鎮時湘上荒殘公私困弊承躬自儉約乘葦茭車而傾心綏撫甚有能名敦恐其爲己患詐稱北伐悉召承境內船乘承知其奸分半與之敦尋構難遣參軍桓羆說承以劉隗專寵今便討擊請承以爲軍司以軍期上道承歎曰吾其死矣地荒人鮮勢孤援絕赴君難忠也死王事義也唯忠與義夫復何求便欲倡義而衆心疑惑承曰吾受國恩義無有貳府長史虞悝慷慨有志節謂承曰王敦居分陝之任而一旦作逆天地所不容人神所痛疾大王宗室藩屏寧可從其僞邪便宜電奮存亡以之於是與悝及弟前丞相掾望建昌太守長沙王循衡陽太守淮陵劉翼等共盟誓囚桓羆馳檄湘川指期至巴陵零陵太守尹奉首同義謀出軍榮陽於是一州之內皆同義舉乃使虞望討諸不服斬湘東太守鄭澹澹敦姊夫也敦遣南蠻校尉魏乂將軍李桓田嵩等甲卒二萬以攻承承且戰且守待救於尹奉虞望而城池不固人情震恐或勸承南投陶侃又云可退據零桂承曰吾舉義衆志在死節寧偷生苟免爲奔敗之將乎事之不濟其令百姓知吾心耳初安南將軍甘卓與承書勸使固守當以兵出沔口斷敦歸路則湘圍自解及卓軍次赭口聞王師敗績停師不進乂等攻戰日逼敦又送所得臺中人書疏令乂射以示承城內知朝廷不守莫不悵惋劉翼臨陣戰死相持百餘日城遂沒乂檻車送承荊州刺史王廙承敦旨於道中害之時年五十九敦平詔贈車騎將軍子烈王無忌立無忌字公壽承之難以年小獲免咸和中拜散騎侍郎累遷屯騎校尉中書黃門侍郎江州刺史褚裒當之鎮無忌及丹陽尹桓景等餞於版橋時王廙子丹陽丞耆之在坐無忌志欲復讐拔刀將手刃之裒景命左右救捍

獲免御史中丞車灌奏無忌欲專殺人付廷尉科罪成帝原情詔聽贖罪建元初遷散騎常侍轉御史中丞出爲輔國將軍長沙相又領江夏相尋轉南郡河東二郡太守將軍如故隨桓溫入蜀以勳賜少子愔爵廣晉伯進號前將軍永和六年薨贈衛將軍二子恬愔恬嗣立是爲敬王恬字元愉少拜散騎侍郎累遷散騎常侍黃門郎御史中丞值海西廢簡文帝登阼未解嚴大司馬桓溫屯中堂吹警角恬奏劾溫大不敬請科罪溫視奏歎曰此兒乃敢彈我眞可畏也恬忠正有器局在朝憚之遷右衛將軍司雍秦梁四州大中正拜尙書轉侍郎領左衛將軍補吳國內史又領太子詹事恬既宗室勳望有才用孝武帝時深仗之以爲都督兗靑冀幽幷揚州之晉陵徐州之南北郡軍事領鎭北將軍兗靑二州刺史假節太元十五年薨追贈車騎將軍四子尙之恢之允之休之尙之嗣立是爲忠王尙之字伯道初拜祕書郎遷散騎侍郎恬鎭京口尙之爲振威將軍廣陵相父憂去職服闋爲驃騎諮議參軍宗室之內世有人物王國寶之誅也散騎常侍劉鎭之彭城內史劉涓子徐州別駕徐放並以同黨被收將加大辟尙之言於會稽王道子曰刑獄不可廣宜釋鎭之等道子以尙之昆季並居列職每事仗焉乃從之兗州刺史王恭忌其盛也與豫州刺史庾楷並稱兵以討尙之爲名南連荊州刺史殷仲堪南郡公桓元等道子命前將軍王珣右將軍謝琰討恭尙之距楷允之與楷子鴻戰於當利鴻敗走斬楷將段方楷單馬奔桓元道子以尙之爲建威將軍豫州刺史假節一依楷故事尋進號前將軍允之爲吳國內史恢之驃騎司馬丹陽尹休之襄城太守各擁兵馬勢傾朝廷後將軍元顯執政亦倚以爲援元顯寵倖張法順每宴會坐起無別尙之入朝正色謂元顯曰張法順驅走小人有何才異而暴被拔擢當今聖世不宜如此元顯默然尙之又曰宗室雖多匡諫者少王者尙納芻蕘之言況下官與使君骨肉不遠蒙眷累世何可坐視得失而不盡言因叱法順令下舉坐失色尙之言笑自若元顯深銜之後符下西府令出勇力二千人尙之不與曰西藩濱接荒餘寇虜無常兵止數千不足成衛無復可分徹者元顯尤怒會欲伐桓元故無他及元顯稱詔西伐命尙之爲前鋒尙之子文仲爲寧遠將軍宣城內史桓元至姑孰遣將馮該等攻歷陽斷洞浦焚尙之舟艦尙之率步卒九千陣於浦上先遣武都太守楊秋屯横江秋奔于元軍尙之衆潰逃于涂中十餘日譙國人韓連丁元以告元元害之於建康市元上疏以閔王不宜絕祀乃更封尙之從弟康之爲譙縣王安帝反正追贈尙之衛將軍以休之長子文思爲尙之嗣襲封譙郡王文思性凶暴每違軌度多殺不辜好田獵燒人墳墓數爲有司所糾遂與羣小謀逆劉裕聞之誅其黨與送文思付父休之令自訓厲後與休之同怨望稱兵爲裕所敗隨休之奔於姚興國除裕滅姚泓文思入魏時宗室司馬道賜國璠等與文思同在魏魏賜國璠爵淮南公道賜池陽子文思與道賜國璠不平而僞親之國璠後欲外叛文思告之二人皆坐誅魏以文思爲廷尉賜爵鬱林公後進爵譙王位懷荒鎭將卒恢之字季明歷官驃騎將軍丹陽尹尙之爲桓元所害徙恢之等於廣州而於道中害之安帝反正追贈撫軍將軍休之字季預少仕淸塗以平王恭庾楷功拜龍驤將軍襄城太守鎭歷陽桓元攻歷陽休之嬰城固守及尙之戰敗休之以五百人出城力戰不捷乃還城攜子姪奔于慕容超聞義軍起復還京師大將軍武陵王令監荊益梁寧秦雍六州軍事領護南蠻校尉荊州刺史假節到鎭植桓振復襲江陵休之戰敗出奔襄陽寧朔將軍張暢之高平相劉懷肅自沔攻振走之休之還鎭御史中丞王禎之奏休之失戍免官朝廷以豫州刺史魏詠之代之徵休之還京師拜後將軍會稽內史御史中丞阮歆之奏休之與尙書虞嘯父犯禁嬉戲降號征虜將軍尋復爲後將軍及盧循作逆加督浙江東五郡軍事坐公事免劉毅誅復以休之都督荊雍梁秦寧益六州軍事平西將軍荊州刺史假節以子文思爲亂上疏請解所任歸罪闕廷不許後以文思事怨望遂結雍州刺史魯宗之將共誅執政時休之次子文寶及兄子文祖並在都收付廷尉賜死劉裕親自征之密使遺休之治中韓延之書曰文思事意遠近所知去秋遣康之送還司馬君者推至公之極也而了無媿心久絕表疏此是天地所不容吾受命西征止其父子而已彼土僑舊爲之驅逼一無所問往年郗僧施謝劭任集之等交構積歲專爲劉毅規謀所以至此今卿諸人一時逼迫本無纖釁吾虛懷期物自有由來今在近路是諸賢濟身之日若大軍相臨交鋒接刃蘭艾雜糅或恐不分故白此意并可示同懷諸人延之報曰聞親率戎馬遠履新畿闔境士庶莫不惶駭何者莫知師出之名故也辱來疏始委以譙王前事良增嘆息司馬平西體國忠貞款懷待物以君有匡復之勳家國蒙賴推德委誠每事詢仰譙王往以微事見劾猶自遜位況以大過而當默然也但

康之前言有所不盡故重使胡遵申白所懷道未及反已表奏廢之所不盡者命耳推寄相與正當如此有何不可便及干戈自義旗以來方伯誰敢不先相諮疇而徑表天子可謂欲加之罪其無辭乎劉裕足下海內之人誰不見足下此心而復欲誑國士天地所不容在彼不在此矣來言虛懷期物自有由來今伐人之君啗人以利眞可謂虛懷期物自有由來矣劉藩死於閶闔之門諸葛甃於左右之手甘言詫語方伯襲之以輕兵遂使席上靡款懷之士閫外無自信諸侯以是爲得算良可恥也吾誠鄙劣嘗聞道於君子以平西之至德寧可無授命之臣乎假令天長喪亂九流渾濁當與臧洪游於地下耳裕視書歎息以示將佐曰事人當如此矣宗之聞裕向荊州自襄陽就休之共屯江陵使文思及宗之子軌以兵距裕戰于江津休之大敗遂與宗之及文思奔于長安及裕平關中休之與文思詣魏將長孫嵩降月餘休之卒于嵩軍中魏贈休之征南大將軍右光祿大夫始平公謚曰聲允之字季度出後叔父愔襲爵廣晉伯歷位輔國將軍吳國宣城譙梁內史王恭庾楷桓元等內伐也會稽王道子命允之兄弟距楷破之元輿初與兄恢之同徙廣州於道被害義軍起追贈太常卿從弟康之以子文惠襲爵宋受禪國除韓延之字顯宗南陽赭陽人魏司徒暨之後也少以分義稱安帝時爲建威將軍荊州治中轉平西府錄事參軍以劉裕父名翹字顯宗延之遂字顯宗名兒爲翹以示不臣劉氏與休之俱奔姚興劉裕入關復同奔魏魏明元以延之爲虎牢鎮將賜爵魯陽侯初延之嘗來往栢谷塢省魯宗之墓有終焉之志因謂其子曰河洛三代所都朝廷必當居此我死不勞向代葬也卽可就此子從其言遂葬宗之墓次延之死後三十餘年而孝文徙都其孫數家卽居於祖墓之北栢谷塢焉愔卒無子兄恬以子允之嗣

高陽王睦字子友譙王遜之弟也魏安平亭侯歷侍御史武帝受禪封中山王邑五千二百戶睦自表乞依六蓼祀皐陶鄫杞祀相立廟事下太常依禮典平議博士祭酒劉憙等議禮記王制諸侯五廟二昭二穆與太祖而五是則立始祖之廟謂嫡統承重一人得立耳假令支弟並爲諸侯始封之君不得立廟也今睦非爲正統若立祖廟中山不得並也後世中山乃得爲睦立廟爲後世子孫之始祖耳詔曰禮文不明此制度大事宜令詳審可下禮官博議乃處當之咸寧三年睦遣使募徙國內八縣受逋逃私占及變易姓名詐冒復除者七百餘戶冀州刺史杜友奏睦招誘逋亡不宜君國詔貶睦爲丹水縣侯及吳平太康初詔復爵以高陽郡封之爲高陽王元康元年爲宗正薨於位世子蔚早卒孫毅立拜散騎侍郎永嘉中沒於石勒隆安元年詔以譙敬王恬次子恢之子文深繼毅後立五年薨無嗣復以高密王純之子法蓮繼之宋受禪國除

任城景王陵字子山宣帝弟魏司隸從事安城亭侯通之子也初拜議郎泰始元年封北海王邑四千七百戶三年轉封任城王之國咸寧五年薨子濟立拜散騎侍郎給事中散騎常侍輔國將軍隨東海王越在項爲石勒所害二子俱歿有二弟順斌順字子思初封習陽亭侯及武帝受禪順歎曰事乖唐虞而假爲禪名遂悲泣由是廢黜徙武威姑臧縣雖受罪流放守意不移而卒斌字子政魏中郎武帝受禪封陳王邑千七百一十戶三年改封西河咸寧四年薨謚曰繆子隱立薨子耆立

宣五王

宣帝九男穆張皇后生景帝文帝平原王幹伏夫人生汝南文成王亮琅邪武王伷清惠亭侯京扶風武王駿張夫人生梁王肜柏夫人生趙王倫汝南王亮及倫別有傳

平原王幹字子良少以公子魏時封安陽亭侯稍遷撫軍中郎將進爵平陽鄉侯五等建改封定陶伯武帝踐阼封平原王邑萬一千三百戶給鼓吹駙馬二匹加侍中之服咸寧初遣諸王之國幹有篤疾性理不恆而頗清虛靜退簡於情欲故特詔留之太康末拜光祿大夫加侍中特假金章紫綬班次三司惠帝卽位進左光祿大夫侍中如故劍履上殿入朝不趨幹雖王大國不事其務有所調補必以才能雖有爵祿若不在已秩奉布帛皆露積腐爛陰雨則出犢車而內露車或問其故對曰露者宜內也朝士造之雖通姓名必令立車馬於門外或終夕不見時有得覲與人物酬接亦恂恂恭遜初無闕失前後愛妾死旣斂輒不釘棺置後空室中數日一發視或行淫穢須其尸壞乃葬之趙王倫輔政以幹爲衞將軍惠帝反正復爲侍中加太保齊王冏之平趙王倫也宗室朝士皆以牛酒勞冏幹獨懷百錢見冏出之曰趙王逆亂汝能義舉是汝之功今以百錢賀汝雖然大勢難居不可不愼冏旣輔政幹詣之冏出迎拜幹入踞其牀不命冏坐謂之曰汝勿效白女兒其意指倫也及冏誅幹哭之慟謂左右曰宗室日衰惟此兒最可而復害之從今殆矣東海王越興義至洛陽往視幹幹

閉門不通越駐車良久斡乃使人謝遣而自於門間闚之當時莫能測其意或謂之有疾或以爲晦迹焉永嘉五年薨時年八十會劉聰寇洛不遑贈謚有二子世子廣早卒次子永以太熙中封安德縣公散騎常侍皆爲善士遇難合門堙滅

琅邪武王伷字子將正始初封南安亭侯早有才望起家爲寧朔將軍監守鄴城有綏懷之稱累遷散騎常侍進封東武鄉侯拜右將軍監兗州諸軍事兗州刺史五等初建封南皮伯轉征虜將軍假節武帝踐阼封東莞郡王邑萬六百戶始置二卿特詔諸王自選令長伷表讓不許入爲尚書右僕射撫軍將軍出爲鎮東大將軍假節徐州諸軍事代衛瓘鎮下邳伷鎮御有方得將士死力吳人憚之加開府儀同三司改封琅邪王以東莞益其國平吳之役率衆數萬出涂中孫皓奉牋送璽綬詣伷請降詔褒其功封其子二人爲亭侯各三千戶賜絹六千匹頃之并督青州諸軍事加侍中之服進拜大將軍開府儀同三司伷既戚屬尊重加有平吳之功克己恭儉無矜滿之色寮吏盡力百姓懷化太康四年薨時年五十七臨終表求葬母太妃陵次并乞分國封四子帝許之恭王覲嗣立又封次子澹爲武陵王繇爲東安王漼爲淮陵王覲字思祖拜冗從僕射太熙元年薨時年三十五子睿立是爲元帝中興初帝以皇子裒爲琅邪王奉恭王祀裒早薨更以皇子煥爲琅邪王其日薨復以皇子昱爲琅邪王即簡文帝也咸和之初既徙封會稽成帝又以康帝爲琅邪王康帝即位封成帝長子哀帝爲琅邪王哀帝即位以廢帝爲琅邪王廢帝即位以會稽王攝行琅邪國祀簡文帝登阼琅邪王無嗣及帝臨崩封少子道子爲琅邪王道子後爲會稽王更以恭帝爲琅邪王帝既即位琅邪國除武陵莊王澹字思弘初爲冗從僕射後封東武公邑五千二百戶轉前將軍中護軍性忌害無孝友之行弟東安王繇有令名爲父母所愛澹惡之如讎遂譖繇於汝南王亮亮素與繇有隙奏廢徙之趙王倫作亂以澹爲領軍將軍澹素與河內郭俶俶弟侃善酒酣俶等言張華之寃澹性酗酒因並殺之送首於倫其酗虐如此澹妻郭氏賈后內妹也初恃勢無禮於澹母齊王冏輔政澹母諸葛太妃表澹不孝乞還繇由是澹與妻子徙遼東其子禧年五歲不肯隨去曰要當爲父求還無爲俱徙陳訴歷年太妃薨繇被害然後得還拜光祿大夫尚書太子太傅改封武陵王永嘉末爲石勒所害子哀王喆立喆字景林拜散騎常侍亦爲勒所殺無子其後元帝立皇子晞爲武陵王以奉澹祀東安王繇字思元初拜東安公歷散騎黃門侍郎遷散騎常侍美鬚髯性剛毅有威望博學多才事親孝居喪盡禮誅楊駿之際繇屯雲龍門兼統諸軍以功拜右衛將軍領射聲校尉進封郡王邑二萬戶加侍中兼典軍大將軍領右衛如故遷尚書右僕射加散騎常侍是日誅賞三百餘人皆自繇出東夷校尉文俶父欽爲繇外祖諸葛誕所殺繇慮俶爲舅家之患是日亦以非罪誅俶繇兄澹屢構繇於汝南王亮亮不納至是以繇專行誅賞澹因隙譖之亮惑其說遂免繇官以公就第坐有悖言廢徙帶方永康初徵繇復封拜宗正卿遷尚書轉左僕射惠帝之討成都王穎時繇遭母喪在鄴勸穎解兵而降及王師敗績穎怨繇乃害之後立琅邪王覲子長樂亭侯渾爲東安王以奉繇祀尋薨國除淮陵元王漼字思沖初封廣陵公食邑二千九百戶歷左將軍散騎常侍趙王倫之篡也三王起義漼與左將軍王輿攻殺孫秀因而廢倫以功進封淮陵王入爲尚書加侍中轉宗正光祿大夫薨子貞王融立薨無子安帝時立武陵威王孫蘊爲淮陵王以奉元王之祀位至散騎常侍無子以臨川王寶子安之爲嗣宋受禪國除

清惠亭侯京字子佐魏末以公子賜爵年二十四薨追贈射聲校尉以文帝子機字太元爲嗣泰始元年封燕王邑六千六百六十三戶機之國咸寧初徵爲步兵校尉以漁陽郡益其國加侍中之服拜青州都督鎮東將軍假節以北平上谷廣寧郡一萬三百四十七戶增燕國爲二萬戶薨無子齊王冏表以子幾嗣後冏敗國除

扶風武王駿字子臧幼聰慧年五六歲能書疏諷誦經籍見者奇之及長清貞守道宗室之中最爲儁望魏景初中封平陽亭侯齊王芳立駿年八歲爲散騎常侍侍講焉尋遷步兵屯騎校尉常侍如故進爵鄉侯出爲平南將軍假節淮北諸軍事改封平壽侯轉安東將軍咸熙初徙封東牟侯轉安東大將軍鎮許昌武帝踐阼進封汝陰王邑萬戶都督豫州諸軍事吳將丁奉寇芍陂駿督諸軍距退之遷使持節都督揚州諸軍事代石苞鎮壽春尋復都督豫州還鎮許昌遷鎮西大將軍使持節都督雍涼等州諸軍事代汝南王亮鎮關中加袞冕侍中之服駿善撫御有威恩勸督農桑與士卒分役已及寮佐并將帥兵士等人限田十畝具以表聞詔遣普下州縣使各務農事咸寧初羌虜樹機能等叛遣衆討之斬三千餘級進位征西大將軍開府辟召儀同三司

持節都督如故又詔駿遣七千人代涼州守兵樹機能侯彈勃等欲先刧佃兵駿命平虜護軍文俶督涼秦雍諸軍各進屯以威之機能乃遣所領二十部及彈勃等面縛軍門各遣入質子安定北地金城諸胡吉軻羅侯金多及北虜熱冏等二十萬口又來降其年入朝徙封扶風王以氐戶在國界者增封給羽葆鼓吹太康初進拜驃騎將軍開府持節都督如故駿有孝行母伏太妃隨兄亮在官駿常涕泣思慕若聞有疾輒憂懼不食或時委官定省少好學能著論與荀顗論仁孝先後文有可稱及齊王攸出鎮駿表諫懇切以帝不從遂發疾薨追贈大司馬加侍中假黃鉞西土聞其薨也泣者盈路百姓爲之樹碑長老見碑莫不下拜其遺愛如此有子十人暢歆最知名暢字元舒改封順陽王拜給事中屯騎校尉遊擊將軍永嘉末劉聰入洛不知所終歆字弘舒武王薨後兄暢推恩請分國封歆太康中詔封新野縣公邑千八百戶儀比縣王歆雖少貴而謹身履道母臧太妃薨居喪過禮以孝聞拜散騎常侍趙王倫篡立以爲南中郎將齊王冏舉義移檄天下歆未知所從嬖人王綏曰趙親而彊齊疏而弱宜從趙參軍孫洵大言於衆曰趙王凶逆天下當共討之大義滅親古之明典歆從之乃使洵詣冏冏迎執其手曰使我得成大節者新野公也冏入洛歆躬貫甲冑率所領導冏以勳進封新野郡王邑二萬戶還使持節都督荆州諸軍事鎮南大將軍開府儀同三司歆將之鎮與冏同乘謁陵因說冏曰成都王至親同建大勳今宜留之與輔政若不能爾當奪其兵權冏不從俄而冏敗歆懼自結於成都王頴歆爲政嚴刻蠻夷並怨及張昌作亂於江夏歆表請討之時長沙王乂執政與成都王頴有隙疑歆與頴連謀不聽歆出兵昌衆日盛時孫洵爲從事中郎謂歆曰古人有言一日縱敵數世之患公荷藩屏之任居推轂之重拜表輒行有何不可而使姦凶滋蔓禍釁不測豈維翰王室鎮靜方夏之謂乎歆將出軍王綏又曰昌等小賊偏裨自足制之不煩違帝命親矢石也乃止昌至樊城歆出距之衆潰爲昌所害追贈驃騎將軍無子以兄子劭爲後永嘉末沒於石勒

梁孝王肜字子徽清修恭儉無他才能以公子封平樂亭侯五等建封開平子武帝受禪封梁王及之國遷北中郎將督鄴城守事時諸王自選官屬肜坐用姦人汝陰上計吏張蕃爲中大夫削一縣咸寧中復以陳國汝南南頓增封爲次國太康中代孔洵監豫州軍事加平東將軍鎮許昌頃之又以本官代下邳王晃監青徐州軍事進號安東將軍元康初轉征西將軍代秦王柬都督關中軍事領護西戎校尉加侍中進督涼州尋徵爲衛將軍錄尚書事行太子太保給千兵百騎久之復爲征西大將軍代趙王倫鎮關中都督涼雍諸軍事置左右長史司馬又領西戎校尉屯好時督建威將軍周處振威將軍盧播等伐氐賊齊萬年於六陌肜與處有隙促令進軍而絶其後播又不救之故處見害朝廷尤之尋徵拜大將軍尚書令領軍將軍錄尚書事肜嘗大會謂參軍王銓曰我從兄爲尚書令不能啖大臠大臠故難銓曰公在此獨嚼尚難矣肜曰長史大臠爲誰曰盧播是也肜曰是家吏隱之耳銓曰天下咸是家吏便恐王法不可復行肜又曰我在長安作何等不善因指單衣補幰以爲清銓答曰朝野望公舉薦賢才使不仁者遠而位居公輔單衣補幰以此爲清無足稱也肜有慚色永康初共趙王倫廢賈后詔以肜爲太宰守尚書令趙王倫輔政有星變占曰不利上相孫秀懼倫當之乃省司徒爲丞相以授肜猥加崇進欲以應之或曰肜無權不益也肜固讓不受及倫篡位以肜爲阿衡給虎賁百人軒懸之樂十人倫滅詔肜以太宰領司徒又代高密王泰爲宗師永康二年薨喪葬依汝南文成王亮故事博士陳留蔡克議謚曰肜位爲宰相責深任重屬尊親近且爲宗師朝所仰望下所具瞻而臨大節無不可奪之志當危事不能舍生取義愍懷之廢不聞一言之諫淮南之難不能因勢輔義趙王倫篡逆不能引身去朝宋有蕩氏之論華元自以不能居官曰君臣之訓我所司也公室卑而不正吾罪大矣夫以區區之宋猶有不素餐之臣而況帝王之朝而有苟容之相此而不貶法將何施謹案謚法不勤成名曰靈肜見義不爲不可謂勤宜謚曰靈梁國常侍孫霖及肜親黨稱枉臺乃下符曰賈氏專權趙王倫篡逆皆力制朝野肜勢不得去而責其不能引身去朝義何所據克重議曰肜爲宗臣而國亂不能匡主顛不能扶非所以爲相故春秋譏華元樂舉謂之不臣且賈氏之酷烈不甚於呂后而王陵猶得杜門趙王倫之無道不甚於殷紂而微子猶得去之近者太尉陳準異姓之人加弟徽有射鉤之隙亦得託疾辭位不涉偽朝何至於肜親倫之兄而獨不得去乎趙盾入諫不從出亡不遠猶不免於責況肜不能去位北面事偽主乎宜如前議加其貶責以廣爲臣之節明事君之道於是朝廷從克議肜故吏復追訴不已故改爲無子以武陵王澹子禧爲後是爲懷王拜征虜將

軍與澹俱沒於石勒元帝時以西陽王羕子悝爲彤嗣早薨是爲殤王至是懷王子翹自石氏歸國得立是爲聲王官至散騎常侍薨無子詔以武陵威王子璡爲翹嗣歷永安太僕與父晞俱廢徙新安薨太元中復國子龢立薨子珍之立桓元篡位國臣孔璞奉珍之奔于壽陽義旗初乃歸累遷左衞將軍太常卿劉裕伐姚泓請爲諮議參軍爲裕所害國除

文六王

文帝九男文明王皇后生武帝齊獻王攸城陽哀王兆遼東悼惠王定國廣漢殤王廣德其樂安平王鑒燕王機皇子永祚樂平王延祚不知母氏燕王機繼清惠亭侯別有傳永祚早亡無傳

齊獻王攸字大猷少而岐嶷及長清和平允親賢好施受經籍能屬文善尺牘爲世楷則才望出武帝之右宣帝每器之景帝無子命攸爲嗣從征王淩封長樂亭侯及景帝崩攸年十歲哀動左右大見稱歎襲封武陽侯奉景獻羊后於別第事后以孝聞復歷散騎常侍步兵校尉時年十八綏撫營部甚有威惠五等建改封安昌侯遷衞將軍居文帝喪哀毀過禮杖而後起左右以稻米乾飯雜理中丸進之攸泣而不受太后自往勉喻曰若萬一加以他疾將復如何宜遠慮深計不可專守一志常遣人逼進飲食司馬嵇喜又諫曰毀不滅性聖人之教且大王地即密親任惟元輔匹夫猶惜其命以爲祖宗況荷天下之大業輔帝室之重任而可盡無極之哀與顏閔爭孝不可令賢人笑愚人幸也喜乃躬自進食攸不得已爲之彊飯喜退攸謂左右曰嵇司馬將令我不忘居喪之節得存區區之身耳武帝踐阼封齊王時朝廷草創而攸總統軍事撫寧內外莫不景附焉詔議藩王令自選國內長史攸奏議曰昔聖王封建萬國以親諸侯軌迹相承莫之能改誠以君不世居則人心偷幸人無常主則風俗偽薄是以先帝深覽經遠之統思復先哲之軌分土畫疆建爵五等或以進德或以酬功伏惟陛下應期創業樹建親戚聽使藩國自除長吏而今草創制度初立雖庸蜀順軌吳猶未賓宜俟清泰乃議復古之制書比三上輒報不許其後國相上長吏闕典書令請求差選攸下令曰忝受恩禮不稱惟憂至於官人敘才皆朝廷之事非國所宜裁也其令自上請之時王家人衣食皆出御府攸表租秩足以自供求絕之前後十餘上帝又不許攸雖未之國文武官屬下至士卒分租賦以給之疾病死喪賜與之而時有水旱國內百姓則加振貸須豐年乃責十減其二國內賴之遷驃騎將軍開府辟召禮同三司降身虛已待物以信常歎公府不案吏然以董御戎政復有威克之宜乃下教曰夫先王馭世明罰飭法鞭朴作教以正逋慢且唐虞之朝猶須督責前欲撰次其事使粗有常懼煩簡之宜未審其要故令劉程二君詳定然思惟之鄭鑄刑書叔向不韙范宣議制仲尼譏之令皆如舊無所增損其常節度所不及者隨事處決諸吏各竭乃心思同在公古人之節如有所闕以賴股肱匡佐之規庶以免負於是內外祗肅時驃騎當罷營兵兵士數千人戀攸恩德不肯去遮京兆主言之帝乃還攸兵攸每朝政大議悉心陳之詔以比年饑饉議所節省攸奏議曰臣聞先王之教莫不先正其本務農重本國之大綱當今方隅清穆武夫釋甲廣分休假以就農業然守相不能勤心恤公以盡地利昔漢宣歎曰與朕理天下者惟良二千石乎勤加賞罰黜陟幽明於時翕然用多名守計今地有餘羨而不農者衆加附業之人復有虛假通天下之謀則饑者必不少矣今宜嚴敕州郡檢諸虛詐害農之事督實南畝上下同奉所務則天下之穀可復古政豈患於暫一水旱便憂饑餒哉考績黜陟畢使嚴明畏威懷惠莫不自厲又都邑之內遊食滋多巧伎末業服飾奢麗富人兼美猶有魏之遺弊染化日淺靡財害穀動復萬計宜申明舊法必禁絕之使去奢即儉不奪農時畢力稼穡以實倉廩則榮辱禮節由之而生興化反本於茲爲盛轉鎮東大將軍加侍中羽葆鼓吹行太子少傅數年授太子太傅獻箴於太子頗寓規戒世以爲工咸寧二年代賈充爲司空侍中太傅如故初攸特爲文帝所寵愛每見攸輒撫牀呼其小字曰此桃符座也幾爲太子者數矣及帝寢病慮攸不安爲武帝敘漢淮南王魏陳思王故事而泣臨崩執攸手以授帝先是太后有疾既瘳帝與攸舉觴上壽攸以太后前疾危篤因歔欷流涕帝有愧焉攸嘗侍帝疾恆有憂慼之容時人以此稱歎之及太后臨崩亦流涕謂帝曰桃符性急而汝爲兄不慈我若遂不起恐必不能相容以是屬汝勿忘我言及帝晚年諸子並弱而太子不令朝臣內外皆屬意於攸中書監荀勗侍中馮紞皆諂諛自進攸素疾之勗等以朝望在攸恐其爲嗣禍必及已乃從容言於帝曰陛下萬歲之後太子不得立也帝曰何故勗曰百僚內外皆歸心齊王太子焉得立乎陛下試召齊王之國必舉朝以爲不可則臣言有徵矣紞又言曰陛下遣諸侯之國成五等之制者宜先從親始親莫如齊王帝既信勗

言又納紞說太康三年下詔以攸爲大司馬都督青州諸軍事侍中如故假節將本營千人親騎帳下司馬大車皆如舊增鼓吹一部官騎滿二十人置騎司馬五人餘主者詳案舊制施行攸不悅明年策命攸之國又詔下太常議崇錫之物以濟南郡益齊國又以攸子寔爲北海王於是備物典策設軒懸之樂六佾之舞黃鉞朝車乘輿之副從焉攸知荀勗馮紞構已憤怨發病乞守先后陵不許帝遣御醫診視諸醫希旨皆言無疾疾轉篤猶催上道攸自彊入辭素持容儀疾雖困尙自整厲舉止如常帝益疑無疾辭出信宿嘔血而薨時年三十六帝哭之慟馮紞侍側曰齊王名過其實而天下歸之今自薨殞社稷之福也陛下何哀之過帝收淚而止詔喪禮依安平王孚故事廟設軒懸之樂配饗太廟子冏立別有傳攸以禮自拘鮮有過事就人借書必手刊其謬然後反之加以至性過人有觸其諱者輒泫然流涕雖武帝亦憚之每引之同處必擇言而後發三子蕤贊寔蕤字景回出繼遼東王定國太康初徙封東萊王元康中歷步兵屯騎校尉蕤性彊暴使酒數陵侮弟冏冏以兄故容之冏起義兵趙王倫收蕤及北海王寔繫廷尉當誅倫太子中庶子祖納上疏言蕤寔獻王之子明德之允宜蒙特宥以全睦親之典會孫秀死蕤等悉得免冏擁衆入洛蕤於路迎之冏不卽見須符付前頓蕤恚曰吾坐爾殆死曾無友于之情及冏輔政詔以蕤爲散騎常侍加大將軍領後軍侍中蕤又從冏求開府冏不許蕤以是益恚密表冏專擅與左將軍王輿謀共廢冏事覺免爲庶人尋詔徙蕤上庸後封微陽侯永寧初上庸內史陳鍾承冏旨害蕤冏死詔誅鍾復蕤封改葬以王禮贊字景其繼廣漢殤王廣德後年六歲太康元年薨諡沖王寔字景深初爲長樂亭侯攸以贊薨又以寔繼廣漢殤王後改封北海王永寧初爲平東將軍假節加散騎常侍代齊王冏鎭許昌尋進安南將軍都督豫州軍事增邑滿二萬戶未發留爲侍中上軍將軍給千兵百騎

城陽哀王兆字千秋年十歲而夭武帝踐阼以皇子景度爲兆後於是追加兆封諡景度以泰始六年薨復以第五子憲繼哀王後薨復以第六子祗爲東海王繼哀王後薨咸寧初又封第十三子遐爲清河王以繼兆後

遼東悼惠王定國年三歲薨咸寧初追加封諡齊王攸以長子蕤爲嗣蕤薨子遵嗣

廣漢殤王廣德年二歲薨咸寧初追加封諡齊王攸以第五子贊紹封薨攸更以第二子寔嗣廣漢後

樂安平王鑒字大明初封臨泗亭侯武帝踐阼封樂安王泰始中拜越騎校尉咸寧初以齊之梁鄒益封因之國服侍中之服元康初徵爲散騎常侍上軍大將軍領射聲校尉尋遷使持節都督豫州軍事安南將軍代清河王遐鎭許昌以疾不行七年薨子殤王籥立薨無子齊王冏以子冰紹鑒後以濟陰萬一千二百一十九戶改爲廣陽國立冰爲廣陽王冏敗廢

樂平王延祚字大思少有篤疾不任封爵太康初詔封爲樂平王尋薨無子

惠帝愍懷太子遹字熙祖惠帝長子母曰謝才人幼而聰慧武帝愛之常在左右嘗與諸皇子戲殿上惠帝來朝執諸皇子手次至太子帝曰是汝兒也惠帝乃止宮中嘗夜失火武帝登樓望之太子時年五歲牽帝裾入闇中帝問其故太子曰暮夜倉卒宜備非常不宜令照見人君也由是奇之嘗從帝觀豕牢言於帝曰豕甚肥何不殺以享士而使久費五穀帝嘉其意卽使烹之因撫其背謂廷尉傅祗曰此兒當興我家嘗對羣臣稱太子似宣帝於是令譽流於天下時望氣者言廣陵有天子氣故封爲廣陵王邑萬戶以劉寔爲師孟珩爲友楊準馮蓀爲文學惠帝卽位立爲皇太子盛選德望以爲師傅以何劭爲太師王戎爲太傅楊濟爲太保裴楷爲少師張華爲少傅和嶠爲少保元康元年出就東宮又詔曰遹尙幼蒙今出東宮惟當賴師傅羣賢之訓其遊處左右宜得正人使共周旋能相長益者於是使太保衞瓘之息庭司空泰息略太子太傅楊濟息毖太子少師裴楷息憲太子少傅張華息禕尙書令華廙息恆與太子遊處以相輔導焉及長不好學惟與左右嬉戲不能尊敬師傅賈后素忌太子有令譽因此密敕黃門閹宦媚諛於太子曰殿下誠可及壯時極意所欲何爲恆自拘束每見喜怒之際輒嘆曰殿下不用威刑天下豈得畏服太子所幸蔣美人生男又言宜隆其賞賜多爲皇孫造玩弄之器太子從之於是慢弛益彰或廢朝侍恆在後園遊戲愛埤車小馬令左右馳騎斷其鞅勒使墮地爲樂或有忤犯者手自捶擊之性拘小忌不許繕壁修牆正瓦動屋而於宮中爲市使人屠酤手揣斤兩輕重不差其母本屠家女也故太子好之又令西園賣葵菜藍子雞麵之屬而收其利東宮舊制月請錢五十萬備於衆用太子恒探取二月以供嬖寵洗馬江統陳五事以諫之太子不納語在統傳中舍人杜錫以太子非賈后所生而后性凶暴深以爲憂每盡忠規勸太子

修德進善遠於讒謗太子怒使人以針著錫常所坐氊中而刺之太子性剛知賈謐恃后之貴不能假借之謐至東宮或捨之而於後庭遊戲詹事裴權諫曰賈謐甚有寵於中宮而有不順之色若一旦交構大事去矣宜深自謙屈以防其變廣延賢人用自輔翼太子不能從初賈后母郭槐欲以韓壽女爲太子妃太子亦欲婚韓氏以自固而壽妻賈午及后皆不聽而爲太子聘王衍小女惠風太子聞衍長女美而賈后爲謐聘之心不能平頗以爲言謐嘗與太子圍棊爭道成都王穎見而訶謐謐愈不平因此譖太子於后曰太子廣買田業多畜私財以結小人者爲賈氏故也密聞其言云皇帝萬歲後吾當魚肉之非但如是也若宮車晏駕彼居大位依楊氏故事誅臣等而廢后於金墉如反掌耳不如早爲之所更立慈順者以自防衞后納其言又宜揚太子之短布諸遠近於時朝野咸知賈后有害太子意中護軍趙俊請太子廢后太子弗聽九年六月有桑生於宮西廂日長尺餘數日而枯十二月賈后將廢太子詐稱上不和呼太子入朝既至后不見置於別室遣婢陳舞賜以酒棗逼飲醉之使黃門侍郎潘岳作書草若禱神之文有如太子素意因醉而書之令小婢承福以紙筆及書草使太子書之文曰陛下宜自了不自了吾當入了之中宮又宜速自了不自了吾當手了之并謝妃共要尅期而兩發勿疑猶豫致後患茹毛飲血於三辰之下皇天許當埽除患害立道文爲王蔣爲內主願成當三牲祠北君大赦天下要疏如律令太子醉迷不覺遂依而寫之其字半不成既而補成之后以呈帝帝幸式乾殿召公卿入使黃門令董猛以太子書及青紙詔曰遹書如此今賜死徧示諸公王莫有言者惟張華裴頠證明太子賈后使董猛矯以長廣公主辭白帝曰事宜速決而羣臣各有不同若有不從詔宜以軍法從事議至日西不決后懼事變乃表免太子爲庶人詔許之於是使尙書和郁持節解結爲副及大將軍梁王肜鎭東將軍淮南王允前將軍東武公澹趙王倫太保何劭等詣東宮廢太子爲庶人是日太子遊元圃聞有使者至改服出崇賢門再拜受詔步出承華門乘麤犢車澹以兵仗送太子妃王氏三皇孫於金墉城考竟謝淑妃及太子保林蔣俊明年正月賈后又使黃門自首欲與太子爲逆詔以黃門首辭班示公卿又遣澹以千兵防送太子更幽於許昌宮之別坊令治書侍御史劉振持節守之先是有童謠曰東宮馬子莫聾空前至臘月纏汝髮又曰南風起兮吹白沙遙望魯國鬱嵯峨千歲髑髏生齒牙南風后名沙門太子小字也初太子之廢也妃父王衍表請離婚太子至許遺妃書曰鄙雖頑愚心念爲善欲盡忠孝之節無有惡逆之心雖非中宮所生奉事有如親母自爲太子以來敕見禁檢不得見母自宜城君亡不見存恤恆在空室中坐去年十二月道文疾病困篤父子之情實相憐愍于時表國家乞加徽號不見聽許疾病旣篤爲之求請恩福無有惡心自道文病中宮三遣左右來視云天教呼汝到二十八日暮有短函來題言東宮發疏云言天教欲見汝即便作表求入二十九日早入見國家須臾遣至中宮中宮左右陳舞見語中宮旦來吐不快使住空屋中坐須臾中宮遣陳舞見語聞汝昨表陛下爲道文乞王不得王是成國耳中宮遙呼陳舞昨天教與太子酒棗便持三升酒大盤棗來見與使飲酒噉棗盡鄙素不飲酒即便遣舞啟說不堪三升之意中宮遙呼曰汝常陛下前持酒可喜何以不飲天與汝酒當使道文差也便答中宮陛下會同一日見賜故不敢辭通日不飲三升酒也且實未食恐不堪又未見殿下飲此或至顚倒陳舞復轉語云不孝那天與汝酒飲不肯飲中有惡物邪遂可飲二升餘有一升求持還東宮飲盡逼迫不得已更飲一升飲已體中荒迷不復自覺須臾有一小婢持封箱來云詔使寫此文書鄙便驚起視之有一白紙一青紙催促云陛下停待又小婢承福持筆研墨黃紙來使寫急疾不容復視實不覺紙上語輕重父母至親實不相疑事理如此實爲見誣想衆人見明也太子既廢非其罪衆情憤怨右衞督司馬雅宗室之疎屬也與常從督許超並有寵於太子二人深傷之說趙王倫謀臣孫秀曰國無適嗣社稷將危大臣之禍必起而公奉事中宮與賈郭親密太子之廢皆云豫知一旦事起禍必及矣何不先謀之秀言於趙王倫倫深納焉計既一定而秀說倫曰太子爲人剛猛若得志之日必肆其情性矣明公素事賈后街談巷議皆以公爲賈氏之黨今雖欲建大功於太子太子雖將含忍宿忿必不能加賞於公當謂公逼百姓之望翻覆以免罪耳若有瑕釁猶不免誅不若遷延卻期賈后必害太子然後廢賈后爲太子報讎猶足以爲功乃可得志倫然之秀因使反閒言殿中人欲廢賈后迎太子賈后聞之憂怖乃使太醫令程據合巴豆杏子丸三月矯詔使黃門孫慮齋至許昌以害太子初太子恐見鴆恆自煑食於前慮以告劉振振乃徙太子於小坊中絕不與食宮中猶於牆壁上過食與太子慮乃逼太

子以藥太子不肯服因如廁虞以藥杵椎殺之太子大呼聲聞於外時年二十三將以庶人禮葬之賈后表曰遹不幸喪亡傷其迷悖又早短折悲痛之懷不能自已妾私心冀其刻肌刻骨更思孝道規爲稽顙正其名號此志不遂重以酸恨遹雖罪在莫大猶王者子孫便以匹庶送終情實憐愍特乞天恩賜以王禮妾誠闇淺不識禮義不勝至情冒昧陳聞詔以廣陵王禮葬之及賈庶人死乃誅劉振孫慮程據等使使持節兼司空衞尉伊策復皇太子位號帝爲太子追服長子斬衰羣臣齊衰使尚書和郁率東宮官屬具吉凶之制迎太子喪於許昌喪之發也大風雷電幃蓋分裂帝又爲哀策臨軒使洗馬劉務告於太子之殯辭旨哀苦謚太子曰愍懷六月己卯葬於顯平陵帝感閻纘之言立思子臺故臣江統陸機並作誄頌焉太子三子虨臧尚並與父同幽金墉虨字道文永康元年正月薨四月追封南陽王臧字敬文永康元年四月封臨淮王己巳詔立爲皇太孫還妃王氏以母之稱太孫太妃太子官屬即轉爲太孫官屬趙王倫行太孫太傅五月倫與太孫俱之東宮太孫自西掖門出車服侍從皆愍懷之舊也到銅駝街宮人哭侍從者皆哽咽路人抆淚焉桑復生於西廂太孫廢乃枯永寧元年正月趙王倫篡位廢爲濮陽王與弟俱遷金墉尋被害太安初追謚曰哀尚字敬仁永康元年四月封爲襄陽王永寧元年八月立爲皇太孫太安元年三月薨謚曰沖太孫

八王

汝南文成王亮字子翼宣帝第四子也少淸警有才用仕魏爲散騎侍郎萬歲亭侯拜東中郎將進封廣陽鄉侯討諸葛誕於壽春失利免官頃之拜左將軍加散騎常侍假節出監豫州諸軍事五等建改封祁陽伯轉鎮西將軍武帝踐阼封扶風郡王邑萬戶置騎司馬增參軍掾屬持節都督關中雍涼諸軍事會秦州刺史胡烈爲羌虜所害亮遣將軍劉旂騎督敬琰赴救不進坐是貶爲平西將軍旂當斬亮與軍司曹冏上言節度之咎由亮而出乞丐旂死詔曰高平困急計城中及旂足以相拔就不能徑至尚當深進今奔突有投坐視覆敗故加旂大戮今若罪不在旂當有所在有司又奏免亮官削爵土詔惟免官頃之拜撫軍將軍是歲吳將步闡來降假亮節都督諸軍事以納之咸寧初以扶風池陽四千一百戶爲太妃伏氏湯沐邑後改食南郡枝江太妃嘗有小疾祓於洛水亮兄弟三人侍從並持節鼓吹震耀洛濱武帝登陵雲臺望見曰伏妃可謂富貴矣其年進號衞將軍加侍中時宗室殷盛無相統攝乃以亮爲宗師本官如故使訓導觀察有不遵禮法小者正以義方大者隨事聞奏三年徙封汝南出爲鎮南大將軍都督豫州諸軍事開府假節之國給追鋒車皁輪犢車錢五十萬頃之徵爲侍中撫軍大將軍領後軍將軍統冠軍步兵射聲長水等營給兵五百人騎百匹遷太尉錄尚書事領太子少傅侍中如故及武帝寢疾爲楊駿所排乃以亮爲侍中大司馬假黃鉞大都督督豫州諸軍事出鎮許昌加軒懸之樂六佾之舞封子羕爲西陽公未發帝大漸詔留亮委以後事楊駿聞之從中書監華廙索詔視遂不還帝崩亮懼駿疑己辭疾不入於大司馬門外敘哀而已表求過葬駿欲討亮亮知之問計於廷尉何勗勗曰今朝廷皆歸心於公公何不討人而懼爲人所討或說亮率所領入廢駿亮不能用夜馳赴許昌故得免及駿誅詔以亮爲太宰錄尚書事入朝不趨劍履上殿增掾屬十人給千兵百騎與太保衞瓘等掌朝政亮論賞誅楊駿之功過差欲以苟悅衆心由是失望楚王瑋有勳而好立威亮憚之欲奪其兵權瑋甚憾乃承賈后旨誣亮與瓘有廢立之謀矯詔遣其長史公孫宏與積弩將軍李肇夜以兵圍之帳下督李龍白外有變請距之亮不聽俄然楚兵登牆而呼亮驚曰吾無二心何至於是若有詔書其可見乎宏等不許促兵攻之長史劉準謂亮曰觀此必是姦謀府中俊乂如林猶可盡力距戰又弗聽遂爲肇所執乃歎曰我之忠心可破示天下也如何無道枉殺不辜是時大熱兵人坐亮于車下時人憐之爲之交扇將及日中無敢害者瑋出令曰能斬亮者賞布千匹遂爲亂兵所害投於北門之壁鬢髮耳鼻皆悉毀焉及瑋誅追復爵位給東園溫明祕器朝服一襲錢三百萬布絹三百匹喪葬之禮如安平獻王孚故事廟設軒懸之樂有五子粹矩羕宗熙粹字茂弘早卒矩字延明拜世子爲屯騎校尉與父亮同被害追贈典軍將軍謚懷王子祐立是爲威王祐字永猷永安中從惠帝北征帝遷長安祐反國及帝還洛以征南兵八百人給之特置四部牙門永興初率依東海王越討劉喬有功拜揚武將軍以江夏雲杜益封并前二萬五千戶越征汲桑表留祐領兵三千守許昌加鼓吹麾旗越還祐歸國永嘉末以寇賊充斥遂南渡江元帝命爲軍諮祭酒建武初爲鎮軍將軍太興末領左軍將軍太寧中進號衞將軍加散騎常侍咸和元年薨贈侍中特進子恭王統立以南頓王宗謀反被廢其後成

帝哀亮一門殄絕詔統復封累遷祕書監侍中薨追贈光祿勳子羲立官至散騎常侍薨子遵之立義熙初梁州刺史劉稚謀反推遵之爲主事泄伏誅弟楷之子遵扶立宋受禪國除矩弟羕字延平太康末封西陽縣公拜散騎常侍亮之被害也羕時年八歲鎮南將軍裴楷與之親姻竊之以逃一夜八遷故得免及瑋誅進爵爲王歷步兵校尉左軍驍騎將軍元康初進封郡王永興中拜侍中以長沙王乂黨廢爲庶人惠帝還洛復羕封爲撫軍將軍又以汝南期思西陵益其國永嘉初拜鎮軍將軍加散騎常侍領後軍將軍復以邾蘄春益之并前三萬五千戶隨東海王越東出鄄城遂南渡江元帝承制更拜撫軍大將軍開府給千兵百騎詔與南頓王宗統流人以實中州江西荒梗復還及元帝踐阼進位侍中太保以羕屬尊元會特爲設牀太輿初錄尚書事尋領大宗師加羽葆斧鉞班劍六十人進位太宰及王敦平領太尉明帝卽位以羕宗室元老特爲之拜羕放縱兵士刼鈔有司奏免羕官詔不問及帝寢疾羕與王導同受顧命輔成帝時帝幼冲詔羕設牀帳於殿上帝親迎拜咸和初羕坐南頓王宗免官降爲弋陽王及蘇峻作亂羕詣峻稱述其勳峻大悅矯詔復羕爵位峻平賜死世子播播弟充及息崧並伏誅國除咸康初復其屬籍以羕孫珉爲奉車都尉奉朝請羕弟宗字延祚元康中封南頓縣侯尋進爵爲公討劉喬有功進封王增邑五千并前萬戶爲征虜將軍與兄羕俱過江元帝承制拜散騎常侍愍帝之在西都以宗爲平東將軍元帝卽位拜撫軍將軍領左將軍明帝踐阼加長水校尉轉左衛將軍與虞允俱爲帝所昵委以禁旅宗與王導庾亮志趣不同連結輕俠以爲腹心導亮並以爲言帝以宗戚屬每容之及帝疾篤宗允密謀爲亂亮排閤入升御牀流涕爲言帝始悟轉爲驃騎將軍允爲大宗正宗遂怨望形於辭色咸和初御史中丞鍾雅劾宗謀反庾亮使右衛將軍趙允收之宗以兵拒戰爲允所殺貶其族爲馬氏徙妻子於晉安既而原之三子綽超演廢爲庶人咸康中復其屬籍綽爲奉車都尉奉朝請宗弟熙初封汝陽公討劉喬有功進爵爲王永嘉末沒於石勒

楚隱王瑋字彥度武帝第五子也初封始平王歷屯騎校尉太康末封於楚出之國都督荊州諸軍事平南將軍轉鎮南將軍武帝崩爲衞將軍領北軍中候加侍中行太子少傅楊駿之誅也瑋屯司馬門瑋少年果銳多立威刑朝廷忌之汝南王亮太保衞瓘以瑋性狠戾不可大任建議使與諸王之國瑋甚忿之長史公孫宏舍人岐盛並薄於行爲瑋所昵瓘等惡其爲人慮致禍亂將收盛盛知之遂與宏謀宏因積弩將軍李肇矯稱瑋令誣亮瓘於賈后后不之察使惠帝爲詔曰太宰太保欲爲伊霍之事王宜宣詔令淮南長沙成都王屯宮諸門廢二公夜使黃門齎敕以授瑋瑋欲覆奏黃門曰事恐漏泄非密詔本意也瑋乃止遂勒本軍復矯詔召三十六軍手令告諸軍以奉詔誅二公之意又矯詔使亮瓘上太宰太保印綬侍中貂蟬之國官屬皆罷遣之又矯詔赦亮瓘官屬曰二公潛謀不軌欲危社稷今免還第官屬以下一無所問若不奉詔便以軍法從事能率所領先出降者封侯受賞朕不食言遂收亮瓘殺之岐盛說瑋可因兵勢誅賈謨郭彰以匡王室瑋猶豫未決會天明帝用張華計遣殿中將軍王宮齎騶虞幡麾眾曰楚王矯詔眾皆釋仗而走瑋左右無復一人窘迫不知所爲惟一奴年十四駕牛車將赴秦王柬帝遣謁者詔瑋還營執之於虎賁署遂下廷尉詔以瑋矯詔害二公父子又欲誅滅朝臣圖謀不軌遂斬之時年二十一其日大風雷雨霹靂瑋臨刑出懷中青紙詔流涕以示監刑尚書劉頌曰受詔而行謂爲社稷今更爲罪託體先帝受枉如此幸見申列頌亦歔欷不能仰視公孫宏岐盛並夷三族瑋性開濟好施能得眾心及此莫不隕涙百姓爲之立祠賈后先惡瓘亮又忌瑋故以計相次誅之永寧元年追贈驃騎將軍封其子範爲襄陽王拜散騎常侍後爲石勒所害

趙王倫字子彝宣帝第九子也母曰柏夫人魏嘉平初封安樂亭侯五等建改封東安子拜諫議大夫武帝受禪封琅邪郡王坐使散騎將劉緝買工所將盜御裘廷尉杜友正緝棄市倫當與緝同罪帝以倫親故下詔赦之及之國行東中郎將宣威將軍咸寧中改封於趙遷平北將軍督鄴城守事進安北將軍元康初遷征西將軍開府儀同三司鎮關中倫刑賞失中氐羌反叛徵還京師尋拜車騎將軍太子少傅深交賈郭諂事中宮大爲賈后所親信求錄尚書張華裴頠固執不可又求尚書令華頠復不許愍懷之廢使倫領右軍將軍時左衞司馬督司馬雅及常從督許超並嘗給事東宮傷太子無罪與殿中中郎士猗等謀廢賈后復太子以華頠不可移難與圖權倫執兵之要性貪冒可假以濟事乃說倫嬖人孫秀曰中宮凶妒無道與賈謐等共廢太子今國無嫡嗣社稷將危大臣將起大事而公名奉事中宮與賈郭親善太子之廢皆云豫知一朝事起禍必相及

何不先謀之乎秀許諾言於倫倫納焉遂告通事令史張林及省事張衡殿中侍御史殷渾右衛司馬督路始使爲內應事將起而秀知太子聰明若還東宮當與賢人圖政量己必不得志乃更說倫曰太子爲人剛猛不可私請明公素事賈后時議皆以公爲賈氏之黨今雖欲建大功於太子太子含宿怒必不加賞於明公矣當謂逼百姓之望翻覆以免罪耳此乃所以速禍也今且緩其事賈后必害太子然後廢后爲太子報讎亦足以立功豈徒免禍而已倫從之秀乃微泄其謀使謐黨頗聞之倫秀因勸謐等早害太子以絕衆望太子既遇害倫秀之謀益甚而雅超懼後難欲悔其謀乃辭疾秀復告右衛佽飛督閭和和從之期四月三日丙夜一籌以鼓鳴爲應至期倫乃矯詔敕三部司馬曰中宮與賈謐等殺吾太子今使車騎入廢中宮汝等皆當從命賜爵關中侯不從誅三族於是衆皆從之倫又矯詔開門夜入陳兵道南遣翊軍校尉齊王冏將三部司馬百人排閤而入華林令駱休爲內應迎帝幸東堂遂廢賈后爲庶人幽之於建始殿收吳太妃趙粲及韓壽賈午等付暴室考竟詔尚書以廢后事仍收捕賈謐等召中書監侍中黃門侍郎八坐皆夜入殿執張華裴頠解結杜斌等於殿前殺之尚書始疑詔有詐郎師景露版奏請手詔倫等以爲沮衆斬之以徇明日倫坐端門屯兵北向遣尚書和郁持節送賈庶人於金墉誅趙粲叔父中護軍趙浚及散騎侍郎韓豫等內外羣官多所黜免倫尋矯詔自爲使持節大都督督中外諸軍事相國侍中王如故一依宣文輔魏故事置左右長史司馬從事中郎四人參軍十人掾屬二十人兵萬人以其世子散騎常侍荂領冗從僕射子馥前將軍封濟陽王虔黃門郎封汝陰王詡散騎侍郎封霸城侯孫秀等封皆大郡並據兵權文武官封侯者數千人百官總己聽於倫倫素庸下無智策復受制於秀秀之威權振於朝廷天下皆事秀而無求於倫秀起自琅邪小吏累官於趙國以諂媚自達既執機衡遂恣奸凶多殺忠良以逞私欲司隸從事游顥與殷渾有隙渾誘顥奴晉興僞告顥有異志秀不詳察即收顥及襄陽中正李邁殺之厚待晉興以爲己部曲督前衛尉石崇黃門郎潘岳皆與秀有嫌並見誅於是京邑君子不樂其生矣淮南王允齊王冏以倫秀驕僭內懷不平秀等又深忌焉乃出冏鎮許奪允護軍允發憤起兵討倫允既敗滅倫加九錫增封五萬戶倫僞爲飾讓詔遣百官詣府敦勸侍中宣詔然後受之加荂撫軍將軍領軍將軍馥鎮軍將軍領護軍將軍虔中軍將軍領右衛將軍詡爲侍中又以孫秀爲侍中輔國將軍相國司馬右率如故張林等並居顯要增相府兵爲二萬人與宿衛同又隱匿兵士衆過三萬起東宮三門四角華檐斷宮東西道爲外徼或謂秀曰散騎常侍楊準黃門侍郎劉逵欲奉梁王肜以誅倫會有星變乃徙肜爲丞相居司徒府轉準逵爲外官倫無學不知書秀亦以狡猾小才貪淫昧利所共立事者皆邪佞之徒惟競榮利無深謀遠略荂淺薄鄙陋馥虔闇狠彊戾詡愚嚚輕訬而各乖異互相憎毀秀子會年二十爲射聲校尉尚帝女河東公主公主母喪未期便納聘禮會形貌短陋奴僕之下者初與富室兒於城西販馬百姓忽聞其尚主莫不駭愕倫秀並惑巫鬼聽妖邪之說秀使牙門趙奉詐爲宣帝神語命倫早入西宮又言宣帝於北芒爲趙王倫佐助遂別立宣帝廟於芒山謂逆謀可成以太子詹事裴劭左軍將軍卞粹等二十人爲從事中郎掾屬又二十人秀等部分諸軍分布腹心使散騎常侍義陽王威兼侍中出納詔命矯作禪讓之詔使使持節尚書令滿奮僕射崔隨爲副奉皇帝璽綬以禪位於倫倫僞辭不受於是宗室諸王羣公卿士咸假稱符瑞天文以勸進倫乃許之左衛王輿與前軍司馬雅等率甲士入殿譬喻三部司馬示以威賞皆莫敢違其夜使張林等屯守諸門義陽王威及駱休等逼奪天子璽綬夜漏未盡內外百官以乘輿法駕迎倫惠帝乘雲母車鹵簿數百人自華林西門出居金墉城尚書和郁兼侍中散騎常侍琅邪王睿中書侍郎陸機從到城下而反使張衡衛帝實幽之也倫從兵五千人入自端門登太極殿滿奮崔隨樂廣進璽綬於倫乃僭即帝位大赦改元建始是歲賢良方正直言秀才孝廉良將皆不試計吏及四方之使命在京邑者太學生年十六以上及在學二十年皆署吏郡縣二千石令長赦日在職者皆封侯郡綱紀並爲孝廉縣綱紀爲廉吏以世子荂爲太子馥爲侍中大司農領護軍京兆王虔爲侍中大將軍領軍廣平王詡爲侍中撫軍將軍霸城王孫秀爲侍中中書監驃騎將軍儀同三司張林等諸黨皆登卿將並列大封其餘同謀者咸超階越次不可勝紀至於奴卒厮役亦加以爵位每朝會貂蟬盈坐時人爲之諺曰貂不足狗尾續而以苟且之惠取悅人情府庫之儲不充於賜金銀冶鑄不給於印故有白版之侯君子恥服其章百姓亦知其不終矣倫親祠太廟還遇大風飄折麾蓋孫秀既立非常之事倫敬重焉秀住文帝爲相國

時所居內府事無巨細必諮而後行倫之詔令秀輒改革有所與奪自書青紙爲詔或朝行夕改者數四百官轉易如流時有雉入殿中自太極東階上殿驅之更飛西鐘下有頃飛去又倫於殿上得異鳥問皆不知名累日向夕宮西有素衣小兒言是服劉鳥倫使錄小兒并鳥閉置牢室明旦開視戶如故並失人鳥所在倫目上有瘤時以爲妖焉時齊王冏河間王顒成都王穎並擁彊兵各據一方秀知冏等必有異圖乃選親黨及倫故吏爲三王參佐及郡守秀本與張林有隙雖外相推崇內實忌之及林爲衞將軍深怨不得開府潛與荂牋具說秀專權動違衆心而功臣皆小人撓亂朝廷可一時誅之荂以書白倫倫以示秀秀勸倫誅林倫從之於是倫請宗室會於華林園召林秀及王輿入因收林殺之誅三族及三王起兵討倫檄至倫秀始大懼遣其中堅孫輔爲上軍將軍積弩李嚴爲折衝將軍率兵七千自延壽關出征虜張泓左軍蔡璜前軍閭和等率九千人自堮坂關出鎮軍司馬雅揚威莫原等率八千人自成皐關出召東平王楙爲使持節衞將軍都督諸軍以距義師使楊珍晝夜詣宣帝別廟祈請輒言宣帝謝陛下某日當破賊拜道士胡沃爲太平將軍以招福祐秀家日爲淫祀作厭勝之文使巫祝選擇戰日又令近親自嵩山著羽衣詐稱仙人王喬作神仙書述倫祚長久以惑衆秀欲遣馥虔領兵助諸軍戰馥虔不肯虔素親愛劉輿秀乃使輿說虔虔然後率衆八千爲三軍繼援而泓雅等連戰雖勝義軍散而復合雅等不得前許超等與成都王穎軍戰於黃橋殺傷萬餘人泓徑造陽翟又於城南破齊王冏輜重殺數千人遂據城保邸閣而冏軍已在潁陰去陽翟四十里冏分軍渡潁攻泓等不利泓乘勝至於潁水夜臨潁而陣冏縱輕兵擊之諸軍不動而孫輔徐建軍夜亂徑歸洛自首輔建之走也不知諸軍督尙存乃云齊王兵盛不可當泓等已沒倫大震祕之而召虔及超還會泓敗冏露布至倫乃喜乃復遣超而虔還已至庾倉超還濟河將士疑阻銳氣內挫泓等悉其諸軍濟潁進攻冏營冏出兵擊其別率孫髦司馬譚孫輔皆破之士卒散歸洛陽泓等收衆還營秀等知三方日急詐傳破冏營執得冏以誑惑其衆令百官皆賀而士猗伏允孫會皆杖節各不相從倫復授太子詹事劉琨節督河北將軍率步騎千人催諸軍戰會等與義軍戰於激水大敗退保河上劉琨燒斷河橋自義兵之起百官將士咸欲誅倫秀以謝天下秀知衆怒難犯不敢出省及聞河北軍悉敗憂懣不知所爲義陽王威勸秀至尙書省與八坐議征戰之備秀從之使京城四品以下子弟年十五以上皆詣司隸從倫出戰內外諸軍悉欲劫殺秀威秀威懼自崇禮闥走還下舍許超士猗孫會等軍既並還乃與秀謀或欲收餘卒出戰或欲焚燒宮室誅殺不附己者挾倫南就孫旂孟觀等或欲乘船東走入海計未決王輿反之率營兵七百餘人自南掖門入敕宮中兵各守衞諸門三部司馬爲應於內輿自往攻秀秀閉中書南門輿放兵登牆燒屋秀及超猗遽走出左衞將軍趙泉斬秀等以徇收孫奇於右衞營付廷尉誅之執前將軍謝惔黃門令駱休司馬督王潛郎於殿中斬之三部司馬兵於軍化闥中斬孫弼以徇時司馬馥在秀坐輿使將士囚之於散騎省以大戟守省閤八坐皆入殿中坐東除樹下王輿屯雲龍門使倫爲詔曰吾爲孫秀等所誤以怒三王今已誅秀其迎太上復位吾歸老於農畝傳詔以騶虞幡勑將士解兵文武官皆奔走莫敢有居者黃門將倫自華林東門出及荂皆還汶陽里第於是以甲士數千迎天子于金墉城百姓咸稱萬歲帝自端門入升殿御廣室送倫及荂等付金墉城初秀懼西軍至復召虔還是日宿九曲詔遣使者免虔官虔懼棄軍將數千人歸於汶陽里梁王肜表倫父子凶逆宜伏誅百官會議於朝堂皆如肜表遣尙書袁敞持節賜倫死飲以金屑苦酒倫慚以巾覆面曰孫秀誤我孫秀誤我於是收荂馥虔詡付廷尉獄考竟馥臨死謂虔曰坐爾破家也百官是倫所用皆斥免之臺府省衞僅有存者自兵興六十餘日戰所殺害僅十萬人凡與倫謀爲逆者張林爲秀所殺許超士猗孫弼謝惔殷渾與秀爲王輿所誅張衡閭和孫髦高越自陽翟還伏允戰敗還洛陽皆斬於東市蔡璜自陽翟降齊王冏還洛自殺王輿以功免誅後與東萊王蕤謀殺冏又伏法

齊武閔王冏字景治獻王攸之子也少稱仁惠好振施有父風初攸有疾武帝不信遣太醫診候皆言無病及攸薨帝往臨喪冏號踊訴父病爲醫所誣詔卽誅醫由是見稱遂得爲嗣元康中拜散騎常侍領左軍將軍翊軍校尉趙王倫密與相結廢賈后以功轉遊擊將軍冏以位不滿意有恨色孫秀微覺之且憚其在內出爲平東將軍假節鎭許昌倫纂遷鎭東大將軍開府儀同三司欲以寵安之冏因衆心怨望潛與離狐王盛潁川王處穆謀起兵誅倫倫遣腹心張烏覘之烏反曰齊無異志冏既有成謀未發恐事泄乃與軍司管襲殺處穆送

首於倫以安其意謀定乃收襲殺之遂與豫州刺史何勗龍驤將軍董艾等起軍遣使告成都河間常山新野四王移檄於天下征鎭州縣郡國咸使聞知揚州刺史郗隆承檄猶豫未決參軍王邃斬之送首於冏冏屯軍陽翟倫遣其將閭和張泓孫輔出堨坂與冏交戰冏軍失利堅壁自守會成都軍破倫衆於黃橋冏乃出兵攻和等大破之及王輿廢倫惠帝反正冏誅討賊黨旣畢率衆入洛頓軍通章署甲士數十萬旌旗器械之盛震於京師天子就拜大司馬加九錫之命備物典策如宣景文武輔魏故事冏於是輔政居攸故宮置掾屬四十人大築第館北取五穀市南開諸署毀壞廬舍以數百使大匠營制與西宮等鑿千秋門以通西閤後房施鍾懸前庭舞八佾沈於酒色不入朝見坐拜百官符敕三臺選舉不均惟寵親昵以車騎將軍何勗領中領軍封葛旟爲牟平公路秀小黃公衞毅陰平公劉眞安鄉公韓泰封邱公號曰五公委以心膂殿中御史桓豹奏事不先經冏府卽考竟之於是朝廷側目海內失望矣南陽處士鄭方露版陳冏五失冏含忍答之主簿王豹屢有箴規冏怒奏殺豹有白頭公入大司馬府大呼言有兵起不出甲子旬卽收殺之冏驕恣日甚終無悛志前賦曹屬孫惠復上諫曰惠聞天下五難四不可而明公皆以居之矣捐宗廟之主忽千乘之重躬貫甲胄犯冒鋒刃此一難也奮三百之卒決全勝之策集四方之衆致英豪之士此二難也舍殿堂之尊居單幕之陋安囂塵之慘同將士之勞此三難也驅烏合之衆當凶彊之敵任神武之略無疑阻之懼此四難也檄六合之內著盟信之誓升幽宮之帝復皇祚之業此五難也大名不可久荷大功不可久任大權不可久執大威不可久居未有行其五難而不以爲難遺其四不可而謂之可惠竊所不安也自永熙以來十有一載人不見德唯戮是聞公族構篡奪之禍骨肉遭梟夷之刑羣王被囚檻之困妃主有離絕之哀歷觀前代國家之禍至親之亂未有今日之甚者也良史書過後嗣何觀天下所以不去於晉符命長存於世者主無嚴虐之暴朝無酷烈之政武帝餘恩獻王遺愛聖慈惠和尙經人心四海所係實在於茲今明公建不世之義而未爲不世之讓天下惑之思求所悟長沙成都魯衞之密國之親親與明公計功受賞皆不自先今公宜放桓文之勳邁臧札之迹委萬機於二王命方岳於羣后退身大齊之區垂拱靑徐之域金石不足以銘高八音不足以贊美姬文不得專美於前太伯不得獨賢於後何乃忘亢極之悔忽窮高之凶棄五嶽之安居累卵之危外以權勢受疑內以百揆損神雖處高臺之上逍遙重仞之墉及其危亡之憂過於潁翟之慮也昔屈原放斥心存南郢樂毅適趙志戀北燕況惠受恩偏蒙識養雖復蹔違情隆二臣是以披露血誠冒昧干迕言入身戮義讓公舉退就鈇鑕此惠之死賢於生也冏不納亦不加罪翊軍校尉李含奔於長安詐云受密詔使河間王顒誅冏因導以利謀顒從之上表曰王室多故禍難罔已大司馬冏雖倡義有興復皇位之功而定都邑克寧社稷實成都王穎之力也而冏不能固守臣節實協異望在許昌營有東西掖門官置治書侍御史長史司馬直立左右如侍臣之儀京城大清篡逆誅夷而率百萬之衆來繞洛城阻兵經年不一朝覲百官拜伏晏然南面壞樂官市署用自增廣輒取武庫祕仗嚴列不解故東萊王蕤知其逆節表陳事狀而見誣陷加罪黜徙以樹私黨僭立官屬幸妻嬖妾名號比之中宮沈湎酒色不恤羣黎董艾放縱無所畏忌中丞按奏而取退免張偉惚恫擁停詔可葛旟小豎維持國命操弄王爵貨賂公行羣奸聚黨擅斷殺生密署腹心實爲貨謀斥罪忠良伺闚神器臣受重任藩衞方岳見冏所行實懷激憤卽日翊軍校尉李含乘馹密至宣騰詔旨臣伏讀感切五情若灼春秋之義君親無將冏擁彊兵樹置私黨權官要職莫非腹心雖復重責之誅恐不義服今輒勒兵精卒十萬與州征並協忠義共會洛陽驃騎將軍長沙王乂同奮忠誠廢冏還第有不順命軍法從事成都王穎明德茂親功高勳重往歲去就允合衆望宜爲宰輔代冏阿衡之任顒表既至冏大懼會百僚曰昔孫秀作逆篡逼帝王社稷傾覆莫能禦難孤糾合大衆埽除元惡臣子之節信著神明三王今日聽信讒言造構大難當賴忠謀以和不協耳司徒王戎司空東海王越說冏委權崇讓冏從事中郎葛旟怒曰趙庶人聽任孫秀移天易日當時喋喋莫敢先唱公蒙犯矢石躬貫甲胄攻圍陷陳得濟今日計功行封事殷未徧三臺納言不恤王事賞報稽緩責不在府讒言僭逼當其誅討虛承僞書令公就第漢魏以來王侯就第寧有得保妻子者乎議者可斬於是百官震悚無不失色長沙王乂徑入宮發兵攻冏府冏遣董艾陳兵宮西乂又遣宋弘等放火燒諸觀閣及千秋神武門冏令黃門令王湖悉盜騶虞幡唱云長沙王矯詔乂又稱大司馬謀反助者誅五族是夕城內大戰飛矢雨集火光屬天帝幸上東門矢集御前羣臣救火死者相

枕明日冏敗乂禽冏至殿前帝惻然欲活之乂叱左右促牽出冏猶再顧遂斬於閶闔門外徇首六軍諸黨屬皆夷三族幽其子淮陵王超樂安王冰濟陽王英于金墉暴冏尸于西明亭三日莫敢收斂冏故掾屬荀闓等表乞殯葬許之初冏之盛也有一婦人詣大司馬府求寄產吏詰之婦人曰我截齊便去耳識者聞而惡之時又謠曰著布袙腹爲齊持服俄而冏誅永興初詔以冏輕犯重刑前勳不宜堙沒乃赦其三子超冰英還第封超爲縣王以繼冏嗣歷員外散騎常侍光熙初詔冊復冏本封命子超嗣爵永嘉中懷帝下詔重述冏功還贈大司馬加侍中假節追謚及洛陽傾覆超兄弟皆沒于劉聰冏遂無後太元中詔以故南頓王宗子柔之襲封齊王紹攸冏之祀歷散騎常侍元興初會稽王道子討桓元使柔之兼侍中以騶虞幡宣告江荆二州至姑孰爲元前鋒所害贈光祿勳子建之立宋受禪國除

長沙厲王乂字士度武帝第六子也太康十年受封拜員外散騎常侍及武帝崩乂時年十五孺慕過禮會楚王瑋奔喪諸王皆近路迎之乂獨至陵所號慟以俟瑋拜步兵校尉及瑋之誅二公也乂守東掖門會騶虞幡出乂投弓流涕曰楚王被詔是以從之安知其非瑋既誅乂以同母貶爲常山王令之國乂身長七尺五寸開朗果斷才力絕人虛心下士甚有名譽二王之義舉也乂率國兵應之過趙國房子令距守乂殺之進軍爲成都後係常山內史程恢將貳於乂乂到鄴斬恢及其五子至洛拜撫軍大將軍領左軍將軍頃之遷驃騎將軍開府復本國乂見齊王冏漸專權嘗與成都王穎俱拜陵因謂穎曰天下者先帝之業也王宜維之時聞其言者皆憚之及河閒王顒將誅冏傳檄以乂爲內主冏遣其將董艾襲乂乂將左右百餘人手斫車幰露乘馳赴宮閉諸門奉天子與冏相攻起火燒冏府連戰三日冏敗斬之并誅諸黨與二千餘人顒本以乂弱冏彊冀乂爲冏所禽然後以乂爲辭宣告四方共討之因廢帝立成都王己爲宰輔專制天下既而乂殺冏其計不果乃潛使侍中馮蓀河南尹李含中書令卞粹等襲乂乂並誅之顒遂與穎同伐京都顒遣刺客圖乂時長沙國左常侍王矩侍直見客色動遂殺之詔以乂爲大都督以距顒連戰自八月至十月朝議以乂穎兄弟可以辭說而釋乃使中書令王衍行太尉光祿勳石陋行司徒使說穎令與乂分陝而居穎不從乂因致書於穎勸令還鎮以寧帝室穎復乂書求斬羊元之皇甫商等首當自歸鄴辭語皆不相能乂前後破穎軍斬獲六七萬人戰久糧乏城中大饑雖曰疲弊將士同心皆願效死而乂奉上之禮未有虧失張方以爲未可剋欲還長安而東海王越慮事不濟潛與殿中將收乂送金墉城乂表曰陛下篤睦委臣朝事臣小心忠孝神祇所鑒諸王承謬率眾見責朝臣無正各慮私困收臣別省送臣幽宮臣不惜軀命但念大晉衰微枝黨欲盡陛下孤危若臣死國寧亦家之利但恐快凶人之志無益於陛下耳殿中左右恨乂功垂成而敗謀劫出之更以距穎越懼難作欲遂誅乂黃門郎潘滔勸越密告張方方遣部將郅輔勒兵三千就金墉收乂至營炙而殺之乂冤痛之聲達於遠近三軍莫不爲之垂涕時年二十八乂將殯於城東官屬莫敢往故掾劉祐獨送之步持喪車悲號斷絕哀感路人張方以其義士不之問也初乂執權之始洛下謠曰草木萌牙殺長沙乂以正月二十五日廢二十七日薨如謠言焉永嘉中懷帝以乂子碩嗣拜散騎常侍後沒于劉聰

成都王穎字章度武帝第十六子也太康末受封邑十萬戶後拜越騎校尉加散騎常侍車騎將軍賈謐嘗與皇太子博爭道穎在坐厲聲呵謐曰皇太子國之儲君賈謐何得無禮謐懼由此出穎爲平北將軍鎮鄴轉鎮北大將軍趙王倫之篡也進征北大將軍加開府儀同三司及齊王冏起義穎發兵應冏以鄴令盧志爲左長史頓邱太守鄭琰爲右長史黃門郎程牧爲左司馬陽平太守和演爲右司馬使兗州刺史王彥冀州刺史李毅督護趙驤石超等爲前鋒羽檄所及莫不響應至朝歌眾二十餘萬趙驤至黃橋爲倫將士猗許超所敗死者八千餘人士眾震駭穎欲退保朝歌用盧志王彥策又使趙驤率眾八萬與王彥俱進倫復遣孫會劉琨等率三萬人與猗超合兵距驤等精甲耀日鐵騎前驅猗既戰勝有輕驤之心未及溫十餘里復大戰猗等奔潰穎遂過河乘勝長驅左將軍王輿殺孫秀幽趙王倫迎天子反正及穎入京師誅倫使趙驤石超等助齊王冏攻張泓於陽翟泓等遂降冏始率眾入洛自以首建大謀遂擅威權穎營于太學及入朝天子親勞焉穎拜謝曰此大司馬臣冏之勳臣無預焉見訖即辭出不復還營便謁太廟出自東陽門遂歸鄴遣信與冏別冏大驚馳出送穎至七里澗及之穎住車言別流涕不及時事惟以太妃疾苦形於顏色百姓觀者莫不傾心至鄴詔遣兼太尉王粹加九錫殊禮進位大將軍都督中外諸軍事假節加黃鉞錄尚書事入朝不趨劍履上殿穎拜

受禪號讓還殊禮九錫表論興義功臣盧志和演董洪王彥趙驤等五人皆封開國公侯又表稱大司馬前在陽翟與彊賊相持既久百姓瘡痍饑餓凍餒宜急拯救乞差發郡縣車一時運河北邸閣米十五萬斛以賑陽翟饑民盧志言於穎曰黃橋戰亾者有八千人既經夏暑露骨中野可為傷惻昔周王葬枯骨故詩云行有死人尚或墐之況此等致死於王事乎穎乃造棺八千餘枚以成都國秩為衣服斂祭葬於黃橋北樹枳籬為之塋域又立都祭堂刋石立碑紀其赴義之功使亡者之家四時祭祀仍表其門閭加常戰亡二等又令河內溫縣埋藏趙王倫戰死士卒萬四千餘人穎形美而神昏不知書然器性敦厚委事於志故得成其美焉及齊王冏驕侈無禮於是眾望歸之詔遣侍中馮蓀中書令卞粹喻穎入輔政并使受九錫穎猶讓不拜尋·丨太子太傅穎嬖人孟玖不欲還洛又程太妃愛戀鄴都以此議久不決留義募將士既久咸怨曠思歸或有輒去者乃題鄴城門云大事解散蠶欲遽請且歸赴時務昔以義來今以義去若復有急更相語穎知不可留因遣之百姓乃安及冏敗穎懸執朝政事無巨細皆就鄴諮之後張昌擾亂荊土穎拜表南征所在響赴既恃功驕奢百度弛廢甚於冏時穎方恣其欲而憚長沙王乂在內遂與河間王顒表請誅后父羊元之左將軍皇甫商等檄乂使就第乃與顒將張方伐京師以平原內史陸機為前鋒都督前將軍假節穎次朝歌每夜矛戟有光若火其壘井中皆有龍象進軍屯河南阻清水為壘造浮橋以通河北以大木函盛石沈之以繫橋名曰石鼈陸機戰敗死者甚眾機又為孟玖所譖穎收機斬之夷其三族語在機傳於是進攻京城時常山人王輿合眾萬餘欲襲穎會乂被執其黨斬輿降穎穎既入京師復旋轉于鄴增封二十郡拜丞相河間王顒表穎宜為儲副遂廢太子覃立穎為皇太弟丞相如故制度一依魏武故事乘輿服御皆遷于鄴表罷宿衛兵屬相府吏以王官宿衛穎僭侈日甚有無君之心委任孟玖等大失眾望永興初左衛將軍陳眕殿中中郎逯苞成輔及長沙故將上官巳等奉大駕討穎馳檄四方赴者雲集軍次安陽眾十餘萬鄴中震懼穎欲走其掾步熊有道術曰勿動南軍必敗穎會其眾問計東安王繇乃曰天子親征宜罷甲縞素出迎請罪司馬王混參軍崔曠等勸穎距戰穎從之乃遣奮武將軍石超率眾五萬次于蕩陰眕二弟匡規自鄴赴王師云鄴中皆已離叛由是不甚設備超眾奄至王師敗績矢及乘輿侍中嵇紹死於帝側左右皆奔散乃棄天子於稾中超遂奉帝幸鄴穎改元建武害東安王繇署置百官殺生自己立郊於鄴南平北將軍王浚寧北將軍東嬴公騰殺穎所置幽州刺史和演穎徵浚浚屯冀州不進與騰及烏丸羯朱襲穎候騎至鄴穎遣幽州刺史王斌及石超李毅等距浚為羯朱等所敗鄴中大震百僚奔走士卒分散穎懼將帳下數十騎擁天子與中書監盧志單車而走五日至洛羯朱追至朝歌不及而還河間王顒遣張方率甲卒二萬救穎至洛方乃挾帝擁穎及豫章王并高光盧志等歸于長安顒廢穎歸藩以豫章王為皇太弟穎既廢河北思之鄴中故將公師藩汲桑等起兵以迎穎眾情翕然顒復拜穎鎮東大將軍都督河北諸軍事給兵千人鎮鄴穎至洛而東海王越率眾迎大駕所在蜂起穎以北方盛彊懼不可進自洛陽奔關中值大駕還洛穎自華陰趨武關出新野帝詔鎮南將軍劉弘南中郎將劉陶收捕穎穎於是棄母妻單車與二子廬江王普中都王廓渡河赴朝歌收合故將士數百人欲就公師藩頓邸太守馮嵩執穎及普廓送鄴范陽王虓幽之而無他意屬虓薨長史劉輿見穎為鄴都所服慮為後患祕不發喪偽令人為臺使稱詔夜賜穎死穎謂守者田徽曰范陽王死乎徽曰不知穎曰卿年幾徽曰五十穎曰知天命不徽曰不知穎曰我死之後天下安乎不安乎我自放逐於今三年身體手足不見洗沐取數斗湯來其二子號泣穎勑人將去乃散髮東首臥命徽縊之時年二十八二子亦死鄴中哀之穎之敗也官屬並奔散惟盧志隨從不怠論者稱之其後汲桑害東嬴公騰稱為穎報讎遂出穎棺載之於軍中每事啟靈以行軍令桑敗棄棺於故井中穎故臣收之改葬於洛陽懷帝加以縣王禮穎死後數年開封間有傳穎子年十餘歲流離百姓家東海王越遣人殺之永嘉中立東萊王蕤子遵為穎嗣封華容縣王後沒于賊國除

河間王顒字文載安平獻王孚孫太原烈王瓌之子也初襲父爵咸寧二年就國三年改封河間少有清名輕財愛士與諸王俱來朝武帝嘆顒可以為諸國儀表元康初為北中郎將監鄴城九年代梁王肜為平西將軍鎮關中石函之制非親親不得都督關中顒於諸王為疏特以賢舉及趙王倫篡位齊王冏謀討之前安西參軍夏侯奭自稱侍御史在始平合眾得數千人以應冏遣信要顒顒遣主簿房陽河間國人張方討擒奭及其黨十數人於長安市腰斬之及冏檄至顒執冏使送之

於倫倫徵兵於顒顒遣張方率關右健將赴之方至華陰顒聞二王兵盛乃加長史李含龍驤將軍領督護席薳等追方軍回以應二王義兵至潼關而倫秀已誅天子反正含方各率衆還及冏論功雖怒顒初不同而終能擠義進位侍中太尉加三賜之禮後含爲翊軍校尉與冏參軍皇甫商司馬趙驤有憾遂奔顒詭稱受密詔伐冏因說利害顒納之便發兵遣使邀成都王穎以含爲都督率諸軍屯陰盤前鋒次于新安去洛百二十里檄長沙王乂討冏及冏敗顒以含爲河南尹使與馮蓀卞粹等潛圖害乂商知含前矯妄及與顒陰謀具以告乂乂乃誅含等顒聞含死即起兵以討商爲名使張方爲都督領精卒七萬向洛方攻商商距戰而潰方遂進攻西明門乂率中軍左右衛擊之方衆大敗死者五千餘人方初於駛水橋西爲營於是築壘數重外引廪穀以足軍食乂復從天子出攻方戰輒不利及乂死方還長安詔以顒爲太宰大都督雍州牧顒廢皇太子覃立成都王穎爲太弟改年大赦左衛將軍陳眕奉天子伐穎顒又遣方率兵二萬救鄴天子已幸鄴方屯兵洛陽及王浚等伐穎穎挾天子歸洛陽方將兵入殿中逼帝幸其壘掠府庫將焚宮廟以絕衆心盧志諫乃止方又逼天子幸長安顒乃選置百官改秦州爲定州及東海王越起兵徐州西迎大駕關中大懼方謂顒曰方所領猶有十餘萬衆奉送大駕還洛宮使成都王反鄴公自留鎮關中方北討博陵如此天下可小安無復舉手者顒慮事大難濟不許乃假劉喬節進位鎮東大將軍遣成都王穎總統樓褒王闡等諸軍據河橋以距越王浚遣督護劉根將三百騎至河上闡出戰爲所殺顒頓軍張方故壘范陽王虓遣鮮卑騎與平昌博陵衆襲河橋樓褒西走追騎至新安道路死者不可勝數初越以張方刼遷大駕天下怨憤倡義與山東諸侯剋期奉迎先遣說顒令送帝還都與顒分陝而居顒欲從之而方不可及東軍大捷成都等敗顒令方親信將郅輔夜斬方首送以示東軍尋變計更遣刁默守潼關乃告輔殺方又斬輔顒先遣將呂朗等據滎陽范陽王虓司馬劉琨以方首示朗於是朗降時東軍既盛破刁默入關顒懼又遣馬瞻郭偉於灞水禦之瞻等戰敗散走顒單馬逃于太白山東軍入長安大駕旋以太弟太保梁柳爲鎮西將軍守關中馬瞻等出詣柳因共殺柳於城內瞻等與始平太守梁邁合從迎顒於南山顒不肯入府長安令蘇衆記室督朱永勸顒表稱柳病卒輒知軍事弘農太守裴廙秦國內史賈龕安定太守賈疋等起義討顒斬馬瞻梁邁等東海王越遣督護麋晃率國兵伐顒至鄭顒將牽秀距晃晃斬秀并其二子義軍據有關中顒保城而已永嘉初詔以顒爲司徒乃就徵南陽王模遣將梁臣於新安雍谷車上扼殺之并其三子詔以彭城元王植子融爲顒嗣改封樂成縣王薨無子建興中元帝又以彭城康王釋子鈫爲融嗣

東海孝獻王越字元超高密王泰之次子也少有令名謙虛持布衣之操爲中外所宗初以世子爲騎都尉與駙馬都尉楊邈及琅邪王伷子繇俱侍講東宮拜散騎侍郎歷左衛將軍加侍中預討楊駿有功封五千戶侯遷散騎常侍輔國將軍尚書右僕射領游擊將軍復爲侍中加奉車都尉別封東海王永康初爲中書令徙侍中遷司空領中書監成都王穎攻長沙王乂乂固守洛陽殿中諸將及三部司馬疲於戰守密與左衛將軍朱默夜收乂別省逼越爲主啟惠帝免乂官事定越稱疾遜位帝不許加守尚書令太安初帝北征鄴以越爲大都督六軍敗越奔下邳徐州都督東平王楙不納越徑還東海成都王穎以越兄弟宗室之美下寬令招之越不應命帝西幸以越爲太傅與太宰顒夾輔朝政讓不受東海中尉劉洽勸越發兵以備穎越以洽爲左司馬尚書曹馥爲軍司既起兵楙懼乃以州與越越以司空領徐州都督以楙領兗州刺史越三弟並據方任征伐輒選刺史守相朝士多赴越而河間王顒挾天子發詔罷越等皆令就國越倡義奉迎大駕還復舊都率甲士三萬西次蕭縣豫州刺史劉喬不受越命遣子祐距之越軍敗范陽王虓遣督護田徽以突騎八百迎越遇祐於譙祐衆潰越進屯陽武山東兵盛關中大懼顒斬送張方首求和尋變計距越越率諸侯及鮮卑許扶歷駒次宿歸等步騎迎惠帝反洛陽詔越以太傅錄尚書事以下邳濟陽二郡增封及懷帝即位委政於越吏部郎周穆清河王覃舅越之姑子也與其妹夫諸葛玫共說越曰主上之爲太弟張方意也清河王本爲太子爲羣凶所廢先帝暴崩多疑東宮公盍思伊霍之舉以寧社稷乎言未卒越曰此豈宜言邪叱左右斬之以玫穆世家罪止其身因此表除三族之法帝始親萬機留心庶事越不說求出藩帝不許越遂出鎮許昌永嘉初自許昌率苟晞及冀州刺史丁劭討汲桑破之越還于許長史潘滔說之曰兗州天下樞要公宜自牧乃轉苟晞爲青州刺史由是與晞有隙尋詔越爲丞相兗州牧督兗豫司冀幽并六州越辭丞相不受自許遷于鄄城越恐

清河王覃終爲儲副矯詔收付金墉城尋害之王彌入許越遣左司馬王斌率甲士五千餘人入衛京師鄄城自壞越惡之移屯濮陽又遷于滎陽召田甄等六率甄不受命越遣監軍劉望討甄初東嬴公騰之鎭鄴也攜并州將田甄甄弟蘭任祉祈濟李惲薄盛等部衆萬餘人至鄴遣就穀冀州號爲乞活及騰敗甄等邀破汲桑於赤橋越以甄爲汲郡蘭爲鉅鹿太守甄求魏郡越不許甄怒故召不至望既渡河甄退李惲薄盛斬田蘭率其衆降甄祉濟棄軍奔上黨越自滎陽還洛以太學爲府疑朝臣貳於已乃誣帝舅王延等爲亂遣王景率甲士三千人入宮收延等付廷尉殺之越解兗州牧領司徒越既與苟晞構怨又以頃興事多由殿省乃奏宿衛有侯爵者皆罷之時殿中武官並封侯由是出者畧盡皆涕泣而去乃以東海國上軍將軍何倫爲右衛將軍王景爲左衛將軍領國兵數百人宿衛越自誅王延等大失衆望而多有猜嫌散騎侍郎高韜有憂國之言越以謗訕時政害之而不自安乃戎服入見請討石勒且鎭集兗豫以援京師帝曰今逆虜侵逼郊畿王室蠢蠢莫有固志朝廷社稷倚賴於公豈可遠出以孤根本對曰臣今率衆邀賊勢必滅之賊滅則不逞消殄已東諸州貢職流通此所以宣暢國威藩屏之宜也若端坐京輦以失機會則釁弊日滋所憂逾重遂行留妃裴氏世子鎭軍將軍毗及龍驤將軍李惲并何倫等守衛京師表以行臺隨軍率甲士四萬東屯于項王公卿士隨從者甚衆詔加九錫越乃羽檄四方而所徵者皆不至而苟晞又表討越語在晞傳越以豫州刺史馮嵩爲左司馬自領豫州牧越專擅威權圖爲霸業朝賢素望選爲佐吏名將勁卒充於已府不臣之迹四海所知而公私罄之所在寇亂州郡攜貳上下崩離禍結釁深遂憂懼成疾永嘉五年薨于項祕不發喪以襄陽王範爲大將軍統其衆還葬東海石勒追及於苦縣寧平城將軍錢端出兵距勒戰死軍潰勒命焚越柩曰此人亂天下吾爲天下報之故燒其骨以告天地於是衆數十萬勒以騎圍而射之相踐如山王公士庶死者十餘萬王彌弟璋焚其餘衆并食之天下歸罪於越帝發詔貶爲縣王何倫李惲聞越之死祕不發喪奉妃裴氏及毗出京城從者傾城所經暴掠至洧倉又爲勒所敗毗及宗室三十六王皆沒于賊李惲殺妻子奔廣宗何倫走下邳裴妃爲人所掠賣於吳氏太興中得渡江欲招魂葬越元帝詔有司詳議博士傅純曰聖人制禮以事緣情設冢椁以藏形而事之以凶立廟祧以安神而奉之以吉送形而往迎精而還此墓廟之大分形神之異制也至於室廟寢廟祊祭非一處所以廣求神之道而獨不於墓明非神之所處也今亂形神之別錯墓廟之宜違禮制義莫大於此於是下詔不許裴妃不奉詔遂葬越於廣陵大興末墓毀改葬丹徒初元帝鎭建鄴裴妃之意也帝深德之數幸其第以第三子沖奉越後薨無子成帝以少子奕繼之哀帝徙奕爲琅邪王而東海無嗣隆安初安帝更以會稽忠王次子彥璋爲東海王繼沖爲曾孫爲桓元所害國除

武十二王

武帝二十六男楊元后生毗陵悼王軌惠帝秦獻王柬審美人生城陽懷王景楚隱王瑋長沙厲王乂徐才人生城陽殤王憲匱才人生東海沖王祇趙才人生始平哀王裕趙美人生代哀王演李夫人生淮南忠壯王允吳敬王晏嚴保林生新都懷王該陳美人生淸河康王遐諸姬生汝陰哀王謨程才人生成都王穎王才人生孝懷帝楊悼后生勃海殤王恢餘八子不顯母氏並早夭又無封國及追謚今並畧之其瑋穎乂自有傳

毗陵悼王軌字正則初拜騎都尉年二歲而夭太康十年追加封謚以楚王瑋子義嗣

秦獻王柬字弘度沈敏有識量泰始六年封汝南王咸寧初徙封南陽王拜左將軍領右軍將軍散騎常侍武帝幸宣武場以三十六軍兵簿令柬料校之柬一省便擿脫謬帝異之於諸子中尤見愛幸以左將軍居齊獻王故府甚貴寵爲天下所屬目性仁訥無機辯之譽太康十年徙封於秦邑八萬戶于時諸王封中土者皆五萬戶以柬與太子同產故特加之轉鎭西將軍西戎校尉假節與楚淮南王俱之國及惠帝卽位來朝拜驃騎將軍開府儀同三司加侍中錄尙書事進位大將軍時楊駿伏誅柬既痛舅氏覆滅甚有憂危之慮屢述武帝旨請還藩而汝南王亮留東輔政及亮與楚王瑋被誅時人嘆柬有先識元康元年薨年三十朝野痛惜之無子以淮南王允子郁爲嗣與允俱被害永寧二年追謚曰悼又以吳王晏子鄴嗣懷帝崩鄴入篡帝位國絕

城陽懷王景字景度出繼叔父城陽哀王兆後泰始五年受封六年薨

東海沖王祇字敬度泰始九年五月受封殤王薨復以沖繼兆其年薨時年三歲

始平哀王裕字濬度咸寧三年受封其年薨年七歲無子以淮南王允子迪爲嗣太康十年改封漢王爲趙王

倫所害

淮南忠壯王允字欽度咸寧三年封濮陽王拜越騎校尉太康十年徙封淮南仍之國都督揚江二州諸軍事鎮東大將軍假節元康九年入朝初愍懷之廢議者將立允爲太弟會趙王倫廢賈后詔遂以允爲驃騎將軍開府儀同三司侍中都督如故領中護軍允性沈毅宿衛將士皆敬服之倫既有僭逆之志允陰知之稱疾不朝密養死士潛謀誅倫倫甚憚之轉爲太尉外示優崇實奪其兵也允稱疾不拜倫遣御史逼允收官屬以下劾以大逆允恚視詔乃孫秀手書也大怒便收御史將斬之御史走而獲免斬其令史二人厲色謂左右曰趙王欲破我家遂率國兵及帳下七百人直出大呼曰趙王反我將攻之佐淮南王者左袒於是歸之者甚衆允將赴宮左丞王輿閉東掖門允不得入遂圍相府允所將兵皆淮南奇才劍客也與戰頻敗之倫兵死者千餘人太子左率陳徽勒東宮兵鼓譟於內以應允結陣於承華門前弓弩齊發射倫飛矢雨集主書司馬眭祕以身蔽倫箭中其背而死倫官屬皆隱樹而立樹輒中數百箭自辰至未徽兄淮時爲中書令遣麾騶虞幡以解鬬倫子虔爲侍中在門下省密要壯士約以富貴於是遣司馬督護伏允領騎四百從宮中出舉空版詐言有詔助淮南王允允不之覺開陣納之下車受詔允爲所害時年二十九初倫兵敗皆相傳曰已擒倫矣百姓大悅既聞允死莫不嘆息允三子皆被害坐允夷滅者數千人及倫誅齊王冏表理允冤以息超繼允後於是有詔改葬賜以殊禮追贈司徒冏敗超被幽金墉城復以吳王晏子祥爲嗣拜散騎常侍洛陽傾覆爲劉聰所害

代哀王演字宏度太康十年受封少有廢疾不之國演常止于宮中薨無子以成都王穎子廓爲嗣改封中都王後與穎俱死

新都王該字元度咸寧三年受封太康四年薨時年十三無子國除

淸河康王遐字深度美容儀有精彩武帝愛之既受封出繼叔父城陽哀王兆太康十年增封渤海郡歷右將軍散騎常侍前將軍元康初進撫軍將軍加侍中遐長而懦弱無所是非性好內不能接士大夫及楚王瑋之舉兵也使遐收衛瓘而瓘故吏榮晦遂盡殺瓘子孫遐不能禁爲世所尤永康元年薨時年二十八四子覃籥銓端覃嗣立及沖太孫薨東宮曠然未有冢嗣齊王冏表立覃爲皇太子既而河間王顒脅遷大駕表立成都王穎爲皇太弟廢覃復爲淸河王初覃爲淸河世子所佩金鈴欻生隱起如麻粟祖母陳太妃以爲不祥毀而賣之占者以金是晉行大興之祥覃爲皇允是其瑞也毀而賣之象覃見廢不終之驗也永嘉中前北軍中候任城呂雍度支校尉陳顏等謀立覃爲太子事覺幽於金墉城未幾被害時年十四葬以庶人禮籥初封新蔡王覃薨還封淸河王銓初封上庸王懷帝卽位更封豫章王二年立爲皇太子洛京傾覆沒于劉聰端初封廣川王銓之爲皇太子也轉封豫章禮秩如皇太子拜散騎常侍平南將軍都督江州諸軍事假節當之國會洛陽陷沒端東奔苟晞於蒙晞立爲皇太子七十日爲石勒所沒

汝陰哀王謨字令度太康七年薨時年十一無後國除

吳敬王晏字平度太康十年受封食丹陽吳興并吳三郡歷射聲校尉後軍將軍與兄淮南王允共攻趙王倫允敗收晏付廷尉欲殺之傅祗於朝堂正色而爭於是羣官並諫倫乃貶爲賓徒縣王後徙封代王倫誅詔復晏本封拜上軍大將軍開府加侍中長沙王乂成都王穎之相攻也乂以晏爲前鋒都督數交戰永嘉中爲太尉大將軍晏爲人恭愿才不及中人於武帝諸子中最劣又少有風疾視瞻不端後轉增劇不堪朝覲及洛京傾覆晏亦遇害時年三十一愍帝卽位追贈太保五子長子不顯名與晏同沒餘四子祥鄴固衍祥嗣淮南王允鄴卽愍帝固初封漢王改封濟南衍初封新都王改封濟陰爲散騎常侍皆沒于賊

渤海殤王恢字思度太康五年薨時年二歲追加封諡

元四王

元帝六男宮人荀氏生明帝及琅邪孝王裒石婕妤生東海哀王沖王才人生武陵威王晞鄭夫人生琅邪悼王煥及簡文帝

琅邪孝王裒字道成母荀氏以微賤入宮元帝命虞妃養之初繼叔父長樂亭侯渾後徙封宣城郡公拜後將軍及帝爲晉王有司奏立太子帝以裒有成人之量過於明帝從容謂王導曰立子以德不以年導曰世子宣城俱有朗儁之目固當以年於是太子位遂定更封裒琅邪嗣恭王後改食會稽宣城邑五萬二千戶拜散騎常侍使持節都督靑徐兗三州諸軍事車騎將軍徵還京師建武元年薨年十八贈車騎大將軍加侍中及妃山氏薨附葬穆帝更贈裒太保子哀王安國立未踰年薨

東海哀王沖字道讓元帝以東海王越世子毗沒于石

勒不知存亡乃以沖繼毘後稱東海世子以毘陵郡增本封邑萬戸又改食下邳蘭陵以越妃裴氏爲太妃拜長水校尉高選僚佐以沛國劉耽爲司馬潁川庾懌爲功曹吳郡顧和爲主簿永昌中遷中軍將軍加散騎常侍及東海太妃薨因發毘陵沖即王位以榮陽益東海國轉車騎將軍徙驃騎將軍咸康七年薨年三十一贈侍中驃騎將軍儀同三司無子成帝遺詔以小晚生弈繼哀王爲東海王以道遠罷榮陽更以臨川郡益東海及哀帝以琅邪王即尊位徙弈爲琅邪王東海國闕無嗣弈後入纂大業桓溫廢之復爲東海王旣而貶爲海西公東海國又闕嗣隆安三年安帝詔以會稽忠王次子彥璋爲東海王繼哀王爲會孫改食吳興郡爲桓元所害國除

武陵威王晞字道叔出繼武陵王喆後太興元年受封咸和初拜散騎常侍後以湘東增武陵國除左將軍遷鎮軍將軍加散騎常侍康帝即位加侍中特進建元初領祕書監穆帝即位轉鎮軍大將軍遷太宰太和初加羽葆鼓吹入朝不趨贊拜不名劍履上殿固讓晞無學術而有武幹爲桓溫所忌及簡文帝即位溫乃表免晞官以王歸藩又免其世子綜官解子璲散騎常侍璲以梁王隨晞晞旣見黜送馬八十五匹三百人杖以歸溫溫又逼新蔡王晃使自誣與晞綜及著作郞殷涓太宰長史庾籍掾曹秀舍人劉彊等謀逆遂收付廷尉請誅之簡文帝不許溫於是奏徙新安郡宗屬悉從之而族誅殷涓等廢晃徙衡陽郡太元六年晞卒于新安時年六十六孝武帝三日臨于西堂詔書追悼追封新甯郡王邑千戸晞三子綜璲遵以遵嗣追贈綜給事中璲散騎侍郎十二年追復晞武陵國綜璲各復先官璲還繼梁國璲字賢明出繼梁王翹官至永安太僕與父晞俱廢薨子龢嗣太元中復國薨子珍之嗣桓元篡立梁國人孔樸奉珍之奔于壽陽桓元敗珍之歸朝廷遷大將軍武陵王令授通直散騎郎累遷游擊將軍左衛太常劉裕代姚泓請爲諮議參軍裕將弱王室誣其罪害之遵字茂遠初襲封新甯時年十二受拜流涕哀感左右將軍桓伊嘗詣遵遵曰門何爲通桓氏左右曰伊與桓溫疏宗相見無嫌遵曰我聞人姓木邊便欲殺之況諸桓乎由是少稱聰慧及晞追封武陵以遵嗣歷位散騎常侍祕書監太宰中領軍桓元用事拜金紫光祿大夫元篡貶爲彭澤侯遣之國行次石頭夜濤水入淮船破未得發會義旗興復還國第朝廷稱受密詔使遵總攝萬機加侍中大將軍移入東宮內外畢敬遷轉百官稱制書又教稱令書安帝反正更拜太保加班劍二十人義熙四年薨時年三十五詔賜東園溫明祕器朝服一具衣一襲錢百萬布千匹策贈太傅葬加殊禮謚曰忠敬子定王季度立拜散騎侍郎薨子球之立宋興國除

琅邪悼王煥字耀祖母有寵元帝特所鍾愛初繼帝弟長樂亭侯渾後封顯義亭侯及煥疾篤帝爲之徹膳乃下詔封爲琅邪王嗣恭王後俄而薨年二歲帝悼念無已將葬以煥旣封列國加以成人之禮詔立凶門柏歷備吉凶儀服營起園陵功役甚眾琅邪國右常侍會稽孫霄上疏切諫表寢不報永昌元年立煥母弟昱爲琅邪王即簡文帝也咸和二年徙封會稽以康帝爲琅邪王康帝即位哀帝爲琅邪王哀帝即位廢帝爲琅邪王廢帝即位又以簡文帝攝行琅邪王國祀簡文登阼國遂無嗣帝臨崩封少子道子爲琅邪王太元十七年道子爲會稽王更以恭帝爲琅邪王恭帝即位琅邪國除

簡文七子

簡文帝七子王皇后生會稽思世子道生皇子俞生胡淑儀生臨川獻王郁皇子朱生王淑儀生皇子天流李夫人生孝武帝會稽文孝王道子俞生朱生天流並早夭今並畧之

會稽思世子道生字延長帝爲會稽王立道生爲世子拜散騎侍郎給事中性疏躁不修行業多失禮度竟以幽廢而卒時年二十四無後及孝武帝即位嘗晝日見道生及臨川獻王郁郁曰大郎饑乏辛苦言竟不見帝傷感因以西陽王羕元孫珣之爲後珣之歷吳興太守劉裕之伐關中以爲諮議參軍時帝道方謝珣之爲宗室之美與梁王珍之俱被害

臨川獻王郁字深仁幼而敏慧道生初以無禮失旨郁數勸以敬慎之道道生不納郁爲之流涕簡文帝深器異之年十七而薨久之追謚獻世子甯康初贈左將軍加散騎常侍追封郡王以武陵威王會孫寶爲嗣追尊其母胡淑儀爲臨川太妃寶字弘文歷祕書監太常左將軍散騎常侍護軍將軍宋興以爲金紫光祿大夫降爲西豐侯食邑千戸

會稽文孝王道子字道子出後琅邪孝王少以清澹爲謝安所稱年十歲封琅邪王食邑一萬七千六百五十一戸攝會稽國五萬九千一百四十戸太元初拜散騎常侍中軍將軍進驃騎將軍後公卿奏道子親賢莫二宜正位司徒固讓不拜使錄尚書六條事尋加開府領司徒及謝安薨詔道子領揚州刺史錄尚書假節都督

中外諸軍事衛府文武一以配驃騎府讓不受數年領徐州刺史太子太傅公卿又奏宜進位丞相揚州牧假黃鉞羽葆鼓吹並讓不受于時孝武帝不親萬機但與道子酣歌爲務姏姆尼僧尤爲親暱並竊弄其權凡所幸接皆出自小豎郡守長吏多爲道子所樹立既爲揚州總錄勢傾天下由是朝野奔湊中書令王國寶性卑佞特爲道子所寵昵官以賄遷刑政謬亂又崇信浮屠之學用度奢侈下不堪命太元以後爲長夜之宴蓬首昏目政事多闕桓元嘗候道子正遇其醉賓客滿座道子張目謂人曰桓溫晚塗欲作賊云何元伏地流汗不得起長史謝重舉版答曰故宣武公黜昏登聖功超伊霍紛紜之議宜裁之聽鑒道子頷曰儂知儂知因舉酒屬元元乃得起由是元益不自安切齒於道子于時朝政既紊左衛領營將軍會稽許榮上疏指陳其事疏奏不省中書郎范甯亦深陳得失帝由是漸不平於道子然外每優崇之國寶即甯之甥以諂事道子甯奏請黜之國寶懼使陳郡袁悅之因尼妙音致書與太子母陳淑媛說國寶忠謹宜見親信帝因發怒斬悅之國寶甚懼復譖甯於帝帝不獲已流涕出甯爲豫章太守道子由是專恣嬖人趙牙出自優倡茹千秋本錢塘捕賊吏因賂諂進道子以牙爲魏郡太守千秋爲驃騎諮議參軍牙爲道子開東第築山穿池列樹竹木功用鉅萬道子使宮人爲酒肆沽賣於水側與親暱乘船就之飲宴以爲笑樂帝嘗幸其宅謂道子曰府內有山因得遊矚甚善也然修飾太過非示天下以儉道子無以對唯唯而已左右侍臣莫敢有言帝還宮道子謂牙曰上若知山是版築所作爾必死矣牙曰公在牙何敢死營造彌甚千秋賣官販爵聚資貨累億道子既爲皇太妃所愛親遇同家人之禮遂恃寵乘酒時失禮敬帝益不能平然以太妃之故加崇禮秩博平令吳興聞人奭上疏切諫言道子信用羣小權寵太盛帝不平滋甚然逼於太妃亦無所廢黜乃出王恭爲兗州殷仲堪爲荊州王恂爲僕射王雅爲太子太傅以張王室而潛制道子也道子復委任王緒由是朋黨競扇友愛道盡太妃每和解之而道子不能改中書郎徐邈以國之至親唯道子而已宜在敦穆從容言於帝曰昔漢文明主猶悔淮南世祖聰達負媿齊王兄弟之際實宜深慎帝納之復委任道子如初時有人爲雲中詩以指斥朝廷曰相王沈醉輕出教命捕賊千秋干豫朝政王愷守常國寶馳競荊州大度散誕難名盛德之流法護王甯仲堪仙民特有言詠東山安道執操高抗何不徵之以爲朝匠荊州謂王忱也法護即王恂甯即王恭仙民徐邈字安道戴逵字也及恭帝爲琅邪王道子受封會稽國并宣城爲五萬九千戶安帝踐阼有司奏道子宜進位太傅揚州牧中書監假黃鉞備殊禮固辭不拜又解徐州詔內外衆事動靜諮之帝既冠道子稽首歸政王國寶始總國權勢傾朝廷王恭乃舉兵討之道子懼收國寶付廷尉并其從弟琅邪內史緒悉斬之以謝於恭恭乃罷兵道子乞解中外都督錄尚書以謝方岳詔不許道子世子元顯時年十六爲侍中心惡恭請道子討之乃拜元顯爲征虜將軍其先衛府及徐州文武悉配之屬道子妃薨帝詔須妃畢葬然後居職于時王恭威振中外道子甚懼復引譙王尚之以爲腹心尚之說道子曰藩伯彊盛宰相權輕宜密樹置以自藩衛道子深以爲然乃以其司馬王愉爲江州刺史以備恭與尚之等日夜謀議以伺四方之隙王恭知之復舉兵以討尚之爲名荊州刺史殷仲堪豫州刺史庾楷廣州刺史桓元並應之道子使人說楷曰本情相與可謂斷金往年帳中之飲結帶之言寧可忘邪卿今棄舊交結新援忘王恭疇昔陵侮之恥乎若乃欲委體而臣之若恭得志以卿爲反覆之人必不相信何富貴可保禍敗亦旋及矣楷怒曰王恭昔赴山陵相王憂懼無計我知事急即勒兵而至去年之事亦俟命而奮我事相王無相負者既不能距恭反殺國寶自爾以來誰復敢攘袂於君之事乎庾楷實不能以百口助人屠滅當與天下同舉誅鉏姦臣何憂府不開爵不至乎時楷已應恭檄正徵士馬信反朝廷憂懼於是內外戒嚴元顯攘袂慷慨謂道子曰去年不討王恭致有今役今若復從其欲則太宰之禍至矣道子日飲醇酒而委事於元顯元顯雖年少而聰明多涉志氣果銳以安危爲己任尚之爲之羽翼時相傳會者皆謂之有明帝神武之風於是以爲征討都督假節統前將軍王珣左將軍謝琰及將軍桓之材毛泰高素等伐恭滅之既而楊佺期桓元殷仲堪復至石頭元顯於竹里馳還京師遣丹陽尹王愷鄱陽太守桓放之新蔡內史何嗣潁川太守溫詳新安太守孫泰等發京邑士庶數萬人據石頭以距之道子將出頓中堂忽有驚馬蹂藉軍中因而擾亂赴江而死者甚衆仲堪既知王恭敗死狼狽西走與桓元屯于尋陽朝廷嚴兵相距內外騷然詔元顯甲仗百人入殿尋加散騎常侍中書令又領中領軍持節都督如故會道子有疾加以昏醉元顯知朝望去之謀奪其權諷帝解道子揚州及司徒而道子

不之覺元顯自以少年頓居權重慮有譏議於是以瑯邪王領司徒元顯自爲揚州刺史既而道子酒醒方知去職於是大怒而無如之何廬江太守會稽張法順以刀筆之才爲元顯謀主交結朋援多樹親黨自桓謙以下諸貴游皆斂衽請交元顯性苛刻生殺自己法順屢諫不納又發東土諸郡免奴爲客者號曰樂屬移置京師以充兵役東土囂然人不堪命天下苦之矣既而孫恩乘釁作亂加道子黃鉞元顯爲中軍以討之又加元顯錄尚書事然道子更爲長夜之飲政無大小一委元顯時謂道子爲東錄元顯爲西錄西府車騎塡湊東第門下可設雀羅矣元顯無良師友正言弗聞諂譽日至或以爲一時英傑或謂爲風流名士由是自謂無敵於天下故驕侈日增帝又以元顯有翼亮之功加其所生母劉氏爲會稽王夫人金章紫綬會洛陽覆沒道子以山陵幽辱上疏送章綬請歸藩不許及太皇太后崩詔道子乘輿入殿元顯因諷禮官下議稱己德隆望重既錄百揆內外羣寮皆應盡敬於是公卿皆拜于時軍旅荐興國用虛竭自司徒已下日廩七升而元顯聚斂不已富過帝室及謝琰爲孫恩所害元顯求領徐州刺史加侍中後將軍開府儀同三司都督十六州諸軍事封其子彥璋爲東海王尋以星變元顯解錄復加尚書令會孫恩至京口元顯柵斷石頭率兵距戰頻不利道子無他謀唯日禱蔣侯廟爲厭勝之術既而孫恩遁于北海桓元復據上流致牋於道子曰賊造近郊以風不得進以雨不致火食盡故去耳非力屈也昔國寶卒後王恭不乘此威入統朝政足見其心非侮於明公也而謂之非忠今之貴要腹心有時流清望者誰乎豈可云無佳勝直是不能信之耳用理之人然後可以信義相期求利之徒豈有所惜而更委信邪衛來一朝一夕遂成今日之禍矣阿衡之重言何容易求福則立至干忤或致禍在朝君子豈不有懷但懼害及身耳元忝任在遠是以披寫事實元顯覽而大懼張法順謂之曰桓元承藉門資素有豪氣既幷殷楊專有荆楚然桓氏世在西藩人或爲用而第下之所控引止三吳耳孫恩爲亂東土塗地編戶饑饉公私不贍元必乘此縱其姦兇竊用憂之元顯曰爲之奈何法順曰元始據荆州人情未輯方就綏撫未遑他計及其如此發兵誅之使劉牢之爲前鋒而第下以大軍繼進桓元之首必懸於麾下矣元顯以爲然遣法順至京口謀於牢之而牢之有疑色法順還說元顯曰觀牢之言色必貳於我未若召入殺之不爾敗人大事元顯不從道子尋拜侍中太傅置左右長史司馬從事中郎四人崇異之儀備盡盛典其驃騎將軍僚佐文武即配太傅府加元顯侍中驃騎大將軍開府征討大都督十八州諸軍事儀同三司加黃鉞班劒二十人以伐桓元竟以牢之爲前鋒法順又言於元顯曰自舉大事未有威斷桓謙兄弟每爲上流耳目斬之以孤荆楚之望且事之濟不繫在前軍而牢之反覆萬一有變則禍敗立至可令牢之殺謙兄弟以示不貳若不受命當逆爲其所元顯曰非牢之無以當桓元且始事而誅大將人情必動二三不可于時揚土饑虛運漕不繼元斷江路商旅遂絕於是公私匱乏士卒唯給粰橡大軍將發元從兄驃騎長史石生馳使告元元進次尋陽傳檄京師罪狀元顯俄而元至西陽帝戎服餞元顯于西池始登舟而元至新亭元顯棄船退屯國子學堂明日列陣於宣陽門外元顯佐吏多散走或言元已至大桁劉牢之遂降于元元顯迴入宣陽門牢之參軍張暢之率衆逐之衆潰元顯奔入相府唯張法順隨之問計於道子道子對之泣元遣太傅從事中郎毛泰收元顯送于新亭縛於舫前而數之元顯答曰爲王誕張法順所誤於是送付廷尉幷其六子皆害之元又奏道子酣縱不孝當棄市詔徙安成郡使御史杜竹林防衞竟承元旨酖殺之時年三十九帝三日哭於西堂及元敗大將軍武陵王遵承制下令傷悼追崇太傅爲丞相加殊禮一依安平獻王故事追贈驃騎爲太尉加羽葆鼓吹下太史擇日定宅兆遣通直常侍司馬珣之迎道子柩于安城時寇賊未平喪不時達義熙元年合葬于王妃陵追謚元顯曰忠以臨川王寶子修之爲道子嗣尊妃王氏爲太妃義熙中有稱元顯子秀熙避難蠻中而至者太妃請以爲嗣於是修之歸于別第劉裕意其詐而案驗之果散騎郎滕羨奴勺藥也竟坐棄市太妃不悟哭之甚慟修之復爲嗣薨謚悼王無子國除

通志卷八十

通志卷八十一

宋右迪功郎鄭樵漁仲撰

宗室傳第四

宋

長沙景王道憐（孫韞 述秉） 臨川烈武王道規（子義慶 鮑昭） 營浦侯遵考（從父弟 子季連）

武帝七男

廬陵孝獻王義眞 彭城王義康 江夏文獻王義恭 南郡王義宣 衡陽文王義季

文帝十九男

元凶劭（始興王濬） 南平穆王鑠 竟陵王誕 建平宣簡王宏（子景素） 廬陵王禕 晉熙王昶（孫暉） 武昌王渾 始安王休仁 晉平刺王休祐 海陵王休茂 鄱陽哀王休業 臨慶沖王休倩 新野懷王夷父 桂陽王休範 巴陵哀王休若

孝武十四王

豫章王子尙 晉安王子勛 松滋侯子房 臨海王子頊 始平孝敬王子鸞 永嘉王子仁 始安王子眞 邵陵王子元 齊敬王子羽 淮南王子孟 晉陵孝王子雲 南海哀王子師 淮陽思王子霄 東平王子嗣 武陵王贊（明帝子）

明帝四王

邵陵殤王友 隨陽王翽 新興王嵩 始建王禧

長沙景王道憐武帝中弟也初爲國子學生謝琰爲徐州命爲從事史武帝克京城及平建業道憐常留侍太后後以軍功封新渝縣男累遷建威將軍南彭城內史青州刺史劉該反引魏兵爲援諸郡應之魏圍彭城道憐率衆救之大破魏軍斬劉該從武帝征廣固慕容超突圍走道憐所部獲之以功改封竟陵縣公進位左將軍北徐州刺史鎭彭城武帝伐劉毅召爲都督鎭京口及討司馬休之道憐監太尉留府事江陵平爲驃騎將軍開府儀同三司荊州刺史護南蠻校尉加都督北府文武悉配之道憐素無才能言音甚楚舉止施爲多諸鄙拙而貪縱過甚畜財聚貨常若不足去鎭之日府庫爲之一空徵拜司空徐兗二州刺史加都督出鎭京口武帝受命進位太尉封長沙王先是廬陵王義眞爲揚州刺史太后謂上曰道憐是汝布衣兄弟宜用爲揚州刺史上曰寄奴於道憐豈有所惜但以揚州根本所寄事務至重非道憐所了耳太后曰道憐年已五十豈不如十歲兒邪上曰車士雖爲刺史事無大小皆由寄奴道憐年長不親其事於聽望不足太后乃無言竟不授永初三年薨時年五十五贈太傅葬禮依晉太宰安平王孚故事鑾輅九旒黃屋左纛轀輬車挽歌二部前後羽葆鼓吹虎賁班劍百人文帝元嘉九年詔故太傅長沙景王故大司馬臨川烈武王故司徒南康文宣公劉穆之開府儀同三司華容縣公王弘開府儀同三司永修縣公檀道濟故青州刺史龍陽縣公王鎭惡並勒功天府配祭廟庭道憐子義欣嗣位豫州刺史鎭壽陽境內畏服道不拾遺爲盛藩彊鎭薨贈開府儀同三司謚曰成王子悼王瑾嗣傳爵至于齊受禪國除瑾弟韞字彥文位雍州刺史侍中領右衞將軍領軍將軍昇明二年爲齊高帝所誅韞人才凡鄙特爲明帝所寵在湘州雍州使善畫者圖其出行鹵簿羽儀常自披翫嘗以圖示征西將軍蔡興宗興宗戲之陽若不解畫者指韞形問之曰此何人而在輿韞曰政是我其庸底類如此韞弟述字彥思亦甚庸劣從子俁疾危篤父秉母蕭對之哭泣述嘗候之使命左右取酒肉令俁進之皆莫知其意或問焉答曰禮云有疾飲酒食肉述又嘗新有緦慘或詣之問其母安否述曰唯有愁悴次訪其子對曰所謂父子聚麀蓋謂麀爲憂也義欣弟義融封桂陽縣侯邑千戶凡王子爲侯食邑皆千戶義融位五兵尙書領軍有質幹善於用短卒謚恭侯子孝侯覬嗣無子弟襲以子晃繼襲字茂德性庸鄙爲郢州刺史暑月露禪上聽事時綱紀政伏問怪之訪問乃知是襲義融弟義宗幼爲武帝所愛字曰伯奴封新渝縣侯位太子左衞率坐門生杜德靈放橫傷人人義宗第隱蔽免官德靈以姿色故義宗愛寵之義宗卒於南兗州刺史謚曰惠侯子懷珍嗣無子弟秉以子承繼秉字彥節少以宗室淸謹見知孝武時其弟遐坐通嫡母殷氏養女雲敷殷每禁之及殷亾口血出衆疑遐行毒害孝武使秉從弟祗諷秉敢證其事秉曰行路之人尙不應爾今日乃可一門同盡無容奉勅衆以此稱之後廢帝即位累遷尙書左僕射參選元徽元年領吏部加兵五百人桂陽王休範爲逆中領軍劉勔出守石頭秉權兼領軍將軍所給加兵自隨入殿封當陽侯與齊高帝袁粲褚淵分日入直平決機事遷中書令加撫軍將軍及帝廢爲蒼梧王秉出集議於路逢從弟韞韞問曰今日之事故當歸兄邪秉曰吾等已讓領軍矣韞搥胷曰兄肉中詎有血邪今年族矣齊高帝聞而惡之順帝即位轉尙書令時齊高帝輔政秉知鼎命將遷乃密懷異圖及沈攸之舉兵

齊高帝入屯朝堂袁粲鎮石頭潛與秉及諸大將黃回等謀夜會石頭詰旦乃舉兵秉素怯騷擾不自安日晡後便自丹陽郡以車載婦女盡室奔石頭臨去婦蕭氏彊勸令食秉歎羹寫胷中手振不自禁其主簿丁靈衛聞難卽入語左右曰今日之事難以取濟但我受劉公厚恩義無二情及至見粲粲驚曰何遽便來事今敗矣秉曰今得見公萬死亦何恨從弟韞直省內與直閤將軍卜伯興謀其夜其攻齊高帝會秉事覺秣陵令劉僨建康令劉遐密告齊高帝高帝夜使驍騎將軍王敬則收殺之伯興亦遇害粲敗秉踰城走於額檐湖見禽被殺秉子俁與弟陔剃髮被法服向京口於客舍爲人識執於建康獄盡殺之秉旣貴士子自非三署不得上方榻時人以此少之其妻蕭思話女也常懼禍敗每謂曰君富貴已足故應爲兒作計秉不從故及禍秉弟遐字彥道爲嫡母殷暴亾有司糾之徙始安郡後得還位吳郡太守至是亦見誅遐人才甚凡自諱名有同至諱常對客曰孝武無道見枉殺母其頑騃若此及秉當權遐累求方伯秉曰我在事而用汝作州於聽望不足遐曰富貴則言不可相關從坐之日得免不至是果死義宗弟義賓封興安侯位徐州刺史卒謚肅侯義賓弟義綦封營道縣侯凡鄙無識始興王濬嘗謂曰陸士衡詩云營道無烈心其何意若阿士衡何忽見苦其庸

臨川烈武王道規字道則武帝少弟也倜儻有大志武帝奇之與謀誅桓元時桓弘鎮廣陵以爲征虜中兵參軍武帝克京城道規亦以其日與劉毅孟昶共斬弘收衆濟江元敗走武陵王遵承制以道規爲振武將軍與劉毅何無忌追破之元西走留何澹之等固守湓口列艦拒戰澹之空設羽儀旗幟於一舫而別在他船無忌欲攻羽儀衆不同道規曰此亦計也往攻之遂禽其船因鼓唱曰已斬何澹之賊衆及義軍並以爲然賊徒大敗卽克湓口遂進大破元軍無忌篤欲乘勝追元直造江陵道規曰諸桓世居西楚羣小皆爲竭力桓振勇冠三軍且可頓兵以計策縻之無忌不從果爲振敗乃退還尋陽繕舟甲復進遂平巴陵無忌翼衛天子還京師道規留屯夏口江陵平道規推毅爲元功無忌爲次自居其末時荆湘江豫猶多桓氏餘燼往往屯結復進道規都督九郡隨宜翦撲以起義勳封華容縣公累遷鎮護南蠻校尉荆州刺史加都督善於刑政士庶畏而愛之盧循寇逼建業道規遣司馬王鎮之及揚武將軍檀道濟廣武將軍到彥之等赴援朝廷至尋陽爲循黨荀林所破林乘勝伐江陵聲言徐道覆已克京邑而桓謙自長安入蜀譙縱以謙爲荆州刺史與其大將譙道福俱寇江陵二寇交逼久絕都邑之閒荆楚旣桓氏義舊並懷異心道規乃會將士告之曰桓謙今在近畿聞論者頗蓄去就之計吾東來文武足以濟事若欲去者不相禁因夜開城門達曉不閉衆咸服栗莫有去者雍州刺史魯宗之自襄陽來赴或謂宗之意未可測道規乃單車出迎衆咸感悅衆議欲使檀道濟到彥之共擊荀林等道規曰非吾自行不決乃使宗之居守委以心腹率諸將大敗謙斬之諮議劉遵追荀林斬之巴陵初謙至枝江江陵士庶皆與謙書言城內虛實或欲謀爲應至是曹仲宗檢得之道規一皆燒焚不視衆於是大安徐道覆率衆二萬奄至破冢魯宗之已還襄陽人情大震或傳循已克京師遣道覆上爲刺史江漢士庶感其焚書之恩無復二志道規使劉遵爲游軍自拒道覆前驅失利道規壯氣愈厲遵自外橫擊大破之斬首數千級赴水死者殆盡道覆單船而走初道規使遵爲游軍衆咸言不宜割見力置無用之地及破道覆果得游軍之力衆乃服焉遵字慧明淮南海西人道規從母兄也位淮南太守追封藍利縣侯道規進號征西大將軍開府儀同三司改授豫州以疾不拜義熙八年薨於京師贈司徒謚曰烈武進封南郡公武帝受命贈大司馬追封臨川王道規無子以長沙景王第二子義慶嗣文帝少時爲道規所養故武帝復命文帝紹爲羣官執事咸以禮無二繼之文故文帝還本而定義慶爲後義慶爲荆州廟主當隨往江陵文帝下詔褒美勳德及慈蔭之重追崇丞相加殊禮鸞路九旒黃屋左纛給節鉞前後部羽葆鼓吹虎賁班劒百人及長沙太妃檀氏臨川太妃曹氏後祭葬皆準給義慶幼爲武帝所知年十三襲封南郡公永初元年襲封臨川王元嘉中爲丹陽尹有百姓黃初妻趙殺子婦遇赦應避孫讐義慶議以爲周禮父母之仇避之海外蓋以莫大之寃理不可奪至於骨肉相殘當求之法外禮有過失之宥律無讐祖之文況趙之縱暴本由於酒論心卽實事盡荒耄豈得以荒耄之王母等行路之深讐宜共天同域無虧孝道六年加尚書左僕射八年太白犯左執法義慶懼有災禍乞求外鎭文帝詔諭之曰乾象茫昧難可知測且史家諸占各有異同鄭僕射亾後左執法嘗有變王光祿至今平安日蝕三朝天下之至忌晉孝武初有此異終亦無他設此天必降災寧可千里逃避邪義慶固求解僕射

乃許之九年出爲平西將軍荆州刺史加都督荆州居
上流之重資實兵甲居朝廷之半故武帝使諸子徧居
之義慶以宗室令美故特有此授性謙虛始至及去鎭
迎送物並不受十二年普使內外羣臣舉士義慶表舉
前臨汝令新野庾實前徵奉朝請武陵龔祈處士南郡
師覺授義慶留心撫物州統內官長親老不隨在官舍
者一年聽三吏餉家先是王弘爲江州亦有此制在州
八年爲西土所安撰徐州先賢傳十卷奏上之又擬班
固典引爲典敘以述皇代之美改授江州又遷南兗州
刺史並帶都督尋卽本號加開府儀同三司性簡素寡
嗜慾愛好文義文辭雖不多然足爲宗室之表歷任無
浮淫之過唯晚節奉沙門頗致費損少善騎乘及長以
世路艱難不復跨馬招聚才學之士遠近必至太尉袁
族文冠當時義慶在江州請爲衞軍諮議其餘吳郡陸
展東海何長瑜鮑照等並有辭章之美引爲佐吏國臣
所著世說十卷集林二百卷並行於世文帝每與義慶
書常加意斟酌鮑照字明遠東海人文辭贍逸嘗爲古
樂府文甚遒麗元嘉中河濟俱清當時以爲美瑞照爲
河清頌其序甚工昭始嘗謁義慶未見知賞欲貢詩言
志人止之曰卿位尙卑不可輕忤大王昭勃然曰千載
上有英才異士沈沒而不聞者安可數哉大丈夫豈可
遂蘊智能使蘭艾不辨終日碌碌與燕雀相隨乎於是
奏詩義慶奇之賜帛二十匹尋擢爲國侍郎甚見知賞
遷秣陵令文帝以爲中書舍人上好文章自謂人莫能
及昭悟其旨爲文章多鄙言累句咸謂昭才盡實不然
也臨海王子頊爲荆州昭爲前軍參軍掌書記之任子
頊敗爲亂兵所殺義慶在廣陵有疾而白虹貫城野麕

入府心甚惡之因陳求還文帝許解州以本號還朝二
十一年薨于都下追贈司空謚曰康王子哀王曅嗣爲
元凶所誅曅子綽嗣昇明三年見殺國除
營浦侯遵考武帝族弟也曾祖淳皇曾祖武原令混之
弟位正員郎祖巖海西令父涓子彭城內史始武帝諸
子並弱宗室唯有遵考及北伐平定以爲并州刺史領
河東太守鎭蒲坂關中失守南還再遷冠軍將軍晉帝
遜位居秣陵宫遵考領兵防衞武帝初卽位封營浦縣
侯元嘉中累遷寧蠻校尉雍州刺史加都督爲政嚴暴
聚斂無節爲有司所糾上寢不問孝武大明中位尙書
左僕射領崇憲太僕後老疾失明元徽元年卒贈左光
祿大夫開府儀同三司謚曰元公子澄之昇明末貴達
澄之弟琨之爲竟陵王誕司空主簿誕有寶琴左右犯
其徽誕罰焉琨之諫以爲非是誕曰此余寶也琨之曰
前哲以善人爲寶不以珠玉爲寶王孫圉稱觀射父爲
楚國之寶未聞以琴瑟爲寶誕怛然不悅誕之叛也以
琨之爲中兵參軍辭曰忠孝不得並琨之老父在將安
之乎誕殺之後贈黃門郎詔謝莊爲誄遵考從父弟思
考亦官歷清顯卒於散騎常侍金紫光祿大夫子季連
字惠續早歷清官齊高帝受禪將及誅太宰褚淵素善
之固請乃免建武中爲平西蕭遥欣長史南郡太守遥
欣多招賓客明帝甚惡之季連有憾於遥欣乃密表明
帝言其有異迹明帝乃以遥欣爲雍州刺史而心德季
連以爲益州刺史令據遥欣上流季連父思考宋時爲
益州雖無政績州人猶以義故喜得之季連存問故
老見父時人吏皆泣對之遂寧人龔恆累世有學行辟
爲府主簿士多歸心及聞東昏失德稍自驕矜性忌褊

遂嚴復酷很士人始怨永元元年九月因聲講武遂遣
中兵參軍宋買以兵襲中水穰人李託買戰不利退還
州郡遂多叛亂明年十月巴西人趙續伯反奉其鄉人
李弘爲聖主弘乘佛輿以五綵裹青石誑百姓云天與
巳玉印當王蜀季連遣中兵參軍李奉伯大破獲之將
刑謂刑人曰我須臾飛去復曰汝空殺我我三月三日
會更出遂斬之梁武帝平建業遣使送季連二子及弟
通直郎子深喻旨季連受命修還裝武帝以西臺將鄧
元起爲益州刺史元起南郡人季連爲南郡時待之素
薄元起典籤朱道琛者嘗爲季連府都錄無賴季連欲
殺之逃免至是說元起請先使檢校緣路奉迎及至言
語不恭又歷造府州人士見器物輒奪之曰會屬人何
須苦惜軍府大懼言於季連季連以爲然又惡昔之不
禮元起益憤懣司馬朱士略說季連求爲巴西郡守以
三子爲質季連許之既而召兵算之精甲十萬臨軍歎
曰據天險之地握此盛兵進可以匡社稷退不失作劉
備欲以此安歸乎遂矯稱齊宣德皇后令復反收朱道
琛殺之書報朱士略兼召涪令李膺並不受命天監元
年六月元起至巴西季連遣其將李奉伯拒戰見敗季
連固守元起圍之城中人相食二年乃肉袒請罪元起
誅李奉伯送季連還都季連既至詣闕謝罪自東掖門
入數步一稽首以至帝前帝笑謂曰卿欲慕劉備而曾
不及公孫述豈無臥龍之臣乎赦爲庶人四年出建陽
門爲蜀人蘭相如所殺季連在蜀殺其父變名走建業
至是報焉乃面縛歸罪帝壯而赦之

武帝七男

武帝七男張夫人生少帝孫修華生廬陵孝獻王義眞

胡倢伃生文帝王修容生彭城王義康桓美人生江夏文獻王義恭孫美人生南郡王義宣呂美人生衡陽文王義季

廬陵孝獻王義眞美儀貌神情秀徹初封桂陽縣公年十二從北征及關中平定武帝議欲東還而諸將行役既久咸有歸心欲留偏將恐不足固人心乃以義眞行都督雍涼秦三州安西將軍領護西戎校尉雍州刺史太尉諮議參軍以京兆王修爲長史委以關中之任帝將還三秦父老流涕訴曰殘民不霑王化於今百年始覩衣冠方仰聖澤長安十陵是公家墳墓咸陽宮殿是公家屋宅捨此何之武帝爲之惻然慰譬曰受命朝廷不得擅留今留第二兒令文武才賢共鎭此境臨還自執義眞手以授王修令修執其子孝孫手授武帝義眞又進都督并東秦二州領東秦州刺史時隴上流戸多在關中望得歸本及置東秦州父老知無復經略隴右固關中之意咸共歎息而赫連勃勃寇逼交至沈田子既殺王鎭惡王脩又殺田子義眞年少賜與左右不節脩裁減之左右怨脩因白義眞曰鎭惡欲反故田子殺之脩今殺田子豈又欲反也義眞乃使左右劉乞殺修修既死人情離異無相統一武帝遣右將軍朱齡石代義眞鎭關中使義眞輕兵疾歸諸將競斂財貨多載子女方軌徐行建威將軍傅弘之曰虜騎若至何以待之賊追兵果至青泥義眞大敗義眞日暮與左右相失獨逃草中中兵參軍段宏單騎追尋緣道呌喚義眞識其聲曰非段中兵邪身在此行矣必不兩全可刎身頭以南使家公望絕宏泣曰死生共之下官不忍乃束義眞於背單馬而歸義眞謂宏曰今日之事誠無算略然丈夫不經此何以知艱難初武帝聞青泥敗未得義眞審問怒甚尅日北伐謝晦諫不從及得宏啟事知義眞免乃止義眞尋爲司州刺史加都督以段宏爲義眞諮議參軍宏鮮卑人爲慕容超尚書左僕射武帝伐廣固歸降時河洛蕭條未及修理義眞改揚州刺史鎭石頭永初元年封廬陵王移鎭東城武帝始踐阼義眞色不悅侍讀博士蔡茂之問其故義眞曰安不忘危何可恃也明年遷司徒武帝不豫以爲車騎將軍開府儀同三司南豫州刺史加都督鎭歷陽未之任而武帝崩義眞聰敏愛文義而輕動無德業與陳郡謝靈運琅邪顏延之慧琳道人並周旋異常云得志之日以靈運延之爲宰相慧琳道人爲西豫州刺史徐羨之等嫌義眞與靈運延之暱狎過甚故吏范晏從容戒之義眞曰靈運空疎延之臨薄魏文云鮮能以名節自立者但性情所得未能忘言於悟賞故與游耳將之鎭列部伍於東府前既有國哀義眞與靈運延之慧琳等坐視部伍因宴舫裏使左右剔每舫函道施已船而取其勝者及至歷陽多所求索羨之等每裁量不盡與深怨執政表求還都初少帝之居東宮多狎羣小謝晦常言於武帝恐其不克負荷帝曰廬陵何如晦曰臣請觀焉晦造義眞義眞盛欲與談晦不甚答還曰德輕於才非人主也由是出居于外及羨之等專政義眞愈不悅時少帝失德羨之等密謀廢立則次第應在義眞以義眞輕訬不任主社稷因其與少帝不協乃奏廢爲庶人徙新安郡前吉陽令張約之上疏諫徙爲梁州府軍參軍尋殺之景平二年羨之等遣吏殺義眞於徙所時年十八元嘉元年八月詔追復先封迎靈柩并孫修華謝妃一時俱還三年正月誅徐羨之傅亮等是日詔追崇侍中大將軍王如故贈張約以郡義眞無子文帝以第五子紹字休允嗣襲廬陵王紹少寬雅位揚州刺史薨無子以南平王鑠子敬爲義康所寵又見威權盡在宰相遂結爲朋黨若有盡忠奉國不同已者必構以罪黜每探搭景仁短長或虛造同異以告湛自是主相之勢分內外之難結矣義康欲以斌爲丹陽尹啟陳其家貧上覺其旨義康言未卒上曰以爲吳郡後會稽太守羊元保求還義康又啟欲以斌代之上時未有所擬倉卒曰我已用王鴻上以嫌隙既成將致大禍十七年乃收劉湛又誅斌及大將軍錄事參軍劉敬文幷賊曹孔劭秀中兵邢懷明主簿孔允秀丹陽丞孔文秀司空從事中郎司馬亮烏程令盛曇泰從尚書庫部郎何默子餘姚令韓景之永興令顏遙之湛弟黃門郎素斌弟給事中溫於廣州王履廢於家青州刺史杜驥勒兵殿內以備非常時義康入宿留止中書省遣人宣旨告以湛等罪釁義康上表遜位改授江州刺史出鎭豫章實幽之也停省十餘日桂陽侯義融新渝侯義宗祕書監徐湛之往來慰視於省奉辭便下淚上唯對之慟哭餘無所言上遣沙門慧琳視之義康曰弟子有還理不慧琳曰恨公不讀數百卷書征虜司馬蕭斌爲義康所昵劉斌等讒之被斥乃以斌爲諮議領豫章太守事無大小皆委之司徒主簿謝綜素爲義康所狎以爲記室左右愛念者並聽隨從至豫章先嗣

彭城王義康年十四武帝自壽陽被徵入輔留義康代鎭壽陽永初元年封彭城王歷南豫南徐二州刺史並加都督文帝即位爲驃騎將軍開府儀同三司元嘉三

年改授都督荆州刺史給班劒三十人義康少而聰察及居方任職事修理六年司徒王弘表義康宜還入輔徵爲侍中司徒錄尚書事領平北將軍都督南徐州刺史二府置佐領兵與王弘共輔朝政弘既多疾且每事推讓自是內外衆務一斷之於義康太子詹事劉湛有經國才用義康昔任豫州湛爲長史既素情款至是待遇特隆動皆諮訪故前後在藩多有善政九年王弘薨又領揚州刺史十二年又領太子太傅義康性好吏職鋭意文案糾剔是非莫不精盡既專總朝權事決自已生殺大事皆以錄命斷之凡所陳奏入無不可方伯以下並委義康授用由是朝野輻湊勢傾天下義康亦自彊不息無有懈倦府門每旦常有數百乘車雖復位卑人微皆被引接加之聰識過人一聞必記嘗所暫遇終身不忘稠人廣坐每標題所憶以示聰明人益以此推服之愛惜官爵未嘗以階級私人凡朝士有才用者皆引入己府自下樂爲竭力不敢欺負文帝有虛勞疾寢頓積年每意有所想便覺心中痛裂屬纊者相繼義康入侍醫藥盡心衛奉湯藥飲食非口所嘗不進或連夕不寢彌日不解衣內外衆事皆專決施行十六年進位大將軍領司徒義康素無學術待文義者甚薄袁淑常詣義康義康問其年答曰鄧仲華拜袞之歲義康曰身不識也淑又曰陸機入洛之年義康曰身不讀書君無爲作才語見向其淺陋若此既闇於大體自謂兄弟至親不須復存君臣形迹率心而行曾無猜防私置僮六千餘人不以言臺時四方獻饋皆以上品薦義康而以次者供御上嘗冬月噉甘歎其形味並劣義康在坐曰今年甘殊有佳者遣人還東府取甘大供御者三寸僕射殷景仁爲帝所寵與劉湛素善而意好晚乖湛常欲因宰輔之權以傾景仁景仁爲帝所保持義康屢言不見用湛愈憤南陽劉斌湛之宗也有涉俗才用爲義康所知自司徒右長史擢爲左長史從事中郎琅邪王履主簿沛郡劉敬文祭酒魯郡孔允秀並以傾側自入見帝疾篤皆謂宜立長君上嘗危殆使義康具顧命詔義康還省流涕以告湛及景仁曰天下艱難詎是幼主所御湛景仁不答而允秀等輒就尚書儀曹索晉咸康末立康帝舊事義康不知也及帝疾瘳微聞之而斌等既辭州見許資奉優厚朝廷大事皆報示之義康未敗時東府聽事前井水忽涌溢野雉江鷗並入所住齋前龍驤參軍巴東令扶育上表申明義康奏入即收付建康賜死會稽長公主於兄弟爲長帝所親敬上嘗就主宴集甚懽主起再拜頓首悲不自勝上不曉其意起自扶之主曰車子歲暮必不見容特乞其命因慟哭上亦流涕舉手指蔣山曰必無此慮若違今誓便是負初甯陵即封所飲酒賜義康曰會稽姊飲憶弟所飲餘令封送車子義康小字也二十二年太子詹事范曄等謀反事連義康有司奏收付法罪詔特宥大辟并子女並免爲庶人絕屬籍徙安成郡義康在安成讀漢史見淮南厲王長事廢書歎曰前代乃有此我得罪爲宜也二十四年豫章胡誕世前吳平令袁惲等謀反欲奉戴義康太尉江夏王義恭奏徙義康廣州奏可未發會魏軍至瓜步天下騷動上慮有異志者或奉義康爲亂孝武時鎮彭城累啟宜早爲之所尚書左僕射何尚之並以爲言二十八年正月遣中書舍人嚴龍齎藥賜死義康不肯服曰佛教自殺不復得爲人身乃以被掩殺之時年四十三以侯禮葬安成郡子允元凶殺之孝武大明四年義康女玉秀等乞反葬舊塋詔聽之

江夏文獻王義恭幼而明穎姿顏端麗武帝特所鍾愛諸子莫及也帝性儉諸子飲食不過五醆盤義恭求須果食日中無算得未嘗噉悉以與傍人諸王未嘗敢求求亦不得元嘉元年封江夏王六年授都督荆州刺史義恭涉獵文義而驕奢不節既出藩文帝與書誡之曰禮賢下士聖人垂訓驕侈矜尚先哲所去豁達大度漢祖之德猜忌褊急魏武之累漢書稱衛青云大將軍遇士大夫以禮與小人有恩西門安于矯性齊美關羽張飛任偏同弊行己舉事深宜鑒此汝一月日自用不可過三十萬若能省此益美西楚殷曠常宜早起接對賓客圍池堂觀計無須改作凡訊獄前一二日可取訊簿密使劉湛輩粗共詳論慎無以喜怒加人能擇善者從之美自歸己不可專志自決以矜獨燭之明也刑獄不可壅滯一月可更訊凡事皆應慎密名器深宜慎惜不可妄以假人聲樂嬉游不宜令過宜數引見佐史非唯臣主自應相見不數則彼我不親不親無因得盡人人不盡何由具知衆事九年　爲南兖州刺史加都督鎮廣陵十六年進位司空明年　彭城王義康有罪出藩徵義恭爲侍中都督揚南徐兖　三州司徒錄尚書事領太子太傅給班劒二十人置佐　領兵二十一年進太尉領司徒義恭小心且戒義康之　失雖爲總錄奉行文書而已文帝安之年給相府錢二　千萬他物稱此而義恭性奢用常不足文帝又別給錢　年至千萬時有獻五百里馬者以賜義恭二十七年文　帝欲有事河洛義恭總統羣帥出鎮彭城及魏軍至瓜　步義恭與孝武閉城自守初

魏軍深入上慮義恭不能固彭城備加誡勅義恭荅曰臣雖未能臨瀚海濟居延庶免劉仲奔逃之耻及魏軍至義恭果欲走賴衆議得停降號驃騎將軍開府儀同三司魯郡孔子舊廟有栢樹二十四株歷漢晉其大連抱有二株先倒折土人崇敬莫之敢犯義恭悉遣伐取父老莫不歎息又以本官領南兖州刺史加都督移鎮盱眙修館宇擬東城二十九年冬還朝上以御所乘蒼鸞船上迎之遭太妃憂改授大將軍南徐州刺史還鎮東府元凶肆逆其日劭急召義恭先是詔召太子及諸王慮有詐妄致害者召皆有人至是義恭求常所遣傳詔劭遣之而後入義恭凡府內兵仗並送還臺進位太保孝武入討劭疑義恭異志使入尚書下省分諸子住神虎門外侍中下省孝武前鋒至新亭劭挾義恭出戰故不得自拔戰敗義恭單馬南奔劭大怒遣始興王濬殺義恭十二子義恭既至勸孝武卽位授太尉錄尚書六條事假黃鉞事寧進位太傅領大司馬增班劒爲三十人以在藩所服玉環大綬賜之上不欲致禮太傅諷有司奏天子不應加拜從之及立太子東宮文案使先經義恭及南郡王義宣等反又加黃鉞白直百人入六門事平以臧質七百里馬賜義恭孝武以義宣亂逆由於彊盛欲削王侯義恭希旨請省錄尚書上從之又與驃騎大將軍竟陵王誕奏陳貶損之格九條詔外詳議於是有司奏九條之格猶有未盡更加附益凡二十四條大抵聽事不得南向坐施帳國官三冬不得跣登國殿公主妃傳令不得失服輿不得重擱鄣扇不得雉尾劒不得鹿盧形槊眊不得孔雀白鷺夾轂隊不得絳襖平乘誕馬不得過二疋胡伎不得綵衣舞伎正冬著袿衣不得粧面諸妃主不得著緄帶信幡非臺省官悉用絳郡縣內史相及封內長官於其封君罷官則不復追敬不稱臣諸鎮常行車前不過六隊刀不得過銀銅飾諸王女封縣主諸王子孫襲封王之妃及封侯者夫人行並不得鹵簿諸王子繼體爲王者婚葬吉凶悉依諸國公侯之禮不得同皇弟皇子車輿非軺車不得油幢平乘船皆下兩頭作露平形不得擬象龍舟詔可孝建二年爲揚州刺史加入朝不趨贊拜不名劒履上殿固辭殊禮義恭撰要記五卷起前漢訖晉太元表上之詔付祕閣時西陽王子尚有盛寵義恭解揚州以避之乃進位太宰領司徒義恭嘗慮爲孝武所疑及海陵王休茂於襄陽爲亂乃上表稱諸王貴重不應居邊有州不須置府其餘制度又多所減省時孝武嚴暴義恭慮不見容乃卑辭曲意附會皆有容儀每有祥瑞輒上賦頌大明元年有三脊茅生石頭西岸又勸上封禪帝甚悅及孝武崩遺詔義恭解尚書令加中書監柳元景領尚書令入住城內事無巨細悉關二公大事與沈慶之參決若有軍旅可爲總統尚書中事委顏師伯外監所統委王元謨前廢帝卽位復錄尚書本官如故尚書令柳元景卽本號開府儀同三司領兵置佐又增義恭班劒爲四十人更申殊禮之命固辭殊禮義恭性嗜不常與時移變自始至終屢遷第宅與人游款意好亦多不終而奢侈無度不愛財寶左右親幸者一日乞與或至一二百萬小有忤意輒追奪之大明時資供豐厚而用常不足賒市百姓物無錢可還民有通辭求錢者輒題後作原字善騎馬解音律遊行或二三百里孝武恣其所之東至吳郡登虎邱山又登無錫縣烏山以望太湖大明中撰國史孝武自爲義恭作傳及永光中雖任居宰輔而承事近臣戴法興等常若不及前廢帝狂悖無道義恭元景等謀欲廢立廢帝親率羽林兵於第害之并其四子斷析義恭支體分裂腸胃挑取眼睛以蜜漬之以爲鬼目粽明帝定亂令書追崇侍中都督中外諸軍丞相領太尉中書監錄尚書事王如故給九旒鸞輅虎賁班劒百人前後部羽葆鼓吹轀輬車泰始三年又詔陪祭廟庭

南郡王義宣生而舌短澁於言論元嘉元年年十二封竟陵王都督南兖州刺史遷中書監中軍將軍時竟陵羣蠻充斥役刻民散改封南譙王十三年出爲江州刺史加都督初武帝以荊州上流形勝地廣兵彊遺詔諸子次第居之謝晦平後以授彭城王義康義康入相次江夏王義恭又以臨川王義慶宗室令望且臨川烈武王有大功於社稷義慶又居之其後應在義宣上以義宣人才素短不堪居上流十六年以衡陽王義秀代義慶而以義宣爲南徐州刺史而會稽公主每以爲言上遲回久之二十一年乃以義宣都督七州諸軍事車騎將軍荊州刺史義宣至鎮勤自課厲政事修理白晳美須眉身長七尺五寸腰帶十圍多畜嬪媵後房千餘尼媼數百男女三十人皆崇飾綺麗費用殷廣進位司空改侍中二十七年魏軍南侵義宣慮寇至謀欲奔上明及魏軍退文帝詔之曰善修民務不須營潛逃計也遷司徒揚州刺史侍中如故元凶弒立以義宣爲中書監領司徒義宣聞之卽時起兵徵聚甲卒傳檄遠近會孝武入討義宣遣參軍徐遺寶率衆三千助爲前鋒及孝武卽位以義宣爲中書監都督揚豫二州丞相錄尚書

六條事揚州刺史加羽葆鼓吹給班劒四十人改封南郡王追謚義宣所生爲獻太妃封次子宜陽侯愷爲南譙王義宣固辭內任及愷王爵於是改授都督八州諸軍事荆湘二州刺史持節侍中丞相如故降愷爲宜陽縣王將佐已下並加賞秩義宣在鎮十年兵彊財富既首創大義威名著天下凡所求欲無不畢從朝廷所下制度意所不同者一不遵奉嘗獻孝武帝酒先自酌飲封送所餘其不識大體如此初臧質陰有異志以義宣凡弱易可傾移欲假手爲亂以成其奸自襄陽往江陵見義宣便盡禮乃至江州每密信說義宣以爲有大才負大功挾震主之威自古鮮有全者宜在人前早有處分不爾一旦受禍悔無所及義宣陰納其言而孝武閨庭無禮與義宣諸女淫亂義宣因此發怒密治舟甲尅孝建元年秋冬舉兵報豫州刺史魯爽兖州刺史徐遺寶使同爽狂酒失旨其年正月便反遣府戶曹送版以義宣補天子并送天子羽儀遺寶亦勒兵向彭城義宣及臧質狼狽起兵二月加都督中外諸軍事置左右長史司馬使僚佐悉稱名遣使奉表以姦臣交亂圖傾宗社輒徵召甲卒戮此凶醜詔答之太傅江夏王義恭又與義宣書諭以禍福義宣移檄諸州郡遣參軍劉諶之尹周之等率軍下就臧質雍州刺史朱修之起兵奉順義宣率衆十萬發自江陵舳艫數百里是日大風船垂覆沒僅得入中夏口以第八子慆爲輔國將軍荆州刺史以司馬竺超民輔之留鎮江陵遣魯爽弟秀及朱曇韶萬餘人北討朱修之秀初至江陵見義宣旣出拊膺曰阿兄誤人事乃與癡人共作賊今年敗矣義宣至尋陽與質俱下質爲前鋒至鵲頭聞徐遺寶敗魯爽於小峴授首相視失色孝武使鎮北大將軍沈慶之送爽首示義宣并書與義宣質等上先遣豫州刺史王元謨舟師頓梁山洲內東西兩岸爲卻月城營柵甚固撫軍柳元景據姑熟爲大統偏師鄭琨武念戍南浦質徑入梁山去元謨一里許結營義宣屯蕪湖五月十九日西南風猛質乘風順流攻元謨西壘冗從僕射胡子友等戰失利棄壘度就元謨質又遣將龐法起率數千兵趣南浦仍使自後掩元謨與琨念相遇法起戰大敗赴水死略盡義宣至梁山質上出軍東岸攻元謨元謨分遣游擊將軍桓護之竟陵太守薛安都出壘奮擊大敗質軍軍人一時投水護之等因風縱火焚其舟乘風勢猛盛烟焰覆江義宣時屯西岸火延燒其營殆盡諸將乘風火之勢縱兵攻之衆一時奔潰義宣與質相失各單舸迸走東人士庶並歸順西人與義宣相隨者船舸猶有百餘義宣女先適臧質子比過尋陽入城取女載以西奔至江夏聞巴陵有軍被抄斷回入涇口步向江陵衆散且盡左右唯有十許人脚痛不能復行就民間僦露車自載無復食緣道求告至江陵郭外竺超民具羽儀兵衆迎之時帶甲尚萬餘人義宣旣入城仍出聽事見客左右翟靈寶誡使撫慰衆賓以臧質違旨授之宜用致失利今治兵繕甲更爲後圖昔漢高百敗終成大業而義宣誤云項羽千敗衆咸掩口而笑魯秀竺超民等猶爲之爪牙欲收合餘燼更圖一決而義宣惛墊無復神守入內不得出左右腹心相率奔叛魯秀北走義宣不復自立欲隨秀去乃於內戎服盛糧糗帶佩刀攜其息慆及所愛妾五人皆著男子服相隨城內擾亂白刃交橫義宣大懼落馬仍便步地超民送至城外更以馬與之超民還守城義宣冀及秀望諸將送北入魏旣失秀所在未出郭將士逃盡唯餘慆及五妾兩黃門而已夜還向城入南郡空廨無牀席地至旦遣黃門報超民超民遣故車一乘載送刺姦義宣止獄戶外坐地歎曰臧質老奴誤我始與五妾俱入獄五妾尋被遣出義宣號泣語獄吏曰常日非苦今日分別始是苦大司馬江夏王義恭諸公王八座與荆州刺史朱修之書言義宣反叛便宜專戮書未達修之已至江陵於獄盡之孝武聽還葬舊墓長子恢年十一拜南譙王世子晉氏過江不置城門校尉及衛尉官孝武欲重城禁故復置衛尉卿以恢爲侍中領衛尉衛尉之置自恢始也義宣反錄付廷尉自殺恢弟愷字景穆生而養於宮中寵均皇子十歲封宜陽侯孝武時進爵爲王義宣反聞至愷於尙書寺內着婦人衣乘問訊車投臨汝公孟詡詡於妻室內爲地窟藏之事覺并誅詡其餘並爲修之所殺

衡陽文王義季幼而夷簡無鄙近之累文帝爲荆州武帝使隨往由是特爲文帝所愛元嘉元年封衡陽王十六年代臨川王義慶爲都督荆州刺史先是義慶在任遇巴蜀擾亂師旅應接府庫空虛義季畜財節用數年還復充實隊主續豐母老家貧無以充養遂不食肉義季哀其志給豐母月米二斛錢一千并制豐噉肉義季素拙書上聽使人書啟事唯自署名而已嘗大蒐於郢有老父帶苦而耕命左右斥之老人擁耒而對曰昔楚子盤游受譏令尹今陽和扇氣播厥之始一日不作民失其時大王馳騁爲樂驅斥老夫非勸農之意義季止馬曰此賢者也命賜之食老人曰吁願大王均其賜也苟不奪民時則一州皆享王賜老人不偏受其私也斯

飯也不敢當聞其名不言而退義季素嗜酒自彭城王義康廢後遂爲長夜之飲略少醒日文帝詰責曰此非唯廢傷事業亦自損性皆汝所諳近長沙兄弟皆緣此致故將軍蘇徽耽酒成疾且夕待盡一門無此酣法汝於何得之義季雖奉旨酣縱如初遂以成疾二十一年徵爲征北大將軍開府儀同三司南兗州刺史加都督發州之日帷帳器服諸應隨刺史者悉留之荆楚以爲美談二十二年遷徐州刺史明年魏攻邊北州擾動義季慮禍不欲以功勤自業無他經略唯飲酒而已文帝又詔責之二十四年薨於彭城時年三十二太尉江夏王義恭表解職迎喪不許上遣東海王禕迎喪追贈司空傳國至孫齊受禪國除

文帝十九男

文帝十九男元皇后生元凶劭潘淑妃生始興王濬路淑媛生孝武帝吳淑儀生南平穆王鑠高修儀生廬陵昭王紹殷修華生竟陵王誕曹婕伃生建平宣簡王宏陳修容生東海王禕謝容華生晉熙王昶江修容生武昌王渾沈婕伃生明帝楊美人生始安王休仁邢美人生山陽王休祐蔡美人生海陵王休茂董美人生鄱陽哀王休業顏美人生臨慶冲王休倩陳美人生新野懷王夷父荀美人生桂陽王休範羅美人生巴陵哀王休若紹出繼廬陵王義眞

元凶劭字休遠文帝長子也帝卽位生劭時上猶在諒闇故祕之元嘉三年閏正月方云劭生自上代以來未有人君卽位後皇后生太子唯殷帝乙既踐阼正妃生紂至是又有劭焉始生三日帝往視之簪帽甚堅無風而墜于劭側上不悅初命之曰劭在文爲召刀後惡焉改刀爲力年六歲拜爲皇太子中庶子二率入直永福省爲更築宮制度嚴麗年十二出居東宮納黃門侍郎殷淳女爲妃十三加元服好讀史傳尤愛弓馬及長美鬚眉大眼方口身長七尺四寸親覽宮事延接賓客意之所欲上必從之東宮置兵與羽林等十七年拜劭京陵大將軍彭城王義康竟陵王誕桂陽侯義融並從二十七年上將北伐劭與蕭思話固諫不從魏太武至瓜步京邑震駭劭出鎭石頭總統水軍善於撫御上登石頭城有憂色劭曰不斬江湛徐湛之無以謝天下上曰北伐自我意不關二人但湛等不異耳由是與江徐不平上時務本業勸課耕桑使宮內皆蠶欲以諷勵天下有女巫嚴道育夫爲劫坐沒入奚官劭姊東陽公主應閤婢王鸚鵡白公主言道育通靈能役使鬼物主乃白上託云善蠶求召入道育既入乃言所奉天神當賜符應時主夕臥見流光相隨狀若螢火遂入巾箱化爲雙珠圓靑可愛於是主及劭並信惑之始興王濬素佞事劭並多過失慮上知使道育祈請欲令過不上聞歌儛咒詛不捨晝夜道育輒云自上天陳請必不泄露劭等敬事號曰天師後遂爲巫蠱刻玉爲上形像埋於含章殿前初東陽公主有奴陳天與鸚鵡養以爲子而與之淫通鸚鵡天與及甯州所獻黃門慶國並與巫蠱事劭以天與補隊主後東陽公主薨鸚鵡應出嫁劭慮言語泄與濬謀之時吳興沈懷遠爲濬府佐見待異常乃嫁鸚鵡與懷遠爲妾不啟上慮事泄因臨賀公主微言之上後知天與領隊遣閹人奚承祖讓劭曰汝閒用隊主副盡是奴邪欲嫁者又嫁何處劭答南第昔屬天與求將吏驅使視形容粗健便兼隊副下人欲嫁者猶未有處時鸚鵡已嫁懷遠矣劭懼以書告濬并使報臨賀主上若問嫁處當言未定濬答書曰啟此事多日今始見問當是有感發之者計臨賀故不應翻覆言語自生寒熱也此姥由來挾兩端難可孤保正爾自問臨賀冀得審實也其若見問當作依違答之天與先署佞人府位不審監上當無此簿領可急宜撻之殿下已見王未宜依此具令嚴自躬上啟聞彼人若爲不已政可促其餘命或是大慶之漸凡劭濬相與書類如此所言皆爲名號謂上爲彼人或以爲其謂太尉江夏王義恭爲佞人東陽主第在西掖門外故云南第王卽鸚鵡姓躬上啟聞者令道育上天白天神也鸚鵡既適懷遠慮與天與私通事泄請劭殺之劭密使人害天與既而慶國謂宣傳往來唯有二人天與既死慮將見及乃具以其事白上上驚惋卽遣收鸚鵡封籍其家得劭濬手書數百紙皆咒詛巫蠱之言又得所埋上形像於宮內道育叛亡捕求不得上詰責劭濬劭濬惶懼無辭唯陳謝而已道育變服爲尼逃匿東宮濬往京口又以自隨或出止民張旿家上謂江夏王義恭曰常見典籍有此謂之傳空言不意親覩若劭南面之日非復我及汝事汝兒子多將來遇此不幸耳先是二十八年彗星起畢昴入太微掃帝座端門滅翼軫二十九年熒惑逆行守氐自十一月霖雨連雪陽光罕曜時道士范材修練形術是歲自言死期如期而死既殯江夏王義恭疑其仙也使開棺視之首如新刎血流于背上聞而惡焉三十年正月大風飛霰且雷上憂有竊發輒加劭兵東宮實甲萬人其年二月濬自京口入朝當鎭江陵復載道育還東宮欲將西上有告上云京口人張旿家有一尼服食出入征

北內似是嚴道育上使掩得二婢云道育隨征北還都上謂劭濬已當斥遣道育而猶與往來惆悵駭惋乃欲廢劭賜濬死初濬母卒命潘淑妃養以爲子淑妃愛濬濬心不附妃被寵上以謀告之妃具以告濬濬報劭劭因是有異謀每夜輒饗將士或親自行酒密與腹心隊主陳叔兒齋帥張超之任建之謀之其月二十一日夜詐作上詔云魯秀謀反汝可平明率衆入因使超之等集素所養士二十餘人皆被甲云有所討宿召前中庶子右軍長史蕭斌及左衞率袁淑中舍人殷仲素左積弩將軍王正見並入告以大事自起拜斌等因流涕衆並驚愕明旦劭以朱衣加戎服上乘畫輪車與蕭斌同載衞從如常入朝儀從萬春門入舊制東宮隊不得入城劭語門衞士云受勑有所收討令後隊速來張超之等數十人馳入雲龍東中華門及齋閤拔刃徑上合殿其夜上與尚書僕射徐湛之屏人語至旦燭猶未滅直衞兵尚寢門階戶席並無侍衞上以几自鄣超之手行弑上五指俱落並殺湛之劭進至合殿中閤文帝已崩出坐東堂蕭斌執刀侍直呼中書舍人顧嘏嘏懼不時出及至問曰欲共見廢何不早啟未及答斬之遣人於崇禮闥殺吏部尚書江湛文帝左細仗主卜天與攻劭於東堂見殺又使人入殺潘淑妃剖其心觀其邪正使者阿旨答曰心邪劭曰邪佞之心故宜邪也又殺文帝親信左右數十人急召始興王濬率衆屯中堂劭卽僞位百僚至者裁數十人乃爲書曰徐湛之弑逆吾勒兵入殿已無所及今罪人斯得元凶克殄可大赦天下改元嘉三十年爲太初元年素與道育所定也初使蕭斌作詔斌辭以不文乃使侍中王僧綽爲之舊制踰年改

元劭問僧綽僧綽曰晉惠帝卽位便改元劭喜而從之始文帝未崩前一日甲夜太史奏東方有急兵其禍不測宜列萬人兵於太極前殿可以消災上不從及劭弑逆聞而歎曰幾誤我事乃問太史令曰我得幾年對曰得十年退而語人曰十旬耳劭聞而怒毆殺之卽位訖便稱疾還入永福省然後遷大行皇帝升太極殿以蕭斌爲尚書僕射何尚之爲司空大行大斂劭辭疾不敢出先給諸處兵仗悉收還武庫遣人謂魯秀曰徐湛之常欲相危我已爲卿除之使秀與屯騎校尉龐秀之對掌軍隊以侍中王僧達爲吏部尚書司徒左長史何偃爲侍中成服日劭登殿臨靈號慟不自持博訪公卿詢求政道遣使分行四方分浙江以東五郡爲會州省揚州立司隸校尉以殷仲素補之以大將軍江夏王義恭爲太保司徒南譙王義宣爲太尉荆州刺史始興王濬進號驃騎將軍王僧綽以先豫廢立見誅長沙王瑾弟楷臨川王燁桂陽侯覬新渝侯玠並以宿恨死禮官希旨謚文帝不敢盡美稱謚曰中宗景皇帝及聞孝武及南譙王義宣隨王誕等諸方鎭並舉義悉取諸王於城內移江夏王義恭住尚書下舍分義恭諸子住侍中下省四月立妻殷爲皇后孝武檄至數劭罪惡劭自謂素習武事語朝士曰卿等助我理文書勿措意戎陣若有寇難吾當自出唯恐賊虜不敢動耳中外戒嚴防孝武世子於侍中省南譙王義宣諸子於太倉空屋劭使濬與孝武書言上親御六師太保執鉞臨統吾與烏羊相尋卽道上聖恩每厚法師令在殿內住想弟欲知消息故及烏羊者南平王鑠法師孝武世子小名也劭欲殺三鎭士庶家口江夏王義恭何尚之說曰凡舉大事不

顧家口且多是驅迫今欲誅其餘累政足堅彼意耳劭乃下書一無所問濬及蕭斌勸劭勒水軍自上決戰不爾則保據梁山江夏王義恭慮義兵倉卒船舫陋小不宜水戰乃進策以爲宜以逸待之若遠出梁山則京都空弱東軍乘虛容能爲患若分力兩赴則兵散勢離不若養銳待期劭善其議蕭斌厲色曰南中郎二十年少能建如此大事豈復可量沈慶之甚諳軍事柳元景宗慤屢嘗立功形勢如此實非必敵唯及人情未離尚可決力一戰端坐臺城何由得久今主相咸無戰意豈非天也劭不納劭疑朝廷舊臣不爲已用厚撫王羅漢魯秀悉以兵事委之多賜珍玩美色以悅其志羅漢先爲南平王鑠右軍參軍劭以其有將略故委以心膂焉或勸劭保石頭城者劭曰昔人所以固石頭俟諸侯勤王耳我若守此誰當見救唯應力戰決之日日自出行軍慰勞將士使有司奏立子偉之爲皇太子二十一日義軍至新亭劭使蕭斌率魯秀王羅漢等精兵萬人攻新亭壘劭登朱雀門躬自督戰將士懷劭重賞皆爲之力戰將克而魯秀鳴退鼓軍乃止爲柳元景所乘故大敗劭又率腹心同惡自來攻壘元景復破之褚湛之攜二子與檀和之同歸順劭懼走還臺城其夜魯秀又南奔二十五日江夏王義恭又單馬南奔劭遣濬殺義恭諸子以輦迎蔣侯神像於宮內稽顙乞恩拜爲大司馬封鍾山郡王蘇侯爲驃騎將軍使南平王鑠爲祝文罪狀孝武二十七日臨軒拜其子偉之爲皇太子百官皆戎服劭獨衮衣下書大赦天下唯孝武劉義恭義宣誕不在原例五月三日魯秀等募勇士五百人攻大航鉤得一舫王羅漢昏酣作妓聞官軍已度驚惶放仗歸降是

夜劭閉守六門於門內鑿塹立柵以露車為樓城內沸亂將吏並踰城出奔劭使詹叔兒燒輦及袞冕服蕭斌聞大航不守惶窘不知所為宣令所統皆使解甲尋戴白幡來降即於軍門伏誅四月劭腹心白直諸同逆先屯閶闔門外並走還入殿程天祚與薛安都副譚金因而乘之即得俱入臧質將大軍從廣莫門入同會太極殿前即斬太子左衞率王正見建平東海等七王並號哭俱出劭穿西垣入武庫井中隊副高禽執之濬率左右數十人與南平王鑠於西明門出俱南奔於越城遇江夏王義恭濬下馬曰南中郎今何在義恭曰已君臨萬國又稱字曰虎頭來得無晚乎義恭曰恨晚又曰故當不死義恭曰可詣行闕請罪又曰未審猶能得一職自効不義恭又曰此未可量勒與俱自歸命於馬上斬首濬字休明將產之夕有鵩鳥鳴於屋上聞者莫不惡之元嘉十三年年八歲封始興王二十六年出為征北將軍南徐兗二州刺史濬少好文籍資質端妍母潘淑妃有盛寵時六宮無主潘專總內政濬人才既美母又至愛文帝甚所留心與建平王宏侍中王僧綽中書郎蔡興宗等並以文義往復初元皇后性忌以潘氏見幸恚恨致崩故劭深疾潘氏及濬濬慮將來受禍乃曲意事劭劭與之遂善又多有過失屢為上所譴憂懼乃與劭共為巫蠱後出鎮京口乃因員外散騎侍郎徐爰求鎮江陵又求助於尚書僕射徐湛之而尚書令何尚之等咸謂濬太子次弟不應遠出上以上流之重宜有至親故以濬為衞將軍開府儀同三司荊州刺史加都督領護南蠻校尉濬入朝遣還京口為行留處分至京口數日而巫蠱事發時二十九年七月也上惋歎彌日謂潘淑妃曰太子圖富貴更是一理虎頭復如此非復思慮所及汝母子豈可一日無我邪明年荊州事方行二月濬還朝十四日臨軒受拜其日藏嚴道育事發明旦濬入謝上容色非常其夕即加詰問濬唯謝罪潘淑妃抱濬泣曰汝始咒詛事發猶冀刻已思愆何意忽藏嚴道育今日用活何為可送藥來吾當先自取盡不忍見汝禍敗濬奮衣去曰天下事尋自判必不上累劭入弑之旦濬在西州府舍人朱法瑜曰臺內叫喚宮門皆閉道上傳太子反未測禍變所至濬陽驚曰今當奈何濬未得劭信不知事之濟不搔擾不知所為將軍王慶曰今宮內有變未知主上安危預在臣子當投袂赴難濬不聽俄而劭遣張超之馳馬召濬濬問狀訖即戎服乘馬而去朱法瑜固止濬濬不從至中門王慶又諫不宜從逆濬曰皇太子有令敢復言者斬及入見劭勸劭殺荀赤松等劭謂濬曰潘淑妃為亂兵所害濬曰此是下情由來所願其悖逆如此劭將敗勸劭入海輦珍寶繒帛下船及劭入井高禽於井出之劭問天子何在禽曰至尊近在新亭將劭至殿前臧質見之慟哭劭曰天地所不覆載丈人何為見哭質因辯其逆狀答曰先朝當見枉廢不能作獄中囚問計於蕭斌斌見勸如此又語質曰可得為乞遠徙不質曰主上近在航南自當有處分縛劭馬上防送軍門及至牙下據鞍顧望太尉江夏王義恭與諸王共臨視之義恭曰我背逆歸順有何大罪頓殺吾十二兒劭曰殺諸弟此一事負阿父江湛妻庾氏乘車罵之龐秀之亦加誚讓劭厲聲曰汝輩復何煩耳先殺其四子劭語南平王鑠曰此何有哉乃斬於牙下臨刑歎曰不圖宋室一至於此劭濬及其子並梟首大航暴尸於市劭妻殷氏賜死於廷尉臨刑謂獄丞江恪曰汝家骨肉相殘何以枉殺天下無罪人恪曰受拜皇后非罪而何殷氏曰此權時耳當以鸚鵡為后也濬妻褚氏丹陽尹湛之之女湛之南奔之始即見離絕故免於誅其餘子女妾媵並於獄賜死投劭濬首於江其餘同逆及王羅漢等皆伏誅張超之聞兵入遂至合殿故基正於御牀之所為亂兵所殺剖腹刳心臠割其肉諸將生噉之焚其頭骨時不見傳國璽問劭云在嚴道育處就取得之道育鸚鵡並都街鞭殺於石頭四望山焚其尸揚灰于江毀劭東宮所住齋汚豬其處封高禽為新陽縣男追贈潘淑妃為長寧國夫人置守冢僞司隸校尉殷沖丹陽尹殷弘並賜死沖為劭草立符文又妃叔父弘為劭簡配兵士盡其心力故也

南平穆王鑠字休元文帝第四子也元嘉十六年年九歲封南平王少好學頗有文才未弱冠擬古三十餘首時人以為亞迹陸機二十二年為南豫州刺史加都督時文帝方事外略罷南豫州併壽陽以鑠為豫州刺史領安蠻校尉二十六年魏太武圍汝南懸瓠城行汝南太守陳憲保城自固魏人作高樓施弩射城內城內負戶以汲又毀佛圖取金像以為大鉤施之衝車端以牽樓堞城內有一沙門頗有機思輒設奇以應之魏人以蝦蟇車塡塹肉薄攻城死者與城等遂登尸以陵城憲銳氣愈奮戰士無不一當百殺傷萬計汝水為之不流相拒四十餘日鑠遣安蠻司馬劉康祖與甯朔將軍臧質救之魏人燒攻具而退元凶弑立以鑠為侍中錄尚書事劭迎蔣侯神於宮內疏孝武年諱厭呪祈請假授位號使鑠造策文及義軍入宮鑠與濬俱歸孝武濬即

伏法上迎鑠入宮當時倉卒失國璽事脩更鑄給之進侍中司空領兵置佐以國哀未闋讓侍中鑠旣歸義最晩常懷憂懼每於眠中蹶起坐與人語亦多謬僻語家人云我自覺無復魂守鑠爲人負才狡競每與兄弟計度藝能與帝又不能和食中遇毒薨贈司徒加以楚穆之謚三子敬猷敬深敬先敬深封南安縣侯敬先繼廬陵王紹前廢帝景和末召鑠妃江氏入宮命左右於前逼之江氏不受命謂曰若不從當殺汝三子江氏猶不從於是遣使於第殺敬猷敬深敬先等鞭江氏一百其夕廢帝亦殞明帝卽位追贈敬猷侍中謚曰懷改封孝武第十八子臨賀王子產字孝仁爲南平王繼鑠後未拜被殺泰始五年立晉安王休祐第七子宣曜爲南平王未幾休祐死宣曜被廢還本後廢帝元徽元年立衡陽恭王嶷第二子伯玉爲南平王繼鑠後昇明三年被誅

竟陵王誕字休文文帝第六子也元嘉二十年年十一封廣陵王二十六年爲雍州刺史加都督以廣陵凋敝改封隨郡王上欲大舉侵魏以襄陽外接關河欲廣其資力乃罷江州軍府文武悉配雍州湘州入臺租稅雜物悉給襄陽及大舉北侵命諸藩並出師莫不奔敗唯誕遣中兵柳元景克弘農關陝多獲首級元凶弒立以揚州浙江西屬司隸校尉浙江東五郡立會州以誕爲刺史孝武入討遣衛朔將軍顧彬之受誕節度誕遣參軍劉季之舉兵與彬之并遇劭將華欽庾遵於曲阿之奔牛塘大敗之事平以誕爲荆州刺史加都督衛將軍開府儀同三司誕以位號與濬同惡之請求回改乃進號驃騎將軍加班劒二十人南譙王義宣不肯就徵以誕爲侍中驃騎大將軍揚州刺史開府如故改封竟陵王誕性恭和得士庶之心頗有勇略明年義宣舉兵反有荆江兗豫四州之力勢震天下孝武卽位日淺朝野大懼上欲奉乘輿法駕以迎義宣誕固執不可曰奈何持此座與人帝乃加誕節仗士五十人出入六門上流平定誕之力也帝初討元凶誕在雍州豫同舉兵有奔牛之捷至是又有殊勳上性多猜頗相疑憚而誕造立第舍窮極工巧園池之美冠於一時多聚材力之士實之第內精甲利器莫非上品上意愈不平孝建二年以司空太子太傅出爲都督南徐州刺史上以京口去都密邇猶疑之大明元年秋又出爲南兗州刺史加都督誕旣知見猜亦潛爲之備至廣陵因魏深入邊修城隍聚糧練甲嫌隙旣著道路常云誕反自是屢有人告誕圖逆及巫覡呪詛之事誕輒賊殺告者事皆聞上三年四月上使有司奏誕罪惡宜絕屬籍削爵土收付法獄上不許有司又固請乃貶爵爲侯遣令之國上將謀誕以義興太守桓閬爲兗州刺史配以羽林禁兵遣給事中戴明寶隨閬襲誕使閬以之鎭爲名閬至廣陵誕未悟也明寶夜報誕典籤蔣成使爲內應成以告府舍人許宗之宗之告誕誕驚起召錄事參軍王璵之曰我何罪於天以至此斬蔣成勒兵自衛遣腹心率壯士擊明寶等破之閬卽遇害明寶逃自海陵界還上遣車騎大將軍沈慶之討誕誕焚燒郭邑驅居民百姓悉使入城分遣書檄要結遠近誕奉表投之城外自理於國無負并言帝宮闈之醜帝忿誕深切凡誕左右腹心同籍碁親並誅之死者千數車駕出頓宣武堂內外纂嚴誕將前後出戰者多降誕見衆軍大集欲棄城北走行十餘里衆並不欲去請誕誕乃還城五月十九日有流星大如斗尾長十餘丈從西北來墜城內是謂天狗占曰天狗所下有伏尸流血誕又遣兵出戰皆敗廣陵城舊不開南門云開者其主王誕乃開焉彭城邵領宗在城內陰結死士欲襲誕先欲布誠於慶之乃說誕求爲間構見許領宗旣出致誠畢復還城內事泄誕鞭二百考問不伏遂支解之上遣送章二紐其一曰竟陵縣開國侯食邑千戶募賞禽誕其二曰建興縣男食邑三百戶募賞先登若克外城舉一烽克內城舉兩烽禽誕舉三烽值夏雨不得攻城及晴攻又不克上怒將自濟江七月二日慶之進軍克其外城乘勝又克小城誕聞軍入趣後園墜水引出斬之傳首建業時年二十七因葬廣陵貶姓留氏帝命城中無大小悉斬之慶之執諫自五尺以下全之於是同黨悉伏誅城內女口爲軍賞男丁殺爲京觀死者尙數千人每風晨雨夜有號哭之聲誕母殷妻徐並自殺追贈殷長甯國淑妃初誕爲南徐州刺史在京口夜大風飛落屋瓦城門鹿牀倒覆誕心惡之及還鎭廣陵將入城衝風暴起揚塵晝晦又嘗中夜閑坐有赤光照室見者駭愕誕左右侍直眠中夢人告之曰官須頭髮爲稍旣覺則已失髻如此者數十人誕甚怪懼大明二年發人築廣陵城誕循行有人干輿揚聲大罵曰大兵尋至何以辛苦百姓誕使執之問其本末答曰姓夷名孫家在海陵天公與道佛先議欲燒除此間人道佛苦諫彊得至今大禍將至何不立六愼門誕問六愼門云何答曰古有言禍不過六愼門誕以其言狂悖殺之又五音士忽狂易見鬼驚怖啼哭曰外軍圍城城上張白布帆誕執錄二十餘日乃殺城陷之日

雲霧晦冥白虹臨北門亘屬城內八年前廢帝卽位義陽王昶爲徐州刺史道經廣陵至墓盡哀表請改葬誕詔葬誕及妻子並以庶人禮明帝泰始四年又改葬祭以少牢王璵之者瑯邪人有才局其五子悉在建業璵之嘗乘城慶之縛其五子示而招之許以富貴璵之曰吾受主王厚恩不可以二心三十之年未獲死所耳安可以私親誘之五子號叫於外呼其父及城平慶之悉撲殺之

建平宣簡王宏字休度文帝第七子也早喪母元嘉二十一年年十一封建平王宏少而閑素篤好文籍文帝寵愛殊常爲立第於雞籠山盡山水之美建平國職高他國一階歷位中護軍中書令元凶弒立以宏爲丹陽尹孝武入討劭錄宏殿內自拔莫由孝武先嘗以一手版與宏宏遺親信周法道齎手版詣孝武事平以爲尚書左僕射使奉迎太后還加中軍將軍中書監宏爲人謙儉周慎禮賢接士明曉事機上甚信仗之轉尚書令宏少多病求解尚書令尋卽本號開府儀同三司未拜薨時年二十五贈司徒上痛悼甚至每朔望出臨靈自爲墓誌銘及誄五年諡諸弟國各千戶薨者不在其例唯宏追諡子景素嗣景素少愛文義有父風累遷領軍南徐州刺史加都督時文帝諸子並盡衆孫唯景素爲長桂陽王休範爲逆景素雖纂嚴集衆以赴朝廷爲名而陰懷兩端及事平進號鎮北將軍景素好文章書籍招集才義之士傾身禮接以收名譽由是朝野翕然莫不屬意焉後廢帝狂凶失道內外皆謂景素宜當神器唯廢帝所生陳氏親戚疾忌之而楊運長阮佃夫並明帝舊隸貪幼主以久其權慮景素立不見容於長主深相忌憚元徽三年景素防閤將軍王季符恨景素單騎奔京師告楊運長阮佃夫云景素欲反運長便欲遣軍討之而齊高帝及衞將軍袁粲以下並保持之謂爲不然景素亦馳遣世子延齡還都具自申理運長等乃徙季符於梁州又奪景素征北將軍開府儀同三司自是廢帝狂悖日甚朝野甚屬心景素陳氏及運長等彌相猜疑景素因此稍爲自防之計多以金帛結才力之士時大臣誅夷孝武諸子孫或殺或廢無在朝者於是冠軍黃回等並皆響附其餘文武失職不得志者莫不歸之時廢帝單馬獨出遊走郊野輔國將軍曹欣之等謀候廢帝出行因聚衆作難事克奉景素景素每禁止之未欲悤遽舉動運長密遣傖人周天賜僞投景素勸其異計景素知卽斬之送首還臺四年七月羽林監垣祗祖奔景素言臺城已潰景素信之卽舉兵運長等嘗疑景素有異志卽纂嚴景素本乏威略不知所爲竟爲臺軍破斬之卽葬京口景素性甚仁孝事獻太妃朝夕不違侍養太妃有不安景素傍行蓬髮與人言呴呴常恐傷其情又甚儉素爲荆州時有高齋刻櫨栢構景素竟不處朝廷欲賜以甲第辭而不當兩宮所遺珍玩塵於篋笥食常不過一肉器用瓦素時有獻鏤玉器景素顧主簿何昌寓曰我持此安所用哉乃謝而反之及敗後昌寓與故記室王摛等上書訟其冤齊受禪景素故秀才劉璡又上書述其德美陳冤並不見省至齊武帝卽位乃下詔曰宋建平王劉景素名父之子雖末路失圖而原心有本可聽以禮葬舊塋

廬陵王禕字休秀文帝第八子也元嘉二十二年年十歲封東海王大明七年進位司空明帝踐阼進太傅改封廬陵王初廢帝目禕似驢上以廢帝之言類故改封爲文帝諸子禕尤凡劣諸兄弟並嗤鄙之南平王鑠薨子敬深婚禕覗之白孝武借伎孝武答曰婚禮既不舉樂且敬深孤苦倍非宜也至是明帝與建安王休仁詔曰人既不比數西方公汝便爲諸王之長時禕住西故謂之西方公泰始五年河東柳欣慰謀反欲立禕禕與相酬和欣慰結征北諮議參軍杜幼文幼文具奏其事上暴其罪惡黜爲南豫州刺史車騎將軍開府儀同三司上遣腹心楊運長領兵防衞明年又令有司奏禕怨懟逼令自殺葬宣城

晉熙王昶字休道文帝第九子也元嘉二十二年年十歲封義陽王大明中位中書令中軍將軍開府儀同三司廢帝卽位爲徐州刺史加都督昶輕訬褊急不能事孝武大明中常被嫌責人間常言昶當有異志廢帝既誅羣公彌縱狂慝常語左右曰我卽大位以來遂未戒嚴使人邑邑江夏王義恭誅後昶表求入朝遣典籤蘧法生銜使帝謂法生義陽與太宰謀反我政欲討之今知求還甚善又問法生義陽謀反何不啟法生懼走還彭城帝因此北討法生至昶卽起兵統內諸郡並不受命昶知事不捷乃夜開門奔魏棄母妻獨攜妾吳氏作丈夫服騎馬自隨在道慷慨爲絕句曰白雲滿鄣來黃塵半天起關山四面絕故鄉幾千里因把姬手南望慟哭左右莫不哀哽每節悲慟遙拜其母昶家還建業二妾各生一子明帝卽位名長者曰思遠少者曰懷遠尋並亾帝以千金購昶于魏不獲乃以第六皇子燮字仲綏繼昶封爲晉熙王明帝既以燮繼昶乃詔曰晉熙國太妃謝氏沈刻無親物理罕比骨肉至親尚相棄蔑況

以義合免患爲難可還其本削絕蕃秩仍令改謝氏爲射氏元徽元年㷭年四歲以爲郢州刺史明年復昶所生射氏爲晉熙國太妃齊受禪㷭降封安陰縣公謀反賜死昶之入魏也魏人嘉重之妻以武邑公主拜侍中征南將軍駙馬都尉封丹陽王歲餘公主薨更尙建興公主明帝遣使至魏魏獻文詔昶與書爲兄弟式明帝不答責昶以母爲其國妾宜如春秋荀罃對楚稱外臣之禮獻文尋勑昶更爲書昶辭曰臣若改書事爲二敬猶修往文彼所不納請停今答獻文從之拜外都坐大官公主復薨更尙平陽長公主昶好犬馬愛武事入魏歷紀猶布衣皂冠同凶素之服然訶罵僮僕音雜楚夏雖在公座諸王每戲侮之或戾手齧臂至於痛傷笑呼之聲聞于御聽孝文每優假之不以怪問至於陳奏本國事故語及征役則斂容涕泗悲動左右而天性褊躁喜怒不恒每至威忿楚扑特苦引待南士禮多不足人以此少之魏太和初轉內都坐大官及齊高帝革命孝文遣諸將南伐詔昶曰卿識機體運先覺而來今卿宗廟不復血食令卿與諸將同行昶路經徐州哭拜其母寢堂哀感從者乃徧循故居處處隕涕左右亦莫不酸鼻及至軍所將欲臨陣四面拜諸將士自陳家國滅亾蒙朝廷慈覆辭理切至聲氣激揚涕泗橫流三軍咸爲歎息後昶恐水雨方降表請還師從之又加開府儀同三司領儀曹尙書於是改革朝儀詔昶與蔣少游專主其事昶條上舊式略不遺忘孝文臨宣武堂引武興王楊集始入宴詔昶曰集始邊方之酋不足以當諸侯之禮但王者不遺小國之臣故勞公卿於此又以昶爲中書監開建五等封昶齊郡公加宋王之號孝武嘗臨經武殿大議南伐語及劉蕭篡奪之事昶悲泣不已頓首拜請行孝文亦爲之流涕禮之彌崇旋遷使持節都督吳越楚彭城諸軍事大將軍開府鎭徐州昶頻表辭大將軍不許及發帝親餞之命百僚賦詩贈昶又以其文集一部賜昶帝因以所製文筆示之曰時契勝殘事鍾文業雖則不學欲罷不能脫思一見故以相示雖無足味聊爲一笑耳其見重如此自昶之違彭城至是久矣其昔時齋宇山池並尙存立昶更修繕還處其中然不能綏邊懷物撫接義故而閨門喧猥內外奸雜前民舊吏莫不惋歎豫營墓於彭城西南與三公主同塋而異穴發石累之墳崩壓殺十餘人後復移改頗爲公私費害後昶朝洛陽孝文臨光極堂大選與羣臣甄別人品及論大將軍帝曰劉昶卽其人也其後給班劍二十人太和二十一年薨於彭城孝文爲之舉哀給溫明祕器贈假黃鉞太傅領揚州刺史加以殊禮備九錫給前後部羽葆鼓吹依晉瑯邪王伷故事諡曰明昶嫡子承緒武邑主所生也少而尫疾尙孝文妹彭城長公主爲駙馬都尉先昶卒承緒子暉字重昌爲世子襲封尙宣武第二妹蘭陵長公主主嚴妬暉嘗私幸主侍婢有身主笞殺婢剖其孕子節解以草裝實婢腹裸以示暉暉遂忿憾疏薄公主公主姊因入聽講言其故於靈太后太后勑暉離婚削除封位公主在宮內周歲高陽王雍等屢請聽復舊義太后從之後暉又私淫張陳二氏女公主與暉復致忿諍暉推主墜牀傷胎因而致薨暉懼罪逃逸後於河內溫縣被執幽于司州縣加死刑會赦免後復其官爵遷征虜將軍中散大夫卒家遂頓廢

武昌王渾字休深文帝第十子也元嘉二十四年年九歲封汝陰王後徙武昌渾少而凶戾嘗忿左右拔防身刀斫之元凶弑立以爲中書令山陵夕裸身露頭往散騎省戲因彎弓射通直郎周朗中枕以爲笑樂孝建元年爲雍州刺史監雍梁南北秦四州荆州之竟陵隨二郡諸軍事甯蠻校尉至鎭與左右人作文檄自稱楚王號年爲元光備置百官以爲戲笑長史王翼之得其手迹封呈孝武上使有司奏免爲庶人下太常絕屬籍使付始安郡逼令自殺卽葬襄陽大明四年聽還葬母江太妃墓次明帝卽位追封武昌縣侯

建安王休仁文帝第十二子也元嘉二十九年年十歲立爲建安王前廢帝景和元年累遷護軍將軍特進時帝狂悖無道誅害羣公忌憚諸父並聚之殿內毆捶陵曳無復人理休仁及明帝山陽王休祐形體並肥壯帝乃以竹籠盛而稱之以明帝尤肥號爲猪王號休仁爲殺王休祐爲賊王以三王年長尤所畏憚故常錄以自近不離左右東海王褘凡劣號爲驢王桂陽王休範巴陵王休若年少並得從容嘗以木槽盛飯內諸雜食攪令和合掘地爲阬穽實之以泥水裸明帝內阬中以槽食置前令以口就槽中食之用爲歡笑欲害明帝及休仁休祐前後以十數休仁多計數每以笑調佞諛酬悅之故得推遷常於休仁前使左右淫逼休仁所生楊太妃左右並不得已順命至右衞將軍劉道隆道隆歡以奉旨盡諸醜狀時廷尉劉蒙妾孕臨月帝迎入後宮冀其生男欲立爲太子明帝嘗忤旨帝怒乃裸之縛其手腳以杖貫手腳內使人擔付太官曰卽日屠猪休仁笑謂帝曰猪今日未應死帝問其故休仁曰待皇太子生殺猪取肝肺帝意解乃曰且付廷尉一宿出之帝將南

遊荆湘二州明旦欲殺諸父便發其夕明帝克定禍難殞帝於華林園休仁卽日推崇明帝便執臣禮時南平王敬猷廬陵王敬先兄弟被害猶未殯斂休仁休祐同載臨之開帷歡笑鼓吹往反時人咸非焉明帝以休仁爲侍中司徒尚書令揚州刺史給三望車時劉道隆爲護軍休仁求解職曰臣不得與此人同朝上乃賜道隆死尋諸方逆命休仁都督征討諸軍事增班劒爲三十人出據虎檻進赭圻尋領太子太傅總統諸軍隨宜應接中流平定休仁之力也明帝初與蘇侯神結爲兄弟以祈神助及事平明帝與休仁書曰此段殊得蘇兄神力休仁年與明帝相亞俱好文籍素相友愛及廢帝世同經艱危明帝又資其權譎之力泰始初四方逆命兵至近畿休仁親當矢石大勳克建任總百揆親寄甚隆四方輻湊上意漸不悅休仁悟其旨表解揚州見許進位太尉領司徒固讓又加漆輪車劒履升殿受漆輪車固辭劒履明帝末年多忌休仁轉不自安及殺晉平王休祐其年上疾篤與楊運長等爲身後計運長等又慮帝晏駕後休仁一旦居周公之地其輩不得秉權彌贊成上使害諸王上嘗疾暴甚內外莫不屬意於休仁主書以下皆往東府詣休仁帝所親信豫自結納其或直不得出者皆懼上與運長等定謀召休仁入宿尚書下省其夜遣人齎藥賜休仁死休仁對使者罵曰上有天下誰之力也孝武以誅子孫而至于滅今復遵覆車枉殺兄弟奈何使忠臣抱此寃濫我大宋之業其能久乎時年二十九上疾久慮人情同異自力乘輿出端門休仁死後乃入下詔稱其自殺宥其二子并全封爵有司奏請降休仁爲庶人絕屬籍兒息悉徙遠郡詔休仁特降爲始安縣王并停子伯融等流徙聽襲封爵及帝疾甚見休仁爲祟叫曰司徒小寬我尋崩伯融妣殷氏所生殷氏吳興太守沖女也范陽祖翻有醫術姿貌又美殷有疾翻入視脉悅之遂與姦事泄遣還家尋賜死

晉平刺王休祐文帝第十三子也孝建二年年十一封山陽王明帝卽位以山陽荒敝改封晉平王位驃騎大將軍開府儀同三司荆州刺史休祐素無才能彊果自用大明之世未得自專至是貪淫放縱在荆州橫營財貨百姓嗷然不復堪命徵爲南徐州刺史加都督上以休祐貪虐不可莅民留之都下遣上佐行府州事前後忤上非一在荆州時左右范景達善彈碁上召之休祐留不遣上怒詰責之且慮休祐將來難制方便除之七年二月車駕於巖山射雉有一雉不肯入場日暮將反留休祐射之令不得雉勿歸休祐時從在黃麾內左右從者並在部伍後休祐便馳去上遣左右數人隨之上既還前驅淸道休祐人從悉散不復相得上遣壽寂之等諸壯士追之日已欲闇與休祐相及蹴令墜馬休祐素勇壯有氣力奮拳左右排擊莫得近者有一人自後引陰因頓地卽共拉殺之遣人馳白上行唱驃騎落馬上聞陽驚曰驃騎體大落馬殊不易卽遣御醫上藥相係至頃之休祐左右人至久已絕矣輿以還第贈司空時巴陵王休若在江陵其日卽馳信報休若曰吾與驃騎南山射雉驃騎馬驚與直閤夏文秀馬相蹋文秀墮地驃騎失控馬重驚觸松樹墮地落磵中卽時頓悶故馳報弟其年五月追免休祐爲庶人十三子並徙晉平明帝尋病見休祐爲祟使使至晉平撫其諸子帝尋崩廢帝元徽元年聽諸子還都順帝昇明三年稽謀反並賜死

海陵王休茂文帝第十四子也孝建二年年十一封海陵王大明二年爲雍州刺史加都督北中郞將甯蠻校尉司馬庾深之行府州事休茂性急欲自專深之及主帥每禁之常懷忿怒因左右張伯超至所親愛多罪過主帥屢加訶責伯超懼罪謂休茂曰主帥密疏官罪欲以啟聞休茂曰今爲何計伯超曰唯殺行事及主帥舉兵自衞縱事不成不失入虜中爲王休茂從之夜使伯超等殺司馬庾深之等集兵建牙馳檄休茂出城行營諮議參軍沈暢之等閉門拒之城陷斬暢之其日參軍尹元度起兵攻休茂禽之斬首母妻皆自殺同黨悉伏誅有司奏絕休茂屬籍貶姓爲留不許卽葬襄陽

鄱陽哀王休業文帝第十五子也孝建二年年十一封鄱陽王三年薨以山陽王休祐次子士弘嗣被廢國除

臨慶沖王休倩文帝第十六子也孝建元年年九歲疾篤封東平王未拜薨大明七年立第二十七皇子嗣爲東平王紹休倩泰始三年還本遂絕六年以第五皇子智并爲東平王繼休倩未拜薨其年追改休倩爲臨慶王休倩爲文帝所愛故前後屢加紹嗣

新野懷王夷父文帝第十七子也元嘉二十九年薨明帝泰始五年追加封謚

桂陽王休範文帝第十八子也孝建三年年九歲封順陽王大明元年改封桂陽泰始六年累遷驃騎大將軍江州刺史加都督遺詔進位司空侍中加班劒三十人休範素凡訥少知解不爲諸兄齒遇明帝嘗指左右人謂王景文曰休範人才不及此以我故生便富貴釋氏願生王家良有以也及明帝晚年晉平王休祐以狠戾

致禍建安王休仁以權逼不容巴陵王休若素得人情以此見害唯休範謹澁無才不爲物情所向故得自保而常懷憂懼及明帝晏駕主幼時艱休範自謂宗戚莫二應居宰輔事既不至怨憤彌結招引勇士繕修器械行人經過尋陽者莫不降意折節於是至者如歸朝廷知之密相防御母荀太妃薨即葬廬山以示不還之志時夏口闕鎮朝議以夏口居尋陽上流欲樹置腹心重其兵力元徽元年乃以第五皇弟晉熙王燮爲郢州刺史長史王奐行府州事配以實力出鎮夏口慮爲休範所撥留自太子洑去不過尋陽休範怒欲舉兵乃上表修城堞其年進位太尉明年五月遂反發自尋陽晝夜取道大雷戍主杜道欣馳下告變道欣至一宿休範已至新林朝廷震動齊高帝出次新亭壘時事起倉卒朝廷兵力甚弱乃開武庫隨將士意取仗休範於新林步上攻新亭壘屯騎校尉黃回乃僞往降并宣齊高帝意休範大悅置之左右休範將士李恒鍾爽進諫不宜親之休範曰不欺人以信時休範日飲醇酒以二子德宣德嗣付與齊高帝爲質至即斬之回與越騎校尉張苟兒直前斬休範首持還左右並散初休範自新林分遣同黨杜墨蠡丁文豪等直向朱雀門休範雖死墨蠡等不知王道隆率羽林兵在朱雀門内聞賊至急召劉勔勔自石頭馳赴戰死之墨蠡等乘勝直入朱雀門王道隆爲亂兵所殺墨蠡等唱云太尉至休範之死也齊高帝遣隊主陳靈寶齎首還臺逢賊埋首道側挺身得達靈寶雖唱云已平而無以爲據眾愈疑惑墨蠡徑至杜姥宅朝士多出降者宮省恇擾無復固志撫軍長史褚澄以東府納賊賊擁安成王據東府稱休範教曰安成王吾子也勿得侵賊勢方逼眾莫能拒而丁文豪之眾知休範已死稍欲退散文豪勇氣殊壯厲聲謂其眾曰我獨不能定天下邪休範首既至而羽林監陳顯達又率所領於杜姥宅破墨蠡等諸賊一時奔散斬墨蠡文豪等晉熙王燮自夏口遣軍平尋陽

巴陵哀王休若文帝第十九子也孝建三年年九歲封巴陵王明帝即位出爲會稽太守加都督二年遷都督雍州刺史甯蠻校尉而在會稽錄事參軍陳郡謝沈以諂側事休若多受財賂時內外戒嚴並袴褶沈居母喪被起聲樂酣飲不異吉人衣冠既無殊異並不知沈爲居喪沈嘗自稱孤子眾乃駭愕休若坐與沈褻黷降號鎮西將軍典籤夏寶期事休若無禮休若啟明帝殺之慮不許啟未報遂於獄行刑及信反但令鎖送而寶期已死上怒勑之曰孝建之世汝何敢爾使其母羅加杖三百四年改行湘州刺史六年爲荆州刺史加都督征西大將軍開府儀同三司七年晉平王休祐被殺建安王休仁見疑都下訛言休若有至貴之表明帝以此言報之休若甚憂嘗眾賓滿坐有一異鳥集席隅哀鳴墜地死又聽事前有二大白蚯長丈餘唅唅有聲休若甚惡之會被徵爲南徐州刺史加都督征北大將軍開府如故休若腹心將佐咸謂還朝必有大禍中兵參軍京兆王敬先勸割據荆楚休若執錄馳使白明帝敬先坐誅休若至京口上以休若善能諧緝物情慮將來傾幼主欲遣使殺之慮不奉詔徵入朝又恐猜駭乃僞授爲江州刺史至即於第賜死贈侍中司空子沖始襲封

孝武十四王

孝武二十八男文穆皇后生廢帝子業豫章王子尚陳淑媛生晉安王子勛阮容華生安陸王子綏徐昭容生皇子子深何淑儀生松滋侯子房史昭華生臨海王子頊殷貴妃生始平孝敬王子鸞次永嘉王子仁與皇子子深同生何倢伃生皇子子鳳謝昭容生始安王子眞江倢伃生皇子子元史昭儀生邵陵王子元次齊敬王子羽與始平孝敬王子鸞同生江美人生皇子子衡楊倢伃生淮南王子孟次皇子子況與皇子子元同生次南平王子產與永嘉王子仁同生次晉陵孝王子雲次皇子子文並與始平孝敬王子鸞同生次廬陵王子輿與淮南王子孟同生次南海哀王子師與始平孝敬王子鸞同生次淮陽思王子霄與皇子子元同生次皇子子雍與始安王子眞同生次皇子子趨與皇子子鳳同生次皇子子期與皇子子衡同生次東平王子嗣與始安王子眞同生張容華生皇子子悅安陸王子綏南平王子產廬陵王子輿並出繼皇子子深子鳳子元子衡子況子文子雍未封早夭子趨子期子悅未封爲明帝所殺

豫章王子尚字孝師孝武第二子也孝建三年年六歲封西陽王大明三年分浙江西立王畿以浙江東爲揚州以子尚爲刺史加都督六年改封豫章王領會稽太守七年進號車騎大將軍開府儀同三司時東土大旱鄞縣多曠田孝武使子尚表至鄞縣勸農又立左學召生徒置儒林祭酒一人學生師敬位比州從中從事文學祭酒一人比州西曹勸學從事二人比祭酒從事前廢帝即位罷王畿復舊徵子尚都督揚南徐二州諸軍事領尚書令初孝建中孝武以子尚太子母弟甚留心後新安王子鸞以母幸見愛子尚寵衰及長凶慝有廢

帝之風明帝旣殞廢帝乃稱太皇太后令曰子尙頑凶楚玉淫亂並於第賜盡楚玉廢帝姊山陰公主也廢帝收封會稽郡長公主給鼓吹一部加班劒二十人未拜授而廢敗

晉安王子勛字孝德孝武第三子也眼患風不爲孝武所愛大明四年年五歲封晉安王七年爲江州刺史加都督八年改授雍州未拜而孝武崩還爲江州時廢帝狂凶多所誅害撫軍諮議參軍何邁先尙文帝女新蔡公主廢帝詐云主薨殺宮人代之顯加殯葬而納主於後宮深忌邁邁慮禍及謀因帝出行爲變迎立子勛事泄帝自率宿衞兵誅邁手詔子勛曰何邁欲廢我立汝自計孰若孝武邪卽使左右朱景送藥賜子勛死景至盆口遣報長史鄧琬琬等奉子勛起兵以廢立爲名明帝定亂進子勛車騎將軍開府儀同三司琬等不受命乃稱符瑞云松滋縣生豹自來柴桑縣送竹有來奉天子字令顧昭之撰瑞命記立宗廟設壇場矯作崇憲太后璽書令羣僚上僞號於子勛以泰始二年正月七日卽位於尋陽年號義嘉其日雲雨晦合行禮忘稱萬歲其夕有鵂棲於輦上而鷄集其幰拜安陸王子綏爲司徒有鵰棲其帳上以鄧琬爲左將軍尙書僕射備置百官諸州四方響應是歲四方貢計並詣尋陽子勛遣兵下盡敗沈攸之諸軍至尋陽誅子勛及同逆時年十一卽葬尋陽廬山

松滋侯子房字孝良孝武第六子也大明四年年五歲封尋陽王前廢帝景和元年爲會稽太守加都督明帝卽位徵爲撫軍領太常長史孔顗不受命舉兵應接晉安王子勛上虞令王晏殺顗送子房還建鄴上宥之貶爲松滋縣侯司徒建安王休仁以子房兄弟終爲禍難勸上除之廢徙遠郡見殺年十一

臨海王子頊字孝烈孝武第七子也初封歷陽王後改封臨海位荆州刺史明帝卽位進督雍州長史孔道存不受命應晉安王子勛事敗賜死年十一

始平孝敬王子鸞字孝羽孝武帝第八子也大明四年封襄陽王尋改封新安五年爲北中郞將南徐州刺史領南琅邪太守母殷淑儀寵冠後宮子鸞愛冠諸子凡爲上所眄遇者莫不入子鸞府國爲南徐州又割吳郡屬之六年丁母憂進位司徒加都督前廢帝素疾子鸞有寵及卽位旣誅羣臣乃遣使賜子鸞死時年十歲子鸞臨死謂左右曰願後身不復生帝王家同生弟妹並死明帝卽位改封始平王以建平王景素子延年嗣

永嘉王子仁字孝緜孝武第九子也大明五年封永嘉王明帝卽位以爲湘州刺史帝尋從建安王休仁計未拜賜死時年十歲

始安王子眞字孝貞孝武第十一子也

邵陵王子元字孝善孝武第十三子也並被明帝賜死

齊敬王子羽字孝英孝武第十四子也生二歲薨追加封諡

淮南王子孟字孝光孝武第十六子也初封淮南王明帝改封安成王未拜賜死

晉陵孝王子雲字孝舉孝武第十九子也大明六年封未拜而亾

南海哀王子師字孝友孝武第二十二子也大明七年封未拜爲前廢帝所害明帝卽位追諡

淮陽思王子霄字孝雲孝武第二十三子也早薨追加封諡

東平孝王子嗣字孝叔孝武第二十七子也明帝賜死

武陵王贊字仲敷小字智隨明帝第九子也明帝旣誅滅孝武諸子詔以智隨奉孝武爲子封武陵郡王順帝昇明二年薨國除

明帝四王

明帝十二男陳貴妃生後廢帝謝修儀生皇子法良陳昭華生順帝徐俔仔生第四皇子鄭修容生皇子智井次晉熙王燮與皇子法良同生泉美人生邵陵殤王友次江夏王躋與第四皇子同生徐良人生武陵王贊杜修華生隨陽王翽次新興王嵩與武陵王贊同生又泉美人生始建王禧智井燮躋贊並出繼法良未封第四皇子未有名早天

邵陵殤王友字仲賢明帝第七子也年五歲出爲南中郞將江州刺史封邵陵王後廢帝元徽二年桂陽王休範誅後王室微弱友府州文案及臣吏不諱有無君之心順帝昇明二年徙南豫州刺史薨無子國除

隨陽王翽字仲儀明帝第十子也初封南陽王昇明二年改封隨陽齊受禪降封舞陰縣公

新興王嵩字仲岳明帝第十一子也齊受禪降封定襄縣公

始建王禧字仲安明帝第十二子也齊受禪降封荔浦縣公尋並云謀反賜死

通志卷八十一

通志卷八十二

宋右迪功郎鄭樵漁仲撰

宗室傳第五

南齊

衡陽元王道度鈞　始安貞王道生　始安王遙光
曲江公遙欣子幾　安陸昭王緬　新吳侯景先
南豐伯赤斧子潁胄潁達　衡陽公諶　臨汝侯坦之

高帝諸子

豫章文獻王嶷子子廉子子恪子子操子子範子範子乾子範弟子顯子雲　臨川獻王映　長沙威王晃　武陵昭王曅　安成恭王暠　鄱陽王鏘　桂陽王鑠　始興簡王鑑　江夏王鋒　南平王銳　宜都王鏗　晉熙王銶　河東王鉉

武帝諸子

文惠皇太子　竟陵文宣王子良子昭胄孫賁　廬陵王子卿　魚復侯子響　安陸王子敬　晉安王子懋董僧慧陸超之　隨郡王子隆　建安王子眞　西陽王子明　南海王子罕　巴陵王子倫　邵陵王子貞　臨賀王子岳　西陽王子文　衡陽王子峻　南康王子琳　湘東王子建　南郡王子夏

文惠諸子

巴陵王昭秀　桂陽王昭粲

明帝諸子

巴陵隱王寶義　江夏王寶元　廬陵王寶源　鄱陽王寶夤　邵陵王寶修　晉熙王寶嵩　桂陽王寶貞

衡陽元王道度高帝長兄也始與高帝俱受學于雷次宗宣帝問次宗二兒學業次宗曰其兄外明其弟內潤皆良璞也仕宋位安定太守卒建元元年高帝追加封謚無子高帝以第十一子鈞繼鈞字宣禮年五歲所生區貴人病便加慘悴左右依常以五色餅飴之不肯食曰須待姨差年七歲出繼衡陽元王見高帝未拜涕泗橫流高帝執其手曰伯叔父猶父勿怨所以令汝出繼以汝有意堪奉蒸嘗故耳卽敕外如先給通幰車雉尾扇等事事依正王區貴人卒居喪盡禮服闋當問訊武帝尫羸骨立登車三上不能升乃止典籤曹道人具以聞武帝卽幸鈞邸見之愴然還謂褚蓁曰昨見衡陽猶爾毁損卿可數相撫悅先是貴人以華釵冠子并翦刻錦繡中倒炬鳳凰蓮芰星月之屬賜鈞以爲玩弄貴人亡後每歲時及朔望輒開視再拜哽咽見者皆爲之悲性好學善屬文與琅邪王智深以文章相會濟陽江淹亦游焉武帝謂王儉曰衡陽王須文學當使華實相稱不得止取貴游子弟而已乃以太子舍人蕭敷爲文學鈞常手自細書寫五經部爲一卷置於巾箱中以備遺忘侍讀賀玠問之曰殿下家自有墳索復何須蠅頭細書別藏巾箱中答曰巾箱中有五經於檢閱旣易且一更手寫則永不忘諸王聞之爭効爲巾箱五經巾箱五經自此始也居身清率言未嘗及時事會稽孔珪家起園列植桐柳多構山泉殆窮眞趣鈞往游之珪曰殿下處朱門游紫闥詎得與山人交邪答曰身處朱門而情游江海形入紫闥而意在青雲珪大美之吳郡張融清抗絕俗雖王公貴人視之傲如也惟雅重鈞謂從兄緒曰衡陽王飄飄有陵雲氣其風情素韻彌足可懷融與之游不知老之將至歷位祕書監延興元年爲明帝所殺明帝立以永陽王子珉仍本國繼元王爲孫子珉字雲璵武帝第二十子也初封義安郡王後改永陽永泰元年見害復以武陵昭王子子坦奉元王後

始安貞王道生字孝伯高帝次兄也宋世位奉朝請卒高帝卽位追加封謚三子長鳳次鸞是爲明帝次緬是爲安陸昭王鳳字景慈仕宋位正員郎卒高帝卽位謚靖世子建武元年追尊爲景皇帝妃江氏爲后立寢廟於御道西陵曰修安追封謚鳳曰始安靖王改華林鳳莊門爲望賢門太極東堂畫鳳鳥題爲神鳥而改鸞鳥爲神雀子遙光嗣

始安王遙光字元暉生而躄疾高帝謂不堪奉拜祭祀欲封其弟武帝諫乃以遙光襲爵遷中書侍郎明帝輔政誅賞諸事唯與遙光共謀議勸明帝併殺高武諸子弟帝以爲然建武元年以爲前將軍揚州刺史二年進號撫軍將軍遙光好吏事稱爲分明頗多慘害足疾不得同朝列常乘轝自望賢門入每與明帝久請閒言畢帝索香火明日必有所誅太子不悅學唯曼游是好建康令蔡仲熊爲太子講禮未半遙光從容曰文義之事此是士大夫以爲伎藝欲求官耳皇太子何用講爲上以爲然乃停講永泰元年卽本號爲大將軍給油絡車帝不豫遙光數入侍疾上以親近單少憚忌高武諸子欲并誅之遙光晝計參議當以次日施行會帝疾甚河東王鉉等七王一夕見殺遙光意也帝崩遺詔加遙光侍中中書令給扶永元元年給班劍二十人卽本號開府儀同三司遙光多忌人有餉屐者以爲戲已大見嫌責劉繪嘗爲牋云智不如葵亦以忤旨遙光輔政見少主淫昏潛結江祏兄弟謀自樹立弟遙欣在荆楚擁兵

居上流密相影響遙光常據東府號令使遙欣急下潛謀將發而遙欣病死江祏被誅東昏召遙光入殿告以祏罪遙光懼還省便陽狂號哭自此稱疾不復入臺先是遙光出行還入城風飄儀繖出城外遙光弟遙昌先卒壽春豫州部曲皆歸遙光及遙欣喪還葬武進停東府前渚荆州眾力送者甚盛東昏誅江祏後慮遙光不自安欲轉為司徒還第召入喻旨遙光慮見殺以八月十二日晡時收集荆豫二州部曲於府東門眾頗怪其異莫知旨趣也遙光召親人丹陽丞劉渢及城局參軍劉晏中兵參軍曹樹生等并諸傖楚欲以討劉暄為名夜遣數百人破東冶出囚於尚方取仗又召驍騎將軍垣歷生歷生隨信至便勸遙光令率城內兵夜攻臺輦荻燒城門曰公但乘輿隨後反掌可得遙光意疑不敢出天稍曉遙光戎服至聽事停輿處分上仗登城行賞賜歷生復勸出軍遙光不肯望臺內自變及日出臺軍稍至遙光於是戒嚴赦都下東昏召尚書令徐孝嗣屯衛宮城右將軍蕭坦之屯湘宮寺鎮軍司馬曹虎屯青溪大橋太子右率左興盛屯東府東籬門眾軍圍東城遙光遣垣歷生從西門出戰臺軍屢北殺軍主桑天愛初遙光問諮議參軍蕭暢暢正色拒不從既而暢與撫軍長史沈昭略奔臺人情大沮十六日歷生從南門出戰因棄矟降為曹虎所禽謂虎曰卿以主上為聖明執政為賢相者則我當死且我今死卿明日亦死遂殺之遙光聞歷生見獲大怒於牀上自踊使殺歷生兒其晚臺軍射火箭燒東北角樓至夜城潰遙光還小齋令人反拒左右並踰屋出臺軍主劉國寶時當伯等先入遙光聞外兵至吹滅火扶匐下牀軍人排閤入斬之時年三十二遙光舉事四日而卒舉事之夕月蝕既識者以月為大臣之象蝕而既必滅之道未敗之前夕城內皆夢羣蛇緣城四出各共說之咸以為異及臺軍入城燒屋宇且盡遙光幼時甚貞正故明帝傾意待之東昏為兒童時明帝使與遙光共齋居止呼遙光為安兄恩情甚至及遙光誅後東昏登舊宮土山望東府愴然呼曰安兄乃嗚咽左右不忍視其見思如此其黨天下知名之士劉渢渢弟謙陸閑閑子絳司馬端崔慶遠皆坐誅

曲江公遙欣字重暉始安王遙光弟也宣帝兄西平太守奉之無後以遙欣繼為曾孫遙欣髫齔中便嶷然明帝甚賞識之年十五六便博覽經史弱冠拜中書郎明帝入輔遙欣與兄遙光等參預政事凡所談薦皆得其人延興元年明帝以遙欣為兗州刺史建武元年進號西中郎將封聞喜縣公遷荆州刺史都督改封曲江公明帝子弟弱小晉安王寶義有廢疾故以遙光為揚州居中遙欣居陝西內外威權並出其門遙欣好勇多聚畜武士以為形援永泰元年有魏師詔遙欣以本官領雍州刺史甯蠻校尉移州鎮襄陽魏軍退不行卒贈司空謚康公子幾字德元年十歲便能屬文早孤有弟九人並幼幾恩愛篤睦聞於朝野性溫和與物無競清貧自立好學善草隸書位中書侍郎尚書左丞末年溺釋教為新安太守郡多山水特其所愛適性游履遂為之記卒于官子清亦有文才位永康令遙欣弟遙昌字季暉建武元年封豐城縣公位豫州刺史卒謚憲公

安陸昭王緬字景業善容止仕宋位中書郎建元元年封安陸侯為五兵尚書出為吳郡太守少時大著風績景陵王子良與之書曰竊承下風數十年來姑蘇未有此政武帝嘉其能累遷左將軍甯蠻校尉雍州刺史加都督緬留心辭訟人人呼至案前親自研問有不得理者勉喻之退皆無所恨盜賊竊抄獲者皆赦遣許以自新再犯乃加誅為百姓所畏愛九年卒喪還百姓緣沔水悲泣設祭於峴山為立祠及碑謚曰昭侯明帝少相友愛時為僕射領衛尉表求解職私第展哀詔不許每臨緬靈輒慟絕哭不成聲建武元年贈司徒安陸王子寶晊嗣永元元年改封襄東王東昏廢寶晊望物情歸己坐待法駕既而城內送款于梁武帝宣德太后臨朝拜太常寶晊不自安謀反及弟江陵王寶覽霄城公寶宏皆伏誅

新吳侯景先高帝從子也祖爰之員外郎父敬宗始興王國中軍景先少孤有至性隨母孔氏為舅氏鞠養高帝嘉之常相提攜及鎮淮陰以景先領軍主自隨防衛城內委以心腹武帝為廣興郡啟高帝求景先同行除武帝甯朔府司馬自此常相隨逐建元元年為太子左衞率封新吳縣伯甚見委任勢傾天下景先本名道先乃改為景先以避上諱初武帝少年與景先共車行泥路車久故壞至領軍府西門車轅折俱狼狽景先謂帝曰兩人脫作領軍亦不得忘今日艱辛及武帝踐阼詔以景先為兼領軍將軍拜日羽儀甚盛傾朝觀矚拜還未至府門中詔相聞領軍今日故當無折轅事邪景先奉謝未幾轉中領軍尋進爵為侯始昇明中沈攸之於荆州起兵武帝時鎮江州盆城景先夜乘城忽聞塹中有小兒呼蕭丹陽未測何人聲聲不絕試問為誰空中應云賊尋當平何事嚴防語訖不復言卽窮討之了不

見明旦以白帝帝曰攸之自無所至焉知汝後不作丹陽尹也景先曰甯有作理尋而攸之首至及永明三年詔以景先爲丹陽尹謂曰此授欲驗往年盆城塹空中言耳後假節司州諸軍事卒謚曰忠侯子毅位北中郎司馬性奢豪好弓馬爲明帝所疑忌王晏事敗并陷誅之

南豐伯赤斧高帝從祖弟也祖隆子衛軍錄事參軍父始之冠軍中兵參軍赤斧以和謹爲高帝所知高帝輔政爲黃門侍郎淮陵太守順帝遜位于丹陽故所立宮上令赤斧輔送至宮因留防衛至薨乃還後爲雍州刺史在州不營產利勤於奉公遷散騎常侍左衛將軍武帝親遇與蕭景先相比封南豐縣伯遷給事中太子詹事卒於家貧無絹爲衾武帝聞之愈加惋惜謚懿伯子穎胄襲爵穎胄字雲長宏厚有父風起家祕書郎高帝謂赤斧曰穎胄輕朱被身覺其趨進轉美足慰人意遷太子舍人遭父喪感脚疾數年然後能行武帝有詔慰勉之賜以醫藥除竟陵王司徒外兵參軍晉熙王文學穎胄好文義弟穎基好武勇武帝登烽火樓詔羣臣賦詩穎胄詩合旨上謂穎胄曰卿文弟武宗室便不乏才上以穎胄勳戚子弟自中書郎除左軍將軍知殿內文武事得入便殿出爲新安太守吏民懷之後除黃門郎領四廂直遷衛尉明帝廢立穎胄從容不爲同異乃引穎胄預功建武二年進爵爲侯明帝每存儉約欲鑄壞太官元日上壽銀酒鎗尚書令王晏等咸稱盛德穎胄曰朝廷盛禮莫過三元此一器既是舊物不足爲侈帝不悅後預曲宴銀器滿席穎胄曰陛下前欲壞酒鎗恐宜移在此器也帝甚慙後爲廬陵王後軍長史廣陵太守行兖州府事是年魏揚聲當飲馬長江帝懼敕穎胄移居民入城百姓驚恐席卷欲南度穎胄以魏軍尚遠不卽施行魏軍亦尋退仍爲南兖州刺史加都督和帝爲荊州以穎胄爲冠軍將軍西中郎長史南郡太守行荊州府事時江祏執朝權此行由祏穎胄不平曰江祏盪我輩出東昏侯誅戮羣公委任厮小崔陳敗後方鎭各懷異計永元二年十月尚書令臨湘侯蕭懿及弟衛尉暢見害先遣輔國將軍巴西太守劉山陽領三千兵受旨之官就穎胄兵襲梁武帝帝時爲雍州刺史已有備將起兵慮穎胄不識機變遣穎胄親人王天虎詣江陵聲云山陽西上并襲荊雍書與穎胄勸同舉兵穎胄意猶未決初山陽出南州謂人曰朝廷以白虎幡追我亦不復還矣席卷妓妾盡室西行至巴陵遲回十餘日不進梁武帝復遣天虎齎書與穎胄設奇略以疑之是時或云山陽謀殺穎胄以荊州同舉山陽至果不敢入城穎胄計無所出夜遣錢唐人朱景思呼西中郎城局參軍席闡文諮議參軍柳忱閉齋定議闡文曰蕭雍州畜養士馬非復一日江陵素畏襄陽人人衆又不敵取之不可必將制之歲寒復不爲朝廷所容今若殺山陽與雍州舉事立天子以令諸侯霸業成矣山陽持疑不進是不信我今斬送天虎則彼疑可釋至而圖之罔不濟矣忱亦勸焉穎胄曰善及天明穎胄謂天虎曰卿與劉輔國相識今不得不借卿頭乃斬天虎以示山陽山陽大喜輕將步騎數百詣州穎胄使前汝陽太守劉孝慶伏兵斬之驛送山陽首於梁武東昏聞山陽死發詔討荊雍穎胄有器局既唱大事衆情歸之長沙寺僧鑄黃金爲龍數千兩埋土中歷相傳付稱爲下方黃鐵穎胄因取此龍以充軍實乃歎曰往年江祏斥我至今始知禍福之無門也十二月秋檄京邑百姓諸州郡牧守進克巴陵穎胄遣人謂梁武曰時月未利當須來年二月梁武曰今年太白出西方仗義而動天時人謀有何不利昔武王伐紂行逆太歲豈復待年月邪穎胄乃從遣西中郎參軍鄧元起率衆向夏口三年正月和帝爲相國穎胄爲左長史進號鎭軍將軍於是始選用方伯梁武屢表勸和帝卽尊號穎胄乃令別駕宗史撰定禮儀上尊號改元於江陵立宗廟南北郊州府城門悉依建康宮置尚書五省以城南射堂爲蘭臺南郡太守爲尹建武中荊州大風雨龍入柏齋中柱壁上有爪足處刺史蕭遙欣恐畏不敢居之至是以爲嘉福殿中興元年三月穎胄爲侍中尚書令領吏部尚書監八州軍事行荊州刺史留衛西朝以弟穎達爲冠軍將軍及楊公則等率師隨梁武圍郢城穎達會軍於漢口與王茂曹景宗等攻陷郢城梁武進漂州使與曹景宗破東昏將李居士又從下東城初梁武之起也巴東太守蕭惠訓子璝巴西太守魯休烈弗從舉兵侵荊州敗輔國將軍任漾之於峽口遂至上明江陵大震穎胄遣軍主蔡道恭屯上明以拒之梁武已平郢江二鎭圍建康時穎胄輔帝出居上流有安重之勢素能飲酒噉白肉膾至三斗自以職居上將不能拒制璝等憂愧發病而卒遺表陳情時年四十州中祕之使似其書者假爲致命時梁武圍建康城住石頭和帝密詔報穎胄凶問亦祕不發喪及建康平蕭璝亦衆懼而潰和帝乃始發喪詔贈穎胄丞相前後部羽葆鼓吹班劒三十人轀輬車黃屋左纛梁天監元年追封巴東郡公喪還武帝車駕臨哭渚

次詔葬依晉王導齊豫章王嶷故事謚曰獻武弟穎達少好勇使氣穎胄建武末行荆州事穎達亦爲西中郎外兵參軍俱在西府齊季多難頗不自安因與兄穎胄舉兵穎達弟穎孚自建鄴爲廬陵人修景智潛引南歸穎孚緣山踰障僅免道中絕糧後因食過飽而卒建康平梁武以穎達爲前將軍丹陽尹及受禪贈穎孚右衛將軍封穎達作唐侯位侍中衛尉卿出爲豫章內史意甚憒憒未發前預華林宴酒後於座辭氣不悅沈約因勸酒欲以釋之穎達大罵約曰我今日形容正是汝老鼠所爲何忽復勸我酒舉座驚愕帝謂之曰汝是我家阿五沈公宿望何意輕脫若以法繩汝汝復何理穎達竟無一言唯大涕泣帝心愧之未幾遷江州刺史少時懸瓠歸化穎達長史沈瑀等苛刻爲盜所害衆頗疑穎達或傳謀反帝遣直閤將軍張豹子稱江中討盜實使防之穎達知朝廷之意唯飲酒不知州事後卒於左衛將軍謚康侯子敏嗣位新安太守好射雉未嘗在郡辭訟者遷於畎焉後張弩損腰而卒第七子斆太清初爲魏興太守梁州刺史宜豐侯修以爲府長史梁州有古墓名曰尖冢或云張騫墳欲有發者輒聞鼓角與外相拒椎埋者懼而退斆謂必無此理求自監督及開唯有銀鏤銅鏡方尺斆時居母服爲清談所貶

衡陽公諶字彥孚高帝絕服族子也祖道清員外郎父仙伯桂陽國下軍宋元徽末武帝在郢欲知都下消息高帝遣諶就武帝宣傳謀計留爲腹心昇明中爲武帝中軍刑獄參軍南東莞太守以勞封安復縣男建元初武帝在東宮諶領宿衛及即位除步兵校尉南蘭陵太守領御仗主齋內兵仗悉以付之心膂密事皆使參掌爲左中郎將後軍將軍太守如故武帝臥疾延昌殿諶在左右宿直上崩遺詔諶領殿內事如舊鬱林即位深委信諶諶每請急出宿帝通夕不能寐諶還乃安轉衛軍司馬兼衛尉丁母憂敕還本位守衛尉明帝輔政諶回附明帝勸行廢立密召諸王典籤約語之不與諸王外接人物諶親要日久衆皆憚而從之鬱林被廢日初聞外有變猶密爲手敕呼諶其見信如此諶性險無護身計及廢帝日領兵先入後宮齋內仗身素隸服諶莫有動者海陵立轉中領軍進爵爲公甲仗五十人直殿內月十日還府建武元年轉領軍將軍左將軍南徐州刺史給扶進爵衡陽郡公明帝初許事克用諶爲揚州及有此授諶恚曰見炊飯推以與人王晏聞之曰誰復爲蕭諶作甌箸者諶恃勳重干豫朝政明帝新即位遣左右要人於外聽察具知諶言深相疑阻二年六月上華林園宴諶及尚書令晏等數人盡歡坐罷留諶晚出至華林閤仗身執還入省上遣左右莫智明數諶曰隆昌之際非卿無有今日今一門二州兄弟三封朝廷相報政可如此卿恒懷怨望乃云炊飯已熟合甑與人邪今賜卿死諶謂智明曰天去人亦復不遠我與至尊殺高武諸王是卿傳語來去我今死還取卿矣於省殺之至秋而智明死見諶爲祟詔乃顯其過惡收付廷尉諶好左道吳興沈文猷相諶云相不減高帝諶喜曰感卿意無爲人言也至是文猷伏誅諶兄誕字彥偉永明中爲建康令延興元年歷徐司二州刺史明帝立封安復侯徵爲左衛將軍上欲殺諶以誕在邊鎮拒魏故未及行魏軍退六旬諶誅遣梁武帝爲司州別使誅誕誕子稜妻江淹女字才君聞誕死曰蕭氏皆盡妾用生何爲慟哭而絕諶弟誄字彥文與諶同豫廢立封西昌侯位太子左衛率誅湛之日輔國將軍蕭季敞啟求收誄深加排苦乃至手相摧辱誄徐曰已死之人何足至此君不憶相提拔時邪幽冥有知終當相報季敞麤猛無行善於彌縫高帝時爲諶所獎悅故累爲郡守在政貪穢諶輒掩之後爲廣州刺史白日見誄將兵入城收之少日果爲西江都護周世雄所襲軍敗奔山中爲蛭所齧肉都盡而死慘楚備至後爲村人所斬論者以爲有天道焉

臨汝侯坦之字君平高帝絕服族子也祖道濟太中大夫父欣祖武進令坦之與蕭諶同族爲東宮直閤以勤直爲文惠所知除給事中蘭陵令武帝崩坦之率太孫文武度上臺除射聲校尉令如故未拜除正員郎南魯郡太守少帝以坦之文惠舊人親信之得入內見皇后帝於宮中及出後常雜狡獪坦之皆得在側或遇醉後裸袒坦之輒扶持諫喻見帝不可奉乃改附明帝密爲耳目隆昌元年追錄坦之父勳封臨汝縣男少帝微聞外有異謀憚明帝在臺內敕移西州後在華林園華光殿露著黃縠褌跂牀垂腳謂坦之曰人言鎮軍與王晏蕭諶欲共廢我似非虛傳蘭陵所聞云何坦之嘗作蘭陵令故稱之坦之曰天下甯當有此誰樂無事廢天子邪昔元徽獨在路上走三年人不敢近政坐枉殺孫超杜幼文等故敗耳言有何事一旦便欲廢立朝貴不容造此論政當是諸尼師母言耳豈可以尼姥言爲信官若無事除此三人誰敢自保安陸諸王在外甯肯復還道剛之徒何能抗此帝曰蘭陵可好聽察作事莫在人後帝以爲除諸執政應須當事人意在沈文季夜遺內

左右密賂文季文季不受帝大怒謂坦之曰我賜文季不受豈有人臣拒天子賜坦之曰官遣誰送帝曰內左右坦之曰官若詔敕出賜令舍人主書送往文季甯敢不受政以事不方幅故仰遣耳帝又夜醉乘馬從西廊向北馳走如此兩三將倒坦之諫不從執馬控帝運拳擊坦之不著倒地坦之與曹道剛扶抱還壽昌殿璹瑁牀上臥又欲起走坦之不能制坦之馳信報皇后至請譬良久乃眠時明帝謀廢殺既與蕭諶及坦之定謀少帝腹心直閤將軍曹道剛疑外間有異密有處分諶未能決始興內史蕭季敞南陽太守蕭穎基並應還都諶欲待二蕭至藉其威力以舉事明帝慮事變以告坦之坦之馳謂諶曰廢天子古來大事比聞曹道剛朱隆之轉已猜疑衛尉明日若不就事無所復及弟有百歲母豈能坐聽禍敗政應作餘計耳諶惶遽明日遂廢帝坦之力也海陵即位除黃門郎兼衛尉建武元年遷左衛將軍進爵爲侯東昏立爲侍中領軍將軍永元元年母憂起復職加將軍置府江祏兄弟欲立始安王遙光密告坦之坦之曰明帝取天下已非次第天下人至今不服今若復作此事恐四海瓦解我其不敢言及遙光起事遣人夜掩取坦之坦之科頭著褌踰墻走逢臺遊邏主顏端執之坦之謂曰始安作賊遣人見取向於宅奔走欲還臺耳君何見錄端不答而守防愈嚴坦之謂曰身是大臣夜半奔走君理見疑以爲得罪朝廷若不信自可步往東府參視亦不答端至小街審知遙光舉事乃走還未至三十餘步下馬再拜曰今日乞垂將接坦之曰向語君何道豈欲相欺端以馬與坦之相隨去比至新亭道中收遙光所虜之餘得二百餘人并有麤仗乃進西掖門開殿後得入殿內其夕四更主書馮元嗣叩北掖門告遙光反殿內爲之備向曉召徐孝嗣入左將軍沈約五更初聞難馳車夫趨西掖門或勸戎服約慮外軍已至若戎衣者謂同遙光無以自明乃朱服而入臺內部分既立坦之假節督眾軍討遙光事平遷尚書左僕射丹陽尹右軍如故進爵爲公坦之肥黑無須語聲嘶時人號爲蕭瘂剛佷專執羣小畏而憎之遙光事平二十餘日帝遣延明主帥黃文濟圍坦之宅誅之坦之從兄翼宗爲海陵郡將發坦之謂文濟曰從兄海陵宅故應無他文濟曰海陵宅在何處坦之告之文濟曰政應得罪仍遣收之檢家赤貧唯有質錢帖子數百還以啟帝原其死和帝中興元年追贈坦之中軍將軍開府儀同三司

高帝十四王

高帝十九男昭皇后生武帝豫章文獻王嶷謝貴嬪生臨川獻王映長沙威王晃羅太妃生武陵昭王曄任太妃生安成恭王暠陸修儀生鄱陽王鏘晉熙王銶袁修容生桂陽王鑠何太妃生始興簡王鑑宜都王鏗區貴人生衡陽王鈞張淑妃生江夏王鋒河東王鉉李美人生南平王銳第九第十三第十四第十七皇子早亾衡陽王鈞出繼高帝兄元王後

豫章文獻王嶷字宣儼高帝第二子也寬仁弘雅有大成之量高帝特鍾愛焉仕宋爲尚書左戶郎錢唐令高帝破薛索兒改封西陽以先爵賜嶷爲晉壽縣侯後爲武陵內史時沈攸之在荆州責賧於界內諸蠻禁斷五溪魚鹽羣蠻怨怒酉溪蠻王田頭擬殺攸之使攸之責賧千萬駒三百萬頭擬發氣死其弟婁侯簒立頭擬子田都走入獠中於是蠻部大亂抄掠至郡城下嶷遣隊主張英兒擊破之田都自獠中請立而婁侯亦歸附嶷誅婁侯於郡獄命田都繼其父蠻眾乃安入爲順帝驃騎從事中郎詣司徒袁粲粲謂人曰後來佳器也高帝在領軍府嶷居清溪宅蒼梧王夜中微行欲掩襲宅內嶷令左右儛刀戟於中庭蒼梧從牆間窺見已有備乃去高帝憂危既切腹心荀伯玉勸帝度江北起兵嶷諫曰主上狂凶人不自保單行道路易以立功外州起兵鮮有克勝物情疑惑今於此立計萬不可失及蒼梧王殞高帝報嶷曰大事已判汝明可早入順帝即位轉侍中總宮內直衛沈攸之之難高帝入朝堂嶷出鎮東府加冠軍將軍及袁粲舉兵夕丹陽丞王遜告變先至東府嶷遣軍主戴元孫領二千人隨薛道深等俱至石頭焚門之功元孫預焉先是王蘊部曲六十人助爲城防實以爲內應也嶷知蘊懷貳不給其仗散處外省及難作搜檢皆已亾去上流平後武帝自尋陽還嶷出爲都督江州刺史以定策功改封永安縣公徙鎮西將軍都督荆州刺史時高帝輔政嶷務存約省停府州儀迎物及至州坦懷納善側席思政王儉與嶷書曰舊楚蕭條政荒人散公臨莅甫爾英風惟穆江漢來蘇入荒慕義庾亮以來荆州無復此政古人云朞月有成而公旬日成化豈不休哉初沈攸之欲聚眾開人相告士庶坐執役者甚眾嶷至鎮一日遣三千餘人見四五歲刑以下不連臺者皆原遣又以市稅重多所寬假百姓甚悅禪讓之間武帝欲速定大業嶷依違其事默無所言建元元年高帝即位赦詔未至嶷先下令蠲除部內昇明二年以前一切逋負遷侍中尚書令都督揚州刺史驃騎

大將軍開府儀同三司封豫章郡王會魏軍動詔以嶷爲南蠻校尉荆湘二州刺史都督八州尋給油絡俠望車二年給班劒一十人晉宋之際刺史多不領南蠻校尉別以重人居之至是有二府二州其夏於南蠻園東南開館立學上表言狀置生員三十人取舊族父祖清顯者年二十五以下十五以上補之置儒林參軍一人文學祭酒一人勸學從事二人行釋菜禮以穀過賤聽人以米當口錢優評斛一百義陽刧帥張羣亾命積年鼓行爲盜義陽武陵天門南平四郡界被其殘破沈攸之連討不禽末乃首用之攸之起事羣從下郢於路先叛結砦於三溪依據深嶮嶷遣中兵參軍虞欣祖爲義陽太守使降意誘納之厚爲禮遺於是乃各詣郡欣祖於坐斬首其黨皆散四郡獲安入爲中書監司空揚州刺史都督二州侍中如故加兵置佐以前軍臨川王映府文武配司空嶷以將還都修治廨宇及路陌東歸部曲不得齎府州物出城發江津士女觀送數千人皆垂泣嶷發江陵感疾至京師未瘳高帝深憂慮爲之大赦三年六月壬子赦令是也疾愈上幸東府設金石樂使得乘輿至宮六門武帝卽位進位太尉增置兵佐解侍中增班劒三十人建元中武帝以事失旨高帝頗有代嫡之意而嶷事武帝恭悌盡禮未嘗違忤顏色故武帝友愛亦深性至孝高帝崩哭泣過度眼耳皆出血永明元年領太子太傅解中書監宋武以來州郡秩俸及雜供給多隨土所出無有定準嶷上表請明立定格班下四方永爲恆制從之嶷不參朝務而言事密謀多見信納服闋加侍中宋元嘉制諸王入齋閤得白服裙帽見人主唯出太極四廂乃備朝衣自爾以來此事一斷上與嶷同生相友睦宮內曲宴許依元嘉故事嶷固辭不奉敕唯車駕幸第乃白服烏紗帽以侍宴焉至於衣服制度動皆陳啟事無專制務從減省並不見許三年文惠太子講孝經畢嶷求解太傅不許嶷常慮盛滿又因侍宴求解揚州授竟陵王子良上終不許曰畢汝一世無所多言武帝卽位後頻發詔拜陵不果行遣嶷拜陵還過延陵季子廟觀沸井有水牛突部伍直兵執牛推問嶷不許取絹一疋橫繫牛角放歸其家政在寬厚故得朝野歡心四年富陽民唐寓之作亂初高祖使虞玩之等檢定黃籍至是上命別立校籍官置令史限日得數巧外監呂文度啟上籍被卻者謫戍緣淮十年民多逃亾避罪寓之因以妖術惑衆三吳卻籍者奔之衆至三萬嶷言宜遂解檢籍之禁不爾便致紛紜後乃詔聽復籍注是時武帝奢侈後宮萬人宮內不容太樂署及暴室皆滿猶以爲未足嶷後房亦千餘人潁川荀丕獻書於嶷極言其失嶷咨嗟良久爲書答之又爲之減遣丕字令哲後爲荆州西曹書佐長史王秀與其書題之云西曹荀君丕報書曰第五之位不減驃騎亦不知西曹何殊長史且人之處世當以德行稱著何遽以一爵高人邪相如不見屈於澠池毛遂安受辱於郢都造敵臨事僕必先於二子未知足下之貴足下之威孰若秦楚兩王僕以德爲寶足下以位爲寶各寶其寶於此敬宜於是直題云長史王君時尚書令王儉當朝丕又與儉書曰足下建高人之名而不顯高人之迹將何以書於齊史哉及南郡綱紀啟荆州刺史隨王子降請罪丕不自申乃免又上書極諫武帝言甚直帝不悅丕竟於荆州獄賜死徐孝嗣聞其死曰丕縱有罪亦不應殺數千年後其如竹帛何五年嶷進位大司馬八年給皁輪車尋加中書監固讓嶷身長七尺八寸善持容範文物衛從禮冠百僚每出入殿省皆瞻望嚴肅自以地位隆重深懷退素北宅舊有園田之美乃盛修理之武帝嘗問臨川王映居家何事樂映曰政使劉瓛講禮顧悊講易朱廣之講莊老臣與二三諸彥兄弟友生時復擊贊以此爲樂上大賞之他日謂嶷曰臨川爲善遂至於斯嶷曰此大司馬公之次弟安得不顯上仍以玉如意指嶷曰未若皇帝之次弟爲善最多也嶷常戒諸子曰凡富貴少不驕奢以約失之者鮮矣漢氏以來侯王子弟以驕恣之故大者滅身喪族小者削奪邑地可不戒哉稱疾不利住東城累求還第令世子子廉代鎭東府上數幸嶷第宋長寧陵隧道出第前路上曰我便是入他家墓內尋人乃徙其表闕騏驎於東岡騏驎及闕形勢甚巧宋孝武於襄陽致之後諸帝王陵皆範模而莫及也永明末車駕數遊幸唯嶷陪從上嘗出新林苑同輦夜歸至宮門嶷下輦辭出上曰今夜行無使爲尉司所呵也嶷對曰京輦之內皆屬臣州願陛下不垂過慮上大笑賜以魏所送氊車每幸第不復屏人敕外監曰我往大司馬第是還家耳嶷妃庾氏嘗有疾瘳上幸嶷邸後堂設金石樂宮人畢至登相臺使嶷著烏紗帽極日盡歡敕嶷備家人之禮嶷謂上曰古來言願陛下壽比南山或稱萬歲此殆近貌言如臣所懷實願陛下極壽百年亦足上曰百年復何可得止得東西一百於事亦濟因相執流涕十年上封嶷諸子舊例皇子封千戶嶷欲五子俱封啟減人五百戶其年疾篤表解職不許賜錢五百萬營功德薨年四十九其日上視疾至薨乃還

宮詔歛以袞冕之服温明祕器大鴻臚持節護喪事太官朝夕送祭奠大司馬太傅二府文武悉停過葬詔贈假黃鉞都督中外諸軍事丞相揚州牧綠綟綬具九服錫命之禮侍中大司馬太傅王如故給九旒鸞輅黃屋左纛虎賁班劍百人轀輬車前後部羽葆鼓吹喪葬送儀並依漢東平王蒼故事嶷臨終召子子廉子恪曰吾沒後當共相勉勵篤睦爲先才有優劣位有通塞運有富貧此自然理無足以相陵務勤學行守基業修閨庭尚閑素如此足無憂患聖主儲皇及諸親賢亦當不以吾沒易情也三日施靈帷香火盤水干飯酒脯檳榔而已朔望菜食一盤加以甘果此外悉省葬後除靈可施吾常所乘輿扇繖朔望時節席地香火盤水酒脯干飯檳榔便足棺器及墓中勿用餘物爲後患也朝服之外唯下鐵環刀一口作冢務令深一一依格莫過度也後堂樓可安佛供養外國二僧餘皆如舊與汝遊戲後堂船乘吾所乘牛馬送二宮及司徒服飾衣裘悉爲功德子廉等號泣奉行武帝哀痛特至蔬食積旬太官朝送祭奠敕王融爲銘云半岳摧峯中河墜月帝流涕曰此正吾所以欲言也至其年十二月乃舉樂宴朝臣樂始舉上便歔欷流涕嶷薨後第庫無見錢武帝敕貨雜物服飾數百萬起集善寺月給第見錢百萬至上崩乃省嶷性汎愛不樂聞人過失左右投書相告置靴中竟不視取火焚之齋庫失火燒荆州還資評庫三千餘萬主局各杖數十而已嶷薨後忽見形於沈文季曰我未應便死皇太子加膏中十一種藥使我癰不差湯中復加藥一種使利不斷吾已訴先帝先帝許還東邸當判此事因胸中出靑紙文書示文季曰與卿少舊因卿呈上俄失所在文季祕而不傳甚懼此事少時太子薨又嘗見形於第後園乘腰輿指麾處分呼直兵直兵無手版左右授一玉手版與之謂曰橘樹一株死可覓補之因出後園閤直兵倒地仍失手版肇吏中南陽樂藹彭城劉繪吳郡張稷最被親禮藹與竟陵王子良牋欲率荆江湘三州僚吏建碑託中書侍郎劉繪營辦藹又與右率沈約書請爲文約答曰郭有道漢末之匹夫非蔡伯喈不足以偶三絕謝安石素族之台輔時無麗藻迄乃有碑無文況文獻王冠冕彝倫儀刑寓內自非一代辭宗難或與此約閭閈鄙人名不入第歘酬今旨便是以禮許人聞命慙顏已不覺汗之霑背也建武中第二子子恪始託約及太子詹事孔珪爲文妃庾氏有女功婦德嶷甚重之宋時武帝及嶷位官尚輕家又貧薄庾氏常徹己損身以相營奉兄弟每行來公事晚還飢疲躬營飲食未嘗不迎時先辦雖豐儉隨事而香淨適口穆皇后不自營又不整潔上亦以此貴之又不妬忌嶷倍加敬重嶷薨後少時亦亡子廉字景藹初嶷養魚復侯子響爲嗣子子廉封永新侯子響還本子廉爲世子位淮陵太守太子中舍人前將軍善撫諸弟十一年卒贈侍中謚哀世子子元琳嗣梁武受禪詔曰豫章王元琳故竟陵王昭胄子同齊氏宗國高武嫡允宜祚井邑以傳于後降封新淦侯子廉弟子恪字景沖永明中以王子封南康縣侯年十二和從兄司徒竟陵王子良高松賦衞軍王儉見而奇之建武中爲吳郡太守及大司馬王敬則於會稽舉兵反奉子恪爲名而子恪奔走未知所在始安王遙光勸上併誅高武諸子孫於是並敕竟陵王昭胄等六十餘人入永福省令太醫煮椒二斛并命辦數十具棺材謂舍人沈徽孚曰椒熟則一時賜死期三更當殺之會上暫臥主書單景儁啟依旨斃之徽孚堅執曰事須更審爾夕三更子恪徒跣奔至建陽門上聞驚覺曰故當未賜諸侯命邪徽孚以答上撫牀曰遙光幾誤人事及見子恪顧問流涕其諸侯悉賜供饌以子恪爲太子中庶子東昏即位爲侍中中興二年爲相國諮議參軍梁天監元年降爵爲子位司徒左長史子恪與弟子範等嘗因事入謝梁武帝在文德殿引見謂曰我欲與卿兄弟有言夫天下之寶本是公器苟無期運雖有項籍之力亦不能得所以班彪王命論云飢饉流隸飢寒道路思有裋褐之襲儋石之蓄所願不過一金然竟轉死溝壑況乎天子之貴四海之富神明之祚可得而妄干之哉宋孝武爲性猜忌兄弟粗有令名者無不因事鴆毒唯景和至朝臣之中疑有天命而致害者枉濫相繼然而或有不應天命而被疑者或不知有天命而不疑者于時雖疑卿祖無如之何如宋明帝本爲庸常被免豈疑得全又復我于時已年二歲彼豈知我應有今日當知有天命者非人所害害之亦不能得我初平建康城朝廷內外皆勸我云時代革異物心須一宜行處分我于時依此而行誰謂不可政言江左以來代謝必相誅戮此是傷於和氣所以國祚例不靈長所謂商鑒不遠在夏后之世此是一義二者齊梁雖曰革代義異往時我與卿兄弟雖復絕服二世宗屬未遠卿勿言兄弟是親人家兄弟自有周旋者不周旋者況五服之屬邪齊業之初亦是甘苦其嘗腹心在我卿兄弟年少理當不悉我與卿兄弟便是情同一家豈當都不念此作行路事此是二義我有今日是豈本意且

建武屠滅卿門致卿兄弟塗炭我起義兵非唯自雪門恥亦是爲卿兄弟報仇卿若能在建武永元之時撥亂反正我雖起樊鄧豈得不釋戈推奉我今爲卿報仇卿兄弟當盡節報我耳且我自藉喪亂代明帝家天下不取卿家天下昔劉子輿自稱成帝子光武言假使成帝更生天下亦不可復得況子輿乎梁初人勸我相誅滅者我答之猶如向言孝武時事彼若有天命非我所能殺若無期運何忽行此正是示無度量曹志親是魏武帝孫陳思王之子入事晉武能爲晉室忠臣此卽卿事例卿是宗室情義異他方坦然相期卿無復懷自外之意又文獻王時內齋直帳閻人趙叔祖天監初入臺爲齋帥在壽光省武帝呼問曰我本識汝在北第以汝舊人故每驅使汝比見北第諸郎否若見道我此意我今日雖是革代情同一家但今磐石未立所以未得用諸郎者非唯在我未宜亦是欲使諸郎得安耳但閉門高枕後自當見我心叔祖卽出外具宣敕意子恪普通三年累遷都官尚書四年轉吏部尚書大通二年出爲吳郡太守卒謚曰恭子子恪兄弟十六人並入梁有文學者子恪子質子顯子雲子暉五人子恪嘗謂所親曰文史之事諸弟備之矣不煩吾復牽卒但退食自公無過足矣子恪少亦涉學頗屬文隨棄其本故不傳其文集子恪次弟子操封泉陵侯王侯出身官無定準素姓三公長子一人爲員外郎建武中子操解褐爲給事中自此齊末皆以爲例永泰元年兄南康侯子恪爲吳郡太守避王敬則難歸以子操爲吳郡太守永元中爲黃門郎子操弟子範字景則永明中封祁陽縣侯拜太子洗馬梁天監初降爵爲子位司徒主簿丁所生母憂去職子範有孝性居喪以毀聞服闋累遷大司馬南平王從事中郎王愛文學士子範偏被恩遇常曰此宗室奇才也使製千字文其辭甚美王命記室蔡薳注釋之自是府中文筆皆使具草後爲臨賀王正德長史正德遷丹陽尹復爲正德信威長史領尹丞歷官十餘年不出蕃府而諸弟並登顯列意不能平及是爲到府牋曰上蕃首僚於茲再忝河南雌伏自此重叨老少異時盛衰殊日雖佩恩寵還羞年鬢子範少與弟子顯子雲才名畧相比而風采容止不逮故宦途有優劣每讀漢書杜緩傳云六弟五人至大官唯中弟欽官不至最知名常吟諷之以況已也後爲祕書監簡文卽位召爲光祿大夫加金章紫綬以逼賊不拜故也其年葬簡文皇后使製哀策文理哀切帝謂武林侯蕭諮曰此段莊陵萬事零落唯哀冊尚有典刑敕賚米千石子範無居宅尋卒於招提寺僧房賊平元帝追贈金紫光祿大夫謚曰文前後文集三十卷子滂確並少有文章簡文在東宮時嘗與邵陵王數請蕭文士滂確並預焉滂位中軍宣城王記室先子範卒確位司徒右長史魏平江陵入長安滂弟乾字思惕容止雅正性恬簡善隸書得叔父子雲之法九歲補國子周易生祭酒袁昂深敬重之仕梁爲宣城王諮議參軍陳武帝鎭南徐州引爲司空從事中郎及受命永定元年除給事黃門侍郎時熊曇郎在豫章周迪在臨川留異在東陽陳寶應在建安共相連結閩中豪帥立砦自保武帝患之令乾往諭曇郎等乾至示以逆順皆各款附其年就除建安太守天嘉二年留異反陳寶應助之又資周迪兵糧出寇臨川因逼建安乾單使臨郡不能守乃棄郡以避寶應時閩中守宰並受寶應署置乾獨不屈徙居郊野及寶應平都督章昭達以聞文帝甚嘉之超授五兵尚書卒謚靜子子範弟子顯字景陽幼聰惠文獻王異之愛過諸子七歲封甯都縣侯梁天監初降爵爲子位太尉錄事參事子顯偉容貌身長八尺好學工屬文嘗著鴻序賦尚書令沈約見而稱之曰可謂得明道之高致蓋幽通之流也又採衆家後漢考正同異爲一家之書仍啟撰齊史書成表奏詔付祕閣累遷邵陵王友後除黃門郎中大通二年遷長兼侍中梁武帝愛其才嘉其容止吐納每御筵侍坐偏顧訪焉嘗從容謂之曰我造通史此書若成衆史可廢子顯對曰仲尼讚易道黜八索述職方除九邱聖製符同復在茲日時以爲名對三年以本官兼領國子博士帝所製孝經義未列學官子顯在職表置助教一人生十人又啟撰武帝集并普通北伐記遷國子祭酒加侍中於學遞述武帝五經義遷吏部尚書侍中如故子顯風神灑落雍容閑雅簡通賓客不畏鬼神性愛山水爲伐社文以見其志飮酒數斗頗負才氣及掌選見九流賓客不與交言但舉扇一撝而已衣冠竊恨之然簡文素重其爲人在東宮時每引與從宴子顯嘗起更衣簡文謂坐客曰嘗聞異人間出今日始見知是蕭尚書其見重如此大同三年出爲仁威將軍吳興太守卒時年四十九詔贈侍中中書令及請謚手敕曰恃才傲物宜謚曰驕子顯常自序其文謂可比屈宋嚴鄒賈傳崔馬邯鄲繆路之徒其自稱道如此所著後漢書一百卷齊書六十卷普通北伐記五卷貴儉傳三卷文集二十卷二子序愷並少知名序太清中位中庶子卒愷太子家令愷才學譽望時論以方其父簡文在東宮早引接

之時中庶子謝嘏出守建安於宣猷堂餞飲並召時才賦詩同用十五劇韻愷詩先就其辭又美簡文與湘東王令曰王筠本自舊手後進有蕭愷可稱信爲才子先是太學博士顧野王奉令撰玉篇簡文嫌其書詳畧未當以愷博學於文字尤善使更與學士刪改太清中卒於侍中子顯弟子雲字景喬年十二建武四年封新浦縣侯自製拜章便有文采梁天監初降爵爲子旣長勤學有文藻以晉代無全書弱冠便留心撰著至年二十六書成百餘卷表奏之詔付祕閣子雲性沈靜不樂仕進風神閑曠任性不羣夏月對賓客常自裸袒而兄弟不睦乃至吉凶不相弔問時論以此少之年三十方起家爲祕書郎遷太子舍人撰東宮新記奏之敕賜束帛累遷丹陽郡丞湘東王繹爲丹陽尹深相賞好如布衣之交中大通三年爲臨川內史在郡以和理稱民吏悅之還除散騎常侍歷侍中國子祭酒梁初郊廟未革牲牷樂辭皆沈約撰至是承用子雲啓宜改之敕答曰此是主者守株宜急改也仍使子雲撰定敕曰郊廟歌辭應須典誥大語不得雜用子史文章淺言而沈約所撰亦多舛謬子雲作成敕並施用子雲善草隸書爲世楷法自云吾效鍾元常王逸少而微變字體嘗答敕云臣昔不能拔賞隨時所貴規摹子敬多歷年所年二十六著晉史至二王列傳欲作論草隸法言不盡意遂不能成止畧指論飛白一事而已十許年來始見敕旨論書一卷商畧筆勢洞徹字體又以逸少之不及元常猶子敬之不及逸少因此研思方悟隸式始變子敬全範元常逮爾以來自覺功進其書迹雅爲武帝所重帝嘗評子雲書曰筆力勁駿心手相應巧踰杜度美過崔寔當與元常並驅爭先其見賞如此出爲東陽太守百濟國使人至建鄴求書逢子雲爲郡維舟將發使人於渚次候之望船三十許步行拜行前子雲遣問之答曰侍中尺牘之美遠流海外今日所求惟在名迹子雲乃爲停船三日書三十紙與之獲金貨數百萬性吝自外答餉不書好紙好事者重加賂遺以要其答太清初復爲侍中國子祭酒二年侯景寇逼子雲逃民間三年宮城失守東奔晉陵餧卒于顯雲寺僧房年六十三所著晉書一百一十卷東宮新記二十卷子特字世達早知名亦善草隸時人比之衞恒衞瓘武帝嘗使特書及奏帝曰子敬之迹不及逸少蕭特之書遂逼於父位太子舍人海鹽令坐事免先子雲卒子雲弟子暉字景光少涉學亦有文才性恬靜寡嗜慾嘗預重雲殿聽制講三慧經退爲講賦奏之甚見賞卒於驃騎長史

臨川獻王映字宣光高帝第三子也少而警悟美言笑善容止宋元徽四年解褐著作佐郎累遷給事黃門侍郎南兗州刺史齊臺建宋帝詔封映及弟晃暠鏘鑠鑑並爲開國縣公各一千五百戶未及定土宇而高帝踐阼爲雍州刺史加都督封臨川王改授前將軍都督揚州刺史國家初創映年少臨神州莅事聰敏府州曹局皆重足以奉禁令自宋彭城王義康以後未之有也永明元年爲侍中驃騎將軍五年即本號開府儀同三司七年薨映善騎射解聲律工左右書左右射應接賓客風韻超詣及薨朝野莫不惋惜焉時年三十二贈司空九子皆封侯長子子晉永元初爲侍中入梁爲高平太守第二子子游州陵侯爲黃門侍郎以謀反兄弟並伏誅

長沙威王晃字宣明高帝第四子也少有武力爲高帝所愛宋世解褐祕書郎昇明二年代兄映爲淮南宣城二郡太守初沈攸之事起晃便弓馬多從武容燻赫都街時人爲之語曰煥煥蕭四繖其年遷西中郎將豫州刺史監二州諸軍事高祖踐阼晃每陳政事輒爲典籤所裁晃殺之上大怒手詔賜杖遷南徐州刺史加都督武帝爲皇太子拜武進陵於曲阿後湖鬪隊使晃御馬軍上聞之又不悅臨崩以晃屬武帝處以輦轂近蕃勿令遠出永明元年以晃爲都督南徐州刺史入爲侍中中書監時禁諸王畜仗在都下者唯置捉刀左右四十人晃愛武飾罷徐州還私載數百人仗還都爲禁司所覺投之江水帝聞之大怒將糾以法豫章王嶷於御前稽首流涕曰晃罪誠不足宥陛下當憶先朝念白象白象晃小字也上亦垂泣高帝大漸時戒武帝曰宋氏若不骨肉相圖他族豈得乘其弊汝深戒之故武帝終無異意然晃亦不見親寵當時論者以武帝優於魏文減於漢明尋進號車騎將軍侍中薨贈開府儀同三司武帝常幸鍾山晃從駕以馬矟刺道邊枯蘗上令左右數人引之銀纒皆卷聚而矟不出乃令晃復馳馬拔之應手便去每遠州獻駿馬上輒令晃於華林中調試之高帝常曰此我家任城也武帝緣此意故謚曰威

武陵昭王曄字宣照小字三昧高帝第五子也母羅氏從高帝在淮陰以罪誅曄年四歲思慕不異成人每慟輒吐血故高帝憫而愛之高帝雖爲方伯而居處甚貧諸子學書無紙筆曄嘗以指畫空中及畫掌學字遂工篆法少時又無棊局乃破荻爲片縱橫以爲棊局指點行勢遂至名品性剛頴儁出與諸王共作短句詩學謝

靈運體以呈上上報曰見汝二十字諸兒作中最爲優者但康樂放蕩作體不辯有首尾安仁士衡深可宗尚顏延之抑其次也建元三年爲會稽太守加都督上遣儒士劉瓛往郡爲曄講五經武帝卽位歷中書令祠部尙書巫覡或言曄有非常之相以此自負武帝聞之故無寵未嘗處方岳嘗於御坐曲宴醉伏地貂抄肉柈帝笑曰汚貂對曰陛下愛羽毛而疎其骨肉帝不悅性輕財重義有古人風罷會稽還郡齋中錢不滿萬俸祿所入皆與參佐賓僚共之常曰兄作天子何畏弟無錢居上附身所須而已名後堂山爲首陽蓋恐貧薄也嘗於武帝前與竟陵王子良圍棊子良大北及退豫章王嶷謂曄曰汝與司徒手談故當小相推讓答曰曄立身以來未嘗一口妄語執心疎婞偏不知悔好文善射爲當時獨絕武帝幸豫章王嶷東田宴諸長王獨不召曄嶷曰風景殊美今日甚憶武陵上乃呼之仍使射屢發命中顧謂四座曰手何如上神色甚怪嶷曰阿五常日不耳今可謂仰藉天威帝意乃釋後於華林園射賭凡六箭五破一皮賜錢五萬上舉酒勸曄曄曰陛下常不以此處許臣上回面不答豫章王於邸起土山列種桐竹號爲桐山武帝幸之置酒爲樂顧謂臨川王映曰王邸亦有嘉名不映曰臣好栖靜因以爲稱又問曄曄曰臣山卑不曾栖靈昭景唯有薇蕨直號首陽山帝曰此直勞者之歌也久之出爲江州刺史上以曄方出鎭求其宅給諸皇子曄曰先帝賜臣此宅使臣歌哭有所陛下欲以州易宅臣請以宅易州帝恨之至鎭百餘日典籤趙渥之啟曄得失於是徵還爲左戶尙書遷太常卿累不得志冬節問訊諸王皆出曄獨後來上已還便殿聞曄至引見問之曄稱牛羸不能取路上敕車府給副御牛一頭敕主客自今諸王來不隨例者不復爲通後以公事還過竟陵王子良宅冬月道逢乞人脫襦與之子良見曄衣單進襦於曄曄曰我與向人亦復何異尙書令王儉詣曄曄留儉設食柈中菘菜鮑魚而已儉重其眞率爲飽食盡歡而去尋爲丹陽尹始不復置行事自得親政轉侍中護軍將軍給油絡車又給扶二人武帝臨崩遺詔爲衞將軍開府儀同三司大行在殯竟陵王子良在殿中太孫未至衆論喧疑曄衆中言曰若立長則應在我立嫡則應立太孫鬱林旣立甚見馮賴隆昌元年薨時年二十八贈司空班劒二十人

安成恭王暠字宣曜高帝第六子也性淸和多疾歷位南中郎將江州刺史侍中領步兵校尉中書令永明元年爲散騎常侍祕書監領石頭戍事及夏薨

鄱陽王鏘字宣韶高帝第七子也建元末武帝卽位爲雍州刺史加都督武帝服除鏘方還始入覲拜便流涕武帝愕然問其故鏘收淚曰臣違奉彌年今奉聖顏微見瘦損所以泣耳武帝歎曰我復是有此一弟累遷丹陽尹永明十年爲領軍將軍鏘和悌美令性謙愼好文章有寵於武帝領軍之授齊室諸王所未爲鏘在官理事無壅當時稱之車駕游幸常甲仗衞從恩待次豫章王嶷其年給油絡車隆昌元年轉尙書左僕射遷侍中驃騎將軍開府儀同三司領兵置佐鏘雍容得物情爲鬱林依信鬱林心疑明帝諸王問訊獨留鏘曰聞鸞於法身何如鏘曰臣鸞於宗戚最長且受寄先帝臣等年皆尙少朝廷之幹唯鸞一人願陛下無以爲慮鬱林退謂徐龍駒曰我欲與公共計取鸞公旣不同我不能獨辦且復小聽及鬱林廢鏘竟不知延興元年進位司徒侍中如故明帝鎭東府權威稍異鏘每往明帝屣履至車迎鏘語及家國言淚俱下鏘以此推信之而宮臺內皆屬意於鏘勸令入宮發兵輔政制局監謝粲說鏘及隨王子隆曰殿下但乘油壁車入宮出天子置朝堂二王夾輔號令粲等閉城門上仗誰敢不同宣城公政當投井求活豈有一步動哉東城人政共縛送耳子隆欲定計鏘以上臺兵力旣悉度東府且慮難捷意甚猶豫馬隊主劉巨武帝時舊人詣鏘請閒叩頭勸鏘立事鏘命駕將入復回還內與母陸太妃別日暮不成行典籤知謀告之數日明帝遣二千人圍鏘宅害鏘謝粲等皆見殺凡諸王被害皆以夜遣兵圍宅或斧斫關挑牆叫噪而入家財皆見封籍焉

桂陽王鑠字宣朗高帝第八子也永明七年爲中書令加散騎常侍時鄱陽王鏘好文章鑠好名理人稱爲鄱桂鑠清羸有冷疾常枕臥武帝臨視賜牀帳衾褥性理偏詖遇其賞興則詩酒連日情有所廢則兄弟不通隆昌元年加前將軍給油絡車并給扶二人鄱陽王見害鑠還中軍將軍開府儀同三司不自安至東府見明帝及出處分存亾之計謂侍讀山悰曰吾前日覲王王流涕嗚咽而鄱陽隨卽見誅今日見王王又流涕而有媿色其在吾邪其夜三更中兵至見害

始興簡王鑑字宣徹高帝第十子也性聰警年八歲喪所生母號慕過人數日中便至骨立豫章王嶷見而撫其首嗚咽以告高帝帝亦悲不自勝初封廣興郡王祕書丞袁彖早有令譽高帝盛重鑑乃命彖爲廣興王友後改封始興自晉以來益州刺史皆以良將爲之宋泰

始中益州市橋忽生小洲道士邵碩見之曰當有貴王臨州劉亮爲刺史齊前石榴樹陵冬生華亮以問碩碩曰此謂狂華宋諸劉滅亾之象後二年君當終後九載宋當滅滅後有王勝意來作此州冀爾時蜀土平碩始康人元徽二年忽告人云吾命終因臥而死後人見碩在荆州上明以一隻故履縛左脚而行甚疾遂不知所之永明二年武帝不復用諸將爲益州始以鑑爲益州刺史督益甯二州軍事加鼓吹一部勝意反語爲始興碩言於此乃驗先是刼帥韓武方常聚黨千餘人斷流爲暴郡縣不能禁行旅斷絕鑑行至上明武方乃出降鑑長史虞悰等咸請殺之鑑曰武方爲暴積年所在不能制今降而被殺失信且無以勸善於是啟臺果被宥自是巴西蠻夷凶惡皆望風降附行次新城道路籍籍云陳顯達大選士馬不肯就徵巴西太守陰智伯亦以爲然乃停新城十許日遣典籤張曇晳往觀形勢俄而顯達遣使人郭安明朱公恩奉書貢遺衆咸勸鑑執之鑑曰顯達立節本朝必自無此曇晳還若有同異執安明等未晚居二日曇晳還言顯達已遣家出城日夕望殿下至於是乃前時年十四好學善屬文不重華飾器服清素有高士風與記室參軍蔡仲熊登張儀樓商略先言往行及蜀土人物鑑言辭和辯仲熊應對無滯當時以爲盛事州城北門常閉不開鑑問其故於虞悰悰答曰蜀中多夷暴有時抄掠至城下故相承閉之鑑曰古人云善閉無關楗且在德不在門即令開之戎夷慕義由是清謐鑑於州園地得古冢無復棺但有石槨銅器十餘種并古形玉璧三枝珍寶甚多不可皆識金銀爲蠶蛇形者數斗又以朱砂爲阜水銀爲池左右咸勸取之鑑曰皇太子昔在雍有發古冢者得玉竟玉屏風玉匣之類皆將還都吾意常不同乃遣功曹何佇爲之起墳諸寶物一不得犯性甚清在蜀積年未嘗有所營造資用一歲不滿三萬王儉常歎云始興王雖尊貴而行履都是素士時有廣漢什邡人段祖以錞于獻鑑古禮器也高三尺六寸六分圍三尺四寸圓如筩銅色黑如漆甚薄上有銅馬以繩縣馬令去地尺餘灌之以水又以器盛水於下以芒莖當心跪注錞于以手振芒則其聲如雷清響良久乃絕古所以節樂也五年鑑獻龍角一枚長九尺三寸色紅有文理九年爲散騎常侍祕書監領石頭戍事尋遷左衛將軍未拜遇疾薨時年二十一

江夏王鋒字宣穎高帝第十二子也母張氏有容德宋蒼梧王逼取之又欲害鋒高帝甚懼不敢使居舊宅匿於張氏舍時年四歲性方整好學書張家無紙札乃倚井欄爲書書滿則洗之已復更書如此者累月又晨興不肯拂窻塵而先畫塵上學爲書字五歲高帝使學鳳尾詔一學即工高帝大悅以玉騏驎賜之曰騏驎賞鳳尾矣至十歲便能屬文武帝時藩邸嚴急諸王不得讀異書五經之外唯得看孝子圖而已鋒乃密遣人於市里街巷買圖籍朞月之間殆將備矣好琴書蓋亦天性嘗覲武帝賜以寶裝琴仍於御前鼓之大見稱賞帝謂鄱陽王鏘曰闍梨琴亦是柳令之流亞其既事事有意吾欲試以臨人鏘曰昔鄒忌鼓琴威王委以國政乃出爲南徐州刺史善與人交行事王文和別駕江祏等皆相友善後文和被徵爲益州置酒告別文和垂淚曰下官少來未嘗作詩今日違戀不覺文生於性王儉聞之曰江夏可謂善變素絲也工書爲當時蕃王所推南郡王昭業亦稱工謂武帝曰臣書固應勝江夏王武帝答闍梨第一法身第二法身昭業小名闍梨鋒小名也隆昌元年爲侍中領驍騎將軍尋加祕書監及明帝執權蕃邸危懼江祏嘗謂王晏曰江夏王有才行亦善能匿迹以琴道授羊景之景之著名而江夏掩能於世非唯七絃而已百氏亦如之鋒聞歎曰江祏遂復爲混沌畫眉欲益反弊耳寡人聲酒是耽狗馬是好豈復一豪於平生哉當時以爲話言常忽忽不樂著修栢賦以見志曰既殊羣而抗立亦含貞而挺正豈春日之自芳在霜下而爲盛衝風不能摧其枝積雪不能改其性雖坎壈於當年庶後彫之可詠時鼎業潛移鋒獨慨然有匡復之志逼於行事典籤故不遂也嘗見明帝言次及遙光才力可委之意鋒答曰遙光之於殿下猶殿下之於高皇衛宗廟安社稷實有攸寄明帝失色鋒有武力明帝殺諸王鋒與書誚責左右不爲通明帝深憚之不敢於第收鋒使兼祠官於太廟夜遣兵廟中收之鋒出登車兵人欲上車防勒鋒以手擊卻數人皆應時倒地遂逼害之時年二十江斅聞其死流涕曰芳蘭當門不得不鋤其修栢之賦乎

南平王銳字宣毅高帝第十五子也位左戶尚書朝直勤謹未嘗屬疾永明七年出爲南中郎將湘州刺史延興元年明帝作輔害諸王遣裴叔業平尋陽仍進湘州銳防閤周伯玉大言於衆曰此非天子意今斬叔業舉兵匡社稷誰敢不同銳典籤叱左右斬之銳見害伯玉下獄誅

宜都王鏗字宣儼高帝第十六子也生三歲喪母及有

識問母所在左右告以早亡便思慕蔬食自悲不識母常祈請幽冥求一夢見至六歲遂夢見一女云是其母鏗悲泣向舊左右說容貌衣服事皆如平生聞者莫不歔欷清恬有學行永明十一年爲南豫州刺史加都督二州軍事雖未經庶務而雅得人心舉動每爲籤帥所制立意多不得行州鎮姑熟于時人有發桓溫女冢得金巾箱織金篋爲嚴器又有金蠶銀蠒等物甚多條以啟聞鬱林敕以物賜之鏗曰今取往物後取今物如此循環豈可熟念使長史蔡約自往修復纖毫不犯年十歲時與吉景曜商略先言往行左右誤排栟櫚屏風倒壓其背顏色不異言談無輟亦不顧視彌善射常以堋的太闊曰終日射侯何難之有乃取甘蔗插地百步射之十發十中永明中制諸王年未三十不得畜妾及武帝崩後有勸取左右者鏗曰在內不無使役既先朝遺旨何忍而違及延興初明帝誅高武文惠諸子鏗聞之憑左右從容雅步詠陸機弔魏武云昔以四海爲己任死則以愛子託人如此者三左右皆泣後果遣呂文顯賫藥往夜進聽事正逢八關齋鏗上高坐謂文顯曰高皇昔寵任君何事乃有今日之行答云出不獲已於是仰藥時年十八鏗身長七尺狀似兄嶷咸以國器許之及死有識者莫不痛惜初鏗出閤時年七歲陶弘景爲侍讀八九年中甚相接遇後弘景隱山忽夢鏗來慘然言別云某日命過身無罪後三年當生某家弘景訪以幽冥之事多祕不出覺後即遣信出都參訪果與事符同弘景因著夢記云

晉熙王銶字宣攸高帝第十八子也隆昌元年位郢州刺史延興元年見害

河東王鉉字宣允高帝第十九子也母張氏有寵於高帝鉉又最幼尤所留心高帝臨崩以屬武帝武帝甚加意焉爲納柳世隆女爲妃武帝與羣臣看新婚流涕不自勝豫章王嶷亦哽咽及明帝誅高帝諸子以鉉高帝所愛亦以才弱年幼故得全初鉉年三四歲高帝常晝臥纏髮鉉上高帝腹上弄繩高帝因以繩賜鉉及崩後鉉以寶函盛繩歲時輒開視流涕嗚咽鉉人才甚凡而有此一至性建武中高武子孫憂疑鉉朝見常鞠躬俯僂不敢正行直視尋遷侍中衞將軍鉉年稍長四年誅王晏以謀立鉉爲名鉉免官以王還第禁不得與外人交通永泰元年明帝暴疾甚乃見害聞收至欣然曰死生命也終不斅建安乞爲奴而不得仰藥而卒鉉二子在孩抱亦見殺

武帝諸子

武帝二十三男穆皇后生文惠太子竟陵文宣王子良張淑妃生廬陵王子卿魚復侯子響周淑儀生安陸王子敬建安王子眞阮淑媛生晉安王子懋衡陽王子峻王淑儀生隨郡王子隆蔡婕妤生西陽王子明樂容華生南海王子罕傅充華生巴陵王子倫謝昭儀生邵陵王子貞江淑儀生臨賀王子岳庾昭容生南陽王子文荀昭華生南康王子琳顏婕妤生永陽王子珉宮人謝氏生湘東王子建何充華生南郡王子夏第六第十二第十五第二十二皇子早亡子珉繼衡陽元王後

文惠太子長懋字雲喬小字白澤武帝長子也武帝年未弱冠而生太子姿容豐美爲高帝所愛宋元徽末除祕書郎不拜授輔國將軍遷晉熙王撫軍主簿武帝在郢遣太子還都高帝方創霸業心存嫡嗣謂太子曰汝還吾事辦矣處之府東齋令通文武賓客高帝謂荀伯玉曰我出行日城中軍悉受長懋節度我雖不行內外直防及諸門甲兵悉令長懋時履行轉祕書丞以與宣帝諱同不就歷中書黃門侍郎昇明三年高帝將受禪武帝已還京師以襄陽兵馬重鎭不欲處他族出太子爲都督雍梁二州北中郎將甯蠻校尉雍州刺史建元元年封南郡王江左嫡皇孫封王自此始也先是梁州刺史范栢年頗著威名沈攸之事起候望形勢事平朝廷遣王元邈代之元邈已至栢年遲回魏興不肯下太子慮其爲變乃遣人說之許啟爲府長史及至襄陽因執誅之時襄陽有盜發古冢者相傳云楚王冢大獲寶物有玉鏡玉屐玉屏風之屬有簡書青絲編簡廣數分長二尺依前如新盜以把火自照後人有得十餘簡以示王僧虔僧虔云是科斗書考工記周官所闕也二年徵爲侍中中軍將軍置府鎭石頭穆妃薨成服日車駕出臨喪朝議疑太子應出門迎左僕射王儉曰尋禮記服問君所主夫人妻太子嫡婦言國君爲此三人爲主喪也今鑾輿臨降自以主喪而至雖因事撫慰義不在弔南郡以下不應出門奉迎但尊極所臨禮有變革權去杖絰移立戶外足表情敬無煩止哭皇太子既一宮之主自應以車駕幸宮依常奉候既當成服之日吉凶不相干宜以衰絰行事望拜止哭率由舊章尊駕不以臨弔奉迎則惟常體求之情禮如爲可安又其年九月有閏小祥疑應計閏儉又議以爲三百六旬尚書明義文公納幣春秋致譏故先儒朞喪歲數沒閏大功以下月數數閏所以吳商云含閏以正朞允協情理沒閏之理固在言先並從之武帝即位立爲皇太子初高帝

好左氏春秋太子承旨諷誦以爲口實及正位東儲善立名尙解聲律工射飲酒至數斗而未嘗舉杯從容有風儀引接朝士人人自以爲得意文武士多所招集會稽虞炎濟陽范岫汝南周顒陳郡袁廓並以學行才能應對左右而武人略陽垣歷生襄陽蔡道貴拳勇秀出當時以比關羽張飛其餘安定梁天惠平原劉孝慶河東王世興趙郡李居士襄陽黃嗣祖魚文康絢之徒並爲後來名將永明三年於崇正殿講孝經少傅王儉令太子僕周顒撰爲義疏五年冬太子臨國學親策試諸生與王儉等論五經疑滯酬答甚有條貫明年上將訊丹陽所領囚爲南北二百里內獄詔太子於元圃園宣猷堂錄三署囚原宥各有差上晚年好遊宴尙書曹事亦分送太子省視太子與竟陵王子良俱好釋氏立六疾館以養窮人太子風韻甚和而性頗奢麗宮內殿堂皆雕飾精綺過於上宮開拓元圃園與臺城北塹等其中起出土山池閣樓觀塔宇窮奇極麗費以千萬多聚異石妙極山水慮上宮中望見乃旁列修竹外施高鄣造游觀數百間施諸機巧宜須鄣蔽須臾成立若應毀撤應手遷徙製珍玩之物織孔雀毛爲裘光采金翠過於雉頭遠矣以晉明帝爲太子時立西池乃啟武帝引前例求於東田起小苑上許之永明中二宮兵力全實太子使宮中將吏更蕃築役營城包巷制度之盛觀者傾都上性雖嚴太子所爲無敢啟者後上幸豫章王宅還過東田見其彌亘華遠壯麗極目於是大怒收監作主帥太子懼皆藏之由是見責太子素疾體又過壯常在宮內簡於遨遊玩弄羽儀多所僭擬雖咫尺宮禁而上終不知又使徐文景造輦及乘輿御物虎賁雲罕之屬上嘗幸東宮忽忽不暇藏輦文景乃以佛像內輦中故上不疑文景父陶仁時爲給事中謂文景曰終當滅門政當掃墓以待喪耳仍移家避之其後文景竟賜死陶仁遂不哭時人以爲有古人風十一年正月太子有疾上自臨視有憂色疾篤上表告辭薨于東宮崇明殿時年三十六朝野驚惋上幸東宮臨哭盡哀詔斂以袞冕之服謚曰文惠葬崇安陵有司奏御服朞朝臣齊衰三月南郡國臣齊衰朞臨汝曲江國臣並不服六宮不從服武帝履行東宮見太子服玩過制大怒勅有司隨事毀除以東田殿堂處爲崇虛館鬱林立追尊爲文帝廟稱世宗初太子內惡明帝密謂竟陵王子良曰我意思中殊不悅此人當由其福德薄所致子良每苦救解後明帝立果大相誅害

竟陵文宣王子良字雲英武帝第二子也幼聰敏武帝爲贛縣時與裴后不諧遣人船送后還都已登路子良時年小在庭前不悅帝謂曰汝何不讀書子良曰孃今何處何用讀書帝異之卽召后還縣仕宋爲邵陵王友昇明三年爲會稽太守都督五郡封聞喜公宋元喜中皆責成郡縣孝武後徵求急速以郡縣遲緩始遣臺使自此公役勞擾高帝踐阼子良陳之請息其弊子良敦義愛古郡人朱百年有至行先卒賜其妻米百斛蠲一人給其薪蘇郡閤下有虞翻舊牀罷任還乃致以歸後於西邸起古齋多聚古人器服以充之夏禹廟盛有禱祀子良曰禹泣辜表仁菲食飲約服玩果粽足以致誠使歲獻扇簟而已時有山陰人孔平詣子良訟嫂市米負錢不還子良歎曰昔高文通與寡嫂訟田義異於此乃賜米錢以償平建元二年穆妃薨去官仍爲丹陽尹開私倉振屬縣貧民先是太妃以七月薨子良以八月奉凶問及小祥疑南郡王應相待尙書左僕射王儉議以爲禮有倫序義無徒設如令遠則不待近必相須禮例既乖卽心無取若疑兄弟同居吉凶舛雜則遠還之子自應開立別門以終喪事靈筵祭奠隨在家之人再朞而毀庶子在家亦不待嫡況儲妃正體王室中軍長奠之重天朝又行權制進退彌復非疑謂應不相待中軍緦縞之日聞喜致哀而已不受弔慰至聞喜變除昆弟亦宜相就寫情不對客從之武帝卽位封竟陵郡王鎮南將軍南徐州刺史加都督永明二年爲護軍將軍兼司徒四年進號車騎將軍子良少有淸尙禮才好士居不疑之地傾意賓客天下才學之士皆游集焉善立勝事夏月客至爲設瓜飲及甘果著之文教士子文章及朝貴辭翰者皆發教撰錄是時武帝新視政水旱不時子良密啟請原除逋租又陳寬刑息役輕賦省徭幷陳泉鑄歲遠類多翦鑿江東大錢十不一在公家所受必須輪郭完全遂買本一千加子七百求請無地棰革相驅尋完者爲用既不兼兩回復遷貿會非委積徒令小人每嬰困苦且錢布相半爲制永久或聞長宰須令輸直進違舊科退容姦利又言三吳奧區地惟河輔百度所資罕不自出而守宰相繼務在裒刻圍桑品屋以準貲課致令斬植發瓦以避重賦破民敗產要利一時乃有恐失嚴期自殘軀命亦有斬絕手足以避徭役守長不務先富民而唯言益國豈有民貧於下而國富於上邪五年正位司徒給班劍二十人侍中如故移居雞籠山西邸集學士抄五經百家依皇覽例爲四部要略千卷招致名僧講論佛法造經唄新聲道俗之盛江左

未有也武帝好射雉子良啟諫先是左衛殿中將軍邯鄲超上書諫射雉武帝爲止久之超竟被誅永明末上將復射雉子良復諫前後所陳上雖不甚納而深見寵愛又與文惠太子同好釋氏甚相友悌子良敬信尤篤數於邸園營齋戒大集朝臣衆僧至於賦食行水或躬親其事世頗以爲失宰相體然勸人爲善未嘗厭倦以此終致盛名八年給三望車九年京邑大水吳興偏劇子良開倉賑救病貧不能立者於第北立廨收養給衣及藥十年領尙書令揚州刺史本官如故尋解尙書令加中書監文惠太子薨武帝檢行東宮見太子服御羽儀多過制度上大怒以子良與太子善不啟聞頗加嫌責武帝不豫詔子良甲仗入延昌殿侍醫藥子良啟進沙門於殿戶前誦經武帝爲感夢見優鉢曇花子良按佛經宣旨使御府以銅爲花插御牀四角日夜在殿內太孫間日入參武帝暴漸內外惶懼百官皆已變服物議疑立子良俄頃而帝蘇問太孫所在因召東宮器甲皆入遺詔使子良輔政明帝知尙書事子良素仁厚不樂時務乃推明帝於是詔云事無大小悉與鸞參懷子良所志也太孫少養於子良妃袁氏甚著慈愛既懼前不得立自此深忌子良大行出太極殿子良居中書省帝使虎賁中郎將潘敞二百人仗屯太極西階之下成服後諸王皆出子良乞停至山陵不許進位太傅增班劒爲三十人本官如故解侍中隆昌元年加殊禮劒履上殿入朝不趨贊拜不名進督南徐州其年疾篤謂左右曰門外應有異遣人視見淮中魚無筭皆浮出水上向城門尋薨時年三十五帝常慮子良有異志及薨甚悅詔給東園溫明祕器斂以袞冕之服東府施喪位大鴻臚持節監護太官朝夕送祭又詔追崇假黃鉞侍中都督中外諸軍事太宰領大將軍豫州牧綠綟綬備九服錫命之禮使持節中書監王如故給九旒鸞輅黃屋左纛轀輬車前後部羽葆鼓吹挽歌二部虎賁班劒百人葬禮依晉安平王孚故事初豫章王嶷葬金牛山文惠太子葬夾石子良臨祖送望䃭山悲感歎曰北瞻吾叔前望吾兄死而有知請葬茲地及薨遂葬焉所著內外文筆數十卷雖無文采多寓勸戒子良既亾故人皆來奔赴陸慧曉於邸門逢袁彖問之曰近者云云定復何謂王融見殺而魏準破膽道路籍籍又謂竟陵不永天年嘗有之乎彖曰齊氏微弱已數年矣爪牙柱石之臣都盡命之所餘政風流名士耳若不立長君無以鎭安四海王融雖爲身計實安社稷恨其不能斷事以至於此道路之談自爲虛說耳蒼生方塗炭矣政當瀝耳聽之建武中故吏范雲上表爲子良立碑事不行子昭胄嗣昭胄字景允汎涉書史有父風位太常以封境邊魏永元元年改封巴陵先是王敬則事起南康侯子恪在吳郡明帝慮有同異召諸王公入宮晉安王寶義及江陵公寶覽等住中書省高武諸孫住西省勑人各兩左右自隨過此依軍法孩抱者乳母隨入其夜太醫煮藥都水辦數十具棺材須三更當悉殺之賴子恪至乃免自建武以來高武王侯居常震怖朝不保夕至是尤甚及陳顯達起事王侯復入宮昭胄懲往時之懼與弟永新侯昭穎逃奔江西變形爲道人崔慧景舉兵昭胄兄弟出投之慧景事敗昭胄兄弟首出投臺軍主胡松各以王侯還第不自安謀爲身計子良故防閤桑偃爲梅蟲兒軍副結前巴西太守蕭寅謀立昭胄同黨皆伏誅梁受禪降昭胄子同爲監利侯同弟賁字文奐形不滿六尺神識耿介幼好學有文才能書善畫於扇上圖山水咫尺之內便覺萬里爲遙矜慎不傳自娛而已好著述嘗著西京新記六十卷起家湘東王法曹參軍得一府歡心及亂王爲檄賁讀至偃師南望無復儲胥露寒河陽北臨或有穹廬氊帳乃曰聖製此句非爲過似如體自朝廷非關序賊王聞之大怒收付獄遂以餓終又追戮賁尸乃著懷舊傳以謗之極言詆毀

廬陵王子卿字雲長武帝第三子也建元元年封臨汝郡公武帝即位爲郢州刺史加都督子卿諸子中無德又與魚復侯子響同生故無寵徙都督荆州刺史始興王爲益州子卿解督子卿在鎭宮造服飾多違制度作瑇瑁乘具詔責之令速送都又作銀鐙金薄裹箭脚亦便速壞去凡諸服章自今不啟專輒作者當得痛杖又曰汝比令讀書今年轉成長學既勿就得勑如風過耳使吾失氣永明十年爲都督南豫州刺史之鎭道中戲部伍爲水軍上聞大怒殺其典籤遣宜都王鏗代之子卿還第至帝崩不與相見隆昌元年爲衞將軍開府儀同三司置兵佐鄱陽王鏘見害以子卿代爲司徒所居屋梁柱際出血溜于地旬日而見殺

魚復侯子響字雲音武帝第四子也豫章王嶷無子養子響後嶷有子表留爲嫡武帝即位爲南彭城臨淮二郡太守子響勇力絕人開弓四斛力數在園池中帖騎馳走竹樹下身無虧傷既出繼車服異諸王每入朝輒忿拳打車壁武帝知之令車服與皇子同永明六年有司奏子響宜還本乃封巴東郡王七年爲都督荆州刺史直閤將軍董蠻粗有氣力子響要與同行蠻曰殿下

癲如雷敢相隨邪子響笑曰君敢出此語亦復奇癲上聞而不悅曰人名蠻復何容得蘊藉乃爲改名爲仲舒謂曰今日仲舒何如昔日仲舒答曰昔日仲舒出自私庭今日仲舒降自天帝以此言之勝昔遠矣上稱善子響少好武帶仗左右六十人皆有膽幹至鎮數在內齋殺牛置酒與之聚樂令私作錦袍絳襖欲餉蠻交易器仗長史劉寅等連名密啟上勅精檢寅等懼欲秘之子響聞有臺使不見勅乃召寅及司馬席恭穆諮議參軍江愈殷曇粲中兵參軍周彥典籤吳修之王賢宗魏景深等俱入於琴臺下併斬之上聞之怒遣衛尉胡諧之游擊將軍尹略中書舍人茹法亮領羽林三千人檢捕羣小勅子響若來首自歸可全其性命諧之等至江津築城燕尾洲子響白服登城頻遣信與相聞曰天下豈有兒反父身不作賊直是麤疎今便單舸還闕何築城見捉邪尹略獨答曰誰將汝反父人共語子響聞之唯灑泣又送牛酒果饌餉臺軍略棄之江流子響膽力之士王衡天不勝忿乃率黨度洲攻壘斬略而諧之法亮單艇奔逸上又遣丹陽尹蕭順之領兵繼之子響卽日將白衣左右三十人乘舴艋中流下都初順之將發文惠太子素忌子響密屬不許還令便爲之所子響及見順之欲自申明順之不許於射堂縊之有司奏絕子響屬籍賜爲蛸氏子響密作啟數紙藏妃王氏裙腰中具自申明云輕舫還闕不得此苦之深唯願矜憐無使竹帛齊有反父之子父有害子之名及順之還上心甚怪恨百日於華林爲子響作齋上自行香對諸朝士嚬蹙及見順之嗚咽移時左右莫不掩涕他日出景陽山見一猨透擲悲鳴問後堂丞此猨何意答曰猨子前日墜崖致死其母求之不見故爾上因憶子響歔欷不自勝順之慙懼感病遂以憂卒於是豫章王嶷爲子響表請還葬上不許貶爲魚復侯

安陸王子敬字雲端武帝第五子也初封應城縣公先是子敬所生早亾帝命貴妃范氏母養之及范氏薨而子及婦服制禮無明文永明中尚書令王儉議孫爲慈孫婦爲慈婦姑爲慈姑宜制朞年服從之十年位散騎常侍撫軍將軍丹陽尹十一年加車騎將軍隆昌元年遷都督南兗州刺史延興元年加侍中明帝除諸蕃王遣中護軍王元邈征九江王廣之襲殺子敬初子敬爲武帝所留心帝不豫有意立子敬爲太子代太孫子敬與太孫俱入參畢同出武帝目送子敬良久曰阿五鈍由此代換之意乃息

晉安王子懋字雲昌武帝第七子也諸子中最爲淸恬有意思廉讓好學年七歲時母阮淑媛嘗病危篤請僧行道有獻蓮華供佛者衆僧以銅甖盛水漬其莖欲華不萎子懋流涕禮佛曰若使阿姨因此和勝願諸佛令華竟齋不萎七日齋畢華更鮮紅視甖中稍有根鬚當世稱其孝感永明五年爲南兗州刺史監五州軍事六年徙監湘州刺史八年撰春秋例苑三十卷奏之武帝勅付秘閣十一年爲都督雍州刺史給鼓吹一部時豫章王喪服未畢上以邊州須威望許得奏之子懋啟求所好書武帝曰知汝常以讀書在心足爲深欣賜以杜預手所定左傳及古今善言隆昌元年爲征南大將軍江州刺史勅留西楚部曲助鎮襄陽單將白直俠轂自隨陳顯達時屯襄陽入辭子懋謂之曰朝廷命身單身而反身是王者豈可過爾輕率今欲將二三千人自隨於公意何如顯達曰殿下若不留部曲便是大違勅旨顯達因辭出便發去子懋計未立還鎮尋陽延興元年加侍中聞鄱陽隨郡二王見殺欲起兵赴難與參軍周英防閤陸超之議傳檄荆郢入討君側事成則宗廟獲安不成猶爲義鬼防閤董僧慧攘袂曰此州雖小孝武亦嘗用之今以勤王之師橫長江指北闕以請鬱林之過誰能對之於是部分兵將入匡社稷母阮在都遣書欲密迎上阮報同產弟于瑤之爲計瑤之馳告明帝於是纂嚴遣中護軍王元邈平西將軍王廣之南北討使軍主裴叔業與瑤之先襲尋陽聲云爲郢府司馬子懋知之遣三百人守湓城叔業泝流直上襲湓城子懋先已具船於稽亭渚聞叔業得湓城乃據州自衛子懋部曲多雍土人皆踊躍願奮叔業畏之遣于瑤之說子懋曰今還都必無過憂政當作散官不失富貴也子懋既不出兵攻叔業衆情稍沮中兵參軍于琳之瑤之兄也說子懋重賂叔業子懋使琳之往琳之因說叔業請取子懋叔業遣軍主徐元慶將四百人隨琳之入城僚佐皆奔散唯周英及外兵參軍王皎更移入城內子懋聞之歎曰不意吾府有義士二人琳之從二百人仗自入齋子懋笑謂之曰不意渭陽翻成梟獍琳之以袖障面使人害之故人懼罪無敢至者唯英皎僧慧號哭盡哀爲喪殯董僧慧丹陽姑孰人出自寒微而慷慨有節義好讀書甚驍果能反手於背彎五斛弓當世莫有能者元邈知其豫子懋之謀執之僧慧曰晉安舉義兵僕實豫議古人云非死之難得死之難僕得爲主人死不恨耳願至主人大斂畢退就湯鑊雖死猶生元邈義而許之還具白明帝乃貸死配東冶每言及九江時事輒悲

不自勝子懋子昭基九歲以。方二寸絹爲書參其消息并遺錢五百以金假人崎嶇得至僧慧觀書對錢曰此郎君書也悲慟而卒陸超之吳人以清靜雅爲子懋所知子懋旣敗于琳之勸其逃亾答曰人皆有死此不足懼吾若逃亾非唯孤晉安之眷亦恐田橫客笑人元邈等以其義欲囚將還都而超之亦端坐待命超之門生姓周者謂殺超之當得賞乃伺超之坐自後斬之頭墜而身不僵元邈嘉其節厚爲殯歛周又助舉棺未出戶棺墜政壓其頭折頸而死聞之者莫不以爲有天道焉

隨郡王子隆字雲興武帝第八子也性和美有文才娶尚書令王儉女爲妃武帝以子隆能屬文謂儉曰我家東阿也永明八年爲都督荆州刺史隆昌元年爲侍中撫軍將軍領兵置佐延興元年轉中軍大將軍侍中如故子隆年二十一而體過充壯常使徐嗣伯合蘆茹丸以服冀自銷損然猶無益明帝輔政謀害諸王武帝諸子中子隆最以才貌見憚故與鄱陽王鏘同夜先見殺文集行於世

建安王子眞字雲仙武帝第九子也永明七年累遷郢州刺史加都督隆昌元年爲散騎常侍護軍將軍延興元年明帝遣裴叔業就典籤柯令孫殺之子眞走入牀下令孫手牽出之叩頭乞爲奴贖死不從見害年十九

西陽王子明字雲光武帝第十子也永明元年封武昌王三年失國璽改封西陽十年爲會稽太守督五郡軍事子明風姿明淨士女觀者咸嗟歎之建武元年爲撫軍將軍領兵置佐二年誅蕭諶子明及弟子罕子貞同諶謀見害年十七

南海王子罕字雲華武帝第十一子也頗有學母樂容華有寵故武帝留心母嘗寢疾子罕晝夜祈禱于時以竹爲燈纘照夜此纘宿昔枝葉大茂母病亦愈咸以爲孝感所致主簿劉瓛及侍讀賀子喬皆爲賦頌爲建武元年位護軍將軍一年見殺時年十七

巴陵王子倫字雲宗武帝第十三子也永明十年爲北中郎將南琅邪彭城二郡太守鬱林卽位以南彭城祿力優厚奪子倫與中書舍人綦母珍之更以南蘭陵代之延興元年明帝遣中書舍人茹法亮殺子倫子倫時鎭琅邪城有守兵子倫英果明帝恐不卽罪以問典籤華伯茂伯茂曰公若遣兵取之恐不卽可辨若委伯茂一小吏力耳旣而伯茂手自執鴆逼之左右莫敢動者子倫正衣冠出受詔謂法亮曰積不善之家必有餘殃昔高皇帝殘滅劉氏今日之事理數固然舉酒謂法亮曰君是身家舊人今銜此命當由事不獲已此酒差非勸酬之爵因仰之而死時年十六法亮及左右皆流涕先是高帝武帝爲諸王置典籤帥一方之事悉以委之每至覲接輒留心顧問刺史行事之美惡繫於典籤之口莫不折節推奉恒慮弗及於是威行州郡權重蕃君武陵王曄爲江州性烈直不可忤典籤趙渾之曰今出郡易刺史及見武帝相誣曄遂免還南海王子罕戍琅邪欲暫游東堂典籤姜秀不許而止還泣謂母曰兒欲移五步亦不得與囚何異秀後輒取子罕屐繖飲器等供其兒昏武帝知之鞭二百繫尙方然而擅命不改邵陵王子貞嘗求熊白厨人答典籤不在不敢與西陽王子明欲送書參侍讀鮑僎病典籤吳修之不許曰應諮行事乃止言行舉動不得自專徵求衣食必須諮訪永明中巴東王子響殺行事劉寅等武帝聞之謂羣臣曰子響遂反戴僧靜大言曰諸王都自應反豈唯巴東武帝問其故答曰諸王無罪而一時被囚取一挺藕一杯漿皆諮籤帥不在則竟日飢渴諸州唯聞有籤帥不聞有刺史竟陵王子良嘗問衆曰士大夫何意詣典籤參軍范雲答曰詣長史以下皆無益詣籤帥便有倍本之價不詣謂何子良有愧色及明帝誅異已者諸王見害悉典籤所殺竟無一人相抗孔珪聞之流涕曰齊之衡陽江夏最有意而復害之若不立籤帥故當不至於此

邵陵王子貞字雲松武帝第十四子也建武二年見誅時年十五

臨賀王子岳字雲嶠武帝第十六子也明帝誅武帝諸子唯子岳及弟六人在後時呼爲七王朔望入朝上還後宮輒歎息曰我及司徒諸兒子皆不長高武子孫日長大永泰元年上疾甚絕而復蘇於是誅子岳等延興建武中凡三誅諸王每一行事明帝輒先燒香嗚咽涕泣衆以此輒知其夜當殺戮也子岳死時年十四

西陽王子文字雲儒武帝第十七子也永明七年封蜀郡王建武中改封西陽永泰元年見殺年十四

衡陽王子峻字雲嵩武帝第十八子也永明七年封廣漢郡王建武中改封衡陽永泰元年見殺年十四

南康王子琳字雲璋武帝第十九子也母荀昭華有盛寵後宮才人位登釆女者依例賜玉鳳凰荀時始爲釆女得玉鳳凰投地曰我不能例受此武帝乃拜爲昭華子琳以母寵故最見愛太尉王儉因請昏武帝悅而許之羣臣奉賀物各好盡直數百金武帝爲之報答亦如此及應封而好郡已盡乃以宣城封之旣而宣城屬揚州不欲爲王國改封南康公褚蓁爲巴東公以南康爲

王國封子琳永泰元年見殺年十四

湘東王子建字雲立武帝第二十一子也母謝無寵武帝度爲尼明帝卽位使還母子建永泰元年見殺年十三

南郡王子夏字雲廣武帝第二十三子也上春秋高子夏最幼寵愛過諸子初武帝夢金翅鳥下殿庭搏食小龍無數乃飛上天及明帝初其夢始驗永泰元年子夏誅年七歲

文惠諸子

文惠太子四男安皇后生廢帝鬱林王昭業宮人許氏生廢帝海陵恭王昭文陳氏生巴陵王昭秀褚氏生桂陽王昭粲

巴陵王昭秀字懷尚太子第三子也鬱林卽位封臨海郡王隆昌元年爲都督荆州刺史延興元年徵爲車騎將軍明帝建武二年改封巴陵王永泰元年見殺年十六

桂陽王昭粲太子第四子也鬱林立封永嘉郡王延興元年出爲荆州刺史加都督建武三年改封桂陽王四年爲太常永泰元年見殺年八歲

明帝諸子

明帝十一男敬皇后生廢帝東昏侯寶卷江夏王寶元鄱陽王寶夤和帝殷貴妃生巴陵隱王寶義晉熙王寶嵩袁貴妃生廬陵王寶源管淑妃生邵陵王寶修許淑媛生桂陽王寶貞餘皆早夭

巴陵隱王寶義字智勇明帝長子也本名明基建武元年封晉安郡王寶義少有廢疾不堪出人間止加除授爲都督揚州刺史仍以始安王遙光代之轉爲右將軍領兵置佐鎮石頭二年爲南徐州刺史加都督東昏卽位進征北將軍開府儀同三司給扶永泰元年爲都督揚州刺史三年進位司徒和帝西臺建以爲侍中司空梁武平建鄴宣德太后令以寶義爲太尉領司徒詔曰不言之化形于自遠時人皆云此實錄也梁受禪封謝沐公尋封巴陵郡王奉齊後天監中薨

江夏王寶元字智深明帝第三子也建武元年封江夏郡王東昏卽位爲都督南徐兖二州刺史寶元娶尚書令徐孝嗣女爲妃孝嗣被誅離絶東昏送少姬二人與之寶元恨望有異計明年崔慧景舉兵還至廣陵遣使奉寶元爲主寶元斬其使因是發將吏防城慧景將渡江寶元密與相應開門納慧景乘八掆輿手執絳麾幡隨慧景至都百姓多往投集慧景敗收得朝野投寶元及慧景軍名東昏令燒之曰江夏尚爾豈復可罪餘人寶元逃奔數日乃出帝召入後堂以步鄣裹之令羣小數十人鳴鼓角馳繞其外遣人謂曰汝近圍我亦如此少日乃殺之

廬陵王寶源字智泉明帝第五子也建武元年封和帝卽位爲車騎將軍開府儀同三司中興二年薨

鄱陽王寶夤字智亮明帝第六子也建武初封建安郡王東昏卽位爲都督郢州刺史永元三年爲車騎將軍開府儀同三司鎮石頭其秋雍州刺史張欣泰等謀起事於新亭殺臺內諸主帥難作之日并前南譙太守王靈秀奔往石頭帥城內將吏去車腳載寶夤向臺城百姓數千人皆空手隨後至杜姥宅日已欲暗城門閉城上人射之衆棄寶夤走寶夤逃亾三日戎服詣草市尉尉馳啟帝帝迎入宮問之寶夤涕泣稱制不自由帝笑乃復爵位宣德太后臨朝改封寶夤鄱陽王中興二年梁武尅建鄴以兵守之將加害焉其家閹人顏文智與左右麻拱黃神密計穿牆夜出寶夤具小船於江岸變服潛赴江畔躡屩徒步腳無完膚防守者至明追之寶夤假爲釣者隨流上下十餘里追者不疑待散乃度西岸遂委命投華文榮文榮與其從天龍惠達等三人棄家將寶夤遁匿山澗賃驢乘之晝伏宵行達魏壽春東城戍戍主杜元倫推檢知實蕭氏子以禮延待馳告揚州刺史任城王澄澄以車馬侍衞迎之時年十六徒步憔悴見者以爲掠賣生口也澄待以客禮乃請喪君斬衰之服澄遣人曉示情禮以喪兄之制給其齊衰寶夤從命澄率官僚赴弔寶夤居處有禮不飲酒食肉輟笑簡言一同極哀之節壽春多其故義皆受慰唁唯不見夏侯一族以其同梁故也改日造澄澄深器重之及至洛陽宣武禮之甚重伏訴闕下請兵南伐雖遇暴風大雨終不暫移是年梁江州刺史陳伯之與其長史褚胄等自壽春歸降請軍立効宣武謂伯之所陳時不可失以寶夤懇誠除使持節都督東揚南徐兖三州刺史鎮東將軍丹陽郡公齊王配兵一萬令據東城待秋冬大舉寶夤明當拜命其夜慟哭至晨宣武備禮策授賜車馬什物事從豐厚又任其募天下壯勇得數千人以文智等三人爲積弩將軍文榮等三人爲彊弩將軍並爲軍主寶夤雖少覊寓而志性雅重過朞猶絶酒肉慘悴形色蔬食麤衣未嘗嬉笑及被命當南伐貴要多相憑託門庭賓客若市而書記相尋寶夤接對報復不失其理正始元年寶夤行達汝陰東城已陷遂停壽春遂梁將姜慶眞內侵圍逼壽春寶夤率衆大戰破走之寶夤

勇冠諸軍見者莫不壯之還改封梁郡公及中山王英南伐寶夤又表求行與英頻破梁軍乘勝攻鍾離淮水汎溢寶夤與英狼狽引退士卒死沒者十四五有司奏處以極法詔恕死免官削爵還第尋尚南陽長公主公主有婦德事寶夤盡禮相遇如賓永平四年盧昶克梁朐山戍以琅邪戍主傅文驥守之梁師攻文驥昶督衆軍救之詔寶夤爲使持節假安南將軍別將長驅往赴受昶節度寶夤受詔泣涕橫流哽咽良久後昶軍敗唯寶夤全師而還延昌初除瀛州刺史復其齊王遷冀州刺史及大乘賊起寶夤遣軍討之頻爲賊破臺軍至乃滅之靈太后臨朝還都梁將康絢於浮山堰淮以灌揚徐除寶夤使持節都督東討軍事鎭東將軍以討之復封梁郡公熙平初梁堰既成淮水將爲揚徐之患寶夤乃於堰上流更鑿新渠水乃小減乃遣壯士千餘人夜度淮燒其竹木營聚破其三壘火數日不滅又分遣將破梁將垣孟孫張僧副等於淮北仍度淮南焚梁徐州刺史張豹子等十一營及還爲殿中尚書寶夤之在淮堰梁武寓書招誘之寶夤表送其書陳其忿毒之意志存雪復屢請居邊神龜中爲都督徐州刺史車騎大將軍乃起學館於郡東朔望引見士姓子弟接以恩顏與論經義勤於聽理吏民愛之正光二年徵爲尚書左僕射善於吏職甚有能名四年上表曰竊惟文武之名在人之極地德行之稱爲生之最首忠貞之美立朝之譽仁義之號處身之端自非職惟九官任當四嶽授曰爾諧讓稱俞往將何以克厭大名允茲令問自比以來官罔高卑人無貴賤皆飾辭假說用相褒舉求者不能量其多少與者不能覈其是非遂使冠履相貿名實皆爽謂之考功事同汎陟紛紛漫漫焉可勝言又在京之官積年十考其中或所事之主遷移數四或所奉之君身亾廢絕雖當時文簿記其殿最日久月遥散落都盡累年之後方求追訪無不苟相悦附共爲脣齒飾垢掩疵妄加丹素趣令得階而已無所顧惜賢達君子未免斯患中庸已降夫復何論官以求成身以請立上下相蒙莫斯爲甚又勤恤民隱咸歸守令厥任非輕所責實重然及其考課悉以六載爲約既而限滿代還復經六年而敘是則歲周十二始得一階於東南兩省文武閑職公府散佐無事冗官或數旬方應一直或朔望止於暫朝及其考日更得四年爲限是則一紀之中便登三級彼以實勞劇任而遷貴之路至難此以散位虛名而升陟之方甚易何内外之相懸令厚薄之若此孟子曰仁義忠信天爵也公卿大夫人爵也古之人修其天爵而人爵從之故雖文質異時汚隆殊世莫不寶茲名器不以假人是以賞罰之科恆自持也乃至周之蔼蔼五叔無官漢之察察館陶徒請誠以賞罰一差則無以懲勸至公暫替則覬覦相欺故至愼至惜殷勤若此況乎親非肺腑才乖秀逸或充單介之使始無汗馬之勞或說興利之規終縣十一之潤皆虛張無功妄指羸益坐獲數階之官籍成通顯之貴於是巧詐萌生偽辯鋒出役萬慮以求榮開百方而逐利抑之則其流已往引之則有何紀極夫琴瑟在於必和更張求其適調去者既不可追來者猶或宜改案周官太宰之職歲終則令官府各正所司受其會計聽其事致而詔於王三歲則大計羣吏之政而誅賞之聽謂今可粗依其準見居官者每歲終本曹皆明辯在官日月具覈才行能否審其實用而注其上下游辭宕說一無取焉列上尚書覆其合否如有紕繆即正而罰之不得方復推詰委下容其進退既定其優劣善惡交分經奏之後考功曹別書於黃紙油帛一通則本曹尚書與令僕印署留於門下一通則以侍中黃門印署掌在尚書嚴加緘密不得開視考績之日然後對共裁量其外內考格裁非庸管乞求博議以爲畫一若殊謀異策事關廢興遐邇所談物無異議者自可臨時斟酌匪拘常例至如援流引比之訴貪榮求級之請如不限以關鍵肆其旁通則蔓草難除涓流遂積穢我彝章撓茲大典謂宜明加禁斷以全至化詔付外博議以爲永式竟無所改時梁武第四子西豐侯正德降魏寶夤表曰正德既不親親安能親人脫包此凶醜寘之列位百官是象其何詠焉臣釁結禍深痛纏骨髓日暮途遥報復無日豈區區於一豎哉但才雖庸近職居獻替愚衷寸抱敢不申陳正德既至洛陽朝廷待之尤薄歲餘還叛初秦州城人薛伯珍劉慶杜遷等反執刺史李彥推莫折大提爲首自稱秦王大提尋死其第四子念生竊號天子年曰天建置官僚以息阿胡爲太子其兄阿倪爲西河王弟天生爲高陽王伯珍爲東郡王安保爲平陽王天生率衆出隴東遂寇雍州屯於黑水朝廷甚憂之除寶夤開府西道行臺爲大都督西征明帝幸明堂以餞之寶夤與大都督崔延伯擊天生大破之追奔至小隴進討高平賊帥万俟醜奴於安定更有負捷時有天水人呂伯度兄弟始共念生同逆後與兄衆保於顯親聚衆討念生戰敗奔於胡琛琛以伯度爲大都督秦王資其士馬還征秦州大破念生將杜粲於成紀又破其金城王莫折普賢於永洛城遂至

顯親念生率衆身自拒戰又大敗伯度乃背胡琛遣其兄子忻和率騎東引大軍念生事迫乃詐降於寶夤朝廷嘉伯度立義之功授涇州刺史平秦郡公而大都督元修義高聿停軍隴口久不西進念生復反伯度爲醜奴所殺故賊勢更甚寶夤不能制孝昌二年除寶夤侍中驃騎大將軍儀同三司假大將軍尚書令給前後部鼓吹寶夤初自黑水終至平涼與賊相對年年攻擊賊亦憚之關中保全寶夤之力三年正月除司空公出師既久兵將疲弊是月大敗還雍州有司處寶夤死罪詔恕爲編戶四月除征西將軍雍州刺史開府西討大都督自關以西皆受節度九月念生爲其常山王杜粲所殺合門皆盡粲降寶夤十月除尚書令復其舊封時山東關西寇賊充斥王師屢北人情沮喪寶夤自以出師累年糜費尤廣一旦覆敗慮見猜責內不自安朝廷頗亦疑沮及遣御史中尉酈道元爲關中大使寶夤謂密取已將有異圖以問河東柳楷楷曰大王齊明帝子天下所屬今日之舉實允人望且謠言鸞生十子九子殂一子不殂關中亂武王有亂臣十人亂者理也大王當理關中何所疑慮道元行達陰盤驛寶夤密遣其將郭子恢等攻殺之而詐收道元尸表言白賊所害遂反僭舉大號大赦其部內稱隆緒元年立百官詔尚書僕射行臺長孫承業討之時北地毛鴻賓與其兄遐紀率鄉義將討寶夤寶夤遣其將侯終德往攻遐終德還圖寶夤軍至白門寶夤始覺與終德戰敗擕公主及其少子與部下百餘騎從後門出遂奔万俟醜奴醜奴以寶夤爲太傅爾朱天光遣賀拔岳等破醜奴於安定追禽醜奴及寶夤並送京師詔置閶闔門外都街中京師士女聚觀凡經三日吏部尚書李神儁黃門侍郎高道穆並與寶夤素舊二人相與左右言於莊帝云其逆迹事在前朝冀將救免會應詔王道習時自外至莊帝問道習在外所聞道習曰唯聞陛下欲不殺寶夤人云李尚書高黃門與寶夤同款並居得言之地必能全之道習因曰若謂寶夤逆在前朝便將恕之敗在長安爲醜奴太傅豈非陛下御歷之日賊臣不翦法欲安施帝然其言乃於太僕駝牛署賜死將刑神儁持酒就之敘故舊因對之下泣寶夤夷然自持了不憂懼唯稱推天委命恨不終臣節公主擕男女就寶夤訣別慟哭極哀寶夤亦色貌不改寶夤三子皆公主所生並凡劣長子烈復尚明帝妹建德公主拜駙馬都尉坐寶夤反伏法次子權與小子凱射戲凱激矢中之死凱妻長孫承業女也輕薄無禮公主數加罪責凱竊銜恨妻復慫說之天平中凱遣奴害公主乃轘凱於東市妻梟首家遂滅

邵陵王寶修字智宣明帝第九子也建武元年封南平郡王二年改封中興三年謀反宣德太后令賜死

晉熙王寶嵩字智靖明帝第十子也中興元年和帝以爲中書令二年誅

桂陽王寶貞明帝第十一子也中興二年誅

通志卷八十二

通志卷八十三

宋右迪功郎鄭樵漁仲撰

宗室傳第六

梁

吳平侯景子勵 勸 勔 勃 弟昌 昂 昱

長沙宣武王懿子業 孫孝儼 業弟藻 猷 猷子韶 駿 猷弟朗 淵明

永陽昭王敷 衡陽宣王暢 桂陽簡王融子象 象

子倕 臨川靜惠王宏宏子正仁 正義 正德 正 德子見理 正德弟正則 正

則弟正立 正立子賁 正立弟正表 正信 安成康王秀秀子機 機 弟推 推子

撝 南平元襄王偉偉子恪 恪弟恭 恭子靜 恭弟祗 鄱陽忠烈王

恢恢子範 範子嗣 範弟諮 諮弟修 修弟泰 泰弟退 始興忠武王憺憺子

亮 亮弟映 映弟暲

武帝八男

昭明太子統子歡 歡 子棟 譽 豫章王綜 南康簡王績

子會理 理 義理 通 廬陵威王續子應 邵陵攜王綸子堅 確 武

陵王紀子圓照 圓 正 圓肅

簡文諸子

哀太子大器 尋陽王大心 臨川王大欵 南

海王大臨 南郡王大連 安陸王大春 桂陽

王大成 汝南王大封 瀏陽公大雅 新興王

大莊 西陽王大鈞 武寧王大威 皇子大訓

建平王大球 義安王大昕 綏建王大摯

樂良王大圜

元帝諸子

忠烈世子方等 貞惠世子方諸 愍懷太子方

矩 始安王方略

陳

永修侯擬 遂興侯詳 宜黃侯慧紀 衡陽獻

王昌子伯信 南康愍王曇朗子方泰 方慶 鄭萬頃

文帝諸子

始興王伯茂 鄱陽王伯山 新安王伯固 晉

安王伯恭 廬陵王伯仁 江夏王伯義 武陵

王伯禮 永陽王伯智 桂陽王伯謀

宣帝諸子

始興王叔陵 豫章王叔英 長沙王叔堅 建

安王叔卿 宜都王叔明 河東王叔獻 新蔡

王叔齊 晉熙王叔文 淮南王叔彪 始興王

叔重 尋陽王叔儼 岳陽王叔慎 義陽王叔

達 巴山王叔雄 武昌王叔虞 湘東王叔平

臨賀王叔敖 陽山王叔宣 西陽王叔穆

南安王叔儉 南郡王叔澄 沅陵王叔興 岳

山王叔韶 新興王叔純 巴東王叔謨 臨海

王叔顯 新會王叔坦 新寧王叔隆 新昌王

叔榮 太原王叔匡

後主諸子

太子深 吳興王允 南平王嶷 永嘉王彥

南海王虔 信義王祗 邵陵王兢 會稽王莊

東陽王恮 吳郡王蕃 錢唐王恬

梁

吳平侯景字子照武帝從父弟也祖道賜以禮讓稱居鄉有爭訟專賴平之又周其疾急鄉里號曰墟主皆竊言曰其後必大仕宋終于書侍御史齊末追贈左光祿大夫三子長曰尚之次曰文帝次曰崇之尚之敦厚有器業爲司徒建安王中兵參軍一府稱爲長者遷步兵校尉卒官天監初追謚曰文宣侯子靈鈞嗣仕齊爲廣德令武帝起兵行會稽郡事頃之卒追封東昌縣侯子譽嗣崇之仕齊官至東陽太守以幹能顯政尚嚴厲永明中錢唐唐㝢之反剽眾破東陽崇之遇害天監初追謚曰忠簡侯景崇之子也八歲隨父在郡居喪以毀聞及長好學才辯有識斷仕齊爲永寧令政爲百城最永嘉太守范述曾居郡號稱廉平雅服景爲政乃牓郡門曰諸縣有疑滯者可就永寧令決以疾去官永嘉人胡仲宣等千人詣闕表請景爲郡不許永元二年以長沙宣武王懿勳除步兵校尉是冬懿遇害景亦逃難武帝起兵以景行南兗州事時天下未定沔北傖楚各據塢壁景示以威信渠帥相率而縛請罪旬日境內皆平武帝踐阼封吳平縣侯南兗州刺史加都督景居州清恪有威裁明解吏職文案無壅下不敢欺吏民敬畏如神會年荒計口振恤又爲饘粥於路以振之死者給以棺具人甚賴焉天監七年爲左驍騎將軍兼領軍將軍領軍管天下兵要宋孝建已來制局用事與領軍分權典事以上皆得呈奏領軍垂拱而已及景在職峻切官曹肅然制局監皆近倖頗不堪命以是不得久留中尋出爲寧蠻校尉荊州刺史加都督八年魏荊州刺史元志攻潺溝驅迫羣蠻羣蠻悉度漢水來降議者以爲蠻累爲邊患可因此除之景曰窮來歸我誅之不祥且魏人來侵每爲矛楯若悉誅蠻則魏軍無礙非長策也乃開樊城受降因命司馬朱思遠寧蠻長史曹義宗中兵參軍孟惠儁擊志於潺溝大破之景初到州省除三迎羽儀器服不得煩擾吏民修葺城壘申警邊備理詞訟

勸農桑郡縣皆改節自勵州內淸靜抄盜絕迹十三年復爲領軍將軍直殿省知十州損益事月加祿五萬景爲人雅有風力長於辭令其在朝廷爲衆所瞻仰於武帝雖屬爲從弟而禮寄甚隆軍國大事皆與議決十五年加侍中及太尉揚州刺史臨川王宏坐法免詔景以爲安右將軍監揚州置佐史郎宅爲府景越親居揚州固辭至于流涕帝弗許在州尤稱明斷符教嚴整有田舍老姥訴得符還至縣縣吏未即發姥語曰蕭監州符如火汝手何敢留之其爲人所畏敬如此遷都督郢州刺史將發帝幸建興苑餞別爲之流涕在州復有能名齊安竟陵郡接魏界多盜賊景移書告示魏郎焚鳴戍保境不復侵略卒于州贈開府儀同三司謚曰忠子勵嗣勵字文約弱不好弄喜慍不形於色位太子洗馬母憂去職殆不勝喪每一思至必徒步至墓或遇風雨仆卧中路坐地號慟起而復前家人不能禁景特所鍾愛曰吾百年後其無此子乎使左右節哭服闋除太子舍人景薨勵不進水漿者七日廬于墓所親友隔絕會叔父曇下詔獄勵乃率昆弟羣從同詣大理雖門生故吏莫能識之後襲封吳平侯對揚王人悲慟嗚咽傍人亦爲隕涕除淮南太守以善政稱遷宣城內史郡多猛獸常爲人患及勵在任獸暴爲息又遷豫章內史道不拾遺男女異路徙廣州刺史去郡之日吏民悲泣數百里中舟乘塡塞各齎酒肴以送勵勵人爲納受隨以錢帛與之至新淦縣岍山村有一老姥以盤擎鱠魚自送舟側奉上之童兒數十人入水攀舟或歌或泣廣州邊海舊饒外國舶至多爲刺史所侵每年舶至不過三數人勵至纖毫不犯歲十餘至俚人不賓多爲海暴勵征討所獲生口寶物軍賞之外悉送還臺前後刺史皆營私蓄方物之貢少登天府自勵在州歲中數獻軍國所須相繼不絕武帝歎曰朝廷便是更有廣州有詔以本號還朝而江西俚帥陳文徹出寇高要又詔勵重申蕃任未幾文徹降附勵以南江危險宜立重鎭乃表臺於高涼郡立爲高州以西江督護孫固爲刺史徵爲太子左衞率勵性率儉而器度寬裕左右營將甕正胷前翻之顏色不異徐呼更衣聚書至三萬卷披翫不倦尤好東觀漢記略能誦憶劉顯執卷策勵酬應如流乃至卷次行數亦不差失少交結唯與河東裴子野范陽張纘善卒於道贈侍中謚曰光侯勵弟勸字文肅少以淸靜自立封西鄉侯位南康內史太守卿大寶元年與南康王會理謀誅侯景事發遇害勸弟勔字文祇封東鄉侯位太子洗馬及勸同見害勔弟勃位定州刺史封曲江鄉侯大寶初廣州刺史元景仲將謀應侯景西江督護陳霸先攻景仲迎勃爲刺史時湘東王繹在荊州雖承制授職力不能制遂從之勃乃鎭嶺南爲廣州刺史後定江表以王琳代爲廣州以勃爲晉州刺史魏克江陵勃復據廣州敬帝承制加司徒紹泰中爲太尉尋進爲太保及陳武禪代之際舉兵不從尋敗遇害景弟昌字子建位衡州刺史性好酒在州每醉徑出人家或獨詣草野刑戮頗無期度醉時所殺醒或求焉亦無悔也累遷兼宗正卿屢爲有司所劾久留都忽忽不樂遂縱酒虛悸在石頭東齋引刀自刺而卒昌弟昂字子明位輕車將軍監南兗州初兄景再爲兗州德惠在人及昂來代時人方之馮氏徵爲琅邪彭城二郡太守時有女子年二十許散髮黃衣在虎窟山石室中無所修行唯不甚食或出人間時飮少酒鵝卵一兩枚人呼爲聖姑就求子往往有效造者充滿山谷昂呼問無所對以爲祆惑鞭之二十創即差失所在中大通元年爲領軍將軍久之封湘陰侯出爲江州刺史卒謚曰恭侯昂弟昱字子眞少而狂狷不拘禮度異服危冠交游亢雜尤善屠牛業以爲常於宅內酤酒好騎射歷位中書侍郎每求試邊武帝以其輕脫無威望抑而不許遷給事黃門侍郎上表請自解帝手詔責之坐免官因此杜門絕朝覲普通五年坐於宅內鑄錢爲有司所奏下廷尉得免死徙臨海郡行至上虞有敕追還令受菩薩戒既至恂恂盡禮改意蹈道持戒又精潔帝甚嘉之爲晉陵太守下車勵名迹除煩苛明法憲嚴於姦吏旬日之間郡中大安俄而暴卒百姓行號巷哭市里爲之諠沸設祭奠於郡庭者四百餘人有田舍婦夏氏年百餘歲扶曾孫出郡悲泣不自勝其惠化所感如此百姓相率爲立廟建碑以紀其德又詣都表求贈謚詔贈湘州刺史謚曰恭子

文帝十男

文帝十男張皇后生長沙宣武王懿永陽昭王敷武帝衡陽宣王暢李太妃生桂陽簡王融融爲東昏所害敷暢齊建武中卒武帝踐阼並封郡王陳太妃生臨川靜惠王宏南平元襄王偉吳太妃生安成康王秀始興忠武王憺費太妃生鄱陽忠烈王恢

長沙宣武王懿字元達文帝長子也少有令譽解褐齊邵陵王行參軍襲爵臨湘縣侯歷位晉陵太守以善政稱永明末爲梁南秦二州刺史加都督是歲魏軍入漢中遂圍南鄭懿隨機拒擊乃解圍遁去又遣氐帥楊元秀攻取魏歷城等六戍魏人震懼邊境遂寧永元二年

裴叔業據豫州反懿以豫州刺史領歷陽南譙二郡太守討之叔業懼遂降魏武帝時在雍州遣典籤趙景悅說懿與晉陽之甲誅君側之惡懿不答既而平西將軍崔慧景入寇奉江夏王寶元圍城齊室大亂馳信召懿懿時方食投箸而起率銳卒三千人入援武帝馳遣虞安福下都說懿曰誅賊之後則有不賞之功當明君賢主尚或難立況於亂朝何以自免若賊滅已宜勒兵入宮行伊霍故事此萬世一時若不欲爾便合表還歷陽託以外拒爲事則威震內外誰敢不從如一朝放兵受其厚爵高而無人必生後悔懿長史徐曜甫亦以爲勸懿並不聽慧景遣其子覺來拒懿擊大破之乘勝而進追斬慧景授中書令都督征討水陸諸軍事時東昏肆虐茹法珍王咺之等執政宿臣舊將並見誅夷懿既勳高獨居朝右深爲法珍等所憚乃說東昏將加酷害長史徐曜甫知之密具舟江渚勸令西奔懿不從曰古皆有死豈有叛走中書令邪尋見留省賜藥與弟融俱殞謂使者曰家弟在雍州深爲朝廷憂之中興元年贈司徒宣德太后臨朝改贈太傅天監元年追崇丞相封長沙郡王謚曰宣武給九旒鸞輅黃屋左纛葬禮依晉安平王故事懿名望功業素重武帝本所崇敬帝以天監元年四月丙寅即位是日即見褒崇戊辰乃始贈第二兄敷第四弟暢第五弟融至五月有司方奏追皇考妣尊號遷神主于太廟帝不親奉命臨川王宏侍從七月帝臨軒遣兼太尉散騎常侍王份奉策上太祖文皇帝獻皇后及德皇后尊號既先卑後尊又臨軒命冊識者頗致譏議焉懿子業字靜曠幼而明敏仕齊爲太子舍人宣武之難與二弟藻象俱逃匿於王嚴秀家東昏知之收嚴秀付建康獄考掠備極乃以鉗拔手爪至死不言竟以免禍天監二年襲封長沙王歷位祕書監侍中都督南兗州刺史運私邸米餉人作甓以砌城武帝善之徙湘州尤著善政零陵舊有二猛獸爲暴無故相枕而死郡人唐睿見猛獸傍一人曰刺史德感神明所以兩猛獸自斃言訖不見衆並異之業性敦篤所在留意普通四年爲侍中金紫光祿大夫薨謚曰元王文集行於世子孝儼嗣孝儼字希莊射策甲科除祕書郎太子舍人從幸華林園於坐獻相風烏華光殿景陽山等頌其文甚美帝深異之薨謚曰章子眘嗣業弟藻字靖藝仕齊位著作佐郎天監元年封西昌縣侯爲益州刺史時鄧元起在蜀自以有克劉季連功恃宿將輕少藻藻怒乃殺之既天下草創邊徼未安州人焦僧護聚衆數萬據郫繁作亂藻年未弱冠集僚佐議欲自擊之或陳不可藻斬之階側乃乘平肩輿巡行賊壘賊弓亂射矢下如雨從者舉楯禦箭又命除之由此人心大安賊乃夜遁藻命騎追擊平之九年徵爲太子中庶子初鄧元起之在蜀也崇於聚斂財貨山積金玉珍帛爲一室名爲內藏綺縠錦罽爲一室號曰外府藻以外府賜將帥內藏歸王府不有私焉及是還朝輕裝就路再遷侍中藻性謙退不求聞達善屬文尤好古體自非公晏未嘗妄有所爲縱有小文成輒棄本歷雍兗二州刺史頻莅州鎮民吏咸稱之推善下人常如弗及普通六年爲軍師將軍與西豐侯正德北侵渦陽輒班師爲有司奏免官削爵土八年復封爵中大通三年爲中軍將軍太子詹事出爲丹陽尹帝每稱其小字歎曰子弟並如迦葉吾復何憂入爲尚書左僕射加侍中固讓不許大同五年遷中衛將軍開府儀同三司中書令侍中如故藻性恬靜獨處一室牀有膝痕宗室衣冠莫不楷則常以爵祿太過每思屛退門庭閑寂賓客罕通簡文尤愛重之自遭家禍恆布衣蒲席不食鮮禽非公庭不聽音樂武帝每以此稱之出爲南徐州刺史侯景亂藻遣世子彧率兵入援及城開加散騎常侍侯景遣其儀同蕭邕代之據京口藻因感氣疾或勸奔江北藻曰吾國之台鉉任寄特隆既不能誅翦逆賊正當同死朝廷耳因不食而薨藻弟猷封臨汝侯爲吳興郡守性倜儻與楚王廟神交飲至一斛每酹祀盡歡極醉神影亦有酒色所禱必從後爲侍中中護軍益州刺史時江陽人齊苟兒反衆十萬攻州城猷兵糧俱盡人有異心乃遙禱請救是日有田老逢一騎浴鐵從東方來問去城幾里曰百四十時日巳晡騎舉矟曰後人來可令之疾馬欲及日破賊俄有數百騎如風一騎過請飲田老問爲誰曰吳興楚王來救臨汝侯當此時廟中請祈無驗十餘日乃見侍衛土偶皆泥濕如汗者是日猷大破苟兒猷在州頗僭濫客筵內遂有香橙不置連榻武帝末知之以此爲愆還都以憂愧成疾卒謚曰靈以與神交也猷子韶初封上甲縣都鄉侯太淸初爲舍人城陷奉詔西奔及至江陵人士多往尋覓令韶說城內事韶不能人人爲說乃疏爲一卷客問者便示之湘東王聞而取看謂曰昔王韶之爲隆安紀十卷說晉末之亂離今之蕭韶亦可爲太淸紀十卷矣韶乃更爲太淸紀其諸議論多謝吳爲之韶既承旨撰著多所實錄湘東王德之改韶繼宣武王封長沙王遂至郢州刺史韶昔爲幼童庾信愛之有斷袖之歡衣食所資皆信所給遇客韶亦爲信傳酒

後爲郢州信西上江陵途經江夏韶接信甚薄坐靑油幕下引信入晏坐信刖榻有自矜色信稍不堪因酒酣乃徑上韶牀踐蹈肴饌直視韶面謂曰官今日形容大異昔時賓客滿坐韶甚慙耻韶弟駿字德穎善草隸工文章晚更習武膂力絕人與永安侯確相類位尙書殿中郞超武將軍封南安侯城陷爲賊任約所禮謀召鄱陽嗣王範襲約爲約所害猷弟朗字靖徹天監五年例以王子封侯歷太子洗馬桂州刺史加都督性倨而虐羣下患之記室庾丹以忠諫見害帝聞之使於嶺表以功自效丹父景休位御史中丞丹少有儁才與伏挺何子朗俱爲周捨所狎初景休罷巴東郡頗有貲產丹負錢數百萬責者塡門景休怒不爲之償俄而朝賢之丹不之景休景休悅乃悉爲還之後爲建康正坐事流廣州朗弟淵明字靖通少被武帝親愛受封貞陽侯太淸元年爲豫州刺史百姓詣闕拜表言其德政樹碑于州門內及碑匠採石出自肥陵淵明乃廣營廚帳多召人物躬自率領率至州識者笑之曰王自立碑非州人也武帝旣納侯景大舉北侵使南康王會理總兵淵明乃拜表求行固請乃許之會理已至宿預詔改以淵明代爲都督水陸諸軍趣彭城勑衆軍止於寒山築堰引淸水以灌彭城使城自殄愼勿妄動淵明師次呂梁十八里作寒山堰以灌彭城水及于堞不沒者三版魏遣將慕容紹宗赴救淵明素無謀略號令莫行諸將各掠居人淵明亦不能制唯禁其一軍無所侵掠紹宗至決堰水淵明命將救之莫肯出魏軍轉迫人情大駭胡貴孫謂趙伯超曰不戰何待伯超懼不能對貴孫乃入陣苦戰伯超擁衆弗敢救曰與戰必敗不如命軍早歸乃使具良馬載其愛妾自隨貴孫遂沒伯超子威方將赴戰伯超懼其出使人召之遂相與南還淵明醉不能興衆軍大敗淵明見俘執北人懷其不侵掠謂之義王及至魏魏帝引見淵明及諸將帥釋其禁送晉陽勃海王高澄禮淵明甚重謂曰先王與梁主和好十有餘年聞彼禮佛文常云奉爲魏主并及先王此甚是梁主厚意不謂一朝失信致此紛紜因欲與梁通和使人以淵明書告武帝方致書以慰高澄東魏除淵明散騎常侍及聞社稷淪蕩哀泣不捨晝夜魏平江陵齊文宣使送淵明至梁并前所獲梁將湛海珍等皆聽從淵明歸令上黨王渙率衆送之是時太尉王僧辯司空陳霸先在建業推晉安王方智爲太宰都督中外諸軍事承制置百官渙軍漸進淵明與僧辯書求迎僧辯不從及渙破東關斬裴之橫僧辯懼乃納淵明於是梁輿東度齊師北反淵明至望朱雀門便長慟迄至所止道俗參問皆以哭對之及稱尊號改承聖四年爲天成元年大赦境內以方智爲太子授王僧辯爲大司馬及陳霸先襲殺僧辯復奉晉安王是爲敬帝而以淵明爲太傅建安王報齊云僧辯陰謀篡逆故誅之仍請稱臣于齊永爲蕃國齊遣行臺司馬恭及梁人盟于歷陽明年齊人徵淵明霸先猶稱蕃將遣使送淵明疽發背死時王琳與霸先相抗齊文宣遣兵納永嘉王莊主梁祀追謚淵明曰閔皇帝

永陽昭王敷字仲達文帝第二子也少有學業仕齊爲隨郡內史招懷遠近士庶安之以爲前後之政莫及明帝謂徐孝嗣曰學士舊聞例不解理官聞蕭隨郡唯置酒淸言而路不拾遺行何風化以至於此答曰古者修文德以來遠人況止郡境而已帝稱善召爲廬陵王諮議參軍卒武帝卽位贈司空封永陽郡王謚曰昭天監二年子伯游嗣伯游字士仁位會稽太守薨謚曰恭

衡陽宣王暢文帝第四子也有美名仕齊位太常封江陵縣侯卒天監元年追贈開府儀同三司封衡陽郡王謚曰宣三年子元簡位郢州刺史卒於官謚曰孝葬將引柩有聲議者欲開視王妃柳氏曰晉文已有前例不聞開棺無益亡者之生徒增生者之痛遂止子獻嗣

桂陽簡王融文帝第五子也仕齊位太子洗馬與宣武王懿俱遇害天監元年贈撫軍大將軍封桂陽郡王謚曰簡無子詔以長沙宣武王第九子象嗣象字世翼容止閑雅簡於交游事所生母以孝聞位丹陽尹象生長深宮始親庶政舉無失德朝廷稱之再遷湘州刺史加都督湘州舊多猛獸爲暴及象任州日四猛獸死于郭外自此靜息父老咸稱德政所感歷位太常卿加侍中兼選祕書監薨謚曰敦子慥嗣慥字元貞位信州刺史有威惠太淸二年赴援臺城遇勑還蕃尋爲張纘所構書報湘東王曰河東桂陽二蕃掎角欲襲江陵湘東乃水步兼行至荆鎭慥尙軍江津不以爲意湘東至乃召慥深加慰喩慥心乃安後留止省內慥心知禍及遂肆醜言湘東大怒付獄殺之

臨川靜惠王宏字宣達文帝第六子也長八尺美鬚眉容止可觀仕齊爲北中郞桂陽王功曹及宣武之難兄弟皆被收道人釋惠思藏宏及武帝師下宏至新林奉迎建康平爲中護軍領石頭戍事天監元年封臨川郡王位揚州刺史加都督四年武帝詔宏都督諸軍侵魏宏以帝之介弟所領皆器械精新軍容其盛北人以爲

百數十年所未之有軍次洛口前軍克梁城宏部分乖方多違朝制諸將欲乘勝深入宏聞魏援近畏懦不敢進召諸將欲議旋師呂僧珍曰知難而退不亦善乎宏曰我亦以爲然柳惔曰自我大衆所臨何城不服何謂難乎裴邃曰是行也固敵是求何難之避馬仙琕曰王安得亡國之言天子掃境內以屬王有前死一尺無卻生一寸昌義之怒鬚盡磔曰呂僧珍可斬也豈有百萬之師輕言可退何面目得見聖主乎朱僧勇胡辛生拔劍而起曰欲退自退下官當前向取死議者已罷僧珍謝諸將曰殿下昨來風動意不在軍深恐大致沮喪欲使全師而還又私謂裴邃曰王非止全無經略庸怯過甚吾與言軍事都不相入觀此形勢豈能成功宏不敢便違羣議停軍不前魏人知其不武遺以巾幗北軍歌曰不畏蕭娘與呂姥但畏合肥有韋虎虎謂韋叡也僧珍歎曰使始興吳平爲元帥我相毗輔中原不足平今遂爲敵人見欺如此乃欲遣裴邃分軍取壽陽大衆停洛日宏固執不聽乃令軍中曰人馬有前行者斬自是軍政不和人懷憤怒魏奚康生馳遣楊大眼謂元英曰梁人自克梁城已後又不進軍其勢可見當是懼我王若進據洛水彼自奔敗元英曰蕭臨川雖騃其下有好將韋裴之屬亦未可當望氣者言九月賊退今且觀形勢未可便與交鋒張惠紹次下邳號令嚴明所至獨克下邳人多有欲來降惠紹曰我若得城諸卿皆是國人若不能破賊徒令公等失鄉非朝廷弔民本意也今且安堵復業勿妄自辛苦降人咸悅九月洛口軍潰宏棄衆走其夜暴風雨軍驚宏與數騎逃亡諸將求宏不得衆散而歸棄甲投戈塡滿水陸捐棄病者彊壯僅得脫宏乘小船濟江夜至白石壘欵城門求入臨汝侯登城謂曰百萬之師一朝奔潰國之存亡未可知也恐姦人乘間爲變城門不可夜開宏無辭以對乃縋食饋之惠紹聞洛口敗亦退軍六年遷司徒領太子太傅八年爲司空揚州刺史十一年正月爲太尉其年冬以公事左遷驃騎大將軍開府儀同三司未拜遷揚州刺史所生母陳太妃薨去職尋起爲中書監驃騎大將軍揚州刺史如故宏妾弟吳法壽殺人有勑嚴討法壽在宏府內無如之何武帝制宏出之卽日償辜南司奏免宏司徒驃騎揚州刺史武帝泣曰愛宏者兄弟私親免宏者王者正法所奏可宏自洛日之敗常懷愧憤都下每有竊發輒以宏爲名屢爲有司所奏帝每貰之十七年帝將幸光宅寺有士伏於驃騎航待帝夜出帝將行心動乃於朱雀航過事發稱爲宏所使帝泣謂宏曰我人才勝汝百倍當此猶恐顚墜汝何爲者我非不能爲周公漢文念汝愚故宏頓首曰無是無是乃以罪免而縱恣不悛奢侈過度第宅擬於帝宮後庭數百千人皆極天下之選所幸江無畏服玩侔於齊東昏潘妃寶屧直千萬好食鯖魚頭常日進三百其他珍膳盈溢後房食之不盡棄諸道路江本吳氏女也世有國色親從子女徧於王侯後宮兄弟縱橫都下宏未幾復爲司徒普通九年遷太尉揚州刺史侍中如故七年四月薨帝篤於友于自疾至薨輿駕七出臨視及薨詔贈侍中大將軍揚州牧假黃鉞并給羽葆鼓吹一部增班劍爲六十人諡曰靖惠宏以介弟之貴無他才能恣意聚斂庫室垂有百間在內堂之後關籥甚嚴有疑是鎧仗者密以聞武帝殊不悅宏愛妾江氏寢膳不能暫離上他日送盛饌與江曰當來就汝懽宴唯攜布衣之舊射聲校尉丘佗卿往與宏及江大飲半醉後謂曰我今欲履行汝後房便呼後閤輿徑往屋所宏恐上見其賄貨顏色怖懼上意彌信是仗屋屋檢視宏性愛錢百萬一聚黃榜標之千萬一庫懸一紫標如此三十餘間帝與佗卿屈指計見錢三億餘萬餘屋貯布絹絲綿漆蜜紵蠟朱砂黃屑雜貨但見滿庫不知多少帝始知非仗大悅謂曰阿六汝生活大可方更劇飲至夜舉燭而還宏都下有數十邸出懸錢立券每以田宅邸店懸上文券期訖便驅券主奪其宅都下東土百姓失業非一帝後知之制懸券不得復驅奪自是之後貧庶不復失居業晉時有錢神論豫章王綜以宏貪吝遂爲錢愚論其文甚切帝知以激宏宣旨與綜天下文章何限何忽作此雖令急毀而流布已遠宏深病之聚斂稍改宏又與帝女永興主私通因是遂謀弒逆許事捷以爲皇后帝常爲三日齋諸主並豫永興乃使一僮衣以婢服僮踰閾失屨閤帥疑之密言於下貴嬪欲上言恐或不信乃使宮帥圖之帥令內輿八八纏以純綿立於幕下齋坐散主果請閒帝許之主升階而僮先趣帝後八人抱而禽之帝驚墜於扆搜僮得力辭爲宏所使帝祕之殺二僮於內以漆車載主出主恚死帝竟不臨哭帝諸女臨安安吉長城三主並有文才而安吉最得令稱宏子十八許可知者七人長子正仁字公業位祕書丞早卒諡哀世子正仁弟正義嗣正義字公威初以王子封平樂侯位太常卿南徐州刺史屬武帝幸朱方正義修廨宇以待輿駕初京口城西有別嶺入江高數十丈三面臨水號曰北固蔡謨起樓其上以置軍實是後崩壞其頂猶有小亭登降

甚狹及上升之下輦步進正義乃廣其路傍施欄楯翌日上再臨幸遂通小輿帝大悅登望久之勑曰此嶺不足須固守然京口實乃壯觀乃改曰北顧賜正義東帛後爲東揚州刺史薨正義弟正德字公和少而凶慝招聚亡命破冢屠牛兼好弋獵齊建武中武帝允嗣未立養以爲子及平建康生昭明太子正德還本天監初封西豐縣侯累遷吳郡太守正德自謂應居儲嫡心常怏怏每形於言普通三年以黃門侍郎爲輕車將軍置佐史頃之奔魏去之日詠竹火籠詩一絕內火籠中以自譬曰楨幹屈曲盡蘭麝氛氳銷欲知懷炭日正是履冰朝至魏自稱梁被廢太子時齊蕭寶夤先在魏表魏帝曰豈有伯爲天子父爲揚州棄彼密親遠投他國不若殺之魏既不禮之正德乃殺一小兒稱爲己子遠營葬地魏人不疑又自魏逃歸見於文德殿至庭叩頭武帝泣而誨之特復本封正德志行無悛公行剽掠時東府有正德及樂山侯正則潮溝則有董黃門子暹世謂之董世子者也南岸則有夏侯夔世子洪此四凶者爲百姓巨蠹多聚亡命黃昏多殺人於道謂之打稽時勳豪子弟多縱恣以淫盜屠殺爲業父祖皆不能禁尉邏亦莫能禦車服牛馬各有標號謂之西豐駱馬樂山烏牛董暹金帖織成戰袍直七百萬後正則爲劫殺沙門徒嶺南死洪爲其父夔奏繫東冶死於徒邏坐與永陽王妃王氏亂誅三人既除百姓少安正德淫虐不革尋除給事黃門侍郎六年爲輕車將軍隨豫章王北侵正德輒棄軍走爲有司所奏下獄帝切詔責其過失免官削爵土徙臨海郡未至徙所道追赦之八年復封爵正德北還求交朱异帝既封昭明諸子异言正德失職大通四年特封臨賀郡王後爲丹陽尹坐所部多劫盜復爲有司所奏去職出爲南兗州在任苛刻人不堪命廣陵沃壤遂爲之荒至人相食噉既累試無能從是黜廢轉增憤恨乃陰養死士常思國釁聚蓄米粟宅內五十間室並以爲倉自征虜亭至于方山悉略爲墅蓄奴僮數百皆黥其面太清二年秋侯景反知其有姦心景竊徐思王在北時與正德相知至是景遣思王至建業具以事告又與正德言曰今天子年尊姦臣亂國以景觀之計日必敗大王屬當儲貳中被廢黜天下義士竊所忿慨大王豈得顧此私情棄茲億兆景雖不武實思自奮正德得書大喜曰侯景之意暗與人同天贊我也遂許之及景至正德潛運空舫詐稱迎獻以濟景焉朝廷未知其謀以正德爲平北將軍屯朱雀航景至正德乃北向望闕三拜跪辭歔欷流涕引賊入宣陽門與景交揖馬上退據左衞府先是其軍並着絳袍裏皆碧至是悉反之賊以正德爲天子號曰正平元年初童謠有之故以應也又世人相佷必稱正平耳正德乃以長子見理爲太子以女妻景景爲丞相與約曰平城之日不得全二宮又令畿內王侯三日不出者誅之及臺城開正德率衆揮刀欲入賊先使其徒守門故正德不果乃復太清之號降正德爲侍中大司馬正德入問訊拜且泣武帝曰啜其泣矣何嗟及矣正德知爲賊所賣深自咎悔密書與鄱陽嗣王範令以兵入賊遮得書乃矯詔殺之先是正德妹長樂主適陳郡謝禧正德姦之燒主第縛一婢加玉釧於手以金寶附身聲云主被燒死檢取婢屍并金玉葬之仍與主通呼爲柳夫人生二子焉日月稍久風聲漸露後黃門張準有一婢媒正德見而奪之尋會重雲殿爲淨供皇儲以下莫不畢集準於衆中託屬曰張準婢媒非長樂主何可略奪皇太子恐帝聞之令武陵王和止之乃休及出送婢媒還之其後梁室傾覆既由正德百姓至聞臨賀名亦不欲道童謠云寧逢五虎入市不欲見臨賀父子其惡之如是見理字孟節性甚凶麤長鬚短衣出入廛里不爲宗室所齒及肆逆甚得志焉招集羣盜每夜輒掠劫於大航爲流矢所中死正德弟正則字公衡天監初以王子封樂山侯累遷太子洗馬舍人恆於第內私械百姓令養馬又盜鑄錢大通二年坐匿劫盜削爵徙鬱林帝勑廣州日給酒食南中官司猶處以侯禮正則滋怨諸父與西山督護靳山顧通室招誘亡命將襲番禺未及期而事發遂鳴鼓會將攻州城刺史元景仲命長史元孝深討之正則敗逃于廁村人縛送之詔斬於南海有司請絕屬籍收妻子詔聽絕屬籍妻子特原正則弟正立字公山初封羅平侯母江有寵初正仁之亡宏溺情曲制以正立爲世子正立徵有學宏薨後知非朝議表求讓兄帝甚嘉焉諸侯例封五百戶正立改封實土建安縣侯食邑一千戶後位丹陽尹薨謚曰敏子賁嗣賁字世文性躁薄正德爲侯景所立賁出投之專監造攻具以攻臺城常爲賊耳目南康嗣王會理謀襲景賁與中宿世子子邕告之賊矯封賁竟陵王子邕隨郡王並改姓侯氏賁爲宗正卿子邕都官尚書事權隆寵朝士居嘗晝臥見柳敬禮蕭勸入室毆之賁驚起乞恩俄而賊惡其翻覆殺之正立弟正表字公儀封封山縣侯位北徐州刺史鎮鍾離正表長七尺九寸雖質貌豐美而性理短闇知正德附賊遂盤桓不赴援賊尋以正表爲南兗州刺史封

南郡王正表於歐陽立柵斷截援軍南康王遣軍擊破之正表走還鍾離據州降于東魏魏封爲蘭陵郡王後除侍中太子太保開府儀同三司卒贈司空公謚曰昭烈子廣壽嗣正表弟正信字公理封武化縣侯與正立同生亦被宏鍾愛然幼不慧常執白團扇湘東王取題八字銘以譏之正信不悟搖玩自若位給事中

安成康王秀字彥達文帝第七子也年十三吳太妃亾秀母弟始興王憺時年九歲與秀並以孝聞居喪累日不進飲文帝親取粥授之哀其早孤命側室陳氏并母二子陳亦無子有母德視二子如己生秀美風儀性方靜雖左右近侍非正衣冠弗之見仕齊爲太子舍人長沙王懿之難臨川王宏以下諸弟姪皆匿人間武帝兵至新林秀及諸親並自拔赴軍建康平爲南徐州刺史天監元年封安成郡王京口自崔慧景亂後累被兵革人戶流散秀招懷撫納惠愛大行仍屬饑年以私財贍百姓所濟甚多六年爲江州刺史將發主者求堅船以爲齋訪秀曰吾豈愛財而不愛士乃教以牢者給參佐下者載齋物既而遭風齋舫遂破及至州聞前刺史取徵士陶潛曾孫爲里司歎曰陶潛之德豈可不及後允即日辟爲西曹時夏水汎長津梁斷絕外司請依舊僦度收其價秀教曰刺史不德水潦爲患可利之乎給船而已七年遭慈母陳太妃憂詔起視事尋遷荆州刺史加都督立學校招隱逸辟處士河東韓懷明南平韓望南郡庾承先河東郭麻等是歲魏縣瓠城人反殺豫州刺史司馬懷悅引司州刺史馬仙琕仙琕籤荆州求應赴眾咸謂宜待臺報秀曰彼待我爲援援之宜速待勑非應急也即遣兵赴之及沮水暴長頗敗民田秀以穀二萬斛贍之使長史蕭琛簡州貧老單丁吏一日散遣百餘人百姓大悅荆州嘗苦旱咸欲徙市閉渠秀乃責躬親祈楚望俄而雨降遂獲有年又武寧太守爲弟所殺乃僞云土反秀照其姦慝望風首欵咸謂之神於荆州起天居寺以武帝游梁館也十三年爲郢州刺史加都督郢州地居衝要賦歛殷煩人力不堪至以婦人供作秀務在約己省去游費百姓安堵境內晏然夏口常爲戰地多暴露骸骨秀於黃鶴樓下祭而埋之一夜夢數百人拜謝而去每冬月常作襦袴以賜凍者時司州叛蠻田魯生魯賢超秀據蒙籠來降武帝以魯生爲北司州刺史魯賢爲北豫州刺史超秀定州刺史爲北境捍蔽而魯生超秀互相讒毀有去就心秀撫喻懷納各得其用當時賴之遷雍州刺史在路薨武帝甚痛悼焉初秀之西也郢州人相送出境聞其疾百姓商賈咸爲請命及薨四州人裂裳爲白帢哀哭以迎送之雍州蠻迎秀聞薨祭哭而去喪至都贈司空謚曰康秀美容儀每在朝百僚屬目性仁恕喜慍不形於色左右嘗以石擲殺所養鶻齋帥請按其罪秀曰吾豈以鳥傷人在都旦臨公事廚人進食誤覆之去而登車終朝不飯亦弗之誚也時諸王並下士建安安成二王尤好人物世以二安重士方之四豪秀精意學術搜集經記招學士平原劉孝標使撰類苑書未及畢而已行於世秀於武帝布衣昆弟及爲君臣小心謹畏過於疎賤者帝益以此賢之少偏孤於始興王憺尤篤憺久爲荆州刺史常以所得俸中分秀秀稱心受之不辭多也昆弟之睦時議歸之佐史夏侯亶等表立墓碑誌銘許焉當世高才遊王門者東海王僧孺吳郡陸倕彭城劉孝標河東裴子野各製其文欲擇用之而咸稱實錄遂四碑並建子機嗣機字智通位湘州刺史薨於州機美姿容善吐納家既多書博學彊記然而好弄尚力遠士子邇小人爲州專意聚歛無政績頻被案劾將葬有司請謚詔曰王好內怠政宜謚曰煬所著詩賦數千言元帝集而序之子操嗣機弟推字智進少清敏好屬文深爲簡文所親賞普通六年以王子封南浦侯歷淮南晉陵吳郡太守所臨必赤地大旱吳人號爲旱母焉侯景之亂守東府城陷推握節死之推弟撝字智遐性溫裕有儀表封永豐縣侯東魏遣李諧盧元明來聘武帝以撝辭令可觀令兼中書侍郎受幣於賓館歷黃門侍郎累遷東巴西梓潼二郡守及侯景作亂武陵王紀僭稱尊號時宗室在蜀唯撝一人紀封撝秦郡王紀率眾東下以撝爲尚書令征西大將軍都督益州刺史守成都又令梁州刺史楊乾運守潼州魏遣大將軍尉遲迥乘虛伐蜀迥入劒閣長驅至成都撝見兵不滿萬人而倉庫空竭於是率文武於益州城北共迥升壇歃血立盟以城歸魏魏授撝開府儀同三司封歸善縣公周閔帝踐阼進爵黃臺郡公武成中明帝令諸文儒於麟趾殿校定經史仍撰世譜撝亦豫焉尋以母老兼有疾疹請在外著書詔許之保定元年授禮部中大夫又以歸欵功別賜食多陵縣五百戶三年出爲上州刺史爲政以禮讓爲本嘗至元日獄中囚繫悉放歸家聽三日然後赴獄主者爭之撝曰昔王長虞延見稱前史吾雖寡德竊懷景行以之獲罪彌所甘心諸因荷恩並依限而至吏民稱其惠化秩滿將還部人李漆等三百餘人上表乞留更兩載詔雖不許甚嘉美之及撝入朝屬置露門學武帝以撝與

唐瑾元偉王褒等四人俱爲文學博士撝以母老表請歸養私門帝弗許尋以母憂去職歷少保少傅改封蔡陽郡公卒武帝舉哀於正武殿贈使持節大將軍大都督少傅益州刺史謚曰襄撝善草隸書名亞王褒筭數醫方咸亦留意所著詩賦雜文數萬言頗行於世子濟字德成少仁厚頗好屬文爲東中郞將從撝入魏周孝閔帝踐阼除中外府記室後至蒲陽郡守

南平元襄王偉字文達文帝第八子也幼清警好學仕齊爲晉安王驃騎外兵參軍武帝爲雍州慮天下將亂求迎偉及始興王憺俄聞已入沔帝欣然謂佐史曰阿八十一行至吾無憂矣及起兵留偉行雍州府事及帝克郢魯下尋陽圍建業而巴東太守蕭惠訓子璝及巴西太守魯休烈起兵逼荆州蕭穎胄憂憤暴卒西朝兇懼徵兵於偉偉乃割州府將吏配始興王憺往赴之憺至璝等皆降齊和帝詔以偉爲都督雍州刺史天監元年封建安王初武帝軍東下用度不足偉取襄鄉寺銅佛毀以爲錢富僧藏鏹多加毒害後遂致惡疾十三年累遷爲左光祿大夫加親信四十人歲給米萬斛藥直二百四十萬廚供月二十萬并二衞兩營雜役二百人陪先置防閤白直左右職局一百人以疾甚故不復出蕃而但加奉秩十五年所生母陳太妃薨號頓過禮水漿不入口累日由是惡疾轉增因求改封十七年改封南平郡位侍中左光祿大夫開府儀同三司大通四年爲中書令大司馬薨贈侍中太宰謚曰元襄偉性端雅持軌度少好學篤誠趨賢重士四方游士知名者莫不畢至疾亟喪明便不復出齊世青溪宮改爲芳林苑天監初賜偉爲第又加穿築果木珍奇窮極雕靡有侔造化立游客省於其中梁蕃邸之盛無過焉而性多恩惠尤慇窮乏常遣腹心左右歷訪閭里人士有貧困吉凶不舉者卽遣贍恤之平原王曼穎卒家貧無以殯友人江革往哭之其妻子對革號訴革曰建安王當必爲營理言未訖而偉使至給其喪事得周濟焉每祈寒積雪則遣人載薪米隨乏絕者賦給之晚年崇信佛理尤精元學著二旨義製情性幾神等論義僧寵及周捨殷鈞陸倕並名精解而不能屈朝廷得失時有匡正子姪邪僻訓以義方斯人斯疾而不得助主興化梁政漸替自公薨云世子恪嗣恪字敬則弘雅有風則姿容端麗位雍州刺史年少未閑庶務委之羣下百姓每通一辭數處輸錢方得聞徹賓客有江仲舉蔡薳王臺卿庾仲容四人俱被接遇並有蓄積故人間歌曰江千萬蔡五百王新車庾大宅遂達武帝帝接之曰主人憒憒不如客尋以廬陵王代爲刺史恪還奉見武帝帝以人間語問之恪大慚不敢一言後折節學問所歷以善政稱太清中爲郢州刺史及亂邵陵王至郢恪郊迎之讓位焉邵陵不受及王僧辯至郢恪歸荆州元帝以爲尚書令司空賊平爲揚州刺史時帝未還都以恪宗室令譽故先使歸鎭祉稷大寶三年薨于長沙未之鎭也贈太尉謚曰靖節恪弟恭字敬範天監八年封衡山縣侯初樂山侯正則有罪勑讓諸王獨謂元襄王曰汝兒非直無過並有義方歷位監南徐州事時衡州刺史武會超在州子姪縱暴州人朱朗聚黨反武帝以恭爲刺史時朗已圍始興恭至綏服徇賊示以恩信羣賊伏其勇氣夜退三舍以避軍吏請追恭曰賊以政苛致叛非有陳吳之心緩之則自潰急之則迸力諸君置之明日朗遣使請降恭杖節受之一無所問卽日收始興太守張寶生及會超弟之子仁斬之軍門以其賄而虐也有司奏恭縱罪人專戮二千石有詔宥之遷湘州刺史善解吏事所在見稱而性尙華侈廣營第宅重齋步閣模寫宮殿尤好賓友酣晏終辰坐客滿筵言談不倦時元帝居蕃頗事聲譽勤心著述巵酒未嘗妄進恭每以爲勞神不如己之肆意也尋除寧蠻校尉雍州刺史恭至州政績有聲百姓請於城南立碑頌德詔許焉名爲政德碑是夜聞數百人大叫碑石下明旦視之碑涌起一尺恭命以大柱置于碑上使力士數十人抑之不下又以酒脯祭之使人守視俄而自復視者竟無所見恭聞而惡焉先是武帝以雍爲邊鎭運數州粟以實儲倉恭乃多取官米還贍私宅又典籤陳保印侵尅百姓爲荆州刺史廬陵王所啓被詔徵還削爵土在都朝謁白服隨列帝問白衣者爲誰對曰前衡山侯恭帝愀色曰不還我陳保印吾當白汝未已而保印實投湘東王王改其姓名曰袁逢恭竟不叙用侯景亂卒於城中詔特復本封元帝追謚曰僖侯子靜嗣靜字安仁少有美名號爲宗室後進有文才而篤志好學旣內足於財多聚經史散書滿席手自讐校何敬容欲以女妻之靜忌其太盛拒而弗納時論服焉然好戲笑輕論人物時以此少之位給事黃門侍郞深爲簡文所愛賞太清三年卒贈侍中恭弟祗字敬謨美風儀幼有令譽天監中封定襄縣侯位東揚州刺史于時江左承平政寬人慢祗獨莅以嚴厲武帝悅之遷北兗州刺史太清三年侯景圍建業祗與從弟湘潭侯退謀起兵入援會州人反城應景遂奔東魏歷位太子少傅領平陽王師封清河郡公齊天保初

授右光祿大夫領國子祭酒時元帝平侯景與齊通好齊文宣欲放祇等還南俄而西魏克江陵祇遂留鄴卒贈中書監車騎大將軍揚州刺史子放字希逸隨祇至鄴祇卒放居喪以孝聞服闋襲爵武平中待詔文林館放性好文詠頗善丹青多在宮中遂被寵待還太子中庶子散騎常侍

鄱陽忠烈王恢字弘達文帝第十子也幼聰穎七歲能通孝經論語義發擿無遺及長美風儀涉獵史籍仕齊位北中郎外兵參軍前軍主簿宣武王之難逃在都下武帝起兵恢藏伏得免大軍至新林乃奉迎天監元年封鄱陽郡王除郢州刺史加都督初郢城內疾疫死者甚多不及藏殯恢下車遽命埋瘞又遣四使巡行州郡境內大寍時有進筒中布者恢以奇貨異服即命焚之於是百姓仰德累遷都督益州刺史成都督新城五百里陸路往來悉訂私馬百姓患焉累政不能改恢乃市馬千匹以付所訂之家須則以次發之百姓賴焉再遷開府儀同三司都督荆州刺史普通七年薨於州詔贈侍中司徒謚曰忠烈恢美容質善談笑愛文章有士大夫風則所在雖無皎察亦不傷物後有目疾久廢視瞻有道人慧龍得療眼術恢請之及至空中忽見聖僧及慧龍下針豁然開朗咸謂精誠所致恢性通恕輕財好施凡歷四州所得奉祿隨而散之在荆州嘗從容問賓僚曰中山好酒趙王好吏二者孰愈衆未有答者恢顧謂長史蕭琛曰漢時王侯藩屏而已視事親民自有其職中山聽樂可得任性彭祖代吏近於侵官今之王侯不守藩國當佐天子臨民清白其優乎坐者咸服有男女百人男封侯者三十九人女主三十八人世子範嗣範字世儀溫和有器識爲衞尉卿每夜自巡警武帝嘉其勞苦出爲益州刺史行至荆州而忠烈王薨因停自解武帝不許詔權監荆州及湘東王至範依舊述職遣弟湘潭侯退隨喪而下大同元年以開通劒道克復華陽增封尋徵爲領軍將軍侍中範雖無學術而以籌略自命愛奇翫古招集文才率意題詠亦時有奇致後爲都督雍州刺史作牧莅人甚得時譽撫循將士盡獲歡心於是養士馬修城郭聚軍糧於私邸時廬陵王爲荆州既是都督府又素不相能乃啓稱範謀亂範亦馳啓自理武帝怒焉時論者猶謂範欲爲賊又童謠云莫怨忽且寬公誰當作天子草覆車邊巳時武帝年高諸王莫肯相服簡文雖居儲貳亦不自安而與司徒邵陵王綸特相疑阻綸時爲丹陽尹威震都下簡文乃選精兵以衞宮內兄弟相貳聲聞四方範以名應謠言而求爲公未幾加開府儀同三司範心密喜以爲謠驗武帝若崩諸王必亂已既得衆又有重名謂可因機以定天下乃更收士衆希望非常太清元年大舉北侵初謀元帥帝欲用範時朱异取急外還聞之遽入白曰嗣王範雄豪蓋世得人死力然所至殘暴非弔民之材昔陛下登北顧亭以望謂江右有反氣骨肉爲戎首今日之事尤宜詳擇帝默然曰會理何如异對曰陛下得之臣無恨矣會理懦而無謀所乘襻輿施版屋冠以牛皮帝聞不悅行至宿豫貞陽侯淵明請行又以淵明代之而以範爲征北大將軍總督漢北征討諸軍事尋遷南豫州刺史侯景敗於渦陽退保壽陽乃改範爲合州刺史鎮合肥時景不臣之迹已露範屢啓言之朱异每抑而不奏及景圍都城範遣世子嗣與裴之高等入援遷開府儀同三司臺城不守範乃棄合肥出東關請兵于魏遣二子爲質魏人據合肥竟不助範範進退無計乃泝流西上軍于樅陽遣信告尋陽王大心大心要還九江欲共兵西上範得書大喜乃引軍至湓城以晉熙爲晉州遣子嗣爲刺史江州郡縣輒更改易於是尋陽政令所行唯在一郡又疑畏範市糴不通範乃復遣其弟觀寍侯永將兵通南川助莊鐵時二鎮相猜無復圖賊之意範數萬之衆皆無復食人多餓死範竟發背而薨衆祕不發喪奉弟南安侯恬爲主有衆數千範將侯瑱襲莊鐵於豫章殺之盡併其軍乃迎喪往郡於松門遇風柩沈于水鈎求得之及于慶之逼豫章侯瑱以範子十六人降賊賊盡於石頭阬殺之世子嗣字長允容貌豐偉腰帶十圍性驍果有膽略倜儻不護細行而復傾身養士皆得死力範之薨也嗣猶據晉熙城中食盡將士皆乏絕侯景遣任約攻嗣時賊方盛咸勸且止戰嗣按劒叱之曰今日之戰乃蕭嗣效命死節之秋也及戰遇流矢中頸不許拔帶箭手殺數人賊退方命拔之應時氣絕妻子爲任約所禽初範既與尋陽王大心相持及嗣之死猶未敢發範喪範弟諮字世恭位衞尉卿封武林侯簡文即位之後景周衞轉嚴外人莫得見唯諮及王克殷不害並以文弱得出入卧內晨昏左右天子與之講論六藝不輟於時及南康王會理事敗克不害懼禍乃自疏諮不忍離帝朝覲無絕賊惡之令人刺殺諮於廣莫門外諮弟修字世和封宜豐侯筋力貞固風儀嚴整九歲通論語十一能屬文鴻臚卿裴子野見而賞之性至孝年十二丁所生徐氏艱自荆州反葬中江遇風前後部伍多致沈溺修抱柩長號血淚俱下隨波搖蕩終

得無他葬訖因廬墓次先是山中多猛獸至是絕跡野鳥馴狎棲宿簷宇武帝嘉之以班告宗室爲兼衞尉卿初修兄嗣王範爲衞尉夜中行城常因風便鞭箠宿衞欲令帝知其勤及修在職夜必再巡而不欲人知或問其故曰夜中警邏實有其勞主上慈愛聞之容或賜止違詔則不可奉詔則廢事且胡質之淸尙畏人知此職司之常何足自顯聞者歎服時王子侯多爲近畿小郡歷試有績乃得出爲邊州帝以修職量宏達自衞尉出鎭鍾離徙爲梁秦二州刺史在漢中七年移風改俗人號慈父長史范洪胄有田一頃將秋遇蝗修躬至田所深自咎責功曹史琅邪王廉勸修捕之修曰此由刺史無德所致捕之何補言卒忽有飛鳥千羣蔽日而至瞬息之間食蟲盡而去莫知何鳥適有臺使見之具言於帝璽書勞問手詔曰犬牙不入無以過也州人表請立碑頌德嗣王範在湓城頗有異論武陵王大生疑防流言噂喈修深自分釋求送質子并請助防武陵王乃遣從事中郎蕭固諮以當世之事具觀修意修泣涕爲言忠臣孝子之節王敬納之故終修之時不爲不義一夕忽有狗據修所臥牀而臥修曰此其戍乎因大修城壘承聖元年魏將達奚武來攻修遣記室參軍劉璠至益州求救於武陵王紀紀遣將楊乾運救之拜修隨郡王璠還至璠冢乃降于魏乾運班師璠至城下說城中降魏修數之曰卿不能死節反爲說客邪命射之間信遣至荆州元帝遺與相聞修中直兵參軍陳晷甚勇有力求爲覘候見獲以辭語被害乃遺諮議庾馨致武牛酒武謂曰梁已爲侯景所敗王何爲守此孤城修答守之以死誓爲斷頭將軍魏相安定公宇文泰遺書喻之力屈乃降安定公禮之甚厚未幾令還江陵厚遣之以文武千家爲紀綱之僕元帝慮其爲變中使覘伺不絕於道至之夕命劫竊之及旦修表輸馬仗而後帝安修入覲望闕悲不自勝元帝亦慟盡朝皆泣尋拜湘州刺史長沙頻遇兵荒人戶凋弊修勸稽務本未期流人至者三千餘家元帝多忌宗室有問望者動加誅翦修靜恭自守埋聲晦迹元帝亦以宗屬長年深相敬禮及聞江陵被圍卽日登舟赴救至巴陵西而江陵覆滅泰帝立遙授修太尉遷太保時梁室寖微修雖心圖義舉而力弱不能自振遂發背嘔血而薨時年五十二修弟泰字世怡封豐城縣侯歷位中書舍人傾財竭產以事時要遂得超遷爲譙州刺史江北人情獷彊前後刺史並撫綏之泰至州徧發人丁使擔腰輿扇繖等物不限士庶有恥爲之者卽加杖責其多輸財者隨放免之於是人皆思亂及侯景至人無戰心城陷被執尋逃至江陵元帝平景以泰爲兼太常卿桂陽內史未至郡屬于謹平江陵遂隨兄修於郢州及修卒卽以泰爲刺史湘州刺史王琳襲泰泰以州輸琳時陳武帝執政徵爲侍中不就乃奔于齊齊用爲永州刺史陳天嘉五年周大將軍權景宣略地河南泰遂歸長安以名犯周文帝諱稱字焉拜開府儀同三司封義興郡公授蔡州刺史政存簡惠深爲吏民所安卒官子寶嗣寶字季珍美風儀善談笑未弱冠名重一時隋文帝輔政引爲丞相府典籤開皇中至吏部侍郎坐太子勇事誅泰弟退封湘潭縣侯位靑州刺史建業陷與從兄定襄侯祇俱入東魏齊天保中位金紫光祿大夫卒子慨深沈有體量北人於南士中稱慨爲長者好學善草隸書歷位著作佐郎待詔文林館卒於司徒從事中郎

始興忠武王憺字僧達文帝第十一子也仕齊爲西中郎外兵參軍武帝起兵憺爲相國從事中郎與南平王偉留守齊和帝卽位以憺爲給事黃門侍郎時巴東太守蕭惠訓子璝等兵逼荆州蕭穎胄暴卒尙書僕射夏侯詳議迎憺行荆州事憺率雍州將吏赴之以書喻璝等皆降是冬武帝平建業明年和帝詔以憺爲都督荆州刺史天監元年加安西將軍封始興郡王時軍旅之後公私匱乏憺厲精爲政廣闢屯田減省力役存問兵死之家供其窮困人甚安之是歲嘉禾生一莖六穗甘露降于黃閤四年荆州大旱憺使祠于天井有巨蛇長二丈出遶祠壇俄而注雨歲大豐憺自以少年始居重任開導物情辭訟者皆立待符敎決於俄頃曹無留事下無滯獄六年州大水江溢隄壞憺親率將吏冒雨賦丈尺築之而雨甚水壯衆皆恐或請避焉憺曰王尊尙欲身塞河隄我獨何心以免乃登隄歎息終日輟膳刑白馬祭江神酹酒於流以身爲百姓請命言終而水退隄立郫洲在南岸數百家見水長驚走登屋緣樹憺募人救之一口賞一萬估客數十人應募洲人皆得以免吏民歎服或稱神勇又分遣諸郡遭水死者給棺櫬失田者與糧種是歲嘉禾生于州界吏民歸美焉七年慈母陳太妃薨水漿不入口六日居喪過禮武帝優詔勉之使攝州任是冬詔以本號還朝人歌曰始興王人之爹（徒我反）赴人急如水火何時復來哺乳我荆土方言謂父爲爹故云後爲中衞將軍中書令領衞尉卿憺性好謙降意接士常與賓客連榻坐時論稱之九年拜都督益州刺史舊守宰丞尉歲時乞丐躬歷村里百姓苦之

習以爲常憺至州停斷嚴切百姓以蘇又興學校祭漢蜀郡太守文翁由是人多向學者十四年遷都督荆州刺史同母兄安成王秀將之雍州薨于道憺聞之自投于地席藁哭泣不飲不食者數日傾財產贈送部伍大小皆取足焉天下稱其悌十八年徵爲侍中中撫軍將軍開府儀同三司領軍將軍卽開府黄門薨二宮悲惜輿駕臨幸者七焉贈司徒謚曰忠武憺未薨前夢改封中山王策授如他日意頗惡之數旬而卒憺有惠西土荆州人聞其薨皆哭於巷嫁娶有吉日移以避哀子亮嗣亮弟暎字文明年十二爲國子生天監十七年詔諸生口策宗室可否帝知暎聰解特令問策又口對並見奇謂祭酒袁昂曰此吾家千里駒也起家淮南太守以諸兄未有除命乃抗表讓焉暎美容儀普通二年封廣信縣侯丁父憂隆冬席地哭不絕聲不嘗穀粒唯飲冷水因患癥結除太子洗馬詔以憺艱難王業追贈國封嗣王陳讓旣不獲許乃乞頒邑諸弟帝許之改封新渝縣侯後居太妃憂泣血三年服闋爲吳興太守郡累不稔中大通三年野穀生武康凡二十二處自此豐穰暎製嘉穀頌以聞中詔稱美後爲北徐州刺史在任弘恕民吏懷之常載粟帛遊於境內遇貧者卽以振焉勝境名山多所尋履及徵將還鍾離人顧思遠挺叉行部伍中暎見其甚老使人問之對曰年一百一十二歲凡七娶有子十二死亡略盡今唯小者已六十又無孫息家闕養乏是以行役暎大異之召賜之食食兼於人撿其頭有肉角長寸遂命後舟載還都謁見天子與之言往事多異所傳擢爲散騎侍郎賜以俸宅朝夕進見年百二十卒又普通中北侵攻穰城城內有人年二百四十歲不復能食穀唯飲曾孫婦乳簡文帝命勞之賜以束帛荆州上津鄉人張元始年一百一十六歲膂力過人進食不異至年九十七方生兒兒遂無影將亡人人告別乃至山林樹木處處履行少日而終時人以爲知命湘東王愛奇重異遂留其枕暎後歷給事黄門侍郎衞尉卿廣州刺史卒官謚寬侯暎弟曄字通明美姿容善談吐初封安陸侯憺特所鍾愛及憺不豫曄侍疾衣不釋帶言與淚并憺薨扶而後起服闋改封上黄侯位兼宗正卿簡文入居監撫曄獻儲德頌遷給事黄門侍郎出爲晉陵太守美才伎氣言多激揚常乘折角牛穀木屐被服必於儒者名盛海內爲宗室推重特被簡文友愛與新渝建安南浦並豫密宴號爲東宮四友簡文日有五六使來往曄初至郡屬旱躬自祈禱果獲甘潤郡雀林村舊多猛獸爲害曄在政六年此暴遂息卒于郡初曄寢疾歷年官曹壅滯有司案謚法言行相違曰替乃謚替侯

武帝八男

武帝八男丁貴嬪生昭明太子統簡文皇帝廬陵威王續阮修容生孝元皇帝吳淑媛生豫章王綜董昭儀生南康簡王績丁充華生邵陵攜王綸葛修容生武陵王紀

昭明太子統字德施小字維摩武帝長子也以齊中興元年九月生于襄陽武帝旣年垂彊仕方有冢嗣時徐元瑜降又荆州使至云蕭穎胄暴卒時人謂之三慶少日而建業平識者知天命所集天監元年十一月立爲皇太子時年幼依舊於內拜東宮官屬文武皆入直永福省五年五月庚戌出居東宮太子生而聰叡三歲授孝經論語五歲徧讀五經悉通諷誦性仁孝自出宮常思戀不樂帝知之每五日一朝多使留永福省或五日三日乃還宮八年九月於壽安殿講孝經盡通大義講畢親臨釋奠于國學年十二於內省見獄官將讞事問左右曰是皁衣何爲者曰廷尉官屬召視其書曰是皆可念我得判否有司以統幼紿之曰得其獄皆刑罪以上統皆署杖五十有司抱具獄不知所爲具言於帝帝笑而從之自是數使聽訟每有欲寬縱者卽使太子決之建康縣讞誣人誘口獄翻縣以太子仁愛故輕當杖四十令曰彼合得罪便合家孥戮今縱不以其罪罪之豈可輕罰而已可付治十四年正月朔旦帝臨軒冠太子於太極殿舊制太子著遠遊冠金蟬翠緌纓至是詔加金博山太子美姿容善舉止讀書數行並下過目皆憶每遊宴祖道賦詩至十數韻或作劇韻皆屬思便成無所點易帝大弘佛教親自講說太子亦素信三寶徧覽衆經乃於宮內別立慧義殿專爲法集之所招引名僧自立三諦法義普通元年四月甘露降于慧義殿咸以爲至德所感時俗稍奢太子欲以己率物服御朴素身衣浣衣膳不兼肉三年十一月始興王憺薨舊事以東宮禮絕傍親書翰並依常儀太子以爲疑命僕射劉孝綽議其事孝綽議曰按張鏡東宮儀記稱三朝發哀者踰月不舉樂鼓吹寢奏服限亦然尋傍絕之義義在去服服雖可奪情豈無悲鐃歌輒奏良亦爲此旣有悲情宜稱兼慕卒哭之後依常舉樂稱悲竟此理例相符謂猶應兼慕請至卒哭僕射徐勉左率周捨家令陸襄並同孝綽議太子令曰張鏡儀記云依士禮終服月稱慕悼又云凡三朝發哀者踰月不舉劉僕議云傍絕之

義義在去服服雖可奪情豈無悲卒哭之後依常舉樂稱悲竟此理例相符尋情悲之說非止卒哭之後緣情爲論此自難一也用張鏡之舉樂棄張鏡之稱悲一鏡之言取捨有異此自難二也陸家令止云多歷年所恐非事證雖復累稔所用意常未安近亦嘗以此問外由來立意謂猶應有慕悼之言張豈不以舉樂爲大稱悲事小所以用小而忽大良亦有以至如元正六佾事爲國章雖情或未安而禮不可廢鐃吹軍樂比之亦然書疏方之事則成小差可緣心聲樂自外書疏自內樂自他書自已劉僕之議卽情未安可令諸賢更共詳衷司農卿明山賓步兵校尉朱异議稱慕悼之辭宜終服月於是付典書遵用以爲永準七年十一月貴妃有疾太子還永福省朝夕侍疾衣不解帶及薨步從喪還宮至殯漿水不入口每哭輒慟絕武帝勑中書舍人顧協宣旨曰毀不滅性聖人之制不勝喪比於不孝有我在那得自毀如此可卽強進飮粥太子奉勑乃進數合自是至葬日進麥粥一升武帝又勑曰聞汝所進過少轉就羸瘦我比更無餘病政爲汝如此胸中亦塡塞成疾故應彊加饘粥不使我恒爾懸心雖屢奉勑勸逼終喪日止一溢不嘗菜果之味體素壯腰帶十圍至是減削過半每入朝士庶見者莫不下泣太子自加元服帝便使省萬機內外百司奏事者塡塞於前太子明於庶事每所奏謬誤巧妄皆卽辯析示以可否徐令改正未嘗彈糾一人平斷法獄多所全宥天下皆稱仁性寬和容衆喜慍不形於色引納才學之士賞愛無倦恒自討論墳籍或與學士商榷古今繼以文章著述率以爲常于時東宮有書幾三萬卷名才並集文學之盛晉宋以來未之有也性愛山水於元圃穿築更立亭館與朝士名素者遊其中嘗泛舟後池番禺侯軌盛稱此中宜奏女樂太子不答詠左思招隱詩云何必絲與竹山水有清音軌慙而止出宮二十餘年不畜音聲未薨少時勑賜太樂女伎一部畧無所好普通中大軍北侵都下米貴太子因命菲衣減膳每霖雨積雪遣腹心左右周行閭巷視貧困家及有流離道路以米密加振賜人十石又出主衣絹帛每年常多作襦袴各三千領冬月以施寒者不令人知若死亡無可斂則爲備棺槥每聞遠近百姓賦役勤苦輒斂容變色常以戶口未實重於勞擾吳郡屢以水災不熟有上言當漕大瀆以瀉浙江中大通二年春詔遣前交州刺史王弈假節發吳吳興信義三郡人丁就役太子上疏曰伏聞當遣王弈等上東三郡人丁開漕溝渠導洩震澤使吳興一境無復水災暫勞永逸必獲後利未萌難覩竊有愚懷如聞吳興累年失收民頗流移吳郡十城亦不全熟唯信義去秋有稔復非恒役之民卽日東境穀價猶貴劫盜屢起在所有司皆不聞奏今征戍未歸彊丁疎少此雖小舉竊恐難合吏一登門動爲民蠹又出丁之處遠近不一比得齊集已妨蠶農去年粗爲豐歲公私未能足食如復今茲失業慮恐爲弊更深且草竊多伺候民間虛實若善人從役則抄盜彌增吳興未受其益內地已離其弊不審可得權停此功待優實以不武帝優詔以喻焉太子孝謹天至每入朝未五鼓便守城門開東宮雖燕居內殿一坐一起恒向西南面臺宿被召當入危坐達旦三年三月游後池乘彫文舸摘芙蓉姬人蕩舟沒溺而得出因動股恐貽帝憂深誡不言以寢疾聞武帝勑看問輒自力手書啓及稍篤左右欲啓聞猶不許曰云何令至尊知我如此惡因便嗚咽四月乙巳暴惡馳啓武帝比至已薨時年三十一帝臨哭盡哀詔斂以袞冕諡曰昭明五月庚寅葬安寧陵詔司徒左長史王筠爲哀冊文朝野惋愕都下男女奔走宮門號泣滿路四方甿庶及疆徼之人聞喪者哀慟太子性仁恕見在宮禁防捉荊子者問之云以荊子驅人太子恐復致痛使捉手版代之頻食中得蠅蟲之屬密置柈邊恐廚人獲罪不令人知又見後閤小兒攤戲後屬有獄牒攤者洼士人結留徙庶人結徒太子曰私錢自戲不犯公物此科太重令注刑止三歲士人免官獄牒應死者必降長徒自此以下莫不減半所著文集二十卷又撰古今典誥文言爲正序十卷五言詩之善者爲英華集二十卷文選三十卷薨後長子東中郎將南徐州刺史華容公歡封豫章郡王次子枝江公譽封河東郡王曲江公詧封岳陽郡王詧封武昌郡王鑒封義陽郡王各三千戶女悉同正主蔡妃供待一同常儀唯別立金華宮爲異帝既廢嫡立庶海內噂嗒故各封諸子大郡以慰其心岳陽王詧流涕受拜累日不食初丁貴嬪薨太子遣人求得善墓地將斬草有賣地者因閹人俞三副求市若得三百萬許以百萬與之三副密啓武帝言太子所得地不如臣所得地於帝吉帝末年多忌便命市之葬果有道士善圖墓云地不利長子若厭伏或可申延乃爲蠟鵝及諸物埋墓側長子位有宮監鮑邈之魏雅者二人初並爲太子所愛邈之晚見疏於雅密啓武帝云雅爲太子厭禱帝密遣檢掘果得鵝等物大驚將窮其事徐勉固諫得止於是唯誅道士由是太子迄終以此慙媿故其嗣不立

後邵陵王臨丹陽郡因邀之與鄉人爭婢議以爲誘略之罪牒宮簡文追感太子冤揮淚誅之邈之兄子僧隆爲宮直前未知爲邈之姪即日驅出先是人間謠曰鹿子開城門城門鹿子開當開復未開使我心徘徊城中諸少年逐歡歸去來鹿子開反語爲來子哭云帝哭也歡前爲南徐州太子果薨遣中書舍人臧厥迫歡於崇正殿解髮臨哭歡旣嫡孫次應嗣立而遲疑未決帝旣新有天下恐不可以少主主大業又以心銜故意在晉安王猶豫自四月上旬至五月二十一日方決歡止封豫章王還任往謠言心徘徊者未定也城中諸少年逐歡歸去來復還徐方之象也歡字孟孫位雲麾將軍江州刺史薨謚安王子棟嗣棟字元吉及簡文見廢侯景奉以爲主棟方與妃張氏鋤葵而法駕奄至棟驚不知所爲泣而升輦及即位升武德殿獄有迴風從地涌起飜飛華蓋徑出端門時人知其不終於是年號天正追尊昭明太子曰昭明皇帝安王爲安皇帝金華敬妃蔡氏爲敬皇后太妃王氏爲皇太后妃爲皇后未幾行禪讓禮棟封淮陰王及二弟橋樛並鎖於密室景敗走兄弟相扶出逢杜崱於道崱去其鎖弟曰今日免橫死矣棟曰倚伏難知吾猶有懼初王僧辯之爲都督將發諮元帝曰平賊之後嗣君萬福未審有何儀注帝曰六門之內自極兵威僧辯曰平賊之謀臣爲己任成濟之事請別舉人由是帝別勑宣猛將軍朱買臣使行忍酷會簡文已被害棟等與買臣遇見呼往船共飲未竟並沈于水河東王譽字重孫普通二年封枝江縣公中大通三年改封河東郡王累遷南中郎將湘州刺史未幾侯景寇建業譽入援至青草湖臺城沒有詔班師譽還湘鎮時元帝軍于武城新除雍州刺史張纘密報元帝曰河東起兵岳陽聚米將來襲江陵元帝甚懼沈米斷纜而歸因遣諮議周弘直至譽所督其糧眾譽曰各自軍府何忽疑人使三反譽並不從元帝大怒遣世子方等征之反爲譽敗死又令信州刺史鮑泉討譽並陳示禍福譽謂曰欲前即前無所多說泉軍于石槨寺譽逆擊不利而還泉進軍橘洲譽攻之又見敗於是遂圍之譽幼而有驍勇馬上用弩兼有膽氣能撫士卒甚得眾心元帝又遣領軍王僧辯代鮑泉攻譽譽將潰圍而出會其麾下將慕容華引僧辯入城遂被執謂守者曰勿殺我得一見七官申此讒賊死無恨主者曰奉命不許遂斬首送荊鎮元帝返其首以葬焉初譽之將敗引鏡照面不見其頭又見長人蓋屋兩手據地瞰其齋又見白狗大如驢從城出不知所在譽甚惡之俄而城陷岳陽王詧別有傳列在載記

豫章王綜字世謙武帝第二子也天監三年封豫章郡王累遷北中郎將南徐州刺史入爲侍中鎮右將軍初綜母吳淑媛在齊東昏宮寵在潘余之亞及得幸於武帝七月而生綜宮中多疑之及綜年十四五常夢一年少肥壯自挈其首對綜如此非一綜轉成長心驚不已頻密問淑媛淑媛問夢中形色頗類東昏因密報之曰汝七月生兒安得比諸皇子汝今太子次弟幸保富貴勿洩綜與淑媛相抱哭每日夜恒泣泣又每靖室閉戶籍地被髮席藁輕財好士分施不輟唯留身上故衣廚庫恒致罄乏常於內齋布沙於地終日跣行足下生胝日能行三百里嘗有人士姓王以屯蹟告綜于時大乏唯有眠牀故卑複帳即付之其降意下士以伺風雲之會諸侯王妃主及外人並知此懷唯武帝不疑及長有才學善屬文武帝御諸子以禮朝見不甚數綜恒怨不見知每出藩淑媛恒隨之至鎮時年十五尚裸袒戲嬉於前晝夜無別妃袁氏尚書令昂之女也淑媛恒節其宿止遇袁妃尤不以道內外咸有穢聲綜後在徐州政刑酷虐又有勇力制及奔馬攘殺騎犢常陰服微行著烏絲布帽夜出無有期度招引道士探求術數性聰敏多通每武帝有勑疏至輒忿恚形於顏色帝性嚴羣臣不敢輕言得失凡綜所爲莫之知也於徐州還頻表陳便宜求經略邊境帝並優勑答之徐州所有練樹並令斬殺以帝小名練故也累致意尚書僕射徐勉求出鎮襄陽勉未敢言因是怒勉餉以白團扇圖伐檀之詩言其賄也在西州於別室歲時設席祠齊氏七廟又累微行至曲阿拜齊明帝陵然猶無以自信聞俗說以生者血瀝死者骨血滲即爲父子綜乃私發齊東昏墓出其骨瀝血試之既有徵矣後生次男月餘日潛殺之既拜夜遣人發取其骨更試之其酷忍如此每對東宮及諸王辭色不恭遜嘗改歲後問訊臨川王宏出至中閤登宏羊車次遣龔而出居都下所爲多如此者普通四年爲都督南兗州刺史頗勤於事而不見賓客其辭訟則隔簾理之方幅出行垂帷於輿每云惡人識其面也初齊故建安王蕭寶夤在魏綜求得北來道人釋法鸞使入北通問於寶夤謂爲叔父襄陽人梁話母死法鸞說綜厚賜之言終可任使綜遺話錢五萬及葬畢引在左右法鸞在廣陵往來通魏尤數每舍淮陰苗文寵家言文寵於綜綜引爲國常侍六年魏將元法僧以彭城降帝使綜都督眾軍權鎮彭城幷攝徐州府事武帝曉別

元象知當更有敗軍失將恐綜爲北所禽手勅綜令拔軍每使居前勿在人後綜恐帝覺與魏安豐王元延明相持夜潛與梁話苗文寵三騎開北門涉汴河遂奔蕭城自稱隊主見延明而拜延明坐之問其名氏不答曰殿下問人有見識者延明召使視之曰豫章王也延明喜下地執其手答其瘞送于洛陽及旦齋內諸閤猶閉不開眾莫知所以唯見城外魏軍呼曰汝豫章王昨夜已來在我軍中城中既失王所在眾軍乃退不得還者甚眾湘州益陽人任煥常有騅馬乘之退走煥腳爲抄所傷人馬俱斃煥於橋下欲抄復至煥腳痛不復得上馬於是向馬泣曰騅子我於此死矣馬因跪其前腳煥乃得上馬遂免難綜長史江革大舟卿祖暅並爲魏軍所擒武帝聞之驚駭綜至魏位侍中司空高平公丹陽王梁話苗文寵並爲光祿大夫綜改名纘字德文追服齊東昏斬縗魏太后及羣臣並弔八月有司奏削爵土絕其屬籍改子直姓悖氏未及旬日有詔復屬籍封直永新侯策免吳淑媛俄遇鴆而卒有詔復其品秩諡曰敬使直主其喪及蕭寶夤據長安反綜復去洛陽欲奔之魏法度河橋不得乘馬綜乘馬而行橋吏執之送洛陽魏孝莊初歷位司徒太尉尚帝姊壽陽公主拜駙馬都尉陳慶之之至洛也送綜啓求還時吳淑媛尚在勑使以綜小時衣寄之信未達而慶之敗綜後出爲都督齊州刺史驃騎大將軍開府儀同三司寶夤見禽綜拜表爲之請命尒朱兆入洛綜爲城人趙洛周所逐公主被錄送京尒朱世隆欲相陵逼公主守操被害綜既棄州爲沙門潛詣長白山未幾至陽平病卒初綜在魏不得志嘗作聽鐘鳴悲落葉以申其志聞者悲之魏節閔立迎綜喪以王禮與公主合葬於嵩山後梁人盜其柩來奔武帝猶以子禮祔葬陵次直字思方位晉陵太守沙州刺史

南康簡王績字世謹小字四果武帝第四子也天監七年封南康郡王十年爲南徐州刺史時年七歲主者有受貨洗改解書長史王僧孺弗之覺績見而詰之郎便首服眾咸歎其聰警十七年爲都督南兗州刺史在州以善政稱尋有詔徵還百姓曹樂等二百七十人詣闕上表稱績尤異一十五條乞留爲州任優詔許之普通四年徵爲侍中雲麾將軍領石頭戍軍事五年出爲江州刺史丁董淑媛憂居喪過禮固求解職乃徵授安右將軍領石頭戍軍事尋加護軍羸瘠不親視事大通三年因感疾薨于任贈開府儀同三司諡曰簡績寡玩好少嗜欲居無僕妾躬事儉約所有租秩悉寄天府及薨後少府有南康國無名錢數千萬子會理嗣會理字長才少聰慧好文史年十一而孤特爲武帝所愛衣服禮秩與正王不殊十五爲湘州長史多信左右行事劉納每禁之會理心不平誣以贓貨收送建業納歎曰我一見天子使汝等知會理厚送資糧數遣慰喻令心腹於青草湖爲盜殺納百口俱盡累遷都督南兗州刺史大清元年督眾軍北侵至彭城爲魏師所侵退歸本鎮二年侯景圍城會理入援會北徐州刺史封山侯正表將應其兄正德外託赴援實謀襲廣陵會理擊破之方得進路臺城陷會理歸鎮侯景遣前臨江太守董紹先以武帝手詔召會理其僚佐曰紹先書豈天子本意咸勸拒之會理用其典籤范子鸞計曰天子年尊受制賊虜今有手勑召我入朝臣子之心豈得違背且處江北功業難成不若身赴京都圖之肘腋遂納紹先紹先入以烏幡麾眾單馬遣之至都景以爲司空兼尚書令雖在寇手每思匡復與西鄉侯勸等潛布腹心要結壯士時范陽祖皓斬董紹先據廣陵起義期以會理爲內應皓敗辭相連及侯景矯詔免會理官猶以白衣領尚書令是冬景往晉熙都下虛弱會理復與柳敬禮及北兗州司馬成欽謀之敬禮曰舉大事必有所資今無寸兵安可以動會理曰湖熟有吾故舊三千餘人昨來相知剋期響集計賊守兵不過千人若大兵外攻吾等內應直取王偉事必有成縱景後歸無能爲也敬禮曰善于時百姓厭賊咸思用命建安侯賁以謀告王偉偉遂收會理及其弟通理時有錢唐褚冕會理之舊亦囚於省問事之所被考掠千計終無所言會理隔壁聞之遙曰褚郎豈不爲吾致此邪然勿言王偉害會理褚冕竟以不服赦之會理弟通理字仲宣位太子洗馬封祈陽侯至是亦遇害通理弟乂理字季英生十旬而簡王薨至三歲能言見內人分散涕泣相送問其故或曰此簡王宮人喪畢去耳乂理便號泣悲不自勝諸宮人見之莫不哀感爲之停者三人服闋見武帝升殿又悲不自勝帝爲之收涕謂左右曰此兒大必爲奇士大同八年封安樂縣侯乂理慷慨慕功名每讀書見忠臣烈士未嘗不廢卷歎曰一生之內當無愧古人博覽多識有文才嘗祭孔文舉墓并爲立碑製文甚美及侯景內寇乂理聚客赴南兗州隨兄會理入援及城陷又隨會理還廣陵因入齊爲質乞師行二日會理被遣董紹先據廣陵遂追獲之防嚴不得與兄相見乃僞請還都入辭母謝其姊固安主曰兄若至願使善爲計自勉勿顧以爲念前

途亦思立功但未知天命如何耳至都以魏降人元貞忠正可以託孤乃以玉柄扇贈之貞辭不受乂理曰後當見憶會祖皓起兵乂理奔長蘆爲景所害元貞始悟其前言往收葬焉

廬陵威王續字世訢武帝第五子也天監八年封廬陵王少英果膂力絕人馳射應發命中武帝歎曰此我之任城也中大通二年爲都督雍州刺史寧蠻校尉大同元年遷江州刺史又爲驃騎將軍開府儀同三司又爲都督荆州刺史薨贈司空諡曰威始元帝母阮修容得幸由丁貴嬪之力故元帝與簡文相得而與廬陵王少相狎長相謗元帝之臨荆州有宮人李桃兒者以才慧得進及還以李氏行時得營戶禁重續具狀以聞元帝泣對使訴於簡文簡文和之不得元帝猶懼送李氏還荆州世所謂西歸內人者自是二王書問不通及續薨元帝時爲江州聞問入閤而躍屧爲之破尋自江州復爲荆州荆州人迎于州境帝數而遣之吏民失望續多聚馬仗蓄養矯雄耽色愛財極意收斂倉儲庫藏盈溢臨終有啓遣中兵錄事參軍謝宣融送所上金銀器千餘件武帝始知其富以爲財多德寡因問宣融曰王金盡於此乎宣融曰此之謂多安可加也夫王之過如日月之蝕欲令陛下知之故終而不隱帝意乃解世子應以罪前誅死次子應嗣應不慧王薨至內庫閱珍物見金鋌問左右曰此可食不答曰不可應曰旣不可食並特乞汝他皆此類

邵陵攜王綸字世調小字六眞武帝第六子也少聰穎博學善屬文尤工尺牘天監十三年封邵陵郡王普通五年以西中郎將權攝南徐州事在州輕險躁虐喜怒不恆車服僭擬肆行非法遨遊市里雜於廝隸嘗問賣䱇者曰刺史何如對者言其躁虐綸怒令呑䱇以死自是百姓惶駭道路以目嘗逢喪車奪孝子服而著之匍匐號叫籤帥懼罪密以聞帝始嚴責綸不能改於是遣代綸悖慢逾甚乃取一老公短瘦類帝者加以衮冕置之高坐朝以爲君自陳無罪使就坐剝褫捶之於庭忽作新棺木貯司馬崔會意以轜車挽歌爲送葬之法使嫗乘車悲號會意不堪輕騎還都以聞帝恐其奔逸以禁兵取之將於獄賜盡昭明太子流涕固諫得免官削爵土還第大通元年復封爵中大通四年爲揚州刺史綸素驕縱欲盛器服遣人就市賒買錦綵絲布數百疋擬與左右職局防閤爲絳衫內人帳幔百姓並關閉邸店不出臺續使少府市采經時不能得勑責府府丞何智通具以聞因被責還第恆遣心腹馬容戴子高戴爪李撤趙智英等於路尋目智通於白馬巷逢之以槊刺之刃出於背智通以血書壁作邵陵字乃絕遂知之帝懸錢百萬購賊有西州遊軍將宋鵲子條姓名以啓勑遣舍人諸曇粲領齋仗五百人圍綸第於內人堆中禽爪撤智英子高曉勇踰牆突圍遂免智通子敞之割炙食之郎載出新亭四面火炙之焦熟敞之車載錢設鹽蒜屣百姓食撤一臠賞錢一千徒黨并母肉遂盡綸鎻在第舍人諸曇粲并主帥領仗身守視免爲庶人經三旬乃脫鎻頃之復封爵後豫餞衡州刺史元慶和於坐賦詩十二韻末云方同廣川國寂寞久無聲大爲武帝賞曰汝人財如此何慮無聲旬日閒拜郢州刺史太清二年位中衞將軍開府儀同三司侯景構逆加征討大都督率衆討景將發帝誡曰侯景小豎頗習行陣未可以一戰卽殄當以歲月圖之綸發白下中江而浪起有物蕩舟將覆識者尤異之及次鍾離景已度采石綸乃晝夜兼道旋軍入赴濟江中流風起人馬溺者十一二遂率西豐公大春新塗公大成等步騎三萬發京口將軍趙伯超請從徑路直指鍾山出其不意綸從之衆軍奄至賊徒大駭分爲三道攻綸綸大破之翊日賊又來攻日晩賊稍退南安侯駿以數十騎馳之賊回拒駿駿部亂賊因逼大軍大軍潰綸至鍾山戰敗奔還京口軍主霍儁見獲賊送于城下逼使云已禽邵陵王儁僞許之乃曰王小失利政爲糧盡還京口儁爲託邏所獲非軍敗也賊以刀背毆其髀儁色不變賊義而捨之儁中書舍人靈超子也三年正月綸與東揚州刺史大連等入援至驃騎洲進位司空臺城陷綸奔禹穴東土皆附臨城公大連懼將害己乃圖之綸覺乃去至尋陽尋陽王大心欲以州讓之不受大寶元年綸至郢州刺史南平王恪讓州於綸綸復不受乃上綸爲假黃鉞都督中外諸軍事綸於是置百官改聽事爲正陽殿內外齋省悉題署焉而數有變怪祭城隍神將烹牛有赤蛇繞牛口出南浦施安幄帳無何風起飄沒于江于時元帝圍河東王譽於長沙旣久譽請救於綸綸欲往救之爲軍糧不繼遂止乃與元帝書言大敵猶彊天讐未雪豈可手足肱支自相屠害元帝復書陳譽有罪不可解圍之狀綸省書流涕曰天下之事一至於斯左右聞之莫不掩泣於是大修器甲將討侯景元帝聞其盛乃遣王僧辯率舟師一萬以逼綸綸將劉龍武等降僧辯綸遂與子躓等十餘人輕舟走武昌沙門法馨與綸有舊藏之巖石之下時綸長史韋質司馬姜偉先在外聞綸敗馳

往迎之元帝復遣將徐文盛追攻之綸復收散卒屯于齊昌郡將引魏兵共攻南陽侯景將任約襲綸綸敗走定州刺史田龍祖迎綸綸懼爲所執復歸齊昌行收兵至汝南魏所署汝南城主李素孝者綸之故吏開城納之綸乃復修城池收集士卒將攻竟陵魏聞之遣大將楊忠儀同侯幾通攻破城執綸綸不爲屈通乃臥大鼓使綸坐上殺之投于江岸經日色不變鳥獸莫敢近時飛雪飄零屍橫道路周回數步獨不沾灑舊主帥安陸人郝破敵斂之於襄陽葬之日黃雪粉糅惟冢壙所獨不下雪楊忠知而悔之使以太牢往祭殯焉百姓憐之爲立祠廟岳陽王詧遣迎喪葬於襄陽望楚山南贈太宰諡曰安後元帝議追加諡尚書左丞劉縠議諡法怠政交外曰攜從之綸任情卓越輕財愛士不競人利府無儲積聞有輒求既得卽散士亦以此歸之初鎭京口大造器甲既涉聲問投之于江及後出征戎備頗闕乃歎曰吾昔造仗本備非常無事涉疑遂使零散今日事難卒無所資初昭明之甍簡文入居監撫綸不謂德舉而云時無豫章故以次立及廬陵之沒綸觖望滋甚於是伏兵于莽用伺車駕而臺舍人張僧允知之其謀頗泄又獻曲阿酒百器上以賜寺人飲之而斃上乃不自安頗加衛士以警宮內於是傳者諸相疑阻而綸亦不懼武帝終不能有所廢黜卒至宗室爭競而敗國基爲天下笑綸長子堅字長白大同元年以例封汝南侯亦善草隸性頗庸短嘗與所親書題云嗣王其人得書大駭執以諫堅堅曰前言戲耳人曰不顧以此爲戲也侯景圍城堅屯太陽門終日捕飲不撫軍政吏士有功未嘗申理疫癘所加亦不存卹士咸憤怨太淸三年堅書佐董勛華白曇朗等以堅私室醞釀亟有烹宰不相霑及忿恨夜遣賊登樓城遂陷堅遇害弟確字仲正少驍勇有文才尤工楷隸公家碑碣皆使書之除祕書丞武帝謂曰爲汝能文所以特有此授大同二年封爲正階侯復徙封永安常在第中習騎射學兵法時人以爲狂左右或進諫確曰聽吾爲國家破賊使汝知之鍾山之役確所向披靡羣賊憚之確每臨陣對敵意甚詳贍帶甲據鞍自朝及夕馳驟往返不以爲勞諸將服其壯勇軍敗賊使負袍不之知也確因隙自拔得達朱方及後侯景乞盟憚確及趙威方在外慮爲後患啓求召確入城詔乃召確爲南中郎將廣州刺史確知此盟多貳城必淪沒欲先遣趙威方入確因南奔綸聞之逼確使入確猶不肯綸流涕謂曰汝欲反邪時臺使周石珍在坐確曰侯景雖云欲去而不解長圍以意而推其事可見今召我入未見益也石珍曰勑旨如此侯豈得辭確執意猶堅綸大怒謂趙伯超曰譙州卿爲我斬之當賫首赴闕伯超揮刃眄曰我識君耳刀豈識君確流涕而出遂入城及景背盟復圍城城陷時武帝方寢確排闥入啓曰城已陷矣帝曰猶可一戰不對曰人心不可臣向格戰不禁縋下僅得至此武帝歎曰自我得之自我失之亦復何恨幸不累子孫乃使確爲慰勞文謂曰爾速去謂爾父無以二宮爲念及出見景景愛其膂力恒令在左右後從景仰見飛鳶羣賊爭射不中確射之應弦卽落賊徒忌確咸勸景除之先是綸遣典籤密導確確謂使者曰侯景政可一夫力致確不惜死欲手刃之卿還啓家王勿以一子爲念後與景獵鍾山同逐禽引弓將射景弦斷不得發賊覺殺之

武陵王紀字世詢武帝第八子也少而寬和喜怒不形於色勤學有文才天監十三年封武陵王尋授揚州刺史中書詔戒武帝加四句曰貞白儉素是其淸也臨財能讓是其廉也知法不犯是其愼也度事無留是其勤也紀特爲帝愛故先作牧揚州大同三年爲都督益州刺史以路遠固辭武帝素識乾象謂曰天下方亂唯益州可免故以處汝汝其勉之紀歔欷既出復入帝曰汝嘗言我老我猶再見汝還益州也紀在蜀開建甯越嶲貢獻方物十倍前人朝廷嘉其績加開府儀同三司初天監中震大陽城門字曰紹宗梁位唯武王解者以武陵王當之於是朝野屬意焉及侯景陷臺城上甲侯蕭韶西上至硤出武帝密勑加紀侍中假黃鉞都督益州諸軍事驃騎大將軍太尉承制大寶六年六月辛酉紀乃移告諸州征鎭遣世子圓照領二蜀精兵三萬受湘東王繹節度繹命圓照且頓白帝未許東下十月甲辰湘東王繹遣鮑檢報紀以武帝崩問十一月壬寅紀總戎將發益鎭繹使胡智監至蜀以書止之曰蜀中斗絕易動難安弟可鎭之吾自當滅賊又別紙云地擬孫劉各安境界情深魯衞書信恒通二年四月乙丑紀乃僭號於蜀改年曰天正暗與蕭棟同名識者尤之以爲於文天爲二人正爲一止言各一年而止也紀又立子圓照爲皇太子圓正爲西陽王圓滿竟陵王圓普譙王圓肅宜都王以巴西梓潼二郡太守永豐侯撝爲征西大將軍益州刺史封秦郡王司馬王僧畧直兵參軍徐怦並固諫皆殺之僧畧僧辯弟怦勉從子也永豐侯撝歎曰王不克矣夫善人國之基也今乃誅之不亾何待又謂所親曰昔桓元年號大亨識者謂爲二月了而元之

敗實在仲春今年曰天正在文爲一止其能久乎丁卯
元帝遣萬州刺史宋簉襲圓照於白帝圓照弟圓正時
爲西陽太守召至鎖于省內初楊乾運求爲黎州刺史
不得紀以爲潼州刺史楊法深求爲黎州刺史亦不從
以爲沙州刺史二人皆憾不獲所請各遣使通西魏及
聞魏軍伐蜀紀遣其將譙淹回軍赴援魏將尉遲迥逼
涪水楊乾運以州降之迥卽趨成都五月乙巳紀次於
陵軍容甚盛元帝命護軍將軍陸法和立二城於硤口
名七勝城鎖江以斷峽時陸納未平蜀軍復逼元帝甚
憂法和告急旬日相繼元帝乃拔任約於獄以爲晉安
王司馬撤禁兵以配之幷遣宣猛將軍劉棻共約西赴
六月紀築連城攻絕鐵鏁元帝復於獄拔謝答仁爲步
兵校尉配衆一旅上赴紀之將發也江水可揭前部不
得行及登舟無雨而水長六尺劉孝勝喜曰殆天贊也
將至峽有黑龍負舟其將帥咸謂天助及頓兵日久頻
戰不利師老糧盡智力俱殫又魏人入劍閣成都虛弱
憂懣不知所爲先是元帝巳平侯景執所俘馘頻遣報
紀世子圓照鎭巴東留執不遣啓紀云侯景未平宜急
征討已聞荆鎭爲景所滅可疾下大軍紀謂爲實於是
仍率衆沿江急進於路方知侯景巳平便有悔意召圓
照責之圓照曰侯景雖誅江陵未服宜速平蕩紀亦以
旣居尊位宜言於衆敢諫者死蜀中將卒日夜思歸所
署江州刺史王開業進曰宜還救根本更思後圖諸將
僉以爲然圓照劉孝勝獨言不可紀乃止旣而聞王琳
將至潛遣將軍侯叡傍險出法和後臨水築壘禦琳及
法和元帝遣書使光州刺史鄭安中往喻意於紀許其
還蜀專制嶓方紀不從命報書如家人禮旣而侯叡爲

任約謝答仁所破又陸納平諸軍並西赴元帝乃與紀
書曰甚苦大智季月煩暑流金爍石聚蚊成雷封狐千
里以茲玉體辛苦行陣乃睠西顧我勞如何自獯醜憑
陵羯胡叛渙吾年爲一日之長屬有平亂之功膺此樂
推事歸當璧儻遣使乎良所希也如曰不然於此投筆
友于兄弟分形共氣兄肥弟瘦無復相代之期讓棗推
梨長罷懽愉之日上林靜拱聞四鳥之哀鳴宣室披圖
嗟萬世之長逝心乎愛矣書不盡言大智紀別字也帝
又爲詩曰回首望荆門驚浪且雷奔四鳥嗟長別三聲
悲夜猿圓正在獄中連句曰水長二江急雲生三峽昏
願赦淮南罪思報阜陵恩帝看詩而泣紀頻敗知不振
遣所署度支尚書樂奉業往江陵論和緝之計元帝知
紀必敗遂拒而不許於是兩岸十餘城俱降遊擊將軍
樊猛率所領至紀所紀在船中繞牀而走以金擲猛等
曰此顧卿送我一見七官卿必當富貴猛曰天子何由
可見殺足下此金何之猶不敢逼圍而守之陸法和馳
啓上密勅樊猛曰生還不成功也猛率甲士祝文簡張
天成拔刃升舟猶左右奔擲第三子圓滿馳來就父紀
首旣落圓滿軀亦分法和收太子圓照兄弟三人問圓
照曰阿郎何以至此圓照曰失計願爲公作奴法和叱
遣之圓照字明同中大通初爲益州東齋郎宋寧宋興
二郡太守遠鎭諸王世子皆在建業質守帝特愛紀故
遣以副紀紀之構釁悉其謀也次弟圓正先見鎖在江
陵及紀旣以兵終元帝使謂曰西軍已敗汝父不知存
亡意欲使其自裁而圓正旣奉此問便號哭盡哀以禍
難之興皆由圓照於是唯哭世子言不絕聲上謂圓正
聞悶悲慼必應自殺頻看不能死乃付廷尉獄及見圓

照曰阿兄何乃亂人骨肉使酷痛如此圓照更無所言
唯云計誤並命絕食於獄齧臂啖之十三日死天下聞
而悲之圓正字明允紀第二子也美風儀善談論寬和
好施愛接士人本封江安侯歷西陽太守有惠政旣居
上流人附之者甚衆及侯景作逆圓正收兵衆且一萬
後遂跋扈中流不順王命及累破後復謀入蜀元帝將
圖之署爲平南將軍及至弗見使南平嗣王恪等與飲
醉而囚之時紀稱梁王及紀敗死有司奏請絕屬籍元
帝許之賜姓饕餮氏紀最爲武帝所愛武帝諸子罕登
公位唯紀以功業顯著先啓黃扉時邵陵王綸屢以罪
黜心每不平及聞紀爲征西乃撫枕歎曰武陵有何功
業而位乃前我朝廷憒憒似不知人武帝聞之大怒曰
武陵有恤民拓境之勳汝有何績敢擬之邪太清初帝
思之使善畫者張僧繇至蜀圖其形以歸紀在蜀十七
年南開寧州越嶲西通資陵吐谷渾內修耕桑鹽鐵之
功外通商賈遠方之利故能殖其財用器甲殷積馬八
千疋上足者置之內廄開寢殿以通之日務輒出步馬
便騎射尤工舞稍九日講武躬領幢隊及閱國難謂僚
佐曰七官文士豈能匡濟旣東下黃金一斤爲餅百餅
爲篋至有百篋銀五倍之其他錦罽繒采稱是每戰則
懸金帛以示將士終不賞賜寧州刺史陳知祖請散金
銀募勇士不聽慟哭而去自是人各離心莫肯爲用紀
頗學觀古善風角亦知不復能濟瞻望氣色歎吒天道
推牀聲聞于下有請事者以疾辭不見旣死埋于沙洲
不封無櫬元帝以劉孝勝付廷尉尋免之初紀將僭號
祆怪不一內寢柏殿柱繞節生花其莖四十有六靃靡
可愛狀似荷花識者曰王敦祆花非佳事也時蜀知星

人說紀曰官若東下當用申年太白出西從之爲利申歲發蜀酉年入荆不可失也發蜀之歲太白在西北及明年則已東出矣紀第五子圓肅字明恭風度淹雅敏而好學紀僭號封宜都王除侍中自率兵下峽令蕭撝守成都以圓肅爲之副及尉遲迥至圓肅與撝俱降魏授圓肅開府儀同三司侍中封安化縣公周明帝初進棘城郡公以歸款勳別賜食思君縣五百戶後拜咸陽郡守甚有政績尋改授太子少傅復出爲豐州刺史尋進位上開府儀同大將軍歷司宗中大夫洛州刺史進位大將軍隋開皇初授貝州刺史以母老請歸養詔許之卒於家年四十六有文集十卷又撰時人詩筆爲文海四十卷廣堪十卷淮海亂離志四卷行於世

簡文諸子

簡文二十子王宣后生哀太子大器南郡王大連陳淑容生尋陽王大心左夫人生南海王大臨安陸王大春謝夫人生瀏陽公大雅張夫人生新興王大莊包昭華生西陽王大鈞范夫人生武寧王大威褚修華生建平王大球陳夫人生義安王大昕朱夫人生綏建王大摯其臨川王大款桂陽王大成汝南王大封樂良王大圜並不知母氏潘美人生皇子大訓早亡無封其餘不知不載

哀太子大器字仁宗簡文嫡長子也中大通三年封宣城郡王太清二年十月侯景寇建業勅太子爲臺內大都督三年五月簡文即位六月癸酉立爲皇太子大寶二年八月侯景廢簡文將害太子時景黨稱景命召之太子方講老子將下牀而刑人奄至太子顏色不變徐曰久知此事嗟其晚耳刑者將以衣帶絞之太子曰此不能見殺乃指繫帳竿下繩命取絞之而絕時年二十八太子性寬和兼神用端嶷在賊中每不屈死左右竊問其故答曰賊若未須見殺雖復陵傲呵叱終不敢言若見害時至雖一日百拜無益於死又曰官今憂迫而神貌怡然未喻此意答曰吾自度死必在賊前若諸叔外來平夷羯寇必前見殺然後就死若其遂開拓上流必先見殺後取富貴何能以無益之愁橫憂必死之命乎景之西上攜太子同行及敗歸船往往相失太子所乘船入樅陽浦舟中腹心並勸因此入北太子曰自國家喪敗志不圖生主上蒙塵寧忍違離吾今若去乃是叛父非謂避賊天下豈有無父之國便涕泗嗚咽命即前進賊以太子有器度憚之恐爲後患故先及禍承聖元年四月追謚哀太子祔太廟陰室

尋陽王大心字仁恕簡文第二子也幼而聰明善屬文中大通四年以皇孫封當陽縣公大同元年爲都督郢州刺史時年十三州事悉付行事大心雖不親州務發言每合於理眾皆敬服太清元年爲雲麾將軍江州刺史貪冒財賄不能綏接百姓二年侯景寇都城大心招集士卒與上流諸軍赴援宮闕三年臺城陷上甲侯蕭韶南奔宣密詔加散騎常侍進號平南將軍大寶元年封尋陽王初歷陽太守莊鐵以城降侯景既而又奉其母來奔大心以爲鐵舊將厚爲其禮軍旅之事悉以委之以爲豫章內史景數遣軍西上寇抄大心輒令鐵擊破之禽其將趙加婁賊不能進時鄱陽王範率眾棄合肥屯于柵口待援兵總集欲俱進大心聞之遣要範西上以湓城處之廩饋甚厚欲與戮力共除禍難會鐵據豫章反大心令中兵參軍韋約討之鐵敗乞降鄱陽世子嗣先與鐵善乃謂範曰昔與鐵遊處其人才畧從横若降江州必不全其首領請援之乃遣將侯瑱救鐵夜破韋約等營大心大懼於是二蕃釁起景將任約畧地至盆城大心遣司馬韋質拒戰敗績時帳下猶有勇士千餘人咸說曰既無糧儲難以守固若輕騎往建州以圖後舉策之上也其母陳淑容不從撫膺慟哭大心乃止遂與約和二年將遇害繞牀謂賊厢公王僧貴曰我以全州歸命何忍相苦乃見射而殞

臨川王大款字仁師簡文第三子也初封石城縣公位中書侍郎太清三年簡文即位封江夏郡王大寶元年奔江陵湘東王承制改封臨川王魏克江陵遇害

南海王大臨字仁宣簡文第四子也大同二年封寧國縣公少而敏慧年十一遭左夫人憂哭泣毀瘠以孝聞後入國學明經射策甲科拜中書侍郎遷給事黃門侍郎十一年長兼侍中出爲琅邪彭城二郡太守侯景亂屯端門都督城南諸軍事大寶元年封南海郡王出爲都督東揚州刺史又除吳郡太守時張彪起義於會稽吳人陸令公顧川庾孟卿等勸大臨投之大臨曰彪若成功不藉我力如其撓敗以我說爲不可往也二年遇害

南郡王大連字仁靖簡文第五子也少俊爽能屬文舉止風流雅有巧思妙達音樂兼善丹青大同二年封臨城縣公七年與南海王俱入國學並射策甲科皆拜中書侍郎遷給事黃門侍郎轉侍中太清元年出爲東揚州刺史侯景入寇建業大連率眾四萬來赴及臺城沒援軍散還東揚州會稽豐沃糧仗山積東人懲景苛虐咸樂爲用而大連恒沈湎于酒宋子仙攻之大連棄城

走追及於信安縣大連猶醉弗之覺於是三吳悉爲賊有大寶元年封南郡王賊遣將趙伯超劉神茂來攻大連專委部將留異異以城應賊大連棄走爲賊所獲侯景以爲江州刺史二年遇害

安陸王大春字仁經簡文第六子也少博涉書記善吹笙天性孝謹體貌瓌偉腰帶十圍大同六年封西豐縣侯拜中書侍郎後爲寧遠將軍知石頭戍軍事侯景內寇大春奔京口隨邵陵王入援戰于鍾山軍敗肥大不能行爲賊所獲大寶元年封安陸郡王出爲東揚州刺史二年遇害

桂陽王大成字仁和簡文第八子也初封新塗公太淸三年簡文卽位封山陽郡王大寶元年奔江陵湘東王承制改封桂陽王大成性甚兇羸兼便弓馬至江陵被甲夜出人謂爲劫砍之遂失左髻魏克江陵遇害

汝南王大封字仁叡簡文第九子也初封臨汝公太淸三年簡文卽位封宜都郡王大寶元年奔江陵湘東王承制封汝南王魏克江陵入長安周封爲晉陵縣公入隋位開府儀同三司陳州刺史

瀏陽公大雅字仁風簡文第十二子也大同九年封瀏陽縣公少聰警美姿儀特爲武帝所愛臺城陷大雅猶命左右格戰賊至漸衆乃自縋而下發憤感疾薨

新興王大莊字仁禮簡文第十三子也性躁動大同元年封高唐縣公大寶元年封新興郡王位南徐州刺史二年遇害

西陽王大鈞字仁博簡文第十四子也性厚重不妄戲弄年七歲武帝嘗問讀何書對曰學詩因令諷誦卽誦周南音韻淸雅帝重之大寶元年封西陽郡王位丹陽尹二年監揚州遇害

武寧王大威字仁容簡文第十五子也美風儀眉目如畫大寶元年封武寧郡王二年爲丹陽尹遇害

皇子大訓字仁德簡文第十六子也少而腳疾不能躡履太淸三年未封而亡年十歲

建平王大球字仁玉簡文第十七子也大寶元年封建平郡王性明慧夙成初侯景圍臺城武帝素歸心釋教每發誓願恆云若有衆生應受諸苦請身代當時大球年甫七歲聞而驚謂母曰官家尙爾兒安敢辭乃六時禮佛亦云凡有衆生應獲苦報悉大球代受其早慧如此二年遇害

義安王大昕字仁朗簡文第十八子也年四歲母陳夫人卒便哀毀有若成人晨夕哭泣眼爲之傷及武帝崩大昕奉慰簡文嗚咽不自勝左右莫不掩泣大寶元年封義安郡王二年遇害

綏建王大摯字仁瑛簡文第十九子也幼雄壯有膽氣及臺城陷乃歎曰大丈夫會當滅虜屬奶媼驚掩其口曰勿妄言禍將及大摯笑曰禍至非由此大寶元年封二年遇害

樂良王大圜字仁顯簡文第二十子也幼而聰敏神情俊悟年四歲能誦三都賦及孝經論語七歲居母喪便有成人性大寶元年封樂良郡王丹陽尹簡文遇弒大圜潛遁獲免侯景平歸建業時喪亂之後無所依乃寓居善覺佛寺人有以告王僧辯僧辯乃給船餼得往江陵元帝見之甚悅賜以越衫胡帶改封晉熙郡王除瑯琊彭城二郡太守時大圜兄汝南王大封等猶未通謁元帝性忌刻甚恨望之乃使大圜召之大圜卽日曉諭兩兄相繼出謁元帝乃安之大圜以世方多故恐讒愬生焉乃屏絕人事門客左右不過三兩人不妄遊狎兄姊之間止牋疏而已嘗以讀詩禮書易爲事元帝嘗自問五經要事數十條大圜辭約指明應答無滯元帝甚歎美之因謂曰昔河間好學爾既有之臨淄好文爾又兼之然有東平爲善彌高前載吾重之愛之爾當效焉及于謹軍至元帝乃遣大封充使請和大圜副焉其實質也出至軍所信宿元帝遂降魏恭帝二年大圜至長安相國宇文泰以客禮待之周保定二年大圜受封始寧縣公尋加車騎大將軍儀同三司賜田宅奴婢俄而開麟趾殿召集學士大圜豫焉初梁武帝集四十卷簡文集九十卷各止一本江陵平後並藏祕閣至是大圜於麟趾見之乃手寫二集一年並畢識者稱歎之建德四年除滕王逌友逌嘗問大圜曰吾聞湘東王作梁史有之乎餘傳乃可抑揚帝紀奚若隱則非實記則攘羊對曰言者之妄也如使有之亦不足怪昔漢明爲世祖紀章帝爲顯宗紀殷鑒不遠足爲成例且君子之過如日月之蝕彰於四海安得而隱之如有不彰亦安得而不隱蓋子爲父隱直在其中諱國之惡抑又禮也逌乃大服其後大軍東討攻拔晉州或問大圜曰師遂克否對曰高歡昔以晉州肇基僞迹今本既拔矣能無亡乎所謂君以此始者必以此終居數月齊氏果滅聞者以爲知言隋開皇初拜內史侍郎出爲西河郡守卒大圜好學務於著述撰梁舊事三十卷寓記三卷士喪儀注五卷要訣二卷并文集二十卷

元帝諸子

元帝諸子徐妃生忠烈世子方等王貴嬪生貞惠世子

方諸始安王方略袁貴人生愍懷太子方矩夏貴妃生敬皇帝自餘不顯

忠烈世子方等字實相元帝長子也少聰敏有俊才善騎射尤長巧思性愛林泉特好散逸嘗著論曰人生處世如白駒過隙耳一壺之酒足以養性一簞之食足以怡形生在蓬蒿死葬溝壑瓦棺石槨何以異茲吾嘗夢爲魚因化爲鳥方其夢也何樂如之及其覺也何憂類斯良由吾之不及魚鳥者遠矣故魚鳥飛浮任其志性吾之進退常在掌握舉手懼觸搖足恐墜若使吾終得與魚鳥同遊則去人間如脫屣耳初徐妃以嫉妬失寵方諸母王氏以冶容倖嬖及王夫人終元帝歸咎徐妃方等意不自安元帝聞之又惡方等方等益懼故述此論以申其志時武帝年高欲見諸王長子元帝遣方等方等欣然升舟冀免憂辱行至篠水遇侯景亂元帝召之方等啓曰昔申生不愛其死方等豈顧其生元帝省書歎息知無還意乃配步騎一萬使援臺城賊每來攻方等必身當矢石城陷方等歸荊州收集士馬甚得衆和元帝始歎其能方等又勸修築城柵以備不虞既成樓雉相望周回七十餘里元帝觀之甚悅入謂徐妃曰若更有一子如此吾復何憂徐妃不答垂泣而退元帝忿之因疏其穢行牓于大閤方等入見益以自危時河東王爲湘州刺史不受令方等求征之元帝謂曰汝有水厄深宜愼之拜爲都督令南討方等臨行謂所親曰吾此段出征必死無二死而獲所吾豈愛生及至麻溪軍敗溺死求屍不得元帝聞之心喜不以爲戚後追思其才贈侍中中軍將軍揚州刺史謚忠壯世子命招魂以葬之方等注范曄後漢書未就所撰三十國春秋及篤靜子行於世元帝卽位改謚武烈世子封子莊爲永嘉王及魏克江陵莊年甫七歲爲人家所匿後王琳迎送建業及敬帝立出質于齊敬帝太平二年陳武帝將受禪王琳請莊于齊以主梁嗣自湓城濟江二月卽帝位于郢州年號天啓置百官王琳總其軍國明年莊爲陳人所敗其御史中丞劉仲威奉以奔壽陽遂入齊齊武平元年授特進開府儀同三司封梁王齊朝許以興復未果而齊亡莊在鄴飲氣而卒

貞惠世子方諸字明智元帝第二子也幼聰警博學明老易善談玄風宋清越特爲元帝所愛母王氏又有寵及方等敗後元帝謂曰不有所廢其何以興勿以汝兄爲念因拜中撫軍將軍以自副又出爲郢州刺史鎭江夏以鮑泉爲行事時元帝遣徐文盛與侯景將任約相持方諸年十五童心未革恃文盛在近不恤軍政日與鮑泉蒱酒爲樂侯景知之乃遣其將宋子仙從間道襲之百姓奔告方諸與鮑泉皆不信曰文盛大軍在下虜安得來始命閉門賊已入城方諸踞泉腹以五色眊辮其鬚子仙執方諸以歸王僧辯軍至蔡洲景遂害之元帝追謚貞惠世子

愍懷太子方矩字德規元帝第四子也少勤學美容止初封南安侯太淸初累遷侍中中衞將軍元帝承制拜王太子改名元良承聖元年十一月丙子立爲皇太子及升儲位昵狎羣小多有過失元帝有廢立討未及行而江陵喪亾遇害太子聰穎凶暴猜忍俱有元帝風敬帝承制追謚愍懷太子

始安王方略元帝第十子貞惠世子母弟也母王氏王琳之次姊元帝卽位拜貴嬪次妹又爲良人並蒙寵幸方略益鍾愛侯景亂元帝結好西魏方略年數歲遣入關至長安卽得還贈遺甚後江陵喪亡遇害貴嬪良人並更誕子未出閤無封失名

陳

永修侯擬字公正高祖之疏屬也少孤貧性質直彊記高祖南征交趾擬從焉梁紹泰二年除員外散騎常侍明威將軍以雍州刺史資監南徐州事高祖踐阼廣封宗室詔曰維城宗子實固有周磐石懿親用隆大漢故會盟則異姓爲後啓上則非劉勿王所以糾合枝幹廣殖藩屏前王懋典列代常規從子持節員外散騎常侍明威將軍雍州刺史監南徐州擬持節通直散騎侍郎正威將軍北徐州刺史褒從子晃炅從孫假節員外郎散騎常侍明威將軍訬假節信威將軍北徐州刺史吉陽縣開國侯誼假節通直散騎侍郎信武將軍祏假節散騎侍郎雄信將軍靑州刺史詳正威將軍通直散騎侍郎慧紀從孫敬雅敬泰並枝戚密近勳勞王室宜裂河山以光利建擬可永修縣開國侯褒鍾陵縣開國侯晃建城縣開國侯炅上饒縣開國侯訬慶化縣開國侯誼仍前封祏豫章縣開國侯詳遂興縣開國侯慧紀宜黃縣開國侯敬雅盧都縣開國侯敬泰平固縣開國侯各五百戶文帝嗣位擬除丹陽尹常侍如故坐事又以白衣知郡尋復本職天嘉元年卒時年五十八贈領軍將軍謚曰定二年配享高祖廟庭子黨嗣

遂興侯詳字文幾少出家爲沙門善書記談論淸雅高祖討侯景詔令還俗配以兵馬從定建業永定二年封遂興縣侯天嘉三年累遷吳州刺史五年討周迪戰敗死之以所統失律無贈謚子正理嗣

宜黃侯慧紀字元方高祖之從孫也涉獵書史頁材任氣從高祖平侯景及帝踐阼封宜黃縣侯除黃門侍郎大建十年吳明徹北侵敗績以慧紀爲緣江都督兖州刺史至德二年爲都督荆州刺史及梁安平王蕭巖晉熙王蕭瓛等詣慧紀請降慧紀以兵迎之以應接功位開府儀同三司禎明三年隋師濟江慧紀率將士三萬人船艦千餘乘沿江而下欲趣臺城遣南康太守呂肅將兵據巫峽以五條鐵鎖橫江肅竭其私財以充軍用隋將楊素奮兵擊之四十餘戰爭馬鞍山及磨刀澗守險隋軍士死者五千餘人陳人盡取其鼻以求功賞旣而隋軍屢捷獲陳之士三縱之肅乃遁保延州別帥廖世寵領大舫詐降欲燒隋艦更決死一戰於是有五黃龍備衆色各長十餘丈驤首連接順流而東風浪大起雲霧晦冥陳人震駭不覺火自焚隋軍乘高艦張大弩以射之陳軍大敗風浪應時頓息肅收餘衆東走慧紀時至漢口爲隋秦王俊所拒不得進聞肅敗盡燒公安之儲引兵東下因推湘州刺史晉熙王叔文爲盟主水軍都督周羅睺與郢州刺史荀法尚守江夏及建業平隋晉王廣遣一使以慧紀子正業來喻又使樊毅喻羅睺其上流城戍悉解甲於是慧紀及巴州刺史畢寶並慟哭俱降慧紀入隋依例授儀同三司卒子正平頗有文學

衡陽獻王昌字敬業高祖第六子也梁太清末高祖南征李賁命昌與宣后隨沈恪還吳興及高祖東討侯景昌與宣后文帝在吳興並爲景所囚景平拜長城國世子吳興太守時年十六昌容貌偉麗神情秀朗雅性聰辨明習政事高祖遣陳郡謝哲濟陽蔡景歷輔昌臨邦又遣吳郡杜之偉授昌以經書昌讀書一覽便誦明於經義剖析如流尋與宣帝俱往荆州梁元帝除員外散騎常侍荆州陷又與宣帝俱遷關右西魏以高祖故甚禮之高祖即位頻遣使請周人許之而未遣及高祖崩乃遣之是時王琳梗於中流昌未得還居于安陸王琳平後天嘉元年二月昌發自安陸由魯山濟江而巴陵王蕭沇等率百僚上表請以昌爲湘州牧封衡陽郡王詔曰可三月甲戌入境詔令中書舍人緣道迎接丙子濟江於中流殞之使以溺告四月庚寅喪柩至都上親臨哭乃以詔贈假黃鉞都督中外諸軍事太宰揚州牧葬送之儀一依漢東平憲王齊豫章文獻王故事謚曰獻無子文帝以第七皇子伯信嗣伯信字孚之位西衡州刺史及隋師濟江與臨汝侯方慶並爲東衡州刺史王勇所害

南康愍王曇朗高祖母弟忠壯王休先之子也休先少倜儻有大志梁簡文之在東宮深被知遇爲文德主帥頃之卒敬帝即位追贈南徐州刺史封武康縣公高祖受禪贈司徒封南康郡王謚曰忠壯曇朗少孤尤爲高祖所愛有膽力善綏御侯景平後起家著作郎高祖誅王僧辯留曇朗鎮京口知留府事紹泰元年除中書侍郎監南徐州二年齊兵攻逼建業時根本孤危高祖請和遣曇朗質於齊旣而齊人背約遣蕭軌等隨徐嗣徽度江高祖大破之虜蕭軌東方老等誅之齊人亦害曇朗于晉陽時陳與齊絕弗之知高祖踐阼猶以曇朗襲封南康郡王奉忠壯王祀天嘉二年齊人結好始知其亾文帝詔贈開府儀同三司南徐州刺史謚曰愍乃遣兼中郎令隨聘使江德藻迎曇朗喪柩三年春至都初曇朗未質於齊生子方泰方慶及將適齊以二妾自隨在北亦生二子方華方廣亦同得還方泰少麤獷與諸惡少年羣聚游逸無度文帝以南康王故特寬宥之天嘉二年以爲南康王世子及聞曇朗薨於是襲爵南康王大建四年爲都督廣州刺史爲政殘暴爲有司奏免六年授豫章內史在郡不修政事秩滿之際屢放部曲爲劫又縱火延燒邑居因行暴掠驅錄富民徵求財賄代至又淹留不還至都以爲宗正卿未拜爲御史中丞宗元饒所劾免官以王還第十一年起爲寧遠將軍直殿省尋加散騎常侍其年八月宣帝幸大壯觀因大閱武命都督任忠領步騎十萬陣於元武湖都督陳景領樓艦五百出於瓜步江上登元武門晏羣臣以觀之因幸樂游苑設絲竹會仍重幸大壯觀集衆軍振旅而還時方泰當從啓稱所生母疾不行因與亾命楊鍾期等二十人微行往人間淫淫于岑妻爲州長流所錄又率人仗抗拒傷損禁司爲有司所奏上大怒下方泰獄於是兼御史中丞徐君整奏請解方泰所居官下宗正削爵土上可其奏禎明初爲侍中陳亾與後主俱入長安隋大業中爲掖縣令方慶少淸警涉獵書傳及長有幹略天嘉中封臨汝縣侯至德二年累遷智武將軍武州刺史初廣州刺史馬靖久居嶺表大得人心士馬殷盛朝廷疑之以方慶爲廣州刺史以兵襲靖靖誅進號宣毅將軍方慶性淸謹甚得人和禎明三年隋師濟江都督東衡州刺史王勇徵兵於方慶欲與赴援臺城時隋行軍總管韋洸帥兵度嶺宣隋文帝勑云若嶺南平定留勇與豐州刺史鄭萬頃且依舊職方慶聞之恐勇賣己且欲觀變乃不從勇使高州刺史戴智烈斬方慶於

廣州而收其兵鄭萬頃滎陽人梁司州刺史紹叔之始族子也父旻梁末入魏萬頃通達有材幹周武帝時爲司城大夫出爲溫州刺史至德中與司馬消難奔陳拜散騎常侍昭武將軍豐州刺史在州甚有惠政吏民表請立碑詔許焉初萬頃在周甚被隋文帝知遇及隋文帝踐阼常思還北及王勇殺方慶萬頃乃率州兵拒勇降隋隋授上儀同尋卒

文帝諸子

文帝十三男沈皇后生廢帝始興王伯茂嚴淑媛生鄱陽王伯山晉安王伯恭潘容華生新安王伯固劉昭華生衡陽王伯信王充華生廬陵王伯仁張修容生江夏王伯義韓修華生武陵王伯禮江貴妃生永陽王伯智孔貴妃生桂陽王伯謀二男早卒無名伯信出繼衡陽王昌

始興王伯茂字鬱之文帝第二子也初高祖兄始興昭烈王道談仕梁爲直閤將軍侯景之亂領弩手二千援臺城中流矢卒紹泰二年贈南兖州刺史封義興郡公諡曰昭烈高祖受禪重贈太傅改封始興郡王道談生文帝及宣帝宣帝以梁承聖末遷于關中至是高祖遙以宣帝襲封始興嗣王以奉昭烈王祀及高祖崩文帝入纂帝位時宣帝在周未還文帝以本宗乏饗徙封宣帝爲安成王伯茂爲始興王以奉昭烈王祀賜天下爲父後者爵一級舊制諸王受封未加戎號者不置佐史於是尚書八座奏加伯茂寧遠將軍置佐史除揚州刺史伯茂性聰敏好學謙恭下士又以太子母弟故文帝深愛重之是時征北軍人於丹徒盜發晉郗曇墓大獲晉右將軍王羲之書及諸名賢遺跡事覺其書並沒縣官藏于祕府文帝以伯茂好古多以賜之由是伯茂大工草隸甚得右軍法遷東揚州刺史鎭東將軍開府儀同三司廢帝時伯茂在都劉師知等矯詔出宣帝伯茂勸成之師知等誅後宣帝恐伯茂扇動朝廷乃進號中衞將軍令入居禁中專與廢帝游處時四海之望咸歸宣帝伯茂深不平日加憤怨肆出惡言宣帝以其無能不以爲意及建安人蔣裕與韓子高等謀反伯茂陰豫其事光大二年皇太后令黜廢帝爲臨海王其日又下令降伯茂爲溫麻侯時六門之外有別館以爲諸王冠昏之所名爲昏第至是命伯茂出居之宣帝遣盜殞之于車中時年十八

鄱陽王伯山字靜之文帝第三子也偉容儀舉止閑雅喜愠不形於色高祖時天下草創諸王受封儀注多闕及伯山受封文帝欲重其事天嘉元年七月丙辰尚書八座奏封鄱陽郡王乃遣度支尚書蕭睿持節兼太宰告于太廟又遣五兵尚書王質持節兼太宰告于太社其年十月上臨軒策命策訖令王公以下並宴於王第六年爲緣江都督平北將軍南徐州刺史宣帝輔政不欲令伯山處邊光大元年徙爲東揚州刺史累遷征南將軍護軍將軍加開府儀同三司給鼓吹并扶伯山於諸王最長後主深敬重之每朝廷有冠昏饗宴恆使爲主及遭所生母憂居喪以孝聞起爲鎭衞將軍將遷太尉旣有命矣未及發詔禎明三年薨尋屬陳亾遂無贈諡長子君範未襲爵而隋師至時宗室諸王侯在都者百餘人後主恐其爲變乃並召入屯朝堂使豫章王叔英總督之又陰爲之備六軍敗績相率出降因從後主入長安隋文帝並配隴右及河西諸州各給田業以處之大業二年隋煬帝以後主第六女婤爲貴人絕愛幸因召陳氏子弟盡還京師隨才敘用由是並爲守宰徧於天下君範位溫令

新安王伯固字牢之文帝第五子也生而龜胷目通精揚白形狀眇小而俊辯善言論天嘉六年立爲新安郡王大建七年累遷都督南徐州刺史伯固性嗜酒不好積聚所得俸祿用度無節酣醉以後多所乞丐於諸王中最爲貧窶宣帝每矜之特加賞賜性輕率好行鞭捶在州不知政事日出田獵或乘眠輿至於草閒輒呼人從游動至旬日所捕麞鹿多使生致宣帝頗知之遣使者責讓者數矣十年爲國子祭酒頗知玄理而墮業無所通至於摘句問難往往有奇意爲政苛嚴國學有墮游不修習者必重加檟楚生徒懼焉由是學業頗進十三年爲都督揚州刺史後主初在東宮與伯固甚親狎伯固又善謿謔宣帝每宴集多引之叔陵在江州心害其寵陰求瑕疵將中以法及叔陵入朝伯固懼罪諂求其意乃共訕毀朝賢歷詆文武雖耆年高位皆面折無所畏懼伯固性好射雉叔陵又好開發冢墓出游田野必與偕行於是性好大協遂謀不軌伯固侍禁中每有密語必報叔陵及叔陵奔東府遣使告之伯固單馬馳赴及事不捷便欲走會四門已閉不得出因趣白楊道臺遣馬容等至爲亂兵所殺尸於昌館門時年二十八詔特許以庶人禮葬子及所生王氏並特宥爲庶人國除

晉安王伯恭字肅之文帝第六子天嘉六年封尋爲吳郡太守時年十餘歲便留心政事官曹緝理歷位尚書左僕射後爲中衞將軍右光祿大夫陳亾入長安大業

初爲成州刺史太常少卿
廬陵王伯仁字壽之文帝第八子天嘉六年立爲侍中國子祭酒領太子左庶子陳亾卒于長安
江夏王伯義字堅之文帝第九子也天嘉六年封位金紫光祿大夫陳亾遷于瓜州道卒
武陵王伯禮字用之文帝第十子天嘉六年立大建初爲吳興太守在郡恣行暴掠後爲有司所劾十一年被代徵還遂遷延不發爲御史中丞徐君整所劾免陳亾入長安大業中爲臨洮太守
永陽王伯智字策之文帝第十二子少敦厚有器局博涉經史大建初立累遷尚書左僕射後爲特進陳亾入長安大業中爲國子司業
桂陽王伯謀字深之文帝第十三子大建中立位散騎常侍薨子部大業中爲番禾令

宣帝諸子

宣帝四十二男柳皇后生後主彭貴人生始興王叔陵曹淑華生豫章王叔英何淑儀生長沙王叔堅宜都王叔明魏昭華生建安王叔卿錢貴妃生河東王叔獻劉昭儀生新蔡王叔齊袁昭容生晉熙王叔文義陽王叔達新會王叔坦王姬生淮南王叔彪巴山王叔雄吳姬生始興王叔重徐姬生尋陽王叔儼湻于姬生岳陽王叔慎王修華生武昌王叔虞韋修容生湘東王叔平施姬生臨賀王叔敖沅陵王叔興曾姬生陽山王叔宣楊姬生西陽王叔穆申婕妤生海陵王叔儉南郡王叔澄岳山王叔韶太原王叔匡袁姬生新興王叔純吳姬生巴陵王叔謨劉姬生臨海王叔顯秦姬生新寧王叔隆新昌王叔榮其皇子叔叡叔忠叔泓叔毅叔訓叔武叔虞叔封八人並未及封三子早卒無名

始興王叔陵字子嵩宣帝第二子也梁承聖中生於江陵魏克江陵宣帝遷關右叔陵留穰城宣帝之還以後主及叔陵爲質天嘉三年隨後主還朝封康樂縣侯叔陵少機辯徇聲名彊梁無所推屈大建元年封始興王奉昭烈王祀位都督江州刺史時年十六政自己出僚佐莫豫焉性嚴刻部下懾憚諸公子姪及罷縣令長皆逼令事己豫章內史錢法成詣府進謁即配其子季卿將領馬仗季卿慙恥不時至叔陵大怒侵辱法成法成憤怨自縊而死州縣非其部內亦徵攝案之朝貴及下吏有乖忤者輒誣奏其罪陷以重辟四年遷都督湘州刺史諸州鎮聞其至皆震怖股慄叔陵日益橫征伐夷獠所得皆入己絲毫不以賞賜徵求役使無有紀極夜常不卧執燭達曉呼召賓客說人間細事戲謔無所不爲性不飲酒唯多置餚胾晝夜食噉而已自旦至中方始寢寐曹局文案非呼不得輒白答罪者皆繫獄動數年不省視瀟湘以南皆逼爲左右廛里殆無遺者其中脫有逃竄輒殺其妻子州縣無敢上言宣帝弗之知九年除都督揚州刺史十年至都加扶給油幢車叔陵居東府事務多關涉省閣執事之司承意順旨即諷上進用之微致違忤必致大罪重者至殊死道路籍籍皆言其有非常志叔陵修飾虛名每入朝常於車中馬上執卷讀書高聲長誦陽陽自若歸坐齋中或自執斧斤爲沐猴百戲又好游冢墓間遇有塋表姓名可知者輒命左右發掘取其石誌古器并骸骨肘脛持爲翫弄藏之府庫人間少妻處女微有色貌者並即逼納十一年丁所生母彭氏憂去職頃之起爲本職晉世王公貴人多葬梅嶺及彭氏卒叔陵啓求梅嶺葬之乃發故太傅謝安舊墓棄去安柩以葬其母初喪日僞爲哀毀自稱刺血寫涅槃經未及十旬乃日進甘膳又私召左右妻女與之姦合所作尤不軌浸淫上聞宣帝責御史中丞王政以不舉奏免政官又黜其典籤親事仍加鞭箠宣帝素愛叔陵不繩以法但責讓而已服闋又爲侍中中軍大將軍及宣帝不豫後主諸王並入侍疾叔陵陰有異志命典藥吏礪切藥刀及倉卒之際又命左右取劒左右不悟乃取朝服所佩木劒以進叔陵怒及翌日小斂後主哀頓俯伏叔陵以剉藥刀斫後主中項太后馳來救焉叔陵又斫太后數下後主乳媼樂安君吳氏時在太后側自後掣肘後主因得起叔陵仍持後主衣後主自奮得免長沙王叔堅以手搤叔陵奪去其刀仍牽就柱以其褶袖縛之棄池水中將殺之問後主曰即盡之爲待也時吳媼已扶後主避賊叔堅求後主所在將受命叔陵多力因奮得脫突出雲龍門馳車還東府呼其甲士斷青溪橋道放東城囚以充戰士又遣人往新林追所部兵馬仍自披甲著白帽登城西門招募百姓散金銀以賞賜外召諸王將帥莫有應者唯新安王伯固聞而赴之叔陵聚兵僅得千人欲據城保守時衆軍並緣江防守臺內空虛叔堅白太后使太子舍人司馬申急召右衞將軍蕭摩訶將兵至西府西門叔陵事急遣記室韋諒送鼓吹與摩訶謂曰事捷以公爲台鼎摩訶紿報曰須王心膂節將自來方敢從命叔陵即遣戴溫譚騏驎二人詣摩訶摩訶執以送臺斬於閤道下持其首徇東城仍懸於朱雀門叔陵自知不濟遂入沈其妃張氏及寵妾七人于井中叔陵有部下兵先在新林於

是率人馬數百自小航度欲趣新林以舟艦入北行至白楊路爲臺軍所邀伯固見兵至旋避入巷叔陵拔刀追之伯固復還叔陵部下多棄甲潰散摩訶馬容陳智深迎刺叔陵閹竪王飛禽斫之數十下馬容陳仲華就斬首送臺自寅至巳乃定尚書八坐奏請依宋世故事流尸江中汚潴其室并毀其所生彭氏墳廟還謝氏之塋後主從所奏叔陵諸子即日並賜死

豫章王叔英字子烈宣帝第三子也寬厚仁愛大建元年封後位司空隋大業中位涪陵太守卒

長沙王叔堅字子成宣帝第四子也母本吳中酒家婢相者言當生貴子宣帝微時因飲通焉生叔堅及貴召拜淑儀叔堅少而嚴整又頗使酒兄弟憚之好術數卜筮風角鎔金琢玉並究其妙初封豐城侯大建元年封長沙郡王累遷丹陽尹初叔堅與始興王叔陵並招聚賓客各爭權寵甚不平每朝會鹵簿不肯爲先後必分道而趣左右或爭道而鬬至有死者及宣帝不豫叔堅與叔陵並從後主侍疾叔陵陰有異志叔堅疑之微伺其所爲及行逆賴叔堅以免以功進驃騎將軍開府儀同三司揚州刺史尋遷司空將軍刺史如故時後主患創不能視事政無大小悉決于叔堅權傾朝廷後主由是疏忌之孔範管斌施文慶等並東宮舊臣日夕陰持其短至德元年乃詔令即本號同三司之儀出爲江州刺史未發尋以爲司空實欲奪其權又陰令人造其厭魅刻木爲偶人衣以道士服施機關能跪拜晝夜於星月下醮之祝詛於上又令人上書告其事案驗令實後主召叔堅囚于西曹將黜之令近侍宣敕數之叔堅自陳爲佞人所構死日甦見叔陵後主感其前功乃赦之但免所居官以王還第後位中軍大將軍開府儀同三司荆州刺史秩滿還都陳亾入隋遷于瓜州叔堅素貴不知家人生產至是與妃沈氏酤酒不以耕種爲事大業中爲遂寧郡守卒

建安王叔卿字子弼宣帝第五子也性質直有材氣容貌甚偉大建四年立位中書監陳亾入隋大業中爲都官郎上黨通守

宜都王叔明字子昭宣帝第六子也儀容美麗舉止和柔狀似婦人大建五年立位侍中陳亾入隋大業中爲鴻臚少卿

河東王叔獻字子恭宣帝第九子也性恭謹聰明好學大建五年立位南徐州刺史薨贈司空謚康簡子孝寬嗣大業中爲汶城令

新蔡王叔齊字子肅宣帝第十一子也風采明贍博涉經史善屬文大建七年立位侍中陳亾入隋大業中爲尚書主客郎

晉熙王叔文字子才宣帝第十二子也性輕險好虛譽頗涉書史大建七年立位都督湘州刺史徵爲侍中未還而隋軍濟江隋秦王至漢口時叔文自湘州還朝至巴州乃率巴州刺史畢寶等請降致書於秦王王遣使往巴州迎勞叔文叔文與畢寶荆州刺史陳慧紀及文武將吏赴漢口秦王并厚待之及至京隋文帝坐于廣陽門觀叔文從後主至朝堂文帝使內史令李德林宣旨責其君臣不能相弼以致喪亾後主與其羣臣並愧懼拜伏莫能仰視叔文獨欣然有自得志後上表陳在巴州先送款望異常例文帝嫌其不忠而方懷來江表遂授開府宜州刺史

淮南王叔彪字子華宣帝第十三子也少聰慧善屬文大建八年立位侍中入隋卒于長安

始興王叔重字子厚宣帝第十四子也性質朴無伎藝宣帝崩始興王叔陵爲逆誅其年立叔重爲始興王以奉昭烈王後位江州刺史隋大業中爲太府少卿

尋陽王叔儼字子思宣帝第十五子也性凝重舉止方正後主即位立位侍中入隋卒

岳陽王叔慎字子敬宣帝第十六子也少聰敏十歲能屬文大建十四年立至德中爲丹陽尹時後主尤愛文章叔慎與衡陽王伯信新蔡王叔齊等日夕陪侍賦詩恒被嗟賞禎明元年出爲湘州刺史加都督及隋師濟江清河公楊素兵下荆州遣將龐暉略地至湘州州內將士剋日請降叔慎置酒會文武酒酣歎曰君臣之義盡於此乎長史謝基伏而流涕湘州助防遂興侯正理在坐起曰主辱臣死諸君獨非陳國臣乎縱其無成猶見臣節青門之外有死不能今日後應者斬衆咸許諾乃刑牲結盟遣人詐奉降書於龐暉叔慎伏甲待之暉入伏兵發縛暉等以徇皆斬之叔慎招士衆數日中兵至五千人隋遣內陽公薛胄爲湘州刺史聞龐暉死乃益請兵隋又遣行軍總管劉仁恩救之未至薛胄禽叔慎秦王斬之漢口

義陽王叔達字子聰宣帝第十七子也大建十四年立位丹陽尹入隋大業中爲內史舍人絳郡通守武德中位侍中封江國公歷禮部尚書卒

巴山王叔雄字子猛宣帝第十八子也大建十四年立入隋卒于長安

武昌王叔虞字子安宣帝第十九子也大建十四年立

入隋大業中爲高苑令

湘東王叔平字子康宣帝第二十子也至德元年立入隋大業中爲胡蘇令

臨賀王叔敖字子仁宣帝第二十一子也至德元年立入隋大業中位儀同三司

陽山王叔宣字子通宣帝第二十二子也至德元年立入隋大業中爲涇城令

西陽王叔穆字子和宣帝第二十三子也至德元年立入隋卒于長安

南安王叔儉字子約宣帝第二十四子也至德元年立入隋卒于長安

南郡王叔澄字子泉宣帝第二十五子也至德元年立入隋大業中爲靈武令

沅陵王叔興字子推宣帝第二十六子也至德元年立入隋大業中爲給事郎

岳山王叔韶字子欽宣帝第二十七子也至德元年立位丹陽尹入隋卒于長安

新興王叔純字子洪宣帝第二十八子也至德元年立入隋大業中爲河北令

巴東王叔謨字子軌宣帝第二十九子也至德四年立入隋大業中爲汧陽令

臨海王叔顯字子亮宣帝第三十子也至德四年立入隋大業中爲鶉觚令

新會王叔坦字子開宣帝第三十一子也至德四年立入隋大業中爲涉縣令

新寧王叔隆字子遠宣帝第三十二子也至德四年立入隋卒于長安

新昌王叔榮字子徹宣帝第三十三子也禎明三年立入隋大業中爲內黃令

太原王叔匡字子佐宣帝第三十四子也禎明三年立入隋大業中爲壽光令

後主諸子

後主二十二男張貴妃生皇太子深會稽王莊孫姬生吳興王允高昭儀生南平王嶷呂淑媛生永嘉王彥邵陵王兢龔貴嬪生南海王虔錢塘王恬張淑華生信義王祗徐淑儀生東陽王恮孔貴人生吳郡王蕃其皇子總觀明綱統沖洽紹綽威辨十一人並未及封

皇太子深字承源後主第四子也少聰慧有志操容止儼然雖左右近侍未嘗見其喜慍以母張貴妃故特爲後主所愛至德元年封始安王位揚州刺史禎明二年皇太子允廢後主乃立深爲皇太子及隋師濟江隋將韓擒虎自南掖門入百僚逃散深時年十餘歲閉閤而坐舍人孔伯魚侍焉隋師排閤而入深使宣令勞之曰軍旅在道不乃勞也軍人咸致敬焉隋大業中爲枹罕太守武德初爲祕書丞卒官

吳興王允字承業後主長子也大建五年二月生於東宮母孫姬因產卒沈皇后哀而養之以爲己子後主年長未有嗣宣帝命以爲嫡孫詔爲父後者賜爵一級十年封永康公後主即位立爲皇太子允性聰敏好學執經肄業終日不倦博通大義兼善屬文時張貴妃孔貴嬪並愛幸沈皇后無寵日夜構成后及太子之短孔範之徒又於外合成其事禎明二年廢爲吳興王加侍中衛將軍入隋卒于長安

南平王嶷字承岳後主第二子也方正有器局年數歲風采舉動有若成人至德元年立位揚州刺史遷都督郢州刺史入隋卒于長安

永嘉王彥字承懿後主第三子也至德元年立位都督江州刺史入隋大業中爲襄武令

南海王虔字承恪後主第五子也至德元年立位南徐州刺史入隋大業中爲涿令

信義王祗字承敬後主第六子也至德元年立位瑯琊彭城二郡太守入隋大業中爲通議郎

邵陵王兢字承檢後主第七子也禎明元年立入隋大業中爲國子監丞

會稽王莊字承肅後主第八子也容貌蕞陋性嚴酷數歲時左右有不如意輒剟刺其面或加燒爇性嗜酒愛博以母張貴妃寵後主甚愛之至德元年立位揚州刺史入隋大業中爲昌隆令

東陽王恮字承厚後主第九子也禎明二年立入隋大業中爲通議郎

吳郡王蕃字承廣後主第十子也禎明二年封入隋大業中爲任城令

錢塘王恬字承惔後主第十一子也禎明二年封入隋卒于長安江左自西晉相承諸王開國並以戶數相差爲大小三品大國置上中下三將軍又置司馬一人次國置中下二將軍小國置將軍一人餘官亦準此爲差武帝受命自永定迄于禎明唯衡陽王昌特加殊寵至五千戶自餘大國不過二千小國則千戶云

通志卷八十三

通志卷八十四上

宋右迪功郎鄭樵漁仲撰

宗室傳第七上

後魏

上谷公紇羅 弟建 建德公嬰文 子題 題子悉 眞定侯陸 武陵侯因
長樂王壽樂 望都公頹 曲陽侯素延 順陽公郁 宜都王目辰 六
修 吉陽男比干 沉夏 王呂 高涼王孤 子斤 樂 斤子眞 眞樂子禮
洪 禮子那 威 那子紇 禮弟陵 紇子太曹 陵子瓌 大曹從兄子器 瓌子鷙 鷙子大器
萇 孤孫度 子子華 度子乙斤 子華弟子思 乙斤子平 萇弟珍 平子萇 平弟長生
長生子天穆 天穆子儼 西河公敦 司徒石 武衛將軍
謂 子烏眞 烏眞子興都 興都子丕 淮陵侯大頭 河間公齊 子陵
陵弟蘭 蘭子志 扶風公處眞 文安公泥 子屈 屈子磨渾
昭成九子
寔君 秦王翰 子衞王儀 良弟幹 儀子纂 幹子禎 纂弟良 禎子端 儀
弟烈 烈子道 道子洛 洛子乞 乞子晏 烈弟觚 壽鳩子常山王遵
遵子素 子元 素子陵 昭弟紹 陵弟陪斤 陪斤弟忠 陪斤子昭 忠子盛 昭 盛子懋
懋子最 秉從子毗 陟 陟弟順 忠弟德 順子偉 德子悝 盛弟秉 悝子疑 秉子
悝弟暉 贇 暉子弼 贇弟淑 弼弟子士將 淑子季海 德弟 季海子亨 紇根子
陳留王虔 子悅 琛子翌 悅弟崇 翌子暉 崇子建 暉子肅 建子琛 肅弟仁
器 虔兄顗 建弟 顗子裔 子祚 地干 子毗陵王順 力眞子遵
西公意烈 子拔干 勃 勃子 拔干曾孫洪超 粟 粟弟渾 渾弟庫汗 意烈弟窟
咄
道武七王
清河王紹 陽平王熙 熙子佗 佗孫法壽 佗曾孫世遵 法壽子慶智
佶 法壽弟法 佶子景仲 景隆 法 河南王曜 子提 平原 提子平原 子和 和
弟鑒 河間王修 長樂王處文 廣平王連 繼子渾 渾子
晉 京兆王黎 子吐根 子舒 吐根子羅 舒子善住 羅子乂 乂弟羅 乂 羅弟

爽 爽弟鑾 弟瓜 繼弟羅侯 鑾
明元六王
樂平戾王丕 子拔 安定殤王彌 樂安王範 子良 永昌
王健 子仁 建寧王崇 子麗 新興王俊
太武五王
晉王伏羅 東平王翰 子道符 臨淮宣王譚 子提 提子昌
昌子或 昌弟孚 或弟孝友 孚子端 廣陽簡王建 子嘉 嘉子深 深子湛
湛 湛弟譁 子法輪 南安隱王余
景穆十二王
陽平幽王新成 子頤 敏 頤弟衍 暢弟融 衍子暢 衍弟欽 暢子 欽子子
孝 京兆康王子推 子太興 仲景 太興孫悰 仲景弟退 太興子 退子沖
太興弟遙 遙弟恒 濟陰惠王小新成 子鬱 子暉業 鬱子弼 暉業弟昭 弼
業 子撫 鬱 偃弟麗 偃 麗子顒 子誕 和誕 汝陰靈王天賜 子逞 逞
子慶和 子則 逞弟汎 則子文都 汎弟修義 則弟矩 修義子均 矩弟雅 均 雅弟褒
樂良厲王萬壽 子樂平 長命 樂平子 長命子忠 廣平殤王洛侯
繼子 匡 任城康王雲 子澄 順子朗 澄子彝 順弟紀 彝庶兄順 澄弟嵩
嵩子世儁 南安惠王楨 子英 弟怡 英子熙 怡子肅 熙弟略 肅弟長廣王 英
曄爾朱氏所立者也 城陽康王長壽 子鸞 鸞子徽 章武敬王太洛
繼子彬 彬子融 融子朗是爲後廢帝 樂陵康王胡兒 子思譽 譽子景略 思
安定靖王休 子燮 山 燮子超 景山子成壽 超弟琰 燮弟顒 琰子景 平
文成五王
安樂厲王長樂 子詮 詮子鑒 鑒弟斌之 廣川莊王略 子諧 齊
郡順王簡 子融 河間孝王若 繼子琛 安豐匡王猛 子延明
獻文六王
咸陽王禧 子通翼昌 曄樹坦 趙郡靈王幹 子謐兄諶 謐諶
弟譚 譚弟獻 廣陵惠王羽 子恭是爲節閔帝 恭兄欣 高陽文穆王
雍 子泰 泰子斌 彭城武宣王勰 子劭 孝莊帝 劭弟攸是爲 劭子韶 北

海王詳 子顥 顥弟項
孝文六王
廢太子庶人恂 京兆王愉 子寶月寶月弟寶炬是爲文帝 清
河文獻王懌 子亶亶子善見是爲孝靜帝 廣平文穆王懷 子誨第
三子修是爲孝武帝 汝南文宣王悅 子顥 皇子恌

上谷公紇羅神元皇帝之曾孫也初從道武皇帝自獨孤如賀蘭部與弟建勸賀蘭訥推道武爲主及道武即帝位以援立功與建同日賜爵爲公卒子題賜爵襄城公後進爲王擊慕容驎於義臺中流矢薨子悉襲降爵爲襄城公卒贈襄城王神元後又有建德公嬰文眞定侯陸並仕太武特獲封爵

武陵侯因長樂王壽樂並章帝之後也因從道武平中原以功封曲逆侯太武時改爵武陵壽樂位選部尚書南安王改封長樂王文成即位壽樂有援立功拜太宰大都督中外諸軍錄尚書事後矜功與尚書令長孫渴侯爭權並伏法

望都公頹昭帝之後也隨道武平中原賜爵望都侯大武以頹美儀容進止可觀使迎左昭儀於蠕蠕進爵爲公卒

曲陽侯素延順陽公郁宜都王目辰並桓帝之後也素延以小統從道武征討諸部初定并州爲刺史道武之警於柏肆也并州守將封竇眞爲逆素延斬之時道武欲撫悅新附悔參合之誅而素延殺戮過多坐免官中山平拜幽州刺史豪奢放逸左遷上谷太守後賜爵曲陽侯道武留心黃老欲以純厚風化雖乘輿服御皆去雕飾素延奢侈過度帝深銜之積其過徵至賜死郁少忠正允直文成時位殿中尚書賜爵順陽公文成崩乙

渾專權郁從順德門入欲誅渾渾窘怖遂奉獻文臨朝以免後復謀殺渾爲渾所誅獻文錄郁忠正追贈順陽王謚曰簡目辰文成卽位歷侍中尚書左僕射封南平公乙渾謀亂目辰與順陽公謀殺之事發目辰逃免獻文傳位有定策勳孝文卽位進爵宜都王除雍州刺史鎭長安有罪伏法爵除

六修穆帝長子也少凶悖穆帝五年遣六修與輔相衞雄范班及姬澹等救劉琨帝躬統大兵爲後繼劉粲懼奔圍而走殺傷甚衆帝因大獵壽陽山陳閱皮肉山爲變赤穆帝少子比延有寵欲以爲後命六修出居新平城而黜其母六修有駿馬日行五百里穆帝欲取以給比延後六修來朝穆帝又命拜比延六修不從穆帝乃坐比延於己所乘步輦使人導從出遊六修望見以爲穆帝謁伏於路左及至乃知爲比延慙怒而去穆帝怒伐之帝軍不利六修殺比延帝易服微行人間有賤婦人識帝帝遂暴崩桓帝子普根先守于外聞難來赴滅之

吉陽男比干江夏公呂並道武族弟也比干以司衞監討白澗丁零有功賜爵吉陽男後爲南道都將戰沒呂以軍功封江夏公位外都大官大見尊重卒贈江夏王陪葬金陵

高涼王孤平文皇帝之第四子也多才藝有志畧烈帝之前元年國有內難昭成爲任子於襄國後烈帝臨崩顧命迎立昭成及崩羣臣咸以新有大故昭成來未可果宜立長君次弟屈剛猛多變不如孤之寬和柔順於是大人梁蓋等殺屈共推孤孤不肯乃自詣鄴奉迎昭成請身爲留質石虎義而從之昭成卽位乃分國半部以與之斤子失職懷怒構寔君爲逆死於長安事在寔君傳道武時以孤勳高追封高涼王謚曰神武斤子眞樂頻有戰功後襲祖封明元初改封平陽王薨子禮襲本爵高涼王薨謚懿王子那襲爵拜中都大官驍猛善攻戰正平初坐事伏法獻文卽位追那功命子紇紹封薨子大曹性愿直孝文時諸王非道武子孫者皆降爵爲公以大曹先世讓國功重高祖眞樂勳著前朝改封太原郡公卒無子國除宣武又以大曹從兄子洪威紹封洪威恭謙好學爲潁川太守有政績孝靜初在潁川聚衆應西魏齊神武遣將討平之禮弟陵太武賜爵襄邑男進爵爲子卒子瓌位柔遠鎭司馬瓌子鷙字孔雀孝文末以軍功賜爵晉陽男鷙先與爾朱榮善武泰初榮至河陰殺戮朝士鷙時與榮共登高冢俯而觀之自後彌相結納永安初封華山王莊帝旣殺榮榮從子兆爲亂帝欲率諸軍親討而鷙復陰與兆通乃勸帝曰黃河萬仞寧可卒度帝遂自安及兆入殿鷙又約止衞兵君亡國破皆鷙之由孝靜初入爲大司馬加侍中鷙容貌魁壯腰帶十圍有武藝木訥少言性方厚每直省闥雖暑月不解衣冠嘗在侍中高岳席咸陽王坦恃力使酒衆皆下之坦謂鷙曰孔雀老武官何因得王鷙答曰斬反人元禧首是以得之衆皆失色鷙怡然如故興和三年薨贈假黃鉞尚書令司徒公子大器襲爵後與元瑾謀害齊文襄見害孤孫度道武初賜爵松滋侯位比部尚書卒子乙斤襲爵襄陽侯獻文崇舊齒拜外都大官甚優重卒子平字楚國襲世爵松滋侯以軍功賜艾陵男卒子萇孝文時襲爵松滋侯例降侯賜艾陵伯萇性剛毅雖有吉慶事未嘗開口而笑孝文遷都萇以代尹留鎭除懷朔鎭都大將因別賜萇酒雖拜飲而顏色不泰帝曰聞公一生不笑今方與卿遠隔山岳當爲朕笑竟不能得帝曰五行之氣偏有所不入六合之間亦何事不有左右見者無不扼腕大笑宣武時爲北中郞將帶河內太守萇以河橋船絙路狹不便行旅又秋水汎漲年常破壞乃爲船路遂廣容車從京出者率令輸石一雙累以爲岸由是來往便利近橋諸郡無復勞擾公私賴之歷位度支尚書侍中雍州刺史卒謚曰成萇子子華字伏榮襲爵孝莊初除齊州刺史先是州境數經反逆邢杲之亂人不自保子華撫集豪右委之管鑰衆皆感悅境內帖然而性甚褊急當其急也口不擇言手自捶擊長史鄭子湛子華親友也遭其侮罵遂卽去之子華雖自悔厲終不能改在官不爲矯潔之行凡有饋贈者辭多受少故人不厭其取鞫獄訊囚務加仁恕齊人樹碑頌德後除濟州刺史爾朱兆之入洛也齊州城人趙洛周逐刺史丹陽王蕭贊表濟南太守房士達攝行州事洛周子元顯先隨子華在濟州邀路改表請子華復爲齊州刺史朝命從之子華性至孝母房氏嘗宴飲親戚家夜還大吐人以爲毒母甚憂懼子華掬其吐盡噉之母心遂安尋以母憂還都孝靜初除南兖州刺史弟子思通使關西朝廷使右將軍郎瓊收之子思謂令僕曰速可見殺何爲久執國士子華謂子思曰由汝麤疎令我如此以頭叩牀涕泣不自勝子思以手捋鬚顧謂子華曰君惡體氣尋與子思俱賜死於門下外省子思字衆念性剛暴恆以忠烈自許元天穆當朝權以親從薦爲御史中尉先是兼尚書僕射元順奏以尚書百揆之本至於公事不應送名御史至子思奏曰

案御史令云中尉督司百寮書侍御史糾察禁內又云中尉出行車輻前驅除道一里王公百辟避路時經四帝前後中尉二十許人奉以周旋未嘗暫廢府寺臺省並從此令唯肅宗之世爲臨洮舉哀故兼尚書左僕射臣順不肯與名又不送簿故中尉臣酈道元舉而奏之而順復啟云尚書百揆之本令僕納言之貴不宜下隸中尉送名御史尋亦蒙敕聽如其奏從此迄今使無準一臣初上臺具見其事意欲申請決議但以權兼未宜便爾日復一日遂歷炎涼去月朔日臺移尚書索應朝名帳而省稽留不送尋復移催主吏忽爲尚書郎中裴獻伯後注云案舊事御史中尉逢省郎於複道中尉下車執版郎中車上舉手禮之以此而言明非敵體臣既見此深爲怪愕循省二三未解所以正謂都省別被新式改易高祖舊命郎遣移問事何所依又獲尚書中郎王元旭報出蔡氏漢官儀似非穿鑿始知裴王規壞典謨心欲自矯臣案漢書宣秉傳云詔徵秉爲御史中丞與司隸校尉尚書令俱會殿庭並專席而坐京兆號之爲三獨坐又尋魏書崔琰傳晉文陽傳嘏傳皆云既爲中丞百寮震悚以此而言則中丞不揖省郎蓋已久矣憲臺不屬都坐亦非今日又尋職令云朝會失時即加彈糾則百官簿帳應送尚臺灼然明矣又皇太子以下違犯憲制皆得糾察則令僕朝名宜付御史又亦彰矣苟不付名否臧何驗臣順專執未爲平通先朝曲遂豈是正法謹案尚書郎中臣裴獻伯王元旭等望班士流早參清官輕弄短札斐然若斯苟執異端忽焉至此此而不綱將隳朝令請以見事免獻伯等所居官付法科處尚書納言之本令僕百揆之要同彼浮虛助茲乖失

宜明首從節級其罪詔曰國異政不可據之古事付司檢高祖舊格推處得失以聞尋從子思奏仍爲元天穆所忿遂停元顥之敗封安定縣子孝靜時位侍中而死萇弟珍字金省襲封艾陵男宣武時曲事高肇遂爲帝寵暱彭城王勰之死珍率壯士害之後卒於尚書左僕射平弟長生位遊擊將軍卒孝莊時以子天穆貴盛贈司空天穆性和厚美形貌射有能名六鎮之亂尚書令李崇廣陽王深北討天穆以太尉使勞諸軍路出秀容見爾朱榮深相結託約爲兄弟未幾改授別將赴秀容遂爲榮腹心除并州刺史及榮赴洛天穆參其始謀莊帝踐阼除太尉封上黨王徵赴京師後增封通前三萬戶尋監國史錄尚書事開府世襲并州刺史初杜洛周鮮于修禮等爲寇瀛冀諸州人多避亂南向幽州前北平府主簿河間邢杲擁率部曲屯據鄚城以拒洛周葛榮垂將三載及廣陽王深等敗後杲南度居青州北海界靈太后詔流人所在皆置本屬郡縣選豪右爲守令以鎮撫之時青州刺史元世儁表置新安郡以杲爲太守未報會臺申汰簡所授郡縣以杲從子子瑤資蔭居前乃授河間太守杲深恥恨於是遂反所在流人先爲土人陵忽聞杲起逆率來從之旬朔之閒衆踰十萬先是河南人常笑河北人好食榆葉故齊人號之爲䅳榆賊杲東掠光州盡海而還又破都督李叔仁軍詔天穆與齊神武往討大破之杲乃請降傳送京師斬之時元顥乘虛陷洛陽天穆聞莊帝北巡自畢公壘北度會車駕於河內爾朱榮以天時炎熱欲還師天穆苦執不可榮乃從之莊帝還宮加太宰羽葆鼓吹增邑通前七萬戶天穆以疎屬本無德望憑藉爾朱爵位隆極王公以下每旦盈門受納財貨珍寶充積而寬柔容物不甚見忌於時莊帝以其榮黨外示優寵詔天穆乘車出入大司馬門天穆與榮相倚榮常以兄禮事之世隆等雖榮子姪位遇已重天穆或言其失榮即加杖其相親任如此莊帝內畏忌之與榮同時見誅節閔初贈丞相柱國大將軍雍州刺史假黃鉞謚曰武昭子儼襲美才貌位都官尚書及齊受禪閒敕召詐病遂怖而卒

西河公敦平文帝之曾孫也道武初從征每居諸將後及從征中山所向無前明元時拜中都大官太武時進爵西河公寵遇彌篤卒子撥襲

司徒石平文帝之元孫也有膽略從太武南討至瓜步山位尚書令雍州刺史歷比部侍郎華州刺史

武衞將軍謂烈帝之第四子也寬雅有將略嘗從道武征討有功除武衞將軍子烏眞膂力絕人隨道武征伐亦屢有功官至鉅鹿太守卒子興都聰敏剛毅文成時爲河閒太守賜爵樂城子爲政嚴猛百姓憚之獻文初以子丕貴重進爵樂城侯謝老歸家帝賜几杖服物致膳於第其妻婁氏爲東陽王太妃卒贈定州刺史河閒公謚曰宣子提襲父侯爵提弟丕太武時拜羽林郎中從駕臨江賜爵興平子獻文即位累遷侍中丞相乙渾謀反丕以奏聞詔率元賀等誅之遷尚書令改封東陽公孝文時封東陽王拜侍中司徒公時有諸疑事三百餘條命丕制決率皆平允丕子超生車駕親幸其第詔丕入八議錮其同籍丁口雜使役調求受復除尋遷太尉錄尚書事時淮南王佗淮南王尉元河東王苟頹並以舊老見禮每有大事引入禁中乘步挽杖于朝進退相隨丕佗元三人皆容貌壯偉腰帶十圍大耳秀眉鬚

鬢班白百僚觀矚莫不祗聳惟荀頹少爲短劣姿望亦不逮之孝文文明太后重年敬舊存問周渥賜以珍寶丕聲氣高朗博記國事饗醼之際常居坐端必抗首大言敘列既往成敗帝后敬納焉然詔事要入驕侮輕賤每見王叡苻丞祖嘗傾身下之時文明太后爲王叡造宅故亦爲丕造甲第一區又使王叡賜丕金印一紐及丕妻段氏卒賜諡恭妃凡此皆曲媚權幸所致時論少之後例降王爵封平陽郡公求致仕詔不許車駕南伐丕與廣陵王羽留守京師並加使持節及帝還代詔丕等以遷洛之事令與羣臣各陳可否燕州刺史穆羆進曰今北有玁狁南有荆揚西有吐谷渾東有高句驪四方未賓九區未一臣愚以爲未可且涿鹿之野黃帝是都古先聖王不必悉居中原也帝曰卿言海宇未混此論粗可黃帝始居朔易其後亦遷河南卿當未要其終耶丕曰遷都大事當訊之卜筮審定臧否而後行帝曰昔周公召公卜宅洛邑乃識至兆今無斯人卜亦何益且卜者所以決疑不疑何卜昔軒轅請卜兆而龜焦以問天老老以爲善遂用其言終致蕃昌然則至人之量未然審於龜矣丕等不能復有辯論唯云當稟成算不敢有異帝又詔羣臣曰卿等或以朕無爲移徙也王者以四海爲家或南或北何恒之有朕之遠祖世居北荒平文始居東木根山昭成更營居盛樂太祖道武皇帝遷居平城朕幸屬勝殘之運故移宅中原肇成皇宇卿等當奉先帝令德光述洪規北人比及十年使其徐移朕自多積倉儲不令窘乏時前懷州刺史青龍前秦州刺史呂受恩等猶固執以爲不便帝皆與之抗議使至屈服而罷帝又將北巡丕遷太傅錄尚書事頻奏固讓詔斷表啟卽家拜授仍詔留守代郡凡在代之事一以委之丕雅愛本風不達新式至於變俗遷洛改官制服禁絕舊言皆所不願孝文知其如此亦不逼之但誘示大理令其不生同異至於衣冕已行朱服列位而丕猶常服列在坐隅晚乃稍加弁帶而不能修飾容儀帝以丕年衰體重亦不彊責及罷降非道武子孫及異姓王者雖較於公爵而利享封邑亦不樂帝南征丕表乞少留聖思更圖後舉會司徒馮熙甍詔六軍反旆丕又以熙死于代表求鑾駕親臨詔曰今洛邑肇構跂望成勞開闢暨今豈有以天子之重遠赴舅國之喪朕縱欲爲孝其如大孝何縱欲爲義其如大義何天下至重君臣道懸豈宜苟相誘引陷君於不德令僕以下可赴法官貶之又詔以丕爲都督領并州刺史後以平陽畿甸改封丕新興郡公初丕以李沖德望所屬欲託其子超爲超娶其兄女丕前妻子隆同產數人皆別居後得宮人所生子皆同宅共產父子恩愛有虧爲物議所鄙丕父子俱不樂南遷帝之發平城也太子恂留於舊京及恂將還洛隆及弟超與穆泰等密謀留恂舉兵斷關隴據陘北時丕以老居并州雖不預其始計而隆超咸以告丕丕外慮不成口雖致難心頗然之事發帝幸平城推穆泰等罪而隆超兄弟實參首謀帝令丕隨駕每至測問必令丕坐觀有司奏丕當與其子連坐詔以丕誠黨逆但先既許以不死之詔聽免死爲民其後妻二子聽隨隆超母弟及餘庶兄弟皆徙敦煌丕時年垂八十猶自平城力載隨駕至洛留洛陽帝每遣左右慰勉之乃還晉陽孝文崩丕自并來赴宣武引見之以丕舊老禮有加焉勅留洛陽後宴于華林都亭特令二子扶侍坐起丕仕歷六世位極公輔而還爲庶人然猶心戀京邑而不能自絕於人事詔以丕爲三老景明四年薨年八十二詔贈左光祿大夫冀州刺史諡曰平長子隆先以反誅隆弟乙斤超亦同誅超弟雋邕並以軍功封雋封新安縣男邕封涇縣男

淮陵侯大頭烈帝之曾孫也善騎射擢爲內三郎文成初襲封淮陵侯性謹密帝甚重之位寧北將軍卒贈高平公諡曰烈

河間公齊烈帝之元孫也少雄桀魁岸太武征赫連昌太武馬蹶賊逼帝齊以身蔽捍決死力戰賊乃退帝得上馬是日微齊帝幾殆帝又以微服入其城齊固諫不聽乃與數人從帝入城城內既覺諸門悉閉帝及齊等因入其宮中得婦人裙繫之槊上帝乘而上得拔齊有力焉賜爵浮陽侯從征和龍以功拜尚書進爵爲公後與新興王俊討禿髮保周坐事免官爵宋將裴方明陷仇池太武復授齊前將軍與建興公古弼討之遂克仇池威振羌氏復賜爵河間公與武都王楊保宗對鎮駱谷時保宗弟文德說保宗閉險自固有期矣秦州主簿邊因知之密告齊齊晨詣保宗呼曰古弼至欲宣詔保宗出齊叱左右扶保宗上馬馳驛送臺諸氏遂推文德爲主求援於宋宋遣將房亮之苻昭啖龍等率衆助文德齊擊斬殺龍禽亮之氐遂平以功拜內都太官卒諡敬王長子陵襲爵陵性抗直天安初爲乙渾所害陵弟蘭以忠謹見寵孝文初賜爵建陽子卒於武川鎮將子志字猛略少清辯彊幹歷覽書傳頗有文才爲洛陽令不避彊禦與御史中尉李彪爭路俱入見面陳得失彪言御史中尉辟承華蓋駐論道鼓劍安有洛陽令與臣

抗衛志言神鄉縣主普天之下誰不編戶豈有脩同衆官趣避中尉孝文曰洛陽㬥之豐沛自應分路揚鑣自今以後可分路而行及出與彪折尺量道各取其半帝謂邢巒曰此兒竟可所謂王孫公子不鏤自雕巒曰露竹霜條故多勁節非鸞則鳳其在本枝也員外郎馮俊昭儀之弟恃勢恣揭所部里正志令主吏收繫處刑除官由此忤旨左遷太尉主簿俄爲從事中郎車駕南征帝微服觀戰所有箭欲犯帝志以身鄣之帝危得免矢中志目因喪一明以志行恒州事宣武時除荆州刺史還朝御史中尉王顯奏志抑買良人爲婢等事會赦免明帝初兼廷尉卿後除揚州刺史賜爵建忠伯志之威名雖減李宗亦爲荆楚所憚尋爲雍州刺史晚年耽好聲伎在揚州日侍側將百人器服珍麗冠於一時及在雍州逾尙華侈聚歛無極聲名遂損及莫折念生反詔志爲西征都督討之念生遣其弟天生屯隴口與志相持志爲賊所乘遂棄大衆奔還岐州賊遂攻城岐州刺史裴芬之疑城人與賊潛通將盡出之志不聽城人果開門引賊鎖志及芬之送念生見害節閔初贈尙書僕射太保

扶風公處眞烈帝之後也少以壯烈聞位殿中尙書賜爵扶風公委以大政甚見尊禮吐京胡曹僕渾等叛招引朔方胡爲援處眞與高涼王那等討滅之性貪婪在軍暴掠坐事伏法

文安公泥魏之疎族也性忠直有智畫道武厚遇之賜爵文安公拜安東將軍卒子屈襲爵明元時居門下出納詔命性明敏善奏事每合上旨賜爵元城侯加功勞將軍與南平公長孫嵩白馬侯崔宏等並決獄訟明元東巡命屈行右丞相山陽侯奚斤行左丞相並掌軍國甚有聲譽後吐京胡與離石胡等叛置立將校外引赫連屈丐屈督會稽侯劉絜永安侯魏勤捍之勤沒於陣絜墜馬胡執送屈丐唯屈衆獨存明元以屈沒失二將欲斬之時并州刺史元六頭荒淫怠事乃赦屈令攝州事屈嗜酒頗廢政事帝積其前後過失檻車徵還斬於市子磨渾少爲明元所知元紹之逆也明元潛隱於外磨渾與叔孫詐云明元所在紹使帳下二人隨磨渾往規爲逆害磨渾既得出遂縛帳下詣明元斬之帝得磨渾大喜因爲羽翼以勳賜爵長沙公拜尙書出爲定州刺史卒

昭成九子

昭成皇帝九子庶長曰寔君次曰獻明帝次曰秦王翰次曰閼婆次曰壽鳩次曰紇根次曰地干次曰力眞次曰窟咄

寔君性愚戇殘忍不仁昭成季年苻堅遣其將行唐公苻洛等來寇南境昭成遣庫仁逆戰於石子嶺昭成時不豫不能親勤衆軍乃率諸部避難陰山度漠北爲高車四面寇抄復度漠南苻洛軍退乃還雲中初昭成以弟孤辭國乃以半部授孤孤卒子斤失職懷怨欲伺隙爲亂獻明皇帝及秦王翰皆先終道武年甫五歲慕容后子閼婆等雖長而國統未定斤因是說寔君曰帝將立慕容氏子明當除汝頃令諸子戎服夜持兵仗旋汝所居伺便將發耳時苻洛軍猶在君子津諸皇子夜皆挾仗巡警彷徨廬舍之間寔君偵察以斤言爲信乃率其屬盡害諸皇子昭成亦暴崩其夜諸皇子婦及宫人奔告苻洛軍堅將李柔張蚝勒兵內逼部衆離散苻堅聞之召燕鳳問其故以狀對堅曰天下之惡一也乃執寔君及斤轘於長安西市寔君孫勿期位定州刺史賜爵林慮侯卒子六狀眞定侯

秦王翰少有高氣年十五便請征伐昭成壯之使領騎二千長統兵號令嚴信多有克捷建國十五年卒道武即位追贈秦王謚曰明子儀長七尺五寸容貌甚偉美鬚髯有算略少能舞劒騎射絕人道武幸賀蘭部侍從出入登國初賜爵九原公從破諸部有功及帝將圖慕容垂遣儀觀釁垂謂儀曰吾威加四海卿主不自見吾而遣使人毋乃有失歟儀對曰魏氏世據北方縣歷年祀子孫立功中原晉人王我代地燕代與國由來久矣與國而行人將命其間於故事無失且燕若不能以親仁善鄰而命使臣乃欲以兵威相加此乃本朝將帥之事非臣之所知也垂壯其對而禮之儀還報曰燕未可圖垂死乃可帝問其故儀曰垂年已邁其子寶懦而無斷慕容德自負才氣非弱主之臣釁將內起我姑待之帝以爲然改封平原公道武征衛辰儀出別道獲衛辰尸傳首行宫帝大喜徙封東平公命督屯田於河北自五原至稒陽塞外均分農稼大得人心慕容寶之寇五原儀躡據朔方要其還路及并州平儀功居多遷尙書令從圍中山尋遷都督中外諸軍事左丞相進封衛王中山平復遣儀討鄴平之道武將還代都置中山行臺即位拜都官尙書卒謚曰昭子禎膽氣過人太武時爲司衛監從征蠕蠕忽遇賊別部多少不敵禎乃就山解鞍放馬以示有伏賊果疑而避之孝文初賜爵沛郡公後拜南豫州刺史大胡山蠻每抄掠州界前後牧守多羈縻之禎乃召親察襄城蠻酋使之觀射先選左右能

射者二十餘人以一死囚參其間禎先發數矢皆中以次命左右射無不破的次至囚囚不能中禎即命斬之蠻酋服技畏威相視股慄又預取死囚十八皆著蠻衣寘諸界上禎對蠻酋僞舉目瞻天曰風氣少惡會有鈔賊入境不過十人當在西南五十里許即命騎追掩果縛送十人禎告諸蠻曰此輩合死與不蠻等皆叩頭曰合萬死禎即斬之因慰喻遣還自是境無暴掠淮南人相率投附者三千餘家置之城東汝水之側命曰歸義坊初豫州士豪胡邱生數與外交通及禎爲刺史邱生嘗有犯因圖爲不軌詐向城人云刺史欲遷城中大家向代因與其謀翻城城人石道起密告禎勸禎速掩邱生并諸預謀者禎曰吾不負人人何負我但爲邱生誑誤耳若即收掩衆必大懼吾靜以待之不久自當悔服語未訖而城中三百人自縛詣州門陳邱生譎誑之罪而邱生單騎遁去禎恕而不問後徵爲都牧尚書卒贈

詔儀守尚書令以鎭之遠近懷附尋徵儀以丞相入輔又從征高車儀別從西北破其別部又從討姚平有功賜以絹布綿牛馬羊等儀膂力絕人弓力將十石時陳留王虔矟大稱異故世相傳云衞王弓桓王矟上谷侯岌張袞代郡許謙等有名于時皆言儀有不世之略道武以儀器望待之尤重數幸其第如家人禮儀由是矜功恃寵遂與宜都公穆崇伏甲謀亂崇子逐留在伏士中道武召之將有所使逐留聞召疑事發踰牆告狀帝祕而恕之天賜六年天文多變占云當有逆臣伏尸流血帝惡之頗殺公卿欲以厭當天災儀內不自安單騎遁走帝使人追執之遂賜死葬以百姓禮儀十五子纂五歲道武命養於宮中恩與諸 皇子同太武踐阼除定州刺史封中山公進爵爲王纂好酒愛佞政以賄成太武殺其親嬖八後悔過修謹拜內大將軍居官清約簡愼更稱廉平纂於宗屬最長宗室有事咸就諮焉薨謚曰簡纂弟良性忠篤明元追錄儀功封南陽王以紹儀後良弟幹善弓馬以騎從明元於白登之東北有雙鴟飛鳴於上帝命左右射之莫能中鴟遊飛稍高幹以二箭下雙鴟帝賜之御馬弓矢金帶各一以旌其能軍中於是號幹爲射鴟都將從太武南巡進爵新蔡公文成侍中儀同三司謚曰簡公有八子第五子瑞母尹氏生而有異因命之曰瑞字天賜位至大中大夫卒贈太常卿儀弟烈剛武有智略元紹之逆百僚莫敢有聲惟烈出詣紹詐與相附募執明元紹信之自延秋門出遂迎立明元以功進爵陰平王薨謚曰喜子求襲求弟道子位下大夫道子子洛位羽林幢將洛子乞中散大夫乞子晏孝靜初累遷吏部尚書平心不撓時論稱之出爲瀛州刺史頗有聲稱蔣天樂之逆見引詔錄送定州賜死晏好集圖籍家書多於祕閣諸有假借咸不逆其意亦以此見稱烈弟觚勇烈有膽氣少與兄儀從道武侍衞左右使於慕容垂垂末年政在羣下遂止觚以求賂道武絕之觚率左右馳還爲垂子寶所執垂待之甚厚因留心學業誦讀經書數十萬言垂國人咸親重之道武之討中山慕容普驎遂害觚以固衆心帝聞之哀慟及平中山發普驎冢斬其尸收議害觚者傳高霸程同等斬之皆夷五族乃葬觚追謚秦愍王封子夔爲豫章王以紹觚

常山王遵壽鳩之子也少而壯勇不拘小節道武初有佐命勳賜爵洛陽公慕容寶之敗也別率騎數百邀其歸路由是有參合之捷及平中山拜尚書左僕射加侍中領渤海之合口及博陵渤海羣盜起遵討平之遷幽州牧封常山王遵好酒色天賜四年坐醉亂失禮於太原公主賜死葬以百姓禮子素明元從母所生特見親寵太武初復襲爵休屠郁原等叛素討之斬其渠率徙千餘家以涿鹿之陽立平原郡以處之及平統萬以素有威懷之略拜假節征西大將軍以鎭之後拜內都大官文成即位務崇寬政罷諸雜調有司奏國用不足固請復之唯素曰臣聞百姓不足君孰與足帝善而從之素宗屬之懿又年老帝每引入訪以政事固辭疾歸第雅性方正居官五十載終始若一時論賢之薨謚曰康陪葬金陵配饗廟廷長子悉可陵年十七從太武獵逐一猛獸陵遂空手搏之以獻帝曰汝才力絕人當爲國立功立事勿如此也即拜內行阿于又從平涼州沮渠茂虔令一驍將與陵相擊兩槊皆折陵抽箭射之墜馬陵恐其救至未及拔劍以刀子戾其頸使身首異處帝壯之即日拜都幢將封暨陽子卒于中軍都將弟陪斤襲爵坐事國除陪斤子昭小字阿倪尚書張彝引兼殿中郎孝文將爲齊郡王簡舉哀而昭乃作宮懸帝大怒詔曰阿倪愚騃誰引爲郎於是黜彝白衣守尚書昭遂停廢宣武時昭從弟暉親寵用事稍遷左丞宣武崩于忠執政昭爲黃門郎又曲事之忠專權擅威枉陷忠賢多昭所指導也靈太后臨朝爲尚書河南尹聾而狠戾理務峭急所在患之尋出爲雍州刺史在州貪虐大爲人害後入爲尚書詔事劉騰進號征西將軍卒贈尚書左僕射其家納賄元乂故卹典優越子元字彥道以節儉知名孝莊時爲洛陽令及節閔即位元上表乞葬莊

帝時議善之後除尚書左丞孝武即位以孫騰爲左僕射騰即齊神武之黨以齎仗入省元依法舉劾當時咸爲元懼孝武重其彊正封臨淄縣子及從入關封陳郡王授儀同三司加開府薨謚曰平昭弟紹字醜倫少聰慧遷尚書右丞紹斷決不避彊禦宣武詔令檢趙脩獄紹以脩佞幸即杖殺之帝責紹不重聞紹曰脩姦佞甚於董賢臣若不因釁除之恐陛下復罹哀帝之謗帝以其言正不之罪焉及出廣陵王懷拜紹賀曰阿翁皇家正直雖朱雲汲黯何以仰過紹曰猶恨戮之稍晚耳卒於涼州刺史陪斤弟忠字仙德以忠謹聞孝文時累遷有僕射賜爵城陽公加侍中鎮西將軍太和四年病篤辭退養疾於高柳輿駕親送於都門之外卒謚曰宣子盛字始興襲爵位謁者僕射卒子懋字伯邕襲爵降爲侯從駕入關封北平王薨贈尚書左僕射謚曰貞慧子陟字景升位開府儀同三司陟弟順字敬叔射有能名孝武於洛陽華林園戲射以銀酒卮容二升許縣百步外命工射者十餘人其射中者賜之順發矢即中帝大悅并賜金帛以旌之從帝入關封濮陽王位侍中及孝武崩祕未發喪諸人多舉廣平王爲嗣順於別室泣涕謂周文曰廣平雖親年德並茂不宜居大寶周文深然之因宣國諱上南陽王尊號以順爲中尉行雍州刺史又加開府儀同三司秦州刺史卒子偉字猷道有清才大統十六年封南安郡王及尉遲迥伐蜀以偉爲司錄書檄文言皆偉所爲六官建拜師氏下大夫改淮南縣公周明帝初拜師氏中大夫受詔於麟趾殿刊正經籍建德中累遷小司寇爲使主報聘於齊是秋武帝親戎東討偉遂爲齊所留齊平見釋加受上開府後除襄州刺史位大將軍卒偉性溫柔好虛靜篤學愛文初自鄴歸庾信贈其詩云虢亡垂棘反齊平寶鼎歸其爲辭人所重如此盛弟秉字壽興少聰慧好學宣武初爲徐州刺史在官貪虐失人心其從兄侍中暉深害其能因譖之於帝詔尚書崔亮馳馹檢覈亮受暉旨到州取他寡婦楚掠令其自誣謂秉壓已爲婢秉終恐不免乃令其外弟中兵參軍薛脩義將軍十乘運麥經其所禁之旁秉因踰牆出赴脩義脩義以大木函盛秉加麥其上載之而出遂至河東匿脩義家逢赦乃出見帝自陳爲暉所譖帝亦更無所責初秉爲中庶子時王顯在東宮微賤秉嘗以公事杖之及顯有寵爲御史中尉奏秉誹謗朝廷罪至不敬後因帝極飲無所覺悟重奏秉前事處之大辟命帝注可帝既大醉書字皆半不成當時見者皆知非帝本心然憚顯等無敢申救及行刑日顯自往視之秉命筆自誌墓曰洛陽男子姓元名秉有道無時其年不永餘文多不載顧謂其子曰可置紙筆吾棺中我將訟顯於地下若高祖之靈有知百日內必當取顯如遂無知亦何足戀未幾宣武崩顯尋被殺靈太后臨朝三公郎中崔鴻上疏理秉詔書追雪贈豫州刺史謚曰莊子最字幹從孝武入關封樂平王位侍中兼尚書左僕射加特進秉弟益生少亡子昆字休弼孝武之在藩邸每親之及即位出必陪乘入侍卧內及帝與齊神武有隙時議各有異同或勸天子入夷或言與神武決戰或言奔梁唯昆數人以關中帝王桑梓固請西入及策功論賞昆與領軍斛斯椿等十三人爲首昆封魏郡王時王者邑止千戶唯昆一邑千五百戶齊神武宣告關東云將天子西入事起元昆雖百赦不在原限薨謚曰景子綽嗣忠弟德封河東公卒於鎮南將軍贈曹州刺史德子悝潁川太守卒於光州刺史謚曰恭子疑字子仲孝武初授兗州刺史于時城人王奉伯等相扇謀逆疑棄城出走懸門發斷疑要而出詔齊州刺史尉景本州刺史蔡儁各部在州士往討之疑返復任封濮陽縣伯孝靜時轉尚書令攝選部疑雖居重任隨時而已薨於瀛州刺史贈司徒公謚曰靖懿悝弟暉字景襲少沈敏頗涉文史宣武即位爲給事黃門侍郎初孝文遷洛舊貴皆難移時欲和衆情遂許冬則居南夏但居北宣武頗惑左右之言外人遂有還北之問至乃牓賣田宅不安其居暉乃請閒言事具奏所聞曰先皇移都以百姓戀土故發冬夏二居之詔權寧物意耳乃是當時之言先皇深意且比來遷人安居歲久公私計立無復還情伏願陛下終高祖既定之業勿信邪臣不然之說帝納之再遷侍中領右衛將軍雖無補益深被親寵凡在禁中要密之事暉別奉旨藏之於櫃唯暉入乃開其餘侍中黃門莫有知者侍中盧昶亦蒙恩眄故時人號曰餓彪將軍飢鷹侍中遷吏部尚書納貨用官皆有定價大郡二千匹次郡一千匹下郡五百匹其餘官職各有差天下號曰市曹出爲冀州刺史下車之日連車載物發信都至湯陰間首尾相屬道路不斷其車少脂角即於道上所逢之牛生截取角以充其用暉檢括丁戶聽其歸首出調絹五萬疋然聚斂無極百姓患之明帝初徵拜尚書左僕射詔攝吏部選事後詔暉與任城王澄東平王匡共決門下大事暉又上書論政要三事其一言御史之職務在得賢不拘階秩宜久於事責其成功其二請嚴勑邊將不得妄收降附輒遣援接以啟釁

隙其三欲檢括河北逃散戶口毋令損耗不已帝納之暉雅好文學招集儒士崔鴻等撰錄百家要事以類相從名爲科錄凡二百七十卷上起伏羲迄於晉凡十四代暉疾篤表上之卒賜東園祕器賻使持節都督中外諸軍事司空公謚曰文憲將葬給羽葆班劍鼓吹二十人羽林百二十人子弼字宗輔性和厚美容儀以莊帝舅子壻特封廣川縣子天平初累遷尚書令弼妹爲神武所納以親倚見委禮遇特隆歷中書監錄尚書事位特進宗師齊受禪除左光祿大夫天保三年卒十年諸子與諸元同誅死弼弟子士將有巧思齊武成時位將作大匠德弟贊頗有名譽好陳軍國事宜孝文初置司州以贊爲刺史賜爵上谷侯欲使贊治畿甸故賜名曰贊詔贊乘步挽入殿門加太子太師遷左僕射孝文遷洛諸公多異同唯贊贊成大事後帝每南伐輒執贊手寄以大事卒贈衞將軍僕射如故仍進封晉陽縣伯贊弟淑字買仁彎弓三百斤善騎射孝文時爲河東太守河東俗多商賈罕事農桑淑下車勸課躬往敎示二年間家給人足後卒於平城鎭將謚曰靜有子七人季海字元泉兄弟中最有名譽位洛州刺史季海妻司空李沖之女莊帝從母也賜爵唐郡君以政在爾朱禍難方始勸季海爲外官以避纖介及孝莊之難季海果以在藩得免從孝武入關封馮翊王位中書令雍州刺史遷司空病薨謚曰穆子亨字德良一名孝才遇周齊分隔時年數歲與母李氏在洛陽齊神武以亨父在關中禁錮之其母屢訴凍餓得就食湯陰託大豪李長壽攜亨及孤姪數人得至長安周文以功臣子甚禮之大統末襲爵馮翊王累遷勳州刺史改封平涼王周受禪例降爲公隋文帝受禪自洛州刺史徵拜太常卿尋出爲衞州刺史在職八年風化大洽以老病乞骸骨吏民詣闕上表請留上嗟歎久之其年亨以疾篤重請還京上令使者致醫藥問動靜相望於道卒於官謚曰宣

陳留王虔紇根之子也登國初賜爵陳留公與衞王儀破黜弗部後衞辰慕容寶來寇虔絕其右翼寶敗垂憤恚自來桑乾虔勇而輕敵於陣戰沒虔姿氣魁傑武力絕倫每以矟細短乃大作之猶患其輕復綴鈴於刃下其弓力倍加常人以其殊異代京武庫常存而志之虔嘗以矟刺人遂貫而高舉又嘗以一手頓矟於地馳馬僞退敵人爭取引不能出虔引弓而射之一箭殺二三人搖矟之徒亡魂而散徐乃令人取矟而去每從征討及爲偏將嘗先登陷陣勇冠當時敵無衆寡莫敢抗其前者及薨舉國悲歎爲之流涕道武追惜傷慟者數焉追謚陳留桓王配享廟庭封其子悅爲朱提王悅外和內狠道武嘗以桓王死王事特加親寵爲左將軍襲封後爲宗師悅恃寵驕矜每謂所親王洛生之徒言曰一旦宮車晏駕吾止避衞公除此誰在吾前衞王儀美鬚爲內外所重悅故云初姚興之贖狄伯支悅送之路由鴈門悅因背誘姦豪以取其意後遇事譴逃亡投鴈門規收豪桀欲圖不軌爲土人所執送帝恕而不罪明元即位引悅入侍悅言於帝曰京師雜人不可保信宜誅其非類者冀以激變因而爲亂又懷其私忿云鴈門人多詐可并誅之帝不從悅內自疑懼懷刀入侍謀爲大逆衞將軍叔孫俊見其舉動有異竊視其懷有刀執之遂賜死悅弟崇太武詔令襲桓王爵崇性沈厚初衞王死後道武敦宗親之義詔引諸王子弟入宴常山王素等三十餘人咸謂當與衞王相坐疑懼皆出逃遁將奔蠕蠕唯崇獨至道武見之甚悅厚加禮賜遂寵敬之素等於是亦安久之拜并州刺史有政績從征蠕蠕別督軍出大澤越涿邪山威懾漠北薨謚景王子建襲以罪降爵爲公位鎭北將軍懷荒鎭大將卒建子琛位恒肆二州刺史琛子翌爲尚書左僕射翌子暉字叔平鬚眉如畫進止可觀好涉獵書記少有美名周文禮之命與諸子游處情契甚厚再遷武伯下大夫奉使突厥可汗悅之遣其名王隨暉貢獻方物拜儀同三司周武帝聘突厥女爲后令暉致禮授開府轉司憲大夫及平關東使暉安集河北封義寧子隋文帝總百揆加上開府進爵爲公開皇初拜都官尚書兼領太僕奉詔決杜陽水灌三畤原溉舄鹵之地數千頃人賴其利再遷兵部尚書監漕渠之役未幾坐事免頃之拜魏州刺史頗有惠政後以疾去職卒于京師謚曰元子肅嗣位光祿少卿肅弟仁器性明敏位日南郡丞建弟嫡子祚字龍壽初建以罪失王爵祚欲求本封有司執不許聽祚襲公卒於河州刺史節閔時贈侍中尚書僕射虔兄顗性嚴重少言道武敬之雅有謀策從平中山以功賜爵蒲城侯特見寵厚給鼓吹羽儀禮同岳牧顗莅政以威信著稱居官七年乃以元易于代顗爲郡時易于子萬言得寵於道武易于以子故忽顗不告其狀輕騎卒至排顗墜牀而據其坐顗不知其代己也謂以罪見捕既而知之恥爲所侮謂易于曰我更滿被代常也汝無禮見辱何邪遂搏而殺之以狀聞道武壯之萬言累以訴乃詔顗輸贖顗歸罪有司道武赦之復免其贖病卒子嵩太武時襲父爵以功除統萬鎭將後從永昌王仁南征別出

汝陰濟淮宋將劉康祖屯於慰武亭師人患之嵩曰令大風既勁若令人推草車方軌而進乘風縱火以精兵自後乘之破之必矣從之斬康祖傳首行宮文成卽位除秦州刺史進爵隴西公卒謚曰定子琛襲

毗陵王順地干之子也性踈狠登國初賜爵南安公及道武討中山留順守京師柏肆之敗軍人有亡歸者言大軍奔散不知帝所在順聞之欲自立納莫題諫而止時賀力眷等聚衆作亂於陰館順討之不克乃徙留宮自白登南入繁畤故城阻瀑水爲固以寧人心道武善之進封毗陵王位司隸校尉道武好黃老數召諸王及朝臣親爲說之在坐莫不祇肅唯順獨坐寐不顧而唾帝怒廢之以王薨於家

遼西公意烈力眞之子也先沒於慕容垂道武征中山意烈迎於井陘及平中原有戰獲勳賜爵遼西公除廣平太守時和跋爲鄴行臺意烈性雄耿自以帝屬耻居跋下遂陰結徒黨將襲鄴發覺賜死子拔干博知古今道武以拔干宗親不念父惡委之心腹有計略屢効忠勤明元踐阼除渤海太守吏民樂之賜爵武遂子轉平原鎭將得將士心卒謚靈公子受洛襲進爵武邑公卒子叱奴位武川鎭將叱奴子洪超頗有學涉大乘賊亂之後詔洪超持節兼黃門侍郎綏慰冀部還言冀土寬廣界去州六七百里負海險遠宜分置一州鎭遏海曲其後遂立滄州如洪超所言卒於北軍將光祿大夫意烈弟勃善射御以勳賜爵彭城公卒長子粟襲太武時督諸軍屯漠南後征和龍以功進爵爲王薨粟弟渾少善弓馬太武嘉之及爲都官尚書頗以驕縱爲失坐事免徙長社爲人所害子庫汗爲羽林中郎將從北巡有兔起乘輿前令庫汗射之應弦而斃太武悅賜一金兔以旌其能文成起景穆廟賜爵陽豐侯獻文卽位復造文成廟拜殿中給事進爵爲公庫汗明於斷決每奉使察行州鎭折獄以情所歷皆稱之秦州父老詣闕乞庫汗爲刺史者前後千餘人朝廷許之未及遣遇病卒子古辰襲

窟咄昭成崩後苻洛以其年長逼徙長安苻堅禮之教以書學堅國亂隨慕容永東遷永以爲新興太守劉顯之敗遣弟亢埿等迎窟咄遂逼南界於是諸部騷動道武左右于桓等謀應之有單烏于者預其謀以告帝帝慮駭人心沈吟未發後三日桓以謀白其舅穆崇崇又告之帝乃誅桓等五人餘莫題等七姓悉原不問帝慮內難乃北踰陰山幸賀蘭部遣安同及長孫漫徵兵於慕容垂漫亡奔窟咄安同閒行遂達中山慕容垂遣子賀驎將步騎六千以隨之安同與垂使人蘭紇俱還達牛川窟咄兄子意烈捍之安同乃匿於商人囊中至暮得入空井乃免仍奔賀驎軍軍既不至而稍前逼賀染干染干陰懷異端乃爲窟咄來侵北部人皆驚駭莫有固志於是北部大人叔孫普洛節及諸烏丸亡奔衛辰賀驎聞之遽遣安同朱譚等來告衆知賀驎軍近乃稍定道武自弩山幸牛川窟咄進屯高柳道武復使安同詣賀驎因剋會期安同還帝踰參合出代北與賀驎會於高柳窟咄窮逼望旗奔走遂爲衛辰殺之帝悉收其衆賀驎還歸中山

道武七王

道武皇帝十男宣穆劉后生係元皇帝賀夫人生淸河王紹大王夫人生陽平王熙王夫人生河南王曜河閒王脩長樂王處文二王母氏闕段夫人生廣平王連京兆王黎皇子渾及聰母氏並闕皆早薨無傳

淸河王紹字受洛拔天興六年封性兇悖好劫剝行人斫射犬豕以爲笑樂有孕婦紹剖觀其胎道武嘗怒之倒懸於井中垂死乃出明元嘗以義方訓之由此不協而紹母賀夫人有譴帝將殺之會日暮未決賀氏密告急於紹紹乃與帳下及宦者數人踰宮犯禁而入帝驚起求弓刀不及遂暴崩明日宮門日中不開紹稱詔召百寮於西宮端門前北面紹從門扉閒謂曰我有父亦有兄公卿欲從誰也王公以下皆失色莫有對者良久南平公長孫嵩曰臣等不審登遐狀唯陰平公元烈哭泣而去於是朝野兇兇人懷異志肥如侯賀護舉烽於安陽城北故賀蘭部人皆往歸之其餘舊部亦率子弟招集故人往往相聚紹聞人情不安乃出布帛班賜王公以下先是明元在外聞變乃還潛于山中使人夜告北新侯安同衆皆響應衛士執送紹於明元明元遂賜紹母子死誅帳下閹宦宮人爲內應者十數人其先犯乘輿者羣臣於城南都街生臠食之紹時年十六紹母卽獻明皇后妹也美而豔道武嘗如賀蘭部見而悅之告獻明皇后請納焉后曰不可此過美不善且已有夫帝密令人殺其夫而納之生紹終致大逆焉

陽平王熙天興六年封聰達有雅操明元練兵於東部詔熙督十二軍校閱甚得軍儀賞賜隆厚泰恒六年薨帝哀慟不已長子他襲爵他性忠厚武藝無過者後改封淮南王鎭虎牢威名甚著孝文時位司徒賜安車几杖入朝不趨太和十二年薨時孝文有事太廟始薦聞之廢祭輿駕親臨哀慟禮賵有加謚曰靖王世子吐万

早卒子僖王顯襲祖爵薨子世遵襲孝明時爲荆州刺史州居邊境前代以來互相抄掠世遵到州不聽侵擾其弟均時在荆州爲朝陽戍主有南戍主妻以三月三日遊戲沔水側均輒遣部曲掠取世遵聞之責均遂移還本戍史人感之其後頗行貨賄散費邊儲盈實頗損薨於定州刺史謚曰康王吐万弟鍾葵早卒長子法壽累遷安州刺史法壽先令所親微服入境觀察風俗下車便大行賞罰於是境內肅然後於河陰遇害子慶智性貪鄙爲太尉主簿事無大小得物然後判或十數錢或二十錢得便取之府中號爲十錢主簿法壽弟法僧位益州刺史殺戮自任威怒無恒王賈諸姓州內人士法僧皆召爲卒伍無所假縱於是合境皆反招引外寇後拜徐州刺史法僧本附元乂以驕恣故恐禍及己將謀爲逆時領主書兼舍人張文伯奉使徐州法僧謂曰我欲與卿去危就安能從我乎文伯曰安能棄孝義而從叛逆也法僧將殺之文伯罵曰僕寧死見文陵松柏不能生作背國之虜法僧殺之孝昌元年法僧殺行臺高諒反於彭城自稱尊號改元天啟大軍致討法僧奔梁其文武三千餘人戍彭城者法僧皆印額爲奴逼將南度梁武帝授法僧司空封始安郡王尋改封宋王甚見優寵又進位爲太尉仍立爲魏主不行授開府儀同三司郢州刺史仍徵爲太尉卒於梁謚曰襄厲王子景仲景隆景隆初封丹陽公位廣州刺史徙徐州改封彭城王丁父憂襲封宋王又爲廣州刺史卒梁復以景仲爲廣州刺史封枝江縣公侯景作亂遣人誘召之許奉爲主景仲將應之爲西江督護陳霸先所攻乃縊死

河南王曜天興六年封曜武毅絕人與陽平王熙等並督諸軍講武衆咸服其勇薨長子提襲驍烈有父風改封潁川王遣迎昭儀于塞北時年十六有風成之量殊域敬焉後改封武昌王累遷統萬鎮將甚見寵待薨謚曰成王長子平原襲平原忠果有智略爲齊州刺史善於綏撫孝文時妖賊司馬小君自稱晉後屯聚平陸年號聖君平原身自討擊禽小君送京師斬之又有祆人劉舉自稱天子復討斬之時歲頻不登齊人饑饉平原以私米三千餘斛爲粥以全人命北州戍卒千餘人還者皆給路糧百姓稱詠之遷征南大將軍開府雍州刺史鎮長安薨謚曰簡王長子和字善意襲爵初和聘乙氏公主女爲妃生子顯薄之以公主故不得遣出因忿遂自落髮爲沙門既不答其母乃舍顯以爵讓其次弟鑒鑒固辭公主以其外孫不得襲爵訴於孝文孝文詔鑒終之後令顯襲爵鑒乃受之鑒字紹遠沈重少言寬和好士爲齊州刺史時革變之始鑒到官遵孝文之旨採齊俗之舊軌制粲然齊人愛詠咸曰耳目更新孝文崩後和罷沙門歸俗棄故妻子納寡婦曹氏爲妻曹氏年長大和十五歲攜男女五人隨鑒至歷城干亂政事和與曹及五子七處受納鑒皆順適其意獄以賄成齊人苦之鑒名大損轉徐州刺史屬徐兗大水人多飢餓鑒表加賑恤人賴以濟先是京兆王愉爲徐州王既年少長史盧陽烏寬以御下郡縣多不奉法鑒至表梁郡太守程靈虬殘虐詔免靈虬於是徐境肅然薨謚悼王鑒薨和與鑒子伯崇競求承襲詔聽和襲爵位東郡太守先是郡人孫天恩家饒於財嘗與和爭地遣奴客毆和垂死至是和誣天恩與北賊交通父子兄弟一時俱戮田宅金寶皆沒縣官天恩宗從欲詣闕訴冤以和元乂之親不敢告列和語其郡人曰我覓一州亦應可得念此小人痛入骨髓故乞此郡以報夙昔此後更不希富貴識者知其必沒於此既而果薨贈相州刺史

河間王修天賜四年封薨無子太武詔河南王曜子羯兒襲改封略陽王正平初有罪賜死爵除

長樂王處文天賜四年封處文聰辯夙成年十四薨明元悼傷之屢親臨哀慟陪葬金陵無子爵除

廣平王連天賜四年封薨無子太武以陽平王熙第二子渾爲南平王以繼連後渾好弓馬射鳥輒歷飛而中之日射兔得五十頭太武嘗命左右分射勝者中的籌滿詔渾解之三發皆中帝大悅器其藝能常引侍左右累遷涼州鎮將都督西戎諸軍事領護西域校尉恩著涼土更滿還京父老皆涕泣追送薨子飛襲飛後賜名霄身長九尺腰帶十圍容貌魁偉雅有風則貞白卓然好直言正諫朝臣憚之孝文特垂欽重除宗正卿詔曰自今奏事諸臣相稱可云姓名唯南平王一人可直言其封還左光祿大夫薨賜東園第一祕器孝文緦縗臨霄喪宴不舉樂謚曰安王子纂襲

京兆王黎天賜四年封薨子吐根襲改封江陽王薨無子獻文以南平王霄第二子繼爲後繼字世仁襲封江陽王宣武時爲青州刺史爲家僮取人女爲婦妾又以良人爲婢爲御史所彈坐免官爵繼子乂先納靈太后妹太后臨朝復繼本封復徙封京兆王歷司徒加侍中繼自孝文時已歷顯要及是入居心膂歷轉台司既而頻表遜位復轉太保未幾轉太傅侍中皆如故乂時執生殺之權繼拜受之曰賀者傾朝有識爲之致懼後除使持節侍中太師大將軍錄尚書事大都督節度西道

諸軍事率諸將西討就德興出師之日車駕臨餞百官祖送尋加太尉公及班師敵求還復封江陽詔從之繼晚更貪婪牧守令長新除赴官無不招納賄貨以相付託妻子各別請屬至乃郡縣微吏亦不獲平心選舉法官以乂故不敢糾摘天下患之乂以物議不止遂黜繼廢於家初爾朱榮之爲直寢數以名馬奉乂乂接以恩意榮甚德之建義初復以繼爲太尉司州牧永安二年薨贈假黃鉞都督九州諸軍事錄尚書事大丞相如故諡曰武烈乂字伯儁小字夜乂靈太后以乂妹夫除通直郎乂妻封新平君後遷馮翊君拜女侍中乂累加侍中領軍將軍既在門下兼總禁兵深爲靈太后所信委太傅清河王懌以親賢輔政每欲斥黜之乂遂令通直郎宋準告司染都尉韓文殊欲謀逆立懌懌坐禁止後窮按無實懌雖得免猶以兵衞守於宮西別館久之乂恐懌終爲已害乃與侍中劉騰密謀詐令主食中黃門胡度胡定列辭誣懌云貨度等金帛令以毒藥置御食中害帝騰以具奏明帝信之乃御顯陽殿騰閉永巷門靈太后不得出懌入遇乂於含章殿後乂命宗士及直齋執懌將入含章東省騰稱詔集公卿議當懌大逆羣臣畏乂無敢異者唯僕射游肇明其不然乂騰持公卿議入奏夜中殺懌於是矯爲靈太后辭讓詔乂遂與太師高陽王雍等輔政嘗直禁中明帝呼爲姨夫乂處之無愧帝後徙居徽音殿乂亦入居殿右其出入常令武士持刀劒以相先後又於千秋門外廠下施木欄檻時或止息其間置腹心防守以備竊發復作別室禁中掌握之寶充牣其內其始專政也猶嬌情待物及其得志遽自驕慢耽酒好色諸姑姊妹朋淫無別嘗臥婦人於食轝以杷覆之輿入禁內出亦如之直衞雖知無敢言者政以賄成官由路進朝綱解弛州鎮多非其人天下由是亂矣乂自知不法恐被廢黜乃陰遣其從弟洪業召武州人姬庫根等與之盟欲令爲亂冀朝廷以已爲將往伐因相與表裏可以自立根等然其言乃厚遺根等遣還州與洪業買馬太后自劉騰死後防衞微緩乂頗亦自寬時宿於外每日出游留連他宅太后微察知之正光五年秋太后對明帝謂羣臣求出家於嵩山閑居寺欲自下髮帝與羣臣大懼叩頭泣涕遂與太后密謀圖之帝後對乂流涕敘太后欲削髮事乂乃勸帝順適太后意於是太后數御顯陽殿二宮無復禁礙乂舉其親元法僧爲徐州刺史法僧據州叛靈太后數以爲言乂深悔愧丞相高陽王雍雖位重於乂而甚憚乂會太后與帝游洛水遂幸雍第定圖乂之計後雍從帝朝太后乃進言乂父子權重太后曰然元郎若忠於朝廷何不去領軍以餘官輔政乂聞之甚懼免冠求解乃以爲儀同三司尚書令侍中領左右乂雖去兵權然總任內外不慮廢黜時乂有閹人張景嵩劉思逸屯弘昶伏景皆惡乂景嵩以帝嬪潘外憐有幸說嬪云乂欲害之嬪泣訴於帝云乂非直欲殺妾亦將害陛下帝信之後乂出宿遂解其侍中旦欲入宮門者不納尋除名初咸陽王禧以逆見誅其子樹奔梁及元法僧之叛樹自梁遺公卿百僚書暴乂過惡言乂本名夜乂弟羅實名羅剎夜乂羅剎此鬼食人非遇黑風事同飄墮嗚呼魏境離此二災惡木盜泉不息不飲勝母梟稱不入不爲況昆季此名表能噬物曰露久矣始信斯言乂爲遠近所惡如此其後靈太后顧謂侍臣曰劉騰元乂昔邀朕索鐵券望得不死朕賴不與中書舍人韓子順對曰臣聞殺活豈計與否陛下昔雖不與何解今日不殺靈太后憮然未幾有人告乂及其弟瓜謀反先遣元洪業率六鎮降戶反定州又令勾魯陽諸蠻侵擾伊闕乂兄弟爲內應起有日矣靈太后以妹壻故未忍便決羣臣固執不已明帝又以爲言太后乃從之於是乂及弟並賜死於家太后猶以妹故復追贈尚書令冀州刺史乂子舒祕書郎乂死後亡奔梁官至征北大將軍青冀二州刺史子善亦名善住少隨父至江南性好學通涉五經尤明左氏傳侯景之亂善歸周武帝甚禮之以爲太子宮尹賜爵江陽縣公每執經以授太子隋開皇初拜內史侍郎凡有敷奏辭氣抑揚觀者屬目陳使袁雅來聘上令善就館受書雅出門不拜善論舊事有拜之儀雅未能對遂拜成禮而去後遷國子祭酒上嘗親臨釋奠令善講孝經敷陳義理兼之以諫上大悅曰聞江陽之說更起朕心賚布一百疋衣一襲善之通博在河安之下然以風流醞籍爲後進所歸安每懷不平心欲屈善因講春秋初發題諸儒畢集善私謂安曰名望已定幸無相苦安然之及就講肆安遂引古今滯義以難善多不能對二人由是有隙善以高熲有宰相之具嘗言於上曰楊素麤疎蘇威怯懦元胄元旻正似鴨耳可以付社稷者唯獨高熲上初然之及熲得罪上以善爲熲游說深責望之善憂懼先患消渴於是病頓而卒乂弟羅字仲綱雖父兄貴盛而虛已接物累遷青州刺史乂專政羅望傾四海於時才名之士王元景邢子才李奬等咸爲其賓客從游青土罷州入爲宗正卿乂死羅通其妻時人穢之或云其救命之計也孝武時位尚書令開府

儀同三司梁州刺史孝靜初梁遣將圍逼羅以州降封南郡王及侯景僭立以羅爲開府儀同三司尚書令改封江陽王梁元帝滅景周文作相遣人求羅遂得還除開府儀同三司侍中少卿襲爵江陽王舒子善作後從南入關羅乃以爵還善仕改封羅爲固道郡公羅弟爽字景哲少而機警位給事黃門侍郎金紫光祿大夫卒謚曰懿爽弟蠻仕齊歷位兼度支尚書行潁川事坐不爲繼母服爲左丞所彈後除開府儀同三司齊天保十年大誅元氏孝昭后蠻之女也爲苦請自市追免之賜姓步孤氏卒賜司空蠻弟瓜字景邕位給事中與兄乂同被誅繼弟羅侯遷洛之際以墳陵在北遂家於燕州之昌平郡內豐資產唯以得意爲適不入京師有賓客往來者必厚相禮遺豪據北方甚有聲稱以乂執權尤不樂入仕就拜昌平太守

明元六王

明元皇帝七男杜密皇后生太武皇帝大慕容夫人生樂平戾王丕安定殤王彌闕母氏慕容夫人生樂安宣王範尹夫人生永昌莊王健建寧王崇新興王俊二王並闕母氏

樂平王丕少有才幹泰恆七年封拜車騎大將軍後督河西高平諸軍討南秦王楊難當軍至略陽禁令齊肅所過無私百姓爭致牛酒難當懼還仇池丕綏懷初附民悉向化初馮弘之奔高麗太武詔高麗遣送之高麗不從太武怒將討之丕上疏以爲和龍新定宜復之使廣修農殖以饒軍實然後進圖可一舉而滅帝納之乃止後坐劉絜事以憂薨事在絜傳謚曰戾王子拔襲爵後坐事賜死國除丕之薨及日者董道秀之死也高允遂著箴論曰昔明元末起白臺其高二十餘丈樂平王嘗夢登其上四望無所見以問日者董道秀道秀筮之曰大吉王默而有喜色後事發王遂憂死而道秀棄市使道秀若推六爻以對王曰易稱亢龍有悔窮高曰亢高而無民不爲善也夫如是則上寵於王下保於己福祿方至豈有禍哉今舍於本而從其末咎釁之至不亦宜乎

定安王彌泰恆七年封薨謚曰殤王無子國除

樂安王範泰恆七年封範雅性沈厚太武以長安形勝之地乃拜範爲衛將軍開府儀同三司長安鎮都大將時秦土新離寇賊流亡者相繼範寬徭息役與民休息百姓賴之後劉絜之亂範聞而不告事發因疾暴薨長子良太武末有子親撫養之長而壯勇多知嘗參軍國大計文成時襲王拜長安鎮都大將雍州刺史入爲內都大官薨謚曰簡王

永昌王健泰恆七年封健姿貌魁壯所在征戰常有大功才藝比陳留桓王而智略過之從太武破赫連昌遂西略至木根上討和龍健别攻拔建德後平叛胡白龍餘黨于西海太武襲蠕蠕越涿邪山詔健殿後矢不虛發所中皆應弦而斃威震漠北尋從平涼州健功居多又討破禿髮保周保周自殺傳首京師復降沮渠無諱薨謚曰莊王子仁襲仁亦驍勇有父風太武奇之後與濮陽王閭若謀爲不軌事覺賜死國除

建寧王崇泰恆七年封文成時封崇子麗濟南王後與京兆王杜元寶謀逆父子並賜死

新興王俊泰恆七年封少善騎射多材藝坐法削爵爲公俊好酒色多越法度又以母先遇罪死而已被貶削恆懷怨望頗有悖亂心後事發賜死國除

太武五王

太武皇帝十一男賀皇后生景穆帝越椒房生晉王伏羅舒椒房生東平王翰弗椒房生臨淮王譚伏椒房生廣陵王建閭左昭儀生吳王余其小兒貓兒眞虎頭龍頭並闕母氏皆早薨無傳

晉王伏羅眞君三年封加車騎大將軍後督高平涼州諸軍討吐谷渾慕利延軍至樂都謂諸將曰若從正道恐軍聲先振必當遠遁潛軍出其不意此鄧艾禽蜀之計也諸將咸難之伏羅曰夫將軍制勝萬里擇利專之可也遂間道行至大母橋慕利延衆驚奔白蘭慕利延子拾寅走河曲降其一萬餘部落八年薨無子國除

東平王翰眞君三年封秦王拜侍中中軍大將軍參典都曹事忠貞雅正百僚憚之後鎮枹罕羌戎敬服改封東平王太武崩諸大臣等議欲立翰而中常侍宗愛與翰不協矯太后令立南安王余遂殺翰子道符襲爵拜長安鎮都大將皇興元年謀反司馬段太陽斬之傳首京師

臨淮王譚眞君三年封燕王拜侍中參典都曹事後改封臨淮王薨謚宣王子提襲爲梁州刺史以貪縱削除加罰徙配北鎮久之提子員外郎穎免冠請解所居官代父邊戍孝文不許後詔提從駕南伐至洛陽參定遷都之議尋卒以預參遷部功追封長鄉縣侯宣武時贈雍州刺史謚曰懿提子昌字法顯好文學居父母喪哀號孺慕悲感行人宣武時復封臨淮王未拜而薨贈齊州刺史謚曰康王追改封濟南王子彧字文若紹封彧少有才學侍中崔光見而謂人曰黑頭三公當此人也

少與從兄安豐王延明中山王熙並以宗室博古文學齊名時人莫能定其優劣尚書郎范陽盧道將謂吏部清河崔休曰三人才學雖無優劣然安豐少於造次中山皂白太多未若濟南風流沈雅時人爲之語曰三王楚琳琅未若濟南備員方彧姿制閑裕吐發流靡琅邪王誦有名人也見之未嘗不心醉忘疲嘗奏郊廟歌詞時稱其美除給事黃門侍郎彧本名亮字仕明時侍中穆紹與彧同署避紹父諱啟求改名詔曰仕明風神運吐嘗自比荀文若可名彧以取定體相倫之美彧求復本封詔許復封臨淮寄食相州魏郡又長兼御史中尉彧以爲倫叙得之不謝領軍于忠忠言之朝廷曰臨淮雖復風流可觀而無骨鯁之操中尉之任恐非所堪彧遂去威儀單車而還朝流爲之歎息累遷侍中衛將軍左光祿大夫兼尚書左僕射攝選後以本官爲東道行臺會爾朱榮入洛殺害元氏彧撫膺慟哭遂奔梁梁武遣其舍人陳建孫迎接并觀彧爲人建孫稱彧風神閑儁梁武亦先聞名深相器待見彧於樂遊園因設宴樂彧聞聲歔欷涕淚交下梁武爲之不樂自前後奔叛皆候旨稱魏爲僞唯彧表啟嘗云魏臨淮云梁武體彧雅性不以爲責及知莊帝踐阼彧以母老請還辭旨懇切梁武惜其人才又難違其意遣其僕射徐勉私勸彧留彧曰死猶願北況於生也梁武乃以禮遣彧性至孝自經違留不進酒肉容貌憔悴見者傷之歷位尚書令大司馬兼錄尚書莊帝追崇武宣王爲文穆皇帝廟號肅祖母李妃爲文穆皇后將遷神主於太廟以孝文爲伯考彧表諫以爲漢祖創業香街有太上之廟光武中興南頓立舂陵之寢元帝之於光武疏爲絕服猶尚身奉子道入繼太宗高祖之於聖躬親實猶子陛下既纂洪緒豈宜加伯考之名且漢宣之繼孝昭斯乃上後叔祖豈忘宗承考妣蓋以大義斯奪及金德將興宣王受寄景王意在毀冕文王心規裂冠雖祭則魏主而權歸晉室昆季之興實傾曹氏且子元宣王之家允文王成其大業故晉武繼文祖宣而景有伯考之稱以今類古恐或非儔高祖德溢寰中道超無外肅祖雖勳格宇宙猶曾奉贄稱臣穆后禀德坤元復將配享乾位此乃君臣並筵嫂叔同室歷觀墳籍未有其事時莊帝意銳朝廷無敢言者唯彧與吏部尚書李神儁並有表聞詔報曰漢高不因瓜瓞之緒光武又無世及之德皆身受符命不由父祖故太上南頓別廟異寢於理何差朕承文穆皇帝下武遂主神器與高光異若以昔況今不當移寢則魏太祖晉景帝雖王跡已顯皆以人臣而終豈得與餘帝別廟有闕倫序漢宣之父亦非勳德所出雖不追尊不亦可乎伯考之名自是尊卑之稱何必準古而言非類也復云君臣同列嫂叔共室當以文穆皇帝昔遂臣道以此爲疑禮天子元子猶士禘祫豈不得同室乎且晉文景共爲一代議者云世限七主無定數昭穆既同明有共室之理禮既有祔嫂叔何嫌禮太祖廟一廟豈無婦舅共室也若專以共室爲疑容可更議遷毀莊帝既逼諸妹之請此詔意黃門侍郎常景中書侍郎邢子才所贊成也又追尊兄彭城王爲孝宣帝彧又面諫曰陛下作而不法後世何觀歷觀載籍未有其事帝不從及神主入廟復勅百官悉陪從一依乘輿之式彧上表以爲爰自中古迄於下葉崇尚君親褒明功懿乃自皇號終無帝名今若去帝直留皇名求之古義少有依準又不納爾朱榮死除彧司徒公及爾朱兆衆奄至出東掖門爲賊所獲見兆辭色不屈爲羣胡所毆薨孝武帝末贈大將軍太師太尉公錄尚書事諡曰文穆彧美風韻善進止衣冠之下雅有容則博覽羣書不爲章句所制文藻雖多亡失猶有傳於世者然居官不能清白所進舉止於親婭爲識者所譏無子弟孝友少有時譽襲爵淮陽王累遷滄州刺史爲政溫和好行小惠不能清白而無所侵犯百姓亦以此便之孝友明於政理嘗奏表曰令制百家爲黨族二十家爲閭五家爲比鄰百家之內有帥二十五徵發皆免苦樂不均羊少狼多復有蠶食此之爲弊久矣京邑諸坊或七八百家唯一里正二史庶事無闕而況外州乎請依舊置三正之名不改而於百家爲四閭閭二比計族少十二丁得十二疋貲絹略計見管之戶應二萬餘族一歲出貲絹二十四萬疋十五丁出一番兵計得一萬六千兵此富國安民之道也又言古諸侯一取九女士有一妻二妾晉令諸王置妾八人郡君侯妾六人官品令第一第二品有四妾第三第四有三妾第五第六有二妾第七第八有一妾所以陰教聿修繼嗣有廣廣繼嗣孝也修陰教禮也而聖朝忽棄此數由來漸久將相多尚公主王侯例娶后族故無妾媵習以爲常舉朝略是無妾天下殆皆一妻婦人多幸生逢今世在家則父母教之以妬既嫁則姑姊勸之以忌以制夫爲婦德以專寵爲婦功夫妬忌之心生則妻妾之禮廢妻妾之禮廢則姦淫之兆興斯實有關於風教者也請以王公第一品娶八通妻以備九女稱事二品備七三品四品備五五品六品則一妻二妾限以一周悉令充數若不充數及待妾非禮使妻

妬加捶撻免所居官其妻無子而不娶妾斯則自絕無以血食祖父請科不孝之罪離遣其妻臣今冒申妻妾之數非惟上合禮經亦欲使王侯將相功臣子弟苗允滿朝傳祚於無窮也詔付有司議多不同又言今人生爲皁隸葬擬王侯盛飾祭儀崇壯邱壟鄰里相榮稱爲至孝又夫婦之始王化所先共食合瓢足以成禮而今之富者彌奢同牢之設累魚爲山山有林木鸞鳳斯存暴殄天物無益於理請自茲以後如婚葬踰制者以違旨論官司不加糾劾即與同罪孝友在尹積平以法自守甚著聲稱然性無骨鯁承事權勢爲正直者所譏齊天保初準例降爵封臨淮縣公拜光祿大夫二年冬被詔入晉陽宮出與元暉業同被害昌弟孚字秀和少有令譽侍中游肇并州刺史高聰司徒崔光等見孚咸曰此子當準的人物恨吾徒衰暮不及見耳累遷兼尚書右丞靈太后臨朝宦者干政孚乃總括古今名妃賢后凡爲四卷奏之遷左丞蠕蠕主阿那瓌既得反國其人大飢相率入塞阿那瓌上表請臺振給詔孚爲北道行臺詣彼振恤孚陳便宜表曰皮服之人未嘗粒食宜從俗因利拯其所無昔漢建武中單于款塞時轉江東米糒二萬五千斛牛羊三萬六千頭以給之斯則前代和戎撫新柔遠之長策也乞以牸牛產羊餬其口命且畜牧繁息是其所便毛血之利惠兼衣食又尙書奏云如其仍住七州隨寬置之臣謂人情戀本寧肯徙內若依臣請給振雜畜愛本重鄉必還舊土如其不然禁留益損假令逼徙事非久計何者人面獸心去留難測既易水草痾恙將多憂愁致困死亡必甚兼其餘類尙在沙磧脫出狂悖翻歸舊巢必殘掠邑里遺毒百姓亂而方塞未若杜其未萌又貿遷起於上古交易行於中世漢與胡通亦立關市今北人阻飢命懸溝壑公給之外必求市易彼若願求宜見聽許又云營大者不計小名圖遠者不拘近利雖戎狄衰盛歷代不同叛服之情略可論討周之北伐僅獲中規漢氏外攘裁收下策昔在代京恒爲重備將帥勞止甲士疲力計前世苦之力未能致今天祚大魏亂亡在彼朝廷垂天覆之恩廓大造之德鳩其散亡禮送令反宜因此時善思遠策竊以理雖萬變可以一觀來事雖懸易以往卜昔漢宣之世呼韓款塞漢遣董忠韓昌領邊郡士馬送出朔方因留衞助又光武時亦令中郎將段彬置安集掾史隨單于所在參察動靜斯皆守吉之元龜安邊之勝策計今朝廷成功不減曩時蠕蠕國傚亦同疇日宜準昔成謀略依舊事借其閑地聽使田牧粗置官屬示相慰撫嚴戒邊兵以見保衞馭以仁寬縻以久策使親不至矯詐踈不容叛反今北鎮諸將舊常云一人代外邏因令防察所謂天子有道守在四夷者也又云先人有奪人之心待降如受彊敵武非專外亦以防內若從處分割配諸州鎮遼遠非轉輸可到悔叛之情變起難測又居人畜業布在原野戎夷性貪見利忘盜防彼肅此少兵不堪渾流之際易相干犯驅之還本未必樂去配州內徙未必肯從既其如此爲費必大朝廷不許孚持白虎幡勞阿那瓌於柔元懷荒二鎮間阿那瓌衆號三十萬陰有異志遂拘留孚載以轀車日給酪一升肉一段每集其衆坐孚東廂稱爲行臺甚加敬禮阿那瓌遂自南還至舊京後遣孚等還因上表謝罪有司以孚事下廷尉廷尉丞高謙之奏孚辱命處孚流罪後拜冀州刺史孚勸課農桑境內稱爲慈父鄰州號曰神君先是州人張孟都張洪建馬潘崔獨憐張叔緒崔醜張天宜崔思哲等八人皆屯保林野不臣王命州郡號曰八王孚至皆請入城願致死効力後爲葛榮所陷被執兄祐爲防城都督兄子禮爲錄事參軍榮欲先害子禮孚請先死以贖子禮叩頭流血榮乃捨之又大集將士議其死罪孚兄弟各誣己引過爭相爲死又孟都等數百人皆叩頭就法請活使君榮曰此魏之誠臣義士也凡同禁五百人皆得免榮卒還除冀州刺史元顥入洛授孚東道行臺彭城郡王孚封顥逆書送朝廷天子嘉之顥卒封孚萬年鄉男永安末樂器殘缺莊帝命孚監儀注孚上表曰昔太和中中書監高閭太樂令公孫崇修造金石數十年間乃奏成功時大集儒生考其得失太常卿劉芳請別營造久而方就復召公卿量校合否論者沸騰莫有適從登被旨勅並見施用往歲大軍入洛戎馬交馳所有樂器亡失垂盡臣至太樂署問太樂令張乾龜等云承前以來置宮懸四箱栒簴六架東北架編黃鍾之磬十四雖器名黃鍾而聲實夷則考之音制不甚諧韻姑洗懸於東北太蔟編於西北蕤賓列於西南並皆器象差位調律不和又有儀鍾十四簴懸架首初不叩擊今便刪廢以從正則臣今據周禮鳧氏脩廣之規磬氏倨句之法吹律求聲叩鍾求音損除煩雜討論實錄依十二月爲十二宮各準辰次當位懸設月聲既備隨月擊奏則會還相爲宮之義又得律呂相生之體今量鍾磬之數各以十二架爲定奏可于時搢紳之士咸往觀聽靡不咨嗟歎服太傅錄尙書事長孫承業妙解音律特復稱善後從孝武帝入關爲尙書左僕射扶風郡王尋監國

史歷位司空兼尚書令太保時蠕蠕主與孚相識先請見孚然後遣女於是乃使孚行蠕蠕君臣見孚莫不懽悦奉皇后來歸孚性機辯好酒貌短而禿周文帝偏所眷顧嘗於室內置酒十瓶坂餘一斛上皆加帽欲以戲孚孚適入室見卽驚喜曰吾兄弟輩甚無禮何爲竊入王家匡坐相對宜早還宅也因持酒歸周文撫手大笑後遇風患手足不隨口不能言乃左手畫地作字乞解所任三奏不許遷太傅薨帝親臨問百官赴弔贈大司馬錄尚書事諡曰文簡子端嗣位大行臺尚書華州刺史性踈狠頗以基地驕物時論鄙之

廣陽王建眞君三年封楚王後改封廣陽薨諡曰簡王子石侯襲薨諡曰哀王子遺興襲薨諡曰定王無子石侯弟嘉少沈敏喜慍不形於色兼有武略孝文初拜徐州刺史甚有威惠後封廣陽王以紹建後孝文南伐詔嘉斷均口嘉違失指授令賊得免帝怒責之曰叔祖定非世孫何大不相類也及將大漸遺詔以嘉爲尚書左僕射與咸陽王禧等輔政遷司州牧嘉表請於京四面築坊三百二一　各周一千二百步乞發三正復丁以充玆役雖有暫勞姦盜永止詔從之拜衞大將軍尚書令除儀同三司嘉好飮酒或沈醉在宣武前言笑自得無所顧忌帝尊年老常優容之與彭城北海高陽諸王每入宴集極懽彌夜數加賞賜帝亦時幸其第性好儀飾車服鮮華既居儀同又任端首出入容衞道路榮之後拜司空轉司徒嘉好立功名有益公私多所敷奏帝雅委付之愛敬人物後來才俊未爲時知者侍坐之次轉加汲引時人以此稱之薨遺命薄葬宣武悼惜之贈侍中太保諡曰懿烈嘉後妃宜都王穆壽孫女司空從妹也聰明絕人及爲嘉妃多所匡贊光益家道子深字智遠襲爵孝明初拜肆州刺史豫行恩信胡人便之劫盜止息後爲恒州刺史在州多受納貨賂私家有馬千匹者必取百匹以爲恒衆遷殿中尚書未拜坐淫城陽王徽妃于氏爲徽表訟詔付丞相高陽王雍等宗室議決其罪以王還第及沃野鎭人破六韓拔陵反叛臨淮王或討之失利詔深爲北道大都督受尚書令李崇節度時東道都督崔暹敗於白道深等諸軍退還朔州深上書曰邊豎構逆以成紛梗其所由來非一朝也昔文明皇后以移防爲重盛簡親賢擁麾作鎭配以高門子弟以死防遏不但不廢仕宦至乃偏得復除當時人物忻慕爲之及太和初歷僕射李沖當官任事涼州土人悉免厮役豐沛舊門仍防邊戍自非得罪當世莫肯與之爲伍鎭將但爲虞候白直一生推遷不過軍主然其往世房分留居京者得上品通官在鎭者便爲淸途所隔或投彼有北以禦魑魅多復逃亡胡鄉乃峻邊兵之格鎭人浮遊在外皆聽流兵投之於是少年不得從師長者不得遊宦獨爲匪人言者流涕自定鼎伊洛邊任益輕唯底滯凡才出爲鎭將轉相模習專事聚斂或有諸方姦吏犯罪配邊爲之指蹤過弄官府政以賄立莫能自改咸言姦吏爲此無不切齒增怒及阿那瓌背恩縱掠竊奔命師追之十五萬衆度沙漠不日而還邊人見此援師便自意輕中國尚書令臣崇時卽申聞求改鎭爲州將充其願抑亦先覺朝廷未許而高闕戍主率下失和拔陵殺之爲逆命攻城掠地所見必誅王師屢北賊黨日盛此段之舉指望銷平其崔暹隻輪不反臣崇與臣逡巡復路今者相與還次雲中馬首是瞻未便西邁將士之情莫不解體今日所慮非止西北將恐諸鎭尋亦如此天下之事何易可量時不納其策及東西部勅勒之叛朝議更思深言遣兼黃門侍郎酈道元爲大使欲復鎭爲州以順人望會六鎭盡叛不得施行深復上言今六鎭俱叛二部高車亦同惡黨以疲兵討之不必制敵請簡選兵或留守恒州要處更爲後圖及李崇徵還深專戎政拔陵避蠕蠕南移度河先是別將李叔仁以拔陵來逼請求迎援深赴之前後降附二十萬人深與行臺六纂表求恒州北別立郡縣安置降戸隨宜振賚息其亂心不從詔遣黃門侍郎楊昱分散之於冀定瀛三州就食深謂纂曰此輩復爲乞活矣禍亂當由是作旣而鮮于修禮叛於定州杜洛周反於幽州其餘降戸猶在恒州遂欲推深爲主深乃上書求還京師令左衞將軍楊津代爲都督以深爲侍中右衞將軍定州刺史時中山太守趙叔隆別駕崔融討賊失利臺使劉審覈其事會賊逼中山深乃令叔隆防境審馳驛還京云深擅相放縱城陽王徽與深有隙因此構之乃徵深爲吏部尚書兼中領軍及深至都明帝不欲使徽深相憾勑因宴會令相和解徽銜深不已後河間王琛等爲鮮于脩禮所敗乃除深儀同三司大都督章武王融爲左都督裴衍爲右都督並受深節度以討脩禮徽因奏靈太后構深曰廣陽以愛子握兵在外不可測也乃勑章武王等潛相防備融遂以勑示深深懼事無大小不敢自決靈太后聞之乃使問深意狀深乃具言前後爲徽所構非一及今復生異議言臣將兒自隨證爲可疑之兆悠悠之人復傳音響言左軍臣融右軍臣衍皆受密勑伺察臣事徽既用心如此臣將何以自安竊以天

步未夷國難猶梗方伯之任於斯爲急徵昔臨藩乃有人譽及居端右無聞焉爾今求出之爲州使得申利用徵若外從所長臣無內慮之切亦得展其忠力太后不聽深以兵士頻經退散人無鬬情連營轉柵日行十里行達交津隔水而陣賊脩禮嘗與葛榮謀後稍信朔州人毛普賢榮嘗銜之普賢昔爲深統軍及在交津使人喻之普賢乃有降意深又使録事參軍元晏說賊程殺鬼果相猜貳葛榮遂殺普賢脩禮而自立榮以親得大衆上下未安遂北度瀛州深遂率衆北轉榮東攻章武王融融戰敗於白牛邏深復退走趣定州聞刺史楊津疑其有異志乃止於州南佛寺停二日夜乃召都督毛謐等六七人與之盟約危難之際共相拯恤謐反疑深乃密告津云深謀不軌津遣謐討深深與左右走達博陵郡界逢賊游騎仍引詣葛榮賊徒見深頗有喜者榮新自立內惡之乃害深徵遂誣深降賊奏削深爵録其妻子深府佐宋遊道爲之訴理妻子乃得釋孝莊世追復王爵贈司徒公謚曰忠武子湛字士淵少有風尚孝莊初襲封孝靜初累遷冀州刺史所在聚斂風政不立入爲侍中後爲司州牧時齊神武作相以湛頗有器望啟超拜太尉公薨贈假黃鉞大司馬尚書令謚曰文獻初湛名位漸重留連聲色始以婢紫光遺尚書郎中宋游道後乃私湛出爲冀州竊攜而去游道大致紛紜乃云紫光湛父所寵湛母遺己將致公文久乃停息論者兩非之湛弟謹尚書祠部郎後謀殺齊文襄事泄合門伏法湛子法輪紫光所生也齊王矜湛覆滅乃啟原之復其爵土

南安王余眞君三年封吳王後改封南安王太武暴崩中常侍宗愛矯皇太后令迎立之然後發喪大赦改年爲承平余自以非次而立厚遺羣下取悅於衆爲長夜之飲聲樂不絕旬月之閒帑藏空罄尤好弋獵出入無度邊方告難余不恤之百姓憤惋而余晏如也宗愛權恣日甚內外憚之余疑愛爲變謀奪其權愛因余祭廟夜殺余文成葬以王禮謚曰隱

通志卷八十四上

朱右迪功郎鄭樵漁仲撰

宗室傳第七下

景穆十二王

景穆皇帝十四男恭皇后生文成皇帝袁椒房生陽平幽王新成尉椒房生京兆康王子推濟陰王小新成陽椒房生汝陰靈王天賜樂良厲王萬壽廣平殤王洛侯母並闕孟椒房生任城康王雲劉椒房生南安惠王楨城陽康王長壽慕容椒房生章武敬王太洛尉椒房生樂陵康王胡仁孟椒房生安定靖王休趙王深早薨無母闕魏舊太子後庭未有位號文成即位景穆宮人有子者並號為椒房

陽平王新成太安三年封後為內都大官薨謚曰幽長子安壽襲爵孝文後賜名頤累遷懷朔鎮大將都督三道諸軍事太和中北討蠕蠕詔徵赴京勗以戰伐之事對曰當仰仗廟算使呼韓同渭橋之禮帝歎曰壯哉王言朕所望也未發遭母憂詔侍臣以金革敦喻既殯而發與左僕射陸叡集三道諸將議軍途所詣於是中道出黑山東道趣士盧河西道向侯延河軍過大磧大破蠕蠕頤入朝詔曰王之前言果不虛也後除朔州刺史及恒州刺史穆泰謀反遣使推頤為主頤密以狀聞泰等伏誅帝甚嘉之宣武景明元年薨於青州刺史謚曰莊王傳國至孫宗允明帝時坐殺叔父賜死爵除頤弟衍字安樂賜爵廣陵侯位梁州刺史表請假王以崇威重詔責之轉徐州刺史至州病重帝敕徐成伯乘傳療之疾差成伯還帝曰卿定名醫賚絹三千疋成伯辭請受一千帝曰詩云人之云亡邦國殄瘁以是而言豈惟三千疋乎其為帝所重如此後所生母雷氏卒表請解州詔曰先君餘尊之所厭禮之明文季末陵遲斯典或廢侯既親王之子宜從餘尊之義便可大功後卒於雍州刺史謚曰康侯衍性清慎所在廉潔又不營產業歷牧四州皆有稱績亡日無斂屍之具子暢字叔暢從孝武入關拜鴻臚封博陵王大統三年東討沒於陣子敏嗜酒多費家為之貧其壻柱國乙弗貴大將軍大利稽祏家貲皆千萬每營給之敏隨即散盡而帝不之責貴祏後遂絕之位儀同三司改封南武縣公暢弟融字叔融貌甚短陋驍武過人莊帝謀殺爾朱榮以融為直閤將軍及爾朱兆入洛融逃人間後從孝武入關封魏興王位侍郎殿中尚書衍弟欽字思若位中書監尚書右僕射儀同三司欽色尤黑故時人號為黑面僕射欽淫從兄麗妻崔氏為御史中尉封回劾奏遇赦免尋除司州牧欽少好學早有令譽時人語曰皇宗略略壽安思若及晚年貴重不能有所匡益論者輕之欽性吝遇客甚薄嘗託青州人高僧壽為子求師師至未幾逃去欽以讓僧壽僧壽性滑稽反謂欽曰凡人絕粒七日乃死始經五朝便爾逃遁去食就信實有所闕欽乃大慙於是待客稍厚後除司空公封鉅平縣公於河陰遇害贈假黃鉞太師太尉公子子孝字季業早慧年八歲司徒崔光見而異之曰後生領袖必此人也孝武入關不及從駕後赴長安封義陽王子孝美容儀善戲謔好酒愛士縉紳歸之賓客滿座終日無倦性又寬慈敦睦親族乃置學館於私第集羣從子弟晝夜講讀并給衣食與諸子同後歷尚書令柱國大將軍子孝以國運漸移深自貶晦日夜縱酒後例降為公復姓拓拔氏未幾卒子寶嗣

京兆王子推太安五年封位侍中征南大將軍長安鎮大將子推性沈雅善於綏接秦雍之人服其威惠入為中都大官察獄有稱獻文將禪位於子推以大臣固諫乃傳孝文孝文即位拜侍中本將軍開府儀同三司青州刺史未至道薨子太興襲拜長安鎮大將以贓貨削除官爵後除祕書監還復前爵改封西河轉守衛尉卿初太興遇奇疾醫言不可為遂日供諸沙門冀以愈病他日齋罷庭空有一沙門方至云丐餘食太興戲之曰蔬茹俱盡獨有酒肉耳命取酒一斗羊一髀薦之沙門欣然曰固所欲也引滿大嚼無餘既出侍人徹器而所獻酒肉故具在太興驚遽命左右追之四向無所見乃於佛前乞願曰向者天人肉眼不辨若此疾遂已當舍王爵入道已而所患灑然遂表請為僧章十餘上乃見許時孝文南討在軍詔皇太子於四月八日下髮施帛二千疋既為沙門名僧懿居嵩山太和二十二年終子昂字伯暉襲薨昂子悰字魏慶襲孝靜時累遷太尉錄尚書事司州牧青州刺史薨於州詔贈假黃鉞太傅司徒公謚曰文悰寬和有度量美容貌風望儼然得喪之間不見於色性清儉不營產業身死之日家無餘財昂弟仲景性嚴峭孝莊時兼御史中尉京師肅然每向臺恒駕赤牛時人號赤牛中尉太昌初為河南尹奉法無私時吏部尚書樊子鵠部下縱橫又為盜竊仲景密加收捕悉獲之咸即行決於是豪貴寒心孝武帝將入關授仲景中軍大都督留京師齊神武欲至洛陽仲景遂棄妻子追駕至長安仍除尚書右僕射封順陽王仲景既失妻子乃娶故爾朱天光妻也列氏也列氏本倡

也有美色仲景惑之後數歲故妻叔袁紇氏自洛陽間行詣仲景也列遂從居別宅久之有姦事露詔仲景殺之仲景寵情逾至謬殺一婢蒙其屍而葬焉潛匿也列僻處人無知者叔袁紇所生三子濟鍾奉皆以宗室早歷清官仲景以也列尙在終爲妻子漏言乃謀殺叔袁紇以滅口叔袁紇知之欲先手也列也列謂其從奴曰誠使叔袁紇殺我必投我圊溷中汚衊我儻告宇文丞相冀或不死就令不理首懲猶埋我好地得骨肉親土爾爲我告之奴遂告於周文周文依奏詔答仲景一百免右僕射以王歸第也列以自告免死而逐之仲景猶私不已又有告者詔重笞一百付宗正官爵盡除旣而仲景仍通焉周文以其歷仕有令名且杖策隨駕乃奏復官爵令叔袁紇與也列同居大統五年除幽州刺史仲景後復多內亂就州賜死仲景弟退字叔照孝莊初除南兗州刺史在州猛暴多所殺害元顥入洛退據州不屈莊帝還宮封汝陽王累遷秦州刺史先是秦人屢爲反覆退盡誅之存者十一二普泰元年除涼州刺史貪暴無極欲規府人及商胡富人財物詐爲臺符誑諸豪等云欲加賞及至一時屠戮所有資財生口悉沒自入孝靜時位侍中錄尙書事薨贈太師子沖襲無子國絕太興弟遙字太原有器望以左衞將軍從孝文南征賜爵饒陽男宣武初遭所生母憂表請解任詔以餘尊所厭不許明帝初累遷左光祿大夫仍領護軍時冀州沙門法慶爲妖幻說渤海人李歸伯歸伯合家從之招率鄉人推法慶爲主法慶以歸伯爲十住菩薩平魔軍司定漢王自號大乘殺一人者爲一住菩薩殺十人者爲十住菩薩又合狂藥令人服之父子兄弟不相知識唯以殺害爲事刺史蕭寶夤遣兼長史崔伯驎討之敗於煮棗城伯驎戰殁凶衆遂盛所在屠滅寺舍斬戮僧尼焚燒經像云新佛出世除去衆魔明帝詔以遙爲使持節都督北征諸軍事討破之禽法慶并其妻尼惠暉等斬法慶傳首京師其黨戮於都市初遙大功昆弟皆是景穆之孫至明帝而本服絕故除遙等屬籍遙表曰竊聞聖人所以南面而聽天下其不可得變革者則親也尊也四世而緦服窮五世而袒免六世而親屬竭矣去茲以往猶繫之以姓而弗別綴之以食而弗殊又律云議親者非唯當世之屬親歷謂先帝之五世謹尋斯旨將以廣帝宗重磐石先帝所以變諸事條爲此別制者太和之季方有意於吳蜀經始之費慮深在初割減之起暫出當時也且臨淮王提分屬籍之始高祖賜帛三千疋所以重分離樂良王長命亦賜縑二千疋所以存慈眷此皆先朝殷勤克念不得已而然者也古人有言百足之蟲至死不僵者以其輔己者衆臣誠不欲妄親大階苟求潤屋但傷大宗一分則天子屬籍不過十數人而已在漢親王之子不限多少皆別土而封謂之王子侯至于魏晉莫不廣胙山河稱之曰公者蓋惡其大宗之不固骨肉之恩疏矣臣去皇上雖是五世之遠於先帝便是天子之孫高祖所以國秩祿賦復給衣食后族唯給其賦不與衣食者欲以別內外限異同也今諸廟之感在心未忘行道之悲倏然已及其諸封者身亡之日三年服終然後改奪今朝廷猶在遏密之中便議此事實用未安詔付尙書博議以聞尙書令任城王澄尙書左僕射元暉奏同遙表靈太后不從卒謚曰宣公遙弟恒字景安粗涉書史恒以春秋之義爲名不以山川表求改名芝歷位太常卿中書監侍中後於河陰遇害贈太傅司徒公謚曰宣穆

濟陰王小新成和平二年封頗有武略庫莫奚侵擾詔新成討之新成乃多爲毒酒賊過便棄營而去賊至競飲遂簡輕騎縱擊俘馘甚多後位外都大官薨贈大將軍謚曰惠子鬱字伏生襲位開府爲徐州刺史以黷貨賜死國除長子弼字邕明剛正有文學位中散大夫以世嫡應襲先爵爲季父尙書僕射麗用于氏親寵橫奪弼王爵授同母兄子誕弼於是謝絕人事託疾還第宣武徵爲侍中弼上表固讓入嵩山以穴爲室布衣蔬食卒建義元年子暉業訴復王爵永安三年追贈尙書令司徒公謚曰文獻初弼嘗夢人謂之曰君身不得傳世封其紹先爵者君長子紹遠也弼覺即告暉業終如其言暉業少險薄多與寇盜交通長乃變節涉獵子史亦頗屬文而慷慨有志節歷位司空太尉加特進領中書監錄尙書事齊文襄嘗問之曰比何所披覽對曰數尋伊霍之傳不讀曹馬之書文襄銜之暉業以時運漸謝不復圖全唯事飲啖一日三羊三日一犢又嘗賦詩云昔居王道泰濟濟富羣英今逢世路阻狐兔鬱縱橫齊初降封美陽縣公開府儀同三司特進暉業之在晉陽也無所交遊居常閑暇乃撰魏藩王家世號爲辨宗錄四十卷行於世位望隆重又以性氣不倫每被猜忌天保二年從駕至晉陽於宮門外駡元韶曰爾不及一老嫗背負璽與人何不打碎之我出此言知即死然爾亦詎能幾時文宣聞而殺之并斬臨淮公孝友孝友臨刑驚惶失措暉業神色自若仍鑿冰沈其屍暉業弟昭業頗有學尙位諫議大夫遷給事黃門侍郎衞將軍右光

祿大夫卒謚曰文侯鬱弟偃位太中大夫子誕字曇首初誕伯父鬱坐貪汚賜死爵除詔以誕偃正妃子立爲嫡孫特聽紹封累遷齊州刺史在州貪暴人有牛馬駢驥無不見奪奴隷悉逼取良人爲婦有沙門爲誕採藥還見誕問外議云何對曰唯言王貪願王早代誕曰齊州七萬家吾莅州家未得三十錢詎得此謗邪後爲御史中尉元纂所糾會赦免薨謚曰靜王子撫字伯懿襲莊帝初爲從兄暉業訴奪王爵偃弟麗字寶掌位兼宗正卿右衞將軍遷光祿勳宗正右衞如故時秦州屠客王法智推州主簿呂苟兒爲主號建明元年置立百官攻逼州郡涇州人陳瞻亦聚衆稱王號聖明元年詔以麗爲使持節都督與楊椿討之苟兒率衆十餘萬屯孤山別遣將據諸險要圍逼州城麗出擊大破之遂進軍永洛賊徒逆戰麗夜擊走之行秦州事李韶破苟兒于孤山乘勝追掩獲其父母妻子諸城之圍亦悉奔散苟兒率其王公三十餘人詣麗請罪麗因平賊之勢掠平民七百餘人以爲俘宣武嘉其功詔有司不聽追檢拜雍州刺史爲政嚴酷吏民患之其妻崔氏誕男麗出死四及徒流罪者一時放免遷冀州刺史多行殘虐入爲尚書左僕射帝問曰聞公在州濫刑非一又多殺道人豈有之乎對曰臣在冀州可殺道人二百許亦復何多帝曰一物不得其所若納諸隍況殺道人二百而言不多乎麗脫冠謝卒謚曰威子顯和少有節操歷司徒記室參軍除徐州安東府長史刺史元法僧叛顯和與戰被禽法僧執手命與連坐顯和曰顯和與阿翁同源别派皆是磐石之宗一朝以地外叛若遇董狐能無慙德遂不肯坐法僧猶欲慰喻顯和曰乃可死作惡鬼不能

生爲叛臣及將殺之神色自若建義初贈秦州刺史汝陰王天賜和平三年封後爲內都大官孝文初殿中尚書胡莫寒簡西部敕勤豪富兼丁者爲殿中武士而大納財貨衆怒殺莫寒及高平假鎭將奚陵於是諸部敕勤悉叛詔天賜與給事中羅雲討之前鋒敕勤詐降雲信之敕勤遂襲殺雲天賜僅得自全累遷懷朔鎭大將坐貪殘恕死削除官爵卒孝文哭於思政觀贈本爵葬從王禮謚曰靈王子逞字萬安卒於齊州刺史謚曰威逞子慶和東豫州刺史爲梁將所攻舉城降之梁武以爲北道總督魏王至項城朝廷出師討之望風退走梁武責之曰言同百舌膽若鼷鼠徙於合浦逞弟汎字普安自元士稍遷營州刺史性貪殘人不堪命相率逐之汎走平州後除光祿大夫宗正卿封東燕縣男於河陰遇害汎弟脩義字壽安頗有文才自元士稍遷齊州刺史脩義以齊州頻喪刺史累表固辭詔不許聽隨便立治所脩義乃移治東城爲政寬和遷秦州刺史明帝初表陳庶人禧庶人愉等請宥前愆賜葬陵域靈太后詔曰收葬之恩事由上旨藩岳何得越職干陳在州多受納累遷吏部尚書及在銓衡惟事貨賄授官大小並有定價時中散大夫高居者例合先敘上黨郡缺居遂求之脩義私已許人抑居不與居大言不遜脩義命左右牽曳之居大聲呼曰有賊在人問居曰白晝公庭賊何許來居指脩義曰此坐上者盜天子名器私貨於人而多收其直非賊乎豈必入市攫金而後爲賊也脩義失色居行罵而去後欲邀駕論脩義罪左僕射蕭寶夤喻止之三秦反假脩義兼尚書右僕射西道行臺行秦州事爲諸軍節度脩義性好酒每飲連日遂遇風病神

明昏喪雖至長安竟無部分之益元志敗没賊東至黑水更遣蕭寶夤討之以脩義爲雍州刺史卒於州追贈司空謚曰文子均位給事黃門侍郎後入西魏封安昌王位開府儀同三司薨謚曰平子則字孝規襲爵位義州刺史仕周爲小冢宰江陵總管子文都性梗直仕周爲右侍上士隋開皇初授內史舍人煬帝即位累遷御史大夫坐事免未幾授太府卿甚有當時譽大業十三年帝幸江都宮詔文都與段達皇甫無逸韋津等同爲東都留守帝遇害文都與達津等共推越王侗爲帝侗署文都爲內史令開府儀同三司光祿大夫左驍衞大將軍攝右翊將軍魯國公既而宇文化及立秦王浩爲帝擁兵至彭城所在響應文都諷侗遣使通於李密以拒化及密請効命因授密官爵王世充不悅深忌文都侗以文都領御史大夫世充固執而止盧楚說文都誅世充文都懷奏入殿或以告世充世充馳還含嘉城至夜攻東太陽門而入拜於紫微觀下曰請斬文都歸罪司寇侗見兵勢盛遣將軍楊桃樹執文都以出文都顧謂侗曰臣今朝亡陛下亦當夕及侗慟哭遣之左右莫不悶默出至興教門世充令左右亂斫之諸子並見害則弟矩字孝矩西魏時襲賜爵始平縣公拜南豐州刺史時見元氏將危陰謂昆季曰宇文之心路人所見顛而不扶焉用宗子爲兄則所遏乃止後周文爲兒子晉公護娶其妹爲妻情好甚密及護誅坐徙蜀後拜司獻大夫隋文帝重其門第娶其女爲房陵王妃及爲丞相拜少冢宰位柱國賜爵洵陽郡王及房陵立爲皇太子立其女爲皇太子妃親禮彌厚拜壽州總管時陳將任蠻奴等屢寇江北復以孝矩領行軍總管屯兵江上後

以年老上表乞骸骨轉涇州刺史卒官謚曰簡子無竭嗣矩次弟雅字孝方有文武幹用開皇中歷左右領軍將軍集沁二州刺史封順陽郡公雅弟褒字孝整幼有成人量年十歲而孤爲諸兄所愛養善事諸兄諸兄議欲別居褒泣諫不從家素富多金寶褒一無所受脫身而出仕周位開府北平縣公趙州刺史從韋孝寬平尉遲迥以功拜柱國進封河間郡公隋開皇中拜原州總管有商人遇劫疑同宿者所爲執以詣州褒察其色寃而辭正卽舍之商人詣闕訟褒受金縱賊文帝遣使窮治使者簿責褒褒引咎無異亂使者將褒詣京師坐免官其盜尋發他所上謂曰何至自誣褒曰臣受委一州不能息盜罪一也百姓爲人所誣不付法司旋卽放免罪二也不顧形迹至令爲物所疑罪三也臣有三罪何所逃責臣又不言受賂使者復將有所窮究然則縲紲橫及良善又重臣之罪是以自誣上歎異之稱爲長者煬帝卽位拜齊郡太守及遼東之役郡官督事者前後相屬有西曹掾當行詐疾褒杖之掾大言曰我將詣行在欲有所告褒大怒因杖百餘數日死坐免官卒于家

樂良王萬壽和平三年封拜征東大將軍鎭和龍性貪暴徵還道憂薨謚曰厲王子康王樂平襲薨子長命襲坐殺人賜死國除子忠明帝時復前爵位太常少卿孝武帝汎舟天泉池令宗室諸王陪宴忠愚而無智性好衣服遂著紅羅襦繡作領碧紬袴錦爲緣帝謂曰朝廷衣服應有常式何爲著百戲衣忠曰臣少來所愛帝曰人之無良乃至此乎

廣平王洛侯和平二年封薨謚曰殤無子後以陽平幽王第五子匡後之匡字建扶性耿介有氣節孝文器之謂曰叔父必能儀刑社稷匡弼朕躬今可改名爲匡以成克終之美宣武卽位累遷給事黃門侍郎時茹皓始有寵百僚微憚之帝嘗於山陵還詔匡陪乘又命皓登車皓褰裳將上匡諫帝推之令下皓恨匡失色當時壯其忠謇宣武親政除肆州刺史匡既忤皓懼爲所害廉愼自脩甚有聲績遷恒州刺史徵爲大宗正卿河南邑中正匡奏親王及始蕃二蕃王妻悉有妃號而三蕃以下皆謂之妻上不得同爲妃名而下不及五品以上有命婦之號竊以爲疑請賜三蕃王妻亦從妃例詔從之後除度支尙書匡表引樂陵章武王例求紹洛侯封詔付尙書議尙書奏聽襲封以明興絶之義時宣武委政於高肇宗室傾憚唯匡與肇抗衡先自造棺置於聽事常言當輿此詣闕論肇罪惡然後自殺肇聞而惡之後因與太常卿劉芳議爭權量遂與肇聲色御史中尉王顯奏匡曰自金行失御羣僞競興禮壞樂崩彝倫攸斁高祖孝文皇帝以睿聖統天克復舊典乃命故中書監高閭廣旌儒林推尋樂府以黍裁寸將均周漢舊章屬雲構中遷尙未云就高祖睿思元深參考經記以一黍之大用成分體準之爲尺宣布施行暨正始中故太樂令公孫崇輒自立意以黍十二爲寸別造尺度定律刊鍾皆向成訖表求觀試時敕太常卿臣芳以崇造既成請集朝英議其得否芳疑崇尺度與先朝不同察其作者於經史復異推造鮮據非所宜行時尙書令臣肇淸河王懌等以崇造乖謬與周禮不同遂奏臣芳依周禮更造成訖量校從其善者而芳以先朝尺度事合古典乃依前詔書以黍刊寸並呈朝廷用裁金石于時議者多云芳是唯黃門侍郎臣孫惠蔚與崇扶同二途參差頻經考議而尙書令臣肇以芳造崇物故之後而惠蔚亦造一尺仍云扶以比崇尺自相乖背量省二三謂芳一尺爲得而尙書臣匡表云劉孫二尺長短相傾稽考兩律所容殊異言取中黍校彼二家云並參差折中無所自立一途請求議判當時議者或是於匡兩途舛駮未卽時定肇又云權斛斗尺班行已久今者所論豈踰先旨宜仰依先朝故尺爲定自爾以後而匡與肇厲言都坐聲色相加高下失其常倫嘖競無復彝序匡更表列據已十是云芳十非又云肇前被敕旨共芳營督規立鍾石之名希冀制作之譽乃憑樞衡之尊藉舅氏之勢與奪任心臧否自己阿黨劉芳遏絶臣事望勢雷同者接以恩言依經案古者卽被怒責雖未指鹿化馬移天徙日實使蘊藉之士聳氣坐端懷道之夫結舌筵次又言芳昔與崇競恒言自作今共臣論忽稱先朝豈不前謂可行輒欲自取後知錯謬便推先朝殊非大臣之體深失爲下之義復考校勢臣之前量度偏頗之手臣必刖足內朝抱璞人外囂言肆意彰於朝野然匡職當出納獻替所在斗尺權度正是所司若已有所見能練臧否宜應首唱義端早辨諸惑何故嘿心隨從不關一言見芳成事方此語計芳才學與匡殊懸所見淺深不應相匹今乃始發恐此由心借智於人規成虛譽況匡表云所據銅權形如古誌明是漢作非莽別造及案權銘黃帝始祖德布於虞虞帝始祖德布於新若莽佐漢時事盜有銘僞新之號哉又尋莽傳云莽居攝卽變漢制度考校二證非漢權明矣復云芳之所造又短先朝之尺臣旣比之與權相合更云芳尺與千金堰不同臣復量比因見其異二三浮濫難可據準又云其構虛端

妄爲疑似託以先朝云非已製臣案此欺詐乃在於匡不在於芳何以言之芳先被敕專造鍾律管籥優劣是其所裁權斛尺度本非其事比前門下索芳尺度而芳牒報云依先朝所班新尺復應下黍更不增損爲造鍾律調正分寸而已檢匡造時在牒後一歲芳於爾日匡未共爭已有此牒豈爲詐也計崇造寸積黍十二羣情共知而芳造寸唯止十黍亦俱見先朝詔書以黍成寸首尾歷然寧有輒欲自取之理肇任居端右百寮是望言行動靜必副具瞻若恃勢阿黨詐託先詔將指鹿化馬徙日移天卽是魏之趙高何以宰物肇若無此匡既誣毀宰相訕謗時政阻惑朝聽不敬至甚請以肇匡並禁尚書推窮其原付廷尉定罪詔曰可有司奏匡誣肇處匡死刑宣武恕死降爲光祿大夫又兼宗正卿出爲兖州刺史匡臨發帝引見於東堂勞勉之匡猶以尺度金石之事國之大經雖前爲南臺所彈然猶請更議若議之日顧聽臣暫赴帝曰劉芳學高一時深明典故其所據者與先朝尺乃寸過一黍何得復云先朝之意也兖州既所執不經後議之日何待赴都也明帝初入爲御史中尉匡首奏于忠次彈高聰等免官靈太后並不許又重違其糾惡之心進號安南將軍以慰安之後加鎭東將軍匡屢請更權衡不已於是詔令匡更集儒貴以時驗決必務權衡得衷令寸籥不舛又詔匡特襲廣平王洛侯爵封東平郡王匡所制尺度訖請集朝士議定是非詔付門下尚書三府九列議定以聞太師高陽王雍等議以爲晉中書監荀勗所造之尺與高祖所定毫釐略同侍中崔光得古象尺于時亦準議令施用臣等仰惟孝文皇帝明高古所造宜爲不刊之式事難改變請停匡議詔從之匡每有奏請尚書令任城王澄時致執奪匡剛隘不平先所造棺猶在僧寺乃復修事將輿入攻澄澄頗知之後赴省與匡遇騶卒相撾朝野駭愕澄因罪狀匡三十餘條廷尉處以死刑詔付八議特加原宥削爵除官三公郎中辛雄奏理之後特除平州刺史徙靑州刺史尋爲關右都督兼尚書行臺遇疾還京孝昌初卒謚曰文貞後追復本爵改封濟南王第四子獻襲薨子祖育襲武定初墜馬薨子勸父襲齊禪爵例降

任城王雲和平五年封少聰慧年五歲景穆崩號哭不絕聲太武抱之泣曰汝何知而有成人意也獻文時拜都督中外諸軍事中都大官聽訟甚得時譽及獻文欲禪位於京兆王子推王公卿士莫敢先言雲進曰父子相傳久矣皇魏未之有革太尉源賀曰願陛下深思任城言帝竟傳位於孝文後蠕蠕犯塞雲爲中軍大都督從獻文討之遇大磧雲言於帝曰夷狄之馬未嘗識虎頭栢誠令居前彼馬見之必大辟易因以大衆乘之蔑不破矣帝從之遂大敗蠕蠕獲其酋帥後仇池氐反又命雲討平之除開府徐州刺史雲以太妃蓋氏薨表求解任獻文不許雲悲號成疾乃許之性善撫接深得徐方之心百姓追戀送遺一無所受再遷冀州刺史甚得下情州人請戶輸絹五尺粟五升以報恩德孝文嘉之詔宣告天下使知勸勵遷長安鎭都大將雍州刺史雲廉謹自修留心庶獄挫抑豪彊劫盜大息州民頌德者千餘人太和五年薨於州遺令薄葬勿受贈禭諸子奉遵其旨謚曰康陪葬雲中之金陵長子澄字道鏡少好學美鬚髯善舉止言辭淸辯響若懸鐘康王薨居喪以孝聞襲封加征北大將軍以氐羌反叛除征南大將軍梁州刺史文明太后引見誡厲之顧謂中書令李沖曰此兒風神吐發當爲宗室領袖是行當不辱命我不妄談也澄至州誘導懷附西南款順加侍中賜衣一襲乘黃馬一疋以旌其能轉開府徐州刺史甚著聲績朝京師引見於皇信堂孝文詔澄曰昔鄭子產鑄刑書而晉叔向非之此二人皆賢士得失竟誰對曰鄭國寡弱攝於彊鄰人情去就非刑莫制故鑄刑書以示威雖乖古典實合權宜帝方謀革變深善其對笑曰任城當欲爲魏子產也朕方創改朝制當與任城共萬世之功後徵爲中書令改授尚書令齊庾蓽來朝見澄音韻遒雅風儀秀逸謂主客郎中張彝曰往魏任城以武著稱今魏任城乃以文見美也時詔延四廟之子下逮元孫之胄申宗宴於皇信堂不以爵秩爲列悉敘昭穆爲次用家人之禮帝令宗室各賦詩言志特命澄爲七言聯韻與相酧酬遂至極歡際夜乃罷後帝謀遷洛外示南討齋於明堂左个詔太常王諶命龜卜易其兆遇革澄曰易言革者更也湯武革夏商之命故得之爲吉陛下既帝有天下卜征而云革命豈得言吉邪帝厲聲曰此象云大人虎變何言不吉駕還宮郎召澄澄至未及升階帝遙謂之曰向者之革今更欲論之明堂之忿懼衆人競言沮我大計故厲色怖文武耳乃獨謂澄曰國家興自北土徙居平城雖富有四海文軌未一此間用武之地非可興文崤函帝宅河洛王里因茲大舉光宅中原任城意以爲何如澄深贊成其事帝曰任城我之子房也加撫軍大將軍太子少保又兼尚書左僕射及車駕幸洛陽定遷都之策詔澄馳驛向代開曉百司澄至代都

衆聞遷詔莫不驚駭澄援引古今徐以譬之衆皆悦服還報會帝於滑臺帝大喜從幸鄴宮除吏部尚書及車駕自代北巡留澄銓簡舊臣初魏自公侯以下動有萬數冗散無事澄品爲三等量其優劣盡其能否之用咸無怨者駕還洛京復兼右僕射帝至北芒遂幸洪池命澄侍升龍舟帝曰朕昨夢一老公拜立路左稱晉侍中嵇紹奉迎神爽卑懼如有所求何邪澄曰陛下經商墟而弔比干至洛陽而遺嵇紹豈延祖以不得齒錄於三仁之列故託諸夢寐冀一慰藉其忠精義魄耳帝感悟卽命有司求紹兆域遣使弔祭焉齊明帝廢弒自立其雍州刺史曹虎請以襄陽內附車駕將自赴之引澄及咸陽王禧彭城王勰司徒馮誕司空穆亮鎭南李沖等議之禧等或云宜行或言宜止帝曰衆人意見不等宜有客主共相起發任城與鎭南爲應留之議朕當爲宜行之論諸公坐聽長者從之於是帝往復數交駕遂南征不從澄及李沖等言後從征至懸瓠帝以疾篤還京初帝之營洛也其宮室有淸徽堂流化渠洗煩池觀德殿凝閑堂茅茨堂有步元游凱等廡及是還宮引澄及王公侍臣宴樂其間帝每經一堂一殿輒尋名釋義以示公卿澄亦旁譬遠引求暢上旨帝大悦命黃門侍郎崔光郭祚通直郞邢巒崔休等賦詩羣臣旣辭帝復命澄與諸王夜飲極醉而罷後坐公事免官尋兼吏部尚書恒州刺史穆泰在州謀反授澄節銅虎竹使符御仗左右仍行恒州事行達鴈門遣書侍御史李煥先赴至郡禽泰窮其黨與鉅鹿公陸叡安樂侯元隆等罪人皆得具狀表聞帝覽表大悦曰任城可謂社稷臣正復皐陶斷獄豈能過此顧謂咸陽王等曰汝等脫當其處不

能辦此也車駕尋幸平城勞澄引見逆徒無一人稱枉帝曰必也無訟今日見之以澄正尚書車駕南伐留澄居守復兼右僕射澄表請以國秩一歲租帛助軍詔受其半帝時銳意改定冠服其後幸鄴見城中車上婦人猶有冠帽而著小襦者以責澄澄曰著者固少帝怒曰任城意欲令全著乎一言而喪邦其是之謂歟又曰王者不降佐於蒼旻朕失於簡授而令任城輩居尚書任城其當佐朕舉天下綱維邪抑但署事而已澄曰臣實署事耳帝曰若爾只一令史足矣何必令僕爲哉澄拜謝不已帝怒少解久之遷尚書左僕射從征鍾離帝崩豫受顧命宣武初有降人嚴叔懋告尚書令王肅遣孔思達潛通於齊澄信之以狀聞輒禁止肅咸陽北海二王奏澄擅禁宰輔免官歸第尋除開府揚州刺史下車封孫叔敖之墓毀蔣子文之廟表請修復皇宗之學開四門之教詔從之先是朝議有南伐之謀以蕭寶貪爲東揚州刺史據東城陳伯之爲江州刺史戍陽石以澄總督二鎭授之節度澄於是遣統軍傅豎眼王神念等進次大峴東關九山淮陵皆分部諸將倍道據之澄總勒大衆駱驛相接所在克捷詔書褒美旣而遇雨淮水暴長澄狼狽引歸壽春失亡四千餘人有司奏奪開府降二階澄頻表解州帝不許尋轉鎭北大將軍定州刺史到州明黜陟賞罰之法獨除百姓橫調表請公地以賦無業貧人民間布帛不任衣者禁不聽造境內大治澄母孟太妃薨居喪過毀士論稱之服闋除太子太保時高肇專政猜忌賢戚澄常恐不全乃牽意麴蘗以示荒敗所作詭越時謂爲狂宣武夜崩事出倉卒高肇擁兵於外明帝沖幼朝野不安澄雖疎斥然朝望所屬領

軍于忠侍中崔光等奏澄爲尚書令於是衆心欣賴尋遷司空加侍中俄詔領尚書令澄表上皇誥宗制并訓詁各一卷欲以勸誡太后又奏時務所宜振舉者十條一曰律度量衡公私不同所宜一之二曰興立學校以明黜陟之法三曰興滅繼絶各舉所知四曰五調之外一不煩人任人之力不過三日五曰臨民之官皆須黜陟以旌賞罰六曰逃戸代輸去來年久者若非伎作任聽卽住七曰邊兵逃亡或實陷沒皆須精檢三長及近親若實隱之徵其代輸不隱勿論八曰工商世業之家毋得復徵租調使專其業九曰三長禁姦不得隔越相領戸不滿者隨近并合十曰羽林虎賁邊民有事暫可赴戰常戍宜遣番兵代之靈太后下其奏議多異同時四中郞將兵數寡弱不足以襟帶京師澄奏宜以東中帶滎陽郡南中帶魯陽郡西中帶恒農郡北中帶河內郡選二品三品親賢兼稱者居之省非急之作配以彊兵斯實深根固本彊幹弱枝之義太后善之復以朝議不同而止尋以疾表求解任不許澄以北邊鎭將選舉彌輕奏求重鎭將之選嚴邊防之備朝廷不以爲意其後北虜入寇舊都鎭將多非其人所在叛亂如澄所慮澄又奏都城府寺猶未周悉今軍旅初寧無宜動衆請取諸職人及司州郡縣犯十杖以上百鞭以下收贖之物絹一疋輸墼二百以漸修造詔從之太傅淸河王懌表駮其事因寢不行澄當官無所回避嘗奏司州牧高陽王臣雍掠殺奉朝請韓元昭前門下錄事姚敬賢專虐無君罪至不敬請付廷尉朝野憚之又奏墾田授受之制八條甚有條貫皆有益於政治者而卒不見施用西域嚈達波斯諸國各因入貢並遺澄駿馬一匹澄請

付太僕以充國閑詔曰王廉貞之德有過楚相可敕付廐以成君子之美御史中尉東平王匡奏請取景明元年以來內外考簿吏部除書中兵勳案并諸殿最欲以案校竊階盜官之人靈太后許之澄表以爲御史之體風聞是司至於冐勳妄階皆有處別若一處有風謠卽應攝其一簿研檢虛實苟差殊不同僞自露然後繩以典刑人誰不服豈有移一省之事窮革世之尤吹毛求疵誠非聖朝盛德之事靈太后納之而止後遷司徒公侍中尚書令如故政無大小皆引澄參預神龜元年詔加女侍中貂蟬澄諫曰高祖世宗朝皆有女侍中官未聞其有同外侍中之飾江南僞晉穆后有女尚書而加貂璫此衰亂之世妖妄之服何足爲法且婦人而服男子之服化陰爲陽故自穆哀以降國統三絕劉裕因以篡代禮容舉措風化之本不可不慎請依常儀追還前詔從之時太后於京師起永寧太上公等佛寺外州復各造五級浮圖又數爲一切齋會施物動至萬計兼曲賚左右日有數千百姓疲獘將藏虛竭至削奪百官祿力以給之澄上表極言得失雖卒不從常優答之故爲內外所敬憚二年甍贈假黃鉞使持節都督中外諸軍事太傅領太尉公加以殊禮備九錫依晉大司馬齊王攸故事謚曰文宣王澄之葬也凶飾甚盛靈太后親送郊外停輿悲哭哀慟左右百官會赴千餘人莫不歔欷當時以爲哀榮之極第四子彝襲彝字子倫繼室馮氏所生頗有父風拜通直散騎常侍及元乂專權而彝恥於附託故不得顯職莊帝初於河陰遇害贈儀同三司靑州刺史謚曰文彝庶長兄順字子和年九歲師事樂安陳豐初書王羲之小學篇數千言晝夜誦之旬有

五日一皆通徹豐奇之白澄曰豐十五從師迄于白首耳目所經未見此比江夏黃童不得無雙也澄笑曰藍田生玉何容不爾十六通杜氏春秋下帷讀書篤志愛古性謇愕淡於榮利好飲酒解鼓琴每長吟永歎吒詠虛室宣武時上魏道頌文多不載起家爲給事中時高肇權重天下人士望塵拜伏順嘗懷刺詣肇門者以其年少云坐有貴客不肯爲通順叱之曰任城王兒可是賤也及見直往登牀捧手抗禮王公先達莫不怪慴而順辭吐慠然若無所覩肇謂衆賓曰此兒豪氣尚爾況其父乎及去肇加禮送之澄聞之大怒杖之數十後拜太常少卿以父憂去職哭泣歐血身自負土時年二十五頓有白髮免喪抽去不復更生世以爲孝思所致尋除給事黃門侍郎時領軍元乂威勢尤盛凡有遷授莫不造門謝謁順拜表而已初不詣乂乂謂順曰卿何得聊不見我順正色曰天子富於春秋委政宗翰叔父宜以至公爲心舉士報國如何賣恩責人私謝豈所望也至於朝論得失順謇鯁言正議曾不阿旨由此見憚出除恒州刺史順謂乂曰北鎮紛紜方爲國梗請假都督爲國屏捍乂心疑順不欲授以兵官謂順曰此朝廷之事非我所裁順曰叔父既生殺任已自言天歷應在我躬何得復有朝廷乂彌忿憚之轉齊州刺史順自負有才不得居內每懷鬱怏形於言色遂縱酒自娛不親政事乂解領軍徵爲給事黃門侍郎親友郊迎賀其得入順曰不患不入正恐入而復出耳俄兼殿中尚書轉侍中初中山王熙起兵討元乂不果而誅及靈太后反政方得改葬順侍坐西游園因奏太后曰臣昨往會中山家葬非唯宗親哀其寃酷行路士庶見其一家十喪皆

爲靑旐莫不酸泣乂妻時在太后側順指之曰陛下奈何以一妹之故不伏元乂之罪使天下懷寃太后默然就德興反於營州使尚書盧同往討之大敗而還屬侍中穆紹與順侍坐因論同之罪同先有近宅借紹紹頗欲爲言順勃然曰盧同終將無罪太后曰何得如侍中之言順曰同有好宅與要勢侍中豈慮罪也紹懼不敢復言靈太后頗事粧飾數出游幸順面諍之曰禮婦人喪夫自稱未亡人首去珠珥衣不被綵陛下母臨天下年垂不惑過修容飾何以示後世靈太后慙而還入召順責之曰千里相徵豈欲衆中見辱也順曰陛下盛服炫容不畏天下所笑何恥臣之一言乎初城陽王徽慕順才名偏相賞納而廣陽王深通徽妻于氏大爲嫌隙及深自定州被徵入爲吏部尚書兼中領軍順爲詔書辭頗優美徽疑順爲深左右由是與徐紇間順於靈太后出順爲護軍將軍太常卿順奉辭於西游園徽紇侍側順指紇謂太后曰此人魏之宰嚭魏國不滅終不死亡紇脅肩而出順抗聲止之曰一介刀筆小人正堪爲机案之吏寧應忝玆執戟虧我彝倫遂振衣而起太后默而不言時追論順父顧託之功增任城王彝邑二千戶又析彝邑五百戶以封順爲東阿縣公順疾徽等間之遂爲蒼蠅賦以見風屬疾在家杜絕慶弔後除吏部尚書兼右僕射與城陽王徽同日拜職舍人鄭儼於止車門外先謁徽後拜順順怒曰卿是佞人當拜佞王我是直人不受曲拜儼深愧謝順曰卿高門子弟而爲北宮幸臣僕射李思沖嘗與王洛誠同傳以此度之卿亦應繼其卷下見者爲之震動順安然自得及上省登階向榻見榻弊故以問吏吏曰此榻曾經先王坐順便塞

流涕遽令易之時參軍曹令史朱暉素事錄尚書高陽王雍雍欲以爲廷尉評頻煩託順順不爲用雍遂下命用之順投之於地雍大怒昧爽至都聽召尚書及丞郎畢集欲衆辱順順至雍攘袂撫几而言曰身天子之子天子之弟天子之叔天子之相四海之內親尊莫二元順何人以身成命投棄於地順鬚鬢俱張仰視屋極憤氣奔湧長歔不言者久之徐謂雍曰高祖遷宅中土創定九流官方清濁軌儀萬古而朱暉闒冗省吏何容塵玷廷尉清班殿下既先皇同氣誠宜遵旨自有恒規而復踰之也雍曰宰相攝陟百寮顧不得用一人爲官順曰庖人雖不治庖尸祝不越樽俎而代順但知殿下錄尚書未聞有別旨令參選事殿下必如是順當隨事奏聞雍理屈遂遜辭呼順入室與飲不敢復言暉事順之方毅不撓皆此類也後兼左僕射爾朱榮之奉莊帝召百官悉至河陰素聞順數諫諍惜其亮直謂朱瑞曰可語元僕射但在省不須來順不達其旨聞害衣冠遂便出走爲陵戶鮮于康奴所害家徒四壁無以附身止有書數千卷而已門下通事令史王才達裂裳覆之莊帝還宮遣黃門侍郎山偉巡喻京邑偉臨順喪悲慟無已既還莊帝怪其聲散偉以狀對莊帝敕侍中元祉曰宗室喪亡非一不可盡贈元僕射清苦之節死乃益彰特賜絹百匹餘不得爲例贈尚書令司徒公謚曰文烈初莊帝在藩夢黑雲從西北來直觸東南日月俱破衆星散落天地斗闇有頃雲卻有日出自西南隅甚明淨見者云此長樂王日也尋見莊帝入自閶闔門登太極殿殿下呼萬歲者三百官咸加朝服唯已獨脫衣冠臥集書省步廊西槐樹下既寤以所夢告元暉業曰此於我殊不佳因語之曰黑雲者北方之沴氣日君象也月后象也衆星百官象也以事推之得無北虜亂京邑害二宮戕百僚之事乎彭城王有功德於天下今夢其兒爲帝積善必報恐或然矣但惜其得之不久所以然者出自西南以時易年不過三載耳我時臥槐樹下槐字之文從木從鬼身與鬼并復解冠冕寧能不死乎然死後乃得三公贈耳已而皆如其占順嘗撰帝錄十七卷詩賦表頌數十篇並多亡失長子朗時年十七枕戈潛伏積年乃手刃康怒以首祭順墓然後詣闕請罪朝廷嘉而不問朗位司徒屬天平中爲奴所害贈尚書右僕射順弟紀字子綱隨孝武入關位尚書左僕射華山郡王澄弟嵩字道岳孝文時位步兵校尉大司馬安定王休薨休於嵩爲叔父未及卒哭嵩便游田帝聞而大怒詔免官後兼武衛將軍孝文南伐齊將陳顯達率衆拒戰嵩身備三仗免冑直前勇冠三軍將士從之顯達奔潰帝大悅曰任城康王大有福德文武頓出其門以功賜爵高平縣侯初孝文之發洛也馮皇后以罪幽于宮內既平顯達回次穀唐原帝疾甚將賜后死曰使人不易可得顧謂任城王澄曰任城必不負我嵩亦當不負任城可使嵩也於是引嵩入內親詔遣之宣武即位出爲揚州刺史威名大震後并妻穆氏爲蒼頭李太伯等所害謚曰剛第二子世儁襲世儁頗有幹用而無行業孝莊時遷吏部尚書爾朱兆寇京師詔世儁以本官都督守河橋及兆至世儁隔岸遙拜即敕所領艘迎兆度河京師破殘時論疾之尤爲爾朱世隆所昵孝武初改封武陽縣子世儁居選曹不能厲心多所受納爲中尉彈糾坐免官孝靜時位尚書令世儁輕薄好去就與和中薨贈太尉謚曰躁戾

南安王楨皇興二年封孝文時累遷長安鎮都大將雍州刺史楨性忠謹其母疾篤憂毀異常時有白雉遊其庭前帝聞其致感賜帛千匹以褒美之徵赴講武引見於皇信堂誡之曰公孝行既著令問復彰然宜慎者略有三事一者恃親驕矜違禮僭度二者傲慢貪奢不恤政事三者飲酒遊逸不擇交友三者不去患禍將生而楨不能遵奉乃聚斂肆情孝文以楨孝養聞名內外特加原恕削除封爵以庶人歸第禁錮終身以預議定遷都復封南安王太和二十年遷鎮北大將軍相州刺史楨以五月至鄴上日暴風大雨凍死者數十人是歲鄴中旱楨禱于羣祀鄴舊有石虎廟楨告神像云三日不雨當以鞭罰既而不雨遂鞭像一百未幾疽發背薨謚曰惠及恒州刺史穆泰謀反楨坐知而不告追奪封爵國除子英性識聰敏善騎射解音律微曉醫術孝文時爲梁州刺史帝南伐爲漢中別道都將後大駕臨鍾離英以大駕親動勢傾東南漢中有可乘之會表求進討帝許之以功遷安南大將軍賜爵廣武伯宣武即位拜吏部尚書以前後軍功進爵恒山侯尋詔英率衆南討大破梁將曹景宗軍梁司州刺史蔡道恭憂死三關戍棄城而走初孝文平漢陽英有戰功許復其封及爲陳顯達所敗遂寢是役也宣武大悅乃復之改封中山王既而梁入寇肥水詔英率衆十萬討之所在皆以便宜從事英表陳事機乃擊破梁衆斬梁將二十五人及虜首五千餘級又頻破梁軍於梁城斬其支將四十二人殺獲及溺死者將五萬梁中軍大將軍臨川王蕭宏尚書僕射柳惔等大將五人沿淮東走凡收米四十萬石

英追弈至馬頭梁馬頭戍主委城逃走遂圍鍾離詔以師行既久命英爲振旅之意英表期至二月將末三月之初理在必尅但自此月一日以來霖雨連并可謂天違人願然王者行師舉動不易不可以少到瞬淪便生異議願聞朝廷特開遠略少復賜寬假以日月無使爲山之功中途而廢及四月水盛破橋英及諸將狼狽弈退士衆没者十五六英至揚州遣使請罪送所授節及衣冠貂蟬章綬等詔以付典有司奏英經算失圖案劾處死詔恕死爲民後京兆王愉反復英王封除使持節假征東將軍都督冀州諸軍事英未發而冀州已平時郢州中從事督榮祖潛引梁軍以義陽應之三關之戍並據城降梁郢州刺史婁悅嬰城自守懸瓠人白早生等殺豫州刺史司馬悅據城南叛梁將齊苟兒率衆守懸瓠悅子尙華陽公主并爲所刼宣武詔英使持節都督南征諸軍事假征南將軍出自汝南時帝以都督邢巒頻破早生詔英南赴義陽英以衆少累拜請軍帝不許而英輒與邢巒分兵共攻懸瓠尅之乃引軍而南既次義陽將取三關英策之曰三關相須如左右手若尅一關則二關不待攻而定攻難不如攻易東關易攻宜須先取郎黃石公所謂戰如風發攻如河決也英恐其并力於東乃使長史李華率五統向西關分其兵勢身督諸軍向東關果如英策凡禽其大將六人支將二十人卒七千米四十萬石軍資稱是還朝除尙書僕射薨贈司徒公謚獻武王英子熙字眞興好學俊爽有文名然性輕躁浮動英深慮其非保家之主欲立第四子略略固請乃止累遷光祿勳時領軍于忠執政熙忠之壻也故歲中驟遷後授相州刺史以七月上官其日大風寒雨凍死者二十餘人驢馬數十匹熙聞其祖父前事又有蛆生于其庭心惡之初熙兄弟並爲清河王懌所昵及劉騰元乂隔絕二宮矯詔殺懌熙自州起兵討之兵起甫十日爲其長史柳元章別駕游荊魏郡太守李孝怡所執并其妻子乂遣盧同斬之於鄴傳首京師熙妃于氏前知其必敗苦諫不從自舉事哭泣不絕聲至於熙死熙既藩王加有文學具赴鎭也知友才名之士袁翻李琰之李神儁王誦兄弟裴敬憲等咸餞於河梁賦詩告別及將死復與知故書述志意不遂時人憐之先是任城王澄之未薨也熙夢有人告之曰任城當死死後二百餘日君亦不免請予不信試望任城家其居既毀之矣熙夢中顧瞻任城第四壁隤落無完堵焉覺而惡之以告所親既而任城薨熙亦尋敗皆如夢云始熙兄弟每從英征伐在軍貪暴或同迎降逐北至有斬殺無辜多増首級以爲功狀又于忠之誣郭祚裴植也忠未決意害之由熙勸獎遂至極法世以爲冤及熙之禍議者以爲報應焉靈太后反政贈太尉公謚曰文莊王熙弟略字儁興位給事黃門侍郎熙敗略潛行自託故人河內司馬始賓始賓爲荻筏夜與略俱度盟津詣上黨屯留粟法光家法光素敦信義欣而納之略舊識刁雙時爲河西太守略復歸之停止經年雙乃令從子昌送略潛遁江左梁武甚禮敬之封中山王宣城太守俄而徐州刺史元法僧據城南叛梁以略爲大都督詣彭城接誘初附尋徵略與法僧同還略在江南自以家禍晨夜哭泣身若居喪又惡法僧爲人與之言未嘗一笑梁復除略衡州刺史未行會其豫章王綜以城歸國綜長史江革司馬祖暅將士五千人悉見禽虜明帝敕有司悉遣革等還南因以徵略梁武備禮遣之刁雙時爲光祿大夫帝詔雙境首問勞除略侍中義陽王還達石人驛亭詔宗室親黨內外百官先相識者迎之近郊其司馬始賓除給事中領直候粟法光本縣令刁昌東平太守刁雙西兗州刺史略所經一食一宿處無不霑賞尋改封東平王後爲尙書令靈太后甚寵任之其見委信殆與城陽王徽相埒於時天下多事軍國萬端略守常自保無他裨益具位而已爾朱榮略之姑夫略素所輕忽略又黨於鄭儼徐紇榮兼銜之榮之入洛也見害於河陰加贈太保司徒公謚曰文貞英弟怡位鄯善鎭將在鎭貪暴爲有司所糾逃免卒莊帝初以爾朱榮婦兄贈太尉扶風王子肅封魯郡王肅弟曄字華興小字盆子性輕躁有膂力莊帝初封長廣王爾朱榮死世隆等推曄爲主年號建明尋爲世隆所廢節閔立封爲東海王孝武初被殺

城陽王長壽皇興二年封位沃野鎭都大將甚有威名薨謚康王子鸞襲鸞字宣明身長八尺腰帶十圍以武藝稱頻爲北都大將孝文初除使持節征南大將軍與安南將軍盧陽烏李佐攻赭陽不剋敗退降爲定襄縣王後以留守功復還本封宣武時爲定州刺史鸞愛佛道繕起佛寺大爲百姓之擾宣武聞之詔奪祿一周薨謚懷王子徽字顯順麤涉文史頗有吏才宣武時襲封爲河內太守在郡淸整有時譽明帝時爲并州刺史先是州界夏霜安業者少徽輒開倉振之明帝嘉而不罪加安北將軍汾州山胡舊多刼掠自徽爲郡羣胡自相戒勿得侵擾鄰州汾肆之人多來詣徽投訴願得口判除秦州刺史還都吏民涕泣攀車不能自已徽車馬羸

弊皆京來舊物見者莫不歎其清儉改授度支尚書兼吏部尚書尋爲正徽以選舉法期在得人限以停年有乖舊體但行之日久難以頓革以德同者書年勞等者進德于時稱爲中平除侍中餘官如故徽表乞守一官天下士子莫不歎息咸曰城陽雖選貧者復何所希怨嗟之聲俄然上徽還令兼吏部尚書累遷尚書令時靈太后專制朝綱頗褫徽既居寵任無所匡弼與鄭儼徐紇之徒更相阿黨外似柔謹內多猜忌睚眦之忿必思報復識者疾之又不能防閑其妻于氏遂與廣陽王深通及深受任軍府每有表啟論徽罪過雖涉誣毀頗亦實焉莊帝踐阼拜司州牧尋除司徒仍領牧元顥之入洛也從莊帝北巡及車駕還宮以與謀之功除侍中大司馬太尉公加羽葆鼓吹增邑通前二萬戶徽表辭官封前後屢上徽爲莊帝親待內懼爾朱榮故有此辭莊帝識其意聽其辭封不許讓官徽後妻莊帝舅女侍中李彧帝之姊壻徽性佞媚善自取容挾內外之意宗室親寵莫與比焉遂與彧等勸帝圖榮莊帝亦先有意榮死世隆等屯據不解除徽太保仍大司馬宗師錄尚書事總統內外徽本意謂榮死後枝葉散亡及爾朱宗族聚結謀難徽算略無出憂怖而已性多嫉妬不欲人居其前每入參謀議獨與帝決朝臣有上軍國籌策者並勸帝不納乃云小賊何慮不除又惜財用於時有所賞錫咸出薄少或多而中減或與而復追莊帝雅自約狹尤亦徽所贊成太府少卿李苗徽司徒時司馬也徽待之頗厚苗每致忠言徽多不采納苗謂人曰城陽本自蜂目而豺聲復將露也及爾朱兆之入禁衞奔散莊帝步出雲龍門徽乘馬奔度帝頻呼之徽不顧而去遂走南山至故吏寇彌彌宅外雖容納內不自安仍怖徽云官捕將至令避他所使人於路邀害之送屍於爾朱兆孝武初贈使持節侍中太師錄尚書事司州牧謚曰文獻子延襲爵齊受禪國除

章武王太洛皇興二年薨追贈征北大將軍章武郡王謚曰敬無子孝文初以南安惠王第二子彬爲後彬字豹兒勇健有將材爲夏州刺史以貪惏削封後除汾州刺史胡六百餘人保險謀反彬請兵二萬帝大怒曰必須大衆者則先斬刺史然後發兵彬奉詔大懼身先將士討胡平之卒贈散騎常侍子融字永興儀貌壯麗性通率有豪氣宣武初復先爵累遷河南尹融性尤貪欲恣情聚斂爲中尉糾彈削除官爵汾夏山胡叛逆連結正平平陽詔復融前封爲征東將軍持節都督以討之融寡於經略爲胡所敗後賊帥鮮于修禮寇瀛定二州長孫承業等討之失利除融車騎將軍爲前驅左軍都督與廣陽王深等共討修禮師度交津葛榮殺修禮而自立轉營至白牛邏輕騎擊融於陣見殺贈司空尋以融死王事進贈司徒公加前後部鼓吹謚莊武子景悊襲景悊弟朗卽後廢帝也

樂陵王胡兒和平四年薨追封樂陵王謚曰康無子獻文詔胡兒兄汝陰王天賜之第二子永全後之襲封改名思譽孝文時爲鎭北大將軍穆泰陰謀不軌思譽知而不告削封爲庶人太和末復王封薨謚密王子景略襲位幽州刺史薨謚惠王

安定王休皇興二年封少聰敏爲外都大官斷獄有稱孝文南伐領大司馬休嚴而執法六軍肅然及定都洛邑休從駕幸鄴命休率從駕文武迎家于平城帝親餞休於漳水之北十八年休寢疾帝幸其第流涕問疾中使醫藥相望於路及薨至殯車駕三臨帝至其門改服錫衰素弁加絰皇太子百官皆從行弔禮謚曰靖王詔贈假黃鉞加羽葆鼓吹悉準三老尉元之儀帝親送出郭慟哭而返諸王恩禮莫比焉宣武世配饗廟庭次子燮襲拜太中大夫除華州刺史州舊居李潤堡燮表移於馮翊古城詔從之燮薨於州贈朔州刺史子超字化生襲時以胡國珍封安定公改封北平王後復本封爾朱榮入洛避難見害超弟琰字伏寶大統中封宋安王薨謚曰懿子景山字寶岳少有器局幹略過人周閔帝時以軍功累遷開府儀同三司從武帝平齊以功拜大將軍平原郡公豪州總管法令明肅盜賊屏迹部內大清徵爲候正宣帝嗣位從上柱國韋孝寬經略淮南鄖州總管宇文亮反以輕兵襲孝寬孝寬爲亮所薄景山擊破之以功拜亳州總管隋文帝爲丞相尉遲迥作亂滎州刺史宇文胄與迥通謀陰以書諷景山景山執使封書詣相府進位上大將軍以軍功遷安州總管進柱國隋文帝受禪拜上柱國明年大舉伐陳以景山爲行軍元帥出漢口將濟江會陳宣帝殂有詔班師景山大著威名甚爲敵人所憚後數歲坐事免卒于家贈梁州總管謚曰襄子成壽嗣成壽便弓馬爲秦王庫直大業中爲西平郡通守燮弟願平清狂無行宣武初爲給事中悖惡日甚殺人劫盜公私咸患帝以戚近不忍致法免官禁之別館館名愁思堂冀其克念帝崩乃得出靈太后臨朝以其不悛還於別館依前禁錮久之離禁還家付宗師嚴加誨獎後拜通直散騎常侍前將軍坐裸其妻王氏於其男女前又彊奸妻妹於妻母之側御史

中尉侯剛案以不道處絞刑會赦免黜爲員外常侍卒

文成五王

文成皇帝七男孝元皇后生獻文皇帝李夫人生安樂厲王長樂曹夫人生廣川莊王略沮渠夫人生齊郡順王簡乙夫人生河間孝王若悅夫人生安豐匡王猛元夫人生韓哀王安平早薨無傳

安樂王長樂皇興四年封建昌王後改封安樂王長樂性凝重獻文器愛之承明元年拜太尉出爲定州刺史頓辱衣冠多不奉法百姓詣闕訟之孝文罰杖三十貪暴彌甚以罪徵詣京師後謀不軌事發賜死於家葬以王禮謚曰厲子詮字搜賢襲宣武初爲涼州刺史在州貪穢政以賄成後除定州刺史及京兆王愉之反詐言國變在北州鎭咸疑朝廷有釁遣使觀詮動靜詮具以狀告州鎭帖然愉奔信都詮與李平高殖等討愉平之尋除侍中兼以首告之功除尙書左僕射薨謚曰武康子鑒字長文襲後除相州刺史北討大都督討葛榮仍兼尙書左僕射北道行臺尙書令與都督裴衍共攻信都鑒既庸才見天下多事遂謀反降附葛榮都督源子邕與裴衍合圍鑒斬首傳洛詔改姓元氏莊帝初許復本族又特復鑒王爵贈司空鑒弟斌之字子爽性險無行與鑒同反敗遂奔葛榮榮滅得還孝武帝時封潁川郡王委以腹心之任帝入關斌之奔梁大統二年還長安位尙書令薨贈太尉謚曰武襄

廣川王略延興二年封位中都大官性明敏鞫獄稱平太和四年薨謚曰莊子諧字仲和襲十九年薨將大斂帝素委貌深衣哭之入室哀慟撫尸而出有司奏廣川王妃薨於代京未審以新尊從於卑舊爲宜卑舊來就新尊詔曰遷洛之人自玆厥後悉可歸骸芒嶺皆不得就塋恒代其有夫先葬北婦今喪在南婦人從夫宜還代葬若欲移父就母亦得任之其有妻墳於恒代夫死於洛不得以尊就卑欲移母就父宜亦從之若異葬亦從之若不在葬限身在代喪葬之彼此皆得任之其戶屬恒燕身居京洛去留之宜亦從所擇其屬諸州者各得任意詔贈諸武衞將軍謚曰剛及葬帝親臨送之子靈道襲卒贈悼王

齊郡王簡字叔亮太和五年封位中都大官簡母沮渠牧犍女也簡性貌特類外祖後爲內都大官孝文嘗與簡俱朝文明太后于皇信堂簡居帝之右行家人禮遷太保孝文仁孝以諸父零落存者唯簡每見立以待之俟坐致敬問起居停簡拜伏簡姓好酒不能理公私之事妻常氏燕郡公喜女也文明太后以賜簡幹綜家事頗節簡酒簡乃至盜竊求乞侍婢卒不能禁薨謚靈王宣武時改謚曰順子祐字伯授母常氏孝文以納不以禮不許其爲妃宣武以母從子貴詔特拜爲齊國太妃祐位涇州刺史薨謚曰敬

河間孝王若字叔儒未封而薨追封河間謚曰孝詔京兆康王子推子太安爲後太安於若爲從弟非相後之義廢之以齊郡王琛繼琛字曇寶幼敏慧孝文愛之宣武時拜定州刺史琛妃宣武舅女高皇后妹琛憑恃內外在州貪惏及還朝靈太后詔曰琛在定州唯不將中山宮來自餘無所不致何可敘用由是廢于家琛以明帝始學獻金字孝經又無方自達乃與劉騰爲養息賂騰金寶鉅萬計騰爲言乃得兼都官尙書出爲秦州刺史在州聚斂百姓吁嗟東益南秦二州氐反詔琛爲行臺仍充都督還攝州事琛既總軍省求欲無厭進討氐羌大被摧破內侍劉騰無所畏憚爲中尉彈糾會赦除名還復王爵後討鮮于修禮敗免官爵後討汾晉胡蜀卒於軍追復王爵

安豐王猛字季烈太和五年封加侍中出爲柔元鎭都大將營州刺史猛寬仁雄毅甚有威略戎夷畏愛之薨于州贈太尉謚曰匡子延明襲宣武時授大中大夫延昌初歲大飢延明乃減家財以拯賓客數十人并贍其家至明帝初爲豫州刺史甚有政績累遷博士黃門侍郎延明既博極羣書兼有文藻鳩集圖籍萬有餘卷性清儉不營產業與中山王熙及臨淮王彧等並以才學令望有名於世雖風流造次不及熙彧而稽古湻篤過之遷侍中詔與侍中崔光撰定服制後兼尙書右僕射以延明博識多聞勑監金石事及元法僧反詔爲東道行臺徐州大都督節度諸軍事與都督臨淮王彧尙書李憲等討法僧梁遣其豫章王綜鎭徐州延明先牧徐方甚得人譽招懷舊士遠近歸之綜既降延明因以軍乘之復東南之境至宿豫而還遷都督徐州刺史徐州頻經師旅人物凋弊延明招攜新故人悉安業百姓咸附莊帝時兼大司馬元顥入洛延明受顥委寄顥敗奔梁死於江南莊帝末喪還孝武初贈太保王如故謚曰文宣所著詩賦讚頌銘誄三百餘篇又撰五經宗略詩禮別義註帝王世紀及列仙傳又以河間人信都芳工算圖乃集器準九篇芳別爲之注皆行於世孫長孺孝靜時襲祖爵

獻文六王

獻文帝七男思皇后生孝文皇帝封昭儀生咸陽王禧

綽貴人生趙郡靈王幹高陽文穆王雍孟椒房生廣陵惠王羽潘貴人生彭城武宣王勰高椒房生北海王詳

咸陽王禧字思永太和九年封加侍中驃騎大將軍中都大官文明太后令皇子皇孫於靜所別置學選忠信博聞之士爲之師傅以作成之孝文帝以諸弟典三都職謂禧曰弟等皆幼年任重三都折獄特宜用心夫未能操刀而使割錦非傷錦之尤實授刀之責文明太后亦致誡勗出爲使持節開府冀州刺史後禧朝京師詔以廷尉卿李沖爲禧師時王國舍人應取八族及清修之門禧取任城王隷戶爲之深爲帝責帝以諸王婚多猥濫於是爲禧聘故潁川太守隴西李輔女自河南王幹以下皆取望族賢淑者配之有司奏冀州人蘇僧瓘等三千人稱禧清明有惠政請世胙冀州詔曰畫野由君理非下請入除同州牧詔以禧元弟之重食邑三千戶自餘五王皆食邑二千孝文引見朝臣詔斷北音一從正字禧贊成其事於是詔年三十以上習性已久容或不可卒革三十已下見在朝廷之人語音不聽仍舊若有故爲當議降黜先是帝嘗與僕射李沖論語音事沖曰四方之語竟知誰是帝者之言卽爲正音帝曰若如卿言將見伊洛之間復成被髮之俗卿此論實負社稷罪合萬死沖免冠謝良久乃已至是帝復追向所責沖者以厲羣臣且曰朕見婦女之服仍爲夾領小袖意詔書不可用乎禧對曰陛下光宅中華移風易俗皆由臣等不能率先以致愚夫愚婦屢格明詔無所逃刑帝曰若朕言非卿等當抗瞥廷論何乃入則順旨出則異辭書曰汝無面從退有後言卿等之謂乎尋以禧長兼太尉公帝篤於兄弟以禧次長禮遇甚隆然亦知其貪鄙每加切戒而終不能改後加侍中正太尉及帝崩禧受遺輔政雖爲宰輔之首而潛受賄賂姬妾數十意尙未已猶欲遠有簡聘以恣其情宣武頗惡之景明二年春召禧等入光極殿詔曰朕比纏尩疾實憑諸父今便親攝百揆宜還府司當別處分尋詔進位太保領太尉帝既覽政禧意不安遂與其妃兄兼給事黃門侍郎李伯尙等謀反帝時幸小平禧在城西小宅初欲勒兵直入金墉衆懷沮異禧心少緩自旦達晡計不決而罷是日帝息於芒山假寐浮圖陰下直寢郞苻承祖薛魏孫皆預禧謀欲乘便害帝承祖私言於魏孫曰吾聞殺天子者身癩魏孫遂止帝亦尋寤有武興王楊集始者知其事馳告變禧未知事露乃與臣妾向洪池別墅遣其齋帥劉小苟奉啟云檢行田牧遂宿於洪池其夜將士所在追禧禧自洪池東南走左右盡散唯兼防閤尹龍武獨從禧渡洛水至柏塢被禽送華林都亭著千斤鏁格龍武羽林掌衞之時熱甚禧渴悶垂死敕斷水漿侍中崔光令左右送酪漿升餘禧一飲而盡初孝文觀台宿有逆氣言於禧元象示變汝終爲逆謀會無所成但受惡而已至是果如所言禧臨盡與諸妹公主等訣以一二愛妾爲託公主哭且罵之曰兄正坐多取此輩貪逐財物致有今日何用見囑禧愧而無言遂賜死私弟絕其諸子屬籍禧之諸女微給資產奴婢自餘家財悉以賚高肇趙修二家其餘賜內外百官逮于流外多者百匹下至十匹其積聚若此其宮人爲之歌曰可憐咸陽王奈何作事誤金牀玉几不能眠夜蹋霜與露洛水湛湛彌岸長行人那得度其歌遂流至江表北人之在南者聞絃管奏之莫不灑泣禧八子長子通字曇和竊入河內太守陸琇家琇初與通情旣聞禧敗乃殺之通弟翼字仲和後會赦詣闕上書求葬父不許乃與二弟昌曄奔梁正光中詔咸陽京兆二王諸子並聽附屬籍後復禧王爵葬以王禮詔曄弟坦襲翼與昌申屠氏出曄李妃所出也翼容貌魁壯風制可觀梁武甚重之封爲咸陽王翼讓其嫡弟曄梁武不許後爲青冀二州刺史鎮郁州翼謀舉州入國爲梁武所殺翼弟樹字秀和一家獨立美姿貌善吐納兼有將略位宗正卿年十五奔梁梁武尤器之封爲魏郡王後改封鄴王數爲將領窺覦邊服爾朱榮之害百官也樹時爲郢州刺史請討榮梁武資其士馬侵擾境上孝武初御史中尉樊子鵠爲行臺率徐州刺史杜德舍人李昭等討之樹城守不下子鵠使金紫光祿大夫張安期說之樹請委城南歸子鵠許之殺白馬爲盟樹恃誓不爲戰備與杜德別還南德不許送洛陽置景明寺樹在洛見嵩山雲南向未嘗不引領歔欷其始發梁也取愛姬玉兒金指環以爲別其後密以寄姬示必還之意爲人所告賜死未幾杜德暴得狂疾云元樹擊我如此者不絕聲遂死李昭奉使秦州至潼關驛夜夢樹云我得請於帝俟卿至隴然後相取昭覺而惡之及至隴口爲賀拔岳所殺子鵠尋亦爲達野拔所害孝靜時樹子貞自建業求隨聘使崔長謙赴鄴葬父梁武許之詔贈樹太師司徒尙書令貞旣葬還江南位太子舍人及侯景南奔梁武以貞爲咸陽王送景使爲魏主未幾景反曄字世茂梁封爲桑乾王卒於南坦一名穆字延和傲狠酗酒每於洛橋左右頓辱行人爲道路所患從叔安豐王延明每切責之曰汝凶悖性興身長昔宋有東海王禕志性凡劣時人號

曰驢王恐汝亦不免此號當時聞者遂號爲驢王禧誅後坦兄翼樹等五人相繼南奔故坦得承襲改封敷城王永安初復本封咸陽郡王累遷侍中莊帝從容謂曰王才非荀蔡中歲累遷當由少長朕家故有超授初禧死後諸子貧乏坦兄弟爲彭城王勰所收養故云孝武初其兄樹見禽坦見樹長且賢慮其代已密勸朝廷除之樹知之泣謂坦曰汝腰背雖偉無善可聞我昔因家難不能死亡寄食江湖受其爵命今者之來非由義至苟活而已豈望榮祿汝何肆其猜忌忘在原之義邪坦作色而去樹死竟不臨哭後歷司徒太尉太傅加侍中太師錄尚書事宗師司州牧雖祿厚位尊貪求滋甚賣獄鬻官不知紀極爲御史劾奏免官以王歸第尋起爲特進出爲冀州刺史復專聚斂每百姓納賦除常例先責絹五匹然後爲受性好佃漁無日不出秋冬獵雉兎春夏捕魚蟹自言寍三日不食不能一日不獵入爲太傅齊天保初準例降爵封新豐縣公除特進開府儀同三司坐子世寶與通直散騎侍郎彭貴平誹謗妄說圖讖有司奏當死詔並宥之坦配北營州死配所

趙郡王幹字思直太和九年封河南王位大將軍孝文篤愛諸弟以幹總戎別道誡之曰司空穆亮年器可師散騎常侍盧陽烏才堪詢訪汝其師之遷洛改封趙郡王除都督冀州刺史詔以李憑爲長史唐茂爲司馬盧尚之爲諮議參軍以匡弼之而憑等諫幹殊不納州表斬盜馬人於律過重尚書以幹初臨縱而不劾詔切責之後轉特進司州牧車駕南討詔幹都督中外諸軍事給鼓吹一部甲士三百人出入殿門幹貪淫不遵政典御史中尉李彪將糾劾之會遇幹於尚書下省屏左右誡之而幹悠然不以爲意彪遂表彈之詔幹與北海王詳俱隨太子詣行在所及至帝密使左右察其意色無有憂悔乃親數其過杖之一百免所居官以王還第薨諡曰靈陪葬長陵子謐襲幹妃穆氏表謐及謐母趙等悖禮愆常詔付宗正依禮正罪謐後在母喪聽聲樂爲御史中尉李平所彈遇赦復封後爲岐州刺史謐性暴虐明帝初臺使元延到其州界以驛邏無兵攝帥檢覈隊主高保願列言所有之兵王皆私役謐聞大怒鞭保願等五人各二百後數日謐召近州人夫閉門內外嚴固搜掩城人楚掠備至又無事而斬六人城中兇懼衆遂大呼屯門謐怖登樓毀梯以自固土人散走城人分守四門靈太后遣游擊將軍王崢馳驛喻之城人既見崢至開門謝罪乃罷謐州除大司農卿遷幽州刺史謐妃胡氏靈太后從女也未發坐毆其妃免官後除都官尚書車駕出拜圜丘謐與妃乘赤馬犯鹵簿爲御史所彈靈太后特不問薨高陽王雍幹之母弟啟論謐贈假侍中司州牧諡貞景謐兄諶字興伯性平和位都官尚書爾朱榮之入洛陽啟莊帝欲遷晉陽帝以問諶諶爭之以爲不可榮怒曰何關君事而固執也且河陰之役君忘之乎諶曰天下之事天下論之何以河陰之酷而恐元諶諶宗室戚屬位居常伯生既無益死復何損正使今日碎首流腸亦無所懼榮大怒欲罪諶其從弟世隆固諫乃止見者莫不震悚諶顏色自若居數日帝與榮登高見宮闕壯麗列樹成行乃歎曰臣一昨愚志有遷京之意今見皇居壯觀亦何必去河洛而就晉陽也臣熟思元尚書言深不可奪由是遷都議革永安元年拜尚書左僕射封魏郡王諶本年長應襲王封爲其父靈王愛其弟謐以爲世子故也莊帝詔復諶趙郡王歷位司空太保太尉錄尚書事孝靜初拜大司馬薨諡孝懿諶無他才識歷位雖重時人鄙之諶弟譚頗彊立少爲宗室所推敬卒於秦州刺史譚弟獻貪暴無禮位太中大夫封平鄉男河陰遇害

廣陵王羽字叔翻太和九年封加侍中爲外都太官羽少聰慧有斷獄之稱後罷三都以羽爲大理典決京師獄訟遷特進尚書右僕射又爲太子太保錄尚書事孝文將南討遣羽持節安撫六鎮發其突騎夷夏寍悅還領廷尉卿及車駕發羽與太尉元丕等留守代都並加使持節十八年羽表辭廷尉不許羽奏外考令文每歲終州鎮列牧守績狀及至再考隨其品第以彰黜陟雖外有成令而內令未班內外考察理應同等臣輒推準外考以定京官績行詔曰論考之事理在不輕問績之方應關朕聽輒爾輕發殊爲躁也後孝文臨朝堂考羣臣顧謂羽曰上下二等可爲三品中等但爲一品所以然者上下是黜陟之科故旌絲髮之美中等守本事可大通帝又謂羽曰汝功勤之績不聞於朝阿黨之音頻千朕聽今黜汝錄尚書廷尉但居特進太保又謂尚書令陸叡曰叔翻在省之初甚著善稱自近以來偏頗懈怠豈不由卿等隨其邪偽之心今奪卿尚書令祿一周謂左僕射元贊曰計叔翻之黜卿應大辟但以咎歸一人不復相罪今解卿少師之任削祿一周詔吏部尚書澄曰觀叔父神志驕傲可解少保又謂長兼尚書于果曰卿不能勤謹夙夜數辭以疾今解卿長兼可光祿大夫守尚書削祿一周又謂守尚書尉羽曰卿恭勤在集書殊無憂存左史之事今降爲長兼常侍亦削祿一周

又謂守尚書盧陽烏曰卿在集書雖非高功爲一省文學之士常不以左史在意今降卿長兼王師守常侍尚書如故奪常侍祿一周謂左丞公孫良右丞乞伏義受曰卿等不能正心直言罪應大辟但以事鍾叔翻故不能別致貶二丞可以白衣守本官冠服祿邮盡皆削奪若三年有成還復本任如其無成則永歸南畝謂騎常侍元景曰卿等自任集書合省逋墮致使王言遺滯起居不修今降爲中大夫守常侍奪祿一周又謂諫議大夫李彥曰卿實不稱職可去諫議退爲元士又謂中庶子游肇及中書舍人李平識學可觀可爲中第帝復引陸叡元贊等前曰朕爲天子何假中原欲令卿等子孫博見多知若永居恒北遇不好文主卿等子弟不免面牆也陸叡對曰實如明詔金氏若不入仕漢朝七葉知名亦不可得也帝大悅車駕南伐除羽開府青州刺史詔曰海服之寄故唯宗良唯酒唯田可不誡與宣武郎位遷司州牧及帝覽政引入內面授司徒請爲司空許之羽先淫員外郎馮俊興妻夜私遊爲俊興所擊積日祕匿薨於府宣武親臨哀贈司徒謚曰慧子恭襲是爲節閔帝恭兄欣字慶樂性麤率好鷹犬孝莊初封沛郡王後封淮陽王孝武時加太師開府復封廣陵王太傅司州牧尋除大司馬孝武入關欣投託人使達長安爲太傅錄尚書事欣於中興宗室禮遇最隆自廣平諸王悉居其下又爲大宗師進大冢宰中軍大都督大統中爲柱國大將軍太傅文帝謂欣曰王三爲太傅再爲太師自古人臣未聞此例欣遜謝而已後拜司徒恭帝初遷大丞相薨謚曰容欣好營產業多所樹蓺京師名果皆出其園所汲引及僚佐咸非長者爲世所鄙

高陽王雍字思穆少俶儻不恒孝文曰吾亦未能測此兒之淺深然觀其任眞率素或年器晚成太和九年封潁川王或說雍侍士以營聲譽雍曰吾天子之子位爲諸王用聲名何爲改封高陽後爲相州刺史帝誡曰爲牧之道亦易亦難其身正不令而行故曰易其身不正雖令不從故曰難宣武初遷冀州刺史雍之臨二州也留心政事微有聲稱頃之入拜司州牧帝時幸雍第皆盡家人之禮遷司空轉太尉加侍中尋除太保領太尉侍中如故明帝初詔雍入居太極西柏堂諮決大政給親信二十人又詔雍爲宗師進太傅侍中領太尉公別勑將作營國子監學寺給雍居之領軍于忠擅權專恣僕射郭祚勸雍出之忠矯詔殺祚及尚書裴植廢雍以王歸第朝有大事使黃門就諮訪之忠尋復矯詔將殺雍以問侍中崔光光拒之乃止未幾靈太后臨朝出忠爲冀州刺史雍表暴忠罪陳已不能匡正請返私門靈太后感忠保護之勳不問其罪除雍侍中太師領司州牧雍表請王公已下賤妾悉不聽用織成錦繡金玉珠璣違者以違旨論奴婢悉不得衣綾錦纈止於縵繒而已奴則布服並不得以金銀爲釵帶犯者鞭一百太后從之而不能久也詔雍乘步挽出入掖門又以本官錄尚書事朝晡侍講明帝覽政詔雍乘車出入大司馬門進位丞相又詔依齊郡順王簡太和故事朝訖侍坐特優拜伏之禮總攝內外與元乂同決庶政歲祿粟至四萬石伎侍盈房榮貴之盛昆弟莫及元妃盧氏薨後更納博陵崔顯妹欲以爲妃宣武初以崔顯世號東崔地寒望劣難之久乃聽許延昌已後踈棄崔氏僅給衣食而已未幾暴薨或云雍殺之也靈太后許賜其女伎未及遣雍遣其閹豎丁鵝自至宮內料簡四人冒以還第太后責其專擅追停之孝莊初於河陰遇害贈假黃鉞相國謚文穆雍識懷短淺又無學業雖居朝首不爲時情所推自熙平以後朝政褫落及淸河王懌之死元乂專政天下大責歸焉嫡子泰字伯昌頗有時譽位太常卿與雍同時遇害贈太尉公高陽王謚曰文子斌襲斌字善集歷位侍中尚書左僕射斌美儀貌性寬和居官重愼頗爲齊文襄愛賞天保初準例降爵爲高陽縣公拜右光祿大夫二年從文宣討契丹還至白狼河以罪賜死

彭城王勰字彥和幼而岐嶷姿性不羣太和九年封始平王加侍中勰生而母潘氏卒其年獻文崩及有所知啟求追服文明太后不許乃毀容憔悴心喪三年不參吉慶孝文大奇之壯而耽學雅好屬文長直禁內參決軍國大政萬機之事無不預焉及車駕南伐領宗子軍宿衛左右轉中書令侍中如故改封彭城王帝升金墉城顧見堂後梧竹曰鳳凰非梧桐不棲非竹實不食今梧竹並茂詎能降鳳乎勰曰鳳凰應德而來豈梧竹所能降也帝善其言嘗侍內宴帝命羣臣賦詩勰既應制帝爲改一字賞之曰中令之作雖經雕刊猶是玉之本體不見其爲疵也從幸代都經上黨銅鞮山勰去帝十許步帝指道間松命勰賦詩云比至吾間當就勰應口而成帝大喜後頻表解侍中不允詔贈勰所生母潘氏爲彭城國太妃又除中書監侍中如故帝南討漢陽假勰中軍大將軍加鼓吹一部勰以寵授頻煩乃面陳曰臣聞兼親疎而兩並異同而建此既成文於昔臣願誦之於後陳思求而不允愚臣不請而得豈今古云殊實

遐否大異帝大笑執勰手曰二曹才名相忌吾與汝以道德相親緣此而言無慙前烈帝親講喪服於淸徽堂從容謂羣臣曰彥和季豫等年在沖蒙早登纓紱失過庭之訓並未習禮每欲令我一解喪服自審義解浮疏抑而不許頃因醉坐脫爾言從故屈朝彥遂親傳說御史中尉李彪對曰自古及今未有天子講禮臣下親承音旨可謂千載一時者也從征沔北除使持節都督南征諸軍事正中軍大將軍開府勰親勒大衆時有二大鳥自南方來一向行宮一向幕府各爲人所獲勰以爲祥言之於帝帝戲之曰鳥之畏威豈獨中軍之略朕亦分其一爾明日果大破崔景蕭衍等軍帝令勰爲露布旣就殊類帝文見者咸謂御筆及至豫州帝爲家人書與勰曰每欲立一宗師肅我九族汝親則宸極官則中監風標才器實足軌範宗制之重捨汝誰寄有不遵教典隨事以聞帝不豫勰內侍醫藥外總軍國之務有國醫徐謇者告歸洛陽勰急召至在所泣涕祈請悲感左右乃密爲壇於汝水之濱用周公故事爲帝請命帝疾稍瘳自懸瓠幸鄴勰常侍坐輿輦晝夜不離其側飮食必先嘗之而後手自進御車駕還京會百僚於宣極堂行飮至策勳之禮以勰功爲最尋以勰爲司徒太子太傅侍中如故俄而齊將陳顯達內寇帝復親討之詔勰持節都督中外諸軍事總攝六師帝仍不豫至馬圈疾甚謂勰曰霍子孟以異姓受託汝旣親賢不可不勉也勰泣曰士於布衣猶爲知己盡命况臣託靈先皇誠應竭股肱之力但臣出入喉脣每跨時要此乃周旦遁逃成王疑惑之日臣非所以辭勤請免正欲仰成陛下日鏡之明下令愚臣獲避退之福帝久之曰吾思汝言理實難奪乃手詔宣武曰汝第六父勰淸規懋賞厭榮辭紱吾百歲後當聽其遂沖挹之性也帝崩于行宮祕遏喪事勰獨與右僕射任城王澄及左右數人爲計舉喪於安車中勰等視疾進膳可決外奏如常時旣達宛城乃夜進安車於郡聽事得歛襯還載臥輿六軍內外莫有知者遣中書舍人張儒奉詔徵宣武會駕梓宮至魯陽乃發喪行服宣武卽位勰跪授遺勑數紙咸陽王禧疑勰爲變停於魯陽郡外久之乃入謂勰曰汝非但辛勤亦危險至極勰恨之對曰兄識高年長故知有夷險彥和握蛇騎虎不覺艱難禧曰汝恨吾後至耳自孝文不豫勰常居中侍醫至於衣不解帶亂首垢面帝患久多忿因之遷怒勰每被誚詈言至厲切威責近侍動將誅斬勰承顏悉心多所匡濟及帝昇遐齊將陳顯達奔遁始爾慮凶問泄漏致有過迫勰內雖悲慟外示吉容出入俯仰神貌無異及至魯陽東宮官屬多疑勰有異志竊懷防懼而勰推誠盡禮卒無纖介之過勰上謚議協時肇享曰孝五宗安之曰孝道德博聞曰文經天緯地曰文上尊號爲孝文皇帝廟號高祖陵曰長陵帝從之旣葬帝固以勰爲宰輔勰頻口陳遺旨請遂素懷帝對勰悲慟每不許之頻表懇切帝難違遺勑欲遂其雅情猶逼以外任乃以勰爲都督定州刺史勰仍陳讓帝不許乃述職帝與勰書極家人敬請勰入京景明初齊豫州刺史裴叔業以壽春內屬詔勰都督南征諸軍事與尚書令王肅迎接壽春復授司徒又詔以本官領揚州刺史進位大司馬領司徒齊將陳伯之屯於肥口胡松又據梁城勰部分將士頻戰破之淮南平徵勰還朝初勰之定壽春獲齊汝陰太守王果豫州中從事庾稷等數人勰傾意禮之常參坐席果承間求還江外勰矜而許之果又謝曰果等今還仰負慈澤請俟仁駕振旅然後反跡其爲遠人所懷如此勰至京師頻表辭大司馬領司徒及所增邑乞還中山有詔不許乃除錄尚書侍中司徒如故固辭不允時咸陽王禧驕矜不法北海王詳陰言於帝又言勰大得人情不宜久在宰輔勸帝遵遺勑禧等又出領軍于烈爲恒州烈深以爲忿烈子忠常在左右密令忠言於帝宜早自攬政時初祭王公並齋於廟東坊帝遣于烈將壯士六十人召勰禧詳等引見帝謂勰曰頃南北務殷不容仰遂沖操朕何敢久違先勑今遂叔父高蹈之志勰等拜謝詔爲勰造宅務從簡素以遂其心勰知見譏作蠅賦以自喩又以勰爲太師勰固辭詔侍中敦喩帝又爲書於勰崇家人之禮勰不得已應命及京兆廣平王暴虐不法制宿衞隊主率羽林虎賁幽守諸王於其第勰表切諫帝不納時議定律令勰與高陽王雍八座朝士有才學者五日一集參論軌制應否之宜凡所裁決時彥歸仰又加侍中勰敦尚文史撰自古帝王賢達至於魏世子孫族從爲三十卷名曰要略上之尚書令高肇性兇愎其兄女入爲夫人順皇后崩帝欲以爲后勰固執以爲不可肇憾之初勰嘗任其舅潘僧固爲長樂太守京兆王愉構逆僧固見逼在其黨中至是肇譖言僧固之參逆謀勰實使之勰國郎中令魏偃前防閤高祖珍希肇提攜構成其事肇初令侍中元暉以奏暉不從又令左衞元珍言之帝訪暉暉明勰無此帝更以問肇肇以偃祖珍爲證帝信之永平元年九月召勰及高陽王雍廣陽王嘉淸河王懌廣平王懷及高肇等入時勰妃方產固辭不得已

與妃訣而登車入東掖門度橋牛傷心惡之宴於禁中夜皆醉各就別所消息俄而元珍將武士齎毒酒至勰曰一見至尊死無恨也珍曰至尊何可復見武士以刀鐶築之勰乃飲武士就殞之向晨以褥裹尸輿歸其第云過醉而薨勰妃李氏司空沖之女也號哭曰高肇枉害忠良如使天道有靈汝亦行當如我及肇誅復於此室論者知有報應焉勰旣有功於國無罪見害舉朝喪氣行道士女莫不掩泣景明報德二寺千餘僧鳴鐘將齋聞勰薨皆嗟痛不食飲水而罷帝爲舉哀東堂追贈假黃鉞使持節都督中外諸軍事司徒公太師給鸞輅九旒虎賁班劍百人前後部羽葆鼓吹轀輬車有司奏太常卿劉芳議謚保定大功曰武善問周達曰宣宜謚武宣王詔可及莊帝卽位追號文穆皇帝妃李氏爲文穆皇后遷神主於太廟稱肅祖節閔帝時去其神主嫡子劭字子訥襲封劭善武藝少有氣節明帝初梁將寇邊劭表上粟九千斛資絹六百匹國吏二百人以充軍用靈太后嘉其至意不許累遷雍州刺史孝昌末靈太后失德四方紛擾劭遂有異志爲安豐王延明所啟徵入爲御史中尉莊帝卽位尊爲無上王尋遇害河陰追謚曰孝宣皇帝妻李氏爲文恭皇后子韶字世胄好學美容儀初爾朱榮將入洛父劭以韶寄所親滎陽太守鄭仲明仲明尋爲城人所殺韶因亂遇盜幾見害賴仲明兄子僧副拒賊脫之於難次値一老嫗匿之居十餘日莊帝訪而獲焉襲封彭城王齊神武後以孝武帝后配之魏室奇寶多隨后入韶家有二玉鉢相盛轉而不可出馬腦榼容三升玉縫之皆稱西域鬼作也歷位太尉侍中錄尙書事司州牧特進太傅齊天保元年降爵爲縣公韶性行溫裕以高氏壻頗膺時寵能自謙退臨人有惠政好儒學禮致才彥愛林泉脩第宅華而不侈文宣嘗剃韶鬢鬚加以粉黛衣婦人服以自隨曰我以彭城爲嬪御譏元氏微弱比之婦女十年太史奏云今年當除舊布新文宣謂韶曰漢光武何故中興韶曰爲誅諸劉不盡於是乃誅諸元以厭之遂以五月誅元世哲景武等二十五家餘十九家並禁止之韶幽於京畿地牢絕食啗衣袖而死及七月大誅元氏自昭成已下並無遺焉或父祖爲王或身常貴顯或兄弟彊壯皆斬東市其嬰兒投於空中承之以矟前後死者凡七百二十一人悉投屍漳水剖魚者多得爪甲都下爲之久不食魚世哲從弟黃頭使與諸囚自金鳳臺各乘紙鴟以飛黃頭獨能至紫陌乃墜仍付御史獄畢義雲餓殺之勰弟三子子攸是爲孝莊帝

北海王詳字季豫美姿容善舉止太和九年封加侍中孝文自洛北巡詳常與侍中彭城王勰並在輿輦陪侍左右至文成射銘所帝停駕詔諸弟及侍臣皆試射遠近諸人皆去一二十步唯詳箭及之帝拊掌欣笑遂詔勒銘親自爲制車駕南伐詳行中領軍留守孝文臨崩顧命詳爲司空輔政宣武攬政爲中大將軍錄尙書事及咸陽王禧之謀反詳表求解任制不許除太傅領司徒侍中錄尙書事如故詳之拜命其夜暴風雷電拔其庭中桐樹大十圍倒立本處初宣武之攬政詳聞彭城王勰有震主之慮而欲奪其司徒大懼物議故爲大將軍至是乃居之識者以天威如此知其必不終詳旣以季父崇寵位望兼極貪冒無厭公私營販又於東掖門外規占第宅至有喪柩在室請延至葬而不見許輿櫬巷次行路哀嗟詳母高太妃頗助威虐怨響嗷然妃宋王劉昶女不見答禮寵妾范氏愛等伉儷及死葬訖猶毀瘞從之又烝於安定王燮妃高氏卽茹皓妻姊詳旣素附於皓又緣淫好往來綢密詳雖貪侈宣武禮敬尙隆常別住華林園西隅與都亭宮館相接帝每潛幸其所肆飲終日與高太妃相見呼爲阿母伏而上酒禮若家人臨出高每拜送舉觴祝言願官家千萬年壽歲一入妾母子舍也初宣武之親政詳與咸陽王禧彭城王勰並被召入共乘犢車防衞嚴固高時惶迫以爲必死亦乘車傍路哭送至金墉及詳得免高云自今以後不願富貴但令母子相保共汝埽市作活也至此貴寵榮盛不復言有禍敗之理後爲高肇所譖云詳與皓等謀逆時詳在南第帝召中尉崔亮入禁糾詳貪淫及茹皓劉胄常季賢陳埽靜等專恣之狀夜卽收禁南臺又命虎賁百人圍守詳第夜中慮其驚懼奔逸遣左右郭翼開金墉門馳出喻之示以中尉彈狀詳母高見翼頓首號泣不能自勝詳言審如中尉所糾何憂也人奉我珍異貨物我實受之果爲取受吾何憂乎至明皓等皆賜死引高陽王雍等五王入議詳罪單車防守還華林館母妻相與哭入所居小奴弱婢數人隨從防援甚嚴從就太府寺免爲庶人別營坊館於洛陽縣東北隅如法禁衞限以終身名曰思善堂將徙詳居之會其家奴陰結黨輩欲攻劫出之密抄名字潛託侍婢通於詳詳始得執省而門防主司遙見突入就將手中覽得呈奏帝密令害之詳自至太府寺令其母妻還居南宅五日一來後夜母妻不來死於奴婢手中詔喪還南宅諸王皇宗悉令奔赴賵物一依廣陵故事詳之初禁乃以淫高

事告毋毋大怒詈之曰汝自有妻妾侍婢何共高麗婢姦令致此罪我得高麗婢當噉其肉乃杖詳背及兩脛百餘下自行杖力疲乃使奴代高氏素嚴詳每有微罪常加責罰以絮裹杖至是去絮撻之又杖其妃劉數十云新婦大家女門戶匹敵何所憚而不檢校夫壻劉笑而受罰卒無所言詳貪淫之失雖聞而死罪無定名遠近歎之永平元年十月詔追復王爵謚曰平王之顥襲

顥字子明少慷慨有壯氣爲徐州刺史尋爲御史彈劾除名後賊帥宿懃明遠叱干騏驎等寇亂豳華等州乃復顥王爵兼左僕射西道行臺以討明遠頻破賊解豳華之圍後蕭寶夤等大敗於平涼顥亦奔還京師武泰初爲相州刺史以禦葛榮屬爾朱榮入洛推立莊帝授顥太傅顥以葛榮南侵爾朱縱害遂盤桓顧望圖自安之策事不諧遂與子冠受奔梁梁武以爲魏主假之兵將令其北入永安二年四月於梁國城南登壇燔燎年號孝基莊帝詔濟陰王暉業於考城拒之爲顥所禽莊帝北幸顥遂入洛改稱建武元年顥以數千之衆轉戰屢克據有都邑號令自己天下人情想望風政自謂天之所授頗懷驕怠宿昔賓客近習之徒咸見寵待于擾政事又日夜縱酒不恤軍國所統南兵陵竊市里朝野失望莊帝與爾朱榮還師討顥顥自於河梁拒戰冠受戰敗被禽顥自轘轅出至臨潁爲臨潁縣卒所斬初顥入洛其日暴風欲入閶闔門馬大驚不進令人執轡乃入有恒農楊曇華告人曰顥必無成假服袞冕不過六十日又諫議大夫元昭業曰昔更始自洛陽而西初發馬驚奔觸北宮鐵柱三馬皆死而更始卒不成帝位以古譬今其兆一也至七月果敗孝武初贈太師大司馬

顥弟頊莊帝初封東海王位中書監及顥入洛成敗未分便以意氣自得爲時人所笑顥敗潛竄爲人執送斬於都市孝武初贈太尉

孝文六王

孝文皇帝七男林廢后生廢太子恂文昭皇后生宣武皇帝廣平文穆王懷袁貴人生京兆王愉羅夫人生清河文獻王懌汝南文宣王悅鄭充華生皇子恌未封早夭

廢太子庶人恂字元道生而母死文明太后撫視之常置左右年四歲太后親爲立名於是大赦太和十七年七月癸丑立爲皇太子及冠於廟孝文臨光極東堂引恂入見誡以冠義曰字汝元道所寄不輕汝當尋名求義以順吾旨二十年改字宣道遷洛詔恂詣代都其進止禮儀帝皆爲定及恂入辭帝曰今汝不應向代但太師薨於恒壤朕既居皇極之重不容輕赴舅氏之喪欲使汝展哀舅氏拜汝母墓一寫爲子之情山陵在彼汝至彼太師事畢後日宜一拜山陵拜訖汝族祖南安可一就問訊在途當溫讀經籍如日親見吾也後帝每歲征幸恂常留守主執廟祀恂不好讀書體貌肥大深忌河洛暑熱意每追樂北方中庶子高道悅數苦言致諫恂甚銜之孝文幸嵩嶽恂留守金墉謀欲召牧馬輕騎奔代手刃道悅於禁中領軍元儼勒門防遏夜得寧靜帝聞之駭惋外寢其事仍至汴口而還引恂數罪與咸陽王禧等親杖恂又令禧等更代百餘下扶曳出外不起者月餘拘於城西別館引見羣臣於清徽堂議廢之司空太子太傅穆亮尚書僕射少保李沖並免冠稽首而謝帝曰古人有言大義滅親此小兒今日不滅乃是國家大禍脫待我無後恐有永嘉之亂乃廢爲庶人置之河陽服食所供粗免饑寒而已帝幸代遂如長安中尉李彪承間密表告恂復與左右謀逆帝在長安使中書侍郎邢巒與咸陽王禧奉詔齎椒酒詣河陽賜恂死時年十五歲斂以麤棺常服瘞於河陽城二十二年冬御史臺令史龍文觀坐法當死告廷尉稱恂前後被攝左右之日有手書自理不知狀而中尉李彪侍御史賈尚寢不爲聞尚坐繫廷尉時彪免歸帝在鄴尚書表收彪付洛會赦遂不窮其本末賈尚出繫累疾數日死初帝將爲恂娶司徒馮誕長女以女幼待年長先爲聘彭城劉長文滎陽鄭懿女爲左右孺子時恂年十三四帝嘗謂郭祚崔光宋弁曰人生須自放不可終朝讀書我欲使恂旦出省經傳食後還內晡時復出日夕而罷卿等以爲如何光曰孔子稱血氣未定戒之在色太子尚以幼年涉學之日不宜於正晝之時捨書御內又非所以安柔弱之體固永年之命帝以光言爲然乃不令恂晝入內無子

京兆王愉字宣德太和二十一年封拜都督徐州刺史以彭城王中軍長史盧陽烏兼長史州事巨細委之陽烏宣武初爲護軍將軍帝留愛諸弟愉等常出入宮掖晨昏寢處若家人焉遷中書監爲納順皇后妹爲妃不見禮答愉在徐州納妾李氏本姓楊東郡人夜聞其歌悅之遂被寵嬖罷州還京欲進貴之託右中郎將趙郡李時顯爲之養父就之禮迎產子寶月順皇后召李入宮毀擊之彊令爲尼於內以子付妃養之歲餘后父于勁以后久無所誕乃表勸廣嬪御因令后歸李於愉愉寵愛更甚愉好文章頗著詩賦時引才人宋世景李神

傳祖瑩邢晏王遵業張始均等共申宴喜招四方儒學賓客嚴懷眞等數十人館而禮之所得穀帛率多散施又崇信佛道用度常至不接與弟廣平王懷頗相誇尚競慕奢麗貪縱不法於是宣武攝愉禁中推案杖愉五十出爲冀州刺史始愉自以職非親要勢劣二弟潛懷愧恨頗見言色又以幸妾屢被頓辱內外離抑及在州謀逆遂殺長史羊靈引及司馬李遵稱得淸河王密疏云高肇篡殺主上遂爲壇於信都之南柴燎告天卽皇帝位赦天下號建平元年立李氏爲皇后宣武詔尚書李平討愉愉出拒王師頻敗遂嬰城自守愉知事窮攜李及四子數十騎出門諸軍追之見執以送平詔徵赴京師申以家人之訓愉每止宿亭傳必攜李氏盡其私情雖鎖縶之中飲賞自若略無愧懼之色至野王愉語人曰雖主上慈深不忍殺我吾亦何面目以見至尊於是歔欷流涕絕氣而死時年二十一或云高肇令人殺之斂以小棺瘞之諸子至洛皆見殺後靈太后令愉四子皆附屬籍追封愉臨洮王寶月乃改葬父母追服三年寶月弟寶炬是爲文帝

淸河王懌字宣仁幼而敏慧美姿貌孝文與彭城王勰甚器異之並曰此兒風神外偉黃中內潤若天假之年則方二南矣博涉經史兼綜羣言有文才善談理寬仁容裕喜怒不形於色太和二十一年封宣武初拜侍中轉尚書僕射懌才長從政明於斷決剖判衆務甚有聲名司空高肇以帝舅寵任旣擅威權謀去良宗屢譖懌及京兆王愉等愉不勝其忿怒遂舉逆冀州肇因愉之逆又譖殺彭城王勰懌恐不免肇又錄囚徒以立私惠懌因侍宴酒酣乃謂肇曰天子兄弟詎有幾人而炎炎不息昔王莽頭禿亦藉渭陽之資遂篡漢室今君曲形見矣恐復終成亂階又言於宣武曰臣聞唯器與名不可以假人是故季氏旅泰宣尼以爲深譏仲叔軒懸邱明以爲至誠諒以天尊地卑君臣道別宜杜漸防萌無相僭越至於減膳錄囚人君之事今乃司徒行之詎是人臣之義且陛下修政教解獄訟則時雨可降玉燭自和何使明君失之於上姦臣竊之於下長亂之基於此在矣宣武笑而不應孝明熙平初遷太尉侍中如故詔懌裁門下之事又典經義注時有沙門惠憐者自云呪水飲人能差諸病病人就之者日有千數靈太后詔給衣食使於城西南治療百姓懌表諫曰臣聞律深惑衆之科禮絕妖淫之禁皆所以大明居正防遏姦邪昔在漢末有張角者亦以此術熒惑當時論其所行與今不異遂能眩誘生人卒致黃巾之禍天下塗炭數十年間角之由也昔新垣姦不登於明堂五利僥終嬰於顯戮此事可爲至鑒靈太后深納之太后以懌孝明懿叔德先具瞻委以朝政事擬周霍懌亦竭力匡輔以天下爲己任領軍元叉太后之妹夫也恃寵驕盈懌裁之以法每欲黜之爲叉所疾叉黨人通直郎宋準等希叉旨告懌謀反禁懌門下訊問左右及朝貴無驗乃釋焉懌以忠而獲謗乃鳩集昔忠烈之士爲顯忠錄二十卷以見志焉正光元年七月叉與劉騰逼孝明於顯陽殿閉靈太后於後宮囚懌於門下省懌誣伏遂害之時年三十四朝野貴賤知與不知含悲喪氣驚振遠近夷人在京及歸聞懌之喪爲之剺面者數百人神龜三年追封范陽王諡曰文獻以禮加葬後更追復爲河間王子亶襲亶子善見是爲孝靜帝

廣平王懷太和二十一年封累遷驃騎大將軍孝明卽位拜司空尋進太保領司徒二年薨諡曰文穆長子誨孝昌二年封范陽王第三子修是爲孝武帝

汝南王悅景明四年封悅好讀佛經覽書史爲性不倫俶儻難測累遷開府儀同三司熙平二年坐殺人免官以王還第悅妃閭氏卽東海公之女也生一子不見禮答有崔延夏者以左道干悅敎服松朮之劑冀以得仙悅惑之輕與出外採藥暴露原野遂斷酒肉粱稻唯飡麥飯又絕房中而更好男色輕忿妃妾動加捶撻悅嘗野宿靈太后勑檢問其妃引入窮悅事故妃病杖牀蓐瘡尚未愈太后因令自今諸王及三藩正妃病百日已上者皆遣奏聞若有猶行捶撻就削封位及淸河王懌爲元叉所害悅了無讎恨之意乃以桑落酒候伺叉盡其私佞之情叉大喜以悅爲侍中太尉臨拜日就懌子亶求懌服翫之物不時稱旨乃召亶杖之百下亶居廬未葬形氣羸弱暴加威撻殆至不濟悅仍呼阿兒親自拊循尋遷太保出爲徐州刺史至州乃爲大剉碓置於州門云有盜者卽斬其腕姦偷懼其無常能行異事爲之暫息孝昌二年復領太尉及爾朱榮舉兵向洛悅遂奔梁梁武甚相資待莊帝崩遂立爲魏主年號更興節閔初遣兵送悅置於境上以覬侵逼及齊神武誅爾朱以悅孝文子宜承大業乃令人示意悅旣至淸狂如故動爲罪失乃止孝武初除大司馬開府孝武以廣陵頗有德望以悅屬尊地近內懷畏忌故前後害之贈假黃鉞太師司州牧大司馬王如故諡曰文宣子穎與父奔梁卒於江左

皇子恌年七歲景明元年薨葬文昭皇后陵東後以增

廣文昭后墳塋徙窆北闕

李延壽曰魏自西遷之後權移周室周文天縱寬仁性罕猜忌元氏戚屬並見保全內外任使布於列職孝閔踐阼無替前緒明武纘業亦遵先志雖天厭魏德鼎命已遷枝葉榮茂足以愈於前代矣

浙江書局刊

汪蟾采校
吳士鎔校
吳鳳喈校

通志卷八十四下

通志卷八十五

宋右迪功郎鄭樵漁仲撰

宗室傳第八

北齊

趙郡王琛子叡子整信　叡　清河王岳子勱　廣平公盛子瑗子

陽州公永樂繼子孝緒永樂弟長弼　襄樂王顯國　上洛王

思宗子元海宗弟思好　思　平秦王歸彥　武興王普　長

樂太守靈山子護懿　伏護繼子伏孫乂

神武諸子

永安簡平王浚　平陽靖翼王淹子德　彭城景思王

澈子寶德　上黨剛肅王渙子寶嚴　襄城景王淯繼子亮　任

城王湝　高陽康穆王湜　博陵文簡王濟　華

山王凝　馮翊王潤　漢陽敬懷王洽

文襄諸子

河南康獻王孝瑜子弘節　廣寧王孝珩　河間王孝

琬子正禮　蘭陵武王長恭　安德王延宗　漁陽王

紹信

文宣諸子

太原王紹德　范陽王紹義　西河王紹仁　隴

西王紹廉

孝昭諸子

樂陵王百年　汝南王彥理弟彥德彥康　彥基彥忠

武成諸子

南陽王綽　琅邪王儼　齊安王廓　北平王貞

高平王仁英　淮南王仁光弟仁機仁儉　仁邑仁雅　仁

直仁謙

後主諸子

東平王恪善德賀德質錢

後周

邵惠公顥顥子什肥什肥子胄什肥弟導導子廣廣子治廣弟翼翼弟眾　導弟護此羅協馮遷　杞簡公連子元寶元寶繼子亮亮弟椿　莒莊

公洛生子菩薩子至省菩薩貢繼　廣國公仲子興興子洛　廣川

公測弟深深子孝伯　東平公神舉父顯和神舉子同神舉弟慶慶子

靜亂靜亂子協協弟晶

文帝十王

宋獻公震繼子實　衛剌王直　齊煬王憲子貴　趙僭王

招　譙孝王儉　陳惑王純　越野王盛　代奰

王達　冀康公通　滕聞王逌

孝閔一王

紀厲王康

明帝三王

畢剌王賢　酆王貞

孝武六王

漢王贊餘五王同贊為隋文所誅

宣帝二王

萊王衍與郢王術同為隋文所誅

隋

蔡景王整子智積　滕穆王瓚子綸　道宣王嵩　衛昭王

爽子集　河間王弘子慶　義城公處綱弟處樂　離石太守子

崇

文帝四王

房陵王勇子儼　秦孝王俊子浩湛　庶人秀　庶人諒

煬帝三子

元德太子昭子侑是為恭帝次燕王倓次越王侗　齊王暕　趙王

果

北齊

趙郡王琛字元寶神武皇帝之弟也少便弓馬有志氣神武既定天下中興初授琛常侍鎮西將軍既居禁衛恭勤慎密率先左右封南趙郡公累遷定州刺史六州大都督甚有聲譽及斛斯椿等釁結神武將謀內討以晉陽根本召琛留掌後事天平中除御史中尉正色糾彈無所迴避遠近肅然尋亂神武後庭因杖而薨時年二十三贈太尉尚書令諡曰貞天平三年又贈假黃鉞左丞相太師錄尚書事天統初進爵為王配饗高祖廟庭子叡嗣小名須拔生三旬而孤聰慧夙成特為神武所愛養於宮中令游孃母之恩同諸子魏興和中襲爵南趙郡公年至四歲未嘗識母其母魏華陽公主也其從母姊鄭氏戲謂曰汝是我姨兒何反親游氏叡因訪問遂失精神神武疑其感疾叡對曰兒無患但聞有所生欲得暫見神武驚命元夫人至就宮見之叡前跪拜因抱頸大哭神武甚悲傷謂平秦王曰此兒天性至孝我兒無及者遂為休務一日叡初讀孝經至資於事父輒流涕歔欷十歲喪母神武親送至領軍府為發哀舉聲殞絕三日水漿不入口神武與武明太后慇懃敦譬方漸承旨居喪長齋骨立杖而後起神武令恆山王與同臥起日夜譬之并勑左右不許進水雖絕清漱午輒不肯食由是神武食必呼與同案神武崩復哭泣歐血及壯將婚娶而貌有戚容文襄謂曰我為爾娶鄭述祖女門閥甚高當無可憾而反不樂何邪叡對曰自痛孤遺方從婚冠彌用感切言未卒嗚咽不自勝文襄為之憫然勵之勤學常夜分方罷文宣受禪進爵為王叡身

長七尺容儀甚偉閑習吏職有知人之鑒天保二年爲定州刺史六州大都督時年十七叡留心庶事糾擿奸邪稱爲良牧六年詔領山東兵數萬監築長城于時盛夏叡屏除蓋扇親與軍人同勞苦長史宋欽道以叡冒暑遣倍道送冰叡對之歎息云三軍之人皆飲溫水吾何心獨進寒冰遂至銷液竟不一嘗兵人感悅先是役罷任其自歸丁壯先返羸弱多致僵殞叡於是親率營伍彊弱相持賴全者十三四焉八年除北朔州刺史都督長城諸鎮事叡慰撫新還量置烽戍內外防禦備有條法大爲兵民所安有乏水處叡禱而得泉州人至今號曰趙郡王井九年濟南以太子監國因立大都督府與尚書省分理衆事仍開府置佐史文宣特崇其選乃除叡侍中攝大都督府長史叡後因侍宴帝從容顧謂恆山王演曰由來亦有如此長史不皇建初兼并州事孝昭崩預受顧託奉迎武成於鄴以功拜尚書令天統中追贈父琛假黃鉞母元氏贈趙郡王妃諡曰貞昭華陽長公主如故有司備禮儀就墓拜受時隆冬盛寒叡徒步號哭面皆破裂歐血數升及還不堪參謝帝親就第省問拜司空攝錄尚書事河清三年周師及突厥至并州武成戎服將以宮人出避叡叩馬諫乃止帝親御戎六軍進止並令取叡節度而使段孝先總焉帝與宮人被緋甲登故北城以望軍營甚整突厥咎周人曰爾言齊亂故請我共來伐之今齊人眼中亦有鐵何可當邪乃還至陘嶺凍滑乃鋪氊以度胡馬寒瘦膝已下皆無毛比至長城死且盡乃截矟杖之以歸是役也段孝先持重不與賊戰自晉陽東道爲虜所屠無遺類焉斛律光自三堆還帝以遭大寇抱其頸哭任城王湝進口何至此乃止光面折孝先於帝前曰段婆善爲送女客於是以叡爲能加尚書令封宣城郡公拜太尉監五禮晚節頗爲和士開所構叡久典朝政清正自守譽望日隆漸被疏忌乃撰古之忠臣義士號曰要言以致其意武成崩葬後數日叡與馮翊王潤安德王延宗及元文遙等奏後主云和士開不宜仍居內任并入奏太后因出士開爲兗州刺史太后曰士開舊經驅使欲留過百日叡正色不許太后令酌酒賜叡叡正色曰今論國家大事非爲卮酒言訖便出其夜叡方寢見一人可長丈四五尺臂長丈餘當門向牀以臂壓叡良久遂失所在叡意甚惡之起坐歎曰大丈夫運命一朝至此至旦欲入朝妻子咸諫止之叡曰自古忠臣皆不顧身命社稷事重吾寧死事先皇不忍見朝廷顛沛至殿門又有人曰願勿入叡曰吾上不負天死亦無恨入見太后太后復以爲言叡執之彌固出至永巷被執送華林園於雀離佛院令劉桃枝拉而殺之時年三十六大霧三日朝野冤惜之期年後詔聽以王禮葬竟無贈諡子整信嗣好學有行檢位儀同三司後終於長安

清河王岳字洪略神武從父弟也父翻字飛雀以器度知名卒於侍御中散元象中贈假黃鉞大將軍太傅太尉錄尚書事諡孝宣公岳幼孤貧人未知之長而敦直姿貌嶷然深沈有器量初岳家于洛邑神武每奉使入洛必止于岳宅岳母山氏嘗夜起見神武室中有赤光心異之詣卜者爲之筮遇乾之大有占者曰飛龍在天之象也貴不可言山氏以語神武神武益自負及神武起兵信都山氏聞之喜謂岳曰赤光之瑞驗矣汝可間行從之岳遂往信都神武見之大悅中興初除金紫光祿大夫領武衞神武與四胡戰於韓陵神武將中軍高昂將左軍岳將右軍中軍敗績賊乘之岳舉麾大呼橫衝賊陣神武方得回師因大破賊以功除衞將軍左光祿大夫封清河郡公母山氏封郡君授女侍中入侍皇后天平二年除侍中六州軍事都督尋加開府岳辟引時賢以爲僚屬論者美之尋授使持節六州大都督冀州大中正俄拜京畿大都督其六州事悉隸京畿神武統務晉陽岳與侍中孫騰等在京師輔政岳性至孝母疾衣不解帶及遭喪去職哀毀骨立神武憂之每日遣人勞勉尋起復本位歷冀晉二州刺史西南道都督有綏邊之稱及神武崩侯景叛梁武帝遣其貞陽侯淵明於寒山擁泗水灌彭城與景相爲掎角岳總帥諸軍南討與行臺慕容紹宗擊淵明破禽之俘馘數萬景仍擁衆於渦陽與左衞將軍劉豐等相持岳迴軍又破之景單騎逃竄以功除侍中太尉又拜河南總管統慕容紹宗劉豐等討西魏將王思政於長社岳引洧水灌其城紹宗劉豐爲思政所獲西魏援兵復至岳內外防禦城不沒者三版會文襄親臨數日城陷獲思政等以功別封眞定縣男是役也文襄以爲已功故賞典不弘文襄崩文宣出撫晉陽令岳以本官兼尚書左僕射留鎮京師天保初進封清河郡王尋除司州牧五年加太保梁元帝爲西魏所逼遣使告急詔岳爲西南道大行臺統司徒潘相樂等救江陵師次義陽西魏尅荊州岳因略地南至梁郢州尅之獲刺史司徒陸法和送鄴朝廷知江陵陷詔岳班師岳自討寒山長社及出隨陸並有功積威名彌重而性華侈尤悅酒色歌姬舞女陳鼎擊鍾諸王不及也初高歸彥少孤神武令岳撫養岳輕其年

幼情禮甚篤歸彥內銜之及歸彥為領軍大被寵遇岳謂其德已更倚仗之歸彥密構其短奏岳於城南起宅聽事後僭擬為永巷但無闕耳帝後夜行見宅壯麗意不能平屬帝時召鄴下婦人薛氏入宮而岳先嘗迎之至宅由其姊也帝怒縣薛氏姊而支解之讓岳以為姦人之女岳曰臣始聞其美欲納以為婦見其輕佻故出之非姦也帝益怒六年冬使高歸彥就宅賜以鴆岳曰臣無罪歸彥逼飲之遂薨時年三十四詔大鴻臚監護喪事贈使持節都督冀等七州太宰太傅定州刺史假黃鉞給轀輬車謚曰昭武勅以城南宅為莊嚴寺初岳與神武經綸天下家有私兵戎器儲甲千餘領文襄之末岳以四方無事表請納之文襄敦至親之重推心相任云叔屬居肺腑職在維城所有之甲本資國用叔何疑而納之文宣之世亦頻請納又不許及將薨遣表謝恩并請上甲于武庫至是方納焉皇建中配享文襄廟庭後歸彥反武成知其前譖曰清河忠烈盡力皇家而歸彥毀之間吾骨肉籍沒歸彥以歸彥良賤百口賜岳家又思岳切重贈太師太保餘如故子勱字敬德幼聰敏美風儀以仁孝聞年七歲襲爵清河王十四為青州刺史拜日文宣戒之曰叔父前牧青州甚有遺惠故遣汝慰彼黎庶無墜家聲勱流涕對曰臣以蒙幼濫叨拔擢雖竭庸愚懼忝先正文宣曰汝既能如此言吾不慮也尋追授領軍大將軍開府儀同三司以清河地在畿內改封樂安王性剛直有才幹斛律光雅敬之每征伐則引為副轉侍中尚書右僕射後主於晉州敗太后從土門道還京師勅勱統領兵馬侍衛時佞幸閹寺猶行暴虐民閭雞豕悉縱鷹犬搏噬取之勱收儀同荀子溢將斬以徇太后有令然後釋之劉文殊謂勱曰子溢之徒言成禍福豈不慮後邪勱攘袂曰自獻武皇帝以來撫養士卒委政親賢用武行師未有折衂今西寇已次并州達官委叛正坐此輩專政弄權所以內外離心衣冠解體若得今日斬此輩明日受誅亦無所恨文殊甚媿之太后還至鄴周軍續至人皆兇懼無有鬭心朝士出降相屬勱因奏後主曰今所翻叛多是貴人至於卒伍猶未離貳請追五品已上家屬置之三臺因脅之曰若戰不捷即焚此臺此曹顧惜妻子必當死戰且王師頻北賊徒輕我今背城一決理必破之後主不從遂棄鄴東遷勱恆後殿為周軍所得武帝與語大悅因問齊亡所由勱發言流涕悲不自勝帝為改容授開府儀同三司隋文帝為丞相深器之再遷楚州刺史城北有伍子胥廟其俗尚鬼祈者必以牛酒至破產業勱歎曰子胥賢者豈宜損百姓乎告諭所部自是遂止百姓賴之開皇七年轉光州刺史表請伐陳并平陳五策帝嘉之答以優詔及大舉伐陳以勱為行軍總管從宜陽公王世積下陳江州以功拜上開府賜物三千段時隴右諸羌數為寇亂朝廷以勱有威名拜洮州刺史下車大崇威惠民夷悅附後吐谷渾來寇勱時遇疾不能拒戰賊遂大掠而去憲司奏勱失亡戶口坐免卒于家唐褒顯前代名臣追贈都督四州諸軍事定州刺史子士廉最知名

廣平公盛神武從叔祖也寬厚有長者風神武起兵於信都盛來赴以為中軍大都督封廣平郡公歷位司徒太尉天平三年薨於位贈假黃鉞太尉太師錄尚書事無子以兄子子瑗嗣天保初改封平昌王卒於魏尹

陽州公永樂神武從祖兄子也太昌初封陽州縣伯進爵為公累遷北豫州刺史河橋之戰司徒高昂失利奔退永樂守洛陽南城昂走趣城南西軍追者將至永樂不開門昂遂為西軍所禽神武大怒杖之二百後罷豫州家產不立神武問其故對曰裴監為長史辛公正為別駕受王委寄斗酒隻雞不敢入神武乃以永樂為濟州仍以監公正為長史別駕謂永樂曰爾勿大貪小小義取莫復畏永樂至州遽有受納監公正諫不見聽以狀啟聞神武封以示永樂永樂由是知二人清直並擢用之後卒於州贈太尉太師錄尚書事謚曰武昭無子從兄思宗以第二子孝緒為後襲爵天保初改封修城郡王永樂弟長弼小名阿伽性麤武出入城市好毆擊行路時人呼為阿伽郎君以宗室封廣武王時有天恩道人至凶暴橫行閭肆後入長弼黨專以鬬毆為事文宣並收掩付獄天恩等十餘人皆棄市長弼鞭一百尋為營州刺史在州無故自驚亡入突厥竟不知死所

襄樂王顯國神武從祖弟也無才技直以宗室謹厚天保元年封襄樂郡王位右衛將軍卒

上洛王思宗神武從子也性寬和頗有武幹天保初封上洛郡王歷位司空太傅薨於官子元海累遷散騎常侍自陳願處山林修行釋典文宣許之乃入林慮山經二年絕棄人事志不能固自啟求歸徵復本任乃更縱酒肆情廣納姬侍尋除領軍將軍元海器小志大頗以智謀自許皇建末孝昭幸晉陽元海以散騎常侍留典機密初孝昭之誅楊愔也謂武成云事成以汝為皇太弟及踐位立其子百年為皇太子留濟南於鄴使武成居守以兵衛之武成意不平既而除領軍庫狄伏連為

幽州刺史以斛律豐樂爲領軍蓋以分武成之權也武成留伏連而不聽豐樂視事乃與河南王孝瑜僞獵謀之於野際夜乃歸先是童謠云中興寺裏白鳧翁四方側聽聲雍雍道人聞之夜打鐘時丞相府在北城中即舊中興寺也鳧翁謂雄雞武成小字步落稽也道人濟南小名也打鐘言將被擊也未幾太史奏言北城有天子氣孝昭以爲濟南之祥使平秦王歸彥之鄴迎濟南赴并州將除之武成以告元海并問自安之計元海曰皇太后萬福主上至性非常殿下不須別慮武成曰此豈我推誠之意邪元海乞還省思之時既夜武成留不聽去元海繞牀萬匝達旦不寐夜漏未盡武成遽出曰神算如何曰夜中有三策恐不適用耳因引梁孝王懼誅入關事請乘數騎入晉陽先見太后求哀後見主上請去兵權不干朝政以死爲限此上策也若不見許當更表請靑齊二州刺史委政綱紀沉靖自居此中策也更問下策曰發言即恐族誅因逼之曰濟南世嫡主上假太后令而奪之今集文武示以此敕執豐樂斬歸彥尊濟南號令天下以順討逆此萬世一時也武成大悅狐疑竟未能用乃使鄭道謙卜之道謙云不利舉事靜則吉又召曹魏祖訊以國事魏祖云當有大凶又時有林慮令姓潘者頗知占候密謂武成曰宮車非久晏駕殿下當爲天下主武成拘之內庭以候之又令巫覡雜卜皆云不須舉兵自有大慶武成乃奉詔送濟南於晉陽至即見殺及孝昭崩武成即位除元海侍中開府儀同三司太子詹事河淸二年元海爲和士開所譖武成鞭之六十責之曰爾在鄴時教我以弟反兄幾許不義以鄴城兵馬抗并州幾許無智不義無智若爲可使出爲兗州刺史元海後妻陸太姬甥也以故尋被任使武平中與祖珽共執朝政元海多以太姬密語告珽珽求領軍元海不可珽乃以其所告報太姬姬怒出元海爲鄭州刺史鄴城將敗徵爲尚書令周建德七年於鄴城謀逆伏誅元海好亂樂禍詐行仁慈不飲酒噉肉文宣天保末年敬信內法乃至宗廟不血食皆元海之爲及爲右僕射又說後主禁斷屠宰原其本心非靖故終致覆敗思宗弟思好本浩氏子也思宗養以爲弟遇之甚薄少以騎射事文襄文宣受命爲左衛大將軍本名思孝天保五年討蠕蠕文宣悅其驍勇謂曰爾擊賊如鶻入鴟羣宜思好事故改名焉累遷尚書令朔州道行臺朔州刺史開府南安王甚得邊朔人心後主時斫骨光弁奉使至州思好迎之甚謹光弁倨傲思好銜之武平五年遂舉兵反與并州諸貴書曰主上少長深宮未辨人之情僞昵近凶狡疏遠忠良遂使刀鋸刑餘貴溢軒階商胡醜類擅權帷幄剝削生靈劫掠朝市闇於聽受專行忍害幽母深宮無復人子之禮二弟殘戮頓絕孔懷之義仍縱子立奪馬於東門光弁擊鷹於西市駿龍得儀同之號逍遙受郡君之名犬馬班位榮冠軒冕人不堪役思長亂階趙郡王叡實曰宗英社稷是寄左丞相斛律明月世爲元輔威著鄰國並非有辜奄見誅殄孤既忝預皇枝實蒙殊獎今便擁率義兵指除君側之惡幸悉此懷無致疑惑行臺郎王行思之辭也思好至陽曲自號大丞相置百官以行臺左丞王尚之爲長史武衛趙海在晉陽時倉卒不暇奏矯詔發兵拒之軍士皆曰南安王來我輩唯有奉迎耳帝聞變使唐邕莫多婁敬顯劉桃枝中領軍庫狄士文馳之晉陽帝勒兵續進思好軍敗與行思投水而死其麾下二千人桃枝圍之且殺且招終不肯降以至於盡時帝在道叱奴世安自晉陽送露布於城平都遇斛斯孝卿孝卿誘使食因馳詣行宮大叫云巳了帝大驩左右呼萬歲良久世安乃以狀自陳帝曰爾告何物事乃得坐食於是賞孝卿而免世安罪暴思好屍七日然後屠剝焚之烹尚之於鄴市令內參射其妃於宮內仍焚殺之思好前反三旬有人告其謀反韓長鸞女適思好子故奏言有人誣告諸貴事相擾動不殺無以息後乃斬之思好既誅死者弟伏闕爲兄訴寃且求贈典長鸞抑而不通

平秦王歸彥字仁英神武族弟也父徽魏末坐事當徙涼州行至河渭間遇賊以軍功得免流因居於河州積年以解胡言爲西域大使以功行河州事遂死焉徽於神武舊恩甚篤及神武平京洛迎徽喪爲之營葬贈司徒謚曰文宣初徽嘗過長安市與婦人王氏私通而生歸彥至是年九歲神武追見之對之悲喜稍遷徐州刺史歸彥少質朴後更改節放縱好聲色妻魏上黨王元天穆女也醜而妒數與忿爭密啟文宣求離不報天保初封平秦王嫡妃康及所生母王氏並爲太妃善事二母以孝聞徵爲兼侍郎稍被親寵以討侯景功別封長樂郡公除領軍大將軍領軍加大自歸彥始文宣誅高德正金寶財貨悉以賜之乾明初拜司徒仍總知禁衛濟南自晉陽之鄴楊愔宣勅留從駕兵五千於西中陰備非常至鄴數日歸彥乃知之由是陰怨楊燕等楊燕等欲去二王問計於歸彥歸彥詐喜請與高元海謀之元海亦口許心違馳告長廣楊燕之戮歸彥有力焉孝昭將入雲龍門都督成休寧列仗拒而不內歸彥諭之

然後得入進向栢閤永巷亦如之孝昭踐阼以此彌見優重每入常坐平原王段韶上尋除司空兼尚書令齊制宮內唯天子紗帽臣下皆戎帽特賜歸彥紗帽以寵之孝昭崩歸彥從晉陽迎武成於鄴及武成即位進位太傅領司徒常聽將私部曲三人帶刀入仗從武成還都諸貴戚等競要之其所往處一坐盡傾歸彥既地居將相志意盈滿發言陵侮傍若無人議者以威權震主必爲禍亂上亦尋其前後翻覆之迹漸忌之高元海畢義雲高乾和等咸數言其短遂出歸彥爲冀州刺史上幸歸彥第召魏收對御作詔欲加右丞相收曰至尊以右丞相登極今爲歸彥威名大盛故出之豈可復加此號乃拜太宰冀州刺史即命乾和繕寫畫日仍勑門司不聽輒內時歸彥在家縱酒經宿不知至明欲參至門知之大驚而退及通名謝敕令早發又敕武職督將悉送至清陽宮送者再拜而退莫敢共語唯趙郡王叡與語久之時無聞者至州不自安遂謀逆置私驛於南境上偵伺朝廷動息時車駕將幸晉陽歸彥謀乘虛入鄴又以時未受調欲班賜軍士訖然後發郎中令呂思禮知其謀以狀告詔遣平原王段韶襲之歸彥聞有王師乃嬰城距守先是冀州刺史宇文仲鸞司馬李祖挹別駕陳季璩中從事房子瑚長樂郡守尉普興等擬歸彥有異亦連名密啟歸彥追而獲之遂收禁仲鸞等五人脅之從逆仲鸞等不從皆殺之軍已逼城歸彥登陴大叫云孝昭皇帝初崩六軍百萬衆悉由臣手此時投身向鄴迎陛下今日豈有異心正恨高元海畢義雲高乾和誑惑聖上疾忌忠良但爲殺此三人即臨城自刎其後城破單騎北走至交津見獲鎖送鄴帝令趙郡王叡私問其故歸彥曰使黃頷小兒牽挽我何得不反曰誰邪歸彥曰元海乾和豈是朝廷老宿如趙家老公時又詎懷怨於是帝又使讓焉對曰高元海受畢義雲宅用作本州刺史給後部鼓吹臣爲藩王太宰反無正欲殺元海義雲而已上令都督劉桃枝牽入歸彥猶作前語望活帝命羣臣議其罪皆云不可赦乃載以露車銜枚面縛使桃枝臨之以刃擊鼓隨之并子孫十五人皆棄市贈仁州刺史初魏時山崩得二石角藏在武庫文宣嘗賜從臣兵器特以二石角與歸彥謂曰爾事恆山不得反事長廣得反反時將此角嚇漢歸彥額角三道著幘不安文宣見之怒使以馬鞭擊其額流血被面曰爾反時當以此骨嚇漢其言反竟驗云

武興王普字德廣歸彥兄歸義之子也性寬和有度量年九歲與歸彥自河州俱入洛神武使與諸子同游處天保初封武興郡王武平二年累遷司空六年爲豫州道行臺尚書令後主奔鄴就加太宰周師逼乃降卒於長安贈上開府豫州刺史

長樂太守靈山字景嵩神武族弟也從神武起兵信都終長樂太守贈大將軍司空諡曰文宣子懿卒於武平鎮將無子文宣以靈山從父兄齊州刺史建明子伏護爲靈山後伏護字臣援粗有刀筆天統初累遷黃門侍郎伏護歷事數朝恆參機要而性嗜酒每多醉失末路逾劇乃至連日不食神識慌惚遂以卒贈兗州刺史建國侯孫乂襲乂少謹厚武平末給事黃門侍郎隋開皇中爲太府少卿坐事死

神武諸子

神武十五男武明婁皇后生文襄皇帝文宣皇帝孝昭皇帝襄城景王淯武成皇帝博陵文簡王濟王氏生永安簡平王浚穆氏生平陽靖翼王淹大爾朱氏生彭城景思王浟華山王凝韓氏生上黨剛肅王渙小爾朱氏生任城王湝游氏生高陽康穆王湜鄭氏生馮翊王潤馬氏生漢陽敬懷王洽

永安簡平王浚字定樂神武第三子也初神武納浚母當月而有孕及產後疑非已類不甚愛之而浚早慧後更被寵年八歲時問博士盧景裕曰祭神如神在爲有神邪無神邪裕曰有神浚曰有神當云祭神神在何煩云如景裕不能答及長嬉戲不節嘗以屬請受納大見杖罰遂折節讀書元象中封永安郡公豪爽有氣力善騎射爲文襄所愛文宣性雌懦每參文襄有時涕出浚恆責帝左右何不爲二兄拭鼻由是見銜累遷中書監兼侍中出爲青州刺史雖頗好游畋而聰明矜恕上下畏悅之保定初進爵爲王文宣末年多酒失浚謂親近曰二兄舊不甚了了自爲帝識解頓進今沈湎敗德朝臣無敢諫者大敵未滅吾殊以爲憂欲乘驛至鄴面陳不知吾言見用不或者以告帝愈銜之入年來朝從幸東山帝裸裎爲樂雜以婦女又自作狐掉尾戲曲盡醜態浚進言此非人主所宜帝甚不悅時楊遵彥侍側浚引於屏處責其不諫帝雅不欲大臣與諸王交語遵彥懼以聞帝大怒曰小人由來難忍遂罷酒還宮浚尋還州又上書切諫詔令徵浚浚懼禍稱疾不朝上令馳驛收浚老幼泣送者數千人及至盛以鐵籠與上黨王渙俱置北城地牢下飲食溲穢共在一所明年帝親將左右臨穴歌謳令浚等和之浚等惶怖聲戰帝爲愴然泣下將赦之長廣王湛先與浚不睦進曰猛虎出押窟

無噬人帝嘿然浚等聞之呼湛小名曰步落稽皇天見汝左右聞者莫不悲傷浚渙皆有雄略爲諸王所傾服帝恐爲害乃先自刺浚渙使劉桃枝等繼之槊每下浚渙輒以手拉折於是投炬於籠中燒殺之加石土其上後出其屍皮髮皆盡天下寃之帝以浚妃陸氏配儀同劉郁捷郁捷帝蒼頭也以軍功見寵當刺浚時郁捷實中其要害故以配焉後數日帝以陸氏先無寵於浚敕與離絕乾明元年贈太尉無子詔以彭城王浟第二子準字茂則嗣

平陽靖翼王淹字子邃神武第四子也元象中封平陽郡公累遷尚書左僕射天保初進爵爲王歷位尚書令開府儀同三司司空太尉皇建初爲太傅與彭城河間王並給仗身羽林百人太寧元年遷太宰性沉謹以寬厚稱河清三年薨於晉陽或云以酖終還葬鄴贈假黃鉞太宰錄尚書事子德素嗣

彭城景思王浟字子深神武第五子也元象二年拜通直散騎常侍長樂郡公博士韓毅教浟書見浟筆迹未工因戲浟曰五郎書畫如此忽爲常侍開國今日後宜更用心浟正色答曰昔甘羅幼爲秦相未聞能書凡人唯論才具何如豈必勤勤於筆迹博士當今能書者何爲不作三公時年蓋八歲矣毅甚慙除驃騎大將軍開府武定六年出爲滄州刺史爲治嚴察部內肅然守令參佐下及胥吏行游往來皆自齎糧食浟多伺察民間之事纖介皆知有隰沃縣主簿張達嘗詣州夜投民家民爲設雞臛浟詗知之達至延參浟謂之曰昨食雞羹其自獻之邪抑邀之使辦也達皇恐伏罪又有士人自幽州騎驢至滄州界逢一少年求與爲伴行數里許其人疲極息於道上少年遂驅其驢由支徑以去不知所如往士人以告州浟曰驢上當無他負載乎曰無唯有鹿脯一肋耳浟乃密令人分市鹿脯城中而得鹿肋於肆推所從來竟獲盜驢者境內號爲神明轉都督定州刺史民有訴失牛者浟訪之曰所失徵有別識否民言驪牛而自領以下達于尻其毛皆白他無類者長史韋道建謂中從事魏道勝曰史君在滄州禽姦如神今若得此賊定神矣浟乃詐爲臺符市牛皮而高其直盜利其估也果持皮出售浟案其毛色而執之道建等驚服又有老嫗自列云孤貧惟仰種蔬自給每被竊取而不得其主名浟夜令左右往書菜葉爲字明旦於市中物色皆得之自是州境無復盜賊治爲當時第一天保初封彭城王四年徵爲侍中民吏送別悲號滿道有老父數百人相率具饌餞浟於野曰自殿下來至今五載唯飲此鄉水未食百姓食今當遠別聊獻疏薄用表至誠浟重違其意爲食一口而去七年轉司州牧選從事皆取文才之士詳練法律明於剖斷者當時稱爲美選州舊桉五百餘浟未期悉斷盡別駕羊脩等恐犯權戚乃詣閤諮陳浟使告曰吾直道而行何憚權戚卿等當成人之美反以權戚爲言脩等慙悚而退後加特進兼司空太尉州牧如故太妃薨解任尋復本官俄拜司空兼尚書令濟南嗣位除開府儀同三司尚書令領大宗正卿皇建初拜大司馬兼尚書令轉太保武成入承大業遷太師錄尚書事浟明練世務果於決斷事無大小咸悉以情趙郡李公統預高歸彥之逆其母崔氏卽御史中丞崔昂之從父姊兼右僕射魏收之內妹也依令年出六十例免入官崔增年陳訴所司以昂收故崔遂獲免浟摘發其事昂等以罪除名自後車駕巡幸常留守鄴河清三年三月羣盜白子禮等數十人劫浟爲主詐稱使者至浟第入內室稱勑牽浟上馬臨以白刃欲引向南殿浟大呼不從遂殺之時年三十二朝野痛惜焉初浟之未遇劫也其妃鄭氏夢人斷浟首持去惡之數日而浟被害贈假黃鉞太師太尉錄尚書事給轀輬車子寶德嗣位開府兼尚書左僕射

上黨剛肅王渙字敬壽神武第七子也天姿雄桀俶儻不羣雖在童幼恆以將略自許神武壯而愛之曰此兒似我及長力能扛鼎材武絕倫每謂左右曰人不可無學但要不爲博士耳故讀書頗知梗概而不甚耽習元象中封平原郡公文襄之遇賊渙年尚幼在西學聞宮中讙驚曰大兄必遭難矣彎弓而出武定末除冀州刺史在州有美政天保初封上黨王歷中書令尚書左僕射與恆山王演等築伐惡諸城遂聚鄴下輕薄陵犯郡縣爲法司所糾文宣戮其左右數人渙亦被譴六年率眾送梁王蕭淵明還江南仍破東關斬梁將裴之橫等威名甚盛八年錄尚書事初術士言亡齊者黑衣由是自神武後每出行不欲見桑門爲黑衣故也是時文宣幸晉陽以所忌問左右曰何物最黑對曰莫過漆帝以渙第七爲當之乃使庫真都督破六韓伯昇之鄴徵渙渙至紫陌橋殺伯昇而逃憑河而度土人執以送宮帝用鐵籠盛之與永安王浚同置地牢下歲餘與浚同見殺時年二十六以其妃李氏配馮文洛文洛乃帝家舊奴積勞位至刺史帝令文洛等殺渙故以其妻妻焉乾明元年始收二王餘骨葬之贈司空諡曰剛肅有勑李氏還第而文洛尚以故意脩飾詣李李盛列左右引

文洛立於階下數之曰遭難流離以至大辱志操寡薄不能自盡幸蒙恩詔得返蕃闈汝是誰家奴猶欲見侮於是杖之一百流血灑地渙無嫡子庶長子寶嚴以河清二年襲爵位終金紫光祿大夫開府儀同三司

襄城景王淯神武第八子也美容貌弱年有器望元象中封章武郡公天保初封襄城郡王二年春薨齊氏諸王選國臣府佐多取富商羣小鷹犬少年唯襄城廣寧蘭陵王等頗引文藝清識之士當時以此稱之乾明元年二月薨贈假黃鉞太師太尉錄尚書事無子詔以恆山王演第二子亮嗣亮字彥道性恭孝美風儀好文學為徐州刺史坐奪商人財物免官後主敗奔鄴亮從焉遷兼太尉太傅周師入鄴亮於啟夏門拒守諸軍皆不戰而敗周軍既入城亮方退走亮入太廟行馬內慟哭拜辭然後為周軍所執入關依例授儀同分配遠邊卒於龍州

任城王湝神武第十子也少明慧天保初封自孝昭武成時車駕還鄴常令湝鎮晉陽總并省事歷司徒太尉并省錄尚書事天統三年拜太保并州刺史別封正平郡公時有婦人臨汾水浣衣有乘馬人換其新靴馳而去者婦人持故靴詣州言之湝召居城諸嫗以靴示之紿曰有乘馬人於路為賊所害遺此靴焉得無親屬乎一嫗撫膺哭曰兒昨著此向妻家如其語捕獲之時稱神明武平初遷太師司州牧出為冀州刺史加太宰遷右丞相都督青州刺史湝頻牧大蕃雖不潔已然寬恕為吏民所懷五年青州人崔蔚波等夜襲州城湝倉卒部分號令齊整擊賊大破之拜左丞相轉瀛州刺史後主奔鄴加湝大丞相及安德王稱尊號於晉陽使劉子昂脩啟於湝云至尊出奔宗廟既重羣公勸逼權主號令事寧終歸叔父湝曰我人臣何容受此執子昂送鄴帝至濟州禪位於湝竟不達湝與廣寧王孝珩於冀州召募得四萬餘人拒周軍周齊王憲來伐先遣送書并赦詔湝並沉諸井戰敗湝孝珩俱被禽憲曰任城王何苦至此湝曰下官神武皇帝子兄弟十五人不幸而獨存逢宗社傾覆今日得死無媿墳陵憲壯之歸其妻子將至鄴城湝馬上大哭自投于地流血滿面至長安尋與後主同死妃盧氏賜斛斯徵盧蓬首垢面長齋不言笑徵放之乃為尼隋開皇三年表請文帝葬湝及五子於長安北原

高陽康穆王湜神武第十一子也天保元年封十年稍遷尚書令以滑稽便辟有寵於文宣常在左右行杖以撻諸王太后深銜之其妃父護軍長史張晏之嘗要道拜湜湜不禮焉帝問其故對曰無官職漢何禮之有帝於是擢拜晏之為徐州刺史文宣崩湜兼司徒導引梓宮於馬上吹笛云至尊頗知臣不又擊胡鼓為樂太后杖湜百餘未幾薨太后哭之哀曰我恐其不成就與杖何期帶創死也乾明初贈假黃鉞太師司徒錄尚書事子士義襲爵

博陵文簡王濟神武第十二子也天保元年封濟嘗從文宣巡幸於路忽憶太后遂逃歸帝怒臨以白刃因此驚恍歷位太尉河清初出為定州刺史天統五年在州語人云計次第亦應到我後主聞之陰使人殺之贈假黃鉞太尉錄尚書事子智襲爵

華山王凝神武第十三子也天保元年封新平郡王九年改封安定十五年封華山歷位中書令齊州刺史就加太傅薨於州贈左丞相太師錄尚書凝諸王中最為孱弱妃王氏太子洗馬王洽女也與蒼頭姦凝知而不能限禁後事發王氏賜死詔杖凝一百其愚如此

馮翊王潤字子澤神武第十四子也幼時神武稱曰此吾家千里駒也天保初封歷位東北道行臺右僕射都督定州刺史潤美姿儀年十四五母鄭妃與之同寢有穢雜之聲及長廉慎方雅習於吏職至於摘發隱偽姦吏無所匿其情開府王回洛與六州大都督獨孤枝侵竊官田受納賄賂潤案舉其事二人表言王出送臺使登魏孝文舊壇南望歎息不測其意武成使元文遙就州宣敕曰馮翊王少小謹慎在州不為非法朕信之熟矣登高望遠人之常情鼠輩欲輕相間構曲生眉目於是回洛決鞭二百獨孤枝決杖一百尋為尚書令領太子少師歷司徒太尉大司馬司州牧太保河南道行臺錄尚書事別封文成郡公太師太宰復為定州刺史薨贈假黃鉞左丞相子茂德嗣

漢陽敬懷王洽字敬延神武第十五子也天保元年封五年薨年十三乾明元年贈太保司空無子以任城王第二子建德為後

文襄諸子

文襄六男文敬元皇后生河間王孝琬宋氏生河南王孝瑜王氏生廣寧王孝珩蘭陵王長恭不得母氏姓陳氏生安德王延宗燕氏生漁陽王紹信

河南康獻王孝瑜字正德文襄長子也初封河南郡公齊受禪進爵為王歷位中書令司州牧初孝瑜養於神武宮中與武成同年相愛將誅楊愔等孝瑜預其謀及武成即位禮遇特隆孝瑜容貌魁偉精彩雄毅謙慎寬

厚兼愛文學讀書敏速十行俱下覆碁不失一道初文襄於鄴東起小池游觀時俗眩之孝瑜遂於第作水堂龍舟植幡稍於舟上數集諸弟宴射其間遂爲諸王所慕尙武成幸其第見而悅之故盛興後園之役武成嘗使和士開與胡后對坐握槊孝瑜諫曰皇后天下之母不可與臣下接手帝深納之後又言趙郡王父死非命不可親近由是叡及士開皆側目士開旣密告其奢僭叡又言山東唯聞有河南王不聞有陛下帝由是忌之有爾朱御女者本事太后孝瑜先與之通後因太子婚夜孝瑜竊與之言武成大怒頓飲其酒三十七盃使婁子彥載以出鴆之於車孝瑜體素肥大腰帶十圍至西華門藥發煩熱躁悶投水而絕贈太尉錄尙書事子弘節嗣孝瑜母魏吏部尙書宋弁孫也本魏潁川王斌之妃爲文襄所納生孝瑜孝瑜還第爲太妃孝瑜妃盧正山女武成胡后之內姊也孝瑜薨後宋太妃爲盧妃所譖武成殺之

廣寧王孝珩文襄第二子也歷位司州牧尙書令司空司徒錄尙書事大將軍大司馬孝珩愛賞人物學涉經史好綴文有技藝嘗於聽事畫一蒼龍見者疑以爲眞又作朝士圖當時稱爲妙絕後主自晉州敗奔鄴詔王公朝士議於含光殿孝珩曰大敵旣深事藉機變宜使任城王領幽州道兵入土門揚聲趣并州獨孤永業領洛州道兵趣潼關揚聲取長安臣請領京畿兵出自滏口鼓行逆戰賊軍遠來日增疲老闘南北有兵自然潰散又請出宮人寶物賞賜將士帝不能用承光卽位以孝珩爲太宰孝珩與呼延族莫多婁敬顯尉相願同謀期以正月五日自於千秋門斬高阿那肱令相願以禁兵應之於內族與敬顯自游豫園勒兵出盡誅韓長鸞等旣而阿那肱從別宅取便路入宮事不果孝珩乃求領兵出拒西軍謂高阿那肱韓長鸞陳德信等曰朝廷遲疑不賜遣領兵豈畏孝珩反邪孝珩破宇文邕遂至長安反時何與國家事以今日之急猶作如此相猜疑他日從可知也高韓恐其有變出孝珩爲滄州刺史孝珩至州以五千人會任城王於信都共爲匡復之計周齊王憲來伐孝珩與周軍力戰兵弱不能敵瞋怒曰由高阿那肱小人吾道窮矣齊叛臣乞伏令和以稍刺孝珩墜馬奴白澤以身扞之孝珩猶傷數處遂爲周所虜齊王憲問孝珩齊亡之由孝珩自陳國難辭淚俱下俯仰有節憲爲之改容親爲灑創傅藥禮遇甚厚孝珩歎曰李穆叔有言齊氏二十八年今果然矣自神武皇帝以外吾諸父兄弟無有一人得至四十者命也奈何嗣君無獨見之明宰相非柱石之寄恨不得握兵符受廟算身先士卒展我心力耳周人以孝珩歸長安依例授開府縣侯後周武帝在雲陽宮宴齊之君臣自彈胡琵琶命孝珩吹笛孝珩辭曰亡國之音不足聽也固命之舉笛裁至口而淚下嗚咽周武乃止其年十月疾甚啟周武帝乞歸葬山東曰臣聞狐死首邱示不忘舊念臣先人墳柏在鄴武帝覽啟而哀之尋卒令葬於鄴

河間王孝琬文襄第三子也天保元年封天統中累遷尙書令初突厥與周師入太原武成將避之而東孝琬叩馬諫請委趙郡王部分軍馬必能尅敵帝從其言孝琬免胄將出帝使追還之周軍退拜并州刺史孝琬以文襄世嫡驕矜自負河南王之死諸王在宮內莫敢舉聲唯孝琬大哭而出又怨執政爲草人擬而射之和士開與祖珽譖之云草人擬聖躬也又前突厥至州孝琬脫兜鍪抵地云豈是老嫗須著此此言屬大家也初魏世謠言河南種穀河北生白楊樹頭金雞鳴珽以謠說帝曰河南河北河間也金雞鳴孝琬將有建金雞之事也帝頗惑之時孝琬得佛牙置於第內夜有神光不以進御帝聞使搜之得塡庫稍幡數百帝以爲反狀訊其諸姬有陳氏者無寵誣對曰王嘗畫陛下像哭之爲厭勝其反固宜孝琬性孝每追慕文襄輒出其像對之悲泣至是陳氏以爲言而不能辯帝怒令武衛赫連輔元倒鞭撾之孝琬大呼曰從阿叔乞命帝曰爾叔爲誰敢喚天子作叔邪孝琬曰臣神武皇帝嫡孫文襄皇帝嫡子魏孝靜皇帝外甥何爲不得喚陛下作叔也帝愈怒折其兩脛而死瘞諸西山及帝崩乃得改葬子正禮嗣幼聰穎能誦左氏春秋齊亡遷綿州卒

蘭陵武王長恭一名孝瓘文襄第四子也累遷中領軍開府并州刺史突厥入晉陽長恭盡力擊破之芒山之役長恭爲中軍以五百騎再入周軍遂破其圍至金墉下被圍甚急城上人不知其爲蘭陵王也長恭免冑示其面競下弩手救之於是大捷武士爲蘭陵王入陣曲以歌謠之進位尙書令司州牧歷靑瀛二州刺史頗有受納後爲太尉與段韶共討柏谷又攻定陽親自督戰大破之俘其衆以前後功別封鉅鹿長樂樂平高陽等郡公還大司馬領宗正芒山之捷後主謂長恭曰王入陣太深萬一失利悔無所及長恭對曰家事親切不覺遂然帝嫌其稱家事遂忌之定陽之役稍酷虐其屬尉相願謂長恭曰王受朝寄何得如此貪殘長恭未及答

相願曰豈不由芒川大捷恐以威武見忌故自穢乎長恭曰然相願曰朝廷若忌王於此犯便當行罰本欲求福反以速禍也長恭遽前執其手求自安術相願因勸長恭杜門屬疾謝絕時事長恭然其言而未能卽退及江淮有事恐復爲將領憂懼成疾因而不治武平四年帝使徐之範齎鴆賜死長恭謂妃鄭氏曰我以忠見誅天道殆不可曉邪妃曰何不求見自列長恭曰此爵旣頒何由可見飲之而薨贈太尉長恭貌柔心壯音容兼美其爲將也躬勤細事每得甘美乃至一瓜數果必與將士共之初在瀛州行參軍陽士深表列其贓免官及討定陽士深在軍恐禍及長恭聞之曰何待我之淺也乃求小失杖二十以安之嘗朝退僕從盡散長恭獨還無所譴罰武成賞其功命賈護爲買妾二十人長恭唯受其一有千金責券臨死燔之

安德王延宗文襄第五子母陳氏魏廣陽王妓也延宗幼爲文宣所養甚愛之年十二猶騎置腹上令溺已臍中抱之曰可憐止有此一箇問欲作何王對曰欲作衝天王文宣問楊愔愔曰天下安得此郡名今取其義願使安於德於是封安德焉爲定州刺史於樓上大便使人在下張口承之以豕猪糝和人糞以飼左右有難色者鞭之孝昭帝聞之使趙道德就州杖之一百道德以延宗受杖不謹又加三十未幾又以囚試刀驗其利鈍驕縱多不法武成使撻之殺其昵近九人自是深自改悔蘭陵王芒山凱旋自言兵勢諸兄弟咸壯之延宗獨曰四兄非大丈夫何意不乘勝徑入使延宗當此勢關西豈得復存及蘭陵死妃鄭氏以頸珠施佛廣寧王使贖之延宗手書諫之而淚滿紙河間死延宗哭之出血又結草爲武成像鞭而訊之曰我兄無罪何故殺之奴以狀告武成覆臥延宗於地鞭之二百幾死後歷司徒太尉及平陽之役後主自晉陽欒之命延宗率右軍先進戰於城下禽周開府宇文挺等十數人及大戰延宗以麾下再入周軍氣壯兵銳敵人莫不披靡俄而諸軍敗延宗一軍獨全後主將奔晉陽延宗奏言大家但在營莫動以兵馬付臣臣必能破之帝不納及至并州不守周軍入鼠谷乃下詔以延宗爲相國并州刺史總山西兵事謂曰并州阿兄自取兒今去也延宗曰陛下爲社稷自重臣爲陛下出力死戰駱提婆曰至尊計已定王不得輒沮後主竟奔鄴在并州將卒固請延宗卽尊位皆云王若不作天子諸人實不能與王出死力延宗不得已卽皇帝位下詔曰武平孱弱政由宦豎結蕭牆盜起疆場斬關夜遁莫知所之則我高祖之業將墜於地王公卿士猥見推逼今便祗承寶位可大赦天下改武平七年爲德昌元年以晉昌王唐邕爲宰輔齊昌王莫多婁敬顯沭陽王和阿于子右衞大將軍段暢武衞將軍相里僧伽開府韓骨胡侯莫陳洛州等爲爪牙眾聞之不召而至者前後相屬延宗容貌充壯坐則仰偃則伏人皆笑之及是赫然奮發氣力絕異馳騁行陣勁捷若飛傾府藏及後宮美女以賜將士又籍沒內參千餘家後主謂近臣曰我寧使周得并州不欲使安德得之左右曰理然延宗見士卒皆親執手陳辭自稱名流涕嗚咽眾皆爭爲死童兒女子亦乘屋攘袂投甎石以擊周軍特進開府那盧安生守太谷以萬兵叛周軍圍晉陽望之如黑雲四合延宗有眾四萬命莫多婁敬顯韓骨胡拒城南和阿于子段暢拒城東延宗親當周齊王於城北奮大矟往來督戰所向無前尚書令史沮山亦肥大多力捉長刀步從殺傷甚多武衞蘭芙蓉綦連延長皆死於陣和阿于子段暢以千騎投周軍周軍盡銳攻東門際昏遂入進兵焚佛寺門屋飛焰照天地延宗與敬顯率壯士自西門入夾擊周軍周軍大亂爭門相塡壓塞路不得進齊人從後斫刺死者二千餘人多禁衞諸公子周武帝左右略盡自拔無路承御上士張壽輒牽馬頭賀拔佛恩以鞭拂其後崎嶇僅得出齊人奮擊幾中焉至城東阨曲佛恩及降者皮子信爲之導僅免時四更也延宗謂周武帝死於亂兵使於積屍中求長鬣不得時齊人旣勝入坊飲酒盡醉臥延宗不能復整周武帝出城饑甚欲爲遁計齊王憲及柱國王誼諫以爲去必不免段暢又盛言城內空虛無繼援周武帝乃駐馬鳴角收兵俄傾復振詰旦還攻東門克之又入南門延宗戰力屈走至城北於民家見禽周武帝自投下馬執其手延宗辭曰死人手何敢逼至尊帝曰兩國天子有何怨惡直爲百姓來耳勿怖終不相害使復衣帽而禮之先是高都郡有山爲絕壁臨水忽有墨書云齊亡延宗洗視愈明帝使人就寫使者改亡爲上至是應焉延宗以十二月十三日晡時受敕守并州明日建尊號不間日而被圍經宿至食時而敗年號德昌好事者言其得二日云旣而周武帝問鄴城若爲取延宗辭曰亡國大夫不可與圖存此非臣所及彊問之乃曰若任城王援鄴臣不能知若今主自守陛下兵不血刃及至長安周武與齊之君臣飲酒令後主起舞延宗悲不自持屢欲仰藥自裁傅婢苦執諫而止未幾周武誣後主及延宗等云遙應穆提婆謀反賜死皆自

陳無之延宗擐袂泣而不言以椒塞口而死明年李妃收殯之後主之傳位於太子也孫正言竊謂人曰我昔武定中爲廣州士曹聞襄城人曹普演有言高王諸兒阿保當爲天子至高德之承之當滅阿保謂天保德之謂德昌也承之謂幼主年號承光其言竟信云

漁陽王紹信文襄第六子也歷特進開府中領軍護軍青州刺史行經漁陽郡有鉅富人鍾長命紹信引與同坐太守鄭道蓋來謁長命欲起紹信不聽曰何物小人乃頰主人公爲起乃與長命結爲弟兄使其妃行家人禮責長命贈賄百萬鍾氏因此貧乏齊滅死於長安

文宣諸子

文宣五男李后生廢帝及太原王紹德馮世婦生范陽王紹義裴嬪生西河王紹仁顏嬪生隴西王紹廉

太原王紹德文宣第二子也天保末爲開府儀同三司武成因怒李后詬紹德曰爾父擊我時竟不來救以刀鐶築殺之親以土埋之游豫園武平元年詔以范陽王子辨才爲後襲太原王

范陽王紹義文宣第三子也初封廣陽徙封范陽歷位侍中清都尹好與羣小同飲擅使內參歐殺博士任方榮武成杖之二百送付昭信后后又杖一百及後主奔鄴以紹義爲尚書令定州刺史周武帝克并州以封輔相爲北朔州總管此州齊之重鎮諸勇士多聚焉前長史趙穆司馬王當萬等謀執輔相迎任城王於瀛州事不果遂迎紹義紹義至馬邑先是輔相及其屬韓阿各奴等數十人皆齊叛臣自肆州以北城戍二百八十餘盡從輔相及紹義至皆反焉紹義與靈州刺史袁洪猛引兵南出欲取并州至新興而肆州已爲周守前隊二儀同以所部降周周兵擊顯州執刺史陸瓊又攻陷諸城紹義還保北朔周將宇文神舉軍逼馬邑紹義遣杜明達拒之兵大敗紹義曰有死而已不能降人遂奔突厥衆三千家從之紹義令之曰欲還者任意於是哭拜別者太半突厥他鉢可汗謂文宣爲英雄天子以紹義重踝似之甚見愛重凡齊人在北者悉隸紹義高寶寧在營州表上尊號紹義遂即皇帝位稱武平元年以趙穆爲天水王他鉢聞寶寧得平州亦招諸部各舉兵南向云共立范陽王作齊帝爲其報讐周武帝大集兵於雲陽將親北伐遇疾暴崩紹義聞之以爲天贊已也盧昌期據范陽亦表迎紹義俄而周將宇文神舉攻滅昌期其日紹義適至幽州聞周守將出兵于外欲乘虛取薊城列天子旌旗登故昭王冢乘高望遠部分兵衆神舉遣大將軍宇文恩將四千人馳救幽州半爲齊軍所殺紹義聞范陽城陷素服舉哀回軍入突厥周人購之於他鉢又使賀若誼往說之他鉢猶不忍遂僞與紹義獵於南境使誼執之以歸流于蜀紹義妃勃海封孝琬女自突厥逃歸紹義在蜀遺妃書云夷狄無信使吾至此竟死蜀中

西河王紹仁文宣第四子也天保末爲開府儀同三司尋薨

隴西王紹廉文宣第五子也初封長樂後改焉性麤暴嘗拔刀逐范陽王紹義紹義走入廄閉門拒之乃免紹義初爲清都尹未及理事紹廉先往喚囚悉出率意決遣之能飲酒一舉數升終以此薨

孝昭諸子

孝昭七男元皇后生樂陵王百年桑氏生襄城王亮出後襄城景王諸姬生汝南王彥理始平王彥德城陽王彥基定陽王彥康汝陽王彥忠

樂陵王百年孝昭第二子也孝昭即位立百年爲皇太子納斛律光長女爲妃帝臨崩遺詔傳位於武成幷有手書其末曰百年無罪汝可以樂處置之勿學前人大寧中封樂陵王河清三年五月白虹圍日再重又橫貫而不達赤星見帝以盆承星影而蓋之一夜盆自破欲以百年厭之會博陵人賈德冑教百年書百年嘗作數勑字德冑封之以奏帝又發怒使召百年百年被召自知不免割帶玦留與妃斛律氏見帝於元都苑涼風堂使百年書勑字驗與德冑所奏相類遣左右亂捶擊之又令人拽百年走遶堂下且走且擊所歷處血皆徧地氣息將盡曰願與阿叔作奴遂斬之弃池中池水盡赤帝於後園親臨瘞之妃把玦哀號不食月餘亦死玦猶在手拳不可開時年十四其父光自擘之乃開後主時改九院爲二十七院掘地得小屍緋袍金帶一髻一解一足有靴諸內參竊言百年太子也或以爲太原王紹德詔以襄城王子白澤襲爵樂陵王齊亡入關徙蜀死

汝南王彥理武平初封王位開府清都尹齊亡入關隨例授儀同大將軍封縣子女入太子宮故得不死隋開皇初卒於并州刺史始平王彥德城陽王彥基定陽王彥康汝南王彥忠與汝南王同受封並加儀同後事闕

武成諸子

武成十三男胡皇后生後主及琅邪王儼李夫人生南陽王綽後宮生齊安王廓北平王貞高平王仁英淮南王仁光西河王仁機樂平王仁邕潁川王仁儉安樂王仁雅丹陽王仁直東海王仁謙

南陽王綽字仁通武成長子也以五月五日丙時生至午時後主乃生武成以綽母李夫人非正嫡故貶爲弟初名融字君明出後漢陽王河清三年改封南陽別爲漢陽置後綽始十餘歲留守晉陽愛波斯狗尉破胡諫之綽欻然斫殺數狗狼籍在地破胡驚走不敢復言後爲司徒冀州刺史好裸人畫爲獸狀縱犬噬而食之左轉定州汲井水爲後池在樓上彈人好微行游獵無度恣情强暴云學文宣伯爲人有婦人抱兒路中逢之走避入草綽奪其兒飼波斯狗婦人號哭綽怒又縱狗使食婦人狗不食塗以兒血乃食焉後主聞之詔鎖綽赴行在所至而宥之問在州何者最樂對曰多取蠍混蛆中觀之極樂後主即夜索蠍一斗比曉得二三升置諸浴斛使人裸臥其中號叫宛轉帝與綽臨觀喜噱不已謂綽曰有如此樂事何不早馳驛奏聞綽由是大爲後主所寵拜大將軍朝夕同戲韓長鸞惡之綽尋除齊州刺史將發長鸞令綽親信誣告其反有司奏處大辟後主不忍顯戮使寵胡何猥薩於後園與綽角戲因搤殺之瘗於興聖佛寺經四百餘日乃斂顏色毛髮皆如生俗云五月五日生者腦不壞故也綽兄弟皆呼父爲兄兄嫡母爲家家乳母爲姊姊婦爲妹妹齊亡妃鄭氏爲周武帝所幸請葬綽勑所司葬於永平陵北

琅邪王儼字仁威武成第三子也初封東平王拜開府侍中中書監京畿大都督領軍大將軍領御史中丞遷大司徒尚書令大將軍錄尚書事大司馬魏氏舊制中丞出千步清道與皇太子分路行王公皆遙住車去牛頓軛於地以待中丞過其或遲違則赤棒棒之自都鄴後此儀浸絕武成欲雄寵儼乃使一依舊制儼初從北宮出將上中丞凡京畿步騎領軍之官屬中丞之威儀司徒之鹵簿莫不畢備帝與胡后在華林園東門外張幕隔青紗步障觀之遣中尉騶馬趣仗不得入自言奉勑赤棒應聲碎其鞍馬驚人墜帝大笑以爲善更勑令駐車傳語良久觀者傾京邑儼恆居宮中坐含香殿視事諸父皆拜焉帝幸并州儼恆居守每送駕或中道或至晉陽乃還王師羅嘗從駕後至武成欲罪之辭曰臣與東平王別留連不覺晚武成憶儼爲之下泣舍師羅不問儼器服翫飾皆與後主同所須悉官給於南宮嘗見新冰綠李還怒曰尊兄已有我何意無從是後主先得新奇屬官及工匠必獲罪太上胡后猶以爲不足儼嘗患喉使醫下針張目不瞬又言於帝曰阿兄懦何能率左右帝每稱曰此黠兒也當有所成以後主爲劣有廢立之意武成崩改封琅邪儼以和士開駱提婆等奢恣意甚不平嘗衆詰之二人相謂曰琅邪眼光奕奕數步射人每奉對不覺汗出天威尚不爾也由是忌之武平二年出儼居北宮五日一朝不復得時見太后四月詔除太保餘官悉解猶帶中丞且以京畿北城有武庫欲移儼於外然後奪其兵權書侍御史王子宜與儼左右開府高舍洛中常侍劉辟彊說儼曰殿下被疏正由士開間構何可出北宮入百姓叢中也儼謂侍中馮子琮曰士開罪重兒欲殺之子琮心欲廢帝而立儼因贊成其事儼乃令子宜表彈士開罪請付禁推子琮雜以他文書奏之後主不審省而可之儼誑領軍庫狄伏連曰奉勑令領軍收士開伏連以諮子琮且請覆奏子琮曰琅邪王受勑何須重奏伏連信之伏五十人於神虎門外詰旦執士開送御史儼使馮永洛就臺斬之儼徒本意唯殺士開及是因逼儼曰事既然不可中止儼遂率京畿軍士三千餘人屯千秋門外帝使劉桃枝將禁兵八十人召儼桃枝遙拜儼命反縛將斬之禁兵散走帝又使馮子琮召儼儼辭曰士開謀廢至尊欲剃家家頭爲尼罪合萬死臣爲是矯詔誅之尊兄若欲殺臣不敢逃罪若放臣願遣姊姊來迎臣臣即入見姊姊即陸令萱也儼欲誘出殺之令萱執刀帝後聞之戰慄又使韓長鸞召儼儼將入劉辟彊牽衣諫曰若不斬提婆母子殿下無由得入廣寧安德二王適從西來欲助成其事曰何不入辟彊曰人少安德王顧衆而言曰孝昭誅楊遵彥只八十人今乃數千何言人少後主泣啟太后當與家家永別乃急召斛律光儼時亦召之光聞儼殺士開撫掌大笑曰龍子作事固自不似凡人入見後主於永巷帝率宿衛者步騎四百授甲將出光曰小兒輩弄兵與交手即亂鄙諺云奴見大家心死至尊宜自至千秋門琅邪必不敢動皮景和亦以爲然後主從之光步道使人走出曰大家來儼徒駭散帝駐馬橋上遙呼之儼猶立不進光就謂曰天子弟殺一漢何苦執其手彊引以前請帝曰琅邪王年少輕爲舉措長大自不復然願寬其罪帝拔儼帶刀鐶亂築辮頭良久乃釋之收伏連及高舍洛王子宜劉辟彊都督翟顯貴於後園帝親射之而後斬皆支解暴之都街下文武職吏盡欲殺之光以皆勳貴子弟恐人心不安趙彥深亦云春秋責帥於是罪之各有差儼之未獲罪也鄴城北有白馬佛塔石虎時爲佛圖澄作也儼將修之巫云浮屠不可動動之北城當失主不從破至第二級得白蛇長數丈迴旋失之數旬而儼敗自是太后處儼於宮內食必自嘗

之陸令萱說帝曰琅邪王聰明雄勇觀其相表殆非人臣自專殺已來常懷恐懼宜早爲計何洪珍與和士開素善亦請殺之未決帝以食輿密迎祖珽問之珽稱周公殺管蔡季友酖慶父以對帝納其言以儼之晉陽使右衛大將軍趙元侃誘執儼元侃曰臣昔事先帝日見先帝愛王今寧就死不能行此帝出元侃爲豫州刺史九月帝啟太后曰明旦欲與仁威出獵須早出早還是夜四鼓帝召儼儼疑之陸令萱曰兄兄喚兒何不去儼出至永巷劉桃枝反接其手儼呼曰乞見家家尊兄桃枝以袖塞其口反袍蒙頭負出至大明宮鼻血滿面遂拉殺之時年十四裹之以席埋於室內帝使啟太后臨哭十餘聲卽擁入殿明年三月葬於鄴西贈謚曰楚恭哀帝以慰太后有遺腹四男生數月皆幽死以平陽王淹孫世俊嗣儼妃李祖欽女也進爲楚帝后居宣則宮齊亡乃嫁焉

齊安王廓字仁弘武成第四子也性長者無過行位特進開府儀同三司定州刺史

北平王貞字仁堅武成第五子也沈審寬厚帝常曰此兒得我鳳毛位司州牧京畿大都督兼尚書令錄尚書事帝行幸總留臺事積年後主以貞長大漸忌之阿那肱承旨令馮士幹劾繫貞於獄奪其留後權

高平王仁英武成第六子也舉止軒昂精神無檢格位定州刺史

淮南王仁光武成第七子也性躁暴位清都尹次西河王仁機生而無骨不自支持次樂平王仁邕次潁州王仁儉次安樂王仁雅從小有瘖疾次丹陽王仁直次東海王仁謙皆養於北宮琅邪王死後諸王守禁彌切武平末仁邕已下始得出外供給儉薄取充而已尋後主窮蹙以廓爲光州刺史貞爲青州仁英爲冀州仁儉爲膠州仁直爲濟州自廓已下多與後主死於長安仁英以淸狂仁雅以瘖疾獲免俱徙蜀隋開皇中追還仁英詔與蕭琮陳叔寶修其本宗祭祀未幾而卒

後主諸子

後主五男穆皇后生幼主諸姬生東平王恪次善德次買德次質錢胡太后以恪嗣琅邪王尋夭折齊滅周武帝以任城王以下大小二十一王歸于長安皆有封爵其後不從戮者散配西土皆死於邊

後周

邵惠公顥文帝之長兄也德皇帝娶樂浪王氏是爲德皇后生顥次杞簡公連次莒莊公洛生次文帝顥性至孝居德皇后喪哀毀過禮魏正光末沃野鎮人破六韓拔陵作亂所署僞王衞可瓌最彊德皇帝糾合鄉曲與可瓌戰于武當臨陣墜馬顥奔救殺數十人賊衆披靡德皇帝乃上馬引去俄而賊追騎大至顥遂歿焉其後德皇帝竟斬可瓌及鮮于脩禮起德皇帝與諸子俱陷其軍中爲其將佐葛榮殺脩禮爾朱榮平葛榮舉家方遷晉陽周有天下保定初追贈顥大冢宰封邵國公謚曰惠顥三子什肥導護什肥事母以孝聞文帝入關不能離母遂留晉陽文帝定秦隴什肥爲齊神武所害保定初追贈大將軍小冢宰襲爵邵國公謚曰景子冑嗣冑少孤頗有幹略景公之見害以年幼下蠶室保定初詔以晉公護子會紹景公封天和中與齊通好冑歸襲爵邵國公及隋文帝輔政冑爲滎州刺史舉兵應尉遲迥爲淸河公楊素所殺國除會字乾仁冑至自齊改封譚國公後與護同誅建德二年追復封爵常武公導字菩薩少雄豪有仁惠初與諸父在葛榮軍中榮敗遷晉陽與文帝隨賀拔岳入關導從而西常從征伐文帝討侯莫陳悅以導爲都督悅走故塞導追斬之牽屯山以功封饒陽縣伯及魏文帝東征留導爲華州刺史旣而趙青雀于伏德慕容思慶等作亂導擊之禽伏德斬思慶屯渭橋會文帝軍及事平進爵章武郡公加侍中開府及高仲密以北豫州降文帝東征復以導爲大都督行華州刺史甚得扞守之方及大軍不利東魏追至稠桑知關中有備乃還侯景來附詔徵隴右大都督獨孤信東下令導代信爲秦州刺史大都督十五州諸軍事及齊氏稱帝文帝發關中兵討之魏文帝遣齊王廓鎭隴右徵導拜大將軍大都督二十三州諸軍事屯咸陽大軍還乃旋舊鎭導性寬明善於撫馭凡所引接人皆盡誠臨事謹愼常若弗及文帝每出征留導居守深爲吏民所附朝廷亦以此重之魏恭帝時薨於上邽贈尚書令謚曰孝朝議以導撫和西戎威恩顯著欲令世鎭隴右以彰厥德及薨葬於上邽城西無疆原華戎會葬者萬餘人悲號振野相率負土成墳高五十餘丈周迴八十餘步爲官司所止然後泣辭而去其遺愛見思如此天和五年重贈太師柱國公導五子廣亮翼椿衆亮椿出後於杞廣字乾歸少方嚴好文學武成初位大將軍梁州總管進封蔡國公累遷秦州刺史總管十三州諸軍事性明察善於撫綏民庶畏悅之時晉公護諸子及廣弟杞公亮等奢侈踰制廣獨率禮又折節待士朝野稱焉廣以晉公護擅權勸令抑損護不能用後除陝州總管以病免及孝公追封豳國公詔廣襲爵初廣母

李氏以廣患憂而成疾遂歿廣居喪加篤乃以毀薨世稱母為廣病廣為母死慈孝之道極於一門武帝素服親臨其喪贈本官加太保隴右十四州諸軍事秦州刺史謚曰文葬於隴右子洽嗣隋文帝輔政被害國除翼字乾宜封西陽郡公早薨謚曰昭無子以杞公亮子溫嗣後坐亮反誅國除眾字乾道少不慧封天水郡公為隋文所誅導弟護字薩保幼方正有志度特為德皇帝所愛文帝之入關以年少不從普泰初始自晉陽至平涼時年十七文帝諸子並幼家務之事悉以委護內外不嚴而肅文帝嘆曰此兒志度類我及臨夏州留護事賀拔岳岳被害文帝至平涼以護為都督從破侯莫陳悅後以迎魏帝功封水池縣伯從文帝禽竇泰復弘農破沙苑戰河橋並有功芒山之役為敵人所圍賴都督侯伏龍恩救乃免坐免官尋復本官大統十三年進封中山公十五年遷大將軍與于謹征江陵護率輕騎為前鋒晝夜兼攻梁臨邊城鎮並拔之進兵至江陵城下城中不意兵至惶窘失圖大軍繼至圍而尅之師還護又討平襄陽蠻帥向天保等萬餘落初行六官拜小司空文帝西巡至牽屯山遇疾馳驛召護護至涇州而疾已綿篤謂護曰吾形容若此必是不濟諸子幼小寇賊未定天下之事屬之於汝宜勉力以成吾志護涕泣奉行至雲陽而文帝崩護祕之至長安乃發喪時嗣子沖弱彊寇在近人情不安護綱紀內外撫循文武於是眾心乃定先是文帝嘗云我得胡力當時莫曉其指時人以護當之尋拜柱國文帝山陵畢護以天命有歸遣人諷魏帝行禪代之事孝閔踐阼拜大司馬封晉國公邑萬戶趙貴獨孤信等將謀襲護護因其入朝遂執之黨與皆伏誅拜大冢宰時司會李植軍司馬孫恆等在文帝朝久居權要見護執政恐不見容乃密要宮伯乙弗鳳張光洛賀拔提元進等為腹心說帝曰護誅趙貴以來威權日盛謀臣宿將爭往附之大小政事皆決於護以臣觀之將不守臣節宜圖之帝然其言數將武士於後園為執縛之勢護微知之出植為梁州恆為同州欲遏其謀後帝思植等每欲召之護諫曰天下至親不過兄弟若兄弟自構嫌隙他人何易可親但恐除臣後姦回得逞其欲非唯不利陛下亦危社稷泣涕久之乃止護尤猜鳳等鳳等益懼與帝密謀滋甚遂克日將除護光洛告護護乃召柱國賀蘭祥小司馬尉遲綱等以鳳謀告之祥等並勸廢帝時綱總領禁兵護乃遣綱入宮召鳳等議事以次執送護第因罷散宿衛兵遣祥逼帝幽於舊邸於是召公卿畢集護第護曰先王勤勞王業三十餘年寇賊未平奄棄萬國寡人地則猶子親受顧命以略陽公既居正嫡與公等立而奉之革魏興周為四海王自即位以來荒淫無度暱近羣小疏忌骨肉大臣重將咸欲誅夷若此謀遂行社稷必致傾覆寡人若死將何面目以見先王今日寧負略陽公豈可負社稷寧都公年德兼茂仁孝慈聖今欲廢昏立明公等以為何如羣公咸曰此公之家事敢不唯命是聽於是斬鳳等於門外并誅植恆等尋亦弒帝徵寧都公於岐州而立之是為明帝二年拜太師賜輅車冕服封子至為崇業郡公初改雍州刺史為牧以護為之并賜金石之樂武成元年護上表歸政帝許之軍國大事尚委於護帝性聰睿有識量護深憚之有李安者本以鼎俎得寵於護稍被擢位至膳部下大夫至是護乃密令安寘毒於食以進帝遂崩護立武帝百官總己以聽於護自文帝為丞相立左右十二軍總屬相府文帝崩後皆受護處分凡所徵發非護書不行護第屯兵禁衛盛於宮闕事無巨細皆先斷後聞保定元年以護為都督中外諸軍事令五府總於天官或有希護旨者云周公德重魯立文王之廟以護功比周公宜用此禮於是詔於同州晉國第立德皇帝別廟使護祭焉二年詔自今詔誥及百官文書並不得稱公名以彰殊禮護抗表固讓初文帝創業即與突厥和親謀為掎角共圖高氏是年遣柱國楊忠與突厥東伐破齊長城至并州而還期後年更舉南北相應齊主大懼先是護母閻氏與弟四姑及諸戚屬並沒在齊皆被幽縶護每遣間使尋求莫知音息至是並許還朝且請和好四年齊人先遣護姑入關留其母以為後圖仍令人為閻氏作書與護曰吾念十八九入汝家今已八十矣凡生汝輩三男三女今日下不見一人興言及此悲纏肌骨賴皇齊恩卹差安衰暮又得與汝楊氏姑及汝叔母紇干汝嫂劉及汝新婦等同居頗以自適但為微有耳疾大語方聞行動飲食幸無多損汝與吾別時年尚幼小以前家事或不委曲記也我昔在武川鎮生汝兄弟三人鮮于修禮起日吾家先在博陵郡住相將欲向左人城至唐河北遇定州官軍汝祖及第二叔與戰皆沒叔母賀拔及兒元寶叔母紇干及兒菩薩并吾與汝六人俱為官兵執送元寶掌軍時寶掌營唐城內經三日寶掌遣送吾與汝及所掠男女向京至定州城南夜宿同鄉人姬庫根家蠕蠕奴望見鮮于修禮營火逐光走至本營告吾等所在明旦汝叔將兵邀遮吾及汝等因得還營汝時年十二可不略

記此事由緣也後吾共汝居晉陽時元寶菩薩及汝姑兒賀蘭盛洛并汝四子從成博士學成性嚴惡汝等謀欲害之吾共汝叔母聞知各笞其兒唯盛洛無母獨不被捶後爾朱天柱亡歲賀拔阿斗泥在關西遣人迎家累汝叔亦遣奴迎汝及盛洛等汝時著緋綾袍銀裝帶盛洛著紫織成纈並乘騾同去盛洛小於汝三人並喚吾作摩敦此事當一一記之今寄汝小時所著錦袍表一領至宜檢看知吾含悲抱戚多歷年祀禽獸草木母子相依吾有何罪與汝分隔世間所有求皆可得母子異國何處可求汝今貴極王公富過山海有一老母八十之年飄然千里死亡旦夕不得一朝同處寒不得汝衣饑不得汝食汝雖窮榮極盛於吾何益生前汝既不得申其供養事往何論今日以後吾之殘命唯繫於汝戴天覆地中有神明勿云冥昧而可欺負楊氏姑今皇齊賜許先發關河阻遠隔絕多年書依常體慮汝致惑是以每存款質兼亦載吾姓名當識此理勿以爲怪護性至孝得書悲不自勝左右莫能仰視報書云區宇分崩遭遇災禍違離膝下三十五年受形稟氣皆知母子誰知薩保如此不孝宿殃積戾唯應自受豈悟綱羅上嬰慈母但立身立行不負一物明神有識宜先哀憐而子爲公侯母爲俘隸熱不見母熱寒不見母寒衣不知有無食不知饑飽泯如天地之外無由暫聞晝夜悲號繼之以血分懷冤酷終此一生死若有知冀奉見於泉下耳不謂齊朝解網惠以德音摩敦四姑並許哀放初聞此旨魂爽飛越號天叩地不能自勝四姑即蒙禮送平安入境以今月十八日於河東拜見遂奉顏色崩慟肝腸但離絕多年存亡阻隔相見之始口未忍言唯叙齊朝寬弘每存大德云與摩敦雖處宮禁常承優禮今者來鄴恩遇彌隆重降矜哀聽許摩敦垂勑曲盡悲酷備述家事伏讀未周五情屠割書中所道無一事敢忘摩敦年尊又加憂苦常謂寢食貶損或多遺漏伏奉論述次第分明一則以悲一則以喜鄉里破敗之日薩保年已十歲鄰曲舊事猶自記憶況家門禍難親戚流離奉辭時節先後慈訓刻肌刻骨常纏心腑天長喪亂四海橫流太祖乘時齊朝撫運兩河三輔各運神機源其事迹非相背負太祖升遐未定薩保屬當猶子之長親受顧命雖身居重任職當憂責至於歲時稱慶子孫在庭顧視悲摧心情斷絕胡顏履戴負媿神明齊朝霈然之恩既已霑洽愛敬之至施及傍人草木有心禽魚感澤況在人倫而不銘戴有國有家信義爲本伏度來期已應有日一得奉見慈顏永畢生願生死骨肉豈過今恩負山戴岳未足勝荷二國分隔理無書信主上以彼朝不絕母子之恩亦賜許奉答不期今日得通家問伏紙嗚咽言不宜心蒙寄薩保別時所留錦袍表年歲雖久宛然猶識抱此悲泣至於拜見事歸忍死知復何心齊朝不即發遣更令重與護書要護重報護復書往返至於再三而母竟不至朝議以其失信令有司移齊移未送而母至舉朝慶悅大赦天下護與母睽隔多年一朝團聚凡所資奉窮極華盛每四時伏臘武帝率諸親戚行家人之禮稱觴上壽榮貴之極振古未聞也是年突厥復率眾赴期護以齊氏初送國親未欲即事征討復慮失信蕃夷更生邊患不得已遂請東征九月詔徵二十四軍及左右廂散隸秦隴巴蜀之兵諸蕃國之眾二十萬人十月帝於廟庭授護斧鉞出軍護至潼關乃遣柱國尉遲迥統精兵十萬爲前鋒大將軍權景宣率山南兵出豫州少師楊檦出軹關護連營漸進屯軍弘農迥圍洛陽柱國齊國公憲鄭國公達奚武等營邙山護性無戎略此行又非本心故師出雖久無功而還護與諸將稽首請罪帝不之責天和二年護母薨尋詔起令視事五年詔賜護軒懸之樂六佾之舞護性甚寬和然暗於大體自恃建立之功久當權軸凡所委任皆非其人兼諸子貪殘僚屬縱溢恃護威勢莫不蠹政害民上下相蒙曾無疑慮帝以其暴慢密與衛王直圖之七年三月十八日護自同州還帝御文安殿見護訖引入含仁殿朝皇太后先是帝以禁中見護常行家人禮護謁太后太后必賜之坐帝每立侍至是護將入帝謂曰太后春秋至尊頗好酒喜怒有時乖爽比諫未蒙垂納兄今願更啟請因出懷中酒誥授護曰以此諫太后護入如帝所誡跪讀未訖帝以玉珽自後擊之踣地又令宦者何泉以御刀斫之泉懼斫不能傷時衛王直先匿於戶內乃出斬之初帝欲圖護王軌宇文神舉宇文孝伯頗豫其謀是日軌等並在外更無知者殺護訖乃召宮伯長孫覽等即令收護子柱國譚國公會大將軍莒國公至崇業公靜正平公乾嘉及乾基乾光乾蔚乾祖乾威等并柱國侯伏龍恩龍恩弟大將軍萬壽大將軍劉勇中外府司錄尹公正袁傑膳部下大夫李安等於殿中殺之齊王憲曰安出自皁隸所典庖廚而已未足加戮帝曰汝不知耳世宗之崩安所爲也十九日乃詔暴護等罪大赦改天和七年爲建德元年護世子訓爲蒲州刺史其夜遣柱國越公盛乘傳鎮蒲州徵訓赴京師至同州賜死護長史叱羅協司錄馮遷及所親任者

皆除名護子昌城公湶使突厥還開府宇文德齋詔書就殺之三年詔復護及諸子先封謚護曰蕩並改葬之

叱羅協代郡人本名與武帝諱同後改焉少寒微嘗爲州小吏以恭謹見知竇泰爲御史中尉以協爲書侍御史泰向潼關協爲監軍泰死協見獲文帝授大丞相東閤祭酒累遷相府屬從事中郎協歷仕二京詳練故事又深自尅厲文帝頗委任之然猶以家屬在東疑其戀本及河橋戰敗協隨軍還文帝知協不貳封冠軍縣男進爵爲侯後爲大將軍尉遲迥長史率兵伐蜀行潼州事魏恭帝三年文帝徵協入朝論蜀中事乃賜姓宇文氏晉公護既殺孫恆李植等欲委腹心於司會柳慶司憲令狐整等二人並辭俱薦協護遂徵協入朝引與同宿深寄託之協誓以軀命自効護大悅以爲得協之晚稍遷護府長史進爵爲公常在護側明帝知其材識庸淺每按抑之數謂曰汝何知也猶以護所親任每含容之及明帝崩便授協司會中大夫中外府長史協形貌瘦小舉措褊急既以得志每自矜高及其所言多乖事衷當時莫不笑之護以其忠己每提獎之協既受護重委冀得婚連帝室乃求復舊姓叱羅氏許之又進位柱國護以協年老許其致仕而協貪榮未肯告退及護誅除名建德三年以協宿齒授儀同三司賜爵南陽郡公卒子金剛嗣馮遷字羽伐弘農人少修謹有幹能爲護府司錄性質直小心畏慎兼明練時事善以斷決每校閱文簿孜孜不倦以此甚爲護委任後授陝州刺史遷本寒微不爲時輩所重一旦剌舉本州以謙恭接待鄉邑人無怨者復入爲司隸累遷小司空自天和後以年老委任稍衰及護誅猶除名卒於家子恕位儀同三司

杞僖公適幼而謹厚臨敵果毅隨德皇帝遇定州官軍於唐河北俱戰沒保定初追贈太傅柱國大將軍大司徒封杞國公謚曰簡子元寶爲齊神武所害保定初追贈大將軍小司徒襲封杞國公謚曰烈以章武公導子亮嗣亮字乾德位梁州總管及幽國公廣薨以亮爲秦州總管廣所部悉以配焉在州甚無政績尋進柱國從東伐進上柱國仍從平鄴遷大司徒大象初以行軍總管與元帥鄖國公韋孝寬等伐陳還至豫州密謀襲孝寬營將圖反逆孝寬有備亮不得入遂遁走孝寬追斬之子胲明坐亮誅詔以亮弟椿爲烈公後椿字乾壽位上柱國大司徒大定中爲隋文帝所害并其五子

莒莊公洛生少任俠好施愛士北州賢俊皆與之游而才能皆出其下及葛榮殺鮮于修禮以洛生爲漁陽王仍領德皇帝餘眾時人皆呼爲洛生王洛生善撫將士是以克獲常冠諸軍爾朱榮定山東時洛生在虜中榮雅聞其名心憚焉尋爲榮所害保定初追贈大將軍封莒國公謚曰莊子菩薩爲齊神武所害保定初追贈大將軍小宗伯襲爵謚曰穆以晉公護子至嗣至字乾附後坐父護誅詔以衛王直子賓爲穆公後賓字乾瑞尋坐直誅以齊王憲子廣都公貢襲貢字乾貞宣帝初被誅國除

虞國公仲德皇帝從父兄也卒于代保定中追贈太傅柱國大將軍大司徒封虞國公子興嗣興生屬兵亂與仲相失年幼莫知其戚屬遠近與文帝兄弟初不相識沙苑之敗預在行間被虜隨例散配諸軍興性弘厚有志度雖流離世故而風範可觀保定二年詔訪仲子孫興始附屬籍武帝以興帝戚近屬尊禮之甚厚位開府儀同三司宗師襲爵虞國公薨贈柱國大將軍謚曰靖子洛嗣位儀同三司隋初爲介國公爲隋室賓云

廣川公測字澄鏡文帝之族子也高祖中山曾祖豆頹祖麒麟父永仕魏位並顯達測性沉密少篤學每旬月不窺戶牖起家奉朝請歷司徒右長史尚魏宣武女陽平公主拜駙馬都尉及魏孝武疑齊神武有異圖詔測詣文帝令密爲之備文帝見之甚歡還封廣川縣伯尋從魏孝武西遷進爵爲公文帝爲丞相以測爲右長史軍國政事多委任之又令測詳定宗室昭穆遠近附於屬籍大統中除驃騎大將軍侍中開府儀同三司行汾州事測政存簡惠頗得民和地接東魏數相抄竊或有獲其爲寇者多縛送之測皆命解縛置之賓館然後引與相見如客禮焉仍設酒餚宴勞放還其國并給糧餼衛送出境自是東魏人大慙乃不爲寇汾晉之間各安其業兩界之民遂通慶弔卽不復爲仇讎矣時論稱之方於羊叔子或告測與外境交通懷貳心者文帝怒曰測爲我安邊吾知其無貳志何爲間我骨肉生此貝錦乃命斬之仍許測以便宜從事八年轉行綏州事先是每歲河冰合郡將則徙民入城堡以避突厥寇掠測至令安堵如故乃於要路數百處積柴仍遠斥候知其動靜是年十二月突厥從連谷入寇去界數十里測命積柴之處一時縱火突厥謂大軍至懼而逃走自相蹂踐委棄雜畜輜重不可勝數測徐率所部收入自是突厥不敢復至因請置戍兵以備之十年徵拜太子少保卒文帝親臨慟焉謚曰靖測性仁恕好施與衣食之外家無積蓄在洛陽日嘗被竊盜其妻陽平公主衣服皆在失中州縣禽盜并物測恐此盜竊公主衣服當死云此

驢非是賊遂遇赦得免其人既感恩請爲測左右及測從孝武西遷事極狼狽盜人從測竟無異志子該嗣位徐州刺史測弟深字奴干性鯁正有器局年數歲戲累石爲營伍折草作旌旗布置行列皆有軍陣之勢父永遇見之大喜曰汝自然知此於後必爲名將永安初起家祕書郎領衛軍及齊神武舉兵入洛陽魏孝武西遷既事起倉卒人多逃散深撫循所部並得入關以功賜爵長樂縣伯文帝以深有謀略欲引置左右圖議政事大統元年乃啟爲丞相府主簿累轉尚書直事郎中及齊神武屯蒲坂分遣其將竇泰趣潼關高敖曹圍洛州文帝將襲泰諸將咸難之文帝乃隱其事陽若未有謀者而獨問策於深深曰竇泰歡之驍將也頑凶而勇戰亟勝而輕敵歡每仗之以爲禦侮今者大軍若就蒲坂則高歡拒守竇氏必援之內外受敵取敗之道也不如選輕銳之卒潛出小關竇性急必來決戰高歡持重未即救之則竇可禽也既虜竇歡勢自沮迴師禦之可以制勝文帝喜曰是吾心也軍遂行果獲泰而齊神武亦退深又說文帝進取弘農復剋之文帝大悅謂深曰君即吾家之陳平也是冬齊神武又率大眾渡河涉洛至沙苑諸將皆有懼色唯深獨賀文帝詰曰賊來充斥何賀之有對曰高歡之撫河北甚得眾心雖乏智謀人皆用命以此自守未易可圖今懸兵渡河非眾所欲唯歡恥失竇氏愎諫而來所謂忿兵一戰可禽也此事昭然不賀何爲請假深一節發王羆之兵邀其走路使無遺類矣文帝然之尋而大破齊軍果如所策俄進爵爲侯六官建拜小吏部下大夫遷中大夫武成元年遷幽州刺史改封安化縣公保定初除京兆尹入爲司會中大夫深少喪父事兄甚謹性多奇譎好讀兵書既居近侍每得進籌策及在選曹頗獲時譽性仁愛情隆宗黨從弟神舉神慶幼孤深撫訓之義均同氣世尤以此稱焉卒于位謚曰成康子孝伯字胡王其生與武帝同日文帝甚愛之養於第內及長又與武帝同學武成九年拜宗師上士時年十六性沈正謇諤好直言武帝即位欲引置左右時政在家臣不得專制乃託言少與同業受經思相啟發由是護弗之猜得入爲右侍上士恆侍讀及遭父憂詔令服中襲爵武帝嘗謂曰公於我猶漢高與盧綰也賜以十三鐶金帶自是恆侍左右出入臥內朝務皆得預焉孝伯亦竭心盡力無所迴避至於時政得失外間細事皆以奏聞帝信委之當時莫比及帝將誅晉公護密與衛王直圖之他無知者唯孝伯及王軌宇文神舉頗得參預護誅授開府儀同三司歷司會中大夫左宮正皇太子既無令德孝伯言於帝曰皇太子德聲未聞請妙選正人爲其師友調護聖質不然悔無所及帝斂容曰卿世載鯁直竭誠所事觀卿所言有家風矣孝伯拜謝曰非言之難受之難也深願陛下恐之帝曰正人豈復過君於是以尉遲運爲右宮正孝伯仍爲左宮正宗師中大夫累遷右宮伯嘗因侍坐帝問吾兒比進善不對曰皇太子比懼天威殊無罪失及王軌因內宴捋帝鬚言太子之不善帝罷酒責孝伯曰公常謂我云太子無過今聞軌言公爲誑矣孝伯拜曰臣聞父子之際人所難言臣知陛下不能割情忍愛遂爾結舌帝知其意默然久之乃曰朕已委公公其勉之及大軍東討拜內史下大夫令掌留臺事軍還帝曰居守之重無忝戰功於是加授大將軍進爵廣陵郡公并賜女妓金帛等復爲宗師每車駕巡幸常執其手令居守後事帝北討至雲陽宮寢疾驛召孝伯赴行在所執其手曰吾自量必無濟理以後事付君是夜授司衛上大夫總宿衛兵馬令馳驛入京鎮守宣帝即位授小冢宰帝忌齊王憲意欲除之謂孝伯曰公能圖之當以其官位相授孝伯叩頭曰齊王戚近勳高棟梁所寄臣若順旨則臣爲不忠陛下爲不孝之子也帝因疏之乃與于智鄭譯等圖其事令智告憲謀逆遣孝伯召入誅之帝之爲太子西征也在軍有過行鄭譯時亦預焉軍還孝伯及王軌盡以白武帝武帝怒撻帝數十乃除譯名至是帝追憾被杖乃問譯我腳上杖痕誰所爲也譯曰事由宇文孝伯王軌譯又說軌捋帝鬚事帝乃誅軌尉遲運懼私謂孝伯曰吾徒必不免禍奈何孝伯曰今堂上有老母地下有武帝爲臣爲子知欲何之且委質事人本徇名義諫而不入將焉逃死足下若爲身計宜自遠之於是各行其志運尋出爲秦州總管帝荒淫日甚誅戮無度孝伯頻諫不從由是益疏後稽胡反令孝伯爲行軍總管從越王盛討平之及軍還帝將殺之乃託以齊王事誚之曰公知齊王謀反何以不言對曰臣知齊王忠於社稷爲羣小媒孽加之以罪臣以言必不用所以不言且先帝屬微臣輔陛下今諫而不從實負顧託以此爲罪是所甘心帝慙俛首不語令賜死于家時年三十六及隋文帝踐極以孝伯王軌忠而獲罪並令收葬復其官爵嘗謂高熲曰宇文孝伯實有周良臣此人若在我輩無措手處子歆嗣

東平公神舉文帝之族子也高祖普陵曾祖求男仕魏位並顯達祖金殷魏兗州刺史安喜縣侯父顯和少而

襲爵性矜嚴頗涉經史膂力絕人彎弓數百斤能左右馳射孝武之在蕃顥和早蒙眷遇時屬多難嘗問計於顥和顥和具陳宜杜門晦迹相時而動帝深納焉及卽位拜閤內都督封城陽縣公以恩舊遇之甚厚顥和所居隘陋乃撤殿省賜爲寢室其見重如此及齊神武專政帝每不自安問顥和曰天下洶洶將如之何對曰莫若擇善而從因誦詩云彼美人兮西方之人兮帝曰是吾心也遂定入關策以其母老令預爲計對曰今日之事忠孝不並然臣不密則失身安敢預爲私計帝愴然改容曰卿我之王陵也遷朱衣直閤閤內大都督改封長廣縣公從孝武入關周文見而善之進位車騎大將軍儀同三司散騎常侍卒建德三年追贈驃騎大將軍開府儀同三司神舉早孤有夙成之量及長神情倜儻志略英贍眉目疏朗儀貌魁梧明帝初起家中侍上士帝留意翰林而神舉雅好篇什每游幸神舉恆從襲爵長廣縣公天和元年累遷右宮伯中大夫進爵淸河郡公建德三年自京兆尹出爲熊州刺史齊人憚其威名及帝東伐從平并州卽授刺史州旣齊氏別都多有姦猾神舉示以威恩遠近悅服改封武德郡公進柱國大將軍又改封東平郡公宣政元年轉司武上大夫及幽州人盧昌期等據范陽反詔神舉討禽之時齊黃門侍郞盧思道亦在反中賊平將解衣伏法神舉乃釋而禮之郞令草露布屬稽胡反寇西河復詔神舉與越王盛討之時突厥赴救神舉以奇兵擊之突厥敗走稽胡款服卽授并州總管神舉見待於武帝處心腹之任王軌宇文孝伯等屢言皇太子之短神舉亦頗焉及宣帝卽位神舉懼及禍懷不自安初神舉定范陽之後威聲甚振帝亦忌其名望兼以宿憾遂使人齎鴆賜之薨於馬邑時年四十八神舉美風儀善辭令博涉經史性愛篇章尤工騎射臨戎對寇勇而有謀莅職當官每著聲績兼好施愛士以雄豪自居故得任兼文武聲彰外內百僚無不仰其風則先輩宿齒至于今稱之子同嗣位至儀同大將軍神舉弟慶字神慶沈深有器局少以聰敏見知初受業東觀頗涉經史旣而謂人曰書足記姓名而已安能久事筆硯爲腐儒事業乎時文州賊亂慶應募從征以功授都督衞王直鎭山南引爲左右慶善射有膽氣好格猛獸直甚壯之稍遷車騎大將軍儀同三司及誅宇文護慶有謀焉進授驃騎大將軍加開府從武帝攻河陰先登攀堞與賊短兵相接中石乃墮絕而復蘇帝勞之曰卿勇可以貫人也復從武帝拔晉州齊兵大至慶與齊王憲輕騎覘之卒與賊遇憲挺身而遁慶退據汾橋衆賊爭進慶射之所中人馬必斃賊乃稍卻及拔高壁尅并州下信都禽高湝功並居最進位大將軍封汝南郡公尋以行軍總管擊延安反胡平之曆延寧二州總管隋文帝爲丞相以行軍總管征江表次白帝以勞進上大將軍帝與慶有舊甚見親待令督丞相軍事悉以心腹尋加柱國開皇初拜左武衞將軍進上柱國數年除涼州總管歲餘徵還不任以職文帝每加優禮卒於家子靜亂尙隋文帝女廣平公主位儀同安德縣公熊州刺史先慶卒靜亂子協位右翊衞將軍宇文化及之亂遇害協弟晶字婆羅門大業中養于宮內後爲千牛左右煬帝甚親昵之每有游宴必侍從至於出入臥內伺察六宮往來不限門禁時人號爲宇文三郎與宮人淫亂至於妃嬪公主亦有醜聲蕭后言於帝晶聞懼不敢見協因奏晶壯不可久在宮掖帝不之罪召入待之如初化及弒逆之際爲亂兵所害

文帝十王

文帝十三男姚夫人生明帝後宮生宋獻公震文元皇后生孝閔皇帝文宣后叱奴氏生武帝衞剌王直達步干妣生齊煬王憲王姬生趙僭王招後宮生譙孝王儉陳惑王純越野王盛代奰王達冀康王通滕聞王逌

宋獻公震字彌俄突幼而敏達大統十六年封武邑公尙魏文帝女其年薨保定元年追贈大司馬封宋國公無子以明帝第三子實嗣建德三年進爵爲王大象中爲大前疑尋爲隋文帝所害國除

衞剌王直字豆羅突魏恭帝三年封秦郡公武成初進封衞國公曆雍州牧大司空襄州總管直武帝母弟也性浮詭以晉公護執政遂貳於帝而昵護及南討軍敗愠於免黜又請帝除護帝宿有誅護意遂與直謀之及護誅帝以齊王憲爲大冢宰直旣乖本望又請爲大司馬欲擅威權帝知其意謂曰汝兄弟長幼有序何反居下列也以爲大司徒建德三年進爵爲王初帝以直第爲東宮更使直自擇所居直曆觀府署無稱意者至廢陟岵佛寺遂欲居之齊王憲謂曰兒兒女成長此寺褊小詎是所宜直曰一身尙不自容何論兒女憲怪而疑之直常從帝校獵而亂行帝怒對衆撻之自是憤怨滋甚及帝幸雲陽宮直在京師反攻肅章門司武尉遲運閉門不得入退走追至荊州獲之免爲庶人囚諸宮中尋復有異志及其子十人並誅之國除

齊煬王憲字毗賀突文帝第五子也性通敏有度量雖在童亂而神彩嶷然初封涪城縣公少與武帝俱授詩

傳咸綜機要得其指歸文帝嘗賜諸子良馬惟其所擇憲獨取駁者帝問之對曰此馬色類既殊或是駿逸若從軍征伐牧圉易分帝喜曰此兒識智不凡當成重器後從獵上隴經官馬牧帝每見駿馬駁者輒曰此我兒馬也令左右取以賜之魏恭帝元年進封安成郡公孝閔帝踐阼拜驃騎大將軍武成初除益州總管梁益等二十四州諸軍事益州刺史進封齊國公邑萬戶初平蜀之後文帝以其形勝之地不欲使宿將居之諸子之中欲有推擇徧問武帝以下誰欲此行並未及對而憲先請文帝曰刺史當撫衆理民非爾所及以年授者當歸爾兄憲曰才用有殊不關大小試而無効甘受面欺文帝大悅以憲年尚幼未之遣也明帝追遵先旨故有此授憲時年十六善於綏撫留心政術辭訟輻湊聽受不疲蜀人悅之共立碑頌德保定中徵拜雍州牧及晉公護東伐以尉遲迥爲前鋒圍洛陽齊兵數萬奄出軍後諸軍恇駭並各退散唯憲與王雄達奚武拒之而雄爲齊人所敗三軍震懼憲自督勵衆心乃安時晉公護執政雅相親委賞罰之際皆得預焉天和三年以憲爲大司馬行小冢宰雍州牧如故四年齊將獨孤永業來寇詔憲與柱國李穆出宜陽築崇德等五城絕其糧道齊將斛律明月築壘洛南五年憲涉洛邀擊之明月遁走是歲齊斛律明月又率大衆於汾北築城西至龍門晉公護問計於憲憲曰如憲所見兄宜暫出同州以爲威勢憲請以精兵居前隨機攻取非惟邊境淸寧亦當有所尅獲護然之六年遣憲率衆二萬出自龍門齊將新蔡王康德潛軍宵遁憲乃渡河攻其伏龍等四城二日盡拔又進攻張壁克之獲其軍實夷其城壘斛律明月時在華谷弗能救乃北攻姚襄城陷之時汾州見圍日久憲遣柱國宇文盛運粟饋之憲自入兩乳谷襲尅齊伯杜城使柱國譚公會築石殿城以爲汾州之援齊平原王段孝先蘭陵王長恭引兵大至大將軍韓歡爲齊人所乘遂退憲身自督戰齊衆稍卻會日暮乃各收軍及晉公護誅武帝召憲入憲免冠拜謝帝謂之曰冢宰無君陵上吾所以誅之以安社稷汝親則同氣休戚共之事不相涉何煩致謝乃詔憲往護第收兵符及諸簿籍等尋以爲大冢宰時帝既誅宰臣親覽朝政方欲齊之以刑爰及親親亦爲刻薄憲以爲護所任自天和之後威勢漸隆護欲有所陳多令憲聞奏其間或有可否憲慮生嫌隙每曲而暢之帝亦悉其此心故得無患然猶以威名過重終不能平雖遷授冢宰實奪其權也開府裴文舉憲之侍讀帝嘗御內殿引見之謂曰晉公不臣之迹朝野所知昔魏末不綱太祖匡輔元氏有周受命晉公復執威權積習生常便謂法應須爾豈有三十歲天子而可爲人所制乎且近代以來又有一弊暫經隷屬便卽禮若君臣此乃亂世之權宜非經國之治術詩云夙夜匪懈以事一人者本據天子爾雖陪侍齊公不得卽同臣主且太祖十兒寧可悉爲天子卿宜規以正道勸以義方輯睦我君臣協我骨肉無令兄弟自致嫌疑文舉拜謝而出歸以白憲憲指心撫几曰吾之宿心公寧不悉但當盡心竭節知復何言建德三年進爵爲王憲友劉休徵獻王箴一首憲美之休徵後又以箴上之帝方翦削諸弟甚悅其文憲嘗以兵書繁廣難求指要乃自刊定爲要略五篇至是表陳之帝覽而稱善其秋帝幸雲陽宮寢疾衛王直於京師舉兵帝召憲謂曰衛王爲逆汝知之乎憲對曰臣初不知今始奉詔直若違天犯順此則自取滅亡帝曰汝便爲前軍吾亦續發直尋敗走帝至京師憲與趙王招俱入拜謝帝曰管蔡爲戮周公作輔人心不同有如其面但愧兄弟親尋干戈於我爲不能耳初直內深忌憲憲隱而容之且以帝之母弟每加友愛晉公護之誅也直固請及憲帝曰齊公心迹吾自悉之不得更有所疑也及文宣皇后崩直又啟憲飲酒食肉與平昔不異帝曰吾與齊王異生俱非正嫡特爲吾意今袒括是同汝當愧之何論得失汝親太后之子但須自勗直乃止四年帝將東討獨與內史王誼謀之餘人莫得知也後以諸弟才略無出憲右遂告之憲卽贊成其事及大軍將出憲表上私財以助軍費曰昔邊防未靜卜式願上私財江湖不澄衛玆請獻私粟臣雖不傚敢志景行詔不納而以憲表示公卿曰人臣當如此朕貴其心耳寧資此物乎乃詔憲爲前軍趣黎陽帝親圍河陰未剋憲攻拔武濟進圍洛口拔其東西二城以帝疾班師是歲初置上柱國官以憲爲之五年大舉東討憲率精騎五萬復爲前鋒守雀鼠谷帝親圍晉州憲進剋洪洞永安二城更圖進取齊主聞晉州見圍乃將兵十萬自來援之時柱國陳王純頓軍千里徑大將軍永昌公椿屯雞棲原大將軍宇文盛守汾水關並受憲節度憲密謂椿曰兵者詭道去留不定見機而作不得遵常汝今爲營不須張幕可伐柏爲菴示有處所令兵夜去之後賊尤致疑也時齊主分軍萬人向千里徑又令其衆出汾水關自率大兵與椿對宇文盛馳告急憲自救之齊人遂退盛與柱國侯莫陳芮逐之多有斬獲俄而椿告齊衆稍逼憲又救之會

椿薇勑追還率兵夜反齊人果謂栢菴爲帳幕不疑軍退翌日始悟時帝已去晉州留憲爲後拒齊主自率衆來追至於高粱橋憲以精騎二千阻水爲陣齊領軍段暢直進至橋憲隔水招暢與語語畢問曰若何姓名暢曰領軍段暢也公復爲誰憲曰我虞候大都督耳暢曰觀公言語不是凡人今日相見何用隱其名位憲乃曰我天子大弟齊王也徧指陳王純已下並以告之暢鞭馬而去憲卽命旋軍而齊人遽追之戈甲甚銳憲與開府宇文忻各統精銳百騎爲殿以拒之斬其驍將賀蘭豹子山褥瓌等百餘人齊衆乃退憲度汾而會帝於玉壁帝又令憲率兵六萬還援晉州齊主攻圍晉州尋而帝東轅次于高顯憲率所部先向晉州明日諸軍總集稍逼城下齊人亦大出兵陣於城南帝詔憲馳往觀之憲反命曰易與耳請破之而後食帝悅曰汝之所言吾無憂矣旣而諸軍俱進應時大潰其夜齊主遁走齊人復據高壁及洛女帝命憲攻洛女破之齊王遂走鄴留其從兄安德王延宗據并州延宗因僭爲號帝圍其城憲攻其西面剋之禽延宗以功封第二子安成公質爲河間王拜第三子賓爲大將軍仍詔憲先驅趣鄴進剋鄴城憲善兵權多籌略長於撫御摧鋒陷陣爲士卒先齊人聞風憚其勇略齊任城王湝廣寧王孝珩等據信都有衆數萬帝復詔憲討之仍令齊主手書招湝湝不納憲軍過趙州湝令間諜二人覘候騎執以白憲憲乃集齊舊將徧將示之曰吾所爭者大不在汝等卽放還令充使乃與湝書憲至信都湝陣於城南憲登張耳家以望之俄而湝所署領軍尉相願僞出略陣遂以衆降湝殺其妻子相願湝心腹也衆甚駭遂破之禽湝及孝珩等先是稽胡劉沒鐸自稱皇帝又詔憲督趙王招等平之憲自以威名日重潛思屏退及帝欲親征北蕃乃辭以疾帝變色曰汝若憚行誰爲吾任使者憲懼曰臣陪奉鑾輿誠爲本願但身嬰疾疹不堪領兵帝許之尋而武帝崩宣帝嗣位以憲屬尊望重深相忌憚時武帝未葬諸王在內居服司衞長孫覽總兵輔政恐諸王有異志奏令開府于智察其動靜及山陵還諸王歸第帝又命智就宅候憲因是告憲有異謀帝乃遣小冢宰宇文孝伯謂憲曰三公之位宜屬親賢今欲以叔爲太師何如憲對曰臣材輕位重滿盈是懼三師之任非所敢當孝伯反命尋而復來曰詔王晚共諸王俱入旣至殿門憲獨被引進帝先伏壯士於別室至卽執之憲辭色不撓固自陳說帝使于智對憲憲目光如炬與智相質或謂憲曰以王今日事勢何用多言憲曰我位重屬尊一旦至此死生有命寧復圖存但以老母在堂恐留慈恨耳因擲笏於地乃縊之時年三十五帝以于智爲柱國封齊國公又殺上大將軍安邑公王興上開府獨孤熊開府豆盧紹等皆以昵於憲也帝旣誅憲無以爲辭故託興等與憲結謀遂加戮焉時人知其冤酷咸云伴憲死也憲所生達步干氏蠕蠕人也建德三年上冊爲齊國太妃憲有至性事母以孝聞太妃舊患風熱屢經發動憲衣不解帶扶侍左右憲或東西從役每心驚母必有疾乃馳使參問果如所慮憲六子貴質賓貢乾禧乾洽貴字乾福少聰敏尤便騎射始讀孝經便謂人曰讀此一經足爲立身之本十歲封安定郡公文帝始封此郡未嘗假人至是封焉年十一從憲獵於鹽州一圍中手射野馬及鹿一十有五建德二年拜齊國世子後出爲豳州總管貴雖出自深宮而留心庶政性聰敏過目輒記嘗道逢二人謂其左右曰此人是縣黨何因輒行左右不識貴便述其姓名莫不嗟伏白虎烽經爲商人所燒烽帥受貨不言其罪他日此帥隨例來參貴乃問云商人燒烽何因私放烽帥愕然遂卽首伏其明察如此卒時年十七武帝甚痛惜之質字乾祐以憲勳封河間郡王賓字乾禮中垻公貢出後莒莊公乾禧安成公乾洽龍淵公並與憲俱被誅

趙僭王招字豆盧突幼聰穎博涉羣書好屬文學庾信體詞多輕豔魏恭帝三年封正平郡公武成初進封趙國公歷益州總管大司空大司馬進爵爲王除雍州牧建德五年從武帝定東夏以功進位上柱國又與齊王憲討平稽胡斬賊帥劉沒鐸宣政中拜太師大象元年詔以洛州襄國郡邑萬戶爲趙王國招出就國二年宣帝不豫徵招及陳越代滕五王赴闕比招等至而帝已崩隋文帝輔政加招等殊禮入朝不趨劒履上殿隋文將遷周鼎招密欲圖之以匡社稷乃要隋文帝至第飮於寢室招子員貫及妃弟魯封所親人史胄皆先在室左右佩刀而立又藏兵刃於帷席之間後院亦伏壯士隋文帝從者多在閤外唯楊弘元胄胄弟威及陶徹坐於戶側招屢以佩刀割瓜啗隋文隋文未之疑元胄覺變扣刀而入招乃以大觴親飮胄酒又命胄向廚取漿胄不爲之動滕王逌後至隋文帝階迎胄因得耳語曰形勢大異公宜速出隋文共逌等就坐須臾辭出後事覺陷以謀反其年誅招及其子德廣公員永康王貫越公乾銑弟乾鐙等國除招所著文集十卷行於世

譙孝王儉字侯幼突武成初封譙國公建德三年進爵

爲王從平鄴拜大冢宰薨子乾惲嗣爲隋文帝所害國除

陳惑王純字堙智突武成初封陳國公保定中使突厥迎皇后歷秦陝二州總管建德三年進爵爲王從平齊進位上柱國歷并州總管雍州牧太傅大象元年詔以濟南郡邑萬戶爲陳國純出就國二年朝京師并其子爲隋文帝所害國除

越野王盛字立久突武成初封越國公建德三年進爵爲王從平齊進位上柱國歷相州總管大冢宰大象元年遷大前疑太保其年詔以豐州武當安昌二郡邑萬戶爲越國盛出就國二年朝京師并其子爲隋文所害國除

代奰王達字度斤突性果決善騎射武成初封代國公建德初進位柱國出爲荆州刺史在州有政績武帝手勑褒美之所部澧州刺史蔡澤以贓敗達以其世著勳庸欲曲法貸之恐虧公憲密表奏之事竟得釋其處事周愼如此達雅好節儉食無兼膳侍姬不過數四衣皆弊故又未嘗營資產國無儲積左右嘗以爲言達從容應之曰君子憂道不憂貧何煩於此三年進爵爲王武帝東伐以爲右軍總管齊淑妃馮氏尤美齊後主所幸齊平帝以達不邇聲色特以馮氏賜之宣帝卽位進上柱國大象元年拜大右弼其年詔以潞州上黨郡邑萬戶爲代國達出就國二年朝京師及子俱爲隋文帝所害國除

冀康公通字屈率突武成初封冀國公薨子絢嗣建德三年進爵爲王大定中亦爲隋文帝所害國除

滕聞王逌字爾固突少好經史解屬文武成初封滕國公建德三年進爵爲王宣政元年進位上柱國大象元年詔以荆州新野郡邑萬戶爲滕國逌出就國二年朝京師爲隋文帝所害并其二子國除逌所著文章頗行於世

孝閔一王

孝閔帝一男陸夫人生紀厲王康字乾安保定初封紀國公建德三年進爵爲王出爲利州總管驕侈無軌度陰有異謀司錄裴融諫康殺之五年詔賜康死子湜嗣大定中爲隋文帝所害國除

明帝三王

明帝三男徐妃生畢剌王賢後宮生酆王貞宋王實實出後宋獻公震

畢剌王賢字乾陽保定四年封畢公建德三年進爵爲王歷荆州總管大司空大象初進上柱國雍州牧太師明年宣帝崩賢性彊濟有威略慮隋文帝傾覆宗祏言泄并其子被害國除

酆王貞字乾雅初封酆國公建德三年進爵爲王大象中爲大冢宰大定中并其子爲隋文帝所害國除

武帝六王

武帝七男李皇后生宣帝漢王贊庫汗姬生秦王贄曹王允馮姬生道王充薛世婦生蔡王兌鄭姬生荆王元

漢王贊字乾依初封漢國公建德三年進爵爲王大象末隋文帝輔政欲順物情乃進贊位上柱國拜右大丞相大冢宰外示尊崇實無所綜理轉太師及諸方略定尋與秦王贄曹王允道王充蔡王兌荆王元並害之并其子孫無遺

宣帝二王

宣帝三男朱皇后生靜帝王姬生萊王衍皇甫姬生郢王術衍及術並大象二年爲隋文帝所害國除

隋

蔡景王整文帝之次弟也文帝四弟唯整及滕穆王瓚與帝同生次道宣王嵩次衛昭王爽並異母整周明帝時以武元帝軍功賜爵陳留郡公位開府車騎大將軍從武帝平齊力戰而死文帝初居武元之憂率諸弟負土爲墳人植一柏四根鬱茂西北一根整所栽者獨瘁後因大風雨并根失之整果不得善終文帝爲相國贈柱國大司徒八州刺史及受禪追封蔡王諡曰景子智積襲又封其弟智明爲高陽郡公智才開化縣公尋拜智積開府儀同三司授同州刺史儀衛資送甚盛整娶同郡尉遲綱女生智積開皇中有司奏智積將葬尉遲太妃帝因曰是家昔幾殺我我有同生二弟並倚婦家勢見陵我向之笑云爾旣嗔我不可與爾角嗔並云阿兄只倚頭額時有醫師邊隱逐勢言我後百日當病癲二弟私喜以告父母父母泣謂我曰爾二弟大劇不能愛兄我言不愛其親而愛他人者謂之悖德一日有天下當改其姓爲悖父母許之父母亡後二弟及婦復譏我於晉公我每自外還及門輒不喜如入牢獄常託以患氣鎖閤靜坐唯食至乃暫開當時實不可耐反美世人無兄弟者蓋貧家兄弟多相愛由有無相假藉達官兄弟多相憎由爭形勢故也智積在同州未嘗嬉戲游獵聽政之暇端坐讀書門無私謁有侍讀公孫尚義山東儒士府佐楊君英蕭德言並有文學時延於座所設唯餅果酒財三酌家有女妓唯年節嘉慶奏於太妃之前其簡靜如此文帝旣與景王不睦其太妃尉遲氏又

與獨孤后不相諧以是智積常懷危懼每自貶損帝亦以是哀憐之或勸智積治產業者智積曰昔平原露朽財帛苦其多也吾幸無可露何更營乎有五男止教讀論語孝經而已亦不令交通賓客或問其故答曰恐兒子有才能以致禍也開皇二十年徵還京無他職任闔門自守非朝覲不出煬帝即位滕王綸衛王集並以讒構得罪高陽公智明亦以交通奪爵智積愈懼大業三年授弘農太守委政寮佐淸靜自居及楊元感作亂自東都引軍而西智積謂官屬曰元感聞大軍將至欲西圖關中若成其計則根本固矣當以計縻之使不得進不出一旬自可禽耳及元感以軍至城下智積登陴詈辱之元感怒甚留攻之城門爲賊所燒智積乃更益火賊不得入數日宇文述等援軍至合擊破之尋拜宗正卿十二年從駕江都寢疾帝時疏薄骨肉智積每不自守及遇患不呼醫臨終謂所親曰吾今始知得保首領沒於地矣時人哀之有子道元

滕穆王瓚字恆生一名慧仕周世以武元帝軍功封竟陵郡公尚武帝妹順陽公主授儀同保定四年累遷納言瓚貴公子又尚主美姿儀好書愛士甚有令名於當世時人號曰楊三郎武帝甚親愛之平齊之役諸王咸從留瓚居守帝謂之曰六府事殷一以相委朕將遂事東方無西顧之憂矣宣帝即位遷吏部中大夫加上儀同宣帝崩文帝入禁中將總朝政令子勇召之欲有討議瓚素與文帝不協聞命不從曰作隋國公恐不能保何乃更爲族滅事邪文帝作相拜大宗伯典修禮律進位上柱國封邵國公瓚見帝執政羣議不一恐爲家禍陰有圖文帝之計文帝每優容之及受禪立爲滕王拜雍州牧帝數與同坐呼爲阿三後坐事去牧以王就第瓚妃宇文氏先與獨孤皇后不平及此鬱鬱不得志陰有呪詛帝命瓚出之瓚不忍離絕固請帝不得已從之宇文氏竟除屬籍瓚由是忤旨恩禮更薄開皇十一年從幸栗園坐樹下方飲酒鼻忽流血暴薨時年四十四謚曰穆人皆言其遇鴆也子綸嗣綸字斌籀性弘厚美姿容頗知鍾律文帝受禪封邵國公明年拜邵州刺史晉王廣納妃於梁詔綸致禮甚爲梁人所敬綸以穆王故當文帝世每不自安煬帝即位尤被猜忌綸憂懼呼術者王琛問之琛曰王相祿不凡滕即騰也此字足爲善應有沙門惠恩崛多等頗解占候綸每與交通常令此三人爲厭勝法有人告綸怨望呪詛帝令黃門侍郎王弘窮驗之弘希旨奏綸厭蠱惡逆坐當死帝令公卿議之司徒楊素等曰綸懷惡之由積自家世惟皇運之始四海同心在於孔懷彌須協力其先乃離阻大謀棄同即異父悖於前子逆於後爲惡有將其罪莫大請依前科帝以皇族不忍除名徙邊大業七年帝征遼東綸欲上表請從軍自効爲郡司所遏未幾徙珠崖及天下大亂爲賊林仕弘所逼攜妻子竄儋耳後歸唐封懷化縣公蒓病卒綸弟坦字文籀初封竟陵公坐綸徙長沙坦弟猛字武籀徙衡山猛弟溫字明籀初徙零陵溫好學解屬文旣而作零陵賦以自寄其詞哀思帝見而怒之轉徙南海溫弟詵字弘籀前亦徙零陵帝以其修謹徵還襲封滕王以奉穆王祀大業末於江都爲宇文化及所害

道宣王嵩在周以武元帝軍功賜爵興城公早卒文帝受禪追封謚焉以滕穆王瓚子靜襲卒謚曰悼無子以蔡王智積子世遐襲

衛昭王爽字師仁小字明達在周以武元帝軍功於襁褓中封同安郡公六歲而武元崩爲獻皇后所養由是寵愛特異諸弟年十七爲內史上大夫文帝執政授蒲州刺史柱國及受禪立爲衛王所生李氏爲太妃爽位雍州牧右領軍大將軍權領并州總管上柱國涼州總管爽美風儀有器局政甚有聲大軍北伐河間王弘豆盧勣竇榮定高熲虞世則等分道而進以爽爲元帥俱受爽節度爽親率李充等四將出朔州遇沙鉢略可汗於白道接戰大破之沙鉢略中重創而遁帝大悅賜爽眞食梁安縣千戶六年復爲元帥步騎十五萬出合川突厥遁逃徵爲納言帝甚重之未幾爽疾帝遣薛榮宗視之云衆鬼爲厲爽令左右驅逐之居數日有鬼物來擊榮宗榮宗走下階而斃其夜爽薨年二十五贈太尉冀州刺史子集嗣集字文會初封遂安王尋襲封衛王煬帝時諸侯恩禮漸薄猜防日甚集憂懼乃呼術者俞普明章醮以祈福助有人告集呪詛憲司希旨鍛成其獄奏集惡逆坐當死詔下其議楊素等議請論如律時滕王綸坐與相連帝不忍加誅除名遠徙邊郡天下亂不知所終

河間王弘字辟惡文帝從祖弟也祖愛敬早卒父元孫少孤隨母郭氏養於舅族及武元帝與周文建義關中元孫時在鄴懼爲齊人所誅因假外家姓爲郭氏元孫死齊爲周滅弘始入關與文帝相見帝哀之爲買田宅弘性明悟有文武幹略數從征伐累遷開府儀同三司文帝爲丞相恆置左右委以腹心帝詣周趙王宅將及於難弘時立於戶外以衛文帝尋加上開府賜爵永康

縣公及受禪拜大將軍進爵郡公尋贈其父柱國尚書令河間郡公其年立弘爲河間王拜右衛大將軍尋進柱國以行軍元帥出靈州道征突厥大破之拜甯州總管上柱國政尚清靜甚有恩惠遷蒲州刺史得以便宜從事時河東多盜賊弘奏爲盜者百餘人投之邊裔州境帖然號爲良吏每晉王廣入朝弘輒領揚州總管及王歸藩弘復還蒲州在州十餘年風教大洽煬帝嗣位拜太子太保歲餘薨大業六年追封郇王子慶嗣慶傾曲善候時變帝猜忌骨肉滕王綸等皆被廢放唯慶獲全累遷滎陽太守頗有政績及李密據洛口倉滎陽諸縣多應密慶勒兵拒守歲餘城中糧盡兵勢日蹙密遺慶書曰王之先世家住山東本姓郭氏乃非楊族婁敬之於漢高殊非血允呂布之於董卓良異天親芝焚蕙嘆事不同此江都荒湎流宕忘歸骨肉崩離人神怨憤舉烽火於驪山諸侯莫至浮膠船於漢水還日未期王獨守孤城援絕千里糧糇支計僅有月餘弊卒之多財盈數百有何恃賴欲相抗拒求枯魚於市肆卽事非虛因歸鴈以運糧竟知何日止恐禍生匕首釁發蕭牆空以七尺之軀懸當千金之購可爲酸鼻者也幸能三思自求多福于時江都敗問亦至慶得書遂降於密改姓爲郭氏密破歸東都又爲楊氏越王侗不之責也及侗稱制拜宗正卿世充旣僭僞號降爵郇國公復爲郭氏世充以兄女妻之署滎州刺史及世充將敗慶欲將妻同歸長安其妻曰國家以妾奉箕帚於公者欲以申厚意結公心耳今父叔窮逼家國阽危而公不顧婚姻孤負付託自爲全身之計非妾所望也妾若至長安公家一婢耳何用妾爲願送還東都君之惠也慶不許其妻遂沐浴靚粧仰藥而死慶遂歸唐爲宜州刺史郇國公復姓楊氏其嫡母元太妃年老兩目失明世充斷之

義城公處綱文帝族父也生長北邊少習騎射在周以軍功拜上儀同文帝受禪贈其父鍾葵柱國尚書令義城縣公以處綱襲焉累遷右領軍將軍處綱雖無材藝而性質直在官彊濟亦爲當時所稱拜蒲州刺史吏民悅之卒於秦州總管謚曰恭弟處樂官至洛州刺史漢王諒反朝廷以爲二心廢錮不齒

離石太守子崇武元帝族弟也父盆生贈荆州刺史子崇少好學涉獵書記有風儀愛賢好士開皇初拜儀同以車騎將軍恆典宿衛後爲司門侍郎煬帝嗣位累遷候衛將軍坐事免未幾復檢校將軍事從帝幸汾陽宮子崇知突厥必爲寇屢請早還京師不納尋有鴈門之圍及賊退帝怒之曰子崇怯懦妄有陳請驚動我衆心不可居爪牙寄出爲離石郡太守有能名自是突厥屢寇邊塞胡賊劉六兒復擁衆劫掠郡境子崇表請兵鎮遏帝復大怒令子崇行長城子崇行百餘里四面路絕不得進而歸歲餘朔方梁師都馬邑劉武周等各作亂郡中諸胡復反子崇患之言欲朝集遂與腹心數百人自孟門關將還京師遇道路隔絕退歸離石左右間太原兵起不復入城各叛去子崇悉收叛者父兄斬之後數日義兵至城中應之城陷爲讎家所殺

文帝四王

文帝五男皆文獻皇后所生長曰房陵王勇次煬帝次秦孝王俊次庶人秀次庶人諒

房陵王勇小名睍地伐文帝長子也周世以武元帝軍功封博平縣侯及文帝輔政立爲世子拜大將軍左司衛封長甯郡公出爲雒州總管東京少冢宰總統舊齊之地後徵還京師進上柱國大司馬領內史御正諸禁衛皆屬焉文帝受禪立爲皇太子軍國政事及尚書死罪以下皆令勇參決帝以山東人多流冗遣使案驗又欲徙人北實邊塞勇上書諫以爲戀土懷舊人之本情波迸流移蓋不獲已有齊之末主闇時昏周平東夏繼以威虐人不堪命致有逃亡非厭家鄉樂爲羈旅若假以數歲沐浴皇風逃竄之徒自然歸本雖北夷犯邊今所在嚴固何待遷配以致勞擾上覽而嘉之時晉王廣亦表言不可帝遂止是後時政不便多所損益帝每納之帝從容謂羣臣曰前代皇上溺於嬖幸廢立之所由生朕無姬侍五子同母可謂眞兄弟也豈若前代多諸內寵庶孽忿爭爲亡國之道邪勇頗好學解屬詞賦性寬仁和厚率意任情無矯飾之行劉臻明克讓姚察陸爽並以文學爲勇賓友勇嘗盛飾蜀鎧帝見而不悅恐致奢侈之漸因誡之曰我聞天道無親惟德是與曆觀前代帝王未有奢華而得長久汝當儲后若不上稱天心下合人意何以承宗廟之重居兆民之上吾昔日衣服各留一物時復觀之以自警戒又擬分賜汝兄弟恐汝以今日皇太子之心忘昔日之事故令高熲賜汝我舊所帶刀子一枚并葅醬一合汝昔作上士時所常食如此若存憶前事應知我心其後經冬至百官朝勇勇張樂受賀帝知之問朝臣曰近聞至節內外百官相率朝東宮是何禮也太常少卿辛亶對曰於東宮是賀不得言朝帝曰改節稱賀正可三數十人逐情各去何因有司一時徵集太子法服設樂待之東宮如此殊乖禮制於是下詔停斷自此恩寵始衰漸生疑阻時帝令選

東宮彊武入上臺宿衛高熲奏若盡取彊者恐東宮宿衛太劣帝作色曰我有時行動宿衛須得雄毅太子毓德東宮何須彊武始我商量恆於交番之日分向東宮上下團伍不別豈非好事邪我熟見前代公不須仍踵舊風蓋疑熲男尚勇女遽出此言以防之勇多內寵昭訓雲氏尤嬖幸禮匹於嫡而妃元氏無寵嘗遇心疾二日而薨獻皇后意有他故甚責望勇又自妃薨雲昭訓專擅內政后彌不平頗遣人伺勇罪過晉王廣知之彌自矯飾姬妾但備員數唯共蕭妃居處由是皇后薄勇愈稱晉王德行後晉王來朝車馬侍從皆爲儉素交接朝臣禮極卑屈聲名籍甚冠於諸王臨還揚州入辭皇后因進言曰方違顏色臣子之戀實結于心哽噎流涕伏不能興皇后亦曰我又年老今者之別有切常離相對歔欷王曰臣性識愚下常守平生昆弟之意不知何罪失愛東宮恆蓄盛怒欲加屠陷每恐讒譖生於投杼鴆毒遇於杯勺皇后忿然曰睍地伐漸不可耐我爲娶元家女望隆基業竟不聞相禮答專寵阿雲使有如許豚犬前新婦本自無病忽爾暴亡當由遣人投藥以致天逝事已如此我亦不能窮治何因復於汝處發如此意我在向爾我死後當魚肉汝等每思東宮竟無正嫡至尊千秋萬歲後遣汝兄弟向阿雲兒前再拜問訊此是幾許大痛苦邪晉王又拜嗚咽不能止后亦悲不自勝晉王於是知皇后意移始構奪宗之計因引張衡定策遣宇文述深交楊約令喻旨於越公素具言皇后此語素瞿然曰但不知皇后果爾否必如所言吾亦何爲者數日素入侍宴微稱晉王孝悌恭儉有類至尊用此揣皇后意后果泣曰公言是也我兒大孝順每聞至尊及我遣內使到必迎於境首又其新婦亦大可憐我使婢去常與同寢共食豈如睍地伐共阿雲對坐終日酣宴昵近小人疑阻骨肉我所以益憐阿麽者常恐睍地伐殺之素既知意因盛言太子不才皇后遂遺素金始有廢立之意勇頗知其謀憂懼計無所出聞新豐人王輔賢能占候召而問之輔賢曰白虹貫東宮門太白襲月皇太子廢黜之象勇愈懼乃以銅鐵五兵造諸厭勝又於後園作庶人村屋宇卑陋寢處其中布衣草褥冀以當之帝知其不安在仁壽宮使楊素觀勇素至東宮偃息未入勇束帶待之故亦不進以激怒勇勇銜之形於言色素還言勇怨望恐有他變願深防察帝聞素言甚疑之皇后又遣人伺覘東宮纖介事皆聞奏因加媒孽構成其罪帝惑於邪議遂疏忌之迺於元武門達至德門量置人候以伺動靜皆隨事奏聞又東宮宿衛之侍官已上名籍悉令屬諸衛府有健兒者咸屏去之晉王又令段達私於東宮幸臣姬威遺以財貨令取太子消息密告楊素於是內外諠謗過失日聞段達脅姬威曰東宮罪過主上皆已知之已奉密詔定當廢立君能告之則大富貴威遂許諾開皇二十年九月壬子車駕至自仁壽宮翌日御大興殿帝謂侍臣曰我新還京師應開懷歡樂不知何意翻悒然愁苦吏部尚書牛弘奏曰由臣等不稱職故令至尊憂勞帝既數聞讒譖疑朝臣具委故有斯問冀聞太子之愆而弘對大乖本指帝因作色謂東宮官屬曰仁壽宮去此不遠而令我每還京師嚴備如入敵國我爲患利不脫衣臥昨夜欲得近廁故在後房恐有警急還移就前殿豈非爾輩欲壞我家國邪於是執左庶子唐令則等數人付所司訊鞫令楊素陳東宮事狀以告近臣素顯言之曰臣前奉勑向京令皇太子檢校劉居士餘黨太子忿然作色肉戰淚下云居士黨已盡遣我何處窮討爾作右僕射受委自求何關我事又云昔舉大事萬一不成我遂先被誅戮今作天子竟乃令我不如羣弟一事己上不得自由因長歎回旋云我大覺身妨又云諸王皆得奴獨不與我乃向西北奮首喃喃細語帝曰此兒不堪承嗣久矣皇后常勸我廢之我以布素時生復是長子望其漸改隱忍至今勇昔從南兗州來語衛王曰阿孃不與我一好婦女亦是可恨因指皇后侍兒曰皆我物此言幾許異事其婦初亡我深疑使馬嗣明藥殺我嘗責之便懟曰會當殺元孝矩此欲害我而遷怒耳初長寧誕育朕與皇后共抱養之自懷彼此連遣來索且雲定興女在外私合而生想此由來何必是其體允昔晉太子取屠家女其兒即好屠割今儻非類便亂宗祏又劉金驎諂呼定興作家翁定興愚人受之不疑我前解金驎者爲此故也勇昔在宮引曹妙達共定興女同宴妙達在外云我今得勸妃酒我直以其諸子偏庶畏人不服故逆縱之以收天下望耳我雖德慙堯舜終不以萬姓付不肖子我常畏其加害如防大敵今欲廢之以安天下左衛大將軍元旻諫曰廢立大事天子無貳言詔旨若行後悔無及讒言罔極惟陛下察之旻辭直爭彊聲色俱厲帝不答是時姬威又表告太子非法帝謂威曰太子事跡宜皆盡言威對曰皇太子由來共臣語唯意在驕奢欲得樊川以至散關總規爲苑云昔漢武將起上林苑東方朔諫賜朔黃金百斤幾許可笑我實無金輒賜此等若有諫者正當斬之不過殺百許人自然永息前

蘇孝慈解正衛率皇太子奮髯揚肘曰大丈夫當有一日終不忘之決當快意又宮內所須尚書多執法不與便怒曰僕射已下五人會展三人腳使知慢我之禍又於苑內築一小城四時作役不輟營起亭殿朝造夕改每云至尊嗔我多側庶高緯陳叔寶豈是孽子乎嘗令巫姥卜吉凶語臣云至尊忌在十八年此期促矣帝泫然曰誰非父母生乃至於此我有舊使婦女令看東宮奏云勿令廣平王至皇太子處東宮憎婦亦廣平王教之元贊亦知其陰惡勸我於左藏東加置兩隊初平陳後宮人好者悉配春坊如聞不知厭足於外更有求訪朕近覽齊書見高歡縱其兒子不勝忿憤安可効尤於是勇及諸子皆被禁錮部分收其黨與楊素舞文鍛鍊以成其獄勇由是遂敗居數日有司承素意奏元旻身備宿衛常曲事於勇情在附託在仁壽宮裴弘將勇書於朝堂與旻題封云勿令人見帝曰朕在仁壽宮有纖小事東宮必知速於郵傳訝之甚久遽非此徒邪遣武士執旻及弘付法先是勇嘗於仁壽宮起居還道中見枯槐樹根榦蟠錯大且五六圍顧謂左右曰此何所用之或對曰古槐利以取火于時衛士皆佩火燧勇令匠者造數千枚藏庫中欲以分給左右又藥藏局貯艾數斛至是有司搜得火燧及艾大以為怪以問姬威威言太子此意別有所在比令長寧王已下詣仁壽宮還每常急行一宿便至恆飼馬千匹云徑往守捉城門自然餓死素以威言詰勇勇不服曰竊聞公家有馬數萬匹勇忝備位太子有馬千匹乃是反乎素又發泄東宮服翫似加琱飾者悉陳之於庭以示文武羣官為太子罪帝曰前薄王世積家得婦女領巾狀似幡稍朕以為服袄徧示百官欲以為戒今我兒乃自為之使將諸物示勇以詰之皇后與帝迭遣使責問勇勇不服太史令袁充進曰臣觀天文太子當廢久矣上曰元象久見矣羣臣無敢言者於是使人召勇勇見使者驚曰得無殺我邪帝戎服陳兵御武德殿集百官立於東面諸親立於西面引勇及諸子列於殿庭命薛道衡宣詔廢勇及其男女為王公主者並為庶人命道衡謂勇曰爾之罪惡人神所棄欲求不廢其可得乎勇再拜而言曰臣合尸之都市為將來監誡幸蒙哀憐得全性命言畢泣下沾襟既而舞蹈而去左右莫不憫嘿又下詔誅元旻唐令則等七人及所坐者數十人各誅戮有差乃移勇於內史省給五品料食立晉王廣為皇太子仍以勇付之復因於東宮賜楊素物三千段元胄楊約並千段楊難敵五百段皆鞫勇之功賞也時文林郎楊孝政上書諫曰皇太子為小人所誤宜加訓誨不應廢黜上怒撻其胷尋而貝州長史裴肅表稱庶人罪黜已久當克己自新請封一小國帝知勇之黜也不允天下之情乃徵肅入朝具陳廢立之意時勇自以廢非其罪頻請見上面申寃屈而太子遏之不得奏聞勇於是升樹大叫聲聞於上冀得引見楊素因奏言勇情志昏亂為鬼物所憑不可復收上以為然卒不得見素誣陷經營以成其罪皆如此帝寢疾於仁壽宮召皇太子入侍醫藥而皇太子奸亂宮闈事聞於帝帝抵牀曰枉廢我兒因遣追勇呼兵部尚書柳述黃門侍郎元巖為勑未及發而帝暴崩太子祕不發喪遽收柳述元巖繫大理獄偽為高祖勑賜庶人死追封房陵王不為立後勇有十男雲昭訓生長寧王儼平原王裕安城王筠高良娣生安平王嶷襄城王恪王良媛生高陽王該建安王韶成姬生潁川王煚後宮生孝實孝範初儼之誕也帝聞之曰此乃皇太孫何乃生不得地雲定興奏曰天生龍種所以因雲而出時人以為敏對六歲封長寧郡王勇敗於坐廢儼上表求宿衛辭情哀切帝覽之惻然楊素進曰伏願聖心同於螫手不宜留意煬帝踐阼儼嘗從行遇鴆卒諸弟分徙嶺外家勑所在殺之

秦王俊字阿祇開皇元年立為秦王二年拜上柱國河南道行臺尚書令洛州刺史時年十二加右衛大將軍領關東兵三年遷秦州總管隴右諸州盡隸焉俊仁恕慈愛崇敬佛道嘗請為沙門不許六年遷山南道行臺尚書令伐陳之役為山南道行軍元帥督三十總管水陸十餘萬屯漢口為上流節度尋授揚州總管四十四州諸軍事鎮廣陵轉并州總管二十四州諸軍事俊初頗有令聞文帝聞而大悅後漸奢侈違犯制度出錢求息帝遣按其事與相連坐者百餘人於是盛脩宮室窮極侈麗俊有巧思每親運斤斧為工巧之器飾以珠玉為妃作七寶羃籬重不可載以馬負之而行徵役無已置渾天儀測景表又為水殿香塗粉壁玉砌金階梁柱楣棟之間周以明鏡間以寶珠極瑩飾之美每與賓客伎女絃歌於其上俊頗好內妃崔氏性妬甚不平之遂於瓜中進毒俊由是遇疾徵還京師帝以俊奢縱免官以王就第左武衛劉昇諫曰秦王非有他過但費官物營廨舍而已臣謂可容帝曰法不可違昇固諫帝忿然作色昇乃止楊素復進諫以秦王過不應至此帝曰我是五兒之父非是兆人之父邪若如公意何不別制天子兒律以周公為人尚誅管蔡我誠不及周公遠矣安

可廢法卒不許俊疾篤含銀銀色變以爲遇蠱未能起遣使奉表陳謝帝責以失德大都督皇甫統上表請復王官不許歲餘以疾篤復拜上柱國二十年六月薨於邸帝哭之數聲而止曰晉王前送一鹿我令作脯擬賜秦王今亡可置靈坐之前心已許之不可虧信帝及后往視見大蜘蛛及大蛛螋從枕中出求之不見窮之知妃所爲也俊所爲侈麗物悉命焚之勅送終之具務從儉約以爲後世法王府僚佐請立碑帝曰欲求名一卷史書足矣何用碑爲若子孫不能保家徒與人作鎮石耳妃崔氏以毒王故下詔廢絕賜死於其家子浩崔氏所生以其母譴死遂不得立以秦國官爲喪主俊長女永豐公主年十三遭父憂哀慕盡禮免喪遂絕酒肉每忌日輙流涕不食有開府王延者性忠厚領俊親信兵十餘年俊甚禮之及俊疾延恆在閤下衣不解帶俊薨勺飲不入口者數日羸頓骨立帝聞而憫之賜以御藥授驃騎將軍典宿衛俊葬日延號慟而絕帝嗟異之令通事舍人弔祭詔葬延於俊墓側煬帝即位立浩爲秦王以奉孝王嗣封浩弟湛濟北侯後以浩爲河陽都尉楊元感作逆之際左翊衛大將軍宇文述勤兵討之至河陽脩啟於浩浩詣述營共相往復有司劾浩以諸侯交通內臣竟坐廢免宇文化及弑逆立浩爲帝及敗於黎陽北走魏縣自僭爲帝因而害之湛驍果有膽烈大業初爲滎陽太守坐洛免後亦爲化及所害

庶人秀開皇元年立爲越王未幾徙封於蜀拜柱國益州總管二十四州諸軍事二年進上柱國西南道行臺尚書令本官如故歲餘而罷十二年入爲內史令右領軍大將軍尋出鎮於蜀秀有膽氣容貌瓌偉美鬚髯多武藝甚爲朝臣所憚帝每謂獻皇后曰秀必以惡終我在當無慮至兄弟必反兵部侍郎元衡使於蜀秀深結於衡以左右爲請衡既還京師爲秀請益左右帝不許大將軍劉噲之討西爨帝令上開府楊武通將兵繼進秀使嬖人萬知光爲武通行軍司馬帝以秀任非其人譴責之因謂羣臣曰壞我法者必在子孫譬如猛虎物不能害反爲毛間蟲所食耳耳於是遂分秀所統秀漸奢侈違犯制度車馬被服擬於天子及太子勇廢秀甚不平皇太子恐秀終爲後變陰令楊素求其罪狀而譖之仁壽二年徵還京師帝見不與語明日使使切責之秀謝罪皇太子及諸王流涕庭謝帝曰頃者秦王糜費財物我以父道訓之今秀蠹害生靈當以君道繩之乃下執法開府慶整諫曰庶人勇既廢秦王已薨陛下見子無多何至如是蜀王性甚耿介今被責恐不自全帝大怒欲斷其舌因謂羣臣曰當斬秀以市以謝百姓乃令楊素蘇威牛弘柳述趙綽推之太子陰作偶人書帝及漢王姓名縛手釘心令人埋之華山下令楊素發之又云秀妄述圖讖幷作檄文曰逆臣賊子專弄威柄陛下唯守虛器一無所知中陳甲兵之盛云當指期問罪置秀集中以聞帝曰天下寧有是邪乃廢爲庶人幽之內侍省不得與妻子相見令給獠婢二人驅使與秀連坐者百餘人秀既幽逼憤懣不知所爲乃上表陳己愆請與其愛子瓜子相見幷請賜一穴令骸骨有所帝乃下詔數其罪過凡有十事使臣下知之後竟聽與其子同處煬帝即位禁錮如初宇文化及之弑逆也欲立秀爲帝羣議不許於是害之幷其諸子

庶人諒字德章一名傑小名益錢開皇元年立爲漢王十二年爲雍州牧加上柱國右衛大將軍轉左衛大將軍十七年出爲幷州總管帝幸溫湯而送之自山以東至于滄海南拒黃河五十二州盡隸焉特許以便宜不拘律令十八年起遼東之役以諒爲行軍元帥至遼水師遇疾疫不利而還十九年突厥犯塞以諒爲行軍元帥竟不臨戎文帝甚寵愛之諒自以居天下精兵處以太子勇讒廢居常怏怏陰有異圖遂諷帝云突厥方彊太原即爲重鎮宜脩武備帝從之於是大發工役繕脩器械貯納於幷州招集亡命左右私人殆將數萬有王頍者梁將王僧辯之子少倜儻好奇略爲諒諮議參軍蕭摩訶者陳氏舊將二人俱不得志每鬱鬱思亂皆爲諒所善及蜀王以罪廢諒愈不自安會文帝崩煬帝使車騎屈突通以高祖璽書徵之先是高祖與諒密約若璽書徵敕字傍別加一點又與玉麟符合則就徵及發書無驗諒知有變不赴遂發兵反總管司馬皇甫誕諫諒諒收繫之王頍說諒曰王所部將吏家屬盡在關西若用此等即宜長驅深入直據京都所謂疾雷不及掩耳若但欲割據舊齊之地宜任東人諒不能專之乃兼用二策聲言楊素反將誅之總管府兵曹河東裴文安說諒曰井陘以西是王掌握內山東士馬亦爲我有宜悉發之分遣羸兵屯守要路仍令隨方略地率其精銳直入蒲津文安請爲前鋒王以大軍繼後風行電擊頓於灞上咸陽以東可指麾而定京師震擾兵不暇集上下相疑羣情離駭我即陳兵號令誰敢不從旬月之間事可定矣諒大悅於是遣所署大將軍余公理將兵出太谷以趣河陽大將軍綦良出滏口以趣黎陽大將軍鄭建出井陘以略燕趙柱國喬鍾馗出鴈門署文安

爲柱國與紇單貴王聃大將軍茹茹天保侯莫陳惠直指京師諒簡精銳數百騎載羃籬詐稱宮人還長安徑入蒲州城中豪傑亦有應之者文安等未至蒲津百餘里諒忽改圖令紇單貴斷河橋守蒲州而召文安文安至曰兵機詭速本欲出其不意王既不行文安又返使彼計成大事去矣諒不對於是從亂者十九州乃以王聃爲蒲州刺史裴文安爲晉州粹爲絳州梁菩薩爲潞州韋道正爲韓州張伯英爲澤州遣僞署大將軍常倫進兵絳州倫遇晉州司法仲孝俊之子謂曰吾曉天文遁甲今年起兵得晉地者王孝俊聞之曰皇太子常爲晉王故曰晉地非謂反徒也時潞州有官羊生羔二首相背以爲諒之咎徵煬帝遣楊素率騎五千襲王聃紇單貴於蒲州素夜至河際收商賈船得數百艘置草其中踐之無聲遂銜枚而濟遲明擊之單貴敗走聃以城降素於是率步騎四萬趣太原諒使趙子開守高壁素擊走之諒大懼自拒素於蒿澤屬天大雨諒欲旋師王頍諫曰楊素懸軍士馬疲弊王以銳卒親戎擊之其勢必舉今見敵而還示人以怯阻戰士之心益西軍之氣願必勿還諒不從退守清原素進擊之諒與官軍戰死者萬八千人諒退保并州素進擊之諒窮蹙請降頍自殺百寮奏諒當死帝曰朕終鮮兄弟情不忍言欲屈法恕諒一死於是除名絕其屬籍竟以幽死所部吏民坐死徙者二十餘萬家先是并州謠言一張紙兩張紙客量小兒作天子時僞署官告身皆一紙別授則二紙諒聞謠言曰我幼時字阿客量與諒同音吾於皇家最小以爲應之子顥因而禁錮宇文化及弒逆之際遇害

煬帝三子

煬帝三男蕭皇后生元德太子昭齊王暕蕭貴嬪生趙王杲

元德太子昭煬帝長子也初文帝以開皇三年四月庚午夢神自天而降云將生降帝家寤召納言蘇威以告之及聞蕭妃在并州有娠迎置大興宮客省明年正月戊辰而生昭養於宮中號大曹主三歲時於元武門弄石師子文帝與獻皇后至其所文帝適患腰痛舉手馮后昭因避去如此者再三文帝歎曰天生長者誰復教乎由是大奇之文帝嘗謂曰當爲爾娶婦昭應聲而泣文帝問其故對曰漢王未昏時恆在至尊所一朝娶婦便即出外懼將違離是以啼耳上歎其有至性特鍾愛焉年十二立爲河南王仁壽初徙爲晉王拜內史令兼左衞大將軍轉雍州牧煬帝即位隨幸洛陽宮留昭守京師大業元年帝遣使者立爲皇太子昭有武力能引彊性謙沖言色恂恂未嘗忿怒其有深可嫌責者但云大不是所膳不許多品帷席極於儉素臣吏有老父母必親問其安否歲時皆有惠賜其仁惠如此明年朝於洛陽後數月當還京師願得少留帝不許拜請無數體素肥壯因致勞疾帝令巫者視之云房陵王爲祟未幾而薨時年二十三先是太史奏言楚分有喪於是改封越公楊素於楚及昭薨日而素於薨蓋隋楚同分也詔內史侍郎虞世基爲哀冊文帝深追悼之昭妃慈州刺史博陵崔弘昇女後秦王妃以蠱毒獲譴奏昭曰惡逆者乃新婦之姐請離之乃娶滑國公京兆韋壽女爲妃昭有子三人韋妃生恭皇帝大劉良娣生燕王倓小劉良娣生越王侗倓字仁安性敏慧美儀容大業二年立爲燕王煬帝於諸孫中特所鍾愛常置左右性好讀書尤重儒素造次所及有若成人良娣早終每忌日未嘗不流涕嗚咽帝由是益奇之宇文化及弒逆之際倓覺變欲入奏恐露其事因與梁公蕭鉅千牛宇文皛等穿芳林門側水竇入至元武門詭奏曰臣卒中惡命懸俄頃請得面辭死無所恨冀得見帝爲司宮者所遏竟不得聞俄而難作遇害時年十六侗字仁謹美儀容性寬厚大業三年立爲越王帝每巡幸侗常留守東都楊元感反與戶部尚書樊子蓋拒之事平朝於高陽拜高陽太守俄以本官留守東都十三年帝幸江都復令侗與金紫光祿大夫段達太尉卿元文都攝戶部尚書韋津右武衞將軍皇甫無逸等總留臺事宇文化及之弒逆元文都等議共立侗爲帝大赦改元曰皇泰諡煬帝曰明廟號世祖尊元德太子爲孝成皇帝廟號世宗尊其母劉良娣爲皇太后以段達爲納言右翊衞大將軍攝禮部尚書王世充爲納言左翊衞大將軍攝吏部尚書元文都爲內史令左驍衞大將軍盧楚亦內史令皇甫無逸爲兵部尚書右武衞大將軍郭文懿爲內史侍郎趙長文爲黃門侍郎各居樞要委以機務爲金書鐵券藏之宮掖于時洛陽稱段達等爲七貴未幾宇文化及立秦王浩爲天子來次彭城所經城邑多從逆黨侗懼遣使者蓋琮馬公政招懷李密密遂請降侗大悅禮其使甚厚即拜密爲太尉魏國公令拒化及仍下書告播中外密見使者大悅北面拜伏臣禮甚恭遂東拒化及七貴頗不協陰有相圖之計未幾元文都盧楚郭文懿趙長文等俱爲世充所殺皇甫無逸遁歸長安世充詣侗陳謝辭情哀苦侗以爲至誠命之上殿世充被髮爲盟誓無貳志自是侗無所關預及世充破李密衆望益

歸之遂自爲鄭王總百揆加九錫備法物侗不能禁叚達雲定興等十人入見侗曰天命不常鄭王功德甚盛願陛下遵唐虞之際侗怒曰天下者高祖之天下東都者世祖之東都若隋德未衰此言不可得而發必天命有改亦何論於禪讓公等或先朝舊臣或勤王立節忽發斯言朕亦何望神色凜然侍衛者莫不流汗旣而退朝對良娣而泣世充使謂曰今海內未定宜得長君待四方乂安當復子明辟必若前盟義不違負侗不得已遜位於世充遂被幽於含涼殿世充僭爲號封潞國公月餘有宇文儒童裴仁基等謀誅世充復立侗事洩並見害世充兄世惲因勸世充害侗以絕人望世充遣其姪行本齎鴆詣侗曰願皇帝飲此酒侗知不免請與母相見不許遂布席焚香禮佛呪曰從今已去願不生帝王尊貴之家於是仰藥而不能時絕更以帛縊之世充僞謚曰恭帝

齊王暕字世胐小字阿孩美容儀疎眉目少爲文帝所愛開皇中立爲豫章王及長頗涉經史尤工騎射初爲內史令仁壽中拜揚州總管江淮以南諸軍事煬帝即位進封齊王大業二年帝初入東都盛陳鹵簿暕爲軍導轉豫州牧俄而元德太子薨朝野注望咸以暕當爲嗣帝又勑吏部尚書牛弘妙選官屬公卿由是多進子弟明年轉雍州牧尋徙河南尹開府儀同三司元德太子左右二萬餘人悉隸於暕寵遇益隆自樂平公主及諸戚屬競來致禮百官稱謁塡咽道路暕頗驕恣暱近小人所行多不法遣喬令則劉虔安裴該皇甫諶庫狄仲錡陳智偉等求聲色狗馬令則等因此放縱訪人家有女者輒矯暕命呼之載入暕宅因緣藏隱恣行淫穢而後遣之仲錡智偉二人詣隴西撾炙諸胡責其名馬得數匹以進於暕暕令還主仲錡等詐言王賜將歸家暕不之知也又樂平公主嘗奏言柳氏女美者帝未有答久之主復以柳氏進暕暕納之後帝問主柳氏女所在主曰在齊王所帝不悅暕於東都營第大門無故崩聽事栿中折識者以爲不祥後從帝幸榆林暕督後軍步騎五萬恆與帝相去數十里而舍會帝於汾陽宮大獵詔暕以千騎入圍暕大獲麋鹿以獻而帝未有所得怒從官從官皆言爲暕左右所遏獸不得前帝於是發怒求暕罪失時制縣令無故不得出境有伊闕令皇甫詡幸於暕暕違禁將之汾陽宮又京兆人達奚通有妾王氏善歌貴遊宴聚多或要致於是展轉亦出入王家御史韋德裕希旨劾暕帝令甲士千餘大索暕第因窮治其事暕妃韋氏尚書冲之女也早卒暕遂與妃姊元氏婦通產一女外人皆不知陰引喬令則於第內酣宴令則稱慶脫暕帽以爲歡樂召相工令徧視後庭相工指妃姊曰此產子者當爲皇后貴不可言時國無儲副暕自謂次當得立又以元德太子有三子內常不安陰挾左道爲厭勝之事至是事皆發帝大怒斬令則等數人妃姊賜死暕府僚佐皆斥之邊遠時趙王果猶在孩孺帝謂侍臣曰朕唯有暕一子不然者當肆諸市朝以明國憲暕恩寵自是日衰雖爲京尹不復關預時政帝恆令虎賁郎將一人監其府事暕有微失輒令奏之帝亦慮暕生變所給左右皆以老弱備員而已暕每懷危懼心不自安又帝在江都宮元會暕具法服將入朝無故有血從裳中而下又坐齋中見羣鼠數十至前而死視皆無頭暕甚惡之俄而化及作亂兵將犯蹕帝聞之顧謂蕭后曰得非阿孩邪其見疏忌如此化及復令人捕暕暕時尚臥未起賊進暕驚曰是何人莫有報者暕猶謂帝令捕之曰詔使且緩兒不負國家賊曳至街斬之及其二子亦遇害暕竟不知殺者爲誰時年三十四有遺腹子愍與蕭后同入突厥處羅可汗號爲隋王中國人沒入北蕃者悉配之以爲部落以定襄城處之及突厥滅乃獲之貞觀中位至尚衣奉御永徽初卒

趙王果小字季子年七歲以大業九年封趙王尋授光祿大夫歷河南尹行江都太守果聰明美容儀帝有所製詞賦果多能誦之性至孝嘗見帝風動不進膳果亦終日不食又蕭后嘗灸果先請試炷后不盡之果泣請曰后所服藥皆嘗之今灸願聽嘗炷悲咽不已后爲停灸由是尤鍾愛後遇化及反果在帝側號慟不已裴虔通使斬之帝前而血濺御服時年十二

通志卷八十五